LAROUSSE
POUR TOUS

LAROUSSE
POUR TOUS

34 500 *articles,*
8 *planches en couleurs,*
47 *planches en noir,*
10 *cartes.*

LIBRAIRIE LAROUSSE
17, rue du Montparnasse, et boulevard Raspail, 114
PARIS VI·

ISBN 2-03-020168-5

AUX LECTEURS

Le **Larousse pour tous** est un ouvrage nouveau, destiné à prendre une place originale dans la collection de nos dictionnaires. En effet, si le **Nouveau Larousse élémentaire** est tout spécialement destiné aux élèves de l'Enseignement du premier degré et du premier cycle de l'Enseignement du second degré, si le **Larousse classique** s'adresse au second cycle de l'Enseignement du second degré, le **Larousse pour tous** n'a pas un programme aussi précis et limité, il est avant tout un dictionnaire d'usage général, utile à la fois à l'adulte et à l'écolier.

Aussi avons-nous cherché à offrir aux lecteurs un vocabulaire très complet, donnant de chaque mot, de chaque acception une définition brève, mais précise. Une grande place a été faite aux termes de notre civilisation contemporaine (automobile, aviation, cinéma et télévision, énergie nucléaire, etc.). Si tout développement encyclopédique a été volontairement exclu afin de laisser la plus large part au vocabulaire, des exemples nombreux soulignent et précisent une définition, éclairent un sens, mettent une nuance en évidence.

Ainsi avons-nous pu offrir un vocabulaire aussi complet que possible dans le minimum de place. Le **Larousse pour tous** aidera le lecteur à comprendre un terme, à vérifier une orthographe, une construction ou une conjugaison. La partie historique et géographique est conçue dans le même esprit : c'est un répertoire de noms propres accompagnés d'indications précises et utiles.

L'illustration est entièrement nouvelle. Résolument explicative, elle comporte de nombreux schémas groupés aux mots principaux, et donne aux techniques modernes la place prépondérante à laquelle elles ont droit. Ces dessins apporteront au lecteur la documentation qu'il est en droit d'attendre d'un dictionnaire de notre époque. Les planches in texte de cet ouvrage sont particulièrement riches en nomenclature; certains termes de celles-ci, très techniques, ne se retrouvent pas à l'ordre alphabétique, le croquis permettant à lui seul de les comprendre.

Dictionnaire de la vie moderne, documenté aux meilleures sources, dépourvu de toute partialité, soucieux de clarté, maniable et facile à consulter, le **Larousse pour tous** est dans la tradition du **Nouveau Petit Larousse.** Plus réduit que son illustre aîné, offert à un prix modique qui le rend accessible à tous, il est le dictionnaire populaire par excellence.

LES ÉDITEURS

PLANCHES HORS TEXTE EN COULEURS

DRAPEAUX (2 planches)
FLEURS
MARINE
OISEAUX
PAPILLONS
POISSONS
ROUTE (Code de la)

PLANCHES EN NOIR

AGRICOLES (Machines)
ANATOMIE
ANTIQUE (Art)
APICULTURE
ARCHITECTURE moderne
ASTRONOMIE
ATHLÉTISME
AUTOMOBILE
AVION
BAROQUE (Art)
BASKET-BALL (Equipe de)
CHAUFFAGE
CHEMIN DE FER
CHIRURGIE (Salle de)
CINÉMA
CLASSIQUE (Architecture)
DENTISTE (Cabinet de)
ÉCLAIRAGE
ÉLECTRICITÉ thermique
ENREGISTREMENT des sons
FOOTBALL (Equipe de)
GOTHIQUE (Art)
HORTICULTURE
HOUILLE (Mine de)

IMPRIMERIE
LAIT
MÉTALLURGIE du fer
MOTEURS-RÉACTEURS
NAVIRES
NUCLÉAIRE (Energie)
ORCHESTRE
PAPIER
PÉTROLE
PHOTOGRAPHIE
PONTS
RÉFRIGÉRATION
RENAISSANCE (Art de la)
ROMAN (Art)
RUGBY (Equipe de)
SOLAIRE (Système)
TÉLÉCOMMUNICATIONS
TÉLÉVISION
TERRE (Mouvements de la)
TEXTILES
TOPOGRAPHIE
UNITÉS de MESURE
VIN

CARTES

AFRIQUE, AMÉRIQUE, ASIE, BELGIQUE, CANADA,
ÉTATS-UNIS, EUROPE, FRANCE, OCÉANIE, SUISSE

PRINCIPALES ABRÉVIATIONS

L'astérisque (*), devant un mot, indique que l'*h* initial est aspiré.

Absolum.	Absolument.	Industr.	Industrie.
Adj. ind.	Adjectif indéfini.	Interj.	Interjection.
Adj. interr.	— interrogatif.	Invar.	Invariable.
Adj. inv.	— invariable.	Jurispr.	Jurisprudence.
Adj. num.	— numéral.	Littér.	Littérature.
Adj. ord.	— ordinal.	Liturg.	Liturgie.
Adj. poss.	— possessif.	Loc.	Localité.
Adj. rel.	— relatif.	Loc. adj.	Locution adjective.
Adv.	Adverbe.	Loc. adv.	— adverbiale.
Aéron.	Aéronautique.	Loc. conj.	— conjonctive.
Affl.	Affluent.	Loc. prép.	— prépositive.
Agric.	Agriculture.	Mar.	Marine.
Anat.	Anatomie.	Math.	Mathématiques.
Anc., ancienn.	Ancien, ienne, iennement.	Méc.	Mécanique.
		Méd.	Médecine.
Apr. J.-C.	Après Jésus-Christ.	Météor.	Météorologie.
Archit.	Architecture.	Mus.	Musique.
Arg. scol.	Argot scolaire.	Myth.	Mythologie.
Arr.	Arrondissement.	N.	Nom.
Art.	Article.	Nf.	Nom féminin.
Art. déf.	— défini.	Nfpl.	— féminin pluriel.
Art. indéf.	— indéfini.	Nm.	— masculin.
Astron.	Astronomie.	Nmpl.	— masculin pluriel.
Auj.	Aujourd'hui.	Par anal.	Par analogie.
Au pr. et au fig.	Au propre et au figuré.	Par dénigr.	Par dénigrement.
Autom.	Automobile.	Par exagér.	Par exagération.
Autref.	Autrefois.	Part.	Participe.
Aviat.	Aviation.	Part. pass.	— passé.
Av. J.-C.	Avant Jésus-Christ.	Part. prés.	— présent.
Blas.	Blason.	Phot.	Photographie.
Bot.	Botanique.	Phys.	Physique.
Cap.	Capitale.	Pl.	Pluriel.
Ch. de f.	Chemin de fer.	Poét.	Poétique.
Chim.	Chimie.	Pop.	Populaire.
Chir.	Chirurgie.	Poss.	Possessif.
Ch.-l.	Chef-lieu.	Pr. dém.	Pronom démonstratif.
Ch.-l. d'arr.	— d'arrondissement.	Pr. ind.	— indéfini.
Ch.-l. de c.	— de canton.	Pr. interr.	— interrogatif.
Ch.-l. de dép.	— de département.	Pr. pers.	— personnel.
Comm.	Commune.	Pr. poss.	— possessif.
Conj.	Conjonction, conjugaison.	Pr. rel.	— relatif.
		Préf.	Préfecture.
Cuis.	Cuisine.	Prép.	Préposition.
Dép.	Département.	Prov.	Province.
Dr.	Droit.	R. dr.	Rive droite.
Electr.	Electricité.	R. g.	Rive gauche.
En mauv. part.	En mauvaise part.	Riv.	Rivière.
Fam.	Familier.	S.	Siècle.
Fig.	Figuré.	Sing.	Singulier.
Fl.	Fleuve.	S.-préf.	Sous-préfecture.
Fortif.	Fortifications.	Théol.	Théologie.
Fr.	Français.	V.	Verbe, ville.
Géogr.	Géographie.	Véner.	Vénerie.
Géol.	Géologie.	Vi.	Verbe intransitif.
Géom.	Géométrie.	Vpr.	— pronominal.
Gramm.	Grammaire.	Vt.	— transitif.
Hort.	Horticulture.	Vt. ind.	— — indirect.
Impers.	Impersonnel.	Vx.	Vieux.
Impr.	Imprimerie.	Zool.	Zoologie.

a nm. Première lettre de l'alphabet et première des voyelles. ‖ **A**, symbole de l'*argon* et de l'*ampère*.

à prép. Prend l'accent grave et exprime un rapport de lieu, de temps, de but, d'attribution, de possession, de moyen, de manière, d'agent, etc.

abaisse nf. Pâte amincie par le rouleau de pâtisserie.

abaisse-langue nm. inv. Instrument employé pour abaisser la langue.

abaissement nm. Action d'abaisser. ‖ *Fig.* Humiliation : *l' - des Grands*.

abaisser vt. Faire descendre. ‖ Diminuer la hauteur. ‖ Réduire : *- les prix*. ‖ *- une perpendiculaire*, mener d'un point une perpendiculaire sur une ligne ou sur un plan. ‖ *Fig.* Humilier : *Louis XI abaissa la féodalité*. ‖ S' - vpr. *Fig.* S'avilir.

abaisseur nm. et adj. Muscle qui sert à abaisser.

abajoue nf. Poche intérieure des joues de certains animaux.

abandon nm. Délaissement. ‖ Renonciation. ‖ Laisser-aller. ‖ A l' - loc. adv., sans soins.

abandonner vt. Quitter. ‖ Renoncer à. ‖ Négliger. ‖ Confier : *- le pouvoir à quelqu'un*. ‖ Livrer : *- une ville au pillage*. ‖ S' - vpr. Se livrer : *s' - au désespoir*. ‖ Se décourager.

abaque nm. Boulier compteur en usage chez les Romains. ‖ Graphique utilisé pour les calculs rapides.

abasourdir [*zour*] vt. Etourdir par un grand bruit. ‖ *Fig.* Stupéfier : *votre réponse m'a abasourdi*.

abasourdissement nm. Action d'abasourdir.

abâtardir vt. Faire dégénérer. ‖ *Fig.* Avilir : *peuples abâtardis*.

abâtardissement nm. Action d'abâtardir.

abat-jour nm. inv. Réflecteur qui rabat la lumière. ‖ Fenêtre oblique.

abats nmpl. Pieds, rognons, foie, etc. des animaux de boucherie.

abat-son nm. inv. Auvent de clocher rabattant le son vers le sol.

abattage nm. Action de couper un arbre, de tuer des animaux.

abattant nm. Tablette mobile.

abattement nm. Affaiblissement physique ou moral. ‖ Déduction faite sur une somme à payer.

abatteur nm. Celui qui abat. ‖ *Fig.* Grand - de besogne, personne qui en fait beaucoup.

abattis nm. Tête, cou, ailerons, pattes de volaille. ‖ Obstacle artificiel.

abattoir nm. Lieu où l'on tue les animaux de boucherie.

abattre vt. (c. *battre*). Mettre à bas, démolir. ‖ Tuer. ‖ *Jeux*. Montrer ses cartes. ‖ *Fig.* Affaiblir : *la fièvre l'abat*. ‖ Décourager : *quelle peur vous abat?* ‖ Abaisser : *- l'orgueil*. ‖ Faire cesser : *petite pluie abat grand vent*. ‖ S' - vpr. Tomber. ‖ Se précipiter sur. ‖ Cesser : *le vent s'abat*.

abat-vent nm. inv. Petit auvent. ‖ Sorte de mitre de cheminée.

abat-voix nm. inv. Dais d'une chaire d'église.

abbatial, e, aux adj. Relatif à l'abbé, à l'abbaye : *église -*.

abbaye [*a-bé-î*] nf. Monastère gouverné par un abbé ou une abbesse.

abbé nm. Supérieur d'une abbaye. ‖ Prêtre séculier.

abbesse nf. Supérieure d'un monastère.

a b c nm. Petit livre contenant l'alphabet. ‖ *Fig.* Eléments d'une science.

abcès nm. Amas de pus.

abdication n. f. Action d'abdiquer.

abdiquer vt. Abandonner, céder. ‖ Vi. Renoncer à une dignité souveraine.

abdomen [*mèn*] nm. Ventre. ‖ Partie postérieure du corps des insectes.

abdominal, e, aux adj. Qui appartient à l'abdomen.

abducteur nm. et adj. *Anat.* Muscle qui écarte du corps les parties auxquelles il est attaché. ‖ Appareil qui recueille ou évacue un fluide.

abduction nf. Action de l'abducteur.

abécédaire nm. Syllabaire.

abeille nf. Insecte qui produit le miel et la cire.

aberrant, e adj. Erroné.

aberration nf. Déplacement apparent de l'image d'une étoile dans un télescope. ‖ Dispersion des rayons lumineux. ‖ *Fig.* Trouble, égarement, erreur de jugement : *- du goût*.

abêtir vt. Rendre stupide.

abêtissement nm. Action d'abêtir.

abhorrer vt. Avoir en horreur.

abîme nm. Gouffre. ‖ *Fig.* Degré extrême : *un - de misère*. ‖ *Etre au bord de l' -*, être près de sa perte.

abîmer vt. Mettre en mauvais état,

détériorer. ‖ **S'** - vpr. Sombrer. ‖ *Fig.* Se plonger : *s'* - *dans sa douleur.*

abject, e adj. Méprisable; bas; vil.

abjection nf. Bassesse du caractère.

abjuration nf. Action d'abjurer.

abjurer vt. Renoncer publiquement à une religion, à une opinion.

ablatif nm. Cas latin marquant l'éloignement, l'instrument.

ablation nf. *Chir.* Amputation.

ablette nf. Petit poisson d'eau douce.

ablution nf. Lavage du corps ou d'une partie du corps. ‖ Purification des doigts du prêtre après la communion.

abnégation nf. Renoncement.

aboiement nm. Cri du chien.

abois nmpl. Situation désespérée.

abolir vt Annuler, supprimer.

abolition nf. Annulation (en parlant des lois). ‖ Suppression.

abolitionnisme nm Doctrine des antiesclavagistes.

abolitionniste n. et adj Partisan de l'abolitionnisme.

abominable adj. Qui excite l'horreur. ‖ Très mauvais : *temps* -.

abomination nf. Horreur.

abominer vt. *Fam.* Avoir en horreur.

abondance nf. Grande quantité. ‖ Richesse. ‖ *Fig.* Richesse d'élocution : *parler avec* -. ‖ *Corne d'* -, corne remplie de fleurs et de fruits, symbole de l'abondance.

abonder vi Etre, avoir ou produire en abondance. ‖ *dans le sens de quelqu'un,* être de son avis. ‖ **Abondant, e** part. et adj.

abonnement nm. Convention ou marché à forfait, et pour un temps limité.

abonner vt. Procurer un abonnement. ‖ **Abonné, e** part., adj. et n. Qui a un abonnement.

abord nm. Accès, approche. ‖ *Fig.* Accueil : - *facile.* ‖ Pl. Environs. ‖ Loc. adv. **D'** -, en premier lieu, avant tout. **Au premier** -, à première vue. **De prime** -, **tout d'** -, dès le premier instant.

abordable adj. Qu'on peut aborder; accueillant. ‖ D'un prix modéré.

abordage nm. Assaut donné à un navire ennemi. ‖ Choc accidentel de deux bateaux.

aborder vi. Atteindre le rivage. ‖ Vt. Combattre bord à bord. ‖ Accoster. ‖ *Fig.* - *une question,* en venir à la traiter.

abordeur adj. et n. Qui aborde.

aborigène n. et adj. Originaire du pays qu'il habite.

aborner vt. Limiter par des bornes.

abortif, ive adj. Qui fait avorter.

abouchement nm. Action d'aboucher.

aboucher vt. Mettre en rapport. ‖ **S'** - [avec] vpr. Entrer en relations.

aboulie nf. Absence de volonté.

aboulique adj. et n. Atteint d'aboulie.

abouter vt. Mettre bout à bout.

aboutir [à] vt. ind. Toucher par un bout. ‖ *Fig.* Avoir pour résultat : - *à la ruine.* ‖ Vi. Réussir : *l'affaire a abouti.* ‖ *Méd.* Arriver à suppuration : *faire - un abcès.* ‖ **Aboutissants** nmpl. *Connaître les tenants et les - d'une affaire,* la connaître à fond.

aboutissement nm. Résultat. issue.

aboyer vi. (*J'aboie, tu aboies, il aboie, n. aboyons, v. aboyez, ils aboient. J'aboyais, n. aboyions. J'aboyai, n. aboyâmes. J'aboierai, n. aboierons. J'aboierais, n. aboierions. Aboie, aboyons, aboyez. Q. j'aboie, qu'il aboie, q. n. aboyions. Q. j'aboyasse, qu'il aboyât. Aboyant. Aboyé, e.*) Crier, en parlant du chien. ‖ *Fig.* Crier après quelqu'un, le poursuivre avec importunité.

aboyeur nm. *Chasse.* Qui aboie (au pr. et au *fig.*). ‖ *Fam.* Crieur à la porte d'un théâtre, d'un restaurant.

abracadabrant, e adj. *Fam.* Extraordinaire, stupéfiant.

abrasif, ive adj. et n. Qui use.

abrégé nm. Résumé d'un art. d'une science, etc. ‖ **En** - loc. adv., en raccourci, en employant des abréviations.

abrégement n. m. Action d'abréger.

abréger vt. (*J'abrège, tu abrèges, il abrège, n. abrégeons, v. abrégez, ils abrègent. J'abrégeais, n. abrégions. J'abrégeai, n. abrégeâmes. J'abrégerai, n. abrégerons. J'abrégerais, n. abrégerions. Abrège, abrégeons, abrégez. Q. j'abrège, q. n. abrégions. Q. j'abrégeasse, qu'il abrégeât. Abrégeant. Abrégé, e.*) Rendre plus court. ‖ *Fig.* Faire paraître moins long : *le travail abrège les heures.*

abreuver vt. Faire boire des bestiaux. ‖ *Fig.* Accabler : - *d'injures.*

abreuvoir nm. Lieu où les bestiaux vont boire.

abréviateur nm. Celui qui abrège l'ouvrage d'un auteur.

abréviatif, ive adj. En abrégé.

abréviation nf. Retranchement de lettres dans un mot · M., Mᵐᵉ, pour *Monsieur, Madame.*

abri nm. Lieu où l'on est protégé de la pluie, du soleil, etc. ‖ *Fig.* Refuge. ‖ **A l'** - de loc. prép., en sûreté.

abricot nm. Fruit à noyau, à chair jaune et sucrée.

abricotier nm. Arbre fruitier

abriter vt. Mettre à l'abri.

abrogation nf. Annulation d'une loi.

A.-E. F.	Afrique-Equatoriale française.
A.-O. F.	Afrique-Occidentale française.
B. C. G.	Vaccin bilié Calmette-Guérin (antituberculeux).
B. I. T.	Bureau international du travail.
B. P. F.	Bon pour francs.
C. A. P.	Certificat d'aptitude professionnelle.
C. C. P.	Compte chèques postaux.
Cf.	Conférez (reportez-vous à... pour comparer).
C. F. T. C.	Confédération française des travailleurs chrétiens.
C. G. A.	Confédération générale de l'agriculture.
C. G. C.	Confédération générale des cadres.
C. G. T.	Compagnie générale transatlantique.
C. G. T.	Confédération générale du travail.
C. G. T.-F. O.	Confédération générale du travail-Force ouvrière.
Cⁱᵉ	Compagnie.
C. R. S.	Compagnies républicaines de sécurité.
Dᵒ	Dito (ce qui a été dit).
D. B.	Division blindée.
D. C. A.	Défense contre avions.
E. D. F.	Electricité de France.
Etc.	Et cætera (et le reste).
E. V.	En ville.
F. F. I.	Forces françaises de l'Intérieur.
Franc C. F. A.	Franc des colonies françaises d'Afrique.
G. I.	Government Issue (soldat américain).
G. M. T.	Greenwich Mean Time (temps moyen de Greenwich).
G. Q. G.	Grand quartier général.
H. B. M.	Habitation à bon marché.
H. L. M.	Habitation à loyer modéré.
Ib. ou Ibid.	Ibidem (au même endroit).
Id.	Idem (le même).
In-4ᵒ, in-8ᵒ	In-quarto (en quatre), in-octavo (en huit).
I. N. R. I.	Jesus Nazarenus Rex Judaeorum (Jésus de Nazareth, roi des Juifs).
J.-C.	Jésus-Christ.
LL. AA., LL. EEm.	Leurs Altesses, Leurs Eminences.
LL. MM.	Leurs Majestés.
M.	Monsieur.
Mᵍʳ	Monseigneur.
Mᵐᵉ, Mˡˡᵉ	Madame, mademoiselle.
MM.	Messieurs.
M. R. U.	Ministère de la Reconstruction et de l'Urbanisme.
N. B.	Nota bene (notez bien).
O. N. U.	Organisation des Nations unies.
P. J.	Police judiciaire.
P. M. U.	Pari mutuel urbain.
P.-S.	Post-scriptum.
P. T. T.	Postes, télégraphe, téléphone.
Q. G.	Quartier général.
R. A. F.	Royal Air Force (forces aériennes britanniques).
R. A. T. P.	Régie autonome des transports parisiens.
R. F.	République française.
S. D. N.	Société des Nations.
S. G. D. G.	Sans garantie du gouvernement.
S. N. C. F.	Société nationale des chemins de fer français.
S. O. S.	Save our souls (sauvez nos âmes) [appel télégraphique de détresse].
S. S.	Schutzstaffeln (sections de protection dans l'Allemagne hitlérienne).
T. O. E.	Théâtre d'opérations extérieures.
T. S. F.	Télégraphie sans fil.
U. N. E. S. C. O.	United Nations Educational, Scientific and Cultural Organization (Organisation des Nations unies pour l'éducation, la science et la culture).
U. R. S. S.	Union des républiques socialistes soviétiques.
U. S. A.	United States of America (Etats-Unis d'Amérique).
W.-C.	Water-closet.

abroger vt. (c. *manger*). Annuler abolir une loi, un décret, etc.

abrupt [*abrupt*], e adj. Coupé droit, escarpé. ‖ *Fig.* Revêche : *caractère -*.

abrutir vt. Rendre stupide. ‖ **Abruti,** e part., adj. et n.

abrutissement nm. Dégradation de l'intelligence.

abscisse nf. L'une des coordonnées qui fixent un point dans un plan.

abscons, e adj. Incompréhensible.

absence nf. Eloignement. ‖ *Fig.* Manque : *- de goût.* ‖ Distraction : *avoir des -.*

absent, e adj. et n. Hors de sa demeure; non présent. ‖ *Fig.* Distrait.

absentéisme nm. Manque d'assiduité.

absenter (s') [de] vpr. S'éloigner momentanément.

abside nf. Extrémité d'une église, opposée à l'entrée principale.

absidiole nf. Chacune des chapelles qui entourent le chœur.

absinthe nf. Plante amère et liqueur alcoolique aromatisée avec cette plante.

absolu, e adj. Indépendant, souverain. ‖ Sans restriction, complet. ‖ Impérieux. ‖ *Alcool -,* pur.

absolution nf. Pardon, rémission.

absolutisme nm. Théorie ou pratique d'une autorité absolue.

absolutiste adj. et n. Relatif à l'absolutisme. ‖ Partisan de l'absolutisme.

absorber vt. S'imbiber de; pomper. ‖ Neutraliser : *le noir absorbe la lumière.* ‖ Boire, manger. ‖ *Fig.* Dissiper entièrement : *les procès ont absorbé sa fortune.* ‖ Occuper fortement : *- l'attention.* ‖ **S'** - vpr. Se plonger : *s' - dans la méditation.*

absorption nf. Action d'absorber.

absoudre vt. (*J'absous, tu absous, il absout,* n. *absolvons,* v. *absolvez, ils absolvent. J'absolvais,* n. *absolvions.* Passé simple manque. *J'absoudrai,* n. *absoudrons. J'absoudrais,* n. *absoudrions. Absous, absolvons, absolvez. Q. j'absolve, qu'il absolve, q. n. absolvions.* Imp. du subj. manque. *Absolvant. Absous, absoute.*) Acquitter déclarer non coupable.

absoute nf. Prières terminant l'office des morts.

abstenir (s') [de] vpr. S'interdire de faire une chose. ‖ Se priver de : *s' - de vin.* ‖ Ne pas voter.

abstention nf. Action de s'abstenir de voter.

abstentionniste n. Qui s'abstient de voter.

abstinence nf. Action de s'abstenir d'un aliment pour une raison religieuse. ‖ Sobriété.

abstinent, e adj. et n. Sobre.

abstraction nf. Opération de la pensée par laquelle on isole une qualité des êtres ou des choses dont elle est la caractéristique : *la blancheur, la noblesse sont des -.* ‖ *Faire - d'une chose,* n'en pas tenir compte.

abstraire vt. (c. *traire*). Faire une abstraction. ‖ **S'** - vpr. S'absorber.

abstrait, e adj. Qui désigne une qualité considérée en dehors du sujet, comme *blancheur, bonté.* ‖ *Par ext.* Obscur, difficile à comprendre : *écrivain -.* ‖ *Arithm.* Nombre -, qui ne comporte pas d'unités. ‖ Nm. Ce qui est abstrait, par opposition à *concret.*

abstrus [*tru*], e adj. Obscur; difficile à comprendre.

absurde adj. Contraire à la raison. ‖ Nm. : *tomber dans l' -.* ‖ *Raisonner par l' -,* prouver la fausseté des assertions par l'absurdité des conséquences.

absurdité nf. Stupidité.

abus [*bu*] nm. Usage mauvais, excessif ou injuste. ‖ *- de confiance,* escroquerie. ‖ Pl. Désordres, excès.

abuser vt. Tromper, égarer. ‖ Vt. ind. [de]. User avec excès : *du tabac.* ‖ Profiter sans discrétion de la complaisance, de la crédulité de quelqu'un. ‖ **S'** - vpr. Se tromper soi-même.

abusif, ive adj. Contraire aux règles, aux lois; excessif. ‖ **Abusivement adv.**

abyssal, e, aux adj. Qui appartient aux abysses.

abysse nm. Grande fosse sous-marine.

abyssinien, enne ou **abyssin, e** adj. et n. De l'Abyssinie.

acabit [*bi*] nm. *Fam.* Nature, caractère, espèce : *des gens du même -.*

acacia nm. Arbre méridional à fleurs odorantes jaunes.

académicien nm. Autref., disciple de Platon. ‖ Membre d'une académie

académie nf. Société de gens de lettres, de savants ou d'artistes. ‖ Ecole de peinture, d'architecture, de dessin. ‖ Division universitaire.

académie nf. Dessin, exécution d'après un modèle nu. ‖ *Par ext.* Corps : *une - défectueuse.*

académique adj. Propre à une académie. ‖ *Style -,* affecté.

acajou nm. Arbre des régions tropicales, au bois rougeâtre et dur.

acanthe nf. Plante épineuse du Midi, dont la feuille est imitée comme ornement d'architecture.

acariâtre adj. D'humeur difficile.

acarus [*russ*] nm. Arachnide agent de propagation de la gale.

accablement nm. Abattement.

accabler vt. Faire succomber sous le poids. ‖ *Fig.* Surcharger : *- de travail.* ‖ Humilier : *- un accusé.*

accalmie nf. Retour au calme.

accaparement nm. Action d'accaparer. ‖ Résultat de cette action.

accaparer vt. Effectuer des achats massifs d'une denrée pour en provoquer la rareté et revendre avec gros bénéfice. ‖ *Fig.* S'emparer de. ‖ - *quelqu'un*, l'attirer sans cesse près de soi.

accapareur, euse n. Qui accapare.

accéder [à] vi. (c. *céder*). Arriver à, approcher de. ‖ Vt. ind. Consentir : - *aux désirs de quelqu'un*.

accelerando adv. *Mus.* Plus vite.

accélérateur, trice adj. Qui accélère. ‖ Nm. Organe commandant l'admission des gaz au moteur.

accélération nf. Augmentation de vitesse. ‖ Prompte exécution : - *des travaux*.

accéléré nm. Au cinéma, artifice permettant de rendre les mouvements plus rapides sur l'écran que dans la réalité.

accélérer vt. (c. *céder*). Hâter; presser, ‖ Vi. Augmenter la vitesse.

accent [*ak-san*] nm. Élévation ou abaissement de la voix. ‖ Prononciation particulière : - *gascon*. ‖ Expression de la voix : - *plaintif*. ‖ Signe qui se met sur une voyelle : *aigu* (´), *grave* (`), *circonflexe* (^).

accentuation nf. Manière d'accentuer, en parlant ou en écrivant.

accentuer vt. (c. *tuer*). Marquer d'un accent. ‖ Elever la voix sur les voyelles toniques. ‖ *Par ext.* Exprimer avec force. ‖ S' - vpr. Augmenter, devenir plus important.

acceptation nf. Action d'accepter.

accepter vt. Recevoir volontiers ce qui est offert. ‖ Consentir à.

acception nf. Préférence. ‖ Sens d'un mot : - *propre ou figurée*.

accès [*ak-sè*] nm. Abord, entrée. ‖ ‖ Attaque d'un mal. ‖ Mouvement intérieur et passager : - *de colère*.

accessibilité nf. Facilité d'atteinte.

accessible adj. D'accès facile. ‖ Accueillant. ‖ *Fig.* Compréhensible : *une science* - *à tous*.

accession nf. Avènement.

accessit [*sit*] nm. Distinction accordée aux élèves qui ont le plus approché du prix. ‖ Pl. des *accessits*.

accessoire adj. Qui suit ou accompagne la chose principale. ‖ *Par ext.* Négligeable, secondaire. ‖ Nm. Objet utilisé pour un décor de théâtre. ‖ Chacun des instruments, appareils, etc., qui ne font pas partie intégrante d'une machine : - *d'automobile*.

accessoiriste n. Personne qui s'occupe des accessoires au théâtre.

accident nm. Evénement fortuit, ordinairement malheureux. ‖ - *de terrain*, inégalité de relief. ‖ *Mus.* Signe qui sert à altérer les notes.

accidentel, elle adj. Fortuit. ‖ **Accidentellement** adv.

accidenter vt. *Fam.* Causer un accident : - *une voiture*. ‖ **Accidenté, e** part., adj. et n. : *un terrain* -; *un* - *du travail*.

acclamation nf. Cri d'enthousiasme. ‖ *Par* -, d'une voix unanime.

acclamer vt. Saluer par des acclamations. ‖ Nommer sans recourir au vote.

acclimatation nf. Action d'acclimater, de s'acclimater.

acclimatement nm. Etat de ce qui est acclimaté.

acclimater vt. Accoutumer à un nouveau climat. ‖ S' - vpr. S'adapter.

accointance nf. Fréquentation.

accolade nf. Action d'embrasser, en jetant les bras autour du cou. ‖ Trait de plume ondulé, pour réunir plusieurs articles.

accoler vt. Réunir plusieurs lignes par un trait de plume. ‖ Faire figurer ensemble. ‖ - *la vigne*, l'attacher.

accommodable adj. Qui peut être accommodé.

accommodage nm. Apprêt des aliments.

accommodant, e adj. Complaisant, conciliant : *homme* -.

accommodateur, trice adj. Qui se rapporte à l'accommodation.

accommodation nf. Modification, mise au point, qui s'opère dans l'œil pour rendre la vision distincte à des distances quelconques.

accommodement nm. Arrangement à l'amiable.

accommoder vt. Apprêter. ‖ S' - vpr. Accepter bon gré, mal gré.

accompagnateur, trice n. Personne qui exécute un accompagnement.

accompagnement n. m. Action d'accompagner. ‖ Accessoire de complément. ‖ *Mus.* Soutien musical.

accompagner vt. Aller de compagnie avec quelqu'un; escorter. ‖ Ajouter, joindre : - *ses paroles d'un geste de menace*. ‖ *Mus.* Soutenir le chant au moyen d'un accompagnement.

accomplir vt. Achever entièrement. ‖ **Accompli, e** part. et adj. Réalisé : *vœu* -. ‖ Révolu : *vingt ans* -. ‖ Parfait : *homme* -.

accomplissement nm. Achèvement.

accord nm. Conformité de sentiments. ‖ Harmonie. ‖ Pacte, convention. ‖ *Gramm.* Correspondance entre des mots qui varient l'un par rapport à l'autre. ‖ *Mus.* Union harmonieuse de plusieurs sons. ‖ D' - loc. adv., convenu.

accordage ou **accordement** nm. Action d'accorder un instrument.

accordéon nm. Instrument de musique à soufflet et à touches.

accordéoniste n. Joueur d'accordéon.

accorder vt. Mettre d'accord. ‖ Concéder, octroyer. ‖ *Gramm.* Appliquer les règles d'accord. ‖ *Mus.* Mettre les sons d'un instrument en rapport avec le diapason. ‖ S'- vpr. *Gramm.* Se mettre en concordance.

accordeur nm. Personne qui accorde les instruments de musique.

accordoir nm. Outil d'accordeur.

accore adj. Se dit d'une côte maritime abrupte.

accorte adj. f. Gracieuse, avenante

accostage nm. Action d'accoster.

accoster vt. Aborder quelqu'un pour lui parler. ‖ *Mar.* Venir bord à bord.

accotement nm. Espace compris entre la chaussée et le fossé.

accoter vt. Appuyer d'un côté.

accouchée nf. Femme qui vient d'accoucher.

accouchement nm. Action d'accoucher.

accoucher vi. et vt. ind. Enfanter. ‖ *Fig.* Créer, produire : - *d'un long ouvrage.* ‖ Vt. Faire un accouchement.

accoucheur, euse n. et adj. Qui fait les accouchements.

accoudement nm. Action de s'accouder.

accouder (s') [à, sur] vpr. S'appuyer du coude, sur le coude.

accoudoir nm. Appui pour s'accouder.

accouplement nm. Action d'accoupler ou de s'accoupler.

accoupler vt. Joindre deux choses; mettre deux à deux : - *des bœufs.* ‖ S'- vpr. S'unir pour la génération, en parlant des animaux.

accourcir vt. Rendre plus court.

accourir vi. (c. *courir*). Venir à la hâte. (Auxil. *avoir* ou *être*, selon qu'on veut exprimer l'action ou l'état.)

accoutrement nm. Habillement ridicule.

accoutrer (s') vpr. *Fam.* S'habiller d'une manière ridicule.

accoutumance nf. Action de se familiariser avec quelque chose.

accoutumer vt. Faire prendre une habitude. ‖ Vi. Avoir coutume. ‖ S'- [à] vpr. S'habituer. ‖ **A l'accoutumée** loc. adv., comme à l'ordinaire.

accréditer vt. Faire croire à. ‖ Faire reconnaître officiellement : - *un ambassadeur.* ‖ S'- vpr. Se propager.

accréditif nm. Ordre de paiement délivré par une banque.

accroc [*a-krô*] nm. Déchirure. ‖ *Fig.* Difficulté.

accrochage nm. Action d'accrocher.

accroche-cœur nm. Petite mèche de cheveux aplatie en boucle sur la tempe. ‖ Pl. des *accroche-cœurs.*

accrocher vt. Suspendre à un crochet. ‖ Déchirer. ‖ Heurter : - *une voiture.* ‖ *Fig.* et fam. Obtenir par ruse : - *une place.* ‖ S'- vpr. *Fig.* et fam. Importuner vivement : *s' - à quelqu'un.*

accroire (faire) vt. Faire croire ce qui n'est pas. ‖ *En faire -,* tromper, abuser les autres. ‖ *S'en faire -,* présumer trop de soi-même.

accroissement nm. Augmentation.

accroître vt. (c. *croître*). Augmenter, rendre plus grand (au *pr.* et au *fig.*).

accroupir (s') vpr. S'asseoir sur les talons.

accroupissement nm. Position d'une personne accroupie.

accrue nf. Extension naturelle.

accu nm. *Fam.* Accumulateur.

accueil nm. Façon de recevoir.

accueillir vt. (c. *cueillir*). Recevoir quelqu'un bien ou mal. ‖ Agréer.

acculer vt. Pousser dans un lieu sans issue. ‖ *Fig.* Mettre dans une situation sans issue.

accumulateur nm. Appareil emmagasinant l'énergie électrique. (V. pl. AUTOMOBILES.)

accumulation nf. Entassement.

accumuler vt. Entasser, réunir.

accumulation nf. Action d'accumuler.

accusateur, trice n. et adj. Qui accuse.

accusatif nm. Cas des déclinaisons grecque, latine et allemande correspondant au compl. d'obj. dir.

accusation nf. Action d'accuser ‖ Énoncé des griefs en justice.

accuser vt. Déférer en justice pour crime ou délit. ‖ Imputer une faute à quelqu'un. ‖ Révéler, avouer : - *ses péchés.* ‖ *Fig.* Indiquer : *cette action accuse de la folie.* ‖ *Bx-arts.* Faire ressortir, accentuer : - *des ombres.* ‖ *Comm.* - *réception,* donner avis qu'on a reçu une chose. ‖ S'- vpr. S'avouer coupable. ‖ **Accusé,** e part., adj. et n.

acéphale adj. et n. Dépourvu de tête.

acerbe adj. Apre, agressif : *voix -.*

acérer vt. (c. *céder*). Souder de l'acier à du fer. ‖ Rendre tranchant, aigu. ‖ *Fig.* Rendre mordant : - *son style.*

acétate nm. Sel de l'acide acétique.

acétifier vt. (c. *prier*). Transformer en vinaigre, en acide acétique.

acétique adj. Se dit de l'acide du vinaigre et de ses composés.

acétocellulose nf. Matière plastique formée d'acétate de cellulose.

acétone nf. Liquide incolore, volatil, inflammable, d'odeur éthérée, utilisé comme solvant.

acétylène nm. Hydrocarbure gazeux combustible, obtenu en traitant par l'eau le carbure de calcium.

achalandage nm. Action d'achalander.

achalander vt. Procurer des clients. ‖ *Fam.* Garnir de marchandises. ‖ **Achalandé, e** part. et adj. *Fam.* Approvisionné : *un magasin bien -*.

acharnement nm. Ardeur, opiniâtreté ; rage, fureur.

acharner (s') vpr. S'attacher avec passion : *s' - au jeu*. ‖ Poursuivre avec opiniâtreté : *la destinée s' - contre lui*. ‖ **Acharné, e** part. et adj. Furieux.

achat nm. Acquisition, emplette : *l' - d'une maison*.

acheminement nm. Action d'acheminer, d'avancer vers un but.

acheminer vt. Diriger vers un lieu, et, au *fig*., vers un but. ‖ **S'-** vpr.

achetable adj. Qui peut être acheté.

acheter vt. (*J'achète, tu achètes, il achète, n. achetons, v. achetez, ils achètent. J'achetais, n. achetions. J'achetai, n. achetâmes. J'achèterai, n. achèterons. Achète, achetons, achetez. Q. j'achète, qu'il achète, q. n. achetions. Q. j'achetasse, qu'il achetât. Achetant. Acheté, e*.) Acquérir à prix d'argent. ‖ *Fig.* Obtenir avec peine : *- de son sang*. ‖ Corrompre : *- des témoins*.

acheteur, euse n. Qui achète.

achèvement nm. Fin ; terminaison.

achever vt. (c. *mener*). Finir. ‖ Donner le coup de grâce : *- un blessé*.

achillée [*ki*] nf. Plante ornementale ou fourragère.

achoppement nm. Obstacle. ‖ *Fig.* Pierre d' -, embarras, difficulté.

achopper vi. Heurter du pied ; faire un faux pas. ‖ *Fig.* Echouer.

achromatique [*kro*] adj. Qui ne décompose pas la lumière blanche.

achromatisme nm. Propriété des lentilles achromatiques.

acide adj. De saveur aigre. ‖ Nm. *Chim.* Composé hydrogéné faisant passer au rouge la teinture de tournesol.

acidification nf. Action d'acidifier.

acidifier vt. (c. *tuer*) *Chim.* Transformer en acide.

acidité nf. Saveur acide, piquante.

aciduler vt. Rendre légèrement acide.

acier nm. Fer combiné avec une faible quantité de carbone, très dur, élastique, pouvant s'aimanter et se tremper. ‖ *Fig. Jarret d' -*, vigoureux.

aciérage nm. Production d'acier. ‖ Action d'aciérer, de donner à certains métaux la dureté de l'acier.

aciérer vt. (c. *céder*). Transformer en acier.

aciérie nf. Usine spécialisée dans la fabrication de l'acier.

acné [*ak*] nf. Maladie de la peau.

acolyte nm. Clerc qui sert à l'autel. ‖ *Fam.* Compagnon ; complice.

acompte nm. Paiement partiel à valoir sur une somme due.

aconit [*nit'*] nm. Renonculacée vénéneuse, à fleur bleu sombre.

aconitine nf. Alcaloïde toxique extrait de la racine d'aconit.

acoquiner (s') vpr. S'attacher avec excès ; se lier (en mauv. part).

à-côté nm. Ce qui est accessoire, secondaire. ‖ Pl. des *à-côtés*.

à-coup nm. Brusque changement de rythme. ‖ Pl. des *à-coups*.

acoustique adj. Relatif au son. ‖ Nf. *Phys.* Théorie des sons. ‖ Propagation des sons dans une salle.

acquéreur nm. Acheteur.

acquérir vt. (*J'acquiers, tu acquiers, il acquiert, n. acquérons, v. acquérez, ils acquièrent. J'acquérais, n. acquérions. J'acquis, n. acquîmes. J'acquerrai, n. acquerrons. J'acquerrais, n. acquerrions. Acquiers, acquérons, acquérez. Q. j'acquière, qu'il acquière, q. n. acquérions, q. v. acquériez, qu'ils acquièrent. Q. j'acquisse, qu'il acquît. Acquérant. Acquis, e*.) Devenir possesseur : *- une terre*. ‖ Par ext. Obtenir, gagner : *- de la gloire*.

acquêts [*a-kè*] nmpl. Acquisitions effectuées pendant le mariage et tombant dans la communauté.

acquiescement nm. Consentement.

acquiescer [*à*] vt. ind. (c. *placer*). Consentir, céder.

acquis nm. Savoir ; expérience.

acquisition nf. Action d'acquérir. ‖ Chose acquise par achat.

acquit nm. Quittance ; décharge. ‖ *Pour -*, formule certifiant le paiement ‖ *Fig. Par - de conscience*, uniquement pour éviter un regret. ‖ **Par manière d' -** loc. adv., négligemment.

acquittement nm. Action d'acquitter.

acquitter vt. Payer ce qu'on doit. ‖ Constater le paiement de. ‖ *Fig.* Déclarer non coupable. ‖ **S'-** vpr. Satisfaire à, accomplir : *s' - de son devoir*.

acre nf. Ancienne mesure agraire.

âcre adj. Piquant au goût, corrosif

âcreté nf. Qualité de ce qui est âcre.

acridiens nmpl. Groupe d'insectes orthoptères comprenant les criquets

acrimonie nf. Disposition à la mauvaise humeur : ton mordant, maussade

acrimonieux, euse adj. Aigre.

acrobate n. Personne qui exécute des exercices d'acrobatie.

acrobatie [sî] nf Exercice de gymnastique périlleux ou difficile.

acrobatique adj. D'acrobate.

acroléine nf. Liquide volatil, suffocant, provenant de la décomposition de la glycérine.

acromégalie nf. Développement anormal de la tête et des extrémités.

acropole nf. Partie la plus élevée des cités grecques, servant de citadelle.

acrostiche nm. Poésie dont la première lettre de chaque vers forme le mot pris pour sujet.

acte nm. Manifestation de la volonté. ‖ Déclaration légale : - *de naissance*. ‖ Formule religieuse : - *de foi*. ‖ Division d'une pièce de théâtre : *pièce en cinq -*. ‖ *Prendre -*, faire consigner un fait. ‖ *Faire de présence*, se montrer un instant.

acteur, trice n. Artiste de théâtre ou de cinéma. ‖ *Fig.* Personne qui joue un rôle dans un événement.

actif, ive adj. Vif, laborieux. ‖ Qui agit. ‖ Energique. ‖ Nm. *Comm.* Ce qu'on possède, par opposition à *passif*.

actinie nf. Anémone de mer.

actinique adj. Se dit de rayons lumineux exerçant une action chimique.

actinomètre nm. Instrument mesurant l'intensité des radiations.

actinométrie nf. Mesure de l'intensité des radiations.

action nf. Tout ce qui se fait. ‖ Occupation ; mouvement. ‖ Manière dont un corps agit sur un autre : - *chimique*. ‖ Combat : *intrépide dans l' -*. ‖ Marche des événements dans un récit, un drame : - *rapide*. ‖ Poursuite en justice : - *criminelle*. ‖ Part dans une entreprise financière ou commerciale : *acheter une - de chemin de fer*. ‖ Remerciement : - *de grâces*.

actionnaire n. Qui a des actions.

actionner vt. Mettre en mouvement.

activer vt. Presser ; accélérer.

activité nf. Puissance d'agir. ‖ Promptitude, vivacité. ‖ *En -*, en fonction.

actuaire n. Spécialiste de l'application des mathématiques aux assurances sur la vie.

actualiser vt. Rendre actuel.

actualité nf. Qualité de ce qui est actuel. ‖ Chose du moment. ‖ Nfpl. Petit film présentant des événements récents.

actuel, elle adj. Qui existe maintenant ; présent, contemporain.

acuité nf. Qualité de ce qui est aigu.

‖ *Fig.* Intensité des sensations : *l' - de la douleur*.

acupuncture ou **acuponcture** nf. Traitement médical consistant à piquer avec une aiguille certains points du corps.

adage nm. Proverbe ; maxime.

adagio adv *Mus.* Lentement. ‖ Nm. L'air même. ‖ Pl. des *adagios*.

adaptation nf. Action d'adapter.

adapter vt. Appliquer ; ajuster. ‖ *Fig.* Conformer : - *les moyens au but*. ‖ S' - vpr. Convenir. ‖ *Fig.* Se plier : *s' - aux circonstances*.

addenda [*ad-din*] nm. inv. Notes additionnelles à la fin d'un ouvrage.

addition nf. Action d'ajouter. ‖ Ce qu'on ajoute. ‖ *Fam.* Note de restaurant. ‖ *Arithm.* Réunion en une seule de grandeurs de même nature.

additionnel, elle adj. Qui est ou doit être ajouté.

additionner vt. Ajouter, joindre à.

adducteur adj. et nm. *Anat.* Muscle rapprochant les membres du corps.

adduction nf. Amenée d'eau. ‖ *Anat.* Action des muscles adducteurs.

adénite nf. Inflammation des glandes, des ganglions lymphatiques.

adénoïde adj. Qui a la forme du tissu glandulaire. ‖ *Végétations -*, hypertrophie des glandes du larynx.

adénome nm. Tumeur bénigne.

adepte n. Initié aux doctrines d'une secte, aux secrets d'une science.

adéquat [*koua*], e adj. Approprié.

adhérence nf. Contact, union d'une chose à une autre.

adhérent, e adj. Fortement attaché. ‖ N. *Fig.* Membre d'un parti.

adhérer [à] vt. ind. (c. *céder*). Tenir fortement à une chose. ‖ *Fig.* Etre d'un parti ; acquiescer : - *à une doctrine*. ‖ **Adhérant, e** part.

adhésif, ive adj. Qui adhère.

adhésion nf. Union. ‖ *Fig.* Consentement, approbation : *donner son -*.

adieu interj. et nm. Terme de civilité et d'amitié dont on se sert quand on se quitte.

adipeux, euse adj. Graisseux.

adiposité nf. Surcharge graisseuse.

adjacent, e adj. Qui touche. ‖ *Angles -*, angles contigus ayant même sommet et un côté commun.

adjectif nm. Mot que l'on joint au nom pour le qualifier ou le déterminer. ‖ **Adjectivement** adv. Comme adjectif.

adjoindre vt. Joindre à. ‖ **Adjoint, e** part., adj. et n. Personne qui en assiste ou en supplée une autre dans ses fonctions. ‖ Conseiller municipal qui remplace le maire.

adjonction nf. Action d'adjoindre.

adjudant nm. Sous-officier.

adjudicataire n. Personne à qui une chose est adjugée.

adjudication nf. Action d'adjuger.

adjuger vt. (c. *manger*). Attribuer par jugement. ‖ Donner des travaux ou vendre par adjudication publique ‖ Décerner, attribuer avec instance.

adjuration nf. Action d'adjurer. ‖ Formule d'exorcisme.

adjurer vt. Supplier avec instance.

adjuvant, e n. et adj. Médicament qui renforce l'action d'un autre.

admettre vt. Recevoir, agréer. ‖ Reconnaître comme vrai. ‖ Tolérer.

administrateur, trice adj. et n. Qui régit, administre.

administratif, ive adj. Qui tient ou a rapport à l'administration.

administration nf. Action d'administrer les affaires publiques ou privées. ‖ Régie de biens. ‖ Ensemble des fonctionnaires d'un service public.

administrer vt. Gouverner, diriger. ‖ Conférer : - *les sacrements*. ‖ Faire prendre : - *un vomitif*. ‖ Fam. Appliquer : - *des coups*. ‖ S' - vpr. S'attribuer : *s' - la meilleure part*. ‖ **Administré, e** part., adj. et n. Citoyen.

admirable adj. Digne d'admiration.

admirateur, trice n. Qui admire.

admiratif, ive adj. Qui marque de la surprise, de l'admiration.

admiration nf. Enthousiasme, émerveillement devant le beau ou le bien.

admirer vt. Considérer avec admiration. ‖ Trouver étrange, excessif : *j'admire ses prétentions*.

admissibilité nf. Qualité d'une personne ou d'une chose admissible.

admissible adj. et n. Qui peut être admis. ‖ Recevable, valable : *excuse -*. ‖ Qui a passé avec succès les épreuves écrites d'un examen.

admission nf. Action d'admettre.

admonestation nf. Remontrance.

admonester vt. Réprimander.

admonition nf. Avertissement.

adolescence nf. Période de la vie qui s'étend de la puberté à l'âge viril.

adolescent, e adj. et n. Qui est dans l'adolescence (de 14 à 20 ans).

adonner (s') [à] vpr. Se livrer à.

adoptable adj. Qui peut être adopté.

adopter vt. Prendre légalement pour fils ou pour fille. ‖ Choisir : *une opinion*. ‖ Admettre, accepter : - *un projet de loi*. ‖ **Adopté, e** part., adj. et n. Qui est l'objet d'une adoption. ‖ **Adoptant** nm. Celui qui adopte.

adoptif, ive adj. Qui a été adopté. ‖ Qui a adopté.

adoption nf. Action d'adopter.

adorable adj. Digne d'être adoré. ‖ *Par exagér*. Parfait : *un enfant -*.

adorateur, trice n. Personne qui adore. ‖ Qui aime avec excès.

adoration nf. Action d'adorer ‖ *Par ext*. Amour extrême.

adorer vt. Rendre un culte à la Divinité. ‖ *Par ext*. Aimer avec passion.

ados nm. Talus exposé au midi.

adossement nm. Etat de ce qui est adossé.

adosser vt. Appuyer contre.

adoubement nm. Action d'adouber.

adouber vt. Armer un chevalier.

adoucir vt. Rendre plus doux. ‖ *Fig*. Rendre supportable.

adoucissement nm. Action d'adoucir. ‖ *Fig*. Soulagement.

adragante adj. f. Se dit d'une gomme d'origine végétale utilisée en pharmacie.

adrénaline nf. Sécrétion des capsules surrénales, à effet vaso-constrictif.

adresse nf. Habileté, dextérité corporelle. ‖ *Fig*. Finesse de l'esprit : *projet plein d' -*. ‖ Suscription d'une lettre. ‖ Domicile. ‖ Expression des vœux d'une assemblée au souverain.

adresser vt. Envoyer directement. ‖ S' - vpr. *S' - à quelqu'un*, lui parler.

adret nm. Versant ensoleillé.

adroit, e adj. Qui a de la dextérité. ‖ *Fig*. Rusé : *un - fripon*.

adsorption nf. Absorption superficielle d'un gaz par un corps poreux.

adulateur, trice n. Flatteur.

adulation nf. Flatterie servile.

aduler vt. Flatter bassement.

adulte adj. Qui a terminé son adolescence. ‖ N. Personne d'âge mûr.

adultération nf. Falsification.

adultère adj. et n. Qui manque à la foi conjugale. ‖ Nm. Violation de la foi conjugale.

adultérer vt. (c. *céder*). Falsifier, altérer (au *pr*. et au *fig*.).

adultérin, e adj. et n. Né de l'adultère.

advenir vi. (usité seulement aux 3es pers. et à l'inf.). Arriver par accident, survenir : *quoi qu'il puisse -*.

adventice adj. Qui pousse spontanément : *plantes -*.

adventif, ive adj. Se dit d'un organe qui se développe en un point inhabituel : *racines -*.

adverbe nm. Mot invariable, qui modifie le sens d'un autre mot.

adverbial, e, aux adj. Qui tient de l'adverbe : *locution -*. ‖ **Adverbialement** adv.

adversaire nm. Qui est d'un parti, d'une opinion contraire, et que l'on combat. ‖ Rival, concurrent.

adversatif, ive adj. *Conjonction -,* qui marque opposition, comme *mais, cependant,* etc.

adverse adj. Contraire; opposé.

adversité nf. Infortune, malheur.

aède nm. Poète grec ancien.

aération nf ou **aérage** nm. Action d'aérer.

aérer vt. (c. *céder*). Donner de l'air.

aérien, enne adj. Formé d'air, de la nature de l'air. ‖ Qui se passe dans l'air. ‖ *Fig.* Léger : *démarche -.*

aérifère adj. Qui conduit l'air.

aérium nm. Etablissement pour cures d'air.

aérobie adj. et nm. Se dit de microbes ne pouvant vivre sans oxygène.

aéro-club nm. Centre de formation et d'entraînement pour les pilotes de l'aviation civile. ‖ Pl. des *aéro-clubs.*

aérodrome nm. Terrain d'envol et d'atterrissage des avions.

aérodynamique adj. Qui a trait à la résistance de l'air. ‖ *Fam.* Profilé.

aérogare nf. Dans un aéroport, aire d'embarquement.

aérographe nm. Pulvérisateur de peinture à air comprimé.

aérographie nf. Procédé de peinture au pistolet.

aérolithe ou **aérolite** nm. Pierre tombée du ciel.

aéromodélisme nm. Art de construire et de faire fonctionner des modèles réduits d'avions.

aéronaute n. Qui parcourt les airs dans un aérostat.

aéronautique adj. Qui a rapport à la navigation aérienne. ‖ Nf. Science de la navigation aérienne.

aéronaval, e, als adj. Qui a trait à la fois à la marine et à l'aviation.

aéronef nm. Nom générique de tous les appareils d'aviation.

aérophagie nf. Déglutition d'air.

aéroplane nm. V. AVION.

aéroport nm. Ensemble des installations utilisées par les lignes aériennes de transport.

aéroporté adj. Transporté par avion.

aéropostal, e, aux adj. Relatif à la poste aérienne.

aéroscope nm. Instrument destiné à recueillir les poussières de l'air afin d'en étudier la composition.

aérosol nm. Brouillard artificiel, souvent utilisé en médecine.

aérostat nm. Ballon fixe ou dirigeable.

aérostation nf. Art de construire et de diriger les aérostats.

aérostatique adj. Relatif à l'aérostation. ‖ Nf. Etude des lois de l'équilibre de l'air et des gaz.

aérostier nm. Celui qui manœuvre un aérostat.

aérotechnique adj. Science de la navigation aérienne.

aérothérapie nf. Traitement des maladies par l'air.

affabilité nf. Courtoisie; aménité.

affable adj. Aimable, courtois.

affabulation nf. Arrangement des faits constituant la trame d'un roman.

affadir vt. Rendre fade.

affadissement nm. Etat de ce qui devient fade.

affaiblir vt. Rendre faible.

affaiblissement nm. Diminution de force, d'activité (au *pr.* et au *fig.*).

affaire nf. Objet d'une occupation. ‖ Transaction. ‖ Procès : *plaider une -.* ‖ Duel : *- d'honneur.* ‖ *Avoir - à quelqu'un,* avoir besoin de lui parler. ‖ *J'en fais mon -,* je m'en charge. ‖ *Il fait mon -,* il me convient. ‖ *Se tirer d' -,* sortir d'un embarras. ‖ Pl. Intérêts de l'Etat et des particuliers : *les - publiques; se mêler des - d'autrui.* ‖ Activité commerciale, industrielle : *être dans les -.* ‖ *Fam.* Choses usuelles : *ranger ses -.*

affairement nm. Etat d'une personne affairée.

affairer (s') vpr. S'empresser, s'agiter. ‖ **Affairé, e** part., adj. et n. Très occupé.

affaissement nm. Tassement, écroulement. ‖ *Fig.* Accablement.

affaisser vt. Faire baisser en tassant. ‖ *Fig.* Accabler : *être affaissé sous le poids des ans.* ‖ S' - vpr. Se tasser. ‖ S'écrouler : *il s'est affaissé sur le trottoir.*

affaler vt. *Mar.* Faire descendre. ‖ S' - vpr. S'approcher trop de la côte en parlant du navire. ‖ *Par ext.* et *fam.* Se laisser tomber.

affamer vt. Priver de vivres. ‖ **Affamé, e** part., adj. et n. Qui a faim.

affameur, euse n. et adj. Personne qui affame.

affectation nf. Action d'affecter; son résultat.

affecter vt. Feindre, faire parade de : *- de grands airs.* ‖ Destiner à un usage précis : *- des fonds à une dépense.* ‖ Faire un usage fréquent : *- certaines expressions.* ‖ Attacher à une formation militaire. ‖ Exercer une

action sur : *ce remède affecte l'organisme*. ‖ Toucher : *son état m'a affecté*. ‖ S' - vpr. S'affliger.

affectif, ive adj. Relatif à la sensibilité.

affection nf. Attachement; amitié; tendresse. ‖ *Méd.* Etat maladif.

affectionner vt. Aimer, avoir de l'attachement pour : - *l'étude*.

affectivité nf. Caractère ou ensemble des phénomènes affectifs.

affectueux, euse adj. Rempli d'affection.

afférent, e adj. Qui revient à chacun. ‖ Qui apporte un liquide à un organe.

affermage nm. Action d'affermer.

affermer vt. Donner ou prendre à ferme, à bail. ‖ Louer.

affermir vt. Rendre ferme, consolider. ‖ *Fig.* Rendre stable : - *le pouvoir*.

affermissement nm. Action d'affermir; résultat de cette action.

afféterie nf. Manières recherchées.

affichage nm. Action d'afficher.

affiche nf. Avis officiel ou publicitaire placardé dans un lieu public.

afficher vt. Poser une affiche. ‖ *Fig.* Rendre public : - *sa honte*. ‖ Montrer avec affectation : - *des prétentions*. ‖ S' - vpr. Se faire remarquer (en mauv. part).

afficheur nm. Colleur d'affiches.

affidé, e adj. A qui l'on se fie. ‖ N. Agent secret, espion.

affilage nm. Action d'affiler.

affiler vt. Aiguiser un instrument tranchant. ‖ *Fig.* Avoir la langue bien *affilée*, aimer à bavarder, à médire. ‖ **D'affilée** loc. adv., sans s'arrêter.

affiliation nf. Action d'affilier.

affilier vt. Faire entrer dans un parti. ‖ Affilié, e part., adj. et n.

affiloir nm. Objet qui sert à affiler.

affinage nm. Action d'affiner.

affiner vt. Rendre plus pur, plus fin. ‖ Mûrir un fromage.

affineur nm. Ouvrier qui affine.

affinité nf. Conformité, rapport, liaison. ‖ *Chim.* Tendance de deux corps à se combiner.

affirmatif, ive adj. et nf. Qui affirme.

affirmation nf. Action d'affirmer.

affirmer vt. Assurer, soutenir, déclarer qu'une chose est vraie.

affixe nm. Préfixe ou suffixe.

affleurement nm. Action d'affleurer; résultat de cette action.

affleurer vt. Mettre de niveau. ‖ Etre au niveau de, toucher.

afflictif, ive adj. Se dit des châtiments qui atteignent le corps.

affliction nf. Grand chagrin.

affliger vt. (c. *manger*). Causer de l'affliction. ‖ Désoler, ravager : *la peste affligeait le pays*.

affluence nf. Grande foule. ‖ *Fig.* Grande abondance : - *de biens*.

affluent nm. Cours d'eau qui se jette dans un autre. ‖ Adj. : *rivière* -.

affluer vi. (c. *tuer*). Couler vers; aboutir au même point. ‖ *Fig.* Arriver en grand nombre. ‖ **Affluant** part.

afflux [*a-flu*] nm. Abondance soudaine : *l'* - *du sang*; - *de touristes*.

affolement nm. Etat d'une personne affolée.

affoler vt. Troubler complètement.

affouage nm. Droit de coupe dans un bois communal.

affouillement nm. Dégradation des berges par l'action des eaux.

affouiller vt. Creuser, dégrader.

affranchir vt. Libérer un esclave. ‖ Exempter d'une charge. ‖ Payer d'avance le port d'une lettre. ‖ **Affranchi, e** part., adj. et n.

affranchissement nm. Action d'affranchir.

affres nfpl. Sentiment d'angoisse.

affrètement nm. Action d'affréter.

affréter vt. (c. *céder*). Prendre un navire en location.

affréteur nm. Personne qui loue un navire.

affreux, euse adj. Qui cause de l'effroi. ‖ Excessivement laid.

affriander vt. Attirer.

affrioler vt. Attirer, allécher par un appât (au *pr.* et au *fig.*).

affront nm. Injure publique, outrage. ‖ Déshonneur, honte.

affrontement nm. Action d'affronter.

affronter vt. Mettre de niveau : - *des planches*. ‖ Faire face : - *l'ennemi*.

affublement nm. Action d'affubler ou de s'affubler.

affubler vt. Accoutrer, habiller d'une manière bizarre, ridicule.

affût nm. Support d'un canon. ‖ Endroit où l'on se poste pour attendre le gibier. ‖ *Fig.* Etre à l' -, épier l'occasion.

affûtage nm. Action d'affûter.

affûter vt. Aiguiser des outils.

afin de loc. prép., **afin que** loc. conj. marquant l'intention, le but : *afin de pouvoir*; *afin que vous sachiez*.

africain, aine adj. et n. Qui est d'Afrique.

afro-asiatique adj. Relatif à la fois à l'Afrique et à l'Asie.

Ag, symbole chimique de l'*argent*.

agace ou **agasse** nf. Nom dialectique de la *pie*.

agacement nm. Sensation désagréable

produite par des fruits acides, un bruit aigu, etc. ‖ *Fig.* Irritation.

agacer vt. Causer de l'agacement.

agacerie nf. Regards, paroles, petites manières pour attirer l'attention.

agape nf. Repas des premiers chrétiens. ‖ Pl. *Par ext.* Repas entre amis.

agar-agar nm. inv. Gélatine extraite d'une algue marine.

agaric [*rik*] nm. Nom de divers champignons comestibles (*girolles, champignons de couche,* etc.).

agate nf. Pierre précieuse, de couleurs vives et variées.

agave ou **agavé** nm. *Bot.* Plante textile d'origine américaine.

age nm. Timon de charrue.

âge nm. Durée ordinaire de la vie. ‖ Temps écoulé depuis la naissance. ‖ Chacun des différents degrés de la vie. ‖ Vieillesse : *homme d'-.*

âgé, e adj. Qui a tel âge. ‖ Vieux.

agence nf. Entreprise, société commerciale s'occupant de différentes affaires : publicité, voyages, banque, etc. ‖ Bureau de ces sociétés.

agencement nm. Combinaison, disposition, enchaînement.

agencer vt. (c. *placer*). Ajuster ; arranger.

agenda [*gin*] nm. Carnet pour noter ce qu'on doit faire. ‖ Pl. des *agendas.*

agenouillement nm. Action de s'agenouiller.

agenouiller (s') vpr. Se mettre à genoux.

agent nm. Tout ce qui agit. ‖ Celui qui gère les affaires d'autrui, de l'Etat. ‖ - *de change*, officier ministériel chargé de négocier les valeurs en Bourse. ‖ - *de police* ou simpl. *agent*, fonctionnaire chargé de maintenir l'ordre dans une ville.

agglomérat nm. Agrégat naturel de substances minérales.

agglomération nf. Action d'agglomérer ; son résultat. ‖ Ville, cité.

aggloméré nm. Pierre, brique comprimées. ‖ Briquette combustible.

agglomérer vt. (c. *céder*). Réunir en masse ; entasser ; assembler.

agglutination nf. Action d'agglutiner, de s'agglutiner.

agglutiner vt. Réunir ; agglomérer. ‖ **Agglutinant, e** part., adj. et nm. Propre à agglutiner, à coller.

aggravation nf. Augmentation, accroissement.

aggraver vt. Rendre plus grave. ‖ *Augmenter : - les impôts.*

agile adj. Leste, souple, alerte.

agilité nf. Légèreté, souplesse.

agio nm. Bénéfice, commission sur le change et l'escompte.

agiotage nm. Spéculation excessive.

agioter vi. Faire de l'agiotage.

agioteur nm. Qui fait de l'agiotage.

agir vi. Faire quelque chose ; produire un effet : *le feu agit sur les métaux.* ‖ Se comporter : - *en homme d'honneur.* ‖ Poursuivre en justice : - *civilement.* ‖ *Il s'agit,* il est question.

agissements nmpl. Façons d'agir.

agitateur nm. Emeutier, provocateur.

agitation nf. Activité désordonnée. ‖ *Fig.* Inquiétude, trouble : *l' - des esprits.*

agiter vt. Ebranler ; secouer en divers sens. ‖ *Fig.* Troubler : *les passions l'agitent.* ‖ Exciter : - *le peuple.* ‖ Discuter, débattre : - *une question.* ‖ S' - vpr. Remuer (au *pr.* et au *fig.*). ‖ **Agité, e** part., adj. et n.

agneau, elle n. Petit de la brebis.

agneler vi. (c. *appeler*). Mettre bas, en parlant de la brebis.

agnelet nm. Petit agneau.

agnès [*èss*] nf. Ingénue.

agnosticisme [*agh-noss*] nm. Doctrine philosophique qui déclare l'absolu inaccessible à l'esprit humain.

agnus [*agh-nuss*] ou **agnus-Dei** nm. Cire bénite par le pape, timbrée d'un agneau. ‖ Prière de la messe.

agonie nf. Lutte contre la mort.

agonir vt. Accabler. (Presque toujours suivi des mots *injures, sottises,* etc.) ‖ Part. passé *agoni.* (Ne pas confondre avec *agoniser.*)

agoniser vi. Etre à l'agonie. ‖ **Agonisant, e** part., adj. et n.

agora nf. Principale place publique dans les villes de la Grèce ancienne.

agoraphobie nf. Vertige ressenti en traversant une place, une rue.

agouti nm. Rongeur de la taille d'un lièvre, originaire d'Amérique.

agrafage nm. Action d'agrafer.

agrafe nf. Crochet de métal qui sert à réunir les bords d'un vêtement.

agrafer vt. Attacher avec une agrafe.

agrafeuse nf. Machine à agrafer.

agraire adj. Qui a rapport aux terres.

agrandir vt. Rendre plus grand. ‖ *Fig.* Elever, ennoblir.

agrandissement nm. Accroissement en étendue. ‖ *Phot.* Epreuve amplifiée d'un cliché.

agrandisseur nm. Appareil exécutant les agrandissements photographiques.

agrarien, enne adj. et n. Partisan du partage des terres.

agréable adj. et nm. Qui plaît, satisfait, convient : *l'utile et l' -.*

agréé nm. Avoué ou avocat auprès d'un tribunal de commerce.

agréer vt. Recevoir favorablement. ‖ Vt. ind. Plaire : *ce plan m'agrée.*

agrégat nm. Réunion de substances diverses adhérant entre elles.

agrégation nf. Assemblage de parties homogènes formant un tout. ‖ Concours pour l'obtention du titre d'agrégé.

agrégé, e n. Personne admise, après concours, au titre de professeur de l'Université.

agréger vt. (c. *céder*). Réunir en un tout des parties sans lien naturel.

agrément nm. Approbation, consentement. ‖ Qualité pour laquelle quelque chose plaît, charme. ‖ Plaisir. ‖ *Arts d'-*, cultivés par plaisir (musique, peinture, danse). ‖ *Travaux d'-*, exécutés comme distraction (tapisserie, broderie, etc.).

agrémenter vt. Orner.

agrès nmpl. *Mar.* Ensemble des poulies, manœuvres, voiles et vergues d'un navire. ‖ Appareils de gymnastique.

agresseur adj. et nm. Qui attaque.

agressif, ive adj. Qui a un caractère d'agression. ‖ Porté à attaquer. ‖ Blessant : *des propos -.*

agression nf. Attaque non provoquée.

agressivité nf. Combativité.

agreste adj. Rustique ; champêtre.

agricole adj. Relatif à l'agriculture.

agriculteur nm. Qui cultive la terre.

agriculture nf. Art de cultiver la terre pour la faire produire.

agriffer (s') vpr. S'accrocher avec les griffes.

agripper vt. Saisir avidement. ‖ S'- vpr. S'accrocher à.

agrologie nf. V. AGRONOMIE.

agronome nm. Qui enseigne ou pratique la science de l'agriculture.

agronomie nf. Science de l'agriculture.

agronomique adj. Relatif à l'agronomie.

agrumes nmpl. Nom collectif des fruits du genre *citron* (orange, etc.).

aguerrir vt. Accoutumer à la guerre, à la fatigue, au danger.

aguets nmpl. Surveillance attentive. ‖ *Être, se tenir aux -,* épier.

aguicher vt. Attirer, agacer.

ah! interj. Cri de joie, de douleur, d'admiration, d'impatience, etc.

ahan nm. Cri de fatigue.

ahaner vi. Supporter une grande fatigue. ‖ Faire entendre des ahans.

ahurir vt. Etourdir, déconcerter. ‖ Ahuri, e part., adj. et n.

ahurissement nm. Stupéfaction.

aï nm. Mammifère dit aussi *paresseux.*

aiche, èche ou **esche** nf. Appât que les pêcheurs accrochent à l'hameçon.

aide nf. Secours ; assistance. ‖ Nm. et f. Personne qui aide. ‖ *- de camp,* officier d'ordonnance.

aide-mémoire nm. inv. Ouvrage technique abrégé, formulaire.

aider vt. Seconder, assister. ‖ S' - vpr. Se servir : *s' - des mains.*

aïe! interj. Cri de douleur.

aïeul, aïeule n. Le grand-père, la grand-mère. ‖ Pl. des aïeuls, aïeules. ‖ Nmpl. *Les aïeux,* les ancêtres.

aigle nm. Un des plus forts oiseaux de proie. (Cri : l'aigle *trompette* ou *glatit.*) ‖ Pupitre d'église. ‖ *Fig.* Esprit supérieur : *l'Aigle de Meaux* (Bossuet). ‖ *Yeux, regards d' -,* très perçants. ‖ Décoration : *l'Aigle noir de Prusse.* ‖ *Grand -,* format de papier. ‖ Nf. Femelle de l'oiseau de proie. ‖ Etendard : *les - romaines.*

aiglefin nm. Petite morue.

aiglon, onne n. Petit de l'aigle.

aigre adj. Acide, piquant, sur. ‖ *Fig.* Criard, désagréable : *voix -.*

aigre-doux, ce adj. Mêlé d'aigre et de doux. ‖ *Fig. : paroles aigres-douces.*

aigrefin nm. Homme qui vit de procédés indélicats.

aigrelet, ette adj. Un peu aigre.

aigrette nf. Faisceau de plumes. ‖ Panache d'un casque, d'un dais. ‖ Bouquet de diamants. ‖ Echassier.

aigretté, e adj. *Bot.* Qui porte une aigrette.

aigreur nf. Etat de ce qui est aigre. ‖ Renvoi : *avoir des -.* ‖ *Fig. Parler avec -,* dire des choses blessantes.

aigrin nm. Poirier, pommier jeunes.

aigrir vt. Rendre aigre. ‖ *Fig.* Irriter : *le malheur aigrit les cœurs.*

aigrissement nm. Action d'aigrir.

aigu, ë adj. Terminé en pointe. ‖ *Fig.* Perçant : *voix -.* ‖ *Vif : douleur -.* ‖ *Accent -,* qui va de droite à gauche. ‖ *Angle -,* plus petit que l'angle droit. ‖ *Maladie -,* à évolution rapide.

aigue-marine nf. Emeraude vert de mer. ‖ Pl. des *aigues-marines.*

aiguière [*è-ghyèr'*] nf. Vase à eau.

aiguillage nm. Manœuvre des aiguilles d'une voie ferrée. ‖ Appareil servant à cette manœuvre.

aiguille [*è-ghuiy'*] nf. Petite tige d'acier, pour coudre. ‖ Petite verge de métal, servant à divers usages : *- à tricoter ; - de cadran ; - de phonographe.* ‖ Sommet aigu. ‖ Rail mobile pour les changements de voie. ‖ Feuille de pin. ‖ *- aimantée,* v. BOUSSOLE.

Charrue Brabant

Faucheuse

Faneuse

Semoir.

Râteau

Pulvériseur à disques

Moissonneuse-batteuse

Épandeur d'engrais

Batteuse

Presse à fourrage

aiguillée nf. Longueur de fil passée dans l'aiguille.

aiguiller [è-ghui-yé] vt. Diriger sur une autre voie. ‖ *Fig.* Orienter.

aiguillette nf. Cordon ferré aux deux bouts. ‖ *Mar.* Cordage. ‖ Tranche de viande. ‖ Pl. Ornement militaire.

aiguilleur nm. Celui qui manœuvre les aiguilles d'une voie ferrée.

aiguillier nm. Etui à aiguilles.

aiguillon [è-ghui-yon] nm. Pointe de fer fixée au bout du bâton des bouviers. ‖ Dard des insectes. ‖ *Fig.* Stimulant : *la gloire est un puissant* -.

aiguillonnement nm. Action d'aiguillonner; son résultat.

aiguillonner vt. Piquer avec l'aiguillon. ‖ *Fig.* Exciter, stimuler.

aiguisage ou **aiguisement** nm. Action d'aiguiser, d'affûter.

aiguiser [è-ghui ou ghui-zé] vt. Rendre aigu, tranchant. ‖ *Fig.* - l'appétit, l'exciter.

aiguisoir nm. Outil servant à aiguiser.

ail nm. Oignon d'odeur très forte. ‖ Pl. des *aulx*. (En botanique, des *ails*.)

ailante nm. Vernis du Japon.

aile nf. Membre des oiseaux, des insectes qui leur sert à voler. ‖ Pétale de la fleur des légumineuses. ‖ *Par ext.* - *d'un moulin*, ses châssis; *d'un avion*, ses plans; *d'une automobile*, ses garde-boue; *d'un bâtiment*, ses côtés; *d'une armée*, ses flancs. ‖ *Fig.* Protection, surveillance : *se réfugier sous l'* - *de sa mère.* ‖ *Voler de ses propres* -, se passer d'autrui.

ailé, e adj. Qui a des ailes.

aileron nm. Extrémité de l'aile. ‖ Nageoires. ‖ Planchette qui garnit les roues des moulins à eau. ‖ Volet articulé prolongeant les ailes d'avion.

ailette nf. Petite aile. ‖ Chacun des petits tenons saillants qui assurent la trajectoire d'un projectile ou le refroidissement des cylindres d'un moteur.

aillade [a-yad'] nf. Sauce à l'ail.

ailleurs adv. En un autre lieu. ‖ **D'** - loc. adv., d'un autre lieu : *il vient* - ; de plus, pour une autre cause.

ailloli nm. Ail pilé à l'huile d'olive.

aimable adj. Digne d'être aimé. ‖ De nature à plaire; affable, courtois.

aimant nm. Oxyde naturel de fer qui attire le fer. ‖ Barreau, aiguille d'acier ayant artificiellement acquis cette propriété.

aimantation nf. Action d'aimanter.

aimanter vt. Communiquer à un corps la propriété de l'aimant.

aimer vt. Avoir de l'affection, un penchant pour quelqu'un ou pour quelque chose.

aine nf. Partie du corps, pli de flexion, entre la cuisse et le bas-ventre.

aîné, e adj. et n. Plus âgé.

aînesse nf. Priorité d'âge entre frères et sœurs. ‖ *Droit d'* -, droit de l'aîné à la plus large part de la succession.

ainsi adv. De cette façon. ‖ Conj. Donc. ‖ **Ainsi que** loc. conj., de cette manière que.

air nm. Gaz qui forme l'atmosphère. ‖ Vent. ‖ *Prendre l'* -, se promener. ‖ *Contes en l'* -, discours invraisemblables. ‖ *Promesses en l'* -, vaines.

air nm. Manière; façon. ‖ Expression du visage : *avoir l'* - *fier.* ‖ Ressemblance : *il a de votre* - ‖ *Avoir l'* -, paraître. ‖ *Prendre de grands* -, affecter des manières au-dessus de son état.

air nm. Musique d'un chant.

airain nm. Bronze. ‖ *Fig. Cœur d'* -, dur et impitoyable.

aire nf. Lieu où l'on bat le grain. ‖ Nid de l'aigle. ‖ *Géom.* Surface.

airelle nf. Arbuste à baies acides et rafraîchissantes. (V. MYRTILLE.)

aisance nf. Facilité qui se montre dans les actions, le langage. ‖ Fortune. ‖ *Cabinets d'* -, water-closets.

aise nf. Contentement, état agréable. ‖ *Fam.* En prendre à son -, faire ce qui plaît. ‖ *Ironiq. A votre* -, ne vous gênez pas. ‖ Pl. Commodité de la vie : *aimer ses* -.

aise adj. Content . *je suis bien* -.

aisé, e adj. Facile. ‖ Fortuné.

aisselle nf. Creux du bras, à l'endroit où il joint l'épaule.

aissette nf. Hachette du tonnelier.

aîtres [être'] nmpl. V. ÊTRES.

ajonc nm. Arbuste épineux à fleurs jaunes, de la famille des légumineuses.

ajourer vt. Pratiquer des jours.

ajournement nm. Remise d'une affaire, d'un procès à un autre jour.

ajourner vt. Renvoyer à une autre date : - *un conscrit.* ‖ **Ajourné, e** part., adj. et nm.

ajouter vt. Joindre, additionner. ‖ Dire de plus. ‖ - *foi*, croire. ‖ **Ajouté, e** part., adj. et nm.

ajustage nm. Action d'ajuster.

ajustement nm. Action d'ajuster, de mettre en place. ‖ Parure.

ajuster vt. Rendre juste : - *une balance.* ‖ Adapter : - *un couvercle.* ‖Mettre en état de fonctionner : - *une machine.* ‖ Viser : - *un lièvre.* ‖ Disposer avec soin : - *sa cravate.*

ajusteur nm. Ouvrier qui adapte les diverses pièces d'une machine.

ajutage nm. Tube fixé à la sortie d'un tuyau pour régulariser le débit.

akène nm. Fruit sec.

Al, symbole de l'*aluminium*.

alacrité nf. Enjouement ; entrain.

alaire adj. Relatif aux ailes.

alaise ou **alèse** nf. Tissu protecteur placé sous le corps d'un malade.

alambic [*bik*] nm. Appareil servant à distiller.

alambiqué, e adj. Compliqué, trop subtil.

alanguir vt. Rendre languissant.

alanguissement nm. État de langueur.

alarme nf. Cri, appel aux armes. ‖ Frayeur. ‖ Pl. Inquiétudes.

alarmer vt. Causer de l'inquiétude, de la frayeur. ‖ S' - vpr. S'inquiéter.

alarmiste n. et adj. Qui répand l'alarme ; pessimiste.

albanais, aise adj. et n. D'Albanie.

albâtre nm. Marbre translucide. ‖ *Fig.* Blancheur extrême : *un cou d'-*.

albatros [*tross*] nm. Oiseau palmipède des mers australes.

alberge nf. Sorte d'abricot.

albergier nm. Abricotier.

albigeois, e adj. et n. De la ville d'Albi ou de l'Albigeois.

albinisme nm. Diminution ou absence de la matière colorante de la peau et du système pileux.

albinos n. Affecté d'albinisme.

albugo nm. *Méd.* Tache blanche qui se forme sur les ongles ou la cornée.

album nm. Recueil de dessins, de photographies, etc. ‖ Pl. des *albums*.

albumen nm. Blanc d'œuf. ‖ Partie de la graine entourant l'embryon.

albumine nf. Substance organique azotée analogue au blanc d'œuf.

albumineux, euse adj. Qui contient de l'albumine.

albuminoïde adj. et nm. Qui a les caractères de l'albumine.

albuminurie nf. Présence d'albumine dans les urines.

alcade nm. Magistrat espagnol.

alcali nm. *Chim.* Substance dont les propriétés chimiques sont analogues à celles de la soude. ‖ - *volatil*, ammoniaque.

alcalin, e adj. Qui se rapporte aux alcalis : *sel* -.

alcalinité nf. État alcalin.

alcaliser ou **alcaliniser** vt. Donner des propriétés alcalines.

alcaloïde nm. Substance organique rappelant les propriétés des alcalis.

alcarazas nm. Vase de terre poreuse, où l'eau se rafraîchit par évaporation.

alcée nf. Rose trémière.

alchimie nf. Recherche chimérique de la transmutation des métaux.

alchimiste nm. Qui s'occupait d'alchimie.

alcool [*kol*] nm. *Chim.* Liquide combustible obtenu par distillation des jus fermentés. ‖ Tout corps de propriétés chimiques analogues.

alcoolique adj. Qui contient de l'alcool. ‖ N. Qui fait abus de l'alcool.

alcooliser vt. Ajouter de l'alcool à un autre liquide. ‖ S' - vpr. Devenir alcoolique.

alcoolisme nm. Maladie provoquée par l'abus des boissons alcooliques.

alcoomètre nm. Aréomètre pour mesurer le degré d'alcool d'un liquide.

alcôve nf. Enfoncement dans une chambre pour recevoir un lit.

alcyon nm. Oiseau de mer fabuleux.

aldéhyde nm. Produit de l'oxydation d'un alcool.

ale [*èl'*] nf. (m. angl.). Bière anglaise.

aléa nm. Chance, hasard.

aléatoire adj. Incertain, douteux.

alène nf. Poinçon de cordonnier.

alentour adv. Aux environs. ‖ Nmpl. Lieux qui avoisinent.

alérion nm. *Blas.* Petite aigle sans bec ni pieds.

alerte adj. Agile, leste. ‖ Nf. Menace soudaine d'un danger. ‖ Interj. Debout! garde à vous!

alerter vt. Donner l'alerte.

alésage nm. Action d'aléser.

alèse nf. V. ALAISE.

aléser vt. (c. *céder*). Régulariser l'intérieur d'un tube : - *un cylindre*.

alésoir nm. Outil pour aléser.

aleurone nf. Corpuscule azoté, chez les plantes.

alevin nm. Menu poisson qui sert à peupler les étangs, les rivières.

alevinage nm. Art de propager les alevins.

aleviner vt. Repeupler d'alevins.

alexandrin adj. et nm. Vers de douze syllabes.

alezan, e adj. et n. De couleur fauve, en parlant des chevaux.

alfa nm. Graminée d'Algérie à fibres textiles.

algarade nf. Insulte, apostrophe brusque et bruyante.

algèbre nf. Science du calcul des grandeurs représentées par des lettres.

algébrique adj. Relatif à l'algèbre : *formule* -.

algébriste nm. Qui connaît ou enseigne l'algèbre.

algérien, enne adj. et n. D'Algérie.

algérois, e adj. et n. D'Alger.

algide adj. Qui fait éprouver les sensations de froid.

alguazil [ghoua-zil] nm. Officier de police en Espagne.

algue nf. Plante aquatique dont on extrait de l'iode, de la potasse, des gélatines.

alias adv. lat. Autrement dit : *Poquelin, - Molière.*

alibi nm. Absence d'un lieu prouvée par la présence ailleurs. ‖ Pl. des *alibis.*

aliboron nm. Ane. ‖ *Fig.* Ignorant.

alidade nf. Règle graduée destinée à la mesure des angles et munie de fentes de visée.

aliénabilité nf. Qualité de ce qui est aliénable.

aliénable adj. Qui peut être vendu ou transféré.

aliénation nf. Action d'aliéner. ‖ *Fig.* Folie : - *mentale.*

aliéner vt. (c. *céder*). Vendre. ‖ Abandonner un droit naturel : - *sa liberté.* ‖ Troubler, déranger : - *la raison.* ‖ S'- vpr. Perdre : - *une amitié.* ‖ Aliéné, e part., adj. et n. Dément.

aliéniste adj. et n. Spécialiste des maladies mentales.

alignement nm. Action d'aligner.

aligner vt. Ranger sur une ligne droite. ‖ S'- vpr. *Fam.* Se mettre en face d'un autre pour se battre.

aligoté nm. Cépage blanc bourguignon.

aliment nm. Nourriture. ‖ *Fig.* Nourriture intellectuelle : *les sciences sont l' - de l'esprit.*

alimentaire adj. Propre à servir d'aliment. ‖ Destiné pour les aliments : *pension -.*

alimentation nf. Action d'alimenter. ‖ Commerce des denrées alimentaires.

alimenter vt. Nourrir. ‖ Approvisionner : - *le feu.*

alinéa nm. Ligne en retrait. ‖ Passage compris entre deux lignes en retrait. ‖ Pl. des *alinéas.*

alios nm. Dans les Landes, couche de grès imperméable.

aliquote adj. *Math.* Qui est contenu exactement un certain nombre de fois dans un tout.

alise nf. Fruit aigrelet de l'alisier.

alisier nm. Arbre à fleurs blanches ou roses.

alitement nm. Séjour au lit.

aliter vt. Forcer à garder le lit. ‖ S'- vpr. Se mettre au lit par maladie.

alizé adj. et nm. Se dit des vents réguliers qui soufflent de l'est à l'ouest entre les tropiques.

alkékenge [kanj] nm. Plante diurétique, appelée vulgairement *coqueret.*

allaitement nm. Action d'allaiter.

allaiter vt. Nourrir de son lait.

allant, e adj. Qui aime le mouvement,

l'activité. ‖ Nmpl. Ceux qui vont : *les - et les venants.* ‖ Nmsing. *Fam.* Entrain, ardeur : *être plein d' -.*

allécher vt. (c. *céder*). Attirer en flattant le goût, l'odorat. ‖ *Fig.* Attirer, séduire : - *quelqu'un par de belles promesses.*

allée nf. Passage étroit. ‖ Chemin bordé d'arbres. ‖ - *et venues,* action d'aller et de venir.

allégation nf. Citation d'un fait. ‖ Assertion.

allège nf. Embarcation servant au chargement ou au déchargement des navires en rade. ‖ Petit mur d'appui.

allégement nm. Action d'alléger.

alléger vt. (c. *abréger*). Soulager d'une partie d'un fardeau. ‖ *Fig.* Calmer, adoucir : - *la peine.*

allégorie nf. Expression d'une idée par une image ou par un être vivant. ‖ Peinture ou sculpture représentant une idée abstraite.

allégorique adj. Qui appartient à l'allégorie. ‖ **Allégoriquement** adv.

allègre adj. Alerte, plein d'entrain.

allégresse nf. Joie débordante.

allégretto adv. *Mus.* Moins vite qu'allégro. ‖ Nm. Air chanté ou joué dans ce mouvement. ‖ Pl. des *allégrettos.*

allégro adv. Vivement et gaiement. ‖ Nm. Air chanté ou joué dans ce mouvement. ‖ Pl. des *allégros.*

alléguer vt. (c. *céder*). Mettre en avant; prétexter.

alléluia [lui-ia] nm. Cri d'allégresse qui, en hébreu, signifie *louez Jahvé.* ‖ Pl. des *alléluias.*

allemand, e adj. et n. Qui a rapport à, ou qui est de l'Allemagne.

allemande nf. Danse vive et gaie, à deux temps.

aller vi. (*Je vais, tu vas, il va,* n. *allons,* v. *allez, ils vont. J'allais,* n. *allions. J'allai,* n. *allâmes. Je suis allé. J'irai. J'irais. Va, allons, allez. Q. j'aille, q. n. allions, q. v. alliez, qu'ils aillent. Q. j'allasse, qu'il allât. Allant. Allé, allée.*) Se mouvoir. ‖ Conduire : *ce chemin va à Paris.* ‖ Marcher; fonctionner : *cette montre va trente heures.* ‖ Avancer : *ce travail ne va pas.* ‖ Prospérer : *le commerce va.* ‖ S'ajuster : *cette robe va bien.* ‖ Être sur le point de : *nous allons partir.* ‖ Se porter : *comment allez-vous?* ‖ Il y va de, il s'agit de. ‖ *Se laisser aller,* s'abandonner. ‖ S'en - vpr. Se retirer. ‖ Mourir : *ce malade s'en va.* (Dites : *je m'en suis allé, je m'en étais allé,* etc. Ecrivez *va-t'en* et non *va-t-en.* A l'impératif, on dit *vas-y* et non *va-y.*)

aller nm. Action d'aller : *l' - et le retour.*

allergie nf. Modification apportée dans l'état de l'organisme par l'introduction d'un virus ou de certaines substances.

alliacé, e adj. Qui tient de l'ail.

alliage nm. Mélange solide résultant de la fusion de plusieurs métaux.

alliaire nf. Plante ombellifère à odeur d'ail.

alliance nf. Union par mariage. ‖ Anneau nuptial. ‖ *Fig.* Ligue d'Etats souverains. ‖ *Fig.* Union de plusieurs choses : - *de prudence et de courage.*

allier vt. Mêler; combiner. ‖ *Fig.* : - *la force à la prudence.* ‖ S' - vpr. S'unir par le mariage. ‖ Se liguer. ‖ **Allié, e** part., adj. et n. Qui est uni par un pacte, un traité. ‖ Parent par alliance.

alligator nm. Caïman d'Amérique.

allitération nf. Répétition des mêmes sonorités au début des mots. Ex. : *Pour qui sont ces serpents qui sifflent [sur vos têtes?*

allô! interj. Appel, préparation à une conversation téléphonique.

allocation nf. Action d'allouer. ‖ Somme allouée : *les - familiales.*

allocution nf. Bref discours.

allogène adj. et n. D'une autre race.

allonge nf. Pièce pour allonger. ‖ Crochet servant à suspendre la viande.

allongement nm. Augmentation de longueur.

allonger vt. (c. *manger*). Rendre plus long. ‖ Etendre : - *le bras.* ‖ Porter, assener : - *un coup de poing.*

allopathe n. et adj. Médecin qui traite par l'allopathie.

allopathie nf. Médecine usuelle qui, pour guérir les maladies, utilise des remèdes d'une nature contraire à ces maladies.

allotropie nf. Propriété de certains corps chimiques de présenter plusieurs formes physiquement différentes : *l' - du phosphore.*

allouer vt. (c. *tuer*). Accorder, attribuer.

allumage nm. Action d'allumer. ‖ Inflammation du mélange gazeux dans un moteur à explosion. ‖ Dispositif engendrant cette inflammation.

allume-feu nm. inv. Bûchette enduite de résine.

allumer vt. Mettre le feu à. ‖ Rendre lumineux. ‖ *Fig.* Faire naître : - *la guerre.*

allumette nf. Petit morceau de bois imprégné à l'une de ses extrémités d'un mélange inflammable par frottement.

allumeur nm. Celui qui est chargé d'allumer. ‖ Distributeur d'allumage d'un moteur à explosion.

allumoir nm. Appareil servant à allumer.

allure nf. Façon de marcher, vitesse. ‖ *Fig.* Tournure que prend une affaire.

allusion nf. Mot, phrase qui évoque une personne, une chose sans le nommer.

alluvial, e, aux adj. Qui est le produit d'une alluvion.

alluvion nf. Dépôt laissé par un cours d'eau.

almanach [*na*] nm. Calendrier avec indications astronomiques, contes, etc.

almée nf. Danseuse égyptienne.

almélec nm. Alliage d'aluminium et de magnésium.

aloès [*èss*] nm. Plante grasse dont on extrait une résine amère et purgative. ‖ Cette résine elle-même.

aloi nm. Titre légal de l'or et de l'argent. ‖ Qualité d'une chose : *marchandises de bon -.*

alopécie nf. Chute partielle ou totale des cheveux, des poils.

alors [*lor*] adv. En ce temps-là. ‖ En ce cas-là : - *n'en parlons plus.* ‖ **Jusqu'** - loc. adv., jusqu'à ce moment-là. ‖ - **que** loc. conj., quand bien même : - *que vous seriez malade.* ‖ Lorsque : - *que vous étiez malade.*

alose nf. Poisson de mer et d'eau douce de la famille des harengs.

alouate nm. Singe hurleur.

alouette nf. Petit oiseau des champs. (Cri : l'alouette *grisolle.*)

alourdir vt. Rendre plus lourd.

alourdissement nm. Etat de celui ou de ce qui est alourdi.

aloyau nm. Pièce de bœuf coupée le long du dos.

alpaga nm. Ruminant du genre lama. ‖ Etoffe faite avec son poil.

alpage nm. Pâturage des hautes altitudes.

alpax nm. Alliage d'aluminium et de silicium.

alpenstock [*pin-stok*] nm. Long bâton ferré.

alpestre adj. Spécial aux Alpes.

alpha nm. Première lettre de l'alphabet grec (α). ‖ *Fig. L' - et l'oméga,* le commencement et la fin.

alphabet nm. Liste des lettres d'une langue. ‖ Petit livre qui contient les éléments de la lecture.

alphabétique adj. Selon l'ordre de l'alphabet.

alpin, e adj. Qui vit, qui croît sur les Alpes ou en altitude. ‖ *Chasseur -,* fantassin des troupes de montagne.

alpinisme nm. Sport des ascensions en montagne.

alpiniste n. Qui pratique l'alpinisme.

alsacien, enne adj. et n. D'Alsace.

altérabilité nf. Qualité de ce qui peut être détérioré.

altération nf. Action d'altérer; son résultat. ‖ Dièse ou bémol.

altercation nf. Dispute, vif débat.

altérer vt. (c. *céder*). Changer en mal. ‖ Falsifier : - *les monnaies*. ‖ Refroidir : - *l'amitié*. ‖ Exciter la soif : *de longues courses nous altèrent*.

alternance nf. ou **alternat** nm. Action d'alterner.

alternateur nm. Générateur électrique de courants alternatifs.

alternatif, ive adj. Qui agit tour à tour. ‖ Courant électrique qui change périodiquement de sens. ‖ **Alternativement** adv.

alternative nf. Succession de choses qui reviennent tour à tour. ‖ *Fig.* Choix entre deux partis à prendre : *je vous laisse l' -.*

alterne adj. *Math.* Se dit des angles formés de part et d'autre d'une sécante coupant deux parallèles. ‖ *Bot. Feuilles, fleurs -*, disposées de part et d'autre de la tige les unes au-dessus des autres.

alterner vi. Se succéder avec régularité. ‖ *Agric.* Varier la culture.

altesse nf. Titre donné aux princes et aux princesses.

altier, ère adj. Orgueilleux, hautain.

altimètre nm. Appareil servant à mesurer l'altitude.

altitude nf. Hauteur d'un lieu au-dessus du niveau de la mer.

alto nm. Voix grave d'enfant ou de femme. ‖ Grand violon. ‖ Instrument de cuivre ayant deux à pistons. ‖ Pl. des *altos*.

altruisme nm. Amour d'autrui.

altruiste adj. et n. Qui a rapport à l'altruisme, qui le professe.

alumine nf. *Chim.* Oxyde d'aluminium (Al_2O_3) qui, diversement coloré, constitue plusieurs pierres précieuses (rubis, saphir, etc.).

aluminium [*om'*] nm. Métal (Al) blanc bleuâtre, très léger, ductile et malléable, s'altérant peu à l'air.

aluminothermie nf. Production de hautes températures par réduction de divers oxydes métalliques au moyen de poudre d'aluminium.

alun nm. Sulfate double d'aluminium et de potassium.

alunir vi. Prendre contact avec la lune.

alunissage nm. Action d'alunir.

alvéolaire adj. Relatif aux alvéoles.

alvéole nm. Cellule d'abeille. ‖ Cavité où la dent est enchâssée. ‖ Cavité terminale des bronches.

amabilité nf. Politesse affable.

amadou nm. Substance spongieuse préparée pour prendre feu aisément.

amadouer vt. Gagner par des amabilités, des prévenances.

amadouvier nm. Champignon dont on fait l'amadou.

amaigrir vt. Rendre maigre.

amaigrissement nm. Diminution du volume du corps.

amalgame nm. Alliage du mercure avec un autre métal. ‖ *Fig.* Mélange disparate : *un - de couleurs*.

amalgamer vt. Faire un amalgame. ‖ **S' -** vpr. *Fig.* S'unir.

aman nm. Cri des musulmans demandant grâce dans un combat. ‖ *Demander l' -*, faire sa soumission.

amande nf. Fruit de l'amandier. ‖ Graine contenue dans un noyau.

amandier nm. Genre d'arbres de la famille des rosacées, qui portent des amandes.

amanite nf. Genre de champignons des bois, qui renferment, à côté d'espèces comestibles (oronge vraie), les espèces les plus vénéneuses (amanite phalloïde, etc.).

amant, e n. Personne qui aime une personne d'un autre sexe.

amarante nf. Herbe annuelle à floraison pourpre. ‖ Adj. inv. : *étoffes -*.

amariner vt. *Mar.* S'emparer d'un navire ennemi et l'employer contre l'adversaire. ‖ Habituer un équipage à la mer.

amarrage nm. *Mar.* Action d'amarrer.

amarre nf. Câble servant à amarrer.

amarrer vt. Fixer un navire au moyen d'une amarre.

amaryllis [*liss*] nf. Plante bulbeuse à grandes fleurs odorantes.

amas [*ma*] nm. Accumulation de choses de même nature.

amasser vt. Réunir, accumuler. ‖ *Absol.* Thésauriser.

amateur adj. et n. Qui a du goût pour : - *de peinture*. ‖ *Fig.* Qui s'adonne aux beaux-arts, aux sports, etc., sans en faire profession. ‖ Qui manque de zèle : *travailler en -*.

amatir vt. Rendre mats les métaux précieux.

amazone nf. Femme qui monte à cheval. ‖ *Fig.* Femme d'un courage viril. ‖ Longue jupe que les femmes portent pour monter à cheval.

ambages nfpl. Circonlocutions, paroles ambiguës : *parlez sans -!*

ambassade nf. Fonction d'ambassadeur. ‖ Hôtel et bureaux de l'ambassade.

ambassadeur, drice n. Représentant d'un Etat près d'une puissance étrangère. ‖ *Fig.* et *fam.* Messager.

ambiance nf. Ce qui environne; milieu physique ou moral.

ambiant, e adj. Qui entoure, enveloppe : *l'air -.*

ambidextre adj. et n. Qui se sert également bien des deux mains.

ambigu, ë adj. Dont le sens est incertain, équivoque.

ambiguïté nf. Etat de ce qui est ambigu : *parler sans -.*

ambitieux, euse adj. et n. Qui a ou qui annonce de l'ambition.

ambition nf. Désir immodéré de gloire, de fortune, etc. ‖ En bonne part, désir, dessein : *toute son se borne à remplir ses devoirs.*

ambitionner vt. Rechercher avec ardeur.

amble nm. Allure d'un quadrupède qui lève en même temps les deux jambes du même côté.

ambon nm. V. JUBÉ.

ambre nm. Substance résineuse et aromatique. ‖ *Ambre gris,* concrétion intestinale des cachalots, qui exhale une odeur de musc. ‖ *Ambre jaune* ou *succin,* matière résineuse fossile. ‖ *Fig. Fin comme l' -,* subtil; pénétrant.

ambrer vt. Parfumer avec de l'ambre. ‖ *Ambré,* e part. et adj : *eau de Cologne -.*

ambroisie m. Nourriture des dieux de l'Olympe. ‖ *Fig.* Mets exquis.

ambulance nf. Hôpital militaire mobile. ‖ Etablissement médical provisoire. ‖ Voiture servant au transport des malades.

ambulancier, ère n. Personne attachée au service d'une ambulance.

ambulant, e adj. et n. Qui se déplace par nécessité professionnelle : *marchand -.* ‖ Postier des wagons-poste.

ambulatoire adj. Relatif à la marche ‖ *Jurispr.* Qui n'a pas de siège fixe.

âme nf. Principe spirituel chez l'homme. ‖ Qualités morales, bonnes ou mauvaises : *- noble.* ‖ Conscience; pensée intime : *les yeux sont le miroir de l' -.* ‖ Habitant : *ville de 20 000 -.* ‖ Agent : *cet homme était l' - du complot.* ‖ *Homme sans -,* qui ne sent rien. ‖ *Chanter avec -,* avec expression. ‖ *Rendre l' -,* expirer. ‖ *Par ext.* Petite pièce d'un instrument à cordes, d'un soufflet, etc. : *l' - d'un violon.* ‖ Vide intérieur d'une bouche à feu : *l' - d'un canon.*

amélioration nf. Progrès dans le bien.

améliorer vt. Rendre meilleur : *chercher à - sa situation.*

amen [mèn] nm. inv. Mot hébreu qui signifie *ainsi soit-il.* ‖ *Fam. Dire -,* consentir à une chose.

aménagement nm. Action d'aménager; son résultat.

aménager vt. (c. *manger*). Disposer avec ordre. ‖ Régler les coupes d'une forêt.

amendable adj. Qui est susceptible d'amélioration : *sol -.*

amende nf. Peine pécuniaire. ‖ *Faire - honorable,* demander pardon.

amendement nm. Changement en mieux. ‖ Modification apportée à une loi : *proposer un -.* ‖ Substance incorporée au sol pour le fertiliser.

amender vt. Rendre meilleur : *- une terre.* ‖ Modifier : *- une loi.*

amène adj. Doux, agréable.

amener vt. (c. *mener*). Conduire en menant. ‖ Faire venir avec soi. ‖ *Fig.* Occasionner : *la guerre amène bien des maux.* ‖ *Mar. - les voiles,* les mettre bas. ‖ *- pavillon,* se rendre.

aménité nf. Douceur; affabilité. ‖ Au pl., *par plaisant.,* paroles ou écrits blessants : *se dire des -.*

amenuiser vt. Rendre moins épais.

amer nm. Objet fixe très visible, situé sur la côte et servant de repère aux navires.

amer, ère adj. Qui a une saveur rude et désagréable. ‖ *Fig.* Extrême : *douleur -.* ‖ Triste : *souvenir -.* ‖ Piquant : *raillerie -.* ‖ Dur : *reproches -.* ‖ Nm. Infusion de plantes amères. ‖ Fiel de quelques animaux : *un - de bœuf.*

américain, aine adj. et n. Qui est d'Amérique.

américaniser vt. Donner le caractère américain.

américanisme nm. Manière d'être ou de parler des Américains.

amerrir vi. Se poser sur l'eau.

amerrissage nm. Action d'amerrir.

amertume nf. Saveur amère. ‖ *Fig.* Affliction : *les - de la vie.* ‖ Aigreur : *critiquer avec -.*

améthyste nf. Pierre précieuse de quartz violet.

amétrope adj. Atteint d'amétropie.

amétropie nf. Vision anormale (hypermétropie, myopie, astigmatisme).

ameublement nm. Ensemble des meubles garnissant un appartement.

ameublir vt. Labourer un sol pour le rendre meuble.

ameublissement nm. Action d'ameublir.

ameuter vt. Assembler des chiens courants pour la chasse. ‖ *Par ext.* Attrouper; soulever : *- le quartier.*

ami, e n. Personne avec qui l'on est lié d'une affection réciproque. ‖ *Fig.* Partisan : *- de la vérité.* ‖ Adj. Propice.

amiable adj. Fait par voie de conciliation. ‖ *A l' -* loc. adv., de gré à gré : *une vente à l' -.*

amiante nm. Matière minérale filamenteuse incombustible.

amibe nf. Animal composé d'une cellule unique.

amical, e, aux adj. Inspiré par l'amitié. ‖ Nf. Groupement de membres d'une même profession, de personnes pratiquant le même sport, etc.

amict [a-mi] nm. Linge qui couvre les épaules du prêtre, sous l'aube.

amide nf. *Chim.* Classe de composés organiques dérivés de l'ammoniaque.

amidon nm. Matière de réserve formant la plus grande partie du grain de blé ou des céréales. ‖ **Fécule** délayée pour faire de l'empois.

amidonner vt. Empeser, enduire d'amidon.

amincir vt. Rendre plus mince : - *une planche*.

amincissement nm. Action d'amincir.

aminoplaste nm. Nom générique de résines synthétiques.

amiral nm. Officier général dans la marine de guerre. ‖ Adj. *Vaisseau -*, vaisseau monté par un amiral.

amirauté nf. Corps des amiraux. ‖ Commandement suprême de la marine de guerre.

amitié nf. Attachement mutuel. ‖ Plaisir; bon office : *faites-moi l' - de...* ‖ Pl. Témoignage d'affection.

ammoniac [ak], **aque** adj. *Gaz -*, gaz d'une odeur âcre (NH3). ‖ *Sel -*, chlorure d'ammonium.

ammoniacal, e, aux adj. *Chim.* Qui contient de l'ammoniaque.

ammoniaque nf. Dissolution du gaz ammoniac dans l'eau (alcali volatil).

ammonite nf. Genre de coquilles fossiles.

amnésie nf. Diminution ou perte de la mémoire.

amnésique adj. et n. Qui est atteint d'amnésie.

amnistie nf. Acte du pouvoir législatif qui efface un fait punissable.

amnistier vt. (c. *prier*). Faire grâce à des condamnés. ‖ *Par ext.* Pardonner. ‖ **Amnistié, e** part., adj. et n.

amodier vt. Affermer une terre moyennant une redevance.

amoindrir vt. Rendre moindre, diminuer. ‖ *Par ext.* Faire paraître plus petit. ‖ S' - vpr. Diminuer, décroître : *sa fortune s'est amoindrie.*

amoindrissement nm. Diminution, réduction.

amollir vt. Rendre mou : - *de la cire.* ‖ *Fig.* Affaiblir, efféminer : - *le courage, la volonté.*

amollissement nm. Action d'amollir; résultat de cette action.

amonceler vt. (c. *appeler*). Mettre en tas : - *des gerbes.*

amoncellement nm. Action d'amonceler.

amont nm. Partie d'un cours d'eau qui est plus proche de la source. ‖ **En -** de loc. prép., au-dessus de.

amoral, e, aux adj. Indifférent à la morale.

amorçage nm. Action d'amorcer.

amorce nf. Appât pour prendre du poisson. ‖ Capsule servant à enflammer la charge d'une cartouche. ‖ *Fig.* Ebauche : *l' - d'un ouvrage.*

amorcer vt. (c. *placer*). Garnir d'une amorce. ‖ *Fig.* Attirer par des choses qui flattent : - *par la louange.* ‖ Mettre en état de fonctionner : - *une pompe.* ‖ Préparer, mettre en train.

amoroso adv. *Mus.* Tendrement.

amorphe adj. Sans forme propre. ‖ *Fig.* et *fam.* Qui manque d'énergie.

amortir vt. Rendre moins violent. ‖ - *une dette*, la rembourser.

amortissable adj. Qui peut être amorti.

amortissement nm. Extinction graduelle d'une rente, d'une dette.

amortisseur nm. Dispositif servant à amortir la violence d'un choc, l'amplitude d'un cahot.

amour nm. Affection vive. ‖ Penchant naturel : - *maternel.* ‖ Sentiment passionné envers une personne de l'autre sexe. ‖ Goût passionné : - *des arts.*

amouracher (s') vpr. S'éprendre d'une passion soudaine et passagère.

amourette nf. Amour passager. ‖ *Bois d' -*, v. MIMOSA.

amoureux, euse adj. et n. Qui aime d'amour, avec passion.

amour-propre nm. Sentiment avantageux que l'on a de sa dignité, de sa valeur : *flatter l' - de quelqu'un.*

amovibilité nf. Etat de ce qui est amovible.

amovible adj. Qui peut être déplacé ou destitué. ‖ Qui peut être séparé, enlevé : *une roue -.*

ampérage nm. Intensité d'un courant électrique.

ampère nm. *Phys.* Unité d'intensité des courants électriques (symb. : A).

ampère-heure nm. Quantité d'électricité débitée en une heure par un courant d'intensité d'un ampère (symb. : Ah). ‖ Pl. des *ampères-heures.*

ampèremètre nm. Appareil destiné à mesurer l'intensité d'un courant électrique.

amphibie adj. et n. Qui peut vivre dans l'air et dans l'eau. ‖ *Par ext.* *Véhicule -*, qui peut se déplacer sur terre et sur l'eau.

amphibiens [byin] nmpl. V. BATRA-CIENS.

amphibologie nf. Ambiguïté, double sens d'une phrase mal construite. Ex. : *je porte des bonbons aux enfants qui sont dans ma poche.*

amphibologique adj. A double sens.

amphigouri nm. Ecrit ou langage obscur, inintelligible.

amphigourique adj. Embrouillé.

amphithéâtre nm. Salle garnie de gradins. ‖ Chez les Romains, vaste construction, avec des gradins, pour les fêtes publiques.

amphitryon nm. Celui chez qui l'on dîne.

amphore nf. Vase antique à deux anses, servant à la conservation et au transport des liquides ou des grains.

ample adj. Large, vaste. ‖ *Fig.* Abondant, considérable : - *récit.*

ampleur nf. Qualité de ce qui est ample. ‖ Sonorité : *l' - de la voix.*

amplificateur adj. et n. Qui amplifie, exagère. ‖ Nm. Appareil d'agrandissement utilisé en photographie et en radiophonie.

amplification nf. Action d'amplifier ; son résultat.

amplifier vt. (c. *prier*). Développer outre mesure. ‖ Rendre plus intense, grossir.

amplitude nf. Etendue considérable. ‖ Grandeur angulaire maximum : *l' - des oscillations du pendule.*

ampoule nf. Petite accumulation de sérosité dans l'épiderme. ‖ Petite fiole fermée à la lampe après introduction d'un liquide. ‖ Son contenu. ‖ Globe de verre qui renferme le filament d'une lampe électrique. ‖ *Sainte ampoule,* huile sainte qui servait au sacre des rois de France.

ampoulé, e adj. Boursouflé, emphatique : *style, discours -.*

amputation nf. Action de couper, de retrancher un membre.

amputer vt. Pratiquer une amputation. ‖ Amputé, e part., adj. et n.

amulette nf. Petit fétiche porté sur soi pour écarter les maléfices.

amure nf. *Mar.* Cordage servant à fixer le point inférieur d'une voile.

amusement nm. Action d'amuser, de s'amuser. ‖ Ce qui amuse, distrait.

amuser vt. Divertir, occuper agréablement. ‖ *Fig.* Tromper par de feintes : - *l'ennemi.* ‖ Repaître de vaines espérances : - *de quelqu'un*, se moquer de lui.

amusette nf. Petit amusement.

amuseur, euse n. Personne qui amuse, qui divertit.

amygdale [mig] nf. Chacune des deux glandes situées de chaque côté de la gorge.

amygdalite nf. Inflammation des amygdales.

amylacé, e adj. De la nature de l'amidon.

amylase nf. Diastase transformant l'amidon en maltose.

an nm. Durée de la révolution de la Terre autour du Soleil. ‖ *Bon -, mal -,* en moyenne. ‖ Pl. Vieillesse : *le poids des -.*

ana nm. inv. Recueil de bons mots.

anabaptiste n. et adj. Membre d'une secte qui ne baptise qu'à l'âge de raison.

anachorète [ko] nm. Ermite, religieux qui vit solitaire.

anachronique adj. Entaché d'anachronisme.

anachronisme [kro] nm. Faute contre la chronologie. ‖ Ce qui n'est plus conforme aux mœurs d'une époque : *le duel est un -.*

anacréontique adj. Léger, gracieux, comme les odes du poète Anacréon.

anadyomène adj. Surnom de Vénus.

anaérobie adj. Se dit d'êtres microscopiques pouvant vivre sans air.

anaglyphe nm. Ouvrage ciselé en relief. ‖ Photographie ou projection stéréoscopique en deux couleurs complémentaires.

anagramme nf. Mot formé par la transposition des lettres d'un autre mot : « *gare* » et « *rage* » ; « *vapeur* » et « *paveur* ».

anal, e, aux adj. Qui a rapport à l'anus.

analgésique adj. et nm. Qui supprime la douleur.

analogie nf. Similitude d'une chose avec une autre. ‖ *Par -,* d'après les rapports existant entre les choses : *juger, raisonner par -.*

analogique adj. Qui est fondé sur l'analogie.

analogue adj. Semblable, similaire.

analphabète n. et adj. Illettré.

analphabétisme nm. Absence d'instruction.

analysable adj. Qu'on peut analyser.

analyse nf. Décomposition d'une substance en ses éléments constituants. ‖ Résumé d'un texte, d'un discours. ‖ *Gramm.* Décomposition d'une proposition, d'une phrase en ses éléments.

analyser vt. Faire une analyse. ‖ Décomposer un tout en ses parties.

analyste nm. Qui est versé dans l'analyse.

analytique adj. Qui procède par voie d'analyse. ‖ *Géométrie -,* application de l'algèbre à la géométrie.

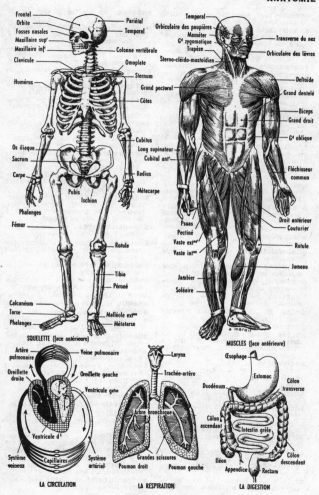

SQUELETTE (face antérieure)

Frontal
Orbite
Fosses nasales
Maxillaire sup^r
Maxillaire inf^r
Clavicule
Humérus
Os iliaque
Sacrum
Carpe
Phalanges
Fémur
Calcanéum
Tarse
Phalanges

Pariétal
Temporal
Colonne vertébrale
Omoplate
Sternum
Grand pectoral
Côtes
Cubitus
Long supinateur
Cubital ant^r
Radius
Métacarpe
Pubis
Ischion
Rotule
Tibia
Péroné
Malléole ext^{ne}
Métatarse

MUSCLES (face antérieure)

Temporal
Orbiculaire des paupières
Masséter
G^d zygomatique
Trapèze
Sterno-cléido-mastoïdien
Transverse du nez
Orbiculaire des lèvres
Deltoïde
Grand dentelé
Biceps
Grand droit
G^d oblique
Fléchisseur commun
Droit antérieur
Couturier
Rotule
Jumeau
Psoas
Pectiné
Vaste ext^{ne}
Vaste int^{ne}
Jambier
Soléaire

à marati

LA CIRCULATION

Artère pulmonaire
Veine pulmonaire
Oreillette droite
Oreillette gauche
Ventricule gche
Ventricule d^t
Système veineux
Capillaires
Système artériel

LA RESPIRATION

Larynx
Trachée-artère
Arbre bronchique
Grandes scissures
Poumon droit
Poumon gauche

LA DIGESTION

Œsophage
Estomac
Côlon transverse
Duodénum
Côlon ascendant
Intestin grêle
Iléon
Côlon descendant
Appendice
Rectum

ananas [na] nm. Plante originaire d'Amérique. || Son fruit.

anaphylaxie nf. Augmentation de la sensibilité d'un organisme à un poison ou à une albumine.

anarchie nf. Absence d'autorité dans un Etat. || Désordre, confusion.

anarchique adj. Relatif à l'anarchie.

anarchisme nm. Théorie politique qui suppose une société sans gouvernement.

anarchiste adj. Relatif à l'anarchisme : *le parti -*. || N. Partisan de l'anarchisme.

anastigmate ou **anastigmatique** adj. Dépourvu d'astigmatisme. (En parlant d'un objectif photographique, on dit aussi *anastigmat* adj. et nm.)

anastomose nf. *Anat.* Abouchement de deux vaisseaux l'un dans l'autre. || Communication entre deux nerfs.

anastomoser (s') vpr. Se joindre en anastomose.

anathème nm. Excommunication. || *Par ext.* Réprobation, blâme solennels. || Adj. Relatif à l'excommunication.

anatomie nf. Etude de la structure des êtres organisés. || Reproduction d'organes en plâtre, en cire. || *Fam.* Conformation du corps : *une belle -*.

anatomique adj. Relatif à l'anatomie.

anatomiste nm. Celui qui s'occupe d'anatomie.

anatoxine nf. Toxine microbienne atténuée servant à immuniser.

ancestral, e, aux adj. Qui appartient aux ancêtres.

ancêtres nmpl. Ceux de qui l'on descend. || Sing. : *un -, une -*.

anche nf. *Mus.* Languette vibrante dans certains instruments à vent.

anchois nm. Petit poisson de mer.

ancien, enne adj. Qui existe ou qui date depuis longtemps. || Qui a existé autrefois. || Nm. Personnage de l'Antiquité : *les Anciens disaient*.

ancienneté nf. Etat de ce qui est ancien. || Temps de service.

ancillaire [*sil-lèr'*] adj. Relatif aux servantes.

ancolie nf. Renonculacée vivace à fleurs de couleurs variées.

ancrage nm. Endroit convenable au mouillage d'un navire.

ancre nf. *Mar.* Pièce en acier, à deux pointes, utilisée pour fixer un navire. || Pièce d'horlogerie réglant le mouvement du balancier.

ancrer vi. Jeter l'ancre. || Vt. Fixer avec une ancre. || *Fig.* Consolider, affermir. || S'- vpr. S'établir, prendre place.

andain nm. Rangée de foin ou de céréales fauchés et déposés sur le sol.

andalou, se adj. et n. Qui est de l'Andalousie.

andante adv. *Mus.* Modérément. || Nm. Air d'un mouvement modéré. || Pl. des *andantes*.

andantino adv. *Mus.* Moins lent que l'andante. || Nm. Morceau joué dans ce mouvement. || Pl. des *andantinos*.

andésite nf. Roche éruptive dense, de couleur foncée.

andouille nf. Boyau de porc rempli de tripes ou de chair de l'animal.

andouiller nm. Petite corne s'ajoutant chaque année aux bois d'un cerf.

andouillette nf. Petite andouille.

andrinople nf. Etoffe de coton bon marché.

androcée nm. Ensemble des organes mâles d'une fleur.

androgyne adj. *Bot.* Se dit des végétaux qui portent à la fois des fleurs mâles et des fleurs femelles.

âne nm. Mammifère solipède domestique, à longues oreilles. (Cri : l'âne *brait.*) || *Fig.* Ignorant.

anéantir vt. Réduire à néant, exterminer. || *Par ext.* Stupéfier, confondre : *cette nouvelle m'a anéanti.* || Exténuer de fatigue, épuiser.

anéantissement nm. Destruction totale. || *Par ext.* Abattement.

anecdote nf. Particularité fait historique peu connu. || Récit succinct d'un fait curieux.

anecdotier, ère n. Qui recueille ou raconte des anecdotes.

anecdotique adj. Qui tient de l'anecdote; qui renferme des anecdotes.

ânée nf. Charge d'un âne.

anémie nf. Appauvrissement du sang.

anémier vt. Rendre anémique.

anémique adj. Qui est causé par l'anémie. || N. Atteint d'anémie.

anémomètre nm. *Météor.* Instrument qui mesure la vitesse du vent.

anémone nf. Sorte de renoncule. || *Zool. - de mer*, v. ACTINIE.

ânerie nf. *Fam.* Grande ignorance. || Faute commise par ignorance, sottise.

anéroïde adj. Se dit du baromètre métallique.

ânesse nf. Femelle de l'âne.

anesthésie nf. Action d'anesthésier.

anesthésier vt. Endormir avec un anesthésique. || Suspendre la sensibilité.

anesthésique n. et adj. Substance qui, comme le chloroforme ou l'éther, a la propriété de suspendre la sensibilité.

anévrisme nm. Distention des parois d'une artère : *une rupture d' -*.

anfractuosité nf. Cavité profonde et irrégulière.

ange nm. Créature spirituelle. ‖ *Fig.* Personne très douce. ‖ *Etre aux -,* dans le ravissement.

angélique adj. D.gne d'un ange.

angélique nf. *Bot.* Plante ombellifère odorante, dont on confit la tige.

angelot [*lô*] nm. Petit ange.

angélus nm. Prière commençant par ce mot. ‖ Sonnerie de cloche annonçant cette prière.

angevin, e adj. et n. D'Angers ou de l'Anjou.

angine nf. Inflammation de la gorge. (V. DIPHTÉRIE.) ‖ *- de poitrine,* douleur d'origine cardiaque.

angiospermes nfpl. Plantes dont la graine est enveloppée par le fruit.

anglais, e adj. et n. Qui est d'Angleterre. ‖ Nm. Langue anglaise. ‖ Nf. Sorte de danse très vive. ‖ Ecriture cursive, penchée à droite. ‖ Nfpl. Boucles de cheveux longues et roulées en spirale. ‖ **A l'anglaise** loc. adv., sans prendre congé : *filer à l' -.*

angle nm. Coin, encoignure. ‖ *Math.* Figure formée par deux demi-droites, appelées *côtés,* ou deux demi-plans, appelés *faces,* qui se coupent.

anglican, e adj. et n. Qui appartient à la religion officielle en Angleterre.

anglicanisme nm. Religion dominante de l'Angleterre.

angliciser vt. Donner un air, un accent anglais.

anglicisme nm. Locution propre à la langue anglaise.

anglomane adj. et n. Atteint d'anglomanie.

anglomanie nf. Manie d'imiter avec excès les Anglais.

anglo-normand nm. et adj. Cheval de demi-sang. ‖ Pl. des *anglo-normands.*

anglophile adj. et n. Ami des Anglais.

anglophilie nf. Sympathie pour le peuple anglais.

anglophobe adj. et n. Atteint d'anglophobie.

anglophobie nf. Aversion pour les Anglais.

anglo-saxon, onne adj. et n. Qui se rapporte aux Anglo-Saxons.

angoisse nf. Anxiété physique accompagnée d'oppression. ‖ *Fig.* Inquiétude profonde : *une - mortelle.* ‖ *Poire d' -,* instrument de torture qui servait de bâillon.

angoisser vt. Causer de l'angoisse.

angon nm. Arme des Francs.

angora n. et adj. Chat, lapin, chèvre à poil long et soyeux.

angstrœm nm. Unité de longueur valant un dix-millionième de millimètre (symb. : Å).

anguiforme [*ghu-i*] adj. Qui a la forme d'un serpent.

anguille [*ghiy'*] nf. Poisson qui a la forme d'un serpent.

angulaire adj. Qui forme un angle. ‖ *Pierre -,* pierre d'angle d'un bâtiment, et, au *fig.,* fondement d'une chose.

anguleux, euse adj. Qui a, qui présente des angles. ‖ *Par ext. Visage -,* visage aux traits accentués.

anhydre adj. *Chim.* Sans eau.

anhydride nm. Corps qui donne un acide en se combinant avec l'eau.

anicroche nf. *Fam.* Obstacle, ennui, difficulté : *un voyage sans -.*

ânier, ère n. Conducteur d'ânes.

aniline nf. Substance chimique obtenue à partir des goudrons de houille, utilisée dans l'industrie des colorants.

animadversion nf. Blâme, réprobation.

animal nm. Etre organisé, doué de mouvement et de sensibilité. ‖ *Fig.* Etre stupide et grossier. ‖ Pl. des *animaux.*

animal, e, aux adj. Qui appartient à l'animal : *chaleur -.*

animalcule nm. Animal microscopique.

animalier nm. et adj. Peintre ou sculpteur d'animaux.

animaliser vt. Convertir une substance en celle de l'animal, comme dans la digestion. ‖ *Fig.* Rabaisser à l'état d'animal : *certaines passions animalisent l'homme.*

animalité nf. Ensemble des caractères propres à l'animal.

animateur, trice n. Qui anime.

animation nf. Vivacité ; mouvement.

animer vt. Donner la vie. ‖ *Fig. - la conversation,* la rendre plus vive, plus intéressante. ‖ S' - vpr. Prendre de la vivacité, de l'éclat : *ses yeux s'animent quand il parle.*

animosité nf. Haine, désir de nuire. ‖ Emportement dans une discussion.

anion nm. Ion chargé négativement.

anis [*ni*] nm. Plante ombellifère odoriférante. ‖ Sorte de dragée faite avec la graine d'anis.

aniser vt. Parfumer à l'anis.

anisette nf. Liqueur à base d'anis.

ankylose nf. Raideur du mouvement des articulations.

ankyloser vt. Déterminer une ankylose. ‖ S' - vpr. Devenir ankylosé.

annal, e adj. Qui ne dure qu'un an.

annales nfpl. Ouvrage qui rapporte les événements année par année.

annaliste nm. Auteur d'annales.

annamite adj. et n. De l'Annam.

anneau [*a-nô*] nm. Cercle de métal.

‖ **Bague.** ‖ - *pastoral*, améthyste des évêques. ‖ - *de Saturne*, bande circulaire qui entoure cette planète. ‖ Pl. Agrès de gymnastique.

année nf. Durée de la révolution terrestre autour du soleil : 365 jours un quart.

anneler vt. (c. *appeler*) Disposer en anneaux ou en boucles. ‖ **Annelé, e** part. et adj. ‖ Nmpl. Syn. de ANNÉLIDES.

annelet nm. Petit anneau.

annélides nmpl. Embranchement de vers au corps formé d'anneaux.

annexe nf. Ce qui est relié à une chose principale. ‖ Adj. : *une école* -.

annexer vt. Joindre, rattacher, réunir.

annexion nf. Action d'annexer.

annihilation nf. Action d'annihiler ; résultat de cette action.

annihiler vt. Réduire à rien ; annuler, supprimer.

anniversaire adj. Qui rappelle le souvenir d'un événement arrivé à pareil jour. ‖ Nm. Cérémonie commémorative.

annonce nf. Avis donné au public.

annoncer vt. (c. *placer*) Faire savoir, publier. ‖ Présager, être le signe précurseur. ‖ Prédire. ‖ Prêcher : - *l'Evangile.*

annonciation nf. Message de l'ange Gabriel à la Vierge pour lui annoncer qu'elle sera la mère du Messie. ‖ Fête religieuse.

annoncier, ère nf. Personne chargée des annonces dans un journal.

annotateur nm. Personne qui annote.

annotation nf. Action d'annoter ; résultat de cette action.

annoter vt. Ajouter des remarques explicatives sur un texte.

annuaire nm. Publication annuelle donnant la liste du personnel d'une profession, des abonnés à un service, etc.

annuel, elle adj. Qui dure un an. ‖ Qui revient chaque année.

annuité nf. Somme payée annuellement. ‖ Remboursement par versement annuel d'une fraction du capital et des intérêts correspondants. ‖ Equivalence d'une année de service pour le décompte des pensions.

annulaire adj. Qui a la forme d'un anneau. ‖ Nm. Le quatrième doigt de la main.

annulation nf. Action d'annuler ; son résultat.

annuler vt. Rendre nul, sans effet.

anoblir vt. Admettre dans la noblesse.

anoblissement nm. Action d'anoblir.

anode nf. Electrode d'entrée du courant électrique.

anodin, e adj. Inoffensif, insignifiant, sans importance.

anomalie nf. Irrégularité. ‖ *Zool.* Difformité, monstruosité.

ânon nm. Petit âne.

ânonnement nm. Action d'ânonner.

ânonner vi. Lire, parler avec peine. ‖ Vt. Lire en hésitant.

anonymat nm. Etat de ce qui est anonyme. ‖ *Garder l'* -, ne pas se déclarer l'auteur d'un fait, d'un écrit.

anonyme adj. Non signé. ‖ *Comm. Société* -, association commerciale dont les membres sont inconnus du public.

anophèle nm. Genre de moustiques propagateurs des fièvres paludéennes.

anorak nm. Veste de sport, imperméable, à capuchon.

anormal, e, aux adj. Contraire aux règles. ‖ *Enfant* -, dont le développement intellectuel est défectueux.

anoure adj. Se dit des animaux dépourvus de queue.

anschluss [*an - chlouss*] nm. (m. allem.). Réunion ; rattachement.

anse nf. Poignée courbée d'un vase, d'un panier. ‖ Petite baie.

antagonisme nm. Rivalité, lutte.

antagoniste adj. et n. Adversaire. ‖ Qui agit dans un sens opposé.

antan nm. L'an d'avant, et, *par ext.*, autrefois, jadis : *les neiges d'* -.

antarctique adj. Du pôle Sud.

antebois ou **antibois** nm. Baguette de bois posée sur le plancher pour écarter les meubles du murs.

antécédent, e adj. Qui précède. ‖ Nm. Acte précédent. ‖ Nom, pronom que remplace le pronom relatif. ‖ Nmpl. Les faits du passé.

antéchrist nm. Imposteur, ennemi du Christ, qui doit venir à la fin du monde. ‖ Pl. des *antéchrists.*

antédiluvien, enne adj. D'avant le déluge. ‖ *Fig.* Très ancien, démodé.

antenne nf. Conducteur électrique permettant d'émettre et de recevoir les ondes de T.S.F. ‖ Appendice sensoriel des insectes et des crustacés. ‖ *Mar.* Longue vergue qui soutient les voiles.

antépénultième adj. et nf. Qui précède l'avant-dernière syllabe.

antérieur, e adj. Qui précède. ‖ Antérieurement adv. Avant, précédemment.

antériorité nf. Priorité de temps, de date.

anthère nf. *Bot.* Petit sac de l'étamine, qui renferme le pollen.

anthologie nf. Recueil de morceaux

choisis de poètes, de prosateurs, de musiciens.

anthonome nm. Insecte ravageur des arbres fruitiers.

anthracène nm. Carbure d'hydrogène extrait des goudrons de houille.

anthracite nm. Charbon compact, noir et brillant, fournissant beaucoup de chaleur.

anthracnose nf. Maladie parasitaire de la vigne, encore appelée *charbon*.

anthrax [*traks*] nm. Tumeur inflammatoire et gangreneuse.

anthropoïde adj. et nm. Se dit des singes qui ressemblent le plus à l'homme.

anthropologie nf. Histoire naturelle de l'homme.

anthropologiste ou **anthropologue** n. Personne qui s'occupe d'anthropologie.

anthropométrie nf. Description du corps humain par ses mesures.

anthropomorphe adj. Qui a la forme, l'apparence humaine.

anthropomorphisme nm. Tendance à attribuer à la Divinité une forme et des passions humaines.

anthropophage n. et adj. Qui pratique l'anthropophagie.

anthropophagie nf. Habitude de manger de la chair humaine.

anthropopithèque nm. Genre d'animaux fossiles précurseurs de l'homme.

antiaérien, enne adj. Qui s'oppose à l'action des avions ou des engins aériens.

antialcoolique adj. Qui combat l'abus de l'alcool.

antibiotique nm. Corps réduisant l'activité ou provoquant la mort de certains microbes, comme la pénicilline, la streptomycine.

anticathode nf. Lame métallique qui, dans un tube électronique, reçoit les rayons cathodiques et émet les rayons X.

antichambre nf. Entrée d'un appartement. ‖ *Faire -*, attendre d'être reçu.

antichar adj. Utilisé contre les chars de combat.

anticipation nf. Action d'anticiper. ‖ *Par -* loc. adv., par avance.

anticiper vt. Devancer, exécuter avant le temps fixé : *- un paiement*. ‖ Vi. *- sur ses revenus*, les dépenser par avance. ‖ *N'anticipons pas*, ne devançons pas le temps. ‖ **Anticipé, e** part. et adj. Fait par avance : *remerciements -*. ‖ *Prématuré* : *espérances -*.

anticlérical, e, aux adj. et n. Hostile au clergé.

anticléricalisme nm. Opposition à l'influence du clergé dans les affaires publiques.

anticlinal nm. *Géol.* Pli en voûte.

anticolonialisme nm. Doctrine réprouvant la possession de colonies.

anticolonialiste adj. Partisan de l'anticolonialisme.

anticonceptionnel, elle adj. Qui empêche la fécondation.

anticonformisme nm. Opposition aux usages établis.

anticonstitutionnel, elle adj. Contraire à la constitution.

anticorps nm. Substance défensive engendrée par l'organisme.

anticyclone nm. Centre de hautes pressions atmosphériques.

antidate nf. Date antérieure à la véritable.

antidater vt. Mettre une antidate : *- une lettre*.

antidérapant adj. et nm. Dispositif qu'on applique sur les pneumatiques ou sur les routes pour éviter les dérapages.

antidiphtérique adj. Propre à combattre la diphtérie : *sérum -*.

antidote nm. Contrepoison. ‖ *Fig.* Remède contre un mal moral : *le travail est l' - de l'ennui*.

antienne [*tyèn*] nf. Verset qui se chante avant ou après un psaume.

antifading nm. Dispositif éliminant l'effet du *fading*.

antifriction nm. et adj. inv. Alliage mou dont on constitue les coussinets des paliers de machine.

antigel nm. Produit qu'on ajoute à l'eau du radiateur d'un moteur pour l'empêcher de geler.

antigène nm. Substance provoquant la formation d'anticorps dans l'organisme.

antigouvernemental, e, aux adj. Opposé au gouvernement.

antihalo adj. et nm. Préparation dont on enduit le dos des plaques photographiques pour éviter le voile par une lumière trop vive.

antilope nf. Genre de mammifères ruminants.

antimilitarisme nm. Opposition à l'esprit et aux institutions militaires.

antimoine nm. Métal (Sb) d'un blanc bleuâtre, utilisé dans les alliages antifriction.

antinévralgique adj. Sédatif.

antinomie nf. Contradiction entre deux lois, deux principes.

antipape nm. Pape irrégulièrement élu.

antiparasite n. et adj. Dispositif garantissant les postes de radio des ondes parasites.

antipathie nf. Répugnance naturelle et irraisonnée pour quelqu'un ou pour quelque chose.

antipathique adj. Contraire; opposé. ‖ Qui inspire de l'aversion.

antiphonaire nm. Livre d'église contenant l'office noté en plain-chant.

antiphrase nf. *Rhét.* Emploi d'un mot dans un sens contraire à sa véritable signification.

antipode nm. Lieu de la Terre diamétralement opposé à un autre lieu. ‖ Habitant de ce lieu. ‖ *Fig.* Ce qui est contraire, opposé : *votre raisonnement est l' - du bon sens.*

antipyrine nf. Poudre blanche employée comme fébrifuge.

antiquaille nf. *Fam.* Vieillerie.

antiquaire [*kèr*] nm. Commerçant qui cherche et vend des objets anciens.

antique adj. Très ancien. ‖ Passé de mode. ‖ Qui a un caractère de beauté semblable à celui que l'on trouve chez les Anciens : *simplicité -.* ‖ Nm. L'ensemble des productions artistiques qui nous restent des Anciens : *une copie d' -.*

antiquité nf. Ancienneté reculée. ‖ Statue, médaille, monument antique : *les - romaines.*

antirabique adj. et nm. Remède employé contre la rage.

antireligieux, euse adj. Contraire à la religion.

antiscorbutique adj. et nm. Propre à guérir le scorbut.

antisémite n. Ennemi des juifs.

antisémitisme nm. Haine des juifs et tendance à faire prendre contre eux des mesures d'exception.

antisepsie nf. Ensemble de méthodes thérapeutiques contre les microbes.

antiseptique adj. et nm. Propre à arrêter la pullulation microbienne.

antitétanique adj. Employé contre le tétanos : *vaccin -.*

antithèse nf. Opposition de pensées, de mots : *Dieu est « grand » dans les « petites » choses.* ‖ *Par ext.* Opposition frappante : *le blanc et le noir font -.*

antithétique adj. Rempli d'antithèses : *style -.*

antitoxine nf. Substance qui détruit les toxines.

antituberculeux, euse adj. Propre à combattre la tuberculose.

antivenimeux adj. et nm. Employé pour combattre les effets des venins de serpents.

antivirus nm. Sorte de vaccin.

antivol nm. Dispositif de sécurité destiné à empêcher les vols.

antonomase nf. Emploi d'un nom propre pour un nom commun, et réciproquement, comme *Harpagon*, pour *avare.*

antonyme nm. Mot qui a un sens opposé à celui d'un autre, comme *laideur* et *beauté.*

antre nm. Caverne, tanière.

anus [*nuss*] nm. Orifice du rectum.

anxiété nf. Grande inquiétude.

anxieux [*ksyeu*], **se** adj. et n. Soucieux, inquiet. ‖ **Anxieusement** adv.

aorte nf. Artère principale qui part du ventricule gauche du cœur.

aortite nf. Inflammation de l'aorte.

août [*ou*] nm. Huitième mois de l'année.

aoûtat [*a-ou-ta*] nm. V. TROMBIDION.

apache nm. Malfaiteur.

apaisement nm. Action d'apaiser; son résultat.

apaiser vt. Adoucir, calmer.

apanage nm. Terres que les souverains donnaient à leurs fils puînés comme revenu. ‖ *Fig.* Le propre de quelqu'un ou de quelque chose.

aparté nm. Ce qu'un acteur dit de manière à être entendu des seuls spectateurs. ‖ *Par ext.* Paroles échangées à l'écart. ‖ Pl. des *apartés.*

apathie nf. Nonchalance.

apathique adj. Indolent, insensible à tout.

apatite nf. Phosphate de chaux.

apatride adj. et n. Sans patrie.

aperception nf. Intuition, perception immédiate.

apercevoir vt. Commencer à voir; découvrir. ‖ S' - vpr. Remarquer.

aperçu nm. Vue d'ensemble, exposé sommaire.

apéritif, ive adj. Qui stimule l'appétit. ‖ Nm. Liqueur alcoolique prétendue favorable à l'appétit.

apesanteur nf. État dans lequel les effets de la pesanteur sont annihilés.

apétale adj. Sans pétales.

à-peu-près nm. inv. Approximation.

apeuré, e adj. Saisi de peur.

aphasie nf. Perte de la parole.

aphasique n. Qui est atteint d'aphasie.

aphone adj. Sans voix.

aphonie nf. Extinction de voix.

aphorisme nm. Maxime énoncée en peu de mots.

aphrodisiaque adj. et nm. Se dit de certaines substances excitantes.

aphte nm. Ulcération de la bouche.

aphteux, euse adj. De la nature de l'aphte. ‖ *Fièvre -,* maladie épidémique des bestiaux.

api nm. Sorte de petite pomme.

apicole adj. Relatif à l'élevage des abeilles.

Art antique (grec et romain) :
1. Temple de Thésée, à Athènes
(face ouest); 2. Vase de Pamphaïos;
3. Coré (musée de l'Acropole, à
Athènes); 4. Arc de Caracalla, à
Djémila (Algérie); 5 et 6. Le
Colisée, à Rome.

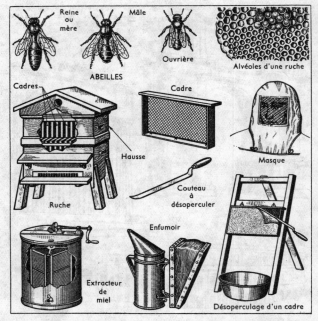

Reine ou mère — Mâle — Ouvrière

ABEILLES

Alvéoles d'une ruche

Cadres — Cadre

Hausse — Masque

Ruche

Couteau à désoperculer

Enfumoir

Extracteur de miel

Désoperculage d'un cadre

apiculteur nm. Eleveur d'abeilles.

apiculture nf. Art d'élever les abeilles.

apitoiement nm. Compassion.

apitoyer vt. (c. *aboyer*). Exciter la pitié. ‖ S' - [sur] vpr. Compatir, être touché de pitié.

aplanir vt. Rendre plan. ‖ *Fig.* Faire disparaître : - *les difficultés.*

aplanissement nm. Action d'aplanir.

aplat nm. Teinte unie, plate.

aplatir vt. Rendre plat.

aplatissement nm. Action d'aplatir; son résultat.

aplomb nm. Direction verticale. ‖ *Fig.* Hardiesse : *avoir de l'* -. ‖ D' - loc. adv., perpendiculairement. ‖ En équilibre stable : *être d'* - *sur ses pieds.*

apocalyptique adj. Obscur; trop allégorique : *style* -.

apocryphe adj. Non authentique, douteux, suspect.

apode adj. Qui n'a pas de pieds.

apogée nm. Point où un astre se trouve à sa plus grande distance de la Terre. ‖ *Fig.* Le plus haut degré d'élévation : *être à l'* - *de sa gloire.*

apologétique adj. Qui contient une apologie. ‖ Nf. Partie de la théologie qui justifie la religion chrétienne.

apologie nf. Défense, justification d'une personne ou d'une chose. ‖ *Par ext.* Eloge.

apologiste n. Qui fait une apologie.

apologue nm. Fable présentant une vérité morale.

aponévrose nf. Membrane qui enveloppe les muscles.

apophtegme [*ftègm'*] nm. Parole mémorable. ‖ Pensée exprimée d'une façon concise. ‖

apophyse nf. Protubérance osseuse servant généralement d'attache aux muscles.

apoplectique adj. et n. Qui est prédisposé à l'apoplexie.

apoplexie nf. Paralysie provoquée souvent par une hémorragie cérébrale.

apostasie nf. Abandon public d'une religion pour une autre. ‖ *Fig.* Désertion d'un parti.

apostasier vi. (c. *prier*). Renoncer à sa religion, à son parti.

apostat nm. Qui a renié sa religion.

aposter vt. Placer quelqu'un dans un endroit, pour observer.

a posteriori. V. POSTERIORI (A).

apostille nf. Note en marge ou en bas d'un écrit. ‖ Recommandation ajoutée à une demande.

apostiller vt. Mettre une apostille.

apostolat nm. Mission des apôtres. ‖ Propagation et défense d'une doctrine.

apostolique adj. D'apôtre : *zèle* -. ‖ Qui émane du Saint-Siège : *lettre* -.

apostrophe nf. Interpellation brusque et soudaine. ‖ Signe de l'élision (').

apostropher vt. Interpeller vivement.

apothème nm. *Math.* Perpendiculaire menée du centre d'un polygone régulier sur un de ses côtés.

apothéose nf. Action de mettre au rang des dieux. ‖ *Par ext.* Honneurs extraordinaires.

apothicaire nm. Personne qui préparait et vendait les remèdes (auj., PHARMACIEN).

apôtre nm. Chacun des douze disciples de Jésus-Christ. ‖ Personne qui se voue à la propagation d'une doctrine. ‖ *Fig. Faire le bon* -, contrefaire l'homme de bien.

apparaître vi. Devenir visible. ‖ Se montrer tout à coup.

apparat nm. Pompe; éclat : *dîner d'* -.

appareil nm. Machine, instrument permettant l'exécution d'un travail. ‖ Pansement chirurgical. ‖ *Anat.* Ensemble des organes qui concourent à une fonction : *l'* - *respiratoire*.

appareillage nm. *Mar.* Manœuvre et départ d'un navire.

appareiller vt. Mettre ensemble des choses pareilles. ‖ - *des pierres*, les tailler en vue de la construction. ‖ Vi. *Mar.* Se préparer à partir.

apparence nf. Ce qui apparaît au-dehors. ‖ Vraisemblance, probabilité : *selon toute* -. ‖ *Sauver les* -, ne rien faire qui puisse être blâmé. ‖ En loc. adv., extérieurement.

apparent, e adj. Visible, manifeste, évident. ‖ Qui n'est pas tel qu'il paraît être; spécieux. ‖ **Apparemment** adv. Selon les apparences.

apparentement nm. Groupement de plusieurs listes de candidats d'une même circonscription électorale.

apparenter vt. Donner à quelqu'un des parents par alliance. ‖ S' - [à] vpr. S'allier par le mariage.

apparier vt. (c. *prier*). Assortir par paire, par couple : - *des bœufs*.

appariteur nm. Huissier d'une faculté, d'une mairie, etc.

apparition nf. Manifestation subite d'un être, d'un objet. ‖ Bref séjour : *il n'a fait qu'une* -.

apparoir v. impers. *Droit.* (Usité à l'inf. et dans *il appert.*) Résulter.

appartement nm. Logement de plusieurs pièces.

appartenance nf. Action d'appartenir. ‖ Dépendance.

appartenir vt. ind. (c. *tenir*). Etre la propriété de quelqu'un. ‖ Etre le propre, la qualité essentielle : *il appartient à la police de nous protéger*. ‖ Convenir : *il ne vous appartient pas de vous plaindre*. ‖ Faire partie de : - *à une famille honorable*. ‖ S' - vpr. Etre libre, indépendant.

appas [a-pa] nmpl. Attraits; charmes.

appât nm. Pâture placée dans un piège ou fixée à un hameçon. ‖ *Fig.* Tout ce qui attire : *l'* - *du gain*.

appâter vt. Attirer avec un appât. ‖ Engraisser la volaille. ‖ *Fig.* Séduire.

appauvrir vt. Rendre pauvre. ‖ *Fig.* Diminuer la fertilité, l'abondance : - *un terrain*.

appauvrissement nm. Etat de pauvreté où l'on tombe peu à peu. ‖ *Fig.* Affaiblissement : - *du sang*.

appeau nm. Sifflet imitant le cri des animaux pour les attirer.

appel nm. Action d'appeler. ‖ Recours à un tribunal supérieur. ‖ Signal militaire. ‖ Excitation, provocation : - *à l'insurrection*. ‖ - *d'air*, aspiration d'air.

appeler vt. (J'*appelle*, tu *appelles*, il *appelle*, n. *appelons*, v. *appelez*, ils *appellent*. J'*appelais*, n. *appelions*. J'*appelai*, n. *appelâmes*. J'*appellerai*, n. *appellerons*. J'*appellerais*, n. *appellerions*. *Appelle*, *appelons*, *appelez*. Q. j'*appelle*, q. n. *appelions*. Q. j'*appelasse*, qu'il *appelât*. *Appelant*. *Appelé*, *e*.) Nommer. ‖ Faire venir : - *le médecin*. ‖ Citer en justice : - *en témoignage*. ‖ Rendre propre : *son mérite l'appelle à commander*. ‖ Réclamer : *cette conduite appelle votre sévérité*. ‖ Vi. Recourir à un tribunal supérieur. ‖ S' - vpr. Avoir pour nom.
‖ **Appelant** part. et nm. *Chasse.* Oiseau captif que l'on poste pour attirer ses congénères en liberté. ‖ **Appelé, e** part., adj. et nm. Se dit d'un soldat invité à rejoindre son corps.

appellation nf. Dénomination.

appendice [*a-pin*] nm. Supplément à la fin d'un ouvrage. ‖ Pattes, mandibules. ‖ Prolongement d'une partie principale. ‖ Petit cul-de-sac à la partie inférieure du cæcum.

appendicite nf. Inflammation de l'appendice.

appentis [*a-pan*] nm. Petit toit à une seule pente, adossé contre un mur.

appert (il). V. APPAROIR.

appesantir vt. Alourdir. ‖ *Par ext.* Rendre moins actif : *la vieillesse appesantit le corps.* ‖ S' - [sur] vpr. *Fig.* Insister sur.

appesantissement nm. Action d'appesantir.

appétissant, e adj. Qui excite l'appétit, les désirs.

appétit nm. Désir d'une chose pour la satisfaction des sens. ‖ Désir de manger.

applaudir vt. Battre des mains en signe d'approbation. ‖ Vt. ind. Approuver, louer : - *à une initiative.* ‖ S' - [de] vpr. Se féliciter.

applaudissement nm. Action d'applaudir.

applicable adj. Qui doit ou peut être appliqué.

application nf. Action d'appliquer ou de s'appliquer.

applique nf. Ornement quelconque apposé sur un objet, un mur. ‖ Appareil d'éclairage fixé au mur.

appliquer vt. Mettre une chose sur une autre. ‖ *Fam.* Donner : - *un soufflet.* ‖ Concentrer : - *son esprit à.* ‖ Employer : - *une loi,* etc. ‖ Faire servir : - *l'algèbre à la géométrie.* ‖ S' - vpr. Mettre toute son attention. ‖ Prendre pour soi : - *des louanges.*

appoint nm. Menue monnaie complétant une somme. ‖ *Fig.* Aide, concours : *apporter l' - de sa collaboration.*

appointements nmpl. Salaire d'un employé.

appointer vt. Fixer, donner un salaire.

appointer vt. Rendre pointu.

appontement nm. Construction permettant le chargement et le déchargement des navires.

apponter vi. Se poser sur la piste d'envol d'un porte-avions.

apport nm. Action d'apporter. ‖ Somme qu'un associé met à la masse sociale. ‖ *Fig.* Concours, contribution.

apporter vt. Porter à l'endroit où se trouve quelqu'un. ‖ *Fig.* Fournir : - *une dot.* ‖ Employer, mettre : - *du soin à faire quelque chose.* ‖ Susciter, provoquer : - *des obstacles.*

apposer vt. Appliquer, mettre.

apposition nf. Action d'apposer. ‖ *Gramm.* Union de deux noms, dont le second sert d'épithète au premier.

appréciable adj. Qui peut être apprécié. ‖ Assez important : *une somme -.*

appréciateur nm. Qui apprécie.

appréciation nf. Estimation, évaluation. ‖ Jugement.

apprécier vt. Evaluer, priser. ‖ Estimer, faire cas de : - *quelqu'un.*

appréhender vt. Saisir : - *un malfaiteur.* ‖ Redouter : - *la mort.*

appréhension nf. Crainte vague.

apprendre vt. (c. *prendre*). Acquérir des connaissances. ‖ Contracter une habitude : - *à obéir.* ‖ Informer; être informé.

apprenti, e n. Qui fait son apprentissage. ‖ *Fig.* Peu habile.

apprentissage nm. Action d'apprendre un métier. ‖ Temps passé à l'apprendre. ‖ *Fig.* Faire l' - *de quelque chose,* s'y habituer.

apprêt nm. Préparation donnée aux tissus avant teinture. ‖ Matière employée. ‖ Assaisonnement. ‖ *Fig.* Affectation, recherche : *style plein d' -.* Pl. Préparatifs : *les - d'un voyage.*

apprêtage nm. Emploi de l'apprêt.

apprêter vt. Mettre en état de servir. ‖ Soumettre à un apprêt : - *des étoffes.* ‖ Accommoder : - *des aliments.* ‖ S' - vpr. Se préparer : *s' - à partir.* ‖ Faire sa toilette, s'habiller : *passer beaucoup de temps à s' -.* ‖ **Apprêté, e** part. et adj. Affecté; dépourvu de naturel : *un langage -.*

appris, e adj. *Homme mal -,* grossier. (On écrit aussi MALAPPRIS.)

apprivoisement nm. Action d'apprivoiser.

apprivoiser vt. Rendre un animal moins farouche. ‖ S' - vpr. *Fig.* Se familiariser : *s' - avec le danger.* ‖ *Fam.* Devenir plus sociable.

approbateur, trice adj. et n. Qui approuve.

approbatif, ive adj. Qui marque l'approbation : *geste -.*

approbation nf. Action d'approuver.

approche nf. Mouvement par lequel on s'avance. ‖ *Fig.* Proximité : *l' - du danger.* ‖ Pl. Abords, parages.

approcher vt. Mettre près de. ‖ S'avancer auprès de, aborder. ‖ Vi. Etre près d'atteindre : - *du but.* ‖ Avancer. ‖ Etre imminent : *l'heure approche.* ‖ S' - vpr. ‖ **Approchant, e** part. et adj. Presque semblable : *deux teintes fort -.*

approfondir vt. Rendre plus profond. ‖ *Fig.* Examiner à fond.

approfondissement nm. Action d'approfondir (au *pr.* et au *fig.*) : *l' - d'une question.*

appropriation nf. Action de s'approprier une chose.

approprier vt. Rendre propre à une destination; conformer. ‖ **S'** - vpr. S'attribuer : *s' - un héritage*.

approuver vt. Consentir à. ‖ Juger bon : - *une initiative*.

approvisionnement nm. Action d'approvisionner.

approvisionner vt. Fournir de provisions, de choses nécessaires.

approximatif, ive adj. Fait par approximation.

approximation nf. Estimation approchée d'une grandeur : *calculer par -*.

appui nm. Soutien; support. ‖ *Fig.* Protection : *être à l'du faible*. ‖ *Méc.* *Point d' -*, point fixe. ‖ **A l' - de** loc. prép., pour prouver : *les exemples viennent à l' - des règles*.

appui-bras ou **appuie-bras** nm. Support, accoudoir. ‖ Pl. des *appuis-bras* ou des *appuie-bras*.

appui-main ou **appuie-main** l.m. Baguette des peintres pour appuyer la main qui tient le pinceau. ‖ Pl. des *appuis-main* ou des *appuie-main*.

appui-tête ou **appuie-tête** nm. Dispositif réglable adapté à un fauteuil et destiné à soutenir la tête. ‖ Pl. des *appuis-tête* ou des *appuie-tête*.

appuyer vt. (c. *essuyer*). Soutenir par le moyen d'un appui. ‖ *Fig.* Protéger, soutenir : - *un candidat*. ‖ Vi. Peser. ‖ Se porter vers : - *à droite*. ‖ *Fig.* Insister : - *sur une circonstance*. ‖ **S'** - vpr. Utiliser, se fonder sur : *s' - sur un texte de loi*.

âpre adj. Rude au goût, au toucher. ‖ *Fig.* Avide : - *au gain*. ‖ Violent : *une - discussion*.

après prép. A la suite de. ‖ Contre : *crier - quelqu'un*. ‖ A la poursuite de : *courir - un lièvre*. ‖ Etre - *quelqu'un*, le harceler. ‖ Adv. Derrière, ensuite : *vous marcherez devant et moi - ; nous en reparlerons -*. ‖ **- que** loc. conj., après le moment où : *- que vous aurez parlé, ce sera mon tour*. ‖ **D'** - loc. prép., à l'imitation de, selon : *peindre d' - nature*.

après-demain loc. adv. Le second jour qui suit celui où l'on est.

après-dîner nm. Temps qui suit le dîner. ‖ Pl. des *après-dîners*.

après-midi nm. inv. Partie du jour depuis midi jusqu'au soir.

âpreté nf. Rudesse au goût, au toucher. ‖ *Fig.* Violence : *l' - de ses reproches*. ‖ Rigueur : *l' - de l'hiver*.

a priori. V. PRIORI (A).

à-propos nm. Chose dite ou faite opportunément. ‖ Pièce de théâtre, poème de circonstance.

apte adj. Propre à.

aptère adj. et nm. Sans ailes.

aptéryx nm. Oiseau de Nouvelle-Zélande n'ayant que des rudiments d'ailes.

aptitude nf. Disposition naturelle.

apurement nm. Vérification d'un compte.

apurer vt. Vérifier et arrêter définitivement : - *une comptabilité*.

aquafortiste [*koua*] nm. Graveur à l'eau-forte.

aquaplane nm. Planche remorquée par un canot automobile et sur laquelle on se tient debout. ‖ Sport qui consiste à se tenir sur cette planche.

aquarelle [*koua*] nf. Peinture à l'eau.

aquarelliste n. Peintre à l'aquarelle.

aquarium [*a-koua-ryom'*] nm. Réservoir dans lequel on entretient des poissons vivants. ‖ Pl. des *aquariums*.

aquatile [*koua*] adj. *Bot.* Qui naît et vit dans l'eau.

aquatinte [*koua*] nf. Gravure imitant le dessin au lavis. ‖ Pl. des *aquatintes*.

aquatique [*koua*] adj. Qui croît, qui vit dans l'eau.

aqueduc [*ak'-duk*] nm. Construction en maçonnerie pour conduire l'eau.

aqueux [*keû*], **euse** adj. De la nature de l'eau. ‖ Qui contient de l'eau.

aquifère [*kui*] adj. Qui contient, qui porte de l'eau : *terrain -*.

aquilin [*ki*] adj. m. Courbé en bec d'aigle : *nez -*.

aquilon [*ki*] nm. Vent du nord.

ara nm. Perroquet à longue queue.

arabe adj. et n. De l'Arabie. ‖ *Chiffres -*, les dix signes de la numération. ‖ Nm. Langue arabe.

arabesque nf. Ornement fait d'un entrelacement de lignes et de feuillages.

arabique adj. *Gomme -*, v. GOMME.

arable adj. Labourable.

arachide nf. Légumineuse dont les graines (*cacahuètes*) donnent de l'huile.

arachnéen, enne [*rak*] adj. Qui est propre à l'araignée. ‖ *Par ext.* Qui a la finesse de la toile d'araignée.

arachnides [*rak*] nmpl. Classe d'animaux articulés sans antennes, comme l'araignée.

arachnoïde [*rak*] nf. Une des trois membranes qui enveloppent le cerveau.

arack nm. Alcool de riz.

araignée nf. Articulé à huit pattes et sans ailes.

araire nm. Charrue sans avant-train et sans roues.

aramon nm. Gros cépage du Midi.

arasement nm. Action d'araser. || Dernière assise d'un mur.

araser vt. Mettre de niveau les assises d'une construction. || *Technol.* Scier une planche à l'épaisseur voulue.

aratoire adj. Qui concerne l'agriculture : *instruments* -.

araucaria nm. *Bot.* Conifère des régions tropicales.

arbalète nf. Arc d'acier monté sur un fût et se bandant avec un ressort.

arbalétrier nm. Soldat armé d'une arbalète. || *Charp.* Grosse pièce de bois ou de fer qui soutient une charpente.

arbitrage nm. Jugement d'un différend par arbitre.

arbitraire adj. Qui dépend de la seule volonté : *choix* -. || *Par ext.* Qui dépend du bon plaisir. || Despotique, illégal : *pouvoir* -. || Nm. *Être soumis à l'* - *de quelqu'un.*

arbitral, e, aux adj. Rendu par arbitre : *sentence* -.

arbitre nm. Personne choisie par un tribunal ou les parties intéressées pour trancher un différend. || Maître absolu : *Dieu est l'* - *de nos destinées.* || Qui a une grande influence : - *des élégances.* || Celui qui est choisi pour veiller à la régularité d'épreuves sportives. || *Libre* -, puissance que la volonté a de choisir, de décider.

arbitrer vt. Juger en qualité d'arbitre : - *un match.*

arborer vt. Planter; déployer. || Porter ostensiblement : - *une décoration.* || *Fig.* - *l'étendard de la révolte,* se révolter.

arborescent, e adj. Qui ressemble à un arbre : *une fougère* -.

arboriculteur nm. Celui qui s'occupe d'arboriculture.

arboriculture nf. Culture des arbres fruitiers.

arbouse nf. Fruit comestible de l'arbousier.

arbousier nm. Arbuste du Midi, à fruits rouges.

arbre nm. Végétal de grande taille à tronc ligneux. || - *généalogique,* tableau donnant, sous la forme d'un arbre, la filiation des membres d'une famille. || *Technol.* Axe de bois ou de métal : - *de transmission.*

arbrisseau nm. Petit arbre ramifié dès sa base.

arbuste nm. Petit arbrisseau.

arc nm. Arme servant à lancer des flèches. || *Math.* Portion de courbe. || *Fig. Avoir plusieurs cordes à son* -, avoir plusieurs moyens de réussir. || - *de triomphe,* porte monumentale en forme d'arc.

arcade nf. Ouverture en forme d'arc pratiquée dans un mur.

arcane nm. Opération mystérieuse des alchimistes. || *Fig.* Secret réservé aux initiés.

arc-boutant [*ark*] nm. Contrefort en demi-arc élevé à l'extérieur pour étayer un mur. || Pl. des *arcs-boutants.*

arc-bouter vt. Soutenir au moyen d'un arc-boutant. || S' - vpr. Prendre appui sur les pieds pour exercer un effort.

arc-doubleau nm. Arc en saillie. || Pl. des *arcs-doubleaux.*

arceau nm. Partie cintrée d'une voûte.

arc-en-ciel nm. Météore en forme d'arc, présentant les sept couleurs du prisme. || Pl. des *arcs-en-ciel.*

archaïque [*ka*] adj. Ancien, désuet.

archaïsme [*ka*] nm. Mot, tour de phrase suranné. || Imitation de la manière des Anciens.

archal [*chal*] nm. *Fil d'* -, fil de laiton.

archange [*kan*] nm. Ange d'un ordre supérieur.

arche nf. Voûte en arc, supportée par les piles ou les culées d'un pont.

arche nf. Vaisseau de Noé. || - *d'alliance,* coffre où les Hébreux gardaient les tables de la Loi.

archéologie [*ké*] nf. Science des monuments et des arts de l'Antiquité.

archéologique [*ké*] adj. Relatif à l'archéologie.

archéologue [*ké*] nm. Personne qui s'occupe d'archéologie.

archer nm. Soldat armé de l'arc.

archet [*chè*] nm. Baguette tendue de crins, pour faire vibrer les cordes d'un violon, etc.

archétype [*ké*] nm. Sorte de prototype. || Étalon des monnaies, poids et mesures.

archevêché nm. Demeure d'un archevêque. || Étendue de sa juridiction.

archevêque nm. Premier évêque d'une province ecclésiastique.

archiconfrérie nf. Société pieuse, charitable.

archidiacre nm. Supérieur ecclésiastique des curés d'un diocèse.

archiduc, archiduchesse n. Titre des princes de la maison d'Autriche.

archiduché nm. Domaine d'un archiduc.

archiépiscopal [*ki*] e, aux adj. Appartenant à l'archevêque.

archiépiscopat [*ki*] nm. Dignité d'archevêque.

archimandrite nm. Titre des supérieurs de quelques monastères grecs.

archipel nm. Groupe d'îles.

archiprêtre nm. Titre honorifique accordé à certains curés.

1. Palais de Chaillot; 2. Unité de Marseille-Michelet; 3. Théâtre des Champs-Élysées; 4. Église à Pampucha (Brésil).

architecte nm. Technicien qui conçoit, compose et fait exécuter les constructions.

architectonique adj. Qui a rapport à l'architecture. ‖ Nf. Cet art lui-même.

architectural, e, aux adj. Qui a rapport à l'architecture.

architecture nf. Art de construire et d'orner les édifices.

architrave nf. Partie de l'entablement, qui porte sur les chapiteaux des colonnes.

archives nfpl. Collection de documents relatifs à l'histoire d'un Etat, d'une ville, etc. ‖ Lieu où on les garde. ‖ Dépôt des actes, des lois.

archiviste n. Garde des archives.

archivolte nf. Bandeau encadrant une arcade de porte ou de fenêtre.

arçon nm. Armature d'une selle. ‖ *Vider les -*, tomber de cheval.

arctique adj. Septentrional.

ardent, e adj. En feu; qui brûle, chauffe. ‖ *Fig.* Violent : *désir -*. ‖ Actif; plein d'ardeur : *enfant - à l'étude*. ‖ Qui approche du roux : *blond -*. ‖ *Chapelle -*, luminaire nombreux autour d'un cercueil. ‖ **Ardemment** adv.

ardeur nf. Chaleur extrême. ‖ *Fig.* Activité; vivacité : *cheval plein d' -*.

ardillon nm. Pointe de métal au milieu d'une boucle, pour arrêter la courroie.

ardoise nf. Pierre bleuâtre, facile à diviser en plaques, qui sert à couvrir les maisons.

ardoisé, e adj. Bleu ardoise.

ardoisière nf. Carrière d'ardoise.

ardu, e adj. Escarpé. ‖ *Fig.* Difficile, pénible : *travail -*.

are nm. Unité de mesure des surfaces agraires.

arène nf. Espace sablé, au centre des amphithéâtres, où combattaient les gladiateurs. ‖ *Géol.* Sable résultant de la désagrégation des roches granitiques. ‖ Pl. Anciens amphithéâtres des Romains.

aréole nf. *Méd.* Cercle rougeâtre qui entoure un point inflammatoire.

aréomètre nm. Instrument qui sert à déterminer la densité des liquides.

aréopage nm. Réunion de gens compétents. ‖ *L'Aréopage*, tribunal suprême d'Athènes.

arête nf. Os de certains poissons. ‖ Intersection de deux plans. ‖ *Bot.* Barbe des épis de l'orge, du seigle, etc.

argent nm. Métal blanc (Ag), brillant et très ductile. ‖ Monnaie. ‖ *Fig.* Richesse : *aimer l' -*.

argentan nm. Syn. de MAILLECHORT.

argenter vt. Couvrir d'une feuille ou d'un dépôt d'argent : *- des couverts*. ‖ *Fig.* et *poét.* Donner l'éclat, la blancheur de l'argent : *la lune argentait les flots*; *une chevelure argentée*.

argenterie nf. Vaisselle et autres ustensiles en argent.

argentier nm. Autref., en France, surintendant des Finances. ‖ Meuble contenant l'argenterie.

argentifère adj. Qui renferme de l'argent : *plomb -*.

argentin, e adj. Qui a le son clair de l'argent : *une cloche -*.

argentin, e adj. et n. De la république Argentine.

argenture nf. Dépôt d'argent sur un métal, une glace. ‖ Art, action d'argenter.

argile nf. Terre glaise.

argileux, euse adj. Qui tient de l'argile : *sol -*.

argon nm. Gaz rare qui entre pour un centième dans la composition de l'air.

argot nm. Autref., langue des malfaiteurs. ‖ Auj., et *par ext.*, langage conventionnel particulier à un groupe, à une profession, à une classe sociale.

argotique adj. Relatif à l'argot.

argousin nm. Surveillant des forçats.

arguer [*ghu-é*] vt. (c. *tuer*). Tirer une conséquence, conclure. ‖ Vt. ind. Alléguer, prétexter : *- de son amitié*.

argument nm. Raisonnement dont on tire une conséquence. ‖ Preuve qui sert à affirmer ou à nier un fait : *réfuter un -*. ‖ Sommaire d'un livre, d'un chapitre, d'une narration.

argumentation nf. Action, art d'argumenter.

argumenter vi. Présenter des arguments; discuter.

argus [*guss*] nm. Homme très clairvoyant. ‖ *Fig.* Surveillant, espion. ‖ *Yeux d' -*, très pénétrants. ‖ Espèce de papillon. ‖ Oiseau voisin du faisan.

argutie [*si*] nf. Vaine subtilité.

argyronète nf. Genre d'araignée d'eau.

argyrose nm. Sulfure d'argent.

aria nm. *Fam.* Souci, tracas.

arianisme nm. Hérésie d'Arius, prêtre d'Alexandrie, condamnée au concile de Nicée (325).

aride adj. Sec, stérile. ‖ *Fig. Sujet -*, difficile à traiter.

aridité nf. Sécheresse, stérilité. ‖ *Fig.* Insensibilité : *l' - du cœur*. ‖ Manque d'attrait : *l' - d'un sujet*.

arien, enne adj. Sectateur d'Arius.

ariette nf. Air léger. ‖ Paroles chantées sur cet air.

arioso nm. et adv. *Mus.* Air où s'exprime le pathétique. ‖ Pl. *des ariosos*.

aristarque nm. Critique sévère, mais équitable.

aristocrate adj. et n. Partisan, membre de l'aristocratie.

aristocratie [*sî*] nf. Gouvernement exercé par l'élite. ‖ Classe des nobles.

aristocratique adj. Qui appartient à l'aristocratie.

aristoloche nf. Genre de plantes à tige grimpante.

aristotélicien, enne [*syin, èn'*] adj. Conforme à la doctrine d'Aristote. ‖ N. Disciple d'Aristote.

arithmétique nf. Science des nombres. ‖ Art de calculer. ‖ Adj. Fondé sur l'arithmétique.

arithmographe ou **arithmomètre** nm. Machine à calculer. ‖ Règle à calcul.

arlequin nm. Bouffon au vêtement composé de pièces de diverses couleurs. ‖ Restes de mets divers.

arlequinade nf. Bouffonnerie d'arlequin. ‖ Action ridicule.

armagnac nm. Eau-de-vie d'Armagnac : *un vieil -.*

armateur nm. Personne qui arme ou équipe un navire à ses frais.

armature nf. Assemblage de pièces métalliques charpentant un ouvrage. ‖ Plaque métallique des condensateurs électriques. ‖ *Mus.* Réunion des dièses ou des bémols placés à la clef.

arme nf. Objet qui sert à attaquer ou à se défendre. ‖ Les différents corps de l'armée de terre. ‖ Pl. Escrime : *faire des -.* ‖ Combat : *courir aux -.* ‖ Armoiries : *les - de France.* ‖ *Passer quelqu'un par les armes,* le fusiller. ‖ *Faire ses premières -,* sa première campagne. ‖ *Etre sous les -,* être soldat. ‖ *Fig. Fournir des - contre soi,* donner prise sur soi.

armée nf. Ensemble des forces militaires d'une nation. ‖ Corps de troupes sous les ordres d'un chef. ‖ *Fig.* Multitude : *une - de sauterelles.*

armement nm. Action d'armer; préparatifs de guerre. ‖ Ensemble des armes. ‖ Equipement d'un vaisseau.

arménien, enne adj. et n. D'Arménie. ‖ Nm. Langue parlée en Arménie.

armer vt. Fournir d'armes. ‖ Lever des troupes. ‖ Equiper un navire. ‖ Tendre le ressort d'une arme à feu. ‖ *Par ext.* Garnir d'une armature : *- du béton.* ‖ Prémunir : *- quelqu'un contre le froid.* ‖ **Armé, e** part. et adj. Renforcé : *ciment -.*

armet nm. Casque en fer.

armillaire [*mil-lèr'*] adj. *Sphère -,* assemblage de cercles représentant le mouvement des astres.

armistice nm. Interruption provisoire des hostilités.

armoire nf. Meuble servant à serrer le linge, les vêtements, etc.

armoiries nfpl. Ensemble des ornements de l'écu d'armes.

armoise nf. Plante aromatique.

armorial nm. Recueil d'armoiries.

armoricain, e adj. et n. De l'Armorique.

armorier vt. Peindre ou graver les armoiries : *- de l'argenterie.*

armure nf. Revêtement métallique qui protégeait le corps. ‖ Mode d'entrelacement des fils d'un tissu.

armurerie nf. Profession, atelier ou magasin d'armurier.

armurier nm. Celui qui fabrique ou vend des armes.

arnica nf. Plante médicinale utilisée contre les contusions.

aromate nm. Substance végétale d'odeur suave.

aromatique adj. Parfumé, odorant.

aromatiser vt. Parfumer.

arôme nm. Odeur qui s'exhale de certaines substances.

aronde nf. Hirondelle. (Vx.)

arpège nm. *Mus.* Accord dont on fait entendre successivement tous les sons.

arpent nm. Ancienne mesure agraire.

arpentage nm. Action d'arpenter.

arpenter vt. Mesurer la surface des terres. ‖ *Fig.* Parcourir à grands pas.

arpenteur nm. Qui arpente.

arpenteuse nf. Chenille des phalènes.

arquebusade nf. Coup d'arquebuse.

arquebuse nf. Ancienne arme à feu.

arquebusier nm. Soldat armé d'une arquebuse.

arquer vt. Courber en arc. ‖ Vi. Fléchir, se courber. ‖ **Arqué, e** part. et adj.

arrachage, arrachement nm. Action d'arracher : *l'arrachage des betteraves; l'arrachement d'une dent.*

arrache-pied (d') loc. adv. Sans interruption : *travailler d' -.*

arracher vt. Détacher avec effort. ‖ *Fig.* Obtenir avec peine : *- un aveu.* ‖ Soustraire : *- à la mort.* ‖ S' - vpr. S'éloigner, se soustraire avec peine.

arracheuse nf. Machine agricole adaptée à l'arrachage des tubercules et des racines.

arraisonnement nm. Action d'arraisonner.

arraisonner vt. Constater la nationalité, le chargement d'un navire.

arrangement nm. Action d'arranger; résultat de cette action. ‖ Conciliation, accord : *l' - d'un différend.*

arranger vt. (c. *manger*). Mettre en ordre. ‖ Remettre en état, réparer. ‖ Terminer à l'amiable : *- une affaire.* ‖ *Fam. - quelqu'un,* le maltraiter. ‖ *Cela m'arrange,* me convient. ‖ **S' -**

vpr. Se mettre d'accord. ‖ S'accommoder de : *il s'arrange de tout.* ‖ **Arrangeant, e** part. et adj. Qui est facile en affaires.

arrérages nmpl. Ce qui est dû, échu, d'un revenu quelconque.

arrestation nf. Action d'arrêter, de retenir prisonnier. ‖ Emprisonnement.

arrêt nm. Action d'arrêter, de s'arrêter. ‖ Décision rendue par un tribunal supérieur : *un - de la Cour d'appel.* ‖ Objet qui arrête. ‖ *Fig.* Saisie d'une personne ou de ses biens : *faire - sur des appointements.* ‖ *Maison d' -,* prison. ‖ *Chien d' -,* qui s'arrête sur le gibier et l'immobilise. ‖ Pl. Punition infligée à un officier auquel il est interdit de quitter son domicile.

arrêté nm. Décision d'une autorité administrative.

arrêter vt. Empêcher d'avancer. ‖ Appréhender. ‖ Suspendre le cours d'une chose. ‖ *Fig.* Fixer : *- ses regards.* ‖ Déterminer : *- un plan.* ‖ Régler d'une manière définitive : *- un compte.* ‖ Interrompre quelqu'un qui parle : *je vous arrête!* ‖ Faire un point spécial maintenant une couture. ‖ **S' -** vpr. Cesser de marcher, de parler, d'agir.

arrhes nfpl. Somme versée pour garantir l'exécution d'un marché.

arrière! interj. Au loin : *- les médisants!* ‖ **En -** loc. adv., derrière, en retard : *rester en -.*

arrière nm. Partie postérieure d'un navire, d'un véhicule. ‖ Partie du territoire éloignée de la zone des combats. ‖ Au football, joueur de la troisième ligne. ‖ Au rugby, gardien du but. ‖ Adj. : *vent -,* en poupe. ‖ Adj. inv. En arrière : *les roues -.*

arriéré, e adj. et n. Qui est en retard. ‖ *Fig.* En retard sur son âge, son époque : *une classe d' -.* ‖ Nm. Dette dont le paiement est en retard.

arrière-ban nm. Convocation de la dernière réserve. ‖ *Fig.* et *fam. Le ban et l'arrière-ban,* la totalité. ‖ Pl. des *arrière-bans.*

arrière-bouche nf. Le fond de la bouche. ‖ Pl. des *arrière-bouches.*

arrière-boutique nf. Pièce située derrière la boutique. ‖ Pl. des *arrière-boutiques.*

arrière-cour nf. Cour de dégagement. ‖ Pl. des *arrière-cours.*

arrière-garde nf. Élément d'une troupe qui ferme la marche. ‖ Pl. des *arrière-gardes.*

arrière-gorge nf. Partie du pharynx située derrière les amygdales. ‖ Pl. des *arrière-gorges.*

arrière-goût nm. Goût désagréable que laisse un mets, une boisson. ‖ Pl. des *arrière-goûts.*

arrière-grand-mère nf. Bisaïeule. ‖ Pl. des *arrière-grand-mères.*

arrière-grand-père nm. Bisaïeul. ‖ Pl. des *arrière-grands-pères.*

arrière-neveu nm., **arrière-nièce** nf. Le fils, la fille du neveu ou de la nièce. ‖ Pl. des *arrière-neveux,* des *arrière-nièces.*

arrière-pensée nf. Pensée secrète; intention cachée. ‖ Pl. des *arrière-pensées.*

arrière-petit-fils nm., **arrière-petite-fille** nf. Le fils, la fille du petit-fils ou de la petite-fille. ‖ Pl. des *arrière-petits-fils,* des *arrière-petites-filles.*

arrière-petits-enfants nmpl. Enfants du petit-fils, de la petite-fille.

arrière-plan nm. Ligne de perspective la plus éloignée du spectateur. ‖ Pl. des *arrière-plans.*

arriérer vt. (c. *céder*). Différer, retarder : *- un paiement.*

arrière-saison nf. Fin de l'automne. ‖ Pl. des *arrière-saisons.*

arrière-train nm. Partie d'un véhicule portée par les roues de derrière. ‖ Train postérieur d'un animal. ‖ Pl. des *arrière-trains.*

arrimage nm. Action d'arrimer.

arrimer vt. Disposer et fixer solidement le chargement d'un bateau, d'un véhicule.

arrivage nm. Arrivée de marchandises, de matériel par un moyen de transport. ‖ Ces marchandises mêmes.

arrivée nf. Action d'arriver; moment précis de cette action.

arriver [à] vi. Parvenir au lieu où l'on voulait aller. ‖ Approcher. ‖ Avoir lieu, survenir. ‖ Réussir. ‖ Atteindre. ‖ V. impers. : *il m'est arrivé un malheur.* (Prend toujours l'auxil. *être.)*

arrivisme nm. Désir de réussir par tous les moyens.

arriviste n. Ambitieux sans scrupules.

arrogance nf. Fierté insultante.

arrogant, e adj. Fier, hautain. ‖ **Arrogamment** adv.

arroger (s') vpr. (c. *manger*). S'attribuer mal à propos quelque chose.

arrondir vt. Rendre rond. ‖ *Fig. - son bien,* l'augmenter.

arrondissement nm. Action d'arrondir; son résultat. ‖ Circonscription administrative.

arrosage ou **arrosement** nm. Action d'arroser.

arroser vt. Répandre de l'eau ou tout autre liquide. ‖ Traverser : *la Seine arrose Paris.*

arroseur, euse n. Personne, machine utilisée pour l'arrosage.

arrosoir nm. Ustensile pour arroser.

arrow-root [*a-rô-rout'*] nm. Fécule comestible.

arroyo nm. Dans les pays tropicaux, canal reliant des cours d'eau.

arsenal nm. Fabrique et magasin d'armes de guerre. || Centre de construction de bâtiments de guerre. || *Fig.* Source de moyens d'attaque ou de défense : *l' - des lois.*

arséniate nm. *Chim.* Sel dérivant de l'acide arsénique.

arsenic [*nik*] nm. Corps simple (symb. : As), grisâtre, d'apparence métallique, vénéneux.

arsénieux, arsénique adj. m. *Chim.* Se dit de deux acides formés par l'arsenic.

arsouille n. et adj. *Pop.* Débauché crapuleux.

art nm. Manière de faire une chose selon les règles. || Habileté : *avoir l'-de...* || *Pl. - libéraux*, où l'intelligence a le plus de part. || *Beaux -*, la peinture, la sculpture, l'architecture, la musique.

artère nf. Vaisseau sanguin qui part du cœur. || *Par ext.* Grande voie de communication.

artériel, elle adj. Relatif aux artères.

artériole nf. Petite artère.

artériosclérose nf. Durcissement des artères.

artésien, enne adj. et n. De l'Artois.

arthrite nf. Inflammation d'une articulation.

arthritique adj. Qui a rapport aux articulations. || N. Atteint d'arthritisme.

arthritisme nm. État maladif caractérisé par la goutte, le diabète, les rhumatismes, etc.

arthropodes nmpl. Embranchement renfermant les animaux munis d'appendices articulés.

artichaut nm. Plante potagère dont la fleur est protégée par des écailles charnues, comestibles à leur base.

article nm. Division d'un traité, d'une loi, d'un contrat, d'un compte. || Sujet traité dans une publication : *- de journal.* || Tout objet de commerce. || *- de Paris*, bimbeloterie qui se fabrique spécialement à Paris. || *Fig.* Faire l' -; faire valoir une chose. || *Gramm.* Mot qui se place devant les noms pour indiquer leur sens défini, indéfini ou partitif (le, un, du). || *- de foi*, point important de croyance religieuse. || *A l' - de la mort*, aux derniers instants.

articulaire adj. Qui a rapport aux articulations.

articulation nf. Jointure des os. || Prononciation distincte.

articuler vt. Munir d'articulations.

|| Faire entendre les sons vocaux à l'aide des lèvres et de la langue. || *Absol.* Prononcer distinctement. **Articulé, e** part., adj. et n. || Nmpl. Syn. de ARTHROPODES.

artifice nm. Subtilité, ruse, en vue de tromper. || *Feu d' -*, compositions inflammables à effets lumineux.

artificiel, elle adj. Qui est produit par l'art, et non par la nature : *la soie -.* || Factice.

artificier nm. Qui fait des feux d'artifice. || Artilleur spécialisé.

artificieux, euse adj. Plein d'artifice, de ruse.

artillerie nf. Corps des artilleurs. || L'ensemble des canons.

artilleur nm. Soldat de l'artillerie.

artimon nm. *Mar.* Mât arrière d'un trois-mâts.

artisan nm. Ouvrier qui travaille à son compte. || *Fig.* Auteur : *- de sa fortune.*

artisanal, e, aux adj. Relatif à l'artisan.

artisanat nm. Condition de l'artisan. || Ensemble des artisans.

artiste n. Personne qui exerce un art libéral. || Personne qui interprète une œuvre musicale, théâtrale, cinématographique. || Adj. Qui a le goût des arts.

artistique adj. Relatif aux arts.

arum [*rom'*] nm. Plante décorative dont le rhizome contient un suc caustique.

aruspice nm. A Rome, sacrificateur qui prédisait l'avenir par l'inspection des entrailles des victimes.

aryen, enne adj. et n. Qui concerne les Aryens ou Aryas.

as [*ass*] nm. Unité de poids chez les Romains. || Carte. || Face du dé marquée d'un point. || *Fig.* Le premier, le meilleur : *un - de l'aviation.*

As, symbole de l'*arsenic.*

ascaride ou **ascaris** nm. Ver intestinal.

ascendance [*as-san*] nf. Action de s'élever. || Les générations précédentes.

ascendant adj. et n. Mouvement d'une planète montant à l'horizon. || *Fig.* Autorité, influence dominante. || Pl. Les parents dont on descend.

ascenseur nm. Appareil servant à élever ou à descendre les personnes.

ascension nf. Action de s'élever, de gravir. || Élévation miraculeuse du Christ. || Fête chrétienne (10 jours avant la Pentecôte).

ascensionnel, elle adj. Qui tend à monter ou à faire monter.

ascète [*a-sèt'*] n. Celui qui mène une vie d'austérité et de mortification.

ascétique adj. Digne d'un ascète.

ascétisme nm. Vie consacrée à l'austérité et à la mortification.

asdic nm. Appareil de détection sous-marine.

asepsie nf. Absence de tout microbe. ‖ Ensemble des méthodes prévenant l'infection microbienne.

aseptique adj. Relatif à l'asepsie.

aseptisation nf. Action d'aseptiser.

aseptiser vt. Rendre aseptique, stériliser.

asexué, e adj. Qui n'a pas de sexe.

asiatique adj. et n. Particulier à l'Asie : *mœurs -.* ‖ D'Asie.

asile nm. Lieu de refuge. ‖ Fig. Protection ; retraite : *un - de paix.* ‖ Etablissement charitable.

asparagus [*pè*] nm. Plante ornementale à feuillage très fin.

aspect [*pè*] nm. Apparence, forme d'un objet. ‖ Fig. Face d'une affaire : *cette entreprise se présente sous un fâcheux -.*

asperge nf. Plante potagère dont on mange les jeunes tiges.

asperger vt. (c. *manger*). Arroser légèrement et superficiellement.

aspérité nf. Etat de ce qui est raboteux.

aspersion nf. Action d'asperger ; son résultat.

asphalte nm. Bitume résineux, qui sert au revêtement des trottoirs, des chaussées, etc.

asphalter vt. Couvrir d'asphalte.

asphodèle nm. Liliacée ornementale.

asphyxie nf. Suspension subite de la respiration, par submersion ou par strangulation.

asphyxier vt. (c. *prier*). Causer l'asphyxie. ‖ S' - vpr. Mourir par asphyxie. ‖ **Asphyxié, e** part. adj. et n.

aspic [*pik*] nm. Vipère assez commune dont la morsure est mortelle. ‖ *Cuis.* Plat de viande ou de poisson froid enrobé de gelée.

aspidistra nm. Plante d'appartement à larges feuilles vertes.

aspirateur, trice adj. Qui aspire. ‖ Nm. Appareil de nettoyage.

aspiration nf. Action d'aspirer en faisant le vide. ‖ *Gramm.* Action d'émettre un son en l'accompagnant d'un souffle. ‖ *Fig.* Mouvement de l'âme vers un idéal : *des - généreuses.*

aspiratoire adj. Qui concerne l'aspiration.

aspirer vt. Attirer l'air avec la bouche. ‖ Elever l'eau par le vide. ‖ Vt. ind. [à]. Prétendre : *- aux honneurs.* ‖ **Aspirant, e** part. adj. et n. Grade. ‖ Elève officier.

aspirine nf. Remède contre la douleur ou la fièvre.

assagir vt. Rendre sage. ‖ S' - vpr. Devenir sage.

assaillir vt. (J'assaille, tu assailles, *il assaille,* n. assaillons, v. assaillez, *ils assaillent.* J'assaillais, n. assaillions. J'assaillis, J'assaillirai, n. assaillirons. J'assaillirai, n. assaillirions. Assaille, assaillons, assaillez. Q. j'assaille, qu'il assaille, q. n. assaillions. Q. j'assaillisse, qu'il assaillît. Assaillant. Assailli, e.) Attaquer vivement. ‖ Fig. Harceler, tourmenter : *- quelqu'un de quest'ons.* ‖ **Assaillant, e** part., adj. et n.

assainir vt. Rendre sain.

assainissement nm. Action d'assainir ; son résultat.

assaisonnement nm. Action d'assaisonner les mets. ‖ Condiment comme poivre, sel, vinaigre, etc.

assaisonner vt. Accommoder un mets avec des ingrédients qui flattent le goût. ‖ Fig. Donner de l'agrément, du piquant avec : *- un discours de mots d'esprit.*

assassin, e n. et adj. Meurtrier.

assassinat nm. Meurtre commis avec préméditation.

assassiner vt. Tuer avec préméditation ou par trahison. ‖ Fig. Importuner, excéder : *- de compliments.*

assaut nm. Attaque faite en vue d'emporter de vive force une position ennemie. ‖ Combat au fleuret. ‖ Fig. Lutte d'émulation : *faire - d'esprit.*

assèchement nm. Action d'assécher ; son résultat.

assécher vt. (c. *céder*). Mettre à sec.

assemblage nm. Union de plusieurs choses. ‖ Manière de joindre des pièces de bois : *- en queue d'aronde.*

assemblée nf. Réunion de personnes.

assembler vt. Mettre ensemble ; réunir. ‖ Joindre, emboîter. ‖ Convoquer : *- les Chambres.*

assembleur, euse n. Personne qui assemble les feuilles d'un livre.

assener vt. (c. *mener*). Porter avec violence : *- un coup violent.*

assentiment nm. Consentement, approbation.

asseoir vt. (J'assieds, tu assieds, il *assied,* n. asseyons, v. asseyez, ils asseyent, ou j'assois, tu assois, etc. J'asseyais, n. asseyions, ou j'assoyais, etc. J'assis, n. assîmes. J'asseyerai, n. asseyerons ou j'assoirai, n. assoirons, etc. J'assiérais, n. assiérions, ou j'assoirais, n. assoirions, etc. Assieds, asseyons, ou assois, assoyons, etc. Q. j'asseye, qu'il asseye, que n. asseyions, ou q. j'assoie, qu'il assoie, q. n. assoyions, etc. Q. j'assisse, qu'il assît, q. n. assissions. Asseyant ou assoyant. Assis, e.

[Les formes en *oi* sont moins employées.]) Mettre sur un siège. ‖ Poser solidement : *les fondements d'une maison.* ‖ *Fig.* Rendre stable, affermir : *- un gouvernement.* ‖ S'- vpr. Se mettre sur son séant.

assermenter vt. Lier par serment : *- un garde.*

assertion nf. Affirmation : *les faits confirment ses -.*

asservir vt. Réduire à l'esclavage.

asservissement nm. Dépendance.

assesseur adj. et nm. Adjoint à un juge.

assette nf. Marteau de couvreur.

assez adv. En quantité suffisante.

assidu, e adj. Qui fait preuve d'assiduité. ‖ **Assidûment** adv.

assiduité nf. Exactitude. ‖ Application constante. ‖ Présence fréquente dans un lieu, auprès de quelqu'un.

assiéger vt. (c. *abréger*). Faire le siège d'une place. ‖ *Fig.* Obséder; importuner : *être assiégé par des solliciteurs.* ‖ **Assiégé, e** part., adj. et n. ‖ **Assiégeant, e** part., adj. et n.

assiette nf. Manière d'être assis : *avoir une bonne - à cheval.* ‖ Position stable d'un corps. ‖ Pièce de vaisselle. ‖ *Fig.* et *fam.* N'être pas dans son -, être mal à son aise. ‖ L'- *de l'impôt,* sa base.

assiettée nf. Contenu d'une assiette.

assignat nm. Papier-monnaie sous la Révolution française.

assignation nf. Convocation en justice.

assigner vt. Appeler quelqu'un en justice. ‖ *Fig.* Affecter; donner : *- une place.*

assimilable adj. Qui peut être assimilé.

assimilation nf. Action d'assimiler. ‖ *- chlorophyllienne,* absorption du carbone de l'air par la chlorophylle.

assimiler vt. Rendre semblable. ‖ Établir une comparaison : *- un cas à un autre.* ‖ *Physiol.* Transformer, convertir en sa propre substance : *l'organisme humain assimile les aliments.* ‖ *Fig.* Faire pénétrer en soi par l'intelligence : *certains élèves ne peuvent - tout ce qu'ils apprennent.* ‖ S'- vpr. Se comparer : *s'- aux grands hommes.*

assis, e adj. Qui est sur son séant. ‖ *Fig.* Bien établi : *une réputation bien -.*

assise nf. Rangée de pierres servant de base à une construction. ‖ *- génératrice,* syn. de CAMBIUM. ‖ Pl. Séances tenues par des magistrats pour juger les causes criminelles. ‖ Lieu où se tiennent ces séances.

assistance nf. Assemblée, auditoire. ‖ Aide, secours. ‖ *- publique,* admi-

nistration de secours et de bienfaisance. ‖ *- judiciaire,* institution qui assure gratuitement aux indigents la défense de leurs droits en justice.

assister vi. Être présent. ‖ Vt. Secourir : *- un malheureux.* ‖ **Assisté, e** part., adj. et n. Qui jouit du bénéfice de l'assistance publique ou judiciaire. ‖ **Assistant, e** adj. et n. ‖ *- sociale,* personne qui se consacre aux problèmes d'assistance. ‖ Nmpl. Auditeurs, spectateurs.

association nf. Union de personnes pour un intérêt, un but commun. ‖ *- des idées,* évocation spontanée d'une idée, d'une image par une autre.

associer vt. (c. *prier*). Prendre pour aide, pour collègue. ‖ Unir, joindre : *- des idées.* ‖ S'- vpr. Entrer en société. ‖ *Fig.* Participer, prendre part à : *s'- à la douleur de quelqu'un.* ‖ **Associé, e** part., adj. et n.

assoiffé, e adj. Altéré, avide (se dit surtout au *fig.*) : *- de richesses.*

assolement nm. Succession méthodique de cultures.

assoler vt. Alterner les cultures d'un champ.

assombrir vt. Rendre sombre. ‖ *Fig.* Attrister : *les malheurs ont assombri sa vie.* ‖ S'- vpr. (au *pr.* et au *fig.*).

assommer vt. Tuer en frappant avec un corps pesant. ‖ Battre avec excès : *- un enfant.* ‖ *Fig.* et *fam.* Importuner : *- de questions.*

assommeur nm. Personne qui assomme.

assommoir nm. Masse qui sert à assommer. ‖ *Fam.* Bouge.

assomption nf. Enlèvement miraculeux de la Vierge au ciel. ‖ Célébration de cette fête (15 août). ‖ Œuvre d'art représentant cet événement.

assonance nf. Rime imparfaite reposant sur l'analogie des sons terminaux : *sombre, tondre; peindre, cintre,* etc.

assortiment nm. Action d'assortir; son résultat.

assortir vt. Réunir des personnes, des choses qui se conviennent : *des convives, des étoffes.* ‖ Approvisionner : *- un magasin.* ‖ S'- vpr. Se convenir : *ces couleurs s'assortissent.*

assoupir vt. Endormir à demi. ‖ *Fig.* Calmer : *- la douleur.* ‖ S'- vpr. Se laisser aller au sommeil.

assoupissement nm. Demi-sommeil. ‖ *Fig.* Nonchalance extrême.

assouplir vt. Rendre souple (au *pr.* et au *fig.*) : *- une étoffe, le caractère.*

assouplissement nm. Action d'assouplir : *exercices d' -.*

assourdir vt. Rendre comme sourd. ‖ Rendre moins sonore : *- un son.* ‖ *Fig.* Fatiguer par un excès de bruit, de paroles.

assourdissement nm. Action d'assourdir; son résultat.

assouvir vt. Rassasier pleinement : - sa faim.

assouvissement nm. Action d'assouvir. ‖ Etat de ce qui est assouvi.

assujettir vt. Astreindre : - à l'obéissance. ‖ Ranger sous sa domination. ‖ Fixer une chose de manière qu'elle soit stable : - une porte. ‖ **Assujetti**, e part., adj. et n. Soumis à : les - à l'impôt.

assujettissement nm. Etat de dépendance.

assumer vt. Se charger de : - une lourde responsabilité.

assurance nf. Certitude, espérance certaine. ‖ Garantie, promesse formelle. ‖ Confiance en soi-même. ‖ Convention par laquelle, moyennant une prime, l'assureur s'engage à indemniser d'un dommage éventuel. ‖ - sociales, assurances couvrant les travailleurs en cas de maladie ou d'accidents du travail.

assurer vt. Rendre sûr, durable : - le bonheur de quelqu'un. ‖ Rendre stable : - un volet. ‖ Affirmer : - un fait à quelqu'un. ‖ Rendre certain : - quelqu'un de son dévouement. ‖ Garantir : - une créance. ‖ S'engager à rembourser les pertes : - une récolte. ‖ S' - vpr. Se procurer la certitude : nous nous sommes assurés que... ‖ Passer un contrat d'assurance : s' - contre le vol. ‖ **Assuré**, e part. et adj. Ferme, hardi : regard -. ‖ Certain : succès -. ‖ N. Personne couverte par un contrat d'assurance.

assureur nm. Celui qui assure contre des risques éventuels.

assyrien, enne adj. et n. De l'Assyrie.

assyriologie nf. Science des antiquités assyriennes.

astatique adj. *Phys.* En équilibre indifférent.

aster [as-tèr'] nm. Plante ornementale, encore appelée reine-marguerite.

astérie nf. Etoile de mer.

astérisque nm. Signe typographique en forme d'étoile (*).

astéroïde nm. Petite planète du système solaire.

asthénie nf. Diminution des forces.

asthmatique [as-ma] adj. et n. Qui souffre de l'asthme.

asthme [asm'] nm. Maladie caractérisée par des suffocations.

asti nm. Vin mousseux, récolté aux environs d'Asti (Italie).

asticot nm. Larve des mouches.

asticoter vt. *Fam.* Contrarier, taquiner, tracasser.

astigmate adj. Qui est affecté d'astigmatisme.

astigmatisme nm. Défaut de courbure de l'œil ou d'une lentille, donnant des images déformées selon un axe variable (l'image d'un carré sera un rectangle ou un parallélogramme).

astiquage nm. Action d'astiquer.

astiquer vt. Faire reluire en frottant.

astragale nm. Un des os du pied.

astrakan nm. Fourrure d'agneau caracul, à poil frisé.

astral, e, aux adj. Relatif aux astres.

astre nm. Corps céleste, lumineux par lui-même ou empruntant sa clarté à un autre corps. ‖ *Fig.* et *ironiq.* Beau comme un -, très beau.

astreindre adj. (c. atteindre). Soumettre, contraindre, obliger. ‖ **Astreint**, e part., adj. et n. Pénalité assurant l'exécution d'un jugement.

astringence nf. Qualité de ce qui est astringent.

astringent, e adj. et nm. *Méd.* Qui resserre les tissus : remède -.

astrolabe nm. Ancien instrument servant à mesurer la hauteur des astres.

astrologie nf. Art de prédire les événements d'après les astres.

astrologue nm. Qui s'adonne à l'astrologie.

astronaute n. Personne qui s'occupe d'astronautique. ‖ Voyageur interplanétaire.

astronauticien, enne n. et adj. Personne qui effectue des recherches sur l'astronautique.

astronautique nf. Navigation interplanétaire.

astronef nm. Véhicule conçu pour la navigation interplanétaire.

astronome nm. Qui s'occupe d'astronomie.

astronomie nf. Science des astres.

astronomique adj. Qui concerne l'astronomie. ‖ *Fam.* Exagéré : prix -.

astrophysique nf. Etude des astres selon les méthodes de la physique.

astuce nf. Finesse, ruse.

astucieux, euse adj. Qui a de l'astuce. ‖ **Astucieusement** adv.

asymétrie nf. Défaut de symétrie.

asymétrique adj. Sans symétrie.

asymptote nf. *Math.* Droite ou courbe se rapprochant indéfiniment d'une autre sans jamais la toucher.

asystolie nf. Irrégularité des battements du cœur.

ataraxie nf. Calme absolu de l'âme.

atavique adj. Relatif à l'atavisme.

atavisme nm. Hérédité de certains caractères venus des ancêtres.

ataxie nf. Désordre dans la coordination des mouvements.

ataxique adj. Relatif à l'ataxie. ‖ N. Personne atteinte d'ataxie.

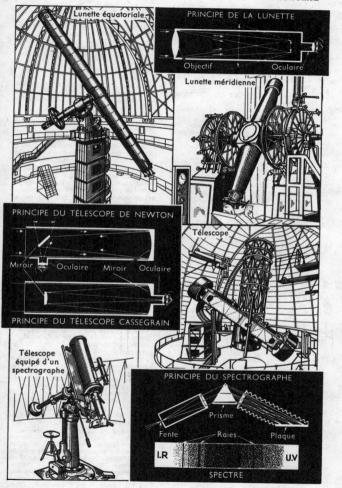

Lunette équatoriale

PRINCIPE DE LA LUNETTE

Objectif   Oculaire

Lunette méridienne

PRINCIPE DU TÉLESCOPE DE NEWTON

Miroir   Oculaire   Miroir   Oculaire

PRINCIPE DU TÉLESCOPE CASSEGRAIN

Télescope

Télescope équipé d'un spectrographe

PRINCIPE DU SPECTROGRAPHE

Prisme

Fente   Raies   Plaque

I.R   U.V

SPECTRE

atèle nm. Singe, aux membres d'une longueur démesurée.

atelier nm. Lieu où l'on travaille en commun. ‖ Ensemble des élèves travaillant sous la direction d'un maître.

atermoiement nm. Recul d'échéance accordé par un créancier. ‖ *Par ext.* et au pl. Délai ; tergiversation.

atermoyer vi. (c. *aboyer*). Retarder le terme d'un paiement. ‖ *Fig.* Différer ; remettre.

athée adj. et n. Qui nie l'existence de Dieu.

athéisme nm. Doctrine des athées.

athlète nm. Jadis, celui qui combattait dans les jeux solennels des Anciens. ‖ Qui pratique l'athlétisme. ‖ *Par ext.* Homme vigoureux.

athlétique adj. Qui appartient aux athlètes.

athlétisme nm. Ensemble des exercices pratiqués par les athlètes.

atlante nm. Statue d'homme qui soutient une corniche.

atlantique adj. Se dit de l'océan séparant l'ancien et le nouveau continent.

atlas nm. Recueil de cartes géographiques. ‖ Planches jointes à un ouvrage. ‖ Première vertèbre du cou

atmosphère nf. Masse d'air qui environne la Terre. ‖ *Fig.* Milieu dans lequel on vit : *une - bienfaisante.* ‖ Unité de pression.

atmosphérique adj. Relatif à l'atmosphère : *pression -.*

atoll nm. Ile annulaire de corail.

atome nm. Particule caractéristique d'un élément chimique, qui forme la plus petite quantité capable de se combiner, et constituée par un noyau positif autour duquel gravitent des électrons négatifs. ‖ *Fig.* Corps très petit.

atomique adj. Qui a rapport aux atomes. ‖ *Poids* -, poids relatif des atomes, celui de l'oxygène étant conventionnellement pris égal à 16. ‖ *Bombe* -, v. BOMBE.

atomiser vt. Réduire en particules extrêmement ténues.

atomiseur nm. Pulvérisateur.

atomisme nm. Théorie expliquant les propriétés de la matière à partir des atomes qui la constituent.

atomiste adj. et nm. Spécialiste des problèmes de l'énergie nucléaire.

atone adj. Sans vigueur ; sans expression. ‖ *Voyelle* -, non accentuée.

atonie nf. Manque de force.

atours nmpl. Tout ce qui sert à la parure des femmes.

atout nm. Couleur qui, dans les jeux de cartes, l'emporte sur les autres. ‖ *Fig. Avoir tous les - en main,* avoir toutes les chances de réussir.

atrabilaire adj. et n. Irascible.

âtre nm. Foyer de la cheminée.

atrium [*om'*] nm. Cour intérieure des habitations romaines.

atroce adj. D'une méchanceté excessive, cruelle. ‖ Horrible à supporter. ‖ *Fam.* et *par exagér.* Désagréable : *un temps -.*

atrocité nf. Action atroce, cruelle.

atrophie nf. *Méd.* Dépérissement d'un être, d'un organe, d'un muscle.

atrophier (s') vpr. *Méd.* Diminuer de volume, en parlant d'un membre ou d'un organe.

atropine nf. Alcaloïde extrait de la belladone, poison violent utilisé en médecine.

attabler (s') vpr. Se mettre à table.

attache nf. Tout ce qui sert à attacher. ‖ Endroit où est fixé un muscle. ‖ *Fig.* Sujétion continuelle : *être à l'* -.

attachement nm. Sentiment d'affection, de sympathie pour quelqu'un ou pour quelque chose. ‖ Application constante : - *au travail.*

attacher vt. Joindre, fixer au moyen d'un lien, d'une corde, etc. ‖ *Fig.* Lier par quelque chose qui plaît, oblige : - *par la reconnaissance.* ‖ Attribuer : - *du prix à un objet.* ‖ Fixer : - *ses yeux sur quelque chose.* ‖ Vi. *Fam.* Coller au fond d'un récipient pendant la cuisson. ‖ S' - vpr. *S'* - *à quelqu'un, à quelque chose,* éprouver de l'affection, de l'intérêt. ‖ *S'* - *aux pas de quelqu'un,* le suivre. ‖ Attachant e part. et adj. Qui intéresse, fixe fortement l'attention. ‖ Attaché part., adj. et n. Membre du personnel d'un cabinet ministériel.

attaque nf. Action militaire offensive. ‖ *Fig.* Accès subit d'un mal : - *d'apoplexie.* ‖ Accusation : *être en butte aux - de ses adversaires.* ‖ *Pop. Etre d'* -, être vigoureux. ‖ *Ligne d'* -, ligne des avants au football, au rugby ou au volley-ball.

attaquer vt. Exécuter une attaque. ‖ *Fig.* Provoquer, braver : - *quelqu'un par surprise.* ‖ Critiquer : - *la réputation de quelqu'un.* ‖ Intenter une action judiciaire. ‖ Ronger : *la rouille attaque le fer.* ‖ *Fam.* Commencer : - *un travail.* ‖ S' - [à] vpr. Diriger une attaque contre : *s'* - *à plus fort que soi.*

attarder vt. Mettre en retard. ‖ S' - vpr. Demeurer : *s'* - *au travail.*

atteindre vt. (J'atteins, tu atteins, il atteint, n. atteignons, v. atteignez, ils atteignent. J'atteignais, n. atteignions. J'atteignis, n. atteignîmes. J'atteindrai, n. atteindrons. J'atteindrais, n. atteindrions. Atteins, atteignons, atteignez. Q. j'atteigne, qu'il atteigne, q. n. atteignions. Q. j'atteignisse, qu'il atteignît. Attei-

Départ de 100 m et arrivée

Cross-country

Course de fond

Course de relais

Course de haies

Marche

Lancement du javelot

Lancement du disque

Lancement du poids

Lancement du marteau

Saut en longueur

Saut à la perche

Saut en hauteur

Paul Ordner

gnant. Atteint, e.) Toucher de loin. ‖ Joindre en chemin : - *celui qui était en avant.* ‖ Parvenir. ‖ Vi. [à]. Parvenir avec un certain effort : - *au plafond.*

atteinte nf. Coup dont on est atteint; dommage, préjudice. ‖ Attaque : - *de goutte.*

attelage nm. Action ou manière d'atteler. ‖ Ensemble des bêtes attelées.

atteler vt. (c. *appeler*). Attacher des animaux de trait à une voiture.

attelle nf. Partie en bois du collier des chevaux, à laquelle les traits sont attachés. ‖ *Chir.* Petite pièce de bois pour immobiliser une fracture.

attenant, e adj. Contigu, qui touche à.

attendant (en) loc. prép. Jusqu'à la réalisation de... ‖ **En - que** loc. conj., jusqu'à ce que.

attendre vt. Demeurer jusqu'à l'arrivée de quelqu'un ou de quelque chose. ‖ Compter sur la venue de quelqu'un, de quelque chose. ‖ *Fig.* Etre prêt : *le dîner nous attend.* ‖ *Absol.* Différer : *il faut -.* ‖ *- après une personne, une somme, une chose,* avoir besoin d'elle. ‖ S' - vpr. Compter sur, espérer, craindre : *il faut s' - à tout !*

attendrir vt. Rendre tendre. ‖ *Fig.* Emouvoir : - *le cœur.*

attendrissement nm. Action d'émouvoir, d'attendrir.

attendu prép. Vu, eu égard : - *les événements.* ‖ Nm. Commentaire accompagnant un jugement. ‖ **- que** loc. conj., vu que.
contre les personnes ou les choses.

attentat nm. Tentative criminelle

attentatoire adj. Qui porte atteinte : *mesure - à la liberté.*

attente nf. Action d'attendre; état de la personne qui attend. ‖ *Fig.* Espérance, prévision : *répondre à l' -.*

attenter vt. ind. Commettre un attentat : - *à la vie de quelqu'un.*

attentif, ive adj. Qui fait attention.

attention nf. Action de fixer son esprit sur quelque chose. ‖ Pl. *Fig.* Egards : *avoir des - pour les vieillards.* ‖ Absol. et interj. : - !

attentionné, e adj. Prévenant.

attentisme nm. Politique d'attente, d'opportunité.

attentiste adj. et n. Qui sait attendre; opportuniste.

atténuation nf. Action d'atténuer.

atténuer vt. (c. *tuer*). Rendre moins vif, moins grave : - *un mal.* ‖ **Atténuant, e** part. et adj. ‖ *Circonstances -,* faits qui diminuent la gravité du crime, du délit.

atterrer vt. Consterner, affliger.

atterrir vi. *Mar.* et *aviat.* Prendre contact avec la terre.

atterrissage nm. *Mar.* et *aviat.* Action de toucher la terre.

attestation nf. Affirmation verbale ou écrite; certificat, témoignage.

attester vt. Certifier, affirmer. ‖ *Fig.* Servir de preuve : *ses larmes attestent son repentir.* ‖ Prendre à témoin : - *le ciel.*

atticisme nm. Délicatesse de goût, de langage, particulière aux habitants de l'Attique.

attiédir vt. Rendre tiède. ‖ *Fig.* Diminuer l'ardeur : - *l'amitié.*

attiédissement nm. Action d'attiédir.

attifer vt. Parer avec une recherche de mauvais goût.

attique adj. Qui a rapport à la manière, au goût des anciens Athéniens. ‖ *Sel -,* raillerie délicate et fine.

attirail [*ray*] nm. Ensemble de choses nécessaires à certains usages : *un - de chasse.* ‖ *Fam.* Bagage superflu ou embarrassant.

attirance nf. Charme qui attire.

attirer vt. Tirer à soi. ‖ *Fig.* Appeler sur soi, exciter : - *les regards.*

attiser vt. Rapprocher les tisons, activer le feu. ‖ *Fig.* Exciter : - *la haine.*

attitré, e adj. Habituel, coutumier.

attitude nf. Position du corps. ‖ *Fig.* Manifestation extérieure d'intentions : - *bienveillante.*

attouchement nm. Contact, palpation.

attractif, ive adj. Qui attire, séduit.

attraction nf. Action d'attirer. ‖ *Phys.* Force en vertu de laquelle les corps et les parties d'un même corps s'attirent réciproquement. ‖ *Loi de l' - universelle,* loi selon laquelle tous les corps matériels s'attirent mutuellement en raison directe des masses et en raison inverse du carré des distances. (Cette loi a été établie par Newton pour expliquer la pesanteur et le mouvement des astres.)

attrait nm. Ce qui plaît, charme, attire. ‖ Pl. Agréments extérieurs d'une femme : *elle ne manque pas d' -.*

attrape nf. *Fam.* Tromperie faite par plaisanterie. ‖ Objet destiné à tromper.

attrape-mouches nm. inv. Plante carnivore. ‖ Piège à mouches.

attrape-nigaud nm. Ruse grossière. ‖ Pl. des *attrape-nigauds.*

attraper vt. Prendre à un piège. ‖ *Fig.* Tromper : *se laisser - par un fripon.* ‖ Atteindre en courant : - *une place.* ‖ *Fam.* Contracter : - *un rhume.* ‖ Savoir reproduire : - *la manière d'un auteur.* ‖ *Fam.* Gronder.

attrayant, e adj. Qui attire agréablement.

attribuer vt. (c. *tuer*). Accorder, assigner : - *un prix, une récompense.* ‖ *Fig.* Imputer : - *au hasard.* ‖ S'- vpr. S'arroger : *s' - un droit.*

attribut nm. Ce qui est propre, particulier à un être : *la parole est un - de l'homme.* ‖ Symbole : *un glaive, une balance sont les - de la Justice.* ‖ Gramm. Adjectif ou nom reliés au sujet par le verbe *être* ou au complément d'objet par des verbes comme *rendre, nommer, tenir pour,* etc.

attribution nf. Action d'attribuer. ‖ Pl. Pouvoirs, compétence : *les - d'un maire.*

attrister vt. Rendre triste. ‖ S'- vpr. Devenir triste.

attrition nf. *Théol.* Regret d'avoir offensé Dieu.

attroupement nm. Rassemblement.

attrouper vt. Rassembler en troupe.

au, aux art. contracté, pour *à le, à les.*

Au, symbole chimique de l'or.

aubade nf. Concert donné à l'aube sous les fenêtres de quelqu'un.

aubaine nf. Profit inespéré.

aube nf. Lever du jour. ‖ Vêtement blanc des prêtres célébrant la messe. ‖ *Fig.* Commencement : *à l' - du siècle.*

aube nf. Palette d'une roue ou d'une turbine à vapeur ou à gaz.

aubépine nf. Arbrisseau épineux à fleurs blanches et odorantes.

aubère adj. m. Se dit d'un cheval dont la robe est entre le blanc et le bai.

auberge nf. Hôtellerie de campagne.

aubergine nf. Plante annuelle dont le fruit oblong a la forme du concombre. ‖ Ce fruit lui-même.

aubergiste n. Qui tient une auberge.

aubier nm. Bois tendre et blanchâtre, immédiatement sous l'écorce.

auburn adj. inv. Qui est d'un brun rouge.

aucun, e adj. indéf. sing. Pas un, nul. (Se met au pl. devant un nom qui n'a pas de sing. : - *frais; - funérailles.*) ‖ Pr. indéf. : *je n'en connais -.* ‖ Pl. Quelques-uns : - (ou *d' -*) *pensent.* (Vx en ce sens.)

aucunement adv. Nullement.

audace nf. Hardiesse, témérité.

audacieux, euse adj. et n. Qui a de l'audace.

au-deçà, au-dedans, au-dehors, au-delà, au-dessous, au-dessus, au-devant prép. V. DEÇÀ, DEDANS, DEHORS, DELÀ, DESSOUS, DESSUS, DEVANT.

audible adj. Perceptible à l'oreille.

audience nf. Entretien, réception. ‖ Séance d'un tribunal.

auditeur nm. Personne qui écoute. ‖ Fonctionnaire chargé de préparer les décisions au Conseil d'Etat et à la Cour des comptes.

auditif, ive adj. Relatif à l'ouïe.

audition nf. Action d'entendre. ‖ Séance que donne un chanteur, un instrumentiste, etc.

auditionner vt. Entendre un artiste pour le juger.

auditoire nm. Réunion de ceux qui écoutent.

auge nf. Pierre creuse ou récipient dans lequel mangent et boivent les bestiaux. ‖ Récipient pour délayer le plâtre. ‖ Chacun des godets placés à la circonférence d'une roue hydraulique. ‖ Vallée glaciaire en U.

auget nm. Petite auge. ‖ *Roue à -*, roue hydraulique garnie de petites auges.

augmentation nf. Accroissement.

augmenter vt. Accroître. ‖ - *quelqu'un*, lui donner un salaire plus élevé. ‖ Vi. Devenir plus considérable.

augural, e, adj. Relatif aux augures.

augure nm. Présage, signe par lequel on juge de l'avenir. ‖ Prêtre romain chargé d'interpréter les présages. ‖ *De bon, de mauvais -*, qui fait prévoir une bonne ou une mauvaise conjecture.

augurer vt. Présager, conjecturer.

auguste adj. Grand, vénérable.

aujourd'hui adv. Dans le jour où l'on est. ‖ Dans le temps présent.

aulx nmpl. Un des pluriels de AIL.

aumône nf. Don charitable.

aumônerie nf. Charge d'aumônier. ‖ L'ensemble des aumôniers.

aumônier nm. Prêtre attaché à un établissement scolaire, à une unité militaire, etc.

aumônière nf. Bourse qu'on portait à la ceinture.

aunaie ou **aulnaie** nf. Lieu planté d'aunes.

aune nf. Ancienne mesure (1,188 m).

aune ou **aulne** nm. Arbre qui croît dans les lieux humides.

auparavant adv. D'abord.

auprès adv. Proche. ‖ - **de**, loc. prép. marquant la proximité ou la comparaison : *votre mal n'est rien - du mien.*

auquel pr. rel. m. ‖ Pl. *auxquels.*

auréole nf. Cercle lumineux dont les peintres entourent la tête des saints. ‖ *Fig.* Gloire; prestige : *l'- du martyre.* ‖ Halo pour une photographie.

auréoler vt. Entourer d'une auréole. ‖ *Fig.* Glorifier : - *quelqu'un de toutes les vertus.*

auréomycine nf. Antibiotique.

auriculaire adj. Qui a rapport à l'oreille. ‖ *Témoin -*, qui a entendu. ‖ Nm. Le petit doigt.

auricule nf. Lobe de l'oreille. ‖ Appendice de chaque oreillette du cœur.

auriculé, e adj. Muni d'auricules.

aurifère adj. Qui renferme de l'or.

aurification nf. Action d'aurifier.

aurifier vt. (c. *prier*). Obturer une dent creuse en y introduisant de l'or ou en la recouvrant d'un dé d'or.

auriste n. et adj. m. Spécialiste des maladies de l'oreille.

aurochs [*ô-rokss* ou *o-rok*] nm. Bœuf sauvage (en voie de disparition).

aurore nf. Lumière qui précède le lever du soleil. ‖ Le levant. ‖ *Fig.* Commencement : *l' - de la vie.* ‖ *- boréale*, phénomène lumineux fréquent dans les régions polaires. ‖ Adj. inv. *Couleur -*, d'un jaune doré.

auscultation nf. Action d'écouter les bruits produits par les organes soit par application de l'oreille sur le corps, soit par l'intermédiaire d'un stéthoscope; inaugurée par Laennec.

ausculter vt. Faire l'auscultation.

auspices nmpl. Chez les Romains, présages tirés du vol des oiseaux et de la manière dont ils mangeaient. ‖ *Fig. Sous d'heureux -*, avec espoir de succès. ‖ *Sous les - de quelqu'un*, avec son appui.

aussi adv. Pareillement : *moi -.* ‖ De plus, encore : *et cela -.* ‖ Adv. de comparaison : *- sage que vaillant.* ‖ Conj. de coordination. C'est pourquoi : *il est méchant, - chacun le fuit.* ‖ Loc. conj. *- bien, car*; d'ailleurs; somme toute : *je ne partirai pas, - bien est-il trop tard.* **- bien que**, de même que : *la paresse est un défaut - bien chez les adultes que chez les enfants.*

aussitôt adv. Immédiatement, sur l'heure. ‖ *- que* loc. conj., dès que.

austère adj. Rigoureux; sévère.

austérité nf. Mortification des sens et de l'esprit. ‖ *Sévérité : - des mœurs.*

austral, e, als ou **aux** adj. Méridional : *pôle -.* (S'oppose à *boréal.*)

australien, enne adj. et n. De l'Australie.

autan nm. Vent chaud, sec et violent du Midi.

autant adv. Marque l'égalité de quantité ou de degré, de nombre, de valeur. ‖ **D' -** que loc. conj., vu que. ‖ *Fam.* **Pour -** loc. adv., pour cela.

autarcie nf. Régime économique d'un pays qui cherche à se suffire à lui-même.

autel nm. Table pour les sacrifices. ‖ *Maître- -*, l'autel principal de chaque église.

auteur nm. Personne qui est la cause d'une chose : *l' - d'un accident.* ‖ Inventeur : *l' - d'une calomnie.* ‖ L'ouvrage même : *étudier un -.*

authenticité nf. Qualité de ce qui est authentique, vrai.

authentifier vt. Rendre authentique, légaliser.

authentique adj. Revêtu des formes légales requises. ‖ Certain, vrai.

auto nf. *Fam.* Automobile.

autobiographie nf. Vie d'un personnage écrite par lui-même.

autobus [*buss*] nm. Véhicule automobile de transport public et urbain.

autocanon nm. Canon monté sur une automobile blindée.

autocar nm. Grand véhicule automobile de transport collectif, routier ou touristique.

autochenille nf. Automobile montée sur chenilles.

autochrome [*krom*] adj. Se dit des plaques photographiques enregistrant les couleurs.

autochtone [*tok*] n. et adj. Originaire du pays qu'il habite.

autoclave nm. et adj. Marmite en métal pour opérer la cuisson en vase clos. ‖ Appareil stérilisateur.

autocopie nf. Procédé de reproduction de l'écriture ou d'un dessin à un certain nombre d'exemplaires.

autocrate nm. Monarque absolu. ‖ Titre officiel des tsars.

autocratie [*sî*] nf. Gouvernement absolu d'un souverain.

autocratique adj. Relatif à l'autocratie.

autocritique nf. Jugement qu'une personne porte sur sa propre conduite.

autodafé nm. Supplice du feu sous l'Inquisition. ‖ *Par ext.* Toute destruction par le feu. ‖ Pl. des *autodafés.*

autodétermination nf. Action de se décider par soi-même.

autodidacte adj. et n. Personne qui s'est instruite elle-même.

autodrome nm. Piste pour courses et essais d'automobiles.

autogène adj. Qui s'engendre soi-même. ‖ *Soudure -*, soudure de deux fragments d'un même métal par fusion de celui-ci.

autogestion nf. Gestion d'une entreprise par les représentants de ses employés.

autogire nm. Type d'avion sustenté par une hélice horizontale.

autographe adj. Écrit de la main même de l'auteur : *lettre - de...*

autographie nf. Reproduction fidèle, au moyen de l'impression, de textes ou de dessins.

autoguidé adj. *Projectile* -, muni d'un dispositif de direction autonome.

automate nm. Machine organisée qui imite le mouvement d'un corps animé. || *Fig.* Personne qui agit mécaniquement.

automation nf. Coordination automatique des travaux d'usinage et de manutention des pièces dans une usine.

automatique adj. Qui s'exécute sans la participation de la volonté. || Qui opère par des moyens mécaniques.

automatisme nm. Caractère de ce qui est automatique.

automédon nm. Cocher habile.

automitrailleuse nf. Automobile blindée, armée de mitrailleuses et d'un canon.

automnal [ô-tom'-nal], e, aux adj. Qui appartient à l'automne.

automne [ton'] nm. Saison de l'année, s'étendant du 22 septembre au 21 décembre. || *Fig.* Déclin.

automobile adj. Qui se meut de soi-même. || Nf. Véhicule progressant par l'action d'un moteur.

automobilisme nm. Utilisation, construction des automobiles.

automobiliste n. Personne qui conduit une automobile.

automoteur, trice adj. Qui produit lui-même son mouvement. || Nf. V. AUTORAIL. || Nm. Grande péniche métallique à moteur.

autonome adj. Qui se régit soi-même.

autonomie nf. Liberté de se gouverner par ses propres lois.

autonomiste nm. Partisan de l'autonomie.

autoplastie nf. Opération chirurgicale qui consiste à remplacer une partie détruite par d'autres empruntées au sujet lui-même.

autopropulsé, e adj. Qui assure sa propulsion par ses propres moyens.

autopropulseur n. et adj. Dispositif assurant l'autopropulsion.

autopropulsion nf. Faculté de certains engins de se propulser par leurs propres moyens.

autopsie nf. Dissection d'un cadavre pour connaître la cause de la mort.

autopsier vt. (c. *prier*). Faire l'autopsie.

autorail nm. Voiture automotrice sur rails pour le transport des voyageurs.

autorisation nf. Action d'autoriser ; résultat de cette action.

autoriser vt. Accorder la permission. || *S'* - [*de*] vpr. S'appuyer sur, prétexter : *s' - de l'exemple.*

autoritaire adj. et nm. Qui ne souffre pas la contradiction. || Partisan de l'autorité.

autoritarisme nm. Caractère, système autoritaire.

autorité nf. Droit ou pouvoir de commander, de se faire obéir. || Administration, gouvernement : *décision de l' - compétente.* || Opinion sur laquelle on s'appuie : *l' - de Platon.* || Pl. Les magistrats, les hauts fonctionnaires : *les - civiles et militaires.*

autoroute nf. Route moderne, réservée aux automobiles et aux motocyclettes, sans croisements ni traversées d'agglomérations. (Syn. : AUTOSTRADE.)

auto-stop nm. Pratique consistant, sur la route, à solliciter d'un automobiliste une place dans sa voiture.

autosuggestion nf. Suggestion que l'on exerce sur soi-même.

autour nm. Oiseau de proie.

autour de loc. prép. Dans l'espace environnant. || Marque aussi le voisinage, la société habituelle : *ceux qui vivent - nous.* || *Fam.* Environ : *posséder - d'un million.* || Adv. : *de la viande avec des légumes -.* || **Tout -** loc. adv., de tous côtés.

autovaccin nm. Vaccin obtenu par le traitement des sécrétions du malade lui-même.

autre adj. indéf. Distinct, différent. || Second, pour exprimer la ressemblance, l'égalité : *c'est un - Alexandre.* || *L' - jour*, un de ces jours derniers. || *- part*, ailleurs. || *D' - part*, en outre. || *De temps à -*, parfois. || Pr. indéf. Une autre personne en général : *un -.*

autrefois adv. Anciennement.

autrement adv. D'une autre façon. || Sinon : *obéissez - je vous punis.*

autrichien, enne adj. et n. Qui est d'Autriche.

autruche nf. Oiseau coureur de grande taille impropre au vol. || *Estomac d' -*, qui digère tout.

autrui pr. indéf. Les autres, le prochain.

auvent nm. Petit toit en saillie.

auvergnat, e adj. et n. Qui est d'Auvergne.

auxiliaire adj. et n. Qui aide. || *Verbes -*, les verbes *avoir* et *être*, qui servent à former les temps composés des autres verbes.

avachir (s') vpr. Devenir mou ; se déformer. || *Fam.* Perdre son énergie.

avachissement nm. Déformation. || *Fig.* et *fam.* Perte totale d'énergie.

aval nm. Garantie donnée par un tiers. || Pl. des *avals.*

aval nm. Côté vers lequel coule la rivière. || *En - de*, en dessous de.

avalanche nf. Tas de neige qui se détache des montagnes.

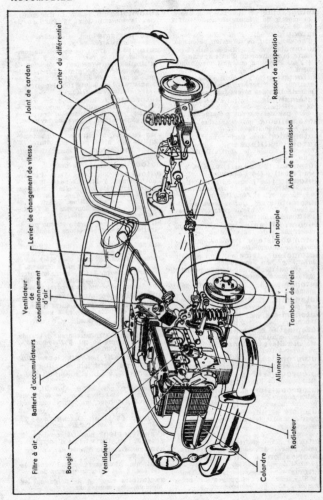

Joint de cardan

Carter du différentiel

Joint de cardan

Ressort de suspension

Arbre de transmission

Levier de changement de vitesse

Joint souple

Ventilateur de conditionnement d'air

Tambour de frein

Batterie d'accumulateurs

Allumeur

Filtre à air

Bougie

Ventilateur

Radiateur

Calandre

avaler vt. Faire descendre par le gosier. ‖ *Fig.* et *fam.* Croire sottement. ‖ Subir : - *un affront*.

avaliser vt. Revêtir d'un aval : - *un effet de commerce*.

avance nf. Espace de chemin qu'on a devant quelqu'un : ‖ Paiement par anticipation : *toucher une -*. ‖ Premières démarches : *faire des -*. ‖ D' - loc. adv., par anticipation.

avancement nm. Action d'avancer. ‖ Action de monter en grade : *obtenir de l' -*.

avancer vt. (c. *placer*). Porter, pousser en avant. ‖ Payer par anticipation : - *de l'argent*. ‖ *Fig.* Hâter : - *son départ*. ‖ Mettre en avant ; donner par raport : - *une proposition*. ‖ Vi. Aller en avant : - *rapidement*. ‖ Aller trop vite : *ma montre avance*. ‖ Sortir de l'alignement : *ce mur avance*. ‖ Faire des progrès : - *dans ses études*. ‖ S' - vpr. Se porter en avant. ‖ *Fig.* S'engager : *attention! ne vous avancez pas trop*. ‖ **Avancé, e** part., adj. et n. Mis en avant. ‖ Enoncé : *prouver les faits -*. ‖ Presque terminé. ‖ Qui va plus loin que les autres : *partis -*. ‖ Près de se gâter : *viande -*. ‖ Nf. Partie d'une ligne que termine l'hameçon. ‖ Nfpl. Ce qui est en avant : *les - d'un fort*.

avanie nf. Affront public, insulte.

avant prép. Marque la priorité de temps, d'ordre ou de lieu. ‖ Adv. Loin du point de départ : *entrer - dans un bois*. ‖ - **de** loc. prép. qui marque la priorité de temps : *réfléchissez - de parler*. ‖ - **que** loc. conj., avant l'époque où : *venez - qu'il parte* (ou *qu'il ne parte*). ‖ **En** - loc. adv., en face du lieu où l'on est.

avant nm. Partie antérieure. ‖ Au football, joueur de la ligne d'attaque. ‖ En temps de guerre, région des combats. ‖ Adj. inv. : *roues -*.

avantage nm. Ce qui est utile, profitable. ‖ Supériorité : *avoir l' -*.

avantager vt. (c. *manger*). Donner des avantages ; favoriser.

avantageux, euse adj. Qui procure des avantages. ‖ Qui sied bien, qui convient. ‖ Présomptueux, vaniteux.

avant-bec nm. Eperon en maçonnerie, protégeant l'avant d'une pile de pont. ‖ Pl. des *avant-becs*.

avant-bras nm. inv. Le bras depuis le coude jusqu'au poignet.

avant-corps nm. inv Partie d'un bâtiment en saillie sur la façade principale.

avant-cour nf. Première cour d'une grande maison. ‖ Pl. des *avant-cours*.

avant-coureur adj. et nm. Qui précède. ‖ *Fig.* Qui annonce un événement prochain : *signes avant-coureurs*.

avant-dernier, ère adj. et n. Qui précède le dernier. ‖ Pl. *avant-derniers, ères*.

avant-garde nf. Détachement de tête d'une formation militaire. ‖ Pl. des *avant-gardes*.

avant-goût nm. Goût qu'on a par avance de quelque chose. ‖ Pl. des *avant-goûts*.

avant-hier [*a-van-tyèr*] loc. adv. L'avant-veille du jour où l'on est.

avant-main nm. Partie de devant du cheval. ‖ Pl. des *avant-mains*.

avant-port nm. Entrée d'un port donnant accès aux divers bassins. ‖ Pl. des *avant-ports*.

avant-poste nm. Poste placé au contact de l'ennemi. ‖ Pl. des *avant-postes*.

avant-projet nm. Rédaction préparatoire d'un projet. ‖ Pl. des *avant-projets*.

avant-propos nm. inv. Préface, introduction.

avant-scène nf. Partie antérieure de la scène. ‖ Loges disposées de chaque côté de la scène. ‖ Pl. des *avant-scènes*.

avant-toit nm. Toit en saillie sur la façade. ‖ Pl. des *avant-toits*.

avant-train nm. Timon et roues de devant d'une voiture. ‖ Pl. des *avant-trains*.

avant-veille nf. Jour avant la veille. ‖ Pl. des *avant-veilles*.

avare adj. et n. Qui aime à accumuler et à garder l'argent. ‖ *Fig.* Ménager, économe : - *de son temps*.

avarice nf. Attachement excessif aux richesses.

avaricieux, euse adj. et n. Avare dans les petites choses.

avarie nf. Dommage survenu à un navire ou à sa cargaison. ‖ Détérioration, dégât.

avarier vt. (c. *prier*). Endommager ; gâter.

avatar nm. Nom donné aux différentes incarnations d'un dieu de l'Inde, surtout à celles de Vichnou. ‖ *Par ext.* Transformation, métamorphose : *les - de certains mots sont bien curieux*. (Ne signifie pas *aventure*.)

Ave ou **Ave Maria** (*Salut, Marie*). Début de la salutation angélique. ‖ Nm. Prière commençant par ces mots.

avé nm. Grain de chapelet : *des - de nacre*.

avec prép. En compagnie de. ‖ En même temps que. ‖ Au moyen de. ‖ Envers : *docile - ses maîtres*. ‖ D' - indique un rapport de différence : *distinguer l'ami d' - le flatteur*.

aveline nf. Grosse noisette.

avelinier nm. Noisetier, coudrier.

aven [*vèn*] nm. Gouffre creusé dans une région calcaire : *l' - Armand*.

avenant nm. Acte modificatif d'une police d'assurance.

avenant, e adj. Qui fait plaisir à voir. ‖ À l' - loc. adv., en harmonie avec ce qui précède, pareillement : *de jolis yeux, un teint à l'* -. ‖ À l' - de loc. prép. : *le dessert fut à l'* - *du repas.*

avènement nm. Venue. ‖ Élévation à une dignité suprême.

avenir nm. Temps futur. ‖ *Fig.* Situation : *assurer l'* - *d'un enfant.* ‖ Postérité : *l'* - *lui rendra justice.* ‖ À l' - loc. adv., désormais.

avent nm. Temps précédant et préparant la fête de Noël.

aventure nf. Événement imprévu, surprenant, extraordinaire. ‖ *La bonne* -, la prédiction de l'avenir. ‖ Loc. adv. *À l'* -, au hasard. *Par* -, *d'* -, par hasard.

aventurer vt. Hasarder; risquer : - *une somme.* ‖ S' - vpr. S'exposer.

aventureux, euse adj. Qui hasarde. ‖ *Livré au hasard : existence* -.

aventurier, ère n. Qui cherche des aventures. ‖ Qui vit d'intrigues.

aventurine nf. Pierre précieuse jaune-brun, semée de points d'or.

aventurisme nm. Tendance à décider des mesures irréfléchies.

avenu, e adj. Ne s'emploie que dans l'expression *non avenu* (fém. *avenue*), considéré comme nul.

avenue nf. Chemin qui conduit à un lieu. ‖ Allée, grande voie plantée d'arbres.

avéré, e adj. Reconnu comme vrai.

avérer (s') vpr. (c. *céder*). Se faire reconnaître pour vrai. ‖ *Fam.* Se manifester; apparaître : *l'entreprise s'avéra difficile.*

avers [*vèr*] nm. Face d'une médaille.

averse nf. Pluie subite et abondante.

aversion nf. Antipathie; répugnance extrême.

avertir vt. Informer, donner avis.

avertissement nm. Action d'avertir; appel à l'attention, à la prudence. ‖ Préface : - *au lecteur.* ‖ Avis du percepteur concernant l'impôt.

avertisseur adj. et nm. Qui avertit.

aveu nm. Déclaration par laquelle on reconnaît avoir fait ou dit quelque chose. ‖ Consentement, approbation. ‖ Témoignage : *de l'* - *de tout le monde.* ‖ *Homme sans* -, vaurien.

aveugle adj. et n. Privé de la vue. ‖ *Fig.* Celui à qui la passion enlève le jugement : *la colère rend* -. ‖ Se dit de la passion même : *haine* -. ‖ *Soumission* -, entière. ‖ **Aveuglément** adv.

aveuglement nm. *Fig.* Trouble de la raison, égarement.

aveugle-né adj. et n. Aveugle de naissance. ‖ Pl. des *aveugles-nés.*

aveugler vt. Rendre aveugle. ‖ Éblouir. ‖ *Fig.* Ôter l'usage de la raison : *la passion l'aveugle.* ‖ - *une voie d'eau*, la boucher. ‖ S' - [sur] vpr. Manquer de discernement.

aveuglette (à l') loc. adv. À tâtons.

aviateur, trice n. Personne qui pratique l'aviation.

aviation nf. Navigation aérienne à l'aide d'avions.

aviculteur nm. Éleveur d'oiseaux.

aviculture nf. Élevage d'oiseaux.

avide adj. Qui désire avec ardeur. ‖ Insatiable : - *de gloire.*

avidité nf. Désir ardent et insatiable.

avilir vt. Rendre vil. ‖ Déprécier : - *une marchandise.* ‖ S' - vpr. Se dégrader, se déshonorer.

avilissement nm. État de ce qui est avili.

aviné, e adj. En état d'ivresse.

aviner vt. Imbiber de vin.

avion nm. Appareil de navigation aérienne capable de se déplacer grâce à la rotation d'une hélice ou à la détente d'un gaz. ‖ - *cargo*, gros appareil de transport de matériel.

aviron nm. Rame d'embarcation. ‖ Pratique du canotage.

avis [*a-vi*] nm. Opinion, sentiment. ‖ Conseil. ‖ Information placardée destinée au public. ‖ - *au lecteur*, sorte de préface en tête d'un livre.

aviser vt. Apercevoir. ‖ Avertir; donner avis. ‖ Vt. ind. [à]. Réfléchir à ce qu'on doit faire. ‖ S' - [de] vpr. Être assez audacieux, assez hardi pour : *ne vous avisez pas de sortir sans permission!* ‖ **Avisé, e** part. et adj. Prudent. ‖ Pensé : *ce fut à lui bien* -.

aviso nm. *Mar.* Petit bateau de guerre. ‖ Pl. des *avisos.*

avitaminose nf. Ensemble de troubles provenant de la carence de vitamines dans l'alimentation.

aviver vt. Donner du lustre, de l'éclat. ‖ Rendre plus vif : - *le feu.* ‖ Envenimer : - *une blessure.* ‖ *Fig.* : - *des regrets.*

avocasserie nf. Chicane d'avocat.

avocassier, ère adj. Qui a rapport aux mauvais avocats. ‖ Nm. Mauvais avocat.

avocat, e n. Personne qui fait profession de défendre en justice. ‖ *Fig.* Celui, celle qui intercède pour un autre : - *général*, magistrat chargé de requérir contre les accusés. ‖ Adj. : *femme* -.

avoine nf. Céréale dont le grain sert à la nourriture des chevaux. ‖ *Folle* -, variété sauvage d'avoine.

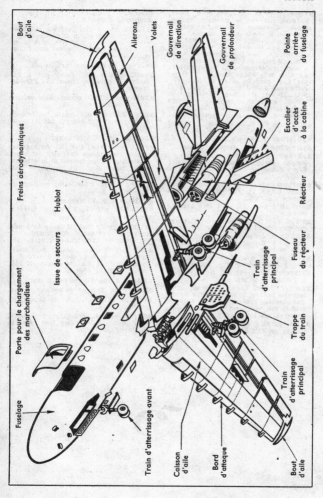

Bout d'aile

Ailerons

Volets

Gouvernail de direction

Gouvernail de profondeur

Pointe arrière du fuselage

Escalier d'accès à la cabine

Réacteur

Freins aérodynamiques

Hublot

Fuseau du réacteur

Train d'atterrissage principal

Trappe du train

Train d'atterrissage principal

Porte pour le chargement des marchandises

Issue de secours

Fuselage

Train d'atterrissage avant

Caisson d'aile

Bord d'attaque

Bout d'aile

avoir vt. (*J'ai, tu as, il a, n. avons, v. avez, ils ont. J'avais, n. avions. J'eus, n. eûmes. J'aurai, n. aurons. J'aurais, n. aurions. Aie, ayons, ayez. Q. j'aie, qu'il ait, q. n. ayons. Q. j'eusse, qu'il eût, q. n. eussions. Ayant. Eu, eue.*) Posséder : - *du bien, du mérite.* ‖ Eprouver : - *faim;* - *peur; qu'avez-vous?* ‖ Se procurer : *on a eu cela à bon marché.* ‖ Obtenir : *il aura le prix.* ‖ Mesurer : *cette tour a cent pieds de haut.* ‖ *Il y a,* il est, il existe. (*Avoir* est le verbe auxiliaire formant les temps composés des verbes transitifs, impersonnels et de quelques intransitifs.)

avoir nm. Ce qu'on possède. ‖ L'actif d'une personne : *le doit et l' -.*

avoisiner vt. Etre voisin.

avortement nm. Action d'avorter.

avorter vi. Accoucher avant terme. ‖ Ne pas mûrir, en parlant des fruits. ‖ *Fig.* Echouer : *la conspiration a avorté.*

avorton nm. Plante ou animal venu avant terme. ‖ *Par plaisant.* Petit homme mal fait.

avouable adj. Qui peut être avoué : *motif -.*

avoué nm. Officier ministériel chargé des procédures devant les tribunaux.

avouer vt. (c. *tuer*). Confesser; reconnaître. ‖ Reconnaître comme sien : - *un ouvrage.*

avril nm. Le quatrième mois de l'année. ‖ *Fig. Poisson d' -,* attrape.

avunculaire [*von*] adj. Qui a rapport à l'oncle, à la tante.

axe [*aks*] nm. Ligne idéale autour de laquelle peuvent se mouvoir une figure, une planète. ‖ *Méc.* Pièce de bois, de métal, etc. qui sert à faire tourner un objet sur lui-même.

axial, e, aux adj. Qui a lieu suivant un axe; relatif à l'axe.

axillaire [*ak-sil'-lèr'*] adj. Qui a rapport à l'aisselle.

axiome nm. Vérité évidente par elle-même. ‖ Proposition générale établie dans une science, comme « deux quantités égales à une troisième sont égales entre elles ».

axis nm. Seconde vertèbre du cou.

ayant droit nm. Celui qui a des droits à quelque chose. ‖ Pl. des *ayants droit.*

azalée nf. Plante ornementale voisine des rhododendrons.

azimut [*mut*'] nm. Angle que fait un plan vertical fixe passant par un corps céleste.

azotate nm. V. NITRATE.

azote nm. *Chim.* Gaz (N) formant les quatre cinquièmes de l'air, qui n'entretient ni la respiration ni la combustion, mais dont les composés sont nécessaires à la vie.

azoté, e adj. *Chim.* Qui contient de l'azote.

azoteux adj. V. NITREUX.

azotique adj. V. NITRIQUE (*acide*).

azotite nm. V. NITRITE.

aztèque adj. Relatif aux Aztèques, premiers habitants du Mexique. ‖ N. Individu appartenant à ce peuple.

azur nm. Couleur bleue de l'atmosphère, de la mer, etc. ‖ *Pierre d' -,* lapis-lazuli. ‖ Un des émaux du blason. ‖ Adj. : *bleu d' -.*

azuré, e adj. De couleur d'azur.

azurer vt. Teindre en couleur d'azur.

azurite nf. Carbonate de cuivre, de couleur bleue.

azyme adj. Sans levain. ‖ *Pain -,* celui que les Israélites font cuire la veille de la Pâque.

b nm. Deuxième lettre de l'alphabet et première des consonnes. ‖ *Ne savoir ni a ni* b, être fort ignorant.

B, symbole chimique du *bore.*

Ba, symbole chimique du *baryum.*

baba nm. Gâteau au rhum. ‖ Adj. *Fam. Rester* -, être stupéfait.

babeurre nm. Petit-lait.

babil nm. Bavardage enfantin. ‖ Abondance de paroles inutiles.

babillage nm. Action de babiller.

babillard, e adj. et n. Qui babille.

babiller vi. Bavarder comme les enfants.

babine ou **babouine** nf. Lèvre pendante (chien, singe, etc.).

babiole nf. *Fam.* Bagatelle. ‖ Jouet d'enfant.

bâbord nm. Côté gauche d'un navire, quand on regarde vers l'avant.

babouche nf. Pantoufle sans quartier ni talon.

babouin nm. Gros singe d'Afrique.

baby nm. Syn. angl. de BÉBÉ.

bac [*bak*] nm. Bateau long et plat servant à passer les rivières. ‖ Grand baquet de bois.

baccalauréat nm. Diplôme universitaire, qui couronne les études secondaires.

baccara nm. Jeu de cartes.

baccarat nm. Cristal fabriqué à Baccarat.

bacchanale [*ka*] nf. Orgie tumultueuse. ‖ Danse. ‖ Pl. Fêtes païennes en l'honneur de Bacchus.

bacchante [*kant*] nf. Prêtresse de Bacchus. ‖ *Fig.* Femme à qui l'ivresse, la passion font perdre toute réserve.

bâche nf. Grosse toile imperméable. ‖ Châssis vitré. ‖ Réservoir d'eau.

bachelier, ère n. Au Moyen Age, jeune homme aspirant à être fait chevalier. ‖ Titulaire du baccalauréat.

bâcher vt. Recouvrir d'une bâche.

bachique adj. De Bacchus, dieu du Vin chez les Romains : *fête* -.

bachot nm. Petit bateau. ‖ *Arg. scol.* Baccalauréat.

bachoteur nm. Batelier qui conduit un bachot.

bacillaire adj. Produit par un bacille : *maladie* -.

bacille [*sil*] nm. Etre microscopique en forme de bâtonnet droit ou courbe.

bâclage nm. Action de bâcler.

bâcler vt. *Fam.* Faire, achever à la hâte et sans soin. ‖ *Mar.* - *un port,* le fermer par des chaînes.

bacon [*bé-keun*] nm. Lard salé maigre.

bactéricide adj. Qui tue les bactéries.

bactérie nf. Algue microscopique, dépourvue de chlorophylle.

bactérien, enne adj. Relatif aux bactéries.

bactériologie nf. Partie de la microbiologie qui s'occupe des bactéries.

bactériologiste n. Celui, celle qui s'occupe de bactériologie.

badaud, e n. Personne qui s'étonne de tout, et passe son temps à regarder niaisement tout ce qu'elle rencontre.

badauder vi. Faire le badaud.

badauderie nf. Caractère, action du badaud.

baderne nf. *Fam.* Personne hors d'état de rendre des services par suite de son âge.

badiane nf. Plante à fleurs très aromatiques, dont une espèce est l'anis étoilé.

badigeon nm. Enduit à la chaux.

badigeonnage nm. Action de badigeonner ; son résultat.

badigeonner vt. Peindre avec du badigeon. ‖ Enduire d'une préparation pharmaceutique.

badigeonneur nm. Qui badigeonne. ‖ Mauvais peintre.

badin nm. Indicateur de vitesse à bord d'un avion.

badin, e adj. et n. Enjoué, qui aime à rire : *esprit* -.

badinage nm. Action de badiner.

badine nf. Baguette mince et flexible.

badiner vi. Plaisanter agréablement.

badinerie nf. Badinage, plaisanterie.

badminton nm. Jeu de volant apparenté au tennis.

badois, e adj. et n. De Bade.

bafouer vt. Railler sans pitié.

bafouillage nm. *Fam.* Action de bafouiller.

bafouiller vi. *Fam.* Bredouiller ; parler de manière inintelligible.

bafouilleur, euse n. *Fam.* Personne qui bafouille.

bâfrer vt. et i. *Pop.* Manger avidement et avec excès.

bâfreur, euse n. *Pop.* Goinfre.

bagage nm. Effets, objets qu'on emporte avec soi en voyage. ‖ *Fig.* et *fam.* Culture, instruction : *son - littéraire est nul.* ‖ *Plier* -, partir.

bagarre nf. Tumulte causé par une querelle ; désordre.

bagatelle nf. Chose sans valeur.

bagnard nm. Forçat.

bagne nm. Lieu où étaient enfermés les forçats dans un port.

bagnole nf. *Pop.* Mauvaise voiture. ‖ *Par ext.* Automobile.

bagou nm. *Fam.* Bavardage, loquacité.

baguage [*gaj*] nm. Entaille circulaire faite sur une tige.

bague nf. Anneau que l'on met au doigt. ‖ *Jeu de -*, jeu d'adresse consistant à enfiler, au galop d'un cheval, des anneaux au moyen d'une lance.

baguenauder vi. S'amuser à des riens ; flâner.

baguenauderie nf. Paroles sottes et frivoles.

baguenaudier adj. et nm. Qui aime à baguenauder. ‖ Jeu d'anneaux.

baguer vt. Faufiler avant de coudre. ‖ Garnir de bagues.

baguette nf. Petit bâton menu et flexible. ‖ Pain de forme très allongée. ‖ *Archit.* Petite moulure ronde. ‖ *- divinatoire*, bâton de coudrier des radiesthésistes. ‖ *- magique*, celle qu'utilisent les fées et les magiciens. ‖ *- de tambour*, petits bâtons courts, terminés en forme d'olive. ‖ *- de fusil*, tige de métal qui sert à nettoyer un fusil. ‖ *Fig. Mener quelqu'un à la -*, le conduire rudement.

baguettisant nm. Celui qui manie la baguette des sourciers.

baguier [*ghyé*] nm. Coffret pour serrer les bagues.

bah! interj. qui marque l'étonnement, le doute, l'insouciance.

bahut nm. Vieux coffre. ‖ Buffet long et bas. ‖ *Arg. scol.* Lycée.

bai, e adj. Se dit d'un cheval à robe brune, dont la crinière et les extrémités sont noires.

baie nf. Petit golfe. ‖ Ouverture de porte, de fenêtre.

baie nf. Fruit charnu.

baignade nf. Action de se baigner. ‖ Lieu où l'on peut se baigner.

baigner vt. Mettre dans un bain. ‖ Entourer, toucher : *la mer baigne la ville.* ‖ *Fig.* Arroser : *visage baigné de larmes.* ‖ Vi. Etre plongé : *il faut que ces fruits baignent dans l'eau-de-vie.* ‖ *- dans le sang*, en être couvert. ‖ *Se -* vpr. Prendre un bain.

baigneur, euse n. Personne qui se baigne. ‖ Nm. Poupée en celluloïd.

baignoire nf. Cuve où l'on se baigne. ‖ Loge de théâtre, au rez-de-chaussée.

bail nm. Contrat de location. ‖ Pl. des *baux.*

bâillement nm. Action de bâiller.

bailler vt. Donner. (Vx.) ‖ En faire accroire : *vous me la baillez belle.*

bâiller vi. Ouvrir convulsivement la bouche. ‖ *Par ext.* Etre entrouvert : *la porte bâille.* (N'écrivez pas *bâiller aux corneilles*, mais *bayer aux corneilles.*)

bailleur, eresse n. Qui donne à bail. ‖ *- de fonds*, celui qui avance de l'argent.

bâilleur, euse n. Qui bâille.

bailli nm. Ancien officier de justice.

bailliage nm. Juridiction du bailli.

bâillon nm. Bandeau qu'on met sur la bouche pour empêcher de crier.

bâillonner vt. Mettre un bâillon. ‖ *Fig.* Réduire au silence : *- la presse.*

bain nm. Immersion du corps ou d'une partie du corps dans un liquide quelconque. ‖ Pl. Etablissement de bains. ‖ Eaux thermales ou minérales, où l'on va se baigner. ‖ *- de soleil*, exposition du corps au soleil pour le bronzer. ‖ *- -marie*, eau chaude dans laquelle on met un vase contenant la substance qu'on veut faire chauffer. ‖ Pl. des *bains-marie.*

baïonnette nf. Arme blanche qui s'adapte au bout du fusil.

baisemain nm. Hommage, politesse consistant à baiser la main.

baisement nm. Action de baiser les pieds des pauvres le Jeudi saint, ou la pantoufle du pape.

baiser vt. Appliquer ses lèvres sur.

baiser nm. Action de baiser. ‖ *- de Judas*, de traître.

baisoter vt. *Fam.* Donner des baisers légers et répétés.

baisse nf. Décroissance. ‖ Diminution de prix. ‖ *Jouer à la -*, spéculer sur la baisse des fonds publics.

baisser vt. Abaisser ; mettre plus bas. ‖ Diminuer de hauteur. ‖ *Fig.* ‖ *- l'oreille*, être honteux, confus. ‖ *- pavillon*, céder. ‖ Vi. Venir à un niveau inférieur. ‖ Diminuer de valeur, de prix. ‖ *Fig.* S'affaiblir ; décliner : *ce malade baisse ; son talent baisse.* ‖ Se - vpr. Se courber.

baissier nm. Spéculateur qui joue à la baisse.

bajoue nf. Partie inférieure de la joue de certains animaux. ‖ *Fam.* Joue humaine pendante.

Bakélite nf. (nom déposé). Résine synthétique.

bal nm. Assemblée, local où l'on danse. ‖ Pl. des *bals.*

balade nf. *Fam.* Promenade.

balader vt. *Fam.* Promener.

baladeuse nf. Voiture de marchand ambulant. ‖ Voiture accrochée à une motrice. ‖ Lampe électrique mobile.

baladin nm. Saltimbanque.

balafre nf. Longue blessure au visage. ‖ La cicatrice qui en reste.

balafrer vt. Faire une balafre. ‖ Balafré, e part., adj. et n.

balai nm. Faisceau de jonc, de plumes, de crin, etc. ‖ *Electr.* Pièce conductrice établissant un contact par frottement. ‖ *Fig.* Coup de -, renvoi de personnel.

balais adj. m. Se dit d'un rubis de couleur rose ou rouge violacé.

balance nf. Instrument formé d'un fléau soutenant deux plateaux portant, l'un le corps à peser, l'autre des poids. ‖ - *automatique*, balance dont le fléau commande une aiguille qui indique le poids sur un cadran. ‖ *Comm.* Etat de situation : *faire la - d'un compte.* ‖ Filet pour pêcher les écrevisses. ‖ *Astron.* Signe du zodiaque.

balancé, e adj. *Bien balancé*, équilibré, harmonieux.

balancelle nf. Embarcation de la Méditerranée à un seul mât.

balancement nm. Action de balancer.

balancer vt. (c. *placer*). Mouvoir tantôt d'un côté, tantôt de l'autre. ‖ *Fig.* Peser, examiner : - *le pour et le contre.* ‖ Etablir la différence entre le débit et le crédit : - *un compte.* ‖ Compenser : *ses vertus balancent ses vices.* ‖ Vi. Hésiter : *il n'y a pas à -.* ‖ Se - vpr. Se mouvoir sur une balançoire.

balancier nm. Pièce dont le balancement régulier règle la marche d'une machine, d'une horloge. ‖ Machine pour frapper la monnaie. ‖ Longue perche des funambules.

balançoire nf. Siège suspendu entre deux cordes. ‖ Longue pièce de bois en équilibre sur un point d'appui.

balayage nm. Action de balayer.

balayer vt. (*Je balaye* ou *balaie*, n. *balayons. Je balayais*, n. *balayions. Je balayai*, n. *balayâmes. Je balayerai* ou *balaierai*, n. *balayerons* ou *balaierons. Je balayerais* ou *balaierais*, n. *balayerions* ou *balaierions. Balaye* ou *balaie*, *balayons*, *balayez. Q. je balaye*, *qu'il balaye*, *q. n. balayions. Q. je balayasse*, *qu'il balayât*, *q. n. balayassions. Balayant. Balayé*, e.) Nettoyer avec un balai. ‖ *Fig.* Chasser : - *l'ennemi.*

balayette nf. Petit balai.

balayeur, euse n. Personne qui balaie. ‖ Nf. Machine pour balayer.

balayures nfpl. Ordures balayées.

balbutiement [*sî*] nm. Action de balbutier.

balbutier [*syé*] vi. Articuler imparfaitement, avec difficulté.

balcon nm. Plate-forme en saillie sur une façade. ‖ Au théâtre, galerie au-dessus de l'orchestre.

baldaquin nm. Sorte de ciel de lit. ‖ Dais couronnant un trône, un autel.

baleine nf. Mammifère marin (cétacé), des mers polaires, qui atteint jusqu'à 25 mètres de long. ‖ Corne forte et flexible, tirée des fanons de la baleine. ‖ Tige flexible : *une - de parapluie.*

baleiné, e adj. Garni de baleines.

baleineau nm. Petit de la baleine.

baleinier nm. Navire équipé pour la pêche de la baleine.

baleinière nf. Embarcation destinée à la pêche aux cétacés. ‖ Canot en usage sur les bâtiments de guerre.

baleinoptère nm. Baleine à ventre plissé appelée aussi *rorqual.*

balisage nm. *Mar.* et *Aviat.* Action de baliser.

balise nf. Ouvrage servant à jalonner la route à suivre.

baliser vt. Mettre des balises.

baliseur nm. Qui établit, surveille et entretient les balises.

baliste nf. Ancienne machine de guerre qui servait à lancer des traits, des pierres.

ballistique nf. Science qui traite du mouvement des projectiles.

baliveau nm. Jeune arbre dont la coupe est réservée.

baliverne nf. Propos en l'air.

balkanique adj. Des Balkans.

ballade nf. Poème de trois strophes égales et symétriques et d'un couplet appelé *envoi.* ‖ *Par ext.* Poème à sujet légendaire ou fantastique : *les - de Schiller.*

ballant, e adj. Qui pend et oscille. ‖ Nm. Mouvement d'oscillation.

ballast nm. (mot angl.). Pierres concassées qui maintiennent les traverses d'un chemin de fer.

balle nf. Petite pelote ronde servant à jouer. ‖ Gros paquet de marchandises. ‖ Projectile de certaines armes à feu. ‖ Enveloppe du grain dans l'épi : - *d'avoine.* ‖ *Fig.* Renvoyer la -, riposter vivement. ‖ *Prendre la - au bond*, saisir l'occasion. ‖ *Enfant de la -*, élevé dans la profession de son père.

ballerine nf. Danseuse professionnelle.

ballet nm. Danse exécutée par plusieurs personnes. ‖ Pièce de théâtre mêlée de danses et de pantomimes. ‖ *Corps de -*, ensemble des danseurs d'un théâtre.

ballon nm. Vessie gonflée d'air et recouverte de cuir. ‖ Aérostat. ‖ Sommet arrondi d'une montagne. ‖ *Chim.* Vase en verre, de forme sphérique. ‖ *Fig.* - *d'essai*, sondage de l'opinion.

ballonnement nm. Distension du ventre.

ballonner vt. Enfler; gonfler.

ballonnet nm. Petit ballon.

ballon-sonde nm. Ballon d'exploration de la haute atmosphère. ‖ Pl. des *ballons-sondes*.

ballot nm. Gros paquet. ‖ *Fam.* Lourdaud.

ballottage nm. Election sans résultat nécessitant un second scrutin.

ballottement nm. Mouvement de ce qui ballotte.

ballotter vt. Agiter en divers sens : *la mer ballotte les navires*. ‖ *Fig.* Se jouer de : *- quelqu'un*. ‖ Soumettre à une nouvelle élection les candidats mis en ballottage. ‖ Vi. Remuer.

ballottin nm. Petit ballot.

ballottine nf. Pièce de viande désossée, roulée et ficelée.

ball-trap nm. Appareil à ressort, lançant en l'air des disques servant de cibles. ‖ Pl. des *ball-traps*.

balluchon nm. *Fam.* Paquet de vêtements, de linge.

balnéaire adj. Relatif aux bains.

balourd, e adj. et n. Lourdaud.

balourdise nf. Sottise, niaiserie.

balsa nm. Bois très léger, utilisé pour les modèles réduits.

balsamier [*za*] ou **baumier** nm. Arbre qui produit le baume.

balsamine [*za*] nf. Plante d'ornement, dite aussi *impatiente*.

balsamique [*za*] adj. Qui a les propriétés du baume.

balte adj. et n. De la Baltique.

balustrade nf. Rangée de balustres surmontés d'une rampe.

balustre nm. Petit pilier façonné.

balzane nf. Tache blanche aux pieds de certains chevaux.

bambin, e n. *Fam.* Petit enfant.

bambochade nf. Tableau dans le genre grotesque.

bambochard, e ou **bambocheur, euse** adj. et n. *Fam.* Qui a l'habitude des petites débauches.

bamboche nf. *Fam.* Ripaille.

bambocher vi. *Fam.* Faire la fête.

bambou nm. Roseau des Indes.

bamboula nf. Danse des Noirs.

ban nm. Proclamation, publication. ‖ Roulement de tambour et sonnerie de clairon précédant ou suivant une proclamation aux troupes : *ouvrir, fermer le -*. ‖ Applaudissements rythmés. ‖ Annonce de mariage publiée à l'église. ‖ Convocation de la noblesse. ‖ Jugement qui assigne certaines résidences à un condamné après sa libération. ‖ *Etre en rupture de -*, commettre une infraction à ce jugement.

banal, e adj. A l'usage de tous : *four -*. (Pl. *banaux*.) ‖ Sans originalité ; commun ; vulgaire. (Pl. *banals*.)

banaliser vt. Rendre banal.

banalité nf. Propos insignifiant. ‖ Chose banale.

banane nf. Fruit du bananier.

bananier nm. Plante des régions tropicales produisant les bananes. ‖ Navire servant à leur transport.

banat nm. Nom d'anciennes divisions administratives limitrophes de la Hongrie et de la Turquie.

banc nm. Siège étroit et long. ‖ *Mar.* Amas de sable. ‖ Elévation du fond de la mer ou d'un cours d'eau. ‖ Troupe nombreuse de poissons. ‖ *- d'œuvre*, réservé aux notables dans les églises. ‖ *- d'essai*, bâti pour éprouver le fonctionnement des moteurs.

bancable ou **banquable** adj. Effet de commerce susceptible d'être escompté par une banque.

bancaire adj. Relatif à la banque.

bancal, e, als adj. et n. Qui a les jambes tortues. ‖ Nm. Sabre recourbé.

banco nm. Valeur en banque. ‖ *Faire -*, jouer la banque.

bancroche adj. et n. *Pop.* Bancal.

bandage nm. *Chir.* Ligature, pansement. ‖ Ceinture herniaire. ‖ Pneumatique ou cercle métallique d'une roue.

bandagiste nm. Celui qui fait ou vend des bandages.

bande nf. Lien plat qui sert à bander. ‖ Ornement plus long que large. ‖ Rebord élastique d'un billard. ‖ *Mar.* Inclinaison transversale d'un navire : *donner de la -*.

bande nf. Troupe, réunion de plusieurs personnes. ‖ *Fam. Faire - à part*, se tenir à l'écart.

bandeau nm. Bande pour ceindre le front, la tête ou couvrir les yeux. ‖ *- royal*, diadème. ‖ *Archit.* Assise de pierre saillante, horizontale, marquant les étages.

bandelette nf. Petite bande.

bander vt. Lier et serrer avec une bande. ‖ Couvrir d'un bandeau : *- les yeux*. ‖ Tendre : *- un arc*.

banderille [*riy'*] nf. Dard orné de rubans, des toreros.

banderillero [*ri-yé-ro*] nm. Torero qui plante les banderilles dans le garrot du taureau.

banderole nf. Bande d'étoffe, longue et étroite, terminée par deux pointes.

bandière nf. *Front de -*, front de bataille.

bandit nm. Malfaiteur, brigand. ‖ *Par exagér.* Vaurien ; mauvais sujet.

banditisme nm. Mœurs de bandit.

bandoulière nf. Bande de cuir ou d'étoffe à laquelle on suspend une arme. ‖ *En -*, loc. adv., en écharpe.

banian nm. Espèce de figuier.

banjo nm. Guitare rustique, dont la caisse de résonance est faite d'une membrane tendue.

bank-note nf. Billet de banque anglais. || Pl. des *bank-notes*.

banlieue nf. Alentours d'une grande ville.

banlieusard, e n. *Fam.* Habitant de la banlieue.

banne nf. Manne d'osier. || Bâche.

banneton nm. Petit panier sans anse, dans lequel on fait lever le pain. || Coffre percé qui sert à conserver le poisson dans l'eau.

bannette nf. Petite banne.

bannière nf. Enseigne du suzerain. || Pavillon d'un vaisseau. || Etendard d'une église, d'une confrérie. || *Fig.* Parti : *se ranger sous la - de...*

bannir vt. Exiler. || *Fig.* Eloigner; repousser : *- toute crainte.*

bannissement nm. Action de bannir.

banque nf. Commerce qui consiste à avancer des fonds, à en recevoir à intérêt, à escompter des effets moyennant une prime. || Etablissement où s'exerce ce commerce. || A certains jeux, fonds d'argent qu'a devant lui celui qui tient le jeu.

banqueroute nf. Faillite d'un commerçant punie par la loi.

banqueroutier, ère n. Qui fait banqueroute.

banquet nm. Grand repas; festin somptueux.

banqueter vi. (c. *jeter*). Prendre part à un banquet.

banqueteur nm. Celui qui banquette.

banquette nf. Banc rembourré et sans dossier. || Appui en pierre. || Murette placée aux points dangereux d'une route pour orienter le trafic. || *- de tir*, plate-forme pour le tir.

banquier, ère n. Personne qui fait le commerce de la banque. || *Jeu.* Personne qui tient le jeu contre tous les autres joueurs.

banquise nf. Enorme amas de glaces côtières, dans les mers polaires.

baobab nm. Arbre immense d'Afrique, le plus gros des végétaux connus.

baptême [*ba-têm*] nm. Le premier des sept sacrements de l'Eglise. || *- d'une cloche, d'un navire*, etc., nom de certaines cérémonies et inaugurations solennelles. || *- de la ligne*, coutume burlesque, qui consiste à inonder ceux qui passent l'équateur pour la première fois. || *- du feu*, première bataille. || *- de l'air*, premier vol en avion.

baptiser [*ba-ti*] vt. Conférer le baptême. || *Fam. - du vin*, y mettre de l'eau.

baptismal, e, aux [*ba-tis*] adj. Qui appartient au baptême : *fonts baptismaux.*

baptistère [*ba-tis*] nm. Petit édifice où l'on baptisait.

baquet nm. Petit cuvier de bois.

bar nm. Poisson de mer.

bar nm. Débit de boissons.

bar nm. Unité de pression atmosphérique, correspondant à une hauteur de 750 mm de mercure.

baragouin nm. *Fam.* Langage inintelligible, charabia.

baragouiner vt. et i. *Fam.* Parler mal une langue.

baragouineur, euse n. *Fam.* Personne qui baragouine.

baraque nf. Local en planches. || *Fig.* Maison mal bâtie, mal tenue.

baraquement nm. Ensemble de constructions en planches.

baraquer vi. S'accroupir (en parlant du chameau).

barattage nm. Action de baratter.

baratte nf. Récipient dans lequel on agite la crème pour obtenir le beurre.

baratter vt. Agiter la crème dans la baratte.

barattin ou **baratin** nm. *Arg.* Boniment.

barbacane nf. Ouvrage avancé garni de meurtrières. || Ouverture ménagée dans le mur d'une terrasse pour l'écoulement des eaux.

barbant, e adj. *Pop.* Ennuyeux.

barbare adj. et n. Cruel; inhumain. || *Par ext.* Sauvage. || *Langue -*, rude. || Nmpl. Pour les Grecs, les autres peuples. || Peuples non civilisés.

barbaresque adj. et n. Qui appartient aux peuples de l'ancienne Barbarie (Afrique du Nord) : *les Etats -.*

barbarie nf. Manque de civilisation; cruauté : *des actes de -.*

barbarisme nm. Faute de langage consistant dans l'emploi d'une forme qui n'existe pas.

barbe nf. Poil du menton et des joues. || Pointe des épis. || Filets qui adhèrent au tuyau des plumes. || *Fig. Rire dans sa -*, intérieurement. || *Agir à la - de quelqu'un*, en sa présence et en dépit de lui.

barbe adj. et nm. Se dit d'un cheval originaire d'Afrique du Nord.

barbeau nm. Poisson d'eau douce. || *Bleu -*, bleu clair.

barbe-de-capucin nf. Sorte de chicorée (salade).

barbelé, e adj. Garni de barbes, de dents et de pointes. || *Fil de fer -*, armé et utilisé comme clôture ou comme défense.

barbet, ette adj. et n. Chien à poil long et frisé.

barbette nf. Guimpe portée par les religieuses. ‖ *Fortif.* Plate-forme en terre permettant aux canons de tirer par-dessus le parapet.

barbiche nf. Barbe ornant le menton.

barbier nm. Coiffeur, perruquier.

barbifier vt. *Fam.* Faire la barbe.

barbillon nm. Petit barbeau (poisson). ‖ Pl. Filaments tactiles de la bouche de certains poissons (carpe, barbeau).

barbon nm. *Péjor.* Vieil homme.

barbotage ou **barbotement** nm. Action de barboter.

barboter vi. (onomat.). Fouiller avec le bec dans l'eau ou dans la boue. ‖ Marcher dans une eau bourbeuse. ‖ Remuer dans un liquide : *faire - un gaz.* ‖ Vt. *Arg.* Voler.

barboteur nm. Canard domestique.

barboteuse nf. Vêtement d'enfant, d'une seule pièce.

barbotine nf. Pâte à poteries.

barbouillage ou **barbouillis** nm. Mauvaise peinture. ‖ Ecriture illisible.

barbouiller vt. Salir, tacher. ‖ Peindre grossièrement.

barbouilleur, euse n. Qui barbouille. ‖ *Fig.* Mauvais peintre, mauvais écrivain.

barbu, e adj. Qui a de la barbe.

barbue nf. Poisson de mer plat, voisin du turbot.

barcarolle nf. Chanson des gondoliers vénitiens.

barcasse nf. Allège à fond plat.

bard nm. Sorte de civière.

bardane nf. Plante dont les capitules s'accrochent aux vêtements.

barde nm. Poète celte. ‖ *Par ext.* Poète héroïque et lyrique.

barde nf. Lame de métal protégeant les membres d'un guerrier et le poitrail d'un cheval de bataille. ‖ Tranche de lard enveloppant la viande à rôtir.

bardeau nm. Planchette mince et courte qui sert à soutenir, sur les toits, les tuiles ou les ardoises.

barder vt. Couvrir de bardes. ‖ Envelopper de tranches de lard.

bardit [*dit'*] nm. Chant de guerre des anciens Germains.

bardot nm. Petit mulet.

barège nm. Etoffe de laine des Pyrénées.

barème nm. Livre contenant des calculs tout faits.

barge nf. Bateau plat. ‖ Echassier, dit aussi *bécasse de mer.*

barguignage nm. Irrésolution.

barguigner vt. Hésiter, tergiverser.

barigoule nf. Manière d'apprêter les artichauts à l'huile d'olive, avec hachis.

baril [*rî*] nm. Tonnelet. ‖ Ce qu'il contient.

barillet nm. Petit baril. ‖ Cylindre contenant le grand ressort d'une montre, les cartouches d'un revolver.

bariolage nm. *Fam.* Mélange bizarre de couleurs.

barioler vt. Peindre bizarrement de diverses couleurs.

barman [*man'*] nm. Serveur dans un bar. ‖ Pl. des *barmen.*

barographe nm. Baromètre enregistreur traçant la courbe des altitudes successives atteintes par un aviateur.

baromètre nm. Instrument servant à mesurer la pression atmosphérique.

barométrique adj. Relatif au baromètre.

baron, onne n. Titre de noblesse au-dessous de celui du vicomte.

baronnet nm. En Angleterre, titre des membres d'un ordre de chevalerie.

baronnie nf. Anciennement, seigneurie et terre d'un baron.

baroque adj. Irrégulier ; bizarre. ‖ Nm. Style architectural alourdi d'ornements.

barque nf. Petit bateau.

barquerolle nf. Petit canot.

barquette nf. Petite barque. ‖ Pâtisserie en forme de barque.

barrage nm. Barrière. ‖ Ouvrage établi en travers du lit d'un cours d'eau : *le - de Donzère-Mondragon.* ‖ *Tir de -*, tir de protection d'artillerie.

barre nf. Longue barre de bois, de fer, etc. ‖ Trait de plume. ‖ Barrière qui, dans un tribunal, sépare les magistrats du public. ‖ *Paraître à la -*, se présenter devant les juges. ‖ *Mar.* Commande du gouvernail. ‖ Banc de sable à l'embouchure d'un fleuve. ‖ *- fixe*, traverse horizontale de bois ou de fer rond. ‖ *- parallèles*, appareil de gymnastique. ‖ Jeu : *jouer aux -.* ‖ *Avoir - sur quelqu'un*, avoir l'avantage sur lui.

barreau nm. Petite barre de bois, de métal. ‖ *Fig.* Banc réservé aux avocats. ‖ Leur ordre, leur profession : *entrer dans le -.*

barrer vt. Fermer avec une barre. ‖ Obstruer. ‖ Tirer un trait de plume ; biffer. ‖ Vi. Gouverner une embarcation.

barrette nf. Bonnet des ecclésiastiques.

barreur nm. Celui qui tient le gouvernail d'une embarcation.

barricade nf. Retranchement de fortune barrant une rue.

barricader vt. Fermer au moyen de barricades. ‖ *Se - vpr.* Se fortifier au

1. Église de l'Ascension, à Wilna (XVIIIe s.);
2. Collégiale de Tlaxcala, au Mexique
(XVIIIe s.); 3. Baldaquin du Val-de-Grâce,
à Paris (XVIIe s.); 4. Ange, sculpture du
Bernin (XVIIe s.).

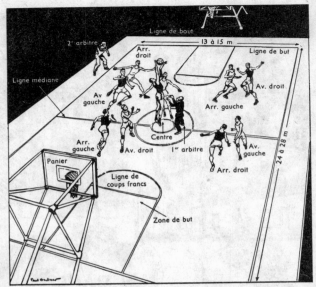

moyen de barricades. ‖ *Fig.* S'enfermer pour ne voir personne.

barrière nf. Assemblage de pièces de bois ou de métal fermant un passage. ‖ *Fig.* Empêchement; obstacle : *les lois sont des - contre les abus.*

barrique nf. Petit tonneau. ‖ Son contenu.

barrir vi. Crier, en parlant de l'éléphant.

barrissement nm. Cri de l'éléphant.

barye nf. Unité C.G.S. de pression.

barysphère nf. Noyau central de la Terre.

baryte nf. *Chim.* Oxyde de baryum. (BaO), de couleur blanchâtre.

barytine nf. Sulfate de baryum.

baryton nm. Voix intermédiaire entre le ténor et la basse. ‖ Instrument de musique.

baryum [*ri-om'*] nm. Métal (Ba) d'un blanc d'argent.

bas, basse adj. Qui a peu de hauteur. ‖ *Fig.* Inférieur : - *clergé.* ‖ Vil : - *besogne.* ‖ Modique : à -

prix. ‖ *Temps* -, chargé de nuages. ‖ *Avoir la vue* -, ne voir que de près. ‖ *Avoir l'oreille* -, être humilié. ‖ *Messe* -, non chantée. ‖ *Faire main-sur,* piller. ‖ Nm. Partie inférieure. ‖ Adv. Doucement; sans bruit : *parler* -. ‖ *Mettre* -, faire des petits, en parlant des animaux. ‖ *Ce malade est bien* -, est près de mourir. ‖ *A* - *!* cri hostile. ‖ **Bassement** adv.

bas nm. Vêtement qui couvre le pied et la jambe. ‖ *Fig. et fam.* - *de laine,* économies.

basal, e, aux adj. Qui a rapport à la base, à une base.

basalte nm. Roche volcanique.

basaltique adj. Formé de basalte.

basane nf. Peau de mouton préparée. ‖ Peau souple qui recouvrait en partie les pantalons de cavalerie.

basaner vt. Bistrer; noircir.

bas-bleu nm. Femme pédante à prétentions littéraires. ‖ Pl. des *bas-bleus.*

bas-côté nm. Nef latérale d'église. ‖ Voie latérale : - *d'une route.*

bascule nf. Machine à peser de lourds fardeaux. ‖ Balançoire.

basculer vi. Exécuter un mouvement de bascule. ‖ Perdre l'équilibre. ‖ Vt. Culbuter : - *un wagonnet*.

base nf. Surface sur laquelle repose un corps. ‖ Partie inférieure. ‖ *Fig.* Principe, soutien : *la justice est la - d'un Etat.* ‖ Substance qui, combinée avec un acide, produit un sel. ‖ Côté d'un triangle opposé au sommet. ‖ Centre de ravitaillement : - *aérienne*.

base-ball nm. (m. angl.). Sport dérivé du cricket et très en faveur aux Etats-Unis.

baser vt. Appuyer, fonder. ‖ Se- [sur] vpr. S'appuyer : *se - sur des calculs exacts.*

bas-fond nm. Terrain bas et enfoncé. ‖ Endroit du fond de la mer ou d'un fleuve où la profondeur d'eau est faible. ‖ Pl. *Fig.* Couches les plus basses de la société.

basicité nf. *Chim.* Propriété qu'a un corps de jouer le rôle de base.

basilic [*lik*] nm. Herbe odoriférante. ‖ Sorte d'iguane d'Amérique. ‖ Serpent fabuleux.

basilique nf. Eglise principale : *la - de Saint-Pierre de Rome.*

basin nm. Etoffe croisée, fil et coton.

basique adj. *Chim.* Qui a les propriétés d'une base.

basket-ball nm. (m. angl.). Jeu de balle au panier.

basoche nf. Corps et juridiction des anciens clercs de procureur. ‖ *Fam.* Les gens de loi.

basque nf. Pan de vêtement. ‖ *Fam.* *Etre pendu aux - de quelqu'un*, le suivre partout.

basque adj. et n. Qui se rapporte aux Basques. ‖ Nm. Langue basque.

bas-relief nm. Ouvrage de sculpture en légère saillie. ‖ Pl. des *bas-reliefs.*

basse nf. *Mus.* Partie, voix graves. ‖ Instrument de cuivre. ‖ Acteur, musicien qui chante ou joue cette partie.

basse-contre nf. *Mus.* Voix de basse la plus grave. ‖ Pl. des *basses-contre.*

basse-cour nf. Partie d'une maison où l'on élève la volaille. ‖ Les animaux qui y vivent. ‖ Pl. des *basses-cours.*

basse-fosse nf. Cachot profond.

bassesse nf. Manque d'élévation morale, de dignité dans les sentiments ou les actions.

basset nm. Chien courant à jambes courtes.

basse-taille nf. *Mus.* Voix entre le baryton et la basse. ‖ Pl. des *basses-tailles.*

bassin nm. Récipient large, profond, circulaire. ‖ Pièce d'eau. ‖ Partie d'un port où les bateaux stationnent. ‖ Gisements minéraux : - *houiller.* ‖ *Géol.* Vaste dépression que les mers ont envahie à certaines époques géologiques : *le Bassin parisien.* ‖ - *d'un fleuve*, tout le pays dont les eaux se jettent dans ce fleuve. ‖ *Anat.* Ceinture osseuse qui termine le tronc.

bassine nf. Ustensile de cuisine.

bassiner vt. Chauffer avec une bassinoire. ‖ Humecter : - *une plaie.* ‖ *Pop.* Ennuyer, fatiguer.

bassinet nm. Petite pièce creuse de la platine des anciens fusils à pierre, pour la poudre. ‖ Casque, au Moyen Age. ‖ Cuvette. ‖ Petite cavité du rein.

bassinoire nf. Bassin de métal à couvercle percé de trous qui, rempli de braises, sert à chauffer un lit.

bassiste nm. Qui joue de la basse.

basson nm. Instrument à vent et à anche, qui sert à exécuter des parties de basse. ‖ Celui qui en joue.

baste ! interj. qui marque l'indifférence et le dédain.

baste nf. Hotte de bois pour le transport de la vendange.

bastide nf. Maison de campagne, dans le Midi. ‖ Ville méridionale fortifiée servant jadis de refuge aux populations.

bastille nf. Ouvrage détaché de fortification. ‖ Ancienne prison d'Etat de Paris.

bastingage nm. *Mar.* Partie de la muraille d'un navire qui dépasse le pont.

bastion nm. *Fortif.* Ouvrage avancé.

bastonnade nf. Volée de coups de bâton.

bastringue nm. *Pop.* Bal populaire.

bas-ventre nm. Partie inférieure du ventre.

bât nm. Selle grossière de bête de somme.

bataclan nm. *Pop.* Attirail embarrassant.

bataille nf. Combat général entre deux armées. ‖ Querelle : *une - de gamins.* ‖ Jeu de cartes à deux.

batailler vi. Livrer bataille. ‖ Contester ; se disputer : - *sur des riens.*

batailleur, euse adj. et n. Qui aime à batailler.

bataillon nm. Unité militaire, fraction d'un régiment.

bâtard, e adj. et n. Enfant naturel. ‖ Dégénéré : *race -.*

bâtarde nf. Ecriture qui tient de la ronde et de l'anglaise.

batardeau nm. Digue provisoire pour permettre d'assécher un endroit.

bâtardise nf. État du bâtard.

batavia nf. Sorte de laitue.

bâté, e adj. Qui porte un bât. ‖ *Fig.* Âne -, personne extrêmement sotte.

bateau nm. Toute construction flottante appropriée à la navigation.

batée nf. Ecuelle utilisée pour le lavage des sables aurifères.

batelage nm. Métier de bateleur. ‖ Transport par petits bateaux.

bateleur, euse n. Personne qui fait des tours d'acrobatie, d'adresse sur les places publiques; charlatan.

batelier, ère n. Personne qui conduit un bateau.

batellerie nf. Industrie du transport par eau. ‖ Ensemble des bateaux d'une rivière.

bâter vt. Mettre un bât sur une bête de somme.

bat-flanc nm. inv. Planche de bois suspendue dans les écuries, pour séparer deux chevaux.

bathymétrie nf. Mesure de la profondeur des mers.

bathyscaphe nm. Appareil autonome sous-marin pour l'exploration des grandes profondeurs.

bathysphère nf. Sphère d'acier utilisée avant le bathyscaphe.

bâti nm. Couture à grands points. ‖ Assemblage de pièces de menuiserie ou de charpente. ‖ Support d'assemblage des pièces d'une machine.

batifolage nm. *Fam.* Action de batifoler.

batifoler vi. *Fam.* Folâtrer, s'amuser.

bâtiment nm. Construction en maçonnerie. ‖ Construction navale de grandes dimensions.

bâtir vt. Edifier; construire. ‖ Coudre; assembler à grands points. ‖ *Fig.* Etablir : - *sa fortune sur la ruine d'autrui.* ‖ - *sur le sable*, édifier sur des bases peu solides.

bâtisse nf. Maçonnerie d'un bâtiment. ‖ Le bâtiment même.

bâtisseur, euse n. Qui bâtit.

batiste nf. Toile fine de lin.

bâton nm. Long morceau de bois rond qu'on peut tenir à la main. ‖ Trait droit que font les enfants qui apprennent à écrire. ‖ Insigne : - *de maréchal.* ‖ *Fig.* Mettre des - *dans les roues*, susciter des obstacles. ‖ *A - rompus*, sans suite. ‖ *Tour de -*, profit illicite.

bâtonner vt. Donner des coups de bâton.

bâtonnet nm. Petit bâton. ‖ Jeu d'enfants. ‖ Intestine cylindrique.

bâtonnier nm. Chef de l'ordre des avocats dans une ville.

batraciens nmpl. Classe de vertébrés subissant des métamorphoses, et dont le type est la *grenouille.*

battage nm. Action de battre les céréales, les laines, les cotons. ‖ *Fig.* et *fam.* Publicité exagérée.

battant nm. Pièce métallique suspendue dans une cloche. ‖ Panneau de porte.

battant, e adj. Qui bat. ‖ *Porte -*, qui se referme d'elle-même. ‖ *Pluie -*, violente. ‖ *Fig. Tambour -*, rondement, sévèrement. ‖ - *neuf*, tout neuf.

batte nf. Maillet à long manche. ‖ Sabre d'arlequin.

battement nm. Choc d'un corps contre un autre. ‖ Mouvement alternatif, pulsation. ‖ *Pas de danse.* ‖ Délai, intervalle de temps.

batterie nf. Unité élémentaire de l'artillerie. ‖ *Mettre en -*, en position de tir. ‖ Double rangée de canons sur un navire. ‖ Le lieu même où ces canons sont placés. ‖ Manière de battre du tambour. ‖ Ensemble des instruments à percussion dans un orchestre. ‖ - *électrique*, réunion de plusieurs accumulateurs. ‖ - *de cuisine*, ensemble des ustensiles de métal utilisés dans une cuisine.

batteur nm. Personne qui bat le grain, les métaux.

batteuse nf. Machine à battre.

battoir nm. Palette de bois.

battre vt. (*Je bats, tu bats, il bat, n. battons. Je battais. Je battis. Je battrai. Je battrais. Bats, battons, battez. Q. je batte, qu'il batte. Q. je battisse, qu'il battît. Battant. Battu, e.*) Frapper, donner des coups. ‖ Agiter fortement : - *des œufs.* ‖ Vaincre : - *l'ennemi.* ‖ Heurter contre : *la mer bat les murailles.* ‖ Parcourir en chassant : - *les bois.* ‖ - *le pavé*, aller et venir par désœuvrement. ‖ - *monnaie*, fabriquer de la monnaie. ‖ - *les cartes*, les mêler. ‖ *Fig.* - *en retraite*, fuir l'ennemi. ‖ - *la campagne*, divaguer. ‖ - *le fer quand il est chaud*, profiter de l'occasion favorable. ‖ Vi. - *des mains*, applaudir. ‖ Etre agité : *le cœur lui bat.* ‖ Se - vpr. Combattre, lutter, se frapper mutuellement. ‖ **Battu**, e part. et adj. Foulé, durci : *sol -.* ‖ *Fig.* Vulgaire, banal : *suivre les sentiers battus.* ‖ *Yeux -*, fatigués, cernés.

battue nf. Action de battre les bois pour en faire sortir le gibier.

baudet nm. Ane. ‖ *Fig.* Homme stupide. ‖ Tréteau de scieur de bois.

baudrier nm. Bande de cuir ou d'étoffe à laquelle on suspend l'étrier.

baudroie nf. Poisson carnivore, comestible, appelé encore *lotte de mer.*

baudruche nf. Pellicule fabriquée avec du boyau de bœuf ou de mouton.

bauge nf. Gîte fangeux du sanglier. ‖ Retraite de l'écureuil.

baume nm. Résine odoriférante qui coule de certains arbres. ‖ Médicament calmant. ‖ *Fig.* Consolation : *verser du - dans le cœur.*

baumé adj. Se dit d'un aréomètre dû au physicien Baumé. ‖ *Degré Baumé,* division de l'échelle conventionnelle employée sur cet appareil.

baumier nm. V. BALSAMIER.

bauxite nf. (de *Baux,* en Provence). Minerai d'aluminium.

bavard, e adj. et n. Qui parle sans discrétion et sans mesure.

bavardage nm. Action de bavarder. ‖ Choses insignifiantes, dites ou écrites.

bavarder vi. Parler abondamment de choses oiseuses. ‖ Jaser.

bavarois, e adj. et n. De Bavière.

bavaroise nf. Entremets froid au chocolat, au rhum, etc.

bave nf. Salive. ‖ Espèce d'écume que jettent certains animaux. ‖ *Fig.* Propos ou écrits haineux, venimeux.

baver vi. Jeter de la bave.

bavette nf. Syn. de BAVOIR. ‖ Partie inférieure de l'aloyau. ‖ *Fig. et fam. Tailler une -,* causer, bavarder.

baveux, euse adj. Qui bave. ‖ Se dit d'une omelette peu cuite.

bavocher vi. Imprimer sans netteté.

bavoir nm. Linge qu'on attache sur la poitrine des petits enfants.

bavolet nm. Coiffure villageoise. ‖ Ornement fixé derrière un chapeau.

bavure nf. Traces laissées sur un objet moulé par les joints du moule.

bayadère nf. Danseuse des Indes.

bayer vi. (c. *balayer*). Regarder, la bouche ouverte. ‖ *Fam. - aux corneilles,* regarder niaisement en l'air.

bazar nm. Marché public et couvert, en Orient. ‖ En Europe, magasin où l'on vend toutes sortes d'objets.

bazarder vt. *Fam.* Vendre à bas prix afin de se débarrasser.

bazooka [*bazouka*] nm. Lance-fusées antichar.

béant, e adj. Largement ouvert.

béarnais, e adj. et n. Du Béarn.

béat, e adj. et n. Calme et sans inquiétude. ‖ *Ironiq.* Content de soi.

béatification nf. Acte par lequel le pape béatifie.

béatifier vt. (c. *prier*). Mettre au nombre des bienheureux.

béatifique adj. Qui rend heureux.

béatitude nf. Félicité éternelle. ‖ Bonheur calme. ‖ Pl. *Les huit -,* les huit félicités dont parle l'Evangile.

beau (bel devant une voyelle), **belle** adj. Qui plaît à l'œil ou à l'esprit. ‖ Noble, élevé : *- âme.* ‖ Avantageux : *- occasion.* ‖ Considérable : *- fortune.* ‖ Bienséant : *cela n'est pas -.* ‖ Grand : *une - peur.* ‖ Le *- monde,* la société brillante. ‖ Le *- sexe,* les femmes. ‖ *- parleur,* qui met de l'affectation à bien parler. ‖ *Fumeur,* qui perd avec sérénité. ‖ *Bel esprit,* homme lettré, mais prétentieux. ‖ *Un bel âge,* un âge avancé. ‖ *Le bel âge,* la jeunesse. ‖ *Un - jour,* inopinément. ‖ *Une - main,* une belle écriture. ‖ *Il ferait - voir,* il serait étrange de voir. ‖ N. Ce qui est excellent : *le beau dans les arts.* ‖ *Faire le -, la -,* se pavaner. ‖ Adv. *Avoir - (*suivi d'un inf.), s'efforcer en vain de : *j'ai - parler, vous ne m'écoutez pas.* ‖ Loc. adv. **En beau,** sous un aspect favorable. **Tout beau,** doucement, modérez-vous. **De plus belle,** de plus en plus. ‖ **Bellement** adv.

beauceron, onne adj. et n. De la Beauce.

beaucoup adv. de quantité. Un grand nombre, une quantité considérable. ‖ Fort, grandement : *il travaille -.*

beau-fils nm. Celui dont on a épousé le père ou la mère en secondes noces. ‖ Gendre. ‖ Pl. des *beaux-fils.*

beau-frère nm. Mari de la sœur ou de la belle-sœur. ‖ Frère du mari ou de la femme. ‖ Pl. des *beaux-frères.*

beau-père nm. Second mari de la mère, par rapport aux enfants du premier lit de celle-ci. ‖ Père du conjoint. ‖ Pl. des *beaux-pères.*

beaupré nm. Mât oblique à l'avant d'un navire.

beauté nf. Ensemble harmonieux de formes et de proportions. ‖ *Une jeune -,* une femme jeune et belle.

beaux-arts nmpl. Arts qui ont pour objet la représentation du beau (musique, peinture, sculpture, architecture, poésie, etc.).

beaux-parents nmpl. Père et mère du conjoint.

bébé nm. Tout petit enfant.

bec nm. Partie cornée de la tête de l'oiseau. ‖ *Par ext.* Langue; faconde : *avoir bon -.* ‖ *Fam. Clouer le - à quelqu'un,* le faire taire. ‖ Objet façonné en forme de bec : *un - de plume.* ‖ *Géogr.* Pointe de terre au confluent de deux cours d'eau : *le - d'Ambès.* ‖ *Avoir - et ongles,* avoir les moyens de se défendre et s'en servir.

bécane nf. *Pop.* Bicyclette.

bécarre nm. *Mus.* Signe musical qui annule l'effet d'un dièse ou d'un bémol.

bécasse nf. Oiseau échassier migrateur, à long bec.

bécasseau nm. Petit de la bécasse.

bécassine nf. Oiseau du genre bécasse, mais plus petit.

bec-croisé nm. Petit passereau dont les mandibules sont croisées. ‖ Pl. des *becs-croisés*.

bec-d'âne [*bé-dan'*] nm. V. BÉDANE. ‖ Pl. des *becs-d'âne*.

bec-de-cane nm. Clou à crochet, à l'usage des serruriers. ‖ Poignée de porte. ‖ Pl. des *becs-de-cane*.

bec-de-corbin nm. Ciseau à tranchant recourbé. ‖ Pl. des *becs-de-corbin*.

bec-de-lièvre nm. Lèvre supérieure fendue comme celle du lièvre. ‖ Pl. des *becs-de-lièvre*.

becfigue nm. Petit oiseau à chair délicate.

bec-fin nm. Nom vulgaire des passereaux. ‖ Pl. des *becs-fins*.

béchage nm. Action de bêcher.

béchamel nf. Sauce blanche inventée par Béchamel.

bêche nf. Outil à fer large et plat muni d'un long manche, qui sert à retourner la terre.

bêcher vt. Retourner la terre avec une bêche.

bécot nm. *Fam.* Petit baiser.

bécoter vt. *Fam.* Donner de petits baisers.

becquée nf. Ce qu'un oiseau prend dans son bec, pour le donner à ses petits.

becquet nm. Petit morceau de copie ajouté à une épreuve d'imprimerie.

becqueter vt. (c. *jeter*). Donner des coups de bec.

bedaine nf. *Fam.* Gros ventre.

bédane nm. Ciseau taillé en biseau, pour creuser le bois ou le métal.

bedeau nm. Employé laïque d'une église.

bedon nm. *Fam.* Ventre rebondi.

bedonner vi. *Fam.* Prendre du ventre.

bée adj. f. Béante : *rester bouche -*.

beffroi nm. Tour de guet où l'on sonnait l'alarme. ‖ La cloche elle-même.

bégaiement nm. Action de bégayer.

bégayer vi. (c. *balayer*). Articuler mal, bredouiller.

bégonia nm. Plante d'ornement.

bègue adj. et n. Qui bégaie.

bégueter vi. (c. *acheter*). Crier, en parlant de la chèvre.

bégueule nf. *Fam.* Femme prude, d'une réserve exagérée.

béguin nm. Coiffe à capuchon des béguines. ‖ Bonnet d'enfant. ‖ *Pop.* Passion amoureuse passagère.

béguinage nm. Couvent de béguines.

béguine nf. Religieuse des Pays-Bas ou de Belgique, qui, sans prononcer de vœux, vit dans une sorte de couvent. ‖ *Par ext.* Religieuse.

beige adj. Gris jaunâtre.

beignet nm. Pâte frite à la poêle, qui enrobe une substance alimentaire.

béjaune nm. *Fauconn.* Jeune oiseau. ‖ *Fig.* Jeune homme ignorant et sot.

bel adj. V. BEAU.

bêlement nm. Action de bêler.

bêler vi. Crier, en parlant des moutons et des brebis.

belette nf. Petit mammifère carnassier du genre putois, au corps allongé et au museau pointu.

belge adj. et n. De Belgique.

bélier nm. Mâle de la brebis. ‖ Ancienne machine de guerre. ‖ Signe du zodiaque.

bélière nf. Anneau qui supporte le battant d'une cloche. ‖ Sonnette attachée au cou d'un bélier. ‖ Anneau mobile de suspension en général. ‖ Patte de cuir servant à accrocher un sabre au ceinturon.

belinogramme nm. Document photographique transmis par radio.

bélître nm. Homme de rien.

belladone nf. Plante vénéneuse employée en médecine comme calmant.

bellâtre adj. et n. Qui a une beauté fade ou des prétentions à la beauté.

belle-de-jour, -de-nuit nf. Plantes dont la fleur ne s'épanouit que le jour, la nuit. ‖ Pl. des *belles-de-jour*, des *belles-de-nuit*.

belle-fille nf. Femme du fils. ‖ Celle dont on a épousé le père ou la mère en secondes noces. ‖ Pl. des *belles-filles*.

belle-mère nf. Seconde femme du père, par rapport aux enfants du premier lit de celui-ci. ‖ Mère du conjoint. ‖ Pl. des *belles-mères*.

belles-lettres nfpl. Nom donné spécialement à la grammaire, à l'éloquence, à la poésie.

belle-sœur nf. Epouse du frère. ‖ Sœur du conjoint. ‖ Epouse du frère du conjoint. ‖ Pl. des *belles-sœurs*.

belliciste adj. et nm. Partisan de la guerre.

belligérance nf. Etat de belligérant.

belligérant, e adj. et n. Qui est en guerre : *nations -*.

belliqueux, euse adj. Guerrier, martial. ‖ Qui cherche la guerre.

belluaire nm. Celui qui dompte les bêtes féroces.

belote nf. Jeu de cartes.

béluga nm. Dauphin des mers boréales.

belvédère nm. Pavillon ou terrasse d'où la vue s'étend au loin.

bémol nm. *Mus.* Signe qui baisse une note d'un demi-ton. ‖ Adj. : *si -*.

bémoliser vt. Marquer d'un bémol.

ben [bèn]. Mot arabe signif. *fils* : *Hosaïn - Ali.* ‖ Pl. *beni.*

bénarde nf. Serrure s'ouvrant des deux côtés.

bene [bé-né] adv. *Fam.* Bien. ‖ *Nota -* (N.B.), remarquez-bien.

bénédicité nm. Prière qui se fait avant le repas. ‖ Pl. des *bénédicités.*

bénédictin, e n. Religieux, religieuse de l'ordre de saint Benoît.

bénédiction nf. Action de bénir. ‖ *- nuptiale,* cérémonie du mariage religieux.

bénéfice nm. Avantage d'une nature quelconque : *des circonstances atténuantes, de l'âge.* ‖ Gain, profit : *calculer ses -.* ‖ Dignité ecclésiastique avec revenu.

bénéficiaire adj. et n. Qui bénéficie de quelque chose.

bénéficier vt. ind. Profiter d'un avantage, tirer bénéfice de : - *d'un doute.*

bénéfique adj. Bienfaisant.

benêt adj. et nm. Niais, sot.

bénévole adj. Qui fait une chose gratuitement : *une infirmière -.*

bengali adj. Qui est du Bengale. ‖ N. : *un Bengali.* ‖ Nm. Langue parlée au Bengale. ‖ Petit oiseau de volière.

bénignité nf. Indulgence, douceur. ‖ ‖ Caractère de ce qui est sans gravité : *la - d'une maladie.*

bénin, igne adj. Doux, bienveillant. ‖ *Fig.* Qui est sans conséquence grave : *un accident -.* ‖ **Bénignement** adv.

bénir vt. Consacrer au culte : - *une église.* ‖ Appeler la protection du ciel sur des personnes, des choses. ‖ Glorifier, remercier : - *le Seigneur.* ‖ *Eau bénite de cour,* vaines promesses. — Ce verbe a deux part. pass. : **béni, e** et **bénit, e.** Ce dernier signifie « consacré par l'Eglise » : *pain bénit; eau bénite.* (L'auxiliaire *avoir* n'entraîne que la forme *béni, e,* sauf au passif : *le clergé a béni les cloches; les cloches ont été bénites.*)

bénisseur, euse n. *Fam.* Qui prodigue les approbations.

bénitier nm. Vasque à eau bénite.

benjamin, e [bin] n. Enfant préféré. ‖ Le plus jeune.

benjoin [bin] nm. Résine parfumée.

benne nf. Sorte de caisse servant au transport des matériaux. ‖ Cage métallique employée dans les mines pour remonter le charbon à la surface.

benoît, e adj. Bon, indulgent.

benzine [bin] nf. ou **benzène** nm. Liquide volatil provenant du goudron de houille et employé comme détachant.

benzol nm. Carburant formé d'un mélange de benzine et de toluène.

béotien [syin] **, enne** adj. et n. De la Béotie. ‖ Nm. *Fig.* D'un esprit lourd, grossier.

béotisme nm. Lourdeur d'esprit.

béquille nf. Bâton muni d'une petite traverse, à l'usage des infirmes. ‖ Madrier étayant un navire.

béquiller vi. Marcher à l'aide d'une béquille.

ber nm. Appareil permettant la construction et le lancement d'un navire.

berbère adj. et n. Qui a rapport aux Berbères. ‖ Nm. Langue berbère.

bercail nm. Bergerie. (Vx.) ‖ *Fig.* Famille, maison paternelle : *rentrer au -.* (N'a pas de pluriel.)

berceau nm. Lit d'enfant. ‖ *Fig.* Enfance : *dès le -.* ‖ Origine : *la Grèce fut le - de la civilisation.* ‖ *Jard.* Treillage en voûte.

bercelonnette nf. Berceau léger et suspendu.

bercement nm. Action de bercer.

bercer vt. (c. *placer*). Balancer pour endormir. ‖ *Fig.* Apaiser : - *un chagrin.* ‖ Amuser d'espérances : *on l'a - de vaines promesses.*

berceur, euse adj. et n. Qui berce. ‖ Nf. Chanson pour endormir les enfants.

béret nm. Coiffure ronde et plate, particulière aux Basques et aux chasseurs alpins.

bergamote nf. Espèce d'orange donnant une *essence* agréable. ‖ Poire fondante.

berge nf. Bord d'une rivière, d'un canal. ‖ Talus.

berger, ère n. Personne qui garde les moutons. ‖ Nm. Race de chiens employés à la garde des troupeaux. ‖ *Etoile du -,* Vénus.

bergère nf. Large fauteuil avec coussins.

bergerie nf. Etable à moutons. ‖ Pl. *Fig.* Poésies pastorales : *les - de Racan.*

bergeronnette nf. Petit passereau qui aime le voisinage des troupeaux.

béribéri nm. Maladie endémique des pays chauds, caractérisée par des paralysies et des œdèmes.

berline nf. Carrosse de voyage. ‖ Wagonnet de mines. ‖ Carrosserie d'automobile à quatre portes et deux glaces de chaque côté.

berlingot nm. Bonbon de sucre cuit et aromatisé.

berlue nf. Eblouissement passager. ‖ *Avoir la -,* juger faussement.

bernacle, bernache ou **barnache** nf. Oie sauvage. ‖ Sorte de coquillage.

bernardin, e n. Religieux, religieuse de l'ordre de Saint-Bernard.

bernard-l'ermite ou **l'hermite**

nm. inv. Petit crustacé se logeant dans une coquille de mollusque.

berne nf. *Mar. Pavillon en -,* hissé à mi-hauteur, en signe de deuil ou de détresse.

berner vt. Se moquer, tromper : *on berne facilement les niaiteux.*

bernicle ou **bernique** nm. Nom vulgaire de la *patelle.*

bernique! interj. fam. exprimant un espoir déçu : *vous comptez sur lui, - !*

bernois, e adj. et n. De Berne.

berrichon, onne adj. et n. Du Berry.

bersaglier [*sa-gli-yé*] nm. Soldat d'infanterie légère italienne.

bertillonnage nm. (de l'inventeur *Bertillon*). Système d'identification des criminels, fondé sur l'anthropométrie.

béryl nm. Variété d'émeraude, appelée aussi *aigue-marine.*

béryllium nm. V. GLUCINIUM.

besace nf. Sac à deux poches.

besacier nm. Celui qui porte la besace.

besaiguë ou **bisaiguë** nf. Outil de charpentier.

besant nm. Anc. monnaie d'or de l'Empire byzantin. || *Archit.* Disque saillant sculpté sur un bandeau.

besicles nfpl. Grosses lunettes. (Vx.)

bésigue nm. Sorte de jeu de cartes.

besogne nf. Travail, ouvrage. || *Fig. Abattre la -,* faire beaucoup de travail en peu de temps.

besogner vi. Travailler, s'occuper.

besogneux, euse adj. et n. Qui est dans le besoin.

besoin nm. Manque d'une chose nécessaire. || Indigence, dénument. || Obligation : *j'ai - d'aller là.* || Pl. Nécessités naturelles : *faire ses -.* || Ce qui est nécessaire à l'existence : *subvenir aux - de sa famille.* || Au loc. adv., en cas de nécessité.

bessemer nm. Convertisseur sidérurgique inventé par H. Bessemer.

bestiaire nm. Gladiateur qui combattait les bêtes féroces. || Au Moyen Age, recueil de fables ; traité sur les animaux réels ou légendaires.

bestial, e, aux adj. Qui tient de la bête : *des penchants -.*

bestialité nf. Caractère de l'homme qui se livre à tous les instincts de la brute.

bestiaux nmpl. Gros animaux domestiques. (Pl. de BÉTAIL.)

bestiole nf. Petite bête.

best-seller [*sé-leur*] nm. Livre qui a obtenu un grand succès de librairie.

bêta adj. inv. *Rayons -,* électrons émis par les corps radio-actifs.

bétail nm. Nom collectif des animaux de pâture, dans une ferme.

bêtatron nm. Appareil électromagnétique utilisé pour accélérer des électrons.

bête nf. Tout être animé autre que l'homme. || Personne sotte ou stupide. || *Fig.* et *fam. C'est ma - noire,* la personne ou la chose qu'on déteste le plus. || *Bonne -,* personne de peu d'esprit, mais sans méchanceté. || Adj. Sot, stupide : *air -.*

bétel nm. Espèce de poivrier grimpant de l'Inde. || Mélange masticatoire à base de feuilles de bétel.

bêtifier vt. (c. *prier*). Rendre bête. || Vi. Faire la bête.

bêtise nf. Défaut d'intelligence. || Parole, action sotte, maladroite. || Chose insignifiante, sans valeur : *dépenser son argent en -.* || Sorte de berlingot : - *de Cambrai.*

béton nm. Mortier composé de sable, de ciment, de cailloux et d'eau. || - *armé,* béton coulé sur des tiges d'acier ou des treillages métalliques.

bétonnage nm. Maçonnerie faite avec du béton.

bétonner vt. Construire avec du béton.

bétonnière nf. Machine à fabriquer le béton.

bette ou **blette** nf. Plante potagère.

betterave nf. Bette à grosse racine sucrée.

betteravier, ère adj. Qui se rapporte à la betterave. || Nm. Producteur de betteraves.

beuglant nm. *Pop.* Café - concert d'ordre inférieur.

beuglement nm. Cri du bœuf, de la vache et du taureau.

beugler vi. Pousser des beuglements. || *Fam.* Jeter de grands cris.

beurre nm. Substance grasse et onctueuse extraite de la crème ou de divers végétaux : - *de cacao.* || - *noir,* beurre décomposé par la chaleur.

beurré nm. Poire fondante.

beurrée nf. Tranche de pain recouverte de beurre.

beurrer vt. Couvrir de beurre.

beurrier, ère adj. et n. Qui vend du beurre. || Nm. Récipient où l'on conserve du beurre.

beuverie nf. Partie de plaisir où l'on boit beaucoup.

bévue nf. Méprise, erreur grossière.

bey [*bè*] nm. Autref., gouverneur d'une province ou d'une ville turque. || Souverain de Tunis.

beylical, e, aux adj. Qui a rapport au bey.

biais, e adj. Qui a une direction oblique. || Nm. Ligne oblique. || *Fig.* Moyen détourné : *prendre un -.* || **En -, de -** loc. adv., obliquement.

biaiser vi. Etre de biais ; aller de biais. ‖ *Fig.* User de finesse.

bibelot nm. Petit objet curieux ou décoratif. ‖ Objet sans valeur.

bibeloter vi. Collectionner des bibelots.

biberon nm. Petite bouteille munie d'une tétine et servant à l'allaitement artificiel.

biberon, onne n. *Fam.* Qui aime à boire.

bible nf. Recueil des Saintes Ecritures.

bibliobus nm. Bibliothèque circulante automobile.

bibliographe nm. Celui qui est versé dans la connaissance des livres.

bibliographie nf. Science du bibliographe. ‖ Ensemble des livres écrits sur une question ou sur un auteur.

bibliographique adj. Qui a rapport à la bibliographie.

bibliomane n. Qui a la passion des livres.

bibliophile n. Amateur éclairé des livres. ‖ Qui aime les éditions rares.

bibliophilie nf. Amour des livres.

bibliothécaire n. Préposé à la garde d'une bibliothèque.

bibliothèque nf. Collection de livres, de manuscrits. ‖ Lieu où ils sont rangés. ‖ Meuble qui les contient. ‖ *Fig. C'est une* - *vivante*, c'est un homme très érudit.

biblique adj. Qui a rapport à la Bible. ‖ *Style* -, style imagé, analogue au style de la Bible.

bicamérisme ou **bicaméralisme** nm. Système politique comportant deux Chambres de représentants.

bicarbonate nm. Carbonate acide : *le* - *de soude est le sel de Vichy.*

bicéphale adj. Qui a deux têtes.

biceps [*sèps'*] adj. et nm. Se dit des muscles qui ont chacun deux attaches.

biche nf. Femelle du cerf. ‖ *Ventre de* -, couleur d'un blanc roussâtre.

bichette nf. Jeune biche.

bichon, onne n. Petit chien ou petite chienne à poil long, soyeux et ondoyant.

bichonner vt. Friser, boucler, comme le poil d'un bichon. ‖ *Fig.* Parer avec coquetterie : - *un enfant.*

bickford nm. Cordeau fusant pour l'allumage des explosifs.

bicolore adj. Qui a deux couleurs.

biconcave adj. Qui présente deux faces concaves opposées.

biconvexe adj. Qui présente deux faces convexes opposées.

bicoque nf. Maison de peu de valeur.

bicorne adj. Qui a deux pointes. ‖ Nm. Chapeau à deux pointes.

bicycle nm. Vélocipède à deux roues inégales.

bicyclette nf. Vélocipède à deux roues d'égale grandeur.

bident nm. Fourche à deux dents.

bidet nm. Petit cheval de selle. ‖ Cuvette oblongue servant aux ablutions.

bidon nm. Récipient de fer-blanc. ‖ Gourde à l'usage des soldats.

bief nm. Canal de dérivation qui amène les eaux jusqu'à la roue du moulin (- *d'amont*) ou qui les évacue (- *d'aval*). ‖ Espace entre deux écluses, sur un canal de navigation.

bielle nf. *Méc.* Pièce de machine servant à transmettre et à transformer un mouvement : *une* - *de locomotive.*

bien nm. Ce qui est bon, avantageux, convenable. ‖ Richesse ; propriété : - *patrimonial.* ‖ *Faire du* -, procurer un soulagement. ‖ *Vouloir du* - *à quelqu'un*, être disposé à lui rendre service. ‖ Pl. - *de la terre*, productions du sol.

bien adv. D'une manière avantageuse ou satisfaisante : *tout s'est* - *passé.* ‖ D'une manière qui plaît : *être* - *fait*, - *habillé.* ‖ De façon convenable : - *agir.* ‖ Avec art, habilement : - *parler.* ‖ Beaucoup, fort : - *des gens pensent ainsi ; il est* - *tard.* ‖ A peu près : *il y a* - *deux ans.* ‖ Sert à renforcer l'idée exprimée par le verbe : *il a* - *fallu ; sachez ; je voudrais* - *le voir.* ‖ Employé comme attribut : 1° Avoir une figure gracieuse, des manières distinguées : *une femme très* - ; 2° Etre dans une situation agréable, confortable : *on est* - *dans ce fauteuil.* ‖ *Etre* - *avec quelqu'un*, être en bonnes relations avec lui. ‖ *Elliptiq.* -, *très* -, *fort* - marquent l'approbation. ‖ *Loc. conj.* - *que*, quoique. *Si* - *que*, de sorte que. ‖ *Eh* -! interj. qui marque l'interrogation, l'étonnement, la concession, etc.

bien-aimé, e adj. et n. Chéri tendrement. ‖ Préféré : *mon fils* -.

bien-être nm. Disposition agréable du corps, de l'esprit : *éprouver une sensation de* -. ‖ Situation matérielle qui permet de satisfaire à tous ses besoins : *assurer son* -.

bienfaisance [*fe*] nf. Inclination à faire le bien. ‖ Action de faire du bien à quelqu'un.

bienfaisant, e [*fe*] adj. Qui aime à faire le bien. ‖ Qui fait du bien : *un remède* -.

bienfait nm. Acte de générosité, faveur : *combler quelqu'un de* -. ‖ Avantage, utilité : *les* - *de la science.*

bienfaiteur, trice n. et adj. Qui fait du bien.

bien-fondé nm. Conformité au droit, à la raison : *le* - *d'une réclamation.*

bien-fonds nm. Immeuble, terre ou maison. ‖ Pl. des *biens-fonds.*

bienheureux, euse adj. Extrêmement heureux. ‖ N. Celui, celle qui jouit de la béatitude éternelle. ‖ Personne béatifiée par l'Eglise.

biennal, e, aux adj. Qui dure deux ans : *assolements* -.

bienséance nf. Conformité aux usages de la société, retenue honnête.

bienséant, e adj. Qu'il convient de faire, de dire.

bientôt adv. Dans peu de temps.

bienveillance nf. Disposition favorable envers quelqu'un.

bienveillant, e adj. Qui veut du bien. ‖ **Bienveillamment** adv.

bienvenir vi. N'est usité que dans la locution : *se faire* -, se faire accueillir avec plaisir.

bienvenu, e adj. et n. Qui est accueilli avec plaisir, qui arrive à propos.

bienvenue nf. Heureuse arrivée. ‖ Régal qu'il est d'usage d'offrir aux membres d'une association où l'on vient d'entrer : *payer sa* -.

bière nf. Boisson fermentée faite avec de l'orge et du houblon.

bière nf. Cercueil.

biffer vt. Rayer ce qui est écrit.

bifide adj. *Bot.* Fendu en deux parties.

bifocal, e, aux adj. Se dit d'un verre de lunettes à double foyer.

bifteck nm. Tranche de bœuf grillée.

bifurcation nf. Endroit où une chose se divise en deux.

bifurquer vi. Se diviser en deux, à la façon d'une fourche.

bigame adj. et n. Marié à deux personnes en même temps.

bigamie nf. Etat du bigame.

bigarade nf. Espèce d'orange amère.

bigarré, e adj. Couvert de couleurs variées : *une fleur* -.

bigarreau nm. Cerise rouge et blanche, à chair très ferme.

bigarrer vt. Diversifier par des couleurs ou des dessins variés.

bigarrure nf. Variété de couleurs ou de dessins. ‖ Mélange.

bigle adj. et n. Qui louche.

bigler vi. *Fam.* Loucher.

bigophone nm. Instrument de musique burlesque.

bigorne nf. Enclume à deux pointes.

bigorneau nm. Petit coquillage comestible, du genre *littorine*.

bigorner vt. Arrondir sur la bigorne. ‖ *Pop.* Tordre, fausser.

bigot, e adj. et n. D'une dévotion outrée.

bigoterie nf. Dévotion excessive.

bigoudi nm. Petite tige autour de laquelle on roule les cheveux pour les friser.

bigre! interj. *Fam.* Atténuation de *bougre!* (v. ce mot).

bigrille nf. et adj. Lampe de T.S.F. à deux grilles.

bihebdomadaire adj. Qui paraît deux fois par semaine : *revue* -.

bijou nm. Objet de parure d'une matière ou d'un travail précieux. ‖ Chose élégante et d'une petitesse relative : *cette maison est un vrai* -. ‖ Pl. des *bijoux*.

bijouterie nf. Fabrication et commerce des bijoux. ‖ Objets fabriqués par le bijoutier.

bijoutier, ère n. Personne qui fait ou vend des bijoux.

bilame nm. Thermomètre ou appareil fondé sur l'inégale dilatation de deux lames de métaux différents.

bilan nm. Compte de l'actif et du passif d'un négociant. ‖ *Déposer son* -, faire faillite.

bilatéral, e, aux adj. Qui a deux côtés ou qui se rapporte aux deux côtés d'un objet. ‖ Qui engage les deux parties contractantes : *convention* -.

bilboquet nm. Jouet formé d'une boule percée d'un trou et d'un petit bâton tourné, pointu à un bout.

bile nf. Liquide jaune verdâtre, sécrété par le foie. ‖ *Fam. Se faire de la* -, s'inquiéter.

biliaire adj. *Anat.* Relatif à la bile.

bilieux, euse adj. Qui abonde en bile ou à rapport à la bile. ‖ *Fig.* Enclin à la colère : *tempérament* -.

bilingue adj. et n. Qui est en deux langues différentes : *inscription* -. ‖ Qui parle deux langues.

bilinguisme nm. Coexistence de deux langues dans un pays : *le - belge*.

billard nm. Jeu où se joue avec des boules d'ivoire sur une table couverte d'un tapis vert. ‖ La table sur laquelle on joue. ‖ La salle où l'on joue.

bille nf. Boule de billard. ‖ Petite boule de pierre, de marbre, d'agate, etc. ‖ Boule d'acier pour roulements. ‖ Bloc de bois non travaillé.

billet nm. Petite lettre que l'on adresse à quelqu'un. ‖ Carte, petit imprimé donnant droit à l'entrée dans une salle de spectacle, à l'accès dans un moyen de transport, etc. : - *de théâtre, de chemin de fer*. ‖ Papier-monnaie : - *de banque*. ‖ Promesse de paiement : - *à ordre*. ‖ Bulletin de loterie.

billette nf. Bois fendu pour le chauffage. ‖ Ornement d'architecture.

billevesée [*bil'*] nf. Chose frivole.

billion [*lyon*] nm. Mille milliards ou un million de millions.

billon nm. Monnaie de cuivre ou de bronze.

billot [*bi-yo*] nm. Tronçon de bois gros et court, sur lequel on coupe de la viande, du bois. ‖ Pièce de bois sur laquelle on tranchait la tête des condamnés. ‖ Support d'enclume.

bimane adj. et n. Qui a deux mains.

bimbeloterie nf. Commerce de bibelots. ‖ Ensemble de bibelots.

bimbelotier nm. Marchand de bibelots.

bimensuel, elle adj. Qui a lieu deux fois par mois.

bimestriel, elle adj. Qui se produit, qui paraît tous les deux mois.

bimétallisme nm. Système monétaire établi sur un double étalon (or et argent).

bimoteur adj. Se dit d'un avion à deux moteurs. ‖ Nm. : *un bimoteur*.

binage nm. Action de biner. ‖ Action du prêtre qui dit deux messes dans la journée.

binaire adj. Qui a 2 pour base : *nombre -*. ‖ *Composé -*, formé de deux éléments.

binard nm. Chariot bas, à quatre roues. ‖ *Fardier*.

biner vt. Travailler le sol avec une binette. ‖ Donner un second labour à la terre. ‖ Vi. Dire deux messes le même jour.

binette nf. Outil de jardinier.

biniou nm. Cornemuse bretonne.

binocle nm. Lorgnon qui se fixe sur le nez par un ressort.

binoculaire adj. Qui se fait par les deux yeux.

binôme nm. *Alg.* Expression algébrique composée de deux termes réunis par le signe + ou le signe —.

biochimie nf. Branche de la chimie consacrée à l'étude des réactions qui s'effectuent dans les tissus organiques.

biographe nm. Auteur de biographies.

biographie nf. Histoire de la vie d'un personnage.

biologie nf. Science de la vie des corps organisés.

biologique adj. Relatif à la biologie.

biologiste ou **biologue** n. Celui, celle qui s'occupe de biologie.

biopsie nf. *Méd.* Prélèvement de tissu vivant pour examen histologique.

bioxyde nm. Oxyde contenant deux atomes d'oxygène pour un seul d'un autre élément.

biparti, e ou **bipartite** (pour les deux genres) adj. *Bot.* Se dit des organes partagés en deux segments. ‖ Composé de deux éléments ou réalisé par leur accord : *comité -*.

bipède adj. et n. Qui a deux pieds.

bipenne adj. Qui a deux ailes.

biplan nm. Avion à deux plans de sustentation.

bipolaire adj. Qui a deux pôles.

bipoutre adj. *Avion -*, dont le fuselage est terminé par deux gouvernails de direction.

bique nf. *Fam.* **Chèvre.**

biquet, biquette n. Nom familier du CHEVREAU, de la CHEVRETTE.

birbe nm. *Pop.* Vieillard.

biréacteur adj. et nm. Muni de deux réacteurs.

bis [*bî*], e adj. Gris foncé : *toile -*. ‖ *Pain -*, pain de seigle.

bis [*biss*] adv., nm. et interj. Une seconde fois, deux fois.

bisaïeul, e n. Père, mère de l'aïeul ou de l'aïeule. ‖ Pl. des *bisaïeuls*, des *bisaïeules*.

bisaiguë nf. V. BESAIGUË.

bisaille nf. Farine servant à la fabrication du pain bis. ‖ Mélange de pois et de vesces pour nourrir la volaille.

bisannuel, elle adj. Qui revient tous les deux ans. ‖ *Bot.* Dont le cycle de vie est de deux ans.

bisbille nf. *Fam.* Petite querelle pour un motif futile : *être en -*.

biscornu, e adj. D'une forme irrégulière. ‖ *Fig.* et *fam.* Bizarre, extravagant : *une idée -*.

biscotte nf. Tranche de pain séchée au four.

biscuit nm. Galette très dure pour les soldats et les marins. ‖ Pâtisserie faite de farine, d'œufs et de sucre. ‖ Porcelaine non émaillée soumise à deux cuissons.

biscuiterie nf. Fabrication et commerce des biscuits.

bise nf. Vent du nord. ‖ *Poét.* Hiver : *quand la - fut venue.* ‖ *Fam.* Baiser.

biseau nm. Bord taillé obliquement. ‖ Outil acéré de menuisier, de tourneur.

biseautage nm. Action de biseauter.

biseauter vt. Tailler en biseau. ‖ Marquer les cartes pour tricher.

biser vt. Reteindre, en parlant des étoffes. ‖ Vi. Noircir, en parlant des céréales.

biset nm. Pigeon sauvage.

bismuth nm. Métal (Bi) cassant, à structure lamelleuse.

bison nm. Bœuf sauvage de l'Amérique du Nord à garrot en bosse.

bisque nf. Potage fait de coulis d'écrevisses, de quenelles, etc. ‖ *Fam.* Mauvaise humeur : *prendre la -*.

bisquer vi. *Fam.* Éprouver du dépit.

bissac nm. Sorte de besace.

bissecteur, trice adj. et nf. *Géom.* Qui divise en deux parties égales.

bissection nf. *Géom.* Division en deux parties égales.

bisser vt. Répéter ou faire répéter une seconde fois.

bissextile adj. f. Se dit de l'année de 366 jours.

bissexué, e ou **bissexuel, elle** adj. *Bot.* Se dit des fleurs qui ont à la fois des étamines et des pistils.

bissoc nm. Charrue à deux socs.

bistouri nm. Instrument de chirurgie, scalpel.

bistourner vt. Tourner, déformer : *une lame d'acier.*

bistre nm. Suie détrempée, pour peindre au lavis. ‖ Couleur d'un brun noirâtre. ‖ Adj. inv. : *des crayons -.*

bistrer vt. Donner la couleur du bistre.

bisulfite nm. Sel de l'acide sulfureux.

bitte nf. Pièce de bois ou de métal, au bord d'un navire ou d'un quai, pour l'amarrage.

bitumage nm. Action de bitumer.

bitume nm. Asphalte, résidu de la préparation du pétrole.

bitumer vt. Enduire de bitume.

bitumineux, euse adj. Qui a les qualités du bitume; qui en contient.

bivalve adj. et nm. A deux valves : *l'huître est un mollusque -.*

bivouac nm. Campement en plein air.

bivouaquer vi. Camper en plein air.

bizarre adj. Qui s'écarte de l'usage ou de l'ordre commun; fantasque, capricieux : *un caractère -.*

bizarrerie nf. Caractère de ce qui est bizarre, fantasque.

bizut ou **bizuth** nm. *Arg. d'étudiant.* Elève de première année des hautes classes de lycée ou des grandes écoles.

blackbouler vt. *Fam.* Refuser à un examen. ‖ Repousser par un vote.

black-out [*aout'*] nm. Mesure de défense passive caractérisée par une obscurité extérieure totale.

black-rot nm. Maladie de la vigne.

blafard, e adj. Pâle, blême.

blague nf. Petit sac à tabac. ‖ *Fam.* Mensonge, plaisanterie. ‖ Farce : *faire une - à un ami.*

blaguer vi. Dire des blagues. ‖ Vt. *Fam.* Railler avec bonne humeur.

blagueur, euse adj. et n. *Fam.* Qui dit des blagues.

blaireau nm. Mammifère qui répand une odeur infecte. ‖ Pinceau de poil de blaireau.

blâmable adj. Qui mérite le blâme.

blâme nm. Action de blâmer. ‖ Sanction disciplinaire.

blâmer vt. Désapprouver.

blanc, blanche adj. Qui est de la couleur du lait, de la neige; de couleur claire : *vin -.* ‖ *Fig.* Qui est propre : *linge -.* ‖ Innocent : *- comme neige.* ‖ *Arme -,* tranchante. ‖ *Papier -,* où rien n'est écrit. ‖ *Nuit -,* nuit passée sans dormir. ‖ *Donner carte -,* donner pleins pouvoirs.

blanc nm. La couleur blanche : *le - est le symbole de l'innocence.* ‖ Homme, femme de race blanche. ‖ Vide dans une page. ‖ Linge blanc en fil ou en coton : *exposition de -.* ‖ *- d'œuf,* partie glaireuse de l'œuf. ‖ *- de l'œil,* la cornée. ‖ *- d'Espagne,* craie friable. ‖ *- de zinc,* oxyde de zinc. ‖ *- de céruse,* carbonate de plomb employé autrefois en peinture. ‖ *- de poulet,* chair entourant le bréchet. ‖ *- de champignon,* bloc de mycélium destiné à ensemencer les meules des champignonnières. ‖ *A -,* loc. adv., de manière à rendre ou à devenir blanc : *chauffer à -.* ‖ *Fig. Saigner à -,* enlever les dernières ressources. ‖ *Tirer à -,* tirer sans balle. ‖ Nf. Note de musique qui équivaut à deux noires.

blanc-bec nm. *Fam.* Jeune homme sans expérience. ‖ Pl. des *blancs-becs.*

blanchâtre adj. Tirant sur le blanc.

blancheur nf. Qualité de ce qui est blanc ou propre.

blanchiment nm. Action de blanchir.

blanchir vt. Rendre blanc. ‖ Rendre propre. ‖ *Cuis.* Passer à l'eau bouillante. ‖ *Fig.* Disculper : *rien ne peut le blanchir.* ‖ Vi. Devenir blanc.

blanchissage nm. Action de nettoyer, de blanchir le linge.

blanchisserie nf. Lieu où l'on effectue le blanchissage du linge.

blanchisseur, euse n. Personne qui blanchit le linge.

blanc-seing nm. Papier, pouvoir en blanc au bas duquel on met sa signature, et que l'on confie à quelqu'un pour qu'il le remplisse à sa volonté. ‖ Pl. des *blancs-seings.*

blanquette nf. Poire d'été à peau blanche. ‖ Ragoût à la sauce blanche. ‖ Sorte de vin blanc mousseux.

blaser vt. Affaiblir les sens; émousser le goût. ‖ Blasé, e part., adj. et n. Dégoûté de tout : *une personne -.*

blason nm. Armoiries. ‖ Science des armoiries.

blasphémateur, trice n. Personne qui blasphème.

blasphématoire adj. Qui contient des blasphèmes.

blasphème nm. Parole qui outrage la Divinité. ‖ Juron, en général.

blasphémer vt. et i. (c. *céder*). Proférer un blasphème.

blatérer vi. Crier, en parlant du chameau, du bélier.

blatte nf. Cafard, cancrelat.

blazer nm. Veste de flanelle.

blé nm. Froment. ‖ Champ de blé. ‖ - *méteil*, mélange de froment et de seigle. ‖ - *noir*, sarrasin. ‖ - *de Turquie*, maïs. ‖ *Fig.* Manger son - en *herbe*, dépenser son revenu par avance.

bled nm. En Afrique du Nord, l'intérieur des terres. ‖ *Pop.* Localité.

blêmir vi. Devenir blême.

blêmissement nm. Action de blêmir.

blende [*blind'*] nf. Sulfure naturel de zinc (SZn).

blésement nm. Action de bléser.

bléser vi. (c. *céder*). Zézayer.

blésité nf. Vice dans la prononciation, zézaiement.

blesser vt. Donner un coup qui fait plaie, fracture ou contusion. ‖ Faire du mal. ‖ *Fig.* Choquer, offenser : *ce mot le blessa.* ‖ Porter préjudice : - *des intérêts.* ‖ Se - vpr. Se faire une blessure. ‖ S'offenser. ‖ **Blessé,** e part., adj. et n. *Fig.* Affligé, outragé, offensé : - *dans son honneur.*

blessure nf. Lésion, plaie, contusion. ‖ *Fig.* Offense, peine morale.

blet, ette adj. Trop mûr : *fruit -.*

blette ou **bette** nf. V. BETTE.

blettir vi. Devenir blet.

bleu, e adj. De couleur d'azur. ‖ *Contes -,* contes de fées. ‖ Nm. La couleur bleue : *le - foncé.* ‖ *Cuis.* Court-bouillon : *poisson au -.* Meurtrissure. ‖ *Fam.* Jeune soldat. Vêtement de travail en toile bleue. ‖ - *de Prusse,* ferrocyanure ferrique. ‖ Pl. Soldats républicains pendant la Révolution.

bleuâtre adj. Qui tire sur le bleu.

bleuet nm. Centaurée à fleur bleue.

bleuir vt. Rendre bleu. ‖ Vi. Devenir bleu.

bleuissage nm. Action de bleuir un métal ; son résultat.

bleuté, e adj. De nuance bleue.

blindage nm. Action de blinder. ‖ Revêtement métallique.

blindé, e adj. Muni d'un blindage. ‖ *Engin -,* ou - nm., véhicule de combat recouvert d'un blindage. ‖ *Arme -, division* - (abrév. *D.B.*), unités de chars et de cavalerie.

blinder vt. Garnir de blindages.

blizzard nm. Vent glacial, accompagné de tempêtes de neige.

bloc nm. Masse considérable et pesante. ‖ Loc. adv. En -, en gros. A -, à fond : *serrer à -.*

blocage nm. Action de bloquer ; résultat de cette action.

bloc-diagramme nm. *Géogr.* Représentation d'une région en perspective et en coupe.

blockhaus [*blo-kôss*] nm. inv. Fortin construit en pierre ou en ciment. ‖ Abri blindé.

bloc-notes nm. Réunion de feuillets détachables sur lesquels on prend des notes. ‖ Pl. des *blocs-notes.*

bloc-système nm. Mode de signalisation automatique assurant la circulation des trains.

blocus [*kuss*] nm. Investissement d'un pays, d'un port, d'une position fortifiée.

blond, e adj. D'une couleur moyenne entre le doré et le châtain clair. ‖ N. Qui a les cheveux blonds : *une belle -.* ‖ Nm. La couleur blonde.

blondeur nf. Qualité de ce qui est blond.

blondin, e adj. Qui a les cheveux blonds. ‖ Nm. Jeune efféminé.

blondir vi. Devenir blond.

bloquer vt. Faire le blocus d'une place, d'une ville. ‖ *Méc.* Serrer à fond : - *un frein.* ‖ *Fig.* Empêcher l'usage : - *des crédits.*

blottir (se) vpr. Se replier sur soi-même, se pelotonner.

blouse nf. Vêtement de dessus en toile ou en cotonnade. ‖ Corsage léger.

blouser vt. *Fig.* et *fam.* Tromper.

blouson nm. Vêtement de sport, bouffant, serré aux hanches.

blue-jean nm. Pantalon collant en toile.

bluet. V. BLEUET.

bluff [*bleuf*] nm. (m. angl.). Parole ou action propre à intimider ou à faire illusion.

bluffer [*bleu-fé*] vt. et i. Faire du bluff. ‖ *Par ext.* Se vanter.

bluffeur, euse n. et adj. Qui bluffe.

blutage nm. Action de bluter.

bluter vt. Passer la farine au tamis.

bluterie nf. Lieu où l'on blute.

blutoir ou **bluteau** nm. Sorte de tamis de grande taille.

boa nm. Serpent d'Amérique de grande taille. ‖ Fourrure étroite et allongée.

bobard nm. *Fam.* Fausse nouvelle.

bobèche nf. Collerette de verre adaptée au chandelier, pour recueillir la cire fondue.

bobinage nm. Action de bobiner.

bobine nf. Petit cylindre destiné à enrouler des fils divers (lin, coton) ou des fils métalliques isolés, conducteurs de courant : - *d'allumage.*

bobiner vt. Enrouler de la soie, du fil, etc., sur une bobine.

bobinette nf. Cheville de bois qui servait autrefois de clavette.

bobineur, euse n. Ouvrier, ouvrière qui bobine. ‖ Nf. Machine à bobiner.

bobinoir nm. Bobineuse mécanique.

bobo nm. *Fam.* Petit mal; douleur légère.

bobsleigh nm. Traîneau utilisé pour glisser sur des pistes neigeuses.

bocage nm. Pays de champs enclos par des haies.

bocager, ère adj. Relatif aux bocages.

bocal nm. Vase à large ouverture et à col très court. ‖ Pl. des *bocaux*.

bocard nm. Machine à broyer les minerais.

bock nm. (m. allem.). Verre à bière d'environ un quart de litre. ‖ Son contenu. ‖ Récipient muni d'un long tube et d'une canule pour lavages.

bœuf [*bœuf*, au pl. *beû*] nm. Ruminant domestique. ‖ Sa chair. ‖ - *gras*, bœuf qu'on promène au carnaval.

boggie nm. Chariot à deux essieux, sur lequel pivote le châssis d'un wagon.

bogue nf. Enveloppe de la châtaigne. ‖ Pelle à rebord.

bohème nm. Individu qui vit au jour le jour. ‖ Nf. L'ensemble des bohèmes.

bohémien, enne adj. et n. De la Bohème. ‖ Vagabond.

boire vt. (*Je bois, tu bois, il boit, n. buvons, v. buvez, ils boivent. Je buvais. Je bus. Je boirai. Je boirais. Bois, buvons, buvez. Q. je boive, qu'il boive, q. n. buvions. Q. je busse, qu'il bût. Buvant. Bu, bue.*) Avaler un liquide. ‖ *Absol.* S'enivrer. ‖ Absorber : *ce papier boit l'encre.*

boire nm. Ce qu'on boit : *le - et le manger.*

bois nm. Substance dure et compacte des arbres. ‖ Lieu planté d'arbres. ‖ Objets de bois : *un - de lit.* ‖ Cornes rameuses des bêtes fauves : - *du cerf.*

boisage nm. Soutènement en bois d'un ouvrage ou de galeries souterraines au moyen d'étais. ‖ Action de boiser.

boisement nm. Plantation de bois.

boiser vt. Garnir d'une boiserie. ‖ Exécuter un boisage. ‖ Planter de bois : - *une montagne.*

boiserie nf. Menuiserie dont on revêt les murs intérieurs d'une habitation.

boisseau nm. Ancienne mesure de capacité pour les matières sèches. ‖ Son contenu.

boisselée nf. Contenu d'un boisseau.

boissellerie nf. Commerce ou fabrication des objets en bois.

boisson nf. Ce qu'on boit.

boîte nf. Coffret de bois, de carton ou de métal. ‖ Son contenu. ‖ Pièce de pyrotechnie. ‖ Cavité osseuse : - *crânienne.* ‖ - *aux lettres*, boîte postale. ‖ - *de vitesses*, organe renfermant les engrenages de changement de vitesse. ‖ - *à fumée*, partie de la chaudière d'une locomotive où débouchent les tubes à fumée.

boitement nm. Action de boiter.

boiter vi. Marcher en clochant.

boiterie nf. Infirmité de celui qui boite.

boiteux, euse adj. et n. Qui boite. ‖ Qui n'est pas d'aplomb.

boîtier nm. Coffre à compartiments. ‖ Boîte renfermant le mouvement d'une montre.

boitiller vi. Boiter légèrement.

boitte ou **boette** nf. Appât pour la pêche à la morue.

bol nm. Vase demi-sphérique. ‖ Son contenu.

bol nm. Grosse pilule. ‖ - *alimentaire*, bouchée prête à être avalée.

bolchevisme nm. Doctrine des bolchevistes.

bolcheviste ou **bolchevique** nm. et adj. En Russie, partisan de la dictature du prolétariat.

bolduc nm. Ruban pour ficeler des paquets.

bolée nf. Contenu d'un bol.

boléro nm. Danse espagnole. ‖ Air sur lequel elle s'exécute. ‖ Petite veste de femme. ‖ Petit chapeau rond.

bolet nm. Champignon dont il existe d'excellentes espèces (cèpes).

bolide nm. Corps errant dans l'espace. ‖ *Fig.* Véhicule très rapide.

bombance nf. *Fam.* Grande chère.

bombarde nf. Ancienne machine de guerre qui lançait des boulets de pierre. ‖ Musette bretonne.

bombardement nm. Destruction d'un objectif avec des bombes ou des obus.

bombarder vt. Lancer des bombes. ‖ *Fig.* et *fam.* Accabler de projectiles quelconques. ‖ Nommer subitement à un emploi : *on l'a bombardé préfet.*

bombardier nm. Avion porteur de bombes.

bombe nf. Projectile creux chargé d'explosif. ‖ - *atomique*, bombe dont l'énergie provient de la désintégration de l'atome. ‖ - *glacée*, glace moulée. ‖ - *volcanique*, morceau de lave projeté par un volcan. ‖ *Pop.* Ripaille : *faire la -.*

bombement nm. Convexité.

bomber vt. Rendre convexe. ‖ Vi. Présenter un renflement.

bombyx ou **bombyce** nm. Papillon dont la chenille est le ver à soie.

bon, bonne adj. Qui en soi les qualités convenables à sa nature, à sa destination : *une - terre.* ‖ Qui offre un avantage : *un - métier.* ‖ Généreux : *être - pour les pauvres.* ‖ Affectueux : *un - mari.* ‖ Conforme à la morale : *une - conduite.* ‖ Ingénieux, spirituel : *un - mot.* ‖ Qui a les qualités professionnelles : *un - ouvrier.* ‖ Propre à : *- pour le service.* ‖ Favorable : *une - occasion.* ‖ Grand, fort : *donner un - coup.* ‖ Nm. Ce qui est bon : *il y a du - dans cet enfant.* ‖ Pl. Gens de bien : *les - et les méchants.* ‖ Adv. : *sentir -.* ‖ *- !* exclamation marquant approbation ou surprise. ‖ *C'est -,* cela suffit. ‖ **Pour tout de -** loc. adv., sérieusement.

bon nm. Promesse de paiement : *- du Trésor.* ‖ Billet qui autorise à toucher : *- de pain.*

bonace nf. Calme de la mer.

bonapartisme nm. Attachement à la dynastie des Bonapartes.

bonapartiste adj. et n. Qui appartient au bonapartisme.

bonasse adj. *Fam.* Simple, sans malice.

bonbon nm. Friandise, sucrerie.

bonbonne nf. Grosse bouteille de verre ou de grès.

bonbonnière nf. Boîte à bonbons. ‖ *Fig.* et *fam.* Petite maison élégante, meublée avec goût.

bond nm. Rejaillissement d'un corps élastique. ‖ Saut. ‖ *Fig.* Passage subit : *arriver d'un - à une haute position.* ‖ *Faire faux -,* manquer à un engagement.

bonde nf. Pièce de bois qui sert de bouchon. ‖ Trou rond pratiqué dans un tonneau.

bonder vt. Remplir autant que possible.

bondir vi. (c. *finir*). Faire des bonds. ‖ *Fig.* *Cela fait -,* cela indigne.

bondissement nm. Action de bondir.

bonheur nm. État de parfaite satisfaction intérieure. ‖ Bonne chance : *il a eu le - de réussir.*

bonhomie nf. Bonté du cœur, unie à la simplicité des manières. ‖ Crédulité, simplicité excessive.

bonhomme nm. Homme faible, trop bon. ‖ Homme âgé. ‖ *Fam.* *Un petit -,* un petit garçon. ‖ Adj. Qui dénote de la bonhomie. ‖ Pl. des *bonshommes.*

boni nm. Excédent des prévisions sur les dépenses réelles. ‖ *Par ext.* Profit. ‖ Pl. des *bonis.*

bonification nf. Amélioration. ‖ Remise sur le prix convenu. ‖ Gain.

bonifier vt. Rendre meilleur.

boniment nm. Parade de charlatan. ‖ Paroles trompeuses pour convaincre.

bonjour nm. Formule de salutation.

bonne nf. Servante : *- à tout faire.*

bonne-maman nf. Grand-mère.

bonnement adv. De bonne foi, naïvement.

bonnet nm. Coiffure sans rebords. ‖

Coiffure de femme, en lingerie. ‖ Coiffure de certains dignitaires : *- de docteur.* ‖ Deuxième estomac des ruminants. ‖ *Fig.* et *fam.* *Gros -,* personnage influent. ‖ *Prendre sous son -,* prendre sous sa responsabilité. ‖ *Avoir la tête près du -,* être irritable.

bonneteau nm. Jeu de cartes truquées.

bonneterie nf. Commerce de bonnetier. ‖ Objets qu'il vend.

bonneteur nm. Joueur de bonneteau.

bonnetier, ère n. Fabricant, marchand d'articles en tricot.

bonnette nf. *Mar.* Petite voile. ‖ *Phot.* Lentille supplémentaire.

bon-papa nm. Grand-père.

bonsoir nm. Salut du soir.

bonté nf. Qualité de ce qui est bon. ‖ Penchant à faire le bien, à être doux, indulgent. ‖ Pl. Actes de bienveillance.

bonze nm. Prêtre chinois ou japonais.

bonzerie nf. Monastère de bonzes.

bookmaker (*bouk-mé-keur*) nm. Celui qui prend les paris aux courses.

boom nm. Hausse subite et artificielle des valeurs, des prix.

boomerang nm. V. BOUMERANG.

boqueteau nm. Petit bois.

borate nm. Sel de l'acide borique.

borax nm. *Chim.* Borate de sodium.

borborygme nm. Gargouillement intestinal.

bord nm. Extrémité d'une surface. ‖ Rivage. ‖ Côté d'un navire. ‖ Ce navire même : *monter à -.* ‖ *Vaisseau de haut -,* grand bâtiment à plusieurs ponts. ‖ *Fig.* Être du même -, avoir les mêmes opinions.

bordage nm. Action, manière de border. ‖ Revêtement d'un navire.

bordeaux nm. Vin récolté dans la Gironde. ‖ Adj. Rouge violacé.

bordée nf. *Mar.* ‖ Distance parcourue par un navire qui louvoie. ‖ Décharge simultanée des canons du même bord. ‖ *Fig.* et *fam.* *Recevoir une - d'injures,* être insulté copieusement.

bordelais, e adj. et n. De Bordeaux. ‖ Nf. Futaille contenant de 225 à 230 l. ‖ Bouteille de 75 cl.

border vt. Garnir le bord d'un vêtement. ‖ Être situé le long de. ‖ Côtoyer. ‖ *- un lit,* replier draps et couvertures sous le matelas.

bordereau nm. Détail des articles d'un compte, des pièces d'un dossier, des espèces qui composent une somme.

bordier, ère adj. Qui borde.

bordure nf. Ce qui borde, sert d'ornement. ‖ Pierres bordant le trottoir.

bore nm. *Chim.* Corps simple (B).

métalloïde brunâtre, voisin du **earbone**.

boréal, e, aux adj. Du nord.

borgne adj. et n. Qui a perdu un œil. ‖ *Fig.* Malfamé : *cabaret* -.

borin, e ou **borain, e** n. et adj. Habitant du Borinage.

borique adj. Se dit d'un acide du borax.

boriqué, e adj. Qui contient de l'acide borique.

bornage nm. Action de borner. ‖ Navigation dans un rayon déterminé autour du port d'attache.

borne nf. Pierre ou autre marque qui limite un terrain. ‖ Pierre placée au pied d'un mur pour le préserver du choc des véhicules. ‖ Point d'attache d'un fil conducteur sur un appareil électrique. ‖ - *kilométrique*, pierre qui indique les distances kilométriques. ‖ Pl. Frontière. ‖ *Fig.* Limite : *les* - *de l'esprit humain*.

borné, e adj. Limité. ‖ *Fig.* Qui manque d'intelligence : *un esprit* -.

borne-fontaine nf. Petite fontaine en forme de borne.

borner vt. Mettre les bornes. ‖ Limiter. ‖ *Fig.* Modérer : - *son ambition*.

bornoyer vt. (c. *aboyer*). Vérifier, par visée, la rectitude d'une ligne, d'une surface.

bosniaque ou **bosnien, enne** adj. et n. De la Bosnie.

bosquet nm. Petit bois.

bossage nm. *Archit.* Saillie en pierre, sculptée ou non.

bosse nf. Grosseur contre nature. ‖ ‖ Protubérance naturelle : *la* - *du dromadaire*. ‖ Enflure : *se faire une* -. ‖ Élévation sur une surface : *terrain plein de* -. ‖ Ornement en relief. ‖ Aptitude, don : *avoir la* - *du dessin*. ‖ *Mar.* Cordage muni d'une boucle. ‖ *Ronde* -, v. RONDE-BOSSE.

bosselage nm. Travail en relief.

bosseler vt. (c. *appeler*). Travailler un objet en bosse. ‖ Déformer par des bosses.

bosselure nf. Etat d'une surface semée de bosses. ‖ Résultat du bosselage.

bossoir nm. *Mar.* Pièce saillant à l'avant d'un navire, pour la manœuvre de l'ancre.

bossu, e adj. et n. Qui a une bosse sur le dos ou sur le ventre.

bossuer vt. Faire des bosses à un objet.

boston nm. Ancien jeu de cartes. ‖ Valse lente.

bostonner vi. Jouer au boston. ‖ Danser le boston.

bostryche nf. Insecte coléoptère s'at-

taquant aux arbres et causant des dégâts considérables dans les forêts.

bot, e adj. Se dit d'un pied, d'une main, difformes. ‖ Nm. *Pied-bot*, personne qui a un pied contrefait.

botanique nf. Science des végétaux. ‖ Adj. Qui a rapport à cette science.

botaniste n. Personne qui s'occupe de botanique.

botrytis nm. Champignon provoquant sur la vigne la *pourriture noble*.

botte nf. Réunion de choses liées ensemble.

botte nf. Coup de fleuret ou d'épée.

botte nf. Chaussure de cuir ou de caoutchouc qui enferme le pied et la jambe. ‖ *Fig.* et *fam. Avoir du foin dans ses* -, être riche.

bottelage nm. Action de botteler.

botteler vt. (c. *appeler*). Lier en bottes.

botteleur, euse adj. et n. Qui bottelle.

botter vt. Fournir de bottes. ‖ Se vpr. Mettre ses bottes.

bottier nm. Qui chausse sur mesures.

bottillon nm. Petite botte. ‖ Chaussure fourrée à tige montante.

bottine nf. Chaussure montante, à boutons ou à élastiques.

botulisme nm. Intoxication provoquée par des conserves avariées.

bouc nm. Mâle de la chèvre. ‖ *Fam.* Barbiche. ‖ - *émissaire*, personne sur qui l'on fait retomber toutes les fautes.

boucan nm. *Fam.* Bruit, vacarme.

boucaner vt. Fumer de la viande, du poisson. ‖ Chasser le bœuf sauvage.

boucanier nm. Autref., en Amérique, chasseur de bœufs sauvages.

bouchage nm. Action de boucher.

bouche nf. Orifice à la partie inférieure du visage, qui reçoit les aliments et donne passage à l'air et à la voix. ‖ En parlant des animaux, se dit des bêtes de somme et de trait. ‖ - *close*, parti pris de se taire. ‖ *Faire venir l'eau à la* -, exciter le désir. ‖ *Faire la petite* -, faire le difficile. ‖ - *à feu*, canon. ‖ - *de chaleur*, ouverture d'air chaud. ‖ *Fig.* Personne : *des* - *inutiles*. ‖ Pl. Embouchure d'un fleuve : *les* - *du Nil*.

bouchée nf. Ce qu'on met dans la bouche en une seule fois. ‖ Petit vol-au-vent. ‖ Bonbon de chocolat fourré.

boucher vt. Fermer une ouverture. ‖ Barrer, obstruer.

boucher nm. Qui tue les bestiaux et vend leur chair. ‖ *Fig.* et *fam.* Homme cruel. ‖ Chirurgien maladroit.

bouchère nf. Femme d'un boucher.

boucherie nf. Lieu où se vend la viande. ‖ Commerce de boucher. ‖ *Fig.* Massacre, carnage.

bouche-trou nm. *Fam.* Remplaçant, figurant. ‖ Pl. des *bouche-trous.*

bouchon nm. Ce qui sert à boucher. ‖ Morceau de liège, de verre, de caoutchouc, etc. ‖ Flotteur d'une ligne de pêche.

bouchonner vt. Frotter avec un bouchon de paille.

bouchot nm. Parc à moules.

boucle nf. Anneau de métal avec traverse portant un ou plusieurs ardillons. ‖ Agrafe. ‖ - *d'oreille*, bijou, ornement d'oreille. ‖ Spirale de cheveux frisés. ‖ Anneau d'amarrage pour navires. ‖ Grande courbe d'un cours d'eau. ‖ Cercle que décrit un avion.

boucler vt. Serrer avec une boucle. ‖ Mettre en boucle. ‖ *Fig. - son budget,* l'équilibrer. ‖ Vi. Etre en boucle. ‖ **Bouclé, e** adj.

bouclette nf. Petite boucle.

bouclier nm. Arme défensive. ‖ *Géol.* Vaste pénéplaine : *le - canadien.* ‖ *Fig.* Défenseur, appui : *le - des lois.* ‖ *Levée de -,* protestation générale.

bouddhique adj. Relatif au bouddhisme.

bouddhisme nm. Religion de Bouddha.

bouddhiste n. Qui professe le bouddhisme.

bouder vt. et i. Marquer de la mauvaise humeur.

bouderie nf. Action de bouder.

boudeur, euse adj. et n. Qui a l'habitude de bouder.

boudin nm. Boyau rempli de sang et de graisse de porc. ‖ Spirale de fil d'acier. ‖ *Fig. S'en aller en eau de -,* aller à néant.

boudiner vt. Tordre ; serrer.

boudoir nm. Petit salon de dame.

boue nf. Terre détrempée. ‖ *Fig. Traîner quelqu'un dans la -,* l'accabler de médisances.

bouée nf. *Mar.* Objet flottant signalant un obstacle ou jalonnant une route à suivre. ‖ Appareil de sauvetage.

boueur, éboueur ou **boueux** (*Fam.*) nm. Personne qui est chargée de l'enlèvement des ordures ménagères.

boueux, euse adj. Plein de boue.

bouffarde nf. *Pop.* Grosse pipe.

bouffe adj. Du genre lyrique léger : *opéra -.*

bouffée nf. Souffle rapide et passager. ‖ Exhalaison de l'estomac.

bouffer vi. Se gonfler. ‖ *Pop.* Manger.

bouffir vt. et i. Enfler, devenir enflé. ‖ **Bouffi, e** part. et adj. *Fig. - d'orgueil.*

bouffissure nf. Enflure.

bouffon nm. Personnage comique. ‖

Fig. Servir de -, être un objet de moquerie.

bouffon, onne adj. Plaisant, qui prête au gros rire.

bouffonnerie nf. Facétie grossière.

bouge nm. Lieu de débauche. ‖ Taudis. ‖ Panse d'un tonneau.

bougeoir nm. Petit chandelier bas.

bougeotte nf. *Fam.* Manie de bouger : *avoir la -.*

bouger vi. (c. *manger*). Se mouvoir. ‖ Vt. *Fam.* Déplacer : *ne bougez rien.*

bougie nf. Chandelle de cire. ‖ *Chir.* Petite sonde. ‖ Unité d'intensité lumineuse. ‖ Appareil servant à l'allumage des moteurs à explosion.

bougon, onne n. *Fam.* Qui aime à bougonner.

bougonner vi. *Fam.* Grogner entre ses dents.

bougran nm. Toile forte gommée.

bougre, esse n. *Pop.* Individu : *un bon -.* ‖ *- !* interj. *pop.*

boui-boui nm. Théâtre d'ordre inférieur. ‖ Maison, café mal famés.

bouillabaisse nf. Soupe de poisson, en Provence.

bouilleur nm. Distillateur. ‖ Cylindre métallique d'une chaudière contenant l'eau à vaporiser. ‖ *- de cru,* propriétaire qui distille lui-même.

bouilli nm. Viande cuite à l'eau.

bouillie nf. Aliment composé de farine et de lait bouillis ensemble. ‖ *- bordelaise,* liquide insecticide à base de sulfate de cuivre.

bouillir vi. (*Je bous, tu bous, il bout, n. bouillons, v. bouillez, ils bouillent. Je bouillais, n. bouillions. Je bouillis, n. bouillîmes. Je bouillirai, n. bouillirons. Je bouillirais, n. bouillirions. Bous, bouillons, bouillez. Q. je bouille, q. n. bouillions. Q. je bouillisse, qu'il bouillît, q. n. bouillissions. Bouillant. Bouilli, e.*) Etre en ébullition. ‖ *Fig.* Etre animé, tourmenté : *- de colère.* ‖ Vt. : *- sa vendange.*

bouilloire nf. Vase de métal pour faire bouillir de l'eau.

bouillon nm. Eau bouillie avec de la viande ou des herbes. ‖ Bulle d'un liquide bouillant. ‖ Flot tumultueux : *l'eau sort à gros -.* ‖ Pli bouffant d'une étoffe. ‖ Pl. Journaux invendus.

bouillon-blanc nm. Plante pectorale.

bouillonnement nm. Action de bouillonner.

bouillonner vi. S'élever en bouillons. ‖ *Fig.* S'agiter : *- de colère.* ‖ Vt. Faire des plis bouffants à.

bouillotte nf. Récipient que l'on remplit d'eau bouillante. ‖ Bouilloire. ‖ Jeu de cartes.

boulanger, ère n. Personne qui fait et vend du pain.

boulanger vi. (c. *manger*). Faire du pain.

boulangerie nf. Fabrication du pain. ‖ Magasin où se vend le pain.

boule nf. Corps sphérique. ‖ Pain de troupe. ‖ Pl. Sorte de jeu.

bouleau nm. Arbre à bois blanc.

boule-de-neige nf. Variété de *viorne*. ‖ Pl. des *boules-de-neige*.

bouledogue nm. Variété de dogue à mâchoire proéminente.

bouler vi. Rouler comme une boule. ‖ Vt. Garnir de boules : - *les cornes d'un taureau*.

boulet nm. Projectile sphérique. ‖ Masse attachée au pied de certains condamnés. ‖ Jointure de la patte du cheval, au-dessus du paturon. ‖ Aggloméré de charbon.

boulette nf. Petite boule de pain, de pâte, de chair hachée, etc. ‖ *Fig.* et *pop.* Bévue.

boulevard nm. Autref., rempart. ‖ Auj., large rue plantée d'arbres.

boulevardier, ère n. A Paris, personne qui fréquente les Grands Boulevards.

bouleversement nm. Trouble violent, grand désordre (au *pr.* et au *fig.*).

bouleverser vt. Mettre en désordre. ‖ *Fig.* Agiter violemment, ruiner : - *un Etat.* ‖ Troubler, émouvoir violemment.

boulier nm. Appareil à boules pour apprendre à compter aux enfants. ‖ Filet de pêche.

boulimie nf. Faim insatiable.

bouline nf. *Mar.* Corde amarrée à une voile.

boulingrin nm. Parterre de gazon.

bouliste nm. Joueur de boules.

boulle ou **boule** nm. (de *Boulle*, ébéniste). Meuble incrusté d'écaille et de cuivre.

boulon nm. Cheville de fer à pas de vis pour écrou.

boulonnais, e adj. et n. De Boulogne.

boulonner vt. Fixer avec un boulon.

boulot, otte adj. et n. *Fam.* Gros et court. ‖ Nm. *Pop.* Travail.

boumerang ou **boomerang** nm. Arme de jet qui revient à proximité de celui qui la lance.

bouquet nm. Assemblage de fleurs. ‖ Grosse crevette. ‖ *Fig.* Parfum du vin. ‖ Pièce qui termine un feu d'artifice.

bouquetière nf. Marchande de fleurs.

bouquetin nm. Chèvre sauvage.

bouquin nm. Vieux bouc. ‖ Lièvre mâle. ‖ *Cornet à -*, trompe recourbée.

bouquin nm. *Fam.* Livre en général.

bouquiner vt. *Fam.* Lire.

bouquineur, euse n. Personne qui aime à lire.

bouquiniste n. Marchand de livres d'occasion.

bourbe nf. Amas de boue, dans les marais, les étangs.

bourbeux, euse adj. Plein de bourbe.

bourbier nm. Lieu plein de boue. ‖ *Fig.* Mauvaise affaire.

bourbillon nm. Corps filamenteux au centre d'un furoncle.

bourbonien, enne adj. Qui concerne la famille des Bourbons.

bourde nf. *Fam.* Erreur grossière, bévue.

bourdon nm. Bâton de pèlerin. ‖ Gros insecte voisin des abeilles. ‖ Grosse cloche. ‖ Omission dans une composition typographique. ‖ Une des basses de l'orgue. ‖ *Faux -*, mâle de l'abeille.

bourdonnement nm. Bruit des mouches. ‖ *Fig.* Murmure sourd : - *de la foule.* ‖ Bruit continuel dans les oreilles.

bourdonner vi. Faire entendre un bourdonnement. ‖ *Fam.* Vt. Chanter ou dire à voix basse.

bourg [*bour*] nm. Gros village.

bourgade nf. Petit bourg.

bourgeois, e n. Autref., citoyen d'une ville jouissant de privilèges spéciaux. ‖ Auj., personne de condition moyenne. ‖ Adj. Relatif à la bourgeoisie. ‖ Commun : *des goûts -*. ‖ *Cuisine -*, simple et saine. ‖ *Maison -*, maison simple et confortable.

bourgeoisie nf. Qualité de bourgeois. ‖ Ensemble des bourgeois.

bourgeon nm. Bouton à feuilles ou à fleurs.

bourgeonnement nm. Développement des bourgeons.

bourgeonner vi. Pousser des bourgeons. ‖ *Fig.* et *fam.* Avoir des boutons : *son nez bourgeonne*.

bourgeron nm. Blouse de toile de soldats.

bourgmestre [*bourgh'*] nm. Maire en Belgique, en Allemagne.

bourgogne nm. Vin récolté en Bourgogne.

bourguignon, onne adj. et n. De la Bourgogne.

bourguignotte nf. Casque en usage aux XVe, XVIe et XVIIe s.

bourlinguer vi. *Mar.* Se dit d'un navire qui roule bord sur bord. ‖ *Par ext.* Naviguer, voyager beaucoup.

bourrache nf. Plante médicinale sudorifique.

bourrade nf. Coup brusque.

bourrage nm. Action de bourrer.

bourrasque nf. Tourbillon de vent violent et bref.

bourre nf. Amas de poils pour rembourrer selles, bâts, etc. ‖ Tampon calant la charge des cartouches de chasse. ‖ Partie grossière de la soie, de la laine, etc.

bourreau nm. Celui qui exécute les condamnés. ‖ *Fig.* Homme cruel.

bourrée nf. Fagot de branchages. ‖ Danse d'Auvergne.

bourrèlement nm. Douleur vive. ‖ Torture morale : *le - du remords.*

bourreler vt. (c. *appeler*). Tourmenter.

bourrelet nm. Coussin vide par le milieu. ‖ Gaine remplie de bourre, qui se met aux portes, aux fenêtres.

bourrelier nm. Fabricant ou marchand de harnais.

bourrellerie nf. Etat et commerce de bourrelier.

bourrer vt. Garnir de bourre. ‖ Faire manger avec excès : *- de gâteaux.* ‖ *Fig.* Maltraiter : *- de coups.*

bourriche nf. Panier de gibier ou de poisson.

bourricot nm. Petit âne.

bourrique nf. Ane, ânesse. ‖ *Fig.* et *fam.* Personne stupide.

bourru, e adj. et n. Qui est d'humeur brusque. ‖ *Vin -,* vin nouveau en fermentation.

bourse nf. Porte-monnaie. ‖ *Fig.* L'argent qu'on y met : *aider quelqu'un de sa -.* ‖ Secours versé à un élève, à un étudiant pour lui permettre de poursuivre ses études. ‖ Marché financier : *jouer à la Bourse.* (Prend une majuscule dans ces sens.)

boursicoter vi. Faire de petites opérations de Bourse.

boursier, ère adj. Relatif à la Bourse. ‖ N. Elève titulaire d'une bourse.

boursoufler vt. Enfler la peau. ‖ *Fig.* Rendre vain : *l'orgueil boursoufle les sots.* ‖ **Boursouflé, e** part. et adj.

boursouflure nf. Enflure. ‖ *Fig.* Emphase : *- du style.*

bousculade nf. Poussée désordonnée.

bousculer vt. Mettre sens dessus dessous. ‖ Pousser en tous sens. ‖ *Fig.* et *fam.* Presser, hâter.

bouse nf. Fiente de bœuf, de vache.

bousier nm. Nom vulgaire des insectes coléoptères se nourrissant d'excréments.

bousillage nm. Pisé. ‖ *Fig.* et *fam.* Ouvrage mal fait.

bousiller vi. Maçonner en bousillage. ‖ Vt. *Fig.* et *fam.* Exécuter de façon défectueuse : *- un travail.*

boussole nf. Cadran sur lequel une aiguille aimantée indique toujours le nord. ‖ *Fam. Perdre la -,* perdre l'esprit.

bout nm. Extrémité ; fin. ‖ Morceau : *un - de papier.* ‖ *- de l'an,* service funèbre anniversaire, un an après la mort. ‖ *Fig. Rire du - des dents,* rire jaune. ‖ *Savoir sur le - du doigt,* parfaitement. ‖ *Brûler la chandelle par les deux -,* faire des dépenses ruineuses. ‖ *Pousser à -,* faire perdre patience. ‖ *Venir à - de,* triompher de. ‖ *Etre à -,* être épuisé. ‖ *Etre à - de ressources,* ruiné. ‖ *A tout - de champ,* à tout propos. ‖ *Au - du compte,* après tout. ‖ *- à -,* l'un ajouté à l'autre. ‖ *De - en -,* d'une extrémité à l'autre. ‖ *A - portant,* de très près.

boutade nf. Caprice brusque. ‖ Plaisanterie vive : *une - spirituelle.*

boute-en-train nm. inv. Personne qui fait naître la gaieté.

boutefeu nm. Bâton muni d'une mèche qui servait à enflammer les canons. ‖ *Fig.* Provocateur.

bouteille nf. Vase à goulot étroit. ‖ Son contenu. ‖ *Aimer la -,* aimer à boire. ‖ *C'est la - à l'encre,* se dit d'une situation confuse, embrouillée.

bouter vt. Pousser, expulser. (Vx.)

bouterolle nf. Une des gardes de la serrure. ‖ Outil à riveter.

boutique nf. Petit magasin. ‖ Marchandises qu'il contient. ‖ *Par dénigr.* Maison mal tenue.

boutiquier nm. Qui tient boutique.

boutoir nm. Outil de maréchal et de corroyeur. ‖ Groin du sanglier. ‖ *Fig. Coup de -,* propos brusque et blessant.

bouton nm. Bourgeon. ‖ Fleur non épanouie. ‖ Tumeur sur la peau. ‖ Rondelle pour attacher les vêtements. ‖ Ce qui en a la forme : *- de porte.*

bouton-d'argent nm. *Bot.* Renoncule. ‖ Pl. des *boutons-d'argent.*

bouton-d'or nm. Renoncule à fleurs jaunes. ‖ Pl. des *boutons-d'or.*

boutonner vi. Pousser des boutons. ‖ Vt. Attacher avec des boutons.

boutonneux, euse adj. Qui a des boutons : *visage -.*

boutonnière nf. Fente pour passer un bouton.

bouts-rimés nmpl. Rimes données pour faire des vers.

bouturage nm. Multiplication des végétaux par boutures.

bouture nf. Partie détachée d'un végétal susceptible de prendre racine.

bouturer vi. Pousser des drageons. ‖ Vt. Reproduire par bouture.

bouverie nf. Etable à bœufs.

bouvet nm. Rabot pour faire les rainures.

bouvier, ère n. Personne qui conduit ou garde des bœufs.

bouvillon nm. Jeune bœuf.

bouvreuil nm. Oiseau chanteur à tête noire et à gorge rouge.

bovidé nm. Mammifère ruminant.

bovin, e adj. De l'espèce du bœuf.

bow-window [*bô-ouin'dô*] nm. (m. angl.). Fenêtre en saillie sur une façade. ‖ Pl. des *bow-windows*.

box nm. Stalle d'écurie. ‖ Compartiment d'un garage. ‖ Pl. des *boxes*.

box-calf nm. Cuir de veau tanné.

boxe nf. (angl. *box*). Action de boxer. ‖ Sorte de pugilat à coups de poings.

boxer vi. Se battre à coups de poing. ‖ Vt. *Par ext.* Frapper : - *quelqu'un*.

boxer [*-kseur*] nm. Chien de garde.

boxeur nm. Personne qui se livre aux combats de boxe.

boy [*boĭ*] nm. (m. angl. signif. *garçon*). Domestique indigène.

boyard ou **boïard** [*bo-yar*] nm. Nom des anciens nobles des pays slaves.

boyau [*boi-yô*] nm. Intestin d'un animal. ‖ Passage étroit. ‖ Mince chambre à air placée dans une enveloppe cousue. ‖ *Corde à -,* corde faite avec les intestins de certains animaux.

boycottage [*bo-i*] nm. Action de boycotter.

boycotter [*bo-i*] vt. (de *Boycott*, le premier propriétaire irlandais mis à l'index). Mettre en quarantaine, rompre toutes relations économiques : - *un commerçant*.

boy-scout nm. (m. angl. signif. *garçon éclaireur*). V. SCOUT.

Br, symbole chimique du *brome*.

brabançon, onne adj. et n. Du Brabant.

brabant nm. Charrue métallique à avant-train.

bracelet nm. Ornement pour le bras.

brachial [*kyal*], **e, aux** adj. Relatif au bras : *artère* -.

brachycéphale [*ki*] n. et adj. Se dit d'un homme dont le crâne est peu allongé.

braconnage nm. Action de braconner.

braconner vi. Chasser en des temps ou en des lieux défendus, ou avec des engins prohibés, ou sans permis.

braconnier nm. Celui qui braconne.

bractée nf. Nom des petites feuilles situées à la base des fleurs.

braderie nf. Vente publique à bas prix.

braguette nf. Ouverture d'un pantalon d'homme.

brahmane nm. Aux Indes, membre de la caste sacerdotale.

brahmanique adj. Relatif au brahmanisme.

brahmanisme nm. Religion de Brahma.

brai nm. Résidu de la distillation de la houille. ‖ Résine du pin.

braie nf. Pantalon des Gaulois.

braillard, e ou **brailleur, euse** adj. et n. Qui braille.

braille nm. Ecriture en relief, à l'usage des aveugles.

braillement nm. Action de brailler.

brailler vi. *Fam.* Parler fort, crier. ‖ Vt. Chanter mal et fort.

braiment nm. Cri de l'âne.

braire vi. et défect. (c. *traire*). Crier, en parlant de l'âne.

braise nf. Bois réduit en charbons, ardents ou éteints.

braiser vt. Cuire à feu doux, sans évaporation.

brame nm. V. BRAHMANE.

brame ou **bramement** nm. Action de bramer.

bramer vi. Crier en parlant du cerf ou du daim.

bramine nm. V. BRAHMANE.

bran nm. *- de scie*, sciure de bois. ‖ Partie grossière du son.

brancard nm. Civière. ‖ Prolonges entre lesquelles on attelle un cheval.

brancardier nm. Homme chargé de transporter les blessés sur un brancard.

branchage nm. L'ensemble des branches d'un arbre.

branche nf. Bois qui pousse sur le tronc d'un arbre. ‖ *Fig.* Différentes parties d'une science. ‖ Chacune des familles sortant d'une même souche.

branchement nm. Action de brancher. ‖ Partie raccordée à la canalisation principale.

brancher vi. Percher sur les branches d'arbre. ‖ Vt. Relier un tuyau, un appareil électrique à une canalisation principale.

branchette nf. Petite branche.

branchial, e, aux adj. Relatif aux branchies.

branchies nfpl. Organes respiratoires des poissons.

branchu, e adj. Qui a beaucoup de branches.

brandade nf. Plat de morue à la provençale.

brande nf. Bruyère. ‖ Lieu inculte.

brandebourg nm. Broderie en galon sur un vêtement.

brandir vt. Elever avant de frapper : - *un poignard*. ‖ Agiter en l'air : - *une lettre*.

brandon nm. Flambeau de paille tortillée. ‖ Flammèche. ‖ *Fig. - de discorde*, motif de dispute.

brandy nm. (m. angl.) Eau-de-vie.

branle nm. Oscillation. ‖ *Fig.* Première impulsion : *mettre en -*.

branle-bas nm. inv. *Mar.* Préparatifs de combat. ǁ *Fig.* Bouleversement, tapage.

branlement nm. Action de branler.

branler vt. Agiter, remuer. ǁ Vi. Chanceler, osciller.

braquage nm. Action de braquer les roues d'une voiture.

braque nm. Chien de chasse. ǁ Adj. et n. *Fig.* et *fam.* Etourdi.

braquemart nm. Epée courte et large des XIVe et XVe s.

braquer vt. Tourner vers un point, diriger : - *une arme, les roues d'une voiture.*

braquet nm. Rapport entre le pédalier et le pignon arrière d'une bicyclette.

bras nm. Membre supérieur du corps humain. ǁ Appui de fauteuil. ǁ Partie d'un fleuve, d'une mer. ǁ *Fig.* Travail : *vivre de ses -.* ǁ Puissance : *le - de Dieu.* ǁ Vaillance : *tout cède à son -.* ǁ *Recevoir à - ouverts,* accueillir avec joie. ǁ *Couper - et jambes,* décourager. ǁ *Avoir quelqu'un sur les -,* à sa charge. ǁ *Demeurer les - croisés,* ne rien faire. ǁ *Avoir le - long,* avoir de l'influence. ǁ Loc. adv. **A tour de -,** avec force. **A - -le-corps,** par le milieu du corps. **A - raccourcis,** avec violence.

braser vt. Souder.

brasero [*zé*] nm. (m. esp.). Récipient métallique rempli de charbons ardents.

brasier nm. Feu incandescent.

brasiller vt. Faire griller sur la braise. ǁ Vi. Scintiller, en parlant de la mer.

brassage nm. Action de brasser.

brassard nm. Partie de l'armure qui couvrait le bras. ǁ Bande d'étoffe qui se porte au bras.

brasse nf. Envergure totale bras étendus. ǁ Sorte de nage. ǁ *Mar.* Mesure d'environ 1,62 m.

brassée nf. Ce que peuvent contenir les deux bras.

brasser vt. Agiter longuement un mélange. ǁ Préparer la bière en opérant le mélange du malt avec l'eau. ǁ *- des affaires,* en faire beaucoup.

brasserie nf. Fabrique de bière. ǁ Débit de bière et d'autres boissons.

brasseur, euse n. Qui fait de la bière et la vend en gros.

brassière nf. Petite camisole des tout jeunes enfants.

brasure nf. Point de soudure des pièces brasées. ǁ Action de braser.

bravache nm. Faux brave. ǁ Adj. : *air -.*

bravade nf. Action ou parole de forfanterie. ǁ Fanfaronnade.

brave adj. Vaillant. ǁ Honnête, bon : *- homme.* ǁ Nm. Homme courageux.

braver vt. Défier insolemment. ǁ Affronter sans crainte.

bravo! interj. (m. ital.). Très bien ! ǁ Nm. Applaudissement.

bravoure nf. Courage ; vaillance.

break [*brèk*] nm. (m. angl.). Grande voiture de promenade.

brebis nf. Femelle du bélier. (Cri : la brebis *bêle.*) ǁ *Fig. - galeuse,* personne dont la fréquentation est dangereuse.

brèche nf. Ouverture faite à un mur, à une haie. ǁ Brisure au tranchant d'une lame. ǁ *Fig.* Faire une lourde dépense : *faire une - à sa fortune.* ǁ *Mourir sur la -,* en combattant. ǁ *Battre en -,* attaquer vivement : *battre en - une doctrine.*

brèche nf. *Géol.* Conglomérat formé d'éléments soudés naturellement.

brèche-dent adj. et n. Qui a perdu une ou plusieurs incisives. ǁ Pl. des *brèche-dents.*

bréchet nm. Crête du sternum des oiseaux.

bredouillage ou **bredouillement** nm. Action de bredouiller.

bredouille adj. Qui a échoué : *les chasseurs sont rentrés -.*

bredouiller vi. Parler d'une manière peu distincte. ǁ Vt. : *- des excuses.*

bref, ève adj. Court, de peu de durée : *- discours.* ǁ Brusque ; impératif : *ton -.* ǁ Nf. Syllabe brève. ǁ Adv. En un mot : *-, je ne veux pas.*

bref nm. Lettre pastorale du pape.

brelan nm. Jeu de cartes. ǁ Réunion de trois cartes semblables : *un - d'as.*

breloque nf. Petit bijou attaché à une chaîne de montre.

brème nf. Poisson d'eau douce.

brenn nm. Chef gaulois.

brésil nm. Bois rouge de teinture.

brésilien, enne adj. et n. Du Brésil : *bois -.*

brésiller vt. Rompre par petits morceaux. ǁ Teindre avec du brésil.

bressan, e adj. et n. De la Bresse.

bressant nf. Coupe de cheveux en brosse.

bretauder vt. Mutiler un animal ; lui couper la queue, les oreilles, etc.

bretelle nf. Courroie pour porter un fardeau, un fusil. ǁ Bande élastique pour soutenir le pantalon.

breton, onne adj. et n. De la Bretagne.

bretonnant, e adj. De la basse Bretagne ; qui parle le breton.

brette nf. Epée longue et étroite.

bretteur nm. Duelliste, spadassin.

bretzel nm. Pâtisserie allemande au cumin, en forme de huit.

breuvage nm. Boisson.

brevet nm. Diplôme délivré par l'Etat : - *élémentaire*. || - *d'invention*, titre délivré par un gouvernement à l'auteur d'une invention, pour lui en assurer la propriété et l'exploitation pendant un certain temps.

breveter vt. (c. *jeter*). Certifier, protéger par un brevet.

bréviaire nm. Livre des offices que les prêtres doivent réciter chaque jour. || Son contenu. || *Fig.* Lecture habituelle.

briard, e adj. et n. De la Brie. || Nm. Chien de berger.

bribes nfpl. Fragments : *quelques - de latin*.

bric-à-brac nm. inv. Marchandises d'occasion.

brick nm. Petit navire à deux mâts.

bricolage nm. Action de bricoler.

bricole nf. Partie du harnais. || Bretelle de portefaix. || *Fam.* Menu travail.

bricoler vi. *Fam.* Faire divers métiers. || Faire de petits travaux.

bricoleur, euse n. Personne qui aime à bricoler.

bride nf. Partie du harnais. || Lien de certaines coiffures. || Boutonnière. || *Fig. Lâcher la - à ses passions*, s'y abandonner. || *Tenir la - haute*, se montrer sévère. || *A - abattue*, très vite.

brider vt. Mettre la bride à. || *Bridé, e* part. et adj. *Yeux* -, yeux dont les paupières sont étirées latéralement.

bridge nm. Jeu de cartes. || Appareil dentaire.

bridger vi. Jouer au bridge.

bridgeur, euse n. Joueur de bridge.

bridon nm. Bride légère.

brie nm. Fromage fabriqué dans la Brie.

brièvement adv. En peu de mots.

brièveté nf. Courte durée. || Concision : *il y a trop de - dans ce rapport*.

brigade nf. Ensemble de formations militaires commandées par un général. || Escouade de gendarmes. || Equipe d'ouvriers.

brigadier nm. Grade inférieur dans la cavalerie. || Chef d'une brigade dans la gendarmerie. || *Par abrév.* Général de brigade.

brigand nm. Qui exerce le brigandage.

brigandage nm. Vol à main armée.

brigantin nm. Petit navire à deux mâts.

brigue nf. Manœuvre, intrigue : *obtenir quelque chose par -*. || Cabale, complot.

briguer vt. Tâcher d'obtenir par brigue. || Rechercher avec ardeur : - *une alliance*.

brigueur, euse n. Personne qui brigue.

brillant, e adj. Eclatant, qui brille. || *Fig.* Séduisant, florissant : *un - avenir*. || Captivant : *un - écrivain*. || Remarquable : *une - improvisation*. || Nm. Diamant taillé. || **Brillamment** adv.

brillanter vt. Tailler en brillant. || *Fig. - son style*, le charger d'images.

brillantine nf. Huile parfumée pour les cheveux.

briller vi. Luire, étinceler. || *Fig.* Se faire remarquer, réussir : - *à un examen*. || Eclater : *la joie brille dans ses yeux*.

brimade nf. Epreuve imposée aux nouveaux venus. || Mesure vexatoire.

brimbaler vt. V. BRINGUEBALER.

brimborion nm. Chose sans valeur, bagatelle.

brimer vt. Imposer des brimades; maltraiter.

brin nm. Première pousse d'une graine. || Tige flexible. || Partie de : *un - de paille*. || Partie d'une courroie tendue entre deux poulies.

brindille nf. Branche menue.

bringuebaler vi. *Fam.* Osciller, se balancer d'un mouvement saccadé.

brio nm. (m. ital.). Chaleur, entrain.

brioche nf. Pâtisserie.

brique nf. Terre argileuse moulée, cuite au feu. || Ce qui en a la forme : *une - de savon*. || *Ton -*, couleur rougeâtre.

briquet nm. Appareil servant à allumer.

briqueter vt. (c. *jeter*). Paver en briques.

briqueterie nf. Fabrique de briques.

briquetier nm. Fabricant de briques.

briquette nf. Brique de houille agglomérée avec du brai et servant de combustible.

bris nm. Action de briser.

brisant nm. Rocher à fleur d'eau.

briscard ou **brisquard** nm. Vieux soldat chevronné.

brise nf. Petit vent frais et doux.

brisé, e adj. Rompu. || *Fig.* Formé de pièces mobiles : *volet -*. || *Ligne -*, ligne composée de segments de droite qui se coupent.

brise-bise nm. inv. Petit rideau ne masquant que le bas d'une fenêtre.

brisées nfpl. Branches cassées. || *Fig.*

Aller sur les - de quelqu'un, entrer en concurrence avec lui.

brise-glace nm. inv. Eperon placé en avant d'une pile de pont ou d'un navire pour écarter et briser la glace. ‖ Le navire ainsi équipé.

brise-jet nm. inv. Ajutage régularisant le débit d'un robinet.

brise-lames nm. inv. Construction avancée pour amortir la violence des vagues.

brisement nm. Action de briser. ‖ *Fig. - de cœur,* douleur profonde.

brise-mottes nm. inv. Cylindre pour écraser les mottes de terre.

briser vt. Mettre en pièces. ‖ *Fig.* Fatiguer : *la fatigue m'a brisé.* ‖ Détruire : *- la carrière de quelqu'un.* ‖ *- le cœur,* affliger. ‖ *- ses fers,* recouvrer sa liberté. ‖ Vi. *- avec quelqu'un,* cesser de le voir. ‖ *Brisons là,* cessons de parler. ‖ Se - vpr. Se casser, se diviser : *la porcelaine se brise facilement; la mer se brise sur les récifs.*

briseur, euse n. Qui brise, entrave : *- de grève.*

brise-vent nm. inv. Rideau d'arbres.

brisque nf. *Mil.* Chevron.

bristol nm. Carton fin.

brisure nf. Fente, fragment d'un objet brisé.

britannique adj. et n. Qui a rapport à la Grande-Bretagne ou aux Anglais.

broc [bro] nm. Grand vase à bec et à anse. ‖ Son contenu.

brocante nf. Action de brocanter. ‖ Commerce de brocanteur.

brocanter vi. Acheter, vendre des objets de curiosité ou d'occasion.

brocanteur, euse n. Qui brocante.

brocard nm. Raillerie offensante.

brocard nm. Chevreuil mâle.

brocart nm. Etoffe de soie brochée.

brochage nm. Action de brocher.

broche nf. Tige de fer pour faire rôtir la viande. ‖ Cheville de bois. ‖ Verge de fer des métiers à tisser. ‖ Baguette servant à enfiler plusieurs objets. ‖ Bijou.

brocher vt. Tisser d'or et de soie. ‖ Coudre les feuilles d'un livre.

brochet nm. Poisson d'eau douce très vorace.

brocheton nm. Petit brochet.

brochette nf. Petite broche. ‖ Petites pièces enfilées sur une brochette : *une - d'alouettes, de décorations.*

brocheur, euse n. Personne qui broche les livres.

brochure nf. Travail du brocheur. ‖ Petit ouvrage broché.

brocoli nm. (m. ital.). Chou d'Italie.

brodequin nm. Forte chaussure mon-

tante. ‖ Chaussure antique. ‖ *Fig. Chausser le -,* jouer la comédie.

broder vt. Faire des dessins en relief sur une étoffe, soit à l'aiguille, soit au métier. ‖ *Fig. et fam.* Embellir un récit.

broderie nf. Ouvrage brodé.

brodeur, euse n. Personne qui brode.

broiement nm. Syn. de BROYAGE.

brome nm. *Chim.* Corps simple (Br), métalloïde liquide, rouge foncé, d'odeur suffocante. ‖ Graminée.

bromure nm. Combinaison du brome avec un autre corps simple.

bronche nf. Conduit par lequel l'air s'introduit dans chaque poumon.

broncher vi. Faire un faux pas. ‖ *Fig. Ne pas -,* rester immobile. ‖ *Sans -,* sans hésitation.

bronchiole nf. Ramification terminale des bronches.

bronchite nf. Inflammation des bronches.

broncho-pneumonie [ko] nf. Inflammation des bronchioles et des vésicules pulmonaires.

brontosaure nm. Reptile fossile du jurassique.

bronzage nm. Action de bronzer.

bronze nm. Alliage de cuivre, d'étain et de zinc. ‖ *- d'aluminium,* alliage de cuivre et d'aluminium.

bronzer vt. Donner l'aspect du bronze. ‖ Brunir la peau.

broquette nf. Clou à tête plate, employé par les tapissiers.

brossage nm. Action de brosser.

brosse nf. Ustensile de nettoyage. ‖ Gros pinceau.

brosser vt. Nettoyer avec une brosse. ‖ Peindre avec la brosse. ‖ *Fig. - un tableau,* dépeindre à grands traits, vigoureusement. ‖ Se - vpr. *Fig. et fam.* Etre privé de quelque chose.

brosserie nf. Fabrique, commerce de brosses.

brossier nm. Qui fait ou vend des brosses.

brou nm. Enveloppe verte de la noix. ‖ *- de noix,* liqueur et teinture brunes tirées de cette enveloppe.

brouet nm. Aliment presque liquide. ‖ Mets grossier des Spartiates.

brouette nf. Petite voiture à bras, à une roue et à deux brancards.

brouettée nf. Contenu d'une brouette.

brouetter vt. Transporter dans une brouette.

brouhaha nm. (onomat.). *Fam.* Bruit confus et tumultueux.

brouillage nm. Trouble dans une transmission de radio.

brouillamini nm. *Fam.* Confusion, désordre.

brouillard nm. Amas de vapeur d'eau. ‖ Livre de comptabilité.

brouillasse nf. *Fam.* Léger brouillard.

brouillasser vi. *Fam.* Bruiner, crachiner.

brouille ou **brouillerie** nf. *Fam.* Désunion, mésintelligence.

brouiller vt. Mettre en désordre. ‖ Troubler : *une émission de radio*, la rendre inaudible. ‖ Mêler : *- des œufs*. ‖ *Fig.* Semer la discorde : *- deux amis*. ‖ Se *-* vpr. Devenir trouble : *sa vue se brouille*. ‖ *Le temps se brouille*, le ciel se couvre. ‖ *Fig.* Se fâcher avec.

brouillerie nf. V. BROUILLE.

brouillon, onne adj. et n. Etourdi, désordonné : *esprit -*. ‖ Nm. Ecrit à mettre au net : *- de lettre*.

brouillonner vt. Ecrire au brouillon.

brouir vt. Dessécher ; brûler.

brouissure nf. Gel des végétaux.

broussailles nfpl. Epines, ronces mêlées.

broussailleux, euse adj. Couvert de broussailles.

broussard nm. Qui a longtemps vécu aux colonies, dans la brousse.

brousse nf. Etendue d'épaisses broussailles.

broutement nm. Action de brouter.

brouter vt. Paître, manger l'herbe. ‖ *Fig. Méc.* Agir, frotter par saccades : *un embrayage qui broute*.

broutille nf. Menu branchage. ‖ *Fig.* Chose sans importance.

browning nm. Pistolet automatique.

broyage nm. Action de broyer.

broyer vt. (c. *aboyer*). Réduire en poudre. ‖ Ecraser en délayant : *- des couleurs*. ‖ *Fig. - du noir*, s'abandonner à des idées tristes.

broyeur, euse adj. et n. Qui broie.

bru nf. Femme du fils ; belle-fille.

bruant ou **bréant** nm. Oiseau de passage, comme l'ortolan.

brucelles nfpl. Pinces fines d'horloger.

brugnon nm. Pêche à peau lisse.

bruine nf. Pluie fine et froide.

bruiner v. impers. Se dit de la bruine qui tombe : *il bruine*.

bruire vi. Rendre un son confus. (Ne s'emploie, selon l'Académie, qu'à l'inf. : *bruire* ; aux 3es pers. du sing. et du pl. du prés. de l'ind. : *bruit, bruissent*, et de l'imp. : *bruissait, bruissaient* ; au part. prés. : *bruissant* [qui a remplacé *bruyant*, devenu adj.]. On trouve aussi le subj. prés. : *qu'il bruisse*.) ‖ **Bruissant, e** part. et adj.

bruissement nm. Bruit faible et confus.

bruit nm. Mélange confus de sons. ‖ *Fig.* Nouvelle qui circule : *faux -*. ‖ Eclat : *cet événement fit grand -*.

bruitage nm. Imitation des bruits au théâtre, au cinéma ou à la radio.

bruiteur nm. Qui effectue le bruitage.

brûlage nm. Destruction par le feu.

brûle-gueule nm. inv. *Pop.* Pipe à tuyau très court.

brûlement nm. Action de brûler.

brûle-parfum nm. inv. Cassolette.

brûle-pourpoint (à) loc. adv. A bout portant. ‖ *Fig.* Brusquement : *poser une question à -*.

brûler vt. Consumer par le feu. ‖ Causer une douleur vive par le contact du feu. ‖ Dessécher. ‖ *Fig. - le pavé*, galoper. ‖ *- la cervelle*, tuer d'un coup de feu à la tête. ‖ *- ses vaisseaux*, s'ôter tout espoir de recul. ‖ *- la politesse à quelqu'un*, le quitter brusquement. ‖ *- les planches*, jouer avec beaucoup de chaleur. ‖ *- une étape*, passer sans s'arrêter. ‖ Vi. Se consumer. ‖ *Fig.* Subir un feu trop vif. ‖ *Fig.* Désirer ardemment : *il brûle d'être à Paris*. ‖ *Les pieds lui brûlent*, il est impatient de partir. ‖ *Fam.* Etre sur le point de trouver. ‖ **Brûlant, e** adj. *Fig.* Délicat, épineux : *question -*. ‖ **Brûlé, e** part. adj. et nm. Odeur de brûlé.

brûlerie nf. Atelier où l'on distille le vin, torréfie le café.

brûleur nm. Mélangeur facilitant la combustion du gaz d'éclairage, du mazout, etc.

brûlis nm. Partie de forêt incendiée.

brûloir nm. Appareil à torréfier le café.

brûlot nm. Navire rempli de matières inflammables. ‖ Sorte de punch.

brûlure nf. Effet du feu ou de la chaleur sur la peau.

brumaire nm. Deuxième mois du calendrier révolutionnaire (23 octobre-21 novembre).

brume nf. Brouillard épais.

brumeux, euse adj. Couvert de brume : *ciel -*.

brun, e adj. et n. De couleur tirant sur le noir. ‖ Qui a les cheveux bruns. ‖ Nm. Couleur brune.

brunâtre adj. Tirant sur le brun.

brune nf. Vers le soir : *à la -*.

brunet, ette adj. et n. Qui est un peu brun.

bruni nm. Poli, par opposition à *mat*.

brunir vt. Rendre brun. ‖ Polir : *- l'or*. ‖ Vi. Devenir brun.

brunissage nm. Polissage d'un métal.

brunissement nm. Action de brunir.

brunisseur, euse n. Qui polit les métaux.

brunissure nf. Poli obtenu par le brunissage. ‖ Renforcement ou diminution des teintes d'une étoffe.

brusque adj. Soudain, imprévu. ‖ Qui agit avec rudesse ou vivacité.

brusquer vt. Traiter avec rudesse. ‖ *Fig.* Hâter, précipiter : *- son départ.* ‖ *Attaque brusquée*, soudaine.

brusquerie nf. Action ou parole brusque.

brut [*brut'*], e adj. Qui est resté à l'état de nature. ‖ *Sucre* -, non raffiné. ‖ *Poids* -, avec l'emballage.

brutal, e, aux adj. Violent, emporté jusqu'à frapper. ‖ *Fig.* Sans ménagement : *une franchise* -. ‖ N. : *c'est un* -.

brutaliser vt. Malmener, maltraiter.

brutalité nf. Grossièreté, rudesse. ‖ Action, parole brutale.

brute nf. Animal considéré dans ce qu'il a de plus bas. ‖ *Fig.* Personne brutale : *frapper comme une* -.

bruxellois [*sè-loi*], e adj. et n. De Bruxelles : *industrie* -.

bruyant, e adj. Qui fait du bruit. ‖ **Bruyamment** adv.

bruyère nf. Arbuste des terres incultes. ‖ Le terrain où il croît. ‖ *Coq de* -, grand gallinacé d'Ecosse.

bryone nf. Plante sauvage grimpante.

buanderie nf. Lieu où se fait la lessive.

bubon nm. Ganglion lymphatique enflammé.

bubonique adj. Qui tient du bubon : *peste* -.

buccal, e, aux adj. Qui a rapport à la bouche.

buccin [*buk-sin*] nm. Trompette. ‖ Genre de mollusques.

buccinateur [*buk-si*] nm. Muscle de la joue. ‖ Joueur de buccin.

bûche nf. Morceau de bois de chauffage. ‖ *Fig.* Personne stupide. ‖ *Pop.* Ramasser *une* -, tomber.

bûcher nm. Lieu où l'on serre le bois. ‖ Pile de bois sur laquelle on brûlait les corps.

bûcher vi. *Fam.* Travailler sans relâche.

bûcheron, onne n. Abatteur d'arbres.

bûchette nf. Menu morceau de bois.

bûcheur, euse n. *Fam.* Travailleur acharné.

bucolique adj. Qui a rapport à la poésie pastorale. ‖ Nf. Poésie pastorale.

bucrane nm. *Archit.* Tête de bœuf décharnée.

budget nm. Etat de prévision des recettes et des dépenses d'un Etat et, *par ext.*, d'un particulier.

budgétaire adj. Relatif au budget.

budgétivore n. *Par plaisant.* Qui vit aux dépens de l'Etat.

buée nf. Gouttelettes de condensation.

buffet nm. Armoire à vaisselle, à linge de table. ‖ Table où sont dressés des mets. ‖ Menuiserie de l'orgue. ‖ Restaurant de gare.

buffetier, ère n. Personne qui tient un buffet de gare.

buffle nm. Bœuf sauvage. ‖ Son cuir. ‖ Fém. une *bufflonne*.

buffleterie nf. Equipement militaire en buffle.

buffletin nm. Jeune buffle.

bugle nm. Clairon à pistons.

buglosse nf. Plante à feuilles allongées.

building [*bil-din'g*] nm. Imposante construction moderne.

buis nm. Arbrisseau toujours vert. ‖ Son bois.

buisson nm. Touffe d'arbrisseaux sauvages.

buissonneux, euse adj. Couvert de buissons.

buissonnier, ère adj. Qui niche dans les buissons. ‖ *Fig.* Faire l'école -, manquer la classe.

bulbe nm. Oignon de plante. ‖ *Anat.* Partie renflée, globuleuse.

bulbeux, euse adj. *Bot.* Formé d'un bulbe. ‖ *Anat.* Pourvu d'un bulbe.

bulgare adj. et n. De la Bulgarie.

bulldozer nm. Engin chenillé de terrassement.

bulle nf. Globule d'air, de gaz qui s'élève à la surface d'un liquide. ‖ Lettre du pape.

bulletin nm. Billet de vote. ‖ Rapport officiel : *- de l'armée.* ‖ Recueil de décrets : *- des lois.* ‖ Relevé de notes d'un écolier : *- trimestriel.* ‖ Reçu : *- de bagages.*

buna [*bou*] nm. Caoutchouc synthétique.

bungalow [*lô*] nm. Dans l'Inde, habitation à un seul étage, entourée de vérandas.

buraliste n. Préposé à un bureau de paiement, de tabac, de recette, etc.

bure nf. Grosse étoffe de laine.

bure nf. Puits dans une mine.

bureau nm. Autref., grosse étoffe de laine. ‖ Table ou meuble à tiroirs pour écrire. ‖ Local d'hommes d'affaires et d'employés. ‖ Lieu où se réunissent les commissions d'une assemblée. ‖ Etablissement public : *- de poste.* ‖ Le président, les vice-président et les secrétaires d'une assemblée : *élire, renouveler le* -. ‖ *- de placement*, agence de placement d'employés et de domestiques.

bureaucrate n. Employé de bureau.

bureaucratie nf. Pouvoir, influence des bureaux (en mauv. part).

bureaucratique adj. Relatif aux gens de bureau.

burette nf. Petit flacon d'un huilier. ‖ Chacun des petits vases où l'on met l'eau et le vin pour la messe. ‖ Petit récipient métallique muni d'un tube effilé, rempli d'huile de graissage.

burgrave nm. Nom donné, au Moyen Age, au commandant d'une place forte en Allemagne.

burin nm. Ciseau à métaux. ‖ Instrument d'acier pour graver.

buriner vt. Graver au burin.

burlesque adj. Qui est d'un comique outré. ‖ Nm. Le genre burlesque.

burnous [*nous'*] nm. Manteau arabe en laine, à capuchon.

buron nm. Hutte de berger, en Auvergne. ‖ Fromagerie.

busard nm. Oiseau de proie. ‖ Gouttière de planches.

busc nm. Lame de baleine ou d'acier qui donne de la rigidité aux corsets.

buse nf. Oiseau de proie. ‖ *Fig.* Ignorant et sot.

buse nf. Conduit, tuyau.

business [*biz‑ness*] nm. Trafic, affaires. ‖ *Pop.* Travail.

busqué, e adj. D'une courbure convexe.

buste nm. Torse. ‖ Représentation peinte ou sculptée d'un torse.

but nm. Point que l'on vise. ‖ *Fig.* Fin qu'on se propose : *atteindre son ‑*. ‖ Limite d'un jeu : *toucher le ‑*. ‖ *Sports.* Endroit où l'on cherche à lancer le ballon : *le ‑*. ‖ Point gagné : *marquer un ‑*. ‖ Loc. adv. **De ‑ en blanc**, brusquement. ‑ *à ‑*, à égalité.

butane nm. Hydrocarbure gazeux combustible, livré liquéfié dans des bouteilles métalliques.

butanier nm. Navire spécialisé dans le transport du butane.

buté, e adj. Entêté, obstiné.

butée nf. Massif de maçonnerie aux deux extrémités d'un pont. ‖ *Technol.* Organe d'arrêt.

buter vi. S'appuyer contre quelque chose. ‖ Se heurter le pied. ‖ Vt. Etayer. ‖ **Se ‑** vpr. *Fig.* S'obstiner : *cet enfant se bute facilement*. ‖ Se heurter : *se ‑ à une difficulté*.

butin nm. Dépouilles de l'ennemi.

butiner vi. et t. Amasser des provisions en cherchant çà et là : *l'abeille butine sur les fleurs*.

butineur, euse adj. Qui butine.

butoir nm. Obstacle artificiel dressé sur une voie de chemin de fer. ‖ Pièce métallique sur laquelle prennent appui certains organes d'un mécanisme.

butor nm. Echassier du genre *héron*. ‖ *Fig.* et *pop.* Homme grossier, stupide. (Fém. *butorde*.)

buttage nm. Action de butter.

butte nf. Petite colline. ‖ *Fig.* **Etre en ‑ à**, être exposé à.

butter vt. Amasser la terre au pied de : *‑ la vigne*.

butyromètre nm. Instrument servant à mesurer la richesse du lait en beurre.

buvable adj. Qui peut être bu.

buvard adj. *Papier ‑*, papier propre à absorber l'encre.

buvetier nm. Qui tient une buvette.

buvette nf. Petit débit de boissons.

buveur, euse adj. et n. Qui boit, ou aime à boire.

buvoter vi. Boire à petits coups.

bysse ou **byssus** nm. Organe de fixation de certains mollusques.

byzantin, e adj. De Byzance. *Empire ‑*, empire romain d'Orient. ‖ *Style ‑*, genre particulier à l'empire d'Orient. ‖ *Fig. Discussions ‑*, discussions oiseuses. ‖ N. : *un Byzantin*.

c nm. Troisième lettre de l'alphabet et deuxième des consonnes. (Devant les voy. *a, o, u*, devant une consonne ou à la fin d'un mot, *c* se prononce comme *k*; marqué d'une cédille, ou devant *e, i, y, c* se prononce comme *s* dur.) ‖ C, chiffre romain, vaut *cent*.

C, symbole chimique du *carbone*.

Ca, symbole chimique du *calcium*.

ça pr. dém. (contract. de *cela*). *Fam.* Cette chose-là.

çà adv. de lieu. Ici : *viens -*. (Vx.) ‖ *- et là* loc. adv., de côté et d'autre. ‖ Marque aussi l'étonnement : *ah ! -, vous voulez rire?*

cab nm. (m. angl.). Cabriolet avec siège arrière élevé pour le cocher.

cabale nf. Chez les juifs, interprétation mystique de la Bible. ‖ Art chimérique de communiquer avec les esprits. ‖ Menées secrètes, intrigue : *monter une -*.

cabaler vi. Comploter.

cabaleur, euse n. Personne qui cabale.

cabaliste n. Personne versée dans la cabale.

cabalistique adj. Qui a rapport à la cabale, à la magie. ‖ *Par ext.* Qui a un air d'obscurité mystérieuse.

caballero [*ba-yé*] nm. Membre de la petite noblesse en Espagne.

caban nm. Manteau de marin à capuchon.

cabane nf. Petite maison grossièrement construite.

cabanon nm. Petite cabane. ‖ Pied--à-terre provençal. ‖ Cellule pour fous furieux.

cabaret nm. Débit de boissons. ‖ Établissement présentant un spectacle artistique ou satirique. ‖ Restaurant élégant. ‖ Service à liqueurs.

cabaretier, ère n. Personne qui tient un cabaret, une auberge.

cabas nm. Panier en paille, en jonc, etc.

cabernet nm. Cépage du Bordelais.

cabestan nm. Treuil vertical, pour enrouler un câble et tirer les fardeaux.

cabillaud nm. Morue fraîche.

cabine nf. Chambrette à bord d'un navire. ‖ Logette de plage. ‖ *- téléphonique*, réduit servant aux communications téléphoniques.

cabinet nm. Petite pièce située à l'écart, dans un appartement. ‖ Lieu réservé au travail intellectuel. ‖ Étude de notaire, d'avocat, de praticien. ‖ Ensemble des ministres d'un État : *le - ministériel*. ‖ Collection scientifique : *- d'histoire naturelle*. ‖ *- de lecture*, endroit où on loue des livres. ‖ *Homme de -*, qui aime la vie retirée, l'étude. ‖ Nmpl. Lieux d'aisances.

câble nm. Gros cordage. ‖ Faisceau de fils métalliques isolés servant au transport de l'électricité. ‖ Syn. de CÂBLO-GRAMME.

câblé nm. Gros cordon tressé.

câbler vt. Tordre plusieurs cordes ensemble. ‖ Transmettre un message par câble.

câblogramme nm. Télégramme câblé.

cabochard, e adj. *Fam.* Entêté.

caboche nf. *Fam.* Tête.

cabochon nm. Pierre précieuse polie, mais non taillée. ‖ Gros clou de tapissier, à tête décorative.

cabosser vt. Déformer par des bosses.

cabot nm. *Fam.* Acteur médiocre. ‖ *Pop.* Chien.

cabotage nm. Navigation au long des côtes.

caboter vi. Faire le cabotage.

caboteur nm. Navire, marin qui fait du cabotage.

cabotin nm. Comédien ambulant. (*Par abrév.* CABOT.) ‖ *Fam.* Mauvais acteur. ‖ Qui agit en comédien.

cabotinage nm. *Fam.* Action de cabotiner.

cabotiner vi. *Fam.* Faire le cabotin, parader.

caboulot nm. *Pop.* Cabaret de basse catégorie.

cabrer (se) vpr. Se dresser sur les pieds de derrière, en parlant des chevaux. ‖ *Fig.* S'emporter, se révolter : *se - à la pensée de quelque chose*.

cabri nm. Chevreau.

cabriole nf. Saut agile fait en se retournant sur soi-même.

cabrioler vi. Faire des cabrioles.

cabriolet nm. Voiture légère à deux roues. ‖ Automobile décapotable.

cabus [*bu*] adj. m. A tête pommée : *chou -*.

caca nm. Excrément, dans le langage enfantin.

cacahouète ou **cacahouette** nf. Fruit grillé de l'arachide.

cacao nm. Amande du cacaoyer, qui sert à faire le chocolat.

cacaoté, e adj. Qui renferme du cacao : *farine -*.

cacaoyer ou **cacaotier** nm. Arbre qui produit le cacao.

cacarder vi. Crier, en parlant de l'oie.

cacatoès nm. Oiseau de la famille des perroquets.

cacatois nm. Petit mât au-dessus du mât de perroquet.

cachalot nm. Grand mammifère cétacé voisin des baleines.

cache nf. Lieu secret pour cacher quelque chose ou se cacher. || Nm. Papier noir, découpé pour limiter un cliché photographique.

cache-cache nm. inv. Jeu d'enfants.

cache-col nm. inv. Sorte d'écharpe protégeant le cou.

cachectique adj. Relatif à la cachexie. || Atteint de cachexie.

cachemire nm. Tissu en poil de chèvre de Cachemire.

cache-nez nm. inv. Foulard protégeant le bas du visage.

cache-pot nm. inv. Enveloppe d'un pot de fleurs.

cache-poussière nm. inv. Manteau en tissu léger.

cacher vt. Mettre dans un lieu secret. || Couvrir, voiler. || *Fig.* Dissimuler : *sa joie.* || Se - vpr.

cachet nm. Petit sceau personnel gravé. || Son empreinte. || *Lettre de -*, ordre écrit d'emprisonnement émanant du roi. || Enveloppe de pain azyme renfermant une poudre médicamenteuse. || *Fig.* Caractéristique : *un - d'élégance.*

cacheter vt. (c. *jeter*). Sceller. || Clore une lettre.

cachette nf. Petite cache. || **En -** loc. adv., en secret.

cachexie nf. Etat d'affaiblissement général du corps.

cachot nm. Cellule de prison. || *Par ext.* Prison en général.

cachotterie nf. *Fam.* Mystère sur des choses peu importantes.

cachottier, ère adj. et n. *Fam.* Qui fait des cachotteries.

cachou nm. Substance stomachique brune. || Adj. De couleur tabac.

cacochyme adj. et n. Faible, languissant.

cacodylate nm. Sel de l'acide cacodylique (corps organique arsénié).

cacolet nm. Panier à dossier garni de coussins, servant au transport, à dos de mulet, de voyageurs ou de blessés.

cacophonie nf. Rencontre de mots ou de syllabes qui blessent l'oreille, comme « ciel! si ceci se sait! » || *Mus.* Mélange de sons discordants.

cacophonique adj. Qui a le caractère de la cacophonie.

cactacées nfpl. Famille de plantes grasses du type *cactus.*

cactus [*tuss*] nm. Plante grasse et épineuse des régions chaudes.

c.-à-d. Abrév. pour *c'est-à-dire.*

cadastral, e, aux adj. Relatif au cadastre.

cadastre nm. Plan des propriétés d'une commune, servant à l'établissement de l'impôt foncier.

cadastrer vt. Porter au cadastre.

cadavéreux, euse adj. Semblable au cadavre.

cadavérique adj. Qui a rapport au cadavre.

cadavre nm. Corps d'un homme ou d'un animal mort.

cadeau nm. Petit présent destiné à faire plaisir.

cadenas nm. Serrure mobile.

cadenasser vt. Fermer avec un cadenas.

cadence nf. Régularité dans la répétition de sons ou de mouvements.

cadencer vi. (c. *placer*). Faire des cadences avec la voix. || Vt. Donner une régularité harmonieuse.

cadenette nf. Tresse de cheveux retombant de chaque côté de la figure.

cadet, ette n. et adj. Le second enfant. || *Par ext.* Qui est moins âgé, qui débute. || *Fig. Fam.* Le - *de mes soucis,* le moindre. || N. Le ou la plus jeune. || Moins âgé, sans relation de parenté : *elle est ma -.* || Nm. Elève officier.

cadi nm. Juge musulman.

cadmium [*myom'*] nm. Métal (Cd) blanc et mou, qui accompagne souvent le zinc dans ses minerais.

cadogan nm. Courte tresse de cheveux nouée d'un ruban.

cadrage nm. En photographie, mise en place de l'image. || Au cinéma, réglage de la projection sur l'écran.

cadran nm. Surface graduée sur laquelle sont marquées les heures ou d'autres divisions.

cadre nm. Bordure qui entoure une glace, un tableau, etc. || Monture d'une bicyclette. || Limites d'un espace; l'espace ainsi renfermé : *la mer et les montagnes forment à Nice un - magnifique.* || *Fig.* Plan d'un ouvrage littéraire : *un - ingénieux.* || Pl. Ensemble des chefs d'une formation militaire, d'une administration ou d'une entreprise.

cadrer vi. Avoir du rapport, concorder, bien aller ensemble.

caduc, uque adj. Vieux. || *Fig.* Démodé. || *Bot.* Se dit des feuilles qui tombent annuellement.

caducée nm. Baguette surmontée de deux ailes et entourée de deux serpents entrelacés. ‖ Attribut des corps de santé militaires et des médecins civils.

caducité nf. Etat de ce qui est caduc.

cæcal, e, aux adj. Relatif au cæcum.

cæcum [sé-kom'] nm. Anat. Début du gros intestin.

cafard nm. V. BLATTE. ‖ Fam. Idées noires : avoir le -.

cafard, e adj. et n. Hypocrite, faux dévot. ‖ Fam. Rapporteur.

cafarder vi. Faire le cafard. ‖ Vt. Fam. Dénoncer, rapporter.

café nm. Graine du caféier. ‖ Infusion faite avec la graine torréfiée. ‖ Débit de boissons.

café-concert nm. Sorte de petit théâtre, où le public consommait en écoutant des chansons.

caféier nm. Arbuste qui produit le café.

caféine nf. Alcaloïde tonique et stimulant extrait du café.

cafetan nm. Robe orientale.

cafetier, ère n. Qui tient un café.

cafetière nf. Récipient qui sert à faire ou à verser le café.

cafre adj. et n. De la Cafrerie.

cage nf. Loge grillée pour oiseaux ou animaux. ‖ - d'un escalier, d'un ascenseur, espace disposé dans une construction pour les recevoir.

cageot nm. Panier à volailles, à légumes : un - de fruits.

cagibi nm. Pop. Réduit, débarras.

cagneux, euse adj. Qui a les genoux tournés en dedans : cheval -.

cagnotte nf. Tirelire pour les contributions imposées aux joueurs. ‖ Somme ainsi recueillie.

cagot, e adj. et n. Faux dévot.

cagoterie nf. Attitude de cagot.

cagoule nf. Manteau de moine, sans manches et surmonté d'un capuchon. ‖ Capuchon percé à l'endroit des yeux.

cahier nm. Assemblage de feuilles de papier. ‖ - des charges, conditions imposées à un adjudicataire.

cahin-caha loc. adv. Fam. Tant bien que mal.

cahot nm. Saut d'une voiture sur un chemin raboteux.

cahotement nm. Action de cahoter.

cahoter vt. Secouer par des cahots. ‖ Vi. Provoquer des cahots.

cahoteux, euse adj. Qui provoque des cahots.

cahute nf. Habitation misérable.

caïd nm. En Algérie et en Tunisie, magistrat indigène. ‖ Au Maroc, gouverneur de province. ‖ Pop. Chef.

caïeu nm. Bourgeon qui se forme sur le côté d'un bulbe.

caillasse nf. Dépôt caillouteux.

caille nf. Gallinacé, voisin des perdrix. (Cri : la caille carcaille.)

caillé nm. Lait caillé.

caillebotis nm. Treillis de lattes sur sol boueux.

caillebotte nf. Masse de lait caillé.

caille-lait nm. inv. Nom vulgaire du gaillet.

cailler vt. Figer; coaguler.

cailleter vi. (c. jeter). Babiller beaucoup.

caillette nf. Femme frivole, bavarde.

caillette nf. Quatrième poche de l'estomac des ruminants.

caillot nm. Petite masse de liquide (surtout de sang) coagulé.

caillou nm. Petite pierre dure.

cailloutage nm. Pavage fait de cailloux. ‖ Ballast.

caillouteux, euse adj. Rempli de cailloux : chemin -.

cailloutis nm. Amas de cailloux.

caïman nm. Variété de crocodiles.

caïque nm. Embarcation turque.

cairn [kèrn] nm. Tumulus celtique. ‖ Pyramide de pierres édifiée comme repère en montagne ou dans une région désertique.

caisse nf. Coffre de bois. ‖ Tiroir à argent. ‖ Le contenu d'un coffre. ‖ Bureau du caissier. ‖ Corps d'une voiture. ‖ Tambour. ‖ Grosse -, sorte de gros tambour.

caissette nf. Petite caisse.

caissier, ère n. Employé qui tient la caisse.

caisson nm. Véhicule de transport des munitions d'artillerie. ‖ Compartiment creux pour décorer les plafonds. ‖ Caisse en tôle, employée pour les fondations établies sous l'eau. ‖ - d'aile, compartiment ménagé dans les ailes des avions porteurs.

cajoler vt. Caresser; flatter.

cajolerie nf. Flatterie affectée et intéressée.

cajoleur, euse adj. et n. Qui cajole.

cake [kèk'] nm. Gâteau anglais composé de farine, d'œufs, de raisins de Corinthe, etc.

cal nm. Durillon. ‖ Bourrelet de cicatrisation d'une fracture. ‖ Bot. Bouchon d'un tube criblé. ‖ Pl. des cals.

calage nm. Action de caler.

calamine nf. Minér. Silicate hydraté naturel de zinc. ‖ Dépôt charbonneux dans les cylindres d'un moteur.

calamistrer vt. Friser, onduler.

calamite nf. Minér. Espèce de gomme-résine. ‖ Sorte d'argile blanche. ‖ Plante fossile de la houille.

calamité nf. Malheur public.

calamiteux, euse adj. Qui s'accompagne de malheurs.

calandre nf. Machine pour lisser, lustrer, sécher ou glacer les étoffes et le papier. ‖ Insecte qui ronge le blé. ‖ Garniture de radiateur d'automobile.

calandrer vt. Passer à la calandre.

calanque nf. Petite crique, en Méditerranée.

calcaire adj. Qui contient de la chaux. ‖ Nm. Roche de carbonate de calcium.

calcanéum [*om*] nm. *Anat.* Os du talon.

calcédoine nf. Agate blanc bleuté.

calcification nf. Dépôt de sels calcaires dans les tissus organiques.

calcination nf. Action de calciner. ‖ Ses effets.

calciner vt. Réduire en chaux par l'action du feu. ‖ Soumettre à une température élevée.

calcium [*syom*] nm. Métal (Ca) blanc jaunâtre, très répandu dans la nature (calcaire).

calcul nm. Opération sur les nombres. ‖ Art de résoudre les problèmes. ‖ *Fig.* Combinaisons, mesures pour le succès d'une affaire : *déjouer les - de quelqu'un.* ‖ *Méd.* Concrétion pierreuse qui se forme dans les reins, la vessie ou dans la vésicule biliaire.

calculateur, trice adj. et n. Qui sait calculer. ‖ Nf. Machine à calculer.

calculer vt. Déterminer par le calcul. ‖ Supputer, compter. ‖ *Fig.* Combiner : *- les chances de succès.* ‖ Vi. Faire une opération arithmétique.

cale nf. Objet placé sous un autre pour le mettre d'aplomb ou l'immobiliser. ‖ Soute à bagages d'un navire ou d'un avion. ‖ Partie d'un port réservée au débarquement ou à la réparation.

calé, e part. et adj. *Fam.* Instruit, fort en : *- en histoire.*

calebasse nf. Fruit de diverses espèces de courges. ‖ Récipient fait avec ce fruit séché et vidé.

calebassier nm. Arbre d'Amérique qui produit des calebasses.

calèche nf. Voiture découverte à quatre roues.

caleçon nm. Culotte de dessous.

caléfaction nf. Echauffement. ‖ Etat d'une gouttelette liquide soutenue par sa propre vapeur sur une plaque métallique très chaude.

calembour nm. Jeu de mots fondé sur une équivoque de sens ou une similitude de sons.

calembredaine nf. Plaisanterie.

calendes nfpl. Premier jour du mois chez les Romains. ‖ *Renvoyer aux grecques,* ajourner définitivement (car les mois grecs n'avaient pas de calendes).

calendrier nm. Tableau des jours de l'année. ‖ *- républicain,* substitué au calendrier grégorien sous la première République. (Commençant le 22 septembre, il partageait l'année en 12 mois de 30 jours : vendémiaire, brumaire, frimaire; nivôse, pluviôse, ventôse; germinal, floréal, prairial; messidor, thermidor, fructidor. Les 5 jours complémentaires étaient des jours fériés.)

calepin nm. Carnet pour notes.

caler vt. Assujettir avec une cale. ‖ *Mar. - la voile,* la baisser. ‖ Vi. Enfoncer dans l'eau : *ce bâtiment cale trop.* ‖ *Pop.* Céder, reculer. ‖ S'arrêter : *le moteur a calé.*

calfat nm. Ouvrier qui calfate.

calfatage nm. Action de calfater.

calfater vt. Boucher avec de l'étoupe goudronnée les fentes d'un vaisseau.

calfeutrage ou **calfeutrement** nm. Action de calfeutrer.

calfeutrer vt. Boucher les fentes d'une porte, d'une fenêtre. ‖ Se vpr. Se tenir enfermé.

calibrage nm. Action de calibrer.

calibre nm. Diamètre intérieur du canon d'une arme à feu. ‖ Diamètre d'un projectile. ‖ *Fig.* Qualité, caractère, valeur : *des gens de même -.*

calibrer vt. Donner le calibre : *- des balles.* ‖ Mesurer le calibre : *- un fusil.*

calice nm. Enveloppe des fleurs formée par les sépales. ‖ Vase sacré. ‖ *Fig. Boire le - jusqu'à la lie,* endurer jusqu'au bout les plus grandes afflictions.

calicot nm. Toile de coton. ‖ *Pop.* Commis du magasin de nouveautés.

califat nm. Dignité de calife.

calife nm. Titre pris par les successeurs de Mahomet.

califourchon (à) loc. adv. A cheval, jambe d'un côté, jambe de l'autre.

câlin, e adj. et n. Doux et caressant.

câliner vt. Caresser, cajoler.

câlinerie nf. Action de câliner; manière câline.

calleux, euse adj. Où il y a des cals.

calligraphe n. Qui a une belle écriture. ‖ Copiste habile.

calligraphie nf. Art de calligraphier.

calligraphier vt. Former avec art les lettres écrites.

callosité nf. Epaississement et durcissement de l'épiderme.

calmar nm. Mollusque céphalopode marin, voisin des seiches.

calme adj. Qui est sans agitation.

tranquille. ‖ Qui ne s'emporte point.
‖ Nm. Absence d'agitation.

calmer vt. Apaiser; rendre calme. ‖
Se - vpr. S'apaiser; reprendre son
sang-froid. ‖ **Calmant**, e part. et adj.
Qui calme. ‖ Nm. Remède pour calmer
la douleur. ‖ **Calmement** adv.

calomel nm. Chlorure mercureux,
blanc, purgatif.

calomniateur, trice n. Personne
qui calomnie.

calomnie nf. Fausse accusation contre
la réputation, l'honneur.

calomnier vt. Accuser faussement.

calomnieux, euse adj. Qui contient
des calomnies : *discours* -.

calorie nf. Unité de quantité de
chaleur (symb. : cal). ‖ *Grande* - (ou
millithermie), *petite* - (ou *microthermie*), quantités de chaleur nécessaires pour élever d'un degré centésimal la température d'un kilogramme
ou d'un gramme d'eau.

calorifère adj. Qui conduit la chaleur. ‖ Nm. Appareil destiné à chauffer une maison, un édifice.

calorifique adj. Qui concerne la chaleur : *rayons* -.

calorifuge adj. et nm. Qui empêche
les déperditions de chaleur.

calorifugeage nm. Action de calorifuger.

calorifuger vt. (c. *manger*). Protéger contre les déperditions de chaleur : - *une canalisation.*

calorimètre nm. Instrument pour
mesurer les quantités de chaleur.

calorimétrie nf. Partie de la physique ayant pour objet la mesure des
quantités de chaleur **dégagées** ou
absorbées.

calorique nm. Principe de la chaleur.

calot nm. Bonnet de police.

calotin ou **calottin** nm. *Par dénigr.*
Partisan des prêtres.

calotte nf. Petit bonnet, principalement à l'usage des ecclésiastiques. ‖
Par dénigr. Le clergé. ‖ *Fam.* Tape
sur la tête. ‖ - *crânienne*, partie supérieure de la boîte crânienne.

calotter vt. *Fam.* Donner des calottes.

calquage nm. Action de calquer.

calque nm. Copie d'un dessin sur
transparent. ‖ *Papier-calque*, papier
transparent. ‖ *Fig.* Imitation servile.

calquer vt. Reproduire à l'aide d'un
calque. ‖ *Fig.* Imiter servilement.

calquier nm. Pointe à calquer.

calumet nm. Pipe à long tuyau des
Indiens de l'Amérique du Nord.

calvados nm. Eau-de-vie de cidre.

calvaire nm. Croix élevée sur un
socle. ‖ *Fig.* Souffrance : *gravir son* -.

calville nm. ou f. Variété de pomme
très estimée.

calvinisme nm. Doctrine de Calvin.

calviniste adj. Relatif au calvinisme.
‖ N. Sectateur de Calvin.

calvitie [*sî*] nf. Etat d'une tête
chauve.

camaïeu nm. Peinture exécutée avec
différents tons d'une même couleur. ‖
Pierre fine à deux couches superposées
et diversement colorées.

camail nm. Courte pèlerine à capuchon de certains ecclésiastiques.

camarade n. Compagnon. ‖ Terme de
familiarité, de bienveillance.

camaraderie nf. Union entre camarades. ‖ Familiarité.

camard, e adj. et n. Qui a le nez plat
et comme écrasé. ‖ Nf. *Pop.* La mort.

camarilla [*ri-ya*] nf. Coterie influente
à la cour d'Espagne. ‖ *Par ext.* Petit
groupe politique influent.

cambiste nm. Personne qui s'occupe
des changes.

cambium nm. *Bot.* Zone génératrice
comprise entre le bois et le liber.

cambodgien, enne adj. et n. Du
Cambodge.

cambouis nm. Huile noircie par le
frottement des pièces d'un mécanisme.

cambrai nm. Toile fine de lin. ‖ Dentelle.

cambrer vt. Courber en forme d'arc,
se redresser : - *la taille.*

cambriolage nm. Action de cambrioler.

cambrioler vt. Dévaliser un appartement.

cambrioleur, euse n. Personne qui
cambriole.

cambrure nf. Courbure en arc.

cambuse nf. *Mar.* Magasin de vivres
d'un navire. ‖ *Fam.* Auberge, cantine
mal tenues.

cambusier nm. *Mar.* Matelot s'occupant de la cambuse. ‖ Gargotier.

came nf. Saillie transmettant ou commandant un mouvement mécanique.

camée nm. Pierre fine sculptée en
relief. ‖ Peinture imitant le camée.

caméléon nm. Lézard de couleur
changeante. ‖ *Fig.* Emblème de l'opportunisme.

camélia nm. *Bot.* Arbrisseau originaire d'Asie orientale. ‖ Sa fleur.

caméline nf. Plante oléagineuse à
fleurs jaunes.

camelot nm. *Vendeur de camelote.*
Etoffe grossière de laine. ‖ Crieur de
journaux.

camelote nf. *Fam.* Marchandise inférieure. ‖ Ouvrage mal fait.

camembert nm. Fromage à pâte
molle, très estimé.

caméra nf. Appareil pour prises de vues cinématographiques.

camérier nm. Officier de la chambre du pape.

camériste nf. Femme de chambre des dames de qualité. || *Par ext.* Femme de chambre.

camerlingue nm. Cardinal chargé des affaires de l'Eglise pendant la vacance du Saint-Siège.

camion nm. Grand chariot bas. || Grosse automobile de transport. || Seau à peinture.

camionnage nm. Transport par camion. || Prix de ce transport.

camionner vt. Transporter sur un camion.

camionnette nf. Camion léger.

camionneur nm. Qui conduit un camion. || Entrepreneur de camionnage.

camisole nf. Vêtement de femme court et à manches. (Vx.) || - *de force*, blouse en grosse toile immobilisant les fous furieux.

camomille [*miy'*] nf. Plante odoriférante à fleurs jaunes médicinales.

camouflage nm. Dissimulation, maquillage du matériel et de la troupe pour les soustraire aux vues de l'ennemi.

camoufler vt. Dissimuler à l'ennemi.

camouflet nm. *Fam.* Affront, vexation humiliante.

camp nm. Terrain réservé à l'entraînement d'une troupe, à l'installation des tentes de touristes, à la concentration de prisonniers. || *Fig.* Parti politique : *ville divisée en deux -.*

campagnard, e n. et adj. Qui habite la campagne. || Propre à la campagne.

campagne nf. Etendue de terrain découvert : *en rase -.* || Les champs en général : *aimer la -.* || *Fig.* Expédition militaire : *une glorieuse -.* || Moyen de propagande : *une - publicitaire.* || *Battre la -*, déraisonner, divaguer.

campagnol nm. Petit rat des champs.

campanile nm. Tour servant de clocher, ne faisant pas corps avec l'église.

campanule nf. Plante monopétale, à fleurs en forme de cloche.

campêche nm. Arbre de l'Amérique tropicale dont le bois fournit une teinture rouge.

campement nm. Action de camper. || Camp. || Installation provisoire.

camper vi. Etablir un camp militaire. || S'installer provisoirement. || Vivre sous la tente. || Vt. Quitter, abandonner : *- là quelqu'un.* || Se - vpr. Se mettre dans une posture hardie ou insolente : *se - devant quelqu'un.*

campeur, euse adj. et n. Personne qui fait du camping.

camphre nm. Résine aromatique, cristallisée, extraite du camphrier.

camphré, e adj. Qui contient du camphre : *alcool -.*

camphrer vt. Imprégner de camphre.

camphrier nm. Laurier d'Extrême-Orient fournissant le camphre.

camping nm. Sport consistant à camper en plein air. || Terrain aménagé pour camper.

camus, e adj. Court et plat, en parlant du nez.

canada nm. Variété de pomme.

canadien, enne adj. et n. Du Canada.

canadienne nf. Long canot. || Veste doublée de fourrure.

canaille nf. Vile populace. || Personne méprisable. || Adj. : *air -.*

canaillerie nf. Acte de canaille.

canal nm. Voie d'eau navigable creusée par l'homme. || *Méd.* Vaisseau du corps : *canaux veineux.* || *Fig.* Voie; moyen, intermédiaire : *par le - de la presse.*

canalisable adj. Qui peut être canalisé.

canalisation nf. Action de canaliser. || Réseau de canaux, de conduits.

canaliser vt. Ouvrir des canaux. || Rendre navigable. || *Fig.* Orienter dans une direction : *- la foule.*

canapé nm. Long siège à dossier pour plusieurs personnes.

canard nm. Oiseau aquatique palmipède. (Cri : le canard *cancane.*) || *Fig. et fam.* Fausse nouvelle : *c'est un -.* || *Par ext.* Journal de peu de valeur. || Note fausse. || Morceau de sucre trempé dans du café ou de l'alcool.

canarder vt. *Fam.* Tirer d'un lieu abrité sur quelqu'un.

canardière nf. Mare pour les canards. || Long fusil de chasse.

canari nm. Serin originaire des îles Canaries.

canasta nf. Jeu de cartes d'origine sud-américaine.

cancan nm. *Fam.* Bavardage médisant. || Danse excentrique : *le french -.*

cancaner vi. Crier, en parlant du canard. || *Fam.* Médire.

cancanier, ère adj. et n. Qui a l'habitude de cancaner.

cancer nm. Tumeur maligne qui envahit et détruit les tissus.

cancéreux, euse adj. De la nature du cancer : *tumeur -.*

cancre nm. Crabe, tourteau. || *Fig. et fam.* Ecolier paresseux.

cancrelat nm. Nom vulgaire des *blattes.*

candela nf. Unité légale d'intensité lumineuse (symb. : cd).

candélabre nm. Chandelier à plusieurs branches. ‖ Fût d'un appareil d'éclairage public.

candeur nf. Pureté, innocence.

candi adj. m. Se dit du sucre dépuré, à demi transparent, en gros cristaux.

candidat, e n. Personne qui postule un emploi, un diplôme.

candidature nf. Qualité de candidat : *poser sa -.*

candide adj. Qui a de la candeur. ‖ Qui marque la candeur : *air -.*

candir vt. Faire fondre du sucre jusqu'à ce qu'il soit candi.

cane nf. Femelle du canard.

canepetière nf. Espèce d'outarde.

canéphore nf. Jeune fille qui portait sur la tête les offrandes destinées aux sacrifices.

caneton nm. Jeune canard.

canette nf. Petite cane. ‖ Petite bouteille de bière. ‖ Petit cylindre sur lequel sont enroulés les fils dans la navette.

canevas nm. Grosse toile à tapisserie. ‖ *Fig.* Plan d'un ouvrage littéraire. ‖ *Géol.* Ensemble des triangles d'un levé topographique.

cangue nf. Carcan chinois. ‖ Le supplice lui-même.

caniche nm. Barbet à poils frisés. ‖ Adj. : *chien -.*

caniculaire adj. Qui tient de la canicule.

canicule nf. Epoque des grandes chaleurs (22 juil.-23 août).

canif nm. Petit couteau de poche.

canin, e adj. Qui tient du chien. ‖ Nf. *Anat.* Nom des quatre dents pointues de l'homme. ‖ Adj. : *une dent -.*

caniveau nm. Pierre creusée pour l'écoulement des eaux. ‖ Rigole.

cannage nm. Action de garnir un siège avec des lanières de rotin ; son résultat.

canne nf. Roseau, jonc, bâton, pour s'appuyer en marchant. ‖ *- à sucre,* roseau dont on tire le sucre.

canneler vt. (c. *appeler*). Orner de cannelures.

cannelier nm. Laurier originaire des Indes orientales.

cannelle nf. Ecorce du cannelier employée comme aromate.

cannelle nf. Robinet de tonneau.

cannelure nf. Rainure creusée au flanc d'une colonne, d'un pilastre, etc.

canner vt. Garnir d'un cannage. ‖ Canné, e part. et adj. : *une chaise -.*

canneur, euse n. Qui canne les sièges.

cannibale adj. et nm. Anthropophage.

cannibalisme nm. Anthropophagie. ‖ *Par exagér.* Grande férocité.

canoë nm. Légère embarcation mue à la pagaie.

canoéiste nm. Qui pratique le canoë.

canon nm. Pièce d'artillerie. ‖ Tube d'arme à feu. ‖ Mesure de vin. ‖ Partie forée d'une clef. ‖ Os de la jambe du cheval.

canon nm. Règle religieuse. ‖ Partie essentielle de la messe. ‖ Morceau de musique attaqué et repris successivement par plusieurs voix. ‖ Modèle : *le - de la beauté antique.* ‖ Adj. *Droit -,* droit ecclésiastique.

cañon [*gnon*] nm. Gorge sinueuse et profonde creusée par un cours d'eau.

canonial, e, aux adj. Réglé par les canons de l'Eglise. ‖ Qui a rapport à un canonicat.

canonicat nm. Dignité, office de chanoine.

canonique adj. Conforme aux règles de l'Eglise. ‖ *Age -,* imposé aux servantes d'ecclésiastiques (quarante ans).

canonisation nf. Action de canoniser.

canoniser vt. Mettre au nombre des saints.

canonnade nf. Echange ou suite de coups de canon.

canonner vt. Battre à coups de canon.

canonnier nm. Soldat ou marin servant le canon.

canonnière nf. Embrasure de tir dans une muraille. ‖ Petit bâtiment armé de canons.

canot nm. Barque munie d'avirons.

canotage nm. Action de canoter.

canoter vi. Se livrer à l'exercice du canotage ; ramer.

canotier nm. Rameur de l'équipage d'un canot. ‖ Chapeau de paille à bord plat et étroit.

cantabile [*bi-lé*] nm. Mélodie expressive, souvent mélancolique.

cantal nm. Fromage d'Auvergne.

cantaloup nm. Melon à grosses côtes et à chair orangée.

cantate nf. Poème destiné à être mis en musique. ‖ Musique faite pour ce poème.

cantatrice nf. Chanteuse professionnelle de talent.

canter [*can'-tèr*] nm. Galop d'essai, en parlant d'un cheval de course.

cantharide nf. Insecte coléoptère d'un beau vert doré.

cantilène nf. Romance monotone et mélancolique.

cantine nf. Restaurant où l'on vend à boire et à manger aux personnes d'une collectivité (ouvriers, soldats, écoliers, etc.). ‖ Petite malle d'officier, de colonial.

cantinier, ère n. Personne qui tient une cantine.

cantique nm. Chant religieux.

canton nm. Subdivision d'un arrondissement. ‖ Section de voie ferrée.

cantonade nf. Intérieur des coulisses d'un théâtre. ‖ *Parler à la -*, parler à un personnage que les spectateurs ne peuvent apercevoir.

cantonal, e, aux adj. Relatif au canton.

cantonnement nm. Installation de troupes chez l'habitant. ‖ Lieu où elles cantonnent.

cantonner vt. Répartir des troupes dans une localité. ‖ Vi. S'installer; se loger. ‖ Se - vpr. S'enfermer; s'isoler. ‖ *Fig. Se - dans une science*, se limiter à son étude.

cantonnier nm. Ouvrier chargé de l'entretien des routes.

canule nf. Petit tuyau qui s'adapte au bout d'une seringue.

canut, use n. A Lyon, ouvrier, ouvrière qui tissent la soie.

caoutchouc nm. Substance élastique et résistante provenant du latex d'arbres tropicaux comme l'hévéa et le ficus. ‖ *- synthétique*, produit analogue au caoutchouc naturel et obtenu par synthèse.

caoutchouter vt. Enduire ou garnir de caoutchouc.

cap nm. Tête : *armé de pied en -*. (Vx.) ‖ Pointe de terre élevée qui s'avance dans la mer. ‖ Mar. Avant d'un vaisseau : *mettre le - sur*. Direction. ‖ *Mettre le - sur*, se diriger vers. ‖ *Doubler un -*, le contourner.

capable adj. Propre à, disposé à. ‖ Habile; intelligent.

capacitaire n. Titulaire du diplôme de capacité en droit.

capacité nf. Contenance. ‖ Quantité d'électricité que peut restituer un accumulateur. ‖ *Fig.* Intelligence; habileté : *un homme d'une grande -*. ‖ *- en droit*, diplôme sanctionnant deux années d'études.

caparaçon nm. Housse d'ornement pour les chevaux.

caparaçonner vt. Couvrir du caparaçon.

cape nf. Manteau sans manches. ‖ Chapeau melon. ‖ *Rire sous -*, en dessous. ‖ Mar. Grande voile du grand mât. ‖ *Etre à la -*, naviguer par mauvais temps, avec voilure réduite.

capeline nf. Coiffure de femme, couvrant les épaules.

capétien [*syin*], **enne** adj. Qui se rapporte aux Capétiens.

capharnaüm [*na-om'*] nm. Lieu encombré d'objets hétéroclites.

capillaire adj. Relatif aux cheveux.

‖ Fin comme un cheveu. ‖ Nm. Fougère à fronde souple et déliée.

capillarité nf. Etat d'un tube ou d'un conduit capillaire. ‖ Ensemble des phénomènes se produisant dans les tubes capillaires.

capilotade nf. Ragoût. (Vx.) ‖ *Mettre en -*, mettre en pièces.

capitaine nm. Chef d'une compagnie, d'un escadron ou d'une batterie. ‖ Commandant d'un vaisseau, d'un port, etc. ‖ Habile général. ‖ Chef d'une équipe sportive.

capital nm. Somme qui rapporte intérêt. ‖ Fonds d'une société d'exploitation. ‖ Bien que l'on possède.

capital, e, aux adj. Essentiel; fondamental. ‖ Qui entraîne la peine de mort : *sentence -*. ‖ *Peine -*, peine de mort. ‖ *Lettre -*, majuscule.

capitale nf. Ville où se trouve le siège des pouvoirs publics. ‖ *Typogr.* Lettre majuscule.

capitalisation nf. Action de capitaliser, d'amasser.

capitaliser vt. Convertir en capitaux : *- des intérêts*. ‖ Vi. Thésauriser.

capitalisme nm. Puissance des capitaux ou des capitalistes. ‖ Ensemble des capitalistes.

capitaliste n. et adj. Qui possède des capitaux engagés dans des industries. ‖ *Fam.* Celui qui a beaucoup d'argent.

capitan nm. Fanfaron, bravache.

capitation nf. Taxe par tête.

capiteux, euse adj. Qui enivre.

capiton nm. Bourre de soie.

capitonnage nm. Action de capitonner. ‖ Ouvrage capitonné.

capitonner vt. Rembourrer.

capitoul nm. Nom des anciens édiles de Toulouse.

capitulaire adj. Qui appartient à un chapitre de chanoines ou de religieux. ‖ Nmpl. Anciennes ordonnances royales.

capitulation nf. Reddition d'une place, d'une armée ou des forces militaires d'un pays. ‖ Convention qui règle les droits des sujets d'une puissance sur le territoire d'une autre.

capitule nm. Inflorescence de fleurs composées.

capituler vi. Signer une capitulation. ‖ *Fig.* Céder.

capon, onne adj. et n. *Fam.* Poltron.

caporal nm. Militaire du grade le moins élevé dans les troupes à pied. ‖ Tabac à fumer de qualité ordinaire.

caporalisme nm. Autoritarisme étroit et mesquin.

capot nm. Pièce de toile protectrice employée dans la marine. ‖ Couverture du moteur dans une automobile.

capot adj. inv. *Jeux.* Se dit du joueur qui, aux cartes, ne fait aucune levée.

capotage nm. Disposition de la capote d'une voiture. ‖ Culbute d'une voiture ou d'un avion.

capote nf. Manteau militaire. ‖ Chapeau de femme. ‖ Couverture mobile d'une voiture.

capoter vt. Adapter une capote à une voiture. ‖ Vi. Culbuter, se retourner.

câpre nf. Bouton floral du câprier, qui s'utilise confit dans le vinaigre.

caprice nm. Décision subite et irréfléchie ; fantaisie d'imagination. ‖ Goût passager : *les - de la mode.*

capricieux, euse adj. Qui a des caprices. ‖ Fantaisiste : *mode -.*

capricorne nm. Insecte coléoptère à longues cornes. ‖ *Astron.* Signe du zodiaque.

câprier nm. Arbrisseau épineux des régions chaudes.

caprin, e adj. Relatif à la chèvre.

capsulage nm. Action de capsuler.

capsule nf. *Bot.* Enveloppe sèche qui renferme les graines. ‖ Amorce pour les armes à feu. ‖ Coiffe métallique sertie sur le bouchon d'une bouteille. ‖ *Chim.* Vase arrondi pour les évaporations.

capsuler vt. Sertir le goulot d'une bouteille d'une coiffe métallique.

captage nm. Action de capter une source.

captateur, trice n. Personne qui use de captation.

captation nf. Manœuvre perfide pour s'emparer d'une succession, d'un legs.

capter vt. Obtenir par insinuation : *- la confiance.* ‖ Intercepter des eaux : *- une rivière.* ‖ Recevoir une émission : *- un message radiophonique.*

captieux, euse adj. Insidieux ; qui tend à tromper : *une question -.*

captif, ive adj. et n. Prisonnier. ‖ Attaché : *ballon -.*

captiver vt. Intéresser ; séduire, charmer : *- un auditoire.*

captivité nf. Privation de la liberté.

capture nf. Arrestation. ‖ Prise sur l'ennemi. ‖ Chose capturée.

capturer vt. S'emparer d'un être ou d'une chose.

capuce nm. Capuchon de religieux.

capuche nf. Coiffure féminine en forme de capuchon.

capuchon nm. Vêtement de tête qui peut se rabattre en arrière.

capucin, ine n. Religieux, religieuse franciscains. ‖ *Fam.* Lièvre.

capucinade nf. Tirade banale sur la morale. ‖ Mauvais sermon.

capucine nf. Plante ornementale de culture très facile.

capulet nm. Capuchon féminin.

caque nf. Barrique où l'on presse les harengs salés ou fumés.

caquet nm. Cri de la poule qui va pondre. ‖ Babil importun. ‖ *Rabattre le - de quelqu'un,* le faire taire.

caquetage nm. Action de caqueter.

caqueter vi. (c. *jeter*). Crier, en parlant des poules. ‖ *Fig.* Babiller.

caqueteur, euse adj. et n. Qui caquette ; qui bavarde.

car conj. Marque la preuve, la raison de la proposition avancée : *il faut partir - il est tard.* ‖ Nm. inv. : *avoir toujours des « si », des « mais » et des « - ».*

car nm. Voiture automobile de transport en commun.

carabe nm. Insecte coléoptère carnivore auxiliaire du jardinier.

carabin nm. *Fam.* Etudiant en chirurgie, en médecine.

carabine nf. Fusil court, léger, à canon rayé.

carabiné, e adj. *Fam.* Violent, excessif : *un rhume -.*

carabinier nm. Soldat armé d'une carabine.

caraco nm. Corsage assez ample.

caracole nf. Succession de demi-tours exécutés par un cheval.

caracoler vi. Faire des caracoles. ‖ Cabrioler, sautiller.

caractère nm. Signe d'écriture. ‖ Type dont on se sert dans l'imprimerie. ‖ *Fig.* Manière d'agir et de sentir propre à une personne ou à un groupe : *un mauvais -.* ‖ Fermeté : *montrer du -.* ‖ Marque, empreinte : *les - de la grandeur.* ‖ Expression, physionomie : *danse de -.* ‖ Ce qui est propre à une chose : *le - d'une œuvre.*

caractériel adj. Relatif au caractère. ‖ N. Enfant inadapté ou mal adapté, par suite de troubles de caractère.

caractériser vt. Marquer par un caractère distinctif.

caractéristique adj. Qui caractérise.

caracul nm. Mouton d'Asie centrale, à toison longue et ondulée. ‖ Sa fourrure.

carafe nf. Sorte de bouteille à base large, en verre blanc ou en cristal.

carafon nm. Petite carafe.

caraïbe adj. et n. Qui se rapporte aux autochtones des Antilles.

carambolage nm. Action de caramboler. ‖ *Fam.* Série de chocs, de heurts : *un - de voitures.*

caramboler vi. Au billard, avec une bille, toucher les deux autres. ‖ *Fam.* Heurter, bousculer.

carambouillage nm. Escroquerie consistant à revendre une marchandise sans l'avoir payée.

carambouilleur nm. Celui qui pratique le carambouillage.

caramel nm. Sucre fondu et roussi.

caramélisation nf. Action de caraméliser.

caraméliser vt. Transformer du sucre en caramel.

carapace nf. Enveloppe résistante protégeant le corps de certains animaux (tortues, insectes, crustacés).

caraque nf. Grand navire utilisé jusqu'à la fin du XVI⁰ s.

carat nm. Partie d'or fin pesant un vingt-quatrième du poids total : *l'or à 18 - est au titre de 0,750.* || - *métrique,* unité de poids des diamantaires valant 0,2 g.

caravane nf. Troupe de voyageurs en Afrique, en Orient. || Groupe de touristes. || Remorque de camping.

caravanier nm. Conducteur des bêtes de somme, dans une caravane.

caravansérail nm. Hôtellerie pour les caravanes.

caravelle nf. Navire des XV⁰ et XVI⁰ s. : *la - de Christophe Colomb.*

carbochimie nf. Chimie industrielle des produits issus de la houille.

carbonado nm. Diamant noir armant les outils de forage.

carbonarisme nm. Société politique secrète qui se forma en Italie au début du XIX⁰ s.

carbonaro nm. Affilié au carbonarisme. || Pl. des *carbonari.*

carbonate nm. *Chim.* Sel de l'acide carbonique.

carbone nm. *Chim.* Corps simple (C) cristallisé (diamant, graphite) ou amorphe (houille, etc.).

carbonifère adj. et n. Qui contient du charbon. || Période géologique au cours de laquelle se forma la houille.

carbonique adj. Se dit d'un gaz (CO_2) résultant de la combinaison du carbone avec l'oxygène.

carbonisation nf. Action de carboniser.

carboniser vt. Réduire en charbon.

carbonnade nf. Viande grillée.

Carborundum nm. (nom déposé). Carbure de silicium, utilisé comme abrasif : *des meules en -.*

carburant adj. et nm. Qui contient un carbure d'hydrogène. || Combustible pour moteurs à explosion.

carburateur nm. Appareil dans lequel se produit la carburation.

carburation nf. Saturation d'air par un hydrocarbure, pour former un mélange détonant.

carbure nm. *Chim.* Combinaison du carbone avec un corps simple : *le - de calcium, sous l'action de l'eau, donne l'acétylène.*

carburé, e adj. Qui contient du carbone.

carcailler vt. Crier (caille).

carcan nm. Collier de fer qui servait autrefois à attacher un criminel au poteau. || Cette peine.

carcasse nf. Charpente osseuse d'un animal. || Armature, charpente d'un édifice. || Monture : *une - d'abat-jour.*

carcel nm. Ancienne lampe à huile.

cardage nm. Action de carder.

cardan nm. Articulation mécanique transmettant les mouvements dans tous les sens.

carde nf. Côte comestible du cardon. || Machine garnie de pointes métalliques pour peigner le drap.

carder vt. Peigner, démêler à la carde.

cardeur, euse n. Personne qui carde.

cardia nm. *Anat.* Ouverture supérieure de l'estomac.

cardialgie nf. Douleur du cœur ou du cardia.

cardiaque adj. Qui appartient au cœur. || N. Personne atteinte d'une maladie de cœur.

cardigan nm. Pull-over féminin se boutonnant comme une veste, descendant jusqu'aux hanches.

cardinal, e, aux adj. Principal : *les vertus -, les points -.* || *Nombre -,* celui qui exprime la quantité.

cardinal nm. Prélat du sacré collège. || Oiseau, à plumage rouge, de l'Amérique du Nord.

cardinalat nm. Dignité de cardinal.

cardinalice adj. Relatif aux cardinaux : *la pourpre -.*

cardiogramme nm. Tracé obtenu avec le cardiographe.

cardiographe nm. Appareil enregistreur des mouvements du cœur.

cardiologue nm. Médecin spécialiste des maladies du cœur.

cardite nf. *Méd.* Inflammation du cœur.

cardon nm. Plante potagère du même genre que l'artichaut.

carême nm. Période d'abstinence. || *Fig. Face de -,* visage pâle et défait.

carême-prenant nm. Les trois jours gras avant le mercredi des Cendres. || Pl. des *carêmes-prenants.*

carénage nm. Action de caréner.

carence nf. Absence, manque de quelque chose. || *Par ext.* Inertie, inaction.

carène nf. Partie immergée de la coque d'un navire.

caréné, e adj. Qui a une forme aérodynamique : *voiture bien -.*

caréner vt. (c. *céder*). Nettoyer, peindre ou réparer la carène d'un navire. ‖ Affiner les formes.

caresse nf. Marque d'affection en paroles ou en actions. ‖ Frôlement doux et agréable.

caresser vt. Faire des caresses. ‖ *Fig.* Entretenir avec complaisance, nourrir : - *un espoir*.

caret nm. Tortue de mer. ‖ *Fil de -*, gros fil à cordages.

carex nm. Plante des terrains marécageux.

cargaison nf. Charge en marchandises d'un navire.

cargo nm. Navire destiné au transport des marchandises.

cariatide ou **caryatide** nf. Statue soutenant une corniche.

caribou nm. Renne du Canada.

caricatural, e, aux adj. Qui tient de la caricature.

caricature nf. Portrait outré accentuant les défauts ou les tares. ‖ *Fig.* et *fam.* Personnage ridicule.

caricaturer vt. Reproduire en caricature.

caricaturiste n. Personne qui fait des caricatures.

carie nf. Infection destructrice des os et des dents. ‖ Maladie des blés.

carier vt. (c. *prier*). Gâter par l'effet de la carie. ‖ **Se** - vpr. Se gâter.

carillon nm. Sonnerie de cloches. ‖ Réunion de cloches accordées à différents tons. ‖ Horloge qui sonne des airs. ‖ *Fig.* Grand bruit.

carillonner vi. Sonner le carillon. ‖ Faire beaucoup de bruit. ‖ *Fam.* Agiter fortement une sonnette. ‖ Vt. Annoncer à grand bruit : - *une nouvelle*.

carillonneur nm. Qui carillonne.

carlin nm. Petit dogue à museau noir et écrasé.

carlingue nf. Pièce de bois renforçant intérieurement la quille d'un navire. ‖ Partie de l'avion réservée au pilote et aux passagers.

carmagnole nf. Veste courte, en usage pendant la Révolution. ‖ Ronde révolutionnaire.

carme nm., **carmélite** nf. Religieux, religieuse du Carmel.

carmin nm. Couleur d'un rouge éclatant. ‖ Adj. inv. De la couleur du carmin : *des étoffes -*.

carminatif, ive adj. Se dit des remèdes contre les flatulences.

carnage nm. Massacre ; tuerie.

carnassier, ère adj. Qui se repaît de chair crue.

carnassière nf. Sac à gibier. ‖ Grosse molaire chez les carnivores.

carnation nf. Teint, coloration des chairs d'une personne.

carnaval nm. Temps destiné aux divertissements, du jour des Rois au carême. ‖ Ces divertissements eux-mêmes. ‖ Pl. des *carnavals*.

carnavalesque adj. Grotesque, extravagant.

carne nf. *Pop.* Mauvaise viande. ‖ Mauvais cheval.

carné, e adj. *Bot.* Couleur de chair. ‖ A base de viande : *alimentation -*.

carnet nm. Petit livre de notes. ‖ Assemblage de tickets, de timbres, etc.

carnier nm. Sac à gibier.

carnivore adj. et n. Qui se nourrit de chair. ‖ Nmpl. Ordre de mammifères à denture complète, estomac simple et griffes aiguës.

carolingien, enne adj. Relatif à la dynastie issue de Charles Martel.

carotide nf. Chacune des deux artères principales qui portent le sang à la tête. ‖ Adj. : *artère -*.

carottage nm. Forage profond à l'aide d'un trépan, pour étudier la formation du sous-sol : *le - d'un puits*.

carotte nf. Racine potagère. ‖ Tabac roulé en forme de carotte. ‖ Petit cylindre de roches obtenu par sondage. ‖ Enseigne des bureaux de tabac.

carotter vt. *Fam.* Soutirer quelque chose par fourberie.

caroube ou **carouge** nf. Fruit du caroubier.

caroubier nm. Arbre méditerranéen à bois rouge.

carpe nf. Poisson d'eau douce.

carpe nm. Nom des os du poignet.

carpelle nm. (f. Acad.). Organe qui porte ou protège les ovules dans le pistil.

carpette nf. Petit tapis.

carpien, enne adj. Qui a rapport au carpe : *les os -*.

carpillon nm. Très petite carpe.

carpocapse nm. Papillon produisant le ver de la pomme.

carquois nm. Etui à flèches.

carrare nm. Marbre blanc de Carrare (Italie).

carre nf. Epaisseur d'un objet plat, coupé à angle droit. ‖ Bordure métallique d'un ski.

carré, e adj. Qui est taillé en forme quadrangulaire. ‖ *Fig. Epaules -*, larges. ‖ *Arith. Racine - d'un nombre*, le nombre qui, multiplié par lui-même, reproduit le nombre donné.

carré nm. *Math.* Quadrilatère ayant ses quatre angles droits et ses quatre côtés égaux. ‖ Palier d'escalier. ‖ Salle réservée aux officiers d'un navire. ‖ Partie de jardin où l'on cultive une même plante : - *de choux*. ‖ Produit d'un nombre multiplié par lui-même.

carreau nm. Sorte de pavé plat de terre cuite, de faïence, etc. ‖ Verre de fenêtre. ‖ Coussin carré. ‖ Dessin de forme carrée : *une étoffe à -*. ‖ Fer de tailleur. ‖ Une des couleurs du jeu de cartes. ‖ - *des Halles*, endroit où l'on étale et vend les fruits, les légumes. ‖ - *d'une mine*, emplacement du charbon, à sa sortie de la mine. ‖ *Fig. Rester sur le -*, être tué sur place.

carrefour nm. Croisement de plusieurs chemins ou de plusieurs rues.

carrelage nm. Action de carreler. ‖ Assemblage de carreaux.

carreler vt. (c. *appeler*). Assembler des carreaux constituant un pavage.

carrelet nm. Grosse aiguille de bourrelier. ‖ Règle quadrangulaire. ‖ Filet de pêche. ‖ Poisson de mer.

carreleur nm. Ouvrier qui pose des carreaux.

carrément adv. A angle droit, d'équerre, d'aplomb. ‖ *Fig*. Franchement, sans détours : *répondez -*.

carrer vt. Rendre carré. ‖ **Se -** vpr. Se mettre à l'aise : *se - dans un fauteuil*.

carrick nm. Redingote à plusieurs collets.

carrier nm. Ouvrier qui extrait les pierres. ‖ Celui qui exploite une carrière.

carrière nf. *Fig*. Cours de la vie. ‖ Profession. ‖ Pleine liberté : *donner - à son imagination*.

carrière nf. Lieu à ciel ouvert, d'où l'on extrait un minéral.

carriole nf. Petite charrette.

carrossable adj. Que les voitures peuvent parcourir.

carrosse nm. Voiture de luxe à quatre roues, suspendue.

carrosser vt. Munir d'une carrosserie.

carrosserie nf. Industrie ou commerce du carrossier. ‖ Corps d'une voiture automobile.

carrossier nm. Qui carrosse des voitures de luxe. ‖ Adj. : *ouvrier -*.

carrousel nm. Tournoi, parade où des cavaliers exécutent des évolutions. ‖ Lieu où se donne un carrousel.

carroyage nm. Division d'une carte, d'un dessin en carrés égaux.

carrure nf. Largeur du dos.

cartable nm. Carton à dessin. ‖ Carton, sac d'écolier.

carte nf. Carton mince portant : des figures (- *à jouer*) ; un nom et une adresse (- *de visite*) ; une vue (- *postale*) ; un menu (- *de restaurant*) ; une qualification (- *d'électeur*) ; une

représentation géographique (- *routière*) ; des indications pour la mécanographie (- *perforée*) ; de petits objets (- *de boutons*). ‖ *Tirer les -*, prédire l'avenir. ‖ *Fig.* Brouiller les -, mettre du trouble. ‖ *Donner - blanche*, donner pleins pouvoirs. ‖ *Jouer - sur table*, ne rien dissimuler. ‖ *Le dessous des -*, ce qu'on cache d'une affaire.

cartel nm. Pendule murale. ‖ Association de producteurs. ‖ *Par ext.* Entente entre groupes politiques : *le - des gauches*.

carte-lettre nf. Carte mince qui se ferme par le moyen de bords gommés. ‖ Pl. des *cartes-lettres*.

carter [*tèr*] nm. Enveloppe protectrice des organes d'un mécanisme.

cartésianisme nm. Philosophie de Descartes.

cartésien, enne adj. Relatif à la doctrine de Descartes. ‖ N. Partisan de cette doctrine.

carthaginois, e adj. et n. De Carthage. ‖ *Foi -*, perfidie.

cartilage nm. *Anat.* Tissu blanc et élastique non ossifié.

cartilagineux, euse adj. De la nature du cartilage.

cartographe n. Personne qui dresse les cartes de géographie.

cartographie nf. Art du cartographe.

cartomancie nf. Art prétendu de prédire l'avenir par les cartes.

cartomancien, enne n. Personne qui pratique la cartomancie.

carton nm. Papier épais fabriqué avec des rognures de papier, des chiffons, etc. ‖ Boîte en carton. ‖ Grand portefeuille de dessin. ‖ Dessin exécuté en vue de reproduction en tableau ou en tapisserie.

cartonnage nm. Fabrication des objets en carton. ‖ Ouvrage en carton.

cartonner vt. Garnir, couvrir de carton. ‖ Relier un livre en carton.

cartonneur, euse n. Ouvrier, ouvrière qui cartonne les livres.

cartonnier nm. Fabricant de carton. ‖ Casier à cartons.

carton-pâte nm. Carton fait de déchets de papier additionnés de colle, servant à fabriquer des moulages.

cartoon nm. Chacun des dessins qui composeront un film de dessins animés.

cartouche nm. Tableau de pierre, de bois ou de métal, encadré d'ornements et destiné à recevoir une inscription.

cartouche nf. Ensemble constitué par la douille, ou étui, et le projectile.

cartoucherie nf. Fabrique de cartouches.

cartouchière nf. Sac de cuir ou étui en ceinture contenant les cartouches.

cartulaire nm. Recueil de chartes d'un monastère, d'une église.

caryatide nf. V. CARIATIDE.

caryocinèse nf. Division indirecte de la cellule vivante.

cas nm. Ce qui arrive ou peut arriver : événement. || Circonstance, conjoncture. || Manifestation d'une maladie. || Fait juridique, délit : *un - grave*. || *Faire* -, estimer. || *En ce* -, alors. || *En tout* -, quoi qu'il arrive. || *En que, au - que, au - où*, supposé que. || *- de conscience*, problème moral ou religieux.

casanier, ère adj. et n. Qui aime à rester chez lui.

casaque nf. Blouse à manches très larges, serrée à la taille. || Veste de jockey. || *Fig. Tourner* -, changer de parti.

casaquin nm. Corsage de femme serré à la taille.

casbah nf. Citadelle ou palais d'un chef arabe.

cascade nf. Chute d'eau.

cascader vi. Tomber en cascade.

cascatelle nf. Petite cascade.

case nf. Habitation primitive. || Compartiment d'un meuble. || Carré d'échiquier, de damier, etc.

caséeux, euse adj. De la nature du fromage.

caséifier vt. (c. *prier*). Produire la caséine dans le lait.

caséine nf. Substance du lait qui, par sa coagulation, donne le fromage.

casemate nf. Abri souterrain.

caser vt. Mettre en ordre. || *Fig.* Procurer un emploi : *- un ami*.

caserne nf. Bâtiment affecté au logement des soldats. || *Fam.* Vaste maison.

casernement nm. Action de caserner. || Ensemble de casernes.

caserner vt. Etablir en caserne.

cash [*kach'*] adv. Au comptant.

casier nm. Meuble garni de cases.

casino nm. Etablissement de jeu, de réunion, etc.

casoar nm. Grand oiseau échassier. || Plumet du shako des saint-cyriens.

casque nm. Coiffure protectrice, en métal, en cuir bouilli ou en matière plastique.

casquette nf. Coiffure d'homme avec visière.

cassage nm. Action de casser les pierres.

cassant, e adj. Fragile, qui se casse facilement. || *Fig.* Impérieux : *ton -*.

cassate nf. Crème glacée composée de tranches diversement parfumées.

cassation nf. Annulation juridique d'un arrêt. || *Cour de cassation*, cour suprême de justice.

casse nf. Action de briser. || *Par ext.* Objets cassés : *payer la -*.

casse nf. Gousse du cassier, employée comme laxatif. || Maladie des vins.

casse nf. Boîte à compartiments pour mettre les caractères d'imprimerie.

cassé, e adj. Brisé. || *Fig.* Rendu débile, infirme. || Tremblant : *voix -*.

casse-cou nm. inv. Endroit, passage périlleux. || Imprudent. || Interj. Cri du jeu de colin-maillard.

casse-croûte nm. inv. Repas sommaire.

cassement nm. Action de casser. || *Fig. - de tête*, grande fatigue intellectuelle; difficultés presque insolubles.

casse-noisettes, casse-noix nm. inv. Instrument en forme de tenailles pour casser les noisettes, des noix.

casse-pierres nm. inv. Masse, marteau à long manche.

casser vt. Mettre en morceaux, sous l'action d'un choc, d'un coup. || *Fig. et fam. - la tête*, fatiguer par le bruit. || Annuler : *- un jugement*. || *- un officier*, lui ôter son grade. || Vi. Se briser. || **Se** - vpr. *Fig. et fam. Se - la tête*, s'appliquer fortement. || *Se - le nez*, trouver porte close.

casserole nf. Ustensile de cuisine cylindrique à manche.

casserolée nf. Le contenu d'une casserole.

casse-tête nm. inv. Massue. || Verge courte et flexible à bout plombé. || *Fig.* Travail, problème compliqués.

cassette nf. Petit coffre. || Trésor particulier d'un souverain.

casseur, euse n. Celui ou celle qui casse. || *- d'assiettes*, tapageur.

cassier nm. Sorte d'acacia qui produit la *casse*.

cassis [*siss*] nm. Groseillier à fruits noirs. || Son fruit. || Liqueur qu'on en fait.

cassis [*ka-si*] nm. Rigole en travers d'une route.

cassitérite nf. Oxyde d'étain naturel.

cassolette nf. Boîte à parfums. || Brûle-parfum. || *Archit.* Vase d'où sortent des flammes simulées.

cassonade nf. Sucre à demi raffiné.

cassoulet nm. Ragoût de haricots avec des filets d'oie.

cassure nf. Endroit où une chose est cassée. || *Fig.* Rupture.

castagnettes nfpl. Instrument composé de deux petits morceaux de bois creusés qu'on fait résonner en les frappant l'un contre l'autre.

caste nf. Dans une société, classe fermée jouissant de privilèges exclusifs.

castel nm. Ancienne forme du mot CHÂTEAU.

castine nf. Pierre calcaire ajoutée au minerai de fer, pour faciliter la fusion de la gangue.

castor nm. Mammifère rongeur aux pieds de derrière palmés et à queue écailleuse aplatie horizontalement.

castration nf. Amputation des organes de la génération.

castrer vt. Soumettre à la castration.

casuel, elle adj. Fortuit, accidentel. ‖ Nm. Bénéfices variables : *le - d'une cure*.

casuiste nm. Théologien qui s'attache à résoudre les cas de conscience.

casuistique nf. l'artie de la théologie qui traite des cas de conscience.

casus belli nm. Cas, motif de guerre.

catachrèse nf. Emploi d'un mot au-delà de son sens littéral, comme : « les bras du fauteuil » ; « à cheval sur un âne ».

cataclysme nm. Inondations, déluge. ‖ Grand bouleversement terrestre. ‖ *Fig.* Bouleversement dans la situation d'un Etat, d'une famille.

catacombes nfpl. Grottes souterraines qui servaient de sépulture ou d'ossuaire.

catadioptre nm. V. CATAPHOTE.

catafalque nm. Estrade sur laquelle on place un cercueil.

catalan, e adj. et n. De la Catalogne.

catalepsie nf. Suspension momentanée de la sensibilité, de la connaissance.

cataleptique adj. *Méd.* Atteint de catalepsie. ‖ Relatif à la catalepsie.

catalogue nm. Liste, dénombrement par ordre. ‖ Brochure publicitaire.

cataloguer vt. Inscrire dans un ordre donné. ‖ *Fig.* Juger : - *quelqu'un*.

catalpa nm. Arbre à fleurs blanches, originaire du nord de l'Amérique.

catalyse nf. Action accélératrice qu'exercent certains corps sur des réactions chimiques, sans être eux-mêmes modifiés.

catalyseur nm. Corps qui provoque une action catalytique.

catalytique adj. Relatif à la catalyse.

cataphote nm. (nom déposé). Petit réflecteur employé en signalisation routière.

cataplasme nm. Bouillie médicinale épaisse qu'on applique sur la peau pour résoudre les inflammations.

catapulte nf. Machine de guerre pour lancer des pierres, des traits. ‖ Appareil de lancement d'avions.

catapulter vt. Lancer avec une catapulte.

cataracte nf. Chute d'un fleuve. ‖ Opacité du cristallin.

catarrhe nm. Sécrétion abondante des muqueuses des voies respiratoires. ‖ Gros rhume.

catarrheux, euse adj. Sujet au catarrhe.

catastrophe nf. Evénement soudain et funeste.

catastrophique adj. Qui a le caractère d'une catastrophe.

cat-boat [*cat-bôt*] nm. Petit voilier à mât et à voile uniques.

catch nm. Sorte de lutte où presque toutes les prises sont autorisées.

catéchisation nf. Action de catéchiser. ‖ Enseignement du catéchisme.

catéchiser vt. Donner l'instruction religieuse. ‖ *Fig.* Endoctriner.

catéchisme nm. Instruction sur les principes de la foi chrétienne. ‖ Livre qui contient l'explication du dogme et de la morale.

catéchiste n. Celui, celle qui enseigne le catéchisme.

catéchumène [*ku*] n. Néophyte que l'on prépare au baptême.

catégorie nf. Classe de personnes ou d'objets de même nature.

catégorique adj. Clair, précis, sans ambages : *réponse -*.

caténaire adj. Se dit du système de suspension d'un câble électrique servant à l'alimentation des locomotives électriques et qui est maintenu à distance invariable du sol. ‖ Nf. Ce câble lui-même.

catgut [*kat'-ghut'*] nm. Fil employé pour la suture des plaies, se résorbant après cicatrisation.

cathédrale nf. Eglise épiscopale.

catherinette nf. *Fam.* Jeune fille qui fête la Sainte-Catherine l'année de ses vingt-cinq ans.

cathétomètre nm. Instrument servant à mesurer, par visées, des différences de niveau.

cathode nf. Electrode négative d'un voltamètre, d'un tube électronique, d'un four électrique.

cathodique adj. Qui émane de la cathode : *rayons -*.

catholicisme nm. Religion catholique.

catholicité nf. Caractère catholique. ‖ Ensemble des peuples catholiques.

catholique adj. Qui appartient à l'Eglise romaine. ‖ *Sa Majesté -*, le roi d'Espagne. ‖ *Fig.* et *fam.* Conforme à la règle, à la morale : *une conduite qui n'est pas très -*. ‖ N. Qui professe la religion catholique.

cati nm. Apprêt gommé qui rend les étoffes fermes et lustrées.

catimini (en) loc. adv. *Fam.* En cachette : *agir en -*.

cation [*tyon*] nm. Ion positif.

catir vt. Lustrer une étoffe.

catissage nm. Action de catir.

catogan nm. V. CADOGAN.

caucasien, enne ou **caucasique** adj. et n. Originaire du Caucase.

cauchemar nm. Rêve pénible. ‖ Pensée dont on est hanté, sujet d'ennui.

cauchois, e adj. et n. Du pays de Caux.

caudal, e, aux adj. De la queue.

caudataire nm. Celui qui porte la traîne de la robe du pape, d'un prélat.

causal, e adj. Qui annonce un rapport de cause à effet.

causalité nf. Rapport qui unit la cause à son effet.

cause nf. Principe ; ce qui fait qu'une chose existe. ‖ Motif, sujet : *agir sans* -. ‖ Intérêt, parti : *défendre la - de l'innocence.* ‖ Procès : *plaider une - , - finale,* v. FINAL. ‖ **A - de** loc. prép., en considération de.

causer vt. Etre cause de quelque chose, occasionner : *- un accident.* ‖ Vi. S'entretenir familièrement : *- avec quelqu'un* (et non « *à* » *quelqu'un*).

causerie nf. Action de causer. ‖ Conversation familière.

causette nf. *Fam.* Courte causerie.

causeur, euse n. et adj. Personne qui aime à causer : *brillant* -.

causeuse nf. Petit canapé à dossier rond pour deux personnes.

causse nm. Plateau calcaire stérile coupé de gorges profondes : *le - Méjean.*

causticité nf. Propriété des caustiques. ‖ *Fig.* Penchant à dire des choses mordantes.

caustique adj. et n. *Méd.* Brûlant, corrosif. ‖ *Fig.* Mordant, satirique.

cauteleux, euse adj. Fin, rusé : *un esprit* - (en mauv. part).

cautère nm. Médicament qui brûle les chairs. ‖ Plaie qu'on entretient pour la suppuration. ‖ *Fig.* et *fam. Un - sur une jambe de bois,* remède inefficace.

cautérisation nf. Action de cautériser.

cautériser vt. Brûler avec un caustique ou un fer rouge.

caution nf. Somme versée en garantie d'un engagement. ‖ Personne qui se porte garante pour une autre : *être de quelqu'un.* ‖ *Fig.* Garantie : *son honneur est ma* -. ‖ *Sujet à* -, suspect.

cautionnement nm. Action de cautionner. ‖ Somme déposée en garantie.

cautionner vt. Se rendre caution pour quelqu'un. ‖ *Fig.* Répondre de : *- la probité de quelqu'un.*

cavaillon nm. (n. de ville). Variété de melon.

cavalcade nf. Troupe de gens à cheval. ‖ Défilé pompeux ou grotesque de cavaliers ou de chars.

cavalcader vi. Faire une promenade à cheval et en troupe.

cavale nf. Jument.

cavalerie nf. Troupes à cheval.

cavalier nm. Homme à cheval. ‖ Soldat de la cavalerie. ‖ Homme qui accompagne une dame, ou qui est son danseur. ‖ Pièce du jeu des échecs.

cavalier, ère adj. Un peu trop libre. ‖ Brusque, hardi : *réponse* -.

cavalière nf. Femme à cheval. ‖ Partenaire d'un danseur.

cavatine nf. *Mus.* Air court, sans reprise ni seconde partie.

cave nf. Lieu souterrain où l'on conserve le vin. ‖ Caisse à liqueurs.

cave adj. Creux : *joues* -. ‖ *Anat. Veines* -, grosses veines qui aboutissent au cœur.

caveau nm. Petite cave. ‖ Sépulture.

caveçon nm. Demi-cercle de fer que l'on fixe au nez des chevaux pour les dompter. ‖ Muselière pour les agneaux.

caverne nf. Excavation vaste et profonde. ‖ Cavité dans un organe malade.

caverneux, euse adj. Plein de cavernes. ‖ *Fig.* Sourd, grave : *voix* -.

caviar nm. Œufs d'esturgeon salés.

cavité nf. Creux, vide dans un corps solide.

ce pr. dém. ; **ce, cet** adj. dém. m. sing. ; **cette** f. sing. ; **ces** pl. des deux genres marquant la personne ou la chose qu'on désigne.

céans adv. Ici dedans : *entrez* -.

ceci pr. dém. Cette chose-ci.

cécité nf. Etat d'une personne aveugle.

céder vt. (Prend un *è* ouvert devant une syllabe muette, sauf au fut. et au condit.) [*Je cède, tu cèdes, il cède, n. cédons, v. cédez, ils cèdent. Je cédais, n. cédions. Je cédai, n. cédâmes. Je céderai, n. céderons. Je céderais, n. céderions. Cède, cédons, cédez. Q. je cède, q. n. cédions. Q. je cédasse, qu'il cédât, q. n. cédassions. Cédant. Cédé, e.*] Laisser, abandonner : *- sa place.* ‖ Vendre : *- son fonds de commerce.* ‖ *Fig.* Le - *à quelqu'un,* lui être inférieur. ‖ Vt. ind. [à]. Se soumettre. ‖ Succomber : *- à la douleur.* ‖ Vi. Plier, rompre : *la porte va - sous les coups.* ‖ Ne pas opposer de résistance, se rendre : *- par lassitude.*

cédille nf. Signe orthographique particulier à la lettre *c* pour lui donner le son de *s.*

cédraie nf. Endroit planté de cèdres.

cédrat nm. Arbre de l'espèce du citronnier. ‖ Son fruit.

cèdre nm. Grand conifère résineux.

cédulaire adj. Relatif à la cédule : *taxe* -.

cédule nf. Catégorie de revenus, de bénéfices imposables, établie en fonction de leur origine.

cégétiste adj. et n. Partisan de, ou adhérent à la C.G.T.

ceindre vt. (c. *atteindre*). Entourer, environner : - *une ville de remparts.* ‖ Mettre autour d'une partie du corps : - *sa tête d'un bandeau.* ‖ - *la couronne*, monter sur le trône.

ceinture nf. Bande d'étoffe, de cuir, etc., mise à la hauteur des hanches. ‖ Endroit du corps où se place la ceinture. ‖ Entourage : - *de forts.*

ceinturer vt. Entourer d'une ceinture. ‖ Passer les bras autour de la taille.

ceinturon nm. Ceinture à laquelle on peut suspendre divers équipements de combat.

cela pr. dém. Cette chose-là.

céladon nm. Amoureux platonique. ‖ Adj. inv. Vert pâle : *des rubans* -.

célébrant nm. Prêtre qui officie.

célébration nf. Action de célébrer.

célèbre adj. Renommé, illustre.

célébrer vt. (c. *céder*). Exalter, louer avec éclat. ‖ Fêter : - *un anniversaire.* ‖ Accomplir solennellement : - *un mariage.*

célébrité nf. Grande réputation. ‖ Personnage célèbre : *c'est une* -.

celer vt. (Change l'*e* muet en *è* ouvert devant une syllabe muette.) [*Je cèle, tu cèles, il cèle, n. celons. Je celais, n. celions. Je celai, n. celâmes. Je cèlerai, n. cèlerons. Je cèlerais, n. cèlerions. Cèle, celons, celez. Q. je cèle, q. n. celions. Celant, Celé, e.*] Cacher, taire.

céleri nm. Plante potagère.

céleri-rave nm. Céleri à racine charnue comestible.

célérité nf. Vitesse, promptitude dans l'exécution : *agir avec* -.

céleste adj. Qui appartient au ciel. ‖ Divin : *bonté* -. ‖ *Père* -, Dieu.

célibat nm. Etat d'une personne non mariée.

célibataire adj. et n. Qui vit dans le célibat.

celle pr. dém. f. V. CELUI.

cellérier nm. Econome d'un monastère.

cellier nm. Lieu bas et frais où l'on met le vin et les provisions.

Cellophane nf. (n. déposé). Pellicule cellulosique transparente.

cellulaire adj. Formé d'une infinité de petites cellules : *tissu cellulaire.* ‖ *Voiture* -, qui sert au transport des prisonniers. ‖ *Régime* -, d'après lequel les prisonniers sont isolés.

cellular nm. Tissu à mailles lâches.

cellule nf. Petite chambre de religieux ou de prisonnier. ‖ Alvéole des abeilles. ‖ Ensemble des surfaces portantes d'un appareil volant. ‖ *Anat.* Elément fondamental de matière vivante. ‖ *Par ext.* Groupement élémentaire, noyau : *une* - *communiste.*

cellulite nf. Inflammation du tissu cellulaire.

celluloïd nm. Matière plastique très inflammable malléable à chaud.

cellulose nf. Substance formant la membrane des cellules végétales.

cellulosique adj. A base de cellulose.

celtique adj. et n. Qui concerne les Celtes. ‖ La langue des Celtes.

celui, celle pr. dém.; pl. **ceux, celles.** Se disent des personnes et des choses. *Celui-ci, celle-ci*, etc., désigne ce qui est le plus proche; *celui-là, celle-là*, etc., ce qui est le plus éloigné.

cément nm. Charbon pulvérulent dont on entoure un corps métallique pour le cémenter. ‖ Substance qui protège la racine des dents.

cémentation nf. Action de cémenter un métal.

cémenter vt. Modifier superficiellement la composition d'un métal, en lui incorporant un autre corps.

cénacle nm. Salle à manger, en style de l'Ecriture sainte. ‖ *Fig.* Réunion de littérateurs, d'artistes, etc.

cendre nf. Résidu de toute combustion. ‖ Pl. Restes des morts : *le retour des* - *de Napoléon.*

cendré, e adj. Couleur de cendre.

cendrée nf. Ecume de plomb. ‖ Petit plomb de chasse. ‖ *Sports.* Piste de mâchefer et de sable.

cendrier nm. Partie du fourneau où tombe la cendre. ‖ Petit plateau pour fumeurs.

cendrillon nf. Héroïne d'un conte de Perrault. ‖ *Fam.* Femme qui se tient toujours au coin du feu.

cène nf. Dernier repas de Jésus-Christ avec ses apôtres. ‖ Communion, chez les protestants.

cénobite nm. Moine qui vit en communauté.

cénobitique adj. Qui concerne le cénobite.

cénotaphe nm. Tombeau vide élevé à la mémoire d'un mort.

cens [*sanss*] nm. Dénombrement des citoyens à Rome. ‖ Quotité d'imposition nécessaire pour être électeur en certains pays.

censé, e adj. Supposé, considéré comme : *nul n'est* - *ignorer la loi.*

censeur nm. Magistrat romain chargé du recensement des citoyens. ‖ Critique : *un* - *impitoyable.* ‖ Celui qui est chargé de la discipline dans un lycée.

censitaire nm. Celui qui devait le cens à un seigneur. ‖ Celui qui payait le cens électoral.

censurable adj. Qui mérite la censure.

censure nf. Fonction de censeur. ‖ Critique d'un ouvrage. ‖ Blâme. ‖ Jugement ecclésiastique prononçant interdiction. ‖ Examen qu'un gouvernement fait faire des livres, des journaux, des films, etc., avant d'en permettre la publication ou la projection. ‖ Comité chargé de cet examen.

censurer vt. Blâmer vivement, critiquer. ‖ Interdire la publication ou la représentation.

cent adj. num. Dix fois dix. ‖ *Par ext.* Nombre indéterminé : *avoir - fois raison.* ‖ Centième (toujours invariable) : *l'an huit -; page deux -.* ‖ Nm. : *trois cents d'œufs.*

cent [sènnt] nm. Monnaie des Etats-Unis, du Canada et des Pays-Bas, centième de l'unité monétaire.

centaine nf. Groupe de cent unités. ‖ Un grand nombre : *par -.*

centaure nm. Etre fabuleux, moitié homme, moitié cheval.

centaurée nf. Composacée dont deux espèces sont médicinales.

centenaire adj. et n. Qui a cent ans. ‖ .Nm. Anniversaire qui revient tous les cent ans.

centésimal, e, aux adj. Qui résulte de la division d'une grandeur en cent parties égales.

cent-gardes nmpl. Garde particulière de Napoléon III. ‖ Nmsing. Soldat de cette troupe : *un cent-garde.*

centiare nm. Centième partie de l'are, égal au m² (ca).

centième, adj. ord. de *cent.* Qui occupe un rang marqué par le numéro cent. ‖ Nm. La centième partie.

centigrade nm. *Géom.* Centième partie du grade (cgr). ‖ Adj. Ancien qualificatif de l'échelle thermométrique centésimale.

centigramme nm. Centième partie du gramme (cg).

centilitre nm. Centième partie du litre (cl).

centime nm. Autrefois, centième partie du franc.

centimètre nm. Centième partie du mètre (cm). ‖ *Par ext.* Ruban divisé servant de mesure.

centon nm. Pièce de vers ou de prose faite de fragments empruntés à divers auteurs.

centrage nm. Action de centrer.

central, e, aux adj. Qui est au centre. ‖ Principal. ‖ Nm. Bureau central : - *téléphonique.* ‖ Nf. Usine productrice d'énergie : - *électrique.*

centralisateur, trice adj. Qui centralise.

centralisation nf. Action de centraliser.

centraliser vt. Réunir dans un centre commun.

centre nm. Milieu d'un cercle, d'une sphère, etc. ‖ *Fig.* Siège principal : *le - des affaires.*

centrer vt. Déterminer le centre, l'axe d'une pièce. ‖ Fixer l'axe central d'une pièce mobile. ‖ Vi. *Sports.* Envoyer le ballon au milieu du terrain.

centrifugation nf. Séparation des constituants d'un mélange par la force centrifuge.

centrifuge adj. Qui tend à éloigner du centre.

centrifugeur, euse adj. et n. Appareil pour effectuer la centrifugation.

centripète adj. Qui tend à rapprocher du centre.

centrosome nm. Corpuscule jouant un rôle important dans la caryocinèse.

centuple adj. et n. Qui vaut cent fois autant. ‖ **Au -** loc. adv., cent fois plus ; beaucoup plus.

centupler vt. Rendre cent fois plus grand.

centurie nf. *Antiq. rom.* Unité politique, administrative et militaire formée de cent citoyens.

centurion [san] nm. *Antiq. rom.* Chef d'une centurie.

cénure ou **cœnure** [sé] nm. Larve d'une espèce de ténia, qui vit dans le cerveau des moutons et détermine le tournis.

cep [sép] nm. Pied de vigne.

cépage nm. Plant de vigne.

cèpe nm. Bolet comestible estimé.

cépée nf. Touffe de tiges sortant du même tronc.

cependant conj. Néanmoins, toutefois.

céphalalgie nf. Mal de tête.

céphalique adj. Relatif à la tête.

céphalopode nm. Mollusque caractérisé par un bec corné, des yeux latéraux et des bras garnis de ventouses.

céphalo-rachidien adj. Qui tient au cerveau et à la moelle épinière.

céphalothorax nm. Chez les crustacés et les arachnides, région formée par la soudure de la tête et du thorax.

céramique adj. Qui concerne la fabrication des objets en terre cuite. ‖ Nf. Objet en terre cuite. ‖ Art de fabriquer ces objets.

céramiste adj. et n. Fabricant de céramique.

céraste nm. Vipère d'Egypte.

cérat nm. Onguent à base de cire et d'huile.

cerbère nm. Portier brutal, intraitable.

cerceau nm. Cercle de bois ou de fer maintenant les douves d'un tonneau. ‖ Cercle de bois servant de jouet.

cerclage nm. Action de cercler.

cercle nm. Surface plane, limitée par une circonférence. ‖ La circonférence elle-même : *décrire un -*. ‖ *Fig.* Réunion, association : *- littéraire.* ‖ Lieu où les membres d'une association se réunissent. ‖ Etendue, domaine : *le - des connaissances.* ‖ *- vicieux,* raisonnement faux où l'on donne pour preuve ce qu'il faut prouver.

cercler vt. Garnir, entourer de cercles.

cercopithèque nm. Singe africain à longue queue.

cercueil nm. Coffre où l'on renferme le corps d'un mort.

céréale adj. et nf. Graminée dont les grains servent à la nourriture de l'homme et des animaux domestiques.

cérébelleux, euse adj. Qui appartient au cervelet.

cérébral, e, aux adj. *Anat.* Qui appartient au cerveau.

cérébro-spinal, e, aux adj. Qui concerne l'encéphale et la moelle épinière.

cérémonial nm. Usage suivi dans les cérémonies civiles, militaires ou religieuses.

cérémonie nf. Forme extérieure et régulière d'un culte. ‖ *Par ext.* Forme extérieure de solennité à l'occasion d'un événement de la vie sociale. ‖ *Politesse, déférence : visite de -.* ‖ *Fam.* Politesse excessive : *faire des -.* ‖ *Sans -,* sans façon.

cérémonieux, euse adj. Qui fait trop de cérémonies.

cerf nm. Mammifère ruminant, dont la tête est garnie de cornes caduques. (Cri : le cerf *brame.*)

cerfeuil nm. Plante potagère employée comme condiment.

cerf-volant [*sèr*] nm. Nom vulgaire du *lucane.* ‖ Jouet d'enfant. ‖ Pl. des *cerfs-volants.*

cerisaie nf. Lieu planté de cerisiers.

cerise nf. Fruit charnu, à noyau. ‖ Adj. inv. De la couleur de la cerise : *des rubans -.*

cerisier nm. Arbre cultivé qui produit la cerise.

cérite nf. Silicate hydraté de cérium.

cerithe nm. Mollusque fossile, à coquille pointue.

cérium nm. Métal (Ce) dur, brillant, qui entre dans la fabrication des pierres à briquet.

cerne nm. Cercle bleuâtre qui entoure une plaie, une contusion, etc.

cerné, e adj. *Yeux -,* entourés d'un cerne.

cerneau nm. Chair des noix vertes.

cerner vt. Entourer, investir. ‖ Faire une incision autour de : *- un arbre.* ‖ *- des noix,* les séparer de leur coque.

certain, e adj. Vrai. ‖ Sûr. ‖ Déterminé : *se réunir à des jours -.* ‖ Adj. et pr. indéf. Un, quelque : *- auteur, - prétendent.* ‖ Nmsing. Chose certaine : *préférer le - à l'incertain.*

certes adv. Assurément.

certificat nm. Ecrit signé qui atteste un fait. ‖ *- d'études,* diplôme couronnant la fin des études primaires.

certifier vt. (c. *prier*). Donner pour certain, assurer comme vrai.

certitude nf. Conviction, assurance pleine et entière.

céruléen, enne adj. Bleuâtre.

cérumen [*mèn*] nm. Matière jaune et épaisse qui se forme dans l'oreille.

céruse nf. Carbonate hydraté de plomb, toxique, appelé aussi BLANC DE -.

cérusite nf. Carbonate de plomb.

cervaison nf. Epoque où le cerf est gras et bon à chasser.

cerveau nm. Ensemble des organes contenus dans la cavité du crâne. ‖ *Fig.* Esprit, intelligence, jugement : *- vide.* ‖ *Fig. - brûlé,* exalté.

cervelas nm. Saucisse cuite, grosse et courte.

cervelet nm. Partie postérieure et inférieure de l'encéphale.

cervelle nf. Substance du cerveau. ‖ *Fig.* et *fam.* Esprit : *cela lui trotte dans la -.* ‖ *Fam.* Homme sans -, fou, évaporé.

cervical, e, aux adj. Du cou.

cervidés nmpl. Famille de ruminants ayant pour type le *cerf.*

cervoise nf. Bière des Gaulois.

ces adj. dém. V. CE.

césar nm. Surnom romain devenu titre. ‖ Appellation réservée à l'empereur d'Occident.

césarien, enne adj. Qui a rapport à César ou à un empereur, un souverain. ‖ *Opération -,* opération pratiquée dans certains accouchements.

césarisme nm. Gouvernement absolu d'un souverain porté au trône par la démocratie.

cessation nf. Arrêt.

cesse nf. Répit, trêve : *il n'avait point de - qu'il n'eût réussi.* ‖ *Sans -* loc. adv., sans discontinuer.

cesser vt. Mettre fin à, interrompre. ‖ Vi. Prendre fin. ‖ *Cessant, e* part. et adj. : *toute affaire -.*

cessibilité nf. Qualité d'une chose qui peut être cédée.

cessible adj. Qui peut être cédé.

cession nf. Action de céder; transfert : - *de biens.*

c'est-à-dire, loc. conj. qui annonce une explication.

ceste nm. Gantelet plombé des athlètes dans les combats du pugilat.

césure nf. Repos ménagé dans un vers : *Rien n'est beau que le vrai,* | *le vrai seul est aimable.*

cet, cette adj. dém. V. CE.

cétacé, e adj. Qui appartient aux grands mammifères marins. || Nmpl. Ordre de mammifères comprenant les baleines, les cachalots, les dauphins.

cétoine nf. Coléoptère à couleurs métalliques.

ceux, celles pr. dém. V. CELUI.

cévenol, e adj. et n. Des Cévennes.

chablis nm. Vin blanc très estimé, récolté à Chablis.

chabot ou **cabot** nm. Poisson d'eau douce à tête grosse et plate.

chacal nm. Mammifère carnivore qui tient du loup et du renard. || Pl. des *chacals.*

chacun, e pr. ind. Chaque personne ou chaque chose. || Toute personne en général : *rendre à - ce qui lui appartient.*

chadouf nm. Appareil à bascule utilisé en Tunisie, en Egypte, pour tirer l'eau des puits.

chafouin, e adj. et n. Maigre, petit, à l'aspect sournois et rusé.

chagrin, e adj. Triste, mélancolique.

chagrin nm. Peine, affliction.

chagrin nm. Cuir grenu, en peau de chèvre ou de mouton, utilisé en reliure.

chagriner vt. Attrister : *il n'a pas voulu vous -.*

chah ou **shah** nm. Souverain de l'Iran.

chahut nm. *Fam.* Tapage, vacarme.

chahuter vt. *Fam.* Bousculer. || Accueillir par un chahut : - *un professeur.* || Vi. Faire du vacarme.

chai nm. Entrepôt de vins et d'eaux-de-vie.

chaînage nm. Mesure à la chaîne. || Armature empêchant l'écartement des murs.

chaîne nf. Lien d'anneaux métalliques passés les uns dans les autres. || Ensemble de sommets montagneux. || Fils tendus entre lesquels passe la trame. || Ensemble de postes de travail fixes où l'ouvrier attend le passage de la pièce à monter. || - *d'arpenteur,* chaîne de dix mètres. || *Faire la -,* se passer quelque chose de main en main. || *Fig.* Captivité : *les - de l'esclavage.*

chaîner vt. Mesurer avec la chaîne d'arpenteur.

chaînette nf. Petite chaîne.

chaînon nm. Anneau de chaîne.

chair nf. Ensemble des muscles de l'homme et des animaux. || *Fig.* Nature humaine : *la - est faible.* || Pulpe des fruits : *la - du melon.* || *Fam.* Avoir la - de poule, frissonner.

chaire nf. Tribune de prédicateur ou de professeur. || *Fig.* Prédication religieuse : *éloquence de la -.* || Enseignement : *la - de philosophie.*

chaise nf. Siège à dossier, sans bras. || *- à porteurs,* sorte de caisse dans laquelle on se faisait porter par deux hommes. || *- de poste,* anc. voiture de voyage. || *- percée,* siège pour les besoins naturels.

chaisier, ère n. Personne qui fabrique ou loue des chaises.

chaland nm. Bateau à fond plat.

chaland, e n. Acheteur, client. (Vx.)

chalaze nf. Orgelet. || Chacun des filaments d'albumine tordus qui soutiennent le jaune de l'œuf.

chalcographe [kal] nm. Graveur sur métaux.

chalcographie [kal] nf. Art de graver sur métaux. || Collection de gravures : *la - du Louvre.*

chalcopyrite [kal] nf. Sulfure de cuivre et de fer.

chaldéen [kal] adj. et n. De la Chaldée.

châle nm. Grande pièce d'étoffe que les femmes portent sur leurs épaules.

chalet nm. Maison de bois où logent les montagnards : - *suisse.*

chaleur nf. Qualité de ce qui est chaud. || Cause quelconque qui a pour effet d'élever la température. || Température élevée. || *Fig.* Ardeur des sentiments; vivacité : *défendre avec - la cause d'un ami.*

chaleureux, euse adj. Qui manifeste de la chaleur, de la cordialité : *un - accueil.*

châlit nm. Bois de lit ou armature en fer d'un lit.

challenge nm. *Sports.* Epreuve sportive dans laquelle le gagnant détient un objet jusqu'à ce qu'un autre l'en dépossède. || *Par ext.* L'objet lui-même : *la remise d'un -.*

challenger nm. Athlète défiant le tenant d'un titre ou d'un challenge.

chaloir vi. Importer; intéresser. (Usité seulement dans la locution : *peu m'en chaut,* peu m'importe.)

chaloupe nf. Grand canot à avirons ou à moteur pour le service des navires.

chalumeau nm. Tuyau de paille, de roseau. ‖ Tuyau métallique avec lequel on souffle sur une flamme pour l'activer. ‖ - *oxhydrique, oxyacétylénique,* appareil permettant, par la combustion d'un gaz, activée par un courant d'oxygène, d'obtenir une température très élevée. ‖ Flûte champêtre.

chalut nm. Filet de pêche que l'on traîne sur le fond.

chalutier nm. Pêcheur qui se sert du chalut. ‖ Bateau de pêche qui traîne le chalut.

chamade nf. Batterie de tambour annonçant la capitulation : *battre la -.* ‖ *Fig. Son cœur bat la -,* il est affolé.

chamaille ou **chamaillerie** nf. Querelle.

chamailler (se) vpr. Se quereller.

chamarrer vt. Charger de passementeries, de galons : *- un uniforme.*

chamarrure nf. Manière de chamarrer. ‖ Ornements de mauvais goût.

chambardement nm. *Pop.* Renversement, bouleversement.

chambarder vt. *Pop.* Bouleverser.

chambellan nm. Officier chargé du service intérieur de la chambre d'un souverain.

chambertin nm. Vin de Bourgogne très estimé, récolté à Chambertin.

chambranle nm. Encadrement de porte, de fenêtre, de cheminée, etc.

chambre nf. Pièce d'une maison, surtout celle où l'on couche. ‖ Lieu où se réunissent les assemblées délibérantes, les corps constitués : *- des députés.* ‖ L'ensemble des membres de ces assemblées. ‖ Section ou division de certains tribunaux : *première - du tribunal civil.* ‖ *Garder la -,* être indisposé. ‖ *Travailler en -,* travailler chez soi et pour un autre. ‖ *- à air,* tube en caoutchouc placé autour de la jante d'une roue et rempli d'air comprimé.

chambrée nf. Chambre de soldats. ‖ Ensemble des soldats logeant dans cette chambre.

chambrer vt. Tenir dans une chambre. ‖ *- une bouteille de vin,* l'amener à bonne température de consommation.

chambrette nf. Petite chambre.

chambrière nf. Long fouet de manège. ‖ Pièce de bois mobile pour soutenir une voiture.

chameau nm. Quadrupède ruminant à deux bosses. (Cri : le chameau *blatère.*)

chamelier nm. Conducteur de chameaux.

chamelle nf. Femelle du chameau.

chamérops [ka] nm. Palmier nain.

chamois nm. Antilope des montagnes d'Europe. ‖ Sa peau préparée : *gants de -.* ‖ Adj. inv. Jaune clair : *robe -.*

chamoiser vt. Apprêter les peaux pour les assouplir.

champ nm. Etendue de terre labourable. ‖ *Courir les -,* la campagne. ‖ Fond sur lequel on représente quelque chose : *le - d'une médaille.* ‖ *Fig. Mourir au - d'honneur,* en combattant. ‖ *- de Mars,* champ de manœuvre. ‖ *- de repos,* cimetière. ‖ *Se battre en - clos,* en combat singulier. ‖ Pl. Toute sorte de terres cultivées, de prés, de bois, etc. : *mener les vaches aux -.* ‖ *Prendre la clef des -,* s'enfuir. ‖ Loc. adv. *Sur-le- -,* immédiatement. **A tout bout de -,** à tout propos.

champagne nm. Vin blanc mousseux récolté et préparé en Champagne. ‖ *- frappé,* refroidi vivement. ‖ Nf. *Fine -,* eau-de-vie des Charentes de qualité supérieure.

champagniser vt. Préparer un vin mousseux selon la méthode champenoise.

champenois, oise adj. et n. De la Champagne.

champêtre adj. Qui a rapport aux champs : *garde -.*

champignon nm. Genre de végétaux cryptogames comprenant des espèces comestibles et d'autres vénéneuses ou mortelles. ‖ Support d'étalage pour chapeaux. ‖ *Fam.* Accélérateur d'automobile.

champignonnière nf. Endroit où l'on cultive les champignons.

champignonniste nm. Qui cultive les champignons de couche.

champion nm. Vainqueur d'une épreuve sportive. ‖ *Fig.* Défenseur : *se faire le - d'une cause.*

championnat nm. *Sport.* Epreuve sportive qui confère la qualité de champion.

chance nf. Hasard heureux. ‖ Probabilité : *calculer les -.*

chanceler vi. (c. *appeler*). Vaciller sur ses pieds, sa base. ‖ *Fig.* Etre irrésolu, ébranlé : *il chancelle dans ses résolutions.*

chancelier nm. Dignitaire qui a la garde des sceaux : *le - de la Légion d'honneur.*

chancelière nf. Femme d'un chancelier. ‖ Sac fourré pour tenir les pieds chauds.

chancellerie nf. Lieu où l'on scelle avec le sceau de l'Etat. ‖ Hôtel, bureaux, administration du chancelier.

chanceux, euse adj. *Fam.* Favorisé par la chance. ‖ Hasardeux : *cette affaire est fort -.*

chancre nm. Ulcère qui ronge les chairs.

chandail nm. Tricot, maillot de torse à col droit.

chandeleur nf. Fête de la purification de la Vierge (2 février).

chandelier nm. Support à chandelles, ou à bougies. || Celui qui fait ou vend des chandelles.

chandelle nf. Flambeau de suif. || *Brûler la - par les deux bouts*, gaspiller.

chanfrein nm. Partie de la tête du cheval, des oreilles aux naseaux. || Arête abattue d'une pierre ou d'une pièce de bois.

chanfreiner vt. Tailler en chanfrein.

change nm. Troc d'une chose contre une autre. || Vente ou achat de monnaies. || Taux auquel se fait cette opération. || Bureau du changeur. || Commission du changeur. || *Fig. Prendre le -*, se tromper. || *Donner le -*, tromper.

changeant, e adj. Inconstant, variable.

changement nm. Action de changer; modification qui en résulte.

changer vt. (c. *manger*). [Prend l'auxil. *avoir* ou *être*, selon qu'on veut exprimer l'action ou l'état.] Céder une chose pour une autre. || Remplacer une personne ou une chose par une autre. || Convertir, transformer : *les métaux en or*. || Modifier. || *- un enfant, un malade*, le changer de linge. || Se - vpr. *Fam.* Mettre d'autres vêtements.

changeur nm. Personne qui se livre aux opérations du change.

chanoine nm. Dignitaire ecclésiastique.

chanoinesse nf. Autref., religieuse qui possédait une prébende.

chanson nf. Pièce de vers divisée en couplets se terminant par un refrain, et destinée à être chantée. || *- de geste*, poème héroïque du Moyen Age. || Pl. *Fig.* Sornettes, paroles frivoles : *- que tout cela !*

chansonner vt. Faire une chanson satirique contre quelqu'un : *- un ministre*.

chansonnette nf. Petite chanson.

chansonnier, ère n. Auteur de chansons, surtout de chansons satiriques.

chant nm. Suite de sons modulés émis par la voix. || Air mis sur des paroles. || Mélodie. || Composition en vers : *mes - rediront vos exploits.* || Division d'un poème épique ou didactique.

chant nm. Côté étroit, suivant la longueur, d'une pièce équarrie. || *De -* loc. adv., sur la plus petite face : *poser une brique de -.*

chantage nm. Extorsion d'argent ou d'avantages par la menace de révélations scandaleuses.

chanteau nm. Morceau coupé à un gros pain.

chantepleure nf. Entonnoir à long tuyau, percé de trous. || Fente dans un mur pour l'écoulement des eaux.

chanter vi. Former avec la voix des sons variés. || Vt. Célébrer, louer : *- la gloire, les vertus.* || *Fig. Faire -*, pratiquer le chantage.

chanterelle nf. Corde d'un violon, d'une basse, qui a le son le plus aigu. || *Fig. Appuyer sur la -*, insister sur le point délicat. || Oiseau qu'on emploie pour en attirer d'autres dans des filets. || Champignon comestible appelé aussi *girolle.*

chanteur, euse n. Personne qui chante souvent ou fait métier de chanter. || *Maître -*, celui qui pratique le chantage.

chantier nm. Dépôt de bois, de charbon. || Atelier à l'air libre, clôturé ou non. || Lieu de construction des navires. || Support de tonneaux dans les caves.

chantonner vt. et i. Chanter à mi-voix.

chantoung nm. Tissu de soie.

chantourner vt. Découper à la scie suivant un profil donné.

chantre nm. Celui qui chante au lutrin.

chanvre nm. Plante textile dont la graine est le chènevis. || Filasse qu'on en retire.

chanvrier, ère adj. Relatif au chanvre : *industrie -.*

chaos [ka-ô] nm. Confusion générale des éléments, de la matière, avant la création du monde. || Désordre.

chaotique adj. Qui tient du chaos.

chaparder vt. *Fam.* Marauder, voler.

chapardeur, euse n. et adj. Qui maraude.

chape nf. Grand manteau d'église, qui s'agrafe par-devant. || Etrier supportant l'axe d'une poulie. || Enveloppe de certains objets : *la - d'un pneu.* || Enduit protecteur.

chapeau nm. Coiffure. || Partie supérieure d'un champignon. || *Fig. Recevoir le -*, recevoir la dignité de cardinal. || *- chinois*, instrument de musique militaire.

chapeauter vt. *Fam.* Mettre un chapeau à.

chapelain nm. Prêtre desservant une chapelle privée.

chapeler vt. (c. *appeler*). Râper la croûte du pain.

chapelet nm. Objet de piété formé de grains enfilés, qu'on fait glisser entre

ses doigts en priant. || Rangée : *un -
d'oignons.* || *Fig.* Série : *un – d'in-
jures.* || *Fig.* et *fam.* *Défiler son -,*
dire tout ce qu'on a à dire.

chapelier nm. Personne qui fait ou
vend des chapeaux d'homme.

chapelle nf. Petite église. || Toute
partie d'une église ayant un autel. ||
- ardente, le luminaire qui entoure
un catafalque. || *Fig.* Cercle, clan :
un esprit de -.

chapellerie nf. Commerce du chapelier ; sa boutique.

chapelure nf. Croûte de pain râpée.

chaperon nm. Capuchon, coiffure
ordinaire des deux sexes au Moyen
Age. || Couronnement d'un mur en
forme de toit. || *Fig.* Personne âgée
qui accompagne une jeune fille dans le
monde.

chaperonner vt. Couvrir d'un cha-
peron : *- une muraille.* || *Fig.* Accom-
pagner une jeune personne.

chapiteau nm. Partie sculptée cou-
ronnant le fût d'une colonne. || Cor-
niche d'un buffet, etc. || Partie supé-
rieure d'un alambic.

chapitre nm. Division d'un livre, d'un
traité, d'un code, etc. || Assemblée
de chanoines. || *Fig.* Question, sujet
dont on parle : *avoir voix au -.*

chapitrer vt. Réprimander.

chapon nm. Coq châtré et engraissé.
|| Croûte frottée d'ail.

chaponneau nm. Jeune chapon.

chapska nm. Coiffure des lanciers
sous le second Empire.

chaque adj. ind. Toute personne, toute
chose sans exception : *- homme ; à
- instant.* (S'emploie toujours devant
un nom.)

char nm. Chez les Anciens, voiture à
deux roues pour les combats, les
jeux, etc. || *- à bancs,* voiture à bancs
disposés en travers. || *- funèbre,* cor-
billard. || *- de combat,* véhicule auto-
mobile, chenillé et blindé, armé de
canons et de mitrailleuses, etc.

charabia nm. Langage inintelligible.

charade nf. Jeu où l'on reconstitue
un mot après découverte de ses syllabes.

charançon nm. Insecte qui ronge les
blés, les pois, etc.

charançonné, e adj. Attaqué par les
charançons.

charbon nm. Combustible solide de
couleur noire, d'origine végétale :
- de bois ou braise, *- de terre* ou
houille). || *Méd.* Maladie bacillaire
infectieuse rendant le sang noirâtre.
|| *Agric.* Maladie cryptogamique des
céréales, rendant le fruit noirâtre. ||
Fig. Etre sur des *- ardents,* dans une
attente pénible.

charbonnage nm. Exploitation d'une
houillère. || La houillère elle-même.

charbonnée nf. Viande grillée sur
le charbon. || Dessin au charbon.

charbonner vi. Se transformer en
charbon sans flamber. || Vt. Noircir
avec du charbon.

charbonnerie nf. V. CARBONARISME.

charbonneux, euse adj. De la
nature du charbon. || *Mouches -,* celles
qui transmettent le charbon.

charbonnier, ère n. Personne qui
fait ou vend du charbon. || Adj. Qui
se rapporte au charbon.

charbonnière nf. Mésange à tête
noire.

charcuter vt. Couper malproprement
de la viande. || *Fam.* *(chirurgie)*
Opérer maladroitement.

charcuterie nf. Commerce, marchandise du charcutier.

charcutier, ère n. Personne qui
prépare ou vend de la chair de porc.

chardon nm. Plante à feuilles épi-
neuses. || Pointes hérissées interdi-
sant l'escalade d'un mur, d'une grille.

chardonneret nm. Petit oiseau chanteur qui aime les graines du chardon.

charentais, e adj. et n. Des Cha-
rentes. || Nf. pantoufle à semelle de
cuir.

charge nf. Fardeau, poids. || *Fig.*
Obligation onéreuse : *avoir de lourdes
-.* || Fonction publique : *- éminente.*
|| Attaque impétueuse. || Batterie de
tambour, sonnerie de trompette : *son-
ner la -.* || Ce qu'on met de poudre
et de plomb dans la cartouche d'une
arme à feu. || Quantité d'électricité
accumulée sur un conducteur. || *Femme
de -,* femme de ménage. || *Témoin
à -,* qui dépose contre un accusé. ||
Etre à la - de quelqu'un, subsister
grâce à lui. || *Fig.* Caricaturer :
faire la - de quelqu'un. || Pl. Preuves,
indices : *- accablantes contre un
accusé.* || Impositions : *- publiques.*
|| *A - de* loc. prép., à la condition
de : *à - de revanche.*

chargé, e adj. Qui a reçu une charge.
|| *Fig.* Qui a trop : *retable - d'orne-
ments.* || Comblé : *- d'honneur.* ||
Temps -, couvert. || *Lettre -,* qui con-
tient des valeurs. || Nm. *- d'affaires,*
ministre représentant un pays. || *- de
cours,* professeur non titulaire.

chargement nm. Action de charger.
|| Cargaison d'un bâtiment. || Charge
d'une voiture de roulage. || Lettre
chargée.

charger vt. (c. *manger*). Mettre une
charge sur. || Couvrir : *- une table de
mets.* || *Fig.* Imposer une charge :
- d'impôts. || Déposer contre : *- un
accusé.* || Donner un ordre : *- d'une
affaire.* || Attaquer : *- l'ennemi.* ||

Mettre la charge dans le canon d'une arme à feu. ‖ *Fig.* Exagérer : - *un récit.* ‖ Rendre ridicule : - *un portrait.* ‖ Se - vpr. Prendre la conduite de quelque chose : *je me charge de tout.* ‖ *Le temps se charge,* le ciel se couvre.

chargeur nm. Celui qui charge des marchandises. ‖ Réservoir de cartouches assurant régulièrement l'alimentation d'une arme automatique.

chariot nm. Voiture à quatre roues pour les fardeaux. ‖ Pièce mobile d'un tour portant l'outil de travail. ‖ *Astron. - de David,* constellation.

charitable adj. Qui pratique la charité. ‖ Doux, indulgent : *être - envers tout le monde.*

charité nf. *Théol. chrét.* Amour de Dieu et du prochain. ‖ Aumône, bienfait.

charivari nm. Bruit tumultueux, tapage. ‖ *Fig.* Musique discordante.

charlatan nm. Vendeur de drogues sur les places publiques. ‖ *Fig.* Imposteur qui exploite la crédulité publique.

charlatanisme nm. Exploitation de la crédulité publique.

charlemagne (faire), se retirer du jeu après avoir gagné et sans accorder de revanche à ses partenaires.

charlotte nf. Marmelade de pommes entourée de pain frit. ‖ - *russe,* crème fouettée entourée de biscuits.

charmant, e adj. Agréable, qui plaît extrêmement.

charme nm. Enchantement magique : *être sous le -.* ‖ *Fam.* Se porter *comme un -,* jouir d'une bonne santé. ‖ Ce qui plaît, attire : *le - de la nouveauté.*

charme nm. Arbre à bois dur et blanc.

charmer vt. Jeter un charme, fasciner. ‖ *Fig.* Ravir : *un auditoire.*

charmeur, euse n. Qui fait des enchantements. (Le fém. *charmeresse* est encore quelquefois employé.) ‖ Adj. Qui plaît, qui séduit.

charmille nf. Berceau planté de charmes ou d'autres arbustes.

charnel, elle adj. Qui a rapport aux sens : *plaisirs -.*

charnier nm. Dépôt d'ossements humains. ‖ Entassement de cadavres.

charnière nf. Pièce composée de deux parties mobiles assemblées sur un axe commun.

charnu, e adj. Bien fourni de chair : *lèvres -.* ‖ *Par ext. Des fruits -,* à pulpe épaisse.

charogne nf. Cadavre corrompu d'une bête.

charpente nf. Assemblage de pièces de bois ou de métal pour soutenir ou élever des constructions. ‖ *Par ext.*

Squelette : *la - humaine.* ‖ *Fig.* Structure d'un ouvrage littéraire : *la - d'un roman.*

charpenter vt. Tailler, équarrir du bois. ‖ *Fig.* Tracer le cadre de : *bien - un drame.*

charpentier nm. Ouvrier qui exécute des travaux de charpente.

charpie nf. Filaments de linge usé avec lesquels on pansait les plaies. ‖ *Mettre en -,* déchirer en menus morceaux.

charretée nf. Contenu d'une charrette.

charretier, ère n. Qui conduit une charrette. ‖ *Par dénigr.* Personne grossière. ‖ Adj. Par où les charrettes peuvent passer : *porte -.*

charrette nf. Voiture de charge, à ridelles et à limons.

charriage nm. Action de charrier.

charrier vt. (c. *prier*). Transporter dans une charrette. ‖ Emporter dans son cours : *le fleuve charrie du sable.*

charroi nm. Transport par charrette.

charron nm. Artisan qui fait des chariots, des voitures.

charronnage nm. Métier de charron.

charroyer vt. (c. *aboyer*). Transporter sur des chariots.

charrue nf. Machine à labourer la terre. ‖ *Fig. Mettre la - avant les bœufs,* commencer par la fin.

charte nf. Ancien titre concédant des franchises, des privilèges. ‖ Lois constitutionnelles d'un Etat. ‖ *Ecole des -,* où l'on étudie les textes anciens.

chartiste n. Elève de l'Ecole des chartes.

chartreuse nf. Couvent de chartreux. ‖ *Fig.* Petite maison de campagne isolée. ‖ Liqueur aromatique fabriquée au couvent de la Grande-Chartreuse.

chartreux, euse n. Religieux, religieuse de l'ordre de Saint-Bruno.

chartrier nm. Gardien des chartes. ‖ Recueil de chartes.

chas [*châ*] nm. Trou d'une aiguille.

chasse nf. Action de chasser. ‖ Espace de terrain réservé aux chasseurs. ‖ Gibier pris ou tué en chassant. ‖ *Par anal.* Action de poursuivre en général : *donner la - à l'ennemi ;* au *fig. : faire la - aux abus.* ‖ *Permis de -,* autorisation de chasser. ‖ *Aviation de -* ou -, corps de l'aviation destiné à la poursuite des avions ennemis. ‖ - *d'eau,* appareil à écoulement d'eau rapide.

châsse nf. Reliquaire. ‖ Monture : *la - d'un verre de lunette.*

chasse-clou nm. Poinçon utilisé pour enfoncer profondément un clou. ‖ Pl. des *chasse-clous.*

chassé-croisé nm. Pas de danse. ‖

Fig. Suite d'évolutions qui se succèdent sans amener de résultat. ‖ Pl. des *chassés-croisés.*

chasselas nm. Beau raisin de table.

chasse-mouches nm. inv. Bâton garni d'une touffe de crins. ‖ Filet dont on couvre les chevaux pour les garantir des mouches.

chasse-neige nm. inv. Appareil servant à écarter la neige.

chasse-pierres nm. inv. Appareil fixé à l'avant d'une locomotive pour écarter tout obstacle de la voie.

chassepot nm. Ancien fusil de guerre à aiguille.

chasser vt. Mettre dehors avec violence; mettre en fuite. ‖ Pousser devant soi. ‖ Congédier. ‖ *Fig.* Ecarter ce qui importune : - *de tristes pensées.* ‖ Poursuivre le gibier : - *le cerf.* ‖ Enfoncer : - *un clou.* ‖ *Absolum.* Se livrer à l'exercice de la chasse. ‖ *Fig.* - *sur les terres d'autrui,* empiéter sur les droits des autres.

chasseresse nf. *Poét.* Chasseuse. ‖ Adj. : *Diane* -.

chasse-roue nm. Borne empêchant les roues de détériorer les murs. ‖ Pl. des *chasse-roues.*

chasseur, euse n. Personne qui chasse. ‖ Soldat : - *à pied.* ‖ Appareil de l'aviation de chasse. ‖ Membre de son équipage. ‖ Domestique en livrée, qui, dans les hôtels, les restaurants, fait les courses.

chassie nf. Humeur visqueuse qui découle des yeux.

chassieux, euse adj. Qui a de la chassie aux yeux.

châssis nm. Encadrement pour enchâsser. ‖ Cadre sur lequel on applique une toile, un tableau. ‖ *Jard.* Cadre garni de vitres, protégeant une couche. ‖ *Méc.* Cadre supportant la caisse d'un wagon, le moteur d'une automobile.

chaste adj. Qui a la pureté de l'âme, du corps. ‖ Conforme aux règles de la décence, de la pudeur.

chasteté nf. Vertu des personnes chastes.

chasuble nf. Vêtement que le prêtre revêt pour célébrer la messe.

chat, chatte n. Animal carnassier domestique qui détruit rats et souris. (Cri : le chat *miaule.*) ‖ - *sauvage,* chat qui vit dans les bois. ‖ *Fig.* et *fam. Il n'y a pas un* -, personne. ‖ *Vivre comme chien et* -, s'accorder mal. ‖ *Acheter un* - *en poche,* sans examiner l'objet qu'on achète. ‖ *Réveiller le* - *qui dort,* réveiller une affaire assoupie.

châtaigne nf. Fruit brun rougeâtre du châtaignier, enfermé dans une capsule hérissée de piquants.

châtaigneraie nf. Lieu planté de châtaigniers.

châtaignier nm. Grand arbre qui produit les châtaignes.

châtain, e adj. De couleur brun clair. ‖ Nm. Couleur de la châtaigne.

château nm. Demeure féodale fortifiée. ‖ Habitation royale ou seigneuriale. ‖ Grande et belle maison de campagne. ‖ - *d'eau,* réservoir. ‖ *Fig.* - *en Espagne,* projets en l'air.

chateaubriand ou **châteaubriant** nm. Filet de bœuf grillé.

châtelain, e Propriétaire d'un château.

châtelet nm. Petit château fort.

chat-huant [l'*h* de *huant* est aspiré] nm. Hulotte. ‖ Pl. des *chats-huants.*

châtier vt. (c. *prier*). Punir; corriger. ‖ *Fig.* Polir : - *son style.*

chatière nf. Orifice au bas d'une porte, pour laisser passer les chats. ‖ Trou d'aération dans les combles.

châtiment nm. Punition; correction sévère : *un* - *corporel.*

chatoiement nm. Reflet changeant.

chaton nm. Petit chat.

chaton nm. Partie d'une bague, dans laquelle une pierre précieuse est enchâssée. ‖ Pl. *Bot.* Fleurs fixées sur un même pédoncule.

chatouillement nm. Action de chatouiller. ‖ Sensation qui en résulte. ‖ Léger picotement.

chatouiller vt. Causer, par des attouchements légers, un tressaillement qui provoque le rire. ‖ *Fig.* Flatter agréablement : - *l'amour-propre.*

chatouilleux, euse adj. Sensible au chatouillement. ‖ *Fig.* Susceptible : *amour-propre* -.

chatoyer vi. (c. *aboyer*). Avoir des reflets brillants comme l'œil d'un chat. ‖ **Chatoyant, e** adj.

châtrer vt. Priver des organes utiles à la génération.

chattemite nf. *Fam.* Personne qui affecte des airs de douceur pour mieux tromper : *faire la* -.

chatterie nf. Manières de chat; gentillesses perfides. ‖ Friandises.

chatterton nm. Ruban collant et isolant.

chat-tigre nm. Nom vulgaire de l'*ocelot.* ‖ Pl. des *chats-tigres.*

chaud, e adj. Qui a ou donne de la chaleur. ‖ Qui la conserve. ‖ *Fig.* Vif, animé : *une* - *dispute.* ‖ Enthousiaste : *de* - *partisans.* ‖ *Fam.* Récent : *nouvelle toute* -. ‖ Nm. Chaleur : *souffrir le* - *et le froid.* ‖ *Fig.* et *fam. Cela ne fait ni* - *ni froid,* cela est indifférent. ‖ Adv. Chaudement : *servez* -.

chaude nf. Flambée : *faire une* -. ‖

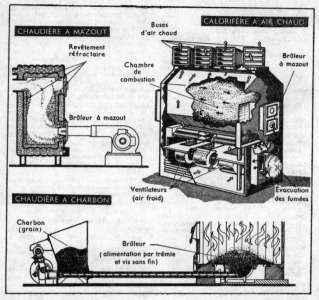

CHAUDIÈRE A MAZOUT

Revêtement
réfractaire

Buses
d'air chaud

CALORIFÈRE A AIR CHAUD

Chambre
de
combustion

Brûleur
à mazout

Brûleur à mazout

CHAUDIÈRE A CHARBON

Ventilateurs
(air froid)

Évacuation
des fumées

Charbon
(grain)

Brûleur
(alimentation par trémie
et vis sans fin)

Action de chauffer fortement une pièce
à souder ou à marteler.

chaud-froid nm. Volaille, gibier
entouré de gelée ou de mayonnaise. ||
Pl. des *chauds-froids.*

chaudière nf. Grand récipient métallique où l'on fait bouillir, cuire, etc.
|| Son contenu : *une - de sucre.* ||
- à vapeur, appareil qui produit de la
vapeur d'eau.

chaudron nm. Petite chaudière à
anse mobile.

chaudronnée nf. Contenu d'un chaudron.

chaudronnerie nf. Profession, marchandise du chaudronnier.

chaudronnier, ère n. Personne qui
fabrique ou vend des objets en tôle ou
en cuivre.

chauffage nm. Action, manière de
chauffer. || *Bois de -,* bois destiné à
être brûlé. || *- central,* distribution de
chaleur à partir d'une source unique.

chauffard nm. *Fam.* Automobiliste
téméraire et dangereux.

chauffe nf. Action de chauffer. ||
Lieu de combustion dans une chaudière.

chauffe-bain nm. Appareil servant à
faire chauffer l'eau d'une baignoire.
|| Pl. des *chauffe-bains.*

chauffe-eau nm. inv. Appareil destiné à fournir de l'eau chaude.

chauffe-pieds nm. inv. Chaufferette.

chauffe-plats nm. inv. Réchaud de
table.

chauffer vt. Rendre chaud. || *Fig.*
Presser, mener vivement : *- une
affaire.* || Vi. Devenir chaud. || *Fam.*
S'animer : *cela chauffe.* || Avoir ses
feux allumés, en parlant d'une machine à vapeur.

chaufferette nf. Boîte métallique où
l'on met de la braise pour se chauffer
les pieds.

chaufferie nf. Partie des ateliers de
forge où l'on chauffe le métal avant de
le travailler. || Salle des chaudières.

chauffeur nm. Celui qui est chargé

d'entretenir le feu d'une forge, d'une chaudière. ‖ Conducteur d'automobile.

chauffeuse nf. Chaise basse pour s'asseoir auprès du feu.

chaufournier nm. Ouvrier des fours à chaux.

chaulage nm. Action de chauler.

chauler vt. Répandre de la chaux sur le sol pour l'amender. ‖ Passer les arbres au lait de chaux pour les protéger des parasites.

chaume nm. Tige des graminées. ‖ Ce qu'il en reste dans les champs après la moisson. ‖ Toiture de paille. ‖ *Poétiq.* Chaumière.

chaumière nf. Maison rustique couverte de chaume.

chaumine nf. Petite chaumière.

chausse nf. Epitoge de professeur. ‖ Filtre en étoffe. ‖ Nfpl. Vêtement qui tenait lieu à la fois de bas et de culotte.

chaussée nf. Digue de retenue. ‖ Levée dans un lieu bas pour servir de chemin. ‖ Milieu d'une rue ou d'une route. ‖ Ecueil sous-marin.

chausse-pied nm. Corne à chaussures. ‖ Pl. des *chausse-pieds.*

chausser vt. Mettre des bas, des souliers. ‖ Faire, fournir des chaussures. ‖ *Jard.* - *une plante,* l'entourer de terre. ‖ Vt. et i. Aller au pied.

chausse-trape nf. Engin qu'on jetait dans les rangs ennemis pour enferrer les hommes et les chevaux. ‖ Piège. ‖ *Fig.* Ruse, embûche : *tendre des -.* ‖ Pl. des *chausse-trapes.*

chaussette nf. Bas très court.

chausseur nm. Bottier, marchand de chaussures.

chausson nm. Chaussure de toile, de laine. ‖ Soulier plat de danse. ‖ Combat à coups de pied, ayant ses règles et ses principes comme l'escrime. ‖ Pâtisserie fourrée de compote.

chaussure nf. Tout ce que l'on met au pied pour se chausser.

chaut 3e pers. sing. de l'ind. prés. de CHALOIR. ‖ *Peu me -,* peu m'importe.

chauve adj. et n. Qui n'a plus de cheveux.

chauve-souris nf. Mammifère nocturne qui a des ailes membraneuses et ressemble à une souris. ‖ Pl. des *chauves-souris.*

chauvin, e n. et adj. Patriote fanatique et belliqueux.

chauvinisme nm. Patriotisme exalté.

chauvir vi. - *des oreilles,* les dresser, en parlant du cheval, de l'âne, du mulet.

chaux nf. Oxyde de calcium, obtenu par calcination du calcaire. ‖ - *vive,* qui ne contient pas d'eau. ‖ - *éteinte,*

chaux hydratée. ‖ - *hydraulique,* qui durcit promptement sous l'eau. ‖ *Lait de -,* chaux éteinte étendue d'eau, qui sert à blanchir les murs.

chavirement nm. Action de chavirer ; son résultat.

chavirer vi. Tourner sens dessus dessous. ‖ Vt. Renverser, culbuter.

chéchia nf. Coiffure en drap rouge portée par les Arabes et certaines populations d'Afrique.

cheddite nf. Explosif à base de chlorate de potassium.

chef nm. Tête. (Vx.) ‖ Celui qui est à la tête. ‖ Objet principal : - *d'accusation.* ‖ Fondateur d'une institution, d'une école, d'une doctrine. ‖ **De son** - loc. adv., de sa propre autorité.

chef-d'œuvre [*chè*] nm. Autref., ouvrage que tout ouvrier aspirant à la maîtrise soumettait à l'examen d'un jury. ‖ Œuvre parfaite. ‖ Pl. des *chefs-d'œuvre.*

chef-lieu nm. Ville principale d'une division administrative : - *d'arrondissement.* ‖ Pl. des *chefs-lieux.*

cheftaine nf. Jeune fille responsable d'un groupe de jeunes scouts.

cheik [*chèk*] nm. Chef de tribu.

chelem nm. Au whist, au bridge, réunion de toutes les levées dans un camp.

chélidoine [*ké*] nf. Plante vulgairement appelée *éclaire.*

chéloniens [*ké*] nmpl. Ordre de reptiles comprenant les tortues.

chemin nm. Voie de terre. ‖ - *de fer,* dont la voie est formée par des rails d'acier. ‖ *Fig.* Routine : *suivre les battus.* ‖ - *de croix,* tableaux représentant les scènes de la Passion. ‖ Voie qui conduit à un but : *le - de la gloire.* ‖ *Faire son -,* réussir. ‖ *Aller le droit -,* procéder avec droiture.

chemineau nm. Trimardeur. ‖ Vagabond.

cheminée nf. Foyer. ‖ Partie de la cheminée en saillie dans la chambre. ‖ Conduit de fumée qui s'élève audessus du toit.

cheminement nm. Action de cheminer : - *souterrain.*

cheminer vi. Aller, marcher.

cheminot nm. Employé de chemin de fer.

chemise nf. Vêtement de linge, qu'on porte sur la peau. ‖ Enveloppe cartonnée servant à classer des papiers. ‖ Enveloppe d'une pièce mécanique.

chemiser vt. Garnir d'un revêtement : - *un cylindre.*

chemiserie nf. Fabrique, magasin de chemises.

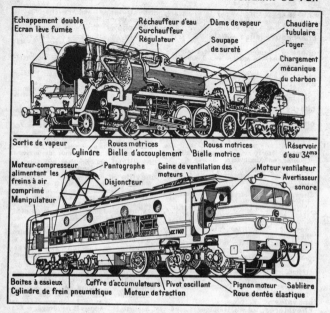

Echappement double
Ecran lève fumée
Réchauffeur d'eau
Surchauffeur
Régulateur
Dôme de vapeur
Soupape de sureté
Chaudière tubulaire
Foyer
Chargement mécanique du charbon

Sortie de vapeur
Cylindre
Roues motrices
Bielle d'accouplement
Roues motrices
Bielle motrice
Réservoir d'eau 34ᵐ³

Moteur-compresseur alimentant les freins à air comprimé
Manipulateur
Pantographe
Disjoncteur
Gaine de ventilation des moteurs
Moteur ventilateur
Avertisseur sonore

Boites à essieux
Cylindre de frein pneumatique
Coffre d'accumulateurs
Moteur de traction
Pivot oscillant
Roue dentée élastique
Pignon moteur
Sablière

chemisette nf. Petite chemise; corsage.

chemisier, ère n. Qui fait ou vend des chemises. ‖ Nm. Blouse de dame.

chênaie nf. Lieu planté de chênes.

chenal nm. Courant d'eau pour un moulin. ‖ Passage accessible aux navires à l'entrée d'un port, d'un fleuve, etc.

chenapan nm. Vaurien.

chêne nm. Grand arbre à bois fort dur, qui produit les glands.

chéneau nm. Large gouttière.

chêne-liège nm. Chêne dont l'écorce épaisse est le liège. ‖ Pl. des *chênes-lièges.*

chenet nm. Ustensile pour supporter le bois dans le foyer.

chènevière nf. Culture de chanvre.

chènevis nm. Graine du chanvre.

chènevotte nf. Partie ligneuse du chanvre.

chenil [*ni*] nm. Lieu où l'on enferme où l'on élève des chiens.

chenille nf. Larve de papillon. ‖ Passement de soie velouté. ‖ Bande sans fin faite d'éléments métalliques articulés et interposés entre le sol et les roues d'un véhicule.

chenillette nf. Petit véhicule militaire chenillé et blindé.

chenu, e adj. Blanchi par l'âge.

cheptel [*che* ou *chèp-tèl*] nm. Contrat par lequel on donne des bestiaux à garder, à nourrir, à soigner, moyennant une part dans les profits. ‖ *- vif,* les bestiaux. ‖ *- mort,* instruments et bâtiments agricoles livrés à bail.

chèque nm. Mandat au moyen duquel on peut retirer pour soi ou pour autrui des fonds déposés dans une banque.

chéquier nm. Carnet de chèques.

cher, ère adj. Tendrement aimé. ‖ D'un prix élevé. ‖ Précieux : *la liberté est le bien le plus -.* ‖ Adv. A haut prix : *ces étoffes coûtent -.*

chercher vt. Se donner du mouvement, de la peine pour trouver. ‖ S'efforcer de : - à plaire.

chercheur, euse adj. et n. Qui cherche.

chère nf. Manière de recevoir à table : faire bonne - à quelqu'un. ‖ Qualité des mets : aimer la bonne -.

chéri, e adj. Tendrement aimé.

chérif nm. Descendant de Mahomet. ‖ Prince arabe.

chérir vt. Aimer tendrement.

cherry nm. Liqueur parfumée par l'amande de noyaux de cerises.

cherté nf. Haut prix, surtout des denrées.

chérubin nm. Ange. ‖ Fig. Charmant enfant.

chester [tèr] nm. Fromage fait à Chester, en Angleterre.

chétif, ive adj. De faible constitution. ‖ Maigre, pauvre : - récolte.

chevaine nm. V. CHEVESNE.

cheval nm. Quadrupède qui sert à l'homme de monture et de bête de trait. (Cri : le cheval hennit.) ‖ Fig. Homme fort et courageux : c'est un - à l'ouvrage. ‖ Fièvre de -, très forte. ‖ - de frise, pièce de bois hérissée de pointes. ‖ - fondu, jeu d'enfants. ‖ Etre à - sur le règlement, l'appliquer avec rigueur. ‖ Monter sur ses grands chevaux, prendre les choses de haut, s'emporter. ‖ -vapeur ou (symb. : ch ou CV) ‖ Unité de puissance.

chevalement nm. Poutres disposées pour étayer un mur.

chevaler vt. Etayer.

chevaleresque adj. Héroïque et généreux, comme les anciens chevaliers.

chevalerie nf. Institution militaire créée au Moyen Age. ‖ Ordre créé par un souverain.

chevalet nm. Instrument de torture. ‖ Support des cordes d'un violon. ‖ Support d'une toile, d'un tableau.

chevalier nm. Noble admis dans l'ordre de la chevalerie au Moyen Age. ‖ Premier grade d'un ordre honorifique : - de la Légion d'honneur. ‖ - d'industrie, aventurier.

chevalière nf. Bague à large chaton.

chevalin, e adj. Relatif au cheval. ‖ Par anal. : profil -.

chevauchée nf. Tournée à cheval. ‖ Distance qu'une bête de somme peut parcourir sans s'arrêter.

chevauchement nm. Action de chevaucher; son résultat.

chevaucher vi. Aller à cheval. ‖ Se recouvrir partiellement : les tuiles doivent se -. ‖ Vt. Etre à califourchon sur.

chevau-léger nm. Cavalier de la maison du roi. ‖ Pl. des chevau-légers.

chevêche nf. Espèce de chouette.

chevelu, e adj. Garni de cheveux. ‖ Qui porte de longs cheveux. ‖ Racines -, à filaments très déliés.

chevelure nf. L'ensemble des cheveux. ‖ Traînée d'une comète.

chevesne ou **chevaine** nm. Poisson de rivière très commun.

chevet nm. Tête du lit. ‖ Extrémité d'une nef d'église. ‖ Livre de -, livre favori.

chevêtre nm. Poutre supportant les solives d'un plancher.

cheveu nm. Poil de la tête de l'homme. ‖ Fig. Se prendre aux -, se battre. ‖ Faire dresser les -, faire horreur. ‖ Raisonnement tiré par les -, raisonnement qui manque de logique.

chevillard nm. Boucher qui vend en gros aux détaillants.

cheville nf. Morceau de bois ou de métal, pour boucher un trou, maintenir un assemblage, tendre ou détendre les cordes d'un instrument de musique, suspendre les quartiers de viande. ‖ Saillie des os de l'articulation du pied. ‖ Fig. Poés. Expression inutile, remplissage. ‖ Fig. - ouvrière, principal agent ou instrument d'une affaire, d'une entreprise.

cheviller vt. Assembler avec des chevilles. ‖ Fig. Remplir de mots inutiles.

chevillette nf. Petite cheville.

cheviotte nf. Laine d'agneau d'Ecosse. ‖ Etoffe faite avec cette laine.

chèvre nf. Genre de mammifères ruminants. (Ne se dit que de la femelle.) [Cri : la chèvre bêle ou béguète.] ‖ Appareil de levage. ‖ Fig. Ménager la - et le chou, se conduire entre deux partis de manière à ne blesser ni l'un ni l'autre.

chevreau nm. Petit de la chèvre. ‖ Sa peau.

chèvrefeuille nm. Arbrisseau grimpant à fleurs odoriférantes.

chevrette nf. Petite chèvre. ‖ Femelle du chevreuil.

chevreuil nm. Mammifère ruminant voisin des cerfs.

chevrier nm. Pâtre de chèvres. ‖ Variété de haricots.

chevron nm. Pièce de bois supportant les lattes ou les voliges d'un toit. ‖ Ornement d'architecture. ‖ Galon en V renversé placé sur le bras des soldats pour indiquer l'ancienneté, les campagnes, les blessures.

chevronner vt. Garnir de chevrons.

chevrotain nm. Mammifère ruminant, sans cornes.

chevrotement nm. Tremblement de la voix.

chevroter vi. Chanter, parler d'une voix tremblotante.

chevrotin nm. Peau de chevreau corroyée. ‖ Fromage de chèvre.

chevrotine nf. Plomb de fort calibre pour le gros gibier.

chewing-gum nm. Gomme parfumée à mâcher.

chez prép. A la maison de : - moi. ‖ Du temps de, parmi : - les Anciens. ‖ Dans le pays de : - les Turcs. ‖ Dans la famille de : servir - un prince. ‖ Dans la personne, les œuvres de : c'est - lui une habitude; - Cicéron.

chianti [ki] nm. Vin rouge récolté dans le Chianti (Italie).

chiasse nf. Ecume des métaux. ‖ Excrément d'insectes.

chibouque nf. ou **chibouk** nm. Longue pipe turque.

chic nm. Fam. Elégance : avoir du -. ‖ Peindre de -, sans modèle. ‖ Adresse, habileté : avoir le - pour faire quelque chose. ‖ Adj. Elégant : des robes -. ‖ Généreux : se montrer - avec quelqu'un.

chicane nf. Procédure artificieuse; procès. ‖ Querelle de mauvaise foi : chercher -. ‖ Passage en zigzag.

chicaner vi. User de chicane en procès. ‖ Contester sans motif : il chicane sur tout. ‖ Vt. Faire des reproches mal fondés : - ses voisins.

chicaneur, euse ou **chicanier, ère** adj. et n. Qui aime à chicaner.

chiche adj. Parcimonieux, avare : être - de compliments. ‖ Pois -, légumineuse cultivée pour ses graines. ‖ Fam. Interj. qui exprime le défi.

chichi nm. Fam. Façons maniérées, simagrées : faire des -.

chicorée nf. Variété de salade. ‖ Sa racine torréfiée.

chicot nm. Ce qui reste d'un arbre rompu. ‖ Reste d'une dent.

chicotin nm. Suc amer de l'aloès.

chien, enne n. Mammifère domestique. (Cri : le chien aboie, jappe, hurle.) ‖ Pièce d'une arme à feu, qui portait autrefois le silex. ‖ - de mer ou roussette, poisson de mer dont la peau très rude sert à polir le bois. ‖ Temps de -, temps détestable. ‖ Entre - et loup, à la tombée du jour. ‖ Coiffé à la -, avec une frange sur le front. ‖ Vivre comme - et chat, en mauvaise intelligence. ‖ Se regarder en - de faïence, se regarder d'un œil fixe et irrité. ‖ Se coucher en - de fusil, jambes repliées.

chiendent nm. Graminée très commune et envahissante. ‖ Fam. Difficulté.

chiffe nf. Mauvaise étoffe. ‖ Fig. Homme mou, sans caractère.

chiffon nm. Vieux morceau d'étoffe. ‖ Fam. Vêtements de femme : parler -.

chiffonner vt. Froisser. ‖ Fig. et fam. Contrarier, chagriner : cette affaire me chiffonne.

chiffonnier, ère n. Personne qui ramasse les chiffons. ‖ Nm. Petit meuble à tiroirs.

chiffrage nm. Action de chiffrer.

chiffre nm. Chacun des caractères qui servent à représenter les nombres. ‖ Montant, valeur : - d'affaires. ‖ Caractères de convention permettant une correspondance secrète. ‖ Service chargé de traduire, de déchiffrer les messages secrets. ‖ Entrelacement des initiales d'un nom.

chiffrer vt. Numéroter. ‖ Graver ou broder des initiales. ‖ Transposer un écrit en caractères conventionnels : un message. ‖ Fig. Evaluer par des calculs : - ses dépenses.

chiffreur nm. Personne qui transpose en code un message en clair.

chignole nf. Perceuse à main ou électrique.

chignon nm. Cheveux relevés ou roulés sur la nuque.

chilien, enne adj. et n. Du Chili.

chimère nf. Monstre fabuleux. ‖ Fig. Imagination vaine : se repaître de -.

chimérique adj. Qui se nourrit de chimères. ‖ Sans chance de réussite.

chimie nf. Science qui étudie la nature et les propriétés des corps simples, leurs actions réciproques et les combinaisons qui en résultent.

chimique adj. Relatif à la chimie.

chimiste n. Qui se livre à l'étude ou à la pratique de la chimie.

chimpanzé nm. Singe anthropomorphe de l'Afrique équatoriale.

chinage nm. Action de chiner.

chinchilla [chil-la] nm. Petit rongeur du Pérou, à fourrure grise estimée. ‖ Sa fourrure elle-même.

chiné, e adj. Qui est de plusieurs couleurs.

chiner vt. Donner des couleurs différentes aux fils d'un tissu. ‖ Fig. et fam. Railler : - quelqu'un.

chinois, e adj. et n. De la Chine. ‖ Nm. Langue parlée en Chine. ‖ Fig. C'est du -, c'est incompréhensible. ‖ Petite orange verte.

chinoiserie nf. Bibelot de Chine. ‖ Fig. Tracasserie inutile.

chiot nm. Jeune chien.

chiourme nf. Forçats d'un bagne.

chiper vt. Pop. Dérober.

chipeur, euse n. Pop. Chapardeur.

chipie nf. Fam. Femme acariâtre, difficile à vivre.

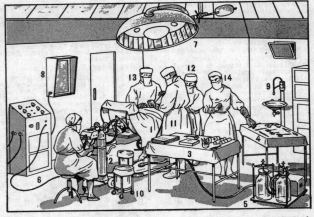

1. Table d'opération; 2. Anesthésiste; 3. Table à pansements; 4. Table à instruments; 5. Aspirateur-laveur; 6. Bistouri électrique; 7. Scialytique; 8. Lecteur de radio; 9. Lavabo; 10. Seau à déchets; 11. Chirurgien; 12, 13. Assistants; 14. Infirmière.

chipolata nf. Ragoût italien, à l'oignon ou aux ciboules. ‖ Saucisse courte.

chipoter vi. *Fam.* Marchander, faire des difficultés.

chipoteur, euse ou **chipotier, ère** adj. et n. Qui chipote.

chips nmpl. Pommes de terre frites coupées en minces rondelles.

chique nf. Morceau de tabac que l'on mâche. ‖ Puce de l'Amérique tropicale, qui entre dans la chair et y détermine des abcès.

chiqué nm. *Pop.* Affectation, bluff.

chiquenaude nf. Détente brusque du majeur arqué par le pouce.

chiquer vi. et t. Mâcher du tabac.

chiqueur nm. Celui qui chique.

chiromancie [*ki*] nf. Art prétendu de prédire l'avenir par l'examen des lignes de la main.

chiromancien, enne [*ki*] n. Personne qui exerce la chiromancie.

chiroptères [*ki*] ou **chéiroptères** [*kéi*] nmpl. Ordre de mammifères comprenant les chauves-souris.

chirurgical, e, aux adj. Relatif à la chirurgie : *opération* -.

chirurgie nf. Partie de l'art médical qui comporte l'intervention de la main nue ou armée d'instruments.

chirurgien nm. Personne qui exerce la chirurgie.

chistera [*tchis*] nm. Gouttière d'osier recourbée prolongeant la main, au jeu de la pelote basque.

chitine [*ki*] nf. Substance organique constituant la carapace des animaux articulés.

chiure nf. Excrément de mouche.

chlamyde [*kla*] nf. Manteau grec.

chloral nm. Composé obtenu par l'action du chlore sur l'alcool. ‖ Soporifique, calmant.

chlorate nm. *Chim.* Sel de l'acide chlorique.

chlore nm. Corps simple (Cl), gaz verdâtre, d'une odeur forte et suffocante, employé comme décolorant et comme désinfectant.

chloré, e adj. Qui contient du chlore.

chlorelle nf. Algue verte alimentaire.

chlorhydrique adj. *Acide* -, combinaison de chlore et d'hydrogène (ClH).

chlorique adj. *Acide* -, l'un des acides oxygénés du chlore.

chloroforme nm. Liquide incolore, d'une odeur éthérée, employé comme anesthésique.

chloroformer vt. Anesthésier à l'aide du chloroforme.

chlorophylle nf. Matière colorante verte des cellules des feuilles.

chlorose nf. Anémie. ‖ Maladie des plantes provoquant le jaunissement des feuilles.

chlorotique adj. Relatif à la chlorose. ‖ N. Qui est atteint de chlorose.

chlorure [*keur*] nm. Combinaison du chlore avec un corps simple. ‖ Sel de l'acide chlorhydrique.

choc nm. Rencontre violente de deux corps. ‖ Rencontre et combat. ‖ *Fig.* Conflit, opposition : *du - des idées jaillit la lumière.* ‖ - *opératoire*, abattement consécutif à une opération.

chocolat nm. Aliment composé de cacao et de sucre. ‖ Cette substance délayée dans de l'eau ou du lait. ‖ Adj. inv. Sa couleur : *des rubans -.*

chocolaterie nf. Fabrique de chocolat.

chocolatier, ère n. et adj. Qui fabrique ou vend du chocolat. ‖ Nf. Vase pour servir le chocolat liquide.

chœur [*keur*] nm. Réunion de personnes exécutant des danses méthodiques ou marchant en cadence : *le - de la tragédie antique.* ‖ Troupe de musiciens chantant ensemble. ‖ Chant à plusieurs voix. ‖ Partie de l'église où l'on chante l'office. ‖ *Enfant de -*, celui qui assiste le prêtre. ‖ **En -** loc. adv., unanimement.

choir vi. (*Je chois, tu chois, il choit ;* les autres personnes manquent. *Je chus*, n. *chûmes. Je choirai* ou *cherrai. Je choirais* ou *cherrais. Chu, chue.* On n'utilise guère que l'infinitif et le participe passé.) Tomber.

choisir vt. Adopter de préférence. ‖ Opter entre deux partis possibles.

choix nm. Action, faculté, pouvoir de choisir. ‖ *N'avoir que l'embarras du -*, avoir de quoi choisir. ‖ *De -*, de qualité : *un morceau de -.*

cholédoque [*ko*] adj. Se dit du canal qui conduit la bile au duodénum.

choléra [*ko*] nm. Maladie épidémique, intestinale, provoquant des vomissements et de violentes diarrhées.

cholérine [*ko*] nf. Maladie bénigne, caractérisée par des nausées et des diarrhées.

cholérique [*ko*] adj. Relatif au choléra. ‖ N. Qui est atteint du choléra.

cholestérine [*ko*] nf. Matière grasse extraite des calculs biliaires.

chômage nm. Action de chômer. ‖ Inactivité par manque d'ouvrage.

chômer vi. Rester inoccupé par manque de travail. ‖ Vt. Célébrer une fête en cessant le travail : *- un saint.*

chômeur, euse n. Qui chôme.

chope nf. Grand verre à bière. ‖ Son contenu.

chopine nf. Ancienne mesure valant environ un demi-litre.

chopper vi. Faire un faux pas ; heurter du pied.

choquant, e adj. Désagréable, offensant : *paroles -.*

choquer vt. Donner un choc, heurter. ‖ *Fig.* Offenser, blesser : *- quelqu'un par ses paroles.* ‖ Heurter : *ces couleurs choquent la vue.*

choral, e, aux [*ko*] adj. Qui appartient au chœur : *société -.* ‖ Nm. Chant religieux : *les chorals de Bach.*

chorée [*ko*] nf. Maladie nerveuse appelée aussi *danse de Saint-Guy.*

chorégraphe [*ko*] nm. Qui s'occupe de chorégraphie.

chorégraphie [*ko*] nf. Art de noter les pas et les figures de la danse, de composer des ballets.

chorégraphique [*ko*] adj. Qui appartient à la chorégraphie.

chorion [*ko*] nm. Enveloppe de l'œuf. ‖ Trame des muqueuses. ‖ Derme.

choriste [*ko*] n. Personne qui chante dans les chœurs.

choroïde [*ko*] nf. Membrane de l'œil, entre la sclérotique et la rétine.

chorus [*ko-russ*] nm. Accord, unanimité. ‖ *Faire -*, approuver bruyamment.

chose nf. Tout ce qui est ; tout être inanimé, réel ou idéal : *le cours naturel des -.* ‖ *Fig.* Possession, propriété : *il possède peu de -.* ‖ Ce dont il s'agit : *la - est d'importance.* ‖ *La - publique*, l'Etat. ‖ *Fam.* Etre *tout -*, être mal à l'aise.

chott nm. Lac salé d'Afrique du Nord.

chou nm. Plante potagère à variétés nombreuses. ‖ *- de Bruxelles*, à bourgeons comestibles. ‖ *- fleur*, dont les fleurs naissantes forment une masse charnue. ‖ *- navet*, à racine renflée. ‖ *- rave*, à tige comestible. ‖ Bouffette en rubans. ‖ Pâtisserie. ‖ *Fig. et fam. - blanc*, résultat nul. ‖ *Aller planter ses -*, se retirer à la campagne. ‖ Pl. des *choux-fleurs* ; des *choux-navets* ; des *choux-raves.*

chouan nm. Insurgé vendéen et breton sous la Révolution.

chouannerie nf. Insurrection des Vendéens en 1791.

choucas nm. Petite corneille.

chouchou, oute n. *Fam.* Préféré.

chouchouter vt. *Fam.* Gâter, choyer.

choucroute nf. Mets préparé avec des choux hachés et fermentés.

chouette nf. Nom vulgaire de certains rapaces nocturnes, sans aigrette (hulotte, effraie, etc.). [Cri : la chouette *chuinte.*]

choyer vt. (c. *aboyer*). Entourer de soins affectueux.

chrême nm. Huile sacrée utilisée dans l'administration de certains sacrements.

chrestomathie [*ma-tî*] nf. Recueil de morceaux choisis.

chrétien, enne adj. et n. Qui est baptisé et professe la religion du Christ. ‖ Conforme à cette religion.

chrétienté [*tyin-té*] nf. Ensemble des pays ou des peuples chrétiens.

Christ nm. Le Messie. ‖ Représentation de Jésus-Christ sur la croix.

christe-marine nf. Nom vulgaire de plusieurs plantes qui croissent sur les bords de la mer.

christianiser vt. Convertir à la religion chrétienne.

christianisme nm. Religion chrétienne.

christmas [*kris-meuss*] nm. Fête de Noël en Angleterre.

chromage nm. Action de chromer.

chromatique adj. Qui a rapport aux couleurs. ‖ *Mus.* Se dit d'une série de sons procédant par demi-tons.

chromatisme nm. Coloration.

chrome nm. Corps simple (Cr), métal blanc peu oxydable, dont les nombreux composés sont remarquables par leur belle coloration.

chromer vt. Recouvrir de chrome.

chromolithographie nf. (par abrév. **chromo** nf.). Impression lithographique en plusieurs couleurs. ‖ Epreuve ainsi obtenue.

chromophotographie nf. Photographie des couleurs.

chromosome nm. Filament du noyau cellulaire, support des caractères héréditaires.

chromotypographie ou **chromotypie** nf. Impression typographique en plusieurs couleurs.

chronicité nf. *Méd.* Etat chronique.

chronique nf. Histoire dressée suivant l'ordre des temps : *les - de Froissart.* ‖ Article de journal relatant les nouvelles du jour : - *sportive.* ‖ *Fig.* - *scandaleuse*, propos médisants.

chronique adj. *Méd.* Se dit, par opposition à *aigu*, des maladies qui évoluent lentement et se prolongent.

chroniqueur nm. Auteur de chroniques. ‖ Celui qui tient une chronique dans un journal.

chronographe nm. Montre permettant de mesurer très exactement la durée d'un phénomène.

chronologie nf. Science des temps ou des dates historiques. ‖ Ordre et date des événements historiques.

chronologique adj. Qui appartient à la chronologie.

chronologiste nm. Qui s'occupe de la chronologie.

chronométrage nm. Action de chronométrer : *le - d'un record.*

chronomètre nm. Instrument utilisé pour mesurer avec précision de très petits laps de temps. ‖ Montre de grande précision.

chronométrer vt. (c. *céder*). Relever très exactement un temps à l'aide d'un chronomètre.

chronométreur nm. Personne qui chronomètre.

chrysalide nf. Etat d'un insecte enfermé dans sa coque avant de devenir papillon.

chrysanthème nm. Plante ornementale donnant de belles fleurs d'arrière-saison.

chrysocale nm. Alliage qui imite l'or.

chrysolithe nf. Pierre précieuse d'un beau jaune verdâtre.

chuchotement nm. Action de chuchoter. ‖ Conversation secrète.

chuchoter vi. Parler bas. ‖ Vt. Dire à voix basse.

chuchoterie nf. *Fam.* Entretien à voix basse.

chuchoteur, euse n. Qui chuchote.

chuintant, e adj. Se dit des consonnes (*ch*, *j*) qui figurent un sifflement accompagné d'une expiration. ‖ Chacune de ces consonnes.

chuintement nm. Action de chuinter.

chuinter vi. Crier, en parlant de la chouette. ‖ Donner le son chuintant aux sifflantes : par ex., prononcer *choje* pour *chose*.

chut ! [*chut'*] interj. Silence !

chute nf. Action de tomber. ‖ *Fig.* Renversement, ruine : - *d'un empire.* ‖ Insuccès : - *d'une pièce de théâtre.* ‖ Pensée heureuse qui termine une petite pièce de vers : - *d'une épigramme.* ‖ - *des feuilles*, l'automne. ‖ - *du jour*, le crépuscule. ‖ - *d'eau*, cascade.

chyle nm. Liquide laiteux provenant des aliments transformés par les sucs digestifs, et prêt à passer dans l'intestin.

chylifère adj. Qui porte le chyle.

chyme nm. Contenu de l'estomac après l'action du suc gastrique sur les aliments.

ci, adv. de lieu, mis pour *ici*. Se joint souvent aux noms précédés de *ce, cette, ces*, et aux pronoms démonstratifs *celui, celle, ceux* : *ce homme-ci, ce monde-ci, celui-ci, celle-ci*, par opposition à *là* et pour désigner un objet ou un moment présent. ‖ Loc. adv. **Par-ci par-là**, de-ci de-là, de côté et d'autre. **Ci-après**, après ce passage-ci. **Ci-contre**, en regard, vis-à-vis sur la page d'un livre. **Ci-dessous**, dans l'endroit qui est ici dessous. **Ci-dessus**, plus haut. **Ci-devant**, précédemment. ‖ N. inv. *Un, une ci-devant*, pendant la Révolution, personne appartenant à la noblesse. ‖ Pr. dém. Ceci, cette chose-ci : *comme ci comme ça*.

cible nf. But, objectif (au *pr.* et au *fig.*) : *être la - des mauvais plaisants*.

ciboire nm. Vase où l'on conserve les hosties consacrées.

ciboule, ciboulette nf. Plante potagère du genre *ail*.

cicatrice nf. Trace d'une plaie, d'une blessure guérie.

cicatriciel, elle adj. Qui appartient à une cicatrice : *tissu -*.

cicatrisation nf. Guérison et fermeture d'une plaie.

cicatriser vt. Fermer une plaie.

cicérone nm. Guide pour étrangers. ‖ Pl. des *cicérones*.

cicindèle nf. Insecte coléoptère utile, d'un vert brillant.

ci-dessous, ci-dessus, ci-devant. V. CI.

cidre nm. Boisson faite avec le jus fermenté des pommes.

cidrerie nf. Fabrique de cidre. ‖ Industrie du cidre.

ciel nm. Espace indéfini dans lequel se meuvent les astres. ‖ Partie de l'espace qui semble former une voûte au-dessus de nos têtes. ‖ Paradis. ‖ *Fig.* Dieu, la Providence : *grâce au -*. ‖ *Elever jusqu'au -*, louer. ‖ *Remuer - et terre*, faire tous ses efforts. ‖ *Le feu du -*, la foudre. (Dans toutes ces acceptions, le pl. est *cieux*.) ‖ *Le - de l'Italie*, son climat. ‖ *Le - d'un lit*, dais auquel on suspend des rideaux. ‖ *- d'un tableau*, partie qui représente le ciel. (Dans ces dernières acceptions, le pl. est *ciels*.) ‖ Interj. de surprise, de douleur : *ô - !*

cierge nm. Grande chandelle de cire.

cigale nf. Insecte hémiptère des pays chauds.

cigare nm. Petit rouleau de feuilles de tabac que l'on fume.

cigarette nf. Tabac haché et roulé dans du papier très fin.

ci-gît. V. GÉSIR.

ci-inclus, ci-joint. V. INCLUS, JOINT.

cigogne nf. Oiseau migrateur de l'ordre des échassiers. (Cri : la cigogne *craquette* ou *claquette*.)

ciguë nf. Ombellifère vénéneuse. ‖ Poison extrait de cette plante.

cil nm. Poil bordant les paupières.

cilice nm. Chemise ou ceinture de crin qui se porte sur la peau par mortification.

cilié, e adj. Garni de cils.

cillement nm. Action de ciller.

ciller [*si-yé*] vt. et i. Fermer et rouvrir rapidement les paupières.

cimaise nf. *Archit.* Moulure au sommet d'une corniche ou à hauteur d'appui : *suspendre un tableau à la -*.

cime nf. Sommet.

ciment nm. Mélange d'argile et de calcaire calcinés qui, additionné d'eau, forme un mortier qui se solidifie plus ou moins rapidement.

cimenter vt. Lier avec du ciment. ‖ *Fig.* Consolider : *- la paix*.

cimentier nm. Celui qui fait, vend ou emploie du ciment.

cimeterre nm. Sabre large et recourbé des Orientaux.

cimetière nm. Lieu où l'on enterre les morts.

cimier nm. Ornement qui surmonte un casque. ‖ Pièce de viande.

cinabre nm. Sulfure naturel de mercure, rouge vermillon.

cinéaste nm. Collaborateur technique du cinéma.

ciné-club nm. Association, groupement culturel cinématographique. ‖ Pl. des *ciné-clubs*.

cinéma nm. Abréviation de CINÉMATOGRAPHE.

Cinémascope nm. (nom déposé). Projection sur large écran, donnant le sentiment du relief.

cinémathèque nf. Endroit où l'on conserve des films.

cinématique nf. Partie de la mécanique qui étudie particulièrement les mouvements.

cinématographe nm. Appareil destiné à projeter sur un écran des vues animées. ‖ Salle de projection. ‖ Art de composer et de réaliser des films cinématographiques.

cinématographie nf. Ensemble des techniques du cinématographe.

cinématographier vt. (c. *prier*). Photographier à l'aide d'une caméra.

cinématographique adj. Relatif au cinématographe.

cinéraire adj. *Urne -*, qui renferme les cendres d'un corps incinéré. ‖ Nf. Genre de composées ornementales.

Cinérama nm. (nom déposé). Projection sur écran courbe, à l'aide de plusieurs caméras, donnant au spectateur l'illusion de se trouver dans le champ d'action.

cinétique adj. Relatif au mouvement. ‖ *Energie* -, énergie d'un corps en mouvement.

cingalais, e adj. et n. De Ceylan.

cingler vi. Faire voile vers.

cingler vt. Frapper avec quelque chose de souple. ‖ **Cinglant, e** part. et adj. *Fig.* Blessant.

cinq [*sink*; devant une cons., *sin*] adj. num. Quatre plus un. ‖ Cinquième : *tome* -. ‖ Nm. Le chiffre qui représente ce nombre.

cinquantaine nf. Nombre de cinquante. ‖ Age de cinquante ans.

cinquante adj. num. Cinq fois dix. ‖ Cinquantième.

cinquantenaire n. Qui a atteint cinquante ans. ‖ Cinquantième anniversaire.

cinquantième adj. ord. de *cinquante*. ‖ Nm. La cinquantième partie d'un tout.

cinquième adj. ord. de *cinq*. ‖ Nm. Cinquième partie.

cintrage nm. Action de courber une pièce.

cintre nm. *Archit.* Courbure concave et continue d'une voûte. ‖ Echafaudage servant à édifier une voûte. ‖ Support de vêtements. ‖ *Plein* -, en demi-cercle. ‖ *Théâtr.* Partie supérieure de la scène.

cintrer vt. Courber en cintre.

cipaye [*pay'*] nm. Soldat de l'Inde.

cipolin nm. Calcaire cristallin grisâtre.

cippe nm. Colonne tronquée ornant quelquefois les tombeaux.

cirage nm. Action de cirer. ‖ Pâte, crème à chaussures.

circoncire vt. Opérer la circoncision.

circoncision nf. Opération rituelle, particulière aux religions juive et mahométane. ‖ *Circoncision*, fête de l'Eglise (1er janvier).

circonférence nf. Courbe plane fermée, dont tous les points sont à égale distance d'un point intérieur appelé *centre*. ‖ Enceinte, pourtour.

circonflexe adj. *Accent* -, signe en forme de V renversé, qu'on met sur une voyelle longue. Ex. : *tête*, *pâte*, *côte*.

circonlocution nf. Manière de parler indirecte et imprécise.

circonscription nf. Ce qui borne, limite l'étendue d'un corps. ‖ Division territoriale.

circonscrire vt. (c. *écrire*). Renfermer dans des limites : - *une propriété par des murs*.

circonspect, e adj. Prudent, qui agit avec réserve. ‖ Qui est fait avec retenue : *démarche* -.

circonspection nf. Prudence, discrétion, réflexion : *conduite pleine de* -.

circonstance nf. Certaine particularité qui accompagne un fait. ‖ Conjoncture, état actuel des choses : *les* - *sont graves*.

circonstanciel, elle adj. *Gramm.* Qui exprime les circonstances (cause, lieu, temps, etc.).

circonstancier vt. Exposer, préciser avec les circonstances : - *un fait*.

circonvallation nf. Ligne extérieure de défense des assiégeants contre une sortie possible des assiégés.

circonvenir vt. Chercher à tromper par des ruses, des artifices : - *un juge*.

circonvoisin, e adj. Proche, qui avoisine.

circonvolution nf. Enroulement autour d'un centre commun.

circuit nm. Pourtour, limite extérieure. ‖ Itinéraire fermé. ‖ Série continue de conducteurs électriques.

circulaire adj. Qui a la forme d'un cercle. ‖ Qui décrit un cercle. Nf. Lettre adressée à plusieurs personnes pour le même objet.

circulation nf. Mouvement de ce qui circule : *la* - *du sang*. ‖ Action, facilité de se mouvoir : *la* - *routière*.

circulatoire adj. Relatif à la circulation du sang. ‖ *Appareil* -, ensemble du cœur, des artères et des veines.

circuler vi. Se mouvoir circulairement. ‖ Passer, aller de main en main : *l'argent circule*. ‖ Aller et venir : *les voitures circulent*. ‖ *Fig.* Se propager : *un bruit circule*.

circumduction nf. Rotation autour d'un axe ou d'un point central.

circumnavigation [*kom'*] nf. Voyage maritime autour du monde.

circumpolaire adj. Qui est ou qui se fait autour du pôle.

cire nf. Substance molle et jaunâtre, produite par les abeilles. ‖ Substance analogue d'origine végétale. ‖ Composition pour cacheter les lettres. ‖ - *vierge*, non fondue.

ciré, e adj. Enduit de cire. ‖ Nm. Manteau imperméable.

cirer vt. Enduire de cire. ‖ Etendre et faire briller du cirage sur les chaussures.

cireur, euse n. Personne qui cire. ‖ Nf. Appareil électrique à cirer les parquets.

cireux, euse adj. Qui est de la nature, de la couleur de la cire.

cirier nm. Ouvrier qui travaille la cire. ‖ Marchand ou fabricant de cierges. ‖ Arbre à cire.

ciron nm. Animalcule qui vit dans les matières alimentaires, les détritus.

cirque nm. Lieu destiné aux jeux publics chez les Romains. ‖ Enceinte circulaire et couverte où se donnent

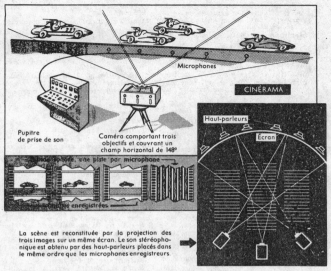

Microphones

CINÉRAMA

Pupitre
de prise de son

Caméra comportant trois
objectifs et couvrant un
champ horizontal de 148°

Haut-parleurs

Écran

La scène est reconstituée par la projection des
trois images sur un même écran. Le son stéréopho-
nique est obtenu par des haut-parleurs placés dans
le même ordre que les microphones enregistreurs.

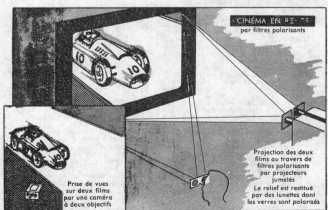

CINÉMA EN RELIEF
par filtres polarisants

Prise de vues
sur deux films
par une caméra
à deux objectifs

Projection des deux
films au travers de
filtres polarisants
par projecteurs
jumelés
Le relief est restitué
par des lunettes dont
les verres sont polarisés

des spectacles équestres et acrobatiques. || Dépression naturelle de forme semi-circulaire due principalement à l'érosion glaciaire.

cirrhose nf. Maladie inflammatoire du foie.

cirrus [*russ*] nm. Nuage très élevé offrant l'apparence de plumes légères.

cisaillement nm. Action de cisailler.

cisailler vt. Couper avec des cisailles.

cisailles nfpl. Gros ciseaux pour couper les métaux, pour élaguer les arbres.

cisalpin, e adj. En deçà des Alpes, par rapport aux Romains : *la Gaule* -.

ciseau nm. Lame d'acier trempé dont l'une des extrémités est taillée en biseau. || Pl. Instrument à deux branches mobiles et tranchantes.

ciseler vt. (c. *celer*). Travailler, sculpter les métaux. || *Fig.* Travailler minutieusement : *son style*.

ciselet nm. Petit ciseau à l'usage des orfèvres et des graveurs.

ciseleur nm. Artiste qui cisèle.

ciselure nf. Ouvrage, art du ciseleur.

cisoires nfpl. Fortes cisailles montées sur un établi.

ciste nm. Arbrisseau donnant le ladanum. || Nf. Corbeille antique.

cistercien enne adj. et n. Qui appartient à l'ordre de Cîteaux.

cistude nf. Tortue d'eau douce.

citadelle nf. Forteresse qui commande l'accès d'une ville.

citadin, e n. Habitant d'une ville.

citation nf. Passage cité d'un auteur. || Mise à l'ordre du jour d'un militaire ou d'un citoyen pour une action d'éclat. || *Dr.* Assignation devant un juge.

cité nf. Circonscription qui comprenant la collectivité des citoyens. || Ville de premier ordre. || Partie la plus ancienne de certaines villes : *la* - *de Londres*. || *La Cité sainte*, le Ciel. || *Droit de* -, aptitude à jouir des privilèges communs aux citoyens d'une ville.

citer vt. Rapporter un texte ou des paroles. || Désigner, signaler : *il est cité pour sa bravoure*. || *Dr.* Appeler à comparaître en justice.

citerne nf. Réservoir d'eaux pluviales.

citerneau nm. Petite chambre d'épuration précédant la citerne.

cithare nf. Lyre des Anciens.

cithariste adj. et n. Joueur de cithare.

citoyen, enne n. Personne qui jouissait du droit de cité : *un* - *romain*. || Membre d'un Etat, considéré du point de vue de ses devoirs envers la patrie et de ses droits politiques.

citoyenneté nf. Qualité de citoyen.

citrate nm. *Chim.* Sel de l'acide citrique.

citrin, e adj. De la couleur du citron.

citrique adj. Se dit d'un acide qu'on extrait du citron.

citron nm. Fruit du citronnier. || Adj. inv. Couleur de citron : *rubans* -.

citronnade nf. Boisson d'eau sucrée et de jus de citron.

citronnelle nf. Nom général donné aux plantes sentant le citron.

citronnier nm. Variété d'oranger qui produit le citron.

citrouille nf. Courge à fruits très gros et comestibles. || Son fruit.

cive nf. Syn. de CIBOULETTE.

civelle nf. Jeune anguille qui remonte les fleuves.

civet nm. Ragoût, au vin, de lièvre ou d'autre gibier.

civette nf. Petit carnivore qui produit une matière grasse d'une odeur forte, employée en parfumerie. || Cette matière.

civière nf. Brancard servant à transporter des blessés, des malades.

civil, e adj. Qui concerne les citoyens (par opposition à *militaire* et à *ecclésiastique*) : *emploi* -. || *Guerre* - entre citoyens d'un même pays. || *Droits* -, droits dont jouissent les citoyens. || *Fig. Poli;* honnête : *des manières fort* -. || Nm. Ce qui concerne les affaires des particuliers entre eux : *le* - *et le criminel*.

civilisateur, trice adj. et n. Qui développe, favorise la civilisation.

civilisation nf. Action de civiliser. || Ensemble des caractères communs aux sociétés les plus évoluées.

civiliser vt. Faire sortir de l'état de barbarie. || Polir les mœurs. || *Fam.* Rendre courtois, sociable.

civilité nf. Savoir-vivre ; politesse. || - *puérile et honnête*, se dit par ironie pour désigner la politesse. || Pl. Paroles de politesse, compliments d'usage : *faire des* -.

civique adj. Qui concerne le citoyen. || *Droits* -, droits que la loi confère aux citoyens.

civisme nm. Vertu du bon citoyen. || Zèle, dévouement à la patrie.

Cl, symbole du *chlore*.

clabaud nm. Chien de chasse qui aboie mal à propos.

clabaudage nm. Cri du chien qui clabaude. || *Fig.* Vaines criailleries.

clabauder vi. *Véner.* Aboyer hors des voies. || *Fig. et fam.* Crier mal à propos ; médire.

clabaudeur, euse n. Qui clabaude.

clac! interj. V. CLIC.

clafouti nm. Gâteau limousin, sorte de tarte aux cerises.

claie nf. Tissu d'osier à claire-voie. ‖ Treillage, clôture.

clair, e adj. Lumineux, éclatant. ‖ Net, distinct : *voix* -. ‖ Limpide : *eau* -. ‖ Peu foncé en couleur : *des étoffes rose* -. ‖ Peu consistant : *sirop* -. ‖ Peu serré : *toile* -. ‖ Pur, serein : *temps* -. ‖ *Fig.* Intelligible : *style* -. ‖ Evident : *preuve* -. ‖ Nm. Clarté : *le* - *de lune.* ‖ Adv. D'une manière distincte : *voir* -.

clairet adj. et nm. Vin rouge léger.

clairette nf. Vin blanc mousseux du Midi. ‖ Cépage qui le produit.

claire-voie nf. Clôture formée de barreaux espacés. ‖ Pl. des *claires-voies.* ‖ A - loc. adv., à jour.

clairière nf. Endroit dégarni d'arbres dans une forêt.

clair-obscur nm. *Peint.* Contraste entre les lumières et les ombres réparties avec art dans un tableau. ‖ Pl. des *clairs-obscurs.*

clairon nm. Instrument à vent, à son aigu et perçant. ‖ Celui qui en joue.

claironner vi. et t. Sonner du clairon. ‖ *Fig.* Annoncer avec éclat : - *un succès.*

clairsemé, e adj. Peu serré, rare.

clairvoyance nf. Sagacité, pénétration.

clairvoyant, e adj. Perspicace.

clamer vt. Manifester par des termes violents, par des cris.

clameur nf. Grands cris de mécontentement, de réprobation.

clampin nm. *Fam.* Traînard.

clan nm. Groupement élémentaire de familles déclarant descendre d'un ancêtre commun : *un* - *ecossais.* ‖ *Fig.* Parti ; coterie : - *des mécontents.*

clandestin, e adj. Fait en cachette : *journal* -. ‖ Secret : *mariage* -.

clandestinité nf. Caractère de ce qui est clandestin.

clapet nm. Soupape à charnière.

clapier nm. Retraite du lapin de garenne. ‖ Cabane à lapins domestiques.

clapir (se) vpr. Se blottir, se cacher, en parlant des lapins.

clapotement nm. *Mar.* Action de clapoter.

clapoter vi. *Mar.* Se choquer dans tous les sens, en parlant des vagues.

clapotis nm. V. CLAPOTEMENT.

clappement nm. Bruit sec de la langue détachée brusquement du palais.

clapper vi. Faire un clappement.

claque nf. Coup du plat de la main. ‖ Troupe d'acteurs payés : *la* - *d'un théâtre.* ‖ Partie de la chaussure fixée à la semelle et qui entoure le pied.

claque nm. Chapeau qui s'aplatit. (On dit aussi CHAPEAU-CLAQUE.)

claquedent ou **claquefaim** nm. *Fam.* Gueux, misérable.

claquement nm. Bruit de ce qui claque.

claquemurer vt. Enfermer étroitement.

claquer vi. Faire entendre un bruit sec par un choc brusque : - *des dents.* ‖ Applaudir en battant des mains. ‖ Vt. Donner une claque. ‖ *Fam.* Ereinter, fatiguer.

claquet nm. Petite latte qui bat sur la trémie d'un moulin et produit un bruit continuel.

claqueter vi. (c. *jeter*). Crier, en parlant de la cigogne.

claquette nf. Instrument formé de deux planchettes, servant à donner un signal. ‖ Pl. Lames de métal fixées aux semelles pour rythmer certaines danses.

claqueur nm. Applaudisseur payé.

clarification nf. Action de clarifier un liquide.

clarifier vt. (c. *prier*). Rendre clair un liquide trouble. ‖ Purifier. ‖ **Clarifiant, e** adj., part. et nm. Substance propre à clarifier.

clarine nf. Sonnette qu'on pend au cou des animaux à l'alpage.

clarinette nf. Instrument de musique à vent et à anche.

clarinettiste nm. Musicien qui joue de la clarinette.

clarisse nf. Religieuse de l'ordre de Sainte-Claire.

clarté nf. Lumière. ‖ Transparence, limpidité. ‖ *Fig.* Netteté de l'esprit : *écrire avec* -.

classe nf. Ordre dans lequel on range les personnes et les choses suivant leur condition, leur rang. ‖ *Fam.* Distinction : *avoir de la* -. ‖ Chacune des grandes divisions du règne animal ou végétal : *des mammifères.* ‖ Conscrits de la même année : *la* - *1958.* ‖ Ensemble des élèves placés sous la direction d'un maître : - *turbulente.* ‖ Salle des cours et, par ext., l'école elle-même : *aller en* -. ‖ Pl. Ensemble des élèves : *la rentrée des* -.

classement nm. Action de classer ; résultat de cette action.

classer vt. Ranger par classes, par catégories. ‖ Distribuer dans un certain ordre. ‖ - *une affaire,* la considérer comme réglée.

classeur nm. Portefeuille, meuble où l'on classe des papiers.

classicisme nm. Doctrine littéraire et artistique fondée sur le respect de la tradition.

1. Colonnade du Louvre; 2. Les Invalides; 3. Le Val-de-Grâce; 4. Château de Versailles

classificateur nm. Celui qui établit des classifications.

classification nf. Distribution par classes.

classifier vt. (c. *prier*). Ranger par classes, par catégories.

classique adj. A l'usage des classes. ‖ Qui appartient à l'Antiquité ou aux auteurs du XVIIe siècle : *le théâtre* -. ‖ *Fam.* Conforme à un idéal ou aux usages établis : *beauté* -. ‖ Nm. Auteur, ouvrage qui, par sa perfection, peut servir de modèle.

claudication nf. Action de boiter.

clause nf. Disposition particulière d'un acte, d'un contrat, d'une loi, etc.

claustral, e, aux adj. Qui appartient au cloître.

claustration nf. Relégation dans un cloître.

claustrer vt. Cloîtrer. ‖ *Par ext.* Enfermer.

clavaire nf. Champignon comestible à tête ramifiée.

claveau nm. *Archit.* Pierre taillée en coin, servant à la construction d'une voûte, etc. ‖ Voussoir.

clavecin nm. Ancien instrument de musique à clavier à cordes.

claveciniste n. Qui joue du clavecin.

clavelée nf. ou **claveau** nm. Variole du mouton.

clavette nf. Cheville amovible unissant solidement deux pièces.

clavicule nf. Os de l'épaule qui joint le sternum à l'omoplate.

clavier nm. Rangée des touches d'un piano, d'un jeu d'orgue, etc.

clayère [*klè-yèr'*] nf. Parc à huîtres.

clayon [*klè-yon*] nm. Petite claie pour faire sécher fromages et fruits.

clayonnage nm. Claie de pieux et de branches pour soutenir les terres.

clayonner vt. Garnir d'un clayonnage.

clearing nm. [*clé-rin'g*]. Compensation de change.

clef ou **clé** nf. Instrument pour ouvrir et fermer une serrure. ‖ *Par ext.* Position, point stratégique : *Gibraltar est la* - *de la Méditerranée.* ‖ *Fig.* - *des champs*, liberté de sortir. ‖ Ce qui permet de comprendre : *la* - *d'un mystère.* ‖ *Méc.* Outil utilisé pour serrer ou desserrer un écrou : - *anglaise.* ‖ *Mus.* Signe qui indique l'intonation. ‖ *Archit.* - *de voûte*, pierre qui occupe le milieu d'une voûte. ‖ *Fig.* Base : *la logique est la* - *de voûte de l'intelligence.*

clématite nf. Renonculacée grimpante.

clémence nf. Vertu qui porte à pardonner, indulgence.

clément, e adj. Qui montre de la clémence. ‖ Doux : *hiver* -.

clémentine nf. Sorte de mandarine.

clenche [*klanch'*] nf. Pièce du loquet assurant la fermeture d'une porte.

clepsydre nf. Horloge à eau.

cleptomane n. Personne atteinte de cleptomanie.

cleptomanie nf. Manie du vol.

clerc nm. Aspirant ecclésiastique qui a reçu la tonsure. ‖ Employé d'un avoué, d'un notaire. ‖ Personne instruite; savant. ‖ *Fig. Pas de* -, bévue.

clergé nm. Ensemble des prêtres d'un culte, d'une paroisse, d'un pays.

clérical, e, aux adj. Relatif au clergé. ‖ Adj. et n. Partisan du cléricalisme.

cléricalisme nm. Ensemble d'opinions favorables à l'influence, à l'immixtion du clergé dans les affaires publiques.

clic! (onomatop.) interj. exprimant un claquement sec : *clic! clac!*

clichage nm. Action de clicher.

cliché nm. Planche d'imprimerie obtenue par clichage. ‖ Epreuve négative en photographie. ‖ Gravure sur métal en vue de l'impression. ‖ *Fig.* Lieu commun, banalité ressassée.

clicher vt. *Typogr.* Faire un cliché.

clicherie nf. Atelier de clichage.

clicheur nm. Ouvrier chargé des opérations de clichage.

client, e n. A Rome, plébéien qui se plaçait sous le patronage d'un patricien. ‖ Personne qui confie ses intérêts à un homme d'affaires. ‖ Acheteur chez un commerçant.

clientèle nf. Ensemble des clients.

clignement nm. Action de cligner.

cligner vt. et i. Fermer les yeux à demi en rapprochant les paupières.

clignotement nm. Mouvement continuel des paupières.

clignoter vi. Remuer les paupières rapidement et convulsivement. ‖ S'allumer et s'éteindre par intermittence. ‖ Clignotant, e part., adj. et nm. *Autom.* Avertisseur lumineux.

climat nm. Ensemble des conditions géographiques et atmosphériques auxquelles est soumise une région. ‖ *Fig.* Atmosphère, ambiance.

climatérique adj. Se dit des époques de la vie considérées comme critiques.

climatique adj. Qui a rapport au climat. ‖ *Station* -, localité dont le climat a un effet curatif.

climatisation nf. Ensemble des moyens permettant de maintenir l'atmosphère d'une salle, d'un avion, à une pression, à un degré d'humidité et à une température donnés.

climatiser vt. Assurer la climatisation.

Climatiseur nm. (nom déposé). Appareil assurant la climatisation.

climatologie nf. Etude des climats.

clin nm. - *d'œil*, battement de paupières. (Pl. des *clins d'œil*). || **En un - d'œil** loc. adv., en un instant.

clinicien adj. et nm. Médecin qui étudie les maladies par l'observation directe des malades.

clinique adj. et nf. Enseignement pratique de la médecine qui se donne au chevet des malades : *professeur de -*. || Etablissement privé où l'on opère, soigne les malades.

clinquant nm. Lame métallique, brillante et légère, qu'on met dans les broderies. || *Fig.* Eclat trompeur.

clip nm. Bijou en forme de broche.

clique nf. Association, groupe de gens méprisables. || Ensemble des tambours et clairons d'un régiment. || Pl. Sabots (dialectal). || *Fam. Prendre ses - et ses claques*, s'en aller.

cliquet nm. Petit levier qui interdit le retour en arrière d'une roue dentée.

cliqueter vi. (c. *jeter*). Faire le bruit du cliquet : *le moteur cliquette*.

cliquetis nm. Bruit répété de corps qui s'entrechoquent : *un - d'épées*.

cliquette nf. Sorte de castagnette.

clisse nf. Claie à fromages. || Enveloppe d'osier, de jonc, pour bouteilles.

clisser vt. Garnir de clisses.

clivage nm. Action de cliver des cristaux. || Fissure à surfaces planes dans une pierre précieuse.

cliver vt. Fendre un minéral dans le sens naturel de ses couches : *- un diamant*.

cloaque nm. Lieu destiné à recevoir les immondices. || Orifice commun des voies urinaires, intestinales et génitales de certains vertébrés.

clochard nm. *Fam.* Vagabond.

cloche nf. Instrument de bronze creux, évasé, dont on tire des sons au moyen d'un battant ou d'un marteau. || Couvercle à fromage. || Vase de verre pour couvrir les plantes. || Chapeau à bords rabattus. || *- à plongeur*, cloche dans laquelle un homme peut rester quelque temps sous l'eau.

cloche-pied (à) loc. adv. Sur un seul pied : *sauter à -*.

clocher nm. Tour d'église. || *Par ext.* Paroisse, pays natal : *l'amour du natal*. || *Querelles de -*, rivalités, jalousie entre localités voisines.

clocher vi. Boiter en marchant. || *Fig.* Pécher par quelque point : *cette comparaison cloche*.

clocheton nm. Petit clocher.

clochette nf. Petite cloche. || Fleur en forme de cloche.

cloison nf. Séparation en matériaux légers. || Membrane qui partage un fruit ou divise une cavité.

cloisonnage nm. Ouvrage en charpente ou en menuiserie.

cloisonné, e adj. Partagé en compartiments. || Se dit des émaux dont les motifs sont séparés par de minces cloisons verticales. || Nm. : *un -*.

cloisonner vt. Séparer, diviser par des cloisons.

cloître nm. Galerie couverte entourant une cour ou un jardin de monastère. || *Par ext.* Le monastère lui-même.

cloîtrer vt. Enfermer dans un cloître. || **Se -** vpr. *Fig.* Vivre sans voir personne.

clopin-clopant loc. adv. *Fam.* En marchant avec peine.

clopiner vi. *Fam.* Marcher avec peine, en boitillant.

cloporte nm. Petit crustacé, à pattes multiples, vivant dans les lieux sombres et humides.

cloque nf. Maladie des feuilles qui les fait jaunir et se rouler sur elles-mêmes. || Ampoule causée par une brûlure ou un frottement répété.

cloquer vi. Se boursoufler : *peinture qui cloque*.

clore vt. (Usité aux temps suivants : *je clos, tu clos, il clôt*, sans pl. *Je clorai*, etc. *Je clorais*, etc. Q. *je close*, etc. *Clos, close*, et à tous les temps composés.) Fermer, boucher. || Terminer. || *Fig.* Arrêter, terminer : *- une séance*. || *Vi.* Pouvoir être fermé : *fenêtre qui clôt mal*. || **Clos, e** part., adj. et nm. Terrain cultivé et entouré de murs, de haies ou de fossés.

closerie nf. Petite métairie.

clôture nf. Enceinte de murailles, de haies, etc. || Enceinte d'un monastère où les religieux vivent cloîtrés. || *Fig.* Fin : *- d'une séance*.

clôturer vt. Fermer, entourer. || *Fig.* Terminer : *l'assemblée va - sa session*.

clou nm. Tige métallique, pointue à un bout, renflée à l'autre, et servant à fixer ou à suspendre. || *Fam.* Furoncle. || *Fig. et fam. River à quelqu'un son -*, le contraindre au silence. || *- de girofle*, bouton de giroflier employé comme épice. || *Pop.* Mont-de-piété. || *Fig. et fam.* Vieille machine : *sa bicyclette est un -*. || *Fam.* Attraction principale : *le - de la fête*.

clouer vt. Fixer avec des clous. || *Fig.* Assujettir quelqu'un : *la maladie l'a cloué au lit*. || Contraindre au silence : *- un contradicteur*.

clouter vt. Garnir de clous.

clouterie nf. Commerce et fabrication de clous.

cloutier nm. Fabricant de clous.

clovisse nf. Coquillage comestible.

clown [*cloun*'] nm. Bouffon de cirque.

clownerie [*klou*] nf. Facétie de clown.

cloyère [*klo* ou *kloi*] nf. Panier à huîtres. || Son contenu (25 douzaines).

club [*kleub*'] nm. Association, réunion de personnes s'intéressant à un même objet (littérature, politique, cinéma, sport, jeu, etc). || Crosse de golf.

cluse nf. Coupure étroite faisant communiquer deux vals : *les - du Jura.*

clystère nm. Lavement.

cnémide nf. Jambière, en cuir ou en métal, des soldats de la Grèce ancienne.

Co, symbole chimique du *cobalt.*

coaccusé, e n. Accusé avec un ou plusieurs autres.

coach nm. Automobile fermée, à deux portes et à quatre glaces.

coacquéreur nm. Celui avec qui l'on acquiert en commun.

coadjuteur, trice n. Prélat, religieuse adjoints à un prélat, à une abbesse, avec ou sans future succession.

coagulation nf. Etat d'un liquide coagulé. || Action par laquelle il se coagule.

coaguler vt. Figer, en parlant d'un liquide; lui donner de la consistance : *- le sang.* || **Coagulant, e** part., adj. et nm. Ce qui sert à coaguler.

coagulum [*lom*'] nm. Masse de substance coagulée.

coaliser (se) vpr. S'engager dans une coalition. || **Coalisé, e** part. adj. et n.

coalition nf. Association de puissances, d'individus qui s'unissent pour exercer une action commune.

coaltar [*kol*] nm. Goudron de houille.

coassement nm. Cri de la grenouille et du crapaud.

coasser vi. Crier, en parlant de la grenouille.

coassocié, e n. Associé avec d'autres.

cobalt nm. Métal (Co) blanc, voisin du nickel, utilisé pour colorer en bleu le verre et les porcelaines.

cobaye [*bay*'] nm. Rongeur vulgairement appelé *cochon d'Inde*, employé dans les laboratoires comme sujet d'expériences.

cobra nm. Autre nom du *naja.*

coca nf. Arbrisseau du Pérou. || Nf. Substance stimulante, tonique, extraite de ses feuilles.

cocagne nf. Réjouissance, abondance (Vx.). || *Pays de -,* pays où la vie est facile et agréable. || *Mât de -,* mât lisse et glissant, au sommet duquel sont suspendus des objets à décrocher.

cocaïne nf. Alcaloïde anesthésique, extrait des feuilles du coca.

cocaïnomane n. Personne qui fait un emploi abusif de la cocaïne.

cocarde nf. Insigne : *- tricolore.* || Nœud de rubans.

cocardier, ère n. Qui aime l'armée, l'uniforme, le panache.

cocasse adj. *Fam.* Qui est d'une bizarrerie drôle, ridicule.

coccinelle nf. Insecte coléoptère, encore appelé *bête à bon Dieu.*

coccygien, enne adj. Du coccyx.

coccyx [*kok-siss*] nm. Petit os à l'extrémité du sacrum.

coche nm. Autrefois, grande voiture dans laquelle on voyageait. || Bateau pour le transport des voyageurs et des marchandises. || *Fig.* et *fam. Manquer le -,* manquer l'occasion.

coche nf. Entaille faite à un corps solide.

coche nf. Femelle du cochon, truie.

cochenille nf. Insecte hémiptère, qui fournit une belle teinture écarlate.

cocher, ère n. Conducteur, conductrice de voiture à chevaux.

cocher vt. Marquer d'une coche.

cochère adj. *Porte -,* large porte à deux battants destinée aux voitures.

cochet nm. Jeune coq.

cochevis nm. Alouette huppée.

cochinchinois, e adj. et n. De la Cochinchine.

cochon nm. Porc, pourceau. (Cri : le cochon *grogne.*) || *Fig.* Individu malpropre, qui fait quelque chose de sale. || *- de lait,* petit cochon qui tète encore. || *- de mer,* marsouin. || *- d'Inde,* cobaye.

cochonnée nf. Portée d'une truie.

cochonner vt. *Pop.* Faire un ouvrage salement et grossièrement.

cochonnerie nf. *Pop.* Malpropreté. || Parole, action obscène. || Chose gâtée, mal faite.

cochonnet nm. Petit cochon. || But au jeu de boules. || Le jeu lui-même.

cocker [*kèr*] nm. Petit chien de chasse à poils longs.

cockpit nm. Petit réduit ménagé pour le timonier sur le pont de certains bateaux. || Emplacement du pilote d'un avion monoplace.

cocktail nm. Mélange de boissons alcooliques, de sirop et de glace. || Réunion où l'on boit des cocktails.

coco nm. Fruit du cocotier. || Boisson faite avec du jus de réglisse. || Nf. *Fam.* Cocaïne.

cocon nm. Enveloppe soyeuse de certains papillons, comme le ver à soie.

cocorico nm. Onomatopée imitant le cri du coq.

cocotier nm. Palmier produisant la noix de coco.

cocotte nf. Sorte de casserole en fonte. ‖ Poule, dans le langage des enfants.

coction nf. Cuisson.

coda nf. Période musicale, vive et brillante, qui termine un morceau.

code nm. Recueil de lois régissant un pays : - *Napoléon*, ou une matière spéciale : - *forestier*. ‖ Règlement : - *de la route*. ‖ Recueil d'abréviations conventionnelles : - *de signaux*.

codébiteur, trice n. Qui doit conjointement avec un autre.

codéine nf. Alcaloïde extrait de l'opium : *la* - *calme la toux*.

codétenu, e n. Personne détenue avec une autre dans un même lieu.

codex nm. Recueil officiel des formules de médicaments.

codicille nm. Addition, modification à un testament.

codification nf. Action de codifier.

codifier vt. (c. *prier*). Rassembler 'des lois en un corps de législation.

codirecteur, trice adj. et n. Qui dirige avec un ou plusieurs autres.

coéducation nf. Education donnée ou reçue en commun.

coefficient nm. Nombre placé devant une quantité pour la multiplier. ‖ Nombre qui fixe la valeur relative des diverses épreuves d'un examen.

cœlacanthe [*sé*] nm. Poisson osseux, chaînon intermédiaire entre les poissons et les amphibiens.

cœlentérés [*sé-lan*] nmpl. Embranchement du règne animal renfermant les éponges, coraux, méduses.

cœnure nm. V. CÉNURE.

coéquipier, ère n. Qui fait équipe avec d'autres personnes.

coercible adj. Qui peut être comprimé, réduit.

coercition nf. Pouvoir, action de contraindre, d'obliger.

cœur nm. Organe musculaire, moteur de la circulation du sang. ‖ Couleur du jeu de cartes. ‖ *Fig.* Partie centrale d'un pays, d'une chose : *le* - *d'un arbre*. ‖ Siège des sentiments, des passions : *un* - *de mère*. ‖ Courage, ardeur : *redonner du* - . ‖ Estomac : *avoir mal au* - . ‖ *Prendre une chose à* - , s'y intéresser vivement. ‖ *Ouvrir son* - , se confier. ‖ *Peser sur le* - , attrister. ‖ *Aller au* - , émouvoir. ‖ *Faire contre mauvaise fortune bon* - , supporter la malchance avec courage. ‖ *En avoir le* - *net*, s'assurer de la vérité d'une chose. ‖ *Loc. adv.* A - *ouvert*, - *à* - , franchement. A *contre* - , contre son

gré. *De bon* - , volontiers. *De tout* - , avec - , avec zèle. *Par* - , de mémoire.

coexistence nf. Existence simultanée.

coexister vi. Exister ensemble.

coffin nm. Etui dans lequel les faucheurs portent leur pierre à aiguiser.

coffrage nm. Charpente disposée pour éviter les éboulements dans les puits, les tranchées, etc. ‖ Dispositif maintenant le béton jusqu'à sa prise.

coffre nm. Meuble propre à serrer des objets de diverse nature. ‖ *Fig. et fam.* Poitrine : *avoir le* - *solide*. ‖ Grosse bouée pour amarrer les navires. ‖ Partie d'une automobile réservée aux bagages.

coffre-fort nm. Coffre d'acier pour serrer l'argent. ‖ Pl. des *coffres-forts*.

coffrer vt. *Pop.* Mettre en prison.

coffret nm. Petit coffre.

cogitation nf. Action de penser, de réfléchir.

cognac nm. Eau-de-vie des Charentes très estimée.

cognassier nm. Grand arbre fruitier donnant le coing.

cognée nf. Hache de bûcheron. ‖ *Fig. Jeter le manche après la* - , abandonner par découragement.

cogner vt. Frapper fortement. ‖ Vi. Heurter : - *à une porte*.

cohabitation nf. Etat de personnes qui habitent ensemble.

cohabiter vi. Habiter ensemble.

cohérence nf. Liaison, union, connexion entre les choses ou les idées.

cohérent, e adj. Qui se compose de parties liées et harmonisées entre elles ; logique : *un raisonnement* - .

cohéreur nm. Appareil inventé par Branly pour la réception des signaux de télégraphie sans fil.

cohéritier, ère n. Personne qui hérite avec une autre.

cohésion nf. Adhérence, force qui unit entre elles les molécules d'un corps. ‖ *Fig.* Union : *la* - *des différentes parties d'un Etat*.

cohorte nf. Corps d'infanterie romaine, dixième partie de la légion. ‖ *Poétiq.* Troupe.

cohue nf. Grande foule, tumulte.

coi, coite adj. Tranquille, calme.

coiffe nf. Vêtement de tête féminin. ‖ - *de chapeau*, garniture intérieure. ‖ Organe couvrant l'extrémité des racines des végétaux.

coiffer vt. Couvrir la tête. ‖ Arranger les cheveux. ‖ - *sainte Catherine*, pour une fille atteindre l'âge de vingt-cinq ans sans s'être mariée. ‖ Coiffé, e part. et adj. *Fig.* Entiché : *être* - *d'une personne*. ‖ *Etre né* - , avoir de la chance.

coiffeur, euse n. Qui a pour profession de couper, d'arranger les cheveux et la barbe. || Nf. Table de toilette munie d'une glace.

coiffure nf. Ce qui sert à couvrir, à orner la tête. || Arrangement des cheveux.

coin nm. Instrument de fer en angle pour fendre du bois. || Matrice d'acier gravée en creux, pour frapper les monnaies. || Poinçon de garantie des pièces d'orfèvrerie et de bijouterie. || *Fig.* Empreinte, caractère : *œuvre marquée au - du génie.* || Angle : *le - d'une rue.* || Petite surface : *un - de terre.*

coincement nm. Etat d'une pièce immobilisée comme avec des coins.

coincer vt. (c. *placer*). Fixer, assujettir avec des coins : *- des rails.* || Immobiliser : *- quelqu'un derrière une porte.*

coïncidence nf. Etat de deux figures qui se superposent. || *Fig.* Rencontre, simultanéité de deux faits.

coïncident, e adj. *Géom.* Qui se superposent exactement.

coïncider vi. *Math.* Se superposer exactement : *ces deux triangles coïncident.* || *Fig.* Arriver en même temps. || S'accorder : *les deux témoignages coïncident.* || **Coïncidant** part. prés.

coing nm. Fruit du cognassier.

coke nm. Combustible provenant de la distillation de la houille en *vase* clos.

cokéfaction nf. Transformation de la houille en coke.

cokerie nf. Fabrique de coke.

col nm. Partie du vêtement qui entoure le cou. || Partie rétrécie d'un organe, d'un objet : *le - d'une bouteille.* || *Géogr.* Passage étroit entre deux montagnes.

colback nm. (mot turc). Bonnet à poil en forme de cône tronqué.

colchique nm. Liliacée bulbeuse et vénéneuse fleurissant dans les prés en automne.

colcotar nm. Sesquioxyde de fer, employé comme abrasif.

cold-cream [*kold'-krim*] nm. Pommade utilisée pour les soins de la peau.

coléoptères nmpl. Ordre d'insectes munis de quatre ailes, dont les deux supérieures (*élytres*) sont dures et impropres au vol.

colère nf. Irritation, courroux, fureur.

coléreux, euse (*Fam.*) ou **colérique** adj. Porté à la colère.

colibacille nm. Bactérie de l'intestin de l'homme.

colibacillose nf. Affection intestinale provoquée par le colibacille.

colibri nm. Nom générique de tous les oiseaux-mouches.

colifichet nm. Bagatelle, breloque. || Pâtisserie légère pour les oiseaux.

colimaçon nm. Syn. de LIMAÇON. || *En -*, en spirale.

colin nm. Merlan de grande taille, à chair très fine.

colin-maillard nm. Jeu où un joueur, les yeux bandés, doit rechercher et reconnaître les autres.

colique nf. Douleur d'entrailles.

colis nm. Caisse, paquet, balle de marchandises. || *- postal*, colis transporté par les compagnies de chemins de fer sous le contrôle des P.T.T.

colite nf. Inflammation du côlon.

collaborateur, trice n. Personne qui travaille avec d'autres.

collaboration nf. Action de collaborer. || Ensemble des collaborateurs.

collaborer vi. Travailler avec d'autres à une œuvre commune.

collage nm. Action d'imprégner de colle le papier. || Etat des objets collés. || Action de clarifier le vin.

collant, e adj. Qui colle. || Etroit : *pantalon -.* || *Fam.* Importun : *une personne -.*

collapsus nm. Diminution brusque des forces, sans syncope.

collargol nm. Argent colloïdal à usage thérapeutique.

collatéral, e, aux adj. et n. Parent hors de la ligne directe. || *Géogr.* *Points -*, qui sont entre les points cardinaux.

collation nf. Action de conférer un bénéfice, un titre. || Action de comparer des textes, des documents. || Léger repas, goûter.

collationnement nm. Vérification, comparaison de textes.

collationner vt. Comparer entre eux des exemplaires manuscrits ou imprimés. || *- un livre*, s'assurer qu'il n'y manque rien. || Vi. Goûter.

colle nf. Matière gluante servant à faire adhérer deux corps. || *Fig.* et *fam.* Problème à résoudre : *poser une -.* || *Arg. scol.* Séance d'interrogation. || Punition.

collecte nf. Quête faite au profit d'une œuvre, d'une personne.

collecter vt. Rassembler des fonds.

collecteur nm. Autrefois, percepteur des impôts. || Celui qui reçoit des cotisations. || Organe d'une dynamo, pour recueillir le courant électrique. || Adj. Egout, tuyau -, qui reçoit les eaux de plusieurs autres.

collectif, ive adj. Fait par plusieurs. || Nm. *Gramm.* Nom qui, quoique au singulier, présente à l'esprit l'idée d'une collection, comme foule, amas.

collection nf. Réunion d'objets de même nature : - *de timbres*.

collectionner vt. Réunir, faire collection : - *des médailles*.

collectionneur, euse n. Personne qui fait des collections.

collectivisme nm. Système qui supprime la propriété individuelle et prône la mise en commun de tous les moyens de production.

collectiviste adj. Relatif au collectivisme. ‖ N. Partisan du collectivisme.

collectivité nf. Ensemble des êtres qui forment une société.

collège nm. Réunion de personnes revêtues de la même dignité : - *des cardinaux* ou *sacré* -. ‖ Etablissement d'enseignement secondaire. ‖ Ensemble des élèves d'un collège. ‖ - *électoral*, assemblée d'électeurs.

collégial, e, aux adj. Qui appartient à un chapitre de chanoines sans siège épiscopal : *église* -.

collégien, enne n. Elève d'un collège.

collègue n. Qui remplit la même fonction publique ou fait partie du même établissement qu'un autre.

coller vt. Faire adhérer, fixer avec un corps gluant. ‖ Appliquer fortement : - *son front aux vitres*. ‖ Clarifier : - *du vin*. ‖ Fam. Réduire au silence : *il m'a collé d'un seul mot*. ‖ Punir : - *un élève*. ‖ Refuser à un examen. ‖ Vi. S'appliquer étroitement sur : *cet habit colle bien*.

collerette n. Petit collet. ‖ Objet en forme de collerette.

collet nm. Partie du vêtement qui entoure le cou. ‖ Nœud coulant pour prendre le gibier. ‖ Ligne de séparation entre la racine d'une dent et sa couronne, la tige d'une plante et sa racine. ‖ *Fig.* - *monté*, prude jusqu'à l'affectation, guindé.

colleter vt. (c. *jeter*). Saisir quelqu'un au collet pour le renverser. ‖ Se - vpr. En venir aux mains.

colleur nm. Celui qui colle : - *d'affiches*. ‖ *Arg. scol.* Interrogateur spécial.

collier nm. Parure, ornement qui se porte autour du cou. ‖ Courroie que l'on met au cou des animaux domestiques pour les tenir à l'attache. ‖ Partie du harnais des chevaux de trait. ‖ *Fig. Donner un coup de* -, fournir un effort.

colliger vt. (c. *manger*). Réunir des extraits d'un livre en recueil.

collimateur nm. Appareil d'optique correcteur. ‖ Appareil de visée pour le tir.

colline nf. Petite montagne.

collision nf. Choc. ‖ *Fig.* Lutte, combat : *une - entre le peuple et l'armée*.

collodion nm. Solution de nitrocellulose dans un mélange d'alcool et d'éther.

colloïdal, e, aux adj. Qui est de la nature des colloïdes.

colloïde nm. Nom donné à toute substance analogue physiquement à la colle de gélatine.

colloque nm. Entretien. ‖ Conférence entre deux partis politiques ou religieux : *le - de Poissy*.

collusion nf. Entente secrète entre deux parties, deux personnes, pour agir au préjudice d'un tiers.

collutoire nm. Médicament destiné à la muqueuse buccale.

collyre nm. Remède pour les yeux.

colmatage nm. Action de colmater.

colmater vt. Exhausser et fertiliser les fonds stériles au moyen de dépôts vaseux fluviaux ou marins. ‖ Rétablir et consolider un front de bataille : - *une brèche*.

colocataire n. Celui qui partage la location d'un immeuble avec d'autres.

colombage nm. Mur formé de panneaux de bois entre lesquels on dispose du plâtre ou des briques.

colombe nf. Pigeon, tourterelle.

colombier nm. Pigeonnier.

colombin, e adj. D'une couleur entre le rouge et le violet. (Vx.) ‖ Nf. Fiente des pigeons et des oiseaux de basse-cour. ‖ Nmpl. Ordre d'oiseaux.

colombophile adj. et n. Qui élève des pigeons voyageurs.

colombophilie nf. Elevage des pigeons voyageurs.

colon nm. Habitant d'une colonie. ‖ Celui qui cultive une terre dans une colonie.

côlon nm. Partie du gros intestin qui va du cæcum au rectum.

colonel nm. Officier commandant un régiment.

colonial, e, aux adj. Qui concerne les colonies; qui en provient : *denrées* -. ‖ Nf. Infanterie coloniale (auj., troupes de marine). ‖ Nm. Habitant des colonies.

colonie nf. Population quittant un pays pour aller en habiter un autre. ‖ Groupement pratiquant la vie en commun : - *scolaire*.

colonisateur, trice n. et adj. Qui colonise.

colonisation nf. Action de coloniser; son résultat.

coloniser vt. Fonder une colonie.

colonnade nf. Rangée de colonnes.

colonne nf. Pilier cylindrique servant

de point d'appui à une plate-bande ou à un arc. ‖ Portion d'une page divisée verticalement. ‖ *Phys.* Masse de fluide, de forme cylindrique : - *d'air, d'eau.* ‖ - *vertébrale,* ensemble des vertèbres empilées les unes sur les autres. ‖ *Fig.* Appui : *Bossuet fut une des - de l'Eglise.* ‖ Rassemblement de soldats groupés en profondeur : *marcher en - par trois.* ‖ *Par ext.* Troupe en formation profonde : *une - de secours.*

colonnette nf. Petite colonne.

colophane nf. Résine jaune, solide.

coloquinte nf. Concombre fort amer et purgatif.

coloration nf. Action de colorer. ‖ Etat d'un corps coloré.

colorer vt. Donner de la couleur. ‖ *Fig.* Présenter sous un aspect favorable : - *un mensonge.* ‖ **Colorant, e** part., adj. et n. Qui colore. ‖ **Coloré, e** expressions imagées : *style -.*

coloriage nm. Action de colorier.

colorier vt. (c. *prier*). Mettre des couleurs sur.

coloris nm. *Peint.* Effet des couleurs.

coloriste n. *Peint.* Peintre qui excelle par le coloris. ‖ N. Celui, celle qui colorie des estampes, des cartes.

colossal, e, aux adj. De dimensions démesurées. ‖ *Fig.* Gigantesque.

colosse nm. Statue d'une grandeur extraordinaire. ‖ Homme, animal aux proportions énormes.

colportage nm. Profession de colporteur. ‖ Action de colporter.

colporter vt. Faire le colporteur. ‖ *Fig.* Répandre : - *une nouvelle.*

colporteur nm. Marchand ambulant.

colt nm. Gros pistolet automatique.

coltin nm. Large chapeau de cuir des portefaix, ou coltineurs.

coltinage nm. Métier de coltineur.

coltiner vt. Porter en s'aidant du coltin. ‖ *Par ext.* Porter des fardeaux.

coltineur nm. Portefaix.

columbarium [*lon, om'*] nm. Bâtiment pourvu de niches où sont conservées les cendres des personnes incinérées.

colza nm. Plante à graine oléagineuse.

coma nm. Sorte de sommeil léthargique : *tomber dans le -.*

comateux, euse adj. Qui a rapport au coma.

combat nm. Lutte entre gens armés. ‖ Lutte pour attaquer ou se défendre dans des exercices : - *de boxe.* ‖ *Fig.* Lutte, opposition des sentiments, des forces morales : *la vie est un - perpétuel.* ‖ - *singulier,* duel.

combatif, ive adj. Porté à la lutte.

combativité nf. Penchant qui porte l'homme à la lutte.

combattant nm. Soldat qui prend part à un combat, à une guerre. ‖ Oiseau échassier. ‖ Poisson exotique d'aquarium.

combattre vt. (c. *battre*). Se battre contre. ‖ *Fig.* Lutter contre, s'opposer à : - *l'alcoolisme.*

combe nf. Dépression causée par l'érosion au sommet d'un anticlinal.

combien adv. Quelle quantité. ‖ Quel nombre. ‖ Quel prix. ‖ A quel point : - *il était brave*

combinaison nf. Assemblage, arrangement, dans un certain ordre, de choses semblables ou diverses : - *de lettres, de couleurs.* ‖ *Chim.* Union d'éléments chimiques donnant lieu à un corps composé. ‖ Ce corps composé lui-même. ‖ *Fig.* Mesures prises pour assurer le succès d'une entreprise : *sages -.* ‖ Sous-vêtement féminin. ‖ Vêtement de travail.

combinat nm. En U.R.S.S., groupement, dans une même région, de plusieurs établissements industriels complémentaires.

combiner vt. Disposer dans un certain ordre en vue d'un but précis : - *des mesures.* ‖ *Chim.* Unir des corps divers.

comble nm. Ce qui dépasse les bords. ‖ Faîte d'un bâtiment. ‖ *Fig.* Le dernier degré : *être au - de la joie.* ‖ Adj. Plein : *la salle est -.* ‖ *Fig.* Aux dernières limites : *la mesure est -.* ‖ **De fond en -** loc. adv., entièrement.

comblement nm. Action de combler : *le - d'un fossé.*

combler vt. Remplir par-dessus les bords. ‖ Remplir un vide. ‖ *Fig.* Satisfaire : - *les désirs.* ‖ Donner à profusion : - *de bienfaits.* ‖ - *la mesure,* passer les bornes.

comburant, e adj. et nm. Qui permet la combustion.

combustibilité nf. Propriété des corps combustibles.

combustible adj. Qui a la propriété de brûler. ‖ Nm. Toute matière pouvant brûler.

combustion nf. Action de brûler. ‖ *Chim.* Combinaison d'un corps avec l'oxygène.

comédie nf. Pièce de théâtre qui excite le rire. ‖ Lieu où on la joue. ‖ *Fig. Jouer la -,* feindre des sentiments qu'on n'a pas.

comédien, enne n. Personne qui joue la comédie. ‖ *Fig.* Hypocrite.

comédon nm. Bouchon durci obturant l'orifice d'une glande sébacée et formant un point noir sur le visage.

comestible adj. Qui est propre à la

nourriture de l'homme : *champignon* -.
‖ Nm. Aliment.

comète nf. Astre nébuleux laissant
une traînée lumineuse dans son déplacement elliptique autour du Soleil.

comice nm. Réunion d'électeurs. ‖
- *agricole*, réunion de cultivateurs pour
améliorer les procédés agricoles.

comique adj. Qui appartient à la
comédie. ‖ Plaisant, qui fait rire. ‖
Nm. Le genre de la comédie. ‖ Auteur
comique : *Molière est notre premier* -.
‖ Acteur ou chanteur comique.

comité nm. Réunion de délégués
d'une assemblée pour examiner certaines affaires. ‖ *Petit* -, réunion
d'amis. ‖ - *secret*, séance privée. ‖
- *de lecture*, réunion d'hommes de
lettres chargés d'admettre ou de rejeter les pièces de théâtre après examen.

comma nm. *Mus.* Intervalle équivalant à un neuvième de ton.

commandant nm. Officier supérieur
qui commande un bataillon, un groupe
d'artillerie (dans ces cas, sous les
ordres d'un colonel), une place de
guerre, une armée, un bâtiment de
guerre.

commande nf. Demande de marchandises. ‖ Organe de transmission d'une
machine. ‖ *Fig. De* -, simulé.

commandement nm. Ordre. ‖ Pou-
voir, dignité de celui qui commande.
‖ Loi, précepte : *les* - *de Dieu*. ‖
Jurispr. Ordre signifié par huissier.

commander vt. Ordonner, prescrire.
‖ Avoir l'autorité sur. ‖ Dominer : *le
fort commande la ville*. ‖ Imposer :
- *le respect*. ‖ *Comm.* Faire une commande à un fournisseur. ‖ Vt. ind.
Exercer l'autorité sur. ‖ Maîtriser :
- *à ses passions*.

commandeur nm. Grade dans un
ordre de chevalerie.

commanditaire nm. Bailleur de
fonds dans une entreprise.

commandite nf. Société commerciale
comprenant des commanditaires qui
fournissent les fonds, et des gérants
qui les font fructifier.

commanditer vt. Avancer les fonds
à une entreprise commerciale.

commando nm. Troupe de soldats
opérant isolément. ‖ Troupe de choc.

comme conj. De même que, ainsi
que : *hardi* - *un lion*. ‖ Tel que :
un homme - *lui*. ‖ Parce que, puisque :
- *je m'ennuyais, je suis sorti*. ‖ Adv.
Combien, à quel point : *si vous saviez
- c'est pénible!* ‖ De quelle manière :
- *il me traite!* ‖ Fam. Tout à fait :
être aimable - *tout*. ‖ Fam. - *ci*, - *ça*,
ni bien ni mal.

commémoratif, ive adj. Qui rappelle le souvenir : *monument* -.

commémoration nf. Cérémonie faite
en souvenir d'un événement important.

commémorer vt. Célébrer le souvenir de.

commencement nm. Première partie, début, origine.

commencer vt. (c. *placer*). Faire la
première partie de, entreprendre. ‖
Être au commencement. ‖ Vi. Débuter.
‖ **Commençant, e** part. et n. Novice.

commendataire adj. et nm. Pourvu
d'un bénéfice ecclésiastique.

commensal, e, aux n. Qui mange
à la même table, familier.

commensurable adj. *Math.* Qui a
une commune mesure avec : *le cercle
et son diamètre ne sont pas* -.

comment adv. De quelle manière, par
quel moyen? ‖ Pourquoi : - *s'est-il
adressé à moi?* ‖ Interj. exprimant la
surprise, l'indignation : - *! vous voilà!*
‖ Nm. La manière dont une chose s'est
faite : *il veut savoir le pourquoi et
le* -.

commentaire nm. Remarques sur un
texte. ‖ *Fig.* Interprétation des actes
ou des paroles de quelqu'un : *faire
des* - *sur la conduite d'autrui*. ‖ Pl.
Mémoires historiques.

commentateur, trice n. Auteur qui
commente des textes.

commenter vt. Faire un commentaire sur : - *Virgile*.

commérage nm. *Fam.* Propos de
commère, cancans.

commerçant, e adj. et n. Qui fait le
commerce. ‖ Où il se fait un grand
commerce : *un quartier* -.

commerce nm. Achat et vente de
marchandises. ‖ Ensemble des commerçants : *le* - *parisien*. ‖ Fréquentation : *le* - *des honnêtes gens*. ‖ *Code
de* -, ensemble des lois qui régissent
le commerce. ‖ *Tribunal de* -, tribunal jugeant les contestations commerciales. ‖ *Chambre de* -, assemblée
consultative de commerçants notables.
‖ *Livres de* -, livres comptables.

commercer vi. (c. *placer*). Faire le
commerce.

commercial, e, aux adj. Relatif au
commerce ou aux commerçants.

commère nf. Marraine. (Vx.) ‖ *Fam.*
Femme curieuse, bavarde.

commérer vi. Faire des commérages.

commettant nm. Celui qui charge
un autre du soin de ses intérêts.

commettre vt. (c. *mettre*). Faire :
- *une erreur*. ‖ Préposer : - *quelqu'un
à la garde d'un enfant*. (Vx.) ‖ **Se** -
vpr. Fréquenter des gens méprisables :
se - *avec des fripons*. (Vx.)

comminatoire adj. *Jurispr.* Qui contient une menace. ‖ *Par ext.* Destiné
à intimider : *un ton* -.

commis nm. Employé dans un bureau, dans une maison de commerce. ‖ - *voyageur*, placier, représentant.

commisération nf. Pitié, compassion.

commissaire nm. Personne chargée de fonctions temporaires : - *du gouvernement*. ‖ Membre d'une commission. ‖ - *de police*, officier de police. ‖ - *de la marine*, officier d'administration.

commissaire-priseur nm. Officier public chargé de diriger les ventes aux enchères. ‖ Pl. des *commissaires-priseurs*.

commissariat nm. Fonctions et bureau d'un commissaire.

commission nf. Charge qu'on donne à quelqu'un de faire une chose : *s'acquitter fidèlement d'une -*. ‖ Réunion de personnes choisies pour étudier un projet, contrôler un travail : - *parlementaire; - d'examen*. ‖ Achat, placement de marchandises pour le compte d'autrui, avec remise : *acheter, vendre à la -*. ‖ Cette remise elle-même : *toucher sa -*. ‖ *Fam.* Course, emplette : *faire les - de quelqu'un*.

commissionnaire nm. Qui vend et achète pour des tiers moyennant remise. ‖ *Par ext.* Messager.

commissionner vt. Donner commission, pouvoir, mandat pour agir.

commissure nf. *Anat.* Point de jonction des bords d'une ouverture en fente : *la - des lèvres*.

commode adj. D'un usage pratique. ‖ D'un caractère facile.

commode nf. Meuble bas à tiroirs.

commodité nf. Avantage, agrément. ‖ Temps opportun : *à votre -*. ‖ Pl. Aises, agréments : - *de la vie*.

commotion nf. Secousse due à un séisme, à un choc, à une décharge électrique, à une violente émotion.

commuer vt. Changer une peine en l'allégeant.

commun, e adj. Se dit d'une chose qui appartient à tous : *cour -*. ‖ Ce qui est propre au plus grand nombre : *intérêt -*. ‖ Que l'on fait ensemble : *œuvre -; repas -*. ‖ Abondant, répandu : *une variété de fraises des plus -*. ‖ Dépourvu de distinction : *manières -*. ‖ Médiocre, de peu de valeur : *marchandise -*. ‖ *Gramm.* Nom -, qui convient à tous les êtres et à toutes les choses de la même espèce. ‖ Nm. Le plus grand nombre : *le - des hommes*. ‖ Individu de basse condition : *homme du -*. ‖ Pl. Logements destinés aux domestiques. ‖ Loc. adv. **En -**, ensemble. **D'un - accord**, après entente générale.

communal, e, aux adj. Qui appar-tient à une commune. ‖ Nmpl. *Les -*, biens d'une commune.

communard, e n. et adj. *Fam.* Partisan de la Commune de Paris, en 1871.

communauté nf. Etat de ce qui est commun. ‖ Parité, identité : - *d'opinions*. ‖ Couvent ou monastère. ‖ *Jurispr.* Régime matrimonial mettant en commun tout ou partie des biens des époux.

commune nf. Division territoriale et administrative. ‖ *La Chambre des -*, seconde chambre du parlement anglais.

communément adv. Ordinairement, généralement.

communiant, e n. Personne qui communie.

communicant, e adj. Qui communique.

communicatif, ive adj. Qui se communique : *rire -*. ‖ Expansif, confiant.

communication nf. Action de communiquer. ‖ Avis, renseignement. ‖ Moyen de jonction : *voies de -*.

communier vi. (c. *prier*). Recevoir la communion. ‖ *Fig.* Etre en communauté d'esprit. ‖ Vt. Donner la communion.

communion nf. Union dans une même foi. ‖ Réception du sacrement de l'eucharistie. ‖ *Par ext.* Participation : *être en - d'idées avec quelqu'un*.

communiqué nm. Avis officiel.

communiquer vt. Transmettre. ‖ Donner connaissance. ‖ Vi. Etre en communication : *chambres qui communiquent*. ‖ Etre en relation : - *avec un savant*. ‖ **Communiquant** part. prés.

communisme nm. Théorie sociale qui se propose de mettre tous les biens en commun et d'en répartir les produits. ‖ Application politique de cette théorie.

communiste adj. Relatif au communisme. ‖ N. Partisan du communisme.

commutateur nm. Dispositif permettant d'établir ou d'interrompre un courant électrique.

commutation nf. Changement, substitution. ‖ Réduction d'une peine.

compacité nf. Qualité de ce qui est compact.

compact, e adj. Qui est condensé. ‖ Dense, serré : *foule -*.

compagne nf. Femme qui partage la vie ou les occupations d'une autre personne. ‖ Epouse.

compagnie nf. Réunion de personnes : *être en joyeuse -*. ‖ Association littéraire ou savante : *l'illustre - (l'Académie)*. ‖ Société industrielle ou commerciale : - *d'assurances*. ‖ Unité

militaire commandée par un capitaine.
‖ Bande d'animaux de même espèce :
une - de perdreaux. ‖ *Dame, demoiselle de -,* placée auprès d'une autre
pour lui tenir société. ‖ *Fausser -,* se
retirer. ‖ *La bonne -,* les gens bien
élevés. ‖ **De -** ou **en -** loc. adv.,
ensemble.

compagnon nm. Celui qui participe
à la vie, aux occupations d'un autre. ‖
Simple ouvrier.

compagnonnage nm. Association
entre compagnons.

comparaison nf. Action de comparer;
parallèle. ‖ *Rhét.* Figure qui exprime
la similitude. ‖ *Gramm. Degrés de
comparaison,* le positif, le comparatif
et le superlatif. ‖ **En -, par -,** loc.
adv., relativement, par rapport à.

comparaitre vi. (c. *paraitre*). Se présenter devant un juge.

comparateur nm. Instrument de précision qui sert à mesurer des dimensions voisines.

comparatif, ive adj. Qui marque la
comparaison. ‖ Qui met en comparaison. ‖ Nm. Degré de signification dans
les adjectifs.

comparer vt. Examiner les ressemblances ou les différences qui existent
entre des personnes ou des objets. ‖
Établir un rapprochement : *- des
conquérants à une marée.*

comparoir vi. (usité seulement à l'inf.
et au part. prés.). Paraître devant un
tribunal.

comparse n. Personnage muet au
théâtre. ‖ Personnage de second plan.

compartiment nm. Case, division
d'un tiroir, d'un wagon, etc.

comparution nf. Action de comparaître devant un tribunal.

compas nm. Instrument servant à tracer des circonférences ou à transporter
des longueurs. ‖ Boussole marine. ‖
Fig. et *fam. Avoir le - dans l'œil,*
apprécier exactement à l'œil.

compassement nm. Action de compasser.

compasser vt. Disposer symétriquement : *- les allées d'un jardin.* ‖ *Fig.*
Régler avec minutie : *- son attitude.*
‖ **Compassé, e** part. et adj. Guindé.

compassion nf. Sentiment de pitié
envers autrui.

compatibilité nf. Qualité, état des
choses qui peuvent s'accorder ensemble.

compatible adj. Qui peut exister,
s'accorder avec un autre.

compatir vt. ind. Etre touché de
compassion pour les maux d'autrui. ‖
Compatissant, e part. et adj. Qui
compatit ; qui naît de la compassion.

compatriote n. Du même pays.

compendieusement adv. En abrégé.

compendieux, se adj. Bref.

compendium [*pin-dyom'*] nm. Abrégé.
‖ Meuble enfermant une collection de
mesures métriques. ‖ Pl. des *compendiums.*

compensable adj. Qui peut être
compensé, équilibré, réparé.

compensateur, trice adj. et n. Qui
fournit une compensation. ‖ *Pendule -,*
qui annule l'effet des variations de
température sur la marche des horloges.

compensation nf. Action de compenser. ‖ Dédommagement.

compenser vt. Contrebalancer, dédommager.

compérage nm. Accord de complicité
entre deux personnes.

compère nm. Parrain. (Vx.) ‖ *Fig.*
Complice. ‖ *Bon -,* homme de joyeuse
humeur. ‖ *Rusé -,* malin, retors.

compère-loriot nm. Nom vulgaire
de l'*orgelet.* ‖ Pl. des *compères-loriots.*

compétence nf. Droit de juger une
affaire. ‖ Connaissance approfondie.

compétent, e adj. Qui a le droit de
connaître d'une affaire. ‖ Capable.

compétiteur nm. Concurrent, adversaire, rival.

compétition nf. Concurrence de plusieurs personnes pour une place, une
charge, une dignité. ‖ Lutte sportive.

compilateur, trice n. Personne qui
compile.

compilation nf. Action de compiler.
‖ Ouvrage exclusivement composé
d'extraits, d'emprunts.

compiler vt. Extraire des morceaux
de divers auteurs pour en former une
ouvrage.

complainte nf. Chanson populaire
sur un sujet tragique ou pieux.

complaire vt. ind. (c. *plaire*). Se
plier aux sentiments, à l'humeur de
quelqu'un pour lui plaire. ‖ **Se -** vpr.
Trouver du plaisir à.

complaisamment adv. Avec complaisance.

complaisance nf. Action de complaire.
‖ Obligeance : *ayez la - de.* ‖ Satisfaction : *se regarder avec -.*

complaisant, e adj. Obligeant.

complément nm. Ce qu'il faut ajouter à une chose pour la compléter. ‖
Math. Ce qui manque à un angle aigu
pour égaler un droit. ‖ *Gramm.* Mot
qui complète le sens d'un autre mot.

complémentaire adj. Qui sert à
compléter. ‖ *Math. Angles -,* dont la
somme vaut un angle droit.

complet, ète adj. Qui a tous les éléments nécessaires. ‖ Entier, achevé. ‖
Plein, rempli : *autobus -.* ‖ Nm.
Vêtement dont toutes les pièces sont

de la même étoffe. ‖ **Au -, au grand -** loc. adv., en totalité, intégralement.

complètement adv. Entièrement.

compléter vt. (c. *céder*). Rendre complet.

complétif, ive adj. *Proposition -,* qui joue le rôle de complément d'objet ou d'attribut.

complexe adj. Qui contient plusieurs éléments différents. ‖ *Math. Nombre -,* non soumis à la numération décimale. ‖ Nm. Association de sentiments inconscients pouvant influencer le comportement de quelqu'un.

complexion nf. Constitution du corps. ‖ *Par ext.* Tempérament, humeur.

complexité nf. État de ce qui est complexe.

complication nf. État de ce qui est compliqué. ‖ Accumulation de difficultés.

complice adj. et n. Qui participe au délit, au crime d'un autre. ‖ *Fig.* Qui favorise : *la nuit -.*

complicité nf. Participation à un crime, à un délit. ‖ *Fig.* Connivence, entente : *agir de - avec quelqu'un.*

complies nfpl. Office qui se dit après vêpres.

compliment nm. Paroles aimables employées pour féliciter d'un succès, présenter ses civilités, etc.

complimenter vt. Adresser des compliments à quelqu'un.

complimenteur, euse adj. et n. Qui abuse des compliments.

compliquer vt. Embrouiller, rendre difficile à comprendre. ‖ **Compliqué,** e adj. Composé d'un grand nombre de pièces. ‖ *Fig.* Difficile à comprendre : *problème -.*

complot nm. Projet criminel, conspiration.

comploter vt. et i. Préparer un complot. ‖ Former un complot.

comploteur nm. Personne qui complote.

componction nf. Douleur, regret d'avoir péché. ‖ *Par ext.* Gravité, recueillement.

comporte nf. Cuve pour le transport de la vendange.

comportement nm. Manière de se comporter ; conduite.

comporter vt. Permettre, souffrir : *votre conduite ne comporte pas d'excuse.* ‖ Comprendre, contenir : *cette règle comporte des exceptions.* ‖ **Se -** vpr. Se conduire.

composacées nfpl. V. COMPOSÉES.

composant, e adj. Qui sert à composer. ‖ Nm. L'une des substances qui sert à composer : *les - de l'eau.* ‖ Nf. *Math.* L'une des forces qui concourent à former une résultante.

composé adj. Formé de plusieurs parties ou éléments. ‖ Nfpl. Famille de plantes dont les fleurs sont groupées sur le réceptacle. (On dit actuellement COMPOSACÉES.)

composer vt. Former un tout en assemblant différentes parties. ‖ Créer, inventer : *- un ouvrage.* ‖ *Impr.* Assembler des caractères. ‖ Vi. Participer à un examen scolaire. ‖ Transiger : *- avec ses créanciers.*

composite adj. Se dit de l'un des cinq ordres d'architecture, formé du corinthien et de l'ionique. ‖ *Par ext.* Mêlé, hétéroclite.

compositeur, trice n. Celui, celle qui compose de la musique. ‖ *Impr.* Ouvrier qui assemble les caractères.

composition nf. Action de composer. ‖ Nature des parties, manière dont elles forment le tout. ‖ Proportion des éléments qui entrent dans un corps composé. ‖ Production de l'esprit : *la - d'un tableau.* ‖ Assemblage des caractères typographiques. ‖ Devoir donné à des écoliers en vue d'un classement. ‖ *Fig.* Accord : *entrer en -.* ‖ *Être de bonne -,* être accommodant.

compost nm. Engrais formé de débris organiques, de terre et de chaux.

composter vt. Marquer au composteur. ‖ Amender un sol.

composteur nm. *Impr.* Règle sur laquelle la typographie assemble les caractères. ‖ Appareil mécanique pour dater ou numéroter.

compote nf. Fruits cuits avec du sucre. ‖ *Fig.* et fam. **En -** loc. adj., meurtri.

compotier nm. Plat creux pour servir des compotes, des fruits, etc.

compound adj. inv. Se dit d'appareils associés. ‖ *Machine -,* machine où la vapeur se détend successivement dans plusieurs cylindres.

compréhensibilité nf. Qualité de ce qui est compréhensible.

compréhensible adj. Intelligible.

compréhensif, ive adj. Intelligent. ‖ Bienveillant, indulgent.

compréhension nf. Faculté ou action de comprendre.

comprendre vt. (c. *prendre*). Renfermer en soi : *Paris comprend vingt arrondissements.* ‖ *Fig.* Concevoir : *- la pensée de quelqu'un.* ‖ **Compris,** e part. pass. Contenu, renfermé. (Reste inv. quand il suit le subst. suit : *non compris la ferme* ; varie quand il suit le nom : *la ferme non comprise.*)

compresse nf. Linge employé pour le pansement des plaies.

compresseur adj. et nm. Appareil à comprimer les gaz.

compressibilité nf. *Phys.* Caractère de ce qui est compressible.

compressible adj. Qui peut être comprimé.

compressif, ive adj. *Chir.* Qui sert à comprimer : *pansement* -.

compression nf. Action de comprimer. ‖ Effet de cette action. ‖ *Fig.* Diminution : - *de personnel*.

comprimé, e part., adj. Aplati en tous sens. ‖ Diminué de volume : *air* -. ‖ Nm. Pastille pharmaceutique : *un* - *d'aspirine*.

comprimer vt. Presser un corps pour réduire son volume. ‖ *Fig.* Empêcher de se manifester; contenir : - *sa colère*.

compromettre vt. (c. *mettre*). Exposer, mettre en péril : - *sa santé*.

compromis nm. Acte par lequel on convient de se soumettre à la décision d'un tiers. ‖ Transaction.

compromission nf. Action de compromettre quelqu'un ou soi-même.

comptabilité nf. Art de tenir les comptes. ‖ Service chargé des comptes.

comptable adj. Chargé des comptes. ‖ Responsable de. ‖ Porté en compte. ‖ N. Chargé de tenir les comptes.

comptage nm. Action de compter.

comptant adj. m. Compté, payé sur l'heure et en espèces. ‖ Adv. : *payer* -.

compte nm. Calcul, nombre. ‖ Etat de ce qui est dû. ‖ *Fig.* Avantage : *trouver son* -. ‖ Justification : *rendre* -. ‖ *Cour des* -, qui vérifie les comptes des administrations de l'Etat. ‖ - *courant*, compte bancaire payable à vue. ‖ - *rendu*, rapport, analyse d'un ouvrage, d'une pièce de théâtre, etc. ‖ Loc. adv. **A** -, à valoir. **De** - **à demi**, en partageant les bénéfices.

compte-fils nm. inv. Petite loupe de fort grossissement, montée sur charnière.

compte - gouttes nm. inv. Tube effilé pour compter les gouttes.

compter vt. Dénombrer, faire le compte de. ‖ Mettre au nombre de : - *quelqu'un parmi ses amis*. ‖ Estimer, évaluer : - *quelque chose pour rien*. ‖ Contenir : *ville qui compte deux millions d'habitants*. ‖ Vi. Faire nombre : *syllabe qui ne compte pas*. ‖ Faire un calcul : - *sur ses doigts*. ‖ Se proposer : *je compte partir demain*. ‖ Avoir confiance : - *sur quelqu'un*.

compte-tours nm. V. TACHYMÈTRE.

compteur, euse n. Personne qui compte. ‖ Nm. Appareil mesurant mécaniquement diverses grandeurs (distance, vitesse, volume, énergie).

comptine nf. Chanson que chantent les enfants pour déterminer celui qui devra sortir du jeu ou courir après les autres, etc.

comptoir nm. Table longue, sur laquelle les marchands étalent ou débitent leurs marchandises. ‖ Agence en pays étranger : - *des Indes*.

compulser vt. Feuilleter, examiner avec soin.

comtal, e, aux adj. Qui appartient au comte.

comtat nm. Comté : - *Venaissin*.

comte, esse n. Titre de noblesse entre ceux de marquis et de vicomte.

comté nm. Domaine qui donnait la qualité de comte.

comtois, e adj. et n. De la Franche-Comté.

concasser vt. Broyer en menus fragments.

concasseur nm. Machine à concasser.

concave adj. A surface creuse.

concavité nf. Etat de ce qui est concave : *la* - *d'une lentille*. ‖ Le côté concave.

concéder vt. (c. *céder*). Accorder comme une faveur : *un privilège*.

concentration nf. Action de concentrer, de rassembler; résultat de cette action : *un camp de* -.

concentrer vt. Réunir en un centre. ‖ Rassembler : - *des troupes*. ‖ *Chim.* - *un liquide*, diminuer la quantité d'eau qu'il contient. ‖ *Fig.* - *son esprit, son énergie*, les appliquer à un objet unique. ‖ Se - vpr. Réfléchir profondément. ‖ **Concentré, e** part. et adj. *Fig.* Peu communicatif.

concentrique adj. Ayant un centre commun.

concept [*sèpt'*] nm. Idée, objet conçu par l'esprit : *le* - *du temps*.

conception nf. Action par laquelle l'enfant est conçu. ‖ *Immaculée Conception*, dogme catholique de Marie, conçue sans péché. ‖ *Fig.* Faculté de comprendre : - *facile*. ‖ Production de l'intelligence : *une* - *géniale*.

concerner vt. Avoir rapport à.

concert nm. Harmonie de voix, d'instruments. ‖ Séance musicale. ‖ *Fig.* Accord, union : - *de louanges*. ‖ **De** - loc. adv., avec entente.

concerter vt. Préparer ensemble, de concert. ‖ Se - vpr. Se mettre d'accord, s'entendre.

concerto nm. (m. ital.). Morceau de musique écrit pour faire valoir l'un des instruments qui l'exécutent. ‖ Pl. des *concertos*.

concession nf. Privilège, droit que l'on octroie. ‖ Terrain concédé. ‖ Terrain vendu ou loué pour servir de sépulture. ‖ *Fig.* Abandon de quelques prétentions : *faire des* -.

concessionnaire nm. et adj. Qui a obtenu une concession.

concevable adj. Qui se peut concevoir.

concevoir vt. Devenir enceinte. ‖ *Fig.* Créer, inventer : - *un projet.* ‖ Se représenter par la pensée : *je conçois vos espérances.* ‖ Eprouver : - *de l'amitié pour quelqu'un.* ‖ Rédiger : *la dépêche était ainsi conçue.*

conchyliologie [ki] nf. Science des coquillages.

concierge n. Personne préposée à la garde d'un hôtel, d'une maison, etc.

conciergerie nf. Fonctions et demeure d'une concierge.

concile nm. Réunion d'évêques et de docteurs en théologie qui décident des questions de doctrine.

conciliabule nm. Conférence secrète.

conciliateur, trice n. Personne qui cherche à mettre d'accord.

conciliation nf. Action de concilier ; son effet.

concilier vt. (c. *prier*). Mettre d'accord : - *des plaideurs.* ‖ Se - vpr. Gagner : *se - les cœurs.*

concis, e adj. Court, bref, laconique.

concision nf. Brièveté : - *du style.*

concitoyen, enne n. Du même pays, de la même ville.

conclave nm. Assemblée de cardinaux pour élire un pape.

conclure vt. (*Je conclus, tu conclus, il conclut, n. concluons, v. concluez, ils concluent. Je concluais, n. concluions. Je conclus, n. conclûmes. Je conclurai. Je conclurais. Conclus, concluons, concluez. Q. je conclue, q. n. concluions. Q. j. conclusse, q. n. conclussions. Concluant. Conclu, e.*) Terminer : - *une affaire.* ‖ Tirer une conséquence : - *une chose d'une autre.* ‖ Vi. Donner ses conclusions.

conclusion nf. Action de conclure marquant une fin : - *d'un traité, d'un livre.* ‖ Conséquence d'un argument : - *mal tirée.*

concombre nm. Plante à fruits gros et allongés. ‖ Son fruit.

concomitance nf. Union, coexistence : *la - de deux phénomènes.*

concomitant, e adj. Qui accompagne, ou se produit en même temps.

concordance nf. Conformité, accord.

concordat nm. Traité entre le pape et un souverain sur les affaires religieuses.

concordataire adj. Relatif à un concordat.

concorde nf. Union des cœurs et des volontés.

concorder vi. Avoir des rapports de similitude, de correspondance.

concourir vt. ind. (c. *courir*). Tendre au même but, aider à. ‖ Etre en concurrence : - *pour un prix.*

concours nm. Affluence. ‖ Coïncidence : - *de circonstances.* ‖ Coopération. ‖ Lutte de concurrents. ‖ - *général,* concours annuel entre premiers élèves des lycées et collèges.

concret, ète adj. Epais, condensé. ‖ *Gramm. Terme -,* qui désigne un être ou un objet pouvant être perçu par les sens. ‖ *Math. Nombre -,* nombre dont l'espèce d'unité est indiquée. ‖ Nm. Qualité de ce qui est concret : *aller du - à l'abstrait.*

concréter vt. (c. *céder*). Rendre concret, solide.

concrétion nf. *Phys.* Action de s'épaissir. ‖ Réunion de parties en un corps solide : - *saline.*

concrétiser vt. Rendre concret : - *une idée.*

concubin, e adj. Relatif au concubinage. ‖ N. Personne qui vit en concubinage.

concubinage nm. Union illégitime.

concupiscence nf. *Théol.* Penchant à jouir des biens terrestres, particulièrement des plaisirs sensuels.

concurremment adv. Conjointement, de concert : *agir - avec quelqu'un.*

concurrence nf. Compétition, rivalité entre personnes qui poursuivent un même but : - *déloyale.* ‖ Jusqu'à - de loc. adv., jusqu'à la somme de.

concurrencer vt. (c. *placer*). Faire concurrence à.

concurrent, e adj. et n. Qui tend au même but. ‖ Rival ; celui qui exerce la même profession qu'un autre.

concussion nf. Malversation commise par un fonctionnaire au préjudice de l'Etat.

concussionnaire n. et adj. Coupable de concussion.

condamnation nf. Jugement par lequel on condamne. ‖ Peine infligée. ‖ *Fig.* Blâme, désapprobation : *la - des abus.*

condamner vt. Prononcer un jugement contre quelqu'un. ‖ *Fig.* Blâmer : - *une opinion.* ‖ *Par ext.* Interdire : - *un livre.* ‖ Déclarer perdu : *les médecins l'ont condamné.* ‖ Barrer, murer : - *une porte.* ‖ Astreindre : - *au silence.* ‖ **Condamné, e** part., adj et n.

condensateur nm. *Phys.* Appareil servant à emmagasiner une charge électrique.

condensation nf. Action de condenser ; résultat de cette action. ‖ Liquéfaction d'un gaz.

condenser vt. Réduire à un moindre volume. ‖ Liquéfier un gaz. ‖ *Fig.* Exprimer brièvement : - *sa pensée.*

condenseur nm. Appareil qui condense la vapeur provenant d'une machine. ‖ Lentille qui concentre la lumière sur un objet.

condescendance nf. Complaisance qui fait céder aux désirs de quelqu'un.

condescendre vt. ind. Accorder ce qu'on pourrait refuser : *condescendre aux caprices de quelqu'un.*

condiment nmm. Assaisonnement, comme le poivre, le sel, l'ail, etc.

condisciple n. Compagnon d'études.

condition nf. Nature, état, qualité d'une personne ou d'une chose : *la - humaine.* ‖ Position, rang social. ‖ Autref., origine noble : *personne de -.* ‖ Qualité requise : *le travail est la - du succès.* ‖ Convention dont dépend la validité d'un acte : *les - d'un armistice.* ‖ *Dans ces -,* dans cet état de chose. ‖ *A - de* loc. prép., à charge de. ‖ *A - que* loc. conj., pourvu que.

conditionnel, elle adj. Soumis à conditions. ‖ Nm. *Gramm.* Temps du verbe exprimant le futur dans le passé : *je ne savais s'il viendrait.* ‖ Mode du verbe qui exprime une action éventuelle dépendant d'une condition : *si j'étais riche, je vous aiderais,* ou une simple supposition : *j'y retournerais les yeux fermés.*

conditionnement nmm. Action de conditionner. ‖ Emballage d'une marchandise.

conditionner vt. Faire, préparer, mettre dans certaines conditions : *des étoffes; un meuble bien conditionné.*

condoléance nf. Témoignage de sympathie à la douleur d'autrui.

condominium nmm. Souveraineté exercée en commun par plusieurs puissances sur un pays : *le - franco-britannique des Nouvelles-Hébrides.*

condor nmm. Grand vautour de l'Amérique du Sud.

condottiere nmm. Chef de partisans ou de mercenaires en Italie. ‖ Pl. des *condottieri.*

conducteur, trice adj. et n. Qui conduit. ‖ Capable de transmettre la chaleur, l'électricité : *le cuivre est bon -.* ‖ Nm. Surveillant de travaux.

conductibilité nf. Propriété des corps bons conducteurs.

conduction nf. Action de transmettre de proche en proche la chaleur, l'électricité.

conduire vt. (*Je conduis, n. conduisons. Je conduisais, n. conduisions. Je conduisis, n. conduisimes. Je conduirai. Je conduirais. Conduis, conduisons. Q. je conduise, qu'il conduise, q. n. conduisions. Q. je conduisisse, qu'il conduisît, q. n. conduisissions. Conduisant. Conduit, e.*) Guider, diriger. ‖ Accompagner. ‖

Commander : *- une armée.* ‖ *Fig.* Mener, en parlant des choses : *la vertu conduit au bonheur.* ‖ *- bien sa barque,* ses affaires. ‖ **Se -** vpr. Se comporter : *se - vaillamment.*

conduit nmm. Canal, tuyau.

conduite nf. Action de conduire, de diriger. ‖ Action d'accompagner. ‖ Commandement. ‖ Direction. ‖ Disposition, arrangement : *la - d'un drame.* ‖ Manière d'agir : *- régulière.* ‖ Tuyau : *- d'eau.*

condyle nmm. Eminence des articulations (fémur, mâchoire, etc.).

cône nmm. Surface engendrée par un triangle tournant autour d'un des côtés de l'angle droit. ‖ Poulie de transmission à plusieurs diamètres. ‖ Fruit des conifères. ‖ Inflorescence du houblon. ‖ *De déjections,* débris déposés par un torrent à son débouché.

confection nf. Action de faire complètement; achèvement. ‖ Fabrication de vêtements en série.

confectionner vt. Faire, fabriquer.

confectionneur, euse n. Entrepreneur de confection; ouvrier qui confectionne.

confédération nf. Union d'Etats sous un pouvoir central, qui laisse à chacun une certaine autonomie. ‖ Groupement d'associations syndicales, professionnelles, etc.

confédérer vt. (c. *céder*). Réunir en confédération. ‖ **Confédéré, e** adj. et n. Uni par confédération.

confer, mot. lat. signif. *comparez,* dont on fait précéder toute indication d'ouvrage à consulter. (S'écrit aussi *conf.* ou *cf.*)

conférence nf. Entretien : *avoir une - avec quelqu'un.* ‖ Réunion de personnes qui discutent de questions d'intérêts communs à plusieurs Etats. ‖ Causerie faite en public.

conférencier nmm. Personne qui fait des conférences.

conférer [avec] vt. (c. *céder*). S'entretenir d'une affaire : *- avec son avocat.* ‖ Vt. Donner, accorder : *- le baptême.* ‖ Comparer : *- des textes.*

conferve nf. Algue d'eau douce.

confesse nf. Confession : *aller à -.*

confesser vt. Avouer. ‖ Proclamer : *- sa foi.* ‖ Entendre en confession. ‖ *Fig.* et fam. *- quelqu'un,* obtenir de lui des aveux. ‖ **Se -** vpr. Déclarer ses péchés.

confesseur nmm. Prêtre qui confesse. ‖ Chrétien qui a confessé sa foi.

confession nf. Aveu d'un fait. ‖ Déclaration de ses péchés.

confessionnal nmm. Meuble d'église où le prêtre entend la confession du pénitent.

confessionnel, elle adj. Qui a rapport à la foi religieuse.

confetti nm. Petite rondelle de papier colorié qu'on se lance pendant le carnaval, dans les fêtes.

confiance nf. Espérance ferme en. ‖ Sentiment qu'on peut compter sur. ‖ Action de se confier à. ‖ *Fig.* Assurance, hardiesse : *manquer de -.* ‖ **De -, en -** loc. adv., sans crainte, sans hésitation.

confidemment [*da-man*] adv. En confidence.

confidence nf. Communication d'un secret. ‖ Secret : *être dans la -.* ‖ **En -** loc. adv., secrètement.

confident, e n. A qui l'on confie ses plus secrètes pensées.

confidentiel, elle adj. Qui se dit, se fait en confidence. ‖ **Confidentiellement** adv.

confier vt. (c. *prier*). Remettre aux bons soins, à la fidélité, à l'habileté de quelqu'un. ‖ Dire en confidence. ‖ Déposer dans : - *la semence à la terre.* ‖ **Se -** vpr. Faire une confidence.

configuration nf. Forme extérieure.

configurer vt. Donner la forme à.

confiner [à] vt. ind. Toucher aux confins d'un pays. ‖ *Fig.* Etre voisin de : *cet acte confine à la folie.* ‖ Vt. Reléguer : - *quelqu'un dans un monastère.* ‖ *Air confiné,* non renouvelé. ‖ **Se -** vpr. S'isoler.

confins [*fin*] nmpl. Limites d'un pays.

confire vt. (*Je confis, nous confisons. Je confisais. Je confis. Je confirai. Je confirais. Confis, confisons, confisez. Q. je confise, qu'il confise. Confisant. Confit, ite.*) Mettre des fruits dans du sucre, ou des légumes dans du vinaigre pour les conserver.

confirmand, ande n. Qui va recevoir la confirmation.

confirmation nf. Assurance expresse et nouvelle qui rend une chose plus certaine. ‖ *Cathol.* Sacrement.

confirmer vt. Donner une preuve, une assurance nouvelle. ‖ Donner plus de poids, d'autorité. ‖ *Théol.* Conférer la confirmation.

confiscation nf. Action de confisquer.

confiserie nf. Commerce du confiseur. ‖ Sa boutique. ‖ Sa marchandise.

confiseur, euse n. Personne qui fait et vend toute espèce de sucreries.

confisquer vt. Saisir au profit du fisc ou d'un tiers. ‖ *Fam.* Prendre, ôter : - *un livre.*

confit, e adj. Conservé dans du sucre ou du vinaigre. ‖ *Fig.* et *fam.* Plein d'une douceur mielleuse : - *en dévotion.* ‖ Nm. Viande conservée dans de la graisse : - *d'oie.*

confiteor [*té-or*] nm. inv. Prière commençant par ce mot.

confiture nf. Fruits cuits longuement avec du sucre.

confiturerie nf. Métier du confiturier. ‖ Lieu où l'on fait des confitures.

confiturier, ère n. Personne qui fait ou vend des confitures.

conflagration nf. Effervescence, bouleversement général.

conflit nm. Choc, lutte d'armées ennemies, d'idées opposées, d'intérêts antagonistes ou de classes adverses.

confluent nm. Point de jonction de deux rivières.

confluer vi. (c. *tuer*). Se rejoindre, en parlant de deux cours d'eau. ‖ **Confluant** part. prés.

confondre vt. Mélanger en un seul tout. ‖ Ne pas distinguer. ‖ *Fig.* Convaincre de fausseté : - *un menteur.* ‖ Frapper d'étonnement : *voilà qui me confond.* ‖ Provoquer de la reconnaissance : *vos bontés me confondent.* ‖ **Se -** vpr. Se troubler, se déconcerter : *ma raison se confond.* ‖ *Se - en excuses,* les multiplier.

conformation nf. Manière dont le corps est conformé. ‖ *Vice de -,* défaut physique grave.

conforme adj. Qui a la même forme, est semblable. ‖ Qui convient, s'accorde : *mener une vie - à ses goûts.*

conformer vt. Mettre d'accord : - *sa conduite à ses paroles.* ‖ **Se -** vpr. S'accommoder, se soumettre : *se - aux circonstances.*

conformiste adj. et n. Soumis aux usages, aux traditions.

conformité nf. Analogie, ressemblance. ‖ *Fig.* Accord : - *de goûts.*

confort nm. Bien-être matériel.

confortable adj. Qui contribue au bien-être, aux agréments de la vie.

confraternel, elle adj. Propre aux confrères.

confraternité nf. Bons rapports entre confrères.

confrère nm. Chacun des membres d'une même société religieuse, littéraire ou d'une même profession libérale.

confrérie nf. Association religieuse ou de charité.

confrontation nf. Action de confronter, de comparer.

confronter vt. Mettre des personnes en présence. ‖ Comparer.

confus, e adj. Dont les éléments sont mêlés, en désordre. ‖ *Fig.* Obscur. ‖ Vague : *un souvenir -.* ‖ Honteux, déconcerté : *être - de son erreur.*

confusion nf. Réunion de choses disparates. ‖ Action de confondre. ‖

CON

Désordre : *la - des langues*. ‖ *Fig.* Embarras : *éprouver une grande -*.

congé nm. Autorisation de quitter le travail, la classe pour un temps. ‖ Renvoi d'une personne à gages, d'un locataire : *donner -*. ‖ Permis de transport des contributions indirectes. ‖ Adieu avant de se séparer de quelqu'un : *prendre -*. ‖ Libération du service militaire.

congédier vt. (c. *prier*). Renvoyer sans ménagements : *- un importun*.

congélateur nm. Appareil servant à congeler les liquides.

congélation nf. Action de congeler; résultat de cette action.

congeler vt. (c. *celer*). Solidifier par le froid. ‖ Figer, coaguler.

congénère adj. et n. Qui est du même genre, appartient à la même espèce, à la même race.

congénital, e, aux adj. Héréditaire, qu'on apporte en naissant.

congestion nf. Accumulation du sang dans un organe : *- cérébrale*.

congestionner vt. Produire une congestion dans.

conglomérat nm. Roche formée de débris agglomérés par un ciment naturel.

conglomérer vt. (c. *céder*). Réunir en une seule masse.

conglutination nf. Action de conglutiner; son résultat.

conglutiner vt. Rendre gluant et visqueux : *- des liquides*. ‖ Faire adhérer.

congolais, e adj. et n. Du Congo.

congratulation nf. Félicitations à propos d'un heureux événement. (S'emploie souvent par plaisanterie.)

congratuler vt. Féliciter, complimenter.

congre nm. Long poisson marin, dit aussi *anguille de mer*.

congréganiste n. et adj. Qui fait partie d'une congrégation. ‖ *École -*, dirigée par des frères, des religieux.

congrégation nf. Réunion de religieux vivant sous une même règle. ‖ Assemblée de prélats chargés d'examiner certaines affaires en cour de Rome : *la - de l'Index*.

congrès nm. Assemblée pour traiter d'intérêts politiques. ‖ Assemblée des représentants aux Etats-Unis. ‖ En France, Chambre des députés et Sénat réunis. ‖ Réunion de personnes qui délibèrent sur des études communes.

congressiste n. Membre d'un congrès.

congru, e adj. Exact, convenable : *terme -*. ‖ *Portion -*, ressources à peine suffisantes pour vivre.

conifère nm. et adj. Végétal gymno-

sperme dont les fruits sont en forme de cône (pin, sapin, if, etc.).

conique adj. Qui a la forme d'un cône.

conjectural, e, aux adj. Fondé sur des conjectures.

conjecture nf. Opinion fondée sur des probabilités; hypothèse.

conjecturer vt. Présumer, supposer. ‖ *Absol.* Faire des suppositions.

conjoindre vt. (c. *joindre*). Unir, en parlant du mariage.

conjoint, e adj. Intimement uni. ‖ *Dr.* Uni par le même droit. ‖ Nm. Chacun des époux.

conjonctif, ive adj. *Gramm.* Qui sert à unir. ‖ *Particule, locution -*, qui tient lieu d'une conjonction, comme *afin que, bien que*, etc. ‖ Nm. *Anat.* Tissu qui joint les autres tissus.

conjonction nf. Rencontre : *yne - de talents*. ‖ *Gramm.* Mot invariable qui sert à lier des mots ou des propositions de même nature (conj. de coordination) ou à relier une proposition subordonnée à une principale (conj. de subordination). ‖ *Astron.* Rencontre apparente de deux astres dans la même partie du ciel.

conjonctive nf. *Anat.* Muqueuse qui tapisse la face antérieure du globe de l'œil.

conjonctivite nf. Inflammation de la conjonctive.

conjoncture nf. Concours de circonstances, occasion. (Ne pas confondre avec *conjecture*.)

conjugaison nf. *Gramm.* Manière de conjuguer un verbe. ‖ Tableau des différentes terminaisons d'un verbe, distribuées en modes, temps et personnes. ‖ Groupe de verbes.

conjugal, e, aux adj. Qui concerne le mariage : *lien -*.

conjugué, e adj. Uni à un autre pour remplir une même fonction, satisfaire à une même propriété. ‖ Nfpl. Famille d'algues.

conjuguer vt. *Gramm.* Réciter ou écrire un verbe selon ses modes et ses temps. ‖ Unir : *- ses efforts*.

conjuration nf. Conspiration. ‖ Formules destinées à mettre en fuite le démon. ‖ Pl. Prières, supplications.

conjurer vt. Prier avec instance, supplier. ‖ Ecarter par des pratiques religieuses : *- le diable*. ‖ *Fig.* Détourner par habileté un malheur qui menace : *- le mauvais sort*. ‖ Décider une chose avec la ferme intention de l'exécuter : *- la perte de l'ennemi*. ‖ Vi. Tramer un complot. ‖ Se - vpr. S'unir pour un complot. ‖ Conjuré, e part., adj. et n. Conspirateur.

connaissance nf. Idée, notion acquise. ‖ Renseignement, information :

prendre - *d'un texte*. ‖ Relation de société, de familiarité : *faire la - de*. ‖ Faculté de sentir, de recevoir des impressions : *tomber sans -*. ‖ Pl. Savoir, érudition : *avoir des -*.

connaissement nm. Etat des marchandises chargées sur un navire.

connaisseur n. et adj. Qui connaît bien et sait apprécier.

connaître vt. (*Je connais, tu connais, il connaît, n. connaissons, v. connaissez, ils connaissent. Je connaissais, n. connaissions. Je connus, n. connûmes. Je connaîtrai, n. connaîtrons. Je connaîtrais, n. connaîtrions. Connais, connaissons, connaissez. Q. je connaisse, qu'il connaisse, q. n. connaissions. Q. je connusse, qu'il connût, q. n. connussions. Connaissant. Connu.*) Avoir acquis et conserver des notions précises : - *une langue, un instrument, le monde, la misère*. ‖ Etre en relations : - *un ministre*. ‖ Vt. ind. Dr. Etre compétent : - *d'une cause*. ‖ **Se -** vpr. Se juger. ‖ *Ne plus se -*, être hors de soi. ‖ *S'y -*, être expert.

connecter vt. Techn. Etablir une connexion.

connétable nm. Jadis, commandant suprême de l'armée.

connexe adj. Lié, uni, interdépendant.

connexion nf. Liaison : - *d'idées*; - *électrique*.

connexité nf. Rapport, liaison.

connivence nf. Complicité; entente secrète : *être de -*.

connu, e adj. Célèbre, dont le nom est répandu. ‖ Nm. Ce que l'on sait.

conoïde adj. et nm. Qui affecte la forme d'un cône.

conque nf. Grande coquille concave. ‖ Anat. Cavité de l'oreille.

conquérant, e adj. et n. Qui a fait de grandes conquêtes.

conquérir vt. (c. *acquérir*). Acquérir par les armes. ‖ Fig. Gagner, captiver : - *les cœurs*.

conquête nf. Action de conquérir. ‖ La chose conquise.

conquistador [*kiss*] nm. Nom donné aux aventuriers espagnols qui allèrent conquérir l'Amérique.

consacrant nm. et adj. Evêque qui en sacre un autre. ‖ Prêtre qui dit la messe.

consacrer vt. Dédier à Dieu. ‖ Faire à la messe la consécration du pain et du vin. ‖ Sanctionner, rendre durable : - *le souvenir d'une victoire*. ‖ Fig. Employer : - *son temps à l'étude*. ‖ Autoriser : *mot que l'usage a consacré*.

consanguin, e [*ghin, in'*] adj. Parent du côté paternel. (Son opposé est *utérin*, du côté maternel.)

consanguinité [*ghui*] nf. Parenté du côté du père.

consciemment adv. D'une façon consciente : *faire le mal -*.

conscience nf. Connaissance, notion : *avoir - de ses devoirs*. ‖ *- psychologique*, connaissance des phénomènes affectifs, intellectuels et volitifs qui se passent en nous. ‖ *- morale*, sentiment intérieur qui nous permet de juger ce qui est bien et ce qui est mal. ‖ Sentiment du devoir; moralité : *un homme sans -*. ‖ Fig. Liberté de -, liberté complète en matière religieuse. ‖ **En -** loc. adv., en vérité : *je le dis en -*.

consciencieux, euse adj. Scrupuleux. ‖ Fait avec soin : *travail -*. ‖ **Consciencieusement** adv.

conscient, e adj. Qui a la notion d'une chose, d'un fait.

conscription nf. Appel obligatoire de tous les jeunes gens d'un certain âge sous les drapeaux. ‖ Leur inscription sur une même liste.

conscrit nm. Inscrit au rôle de la conscription. ‖ Jeune soldat. ‖ Adj. *Père -*, sénateur romain.

consécration nf. Action de consacrer; confirmation. ‖ Action par laquelle le prêtre consacre le pain et le vin à la messe.

consécutif, ive adj. Qui se suit immédiatement.

conseil nm. Avis autorisé. ‖ Personne compétente. ‖ Réunion de personnes qualifiées ou désignées pour administrer les affaires de la nation : - *des ministres*; le département : *- général*; la commune : *- municipal*; une société industrielle ou commerciale : *- d'administration*; d'un incapable : *- judiciaire*. ‖ Tribunal militaire : *- de guerre*. ‖ Tribunal administratif : *- de discipline*. ‖ Tribunal appelé à trancher les différends entre employés et patrons : *- des prud'hommes*.

conseiller vt. Donner des conseils. ‖ Recommander : *- la prudence*.

conseiller, ère n. Personne qui donne conseil. ‖ Nm. Membre d'un conseil. ‖ Juge dans une cour souveraine. ‖ Nf. Femme d'un conseiller.

conseilleur, euse n. Qui conseille.

consentement nm. Adhésion, accord.

consentir [à] vt. ind. Vouloir bien, trouver bon. ‖ Vt. Autoriser.

conséquence nf. Conclusion tirée d'un raisonnement. ‖ Suite qu'une chose peut avoir. ‖ Fig. Importance : *affaire de -*. ‖ *Tirer à -*, avoir des suites graves. ‖ *Sans -*, sans suite fâcheuse. ‖ **En -** loc. adv.

conséquent, e adj. Qui raisonne, agit avec logique : *homme - dans sa conduite*. (Ne pas dire *affaire consé-*

quente, mais *importante*, *considérable*.) ‖ **Conséquemment** adv.

conséquent nm. *Math.* Second terme d'un rapport. ‖ **Par -** loc. adv., donc.

conservateur, trice adj. et n. Qui conserve. ‖ Hostile aux innovations, attaché aux vieilles institutions. ‖ Nm. Fonctionnaire : *- de musée*.

conservation nf. Action de conserver. ‖ Son résultat.

conservatoire adj. Qui a pour but de conserver : *saisie -*. ‖ Nm. Etablissement où l'on enseigne la musique, la déclamation. ‖ *- des arts et métiers*, musée et centre d'enseignement des sciences appliquées.

conserve nf. Aliment gardé en bon état par divers procédés (stérilisation, dessiccation, salaison, etc.). ‖ *Mar. Naviguer de -*, de compagnie (et non pas *de concert*). ‖ Pl. Lunettes pour conserver la vue.

conserver vt. Maintenir en bon état. ‖ Garder avec soin. ‖ Ne pas perdre.

conserverie nf. Fabrique de conserves.

considérable adj. Qui mérite d'être considéré par son importance, sa puissance, son rang. ‖ Important : *dépense -*. ‖ Nombreux : *armée -*.

considérant nm. Motif qui précède le dispositif d'une loi, d'un arrêt, etc.

considération nf. Examen attentif. ‖ *Fig.* Raison : *cette - m'a décidé*. ‖ Estime : *mériter la - de tous*. ‖ **En - de** loc. prép., en tenant compte de.

considérément adv. Avec circonspection, avec prudence.

considérer vt. (c. *céder*). Regarder attentivement. ‖ *Fig.* Examiner, peser, apprécier : *- les avantages*. ‖ Estimer, faire cas de : *on le considère beaucoup*.

consignation nf. Action de déposer quelque chose entre les mains d'un officier public. ‖ Ce dépôt. ‖ *Caisse des dépôts et -*, administration qui reçoit des sommes en dépôt.

consigne nf. Instruction donnée à une sentinelle, à un gardien, etc. ‖ Défense de sortir. ‖ Dépôt de bagages.

consigner vt. Donner une consigne. ‖ Défendre de sortir. ‖ Mettre en dépôt. ‖ Mentionner par écrit. ‖ Facturer provisoirement un article prêté.

consistance nf. Etat d'un liquide qui prend de la solidité. ‖ Résistance d'un corps. ‖ *Fig. Caractère sans -*, irrésolu, changeant.

consistant, e adj. Qui a de la solidité, de la consistance.

consister [dans, en] vi. Etre composé, formé de : *son revenu consiste en rentes*. ‖ Reposer sur : *le bonheur consiste dans la vertu*.

consistoire nm. Assemblée de cardinaux. ‖ Assemblée dirigeante de rabbins ou de pasteurs.

consistorial, e, aux adj. Qui appartient à un consistoire.

consolateur, trice adj. et n. Qui apporte la consolation.

consolation nf. Soulagement apporté à une peine. ‖ Ce qui apporte ce soulagement : personne, parole, dérivatif.

console nf. Support en forme d'S. ‖ Table à pieds recourbés appuyée au mur.

consoler vt. Soulager, adoucir. ‖ **Se -** vpr. Mettre fin à ses regrets. ‖ Etre soulagé.

consolidation nf. Action de rendre solide, d'affermir.

consolider vt. Rendre ferme, solide. ‖ *Fig.* Fortifier : *- le pouvoir*.

consommateur nm. Celui qui consomme les denrées, les marchandises qu'il achète. ‖ Client d'un restaurant, d'un café, etc.

consommation nf. Action de consommer. ‖ Fin : *la - des siècles*. ‖ Boisson demandée dans un café.

consommer vt. Achever, accomplir. ‖ Faire usage de quelque chose pour sa subsistance. ‖ Absorber : *ce poêle consomme trop de charbon*. ‖ **Consommé, e** part. et adj. Parfait. ‖ Habile, expérimenté : *un technicien -*. ‖ Nm. Bouillon riche en suc de viande.

consomption nf. Amaigrissement et dépérissement progressifs.

consonance nf. *Mus.* Accord de sons agréable à l'oreille. ‖ Rime imparfaite.

consonant, e adj. Formé par des consonances.

consonne nf. Chacun des différents bruits produits par le passage du souffle à travers la gorge et la bouche. ‖ *Gramm.* Chacune des lettres utilisées pour représenter ces bruits : *l'alphabet français comprend vingt -*.

consort adj. *Prince -*, mari de la reine. ‖ Nmpl. Ensemble de personnes intéressées dans une affaire : *un tel et -*.

consortium [*syom*] nm. Groupement d'industriels, de commerçants.

consoude nf. Plante employée contre les diarrhées, les hémorroïdes.

conspirateur, trice n. Membre d'une conspiration.

conspiration nf. Complot contre l'Etat. ‖ Cabale entre particuliers.

conspirer vt. ind. Concourir, s'accorder dans un même dessein : *tout conspire à son bonheur*. ‖ Vi. Comploter. ‖ Vt. Méditer, préparer en secret : *- la ruine de quelqu'un*.

conspuer vt. (c. *tuer*). Honn'r, manifester publiquement son mépris.

constance nf. Force morale que rien ne saurait abattre. ‖ Persévérance. ‖ Répétition d'un phénomène.

constant, e adj. Qui a de la constance, de la fermeté. ‖ Certain, indubitable : *fait -*. ‖ Qui dure : *bonheur -*. ‖ Nf. *Math.* Quantité qui a toujours même valeur. ‖ **Constamment** adv.

constantan nm. Alliage de cuivre et de nickel, dont la résistance électrique varie peu avec la température.

constat nm. Constatation faite par ministère d'huissier ou par un agent.

constatation nf. Action de constater. ‖ Fait servant de preuve.

constater vt. Établir la vérité d'un fait. ‖ Consigner dans un écrit : *- un décès.*

constellation nf. Groupe d'étoiles évoquant une figure quelconque : *la - de la Grande Ourse.*

consteller vt. Couvrir d'étoiles. ‖ *Fig.* Couvrir de choses brillantes.

consternation nf. Stupéfaction; abattement profond, désolation.

consterner vt. Frapper de stupeur.

constipation nf. Difficulté ou impossibilité d'aller à la selle.

constiper vt. Causer la constipation.

constituer vt. (c. *tuer*). Former la base, l'essence d'une chose; composer. ‖ Organiser, former : *- une société.* ‖ Affecter à un usage donné, en parlant d'une somme : *- une dot.* ‖ *- prisonnier,* mettre en état d'arrestation. ‖ **Constituant, e** part., adj. et n. *Assemblée -*, qui a mission d'établir une constitution politique. ‖ Membre de cette assemblée. ‖ Partie d'un tout. ‖ **Constitué, e** part. et adj. Qui est de bonne ou mauvaise complexion : *homme bien -.* ‖ *Autorités -*, établies par les lois d'un pays.

constitutif, ive adj. Qui constitue essentiellement une chose.

constitution nf. Composition : *la - de l'air.* ‖ Complexion de l'homme : *- robuste.* ‖ Ensemble des lois fondamentales d'un État.

constitutionnel, elle adj. Soumis à une constitution. ‖ Conforme à la Constitution.

constricteur nm. et adj. *Anat.* Muscle qui resserre certains orifices. ‖ *Boa -*, boa à l'étreinte puissante.

constriction nf. Resserrement circulaire.

constringent, e adj. Qui resserre circulairement.

constructeur nm. Celui dont la profession est de construire. ‖ Adj. : *mécanicien -.*

constructif, ive adj. Qui est propre à construire, à créer.

construction nf. Action, art de bâtir. ‖ Disposition des parties d'un bâtiment. ‖ Bâtisse. ‖ *Gramm.* Disposi-

tion des mots dans la phrase selon les règles de l'usage ou de l'harmonie.

construire vt. Bâtir. ‖ Tracer : *- un triangle.* ‖ Disposer : *- une phrase.*

consubstantiation nf. Présence du Christ dans l'eucharistie selon la croyance luthérienne.

consul nm. Magistrat de l'ancienne Rome, de la République française sous le Consulat. ‖ *Le Premier -*, Bonaparte. ‖ Agent chargé de protéger ses nationaux dans un pays étranger.

consulaire adj. Qui appartient au consul. ‖ Qui appartient à la justice commerciale : *les tribunaux -.*

consulat nm. Dignité, charge de consul. ‖ Sa durée. ‖ Gouvernement établi en France en l'an VIII.

consultatif, ive adj. Qui donne des avis : *comité -.* ‖ *Avoir voix -*, droit de délibérer, non de voter.

consultation nf. Action de consulter. ‖ Avis motivé d'un médecin, d'un avocat.

consulter vt. Prendre avis, conseil : *- un médecin.* ‖ Chercher des renseignements dans : *- un dictionnaire.* ‖ *Fig.* Prendre pour guide : *- sa raison.* ‖ Vi. Recevoir des malades : *médecin qui consulte tous les jours.* ‖ **Consultant, e** part., adj. et n. Se dit de celui qui vient prendre consultation et de celui qui, en droit ou en médecine, donne des consultations.

consumer vt. Détruire, anéantir. ‖ Épuiser, tourmenter : *les soucis nous consument.* ‖ Dépenser entièrement : *- son bien.* ‖ **Se -** vpr. *Fig.* Dépérir.

contact [takt] nm. État des corps qui se touchent. ‖ *Verre de -*, verre correcteur qui s'applique sur l'œil. ‖ *Fig.* Relation : *être - avec quelqu'un.*

contacter vt. Entrer en contact, en relations avec quelqu'un.

contacteur nm. Appareil établissant un contact.

contagieux, euse adj. Qui se transmet par contagion. ‖ *Fig.* Communicatif : *un rire -.*

contagion nf. Transmission d'une maladie par contact. ‖ *Fig.* Imitation involontaire : *la - de l'exemple.*

contagiosité nf. Nature de ce qui est contagieux.

container [kon-té-neur] nm. Caisson métallique pour le transport ou le parachutage des marchandises.

contamination nf. Transmission d'une maladie contagieuse.

contaminer vt. Souiller, infecter de germes contagieux.

conte nm. Récit d'aventures imaginaires : *les - de Perrault.* ‖ Discours ou récit mensonger : *- fait à plaisir.*

contemplateur, trice n. Qui observe attentivement.

contemplatif, ive adj. Qui se plaît dans la contemplation. ‖ Se dit des ordres religieux cloîtrés.

contemplation nf. Action de contempler. ‖ Méditation, concentration de l'esprit : *vivre dans la -*.

contempler vt. Regarder avec soin, étonnement ou admiration. ‖ *Absol.* Méditer : *passer sa vie à -*.

contemporain, e adj. et n. Qui est du même temps. ‖ Actuel.

contempteur [*tamp*], **trice** n. Personne qui méprise, dénigre.

contenance nf. Capacité, étendue. ‖ Maintien, posture : *- embarrassée.* ‖ *Fig.* Faire bonne -, témoigner de la résolution. ‖ *Perdre -*, se troubler.

contenir vt. (c. *tenir*). Comprendre dans son étendue, dans sa capacité, dans sa substance. ‖ Renfermer : *ce livre contient de grandes vérités.* ‖ Retenir, empêcher d'avancer : *- la foule.* ‖ *Fig.* Maintenir dans la soumission : *- le peuple.* ‖ Réprimer : *- sa colère.* ‖ Se - vpr. Maîtriser ses sentiments. ‖ **Contenant, e** part., adj. et nm. Ce qui contient. ‖ **Contenu, e** part. Compris dans, inclus.

content, e adj. Qui a ce qu'il désire. ‖ Satisfait. ‖ Joyeux. ‖ Nm. *Avoir son - d'une chose*, en avoir autant qu'on désirait.

contenter vt. Rendre content, satisfaire. ‖ **Se - [de]** vpr. Etre satisfait.

contentieux, euse adj. Qui est contesté, litigieux. ‖ Nm. Tout ce qui est susceptible d'être mis en discussion devant les juges. ‖ Bureau qui s'occupe d'affaires litigieuses.

contention nf. Grande application de l'esprit. ‖ *Moyens de -*, appareils permettant d'immobiliser des animaux.

contenu nm. Ce qui est renfermé, compris dans.

conter vt. Narrer, faire le récit de, relater. ‖ *En - de belles*, raconter des choses ridicules ou extraordinaires.

contestable adj. Qui peut être contesté.

contestataire n. Qui conteste.

contestation nf. Débat. ‖ **Sans -** loc. adv., sans opposition.

conteste nf. Débat, procès. (Vx.) ‖ **Sans -** loc. adv., sans contredit.

contester vt. Refuser d'admettre. ‖ Vi. Discuter.

conteur, euse n. Qui aime à conter. ‖ Auteur de contes.

contexte nm. Texte considéré dans son ensemble, dans ce qui précède ou ce qui suit.

contexture nf. Liaison des parties qui forment un tout.

contigu, ë adj. Qui touche à.

contiguïté nf. Etat de deux choses qui se touchent.

continence nf. Chasteté.

continent, e adj. Chaste.

continent nm. Très grande étendue de terre ferme. ‖ *Absol.* L'Europe, par rapport aux îles Britanniques. ‖ *Ancien -*, Europe, Asie et Afrique. ‖ *Nouveau -*, Amérique.

continental, e, aux adj. Relatif au continent.

contingence nf. Etat de ce qui est contingent; éventualité : *tenir compte des -*.

contingent, e adj. Qui peut arriver. ‖ Nm. Part que chacun doit fournir ou recevoir : *réclamer son -.* ‖ Classe de recrutement.

contingentement nm. Répartition réglementée d'une marchandise.

contingenter vt. Régler la répartition d'un produit. ‖ Limiter : *- les importations.*

continu, e adj. Non interrompu dans son étendue ou sa durée.

continuateur, trice n. Personne qui continue ce qu'un autre a commencé.

continuation nf. Action de continuer. ‖ Résultat de cette action. ‖ Prolongement : *la - d'une route.*

continuel, elle adj. Qui dure ou se renouvelle constamment : *effort -.* ‖ **Continuellement** adv.

continuer vt. Poursuivre ce qui est commencé. ‖ Prolonger : *- un mur.* ‖ Vi. Ne pas cesser : *la séance continue.*

continuité nf. Caractère de ce qui est continu. ‖ *Solution de -*, interruption, coupure, arrêt.

continûment adv. Sans interruption.

contondant, e adj. Qui meurtrit par écrasement.

contorsion nf. Torsion violente des muscles des membres. ‖ Grimace, attitude forcée : *les - enlaidissent.*

contorsionner (se) vpr. Faire des contorsions.

contorsionniste n. Acrobate spécialiste des contorsions.

contour nm. Ligne qui marque le tour d'un corps. ‖ Limite plus ou moins circulaire : *le - d'une ville.*

contourner vt. Dessiner, tracer les contours. ‖ Faire le tour de.

contraception nf. Infécondité volontaire obtenue par des méthodes anticonceptionnelles.

contracter vt. Réduire en un moindre volume. ‖ Prendre l'engagement par contrat : *- une alliance.* ‖ *Fig.* Acquérir avec le temps : *- une habitude.* ‖ Gagner par contagion : *- une maladie.* ‖ *- des dettes*, s'endetter. ‖

Se - ** vpr. Se resserrer. ‖ **Contractant, e adj. et n. Qui contracte : *les parties -*. ‖ **Contracté, e** adj. *Gramm.* Se dit de deux voyelles ou de deux syllabes réunies en une seule, comme *du, des, au, aux,* pour *de le, de les, à le, à les.*

contractile adj. Capable de contraction.

contractilité nf. Faculté de se contracter.

contraction nf. Diminution de volume. ‖ *Anat.* Raccourcissement des muscles. ‖ *Gramm.* Réduction de deux syllabes, de deux voyelles en une seule.

contractuel, elle adj. Stipulé par contrat. ‖ N. Agent public non fonctionnaire.

contracture nf. *Archit.* Rétrécissement d'une colonne dans sa partie supérieure. ‖ *Méd.* Rigidité musculaire involontaire.

contradicteur nm. Personne qui contredit.

contradiction nf. Action de contredire. ‖ Action de se mettre en opposition avec ce qu'on a dit ou fait précédemment. ‖ Incompatibilité, opposition : *des paroles en - avec des actes.* ‖ *Esprit de -,* disposition à contredire sans cesse.

contradictoire adj. Qui exprime une contradiction.

contraindre vt. (c. *craindre*). Obliger à faire une chose. ‖ Gêner : *- ses goûts.* ‖ *Jurisp.* Obliger par voies de droit : *- par corps.* ‖ Se - vpr. Faire taire ses goûts, ses sentiments. ‖ **Contraint, e** part. et adj.

contrainte nf. Action de contraindre. ‖ Violence, gêne imposée par les bienséances, retenue. ‖ *Fig.* Difficultés, entraves : *la - de la mine.*

contraire adj. Opposé, inverse. ‖ Qui n'est pas conforme à : *paroles à la vérité.* ‖ *Fig.* Nuisible, défavorable : *le vin vous est -.* ‖ Nm. L'opposé : *soutenir le -.* ‖ Au - loc. adv., tout autrement.

contralto nm. *Mus.* La plus grave des voix de femme. ‖ Pl. des *contraltos.*

contrarier vt. S'opposer aux paroles, aux actes, aux projets de. ‖ Causer du dépit à. ‖ Faire obstacle à : *les vents contrariaient la marche du navire.* ‖ Opposer : *- des couleurs.*

contrariété nf. Ennui, dépit, mécontentement.

contraste nm. Opposition de sentiments, d'effets qui se font ressortir mutuellement : *- de caractères.*

contraster vi. S'opposer de façon frappante : *couleurs qui contrastent.*

contrat nm. Accord intervenu entre deux ou plusieurs personnes. ‖ Acte qui le constate : *- de mariage.*

contravention nf. Infraction à une loi, à un contrat, etc. ‖ Procès-verbal : *dresser - à quelqu'un.* ‖ Infraction relevant des tribunaux de simple police.

contre prép. qui marque opposition, rencontre : *agir - son gré, marcher - l'ennemi.* ‖ Proximité : *sa maison est - la mienne.* ‖ Adv. Marque le contact, l'opposition : *voter -.* ‖ Nm. L'opposé : *soutenir le pour et le -.* ‖ Ci - loc. adv., à côté. (*Contre* reste inv. dans les mots composés.)

contre-allée nf. Allée latérale parallèle à la principale. ‖ Pl. des *contre-allées.*

contre-amiral nm. Premier grade des officiers généraux dans la marine. ‖ Pl. des *contre-amiraux.*

contre-appel nm. Appel supplémentaire. ‖ Pl. des *contre-appels.*

contre-assurance nf. Assurance qui en garantit une autre ou en limite les risques. ‖ Pl. des *contre-assurances.*

contre-attaque nf. Pour une troupe attaquée, passage de la défensive à l'offensive. ‖ Pl. des *contre-attaques.*

contrebalancer vt. Faire équilibre.

contrebande nf. Introduction, vente de marchandises prohibées. ‖ Ces marchandises mêmes : *acheter de la -.*

contrebandier, ère n. et adj. Qui se livre à la contrebande.

contrebas (en) loc. adv. A un niveau inférieur : *regarder en -.*

contrebasse nf. Le plus grand et le plus grave des instruments à cordes.

contrebassiste nm. Musicien qui joue de la contrebasse.

contrecarrer vt. S'opposer directement à, contrarier.

contrecœur nm. Mur formant le fond d'une cheminée. ‖ Plaque de fer qu'on y fixe. ‖ A - loc. adv., avec répugnance, malgré soi.

contrecoup nm. Répercussion d'un choc sur un autre corps. ‖ *Fig.* Evénement qui est la conséquence d'un autre.

contre-courant nm. Courant de direction inverse. ‖ Pl. des *contre-courants.*

contredanse nf. Danse vive et légère, où plusieurs personnes figurent ensemble. ‖ *Fam.* Contravention.

contre-déclaration nf. Déclaration contraire à une précédente. ‖ Pl. des *contre-déclarations.*

contredire vt. (c. *dire*, sauf à la 2e pers. du plur. du prés. de l'ind. et de l'impér. : *contredisez*). Dire le contraire. ‖ Etre en opposition : *ses actes contredisent ses paroles.* ‖ Se - vpr. Etre en opposition avec soi-même.

contredit (sans) loc. adv. Certainement.

contrée nf. Etendue de pays.

contre-écrou nm. Second écrou bloquant le premier. ‖ Pl. des *contre-écrous.*

contre-enquête nf. *Droit.* Enquête faite pour en contrôler une autre. ‖ Pl. des *contre-enquêtes.*

contre-épreuve nf. Epreuve qu'on tire sur une estampe encore fraîche ou sur un dessin au crayon. ‖ Moyen de vérification d'une opération quelconque. ‖ Pl. des *contre-épreuves.*

contre-espalier nm. Espalier sur treillage parallèle à un autre. ‖ Pl. des *contre-espaliers.*

contre-espionnage nm. Organisation chargée de déceler et de réprimer l'activité des espions. ‖ Pl. des *contre-espionnages.*

contre-expertise nf. Expertise destinée à en contrôler une autre. ‖ Pl. des *contre-expertises.*

contrefaçon nf. Action de contrefaire ; son résultat.

contrefacteur nm. Celui qui commet une contrefaçon.

contrefaire vt. (c. *faire*). Reproduire en imitant. ‖ Imiter les autres pour les tourner en ridicule. ‖ Imiter frauduleusement : - *un billet de banque.* ‖ Déguiser, dénaturer : - *sa voix.* ‖ **Contrefait,** e part. et adj. Difforme : *une taille -.*

contre-fenêtre nf. Double clôture d'une fenêtre. ‖ Pl. des *contre-fenêtres.*

contre-fil nm. En sens contraire d'une chose normale : *le - du bois.* (Pl. des *contre-fils.*) ‖ **A -** loc. adv., à rebours.

contrefort nm. Pilier adossé à un mur pour le renforcer. ‖ Chaînon montagneux qui semble étayer une chaîne principale : *les - des Alpes.* ‖ Pièce de cuir qui renforce la partie arrière d'une chaussure.

contre-indication nf. *Méd.* Circonstance particulière qui s'oppose à l'emploi d'une médication. ‖ Pl. des *contre-indications.*

contre-indiquer vt. Fournir une indication contraire.

contre-jour nm. inv. Lumière qui éclaire un objet du côté opposé à celui par lequel on le regarde. ‖ **A -** loc. adv., dans un sens opposé au jour.

contremaître, esse n. Chef d'atelier.

contremander vt. Annuler un ordre donné.

contremarche nf. Marche d'une armée en sens contraire. ‖ Devant vertical d'une marche d'escalier.

contremarque nf. Ticket d'entracte. ‖ Seconde marque apposée à un ballot de marchandises, à des ouvrages d'orfèvrerie.

contremarquer vt. Apposer une contremarque.

contre-mesure (à) loc. adv. A contretemps.

contre-mine nf. Mine souterraine disposée en camouflet. ‖ Pl. des *contre-mines.*

contre-miner vt. Faire une contre-mine. ‖ *Fig.* Déjouer une intrigue.

contre-mur nm. Second mur adossé à un autre pour le consolider. ‖ Pl. des *contre-murs.*

contre-offensive nf. Opération d'ensemble répondant à une offensive de l'ennemi par une attaque généralisée.

contrepartie nf. Double d'un registre sur lequel on inscrit toutes les parties d'un compte. ‖ Ecriture servant de vérification. ‖ Chose qui s'oppose à une autre en l'équilibrant : *la recette est la - de la dépense.* ‖ *Fig.* Opinion contraire : *soutenir la -.*

contre-pente nf. Pente opposée à une autre. ‖ Versant d'une crête caché aux vues de l'ennemi. ‖ Pl. des *contre-pentes.*

contrepèterie nf. Lapsus burlesque produit par interversion de lettres (*trompez, sonnettes,* pour *sonnez, trompettes*).

contre-pied nm. Chemin que font les chiens en remontant une piste. (Pl. des *contre-pieds.*) ‖ *Fig.* Le contraire d'une chose : *prendre le - d'une opinion.* ‖ **A -** loc. adv., à rebours.

contre-placage nm. Application, sur les deux faces d'un panneau, de feuilles de placage dont le fil est croisé avec celui du panneau. ‖ Pl. des *contre-placages.*

contre-plaqué nm. Panneau de contre-plaquage. ‖ Pl. des *contre-plaqués.*

contre-plaquer vt. Assembler par collage des lames de bois à fil opposé.

contrepoids nm. Poids servant à en équilibrer d'autres. ‖ Balancier d'un équilibriste. ‖ *Fig.* Toute force qui sert à diminuer l'effet d'une force contraire.

contre-poil nm. Le rebours du poil. ‖ **A -** loc. adv., à rebours.

contrepoint nm. *Mus.* Art de composer de la musique à deux ou plusieurs parties.

contre-pointer vt. Piquer de points qui traversent l'étoffe.

contrepoison nm. Remède contre le poison.

contre-porte nf. Porte légère capitonnée doublant une autre porte. ‖ Pl. des *contre-portes.*

contreprojet nm. Projet contraire à un autre.

contreproposition nf. Proposition opposée à une autre.

contrer vt. et i. Au bridge, s'opposer à la demande adverse. ‖ *Fig.* et *fam.* S'opposer à quelqu'un.

contre-rail nm. Second rail placé à côté d'un autre aux croisements, courbes, etc. ‖ Pl. des *contre-rails.*

contre-révolution nf. Révolution, d'origine réactionnaire, tendant à détruire les résultats d'une révolution précédente. ‖ Pl. des *contre-révolutions.*

contrescarpe nf. *Fortif.* Talus ou mur extérieur du fossé.

contre-sceau nm. Petit sceau qui s'appose à côté du grand. ‖ Pl. des *contre-sceaux.*

contreseing nm. *Chancell.* Seconde signature apposée près de la principale signature.

contresens nm. Sens contraire au sens naturel, à la direction normale. ‖ *Fig.* Fausse interprétation d'un texte : *version remplie de -.* ‖ Chose opposée à la logique : *sa conduite est un -.* ‖ A - loc. adv., à rebours.

contresigner vt. Signer après celui dont l'acte émane.

contretemps nm. Evénement fâcheux, imprévu. ‖ *Mus.* Action d'attaquer le son sur le temps faible de la mesure ou sur la partie faible du temps. ‖ A - loc. adv., mal à propos.

contre-torpilleur nm. Petit bâtiment de guerre, très rapide, destiné à combattre les torpilleurs. ‖ Pl. des *contre-torpilleurs.*

contretype nm. Copie d'un cliché photographique.

contrevallation nf. Fossé et retranchement autour d'une place assiégée.

contrevenir [à] vt. ind. Agir contrairement, ne pas se conformer : *- aux ordres reçus.* ‖ **Contrevenant, e** part. et n.

contrevent nm. Volet extérieur.

contrevérité nf. Chose dite pour être entendue dans un sens contraire aux paroles employées. ‖ Chose contraire à la vérité.

contre-visite nf. Visite médicale de contrôle. ‖ Pl. des *contre-visites.*

contribuable adj. et n. Qui paie des contributions.

contribuer [à] vt. ind. Payer sa part d'une dépense, d'une charge commune. ‖ Aider à : *l'argent ne fait pas le bonheur, mais il y contribue.*

contribution nf. Part d'impôt, de dépense que chacun doit payer. ‖ *Mettre à -,* faire contribuer à une dépense. ‖ *- directes,* celles qui sont

perçues directement ‖ *- indirectes,* celles qui sont perçues indirectement en raison d'une consommation.

contrister vt. Affliger.

contrit, e adj. Qui a un grand regret de ses fautes. ‖ *Par ext.* Mortifié.

contrition nf. Douleur profonde et sincère d'avoir offensé Dieu. ‖ *Fam.* Repentir.

contrôle nm. Etat nominatif des personnes qui appartiennent à un corps : *officier rayé des -.* ‖ Vérification, inspection : *le - d'une caisse.* ‖ Poinçon de l'Etat sur les ouvrages d'or ou d'argent. ‖ Surveillance, examen : *un - sévère.*

contrôler vt. Vérifier. ‖ Poinçonner les articles de bijouterie. ‖ *Fig.* Critiquer, censurer les actions.

contrôleur, euse n. Personne chargée d'exercer un contrôle. ‖ Nm. Appareil de contrôle.

contrordre nm. Annulation d'un ordre donné précédemment.

controuver vt. Inventer de toutes pièces : *fait controuvé.*

controverse nf. Débat, discussion.

controverser vt. Contester, mettre en doute. ‖ *Absol.* Soutenir une controverse : *- avec passion.*

controversiste nm. Qui traite de controverse en matière de religion.

contumace nf. Refus, défaut de comparaître en justice : *condamner par -.* ‖ N. Personne en état de contumace.

contus, e adj. Produit par une contusion.

contusion nf. Meurtrissure sans déchirure de la peau.

contusionner vt. Faire des contusions.

convaincant, e adj. Qui porte conviction : *un argument -.*

convaincre vt. (c. *vaincre*). Amener quelqu'un par le raisonnement ou par des preuves à reconnaître l'exactitude d'un fait. ‖ *- de,* donner contre quelqu'un des preuves certaines de : *- quelqu'un de mensonge.* ‖ **Convainquant** part. prés. ‖ **Convaincu, e** part. et adj. Persuadé de bonne foi. ‖ Reconnu coupable : *être - de trahison.*

convalescence nf. Etat d'une personne qui relève de maladie.

convalescent, e adj. et n. Qui sort de maladie.

convection nf. Mouvement pris par un fluide sous l'influence d'une variation de température.

convenable adj. Qui est approprié à, qui convient. ‖ Proportionné à son objet : *salaire -.* ‖ Opportun : *un moment -.* ‖ Bienséant : *une tenue -.*

convenance nf. Rapport, conformité : *- de fortune.* ‖ Commodité : *travailler* à sa -. || *Mariage de -*, celui où les rapports de naissance, de fortune ont été plus consultés que l'inclination. || Pl. Décence : *respecter les -*.

convenir vt. ind. (c. *venir*). Faire un accord : *ils conviennent de se trouver ensemble.* || Avouer, reconnaître : *il convient de sa méprise.* || Etre approprié à, agréer : *cet emploi lui convient bien convenu.* || V. impers. Etre utile, à propos : *il convient de...* (Prend l'auxiliaire *avoir* quand il signifie *être approprié;* l'auxiliaire *être* dans les autres cas, selon une règle qui n'est plus guère observée.)

convent nm. Assemblée générale de francs-maçons.

convention nf. Accord, pacte. || Pl. Clauses d'un accord : - *internationales.* || Ce qu'il est convenu de respecter suivant la bienséance : *les sociales.* || De - loc. adv., qui est admis, sans être réel : *langage de -.*

conventionnel, elle adj. Qui résulte d'une convention : *signe -.* || Nm. Membre de la Convention nationale.

conventuel, elle adj. Qui se rapporte à un couvent.

convergence nf. Direction commune vers un même point. || Inverse de la distance focale d'une lentille.

convergent, e adj. Qui converge.

converger vi. (c. *manger*). Tendre vers le même point ou le même but. || **Convergeant, e** part. prés.

convers, e adj. Se dit des religieux, des religieuses employés aux services domestiques d'un couvent.

conversation nf. Entretien familier. || Art ou manière de converser.

converser vi. S'entretenir familièrement avec quelqu'un.

conversible adj. V. CONVERTIBLE.

conversion nf. Action de convertir. || Changement de taux : *la - des rentes.* || Art milit. Changement de front.

convertibilité nf. Propriété de ce qui est convertible.

convertible adj. *Chim.* Qui peut être converti, transformé.

convertir vt. Amener à croire : *les missionnaires s'efforcent de - les infidèles.* || Ramener aux pratiques religieuses. || Faire changer d'opinion. || Changer, transformer : *les alchimistes prétendaient - les métaux en or.* || **Converti, e** part. et n.

convertisseur nm. *Fam.* Qui réussit dans la conversion des âmes. || Grande cornue dans laquelle on transforme la fonte en acier. || Transformateur de courant électrique.

convexe adj. Courbé et bombé à l'extérieur.

convexité nf. Rondeur, courbure d'un corps.

conviction nf. Assurance, croyance raisonnée, certitude.

convier vt. (c. *prier*). Inviter à un repas, à une fête. || Engager : *le beau temps convie à la promenade.*

convive n. Qui prend ou doit prendre part à un repas.

convocation nf. Action de convoquer. || Lettre, billet qui convoque.

convoi nm. Cortège funèbre. || Flotte marchande avec son escorte. || Groupe de voitures. || Train de chemin de fer.

convoiement ou **convoyage** nm. Action de convoyer. || Escorte d'un convoi.

convoiter vt. Désirer avec avidité.

convoitise nf. Désir immodéré : - *des honneurs.*

convoler vi. Se marier.

convolvulus [*luss*] nm. *Bot.* Nom scientifique du *liseron.*

convoquer vt. Faire assembler. || Mander, faire venir près de soi.

convoyer vt. (c. *aboyer*). Escorter pour protéger.

convoyeur adj. et nm. Qui convoie. || Navire d'escorte.

convulsé, e adj. Crispé d'une manière convulsive.

convulsif, ive adj. Accompagné de convulsions : *toux -.* || **Convulsivement** adv.

convulsion nf. Contraction violente et involontaire des muscles. || *Fig* Troubles : - *politiques.*

convulsionnaire adj. et n. Atteint de convulsions. || Npl. Fanatiques jansénistes du XVIIIe s.

convulsionner vt. Donner des convulsions.

cooccupant, e n. Personne qui occupe avec une ou plusieurs autres.

coolie [*koa*] nm. Travailleur asiatique.

coopérateur, trice n. Qui travaille, qui agit avec d'autres.

coopératif, ive adj. Qui a pour but une coopération. || Nf. Groupement de personnes vendant ou achetant en commun.

coopération nf. Action de coopérer. || Achat ou travail en commun : *apporter sa coopération à une entreprise.*

coopérer vt. ind. (c. *céder*). Agir conjointement avec quelqu'un ; contribuer, concourir à.

cooptation nf. Mode de recrutement consistant, pour une assemblée, à désigner elle-même ses membres.

coordination nf. Action de coordonner ; résultat de cette action.

coordonnées nfpl. *Math.* Eléments

servant à déterminer la position d'un point sur une surface ou dans l'espace.

coordonner vt. Combiner dans l'ordre assigné par la forme ou la nature des éléments : - *ses idées, les parties d'un discours.* ǁ Relier des propositions par des conjonctions de coordination (*et, ni, ou, mais, car, or, donc*).

copain n. *Fam.* Camarade, compagnon préféré.

copal nm. Résine d'arbres tropicaux utilisée dans la fabrication des vernis.

copartager vt. (c. *manger*). Partager avec d'autres. ǁ **Copartageant, e** part., adj. et n.

coparticipation nf. Participation commune à plusieurs.

copeau nm. Parcelle de bois ou de métal enlevée par l'outil.

copiage nm. Action de copier.

copie nf. Reproduction d'un écrit. ǁ Imitation exacte d'un ouvrage d'art : *la - d'un tableau.* ǁ Devoir qu'un écolier remet à ses professeurs. ǁ *Impr.* Manuscrit ou imprimé sur lequel travaillent les typographes.

copier vt. (c. *prier*). Reproduire un écrit, une œuvre d'art. ǁ Reproduire servilement : - *un devoir.* ǁ *Fig.* Imiter : - *les gestes de quelqu'un.*

copieux, euse adj. Abondant.

copiste n. Personne qui copie. ǁ Scribe qui copiait les manuscrits avant l'invention de l'imprimerie. ǁ Auteur sans originalité.

coprah ou **copra** nm. Amande de coco desséchée.

copropriétaire n. Personne qui possède en copropriété.

copropriété nf. Propriété commune entre plusieurs : - *d'un immeuble.*

copte adj. et nm. Chrétien d'Egypte. ǁ Langue liturgique de ces chrétiens, dérivée de l'égyptien.

copulatif, ive adj. *Gramm.* Qui sert à lier les mots, les phrases comme *et, ni,* etc.

copule nf. *Gramm.* Mot qui lie l'attribut au sujet d'une proposition : *le verbe « être » est la - la plus fréquente.*

copyright [*ko-pé-ra-it*] nm. Droit réservé à l'auteur et à l'éditeur concernant la reproduction et la vente des œuvres littéraires ou artistiques.

coq [*kok*] nm. (onomat.). Mâle de la poule, du faisan, etc. ǁ *Fig.* et *fam.* Bellâtre : *le - du village.*

coq nm. Cuisinier du bord, sur les grands navires.

coq-à-l'âne nm. inv. Propos sans suite, ni liaison.

coque nf. Enveloppe solide et dure de l'œuf et de certains fruits. ǁ Mollusque lamellibranche comestible. ǁ

Mar. Corps d'un navire, à l'exclusion des mâts et des agrès.

coquecigrue nf. Baliverne, conte en l'air. ǁ Oiseau fantastique.

coquelicot nm. Pavot des champs.

coqueluche nf. Maladie contagieuse, avec toux convulsive. ǁ *Fig.* et *fam.* Personnage en vogue.

coquemar nm. Bouilloire.

coqueret nm. Nom vulgaire de l'*alkékenge.*

coquet, ette adj. et n. Qui cherche à plaire. ǁ Qui a un aspect plaisant : *un appartement -.* ǁ Assez considérable : *une somme -.*

coqueter vi. (c. *jeter*). *Fam.* User de coquetterie; échanger des propos galants.

coquetier nm. Marchand d'œufs en gros. ǁ Petite coupe pour les œufs à la coque.

coquetterie nf. Désir de plaire. ǁ Goût de la parure.

coquillage nm. Mollusque à coquille. ǁ La coquille même.

coquillart nm. Pierre calcaire renfermant des coquilles.

coquille nf. Enveloppe dure qui couvre les mollusques. ǁ Rôtissoire. ǁ Coque d'œufs et de noix. ǁ Expansion inférieure de la garde d'une épée. ǁ *Fig.* - *de noix,* frêle bateau. ǁ *Impr.* Substitution de lettres.

coquiller vi. Se boursoufler, en parlant de la croûte du pain.

coquilleux, euse adj. Rempli de coquilles.

coquillier, ère adj. Qui renferme des coquilles. ǁ Nm. Collection de coquilles.

coquin, e n. Personne vile, sans honneur ni probité. ǁ *Par plaisant.* Espiègle, malicieux.

coquinerie nf. Action de coquin.

cor nm. Instrument à vent, contourné en spirale. ǁ - *anglais,* instrument à anche, genre hautbois. ǁ Petite corne du bois d'un cerf : *un cerf dix -.* ǁ A - et à cri loc. adv., à grand bruit.

cor nm. Durillon sur les doigts du pied.

corail nm. Sorte de polypier dont le support calcaire sert à fabriquer des bijoux. ǁ Pl. des *coraux.*

corailleur adj. et nm. Qui pêche ou travaille le corail.

coralliaires nmpl. Polypes marins fixés, à bouche entourée de tentacules.

corallien, enne adj. Formé de coraux. ǁ Nm. Etage moyen du jurassique supérieur.

corallin, e adj. Rouge corail.

coralline nf. Algue marine revêtue d'une matière calcaire.

corbeau nm. Gros oiseau carnassier à plumage noir. (Cri : le corbeau *croasse.*) ‖ *Archit.* Saillie de pierre ou de bois pour soutenir une poutre.

corbeille nf. Panier d'osier. ‖ Ornement en architecture, en sculpture. ‖ *Fig. - de mariage,* présent du fiancé à sa fiancée. ‖ Parterre de fleurs.

corbillard nm. Char funèbre.

corbillon nm. Petite corbeille. ‖ Jeu de société.

cordage nm. Lien, en matière végétale ou en acier.

corde nf. Assemblage de fils divers tordus ensemble. ‖ Fil de boyau, de laiton ou d'acier pour certains instruments de musique. ‖ Trame d'une étoffe de laine : *usé jusqu'à la -.* ‖ Mesure de bois de chauffage, équivalant à 4 stères. ‖ *Math.* Droite qui joint deux points d'une circonférence. ‖ *Fig.* Supplice de la potence : *mériter la -.* ‖ *Sports.* Limite intérieure d'un virage. ‖ *Fig. Avoir plusieurs - à son arc,* posséder plusieurs moyens pour parvenir à son but. ‖ *Homme de sac et de -,* scélérat.

cordeau nm. Corde de faible diamètre. ‖ Mèche d'une mine.

cordée nf. Ce qui peut être entouré par une corde. ‖ Groupe d'alpinistes reliés par une corde.

cordelette nf. Corde fine.

cordelier nm. Religieux franciscain.

cordelière nf. Torsade servant de ceinture. ‖ Petite tresse remplaçant la cravate.

cordelle nf. Câble de grosseur moyenne.

corder vt. Tordre en forme de corde. ‖ Ficeler un paquet, une caisse, etc. ‖ *- du bois,* le mesurer à la corde.

corderie nf. Fabrique de cordes et cordages.

cordial, e, aux adj. Réconfortant. ‖ *Fig.* Affectueux : *invitation -.* ‖ Nm. Potion fortifiante.

cordialité nf. Bienveillance qui part du cœur : *parler avec -.*

cordier nm. Qui fait ou vend de la corde. ‖ Queue d'un violon.

cordillère nf. Chaîne de montagnes.

cordon nm. Petite corde. ‖ Ruban servant d'insigne à une décoration : *le grand - de la Légion d'honneur.* ‖ Bordure de gazon. ‖ Bord des monnaies. ‖ *Archit.* Moulure saillant horizontalement sur un mur. ‖ *Art milit.* Suite de postes garnis de troupes. ‖ *- littoral* ou *lido,* dépôt de sable fermant complètement une baie et pouvant isoler une lagune. ‖ *Fig. - bleu,* cuisinière très habile.

cordonner vt. Tortiller en cordon.

cordonnerie nf. Métier, commerce, boutique de cordonnier.

cordonnet nm. Petit cordon de fil, de soie, d'or ou d'argent.

cordonnier, ère n. Personne qui répare ou vend des chaussures.

coréen, enne adj. et n. De Corée.

coreligionnaire n. Qui professe la même religion.

coriace adj. Dur comme du cuir.

coriandre nf. Ombellifère méditerranéenne, utilisée en pharmacie.

coricide nm. Médicament employé pour détruire les cors.

corindon nm. Alumine cristallisée très dure.

corinthien, enne adj. et n. De Corinthe. ‖ Nm. Un des ordres d'architecture.

corme ou **sorbe** nf. Fruit du cormier ou sorbier domestique.

cormier nm. Nom vulgaire du *sorbier,* à bois très dur.

cormoran nm. Oiseau aquatique palmipède, à bec en crochet, qui se nourrit de poissons.

cornac nm. Celui qui est chargé de soigner et de conduire un éléphant. ‖ *Fig.* et *fam.* Homme qui en guide un autre.

cornage nm. Respiration bruyante du cheval, du mulet, de l'âne, dans certaines maladies.

cornaline nf. Variété d'agate demi-transparente rouge foncé.

cornard adj. et n. Atteint du cornage. ‖ Qui a des cornes.

corne nf. Partie dure et conique qui se forme sur la tête de certains ruminants. ‖ Matière des cornes. ‖ Partie dure du pied de certains animaux. ‖ Chausse-pied. ‖ Ornement d'architecture. ‖ Pli d'un feuillet : *faire des - à un livre.* ‖ Sorte de trompe. ‖ Pointe charnue sur la tête des limaçons et de quelques insectes. ‖ Pointe : *chapeau à deux -.* ‖ Vergue oblique sur un mât. ‖ Branche du croissant de la lune. ‖ *Fig.* et *fam. Prendre le taureau par les -,* affronter hardiment la difficulté.

corné, e adj. De la nature de la corne. ‖ Qui en a l'apparence.

cornée nf. Membrane transparente qui limite en avant la chambre antérieure de l'œil.

corneille nf. Oiseau très voisin du corbeau. (Cri : la corneille *craille, graille* ou *criaille.*)

cornélien, enne adj. A la manière de Corneille : *héros -.*

cornemuse nf. Instrument à vent, composé d'une outre et de tuyaux.

cornemuseur nm. Joueur de cornemuse.

corner vi.- Sonner d'une corne, d'une trompe. ‖ Bourdonner, en parlant des oreilles. ‖ Vt. Plier en forme de corne : - *une carte de visite*. ‖ *Fig.* et *fam.* Répéter sans cesse : - *une nouvelle*.

corner [nèr] nm. Au football, faute du joueur qui envoie le ballon derrière la ligne des buts de son équipe.

cornet nm. Petite trompe rustique. ‖ - *à pistons*, petit cor auquel sont adaptés des pistons. ‖ - *acoustique*, instrument pour sourds. ‖ Papier roulé en cône : *un - de bonbons*. ‖ Gobelet de cuir pour agiter les dés à certains jeux. ‖ Lamelle osseuse du nez.

cornette nf. Coiffure de certaines religieuses. ‖ Ancien étendard de cavalerie. ‖ Long pavillon de marine, à deux cornes. ‖ Nm. Porte-étendard d'autrefois.

cornettiste n. Personne qui joue du cornet à pistons.

corniche nf. *Archit.* Moulure couronnant un entablement. ‖ *Géogr.* Saillie naturelle : *une - de rochers*.

cornichon nm. Petit concombre dont le fruit se mange confit. ‖ *Fam.* Homme niais, sot.

cornier, ère adj. Qui est à la corne ou à l'angle de quelque chose. ‖ Nf. Gouttière à la jointure de deux pentes d'un toit.

cornillon nm. Axe osseux des cornes des ruminants.

cornique adj. Du pays de Cornouailles. ‖ Nm. Dialecte de Cornouailles.

corniste adj. et nm. Joueur de cor.

cornouille nf. Fruit du cornouiller.

cornouiller nm. Arbre à bois très dur et à fruits rouges.

cornu, e adj. Qui a des cornes. ‖ *Fig. Raisons, visions -*, idées extravagantes.

cornue nf. *Chim.* Vase à col étroit et courbé pour la distillation. ‖ Four à charbon de houille, pour la production du gaz d'éclairage.

corollaire nm. Conséquence qui dérive de la démonstration d'une proposition.

corolle nf. *Bot.* Enveloppe florale extérieure.

coron nm. Groupe de maisons de mineurs : *les - du Nord*.

coronaire adj. Se dit de deux artères qui portent le sang dans le cœur.

coronille nf. Plante légumineuse ornementale.

corozo nm. Matière végétale avec laquelle on fabrique des boutons.

corporal nm. Linge sacré sur lequel le prêtre pose le calice et l'hostie.

corporatif, ive adj. Relatif à une corporation.

corporation nf. Association professionnelle.

corporel, elle adj. Qui a un corps. ‖ Relatif au corps : *peine -*.

corps nm. Toute substance matérielle, organique ou inorganique : - *solide*. ‖ Partie matérielle d'un être animé : - *humain*. ‖ Corporation, ordre, compagnie : *les - de métiers* ; *le - médical*. ‖ - *diplomatique*, les ambassadeurs. ‖ *Esprit de -*, sentiment de solidarité qui unit les membres d'une même profession. ‖ *Fig.* Solidité : *cette étoffe a du -*. ‖ *Milit.* Unité s'administrant d'une façon indépendante (régiment, bataillon). ‖ *Le chef de -*, le commandant de cette unité. ‖ - *d'armée*, grande unité militaire. ‖ - *du délit*, objet qui prouve l'existence du délit. ‖ - *céleste*, astre. ‖ - *de garde*, local affecté à un poste militaire. ‖ - *de logis*, partie de maison formant une habitation distincte. ‖ Loc. adv. - *à -*, en se saisissant l'un, l'autre. **A - perdu**, avec impétuosité.

corpulence nf. Grandeur et grosseur du corps.

corpulent, e adj. Grand et gros.

corpuscule nm. Très petit corps.

correct, e adj. Conforme aux règles, au goût, aux convenances.

correcteur, trice n. *Impr.* Personne qui corrige des épreuves.

correctif nm. Ce qui corrige, adoucit. ‖ *Fig.* Restriction.

correction nf. Action de corriger. ‖ Châtiment, punition. ‖ Qualité de ce qui est conforme aux bienséances : *conduite d'une parfaite -*. ‖ *Impr.* Indication des fautes sur une épreuve.

correctionnel, elle adj. Qui a rapport aux délits : *police -* ; *tribunal -*.

corrélatif, ive adj. et n. Qui marque la relation entre deux membres d'une phrase comme *tellement* et *que*.

corrélation nf. Relation réciproque entre deux choses. ‖ Rapport de deux termes, dont l'un appelle logiquement l'autre.

correspondance nf. Rapport de conformité, de concordance. ‖ Commerce de lettres. ‖ Les lettres mêmes : *lire sa -*. ‖ Relations entre localités ou véhicules publics.

correspondre vi. Entretenir une correspondance. ‖ Etre en rapport de proportion, de conformité, de ressemblance, de symétrie : *la fin ne correspond pas au commencement* ; *mes renseignements ne correspondent pas avec les vôtres*. ‖ Etre en communication : *ces chambres correspondent*. ‖ **Correspondant, e** adj. *Angles -*, angles formés par une sécante et deux droites parallèles. ‖ Nm. Celui avec lequel on est en relations d'affaires. ‖ Celui qui veille sur un jeune homme éloigné de sa famille. ‖ Journaliste : *un - de guerre.*

corrida nf. Course de taureaux. ‖ *Fam.* Bousculade. ‖ Pl. des *corridas.*

corridor nm. Passage long et étroit qui relie les pièces d'un même étage.

corrigé nm. Devoir exempt de fautes et donné comme modèle.

corriger vt. (c. *manger*). Amender, rendre meilleur, en parlant des personnes et des choses. ‖ Supprimer les fautes : *- un devoir.* ‖ Châtier : *- un enfant.* ‖ Tempérer, adoucir.

corrigible adj. Qui peut être corrigé.

corroboration nf. Action de corroborer; son résultat.

corroborer vt. Servir de preuve, confirmer : *- une opinion par des faits.*

corroder vt. Ronger progressivement, attaquer : *la rouille corrode le fer.* ‖ Corrodant, e part., adj. et n.

corroi nm. Façon donnée au cuir.

corroierie nf. Préparation des cuirs après le tannage. ‖ Atelier du corroyeur.

corrompre vt. Gâter, décomposer. ‖ *Fig.* Dénaturer : *- le goût.* ‖ Pervertir : *- les mœurs.* ‖ Séduire par un don ou des promesses : *- un juge.*

corrosif, ive adj. et n. Qui corrode.

corrosion nf. Action, effet des substances corrosives.

corroyage nm. Action de corroyer; son résultat.

corroyer vt. (c. *aboyer*). Apprêter le cuir. ‖ Souder à chaud des barres de fer. ‖ Dégrossir le bois par rabotage.

corroyeur, euse n. Celui qui apprête le cuir ou les étoffes.

corrupteur, trice adj. et n. Qui corrompt.

corruptibilité nf. Nature de ce qui est corruptible.

corruptible adj. Sujet à la corruption. ‖ Capable de se laisser dépraver.

corruption nf. Putréfaction, décomposition. ‖ *Fig.* Altération, déformation : *- d'un texte.* ‖ *Fig.* Séduction : *recourir à des moyens de -.* Dépravation : *- des mœurs.*

corsage nm. Vêtement féminin qui recouvre le buste.

corsaire nm. Navire armé en course par des particuliers autorisés. ‖ Capitaine qui le commande. ‖ Pirate barbaresque. ‖ *Fig.* Homme rapace.

corselet nm. Cuirasse légère. ‖ Partie du thorax de certains insectes.

corser vt. Donner du corps, de la consistance : *- un vin, un récit.* ‖ Corsé, e part. et adj. *Fig.* Scabreux : *une histoire -.*

corset nm. Sous-vêtement féminin, à baleines, pour maintenir la taille.

corsetier, ère n. et adj. Fabricant de corsets.

cortège nm. Suite de personnes qui accompagnent quelqu'un pour lui faire honneur. ‖ *Fig.* Accompagnement.

cortès [*tèss*] nfpl. Assemblées parlementaires en Espagne.

cortical, e, aux adj. *Bot.* Qui a rapport à l'écorce.

cortisone nf. Hormone des glandes surrénales, active contre les rhumatismes.

corton nm. Vin renommé de la Côte-d'Or.

corvéable adj. Soumis à la corvée.

corvée nf. Travail gratuit qui était dû par le paysan à son seigneur. ‖ Travaux domestiques auxquels sont astreints les soldats. ‖ *Fig.* Travail fastidieux.

corvette nf. Autrefois, petit bâtiment de guerre à trois mâts. ‖ *Capitaine de -,* grade correspondant à celui de commandant.

corybante nm. Prêtre de Cybèle.

corymbe nm. Inflorescence dans laquelle toutes les fleurs sont situées sur le même plan.

coryphée nm. Chef de chœur dans le théâtre grec. ‖ Chef de ballet. ‖ *Fig.* Chef d'une secte, d'un parti.

coryza nm. *Méd.* Rhume de cerveau.

cosaque nm. Russe du sud-est de la Russie, dont le peuple formait des colonies militaires.

cosécante nf. *Math.* Sécante du complément d'un angle.

cosignataire n. et adj. Personne qui a signé avec d'autres.

cosinus [*si-nus*] nm. *Géom.* Sinus du complément d'un angle.

cosmétique adj. et n. Substance qui sert à lustrer et à fixer les cheveux.

cosmique adj. Relatif à l'univers. ‖ *Rayons -,* provenant des espaces célestes.

cosmogonie nf. Théorie de la formation de l'univers.

cosmographie nf. Description du système astronomique de l'univers.

cosmologie nf. Science des lois générales qui gouvernent l'univers.

cosmonaute nm. Voyageur des espaces interstellaires.

cosmopolite nm. Celui qui regarde l'univers comme sa patrie. ‖ *Fig.* Qui passe sa vie à voyager. ‖ Adj. *Quartier -,* peuplé d'étrangers.

cosmopolitisme nm. Manière de vivre et de penser du cosmopolite.

cosmos nm. Monde, univers.

cosse nf. Enveloppe des graines de certaines légumineuses.

cosser vi. Se heurter mutuellement de la tête, en parlant des béliers.

cossette nf. Fragment de betterave découpée pour faciliter l'extraction du sucre.

cossu, e adj. *Fam.* Riche.

costal, e, aux adj. Des côtes.

costaud adj. *Pop.* Fort, solide.

costume nm. Manière de se vêtir. ‖ Ensemble des différentes parties d'un habillement. ‖ Habit de théâtre, de déguisement.

costumer vt. Travestir, déguiser.

costumier nm. Qui fait, vend ou loue des costumes de théâtre ou de bal.

cosy-corner nm. Divan surmonté d'une étagère et placé dans une encoignure.

cotangente nf. *Math.* Tangente du complément d'un angle.

cotation nf. Action de coter une valeur en Bourse : *premier cours, première*.

cote nf. Part que chacun doit payer d'une dépense, d'un impôt. ‖ Marque pour classer chaque pièce dans un inventaire. ‖ Cours des valeurs de Bourse. ‖ Chiffre indiquant une dimension. ‖ Altitude sur une carte. ‖ *Sports.* Rapport entre les chances de gagner et de perdre qu'offre un cheval de course sur lequel on parie. ‖ *Fig.* Degré d'estime : *avoir la -.* ‖ - *mal taillée*, compromis.

côte nf. Os des parties latérales de la poitrine. ‖ Protubérance longitudinale : *les - d'un melon.* ‖ Penchant d'une colline. ‖ Talus escarpé dont le versant raide est opposé à l'inclinaison des couches géologiques : *les - de Moselle.* ‖ Rivage de la mer. ‖ Loc. adv. - **à** -, l'un à côté de l'autre. **A mi-** -, à mi-hauteur.

côté nm. Partie latérale extérieure de la poitrine. ‖ Partie latérale d'une chose. ‖ Partie, endroit quelconque : *de tous* -. ‖ *Math.* Chacune des lignes formant le contour d'une figure. ‖ *Fig.* Face, aspect : - *d'une chose.* ‖ Ligne de parenté : - *paternel.* ‖ Opinion : *je me range de votre* -. ‖ *Fig.* Mettre *de* -, épargner. ‖ *Laisser de* -, abandonner. ‖ *Regarder de* -, furtivement. ‖ - *faible d'une chose, - faible d'une personne,* leur imperfection. ‖ *Archit. Bas-* -, v. BAS-CÔTÉ. ‖ Loc. adv. **A** -, auprès. **De** -, obliquement.

coteau nm. Penchant d'une colline. ‖ Petite colline.

côtelé, e adj. A côtes : *velours* -.

côtelette nf. Côte de mouton, de veau, de porc, etc.

coter vt. Numéroter, marquer le prix de. ‖ Noter : - *un devoir d'élève.* ‖ *Fig.* Apprécier : *il est bien coté.*

coterie nf. Réunion de gens intimes, de cabaleurs : - *politique.*

cothurne nm. Chaussure à haute semelle des acteurs tragiques grecs. ‖ *Fig. Chausser le* -, jouer la tragédie.

côtier, ère adj. *Mar.* Au long des côtes. ‖ Qui connaît les côtes : *pilote* -. ‖ *Fleuve* -, qui a sa source près des côtes.

cotignac nm. Confiture de coings.

cotillon nm. Jupon des paysannes. (Vx.) ‖ Danse accompagnée de jeux.

cotir vt. Meurtrir des fruits.

cotisation nf. Action de se cotiser ; son résultat.

cotiser (se) vpr. Se réunir pour contribuer à une dépense commune. ‖ **Cotisant** part. et n.

coton nm. Long duvet qui enveloppe les graines du cotonnier. ‖ Fil ou étoffe fabriqués avec cette matière. ‖ *Fig.* et *fam. Filer un mauvais* -, avoir sa santé compromise.

cotonnade nf. Étoffe de coton.

cotonner (se) vpr. Se couvrir de duvet, en parlant des étoffes, des fruits.

cotonnerie nf. Lieu où se travaille le coton. ‖ Culture de cotonniers.

cotonneux, euse adj. *Bot.* Recouvert de duvet.

cotonnier nm. Arbuste originaire de l'Inde, produisant le coton.

cotonnier, ère adj. Qui a rapport au coton.

coton-poudre ou **fulmicoton** nm. Explosif obtenu en traitant du coton par un mélange d'acides nitrique et sulfurique.

côtoyer vt. (c. *aboyer*). Suivre le bord.

cotre nm. Petit bâtiment à un mât et deux focs, fin et élancé.

cotret nm. Fagot de bois.

cottage [*tédj'*] nm. Maison de campagne.

cotte nf. Jupe de paysanne. ‖ Vêtement de travail. ‖ - *d'armes*, casaque qui se portait par-dessus la cuirasse. ‖ - *de mailles*, tunique faite de petits anneaux de fer.

cotuteur nm. Chargé d'une tutelle avec un autre.

cotyle nf. *Anat.* Cavité d'un os qui reçoit un autre os.

cotylédon nm. Lobe charnu qui enveloppe la radicule de la graine.

cotylédoné, e adj. et nf. Se dit des plantes pourvues de cotylédons.

cou nm. Partie du corps qui joint la tête aux épaules. ‖ *Se casser le* -, se tuer. ‖ *Sauter au* -, embrasser avec effusion. ‖ *Fam. Prendre ses jambes à son* -, courir au plus vite.

couac nm. Son faux et discordant.

couard, e adj. et n. Poltron. ‖

couardise nf. Lâcheté.

couchage nm. Action de coucher. ‖ Ensemble des objets qui servent à se coucher : *matériel de -*. ‖ *Hortic.* Mise des graines en couche.

couchant nm. L'occident. ‖ Adj. *Chien -*, qui se couche en arrêtant le gibier.

couche nf. *Poét.* Lit. ‖ Linge dont on enveloppe les enfants au maillot. ‖ Disposition par lit : *- de fruits.* ‖ Toute substance appliquée sur une autre : *- de plâtre.* ‖ Planche de terreau : *semer une -.* ‖ *Géol.* Se dit des différents lits dont l'ensemble forme un étage. ‖ Pl. Enfantement : *une femme en -.*

coucher vt. Mettre au lit. ‖ Pencher, courber : *les pluies ont couché les blés.* ‖ *Fig. - son écriture*, l'incliner. ‖ *- en joue*, ajuster. ‖ Inscrire : *- sur un testament.* ‖ Vi. Passer la nuit : *- dans une auberge.* ‖ Se -. vpr. *Fig.* Disparaître à l'horizon : *le soleil s'en va se -.*

coucher nm. Action de se mettre au lit. ‖ *Le - d'un astre*, le moment où il disparaît à l'horizon.

couchette nf. Petit lit. ‖ *Ch. de f.* Lit escamotable.

coucheur, euse n. *Fig.* et *fam. Mauvais -*, de caractère difficile. ‖

couchis nm. Lit de sable sur lequel on dispose un pavage. ‖ Lattis d'un plancher.

couci-couça ou **couci-couci** loc. adv. *Fam.* Ni bien ni mal.

coucou nm. Oiseau grimpeur. ‖ Pendule de bois. ‖ Primevère.

coude nm. Partie extérieure du bras à l'endroit où il se plie. ‖ Angle d'un mur, d'un chemin.

coudée nf. Ancienne mesure (environ 50 centimètres). ‖ *Fig. Avoir ses franches*, avoir entière liberté d'action.

cou-de-pied nm. Partie supérieure du pied. ‖ Pl. des *cous-de-pied.*

couder vt. Plier en forme de coude.

coudoiement nm. Action de coudoyer. ‖ *Fig.* Contact : *- pénible.*

coudoyer vt. (c. *aboyer*). Heurter du coude. ‖ Être en contact avec : *- des inconnus dans la foule.*

coudraie nf. Lieu planté de coudriers ou de noisetiers.

coudre vt. (*Je couds, n. cousons. Je cousais, n. cousions. Je cousis, n. cousîmes. Je coudrai, n. coudrons. Je coudrais, n. coudrions. Couds, cousons, cousez. Q. je couse, qu'il couse, q. n. cousions. Q. je cousisse, qu'il cousît, q. n. cousissions. Cousant. Cousu, e.*) Attacher, joindre au moyen d'une aiguille et d'un fil.

coudrier ou **coudre** nm. Nom vulgaire du *noisetier.*

couenne [*kouan'*] nf. Peau de porc raclée.

couenneux, euse adj. Semblable à la couenne. ‖ Couvert d'une couenne. ‖ *Angine -*, angine diphtérique à fausses membranes.

couffe nf. ou **couffin** nm. Cabas pour le transport des marchandises ; son contenu.

couguar ou **cougouar** nm. Nom vulgaire du *grand puma.*

coulage nm. Action de couler. ‖ Perte d'un liquide qui s'écoule d'un tonneau. ‖ *Fig.* Gaspillage : *il y a du - dans cette maison.*

coulant, e adj. Qui coule aisément. ‖ *Fig.* Accommodant : *homme -.* ‖ Aisé, naturel : *style -.* ‖ *Nœud -*, qui se serre et se desserre sans se dénouer.

coulant nm. Anneau mobile fermant un sac, une bourse. ‖ *Bot.* Stolon du fraisier.

coulé nm. Passage lié d'une note à une autre. ‖ Au billard, coup par lequel on pousse une bille sur une autre de manière à les faire se suivre.

coulée nf. Écriture liée et penchée. ‖ Action de jeter en moule. ‖ Masse de matière en fusion. ‖ Petit sentier tracé par une bête.

coulemelle nf. Champignon comestible. (V. LÉPIOTE.)

couler vi. Suivre son cours. ‖ S'échapper au-dehors, se répandre. ‖ Glisser le long de quelque chose : *se laisser - le long d'une corde.* ‖ Fuir, passer en parlant du temps. ‖ S'engloutir, sombrer. ‖ *Fig. - de source*, sans embarras, avec facilité. ‖ Jeter en moule : *- une statue.* ‖ Immerger : *- un navire.* ‖ *Fig.* et *fam.* Ruiner : *- une affaire.* ‖ Discréditer : *- quelqu'un.* ‖ Se -. vpr. Se glisser adroitement et discrètement.

couleur nf. Impression que fait sur l'œil la lumière diffusée par les corps. ‖ Teint. ‖ Matière colorante. ‖ *- génératrices*, jaune, rouge et bleu, servant à reproduire les autres. ‖ *Fig.* Apparence : *peindre l'avenir sous de belles -.* ‖ *Changer de -*, pâlir. ‖ *Un homme de -*, un mulâtre. ‖ *- nationales*, le drapeau. ‖ **Sous - de** loc. prép., sous le prétexte de.

couleuvre nf. Reptile ovipare, non venimeux. ‖ *Fig. Avaler des -*, éprouver des dégoûts, des affronts.

couleuvreau nm. Petite couleuvre.

couleuvrine nf. Ancien canon fin et long.

coulis nm. Jus, suc exprimé des viandes, des poissons, des légumes. ‖ Adj. *Vent -*, qui se glisse à travers une fente.

coulisse nf. Pièce rainurée permettant le glissement d'une partie mobile : *porte à -*. ‖ Rempli d'une étoffe dans lequel glisse un cordon. ‖ Espace derrière la scène. ‖ *Fig.* Ce qui est secret : *les - de la politique*. ‖ *Fig. et fam. Faire les yeux en -*, faire les yeux doux. ‖ *Bourse.* Réunion de courtiers. ‖ *Méc.* Organe des locomotives, permettant d'inverser le sens de la marche.

coulisseau nm. Petite coulisse. ‖ Languette qui se déplace dans la coulisse.

coulisser vt. Munir d'une coulisse. ‖ Faire glisser dans une coulisse.

coulissier nm. Courtier qui s'occupe de transactions de valeurs non cotées au marché des agents de change.

couloir nm. Passage de dégagement.

coulomb nm. Unité de quantité d'électricité.

couipe nf. Faute, péché. (Vx.) ‖ *Battre sa -*, témoigner du regret.

coulure nf. Accident qui empêche la fécondation de la fleur en faisant couler le pollen. ‖ Partie du métal qui s'échappe à travers les joints d'un moule.

coup nm. Choc subit de deux corps. ‖ Blessure. ‖ Décharge d'une arme à feu. ‖ Mouvement rapide et momentané : *un - de peigne, un - de brosse.* ‖ Ce qu'on boit en une fois. ‖ *Fig. - de main*, attaque brusque et hardie. ‖ *Donner un - de main*, prêter une assistance. ‖ *- d'air*, mal produit par un courant d'air. ‖ *- du ciel*, événement heureux, extraordinaire. ‖ *- d'œil*, regard rapide, vue d'ensemble d'un paysage : *un - d'œil magnifique.* ‖ *- d'essai*, ce qu'on fait pour la première fois. ‖ *- de maître*, action heureusement exécutée. ‖ *- de tête*, action irréfléchie. ‖ *- de Jarnac*, porté traîtreusement. ‖ *- de théâtre*, changement inattendu. ‖ *- de langue*, médisance. ‖ *- de grâce*, qui tue. ‖ *- d'État*, prise de pouvoir. ‖ *- de chapeau*, salut donné en passant. ‖ *Le - de pied de l'âne*, lâche insulte faite à un homme dont on n'a plus rien à craindre. ‖ *- de sang*, épanchement au cerveau. ‖ *Manquer son -*, ne pas réussir. ‖ *Loc. adv.* **A -**, **sûr**, certainement. **Après -**, trop tard. **Sur le -**, immédiatement. **A tout -**, à chaque fois. **Tout à -**, soudainement. **Tout d'un -**, en une seule fois. **- sur -**, successivement.

coupable adj. et n. Qui a commis une faute. ‖ Blâmable, répréhensible.

coupage nm. Mélange des vins et des alcools avec de l'eau, des vins moins capiteux ou des alcools moins concentrés.

coupe nf. Vase large et peu profond ; son contenu. ‖ Trophée de sport.

coupe nf. Action de couper. ‖ Manière de tailler une étoffe. ‖ Étendue de bois destinée à être coupée. ‖ *- claire*, coupe sévère clairsemant les arbres. ‖ *- sombre*, coupe partielle laissant de l'ombre. ‖ Arrêt, repos, dans un vers ou dans une phrase. ‖ Représentation par le dessin d'un édifice, d'une machine, etc., de manière à en montrer l'intérieur. ‖ Art de tailler les pierres. ‖ *Jeux.* Séparation du jeu de cartes en deux parties. ‖ *Fig. et fam. Être sous la - de quelqu'un*, être sous sa dépendance. ‖ *Nat.* Manière de nager.

coupé nm. Voiture fermée à deux places. ‖ Partie antérieure d'une diligence. ‖ Pas de danse.

coupe-circuit nm. inv. Alliage fusible, intercalé dans un circuit électrique, qui protège l'installation.

coupe-file nm. inv. Laissez-passer, carte de circulation.

coupe-gorge nm. inv. Lieu mal famé, passage dangereux.

coupe-jarret nm. Brigand, assassin. ‖ Pl. des *coupe-jarrets.*

coupellation nf. *Chim.* Séparation par fusion de l'or et de l'argent unis à d'autres métaux.

coupelle nf. Petit creuset.

coupe-papier nm. inv. Couteau en bois, en os, etc., servant à couper le papier.

couper vt. Diviser avec un instrument tranchant. ‖ Faire une incision. ‖ Tailler sur un patron : *- un habit.* ‖ Mêler un liquide avec un autre : *- du vin.* ‖ Rompre, interrompre, intercepter : *- un pont.* ‖ Prendre avec un atout une carte de son adversaire. ‖ Vi. Être bien tranchant. ‖ Faire deux paquets d'un jeu de cartes. ‖ Se vpr. Se faire une coupure. ‖ *Fig. et fam.* Se contredire : *elle s'est coupée dans ses réponses.* ‖ **Coupant, e** part. et adj. *Fig.* Bref, autoritaire : *un ton -.* ‖ Nm. Le fil d'un instrument tranchant : *le - d'une lame.*

coupe-racines nm. inv. Instrument propre à hacher les racines alimentaires pour le bétail.

couperet nm. Couteau large et court.

couperose nf. Nom vulgaire de différents sulfates métalliques. ‖ *Méd.* Rougeur de la face.

couperosé, e adj. Atteint de couperose.

coupeur nm. Personne qui coupe des étoffes. ‖ *Fam. - de bourses*, voleur.

couplage nm. Assemblage de pièces mécaniques. ‖ Liaison de machines ou d'appareils électriques.

couple nf. Deux choses de même espèce mises ou considérées ensemble :

une - d'œufs. || Nm. Deux êtres animés, unis par la volonté ou le sentiment : un - d'amis. || Particulièrement, le mâle et la femelle : un - de pigeons. || Méc. Système de deux forces égales, parallèles, dirigées en sens contraire. || Élément de pile. || Maître -, partie la plus large d'une carène de navire ou du fuselage d'un avion.

coupler vt. Attacher deux à deux.

couplet nm. Stance faisant partie d'une chanson. || Tirade, en général.

coupole nf. Voûte de forme sphérique ordinairement établie à l'intérieur d'un dôme. || Le dôme lui-même. || Fam. L'Académie française : être reçu sous la Coupole.

coupon nm. Reste d'une pièce d'étoffe. || Titre d'intérêt d'une action ou d'une obligation, que l'on détache à chaque échéance.

coupure nf. Incision. || Fig. Suppression de quelques passages dans une œuvre littéraire, cinématographique. || Interruption du courant électrique. || Extrait d'un article de journal. || Billet de banque : - de 100 F.

couque nf. Pain d'épice.

cour nf. Espace clos de murs ou de bâtiments. || Nom donné aux sièges supérieurs de justice : - d'appel; - d'assises. || Résidence d'un souverain; ensemble des personnages qui l'entourent. || L'ensemble des admirateurs d'une femme, d'un homme d'esprit. || Fig. Faire la - à quelqu'un, lui manifester son admiration, se montrer empressé. || Fam. La - du roi Pétaud, maison pleine de confusion.

courage nm. Force d'âme, fermeté en face du danger, de la souffrance, des revers. || Zèle : travailler avec -. || Fig. Insensibilité : avoir le - de refuser l'aumône à un pauvre. || Interj. : -! mes amis.

courageux, euse adj. Qui a du courage. || Qui dénote du courage.

couramment adv. Facilement, rapidement : lire -.

courant, e adj. Qui court (ne s'emploie dans ce sens propre que pour désigner les chiens qui poursuivent le gibier à la course). || Qui coule continûment : eau -. || Qui est présent, qui s'écoule au moment où l'on parle : mois -. || Par ext. Habituel, usuel : langage -, dépenses -. || Fig. Affaires -, ordinaires. || Compte -, compte entre deux personnes, permettant les règlements réciproques par voie de compensation. || Prix -, tarif.

courant nm. Mouvement de l'eau ou de l'air dans un même sens. || Déplacement d'électricité dans un conducteur. || Être au - de, savoir.

courbatu, e adj. Se dit du cheval dont la respiration et les mouvements sont gênés. || Extrêmement fatigué.

courbature nf. Lassitude accompagnée de douleurs.

courbaturer vt. Causer une courbature.

courbe adj. En forme d'arc. || Ligne -, ligne dont la direction change progressivement sans former aucun angle. || N. - de niveau, ligne qui, sur une carte géographique, joint les points de même altitude.

courber vt. Rendre courbe. || Vi. Plier, fléchir. || Se - vpr. Devenir courbe. || Fig. S'humilier.

courbette nf. Mouvement du cheval qui se cabre un peu. || Fig. Révérence obséquieuse : faire des -.

courbure nf. État d'une chose courbée.

courcailler vi. Syn. de CARCAILLER.

courette nf. Petite cour.

coureur, euse n. Celui qui participe à une course sportive : - à pied; - cycliste. || Personne qui aime à vagabonder. || Nmpl. Ordre d'oiseaux (ratites) comprenant l'autruche, le casoar, l'émeu et le nandou.

courge nf. Cucurbitacée à gros fruits comestibles, comprenant la citrouille, le potiron, etc.

courir vi. (Je cours, n. courons. Je courais, n. courions. Je courus, n. courûmes. Je courrai, n. courrons. Je courrais, n. courrions. Cours, courons, courez. Q. je coure, qu'il coure. Q. je courusse, qu'il courût. Courant. Couru, e.) Aller rapidement. || Fig. Circuler, se propager : un bruit court. || S'efforcer d'atteindre en hâtant le pas : - après quelqu'un; au fig., rechercher, aspirer à : - après la fortune. || Vt. Poursuivre à la course : - le cerf. || Participer à une course sportive : - un cent mètres. || Parcourir : - les rues. || Voyager : - le monde. || Fréquenter : - les bals. || Être exposé à : - un danger.

courlis ou **courlieu** nm. Oiseau de l'ordre des échassiers, à bec recourbé.

couronne nf. Ornement de tête de forme circulaire. || Marque de la souveraineté. || Unité monétaire de divers pays. || Fig. Récompense : - académique. || Souveraineté : abdiquer la -. || Gloire : la - du martyre. || Triple -, la tiare. || Géom. Surface comprise entre deux cercles concentriques. || Partie visible de la dent.

couronnement nm. Action de couronner; cérémonie d'accession au trône. || Fig. Achèvement : le - d'une carrière. || Partie supérieure d'un édifice, d'un meuble, etc.

couronner vt. Mettre une couronne

sur la tête. ‖ *Fig.* Honorer, récompenser : - *la vertu.* ‖ Décerner un prix : - *un ouvrage.* ‖ Accomplir, amener à la perfection : *le succès a couronné son entreprise.* ‖ Se - vpr. Se couvrir : *les arbres se couronnent de fleurs.* ‖ Se blesser aux genoux, en parlant du cheval.

courre vt. *Véner.* Poursuivre à la course en chassant : *la chasse à -.*

courrier nm. Homme qui portait les dépêches à cheval. ‖ Lettres envoyées ou reçues : *lire son -.*

courroie nf. Bande de cuir, de caoutchouc, servant de moyen de transmission. ‖ Lanière pour maintenir un équipement.

courroucer vt. (c. *placer*). Mettre en colère.

courroux nm. Colère (en style élevé).

cours nm. Mouvement des eaux. ‖ Mouvement réel ou apparent des astres. ‖ Longueur d'un fleuve. ‖ Promenade plantée d'arbres. ‖ - *d'eau,* fleuve, rivière, canal. ‖ *Fig.* Enchaînement des choses : *le - des saisons.* ‖ Durée : *le - de la vie.* ‖ *Donner libre - à sa joie,* ne pouvoir la contenir. ‖ Enseignement : - *d'histoire.* ‖ Traité spécial : *le - de chimie.* ‖ Crédit, vogue : *cette monnaie a -; cette mode n'a plus -.* ‖ Cote des marchandises, des valeurs : *acheter, vendre au - du jour.*

course nf. Action de courir. ‖ Mouvement rectiligne d'un organe mécanique : - *du piston.* ‖ Epreuve de vitesse. ‖ Turf : *le monde des -.* ‖ Excursion : *une - en montagne.* ‖ Achats, allées et venues : *faire ses -.*

coursier nm. Cheval de bataille. ‖ *Poét.* Cheval quelconque.

coursier, ère n. Employé qui fait les courses.

coursive nf. Passage étroit dans le sens de la longueur d'un navire, d'un avion.

courson nm. ou **coursonne** nf. Branche taillée pour donner du fruit.

court, e adj. De peu de longueur. ‖ De peu de durée, bref. ‖ *Vue -,* qui ne voit pas de loin, et, au *fig.,* esprit borné. ‖ *Avoir la mémoire -,* en manquer. ‖ *Haleine -,* essoufflement. ‖ *Fam.* Etre à - de, manquer de : *être à - d'argent.* ‖ Adv. D'une manière courte : *des cheveux coupés -.* Demeurer -, oublier ce qu'on voulait dire. ‖ *Couper -,* abréger des explications. ‖ *Tourner -,* changer brusquement de direction. ‖ - *-vêtu,* qui a un vêtement court : *jeune fille -vêtue.* ‖ *Tout* - loc. adv., sans rien de plus.

court nm. Terrain de tennis.

courtage nm. Profession du courtier. ‖ Prime qui lui est due.

courtaud, e adj. et n. *Fam.* Qui est de taille courte et ramassée.

court-bouillon nm. Liquide aromatisé, dans lequel on fait cuire du poisson. ‖ Pl. des *courts-bouillons.*

court-circuit nm. Contact direct de deux points d'un circuit, de potentiels différents; son résultat. ‖ Pl. des *courts-circuits.*

courtepointe nf. Couverture de lit piquée et ouatée.

courtier, ère n. Intermédiaire, agent pour l'achat et la vente de marchandises.

courtilière nf. Grillon fouisseur, qui ravage les jardins.

courtine nf. *Fortif.* Mur joignant les flancs de deux bastions.

courtisan nm. Homme de cour. ‖ Celui qui flatte par hypocrisie, bassesse ou intérêt.

courtisane nf. Femme de mauvaise vie.

courtiser vt. Faire sa cour à. ‖ Flatter par bassesse ou par intérêt.

court-jointé, e adj. Se dit d'un cheval dont les paturons sont trop courts. ‖ Pl. *court-jointés, ées.*

courtois, e adj. Qui est poli, affable. ‖ Qui manifeste de la courtoisie.

courtoisie nf. Politesse raffinée.

couru, e adj. Recherché : *spectacle très -.*

couscous nm. Mets arabe préparé avec de la semoule de blé et de la viande (mouton, poulet, etc.).

cousette nf. Jeune couturière.

couseuse nf. Femme qui coud.

cousin, e n. Personne née ou descendant de l'oncle ou de la tante d'une autre.

cousin nm. Moucheron, moustique.

cousinage nm. *Fam.* Parenté entre cousins. ‖ Ensemble des parents, des cousins.

cousiner vi. Vivre en bon accord.

coussin nm. Sac rembourré pour s'appuyer, s'asseoir ou s'agenouiller.

coussinet nm. Petit coussin. ‖ *Méc.* Pièce à cavité cylindrique, en métal doux, dans laquelle peut tourner un arbre mobile. ‖ Support des rails de chemin de fer.

cousu, e adj. Réuni par une couture. ‖ *Fig. - d'or,* très riche.

coût nm. Prix d'une chose, dépense.

couteau nm. Instrument tranchant composé d'une lame et d'un manche. ‖ Arête de prisme triangulaire supportant le fléau d'une balance. ‖ Coquillage allongé. ‖ *Fig.* Etre à - tirés, être en grande inimitié. ‖ *Mettre le - sur la gorge,* contraindre à agir.

coutelas nm. Grand couteau. ‖ Epée courte et large à un seul tranchant.

coutelier nm. Qui fabrique, vend de la coutellerie.

coutellerie nf. Atelier, commerce du coutelier.

coûter vi. Etre acheté au prix de. ‖ *Absol.* et *fig.* Etre pénible : *aveu qui coûte.* ‖ *Fam.* - *les yeux de la tête*, très cher. ‖ *Vt.* Causer, occasionner : *les efforts que ce travail m'a coûtés.* ‖ *Coûte que coûte*, à tout prix. ‖ - *la vie*, causer la mort. ‖ **Coûtant** part. et adj. m. Usité seulement dans l'expression : *prix* -, prix de revient.

coûteux, euse adj. Qui occasionne des dépenses.

coutil [ti] nm. Toile croisée, très serrée, en fil ou en coton.

coutre nm. Fer vertical et tranchant de la charrue. ‖ Merlin à fendre le bois.

coutume nf. Habitude, usage passé dans les mœurs. ‖ *Par ext.* Recueil du droit coutumier de certains pays : *la* - *de Normandie.* ‖ *De* - loc. adv., d'ordinaire, habituellement.

coutumier, ère adj. Qui a coutume de faire une chose. ‖ Que l'on fait habituellement. ‖ *Droit* -, législation non écrite, consacrée par l'usage. ‖ Nm. Recueil des coutumes d'une province, d'un pays.

couture nf. Action ou art de coudre. ‖ Suite de points au moyen desquels deux morceaux d'étoffe, de cuir, etc., sont assemblés : - *rabattue.* ‖ Profession de couturier : *la haute* -. ‖ Cicatrice d'une plaie. ‖ *Fam.* **A plate** - loc. adv., complètement : *battre à plate* -.

couturer vt. Couvrir de coutures, de cicatrices. ‖ Laisser des marques : *manuscrit couturé de ratures.*

couturier nm. Personne qui dirige une maison de couture. ‖ Adj. Long muscle interne de la cuisse.

couturière nf. Personne qui confectionne des vêtements de femme.

couvain nm. Œufs d'abeilles.

couvaison nf. Durée de la couvée.

couvée nf. Ensemble des œufs couvés par un oiseau. ‖ Les petits qui en proviennent. ‖ *Fam.* Toute une famille.

couvent nm. Maison religieuse. ‖ Religieux, religieuses qui l'habitent. ‖ *Par ext.* Pensionnat religieux de jeunes filles.

couver vt. S'accroupir sur ses œufs pour les faire éclore. ‖ *Fig.* Préparer secrètement : - *une trahison.* ‖ Avoir à l'état latent : - *une maladie.* ‖ - *des yeux*, regarder avec affection ou convoitise. ‖ *Fam.* - *quelqu'un*, l'entourer de soins. ‖ Vi. Subsister à l'état

latent : *le feu qui couve.* ‖ Se préparer : *c'est un complot qui couve.*

couvercle nm. Ce qui sert à couvrir un pot, un coffre, une boîte, etc.

couvert nm. Tout ce dont on couvre une table à manger. ‖ Cuiller et fourchette. ‖ Abri, logement : *le vivre et le* -. ‖ **Sous le** - loc. prép., sous la responsabilité de : *sous le* - *de ses chefs*; sous les apparences : *trahir quelqu'un sous le* - *de l'amitié.* ‖ **A** - loc. adv., à l'abri; *fig.*, hors de toute atteinte : *mettre sa fortune à* -.

couvert, e adj. Boisé : *pays* -. ‖ *Mots* -, mots à double sens. ‖ *Temps* -, nuageux.

couverte nf. Email transparent qui recouvre la faïence.

couverture nf. Tissu quelconque servant à couvrir. ‖ Toiture. ‖ Enveloppe de protection : *une* - *de livre.* ‖ *Bourse.* Garantie fournie pour assurer le paiement d'une dette.

couveuse nf. Poule qui couve. ‖ Appareil pour l'incubation artificielle. ‖ Appareil où l'on maintient quelque temps les enfants nés prématurément.

couvi adj. m. Œuf à demi couvé ou gâté.

couvre-chef nm. *Fam.* et *par plaisant.* Chapeau, casquette, etc. ‖ Pl. des *couvre-chefs.*

couvre-feu nm. Signal qui indique l'obligation de rentrer chez soi et d'éteindre les lumières. ‖ Heure de ce signal. ‖ Pl. des *couvre-feux.*

couvre-lit nm. Dessus-de-lit. ‖ Pl. des *couvre-lits.*

couvre-nuque nm. Rabat de coiffure protégeant la nuque. ‖ Pl. des *couvre-nuques.*

couvre-pieds nm. inv. Petite couverture pour les pieds.

couvreur nm. Ouvrier qui fait ou répare les toitures.

couvrir vt. (*Je couvre, n. couvrons. Je couvrais. Je couvris. Je couvrirai. Je couvrirais. Couvre, couvrons, couvrez. Q. je couvre. Q. je couvrisse. Couvrant. Couvert, e.*) Mettre une chose sur une autre. ‖ Etendre : - *de fleurs.* ‖ Vêtir : - *chaudement.* ‖ Cacher : *la neige couvre le chemin.* ‖ *Par ext.* Parcourir une distance : *cette voiture a couvert tant de kilomètres.* ‖ Etouffer, dominer : *l'orchestre couvrait la voix des chanteurs.* ‖ S'accoupler à (en *arlant d'un animal mâle) : *c'est un pur-sang qui a couvert cette jument.* ‖ *Fig.* Excuser : - *une faute.* ‖ Combler, accabler : - *de gloire, de honte.* ‖ **Se** - vpr. Se vêtir. ‖ Mettre son chapeau. ‖ *Fig.* **Se** - *de gloire*, remporter d'éclatants succès. ‖ *Le ciel se couvre*, s'obscurcit. ‖ *Escr.* Rester en garde.

cow-boy [*kao-boï*] nm. Gardeur de bestiaux des ranches américains. ‖ Pl. des *cow-boys*.

coxal, e, aux adj. Qui a rapport à la hanche.

coxalgie nf. Maladie de l'articulation de la hanche.

coxalgique adj. Relatif à la coxalgie. ‖ N. Qui est atteint de coxalgie.

coyote nm. Loup des prairies américaines.

Cr, symbole chimique du *chrome*.

crabe nm. Crustacé comestible.

crac! interj. Onomatopée d'un craquement.

crachat nm. Jet de salive. ‖ *Fam.* Plaque d'un ordre de chevalerie.

crachement nm. Action de cracher.

cracher vt. Lancer hors de la bouche. ‖ Vi. Eclabousser : *plume qui crache.* ‖ *Fig.* et *fam. Tout craché*, très ressemblant.

crachin nm. Pluie fine.

crachoir nm. Récipient pour cracher.

crachotement nm. Action de crachoter. ‖ Disposition à crachoter.

crachoter vi. Cracher souvent et peu à la fois.

crack nm. Poulain de course. ‖ *Fam.* Champion.

cracking nm. Décomposition des huiles par la chaleur.

craie nf. Calcaire blanc, tendre et friable.

crailler vi. Crier, en parlant de la corneille.

craindre vt. (*Je crains, n. craignons. Je craignais, n. craignions. Je craignis, n. craignîmes. Je craindrai, n. craindrons. Je craindrais, n. craindrions. Crains, craignons, craignez. Q. je craigne, qu'il craigne, q. n. craignions. Q. je craignisse, qu'il craignît. Craignant. Craint, e.*) Redouter, appréhender : *je crains qu'il ne vienne; je ne crains pas qu'il vienne.* ‖ Respecter, obéir à : *enfant qui craint son père.*

crainte nf. Action de craindre. (*Crainte* suivi de *que* veut le subjonctif avec *ne* : *fuyez, de - qu'on ne v. voie.*)

craintif, ive adj. Sujet à la crainte. ‖ Qui dénote de la crainte : *regard -.*

cramoisi, e adj. et n. Rouge foncé.

crampe nf. Contraction convulsive et douloureuse des muscles.

crampon nm. Pièce de métal recourbée, servant à lier, retenir ou saisir. ‖ *Fam.* Importun.

cramponner vt. Fixer avec un crampon. ‖ *Fig.* et *fam.* Importuner. ‖ Se - vpr. S'accrocher. ‖ *Fig.* et *fam.* S'attacher fortement.

cran nm. Entaille. ‖ *Fig.* et *fam.* Courage, audace.

crâne nm. Boîte osseuse qui contient le cerveau.

crâne adj. *Fam.* Fier, décidé. ‖ **Crânement** adv.

crâner vi. Faire le fanfaron.

crânerie nf. Bravoure folle. ‖ Fanfaronnade.

crâneur, euse n. *Fam.* Personne qui crâne; vaniteux.

crânien, enne adj. Relatif au crâne.

crapaud nm. Batracien à peau verruqueuse et à corps trapu. ‖ Petit fauteuil bas. ‖ Petit piano à queue.

crapaudine nf. Plante vulnéraire des lieux incultes. ‖ Pièce métallique perforée servant de filtre. ‖ *Méc.* Boîte métallique servant de pivot à un arbre vertical.

crapouillot nm. Petit canon de tranchées.

crapule nf. Débauche grossière. ‖ Débauchés : *fréquenter la -.* ‖ Individu bassement malhonnête.

crapuleux, euse adj. Qui se plaît dans la crapule, la débauche.

craque nf. *Pop.* Mensonge, hâblerie : *raconter des -.*

craquelage nm. Art ou manière de fendiller la porcelaine.

craquelé, e adj. A surface fendillée.

craqueler vt. (c. *appeler*). Fendiller la glaçure de : *- de la porcelaine.*

craquelin nm. Biscuit sec qui craque sous la dent.

craquelure nf. Fendillement du vernis et de la couleur.

craquement nm. Bruit annonçant une rupture.

craquer vi. Produire un bruit sec. ‖ *Fig.* et *fam.* Etre ébranlé, ne pas réussir : *projet qui craque.*

craquètement nm. Petit craquement des dents. ‖ Cri de la cigogne.

craqueter vi. (c. *jeter*). Craquer souvent et à petit bruit. ‖ Crier, en parlant de la cigogne.

crassane nf. Poire fondante estimée.

crasse nf. Saleté sur la peau, le linge, les objets. ‖ Scories produites par les métaux en fusion. ‖ *Fig.* Avarice sordide. ‖ *Pop.* Vilenie : *faire une - à quelqu'un.* ‖ Adj. Grossier : *ignorance -.*

crasseux, euse adj. Couvert de crasse.

crassier nm. Amas de déchets de mines, de scories de fonderies.

cratère nm. Coupe grecque à deux anses. ‖ Ouverture d'un volcan.

cravache nf. Houssine de cavalier, courte et flexible.

cravacher vt. Frapper avec la cravache.

cravate nf. Morceau d'étoffe noué autour du cou, à la hampe d'un drapeau, etc.

cravater vt. Mettre, arranger la cravate à quelqu'un.

crawl [krôl] nm. Nage rapide sur le ventre, les bras et les jambes frappant l'eau verticalement.

crayeux, euse adj. De la nature de la craie.

crayon nm. Baguette de graphite ou d'argile colorée servant à écrire ou à dessiner, contenue dans une gaine en bois. ‖ *Fig.* Dessin au crayon, esquisse.

crayonner vt. Dessiner avec un crayon. ‖ Esquisser, ébaucher.

créance nf. Croyance, foi : *cela ne mérite aucune -.* (Vx.) ‖ Droit que l'on a d'exiger quelque chose de quelqu'un : *contester une -.* ‖ *Lettres de -,* lettres qui accréditent un diplomate près d'un Etat.

créancier, ère n. Personne à qui l'on doit de l'argent.

créateur, trice n. Qui crée, tire du néant. ‖ Inventeur, premier auteur. ‖ Adj. : *génie -.*

création nf. Action de créer; son résultat.

créature nf. Tout être créé. ‖ *Fig.* Protégé, favori de : *les - du ministre.*

crécelle nf. Moulinet de bois très bruyant.

crèche nf. Mangeoire à bestiaux. ‖ Mangeoire du genre où Jésus fut déposé à sa naissance. ‖ Asile pour enfants de moins de trois ans.

crédence nf. *Liturg.* A l'église, table pour poser les burettes. ‖ Sorte de desserte de salle à manger.

crédibilité nf. Ce qui porte, détermine à croire.

crédit nm. Confiance en la solvabilité de quelqu'un. ‖ Délai de paiement : *faire -.* ‖ *Ouvrir un - à quelqu'un,* mettre de l'argent à sa disposition. ‖ *- foncier,* établissement qui prête sur immeubles. ‖ *- municipal,* mont-de-piété. ‖ *Fig.* Confiance que l'on inspire, considération, influence : *avoir du - auprès de quelqu'un.* ‖ *A -* loc. adv., à paiement différé.

créditer vt. *Comm.* Inscrire un avoir au compte de quelqu'un.

créditeur, trice n. Personne qui a des sommes portées à son crédit sur des livres de commerce. ‖ Adj. : *compte -.*

credo nm. inv. Premier mot du Symbole des Apôtres. ‖ *Fig.* Principes directeurs : *c'est mon - politique.*

crédule adj. Qui croit trop facilement, naïf.

crédulité nf. Trop grande facilité à croire.

créer vt. Tirer du néant. ‖ *Fig.* Inventer, faire naître : *- un mot.* ‖ Fonder, établir : *- une maison de commerce.* ‖ Causer, susciter : *- des embarras à quelqu'un.* ‖ *Théâtr.* Un rôle, le jouer le premier.

crémaillère nf. Support en fer et à crans, fixé dans la cheminée pour suspendre les marmites. ‖ *Fig.* et *fam. Pendre la -,* fêter son installation dans un nouveau logement. ‖ *Méc.* Pièce d'acier munie de dents et servant à arrêter. ‖ Rail denté des chemins de fer de montagne.

crémation nf. Incinération des cadavres.

crématoire adj. Relatif à la crémation : *four -.*

crème nf. Matière grasse du lait, dont on fait le beurre. ‖ Entremets à base de lait et d'œufs. ‖ Produit onctueux. ‖ Liqueur fine : *- de cacao.* ‖ *Fig.* et *fam.* Ce qu'il y a de meilleur : *.la - des hommes.*

crémer vi. (c. *céder*). Se couvrir de crème, en parlant du lait.

crémerie nf. Etablissement où l'on vend des produits laitiers.

crémeux, euse adj. Riche en crème.

crémier, ère n. Qui vend de la crème, du lait, du fromage, etc.

crémone nf. Dispositif de fermeture des croisées, à double verrouillage.

créneau nm. Dentelure dans un parapet. ‖ Embrasure étroite permettant de tirer en étant à l'abri des coups.

crénelage nm. Cordon de bordure d'une pièce de monnaie.

crénelé, e adj. Muni de créneaux.

créneler vt. (c. *appeler*). Munir de créneaux, de dents, etc.

créole n. Personne de race blanche, née dans les pays peuplés de gens de couleur.

créosote nf. Extrait du goudron de bois, utilisé comme antiseptique.

crêpage nm. Action de crêper les cheveux. ‖ Action d'apprêter le crêpe.

crêpe nm. Etoffe claire, de soie crue, de laine fine. ‖ Voile, brassard de deuil. ‖ Caoutchouc laminé en feuilles. ‖ Nf. Pâte frite à la poêle.

crêpelé, e, crêpelu, e adj. Frisé à petites ondulations.

crêper vt. Friser. ‖ *Fam. Se - le chignon,* se prendre aux cheveux.

crêperie nf. Endroit où l'on fait des crêpes.

crépi nm. Enduit de mortier non lissé.

crépine nf. Boîte métallique perforée, servant de filtre à l'extrémité d'un tuyau. ‖ *Bouch.* Membrane.

crépinette nf. Saucisse plate.

crépins nmpl. Outils et marchandises servant au métier de cordonnier.

crépir vt. Enduire d'un crépi.

crépissage nm. Action de crépir.

crépissure nf. Revêtement de mortier. ‖ État d'une muraille crépie.

crépitation nf. Bruit sec, pétillement. ‖ Bruit anormal produit par l'air dans la poitrine.

crépitement nm. Action de crépiter.

crépiter vi. Pétiller, faire entendre des bruits secs et répétés : *la fusillade crépite.*

crépon nm. Gros crêpe.

crépu, e adj. Court et frisé : *cheveux -.*

crépusculaire adj. Du crépuscule.

crépuscule nm. Fin du jour. ‖ *Fig.* Déclin : *le - d'un empire.*

crescendo [kré-chèn-do] nm. inv. *Mus.* Augmentation graduée des sons. ‖ Adv. En croissant.

cresson nm. Plante antiscorbutique et dépurative, qui croît dans les eaux courantes.

cressonnière nf. Culture de cresson.

crésyl nm. Désinfectant extrait des goudrons de houille.

crêt nm. *Géogr.* Dans le Jura, escarpement dominant une combe.

crétacé, e adj. De la nature de la craie.

crétacé nm. Une des trois grandes divisions de l'ère secondaire.

crête nf. Excroissance charnue : *- de coq.* ‖ Cime. ‖ Sommet d'une vague.

crête-de-coq nf. *Bot.* Plante des prés, amarante. ‖ Excroissance charnue. ‖ Pl. des *crêtes-de-coq.*

crétin, e n. Personne idiote, rachitique, souvent goitreuse. ‖ *Fig.* et *fam.* Stupide.

crétinisme nm. État du crétin. ‖ *Fig.* Imbécillité.

crétois, oise adj. et n. De la Crète.

cretonne nf. Toile blanche forte de chanvre et de lin, unie ou imprimée.

cretons nmpl. Résidu de la fonte des suifs.

creusage ou **creusement** nm. Action de creuser.

creuser vt. Rendre creux. ‖ Faire une cavité. ‖ *Fig.* Approfondir : *- un sujet.* ‖ Donner de l'appétit : *la chasse creuse l'estomac.* ‖ **Se -** vpr. *Fig.* et *fam.* Se - la tête, chercher laborieusement.

creuset nm. Vase de terre, de fer, de platine, pour calciner ou fondre diverses matières.

creux, euse adj. Qui a une cavité intérieure. ‖ Profond. ‖ Vide. ‖ Amaigri : *joues -.* ‖ Enfoncé, cave : *des yeux -.* ‖ *Assiette -,* assiette à potage. ‖ *Fig.* Vide, peu solide : *raisonnement -.* ‖ *Heure -,* heure où l'activité est ralentie. ‖ Nm. Cavité. ‖ *Avoir un bon -,* avoir une forte voix de basse.

crevaison nf. Action de crever.

crevasse nf. Gerçure de la peau. ‖ Fente dans la masse d'un glacier.

crevasser vt. Faire des crevasses. ‖ Vi. et **Se -** vpr.

crevé nm. Fente d'étoffe laissant paraître la doublure.

crever vt. (c. *mener*). Faire éclater. ‖ Percer : *- les yeux.* ‖ *Fig.* Cela crève les yeux, se dit de ce qui est évident. ‖ *- un cheval,* l'épuiser. ‖ Vi. S'ouvrir : *abcès qui crève.* ‖ Se résoudre en pluie : *le nuage crève.* ‖ *Fig.* et *fam.* Mourir, en parlant des animaux. ‖ *Fig. - d'orgueil,* en être rempli.

crevette nf. Petit crustacé marin comestible : *- grise.*

cri nm. Éclat de voix. ‖ Gémissement, plainte : *- d'épouvante.* ‖ Sons inarticulés : *le - d'un oiseau.* ‖ *Fam.* Dernier -, dernière mode. ‖ *Fig.* Mouvement intérieur : *le - du cœur.* ‖ *Fig.* et *fam.* Pousser les hauts -, protester avec indignation. ‖ **A cor et à -** loc. adv., à grand bruit.

criailler vi. *Fam.* Crier beaucoup et sans raison.

criaillerie nf. Action de criailler.

criailleur, euse adj. *Fam.* Qui ne fait que criailler, se plaindre.

criard, e n. Braillard, geignard. ‖ Adj. Aigu et désagréable : *voix -.* ‖ *Couleurs -,* qui choquent à la vue.

criblage nm. Action de cribler; son résultat.

crible nm. Sorte de tamis pour trier le grain, le sable, les minerais. ‖ *Fig.* Passer au -, examiner avec soin.

cribler vt. Passer au crible. ‖ *Fig.* Meurtrir : *- de coups.* ‖ Accabler : *être criblé de dettes.*

cribleur, euse n. Personne qui crible. ‖ Machine à cribler.

criblure nf. Mauvaises graines séparées par criblage.

cric [kri] nm. Machine à crémaillère et à manivelle, pour soulever les fardeaux.

cric! interj. Onomatopée imitant le bruit d'une chose qui se rompt.

cricket nm. Jeu de balle anglais qui se joue avec des battes de bois.

cricri nm. (onomat.). Nom vulgaire du *grillon*; son cri.

criée nf. Vente aux enchères.

crier vi. (c. *prier*). Jeter des cris. ‖ Parler très haut. ‖ Proclamer hautement : *- à l'injustice.* ‖ *Fig.* Grincer : *l'essieu crie.* ‖ Vt. Publier : *- une* *annonce.* || *- une vente,* proclamer les enchères. || *Fig.* Se plaindre : *- famine, - misère.* || Réclamer impérieusement : *crime qui crie vengeance.* || **Criant,** e part. et adj. *Fig.* Qui incite à se plaindre, révoltant : *injustice -.*

crieur, euse n. Qui crie, annonce.

crime nm. Violation grave de la loi morale ou civile. || *Dr.* Infraction dont la répression est du ressort de la cour d'assises.

criminaliste nm. Auteur qui écrit sur les matières criminelles.

criminalité nf. Ensemble des crimes : *la - augmente avec l'alcoolisme.*

criminel, elle adj. Coupable de crime. || Qui a rapport au crime. || Contraire aux lois naturelles ou sociales. || N. Personne qui a commis un crime.

crin nm. Poil long et rude du cou et de la queue de certains quadrupèdes.

crincrin nm. *Fam.* Mauvais violon.

crinière nf. Crins du cou d'un cheval ou d'un lion. || Crins tombant du haut d'un casque par-derrière. || *Fam.* Chevelure abondante.

crinoline nf. Jupon bouffant maintenu par des baleines (1860).

crique nf. Petite baie.

criquet nm. Sorte de sauterelle.

crise nf. Changement subit en bien ou en mal. || Attaque : *- cardiaque.* || *Fig.* Moment périlleux ou décisif : *- financière.* || Pénurie : *- de main-d'œuvre.* || Accès : *- de désespoir.*

crispation nf. Contraction musculaire. || *Fam.* Mouvement d'impatience : *orateur qui donne des -.*

crisper vt. Causer des crispations. || *Fam.* Impatienter, agacer.

crispin nm. Rôle de valet de comédie. || Manchette de cuir prolongeant certains gants.

criss nm. Poignard malais.

crissement nm. Action de crisser.

crisser vi. Produire un son aigre avec les dents. || Produire un bruit analogue à un grincement de dents : *gravier qui crisse sous les pas.*

cristal nm. Solide transparent, affectant naturellement la forme d'un polyèdre symétrique : *le - de roche.* || Verre blanc, très limpide, sonore et renfermant généralement du plomb : *- de Baccarat.*

cristallerie nf. Fabrication, fabrique de cristaux.

cristallin, e adj. De la nature du cristal. || Semblable au cristal par la transparence ou la sonorité. || Formé de cristaux : *roche -.* || Nm. Lentille de l'œil, qui forme sur la rétine l'image des objets.

cristallisation nf. Action de cristalliser.

cristalliser vt. Changer en cristaux. || Vi. Passer à l'état de cristaux. || Se - vpr. Se former en cristaux. || *Fig.* Se fixer en se précisant : *souvenirs qui se cristallisent.*

cristallisoir nm. Récipient en verre utilisé dans les laboratoires.

cristallographie nf. Science des cristaux.

cristalloïde adj. Qui ressemble à un cristal. || Nm. Corps soluble pouvant être dialysé.

cristallophyllien, enne adj. Se dit des roches cristallines et feuilletées comme le gneiss.

critère nm. Marque, signe qui permet de distinguer le vrai du faux, de juger, d'estimer.

critérium nm. Epreuve sportive pour classer et trier des concurrents.

critiquable adj. Qui peut ou doit être critiqué : *ouvrage -.*

critique adj. Dangereux, inquiétant : *le moment -.* || Qui a pour objet de distinguer les qualités ou les défauts d'une œuvre littéraire ou artistique. || *Esprit -,* esprit de libre examen. || *Phys. Température - d'un gaz,* température au-dessus de laquelle on ne peut le liquéfier par simple compression. || Nm. Personne qui juge des ouvrages littéraires ou artistiques : *un - dramatique.* || Censeur : *- impitoyable.* || Nf. Art de juger. || Appréciation défavorable : *ne pas supporter les -.* || Ensemble de ceux qui critiquent : *faire taire la -.*

critiquer vt. Blâmer, censurer : *- la conduite de quelqu'un.*

croassement nm. Cri du corbeau.

croasser vi. Crier, en parlant du corbeau. (Ne pas confondre avec *coasser.*)

croate adj. et n. De la Croatie.

croc [*krô*] nm. Sorte de grappin. || Perche de marinier armée d'une pointe et d'un crochet. || Dent canine longue et pointue. || Sorte de pioche à deux dents.

croc-en-jambe [*krok*] nm. Croche-pied. || Pl. des *crocs-en-jambe.* (Se prononce comme le singulier.)

croche adj. Courbé, tortu : *jambe -.* || Nf. *Mus.* Note dont la queue porte un crochet et qui vaut la moitié d'une noire. || *Double -,* qui ne vaut que la moitié d'une croche.

crochet nm. Petit croc. || Fer recourbé pour ouvrir une serrure. || Outil du chiffonnier. || Instrument de portefaix. || Sorte de parenthèse []. || Aiguille à broder; travail ainsi exécuté. || Trait ajouté à la queue d'une note. || *Boxe.* Coup porté avec le bras repli é. ‖ *Fig.* Détour : *faire un* -. ‖ Pl. Dents à venir des serpents venimeux.

crochetable adj. Que l'on peut crocheter.

crochetage nm. Action de crocheter.

crocheter vt. (c. *acheter*). Ouvrir une serrure avec un crochet.

crocheteur nm. Portefaix. ‖ Cambrioleur.

crochu, e adj. Recourbé en pointe. ‖ *Fig. Avoir les mains* -, avoir un penchant au vol.

crocodile nm. Grand reptile aquatique à épaisse cuirasse. (Cri : le crocodile *vagit.*) ‖ *Fig. Larmes de* -, larmes hypocrites. ‖ Appareil de signalisation pour chemins de fer.

crocus [*kuss*] nm. Plante à bulbe, comme le safran.

croire vt. (*Je crois, n. croyons. Je croyais, n. croyions. Je crus, n. crûmes. Je croirai, n. croirons. Je croirais, n. croirions. Q. je croie, qu'il croie, q. n. croyions. Q. je crusse, qu'il crût, q. n. crussions. Croyant. Cru, e.*) Tenir pour vrai. ‖ - *quelqu'un*, le tenir pour sincère. ‖ Estimer, penser : *je crois qu'il viendra; je ne crois pas qu'il vienne.* ‖ Imaginer, supposer : *je n'aurais jamais cru cela de sa part.* ‖ En - *quelqu'un, quelque chose, s'y fier* : *à l'en -, il est capable de tout; je n'en crois pas mes yeux.* ‖ Vt. ind. - à *quelqu'un, à quelque chose,* tenir pour certaine son existence : - *à la vie éternelle;* avoir foi en sa véracité, s'y fier : - *aux promesses de quelqu'un;* avoir foi à son efficacité : - *à la médecine.* ‖ - *en quelqu'un,* reconnaître son existence : *croire en Dieu;* avoir confiance en lui : *croire en ses amis.* ‖ *Absol.* Avoir la foi. ‖ Se - vpr. Avoir une opinion avantageuse de soi.

croisade nf. Expédition armée des catholiques contre les hérétiques ou les infidèles. ‖ *Fam.* Vive campagne menée pour une réforme, contre un abus, etc. : - *contre l'alcoolisme.*

croisé nm. Qui s'engageait dans une croisade. ‖ *Technol.* Mode de tissage.

croisé, e adj. En croix. ‖ *Etoffe* -, dont les fils sont très serrés. ‖ *Feu* -, qui bat l'ennemi de plusieurs côtés. ‖ *Rimes* -, rimes alternées.

croisée nf. Fenêtre. ‖ Point où deux choses se croisent : *la* - *des chemins.* ‖ Transept d'une église.

croisement nm. Action de croiser. ‖ Bifurcation. ‖ Mélange de races d'animaux.

croiser vt. Disposer en croix. ‖ - *le fer,* se battre à l'épée. ‖ Faire passer un côté sur l'autre : - *un veston.* ‖ Traverser : *sentier qui croise une route.* ‖ Rencontrer : - *quelqu'un dans la rue.* ‖ Mêler des races d'animaux.

‖ Vi. *Mar.* Aller et venir dans un même parage pour surveiller la navigation. ‖ Se - vpr. Aller dans des directions opposées qui se rencontrent à un certain moment. ‖ Prendre part à une croisade, au Moyen Age.

croisette nf. Petite croix.

croiseur nm. Navire rapide armé de canons, destiné à la protection rapprochée des escadres.

croisière nf. *Mar.* Action de croiser. ‖ Surveillance exercée par les vaisseaux qui croisent devant les côtes. ‖ Voyage de tourisme sur mer.

croisillon nm. Traverse d'une croix, d'une croisée, d'une charpente.

croissance nf. Développement progressif d'un être vivant.

croissant nm. Forme échancrée de la lune. ‖ Serpe à fer recourbé pour élaguer les arbres. ‖ Petit pain au beurre. ‖ Etendard des Turcs. ‖ *Fig.* Empire turc : *la défaite du Croissant.*

croisure nf. Tissure d'une étoffe croisée autre que le drap.

croît nm. Augmentation d'un troupeau par la naissance des petits.

croître vi. (*Je crois, tu croîs, il croît, n. croissons, v. croissez, ils croissent. Je croissais, n. croissions. Je crûs, n. crûmes. Je croîtrai, n. croîtrons. Je croîtrais, n. croîtrions. Crois, croissons, croissez. Q. je croisse, qu'il croisse, q. n. croissions. Q. je crûsse, qu'il crût, q. n. crûssions. Croissant. Crû, crue.*) Se développer, pousser. ‖ Augmenter.

croix nf. Instrument formé de deux pièces de bois croisées, où l'on attachait autrefois les condamnés à mort. ‖ Figure représentant la croix de Jésus-Christ. ‖ Objet de piété ou de parure ayant la forme d'une croix. ‖ Décoration : - *de guerre.* ‖ *Fig.* Peine, affliction : *à chacun sa* -. ‖ - *rouge,* croix rouge sur fond blanc, indiquant la neutralité des ambulances, et, *par ext.,* organisation de secours aux blessés et aux victimes de la guerre.

cromlech [*krom'lèk*] nm. Monument mégalithique formé de pierres verticales disposées en cercle.

croquant nm. Rustre.

croquant, e adj. et n. Qui croque sous la dent.

croquembouche [*kan*] nf. Pâtisserie croquante.

croque-mitaine nm. Personnage imaginaire dont on menace les enfants pour leur faire peur. ‖ Pl. des *croque-mitaines.*

croque-mort nm. *Fam.* Employé des pompes funèbres. ‖ Pl. des *croque-morts.*

croquer vi. Faire du bruit sous la dent. ‖ Vt. Manger des choses croquantes. ‖ Dessiner à grands traits : - *un paysage*. ‖ *Fig.* et *fam.* - *le marmot*, attendre longtemps. ‖ *Fig.* Gaspiller : - *un héritage*. ‖ **A la croque au sel** loc. adv., sans autre assaisonnement que du sel.

croquet nm. Sorte de jeu de boules.

croquette nf. Boulette de pâte, de hachis, etc., frite.

croqueur, euse n. Personne, animal qui croque.

croquignole nf. Petite pâtisserie croquante. ‖ Chiquenaude.

croquis nm. Esquisse, dessin rapide. ‖ *Fig.* Ebauche.

croskill nm. Rouleau brise-mottes.

crosne nm. Plante à tubercule comestible, originaire du Japon.

cross-country nm. Course d'obstacles en terrain varié.

crosse nf. Bâton pastoral d'évêque. ‖ Partie recourbée : - *de l'aorte*. ‖ Partie inférieure et recourbée du bois d'un fusil. ‖ Bâton recourbé utilisé dans le jeu de *hockey*.

crosser vt. *Fam.* Traiter durement, avec mépris. ‖ Pousser de la crosse.

crossette nf. Jeune branche de vigne, de figuier, etc., pour boutures.

crotale nm. Castagnettes des prêtres de Cybèle. ‖ Serpent à sonnettes.

croton nm. Plante oléagineuse donnant une huile purgative.

crotte nf. Boue. ‖ Fiente de certains animaux. ‖ - *de chocolat*, bonbon de chocolat fourré.

crotter vt. Salir de boue.

crottin nm. Excrément des chevaux.

crouler vi. Tomber en s'affaissant. ‖ Etre ébranlé : *la salle croulait sous les applaudissements*. ‖ *Fig.* Ruiner : *cette objection fait - votre système*.

croup nm. *Méd.* Angine diphtérique à fausses membranes.

croupe nf. Partie postérieure de certains animaux, des reins à la queue. ‖ Sommet arrondi d'une montagne. ‖ **En** - loc. adv., derrière le cavalier.

croupetons (à) loc. adv. Accroupi sur les talons.

croupier nm. Employé d'une maison de jeux chargé de diriger les parties.

croupière nf. Longe de cuir qui passe sous la queue du cheval. ‖ *Fig.* *Tailler des* - *à quelqu'un*, lui susciter des embarras.

croupion nm. Partie postérieure du corps de l'oiseau.

croupir vi. Se corrompre, pourrir dans une eau stagnante. ‖ *Fig.* Vivre dans un état honteux : - *dans l'ignorance*.

croupissement nm. Action de croupir.

croupon nm. Peau tannée de vache.

croustade nf. Croûte frite. ‖ Pâté chaud, à croûte croquante.

croustiller vi. Croquer sous la dent. ‖ **Croustillant** part. et adj. ‖ *Fig.* Plaisant et libre.

croustilleux, euse adj. *Fam.* Plaisant et libre, grivois : *anecdote* -.

croûte nf. Partie extérieure du pain. ‖ Pâte cuite qui renferme certains mets : *un pâté en* -. ‖ Dépôt durci : *une* - *calcaire*. ‖ Plaque formée sur une plaie. ‖ *Fig.* et *fam.* Mauvais tableau. ‖ - *terrestre*, écorce de la Terre.

croûton nm. Extrémité d'un pain long. ‖ Petit morceau de pain frit.

croyable adj. Qui peut être cru.

croyance nf. Action de croire. ‖ Foi religieuse. ‖ Opinion, pleine conviction : - *politiques*.

croyant, e adj. et n. Qui a la foi. ‖ *Les croyants*, les musulmans.

cru nm. Terroir : *vin d'un bon* -. ‖ *Fig.* et *fam.* Dire une chose de son -, de sa propre invention.

cru, e adj. Qui n'est pas cuit. ‖ Non apprêté : *soie* -. ‖ *Fig.* Brutal : *une couleur* -. ‖ Choquant, trop libre : *paroles* -. ‖ **A** -, loc. adv. *Monter à* -, sans selle.

cruauté nf. Plaisir que l'on éprouve à faire souffrir ou à voir souffrir. ‖ Férocité : *la* - *du tigre*. ‖ Action cruelle. ‖ Rigueur : - *du sort*.

cruche nf. Vase à anse, à large ventre. ‖ Son contenu. ‖ *Fig.* et *fam.* Personne stupide.

cruchon nm. Petite cruche.

crucial, e, aux adj. En forme de croix. ‖ *Fig.* Décisif, capital : *expérience* -.

crucifère adj. Qui porte une croix. ‖ Nfpl. *Bot.* Famille de plantes dont la fleur a quatre pétales en croix (chou, navet, etc.).

crucifiement nm. Action de crucifier. ‖ Tableau représentant le crucifiement de Jésus-Christ.

crucifier vt. Mettre en croix. ‖ *Fig.* Mortifier, torturer. ‖ **Crucifié, e** adj. ‖ Nm. *Absol.* Le *Crucifié*, Jésus-Christ.

crucifix [*fi*] nm. Représentation du Christ en croix.

crucifixion nf. Action de crucifier.

cruciforme adj. En forme de croix.

crudité nf. Etat de ce qui est cru. ‖ *Fig.* Liberté de langage : *dire des* -. ‖ Pl. Fruits, légumes crus.

crue nf. Augmentation, croissance.

cruel, elle adj. Qui aime à faire ou à voir souffrir. ‖ Qui aime le sang. ‖ ‖ Douloureux, pénible : *souffrance* -. ‖ Rigoureux : *destin* -.

crûment adv. D'une manière dure, sans ménagement : *dire - les choses.*

crural, e, aux adj. Relatif à la cuisse.

crustacés nmpl. Classe d'animaux articulés recouverts d'une enveloppe de chitine encroûtée de sels calcaires.

cryolithe nf. Fluorure naturel d'aluminium et de sodium.

crypte nf. Chapelle souterraine.

cryptogame adj. et nf. *Bot.* Se dit des plantes sans fleurs (mousses, champignons, fougères, etc.).

cryptogamie nf. Etat ou étude des cryptogames.

cryptogramme nm. Ecrit en caractères secrets.

cryptographie nf. Ecriture secrète au moyen d'abréviations ou de signes convenus.

crypton ou **krypton** nm. Gaz rare qui entre dans la composition de l'air.

csardas nf. Danse hongroise.

Cu, symbole chimique du *cuivre.*

cubage nm. Evaluation en unités cubiques du volume d'un corps. ‖ Nombre d'unités cubiques.

cubain, e adj. et n. De Cuba.

cube nm. Solide limité par six faces carrées égales. ‖ *- d'un nombre,* troisième puissance de ce nombre. ‖ Adj. Se dit d'une mesure appliquée à évaluer le volume d'un corps : *un mètre -.*

cuber vt. Elever au cube, à la troisième puissance. ‖ Evaluer en unités cubiques.

cubilot nm. Creuset pour la fusion des métaux.

cubique adj. Relatif au cube. ‖ Qui a la forme d'un cube. ‖ *Phys. Dilatation -,* augmentation du volume d'un corps chauffé.

cubisme nm. Ecole moderne d'art qui se propose de représenter les objets sous des formes géométriques.

cubiste n. et adj. Qui adhère, qui a trait au cubisme.

cubital, e, aux adj. Du coude.

cubitus [*tuss*] nm. Des deux os de l'avant-bras, celui qui forme le coude.

cuculle nf. Scapulaire des chartreux.

cucurbitacées nfpl. Famille de plantes à tige rampante, comme la citrouille, le melon, etc.

cueillage nm., **cueillaison** nf. ou **cueille** nf. Action de cueillir.

cueille-fruits nm. inv. Instrument pour cueillir les fruits.

cueillette nf. Récolte des fruits.

cueillir vt. (*Je cueille, n. cueillons. Je cueillais, n. cueillions. Je cueillis, n. cueillîmes. Je cueillerai, n. cueillerons. Je cueillerais, n. cueillerions. Cueille, cueillons, cueillez. Q.*

je cueille, qu'il cueille. Q. je cueillisse, qu'il cueillît. Cueillant. Cueilli, e.) Détacher de leurs tiges des fruits, des fleurs. ‖ *Fig. - des lauriers,* acquérir de la gloire. ‖ *Fig. et fam.* Prendre, arrêter : *- un voleur.*

cueilloir nm. Panier pour les fruits cueillis.

cuiller ou **cuillère** [*kuyèr*] nf. Ustensile de table servant à manger les aliments liquides ou peu consistants. ‖ Engin de pêche en forme de cuiller et mont d'hameçons.

cuillerée [*kuy'-ré*] nf. Contenu d'une cuiller.

cuir nm. Peau épaisse de certains animaux. ‖ Peau tannée, corroyée. ‖ *Fig. et fam.* Faute de langage, liaison vicieuse, comme dans « j'ai fait z'une erreur ». ‖ *- chevelu,* partie de la tête recouverte par les cheveux.

cuirasse nf. Armure de fer qui recouvre le dos et la poitrine. ‖ Revêtement métallique d'un vaisseau. ‖ *Fig. Défaut de la -,* endroit faible d'un homme.

cuirassement nm. Action de cuirasser. ‖ La cuirasse.

cuirasser vt. Revêtir d'une cuirasse. ‖ *Fig.* Endurcir : *- quelqu'un contre les passions.* ‖ **Cuirassé, e** part., adj. et nm. Grand navire de guerre protégé par des blindages.

cuirassier nm. Soldat de cavalerie, jadis porteur d'une cuirasse.

cuire vt. (c. *conduire*). Préparer les aliments sur le feu. ‖ Opérer une cuisson (plâtre, brique, etc.). ‖ Vi. Devenir propre à l'alimentation par l'action du feu. ‖ *Fig.* Causer une douleur âpre, aiguë. ‖ Impers. *Il vous en cuira,* vous vous en repentirez. ‖ **Cuisant, e** part. et adj. *Fig.* Blessant, douloureux : *une déception -.* ‖ **Cuit, e** part., adj. et nf. Action de cuire (brique, porcelaine). ‖ Ce qu'on cuit en une seule fois. ‖ *Fam.* Ivresse.

cuisine nf. Lieu où l'on apprête les mets. ‖ Art d'apprêter les mets.

cuisiner vi. Faire la cuisine. ‖ Vt. Préparer, accommoder : *- un ragoût.* ‖ *Fig. et fam.* Interroger habilement.

cuisinier, ère n. Personne qui fait la cuisine. ‖ Nf. Appareil pour cuire les aliments.

cuissard nm. Pièce d'armure qui couvrait les cuisses.

cuisse nf. Partie du corps qui s'étend de la hanche au genou.

cuisseau nm. Demi-arrière-train du veau.

cuisson nf. Action de cuire ou de faire cuire; état de ce qui est cuit.

cuissot nm. Cuisse de gros gibier : *- de sanglier.*

cuistre nm. Pédant ridicule. ‖ Homme qui manque de savoir-vivre.

cuistrerie nf. Pédantisme, affectation du cuistre.

cuivrage nm. Action de cuivrer un métal; son résultat.

cuivre nm. Métal (Cu) rouge, malléable, très bon conducteur de l'électricité et de la chaleur. ‖ Instrument à vent en cuivre.

cuivrer vt. Recouvrir de cuivre.

cuivreux, euse adj. Qui contient du cuivre. ‖ Qui en a l'apparence.

cul nm. *Triv.* Derrière, fondement. ‖ Le fond de certaines choses : *un - de bouteille.*

culasse nf. Partie postérieure et renforcée du canon d'une arme à feu. ‖ Chambre de compression d'un moteur à explosion. ‖ *- mobile*, partie d'acier permettant d'ouvrir ou de fermer l'arrière du canon d'une arme à feu pour y introduire le projectile.

cul-blanc nm. Nom vulgaire de la *bécassine*. ‖ Pl. des *culs-blancs*.

culbute nf. Saut où l'on fait passer les pieds au-dessus de la tête. ‖ Chute brusque. ‖ *Fig.* Ruine : *commerçant menacé de -.* ‖ *Faire la -*, vendre avec un bénéfice de 100 %.

culbuter vt. Renverser violemment. ‖ *Fig.* Vaincre : *- l'ennemi.* ‖ Vi. Faire la culbute.

culbuteur nm. Dispositif de commande de soupape.

cul-de-basse-fosse nm. Cachot souterrain. ‖ Pl. des *culs-de-basse-fosse*.

cul-de-jatte n. Personne privée de ses jambes. ‖ Pl. des *culs-de-jatte*.

cul-de-lampe nm. *Archit.* Ornement de voûte, pendentif, ressemblant au fond d'une lampe d'église. ‖ Vignette à la fin d'un chapitre. ‖ Pl. des *culs-de-lampe*.

cul-de-sac nm. Rue sans issue. ‖ Pl. des *culs-de-sac*.

culée nf. Massif de maçonnerie formant l'appui extrême d'un pont, sur chaque rive.

culinaire adj. Relatif à la cuisine.

culminant, e adj. Se dit de la partie la plus élevée d'une chose. ‖ *Fig.* Le plus élevé, par comparaison.

culmination nf. *Astron.* Passage d'une étoile à son point le plus élevé au-dessus de l'horizon.

culminer vi. Atteindre la hauteur maximum.

culot nm. Fond d'une ampoule électrique, d'une cartouche, d'une lampe d'église. ‖ Résidu de métal au fond d'un creuset, de tabac au fond d'une pipe.

culottage nm. Action de culotter une pipe; son résultat.

culotte nf. Vêtement d'homme qui couvre de la ceinture aux genoux. ‖ Pantalon de femme. ‖ *Cuis.* Morceau de derrière du bœuf. ‖ *Fam.* Perte au jeu. ‖ *Porter la -*, diriger, commander.

culotter vt. Mettre une culotte à quelqu'un. ‖ Noircir une pipe par l'usage.

culottier, ère n. Qui fait des culottes ou des pantalons.

culpabilité nf. Etat d'une personne coupable.

culte nm. Hommage qu'on rend à Dieu. ‖ Religion. ‖ *Fig.* Vénération : *avoir un - pour ses parents.*

cultivateur, trice adj. et n. Qui s'adonne à la culture des terres.

cultiver vt. Travailler la terre. ‖ Faire pousser une plante. ‖ *Fig.* S'adonner à : *- les sciences.* ‖ Former par l'instruction, développer : *- sa mémoire.* ‖ Se - vpr. S'instruire.

cultuel, elle adj. Qui se rapporte à l'exercice du culte.

cultural, e, aux adj. Qui a rapport à la culture du sol.

culture nf. Action de cultiver. ‖ Elevage de certains animaux : *la - des abeilles.* ‖ Terrain cultivé. ‖ *Fig.* Se dit des arts, des sciences, des productions de l'esprit : *la - des lettres.* ‖ Instruction, éducation : *la - de l'esprit.* ‖ Civilisation : *la - gréco-latine.* ‖ *- physique*, développement harmonieux du corps par des exercices appropriés.

culturel, elle adj. Relatif à la civilisation.

cumin nm. Plante ombellifère d'Afrique, à graines aromatiques.

cumul nm. Action de cumuler.

cumuler vt. et i. Occuper plusieurs places ou emplois en même temps.

cumulus [*luss*] nm. Nuage de beau temps, épais et arrondi.

cunéiforme adj. En forme de coin. ‖ Se dit surtout d'une ancienne écriture des Assyriens, des Perses et des Mèdes.

cupide adj. Avide d'argent.

cupidité nf. Convoitise. ‖ Désir immodéré des richesses.

cuprifère adj. Qui contient du cuivre.

cuprique adj. *Chim.* De la nature du cuivre.

cupro-nickel nm. Alliage de cuivre et de nickel.

cupule nf. *Bot.* Godet formant la base de certains fruits (gland, noisettes, etc.).

cupuliféracées nfpl. Famille de plantes aux fruits à cupule (bouleau, chêne).

curable adj. Qui peut se guérir.

curaçao [*sô*] nm. Liqueur parfumée avec des écorces d'orange.

curare nm. Poison végétal très violent, avec lequel les Indiens de l'Amazone empoisonnent leurs flèches.

curatelle nf. Fonction de curateur.

curateur, trice n. Personne chargée d'administrer les biens et les intérêts d'un mineur ou d'un incapable.

curatif, ive adj. Qui a pour but de guérir.

cure nf. Soin, souci : *n'avoir - de rien*. (Vx.) ‖ Traitement médical : *faire une - thermale*. ‖ Direction spirituelle d'une paroisse. ‖ Presbytère.

curé nm. Prêtre pourvu d'une cure.

cure-dent nm. Petit instrument pour se curer les dents. ‖ Pl. des *cure-dents*.

curée nf. *Vén*. Partie de la bête que l'on abandonne aux chiens. ‖ *Fig*. *Etre âpre à la -*, être avide de profits, d'honneurs.

cure-oreille nm. Petit instrument pour se nettoyer l'intérieur des oreilles. ‖ Pl. des *cure-oreilles*.

curer vt. Nettoyer : *- un fossé*.

curetage nm. Action de cureter un tissu malade.

cureter vt. (c. *jeter*). Nettoyer avec la curette.

curette nf. Instrument de chirurgie en forme de cuiller à bords tranchants. ‖ Outil pour nettoyer.

curie nf. Chez les Romains, subdivision de la tribu. ‖ Sénat. ‖ Administration pontificale : *la - romaine*.

curieux, euse adj. Qui a une grande envie de voir, d'apprendre. ‖ Indiscret. ‖ Singulier, surprenant : *une - nouvelle*. ‖ N. Personne avide de connaître ; badaud. ‖ Nm. Chose particulière : *le - de l'affaire*.

curiosité nf. Désir de voir, d'apprendre. ‖ Désir de connaître les secrets, les affaires d'autrui : *sa - a été punie*. ‖ Pl. Choses rares : *amateur de -*.

curiste n. Personne qui fait une cure thermale.

curriculum vitae nm. Résumé de la vie, de la carrière d'un candidat.

curseur nm. Petite lame ou point qui coulisse au milieu d'une règle ou d'un compas.

cursif, ive adj. Se dit d'une écriture courante et rapide. ‖ *Fig*. Bref : *une lecture -*. ‖ Nf. : *écrire en -*.

curule adj. Se disait du siège d'ivoire des sénateurs romains.

curviligne adj. *Géom*. Formé de lignes courbes.

curvimètre nm. Instrument servant à mesurer la longueur des lignes courbes.

cuscute nf. Plante parasite des végétaux cultivés.

custode nf. *Liturg*. Boîte à paroi de verre contenant l'hostie au centre de l'ostensoir. ‖ Boîte dans laquelle le prêtre transporte les saintes espèces.

cutané, e adj. *Méd*. Relatif à la peau.

cuticule nf. Petite peau très mince.

cutine nf. Cellulose modifiée recouvrant le corps des plantes.

cuti-réaction nf. Réaction de la peau, permettant de déceler certaines infections.

cuvage nm. Action de cuver, en parlant du vin.

cuve nf. Grand récipient en bois, en métal ou en ciment pour différents usages industriels ou domestiques.

cuveau nm. Petite cuve.

cuvée nf. Le contenu d'une cuve.

cuvelage nm. Revêtement de l'intérieur d'un puits de mine pour prévenir les éboulements.

cuver vi. Fermenter dans la cuve. ‖ Vt. Faire cuver : *- sa vendange*. ‖ *Fig*. et *fam*. *- son vin*, dormir après avoir bu avec excès.

cuvette nf. Récipient large et peu profond. ‖ Plaque métallique protégeant le mouvement d'une montre.

cuvier nm. Cuve à lessive.

cyanamide nf. Engrais azoté calcique.

cyanhydrique adj. *Acide cyanhydrique*, combinaison de cyanogène et d'hydrogène (CNH) qui est un poison très violent. (Syn. : ACIDE PRUSSIQUE.)

cyanogène nm. *Chim*. Gaz toxique composé de carbone et d'azote (C_2N_2).

cyanose nf. Coloration bleue de la peau, due à un trouble circulatoire.

cyanure nm. Sel de l'acide cyanhydrique.

cybernétique nf. Science étudiant les commandes et les mécanismes automatiques.

cyclable adj. Se dit d'une route, d'un trottoir réservé aux cycles.

cyclamen [*mèn*] nm. Plante vivace, à fleurs d'un coloris délicat.

cycle nm. Série de phénomènes qui se poursuivent dans un ordre déterminé. ‖ Période après laquelle les mêmes phénomènes astronomiques se reproduisent : *- lunaire* ; *- solaire*.

cycle nm. Nom générique des vélocipèdes.

cyclecar nm. Voiturette automobile légère à trois ou quatre roues.

cyclique adj. Qui a rapport à un cycle. ‖ *Chim*. Se dit de composés organiques dont la molécule forme une chaîne fermée.

cyclisme nm. Sport et pratique de la bicyclette.

cycliste n. Personne qui se déplace à bicyclette.

cycloïde nf. *Géom.* Courbe décrite par un point situé sur une circonférence qui roule sans glisser sur une droite fixe.

cyclomoteur nm. Bicyclette à moteur.

cyclone nm. Ouragan qui se déplace en tournoyant avec une extrême rapidité. ‖ Zone de basses pressions atmosphériques.

cyclopéen, enne [*pé-in*] adj. Se dit de monuments anciens, vastes et massifs attribués aux cyclopes.

cyclotourisme nm. Tourisme pratiqué à bicyclette.

cyclotron nm. Accélérateur de particules électrisées, permettant d'obtenir des désintégrations d'atomes.

cygne nm. Gros oiseau palmipède aquatique à cou long et flexible. ‖ *Chant du* -, dernière œuvre d'un beau génie près de s'éteindre.

cylindrage nm. Action de cylindrer : *le - des routes.*

cylindre nm. Solide engendré par un rectangle tournant autour d'un de ses côtés : - *de révolution.* ‖ Rouleau pesant pour aplanir les routes. ‖ *Méc.* Pièce dans laquelle se meut le piston.

cylindrée nf. Capacité du cylindre d'un moteur à explosion.

cylindrer vt. Passer au cylindre ou mettre en rouleau.

cylindrique adj. En forme de cylindre. ‖ Relatif au cylindre.

cymbale nf. *Mus.* Chacun des deux disques métalliques de bronze que l'on frappe l'un contre l'autre.

cymballer nm. Celui qui joue des cymbales.

cyme nf. *Bot.* Mode d'inflorescence dans lequel les pédoncules, nés d'un même point de la tige, se ramifient suivant une loi définie.

cynégétique adj. Qui concerne la chasse. ‖ Nf. L'art de la chasse.

cynique adj. et nm. Se dit d'une ancienne secte de philosophes qui affectaient de mépriser les bienséances sociales : *Diogène fut un des* -. ‖ Impudent : *langage* -.

cynisme nm. Doctrine des philosophes cyniques. ‖ Mépris des convenances : *sa conduite est d'un - révoltant.*

cynocéphale nm. Singe à tête de chien.

cynodrome nm. Piste pour courses de lévriers.

cyphose nf. Déviation à convexité postérieure de la colonne vertébrale.

cyprès nm. Arbre résineux, toujours vert. ‖ Symbole de deuil.

cyprin nm. Poisson d'eau douce, dont la *carpe* est le type.

cypriote adj. et n. De Chypre.

cyrillique adj. Se dit de l'alphabet slave attribué à saint Cyrille.

cystite nf. *Méd.* Inflammation de la vessie.

cytise nm. Arbuste à fleurs jaunes, en grappes.

cytoplasme nm. *Biol.* Masse cellulaire qui entoure le noyau.

czar, czarine, czarévitch. V. TSAR.

D

d nm. Quatrième lettre de l'alphabet et troisième des consonnes. ‖ **D**, chiffre romain, vaut 500.

dactyle nm. Pied formé d'une longue et de deux brèves, dans les vers grecs et latins. ‖ *Bot.* Graminée fourragère.

dactylique adj. *Prosod.* Qui se rapporte au dactyle.

dactylographe n. Personne qui écrit à la machine. (Par abrév., DACTYLO.)

dactylographie nf. Art de taper à la machine à écrire.

dactylographier vt. (c. *prier*). Ecrire à la machine.

dactylologie nf. Art de converser par le moyen des doigts, comme les sourds-muets.

dactyloscopie nf. Procédé d'identification par les empreintes digitales.

dactylotype nf. Ancien nom de la machine à écrire.

dada nm. Cheval, dans le langage des enfants. ‖ *Fig.* et *fam. C'est son -*, sa marotte, son idée fixe.

dadais nm. Niais, nigaud : *un grand -*.

dadaïsme nm. Ecole littéraire tendant à supprimer tout rapport entre la pensée et l'expression.

dague nf. Poignard à lame large et courte. ‖ Bois de cerf d'un an. ‖ Défense du vieux sanglier.

daguerréotype nm. Le premier des appareils photographiques, inventé par Daguerre. ‖ Image obtenue par ce procédé.

daguet nm. Cerf d'un an.

dahlia nm. Plante d'ornement à très belles fleurs, et qui se multiplie par division des tubercules. ‖ Sa fleur même.

dahoméen, enne adj. et n. Du Dahomey.

daigner vi. Vouloir bien, condescendre : *il n'a pas daigné répondre*.

daim nm. Ruminant à bois palmé et à robe tachetée. (Cri : le daim *brame*.) [La femelle est la *daine*.] ‖ Peau de daim chamoisée.

daïmio nm. Nom des princes féodaux de l'ancien Japon.

dais nm. Tenture, ouvrage en bois élevé au-dessus d'un autel, d'un trône, etc. ‖ Tenture soutenue par de petites colonnes, et utilisée dans les processions. ‖ Voûte saillante au-dessus d'une statue. ‖ *Poét.* Abri quelconque : *- de verdure*.

dallage nm. Action de daller. ‖ Revêtement de dalles.

dalle nf. Plaque de marbre, de pierre ou de ciment.

daller vt. Paver de dalles.

dalmate adj. et n. De la Dalmatie.

dalmatique nf. Vêtement liturgique à manches des diacres.

dalot nm. Trou dans la paroi d'un navire, pour faire couler l'eau. ‖ Petit canal dallé servant à l'évacuation des eaux.

daltonien, enne adj. et n. Affecté de daltonisme.

daltonisme nm. Imperfection de la vue, qui empêche de distinguer certaines couleurs.

dam [*dan*] nm. Préjudice. ‖ *Théol.* Damnation.

damage nm. Action de pilonner la terre avec une dame.

damas [*ma*] nm. Etoffe dont la trame et la chaîne sont de même couleur et dont l'enchevêtrement en armures constitue le dessin. ‖ Sabre d'un acier très fin. ‖ Prune.

damasquinage nm. Art de damasquiner ; son résultat.

damasquiner vt. Incruster de petits filets d'or ou d'argent dans du fer ou de l'acier.

damasquineur nm. Ouvrier qui damasquine.

damasser vt. Fabriquer une étoffe ou du linge à la façon du damas. ‖ Tordre ensemble, pour en faire une seule pièce, plusieurs barres de fer ou d'acier, qu'on soude ensuite. ‖ **Damassé, e** part., adj. et nm. *Nappe -* ; *un beau -*.

dame nf. Autref., femme noble. ‖ Auj., titre donné à toute femme mariée. ‖ Figure du jeu de cartes. ‖ Pièce du jeu d'échecs. ‖ Pion doublé, au jeu de dames. ‖ *Jeu de dames*, jeu qui se joue à deux avec des pions, sur un damier. ‖ Pilon des paveurs. (Syn. de DEMOISELLE, HIE.) ‖ Point d'appui de l'aviron.

dame! sorte d'exclamation affirmative qui marque aussi l'étonnement.

dame-jeanne nf. Grosse bouteille, le plus souvent clissée. ‖ Pl. des *dames-jeannes*.

damer vt. Doubler un pion, aux dames. ‖ *Fam. - le pion à quelqu'un*, l'emporter sur lui. ‖ *Technol.* Tasser avec une hie.

dameret nm. Homme d'une élégance efféminée.

damier nm. Tableau de bois divisé en cent cases alternativement blanches et noires. ‖ Toute surface quadrillée.

damnable adj. Qui peut attirer la damnation. ‖ *Par ext.* Qui mérite réprobation : *une entreprise -.*

damnation nf. Condamnation aux peines éternelles.

damner vt. Condamner aux peines de l'enfer. ‖ **Se -** vpr. Attirer sur soi les peines de la damnation. ‖ *Fig. et fam.* **Faire - quelqu'un**, le tourmenter. ‖ **Damné, e** part., adj. et n. *Souffrir comme un -*, éprouver des douleurs horribles. ‖ *Ame -*, personne aveuglément dévouée à une autre (en mauv. part).

damoiseau nm. Jeune gentilhomme qui n'était pas encore chevalier. ‖ Jeune homme empressé auprès des dames.

dancing [*dan-sing'*] nm. Etablissement public où l'on danse.

dandin nm. Homme niais, gauche.

dandinement nm. Mouvement de celui qui se dandine.

dandiner (se) vpr. Balancer son corps d'un côté à l'autre.

dandy nm. Homme élégant, à la mode. ‖ Pl. des *dandys.*

dandysme nm. Prétention à l'élégance.

danger nm. Situation où l'on a à redouter un mal quelconque. ‖ *Risque* : *le - des mauvaises fréquentations.*

dangereux, euse adj. Qui offre du danger. ‖ Nuisible : *lecture -.*

danois, e adj. et n. Du Danemark. ‖ Nm. Langue parlée au Danemark. ‖ Grand chien gris ardoise, ou blanc moucheté, à poil ras.

dans prép. marquant un rapport : 1o de lieu : *entrer - une maison;* 2o de temps : *- l'année;* 3o de manière : *- la joie.*

danse nf. Suite de mouvements cadencés du corps, exécutés le plus souvent au son de la musique. ‖ Air de danse.

danser vi. Mouvoir le corps en cadence. ‖ *Fig. Ne pas savoir sur quel pied -*, être hésitant, indécis. ‖ Exécuter des mouvements rapides : *les flammes dansaient.* ‖ Vt. Exécuter une danse : *- une polka.*

danseur, euse n. Personne qui danse; qui aime à danser. ‖ Qui fait profession de danser.

dantesque adj. Qui rappelle l'énergie sombre de Dante.

daphnie nf. Crustacé appelé encore PUCE D'EAU.

dard nm. Hampe de bois armée d'une pointe de fer. ‖ Aiguillon de certains insectes. ‖ *Archit.* Ornement en pointe de flèche. ‖ *Fig.* Trait acéré.

darder vt. Frapper avec un dard. ‖ *Fig.* Lancer vivement des rayons, des regards : *- un regard furieux sur quelqu'un.*

dare-dare loc. adv. *Fam.* En toute hâte.

darne nf. Tranche d'un poisson.

darse nf. *Mar.* Bassin dans un port.

dartre nf. Nom vulgaire de diverses maladies de la peau.

dartreux, euse adj. De la nature des dartres.

darwinisme nm. Doctrine de la sélection naturelle de Darwin.

date nf. Indication du temps précis d'un événement. ‖ Chiffre qui l'indique.

dater vt. Mettre la date. ‖ Vi. Commencer à compter d'une certaine époque : *à - de ce jour.* ‖ *Fig.* Remonter à : *sa haine date de loin.* ‖ Faire époque : *événement qui date dans l'histoire.*

datif nm. Dans les langues à déclinaison, cas marquant l'attribution, la destination.

datte nf. Fruit du dattier.

dattier nm. Sorte de palmier, dont le fruit est la datte.

datura nm. Plante vénéneuse plus connue sous le nom de *stramoine* ou *pomme épineuse.*

daube nf. Cuisson à l'étouffée.

dauber vt. Cuire en daube. ‖ Vt. et i. *Fig.* Railler : *- quelqu'un, sur quelqu'un.*

daubière nf. Sorte de cocotte pour accommoder une viande en daube.

daumont (à la) loc. adv. Attelage composé de quatre chevaux attelés deux à deux sans volée, conduits par deux postillons.

dauphin nm. Mammifère cétacé marin à long bec, vivant par troupes dans toutes les mers. ‖ Constellation boréale.

dauphin nm. Fils aîné du roi de France, héritier du trône.

dauphine nf. Femme du dauphin.

dauphinois, e adj. et n. Du Dauphiné.

daurade nf. Poisson de mer commun en Méditerranée.

davantage adv. Plus, en plus grande quantité, à un plus haut degré. ‖ Plus longtemps : *ne restez pas -.*

davier nm. Pince servant à arracher les dents. ‖ Outil de tonnelier.

D. B. Abréviation de *division blindée.*

D.D.T. nm. Insecticide puissant.

de prép. qui exprime un rapport : 1o de lieu : *- Paris à Tours;* 2o de temps :

- *midi à six heures ;* 3° de possession : *le livre - Pierre ;* 4° de cause : *mourir - faim ;* 5° de manière : *citer - mémoire ;* 6° de moyen ou d'instrument : *montrer du doigt ;* 7° de destination : *salle - spectacle ;* 8° de matière : *se nourrir - viande,* etc.

dé nm. Etui protecteur du doigt qui pousse l'aiguille. ‖ Petit cube à faces marquées de points, de un à six.

dead—heat [*dèd-hît'*] nm. *Sports.* Epreuve où deux concurrents arrivent ensemble.

déambulatoire nm. Bas-côté qui entoure une partie du chœur d'une église.

déambuler vi. Marcher sans but précis.

débâcle nf. Rupture des glaces au printemps. ‖ *Fig.* Changement brusque qui amène le désordre, la ruine : *la retraite s'achèva en débâcle.*

débâcler vt. Dégager des bateaux vides : *- un port.*

déballage nm. Action de déballer ; son résultat.

déballer vt. Défaire une balle, une caisse ; en ôter le contenu. ‖ Étaler des marchandises.

déballeur nm. Marchand forain.

débandade nf. Action de se disperser. ‖ Déroute. ‖ A la - loc. adv., en grand désordre.

débander vt. Oter une bande, un bandage. ‖ Détendre : *- un arc.* ‖ Mettre en débandade. ‖ **Se -** vpr. S'enfuir en désordre : *armée qui se débande.*

débaptiser vt. Changer le nom de : *- une rue.*

débarbouillage nm. Action de débarbouiller.

débarbouiller vt. *Fam.* Laver ; nettoyer.

débarcadère nm. Quai, môle ou jetée destinés au débarquement des marchandises, des voyageurs. ‖ Lieu d'arrivée des chemins de fer.

débardage nm. Action de débarder.

débarder vt. Décharger à quai. ‖ Tirer hors des taillis le bois d'une coupe.

débardeur nm. Docker.

débarquement nm. Action de débarquer.

débarquer vt. Enlever d'un navire. ‖ *Fig.* et *fam.* Renvoyer d'un emploi. ‖ Vi. Quitter un navire. ‖ Nm. Le moment même du débarquement.

débarras nm. Délivrance de ce qui embarrassait : *bon - !* ‖ Lieu où l'on entasse les objets gênants : *un obscur -.*

débarrasser vt. Enlever ce qui embarrasse. ‖ *Fig.* Tirer d'embarras, soulager : *- quelqu'un de ses soucis.*

débat nm. Différend, contestation. ‖

Pl. Discussions politiques : *les - de la Chambre.* ‖ Partie de l'instruction judiciaire qui est publique : *les - d'un procès.*

débâter vt. Oter le bât.

débâtir vt. Enlever le bâti d'une couture.

débattre vt. (c. *battre*). Examiner avec un ou plusieurs interlocuteurs : *- une question.* ‖ **Se -** vpr. Faire effort pour se dégager.

débauchage nm. Action de faire abandonner son travail à un ouvrier.

débauche nf. Dérèglement dans les mœurs, inconduite. ‖ Excès de table inaccoutumé. ‖ *Fig.* Abus, profusion : *faire une - de calembours.*

débaucher vt. Jeter dans la débauche, entraîner à l'inconduite. ‖ Renvoyer des ouvriers faute de travail. ‖ Détourner un ouvrier de son travail. ‖ **Débauché, e** part., adj. et n.

débaucheur, euse n. Qui en débauche un autre. ‖ Qui excite au vice.

débet [*bè*] nm. Ce qui reste dû sur un compte arrêté : *rester en -.*

débile adj. Qui manque de forces.

débilité nf. Grande faiblesse.

débiliter vt. Affaiblir : *climat qui débilite.* ‖ **Débilitant, e** part. et adj.

débine nf. *Pop.* Etat misérable.

débiner vt. *Pop.* Dire du mal de. ‖ **Se -** vpr. *Pop.* S'enfuir.

débit nm. Action de débiter ; son résultat.

débitage nm. Action de débiter : *le - d'un chêne.*

débitant, e n. Personne qui vend au détail.

débiter vt. Vendre au détail : *- du tabac.* ‖ Découper en morceaux, réduire en planches : *- un chêne.* ‖ Fournir une quantité de liquide, gaz, etc., dans un temps donné. ‖ Porter un article au débit d'un compte. ‖ *Fig.* Dire en public, déclamer : *- son rôle.* ‖ Dire sans réfléchir, raconter : *- des mensonges.* ‖ Manière de dire : *- avec monotonie.*

débiteur, trice n. Personne qui doit, par opposition à *créancier.*

déblai nm. Enlèvement de terres pour niveler ou baisser le sol. ‖ Pl. Les terres ainsi enlevées.

déblaiement nm. Action de déblayer.

déblatérer vt. ind. (c. *céder*). *Fam.* Parler avec violence contre quelqu'un.

déblayer vt. (c. *balayer*). Débarrasser ce qui encombre.

déblocage nm. Action de débloquer.

débloquer vt. Obliger l'ennemi à lever un blocus. ‖ *Comm.* Autoriser la vente.

déboire nm. Déception.

déboisement nm. Action de déboiser; son résultat.

déboiser vt. Arracher, abattre les arbres.

déboîtement nm. Déplacement d'un os de son articulation.

déboîter vt. Oter de sa place un objet encastré dans un autre. ‖ Faire sortir de son articulation. ‖ Vi. Se dégager d'un rang de véhicules.

débonder vt. Oter la bonde d'un tonneau.

débonnaire adj. Doux, bon jusqu'à la faiblesse.

débordement nm. Déversement des eaux d'un fleuve par-dessus ses bords. ‖ *Fig.* Excès, débauche : *les - de Messaline.* ‖ Flot, profusion : *- d'injures.*

déborder vi. Dépasser les bords : *la rivière a débordé* ou *est débordée* (selon qu'on veut marquer l'action ou l'état). ‖ Vt. Oter la bordure. ‖ Aller au-delà : *- l'ennemi.* ‖ *Fig.* Dépasser, surpasser : *les événements l'ont débordé.* ‖ **Débordant, e** part. et adj. : *un enthousiasme -.*

débotter vt. Tirer les bottes. ‖ Nm. Moment de l'arrivée : *se trouver au -* ou *débotté.*

débouché nm. Issue élargie d'un lieu resserré. ‖ *Fig.* Moyen d'écouler des marchandises. ‖ Carrière ouverte à l'activité de quelqu'un.

déboucher vt. Débarrasser de ce qui bouche. ‖ Oter le bouchon. ‖ Vi. Sortir d'un lieu resserré. ‖ Se jeter dans, en parlant d'un fleuve.

déboucler vt. Dégager l'ardillon d'une boucle. ‖ Défaire des boucles.

débouler vi. Partir à l'improviste devant le chasseur : *lapin qui déboule.* ‖ Rouler de haut en bas. ‖ Vt. Descendre précipitamment. ‖ Nm. *Tuer un lièvre au -*, au moment où il quitte son gîte.

déboulonnement ou **déboulonnage** nm. Action de déboulonner; son résultat.

déboulonner vt. Démonter ce qui était réuni par des boulons. ‖ *Fig.* et *fam.* Chasser quelqu'un de sa place.

débouquement nm. Extrémité d'un canal.

débouquer vi. Sortir de l'embouchure d'un canal vers la haute mer.

débourber vt. Oter la bourbe. ‖ *Fig.* Tirer d'embarras.

débourrage nm. Nettoyage des cardes. ‖ Enlèvement de la bourre.

débourrer vt. Oter la bourre. ‖ Vider une pipe de son tabac.

débours nm. Argent avancé pour quelqu'un : *rentrer dans ses -.*

déboursement nm. Action de débourser; son résultat.

débourser vt. Tirer de sa bourse, de sa caisse, pour faire un paiement.

debout adv. Verticalement, sur les pieds. ‖ *Par ext.* Hors du lit, levé : *être - de bonne heure.* ‖ Non détruit : *monuments qui sont encore -.* ‖ *Mar.* Vent -, vent contraire. ‖ Interj. -! il est temps de se lever.

déboutement nm. Action de débouter.

débouter vt. *Procéd.* Déclarer par arrêt une personne déchue de sa demande en justice.

déboutonner vt. Oter des boutons de leurs boutonnières. ‖ **Se -** vpr. Détacher ses boutons. ‖ *Fig.* et *fam.* Dire tout ce qu'on pense.

débrailler (se) vpr. Se découvrir la poitrine d'une manière indécente. ‖ **Débraillé, e** part., adj. et nm. Mise trop négligée.

débrancher vt. Détacher un appareil du circuit électrique.

débrayage nm. Action de débrayer.

débrayer [brè-yé] vt. (c. *balayer*). Supprimer la liaison entre le moteur et un arbre de transmission, une poulie, un outil. ‖ Vi. *Pop.* Cesser le travail dans une usine.

débridement nm. Action de débrider.

débrider vt. Oter la bride à une bête de somme. ‖ *Chir.* Inciser les brides, les filaments qui peuvent étrangler un organe, une plaie. ‖ *Fig.* et *fam.* Sans -, sans interruption, de suite.

débris nm. Fragments d'une chose brisée, d'une fortune, d'une armée.

débrouillard, e adj. et n. *Fam.* Qui sait se débrouiller.

débrouiller vt. Démêler, remettre en ordre. ‖ *Fig.* Eclaircir, élucider : *- une affaire.* ‖ **Se -** vpr. *Fam.* Se tirer d'affaire.

débroussailler vt. Débarrasser des broussailles.

débrutir vt. Dégrossir, en parlant des glaces, des diamants, etc.

débrutissement nm. Action de débrutir.

débucher vi. Sortir du bois, en parlant du gros gibier. ‖ Vt. Faire sortir du bois : *- un cerf.* ‖ Nm. Moment où la bête débuche : *sonner le -.*

débusquer vt. Faire sortir du bois, du gîte ou du terrier. ‖ Chasser d'un poste avantageux : *- l'ennemi.*

début nm. Action de débuter; son résultat.

débuter vi. Jouer le premier à certains jeux. ‖ Faire les premiers pas dans une carrière. ‖ Jouer la première fois ou à titre d'essai sur un théâtre, au cinéma, etc. ‖ **Commencer**, en parlant d'une chose, d'une action : *devoir qui débute par une longue introduction.* ‖ **Débutant, e** part., adj. et n. Qui débute.

deçà prép. De ce côté-ci. ‖ **Par -, en -, au -** loc. adv. et prép., de ce côté-ci.

décachetage nm. Action de décacheter, en parlant des lettres.

décacheter vt. (c. *jeter*). Ouvrir ce qui est cacheté.

décade nf. Période de dix jours dans le calendrier républicain. ‖ *Par ext.* Période de dix ans : *la dernière - du XIXᵉ siècle.* ‖ Partie d'un ouvrage composé de dix chapitres ou livres : *les - de Tite-Live.*

décadence nf. Commencement de la ruine.

décadent, e adj. Qui est en décadence. ‖ Nmpl. S'est dit des écrivains de l'école symboliste.

décaèdre nm. Solide à dix faces.

décagonal, e, aux adj. Qui a trait au décagone. ‖ Qui a dix angles.

décagone nm. Polygone qui a dix angles et dix côtés.

décagramme nm. Mesure de poids qui vaut dix grammes (dag).

décaissement nm. Action de décaisser.

décaisser vt. Tirer d'une caisse : *- un oranger ; - une grosse somme.*

décalage nm. Action de décaler. ‖ Déplacement dans le temps ou l'espace.

décalaminer vt. Débarrasser de la calamine : *- un moteur.*

décalcification nf. Perte de calcium.

décalcifier (se) vpr. Perdre le calcium nécessaire au squelette.

décalcomanie nf. Procédé permettant de reporter des images coloriées sur la porcelaine, le papier, etc.

décaler vt. Enlever les cales. ‖ *Fig.* Déplacer dans l'espace ou le temps : *- un horaire.*

décalitre nm. Mesure de capacité qui vaut dix litres (dal).

décalogue nm. Les dix commandements de Dieu.

décalotter vt. Oter la calotte, le dessus de : *- un pot.*

décalquage ou **décalque** nm. Action de décalquer ; son résultat.

décalquer vt. Reporter le calque d'un dessin sur papier ou sur toile.

décamètre nm. Mesure de longueur de dix mètres (dam). ‖ Chaîne ou ruban d'acier de dix mètres.

décampement nm. Action de décamper, de lever le camp.

décamper vi. Lever le camp. ‖ *Fig.* Se retirer précipitamment.

décanat nm. Dignité de doyen.

décantation nf. ou **décantage** nm. Action de décanter.

décanter vt. Transvaser un liquide pour le séparer de son dépôt.

décapage ou **décapement** nm. Action de décaper.

décaper vt. Nettoyer la surface, d'un métal, d'une pierre, etc.

décapitation nf. Action de décapiter.

décapiter vt. Trancher la tête. ‖ *Par ext.* Oter l'extrémité de : *- un arbre.* ‖ *Fig.* Priver de ce qu'il y a de principal : *- une classe de ses meilleurs élèves.*

décapotable adj. Dont la capote peut être repliée.

décarburation nf. Affinage de la fonte par enlèvement de l'excès de carbone.

décarburer vt. Diminuer la teneur en carbone de la fonte. ‖ Enlever les carbures du gaz d'éclairage.

décarcasser (se) vpr. *Pop.* Se donner de la peine.

décarreler vt. (c. *appeler*). Enlever les carreaux d'un pavage.

décasyllabe ou **décasyllabique** adj. Relatif à un vers de dix syllabes.

décati, e adj. *Fam.* Qui a perdu sa beauté, sa fraîcheur.

décatir vt. Enlever l'apprêt et le brillant d'un tissu par la vapeur.

décatissage nm. Action de décatir.

décatisseur nm. Ouvrier qui décatit.

décaver vt. Gagner toute la cave, tout l'enjeu d'un joueur. ‖ **Décavé, e** part., adj. et n. Qui a tout perdu au jeu : *Fam.* Ruiné.

décéder vi. (c. *céder*). Mourir en parlant de l'homme. (Prend toujours l'auxil. *être.*) ‖ **Décédé, e** part., adj. et n. Qui est mort.

décèlement nm. Action de déceler.

déceler vt. (c. *celer*). Découvrir ce qui était caché.

décélération nf. Réduction constante de la vitesse dans le cas d'un mouvement retardé.

décembre nm. Dernier mois de l'année, ainsi nommé parce qu'il était le dixième de l'année romaine.

décemment [*sa-man*] adv. D'une manière décente. ‖ *Par ext.* Selon les règles.

décemvir nm. Un des dix magistrats de l'anc. Rome qui rédigèrent les lois.

décemvirat [*sèm*] nm. Dignité de décemvir. ‖ Magistrature décemvirale.

décence nf. Bienséance en ce qui concerne la pudeur, les manières, le langage.

décennal, e, aux adj. Qui dure dix ans. ‖ Qui revient tous les dix ans.

décent, e adj. Conforme à la décence : *une tenue -*.

décentralisateur, trice adj. Qui concerne la décentralisation.

décentralisation nf. Action de décentraliser.

décentraliser vt. Donner une certaine autonomie aux divers organismes constituant une collectivité.

décentrer vt. Déplacer en hauteur ou en largeur un objectif photographique.

déception nf. Le fait d'être déçu.

décercler vt. Enlever les cercles.

décerner vt. Attribuer : *- un prix*.

décès nm. Mort, en parlant de l'homme.

décevoir vt. Tromper quelqu'un dans son attente, ne pas répondre à un espoir.

déchaînement nm. Action de déchaîner. ‖ Emportement extrême : *le - des passions*.

déchaîner vt. Détacher de la chaîne. ‖ *Fig.* Donner libre cours à, soulever : *- la colère*. ‖ Se - vpr. S'emporter. ‖ Faire rage en parlant des vents, de la tempête.

déchanter vi. *Fam.* Rabattre de ses prétentions.

décharge nf. Action de tirer simultanément avec plusieurs armes à feu : *une - d'artillerie*. ‖ Projectile lancé par une arme : *recevoir la - en pleine poitrine*. ‖ Lieu où l'on dépose les décombres et les immondices. ‖ Quittance : *donner - d'une dette*. ‖ Témoin à -, qui dépose en faveur d'un accusé.

déchargement nm. Action de décharger un navire, un wagon, etc.

décharger vt. (c. *manger*). Débarrasser de sa charge. ‖ *Fig.* Soulager : *- sa conscience*. ‖ Dispenser : *- d'un travail*. ‖ Faire feu. ‖ Donner cours à sa colère : *- sa bile*. ‖ Vi. Déteindre : *étoffe qui décharge*. ‖ Se - vpr. *d'une affaire sur quelqu'un*, lui en laisser le soin.

déchargeur nm. Qui décharge des marchandises.

décharner vt. Oter les chairs de : *- un cadavre*. ‖ Amaigrir : *sa maladie l'a décharné*.

déchaumage nm. Action de déchaumer.

déchaumer vt. Arracher ou enterrer, à la charrue, ce qui reste de chaume après la moisson.

déchaumeuse nf. Charrue légère servant à déchaumer.

déchaussage ou **déchaussement** nm. Action de déchausser.

déchaussé ou **déchaux** adj. m. Se dit des carmes qui vont pieds nus dans des sandales.

déchausser vt. Oter à quelqu'un sa chaussure. ‖ Dégager le pied ou la base : *- un arbre, les dents*.

déchéance nf. Action de déchoir, de faire déchoir. ‖ Perte d'un droit : *- de la puissance paternelle*. ‖ Chute, disgrâce : *la - de Louis XVI*.

déchet nm. Diminution en quantité ou en valeur. ‖ Résidu : *- de laine*.

déchiffrage nm. Action de déchiffrer un morceau de musique.

déchiffrement nm. Action de déchiffrer.

déchiffrer vt. Traduire en clair ce qui est écrit en chiffres : *une dépêche secrète*. ‖ Lire ce qui est mal écrit : *- un manuscrit*. ‖ Lire de la musique à première vue : *- une sonate*.

déchiffreur, euse n. Qui excelle à déchiffrer.

déchiqueter vt. (c. *jeter*). Couper par tailles et en menus morceaux. ‖ Découper maladroitement : *- un poulet*.

déchiqueture nf. Taillade, découpure faite dans une étoffe.

déchirement nm. Action de déchirer. ‖ *Fig.* Forte douleur morale : *le départ d'un être cher cause un grand -*. ‖ Pl. Troubles : *l'Europe a été souvent en proie à des -*.

déchirer vt. Mettre en pièces, en lambeaux. ‖ *Fig.* Causer une vive douleur physique ou morale : *- les oreilles; - le cœur*.

déchirure nf. Rupture faite en déchirant. ‖ Division violente des tissus : *- d'un muscle*.

déchoir vi. (Je déchois, tu déchois, il déchoit, n. déchoyons, v. déchoyez, ils déchoient. Pas d'imparfait. Je déchus, n. déchûmes. Je déchoirai [je décherrai est rare et archaïque]. Je déchoirais [je décherrais est rare et archaïque]. Q. je déchoie, qu'il déchoie, q. n. déchoyions. Q. je déchusse, qu'il déchût, q. n. déchussions. Pas de part. prés. Déchu, e.) Tomber dans un état inférieur à celui où l'on était : *- de son rang*. ‖ Etre affaibli par l'âge : *il déchoit de jour en jour*. (Prend l'auxil. *avoir* ou *être*, selon qu'on veut exprimer l'action ou l'état.)

déchristianisation nf. Action de déchristianiser.

déchristianiser vt. Faire abandonner la foi chrétienne.

décidé, e adj. Fixé, résolu, ferme.

décidément adv. D'une manière définitive, manifestement : *-, je resterai; -, cet homme est fou*.

décider vt. Porter son jugement sur une chose contestée; résoudre. ‖ Déterminer : *- quelqu'un à partir*. ‖ Vt.

ind. Disposer en maître : - *de la paix.*
|| Prendre la résolution de : *il a décidé
de rester.* || **Se** – vpr. Se déterminer à.

décigrade nm. Dixième partie du
grade (dgr).

décigramme nm. Dixième partie du
gramme (dg).

décilitre nm. Dixième partie du litre
(dl).

décimal, e, aux adj. Qui a pour base
le nombre dix. || Qui procède par dix
ou puissance de dix : *nombre -; frac-
tion -.* || Nf. Chacun des chiffres pla-
cés après la virgule.

décime nm. Dixième partie du franc.
|| Droits supplémentaires ajoutés à
certains impôts.

décimer vt. Faire périr une personne
sur dix, d'après le sort. || *Par ext.*
Faire périr un grand nombre de personnes.

décimètre nm. Dixième partie du
mètre (dm). || Règle divisée des des-
sinateurs.

décintrage ou **décintrement** nm.
Action de décintrer.

décintrer vt. Oter les cintres de :
- *une voûte.*

décisif, ive adj. Qui décide :
bataille -. || Tranchant : *ton -.*

décision nf. Action de décider après
examen. || Résolution : *montrer de
la -.*

déclamateur nm. Qui déclame.

déclamation nf. Art, action, manière
de déclamer. || *Fig.* Emploi d'expres-
sions emphatiques et creuses : *ce n'est
qu'une pure -.*

déclamatoire adj. Qui concerne la
déclamation. || Qui ne renferme que
de vaines déclamations : *style -.*

déclamer vt. Réciter à haute voix
avec le ton et les gestes convenables :
- *des vers.* || Vi. Parler avec chaleur
contre quelqu'un ou quelque chose :
- *contre les vices du temps.* || Réciter
d'un ton emphatique.

déclaration nf. Action de déclarer;
acte, discours par lequel on déclare.
|| Aveu, confession : - *d'amitié.*

déclarer vt. Faire connaître d'une
façon manifeste. || Signifier par un
acte solennel : *la guerre.* || – *des
marchandises,* en faire connaître la
nature et la quantité. || **Se** – vpr. Se
manifester : *maladie qui se déclare.*
|| Prendre parti : *se - pour un candidat.*
|| Faire connaître ses sentiments.

déclassement nm. Action de déclas-
ser. || Etat de ce qui est déclassé.

déclasser vt. Déranger les objets
classés. || Faire sortir de son milieu
social : *ses fréquentations l'ont dé-
classé.* || **Déclassé, e** part., adj. et n.
Déchu de sa situation sociale.

déclenchement nm. Action de dé-
clencher. || Mécanisme qui le réalise.

déclencher vt. Séparer deux pièces
qui étaient liées. || *Fig.* Mettre en
mouvement, provoquer : - *une guerre.*

déclencheur nm. Organe servant à
déclencher.

déclic nm. Mécanisme permettant de
supprimer instantanément la liaison
existant entre deux pièces d'une même
machine.

déclin nm. Action de décliner.

déclinable adj. Qui peut être décliné.

déclinaison nf. *Gramm.* Dans les
langues à flexion, modification des
désinences, des noms, adjectifs et pronoms, suivant les genres, les nombres
et les cas. || *Astron.* Distance d'un
astre à l'équateur céleste. || - *magné-
tique,* angle entre le nord magnétique
et le nord géographique.

déclinatoire nm. Boussole.

décliner vi. Baisser, pencher vers sa
fin : *le jour décline; forces qui décli-
nent avec l'âge.* || Tomber en déca-
dence. || S'éloigner de l'équateur
céleste, en parlant d'un astre. || Vt.
Refuser : - *un honneur.* || *Gramm.*
Enoncer la série des cas d'un nom,
d'un pronom, d'un adjectif. || *Dr.* Ne
pas reconnaître : - *la compétence d'un
tribunal.* || *Fig.* - *son nom,* se nommer.
|| **Déclinant, e** part. et adj. Qui
décline, s'affaiblit.

déclive adj. Qui va en pente.

déclivité nf. Etat de ce qui est en
pente.

déclore vt. Enlever la clôture.

déclouer vt. Défaire ce qui était
cloué.

décocher vt. Lancer. || *Fig.* Dire,
avec malignité : - *une épigramme.*

décoction nf. Action de faire bouillir
des drogues ou des plantes dans un
liquide. || Produit de cette action.

décoiffer vt. Défaire la coiffure. ||
Déranger les cheveux.

décolérer vi. (c. *céder*). Cesser d'être
en colère (Ne s'emploie que négativement : *il ne décolère pas*).

décollage nm. Action de décoller.

décollation nf. Action de couper la
tête : *la - de saint Jean-Baptiste.*

décollement nm. Action de décoller,
de se décoller; son résultat.

décoller vt. Détacher ce qui était
collé. || Vi. Quitter le sol, en parlant
d'un avion.

décolletage nm. Action ou manière
de décolleter une robe. || Fabrication
continue de vis, boulons, tire-fond, etc.,
au tour.

décolleter vt. (c. *jeter*). Découvrir le
cou, les épaules. || Couper ou rabattre
le collet d'un vêtement. || *Tour à -,*

tour à fabriquer les vis, tire-fond, etc.
‖ **Décolleté, e** part., adj. et nm.
Partie découverte des épaules et de la
gorge : *un beau -*.

décolonisation nf. Politique qui
aboutit à mettre fin à la situation d'un
peuple colonisé.

décolorant, e adj. et nm. Qui décolore.

décoloration nf. Destruction ou perte
de la couleur naturelle.

décolorer vt. Altérer, effacer la couleur.

décombres nmpl. Débris d'un édifice
démoli ou renversé.

décommander vt. Annuler une commande.

décomposable adj. Qui peut être
décomposé.

décomposer vt. Séparer en ses éléments. ‖ Corrompre, putréfier.

décomposition nf. Désagrégation.
‖ *Fig.* Dérangement de l'aspect habituel : *- des traits*. ‖ Altération suivie
de putréfaction : *cadavre en -*.

décompression nf. Action de décomprimer.

décomprimer vt. Faire cesser ou
diminuer la compression.

décompte nm. Décomposition d'une
somme en ses éléments de détail. ‖
Déduction sur un compte. ‖ *Fig.* Déception.

décompter vt. Rabattre une certaine
somme d'un compte.

déconcerter vt. Troubler les projets,
les mesures prises par quelqu'un. ‖
Jeter dans l'incertitude, embarrasser :
réponse qui déconcerte.

déconfit, e adj. Interdit, décontenancé.

déconfiture nf. *Fam.* Ruine financière, échec.

décongeler vt. (c. *celer*). Ramener
un corps congelé à son état ordinaire.

décongestionner vt. Faire cesser la
congestion. ‖ *Fig.* Dégager : *- une
rue*.

déconseiller vt. Conseiller de ne pas
faire, dissuader.

déconsidération nf. Discrédit.

déconsidérer vt. (c. *céder*). Faire
perdre la considération, l'estime.

décontenancer vt. (c. *placer*). Faire
perdre contenance à quelqu'un, l'embarrasser. ‖ **se -** vpr. Se troubler.

décontracter vt. Faire cesser la
contraction. ‖ **Se -** vpr. Détendre ses
muscles. ‖ Se reposer.

décontraction nf. Relâchement musculaire.

déconvenue nf. Insuccès inattendu
ou humiliant, désappointement.

décor nm. Ensemble de ce qui sert à
décorer. ‖ Disposition de certains

objets, produisant un effet ornemental : *un - de verdure*. ‖ Pl. Toiles,
portants, praticables, etc., qui servent
à la mise en scène.

décorateur, trice n. Qui confectionne des décors pour théâtres, fêtes
publiques, appartements, etc.

décoratif, ive adj. Qui a rapport à
la décoration. ‖ *Fig.* et *fam.* De belle
prestance : *un personnage -*.

décoration nf. Embellissement, ornement. ‖ Insigne d'une distinction
honorifique.

décorer vt. Orner, embellir. ‖ Attribuer, remettre une décoration : *- un
brave*. ‖ **Décoré, e** part., adj. et n.
Titulaire d'une décoration.

décorner vt. Enlever les cornes : *il
fait un vent à - les bœufs (fam.)*.

décortication nf. ou **décorticage**
nm. Action de décortiquer.

décortiquer vt. Enlever l'écorce,
l'enveloppe des arbres, du grain, etc.

décorum nm. (pas de pl.). Ensemble
des règles à observer dans une bonne
société; convenances. ‖ Etiquette officielle : *- présidentiel*.

découcher vi. Coucher hors de chez
soi.

découdre vt. (c. *coudre*). Défaire ce
qui était cousu. ‖ Vi. *En -*, en venir
aux mains.

découler vi. Couler peu à peu. ‖ *Fig.*
Dériver, résulter : *un corollaire découle
du théorème*.

découpage nm. Action, manière de
découper.

découpe nf. Résultat d'un découpage.

découper vt. Couper en morceaux avec
adresse : *- une volaille*. ‖ Tailler en
suivant les contours d'un dessin : *- des
images*.

découplé, e adj. Qui a une belle
taille : *un jeune homme bien -*.

découpler vt. Détacher des chiens
attachés deux à deux. ‖ *Fig.* et *fam.*
Lancer à la poursuite : *- des agents
après un voleur*.

découpoir nm. Instrument pour découper.

découpure nf. Action ou manière de
découper. ‖ Taillade faite à de la
toile, à du papier. ‖ La chose ainsi
découpée.

découragement nm. Perte de courage, abattement moral.

décourager vt. Abattre le courage,
l'énergie. ‖ Oter le désir de faire
quelque chose : *- quelqu'un d'écrire*.

découronner vt. Priver de la couronne. ‖ Dépouiller un arbre des
branches supérieures.

décours nm. Période de décroissance
de la Lune. ‖ Période de déclin d'une
maladie.

décousu, e adj. et nm. Dont la couture est défaite. ‖ *Fig.* Incohérent : *le - d'un discours.*

décousure nf. Endroit décousu d'un vêtement.

découverte nf. Action de découvrir ce qui était inconnu ; son résultat.

découvrir vt. (c. *couvrir*). Oter ce qui couvrait. ‖ Trouver ce qui était inconnu, caché : *- un trésor.* ‖ Commencer à apercevoir : *- le village.* ‖ Faire une découverte scientifique : *- un vaccin.* ‖ *Fig.* Révéler ou apprendre : *- un secret.* ‖ **Se -** vpr. Oter son chapeau. ‖ S'exposer aux coups. ‖ *Fig.* Déclarer sa pensée. ‖ **Découvert, e** part., adj. et nm. Avance faite par un banquier à son client, au-delà du crédit du compte de celui-ci. ‖ **A -** loc. adv., sans protection. ‖ *Fig.* Sans garantie : *avoir une créance à -.*

décrassement ou **décrassage** nm. Action de décrasser.

décrasser vt. Oter la crasse. ‖ *Fig.* Dégrossir, débarrasser de son ignorance : *- un cancre.*

décrépir vt. Enlever le crépi d'un mur. ‖ **Décrépi, e** part. passé.

décrépit, e adj. Amaigri, cassé par l'âge : *une fée toute -.*

décrépitude nf. Vieillesse extrême accablée d'infirmités. ‖ Décadence : *la - d'une nation.*

decrescendo [*dé-krè-chèn-do*] adv. et nm. inv. *Mus.* En diminuant progressivement l'intensité des sons.

décret nm. Décision du pouvoir exécutif.

décrétale nf. Lettre des anciens papes sur des points litigieux.

décréter vt. (c. *céder*). Ordonner par un décret. ‖ *Par ext.* Décider, déclarer : *il décréta qu'il ne partirait pas.*

décrier vt. (c. *prier*). Déprécier, calomnier.

décrire vt. Représenter, dépeindre par l'écriture ou la parole. ‖ *Géom.* Tracer : *- un cercle.*

décrochage ou **décrochement** nm. Action de décrocher ; son résultat.

décrocher vt. Détacher ce qui était accroché. ‖ *Fig.* Atteindre, obtenir : *il a décroché son baccalauréat.*

décrochez-moi-çà nm. inv. *Fam.* Boutique de fripier.

décroiser vt. Séparer ce qui était croisé : *- les bras.*

décroissance nf. ou **décroissement** nm. Action de décroître.

décroît nm. Décroissance de la Lune, dans son dernier quartier.

décroître vi. (c. *croître*). Diminuer progressivement.

décrottage nm. Action de décrotter.

décrotter vt. Oter la boue. ‖ *Fig. - quelqu'un,* lui donner de l'éducation, de bonnes manières.

décrotteuse nf. Brosse pour décrotter les chaussures.

décrottoir nm. Lame de fer ou paillasson métallique à l'entrée d'une maison, pour décrotter les chaussures.

décrue nf. Baisse de niveau des eaux. ‖ Quantité dont elles ont décru.

déçu, e adj. Trompé dans son espérance. ‖ Non réalisé : *espoir -.*

déculotter vt. Oter la culotte, le pantalon.

décuple adj. et nm. Dix fois plus grand.

décupler vt. Multiplier par dix. ‖ *Fig.* Augmenter considérablement : *la colère décuple les forces.*

décuvage nm. ou **décuvaison** nf. Transvasement du vin de la cuve dans les tonneaux.

décuver vt. Opérer le décuvage.

dédaigner vt. Traiter ou regarder avec hauteur, avec dédain. ‖ Repousser, négliger comme indigne de soi. ‖ *- de,* ne pas daigner : *il dédaigne de répondre.*

dédaigneux, euse adj. et n. Qui a ou qui marque du dédain.

dédain nm. Mépris orgueilleux exprimé par l'air, le ton, les manières.

dédale nm. Labyrinthe, lieu où l'on s'égare. ‖ *Fig.* Chose embrouillée : *le - des lois.*

dedans adv. A l'intérieur. ‖ Loc. adv. **Là -**, dans ce lieu. **En -, au-**, à l'intérieur. ‖ Nm. Partie intérieure d'une chose : *le - d'une maison.*

dédicace nf. Consécration d'une église. ‖ Hommage écrit qu'un auteur fait de son livre à quelqu'un.

dédicacer vt. Faire hommage d'un ouvrage à quelqu'un.

dédicatoire adj. Qui contient la dédicace d'un livre : *épître -.*

dédier vt. (c. *prier*). Consacrer au culte. ‖ Faire hommage.

dédire (se) vpr. (c. *dire*, sauf à la 2e pers. du pl. de l'indicatif présent : *v. v. dédisez,* et de l'impératif : *dédisez*). Se rétracter : *se - d'un engagement.*

dédit nm. Action de se dédire. ‖ Somme à payer en cas de non-accomplissement d'un contrat.

dédommagement nm. Réparation d'un dommage, compensation.

dédommager vt. (c. *manger*). Indemniser d'un dommage.

dédorage nm. ou **dédorure** nf. Action de dédorer ; son résultat.

dédorer vt. Enlever la dorure.

dédouaner vt. Faire sortir de la douane en acquittant les droits.

dédoublement nm. Action de dédoubler, de diviser en deux.

dédoubler vt. Oter la doublure. ‖ Déplier ce qui est en double. ‖ Partager en deux : - une classe. ‖ - un train, le doubler.

déductif, ive adj. Qui tient de la déduction : un raisonnement -.

déduction nf. Soustraction, retranchement. ‖ Conséquence tirée d'un raisonnement, conclusion.

déduire vt. (c. conduire). Soustraire, rabattre d'une somme. ‖ Tirer une conséquence : je déduis de là que...

déesse nf. Divinité féminine.

défaillance nf. Perte momentanée des forces physiques. ‖ Fig. Diminution momentanée des forces morales : chacun a ses moments de -. ‖ Absence : une - de mémoire.

défaillir vi. (Seules formes usitées : n. défaillons, v. défaillez, ils défaillent. Je défaillais, etc. Je défaillis. etc. J'ai défailli, etc., et les autres temps composés. Défaillir, Défaillant.) Perdre momentanément ses forces physiques ou morales : je me sens -; faire son devoir sans -. ‖ **Défaillant**, e part., adj. et n. Qui fait défaut en justice.

défaire vt. (c. faire). Détruire ce qui est fait. ‖ Dénouer : - sa cravate. ‖ Fig. Amaigrir : la maladie l'a défait. ‖ Mettre en déroute : - l'ennemi. ‖ Débarrasser : défaites-moi de cet importun. ‖ Modifier l'arrangement : - sa coiffure. ‖ **Se** - vpr. Vendre ou donner : se - d'un cheval. ‖ Se corriger : se - d'un vice. ‖ **Défait**, e part. et adj. Pâle, amaigri.

défaite nf. Perte d'une bataille.

défaitisme nm. Manque de confiance dans le succès.

défaitiste adj. Relatif au défaitisme. ‖ N. Partisan de l'abandon.

défalcation nf. Soustraction.

défalquer vt. Déduire, retrancher.

défausser (se) vpr. Au jeu, se débarrasser de cartes inutiles.

défaut nm. Imperfection physique, morale ou matérielle. ‖ Ce qui n'est pas conforme aux règles de l'art : les - d'un tableau. ‖ Absence : - d'imagination. ‖ Procéd. Refus de comparaître en justice : faire -. ‖ Fig. Le - de la cuirasse, le faible d'une personne. ‖ **A - de** loc. prép., faute de : à - de vin, nous boirons de l'eau.

défaveur nf. Etat de ce qui n'est plus en faveur.

défavorable adj. Qui n'est point favorable, hostile.

défavoriser vt. Désavantager.

défécation nf. Chim. Clarification d'une liqueur. ‖ Expulsion des matières fécales.

défectif, ive adj. Gramm. Se dit d'un verbe qui n'a pas tous ses temps, tous ses modes et toutes ses personnes.

défection nf. Action d'abandonner une cause.

défectueux, euse adj. Imparfait.

défectuosité nf. Imperfection, défaut.

défendable adj. Qui peut être défendu.

défendeur, eresse n. Qui se défend en justice.

défendre vt. Protéger, soutenir. ‖ Garantir de : - du froid. ‖ Plaider en faveur de. ‖ Prohiber; interdire. ‖ **Se** - vpr. Résister à une agression. ‖ Se justifier : se - d'une calomnie.

défenestration nf. Action de précipiter quelqu'un par une fenêtre.

défense nf. Action de défendre, de protéger. ‖ Interdiction. ‖ Résistance à une attaque. ‖ Procéd. Développement des moyens de justification d'un accusé : la - est difficile pour cet avocat. ‖ Chacune des dents saillantes de l'éléphant, du sanglier, etc.

défenseur nm. Celui qui défend, protège, soutient. ‖ Avocat.

défensif, ive adj. Fait pour la défense. ‖ Nf. Etat de défense : être sur la -. ‖ **Défensivement** adv.

déféquer vt. (c. céder). Opérer la défécation.

déférence nf. Respect, égards.

déférent, e adj. Respectueux.

déférer vt. (c. céder). Donner, décerner. ‖ Traduire devant un tribunal : - en justice. ‖ Vt. ind. Céder par respect : - à l'avis de quelqu'un.

déferlement nm. Action de déferler.

déferler vt. Mar. Déployer les voiles. ‖ Vi. Se développer et se briser avec bruit, en parlant des vagues. ‖ Fig. Se déployer avec impétuosité : la foule déferlait dans les rues.

déferrage ou **déferrement** nm. Action de déferrer.

déferrer vt. Oter un fer, une ferrure. ‖ **Se** - vpr. Perdre ses fers.

défeuillaison nf. Chute des feuilles.

défeuiller vt. Enlever les feuilles des arbres.

défi nm. Action de défier.

défiance nf. Absence de confiance, crainte d'être trompé.

défiant, e adj. Soupçonneux.

défibrer vt. Oter les fibres.

défibreuse nf. Machine à défibrer.

déficeler vt. (c. appeler). Enlever la ficelle : - un paquet.

déficience nf. Insuffisance organique ou mentale.

déficient, e adj. Qui présente une insuffisance physique ou mentale.

déficit [*sit*] nm. Ce qui manque, en général. ‖ Excédent des dépenses sur les recettes. ‖ Pl. des *déficits*.

déficitaire adj. En déficit.

défier vt. (c. *prier*). Provoquer. ‖ Ne pas croire capable de faire une chose. ‖ *Fig.* Braver : - *la mort.* ‖ **Se** - vpr. Avoir de la défiance : *se - de soi.* ‖ Se provoquer mutuellement.

défigurer vt. Rendre méconnaissable. ‖ *Fig.* Altérer : - *l'histoire.*

défilage nm. Action d'enlever les fils. ‖ Mise du chiffon en charpie (fabrication du papier).

défilé nm. Passage encaissé. ‖ Action des troupes qui défilent. ‖ Cortège.

défilement nm. *Milit.* Art de se soustraire aux vues de l'ennemi.

défiler vt. Oter le fil passé. ‖ Vi. Venir l'un après l'autre. ‖ Marcher à la file. ‖ **Se** - vpr. *Fam.* S'esquiver.

défini, e adj. Expliqué, déterminé. ‖ *Article* -, qui s'emploie avec un nom désignant un objet déterminé.

définir vt. Donner la définition. ‖ - *quelqu'un*, déterminer son caractère, ses qualités.

définissable adj. Qui peut être défini.

définitif, ive adj. Réglé, arrêté, fixé. ‖ **En définitive** loc. adv., finalement.

définition nf. Explication claire et précise.

déflagration nf. Combustion extrêmement vive, accompagnée d'explosion.

déflagrer vi. S'enflammer avec explosion et fracas.

déflation nf. Diminution de vitesse d'un courant aérien. ‖ Réduction du papier-monnaie en circulation.

déflecteur nm. Appareil qui change la direction d'un courant gazeux.

défleurir vi. Perdre ses fleurs. ‖ Vt. Faire tomber, détruire les fleurs.

défloraison nf. Chute des fleurs. ‖ Epoque de cette chute.

déflorer vt. Enlever à quelque chose sa fraîcheur, sa nouveauté.

défoliation nf. Chute des feuilles.

défonçage ou **défoncement** nm. Labour profond.

défoncer vt. (c. *placer*). Oter le fond. ‖ Labourer profondément.

défonceuse nf. Charrue sans versoir.

déformation nf. Altération de la forme primitive.

déformer vt. Altérer la forme d'une chose. ‖ *Fig.* Falsifier : - *la vérité.*

défouler (se) vpr. Se laisser aller à des débordements affectifs.

défournage ou **défournement** nm. Action de défourner.

défourner vt. Tirer du four.

défraîchir vt. Enlever la fraîcheur.

défrayer vt. (c. *balayer*). Payer la dépense de quelqu'un. ‖ - *la conversation*, en être l'objet.

défrichement nm. Action de défricher; son résultat.

défricher vt. Rendre propre à la culture. ‖ *Fig.* Eclaircir, débrouiller : - *un texte.*

défricheur nm. Qui défriche.

défriper vt. Déchiffonner.

défriser vt. Défaire la frisure. ‖ *Fig.* et *fam.* Désappointer : *voilà qui me défrise.*

défroque nf. Vêtement hors d'usage.

défroquer (se) vpr. Abandonner l'état monastique ou ecclésiastique. ‖ **Défroqué**, e part. et adj. adj. et n.

défruiter vt. Enlever le goût prononcé du fruit : - *de l'huile d'olive.*

défunt, e adj. et n. Qui est mort.

dégagement nm. Action de dégager. ‖ *Archit.* Corridor, couloir faisant communiquer une pièce avec une autre.

dégager vt. (c. *manger*). Retirer un gage. ‖ Débarrasser de ce qui encombre. ‖ Délivrer, libérer de : - *sa main.* ‖ *Fig.* - *quelqu'un de sa parole*, le dispenser de la tenir. ‖ Exhaler : - *un parfum agréable.*

dégaine nf. Démarche, attitude ridicules : *quelle - !*

dégainer vt. Tirer une épée du fourreau. ‖ Vi. Mettre l'épée à la main pour se battre.

déganter vt. Oter les gants.

dégarnir vt. Oter ce qui garnit. ‖ **Se** - vpr. S'effeuiller en parlant des arbres. ‖ *La salle se dégarnit*, se vide. ‖ Perdre ses cheveux.

dégât nm. Dommage occasionné par une cause violente (tempête, grêle, passage d'une armée, etc.).

dégauchir vt. Redresser ce qui était gauche. ‖ Aplanir une surface.

dégauchissage nm. Action de dégauchir.

dégauchisseuse nf. Raboteuse mécanique pour dresser la surface d'une pièce de bois.

dégazolinage nm. Extraction de la gazoline.

dégel nm. Fusion naturelle de la glace, de la neige.

dégeler vt. (c. *celer*). Faire fondre ce qui était gelé. ‖ Vi. Cesser d'être gelé. ‖ V. impers. : *il dégèle.*

dégénérer vi. (c. *céder*). Perdre les qualités naturelles de sa race. ‖ Changer de bien en mal, de mal en pis : *trop de bonté dégénère en faiblesse.* ‖ **Dégénéré**, e part., adj. et n.

dégénérescence nf. Affaiblissement physique, intellectuel et moral.

dégermer vt. Enlever le germe : - *des pommes de terre.*

dégingandé, e adj. *Fam.* Qui est comme disloqué dans ses mouvements.

dégivrage nm. Action de dégivrer.

dégivrer vt. Débarrasser du givre.

dégivreur nm. Appareil à dégivrer.

déglaçage nm. Action d'enlever la glace. ‖ Action de délustrer du papier.

déglutir vt. Avaler, ingurgiter.

déglutition nf. Action d'avaler.

dégobiller vi. *Pop.* Vomir.

dégommage nm. Action de dégommer.

dégommer vt. Ôter la gomme. ‖ *Fam.* Destituer d'un emploi.

dégonflement nm. Action de dégonfler. ‖ Cessation d'une enflure.

dégonfler vt. Faire cesser le gonflement, l'enflure. ‖ **Se** - vpr. *Pop.* Perdre son assurance, manquer de courage.

dégorgement nm. Action de dégorger. ‖ Epanchement. ‖ Action de purifier la laine, la soie, etc.

dégorgeoir nm. Instrument de forgeron pour couper le fer à chaud. ‖ Endroit où les eaux se dégorgent. ‖ Tige de fer pour extraire l'hameçon de la bouche du poisson.

dégorger vt. (c. *manger*). Déboucher, débarrasser un passage engorgé. ‖ Laver les tissus pour les dépouiller de tout corps étranger. ‖ Vi. Déborder, s'écouler dans. ‖ *Les sangsues dégorgent,* elles rendent le sang absorbé.

dégouliner vi. *Fam.* Couler lentement, goutte à goutte.

dégourdir vt. Rendre la chaleur, le mouvement : - *ses membres.* ‖ Faire chauffer légèrement : - *de l'eau.* ‖ *Fig.* Déniaiser : - *un jeune homme.* ‖ **Dégourdi, e** adj. et n.

dégourdissement nm. Action par laquelle l'engourdissement se dissipe.

dégoût nm. Manque d'appétit, répugnance. ‖ *Fig.* Aversion que l'on éprouve pour quelqu'un ou pour quelque chose : *il m'inspire un grand* -.

dégoûter vt. Ôter l'appétit, faire perdre le goût. ‖ Causer de la répugnance, de l'aversion. ‖ **Dégoûtant, e** part., adj. et n. ‖ **Dégoûté, e** part., adj. et n. Qui est délicat, difficile.

dégoutter vi. Tomber goutte à goutte.

dégradateur nm. Cache spécial, employé en photographie pour obtenir des images dégradées.

dégradation nf. Action de dégrader; son résultat. ‖ *Fig.* Avilissement.

dégrader vt. Dépouiller un militaire, un fonctionnaire de son grade. ‖ Détériorer. ‖ Affaiblir insensiblement : - *des teintes.* ‖ *Fig.* Avilir : *sa conduite le dégrade.*

dégrafer vt. Défaire les agrafes.

dégraissage nm. Action de dégraisser.

dégraisser vt. Ôter l'excédent de graisse. ‖ Ôter les taches.

dégras nm. Mélange d'huile de poisson et d'acide nitrique, employé pour assouplir et imperméabiliser les cuirs et les peaux.

dégravoiement nm. Action de dégravoyer.

dégravoyer vt. (c. *aboyer*). Dégrader, déchausser un mur.

degré nm. Marche d'un escalier. ‖ *Fig.* Parenté plus ou moins proche : *cousin au cinquième* -. ‖ Chacune des divisions de l'échelle du thermomètre. ‖ *Fig.* Se dit des postes, des emplois successifs dans une hiérarchie. ‖ Situation considérée par rapport à une série d'autres : *descendre d'un* - *dans l'échelle sociale.* ‖ Alg. - *d'un monôme,* somme des exposants des lettres du monôme. ‖ - *d'un polynôme,* degré de son terme de plus haut degré. ‖ *Géom.* et *astron.* Unité de mesure des angles : *l'angle droit vaut 90°.* ‖ Trois cent soixantième partie de la circonférence. ‖ Unité exprimant la concentration en alcool d'un liquide. ‖ *Gramm.* - *de comparaison,* positif, comparatif, superlatif. ‖ *Par* -, progressivement.

dégressif, ive adj. Qui va en diminuant : *impôt* -.

dégrèvement nm. Diminution de charges fiscales.

dégrever vt. (c. *mener*). Décharger d'une partie des impôts, d'une taxe.

dégringolade nf. Action de dégringoler. ‖ *Fig.* Décadence progressive.

dégringoler vi. *Fam.* Rouler de haut en bas. ‖ Vt. *Fam.* Descendre précipitamment : - *un escalier.*

dégrisement nm. Action de dégriser.

dégriser vt. Faire passer l'ivresse. ‖ *Fig.* et *fam.* Faire perdre ses illusions : *cet échec l'a dégrisé.*

dégrossir vt. Faire une première ébauche. ‖ *Fig.* Rendre moins grossier, moins ignorant : - *un rustre.*

dégrossissage ou **dégrossissement** nm. Action de dégrossir.

déguenillé, e adj. et n. Dont les vêtements sont en lambeaux.

déguerpir vi. Quitter un lieu par force.

déguisement nm. Etat d'une personne déguisée. ‖ Ce qui sert à déguiser. ‖ *Fig.* Dissimulation : *parler sans* -.

déguiser vt. Modifier la voix, l'attitude, le costume, de façon à rendre méconnaissable. ‖ *Fig.* Cacher sous des apparences trompeuses : - *ses sentiments.*

dégustateur nm. Celui qui est chargé de goûter les vins, les liqueurs.

dégustation nf. Essai d'une liqueur en la goûtant.

déguster vt. Goûter avec soin un liquide pour en apprécier la qualité. ‖ Savourer.

déhanché, e adj. et n. Qui a les hanches disloquées. ‖ Qui se dandine sur les hanches.

déhanchement nm. Mouvement d'une personne qui se déhanche.

déhancher (se) vpr. Se dandiner avec mollesse et affectation.

déharnacher vt. Oter le harnais. ‖ *Fig.* et *fam.* Débarrasser d'un lourd vêtement.

déhiscence nf. *Bot.* Manière dont un organe clos (anthère, gousse, sporange) s'ouvre naturellement.

déhiscent, e adj. *Bot.* Se dit des organes qui s'ouvrent par déhiscence.

dehors adv. Hors d'un lieu. ‖ Loc. adv. **En -**, à l'extérieur. **De -**, de l'extérieur. ‖ **En -** de loc. prép., à l'extérieur de : *en - de cette limite*. ‖ *Fig.* Sans, indépendamment de : *cela s'est passé en - de moi*. ‖ Nm. Partie extérieure : *le dedans et le - d'une maison.* ‖ Pl. *Fig.* Apparences : *des - trompeurs.*

déification nf. Action de déifier.

déifier vt. Mettre au nombre des dieux, diviniser.

déisme nm. Système de ceux qui, rejetant toute révélation, croient seulement à l'existence de Dieu.

déiste nm. Partisan du déisme.

déité nf. Divinité mythologique.

déjà adv. Dès ce moment : *avez-vous fini?* ‖ Auparavant : *je vous l'ai - dit.*

déjanter vt. Retirer, sortir de la jante : *- un pneu.*

déjection nf. Evacuation des excréments. ‖ Pl. Matières que rejettent les volcans. ‖ Matières évacuées.

déjeter vt. (c. *jeter*). Courber, gauchir une chose : *l'humidité déjette le bois.* ‖ **Se -** vpr. Se déformer.

déjeuner vi. Prendre le repas du matin ou de midi.

déjeuner nm. Repas du matin (*petit -*) ou de midi. ‖ Les mets eux-mêmes. ‖ Tasse et soucoupe pour le déjeuner du matin. ‖ *- de soleil*, chose éphémère.

déjouer vt. Faire échouer.

déjucher vi. Quitter le juchoir. ‖ Vt. Chasser du juchoir : *- des volailles.*

déjuger (se) vpr. (c. *manger*). Revenir sur une opinion, un jugement.

delà prép. De l'autre côté. ‖ Est toujours précédé des mots *au*, *par* : *au- des mers; par- - Paris.* ‖ **Deçà et -** loc. adv., de côté et d'autre. ‖ Nm. *L'au-delà*, le monde des morts.

délabrement nm. Etat de ruine. ‖ *Fig.* Dépérissement.

délabrer vt. Mettre en mauvais état : *- sa santé par des excès.*

délacer vt. (c. *placer*). Défaire le lacet.

délai nm. Temps accordé pour faire une chose. ‖ Remise : *demander un -.*

délaissement nm. Abandon.

délaisser vt. Laisser sans secours. ‖ Laisser de côté : *- son travail.*

délassement nm. Repos ou divertissement.

délasser vt. Reposer, ôter la fatigue : *sa gaieté nous délasse.*

délateur, trice n. Personne qui dénonce.

délation nf. Dénonciation secrète en vue d'une récompense.

délavage nm. Action de délaver.

délaver vt. Affaiblir avec de l'eau une couleur étendue sur du papier. ‖ Mouiller, détremper.

délayage nm. Action de délayer; son résultat. ‖ *Fig.* Verbiage, remplissage : *le - gâte les meilleures pensées.*

délayer vt. (c. *balayer*). Dissocier dans un liquide. ‖ *Fig. - une pensée*, l'exprimer trop longuement.

Delco nm. (nom déposé). Système d'allumage de moteur d'automobile.

délébile adj. Qui peut être effacé.

délectable adj. Très agréable.

délectation nf. Plaisir délicat.

délecter (se) vpr. Savourer un plaisir.

délégation nf. Action de déléguer. ‖ Groupe de personnes mandatées.

déléguer vt. (c. *céder*). Envoyer avec pouvoir d'agir. ‖ Transmettre par délégation : *- ses pouvoirs.* ‖ **Délégué, e** part., adj. et n.

délestage nm. Action de délester.

délester vt. Oter le lest. ‖ Suspendre provisoirement le courant électrique dans un secteur du réseau.

délétère adj. Qui attaque la santé, la vie.

délibératif, ive adj. *Avoir voix -*, avoir droit de vote dans les délibérations d'une assemblée.

délibération nf. Examen et discussion orale d'une affaire. ‖ Evaluation du pour et du contre, avant de prendre une décision : *n'agissez qu'après mûre -.*

délibérer vi. (c. *céder*). Consulter ensemble : *les juges délibèrent à huis clos.* ‖ **Délibéré, e** part. et adj. Assuré, libre : *avoir un air -.* ‖ *De propos -*, à dessein, exprès. ‖ **Délibérément** adv.

délicat, e adj. Agréable au goût, exquis. ‖ Tendre, faible, fragile. ‖

Façonné avec adresse : *ouvrage d'un travail -.* ‖ Dit ou fait d'une manière ingénieuse, avec courtoisie : *louange -.* ‖ Qui juge finement : *goût -.* ‖ Embarrassant, périlleux : *question -.* ‖ Scrupuleux : *âme -.* ‖ Conforme aux bienséances, à la probité : *procédé -.* ‖ N. Personne difficile à contenter : *faire le -.*

délicatesse nf. Qualité de ce qui est délicat, fin. ‖ Faiblesse, débilité : *- d'estomac.* ‖ Attention, prévenance aimable : *traiter quelqu'un avec -.*

délices nfpl. Plaisir extrême. ‖ Nmsing. Très vif plaisir : *la lecture de cet ouvrage est un -.*

délicieux, euse adj. Extrêmement agréable : *parfum -.*

délictueux, euse adj. Qui a le caractère du délit.

délié, e adj. Grêle, mince, menu. ‖ *Fig.* Subtil, pénétrant : *esprit -.* Nm. Partie fine des lettres, par opposition au *plein.*

délier vt. Défaire, détacher ce qui est lié. ‖ *Fig.* Dégager : *- d'un serment.* ‖ *Théol.* Absoudre.

délimitation nf. Action de délimiter.

délimiter vt. Fixer les limites.

délinquant, e n. Qui a commis un délit.

déliquescence [*kèss*] nf. Propriété qu'ont certains corps de se liquéfier en absorbant l'humidité de l'air. ‖ *Fig.* Décadence, corruption : *- d'un régime.*

déliquescent, e adj. Capable de déliquescence. ‖ *Fig.* Décadent.

délire nm. Égarement de l'esprit.

délirer vi. Avoir le délire.

delirium tremens [*dé-li-ryom tré-minss*] nm. Délire avec agitation et tremblement des membres, consécutif à l'alcoolisme chronique.

délit nm. Violation de la loi. ‖ *Le corps du -,* ce qui sert à le constater. ‖ *Prendre en flagrant -,* sur le fait.

délitement nm. Action de déliter les pierres.

déliter vt. Couper une pierre suivant le sens des stratifications : *- des ardoises.* ‖ Se - vpr. Se désagréger sous l'action de l'air ou de l'eau.

délivrance nf. Action de délivrer.

délivrer vt. Rendre la liberté. ‖ Livrer, remettre : *- des billets.*

déloger vi. Sortir d'un logement. ‖ *Fig. - sans tambour ni trompette,* quitter un lieu secrètement. ‖ Vt. *Fam.* Faire quitter à quelqu'un sa place. ‖ Chasser de ses positions : *- l'ennemi.*

déloyal, e, aux adj. Malhonnête, de mauvaise foi.

déloyauté nf. Perfidie.

delta nm. Île triangulaire, comprise entre les bras d'un fleuve à son embouchure.

deltaïque adj. Qui a rapport à un delta.

deltoïde adj. et nm. Se dit du muscle de l'articulation de l'épaule.

déluge nm. Le débordement universel des eaux, d'après la Bible. ‖ *Par ext.* Pluie torrentielle. ‖ *Fig.* Grande quantité : *- de maux.*

déluré, e adj. Vif, dégourdi.

délustrer vt. Ôter le lustre.

déluter vt. Ôter l'enduit de cuisson d'un vase.

démagogie nf. Politique qui flatte la multitude.

démagogique adj. Qui se rapporte à la démagogie.

démagogue nm. Celui qui fait de la démagogie.

démailler vt. Défaire les mailles.

démailloter vt. Ôter du maillot.

demain adv. Le jour qui suit celui où l'on est.

démancher vt. Ôter le manche d'un instrument. ‖ *Fam.* Disloquer : *il m'a démanché le bras.*

demande nf. Action de demander. ‖ La chose demandée. ‖ Question, interrogation : *- indiscrète.* ‖ *Comm.* Commande : *livrer sur -.* ‖ *Écon.* Somme des produits ou des services demandés : *l'offre et la -.*

demander vt. Prier quelqu'un d'accorder une chose. ‖ S'enquérir : *- son chemin.* ‖ Avoir besoin, exiger : *la terre demande de la pluie; ce travail demande de la patience.*

demandeur, eresse n. *Dr.* Qui engage une action en justice, qui revendique.

démangeaison nf. Picotements qu'on éprouve à la peau. ‖ *Fig.* et *fam.* Grande envie : *- de parler.*

démanger vi. (c. *manger*). Causer une démangeaison. ‖ *Fig. La langue lui démange,* il a grande envie de parler.

démantèlement nm. Action de démanteler; son résultat.

démanteler vt. (c. *celer*). Démolir les murailles, les fortifications.

démantibuler vt. *Fam.* Démonter maladroitement, rendre impropre à tout usage.

démaquiller vt. Ôter le maquillage.

démarcation nf. Action de limiter. ‖ *Fig.* Ce qui sépare nettement deux choses.

démarche nf. Manière de marcher. ‖ *Fig.* Tentative faite en vue de la réussite d'une affaire : *entreprendre une -.*

démarcheur nm. Courtier qui visite une clientèle pour lui recommander des valeurs financières, des marchandises, etc.

démarier vt. Eclaircir un semis en retirant les plants trop rapprochés.

démarquage nm. Action de démarquer ; son résultat.

démarquer vt. Oter la marque. || Changer les prix. || Copier une œuvre littéraire ou artistique en y apportant quelques variantes pour dissimuler l'emprunt.

démarrage nm. Action de démarrer.

démarrer vt. Mar. Détacher les amarres d'un bâtiment. || Vi. Quitter le port, partir. || Commencer à rouler, à se mettre en mouvement. || *Fig.* et *fam.* Quitter une place : *ne démarrez pas de là.*

démarreur nm. Appareil servant à la mise en marche d'un moteur.

démasquer vt. Oter le masque. || *Fig. - l'hypocrisie,* lui ôter les apparences de la vertu. || *- quelqu'un,* le faire connaître tel qu'il est. || *Fig. - ses batteries,* faire connaître ses intentions.

démasticage nm. Action de démastiquer.

démastiquer vt. Enlever le mastic.

démâter vt. Enlever, abattre les mâts. || Vi. Perdre ses mâts.

démêlage nm. Action de démêler.

démêlé nm. Querelle, contestation.

démêler vt. Séparer et mettre en ordre ce qui est mêlé : *- un écheveau.* || *Fig.* Débrouiller, éclaircir : *- une intrigue.* || Discerner : *- le vrai du faux.* || Contester : *qu'ont-ils à - ensemble?*

démêloir nm. Peigne à dents espacées. || Machine à démêler.

démêlures nfpl. Cheveux arrachés par le peigne.

démembrement nm. Partage, division.

démembrer vt. Arracher, séparer les membres d'un corps. || *Fig.* Diviser, morceler : *- un Etat.*

déménagement nm. Action de déménager.

déménager vt. (c. *manger*). Transporter des meubles d'une maison dans une autre. || Vi. Changer de logement : *nous avons déménagé.* || *Fig.* et *fam.* Déraisonner.

déménageur nm. Entrepreneur, ouvrier qui fait les déménagements.

démence nf. Folie. || Affaiblissement progressif, abolition des facultés mentales. || *Par exagér.* Conduite déraisonnable : *c'est de la - d'agir ainsi.*

démener (se) vpr. (c. *mener*). Se débattre, s'agiter vivement : *se - comme un diable dans un bénitier.* || *Fig.* Se donner beaucoup de peine.

dément, e adj. et n. Fou.

démentiel adj. Qui appartient à la démence.

démentir vt. (c. *sentir*). Contredire nettement. || Nier l'existence d'un fait. || Aller à l'encontre de, contrecarrer : *prédiction que l'événement a démentie.* || **Démenti** part., adj. et nm. Dénégation : *infliger un - à quelqu'un.* || *Fig.* et *fam.* Honte, affront résultant d'un échec : *il en a eu le -.*

démérite nm. Action de démériter.

démériter vi. Agir de manière à perdre la bienveillance, l'affection ou l'estime : *en quoi a-t-il démérité?*

démesuré, e adj. Qui excède la mesure ordinaire.

démettre vt. Déplacer de sa position naturelle. || **Se** - vpr. Renoncer à une fonction, à un emploi.

démeubler vt. Dégarnir de meubles.

demeurant (au) loc. adv. En somme, tout bien pesé : *au -, c'est un bon garçon.*

demeure nf. Domicile. || *- céleste,* le paradis. || A le sens de retard, délai, dans la locution : *il n'y a pas de péril en la -,* il n'y a pas d'inconvénient à tarder plus longtemps. || *Dernière -,* le tombeau. || *Par ext. Mettre quelqu'un en - de,* l'obliger à remplir son engagement. || A - loc. adv., d'une manière stable, définitive : *s'installer à - à la campagne.*

demeurer vi. Habiter. || Tarder, rester : *- longtemps à table.* || Rester, se trouver dans un état : *il est demeuré silencieux.* || Continuer d'être, subsister : *la question demeure indécise.* || *En - là,* ne pas avoir de suite.

demi, e adj. Qui est l'exacte moitié d'un tout. || A - loc. adv., à moitié. || Nm. Moitié d'une unité. || Joueur du second rang au football ou au rugby. || Chope de bière. || Nf. Demi-heure : *pendule qui sonne les demies.*

demi-botte nf. Botte qui s'arrête à mi-jambe. || Pl. des *demi-bottes.*

demi-cercle nm. La moitié d'un cercle. || Pl. des *demi-cercles.*

demi-deuil nm. Vêtement sombre, pour la dernière moitié du deuil. || Pl. des *demi-deuils.*

demi-dieu nm. Chez les Anciens, fils d'un dieu et d'une mortelle, tels Hercule, Achille, etc. || Homme exceptionnel par son génie. || Pl. des *demi-dieux.*

demi-finale nf. Epreuve sportive qui précède la finale. || Pl. des *demi-finales.*

demi-fond nm. Course de moyenne distance, comme le 400 ou le 800 m en course à pied.

demi-frère nm. Frère par le père ou

la mère seulement. ‖ Pl. des *demi-frères*.

demi-gros nm. Commerce portant sur les petits approvisionnements des marchands au détail.

demi-heure nf. Moitié d'une heure. ‖ Pl. des *demi-heures*.

démilitarisation nf. Action de démilitariser.

démilitariser vt. Supprimer toute organisation militaire.

demi-mal nm. *Fam.* Inconvénient moins grave que celui qu'on redoutait. ‖ Pl. des *demi-maux*.

demi-mesure nf. Moitié de mesure. ‖ *Fig.* Moyen insuffisant. ‖ Pl. des *demi-mesures*.

demi-mondaine nf. Femme de mœurs légères. ‖ Pl. des *demi-mondaines*.

demi-mort, e adj. Mort à demi.

demi-mot (à) loc. adv. *Comprendre à -*, sans qu'il soit nécessaire de tout dire.

déminage nm. Action de déminer.

déminer vt. Retirer d'un terrain ou d'un port les mines explosives qui s'y trouvent cachées : *- une plage*.

déminéraliser vt. Faire perdre ses sels minéraux.

demi-pause nf. *Mus.* Signe indiquant un silence de deux temps. ‖ Pl. des *demi-pauses*.

demi-pension nf. Ce que paie un demi-pensionnaire. ‖ État de demi-pensionnaire. ‖ Pl. des *demi-pensions*.

demi-pensionnaire n. Élève qui prend le repas du midi dans un établissement scolaire. ‖ Pl. des *demi-pensionnaires*.

demi-saison nf. *Vêtements de -*, vêtements de printemps/automne.

demi-sang nm. inv. Cheval provenant de reproducteurs dont un seul est de pur sang.

demi-sœur nf. Sœur par le père ou la mère seulement. ‖ Pl. des *demi-sœurs*.

demi-solde nf. Appointements réduits d'un militaire qui n'est plus en activité. (Pl. des *demi-soldes*.) ‖ Nm. inv. Officier en demi-solde.

demi-soupir nm. *Mus.* Signe indiquant un silence d'un demi-temps. ‖ Pl. des *demi-soupirs*.

démission nf. Acte par lequel on se démet d'une fonction.

démissionnaire n. et adj. Qui donne ou a donné sa démission.

démissionner vi. Renoncer volontairement à une fonction, à un emploi.

demi-teinte nf. Teinte entre le clair et le foncé. ‖ Pl. des *demi-teintes*.

demi-ton nm. *Mus.* Intervalle qui

est la moitié d'un ton. ‖ Pl. des *demi-tons*.

demi-tour nm. Moitié d'un tour que l'on fait sur soi-même. ‖ *Par ext.* *Faire -*, revenir sur ses pas. ‖ Pl. des *demi-tours*.

démiurge nm. Nom du Dieu créateur, dans la philosophie platonicienne.

démobilisation nf. Action de démobiliser.

démobiliser vt. Renvoyer dans leurs foyers des soldats mobilisés.

démocrate nm. Attaché aux principes de la démocratie.

démocratie [*sî*] nf. Gouvernement où le peuple exerce la souveraineté.

démocratique adj. Qui appartient à la démocratie.

démocratiser vt. Rendre démocratique.

démoder (se) vpr. N'être plus à la mode.

démographie nf. Étude statistique de la population humaine.

démographique adj. Relatif à la démographie.

demoiselle nf. Fille qui n'est pas mariée. ‖ *- d'honneur*, jeune fille qui accompagne une mariée. ‖ Libellule. ‖ Pilon des paveurs.

démolir vt. Détruire, abattre. ‖ *Fig.* Ruiner une réputation, une influence : *chercher à - un écrivain*.

démolisseur nm. Celui qui démolit. ‖ *Fig.* Destructeur d'une doctrine, d'une théorie, etc.

démolition nf. Action de démolir. ‖ Pl. Matériaux qui en proviennent.

démon nm. Ange déchu, diable. ‖ *Fig.* Personne méchante : *cette femme est un vrai -*. ‖ *Fam.* Enfant espiègle.

démonétisation nf. Action de démonétiser.

démonétiser vt. Dépouiller une monnaie, un timbre, de sa valeur légale. ‖ *Fig.* Déprécier, discréditer.

démoniaque adj. et n. Possédé, inspiré du démon.

démonographie ou **démonologie** nf. Science qui traite de la nature et de l'influence des démons.

démonstrateur, trice n. Personne qui assure la publicité d'un objet mis en vente.

démonstratif, ive adj. Qui démontre : *raison -*. ‖ Qui manifeste extérieurement ses sentiments : *personne -*. ‖ *Gramm.* Adjectif ou pronom servant à montrer, à préciser l'être ou la chose dont il est question.

démonstration nf. Raisonnement par lequel on établit la vérité d'une proposition. ‖ Explication expérimentale. ‖ Témoignage extérieur de ses sentiments.

démontage nm. Action de démonter.

démonter vt. Jeter quelqu'un à bas de sa monture. ‖ Défaire pièce par pièce : *une machine*. ‖ *Fig.* Déconcerter : *- un adversaire*. ‖ Se vpr. Perdre son assurance, se troubler. ‖ **Démonté, e** part. et adj. *Mer -*, agitée par des lames violentes.

démontrer vt. Prouver l'évidence de. ‖ *Par ext.* Témoigner : *cette démarche démontre sa bonne foi.*

démoralisateur, trice n. et adj. Qui démoralise.

démoralisation nf. Action de démoraliser ; son résultat.

démoraliser vt. Corrompre les mœurs. ‖ Ôter le courage, la confiance.

démordre vt. ind. **[de]**. Abandonner une opinion : *il n'en démordra point.*

démotique adj. Se dit d'une écriture du peuple de l'ancienne Égypte.

démoulage nm. Action d'enlever d'un moule.

démouler vt. Retirer d'un moule.

démoustiquer vt. Éliminer les moustiques d'une région.

démultiplication nf. Système de transmission réduisant le rapport des vitesses.

démunir (se) vpr. Se dessaisir d'une chose utile.

dénatalité nf. Diminution du nombre des naissances.

dénationaliser vt. Faire perdre le caractère national. ‖ Rendre à l'industrie privée.

dénatter vt. Défaire une natte.

dénaturalisation nf. Action de dénaturaliser ; son résultat.

dénaturaliser vt. Priver des droits acquis par naturalisation.

dénaturation nf. Action de dénaturer.

dénaturer vt. Changer la nature, le goût d'une chose. ‖ *Fig.* Interpréter tendancieusement, travestir : *les paroles de quelqu'un.* ‖ **Dénaturé, e** part., adj. et n. Qui a des sentiments hors nature : *un père -.* ‖ Dépravé : *goûts -.* ‖ *Alcool -*, destiné à des usages industriels et rendu impropre à la consommation.

dénégation nf. Action de nier.

déni nm. Refus d'une chose due. ‖ *- de justice*, refus fait par un juge de rendre justice.

déniaiser vt. Rendre moins naïf.

dénicher vt. Ôter du nid. ‖ *Fig.* Découvrir, trouver : *- un livre rare.* ‖ Vi. Quitter le nid.

dénicheur, euse n. Qui déniche les oiseaux. ‖ Fureteur, fouinard.

dénicotiniser vt. Diminuer la teneur en nicotine du tabac.

denier nm. Ancienne monnaie française, douzième partie d'un sou. ‖ Unité servant à apprécier la finesse d'une fibre textile : *des bas de trente -.* ‖ *- de Saint-Pierre*, offrande faite au pape par les fidèles. ‖ *- à Dieu*, somme que l'on donne au concierge d'une maison où l'on retient un logement. ‖ Pl. *Les - publics*, les revenus de l'État.

dénier vt. (c. *prier*). Refuser de reconnaître, d'accorder : *- un droit à quelqu'un.*

dénigrement nm. Action de dénigrer.

dénigrer vt. Discréditer, décrier.

dénigreur nm. Celui qui dénigre.

déniveler vt. (c. *appeler*). Détruire le niveau.

dénivellation nf. ou **dénivellement** nm. Différence de niveau.

dénombrement nm. Recensement de personnes ou de choses.

dénombrer vt. Compter, recenser.

dénominateur nm. Terme d'une fraction qui marque en combien de parties égales on suppose l'unité divisée : *le - est placé sous le numérateur.*

dénomination nf. Désignation d'une personne ou d'une chose par un nom.

dénommer vt. Nommer, imposer un nom.

dénoncer vt. (c. *placer*). Signaler, déférer à la justice : *- un criminel.* ‖ Annuler : *- un traité.*

dénonciateur, trice n. Délateur.

dénonciation nf. Action de dénoncer.

dénoter vt. Indiquer, révéler : *son attitude dénote son embarras.*

dénouement nm. Action de dénouer. ‖ Manière dont se termine une affaire, une pièce de théâtre, un livre, etc.

dénouer vt. Défaire un nœud. ‖ *Fig.* Démêler ; éclaircir : *- une intrigue.*

dénoyauter vt. Enlever les noyaux.

denrée nf. Marchandise destinée à la consommation : *- coloniale.*

dense adj. Compact, lourd.

densimètre nm. Aréomètre directement gradué en densités.

densité nf. Qualité de ce qui est dense. ‖ Rapport du poids d'un certain volume d'un corps à celui du même volume d'eau à 4° C. ‖ *- de population*, nombre d'habitants au kilomètre carré.

dent nf. Chacun des petits os enchâssés dans la mâchoire, et nommés selon leur forme *incisives, canines, molaires*. ‖ *- de lait*, du premier âge. ‖ *- de sagesse*, les quatre dernières. ‖ Découpure saillante : *les - d'une scie.* ‖ *--de-loup*, raccord denté de manivelle. ‖ *Fig. Coup de -*, médisance. ‖ *Être*

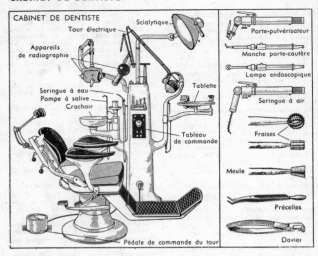

CABINET DE DENTISTE

Tour électrique — Scialytique

Appareils
de radiographie

Seringue à eau
Pompe à salive
Crachoir

Tablette

Tableau
de commande

Porte-pulvérisateur

Manche porte-cautère

Lampe endoscopique

Seringue à air

Fraises

Meule

Précelles

Davier

Pédale de commande du tour

---

sur les -, être harassé. ‖ *Ne pas desserrer les -,* se taire obstinément. ‖ ‖ *Avoir une - contre quelqu'un,* lui en vouloir.

dentaire adj. Relatif aux dents.

dental, e adj. Se dit des consonnes qui, comme *d, t,* se prononcent en appuyant la pointe de la langue contre les dents. ‖ Nf. : *une -.*

dentelé, e adj. Taillé en dents de scie.

denteler vt. (c. *appeler*). Faire des découpures en forme de dents.

dentelle nf. Tissu léger et à jour, fait avec du fil, de la soie. ‖ Découpure analogue à une dentelle.

dentellerie nf. Fabrication, commerce, ouvrage de dentelle.

dentellier, ère adj. Qui concerne la dentelle. ‖ Nf. Ouvrière en dentelle.

dentelure nf. Découpure en forme de dents.

denter vt. Munir de dents.

dentier nm. Appareil formé d'une série de dents artificielles.

dentifrice adj. et nm. Pâte, poudre pour nettoyer les dents.

dentiste nm. Chirurgien qui s'occupe des soins dentaires.

dentition nf. Formation, sortie naturelle des dents.

denture nf. Ensemble des dents d'une personne. ‖ Dents d'une roue d'engrenage.

dénuder vt. Mettre à nu, dépouiller.

dénué, e adj. Dépourvu de, privé de.

dénuement nm. Misère profonde.

dénuer (se) vpr. Se priver, se dépouiller du nécessaire.

dénutrition nf. Etat d'un organe vivant où la désassimilation l'emporte sur l'assimilation.

dépailler vt. Dégarnir de sa paille.

dépannage nm. Action de dépanner.

dépanner vt. Remédier à la panne d'une machine, d'un appareil. ‖ Remorquer jusqu'à un garage.

dépanneur nm. Ouvrier qui dépanne.

dépaqueter vt. (c. *jeter*). Défaire un paquet.

déparaffinage nm. Extraction des graisses minérales des huiles de pétrole.

dépareiller vt. Oter l'une des choses pareilles qui allaient ensemble. ‖ Rendre incomplète une collection.

déparer vt. Gâter le bon effet d'un ensemble.

déparier vt. (c. *prier*). Oter l'une des deux choses qui font la paire.

départ nm. Action de partir.

départ nm. (de *départir*). Action de séparer : *faire le - du bien et du mal.*

départager vt. (c. *manger*). Dans une délibération, faire cesser par son suffrage le partage égal des voix.

département nm. Ce qui est de la compétence d'un ministre : *- de l'Intérieur.* ‖ Division du territoire français, administrée par un préfet.

départemental, e, aux adj. Qui a rapport au département.

départir vt. (c. *partir*). Distribuer : *il départit son bien entre ses enfants.* ‖ Se - vpr. Abandonner, renoncer à : *il ne se départait pas de son calme.*

dépassant nm. Garniture qui dépasse.

dépassement nm. Action de dépasser : *- de crédits.*

dépasser vt. Aller au-delà. ‖ Passer devant. ‖ Sortir de l'alignement. ‖ *Fig.* Excéder : *le succès dépasse nos espérances.* ‖ *Fam.* Etonner : *cette nouvelle me dépasse.*

dépavage nm. Action de dépaver.

dépaver vt. Oter les pavés.

dépaysement nm. Action de dépayser; son résultat.

dépayser vt. Faire changer de pays, de milieu. ‖ *Fig.* Dérouter.

dépècement ou **dépeçage** nm. Action de dépecer.

dépecer vt. (c. *mener* et *placer*). Mettre en pièces, couper en morceaux.

dépêche nf. Avis, communication télégraphique.

dépêcher vt. Envoyer en toute diligence. ‖ Faire promptement : *- un travail.* ‖ Se - vpr. Se hâter.

dépeigner vt. Défaire la coiffure.

dépeindre vt. (c. *craindre*). Décrire, représenter avec exactitude.

dépenaillé, e adj. En lambeaux.

dépendance nf. Sujétion, subordination. ‖ Pl. Tout ce qui dépend d'une maison, d'un héritage.

dépendre vt. Détacher ce qui était pendu.

dépendre vt. ind. Etre sous l'autorité de : *- d'un patron.* ‖ Faire partie de. ‖ *Fig.* Résulter : *le bonheur dépend de la conduite.* ‖ V. impers. : *il dépend de vous de... ou que...*

dépens [pan] nmpl. Frais d'un procès. ‖ Aux - de loc. prép., aux frais. ‖ *Fig.* Au détriment : *aux - de l'honneur.* ‖ *Rire aux - de quelqu'un,* se moquer de lui.

dépense nf. Emploi d'argent. ‖ Produits consommés pendant un temps donné. ‖ *Fig.* Emploi : *une grande - de forces.*

dépenser vt. Employer de l'argent pour un achat. ‖ *Fig.* Consommer, prodiguer : *- son temps.*

dépensier, ère adj. et n. Qui dépense beaucoup.

déperdition nf. Perte, diminution.

dépérir vi. S'affaiblir, s'étioler : *sa santé dépérit.*

dépérissement nm. Etat d'une chose ou d'un homme qui dépérit.

dépêtrer vt. Débarrasser les pieds d'un animal d'une entrave. (Vx.) ‖ *Fig.* Tirer d'embarras : *- quelqu'un d'une mauvaise affaire.* ‖ Se - vpr.

dépeuplement nm. Action de dépeupler; son résultat.

dépeupler vt. Dégarnir d'habitants ‖ *Par ext.* Dégarnir, dépouiller : *- un étang.*

déphasage nm. Différence de phase entre deux phénomènes alternatifs de même fréquence.

dépiauter vt. *Fam.* Enlever la peau, écorcher.

dépilation nf. Action de dépiler.

dépilatoire adj. et nm. Produit pour faire tomber les poils.

dépiler vt. Faire tomber les poils.

dépiquage nm. Action de dépiquer.

dépiquer vt. Défaire les piqûres faites à une étoffe. ‖ *Agric.* Faire sortir le grain de son épi. ‖ Sortir un plant du sol pour le replanter ailleurs.

dépister vt. *Chasse.* Découvrir le gibier à la piste. ‖ *Fig.* Découvrir la trace de quelqu'un : *- un voleur.* ‖ Détourner de la piste : *- ses créanciers.*

dépit nm. Chagrin mêlé de colère dû à une déception. ‖ **En - de** loc. prép., malgré. ‖ **En -** du bon sens, très mal.

dépiter vt. Causer du dépit. ‖ Se - vpr. Eprouver du dépit.

déplacement nm. Action de déplacer, de se déplacer; son résultat.

déplacer vt. (c. *placer*). Changer de place. ‖ **Déplacé, e** part. et adj. *Fig.* Qui manque aux convenances : *propos -.*

déplaire vt. ind. Ne pas plaire, être désagréable. ‖ Causer du chagrin, de la peine. ‖ *Ne vous en déplaise,* quoi que vous en pensiez.

déplaisir nm. Mécontentement.

déplantage nm. ou **déplantation** nf. Action de déplanter.

déplanter vt. Arracher pour planter ailleurs.

déplantoir nm. Instrument pour déplanter les végétaux de petite taille.

dépliant nm. Carte, prospectus, etc.. qui se présente plié plusieurs fois.

déplier vt. Etendre une chose pliée.

déplissage nm. Action de déplisser.

déplisser vt. Défaire les plis.

déploiement nm. Action de déployer; son résultat. ‖ *Fig.* Etalage, démonstration : - *de forces.*

déplombage nm. Action de déplomber.

déplomber vt. Enlever les plombs apposés par la douane. ‖ Dégarnir une dent plombée.

déplorable adj. Digne de pitié. ‖ *Fam.* Très mauvais : *une conduite -.*

déplorer vt. Regretter. ‖ *Fam.* Trouver mauvais : - *une décision.*

déployer vt. (c. *aboyer*). Développer : - *un mouchoir.* ‖ *Fig.* Etaler : - *son luxe.* ‖ *Rire à gorge déployée*, rire aux éclats.

déplumer vt. Oter les plumes. ‖ Se vpr. *Fam.* Perdre ses cheveux.

dépoitraillé, e adj. *Fam.* Le poitrail à l'air, la poitrine découverte, les vêtements en désordre.

dépolir vt. Oter l'éclat, le poli, la transparence : - *une vitre.*

dépolissage nm. Action de dépolir.

déponent adj. et nm. Verbe latin de forme passive et de sens actif.

dépopulation nf. Syn. de DÉPEUPLEMENT.

déportation nf. Exil dans un lieu déterminé, pour des motifs politiques ou raciaux.

déportements nmpl. Mœurs dissolues; conduite débauchée.

déporter vt. Condamner à la déportation. ‖ Dévier de sa direction. ‖ *Déporté, e* part., adj. et n.

déposant, e n. Qui fait une déposition devant un juge. ‖ Qui dépose de l'argent à la caisse d'épargne.

dépose nf. Action d'enlever ce qui était posé.

déposer vt. Poser une chose que l'on portait. ‖ *Fig.* Donner en garantie : - *une caution.* ‖ Former un dépôt : *ce vin dépose.* ‖ - *son bilan,* faire faillite. ‖ Mettre en dépôt : - *de l'argent.* ‖ Vi. Faire une déposition en justice.

dépositaire n. Personne qui reçoit une chose en dépôt.

déposition nf. Retrait d'une dignité : - *d'un roi.* ‖ Ce qu'un témoin énonce en justice.

déposséder vt. (c. *céder*). Oter la possession.

dépossession nf. Action de déposséder. ‖ Etat qui en résulte.

dépôt nm. Action de déposer. ‖ Chose déposée. ‖ Matières solides qu'abandonne un liquide au repos. ‖ Lieu où l'on dépose, où l'on gare : - *d'autobus.* ‖ *Milit.* Partie d'un régiment qui demeure dans sa garnison quand

celui-ci entre en campagne. ‖ Lieu où cette fraction reste stationnée : *renvoyer un homme au -.* ‖ *Mandat de -,* ordre d'incarcération. ‖ Lieu de détention au Palais de Justice, à Paris.

dépotage ou **dépotement** nm. Action de dépoter.

dépoter vt. Oter une plante d'un pot. ‖ Changer un liquide de vase.

dépotoir nm. Fosse destinée à recevoir les matières des vidanges. ‖ *Fam.* Débarras en désordre.

dépouille nf. Peau que rejettent certains animaux, tels que le serpent, le ver à soie, etc. ‖ Peau enlevée à un animal. ‖ - *mortelle,* corps de l'homme après la mort. ‖ Pl. Butin pris à l'ennemi.

dépouillement nm. Action de dépouiller. ‖ Examen d'un dossier, d'un compte, etc. ‖ - *du scrutin,* décompte des voix après une élection.

dépouiller vt. Arracher, enlever la peau d'un animal. ‖ Oter ses vêtements à quelqu'un. ‖ Faire le relevé d'un compte, d'un inventaire, etc. ‖ Compter les votes d'un scrutin. ‖ *Fig.* Priver, déposséder : - *quelqu'un de sa fortune.* ‖ Se défaire de, en parlant des sentiments : - *toute honte.*

dépourvu, e adj. Privé. ‖ *Au - loc. adv.,* à l'improviste.

dépoussiéreur nm. Appareil utilisé dans l'industrie pour filtrer l'air et en retenir les poussières.

dépravation nf. Corruption, avilissement : - *des mœurs.*

dépraver vt. Pervertir, corrompre. ‖ *Par anal.* Altérer, gâter : - *le goût.* ‖ *Dépravé, e* part., adj. et n.

déprécation nf. Prière faite pour détourner un malheur ou obtenir un pardon.

dépréciateur, trice n. Qui déprécie; qui est porté à déprécier.

dépréciation nf. Action de déprécier. ‖ Etat d'une chose dépréciée.

déprécier vt. Diminuer la valeur d'une chose ou le mérite de quelqu'un.

déprédateur, trice n. Celui, celle qui commet des déprédations.

déprédation nf. Pillage, dégâts. ‖ Malversations dans l'administration de quelque chose : *la - des biens d'un pupille.*

dépressif, ive adj. Qui déprime.

dépression nf. Affaissement : - *de terrain.* ‖ *Phys.* Abaissement de la pression : - *barométrique.* ‖ *Fig.* Diminution des forces physiques ou morales : *je l'ai trouvé dans une grande -.*

déprimer vt. Affaiblir physiquement ou moralement : *la fièvre déprime les malades.*

de profundis nm. Psaume pour les morts commençant par ces mots.

depuis prép. A partir de, en parlant : 1º du temps : - *lundi*; 2º du lieu : - *le Rhin jusqu'à l'Océan*; 3º de l'ordre : - *le premier jusqu'au dernier.* ‖ Adv. de temps : *je ne l'ai pas vu -.* ‖ **- que** loc. conj., depuis le temps que.

dépuratif, ive adj. et nm. Propre à dépurer le sang.

dépuration nf. Action de dépurer; son résultat.

dépurer vt. Rendre plus pur.

députation nf. Groupe de personnes chargées d'une mission. ‖ Fonction de député.

député nm. Personne nommée par élection pour faire partie d'une assemblée délibérante.

députer vt. Envoyer en députation; déléguer.

déracinement nm. Action de déraciner.

déraciner vt. Arracher de terre un arbre, une plante avec ses racines. ‖ *Fig.* Extirper, faire disparaître : - *un abus.* ‖ **Déraciné, e** adj. et n. *Fig.* Qui a quitté son pays d'origine : *un -.*

déraidir ou **déroidir** vt. Oter la raideur, assouplir.

déraillement nm. Action de dérailler.

dérailler vi. Sortir des rails. ‖ *Fig.* et *fam.* Déraisonner, divaguer.

dérailleur nm. Dispositif permettant de faire passer un wagon d'une voie sur une autre, ou d'engrener la chaîne d'une bicyclette sur un autre pignon.

déraison nf. Manque de raison.

déraisonnable adj. Qui manque de raison.

déraisonner vi. Dire des paroles dénuées de sens.

dérangement nm. Action de déranger; état qui en résulte. ‖ *Fig.* - *du corps,* diarrhée.

déranger vt. (c. *manger*). Oter une chose de sa place. ‖ Détraquer. ‖ Altérer, troubler : - *l'estomac.* ‖ *Fig.* Gêner, importuner : *je ne voudrais pas vous -.* ‖ **Se -** vpr. Se déplacer.

dérapage nm. Action d'une ancre, d'une roue qui dérape.

déraper vi. Détacher ou se détacher du fond en parlant d'une ancre. ‖ Glisser sur le sol par manque d'adhérence des roues.

dérater vt. Oter la rate. ‖ **Dératé, e** part. et n. Qui n'a plus de rate. ‖ *Fig. Courir comme un -,* très vite.

dératisation nf. Destruction des rats.

dératiser vt. Débarrasser des rats.

derby nm. Course de chevaux qui a lieu chaque année à Epsom, en Angle-terre. ‖ - *français,* qui a lieu à Chantilly. ‖ Voiture légère à quatre roues.

derechef adv. De nouveau.

dérèglement nm. Etat de ce qui est déréglé. ‖ *Fig.* Désordre moral : - *des mœurs.*

dérégler vt. (c. *céder*). Déranger, détraquer. ‖ *Fig.* Faire sortir des règles du devoir : - *un jeune homme.*

dérider vt. Faire disparaître les rides. ‖ *Fig.* Egayer, réjouir : *il n'est pas facile de le -.* ‖ **Se -** vpr.

dérision nf. Moquerie méprisante.

dérisoire adj. Dit ou fait par dérision. ‖ *Par anal.* Insignifiant, minime : *salaire -.*

dérivatif nm. Ce qui détourne l'esprit de ses préoccupations : *la lecture est un puissant -.*

dérivation nf. Action de détourner les eaux. ‖ *Electr.* Canalisation électrique annexe partant d'une ligne principale. ‖ *Gramm.* Procédé de formation des mots par addition de suffixes à un radical.

dérive nf. Déviation : *aller à la -.* ‖ Déplacement non contrôlé d'un véhicule. ‖ Gouvernail de direction d'un avion. ‖ *Entreprise qui va à la -,* à la ruine.

dérivé nm. Mot qui dérive d'un autre. ‖ Corps obtenu par la transformation d'un autre : *corps - de l'azote.*

dériver vi. S'écarter de sa route. ‖ *Fig.* Découler : *tous ces malheurs dérivent de la guerre.* ‖ *Gramm.* Tirer son origine. ‖ Vt. Détourner de son cours : - *un cours d'eau.*

dermatologie nf. *Méd.* Science qui traite des maladies de la peau.

dermatose nf. Maladie de la peau en général.

derme nm. *Anat.* Tissu principal de la peau.

dermite ou **dermatite** nf. Inflammation de la peau.

dernier, ère adj. Qui vient après tous les autres. ‖ Le plus vil : *le - des hommes.* ‖ Extrême : *degré de perfection.* ‖ Précédent : *l'an -.*

dernier-né n. Enfant né le dernier dans une famille. ‖ Pl. des *derniers-nés.*

dérobade nf. Action de se dérober.

dérober vt. Prendre furtivement le bien d'autrui : - *de l'argent, des vêtements.* ‖ *Fig.* Soustraire : - *un criminel à la mort.* ‖ Cacher : - *sa marche.* ‖ **Se -** vpr. Se dit d'un cheval qui ne veut pas franchir un obstacle. ‖ *Fig.* Faiblir : *ses genoux se dérobent.* ‖ Manquer, se soustraire : *se - à ses devoirs.* ‖ **Dérobé, e** part. et adj. Secret : *escalier -.* ‖ **A la -** loc. adv., en cachette.

dérochage nm. Action de dérocher.

dérocher vt. Décaper un métal. ‖ Enlever les roches. ‖ Vi. Glisser d'un rocher, en parlant d'un alpiniste.

dérogation nf. Action de déroger.

déroger vt. ind. (c. *manger*). S'écarter de ce qui est établi par une loi, une convention. ‖ Vi. Manquer à sa dignité, à son rang.

dérouillement nm. Action de dérouiller; son résultat.

dérouiller vt. Enlever la rouille. ‖ *Fig.* et *fam.* Dégourdir : - *ses jambes.* ‖ Façonner l'esprit de quelqu'un.

déroulement nm. Action de dérouler. ‖ *Fig.* Enchaînement de faits : *le de l'action dans une pièce de théâtre.*

dérouler vt. Etendre ce qui était roulé. ‖ *Fig.* Etaler sous les yeux, développer à l'esprit : - *ses plans.*

déroute nf. Fuite en désordre de troupes vaincues.

dérouter vt. Faire perdre sa trace, dépister. ‖ *Fig.* Déconcerter : *questions qui déroutent un candidat.*

derrick nm. Bâti des appareils de sondage des puits de pétrole.

derrière prép. En arrière de, à la suite de. ‖ Adv. Après. ‖ Loc. adv. **Sens devant -**, à l'envers. **Par -**, par le dos.

derrière nm. Partie postérieure.

dervise ou **dervis** nm. Religieux musulman : - *tourneur.*

des, art. contracté pour *de les.*

dès, prép. de temps ou de lieu. Depuis : - *l'enfance.* ‖ A partir de : - *demain.* ‖ **- lors** loc. adv., aussitôt; en conséquence. ‖ **- que** loc. conj., aussitôt que.

désabonner vt. Suspendre un abonnement.

désabusement nm. Action de désabuser; son résultat.

désabuser vt. Tirer quelqu'un de son erreur, de ses illusions. ‖ **Désabusé**, e part., adj. et n. Qui a perdu ses illusions.

désaccord nm. Dissentiment, mésintelligence. ‖ Contradiction.

désaccorder vt. Détruire l'accord d'un instrument de musique. ‖ Jeter le désaccord.

désaccoupler vt. Séparer les animaux, des choses qui étaient par couple.

désaccoutumer vt. Défaire d'une habitude.

désaffectation nf. Action de désaffecter.

désaffecter vt. Changer la destination d'un édifice.

désaffection nf. Perte de l'affection.

désagréable adj. Qui déplaît.

désagrégation nf. Séparation des parties constitutives d'un corps. ‖ *Fig.* Décomposition : *la - d'un empire.*

désagréger vt. (c. *abréger*). Produire la désagrégation.

désagrément nm. Sujet de contrariété; fait désagréable.

désaimanter vt. Enlever l'aimantation : - *un barreau.*

désajuster vt. Déranger ce qui est ajusté.

désaltérer vt. (c. *céder*). Apaiser la soif.

désamorcer vt. (c. *placer*). Oter l'amorce d'un projectile. ‖ Interrompre le fonctionnement d'une machine.

désapparier vt. V. DÉPARIER.

désappointement nm. Déception; état qui en résulte.

désappointer vt. Tromper l'attente, apporter la déception. ‖ **Désappointé**, e part. et adj. Déçu.

désapprendre vt. (c. *prendre*). Oublier ce qu'on avait appris.

désapprobateur, trice adj. Qui désapprouve. ‖ Qui marque la désapprobation : *murmure -.*

désapprobation nf. Blâme.

désapprouver vt. Condamner, blâmer.

désarçonner vt. Faire tomber de cheval. ‖ *Fig.* et *fam.* Confondre, déconcerter un interlocuteur.

désargenter vt. Enlever la couche d'argent. ‖ *Fig.* et *fam.* Priver d'argent : *ces dépenses l'ont désargenté.*

désarmement nm. Action de désarmer. ‖ Réduction des forces militaires.

désarmer vt. Enlever à quelqu'un ses armes. ‖ - *un fusil*, le décharger. ‖ *Fig.* Fléchir, adoucir : - *la colère de quelqu'un.* ‖ Mar. Retirer d'un navire son équipage et son matériel. ‖ Vi. Déposer les armes. ‖ Céder : *sa haine ne désarme pas.*

désarroi nm. Désordre, trouble.

désarticulation nf. Action de désarticuler : *la - de l'épaule.*

désarticuler vt. *Anat.* Déboîter. ‖ Amputer dans l'articulation.

désassembler vt. Disjoindre un assemblage.

désassimilation nf. Décomposition et élimination de substances faisant partie des tissus de l'organisme.

désassortir vt. Séparer des choses qui étaient assorties. ‖ Dégarnir un commerce de son assortiment.

désastre nm. Calamité, catastrophe.

désastreux, euse adj. Funeste, malheureux : *guerre -.*

désavantage nm. Infériorité. ‖ Préjudice, détriment : *le combat tourna à son -.*

désavantager vt. (c. *manger*). Faire subir un désavantage; frustrer.

désavantageux, euse adj. Qui cause du désavantage.

désaveu nm. Dénégation.

désaveugler vt. Tirer quelqu'un de son aveuglement.

désavouer vt. Revenir sur ce qu'on a dit ou fait. ‖ Renier, désapprouver : *sa signature.* ‖ *Fig.* Blâmer.

désaxer vt. Mettre hors de son axe. ‖ *Fig.* Rompre l'équilibre moral : *la guerre a désaxé bien des esprits.*

descellement nm. Action de desceller. ‖ État qui en résulte.

desceller vt. Oter de son scellement.

descendance nf. Filiation, postérité : *une nombreuse -.*

descendre vi. Aller de haut en bas. ‖ S'étendre vers le bas. ‖ Baisser : *le baromètre descend.* ‖ S'établir : - *à l'hôtel.* ‖ *Mus.* Passer de l'aigu au grave. ‖ - *à terre,* débarquer. ‖ Tirer son origine : - *d'une famille illustre.* ‖ Vt. Mettre ou porter plus bas. ‖ Suivre de haut en bas le cours de : - *un escalier.* ‖ *Fam.* Abattre. ‖ **Descendant,** e part., adj. et n. ‖ Nmpl. Descendance.

descente nf. Action de descendre. ‖ Chemin par lequel on descend. ‖ - *de justice,* perquisition. ‖ *Archit.* Tuyau d'écoulement pour les eaux. ‖ - *de lit,* tapis de pieds.

descriptible adj. Qui peut être décrit.

descriptif, ive adj. Qui a pour objet de décrire. ‖ *Géométrie* -, celle qui a pour objet la représentation de l'espace par le moyen de deux projections.

description nf. Action de décrire, de représenter l'aspect extérieur des êtres et des choses : - *détaillée.*

désemballer vt. Oter les marchandises d'une balle, d'une caisse, etc.

désembourber vt. Tirer hors de la bourbe, et, au *fig.,* de la misère.

désemparer vi. Abandonner le lieu où l'on est. (Vx.) ‖ *Fig.* Sans -, sans bouger, sans interruption : *discuter trois heures durant, sans -.* ‖ **Désemparé,** e part. et adj. *Navire* -, hors d'état de manœuvrer. ‖ *Fig.* Etre -, être déconcerté, privé de ses moyens.

désemplir vt. Vider en partie. ‖ Vi. Cesser d'être plein : *la maison ne désemplit pas.*

désemprisonner vt. Délivrer.

désenchantement nm. Cessation de l'enchantement, désillusion.

désenchanter vt. Faire perdre l'enthousiasme, les illusions.

désencombrer vt. Débarrasser de ce qui encombrait.

désenfiler vt. Défaire ce qui était enfilé.

désenfler vi. Cesser d'être enflé.

désenflure nf. Diminution ou cessation d'enflure.

désengorger vt. (c. *manger*). Déboucher, désobstruer.

désenivrer vt. Tirer de l'ivresse.

désenlaidir vt. Rendre moins laid. ‖ Vi. Devenir moins laid.

désennuyer vt. Distraire.

désenrayer vt. (c. *balayer*). Remettre en état de fonctionnement : - *un fusil.*

désensabler vt. Dégager du sable.

désensibiliser vt. Faire perdre ou diminuer la sensibilité.

désentoiler vt. Dépouiller de sa toile : - *un tableau.*

désentortiller vt. Démêler ce qui était entortillé. ‖ *Fig.* Débrouiller : - *une affaire.*

désentraver vt. Oter les entraves.

déséquilibre nm. Absence d'équilibre.

déséquilibrer vt. Faire perdre l'équilibre. ‖ *Fig.* Causer un déséquilibre mental : *cet accident l'a complètement déséquilibré.* ‖ **Déséquilibré,** e part., adj. et n.

déséquiper vt. Enlever l'équipement d'un homme.

désert, e adj. Inhabité ; très peu fréquenté. ‖ Nm. Pays aride et inhabité, d'une sécheresse presque absolue. ‖ *Fig.* Prêcher dans le -, parler en vain.

déserter vt. Abandonner un lieu. ‖ *Fig.* Renier : - *une cause.* ‖ Vi. Passer à l'ennemi. ‖ Quitter son régiment ou se soustraire à ses obligations militaires.

déserteur nm. Militaire qui déserte. ‖ *Fig.* Celui qui abandonne son parti.

désertion nf. Action de déserter.

désertique adj. Qui appartient au désert : *plaine* -.

désespérer vi. (c. *céder*). Perdre l'espérance. ‖ Vt. Mettre au désespoir, contrarier, décourager. ‖ **Désespéré,** e part., adj. et n. Extrême : *une tentative* -.

désespoir nm. Perte de l'espérance. ‖ Cruelle affliction. ‖ *En - de cause,* faute d'autre moyen à sa disposition.

déshabillage nm. Action de déshabiller, de se déshabiller.

déshabillé nm. Vêtement d'intérieur.

déshabiller vt. Oter les vêtements.

déshabituer vt. Faire perdre une habitude.

désherber vt. Enlever l'herbe.

déshériter vt. Priver quelqu'un de sa part d'héritage. ‖ *Fig.* Priver des avantages naturels. ‖ **Déshérité,** e part., adj. et n. : *secourir les* -.

déshonnête adj. Contraire à la bienséance, à la pudeur.

déshonneur nm. Perte de l'honneur ; honte, ignominie.

déshonorer vt. Porter atteinte à l'honneur de quelqu'un. ‖ **Se - vpr.** Perdre son honneur; s'avilir.

déshydrater vt. Oter l'eau d'un corps, d'une substance.

desiderata nmpl. Lacune, ce dont on regrette l'absence : *exprimer ses -*.

désignatif, ive adj. Qui désigne, qui spécifie : *emblème -*.

désignation nf. Action de désigner, de choisir.

désigner vt. Indiquer par des marques distinctives. ‖ Signifier : *en latin*, « *magister* » *désigne le maître*. ‖ Choisir : *- son successeur*.

désillusion nf. Perte de l'illusion.

désillusionner vt. Faire perdre les illusions.

désincarné, e adj. Se dit d'un esprit séparé de son enveloppe charnelle.

désincrustant nm. Substance qui, ajoutée à l'eau des chaudières, empêche la formation de dépôts calcaires.

désincruster vt. Dissoudre les incrustations : *- une chaudière*.

désinence nf. *Gramm.* Terminaison variable des mots.

désinfecter vt. Purger de ce qui infectait; assainir, purifier. ‖ **Désinfectant, e** adj. et nm.

désinfection nf. Action de désinfecter; son résultat.

désintégration nf. Décomposition d'un tout.

désintégrer vt. Décomposer la matière en ses éléments : *- l'atome*.

désintéressement nm. Sacrifice de son intérêt.

désintéresser vt. Payer à quelqu'un ce qu'on lui devait, dédommager. ‖ **Se - vpr.** Ne plus prendre d'intérêt à : *se - de son travail*.

désintoxication nf. Action de désintoxiquer.

désintoxiquer vt. Eliminer les poisons de l'organisme.

désinviter vt. Annuler une invitation.

désinvolte adj. Qui a l'allure dégagée. ‖ *Fig.* Impertinent : *parler d'une manière -*.

désinvolture nf. Tournure remplie d'aisance. ‖ *Par ext.* Sans-gêne.

désir nm. Action de désirer.

désirable adj. Qui mérite d'être désiré.

désirer vt. Avoir envie de, souhaiter la réalisation de : *- la fortune*. ‖ *Laisser à -*, être défectueux, inachevé.

désireux, euse adj. Qui désire.

désistement nm. Action de se désister.

désister (se) vpr. Renoncer à une action, à une poursuite en justice. ‖ *Par ext.* Retirer sa candidature.

désobéir vt. ind. Ne pas obéir. ‖ **Désobéissant, e** part., adj. et n.

désobéissance nf. Action de désobéir.

désobliger vt. (c. *manger*). Causer de la peine, de la contrariété. ‖ **Désobligeant, e** part. et adj. ‖ **Désobligeamment** adv. D'une manière désobligeante.

désobstruction nf. Action de désobstruer; son résultat.

désobstruer vt. Débarrasser de ce qui encombrait.

désodoriser vt. Enlever l'odeur. ‖ **Désodorisant, e** part., adj. et nm.

désœuvré, e adj. et n. Qui n'a rien à faire; qui ne sait pas s'occuper.

désœuvrement nm. Etat d'une personne désœuvrée; inaction.

désolation nf. Ruine entière, destruction. ‖ Extrême affliction.

désoler vt. Ravager : *la guerre a désolé ce pays*. ‖ Causer une grande affliction : *cette mort me désole*. ‖ *Par exagér.* Contrarier : *enfant qui désole par sa turbulence*. ‖ **Se - vpr.** S'abandonner à la désolation. ‖ **Désolant, e** part. et adj. ‖ **Désolé, e** part. et adj. *Par exagér.* Ennuyé, fâché : *je suis - de cet incident*.

désopiler vt. *Fig.* et *fam.* -*la rate*, exciter la gaieté. ‖ **Désopilant, e** part. et adj.

désordonné, e adj. Qui n'est en désordre. ‖ Qui manque d'ordre. ‖ *Fig.* Excessif : *imagination -*.

désordre nm. Défaut d'ordre. ‖ Confusion. ‖ Querelles, dissensions intestines. ‖ *Fig.* Dérèglement des mœurs : *vivre dans le -*. ‖ Trouble, égarement : *le - des esprits*.

désorganisateur, trice adj. et n. Qui désorganise, qui engendre le trouble.

désorganisation nf. Action de désorganiser; son résultat.

désorganiser vt. Troubler l'ordre; jeter la confusion dans.

désorienter vt. Faire perdre à quelqu'un son chemin. ‖ *Fig.* Déconcerter : *cette question l'a tout désorienté*.

désormais adv. Dorénavant.

désossement nm. Action de désosser.

désosser vt. Oter les os.

despote nm. Souverain qui gouverne arbitrairement. ‖ *Fig.* Personne autoritaire : *cette femme est un vrai -*.

despotique adj. Arbitraire, tyrannique : *gouvernement -*.

despotisme nm. Pouvoir absolu, arbitraire et tyrannique.

desquamation [*koua*] nf. *Méd.* Chute de l'épiderme sous forme d'écailles.

dessaisir vt. Déposséder. ‖ **Se - vpr.** Céder volontairement ce qu'on possède.

dessaisissement nm. Action de dessaisir ou de se dessaisir.

dessalement nm. ou **dessalaison** nf. ou **dessalage** nm. Action de dessaler; son résultat.

dessaler vt. Oter le sel. ‖ *Fig.* et *fam.* Dégourdir : *il commence à se -.*

dessèchement nm. Action de dessécher; état qui en résulte.

dessécher vt. (c. *céder*). Rendre sec. ‖ Amaigrir : *maladie qui dessèche le corps.* ‖ *Fig.* Rendre insensible : - *le cœur.*

dessein nm. Projet, résolution. ‖ Intention, but déterminé. ‖ **A** - loc. adv., exprès.

desseller vt. Oter la selle à.

desserrage nm. Action de desserrer.

desserrer vt. Relâcher ce qui est serré. ‖ *Ne pas* - *les dents,* ne pas dire un mot.

dessert nm. Le dernier service d'un repas. ‖ Moment où on le mange.

desserte nf. Petite table pour recevoir ce qu'on dessert.

dessertir vt. Enlever une pierre fine de sa monture.

desservant nm. Prêtre qui dessert une paroisse.

desservir vt. Enlever les plats de dessus la table. ‖ Faire un service de communication : *ce chemin de fer dessert telle ville.* ‖ S'acquitter du service d'une église. ‖ *Fig.* Nuire : - *quelqu'un.*

dessiccateur nm. Appareil servant à la dessiccation.

dessiccation nf. Action d'enlever aux corps leur humidité.

dessiller [*si-yé*] vt. Séparer les paupières qui étaient jointes. ‖ *Fig.* - *les yeux à* ou *de quelqu'un,* le désabuser.

dessin nm. Représentation de figures, de paysages, etc. ‖ L'art qui en enseigne les procédés. ‖ Ornement d'un tissu.

dessinateur, trice n. Qui sait dessiner, qui en fait profession.

dessiner vt. Reproduire, représenter par le dessin. ‖ Faire ressortir : *vêtement qui dessine les formes du corps.* ‖ **Se** - vpr. Développer ses formes : *sa taille se dessine bien.* ‖ *Fig.* Approcher d'une conclusion : *les événements se dessinent.*

dessouder vt. Oter, fondre la soudure.

dessouler vt. Faire cesser l'ivresse. ‖ Vi. Cesser d'être ivre.

dessous [*de-sou*] adv. de lieu servant à marquer la situation d'un objet placé sous un autre. ‖ Prép. : *sortir de -terre.* ‖ Loc. adv. **Par** -, par la partie qui est dessous. **Là** -, sous cela. **Ci** -, ci-après, plus bas. **En** -,

dans la partie située en dessous : *vêtement usé en -.* ‖ *Regarder en -,* regarder sournoisement.

dessous nm. Partie inférieure d'une chose. ‖ *Avoir le* -, avoir le désavantage. ‖ Pl. Lingerie de femme. ‖ *Fig.* Côté secret : *les - d'une affaire.* ‖ *Fam.* Ristourne : *toucher un - de table.* ‖ **Au** - loc. adv., plus bas. ‖ **Au** - **de** loc. prép., plus bas que; au *fig.,* dans un rang inférieur à : *élève qui est au - des médiocres.*

dessus [*de-su*] adv. de lieu marquant la situation d'une chose qui est sur une autre. ‖ Prép. : *lever les yeux de - son livre.* ‖ Loc. adv. **Là** -, sur cela. **En** -, par -, **au** -, plus haut.

dessus nm. Partie supérieure. ‖ *Fig.* Avantage : *avoir le* -. ‖ **Au** - **de** loc. prép., plus haut que. ‖ Supérieur à : *être au - de quelqu'un.* ‖ Plus considérable : *au - de mille francs.*

destin nm. Enchaînement nécessaire et inconnu des événements. ‖ Sort, destinée individuelle. ‖ La vie : *être le maître de son -.*

destinataire n. Personne à qui s'adresse un envoi : - *absent.*

destination nf. Ce à quoi une chose est destinée. ‖ But : *se rendre à sa -.*

destinée nf. Destin, volonté souveraine qui règle d'avance tout ce qui doit être. ‖ Sort auquel on est réservé : *accomplir sa -.* ‖ Vie : *changer sa -.*

destiner vt. Fixer, assigner une destination à une personne, à une chose : *il destine son fils au barreau.* ‖ Réserver : *à qui destinez-vous cela?*

destituer vt. (c. *tuer*). Révoquer.

destitution nf. Renvoi, révocation d'un fonctionnaire : *frappé de -.*

destrier nm. Cheval de bataille.

destroyer [*yeur*] nm. Bâtiment rapide d'escorte.

destructeur, trice adj. et n. Qui détruit, anéantit.

destructible adj. Qui peut être détruit.

destructif, ive adj. Qui cause la destruction.

destruction nf. Ruine totale.

désuet, ète adj. Tombé en désuétude : *le mot « ire » (colère) est désuet.*

désuétude [*sué*] nf. Abandon d'une chose par le défaut de pratique ou d'application : *loi tombée en -.*

désunion nf. Désaccord, mésentente.

désunir vt. Séparer ce qui était joint. ‖ *Fig.* Faire cesser la bonne intelligence entre les personnes : - *une famille.*

détachage nm. Action d'ôter les taches.

détachement nm. Affranchissement

de toute dépendance à : *le - des biens de ce monde.* || Troupe détachée provisoirement d'un corps.

détacher vt. Oter les taches.

détacher vt. Délier de ce qui attachait. || Eloigner, séparer. || *Fig.* Eloigner, écarter : *- ton, d'une habitude.* || Envoyer en détachement. || Affecter provisoirement un fonctionnaire à un autre service. || *Peint.* Faire ressortir les contours des objets. || **Détaché, e** part. et adj. *Fig.* Indifférent, insensible : *ton, air -.*

détail nm. Chacune des parties qui forment un ensemble : *les - d'un compte.* || Vente des marchandises par petites quantités. || Récit circonstancié : *le - d'un procès.* || *Fam. C'est un -,* cela n'a pas d'importance. || **En -** loc. adv., dans toutes ses parties : *raconter une histoire en -.*

détailler vt. Couper en pièces : *- une pièce d'étoffe.* || Vendre au détail. || *Fig.* Raconter en détail. || **Détaillant, e** part., adj. et n. Qui vend au détail.

détaler vi. *Fam.* S'enfuir rapidement.

détartreur nm. Produit empêchant la formation du tartre dans les chaudières.

détaxe nf. Diminution ou suppression d'une taxe.

détaxer vt. Réduire, supprimer une taxe.

détecter vt. Déceler; signaler : *- des ondes, des fraudes.*

détecteur nm. Appareil servant à détecter le grisou dans les mines de houille, ou les mines explosives dans un terrain. || Récepteur de T.S.F.

détection nf. Action de découvrir, de déceler.

détective nm. Policier privé.

déteindre vt. Faire perdre la couleur. || Vi. *Fig. - sur quelqu'un,* l'influencer.

dételer vt. (c. *appeler*). Détacher des animaux attelés.

détendeur nm. Appareil servant à diminuer la pression d'un gaz comprimé.

détendre vt. Relâcher ce qui était tendu. || *Fig.* Faire cesser une tension morale : *- son esprit fatigué.* || Diminuer la pression d'un gaz.

détenir vt. (c. *tenir*). Garder, tenir en sa possession : *- un secret.* || Tenir en prison.

détente nf. Pièce du mécanisme d'une arme à feu qui fait partir le coup. || Expansion d'un gaz soumis à une pression. || *Fig.* Relâche, repos : *ces enfants ont besoin de -.*

détenteur, trice adj. et n. Qui détient, de droit ou non, une chose en sa possession : *- légitime.*

détention nf. Etat d'une personne détenue en prison. || Peine afflictive et infamante consistant dans un emprisonnement de cinq à vingt ans. || *- préventive,* subie avant le jugement.

détenu, e n. Prisonnier.

détergent, e adj. V. DÉTERSIF.

détérioration nf. Action de détériorer; son résultat.

détériorer vt. Mettre en mauvais état, dégrader, abîmer.

déterminable adj. Qui peut être déterminé : *quantité -.*

déterminatif, ive adj. et nm. *Gramm.* Qui détermine le sens d'un mot en le précisant, comme *le, la, les, mon, ce,* etc.

détermination nf. Action de déterminer. || Résolution qu'on prend après avoir hésité. || *Par ext.* Caractère résolu, décidé : *montrer de la -.*

déterminer vt. Indiquer avec précision : *- la nature d'une maladie.* || Inspirer une résolution : *cet événement m'a déterminé à...* || Préciser le sens d'un mot. || Causer : *- une catastrophe.* || Se **-** vpr. Se décider.

déterminisme nm. Système philosophique qui nie l'influence personnelle sur la détermination.

déterministe adj. Relatif au déterminisme. || N. Partisan du déterminisme.

déterrer vt. Tirer de la terre : *- un trésor.* || *Fig.* Découvrir une chose, une personne difficile à trouver. || **Déterré, e** part. adj. et n. *Fig.* et *fam. Avoir l'air d'un -,* être pâle, défait.

détersif, ive ou **détergent, e** adj. et nm. Qui sert à nettoyer.

détestable adj. Qu'on doit détester. || *Par ext.* Très mauvais, exécrable.

détester vt. Avoir de l'aversion, de l'antipathie pour quelqu'un ou pour quelque chose. || *Par ext.* Ne pouvoir supporter : *- la pluie, un aliment.*

détonateur nm. Substance ou appareil capable de faire détoner un produit explosif.

détonation nf. Bruit produit par une explosion.

détoner vi. Faire subitement explosion. || **Détonant, e** part. et adj. *Mélange -,* mélange explosif de deux gaz.

détonner vi. *Mus.* Sortir du ton. || *Fig.* Contraster, choquer : *couleurs qui détonnent.*

détordre vt. Supprimer la torsion.

détortiller vt. Défaire ce qui était tortillé : *- du fil.*

détour nm. Sinuosité. || Voie qui s'écarte du chemin direct : *faire un long -.* || *Fig.* Moyen détourné, subterfuge, biais : *les - de la chicane.*

détournement nm. Action de détourner. ‖ Vol.

détourner vt. Changer la direction, et, au *fig.*, - *la conversation*. ‖ Ecarter, éloigner et, au *fig.*, - *quelqu'un de ses soucis*. ‖ Soustraire frauduleusement : - *de l'argent*. ‖ *Fig.* Dissuader : - *quelqu'un d'un projet*.

détracteur, trice n. Qui rabaisse le mérite, la valeur. ‖ Adj. : *esprit* -.

détraquement nm. Action de détraquer ; état qui en résulte.

détraquer vt. Déranger le mécanisme. ‖ *Fig.* et *fam.* Troubler : - *l'esprit*.

détrempe nf. Couleur à l'eau, à la colle et au blanc d'œuf. ‖ Ouvrage exécuté avec des couleurs de ce genre.

détremper vt. Amollir ou délayer dans un liquide. ‖ Détruire la trempe d'un objet en acier.

détresse nf. Sentiment d'abandon, de délaissement ; angoisse : *pousser des cris de* -. ‖ Situation malheureuse, misère : *une famille dans la* -. ‖ *Navire en* -, navire en perdition.

détriment nm. Dommage, préjudice. ‖ *Au* - *de quelqu'un*, à son préjudice.

détritus [*tuss*] nm. Résidu, amas de débris.

détroit nm. Bras de mer resserré entre deux terres.

détromper vt. Tirer d'erreur.

détrôner vt. Chasser du trône. ‖ *Fig.* Déposséder : - *une mode, un usage*.

détrousser vt. *Fig.* Voler sur les chemins et par violence.

détrousseur nm. Voleur.

détruire vt. (c. *conduire*). Anéantir, démolir, abattre. ‖ *Se* - vpr. *Fam.* Se donner la mort.

dette nf. Ce qu'on doit. ‖ *Fig.* Devoir, obligation morale : *payer sa* - *à son pays*. ‖ - *publique*, ensemble des engagements à la charge d'un Etat.

deuil nm. Profonde tristesse causée par une grande calamité, par la mort de quelqu'un. ‖ Signes extérieurs du deuil : *vêtements de* -. ‖ Cortège funèbre : *suivre le* -. ‖ *Fam.* Faire *son* - *d'une chose*, se résigner en être privé.

deutérium nm. Isotope lourd de l'hydrogène, constituant de l'eau lourde.

deux adj. num. Un plus un. ‖ Deuxième : *tome* -. ‖ Nm. Chiffre qui représente ce nombre.

deuxième adj. num. ord. de *deux*. Qui occupe le second rang. ‖ Nm. Etage d'une maison immédiatement au-dessus du premier.

deux-points nm. inv. Signe de ponctuation (:).

deux-quatre nm. inv. *Mus.* Division d'une mesure composée de deux noires.

dévaler vt. Parcourir en descendant. ‖ Vi. Aller de haut en bas.

dévaliser vt. Voler à quelqu'un ses vêtements, son argent.

dévalorisation nf. Diminution de la valeur : - *d'une monnaie*.

dévaloriser vt. Effectuer une dévalorisation.

dévaluation nf. Abaissement de la valeur légale d'une monnaie.

dévaluer vt. (c. *tuer*). Effectuer une dévaluation : - *le franc*.

devancement nm. Action de devancer.

devancer vt. Venir avant. ‖ *Fig.* Surpasser : - *ses rivaux*. ‖ *Milit.* - *l'appel*, s'engager avant l'appel de sa classe.

devancier, ère n. Prédécesseur dans une fonction, une carrière, un genre quelconque. ‖ Nmpl. Aïeux.

devant prép. En face de, à l'opposite, vis-à-vis. ‖ En présence de : *ne parlez pas* - *les enfants*. ‖ A l'avant de : *marcher* - *quelqu'un*. ‖ Ci- - loc. adv., précédemment.

devant nm. Partie antérieure. ‖ *Prendre les* -, partir avant quelqu'un. ‖ Adv. En avant : *marcher* -. ‖ *Au*- *de* loc. prép., à la rencontre.

devanture nf. Partie extérieure d'une boutique.

dévastateur, trice adj. et n. Qui dévaste.

dévastation nf. Action de dévaster ; son résultat.

dévaster vt. Ravager, ruiner, piller.

déveine nf. *Fam.* Mauvaise chance persistante : *être dans la* -.

développement nm. Action ou effet de développer. ‖ Croissance des corps organisés. ‖ Extension progressive. ‖ Exposition détaillée : *faire de grands* -. ‖ *Géom.* Extension, sur un plan, de la surface qui enveloppe un corps solide : - *d'une pyramide*. ‖ Distance que parcourt une bicyclette pendant un tour de pédalier. ‖ *Phot.* Opération faisant apparaître l'image latente.

développer vt. Oter l'enveloppe. ‖ Déployer : - *une carte*. ‖ Donner de la force : - *sa poitrine*. ‖ *Phot.* Faire apparaître l'image latente sur la gélatine impressionnée. ‖ *Fig.* Expliquer : - *sa pensée*. ‖ *Se* - vpr. S'étendre.

devenir vi. (c. *venir*). Passer d'un état à un autre. ‖ Avoir tel ou tel sort : *qu'est devenu votre fils?*

dévergondage nm. Libertinage effronté.

dévergondé, e adj. et n. Qui mène publiquement une vie licencieuse.

déverrouiller vt. Tirer le verrou.

devers prép. Du côté de. (Vx.) ‖

Par- - loc. prép., en présence de : *par- - le juge.* ‖ En la possession de : *retenir les documents par- - soi.*

déversement nm. Action de déverser les eaux d'un canal; son résultat.

déverser vt. Epancher, faire couler. ‖ *Fig.* Répandre : *- sa rancune sur quelqu'un.*

déversoir nm. Vanne par où s'écoule le trop-plein d'un canal, d'un étang, etc. ‖ Caniveau.

dévêtir vt. (c. *vêtir*). Dépouiller de ses vêtements.

déviation nf. Action de dévier. ‖ Changement dans la direction : *- d'une route.* ‖ Déformation d'une partie du corps : *- de la colonne vertébrale.*

dévidage nm. Action de dévider.

dévider vt. Mettre du fil, de la soie, etc., en écheveau ou en peloton.

dévidoir nm. Instrument servant à dérouler rapidement du fil, de la soie, des tuyaux d'incendie.

dévier vi. (c. *prier*). Se détourner : *- de son chemin.* ‖ Vt. Ecarter de la direction normale.

devin, devineresse n. Qui prétend découvrir les choses cachées et prédire l'avenir.

deviner vt. Prédire ce qui doit arriver. ‖ Juger par conjecture : *j'avais deviné qu'il pleuvrait.* ‖ Pénétrer la pensée. ‖ Découvrir un sens caché : *- une énigme.*

devinette nf. Ce que l'on donne à deviner. ‖ Jeu où il faut deviner.

devineur, euse n. *Fam.* Personne qui devine.

devis nm. Description détaillée des matériaux nécessaires pour réaliser une construction ou une installation, avec l'estimation des dépenses.

dévisager vt. (c. *manger*). Regarder avec insistance.

devise nf. Paroles exprimant, d'une manière concise, une pensée, un sentiment : *la - du drapeau est « Honneur et Patrie ».* ‖ Monnaies étrangères : *cours officiel des -.*

deviser vi. S'entretenir familièrement avec quelqu'un.

dévissage ou **dévissement** nm. Action de dévisser.

dévisser vt. Retirer les vis. ‖ Séparer des objets vissés.

dévitaliser vt. Enlever le tissu vital, la pulpe : *- une dent.*

dévoilement nm. Action de faire connaître, d'expliquer, d'éclaircir.

dévoiler vt. Oter le voile. ‖ *Fig.* Découvrir, révéler ce qui était secret : *- ses intentions.*

devoir vt. (*Je dois, tu dois, il doit, n. devons, v. devez, ils doivent. Je devais, n. devions. Je dus, n. dûmes.*

Je devrai, n. devrons. Dois, devons, devez. Q. je doive, qu'il doive, que n. devions. Q. je dusse, qu'il dût. Devant. Dû, due.) Etre tenu de payer : *- de l'argent.* ‖ Etre redevable : *- la vie à quelqu'un.* ‖ *Fig.* Etre obligé à quelque chose par la loi, la morale, les convenances : *un enfant doit obéissance à ses parents.* ‖ Suivi d'un infinitif, indique 1° la nécessité : *tout doit finir;* 2° l'intention : *il doit vous accompagner;* 3° la probabilité : *il doit être riche aujourd'hui;* 4° la supposition : *c'est lui qui a dû faire cette sottise;* 5° un futur indéterminé : *il doit partir prochainement.*

devoir nm. Obligation. ‖ Travail, exercices qu'un maître donne à ses élèves. ‖ Pl. Hommages, marques de civilité : *rendre ses - à quelqu'un.* ‖ *Derniers -,* honneurs funèbres.

dévolu, e adj. Acquis, échu par droit. ‖ Nm. *Jeter son - sur,* fixer son choix.

dévolution nf. *Dr.* Transmission d'un droit.

devon nm. Poisson artificiel muni d'hameçons, pour la pêche.

dévorer vt. Manger en déchirant avec les dents, en parlant des bêtes féroces. ‖ Manger avidement. ‖ *Fig.* Détruire : *la flamme dévore tout.* ‖ *- un livre,* le lire avec empressement. ‖ *- des yeux,* regarder avec avidité. ‖ *- l'espace,* parcourir très vite. ‖ **Dévorant, e** part. et adj. *Fig.* Qui consume : *des soucis -.*

dévot, e adj. et n. Pieux.

dévotement ou **dévotieusement** adv. Avec dévotion.

dévotion nf. Piété, attachement à la religion, aux pratiques religieuses. ‖ *Faire ses -,* se confesser et communier. ‖ *Etre à la - de quelqu'un,* lui être entièrement dévoué.

dévouement nm. Action de se dévouer, de sacrifier sa vie, ses intérêts, à une personne, à une cause. ‖ Disposition à servir : *compter sur le - de quelqu'un.*

dévouer (se) vpr. Se consacrer entièrement à : *se - à la patrie.*

dévoyer vt. (c. *aboyer*). Détourner de la voie du bien ou du vrai. ‖ **Dévoyé, e** part., adj. et n. Sorti du bon chemin : *un garçon -.*

dextérité nf. Adresse des mains. ‖ *Fig.* Adresse de l'esprit : *conduire une affaire avec -.*

dextrine nf. Matière gommeuse, obtenue par hydrolyse de l'amidon.

dextrogyre adj. Qui dévie à droite le plan de polarisation de la lumière.

dey nm. Autrefois, chef du gouvernement d'Alger.

dia! Cri des charretiers pour faire aller leurs chevaux à gauche. ‖ *Fig.* et *fam. N'entendre ni à hue ni à -,* n'écouter aucune raison.

diabète nm. Maladie caractérisée par le passage du glucose dans l'urine.

diabétique adj. Qui se rapporte au diabète. ‖ N. Atteint du diabète.

diable nm. Démon, esprit malin. ‖ Chariot à deux roues. ‖ *Fig.* et *fam.* - *incarné*, homme très méchant. ‖ *Pauvre* -, misérable. ‖ *Bon* -, bon garçon. ‖ *Faire le* - *à quatre*, faire du vacarme. ‖ *Avoir le* - *au corps*, être fort tourmentant. ‖ *Tirer le* - *par la queue*, avoir de la peine à vivre. ‖ *Envoyer au* -, rebuter avec colère. ‖ *C'est là le* -, la difficulté. ‖ *Loger le* - *dans sa bourse*, n'y rien avoir. ‖ -! interj. marquant la surprise. ‖ Loc. adv. **En** -, fort, extrêmement. **Au** -, loin : *au* - *les importuns!* **Au** - **vau-vert**, très loin : *habiter au* - *vauvert*.

diablerie nf. Sortilège, maléfice : *il y a quelque* - *là-dessous.* ‖ *Par ext.* Espièglerie.

diablesse nf. Femme méchante, acariâtre.

diablotin nm. Petit diable.

diabolique adj. Qui vient du diable. ‖ Pernicieux : *invention* -. ‖ Très difficile : *travail* -.

diabolo nm. Bobine formée de deux cônes opposés par leur sommet, que l'on fait rouler sur une cordelette et qu'on projette en l'air.

diaconat nm. Ordre qui précède immédiatement la prêtrise.

diaconesse nf. Dame de charité, chez les protestants.

diacre nm. Clerc qui a reçu l'ordre précédant la prêtrise.

diadème nm. Bandeau royal. ‖ Parure féminine.

diadoque nm. Prince héritier de Grèce.

diagnostic [*diag-noss*] nm. Identification d'une maladie par ses symptômes.

diagnostique adj. Qui sert à faire reconnaître une maladie.

diagnostiquer vt. Déterminer une maladie.

diagonal, e, aux adj. et nf. Se dit d'une ligne droite menée du sommet d'un angle d'une figure au sommet d'un angle opposé, à travers la figure. ‖ *En* -, obliquement.

diagramme nm. Courbe représentant les variations d'un phénomène.

diakène nm. Fruit composé de deux akènes.

dialectal, e, aux adj. Qui appartient au dialecte : *forme* -.

dialecte nm. Variété régionale d'une langue : *le* - *picard.*

dialecticien, enne n. Qui enseigne

la dialectique. ‖ Qui donne à ses raisonnements une forme méthodique.

dialectique adj. Propre à l'art de raisonner : *les procédés* -. ‖ Nf. Art de raisonner méthodiquement et avec justesse.

dialogue nm. Conversation entre deux ou plusieurs personnes.

dialoguer vi. Converser; s'entretenir. ‖ Faire parler des personnages entre eux. ‖ Vt. Mettre en dialogue.

dialypétale adj. *Bot.* Se dit d'une corolle à pétales séparés.

dialyse nf. Analyse d'un mélange par passage de certains constituants au travers d'une paroi poreuse.

dialysépale adj. *Bot.* Se dit d'un calice à sépales séparés.

diamant nm. Pierre précieuse formée de carbone pur cristallisé.

diamantaire adj. et nm. Qui travaille ou vend le diamant.

diamantifère adj. Qui contient du diamant.

diamétral, e, aux adj. Qui appartient au diamètre.

diamétralement adv. ‖ *Fig.* Tout à fait, absolument : *routes* - *opposées.*

diamètre nm. Droite qui joint deux points d'une circonférence ou d'une sphère en passant par le centre.

diane nf. Batterie de tambour, sonnerie de clairon pour réveiller les soldats.

diantre! interj. Syn. de DIABLE!

diapason nm. Etendue des sons qu'une voix ou qu'un instrument peut parcourir. ‖ Petit instrument qui donne le ton. ‖ *Fig. Se mettre au* -, se conformer à la manière de voir.

diaphane adj. Translucide.

diaphragme nm. Muscle très large et fort mince, qui sépare la poitrine de l'abdomen. ‖ Cloison du nez. ‖ *Bot.* Cloison qui partage en plusieurs loges un fruit capsulaire. ‖ *Phot.* Ecran percé d'un trou de diamètre réglable, qui se place dans l'objectif photographique.

diaphragmer vt. Munir d'un diaphragme. ‖ Vi. Régler l'ouverture d'un objectif.

diaphyse nf. Corps des os longs.

diapositif, ive n. Photo sur verre.

diaprer vt. Semer, parer de couleurs variées.

diaprure nf. Variété de couleurs.

diarrhée nf. Flux du ventre.

diastase nf. *Chim.* Ferment soluble qui transforme les aliments.

diastole nf. Mouvement de dilatation du cœur ou des artères.

diathermane adj. Qui laisse passer la chaleur.

diathermie nf. Traitement par la chaleur produite par un courant électrique à haute fréquence.

diatomées nfpl. Groupe d'algues brunes microscopiques, constituant, pour une grande part, le plancton.

diatonique adj. *Mus.* Qui procède par les tons naturels de la gamme.

diatribe nf. Critique amère et violente. ‖ Pamphlet, libelle.

dichotomie [*ko*] nf. Mode de division d'un organe en deux parties égales. ‖ Partage d'honoraires entre médecins.

dicotylédones nfpl. *Bot.* Groupe de plantes munies de deux cotylédons.

dictame nm. Belle plante vivace, fortement aromatique. ‖ *Fig.* Baume, adoucissement, consolation : *les paroles de l'amitié sont un - pour le cœur.*

dictaphone nm. (nom déposé). Appareil permettant d'enregistrer un texte susceptible d'être restitué ultérieurement.

dictateur nm. Magistrat investi, à Rome, de l'autorité suprême dans les moments difficiles de la République. ‖ Homme investi d'une autorité absolue.

dictatorial, e, aux adj. Qui a rapport à la dictature. ‖ Absolu, sans contrôle.

dictature nf. Pouvoir absolu.

dictée nf. Action de dicter. ‖ Exercice scolaire ayant pour but d'apprendre l'orthographe.

dicter vt. Prononcer les mots qu'un autre écrit au fur et à mesure. ‖ *Fig.* Inspirer : *- à quelqu'un ce qu'il doit dire et faire.* ‖ Imposer : *- des lois.*

diction nf. Manière de dire.

dictionnaire nm. Recueil des mots d'une langue, rangés par ordre alphabétique ou par ordre de matières, et suivis de leur définition.

dicton nm. Mot, sentence passée en proverbe.

didactique adj. Qui a pour but d'instruire : *ouvrage -.*

dièdre nm. et adj. Angle formé par deux plans.

diélectrique nm. et adj. Corps isolant ou mauvais conducteur.

dièse nm. *Mus.* Signe qui hausse d'un demi-ton la note qu'il précède. ‖ Adj. Se dit de la note ainsi haussée.

diesel nm. Moteur à combustion interne, fonctionnant par auto-allumage du combustible.

diéser vt. Marquer d'un dièse.

diète nf. Abstinence entière ou partielle d'aliments. ‖ Régime alimentaire : *- lactée.*

diète nf. Assemblée politique où l'on discute les affaires publiques dans certains pays.

diététique adj. Qui concerne le régime alimentaire. ‖ Nf. Étude de l'hygiène alimentaire.

dieu nm. Être suprême, créateur et conservateur de l'univers. ‖ Se dit aussi des divinités des autres religions, et, dans ce sens, fait au féminin *déesse.* ‖ *Fig.* Personne, chose qu'on affectionne par-dessus tout : *l'argent est son -.* ‖ Loc. interj. *Bon -! mon -! grand -! juste -!*

diffamateur, trice adj. et n. Qui diffame par ses paroles ou ses actes.

diffamation nf. Action de diffamer.

diffamatoire adj. Se dit des écrits, des discours qui tendent à diffamer.

diffamer vt. Porter atteinte à la réputation de quelqu'un par des paroles ou des écrits.

différence nf. Caractère qui distingue un être d'un autre être, une chose d'une autre chose : *une - considérable.* ‖ Excès d'une grandeur, d'une quantité sur une autre.

différencier vt. Distinguer par une différence.

différend nm. Désaccord, contestation.

différent, e adj. Qui diffère, n'est pas semblable : *un mot peut avoir des sens bien -.* ‖ Pl. Divers, plusieurs : *- personnes me l'ont assuré.* ‖ **Différemment** adv.

différentiel, elle adj. *Math.* Qui procède par différences infiniment petites. ‖ Nm. *Méc.* Train d'engrenages qui permet aux roues motrices d'une automobile de tourner à des vitesses différentes.

différer vt. (c. *céder*). Retarder, remettre à un autre temps : *- son départ.* ‖ Vi. Être différent, dissemblable. ‖ N'être pas du même avis. ‖ **Différé, e** part. : *un départ -.*

difficile adj. Qui ne se fait qu'avec peine, malaisé. ‖ Qui exige des efforts, compliqué : *problème - à résoudre.* ‖ Pénible : *avoir des débuts -.* ‖ Fig. Exigeant : *caractère -.* ‖ **Difficilement** adv.

difficulté nf. Caractère de ce qui est difficile. ‖ Empêchement, obstacle. ‖ Objection : *soulever une -.* ‖ Pl. Différend : *avoir des - avec ses voisins.*

difficultueux, euse adj. Qui fait ou présente des difficultés.

difforme adj. De forme irrégulière, contrefait.

difformité nf. Défaut dans la forme, dans les proportions.

diffraction nf. Déviation qu'éprouve toute onde (lumineuse, hertzienne, etc.) en rasant les bords d'un corps opaque.

diffus, e adj. Répandu dans diverses directions. ‖ Verbeux : *style -.* ‖

Lumière -, celle qui est confusément réfléchie.

diffuser vt. Propager, répandre dans toutes les directions : - *une nouvelle.*

diffuseur nm. Accessoire d'éclairage qui renvoie une lumière diffuse. ‖ Haut-parleur. ‖ Appareil servant à extraire le jus sucré des betteraves.

diffusion nf. Action de diffuser, de propager.

digérer vt. (c. *céder*). Opérer la digestion des aliments. ‖ *Fig.* et *fam.* Souffrir patiemment : - *une injure.*

digest nm. Publication périodique présentant des résumés de livres ou d'articles.

digeste nm. Recueil méthodique des décisions des plus célèbres jurisconsultes romains : *le - de Justinien.*

digestibilité nf. Aptitude à être digéré.

digestible adj. Qui peut être aisément digéré.

digestif, ive adj. Qui accélère la digestion. ‖ *Appareil* -, ensemble des organes qui concourent à la digestion. ‖ Nm. Liqueur qui facilite la digestion.

digestion nf. Transformation des aliments dans l'estomac et dans les intestins, en matières assimilables.

digital, e, aux adj. *Anat.* Qui a rapport aux doigts.

digitale nf. Plante herbacée vénéneuse, à fleurs en doigt de gant.

digitaline nf. Poison violent extrait de la digitale pourprée.

digité, e adj. Découpé en forme de doigts.

digitigrade adj. et n. Qui marche sur les doigts : *le chat est un* -.

digne adj. Qui mérite, soit en bien, soit en mal : - *de r compense.* ‖ Qui est en conformité avec : *un fils - de son père.* ‖ Plein de retenue, de gravité : *un air* -.

dignitaire nm. Personnage revêtu d'une dignité.

dignité nf. Fonction éminente : *la - cardinalice.* ‖ Gravité : *marcher avec* -. ‖ Respect de soi-même.

digression nf. Partie d'un discours, d'une conversation, étrangère au sujet.

digue nf. Chaussée servant à contenir les eaux.

dilapidateur, trice n. Qui dilapide, dépense sans raison ni règle.

dilapidation nf. Action de dilapider.

dilapider vt. Dissiper follement : - *son bien.* ‖ Détourner à son profit.

dilatable adj. Qui peut être dilaté.

dilatation nf. Action d'augmenter le volume d'un corps.

dilater vt. Augmenter le volume d'un corps. ‖ *Fig.* Epanouir : *la joie dilate le cœur.*

dilatoire adj. Qui tend à différer, à gagner du temps.

dilatomètre nm. Instrument pour mesurer la dilatation.

dilection nf. Amour tendre et pur.

dilemme [lèm'] nm. Argument qui présente à l'adversaire une alternative de deux propositions telles qu'il est nécessairement confondu, quelle que soit celle qu'il choisisse. ‖ *Par ext.* Obligation de choisir entre deux partis possibles : *être devant un* -.

dilettante nm. Amateur passionné de la musique ou d'un art quelconque. ‖ Personne qui s'occupe d'une chose en amateur, par plaisir.

dilettantisme nm. Caractère du dilettante. ‖ Goût vif pour un art.

diligemment [*ja*] adv. Promptement.

diligence nf. Promptitude dans l'exécution : *travailler avec* -. ‖ Ancienne voiture publique.

diligent, e adj. Qui agit avec zèle et promptitude : *une secrétaire* -.

diluer vt. (c. *tuer*). Etendre, délayer.

dilution nf. Action de diluer; son résultat.

diluvien, enne adj. Relatif au déluge. ‖ *Pluie* -, pluie très abondante.

dimanche nm. Premier jour de la semaine, généralement consacré au repos.

dîme nf. Dixième partie des récoltes due jadis à l'Eglise ou aux seigneurs.

dimension nf. Etendue d'un corps en tous sens.

diminuer vt. Amoindrir. ‖ *Fig.* Déprécier : - *le mérite de quelqu'un.* ‖ Vi. Devenir moindre : *la fièvre a* -.

diminutif, ive nm. et adj. Qui diminue ou adoucit la force du mot dont il est formé : « *fillette* », « *maisonnette* » *sont des* -.

diminution nf. Action de diminuer. ‖ Rabais, réduction.

dimorphe adj. Qui présente deux formes cristallines.

dinanderie nf. Ustensiles de cuivre jaune.

dinatoire adj. Qui tient lieu de dîner.

dinde nf. Femelle du dindon. ‖ *Fig.* Femme sotte, niaise.

dindon nm. Oiseau gallinacé à plumage bronzé, à la queue large et étalée. (Cri : le dindon *glougloute.*) ‖ *Fig.* Homme stupide et vaniteux.

dindonneau nm. Petit dindon.

dindonnier, ère n. Gardeur, gardeuse de dindons.

dîner vi. Prendre le repas du soir.

dîner nm. Repas du soir.

dînette nf. Petit repas d'enfants.

dîneur, euse n. Personne qui prend part à un dîner.

dinosauriens nmpl. Ordre de reptiles fossiles atteignant 20 mètres de long.

diocésain, e adj. et n. Qui est du diocèse : *clergé* -.

diocèse nm. Territoire placé sous la juridiction d'un évêque.

diode nf. et adj. Tube à vide à deux électrodes.

dioïque adj. Se dit des plantes qui ont l s fleurs mâles et les fleurs femelles sur des pieds séparés.

dionée nf. Plante herbacée, emprisonnant les insectes qui se posent sur ses feuilles.

dionysiaque adj. Qui se rapporte à Dionysos (Bacchus).

dionysies nfpl. Fêtes en l'honneur de Dionysos.

dioptrie nf. Unité de puissance des instruments d'optique.

dioptrique nf. Partie de la physique qui traite de la réfraction de la lumière.

diorama nm. Tableau de grande dimension, dont l'effet varie par des jeux de lumière. ‖ Pl. des *dioramas.*

diphasé, e adj. Qui présente deux phases : *courant* -.

diphtérie nf. Maladie contagieuse caractérisée par la formation de fausses membranes dans la gorge.

diphtérique adj. Qui tient à la diphtérie.

diphtongue nf. Réunion de deux sons prononcés ensemble mais entendus successivement, comme *ien* dans « *lien* ».

diplodocus nm. Grand reptile dinosaurien fossile.

diplomate nm. Celui qui est chargé d'une fonction diplomatique. ‖ Habile négociateur. ‖ Sorte de gâteau.

diplomatie [*si*] nf. Science des rapports internationaux. ‖ Carrière diplomatique. ‖ Ensemble des diplomates. ‖ *Par anal.* Habileté, tact : *user de* -.

diplomatique adj. Qui a rapport à la diplomatie.

diplomatique nf. Science qui s'occupe de l'étude des diplômes, chartes et autres documents officiels.

diplôme nm. Titre officiel délivré par une école, une faculté, etc., pour constater une dignité : - *de bachelier.*

diplômé, e adj. et n. Pourvu d'un diplôme : *infirmière* -.

diplopie nf. Trouble de la vue qui fait voir doubles les objets.

dipode adj. *Hist. nat.* Qui a deux membres ou deux organes analogues à des pieds.

diptère adj. et n. Qui a deux ailes. ‖

Archit. Qui a une double rangée de colonnes. ‖ Nmpl. Ordre d'insectes suceurs ou piqueurs comprenant les mouches, les cousins, etc.

diptyque nm. Tableau, bas-relief composé de deux panneaux se repliant face à face.

dire vt. (*Je dis, n. disons, v. dites, ils disent. Je disais. Je dis. Je dirai. Je dirais. Dis, disons, dites. Q. je dise. Q. je disse. Disant. Dit, dite.*) Exprimer au moyen de la parole et, *par ext.*, par écrit. ‖ Avancer, affirmer : *ne dites jamais rien sans preuves.* ‖ Divulguer : - *un secret.* ‖ Raconter : *dites-moi comment cela s'est passé.* ‖ Répondre : *il n'a su que* -. ‖ Proposer : *dites votre prix.* ‖ Ordonner : *je vous dis de vous taire.* ‖ Juger, penser : *je ne sais qu'en* -. ‖ Prédire : - *la bonne aventure.* ‖ Célébrer : - *la messe.* ‖ Indiquer par des marques extérieures, signifier, révéler : *son silence en dit long.* ‖ *Fam.* Plaire : *est-ce que cela vous dit?* ‖ *Fig.* Si le cœur vous en dit, si vous en avez envie. ‖ *C'est-à* -, *c'est-à* - *que*, cela revient à. ‖ *On dirait d'un fou ou un fou, on le prendrait pour un fou.* ‖ Se - vpr. Se prétendre : *il se dit sage.*

dire nm. Propos, assertion : *au* - *de chacun.*

direct, e adj. et n. Droit, sans détour : *voie* -. ‖ Immédiat : *complément* -. ‖ Nm. Coup de poing.

directeur, trice n. Personne qui dirige, administre. ‖ - *de conscience*, ecclésiastique choisi pour diriger la conduite. ‖ Adj. : *comité* -.

direction nf. Action de diriger, de veiller sur. ‖ Conduite, administration. ‖ Emploi de directeur. ‖ Orientation, but. ‖ Mécanisme qui sert à diriger une automobile.

directive nf. Ensemble d'indications générales : *demander, recevoir des* -. (S'emploie le plus souvent au pl.)

directoire nm. Conseil chargé d'une direction publique.

directorial, e, aux adj. Qui concerne une fonction de directeur.

dirigeable adj. Qui peut être dirigé. ‖ Nm. Aéronef plus léger que l'air et muni d'hélices propulsives.

diriger vt. (c. *manger*). Conduire, mener, guider. ‖ Commander : - *une équipe.* ‖ Dirigeant, e part., adj. et n. Qui exerce une direction.

dirigisme nm. Système économique dans lequel l'Etat se substitue à l'initiative privée pour diriger la production nationale.

dirigiste adj. et n. Partisan du dirigisme.

dirimant, e adj Qui annule, en parlant d'un acte.

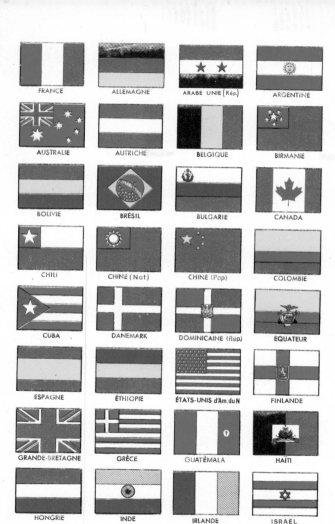

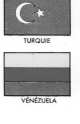

ITALIE	JAPON	LIBAN	LUXEMBOURG
MAROC	MEXIQUE	MONACO	NORVÉGE
O.N.U.	PAKISTAN	PANAMA	PARAGUAY
PAYS-BAS	PÉROU	PERSE	PHILIPPINES
POLOGNE	PORTUGAL	ROUMANIE	St-SIÈGE (VATICAN)
SUÈDE	SUISSE	TCHÉCOSLOVAQUIE	THAÏLANDE
TUNISIE	TURQUIE	Rep. SUD-AFRICAINE	U. R. S. S.
URUGUAY	VÉNÉZUELA	YÉMEN	YOUGOSLAVIE

discernable adj. Qui peut être discerné : *lésion à peine* -.

discernement nm. Faculté de juger clairement et sainement des choses.

discerner vt. Distinguer un objet d'un autre. || *Fig.* Séparer, établir la différence : - *l'ami du flatteur*.

disciple nm. Personne qui reçoit un enseignement : *un maître et ses* -. || Qui adhère à une doctrine religieuse, morale ou philosophique : - *de Platon*.

disciplinaire adj. Relatif à la discipline : *règlement* -.

discipline nf. Ensemble des règles de conduite pour les membres d'un corps. || Soumission à ces règlements : *maintenir la - dans une classe*. || Sorte de fouet qui sert d'instrument de pénitence : *se donner la* -. || Matière d'enseignement : *exceller dans une* -.

discipliner vt. Former à la discipline : - *une armée*.

discobole nm. Athlète qui s'exerçait à lancer le disque ou le palet.

discontinu, e adj. Qui offre des interruptions.

discontinuer vt. Ne pas continuer. || Vi. Cesser un moment : *il pleut sans* -.

discontinuité nf. Interruption.

disconvenir [de] vi. (c. *venir*). Nier une chose, n'en pas convenir : *je ne disconviens pas que cela ne soit* ou *soit vrai*.

discordance nf. Caractère de ce qui est discordant : - *des sons*.

discordant, e adj. Qui manque d'accord, d'harmonie.

discorde nf. Dissension, division entre deux ou plusieurs personnes. || Pomme de -, sujet de dispute.

discothèque nf. Collection de disques de phonographe. || Meuble destiné à les contenir.

discoureur, euse n. Bavard, prétentieux.

discourir vi. Parler abondamment sur un sujet.

discours nm. Propos que l'on tient en conversation. || Morceau oratoire propre à persuader : - *d'un avocat*. || Développement didactique : *le « Discours sur le style » de Buffon*. || Suite des mots qui forment le langage : *les neuf parties du* -.

discourtois, e adj. Impoli.

discrédit nm. Diminution, perte d'influence, de considération.

discréditer vt. Faire tomber en discrédit.

discret, ète adj. Réservé dans ses paroles et dans ses actions. || Qui n'attire pas l'attention. || Qui sait garder un secret : *confident* -.

discrétion nf. Retenue judicieuse dans les paroles, dans les actions. ||

Exactitude à garder les secrets. || *Être à la - de quelqu'un*, dépendre entièrement de lui. || *A -*, loc. adv., volonté : *manger à* -.

discrétionnaire adj. *Dr. Pouvoir* -, pouvoir laissé à la discrétion, à la sagesse de celui qui en est investi.

discriminant, e adj. Qui établit une séparation entre deux termes. || Nm. *Alg.* Relation entre les coefficients d'une équation du second degré.

discrimination nf. Faculté, action de discerner.

discriminer vt. Distinguer, séparer.

disculpation nf. Action de disculper. || État d'une personne disculpée.

disculper vt. Justifier.

discursif, ive adj. Qui se déduit par le raisonnement.

discussion nf. Examen, débat : - *d'un projet de loi*. || Échange d'arguments, d'opinions contradictoires. || Altercation, différend : *ils sont toujours en* -.

discutable adj. Qui peut être discuté.

discuter vt. Examiner avec soin une question, en débattre le pour et le contre. || Vi. Manifester une opinion différente de celle d'un interlocuteur.

disert, e adj. Qui parle aisément et avec élégance.

disette nf. Manque de choses nécessaires et spécialement de vivres, etc.

diseur, euse n. Personne qui dit habituellement des choses d'un genre particulier : - *de bonne aventure*. || Personne qui déclame : *un fin* -.

disgrâce nf. Perte de crédit, de faveur. || *Fig.* Infortune, malheur.

disgracier vt. Retirer sa faveur à quelqu'un. || **Disgracié, e** part. et adj. *Fig.* Peu doué, laid, difforme : - *de la nature*. || N. : *les* -.

disgracieux, euse adj. Sans grâce. || *Fig.* Désagréable, fâcheux.

disjoindre vt. Séparer des choses jointes.

disjoncteur nm. Interrupteur automatique de courant électrique.

disjonction nf. Séparation.

dislocation nf. Action de disloquer.

disloquer vt. Démettre, déboîter. || *Fig.* Démembrer : - *un État*.

disparaître vi. (c. *connaître*). [Prend l'auxil. *avoir* ou *être*, selon qu'on veut marquer l'action ou l'état.] Cesser de paraître, d'être visible. || S'égarer : *mes gants ont disparu*. || Venir à manquer subitement. || *Fig.* Ne plus être, ne plus exister : *la superstition disparaît peu à peu*. || **Disparu, e** part., adj. et n. Mort ou considéré comme mort.

disparate adj. Qui manque de suite, d'harmonie : *meubles, couleurs* -. || Nf. Manque de rapport, de conformité :

ses actions et ses paroles forment une étrange -.

disparité nf. Disproportion.

disparition nf. Action de disparaître.

dispatcher nm. Agent de la S.N.C.F. chargé de régler la marche des trains.

dispendieux, euse adj. Très coûteux.

dispensaire nm. Lieu où l'on donne gratuitement des consultations et des soins médicaux.

dispensateur, trice n. Personne qui distribue : *- des aumônes.*

dispense nf. Exemption de la règle ordinaire : *- d'âge.*

dispenser vt. Distribuer : *le soleil dispense sa lumière.* ‖ Exempter de la règle : *- de service.*

dispersement nm. Action de disperser, de se disperser.

disperser vt. Répandre, jeter çà et là. ‖ Dissiper, mettre en fuite : *- un attroupement.*

dispersion nf. Action de disperser ou de se disperser ; son résultat. ‖ *Phys.* Décomposition d'un faisceau de lumière complexe en ses différentes radiations.

disponibilité nf. Etat de ce qui est disponible. ‖ Etat d'un militaire, d'un fonctionnaire qui, provisoirement, n'exerce pas ses fonctions. ‖ Pl. Choses, fonds dont on peut disposer.

disponible adj. Dont on peut disposer ; libre : *logement -.*

dispos, e adj. En bonnes dispositions de santé, de force.

disposer vt. Arranger, mettre dans un certain ordre. ‖ Préparer quelqu'un à quelque chose : *l'étude nous dispose à la joie.* ‖ Vt. ind. Faire ce qu'on veut de quelqu'un : *- de ses amis.* ‖ Posséder, utiliser : *- d'une voiture.* ‖ Se - vpr. Se préparer : *se - à partir.*

dispositif nm. Agencement des pièces d'un appareil ou d'une machine. ‖ L'ensemble des pièces ainsi disposées.

disposition nf. Arrangement, distribution. ‖ Etat de la santé, de l'esprit, du caractère. ‖ Pouvoir d'user à son gré : *avoir à sa -.* ‖ Pl. Préparatifs : *prendre ses - pour partir.* ‖ Aptitude : *cet enfant a des - pour les sciences.* ‖ Clause d'un acte juridique : *- testamentaires.*

disproportion nf. Défaut de proportion, inégalité.

disproportionné, e adj. Qui manque de proportion, de convenance.

dispute nf. Querelle, altercation.

disputer vi. Avoir une discussion : *- sur une question.* (Vx.) ‖ Vt. Lutter pour obtenir quelque chose : *- un prix.* ‖ *Fam.* Gronder, réprimander : *mère qui dispute son fils.* ‖ Se - vpr. *Fam.* Se quereller.

disquaire nm. Commerçant qui vend des enregistrements phonographiques.

disqualification nf. Action de disqualifier un cheval, un coureur, etc.

disqualifier vt. Mettre hors de concours pour faute ou fraude : *- un boxeur.* ‖ *Fig.* Frapper de discrédit.

disque nm. Sorte de palet que lancent les athlètes. ‖ Surface apparente d'un astre. ‖ Plaque mobile qui, par sa position ou sa couleur, indique si une voie de chemin de fer est libre ou non. ‖ Plaque circulaire pour l'enregistrement phonographique.

dissection nf. Action de disséquer.

dissemblable adj. Différent, opposé : *caractères -.*

dissemblance nf. Manque de ressemblance.

dissémination nf. Action de disséminer ; son résultat.

disséminer vt. Répandre çà et là, éparpiller.

dissension nf. Discorde causée par l'opposition, la diversité des sentiments, des intérêts : *Solon mit fin aux - d'Athènes.*

dissentiment nm. Différence de sentiments, d'opinions.

disséquer vt. (c. *céder*). Ouvrir un corps organisé pour en étudier l'anatomie. ‖ *Fig.* Analyser minutieusement : *- un roman.*

dissertation nf. Exercice littéraire sur un sujet donné : *- française.*

disserter vi. Discourir méthodiquement sur un point : *- sur un texte.*

dissidence nf. Scission. ‖ Etat de révolte : *entrer en -.*

dissident, e adj. et n. Qui se sépare d'une communauté, d'une doctrine religieuse, politique, etc.

dissimulateur, trice n. et adj. Qui dissimule.

dissimulation nf. Action de dissimuler. ‖ Caractère de celui qui dissimule. ‖ Hypocrisie.

dissimuler vt. Cacher : *- sa fortune.* ‖ *Fig.* Ne pas laisser paraître ses sentiments, ses intentions : *- sa joie, sa colère.* ‖ Dissimulé, e part. et adj. Sournois : *caractère -.*

dissipateur, trice n. Qui dissipe follement son bien.

dissipation nf. Action de dissiper. ‖ *Fig.* Distraction, inattention.

dissiper vt. Faire disparaître. ‖ Faire cesser : *le temps dissipe les illusions.* ‖ Dépenser follement : *- sa fortune.* ‖ Détourner de l'application : *- un camarade.*

dissociable adj. Qui peut être dissocié.

dissociation nf. Action de dissocier.

dissocier vt. Séparer des éléments associés.

dissolu, e adj. et n. Débauché.

dissolution nf. Action de dissoudre. ‖ Solution visqueuse de caoutchouc, servant à réparer les chambres à air. ‖ *Fig.* Rupture : - *d'un mariage.* ‖ Retrait de pouvoirs : - *d'une assemblée politique.* ‖ Dérèglement : - *des mœurs.*

dissolvant, e adj. et nm. Qui a la propriété de dissoudre : *l'eau est un -.* ‖ *Fig.* Cause de corruption : *doctrine -.*

dissonance nf. *Mus.* Faux accord. ‖ *Gramm.* Réunion peu harmonieuse de syllabes, comme *dîner d'un dindon.*

dissonant, e adj. *Mus. Accord -,* qui n'est pas en harmonie.

dissoudre vt. (c. *absoudre*). Faire fondre dans un liquide. ‖ *Fig.* Mettre légalement fin à : - *une assemblée.* ‖ Annuler : - *un mariage.* ‖ **Dissous, oute** part. et adj.

dissuader vt. Détourner d'une résolution prise.

dissyllabe adj. et nm. Mot qui a deux syllabes.

dissyllabique adj. De deux syllabes.

dissymétrie nf. Défaut de symétrie.

dissymétrique adj. Qui manque de symétrie.

distance nf. Intervalle qui sépare les objets, les lieux, les temps. ‖ Différence : *la - qui sépare le civilisé du sauvage.* ‖ **A** - loc. adv., avec un certain recul : *à -, on juge mieux.* ‖ *Fig.* Tenir à -, enlever tout prétexte de familiarité.

distancer vt. (c. *placer*). Devancer, surpasser.

distant, e adj. Eloigné. ‖ *Fig.* Réservé, froid : *il est fier et -.*

distendre vt. Causer un gonflement excessif, une extension trop forte.

distension nf. Tension violente.

distillateur nm. Qui distille des liqueurs alcooliques.

distillation nf. Opération consistant à vaporiser partiellement un liquide et à condenser les vapeurs formées pour les séparer.

distiller [*ti-lé*] vt. Opérer la distillation. ‖ *Fig.* Verser, répandre : - *l'ennui.*

distillerie nf. Lieu où l'on distille. ‖ Industrie de la production de l'alcool.

distinct [*tinkt'*], **e** adj. Séparé, différent. ‖ *Fig.* Clair, net : *voix -.* ‖ **Distinctement** adv.

distinctif, ive adj. Qui distingue.

distinction nf. Action de distinguer ; division, séparation : - *des pouvoirs.* ‖ Différence : - *entre le bien et le mal.* ‖ Marque d'honneur : *recevoir une -.* ‖ Supériorité, mérite : *personnage de -.* ‖ Manières élégantes.

distinguer vt. Percevoir d'une manière distincte par les sens, par l'esprit : - *une personne, les divers sens d'un mot.* ‖ Séparer, établir la différence : - *les temps, les lieux.* ‖ Caractériser, différencier : *la raison distingue l'homme des animaux.* ‖ **Se -** vpr. Se signaler. ‖ **Distingué, e** part. et adj. Remarquable, éminent : *écrivain -.* ‖ Elégant : *manières -.*

distique nm. Réunion de deux vers formant un sens complet, comme
     Le menteur n'est plus écouté,
     Quand même il dit la vérité.

distorsion nf. Torsion. ‖ Déformation produite par un objectif photographique ou un récepteur de radio en ce qui concerne l'image ou le son émis.

distraction nf. Inattention. ‖ Chose faite par inadvertance : *commettre des -.* ‖ Ce qui amuse, délasse l'esprit : *la lecture est la plus saine des -.*

distraire vt. (c. *traire*). Détourner à son profit : - *de l'argent.* ‖ *Fig.* Détourner l'esprit d'une application : - *quelqu'un de son travail.* ‖ Divertir : - *des enfants.*

distrait, e adj. et n. Inattentif.

distribuer vt. Répartir, partager. ‖ Diviser, disposer : - *un appartement.* ‖ Donner au hasard : - *des coups.*

distributeur, trice n. et adj. Qui distribue. ‖ Appareil servant à distribuer.

distributif, ive adj. Qui distribue : *mesures -.* ‖ *Justice -,* qui rend à chacun ce qui lui est dû.

distribution nf. Action de distribuer. ‖ Disposition. ‖ Service d'un facteur.

district [*trik'*] nm. Etendue d'une juridiction.

dit, e adj. Convenu. ‖ Surnommé : *Jean, - le Bon.* ‖ Nm. Maxime : *les mémorables de Socrate.*

dithyrambe nm. Chant en l'honneur de Bacchus. ‖ *Par ext.* Poème lyrique enthousiaste. ‖ Louanges exagérées.

dithyrambique adj. Excessif : *des louanges -.*

dito mot inv. *Comm.* Comme ci-dessus, de même (d°).

diurétique adj. et n. Qui fait uriner.

diurne adj. Qui s'accomplit dans un jour ou pendant le jour. ‖ Nmpl. Animaux qui ne se montrent qu'au grand jour.

diva nf. Cantatrice célèbre.

divagation nf. Action de divaguer ; résultat de cette action.

divaguer vi. Errer à l'aventure : *laisser - des bestiaux.* ‖ *Fig.* Parler à tort et à travers : *orateur qui divague.*

divan nm. Sorte de sofa, de canapé.

divergence nf. Action de diverger. ‖ *Fig.* Différence : - *de vues.*

divergent, e adj. Qui diverge. ‖ Qui fait diverger : *lentille -.*

diverger vi. (c. *manger*). S'écarter progressivement l'un de l'autre, en parlant des rayons, des lignes et, au *fig.*, des idées, des opinions. ‖ **Divergeant, e** part. prés.

divers, e adj. Qui est de nature ou de qualité différente; distinct, dissemblable : *les - sens d'un mot.* ‖ Pl. Plusieurs : - *écrivains.*

diversifier vt. (c. *prier*). Varier, changer.

diversion nf. Action de détourner l'esprit. ‖ Opération militaire ayant pour but de tromper l'ennemi.

diversité nf. Variété : - *de goûts.* ‖ Différence, opposition : - *d'opinions.*

divertir vt. Amuser, récréer.

divertissant, e adj. Qui récrée, divertit : *spectacle -.*

divertissement nm. Récréation amusante. ‖ *Théâtr.* Intermède de danse, de chant, etc., pendant un entracte.

divette nf. Chanteuse d'opérette, de café-concert.

dividende nm. *Arithm.* Nombre à diviser dans une division. ‖ Portion d'intérêt ou de bénéfice qui revient à chaque actionnaire.

divin, e adj. Propre à Dieu. ‖ Qui lui est dû -. ‖ *Fig.* Sublime : *musique -.* ‖ Nm. Ce qui est divin.

divination nf. Art prétendu de deviner l'avenir.

divinatoire adj. Qui a rapport à la divination. ‖ *Baguette -,* v. BAGUETTE.

divinisation nf. Action de diviniser.

diviniser vt. Mettre au rang des dieux. ‖ *Par ext.* Revêtir d'un caractère sacré : *les païens ont divinisé la vie.*

divinité nf. Essence, nature divine. ‖ Dieu lui-même : *honorer la Divinité.* ‖ Pl. Dieux et déesses du paganisme.

diviser vt. Séparer en parties. ‖ *Arithm.* Faire une division. ‖ *Fig.* Semer la discorde : - *des familles.*

diviseur nm. Nombre par lequel on en divise un autre. ‖ *Commun -,* qui en divise exactement plusieurs autres.

divisibilité nf. Qualité de ce qui peut être divisé.

divisible adj. Qui peut être divisé.

division nf. Action de séparer en parties distinctes. ‖ Partie d'un tout. ‖ *Arith.* Opération par laquelle on cherche combien de fois un nombre, appelé *diviseur,* se trouve contenu dans un autre, appelé *dividende.* ‖ Unité militaire de combat. ‖ Groupement d'unités navales ou aériennes. ‖ *Admin.*

Réunion de plusieurs bureaux sous la direction d'un chef. ‖ - *cellulaire,* mode de multiplication des cellules. ‖ *Fig.* Désunion, discorde.

divisionnaire adj. Qui appartient à une division. ‖ Nm. Général de division.

divorce nm. Rupture légale du mariage civil. ‖ *Fig.* Opposition : *il y a - entre la théorie et la pratique.*

divorcer vi. (c. *placer*). Rompre un mariage par divorce. ‖ *Fig.* Rompre avec : - *avec ou d'avec le monde.*

divulgation nf. Action de divulguer : *la - d'un secret.*

divulguer vt. Rendre public.

dix adj. num. Neuf plus un. ‖ Dixième. ‖ Nm. : *le - du mois.*

dix-huit adj. num. Dix et huit. ‖ Dix-huitième. ‖ Nm. Le dix-huitième jour du mois : *le 18 brumaire an VIII.*

dix-huitième adj. num. ord. Qui vient après le dix-septième. ‖ N. : *être le, la -.*

dixième adj. num. ord. de *dix.* ‖ N. La dixième partie.

dix-neuf adj. num. Dix et neuf. ‖ Dix-neuvième. ‖ Nm. : *le - juin.*

dix-neuvième adj. num. ord. Qui vient après le dix-huitième. ‖ N. : *être le, la -.*

dix-sept adj. num. Dix et sept. ‖ Dix-septième. ‖ Nm. : *le - mai.*

dix-septième adj. num. ord. Qui vient après le seizième. ‖ N. : *être le, la -.*

dizain nm. Strophe de dix vers.

dizaine nf. Total composé de dix unités. ‖ Chapelet composé de dix grains.

djebel nm. Mot arabe signifiant *montagne.*

djellaba nf. Manteau de laine des Arabes.

djinn nm. Nom que les Arabes donnent à des génies bienfaisants ou malfaisants.

do nm. Note de musique, syn. de UT.

docile adj. Facile à conduire, à diriger, obéissant.

docilité nf. Disposition à obéir : *enfant d'une - parfaite.*

docimologie nf. Étude des examens et des concours.

dock nm. Magasin servant d'entrepôt. ‖ - *flottant,* bassin de radoub mobile.

docker [*kèr*] nm. Ouvrier des docks, débardeur.

docte adj. Savant, érudit.

docteur nm. Celui qui est promu au plus haut grade d'une faculté : - *ès lettres.* ‖ Médecin.

doctoral, e, aux adj. De docteur. ‖ *Fig.* Grave, solennel : *ton -.*

doctorat nm. Grade de docteur.

doctoresse nf. Femme docteur.

doctrinaire nm. Sous la Restauration, partisan de théories politiques d'un libéralisme systématique.

doctrinal, e, aux adj. Relatif à la doctrine : *décision* -.

doctrine nf. Ensemble des dogmes professés dans une religion, ou des opinions d'une école philosophique, littéraire, scientifique, etc. ‖ Ensemble d'opinions : *une saine* -.

document nm. Renseignement écrit, servant de preuve. ‖ Objet quelconque qui sert de preuve : - *photographique.*

documentaire adj. Qui a le caractère d'un document, qui repose sur des documents. ‖ Nm. Film éducatif établi d'après des documents réels.

documentation nf. Action de documenter. ‖ Ensemble de documents.

documenter vt. Fournir des documents ; appuyer sur des documents.

dodécaèdre nm. *Géom.* Polyèdre à douze faces.

dodécagone nm. *Géom.* Polygone à douze angles et douze côtés.

dodeliner vt. Bercer, balancer : - *la tête* ou *de la tête.*

dodo nm. Sommeil, lit, dans le langage des enfants.

dodu, e adj. *Fam.* Gras, potelé.

doge, dogaresse n. Chef des anciennes républiques de Venise et de Gênes.

dogmatique adj. Qui a rapport au dogme. ‖ *Fig.* Tranchant : *ton* -.

dogmatiser vi. Enseigner des dogmes. ‖ *Fig.* Parler d'un ton sententieux.

dogmatisme nm. Philosophie qui admet la certitude. ‖ Disposition à croire, à affirmer.

dogmatiste nm. Partisan du dogmatisme.

dogme nm. Point fondamental de doctrine, en religion ou en philosophie.

dogue nm. Chien de garde à grosse tête à museau aplati.

doigt nm. Chacune des parties mobiles qui terminent les membres de l'homme et de quelques animaux. ‖ Mesure approximative équivalant à l'épaisseur d'un doigt : *un* - *de vin.* ‖ *Fig. Montrer quelqu'un du* -, s'en moquer publiquement. ‖ *Savoir sur le bout du* -, parfaitement. ‖ *Mettre le* - *dessus,* deviner. ‖ *Se mordre les* -, se repentir. ‖ *Etre à deux* - *de sa perte,* en être proche.

doigté nm. *Mus.* Manière de doigter. ‖ *Fig.* Adresse, tact : *avoir du* -.

doigter vi. *Mus.* Diriger, selon les règles, ses doigts sur un instrument.

doigtier nm. Fourreau en forme de doigt de gant, pour protéger un doigt.

doit nm. Partie d'un compte établissant ce qu'une personne doit, ce qui lui a été donné. ‖ - *et avoir,* le passif et l'actif.

dolce [*tché*] adv. *Mus.* Avec une expression douce.

doléances nfpl. Plaintes.

dolent, e adj. Qui est mal à son aise. ‖ Triste, plaintif : *un ton* -. ‖ **Dolement** [*la*] adv.

doler vt. Aplanir avec la doloire.

dolichocéphale [*ko*] adj. et n. Homme dont le crâne est de forme allongée.

doline nf. Cuvette creusée dans une région calcaire.

dollar nm. Unité monétaire des Etats-Unis (symb. $).

dolman nm. Veste militaire à brandebourgs.

dolmen [*mèn'*] nm. Monument mégalithique, formé d'une grande pierre plate posée sur d'autres pierres dressées verticalement.

doloire nf. Outil de tonnelier pour unir le bois. ‖ Instrument de maçon pour gâcher le sable et la chaux.

dom nm. Titre donné à certains religieux (bénédictins, chartreux). ‖ Titre donné aux nobles au Portugal.

domaine nm. Propriété. ‖ *Le* -, les biens de l'Etat. ‖ *Fig.* Etendue des objets qu'embrasse un art, une science : *le* - *littéraire.* ‖ *Tomber dans le* - *public,* se dit d'une œuvre littéraire ou artistique qui, après un temps déterminé, peut être reproduite et vendue par tout le monde.

domanial, e, aux adj. Qui appartient à l'Etat : *forêt* -.

dôme nm. Couverture d'un comble en forme de demi-sphère. ‖ Réservoir cylindrique surmontant une chaudière.

domestication nf. Action de domestiquer.

domesticité nf. Etat de domestique. ‖ Ensemble des domestiques d'une maison. ‖ Condition des animaux soumis à l'homme.

domestique adj. Qui concerne la maison : *travaux* -. ‖ Apprivoisé : *animaux* -. ‖ N. Personne employée au service d'une maison.

domestiquer vt. Apprivoiser un animal sauvage.

domicile nm. Maison, demeure, habitation.

domiciliaire adj. Qui a rapport au domicile. ‖ *Visite* -, perquisition par autorité de justice.

domicilier vt. Assigner un domicile. ‖ Se - vpr. Etablir son domicile.

dominateur, trice adj. et n. Qui domine, aime à gouverner.

domination nf. Empire, autorité souveraine : *une - tyrannique.* ‖ *Fig.* Influence morale : *la - du génie.* ‖

dominer vi. Exercer la domination, être maître de. ‖ *Fig.* L'emporter en intensité, en nombre : *qualité, couleur qui domine.* ‖ Vt. Maîtriser : *- ses passions.* ‖ Occuper une position plus élevée : *le fort domine la ville.* ‖ L'emporter sur : *il veut - tout le monde.* ‖ Se - vpr. Se maîtriser. ‖ **Dominant, e** part.. adj. et nf. *Mus.* Cinquième degré d'une tonalité et l'une de ses notes essentielles.

dominicain, e n. Religieux, religieuse de l'ordre de Saint-Dominique.

dominical, e, aux adj. Qui appartient au Seigneur. ‖ Relatif au dimanche : *repos -.*

dominion nm. Nom donné à certains Etats du Commonwealth britannique.

domino nm. Costume de bal masqué. ‖ Personne en domino. Pl. Jeu de société qui se joue avec vingt-huit petits rectangles marqués, sur une face, d'un certain nombre de points. ‖ Sing. Chacune de ces pièces.

dommage nm. Préjudice. ‖ Perte, dégât : *la grêle a causé de grands -.* ‖ *Fig. C'est -,* c'est fâcheux, regrettable. ‖ Pl. *Dommages-intérêts,* indemnité due pour le préjudice qu'on a causé.

dommageable adj. Qui cause, qui apporte un dommage, un préjudice : *entreprise -.*

domptage nm. Action de dompter.

dompter [*don-té*] vt. Soumettre de force, maîtriser. ‖ Réduire à l'obéissance.

dompteur [*don-teur*], **euse** n. Qui dompte, soumet.

don nm. Libéralité. ‖ Donation, legs. ‖ *Fig.* Aptitude à une chose : *le - de l'éloquence.*

don nm. Titre de courtoisie employé devant les prénoms en Espagne : *- Juan.* ‖ Fém. *doña* [*gna*].

donataire n. A qui une donation est faite.

donateur, trice n. Personne qui fait une donation.

donation nf. Don fait par acte public. ‖ L'acte qui constate le don.

donc conj. qui marque une conclusion : *je pense, - je suis.* ‖ Renforce une interrogation, une injonction : *qu'as-tu - ?; viens -.*

dondaine nf. Sorte de cornemuse.

dondon nf. *Fam.* Femme ou fille à la taille lourde, épaisse.

donjon nm. Grosse tour isolée ou attenante à un château fort.

don Juan nm. Séducteur.

donnant, e adj. Qui aime à donner.

donne nf. *Jeux.* Action de distribuer les cartes. ‖ *Fausse -,* ou *maldonne,* mauvaise distribution des cartes.

donnée nf. Point incontestable ou admis comme tel. ‖ Idée fondamentale d'un ouvrage littéraire : *la - d'une tragédie.* ‖ Pl. *Math. -* ou *quantités -,* quantités connues, servant à trouver les inconnues.

donner vt. Faire don. ‖ Accorder : *- sa confiance.* ‖ Signifier : *- congé.* ‖ Procurer : *- du travail.* ‖ Employer, consacrer : *- son temps à l'étude.* ‖ Remettre, livrer : *- le pouvoir à quelqu'un.* ‖ Causer : *- de l'inquiétude.* ‖ Infliger : *- une punition.* ‖ Sacrifier : *- sa vie.* ‖ Communiquer : *- une maladie.* ‖ Appliquer, assener : *- un baiser, un soufflet.* ‖ *- la vie,* enfanter : *- la mort,* tuer. ‖ *- la chasse,* poursuivre. ‖ *- un coup d'épaule,* aider. ‖ Vi. Heurter, tomber : *- de la tête contre un mur.* ‖ Se jeter par mégarde : *- dans un piège.* ‖ *Fig.* Se laisser aller à : *- dans un ridicule.* ‖ Charger : *faites - la garde!* ‖ Produire : *la vigne a bien donné.* ‖ Avoir vue : *cette fenêtre donne sur la rue.* ‖ *- tête baissée,* se porter avec ardeur. ‖ *Ne savoir où - de la tête,* être débordé de travail. ‖ *- sur les doigts,* punir. ‖ Impers. : *il est donné,* il est permis, il est possible. ‖ Se - vpr. Se *- garde de,* s'abstenir. ‖ Se *- pour,* se faire passer pour. ‖ Se *- des airs,* affecter des manières au-dessus de son état. ‖ Se *- le mot,* s'entendre. ‖ Se *- du bon temps, s'en - à cœur joie,* s'amuser beaucoup. ‖ **Etant donné que** loc. conj. inv., puisque.

donneur, euse n. Qui donne, aime à donner. ‖ Joueur distribuant les cartes.

dont pr. relat. des deux genres et des deux nombres, mis pour *du qui, duquel, de quoi,* etc. ‖ S'emploie 1° comme complément d'un verbe, indiquant l'origine, le moyen ; 2° comme complément d'un nom ; 3° comme complément d'un adjectif : *le camarade - il est jaloux.*

donzelle nf. Fille, femme d'un état médiocre et de mœurs suspectes.

dopage ou **doping** nm. Excitant donné à un cheval avant une course.

doper vt. Administrer un excitant : *- un cheval, un coureur.*

dorade nf. V. DAURADE.

dorage nm. Action de dorer; son résultat.

dorénavant adv. Désormais, à l'avenir : *soyez - plus discrète.*

dorer vt. Recouvrir d'une couche d'or. ‖ Couvrir une pièce de pâtisserie d'une légère couche de jaune d'œuf. ‖ *Fig.* - *la pilule*, adoucir par des paroles aimables une chose désagréable. ‖ **Doré,** e part. et adj. *Fig. Jeunesse* -, jeunes gens riches, oisifs.

doreur, euse n. Qui travaille en dorure.

dorique adj. Propre aux Doriens. ‖ Nm. Le plus ancien ordre d'architecture grecque.

doris [*do-riss*] nm. Embarcation plate utilisée pour la pêche à la morue.

dorlotement nm. Action de dorloter.

dorloter vt. Traiter délicatement : - *un enfant.*

dormant, e adj. Qui dort. ‖ *Eau* -, stagnante. ‖ *Châssis* -, fixe, scellé.

dormeur, euse adj. et n. Personne qui dort, qui aime à dormir.

dormir vi. (*Je dors, il dort, n. dormons. Je dormais, n. dormions. Je dormis, n. dormîmes. Je dormirai, n. dormirons. Je dormirais, nous dormirions. Dors, dormons, dormez. Q. je dorme, qu'il dorme, q. n. dormions. Q. je dormisse, qu'il dormît. Dormant. Dormi.*) Reposer dans le sommeil. ‖ *Fig.* Demeurer sans mouvement : *la nature dort.* ‖ *Laisser* - *une affaire*, la négliger. ‖ *- debout*, être las.

dormitif, ive adj. et nm. Qui provoque le sommeil.

dorsal, e, aux adj. Qui appartient au dos.

dortoir nm. Salle commune où sont les lits.

dorure nf. Art, action de dorer. ‖ Or appliqué. ‖ Préparation pour dorer les pièces de pâtisserie.

doryphore nm. Insecte coléoptère qui ravage les plants de pommes de terre.

dos nm. Partie postérieure du tronc. ‖ Côté extérieur de la main. ‖ Partie postérieure d'un fauteuil, d'un livre, etc. ‖ Verso : *le - d'une gravure.* ‖ *Fig. Renvoyer* - *à* -, ne donner gain de cause à aucune des parties. ‖ *En - d'âne*, très bombé. ‖ *Fig. Avoir bon* -, être accusé, de préférence aux autres.

dosage nm. Action de doser.

dose nf. Quantité déterminée de chaque constituant d'un médicament. ‖ Partie d'un médicament prise en une fois. ‖ *Fig.* Quantité quelconque : *une forte* - *d'amour-propre.*

doser vt. Déterminer la dose. ‖ Déterminer la proportion.

dossard nm. Pièce d'étoffe portant un numéro d'ordre, et cousue sur le maillot des concurrents d'une épreuve sportive.

dossier nm. Appui du dos. ‖ Ensemble de pièces écrites concernant une question, une personne.

dossière nf. Partie du harnais posée

sur le dos. ‖ Partie d'une cuirasse qui couvre le dos.

dot nf. Bien qu'une femme apporte en mariage.

dotal, e, aux adj. Relatif à la dot. ‖ *Régime* -, régime qui a pour objet d'assurer à la femme la conservation intégrale de sa dot.

dotation nf. Fonds en revenus attribués à une personne, à une collectivité.

doter vt. Donner une dot. ‖ Assigner un revenu à une communauté : *une fondation.* ‖ *Fig.* Douer : *la nature l'a bien doté.*

douaire nm. Biens assurés par le mari à sa femme survivante.

douairière nf. Veuve bénéficiant d'un douaire. ‖ Vieille dame de qualité.

douane nf. Administration chargée de percevoir les droits imposés sur les marchandises importées. ‖ Ces droits : *marchandises exemptées de* -. ‖ Siège de cette administration.

douanier nm. Préposé de la douane.

douanier, ère adj. Qui concerne la douane. ‖ *Union* -, conventions commerciales entre Etats.

douar nm. Village de tentes arabes.

doublage nm. Action de doubler. ‖ *Cin.* Enregistrement de paroles traduisant celles d'un film étranger.

double adj. Qui vaut, pèse, contient deux fois la chose désignée. ‖ Répété deux fois. ‖ Formé de deux choses identiques : - *semelle.* ‖ *Fig.* Dissimulé : - *jeu.* ‖ *Fleur* -, qui a plus de pétales qu'à l'état naturel. ‖ - *sens*, qui a deux significations. ‖ *Faire emploi*, être superflu. ‖ Nm. Deux fois plus : *payer le* -. ‖ Reproduction, copie : *le - d'une note.* ‖ Adv. *Voir* -, voir deux choses où il n'y en a qu'une. ‖ **Au** - loc. adv., beaucoup plus : *rendre au* -.

doublé nm. Orfèvrerie recouverte d'une mince couche d'or ou d'argent.

doubleau nm. Epaisse solive.

doubler vt. Porter au double. ‖ - *le pas*, marcher plus vite. ‖ - *une classe*, la recommencer. ‖ Mettre en double : - *du fil.* ‖ Garnir d'une doublure. ‖ Dépasser : - *une voiture.* ‖ *Théâtr.* Remplacer un acteur. ‖ *Cin.* Exécuter un doublage. ‖ Vi. Devenir double, augmenter.

doublet nm. Mot de même étymologie mais de formation différente, comme *hôtel* et *hôpital.*

doublure nf. Etoffe dont un vêtement est doublé. ‖ Objet servant à doubler. ‖ Acteur qui en remplace un autre.

douce-amère nf. Plante médicinale de la famille des solanacées.

douceâtre adj. D'une douceur fade.

doucement adv. D'une manière

douce. ‖ *Frapper* -, faiblement. ‖ *Parler* -, à voix basse. ‖ *Marcher* -, lentement. ‖ *Se porter tout* -, ni bien ni mal. ‖ *Traiter* -, avec des égards. ‖ Interj. qui marque conseil ou réprimande : -*! mon ami.*

doucereux, euse adj. Doux sans être agréable. ‖ *Fig.* D'une douceur affectée : *air* -.

doucet, ette adj. et n. Diminutif de *doux.* ‖ Nf. Nom vulgaire de la *mâche.*

douceur nf. Qualité de ce qui est doux et produit une impression agréable : *la* - *de la voix, de la peau.* ‖ *Fig.* Bienveillance : *traiter quelqu'un avec* -. ‖ Pl. Friandises.

douche nf. Jet d'eau dirigé sur le corps. ‖ - *écossaise,* alternativement chaude et froide. ‖ *Fig.* et *fam.* Réprimande ; déception. ‖

doucher vt. Donner une douche.

doucin nm. Pommier sauvage.

doucine nf. *Archit.* Moulure concave par le haut et convexe par le bas. ‖ Rabot de menuisier pour faire ces moulures.

doucir vt. Polir une glace, un métal.

doucissage nm. Action de doucir.

douer vt. Pourvoir d'avantages, de qualités : *la nature l'a doué d'une grande vertu.*

douille nf. Partie creuse d'un instrument qui reçoit le manche. ‖ Cylindre creux de la cartouche servant d'étui pour la charge. ‖ Appareil servant à fixer une lampe à incandescence et à lui amener le courant.

douillet, ette adj. Doux, moelleux. ‖ *Fig.* D'une sensibilité excessive : *enfant* -.

douillette nf. Manteau ouaté pour enfant. ‖ Vêtement d'hiver des ecclésiastiques.

douleur nf. Souffrance physique ou morale. ‖ Pl. Rhumatismes, névralgies.

douloureux, euse adj. Qui cause de la douleur. ‖ Qui marque de la douleur. ‖ *Fig.* Pénible : *séparation* -.

doute nm. Soupçon : *avoir des* -. ‖ Scepticisme : *le* - *méthodique de Descartes.* ‖ *Sans* - loc. adv., 1º assurément (dans ce cas, on dit plus souvent *sans aucun* -) ; 2º probablement : *il viendra sans* - *demain.*

douter vt. ou t. ind. Etre dans le doute. ‖ Ne pas avoir confiance en. ‖ *Ne* - *de rien,* n'hésiter devant aucun obstacle. ‖ *Se* - [de] vpr. Soupçonner : *je me doute de quelque chose.*

douteur nm. Qui doute.

douteux, euse adj. Incertain, aléatoire. ‖ Faible : *jour* -. ‖ Equivoque : *réponse* -.

douve nf. Large fossé rempli d'eau. ‖

Planche de tonneau. ‖ Renoncule vénéneuse des marais. ‖ Ver parasite de certains mammifères.

doux, douce adj. D'une saveur agréable. ‖ Fade. ‖ Qui produit une impression agréable : *voix* -. ‖ Qui plaît au cœur, à l'esprit : - *souvenir.* ‖ Qui indique la bonté : *regard* -. ‖ Affable : *caractère* -. ‖ Tempéré, modéré : *vent* -. ‖ Malléable : *fer* -. ‖ Adv. *Filer* -, être soumis. ‖ *Tout* -, doucement.

douzaine nf. Réunion de douze objets de même espèce. ‖ Douze environ : *être absent une* - *de jours.*

douze adj. num. Dix et deux. ‖ Douzième. ‖ Nm. Le douzième jour du mois.

douzième adj. num. ord. de *douze.* ‖ Nm. La douzième partie : *un* -.

doyen nm. Le plus ancien d'âge ou de réception dans une compagnie, et *par ext.,* le plus âgé. ‖ Titre de dignité ecclésiastique. ‖ Administrateur d'une faculté.

doyenné nm. Dignité de doyen. ‖ Demeure du doyen. ‖ Poire fondante.

drachme [*drakm*'] nf. Unité monétaire chez les Grecs.

draconien, enne adj. Dur et tyrannique comme les lois de Dracon.

drag nm. Course simulant une chasse à courre. ‖ Berline à quatre chevaux, dans laquelle les dames suivaient cette course.

dragage nm. Action ou manière de draguer un chenal, les rivières.

dragée nf. Amande recouverte de sucre durci. ‖ Menu plomb de chasse. ‖ *Fig. Tenir la* - *haute,* faire payer cher un avantage.

drageoir nm. Boîte à dragées.

drageon nm. Rejeton qui naît de la racine des arbres.

dragon nm. Monstre fabuleux. ‖ Soldat destiné à combattre à pied ou à cheval. ‖ *Fig.* Femme vive et acariâtre. ‖ *Hist. nat.* Petit lézard muni de membranes lui servant de parachute.

dragonnades nfpl. Persécutions exercées par les dragons contre les protestants du midi de la France sous Louis XIV.

dragonne nf. Courroie qui se met à la poignée d'une épée, d'un sabre.

drague nf. Appareil servant à enlever du sable, du gravier ou de la vase du fond d'un fleuve ou de la mer.

draguer vt. Curer avec une drague. ‖ Rechercher et relever des mines sous-marines.

dragueur nm. Celui qui drague. ‖ Bateau portant une machine à draguer.

drain nm. Conduit souterrain pour assécher un terrain humide. ‖ Petit tube de caoutchouc ou mèche qui assurent l'écoulement de pus d'une plaie.

drainage nm. Action de drainer.

drainer vt. Assécher un sol humide. ‖ Mettre des drains dans une plaie purulente. ‖ *Fig.* Attirer à soi : - *des capitaux.*

draineur nm. Celui qui draine.

draisienne nf. Première bicyclette, mue par l'action des pieds sur le sol.

drakkar nm. Bateau des Vikings.

dramatique adj. Relatif au théâtre. ‖ Qui s'occupe de théâtre. ‖ *Fig.* Très émouvant : *situation -.*

dramatiser vt. Donner la forme, l'intérêt du drame. ‖ *Par ext.* Exagérer l'importance d'un événement.

dramaturge n. Auteur de drames.

drame nm. Pièce de théâtre, en général. ‖ Plus particulièrement, pièce de théâtre d'un caractère grave, pathétique. ‖ - *lyrique*, opéra. ‖ *Fig.* Evénement tragique.

drap nm. Etoffe de laine. ‖ Grande pièce de lingerie, accessoire de literie.

drapeau nm. Pièce d'étoffe attachée à une hampe, et portant les couleurs d'une nation. ‖ *Fig.* Etre sous les -, au régiment. ‖ *Se ranger sous le - de quelqu'un,* embrasser son parti.

draper vt. Couvrir d'une draperie. ‖ Disposer les plis des vêtements de façon harmonieuse : - *une robe.* ‖ Se - vpr. Arranger les plis de ses vêtements. ‖ *Fig.* Faire parade : *se - dans sa dignité.*

draperie nf. Manufacture de drap. ‖ Métier de drapier. ‖ Ornements de tapisserie.

drapier nm. Marchand ou fabricant de drap. ‖ Adj. : *marchand -.*

dreadnought [*drèd-nôt'*] nm. *Mar.* Ancien nom des grands bâtiments de ligne.

dressage nm. Manière de dresser.

dresser vt. Lever, tenir droit. ‖ *Fig.* - *l'oreille*, devenir attentif. ‖ Faire tenir droit : - *une échelle.* ‖ Monter : - *une tente.* ‖ Disposer : - *la table.* ‖ Aplanir : - *une planche.* ‖ Rédiger : - *un acte.* ‖ Former : - *un enfant.* ‖ Apprivoiser, dompter : - *des animaux.* ‖ *Fig.* Mettre en opposition : - *une personne contre une autre.*

dresseur nm. Celui qui dresse.

dressoir nm. Etagère à vaisselle.

dribbler vt. et i. Au football, courir en contrôlant le ballon.

drille nm. Autref., soudard. ‖ *Bon -,* bon compagnon. ‖ Nf. *Techn.* Porteforet manœuvré par un écrou serrant une tige filetée fendue.

drisse nf. Cordage qui sert à hisser une voile, un pavillon, etc.

drive [*draïv'*] nm. Au tennis, renvoi vigoureux de la balle au ras du filet.

drogman nm. Interprète officiel d'une ambassade en Turquie et au Levant.

drogue nf. Ingrédient propre à la teinture, à la chimie, à la pharmacie. ‖ *Par ext.* Mauvais remède. ‖ Nom donné aux stupéfiants (cocaïne, morphine). ‖ *Fig.* Chose fort mauvaise.

droguer vt. Donner trop de drogues. ‖ Vi. *Fig.* et *fam.* Attendre longtemps : *il m'a fait -.*

droguerie nf. Commerce du droguiste.

droguet nm. Etoffe garnie de dessins brochés.

droguiste adj. et nm. Qui fait le commerce des produits chimiques.

droit nm. Ensemble des règles qui gouvernent les rapports des hommes vivant en société : *étudier le -.* ‖ Pouvoir particulier d'agir ou d'exiger, reconnu par les règles sociales. ‖ Impôt : - *d'enregistrement.* ‖ - *divin,* qui vient de Dieu. ‖ - *civils,* garantis par le Code civil à tous les citoyens. ‖ - *civiques,* droits des citoyens dans leurs rapports avec l'Etat : *le - de vote est un - civique.* ‖ **A bon** - loc. adv., avec raison.

droit, e adj. Qui va directement d'un point à un autre. ‖ Vertical : *mur -.* ‖ Qui est du côté opposé à celui du cœur : *main -.* ‖ *Fig. Cœur -,* sincère. ‖ *Esprit -,* juste. ‖ Adv. Directement : *aller - au but.* ‖ Nf. Le côté droit : *la - d'une armée.* ‖ La main droite. ‖ *Géom.* Ligne droite indéfinie. ‖ Loc. adv. **A -,** à main droite. **A - et à gauche,** de tous côtés.

droitier adj. et n. Qui se sert mieux de la main droite.

droiture nf. Qualité d'une personne loyale ; justice, équité : *agir avec -.*

drolatique adj. Récréatif, qui fait rire : *conte -.*

drôle adj. Qui fait rire ; amusant, comique. ‖ *Fam.* Bizarre, singulier : *avoir un - d'air.* ‖ Nm. Mauvais sujet.

drôlerie nf. Bouffonnerie.

drôlesse nf. Femme effrontée.

dromadaire nm. Animal à une seule bosse, voisin du chameau.

drosère nf. ou **drosera** nm. Plante carnivore, appelée aussi *rossolis.*

drosse nf. Organe de transmission qui fait mouvoir la barre du gouvernail.

drosser vt. Détourner un bateau de sa route (en parlant du vent, des courants).

dru, e adj. Epais, touffu : *blés fort -.* ‖ Adv. En grande quantité, serré : *tomber, semer -.*

druide n. Prêtre des Gaulois.

druidique adj. Relatif aux druides.

druidisme nm. Culte druidique.

drupe nf. Fruit charnu à noyau (cerises, abricots, etc.).

dry [*draï*] adj. et n. Sec : *champagne* -.

dryade nf. Nymphe des bois.

du art. contracté pour *de le*.

dû, due adj. Que l'on doit. ‖ Qui est causé par : *ruine - à la paresse*. ‖ Nm. Créance : *réclamer son* -.

dualisme nm. Tout système religieux ou philosophique qui admet deux principes, comme la matière et l'esprit, le principe du bien et celui du mal. ‖ Réunion de deux États autonomes sous un même souverain.

dualiste nm. et adj. De la nature du dualisme. ‖ Partisan du dualisme.

dualité nf. Caractère de ce qui est double en soi.

dubitatif, ive adj. Qui exprime le doute : *un geste* -.

duc, chesse n. Souverain d'un duché. ‖ Titre de noblesse le plus élevé après celui de prince. ‖ Nf. Variété de poire d'automne.

duc nm. Rapace nocturne voisin des chouettes : *grand, moyen* -.

ducal, e, aux adj. Qui a rapport au duc, au duché.

ducasse nf. Fête patronale, en Flandre et en Artois.

ducat nm. Ancienne monnaie d'or.

duché nm. Terre à laquelle le titre de duc est attaché.

ductile adj. Qui peut être étiré, allongé sans se rompre.

ductilité nf. Propriété de certains solides de pouvoir être étirés en fils minces.

duègne nf. En Espagne, vieille gouvernante.

duel nm. Combat entre deux adversaires.

duelliste nm. Qui se bat en duel.

duettiste n. Personne qui chante ou qui joue en duo.

duit nm. Chaussée empierrée établie en travers d'un fleuve. ‖ Lit artificiel endiguant un cours d'eau en parallèle à celui-ci.

dulcifier vt. (c. *prier*). Adoucir; tempérer l'acidité ou l'amertume.

dûment adv. Selon les formes prescrites : *chose - constatée*.

dumping nm. Action de vendre à perte un produit pour tuer la concurrence.

dundee [*deun-dï*] nm. Bateau de pêche et de cabotage à deux mâts.

dune nf. Amas de sable fin accumulé par les vents.

dunette nf. Partie d'un navire réser-

vée au commandement, et qui est plus élevée que le reste du pont.

duo nm. Morceau de musique pour deux voix ou deux instruments. ‖ *Fig.* et *fam.* Propos entre deux personnes.

duodécimal, e, aux adj. Qui se compte, se divise par douze.

duodénum [*nom'*] nm. Portion de l'intestin grêle qui succède à l'estomac.

dupe adj. et nf. Qui a été trompé ou qu'on peut tromper aisément : *être - d'un escroc*.

duper vt. Tromper, abuser.

duperie nf. Tromperie; fraude.

dupeur, euse n. Personne qui dupe.

duplicata nm. inv. Double d'un acte, d'un écrit.

duplicateur nm. Machine tirant un document à de nombreux exemplaires.

duplication nf. Action de doubler : - *du cube*.

duplicité nf. Mauvaise foi.

dur, e adj. Ferme; solide; difficile à entamer. ‖ Qui offre de la résistance, qui n'est pas doux : *un lit* -. ‖ *Œuf* -, solidifié par la chaleur. ‖ *Pain* -, pain rassis. ‖ *Fig.* Qui offre une résistance morale : *être - à la souffrance*. ‖ Pénible : *dire à quelqu'un de - vérités*. ‖ Turbulent : *cet enfant est très* -. ‖ *Être - d'oreille*, entendre difficilement. ‖ *Cœur* -, insensible. ‖ *Vie* -, austère. ‖ *Temps* -, époques difficiles. ‖ *Avoir la tête* -, comprendre difficilement; être entêté. ‖ *Rendre la vie - à quelqu'un*, le tourmenter. ‖ Adv. Durement, énergiquement : *il travaille* -. ‖ Nf. *Coucher sur la* -, sur la terre nue ou sur les planches.

durable adj. De nature à durer.

Duralumin nm. (nom déposé). Alliage léger d'aluminium, de cuivre, de magnésium et de manganèse, dur et résistant. (On dit aussi DURAL.)

durant prép. Pendant. ‖ Pendant une période de : *avoir la jouissance d'un usufruit sa vie* -.

durcir vt. Rendre dur. ‖ *Fig.* Raidir son attitude : - *sa politique*. ‖ Vi. et se - vpr.

durcissement nm. Action de se durcir. ‖ État qui en résulte.

durée nf. Action de durer; espace de temps.

dure-mère nf. *Anat.* Une des trois membranes qui enveloppent l'encéphale.

durer vi. Continuer d'être. ‖ Exister longtemps.

dureté nf. Qualité de ce qui est dur. ‖ *Fig.* Défaut de sensibilité, de douceur : *la - du cœur*. ‖ Pl. Paroles offensantes : *dire des* -.

durillon nm. Petite callosité.

duvet nm. Plume légère. ‖ Premières plumes des oiseaux éclos. ‖ Premiers poils qui poussent au visage des adolescents. ‖ Sorte de coton qui pousse sur certains fruits.

duveté, e ou **duveteux, euse** adj. Couvert de duvet.

dynamique adj. Relatif à la force, au mouvement. ‖ *Fam.* Plein d'entrain. ‖ Nf. Partie de la mécanique qui étudie les relations entre la force et les mouvements.

dynamisme nm. Doctrine qui ne reconnaît dans les éléments matériels que des combinaisons de forces. ‖ *Fam.* Energie, entrain : *avoir du -.*

dynamite nf. Explosif à base de nitroglycérine.

dynamiter vt. Faire sauter à la dynamite.

dynamo nf. Machine dynamo-électrique transformant l'énergie mécanique en énergie électrique.

dynamomètre nm. Instrument mesurant l'intensité des forces.

dynastie nf. Suite de souverains issus du même sang.

dynastique adj. Qui concerne la dynastie.

dyne nf. Unité de force dans le système C.G.S.

dysenterie [*di-san*] nf. Diarrhée douloureuse et sanguinolente.

dyspepsie nf. *Méd.* Digestion difficile et douloureuse.

dyspnée nf. Difficulté de respirer.

e nm. Cinquième lettre de l'alphabet; seconde des voyelles. (On distingue l'*e* muet [*soierie, monde*], l'*e* fermé [*bonté, assez*] et l'*e* ouvert [*succès, pelle, prêt*].)

eau nf. Liquide transparent, inodore, insipide, formé par l'union de l'hydrogène et de l'oxygène (H_2O). ‖ Pluie. ‖ Liquide obtenu par distillation ou infusion : - *de Cologne.* ‖ Rivière; lac; mer : *promenade sur l'-.* ‖ - *régale*, mélange d'acides nitrique et chlorhydrique. ‖ - *oxygénée*, composé d'hydrogène et d'oxygène (H_2O_2). ‖ - *seconde*, acide nitrique étendu d'eau. ‖ *Par ext.* Sécrétion liquide du corps humain (salive, sueur, etc.) : *être en -.* ‖ Eclat : *diamant d'une belle -.* ‖ *Nager entre deux -*, ménager deux partis. ‖ - *et forêts*, administration chargée de tout ce qui concerne les cours d'eau et les forêts de l'Etat. ‖ - *minérales*, celles qui sont chargées de sels minéraux. ‖ - *thermales*, celles qui jaillissent du sol à une température élevée.

eau-de-vie nf. Produit de la distillation du vin, du marc, du cidre, du grain, etc. ‖ Pl. des *eaux-de-vie.*

eau-forte nf. Nom vulgaire de l'*acide nitrique.* ‖ Estampe obtenue au moyen d'une planche gravée avec cet acide. ‖ Pl. des *eaux-fortes.*

eaux-vannes nfpl. Parties liquides du contenu des fosses d'aisances.

ébahir vt. *Fam.* Etonner, stupéfier.

ébahissement nm. *Fam.* Etonnement extrême.

ébarber vt. Oter les barbes d'une plume, les bavures d'une feuille, les aspérités d'une feuille de métal. ‖ Tondre le chevelu des racines.

ébarbeuse nf. Machine à ébarber.

ébarboir nm. Outil pour ébarber les métaux.

ébats nmpl. Action de s'ébattre; mouvements folâtres.

ébattre (s') vpr. Se divertir en se donnant du mouvement.

ébaubi, e adj. *Fam.* Très étonné.

ébauchage nm. Action d'ébaucher.

ébauche nf. Premier jet, esquisse. ‖ *Par ext.* Ouvrage dont les détails restent à exécuter.

ébaucher vt. Donner une première façon à un ouvrage. ‖ *Fig.* Esquisser légèrement : - *un sourire.*

ébauchoir nm. Outil de sculpteur, de charpentier pour ébaucher.

ébène nf. Bois noir, dur et pesant de l'ébénier. ‖ *Fig.* D'un beau noir : *cheveux d'-.*

ébénier nm. Arbre qui fournit le bois d'ébène.

ébéniste nm. Ouvrier qui fait ou qui répare les meubles.

ébénisterie nf. Fabrique, fabrication de meubles.

éblouir vt. Troubler la vue par un éclat trop vif. ‖ Frapper vivement les regards. ‖ *Fig.* Surprendre par quelque chose de brillant : *se laisser - par les apparences.* ‖ Rendre fier, aveugler : *ses succès l'ont ébloui.*

éblouissement nm. Trouble momentané de la vue, causé par l'impression subite d'une trop vive lumière. ‖ Trouble visuel dû à un malaise : *avoir des -.* ‖ *Fig.* Admiration mêlée d'étonnement.

ébonite nf. Caoutchouc durci utilisé pour ses propriétés isolantes.

éborgnage nm. Opération qui consiste à enlever sur les arbres fruitiers les yeux (bourgeons) inutiles.

éborgner vt. Rendre borgne. ‖ Pratiquer l'éborgnage des arbres.

éboueur nm. V. BOUEUR.

ébouillanter vt. Plonger dans l'eau bouillante.

éboulement nm. Chute de ce qui s'écroule. ‖ Matériaux éboulés.

ébouler vt. Faire écrouler.

éboulis nm. Amas de matériaux éboulés.

ébourgeonnement ou **ébourgeonnage** nm. Action d'ébourgeonner les arbres.

ébourgeonner vt. Oter les bourgeons superflus.

ébouriffer vt. Mettre les cheveux en désordre. ‖ *Fig. et fam.* Surprendre, ahurir : *son langage m'ébouriffe.* ‖ **Ebouriffant**, e part. et adj. ‖ **Ebouriffé**, e part. et adj.

ébranchement ou **ébranchage** nm. Action d'ébrancher.

ébrancher vt. Dépouiller un arbre de ses branches.

ébranlement nm. Mouvement causé par une secousse violente.

ébranler vt. Diminuer la solidité par des secousses. ‖ *Fig.* Affaiblir : - *les convictions.* ‖ Troubler : *ces raisons l'ont ébranlé.*

ébrasement nm. Action d'ébraser.

ébraser vt. Elargir progressivement de dehors en dedans : - *la baie d'une porte.*

ébrécher vt. (c. *céder*). Faire une brèche. ‖ *Fig.* Entamer : - *sa fortune.*

ébréchure nf. Etat de ce qui est ébréché.

ébriété nf. Ivresse.

ébrouement nm. Ronflement du cheval. ‖ Eternuement volontaire des animaux domestiques.

ébrouer vt. Passer à l'eau. ‖ **S'-** vpr. Souffler, en parlant du cheval. ‖ S'agiter, se nettoyer dans l'eau; se secouer : *nageur qui s'ébroue.*

ébruitement nm. Action d'ébruiter.

ébruiter vt. Divulguer, répandre.

ébulliomètre ou **ébullioscope** nm. Appareil mesurant la température d'ébullition des liquides.

ébullition nf. Etat d'un liquide qui bout. ‖ *Fig.* Effervescence, émotion violente : *son cerveau est en -.*

éburnéen, éenne adj. D'ivoire.

écaillage nm. Action d'enlever les écailles. ‖ Action d'ouvrir les huîtres.

écaille nf. Plaque cornée qui recouvre la peau des poissons et des reptiles. ‖ Carapace de la tortue. ‖ Valve d'une coquille bivalve. ‖ Ce qui se détache en plaques : *murs qui s'en vont par -.*

écailler vt. Enlever, ouvrir les écailles : - *des huîtres.* ‖ **S'-** vpr. Se détacher en écailles.

écailler, ère n. Personne qui ouvre ou vend des huîtres.

écailleux, euse adj. Qui se lève par écailles. ‖ Qui a des écailles.

écale nf. Enveloppe coriace de quelques fruits et légumes : - *de noix, de pois.*

écaler vt. Oter l'écale.

écarlate nf. Couleur d'un rouge vif. ‖ Etoffe de cette couleur. ‖ *Spécialem.* Manteau cardinalice. ‖ Adj. : *des rubans -.*

écarquiller vt. Ouvrir tout grand.

écart nm. Action d'écarter ou de s'écarter. ‖ *Faire un -,* se jeter brusquement de côté (cheval). ‖ *Faire le grand -,* écarter les jambes, jusqu'à ce que les cuisses touchent le sol. ‖ Cartes mises de côté à certains jeux. ‖ Petite agglomération éloignée des centres. ‖ *Variation :* les - *d'un baromètre.* ‖ *Fig.* Action de s'éloigner des règles de la morale, de la bienséance : *des - de langage.* ‖ **A l'-** loc. adv., dans un lieu écarté, de côté : *rester à l'-.* ‖ **A l'- de** loc. prép., loin de : *se tenir à l'-.*

écartèlement nm. Action d'écarteler : - *d'un régicide.*

écarteler vt. (c. *celer*). Faire tirer en sens inverse par des chevaux les quatre membres d'un condamné. ‖ *Blas.* Diviser un écu. ‖ *Fig.* Partager, tirailler.

écartement nm. Action d'écarter; état de ce qui est écarté.

écarter vt. Séparer, éloigner. ‖ Disperser : - *la foule.* ‖ *Fig.* Faire dévier : - *quelqu'un du droit chemin.* ‖ Dissiper : - *les obstacles.* ‖ *Jeux.* Rejeter une ou plusieurs cartes de son jeu pour en prendre de nouvelles. ‖ **Ecarté, e** part., adj. et nm. Jeu de cartes.

ecce homo [èk-sé] nm. inv. Tableau représentant Jésus-Christ couronné d'épines.

ecchymose [è-ki] nf. Epanchement sanguin dans l'épaisseur de la peau après une contusion.

ecclésiastique adj. Qui concerne l'Eglise, le clergé. ‖ Nm. Membre du clergé.

écervelé, e adj. et n. Etourdi.

échafaud nm. Construction provisoire, utilisée par les maçons, les peintres. ‖ Plate-forme sur laquelle on exécute les condamnés à mort. ‖ *Par ext.* La guillotine, la peine de mort : *mériter l' -.*

échafaudage nm. Construction d'échafauds pour bâtir, peindre, etc. ‖ *Par ext.* Amas d'objets entassés : *un - de livres.* ‖ *Fig.* Ce qui sert à fonder : l'- *d'une fortune.* ‖ Série d'arguments, de raisonnements artificiellement combinés : *un - d'idées.*

échafauder vi. Dresser un échafaudage. ‖ Vt. *Fig.* Combiner, préparer : - *des projets.*

échalas nm. Pieu mince, pour soutenir la vigne. ‖ *Fig.* et *fam.* Personne grande et maigre.

échalasser vt. Soutenir avec des échalas.

échalier nm. Clôture d'un champ faite avec des branches d'arbres.

échalote nf. Espèce d'ail.

échancrer vt. Tailler en forme de croissant.

échancrure nf. Partie échancrée.

échange nm. Troc d'une chose pour une autre. ‖ *Fig.* Réciprocité : - *de politesses.* ‖ **En -** loc. adv., en compensation. ‖ **En - de** loc. prép., au lieu de.

échanger vt. (c. *manger*). Faire un échange. ‖ *Fig.* S'adresser, s'envoyer mutuellement : - *des compliments, des coups.*

échanson nm. Officier qui servait à boire à un grand personnage.

échantillon nm. Morceau de tissu, petite quantité d'un produit, qui sert à en apprécier les qualités. ‖ *Fig. Donner un - de son savoir-faire,* montrer ce qu'on est capable de faire.

échantillonnage nm. Action d'échantillonner; son résultat.

échantillonner vt. Préparer des échantillons d'une marchandise.

échappatoire nf. Moyen adroit ou détourné pour se tirer d'embarras : *enlever à quelqu'un toute -*.

échappée nf. Escapade, fuite. || *Fig.* Court instant. || Espace libre, mais resserré, par lequel la vue porte loin.

échappement nm. Action de s'échapper. || Mécanisme d'horlogerie régularisant le mouvement d'une pendule. || Sortie brusque de la vapeur ou des gaz qui ont agi sur le piston.

échapper vi. Se sauver, fuir. || Se soustraire : *- au danger*. || Glisser : *- de la main*. || *La patience m'échappe*, ma patience est à bout. || *Le mot m'échappe*, est sorti de ma mémoire. || *Ce mot m'a échappé*, je l'ai prononcé sans y prendre garde.

écharde nf. Petit fragment d'un corps quelconque entré dans la chair.

échardonnage nm. Action d'échardonner. || Opération de tissage qui fait apparaître le duvet du drap.

échardonner vt. Arracher les chardons d'un champ. || Lainer un drap.

écharner vt. Racler les peaux pour enlever les chairs.

écharnoir nm. Couteau à écharner les peaux.

écharnure nf. Fragment d'une peau de bête enlevé par l'écharnoir.

écharpe nf. Large bande d'étoffe qui se porte obliquement d'une épaule à la hanche opposée, ou autour de la ceinture. || Bandage qui sert à soutenir une main ou un bras blessés. || Bande d'étoffe (lainage, soie, etc.) que l'on porte sur les épaules ou autour du cou. || **En** - loc. adv., de biais.

écharper vt. Tailler en pièces. || Mutiler.

échasse nf. Long bâton garni d'un étrier, pour marcher à une certaine hauteur au-dessus du sol.

échassiers nmpl. Ordre d'oiseaux à pattes fort longues, à demi aquatiques, tels que le héron, l'ibis, etc.

échaudage nm. Pulvérisation de lait de chaux.

échaudé nm. Sorte de gâteau très léger.

échauder vt. Tremper dans de l'eau bouillante. || *Fig.* Faire subir une mésaventure à : *- un ambitieux*.

échaudoir nm. Salle d'un abattoir où les animaux sont dépecés, dépossés et préparés pour la vente en gros. || Récipient pour échauder.

échauffement nm. Action d'échauffer. || Augmentation de la chaleur animale.

échauffer vt. Donner de la chaleur ; élever la température. || Produire un commencement de fermentation. || *Fig.* - *la bile*, mettre en colère. || **S'** - vpr. S'exciter, s'animer : *la dispute s'échauffe*. || **Échauffé** part., adj. et nm. Odeur causée par une forte chaleur ou par la fermentation. || **Échauffant**, e part. et adj. Constipant.

échauffourée nf. Bagarre.

échauguette nf. Guérite placée à l'encoignure d'un rempart.

échéance nf. Date du paiement d'une dette, de l'exécution d'une obligation. || Délai de remboursement : *emprunt à longue* -.

échéant, e adj. Qui échoit. || *Le cas* -, à l'occasion.

échec nm. Insuccès.

échecs nmpl. Jeu qui se joue sur un échiquier de 64 cases, au moyen de 32 pièces. || - *au roi, à la reine*, situation du roi ou de la reine, menacés par une pièce de l'adversaire.

échelle nf. Escalier portatif formé de deux montants reliés entre eux par des barreaux. || Ligne droite, divisée en parties égales, indiquant le rapport entre les dimensions réelles et les dimensions de la carte ou du plan. || *Fig.* Moyen de comparaison ou d'évaluation, ordre de grandeur : *mesurer les autres à son* -. || - *sociale*, hiérarchie des conditions dans une société. || - *mobile*, système qui fait varier les salaires en fonction des prix. || *Faire la courte* -, aider les mains et des épaules. || Succession des sons de la gamme : - *diatonique*. || Divisions sur un instrument de mesure : - *thermométrique*. || *Fig. Tirer l'*-, reconnaître qu'il n'y a rien de supérieur. || Pl. - *du Levant*, autrefois, ports marchands de la Méditerranée orientale.

échelon nm. Traverse d'une échelle. || *Fig.* Chacun des degrés successifs d'une série : *gravir les - de la hiérarchie*.

échelonnement nm. Action d'échelonner; son résultat.

échelonner vt. Disposer par échelons, de distance en distance. || *Fig.* Répartir sur un laps de temps : *- un travail*.

échenillage nm. Action d'écheniller.

écheniller vt. Ôter les chenilles des arbres; détruire leurs nids.

échenilloir nm. Instrument pour écheniller.

écheveau nm. Petit faisceau de fil, de soie ou de laine.

échevelé, e adj. Qui a les cheveux en désordre. || *Fig.* Effréné : *danse* -.

échevin nm. Magistrat municipal, édile avant 1789.

échidnés [*ki*] nmpl. Petits mammifères insectivores au corps recouvert de piquants.

échine nf. Epine dorsale. ‖ *Avoir l'souple*, se soumettre avec trop de complaisance.

échiner vt. Rompre l'échine. ‖ *Par ext.* Battre, tuer : *se faire - dans un combat.* ‖ S'- vpr. S'exténuer.

échinodermes [*ki*] nmpl. Embranchement du règne animal, dont l'*oursin* et l'*étoile de mer* sont les types.

échiquier nm. Surface carrée, divisée en 64 cases, pour jouer aux échecs.

écho [*ko*] nm. Répétition d'un son renvoyé par un obstacle. ‖ Lieu où se fait l'écho. ‖ *Fig.* Petite nouvelle : *les - d'un journal.* ‖ *Se faire l'- de faux bruits*, les accueillir, les propager.

échoir vi. (N'est guère usité qu'aux personnes et aux temps suivants : *il échoit, ils échoient. Il échut, ils échurent. Il écherra, ils écherront ou il échoira, ils échoiront. Il écherrait, ils écherraient ou il échoirait, ils échoiraient. Qu'il échût, qu'ils échussent. Echéant. Echu, e, et aux troisièmes personnes des temps composés. Se conj. avec l'auxil. être.*) Survenir par hasard : *le gros lot lui est échu.* ‖ Arriver à échéance : *terme qui échoit à la Saint-Jean.*

échoppe nf. Petite boutique en planches. ‖ Burin.

échopper vt. Travailler, enlever au burin.

échotier [*ko*] nm. Rédacteur chargé des échos dans un journal.

échouage nm. Endroit où une embarcation peut s'échouer sans danger. ‖ Situation d'un vaisseau échoué.

échouement nm. Action d'échouer un navire.

échouer vi. *Mar.* S'immobiliser sur le fond. ‖ *Fig.* Ne pas réussir : *l'entreprise a échoué.* ‖ Vt. Pousser volontairement à la côte. ‖ S'- vpr. Toucher à la côte.

écimage nm. Action de couper la cime des végétaux.

écimer vt. Enlever la cime.

éclaboussement nm. Action d'éclabousser.

éclabousser vt. Faire jaillir de la boue sur. ‖ *Fig.* Etaler son luxe : *le parvenu veut - tout le monde.*

éclaboussure nf. Boue, matière quelconque qui a rejailli. ‖ *Fig.* Honte qui rejaillit sur les autres : *les - d'un scandale.*

éclair nm. Eclat subit et passager de lumière produit par la foudre. ‖ *Fig.* Lueur rapide et passagère : *cet insensé a des - de raison.* ‖ *Passer comme l'-*, très vite. ‖ Gâteau à la crème, de forme allongée.

éclairage nm. Action, moyen, manière d'éclairer.

éclaircie nf. Endroit clair dans un ciel brumeux. ‖ Courte interruption de mauvais temps. ‖ Clairière dans un bois.

éclaircir vt. Rendre moins épais. ‖ Rendre moins foncé. ‖ Rendre moins serré : *- les rangs.* ‖ *Fig.* Rendre intelligible : *- une question.* ‖ S'- vpr. Devenir plus clair.

éclaircissement nm. Explication d'une chose obscure.

éclairement nm. Action d'éclairer ; son résultat.

éclairer vt. Répandre de la lumière. ‖ *Fig.* Instruire, rendre clairvoyant : *l'expérience nous éclaire.* ‖ Vi. Etinceler, jeter une lueur : *les yeux du chat éclairent la nuit.* ‖ V. impers. *Il éclaire*, il fait des éclairs. ‖ *Eclairé, e* part. et adj. *Fig.* : *un esprit -.*

éclaireur nm. Soldat envoyé en reconnaissance pour renseigner une troupe en marche. ‖ Nm. et f. Adolescent qui fait partie d'un groupe de scouts.

éclanche nf. Epaule de mouton.

éclat nm. Fragment d'un objet brisé. ‖ Lueur vive. ‖ Bruit soudain et violent. ‖ *Fig.* Gloire, splendeur : *l'- des grandeurs.* ‖ Scandale : *cette nouvelle va faire de l'-.* ‖ *Action d'-*, action remarquable.

éclatement nm. Action d'éclater.

éclater vi. Se briser par éclats. ‖ Faire entendre un bruit violent. ‖ *Fig.* S'emporter : *- en reproches.* ‖ Se manifester : *la joie éclate dans ses yeux.* ‖ Briller : *l'or et les diamants éclataient de toutes parts.* ‖ *- de rire*, rire avec soudaineté et bruyamment. ‖ *Eclatant, e* part. et adj. *Fig.* Célèbre, magnifique : *victoire -.* ‖ Qui est manifeste : *vengeance -.* ‖ Qui fait un bruit perçant : *son -.*

éclectique adj. et nm. Qui sait choisir. ‖ Formé d'éléments empruntés à divers systèmes.

éclectisme nm. Méthode qui consiste à choisir dans diverses opinions ce qui paraît juste, vrai.

éclipse nf. Disparition momentanée totale ou partielle d'un astre, par l'interposition d'un corps entre cet astre et l'œil de l'observateur.

éclipser vt. Intercepter la lumière d'un astre. ‖ Cacher, rendre invisible. ‖ *Fig.* Surpasser : *la gloire de César éclipsa celle de Pompée.* ‖ S'- vpr. Disparaître furtivement.

écliptique nf. Grand cercle que le Soleil décrit dans son mouvement apparent sur la sphère céleste.

éclisse nf. Attelle. ‖ Eclat de bois en forme de coin. ‖ Rond d'osier sur

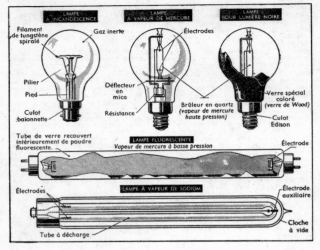

LAMPE À INCANDESCENCE — Filament de tungstène spiralé — Gaz inerte — Pilier — Pied — Culot baïonnette

LAMPE À VAPEUR DE MERCURE — Électrodes — Déflecteur en mica — Résistance — Brûleur en quartz (vapeur de mercure haute pression)

LAMPE POUR LUMIÈRE NOIRE — Verre spécial coloré (verre de Wood) — Culot Edison

LAMPE FLUORESCENTE — Vapeur de mercure à basse pression — Tube de verre recouvert intérieurement de poudre fluorescente — Électrode

LAMPE À VAPEUR DE SODIUM — Électrodes — Tube à décharge — Électrode auxiliaire — Cloche à vide

lequel on fait égoutter le fromage. ‖ Plaque d'acier qui unit les rails.

éclisser vt. Assujettir par des éclisses.

écloper vt. Rendre boiteux, estropier. ‖ **Eclopé, e** part., adj. et n.

éclore vi. (*Il éclôt, ils éclosent. Il éclora, ils écloront. Il éclorait, ils écloraient. Qu'il éclose, qu'ils éclosent. Eclos, e* [auxil. *être*].) Sortir de l'œuf; s'ouvrir, en parlant des fleurs. ‖ *Fig.* Commencer à paraître : *le jour vient d'-.* ‖ Naître : *un projet près d'-.*

éclosion nf. Action d'éclore. ‖ *Fig.* Apparition : *l'- d'un talent.*

éclusage ou **éclusement** nm. Action d'écluser.

écluse nf. Ouvrage en maçonnerie qui, muni de portes ou de vannes, forme un sas et rend le cours d'eau navigable.

éclusée nf. Quantité d'eau qui s'écoule entre l'ouverture et la fermeture de l'une des portes de l'écluse.

écluser vt. Faire passer un bateau d'un bief dans un autre.

éclusier, ère adj. Qui se rapporte à une écluse. ‖ N. Personne préposée à sa manœuvre.

écobuage nm. Action d'écobuer.

écobue nf. Pioche ou charrue servant à écobuer.

écobuer vt. Arracher les herbes d'un

terrain pour les brûler et répandre les cendres sur le sol comme engrais.

écœurement nm. Action d'écœurer.

écœurer vt. Soulever le cœur, dégoûter. ‖ *Fig.* Causer de la répugnance. ‖ **Ecœurant, e; écœuré, e** part. et adj.

école nf. Etablissement où l'on enseigne. ‖ Ecoliers, personnel d'une école : *- nombreuse.* ‖ *Fig.* Secte, doctrine : *l'- de Platon.* ‖ Manière des grands peintres : *l'- française.* ‖ *Etre à bonne -,* avec des gens très capables. ‖ *Faire -,* trouver beaucoup d'imitateurs.

écolier, ère n. Qui va à l'école. ‖ *Fig.* Peu habile dans sa profession : *une faute d'-.* ‖ *Le chemin des -,* le chemin le plus long.

éconduire vt. (c. *conduire*). Congédier poliment : *- un visiteur.*

économat nm. Charge d'économe. ‖ Bureaux de l'économe. ‖ *Par ext.* Nom donné à certains magasins commerciaux : *les - de la S.N.C.F.*

économe nm. Personne chargée des dépenses d'un établissement hospitalier, d'une communauté. ‖ Adj. Ménager, qui sait éviter toute dépense inutile.

économie nf. Ordre dans la dépense. ‖ Epargne. ‖ *- politique,* science étudiant les lois qui règlent la production et la consommation des richesses. ‖

Fig. Harmonie des différentes parties d'un corps : *l'- animale.* ‖ Pl. Epargne : *prendre sur ses -.*

économique adj. Qui diminue les frais, la dépense. ‖ Qui a rapport à l'économie politique. ‖ **Economiquement** adv. - *faible,* qui dispose d'un revenu insuffisant.

économiser vt. Epargner, ménager. ‖ *Fig.* Ne pas prodiguer : - *son temps.*

économiste nm. Ecrivain qui s'occupe d'économie politique.

écope nf. Pelle creuse en bois pour vider l'eau d'une embarcation.

écoper vt. Vider l'eau avec une écope. ‖ Vi. *Fam.* Recevoir des coups, des reproches, etc.

écorce nf. Partie superficielle qui recouvre la tige de certaines plantes. ‖ Enveloppe de certains fruits. ‖ Croûte extérieure : *l'- de la Terre.*

écorcer vt. (c. *placer*). Oter l'écorce.

écorché nm. *Bx-arts.* Homme ou animal représenté dépouillé de sa peau, pour rendre visibles les muscles, les veines et les articulations.

écorchement nm. Action d'écorcher.

écorcher vt. Dépouiller de sa peau. ‖ Erafler la peau. ‖ *Fig.* Affecter désagréablement : *sa voix m'écorche les oreilles.* ‖ Faire payer trop cher : - *son hôte.* ‖ Parler mal : - *le français.*

écorcheur nm. Qui écorche les bêtes mortes. ‖ *Fig.* Qui fait payer trop cher.

écorchure nf. Plaie superficielle de la peau.

écorner vt. Rompre les cornes. ‖ Briser les angles. ‖ *Fig.* - *sa fortune,* en dissiper une partie.

écornifler vt. Vivre aux dépens d'autrui.

écornifleur, euse n. *Fam.* Parasite.

écornure nf. Eclat enlevé de l'angle d'une pierre, d'un meuble, etc.

écossais, e adj. et n. De l'Ecosse. ‖ *Hospitalité -,* large, désintéressée. ‖ Nm. Tissu rayé à grands carreaux.

écosser vt. Dépouiller de sa cosse.

écot nm. Quote-part dans une dépense commune.

écoulement nm. Mouvement d'un liquide qui s'écoule. ‖ *Comm.* Vente des marchandises.

écouler vt. Vendre : - *des marchandises.* ‖ S'- vpr. Couler hors d'un lieu. ‖ *Fig.* Passer : *le temps s'écoule vite.*

écourter vt. Rogner, diminuer la longueur. ‖ *Fig.* Abréger : - *une citation.*

écoute nf. Cordage attaché aux coins des voiles pour régler leur orientation.

écoute nf. Endroit d'où l'on peut écouter. ‖ *Etre aux -,* aux aguets.

écouter vt. Prêter l'oreille. ‖ *Fig.* Accueillir avec bonté : - *une prière.* ‖ Tenir compte de : *n'écoutez pas les médisants.* ‖ Céder, obéir à : - *son cœur.* ‖ S'- vpr. Prendre trop de soins de sa santé.

écouteur, euse n. Indiscret. ‖ Nm. Récepteur téléphonique individuel.

écoutille nf. Trappe pratiquée dans le pont d'un navire.

écouvillon nm. Vieux linge attaché à un long bâton pour nettoyer les corps creux. ‖ Brosse cylindrique pour nettoyer l'âme d'un canon.

écouvillonner vt. Nettoyer avec l'écouvillon.

écrabouiller vt. *Pop.* Ecraser.

écran nm. Petit éventail ou panneau monté sur des pieds, pour garantir de l'ardeur du feu. ‖ Surface blanche, sur laquelle on projette un film. ‖ *Par ext.* Art cinématographique : *vedette de l'-.* ‖ *Phot.* Verre coloré placé devant l'objectif pour sélectionner les rayons lumineux.

écrasement nm. Action d'écraser.

écraser vt. Aplatir et briser par compression. ‖ *Par exagér.* Meurtrir : - *le pied de quelqu'un.* ‖ *Fig.* Anéantir : - *l'ennemi.* ‖ Accabler : - *d'impôts.* ‖ Rabaisser, humilier : - *ses voisins par son luxe.*

écrémage nm. Action d'écrémer.

écrémer vt. (c. *céder*). Séparer la crème du lait. ‖ *Fig.* Faire un choix : - *une bibliothèque.*

écrémeuse nf. Machine à écrémer.

écrêter vt. Enlever la crête. ‖ Détruire au canon le sommet d'un rempart.

écrevisse nf. Crustacé comestible d'eau douce. ‖ Signe du zodiaque, appelé aussi *Cancer.*

écrier (s') vpr. Prononcer en criant.

écrille nf. Claie arrêtant le poisson à la clôture d'un étang.

écrin nm. Coffret à bijoux.

écrire vt. (J'écris, n. écrivons. J'écrivais, n. écrivions. J'écrivis, n. écrivîmes. J'écrirai, n. écrirons. J'écrirais, n. écririons. Ecris, écrivons, écrivez. Q. j'écrive, qu'il écrive, q. n. écrivions. Q. j'écrivisse, qu'il écrivît. Ecrivant. Ecrit, e.) Exprimer au moyen de signes convenus. ‖ Rédiger, composer. ‖ *Bien -,* avoir un style correct. ‖ Orthographier : *comment écrivez-vous ce mot ?* ‖ Correspondre par lettre. ‖ Marquer : *sa honte est écrite sur son front.* ‖ *Il est écrit,* il est arrêté, décidé. ‖ *C'était écrit,* formule fataliste des musulmans.

écrit part., adj. et nm. Toute chose écrite. ‖ Acte, convention écrite. ‖ Pl. Ouvrage littéraire : *les - de Voltaire.*

écriteau nm. Inscription en grosses lettres sur panneau.

écritoire nf. Etui contenant ce qu'il fallait pour écrire.

écriture nf. Art de représenter la pensée par des caractères de convention. ‖ Caractères écrits. ‖ L'Ancien et le Nouveau Testament : *l'- sainte*. ‖ Pl. *Comm.* Comptes, correspondance d'un commerçant : *tenir les -*.

écrivailler vi. *Fam.* Ecrire sans art.

écrivailleur nm. *Fam.* Auteur fécond, mais sans talent.

écrivain nm. Auteur de livres.

écrivassier, ère n. *Fam.* Qui écrit beaucoup et mal.

écrou nm. Pièce percée d'un trou cylindrique fileté pour loger le filet d'une vis.

écrou nm. Acte relatif à l'incarcération d'un prisonnier. ‖ *Levée d'-*, sa libération.

écrouelles nfpl. Nom vulgaire de la *scrofule*.

écrouer vt. Emprisonner.

écrouir vt. Battre un métal à froid pour le rendre plus dense et plus dur.

écrouissage nm. Action d'écrouir.

écroulement nm. Eboulement. ‖ *Fig.* Ruine complète : *l'- d'une fortune*.

écrouler (s') vpr. Tomber en s'affaissant avec fracas. ‖ *Fig.* S'anéantir : *empire qui s'écroule*.

écroûter vt. Oter la croûte.

écru, e adj. Qui est à l'état naturel. ‖ *Soie, fil, toile -*, qui n'ont pas été mis à l'eau bouillante.

ectoplasme nm. *Spirit.* Substance mystérieuse qui se dégagerait du corps du médium.

écu nm. Ancien bouclier. ‖ Ancienne monnaie d'argent. ‖ *Blas.* Figure en forme de bouclier portant des armoiries. ‖ Pl. Richesse : *avoir des -*.

écubier nm. Chacune des ouvertures pratiquées à l'avant d'un navire pour le passage des chaînes d'ancre.

écueil nm. Rocher à fleur d'eau. ‖ *Fig.* Obstacle, danger.

écuelle nf. Petit plat rond et creux. ‖ Son contenu.

éculé, e adj. Usé, dépassé : *raisonnement -*.

éculer vt. Déformer le talon d'une chaussure.

écumage nm. Action d'écumer.

écume nf. Mousse blanchâtre. ‖ Scorie qui surnage sur les métaux en fusion. ‖ Bave d'animaux échauffés ou en colère. ‖ Sueur du cheval. ‖ *Fig.* Partie vile et méprisable d'une population : *l'- de la société*. ‖ *- de mer*, substance minérale légère et poreuse appelée aussi *magnésite*.

écumer vt. Enlever l'écume. ‖ *Fig. - les mers*, y exercer la piraterie. ‖ Vi. Se couvrir d'écume. ‖ *Fig.* Etre furieux : *- de rage*.

écumeur nm. Pirate : *- des mers*.

écumeux, euse adj. Couvert d'écume.

écumoire nf. Cuiller plate, perforée pour écumer.

écurage nm. Action d'écurer.

écurer vt. Nettoyer, fourbir.

écureuil nm. Mammifère rongeur arboricole à poil roux, à queue touffue.

écurie nf. Lieu destiné à loger les chevaux. ‖ Ensemble des chevaux d'un même propriétaire. ‖ Maison malpropre.

écusson nm. Ecu d'armoiries. ‖ Entrée de serrure en forme d'écu. ‖ Partie du thorax des insectes. ‖ Disposition du poil derrière les mamelles de la vache. ‖ Morceau d'écorce portant un œil ou un bouton, pour greffer. ‖ Petit morceau de drap cousu au col ou sur la manche de l'uniforme militaire pour indiquer l'arme et le numéro du corps de troupe.

écussonner vt. Greffer en écusson.

écussonnoir nm. Petit couteau servant à écussonner.

écuyer nm. Gentilhomme qui accompagnait un chevalier. ‖ Professeur d'équitation. ‖ Celui qui fait des exercices sur un cheval, dans un spectacle public.

écuyère nf. Femme qui monte à cheval, ou qui fait des exercices d'équitation, dans un cirque.

eczéma nm. Maladie de peau.

eczémateux, euse adj. Qui se rapporte à l'eczéma. ‖ N. Qui a de l'eczéma.

edelweiss nm. Immortelle des neiges, plante alpine.

éden [*dèn*] nm. Le paradis terrestre, d'après la Genèse (avec une majuscule). ‖ *Fig.* Lieu de délices.

édenter vt. Briser ou arracher les dents d'un peigne, d'une scie, etc. ‖ Edenté, e part., adj. et n. Nmpl. Mammifères dépourvus d'incisives.

édicter vt. Publier sous la forme d'un édit.

édicule nm. Petit édifice élevé sur la voie publique.

édification nf. Action d'édifier, de bâtir. ‖ *Fig.* Sentiments de piété, qu'on inspire par l'exemple : *une vie pleine d'-*.

édifice nm. Bâtiment important.

édifier vt. Construire. ‖ *Fig.* Porter à la vertu, par l'exemple. ‖ *Par ext.* Eclairer, renseigner : *sa conduite m'a édifié*.

édile nm. Magistrat romain. ‖ *Par ext.*

Magistrat municipal d'une grande ville.

édilité nf. Charge d'édile. || Auj., magistrature municipale.

édit nm. Sous l'Ancien Régime, décision royale.

éditer vt. Publier et mettre en vente l'œuvre d'un écrivain, d'un artiste.

éditeur, trice n. et adj. Personne qui édite.

édition nf. Impression et publication d'un ouvrage. || Collection des exemplaires publiés en une fois.

éditorial, e, aux adj. Qui émane de la direction d'un journal. || Nm. Article éditorial.

éditorialiste n. Qui écrit un éditorial.

édredon nm. Couvre-pieds de duvet.

éducable adj. Apte à être éduqué.

éducateur, trice adj. et n. Qui s'occupe d'éducation.

éducatif, ive adj. Qui concerne l'éducation : *méthode -.*

éducation nf. Action de développer les facultés physiques, intellectuelles et morales. || Formation aux usages de la société, aux bonnes manières.

édulcoration nf. Action d'édulcorer.

édulcorer vt. Adoucir un médicament insipide ou amer par du sucre, du miel. || Fig. Atténuer : - un blâme.

éduquer vt. Former par l'éducation.

éfaufiler vt. Tirer les fils d'un tissu.

effaçable adj. Qui peut être effacé.

effacement nm. Action d'effacer, de s'effacer. || Fig. Caractère de ce qui s'affaiblit, disparaît : - du péché par l'absolution.

effacer vt. (c. placer). Faire disparaître en frottant, en grattant, etc. || Rayer : - un mot. || Fig. Faire oublier : - une faute. || Surpasser, éclipser : - la gloire d'un autre. || S'- vpr. Escr. Tourner le corps de côté. || Se ranger : - pour laisser entrer quelqu'un. || Fig. S'- devant quelqu'un, S'incliner devant sa supériorité.

effaner vt. Oter les fanes.

effarement nm. Trouble, effroi.

effarer vt. Troubler au point de donner un air hagard et inquiet; affoler.

effaroucher vt. Faire fuir, effrayer. || Par ext. Troubler jusqu'à la peur : - un candidat.

effectif, ive adj. Qui existe réellement. || Nm. Nombre réel de soldats, d'écoliers, etc.

effectuer vt. (c. tuer). Exécuter, accomplir.

efféminer vt. Amollir, rendre faible : le luxe efféminé une nation. || Efféminé, e part., adj. et n.

efférent, e adj. Anat. Qui emporte : vaisseaux sanguins -.

effervescence nf. Bouillonnement produit par un dégagement gazeux. || Fig. Agitation extrême : - populaire.

effervescent, e adj. Qui est en effervescence : jeunesse -.

effet nm. Résultat d'une action. || Action, vertu, propriété : les - d'un remède. || Impression : - d'un discours. || Désir de frapper, d'étonner : viser à l'-. || Par ext. Attitude affectée : faire des - de jambes. || Exécution : - d'une loi. || Joule, échauffement d'un conducteur pendant le passage d'un courant électrique. || Jeux. Manière particulière de frapper une bille de billard. || - de commerce, traite, billet à ordre. || Pl. Objets mobiliers et spécialement les vêtements : vendre ses -. || - publics, titres émis par l'Etat. || En - loc. adv., assurément, car.

effeuillage nm. Action d'effeuiller.

effeuillaison nf. Chute des feuilles.

effeuiller vt. Oter les feuilles. || Arracher les pétales.

efficace adj. Qui produit l'effet attendu : remède -.

efficacité nf. Force, puissance, vertu de produire certains effets.

efficience nf. Capacité de produire quelque effet.

efficient, e adj. Qui produit un effet.

effigie nf. Représentation, image d'une personne.

effilage nm. Action d'effiler.

effiler vt. Défaire un tissu fil à fil. || Effilé, e part. et adj. Mince et allongé. || Nm. Frange de fil ou de soie.

effilochage nm. Action d'effilocher.

effilocher vt. Déchiqueter, réduire en bourre, en ouate. || S'- vpr. S'effiler par usure.

effilocheuse nf. Machine à effilocher.

effilochure ou **effilure** nf. Produit de l'effilochage.

efflanqué, e adj. Maigre, aux flancs décharnés. || Amaigri.

effleurement ou **effleurage** nm. Action d'effleurer; son résultat.

effleurer vt. Toucher à peine, légèrement. || Fig. Examiner superficiellement : - une question.

efflorescence nf. Début de la floraison. || Eruption sur la peau.

effluve nm. Emanation d'origine animale. || - électrique, décharge obscure ou faiblement lumineuse, sans effets mécaniques.

effondrement nm. Action de s'effondrer. || Fig. Anéantissement : l'- d'une fortune.

effondrer vt. Remuer, fouiller la terre profondément. || Briser en défonçant : - un coffre. || S'- vpr. S'écrouler.

effondrilles nfpl. Dépôt au fond d'un vase après l'ébullition ou l'infusion.

efforcer (s') vpr. (c. *placer*). Faire tous ses efforts.

effort nm. Action énergique du corps ou de l'esprit. ‖ *Par ext.* Douleur musculaire, hernie.

effraction nf. Bris de clôture dans l'intention de voler.

effraie nf. Chouette du genre *strix*.

effranger vt. (c. *manger*). Effiler sur les bords.

effrayer vt. (c. *balayer*). Remplir de frayeur. ‖ Rebuter, décourager : *les responsabilités effraient parfois.*

effréné, e adj. Sans frein, sans retenue.

effritement nm. Action d'effriter.

effriter vt. Réduire en poussière. ‖ **S'** vpr. Tomber en poussière.

effroi nm. Grande frayeur.

effronté, e adj. et n. Impudent, trop hardi.

effronterie nf. Manière d'être d'une personne effrontée.

effroyable adj. Qui cause de l'effroi. ‖ *Par ext.* Horrible : *laideur -.* ‖ Excessif, incroyable : *misère -.*

effusion nf. Épanchement : *- de sang.* ‖ *Fig.* Manifestation de sentiments : *- de tendresse.*

égailler (s') vpr. Se disperser.

égal, e, aux adj. Semblable ; le même en nature, en quantité, en qualité. ‖ Qui ne varie pas. ‖ Uni : *chemin -.* ‖ *Fam.* Indifférent : *cela m'est -.* ‖ N. Qui est de même rang : *vivre avec ses -.* ‖ *Être sans -,* unique en son genre.

égaler vt. Être égal à. ‖ Atteindre, rivaliser avec : *- quelqu'un en vertu.*

égalisation nf. Action d'égaliser.

égaliser vt. Rendre égal. ‖ Aplanir : *- un terrain.*

égalitaire adj. Qui a pour but l'égalité civile, politique et sociale.

égalité nf. Rapport entre des choses égales. ‖ Absence complète de différence entre les hommes : *- politique, civile.* ‖ Uniformité : *- d'humeur.*

égard nm. Action de prendre en considération. ‖ Attention, marque de respect : *témoigner de grands - à quelqu'un.* ‖ *Loc. prép.* **Eu - à,** en considération de : *eu - à son âge.* **A l'- de,** en ce qui concerne : *à l'- de ses amis.* **Sans -** pour, en ne tenant aucun compte de : ‖ **A cet -** loc. adv., sur ce point.

égarement nm. Erreur. ‖ Dérèglement de la conduite : *les - de la jeunesse.* ‖ Grand trouble.

égarer vt. Mettre hors du droit chemin. ‖ *Fig.* Jeter dans l'erreur : *un mauvais exemple égare la jeunesse.* ‖ Perdre pour un moment : *- ses lunettes.*

égayer vt. (c. *balayer*). Rendre gai. ‖ Orner de quelque agrément.

égérie nf. Conseillère, inspiratrice d'un homme politique, d'un écrivain.

égide nf. *Myth.* Bouclier de Pallas. ‖ *Fig.* Sauvegarde, protection : *sous l'- de quelqu'un.*

églantier nm. Rosier sauvage.

églantine nf. Fleur de l'églantier.

église nf. Société religieuse fondée par Jésus-Christ. ‖ Toute communion chrétienne. ‖ Édifice où se réunissent les fidèles.

églogue nf. Petit poème pastoral.

égocentrique adj. Qui se considère comme le centre de l'univers.

égocentrisme nm. État d'esprit de l'égocentrique.

égoïne nf. Scie à main, munie d'une seule poignée.

égoïsme nm. Défaut de l'homme qui ne pense qu'à lui-même.

égoïste adj. et n. Qui rapporte tout à soi.

égorgement nm. Action d'égorger. Meurtre, tuerie.

égorger vt. (c. *manger*). Couper la gorge, tuer, massacrer.

égorgeur nm. Qui égorge.

égosiller (s') vpr. Crier fort et longtemps.

égotisme nm. Sentiment exagéré de sa personnalité, de sa valeur propre.

égout nm. Conduit souterrain servant à l'évacuation des eaux usées. ‖ Fossé d'écoulement. ‖ Pente d'un toit.

égoutier nm. Ouvrier chargé de l'entretien des égouts.

égouttage nm. Action d'égoutter.

égoutter vt. Débarrasser d'un liquide. ‖ **S'-** vpr. Perdre son eau goutte à goutte.

égouttoir nm. Treillis sur lequel on fait égoutter des bouteilles, de la vaisselle, etc.

égrappage nm. Action d'égrapper.

égrapper vt. Détacher les grains de la grappe.

égrappoir nm. Instrument servant à égrapper les raisins.

égratigner vt. Déchirer légèrement la peau. ‖ Dégrader légèrement : *- un meuble.* ‖ *Fig.* Critiquer légèrement : *- un auteur.*

égratignure nf. Éraflure de la peau. ‖ *Fig.* Blessure légère d'amour-propre : *il ne supporte pas la moindre -.*

égrenage nm. Action d'égrener.

égrener vt. (c. *mener*). Faire sortir le grain de l'épi. ‖ Détacher les grains de raisin. ‖ *- un chapelet,* le réciter.

égreneuse nf. Machine à égrener.

égrillard, e adj. D'une gaieté un peu libre : *chanson* -.

égrisée nf. Poudre de diamant employée comme abrasif.

égriser vt. Polir un corps très dur par le frottement.

égrotant adj. Maladif.

égrugeoir nm. Vase dans lequel on réduit en poudre le sel, le sucre, etc.

égruger vt. (c. *manger*). Réduire en poudre dans l'égrugeoir.

égyptien, enne adj. et n. De l'Egypte.

égyptologie nf. Etude relative à l'ancienne Egypte.

égyptologue n. Personne qui s'occupe d'égyptologie.

eh! interj. de surprise, d'admiration.

éhonté, e adj. et n. Impudent.

eider nm. Gros canard du Nord qui fournit le duvet à édredon.

éjaculation nf. Action d'éjaculer.

éjaculer vt. Lancer avec force hors de soi, en parlant d'une sécrétion : *la seiche attaquée éjacule une liqueur noire.*

éjectable adj. Qui peut être éjecté : *douille, siège* -.

éjecteur nm. Appareil servant à l'évacuation d'un fluide. ‖ Organe d'une arme à feu servant à rejeter automatiquement les étuis vides des cartouches.

éjection nf. *Physiol.* Evacuation, rejet : *l'*- *des urines.*

élaboration nf. Action d'élaborer. ‖ *Fig.* Préparation : - *d'un plan.*

élaborer vt. Rendre assimilable. ‖ *Fig.* Préparer par un long travail : - *un projet de loi.*

élagage nm. Action d'élaguer.

élaguer vt. Dépouiller des branches inutiles. ‖ *Fig.* Retrancher d'un ouvrage les parties inutiles.

élagueur nm. Personne qui élague.

élan nm. Action de s'élancer. ‖ *Fig.* Entraînement passionné et passager : *les* - *du cœur.*

élan nm. Grand cerf des régions boréales.

élancement nm. Douleur vive, qui se produit par secousses.

élancer vi. (c. *placer*). Produire des élancements. ‖ S'- vpr. Se jeter en avant avec impétuosité. ‖ Jaillir, surgir. ‖ **Elancé, e** part. et adj. Mince et svelte.

élargir vt. Rendre plus large. ‖ Mettre hors de prison. ‖ *Fig.* Accroître : - *le cer¹le de ses connaissances.*

élargissement nm. Augmentation de largeur. ‖ Mise en liberté.

élasticité nf. Propriété qu'ont certains corps de reprendre leur forme après la compression ou l'extension subie. ‖ *Par ext.* Souplesse.

élastique adj. Qui a de l'élasticité. ‖ *Fig.* Trop lâche : *conscience* -. ‖ Nm. Fil ou tissu de caoutchouc.

eldorado nm. Pays imaginaire regorgeant d'or que l'on situait en Amérique du Sud. ‖ *Par ext.* Jardin délicieux.

électeur, trice n. Personne qui a le droit de prendre part à une élection.

électif, ive adj. Qui est nommé ou conféré par élection.

élection nf. Choix fait par suffrages. ‖ - *de domicile,* choix d'un domicile légal.

électoral, e, aux adj. Qui a rapport aux élections.

électorat nm. Dignité des princes électeurs de l'Empire germanique. ‖ Pays soumis à la juridiction d'un électeur : *l'*- *de Trèves.* ‖ Droit d'électeur.

électricien nm. Qui s'occupe d'électricité. ‖ Adj. : *ouvrier* -.

électricité nf. Nom donné à une des formes de l'énergie qui manifeste son action par des phénomènes d'attraction ou de répulsion, des phénomènes physiologiques, mécaniques, chimiques, magnétiques, calorifiques ou lumineux.

électrification nf. Installation de l'électricité dans une région, un réseau de chemins de fer, etc.

électrifier vt. (c. *prier*). Pourvoir de l'énergie électrique.

électrique adj. Qui a rapport à l'électricité.

électrisation nf. Action d'électriser. ‖ Etat de ce qui est électrisé.

électriser vt. Développer dans un corps une charge électrique ou la lui communiquer. ‖ *Fig.* Enflammer, enthousiasmer : - *une assemblée par la parole.*

électro-aimant nm. Fer doux aimanté par le passage du courant électrique.

électrocardiogramme nm. Diagramme des mouvements du cœur.

électrocardiographe nm. Appareil inscrivant automatiquement les mouvements cardiaques.

électrochimie nf. Technique des applications de l'énergie électrique à la chimie industrielle.

électrochoc nm. Traitement électrique de certaines affections mentales.

électrocuter vt. Tuer par une décharge électrique.

électrocution nf. Mort produite par l'électricité.

électrode nf. Dans un voltamètre ou un tube à gaz raréfié, l'une quelconque des extrémités du conducteur fixé aux pôles d'un générateur électrique.

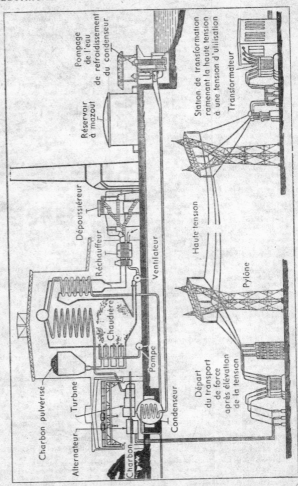

Charbon pulvérisé

Alternateur

Charbon

Turbine

Pompe

Condenseur

Chaudière

Réchauffeur

Dépoussiéreur

Ventilateur

Réservoir à mazout

Pompage de l'eau de refroidissement du condenseur

Station de transformation ramenant la haute tension à une tension d'utilisation

Transformateur

Haute tension

Pylône

Départ du transport de force après élévation de la tension

électrodynamique nf. Partie de la physique qui traite de l'action des courants électriques.

électrodynamomètre nm. Galvanomètre permettant de mesurer l'intensité d'un courant.

électrogène adj. et n. Qui produit l'électricité : *groupe -.*

électrolyse nf. Action d'électrolyser.

électrolyser vt. Décomposer un sel chimique conducteur par l'action d'un courant électrique.

électrolyte nm. Corps soumis à l'électrolyse.

électromagnétisme nm. Science s'occupant des actions réciproques des courants sur les aimants.

électrométallurgie nf. Extraction et affinage des métaux par des procédés électriques.

électromètre nm. Instrument pour mesurer les différences de potentiel.

électromoteur, trice adj. et n. Qui développe l'électricité sous l'influence d'agents chimiques ou mécaniques. ‖ *Force -,* tension aux bornes d'un générateur en circuit ouvert.

électron nm. Corpuscule très petit d'électricité négative, l'un des constituants de l'atome.

électronique adj. Qui concerne l'électron. ‖ Nf. Science de l'électron.

électrophone nm. Appareil reproduisant les paroles et les sons par un procédé électromécanique.

électroscope nm. Instrument propre à déceler la présence et le signe de l'électricité dont un corps est chargé.

électrostatique adj. Relatif à l'électricité statique. ‖ Nf. Étude des charges électriques en équilibre.

électrotechnique adj. Relatif à la technique de l'électricité.

électrothérapie nf. Traitement des maladies par l'électricité.

électrothermie nf. Étude des effets caloriques dans leurs rapports avec l'électricité.

élégance nf. Grâce, distinction des manières ou du langage.

élégant, e adj. Qui a de l'élégance. ‖ N. Recherché dans son habillement, ses manières. ‖ **Élégamment** adv.

élégiaque adj. Qui appartient à l'élégie.

élégie nf. Poème sur un sujet tendre et triste.

élément nm. L'un des principes, indécomposables, existant dans tous les corps chimiques. ‖ *Fig.* Milieu dans lequel un être est fait pour vivre : *l'eau et l'- des poissons.* ‖ Milieu favori ou naturel : *être dans son -.* ‖ Objet concourant avec d'autres à la formation d'un tout : *les - d'un*

ouvrage. ‖ Notions premières d'une chose : *- de physique.* ◆

élémentaire adj. Qui concerne l'élément. ‖ Qui renferme les éléments d'une science. ‖ Où l'on enseigne les éléments. ‖ *Cours -,* cours destiné aux enfants de sept à neuf ans. ‖ Réduit à l'essentiel : *installation -.*

éléphant nm. Mammifère ongulé, à cinq doigts terminés chacun par un sabot, à trompe préhensile, à peau épaisse et rugueuse. (Cri : l'éléphant *barrit.*)

éléphanteau nm. Jeune éléphant.

éléphantiasis [*tya-zie*] nf. Maladie qui rend la peau rugueuse comme celle de l'éléphant, et qui parfois produit le gonflement des tissus cellulaires.

élevage nm. Action d'élever les animaux destinés aux usages de l'homme.

élévateur adj. Qui sert à élever, en parlant d'un muscle. ‖ Nm. Appareil servant à élever des fardeaux.

élévation nf. Exhaussement. ‖ Terrain élevé. ‖ Hausse, augmentation : *l'- du prix du pain.* ‖ Moment de la messe où le prêtre élève l'hostie et le calice. ‖ Dessin de face d'une machine, d'un édifice. ‖ *Fig.* Grandeur d'âme : *l'- du caractère.*

élévatoire adj. Qui sert à élever des fardeaux, des liquides.

élève n. Qui reçoit les leçons d'un maître.

élever vt. (c. *mener*). Porter de bas en haut. ‖ Exhausser. ‖ Construire, bâtir. ‖ *Fig.* Porter à un haut rang : *- au pouvoir.* ‖ Inspirer des sentiments élevés : *la lecture élève l'esprit.* ‖ Faire naître, susciter : *- une protestation.* ‖ Nourrir : *- des animaux.* ‖ Éduquer : *bien - ses enfants.* ‖ *- la voix,* parler plus fort. ‖ *- prendre la parole.* ‖ S' - vpr. Atteindre une certaine hauteur, une certaine quantité : *la foule s'élevait à mille personnes.* ‖ Se porter à un rang élevé, supérieur : *s'- au-dessus de sa condition sociale.* ‖ S' - *contre,* attaquer, protester contre : *s'- contre les abus.*

éleveur, euse n. Personne qui élève des animaux.

elfe nm. Génie de la mythologie scandinave.

élider vt. *Gramm.* Faire une élision.

éligibilité nf. Conditions exigées pour être élu.

éligible adj. Qui peut être élu.

élimer vt. User : *- une étoffe.*

élimination nf. Action d'éliminer.

éliminatoire adj. Qui élimine. ‖ Nf. *Sports.* Épreuve préalable, servant à éliminer les concurrents les plus faibles.

éliminer vt. Écarter, refuser. ‖ *Math.*

Faire disparaître. ‖ *Méd.* Faire sortir de l'organisme.

élingue nf. *Mar.* Filin pour soulever les fardeaux.

élinvar nm. Alliage dont le coefficient de dilatation est négligeable.

élire vt. (c. *lire*). Choisir. ‖ Nommer par voie de suffrages : - *un député*.

élision nf. *Gramm.* Suppression de la voyelle finale d'un mot devant une voyelle initiale ou un *h* muet.

élite nf. Ce qu'il y a de meilleur.

élixir nm. Médicament liquide formé d'une substance en dissolution dans l'alcool. ‖ Liqueur rare et précieuse.

elle pr. pers. f. de la 3e personne, fém. de *il, lui.*

ellébore nm. Plante renonculacée purgative et qu'autrefois on croyait propre à guérir la folie.

ellipse nf. *Géom.* Courbe plane dont chaque point est tel que la somme de ses distances à deux points fixes, appelés foyers, est constante. ‖ *Gramm.* Omission d'un mot qui n'est pas indispensable pour le sens de la phrase : - *du sujet, du verbe.*

ellipsoïdal, e, aux adj. Qui a la forme d'une ellipse ou d'un ellipsoïde.

ellipsoïde nm. Solide engendré par la rotation d'une ellipse autour de l'un de ses axes.

elliptique adj. *Géom.* Qui est en ellipse : *courbe -.* ‖ *Gramm.* Qui renferme une ellipse.

élocution nf. Manière de s'exprimer.

éloge nm. Discours à la louange de quelqu'un. ‖ Compliment.

élogieux, euse adj. Qui est rempli de louanges : *paroles -.*

éloignement nm. Action d'éloigner, de s'éloigner ; état de ce qui est loin. ‖ *Fig.* Antipathie.

éloigner vt. Mettre, envoyer loin. ‖ Ecarter : - *les flatteurs.* ‖ *Fig.* Rejeter : - *une pensée.* ‖ Détourner : - *les sympathies.* ‖ **Eloigné, e** part. et adj. *Parent -,* dont la parenté est lointaine.

élongation nf. Distension des ligaments d'une articulation.

éloquence nf. Art, talent de bien dire, d'émouvoir, de persuader.

éloquent, e adj. Qui a de l'éloquence ; dit avec éloquence. ‖ *Par ext.* Qui impressionne vivement : *larmes -.*

élu, e n. Toute personne choisie par élection. ‖ *Théol.* Qui jouit de la béatitude éternelle.

élucidation nf. Action d'élucider.

élucider vt. Rendre clair, expliquer.

élucubration nf. Ouvrage composé à force de travail et de veilles. (S'emploie dans un sens défavorable.) ‖

Par ext. Divagation : *écouter les - de quelqu'un.*

élucubrer vt. Composer à force de veilles.

éluder vt. Eviter avec adresse, se soustraire à : - *une question.*

élyséen, enne adj. Qui appartient à l'Elysée. (On dit, au pluriel particulièrement, ELYSÉES : *champs Elysées.*)

élytre nm. Aile coriace des coléoptères.

elzévir nm. Livre imprimé par les Elzévirs. ‖ Caractère typographique maigre.

émaciation nf. Maigreur extrême.

émacié, e adj. Très maigre.

émail nm. Vernis vitrifié opaque ou transparent, dont on recouvre la faïence, les métaux, etc. ‖ Ouvrage émaillé. ‖ Substance blanche et luisante qui recouvre les dents. ‖ Pl. des *émaux.*

émaillage nm. Action d'émailler.

émailler vt. Appliquer de l'émail sur. ‖ *Poétiq.* Parer de couleurs variées : *les fleurs émaillent la prairie.*

émailleur nm. Qui émaille.

émaillure nf. Art d'émailler. ‖ Ouvrage de l'émailleur.

émanation nf. Dégagement de substances volatiles abandonnées par certains corps ; résultat de cette action.

émancipateur, trice adj. Propre à émanciper.

émancipation nf. Action d'émanciper ; son résultat.

émanciper vt. Mettre hors de tutelle. ‖ *Fig.* Affranchir : - *un esclave.* ‖ S' - vpr. *Fam.* S'affranchir des règles de la bienséance : *elle s'est trop émancipée.*

émaner vi. S'exhaler des corps. ‖ *Fig.* Découler de : *le pouvoir législatif émane du peuple.*

émargement nm. Action d'émarger. ‖ Ce qui est émargé.

émarger vt. (c. *manger*). Couper les marges. ‖ Signer, écrire en marge. ‖ Vt. ind. Toucher un traitement : - *au budget.*

émasculer vt. Châtrer. ‖ Affaiblir, efféminer.

embâcle nm. Amoncellement des glaces dans un cours d'eau.

emballage nm. Action d'emballer. ‖ Ce qui sert à emballer.

emballement nm. *Fam.* Action de s'emballer, de se laisser emporter.

emballer vt. Mettre en balle, en caisse. ‖ S' - vpr. Se dit d'un cheval qui échappe au conducteur. ‖ *Fig.* et *fam.* Se laisser emporter par la colère, l'enthousiasme.

emballeur, euse n. Personne dont la profession est d'emballer.

embarbouiller vt. Barbouiller beaucoup. ‖ *Fam.* Faire perdre le fil de ses idées. ‖ S' - vpr. S'embarrasser.

embarcadère nm. *Mar.* Môle, jetée, appontement utilisés pour l'embarquement ou le débarquement.

embarcation nf. Petit bateau non ponté.

embardée nf. Ecart brusque.

embargo nm. Défense faite aux navires de sortir du port. ‖ Interdiction de circuler, confiscation : *lever l'* -.

embarquement nm. Action de s'embarquer ou d'embarquer.

embarquer vt. Mettre à bord d'un navire. ‖ *Fig.* Entraîner dans une affaire : *on l'a embarqué dans un procès.*

embarras nm. Obstacle, encombrement. ‖ *Fig.* Grands airs : *faire des* -. ‖ Irrésolution : *être dans l'* -. ‖ Pénurie d'argent : *se trouver dans l'* -. ‖ Trouble, émotion, gêne : *excusez son* -.

embarrasser vt. Causer de l'embarras. ‖ Gêner les mouvements : *ce paquet m'embarrasse.* ‖ *Fig.* Mettre en peine : *votre question m'embarrasse.* ‖ **Embarrassant, e** part. et adj. Qui cause de l'embarras. ‖ **Embarrassé, e** part. et adj.

embase nf. Partie d'une pièce servant d'appui à une autre.

embastillement nm. Action d'embastiller.

embastiller vt. Mettre à la Bastille. ‖ Mettre en prison.

embauchage nm. ou **embauche** nf. Action d'embaucher.

embaucher vt. Engager un ouvrier.

embaucheur, euse n. Qui embauche.

embauchoir ou **embouchoir** nm. Forme pour chaussures.

embaumement nm. Action d'embaumer. ‖ Conservation artificielle des corps.

embaumer vt. Remplir un corps d'aromates pour en empêcher la corruption. ‖ Vi. Exhaler une odeur suave.

embaumeur nm. Celui qui embaume.

embéguiner vt. Infatuer, endoctriner. ‖ S' - vpr. S'enticher de, s'engouer : *s' - d'une nouvelle mode.*

embellie nf. Calme relatif, intermittence entre deux bourrasques.

embellir vt. Rendre plus beau. ‖ *Fig.* - *une histoire,* l'orner aux dépens de la vérité. ‖ Vi. Devenir plus beau.

embellissement nm. Action d'embellir ; ce qui embellit.

emberlificoter vt. *Fam.* Faire tomber dans un piège, entortiller.

embêtement nm. *Fam.* Action d'embêter ; importunité, contrariété.

embêter vt. *Fam.* Ennuyer, importuner vivement.

emblavage ou **emblavement** nm. Action d'emblaver.

emblaver vt. Ensemencer en blé.

emblavure nf. Terre ensemencée de blé ou d'autre céréale.

emblée (d') loc. adv. Du premier coup, sans difficulté.

emblématique adj. Qui a le caractère d'un emblème.

emblème nm. Figure symbolique accompagnée d'une sentence. ‖ Symbole : *le coq est l'* - *de la vigilance.* ‖ Attribut : *les* - *de la royauté.*

embobeliner vt. *Fam.* Enjôler, tromper par des paroles captieuses.

embobiner vt. Enrouler sur une bobine : - *du fil.*

emboîtage nm. Couverture en carton pour livres.

emboîtement nm. Position de deux choses qui s'emboîtent.

emboîter vt. Enchâsser une chose dans une autre. ‖ - *le pas,* suivre. ‖ *Fig.* Se modeler entièrement sur quelqu'un.

emboîture nf. Endroit où les choses s'emboîtent. ‖ Mode d'emboîtement.

embolie nf. Obstruction d'un vaisseau par un caillot de sang.

embonpoint nm. Bon état du corps. ‖ *Par ext.* Excès de graisse.

embossage nm. *Mar.* Ancrage d'un navire ; sa position.

embosser vt. Maintenir un navire à l'ancre dans une direction déterminée.

embouche nf. Prairie fertile où les bestiaux s'engraissent rapidement.

emboucher vt. Mettre à sa bouche. ‖ *Fig.* - *la trompette,* prendre le ton élevé, sublime. ‖ **Embouché, e** part. et adj. *Fam. Etre mal* -, s'exprimer grossièrement.

embouchoir nm. V. EMBAUCHOIR.

embouchure nf. Entrée d'un fleuve dans la mer. ‖ Partie d'un instrument à vent que l'on met à la bouche.

embouquer vi. S'engager dans une passe étroite.

embourber vt. Mettre dans un bourbier. ‖ *Fig.* Engager dans une mauvaise affaire.

embourgeoiser (s') vpr. Prendre des habitudes bourgeoises.

embout nm. Bout de métal d'une canne, d'un parapluie.

embouteillage nm. Action d'embouteiller, de bloquer : - *d'une rue.*

embouteiller vt. Mettre en bouteille. ‖ *Fig.* Bloquer des navires dans une rade. ‖ Obstruer, arrêter la circulation.

emboutir vt. Comprimer, à chaud ou à froid, à la presse pour donner une forme courbe. || Revêtir d'une garniture métallique.

emboutissage nm. Action d'emboutir.

embranchement nm. Réunion de routes ou de voies de chemin de fer. || *Fig.* Division principale d'une science, d'une série classée.

embrasement nm. Vaste incendie.

embraser vt. Mettre en feu. || Illuminer. || *Fig.* Exalter, enflammer.

embrassade nf. Action de deux personnes qui s'embrassent.

embrasse nf. Cordon ou bande qui sert à retenir un rideau.

embrassement nm. Action d'embrasser, de s'embrasser.

embrasser vt. Serrer entre ses bras. || Donner un baiser. || *Fig.* Environner : *l'océan embrasse la terre.* || Contenir : *l'étude de la philosophie embrasse tout.* || Adopter : *- une religion.* || Entreprendre : *qui trop embrasse, mal étreint.* || Découvrir : *- du regard.*

embrasure nf. Biais donné à l'épaisseur d'un mur, à l'endroit d'une porte, d'une fenêtre. || Ouverture pratiquée pour tirer le canon. || *Mar.* Sabord.

embrayage nm. Action d'embrayer. || Mécanisme permettant d'embrayer.

embrayer vt. (c. *balayer*). Etablir la communication entre le moteur et les organes qu'il doit mettre en mouvement.

embrigader vt. Faire entrer dans une brigade. || *Fig.* Réunir sous une direction commune.

embrocation nf. *Méd.* Application faite sur une partie malade avec un liquide gras, spécial. || Le liquide lui-même.

embrocher vt. Mettre en broche.

embrouillement nm. Action d'embrouiller.

embrouiller vt. Mêler, mettre en désordre. || *Fig.* Compliquer : *- une question.* || S' - vpr. Perdre le fil de ses idées.

embroussaillé, e adj. Garni de broussailles. || Emmêlé : *cheveux -.*

embrumer vt. Envelopper de brume. || *Fig.* Assombrir : *craintes qui embrument l'avenir.*

embrun nm. Pluie fine que forment les vagues en se brisant.

embryogenèse ou **embryogénie** nf. Série des transformations subies par un organisme depuis l'état d'œuf ou de spore jusqu'à l'état adulte.

embryologie nf. Science qui s'occupe du développement des organismes.

embryon nm. Germe d'un être orga-

nisé. || *Fig.* Etat rudimentaire : *cet ouvrage n'est encore qu'un -.*

embryonnaire adj. De l'embryon. || *Fig.* En germe.

embûche nf. Piège, embuscade.

embuer vt. (c. *tuer*). Couvrir de buée.

embuscade nf. Piège tendu à une troupe ennemie.

embusquer vt. Disposer en embuscade. || S' - vpr. Se faire affecter dans un poste sans danger. || Embusqué part., adj. et nm.

embut nm. V. AVEN.

éméché, e adj. *Fam.* Dans un état voisin de l'ivresse.

émeraude nf. Pierre précieuse d'une couleur verte.

émergence nf. Action de sortir. || *Point d' -,* endroit d'où sort un rayon lumineux.

émergent, e adj. Qui apparaît à l'extérieur. || *Phys.* Qui sort d'un milieu après avoir traversé : *rayons -.*

émerger vi. (c. *manger*). S'élever au-dessus de l'eau. || *Par ext.* Se montrer : *le soleil émerge à l'horizon.* || Emergeant part. prés.

émeri nm. Poudre de corindon très dure pour polir les métaux. || *Bouchon à l' -,* rodé sur le flacon même, à l'aide de l'émeri. || *Fig.* et *fam. Bouché à l' -,* complètement sot.

émerillon nm. Petit faucon. || Crochet ou hameçon pouvant tourner librement sur lui-même.

émerillonné, e adj. Gai, vif, alerte comme un émerillon.

émérite adj. Se disait d'un fonctionnaire retraité admis à l'honorariat. || Expérimenté : *calculateur -.*

émersion nf. Action d'émerger. || *Astron.* Réapparition d'un astre plongé dans l'ombre lors d'une éclipse.

émerveillement nm. Etat de celui qui est émerveillé.

émerveiller vt. Etonner en inspirant une grande admiration.

émétique adj. et nm. Vomitif.

émetteur, trice adj. et n. Qui effectue des émissions radiophoniques.

émettre vt. (c. *mettre*). Produire au dehors : *- des sons.* || Mettre en circulation : *- de la fausse monnaie.* || Exprimer : *- un vœu.*

émeu nm. Oiseau coureur d'Australie.

émeute nf. Soulèvement populaire.

émeutier nm. Qui participe ou excite à l'émeute.

émiettement nm. Action d'émietter. || *Fig.* Action d'éparpiller.

émietter vt. Réduire en miettes. || *Fig.* Eparpiller : *- un domaine.*

émigrant, e n. Qui émigre.

émigration nf. Action d'émigrer.

émigrer vi. Quitter son pays. ‖ Changer de climat : *les hirondelles émigrent.* ‖ **Emigré, e** part., adj. et n.

émincé nm. Tranche de viande coupée très mince.

émincer vt. (c. *placer*). Couper en menus morceaux.

éminence nf. Elévation de terrain. ‖ Saillie quelconque. ‖ **Titre des cardinaux.**

éminent, e adj. Supérieur. ‖ **Eminemment** adv. Au plus haut point.

éminentissime adj. Très éminent.

émir nm. (m. ar.). Titre des descendants de Mahomet. ‖ Chef arabe d'un gouvernement ou d'une tribu.

émissaire adj. Qui porte au-dehors : *canal -*. ‖ *Fig. et fam.* Bouc -, innocent sur lequel on fait retomber les torts des autres. ‖ Nm. Agent chargé d'une mission secrète. ‖ Canal de vidange.

émissif, ive adj. *Phys.* Qui a la faculté d'émettre de la lumière, de la chaleur.

émission nf. Action d'émettre, de livrer à la circulation : *- d'actions.* ‖ Diffusion par T. S. F. ‖ *- de voix,* production d'un son articulé.

emmagasinage nm. Action d'emmagasiner.

emmagasiner vt. Mettre en magasin. ‖ *Phys.* Accumuler : *- de l'énergie.* ‖ *Fig.* Amasser : *- des connaissances.*

emmaillotement nm. Manière ou action d'emmailloter.

emmailloter vt. Envelopper dans des langes.

emmanchement nm. Action d'emmancher ; son résultat.

emmancher vt. Mettre un manche. ‖ S' - vpr. *Fig. et fam.* Commencer : *l'affaire s'emmanche mal.*

emmanchure nf. Ouverture d'un vêtement à laquelle on adapte des manches.

emmêlement nm. Action d'emmêler ; son résultat.

emmêler vt. Brouiller, enchevêtrer : *- les fils d'un écheveau.*

emménagement nm. Transport de meubles dans un nouveau logement.

emménager vt. et i. (c. *manger*). Faire son emménagement.

emmener vt. (c. *mener*). Mener du lieu où l'on est dans un autre.

emmenthal nm. Variété de gruyère.

emmétrope adj. et n. Qui a une vue normale.

emmieller vt. Enduire de miel. ‖ Emmiellé, e part. et adj. *Fig.* *Paroles -,* d'une douceur affectée.

emmitoufler vt. Envelopper de fourrures, de vêtements chauds.

emmortaiser vt. Insérer un tenon dans sa mortaise.

emmotté, e adj. Dont la racine arrachée est entourée d'une motte de terre.

emmurer vt. Enfermer entre des murailles.

émoi nm. Emotion, trouble.

émollient, e adj. et nm. Qui relâche, amollit : *emplâtre -.*

émoluments nmpl. Traitement attaché à un emploi.

émondage nm. Action d'émonder ; son résultat.

émonder vt. Couper les branches inutiles ou nuisibles.

émondeur nm. Ouvrier qui émonde.

émotif, ive adj. Qui a rapport à l'émotion. ‖ Prompt à s'émouvoir.

émotion nf. Trouble, agitation passagère provoquée par la joie, la surprise, la peur, etc.

émotionner vt. Donner, causer de l'émotion.

émotivité nf. Disposition à s'émouvoir.

émotter vt. Briser les mottes.

émouchet nm. Oiseau de proie plus petit que l'épervier.

émouchette nf. Filet garni de cordelettes flottantes, dont on couvre les chevaux pour éloigner les mouches.

émoudre vt. (c. *moudre*). Aiguiser sur une meule. ‖ **Emoulu, e** part. et adj. *Fig.* Frais -, qui vient de terminer ses études.

émousser vt. Rendre moins tranchant. ‖ *Fig.* Affaiblir : *l'oisiveté émousse le courage.*

émoustiller vt. *Fam.* Exciter à la gaieté.

émouvoir vt. (c. *mouvoir*). Toucher ; exciter, provoquer la pitié.

empailler vt. Garnir de paille. ‖ Naturaliser un animal mort.

empailleur, euse n. Qui empaille les sièges. ‖ Naturaliste.

empalement nm. Action d'empaler. ‖ Supplice du pal.

empaler vt. Enfoncer dans le fondement du supplicié un pieu, ou *pal,* qui traverse les entrailles.

empan nm. Espace entre les extrémités du pouce et du petit doigt écartés.

empanacher vt. Orner d'un panache.

empaquetage nm. Action d'empaqueter ; son résultat.

empaqueter vt. (c. *jeter*). Mettre en paquet : *- du linge.*

emparer (s') vpr. Se saisir d'une chose par force.

empâtement nm. Action d'empâter.

empâter vt. Remplir de pâte. ‖ Rendre pâteux. ‖ Gonfler, détruire l'harmonie de : *l'âge empâte les traits.* ‖ Engraisser une volaille.

empattement nm. Saillie des fondations en maçonnerie pour augmenter leur solidité. ‖ *Autom.* Distance entre les deux essieux : *l' - d'une auto.*

empaumer vt. Recevoir une balle élastique sur la paume de la main. ‖ Cacher une carte dans la main. ‖ *Fig. et fam.* Séduire, subjuguer quelqu'un : *il s'est laissé -.*

empêchement nm. Action d'empêcher. ‖ Obstacle.

empêcher vt. Apporter de l'opposition; mettre obstacle. ‖ **S' -** [de] vpr. S'abstenir : *il ne peut s'. - de rire.*

empeigne nf. Le dessus du soulier.

empennage nm. Garniture de plumes d'une flèche. ‖ Plans de stabilisation d'un avion.

empenné, e adj. Garni de plumes.

empereur nm. Chef souverain d'un empire. (Le fém. est *impératrice.*)

emperler vt. Garnir de perles.

empesage nm. Action d'empeser.

empeser vt. (c. *mener*). Apprêter avec de l'empois. ‖ **Empesé, e** part. et adj. *Fig.* Raide, guindé : *avoir l'air -.* ‖ Peu naturel : *style -.*

empester vt. Infecter de la peste ou d'un autre mal contagieux. ‖ *Fig.* Empuantir.

empêtrer vt. Embarrasser les pieds. ‖ Gêner, embarrasser. ‖ *Fig.* Engager d'une façon malheureuse : *quelqu'un dans une méchante affaire.* ‖ **S' -** vpr. S'embarrasser.

emphase nf. Exagération pompeuse dans le ton ou dans les termes employés.

emphatique adj. Qui a de l'emphase : *discours -.*

emphysémateux, euse n. et adj. Qui a les caractères de l'emphysème. ‖ Atteint d'emphysème.

emphysème nm. *Méd.* Gonflement produit par l'introduction de l'air dans le tissu cellulaire.

emphytéotique adj. Se dit d'un bail particulier à long terme.

empiècement nm. Pièce rapportée dans le haut d'un corsage, d'une chemise, etc.

empierrement nm. Action d'empierrer. ‖ Lit de pierres cassées dont on recouvre une route.

empierrer vt. Couvrir d'une couche de pierres.

empiétement nm. Action d'empiéter. ‖ Extension progressive : *les - de la mer sur les terres.*

empiéter vi. (c. *céder*). Usurper la propriété d'autrui. ‖ *Fig.* S'arroger des droits qu'on n'a pas : *- sur quelqu'un.*

empiffrer vt. *Fam.* Bourrer de nourriture. ‖ **S' -** vpr.

empilement ou **empilage** nm. Action d'empiler.

empiler vt. Mettre en pile.

empire nm. Etat gouverné par un empereur. ‖ Puissance, autorité : *un - despotique.* ‖ *Fig.* Influence, prestige : *l' - de la beauté.* ‖ *Style -,* style décoratif adopté par Napoléon Ier et son temps.

empirer vt. Rendre pire, aggraver. ‖ Vi. Devenir pire.

empirique adj. Fondé sur l'expérience et non sur une théorie.

empirisme nm. Méthode fondée exclusivement sur l'expérience. ‖ Charlatanisme.

empiriste nm. Partisan de l'empirisme. ‖ *Fig.* Mauvais médecin.

emplacement nm. Lieu, place pour un édifice, une maison, etc.

emplâtre nm. Linge ou peau enduits d'onguent et destinés à être appliqués sur la partie malade.

emplette nf. Achat.

emplir vt. Rendre plein. ‖ *Fig.* Combler : *- d'aise.*

emplissage nm. Action d'emplir.

emploi nm. Usage qu'on fait d'une chose. ‖ Manière d'en user : *- d'une somme.* ‖ Charge, fonction : *obtenir un -.* ‖ Occupation. ‖ *Théâtre.* Rôles d'un même caractère : *- de père noble.*

employable adj. Qu'on peut employer.

employé, e n. Personne qui remplit une fonction d'ordre plutôt intellectuel que matériel.

employer vt. (c. *aboyer*). Faire usage de. ‖ Donner du travail. ‖ **S' -** vpr. Etre en usage : *ce mot ne s'emploie plus.* ‖ S'appliquer à : *s' - à bien faire.*

employeur, euse n. Qui emploie et rétribue le travail d'autrui.

emplumer vt. Garnir de plumes.

empocher vt. *Fam.* Mettre en poche.

empoignade nf. Rixe, altercation.

empoigne nf. Action d'empoigner. ‖ *Fam. A la foire d' -,* par vol.

empoigner vt. Prendre et serrer avec la main. ‖ Mettre en état d'arrestation : *- un voleur.* ‖ *Fig.* Emouvoir : *acteur qui empoigne.*

empois nm. Colle légère d'amidon.

empoisonnement nm. Action d'empoisonner; état d'une personne empoisonnée. ‖ *Fig. et fam.* Ennui.

empoisonner vt. Donner du poison. ‖ Mêler du poison à : *un puits.* ‖

Fig. Remplir d'amertume : *les soucis empoisonnent la vie.* || Corrompre : *livres qui empoisonnent la jeunesse.* || *Fam.* Ennuyer. || *Vi.* Sentir mauvais.

empoisonneur, euse n. Qui empoisonne (au *pr.* et au *fig.*).

empoisser vt. Enduire de poix.

empoissonnement nm. Action d'empoissonner un étang, une rivière.

empoissonner vt. Peupler de poissons un étang, une rivière.

emportement nm. Action de s'emporter, de se laisser aller à la colère.

emporte-pièce nm. inv. Outil en acier dur pour trouer ou découper. || *Fig. Un caractère à l' -,* mordant, satirique, entier. || *Style à l' -,* vif, incisif.

emporter vt. Enlever, ôter d'un lieu. || Enlever de vive force : *- une place.* || Causer la mort : *une fièvre l'emporta.* || *L' -,* avoir la supériorité. || *S' - vpr.* Se laisser aller à la colère.

emposieu nm. V. AVEN.

empotage ou **empotement** nm. Action de mettre en pot.

empoté, e adj. et n. *Fam.* Gauche, lourdaud.

empoter vt. Mettre en pot.

empourprer vt. Colorer de pourpre ou de rouge.

empreindre vt. (c. *craindre*). Imprimer. || *Fig.* Marquer profondément : *la tristesse est empreinte sur son visage.*

empreinte nf. Marque, trace en creux ou en relief. || *Fig.* Marque, caractère distinctif : *cet ouvrage porte l' - du génie.* || *- digitales,* marques laissées par les stries des doigts.

empressement nm. Hâte, ardeur. || Politesse prévenante ; tendres soins.

empresser (s') vpr. Montrer de l'ardeur, du zèle à l'égard de quelqu'un. || Se hâter. || **Empressé, e** part., adj. et n. Prévenant.

emprise nf. Influence, ascendant.

emprisonnement nm. Action d'emprisonner. || Détention.

emprisonner vt. Mettre en prison.

emprunt nm. Action d'emprunter ; chose, somme empruntée. || *Fig. D'emprunt,* artificiel : *beauté d'-.*

emprunter vt. Obtenir à titre de prêt. || *Par ext.* Recevoir de : *la Lune emprunte sa lumière au Soleil.* || Reproduire ou imiter : *- une pensée à un auteur.* || **Emprunté, e** adj. Embarrassé, gauche : *air -.* || Artificiel : *éclat -.* || Faux : *nom -.*

emprunteur, euse n. Qui emprunte. || Qui a l'habitude d'emprunter.

empuantir vt. Infecter d'une mauvaise odeur.

empuantissement nm. Action d'empuantir ou de s'empuantir.

empyrée nm. Partie la plus élevée du ciel, réservée aux dieux. || *Poét.* Firmament.

émulation nf. Ambition généreuse qui porte à égaler ou à surpasser les autres.

émule n. Personne qui fait preuve d'émulation.

émulseur nm. Appareil servant à préparer les émulsions.

émulsif, ive adj. Qui contient de l'huile qu'on peut tirer par expression.

émulsion nf. Préparation obtenue par division d'un corps en fins globules au sein d'un liquide. || Préparation sensible à la lumière, qui couvre les films et les papiers photographiques.

émulsionner vt. Faire une émulsion.

en prép. marquant le lieu, le temps, l'état, la manière d'être, la manière d'agir, le but, la matière.

en adv. de lieu. De là : *j'- viens, s'-aller.*

en pron. pers. inv. De lui, d'elle, d'eux, d'elles, de cela, à cause de cela, etc. : *des fleurs, donnez-m'en quelques-unes ; soyez-en certain, vous en aurez.*

enamourer (s') ou, selon l'Acad., **énamourer (s')** vpr. Devenir amoureux.

encablure nf. *Mar.* Longueur d'environ 200 m.

encadrement nm. Action d'encadrer ; ce qui encadre. || Ensemble des gradés d'une troupe.

encadrer vt. Mettre dans un cadre. || Entourer d'éléments expérimentés : *- des recrues.*

encadreur nm. Qui fait ou qui pose des cadres.

encager vt. (c. *manger*). Mettre en cage.

encaissable adj. Qui peut être encaissé.

encaisse nf. Argent, valeurs en caisse. || *- métallique,* garantie en or ou en argent.

encaissement nm. Action de toucher de l'argent, des valeurs. || État d'une rivière, d'une route encaissée.

encaisser vt. Enfermer dans une caisse. || *Comm.* Toucher, recevoir de l'argent, des valeurs. || **Encaissé, e** part. et adj *Rivière -,* bordée de versants escarpés.

encaisseur nm. Garçon de recettes.

encan nm. Vente publique aux enchères.

encanailler vt. Mêler avec la canaille. || *S' -* vpr. S'avilir.

encapuchonner vt. Couvrir d'un capuchon.

encaquer vt. Mettre des harengs dans

une caque. || *Fig.* et *fam.* Presser, entasser.

encart nm. Feuille ou cahier isolé inséré dans une brochure.

encarter vt. *Rel.* Insérer un encart : - *un prospectus.*

en-cas nm. inv. Repas préparé pour être servi à l'improviste.

encastrement nm. Action d'encastrer. || Entaille recevant une pièce.

encastrer vt. Enchâsser.

encaustiquage nm. Action d'encaustiquer.

encaustique nf. Produit à base de cire et d'essence pour faire briller meubles et parquets.

encaustiquer vt. Enduire d'encaustique : - *un meuble.*

encavement nm. Action d'encaver les boissons; son résultat.

encaver vt. Mettre en cave.

enceindre vt. (c. *craindre*). Entourer, enfermer.

enceinte nf. Remparts. || Espace clos : *l'- d'un tribunal.*

enceinte adj. f. Se dit d'une femme qui attend un enfant.

encens nm. Résine aromatique. || *Fig.* Louange, flatterie.

encensement nm. Action d'encenser : *l'- de l'autel.*

encenser vt. Agiter l'encensoir devant. || *Fig.* Flatter avec excès.

encenseur nm. Qui flatte par des éloges outrés.

encensoir nm. Cassolette utilisée dans les églises pour brûler l'encens.

encéphale nm. *Anat.* Ensemble des organes de la boîte crânienne.

encéphalique adj. Qui a rapport à l'encéphale.

encéphalite nf. Inflammation de l'encéphale.

encerclement nm. Action d'encercler.

encercler vt. Entourer. || Etre disposé en cercle autour de : - *une ville.*

enchaînement nm. Action d'enchaîner. || Liaison de choses qui ont entre elles certains rapports : *l'- des faits.*

enchaîner vt. Attacher avec une chaîne. || *Fig.* Asservir : - *un peuple.* || Coordonner. || Reprendre rapidement la suite d'un dialogue.

enchantement nm. Action de charmer par des opérations magiques : *croire aux -.* || Chose merveilleuse : *cette fête était un -.* || Par *exagér.* Comme par -, d'une façon merveilleuse. || *Fig.* Joie très vive : *être dans l'-.*

enchanter vt. Ensorceler par des opérations prétendues magiques. || *Fig.*

Ravir d'admiration, charmer, séduire : *sa grâce m'enchante.*

enchanteur, eresse adj. Qui charme, séduit. || N. Magicien : *l'- Merlin.*

enchâssement nm. Action d'enchâsser; son résultat.

enchâsser vt. Placer dans une châsse. || Fixer quelque chose dans un métal : - *un diamant.* || *Fig.* Intercaler : - *une citation dans un discours.*

enchâssure nf. Action d'enchâsser. || Objet dans lequel on enchâsse.

enchausser vt. Couvrir les légumes de paille ou de fumier.

enchère nf. Offre d'un prix supérieur à celui qu'un autre a offert. || *Aux -,* au plus offrant.

enchérir vi. Devenir plus cher. || Mettre une enchère. || *Fig.* Dépasser, aller plus loin : *Néron enchérit sur la cruauté de Tibère.*

enchérissement nm. Hausse de prix.

enchérisseur nm. Qui met une enchère.

enchevêtrement nm. Action d'enchevêtrer, d'emmêler.

enchevêtrer (s') vpr. Engager son pied dans la longe du licou, en parlant d'un cheval. || Embarrasser, entremêler : *des phrases qui s'enchevêtrent.*

enchifrènement nm. Obstruction du nez.

enclave nf. Terrain ou territoire enfermé dans un autre.

enclaver vt. Enfermer, enclore dans un autre, en parlant d'un terrain.

enclenchement nm. Mécanisme destiné à rendre des pièces solidaires.

enclencher vt. Rendre solidaire.

enclin, e adj. Porté à.

encliquetage nm. *Méc.* Dispositif ne permettant le mouvement de rotation d'une roue que dans un seul sens.

encliqueter vt. (c. *jeter*). Faire un encliquetage.

enclitique adj. et nm. ou f. Qui s'unit au mot précédent, de façon à ne former avec lui qu'un seul mot, comme *je* dans *sais-je.*

enclore vt. (c. *clore*). Enfermer de murs, de haies. || Former une clôture.

enclos nm. Petit domaine clos.

enclouer vt. Piquer avec un clou. || Enfoncer à force un clou dans la lumière d'un canon.

enclouure [*an-klou-ur'*] nf. Blessure faite au pied d'une bête de somme en la ferrant.

enclume nf. Masse d'acier sur laquelle on forge les métaux. || *Fig. Etre entre l'- et le marteau,* entre deux partis opposés, avec la perspective d'être victime dans tous les cas. || Un des osselets de l'oreille.

encoche nf. Entaille.

encocher vt. Faire une entaille à.

encoffrer vt. Enfermer dans un coffre.

encoignure [ko] nf. Angle intérieur de deux murs. ‖ Petit meuble qu'on y place.

encollage nm. Action d'encoller. ‖ Enduit.

encoller vt. Appliquer un apprêt de colle, de gomme, etc.

encolure nf. Partie du corps du cheval qui s'étend depuis la tête jusqu'aux épaules et au poitrail. ‖ Mesure du cou. ‖ Dégagement d'un vêtement autour du cou. ‖ Partie du vêtement qui soutient le col.

encombre nm. Obstacle, accident, difficulté : *arriver sans -*.

encombrement nm. Action d'encombrer. ‖ Affluence, amas de matériaux, obstacle.

encombrer vt. Obstruer, embarrasser. ‖ Encombrant, e part. et adj. *Fig.* Ennuyeux, importun.

encontre (à l') loc. prép. *A l' -de...*, contrairement à.

encorbellement nm. *Archit.* Construction en porte à faux sur le nu d'un mur.

encorder (s') vpr. S'attacher les uns aux autres avec une corde.

encore adv. De nouveau. ‖ Du moins : *- s'il voulait*. ‖ Jusqu'à présent : *il n'a pas - été malade*. ‖ - que loc. conj., bien que, quoique : *- qu'il soit jeune*.

encorné, e adj. Qui a des cornes.

encornet nm. Nom vulgaire du *calmar*.

encouragement nm. Action d'encourager; ce qui encourage.

encourager vt. (c. *manger*). Inspirer du courage à. ‖ Inciter, déterminer à : *- à partir*. ‖ Stimuler : *- l'industrie*.

encourir vt. S'exposer à.

encrage nm. Action d'encrer.

encrassement nm. Action d'encrasser ou de s'encrasser; son résultat.

encrasser vt. Rendre crasseux.

encre nf. Liquide ou pâte colorée dont on se sert pour écrire ou imprimer. ‖ *- de Chine*, composition solide ou liquide à base de noir de fumée. ‖ *- sympathique*, liquide dont la trace est incolore sur le papier, mais qui devient visible sous certaines influences.

encrer vt. *Impr.* Charger, enduire, imprégner d'encre.

encreur nm. et adj. Qui sert à encrer.

encrier nm. Petit vase où l'on met de l'encre.

encroûtement nm. Diminution de la vie intellectuelle.

encroûter (s') vpr. Se couvrir d'une espèce de croûte. ‖ *Fig.* Croupir dans l'ignorance ou dans des habitudes arriérées.

encuvage nm. Action d'encuver.

encuver vt. Mettre en cuve.

encyclique adj. et nf. Lettre solennelle adressée par le pape au clergé.

encyclopédie nf. Ouvrage où l'on traite de toutes les sciences et de tous les arts.

encyclopédique adj. Qui appartient à l'encyclopédie. ‖ Qui est d'une érudition universelle : *esprit -*.

encyclopédis.e nm. Auteur d'encyclopédie. ‖ Nom donné aux auteurs de la *Grande Encyclopédie* du XVIIIe s.

endémique adj. Se dit d'une maladie qui règne d'une façon permanente dans une contrée.

endenter vt. *Méc.* Garnir de dents. ‖ Engager dans les dents de. ‖ Assembler deux pièces de bois au moyen de dents alternées sur chaque pièce.

endettement nm. Action de s'endetter; son résultat.

endetter vt. Charger de dettes. ‖ ‖ S'- vpr. Faire des dettes.

endeuiller vt. Plonger dans le deuil, dans la tristesse.

endiablé, e adj. et n. Emporté, ardent : *farandole -*.

endiamanté, e adj. Orné de diamants.

endiguement ou **endigage** nm. Protection au moyen de digues.

endiguer vt. Contenir par des digues.

endimancher vt. Mettre les habits du dimanche.

endive nf. Espèce de chicorée blanchie à l'obscurité.

endocarde nm. Membrane qui tapisse intérieurement le cœur.

endocardite nf. Inflammation de l'endocarde.

endocarpe nm. Partie interne du péricarpe des fruits.

endocrine adj. Se dit d'une glande à sécrétion interne.

endocrinien adj. Relatif aux glandes endocrines.

endoctriner vt. Gagner à ses idées.

endoderme nm. Couche interne de l'écorce.

endolorir vt. Rendre douloureux.

endommagement nm. Action d'endommager; son résultat.

endommager vt. (c. *manger*). Causer du dommage.

endormeur, euse n. Qui endort. ‖ *Fig.* Qui flatte, cajole pour tromper.

endormir vt. Faire dormir. ‖ *Fig.* Bercer de vaines espérances : *- quelqu'un par de belles paroles*. ‖ Ennuyer : *ses discours m'endorment*. ‖ Calmer :

- *la douleur.* ‖ **S'-** vpr. Se laisser aller au sommeil. ‖ *Fig.* Rester inactif. ‖ *Manquer de vigilance.*

endos ou **endossement** nm. Signature au dos d'un billet à ordre, d'une lettre de change, pour en transmettre la propriété à autre.

endoscope nm. Appareil destiné à éclairer une cavité du corps humain pour en permettre l'observation.

endosmose nf. *Phys.* Courant qui s'établit du dehors au dedans entre deux liquides de concentrations différentes séparés par une cloison membraneuse très mince.

endosperme nm. *Bot.* Tissu de réserve ou albumen qui entoure l'embryon à l'intérieur de la graine.

endosser vt. Se couvrir le dos. ‖ - *un billet*, mettre sa signature au dos. ‖ *Fig.* Assumer : - *une responsabilité.*

endosseur nm. Qui a endossé une lettre de change, un chèque...

endothélium nm. Epithélium composé de cellules plates.

endothermique adj. Se dit d'une transformation qui absorbe de la chaleur.

endroit nm. Lieu, place déterminée. ‖ Passage du discours, d'un livre. ‖ Ville, bourg, localité. ‖ Le beau côté d'une étoffe : *l'envers et l'-.*

enduire vt. (c. *conduire*). Couvrir d'un enduit.

enduit nm. Revêtement que l'on étend par couches minces.

endurance nf. Qualité d'une personne endurante. ‖ Résistance aux fatigues physiques.

endurant, e adj. Patient. ‖ Dur à la fatigue.

endurcir vt. Rendre dur, résistant. ‖ *Fig.* Rendre insensible : *l'avarice endurcit le cœur.* ‖ **S'-** vpr. S'accoutumer : *s'- au froid.*

endurcissement nm. Action de s'endurcir.

endurer vt. Souffrir, supporter.

énergétique adj. Qui donne de l'énergie.

énergie nf. *Phys.* Faculté que possède un système de corps de fournir du travail. ‖ Vertu, efficacité. ‖ *Fig.* Fermeté : *montrer de l'-.*

énergique adj. Qui a de l'énergie.

énergumène n. Possédé du démon. ‖ *Fig.* Homme exalté.

énervement nm. Etat d'une personne surexcitée, incapable de maîtriser ses nerfs.

énerver vt. Détruire l'énergie. ‖ *Fig.* Agacer, irriter, surexciter les nerfs : *un bruit qui énerve.* ‖ **Enervant, e** part. et adj. ‖ **Enervé, e** part., adj. et n.

enfaîtement nm. V. FAÎTAGE.

enfaiter vt. Couvrir le faîte d'un toit. ‖ Poser le faîtage.

enfance nf. Période de la vie de l'homme de la naissance à la douzième année environ. ‖ Les enfants. ‖ *Fig.* Affaiblissement des facultés : *tomber en -.* ‖ Commencement : *l'- du monde.* ‖ Partie élémentaire : *c'est l'- de l'art.*

enfant n. Garçon, fille en bas âge. ‖ Fils ou fille, quel que soit l'âge. ‖ Descendant : - *d'Adam.* ‖ - *légitime,* né de parents unis par le mariage. ‖ - *naturel,* né hors du mariage. ‖ *Faire l'-,* s'amuser à des choses puériles. ‖ - *de chœur,* enfant qui assiste le prêtre officiant.

enfantement nm. Action d'enfanter. ‖ *Fig.* Production, création.

enfanter vt. Donner le jour à un enfant. ‖ *Fig.* Produire, créer.

enfantillage nm. Paroles, actions puériles.

enfantin, e adj. Qui a le caractère de l'enfance. ‖ *Par ext.* Peu compliqué, facile : *question -.*

enfariner vt. Poudrer de farine.

enfer nm. Lieu destiné au supplice des damnés. ‖ *Fig.* Lieu où l'on a beaucoup à souffrir : *cette maison est un -.* ‖ *Feu d' -,* très violent. ‖ *Jouer un jeu d' -,* très gros jeu. ‖ Pl. *Myth.* Les -, séjour des âmes après la mort.

enfermer vt. Mettre en un lieu fermé. ‖ Mettre en prison, dans un asile d'aliénés. ‖ Contenir : *passage qui enferme des erreurs.*

enferrer vt. Percer avec une épée. ‖ **S'-** vpr. Se jeter sur l'épée de son adversaire. ‖ *Fig.* Se prendre à ses propres mensonges.

enfiévrer vt. (c. *céder*). Donner la fièvre. ‖ *Fig.* Passionner, exciter.

enfilade nf. Ensemble des choses disposées à la file. ‖ *En -,* dans le sens de la longueur.

enfiler vt. Passer un fil dans le trou d'une aiguille, d'une perle, etc. ‖ *Fig.* - *un chemin,* s'y engager.

enfin adv. Pour finir. ‖ Marque aussi l'attente : -, *vous voilà.*

enflammer vt. Mettre en feu. ‖ *Fig.* Remplir d'ardeur : *ce discours enflamma leur courage.*

enfler vt. Gonfler. ‖ *Fig.* Exagérer : - *un récit.* ‖ Vi. et s'- vpr. Augmenter de volume : *ses jambes commencent à enfler.*

enflure nf. Tumeur, bouffissure.

enfoncement nm. Action d'enfoncer. ‖ Partie en retrait d'une façade. ‖ Partie creuse.

enfoncer vt. (c. *placer*). Pousser vers le fond, faire pénétrer. ‖ Briser en poussant, en pesant : - *une porte.* ‖ *Fam.* Surpasser : - *un adversaire.* ‖ Vi. Aller, couler au fond. ‖ **S'-** vpr. S'affaisser. ‖ S'avancer, pénétrer profondément : *s'- dans l'eau.*

enfonceur nm. Celui qui enfonce. ‖ *- de portes ouvertes,* qui démontre des vérités évidentes.

enfonçure nf. Creux, cavité. ‖ Pièces qui forment le fond d'un tonneau.

enfouir vt. Mettre, enfoncer en terre.

enfouissement nm. Action d'enfouir.

enfouisseur nm. Celui qui enfouit. ‖ Insecte nécrophore.

enfourcher vt. Monter à califourchon. ‖ Percer avec une fourche. ‖ *Fig.* et *fam.* - *son dada,* se lancer dans un développement favori.

enfourchure nf. Point où le tronc d'un arbre se bifurque.

enfournage nf. ou **enfournement** nm. Action d'enfourner.

enfourner vt. Mettre dans le four. ‖ *Fam.* Manger gloutonnement.

enfreindre vt. (c. *craindre*). Transgresser, violer.

enfuir (s') vpr. Fuir de quelque lieu. ‖ *Fig.* Passer rapidement : *le temps s'enfuit.*

enfumer vt. Noircir par la fumée. ‖ Incommoder, asphyxier par la fumée : *- un renard.*

engagement nm. Action d'engager, de mettre en gage. ‖ Promesse qui engage. ‖ Enrôlement volontaire. ‖ Introduction d'une troupe dans la bataille. ‖ Combat court et localisé.

engager vt. (c. *manger*). Mettre en gage. ‖ Lier par une promesse. ‖ Prendre à son service : - *un domestique.* ‖ Commencer : - *le combat.* ‖ Introduire dans la bataille : - *une division.* ‖ Exhorter : - *à travailler.* ‖ Faire entrer, apporter : - *des capitaux.* ‖ Faire pénétrer une pièce dans une autre. ‖ **S'-** vpr. S'enrôler. ‖ Pénétrer : *s'- dans un bois.* ‖ **Engagé,** e part., adj. et nm. Soldat qui a contracté un engagement. ‖ **Engageant,** e part. et adj. Insinuant, attirant : *un ton -.*

engainer vt. Mettre dans une gaine. ‖ Envelopper comme dans une gaine.

engeance nf. Personne ou catégorie de personnes : *quelle -!* (En mauv. part.)

engelure nf. Inflammation, crevasse causées par le froid.

engendrer vt. Donner l'existence. ‖ *Fig.* Produire : *l'oisiveté engendre le vice.*

engerber vt. Mettre en gerbes.

engin nm. Instrument, arme : - *de pêche.*

englober vt. Réunir en un tout. ‖ Comprendre, compter parmi.

engloutir vt. Avaler gloutonnement. ‖ *Fig.* Absorber, dissiper rapidement : - *sa fortune au jeu.*

engloutissement nm. Action d'engloutir ; son résultat.

engluer vt. (c. *tuer*). Couvrir de glu.

engoncer vt. (c. *placer*). Se dit d'un vêtement qui enfonce le cou dans les épaules.

engorgement nm. Obstruction dans un tuyau. ‖ *Méd.* Obstruction produite dans un organe.

engorger vt. (c. *manger*). Embarrasser, obstruer.

engouement nm. Admiration exagérée, emballement.

engouer (s') vpr. Se passionner pour quelqu'un ou pour quelque chose de surfait : *s'- d'une nouveauté.*

engouffrer vt. Faire tomber dans un gouffre. ‖ *Fig.* Engloutir : - *de la nourriture.* ‖ **S'-** vpr. Pénétrer avec violence. ‖ *Par ext.* Se précipiter dans : *s'- dans le métro.*

engoulevent nm. Passereau à très large bec.

engourdir vt. Rendre gourd. ‖ *Fig.* Mettre en torpeur : - *l'esprit.*

engourdissement nm. Etat d'un organe engourdi. ‖ *Fig.* Torpeur.

engrais nm. Fumier et matières propres à fertiliser les terres. ‖ Herbage d'embouche. ‖ Pâture pour les volailles.

engraissement nm. Action d'engraisser ; son résultat.

engraisser vt. Faire devenir gras. ‖ Vi. Prendre de l'embonpoint. ‖ *Fig.* Enrichir.

engranger vt. (c. *manger*). Mettre en grange.

engraver vt. Recouvrir de gravier. ‖ **S'-** vpr. Toucher sur un fond de sable ou de gravier.

engrenage nm. *Méc.* Disposition de roues dentées qui se commandent les unes les autres. ‖ *Fig.* Concours de circonstances se compliquant mutuellement.

engrener vt. et i. (c. *mener*). Alimenter une batteuse en céréales. ‖ *Méc.* Mettre deux roues dentées en liaison.

engrenure nf. Disposition de deux roues qui s'engrènent.

engrumeler (s') vpr. (c. *appeler*). Se mettre en grumeaux.

enguirlander vt. Entourer de guirlandes. ‖ *Fam.* Injurier.

enhardir vt. Rendre hardi.

énigmatique adj. Qui renferme une énigme ; qui tient de l'énigme : *paroles -.*

énigme nf. Jeu d'esprit où l'on donne à deviner une chose en la décrivant en termes obscurs. ‖ *Fig.* Chose difficile à connaître à fond.

enivrement [*an-ni*] nm. Action de s'enivrer; ivresse. ‖ *Fig.* Exaltation : *l' - de la victoire.*

enivrer vt. Rendre ivre. ‖ *Fig.* Aveugler; enorgueillir : *les éloges l'ont enivré.* ‖ S' - vpr. Se rendre ivre, s'exalter. ‖ Enivrant, e Exaltant : *succès -.*

enjambée nf. Action d'enjamber. ‖ Espace qu'on enjambe.

enjambement nm. Rejet au vers suivant d'un ou de plusieurs mots qui complètent le sens du premier.

enjamber vt. Franchir d'une enjambée. ‖ Vi. Aller à grands pas. ‖ Produire l'enjambement.

enjeu nm. Somme d'argent ou objet que l'on risque dans une partie. ‖ *Fig.* Ce qu'on expose dans une entreprise.

enjoindre vt. Ordonner, commander expressément.

enjôlement nm. Action ou manière d'enjôler; son résultat.

enjôler vt. *Fam.* Séduire par des caresses, des paroles flatteuses.

enjôleur, euse n. Qui enjôle.

enjolivement nm. Ornement qui enjolive.

enjoliver vt. Rendre joli ou plus joli, en ajoutant des ornements. ‖ *Fig.* Amplifier, enrichir de détails : *- un récit.*

enjoliveur nm. Accessoire métallique dont on recouvre le moyeu des roues d'automobile.

enjolivure nf. Petit enjolivement.

enjoué, e adj. Gracieux, gai.

enjouement nm. Gaieté douce; badinage léger.

enjuponner vt. Vêtir d'un jupon.

enlacement nm. Action d'enlacer; état de ce qui est enlacé.

enlacer vt. (c. *placer*). Passer l'un dans l'autre des cordons, des lacets, etc. ‖ *Fig.* Serrer, étreindre.

enlaidir vt. Rendre laid. ‖ Vi. Devenir laid.

enlaidissement nm. Action d'enlaidir; son résultat.

enlèvement nm. Action d'enlever, d'emporter. ‖ Rapt : *l' - des Sabines.*

enlever vt. (c. *mener*). Retirer de la place occupée, ôter : *- le couvert.* ‖ Prendre par force ou par ruse. ‖ Soulever : *- de terre.* ‖ *Fig.* Transporter d'enthousiasme : *- un auditoire.* ‖ Obtenir facilement : *- tous les suffrages.* ‖ Exécuter brillamment : *- un morceau de musique.* ‖ Surprendre : *- un poste.*

enlisement nm. Action de s'enliser.

enliser (s') vpr. S'enfoncer dans les sables mouvants, dans la boue, etc.

enluminer vt. Peindre de couleurs vives. ‖ *Fig.* Colorer en rouge : *un visage enluminé.*

enlumineur, euse n. Artiste qui enlumine.

enluminure nf. Art d'enluminer. ‖ Estampe, gravure enluminée : *une - du XIIIe siècle.*

ennéagone adj. et nm. Polygone à 9 côtés.

enneigement nm. Quantité de neige sur un terrain : *bulletin d' -.*

ennemi, e n. Qui hait quelqu'un, qui cherche à lui nuire. ‖ Qui a de l'aversion pour : *- du bruit.* ‖ Nation, pays avec qui l'on est en guerre. ‖ Adj. : *l'armée -.*

ennoblir [*an-no*] vt. Donner de la noblesse morale, de la dignité. (Ne pas confondre avec ANOBLIR.)

ennoblissement nm. Action d'ennoblir.

ennui nm. Lassitude morale produite par le désœuvrement, le manque d'intérêt d'une chose. ‖ Pl. Difficultés, chagrins : *avoir des -.*

ennuyer vt. (c. *aboyer*). Lasser, rebuter par manque d'intérêt. ‖ Contrarier.

ennuyeux, euse adj. Qui ennuie, contrarie : *une visite -.*

énoncer vt. (c. *placer*). Exprimer par des paroles ou par écrit. ‖ Énoncé, part., adj. et nm. : *un - de problème.*

énonciation nf. Action, manière d'énoncer.

enorgueillir [*an-nor*] vt. Rendre orgueilleux. ‖ S' - vpr. Tirer vanité.

énorme adj. Démesuré, excessif : *une foule - ; une - fortune.*

énormité nf. Caractère de ce qui dépasse toute mesure. ‖ *Fig.* Gravité : *- d'une faute, d'un crime.* ‖ *Fam.* Balourdise : *dire des -.*

enquérir (s') vpr. (c. *acquérir*). S'informer : *- d'un ami.*

enquête nf. Recherches faites par ordre d'une autorité quelconque.

enquêter vi. Faire, conduire une enquête.

enquêteur, euse n. Celui qui fait des enquêtes. ‖ Adj. : *commissaire -.*

enracinement nm. Action d'enraciner, de s'enraciner.

enraciner vt. Faire prendre racine à. ‖ S' - vpr. Prendre racine. ‖ *Fig.* Se fixer : *s' - à la campagne.*

enrager vt. (c. *manger*). Être vexé, furieux. ‖ *Faire -,* tourmenter. ‖ Enrageant, e part., adj. Qui cause de l'irritation. ‖ Enragé, e part., adj.

et n. Atteint de la rage. ‖ *Fig.*
Excessif : *un joueur -.*

enraiement ou **enrayement** nm.
Action d'enrayer. ‖ *Fig.* Arrêt accidentel
d'un mécanisme.

enrayage nm. Fixation des rais
d'une roue dans le moyeu et la jante.

enrayer vt. (c. *balayer*). Ralentir,
puis suspendre un mouvement quelconque (au *pr.* et au *fig.*) : - *la hausse
des prix, la fièvre.* ‖ S' - vpr. S'arrêter (au *pr.* et au *fig.*) : *l'épidémie
s'est enrayée.*

enrégimenter vt. Grouper par régiment. ‖ *Fig.* Incorporer dans un groupe.

enregistrement nm. Action d'enregistrer. ‖ Administration où l'on
enregistre certains actes.

enregistrer vt. Porter sur un
registre. ‖ Transcrire, mentionner un
acte dans les registres publics, pour
en assurer l'authenticité. ‖ Inscrire
mécaniquement : - *un disque.*

enregistreur, euse n. Qui enregistre. ‖ Adj. Appareil qui inscrit
automatiquement certains phénomènes :
baromètre - ; caisse -.

enrhumer vt. Causer un rhume. ‖
S' - vpr. Contracter un rhume.

enrichir vt. Rendre riche. ‖ *Par ext.*
Augmenter, développer : - *une langue.*
‖ **Enrichi**, e part., adj. et n. Dont
la fortune est récente. (Ordinairement
en mauv. part.)

enrichissement nm. Action d'enrichir, de s'enrichir.

enrobage ou **enrobement** nm.
Action d'enrober.

enrober vt. Recouvrir d'une enveloppe
protectrice : - *de sucre.*

enrochement nm. Grosse maçonnerie établie au fond de l'eau pour supporter une construction et la protéger
du choc des eaux.

enrôlement nm. Action d'enrôler ou
de s'enrôler.

enrôler vt. Inscrire sur les rôles de
l'armée. ‖ S' - vpr. S'engager. ‖ *Fig.*
et *fam.* S'affilier à un parti. ‖
Enrôlé, e part., adj. et nm. Engagé
dans l'armée.

enrouement nm. Altération de la
voix devenue rauque.

enrouer vt. Rendre la voix rauque.

enroulement nm. Action d'enrouler.
‖ Bobinage d'une machine électrique.

enrouler vt. Rouler une chose autour
d'une autre ou sur elle-même.

enrubanner vt. Orner de rubans.

ensablement nm. Amas de sable.

ensabler vt. Couvrir, engorger de
sable. ‖ Faire échouer sur le sable.

ensachage ou **ensachement** nm.
Action d'ensacher.

ensacher vt. Mettre en sac.

ensanglanter vt. Couvrir de sang. ‖
Fig. Souiller de sang : - *son règne.*

enseignant e adj. Qui donne l'enseignement. ‖ *Le corps -,* l'ensemble des
professeurs et instituteurs.

enseigne nf. Ecriteau placé sur la
façade d'une maison de commerce. ‖
A telle -, v. TEL. ‖ Étendard : *marcher - déployées.* ‖ Nm. - *de vaisseau,*
officier de marine à deux galons.

enseignement nm. Action, art d'enseigner. ‖ Profession de celui qui
enseigne : *être dans l' -.* ‖ Instruction, précepte.

enseigner vt. Instruire. ‖ Apprendre
aux autres : - *la grammaire.*

ensemble adv. L'un avec l'autre. ‖
En même temps. ‖ Nm. Résultat de
l'union des parties d'un tout : *un
bel -.* ‖ Collection d'objets ayant un
caractère commun. ‖ Réunion : *l'- des
élèves était attentif ; l'- du travail est
bon.* ‖ Accord : *mouvements d'-.* ‖
Grand -, groupe d'immeubles d'habitation.

ensemblier nm. Artiste qui com-
bine les ensembles décoratifs.

ensemencement nm. Action d'ensemencer.

ensemencer vt. (c. *placer*). Jeter la
semence sur ou dans : - *une terre.*

enserrer vt. Serrer étroitement.

ensevelir vt. Envelopper un corps
mort dans un linceul. ‖ *Par ext.*
Enterrer. ‖ *Fig.* Emporter dans la
tombe : *il a enseveli son secret avec
lui.* ‖ S' - vpr.

ensevelissement nm. Action d'ensevelir.

ensevelisseur, euse n. Qui enseve-
lit un cadavre.

ensilage nm. Action d'ensiler.

ensiler vt. Mettre les grains, les
racines, etc., dans des silos.

ensoleiller vt. Remplir de lumière.
‖ **Ensoleillé**, e part. et adj. Exposé
au soleil.

ensommeillé, e adj. A demi plongé
dans le sommeil.

ensorceler vt. (c. *appeler*). Jeter,
par de prétendus sortilèges, le trouble
dans le corps ou l'esprit. ‖ *Fig.*
Séduire, captiver.

ensorceleur, euse adj. et n. Qui
ensorcelle : *des paroles -.*

ensorcellement nm. Action d'ensorceler ; son résultat.

ensouple nf. Cylindre du métier à
tisser sur lequel on monte la chaîne.

ensuite adv. Après, à la suite.

ensuivre (s') vpr. Résulter, être la
conséquence. ‖ V. impers. Résulter :
il s'ensuit que...

entablement nm. Couronnement
d'une ordonnance d'architecture.

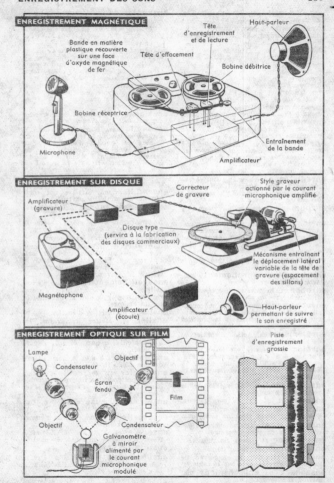

ENREGISTREMENT MAGNÉTIQUE

Bande en matière plastique recouverte sur une face d'oxyde magnétique de fer

Tête d'effacement

Tête d'enregistrement et de lecture

Haut-parleur

Bobine débitrice

Bobine réceptrice

Microphone

Entraînement de la bande

Amplificateur

ENREGISTREMENT SUR DISQUE

Amplificateur (gravure)

Correcteur de gravure

Style graveur actionné par le courant microphonique amplifié

Disque type (servira à la fabrication des disques commerciaux)

Mécanisme entraînant le déplacement latéral variable de la tête de gravure (espacement des sillons)

Magnétophone

Amplificateur (écoute)

Haut-parleur permettant de suivre le son enregistré

ENREGISTREMENT OPTIQUE SUR FILM

Piste d'enregistrement grossie

Lampe

Condensateur

Objectif

Écran fendu

Film

Objectif

Condensateur

Galvanomètre à miroir alimenté par le courant microphonique modulé

entacher vt. Souiller moralement. ‖ *Acte entaché de nullité*, qui n'est pas fait dans les formes.

entaille nf. Large coupure ; blessure par instrument tranchant.

entailler vt. Faire une entaille.

entame nf. Premier morceau que l'on coupe d'un pain, d'un rôti.

entamer vt. Faire une légère incision, une petite déchirure : - *la peau*. ‖ Couper le premier morceau : - *un pain*. ‖ *Fig.* Commencer : - *une conversation*. ‖ Porter atteinte : - *la réputation de quelqu'un*.

entartrer vt. Encrasser de tartre.

entassement nm. Action d'entasser ; son résultat.

entasser vt. Mettre en tas. ‖ *Fig.* Multiplier, accumuler : - *des citations*.

ente nf. Greffe. ‖ Arbre greffé.

entendement nm. Faculté de comprendre, intelligence. ‖ Bon sens.

entendeur nm. Qui comprend facilement. ‖ *A bon - salut*, que celui qui comprend fasse son profit de ce qu'on a dit.

entendre vt. Percevoir par l'ouïe. ‖ Écouter : - *des témoins*. ‖ - *la messe*, y assister. ‖ Comprendre : *il n'entend pas le français*. ‖ Connaître : *il n'entend rien à la musique*. ‖ Vouloir dire : *qu'entendez-vous par là ?* ‖ - *la plaisanterie*, n'être pas susceptible. ‖ - *raison*, se laisser convaincre. ‖ *A l'* -, si on l'en croit. ‖ *Faites comme vous l'entendez*, comme il vous plaira. ‖ *Donner à* -, *laisser* -, insinuer, laisser croire. ‖ Vi. Exiger : *j'entends que l'on m'obéisse*. ‖ Avoir l'intention de : *j'entends partir bientôt*. ‖ S' - vpr. Se comprendre, être d'accord. ‖ Se connaître à, être habile en : *s'* - *au commerce*.

entendu, e adj. Intelligent, capable. ‖ *Prendre un air* -, avoir l'air de comprendre. ‖ Convenu, décidé : *c'est une affaire* -. ‖ N. *Faire l'* -, faire l'important, le capable. ‖ **Bien** - loc. adv., il est bien compris, bien convenu.

enténébrer vt. Plonger dans les ténèbres.

entente nf. Interprétation : *mot à double* -. ‖ Intelligence : - *des affaires*. ‖ Accord : - *cordiale*.

enter vt. Greffer.

entérinement nm. Action d'entériner.

entériner vt. *Jurispr.* Ratifier juridiquement un acte. ‖ Rendre valable, définitif.

entérite nf. Inflammation des intestins.

entérocolite nf. Inflammation de l'intestin grêle et du côlon.

entérovaccin nm. Vaccin intestinal.

enterrement nm. Inhumation. ‖ Convoi funèbre. ‖ Frais de sépulture.

enterrer vt. Enfouir. ‖ Inhumer. ‖ *Fig.* - *un projet*, faire qu'on n'en parle plus. ‖ S' - vpr. S'enfoncer. ‖ *Fig.* Se retirer du monde.

en-tête nm. Ce qui est imprimé, écrit ou gravé en tête d'une lettre, d'une feuille. ‖ Pl. des *en-têtes*.

entêté, e adj. et n. Opiniâtre, têtu.

entêtement nm. Opiniâtreté.

entêter vt. Faire mal à la tête par des vapeurs, des odeurs : *l'odeur du lis entête*. ‖ S' - vpr. S'obstiner.

enthousiasme nm. Sorte d'exaltation qui anime les travaux d'un écrivain, d'un artiste : *l'* - *poétique*. ‖ Grande démonstration de joie. ‖ Admiration passionnée.

enthousiasmer vt. Ravir d'admiration. ‖ S' - vpr. Se passionner pour quelqu'un ou pour quelque chose.

enthousiaste adj. et n. Qui a de l'enthousiasme.

entiché, e adj. Très attaché à : *être* - *d'une personne*.

enticher vt. Inspirer un attachement excessif à. ‖ S' - vpr. Devenir entiché de : *s'* - *d'une opinion*.

entier, ère adj. Complet. ‖ *Fig.* Sans restriction : *jouir d'une* - *liberté*. ‖ Sans modification : *la question reste* -. ‖ Intransigeant : *esprit* -. ‖ Nm. et adj. *Nombre* -, nombre qui ne contient pas de fraction d'unité. ‖ **En** - loc. adv. En totalité.

entité nf. *Philos.* Ce qui constitue l'essence d'un être.

entoilage nm. Action d'entoiler. ‖ Étoffe servant à entoiler.

entoiler vt. Fixer sur une toile. ‖ Fixer de la toile sur : - *une aile d'avion*.

entoir nm. Couteau pour enter.

entomologie nf. Partie de la zoologie qui traite des insectes.

entomologiste nm. Naturaliste qui s'occupe d'entomologie.

entonnage, entonnement nm. ou **entonnaison** nf. Mise en tonneau.

entonner vt. Verser dans un tonneau. ‖ *Par ext.* et *fam.* Ingurgiter.

entonner vt. Commencer un chant.

entonnoir nm. Ustensile conique servant à transvaser les liquides.

entorse nf. Extension violente des ligaments d'une articulation. ‖ *Fig.* Atteinte violente, altération : *faire une* - *à la loi*.

entortillement nm. Action de s'entortiller ou d'entortiller.

entortiller vt. Envelopper en tortillant. ‖ *Fig.* Exprimer d'une manière embarrassée : - *ses pensées.* ‖ **Fam.** Séduire par des paroles captieuses.

entour (à l') loc. adv. Aux environs. ‖ **A l'-** de loc. prép.

entourage nm. Tout ce qui entoure pour orner. ‖ **Fig.** Personnes qui vivent auprès de quelqu'un.

entourer vt. Placer, disposer autour de. ‖ Etre placé autour de. ‖ **Fig.** Combler : - *de soins.*

entournure nf. Echancrure d'une manche à l'aisselle.

entozoaire nm. Animal qui vit en parasite dans le corps d'un autre.

entracte nm. Intervalle entre les différentes parties d'un spectacle. ‖ **Fig.** Temps de repos.

entradmirer (s') vpr. S'admirer, se louanger mutuellement.

entraide nf. Aide mutuelle.

entraider (s') vpr. S'aider mutuellement : *il faut s' -.*

entrailles nfpl. Intestins, boyaux. ‖ **Fig.** Partie inférieure et profonde : *les - de la terre.* ‖ Sensibilité : *homme sans -.*

entr'aimer (s') vpr. S'aimer l'un l'autre.

entrain nm. Ardeur. ‖ Gaieté naturelle et communicative : *une comédie pleine d' -.* ‖ Animation : *l' - d'une fête.*

entraînement nm. Action d'entraîner, de s'entraîner.

entraîner vt. Traîner avec soi. ‖ Emmener de force. ‖ Préparer à un sport, à un exercice. ‖ **Fig.** Conduire par une sorte de violence morale : - *quelqu'un dans un parti.* ‖ Emporter vivement : *la musique entraîne les danseurs.* ‖ Occasionner : *la guerre entraîne bien des maux.* ‖ **S'-** vpr. Accomplir des exercices sportifs. ‖ **Entraînant,** e part. et adj. Qui entraîne (ne s'emploie qu'au figuré) : *musique -.*

entraîneur nm. Qui entraîne, prépare à des épreuves sportives.

entrait nm. Poutre du comble qui porte les arbalétriers.

entrant, e adj. Qui pénètre, s'insinue. ‖ N. Personne qui entre (se dit surtout au pl.) : *les - et les sortants.*

entr'apercevoir vt. Apercevoir un court instant.

entr'appeler (s') vpr. S'appeler l'un l'autre.

entrave nf. Lien attachant les jambes, les pieds. ‖ **Fig.** Obstacle, empêchements.

entraver vt. Mettre des entraves. ‖ *Par ex.* Embarrasser : - *la marche d'une armée.* ‖ **Fig.** Apporter des obstacles : - *une négociation.*

entre prép. Indique un rapport : 1o de

lieu, de situation : - *Paris et Versailles* ; 2o de temps : - *onze heures et midi* ; 3o de relation : - *parents, - amis,* etc. ‖ Jointe aux verbes pr., indique une action réciproque : *s'- déchirer.* ‖ Jointe à certains verbes, en affaiblit l'idée : *entrevoir, entrouvrir.*

entrebâillement nm. Ouverture laissée par un objet légèrement ouvert.

entrebâiller vt. Entrouvrir légèrement : - *une porte.*

entrebattre (s') vpr. Se battre l'un l'autre.

entrechat nm. Saut léger pendant lequel les pieds s'entrechoquent plusieurs fois.

entrechoquer vt. Choquer l'un contre l'autre.

entrecôte nf. Morceau de viande coupé entre deux côtes.

entrecouper vt. Couper en divers endroits. ‖ *Par ext.* Interrompre par intervalles : - *ses paroles d'éclats de rire.* ‖ **Entrecoupé,** e part. et adj.

entrecroisement nm. Disposition des choses qui s'entrecroisent.

entrecroiser vt. Croiser en divers sens.

entre-déchirer (s') vpr. Se déchirer mutuellement.

entre-deux nm. inv. Partie située au milieu de deux choses. ‖ Bande de broderie ornant un ouvrage de lingerie.

entre-dévorer (s') vpr. Se dévorer les uns les autres.

entrée nf. Action d'entrer. ‖ Endroit par où l'on entre. ‖ **Fig.** Début : *faire son - dans le monde.* ‖ Commencement : *l'- de l'hiver.* ‖ Privilège d'entrer : *avoir ses - dans un théâtre.* ‖ Premiers mets servis dans un repas.

entrefaite nf. (S'emploie surtout au pl.) *Sur ces -,* à ce moment-là.

entrefilet nm. Petit article dans un journal : - *venimeux.*

entre-frapper (s') vpr. Se frapper mutuellement.

entregent nm. Habileté, adresse à se conduire : *avoir de l'-.*

entr'égorger (s') vpr. S'égorger, se tuer les uns les autres.

entre-haïr (s') vpr. Se haïr l'un l'autre.

entrejambe nm. Partie de la culotte ou du pantalon située entre les jambes.

entrelacement nm. Etat de plusieurs choses entrelacées.

entrelacer vt. (e *place*). Enlacer l'un dans l'autre : - *des branches.*

entrelacs [la] nm. Ornement composé de moulure, de chiffres entrelacés.

entrelarder vt. Piquer une viande avec du lard. ‖ **Fig.** Parsemer de : - *un discours de citations.* ‖ **Entre-**

lardé, e part. et adj. Mêlé de gras et de maigre.

entremêler vt. Mêler plusieurs choses parmi d'autres.

entremets nm. Mets légers servis avant le dessert.

entremetteur, euse n. Personne qui s'entremet. (S'emploie en mauv. part.)

entremettre (s') vpr. Agir dans une affaire concernant une ou plusieurs personnes.

entremise nf. Médiation, bons offices.

entrepont nm. *Mar.* Espace compris entre deux ponts.

entreposer vt. Déposer provisoirement dans un entrepôt : - *du café.*

entreposeur nm. Qui tient un entrepôt : - *de tabac.*

entrepositaire nm. Qui dépose ou reçoit des marchandises dans un entrepôt.

entrepôt nm. Lieu, magasin servant de dépôt de marchandises.

entreprenant, e adj. Hardi à entreprendre. ǁ *Par ext.* Téméraire.

entreprendre vt. Commencer à faire : - *un voyage, des travaux.* ǁ *Fig. et fam.* Importuner : - *quelqu'un.*

entrepreneur, euse n. Qui entreprend d'exécuter certains travaux à forfait.

entreprise nf. Mise à exécution d'un projet : *réussir dans son -.* ǁ Ce qu'on s'est chargé de faire à forfait : - *d'un pont.* ǁ Service public : - *de messageries.*

entrer vi. Passer du dehors au dedans, pénétrer dans. ǁ Passer dans une nouvelle situation : - *au collège, en convalescence.* ǁ Etre admis : - à *l'Académie française.* ǁ Etre employé, contenu : *médicament où il entre du fer.* ǁ *Fig. - en religion,* prendre le voile, la bure. ǁ - *en condition,* se faire domestique. ǁ - *dans une famille,* s'allier à elle. ǁ - *en matière,* commencer. ǁ Vt. Introduire.

entre-regarder (s') vpr. Se regarder mutuellement.

entresol nm. Logement entre le rez-de-chaussée et le premier étage.

entre-temps adv. Dans cet intervalle de temps. ǁ Nm. Intervalle de temps entre deux faits.

entretenir vt. (c. *tenir*). Tenir en bon état. ǁ Fournir les choses nécessaires : - *une armée.* ǁ *Fig.* Faire durer : - *la paix.* ǁ S'- vpr. Converser avec quelqu'un.

entretien nm. Action d'entretenir. ǁ Ce qui est nécessaire pour la subsistance, l'habillement, etc. ǁ Conversation suivie.

entretoise nf. Pièce de bois ou de fer, qui en relie et consolide deux autres.

entre-tuer (s') vpr. Se tuer l'un l'autre ou les uns les autres.

entre-voie nf. Espace séparant deux voies de chemin de fer.

entrevoir vt. (c. *voir*). Ne faire qu'apercevoir. ǁ *Fig.* Prévoir confusément : - *la vérité.*

entrevue nf. Rencontre concertée.

entrouvrir vt. Ouvrir un peu : - *une fenêtre.* ǁ Entrouvert, e adj.

enture nf. Action d'enter. ǁ Fente où l'on place une greffe.

énucléation nf. Extirpation d'un organe à travers une plaie : *l'- de l'œil.*

énucléer vt. Extirper.

énumération nf. Action d'énumérer.

énumérer vt. (c. *céder*). Enoncer successivement les parties d'un tout.

envahir vt. Entrer violemment dans. ǁ *Par ext.* Se répandre sur ou dans : *les touristes ont envahi la contrée.*

envahissement nm. Action d'envahir : *l'- des eaux.*

envahisseur nm. Qui envahit.

envaser vt. Remplir de vase. ǁ Enfoncer dans la vase.

enveloppe nf. Ce qui sert à envelopper. ǁ Papier plié qui enveloppe une lettre.

enveloppement nm. Action d'envelopper ; son résultat.

envelopper vt. Entourer complètement. ǁ Entourer : - *l'ennemi.* ǁ *Fig.* Cacher : - *sa pensée sous d'habiles périphrases.* ǁ Englober : - *quelqu'un dans une proscription.*

envenimer vt. Infecter. ǁ *Fig.* Aigrir : - *une discussion.* ǁ S'- vpr. S'infecter.

envergure nf. Largeur de la voilure d'un navire. ǁ Etendue des ailes déployées d'un oiseau, d'un avion. ǁ *Fig.* Ampleur, puissance : *esprit d'une grande -.*

envers prép. A l'égard de. ǁ - *et contre tous,* en dépit de tout le monde.

envers nm. L'opposé de l'endroit. ǁ Le contraire : *l'- de la vérité.* ǁ A l'- loc. adv., du mauvais côté.

envi (à l') loc. adv. Avec émulation, à qui mieux mieux : *ils travaillent à l'-.*

enviable adj. Digne d'envie.

envie nf. Désir soudain d'avoir, de faire quelque chose. ǁ Besoin qu'on désire satisfaire : *l'- de dormir.* ǁ Sentiment de convoitise à la vue du bonheur, des avantages d'autrui. ǁ Tache naturelle sur la peau. ǁ Petit filet de peau autour des ongles.

envier vt. (c. *prier*). Porter envie à. ǁ Convoiter ce que possède un autre.

envieux, euse adj. et n. Qui est tourmenté par l'envie.

environ adv. A peu près.

environner vt. Entourer.

environs nmpl. Les alentours.

envisager vt. (c. *manger*). Examiner, considérer, prévoir : - *l'avenir*.

envoi nm. Action d'envoyer. ‖ Chose envoyée. ‖ Vers placés à la fin d'une ballade pour en faire hommage à quelqu'un.

envol nm. Action de s'envoler.

envolée nf. Mouvement oratoire.

envoler (s') vpr. Prendre son vol.

envoûtement nm. Opération magique par laquelle on pratiquait sur une image en cire, symbolisant la personne à qui l'on voulait nuire, des blessures dont elle était censée souffrir. ‖ Fig. Domination mystérieuse.

envoûter vt. Pratiquer l'envoûtement. ‖ Fig. Dominer, subjuguer.

envoyer vt. (c. *aboyer*, sauf au futur et au cond. : *j'enverrai, j'enverrais*). Faire aller. ‖ Expédier. ‖ Lancer. ‖ - *promener*, congédier avec rudesse. ‖ **Envoyé, e** part. et n. Personne envoyée.

envoyeur nm. Expéditeur.

éocène adj. et nm. Géol. Groupe le plus ancien parmi les terrains tertiaires.

éolien, enne adj. et n. De l'Eolide. ‖ *Harpe* -, instrument à cordes, vibrant au souffle du vent. ‖ Nf. Pompe élévatoire mue par le vent.

éosine nf. Matière colorante rouge.

épacte nf. Nombre qui indique combien il faut ajouter de jours à l'année lunaire pour l'égaler à l'année solaire.

épagneul, e n. Chien de chasse à long poil et à oreilles pendantes, originaire d'Espagne.

épais, aisse adj. Qui a de l'épaisseur. ‖ Dense, serré, touffu : *bois* -. ‖ Consistant : *encre* -. ‖ Profond : *nuit* -. ‖ Fig. Grossier, lourd : *esprit* -.

épaisseur nf. Troisième dimension d'un solide. ‖ Etat de ce qui est dense : *l'- des ténèbres*. ‖ Fig. Lourdeur, lenteur : *l'- de l'esprit*.

épaissir vt. Rendre plus épais. ‖ Vi. et s'- vpr. Devenir épais.

épaississement nm. Action d'épaissir, de s'épaissir ; son résultat.

épamprer vt. Enlever les pampres de la vigne.

épanchement nm. Ecoulement. ‖ Méd. Accumulation gazeuse ou liquide : - *de sang*. ‖ Fig. Effusion.

épancher vt. Verser doucement un liquide. ‖ Fig. - *son cœur*, dire avec confiance, parler avec abandon. ‖ S'- vpr.

épandage nm. Action d'épandre. ‖

Terrains d' -, champs sur lesquels on distribue des engrais liquides.

épandre vt. (c. *rendre*). Jeter çà et là, éparpiller.

épanouir vt. Faire ouvrir, en parlant des fleurs. ‖ Fig. Rendre joyeux : *le bonheur épanouit le cœur*. ‖ S'- vpr. S'ouvrir. ‖ Fig. Se détendre, se dilater : *son visage s'épanouit*.

épanouissement nm. Action de s'épanouir ; son résultat.

épargne nf. Economie dans la dépense. ‖ *Caisse d'-*, établissement financier qui reçoit en dépôt des sommes portant intérêts.

épargner vt. Amasser par économie. ‖ Dépenser avec réserve. ‖ Fig. Ménager : - *des forces*. ‖ Traiter avec ménagement : - *la vieillesse*. ‖ Soustraire à : - *des ennuis à quelqu'un*. ‖ **Epargnant, e** part. et n. Qui économise : *les petits* -.

éparpillement nm. Action d'éparpiller ; état qui en résulte.

éparpiller vt. Disperser çà et là.

épars [*par*], **e** adj. Répandu çà et là ; en désordre.

éparvin nm. Tumeur dure aux jarrets d'un cheval.

épater vt. Briser la patte ou le pied : - *un verre*. ‖ Fam. Etonner, stupéfier. ‖ **Epatant, e** part. et adj. Fam. Surprenant, admirable. ‖ **Epaté, e** part. et adj. Nez -, court, gros et large.

épaule nf. Région d'attache du membre antérieur au tronc. ‖ Fig. Par-dessus *l'*-, avec dédain.

épaulée nf. Effort de l'épaule pour pousser.

épaulement nm. Rempart protecteur. ‖ Contrefort de soutènement.

épauler vt. Rompre l'épaule d'un animal. ‖ Protéger par un épaulement. ‖ Appuyer contre l'épaule : - *son fusil*. ‖ Fig. Aider.

épaulette nf. Patte garnie ou non de franges, que les militaires portaient sur chaque épaule.

épave nf. Objet abandonné en mer ou rejeté sur le rivage. ‖ Débris en général. ‖ Chose égarée dont on ignore le propriétaire. ‖ Fig. Personne tombée dans l'abjection.

épeautre nm. Froment à grain petit et brun.

épée nf. Arme faite d'une longue lame d'acier, que l'on porte dans un fourreau suspendu au côté. ‖ Fig. Coup d'- *dans l'eau*, effort vain.

épéiste nm. Escrimeur à l'épée.

épeler vt. (c. *appeler*). Nommer les lettres une à une.

épellation nf. Action d'épeler.

éperdu, e adj. Troublé par une violente émotion : - *de joie*.

éperlan nm. Petit poisson de mer, à chair délicate.

éperon nm. Branche de métal terminée par une molette fixée au talon du cavalier pour exciter son cheval. ‖ Ergot des coqs, des chiens, etc. ‖ Pointe de la proue d'un navire.

éperonner vt. Piquer avec l'éperon. ‖ *Fig.* Exciter, stimuler. ‖ **Eperonné**, e part. et adj. Muni d'un éperon.

épervier nm. Oiseau de proie du genre faucon. ‖ Filet de pêche conique, garni de plomb.

éphèbe nm. Dans la Grèce antique, adolescent.

éphémère adj. Qui ne dure qu'un jour. ‖ *Fig.* De courte durée : *bonheur* -. ‖ Nm. Insecte qui ne vit qu'un jour.

éphémérides nfpl. Tables astronomiques donnant la position quotidienne des planètes. ‖ Notices relatant les événements accomplis dans un même jour à diverses époques.

épi nm. Tête d'une tige de céréale. ‖ Fleurs groupées de façon analogue sur une tige. ‖ Mèche de cheveux, qui poussent en sens contraire de celui des autres. ‖ Ouvrage établi perpendiculairement à la berge d'un cours d'eau, pour fixer la forme de son lit. ‖ Ornement en forme d'épi.

épicarpe nm. Pellicule qui recouvre le fruit.

épice nf. Substance aromatique servant à l'assaisonnement des mets. ‖ *Pain d'épices*, v. PAIN.

épicéa nm. Conifère à cônes pendants, voisin des sapins.

épicentre nm. Point de la surface du globe à partir duquel se propage un tremblement de terre.

épicer vt. (c. *placer*). Assaisonner d'épices.

épicerie nf. Ensemble de denrées de consommation courante. ‖ Commerce, boutique de l'épicier.

épicier, ère n. Qui tient un commerce d'épicerie. ‖ Adj. : *un garçon* -.

épicurien, enne adj. et n. D'Epicure : *morale* -. ‖ Voluptueux.

épicurisme nm. Doctrine morale d'Epicure.

épidémie nf. Maladie qui atteint un grand nombre d'individus.

épidémique adj. Qui tient de l'épidémie : *maladie* -.

épiderme nm. Membrane mince qui recouvre la peau. ‖ *Fig. Avoir l'épiderme sensible*, être susceptible.

épier vi. (c. *prier*). Se former en épi.

épier vt. Observer secrètement.

épierrage ou **épierrement** nm. Action d'épierrer.

épierrer vt. Oter les pierres d'un jardin, d'un champ, etc.

épieu nm. Long bâton ferré utilisé à la chasse.

épigastre nm. Partie supérieure de l'abdomen.

épiglotte nf. Cartilage qui couvre et ferme la glotte.

épigramme nf. Petite pièce de vers qui se termine par un trait piquant, malin. ‖ Trait satirique, mordant : *les* - *de Voltaire*.

épigraphe nf. Inscription sur un édifice. ‖ Citation placée en tête d'un livre ou d'un chapitre.

épigraphie nf. Art de lire, d'expliquer les inscriptions.

épilation nf. Action d'épiler, d'arracher les poils.

épilatoire adj. Qui sert à épiler : *crème* -.

épilepsie nf. Maladie caractérisée par des convulsions et la perte de la connaissance.

épileptique adj. Relatif à l'épilepsie. ‖ Sujet à l'épilepsie. ‖ *Fig.* Furieux, désordonné : *gestes* -. ‖ N. : *un* -.

épiler vt. Arracher les poils.

épilogue nm. Conclusion d'un ouvrage littéraire, surtout d'un poème. ‖ *Par ext.* Fin : *l'*- *d'une aventure*.

épiloguer [sur] vi. Censurer, critiquer : - *sur les mœurs*.

épinard nm. Plante potagère à feuilles vertes comestibles.

épine nf. Arbrisseau armé de piquants ‖ Chacun de ces piquants. ‖ - *dorsale*, colonne vertébrale. ‖ *Fig.* Ennui, difficulté. ‖ *Etre sur des* -, dans une inquiétude impatiente. ‖ *Tirer une* - *du pied*, débarrasser d'un souci.

épinette nf. Petit clavecin. ‖ Cage pour engraisser les poulets.

épineux, euse adj. Armé d'épines. ‖ *Fig.* Difficile : *une question* -.

épine-vinette nf. Arbuste épineux à fruit rouge et acide. ‖ Pl. des *épines-vinettes*.

épingle nf. Petite pointe métallique pour attacher les étoffes. ‖ *Fig. Tiré à quatre* -, habillé très soigneusement. ‖ *Coup d'* -, petite méchanceté. ‖ *Tirer son* - *du jeu*, se tirer adroitement d'affaire.

épingler vt. Attacher, fixer avec des épingles. ‖ **Epinglé**, e part., adj. et nm. Se dit de certains velours à cannelures.

épinglier, ère n. Qui fait, vend des épingles. ‖ Nm. Etui d'épingles.

épinière adj. f. Relatif à l'épine dorsale : *moelle* -.

épinoche nf. Petit poisson armé de fortes épines dorsales.

Épiphanie nf. Fête de la Présentation de l'Enfant Jésus aux Rois mages (6 janvier).

épiphyse nf. Extrémité d'un os long.

épiploon nm. Repli du péritoine enfermant les intestins.

épique adj. Propre à l'épopée. ‖ Digne de l'épopée : *une scène* -.

épirote adj. et n. De l'Épire.

épiscopal, e, aux adj. Qui appartient à l'évêque.

épiscopat nm. Dignité d'évêque. ‖ Ensemble des évêques. ‖ Temps pendant lequel un évêque a occupé son siège.

épiscope nm. Tourelle à viseur d'un char d'assaut.

épisode nm. Action incidente, liée à l'action principale dans un poème, un roman, etc. ‖ *Par ext.* Fait accessoire appartenant à une série d'événements : *les* - *de la Révolution française.* ‖ Division d'une action dramatique.

épisodique adj. Accessoire.

épisperme nm. Membrane recouvrant la graine ou les spores.

épisser vt. Faire une épissure.

épissure nf. Réunion de deux cordages ou de deux câbles électriques par l'entrelacement de leurs torons.

épistolaire adj. Relatif à la correspondance : *style* -.

épistolier, ère n. Qui écrit beaucoup de lettres ou qui excelle dans l'art de les écrire.

épitaphe nf. Inscription sur un tombeau.

épithalame nm. Poème composé à l'occasion d'un mariage.

épithélial adj. De l'épithélium.

épithélium nm. Tissu formé de cellules juxtaposées recouvrant les surfaces extérieures et intérieures du corps.

épithète nf. Qualification : - *injurieuse.*

épitoge nf. Pièce d'étoffe que les professeurs, les magistrats, les avocats en robe portent sur l'épaule.

épitomé nm. Abrégé d'un livre, particulièrement d'un livre d'histoire.

épître nf. Lettre en vers : - *de Boileau.* ‖ Lettre d'un apôtre aux premiers chrétiens : - *de saint Paul.*

épizootie (*ti* ou *si*) nf. Maladie contagieuse frappant les animaux domestiques.

éploré, e adj. En pleurs, désolé.

épluchage nm. Action d'éplucher.

éplucher vt. Enlever les bourres des étoffes, ce qu'il y a d'inutilisable ou de mauvais. ‖ *Fig.* Examiner avec soin : - *la conduite de quelqu'un.*

éplucheur, euse n. Qui épluche.

épluchure nf. Déchet ôté en épluchant : *des* - *de fruits.*

épointage ou **épointement** nm. Action d'épointer; son résultat.

épointer vt. Casser la pointe d'un instrument, d'un outil.

éponge nf. Substance légère, poreuse, élastique, provenant d'un cœlentéré marin et employée à différents usages domestiques. ‖ L'animal lui-même. ‖ *Fig. Passer l'* -, pardonner.

éponger vt. Étancher avec une éponge. ‖ *S'* - vpr. S'essuyer.

épopée nf. Récit poétique d'aventures héroïques, comme *l'Iliade, l'Enéide,* etc. ‖ *Par ext.* Suite d'actions héroïques.

époque nf. Moment important de l'histoire : *l'* - *des croisades.* ‖ Moment déterminé du temps en général : *l'* - *des vendanges.* ‖ *Faire* -, laisser un souvenir durable.

épouiller vt. Ôter les poux.

époumoner (s') vpr. Se fatiguer les poumons à crier.

épousailles nfpl. Célébration du mariage. (Vx.)

épouser vt. Prendre en mariage. ‖ *Fig.* Prendre parti pour : - *une querelle.*

époussetage nm. Action d'épousseter.

épousseter vt. (c. *jeter*). Ôter la poussière.

épouvantable adj. Qui cause de l'épouvante. ‖ Atroce : *une douleur* -.

épouvantail nm. Mannequin mis dans les champs pour effrayer les oiseaux. ‖ *Fig.* et *fam.* - *à moineaux,* personne ridiculement accoutrée. ‖ *Fig.* Ce qui cause de vaines terreurs.

épouvante nf. Terreur soudaine.

épouvanter vt. Jeter dans l'épouvante, terrifier.

époux, épouse n. Personne mariée. ‖ Nmpl. Le mari et la femme.

éprendre (s') [de] vpr. (c. *prendre*). Être pris de passion pour. ‖ **Épris, e** part. et adj.

épreuve nf. Expérience, essai. ‖ *Fig.* Chagrin, malheur qui éprouve le courage. ‖ *Zèle à toute* -, que rien ne rebute. ‖ Compositions d'examen : - *écrites, orales.* ‖ *Impr.* Feuille d'impression sur laquelle on indique les corrections. ‖ *Phot.* Exemplaire tiré d'après un cliché photographique.

éprouver vt. Soumettre à des épreuves, essayer, vérifier : - *un pont.* ‖ *Fig.* Ressentir, subir : - *de la joie.*

éprouvette nf. Appareil permettant des essais sur de petites quantités de matière. ‖ Vase de verre allongé pour recueillir les gaz.

épucer vt. (c. *placer*). Ôter les puces.

épuisable adj. Qui peut être épuisé.

épuisement nm. Action d'épuiser; son résultat. ‖ *Fig.* Déperdition de force : *mourir d' -.* ‖ Diminution considérable : *l' - des finances.*

épuiser vt. Tarir, mettre à sec. ‖ Consommer : *- ses munitions.* ‖ Ecouler, vendre en totalité : *une édition épuisée.* ‖ *Par ext.* Appauvrir : *- une terre.* ‖ Traiter à fond : *- un sujet.* ‖ Affaiblir, abattre : *- le corps.* ‖ S' - vpr.

épuisette nf. Petit filet de pêche monté sur un cerceau et fixé à l'extrémité d'un long manche. ‖ Ecope.

épurateur n. et adj. m. Appareil servant à épurer.

épuration nf. Action d'épurer; son résultat. ‖ *Fig.* Action de purifier : *l' - des mœurs.* ‖ Exclusion des indignes.

épure nf. Dessin, représentation sur plan d'un corps, d'un ouvrage par les méthodes de la géométrie descriptive. ‖ Dessin achevé (par oppos. à *croquis*).

épurer vt. Rendre pur, plus pur. ‖ *Fig.* Rendre plus pur au point de vue de la morale, du goût : *- le théâtre.* ‖ Rejeter parmi une collectivité les éléments indésirables.

équarrir vt. Tailler à angle droit. ‖ Agrandir un trou. ‖ Ecorcher, dépecer des cadavres d'animaux.

équarrissage ou équarrissement nm. Action d'équarrir; état de ce qui est équarri. ‖ Action de dépecer.

équarrisseur nm. Personne dont le métier est de dépecer les animaux.

équarrissoir nm. Instrument pour équarrir. ‖ Lieu où l'on équarrit.

équateur [*koua*] nm. Cercle imaginaire qui partage la Terre en deux hémisphères, et dont tous les points sont à égale distance des pôles.

équation [*koua*] nf. *Alg.* Formule d'une relation entre des grandeurs dépendant les unes des autres.

équatorial, e, aux [*koua*] adj. De l'équateur. ‖ Nm. Lunette mobile autour d'un axe parallèle à l'axe terrestre, et servant à observer le mouvement des astres.

équerre nf. Instrument employé pour tracer des angles droits. ‖ Pièce coudée à angle droit pour consolider des assemblages. ‖ **D'-** loc. adv., à angle droit.

équestre [*kès*] adj. Relatif à l'équitation. ‖ *Statue -,* qui représente un personnage à cheval.

équiangle adj. Dont les angles sont égaux.

équidistance [*kui*] nf. Caractère de ce qui est équidistant.

équidistant, e [*kui*] adj. A égale

distance de deux ou plusieurs points, droites ou plans donnés.

équilatéral, e, aux adj. Dont les côtés sont égaux.

équilibre nm. Etat de repos d'un corps sollicité par plusieurs forces qui s'annulent. ‖ *Perdre l' -,* pencher de manière à tomber. ‖ *Fig.* Juste combinaison de forces : *l' - du budget.*

équilibrer vt. Mettre en équilibre. ‖ *Fig. Esprit équilibré,* pondéré.

équilibriste n. Qui fait des tours d'adresse et des exercices d'équilibre.

équille nf. Poisson allongé qui vit dans les sables.

équinoxe [*ksé*] nm. L'une des deux périodes de l'année où les jours sont égaux aux nuits (mars-septembre).

équinoxial, e, aux [*ki*] adj. Relatif à l'équinoxe. ‖ *Ligne -,* l'équateur.

équipage nm. Suite de valets, de chevaux, de voitures, etc. : *suivi d'un brillant -.* ‖ Voiture de luxe : *avoir un -.* ‖ Personnel militaire d'un navire, d'un avion, d'un char, etc.

équipe nf. Ouvriers occupés à un même travail; joueurs formant un même camp.

équipée nf. Entreprise téméraire, escapade.

équipement nm. Action d'équiper. ‖ Ce qui sert à équiper. ‖ Ce qui est nécessaire à l'armement d'un vaisseau.

équiper vt. Pourvoir des choses nécessaires.

équipier, ère n. Personne qui fait partie d'une équipe.

équipollence [*ki*] nf. Egalité de valeur ou de force.

équitable adj. Qui montre de l'équité. ‖ *Juste : partage -.*

équitation nf. Art de monter à cheval.

équité nf. Justice naturelle.

équivalence [*ki*] nf. Qualité de ce qui est équivalent. ‖ Identité de nature : *- de la chaleur et de l'électricité.*

équivalent, e [*ki*] adj. D'une valeur égale. ‖ Nm. De même valeur.

équivaloir [*ki*] vt. ind. (c. *valoir*). Etre de même valeur : *mot qui équivaut à un ordre.* ‖ Equivalant part. prés.

équivoque [*ké*] adj. A double sens : *mot -.* ‖ *Fig.* Suspect : *une réputation -.* ‖ Nf. Mot, phrase à double sens.

équivoquer vi. User d'équivoque.

érable nm. Arbre recherché pour l'ébénisterie et l'industrie; son bois.

érafler vt. Ecorcher légèrement.

éraflure nf. Ecorchure légère.

éraillé, e adj. Déchiré, éraflé. ‖ *Avoir l'œil -,* sillonné de filets rouges. ‖ *Fig.* Rauque : *voix -.*

érailler vt. Relâcher les fils d'un tissu : - *du linge.*

éraillure nf. Marque qui reste sur une étoffe éraillée.

ère nf. Epoque fixe d'où l'on commence à compter les années. || - *géologique,* chacune des grandes divisions de l'histoire de la Terre. || *Fig.* Epoque remarquable : *une - de prospérité.*

érectile adj. Capable d'érection.

érection nf. Action d'élever, de construire : *l'- d'une statue.* || Action d'établir : *l'- d'un tribunal.* || Etat de tension de certains tissus organiques.

éreintement nm. Action d'éreinter. || *Fig. et fam.* Critique violente.

éreinter vt. Rompre les reins. (Vx.) || *Fig.* Briser de fatigue. || *Fam.* Critiquer avec malveillance : *- un auteur.* || **Ereintant, éreinté, e** part. et adj.

érémitique adj. Relatif aux ermites.

érésipèle ou **érysipèle** nm. Maladie infectieuse due au streptocoque et caractérisée par une inflammation superficielle de la peau.

erg nm. Unité de travail du système C.G.S.

erg nm. Groupement de dunes : *les - du Sahara.*

ergastule nm. Prison souterraine où l'on enfermait les esclaves à Rome.

ergonomie nf. Etude de l'organisation rationnelle du travail.

ergostérol nm. Cholestérine végétale antirachitique, après irradiation aux rayons ultraviolets.

ergot nm. Petit ongle pointu derrière le pied du coq, du chien, etc. || Maladie du seigle.

ergotage nm. ou **ergoterie** nf. Manie d'ergoter, de chicaner.

ergoté, e adj. Muni d'ergots. || Attaqué de l'ergot : *seigle -.*

ergoter vi. [sur] *Fam.* Chicaner, contester mal à propos.

ergoteur, euse adj. et n. Qui aime à ergoter : *avocat -.*

ergotine nf. Alcaloïde très toxique de l'ergot de seigle.

ériger vt. (c. *manger*). Elever : *- une statue.* || Créer, instituer. || Doter d'un nouveau titre : *- une terre en comté.* || S'- vpr. S'attribuer un droit, se poser en : *s'- en censeur.*

éristale nm. Mouche ressemblant à l'abeille.

ermitage nm. Habitation d'un ermite. || *Par ext.* Lieu écarté, solitaire.

ermite nm. Religieux ou pénitent solitaire. || *Par ext.* Personne qui vit seule, loin du monde.

éroder vt. Ronger, user.

érosif, ive adj. Qui produit l'érosion.

érosion nf. Dégradation produite par ce qui ronge. || Usure lente des roches et destruction des reliefs : *l'- fluviale.*

érotique adj. Qui a rapport à l'amour.

érotomanie nf. Désordre mental caractérisé par la prédominance de désirs amoureux.

erpétologie ou **herpétologie** nf. Partie de l'histoire naturelle qui traite des reptiles.

errata nm. inv. Liste des fautes survenues dans l'impression d'un ouvrage. (V. ERRATUM.)

erratique adj. *Méd.* Intermittent : *fièvre -.* || *Géol. Bloc -,* transporté, en général par les glaciers.

errements nmpl. Manière d'agir habituelle. (Ne pas confondre avec ERREUR.)

errer vi. Aller çà et là à l'aventure. || *Fig.* Se tromper. || **Errant, e** part., adj. et n. Nomade : *tribu -.*

erreur nf. Opinion, jugement contraire à la vérité. || Fausse doctrine. || Inexactitude : *- de calcul.* || Pl. Egarements de conduite : *- de jeunesse.*

erroné, e adj. Qui contient des erreurs : *opinion -.*

ers [èr] nm. Légumineuse, dont le type est la *lentille.*

ersatz nm. Produit de remplacement.

erse adj. Relatif aux habitants de la haute Ecosse : *langue, littérature -.*

éructation nf. Emission bruyante par la bouche de gaz accumulés dans l'estomac.

érudit, e adj. et n. Savant.

érudition nf. Savoir approfondi dans un ordre de connaissances.

éruptif, ive adj. Qui a lieu par éruption. || *Roche -,* magma monté des profondeurs et solidifié en surface.

éruption nf. Emission violente; sortie soudaine et bruyante. || *Méd.* Apparition rapide de boutons, de taches, etc., sur la peau.

érysipèle nm. V. ÉRÉSIPÈLE.

érythème nm. Rougeur de la peau due à une légère congestion.

ès prép. Vieux mot qui signifie *en matière de : docteur - sciences.*

esbroufe nf. *Fam.* Etalage de grands airs : *faire de l'-.* || *Vol à l'-,* en profitant de la bousculade.

escabeau nm. Siège de bois. || Marchepied à plusieurs marches.

escadre nf. Important groupement de navires de guerre ou d'avions.

escadrille nf. Petite escadre de vaisseaux légers ou d'avions.

escadron nm. Troupe de cavalerie. || Unité d'un régiment de cavalerie ou de chars. ‖ *Chef d'-*, officier supérieur du grade de commandant.

escalade nf. Action d'escalader. ‖ Entrée dans une propriété en franchissant les clôtures.

escalader vt. Gravir avec effort.

escalator nm. Escalier mécanique.

escale nf. Lieu de relâche et de ravitaillement pour navires et avions.

escalier nm. Suite de degrés pour monter ou descendre.

escalope nf. Tranche mince de viande ou de poisson.

escamotage nm. Art ou action d'escamoter. ‖ Vol détourné ou subtil.

escamoter vt. Faire disparaître, dérober subtilement : - *un portefeuille.* ‖ *Par ext.* Supprimer, prononcer vite ou bas : - *des mots.*

escamoteur nm. Personne qui escamote.

escampette nf. *Fam. Prendre la poudre d'-*, s'enfuir.

escapade nf. Action de s'échapper.

escarbille nf. Résidu de houille incomplètement brûlée.

escarbot nm. Insecte du genre des scarabées.

escarboucle nf. Pierre précieuse rouge foncé très brillante.

escarcelle nf. Bourse de ceinture, au Moyen Age : *vider son -.*

escargot nm. Mollusque gastéropode à coquille enroulée en hélice.

escarmouche nf. Combat de peu d'importance.

escarole ou **scarole** nf. Nom vulgaire d'une espèce de chicorée.

escarpe nf. *Fortif.* Talus élevé au-dessus du mur du fossé de fortification. ‖ Nm. Assassin, bandit.

escarpé, e adj. A pente rapide, d'accès difficile.

escarpement nm. Pente raide d'une hauteur, d'un rempart.

escarpin nm. Soulier découvert, à semelle très mince.

escarpolette nf. Balançoire.

escarre nf. Croûte formée sur la peau par mortification des tissus.

esche nf. V. AICHE.

escient nm. N'est usité que dans les loc. adv. : *à bon -, à son -*, etc., sciemment, sachant bien ce qu'on fait ou ce qu'on dit.

esclaffer (s') vpr. Rire bruyamment.

esclandre nm. Querelle bruyante et scandaleuse.

esclavage nm. Etat, condition d'esclave. ‖ *Fig.* Dépendance, assujettissement, contrainte.

esclavagiste nm. Partisan de l'esclavage, surtout de celui des Noirs.

esclave adj. et n. Personne qui appartenait en toute propriété à un autre homme. ‖ *Par ext.* Qui est dans la dépendance d'un autre. ‖ Qui subit la domination d'un fait, d'un principe : - *de son devoir.* ‖ *Fig.* Etre - *de sa parole*, la tenir exactement.

escobar nm. Homme qui use de réticences ou d'équivoques pour tromper.

escogriffe nm. *Fam.* Homme grand et mal fait.

escompte nm. Retenue faite par le banquier qui paie un effet de commerce avant l'échéance. ‖ Remise faite à un débiteur qui acquitte sa dette avant l'échéance : *faire un - de 6 p. 100.*

escompter vt. Payer un effet avant l'échéance, moyennant escompte. ‖ *Fig.* Compter sur : - *une réussite.*

escompteur nm. Celui qui escompte des billets à ordre.

escopette nf. Petite arme à feu portative (XVe et XVIe s.).

escorte nf. Troupe de protection. ‖ Suite de personnes qui accompagnent.

escorter vt. Accompagner pour protéger, honorer.

escorteur nm. Petit navire de guerre chargé de la protection des convois.

escouade nf. Fraction d'un groupe de combat sous les ordres d'un caporal ou d'un brigadier.

escrime nf. Art du maniement du fleuret, de l'épée, du sabre et de la baïonnette.

escrimer vi. Faire de l'escrime. ‖ S' - [à] vpr. Faire tous ses efforts.

escrimeur nm. Qui connaît ou pratique l'escrime.

escroc [kro] nm. Personne qui use de manœuvres frauduleuses.

escroquer vt. S'emparer de quelque chose par fourberie, par stratagème.

escroquerie nf. Action d'escroquer.

ésotérique adj. Réservé aux seuls initiés, secret : *langage -.*

espace nm. Etendue indéfinie. ‖ Etendue limitée, intervalle. ‖ Etendue de temps. ‖ *Absol.* L'immensité, étendue des airs : *les corps célestes roulent dans l'-.* ‖ - *vert*, dans une ville, superficie formée de parcs et de jardins. ‖ Nf. *Impr.* Petite pièce de métal servant à séparer les mots d'un texte.

espacement nm. Action d'espacer; distance entre deux corps.

espacer vt. (c. *placer*). Séparer par un intervalle de lieu ou de temps : - *des livres; - ses visites.*

espadon nm. Epée qu'on tenait à deux mains. ‖ Genre de poisson à lèvre supérieure allongée.

espadrille nf. Chaussure à semelle de corde.

espagnol, e adj. et n. D'Espagne. ‖ Nm. Langue parlée en Espagne.

espagnolette nf. Tige verticale en métal munie de crochets manœuvrés par une poignée, et servant à fermer une fenêtre.

espalier nm. Rangée d'arbres fruitiers appuyés contre un mur ou un treillage.

espar, espart ou **épart** nm. Longue perche de bois à usages divers.

espèce nf. *Hist. nat.* Division du genre, comprenant les individus ayant en commun un certain nombre de caractères distinctifs. ‖ Qualité : *bonne - de fruits.* ‖ *de...*, terme méprisant. ‖ Pl. Monnaie : *payer en -.* ‖ *Théol.* Apparence du pain et du vin après la transsubstantiation : *les saintes -.*

espérance nf. Attente d'un bien qu'on désire. ‖ Objet de cette attente.

espérantiste adj. et n. Qui se rapporte à l'espéranto. ‖ Partisan de l'espéranto.

espéranto nm. Langue internationale créée en 1887 par le Dʳ Zamenhof.

espérer vt. (c. *céder*). Avoir de l'espérance. ‖ Vi. Mettre sa confiance en : *- en Dieu.*

espiègle adj. et n. Vif, malicieux.

espièglerie nf. Petite malice, tour d'espiègle.

espion, onne n. Agent secret envoyé en pays ennemi. ‖ *Par ext.* Qui épie, observe autrui.

espionnage nm. Métier d'espion.

espionner vt. Agir en espion.

esplanade nf. Terrain plat et découvert, devant un édifice.

espoir nm. Espérance. ‖ *Fig.* Personne en qui l'on met un espoir.

esprit nm. Principe immatériel, âme. ‖ *Rendre l'-*, mourir. ‖ Être incorporel : *Dieu, les anges sont des -.* ‖ Faculté de comprendre : *cultiver son -.* ‖ Être imaginaire, comme les revenants : *croire aux -.* ‖ Faculté de saisir, de comprendre rapidement : *avoir l'- vif.* ‖ Trait d'-, mot piquant, pensée fine, brillante. ‖ *Faire de l'-*, chercher l'occasion de placer des mots piquants. ‖ Attention : *où avait-il l'- en agissant ainsi?* ‖ Présence d'-, promptitude à agir. ‖ Jugement : *avoir l'- large.* ‖ Dispositions, aptitudes : *l'- d'invention, d'imitation, de finesse.* ‖ Intelligence supérieure : *les grands -.* ‖ Sens : *l'- d'une loi.* ‖ Bel -, cultivé, raffiné. ‖ *- fort*, celui qui brave les opinions et les maximes reçues. ‖ *Perdre l'-*, se troubler; devenir fou. ‖ *Reprendre ses -*, revenir à soi. ‖ *Avoir l'- de l'escalier*, trouver trop tard ce qu'il aurait fallu dire. ‖ *Chim.* La partie la plus volatile des corps soumis à la distillation : *- -de-bois.*

esquif nm. Frêle embarcation.

esquille nf. Petit fragment d'un os fracturé.

esquimau, aude adj. et n. De la race des Esquimaux (peuplades qui habitent le Groenland et l'extrême nord du continent américain). ‖ Nm. Combinaison en tricot pour les jeunes enfants.

esquinter vt. *Fam.* Fatiguer; détériorer.

esquisse nf. Premier trait rapide d'un dessin. ‖ Ébauche d'un ouvrage.

esquisser vt. Faire une esquisse. ‖ *Fig.* Commencer : *- un geste de défense.*

esquiver vt. Éviter adroitement. ‖ S'- vpr. Se retirer furtivement.

essai nm. Épreuve imposée à un débutant, à une machine, à un corps pour déterminer ses qualités. ‖ *Coup d'-*, tentative. ‖ *Fig.* Premières productions d'un écrivain, d'un artiste. ‖ Titre de certains ouvrages qui ne prétendent pas approfondir un sujet : *- de littérature.*

essaim nm. Groupe d'abeilles qui abandonnent la ruche. ‖ *Par ext.* Multitude, foule.

essaimage nm. Émigration d'une partie de la population d'une ruche.

essaimer vi. Quitter la ruche. ‖ *Fig.* Émigrer. ‖ Se disperser.

essanger vt. Tremper le linge sale avant la lessive dans une eau alcaline tiède.

essartement ou **essartage** nm. Action d'essarter.

essarter vt. Arracher les herbes et les broussailles après le déboisement.

essarts nmpl. Lieux essartés.

essayage nm. Action d'essayer.

essayer vt. (c. *balayer*). Faire l'essai de : *- un costume.* ‖ *- de l'or*, en examiner le titre. ‖ Vi. *- de*, tâcher de. ‖ S'- [à] vpr. S'exercer à.

essayeur, euse n. Qui essaie. ‖ Fonctionnaire de l'hôtel des monnaies. ‖ Tailleur qui essaie les vêtements aux clients.

essayiste nm. Auteur d'essais littéraires.

esse nf. Cheville de métal en forme de S. ‖ Sorte de crochet double.

essence nf. Ce qui constitue la nature d'un être, d'une chose. ‖ Extrait aromatique végétal. ‖ Espèce, en parlant des arbres d'une forêt : *les - résineuses.* ‖ Carburant liquide volatil formé d'hydrocarbures provenant de la distillation des pétroles bruts.

essentiel, elle adj. Qui appartient à la nature propre de -. ‖ Nécessaire, indispensable. ‖ Nm. Le point capital : l' - est d'être honnête.

essentiellement adv. Par essence. ‖ Par-dessus tout, absolument : tenir à une chose.

essieu nm. Pièce de métal portant une roue à chacune de ses extrémités.

essor nm. Action d'un oiseau qui prend son vol. ‖ Fig. Élan, progrès : favoriser l' - des sciences.

essorage nm. Action d'essorer.

essorer vt. Enlever l'humidité.

essoreuse nf. Appareil expulsant par la force centrifuge l'eau ou le liquide qui imbibe une matière.

essoriller vt. Couper les oreilles à.

essoufflement nm. État de celui qui est essoufflé; respiration difficile.

essouffler vt. Mettre presque hors d'haleine.

essuie-glace nm. Dispositif pour nettoyer la glace d'un pare-brise. ‖ Pl. des essuie-glaces.

essuie-mains nm. invar. Linge pour s'essuyer les mains.

essuie-plume nm. Petit ustensile sur lequel on essuie une plume chargée d'encre. ‖ Pl. des essuie-plumes.

essuyage nm. Action ou manière d'essuyer; son résultat.

essuyer vt. (c. aboyer). Ôter l'humidité, la poussière, etc. ‖ Fig. Subir, souffrir : - le feu de l'ennemi, un affront. ‖ Fam. - les plâtres, être le premier occupant d'une maison nouvellement bâtie. ‖ - les larmes, consoler.

est nm. Côté de l'horizon où le soleil se lève. ‖ L'un des quatre points cardinaux.

estacade nf. Barrage de pieux plantés dans un port.

estafette nf. Courrier qui porte des dépêches.

estafier nm. Valet armé, spadassin.

estafilade nf. Grande coupure.

estagnon nm. Bidon métallique en usage dans le Midi pour loger l'huile.

estaminet nm. Petit café.

estampage nm. Action d'estamper.

estampe nf. Image gravée sur cuivre ou sur bois. ‖ Outil pour estamper.

estamper vt. Imprimer en relief ou en creux au moyen d'une matrice. ‖ Découper dans une plaque.

estampeur nm. Celui qui estampe.

estampillage nm. Action d'estampiller.

estampille nf. Empreinte, marque apposée sur des objets, des lettres, des livres, etc., pour attester l'authenticité ou la provenance.

estampiller vt. Marquer d'une estampille : - un livre.

ester vi. Intenter, poursuivre une action en justice.

ester [tèr] nm. Corps résultant de l'action d'un acide sur un alcool.

esthète n. Qui aime le beau. ‖ Qui affecte des airs d'artiste.

esthéticien, enne n. Personne, écrivain qui s'occupe d'esthétique. ‖ Spécialiste en soins de beauté.

esthétique nf. Science qui traite du beau en général, et du sentiment qu'il fait naître en nous. ‖ Adj. Relatif au beau : sens -.

estimable adj. Qui mérite l'estime.

estimateur nm. Personne qui détermine la valeur d'une chose.

estimatif, ive adj. Qui contient une estimation d'expert.

estimation nf. Évaluation.

estime nf. Appréciation favorable d'une personne ou d'une chose. ‖ Mar. Naviguer à l' -, se diriger selon des indications approximatives.

estimer vt. Évaluer. ‖ Faire cas de : cet homme est fort estimé. ‖ Juger, être d'avis que : - utile. ‖ S' - vpr. Se considérer comme : s' - perdu.

estival, e, aux adj. Relatif à l'été.

estivant, e n. Qui villégiature en été.

estiver vi. Passer l'été dans les pâturages montagneux.

estoc nm. Ancienne épée longue et étroite. ‖ Frapper d' - et de taille, de la pointe et du tranchant.

estocade nf. Escr. Coup de pointe. ‖ Fig. Attaque soudaine.

estomac [ma] nm. Viscère membraneux qui brasse les aliments et commence leur digestion. ‖ Fig. et fam. Avoir de l' -, avoir du cran.

estomaquer vt. Fam. Surprendre désagréablement.

estompe nf. Peau, papier roulé en pointe pour estomper un dessin. ‖ Ce dessin lui-même.

estomper vt. Étendre avec une estompe le crayon sur le papier. ‖ Par ext. Couvrir d'une ombre légèrement dégradée.

estrade nf. Plancher surélevé.

estragon nm. Plante potagère aromatique.

estrapade nf. Supplice qui consistait à hisser le coupable à une certaine hauteur, puis à le laisser retomber plusieurs fois violemment. ‖ Mât servant à ce supplice.

estropier vt. Priver de l'usage d'un ou plusieurs membres. ‖ Fig. Altérer : - un nom. ‖ Estropié, e part., adj. et n.

estuaire nm. Golfe à l'embouchure d'un fleuve.

estudiantin, e adj. Relatif aux étudiants : *cortège -*.

esturgeon nm. Poisson cartilagineux, à museau pointu, atteignant 6 m.

et conj. de coordination.

étable nf. Bâtiment destiné au logement des bestiaux.

établi nm. Table de travail de divers artisans.

établir vt. Fixer, installer. ‖ Fonder : - *une industrie*. ‖ Mettre en vigueur : - *un usage*. ‖ Procurer une situation sociale à : - *ses enfants*. ‖ *Fig.* Prouver : - *un fait*.

établissement nm. Action d'établir, de créer quelque chose de stable. ‖ Exploitation commerciale ou industrielle. ‖ - *public, scolaire*, institution entretenue par l'État.

étage nm. Espace compris entre deux planchers. ‖ *Par ext.* Chacune des parties superposées : *des - de collines*. ‖ Chacune des divisions d'un système géologique. ‖ *Fig. Gens de bas -*, de condition inférieure.

étagement nm. Action d'étager. ‖ Disposition par étages.

étager vt. (c. *manger*). Disposer par rangs superposés.

étagère nf. Meuble formé de tablettes placées par étages.

étai nm. Grosse pièce de bois pour soutenir provisoirement une construction, etc.

étaiement nm. Action d'étayer.

étain nm. Métal blanc, très malléable.

étal nm. Table sur laquelle on débite de la viande de boucherie. ‖ Boutique de boucher. ‖ Pl. des *étaux* ou *étals*.

étalage nm. Exposition de marchandises. ‖ Ensemble de ces marchandises. ‖ Ensemble des produits exposés. ‖ *Fig.* Action de montrer : *faire - de sa richesse*.

étalagiste n. Personne qui dispose les étalages.

étale adj. *Mer -*, qui ne monte ni ne descend. ‖ Nm. *l' - de la mer*.

étaler vt. Exposer pour la vente. ‖ Disposer en éparpillant. ‖ Étendre, déployer. ‖ - *son jeu*, abattre ses cartes. ‖ *Fig.* Montrer avec ostentation : - *son savoir*. ‖ S'- vpr. *Fam.* S'étendre. ‖ *Fam.* Tomber.

étalon nm. Modèle, prototype. ‖ Type légal des poids et mesures.

étalon nm. Cheval spécialement destiné à la reproduction.

étalonnage ou **étalonnement** nm. Comparaison à l'étalon. ‖ Vérification.

étalonner vt. Marquer une mesure, un poids après vérification sur l'étalon.

étamage nm. Action d'étamer; état de ce qui est étamé.

étambot nm. *Mar.* Forte pièce formant la limite arrière de la carène d'un navire et portant le gouvernail.

étamer vt. Recouvrir d'une couche d'étain. ‖ Enduire une glace de tain.

étameur nm. Qui étame.

étamine nf. Étoffe de laine mince, non croisée. ‖ Tissu pour tamis.

étamine nf. Organe mâle des végétaux à fleurs.

étampage nm. Action d'étamper.

étampe nf. Matrice en acier servant à produire des empreintes sur les métaux.

étamper vt. Exécuter un travail à l'étampe.

étamure nf. Métal ou alliage servant à étamer. ‖ Couche de l'alliage.

étanche adj. Qui ne laisse pas passer les liquides : *cloison -*.

étanchéité nf. Qualité de ce qui est étanche : - *d'un toit*.

étanchement nm. Action d'étancher.

étancher vt. Arrêter l'écoulement d'un liquide. ‖ Rendre étanche. ‖ *Fig.* Apaiser en buvant : - *la soif*.

étançon nm. Grosse pièce de bois pour soutenir provisoirement un mur ou un plancher.

étançonner vt. Etayer.

étang nm. Etendue d'eau stagnante, moins grande qu'un lac.

étape nf. Lieu d'arrêt d'une troupe en marche, d'une équipe de coureurs cyclistes. ‖ Distance d'un de ces lieux à un autre. ‖ *Brûler l' -*, ne pas s'y arrêter.

état nm. Manière d'être, situation d'une personne ou d'une chose : - *de santé ; bâtiments en mauvais -*. ‖ Liste : - *du personnel d'une administration*. ‖ Profession : - *militaire, ecclésiastique*. ‖ Forme de gouvernement : *Etat monarchique, républicain*. ‖ Nation organisée, soumise à un gouvernement et à des lois communes. ‖ - *d'âme*, disposition mentale particulière. ‖ - *de choses, circonstances*. ‖ *Faire - de*, tenir compte de : *faire - d'un document*. ‖ - *civil*, condition des individus en ce qui touche les relations de famille. ‖ *Coup d'Etat*, mesure qui viole la constitution établie. ‖ *Affaire d'Etat*, affaire importante. ‖ - *généraux*, assemblée des trois ordres.

étatisme nm. Théorie politique qui fait appel à l'initiative de l'Etat.

état-major nm. Groupe d'officiers spécialisés et chargés d'assister un chef de rang élevé dans l'exercice de son commandement. ‖ Siège de l'état-major. ‖ Pl. des *états-majors*.

étau nm. Instrument formé de deux

mâchoires pour serrer fortement les objets à limer, à buriner, etc.

étayer vt. (c. *balayer*). Soutenir avec des étais. ‖ *Fig.* Appuyer : *un raisonnement*.

et cætera loc. lat. inv. Et le reste (etc.).

été nm. Saison chaude qui, pour l'hémisphère Nord, commence au solstice de juin et finit à l'équinoxe de septembre.

éteignoir nm. Petit cône métallique servant à éteindre les cierges.

éteindre vt. (c. *craindre*). Faire cesser de brûler, de briller. ‖ *Fig.* Calmer : - *une querelle*. ‖ Exterminer entièrement : - *une race*. ‖ Annuler en payant : - *une dette*. ‖ S' - vpr. Cesser de brûler, de briller. ‖ *Fig.* Mourir doucement : *ce vieillard s'éteignit*.

étendage nm. Action d'étendre. ‖ Séchoir de cordes tendues.

étendard nm. Drapeau des régiments de cavalerie et d'artillerie. ‖ Pétale supérieur de la corolle des légumineuses. ‖ *Fig.* Lever l' - de la révolte, se révolter.

étendoir nm. Séchoir.

étendre vt. (c. *rendre*). Déployer en long et en large. ‖ Allonger : - *d'eau*. ‖ *Fig.* Augmenter : - *son pouvoir*. ‖ S' - vpr. Se coucher, s'allonger. ‖ Se déployer : *armée qui s'étend en ligne de bataille*.

étendue nf. Dimension en superficie. ‖ *Fig.* Importance : l' - *d'un désastre*. ‖ *Par ext.* Portée dans l'espace : - *de la voix*. ‖ Développement, longueur : l' - *d'un discours*.

éternel, elle adj. Sans commencement ni fin. ‖ Qui n'aura point de fin : *reconnaissance* -. ‖ Nm. *L'Éternel*, Dieu.

éterniser vt. Faire durer. ‖ S' - vpr. *Fam.* Rester longtemps.

éternité nf. Durée qui n'a ni commencement ni fin. ‖ La vie future. ‖ *Par exagér.* Un temps fort long. ‖ *De toute* -, de temps immémorial.

éternuement nm. Mouvement violent des muscles expiratoires, chassant l'air par le nez.

éternuer vi. Faire un éternuement.

étésien adj. m. Se dit des vents qui soufflent périodiquement en Méditerranée.

étêtage ou **étêtement** nm. Ecimage des arbres.

étêter vt. Couper, ôter la tête de : - *un arbre*, *un clou*.

éteuf nm. Balle du jeu de paume.

éteule nf. Chaume qui reste sur place après la moisson.

éthane nm. Hydrocarbure obtenu par électrolyse des acétates alcalins.

éther [*tèr*] nm. *Phys.* Fluide hypothétique, impondérable. ‖ *Chim.* Liquide très volatil provenant de l'action de l'acide sulfurique sur l'alcool. ‖ *Poét.* Atmosphère.

éthéré, e adj. De la nature de l'éther. ‖ *Fig.* Léger, aérien : *une créature* -. ‖ *Poét.* La voûte -, le ciel.

éthérification nf. Transformation d'un alcool en ester.

éthérisation nf. Action d'éthériser.

éthériser vt. Combiner avec l'éther. ‖ Anesthésier au moyen d'éther.

éthéromane adj. et n. Qui abuse de l'éther.

éthéromanie nf. Manie d'absorber de l'éther.

éthiopien, enne adj. et n. Originaire d'Éthiopie.

éthique nf. Science de la morale. ‖ Adj. Relatif à la morale.

ethnique adj. Relatif à la race.

ethnographe nm. Qui s'occupe d'ethnographie.

ethnographie nf. Etude et description des diverses races et des manifestations de leur activité.

ethnographique adj. Qui a rapport à l'ethnographie.

ethnologie nf. Science qui traite de la formation et des caractères physiques des races humaines.

ethnologique adj. Qui concerne l'ethnologie.

ethnologue n. Personne qui s'occupe d'ethnologie.

éthyle nm. Radical organique formé de carbone et d'hydrogène (C_2H_5).

éthylène nm. Hydrocarbure gazeux incolore, obtenu en déshydratant l'alcool par l'acide sulfurique.

éthylique adj. Se dit des dérivés de l'éthane. ‖ N. Alcoolique.

éthylisme nm. Syn. de ALCOOLISME.

étiage nm. Niveau le plus bas d'un cours d'eau.

étinceler vi. (c. *appeler*). Briller. ‖ *Fig.* Jeter un vif éclat : *ouvrage qui étincelle d'esprit*.

étincelle nf. Parcelle incandescente. ‖ *Fig.* Brillant éclat. ‖ *Phys.* Vive lumière qui jaillit entre deux corps électrisés.

étincellement nm. Eclat de ce qui étincelle.

étiolement nm. Dépérissement des plantes privées d'air et de lumière. ‖ *Fig.* Affaiblissement (au *pr.* et au *fig.*) : l' - *de l'esprit*.

étioler vt. Causer l'étiolement. ‖ S' - vpr. S'affaiblir.

étique adj. Maigre, décharné.

étiquetage nm. Action d'étiqueter.

étiqueter vt. (c. *jeter*). Marquer d'une étiquette.

étiquette nf. Fiche indiquant le prix, le contenu, l'origine, etc. ‖ *Fig.* Cérémonial : *l'- de la cour de Louis XIV.*

étirage nm. Action d'étirer.

étirer vt. Allonger, étendre par traction.

étisie nf. Amaigrissement extrême.

étoffe nf. Tout tissu de laine, de fil, de coton, de soie, etc. ‖ *Fig.* Dispositions naturelles, valeur personnelle : *un enfant qui a de l'-.*

étoffer vt. Employer l'étoffe nécessaire. ‖ *Fig.* et *fam.* Rendre plus nourri, plus ample : *- un manteau.* ‖ Corser : *- un roman.*

étoile nf. Astre fixe qui brille par sa lumière propre. ‖ *Fig.* Destinée : *être né sous une bonne -.* ‖ *Fig.* Première danseuse du corps de ballet : *danseuse -.* ‖ *- de mer,* v. ASTÉRIE.

étoilement nm. Fêlure en étoile. ‖ Jet d'étincelles pendant la coulée de la fonte.

étoiler vt. Semer d'étoiles. ‖ Fêler en étoile : *- une vitre.*

étole nf. Ornement sacerdotal. ‖ Écharpe de fourrure ou de plumes.

étonnement nm. Surprise causée par quelque chose de singulier, d'inattendu.

étonner vt. Surprendre par quelque chose d'extraordinaire. ‖ S'- vpr. Être surpris. ‖ **Étonnamment** adv. D'une manière étonnante.

étouffée nf. Mode de cuisson des viandes ou des légumes, à la vapeur, dans un vase bien clos.

étouffement nm. Action de faire périr par asphyxie. ‖ Grande difficulté de respirer.

étouffer vt. Faire perdre la respiration, la vie. ‖ Éteindre en interceptant l'air : *- le feu.* ‖ *Fig.* Contenir : *- ses sanglots.* ‖ Faire cesser : *- une révolte.* ‖ Vi. Respirer avec peine : *on étouffe ici.* ‖ *Fam. - de rire,* rire avec excès. ‖ **Étouffant,** e part. et adj. Qui fait qu'on étouffe : *chaleur -.*

étouffoir nm. Vase de cuivre ou de tôle pour éteindre et conserver la braise.

étoupe nf. Rebut de la filasse de chanvre ou de lin.

étouper vt. Boucher avec de l'étoupe.

étoupille nf. Mèche inflammable qui sert d'amorce au canon.

étourderie nf. Défaut de réflexion. ‖ Acte d'étourdi.

étourdir vt. Faire perdre l'usage des sens : *- d'un coup de bâton.* ‖ *Fig.* Fatiguer, importuner : *cet enfant m'étourdit.* ‖ S'- vpr. Se distraire pour ne pas penser à une chose. ‖ **Étourdissant,** e part. et adj. ‖

Étourdi, e part., adj. et n. Qui agit sans réflexion. ‖ **Étourdiment** adv. En étourdi.

étourdissement nm. État de trouble, de vertige, de stupéfaction.

étourneau nm. Passereau conirostre, vulgairement appelé *sansonnet.* ‖ *Fig.* Jeune étourdi.

étrange adj. Contraire à l'usage, au bon sens; extraordinaire, bizarre.

étranger, ère adj. et n. Qui est d'une autre nation. ‖ Qui n'appartient pas à la chose dont on parle : *détail - au sujet.* ‖ Qui ne connaît pas : *- à une science.* ‖ *A l'-,* en pays étranger.

étrangeté nf. Caractère de ce qui est étrange.

étranglement nm. Action d'étrangler. ‖ Resserrement, rétrécissement accidentel ou naturel.

étrangler vt. Faire perdre la respiration, la vie, en pressant le gosier. ‖ Serrer, comprimer excessivement : *sa cravate l'étrangle.* ‖ **Étranglé,** e adj. Étroit, resserré : *passage -; voix -.*

étrangleur, euse n. Qui étrangle.

étrave nf. *Mar.* Grosse pièce prolongeant la quille pour former l'avant du navire.

être vi. (*Je suis, tu es, il est, n. sommes, v. êtes, ils sont. J'étais, n. étions. Je fus, n. fûmes. Je serai, n. serons. Je serais, n. serions. Sois, soyons, soyez. Q. je sois, qu'il soit, q. n. soyons. Q. je fusse, qu'il fût, q. n. fussions. Étant. Été.*) Exister : *je pense, donc je suis.* ‖ Appartenir : *cet objet est à moi.* ‖ Sert à lier l'attribut au sujet : *la neige est blanche.* ‖ Sert d'auxiliaire dans les temps composés des verbes passifs, réfléchis et de certains verbes intransitifs : *j'ai été aimé; je me suis promené; n. sommes venus.* ‖ Se trouver dans un lieu : *je suis à Paris.* ‖ Aller : *j'ai été à Rome.* ‖ *N'- plus,* avoir cessé de vivre. ‖ *- pour,* être partisan de. ‖ *En - pour sa peine,* avoir perdu sa peine.

être nm. Tout ce qui possède l'existence. ‖ Personne, individu. ‖ *L'Être suprême,* Dieu.

étreindre vt. (c. *craindre*). Serrer fortement. ‖ *Fig.* Oppresser : *l'émotion étreignait les spectateurs.*

étreinte nf. Action d'étreindre.

étrenne nf. Présent fait à l'occasion du jour de l'an. ‖ *Par ext.* Cadeau en général. ‖ Première vente du jour que fait un marchand. ‖ Premier usage d'une chose : *en avoir l'-.*

étrenner vt. Acheter le premier à un marchand. ‖ Faire usage d'une chose pour la première fois : *- une robe.* ‖ Vi. Faire sa première vente de la journée.

êtres nmpl. Diverses parties de la distribution d'une maison. (On écrivait autref. AÎTRES.)

étrésillon nm. Pièce de bois placée en travers d'une tranchée, d'une galerie de mine, pour empêcher les terres de s'ébouler.

étrier nm. Anneau en métal, suspendu de chaque côté de la selle, et sur lequel le cavalier appuie le pied. ‖ Lien de fer pour maintenir une poutre rompue. ‖ Un des osselets de l'oreille interne. ‖ *Vider les -*, tomber de cheval. ‖ *Avoir le pied à l' -*, être prêt à partir ; et, au *fig.*, être en bonne voie pour réussir. ‖ *Coup de l' -*, celui que l'on boit avant de partir.

étrille nf. Instrument de fer formé de petites lames dentelées, pour le pansage des chevaux. ‖ *Crabe laineux.*

étriller vt. Frotter avec l'étrille. ‖ *Par ext.* Malmener, battre : *on l'a étrillé d'une rude manière.* ‖ *Fam.* Faire payer trop cher : *cet hôtelier nous a étrillés.*

étriper vt. Retirer les tripes. ‖ *Pop.* Battre, maltraiter.

étriquer vt. Faire ou rendre trop étroit. ‖ *Fig.* Ne pas développer suffisamment, faire mesquin : *- un discours.*

étrivière nf. Courroie servant à porter les étriers. ‖ Pl. *Donner les -*, corriger, donner le fouet.

étroit, e adj. Qui a peu de largeur. ‖ *Fig.* Borné : *esprit -.* ‖ Intime : *amitié -.* ‖ *A l' -* loc. adv., pauvrement. ‖ Dans un logement insuffisant : *être logé à l' -.*

étroitesse nf. Caractère de ce qui est étroit : *- d'esprit.*

étronçonner vt. Dépouiller un tronc de ses basses branches.

étrusque adj. et n. D'Etrurie.

étude nf. Application d'esprit pour apprendre ou approfondir. ‖ Salle de travail pour les élèves. ‖ Bureau des clercs d'un notaire, d'un avoué, etc. ‖ Clientèle de ces derniers : *vendre son -.* ‖ Travaux préparatoires à l'exécution d'un projet : *- d'un pont.* ‖ Pl. Série complète des cours suivis dans un établissement d'instruction : *terminer ses -.* ‖ Morceaux de dessin, de peinture, de musique, pour l'étude : *- de Raphaël, de Chopin.*

étudier vt. et i. Chercher à acquérir la connaissance de. ‖ Apprendre. ‖ Préparer : *- un projet de loi.* ‖ Observer avec soin : *- la nature.* ‖ S'vpr. S'appliquer à : *s' - à plaire.* ‖ **Etudiant, e** part.; adj. et n. Qui fréquente les cours d'une faculté.

étui nm. Boîte, enveloppe protectrice. ‖ *- de cartouche* ou *douille*, cylindre contenant la charge de poudre.

étuvage ou **étuvement** nm. Action d'étuver.

étuve nf. Chambre de bain chauffée à la vapeur d'eau ou à l'air chaud pour provoquer la transpiration. ‖ Petit four pour faire sécher différentes substances, désinfecter ou stériliser.

étuvée nf. Syn. de ÉTOUFFÉE.

étuver vt. Sécher ou chauffer dans une étuve.

étymologie nf. Origine d'un mot. ‖ Science qui a pour objet l'origine des mots.

étymologique adj. Qui a rapport à l'étymologie.

étymologiste n. Qui s'occupe de recherches étymologiques.

eucalyptus nm. Arbre gigantesque d'Australie, à feuilles odorantes, acclimaté en Europe méridionale.

eucharistie [*eu-ka*] nf. Sacrement qui, suivant la doctrine catholique, contient réellement et substantiellement le corps, le sang, l'âme et la divinité de Jésus-Christ, sous les espèces du pain et du vin.

eucharistique adj. Qui a rapport à l'eucharistie : *congrès -.*

euclidien, enne adj. Qui a rapport à la géométrie d'Euclide.

eudiomètre nm. *Phys.* Tube de verre gradué, dans lequel on réalise la combustion de corps gazeux par une étincelle, en vue d'établir leur composition.

eudiométrie nf. Analyse et synthèse des gaz à l'aide de l'eudiomètre.

eugénique nf. ou **eugénisme** nm. Science des conditions favorables à la reproduction humaine.

euh! interj. Qui marque l'étonnement, le doute, la restriction, la colère, etc.

euphémisme nm. Adoucissement d'une expression trop crue, trop choquante. (C'est par euphémisme que l'on dit *n'être plus jeune*, pour *être vieux*.)

euphonie nf. Heureux choix des sons, des mots.

euphonique adj. Qui produit l'euphonie : *lettre* - (telle que le *t* dans *viendra-t-il*, l's dans *vas-y*).

euphorbe nf. Plante à latex blanc, dont certaines espèces donnent le caoutchouc.

euphorie nf. Sensation de bien-être, de satisfaction.

eurasien, enne adj. et n. Relatif à l'Eurasie, continent formé par le groupe Europe-Asie.

européen, enne adj. et n. D'Europe.

eurythmie nf. Combinaison harmonieuse des lignes, des sons.

eustache nm. *Fam.* Couteau grossier, à manche de bois.

euthanasie nf. Mort sans souffrance. ‖ Théorie selon laquelle il serait licite d'abréger la vie d'un incurable.

eux pr. pers. Masc. pl. de *lui*.

évacuation nf. Action d'évacuer; son résultat.

évacuer vt. Faire sortir du corps : - *de la bile*. ‖ Faire sortir d'un endroit : - *des blessés*. ‖ *Par ext.* Quitter en masse un lieu : - *une salle de spectacle*. ‖ Vi. *Milit.* Cesser d'occuper.

évader (s') vpr. S'échapper furtivement. ‖ Evadé, e part., adj. et n.

évaluation nf. Action d'évaluer.

évaluer vt. Apprécier le nombre, la valeur, le prix, l'importance d'une chose : - *une perte*. ‖ Fixer approximativement : - *une distance*.

évanescent, e adj. Qui se détruit rapidement et disparaît sans laisser de traces.

évangéliaire nm. Livre contenant les évangiles de toutes les messes.

évangélique adj. Relatif à l'Evangile. ‖ Qui appartient au protestantisme.

évangélisation nf. Action d'évangéliser.

évangéliser vt. Prêcher l'Evangile.

évangéliste nm. Chacun des quatre écrivains sacrés qui ont écrit l'Evangile : saints Matthieu, Marc, Luc et Jean.

évangile nm. Doctrine de Jésus-Christ. ‖ Livre qui la contient. ‖ Partie des Evangiles lue ou chantée à la messe. ‖ *Fig. Parole d'*-, dont on ne peut douter.

évanouir (s') vpr. Perdre connaissance. ‖ *Fig.* Disparaître.

évanouissement nm. Action de s'évanouir. ‖ Disparition inexplicable.

évaporateur nm. Appareil servant à la dessiccation de certains produits, tels que fruits, légumes, lait, etc.

évaporation nf. Transformation lente d'un liquide en vapeur.

évaporer vt. Provoquer l'évaporation. ‖ S'- vpr. *Fig.* S'exhaler; se dissiper : *sa colère s'évapore en menaces*. ‖ Devenir étourdi, dissipé. ‖ Evaporé, e part., adj. et n. Etourdi, esprit léger.

évasement nm. Etat de ce qui est évasé. ‖ Orifice ou sommet élargi.

évaser vt. Elargir une ouverture.

évasif, ive adj. Qui n'est pas catégorique : *une réponse* -.

évasion nf. Action de s'évader, de s'échapper.

évêché nm. Diocèse. ‖ Siège, palais épiscopal.

éveil nm. Action de sortir de son repos. ‖ Excitation à se mettre en garde :

éveiller vt. Tirer du sommeil. ‖ *Fig.* Stimuler, exciter : - *l'attention*. ‖ Eveillé, e part. et adj. Gai, vif, alerte.

événement nm. Ce qui arrive, ce qui se produit. ‖ Fait historique important.

évent nm. Altération des aliments exposés à l'air. ‖ Orifice des narines d'un cétacé. ‖ Canal pour renouveler l'air.

éventail nm. Ecran qui se replie sur lui-même, et avec lequel on s'évente.

éventaire nm. Plateau des marchands ambulants. ‖ *Par ext.* Etalage de marchandises à l'extérieur : *dresser un* -.

éventer vt. Exposer au vent. ‖ Agiter l'air autour. ‖ Altérer par le contact de l'air : - *des parfums*. ‖ Donner de l'air : - *une mine*, la découvrir et en détruire l'effet. ‖ *Fig.* - *un secret*, le révéler. ‖ *Fig. et fam.* - *la mèche*, pénétrer un secret dessein et l'annihiler. ‖ S'- vpr. Se rafraîchir à l'aide d'un éventail. ‖ S'altérer au contact de l'air.

éventration nf. Déchirure de la paroi abdominale.

éventrer vt. Ouvrir le ventre. ‖ *Par anal.* Couper, défoncer, ouvrir de force : - *un pâté*.

éventualité nf. Caractère de ce qui est éventuel, possible. ‖ Fait qui peut se réaliser.

éventuel, elle adj. Qui dépend des circonstances : *bénéfice* -.

évêque nm. Premier pasteur et chef d'un diocèse.

évertuer (s') vpr. Faire des efforts pour.

éviction nf. Dépossession d'un bien acquis de bonne foi. ‖ Expulsion.

évidement ou **évidage** nm. Action d'évider. ‖ Partie évidée d'une pièce.

évidemment adv. D'une manière évidente. ‖ Certainement, assurément.

évidence nf. Caractère de ce qui est évident, manifeste.

évident, e adj. Clair, manifeste : *vérité* -.

évider vt. Creuser intérieurement, tailler à jour, échancrer.

évidoir nm. Outil pour évider.

évier nm. Cuvette en pierre, en grès ou en métal, sur laquelle on lave la vaisselle. ‖ Canal d'écoulement des eaux d'une cuisine.

évincement nm. Action d'évincer; son résultat.

évincer vt. (c. *placer*). *Dr.* Déposséder juridiquement un possesseur de bonne foi. ‖ *Par ext.* Ecarter par intrigue : - *un concurrent*.

évitement nm. Action d'éviter.

éviter vt. Echapper, parer à ce qui peut être nuisible, désagréable. ‖ S'abstenir de : - *une dispute.*

évocateur, trice adj. et n. Qui a la propriété ou le don d'évoquer.

évocation nf. Action de faire apparaître : - *de souvenirs.*

évoé! ou **évohé!** interj. Cri des bacchantes en l'honneur de Dionysos.

évoluer vi. *Art milit.* Exécuter des évolutions. ‖ *Fig.* Passer par une série progressive de transformations : *l'humanité évolue sans cesse.*

évolution nf. Mouvement d'ensemble exécuté par une troupe, une flotte, des avions, une équipe sportive, etc. ‖ *Fig.* Série de transformations successives : *l'- des sciences.* ‖ Théorie biologique qui admet les transformations successives des espèces. ‖ *Méd.* Cours d'une maladie.

évolutionnisme nm. Doctrine philosophique, fondée sur l'évolution.

évolutionniste n. et adj. Partisan de l'évolution ou du transformisme.

évoquer vt. Appeler, faire apparaître. ‖ *Par ext.* Rappeler : - *des souvenirs.*

exacerber vt. Rendre plus aigu, redoubler l'intensité.

exact, e adj. Conforme à la règle ou à la vérité ; juste. ‖ Consciencieux, ponctuel : *employé* -.

exaction nf. Action de celui qui exige plus qu'il n'est dû ou même ce qui n'est pas dû.

exactitude nf. Caractère de ce qui est juste, vrai, précis. ‖ Souci du fini, minutie, conscience. ‖ Précision.

exagération nf. Action d'exagérer ; résultat de cette action.

exagérer vt. (c. *céder*). Dépasser la mesure ; outrer, amplifier : - *ses mérites.* ‖ **Exagéré, e** part. et adj.

exaltation nf. Action d'élever à un plus haut degré de mérite ; glorification. ‖ Surexcitation de l'esprit : *parler avec* -.

exalter vt. Louer, vanter beaucoup. ‖ *Fig.* Elever jusqu'à l'enthousiasme, échauffer : *lecture qui exalte l'imagination.* ‖ **S'**- vpr. S'enthousiasmer. ‖ **Exalté, e** adj. et n.

examen nm. Recherche, investigation réfléchie. ‖ Epreuve que subit un candidat : *passer un* -.

examinateur, trice n. Qui est chargé d'examiner les candidats.

examiner vt. Observer attentivement, minutieusement. ‖ Faire subir un examen, une épreuve à un candidat.

exanthème nm. Eruption sur la peau (scarlatine, rougeole, etc.).

exaspération nf. Etat de quelqu'un qui est exaspéré ; violente irritation. ‖ Aggravation.

exaspérer vt. (c. *céder*). Irriter à l'excès. ‖ Rendre plus intense : - *une douleur.*

exaucement nm. Action d'exaucer. ‖ Etat de celui qui est exaucé.

exaucer vt. (c. *placer*). Ecouter favorablement et accorder ce qui est demandé.

excavateur nm. Appareil servant à creuser une fouille.

excavation nf. Action de creuser dans le sol. ‖ Trou creusé dans le sol.

excaver vt. Creuser.

excédent nm. Ce qui excède : - *de bagages.*

excéder vt. (c. *céder*). Dépasser en nombre, en quantité la limite fixée. ‖ Outrepasser. ‖ *Fig.* Fatiguer à l'excès. ‖ **Excédé, e** part. Exaspéré : *j'en suis* -.

excellence nf. Degré éminent de perfection. ‖ Titre honorifique. ‖ **Par** loc. adv., au plus haut point.

excellent, e adj. Très bon. ‖ **Excellemment** adv.

exceller vi. Etre supérieur en son genre ; l'emporter sur les autres. ‖ - à, être habile à. ‖ **Excellant** part. prés.

excentrer vt. Déplacer l'axe d'une pièce.

excentricité nf. Eloignement par rapport à un centre. ‖ *Fig.* Bizarrerie de caractère.

excentrique adj. Se dit d'un cercle intérieur à un autre et n'ayant pas le même centre. ‖ Loin du centre : *les quartiers - de Paris.* ‖ *Fig.* En opposition avec les usages reçus ; bizarre : *conduite* -. ‖ Nm. *Méc.* Organe permettant de transformer un mouvement circulaire en un mouvement rectiligne alternatif.

excepté prép. Hors, à la réserve de (placé devant le nom) : *tous les habitants, - les femmes.* ‖ Adj. Non compris (placé après le nom) : *les femmes* -.

excepter vt. Ne pas comprendre dans un nombre, dans un groupe : - *certains condamnés d'une amnistie.*

exception nf. Action par laquelle on excepte. ‖ Ce qui est exclu de la règle commune. ‖ *Faire* -, échapper à la règle. ‖ **A l'**- de loc. prép., excepté.

exceptionnel, elle adj. Qui forme exception ; qui n'est pas ordinaire.

excès nm. Quantité qui se trouve en plus : *l'- d'un nombre sur un autre.* ‖ Ce qui dépasse la mesure, les bornes : - *de travail.* ‖ Pl. Abus : *faire des* - *de table.*

excessif, ive adj. Qui excède la mesure.

exciper vt. ind. Alléguer une excuse.

excipient nm. Substance propre à incorporer certains médicaments.

exciser vt. Enlever avec un instrument tranchant : - *une tumeur*.

excision nf. Action d'exciser.

excitabilité nf. Faculté d'entrer en action sous l'influence d'une cause stimulante.

excitable adj. Qui peut être excité.

excitateur, trice adj. Qui excite. ‖ Nm. Qui anime.

excitation nf. Action d'exciter l'organisme; son résultat. ‖ *Fig.* Animation.

exciter vt. Activer l'énergie de. ‖ Aviver. ‖ Encourager. ‖ Mettre en action, provoquer, faire naître : - *le rire*. ‖ **Excitant, e** part., adj. et nm. Propre à augmenter l'activité organique.

exclamatif, ive adj. Qui marque l'exclamation.

exclamation nf. Cri de joie, de surprise, d'indignation. ‖ *Point d'-*, point (!) que l'on met après une exclamation.

exclamer (s') vpr. Pousser des cris de joie, d'admiration.

exclure vt. (c. *conclure*). Renvoyer, retrancher quelqu'un d'une société. ‖ *Fig.* Etre incompatible avec : *la bonté exclut l'avarice*.

exclusif, ive adj. Qui appartient par privilège spécial : *droit -*. ‖ Qui repousse tout ce qui est contraire à ses opinions, à ses goûts : *homme - dans ses idées*.

exclusion nf. Action d'exclure; son résultat. ‖ **A l'- de** loc. prép., à l'exception de.

exclusivement adv. En excluant : *du mois de janvier au mois d'août -* (le mois d'août non compris). ‖ Uniquement : *s'occuper - d'histoire*.

exclusivisme nm. Caractère des gens exclusifs.

exclusivité nf. Possession sans partage. ‖ Droit de fabriquer, distribuer, présenter (film) ou vendre un objet réservé à un seul établissement.

excommunication nf. Retranchement de la communion des fidèles.

excommunier vt. Retrancher de la communion de l'Eglise. ‖ **Excommunié, e** adj. et n.

excoriation nf. Légère écorchure.

excorier vt. Ecorcher légèrement la peau.

excrément nm. Matière évacuée du corps par les voies naturelles. ‖ *Fig.* Rebut : - *de la nature*.

excrémenteux, euse ou **excrémentiel, elle** adj. Qui est de la nature de l'excrément.

excréteur, trice ou **excrétoire** adj. Qui sert aux excrétions.

excrétion nf. Rejet de résidus au-dehors de l'organisme. ‖ Produit de certaines glandes.

excroissance nf. Tumeur animale (verrue, polype) ou végétale (loupe d'amboine).

excursion nf. Promenade d'agrément, de recherche.

excursionner vi. Faire une excursion : - *en Bretagne*.

excursionniste n. Personne qui fait une excursion.

excusable adj. Qui peut être excusé.

excuse nf. Raison que l'on donne pour se disculper ou disculper autrui. ‖ Pl. Expression du regret d'avoir commis une faute ou offensé quelqu'un.

excuser vt. Disculper quelqu'un d'une faute. ‖ Accepter les motifs allégués : *je vous excuse*. ‖ Pardonner. ‖ Servir d'excuse : *rien ne peut vous -*.

exeat [ég-zé-at'] nm. inv. Permission de sortir, de quitter un poste.

exécrable adj. Qui excite l'horreur. ‖ *Par ext.* Très mauvais : *mets -*.

exécration nf. Sentiment d'horreur extrême. ‖ Personne ou chose qui inspire ce sentiment.

exécrer vt. (c. *céder*). Avoir en exécration. ‖ *Par ext.* Avoir de l'aversion pour : - *l'odeur du tabac*.

exécuter vt. Mettre à effet, accomplir. ‖ Réaliser, en parlant d'un ouvrage. ‖ Jouer : - *une sonate*. ‖ - *un condamné*, le mettre à mort. ‖ *S'-* ou Se résoudre à faire une chose : *s' - de bonne grâce*. ‖ **Exécutant, e** part., adj. et n. Musicien qui exécute sa partie dans un concert.

exécuteur, trice n. Qui exécute. ‖ - *testamentaire*, celui que le testateur a chargé de l'exécution de son testament. ‖ - *des hautes œuvres*, le bourreau.

exécutif, ive adj. Qui est chargé de faire exécuter les lois : *pouvoir -*. ‖ Nm. Le pouvoir exécutif.

exécution nf. Action, manière d'exécuter. ‖ Mise à mort d'un condamné.

exécutoire adj. Qui peut être exécuté : *jugement -*.

exégèse nf. Interprétation historique, juridique, grammaticale des textes, surtout en parlant des livres sacrés.

exégète nm. Celui qui fait de l'exégèse.

exemplaire adj. Qui peut servir d'exemple, de leçon, d'avertissement : *punition -*. ‖ Nm. Chaque objet formé d'après un type commun : *un - de la Bible*.

exemple nm. Ce qui peut servir de modèle ou de leçon. ‖ **Par -** loc. adv., pour en citer des exemples. ‖ Interj. fam. exprimant la surprise : *ah ! par - !*

exempt [*èg-zan*], e adj. Dispensé : *- de service, de soucis.*

exempter [*èg-zan-té*] vt. Rendre exempt, affranchir : *- d'impôts.*

exemption [*zanp-syon*] nf. Privilège qui exempte ; dispense, exonération.

exequatur [*èg-zé-koua*] nm. inv. Ordre ou permission d'exécuter. ‖ Autorisation accordée à un consul étranger d'exercer ses fonctions sur le territoire où il est accrédité.

exercer vt. (c. *placer*). Dresser, former. ‖ Donner de l'exercice pour développer. ‖ *Fig.* Pratiquer : *- la médecine.* ‖ Mettre en jeu : *- une surveillance.* ‖ *- un droit,* en faire usage. ‖ *- la patience de quelqu'un,* la mettre à l'épreuve. ‖ *- une autorité absolue sur quelqu'un,* le dominer. ‖ S' - vpr. S'entraîner : *s' - à l'escrime.*

exercice nm. Action de s'exercer. ‖ Action de pratiquer un art, une industrie. ‖ Séance d'instruction des soldats. ‖ Devoir donné en application des cours. ‖ *Fig.* Entrer en -, en fonction. ‖ Période d'exécution des services d'un budget. ‖ Pl. *- spirituels,* pratiques de dévotion.

exergue nm. Petit espace réservé, sur une médaille, à une inscription. ‖ Ce qu'on y grave.

exfoliation nf. Action d'exfolier. ‖ *Bot.* Chute de l'écorce par plaques minces.

exfolier vt. Enlever une feuille d'une plante. ‖ Diviser par lames minces : *- une roche.*

exhalaison nf. Gaz ou odeur qui s'exhale d'un corps.

exhalation nf. *Méd.* Action d'exhaler. ‖ Evaporation cutanée.

exhaler vt. Dégager des vapeurs, des odeurs. ‖ *Fig.* Donner libre cours à : *- sa colère.* ‖ *- le dernier soupir,* mourir. ‖ S' - vpr. Se répandre.

exhaussement nm. Elévation.

exhausser vt. Elever plus haut.

exhiber vt. Montrer, présenter. ‖ *Par ext.* Faire étalage de : *- ses décorations.* ‖ S' - vpr. Se montrer avec affectation.

exhibition nf. Action de faire voir.

exhortation nf. Encouragement.

exhorter vt. Exciter, encourager par ses paroles : *- à la patience.*

exhumation nf. Action d'exhumer, de déterrer un cadavre.

exhumer vt. Déterrer. ‖ *Fig.* Tirer de l'oubli : *- de vieux titres.*

exigence nf. Caractère de celui qui est exigeant. ‖ Besoin, nécessité.

exiger vt. (c. *manger*). Demander comme chose due. ‖ *Fig.* Commander : *l'honneur l'exige.* ‖ Nécessiter : *son état exige des soins.*

exigibilité nf. Qualité de ce qui est exigible.

exigible adj. Qui peut être exigé.

exigu, ë adj. Fort petit, insuffisant.

exiguïté nf. Petitesse, étroitesse, modicité.

exil nm. Expatriation volontaire ou forcée. ‖ Lieu de séjour de l'exilé.

exiler vt. Bannir de sa patrie.

existence nf. Le fait d'exister ; état de ce qui existe. ‖ Vie. ‖ Manière de vivre.

exister vi. Etre actuellement, vivre. ‖ Etre en réalité, durer, subsister : *une nation ne peut - sans lois.*

ex-libris nm. Inscription indiquant le possesseur d'un livre.

exocet [*egh-zo-sè*] nm. Poisson volant ou hirondelle de mer.

exode nm. Emigration en masse d'un peuple. ‖ Départ en foule : *l' - français de 1940.*

exonération nf. Dispense, allégement : *- d'impôts.*

exonérer vt. (c. *céder*). Dispenser totalement ou en partie d'une charge.

exophtalmie nf. Sortie de l'œil hors de son orbite.

exorbitant, e adj. Tout à fait excessif : *un prix -.*

exorciser vt. Chasser les démons par des adjurations et des prières.

exorciseur ou **exorciste** nm. Qui exorcise.

exorcisme nm. Paroles et cérémonie pour exorciser.

exorde nm. Première partie d'un discours oratoire.

exosmose nf. Courant qui, à travers une membrane poreuse entre liquides de concentration différente, s'établit de la solution plus concentrée vers celle qui l'est moins.

exotique adj. Qui appartient aux pays étrangers : *fleurs -.*

exotisme nm. Caractère de ce qui est exotique.

expansibilité nf. Tendance des corps gazeux à occuper le plus grand espace possible.

expansible adj. Capable d'expansion.

expansif, ive adj. Qui peut se dilater. ‖ *Fig.* Qui aime s'épancher : *caractère -.*

expansion nf. Dilatation. ‖ *Fig.* Développement : *- d'une doctrine.* ‖ Epanchement confiant des sentiments.

expatriation nf. Action d'expatrier. ‖ Etat de celui qui est expatrié.

expatrier vt. Exiler. ‖ S' - vpr. Quitter volontairement sa patrie.

expectative nf. Attente fondée sur des promesses, sur des probabilités.

expectoration nf. Action d'expectorer.

expectorer vt. Expulser, rejeter de la poitrine les mucosités qui s'y trouvent.

expédient, ente adj. Opportun, convenable, utile.

expédient nm. Moyen d'arriver à ses fins. ‖ Pl. Moyens extrêmes, insuffisants : *en être réduit aux* -. ‖ *Vivre d'* -, de moyens indélicats, illicites.

expédier vt. Envoyer à destination. ‖ ‖ Faire promptement : - *ses devoirs*. ‖ **Expédiant** part. prés.

expéditeur, trice n. et adj. Qui fait un envoi.

expéditif, ive adj. Qui agit vite.

expédition nf. Action d'expédier. ‖ Entreprise armée en dehors du pays. ‖ Entreprise d'exploration.

expéditionnaire nm. Employé d'administration chargé de recopier les états, etc. ‖ Expéditeur de marchandises. ‖ Adj. *Corps* -, chargé d'une expédition militaire.

expérience nf. Connaissance acquise par la pratique et l'observation. ‖ Epreuve, essai pour vérifier quelque chose : *une* - *de chimie*.

expérimental, e, aux adj. Fondé sur l'expérience. ‖ **Expérimentalement** adv.

expérimentateur, trice adj. et n. Qui fait des expériences.

expérimentation nf. Action d'expérimenter; essai d'application.

expérimenter vt. Eprouver par expérience : - *un appareil*. ‖ *Absol.* Effectuer des expériences. ‖ **Expérimenté, e** part. et adj. Instruit par l'usage.

expert, e adj. Que l'expérience a rendu fort habile. ‖ Nm. Connaisseur. ‖ Celui que nomme le juge ou que choisissent les parties pour vérifier un compte, donner son avis dans une affaire. ‖ **Expertement** adv.

expertise nf. Visite et opération des experts. ‖ Rapport des experts : *attaquer une* -.

expertiser vt. Faire l'expertise de.

expiateur, trice adj. et n. Propre à expier : *larmes* -.

expiation nf. Action par laquelle on expie une faute; châtiment.

expiatoire adj. Qui sert à expier : *sacrifice* -.

expier vt. (c. *prier*). Réparer un crime, une faute, par un châtiment, une peine.

expirateur adj. m. Se dit des muscles qui facilitent le rejet de l'air dans la respiration.

expiration nf. Action de chasser l'air hors de la poitrine. ‖ *Fig.* Fin, terme : - *d'un bail*.

expirer vt. Expulser par une contraction de la poitrine. ‖ Vi. Mourir. ‖ *Fig.* Cesser, prendre fin.

explétif, ive adj. et nm. Mot, expression inutile au sens de la phrase, mais qui sert parfois à lui donner plus de force, comme *vous* dans ce vers de La Fontaine : « On *vous* le prend, on *vous* l'assomme ».

explicable adj. Qu'on peut expliquer : *phénomène* -.

explicatif, ive adj. Qui sert à expliquer : *note* -.

explication nf. Développement destiné à faire comprendre. ‖ Justification. ‖ *Avoir une* - *avec quelqu'un*, lui demander compte de sa conduite.

explicite adj. Bien énoncé, clair. ‖ **Explicitement** adv.

expliciter vt. Rendre explicite.

expliquer vt. Eclaircir, faire connaître, interpréter. ‖ Exposer, développer. ‖ Faire comprendre. ‖ Commenter : - *un auteur*. ‖ S'- vpr. Exprimer sa pensée. ‖ Avoir une explication avec quelqu'un.

exploit nm. Action d'éclat. ‖ *Ironiq.* Action d'étourdi : *voilà un joli* - *!* ‖ - *d'huissier*, acte judiciaire signifié par huissier.

exploitable adj. Qui peut être exploité, cultivé.

exploitant nm. Personne qui se livre à une exploitation.

exploitation nf. Action de mettre en valeur des biens, des bois, des mines. ‖ Terres exploitées. ‖ Abus à son profit : - *du travail d'autrui*. ‖ *Fig.* Utilisation : *l'* - *d'un succès*.

exploiter vt. Faire valoir une chose, en tirer du profit. ‖ *Fig.* Tirer parti de : - *la crédulité*. ‖ Abuser de quelqu'un : - *un client*.

exploiteur nm. Qui profite abusivement du travail des autres.

explorateur, trice n. Qui va à la découverte dans un pays.

exploration nf. Action d'explorer; son résultat.

explorer vt. Visiter un lieu en l'étudiant avec soin. ‖ *Fig.* Etudier, scruter, sonder : - *des documents inédits*.

exploser vi. Faire explosion.

explosible adj. Qui peut faire explosion : *balle* -.

explosif, ive adj. Relatif à l'explosion. ‖ Nm. Corps destiné à faire explosion.

explosion nf. Commotion accompagnée de détonation. ‖ *Fig.* Manifestation soudaine : *l'* - *de la colère*.

exportable adj. Que l'on peut exporter.

exportateur, trice n. et adj. Qui exporte : *négociant* -.

exportation nf. Action d'exporter. ‖ Marchandises exportées.

exporter vt. Transporter à l'étranger les produits du sol ou de l'industrie.

exposer vt. Mettre en vue. ‖ Placer dans un lieu d'exposition publique. ‖ Placer, tourner d'un certain côté. ‖ Soumettre à l'action de : - *des plantes à la lumière.* ‖ Mettre en péril : - *sa vie.* ‖ *Fig.* Expliquer : - *une théorie.* ‖ **S'** - vpr. Se mettre en danger. ‖ **Exposant, e** part. et n. Qui présente ses produits dans une exposition publique. ‖ Nm. *Math.* Lettre ou chiffre indiquant la puissance à laquelle est élevée une quantité. ‖ **Exposé, e** part., adj. et nm. Récit, explication : - *d'un fait.* ‖ Compte rendu.

exposition nf. Action d'exposer ; son résultat.

exprès, esse adj. Précis, formel : *ordre* -. ‖ Nm. Messager : *envoyer un* -. ‖ Adv. A dessein : *il est venu pour vous voir.* ‖ **Expressément** adv.

express adj. A grande vitesse. ‖ Nm. Train rapide : *prendre l'* -.

expressif, ive adj. Qui exprime bien la pensée, le sentiment. ‖ Qui a beaucoup d'expression : *regard* -.

expression nf. Action d'exprimer. ‖ Manifestation de la pensée, du sentiment par la parole, la physionomie, le geste. ‖ *Spécialem.* Mot, phrase : - *propre, figurée.* ‖ - *algébrique*, formule algébrique.

exprimable adj. Qui peut être exprimé, énoncé, traduit.

exprimer vt. Manifester sa pensée, ses impressions : - *sa douleur.* ‖ **S'** - vpr. Enoncer sa pensée.

expropriation nf. Dépossession.

exproprier vt. Déposséder quelqu'un de sa propriété, suivant les formes légales et avec indemnité.

expulser vt. Chasser du lieu où on était établi : - *un locataire.* ‖ Evacuer : - *le mucus des bronches.*

expulsion nf. Action d'expulser.

expurger vt. (c. *manger*). Retrancher d'un livre ce que l'on juge contraire à la morale, à la décence, etc.

exquis, e adj. Qui a un goût délicieux : *vin* -. ‖ Délicat : *politesse* -.

exsangue adj. Qui a perdu son sang.

exsudat nm. Produit résultant d'une exsudation.

exsuder vi. Sortir comme la sueur.

extase nf. Ravissement de l'âme : *les* - *de sainte Thérèse.* ‖ *Par ext.* Vive admiration : *tomber en* -.

extasier (s') vpr. (c. *prier*). Manifester son ravissement.

extatique adj. Causé par l'extase : *transport* -. ‖ N. Qui tombe souvent en extase : *un* -.

extenseur adj. m. Qui sert à étendre. ‖ Nm. Appareil de gymnastique servant à développer les muscles.

extensibilité nf. Faculté de s'étendre ou d'être étendu.

extensible adj. Qui peut être étendu.

extensif, ive adj. Qui produit l'extension. ‖ *Culture* -, culture à faible rendement sur grandes surfaces.

extension nf. Action d'étendre ou de s'étendre. ‖ *Fig.* Accroissement. ‖ Elargissement du sens d'un mot : *c'est par* - *qu'on dit les « dents » d'un peigne.*

exténuer vt. Affaiblir à l'extrême. ‖ **S'** - vpr. S'épuiser.

extérieur, e adj. Qui est au-dehors. ‖ Relatif aux pays étrangers. ‖ Nm. Le dehors. ‖ Maintien, apparence : *un* - *agréable.* ‖ Pays étrangers : *nouvelles de l'* -.

extérioriser vt. Manifester, exprimer : - *sa joie.*

exterminateur, trice adj. Qui extermine : *l'ange* -.

extermination nf. Destruction, anéantissement : *guerre d'* -.

exterminer vt. Massacrer, faire périr entièrement.

externat nm. Maison d'éducation qui n'admet que des externes. ‖ Fonction d'externe dans un hôpital.

externe adj. Qui paraît au-dehors. ‖ Qui vient du dehors. ‖ N. Elève qui suit les cours d'une école sans y coucher et sans y prendre ses repas. ‖ Etudiant en médecine qui assiste les internes dans les hôpitaux.

exterritorialité nf. Immunité qui exempte certaines personnes du pouvoir de juridiction de l'Etat sur lequel elles se trouvent.

extincteur, trice adj. et nm. Qui sert à éteindre les incendies.

extinction nf. Action d'éteindre. ‖ Affaiblissement, perte : - *de voix.* ‖ *Fig.* Anéantissement : *l'* - *d'une dette.*

extirpateur nm. Instrument pour extirper les mauvaises herbes.

extirpation nf. Action d'extirper, d'arracher. ‖ *Fig.* Anéantissement : *l'* - *d'une hérésie.*

extirper vt. Arracher avec la racine. ‖ *Fig.* Anéantir, abolir : - *les abus.*

extorquer vt. Arracher à quelqu'un de l'argent, une signature par la violence, la menace.

extorsion nf. Action d'extorquer.

extra, préfixe marquant le superlatif : *une qualité -*, ou l'extériorité : *- -parlementaire*.

extra nm. inv. Ce qui est inhabituel, inaccoutumé : *faire des -*. ‖ Service supplémentaire : *faire un -*. ‖ Personne qui fait ce service.

extracteur nm. Appareil ou dispositif servant à extraire.

extraction nf. Action d'extraire, d'arracher : *l' - d'une dent*. ‖ *Math*. Calcul de la racine d'un nombre. ‖ *Fig*. Naissance, origine : *être de basse -*.

extrader vt. Livrer par extradition.

extradition nf. Action de livrer un criminel à un gouvernement étranger.

extrados [*dô*] nm. Surface extérieure d'une voûte, opposée à l'*intrados*.

extra-fort nm. Ganse à border les ourlets.

extraire vt. (c. *traire*). Séparer une substance du corps dont elle faisait partie. ‖ Faire sortir, arracher : *- une dent*. ‖ Tirer d'un livre, d'un registre, etc. ‖ *Math*. *- la racine carrée d'un nombre*, la calculer.

extrait nm. Substance concentrée extraite : *- de quinquina*. ‖ Passage tiré d'un livre. ‖ Abrégé d'un ouvrage étendu. ‖ Copie littérale de la partie d'un acte : *- de naissance*.

extra-judiciaire adj. Sans l'intervention de la justice.

extra-légal, e, aux adj. En dehors de la légalité.

extra-muros (expr. lat.). En dehors de la ville.

extraordinaire adj. Qui arrive rarement. ‖ Singulier, bizarre. ‖ Imprévu : *dépenses -*. ‖ Prodigieux : *génie -*. ‖ *Ambassadeur -*, envoyé par un gouvernement pour négocier une affaire particulière.

extrapolation nf. Détermination de la valeur d'une quantité, au-delà d'une limite connue.

extrapoler vt. Pratiquer une extrapolation.

extravagance nf. Caractère de celui ou de ce qui est extravagant. ‖ Folie ; bizarrerie : *dire mille -*.

extravagant, e adj. et n. Bizarre, étrange : *propos -*.

extravaguer vi. Penser, parler, agir sans raison ni sens. ‖ **Extravaguant** part. prés.

extravaser (s') vpr. Se dit du sang, de la sève, etc., qui s'épanchent hors de leurs canaux naturels.

extrême adj. Qui est tout à fait au bout. ‖ Au degré le plus intense : *une chaleur -*. ‖ Violent ; hasardeux : *moyens -*. ‖ Excessif : *être - en tout*. ‖ Nm. L'opposé : *passer d'un - à l'autre*. ‖ *Math*. *Les -*, le premier et le dernier terme dans une proportion.

extrême-onction nf. Sacrement administré aux malades en danger de mort.

extrémiste adj. et n. Favorable aux opinions extrêmes.

extrémité nf. Le bout, la fin. ‖ Les derniers moments. ‖ Pl. Actes de violence : *en venir à des -*. ‖ Les pieds et les mains : *avoir les - froides*.

extrinsèque adj. Qui vient du dehors. ‖ *Valeur -*, valeur légale d'une monnaie.

exubérance nf. Surabondance. ‖ *Fig*. Vivacité excessive : *une - méridionale*.

exubérant, e adj. Surabondant : *une végétation -*. ‖ Démonstratif : *un homme -*.

exultation nf. Allégresse.

exulter vi. Déborder de joie.

exutoire nm. Ulcère artificiel assurant une suppuration permanente. ‖ *Fig*. Moyen d'écouler, de se débarrasser de ce qui gêne.

ex-voto nm. inv. Inscription ou objet qu'on suspend dans les chapelles, à la suite d'un vœu exaucé.

f nm. Sixième lettre de l'alphabet et la quatrième des consonnes.

F, symbole chimique du *fluor*.

fa nm. *Mus.* Quatrième note de la gamme. || Signe qui la représente.

fable nf. Petit récit, le plus ordinairement en vers, d'où l'on tire une moralité. || Récit mythologique. || Récit faux, imaginaire : *c'est une -!* || Objet de la risée publique : *être la - du quartier.*

fabliau nm. Petit conte français populaire, en vers.

fablier nm. Recueil de fables.

fabricant nm. Personne qui fabrique elle-même ou fait fabriquer pour vendre.

fabricateur nm. Qui fabrique (en mauv. part) : *- de mensonges.*

fabrication nf. Action ou manière de fabriquer.

fabrique nf. Manufacture, usine. || Revenus d'une église. || Conseil qui les administre.

fabriquer vt. Transformer la matière première en objets manufacturés. || *Fig.* Inventer : *- une histoire.* || **Fabriquant** part. prés.

fabuleux, euse adj. Imaginaire. || Étonnant, extraordinaire : *fortune -.* || *Fig.* Propre à l'âge mythique de la Grèce : *temps -.*

fabuliste nm. Auteur de fables.

façade nf. Face principale d'un bâtiment. || *Fig.* Extérieur, apparence : *luxe tout en -.*

face nf. Visage. || Avers d'une pièce de monnaie. || *Fig.* Aspect : *l'affaire change de -.* || Chacune des surfaces planes qui limitent un solide. || *Faire -,* être tourné du côté de; au *fig.,* faire front : *faire - au danger; pourvoir à : faire - à une dépense.* || *Sauver la -,* garder sa dignité. || Loc. adv. **En -,** vis-à-vis; par-devant. **De -,** du côté où l'on voit toute la face. **- à -,** en présence l'un de l'autre. || **En - de** loc. prép., vis-à-vis de.

face-à-main nm. Binocle à manche. || Pl. des *faces-à-main.*

facétie [*sî*] nf. Plaisanterie parfois un peu grosse.

facétieux, euse [*si-eû*] adj. Porté à la facétie. || Qui marque la facétie.

facette nf. Petite surface plane : *diamant taillé à -.*

fâcher vt. Mécontenter, mettre en colère. || Causer de la peine : *il est fâché de n'avoir pu vous voir.* || Se - vpr. S'irriter. || Se brouiller avec quelqu'un.

fâcherie nf. Brouille.

fâcheux, euse adj. Pénible, regrettable : *une - nouvelle.* || Nm. Importun, gêneur.

facial, e, aux adj. Qui appartient à la face.

faciès [*èss*] nm. Aspect du visage.

facile adj. Qui se fait sans peine, aisé. || Qui paraît fait sans peine : *vers -.* || *Fig.* Accommodant : *caractère -.*

facilité nf. Qualité d'une chose facile à faire. || Disposition à faire sans peine. || *Fig.* Disposition à la bonté : *- d'humeur.* || Pl. Délais accordés pour payer : *obtenir des -.*

faciliter vt. Rendre facile.

façon nf. Manière dont une chose est faite. || Labour, culture. || Main-d'œuvre. || *Fig.* Manière d'agir : *des - vulgaires.* || *Fam.* Air, maintien : *avoir bonne -.* || *Sans -,* sans cérémonie. || *C'est une - de parler,* il ne faut pas le prendre au pied de la lettre. || *A -,* se dit d'un travail exécuté sans fournir les matériaux. || Pl. Politesses affectées : *faire des -.* || **De toute** loc. adv., quoi qu'il arrive. || **De - que, de telle - que** loc. conj., de sorte que.

faconde nf. Loquacité.

façonnement ou **façonnage** nm. Action de façonner.

façonner vt. Travailler, former. || *Fig.* Former l'esprit, les mœurs : *- l'esprit d'un élève.* || Accoutumer : *- à la discipline.*

façonnier, ère adj. et n. Ouvrier à façon. || Cérémonieux.

fac-similé nm. Imitation, reproduction exacte. || Pl. des *fac-similés.*

factage nm. Transport des marchandises au domicile ou au dépôt de consignation. || Prix du transport.

facteur nm. Fabricant d'instruments de musique : *- de pianos.* || Employé des postes, d'un bureau de messageries, qui distribue le courrier, livre les colis. || *Fig.* Élément qui concourt, influe : *le - humain.* || *Math.* Chacun des termes d'un produit.

factice adj. Artificiel. || *Fig.* Qui n'est pas naturel : *gaieté -.*

factieux, euse adj. et n. Séditieux, excitateur.

faction nf. Garde montée par les

soldats d'un poste. || *Par ext.* Attente prolongée. || Parti de séditieux.

factionnaire nm. Soldat en faction.

factorerie nf. Comptoir de commerce en pays étranger.

factotum [*tom'*] nm. Personne qui s'occupe un peu de tout dans une maison. || Pl. des *factotums*.

factum [*tom'*] nm. Ecrit publié dans un dessein d'attaque ou de défense (se prend en mauv. part). || Pl. des *factums*.

facturation nf. Etablissement d'une facture.

facture nf. Note détaillée de marchandises vendues. || Qualité de l'exécution : *vers d'une bonne* -.

facturer vt. Dresser la facture.

facturier nm. Livre des factures. || Employé qui dresse les factures.

facule nf. *Astron.* Partie du disque solaire plus brillante que celles qui l'entourent.

facultatif, ive adj. Non obligatoire.

faculté nf. Pouvoir physique ou moral qui rend capable d'agir. || Vertu, propriété : *l'aimant a la - d'attirer le fer.* || *Fig.* Droit d'agir : *- de disposer de ses biens.* || Section de l'enseignement supérieur : *la - de droit.* || *Absol.* La Faculté, les médecins. || Pl. Aptitudes : *- intellectuelles.*

fada nm. *Fam.* Sot, niais.

fadaise nf. Niaiserie.

fadasse adj. *Fam.* Très fade.

fade adj. Insipide. || *Fig.* Qui n'a rien de piquant, d'agréable : *beauté* -.

fadeur nf. Caractère de ce qui est fade. || *Fig.* Insignifiant : *la - de la conversation.* || Pl. Compliments, galanteries fades : *débiter des* -.

fading nm. Disparition momentanée des signaux radio-électriques.

fagot nm. Faisceau de menu bois. || *Fig.* Sentir le -, être soupçonné d'hérésie. || *- d'épines*, personne revêche. || *De derrière les* -, de choix.

fagoter vt. Mettre en fagots. || *Fig. et fam.* Mal arranger, mal habiller.

fagoteur nm. Faiseur de fagots.

fagotin nm. Petit fagot.

fahrenheit n. Echelle thermométrique dans laquelle le 0⁰ centésimal correspond à 32⁰ Fahrenheit et le 100⁰ C à 212⁰ F.

faiblard, e adj. *Fam.* Assez faible.

faible adj. Qui manque de vigueur, d'intensité. || *Fig.* Qui manque d'énergie morale : *un caractère* -. || Qui manque de savoir : *en mathématiques.* || Médiocre : *raisonnement* -. || Modique : *- revenu.* || Nm. Passion dominante : *le jeu est son* -. || *Avoir un - pour*, un goût prononcé pour.

faiblesse nf. Manque de force. || Syncope, évanouissement. || *Fig.* Manque de fermeté : *- de caractère.* || Manque de savoir : *- d'un élève en histoire.* || *Avoir de la - pour...*, une indulgence trop grande.

faiblir vi. Perdre de ses forces, de sa vigueur.

faïence nf. Poterie de terre vernissée ou émaillée.

faïencerie nf. Fabrique ou commerce de faïence. || Ouvrage en faïence.

faïencier, ère n. Qui fabrique ou vend de la faïence.

faille nf. Cassure dans une stratification, accompagnée d'un déplacement relatif des parties séparées. || Soie noire à gros grains.

failli nm. Commerçant qui a fait faillite.

faillible adj. Sujet à l'erreur.

faillir vi. (N'est guère usité qu'à l'inf. au pass. simple : *je faillis,* n. *faillîmes ;* au futur : *je faillirai ;* au conditionnel : *je faillirais,* et aux temps composés : *j'ai failli,* etc. Part. prés. : *faillant ;* part. pass. : *failli, e.*) Céder, manquer : *le cœur lui a failli.* || Faire faillite. || Manquer à : *il a failli à son devoir.* || Suivi d'un inf., signifie être sur le point de : *j'ai failli tomber.*

faillite nf. Etat d'un commerçant qui cesse ses paiements sans être admis au bénéfice de la liquidation judiciaire. || *Fig.* Echec : *la - d'une doctrine.*

faim nf. Besoin de manger. || *Fig.* Désir : *avoir - de richesses.*

faim-valle nf. Boulimie des chevaux. || Très grande faim.

faine nf. Fruit du hêtre.

fainéant, e adj. et n. Paresseux.

fainéanter vi. Ne rien faire.

fainéantise nf. Paresse.

faire vt. (*Je fais, tu fais, il fait,* n. *faisons* [fe], *v. faites, ils font. Je faisais* [fe]. *Je fis. Je ferai. Je ferais. Fais, faisons* [fe], *faites. Q. je fasse, qu'il fasse. Q. je fisse, qu'il fît. Faisant,* fe.) Créer, former. || Fabriquer, composer. || Commettre : *- une erreur.* || Causer, occasionner : *- du bien ; - peur.* || Donner, accorder : *- un cadeau ; - grâce.* || Constituer essentiellement : *la richesse ne fait pas le bonheur.* || Former : *- un disciple.* || Opérer : *- un miracle.* || Accomplir : *- son devoir.* || Arranger : *- un lit.* || Chercher à paraître : *- le généreux.* || Etudier : *- son droit.* || Exercer : *- un métier.* || *Fam.* Estimer : *- un prix.* || Egaler : *2 et 2 font 4.* || *Gramm.* Prendre certaine forme : « *cheval* » *fait* « *chevaux* » *au pl.* || *- son chemin*, réussir. || *- de son mieux*, s'efforcer. || *Avoir fort à -,*

de grandes difficultés à surmonter. ‖
C'en est fait, c'est fini. ‖ *- pitié*,
exciter la compassion. ‖ *- des armes,
du cheval*, s'exercer à l'escrime, à
l'équitation. ‖ *Il ne fait que d'arriver*,
il vient d'arriver. ‖ *Il ne fait que
crier*, il crie sans cesse. ‖ V. impers.
Indique un état de l'atmosphère : *il
fait nuit*. ‖ Vi. Produire un certain
effet : *le gris fait bien avec le bleu*.
‖ *Agir* : *bien - et laisser dire*. ‖ Se -
vpr. Devenir : *se - vieux*. ‖ S'améliorer : *ce vin se fera*. ‖ S'habituer :
se - à la fatigue. ‖ Embrasser une
carrière : *se - avocat*.

faire-part nm. inv. Lettre annonçant
une naissance, un mariage, un décès.

fair play adj. et nm. Jeu loyal. ‖
Franchise : *manquer de -*.

faisable [*fe*] adj. Qui peut être fait.

faisan [*fe*] nm. Grand gallinacé, au
plumage éclatant.

faisander [*fe*] vt. Faire subir au
gibier, avant consommation, un commencement de décomposition.

faisanderie [*fe*] nf. Enclos où l'on
élève des faisans.

faisane [*fe*] nf. Femelle du faisan. ‖
Adj. : *poule -*.

faisceau nm. Réunion de certaines
choses liées ensemble. ‖ *- lumineux*,
cône de rayons lumineux. ‖ Assemblage de plusieurs fusils qui se
soutiennent entre eux. ‖ Pl. Verges
liées autour d'une hache, que portait
le licteur romain.

faiseur, euse [*fe*] n. Qui fait, qui
fabrique. ‖ *Bon -*, personne réputée
pour la qualité de ses travaux. ‖ *Fig.*
Hâbleur : *ce n'est qu'un -*.

fait nm. Action, chose faite. ‖ Evénement. ‖ Ce qui est vrai, réel :
confronter la théorie et les -. ‖ *Hauts -*,
exploits. ‖ *- divers*, événement de peu
d'importance. ‖ *C'est un -*, cela existe
réellement. ‖ *Aller au -*, à l'essentiel. ‖ *Le -
est que...*, la vérité est que... ‖ *Etre
sûr de son -*, de ce qu'on avance. ‖
Voies de -, actes de violence. ‖ *Prendre
quelqu'un sur le -*, le surprendre en
flagrant délit. ‖ *Fam. Dire à quelqu'un son -*, ce qu'on pense de lui. ‖
De -, en réalité, véritablement, opposé
à *de droit*. ‖ Loc. adv. *Par le -*, *en -*,
en réalité, effectivement. *Si -*, mais
oui. *Tout à -*, entièrement. ‖ *En - de*
loc. prép., en matière de.

fait, e adj. Accoutumé ‖ *Homme -*,
d'âge mûr. ‖ *Caractère mal -*, trop
susceptible. ‖ *Avancé* : *fromage trop -*.

faîtage nm. Partie supérieure d'une
charpente. ‖ Arête d'un toit.

faîte nm. Partie la plus élevée d'un
édifice. ‖ Sommet. ‖ *Fig.* Le plus
haut degré : *le - des grandeurs*.

faîtière nf. Tuile courbe recouvrant le
faîtage d'un toit. ‖ Lucarne de grenier. ‖ Adj. : *tuile -*.

fait-tout nm. inv. Ustensile servant
à divers usages de cuisine.

faix nm. Charge, fardeau.

fakir nm. Ascète musulman de l'Inde.

falaise nf. Terres, rochers escarpés
bordant la mer ou une vallée.

falbala nm. Ornement prétentieux et
de mauvais goût.

falerne nm. Vin italien estimé.

fallacieux, euse adj. Faux, trompeur : *excuse -*.

falloir v. impers. (*Il faut. Il fallait.
Il fallut. Il a fallu* et les autres temps
composés. *Il faudra. Il faudrait. Qu'il
faille. Qu'il fallût*.) Manquer : *il s'en
faut de beaucoup que*. ‖ Etre nécessaire, utile, convenable : *il me faut de
l'argent, de la patience; il faut que
vous partiez*. ‖ *Tant s'en faut que*, il
s'en manque de beaucoup. ‖ *Personne
comme il faut*, de bonne éducation.

falot nm. Lanterne portative.

falot, ote adj. Terne, effacé.

falsificateur, trice n. Personne qui
falsifie.

falsification nf. Action de falsifier;
son résultat.

falsifier vt. Altérer, frelater par un
mélange. ‖ *Par anal.* Contrefaire :
- une signature.

faluche nf. Béret des étudiants.

falun nm. Sable coquillier d'origine
marine.

falunière nf. Carrière de falun.

famé, e adj. Qui a telle ou telle réputation : *bien, mal -*.

famélique adj. Tourmenté par la
faim : *mendiant -*.

fameux, euse adj. Renommé, célèbre.
‖ *Fam.* Excellent : *un vin -*.

familial, e, aux adj. Qui concerne la
famille.

familiariser vt. Rendre familier;
accoutumer, habituer à.

familiarité nf. Grande intimité. ‖
Pl. Façons exemptes de gêne; *par ext.*,
manières trop libres, privautés.

familier, ère adj. Qui fréquente
habituellement quelqu'un et vit dans
son intimité. ‖ Qui a des manières
libres. ‖ Que l'on sait, que l'on fait
bien par habitude : *cette question lui
est -*. ‖ *Terme -*, simple, habituel. ‖
Nm. *Les - d'une maison*, ceux qui la
fréquentent habituellement.

familistère nm. Etablissement où
plusieurs familles vivent en commun
d'après le système de Fourier. ‖
Coopérative vendant bon marché.

famille nf. Le père, la mère et les
enfants. ‖ Les enfants seulement :

chargé de -. ‖ Toutes les personnes d'un même sang. ‖ *Fig.* Race, maison : *la* - *des Montmorency.* ‖ *Fils de* -, fils d'une famille riche ou considérée. ‖ *Hist. nat.* Groupe d'animaux, de végétaux, de minéraux, présentant certaines analogies. ‖ - *de mots,* groupe de mots issus d'une racine commune.

famine nf. Disette générale. ‖ *Crier* -, se plaindre de sa détresse.

fanage nm. Action de faner.

fanal nm. *Mar.* Grosse lanterne utilisée pour l'éclairage ou la signalisation.

fanatique adj. et n. Emporté, passionné à l'excès pour une religion, pour une opinion.

fanatiser vt. Rendre fanatique.

fanatisme nm. Esprit fanatique.

fanchon nf. Petit fichu qui se porte sur la tête.

fandango nm. Danse espagnole.

fane nf. Feuille sèche.

faner vt. Tourner et retourner l'herbe fauchée pour la faire sécher. ‖ Flétrir, ternir, décolorer : *le soleil fane les étoffes.* ‖ Se - vpr. Perdre son éclat.

faneur, euse n. Personne qui fane les foins. ‖ Nf. Machine à faner.

fanfare nf. Concert de trompettes, de clairons, etc. ‖ Musique des régiments de cavalerie. ‖ Société musicale.

fanfaron, onne adj. et n. Vantard, faux brave.

fanfaronnade nf. Action, parole de fanfaron.

fanfreluche nf. Garniture employée dans la toilette féminine.

fange nf. Boue épaisse. ‖ *Fig.* Condition abjecte ; vie de débauche : *vivre dans la* -.

fangeux, euse adj. Plein de fange.

fanion nm. Petit drapeau.

fanon nm. Pli de la peau sous le cou des bœufs. ‖ Lames cornées garnissant la bouche de la baleine. ‖ Pl. Les deux pendants d'une mitre d'évêque.

fantaisie nf. Caprice, goût bizarre et passager. ‖ Goût particulier : *vivre à sa* -. ‖ *Mus.* Paraphrase d'un air d'opéra : *les* - *de Mozart.* ‖ Œuvre, portrait de -, où l'imagination joue le rôle principal. ‖ Qui n'est pas selon la règle : *costume de* -. ‖ *Pain de* -, qui ne se vend pas au poids.

fantaisiste adj. et n. Capricieux.

fantasia nf. Divertissements équestres de cavaliers arabes. ‖ Pl. des *fantasias.*

fantasmagorie nf. Art de faire apparaître les fantômes à l'aide d'illusions d'optique. ‖ *Fig.* Abus des effets produits par l'emploi du surnaturel en littérature et dans les arts.

fantasmagorique adj. Qui appartient à la fantasmagorie.

fantasque adj. Sujet à des fantaisies bizarres : *esprit* -.

fantassin nm. Soldat d'infanterie.

fantastique adj. Chimérique, créé par l'imagination. ‖ Incroyable, extravagant. ‖ Nm. Le genre fantastique.

fantoche nm. Marionnette. ‖ *Fig.* Individu qui ne mérite pas d'être pris au sérieux.

fantomatique adj. Qui a l'aspect d'un fantôme.

fantôme nm. Spectre, apparition. ‖ *Fig.* Apparence sans réalité : *un* - *de roi.*

fanure nf. État de ce qui est fané.

faon [*fan*] nm. Petit d'une biche, d'une daine. ‖ Jeune chevreuil.

faquin nm. Homme de peu de valeur, méprisable, arrogant.

faquinerie nf. Action de faquin.

farad nm. Unité pratique de capacité électrique (symb. : F).

faradisation nf. Traitement médical par l'électricité.

farandole nf. Danse provençale.

faraud, e adj. et n. *Fam.* Fanfaron, fat, prétentieux.

farce nf. Hachis épicé de viande, dont on bourre une volaille, un poisson, etc., avant la cuisson. ‖ *Fig.* Pièce de théâtre d'un comique bouffon : *Molière commença par composer des* -. ‖ Grosse plaisanterie.

farceur, euse n. Qui fait rire par ses propos, ses bouffonneries. ‖ *Par ext.* Qui n'agit pas sérieusement.

farcir vt. Remplir de farce. ‖ *Fig.* Bourrer, surcharger : - *un discours de citations.*

fard nm. Composition qui donne plus d'éclat au teint. ‖ *Fig.* Dissimulation : *parler sans* -. ‖ *Fam.* Piquer *un* -, rougir.

fardeau nm. Lourde charge. ‖ *Fig.* Le - *des ans,* la vieillesse.

farder vt. Mettre du fard. ‖ *Fig.* Déguiser : - *la vérité.*

fardier nm. Voiture servant à transporter de lourds fardeaux.

farfadet nm. Espèce de lutin.

farfelu, e adj. et n. Extravagant, fantasque : *un projet* -.

farfouiller vi. et t. *Fam.* Fouiller en bouleversant : - *dans un tiroir.*

faribole nf. *Fam.* Propos sans valeur.

farine nf. Poudre résultant du broyage de grains (céréales, etc.).

fariner vt. Saupoudrer de farine.

farineux, euse adj. De la nature de la farine. ‖ Poudré de blanc. ‖ Nm. Légume farineux.

farniente [*ni-èn'-té*] nm. Douce oisiveté.

farouche adj. Non apprivoisé, ombrageux. || *Par ext.* Peu sociable, cruel, barbare : *homme -.*

fart nm. Corps gras dont on enduit les skis.

farter vt. Appliquer du fart sur des skis.

fasce nf. *Blas.* Bande horizontale occupant le milieu de l'écu.

fascicule nm. Cahier d'un ouvrage publié par fragments. || *- de mobilisation*, feuillet encarté dans le livret militaire.

fasciculé, e adj. En faisceau : *racines -.*

fascinateur, trice adj. Qui fascine : *regard -.*

fascination nf. Action de fasciner. || *Fig.* Attrait irrésistible.

fascine nf. Fagot pour combler un fossé ou retenir un talus.

fasciner vt. Maîtriser par la puissance du regard : *le serpent fascine sa proie.* || *Fig.* Charmer, éblouir.

fascisme [*chism'*] nm. Régime nationaliste établi en Italie de 1922 à 1945. || *Par ext.* Régime dictatorial.

fasciste [*chist'*] adj. et n. Qui appartient au fascisme.

faste nm. Luxe, magnificence qui s'étale : *aimer le -.*

faste adj. Chez les Anciens, jour où il était permis de vaquer aux affaires publiques. || *Par ext.* Jour -, jour heureux. || Nmpl. Histoire, récits d'actions mémorables : *les - de notre marine.*

fastidieux, euse adj. Qui ennuie.

fastueux, euse adj. Qui étale un grand luxe : *toilette -.*

fat [*fat'*] adj. et nm. Vaniteux.

fatal, e, als adj. Fixé par le destin. || *Par ext.* Funeste, désastreux : *ambition, erreur -.*

fatalisme nm. Doctrine qui considère tous les événements comme irrévocablement fixés à l'avance.

fataliste adj. et nm. Relatif au fatalisme. || Partisan du fatalisme.

fatalité nf. Destinée inévitable. || Conjoncture fâcheuse : *une étrange -.*

fatidique adj. Qui annonce l'arrêt du destin : *des paroles -.*

fatigant, e adj. Qui cause de la fatigue. || *Par ext.* Importun, ennuyeux.

fatigue nf. Lassitude causée par un effort prolongé.

fatiguer vt. Causer de la fatigue. || Affecter désagréablement : *le soleil fatigue la vue.* || *Fig.* Importuner : *- quelqu'un par ses questions.* || Vi.

Supporter un effort : *une poutre qui fatigue.* || **Fatiguant** part. || **Fatigué, e** adj. *Fam.* Défraîchi, usé : *vêtement -.*

fatras nm. Amas confus : *un - de livres, de papiers.*

fatuité nf. Caractère de fat, sotte suffisance, impertinence : *sa - le rend ridicule.*

fatum [*tom'*] nm. Fatalité.

faubourg nm. Partie d'une ville située hors de l'enceinte. || Nom conservé à d'anciens quartiers extérieurs : *le - Saint-Antoine.*

faubourien, enne adj. et n. Du faubourg : *accent -.*

faucard nm. Faux à long manche.

faucarder vt. Couper au faucard les herbes d'une rivière.

fauchage nm. ou **fauchaison** nf. Action de faucher. || Temps où l'on fauche.

faucher vt. Couper avec une faux. || *Fig.* Abattre, détruire : *les soldats étaient fauchés par la mitraille.*

faucheur, euse n. Qui fauche les foins, les céréales.

faucheuse nf. Machine à faucher.

faucheux ou **faucheur** nm. Araignée des champs à pattes fort longues.

faucille nf. Petite faux à lame semi-circulaire.

faucon nm. Rapace qu'on dresse pour la chasse.

fauconneau nm. Jeune faucon.

fauconnerie nf. Chasse au faucon.

fauconnier nm. Qui dresse les oiseaux de proie pour la chasse.

faufiler vt. Bâtir, coudre à longs points. || Se - vpr. Se glisser adroitement.

faufilure nf. Couture faufilée.

faune nm. Dieu champêtre des Romains. (Au fém. *faunesse.*) || Nf. Ensemble des animaux d'une région déterminée. || Ouvrage zoologique.

faussaire n. Qui falsifie; qui commet un faux.

fausser vt. Déformer un corps solide et le rendre ainsi inutilisable. || *Fig.* Dénaturer, interpréter faussement : *- le sens de la loi.* || Rendre faux : *- la voix,* et, au *fig.* : *- le jugement.* || *Fam. - compagnie à quelqu'un,* le quitter sans prendre congé.

fausset nm. Voix aiguë.

fausset nm. Petite cheville de bois pour boucher le trou fait à un tonneau avec un foret.

fausseté nf. Chose fausse. || Caractère de ce qui est faux. || Duplicité.

faute nf. Manquement au devoir, à la morale. || Manquement aux règles : *- de grammaire, d'orthographe,* *d'impression.* || Maladresse : *faire une - au jeu.* || *Faire -,* manquer. || - de loc. prép., par l'absence de. || **Sans-** loc. adv., à coup sûr.

fauteuil nm. Grande chaise à bras et à dossier. || *Fig. - académique,* place à l'Académie française. || *Occuper le -,* présider une assemblée.

fauteur, trice n. Qui favorise : *- de désordres.* (Ne se dit qu'en mauv. part.)

fautif, ive adj. Coupable. || Erroné : *liste -.*

fauve adj. Qui tire sur le roux. || *Bêtes -,* quadrupèdes sauvages des bois (cerfs, daims, etc.). || Nm. Couleur fauve. || Bête féroce.

fauverie nf. Cage des fauves.

fauvette nf. Petit passereau chanteur à plumage fauve.

faux nf. Lame d'acier recourbée, fixée à un manche et servant à faucher.

faux, fausse adj. Contraire à la vérité. || Feint, simulé : *- alerte; - douceur.* || Mal fondé : *- crainte.* || Contrefait : *- monnaie.* || Postiche : *- barbe.* || Supposé : *- nom.* || Qui n'a que l'apparence : *- porte.* || Qui manque d'exactitude : *- poids; - calcul.* || Dépourvu de rectitude : *esprit, jugement -.* || Qui affecte des sentiments trompeurs : *- brave; - dévot.* || Qui détourne du but : *- route.* || *- bourdon,* v. BOURDON. || *Faire - bond,* manquer à un engagement pris. || *Adverbialem.* D'une manière fausse : *jouer, chanter -.* || Nm. Le contraire de la vérité : *distinguer le - du vrai.* || Imitation d'un acte, d'une signature : *être condamné pour -.* || *S'inscrire en -,* dénoncer comme faux. || *A -* loc. adv., à tort, injustement. || *Porter à -,* sans appui.

faux-bourdon nm. Sorte de contrepoint qui s'exécutait note contre note. || Verset de psaume chanté à plusieurs parties. || Pl. des *faux-bourdons.*

faux-fuyant nm. Echappatoire, moyen détourné : *répondre par des -.*

faux-monnayeur nm. Qui fabrique de la fausse monnaie.

faveur nf. Bienveillance, protection. || Avantage : *solliciter une - ; combler quelqu'un de -.* || Crédit, pouvoir : *sa - diminue.* || Ruban de soie étroit. || Loc. prép. **En - de,** en considération de, au profit de. **A la - de,** en profitant de, grâce à : *à la - de la nuit.*

favorable adj. Propice. || Indulgent, bienveillant : *regard -.*

favori nm. Touffe de barbe laissée de chaque côté du visage.

favori, ite adj. Préféré. || N. Au premier rang dans les bonnes grâces de quelqu'un. || Cheval présumé gagnant dans une course.

favoriser vt. Traiter favorablement. || Aider à : *- le commerce.* || Seconder : *l'obscurité a favorisé sa fuite.*

favoritisme nm. Tendance à accorder des faveurs injustes ou illégales.

fazenda nf. Au Brésil, grande propriété de culture ou d'élevage.

Fe, symbole chimique du *fer.*

fébrifuge adj. Qui chasse la fièvre. || Nm. : *un excellent -.*

fébrile adj. Qui tient de la fièvre. || *Fig.* Excessif, désordonné : *impatience -.*

fébrilité nf. Caractère, état fébrile.

fécal, e, aux adj. *Matières -,* excréments de l'homme.

fèces nfpl. Lie. || Matières fécales.

fécond, e adj. Propre à la reproduction. || *Par ext.* Fertile : *terre -.* || Qui produit beaucoup.

fécondant, e adj. Qui féconde.

fécondateur, trice adj. et n. Qui a la puissance de féconder.

fécondation nf. Action de féconder.

féconder vt. Rendre fécond.

fécondité nf. Aptitude à la reproduction. || Fertilité. || *Fig.* Caractère de celui qui produit beaucoup : *la - de Balzac.*

fécule nf. Substance farineuse extraite de tubercules (pommes de terre).

féculent, e adj. et nm. Qui contient de la fécule.

féculerie nf. Usine où l'on fabrique la fécule. || Industrie de la fécule.

fédéral, e, aux adj. Qui a rapport à une fédération.

fédéralisme nm. Association d'Etats en un corps de nation.

fédéraliste adj. et n. Qui a rapport au fédéralisme. || Qui en est partisan.

fédératif, ive adj. Constitué en fédération.

fédération nf. Union, alliance entre peuples. || *Fête de la Fédération,* fête révolutionnaire du 14 juillet 1790. || Groupement : *- ouvrières.*

fédéré, e adj. et n. Qui fait partie d'une fédération. || Soldat de la Commune (1871).

fédérer vt. (c. *céder*). Constituer en fédération.

fée nf. Etre imaginaire doué d'un pouvoir surnaturel : *les contes de -.* || *Fig.* Femme parfaite : *la - du logis.* || *Vieille -,* femme désagréable. || *Travail de -,* d'une perfection extrême.

feeder [*fi-deur*] nm. Canalisation de transport de gaz à grande distance.

FLEURS

Stapelia divaricata
Marnier-Lapostolle
(Jardin botanique)

Echinocactus
engelmannii
(Texas Arizona)

Brasso-Cattleya
(Orchidée)

Cypripédium

Strelitza
réginæ

Opuntia
Phaeacantha

Odontoglossum

coryphanta
vivipara
(Nouveau Mexique)

Mammillaria
microcarpa

Céropegia Thorncroftii

MARINE

Vaisseau du XVIIᵉ siècle

Drakkar

Porte-avions

Bâtiment de ligne

Pétrolier

Yacht à moteur

Chalutier

Yacht de course et croisière

L. Haffner

féerie nf. Art des fées. ‖ *Par ext*
Monde fantastique, merveilleux : *paysage de* -. ‖ Splendide spectacle.

féerique adj. Merveilleux.

feindre vt. (c. *craindre*). Simuler,
pour tromper : - *la gaieté*. ‖ - *de*,
faire semblant de. ‖ Vi. Dissimuler.
‖ Boiter légèrement, en parlant du
cheval.

feinte nf. Artifice. ‖ *Sports*. Geste
simulé qui trompe l'adversaire.

feinter vi. *Sports*. Faire une feinte.

feldspath nm. Nom générique de
silicates doubles d'aluminium et de
sodium, de potassium et de calcium,
entrant dans la constitution d'un
grand nombre de roches éruptives.

fêle ou **felle** nf. Canne de fer creuse
des souffleurs de verre.

fêler vt. Fendre légèrement un objet
fragile sans que les parties se séparent
par le choc. ‖ **Fêlé, e** part. et adj.
Fig. et *fam*. Avoir le cerveau -, être
un peu fou.

félibre nm. Poète provençal ou prosateur de langue d'oc, membre du
félibrige.

félibrige nm. Société des félibres
constituée en Provence.

félicitation nf. Compliment.

félicité nf. Bonheur suprême.

féliciter vt. Complimenter quelqu'un
sur un succès, un événement heureux.
‖ Se - vpr. S'applaudir.

félidés nmpl. Famille de carnassiers
dont le type est le chat.

félin, e adj. Qui tient du chat. ‖
Fig. Souple, gracieux : *une grâce* -.
‖ Nm. Tout animal de la famille des
félidés.

fellaga ou **fellagha** nm. Nom donné
aux insurgés du Maghreb.

fellah nm. Paysan égyptien.

félon, onne adj. et n. Traître.

félonie nf. Trahison.

felouque nf. Navire étroit, à voiles
et à rames, de la Méditerranée.

fêlure nf. Fente légère.

femelle nf. Animal du sexe féminin.
‖ Adj. *Fleurs* -, fleurs sans étamines.

féminin, e adj. Qui appartient aux
femmes. ‖ Qui tient de la femme. ‖
Rime -, rime que termine une syllabe muette. ‖ Adj. et nm. *Gramm*.
Le genre féminin.

féminiser vt. Donner le caractère de
la femme.

féminisme nm. Doctrine qui tend à
améliorer la situation légale, économique et morale de la femme.

féministe n. et adj. Partisan du
féminisme.

féminité nf. Caractère distinctif de
la femme.

femme nf. La compagne de l'homme.
‖ Celle qui est ou a été mariée. ‖
- *de chambre*, attachée au service
intérieur d'une maison. ‖ - *de
charge*, qui a soin du linge, de l'argenterie, etc., d'une maison. ‖ - *de
ménage*, chargée du soin du ménage.

femmelette nf. Petite femme. ‖ *Fig*.
Homme sans énergie.

fémoral, e, aux adj. Qui a rapport
au fémur.

fémur nm. Os de la cuisse.

fenaison nf. - Récolte des foins. ‖
Époque de cette récolte.

fendant nm. Coup donné du tranchant de l'épée. ‖ N. et adj. m. *Faire
le* -, prendre des airs arrogants.

fendillé, e adj. Où l'on remarque
des petites fentes, des gerçures.

fendillement nm. Action de fendiller ou de se fendiller.

fendiller vt. Produire de petites
fentes.

fendoir nm. Outil pour fendre.

fendre vt. Séparer dans le sens de la
longueur. ‖ Crevasser : *la sécheresse
fend la terre*. ‖ *Fig*. - *le cœur*, causer une vive affliction. ‖ - *la tête*,
incommoder par un grand bruit. ‖
Geler à pierre -, très fort. ‖ - *l'air*,
aller très rapidement. ‖ - *la foule*, y
pénétrer de force. ‖ Se - vpr. S'entrouvrir. ‖ *Escr*. Porter vivement la
jambe en avant et tendre la bras
armé.

fenêtre nf. Ouverture ménagée dans
un mur pour donner du jour et de
l'air. ‖ Son espace vitré.

fenil nm. Lieu où l'on serre les foins.

fennec nm. Petit renard du Sahara.

fenouil nm. Plante aromatique des
régions tempérées.

fenouillet nm. ou **fenouillette** nf.
Petite pomme grise à goût de fenouil.
‖ Arbre qui la produit.

fente nf. Petite ouverture en long.
‖ *Escr*. Action de se fendre.

féodal, e, aux adj. Relatif aux fiefs,
à la féodalité.

féodalité nf. Régime social du Moyen
Age.

fer nm. Métal (Fe) gris bleuâtre employé
à une foule d'usages dans l'industrie.
‖ Pointe en fer d'une pique, d'une
lance, etc. ‖ Épée : *croiser le* -. ‖
Demi-cercle dont on garnit la corne
des pieds des chevaux, des ânes, etc.
‖ Nom de plusieurs instruments et
outils de fer : - *à friser, à repasser*, etc. ‖ *Age du* -, époque où les
hommes commencèrent à utiliser le
fer. ‖ Pl. Chaînes; menottes : *avoir
les - aux pieds*. ‖ *Fig*. Esclavage :
gémir dans les -.

fer-blanc nm. Mince tôle de fer doux étamé. ‖ Pl. des *fers-blancs*.

ferblanterie nf. Commerce, boutique de ferblantier.

ferblantier nm. Qui fabrique ou vend des objets en fer-blanc.

férié, e adj. Se dit d'un jour de fête, de repos.

férir vt. Frapper : *sans coup -*, sans lutte; au *fig.*, sans difficulté. (Vx.) [Fait au participe passé *féru, e.*]

fermage nm. Loyer d'une ferme, d'une terre.

fermail nm. Fermoir, agrafe de manteau, de ceinture, de livre, etc. : *des fermaux en argent.* (Vx.)

ferme adj. Solide : *terrain -*. Résistant : *chair -.* ‖ *Fig.* Assuré : *ton -.* ‖ Constant, inébranlable : *- dans ses résolutions.* ‖ Adv. Avec assurance : *parler, tenir -.*

ferme nf. Exploitation agricole. ‖ *- -école*, exploitation agricole dans laquelle on forme de jeunes agriculteurs.

ferme nf. *Archit.* Assemblage de pièces de bois ou de métal, portant le faîtage d'un comble. ‖ Décor monté sur châssis.

ferment nm. Substance sécrétée par un être vivant, capable de produire une fermentation. ‖ *Fig.* Ce qui excite, exaspère : *- de discorde.*

fermentation nf. Transformation de matières organiques, à température ordinaire, sous l'action d'un ferment. ‖ *Fig.* Agitation des esprits : *une - populaire.*

fermenter vi. Etre en fermentation. ‖ *Fig.* Etre en effervescence : *les esprits fermentent.*

fermentescible adj. Qui peut entrer en fermentation.

fermer vt. Boucher une ouverture. ‖ ‖ Clore. ‖ *Par ext.* Empêcher l'accès : *- un théâtre.* ‖ Rapprocher des parties dont l'écartement constitue une ouverture : *- un livre.* ‖ *- la marche*, marcher le dernier. ‖ *- boutique*, cesser son commerce. ‖ *- l'œil*, s'endormir. ‖ *- les yeux sur*, faire semblant de ne pas voir. ‖ *- la bouche à quelqu'un*, le réduire au silence. ‖ Vi. Etre fermé : *cette porte ferme mal.*

fermeté nf. Etat de ce qui est ferme. ‖ *Fig.* Assurance : *répondre avec -.* ‖ Constance, courage : *montrer de la - dans le malheur.*

fermeture nf. Ce qui sert à fermer. ‖ Action, moment de fermer.

fermier, ère n. Exploitant d'une propriété agricole.

fermoir nm. Agrafe de métal pour tenir fermé un livre, un collier, un sac, etc.

féroce adj. Sauvage et sanguinaire. ‖ Cruel, barbare.

férocité nf. Naturel féroce. ‖ Barbarie, inhumanité.

ferrade nf. Action de marquer les bœufs avec un fer rouge. ‖ Fête provençale célébrée à cette occasion.

ferrage nm. Action de ferrer.

ferraille nf. Débris de fer.

ferrailler vi. Se battre à l'épée.

ferrailleur nm. Marchand de ferraille. ‖ *Fam.* Duelliste.

ferré, e adj. Garni de fer. ‖ *Chemin -*, empierré. ‖ *Voie -*, voie de chemin de fer. ‖ *Fig.* et *fam. Etre sur une matière*, la connaître à fond.

ferrement nm. Objet ou garniture en fer.

ferrer vt. Garnir de fer. ‖ Mettre des fers à un cheval. ‖ *- à glace*, avec des fers cramponnés.

ferret nm. Fer d'aiguillette, de lacet.

ferreux adj. m. Qui contient du fer.

ferrique adj. Se dit de certains sels de fer.

ferrocérium nm. Alliage de fer et de cérium, utilisé pour la fabrication des pierres à briquet.

ferromanganèse nm. Fonte à haute teneur en manganèse.

ferronickel nm. Alliage de fer et de nickel.

ferronnerie nf. Fabrique de gros ouvrages de fer; ces ouvrages. ‖ Lieu où on les vend.

ferronnier, ère n. Qui fabrique de la ferronnerie.

ferronnière nf. Joyau porté par les femmes au milieu du front et retenu par une chaînette ou une cordelette.

ferroviaire adj. Qui concerne les voies ferrées.

ferrugineux, euse adj. et n. Qui contient du fer : *eau -.*

ferrure nf. Armature en fer. ‖ Les fers d'une bête de somme.

ferry-boat [*fé-ré-bôt*] nm. Navire transbordeur de trains.

fertile adj. Qui produit beaucoup (au *pr.* et au *fig.*) : *un esprit -.*

fertilisable adj. Qui peut être fertilisé.

fertilisation nf. Action de fertiliser.

fertiliser vt. Rendre fertile.

fertilité nf. Qualité de ce qui est fertile.

féru, e adj. *- de*, épris de : *- de romans.*

férule nf. Palette de cuir ou de bois dont on frappait jadis les écoliers. ‖ *Fig.* Autorité sévère : *être sous la - de quelqu'un.* ‖ *Bot.* Plante ombellifère.

fervent, e adj. Rempli de ferveur. ‖ Ardent : *disciple* -.

ferveur nf. Zèle ardent : *prier avec* -.

fesse nf. Chacune des deux parties charnues qui forment le derrière de l'homme et de certains animaux.

fessée nf. Correction appliquée sur les fesses.

fesse-mathieu nm. Usurier, avare. ‖ Pl. des *fesse-mathieux.*

fesser vt. Frapper sur les fesses.

fessier, ère adj. Qui appartient aux fesses : *muscles* -.

fessu, e adj. Qui a de grosses fesses.

festin nm. Repas d'apparat ; banquet somptueux : *inviter à un* -.

festival nm. Grande fête musicale, artistique. ‖ Pl. des *festivals.*

festoiement nm. Action de festoyer.

feston nm. Guirlande, faisceau de fleurs, de feuilles et de branches. ‖ Broderie découpée en festons. ‖ *Archit.* Ornement en forme de festons.

festonner vt. Orner de festons.

festoyer vt. (c. *aboyer*). Bien recevoir quelqu'un, lui faire fête : - *ses amis.* ‖ Vi. Faire bonne chère.

fêtard nm. *Fam.* Qui mène une vie de plaisir.

fête nf. Solennité religieuse ou civile. ‖ Jour de la fête du saint dont on porte le nom : *souhaiter une* -. ‖ - *mobile,* qui ne tombe pas tous les ans à la même date. ‖ *Faire* - à *quelqu'un,* l'accueillir avec empressement. ‖ *Faire la* -, se livrer aux plaisirs.

Fête-Dieu nf. *Relig. cathol.* Fête du saint sacrement.

fêter vt. Célébrer une fête. ‖ *Fig.* - *quelqu'un,* le bien accueillir.

fétiche nm. Objet matériel, vénéré comme une idole. ‖ *Par ext.* Objet de superstition.

fétichisme nm. Culte des fétiches.

fétichiste adj. et n. Qui concerne le fétichisme. ‖ Qui le pratique.

fétide adj. D'une odeur répugnante.

fétu nm. Brin de paille. ‖ *Fig.* Chose sans valeur.

feu nm. Chaleur et lumière produites par une combustion. ‖ Amas de corps en combustion. ‖ Incendie. ‖ Ménage, famille : *hameau de quarante* -. ‖ Supplice : *condamner au* -. ‖ Inflammation : *avoir la bouche en* -. ‖ Pl. Petites bougies allumées à certaines ventes : *vente à trois* -. ‖ *Arme à* -, fusil, pistolet, etc. ‖ *Bouche à* -, canon. ‖ *Coup de* -, décharge d'une arme à feu. ‖ Tir : *la puissance du* -. ‖ *Faire* -, tirer. ‖ *Faire long* -, se dit d'une mèche d'allumage lente à se consumer ; *fig. et fam.,* ne pas

réussir : *projet qui fait long* -. ‖ *Ne pas faire long* -, ne pas durer longtemps. ‖ - *d'artifice,* formé de fusées, de pétards, etc. ‖ - *de Bengale,* artifice qui fuse avec une flamme colorée. ‖ - *Saint-Elme,* aigrette lumineuse qui se montre parfois à l'extrémité des vergues et des mâts, et qui est due à une succession rapide de décharges électriques. ‖ - *grégeois,* v. GRÉGEOIS. ‖ - *de position,* dispositif lumineux d'un véhicule automobile, d'un avion, d'un navire, marquant leur droite et leur gauche. ‖ *Mar.* Tout signal lumineux. ‖ *Fig.* Inspiration : *le* - *de la colère.* ‖ *Imagination vive* : *auteur plein de* -. ‖ *Prendre* - , s'irriter. ‖ *Etre entre deux* -, attaqué de deux côtés. ‖ *Etre tout* -, plein d'ardeur. ‖ *Aller au* -, au combat.

feu, e adj. Défunt depuis peu : *la feue reine; feu la reine.*

feudataire n. Possesseur d'un fief. ‖ Vassal qui fait foi et hommage à son suzerain.

feuillage nm. Ensemble des feuilles d'un arbre. ‖ Branches coupées, chargées de feuilles.

feuillant, tine n. Religieux, religieuse de l'étroite observance de saint Bernard. ‖ Nmpl. «Constitutionnels» siégeant dans l'ancien couvent des feuillants. ‖ Nf. Pâtisserie feuilletée.

feuillard nm. Branches de saule ou de châtaignier, fendues en deux, pour faire des cercles de tonneau. ‖ Adj. *Fer* -, bande de fer large et mince.

feuille nf. Partie terminale des végétaux, mince, plate, ordinairement verte. ‖ *Par ext.* Pétale : *des* - *de rose.* ‖ Se dit de diverses choses larges, plates et plus ou moins minces : - *d'or, de carton.* ‖ Morceau de papier d'une certaine grandeur. ‖ Journal : *cette* - *a cessé de paraître.*

feuillé, e adj. Garni de feuilles.

feuillée nf. Abri formé de branches feuillues. ‖ Pl. Latrines des troupes en campagne.

feuille-morte adj. inv. De la couleur des feuilles sèches.

feuillet, nm. Partie d'une feuille de papier. ‖ Troisième poche de l'estomac des ruminants.

feuilleter vt. (c. *jeter*). Tourner les feuillets. ‖ Préparer la pâte de manière qu'elle lève par feuillets.

feuilleton nm. Fragment de roman inséré dans un journal.

feuilletoniste n. Auteur de romans-feuilletons.

feuillette nf. Barrique d'environ 120 l.

feuillu, e adj. Qui a des feuilles.

feuillure nf. Rainure d'assemblage.

feulement nm. Grondement du tigre, du chat.

feuler vi. Crier, en parlant du tigre.

feutrage nm. Action de feutrer.

feutre nm. Etoffe de laine ou de poils foulés et agglutinés. ‖ Chapeau de feutre.

feutrer vt. Fouler le poil ou la laine de façon à enchevêtrer les fibres. ‖ Garnir de feutre. ‖ **Feutré**, e part. et adj. *Fig. Pas feutrés*, silencieux. ‖ Vi. Prendre l'apparence du feutre.

feutrier, ère n. Ouvrier qui prépare le feutre.

fève nf. Légumineuse à graine comestible. ‖ Cette graine elle-même. ‖ Petite figurine cachée dans le gâteau des Rois.

féverole nf. Petite fève de marais.

février nm. Deuxième mois de l'année, qui a 28 ou 29 jours.

fez nm. Calotte turque, tronconique, de laine rouge ou blanche.

fi! interj. qui marque le dégoût, le dédain, le mépris. ‖ *Faire - de...*, mépriser.

fiacre nm. Voiture hippomobile de place et de louage.

fiançailles nfpl. Promesse mutuelle de mariage.

fiancé, e adj. et n. Qui a fait promesse de mariage.

fiancer vt. (c. *placer*). Promettre solennellement en mariage. ‖ Célébrer les fiançailles.

fiasco nm. *Fam.* Echec complet.

fiasque nf. Bouteille à large panse gainée de paille, et à long col, que l'on emploie en Italie.

fibranne nf. Textile artificiel à fibres courtes associées par torsion.

fibre nf. Filament délié d'origine animale, végétale ou minérale : - *musculaire ; - d'amiante*. ‖ *Fig.* Disposition à s'émouvoir : *avoir la - sensible*.

fibreux, euse adj. Qui a des fibres.

fibrille [*bril'*] nf. Petite fibre.

fibrine nf. Substance albuminoïde blanche, qui se forme dans le sang pour le coaguler.

fibrociment nm. Matériau constitué par du ciment et de la poudre d'amiante.

fibrome nm. Tumeur fibreuse dure, parfois volumineuse.

fibule nf. Agrafe antique.

ficaire nf. Renonculacée printanière à fleurs jaunes.

ficelage nm. Action de ficeler.

ficeler vt. (c. *appeler*). Lier avec de la ficelle. ‖ **Ficelé**, e part. et adj. *Fig.* et fam. Arrangé, habillé : *être mal -*.

ficelier nm. Dévidoir à ficelle.

ficelle nf. Corde mince. ‖ *Fig.* Ruse : *connaître toutes les -*. ‖ *Fam.* Personne rusée.

fiche nf. Morceau de bois ou de métal en pointe, destiné à être enfoncé. ‖ Morceau de métal servant à fixer les ferrures. ‖ Feuillet isolé sur lequel on inscrit des renseignements en vue d'un classement. ‖ *Jeux.* Rondelle ou rectangle d'os, d'ivoire, etc., servant de marque ou de monnaie d'échange. ‖ *- de consolation*, petit dédommagement.

ficher vt. Enfoncer par la pointe. ‖ *Fam.* Jeter : - *quelqu'un à la porte.* ‖ Donner : - *une gifle.* ‖ **Se - [de]** vpr. *Fam.* Se moquer.

fichier nm. Collection de fiches. ‖ Boîte, meuble à fiches.

fichtre! interj. fam. qui marque l'étonnement, l'admiration, la douleur, etc.

fichu nm. Pointe d'étoffe de soie, de dentelle, etc., dont les femmes s'entourent les épaules.

fichu, e adj. *Fam.* Mal fait, mauvais : *un - repas.* ‖ Détestable : *un - caractère.* ‖ Perdu : *argent -.* ‖ Capable de : *il n'est pas - de gagner sa vie.* (Sert de part. pass. au verbe *ficher* employé fam.)

fictif, ive adj. Imaginaire, qui n'a rien de réel. ‖ Qui n'existe que par convention : *la valeur - des billets de banque.*

fiction nf. Création de l'imagination.

fidèle adj. Qui remplit ses engagements. ‖ Constant, sûr : *ami -.* ‖ Exact : *historien -.* ‖ Qui retient bien ce qui lui a été confié : *mémoire -.* ‖ Qui a de l'attachement : *chien -.* ‖ Nmpl. *Les -*, ceux qui appartiennent à l'Eglise.

fidélité nf. Exactitude à remplir ses engagements, à tenir ses promesses. ‖ Attachement constant. ‖ Exactitude : *la - d'un récit.* ‖ *Phys.* Qualité d'un instrument de mesure (balance, thermomètre).

fiduciaire adj. Se dit de valeurs fictives, fondées sur la confiance accordée à celui qui les émet. ‖ *Monnaie -*, billets de banque.

fief nm. Terre noble qu'un vassal tenait d'un seigneur à charge de redevance et en prêtant foi et hommage. ‖ *Fig.* Possession exclusive : *- électoral.*

fieffé, e adj. Pourvu d'un fief. ‖ *Fam.* Qui a atteint le dernier degré d'un vice : *- menteur.*

fiel nm. Bile. ‖ *Fig.* Haine, humeur caustique : *discours plein de -.*

fielleux, euse adj. Qui est amer

comme du fiel : *propos -*. (Ne s'emploie qu'au *fig.*)

fiente [*ant*] nf. Excréments de certains animaux : *- de poule.*

fienter [*an*] vi. Faire de la fiente.

fier (se) vpr. Mettre sa confiance en : *fiez-vous à moi.*

fier, fière adj. Qui a des sentiments nobles, élevés : *âme -*. ‖ En mauvaise part : hautain, arrogant, vaniteux. ‖ *Fam.* Fameux : *un - imbécile.* ‖ N. : *faire le -.*

fier-à-bras nm. Fanfaron. ‖ Pl. des *fiers-à-bras* ou *fier-à-bras.*

fierté nf. Caractère de ce qui est fier. ‖ Noblesse de sentiments.

fièvre nf. Élévation de la température du corps. ‖ *Fig.* Agitation, passion vive et désordonnée : *- politique.*

fiévreux, euse adj. et n. Qui a la fièvre. ‖ Qui la cause. ‖ *Fig.* Tourmenté, agité.

fifre nm. Petite flûte de son aigu. ‖ Celui qui en joue.

figer vt. (c. *manger*). Epaissir, condenser par le froid. ‖ *Figé*, e part. et adj. *Fig.* Immobilisé, glacé : *- par la peur.*

fignolage nm. Action de fignoler.

fignoler vi. Raffiner en quelque chose. ‖ Vt. Parachever avec un soin minutieux.

figue nf. Fruit du figuier. ‖ *- de Barbarie,* fruit du cactus.

figuier nm. Arbre de la famille des urticacées, qui produit la figue. ‖ *- d'Inde* ou *de Barbarie,* espèce de cactus dont le fruit est comestible.

figuline nf. Ouvrage de poterie.

figurant, e n. Personnage généralement muet, dans une pièce de théâtre, un film.

figuratif, ive adj. Qui est la représentation d'une chose : *plan, dessin -.*

figuration nf. Action de figurer. ‖ Les figurants d'un théâtre.

figure nf. Forme extérieure d'un corps. ‖ Visage. ‖ *Fig.* Air, contenance : *faire sotte -*. ‖ Symbole : *l'Agneau pascal était une - de l'eucharistie.* ‖ *Géom.* Représentation des lignes, des surfaces ou des volumes géométriques. ‖ *Gramm.* Modification de l'emploi des mots qui donne plus de pittoresque et de vivacité à l'expression de la pensée : *- de mots* (euphémisme, métaphore, etc.) : *- de construction* (ellipse). ‖ *Danse.* Différentes lignes qu'on décrit en dansant : *les - d'un quadrille.*

figurer vt. Représenter par la peinture, la sculpture, le dessin, etc. ‖ Vi. Se trouver dans : *- sur une liste.* ‖ Jouer le rôle d'un figurant. ‖ Se vpr. S'imaginer, croire. ‖ **Figuré, e**

part. et adj. *Sens -,* signification détournée du sens propre. Ex. : *la lecture nourrit l'esprit* (sens figuré); *le pain nourrit le corps* (sens propre). ‖ Nm. Sens figuré : *au.propre et au -.*

figurine nf. Statuette.

figuriste nm. Mouleur de figures en plâtre.

fil nm. Brin long et menu de chanvre, de lin, de soie, etc. ‖ Tranchant : *le - du rasoir.* ‖ *- d'archal,* fil de fer ou de laiton, passé à la filière. ‖ *- à plomb,* fil ou ficelle lestés pour matérialiser la verticale. ‖ *- de la Vierge,* v. FILANDRE. ‖ *Fig.* Liaison, enchaînement : *le - d'un discours.* ‖ Cours : *le - des jours.* ‖ *Donner du - à retordre,* susciter des difficultés. ‖ *De - en aiguille,* de propos en propos. ‖ *Ne tenir qu'à un -,* dépendre d'un rien.

filage nm. Action ou manière de filer.

filaire nf. Ver nématode, parasite de divers vertébrés.

filament nm. Petite fibre des muscles, des nerfs, des plantes. ‖ Petit fil. ‖ *Electr.* Fil de l'ampoule électrique.

filamenteux, euse adj. Qui a des filaments : *viande -.*

filandière nf. Fileuse. ‖ Adj. *Les sœurs -,* les Parques (v. *Part. hist.*).

filandre nf. Fibrille menue et longue qui se trouve dans une viande coriace. ‖ Fil léger qui flotte dans l'air, produit par diverses araignées en automne (*fil de la Vierge*).

filandreux, euse adj. Rempli de filandres. ‖ *Fig.* Confus : *explications -.*

filant, e adj. Qui file sans se diviser en gouttes.

filanzane nm. Chaise à porteurs, à Madagascar.

filasse nf. Amas de filaments tirés de l'écorce du chanvre, du lin, etc. ‖ Adj. inv. *Cheveux -,* d'un jaune pâle.

filateur nm. Qui exploite une filature.

filature nf. Etablissement où l'on file les textiles : *- de coton.* ‖ Action de filer un individu.

file nf. Rangée : *- de voitures.* ‖ *Chef de -,* le premier d'une file. ‖ *En indienne,* l'un derrière l'autre. ‖ *A la -* loc. adv., l'un après l'autre.

filé nm. Fil destiné au tissage. ‖ Métal passé à la filière.

filer vt. Mettre en fil. ‖ Sécréter des fils, en parlant des insectes. ‖ Suivre en épiant. ‖ *- ses jours,* passer sa vie. ‖ *Mar. - n nœuds,* faire *n* milles en une heure. ‖ Vi. Couler lentement. ‖ Avoir une flamme qui fume : *lampe qui file.* ‖ *Fam.* Aller vite : *voiture qui file.* ‖ *- à l'anglaise,* partir sans prendre congé. ‖ *Fig. - doux,* céder par crainte.

filet nm. Tissu à claire-voie pour la pêche, la chasse. ‖ Résille pour retenir les cheveux. ‖ Sorte de broderie. ‖ Partie déliée de l'étamine d'une fleur. ‖ Partie charnue qui se lève sur l'épine du dos du bœuf, du chevreuil, etc. ‖ Petite membrane sous la langue. ‖ Saillie en spirale d'une vis. ‖ Ornement fin et délié, d'architecture, de menuiserie, etc. ‖ *Fig.* Très petite quantité : *- d'eau.*

filetage nm. Action de fileter.

fileter vt. Passer à la filière. ‖ Former les filets d'une vis ou d'un écrou.

fileur, euse n. Qui fait du fil.

filial, e, aux adj. Qui est du devoir d'un fils, d'un enfant.

filiale nf. Succursale d'une maison de commerce.

filiation nf. Descendance, lien de parenté. ‖ *Fig.* Suite, enchaînement : *- des idées.*

filière nf. Pièce d'acier pour étirer le métal et le transformer en fil. ‖ Pièce pour fileter une vis. ‖ Pore par lequel certains insectes produisent leur fil. ‖ *Fig.* Suite de formalités, d'emplois : *la - administrative.*

filiforme adj. Délié comme un fil.

filigrane nm. Ouvrage d'orfèvrerie à jour. ‖ Dessin visible par transparence dans l'épaisseur de certains papiers.

filigraner vt. Travailler en filigrane.

filin nm. Cordage végétal ou métallique, employé dans la marine.

fille nf. Enfant du sexe féminin, par rapport aux parents. ‖ Personne du sexe féminin non mariée. ‖ Servante.

fillette nf. Petite fille.

filleul, e n. Celui, celle dont on est parrain ou marraine.

film nm. Bande mince recouverte d'une émulsion sensible, employée en photographie et en cinématographie. ‖ Œuvre cinématographique. ‖ Mince pellicule : *un - d'huile.*

filmer vt. Enregistrer sur un film cinématographique.

filon nm. Masse minérale incluse dans une fente de l'écorce terrestre. ‖ *Fig. et fam.* Poste agréable et sans danger : *avoir le -.*

filoselle nf. Fil de soie grossier obtenu en filant la bourre des cocons.

filou nm. Voleur adroit.

filouter vt. *Fam.* Voler avec adresse. ‖ Vi. Tricher au jeu.

filouterie nf. Action de filou.

fils nm. Enfant mâle, par rapport aux parents. ‖ Terme d'amitié : *mon -.* ‖ Descendant : *les - des Gaulois.* ‖ *Le - de l'homme,* Jésus-Christ.

filtrage nm. Action de filtrer; son résultat.

filtration nf. Passage d'un liquide à travers un filtre qui arrête les particules solides. ‖ Action de passer, de filtrer à travers des couches de terrain perméable.

filtre nm. Corps poreux à travers lequel on passe un liquide ou un gaz pour le purifier.

filtrer vt. Faire passer un liquide à travers un filtre. ‖ Vi. Pénétrer : *l'eau filtre à travers les terres.* ‖ *Fig.* Passer subrepticement : *laisser une nouvelle.*

fin nf. Ce qui termine; extrémité dans le temps et l'espace : *la - de l'année; la - d'un livre.* ‖ Résultat : *mener une entreprise à bonne -.* ‖ Cessation : *mettre - à ses jours.* ‖ Par ext. Mort : *il sentait sa - prochaine.* ‖ But auquel on tend : *en venir à ses -.* ‖ *Dr. - de non-recevoir,* refus.

fin, fine adj. D'une extrême petitesse : *écriture, pluie -.* ‖ Mince : *taille -.* ‖ Délicat : *traits -.* ‖ Excellent : *vin -.* ‖ Subtil, en parlant des sens : *oreille -.* ‖ *Fig. et fam.* Avoir *le nez -,* être perspicace. ‖ Délicat : *goût -.* ‖ Pur : *or -.* ‖ Spirituel : *un regard -.* ‖ Rusé : *c'est un renard.* ‖ *- mot,* motif secret. ‖ *Le fond,* l'endroit le plus reculé : *au fond de la Sibérie.* ‖ Nm. Linge fin : *blanchisserie de -.* ‖ *Le - du -,* ce qu'il y a de plus subtil. ‖ Nf. Houille très menue. ‖ Adv. *Etre - prêt,* entièrement.

finage nm. (de *fin*). Epuration finale de la fonte par élimination du silicium.

final, e, als adj. Qui finit : *la pièce d'un feu d'artifice.* ‖ *Impénitence -,* qui dure jusqu'à la fin. ‖ *Philos. Cause -,* but principal, raison dernière d'un être, d'une chose. ‖ Adj. et nf. Dernière syllabe ou lettre d'un mot. ‖ *Mus. -* ou *tonique,* note principale qui détermine le ton d'un morceau et par laquelle il doit finir. ‖ Dernière épreuve d'une compétition sportive. ‖ *Demi- -,* avant-dernière épreuve.

finale ou **final** nm. *Mus.* Morceau qui termine une symphonie, une sonate, etc.

finalité nf. *Philos.* Existence d'une cause finale, d'un but à atteindre.

finance nf. Argent comptant : *moyennant -.* ‖ Profession du financier. ‖ Ensemble des financiers. ‖ Pl. Ressources de l'Etat : *l'administration des -.* ‖ *Fam.* Etat de fortune : *ses - sont en baisse.*

financement nm. Action de financer.

financer vi. (c. *placer*). *Fam.* Fournir de l'argent. ‖ Vt. Fournir des capitaux à : *- une entreprise.*

financier, ère adj. Relatif aux finances. || Nm. Qui s'occupe d'opérations financières. || Spécialiste en matière de finances.

finasser vi. User de finasseries.

finasserie nf. Finesse mêlée de ruse.

finasseur, euse ou **finassier, ère** n. Qui use de finesses grossières.

finaud, e adj. et n. Fin, rusé sous un air de simplicité : *paysan -.*

fine nf. Eau-de-vie naturelle de bonne qualité : *une - champagne.*

finesse nf. Qualité de ce qui est fin, ténu et mince : *- des cheveux.* || Qualité de ce qui est élancé : *la - de la taille.* || Qualité de ce qui est légèrement marqué : *délicatesse : - des traits.* || Caractère de ce qui est d'une qualité supérieure : *la - d'un vin.* || *Fig.* Pénétration, aptitude à saisir des rapports délicats : *- de l'esprit.* || Subtilité des sens : *- de l'ouïe.*

finette nf. Étoffe de coton dont l'envers est pelucheux.

finir vt. Achever. || Vi. Être terminé en forme de : *- en pointe.* || Mourir. || *- de,* cesser de : *- de parler.* || *- par,* en venir à : *- par avoir raison.* || **Fini,** e adj. || Nm. Perfection : *le - d'un ouvrage.*

finissage nm. ou **finition** nf. Derniers soins donnés à un ouvrage.

finlandais, e adj. et n. De la Finlande.

finnois, e adj. et n. Se dit d'un peuple qui habite l'extrémité nord de la Finlande.

fiole nf. Petit flacon de verre.

fiord V. FJORD.

fioriture nf. Ornement dans un morceau de musique. || *Par ext.* Ornement, agrément accessoire dans une œuvre d'art.

firmament nm. Voûte céleste.

firman nm. Ordre émanant d'un souverain, en Orient.

firme nf. Entreprise industrielle ou commerciale.

fisc nm. Trésor de l'État. || Administration chargée de percevoir les impôts.

fiscal, e, aux adj. Qui concerne le fisc, le Trésor public.

fiscalité nf. Système des lois relatives au fisc, à la perception des impôts.

fissile adj. Qui a tendance à se fendre en lames : *l'ardoise est -.*

fission nf. Séparation du noyau de l'atome d'uranium en deux autres noyaux sous l'influence de neutrons.

fissure nf. Petite crevasse.

fistule nf. *Méd.* Canal accidentel qui rejette au-dehors les sécrétions d'une glande.

five-o'clock [*faï-vo-klok*] nm. Lunch, thé que l'on prend à cinq heures de l'après-midi.

fixage nm. Action de fixer. || Opération photographique rendant l'image insensible à la lumière.

fixateur, trice adj. Qui a la propriété de fixer. || Nm. *Phot.* Bain de fixage. || Outil pour fixer les œillets.

fixatif, ive adj. Qui sert à fixer. || Nm. Vernis pour fixer les dessins.

fixation nf. Action de fixer, d'établir.

fixe adj. Qui ne se meut pas. || Immobile. || *Fig.* Qui est déterminé d'avance : *prix -; heure -.* || *Idée -,* idée qui obsède l'esprit. || Nm. La partie invariable d'un salaire : *vous aurez tant de -.* || Interj. *-!* commandement militaire imposant l'immobilité.

fixer vt. Rendre fixe, stable. || Diriger : *- les yeux.* || *Fam.* Regarder fixement : *- quelqu'un.* || *Fig.* Déterminer : *- un prix.* || Arrêter : *- son choix.* || Établir : *- sa résidence.* || Captiver : *- l'attention de quelqu'un.* || Passer dans un bain de fixage. || Enduire un dessin de fixatif. || Se vpr. S'établir.

fixisme nm. Doctrine qui admet la fixité des espèces.

fixité nf. Qualité de ce qui est fixe. || *Fig.* Stabilité : *la - des idées.*

fjord [*fior*] ou **fiord** nm. Golfe étroit et profond de Norvège.

flac! interj. Onomatopée imitant le bruit d'un choc.

flaccidité [*flak-si*] nf. État d'une chose flasque.

flacon nm. Petite bouteille. || Son contenu : *un - de parfum.*

fla-fla nm. inv. *Fam.* Ostentation : *faire des -.*

flagellation nf. Supplice. || Action de se flageller.

flageller vt. Battre de coups de fouet, de verges.

flageoler vi. Trembler, chanceler sur ses jambes.

flageolet nm. Petit instrument de musique à vent. || Adj. et nm. Espèce de haricot.

flagorner vt. Flatter bassement.

flagornerie nf. Basse flatterie.

flagorneur, euse n. Qui flagorne.

flagrant, e adj. Évident : *un - délit.*

flair nm. Odorat. || *Fig.* Perspicacité.

flairer vt. Appliquer son odorat à. || *Fig.* Pressentir : *- un danger.*

flamand, e adj. et n. De la Flandre.

flamant nm. Grand oiseau échassier à pieds palmés, et dont le dessous des ailes est couleur de flamme.

flambage nm. Action ou manière de flamber.

flambard ou **flambart** nm. *Fig.* et *fam.* Gai luron : *faire le* -.

flambe nf. Nom vulgaire de l'*iris des marais*. ‖ Epée à lame ondulée.

flambeau nm. Torche, chandelle de cire ou de suif. ‖ Chandelier. ‖ *Fig.* Lumière qui guide : *le* - *de la foi*.

flambée nf. Feu clair, vif.

flamber vt. Passer à la flamme. ‖ Vi. Brûler en donnant une flamme claire. ‖ *Fam. Il est flambé*, il est perdu. ‖ **Flambant, e** adj. *Fig.* et *fam.* - *neuf*, absolument neuf.

flamberge nf. *Par plais.* Epée.

flamboiement nm. Eclat d'un objet qui flamboie.

flamboyer vi. (c. *aboyer*). Jeter une flamme brillante. ‖ *Par ext.* Briller comme la flamme : *des yeux qui flamboient*. ‖ **Flamboyant, e** adj. *Style* -, variété de style gothique aux formes rappelant celles des flammes.

flamingant, e adj. et n. Qui parle le flamand.

flamme nf. Gaz incandescent produit par une substance en combustion. ‖ *Les* - *éternelles*, l'enfer. ‖ *Mar.* Pavillon de guerre. ‖ *Art vétér.* Lancette. ‖ *Fig.* Passion, amour ardent.

flammèche nf. Parcelle embrasée qui s'élève d'un foyer.

flammerole nf. Feu follet.

flan nm. Pâtisserie à la crème, aux œufs, etc. ‖ Pièce de métal préparée pour recevoir une empreinte.

flanc nm. Côté du corps allant des côtes aux hanches. ‖ *Fig.* Côté d'une chose. ‖ *Prêter le* -, donner prise. ‖ *Se battre les* -, se donner vraiment du mal. ‖ *Fam. Tirer au* -, se soustraire à une corvée.

flancher vi. *Fam.* Lâcher pied.

flandrin nm. *Fam.* Escogriffe.

flanelle nf. Tissu pelucheux de coton ou de laine peignée ou cardée.

flâner vi. Errer sans but. ‖ Perdre son temps.

flânerie nf. Action de flâner.

flâneur, euse n. Qui flâne.

flanquer vt. *Fortif.* Défendre par des ouvrages latéraux. ‖ *Milit.* Appuyer par des troupes ou des tirs de flanc. ‖ Etre placé à côté : *flanqué de ses deux enfants.*

flanquer vt. *Fam.* Appliquer fortement : - *une gifle*. ‖ - *à la porte*, expulser avec brutalité.

flaque nf. Petite mare.

flash nm. Eclair pour prise de vue photographique. ‖ Pl. des *flashes*.

flasque adj. Mou. ‖ Nm. Plaque laté-

rale de l'affût d'un canon. ‖ Enjoliveur de roues d'automobile.

flatter vt. Caresser avec la main. ‖ *Fig.* Louer. ‖ Charmer : *la musique flatte l'oreille.* ‖ Embellir : - *un portrait.* ‖ **Se** - vpr. Se vanter, prétendre.

flatterie nf. Louange intéressée.

flatteur, euse adj. et n. Qui flatte.

flatueux, euse adj. Qui cause des flatuosités.

flatulence nf. Accumulation de gaz dans l'estomac et l'intestin.

flatulent, e adj. Produit par la flatulence ; sujet à la flatulence.

flatuosité nf. Gaz intestinaux.

fléau nm. Instrument pour battre le blé. ‖ Levier de la balance portant les plateaux. ‖ Barre de fermeture d'une porte cochère. ‖ - *d'armes*, sorte de masse d'armes. ‖ *Fig.* Grande calamité : *la peste, la famine, la guerre sont des* -. ‖ *Fig.* Individu redoutable : *Attila s'intitulait « le* - *de Dieu ».* ‖ *Par exagér.* Importun.

flèche nf. Trait qu'on lance avec l'arc ou l'arbalète. ‖ Timon de voiture. ‖ Pointe d'un clocher. ‖ *Math.* Perpendiculaire abaissée du milieu d'un arc de cercle sur la corde qui le soustend.

fléchette nf. Petite flèche.

fléchir vt. Ployer, courber. ‖ *Fig.* Attendrir : - *ses juges.* ‖ Vi. *Fig.* Se soumettre, céder.

fléchissement nm. Action de fléchir ; son résultat.

fléchisseur nm. et adj. m. *Anat.* Qui fait fléchir : *muscle* -.

flegmatique adj. Impassible.

flegme nm. Sang-froid imperturbable.

flemme nf. *Pop.* Paresse.

flet, flétan nm. Poisson de mer à chair délicate.

flétrir vt. Faner ; ôter l'éclat, la fraîcheur. ‖ *Fig.* Altérer : *l'abus des plaisirs flétrit la jeunesse.* ‖ Déshonorer : - *la réputation de quelqu'un.*

flétrissure nf. Action de flétrir ; son résultat.

fleur nf. Organe reproducteur des végétaux. ‖ *Fig.* Partie la plus fine : - *de farine.* ‖ Produit très pur obtenu par sublimation : - *de soufre.* ‖ Eclat, fraîcheur : *être à la* - *de l'âge.* ‖ Elite : *la* - *de l'armée.* ‖ - *de lis*, ornement des armoiries des rois de France. ‖ Pl. Moisissure qui se développe sur les boissons fermentées, au contact de l'air. ‖ **A** - **de** loc. prép., au ras de.

fleurdelisé, e adj. Orné de fleurs de lis.

fleurer vi. Répandre une odeur.

fleuret nm. Epée sans tranchant et mouchetée.

fleurette nf. Petite fleur. || *Fig.* Propos galant : *conter -.*

fleurir vi. Produire des fleurs, se couvrir de fleurs. || *Fig.* Prospérer : *le commerce fleurit.* || Vt. Orner de fleurs. || **Fleuri, e** part. et adj. *Fig. Teint -,* qui a de l'éclat. || *Pâques fleuries,* le dimanche des Rameaux.

fleuriste adj. et n. Qui cultive ou vend des fleurs. || Qui fait des fleurs artificielles.

fleuron nm. Ornement en forme de fleur. || *Fig. Le plus beau -,* ce qu'il y a de mieux.

fleuronné, e adj. Orné de fleurons.

fleuve nm. Grand cours d'eau qui aboutit à la mer.

flexibilité nf. Souplesse.

flexible adj. Souple (au *pr.* et au *fig.*) : *lame, caractère -.*

flexion nf. Action de fléchir. || Etat de ce qui est fléchi. || Pl. *Gramm.* Modifications que subit un mot dans sa terminaison, selon le rôle qu'il joue dans la phrase.

flexueux, euse adj. Courbé alternativement dans plusieurs sens.

flibuste nf. Piraterie, pillage sur mer. || Corps des flibustiers.

flibusterie nf. Vol, filouterie.

flibustier nm. Pirate des mers d'Amérique, aux XVIIe et XVIIIe s. || *Par ext.* Filou, qui vit d'expédients.

flic flac, onomat. exprimant le bruit de coups de fouet ou de soufflets.

flingot nm. *Pop.* Fusil.

flint-glass [*flin't'*] nm. Verre d'optique analogue au cristal.

flirt [*fleurt'*] nm. Action de flirter. || Personne avec qui l'on flirte. || Adjectiv. Enclin à flirter : *jeune fille -.*

flirter [*fleur-té*] vi. Se livrer à un manège de coquetterie; conter fleurette.

floche adj. *Soie -,* non torse.

flocon nm. Touffe, amas léger de laine, de neige, etc. || Grains de céréales réduits en lamelles.

floconneux, euse adj. En flocons.

flonflon nm. *Fam.* Refrain de chanson populaire.

floraison nf. Epanouissement de la fleur.

floral, e, aux adj. Qui a rapport à la fleur.

floralies nfpl. Exposition horticole.

flore nf. Végétation d'une même région. || Livre qui la décrit.

floréal nm. Huitième mois du calendrier révolutionnaire (20 avril-19 mai).

floriculture nf. Culture des plantes à fleurs.

florilège nm. Recueil de poésies.

florin nm. Unité monétaire des Pays-Bas.

florissant, e adj. Qui est dans un état prospère : *santé -.*

flot nm. Eau agitée, vague. || Marée montante. || *Fig.* Multitude, grande quantité : *- d'auditeurs; - de sang.*

flottable adj. Qui peut flotter. || *Rivière -,* qui se prête au flottage.

flottage nm. Transport par eau d'arbres abattus et liés ensemble.

flottaison nf. *Ligne de -,* ligne de séparation entre la partie immergée et la partie émergée d'un navire.

flotte nf. Réunion de bateaux naviguant ensemble. || L'armée navale d'un pays. || Importante formation d'aviation : *- aérienne.*

flottement nm. Etat d'un objet qui flotte. || A-coups dans la marche d'une troupe. || *Fig.* Incertitude dans les idées.

flotter vi. Rester à la surface d'un liquide. || Voltiger en ondoyant : *ses cheveux flottaient au vent.* || *Fig.* Etre irrésolu : *- entre deux solutions.*

flotteur nm. Ouvrier qui conduit des trains de bois. || Corps léger flottant sur un liquide.

flottille nf. Petite flotte.

flou, e adj. Fondu, vaporeux. || *Cout.* Qui n'est pas ajusté, par opposition à *tailleur.* || Qui manque de netteté : *une photographie trop -.* || Nm. : *le - d'un tableau.*

fluctuation nf. Oscillation d'un liquide. || *Fig.* Variation : *- des prix.*

fluet, ette adj. Mince, délicat.

fluide adj. et nm. Qui n'a pas de forme propre et peut s'écouler.

fluidifier vt. Faire passer à l'état fluide.

fluidité nf. Caractère des corps fluides : *la - de l'eau.*

fluor nm. *Chim.* Gaz jaunâtre (F), à réactions énergiques. || *Spath -,* syn. de FLUORINE.

fluorescéine nf. Matière jaune, à grand pouvoir colorant.

fluorescence nf. Propriété de certains corps d'émettre de la lumière lorsqu'ils sont eux-mêmes éclairés.

fluorescent, e adj. Doué de fluorescence.

fluorhydrique adj. *Acide -,* composé de fluor et d'hydrogène (HF), employé dans la gravure sur verre.

fluorine nf. *Chim.* Fluorure naturel de calcium.

fluorure nm. *Chim.* Tout composé

flûte nf. Instrument de musique à vent, en forme de tuyau percé de plusieurs trous. ‖ Celui qui en joue. ‖ Petit pain long. ‖ Verre à champagne, étroit et long. ‖ - *de Pan*, instrument de musique composé de roseaux d'inégale longueur. ‖ Pl. Pop. Jambes. ‖ *Jouer des -*, courir.

flûteau nm. Mirliton.

flûter vi. Jouer de la flûte. ‖ Siffler en parlant du merle.

flûtiste n. Musicien qui joue de la flûte.

fluvial, e, aux adj. Relatif aux fleuves : *eaux -*.

flux [*flu*] nm. Mouvement de la mer vers le rivage. (Opposé à *reflux*.) ‖ *Fig.* Abondance : *un - de paroles*. ‖ *Méd.* Écoulement.

fluxion nf. Gonflement douloureux, causé par un amas de liquide. ‖ *Méd.* - *de poitrine*, pneumonie.

foc [*fok*] nm. *Mar.* Voile triangulaire, à l'avant d'un navire.

focal, e, aux adj. Qui concerne le foyer des miroirs ou des lentilles.

fœhn [*feun'*] nm. Vent chaud et sec, soufflant du sud-est dans le Jura et les Alpes suisses.

fœtus [*fé-tuss*] nm. Embryon non arrivé à terme.

foi nf. Fidélité, loyauté : *la - conjugale*. ‖ Confiance : *témoin digne de -*. ‖ Croyance aux dogmes; la religion elle-même : *avoir la -*. ‖ *Bonne -*, franchise. ‖ *Mauvaise -*, intention coupable. ‖ *Faire -*, prouver. ‖ *Ni - ni loi*, ni religion ni conscience.

foie nm. La plus volumineuse des glandes du corps humain, sécrétant la bile.

foin nm. Herbe fauchée et séchée pour la nourriture des animaux domestiques. ‖ Poils soyeux qui garnissent le fond d'un artichaut.

foin! interj. qui exprime le dédain, le dégoût : *- des menteurs!*

foire nf. Grand marché public se tenant à date fixe.

foirer vi. Pop. Avoir la diarrhée. ‖ *Fig.* Avoir peur. ‖ Faire long feu. ‖ Ne plus prendre, en parlant d'un pas de vis.

fois nf. Joint à un nom de nombre, marque la quantité, la répétition : *il est venu trois -*. ‖ Loc. adv. *Une -*, à une certaine époque : *il était une - ...* *Une - pour toutes*, définitivement. *A la -*, ensemble.

foison nf. Grande quantité. ‖ *A -* loc. adv., abondamment.

foisonnement nm. Augmentation de volume : *le - de la chaux*.

foisonner vi. Abonder, pulluler. ‖ Augmenter de volume.

fol, folle adj. et n. V. FOU.

folâtre adj. Gai, enjoué.

folâtrer vi. Badiner, jouer.

foliation nf. Disposition et développement des feuilles sur la tige.

folichon, onne adj. *Fam.* Folâtre. ‖ Qui indique ce caractère : *des airs -*.

folie nf. Démence, aliénation d'esprit. ‖ Acte d'extravagance : *faire une -*. ‖ *Aimer à la -*, éperdument.

folié, e adj. Garni de feuilles. ‖ Qui a la forme d'une feuille.

folio nm. Numéro de chaque page d'un livre.

foliole nf. Chacun des éléments d'une feuille composée.

folioter vt. Numéroter les folios.

folklore nm. Traditions, légendes et usages populaires d'un pays.

folklorique adj. Relatif au folklore.

follet, ette adj. Évaporé, léger d'esprit. ‖ *Poil -*, barbe naissante. ‖ *Esprit -*, lutin familier. ‖ *Feu -*, gaz d'hydrogène phosphoré qui se dégage des marais, des cimetières, et s'enflamme spontanément au contact de l'air.

follicule nm. *Bot.* Fruit sec, formé d'une feuille carpellaire repliée. ‖ *Anat.* Organe en forme de sac.

fomentateur, trice n. Excitateur, provocateur : *- de troubles*.

fomentation nf. Action de fomenter.

fomenter vt. Exciter et entretenir : *- des troubles*.

fonçage nm. Abattage de l'ardoise à la pointe. ‖ Action de creuser un large trou. ‖ Pose d'un fond coloré.

foncer vt. (c. *placer*). Mettre un fond à un tonneau, à une cuve. ‖ Creuser verticalement. ‖ Rendre plus foncé, en parlant d'une couleur. ‖ Vi. Se précipiter sur : *- sur l'ennemi*. ‖ *Foncé, e* part. et adj. Sombre : *des étoffes bleu -*.

foncier, ère adj. Assigné, établi sur fonds de terre. ‖ Qui possède des biens-fonds. ‖ Qui fait le fond du caractère de quelqu'un : *qualités -*. ‖ Nm. L'impôt foncier.

foncièrement adv. Dans le fond; complètement : *être - honnête*.

fonction nf. Exercice d'un emploi. ‖ *Faire - de*, remplacer le titulaire. ‖ Activité propre à un appareil : *- digestive*. ‖ *Chim.* Ensemble de propriétés appartenant à un groupe de corps : *- acide*. ‖ *Math.* Toute grandeur dont la valeur dépend d'une ou de plusieurs variables. ‖ *Gramm.* Rôle d'un mot dans une proposition : *- de sujet, de complément, etc.* ‖ *Être - de*, dépendre de. ‖ *En - de* loc. prép., en suivant les variations de.

fonctionnaire n. Qui remplit une fonction publique.

fonctionnarisme nm. Prépondérance des services d'administration dans un État.

fonctionnel, elle adj. Relatif aux fonctions organiques : *troubles* -.

fonctionnement nm. Manière dont une chose fonctionne.

fonctionner vi. Remplir sa fonction. ‖ Être mis en action.

fond nm. La partie la plus basse. ‖ Ce qui reste au fond. ‖ Partie la plus éloignée de l'entrée, la plus retirée d'un pays. ‖ Champ d'un tableau, d'une étoffe, sur lequel se détache le sujet. ‖ Décor arrière d'une scène de théâtre. ‖ Ce qui fait l'essence d'une chose, par opposition à la forme : *comédies qui diffèrent par le* -. ‖ *Course de* -, épreuve de résistance sur un long parcours. ‖ *Fig*. Ce qu'il y a de plus intime : *le* - *du cœur*. ‖ Loc. adv. **A** -, complètement. **De** - **en comble**, entièrement : *démolir une maison de* - *en comble*.

fondamental, e, aux adj. Qui sert de fondement. ‖ *Fig*. Qui sert de base; principal, essentiel : *loi* -.

fondant, e adj. Qui entre en fusion. ‖ Moelleux, succulent : *poire* -. ‖ Nm. Bonbon.

fondateur, trice n. Qui a fondé un empire, une religion, une industrie, un commerce, etc.

fondation nf. Ensemble des travaux nécessaires à l'assise d'une construction. ‖ *Fig*. Action de fonder, de créer : - *d'une académie*. ‖ Capital légué pour des œuvres d'assistance : - *pieuse*.

fondé, e adj. Légitime : *reproche* -. ‖ Nm. - *de pouvoir*, personne autorisée à agir au nom d'une autre personne ou d'une société.

fondement nm. Maçonnerie servant de base à un édifice. ‖ Partie inférieure du tube intestinal. ‖ *Fig*. Principal appui : *la justice est le plus sûr* - *d'un Etat*. ‖ Cause : *bruit sans* -.

fonder vt. Etablir les fondements d'une construction. ‖ Créer : - *un hospice*. ‖ Instituer : - *un prix*. ‖ *Fig*. Appuyer de raisons, de preuves : - *son opinion sur*...

fonderie nf. Usine où l'on fond les métaux. ‖ Art du fondeur.

fondeur nm. Celui qui exploite une fonderie de métaux. ‖ Ouvrier qui y travaille.

fondoir nm. Partie d'un abattoir où se préparent les suifs.

fondre vt. Amener par la chaleur un solide à l'état liquide. ‖ Mettre en moule : - *une cloche*. ‖ *Fig*. Combiner plusieurs choses en un tout : - *un ouvrage avec un autre*. ‖ *Peint*. Mêler : - *les couleurs*. ‖ Vi. Devenir liquide. ‖ - *en larmes*, pleurer abondamment. ‖ Se réduire à rien : *l'argent fond entre ses mains*. ‖ S'abattre sur : *l'épervier fond sur sa proie*. ‖ *Fam*. Maigrir.

fondrière nf. Crevasse dans le sol. ‖ Terrain marécageux.

fonds nm. Le sol d'une terre, d'un domaine. ‖ *Bien*-, biens immeubles. ‖ Commerce avec sa clientèle : *un* - *de librairie*. ‖ *Fig*. Ensemble des qualités morales ou intellectuelles, qui constituent comme une sorte de capital : *un grand* - *de bon sens*. ‖ Pl. Argent, capitaux : *emprunter des* -; *être en* -. ‖ - *publics*, rentes créées par l'Etat. ‖ - *perdu*, argent placé en rentes viagères.

fondue nf. Mets composé de gruyère fondu au feu et de vin blanc.

fongiforme adj. En forme de champignon.

fontaine nf. Eau vive qui sort de terre. ‖ Construction destinée à l'écoulement des eaux. ‖ Récipient dans lequel on conserve de l'eau.

fontainier nm. Qui fait, vend ou entretient des fontaines.

fontanelle nf. Points de suture que présente la boîte crânienne avant son entière ossification.

fontange nf. Nœud de rubans que les femmes portaient sur leur coiffure.

fonte nf. Action de fondre ou de se fondre. ‖ Alliage de fer et de carbone produit par le haut fourneau. ‖ L'art, le travail du fondeur.

fonte nf. Etui en cuir fixé à l'arçon d'une selle.

fonts nmpl. Bassins baptismaux.

football [*fout'-baul*] nm. Jeu de ballon dans lequel les joueurs, divisés en deux camps, cherchent à lancer du pied le ballon dans le but adverse.

footballeur nm. Qui pratique le football.

footing [*fou-ting'*] nm. Marche à pied.

for nm. - *intérieur*, la conscience. ‖ - *extérieur*, la justice humaine.

forage nm. Percement à l'aide d'un foret. ‖ Creusement d'un puits.

forain, e adj. et n. *Marchand* ~ ou, substantiv., ~, marchand qui fréquente les foires, les marchés.

foraminifères nmpl. Protozoaires recouverts d'un test percé de trous.

forban nm. Pirate, corsaire. ‖ *Par ext*. Bandit, escroc.

forçage nm. Excédent de poids d'une pièce de monnaie. ‖ Culture en serre et taille permettant d'obtenir des fleurs, des fruits prématurés.

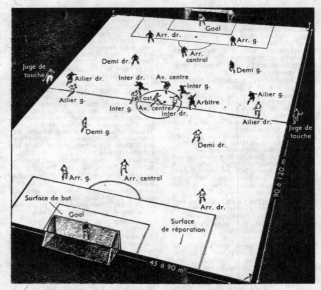

Goal
Arr. dr.
Arr. g.
Arr.
central
Demi dr.
Demi g.
Juge de touche
Ailier dr.
Inter dr.
Av. centre
Inter g.
Ailier g.
Inter g.
Arbitre
Ailier g.
Av. centre
Inter dr.
Ailier dr.
Juge de touche
Demi g.
Demi dr.
Arr. g.
Arr. central
Surface de but
Goal
Arr. dr.
Surface de réparation
90 à 120 m
45 à 90 m

forçat nm. Homme condamné aux travaux forcés.

force nf. Puissance capable d'agir, de produire un effet. ‖ *Phys.* Toute cause modifiant l'état de repos ou de mouvement d'un corps. ‖ Vigueur physique. ‖ Violence : *céder à la -.* ‖ Capacité d'impulsion : *- d'une machine.* ‖ Activité : *- d'un poison.* ‖ *Fig.* Habileté, talent : *être de même au jeu.* ‖ *- d'âme,* fermeté, courage. ‖ *- majeure,* cause à laquelle on ne peut résister. ‖ Pl. Ensemble des formations militaires d'un État : *les armées.* ‖ *Être en -,* en nombre. ‖ *Faire - de rames,* ramer vigoureusement. ‖ *- d'inertie,* résistance passive. ‖ Adv. de quantité. Beaucoup : *- gens.* ‖ Loc. adv. **A toute -,** à tout prix. **De vive -,** d'assaut. ‖ **A - de** loc. prép., par l'action incessante de.

forcément nm. Action de forcer.

forcené, e adj. et n. Hors de soi, furieux.

forceps [*sèpss*] nm. Instrument de chirurgie employé dans les accouchements laborieux.

forcer vt. (c. *placer*). Briser, rompre. ‖ Fausser : *- une clef.* ‖ Prendre par force. ‖ Enfreindre : *- la consigne.* ‖ Pousser à un effort excessif : *- sa voix.* ‖ Augmenter, exagérer : *- la dose.* ‖ *Fig.* Obliger à : *- à partir.* ‖ *Fig. - la nature,* vouloir faire plus qu'on ne peut. ‖ *- le pas,* marcher plus vite. ‖ *- un cheval,* l'excéder de fatigue. ‖ *- un cerf,* le réduire aux abois. ‖ *- la porte de quelqu'un,* entrer chez lui malgré sa volonté. ‖ *- la main à quelqu'un,* le faire agir malgré lui. ‖ Vi. Faire effort. ‖ **Se -** vpr. Se contraindre. ‖ **Forcé, e** part. et adj. Qui n'est pas naturel : *rire -.*

forcerie nf. Serre pour cultures forcées.

forces nfpl. Grands ciseaux à ressort pour tondre les moutons.

forcir vi. *Fam.* Grossir.

forclore vt. *Procéd.* Empêcher d'agir en justice après le délai prescrit. (Usité seulement à l'infinitif et au part. pass. *forclos, e.*)

forclusion nf. Déchéance d'un droit, le délai étant expiré.

forer vt. Percer, creuser.

forestier, ère adj. Qui concerne les forêts. ‖ Adj. et nm. Employé dans l'administration forestière.

foret nm. Outil tranchant en acier pour percer des trous.

forêt nf. Grande étendue de terrain plantée d'arbres. ‖ - *vierge*, forêt dense et exubérante des régions équatoriales. ‖ *Fig.* Multitude : *une - de mâts*.

forfaire [à] vt. ind. (N'est usité qu'à l'inf. prés., au sing. du prés. de l'ind. et aux temps composés.) Faire quelque chose contre le devoir, l'honneur.

forfait nm. Crime audacieux.

forfait nm. Marché par lequel une des parties s'oblige à faire ou à fournir quelque chose pour un prix fixé d'avance. ‖ *Déclarer* -, se retirer d'une compétition sportive.

forfaitaire adj. A forfait : *prix* -.

forfaiture nf. *Féod.* Crime. ‖ Manquement d'un fonctionnaire aux devoirs essentiels de sa charge : *magistrat destitué pour* -.

forfanterie nf. Hâblerie.

forficule nf. Insecte orthoptère, dit *perce-oreille*.

forge nf. Établissement où l'on traite le fer. ‖ Atelier du serrurier, du maréchal-ferrant. ‖ Fourneau à soufflerie pour le travail à chaud des métaux.

forgeage nm. Action de forger.

forger vt. (c. *manger*). Donner une forme, au moyen du feu et du marteau, à un métal chaud et encore pâteux. ‖ *Fig.* Imaginer : *- une nouvelle.* ‖ Se - vpr. S'imaginer : *se - des idées.*

forgeron nm. Celui qui travaille le fer au marteau et à la forge.

forgeur n. et adj. m. Qui forge.

formaliser (se) vpr. S'offenser : *se - d'une plaisanterie.*

formalisme nm. Vif attachement aux formes : *le - administratif.*

formaliste adj. et n. Attaché aux formes, à l'étiquette.

formalité nf. Condition nécessaire à la validité des actes civils, judiciaires. ‖ Politesse cérémonieuse : *il viendra sans* -.

format nm. Dimensions.

formateur, trice n. et adj. Qui forme, crée.

formation nf. Action de former, de se former; puberté. ‖ Education, instruction. ‖ Couche constitutive du sol : *- tertiaire.* ‖ Disposition d'une troupe : *- en colonne.* ‖ Tout élément ou détachement militaire.

forme nf. Apparence extérieure, configuration des corps, des objets. ‖ Aspect : *juger sur la* -. ‖ Conduite conforme aux règles établies : *agir*

dans les -. ‖ Manières polies : *en y mettant les* -. ‖ *Être en* -, en bonne condition physique. ‖ Caractère d'un gouvernement, d'un Etat selon la Constitution : *- monarchique, républicaine.* ‖ Moule de chapelier, de cordonnier. ‖ Tournure : *la - d'un vêtement.* ‖ *Impr.* Châssis de fer où sont serrées les pages composées. ‖ Loc. adv. **En** -, **en bonne** -, **en bonne et due** -, selon les lois. **Pour la** -, pour sauver les apparences. ‖ **En - de** loc. prép., avec les apparences de.

formel, elle adj. Exprès, précis : *recevoir un ordre* -.

former vt. Donner l'être et la forme. ‖ Façonner. ‖ Composer : *collines qui forment un amphithéâtre.* ‖ *Fig.* Concevoir : *- un projet.* ‖ Eduquer, instruire : *- l'esprit.* ‖ **Se** - vpr. Prendre forme. ‖ Devenir plus habile, plus poli. ‖ **Formé,** e part. et adj.

formidable adj. Redoutable : *une puissance* -. ‖ *Fam.* Enorme, extraordinaire : *un succès* -.

formique adj. *Chim.* Se dit d'un acide organique qui existe dans le corps des fourmis. ‖ *Aldéhyde* - ou *formol*, produit de l'oxydation de l'alcool méthylique.

formol nm. Antiseptique. (V. FORMIQUE.)

formulaire nm. Recueil de formules.

formule nf. Forme dans laquelle un acte doit être rédigé. ‖ Façon de s'exprimer : *- de politesse.* ‖ Indication des éléments d'un médicament. ‖ Résultat d'un calcul; expression d'une loi physique. ‖ Schéma indiquant la composition d'un composé chimique.

formuler vt. Rédiger : *- une ordonnance.* ‖ *Par ext.* Exprimer d'une façon précise : *- des griefs.*

fors prép. Hors, excepté : *tout est perdu, - l'honneur.* (Vx.)

fort, e adj. Robuste, vigoureux. ‖ Fortifié : *ville* -. ‖ Solide : *toile* -. ‖ Qui a beaucoup d'intensité, d'énergie, de violence : *voix* -; *pluie* -; *- fièvre.* ‖ Qui impressionne vivement le goût, l'odorat : *café, tabac* -. ‖ *Fig.* Energique : *âme* -. ‖ Considérable : *- somme.* ‖ Rude, pénible : *- tâche.* ‖ Savant : *- en histoire.* ‖ Terre -, grasse. ‖ *Esprit* -, qui se pique d'incrédulité en matière religieuse, et, *par ext.*, qui se met au-dessus des opinions reçues. ‖ *- tête*, indocile. ‖ *C'est un peu* -, locution qui marque la surprise, l'incrédulité ou l'indignation. ‖ Adv. D'une manière forte : *frapper* -; *crier* -. ‖ Extrêmement : *être - inquiet.* ‖ *Se faire - de*, s'engager à. ‖ *Se porter pour quelqu'un*, répondre de son consentement.

fort nm. Forteresse. ‖ Homme puissant : *le faible et le -.* ‖ *- de la Halle,* portefaix. ‖ Ce en quoi une personne excelle : *l'algèbre est son -.*

forte [té] adv. et nm. inv. *Mus.* Mot italien qui se met aux endroits où l'on doit renforcer le son.

forteresse nf. Lieu fortifié. ‖ *Aviat. - volante,* bombardier lourd américain.

fortification nf. Action de fortifier. ‖ Ouvrage de défense militaire.

fortifier vt. (c. *prier*). Garnir de fortifications. ‖ Donner plus de force. ‖ Affermir moralement. ‖ Corroborer : *ce témoignage fortifie votre opinion.* ‖ **Fortifiant,** e part., nm. et adj. *Fig.* Qui donne du courage : *une lecture -; le quinquina est un -.*

fortin nm. Petit fort.

fortiori (a) [*syo*] loc. adv. A plus forte raison.

fortissimo adv. *Mus.* Mot italien qui se met aux endroits où il faut renforcer beaucoup les sons.

fortuit, e adj. Imprévu, inattendu.

fortune nf. Hasard, chance. ‖ Sort, situation, destinée. ‖ Biens, richesses. ‖ *Faire -,* s'enrichir. ‖ *De -,* improvisé et provisoire : *une installation de -.* ‖ *Faire contre mauvaise - bon cœur,* ne pas se laisser abattre par les échecs.

fortuné, e adj. Heureux. ‖ Qui donne le bonheur. ‖ Pourvu de richesses : *une famille -.*

forum [*rom'*] nm. Place où le peuple s'assemblait à Rome, pour traiter des affaires publiques.

fosse nf. Trou plus ou moins profond dans le sol. ‖ *- commune,* long tranchée destinée à recevoir plusieurs cercueils côte à côte. ‖ *- d'aisances,* qui reçoit les matières fécales. ‖ *Anat.* Excavation : *- nasales.*

fossé nm. Longue fosse pour enfermer un espace, défendre une place ou faire écouler les eaux. ‖ *Fig.* Ce qui sépare : *le - s'est élargi entre ces deux partis.*

fossette nf. Petite fosse. ‖ Cavité naturelle au menton ou que le rire accuse sur la joue.

fossile nm. Débris ou empreintes de plantes ou d'animaux ensevelis dans les couches terrestres anciennes. ‖ *Fig.* Personne à idées arriérées; chose surannée. ‖ Adjectiv. : *animal -.*

fossilifère adj. Qui renferme des fossiles.

fossilisation nf. Passage d'un corps organisé à l'état de fossile.

fossoyer vt. (c. *aboyer*). Entourer de fossés.

fossoyeur nm. Qui creuse les fosses pour enterrer les morts.

fou ou **fol, folle** adj. et n. Qui a perdu la raison. ‖ Contraire à la raison. ‖ Qui dit ou fait des extravagances. ‖ Excessif : *dépenser un argent -.* ‖ Badin : *gaieté -.* ‖ Simple : *bien - qui s'y fie.* ‖ *-,* passionné pour. ‖ *- rire,* rire inextinguible. ‖ *Herbes -,* qui croissent sans culture. ‖ Nm. Bouffon : *Triboulet était le - de François 1er.* ‖ Pièce du jeu d'échecs. ‖ **Follement** adv.

fouace nf. Galette épaisse, cuite au four ou sous la cendre.

fouailler vt. Fouetter. ‖ *Fig.* Cingler de mots blessants.

fouchtra! interj. Juron attribué aux Auvergnats.

foudre nf. Décharge électrique explosive (tonnerre) et lumineuse (éclair), se produisant entre un nuage électrisé et la terre. ‖ *Fig. Coup de -,* amour subit. ‖ Nm. *Un - de guerre, d'éloquence,* un grand capitaine, un grand orateur. ‖ Attribut de Jupiter. ‖ Nfpl. *Les - de l'Eglise,* l'excommunication.

foudre nm. Tonneau d'une grande capacité.

foudroiement nm. Action de foudroyer; son résultat.

foudroyer vt. (c. *aboyer*). Frapper de la foudre. ‖ *Fig.* Confondre : *- quelqu'un du regard.* ‖ Tuer soudainement : *l'apoplexie l'a foudroyé.*

fouet nm. Corde, lanière attachée à un manche, dont on se sert pour conduire et exciter les animaux. ‖ Correction avec un fouet ou des verges. ‖ *Fig. Coup de -,* excitant.

fouetter vt. Donner des coups de fouet. ‖ Frapper, cingler : *la pluie fouette les vitres.* ‖ **Fouetté,** e adj. Battu, fortement agité.

fougasse nf. Mine peu profonde, camouflée.

fougeraie nf. Lieu planté de fougères.

fougère nf. Ordre de cryptogames à feuilles très découpées.

fougue nf. Mouvement violent et impétueux. ‖ *Fig.* Impétuosité naturelle : *la - de la jeunesse.*

fougueux, euse adj. Qui a ou montre de la fougue.

fouille nf. Excavation pratiquée dans le sol en vue de recherches. ‖ Visite minutieuse : *la - des suspects.*

fouiller vt. et i. Creuser pour chercher. ‖ Explorer : *- une bibliothèque; - quelqu'un; - dans l'armoire.*

fouillis nm. Désordre, pêle-mêle.

fouinard, e ou **fouineur, euse** adj. et n. *Fam.* Indiscret, curieux, rusé.

fouine nf. Petit mammifère carnassier du genre martre.

fouiner vi. *Fam.* Se mêler des affaires d'autrui.

fouir vt. Creuser.

fouisseur, euse n. et adj. Animal qui creuse la terre.

foulage nm. Action de fouler.

foulard nm. Etoffe de soie légère. || Mouchoir de cou.

foule nf. Multitude de personnes, de choses. || Le vulgaire. || **En -** loc. adv., en grande quantité.

foulée nf. Trace qu'une bête laisse de son pied. || *Sports.* Longueur couverte par un coureur entre deux appuis des pieds au sol.

fouler vt. Presser, écraser : *- le raisin.* || Presser le cuir dans l'eau pour l'amollir. || Comprimer des tissus entre des cylindres métalliques pour les resserrer. || Marcher sur : *- le sol.* || Donner une entorse : *- le poignet.* || *Fig. - aux pieds,* mépriser. || **Se -** vpr. Se donner une foulure. || *Pop. Ne pas se -,* ne pas se donner de peine. || **Foulant, e** part. et adj. *Pompe -,* qui élève l'eau au moyen de la pression exercée sur le liquide.

fouloir nm. Presse à fouler les tissus, les peaux.

foulon nm. Fouloir d'étoffes.

foulonnier nm. Qui dirige un moulin à foulon. || Apprêteur.

foulure nf. Légère entorse.

four nm. Nom général de tous les appareils servant à la cuisson de divers produits en espace clos : *- de boulanger* ; *- à chaux.* || *- banal,* au Moyen Age, four du seigneur. || *Petit -,* pâtisserie. || *Fig. et fam.* Insuccès, échec.

fourbe adj. et n. Perfide.

fourberie nf. Ruse jointe au mensonge. || Habitude de tromper.

fourbir vt. Nettoyer (métal).

fourbissage, fourbissement nm. Action de fourbir.

fourbisseur nm. Qui polit et monte les armes blanches.

fourbu, e adj. Harassé.

fourche nf. Outil à manche terminé par des dents en bois ou en fer. || Embranchement, bifurcation. || Pl. *- patibulaires,* gibet à plusieurs piliers.

fourchée nf. Ce qu'on enlève d'un coup de fourche.

fourcher vi. Se mettre en fourche. || *Fig. et fam. La langue lui a fourché,* il a dit un mot pour un autre.

fourchetée nf. Contenu d'une fourchette.

fourchette nf. Ustensile de table en

forme de fourche. || *Fig. Belle -,* gros mangeur.

fourchon nm. Une des dents de la fourche ou de la fourchette.

fourchu, e adj. En fourche. || Fendu : *pied -.*

fourgon nm. Véhicule, wagon long et couvert, utilisé pour le transport des marchandises ou des bagages. || Voiture militaire de munitions, de vivres, etc. || Instrument servant à attiser un foyer.

fourgonner vi. Remuer avec le fourgon la braise dans le four. || *Fam.* Fouiller en bouleversant.

fouriérisme nm. Système philosophique et social de Fourier.

fourmi nf. Insecte hyménoptère, qui vit sous terre en société.

fourmilier nm. Tamanoir.

fourmilière nf. Habitation des fourmis. || *Fig.* Lieu surpeuplé.

fourmi-lion ou **fourmilion** nm. Insecte dont la larve se nourrit de fourmis.

fourmillement nm. Action de fourmiller. || Sensation de picotement.

fourmiller vi. S'agiter en grand nombre. || Abonder, pulluler. || Eprouver du fourmillement.

fournaise nf. Grand four. || Feu très ardent. || Lieu extrêmement chaud.

fourneau nm. Construction de maçonnerie ou ustensile portatif, pour contenir du feu. || Appareil destiné à la cuisson des aliments. || *Haut -,* fourneau destiné à fondre le minerai de fer. || *- de mine,* partie de la mine où l'on introduit la charge d'explosif.

fournée nf. Quantité de pain qu'on fait cuire à la fois.

fournil [ni] nm. Lieu où est le four et où l'on pétrit la pâte.

fourniment nm. Attirail, équipement d'un soldat.

fournir vt. Pourvoir, approvisionner. || Livrer, procurer : *- de l'argent.* *Fig.* Produire : *- des renseignements.* || Accomplir : *- un effort.* || Vt. ind. Subvenir : *- aux besoins de quelqu'un.*

fournisseur nm. Marchand auquel on a l'habitude d'acheter.

fourniture nf. Provision fournie ou à fournir. || Ce qui est fourni par certains artisans ; ce qui entre dans la confection d'un objet. || Fines herbes. || Pl. Nécessaire : *- de bureau.*

fourrage nm. Herbe, paille, foin, etc., pour l'entretien des bestiaux. || Doublure d'un manteau d'hiver.

fourrager vi. (c. *manger*). Couper et amasser du fourrage. || *Fig. et fam.* Mettre du désordre : *- dans un tiroir.* || Vt. Ravager.

fourragère adj. Se dit d'une plante propre à servir de fourrage. ‖ Nf. Voiture pour transporter le fourrage. ‖ Cordelière, ornement militaire accordé aux unités citées à l'ordre.

fourrageur nm. Qui va au fourrage. ‖ Cavalier d'un peloton qui combat en ordre dispersé.

fourré, e adj. Touffu, épais. ‖ Doublé de fourrure. ‖ *Langue* -, langue d'animal recouverte d'une peau avec laquelle on la fait cuire. ‖ *Bonbon* -, garni de crème, de chocolat, etc. ‖ *Escr. Coup* -, porté et reçu en même temps par chacun des deux adversaires. ‖ Nm. Endroit touffu d'un bois.

fourreau nm. Gaine, étui.

fourrer vt. Garnir de fourrure. ‖ *Fam.* Introduire, mettre parmi d'autres choses. ‖ *Fam.* - *son nez dans,* être indiscret. ‖ *Fam.* Enfermer : - *en prison.* ‖ *Se* - vpr. *Fam.* S'introduire.

fourre-tout nm. inv. Sac de voyage souple et extensible.

fourreur nm. Marchand de fourrures. ‖ Confectionneur en pelleterie.

fourrier nm. Sous-officier chargé de distribuer les vivres. ‖ Adjectiv. : *sergent* -.

fourrière nf. Dépôt d'animaux en divagation ou de voitures saisies.

fourrure nf. Peau d'animal préparée et garnie de son poil. ‖ Vêtement garni de fourrure. ‖ Peau très touffue.

fourvoiement nm. Erreur, action de se fourvoyer.

fourvoyer vt. (c. *aboyer*). Egarer : - *des voyageurs.* ‖ *Fig.* Mettre dans l'erreur : *les mauvais exemples fourvoient les jeunes gens.* ‖ *Se* - vpr. Se tromper, s'égarer.

fox-terrier, par abrév. **fox** nm. Chien propre à chasser dans les terriers. ‖ Pl. des *fox-terriers.*

fox-trot nm. inv. Danse à quatre temps.

foyer nm. Lieu où l'on fait le feu. ‖ Demeure, famille. ‖ Partie du théâtre où se rassemblent les acteurs. ‖ Salon où le public se réunit pendant les entractes. ‖ *Fig.* Siège principal : *le* - *de la rébellion.* ‖ *Phys.* Point d'où partent et où convergent les rayons lumineux. ‖ Pl. Pays natal, demeure familiale : *rentrer dans ses* -. ‖ - *d'une ellipse* ou *d'une hyperbole,* les deux points qui servent à la définir.

frac [*frak*] nm. Habit de cérémonie à longues basques étroites.

fracas nm. Bruit violent causé par une rupture : *le* - *des vagues.* ‖ Bruit qui ressemble à celui d'une chose qui se brise : *le* - *du tonnerre.*

fracassant, e adj. Bruyant, visant à l'effet.

fracasser vt. Briser ; mettre en pièces avec bruit. ‖ Rompre.

fraction nf. Action de briser. ‖ Portion, partie. ‖ *Math.* Expression composée de deux nombres et représentant une ou plusieurs parts d'une grandeur divisée en quantités égales. ‖ Quantité plus petite que l'unité.

fractionnaire adj. *Math.* Qui a la forme d'une fraction. ‖ *Nombre* -, composé d'un nombre entier et d'une fraction, comme *5 3/4.*

fractionnement nm. Action de fractionner ; son résultat.

fractionner vt. Diviser par fractions : - *un pain.*

fracture nf. Rupture avec effort. ‖ *Chir.* Rupture violente d'un os.

fracturer vt. Casser, briser.

fragile adj. Qui se brise facilement. ‖*Fig.* Peu stable : *santé* -.

fragilité nf. Facilité à se casser. ‖ *Fig.* Faiblesse : *la* - *humaine.* ‖ Instabilité : - *des gouvernements.*

fragment nm. Morceau d'un objet brisé. ‖ Extrait d'un livre, d'un discours.

fragmentaire adj. Morcelé.

fragmentation nf. Action de se partager en fragments.

fragmenter vt. Réduire en fragments, partager.

frai nm. Epoque de la ponte chez les poissons. ‖ Petits poissons pour peupler.

fraîchement adv. Au frais. ‖ *Fig.* Récemment : *tout* - *arrivé.* ‖ *Fam.* Sans empressement : *recevoir quelqu'un* -.

fraîcheur nf. Qualité de ce qui est légèrement ou agréablement froid. ‖ *Fig.* Brillant, éclat agréable des fleurs, du teint.

fraîchir vi. Devenir frais. ‖ *Mar.* En parlant du vent, devenir plus fort.

frais, fraîche adj. Légèrement froid. ‖ Qui n'est pas terni ; qui a l'éclat de la jeunesse : *des troupes* -. ‖ Nouvellement obtenu : *pain* -. ‖ *Fig.* Récent : *nouvelles* -. ‖ Nm. Froid agréable : *prendre le* -. ‖ Adv. : *boire* -. ‖ Récemment : *fleur* - *cueillie..* ‖ **Fraîchement** adv.

frais nmpl. Dépense. ‖ *Fam. Se mettre en* -, dépenser plus que de coutume. ‖ *Fig.* Dépense de peine, d'efforts : *se mettre en* - *de politesse.* ‖ *Faire les* - *de la conversation,* en être le sujet. ‖ **A peu de** - loc. adv., sans beaucoup de dépense.

fraisage nm. Action de fraiser.

fraise nf. Fruit du fraisier.

fraise nf. Membrane qui enveloppe les intestins du veau, de l'agneau, etc. ‖ Ancien collet plissé.

fraise nf. Mèche conique pour évaser l'orifice d'un trou. ‖ Outil en acier trempé portant des dents tranchantes pour creuser ou entailler les métaux.

fraiser vt. Plisser en fraise. ‖ *Techn.* Évaser l'orifice d'un trou. ‖ Travailler, entailler les métaux.

fraiseur, euse n. Ouvrier, ouvrière qui fraise. ‖ Nf. Machine à fraiser les métaux, les matières plastiques.

fraisier nm. Rosacée à fleurs blanches, qui produit des fraises.

framboise nf. Fruit du framboisier, formé d'une agglomération de petites drupes.

framboiser vt. Aromatiser avec du jus de framboise.

framboisier nm. Rosacée épineuse qui produit des framboises.

framée nf. Long javelot, arme des anciens Francs.

franc nm. Unité monétaire (France, Suisse, Belgique) [F].

franc, franche adj. Libre, exempt de charges, d'impôts. ‖ *Lettres - de port*, dont le port est gratuit. ‖ *Coup -*, coup accordé au football à l'équipe victime d'une faute de l'équipe adverse. ‖ *Fig.* Loyal : *homme -*. ‖ Vrai, achevé (devant le nom) : *- pédant.* ‖ Adv. Sans détour : *je vous parle -*.

franc, franque adj. et n. Relatif aux Francs.

français, e adj. et n. Relatif à la France ou à ses habitants.

franc-bord nm. Bande de terrain longeant une voie d'eau au-delà du chemin de halage.

franc-bourgeois nm. Au Moyen Age, exempt de charges municipales. ‖ Pl. des *francs-bourgeois*.

franc-comtois, e adj. et n. De la Franche-Comté. ‖ Pl. des *Francs-Comtois*, des *Franc-Comtoises*.

franchir vt. Passer en sautant pardessus quelque chose, traverser. ‖ *Fig.* Surmonter : *- toutes sortes de difficultés*.

franchise nf. Immunité, exemption. ‖ *- postale*, gratuité du transport de la correspondance. ‖ *Fig.* Sincérité, loyauté, droiture.

franchissement nm. Action de franchir.

francisation nf. Action de franciser.

franciscain, e n. Religieux de l'ordre de Saint-François d'Assise.

franciser vt. Donner le caractère français. ‖ *- un mot*, lui donner la forme française.

francisque nf. Hache de guerre des Francs.

franc-maçon nm. Membre de la franc-maçonnerie. ‖ Pl. des *francs-maçons*.

franc-maçonnerie nf. *Fig.* Société secrète répandue dans différentes parties du globe.

franco adv. (m. ital.). Sans frais.

francolin nm. Perdrix d'Afrique.

francophile adj. Ami de la France.

francophobe adj. Qui déteste la France.

francophone adj. Qui parle le français.

francophonie nf. Ensemble des pays où l'on parle le français.

franc-parler nm. Franchise de langage : *avoir son -*.

franc-tireur nm. Soldat qui ne fait pas partie de l'armée régulière. ‖ Pl. des *francs-tireurs*.

frange nf. Tissu d'ornement d'où pendent des filets. ‖ *Fig.* Objet découpé comme une frange : *une - de cheveux*.

franger vt. (c. *manger*). Garnir de franges.

frangipane nf. Pâte d'amandes.

franquette (à la bonne) nf. *Fam.* Sans façon.

frappant, e adj. Qui fait une vive impression sur l'esprit. ‖ Très ressemblant : *portrait -*.

frappe nf. Action de frapper de la monnaie. ‖ Empreinte laissée par le balancier.

frapper vt. Donner un ou plusieurs coups. ‖ Blesser. ‖ Donner une empreinte à : *- de la monnaie.* ‖ *Fig.* Faire périr : *la mort frappe tous les hommes.* ‖ Affecter : *- d'une infirmité.* ‖ Tomber sur : *la lumière frappe les objets.* ‖ Faire impression sur : *- quelqu'un de stupeur.* ‖ *- un grand coup*, faire un acte décisif. ‖ Rafraîchir dans la glace : *- du champagne.* ‖ Vi. *Fig.* et *fam. - à toutes les portes*, avoir recours à un grand nombre de personnes. ‖ **Se -** vpr. *Fam.* S'inquiéter.

frappeur, euse n. Qui frappe. ‖ Adj. *Spirit. Esprit -*, qui se manifeste par des coups dans les murs.

frasque nf. Ecart de conduite.

fraternel, elle adj. Propre à des frères. ‖ Qui a lieu entre personnes unies comme des frères.

fraternisation nf. Action de fraterniser.

fraterniser vi. Faire acte de fraternité, de concorde.

fraternité nf. Relation entre frères. ‖ *Fig.* Concorde.

fratricide nm. Meurtre d'un frère, d'une sœur. ‖ Adj. et n. Qui commet ce crime.

fraude nf. Tromperie, acte de mauvaise foi. ‖ Vol au préjudice du fisc : - *fiscale*.

frauder vt. Frustrer par quelque fraude. ‖ Vi. Commettre des fraudes.

fraudeur, euse adj. et n. Qui fraude.

frauduleux, euse adj. Entaché de fraude : *banqueroute -*. ‖ **Frauduleusement** adv.

frayer vt. (c. *balayer*). Tracer : - *un chemin*. ‖ Vi. Se reproduire, en parlant des poissons. ‖ *Fig.* S'accorder : *ces deux hommes ne frayent point ensemble*.

frayeur nf. Grande peur causée par un danger véritable ou apparent.

fredaine nf. *Fam.* Folie de jeunesse.

fredonnement nm. Action de fredonner.

fredonner vt. et i. Chanter à demi-voix, sans articuler les paroles.

frégate nf. *Mar.* Voilier de faible tonnage, peu armé. ‖ Bâtiment d'escorte anti-sous-marin. ‖ *Capitaine de -*, officier de marine d'un grade égal à celui de lieutenant-colonel. ‖ Palmipède marin, au vol puissant.

frein nm. Mors du cheval. ‖ *Techn.* Appareil servant à ralentir ou arrêter le mouvement d'une machine. ‖ *Fig.* Ce qui retient : *le - de la religion*.

freinage nm. Action de freiner.

freiner vt. Ralentir ou arrêter au moyen d'un frein. ‖ Vi. Se servir du frein.

frelatage nm. Action de frelater.

frelater vt. Dénaturer, falsifier.

frelateur nm. Qui frelate.

frêle adj. Fragile. ‖ *Fig.* Faible.

frelon nm. Grosse guêpe.

freluquet nm. *Fam.* Jeune homme frivole, léger.

frémir vi. Etre agité d'un tremblement. ‖ Trembler de crainte, de colère, d'horreur, etc. ‖ En parlant d'un liquide, être près de bouillir.

frémissement nm. Emotion accompagnée de tremblement. ‖ Agitation d'un liquide près de bouillir.

frênaie nf. Lieu planté de frênes.

frêne nm. Bel arbre forestier, à bois blanc, dur et résistant.

frénésie nf. Délire furieux. ‖ *Fig.* Emportement : *se livrer au jeu avec -*.

frénétique adj. et n. Atteint de frénésie. ‖ Impétueux : *applaudissements -*.

fréquence nf. Caractère de ce qui est fréquent. ‖ Nombre de périodes complètes par seconde. ‖ - *du pouls*, nombre des battements.

fréquencemètre nm. Appareil mesurant la fréquence d'un courant alternatif.

fréquent, e adj. Qui arrive souvent. ‖ **Fréquemment** adv.

fréquentatif adj. et nm. Se dit d'un verbe qui marque une action fréquemment répétée, comme *clignoter, criailler*.

fréquentation nf. Action de fréquenter.

fréquenter vt. Visiter fréquemment. ‖ Vi. Aller fréquemment chez ou dans.

frère nm. Né du même père et de la même mère, ou seulement de l'un des deux. ‖ *Fig.* Se dit de tous les hommes comme étant issus du même père. ‖ Membre de certains ordres religieux. ‖ - *jumeaux*, nés d'un même accouchement. ‖ - *de lait*, l'enfant de la nourrice et celui qu'elle a nourri du même lait.

fresque nf. Manière de peindre avec des couleurs détrempées dans de l'eau de chaux, sur une muraille fraîchement enduite. ‖ Tableau ainsi peint.

fressure nf. Le cœur, la rate, le foie et les poumons d'un animal.

fret [*frè*] nm. Prix du transport d'une marchandise par bateau. ‖ Sa cargaison.

fréter vt. (c. *céder*). Donner un navire en location, et, *par ext.*, un véhicule.

fréteur nm. Qui donne un navire en location.

frétillement nm. Action de frétiller.

frétiller vi. S'agiter par des mouvements vifs et courts.

fretin nm. Menu poisson. ‖ *Fig.* Personne ou chose de peu de valeur.

frette nf. Cercle de fer à l'extrémité de certaines pièces pour les renforcer. ‖ Cercle en acier ajusté autour d'un canon. ‖ *Archit.* Demi-baguette, disposée en lignes brisées.

fretter vt. Garnir d'une frette.

freudien, enne adj. Qui se rapporte au freudisme.

freudisme nm. (de *Freud*, n. pr.). Doctrine psychologique qui explique et traite les névroses par l'analyse des rêves et du subconscient.

friabilité nf. Nature de ce qui est friable.

friable adj. Qui peut être aisément réduit en poudre.

friand, e adj. Qui aime les morceaux délicats. ‖ - *de*, gourmand de. ‖ *Fig.* Amoureux de : - *de louanges*. ‖ Nm. Petit pâté en croûte feuilletée.

friandise nf. Mets délicat. ‖ Pl. Sucreries.

fricandeau nm. Tranche de veau piquée de lard.

fricassée nf. Viande coupée en morceaux et cuite dans une sauce.

fricasser vt. Accommoder, faire revenir dans une sauce.

friche nf. Terrain inculte. ‖ En - loc. adv., sans culture.

fricot nm. *Pop.* Ragoût.

fricoter vi. *Pop.* Faire des bénéfices illicites. ‖ Vt. Accommoder en ragoût.

fricoteur, euse n. *Pop.* Qui fait des bénéfices illicites.

friction nf. Frottement fait sur une partie du corps. ‖ Nettoyage de la tête. ‖ *Méc.* Frottement. ‖ *Fig.* Désaccord.

frictionner vt. Faire des frictions.

frigidité nf. Etat de ce qui est froid, ou provoque une sensation de froid.

frigo nm. *Fam.* Viande congelée. ‖ Armoire frigorifique.

frigorie nf. Equivalent de la grande calorie dans l'industrie frigorifique.

frigorifier vt. Conserver par le froid.

frigorifique adj. et n. Qui produit le froid. ‖ Nm. Chambre froide.

frileux, euse adj. et n. Sensible au froid.

frimaire nm. Troisième mois du calendrier révolutionnaire (21 nov.-20 déc.).

frimas nm. Brouillard froid et épais.

frime nf. *Fam.* Chose peu sérieuse.

frimousse nf. *Fam.* Visage d'un enfant ou d'une jeune personne.

fringale nf. *Fam.* Faim subite et pressante.

fringant, e adj. Vif, alerte.

fringuer vi. Danser, sautiller : *un cheval qui fringue.*

friper vt. Chiffonner, froisser.

friperie nf. Vêtements, meubles usés. ‖ Commerce qu'on en fait.

fripier, ère n. Qui vend de vieux habits, de vieux meubles, etc.

fripon, onne adj. et n. Qui trompe; fourbe. ‖ *Petit* -, enfant espiègle. ‖ *Air, œil* -, éveillé, malicieux.

friponnerie nf. Action de fripon.

fripouille nf. *Pop.* Canaille.

frire vt. défect. *(Je fris, tu fris, il frit,* sans pl. *Je frirai,* n. *frirons. Je frirais,* n. *fririons.* Impér. *fris,* sans pl. *Frit, frite.* On supplée aux autres formes par le verbe *faire* suivi de l'inf. *frire*). Faire cuire dans une poêle avec un corps gras. ‖ Vi. Cuire dans la poêle.

frise nf. *Archit.* Partie de l'entablement entre l'architrave et la corniche. ‖ Surface plane en bande continue.

frise nf. Toile de Hollande. ‖ *Cheval de* -, grosse pièce de bois ou de métal hérissée de pointes.

friser vt. Crêper, mettre en boucles. ‖ *Fig.* Echapper de peu : - *la mort.* ‖ Etre près d'atteindre : - *la quarantaine.* ‖ Vi. Se mettre en boucles.

frisette nf. Petite boucle de cheveux frisés : *de jolies* -.

frison nm. Boucle d'une frisure.

frison, onne adj. et n. De la Frise.

frisotter vt. et i. Friser légèrement.

frisquet, ette adj. *Fam.* Presque froid : *il fait* -.

frisson nm. Tremblement causé par le froid. ‖ *Fig.* Saisissement de peur ou d'émotion : *cela donne le* -.

frissonnement nm. Léger frisson. ‖ *Fig.* Trouble émotionnel.

frissonner vi. Avoir le frisson. ‖ *Par ext.* S'agiter : *les feuilles frissonnent.* ‖ *Fig.* Etre fortement ému : - *d'horreur.*

frisure nf. Action ou manière de friser. ‖ Chevelure frisée.

frit, e adj. Cuit dans la friture. ‖ *Fig.* et *fam.* Perdu sans ressource. ‖ Nfpl. Pommes de terre frites.

friterie nf. Etablissement où l'on fait des fritures.

frittage nm. Agglomération, par chauffage sans fusion, de solides pulvérulents.

fritte nf. Mélange de sable et de soude dont on fait le verre. ‖ Cuisson de ce mélange.

friture nf. Action ou manière de frire. ‖ Poisson frit ou à frire. ‖ Corps gras servant à frire.

frivole adj. Vain, léger, sans importance. ‖ Porté vers les choses futiles.

frivolité nf. Caractère de ce qui est frivole, d'une personne frivole. ‖ *Comm.* Sorte de dentelle.

froc [*frok*] nm. Vêtement monastique. ‖ *Fig.* Etat monacal : *prendre le* -. ‖ *Jeter le* - *aux orties*, quitter les ordres.

froid, e adj. Privé de chaleur. ‖ Qui communique le froid ou n'en garantit pas. ‖ *Fig.* Calme, réservé : *un homme* -. ‖ Indifférent : *ce spectacle l'a laissé* -. ‖ Qui manque de sensibilité : *style* -. ‖ *Battre - à quelqu'un*, marquer de la froideur. ‖ *A* - loc. adv., sans chauffer.

froid nm. Basse température; sensation que fait éprouver la diminution, l'absence de la chaleur. ‖ *Fig.* Impassibilité : *il est d'un - glacial.* ‖ Légère brouille : *il y a du - entre eux.* ‖ *Jeter un* -, faire naître la gêne, la contrainte.

froideur nf. Etat de ce qui est froid (au *pr.* et au *fig.*).

froidure nf. Froid. ‖ *Poét.* L'hiver.

froissement nm. Action de froisser.

froisser vt. Meurtrir par une

pression violente. ‖ Chiffonner. ‖ *Fig.*
Blesser, offenser : - *un ami.* ‖ **Se -**
vpr. Etre offensé, choqué.

froissure nf. Trace laissée sur un
objet qui a été froissé.

frôlement nm. Action de frôler.

frôler vt. Toucher légèrement, s'approcher de très près : - *le mur.*

fromage nm. Aliment à base de lait
caillé fermenté, ou cuit.

fromager nm. Arbre tropical dont
les fruits fournissent le faux kapok.

fromager, ère n. et adj. Qui fait,
qui vend des fromages. ‖ Nm. Vase
percé pour faire égoutter le fromage.

fromagerie nf. Endroit où l'on fait,
où l'on garde les fromages.

froment nm. Variété de blé.

fronce nf. Petit pli dans un tissu.

froncement nm. Action de froncer.

froncer vt. (c. *placer*). Rider, en
contractant : - *les sourcils.* ‖ Plisser : - *une robe.*

froncis nm. Assemblage de fronces.

frondaison nf. Epoque où paraissent
les feuilles. ‖ Feuillage.

fronde nf. Instrument, fait d'un morceau de cuir et de deux bouts de corde,
avec lequel on lance des pierres.

fronder vt. Lancer avec la fronde. ‖
Fig. Critiquer : - *le pouvoir.*

frondeur nm. Qui utilise la fronde.
‖ *Fig.* Qui aime à contredire. ‖ Adj. :
esprit -.

front nm. Partie supérieure du visage.
‖ *Par ext.* Tout le visage : *la rougeur
lui monte au -.* ‖ *Poétiq.* La tête :
courber le -. ‖ Face d'une troupe
rangée en ligne. ‖ *Par ext.* Limite
avant de la zone de combat. ‖ Cette
zone elle-même. ‖ *- de taille,* surface
verticale suivant laquelle on attaque
la couche à exploiter. ‖ *Faire -,* tenir
tête. ‖ *Fig.* Impudence : *vous avez
le - de le soutenir.* ‖ *De -* loc. adv.,
par-devant : *attaquer de -.* ‖ Côte à
côte : *aller de -.* ‖ Ensemble : *mener
deux affaires de -.* ‖ Sans ménagement : *heurter de - les opinions de
quelqu'un.*

frontal, e, aux adj. Qui concerne le
front.

frontalier, ère adj. et n. Voisin
d'une frontière.

fronteau nm. Bandeau blanc appliqué
sur le front : *le - des religieuses.*

frontière nf. Limite d'Etats. ‖ - *naturelle,* formée par un accident géographique. ‖ Adj. Qui est à la limite
de deux pays : *ville -.*

frontignan nm. Vin muscat récolté
près de Frontignan.

frontispice nm. Face principale d'un
monument. ‖ Titre orné d'un livre. ‖

Gravure placée en regard du titre d'un
livre.

fronton nm. Ornement triangulaire
d'architecture. ‖ Mur contre lequel on
lance la balle, à la pelote basque.

frottage nm. Travail du frotteur.

frottement nm. Action de frotter. ‖
Fig et *fam.* Contact, fréquentation :
le - du monde.

frotter vt. Passer à plusieurs reprises,
et en appuyant, une chose sur une autre.
‖ *Fam.* Battre, maltraiter : - *les oreilles
à quelqu'un.* ‖ Vi. Produire un frottement. ‖**Se -** [à] vpr. *Fam.* S'attaquer à.

frotteur nm. Qui frotte les parquets.

frottis nm. Couleur légère et transparente.

frottoir nm. Linge, brosse, outil, etc.,
servant à frotter.

frouer vi. Imiter à la pipée le vol et
le cri de la chouette.

frou-frou nm. Bruit que produit un
froissement de matières, d'étoffe
soyeuse. ‖ Pl. des *frous-frous.*

frou-frouter vi. Produire un bruit
de frou-frou.

froussard, e adj. et n. *Pop.* Poltron.

frousse nf. *Pop.* Peur.

fructidor nm. Douzième mois de
l'année républicaine (18 août-17 septembre).

fructification nf. Formation du
fruit.

fructifier vi. (c. *prier*). Porter des
fruits. ‖ *Fig.* Produire des bénéfices :
cette somme a fructifié.

fructueux, euse adj. Utile, profitable : *un travail -.*

frugal, e, aux adj. Sobre. ‖ Composé
d'aliments simples.

frugalité nf. Qualité d'une personne
frugale, de ce qui est frugal.

frugivore adj. Qui se nourrit de
fruits.

fruit nm. Production végétale qui succède à la fleur et qui porte les graines.
‖ *Fig.* Effet, résultat : *le - de l'expérience.* ‖ *- sec,* mauvais élève. ‖ *- de
mer,* coquillage. ‖ Pl. Les productions terrestres : *les - de la terre.*

fruité, e adj. Qui a le goût du fruit.

fruiterie nf. Lieu où l'on conserve
les fruits. ‖ Commerce du fruitier.

fruitier, ère adj. Qui porte des
fruits. ‖ N. Qui vend des fruits, etc.
‖ Fromager, dans le Jura. ‖ Nm.
Etagère à fruits.

frusques nfpl. *Fam.* Vieux vêtements; vieux mobilier.

frusquin nm. V. SAINT-FRUSQUIN.

fruste adj. Usé par le frottement ou
par le temps : *une médaille -.* ‖ *Fig.*
Mal dégrossi : *un homme -.* ‖ Mal
défini : *une maladie -.*

frustration nf. Action de frustrer.

frustrer vt. Priver quelqu'un de ce qui lui est dû.

fuchsia [*fuk-sya*] nm. Arbrisseau à fleurs rouges pendantes.

fuchsine [*fuk-sin'*] nf. Matière colorante rouge.

fucus nm. Algue, varech.

fuel ou **fuel oil** [*fioul*] nm. Huile combustible légère, extraite des pétroles.

fugace adj. Fugitif. || *Par ext.* Qui laisse échapper : *mémoire -.*

fugacité nf. Caractère de ce qui est fugace.

fugitif, ive adj. et n. Qui fuit, qui a pris la fuite. || *Fig.* Qui ne dure pas : *bonheur -.*

fugue nf. *Mus.* Morceau où les différentes parties se succèdent en répétant le même sujet. || *Fam.* Escapade.

führer nm. (mot allemand signif. *chef, conducteur*). Nom donné en Allemagne, en 1933, à Adolf Hitler.

fuir vi. (*Je fuis, n. fuyons. Je fuyais, n. fuyions. Je fuis, n. fûmes. Je fuirai, n. fuirons. Je fuirais, n. fuirions. Fuis, fuyons, fuyez. Q. je fuie, q. n. fuyions. Q. je fuisse, q. n. fuissions. Fuyant. Fui, fuie*). S'éloigner rapidement pour échapper. || S'écouler avec rapidité. || Etre incliné en arrière : *front qui fuit.* || Laisser échapper : *ce tonneau fuit.* || Vt. Eviter en s'éloignant : *- le danger.*

fuite nf. Action de fuir. || Echappement d'un liquide, d'un gaz. || Fissure par laquelle un gaz, un liquide s'échappent. || Indiscrétion en matière judiciaire, politique ou militaire.

fulgurant, e adj. Qui lance des éclairs. || *Fig.* Douleur -, aiguë et rapide.

fulguration nf. Eclair sans tonnerre.

fuligineux, euse adj. Qui a la couleur de la suie : *enduit -.*

fulmicoton nm. V. COTON-POUDRE.

fulminate nm. *Chim.* Sel explosif.

fulminer vi. Faire explosion. || *Fig.* S'emporter. || Vt. Lancer une condamnation : *- une excommunication.*

fumage nm. Action de fumer les aliments, les champs.

fume-cigare, fume-cigarette nm. inv. Petit tuyau auquel on fixe un cigare ou une cigarette pour les fumer.

fumée nf. Particules solides très ténues se dégageant des corps en combustion. || Pl. *Fig.* Ivresse : *les - du vin.*

fumer vi. Jeter de la fumée. || Exhaler des vapeurs. || *Fig. et pop.* Eprouver de la colère. || Vt. Exposer à la fumée : *- des jambons.* || Brûler du tabac en aspirant la fumée.

fumer vt. Engraisser avec du fumier.

fumerie nf. Lieu où l'on fume de l'opium.

fumerolle nf. Emission de gaz dans les régions volcaniques.

fumeron nm. Bois à demi carbonisé qui fume encore.

fumet nm. Arôme des viandes, des vins, etc. || *Chass.* Odeur du gibier.

fumeterre nf. Herbe amère et dépurative.

fumeur, euse n. Qui fume du tabac.

fumeux, euse adj. Qui répand de la fumée. || *Fig.* Peu clair : *idées -.*

fumier nm. Litière souillée des bestiaux. || Engrais. || *Fig.* Objet vil, méprisable.

fumigateur nm. Appareil à fumigation.

fumigation nf. Action de produire une fumée ou une vapeur qui purifie l'air, détruit les insectes ou traite une partie du corps.

fumigène adj. et nm. Qui produit de la fumée.

fumiste nm. Qui entretient les cheminées et les appareils de chauffage. || *Fig. et fam.* Mystificateur.

fumisterie nf. Profession, commerce du fumiste. || *Pop.* Plaisanterie.

fumivore adj. et nm. Qui absorbe la fumée.

fumoir nm. Local réservé aux fumeurs.

fumure nf. Engrais.

funambule n. Danseur de corde.

funambulesque adj. Qui a rapport aux funambules. || *Fig.* Bizarre.

funèbre adj. Relatif aux funérailles. || *Fig.* Lugubre : *air -.*

funérailles nfpl. Enterrement, obsèques : *des - nationales.*

funéraire adj. Relatif aux funérailles.

funeste adj. Qui apporte la mort, le malheur. || Pernicieux : *exemple -.*

funiculaire nm. Chemin de fer à traction par câble ou à crémaillère, pour les fortes pentes.

fur nm. *Au - et à mesure,* successivement.

furet nm. Petit mammifère carnivore, employé pour la chasse au lapin. || Jeu de société.

fureter vi. (c. *acheter*). Chasser au furet. || *Fig.* Fouiller, chercher pour découvrir des choses cachées.

fureteur, euse n. Personne qui furète, s'enquiert de tout.

fureur nf. Colère extrême. || Passion démesurée : *la - du jeu.* || *Fig.* Violence : *la - des flots.* || *Faire -,* avoir la vogue. ‖ **A la -** loc. adv., passionnément.

furibond, e adj. et n. Furieux.

furie nf. Grand emportement de colère. ‖ Impétuosité : *la mer en -.* ‖ *Fig.* Femme méchante et emportée.

furieux, euse adj. Qui est en furie. ‖ Qui dénote de la fureur. ‖ *Fig.* Impétueux, violent : *combat -.*

furoncle nm. Petite tumeur à la surface de la peau, aussi appelée *clou.*

furonculose nf. Eruption de furoncles.

furtif, ive adj. Qui échappe à l'attention : *un regard -.*

fusain nm. Arbrisseau à bois dur. ‖ Charbon fin pour dessiner. ‖ Croquis fait avec ce charbon.

fusant, e adj. Qui fuse. ‖ Qui éclate en l'air. ‖ Nm. *Un -,* un obus fusant.

fuseau nm. Petit instrument de bois pour filer à la quenouille, faire de la dentelle, etc.

fusée nf. Fil enroulé sur le fuseau. ‖ Pièce de feu d'artifice. ‖ Projectile propulsé par réaction. ‖ Dispositif d'éclatement vissé sur l'avant d'un projectile. ‖ Extrémité de l'essieu d'une voiture qui pénètre dans le moyeu de la roue.

fuselage nm. Corps d'un avion.

fuselé, e adj. Taillé, affiné en fuseau : *colonne -; doigt -.*

fuser vi. Se fondre par l'action de la chaleur. ‖ Brûler sans détoner, en parlant de la poudre. ‖ *Par ext.* Se faire entendre bruyamment et subitement : *des rires fusèrent de tous côtés.*

fusibilité nf. Qualité, nature de ce qui est fusible.

fusible adj. Qui peut être fondu. ‖ Nm. Fil d'alliage spécial employé dans les coupe-circuit.

fusiforme adj. *Bot.* et *Zool.* En forme de fuseau.

fusil [*zi*] nm. Arme à feu portative.

‖ Morceau de fer aciéré servant d'aiguisoir aux bouchers. ‖ *Fig.* et *fam. Coup de -,* prix exagéré. ‖ *- mitrailleur,* arme automatique légère.

fusilier-marin nm. Marin des compagnies de débarquement.

fusillade nf. Décharge simultanée d'un grand nombre de fusils. ‖ Echange de coups de feu.

fusiller vt. Passer par les armes.

fusion nf. Passage d'un corps solide à l'état liquide sous l'action de la chaleur. ‖ *Fig.* Alliance : *la - de deux partis.*

fusionnement nm. Action de fusionner.

fusionner vt. Fondre en un seul parti. ‖ Vi. S'associer.

fustanelle nf. Jupon court, à plis, du costume national grec.

fustigation nf. Action de fustiger. ‖ *Fig.* Châtiment.

fustiger vt. (c. *manger*). Battre à coups de verges, de fouet. ‖ *Fig.* Châtier.

fût [*fu*] nm. Tronc d'un arbre. ‖ Tonneau. ‖ Bois sur lequel est monté le canon d'une arme à feu. ‖ *Archit.* Partie cylindrique d'une colonne.

futaie nf. Forêt de grands arbres.

futaille nf. Tonneau.

futaine nf. Etoffe de fil et de coton.

futé, e adj. *Fam.* Fin, rusé.

futile adj. Dépourvu d'intérêt, de valeur.

futilité nf. Frivolité.

futur, e adj. Qui est à venir. ‖ N. Celui, celle qu'on doit épouser bientôt. ‖ Nm. Avenir. ‖ *Gramm.* Temps du verbe exprimant une action, un état à venir.

futurisme nm. Ecole de peinture moderne.

fuyant, e adj. Qui fuit. ‖ Qui paraît s'éloigner par l'effet de la perspective. ‖ Très incliné : *front -.*

fuyard, e adj. et n. Qui s'enfuit.

g nm. Septième lettre de l'alphabet et cinquième des consonnes.

gabardine nf. Etoffe de laine croisée. ‖ Imperméable.

gabare nf. Grande embarcation pour le transport des marchandises. ‖ Filet de pêche.

gabarit nm. Modèle en vraie grandeur pour contrôler les dimensions de certains objets. ‖ Arceau pour vérifier les dimensions des wagons chargés.

gabegie nf. *Fam.* Gestion frauduleuse ou désordonnée.

gabelle nf. Ancien impôt sur le sel. ‖ Grenier à sel.

gabelou nm. *Pop.* Employé de l'octroi, de la douane.

gabier nm. Matelot autrefois préposé au service de la mâture.

gabion nm. Panier de branchages, cylindrique, rempli de terre. ‖ Abri des chasseurs de sauvagine.

gâchage nm. Action de gâcher.

gâche nf. Pièce de fer fixée au chambranle d'une porte dans laquelle se loge le pêne. ‖ Outil de maçon servant au gâchage.

gâcher vt. Détremper, délayer le ciment ou le plâtre. ‖ *Fig.* Travailler grossièrement : - *sa fortune.* ‖ Gaspiller : - *sa fortune.*

gâchette nf. Mécanisme assurant la fixation, puis la libération du chien et du percuteur dans une arme à feu. ‖ Mécanisme assurant l'arrêt du pêne d'une serrure.

gâcheur, euse n. et adj. Qui gâche. ‖ *Fig.* Qui travaille négligemment.

gâchis nm. Mortier. ‖ Terre détrempée par la pluie. ‖ *Fig.* et *fam.* Situation embrouillée.

gadoue nf. Engrais d'ordures.

gaélique adj. Qui a rapport aux Gaëls, aux Celtes. ‖ Nm. Dialecte d'Irlande.

gaffe nf. *Mar.* Perche munie d'un croc et d'une pointe. ‖ *Fig.* et *fam.* Maladresse, impair.

gaffer vt. Accrocher avec une gaffe. ‖ Vi. *Fam.* Commettre une maladresse.

gaffeur, euse n. *Fam.* Personne qui commet des maladresses.

gag nm. *Cin.* Au cinéma, effet comique, indépendant de l'intrigue.

gaga n. et adj. *Fam.* Gâteux.

gage nm. Objet remis pour garantir le paiement d'une dette. ‖ Ce qu'on dépose à certains jeux de société, quand on s'est trompé. ‖ *Fig.* Témoignage, preuve : - *d'amitié.* ‖ Pl. Salaire des domestiques.

gager vt. (c. *manger*). Parier. ‖ Fixer les gages d'un domestique.

gageure [*jur'*] nf. Pari : *tenir une* -. ‖ *Fig.* et *fam. C'est une* -, se dit d'une chose étrange, singulière.

gagnage nm. Lieu où vont paître les bestiaux, où le gibier va chercher sa nourriture.

gagne-pain nm. inv. Métier, emploi, outil qui assurent la subsistance.

gagne-petit nm. inv. Rémouleur ambulant. ‖ Qui gagne peu.

gagner vt. Faire un gain. ‖ Remporter un avantage, un succès : - *une bataille.* ‖ Obtenir par hasard : - *un lot.* ‖ Mériter : *il l'a bien gagné.* ‖ Atteindre un lieu : - *la frontière.* ‖ - *du terrain,* avancer; au *fig.* s'étendre : *idées qui gagnent du terrain.* ‖ *Fig.* Conquérir : - *l'affection.* ‖ Vi. S'améliorer : *le vin gagne à vieillir.* ‖ Croître en estime : *il gagne à être connu.* ‖ S'étendre : *le feu gagne rapidement.* ‖ Se - vpr. Se contracter : *une maladie qui se gagne.* ‖ **Gagnant, e** adj. et n. Qui gagne au jeu, à la loterie.

gai, e adj. Joyeux, enjoué. ‖ *Fam.* Un peu ivre. ‖ **Gaiement** adv.

gaïac nm. Arbre d'Amérique, à bois très dur et résineux.

gaïacol nm. Ether-sel retiré de la créosote.

gaieté nf. Bonne humeur, disposition à rire. ‖ De - de cœur loc. adv., sans être contraint.

gaillard nm. *Mar.* Partie extrême du pont supérieur d'un navire.

gaillard, e adj. Plein de vigueur et d'entrain. ‖ En bonne santé. ‖ Un peu libre : *propos* -. ‖ N. Personne vigoureuse. ‖ Personne décidée.

gaillardise nf. Gaieté un peu vive. ‖ Pl. Propos trop libres.

gaillet nm. Plante encore appelée *caille-lait.*

gailleterie nf. Charbon en très gros morceaux.

gailletin nm. Morceau de charbon calibré de grosseur moyenne.

gain nm. Profit, bénéfice. ‖ Salaire : *un - médiocre.* ‖ - *de cause,* avantage obtenu dans un procès.

gaine nf. Toute espèce d'étui. ‖

Enveloppe qui protège un organe. ‖ Corset élastique.

gainerie nf. Fabrique de gaines. ‖ Art, commerce de gainier.

gala nm. Fête officielle : *soirée de* -.

galactogène adj. Qui accroît la sécrétion lactée.

galalithe nf. Matière plastique provenant de la caséine formolée.

galant, e adj. Empressé, poli avec les femmes. ‖ *Un* -*homme*, un homme d'une bonne compagnie. ‖ Inspiré par des sentiments tendres : *des propos* -. ‖ Nm. Amoureux. ‖ *Vert* -, entreprenant malgré son âge. ‖ **Galamment** adv.

galanterie nf. Soins empressés, égards pour les femmes.

galantine nf. Mets composé de viandes hachées (veau, volailles, etc.) et que l'on sert froid.

galaxie nf. Autre nom de la Voie lactée. ‖ Amas d'étoiles de structure analogue.

galbe nm. *Archit.* Contour d'un objet arrondi. ‖ *Par ext.* Profil du corps humain.

galber vt. Courber, renfler.

gale nf. Affection parasitaire de la peau. ‖ *Fig. et fam.* Personne médisante : *une méchante* -.

galéjade nf. (m. provenç.). Plaisanterie, mystification.

galène nf. *Minér.* Sulfure naturel de plomb, gris bleuâtre.

galère nf. Ancien navire à voiles et à rames. ‖ *Fig.* Etat, condition où l'on a beaucoup à travailler, à souffrir : *c'est une vraie* -. ‖ Pl. Autref., bagne.

galerie nf. Pièce longue et couverte. ‖ Corridor. ‖ Local contenant une collection d'objets d'art. ‖ Collection d'objets d'art. ‖ Salle d'exposition où se fait le commerce de tableaux et d'objets d'art. ‖ Toute réunion de personnes qui en regardent d'autres jouer : *consulter la* -*sur un coup douteux.* ‖ Chemin couvert pratiqué pour s'approcher d'une place. ‖ Couloir souterrain d'exploitation d'une mine. ‖ Balcon d'un théâtre, avec banquettes.

galérien nm. Forçat.

galet nm. Caillou poli et arrondi par les eaux. ‖ Petite roue pleine interposée entre deux surfaces pour diminuer le frottement.

galetas nm. Logement misérable sous les combles.

galette nf. Gâteau plat, de pâte feuilletée. ‖ Crêpe de farine de sarrasin. ‖ *Pop.* Argent.

galeux, euse adj. et n. Qui a la gale. ‖ *Fig. Brebis* -, personne à éviter.

galgal nm. Tumulus de terre et de cailloux, qui renferme une crypte.

galibot nm. Jeune ouvrier mineur.

galiléen, enne adj. et n. De Galilée.

galimatias nm. Discours, écrit embrouillé et confus.

galion nm. Ancien navire de transport : *les* -*espagnols*.

galiote nf. Caboteur hollandais. ‖ Bateau couvert à fond plat pour voyager sur les canaux et les rivières.

galipot nm. Goudron résineux produit par le pin maritime.

galle nf. Excroissance végétale sphérique sur les feuilles de certains végétaux. ‖ *Noix de* -, la galle du chêne.

gallican, e adj. Relatif à l'Eglise de France : *l'Eglise* -. ‖ N. Partisan du gallicanisme.

gallicanisme nm. Doctrine préconisant une attitude assez indépendante à l'égard du Saint-Siège.

gallicisme nm. Tournure propre à la langue française.

gallinacé nm. Qui se rapporte à la poule, au paon, au dindon, etc. ‖ Nmpl. Ordre d'oiseaux ayant pour type le coq.

gallique adj. Particulier à la noix de galle : *acide* -.

gallois, e adj. et n. Du pays de Galles.

gallon nm. Mesure anglaise (4,543 l).

gallo-romain, e adj. Qui appartient aux Gaulois et aux Romains. ‖ N. Habitant de la Gaule romaine.

galoche nf. Chaussure à semelle de bois. ‖ *Fam. Menton en* -, long, pointu.

galon nm. Ruban épais. ‖ *Mil.* Signe distinctif des grades.

galonner vt. Border de galon.

galop nm. La plus rapide des allures du cheval. ‖ Danse hongroise ou bavaroise très rapide.

galopade nf. Course au galop.

galoper vi. Aller le galop. ‖ *Fig. et fam.* Courir très vite.

galopin nm. *Fam.* Gamin effronté.

galoubet nm. Petite flûte champêtre en Provence.

galuchat nm. Peau de raie, de squale, etc., préparée pour la gainerie.

galvanique adj. Relatif au galvanisme : *pile* -.

galvanisation nf. Action de galvaniser; son résultat.

galvaniser vt. Soumettre à la pile électrique. ‖ -*le fer*, le recouvrir de zinc pour le préserver de l'oxydation.

‖ *Fig.* Animer passagèrement : - *un peuple.*

galvanisme nm. Branche de l'électricité qui étudie les phénomènes mis en lumière par Galvani.

galvano nm. Cliché d'imprimerie obtenu par galvanoplastie.

galvanomètre nm. Instrument mesurant l'intensité de courants électriques très faibles.

galvanoplastie nf. Opération qui permet, par électrolyse, d'obtenir un dépôt métallique sur un objet.

galvauder vt. *Fam.* Faire maladroitement : - *un travail.* ‖ *Fig.* et *fam.* Mal employer : - *son talent.* ‖ VI. Vagabonder.

galvaudeux, euse n. *Fam.* Vagabond; propre à rien.

gamay ou **gamet** nm. Cépage noir ou blanc de la Côte-d'Or.

gambade nf. Bond vif.

gambader vi. Faire des bonds, des gambades.

gambiller vi. *Fam.* Agiter ses jambes pendantes.

gamelle nf. Ecuelle métallique à l'usage des soldats et des matelots.

gamète nm. *Biol.* Cellule reproductrice, mâle ou femelle.

gamin, ine n. Polisson. ‖ *Par ext.* Petit espiègle. ‖ Enfant, en général.

gaminerie nf. Action espiègle.

gamma nm. Troisième lettre de l'alphabet grec, correspondant au *g.*

gamme nf. Suite des sept notes de musique dans l'ordre naturel des sons (*do, ré, mi, fa, sol, la, si*). ‖ *Fig.* Gradation de couleur, de lumière, etc.

gammé, e adj. Se dit d'une croix aux branches recourbées en équerre.

ganache nf. Mâchoire inférieure du cheval. ‖ *Fig.* et *fam.* Homme sans capacité.

gandin nm. Jeune fat ridicule.

gandoura nf. Blouse arabe.

gang nm. Bande organisée de malfaiteurs, de gangsters.

ganglion nm. *Anat.* Nœud de vaisseaux ou de nerfs entrelacés dans une petite masse de tissu cellulaire. ‖ Tumeur dure, indolore.

ganglionnaire adj. Relatif aux ganglions.

gangrène nf. Mortification progressive des tissus par putréfaction. ‖ *Fig.* Corruption : *la paresse est la - de l'âme.*

gangrener vt. (c. *mener*). Causer la gangrène. ‖ Se - vpr. Se corrompre.

gangster nm. Membre d'une association de malfaiteurs.

gangue nf. Matière pierreuse, cristallisée qui enveloppe un minerai.

ganse nf. Cordonnet de soie, etc.

gant nm. Partie de l'habillement qui couvre la main et chaque doigt séparément. ‖ *Fig. Jeter le -*, défier. ‖ *Relever le -*, accepter le défi. ‖ *Souple comme un -*, dompté. ‖ *Se donner des -*, s'attribuer le succès d'une affaire. ‖ *Prendre des -*, y mettre des formes.

gantelet nm. Gant d'acier articulé.

ganter vt. Mettre des gants à. ‖ Vi. Avoir comme pointure : - *du 6.*

ganterie nf. Profession du gantier.

gantier, ère n. et adj. Qui fait ou vend des gants.

garage nm. Action de mettre ou de se mettre en gare. ‖ *Voie de -*, destinée à garer des wagons. ‖ Remise ou atelier pour bicyclettes, autos, etc.

garagiste n. Personne qui tient un garage d'automobiles.

garance nf. Plante rubiacée, dont les racines donnent une belle teinture rouge. ‖ La teinture ainsi obtenue. ‖ Adj. *Drap -*, drap teint en rouge.

garant, e n. Celui qui répond de ses actes et de ceux d'autrui. ‖ *Fig.* Caution : *son passé est le plus sûr - de l'avenir.*

garantie nf. Engagement pris par le vendeur d'indemniser l'acheteur si l'objet vendu est défectueux. ‖ *Fig.* Assurance : *il offre toutes les - possibles.* ‖ *Sans - du gouvernement* (*S.G.D.G.*), formule signifiant que l'Etat, tout en accordant un brevet de propriété à un inventeur, ne garantit ni la qualité ni la priorité de cette invention.

garantir vt. Répondre de la valeur, de la qualité d'une chose. ‖ *Fig.* Répondre pour : *le passé ne garantit pas toujours l'avenir.* ‖ *Certifier* : - *une nouvelle.* ‖ Préserver : - *du froid.*

garbure nf. Potage fait avec des choux, du salé d'oie, du jambon et du lard.

garce nf. *Autref.*, fille. ‖ *Pop.* Fille de mauvaise vie.

garcette nf. *Mar.* Petit cordage servant à faire divers amarrages.

garçon nm. Enfant mâle. ‖ Célibataire : *un vieux -.* ‖ Celui qui travaille chez un autre : - *boucher.* ‖ Serveur : - *de café*, *de restaurant.*

garçonne nf. Jeune fille à allures de garçon.

garçonnet nm. Jeune garçon.

garçonnière nf. Appartement de garçon.

garde nf. Surveillance. ‖ Corps de troupes pour la protection d'un souverain : - *royale.* ‖ Soldats qui occupent un poste. ‖ Protection : *à la - de Dieu.* ‖ Partie de l'épée qui couvre la main. ‖ *Escr.* Manière de tenir le corps et l'épée : *se mettre en -.* ‖ Feuillets blancs que l'on met au commencement et à la fin d'un volume. ‖ *- à vous!* commandement imposant l'immobilité. ‖ *Prendre -*, chercher à éviter. ‖ *Etre sur ses -*, se méfier. ‖ *- nationale*, milice civique.

garde nm. Homme armé qui a la garde de quelqu'un ou de quelque chose. ‖ Surveillant. ‖ *- des sceaux*, ministre de la Justice. ‖ *- champêtre*, agent de la police rurale. ‖ *- forestier*, agent préposé à la conservation des forêts.

garde-barrière n. Gardien d'un passage à niveau. ‖ Pl. des *gardes-barrière*.

garde-boue nm. inv. Bande de tôle placée au-dessus d'une roue pour garantir de la boue.

garde-chasse nm. Agent chargé de veiller à la conservation du gibier. ‖ Pl. des *gardes-chasse*.

garde-chiourme nm. Surveillant dans un bagne. ‖ Pl. des *gardes-chiourme*.

garde-côte nm. Autref., soldat chargé de la surveillance des côtes. Pl. des *gardes-côtes*. ‖ Bâtiment de surveillance des côtes.

garde-feu nm. inv. Ecran, plaque qu'on met devant la cheminée pour éviter les accidents.

garde-fou nm. Balustrade au bord des quais, des ponts, pour prévenir les chutes. ‖ Pl. des *garde-fous*.

garde-magasin nm. Surveillant d'un magasin. ‖ Pl. des *gardes-magasin* ou *gardes-magasins*.

garde-malade n. Personne qui garde les malades. ‖ Pl. des *gardes-malades*.

garde-manger nm. inv. Cage garnie de toile métallique pour conserver les aliments.

garde-meuble nm. Lieu où l'on garde les meubles. ‖ Pl. des *garde-meuble* ou *garde-meubles*.

gardénia nm. Rubiacée ornementale.

garden-party nf. Réception mondaine donnée dans un jardin. ‖ Pl. des *garden-parties*.

garde-pêche nm. Garde chargé de faire observer les règlements sur la pêche. ‖ Pl. des *gardes-pêche*.

garder vt. Surveiller pour défendre. ‖ Prendre soin de : *- un enfant.* ‖ Surveiller pour empêcher de s'évader. ‖ Conserver : *- le double d'un acte.* ‖ Ne pas quitter : *- la chambre.* ‖ Conserver : *- son bien.* ‖ *Fig.* Taire : *- un secret.* ‖ Observer : *- le silence.* ‖ Maintenir : *- son rang.* ‖ Conserver : *- ses habitudes.* ‖ Réserver : *- une poire pour la soif.*' ‖ Se - vpr.

Eviter : *gardez-vous de mentir.* ‖ Se préserver : *se - du froid.*

garderie nf. Asile, école enfantine.

garde-robe nf. Armoire à vêtements. ‖ Vêtements à l'usage d'une personne. ‖ Cabinets d'aisances. ‖ Pl. des *garde-robes*.

gardeur, euse adj. et n. Qui garde des animaux.

garde-voie nm. Qui surveille une voie ferrée. ‖ Pl. des *gardes-voie* ou *voies*.

garde-vue nm. inv. Visière protégeant la vue de la lumière.

gardian nm. Gardien de bœufs sauvages, en Camargue.

gardien, enne n. Qui garde quelqu'un ou quelque chose. ‖ *- de la paix*, agent de police. ‖ Adj. Qui protège : *ange -.*

gardiennage nm. Office de gardien. ‖ Service des gardiens de port.

gardon nm. Petit cyprin d'eau douce.

gare nf. Lieu de départ et d'arrivée des trains. ‖ Garage des bateaux sur les cours d'eau. ‖ *- aérienne*, aéroport. ‖ *- maritime*, gare aménagée sur les quais d'un port.

gare! interj. pour avertir.

garenne nf. Endroit où des lapins vivent en liberté. ‖ Nm. Lapin de garenne.

garer vt. Faire entrer dans une gare, dans un garage. ‖ Mettre à l'abri.

gargariser (se) vpr. Se rincer la bouche et l'arrière-bouche. ‖ *Fig.* et *fam.* Se délecter d'une chose.

gargarisme nm. Liquide pour se gargariser.

gargote nf. Petit restaurant à bas prix. ‖ *Fig.* Lieu où la cuisine est médiocre.

gargotier, ère n. Qui tient une gargote. ‖ *Fig.* Mauvais traiteur.

gargouille nf. Conduit d'une gouttière par où l'eau tombe.

gargouillement nm. Bruit d'un liquide ou d'un gaz dans la gorge, l'estomac ou dans une canalisation.

gargouiller vi. Faire entendre un gargouillement.

gargouillis nm. Bruit de l'eau tombant d'une gargouille.

gargoulette nf. Vase poreux pour rafraîchir l'eau.

gargousse nf. Enveloppe contenant la charge de poudre d'un canon.

garnement nm. Vaurien.

garni, e adj. Muni de meubles. ‖ Nm. Chambre ou local loué meublée.

garnir vt. Pourvoir du nécessaire, meubler. ‖ Orner. ‖ Remplir, occuper : *la foule garnit la place.* ‖ Se - vpr. Se remplir.

garnisaire nm. Soldat qui logeait chez les contribuables en retard, jusqu'à ce qu'ils se fussent acquittés envers le fisc.

garnison nf. Troupe établie dans une ville pour la défendre ou y séjourner. ‖ Cette ville.

garnissage nm. Action de garnir.

garniture nf. Ornement. ‖ Assortiment complet : - de boutons.

garrigue nf. Terrain aride, broussailleux, dans le Midi.

garrot nm. Partie du corps du cheval située au-dessus des épaules et qui termine l'encolure. ‖ Bâtonnet passé dans une corde, pour la serrer par torsion. ‖ Cette corde.

garrottage nm. Action de garrotter.

garrotter vt. Lier étroitement et fortement : - un prisonnier.

gars [gha] nm. Fam. Garçon.

gascon, onne adj. et n. De la Gascogne. ‖ Par ext. Fanfaron, hâbleur.

gasconnade nf. Fanfaronnade, exagération.

gasconner vi. Parler avec l'accent gascon. ‖ Dire des gasconnades.

gas-oil ou **gasoil** [ga-zoual] nm. Huile combustible pour moteur, extraite des pétroles par distillation.

gaspillage nm. Action de gaspiller ; emploi abusif et désordonné.

gaspiller vt. Dépenser follement ; dissiper, au pr. et au fig.

gaspilleur, euse n. Qui gaspille.

gastéropodes nmpl. Classe de mollusques qui se meuvent en rampant sur un vaste pied charnu (limace, escargot).

gastralgie nf. Névralgie de l'estomac.

gastrique adj. Qui a rapport à l'estomac. ‖ Suc -, liquide digestif sécrété dans l'estomac.

gastrite nf. Inflammation de la muqueuse de l'estomac.

gastro-entérite nf. Inflammation simultanée des muqueuses de l'estomac et des intestins.

gastronome n. Gourmet, connaisseur en bonne chère.

gastronomie nf. Art de faire bonne chère.

gastronomique adj. Relatif à la gastronomie : un relais -.

gâté, e adj. Détérioré. ‖ Enfant -, élevé avec trop d'indulgence.

gâteau nm. Pâtisserie faite avec de la farine, du beurre et des œufs, etc. ‖ Rayon de miel.

gâter vt. Endommager, détériorer. ‖ Corrompre. ‖ Fig. Traiter avec une grande bonté : vous me gâtez. ‖ Fig. - le métier, travailler à bas prix. ‖

- un enfant, être avec lui trop indulgent. ‖ Se - vpr. Se corrompre.

gâterie nf. Action de gâter. ‖ Indulgence excessive. ‖ Pl. Friandises.

gâte-sauce nm. inv. Mauvais cuisinier. ‖ Marmiton.

gâteux, euse adj. et n. Fam. Personne affaiblie physiquement ou intellectuellement.

gâtine nf. Terre imperméable, marécageuse et stérile.

gâtisme nm. Etat de celui qui est ou paraît gâteux.

gauche adj. Opposé à droit. ‖ Du côté du cœur. ‖ Fig. Maladroit : avoir des manières -. ‖ Dévié, par rapport à un plan de comparaison. ‖ Nm. Déviation : le - d'une bielle. ‖ Nf. Le côté gauche : prendre la -. ‖ Partie d'une assemblée, siégeant à la gauche du président.

gaucher, ère adj. et n. Qui se sert ordinairement de sa main gauche.

gaucherie nf. Fam. Maladresse, manque d'aisance.

gauchir vi. Se contourner, se déformer : cette planche gauchit. ‖ Vt. Rendre gauche.

gauchissement nm. Action de gauchir ; son résultat.

gaucho nm. Cavalier gardien de troupeaux, dans les pampas.

gaude nf. Plante qui fournit une teinture jaune. ‖ Bouillie de farine de maïs.

gaudriole nf. Plaisanterie un peu libre : dire des -.

gaufrage nm. Action de gaufrer.

gaufre nf. Rayon, gâteau de miel. ‖ Pâtisserie mince et légère, cuite entre deux fers.

gaufrer vt. Imprimer, au moyen de fers chauds ou de cylindres gravés, des dessins sur des étoffes, du cuir, etc.

gaufrette nf. Petite gaufre.

gaufreur, euse n. Qui gaufre les étoffes, les cuirs.

gaufrier nm. Moule à gaufres.

gaufrure nf. Empreinte gaufrée sur une étoffe.

gaulage nm. Action de gauler.

gaule nf. Longue perche pour abattre les fruits. ‖ Canne à pêche.

gauler vt. Faire tomber les fruits, à l'aide d'une gaule : - des noix.

gaulliste adj. et n. Relatif à Charles de Gaulle ; partisan de celui-ci.

gaulois, e adj. et n. De la Gaule. ‖ Fig. D'une gaieté un peu libre.

gauloiserie nf. Plaisanterie libre.

gauss nm. Unité d'induction magnétique dans le système C.G.S. électromagnétique (symb. : Gs).

gausser (se) vpr. Se moquer ouvertement.

gavage nm. Action de gaver.

gave nm. Torrent pyrénéen.

gaver vt. Bourrer de nourriture, gorger.

gavial nm. Grand crocodile de l'Inde. || Pl. des *gavials*.

gavotte nf. Ancienne danse sur un air à deux temps.

gaz nm. Tout fluide aériforme. || *Phys.* et *chim.* Un des trois états de la matière, caractérisé par la compressibilité et l'expansibilité. || - *d'éclairage*, obtenu par la distillation de la houille. || - *à l'air* ou - *pauvre*, obtenu en faisant passer un courant d'air dans une colonne de charbon porté au rouge. || - *à l'eau*, obtenu en faisant passer de la vapeur d'eau à travers du coke incandescent. || - *naturel*, contenu dans des poches souterraines. || *Absol.* Gaz d'éclairage.

gaze nf. Etoffe légère et transparente, de soie, de lin, etc.

gazéifier vt. (c. *prier*). Transformer en gaz. || Faire dissoudre du gaz carbonique dans une eau.

gazelle nf. Antilope d'Asie et d'Afrique, à forme légère, à pattes fines et à cornes arquées en lyre.

gazer vt. Soumettre à l'action de gaz toxiques. || Vi. *Pop.* Aller vite.

gazette nf. Journal. || *Fig.* et *fam.* Personne très bavarde.

gazeux, euse adj. Qui est de la nature d'un gaz. || *Eau* -, qui contient du gaz carbonique dissous.

gazier nm. Employé de la Compagnie du gaz.

gazoduc nm. Canalisation à longue distance de gaz naturel.

gazogène nm. Appareil produisant un gaz combustible.

gazoline nf. Ether de pétrole.

gazomètre nm. Réservoir à gaz permettant de le débiter sous une pression régulière.

gazon nm. Herbe courte et menue. || Pelouse.

gazonner vt. Revêtir de gazon.

gazouillement nm. Action de gazouiller.

gazouiller vi. Faire entendre un chant doux, faible et confus. || Produire un murmure en coulant : *un ruisseau qui gazouille*. || *Fam.* Commencer à parler : *bébé commence à* -.

gazouillis nm. Léger gazouillement.

geai nm. Passereau à plumage bigarré. (Cri : le geai *cajole*.)

géant, e adj. et n. Personne, animal,

végétal, etc., d'une taille démesurée. || *A pas de* -, très vite.

géhenne nf. Enfer dans la Bible.

geignard, e adj. et n. *Fam.* Qui geint; qui pleurniche sans cesse.

geignement nm. Action de geindre.

geindre vi. (c. *craindre*). *Fam.* Se plaindre souvent, d'une voix languissante.

geisha nf. Danseuse japonaise.

gel nm. Gelée des eaux. || Temps où il gèle.

gélatine nf. Sorte de gelée qui s'extrait des os des animaux.

gélatineux, euse adj. Semblable à de la gélatine.

gelée nf. Abaissement de la température au-dessous de zéro provoquant le gel. || Suc de viande clarifié et solidifié. || Jus de fruits cuits avec le sucre, et qui se solidifie par le refroidissement. || - *blanche*, givre.

geler vt. (c. *celer*). Transformer en glace. || Blesser par l'action du froid : *le froid lui a gelé les pieds*. || Vi. Avoir très froid. || Se transformer en glace. || V. impers. : *il gèle*.

gélif, ive adj. Se dit des pierres, des arbres, qui se fendent par la gelée.

gelinotte nf. Gallinacé sauvage voisin de la perdrix.

gélose nf. Gélatine végétale.

gelure nf. Résultat de l'action du froid sur les tissus vivants.

géminé, e adj. Se dit des choses groupées par deux. || *Ecole* -, école mixte.

gémir vi. Exprimer sa peine, sa douleur par des soupirs plaintifs. || *Fig.* Souffrir : - *dans les fers*. || Faire entendre une sorte de bruit plaintif : *le vent gémit*.

gémissement nm. Plainte douloureuse, inarticulée, cri plaintif.

gemmage nm. Incision des pins pour en recueillir la résine.

gemmation nf. Développement et ensemble des bourgeons.

gemme nf. Pierre précieuse. || Résine. || Adj. : *pierre* -. || *Sel* -, sel fossile.

gemmé, e adj. Orné de pierres précieuses. || Se dit des pins entaillés.

gemmer vi. Pousser des bourgeons. || Vt. Inciser des pins.

gemmule nf. Partie de l'embryon donnant le rameau feuillé.

gémonies nfpl. Lieu où l'on exposait les cadavres des suppliciés à Rome. || *Fig.* Vouer quelqu'un aux -, le livrer au mépris public.

gencive nf. Tissu rougeâtre qui entoure les dents à leur base.

gendarme nm. Militaire faisant partie de la gendarmerie. || *Pop.* Hareng saur.

gendarmer (se) vpr. S'emporter, protester contre.

gendarmerie nf. Corps militaire chargé de la sûreté publique. || Caserne des gendarmes.

gendre nm. Epoux de la fille, par rapport au père et à la mère de celle-ci.

gène nm. Facteur héréditaire existant dans le chromosome.

gêne nf. Malaise, état pénible. || *Fig.* Contrainte fâcheuse : *éprouver de la -*. || Manque d'argent : *être dans la -*. || *Fam. Etre sans -*, agir avec désinvolture.

généalogie nf. Suite, dénombrement des ancêtres de quelqu'un. || Science qui a pour objet la recherche de l'origine et de la filiation des familles.

généalogique adj. Relatif à la généalogie : *arbre -*.

généalogiste nm. Celui qui dresse les généalogies.

génépi ou **genépi** nm. Plante aromatique des Alpes, dont on fait une liqueur.

gêner vt. Incommoder. || *Fig.* Entraver : *- le commerce.* || Intimider : *sa présence me gêne.* || Appauvrir : *cette dépense me gêne.* || **Se -** vpr. Ne pas prendre ses aises.

général, e, aux adj. Universel : *consentement -*. || *Par ext.* Vague : *parler en termes -*. || Relatif à l'ensemble d'un service, d'un commandement : *inspecteur, officier -*. || **En-** loc. adv., le plus souvent. || Nm. Se dit des principes généraux par oppos. aux cas particuliers : *conclure du particulier au -*.

général nm. Grade le plus élevé, dans les armées de terre et de l'air. || Celui qui commande une brigade, une division, un corps d'armée, une armée. || Supérieur de certains ordres religieux : *le - des Jésuites.*

généralat nm. Dignité de général.

générale nf. Femme d'un général. || Batterie de tambour, sonnerie de trompette pour rassembler les troupes.

généralisateur, trice adj. Qui généralise, qui aime à généraliser.

généralisation nf. Action de généraliser ; son résultat.

généraliser vt. Rendre général, applicable à un ensemble de personnes ou de choses : *- une méthode.* || *Absol.* Conclure du particulier au général : *vous généralisez trop.*

généralissime nm. Général commandant en chef.

généralité nf. Le plus grand nombre : *la - des hommes.* || Division administrative de la France avant 1789. || Pl. Idées générales, n'ayant qu'un rapport éloigné avec le sujet traité : *s'en tenir aux -*.

générateur, trice adj. Qui est propre à la génération. || Nm. *Méc.* Chaudière à vapeur. || Nf. *Electr.* Machine transformant une énergie quelconque en énergie électrique. || *Math.* Ligne dont le mouvement engendre une surface ou un volume.

génération nf. Fonction de reproduction des êtres organisés. || Chaque filiation de père à fils. || Postérité.

généreux, euse adj. Qui donne largement. || D'un naturel noble : *cœur -*. || Fertile : *une terre -*. || *Vin -*, fort.

générique adj. Qui appartient au genre. || Nm. Début d'un film où sont indiqués les noms du producteur, du metteur en scène, des acteurs, etc.

générosité nf. Grandeur d'âme. || Disposition à la bienfaisance. || Pl. Dons, largesses.

genèse nf. Création du monde. || Système cosmogonique. || Origine, développements successifs : *la - d'un drame.*

génésique adj. Qui a rapport à la génération.

genêt nm. Arbuste à fleurs jaunes (papilionacée).

genet nm. Cheval d'Espagne.

génétique nf. Science qui étudie les phénomènes de l'hérédité.

gêneur, euse n. Qui gêne ; importun, fâcheux.

genevois, e adj. et n. De Genève.

genévrier nm. Arbrisseau à feuilles persistantes.

génial, e, aux adj. Qui a du génie ; inspiré par le génie : *invention -*.

génie nm. Divinité, démon qui, dans l'opinion des Anciens, présidait à la vie de chacun : *bon, mauvais -*. || Lutin, gnome, sylphe. || *Fig.* Aptitude naturelle à créer quelque chose d'original et de grand : *un homme de -*. || Personne ainsi douée. || Don naturel pour une chose : *le - des affaires.* || Caractère propre et distinctif : *le - d'une langue.* || *Milit.* Corps de troupe chargé des travaux de communication et de fortification. || *- maritime,* corps d'ingénieurs chargés des constructions navales. || *- rural,* ingénieurs chargés de l'entretien des voies de communication.

genièvre nm. Nom vulgaire du *genévrier.* || Sa graine. || Liqueur qu'on en fait.

génisse nf. Très jeune vache.

génital, e, aux adj. Relatif à la reproduction.

génitif nm. Dans les langues à

déclinaison, cas qui indique la dépendance, la possession.

génois, e adj. et n. De Gênes.

genou nm. Articulation de la jambe avec la cuisse. || *Fléchir le - devant quelqu'un*, s'humilier.

genouillère nf. Partie de l'armure qui couvrait le genou. || Enveloppe protégeant les genoux.

genre nm. Groupement d'êtres qui ont entre eux des ressemblances importantes, des caractères communs. || *Le - humain*, l'ensemble des hommes. || Sorte, manière : *- de vie; marchandises de tout -*. || Mode : *vêtement d'un nouveau -*. || *Avoir bon, mauvais -*, avoir de bonnes, de mauvaises manières. || *Fam. Faire du -*, avoir des manières affectées. || *Gramm*. Forme que reçoivent les mots (masculin, féminin, neutre). || En peinture, représentation de scènes d'intérieur, de fantaisie : *tableau de -*. || *Géogr. - de vie*, ensemble des modes d'activité d'un groupe humain.

gens nm. ou fpl. Personnes en nombre indéterminé : *les - de bien; ce sont de bonnes -, de méchantes -.* || *- d'épée*, nobles, soldats. || *- de mer*, marins. || *- de lettres*, écrivains, poètes. || *- de maison*, domestiques. || *Droit des -*, ensemble de droits naturels, communs à toutes les nations.

gent nf. Nation, race : *la - trottemenu*, les souris. (Vx.)

gentiane [*jan - syan'*] nf. Plante vivace, apéritive et tonique.

gentil [*ti*] nm. Pour les anciens Hébreux, étranger. || Pour les chrétiens, païen.

gentil, ille adj. Agréable, aimable.

gentilhomme nm. De race noble. || Pl. des *gentilshommes* (pron. *jan-ti-zom'*).

gentilhommière [*ti-yo*] nf. Maison de petit gentilhomme, à la campagne.

gentilité nf. Les peuples païens.

gentillesse nf. Grâce, agrément. || Action, parole aimable, gracieuse.

gentillet, ette adj. Assez gentil.

gentleman [*djèn - tle - man'*] nm. Homme de bonne compagnie. || Pl. des *gentlemen*.

gentry [*djèn-tri*] nf. Les nobles non titrés, en Angleterre.

génuflexion nf. Flexion du genou.

géocentrique adj. *Astron*. Qui est rapporté au centre de la Terre.

géode nf. Rognon de silex creux, tapissé intérieurement de cristaux.

géodésie nf. Science qui a pour objet la mesure de la Terre.

géographe n. Personne qui se consacre à la géographie.

géographie nf. Description de la répartition à la surface du globe des phénomènes physiques, biologiques et humains. || Ouvrage qui traite d'un sujet géographique.

géographique adj. Relatif à la géographie.

geôle [*jôl*] nf. Prison.

geôlier, ère [*jô-lyé*] n. Concierge, surveillant d'une prison.

géologie nf. Science de la Terre, qui a pour objet l'étude des matériaux composant le globe terrestre, leur nature et leur répartition.

géologique adj. Relatif à la géologie.

géologue n. Personne qui se consacre à la géologie.

géomètre nm. Personne qui s'occupe de la géométrie; arpenteur.

géométrie nf. Science qui a pour objet l'étude de l'étendue considérée sous ses trois aspects : la *ligne*, la *surface* et le *volume*. || Traité de géométrie.

géométrique adj. Relatif à la géométrie.

géomorphologie nf. Etude des formes du relief terrestre.

géophysique nf. Etude de la structure d'ensemble du globe terrestre et des mouvements qui l'affectent.

géorama nm. Globe creux sur la paroi intérieure duquel est dessinée la surface terrestre. || Carte géographique en relief. || Pl. des *géoramas*.

géorgique adj. Qui concerne les travaux de l'agriculture. || Nfpl. Poème sur l'agriculture : *« les Géorgiques » de Virgile*.

géosynclinal nm. Immense fosse sous-marine qui se serait constituée à l'emplacement d'une future chaîne de montagnes.

géothermie nf. Chaleur interne de la Terre.

géotropisme nm. Action de la pesanteur sur l'orientation de certains organes d'une plante.

gérance nf. Fonction de gérant.

géranium [*om'*] nm. Plante ornementale dont le fruit figure un bec de grue.

gérant, e n. Personne qui administre les affaires d'autrui.

gerbe nf. Botte de blé ou d'autres céréales, etc., coupées et liées. || Assemblage de fusées, de jets d'eau, etc., qui ressemblent à une gerbe.

gerber vt. Mettre en gerbes. || Placer des pièces de vin les unes sur les autres. || Vi. Imiter la forme d'une gerbe : *fusée qui gerbe*.

gerbeuse nf. Appareil à gerber les futailles.

gerbier nm. Meule de blé.

gerboise nf. Petit mammifère rongeur et sauteur.

gerce nf. Fente dans une pièce de bois. ‖ Teigne des étoffes et des papiers. ‖ Crevasse.

gercer vt. (c. *placer*). Faire de petites crevasses. ‖ Vi. ou se - vpr. : *la peau gerce à l'air sec.*

gerçure nf. Petite crevasse de la peau. ‖ Petite fente de l'écorce d'un arbre.

gérer vt. (c. *céder*). Administrer pour autrui.

gerfaut nm. Sorte de faucon.

germain, e adj. *Cousins -,* issus des deux frères, des deux sœurs, ou du frère et de la sœur. ‖ *Cousins issus de -,* personnes qui sont nées de cousins germains.

germain, e adj. et n. De Germanie.

germandrée nf. Plante labiée aromatique et vulnéraire.

germanique adj. De la Germanie, de l'Allemagne.

germanisation nf. Action de germaniser.

germaniser vt. Rendre allemand.

germanisme nm. Façon de parler propre à la langue allemande.

germaniste n. Spécialiste de la langue, de la littérature, du droit germanique.

germanium nm. Corps simple métallique voisin du bismuth.

germanophile adj. et n. Qui aime les Allemands.

germanophobe adj. et n. Qui déteste les Allemands.

germe nm. Premier rudiment d'un être organisé, végétal ou animal. ‖ Partie de la semence qui doit former la plante. ‖ Première pointe qui sort d'une graine. ‖ *Fig.* Origine : *le - d'une maladie.*

germer vi. Se dit des grains qui commencent à pousser. ‖ *Fig.* Apparaître : *la vertu germe dans son cœur.*

germinal nm. Septième mois du calendrier révolutionnaire (21 mars-19 avril).

germinatif, ive adj. Qui a le pouvoir de faire germer.

germination nf. Action de germer.

germoir nm. Cellier de brasserie. ‖ Caisse destinée à recevoir les graines qu'on veut faire germer.

géromé nm. Fromage de Gérardmer et des environs (Vosges).

gérondif nm. En latin, forme verbale qui fournit les cas à l'infinitif. ‖ En français, participe présent avec *en* : *en riant.*

géronte nm. Vieillard ridicule.

gerris [*jèr-riss*] nm. Insecte hémiptère courant à la surface des eaux.

gésier nm. Troisième poche épaisse et musculeuse de l'appareil digestif des oiseaux.

gésir vi. (Usité seulement dans *il gît, n. gisons, v. gisez, ils gisent. Je gisais, tu gisais, il gisait, n. gisions, v. gisiez, ils gisaient. Gisant.*) Etre couché : *il gisait sur le sol.* ‖ Se trouver : *là gît la difficulté.* ‖ *Ci-gît,* ici repose (épitaphe).

gesse nf. Légumineuse fourragère.

gestapo [*gué*] nf. (abrév. de *geheime Staats Polizei*). Police secrète d'Etat sous le régime nazi.

gestation nf. Etat d'une femelle qui porte son fruit. ‖ Durée de cet état.

geste nm. Mouvement du corps, de la main, des bras.

geste nf. Poème épique ou héroïque du Moyen Age : *les chansons de -.* ‖ Pl. *Faits et - de quelqu'un,* sa conduite.

gesticulation nf. Action de gesticuler.

gesticuler vi. Faire beaucoup de gestes.

gestion [*jès-tyon*] nf. Action de gérer; administration.

gestionnaire adj. et n. Relatif à une gestion; qui assure la gestion.

geyser [*jé-zèr*] nm. Source jaillissante intermittente d'eau chaude.

ghetto [*gué-to*] nm. Quartier juif d'une ville.

ghildes, guildes ou **gildes** nfpl. Associations formées au Moyen Age entre les corporations d'ouvriers ou de marchands.

giaour nm. Nom de mépris donné par les Turcs à tout non-musulman.

gibbon nm. Singe asiatique à bras très développés.

gibbosité nf. Bosse.

gibecière nf. Sac pour chasseurs, écoliers, etc.

gibelin, e n. Au XIIIe siècle, partisan des empereurs romains germaniques, par oppos. aux *guelfes.* ‖ Adj. : *la faction -.*

gibelotte nf. Fricassée de lapin au vin blanc.

giberne nf. Ancienne boîte à cartouches des soldats.

gibet nm. Potence.

gibier nm. Tout animal que l'on chasse pour le manger.

giboulée nf. Brève averse, mêlée de grêle.

giboyeux, euse adj. Abondant en gibier : *pays -.*

gibus [*buss*] nm. Haut-de-forme à ressort, pouvant s'aplatir.

giclement nm. Action de gicler.

gicler vi. Jaillir en éclaboussant.

gicleur nm. *Méc.* Tube calibré par lequel l'essence est distribuée au moteur.

gifle nf. Coup donné avec la main ouverte sur la joue.

gifler vt. Donner une gifle à.

gigantesque adj. Qui tient du géant. || *Fig.* Colossal : *entreprise -.*

gigantisme nm. Développement exagéré du corps.

gigogne nf. *Mère -,* femme qui a beaucoup d'enfants. || *Table -,* série de petites tables s'emboîtant les unes dans les autres.

gigot nm. Cuisse de mouton, d'agneau ou de chevreuil.

gigoter vi. *Fam.* Remuer sans cesse les jambes.

gigue nf. *Mus.* Air de danse vif et gai. || *Pop.* Jambe.

gilet nm. Vêtement court et sans manches. || Sous-vêtement de laine, de coton, etc. : *- de flanelle.*

giletier, ère n. Personne qui fait des gilets. || Nf. Sorte de chaîne de montre.

gille [*jil'*] nm. Personnage des théâtres de foires. || Niais.

gimblette nf. Pâtisserie sèche, en forme d'anneau.

gin [*djin'*] nm. Eau-de-vie de grain fabriquée en Angleterre.

gingembre nm. Racine d'une plante des Indes, à saveur brûlante et aromatique.

gingivite nf. *Méd.* Inflammation des gencives.

giorno (à) [*djor-no*] loc. adv. Se dit d'un éclairage brillant, comparable à la lumière du jour.

girafe nf. Quadrupède ruminant d'Afrique, de taille élevée, à cou très long.

girandole nf. Candélabre à plusieurs branches. || Pl. Boucles d'oreilles en diamant.

girasol [*sol*] nm. Pierre précieuse de quartz hyalin chatoyant.

giratoire adj. Tournant, circulaire.

girl [*gheurl'*] nf. Danseuse de music-hall.

girofle nm. Bouton floral desséché du giroflier, dit *clou de -.*

giroflée nf. Crucifère, très ornementale.

giroflier nm. Arbre qui porte le clou de girofle.

girolle nf. Champignon comestible du genre chanterelle.

giron nm. Partie qui s'étend de la ceinture aux genoux, quand on est assis. || *Fig. Le - de l'Eglise,* la communion des fidèles.

girondin, e adj. et n. De la Gironde. || Parti des modérés sous la Convention.

girouette nf. Plaque légère mobile indiquant la direction du vent. || *Fig.* Homme versatile.

gisant, e adj. Etendu sans mouvement. || Nm. Statue représentant un personnage couché.

gisement nm. Disposition des couches minérales dans le sein de la terre.

gît [*ji*]. V. GÉSIR.

gitan, gitane n. Bohémiens.

gîte nm. Lieu où l'on demeure, où l'on couche ordinairement. || Lieu où le lièvre se retire. || Masse de minéraux en leur gisement. || *- à la noix,* morceau de la cuisse du bœuf. || Nf. *Mar.* Inclinaison d'un navire.

giter vi. Demeurer, coucher. || Donner de la bande : *voilier qui gîte.*

givrage nm. Dépôt de givre sur le bord d'attaque des ailes ou des pales d'hélice d'un avion en vol.

givre nm. Couche de glace qui s'attache aux arbres.

givré, e adj. Couvert de givre.

glabre adj. *Fig.* Imberbe.

glaçage nm. Action de glacer.

glace nf. Eau congelée. || Crème aromatisée et congelée. || Lame de verre dont on fait des miroirs, des vitrages. || *Fig.* Etre de -, insensible. || *Rompre la -,* dissiper la gêne, la contrainte.

glacer vt. (c. *placer*). Solidifier un liquide, abaisser considérablement la température. || Causer une impression de froid. || Couvrir d'une croûte de sucre : *- des marrons.* || Lustrer : *- une étoffe.* || *Fig.* Intimider, paralyser : *son aspect me glace.* || Glacé, e part. et adj. Brillant, lisse : *papier -.* || *Fig.* Qui marque la froideur : *accueil -.*

glacerie nf. Fabrication, commerce des glaces et cristaux.

glaceur nm. Ouvrier qui glace les étoffes ou les papiers.

glaciaire adj. Relatif aux glaciers.

glacial, e, als (rare) adj. Extrêmement froid. || *Fig.* D'une extrême froideur : *réponse -.*

glaciation nf. Transformation en glace. Extension des glaciers.

glacier nm. Amas de neige transformée en glace. || Limonadier qui prépare et vend des glaces, des sorbets.

glacière nf. Appareil à produire ou à conserver de la glace. || Meuble réfrigéré. || *Fig.* Lieu très froid.

glacis [*si*] nm. Talus en pente douce. || Terrain très dégagé. || *Peint.* Couleur claire et transparente appliquée sur une couleur sèche.

glaçon nm. Morceau de glace.

glaçure nf. Enduit qui rend les poteries brillantes et imperméables.

gladiateur nm. Celui qui combattait dans les jeux du cirque.

glaïeul nm. Plante bulbeuse à fleurs ornementales réunies en longs épis.

glaire nf. Sécrétion gluante des muqueuses. || Blanc d'œuf cru.

glaireux, euse adj. De la nature de la glaire.

glaise adj. et nf. Argile grasse, utilisée en poterie et pour la fabrication des tuiles.

glaiser vt. Enduire de glaise.

glaiseux, euse adj. De la nature de la glaise : *sol -.*

glaisière nf. Carrière de glaise.

glaive nm. Epée tranchante.

glanage nm. Action de glaner.

gland nm. Fruit du chêne. || Ornement en forme de gland.

glandage nm. Droit de ramasser les glands ou de mener les porcs dans une forêt de chênes.

glande nf. Organe sécréteur. || *Vulgairem.* Ganglion lymphatique enflammé.

glandée nf. Récolte de glands.

glandulaire ou **glanduleux, euse** adj. Qui a l'aspect et la texture d'une glande.

glandule nf. Petite glande.

glane nf. Poignée d'épis glanés.

glaner vt. Ramasser des épis de blé restés sur le sol après la moisson. || *Fig.* Prendre çà et là ce qui a été laissé par d'autres.

glaneur, euse n. Qui glane.

glanure nf. Ce que l'on glane.

glapir vi. Faire entendre des cris aigus et précipités (renards et petits chiens). || Crier d'une voix aigre.

glapissement nm. Action de glapir.

glas nm. Tintement de cloche qui annonce l'agonie ou la mort d'une personne.

glatir vi. Crier, en parlant de l'aigle.

glaucome nm. *Méd.* Durcissement du globe de l'œil.

glauque adj. De couleur verte tirant sur le bleu : *mer -.*

glèbe nf. Sol en culture. || Fond de terre auquel étaient attachés les serfs.

glène nf. *Anat.* Cavité d'un os dans laquelle s'emboîte un autre os.

glissade nf. Action de glisser. || Glissoire.

glissement nm. Action de glisser. || Mouvement de ce qui glisse.

glisser vi. Se déplacer d'un mouvement continu sur une surface lisse. || *Fig.* Passer légèrement sur quelque matière sans insister : *glissons là-dessus.* || Vt. Mettre doucement une chose en un lieu : *- une lettre à la poste.* || Se - vpr. S'introduire adroitement. || **Glissant, e** adj. *Fig. Pente -,* affaire hasardeuse, circonstance délicate. || **Glissé, e** part. et nm. Pas de danse.

glissière nf. Pièce métallique rainurée guidant une autre pièce mobile.

glissoire nf. Sentier de glace.

global, e, aux adj. Total, pris en bloc : *somme -.*

globe nm. Corps sphérique. || *Le - terrestre,* la Terre.

globe-trotter [*tro-teur*] nm. Qui voyage à travers le monde.

globulaire adj. Sphérique.

globule nm. Petit corps sphérique.

globuleux, euse adj. Composé de globules.

gloire nf. Honneur, renommée. || Béatitude céleste : *la - éternelle.* || *Point.* Cercle de lumière qui entoure la tête des saints. || *Se faire - de,* tirer vanité de. || *Fam. Travailler pour la -,* travailler sans profit matériel.

glomérule nm. Petit amas de corps de même nature.

gloria nm. Verset qui termine tous les psaumes. || *Fam.* Café arrosé.

gloriette nf. Cabinet de verdure. || Petit bâtiment, pavillon dans un parc, dans un jardin.

glorieux, euse adj. Qui s'est couvert de gloire. || Qui procure de la gloire. || Qui tire vanité de : *être - de sa naissance.* || **Glorieusement** adv.

glorification nf. Action de glorifier.

glorifier vt. Honorer, rendre gloire à : *- Dieu, les morts pour la France.* || Se - vpr. Se faire gloire de.

gloriole nf. Vanité tirée de petites choses.

glose nf. Explication d'un texte obscur. || *Fam.* Critique maligne.

gloser vi. Commenter, critiquer par malice : *il glose sur tout.*

glossaire nm. Dictionnaire des mots vieillis ou peu connus d'une langue.

glossateur nm. Auteur d'une glose : *les - de la Bible.*

glotte nf. Ouverture du larynx.

glouglou nm. *Fam.* Bruit d'un liquide s'échappant d'une bouteille. || Cri du dindon.

glouglouter vi. Crier, en parlant du dindon.

gloussement nm. Cri de la poule qui glousse.

glousser vi. Se dit de la poule qui appelle ses petits. || *Fam.* Rire en poussant de petits cris.

glouton, onne adj. et n. Qui mange

avec avidité. ‖ Nm. Mammifère carnivore de la région arctique.

gloutonnerie nf. Défaut du glouton.

glu nf. Matière visqueuse et tenace, employée pour prendre les oiseaux.

gluant, e adj. Qui colle comme la glu. ‖ *Fig.* et *fam.* Tenace.

gluau nm. Bâton enduit de glu.

glucide nm. Nom générique des hydrates de carbone.

glucinium nm. Métal (Gl) que l'on trouve dans l'émeraude.

glucose nf. d'après l'Acad., nm. d'après les chimistes. Tout sucre analogue au sucre de raisin.

glui nm. Paille de seigle, de blé, servant à couvrir les toits ou à faire des liens.

glume nf. Enveloppe des fleurs des graminées.

gluten [tèn] nm. Matière visqueuse azotée de la farine des céréales.

glycémie nf. Présence de sucre dans le sang.

glycérine nf. *Chim.* Liquide incolore et sirupeux, extrait des corps gras par saponification.

glycérolé nm. Médicament à base de glycérine.

glycérophosphate nm. Sel dérivé de l'acide phosphorique et de la glycérine.

glycine nf. Papilionacée, dont une espèce ornementale, la *glycine de Chine*, est remarquable par ses belles grappes bleuâtres ou violettes.

glycogène adj. Qui produit du sucre. ‖ Nm. Matière mise en réserve dans le foie.

glycogénique adj. Relatif à la production du glucose.

glycosurie nf. Symptôme caractérisé par la présence de sucre dans les urines.

glyptique nf. Art de graver sur pierres fines.

glyptodon ou **glyptodonte** nm. Mammifère édenté gigantesque, fossile du Quaternaire américain.

glyptothèque nf. Musée de sculpture.

gnangnan n. et adj. inv. *Fam.* Mou, lent, geignard.

gneiss [ghnès'] nm. (m. allem.). *Géol.* Roche dure formée de quartz, feldspath et mica.

gnocchi [nyo-ki] nm. Pâte faite de farine, d'œufs et de fromage, pochée à l'eau salée.

gnome [ghnôm'] nm. Nom des nains fabuleux, des génies souterrains qui gardent les trésors.

gnomique adj. Sentencieux.

gnomon nm. Cadran solaire.

gnose nf. Doctrine des gnostiques.

gnosticisme nm. Système de philosophie religieuse prétendant à une connaissance complète de la nature de Dieu.

gnostique n. Partisan du gnosticisme. ‖ Adj. : *les hérésies* -.

gnou [ghnou] nm. Antilope africaine à chair succulente.

go (tout de) loc. adv. *Fam.* Sans préparation, immédiatement.

goal [gôl] nm. Au football, gardien de but.

gobbe ou **gobe** nf. Boulette pour engraisser la volaille ou pour empoisonner les animaux nuisibles.

gobelet nm. Vase à boire, de forme évasée. ‖ Petit vase de fer-blanc servant à des tours d'escamotage.

gobeletier nm. Fabricant, vendeur de gobelets, verres, etc.

gobe-mouches nm. inv. Passereau. ‖ *Fig.* Niais qui croit tout.

gober vt. Avaler sans mâcher : - *un œuf, une huître.* ‖ *Fig.* et *fam.* Croire tout naïvement.

goberge nf. Planche maintenant pressé un ouvrage de menuiserie.

goberger (se) vpr. (c. *manger*). *Fam.* Faire bombance.

gobeur, euse n. Qui gobe. ‖ *Fig.* et *fam.* Crédule, naïf.

godailler vi. *Fam.* Faire des débauches de table.

godelureau nm. *Fam.* Jeune homme qui fait le galant.

goder vi. Faire de faux plis.

godet nm. Vase sans pied ni anse. ‖ Auget de roue hydraulique. ‖ Petit vase dans lequel on délaie les couleurs. ‖ Faux pli.

godiche adj. et n. *Fam.* Gauche, maladroit, benêt.

godille nf. Aviron placé à l'arrière d'un canot.

godiller vi. Faire avancer une embarcation à la godille.

godillot nm. *Pop.* Grosse chaussure.

godron nm. Ornement saillant en forme d'olive. ‖ Plis ronds qu'on faisait aux jabots. ‖ Fer à godronner.

godronner vt. Tuyauter. ‖ Orner de godrons.

goéland nm. Grande mouette.

goélette nf. Petit bâtiment à deux mâts aux formes fines.

goémon nm. Varech.

gogo nm. *Fam.* Personne crédule, facile à tromper. ‖ A - loc. adv. *Fam.* A souhait, abondamment.

goguenard, e adj. et n. Moqueur.

goguenarder vi. Se moquer ; railler.

goguenardise nf. Raillerie.

goguette nf. *Fam.* Propos joyeux. ‖

Etre en -, être gai et un peu pris de vin.

goinfre nm. *Fam.* Gourmand, qui mange avidement.

goinfrer vi. *Fam.* Manger beaucoup et avidement.

goinfrerie nf. *Fam.* Gourmandise sans délicatesse.

goitre nm. Tumeur de la gorge due à l'hypertrophie du corps thyroïde.

goitreux, euse adj. et n. De la nature du goitre. ‖ Qui a un goitre.

golf nm. Sport consistant à placer une balle à l'aide de crosses, dans des trous successifs d'un vaste terrain.

golfe nm. Partie de mer qui s'enfonce dans les terres.

gommage nm. Action de gommer.

gomme nf. Substance mucilagineuse végétale. ‖ - *arabique*, fournie par les acacias. ‖ - *élastique*, caoutchouc. ‖ - *à effacer*, petit bloc de caoutchouc servant à effacer le crayon, l'encre.

gomme-gutte nf. Gomme-résine jaune, purgative, employée en peinture, et en médecine.

gommer vt. Enduire de gomme. ‖ Effacer.

gommeux, euse adj. Qui produit de la gomme. ‖ Qui est de la nature de la gomme.

gommier nm. Acacia d'Amérique producteur de gomme.

gond nm. Pièce de fer, sur laquelle pivote un vantail de porte. ‖ *Fig.* et *fam. Sortir de ses -*, s'emporter.

gondolage nm. Action de gondoler, de se gauchir.

gondole nf. Embarcation vénitienne à un seul aviron.

gondoler vi. ou **gondoler (se)** vpr. Se bomber, se gauchir, se déjeter.

gondolier nm. Batelier qui conduit une gondole.

gonfalon ou **gonfanon** nm. Etendard du suzerain.

gonfalonier ou **gonfanonier** nm. Porteur de gonfalon.

gonflement nm. Action de gonfler; état qui en résulte.

gonfler vt. Distendre, faire enfler. ‖ Grossir le volume. ‖ *Fig.* Remplir de : - *de colère*. ‖ Vi. Devenir enflé : *le bois gonfle à l'humidité*. ‖ Se - vpr. Devenir enflé. ‖ *Fig.* et *fam.* S'enorgueillir, faire l'important.

gong [*gongh*] nm. Disque de métal suspendu qui vibre sous le choc d'une baguette.

goniomètre nm. Instrument de topographie pour le levé des plans et la mesure des angles.

goniométrie nf. Mesure des angles.

gord [*ghor*] nm. Piège à poissons formé de deux rangs de perches plantées dans une rivière, le sommet de l'angle aboutissant à un filet.

goret nm. Petit cochon.

gorge nf. Partie antérieure du cou. ‖ Gosier. ‖ Poitrine d'une femme. ‖ Cannelure creusée sur la circonférence d'une poulie. ‖ *Géogr.* Vallée étroite aux parois abruptes. ‖ *Fig.* et *fam. Faire des - chaudes*, se moquer bruyamment. ‖ *Rendre -*, restituer.

gorge-de-pigeon adj. inv. et nm. Couleur à reflets changeants.

gorgée nf. Ce qu'on peut avaler de liquide en une seule fois.

gorger vt. (c. *manger*). Bourrer de nourriture. ‖ *Fig.* Combler : - *quelqu'un d'argent*.

gorgerette nf. Collerette.

gorgerin nm. Partie inférieure d'un casque fermé, qui protégeait la gorge.

gorgonzola nm. Fromage italien voisin du roquefort.

gorille nm. Grand singe anthropoïde frugivore de l'Afrique équatoriale.

gosier nm. Arrière-bouche. ‖ Canal réunissant le pharynx et le larynx.

gosse n. *Pop.* Jeune garçon ou fille.

gothique adj. Qui vient des Goths. ‖ Nm. Se dit d'un genre d'architecture (du XIIe au XIVe s.) originaire de l'Ile-de-France, et dit aussi *ogival*. ‖ Nf. Ecriture employée à partir du XIIe siècle.

gouache nf. Peinture faite de couleurs détrempées avec de l'eau mêlée de gomme.

gouailler vt. et i. *Fam.* Railler, plaisanter grossièrement.

gouaillerie nf. *Fam.* Raillerie.

gouailleur, euse n. *Fam.* Qui gouaille. ‖ Adj. : *air -*.

gouape nf. *Pop.* Voyou.

goudron nm. Résidu de la distillation des bois, de la houille, etc.

goudronnage nm. Action de goudronner; son résultat.

goudronner vt. Enduire de goudron : - *une route*.

goudronneur nm. Ouvrier qui prépare ou emploie le goudron.

gouffre nm. Abîme. ‖ Tourbillon d'eau. ‖ *Fig.* Ce qui engloutit comme un gouffre : *ce procès est un -*.

gouge nf. Ciseau de menuisier, de sculpteur, creusé en gouttière.

goujat nm. Homme mal élevé.

goujaterie nf. Incorrection.

goujon nm. Petit poisson d'eau douce. ‖ Cheville de fer.

goule nf. Vampire fabuleux qui dévore les cadavres dans les cimetières.

goulée nf. *Pop.* Grosse bouchée.

1. Cathédrale de Reims; 2. Nef de la Cathédrale de
Chartres; 3. Cloître de l'abbaye du Mont-Saint-Michel;
4. Vierge à l'Enfant, ivoire de l'église de Villeneuve-lès-
Avignon; 5. Miniature du XIIIe s.

goulet nm. Passe étroite : *le - de Brest.*

goulot nm. Col d'un vase à entrée étroite : *- de carafe.*

goulu, e adj. et n. Qui aime à manger, et mange avec avidité. ‖ **Goulûment** adv.

goum nm. (m. ar.). Famille, tribu, chez les Arabes. ‖ En Afrique du Nord, formation militaire auxiliaire fournie par une tribu.

goumier nm. Nord-Africain servant dans un goum.

goupille nf. Cheville métallique d'assemblage.

goupiller vt. Assembler à l'aide de goupilles.

goupillon nm. A l'église, aspersoir pour répandre de l'eau bénite. ‖ Brosse pour nettoyer les bouteilles.

gourbi nm. Cabane de chaume chez les Arabes.

gourd, e adj. Engourdi par le froid. ‖ N. et adj. f. *Fam.* Imbécile.

gourde nf. Courge séchée et vidée ou récipient métallique où l'on met un liquide.

gourdin nm. Gros bâton.

gourgandine nf. *Fam.* Femme de mauvaise vie.

gourmand, e adj. et n. Qui aime la bonne chère. ‖ *Bot.* Rameau inutile.

gourmander vt. Réprimander sévèrement : *- un écolier.*

gourmandise nf. Défaut du gourmand. ‖ Mets friand, sucrerie.

gourme nf. *Vét.* Écoulement nasal des poulains. ‖ *Méd.* Éruption squameuse particulière aux enfants. ‖ *Fig.* et *fam. Jeter sa* -, faire des folies de jeunesse.

gourmé, e adj. Qui affecte un maintien trop grave.

gourmet nm. Qui se connaît en vins, en bonne chère.

gourmette nf. Chaînette du mors d'un cheval. ‖ Chaîne de montre, bracelet aux mailles disposées comme celles de la gourmette d'un mors.

gousse nf. Fruit sec à deux valves des légumineuses. ‖ Partie d'une tête d'ail.

gousset nm. Petite poche du gilet ou de la ceinture du pantalon.

goût nm. Sens par lequel on discerne les saveurs : *avoir le - délicat.* ‖ Saveur : *mets d'un - exquis.* ‖ Sentiment du beau : *il a le - sûr.* ‖ Prédilection : *- pour la peinture.* ‖ Élégance : *être mis avec -.* ‖ Préférence : *dire son -.*

goûter vt. Discerner par le goût. ‖ *Fig.* Trouver bon, apprécier : *la musique ; - un auteur.* ‖ Vt. ind. *- de, - à,* manger ou boire pour la première fois. ‖ Essayer : *- d'un métier.* ‖ *Absol.* Faire une collation : *donner à - aux enfants.*

goûter nm. Léger repas que l'on fait dans l'après-midi.

goutte nf. Petite sphère liquide. ‖ Très petite quantité : *boire une - de vin.* ‖ - à - loc. adv. goutte après goutte. ‖ *Fig.* Ne voir, n'entendre -, rien.

goutte nf. Affection caractérisée par des troubles articulaires. ‖ *- sciatique,* v. SCIATIQUE.

gouttelette nf. Petite goutte.

goutter vi. Laisser tomber des gouttes : *toit qui goutte.*

goutteux, euse adj. et n. Atteint de la goutte. ‖ Qui concerne la goutte : *déformation -.*

gouttière nf. Petit canal qui reçoit les eaux ruisselant sur un toit. ‖ *Chir.* Appareil employé pour soutenir et immobiliser un membre fracturé.

gouvernail nm. Appareil mobile à l'arrière d'un navire, d'un avion, pour assurer la direction. ‖ *- de profondeur,* plan mobile qui assure les évolutions dans le sens vertical.

gouverne nf. Règle de conduite : *je vous dis cela pour votre -.* ‖ Pl. *Aviat.* Ensemble des organes mobiles de direction d'un avion.

gouvernement nm. Action de gouverner. ‖ Ensemble de ceux qui gouvernent un État. ‖ Charge de gouverneur : *le - militaire de Paris.*

gouvernemental, e, aux adj. Qui appartient au gouvernement.

gouverner vt. Administrer. ‖ Vi. Obéir au gouvernail. ‖ **Gouvernant, e** part., adj. et n. Personne qui fait partie du gouvernement. ‖ Nf. Femme à qui est confiée l'éducation d'un ou de plusieurs enfants, ou qui a soin du ménage d'un homme seul.

gouverneur nm. Qui gouverne un territoire, une place, etc. ‖ Précepteur d'un jeune prince. ‖ Directeur d'un grand établissement public : *- de la Banque de France.*

goyave nf. Fruit du goyavier, baie sucrée et rafraîchissante.

goyavier nm. Arbre des régions chaudes.

grabat nm. Mauvais lit.

grabuge nm. *Fam.* Bruit, querelle.

grâce nf. Agrément, attrait particulier d'une personne ou d'une chose. ‖ Faveur : *accorder une -.* ‖ Bienveillance protectrice. ‖ Pardon : *faire -.* ‖ Remerciement : *rendre -.* ‖ Aide que Dieu accorde en vue du salut. ‖ *De bonne -,* de bon gré. ‖ *Faire - d'une dette, d'une visite à quelqu'un,* ne pas l'exiger de lui, l'en dispenser. ‖

Coup de -, qui achève. ‖ Pl. **Prière** après le repas. ‖ *Myth.* **Les trois** -, les compagnes de Vénus. ‖ *Jeu de* -, jeu d'anneaux qu'on lançait et rattrapait au moyen de baguettes. ‖ **- à** loc. prép., à cause de : - *à votre aide.* ‖ **- à Dieu**, par bonheur. ‖ **De** - loc. adv., par bonté. ‖ **-!** interj. Cri d'imploration.

gracier vt. (c. *prier*). Faire grâce, remettre la peine.

gracieuseté nf. Manière aimable d'agir envers quelqu'un. ‖ Gratification.

gracieux, euse adj. Qui a de la grâce. ‖ Aimable. ‖ Gratuit : *à titre* -.

gracile adj. Grêle, menu.

gracilité nf. Caractère de ce qui est gracile.

gracioso adv. *Mus.* Avec grâce.

gradation nf. Accroissement ou décroissement progressif. ‖ *Rhét.* Disposition des mots suivant une progression ascendante ou descendante : *va, cours, vole!*

grade nm. Degré d'une hiérarchie : *monter en* -. ‖ Rang dans la hiérarchie universitaire : - *de bachelier.* ‖ *Math.* Centième partie d'un quadrant.

gradé adj. et nm. Caporal, brigadier ou sous-officier.

gradient nm. Variation de pression barométrique évaluée par degré géographique entre un point donné et le centre le plus voisin d'un cyclone ou d'un anticyclone.

gradin nm. Marche d'un amphithéâtre.

graduation nf. Action de graduer. ‖ La partie ainsi graduée.

graduel, elle adj. Qui va par degrés. ‖ Nm. *Liturg.* Verset de la messe entre l'épître et l'évangile.

graduer vt. Diviser en degrés. ‖ Augmenter par degrés : - *ses efforts.* ‖ **Gradué, e** part., adj. et nm. Celui qui est revêtu d'un grade universitaire.

graffite nm. Ecrit, dessin tracé à la main, par les Anciens, sur les monuments. ‖ Griffonnages sur un mur. ‖ Pl. des *graffites* ou *graffiti.*

grailler vi. Crier comme la corneille.

graillon nm. Odeur de graisse brûlée. ‖ *Fam.* Crachat épais.

graillonner vi. Sentir le graillon. ‖ *Fam.* Expectorer des graillons.

grain nm. Fruit ou semence d'un petit volume. ‖ Petite parcelle : - *de sable.* ‖ Inégalité à la surface d'un cuir, d'une étoffe. ‖ - *de beauté*, petite tache sur la peau. ‖ Ancien poids, environ la vingtième partie d'un gramme. ‖ *Averse* soudaine et courte. ‖ Coup de vent. ‖ *Veiller au* -, prévoir un danger, et, au fig., être sur ses gardes.

graine nf. Semence. ‖ Œufs de vers à soie. ‖ *Fig.* **Monter en** -, grandir. ‖ *Mauvaise* -, mauvais sujet. ‖ *Fam.* **Prendre de la** -, prendre modèle.

graineterie nf. Commerce, magasin du grainetier.

grainetier, ère adj. et n. Qui vend des graines.

graissage nm. Action de graisser.

graisse nf. Substance onctueuse du tissu cellulaire des êtres animés. ‖ Corps gras d'origine végétale ou minérale.

graisser vt. Enduire de graisse. ‖ Souiller de graisse, tacher.

graisseur, euse adj. et n. Qui graisse. ‖ Nm. Appareil de graissage.

graisseux, euse adj. De la nature de la graisse. ‖ Taché de graisse.

graminées ou **graminacées** nfpl. Famille de monocotylédones, dont la tige est un chaume, comme le blé.

grammaire nf. Science des règles du langage parlé ou écrit. ‖ Livre où sont exposées ces règles.

grammairien, enne n. Qui enseigne la grammaire, ou qui a écrit sur la grammaire.

grammatical, e, aux adj. Qui concerne la grammaire.

gramme nm. Unité de masse du système C.G.S., valant un millième de kilogramme (g).

grand, e adj. De taille élevée, de dimensions étendues. ‖ Violent : *un* - *vent.* ‖ Qui l'emporte par la naissance, la fortune, les qualités morales, le génie : *un* - *seigneur*; *un* - *peintre.* ‖ - *jour*, grande lumière. ‖ - *air*, du dehors. ‖ *De* - *mots*, des expressions exagérées. ‖ Dignitaire d'un ordre : - *prêtre*, etc. ‖ - *Turc*, sultan. ‖ Nm. Adulte : *un ouvrage utile aux petits et aux* -. ‖ Dignitaire espagnol : *un* - *d'Espagne.*

grand-croix nf. Grade le plus élevé dans un ordre de chevalerie. ‖ Nm. Le dignitaire. ‖ Pl. des *grands-croix.*

grand-duc, chesse n. Titre de noblesse. ‖ Rapace nocturne. ‖ Pl. des *grands-ducs*, des *grandes-duchesses.*

grand-duché nm. Pays gouverné par un grand-duc. ‖ Pl. des *grands-duchés.*

grandesse nf. Dignité de grand d'Espagne.

grandeur nf. Etendue en hauteur, longueur, largeur. ‖ Ce qui peut être augmenté ou diminué. ‖ *Fig.* Noblesse, élévation : - *d'âme.* ‖ Autorité, puissance : *la* - *et la décadence des Romains.* ‖ Dignités : *avoir la folie des* -. ‖ *Regarder du haut de sa* -, avec une orgueilleuse fierté.

grandiloquence nf. Eloquence emphatique, affectée.

grandiloquent, e adj. Pompeux.

grandiose adj. et nm. Imposant par la grandeur, la majesté.

grandir vi. Devenir grand. ‖ Vt. Rendre grand ou plus grand. ‖ Fig. Elever : *cela le grandira dans l'estime publique.*

grandissime adj. Fam. Très grand.

grand-livre nm. Registre où sont inscrits tous les créanciers de l'Etat. (Pl. des *grands-livres.*) ‖ Compt. *Grand livre*, registre où les commerçants portent leurs comptes par *doit et avoir.*

grand-maman nf. Grand-mère, dans le langage enfantin. ‖ Pl. des *grand-mamans.*

grand-mère nf. Mère du père ou de la mère. ‖ Pl. des *grand-mères.*

grand-messe nf. Messe chantée. ‖ Pl. des *grand-messes.*

grand-oncle nm. Le frère du grand-père ou de la grand-mère. ‖ Pl. des *grands-oncles.*

grand-papa nm. Grand-père, dans le langage enfantin. ‖ Pl. des *grands-papas.*

grands-parents nmpl. Le grand-père, la grand-mère.

grand-père nm. Père du père ou de la mère. ‖ Aïeul. ‖ Pl. des *grands-pères.*

grand-tante nf. La sœur du grand-père ou de la grand-mère. ‖ Pl. des *grand-tantes.*

grange nf. Bâtiment pour emmagasiner les céréales, la paille, le foin.

granit [*nit'*] ou **granite** (orthographe des géologues) nm. Roche cristalline fort dure, composée de feldspath, de quartz et de mica.

graniter vt. Peindre en imitant le granit. ‖ **Granité, e** part., adj. et nm. Etoffe de laine à gros grains.

granitique adj. De la nature du granit : *terrain -.*

granivore adj. et nm. Qui se nourrit de graines.

granulaire adj. Composé de petits grains : *roche -.*

granulation nf. Agglomération en petits grains. ‖ Petite tumeur dure qui se forme sur les muqueuses.

granule, granulé nm. Petit grain. ‖ Petite pilule.

granuler vt. Mettre en petits grains : *- du plomb.*

granuleux, euse adj. Divisé en petits grains : *terre -.*

grape-fruit nm. Pamplemousse.

graphie nf. Système d'écriture : *une - simplifiée.*

graphique adj. Relatif au dessin et à l'écriture. ‖ *Signes - d'une langue*, son écriture. ‖ Nm. Courbe représentant les variations d'une grandeur. ‖ Tracé décrit par un appareil enregistreur. ‖ **Graphiquement** adv.

graphite nm. Minér. Plombagine.

graphiteux, euse ou **-tique** adj. Qui contient du graphite.

graphologie nf. Art de reconnaître le caractère des gens par l'examen de leur écriture.

graphologue adj. et n. Qui s'occupe de graphologie : *expert -.*

graphomètre nm. Instrument d'arpentage pour mesurer les angles.

grappe nf. Ensemble de fleurs ou de fruits soutenus par un axe commun (raisin, groseille).

grappillage nm. Action de grappiller.

grappiller vi. Glaner ce qui reste de raisin dans une vigne, après la vendange. ‖ Vt. et i. Fig. et fam. Faire de petits gains secrets, souvent illicites. ‖ Prendre au hasard.

grappilleur, euse adj. et n. Qui grappille.

grappillon nm. Petite grappe.

grappin nm. Petite ancre à plusieurs pattes recourbées et aiguës. ‖ Ancre d'abordage. ‖ Fig. et fam. Mettre *le - sur quelqu'un*, l'accaparer.

gras, grasse adj. Formé de graisse. ‖ Fait ou préparé avec de la viande, de la graisse : *bouillon -.* ‖ Sali, taché de graisse. ‖ *Terre -*, argile compacte. ‖ *Plantes -*, plantes à feuilles épaisses et charnues. ‖ *Jours -*, les trois derniers jours du carnaval. ‖ *Faire la - matinée*, se lever tard. ‖ Nm. Partie grasse d'une viande : *le - du jambon.* ‖ *Au -*, préparé avec de la viande ou de la graisse : *du riz au -.* ‖ *Faire -*, manger de la viande.

gras-double nm. Membrane de l'estomac du bœuf.

grassement adv. Fam. A son aise : *vivre -.* ‖ Généreusement : *payer -.*

grasseyement nm. Action de grasseyer.

grasseyer vi. (Conserve partout l'*y* et ajoute un *i* aux deux prem. pers. pl. de l'imparf. de l'ind. et du subj. prés.) Prononcer les *r* du fond de la gorge.

grassouillet, ette adj. Fam. Potelé.

grateron ou **gratteron** nm. Nom vulgaire de quelques espèces de gaillet.

gratification nf. Libéralité en sus du salaire : *recevoir une -.*

gratifier vt. (c. *prier*). Accorder une faveur, une récompense.

gratin nm. Partie d'un mets attachée au fond du récipient dans lequel il a cuit. ‖ Mets recouvert de chapelure et cuit au four. ‖ *Fam.* Société choisie.

gratiner vt. Faire cuire pour former du gratin. ‖ Accommoder au gratin.

gratis [*tiss*] adv. Gratuitement.

gratitude nf. Reconnaissance d'un bienfait reçu.

grattage nm. Action de gratter; son résultat.

gratte nf. *Fam.* Profit illégitime.

gratte-ciel nm. inv. Maison à multiples étages : *les - américains.*

gratte-cul nm. inv. Nom vulgaire du fruit de l'églantier.

gratte-papier nm. inv. *Fam.* Copiste, employé de bureau.

gratte-pieds nm. inv. Paillasson métallique pour ôter la boue de ses semelles.

gratter vt. Racler avec les ongles. ‖ Effacer au grattoir. ‖ Racler. ‖ Vi. Heurter doucement : *- à la porte.*

gratteur nm. Celui qui gratte. ‖ *- de papier*, mauvais écrivain.

grattoir nm. Instrument servant à effacer l'écriture en grattant.

gratuit, e adj. Donné pour rien. ‖ *Fig.* Sans fondement : *supposition -.*

gratuité nf. Caractère de ce qui est gratuit : *la - de l'enseignement.*

grau nm. Dans la Crau, chenal unissant un étang à la mer.

gravats nmpl. Partie grossière du plâtre, qui ne traverse pas le crible. ‖ Décombres de démolition.

grave adj. Posé, sérieux. ‖ Important ou dangereux : *affaire, maladie -.* ‖ *Mus.* Bas : *ton -.* ‖ *Gramm.* Accent *grave* (`), accent qui est tourné de gauche à droite. ‖ Nm. Pensées, style grave : *passer du - au doux.*

gravelée nf. Cendre de lie de vin. ‖ Adjectiv. : *cendre -.*

graveleux, euse adj. Mêlé de gravier. ‖ Se dit des fruits dont la chair contient de petits corps durs : *poires -.* ‖ Sujet à la gravelle. ‖ *Fig.* Licencieux : *paroles -.*

gravelle nf. Maladie due à des concrétions semblables à de petits graviers, dans les reins ou la vessie.

gravelure nf. Propos trop libres.

graver vt. Tracer une figure, des caractères, sur une matière dure avec un outil. ‖ *Fig.* Imprimer fortement : *- dans sa mémoire.*

graveur nm. Qui grave.

gravier nm. Gros sable mêlé de petits cailloux. ‖ Sable dans les urines.

gravillon nm. Menu gravier.

gravir vt. Monter avec effort.

gravitation nf. *Phys.* Force en vertu de laquelle tous les corps matériels

s'attirent mutuellement en raison directe de leur masse et en raison inverse du carré de leur distance.

gravité nf. *Phys.* Attraction terrestre, pesanteur. ‖ *Fig.* Qualité d'une personne grave : *la - d'un magistrat.* ‖ Importance : *- d'une faute.* ‖ *Centre de -*, point d'application de la résultante des actions de la pesanteur sur toutes les particules d'un corps.

graviter vi. *Phys.* Tendre vers un point central, en vertu de la gravitation.

gravois nmpl. V. GRAVATS.

gravure nf. Art ou manière de graver. ‖ Image, estampe.

gré nm. Volonté, caprice : *agir à son - ;* au *fig.* : *au - du hasard.* ‖ *Savoir -, bon -, mauvais - à quelqu'un*, se montrer satisfait ou mécontent des paroles, des procédés de quelqu'un. ‖ Loc. adv. **De - à -**, à l'amiable. **Bon -, mal -**, volontairement ou de force.

grèbe nm. Palmipède au duvet très estimé.

grébiche nf. Reliure volante. ‖ Garniture de petits rectangles bordant une pièce de maroquinerie.

grec, grecque adj. et n. De la Grèce. ‖ *Eglise -*, Eglise d'Orient. ‖ Nm. La langue grecque.

gréco-romain, e adj. Commun aux Grecs et aux Romains.

grecque nf. Ornement formé de lignes revenant sur elles-mêmes, toujours à angle droit.

gredin, e n. Homme méprisable.

gredinerie nf. Acte de gredin.

gréement nm. *Mar.* Accessoires d'un bâtiment à voiles.

gréer vt. Garnir, équiper un voilier (mât, vergues, cordages, etc.).

greffage nm. Action de greffer.

greffe nm. Bureau du tribunal conservant les minutes des jugements, et où se font les déclarations de procédure.

greffe nf. Œil, branche ou bourgeon, détachés d'une plante pour être transportés sur une autre dite *sujet.* ‖ L'opération elle-même. ‖ *- animale*, opération chirurgicale permettant de souder à un corps des greffons pris sur le malade ou sur un tiers.

greffer vi. Faire une greffe.

greffeur nm. Qui greffe.

greffier nm. Fonctionnaire public qui tient un greffe : *le - de palais.*

greffoir nm. Outil pour greffer.

greffon nm. V. GREFFE.

grégaire adj. Qui vit en troupes. ‖ Propre à la multitude : *instinct -.*

grège adj. f. Se dit de la soie brute obtenue par le dévidage du cocon.

grégeois adj. m. *Feu -*, composition incendiaire qui brûlait sur l'eau et dont on se servait pour incendier les navires.

grégorien, enne adj. *Rite -*, réformes liturgiques introduites par le pape Grégoire Ier. || *Chant -*, plainchant de l'office divin, réglé par le pape Grégoire Ier. || *Calendrier -*, le calendrier julien réformé par Grégoire XIII en 1582.

grêle adj. Long et menu. || Aigu et faible : *voix -*.

grêle nf. Pluie congelée en grains. || *Fig.* Grande quantité : *une - de pierres.*

grêler v. impers. Se dit quand il tombe de la grêle. || *Vt.* Endommager par la grêle. || *Grêlé*, e part. et adj. Marqué par la petite vérole.

grêlon nm. Grain de grêle.

grelot nm. Boule métallique creuse, contenant un morceau de métal qui la fait résonner. || *Fig. Attacher le -*, prendre l'initiative.

grelotter vi. Trembler de froid.

grenache nm. Cépage noir à gros grain. || Vin fait avec ce raisin.

grenade nf. Fruit du grenadier. || Projectile léger, lancé à la main ou à l'aide d'un fusil. || *- sous-marine*, projectile analogue utilisé contre les sous-marins. || Ornement militaire.

grenadier nm. Arbre qui porte des grenades. || Soldat qui lance les grenades. || Soldat des régiments d'élite (garde consulaire, impériale, etc.).

grenadière nf. Bague métallique qui réunit le canon au fût des armes portatives.

grenage nm. Action de réduire en grains la poudre à canon.

grenaille nf. Métal en grains. || Rebut de graine destiné aux volailles.

grenaison nf. Formation des grains dans les céréales.

grenat nm. Pierre précieuse rouge foncé. || Adj. inv. D'un rouge sombre.

greneler vt. (c. *appeler*). Marquer de petits points un papier, une peau, etc.

grener vi. (c. *mener*). Produire de la graine. || *Vt.* Réduire en grains. || *Grené*, e part. et adj. Réduit en grains. || Qui offre de nombreux points rapprochés : *dessin -*.

grènetis nm. Cordon de petits grains saillants au bord des monnaies.

grenier nm. Combles d'un bâtiment, destinés à serrer les grains. || *Etage* d'une maison, sous le toit. || *Fig.* Pays à blé : *la Beauce est le - de la France.*

grenouille nf. Batracien anoure vivant ordinairement dans les marais.

(Cri : la grenouille *coasse*.) || *Pop.* Caisse, fonds commun d'une société. || *Fig. Manger la -*, voler cette caisse.

grenouillère nf. Marécage à grenouilles.

grenouillette nf. Renoncule des marais. || Tumeur sous la langue.

grenu, e adj. Riche en grains. || Couvert de saillies arrondies : *cuir -*.

grès nm. Roche formée de grains de sable agglomérés. || Poterie très dure, opaque, appelée encore - *cérame*.

grésil [*sil'*] nm. Menue grêle.

grésillement [*zi-ye*] nm. Action de grésiller; son résultat.

grésiller [*zi-yé*] v. impers. Se dit du grésil qui tombe. || *Vt.* Faire crépiter ou racornir sous l'action de la chaleur ◆ *le feu a grésillé ce parchemin.*

grésillon nm. Charbon de terre en petits morceaux.

gressin nm. Petit pain très friable en forme de baguette.

grève nf. Plage de sable le long de la mer ou d'une rivière. || Suspension du travail, décidée par des ouvriers. || *- perlée*, v. PERLÉ.

grever vt. (c. *mener*). Charger d'impôts. || *- son budget*, s'imposer de lourdes dépenses.

gréviste n. Qui est en grève.

gribouillage nm. *Fam.* Mauvaise peinture. || Ecriture mal formée.

gribouille nm. *Fam.* Type populaire de sottise, de naïveté.

gribouiller vi. *Fam.* Peindre, dessiner, écrire d'un manière confuse.

gribouilleur, euse n. *Fam.* Personne qui fait du gribouillage.

gribouillis nm. *Fam.* Ecriture illisible.

grief nm. Sujet de plainte pour un dommage reçu. || *Faire - de quelque chose à quelqu'un*, le lui reprocher.

grièvement adv. D'une manière grave : *être - blessé.*

griffade nf. Coup de griffe.

griffe nf. Ongle crochu et pointu des carnassiers et oiseaux de proie. || *Fig. et fam.* Domination injuste : *être sous la - de quelqu'un.* || Empreinte reproduisant une signature : *apposer sa -.* || Cachet qui sert à mettre cette empreinte. || *Bot.* Racine de certaines plantes : *- d'asperges.*

griffer vt. Egratigner d'un coup de griffe, ou d'ongle.

griffon nm. Nom vulgaire du *vautour fauve.* || Animal fabuleux. || Variété de chien à poil long et rude.

griffonnage nm. Action de griffonner. || Ecriture peu lisible.

griffonner vt. Ecrire très mal. || *Fig. et fam.* Ecrire hâtivement.

griffonneur, euse n. Qui griffonne.

griffure nf. Coup de griffe.

grignoter vt. Manger en rongeant. || *Fig.* et *fam.* Détruire lentement : - *une fortune.*

grigou nm. *Fam.* Avare, ladre.

gri-gri ou **grigri** nm. Amulette protectrice des Noirs. || Pl. des *gris-gris.*

gril [*gril'*] nm. Ustensile de cuisine pour faire cuire à feu vif. || *Fig.* et *fam.* Etre sur le -, être anxieux.

grillage nm. Treillis de fils de fer.

grillager vt. (c. *manger*). Garnir d'un grillage.

grille nf. Assemblage à claire-voie de barreaux de fer fermant une ouverture. || Châssis métallique supportant le charbon d'un foyer. || Papiers à jours conventionnels pour la lecture des correspondances secrètes.

grille-pain nm. inv. Gril pour les tartines : *un - électrique.*

griller vt. Clore d'une grille.

griller vt. Faire rôtir sur le gril. || Vi. Exposer à une forte chaleur.

grillon nm. Insecte orthoptère sauteur, vivant dans des terriers. (Le mâle est muni d'un appareil stridulatoire.)

grill-room nm. Salle de restaurant où l'on prépare les grillades devant les clients.

grimace nf. Contorsion du visage. || Mauvais pli d'un vêtement, d'une étoffe.

grimacer vi. (c. *placer*). Faire des grimaces. || *Fig.* Faire des plis : *robe qui grimace.*

grimacier, ère adj. et n. Qui fait des grimaces. || *Fig.* Qui a des façons minaudières : *une femme -.* || Hypocrite.

grimaud nm. Ecolier. (Vx.) || Ecrivain prétentieux, sans valeur.

grime nm. Acteur qui joue les rôles de vieillard ridicule.

grimer (se) vpr. *Théâtr.* et *Cin.* Se maquiller.

grimoire nm. Livre de magie. || *Fig.* Discours obscur. || Livre, écrit indéchiffrable.

grimper vi. Gravir en s'aidant des pieds et des mains. || Monter péniblement.

grimpereau nm. Passereau grimpeur.

grimpeur, euse adj. Qui grimpe, aime à grimper. || Nmpl. Ordre d'oiseaux qui grimpent, comme le pic.

grincement nm. Action de grincer : *le - d'une porte.*

grincer vi. (c. *placer*). Produire un certain bruit strident. || - *des dents* ou (transitiv.) *les dents*, les frotter avec bruit les unes contre les autres.

grincheux, euse adj. et n. Maussade, hargneux, revêche.

gringalet nm. Petit homme chétif.

griot nm. Sorcier musicien en Afrique occidentale.

griotte nf. Cerise aigre. || Marbre tacheté de rouge et de brun.

griottier nm. Cerisier qui produit les griottes.

grippage ou **grippement** nm. Arrêt de fonctionnement de pièces en mouvement par manque de graissage. || Fronçage des étoffes.

grippe nf. Maladie épidémique caractérisée par de la fièvre, de la courbature. || *Fig.* Antipathie, aversion : *prendre quelqu'un en -.*

grippé, e adj. Atteint de la grippe. || Se dit des surfaces bloquées par grippage.

grippeminaud nm. Homme fin et hypocrite.

gripper vi. Adhérer fortement par défaut de graissage.

grippe-sou nm. *Fam.* Avare sordide. || Pl. des *grippe-sou* ou *grippe-sous.*

gris, e adj. Blanc mêlé de noir. || *Temps -*, couvert. || *Fig.* et *fam.* A moitié ivre. || Nm. Couleur grise. || - *perle*, gris clair.

grisaille nf. Peinture en ton gris, imitant le bas-relief.

grisailler vt. Barbouiller de gris. || Peindre en grisaille.

grisâtre adj. Qui tire sur le gris.

grisé nm. Tonalité grise. || Hachures rapprochées sur un dessin.

griser vt. Rendre à moitié ivre. || Etourdir, en parlant des liqueurs enivrantes. || *Fig.* Exalter.

griserie nf. Demi-ivresse.

grisette nf. Ouvrière jeune et coquette. (Vx.)

grisoller vi. Chanter, en parlant de l'alouette.

grison, onne adj. et n. *Fam.* A cheveux gris. || Ane, baudet.

grison, onne adj. et n. Du canton des Grisons (Suisse).

grisonner vi. Devenir gris. || **Grisonnant, e** part. et adj.

grisou nm. Gaz inflammable et explosible qui se dégage des mines de houille.

grisouteux, euse adj. Qui contient du grisou.

grive nf. Passereau au plumage mêlé de blanc et de brun.

grivelé, e adj. Tacheté comme la grive : *plumage -.*

griveler vt. et i. (c. *appeler*). Consommer dans un restaurant, sans avoir de quoi payer.

grivèlerie nf. Action de griveler.

grivois, e adj. Libre et trivial.

grivoiserie nf. Acte ou parole grivoise.

grizzly nm. Ours gris d'Amérique.

groenlandais, e adj. et n. Du Groenland.

grog [*grogh*] nm. Boisson composée d'eau sucrée, de rhum et de citron.

grognard, e adj. Qui a la manie de grogner. ‖ Nm. Vieux soldat de Napoléon Ier.

grognement nm. Action de grogner.

grogner vi. Crier, en parlant du porc. ‖ Fig. Manifester son mécontentement en murmurant.

grognon, onne adj. et n. Qui a l'habitude de grogner.

groin [*ouin*] nm. Museau du cochon et du sanglier.

grommeler vt. et i. (c. *appeler*). *Fam.* Murmurer entre ses dents.

grondement nm. Bruit sourd et prolongé.

gronder vi. Produire un bruit sourd et menaçant : *l'orage gronde.* ‖ Vt. Réprimander.

gronderie nf. Réprimande.

grondeur, euse adj. et n. Qui gronde : *voix -.*

grondin nm. Nom vulgaire des poissons du genre trigle.

groom [*groum'*] nm. Jeune domestique en livrée.

gros, grosse adj. Qui dépasse le volume ordinaire. ‖ Épais, grossier : - *drap.* ‖ Fig. Important : - *somme.* ‖ Riche : - *marchand.* ‖ Fig. Avoir le cœur -, avoir du chagrin. ‖ - *voix*, voix forte, menaçante. ‖ - *mer*, agitée. ‖ - *mots*, jurons. ‖ Faire les - *yeux*, menacer du regard. ‖ Nm. Le principal : *le - de l'armée.* ‖ Vente ou achat par grandes quantités : *faire le - et le détail.* ‖ L'indispensable : *faites le plus -.* ‖ Adv. Beaucoup : *gagner -.* ‖ **En** - loc. adv., par quantités : *vendre, acheter en -.* ‖ Sans entrer dans les détails.

gros-bec nm. Passereau, à bec gros et court.

groseille nf. Baie acide, rouge ou blanche, du groseillier. ‖ - *à maquereau*, variété de grosse groseille verte ou rougeâtre.

groseillier nm. Arbrisseau qui porte les groseilles.

gros-grain nm. Tissu de soie à rayures transversales.

gros-jean nm. Type du niais pédant.

grosse nf. Douze douzaines : *une - de boutons.* ‖ Copie d'un contrat, d'un jugement.

grossesse nf. État d'une femme enceinte. ‖ Durée de cet état.

grosseur nf. Volume, dimension en général. ‖ *Fam.* Tumeur.

grossier, ère adj. Épais; qui n'est pas fin : *drap -.* ‖ Sans recherche : *travail -.* ‖ Fig. Qui manque d'éducation : *homme -.* ‖ Contraire à la bienséance : *propos -.* ‖ Choquant : *erreur -.*

grossièreté nf. Caractère de ce qui est grossier. ‖ Parole ou acte grossier : *dire des -.*

grossir vt. Rendre gros ou plus gros. ‖ Par anal. Faire paraître plus gros. ‖ Fig. Exagérer : - *un incident.* ‖ Vi. Augmenter de volume. ‖ Par anal. Devenir plus considérable : *la somme a grossi.*

grossissement nm. Action de grossir, de s'accroître; son résultat.

grossiste nm. Marchand en gros.

grosso modo loc. adv. Sommairement, sans entrer dans le détail.

grotesque adj. Ridicule, extravagant : *costume -.* ‖ Nm. Le -, ce qui est dans le genre grotesque.

grotte nf. Caverne naturelle ou artificielle.

grouillement nm. Mouvement et bruit de ce qui grouille.

grouiller vi. Fourmiller. ‖ **Se** - vpr. *Pop.* Se hâter.

groupage nm. Action de grouper.

groupe nm. Réunion de personnes ou de choses. ‖ Ensemble de personnes ayant les mêmes opinions : - *politique.*

groupement nm. Action de grouper; son résultat.

grouper vt. Rassembler. ‖ Fig. Réunir : - *des idées.*

gruau nm. Grains de céréales grossièrement moulus. ‖ *Pain de -*, fait de fleur de farine.

grue nf. Échassier migrateur. ‖ Fig. Faire le pied de -, attendre longtemps, debout à la même place. ‖ Méc. Appareil de levage pour lourds fardeaux.

gruger vt. (c. *manger*). Briser avec les dents, manger. ‖ Fig. - *quelqu'un* vivre à ses dépens.

grume nf. Écorce laissée sur le bois coupé. ‖ *Bois de -* ou *en -*, bois tronçonné encore recouvert de son écorce.

grumeau nm. Petite portion de matière agglutinée : - *de farine.*

grumeler (se) vpr. (c. *appeler*). Se mettre en grumeaux.

grumeleux, euse adj. En grumeaux : *poire -.*

gruyère [*gru-yèr'*] nm. Fromage cuit comme celui de la Gruyère, en Suisse.

guano nm. Engrais composé d'excréments d'oiseaux de mer.

gué nm. Endroit peu profond d'une rivière où l'on peut passer à pied.

gué! interj. Corruption de *gai* : *la bonne aventure, ô gué!*

guéable adj. Qu'on peut guéer.

guéer vt. Passer à gué.

guelfe nm. Partisan des papes, adversaire des gibelins.

guelte nf. Pourcentage accordé aux employés sur le montant de leurs ventes.

guenille nf. Vêtement en lambeaux, haillons : *vêtu de -*.

guenon nf. Espèce du genre cercopithèque (mâle et femelle). || Femelle du singe. || *Pop.* Femme très laide.

guenuche nf. Petite guenon.

guépard nm. Quadrupède du genre chat, à course très rapide, plus petit que la panthère.

guêpe nf. Insecte de l'ordre des hyménoptères, pourvu d'un aiguillon. || *Fig.* Taille de -, très fine.

guêpier nm. Nid de guêpes. || *Fig.* Position difficile : *Quel -!*

guère adv. (avec la négation *ne*). Peu, pas beaucoup : *il n'est - attentif.*

guéret nm. Terre labourée et non encore ensemencée. || Jachère.

guéridon nm. Table ronde à pied central unique.

guérilla [*ya*] nf. Guerre de partisans.

guérillero nm. Soldat d'une guérilla en Espagne. || Pl. des *guérilleros.*

guérir vt. Délivrer d'une maladie. || Vi. Recouvrer la santé.

guérison nf. Retour à la santé.

guérissable adj. Qu'on peut guérir.

guérisseur n. Personne qui soigne sans être médecin.

guérite nf. Loge d'une sentinelle.

guerre nf. Lutte à main armée entre nations : *- étrangère;* entre citoyens : *- civile.* || *Petite -,* simulacre de combat. || *- sainte,* v. CROISADES. || *- de Religion,* v. RELIGION. || *De bonne -,* représailles justifiées par une attitude antérieure. || *De - lasse,* par résignation. || *Honneurs de la -,* conditions honorables de capitulation. || *Nom de -,* pseudonyme.

guerrier, ère adj. Relatif à la guerre. || Qui aime la guerre. || Nm. Soldat.

guerroyer vi. Faire la guerre.

guerroyeur nm. Qui aime à faire la guerre.

guet nm. Action d'épier. || Autref., troupe chargée de la surveillance de nuit.

guet-apens [*ghè-ta-pan* au sing. et au pl.] nm. Embûche, piège tendu : *tomber dans un -.* || *Fig.* Dessein prémédité de nuire. || Pl. des *guets-apens.*

guêtre nf. Pièce de cuir ou de toile qui couvre le bas de la jambe et le dessus du soulier.

guêtrer vt. Mettre des guêtres.

guetter vt. Epier. || *Fam.* Attendre quelqu'un au passage. || *Fig.* Attendre le moment propice : *- l'occasion.*

guetteur nm. Qui guette.

gueulard, e adj. et n. *Pop.* Braillard. || Nm. Ouverture supérieure d'un haut fourneau.

gueule nf. La bouche, chez la plupart des quadrupèdes et des poissons. || *Par anal.* Large ouverture : *- d'un four; - d'un canon.*

gueule - de - loup nf. Syn. de MUFLIER. || Pl. des *gueules-de-loup.*

gueuler vi. *Pop.* Crier, parler beaucoup et haut. || Vt. : *- des chansons.*

gueules nm. Couleur rouge du blason.

gueuleton nm. *Pop.* Festin.

gueusaille nf. Troupe de gueux.

gueuse nf. Masse de fonte, prismatique, coulée dans le sable au sortir du haut fourneau.

gueuserie nf. Caractère de gueux. || Misère.

gueux, euse adj. et n. Indigent réduit à mendier. || *Par ext.* Coquin, fripon.

gui nm. Plante parasite vivant sur certains arbres.

guiches nfpl. Mèches de cheveux en accroche-cœur.

guichet nm. Petite porte pratiquée dans une grande. || Petite ouverture dans un mur, une cloison, etc.

guichetier nm. Geôlier qui ouvre et ferme les guichets.

guide nm. Qui accompagne pour montrer le chemin. || *Fig.* Personne qui donne des conseils : *un - éclairé.* || Livre de renseignements touristiques : *- de Bretagne.*

guide nf. Lanière attachée au mors pour conduire un cheval attelé.

guide-âne nm. Recueil d'instructions, de règles propres à guider dans un travail. || Pl. des *guide-ânes.*

guider vt. Accompagner pour montrer le chemin. || Diriger la marche de. || *Fig.* Conseiller : *- un enfant dans ses études.*

guiderope nm. Cordage qui, en traînant à terre, facilite l'atterrissage d'un ballon.

guidon nm. *Mar.* Fanion à deux pointes. || Petite saillie sur le canon d'une arme à feu, servant à prendre la ligne de mire. || Barre à poignées commandant la direction d'une bicyclette.

guigne nf. Variété de cerise douce. ‖ *Fam.* Mauvaise chance.

guigner vi. Regarder du coin de l'œil. ‖ Vt. Regarder sans en avoir l'air. ‖ *Fig.* et *fam.* Convoiter.

guignier nm. Cerisier qui donne les guignes.

guignol nm. Marionnette d'origine lyonnaise. ‖ *Par ext.* Théâtre de marionnettes : *monter un -.*

guignolet nm. Liqueur faite avec des guignes.

guignon nm. *Fam.* Mauvaise chance.

guillaume nm. Rabot, à fer étroit, pour faire des feuillures droites.

guilledou nm. *Fam. Courir le -*, fréquenter les lieux suspects.

guillemets nmpl. Petits crochets (« ») encadrant une citation.

guilleret, ette adj. Vif, gai.

guillochage nm. Action, manière de guillocher ; son résultat.

guillocher vt. Orner d'un guillochis : *- une montre.*

guillochis nm. Ornement composé de traits ondés entrelacés avec symétrie.

guillotine nf. Instrument de décapitation pour les condamnés à mort. ‖ Peine de mort. ‖ *Fenêtre à -*, châssis glissant entre deux rainures verticales.

guillotiner vt. Trancher la tête au moyen de la guillotine.

guimauve nf. Espèce de mauve à racine émolliente.

guimbarde nf. *Fam.* Vieille voiture.

guimpe nf. Morceau de toile couvrant le cou et la gorge des religieuses. ‖ Chemisette brodée.

guindeau nm. *Mar.* Petit cabestan horizontal.

guinder vt. Lever, hisser au moyen d'une grue, d'une poulie, etc. ‖ *Fig.* Affecter : *- son style.* ‖ **Guindé, é** part. et adj. Affecté, apprêté.

guinée nf. Monnaie anglaise valant 21 shillings.

guingois (de) loc. adv. De travers : *marcher de -.*

guinguette nf. Cabaret de banlieue.

guipure nf. Dentelle de fil ou de soie à larges mailles.

guirlande nf. Cordon ornemental de verdure, de fleurs.

guise nf. Manière, façon : *vivre à sa -.* ‖ **En - de** loc. prép., en manière de : *prendre un bâton en - de canne.*

guitare nf. Instrument de musique à six cordes.

guitariste n. Qui joue de la guitare.

gustatif, ive adj. Qui a rapport au goût : *les papilles -.*

gutta-percha [*ka*] nf. Substance gommeuse, élastique, extraite d'un arbre de Sumatra.

gutte nf. V. GOMME-GUTTE.

guttural, e, aux adj. Qui appartient au gosier. ‖ Qui se prononce du gosier, comme *g, k, q* : *lettre -.* ‖ Nf. : *une -.*

guzla nf. Instrument de musique dalmate, en forme de violon.

gymkhana nm. Fête de plein air, comportant diverses épreuves sportives, des jeux d'adresse.

gymnase nm. Salle où l'on forme la jeunesse aux exercices du corps. ‖ Lycée, en Allemagne, en Suisse.

gymnaste n. Professeur ou amateur de gymnastique.

gymnastique adj. Relatif aux exercices du corps. ‖ *Pas -*, pas de course cadencé. ‖ Nf. Art d'exercer, de fortifier le corps.

gymnique nf. Science des exercices du corps propres aux athlètes.

gymnospermes nfpl. Sous-embranchement des phanérogames.

gymnote nm. Poisson dont le contact donne une commotion électrique.

gynécée nm. Appartement des femmes, chez les Grecs. ‖ *Bot.* Pistil.

gynécologie nf. Traité de la physiologie de la femme.

gynécologue nm. Médecin spécialiste des maladies féminines.

gypaète nm. Grand vautour.

gypse nm. Pierre à plâtre.

gypseux, euse adj. De la nature du gypse. ‖ Qui en contient.

gyroscope nm. Appareil prouvant la rotation de la terre et utilisé pour assurer la stabilité d'une torpille, d'un avion, d'un sous-marin.

gyrostat nm. Nom générique de tout solide animé d'un mouvement rapide autour de son axe.

H

h nm. Huitième lettre de l'alphabet, et sixième des consonnes. (L'*h* est *muet* quand on ne l'entend pas dans la prononciation : *bonheur, les hommes;* il est *aspiré* [*] quand il a pour effet d'empêcher l'élision et de produire un hiatus : *la haine, les héros.*)

H, symbole chimique de l'*hydrogène.*

*ha! interj. qui marque la surprise et, répétée, figure le rire : *ha! ha! que c'est drôle!* ‖ Nm. inv. : *pousser des ha!*

habanera [*né*] nf. Danse espagnole à deux-quatre.

habile adj. Adroit, capable. ‖ Ingénieux. ‖ Qui est fait adroitement.

habileté nf. Aptitude pour; adresse, dextérité.

habilitation nf. *Dr.* Action d'habiliter.

habilité nf. *Dr.* Aptitude légale, droit : - *à succéder.*

habiliter vt. *Dr.* Rendre légalement apte à, capable de.

habillage nm. Action d'habiller.

habillement nm. Action d'habiller. ‖ Ensemble des vêtements.

habiller vt. Vêtir. ‖ Fournir des vêtements à. ‖ Faire des vêtements. ‖ Etre seyant : *robe qui habille bien.* ‖ *Cuis.* Préparer une volaille pour la cuisson.

habilleur, euse n. Qui aide les acteurs à s'habiller.

habit nm. Ensemble des pièces d'un vêtement. ‖ - *de cérémonie,* ou *frac,* vêtement à longues basques échancrées sur les hanches. ‖ - *vert,* habit des académiciens. ‖ *Prendre l'-,* entrer en religion. ‖ *L'- ne fait pas le moine,* il ne faut pas se fier aux apparences.

habitable adj. Qui peut être habité.

habitacle nm. *Poét.* Demeure. ‖ *Mar.* Boîte cylindrique en cuivre, vitrée, abritant le compas, les compensateurs, etc.

habitant, e n. Personne résidant habituellement en un lieu.

habitat nm. Milieu physique et géographique où vivent naturellement les espèces animales ou végétales. ‖ Groupement humain correspondant à un genre de vie particulier : - *rural ou urbain.*

habitation nf. Lieu où l'on habite; domicile, demeure.

habiter vt. Faire sa demeure en un lieu. ‖ Vi. Demeurer, vivre.

habitude nf. Disposition acquise par des actes répétés. ‖ **D'-** loc. adv., ordinairement.

habituel, elle adj. Qui est passé en habitude.

habituer vt. Accoutumer, faire prendre l'habitude de. ‖ **Habitué, e** part., adj. et n. Qui fréquente habituellement un lieu.

*hâblerie nf. Vanterie, exagération.

*hâbleur, euse adj. et n. Vantard.

*hache nf. Instrument tranchant pour fendre et couper le bois.

*hacher vt. Couper en petits morceaux. ‖ **Haché, e** part. et adj. *Fig. Style -,* en phrases coupées, courtes, sans liaison.

*hachette nf. Petite hache.

*hachis nm. Mets de viande ou de poisson haché.

*hachisch ou haschich nm. Produit excitant, enivrant, narcotique, tiré du chanvre indien.

*hachoir nm. Table sur laquelle on hache les viandes. ‖ Couperet.

*hachure nf. Traits croisés ou parallèles indiquant les ombres ou les coupes dans un dessin géométrique.

*hachurer vt. Faire des hachures.

*haddock nm. Poisson fumé.

*hagard, e adj. Farouche, effaré.

hagiographe nm. Auteur qui écrit sur la vie des saints.

hagiographie nf. Science, traité des choses saintes. ‖ Ecrit sur les saints.

*haie nf. Clôture d'épines, de branchages. ‖ - *vive,* haie d'épines ou d'arbustes enracinés. ‖ *Fig.* Rangée de personnes : *une - de soldats.*

*haïe! cri des charretiers pour faire avancer leurs chevaux.

*haillon nm. Vêtement en lambeaux : *être vêtu de -.*

*haine nf. Vive inimitié. ‖ Vive répugnance : *avoir de la - pour le mensonge.*

*haineux, euse adj. Porté à la haine. ‖ Inspiré par la haine.

*haïr vt. Vouloir du mal à quelqu'un. ‖ Exécrer : - *le vice.* (On écrit sans tréma : *je hais, tu hais, il hait,* et l'impér. sing. *hais.*)

*haire nf. Chemise de crin ou de poil portée par mortification.

*haïssable adj. Détestable. ‖ Qui mérite la haine.

* **haïtien, enne** adj. et n. De l'île d'Haïti : *le parlement* -.

* **halage** nm. Action de tirer un bateau. ‖ *Chemin de* -, petit chemin réservé aux haleurs le long d'un cours d'eau.

* **hâle** nm. Air sec et chaud.

* **hâlé, e** adj. Bruni, bronzé.

haleine nf. Air rejeté pendant l'expiration. ‖ Faculté de respirer : *perdre* -. ‖ *Fig. Tout d'une* -, sans interruption. ‖ *A longue* -, sans s'arrêter. ‖ *Ouvrage de longue* -, qui demande un long temps. ‖ **En** - loc. adv., dans un état d'entraînement.

* **haler** vt. *Mar.* Agir en tirant à soi, avec force. ‖ - *un bateau*, le remorquer.

* **hâler** vt. Brunir le teint. ‖ Flétrir : *le vent hâle les plantes*.

* **halètement** nm. Action de haleter; état de celui qui halète.

* **haleter** vi. (c. *acheter*). Respirer fréquemment et avec force.

* **haleur** nm. Qui hale un bateau.

halieutique adj. Qui concerne l'art de la pêche. ‖ Nf. Science de la pêche.

* **hall** [*ôl*] nm. Grand vestibule. ‖ Bâtiment vitré d'une gare.

hallali nm. Sonnerie de cor annonçant que le cerf est aux abois.

* **halle** nf. Marché public : - *au blé*.

* **hallebarde** nf. Pique dont la pointe surmonte un fer en hache.

* **hallebardier** nm. Soldat armé de la hallebarde.

* **hallier** nm. Buisson touffu.

hallucination nf. Perception de phénomènes imaginaires.

hallucinatoire adj. Qui tient de l'hallucination.

halluciner vt. Faire tomber dans l'hallucination. ‖ **Halluciné, e** part., adj. et n.

* **halo** nm. Cercle lumineux qui entoure quelquefois le Soleil ou la Lune. ‖ *Phot.* Auréole qui entoure parfois l'image photographique.

halogène nm. et adj. Corps simple de la famille du chlore.

* **halte** nf. Moment d'arrêt. ‖ Petite gare. ‖ -! interj. signif. arrêtez. ‖ *Fig.* - *là!*, en voilà assez.

haltère nm. Instrument de gymnastique, formé de deux poids réunis par une tige.

* **hamac** [*mak*] nm. Rectangle de toile ou de filet suspendu qui sert de lit.

* **hamada** nf. Désert de pierres, au Sahara.

hamadryade nf. Nymphe qui naissait et mourait avec un arbre.

hamadryas nm. Singe cynocéphale.

hamamelis nm. Plante dont l'écorce et les feuilles ont des propriétés astringentes.

* **hameau** nm. Réunion d'habitations rurales ne formant pas une commune.

hameçon nm. Crochet à ardillon pointu pour la pêche à la ligne. ‖ *Fig. et fam. Mordre à l'*-, se laisser prendre à l'apparence.

* **hammam** nm. Etablissement de bains.

* **hampe** nf. Bois de drapeau, manche de pinceau, etc. ‖ Partie supérieure du ventre chez le bœuf.

* **hamster** [*ter*] nm. Petit mammifère rongeur.

* **han** nm. inv. (onomat.). Cri sourd accompagnant l'effort.

* **hanap** nm. Grand vase à boire en usage au Moyen Age.

* **hanche** nf. *Anat.* Jonction du membre inférieur avec le tronc.

* **handicap** nm. *Sports.* Epreuve sportive dans laquelle on avantage certains concurrents pour égaliser les chances. ‖ *Fig.* Désavantage quelconque.

* **handicaper** vt. *Sports.* Soumettre un concurrent aux conditions du handicap. ‖ *Fig.* Désavantager quelqu'un.

* **hangar** nm. Abri ouvert, pour loger les récoltes, les instruments agricoles, etc., ou fermé : - *d'aviation*.

* **hanneton** nm. Insecte coléoptère dont la larve est le ver blanc.

* **hannetonnage** nm. Destruction des hannetons.

* **hanse** nf. Association commerciale entre villes de l'Europe septentrionale au Moyen Age.

* **hanséatique** adj. Relatif à la hanse : *la ligue* -.

* **hanter** vt. Fréquenter. ‖ *Maison hantée*, visitée par des fantômes. ‖ *Fig.* Obséder : *être hanté d'idées noires*.

* **hantise** nf. Obsession.

* **happeau** nm. Piège à oiseaux.

* **happelourde** nf. Pierre fausse d'imitation.

* **happement** nm. Action de happer.

* **happer** vt. Saisir brusquement avec la bouche, la gueule, le bec.

* **haquenée** nf. Jument docile qui va l'amble.

* **haquet** nm. Charrette étroite pour le transport des tonneaux.

* **hara-kiri** nm. Suicide japonais qui consiste à s'ouvrir le ventre.

* **harangue** nf. Discours en public.

* **haranguer** vt. Prononcer une harangue : - *la foule*.

* **haras** [*râ*] nm. Dépôt d'étalons et de juments sélectionnées.

* **harassement** nm. Fatigue extrême.

* **harasser** vt. Fatiguer à l'excès.

* **harcèlement** nm. Action de harceler : *un tir de -*.

* **harceler** vt. (c. *appeler*). Epuiser par des attaques répétées. ‖ Importuner : *il la harcelle sans cesse.*

* **harde** nf. Troupe de cerfs.

* **hardes** nfpl. Vieux vêtements.

* **hardi, e** adj. Audacieux et confiant. ‖ Effronté : *un regard -*. ‖ *- comme un page*, insolent. ‖ Conçu avec audace : *projet -*.

* **hardiesse** nf. Courage, assurance. ‖ Insolence, effronterie.

* **harem** nm. Appartement des femmes, chez les musulmans. ‖ Les femmes qui l'habitent.

* **hareng** nm. Poisson des mers tempérées. ‖ *- saur*, fumé.

* **harengère** nf. Marchande de poisson. ‖ *Fig.* et *fam.* Femme grossière.

* **hargne** nf. Mauvaise humeur.

* **hargneux, euse** adj. D'humeur difficile, insociable.

* **haricot** nm. Plante de la famille des légumineuses, comestible, en gousses ou en graines. ‖ Son fruit.

* **haridelle** nf. Mauvais cheval maigre.

* **harmattan** nm. Vent desséchant de l'Afrique occidentale.

harmonica nm. Instrument de musique composé de petits tuyaux à anche.

harmonie nf. Ensemble de sons agréables à l'oreille. ‖ Science des accords. ‖ *- imitative*, artifice de langage qui consiste à imiter la nature par les sons. ‖ *Fig.* Accord bien réglé entre les parties d'un tout : *l'- de l'univers; l'- des couleurs dans un tableau.* ‖ Concorde : *vivre en -*. ‖ Société musicale.

harmonieux, euse adj. Qui a de l'harmonie : *musique -*.

harmonique adj. et n. *Mus.* Qui appartient à l'harmonie. ‖ *Sons -*, sons qui se surajoutent à un son fondamental, et forment le timbre.

harmonisation nf. Action d'harmoniser.

harmoniser vt. Mettre en harmonie. ‖ S'- pr. S'accorder.

harmoniste nm. Qui connaît les règles de l'harmonie.

harmonium [*om'*] nm. Instrument à anches libres et à clavier. ‖ Pl. des *harmoniums*.

* **harnachement** nm. Action de harnacher. ‖ Ensemble des pièces du harnais. ‖ *Fig.* et *fam.* Accoutrement.

* **harnacher** vt. Mettre le harnais. ‖ Accoutrer ridiculement.

* **harnais** ou **harnois** (forme employée dans quelques locutions) nm. Equipage complet d'un cheval. ‖ *Fig. Blanchir sous le -*, vieillir sous les armes.

* **haro** nm. *Crier - sur*, s'élever avec indignation contre.

harpagon nm. Avare.

* **harpe** nf. Instrument de musique à cordes. ‖ *- éolienne*, instrument à cordes qui résonne sous l'effet du vent.

* **harpie** nf. Monstre fabuleux. ‖ *Fam.* Femme très méchante. ‖ Aigle d'Amérique du Sud.

* **harpiste** n. Joueur de harpe.

* **harpon** nm. Dard barbelé pour la pêche des gros poissons. ‖ Crochet de fer.

* **harponnage** ou **harponnement** nm. Action de harponner.

* **harponner** vt. Accrocher avec le harpon : *- une baleine.*

* **harponneur** nm. Pêcheur qui lance le harpon.

* **hart** [*ar*] nf. Lien d'osier ou de bois tordu pour fagots. ‖ Corde pour pendre les criminels, et, *par ext.*, la pendaison même : *avoir la - au col.*

* **hasard** nm. Concours imprévu d'événements inexplicables. ‖ Chance bonne ou mauvaise. ‖ *Jeu de -*, où le hasard seul décide. ‖ Pl. *Fig.* Risques : *les - de la guerre.* ‖ *Loc. adv.* **Au -**, à l'aventure. **A tout -**, quoi qu'il arrive. **Par -**, fortuitement.

* **hasarder** vt. Risquer; livrer au hasard : *- sa vie.* ‖ **Se -** vpr. S'exposer à un risque. ‖ **Hasardé**, **e** part. et adj. Emis avec légèreté : *des propos -*. ‖ Leste, grivois : *des couplets -*.

* **hasardeux, euse** adj. Incertain, risqué.

* **hase** nf. Femelle du lièvre.

* **hâte** nf. Empressement. ‖ **En -**, **à la -**, *loc. adv.*, avec précipitation.

* **hâter** vt. Accélérer. ‖ Rendre plus prochain : *- son départ.*

* **hâtif, ive** adj. Précoce : *fruit -*. ‖ Fait à la hâte : *travail -*.

* **hâtiveau** nm. Poire ou pois hâtifs.

* **hauban** nm. *Mar.* Gros cordage ou câble tenseur pour consolider un mât, un pylône.

* **haubert** nm. Cotte de mailles des hommes d'armes.

* **hausse** nf. Ce qui sert à hausser. ‖ Appareil de pointage. ‖ *Fig.* Augmentation de valeur : *la - des loyers.*

* **haussement** nm. Action de hausser.

* **hausser** vt. Elever. ‖ *Fig. - le ton*, prendre un ton de menace. ‖ *- les épaules*, les lever en signe d'indifférence ou de mépris. ‖ Vi. Augmenter : *le prix du blé a haussé.*

*haussier nm. Celui qui, en Bourse, joue à la hausse.

haut, e adj. Elevé. ‖ Qui dépasse le niveau ordinaire. ‖ Fort, éclatant : à - voix. ‖ Fig. Qui dépasse ce qui est de même espèce; éminent : la - magistrature; les - études. ‖ Excessif : avoir une - opinion de soi-même. ‖ Arrogant : ton -. ‖ Le Très-Haut, Dieu. ‖ La - Egypte, la partie la plus éloignée de la mer. ‖ La - mer, la pleine mer. ‖ Crime de trahison, qui intéresse la sûreté de l'Etat. ‖ Marcher la tête -, n'avoir rien à se reprocher. ‖ Jeter les - cris, se plaindre bruyamment. ‖ - le pied, sans être attelé : locomotive - le pied. ‖ Direction : avoir la - main dans une affaire. ‖ Fig. Etre - en couleur, avoir le teint coloré. ‖ Chapeau - de forme ou, substantiv., un haut-de-forme, chapeau claque. ‖ Nm. Faîte : le - d'un arbre. ‖ Hauteur : cette colonne a 20 mètres de -. ‖ Fig. Tomber de son -, être extrêmement surpris. ‖ Traiter de -, avec arrogance. ‖ Adv. A haute voix : parler -. ‖ D'une manière élevée : porter - la tête. ‖ - la main, sans peine. ‖ Le prendre - ou de -, parler, répondre avec arrogance.

*hautain, e adj. Fier, orgueilleux, arrogant : regard -.

*hautbois nm. Instrument de musique à vent et à anche. ‖ Celui qui en joue. (On dit aussi HAUTBOÏSTE.)

*haut-de-chausses nm. Autref., culotte d'homme. ‖ Pl. des hauts-de-chausses.

*hauteur nf. Dimension d'un objet considéré de la base au sommet. ‖ Colline, éminence : - d'une montagne, son altitude. ‖ - d'un astre, angle que fait avec l'horizon le rayon visuel allant à cet astre. ‖ - barométrique, indication de pression en centimètres de mercure. ‖ - du son, degré d'acuité ou de gravité. ‖ - d'un triangle, perpendiculaire abaissée d'un sommet sur le côté opposé. ‖ Fig. Arrogance : parler avec -. ‖ Qualité de ce qui est éminent : - des idées. ‖ Fam. Etre à la -, être capable.

*haut-fond nm. Endroit où l'eau est peu profonde. ‖ Pl. des hauts-fonds.

*haut-le-cœur nm. inv. Nausée. ‖ Fig. Sentiment de dégoût.

*haut-le-corps nm. inv. Brusque mouvement du corps.

*haut-parleur nm. Appareil transformant en ondes sonores les ondes électriques. ‖ Pl. des haut-parleurs.

*haut-relief nm. Sculpture où les figures se détachent presque complètement du fond. ‖ Pl. des hauts-reliefs.

*hauturier, ère adj. Mar. Eloigné des côtes : pêche -.

*havage nm. Abattage des roches par des entailles parallèles aux couches.

*havane nm. Tabac ou cigare de La Havane. ‖ Adj. inv. Marron clair.

*hâve adj. Pâle, maigre.

*haveuse nf. Machine pour exécuter le havage.

*havre nm. Mar. Petit port abrité. ‖ Petit port formé par une jetée.

*havresac nm. Sac contenant l'équipement d'un fantassin.

*hé! interj. qui sert à appeler, à exprimer la surprise, le regret.

*heaume nm. Casque ancien, couvrant la tête et le visage.

hebdomadaire adj. et n. De la semaine, de chaque semaine.

hébergement nm. Action d'héberger : centre d'-.

héberger vt. (c. manger). Recevoir chez soi, loger.

hébétement nm. Etat d'une personne hébétée.

hébéter vt. (c. céder). Rendre sot, stupide. ‖ Hébété, e part. et adj. : air -.

hébétude nf. Diminution des facultés intellectuelles.

hébraïque adj. Qui concerne les Hébreux : langue -.

hébraïsant nm. Savant qui s'attache à l'étude de l'hébreu.

hébraïser vi. S'adonner à l'étude de la langue hébraïque.

hébraïsme nm. Expression propre à l'hébreu.

hébreu adj. m. Qui concerne les Hébreux. (Au fém., on dit HÉBRAÏQUE.) ‖ Nm. Langue hébraïque. ‖ Fig. Chose inintelligible : c'est de l'- pour lui.

hécatombe nf. Sacrifice de cent bœufs. ‖ Sacrifice de plusieurs victimes. ‖ Fig. Massacre, tuerie.

hectare nm. Unité de mesure agraire, qui vaut cent ares (ha).

hectogramme nm. Poids ou masse de cent grammes (hg).

hectolitre nm. Mesure de cent litres (hl).

hectomètre nm. Longueur de cent mètres (hm).

hectopièze nm. Unité de pression valant cent pièzes (hpz).

hectowatt nm. Unité de puissance valant cent watts (hW). ‖ Hectowatt-heure, cent wattheures (hWh). [Pl. des hectowattheures.]

hédonisme nm. Doctrine qui fait du plaisir le but de la vie.

hégémonie nf. Suprématie d'une ville, d'un Etat.

hégire nf. Ere des mahométans, qui commence en 622, date à laquelle Mahomet s'enfuit de La Mecque à Médine.

heimatlos [*ö-*] n. Apatride.

*****hein !** interj. fam. d'interrogation ou de surprise.

hélas ! interj. Exprime la douleur.

*****héler** vt. (c. *céder*). Appeler un navire à l'aide d'un porte-voix. ‖ Appeler de loin.

hélianthe nm. Plante à fleurs jaunes, encore appelée *soleil* ou *tournesol.*

hélianthine nf. Réactif jaune, qui rougit en milieu acide.

hélice nf. *Math.* Ligne tracée en forme de vis autour d'un cylindre. ‖ Appareil de propulsion, de traction pour les bateaux ou les avions.

hélice nf. ou **hélix** nm. Vulgairement, escargot ou colimaçon.

héliciculture nf. Elevage des escargots.

hélicoïdal, e, aux adj. En forme d'hélice.

hélicoptère nm. Appareil d'aviation mû et soutenu par des hélices horizontales.

héliographie nf. Description du soleil. ‖ *Technol.* Ancien nom de la PHOTOGRAVURE.

héliogravure nf. Procédé de photogravure en creux, qui se tire comme la taille-douce.

héliomètre nm. Appareil pour mesurer le diamètre apparent des corps célestes.

héliothérapie nf. Traitement médical par la lumière solaire.

héliotrope nm. Plante ornementale à fleurs odorantes qui s'orientent vers le soleil.

héliotropisme nm. Action directrice du soleil sur les plantes.

héliport nm. Aérogare pour hélicoptères.

hélium nm. Gaz simple (He) de l'atmosphère terrestre et solaire.

hélix [*liks*] nm. Bordure repliée de l'oreille externe.

hellénique adj. De la Grèce.

helléniser vt. Donner le caractère grec.

hellénisme nm. Expression particulière au génie de la langue grecque. ‖ Civilisation grecque.

helléniste n. Spécialiste de la langue grecque.

hellénistique adj. Se dit de l'expansion de la civilisation hellénique dans le bassin méditerranéen.

helminthe nm. Ver intestinal.

helvétique adj. De la Suisse.

*****hem !** [*hèm'*] interj. pour attirer l'attention, pour exprimer un doute.

hémamibe nf. Protozoaire parasite du sang, agent du paludisme.

hématie nf. Globule rouge.

hématite nf. Mineral de fer de couleur rouge ou brune.

hématome nm. Tumeur sanguine d'origine hémorragique.

hématose nf. Transformation, dans les poumons, du sang veineux en sang artériel.

hématozoaires nmpl. Protozoaires parasites du sang.

hématurie nf. Emission de sang par les voies urinaires.

hémicycle nm. Salle demi-circulaire, munie de gradins pour recevoir des spectateurs.

hémione nm. Ane sauvage de l'Asie occidentale.

hémiplégie nf. Paralysie de la moitié du corps.

hémiplégique adj. Relatif à l'hémiplégie. ‖ N. Personne atteinte d'hémiplégie.

hémiptère nm. Insecte à élytres courts. ‖ Nmpl. Ordre d'insectes à métamorphoses incomplètes (cigale, punaises, etc.).

hémisphère nm. Demi-sphère. ‖ Chacune des deux moitiés du globe terrestre séparées par l'équateur.

hémisphérique adj. Qui a la forme d'une demi-sphère.

hémistiche nm. Moitié du vers alexandrin, ou partie d'un vers quelconque coupé par la césure.

hémoglobine nf. Matière colorante rouge du sang.

hémolyse nf. Destruction des globules rouges du sang.

hémophilie nf. Prédisposition aux hémorragies.

hémoptysie nf. Crachement de sang.

hémorragie nf. Perte de sang.

hémorragique adj. Relatif à l'hémorragie : *flux -.*

hémorroïdes nfpl. Varices formées autour de l'anus.

hémostase nf. Stagnation du sang.

hémostatique adj. Qui arrête les hémorragies. ‖ Nm. : *un -.*

hendécagone nm. Polygone qui a onze angles et par suite onze côtés.

hendécasyllabe adj. et nm. Qui a onze syllabes.

*****henné** nm. Plante dont les feuilles séchées donnent une teinture rouge pour les cheveux.

*****hennin** nm. Ancienne coiffure féminine, haute et conique.

*****hennir** [*hé-nir*] vi. Crier, en parlant du cheval.

*****hennissement** [*hé-ni*] nm. Cri ordinaire du cheval.

henry nm. *Electr.* Unité pratique de self-induction (H).

hépatique adj. Relatif au foie. ‖ Nfpl. *Bot.* Plantes voisines des mousses et des lichens.

hépatite nf. Inflammation du foie. ‖ Pierre précieuse de couleur lie-de-vin.

heptacorde nm. Lyre à sept cordes.

heptaèdre nm. Solide à sept faces.

heptagonal, e, aux adj. Qui a rapport à l'heptagone.

heptagone nm. *Math.* Polygone qui a sept angles et par suite sept côtés.

heptarchie nf. Nom des sept royaumes fondés par les Germains en Grande-Bretagne.

héraldique adj. Relatif au blason, aux armoiries : *science -*.

héraldiste n. Personne qui s'occupe de science héraldique.

*__héraut__ nm. Officier royal chargé de publier les messages importants. (Vx.)

herbacé, e adj. Qui a l'aspect de l'herbe : *une tige -*.

herbage nm. Prairie naturelle.

herbager, ère n. Qui engraisse des bovins.

herbager vt. (c. *manger*). Mettre à l'herbage.

herbe nf. Plante molle dont les parties aériennes meurent chaque année. ‖ - *potagères*, cultivées dans les potagers. ‖ *Fines* -, variétés employées comme assaisonnement (persil, estragon, etc.). ‖ - *médicinales* ou *officinales*, employées en pharmacie. ‖ *Mauvaise* -, ensemble des plantes nuisibles. ‖ - *aux chats*, cataire officinale. ‖ - *de la Saint-Jean*, millepertuis. ‖ *Fig. Manger son blé en* -, dépenser son revenu d'avance. ‖ *Couper l'* - *sous le pied de quelqu'un*, le supplanter en le devançant.

herbette nf. Herbe courte.

herbeux, euse adj. Où il croît beaucoup d'herbe.

herbier nm. Collection de plantes desséchées.

herbivore adj. et nm. Qui se nourrit de substances végétales.

herborisation nf. Action d'herboriser. ‖ Classement des plantes.

herboriser vi. Recueillir des plantes pour les étudier.

herboriseur nm. Qui herborise.

herboriste n. Qui vend des plantes médicinales.

herboristerie nf. Commerce, boutique de l'herboriste.

herbu, e adj. Couvert d'herbe.

*__hercheur__ nm. Mineur qui pousse les wagons de minerai.

hercule nm. Homme très robuste. ‖ Forain qui exécute des tours de force.

herculéen [*lé-in*], **enne** adj. Digne d'Hercule.

hercynien, enne adj. Se dit d'un des plissements de l'ère primaire. (En France : *Massif armoricain, Massif central, Vosges, Ardennes.*)

*__herd-book__ [*heurd-bouk*] nm. Livre généalogique des races bovines. ‖ Pl. des *herd-books*.

*__hère__ nm. Homme misérable, sans considération.

héréditaire adj. Qui se transmet par droit de succession. ‖ *Par ext.* Qui se communique des parents aux enfants.

hérédité nf. Caractère de ce qui est héréditaire.

hérésiarque nm. Auteur d'une hérésie.

hérésie nf. Doctrine contraire à la foi, et condamnée par l'Eglise catholique. ‖ *Par ext.* Opinion en opposition avec les idées admises.

hérétique adj. Qui tient de l'hérésie. ‖ N. Qui professe une hérésie.

*__hérissé, e__ adj. Dressé verticalement. ‖ Garni de pointes, de choses saillantes : *pays - de collines*.

*__hérisser__ vt. Dresser les cheveux, le poil. ‖ Garnir : - *de clous*.

*__hérisson__ nm. Mammifère insectivore utile, au corps couvert de piquants. ‖ *Fig.* Personne revêche. ‖ Brosse métallique sphérique pour le ramonage des conduits à fumée. ‖ Tassement de moellons d'une route pavée.

héritage nm. Action d'hériter. ‖ Biens transmis par succession. ‖ *Fig.* Ce qu'on tient de ses parents, des ancêtres : *un - de gloire*.

hériter vi. Recueillir une succession : - *d'un oncle*. ‖ Vt. Recevoir par héritage : - *une maison de ses parents*.

héritier, ère n. Qui hérite ou doit hériter de quelqu'un.

hermaphrodisme nm. Coexistence des deux sexes chez le même individu.

hermaphrodite adj. et n. *Biol.* et *bot.* Qui réunit les caractères des deux sexes : *une fleur -*.

hermès [*mèss*] nm. Statue de Mercure. ‖ Gaine portant une tête de Mercure.

hermétique adj. Qui ferme parfaitement. ‖ *Fig.* Difficile à comprendre.

hermine nf. Petit quadrupède du genre martre, dont le pelage, blanc l'hiver, donne une fourrure précieuse.

herminette nf. Hache de charpentier à tranchant recourbé.

*__herniaire__ adj. Qui a rapport aux hernies : *bandage -*.

*__hernie__ nf. Tumeur molle, formée par la sortie totale ou partielle d'un viscère de la cavité qui le contient.

*hernieux, euse adj. et n. Qui est atteint d'une hernie.

héroï-comique adj. Qui traite un sujet comique sur un ton héroïque.

héroïne nf. Femme d'un grand courage, douée de sentiments nobles et élevés. ‖ *Fig.* Femme qui joue le principal rôle dans une action fictive ou réelle.

héroïne nf. Médicament dérivé de la morphine.

héroïque adj. Digne du héros. ‖ Qui se conduit en héros. ‖ *Temps héroïques*, temps fabuleux où vivaient les héros. ‖ *Poésie* -, qui chante les exploits d'un héros. ‖ Puissant, efficace, mais dangereux : *remède* -.

héroïsme nm. Vertu supérieure propre au héros.

*héron nm. Echassier à long bec, vivant de poissons.

*héros nm. *Myth.* Demi-dieu. ‖ Celui qui se distingue par des vertus ou des actions extraordinaires. ‖ *Fig.* Principal personnage d'un poème, d'un roman : *Ulysse est le - de l'Odyssée.*

herpès nm. Eruption cutanée de vésicules groupées sur une base enflammée.

herpétique adj. De la nature de l'herpès : *éruption* -.

herpétisme nm. Etat physique dû à un ralentissement de la nutrition.

*hersage ou hersement nm. Action de herser.

*herse nf. Instrument d'agriculture, qui a plusieurs rangs de dents. ‖ Grande grille armée de pointes, interdisant l'entrée d'une place forte.

*herser vt. Passer la herse.

*hertz nm. *Electr.* Unité de fréquence, égale à une période par seconde (Hz).

hertzien, enne adj. *Phys.* Se dit des ondes radio-électriques.

hésitation nf. Action d'hésiter.

hésiter vi. Etre indécis. ‖ Ne pas trouver facilement ce que l'on veut dire : *répondre sans* -. ‖ **Hésitant, e** part., adj. et n. Qui manque d'assurance.

hétaïre nf. *Antiq. gr.* Courtisane.

hétéroclite adj. Qui s'écarte des règles ordinaires. ‖ *Fig.* et *fam.* Bizarre, original : *un mobilier* -.

hétérodoxe adj. Contraire à la doctrine de l'Eglise catholique.

hétérodoxie nf. Caractère de ce qui est hétérodoxe.

hétérodyne nf. Se dit d'une source d'ondes entretenues qui, en T.S.F., permet l'amplification de la réception.

hétérogène adj. De nature différente; disparate : *société* -.

hétérogénéité nf. Caractère de ce qui est hétérogène.

*hêtraie nf. Lieu planté de hêtres.

*hêtre nm. Arbre forestier à écorce lisse, dont le bois est blanc et flexible.

*heu! interj. qui marque l'étonnement, le dédain, le doute.

heur nm. Evénement heureux. (Vx.) [N'est guère en usage que dans la locution : - *et malheur*.]

heure nf. Vingt-quatrième partie du jour. ‖ Moment déterminé de la journée. ‖ - *indue*, peu convenable. ‖ *La dernière* -, celle de la mort. ‖ Loc. adv. **Tout à l'** -, dans un moment. **De bonne** -, tôt. **Sur l'** -, à l'instant même. **A l'** -, au moment fixé. **A la bonne** -, voilà qui est bien. ‖ Nfpl. *Livre d'* -, livre qui contient certains offices secondaires de l'Eglise.

heureux, euse adj. Qui jouit du bonheur. ‖ Que le hasard favorise. ‖ Qui est favorable : *Repartie* -, vive et spirituelle. ‖ *Mémoire* -, mémoire fidèle. ‖ N. Personne heureuse.

*heurt [*heur*] nm. Coup donné en heurtant contre un corps.

*heurter vt. Choquer, toucher rudement. ‖ *Fig.* Blesser, contrarier : - *des opinions.* ‖ Vi. Frapper à une porte. ‖ **Heurté, e** part. et adj. Qui contraste : *couleurs* -.

*heurtoir nm. Marteau pour frapper à une porte. ‖ *Ch. de f.* Butoir.

hévéa nm. Arbre originaire de l'Amazone, dont le suc épaissi forme le caoutchouc.

hexaèdre adj. et n. Solide à six faces.

hexagonal, e, aux adj. Qui a rapport à l'hexagone.

hexagone nm. *Math.* Polygone qui a six angles et par suite six côtés.

hexamètre adj. et nm. Se dit d'un vers, grec ou latin, qui a six pieds.

Hg, symbole chimique du *mercure*.

hiatus [*tuss*] nm. Son produit par la rencontre de deux voyelles : *il alla à Arras.*

hibernal, e, aux adj. Qui a lieu en hiver : *le sommeil* -.

hibernation nf. Engourdissement de certains animaux pendant l'hiver. ‖ - *artificielle*, traitement permettant le refroidissement d'un malade (aux environs de — 30° C), afin de faciliter les interventions chirurgicales.

hiberner vi. Subir l'hibernation. ‖ **Hibernant, e** part. et adj.

*hibou nm. Rapace nocturne. (Cri : le hibou *hue*.) ‖ *Fig.* Homme taciturne, qui fuit la société.

*hic nm. *Fam.* Principale difficulté d'une affaire : *voilà le* -.

hidalgo nm. (m. esp.). Noble espagnol. ‖ Pl. des *hidalgos*.

*hideur nf. Laideur extrême. ‖ Aspect, nature de ce qui est hideux.

*hideux, euse adj. Difforme à l'excès; affreux. ‖ Horrible à voir.

*hie nf. Demoiselle, masse de paveurs.

hièble ou yèble nf. Espèce de sureau, dont l'écorce est employée en médecine.

hiémal, e, aux adj. De l'hiver. ‖ Qui croît en hiver.

hier, adv. de temps, qui désigne le jour précédant immédiatement celui où l'on est. ‖ Date récente : *sa fortune date d'* -.

*hiérarchie nf. Ordre et subordination des pouvoirs, des dignités.

*hiérarchique adj. Conforme à la hiérarchie : *la voie* -.

*hiérarchiser vt. Régler d'après un ordre de subordination.

hiératique adj. Qui appartient aux prêtres; qui a les formes d'une tradition liturgique. ‖ *Écriture* -, réservée aux choses sacrées, chez les anciens Egyptiens. ‖ *Fig. Attitude* -, d'une raideur majestueuse.

hiéroglyphe nm. Caractère de l'écriture des anciens Egyptiens. ‖ *Fig.* Écriture illisible; grimoire.

hiéroglyphique adj. Qui appartient aux hiéroglyphes.

*highlander [*haï-lan'-deur*] nm. Montagnard écossais des Highlands ou *Hautes Terres.*

hilarant, e adj. Qui provoque le rire. ‖ *Gaz* -, protoxyde d'azote.

hilare adj. Gai, souriant.

hilarité nf. Gaieté subite, explosion de rire : *exciter l'* -.

*hile nm. Organe de la graine par lequel pénètrent les sucs nourriciers. ‖ Point d'attache.

hindou, e adj. Qui se rapporte à l'hindouisme. ‖ N. : *un* -.

hindouisme ou indouisme nm. Religion dominante dans l'Inde.

hindoustani nm. Langue parlée dans l'Inde, et qui dérive du sanscrit.

hipparion nm. Ancêtre du cheval.

hippique adj. Qui a rapport aux chevaux.

hippocampe nm. Petit poisson de mer à tête de cheval.

hippodrome nm. *Antiq.* Cirque pour les courses de chevaux ou de chars. ‖ Champ de courses.

hippologie nf. Étude du cheval.

hippomobile adj. Mû par des chevaux.

hippophagie nf. Habitude de manger de la viande de cheval.

hippophagique adj. Relatif à l'hippophagie : *boucherie* -.

hippopotame nm. Grand quadrupède amphibie de l'Afrique équatoriale. ‖ *Fam.* Personne énorme.

hirondelle nf. Oiseau migrateur à bec large et à queue fourchue. ‖ PROV. *Une* - *ne fait pas le printemps,* un cas isolé ne prouve rien.

hirsute adj. Touffu, hérissé. ‖ *Fig.* Bourru : *caractère* -.

hispanique adj. De l'Espagne.

hispanisant, e n. Adonné aux études hispaniques.

hispanisme nm. Locution particulière à la langue espagnole.

hispano-américain, aine adj. et n. De l'Amérique espagnole.

*hisser vt. Hausser, élever avec effort : - *les voiles.*

histoire nf. Récit des événements présentés par ordre chronologique. ‖ Étude d'une période particulière : - *de Louis XIV.* ‖ Description des êtres : - *naturelle des plantes, des animaux,* etc. ‖ *Peintre d'* -, qui représente des sujets historiques. ‖ *Fig.* Conte : *les enfants aiment les* -. ‖ Récit mensonger : *Allons! ce sont des* -. ‖ Pl. *Fam.* Embarras : *faire des* -.

histologie nf. Partie de l'anatomie qui étudie les tissus.

histologique adj. Qui concerne l'histologie : *la structure* -.

histolyse nf. *Biol.* Destruction de certains tissus, pendant le phénomène caractéristique de la métamorphose des insectes.

historicité nf. Caractère historique : *prouver l'* - *d'un fait.*

historien nm. Qui écrit l'histoire.

historiette nf. Récit plaisant, anecdote.

historiographe nm. Lettré chargé de l'histoire d'une époque : *Joinville fut l'* - *de Saint Louis.*

historique adj. Qui appartient à l'histoire. ‖ *Temps historiques,* sur lesquels on possède des relations écrites. ‖ Nm. Narration, exposé : *faire l'* - *d'une science.*

histrion nm. Bateleur, baladin, joueur de farces grossières.

hitlérien, enne adj. Relatif à la doctrine de Hitler. ‖ N. Nazi.

hiver nm. La plus froide des quatre saisons de l'année (du 21-22 déc. au 20-21 mars).

hivernage nm. Labour donné avant l'hiver. ‖ Saison des pluies tropicales. ‖ Relâche pour les marins.

hivernal, e, aux adj. De l'hiver.

hivernant, e n. Qui séjourne dans un lieu pendant l'hiver.

hiverner vt. Donner aux terres un hivernage. ‖ Vi. Passer à l'abri la mauvaise saison.

*ho ! interj. qui sert à appeler : - *!*

du canot!; à témoigner l'étonnement, l'indignation : *-! que dites-vous là ?*

* **hobereau** nm. Petit faucon. ‖ *Fig.* Gentilhomme campagnard.

* **hochement** nm. Action de hocher : *un - de tête.*

* **hochequeue** nm. Nom vulgaire de la *bergeronnette.*

* **hocher** vt. Secouer, agiter.

* **hochet** nm. Petit jouet de bébé.

* **hockey** nm. (m. angl.). Jeu de balle à la crosse.

* **holà!** interj. dont on se sert pour appeler ou pour arrêter. ‖ Nm. *Fam. Mettre le -,* rétablir l'ordre, la paix.

* **holding** nm. Trust résultant d'une fusion d'actions de sociétés diverses.

hold-up nm. (m. angl.). Attaque à main armée contre une banque, un bureau de poste, etc.

* **hollandais, e** adj. et n. De la Hollande.

* **hollande** nm. Fromage à croûte rouge, en forme de boule. ‖ Nf. Toile très fine. ‖ Variété de pomme de terre.

holocauste nm. Sacrifice religieux dans lequel la victime était entièrement consumée par le feu. ‖ La victime. ‖ *Par ext.* Sacrifice : *Jésus-Christ s'est offert en -.* ‖ *Fig.* Offrande; sacrifice.

holothurie nf. Echinoderme appelé encore *concombre de mer.*

* **homard** nm. Crustacé marin, à fortes pinces, à chair très appréciée.

hombre nm. Jeu de cartes d'origine espagnole.

* **home** nm. (m. angl.). Le chez-soi; la vie familiale.

homélie nf. Instruction familière sur la religion. ‖ *Fig.* Sermon ennuyeux.

homéopathe nm. et adj. Partisan de l'homéopathie.

homéopathie nf. Système médical qui consiste à traiter les malades à l'aide de médicaments déterminant une affection analogue à celle que l'on veut combattre.

homéopathique adj. Relatif à l'homéopathie : *médicament -.*

homérique adj. Dans le genre d'Homère. ‖ *Rire -,* bruyant et inextinguible.

homicide nm. Action de tuer un être humain. ‖ Adj. et n. Meurtrier : *- point ne seras.* ‖ Qui sert à tuer : *un fer -.*

hommage nm. Devoir que le vassal était tenu de rendre au suzerain. ‖ Marque de respect. ‖ Don respectueux : *faire - d'un livre.* ‖ Pl. Devoirs de civilité : *présenter ses -.*

hommasse adj. Se dit d'une femme dont l'aspect, la voix tiennent plus de l'homme que de la femme.

homme nm. Etre humain du sexe masculin. ‖ Celui qui est parvenu à l'âge viril. ‖ Le genre humain : *tous les - sont mortels.* ‖ Soldat, ouvrier : *armée de dix mille - ; équipe de six -.* ‖ Celui qui est courageux, viril : *montrez-vous -.* ‖ *Voilà mon -,* celui dont j'ai besoin. ‖ *Bon -,* homme plein de bonhomie, de candeur. ‖ *Pauvre -,* peu intelligent. ‖ *Grand -,* célèbre. ‖ *Le Fils de l'-,* Jésus-Christ. ‖ *- de paille,* prête-nom. ‖ *- du monde,* qui vit dans la société distinguée. ‖ *- de bien,* de bonnes mœurs, charitable. ‖ *- d'armes,* autref., cavalier armé de toutes pièces. ‖ *- de lettres,* écrivain. ‖ *- de loi,* instruit dans la jurisprudence. ‖ *- de robe,* magistrat. ‖ *- d'épée, de guerre,* militaire. ‖ *- de cheval,* qui s'occupe d'équitation, de courses. ‖ *- d'Eglise,* ecclésiastique. ‖ *- de mer,* marin. ‖ *- d'Etat,* homme politique. ‖ *- d'affaires,* agent qui s'occupe des intérêts d'autrui. ‖ *- de la rue,* le premier venu, n'importe qui. ‖ *- grenouille,* nageur équipé d'un appareil lui assurant dans l'eau une grande autonomie de mouvement (appelé aussi *nageur de combat*).

homogène adj. Qui est tout entier de même nature. ‖ Qui est en communauté de sentiments. ‖ Dont les parties sont solidement liées entre elles.

homogénéité nf. Qualité de ce qui est homogène.

homographe adj. Se dit des homonymes qui ont la même orthographe.

homologation nf. Approbation, sanction : *l'- d'un record.*

homologue adj. *Math.* Se dit des éléments qui se correspondent dans des figures semblables : *côtés -.* ‖ *Chim.* Se dit de composés appartenant à une même série.

homologuer vt. Reconnaître, confirmer officiellement : *- une performance.*

homonyme adj. et n. *Gramm.* Se dit des mots qui se prononcent de la même façon sans avoir la même origine, le même sens, ni la même orthographe, comme *saint, ceint, sein, seing.* ‖ Nm. Qui porte le même nom : *les deux Rousseau étaient -.*

homonymie nf. *Gramm.* Qualité de ce qui est homonyme.

homothétie [*ti*] nf. *Math.* Etat de deux systèmes de points satisfaisant à certaines conditions géométriques.

* **hongre** adj. et nm. Cheval châtré.

* **hongrois, e** adj. et n. De Hongrie.

honnête adj. Qui se conforme à la probité, à l'honneur. ‖ Poli, distingué, instruit (au sens du XVIIe s.) : *un - homme.* ‖ Convenable : *prix -.*

honnêteté nf. Probité. ‖ Bienséance :

blesser l'-. ‖ Obligeance : *l'- d'un procédé.* ‖ Pl. Politesses : *faire mille -.*

honneur nm. Sentiment de notre dignité morale. ‖ Gloire, estime qui accompagnent la vertu et les talents. ‖ Réputation : *attaquer l'- de quelqu'un.* ‖ Démonstration d'estime, de respect. ‖ En parlant des femmes, pudeur, chasteté : *Lucrèce ne survécut pas à la perte de son -.* ‖ *Se piquer d'-,* faire une chose avec zèle. ‖ *Faire - à,* se distinguer par des talents supérieurs. ‖ *Faire - à sa signature,* remplir ses engagements. ‖ *Faire - à un repas,* y bien manger. ‖ *Parole d'-,* assurance donnée sur l'honneur. ‖ *Le champ d'-,* le champ de bataille. ‖ *Point d'-,* chose qui touche à l'honneur. ‖ *Affaire d'-,* duel. ‖ *Dame d'-,* attachée au service d'une princesse. ‖ *Garçon, demoiselle d'-,* qui assistent les mariés. ‖ *Place d'-,* réservée, dans une réunion, à une personne qu'on veut honorer. ‖ *Légion d'-,* ordre national pour récompenser les mérites militaires et civils. ‖ Pl. Charges, dignités : *aspirer aux -.* ‖ *Faire les - d'une maison,* y recevoir selon les règles de la politesse. ‖ *Obtenir les - de la guerre,* conserver ses armes après une capitulation.

*honnir vt. Couvrir de honte.

honorabilité nf. Etat d'une personne, d'une chose honorable.

honorable adj. Qui fait honneur. ‖ Digne d'être honoré.

honoraire adj. Qui conserve le titre honorifique d'une fonction qu'il n'exerce plus : *notaire -.* ‖ Nmpl. Rétribution des professions libérales.

honorariat nm. Dignité d'un personnage honoraire.

honorer vt. Rendre honneur et respect. ‖ Faire honneur à. ‖ Acquitter à l'échéance : *- une traite.*

honorifique adj. Qui procure de la considération.

*honte nf. Déshonneur : *rougir de -.* ‖ Humiliation : *couvrir quelqu'un de -,* ‖ *Avoir perdu toute -,* être sans pudeur, insensible au déshonneur.

*honteux, euse adj. Qui éprouve de la honte. ‖ Qui cause de la honte : *fuite -.* ‖ *Pauvre -,* qui cache sa misère.

*hop! interj. qui sert à stimuler ou à faire sauter.

hôpital nm. Etablissement où l'on soigne les malades.

hoplite nm. *Antiq.* Fantassin grec pesamment armé.

*hoquet nm. Contraction brusque du diaphragme, accompagnée d'un bruit inarticulé

*hoqueter vi. (c. *jeter*). Avoir le hoquet.

horaire adj. *Astron.* Relatif aux heures. ‖ Nm. Tableau indiquant les heures d'arrivée et de départ : *- des trains.* ‖ Emploi du temps.

*horde nf. Tribu tartare. ‖ Peuplade errante. ‖ Troupe indisciplinée.

*horion nm. Coup violent.

horizon nm. Ligne où se termine notre vue, où le ciel, la terre ou la mer semblent se joindre. ‖ *Fig.* Etendue d'une action, d'une activité : *l'- de nos connaissances.* ‖ Perspective d'avenir : *l'- politique s'éclaircit.* ‖ *Astron.* Grand cercle perpendiculaire à la verticale du lieu et partageant la sphère astronomique en deux hémisphères.

horizontal, e, aux adj. Perpendiculaire à la verticale. ‖ Nf. Parallèle à l'horizon.

horizontalité nf. Caractère, état de ce qui est horizontal.

horloge nf. Machine indiquant les heures : *- électrique.*

horloger nm. Qui fait ou vend des horloges, des montres. ‖ Adj. Qui concerne l'horlogerie.

horlogerie nf. Commerce de l'horloger. ‖ Son magasin, sa fabrique.

*hormis prép. Excepté, sauf.

hormone nf. Sécrétion de glandes endocrines.

horokilométrique adj. Qui donne le nombre de kilomètres parcourus en une heure.

horoscope nm. Présages tirés de l'état du ciel à l'heure de la naissance.

horreur nf. Impression physique de répulsion, d'effroi, de souffrance : *un cri d'- ; l'- d'un crime.* ‖ Antipathie, aversion, haine : *avoir - du mensonge.* ‖ Pl. Choses atroces, terribles : *les - de la guerre.* ‖ Action infâme : *commettre des -.* ‖ Paroles, écrits obscènes.

horrible adj. Qui fait horreur : *un spectacle -.* ‖ Par exag. Très mauvais : *temps -.*

horrifier vt. (c. *prier*). Frapper d'horreur.

horripilant, e adj. *Fam.* Extrêmement agaçant.

horripilation nf. Impression nerveuse qui fait hérisser les cheveux et les poils. ‖ *Fig.* Agacement.

horripiler vt. Hérisser le poil; irriter, agacer.

*hors prép. Au-delà : *- rang.* ‖ Excepté : *- deux ou trois.* ‖ *Mettre la loi,* priver de la protection des lois. ‖ *- ligne,* exceptionnel. ‖ *- de* loc. prép. A l'extérieur de : *- de chez soi.*

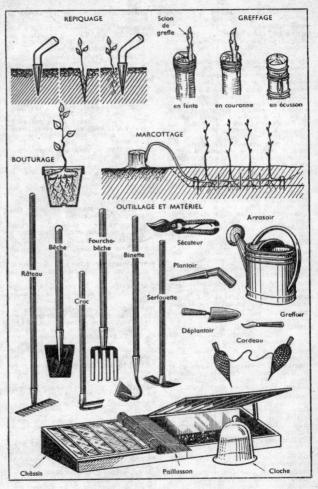

REPIQUAGE

Scion de greffe

GREFFAGE

en fente en couronne en écusson

MARCOTTAGE

BOUTURAGE

OUTILLAGE ET MATÉRIEL

Arrosoir

Sécateur

Râteau

Bêche

Fourche-bêche

Binette

Plantoir

Croc

Serfouette

Greffoir

Déplantoir

Cordeau

Châssis Paillasson Cloche

‖ *Fig.* A l'écart de l'influence de, de l'action de, de l'état de : - *d'atteinte;* - *de danger; - de doute.* ‖ *Etre - de combat,* n'être plus en état de combattre. ‖ *Etre - de prix,* excessif. ‖ *Etre - de pair ou - pair,* exceptionnel. ‖ *Etre - de soi,* violemment agité. ‖ - *d'ici!* Sortez!

*hors-bord** nm. inv. Petit canot automobile de course dont le moteur est placé en dehors de la coque.

*hors-concours** nm. Qui ne peut plus concourir, ayant obtenu déjà les plus hautes récompenses.

*hors-d'œuvre** nm. inv. Mets servi au début d'un repas.

*hors-la-loi** nm. inv. Individu qui vit en marge de la société.

*hors-texte** nm. inv. Gravure tirée à part et intercalée dans un livre.

hortensia [*tan*] nm. Arbrisseau à fleurs en boule de diverses couleurs.

horticole adj. Qui se rapporte à la culture des jardins.

horticulteur nm. Personne qui s'occupe d'horticulture.

horticulture nf. Art de cultiver les jardins.

hortillonnage nm. Terrain marécageux utilisé pour la culture des légumes dans le Nord.

hosanna nm. (m. hébreu). Hymne chantée le jour des Rameaux. ‖ Cri de joie, de triomphe.

hospice nm. Maison où des religieux donnent l'hospitalité aux voyageurs : *l'- du Grand-Saint-Bernard.* ‖ Etablissement de charité où l'on héberge les pauvres, les vieillards, etc.

hospitalier, ère adj. Accueillant : *un peuple -.* ‖ Lieu où s'exerce l'hospitalité : *asile -.* ‖ Relatif aux hospices, aux hôpitaux : *établissements -.* ‖ Adj. et n. Membre de certains ordres religieux : *sœur -.*

hospitalisation nf. Admission et séjour dans un hôpital.

hospitaliser vt. Admettre dans un établissement hospitalier.

hospitalité nf. Action de recevoir chez soi par charité ou politesse.

hostie nf. Animal immolé à Dieu en sacrifice. ‖ *Liturg.* Pain mince, sans levain, consacré à la messe.

hostile adj. Ennemi. ‖ Opposé à : - *au progrès.*

hostilité nf. Acte de guerre. ‖ Dispositions hostiles.

hôte, hôtesse n. Qui reçoit ou qui donne l'hospitalité. ‖ *Hôtesse de l'air,* jeune fille qui, à bord des avions commerciaux, veille au confort et à la sécurité des passagers.

hôtel nm. Maison meublée pour voyageurs : *loger à l'-.* ‖ - *particulier,*

maison particulière. ‖ Etablissement public : *l'- des Invalides.* ‖ - *de ville,* mairie. ‖ *Maître d'-,* chef du service de la table.

hôtel-Dieu nm. Principal hôpital dans plusieurs villes. ‖ Pl. des *hôtels-Dieu.* ‖ *Absol. L'Hôtel-Dieu,* celui de Paris.

hôtelier, ère n. Qui tient une hôtellerie, un hôtel. ‖ Adj.

hôtellerie nf. Auberge. (Vx.) ‖ Restaurant élégant.

*hotte** nf. Panier ou cuve qu'on porte sur le dos à l'aide de bretelles. ‖ Manteau de cheminée.

*hottée** nf. Contenu d'une hotte.

*hottentot, e** adj. et n. Du pays des Hottentots.

*hou!** interj. marquant la réprobation.

*houblon** nm. Plante grimpante dont les cônes servent à aromatiser la bière.

*houblonnière** nf. Champ de houblon.

*houe** nf. Pioche à fer large et recourbé.

*houille** nf. Charbon fossile combustible. ‖ - *blanche,* force motrice des chutes d'eau. ‖ - *bleue,* force des marées. ‖ - *rouge,* force obtenue par l'utilisation de la chaleur terrestre. ‖ - *d'or,* force motrice du rayonnement solaire. ‖ - *incolore,* force motrice du vent.

*houiller, ère** adj. Qui renferme de la houille. ‖ Relatif à la houille.

*houillère** nf. Mine de houille.

*houle** nf. Mouvement ondulatoire de la mer. ‖ *Fig.* Agitation.

*houlette** nf. Bâton de berger terminé par une plaque pour lancer de la terre aux animaux qui s'écartent.

*houleux, euse** adj. Agité par la houle. ‖ *Fig.* Tumultueux : *un auditoire -.*

*houp!** interj. qui sert à appeler, à exciter, à entraîner.

*houppe** nf. Filaments de laine, de soie, de duvet assemblés en touffe.

*houppelande** nf. Ample manteau en usage autrefois.

*houppette** nf. Petite houppe.

*hourd** nm. Galerie de bois établie en encorbellement, permettant de battre directement le pied des murailles.

*hourder** vt. Exécuter un hourdis.

*hourdis** ou *hourdage** nm. Maçonnage grossier en gros moellons ou en plâtras. ‖ Couche de gros plâtre.

*houri** nf. Femme du paradis de Mahomet.

*hourra** nm. Acclamation.

*hourvari** nm. Cri des chasseurs pour rappeler les chiens de chasse fourvoyés. ‖ *Fig.* Grand tumulte.

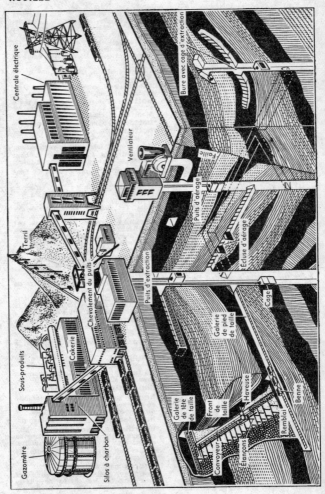

Centrale électrique

Ventilateur

Terril

Cokerie

Sous-produits

Gazomètre

Silos à charbon

Chevalement du puits

Puits d'extraction

Bure avec cage d'extraction

Faille

Puits d'aérage

Écluse d'aérage

Cage

Galerie de pied de taille

Galerie de tête de taille

Front de taille

Haveuse

Convoyeur

Étançons

Remblai

Benne

*housard nm. V. HUSSARD.

*houseaux nmpl. Hautes guêtres de cuir.

*houspiller vt. Malmener.

*housse nf. Couverture qui se met sur la croupe des chevaux. ‖ Enveloppe protégeant un meuble.

*houssine nf. Baguette flexible.

*houx nm. Arbuste à fruits rouges, à feuilles vertes, luisantes et armées de piquants.

*hoyau nm. Forte houe.

*hublot nm. Ouverture dans la coque d'un navire ou d'un avion pour l'éclairage et l'aération et pouvant se fermer hermétiquement par un verre mobile.

*huche nf. Grand coffre de bois pour pétrir et serrer le pain.

*hue! cri des charretiers pour faire avancer les chevaux.

*huée nf. *Vén.* Bruit qu'on fait dans une battue pour faire lever un loup. ‖ *Fig.* Cris hostiles : *fuir sous les* -.

*huer vt. Accueillir par des cris d'improbation. ‖ Vi. Crier, en parlant du hibou.

*huguenot, e adj. et n. Partisan de la religion calviniste.

*huhau! cri des charretiers pour faire aller leurs chevaux à droite.

huilage nm. Action d'huiler.

huile nf. Liquide gras, extrait de diverses substances végétales ou animales ‖ Parfum obtenu en faisant macérer des fleurs dans de l'huile fine. ‖ - minérale, pétrole. ‖ *Les saintes* -, celles avec lesquelles on administre l'extrême-onction. ‖ *Fig.* et *fam.* Personnage important.

huiler vt. Frotter, imprégner d'huile, graisser : - *des rouages.*

huilerie nf. Moulin à huile.

huileux, euse adj. De la nature de l'huile. ‖ Gras.

huilier nm. Burettes d'huile et de vinaigre. ‖ N. et adj. m. Fabricant ou marchand d'huile.

huis nm. Porte. (Vx.) ‖ *A - clos,* le public n'étant pas admis.

huisserie nf. Bâti en bois encadrant une porte.

huissier nm. Garde qui se tient à la porte d'un ministre, d'un haut fonctionnaire, etc., pour annoncer et introduire les visiteurs. ‖ Celui qui fait le service des séances de certaines assemblées. ‖ Officier ministériel chargé de signifier les actes de justice, de mettre à exécution les jugements.

*huit adj. num. Sept plus un. ‖ Huitième : *Charles VIII.* ‖ Nm. Chiffre qui exprime le nombre huit : *un* -.

*huitain nm. Pièce composée de huit vers.

*huitaine nf. Espace de huit jours. ‖ Série de huit.

*huitième adj. num. ord. Qui correspond au nombre huit.

huître nf. Mollusque lamellibranche, comestible, à double coquille. ‖ *Fig.* et *fam.* Personne stupide.

huîtrier, ère adj. Relatif aux huîtres. ‖ Nf. Banc d'huîtres. ‖ Parc d'ostréiculture.

*hulotte nf. Chouette, appelée aussi *chat-huant.*

*hum! interj. marquant le doute, l'impatience, la réticence.

humain, e adj. De l'homme : *corps* -. ‖ Bienfaisant, secourable : *se montrer* -. ‖ Nmpl. *Poét.* Les hommes.

humanisation nf. Action d'humaniser.

humaniser vt. Rendre bon, doux, charitable.

humanisme nm. Culte de l'humanité. ‖ Culture des belles-lettres remise en honneur pendant la Renaissance.

humaniste nm. Homme versé dans la connaissance des lettres et des arts de l'Antiquité.

humanitaire adj. Qui intéresse l'humanité; qui tend à améliorer le sort de l'homme.

humanité nf. Nature humaine. ‖ Genre humain. ‖ Bonté, bienveillance : *traiter quelqu'un avec* -. ‖ Nfpl. Etudes classiques : *faire ses* -.

humble adj. Qui a de l'humilité; qui s'abaisse volontairement. ‖ Qui marque de la déférence, du respect : - *prière.* ‖ Médiocre : - *fortune;* - *chaumière.*

humectation nf. Action d'humecter; son résultat.

humecter vt. Mouiller légèrement.

*humer vt. Avaler en aspirant : - *un œuf.* ‖ Sentir.

huméral, e, aux adj. De l'humérus.

humérus nm. L'os du bras, de l'épaule au coude.

humeur nf. *Méd.* Liquide contenu dans un organisme animal : - *aqueuse.* ‖ *Fig.* Disposition de l'esprit, du tempérament : - *maussade.*

humide adj. Chargé de vapeur ou de liquide : *temps, linge* -.

humidification nf. Action de rendre humide.

humidité nf. Etat de ce qui est humide : *l'* - *de l'air.*

humiliation nf. Affront : *essuyer une* -. ‖ Etat d'une personne humiliée.

humilier vt. (c. *prier*). Abaisser, mortifier. ‖ Rendre humble.

humilité nf. Conscience de notre faiblesse. ‖ *Fam. En toute* -, aussi humblement que possible.

humoral, e, aux adj. *Méd.* Relatif aux humeurs.

humoriste adj. et n. Homme qui a de l'humour.

humoristique adj. Qui tient de l'humour : *dessin* -.

humour nm. (m. angl.). Raillerie ironique, qui se dissimule sous un air sérieux : *l' - anglais*.

humus nm. Terre végétale.

*__hune__ nf. *Mar.* Plate-forme autour du mât d'un navire.

*__hunier__ nm. Voile carrée placée au-dessus des basses voiles.

*__hunter__ nm. Cheval de chasse.

*__huppe__ nf. Touffe de plumes sur la tête de certains oiseaux. ‖ Passereau huppé.

*__huppé, e__ adj. Qui porte une huppe. ‖*Fig.* et *fam.* Riche, de haut rang : *un personnage* -.

*__hure__ nf. Tête coupée de sanglier, de saumon, de brochet, etc.

*__hurlement__ nm. Cri prolongé du loup et du chien. ‖ Cris de souffrance ou de colère : *pousser des* -.

*__hurler__ vi. Faire entendre des hurlements. ‖ *Fig.* Pousser des cris prolongés. ‖ Parler, chanter très fort.

*__hurleur__ nm. Qui hurle. ‖ Adj. et n. Singe d'Amérique.

hurluberlu nm. Etourdi, écervelé.

*__huron, onne__ adj. et n. *Fam.* Personne grossière; malotru.

*__huronien, enne__ adj. *Plissement* -, chaîne de montagnes qui s'est constituée au début de l'ère primaire (Amérique du Nord).

*__hurricane__ nm. Cyclone tropical.

*__hussard__ nm. Autref., soldat de la cavalerie légère; auj., d'un régiment blindé. ‖ Nf. Danse hongroise. ‖ **A la -** loc. adv., sans retenue, cavalièrement.

*__hussite__ nm. Partisan des doctrines religieuses de Jean Hus.

*__hutte__ nf. Petite cabane de branchages.

*__hutter (se)__ vpr. Se faire une hutte. ‖ S'y installer.

hyacinthe nf. Ancien nom de la JACINTHE. ‖ Pierre précieuse jaune rougeâtre.

hyalin, e adj. Qui a l'apparence du verre : *quartz* -.

hyaloïde adj. Qui a la transparence du verre. ‖ *Membrane* -, membrane de l'œil qui contient l'humeur vitrée.

hybridation nf. Production d'hybrides par croisement.

hybride adj. Se dit des plantes, des animaux, qui proviennent de deux espèces différentes, comme le *mulet*. ‖ Se dit d'un mot tiré de deux langues, comme *automobile*, *bureaucratie*.

hydarthrose nf. Accumulation de liquide dans une articulation.

hydracide nm. Acide résultant de la combinaison de l'hydrogène avec un métalloïde.

hydratation nf. Fixation d'eau.

hydrate nm. Corps chimique formé par combinaison d'une substance avec l'eau.

hydrater vt. Combiner avec l'eau.

hydraulicien nm. Ingénieur qui s'occupe d'hydraulique.

hydraulique nf. Etude de l'emploi et de l'aménagement des eaux. ‖ Adj. Qui se rapporte à l'eau. ‖ Qui fonctionne à l'aide de l'eau. ‖ *Chaux* -, durcissant dans l'eau. ‖ *Presse* -, fonctionnant à l'aide d'une pompe à eau.

hydravion nm. Avion à flotteurs ou à coque marine pouvant décoller de l'eau et s'y poser.

hydre nf. Polype à peine visible à l'œil nu. ‖ Nom donné autrefois aux serpents d'eau douce.

hydrique adj. Relatif à l'eau.

hydrocarbonate nm. Carbonate hydraté.

hydrocarbure nm. Combinaison de carbone et d'hydrogène.

hydrocéphalie nf. Hydropisie de la tête.

hydrodynamique nf. Etude des mouvements des liquides.

hydro-électrique adj. Relatif à la production d'énergie électrique par l'énergie hydraulique.

hydrofuge adj. Qui n'est pas mouillé ou traversé par l'eau.

hydrogène nm. Corps simple (H), gazeux, combustible, très léger, qui entre dans la composition de l'eau.

hydrogéner vt. (c. *céder*). Combiner avec l'hydrogène.

hydroglisseur nm. Bateau à fond plat, propulsé par une hélice aérienne.

hydrographe adj. et n. Qui s'occupe d'hydrographie.

hydrographie nf. Science qui étudie l'hydrosphère. ‖ Topographie maritime qui a pour objet d'établir les cartes marines. ‖ Etude des eaux d'une région : - *fluviale*.

hydrographique adj. Qui appartient à l'hydrographie.

hydrolyse nf. Dédoublement d'un corps par action de l'eau.

hydromel nm. Breuvage fermenté fait d'eau et de miel.

hydromètre nm. Appareil mesurant la pression dans un liquide. ‖ Insecte hémiptère qui marche sur l'eau.

hydrophile nm. Insecte coléoptère aquatique. || Adj. Qui absorbe facilement l'eau : *coton* -.

hydrophobe adj. et n. Qui a l'eau en horreur.

hydrophobie nf. Horreur de l'eau.

hydropique adj. et n. Qui est atteint d'hydropisie.

hydropisie nf. *Méd.* Accumulation morbide de sérosités dans le corps et surtout dans l'abdomen.

hydropneumatique adj. Qui fonctionne à l'aide de l'eau et d'un gaz comprimé : *frein* -.

hydroquinone nf. Diphénol employé comme révélateur photographique.

hydrosphère nf. Ensemble des eaux terrestres.

hydrostatique nf. Etude de l'équilibre des liquides. || Adj. *Balance* -, appareil qui sert à déterminer le poids spécifique des corps.

hydrothérapie nf. Traitement des maladies par l'action externe de l'eau.

hyène nf. Mammifère carnassier de l'Asie et de l'Afrique.

hygiène nf. Partie de la médecine qui traite de la conservation de la santé.

hygiénique adj. Relatif à l'hygiène.

hygiéniste n. Qui s'occupe de questions d'hygiène.

hygromètre nm. Appareil mesurant le degré d'humidité de l'air : - *à cheveu.*

hygrométrie nf. Science qui a pour but de déterminer l'état d'humidité de l'atmosphère.

hygrométrique adj. Relatif à l'hygrométrie.

hygroscopique adj. Qui absorbe l'humidité de l'air.

hymen [*mèn*] ou **hyménée** nm. *Poét.* Mariage.

hyménoptères nmpl. Ordre d'insectes caractérisés par quatre ailes membraneuses (abeilles, fourmis).

hymne nm. Poème en l'honneur des dieux et des héros. || Chant national. || Nf. Ode sacrée.

hyoïde adj. et nm. Os isolé, dans le cou, à la base de la langue.

hypallage nf. *Gramm.* Figure de style par laquelle on attribue à certains mots d'une phrase ce qui convient à d'autres, comme : *rendre quelqu'un à la vie* pour *rendre la vie à quelqu'un.*

hyperbole nf. Figure de rhétorique qui consiste à exagérer l'expression : comme *un géant* pour *un homme de haute taille.* || *Math.* Courbe géométrique.

hyperbolique adj. Qui exagère. || En forme d'hyperbole.

hyperboréen [*ré-in*], **enne** adj. De l'extrême Nord : *peuples* -.

hyperdulie nf. Culte rendu à la Sainte Vierge.

hyperesthésie nf. Sensibilité exagérée.

hypermétrope n. et adj. Personne atteinte d'hypermétropie.

hypermétropie nf. Défaut d'un œil dans lequel les images se forment au-delà de la rétine.

hypertension nf. Tension artérielle supérieure à la normale.

hypertrophie nf. Développement excessif d'un organe : - *du foie.*

hypertrophier vt. (c. *prier*). Produire l'hypertrophie.

hypnose nf. Sommeil provoqué par des moyens artificiels.

hypnotique adj. et n. Relatif à l'hypnose. || *Méd.* Syn. de NARCOTIQUE.

hypnotiser vt. Endormir par les procédés de l'hypnotisme. || S' - vpr. *Fig.* Concentrer son attention, ses espoirs sur : *s'* - *sur une affaire.*

hypnotisme nm. Ensemble des phénomènes qui constituent le sommeil artificiel provoqué. || Science traitant de ces phénomènes.

hypocondre nm. Partie latérale de la région supérieure du bas-ventre.

hypocondriaque adj. et n. Qui est atteint d'hypocondrie. || *Fig.* Qui est triste, inquiet sur sa santé.

hypocondrie nf. Affection nerveuse, qui rend bizarre, morose.

hypocras [*krass*] nm. Vin sucré, dans lequel on a fait infuser de la cannelle.

hypocrisie nf. Duplicité, fausseté, fourberie.

hypocrite adj. et n. Qui marque de l'hypocrisie.

hypodermique adj. Sous-cutané : *une injection* -.

hypogastre nm. Le bas du ventre.

hypogée nm. Construction souterraine formée d'une suite de chambres et destinée à recevoir des sépultures.

hypophyse nf. Glande de la base du crâne.

hypostase nf. *Théol.* Personne distincte : *il y a en Dieu trois* -.

hypostatique adj. *Théol.* Qui forme une seule personne.

hyposulfite nm. *Chim.* Sel de l'acide hyposulfureux.

hyposulfureux adj. m. *Chim.* Se dit d'un acide oxygéné du soufre.

hypotendu, e adj. Qui a une tension artérielle trop faible.

hypotension nf. Tension artérielle inférieure à la normale.

hypoténuse nf. Côté opposé à l'angle droit, dans un triangle rectangle.

hypothécaire adj. Relatif à une hypothèque : *dette* -.

hypothèque nf. Droit dont est grevé un immeuble pour garantir une créance.

hypothéquer vt. (c. *céder*). Grever d'une hypothèque. ‖ Garantir par une hypothèque. ‖ Engager : - *l'avenir*.

hypothèse nf. Supposition dont on tire une conséquence.

hypothétique adj. Fondé sur une hypothèse; douteux, incertain.

hypsomètre nm. *Phys.* Instrument qui permet de déterminer l'altitude d'un lieu d'après la température d'ébullition de l'eau en ce lieu.

hypsométrie nf. Science de la mesure des hauteurs. ‖ Relief.

hypsométrique adj. Relatif à l'hypsométrie : *carte* -.

hystérie nf. Névrose caractérisée par des troubles divers de la sensibilité.

hystérique adj. Relatif à l'hystérie. ‖ N. Qui est atteint d'hystérie.

i nm. Neuvième lettre de l'alphabet et troisième des voyelles. ‖ *Mettre les points sur les* -, s'exprimer de façon claire et minutieuse. ‖ I, chiffre romain qui vaut un.

I, symbole chimique de l'*iode*.

ïambe nm. Dans la poésie ancienne, pied de vers composé d'une brève et d'une longue. ‖ Pl. Pièce de vers satirique : *les* - *d'André Chénier*.

ïambique adj. Composé d'ïambes.

ibère n. et **ibérique** adj. et n. Qui est de l'Ibérie.

ibidem (Par abrév. : *ibid.*) adv. lat. Au même endroit.

ibis nm. Echassier des régions chaudes de l'Ancien Monde.

ibn n. Mot arabe signifiant *fils*.

iceberg nm. Masse de glace flottante détachée de l'inlandsis.

icefield ou **icefjeld** nm. Vaste étendue de glace des régions polaires.

ichneumon nm. Insecte à quatre ailes membraneuses, à tarière et à larve parasite. ‖ Mangouste de la taille d'un chat.

ichtyoïde adj. et nm. Qui ressemble à un poisson.

ichtyologie nf. Partie de la zoologie qui traite des poissons.

ichtyophage adj. et n. Qui se nourrit surtout de poisson.

ichtyosaure nm. Reptile gigantesque fossile, de l'époque secondaire.

ici adv. de lieu. En ce lieu-ci. ‖ *Ici-bas*, dans ce monde.

icône nf. Dans l'Eglise orthodoxe, image de la Vierge et des saints.

iconoclaste adj. et n. Membre d'une secte religieuse qui proscrivait le culte des images et les détruisait.

iconographie nf. Science des images produites par la peinture, la sculpture et les autres arts plastiques. ‖ Collection de reproductions d'œuvres.

iconographique adj. Qui appartient à l'iconographie.

iconolâtrie nf. Adoration des images.

iconologie nf. Explication des images, des monuments anciens.

iconostase nf. Grand écran à trois portes, derrière lequel le prêtre grec fait la consécration.

icosaèdre nm. Polyèdre limité par vingt faces polygonales.

ictère nm. Jaunisse.

idéal, e, als ou **aux** adj. Qui n'existe que dans l'esprit. ‖ Qui possède la suprême perfection. ‖ Nm. Type de la perfection. ‖ Ce à quoi l'on aspire : *un* - *de justice*.

idéalisation nf. Action d'idéaliser.

idéaliser vt. Donner un caractère idéal, une grande perfection.

idéalisme nm. Recherche de l'idéal. ‖ Doctrine qui assigne pour fin à l'art et à la littérature la représentation ou l'évocation d'un idéal plus beau que la réalité.

idéaliste n. Partisan de l'idéalisme. ‖ Adj. : *écrivain* -.

idée nf. Représentation d'une chose de l'esprit : *l'* - *du bien*. ‖ Pensée, conception littéraire ou artistique; invention : *suivre le fil de ses* -. ‖ Opinion : *avoir une haute de quelqu'un; - politiques, religieuses.* ‖ Par ext. Caprice : *vivre à son* -. ‖ Fam. Pensée, esprit : *j'ai dans l'* - *qu'il ne viendra pas.* ‖ - *fixe*, obsession. ‖ *Donner une* - *d'une chose*, en donner un aperçu. ‖ Pl. Visions chimériques : *se faire des* -.

idem adv. De même. (S'abrège ainsi : *id.*)

identification nf. Action d'identifier.

identifier vt. (c. *prier*). Rendre, déclarer identique. ‖ Prouver l'identité de : - *un voleur*. ‖ Vérifier la nature d'une chose. ‖ **S'** - vpr. Devenir semblable; partager les sentiments d'un autre.

identique adj. Qui ne fait qu'un avec une autre chose. ‖ Tout à fait semblable : *des cas* -.

identité nf. Caractère de ce qui est identique. ‖ Personnalité déterminée : *vérifier l'* - *de quelqu'un*.

idéogramme nm. Signe qui représente l'idée d'un mot et non sa prononciation, comme les hiéroglyphes.

idéographie nf. Représentation directe des idées par des signes figurant les objets.

idéologie nf. Système d'idées qui constitue une doctrine politique ou sociale. ‖ En mauv. part, doctrine qui prône un idéal irréalisable.

idéologue nm. Partisan de l'idéologie. ‖ Personne qui poursuit un idéal irréalisable, des rêveries philosophiques.

ides nfpl. Quinzième jour des mois de mars, mai, juillet et octobre, et treizième jour des autres mois, dans le calendrier romain.

idiomatique adj. Qui a rapport aux idiomes.

idiome nm. Langue propre à une nation.

idiot, e adj. et n. Stupide.

idiotie [*si*] nf. Arrêt du développement mental, lié souvent à des lésions cérébrales. ‖ Absence complète d'intelligence. ‖ *Fam. : faire, dire des -*.

idiotisme nm. *Gramm.* Expression intraduisible, propre à une langue.

idoine adj. Convenable, propre à.

idolâtre adj. et n. Qui adore les idoles. ‖ *Fig.* Qui aime avec excès.

idolâtrer vt. Aimer avec passion.

idolâtrie nf. Adoration des idoles. ‖ *Fig.* Amour excessif.

idolâtrique adj. Qui a rapport à l'idolâtrie.

idole nf. Représentation d'une divinité exposée à l'adoration. ‖ *Fig.* Personne à laquelle on voue un culte : *il est l' - du peuple.*

idylle nf. Petit poème du genre bucolique ou pastoral. ‖ *Fig.* Amour tendre.

idyllique adj. Propre à l'idylle.

if nm. Conifère à petit fruit rouge vif. ‖ Egouttoir à bouteilles.

igloo [*ou*] nm. Hutte des Esquimaux, faite de neige et de glace.

igname [*igh-nam'*] nf. Plante grimpante à gros rhizome, fournissant une fécule, l'arrow-root.

ignare adj. et n. Très ignorant.

igné, e [*igh-né*] adj. De feu. ‖ Produit par l'action du feu : *roches -.*

ignifuge [*igh-ni*] adj. Propre à rendre ininflammable : *peinture -.*

ignifuger [*igh-ni*] vt. (c. *manger*). Rendre ininflammable.

ignition [*igh-ni-syon*] nf. Etat des corps en combustion.

ignoble adj. Vil; infâme.

ignominie nf. Très grand déshonneur, infamie.

ignominieux, euse adj. Qui cause de l'ignominie.

ignorance nf. Défaut de **connais**sances; manque de savoir.

ignorantin adj. et n. m. Nom que prenaient par humilité les frères de Saint-Jean-de-Dieu.

ignorer vt. Ne pas savoir. ‖ Ne pas pratiquer : *- le mensonge.*

iguane [*ghouan'*] nm. Reptile saurien de grande taille (2 m), du Brésil et des Antilles, à chair très estimée.

iguanodon nm. Reptile gigantesque, fossile dans le crétacé.

igue nf. Dans les Causses, puits naturel aboutissant à un cours d'eau souterrain.

I. H. S., abréviation des mots latins *Iesus, Hominum Salvator* (Jésus, Sauveur des hommes).

il, pron. pers. masc. sing. de la 3ᵉ pers.

ilang-ilang [*ilan*] nm. Plante odorante des Moluques. ‖ Son parfum.

île nf. Terre entourée d'eau de tous côtés.

iléo-cæcal, e adj. Qui appartient à l'iléon et au cæcum.

iléon ou **iléum** [*om'*] nm. La plus grosse portion de l'intestin grêle.

iliaque adj. Relatif à l'iléon. ‖ *Os -,* os de la hanche.

illégal, e, aux adj. Contraire à la loi : *ordonnance -.*

illégalité nf. Vice de ce qui est contraire à la loi. ‖ Acte illégal.

illégitime adj. Non conforme à la loi. ‖ Né de parents non mariés ensemble : *enfant -.* ‖ Injuste : *prétention -.*

illégitimité nf. Défaut de légitimité : *l' - d'un décret.*

illettré, e adj. et n. Qui ne sait ni lire ni écrire.

illicite adj. Défendu par la morale ou par la loi : *gain -.*

illico adv. *Fam.* Sur-le-champ.

illimité, e adj. Sans limites.

illisible adj. Qui n'est pas lisible.

illogique adj. Non conforme ou contraire à la logique.

illogisme nm. Caractère de ce qui est illogique, sans esprit de suite.

illumination nf. Action d'illuminer; son résultat. ‖ *Fig.* Lumière soudaine dans l'esprit; inspiration.

illuminer vt. Eclairer par de fortes et nombreuses lumières. ‖ *Fig.* Eclairer l'esprit, l'âme. ‖ **Illuminé, e** part., adj. et n. Visionnaire en matière de religion.

illuminisme nm. Opinions chimériques des illuminés.

illusion nf. Erreur des sens ou de l'esprit, qui fait prendre l'apparence pour la réalité. ‖ Espoir chimérique : *se nourrir d'-.* ‖ *Se faire -,* s'abuser.

illusionner vt. Produire de l'illusion. ‖ *S'-* vpr. Se faire illusion.

illusionnisme nm. Art de produire des phénomènes paraissant en contradiction avec les lois naturelles : *l'- des prestigitateurs.*

illusionniste n. Prestidigitateur.

illusoire adj. Trompeur; qui ne se réalise point : *promesse -.*

illustrateur nm. Artiste qui illustre des ouvrages.

illustration nf. Etat de ce qui est illustre. ‖ Figures gravées et intercalées dans un texte.

illustre adj. Célèbre : *une famille -.*

illustrer vt. Rendre illustre. ‖ Orner un texte de gravures.

illustrissime adj. Très illustre.

Illyrien, enne adj. et n. De l'Illyrie.

îlot nm. Petite île. ‖ Petit pâté de maisons.

ilote nm. Esclave, chez les Spartiates. ‖ *Fig.* Homme réduit au dernier degré d'abaissement, d'abjection.

ilotisme nm. Condition d'ilote. ‖ *Fig.* Etat d'abjection.

image nf. Représentation artistique. ‖ Petite estampe. ‖ Ressemblance : *cet enfant est l'- de son père.* ‖ Représentation d'une personne ou d'une chose réfléchie dans un miroir, une lentille, etc. ‖ Représentation des personnes, des objets dans l'esprit : *cette - me suit en tous lieux.* ‖ Métaphore, figure par laquelle on rend les idées plus vives : *mot juste fait -.*

imager vt. (c. *manger*). Charger d'images, de métaphores. ‖ **Imagé** adj. et part.

imagerie nf. Fabrique, commerce d'images. ‖ Art de l'imagier.

imagier nm. Au Moyen Age, peintre et sculpteur. ‖ Fabricant, marchand d'images. ‖ Adj. Qui concerne les images.

imaginaire adj. Qui n'est que dans l'imagination; chimérique. ‖ *Malade -,* qui se croit malade sans l'être.

imaginatif, ive adj. Qui imagine aisément : *esprit -.*

imagination nf. Faculté de se représenter des objets par la pensée. ‖ Faculté d'inventer, de créer. ‖ *Fig.* Opinion sans fondement : *c'est une pure -.*

imaginer vt. Se figurer, se représenter dans l'esprit. ‖ Inventer. ‖ S'-vpr. Se figurer : *s'- qu'on est malade.*

imago nf. Forme définitive de l'insecte parfait après métamorphose.

iman nm. Prêtre musulman.

imbattable adj. Qui ne peut être battu.

imbécile adj. et n. Dépourvu d'intelligence. ‖ Qui marque l'imbécillité : *rire -.*

imbécillité nf. Sottise; bêtise. ‖ Acte d'imbécile.

imberbe adj. Sans barbe. ‖ *Par ext.* Très jeune.

imbiber vt. Mouiller, pénétrer d'un liquide.

imbibition nf. Action d'imbiber.

imbrication nf. Etat de ce qui est imbriqué : *l'- des écailles de poisson.*

imbriquer vt. Disposer à la façon des tuiles sur un toit.

imbroglio [in-bro-lyo] nm. Confusion, affaire embrouillée : *démêler un -.* ‖ Pl. des *imbroglios.*

imbu, e adj. Rempli, pénétré (au *fig.* seulement) : *- de préjugés.*

imbuvable adj. Qu'on ne peut boire; désagréable au goût.

imitateur, trice adj. et n. Qui imite.

imitatif, ive adj. Relatif à l'imitation : *harmonie -.*

imitation nf. Action d'imiter; son résultat. ‖ Bijou imitant l'or : *acheter de l'-.*

imiter vt. Faire ou s'efforcer de faire exactement ce que fait un autre. ‖ Reproduire exactement : *- une signature.* ‖ Prendre pour modèle.

immaculé, e adj. Sans tache. ‖ *Fig.* Sans souillure morale. ‖ *Théol.* - *Conception,* v. CONCEPTION.

immanence [im'-ma] nf. Etat d'une cause qui agit sur elle-même.

immanent, e adj. *Justice -,* justice qui résulte du cours naturel des choses et se manifeste un jour ou l'autre.

immangeable [in] adj. Qui ne peut être mangé : *cuisine -.*

immanquable [in] adj. Qui ne peut manquer d'arriver.

immatérialité nf. Qualité, état de ce qui est immatériel : *l'- de l'âme.*

immatériel, elle adj. Sans consistance matérielle.

immatriculation nf. Action d'immatriculer; son résultat.

immatriculer vt. Inscrire sur la matricule, sur un registre public; enregistrer.

immédiat, e adj. Qui est ou qui agit sans intermédiaire. ‖ Instantané.

immémorial, e, aux adj. D'une origine si ancienne qu'il n'en reste aucun souvenir.

immense [im'] adj. Presque sans bornes, sans mesure. ‖ Très considérable : *- fortune.*

immensité nf. Grandeur infinie. ‖ Vaste étendue : *l'- des mers.*

immerger vt. (c. *manger*). Plonger dans un liquide.

immérité, e adj. Que l'on n'a pas mérité : *reproche -.*

immersion nf. Action d'immerger.

immeuble nm. Bien fixe, comme terres, maisons, etc. ‖ Maison. ‖ Adj. : *biens -.*

immigration nf. Action d'immigrer.

immigrer vi. Venir dans un pays pour s'y fixer. ‖ **Immigrant, e** part., adj. et n. Qui vient de l'étranger.

imminence nf. Qualité de ce qui est imminent.

imminent, e adj. Qui menace : *danger -.* ‖ Très prochain : *départ -.*

immiscer (s') vpr. (c. *placer*). Se mêler mal à propos : *s'- dans les affaires d'autrui.*

immixtion nf. Action de s'ingérer dans les affaires d'autrui.

immobile adj. Qui ne se meut pas.

immobilier, ère adj. Composé de biens immeubles. || *Saisie -*, qui a pour objet un immeuble.

immobilisation nf. Action d'immobiliser; son résultat.

immobiliser vt. Rendre immobile. || Priver des moyens d'agir.

immobilisme nm. Opposition systématique à tout progrès.

immobilité nf. Etat de ce qui reste immobile.

immodéré, e adj. Excessif.

immodeste adj. Sans modestie, sans pudeur : *tenue -*.

immodestie nf. Manque de bienséance, de pudeur.

immolation nf. Sacrifice.

immoler vt. Offrir en sacrifice. || Tuer, massacrer. || **S'** - vpr. Se sacrifier.

immonde adj. Extrêmement sale. || Impur : *le porc est, pour les Juifs, un animal -*. || *L'esprit -*, le démon. || *Fig.* Ignoble : *des propos -*.

immondice nf. Boue, ordures entassées dans les rues.

immoral, e, aux adj. Contraire à la morale.

immoralité nf. Manque de moralité : *l'- d'un livre*. || Chose immorale.

immortaliser vt. Rendre immortel dans la mémoire des hommes.

immortalité nf. Qualité, état de ce qui est immortel : *l'- de l'âme*. || Vie perpétuelle dans le souvenir des hommes : *aspirer à l'-*.

immortel, elle adj. Qui ne périra point. || *Fig.* Appelé à une très longue durée : *gloire -*. || Nm. *Fam.* Académicien. || Pl. *Les -*, les dieux du paganisme. || Nf. Plantes dont les fleurs ne se fanent guère.

immuabilité nf. V. IMMUTABILITÉ.

immuable adj. Qui ne peut pas changer : *des lois -*.

immunisation nf. Action d'immuniser.

immuniser vt. Donner l'immunité, rendre réfractaire : *- contre le tétanos*.

immunité nf. Exemption d'impôts, de devoirs, de charges, etc. : *les féodales*. || Propriété d'un organisme vivant d'être à l'abri d'une maladie déterminée.

immutabilité ou **immuabilité** nf. Qualité de ce qui est immuable.

impact nm. Collision. || *Point d'-*, point frappé par un projectile.

impair, e adj. Non divisible exactement par deux. || *Chiffres -*, 1, 3, 5, 7, 9. || Nm. *Fam.* Maladresse : *commettre un -*.

impalpable adj. Peu sensible au toucher : *une poudre -*.

impardonnable adj. Qui ne mérite pas de pardon : *crime -*.

imparfait, e adj. Incomplet, inachevé. || Qui a des défauts. || Nm. *Gramm.* Temps du verbe qui indique la répétition, l'habitude, ou qui marque une action qui n'était pas achevée quand une autre a eu lieu : *je lisais quand vous êtes entré*.

imparisyllabique adj. Se dit des noms grecs ou latins qui ont au génitif singulier une syllabe de plus qu'au nominatif.

imparité nf. Caractère de ce qui est impair.

impartial [*si*]**, e, aux** adj. Qui n'est pas partial : *un jugement -*. || Equitable.

impartialité [*si*] nf. Caractère, action de celui qui est impartial.

impartir vt. Accorder : *- un délai*.

impasse nf. Voie sans issue. || *Fig.* Situation, carrière sans avenir : *être dans une -*.

impassibilité nf. Caractère ou état de celui qui est impassible.

impassible adj. Insensible à la douleur ou aux émotions.

impatiemment [*si*] adv. Avec impatience : *attendre -*.

impatience [*si*] nf. Manque de patience. || Pl. Espèce d'irritation nerveuse : *avoir des -*.

impatient, e adj. Qui manque de patience. || Agité, inquiet.

impatienter [*si*] vt. Faire perdre patience. || **S'** - vpr. Perdre patience.

impatronisation nf. Action de s'impatroniser.

impatroniser (s') vpr. S'établir avec autorité quelque part, s'y poser en maître.

impavide adj. Sans peur.

impayable adj. Qu'on ne peut trop payer. || *Fig.* et *fam.* Comique : *aventure -*.

impeccable adj. *Théol.* Incapable de pécher. || *Par ext.* Irréprochable : *tenue -*.

impécuniosité nf. Manque d'argent.

impedimenta nmpl. Embarras ; obstacle qui entrave la marche d'une affaire.

impénétrabilité nf. Caractère de ce qui est impénétrable, incompréhensible.

impénétrable adj. Qui ne peut être pénétré : *cuirasse -*. || *Fig.* Caché, inexplicable : *mystère -*. || Renfermé, taciturne : *homme -*.

impénitent, e adj. Endurci dans le péché. || *Fam.* Qui persiste dans ses errements : *un buveur -*.

impensable adj. Qui ne saurait être pensé, envisagé : *décision -*.

impératif, ive adj. Impérieux : *ton -*. ‖ Adj. et nm. *Gramm.* Se dit du mode qui exprime l'action avec commandement, exhortation, désir, etc.

impératrice nf. Femme d'un empereur. ‖ Femme qui gouverne un empire.

imperceptibilité nf. Caractère de ce qui est imperceptible.

imperceptible adj. Qui ne peut être perçu. ‖ Qui échappe à notre attention.

imperdable adj. Qui ne peut se perdre : *procès -*.

imperfectible adj. Qui ne peut se perfectionner.

imperfection nf. Etat de ce qui n'est point parfait. ‖ Défaut, vice.

impérial, e, aux adj. Qui appartient à un empereur ou à un empire.

impériale nf. Etage supérieur d'une diligence, d'un omnibus, d'un wagon. ‖ Barbiche sous la lèvre inférieure.

impérialisme nm. Opinion favorable au régime impérial. ‖ Visées de domination d'un Etat.

impérialiste adj. et n. Favorable à l'impérialisme.

impérieux, euse adj. Qui commande en maître. ‖ *Fig.* Irrésistible, pressant : *nécessité -*.

impérissable adj. Qui ne saurait périr : *gloire -*.

impéritie [*si*] nf. Incapacité.

imperméabilisation nf. Action d'imperméabiliser.

imperméabiliser vt. Rendre imperméable : *- un tissu*.

imperméabilité nf. Qualité de ce qui est imperméable.

imperméable adj. Qui ne se laisse pas traverser par l'eau. ‖ Nm. Vêtement de pluie.

impersonnalité nf. Caractère de ce qui est impersonnel.

impersonnel, elle adj. Qui n'a pas de personnalité. ‖ Sans originalité, banal. ‖ *Gramm.* Se dit d'un verbe qui ne se conjugue qu'à la 3e pers. du sing., comme : *il faut, il pleut, il neige*. ‖ *Modes -*, l'inf. et le part.

impertinence nf. Manière irrespectueuse de parler, d'agir. ‖ Parole, action offensante : *dire des -*.

impertinent, e adj. et n. Insolent, grossier : *ton -*. ‖ **Impertinemment** adv.

imperturbable adj. Que rien ne peut troubler : *calme -*.

impétigo nm. *Méd.* Eruption cutanée pustuleuse.

impétrant, e n. Personne qui obtient un titre, un diplôme.

impétueux, euse adj. Violent, rapide : *torrent -*. ‖ *Fig.* Vif, emporté : *caractère -*.

impétuosité nf. Caractère de ce qui est impétueux. ‖ *Fig.* Vivacité extrême.

impie adj. et n. Qui n'a pas de religion. ‖ Contraire à la religion.

impiété nf. Mépris pour les choses de la religion. ‖ Action, paroles impies. ‖ Manque de respect : *l'- d'un fils*.

impitoyable adj. Sans pitié.

implacabilité nf. Caractère d'une personne, d'une chose implacable.

implacable adj. Qui ne peut être apaisé : *haine -*.

implantation nf. Action d'implanter ou de s'implanter; son résultat.

implanter vt. Insérer, fixer dans. ‖ *Fig.* Etablir, introduire : *- de nouveaux usages*. ‖ S'- vpr. *Fig.* et fam. S'introduire : *s'- dans une société*.

implication nf. Etat d'une personne impliquée dans une affaire criminelle.

implicite adj. Qui est contenu dans une proposition sans être exprimé en termes précis.

impliquer vt. Engager, envelopper : *- quelqu'un dans un procès*. ‖ Renfermer, contenir en soi : *l'amitié implique la sincérité*.

imploration nf. Action d'implorer.

implorer vt. Solliciter humblement : *- la pitié*.

impoli, e adj. et n. Qui manque de politesse : *visiteur -*.

impolitesse nf. Manque de politesse. ‖ Action, parole impolie.

impolitique adj. Contraire à la bonne politique, maladroit.

impondérable adj. et n. Qui ne produit aucun effet sensible sur la balance. ‖ Nmpl. *Fig.* Petites causes difficiles à préciser : *les - de la politique*.

impopulaire adj. Non conforme aux intérêts du peuple. ‖ Qui déplaît au peuple.

impopularité nf. Manque de popularité.

importance nf. Caractère d'une chose considérable soit par elle-même, soit par ses suites : *affaires de haute -*. ‖ Autorité, crédit, influence : *sa place lui donne beaucoup d'- dans le monde*. ‖ Vanité, haute opinion de soi-même : *prendre un ton d'-*. ‖ Se donner des airs d'-, vouloir passer pour avoir de l'influence, de la puissance. ‖ **D'-** loc. adv., important, considérable : *une affaire d'-*. ‖ Extrêmement, très fort : *il a été rossé d'-*.

important, e adj. Considérable. ‖ Qui jouit d'une certaine autorité : *un* *personnage* -. ‖ Nm. Le point essentiel : *V- est de...* ‖ Homme vain : *faire l'*-.

importateur, trice adj. et n. Qui fait le commerce d'importation.

importation nf. Action d'importer.

importer vt. au *pr.* et au *fig.* Introduire dans un pays des choses provenant de l'étranger : - *des marchandises, une mode étrangère*.

importer vi. (Ne s'emploie qu'à l'inf. et aux 3es personnes.) Etre d'importance, de conséquence : *cela m'importe peu*. ‖ V. impers. *il importe, il convient.* ‖ *Qu'importe?* de quel intérêt cela peut-il être? ‖ *N'importe quoi*, une chose quelconque. ‖ *N'importe qui*, le premier venu.

importun, e adj. et n. Fâcheux; gêneur. ‖ Qui gêne : *une question* -.

importuner vt. Fatiguer, agacer.

importunité nf. Caractère de ce qui est importun. ‖ Assiduité importune.

imposable adj. Qui peut être imposé; qui est soumis aux droits.

imposer vt. Mettre dessus. (Seulement dans l'expression : - *les mains*, en conférant les sacrements.) ‖ *Fig.* Frapper d'un impôt : - *l'alcool.* ‖ Faire subir par contrainte : - *sa volonté.* ‖ - *silence*, faire taire. ‖ *Vi.* En -, inspirer le respect, la crainte : *il veut en* - à *ses subordonnés.* ‖ Faire illusion : *il cherche à en* -. ‖ *S'*- vpr. Forcer l'adhésion : *s'- dans une société.* ‖ **Imposé, e** part., adj. et n. Soumis à l'impôt : *les plus* -. ‖ **Imposant, e** adj. Qui commande le respect. ‖ Considérable : *des forces* -.

imposition nf. Action d'imposer les mains. ‖ Pl. Contributions.

impossibilité nf. Manque de possibilité.

impossible adj. Qui ne peut se faire. ‖ *Par ext.* Très difficile. ‖ **Par** - loc. adv., dans un cas peu probable.

imposte nf. *Archit.* Pierre en saillie soutenant une voûte. ‖ *Techn.* Partie supérieure, souvent vitrée, d'une porte, d'une fenêtre.

imposteur nm. Trompeur, menteur.

imposture nf. Tromperie.

impôt nm. Contribution exigée par l'État. ‖ - *du sang*, service militaire.

impotence nf. Etat de l'homme impotent.

impotent, e adj. et n. Privé de l'usage d'un membre : *vieillard* -.

impraticabilité nf. Caractère, état de ce qui est impraticable.

impraticable adj. Irréalisable : *projet* -. ‖ *Chemin* -, où l'on ne passe qu'avec beaucoup de difficultés.

imprécation nf. Malédiction.

imprécatoire adj. Qui maudit.

imprécis, e adj. Vague.

imprécision nf. Manque de précision : *rester dans l'*-.

imprégnation nf. Action d'imprégner; état qui en résulte.

imprégner vt. (c. *céder*). Faire pénétrer une substance dans un corps. ‖ *Fig.* Inculquer : - *de préjugés l'esprit de quelqu'un.*

imprenable adj. Qui ne peut être pris. ‖ *Vue* -, qui ne risque pas d'être masquée par une construction.

imprésario nm. Celui qui dirige une entreprise théâtrale. ‖ Pl. des *imprésarios*.

imprescriptible adj. Qui n'est pas susceptible de prescription; permanent : *les droits de l'homme.*

impression nf. Empreinte. ‖ Action d'imprimer. ‖ *Fig.* Effet produit sur les sens, l'esprit : - *de froid; mauvaise* -. ‖ *Faire* - *sur*, agir vivement sur.

impressionnabilité nf. Caractère de ce qui est impressionnable.

impressionnable adj. Facile à impressionner. ‖ *Fig.* Facile à émouvoir : *les femmes sont très* -.

impressionner vt. Produire une impression matérielle : - *une pellicule photographique.* ‖ *Fig.* Emouvoir.

impressionnisme nm. Forme d'art, de littérature qui consiste à rendre purement l'impression ressentie, laissant de côté toute description des détails.

impressionniste n. Peintre, écrivain qui fait de l'impressionnisme.

imprévisible adj. Qu'on ne peut prévoir.

imprévoyance nf. Défaut de prévoyance : *fatale* -.

imprévu, e adj. et n. Inattendu : *faire la part de l'*-.

imprimatur nm. inv. Permission d'imprimer, en parlant d'un ouvrage ecclésiastique.

imprimé nm. Livre, papier imprimé.

imprimer vt. Faire une empreinte : - *ses pas dans la neige.* ‖ Empreindre des lettres ou des dessins sur du papier. ‖ Communiquer : - *un mouvement.* ‖ *Fig.* Faire impression sur l'esprit, le cœur : - *la crainte.*

imprimerie nf. Art d'imprimer. ‖ Etablissement où l'on imprime.

imprimeur nm. Qui imprime, ou dirige une imprimerie.

improbabilité nf. Qualité de ce qui est improbable. ‖ Chose improbable.

improbable adj. Non probable.

improbateur, trice adj. Qui désapprouve : *geste* -.

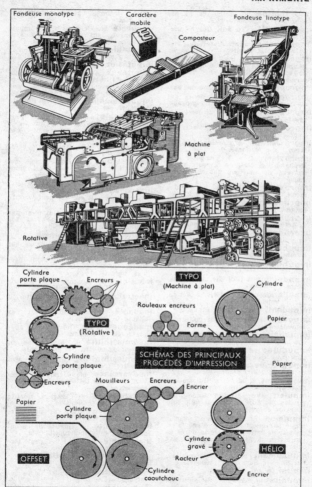

Fondeuse monotype

Caractère mobile

Composteur

Fondeuse linotype

Machine à plat

Rotative

Cylindre porte plaque

Encreurs

TYPO (Rotative)

Cylindre porte plaque

Encreurs

TYPO (Machine à plat)

Cylindre

Rouleaux encreurs

Forme

Papier

SCHÉMAS DES PRINCIPAUX PROCÉDÉS D'IMPRESSION

Mouilleurs

Encreurs

Encrier

Papier

Cylindre porte plaque

Papier

OFFSET

Cylindre caoutchouc

Cylindre gravé

Racleur

HÉLIO

Encrier

improbation nf. Action de ne pas approuver : *murmure d' -*.

improductif, ive adj. Qui ne produit rien.

improductivité nf. Caractère, état de ce qui est stérile.

impromptu adj. inv. Non préparé, improvisé : *un dîner -*. ‖ Nm. Pièce de vers improvisée. ‖ Pl. des *impromptus*.

impropre adj. Qui ne convient pas.

impropriété nf. Qualité de ce qui est impropre, en parlant du langage.

improuvable adj. Qui ne peut être prouvé.

improvisateur, trice n. et adj. Qui improvise.

improvisation nf. Action d'improviser : *une brillante -*.

improviser vt. et i. Composer sur-le-champ des vers, un discours ou un morceau de musique sur un thème donné.

improviste (à l') loc. adv. D'une façon inattendue : *survenir à l'-*.

imprudemment [da] adv. Avec imprudence : *conduire -*.

imprudence nf. Défaut de prudence. ‖ Action contraire à la prudence.

imprudent, e adj. et n. Qui manque de prudence : *nageur -*.

impubère adj. Qui n'a pas encore atteint l'âge de la puberté.

impubliable adj. Qu'on ne peut publier.

impudemment [da] adv. Avec impudence : *mentir -*.

impudence nf. Effronterie. ‖ Action, parole impudente.

impudent, e adj. et n. Insolent.

impudeur nf. Manque de pudeur. ‖ Impudence extrême.

impudicité nf. Vice contraire à la chasteté. ‖ Action, parole impudique.

impudique adj. et n. Qui est sans pudeur. ‖ Qui blesse la pudeur.

impuissance nf. Manque de force, de moyens : *être frappé d' -*.

impuissant, e adj. et n. Qui manque du pouvoir nécessaire; sans effet.

impulsif, ive adj. Qui donne l'impulsion. ‖ Adj. et n. Qui agit sans réflexion : *geste -, un -*.

impulsion nf. Mouvement communiqué par une force. ‖ *d'une force*, produit de cette force par la durée de son action. ‖ *Fig.* Force qui pousse à faire un acte : *les - du cœur*.

impunément adv. Avec impunité : *mentir -*. ‖ Sans suite fâcheuse.

impuni, e adj. Non puni.

impunité nf. Absence de punition.

impur, e adj. Qui n'est pas pur;

altéré, mélangé. ‖ *Fig.* Immoral : *des désirs -*.

impureté nf. Ce qu'il y a d'impur, d'étranger dans une chose. ‖ *Fig.* Souillure morale : *vivre dans l' -*.

imputable adj. Qui peut, qui doit être attribué à : *crime - à*.

imputation nf. Action d'imputer.

imputer vt. Attribuer à quelqu'un la responsabilité de : *on lui impute ce vol*. ‖ Faire entrer en compte : *- une dépense sur un chapitre du budget*.

imputrescible adj. Qui ne peut se putréfier, se pourrir.

inabordable adj. Où l'on ne peut aborder. ‖ *Fig.* D'abord difficile : *homme -*. ‖ D'un prix excessif : *une denrée -*.

inacceptable adj. Qu'on ne peut, qu'on ne doit pas accepter.

inaccessible adj. Dont l'accès est impossible. ‖ *Fig.* Qui n'est point atteint par certains sentiments : *- à la pitié*.

inaccordable adj. Qu'on ne peut accorder. ‖ Qu'on ne peut mettre d'accord.

inaccoutumé, e adj. Qui n'est pas habitué à. ‖ Qui ne se fait pas ordinairement : *un zèle -*.

inachevé, e adj. Non achevé.

inachèvement nm. Etat de ce qui n'est pas achevé.

inactif, ive adj. Qui n'a point d'activité, inerte. ‖ Inefficace. ‖ Indolent, paresseux.

inaction nf. Absence d'action, de travail : *l' - engendre l'ennui*.

inactivité nf. Défaut d'activité. ‖ Etat de repos.

inadapté, e adj. Qui n'est pas adapté : *l'enfance -*.

inadéquat, e adj. Qui n'est pas adéquat; qui ne convient pas.

inadmissibilité nf. Etat de ce qui ne peut ou ne doit pas être admis.

inadmissible adj. Qu'on ne peut admettre : *une réponse -*.

inadvertance nf. Manque d'attention. ‖ Action faite par étourderie : *commettre des -*.

inaliénabilité nf. Caractère, qualité de ce qui est inaliénable.

inaliénable adj. Qui ne peut être vendu ni engagé.

inaltérabilité nf. Qualité de ce qui est inaltérable, incorruptible.

inaltérable adj. Qui ne peut être altéré. ‖ *Fig.* Qui ne peut être amoindri, troublé : *amitié -*.

inamical, e, aux adj. Hostile.

inamovibilité nf. Qualité de ce qui est inamovible.

inamovible adj. Qui ne peut être

destitué par voie administrative : *juge* -. ‖ Nommé à vie : *sénateur* -.

inanimé, e adj. Sans vie.

inanité nf. Etat de ce qui est vain, inutile : *l'* - *des efforts*.

inanition nf. Faiblesse due au manque de nourriture : *mort d'* -.

inaperçu, e adj. Qui échappe aux regards : *passer* -.

inappétence nf. Défaut d'appétit.

inapplicable adj. Qui ne peut être appliqué : *loi* -.

inapplication nf. Manque d'application au travail.

inappliqué, e adj. Qui manque d'application.

inappréciable adj. Qui ne peut être évalué. ‖ *Fig.* Qui n'a pas de prix : *service* -.

inapte adj. Impropre à : - *aux affaires*.

inaptitude nf. Défaut d'aptitude.

inarticulé, e adj. Non articulé.

inassimilable adj. Qui ne peut être assimilé.

inassouvi, e adj. Non assouvi.

inattaquable adj. Qu'on ne peut attaquer.

inattendu, e adj. Non attendu, surprenant : *une visite* -.

inattentif, ive adj. Qui ne prête pas attention : *élève* -.

inattention nf. Manque d'attention. ‖ *Faute, erreur d'* -, due au manque d'attention.

inaudible adj. Que l'on n'entend pas.

inaugural, e, aux adj. Relatif à l'inauguration.

inauguration nf. Action d'inaugurer. ‖ Cérémonie à cet effet.

inaugurer vt. Ouvrir solennellement, marquer un début; consacrer par une cérémonie; offrir à l'usage : - *un pont*.

inavouable adj. Qui ne peut être avoué : *un projet* -.

incalculable adj. Qu'on ne peut calculer. ‖ *Par exager.* Très considérable : *des pertes* -.

incandescence nf. Etat d'un corps chauffé à blanc, qui rayonne de la lumière.

incandescent, e adj. En incandescence. ‖ *Fig.* En effervescence : *une foule* -.

incantation nf. Paroles magiques.

incantatoire adj. Relatif à l'incantation : *formule* -.

incapable adj. et n. Qui n'est pas en état de faire une chose. ‖ Qui manque d'aptitude pour. ‖ En bonne part : - *de lâcheté*. ‖ *Absol.* Qui manque d'habileté, de talent. ‖ *Dr.* Celui que la loi prive de certains droits.

incapacité nf. Défaut de capacité. ‖ Etat d'une personne que la loi prive de certains droits.

incarcération nf. Emprisonnement.

incarcérer vt. (c. *céder*). Mettre en prison.

incarnadin, e adj. D'une couleur plus pâle que l'incarnat.

incarnat, e adj. D'un rouge chair. ‖ Nm. Cette couleur. ‖ Sorte de trèfle.

incarnation nf. *Théol.* Action d'unir la nature divine à la nature humaine. ‖ *Par ext.* Image : *le* - *de Vichnou*.

incarné, e adj. *Ongle* -, qui s'enfonce dans la chair.

incarner vt. Revêtir d'un corps de chair. ‖ *Fig.* Donner une forme matérielle à, être l'image vivante de : *magistrat qui incarne la justice*. ‖ S' - vpr. Prendre un corps de chair : *le Verbe s'est incarné*. ‖ Entrer dans la chair.

incartade nf. Ecart de conduite.

incassable adj. Solide, résistant.

incendiaire n. Auteur volontaire d'un incendie. ‖ Adj. Destiné à causer un incendie : *bombe* -. ‖ *Fig.* Séditieux : *écrit* -.

incendie nm. Grand feu qui se propage.

incendier vt. Brûler, mettre le feu.

incertain, e adj. Qui n'est pas sûr, pas déterminé. ‖ Vague. ‖ *Par ext.* Indécis. ‖ Variable : *temps* -. ‖ Nm. : *quitter le certain pour l'* -.

incertitude nf. Etat d'une personne irrésolue. ‖ Défaut de certitude. ‖ Variabilité, inconstance : - *du temps*. ‖ Pl. Hésitations.

incessamment adv. Sans cesse. ‖ *Par ext.* Sans délai.

incessant, e adj. Qui ne cesse pas.

incessible adj. Qui ne peut être cédé : *pension* -.

inceste nm. Union illicite entre trop proches parents.

incestueux, euse adj. et n. Entaché d'inceste : *union* -.

incidemment [*da*] adv. Par occasion : *je l'ai rencontré* -.

incidence nf. *Méc.* Direction suivant laquelle une ligne en rencontre une autre au point d'incidence. ‖ *Fig.* Répercussion.

incident, e adj. Qui tombe sur une surface : *rayon* -.

incident nm. Evénement minime qui survient au cours d'une affaire : *une promenade sans* -.

incinération nf. Action d'incinérer, de réduire en cendres : *l'* - *du bois*.

incinérer vt. (c. *céder*). Réduire en cendres : - *un cadavre*.

incise nf. Petite phrase intercalée

au milieu d'une autre plus importante : *l'homme,* DIT-ON, *est raisonnable.*

inciser vt. Faire une incision.

incisif, ive adj. Pénétrant. mordant : *style* -. ‖ Adj. et nf. *Anat. Dents* -, dents tranchantes de devant.

incision nf. Coupure allongée.

incitateur, trice adj. et n. Qui incite.

incitation nf. Action d'inciter.

inciter vt. Engager, pousser vivement à : - *au bien.*

incivil, e adj. Impoli.

incivilité nf. Manque de civilité; impolitesse.

inclémence nf. Rigueur, sévérité. ‖ *Fig.* Rigueur de la température : *l' - de la saison.*

inclément, e adj. Qui n'a pas de clémence. ‖ *Fig.* Rigoureux.

inclinaison nf. Etat de ce qui est incliné. ‖ Pente : *l' - d'un mur.* ‖ - *magnétique,* angle que forme une aiguille aimantée avec le plan horizontal.

inclination nf. Action de pencher la tête ou le corps en signe d'acquiescement ou de respect : *faire une - de la tête.* ‖ *Fig.* Disposition naturelle, penchant : - *au bien.* ‖ Sympathie, affection, amour : *mariage d'* -.

incliner vt. Baisser, pencher légèrement. ‖ Vi. Etre penché. ‖ *Fig.* Avoir du penchant : - *à la miséricorde.* ‖ S' - vpr. Se pencher par respect, par crainte. ‖ *Fig.* Se soumettre : *s' - devant un argument.*

inclure vt. Renfermer. ‖ **Inclus, e** part. et adj. Enfermé, contenu dans. ‖ *Ci-inclus,* v. JOINDRE.

incoercible adj. Qu'on ne peut comprimer, contenir : *rire* -.

incognito [*ko-ghni*] adv. Sans être connu; sous un nom supposé : *voyager* -. ‖ Nm. *Garder l'* -.

incohérence nf. Etat de ce qui est incohérent.

incohérent, e adj. Qui manque de liaison. ‖ *Fig.* Qui manque de suite, de logique : *paroles* -.

incolore adj. Sans couleur.

incomber vt. ind. Revenir obligatoirement à : *cette tâche lui incombe.*

incombustibilité nf. Qualité de ce qui est incombustible.

incombustible adj. Qui ne peut être brûlé.

incommensurabilité nf. Caractère de ce qui est incommensurable.

incommensurable adj. *Math.* Se dit de deux grandeurs qui n'ont point de commune mesure. ‖ *Par ext.* D'une étendue sans bornes.

incommode adj. Dont on ne peut se servir avec facilité, gênant, fâcheux.

incommoder vt. Causer de la gêne, du malaise. ‖ **Incommodant, e** part. et adj.

incommodité nf. Etat de gêne, de malaise. ‖ Infirmité.

incommunicable adj. Dont on ne peut faire part.

incomparable adj. A qui ou à quoi rien ne peut être comparé.

incompatibilité nf. Impossibilité de s'accorder. ‖ Interdiction d'exercer à la fois certaines fonctions.

incompatible adj. Qui n'est pas compatible; qui ne peut s'accorder avec : *caractères* -.

incompétence nf. Défaut de compétence : *l' - d'un juge.* ‖ Manque de connaissances suffisantes.

incompétent, e adj. Qui n'a pas qualité pour apprécier. ‖ Qui n'a pas les connaissances voulues.

incomplet, ète adj. Non complet.

incompréhensibilité nf. Etat de ce qui est incompréhensible.

incompréhensible adj. Qu'on ne peut comprendre. ‖ Difficile à expliquer. ‖ Bizarre : *homme* -.

incompréhension nf. Incapacité de comprendre.

incompressibilité nf. Qualité de ce qui est incompressible.

incompressible adj. Dont le volume ne peut être réduit par pression.

incompris, e adj. et n. Qui n'est pas compris. ‖ Qui n'est pas apprécié à sa valeur : *un génie* -.

inconcevable adj. Qu'on ne peut concevoir. ‖ *Par exager.* Surprenant, extraordinaire : *une patience* -.

inconciliable adj. Que l'on ne peut concilier : *des caractères* -.

inconditionné, e adj. Qui n'est soumis à aucune condition.

inconduite nf. Défaut de moralité dans la conduite.

incongru, e adj. Qui pèche contre les règles de la bienséance : *parole* -.

incongruité nf. Faute contre la bienséance : *dire des* -.

incongrûment adv. D'une manière incongrue : *agir* -.

inconnaissable adj. Qui ne peut être connu.

inconnu, e adj. Qui n'est pas connu. ‖ Qu'on n'a pas encore éprouvé : *sensations* -. ‖ Qui n'a pas de célébrité. ‖ N. Personne que l'on ne connaît pas. ‖ Nm. Chose qu'on ignore : *aller du connu à l'* -. ‖ Nf. *Math.* Quantité cherchée dans un problème.

inconsciemment adv. D'une manière inconsciente : *agir* -.

inconscience nf. Etat de celui qui est inconscient. ‖ Absence de jugement, légèreté extrême.

inconscient, e adj. Qui n'a pas conscience de lui-même : *un fou* -. ‖ Dont on n'a pas conscience : *un geste* -. ‖ Nm. Ensemble des phénomènes psychologiques qui échappent à la conscience.

inconséquence nf. Défaut de suite dans les idées, les actes. ‖ Action, parole irréfléchie.

inconséquent, e adj. Qui parle, agit à la légère. ‖ Fait ou dit à la légère : *une parole* -.

inconsidéré, e adj. Etourdi. ‖ Fait ou dit sans réflexion : *une démarche* -.

inconsistance nf. Défaut de consistance. ‖ Fig. Manque de fermeté : *l'* - *des idées*.

inconsistant, e adj. Qui manque de solidité. ‖ Fig. Qui manque de logique : *raisonnement* -.

inconsolable adj. Qui ne peut se consoler.

inconstance nf. Facilité à changer d'opinion, de conduite. ‖ Instabilité.

inconstant, e adj. et n. Volage, sujet à changer. ‖ Variable : *temps* -.

inconstitutionnel, elle adj. Contraire à la Constitution.

inconstitutionnellement adv. D'une manière inconstitutionnelle.

incontestable adj. Qui ne peut être contesté; authentique, sûr.

incontesté, e adj. Qui n'est pas contesté, discuté : *droit* -.

incontinence nf. Défaut de continence, de chasteté. ‖ - *de langage*, manque de retenue dans les paroles. ‖ Méd. Emission involontaire de l'urine, etc.

incontinent, e adj. Qui n'est pas chaste. ‖ Qui manque de modération.

incontinent adv. Aussitôt.

incontrôlable adj. Qu'on ne peut contrôler.

inconvenance nf. Manque de convenance. ‖ Action ou parole inconvenante.

inconvenant, e adj. Qui blesse les convenances, les usages : *une tenue* -.

inconvénient nm. Désavantage attaché à une chose; conséquence fâcheuse.

inconvertible ou **inconvertissable** adj. Qui ne peut être échangé, remplacé. ‖ Qui est immuable.

incorporation nf. Action d'incorporer, de s'incorporer; son résultat.

incorporel, elle adj. Qui n'a pas de corps.

incorporer vt. Faire entrer dans un tout. ‖ Faire entrer dans un corps de troupes : - *un conscrit*.

incorrect, e [*rèkt'*] adj. Qui n'est pas correct : *terme* -.

incorrection nf. Manquement aux règles de la correction, de la bienséance.

incorrigibilité nf. Défaut de celui qui est incorrigible.

incorrigible adj. Qu'on ne peut corriger.

incorruptibilité nf. Qualité de ce qui ne peut se corrompre. ‖ Qualité de celui qui est incorruptible : *l'* - *d'un juge*.

incorruptible adj. Qui ne se corrompt pas. ‖ Incapable de se laisser corrompre; intègre.

incrédibilité nf. Ce qui fait qu'on ne peut croire une chose.

incrédule adj. et n. Qui ne croit pas, se refuse à croire. ‖ Libre penseur.

incrédulité nf. Répugnance à croire. ‖ Manque de foi religieuse.

incréé, e adj. Qui existe sans avoir été créé.

incriminable adj. Qui peut être incriminé.

incriminer vt. Accuser d'un crime. ‖ Fig. Suspecter; mettre en cause : - *la conduite de quelqu'un*.

incroyable adj. Qui ne peut être cru ou qui est difficile à croire. ‖ Extraordinaire. ‖ Nm. Nom donné aux élégants sous le Directoire.

incroyant, e adj. et n. Qui n'a pas la foi religieuse.

incrustation nf. Action d'incruster. ‖ Ouvrage incrusté. ‖ Dépôt calcaire.

incruster vt. Appliquer une substance sur une surface pour y former des dessins, etc. ‖ S'- vpr. Se fixer fortement à une surface. ‖ Se couvrir d'incrustations. ‖ Fig. Faire des visites longues et indésirables. ‖ Incrusté, e part. et adj.

incubateur, trice adj. Qui opère une incubation artificielle. ‖ Nm. Syn. de COUVEUSE.

incubation nf. Action de couver des œufs. ‖ Durée de la couvaison. ‖ Méd. Temps qui s'écoule entre la contamination et l'apparition des symptômes de la maladie.

inculpation nf. Action d'inculper.

inculpé, e adj. et n. Accusé.

inculper vt. Accuser d'une faute.

inculquer vt. Imprimer une chose dans l'esprit de quelqu'un à force de la répéter : - *des principes*.

inculte adj. Qui n'est pas cultivé. ‖ Fig. Sans culture intellectuelle ou morale : *esprit* -.

incunable nm. et adj. Ouvrage qui date de l'origine de l'imprimerie.

incurabilité nf. Etat de celui ou de ce qui est incurable.

incurable adj. Inguérissable.

incurie nf. Négligence extrême.

incuriosité nf. Indifférence à connaître.

incursion nf. Invasion de gens de guerre en pays ennemi.

incurvation nf. Action d'incurver; état qui en résulte.

incurver vt. Courber de dehors en dedans.

inde nm. Couleur bleue extraite des feuilles de l'indigotier.

indécemment [*sa*] adv. D'une manière indécente : *être vêtu* -.

indécence nf. Caractère de ce qui est indécent. ‖ Action, paroles indécentes.

indécent, e adj. Contraire à la décence, à l'honnêteté, à la pudeur.

indéchiffrable adj. Qu'on ne peut lire, déchiffrer.

indéchirable adj. Qui ne peut être déchiré.

indécis, e adj. Irrésolu. ‖ Douteux, incertain. ‖ Vague : *une forme* -.

indécision nf. Etat, caractère d'un homme indécis; incertitude.

indéclinable adj. *Gramm.* Invariable; qui ne se décline pas.

indécrottable adj. Qu'on ne peut décrotter. ‖ *Fig.* et *fam.* Incorrigible : *esprit* -.

indéfectibilité nf. Qualité, caractère de ce qui est indéfectible.

indéfectible adj. Qui ne peut défaillir ou cesser : *des amis* -.

indéfendable adj. Qui ne saurait être défendu.

indéfini, e adj. Illimité, indéterminé. ‖ *Articles, adjectifs, pronoms* -, mots qui déterminent ou représentent les noms d'une manière vague.

indéfinissable adj. Qu'on ne saurait définir. ‖ *Fig.* Qu'on ne peut s'expliquer : *trouble* -.

indéformable adj. Qui ne peut être déformé.

indéfrisable nf. et adj. Ondulation permanente réalisée par le coiffeur.

indéhiscence nf. *Bot.* Caractère ou état des fruits qui sont indéhiscents.

indéhiscent, e adj. *Bot.* Qui ne s'ouvre pas, en parlant des fruits.

indélébile adj. Ineffaçable. ‖ *Fig.* Qui résiste au temps : *trace* -.

indélicat, e adj. Qui manque de délicatesse : *procédé* -.

indélicatesse nf. Manque de délicatesse, de scrupules; malhonnêteté.

indémaillable adj. Dont les mailles ne peuvent se défaire.

indemne [*dèmn'*] adj. Qui n'a pas éprouvé de dommage : *se tirer* - *d'un accident.*

indemnisation nf. Dédommagement.

indemniser [*dèm-ni*] vt. Dédommager des frais, des pertes.

indemnité nf. Somme allouée pour dédommager d'un préjudice. ‖ Allocation supplémentaire accordée à un salarié : - *de transport.* ‖ - *parlementaire*, émoluments des députés et des sénateurs.

indémontrable adj. Qu'on ne peut démontrer.

indéniable adj. Qu'on ne peut dénier.

indentation nf. Echancrure : *les* - *de la côte bretonne.*

indépendamment adv. D'une façon indépendante. ‖ - *de*, loc. prép. En outre, en plus de : - *du traitement, vous avez une indemnité de résidence.*

indépendance nf. Etat d'une personne, d'un pays qui est indépendant.

indépendant, e adj. et n. Qui ne dépend ou ne veut dépendre de personne.

indéracinable adj. Qu'on ne peut déraciner.

indéréglable adj. Qui ne peut se dérégler.

indescriptible adj. Qui ne peut être décrit : *joie* -.

indésirable adj. et n. Dont on ne souhaite pas la présence : *un* -.

indestructible adj. Qui ne peut être détruit.

indétermination nf. Caractère de ce qui n'est pas déterminé. ‖ Manque de décision.

indéterminé, e adj. Qui n'est pas déterminé, précisé, fixé. ‖ *Equation* -, qui admet une infinité de solutions.

index [*dèks*] nm. Doigt le plus proche du pouce. ‖ Aiguille d'un cadran. ‖ Table alphabétique placée à la fin d'un livre. ‖ Catalogue des livres interdits par l'autorité pontificale. ‖ *Fig. Mettre une personne à l'* -, l'exclure, la signaler comme dangereuse.

indexer vt. *Fin.* Rattacher à une valeur fixe : - *un emprunt.*

indianisme nm. Science de la langue et de la civilisation hindoues.

indianiste n. Versé dans l'indianisme.

indicateur, trice adj. Qui indique : *poteau* -. ‖ Nm. Livre ou brochure qui sert de guide : *l'* - *des rues de Paris.* ‖ Dénonciateur.

indicatif, ive adj. *Méd.* Qui indique, annonce. ‖ Nm. *Gramm.* Le mode du verbe qui exprime l'état ou l'action d'une manière certaine, positive.

indication nf. Action par laquelle on indique. ‖ Ce qui indique, renseigne.

indice nm. Signe apparent et probable qu'une chose existe. ‖ Chiffre indiquant les variations d'une quantité : - *des prix.*

indiciaire adj. Relatif à l'indice.

indicible adj. Qu'on ne saurait exprimer par des paroles : *bonheur -.*

indien, enne adj. et n. De l'Inde. ‖ Indigène de l'Amérique.

indienne nf. Toile de coton peinte ou imprimée.

indifféremment [*ra*] adv. Sans faire de différence.

indifférence nf. Etat d'une personne indifférente; froideur, insensibilité.

indifférent, e adj. Qui ne présente aucun intérêt ou motif de préférence. ‖ Dont on ne se soucie pas. ‖ Que rien ne touche, n'émeut. ‖ N. : *faire l'-.*

indigénat nm. Qualité, état d'indigène. ‖ Ensemble des indigènes d'un pays.

indigence nf. Grande pauvreté.

indigène adj. et n. Originaire du pays qu'il habite.

indigent, e adj. et n. Très pauvre.

indigeste adj. Difficile à digérer. ‖ *Fig.* Confus : *compilation -.*

indigestion nf. Indisposition, mauvaise digestion. ‖ *Fig.* et *fam. Avoir une - de*, en être dégoûté.

indignation nf. Sentiment de colère et de mépris qu'excite un outrage, une action injuste.

indigne adj. Qui n'est pas digne; ne mérite pas : *- de vivre.* ‖ Qui n'est pas convenable : *cela est - d'un honnête homme.* ‖ Méchant, odieux : *traitement -.* ‖ Méprisable; qui déshonore : *paroles -.*

indigner vt. Exciter, provoquer la colère, la révolte de : *sa conduite indigne tout le monde.* ‖ **S'-** vpr. Eprouver de l'indignation.

indignité nf. Caractère d'une personne, d'une chose indigne. ‖ Action odieuse.

indigo nm. Matière colorante bleue extraite de l'indigotier.

indigotier nm. Arbuste dont les feuilles fournissent l'indigo.

indigotine nf. *Chim.* Principe colorant extrait de l'indigo.

indiquer vt. Montrer, désigner une personne ou une chose. ‖ Enseigner, faire connaître : *- une rue.* ‖ *Fig.* Dénoter, être l'indice de : *cela indique une grande méchanceté.*

indirect, e [*rèkt'*] adj. Qui ne conduit pas au but directement. ‖ *Fig.* Détourné : *louange -.* ‖ *Contributions -*, impôts sur les objets de consommation. ‖ *Complément d'objet -*, celui qui est rattaché au verbe par une préposition.

indiscernable adj. Qu'on ne peut discerner.

indiscipline nf. Manque de discipline.

indiscipliné e adj. Rebelle à toute discipline : *esprit -.*

indiscret, ète adj. Qui manque de retenue, de réserve. ‖ Qui ne sait pas garder un secret. ‖ N. : *c'est un -.*

indiscrétion nf. Manque de discrétion; révélation d'un secret. ‖ Action, parole indiscrète.

indiscutable adj. Que l'on ne peut ou ne doit pas discuter.

indiscuté, e adj. Qui n'est pas mis en discussion.

indispensable adj. Dont on ne peut se dispenser ou se passer.

indisponibilité nf. Etat de ce qui est indisponible.

indisponible adj. Dont on ne peut pas disposer : *capital -.*

indisposer vt. Altérer légèrement la santé. ‖ *Fig.* Mécontenter.

indisposition nf. Léger malaise.

indissolubilité nf. Qualité de ce qui est indissoluble.

indissoluble adj. Qui ne peut être délié, désuni.

indistinct, e [*tinkt'*] adj. Confus, perçu confusément : *voix -.*

individu nm. Chaque être isolé de son espèce. ‖ Personne indéterminée, ou dont on parle avec mépris.

individualisme nm. Système qui tend à faire prévaloir les droits de l'individu sur ceux de la société.

individualiste adj. et n. Qui se rapporte à l'individualisme. ‖ Partisan de l'individualisme. ‖ Egoïste.

individualité nf. Ce qui constitue l'individu. ‖ Originalité propre à une personne.

individuel, elle adj. Qui appartient en propre à l'individu. ‖ Qui concerne une seule personne : *réclamation -.*

indivis [*vi*], **e** adj. Qui n'est pas divisé : *succession -.*

indivisibilité nf. Caractère, qualité de ce qui ne peut être divisé.

indivisible adj. Qui ne peut être divisé : *les atomes sont -.*

indochinois, e adj. et n. De l'Indochine.

indocile adj. Qui ne se laisse pas diriger.

indocilité nf. Caractère de celui qui est indocile.

indo-européen, enne adj. Se dit des langues parlées en Europe et en Asie et qui auraient une origine commune. ‖ Se dit aussi des peuples qui ont pour ancêtres les Aryens.

indolence nf. Nonchalance, indifférence, apathie.

indolent, e adj. Qui n'agit qu'avec peine. ‖ Qui marque l'apathie.

indolore adj. Qui ne cause aucune douleur : *plaie* -.

indomptable adj. Qu'on ne peut dompter.

indompté, e adj. Qu'on n'a pu encore dompter. ‖ *Fig.* Qu'on ne peut contenir, réprimer : *orgueil* -.

indonésien, enne adj. et n. De l'Indonésie.

in-douze [*in*] nm. inv. Format d'un livre dont chaque feuille d'impression, pliée en 12 feuillets, forme 24 pages. ‖ Livre de ce format.

indu, e adj. Contre la règle, l'usage : *une heure* -. ‖ Qui n'est point dû.

indubitable adj. Hors de doute, certain : *succès* -.

inducteur, trice adj. et n. *Phys.* Qui produit le phénomène de l'induction.

inductif, ive adj. Qui procède par induction : *méthode* -.

induction nf. Manière de raisonner qui consiste à tirer une conclusion générale de faits particuliers. ‖ *Phys.* Production de courants dans un circuit, par action d'un champ magnétique variable.

induire vt. Porter, pousser. ‖ - *en erreur*, tromper à dessein. ‖ Conclure. ‖ Produire les effets de l'induction.

induit adj. Se dit d'un courant électrique produit par induction. ‖ Nm. Organe d'un générateur électrique dans lequel se produisent des courants induits.

indulgence nf. Facilité à pardonner les fautes d'autrui. ‖ Rémission de la peine des péchés. ‖ Pardon.

indulgent, e adj. Porté à l'indulgence.

indult nm. Privilège accordé par le pape.

indûment adv. D'une manière indue.

induration nf. *Méd.* Durcissement anormal d'un tissu. ‖ Partie indurée.

indurer vt. *Pathol.* Rendre dur.

industrialiser vt. Donner le caractère industriel.

industrie nf. Art d'extraire, de produire et de travailler les matières premières. ‖ *Chevalier d'*-, homme qui vit d'expédients.

industriel, elle adj. Qui concerne l'industrie. ‖ *En quantité* -, abondamment. ‖ Nm. Personne qui dirige une usine.

industrieux, euse adj. Qui a de l'adresse; actif, ingénieux.

inébranlable adj. Qui ne peut être ébranlé. ‖ *Fig.* Qui ne se laisse pas abattre : *un courage* -.

inédit, e adj. et n. Qui n'a pas été imprimé, publié : *poème* -.

ineffable adj. Inexprimable, indicible : *une joie* -.

ineffaçable adj. Qui ne peut être effacé. ‖ *Fig.* Que l'on ne peut faire disparaître : *souvenir* -.

inefficace adj. Sans effet.

inefficacité nf. Manque d'efficacité.

inégal, e, aux adj. Qui n'est pas égal. ‖ Raboteux : *terrain* -. ‖ Irrégulier : *mouvement* -. ‖ *Fig.* Changeant, bizarre : *humeur* -.

inégalité nf. Caractère de ce qui n'est pas égal. ‖ Caractère de ce qui n'est pas uni : *terrain* -. ‖ Caractère de ce qui est variable, irrégulier : - *du pouls*. ‖ *Math.* Expression dans laquelle on compare deux quantités inégales, séparées par le signe > (plus grand que) ou < (plus petit que).

inélégance nf. Défaut d'élégance.

inélégant, e adj. Qui manque d'élégance : *tenue* -.

inéligibilité nf. Etat d'une personne qui n'est pas éligible.

inéligible adj. Qui n'a pas les qualités requises pour être élu.

inéluctable adj. Qui ne peut être évité : *danger* -.

inemployé, e adj. Qui n'est pas employé.

inénarrable adj. Incroyable, surprenant : *des aventures* -.

inepte adj. Sot, absurde.

ineptie [*nèp-sî*] nf. Absurdité, sottise : *dire des* -.

inépuisable adj. Qu'on ne peut épuiser. ‖ *Fig. : bonté* -.

inéquation nf. Inégalité entre deux expressions algébriques.

inerme adj. *Bot.* et *Zool.* Dépourvu d'aiguillon, d'épines ou de crochets.

inerte adj. Sans mouvement.

inertie [*sî*] nf. Etat de ce qui est inerte. ‖ *Fig.* Manque d'activité, d'énergie : *tirer quelqu'un de son* -. ‖ *Force d'*-, propriété de la matière de ne pouvoir modifier par elle-même son état de repos ou de mouvement; au *fig.*, résistance passive.

inespérable adj. Que l'on ne saurait espérer.

inespéré, e adj. Inattendu.

inestimable adj. Qu'on ne peut assez estimer : *trésor* -.

inévitable adj. Qu'on ne peut éviter : *un danger* -.

inexact, e [*akt'*] adj. Qui n'est pas ponctuel. ‖ Erroné : *calcul* -.

inexactitude nf. Manque de ponctualité. ‖ Faute, erreur.

inexaucé, e adj. Qui n'est pas exaucé : *prière* -.

inexcusable adj. Qui ne peut être excusé : *erreur* -.

inexécutable adj. Qui ne peut être exécuté : *projet -*.

inexécution nf. Manque d'exécution : *l'- d'un contrat*.

inexercé, e adj. Qui n'est pas exercé.

inexigible adj. Qui ne peut être exigé : *dette -*.

inexistant, e adj. Qui n'existe pas; sans valeur : *un travail -*.

inexistence nf. Le fait de ne pas exister.

inexorable adj. Impitoyable; qui ne peut être fléchi : *juge -*.

inexpérience nf. Manque d'expérience.

inexpérimenté, e adj. Qui n'a pas d'expérience. ‖ Non expérimenté.

inexpiable adj. Qui ne peut être expié : *crime -*.

inexplicable adj. Qui ne peut être expliqué. ‖ Bizarre, étrange.

inexpliqué, e adj. Qui n'est pas encore expliqué.

inexploitable adj. Qui n'est pas susceptible d'être exploité.

inexploité, e adj. Qui n'est pas exploité : *carrière -*.

inexploré, e adj. Que l'on n'a pas encore exploré.

inexplosible adj. Qui ne peut faire explosion.

inexpressif, ive adj. Dépourvu d'expression.

inexprimable adj. Qu'on ne peut exprimer : *joie -*.

inexpugnable [*pugh-nabl'*] adj. Imprenable : *une position -*.

inextensible adj. Qui ne peut être étendu.

in extenso loc. adv. En entier : *publier un discours -*.

inextinguible adj. Qu'on ne peut éteindre. ‖ *Fig.* Qu'on ne peut apaiser : *soif -*.

in extremis loc. adv. Au dernier moment, à la dernière minute.

inextricable adj. Embrouillé; qui ne peut être démêlé.

infaillibilité nf. Impossibilité de se tromper.

infaillible adj. Certain, assuré. ‖ Qui ne peut ni se tromper ni tromper les autres.

infaisable [*fe*] adj. Qui ne peut être fait.

infamant, e adj. Qui porte infamie.

infâme adj. Avilissant. ‖ *Par ext.* Sale, malpropre : *- taudis*.

infamie nf. Flétrissure imprimée à l'honneur, par la loi ou par l'opinion publique. ‖ Action vile, honteuse. ‖ Pl. Propos injurieux : *dire des -*.

infant, e n. Titre donné aux enfants royaux de Portugal et d'Espagne.

infanterie nf. Ensemble des troupes qui combattent à pied.

infanticide nm. Meurtre d'un nouveau-né. ‖ N. Meurtrier d'un enfant. ‖ Adj. : *une mère -*.

infantile adj. Relatif à l'enfant en bas âge : *maladie -*.

infantilisme nm. Persistance anormale des caractères de l'enfance chez l'adulte.

infatigable adj. Que rien ne fatigue.

infatuation nf. Satisfaction excessive et ridicule que l'on a de soi.

infatuer (s') vpr. (c. *tuer*). Montrer de l'infatuation.

infécond, e adj. Stérile : *esprit -*.

infécondité nf. Stérilité.

infect, e adj. Qui exhale de mauvaises odeurs. ‖ *Fig.* Répugnant : *un livre -*. ‖ *Fam.* Très mauvais : *un vin -*.

infecter vt. Gâter, corrompre. ‖ Contaminer. ‖ Corrompre moralement.

infectieux, euse adj. Produit par une cause contagieuse : *maladie -*.

infection nf. Altération de l'organisme sous l'action de certains parasites. ‖ Puanteur.

inféoder vt. Donner une terre pour être tenue en fief. ‖ S' - vpr. Se donner complètement : *- à un parti*.

inférer vt. (c. *céder*). Conclure.

inférieur, e adj. Placé au-dessous. ‖ Plus bas. ‖ *Fig.* Moindre en dignité, en mérite, en organisation : *rang -, animal -*. ‖ Nm. Subordonné.

infériorité nf. Désavantage dans le rang, la force, le mérite.

infernal, e, aux adj. De l'enfer. ‖ *Fig.* Qui a ou annonce beaucoup de méchanceté : *ruse -*. ‖ *Pierre -*, nitrate d'argent. ‖ *Machine -*, engin explosif.

infertile adj. Stérile.

infertilité nf. Stérilité.

infester vt. Ravager, envahir.

infidèle adj. Déloyal; qui manque à ses engagements. ‖ Inexact : *un récit -*. ‖ N. Celui qui pratique une autre religion.

infidélité nf. Manque de fidélité. ‖ Manque d'exactitude. ‖ Malhonnêteté : *commettre une -*.

infiltration nf. Action de s'infiltrer.

infiltrer (s') vpr. Passer comme par un filtre à travers les interstices d'un corps solide. ‖ *Fig.* Pénétrer, s'insinuer : *les préjugés s'infiltrent aisément dans une société*.

infime adj. Très petit.

infini, e adj. Sans limites. ‖ Très grand, considérable. ‖ Nm. Ce que l'on suppose sans limites. ‖ **A l'** - loc. adv., sans bornes.

infinité nf. Qualité de ce qui est infini. ‖ *Par exagér.* Un très grand nombre : *une* - *d'ennuis.*

infinitésimal, e, aux adj. Excessivement petit : *quantité* -.

infinitif adj. et n. *Gramm.* Mode du verbe qui exprime l'action d'une manière indéterminée.

infirme adj. et n. Qui a quelque infirmité.

infirmer vt. Affaiblir. ‖ Annuler : - *un jugement.*

infirmerie nf. Local destiné aux malades d'une caserne, d'un pensionnat, etc.

infirmier, ère n. Personne qui soigne dans une infirmerie, un hôpital.

infirmité nf. Maladie permanente.

inflammabilité nf. Facilité à s'enflammer.

inflammable adj. Qui s'enflamme facilement. ‖ *Fig.* Qui se passionne aisément.

inflammation nf. Combustion : - *de la poudre.* ‖ *Méd.* Réaction organique caractérisée par de la chaleur, de la rougeur, de la tuméfaction.

inflammatoire adj. Qui tient de l'inflammation.

inflation nf. Emission exagérée de billets. ‖ Augmentation excessive.

infléchir vt. Courber, incliner. ‖ **S'** - vpr. Se courber, dévier.

inflexibilité nf. Caractère de ce qui est inflexible. ‖ *Fig.* Fermeté inébranlable.

inflexible adj. Qu'on ne peut fléchir. ‖ *Fig.* Qu'on ne peut émouvoir.

inflexion nf. Action de plier, d'incliner. ‖ - *de voix,* changement de ton, d'accent.

infliger vt. (c. *manger*). Imposer un châtiment.

inflorescence nf. Mode de groupement des fleurs sur la tige.

influençable adj. Qui se laisse influencer.

influence nf. Action qu'une chose exerce sur une autre. ‖ *Fig.* Autorité, ascendant : *l'* - *des idées nouvelles.*

influencer vt. (c. *placer*). Exercer une influence sur : *la lune influence les marées.*

influent, e adj. Qui a de l'autorité.

influenza nf. Grippe violente et épidémique.

influer vi. Exercer une action, une influence sur. ‖ **Influant** part. prés.

influx [*flu*] nm. Fluide hypothétique de l'organisme.

in-folio [*in*] nm. inv. Format d'un livre dont chaque feuille d'impression,

pliée en 2 feuillets, forme 4 pages. ‖ Livre de ce format.

informateur, trice n. Qui informe, donne des renseignements.

information nf. Instruction d'un procès criminel : *procéder à l'* -. ‖ Enquête (en ce sens, s'emploie ordinairement au pluriel) : *aller aux* -. ‖ Pl. Nouvelles données par un journal ou par la radio : *livre, écouter les* -.

informe adj. Sans forme déterminée. ‖ De formes lourdes et disgracieuses.

informer vt. Avertir, renseigner. ‖ *Vi.* Faire une information, une instruction. ‖ **S'** - vpr. S'enquérir. ‖ **Informé, e** part., adj. et nm. Information juridique : *jusqu'à plus ample* -.

infortune nf. Revers de fortune, adversité.

infortuné, e adj. et n. Malheureux.

infraction nf. Violation d'une loi, d'un ordre, d'une règle.

infranchissable adj. Qu'on ne peut franchir : *barrière* -.

infrarouge adj. Se dit des radiations invisibles dont la longueur d'onde est supérieure à celle des rayons lumineux.

infrastructure nf. Fondations.

infroissable adj. Qui ne peut se chiffonner : *tissu* -.

infructueux, euse adj. Sans profit, sans résultats : *efforts* -.

infus, e adj. Se dit des connaissances, des vertus que l'on possède naturellement : *science* -.

infuser vt. Faire macérer dans un liquide bouillant, afin d'en tirer le suc. ‖ *Fig.* Introduire, communiquer : - *une ardeur nouvelle.*

infusible adj. Qui ne peut fondre.

infusion nf. Action d'infuser. ‖ Produit obtenu : *une - de tilleul.*

infusoires adj. et nmpl. Animalcules unicellulaires de l'embranchement des protozoaires et vivant dans les liquides.

ingambe adj. Alerte, dispos.

ingénier (s') vpr. (c. *prier*). S'efforcer de trouver un moyen pour réussir.

ingénieur nm. Technicien qui soumet des projets de travaux industriels ou qui dirige ces travaux.

ingénieux, euse adj. Fertile en ressources; adroit : *un* - *dispositif.*

ingéniosité nf. Habileté, adresse. ‖ Qualité de ce qui est ingénieux.

ingénu, e adj. D'une innocence franche; simple, naïf. ‖ N. Personne, fille naïve. ‖ **Ingénument** adv.

ingénuité nf. Naïveté, candeur.

ingérence nf. Action de s'ingérer.

ingérer vt. (c. *céder*). Introduire

dans l'estomac. ‖ S' - vpr. Se mêler d'une chose sans en avoir le droit : s' - dans une affaire.

ingestion nf. Action d'ingérer.

ingouvernable adj. Qu'on ne peut gouverner.

ingrat, e adj. et n. Qui n'a pas de reconnaissance. ‖ Fig. Stérile : sol -. ‖ Qui fournit peu d'idées : sujet -. ‖ Désagréable : figure -. ‖ L'âge -, début de l'adolescence.

ingratitude nf. Manque de reconnaissance.

ingrédient nm. Ce qui entre dans la composition d'un mélange.

inguérissable adj. Qui ne peut être guéri.

inguinal, e, aux [ghui] adj. Relatif à l'aine : hernie -.

ingurgitation nf. Action d'introduire un liquide dans la gorge.

ingurgiter vt. Avaler avec avidité.

inhabile adj. Maladroit. ‖ Dr. Incapable : - à tester.

inhabileté nf. Manque d'habileté, maladresse.

inhabilité nf. Dr. Incapacité légale.

inhabitable adj. Qui ne peut être habité.

inhabité, e adj. Qui n'est pas habité.

inhalateur nm. Appareil pour inhalations.

inhalation nf. Absorption par les voies respiratoires.

inhaler vt. Absorber un gaz par aspiration.

inhérence nf. État de ce qui est inhérent.

inhérent, e adj. Lié inséparablement : la pesanteur est - à la matière.

inhibition nf. Physiol. Phénomène nerveux qui arrête l'activité d'une partie de l'organisme.

inhospitalier, ère adj. Qui n'exerce pas l'hospitalité. ‖ Où les étrangers sont mal accueillis.

inhumain, e adj. Cruel, barbare, impitoyable.

inhumanité nf. Cruauté, barbarie.

inhumation nf. Action d'inhumer.

inhumer vt. Mettre un corps humain en terre, avec certaines cérémonies.

inimaginable adj. Qui dépasse l'imagination : un spectacle -.

inimitable adj. Qui ne peut être imité : style -.

inimitié nf. Sentiment d'antipathie, d'aversion déclarée.

ininflammabilité nf. Qualité de ce qui n'est pas inflammable.

ininflammable adj. Qui ne peut être enflammé.

inintelligence nf. Manque d'intelligence, bêtise.

inintelligent, e adj. Sans intelligence : élève -.

inintelligibilité nf. Caractère de ce qui est inintelligible.

inintelligible adj. Qu'on ne peut comprendre : langage -.

ininterrompu, e adj. Qui n'est pas interrompu : travail -.

inique adj. Injuste à l'excès.

iniquité nf. Injustice excessive. ‖ État de péché; corruption des mœurs : vivre dans l'-.

initial, e, aux adj. Qui est au commencement. ‖ Nf. Première lettre d'un mot, d'un nom de personne.

initiateur, trice adj. et n. Qui initie.

initiative nf. Action de celui qui propose ou qui fait le premier quelque chose. ‖ Qualité de celui qui est porté à agir, à entreprendre : avoir de l'-.

initié, e adj. et n. Instruit dans un art; au courant d'un secret.

initier vt. (c. prier). Admettre à la participation de mystères religieux, ou à la connaissance, à la participation des pratiques secrètes d'une association. ‖ Fig. Enseigner les rudiments d'une science, d'un art, d'une profession, etc.

injecter vt. Introduire, au moyen d'un instrument, un liquide dans une cavité. ‖ S' - vpr. Devenir coloré par l'afflux du sang. ‖ **Injecté, e** part. et adj. Coloré par le flux sanguin : yeux -.

injecteur, trice adj. Propre aux injections. ‖ Nm. Appareil employé pour l'alimentation des chaudières à vapeur.

injection nf. Action d'introduire avec pression : - intra-veineuse. ‖ Liquide injecté.

injonction nf. Ordre formel, précis.

injure nf. Insulte; outrage.

injurier v. (c. prier). Offenser par des paroles blessantes.

injurieux, euse adj. Outrageant, offensant : soupçon -.

injuste adj. Qui n'a pas de justice. ‖ Contraire à la justice.

injustice nf. Manque de justice. ‖ Acte contraire à l'équité.

injustifiable adj. Qu'on ne saurait justifier : décision -.

injustifié, e adj. Qui n'est pas ou n'a pas été justifié.

inlandsis [in', sis] nm. Immense glacier des régions polaires.

inlassable adj. Infatigable.

inné, e [in'-né] adj. Que nous apportons en naissant.

innéité nf. Caractère de ce qui est inné.

innervation nf. Mode de distribution des nerfs dans une région du corps.

innocence nf. Caractère innocent. ‖ Candeur, pureté. ‖ Naïveté : *abuser de l' - de quelqu'un.*

innocent, e adj. et n. Pur et candide; qui ignore le mal. ‖ *Non coupable.* ‖ Crédule, naïf. ‖ *Par ext.* Simple d'esprit.

innocenter vt. Déclarer innocent.

innocuité nf. Qualité de ce qui n'est pas nuisible.

innombrable adj. Qui ne peut se compter. ‖ *Par exagér.* Très nombreux.

innomé, e adj. Qui n'a pas encore reçu de nom.

innommable adj. Qui ne peut être nommé. ‖ *Fig.* Vil, bas, dégoûtant : *un crime -.*

innovateur nm. Qui innove.

innovation nf. Introduction d'une nouveauté. ‖ La nouveauté elle-même.

innover vi. Faire une innovation. ‖ Vt. Faire un changement dans.

inobservation nf. Inexécution des lois ou règlements; inexécution des engagements qu'on a contractés.

inoccupation nf. Etat d'une personne ou d'une chose inoccupée.

inoccupé, e adj. Qui est sans occupation. ‖ Inhabité.

inoculable adj. Qui peut être inoculé : *virus -.*

inoculateur, trice n. et adj. Qui inocule; qui sert à inoculer.

inoculation nf. Introduction dans l'organisme d'un germe vivant, d'un virus.

inoculer vt. Communiquer une maladie par inoculation : *- la peste.*

inodore adj. Sans odeur.

inoffensif, ive adj. Incapable de nuire.

inondable adj. Qui peut être inondé.

inondation nf. Débordement d'eaux qui recouvrent une région.

inonder vt. Submerger un terrain. ‖ Mouiller, tremper : *- de ses larmes.* ‖ *Fig.* Affluer, envahir : *- le marché.*

inopérable adj. Qui ne peut être opéré.

inopérant, e adj. Sans effet.

inopiné, e adj. Soudain et imprévu : *arrivée -.*

inopportun, e adj. Qui n'est pas opportun, à propos.

inopportunité nf. Caractère de ce qui n'est pas opportun.

inorganique adj. Se dit des corps dépourvus de vie (minéraux).

inoubliable adj. Que l'on ne peut oublier : *journée -.*

inouï, e adj. Tel qu'on n'a jamais entendu rien de pareil.

inoxydable adj. Qui résiste à l'oxydation : *acier -.*

in partibus [*infidelium*]. Se dit de l'évêque dont le titre est purement honorifique.

in petto [*in'-pèt-to*] loc. adv. A part soi, intérieurement : *protester -.*

in-plano [*in'*] nm. inv. Format d'un livre dont les feuilles d'impression ne contiennent qu'une page par côté. ‖ Livre de ce format.

inqualifiable adj. Qui ne peut être qualifié; indigne : *conduite -.*

in-quarto [*in-kou-ar*] nm. inv. Format d'un livre dont chaque feuille d'impression, pliée en 4 feuillets, forme 8 pages. ‖ Livre de ce format.

inquiet, ète adj. Agité par la crainte, l'incertitude. ‖ Qui témoigne de l'appréhension : *regard -.*

inquiéter vt. (c. *céder*). Troubler; tourmenter : *sa maladie m'inquiète.*

inquiétude nf. Trouble, appréhension, agitation d'esprit.

inquisiteur nm. Juge de l'Inquisition. ‖ Adj. Scrutateur : *regard -.*

inquisition nf. Recherche, perquisition rigoureuse mêlée d'arbitraire : *toute - est odieuse.* ‖ Autref., tribunal ecclésiastique chargé, surtout en Espagne, de poursuivre l'hérésie.

inquisitorial, e, aux adj. Arbitraire, rigoureux : *une mesure -.*

insaisissable adj. Qui ne peut être appréhendé. ‖ *Fig.* Qui ne peut être compris, apprécié, perçu : *différence -.*

insalivation nf. Imprégnation par la salive.

insalubre adj. Malsain : *local -.*

insalubrité nf. Etat de ce qui est insalubre.

insanité nf. Parole, action déraisonnable, contraire au bon sens.

insatiabilité [*sya*] nf. Appétit excessif. ‖ *Fig.* Désir immodéré.

insatiable adj. Qui ne peut être rassasié. ‖ *Fig.* Avide : *la soif - de l'or.*

inscriptible adj. Qui peut être inscrit.

inscription nf. Caractères gravés sur le marbre, la pierre, etc., pour consacrer un souvenir. ‖ Action d'inscrire son nom sur un registre. ‖ *- maritime,* institution tenant les registres de conscription de la marine.

inscrire vt. Ecrire pour faire mention de quelque chose sur un registre, sur une liste, etc. ‖ *Math.* Tracer une figure à l'intérieur d'une autre. ‖ **S' -** vpr. Ecrire son nom sur une liste.

inscrit, e adj. *Math. Polygone - dans un cercle*, dont tous les sommets sont situés sur la circonférence du cercle. ‖ Nm. - *maritime*, marin figurant sur les rôles de l'inscription maritime.

insécable adj. Qui ne peut être coupé ou partagé.

insecte nm. Animal articulé possédant six pattes, respirant par des trachées et subissant des métamorphoses.

insecticide adj. et nm. Qui détruit les insectes : *poudre -*.

insectivore adj. et n. Qui se nourrit d'insectes. ‖ Nmpl. Ordre de mammifères chasseurs d'insectes.

insécurité nf. Manque de sécurité.

insémination nf. Fécondation artificielle.

insensé, e adj. et n. Qui a perdu la raison. ‖ Contraire au bon sens, fou : *propos -*.

insensibilisateur nm. *Méd.* Ce qui produit l'insensibilité.

insensibilisation nf. Abolition de la sensibilité ; anesthésie.

insensibiliser vt. Rendre insensible.

insensibilité nf. Défaut de sensibilité physique ou morale.

insensible adj. Qui ne peut éprouver de sensation. ‖ *Fig.* Qui n'est point touché de pitié, indifférent : *cœur -*. ‖ Imperceptible : *pente -*.

inséparable adj. Intimement uni, en parlant des personnes. ‖ Qu'on ne peut être séparé, en parlant des choses.

insérer vt. (c. *céder*). Introduire, faire entrer, placer parmi d'autres : *- une annonce*.

insermenté adj. m. Se dit des prêtres qui, sous la première République, refusèrent de prêter serment à la Constitution civile du clergé.

insertion nf. Action d'insérer. ‖ Attache : *l'- des feuilles*.

insidieux, euse adj. Qui constitue un piège, une embûche : *question -*.

insigne adj. Signalé, remarquable.

insigne nm. Signe distinctif, marque.

insignifiance nf. Etat de ce qui est insignifiant, sans valeur.

insignifiant, e adj. Qui ne signifie rien. ‖ Sans importance, sans valeur.

insinuation nf. Action d'insinuer, de s'insinuer ; la chose insinuée : *une - malveillante*.

insinuer vt. Introduire doucement et adroitement. ‖ *Fig.* Laisser entendre : *- une calomnie*. ‖ **S' -** vpr. S' *- dans les bonnes grâces de quelqu'un*, se faire accepter. ‖ **Insinuant,** e part. et adj.

insipide adj. Sans saveur. ‖ *Fig.* Sans agrément : *conversation -*.

insipidité nf. Etat de ce qui est insipide.

insistance nf. Action d'insister.

insister vi. Persévérer à demander une chose. ‖ Appuyer, s'étendre plus longuement : *- sur un point*.

insociabilité nf. Caractère de celui ou de ce qui est insociable.

insociable adj. Avec qui on ne peut vivre.

insolation nf. *Méd.* Exposition aux rayons solaires. ‖ Maladie provoquée par l'exposition à un soleil ardent.

insolemment adv. Avec insolence.

insolence nf. Effronterie, hardiesse excessive, manque de respect. ‖ Parole, action insolente : *dire des -*.

insolent, e adj. et n. Effronté. ‖ Arrogant : *ton -*. ‖ Extraordinaire, insolite : *bonheur -; chance -*.

insoler vt. Exposer au soleil.

insolite adj. Contraire à l'usage.

insolubilité nf. Caractère ou état de ce qui est insoluble.

insoluble adj. Qui ne peut être dissous. ‖ *Fig.* Qu'on ne peut résoudre : *problème -*.

insolvabilité nf. Impossibilité de payer.

insolvable adj. et n. Qui n'a pas de quoi payer ses dettes.

insomnie nf. Privation de sommeil.

insomnieux, euse adj. et n. Qui est atteint d'insomnie.

insondable adj. Qu'on ne peut sonder. ‖ *Fig.* Impénétrable : *mystère -*.

insonore adj. Qui n'émet, ne répercute pas de son.

insonoriser vt. Rendre insonore.

insouciance nf. Caractère insouciant ; indifférence.

insouciant, e adj. Qui ne se soucie, ne s'affecte de rien.

insoucieux, euse adj. Sans souci : *- du lendemain*.

insoumis, e adj. Non soumis. ‖ Nm. Soldat qui ne se présente pas au corps au jour fixé. ‖ Rebelle.

insoumission nf. Défaut de soumission. ‖ Etat du soldat insoumis.

insoupçonnable adj. Au-dessus de tout soupçon.

insoutenable adj. Faux, qu'on ne peut soutenir, supporter.

inspecter vt. Examiner pour contrôler. ‖ Surveiller.

inspecteur, trice n. Agent chargé de la surveillance, du contrôle.

inspection nf. Action d'examiner. ‖ Fonction d'inspecteur.

inspectorat nm. Charge d'inspecteur.

inspirateur, trice adj. et n. Qui

inspire. ‖ *Fig.* Qui donne des idées, des suggestions.

inspiration nf. Aspiration pulmonaire. ‖ *Fig.* Conseil, suggestion : *agir par l'- de...* ‖ Etat de l'âme sous l'influence d'une puissance surnaturelle : *l'- divine.* ‖ Enthousiasme créateur : *poète sans -.* ‖ Chose inspirée : *les - du génie.*

inspirer vt. Faire pénétrer dans la poitrine par insufflation. ‖ *Fig.* Conseiller, suggérer. ‖ Faire naître dans le cœur, dans l'esprit, un sentiment, une pensée, un dessein : *le respect.* ‖ Faire naître de l'enthousiasme créateur : *la Muse inspire les poètes.* ‖ S'- vpr. Se servir des idées d'autrui : *s'- de ses lectures.* ‖ **Inspiré,** e part., adj. et n. Qui agit sous l'influence d'une inspiration mystique, poétique.

instabilité nf. Défaut de stabilité, de durée : *l'- ministérielle.*

instable adj. Qui manque de stabilité. ‖ *Fig.* Sans suite dans les idées : *homme, caractère -.*

installation nf. Action par laquelle on installe ou on est installé.

installer vt. Mettre solennellement en possession d'une dignité, d'un emploi, etc. ‖ Placer, établir quelqu'un dans un endroit. ‖ Mettre en place. ‖ S'- vpr. S'établir : *s'- à Paris.*

instamment adv. Avec instance : *je vous prie - de venir.*

instance nf. Sollicitation pressante. ‖ Demande, poursuite en justice. ‖ *Tribunal de première -,* qui connaît de toutes les contestations en matière civile, à partir d'une certaine somme.

instant nm. Moment très court; très petit espace de temps. ‖ Loc. adv. A l'-, tout de suite. **Dans un -,** bientôt. **A chaque -,** continuellement.

instant, e adj. Pressant : *prière -.*

instantané, e adj. Qui ne dure qu'un instant. ‖ Nm. *Phot.* Temps de pose correspondant à une fraction de seconde. ‖ Image ainsi obtenue.

instar (à l') loc. prép. A la manière de : *à l'- des Anciens.*

instaurateur, trice n. Personne qui instaure.

instauration nf. Etablissement.

instaurer vt. Etablir, fonder : *- la royauté.*

instigateur, trice n. Qui incite, qui pousse à faire une chose : *l'- d'un complot.* (Se prend le plus souvent en mauv. part.)

instigation nf. Incitation, suggestion.

instillation nf. Action d'instiller.

instiller vt. Verser goutte à goutte.

instinct [*tin*] nm. Impulsion naturelle et irréfléchie. ‖ **D'-, par -,** loc. adv., par une sorte d'intuition, sans réflexion.

instinctif, ive adj. Produit par l'instinct : *mouvement -.* ‖ **Instinctivement** adv.

instituer vt. Etablir, fonder. ‖ *- un héritier,* le nommer par testament.

institut nm. Société savante ou littéraire. ‖ Nom adopté par certains établissements commerciaux : *- de beauté.*

institutes nfpl. Recueils des principes du droit romain.

instituteur, trice n. Personne chargée de l'enseignement dans les établissements du premier degré.

institution nf. Action d'instituer, d'établir. ‖ Maison d'éducation et d'instruction.

instructeur nm. Celui qui instruit.

instructif, ive adj. Qui instruit : *conversation, lecture -.*

instruction nf. Enseignement, éducation. ‖ Savoir, notions acquises. ‖ *Juge d'-,* v. JUGE. ‖ *- publique,* donnée par l'Etat. ‖ *- judiciaire,* procédure qui met une affaire, une procès en état d'être jugé. ‖ Pl. Ordres, explications pour la conduite d'une entreprise : *obéir aux - reçues.*

instruire vt. Former l'esprit de quelqu'un par des leçons, des connaissances. ‖ Informer : *instruisez-moi de ce qui se passe.* ‖ *- une cause,* la mettre en état d'être jugée. ‖ S'- vpr. Développer son instruction. ‖ **Instruit,** e part. et adj.

instrument nm. Outil, machine, appareil servant dans un art ou dans une science. ‖ *Fig.* Ce qui permet d'atteindre à un résultat : *servir d'- à la vengeance de quelqu'un.*

instrumental, e, aux adj. Exécuté par des instruments.

instrumentation nf. Partie instrumentale d'un morceau de musique.

instrumenter vi. Faire des contrats, des procès-verbaux et autres actes publics. ‖ *Mus.* Syn. de ORCHESTRER.

instrumentiste nm. Musicien qui joue d'un instrument.

insu nm. Ignorance d'une chose. ‖ A l'- de, loc. prép. : *sans qu'on le sache.*

insubmersible adj. Qui ne peut couler, sombrer.

insubordination nf. Désobéissance.

insubordonné, e adj. Qui montre l'esprit d'insubordination.

insuccès nm. Echec.

insuffisance nf. Manque de suffisance. ‖ Incapacité.

insuffisant, e adj. Qui ne suffit pas. ‖ **Insuffisamment** adv.

insufflateur nm. Poire en caoutchouc,

servant à insuffler dans la gorge, les narines, les dents, de l'air ou des médicaments pulvérulents.

insufflation nf. *Méd.* Action d'insuffler.

insuffler vt. Introduire en soufflant.

insulaire adj. et n. Relatif à une île. ‖ Habitant d'une île.

insularité nf. Etat d'un pays formant une île.

insuline nf. Substance contenue dans le pancréas, utilisée contre le diabète.

insulte nf. Outrage en actes ou en paroles.

insulter vt. Offenser par des paroles blessantes. ‖ Vt. ind. *Fig.* Braver avec insolence : *le luxe insulte à la misère publique.* ‖ **Insultant, e** part. et adj. ‖ **Insulté, e** part., adj. et n. Personne qui a reçu une insulte.

insulteur nm. Auteur d'une insulte.

insupportable adj. Intolérable, qu'on ne peut supporter.

insurger (s') vpr. Se révolter, se soulever contre. ‖ **Insurgé, e** part., adj. et n.

insurmontable adj. Qui ne peut être surmonté.

insurrection nf. Soulèvement en armes contre le pouvoir établi.

insurrectionnel, elle adj. Qui tient de l'insurrection.

intact, e [*takt*] adj. A qui l'on n'a pas touché. ‖ *Fig.* Pur ; irréprochable.

intaille nf. Pierre gravée en creux.

intangible adj. Qui doit rester intact : *droit -.*

intarissable adj. Qui ne peut être tari. ‖ *Fig.* Qui ne s'épuise pas : *imagination -.* ‖ Qui abonde en paroles : *bavard -.*

intégral, e, aux adj. Entier, complet. ‖ *Math. Calcul -*, partie du calcul infinitésimal qui a pour but de trouver la fonction traduisant une différentielle ou une dérivée. ‖ Nf. Cette fonction. ‖ **Intégralement** adv. En totalité.

intégralité nf. Etat d'une chose complète, totalité.

intégrant, e adj. *Partie -*, qui contribue à l'intégralité d'un tout.

intégration nf. *Math.* Action d'intégrer.

intègre adj. D'une probité absolue.

intégrer vt. (c. *céder*). Faire entrer dans un ensemble. ‖ *Math.* Déterminer l'intégrale d'une quantité différentielle.

intégrité nf. Etat d'une chose qui a toutes ses parties. ‖ *Fig.* Vertu, qualité d'une personne incorruptible.

intellect nm. Intelligence.

intellectualisme nm. Doctrine philosophique qui affirme la prééminence de l'intelligence.

intellectuel, elle adj. Du ressort de l'intelligence : *faculté -.* ‖ N. Qui s'occupe par goût ou par profession des choses de l'esprit.

intelligemment [*ja*] adv. Avec intelligence : *jouer -.*

intelligence nf. Faculté de connaître, de comprendre. ‖ Aptitude à comprendre. ‖ Connaissance approfondie : *avoir l'- des affaires.* ‖ Adresse, habileté : *faire preuve d'-.* ‖ Bonne entente : *vivre en bonne -.* ‖ Relations secrètes : *des - avec l'ennemi.*

intelligent, e adj. Doué d'intelligence. ‖ Qui comprend facilement. ‖ Adroit, habile. ‖ Qui indique l'intelligence : *regard -.*

intelligibilité nf. Qualité, caractère d'une chose intelligible.

intelligible adj. Qui peut être facilement compris.

intempérance nf. Manque de sobriété. ‖ *Fig.* Excès en tout genre.

intempérant, e adj. Qui a le vice de l'intempérance.

intempérie nf. Mauvais temps.

intempestif, ive adj. Inopportun, à contretemps.

intenable adj. Où l'on ne peut tenir, résister : *poste -.*

intendance nf. Fonction d'intendant. ‖ *- militaire, universitaire*, corps de fonctionnaires chargés de l'administration financière, et pourvoyant aux besoins en alimentation, matériel, etc.

intendant, e n. Fonctionnaire qui dirige et surveille un service public. ‖ Femme d'un intendant.

intense adj. Grand, fort, vif.

intensément adv. De manière intense.

intensif, ive adj. Qui a le caractère de l'intensité. ‖ *Culture -*, culture à grand rendement.

intensifier vt. (c. *prier*). Rendre plus fort, plus actif.

intensité nf. Degré plus ou moins considérable d'énergie, de puissance, d'activité. ‖ Quantité d'électricité que débite un courant en une seconde.

intensivement adv. D'une manière intensive.

intenter vt. Entreprendre une action en justice.

intention nf. Acte de la volonté par lequel on tend vers un but : *avoir de bonnes -.* ‖ Volonté, désir : *l'- de votre père est que...* ‖ **A l'- de** loc. prép., en l'honneur de.

intentionné, e adj. Qui a une certaine intention.

intentionnel, elle adj. Qui révèle une intention.

interallié, e adj. Qui concerne les Alliés.

interarmées adj. Commun à plusieurs armées (de terre, de mer ou de l'air).

interarmes adj. Commun à plusieurs armes de l'armée de terre : *l'école -.*

intercalaire adj. Qui est intercalé, ajouté : *feuillet -.* ‖ *Jour -,* le 29 février des années bissextiles. ‖ *Lune -,* la treizième lune.

intercalation nf. Action d'intercaler; son résultat. ‖ *Par ext.* Addition après coup d'un mot, d'une ligne dans un acte, etc.

intercaler vt. Insérer, introduire.

intercéder vi. (c. *céder*). Intervenir en faveur de quelqu'un.

intercepter vt. Arrêter au passage : *- une lettre, la lumière, le ballon.*

interception nf. Action d'intercepter.

intercession nf. Action d'intercéder.

interchangeable adj. Se dit de choses qui peuvent être mises à la place les unes des autres.

intercostal, e, aux adj. Entre les côtes.

interdépartemental adj. Qui est commun à plusieurs départements.

interdépendance nf. Dépendance mutuelle, réciproque.

interdiction nf. Défense, prohibition. ‖ Défense perpétuelle ou temporaire faite à une personne de remplir ses fonctions : *prêtre, fonctionnaire frappé d'-.* ‖ *- des droits civiques,* peine correctionnelle consistant en la privation de ces droits. ‖ *- de séjour,* peine interdisant l'accès de diverses localités importantes.

interdigital, e, aux adj. Placé entre les doigts.

interdire vt. (c. *dire,* sauf à la 2e pers. du pl. de l'ind. et de l'impératif : *vous interdisez; interdisez*). Défendre quelque chose à quelqu'un. ‖ Priver quelqu'un du droit d'exercer ses fonctions. ‖ *Fig.* Troubler : *la peur l'avait tout interdit.*

interdit nm. Sentence qui interdit une église, un prêtre.

intéressant, e adj. Qui intéresse, qui est digne d'attention. ‖ *Fam.* Avantageux : *acheter à un prix -.*

intéressé, e adj. Trop attaché à ses intérêts. ‖ *Service -,* service rendu par intérêt. ‖ N. Personne qui a une part, des intérêts dans une chose.

intéresser vt. Donner à quelqu'un, dans une affaire, une part dans les bénéfices : *- aux bénéfices.* ‖ Exciter l'intérêt : *cela m'intéresse.* ‖ Inspirer de la bienveillance, de la compassion : *je m'intéresse à cet enfant.*

intérêt nm. Part que l'on prend à une chose : *suivre un événement avec -.* ‖ Désir de gain : *seul, l'- le guide.* ‖ Droit à un bénéfice éventuel. ‖ Bénéfice venu d'argent prêté : *- à 5 %.* ‖ Sollicitude pour quelqu'un : *montrer de l'- pour.* ‖ Ce qui intéresse : *une lecture pleine d'-.* ‖ *Dommages et -,* somme allouée en réparation d'un préjudice.

interférence nf. *Phys.* Phénomènes de renforcement et d'affaiblissement produits par la superposition de plusieurs mouvements vibratoires.

interférent, e adj. Qui interfère.

interférer vi. (c. *céder*). Produire des interférences.

intérieur, e adj. Qui est au-dedans. ‖ *Fig.* Qui se rapporte à l'âme, à la nature morale : *sentiments -.* ‖ Nm. La partie de dedans : *l'- du corps.* ‖ Partie centrale d'un pays. ‖ *Domicile privé.* ‖ *Homme, femme d'-,* qui aime son chez-soi.

intérim nm. inv. Temps pendant lequel une fonction est remplie par un remplaçant. ‖ *Par - loc. adv.,* provisoirement.

intérimaire nm. Celui qui fait l'intérim. ‖ Adj. Qui a lieu par intérim : *fonctions -.*

interjection nf. *Gramm.* Mot qui sert à exprimer d'une manière énergique et concise un sentiment violent, une émotion comme *ah! hélas! chut!*

interjeter vt. *- appel,* demander un second jugement.

interligne nm. Espace qui sépare deux lignes écrites ou imprimées. ‖ Nf. Lame de métal qui sert à espacer les lignes typographiques.

interligner vt. Séparer par des interlignes. ‖ Écrire entre les lignes.

interlocuteur, trice n. Toute personne conversant avec une autre.

interlope adj. *Fig.* Équivoque, suspect : *monde -.*

interloquer vt. Embarrasser, troubler, interdire.

intermède nm. Divertissement entre deux pièces d'une représentation théâtrale. ‖ Temps intermédiaire.

intermédiaire adj. Qui est entre deux. ‖ Nm. Personne qui s'interpose : *servir d'-.* ‖ Entremise, voie : *par l'- de.*

interminable adj. Qui ne saurait être terminé. ‖ Qui dure longtemps.

intermittence nf. Caractère de ce qui est intermittent; cessation momentanée.

intermittent, e adj. Qui s'arrête et reprend par intervalles : *fontaine -.*

intermusculaire adj. Situé entre les muscles.

internat nm. Ecole où les élèves sont nourris et logés. ‖ Situation d'un élève interne. ‖ Ensemble des internes. ‖ Fonctions des internes en médecine. ‖ Durée de ces fonctions.

international, e, aux adj. Qui a lieu entre nations. ‖ Nf. Association d'ouvriers de divers pays pour la défense de leurs droits. ‖ Chant de ralliement des travailleurs révolutionnaires. ‖ Nm. Sportif qui prend part à des épreuves internationales.

internationalisme nm. Opinion de ceux qui préconisent une alliance internationale des classes sociales.

internationaliste n. Partisan de l'internationalisme.

interne adj. Qui est au-dedans. ‖ *Géom. Angles -*, formés par une sécante entre deux droites parallèles. ‖ Nm. Elève d'un lycée, d'un collège, etc., pensionnaire dans l'établissement. ‖ *Méd.* Etudiant en médecine, admis, après concours, à seconder le chef de service de l'hôpital.

internement nm. Action d'interner.

interner vt. Fixer une résidence à quelqu'un avec défense d'en sortir. ‖ Enfermer dans un asile. ‖ **Interné, e** part., adj. et n.

interocéanique adj. Entre deux océans.

interpellateur nm. Personne qui interpelle.

interpellation nf. Action d'interpeller. ‖ Question adressée à un ministre par un membre du Parlement.

interpeller vt. Adresser la parole à quelqu'un pour lui demander quelque chose. ‖ Sommer un ministre de répondre, de s'expliquer.

interplanétaire adj. Entre les planètes : *voyage -*.

interpolateur nm. Qui interpole.

interpolation nf. Action d'interpoler; ce qui a été interpolé. ‖ *Intercalation*, dans une suite de valeurs, d'un ou de plusieurs termes déterminés par le calcul.

interpoler vt. Introduire dans un ouvrage des passages qui ne sont pas dans l'original. ‖ *Math.* Assigner à une quantité une valeur intermédiaire entre deux valeurs directement calculées ou observées.

interposer vt. Placer entre. ‖ *Fig.* Faire intervenir : *- son autorité.* ‖ **S'- vpr.** Se poser entre. ‖ Intervenir comme médiateur.

interposition nf. Situation d'un corps entre deux autres. ‖ *Fig.* Intervention d'une autorité supérieure.

interprétateur, trice n. Qui interprète.

interprétation nf. Action d'inter-

préter; explication. ‖ Traduction, commentaire critique. ‖ Façon dont une œuvre dramatique ou musicale est jouée.

interprète n. Personne qui traduit les mots d'une langue par ceux d'une autre langue. ‖ Personne chargée de faire connaître les volontés, les intentions d'une autre : *soyez mon - près de lui.* ‖ Personne qui présente, exprime une œuvre artistique.

interpréter vt. (c. *céder*). Expliquer ce qui est obscur. ‖ *Fig.* Prendre en bonne ou en mauvaise part : *mal - les intentions de quelqu'un.* ‖ Jouer un rôle dans une pièce; exécuter un morceau de musique.

interrègne nm. Intervalle pendant lequel un Etat est sans chef actuel.

interrogateur, trice adj. et n. Qui interroge. ‖ Examinateur.

interrogatif, ive adj. *Gramm.* Qui marque une interrogation.

interrogation nf. Question, demande. ‖ *Point d'-*, signe (?) qui marque l'interrogation.

interrogatoire nm. Questions qu'un magistrat adresse à un accusé et réponses de celui-ci. ‖ Procès-verbal consignant ces demandes et ces réponses.

interroger vt. (c. *manger*). Adresser, poser des questions : *- un candidat.* ‖ *Fig.* Consulter, examiner : *- sa conscience.*

interrompre vt. Rompre la continuité d'une chose. ‖ Couper la parole.

interrupteur, trice adj. Qui interrompt. ‖ Nm. Appareil pour interrompre ou rétablir un courant électrique.

interruption nf. Action d'interrompre; état qui en résulte.

intersection nf. *Géom.* Ensemble des points où deux lignes, deux surfaces, deux solides se coupent.

interstice nm. Petit espace vide entre les parties d'un tout.

interstitiel, elle adj. Dans les interstices d'un tissu.

intertropical, e, aux adj. Situé entre les tropiques.

interurbain, e adj. Qui établit des communications de ville à ville : *téléphone -.* ‖ Nm. *L'interurbain* et, fam., *l'inter.*

intervalle nm. Distance d'un lieu à un autre. ‖ Espace de temps entre deux époques. ‖ *Mus.* Ecart qui sépare deux sons. ‖ **Par -** loc. adv., de temps à autre.

intervenir vi. Prendre part volontairement. ‖ Se rendre médiateur, interposer son autorité : *- dans un différend.* (Prend toujours l'auxiliaire *être*.)

intervention nf. Action d'intervenir. || *Méd.* Opération chirurgicale.

interventionniste adj. et n. Disposé à intervenir (dans une guerre).

interversion nf. Modification de l'ordre habituel.

intervertir vt. Renverser l'ordre de.

interview [*in'-tèr-viou*] nf. Visite à une personne pour l'interroger sur ses idées, ses projets, etc.

interviewer [*viou-vé*] vt. Soumettre à une interview.

interviewer [*viou-veur*] nm. Journaliste qui pratique l'interview.

intestat : [*viou-vé*] adj. Qui n'a pas fait de testament : *mourir -*.

intestin, e adj. Qui est à l'intérieur du corps. || *Par ext.* Qui se passe dans un corps social : *divisions -*.

intestin nm. *Anat.* Viscère abdominal allant de l'estomac à l'anus et où s'achève la digestion. || *- grêle,* portion supérieure de l'intestin. || *Gros -,* portion inférieure.

intestinal, e, aux adj. Relatif aux intestins. || *Vers -,* parasites de l'homme et des animaux.

intimation nf. Action d'intimer.

intime adj. Qui fait l'essence de. || *Fig.* Qui existe au plus profond de nous : *conviction -.* || Qui a, et pour qui l'on a une affection très forte : *ami -.* || N. Ami, amie.

intimé, e n. Cité en justice, particulièrement en cour d'appel.

intimer vt. Signifier avec autorité. || Appeler en justice.

intimidateur, trice adj. Propre à intimider.

intimidation nf. Action d'intimider; son résultat.

intimider vt. Inspirer de la gêne, de l'appréhension.

intimité nf. Etroite amitié.

intitulé nm. Titre d'un livre, d'une loi, d'un jugement, etc.

intituler vt. Donner un titre à un ouvrage. || S'- vpr. Se donner le titre de.

intolérable adj. Qu'on ne peut souffrir : *voisinage -.*

intolérance nf. Défaut de tolérance à l'égard de ceux qui n'ont pas les mêmes croyances, les mêmes opinions.

intolérant, e adj. et n. Qui manque de tolérance.

intonation nf. Les divers tons que l'on prend en parlant ou en lisant. || Manière d'émettre un ton musical.

intoxication nf. Empoisonnement.

intoxiquer vt. Empoisonner, imprégner de substances toxiques.

intrados [*dô*] nm. Surface intérieure et concave d'une voûte ou d'une aile d'avion.

intraduisible adj. Qu'on ne peut traduire.

intrait nm. Extrait sec préparé avec des plantes fraîches stabilisées : *- de marron d'Inde.*

intraitable adj. D'un commerce difficile. || Qui refuse d'admettre les accommodements.

intra-muros [*ròss*] loc. adv. En dedans des murs, dans l'intérieur de la ville.

intramusculaire adj. A l'intérieur d'un muscle.

intransigeance nf. Caractère de celui qui est intransigeant.

intransigeant, e [*zi*] adj. et n. Qui ne fait aucune concession.

intransitif, ive adj. *Gramm.* Se dit des verbes qui, exprimant un état ou une action, n'ont point de complément d'objet.

intraveineux, euse adj. A l'intérieur d'une veine : *piqûre -.*

in-trente-deux [*in*] nm. inv. Format d'un livre dont chaque feuille d'impression, pliée en 32 feuillets, forme 64 pages. || Livre de ce format.

intrépide adj. Qui méprise le danger. || Que rien ne rebute : *un sollici-teur -.*

intrépidité nf. Courage, fermeté inébranlable dans le péril.

intrigant, e adj. et n. Qui se mêle d'intrigues; arriviste.

intrigue nf. Machination secrète pour nuire ou obtenir un avantage. || Suite d'incidents formant la trame d'une pièce de théâtre, d'un roman.

intriguer vt. Exciter vivement la curiosité. || Vi. Se livrer à des intrigues. || **Intriguant** part. prés.

intrinsèque adj. Qui est propre et essentiel. || Qui existe réellement, en dehors de toute convention : *la valeur - d'une pièce d'or.*

introducteur, trice n. Qui introduit.

introduction nf. Action d'introduire. || Avertissement explicatif en tête d'un ouvrage.

introduire vt. (c. *conduire*). Faire entrer une chose dans une autre. || Faire entrer quelqu'un : *- un visiteur.* || *Fig.* Faire adopter : *- une mode.*

introït [*it*] nm. *Cathol.* Prière du début de la messe.

intronisation nf. Action d'introniser : *l'- d'un évêque.*

introniser vt. Installer sur un trône. || *Fig.* Etablir, faire régner : *- une mode.*

introspection nf. Observation interne. || Etude, examen de la conscience directement par elle-même.

introuvable adj. Qu'on ne peut trouver.

intrus, e n. et adj. Celui qui s'introduit quelque part sans avoir qualité pour y être admis.

intrusion nf. Introduction sans droit dans une société, dans un emploi.

intuitif, ive adj. Que l'on a par intuition. || N. Qui agit par intuition.

intuition nf. Connaissance claire, immédiate de la vérité sans l'intervention du raisonnement. || Pressentiment : *avoir l'- d'un événement.*

intumescence nf. Gonflement.

intumescent, e adj. Qui commence à enfler.

inusable adj. Qui ne peut s'user.

inusité, e adj. Qui n'est pas usité.

inutile adj. Qui ne sert à rien.

inutilisable adj. Qu'il est impossible d'utiliser.

inutiliser vt. Ne pas se servir de.

inutilité nf. Manque d'utilité. || Pl. Choses inutiles, superflues.

invaincu, e adj. Qui n'a jamais été vaincu : *une armée -.*

invalidation nf. Action d'invalider; son résultat.

invalide adj. Infirme, qui ne peut travailler. || *Fig.* Qui n'a pas les conditions requises par la loi : *mariage -.* || Nm. Ancien militaire incapable de servir, et hébergé par l'Etat à l'Hôtel des Invalides.

invalider vt. Déclarer non valable : *- un député.*

invalidité nf. Manque de validité.

invar nm. Acier au nickel qui se dilate très peu par échauffement.

invariabilité nf. Etat, caractère de ce qui est invariable.

invariable adj. Qui ne change pas.

invasion nf. Irruption massive, à main armée. || *Par ext.* Occupation générale d'un endroit : *une - de sauterelles.* || *Fig.* Diffusion soudaine : *l' - idées nouvelles.*

invective nf. Apostrophe, expression violente et injurieuse : *proférer des -.*

invectiver vi. Dire des invectives. || Vt. *Fam.* : *- quelqu'un.*

invendable adj. Qu'on ne peut vendre.

invendu, e adj. et nm. Non vendu.

inventaire nm. Etat des biens, meubles, titres d'une personne. || Dénombrement et évaluation des marchandises en magasin et des valeurs d'un commerçant, afin de constater les profits et les pertes.

inventer vt. Trouver, créer par la force de son esprit, de son imagination. || Imaginer : *- un mensonge.*

inventeur, trice n. Personne qui invente.

inventif, ive adj. Qui a le génie, le talent d'inventer.

invention nf. Action d'inventer, de créer. || Découverte : *l' - de la Croix.* || Chose inventée. || Mensonge : *des -!*

inventorier vt. (c. *prier*). Dresser un inventaire.

invérifiable adj. Qui ne peut être vérifié : *assertion -.*

inversable adj. Qui ne peut verser.

inverse adj. Renversé, opposé à la direction actuelle ou naturelle des choses. || *Raison -*, rapport dont un terme croît quand l'autre décroît. || *Nombres -*, rapport dont le produit égale l'unité. || Nm. Le contraire : *faire l' - de ce qui est commandé.* || *- d'un nombre*, fraction ayant ce nombre pour dénominateur et l'unité pour numérateur.

inverser vt. Donner une position ou une direction inverse. || Changer le sens d'un courant électrique.

inverseur nm. Appareil pour changer le sens d'un courant électrique.

inversion nf. *Gramm.* Toute construction où l'on donne aux mots un autre ordre que l'ordre considéré comme normal ou habituel : *- du sujet dans les phrases interrogatives.*

invertébré, e adj. et n. Sans colonne vertébrale, sans squelette.

invertir vt. Renverser symétriquement.

investigateur, trice n. Qui fait des recherches suivies. || Adj. : *regards -.*

investigation nf. Recherche attentive et suivie.

investir vt. Mettre en possession d'un pouvoir, d'une autorité quelconque. || Entourer de troupes une place de guerre. || *Fig. - quelqu'un de sa confiance*, se fier à lui entièrement. || Placer des fonds : *- des capitaux.*

investissement nm. Action d'investir une ville, une place forte. || Placement de fonds.

investiture nf. Acte, cérémonie par lesquels on met en possession d'un fief, d'une dignité ecclésiastique.

invétéré, e adj. Fortifié par le temps, enraciné : *vice -; habitude -.*

invincibilité nf. Caractère, qualité de ce qui est invincible.

invincible adj. Qu'on ne saurait vaincre.

inviolabilité nf. Caractère, qualité de ce qui est inviolable.

inviolable adj. Qu'on ne doit jamais violer, enfreindre. || Légalement à l'abri des poursuites judiciaires.

invisibilité nf. Etat de ce qui est invisible.

invisible adj. Qui échappe à la vue. || Qui se cache.

invitation nf. Action d'inviter; son résultat.

invite nf. Carte que l'on joue pour indiquer les éléments de son jeu à son partenaire. || Incitation discrète : *répondre à l' - de quelqu'un.*

inviter vt. Prier de venir en un lieu, d'assister à; convier à. || *Fig.* Engager : *le beau temps invite à la promenade.* || Ordonner : *quelqu'un à se taire.* || S' - vpr. *Fam.* Se rendre quelque part sans y avoir été convié. || **Invité,** e part., adj. et n.

invocation nf. Action d'invoquer. || *Liturg.* Dédicace, protection : *église sous l' - de la Vierge.*

involontaire adj. Fait sans le consentement de la volonté.

involuté, e ou **involutif, ive** adj. *Bot.* Se dit des feuilles qui se roulent de dehors en dedans.

involution nf. *Bot.* Etat d'un organe involuté.

invoquer vt. Appeler à son aide, à son secours : *- le Seigneur.* || *Fig.* Citer en sa faveur : *- un témoignage.*

invraisemblable adj. Qui n'est pas vraisemblable. || *Fam.* Extraordinaire, bizarre : *un chapeau -.*

invraisemblance nf. Manque de vraisemblance. || Chose invraisemblable.

invulnérabilité nf. Qualité de celui ou de ce qui est vulnérable.

invulnérable adj. Qui ne peut être blessé.

iode nm. Corps simple (I), en paillettes grises à éclat métallique, extrait des cendres de varech. || *Teinture d'-,* solution d'iode dans l'alcool.

iodé, e adj. Qui contient de l'iode.

iodhydrique adj. Se dit de l'acide formé par la combinaison de l'iode avec l'hydrogène.

iodique adj. Se dit d'un acide produit par l'oxydation de l'iode.

iodoforme nm. Antiseptique à base d'iode.

iodure nm. Composé résultant de la combinaison de l'iode avec un corps simple.

ioduré, e adj. Qui contient un iodure. || Couvert d'une couche d'iodure.

ion nm. Atome ou groupe d'atomes portant une charge électrique. || Atome gazeux électrisé par perte d'électrons.

ionique adj. De l'Ionie. || *Ordre -,* un des cinq ordres de l'architecture grecque. || Qui se rapporte aux ions.

ionisation nf. Production d'ions dans un gaz ou dans un électrolyte.

ioniser vt. Produire des ions.

iota nm. Neuvième lettre de l'alphabet grec, dont la forme et le son répondent à notre *i.* || *Fig. Il n'y manque pas un -,* il n'y manque rien.

iouler ou **iodler** vi. Chanter à la manière tyrolienne.

ipécacuana et, par abrév., **ipéca** nm. Racine vomitive fournie par divers arbrisseaux de l'Amérique du Sud.

iranien, enne adj. et n. De l'Iran.

irascibilité nf. Irritabilité.

irascible adj. Prompt à se fâcher.

iridacées nfpl. Monocotylédones ayant pour type l'*iris.*

iridié adj. m. Qui contient de l'iridium : *platine -.*

iridium [*om'*] nm. Métal blanc, très dur (Ir), contenu dans certains minerais de platine.

iris [*riss*] nm. Partie de l'œil qui donne la couleur particulière aux yeux de chaque individu. || Plante à fleurs odorantes et ornementales. || Poudre parfumée de la racine d'iris.

irisation nf. Propriété qu'ont certains corps de disperser la lumière. || Reflets colorés ainsi produits.

iriser (s') vpr. Se revêtir des couleurs de l'arc-en-ciel.

irlandais, e adj. et n. De l'Irlande.

ironie nf. Raillerie qui consiste à dire le contraire de ce qu'on veut faire entendre. || *Par ext.* Moquerie sarcastique.

ironique adj. Où il y a de l'ironie. || Qui emploie l'ironie.

ironiser vi. Faire de l'ironie.

ironiste n. Qui parle ou qui écrit avec ironie.

iroquois, e n. (de *Iroquois,* peuplade indienne). Personne sotte, bizarre, grossière. || Adj. : *mœurs -.*

irraccommodable adj. Qui ne peut être raccommodé.

irradiation nf. Emission de rayons lumineux. || *Phys.* Rayonnement des astres. || Action d'irradier.

irradier vi. ou **irradier (s')** vpr. Se propager en rayonnant : *douleur qui s'irradie.*

irraisonné, e adj. Qui n'est pas raisonné : *passion -.*

irrationnel, elle adj. Contraire à la raison.

irréalisable adj. Qui ne peut se réaliser : *projet -.*

irrecevabilité nf. Qualité de ce qui n'est pas recevable.

irrecevable adj. Inacceptable.

irréconciliable adj. Qui ne peut se réconcilier.

irrécouvrable adj. Qui ne peut être recouvré : *créance* -.

irrécusable adj. Qui ne peut être récusé : *témoignage* -.

irrédentisme nm. Doctrine suivant laquelle l'Italie doit comprendre tous les pays qui s'y rattachent par la langue.

irréductibilité nf. Caractère de ce qui ne peut être réduit ; inflexibilité.

irréductible adj. Qui ne peut être réduit, simplifié : *fraction* -. ‖ *Chir.* Qui ne peut être remis en sa place normale : *fracture* -. ‖ *Fig.* Inflexible : *ennemi* -.

irréel, elle adj. Qui n'est pas réel.

irréfléchi, e adj. Qui n'est pas réfléchi : *geste* -.

irréflexion nf. Défaut, manque de réflexion.

irréformable adj. Qui ne peut être réformé : *caractère* -.

irréfragable adj. Irrécusable.

irréfrangible adj. Qui n'est pas réfrangible : *rayons* -.

irréfutable adj. Qui ne peut être réfuté : *témoignage* -.

irrégularité nf. Manque de régularité. ‖ Chose faite irrégulièrement.

irrégulier, ère adj. Qui n'est pas symétrique. ‖ Non conforme à la règle morale. ‖ Peu exact. ‖ *Gramm.* Contraire à la règle générale.

irréligieux, euse adj. Qui n'a pas de religion. ‖ Qui blesse la religion : *discours* -.

irréligion nf. Manque de religion.

irrémédiable adj. Sans remède.

irrémissible adj. Impardonnable.

irremplaçable adj. Qu'on ne peut remplacer.

irréparable adj. Qui ne peut être réparé : *perte* -.

irrépréhensible adj. Qu'on ne saurait blâmer : *conduite* -.

irrépressible adj. Qu'on ne peut réprimer.

irréprochable adj. Sans reproche.

irrésistible adj. A quoi l'on ne peut résister : *élan* -.

irrésolu, e adj. Qui prend difficilement une résolution.

irrésolution nf. Incertitude ; état qui en résulte.

irrespectueux, euse adj. Qui manque au respect : *propos* -.

irrespirable adj. Non respirable : *atmosphère* -.

irresponsabilité nf. Etat de celui qui n'est pas responsable.

irresponsable adj. Qui n'est pas responsable : *enfant* -.

irrétrécissable adj. Qui ne peut se rétrécir.

irrévérence nf. Manque de respect. ‖ Parole, action irrévérencieuse.

irrévérencieux, euse ou **irrévérent, e** adj. Qui manque de respect.

irrévocabilité nf. Etat de ce qui est irrévocable, définitif.

irrévocable adj. Qui ne peut être révoqué : *décision* -.

irrigable adj. Qui peut être irrigué.

irrigateur nm. Pompe d'arrosage portative. ‖ *Méd.* Instrument à injection.

irrigation nf. Arrosement des terres à l'aide de rigoles. ‖ *Méd.* Action d'arroser une partie malade.

irriguer vt. Réaliser l'irrigation.

irritabilité nf. Caractère irritable.

irritable adj. Qui s'irrite aisément. ‖ *Biol.* Qui réagit.

irritation nf. Etat d'une personne en colère. ‖ Action de ce qui irrite les organes, les nerfs, etc. ; son résultat.

irriter vt. Mettre en colère. ‖ Augmenter, exciter : - *les désirs*. ‖ *Méd.* Causer de la douleur, de l'inflammation : - *la gorge*. ‖ **Irritant, e** part., adj. et n. Substance irritante.

irruption nf. Entrée subite et violente des ennemis dans un pays. ‖ Débordement de la mer, d'un fleuve. ‖ Brusque entrée en général : *faire* -.

isabelle adj. inv. D'une couleur café au lait. ‖ Nm. Cette couleur.

isard nm. Chamois des Pyrénées.

isba nf. Habitation en bois de sapin, du nord de l'Europe ou de l'Asie.

ischion [*ki*] nm. *Anat.* Un des trois os formant l'os iliaque dans lequel la cuisse est emboîtée.

islam nm. Religion des musulmans fondée sur le Coran, œuvre de Mahomet. ‖ Le monde musulman.

islamique adj. Qui appartient à l'Islam : *la civilisation* -.

islamisme nm. Mahométisme.

islandais, e adj. et n. De l'Islande. ‖ En Bretagne, pêcheur de morue.

isobare adj. D'égale pression. ‖ *Lignes* -, courbes reliant les points d'égale pression atmosphérique. ‖ Nf. Chacune de ces lignes.

isocèle adj. *Math.* Se dit d'une figure qui a deux côtés égaux.

isochrone adj. *Méc.* D'égale durée.

isochronisme nm. Qualité de ce qui est isochrone.

isolateur, trice adj. Se dit des substances ayant la propriété d'isoler. ‖ Nm. Support isolant d'un conducteur électrique.

isolement nm. Etat d'une personne qui vit isolée. ‖ Séparation opérée entre un corps qu'on électrise et les corps environnants.

isolément adv. Séparément.

isoler vt. Séparer des objets environnants. ‖ Mettre à l'écart des autres. ‖ *Chim.* Dégager de ses combinaisons : - *un métal.* ‖ *Phys.* Oter au corps qu'on électrise tout contact avec d'autres corps conducteurs. ‖ **Isolant, e** part., adj. et nm. *Phys.* Qui est mauvais conducteur de l'électricité ou de la chaleur. ‖ Qui isole. ‖ **Isolé, e** part. et adj. Peu fréquenté, solitaire. ‖ Unique : *un cas -.*

isoloir nm. Cabine où l'électeur prépare son bulletin de vote.

isomère adj. Se dit de composés chimiques différents ayant la même formule.

isométrique adj. *Minér.* Dont les dimensions sont égales.

isomorphe adj. *Chim.* Se dit des corps pouvant former des cristaux mixtes.

isotherme adj. Qui a la même température. ‖ *Ligne* - ou - nf., courbe joignant les points du globe de température moyenne égale.

isotope adj. Se dit d'éléments chimiques identiques, ne différant que par les masses de leurs atomes.

israélien, enne adj. et n. De l'Etat d'Israël.

israélite adj. et n. Qui appartient à la religion juive.

issu, e adj. (du v. fr. *issir*, sortir). Sorti, né de : *trois enfants sont - de ce mariage.* ‖ *Cousins - de germains,* nés de deux cousins germains.

issue nf. Sortie, passage. ‖ *Fig.* Moyen de sortir d'embarras : *se ménager des -.* ‖ Evénement final, conclusion. ‖ **A l'- de** loc. prép., au sortir de. ‖ Nfpl. Ce qui reste des moutures après la séparation de la farine.

isthme [*ism'*] nm. Langue de terre resserrée entre deux mers et réunissant deux terres.

italianisant, e n. Spécialiste de langue et de littérature italiennes.

italianiser vt. Donner des habitudes, des sentiments italiens.

italianisme nm. Expression propre à la langue italienne.

italien, enne adj. et n. De l'Italie.

italique adj. Qui se rapporte à l'Italie ancienne. ‖ Adj. et nm. *Impr.* Caractère d'imprimerie penché.

item [*tèm*] adv. De même, de plus.

itératif, ive adj. Fait ou répété plusieurs fois : *sommation -.*

itinéraire nm. Route à suivre dans un voyage. ‖ Adj. Qui concerne les chemins : *mesures -.*

itinérant, e adj. Qui se déplace pour exercer sa fonction.

iule nm. Myriapode cylindrique, à pattes courtes.

ivoire nm. Substance osseuse qui constitue les défenses ou dents de l'éléphant et de quelques autres animaux. ‖ *Fig.* Blancheur comparable à celle de l'ivoire : *un cou d' -.* ‖ Objet en ivoire. ‖ *- végétal* ou *corozo,* substance très dure tirée de la graine d'un palmier du Pérou.

ivoirerie nf. Art du sculpteur en ivoire. ‖ Commerce de l'ivoire.

ivoirier nm. Ouvrier qui travaille l'ivoire. ‖ Sculpteur en ivoire.

ivraie nf. Mauvaise herbe qui naît parmi les blés. ‖ *Fig.* Chose mauvaise qui se mêle aux bonnes. ‖ *Séparer le bon grain de l' -,* séparer les bons des méchants, le bien du mal.

ivre adj. Qui a le cerveau troublé par l'action du vin, de l'alcool. ‖ *- mort,* au point d'avoir perdu connaissance. ‖ *Fig.* Exalté par : *- de joie, d'orgueil.*

ivresse nf. Etat d'une personne ivre. ‖ *Fig.* Transport : *l'- de la joie.*

ivrogne, esse adj. et n. Qui s'enivre souvent.

ivrognerie nf. Habitude de s'enivrer.

J nm. Dixième lettre de l'alphabet, et septième des consonnes.

jabot nm. Poche de l'œsophage des oiseaux dans laquelle les aliments séjournent quelque temps avant de passer dans l'estomac. ‖ Mousseline, dentelle ornant le devant d'une chemise, d'un corsage.

jabotage nm. *Fam.* Bavardage.

jaboter vi. Piailler, chanter, en parlant des oiseaux. ‖ *Fam.* Bavarder.

jacasse nf. Nom vulgaire de la *pie.* ‖ *Fam.* Femme bavarde.

jacasser vi. Crier, en parlant de la pie. ‖ Bavarder, parler avec volubilité.

jacasserie nf. Bavardage.

jachère nf. Etat d'une terre laissée provisoirement sans culture. ‖ Cette terre elle-même.

jacinthe nf. Plante à fleurs ornementales au parfum pénétrant. ‖ Sa fleur.

jacobée nf. Séneçon appelé aussi HERBE DE SAINT-JACQUES.

jacobin, e nm. Partisan ardent de la démocratie. ‖ *Club des -, v. Part. hist.*

jacobinisme nm. Doctrine des jacobins.

jacquard nm. Métier à tisser inventé par Jacquard.

jacquerie nf. Nom donné aux soulèvements des paysans en France.

jacquet nm. Jeu dérivé du trictrac.

jactance nf. Vanterie, hâblerie.

jaculatoire adj. *Oraison -,* prière courte et fervente.

jade nm. Pierre verdâtre ou olivâtre très dure.

jadis [*diss*] adv. Autrefois.

jaguar [*ghouar*] nm. Grand léopard de l'Amérique du Sud.

jaillir vi. Sortir impétueusement. ‖ *Fig.* Se dégager, sortir soudainement : *du choc des opinions jaillit la vérité.*

jaillissement nm. Action de jaillir.

jais nm. Variété de lignite, d'un noir brillant, pouvant se polir et se tailler.

jalap [*lap'*] nm. Plante à racine purgative de l'Amérique septentrionale.

jalon nm. Tige de fer ou piquet servant à établir des alignements. ‖ *Fig.* Points de repère : *poser les - d'un travail.*

jalon-mire nm. Jalon muni à sa partie supérieure d'une planchette verticale peinte en blanc et en rouge, pour effectuer des nivellements. ‖ Pl. des *jalons-mires.*

jalonnement nm. Action ou manière de jalonner.

jalonner vi. Placer des jalons de distance en distance. ‖ Vt. Planter de jalons : *- un terrain.* ‖ Etre placé de distance en distance.

jalouser vt. Etre jaloux de.

jalousie nf. Chagrin, dépit de voir un autre posséder un bien qu'on voudrait pour soi. ‖ Amour inquiet. ‖ Persienne formée d'une série de planchettes horizontales enfilées sur des chaînettes de chaque côté.

jaloux, ouse adj. Qui a de la jalousie. ‖ Très attaché à : *- de son indépendance.* ‖ Dont l'affection est ombrageuse, soupçonneuse.

jamais adv. En un temps quelconque : *si - vous venez me voir, je vous montrerai ma bibliothèque.* ‖ En aucun temps (avec la négation *ne*) : *cela ne s'est - vu.* ‖ A -, pour - loc. adv., toujours.

jambage nm. Ligne droite des lettres *m, n, u,* etc. ‖ *Constr.* Assise servant de support à une construction. ‖ Montant vertical d'une baie de porte ou de croisée.

jambe nf. Partie du corps comprise entre le genou et le pied. ‖ Le membre inférieur tout entier. ‖ *Prendre ses - à son cou,* courir au plus vite. ‖ *- de bois,* morceau de bois façonné qui tient lieu de jambe. ‖ *Fam. Cela lui fait une belle -,* se dit par ironie de ce qui n'apporte aucun avantage à quelqu'un.

jambette nf. Petite jambe.

jambier, ère adj. *Anat.* Qui appartient à la jambe. ‖ Nf. Guêtre enveloppant les jambes. ‖ Partie de l'armure qui protégeait la jambe.

jambon nm. Cuisse ou épaule salée ou fumée du porc ou du sanglier.

jambonneau nm. Partie de la jambe du porc située au-dessous du genou.

jamboree nm. Réunion internationale des scouts.

janissaire nm. Autrefois, fantassin de la garde du sultan.

jansénisme nm. Doctrine de Jansénius sur la grâce et la prédestination.

janséniste adj. Qui concerne le jansénisme. ‖ N. Partisan du jansénisme.

jante nf. Partie circulaire formant la circonférence d'une roue.

janvier nm. Premier mois de l'année.

japon nm. Porcelaine, papier, ivoire, etc., fabriqués au Japon.

japonais, e adj. et n. Du Japon.

japonaiserie ou **japonerie** nf. Objet d'art venant du Japon.

japonisant, ante n. Qui étudie la langue japonaise.

jappement nm. Aboiement.

japper vi. Aboyer, en parlant des petits chiens.

jaquemart nm. Figure de métal représentant un homme armé qui frappe les heures avec un marteau sur la cloche d'une horloge.

jaquette nf. Vêtement d'homme ou de femme ajusté à la taille. ‖ Chemise de protection d'un livre.

jaquier nm. Arbre dit aussi *arbre à pain*, dont les faux fruits contiennent une pulpe farineuse comestible.

jardin nm. Lieu, ordinairement enclos, où l'on cultive des fleurs (*parterre*), des légumes (*potager*), des arbres (*fruitier* ou *verger*). ‖ *Fig.* Pays fertile en fruits ou en fleurs : *la Touraine est le - de la France.* ‖ Côté gauche de la scène. ‖ *- d'enfants*, école enfantine.

jardinage nm. Art de cultiver les jardins.

jardiner vi. Faire du jardinage.

jardinet nm. Petit jardin.

jardinier, ère n. Qui cultive les jardins. ‖ Adj. Qui a rapport aux jardins : *culture -.* ‖ Nf. *- d'enfants*, personne chargée du soin des jeunes enfants dans un jardin d'enfants.

jardinière nf. Meuble d'ornement qui supporte une caisse à fleurs. ‖ Petite voiture de maraîchers pour le transport des légumes au marché. ‖ Mets composé de différents légumes hachés. ‖ Nom vulgaire du *carabe doré*.

jargon nm. Langage corrompu, inintelligible. ‖ Langue étrangère qu'on n'entend pas. ‖ Langage propre à une profession, à un milieu : *le - médical.*

jargon nm. Diamant jaunâtre sans valeur marchande.

jargonner vi. *Fam.* Parler un jargon. ‖ Crier, en parlant du jars.

jarre nf. Grand vase de grès. ‖ Nm. Poil long et plus rude mêlé à la fourrure des animaux.

jarret nm. Partie de la jambe derrière l'articulation du genou. ‖ Endroit où se plie la jambe de derrière des quadrupèdes.

jarretelle nf. Ruban, caoutchouc qui tend les bas ou les chaussettes.

jarretière nf. Ruban, tissu élastique, maintenant les bas fixes.

jars [*jar*] nm. Mâle de l'oie.

jasement nm. Action de jaser.

jaser vi. Causer, babiller. ‖ *Par ext.* et *fam.* Critiquer, médire : *on jase sur son compte.* ‖ Crier, en parlant des oiseaux parleurs.

jaseran ou **jaseron** nm. Chaîne de cou, en or, à mailles très fines.

jaseur, euse n. Babillard.

jasmin nm. Arbuste qui produit des fleurs odoriférantes. ‖ La fleur elle-même. ‖ Son parfum.

jaspage nm. Imitation du jaspe.

jaspe nm. Variété de silex coloré par bandes ou par taches.

jasper vt. Bigarrer de couleurs pour imiter le jaspe. ‖ **Jaspé, e** part. et adj. : *du marbre -.*

jaspure nf. Action ou manière de jasper; son résultat.

jatte nf. Vase rond et sans rebords. ‖ Son contenu.

jauge nf. Capacité que doit avoir un récipient fait pour mesurer un liquide ou des grains. ‖ Règle graduée servant à mesurer la capacité d'un récipient. ‖ Nom de plusieurs instruments qui servent à prendre des mesures. ‖ *Robinets de -*, établis à diverses hauteurs, pour vérifier le niveau de l'eau dans une chaudière ou un réservoir. ‖ *Mar.* Evaluation de la capacité intérieure d'un bâtiment. ‖ Tranchée pour la conservation des jeunes plants.

jaugeage nm. Action de jauger. ‖ Mesure d'un volume, d'une capacité ou d'un débit.

jauger vt. (c. *manger*). Mesurer la capacité ou le volume. ‖ Contrôler le niveau. ‖ *Fig.* Apprécier la valeur de quelqu'un.

jaugeur nm. Celui qui jauge.

jaunâtre adj. Qui tire sur le jaune.

jaune adj. Une des trois couleurs simples : - *citron.* ‖ *Fièvre -*, affection gastro-intestinale très grave, qui rend la peau jaune. ‖ *Nain -*, jeu de cartes. ‖ *Race -* ou *mongole*, race humaine de l'Asie orientale. ‖ Nm. Couleur jaune. ‖ *- d'œuf*, partie centrale de l'œuf des oiseaux. ‖ *Fig. Rire -*, rire pour dissimuler son dépit.

jaunet, ette adj. Un peu jaune. ‖ Nm. *Pop.* Pièce d'or.

jaunir vt. Teindre, peindre en jaune. ‖ Vi. Devenir jaune.

jaunisse nf. Maladie causée par la bile et qui jaunit la peau.

jaunissement nm. Action de rendre ou de devenir jaune.

java nf. Sorte de danse qui est une transformation de la valse.

javanais, e adj. et n. De Java.

Javel (eau de) nf. Solution aqueuse d'hypochlorite et de chlorure de sodium, employée comme décolorant et désinfectant.

javelage nm. Mise en javelles.

javeler vt. (c. *appeler*). Mettre en javelles. ‖ **Javelé, e** part. et adj. *Avoines* -, dont le grain est devenu noir et pesant par la pluie qui les a mouillées tandis qu'elles étaient en javelles.

javeleur nm. Personne qui javelle.

javeline nf. Dard long et mince.

javelle nf. Petit tas de céréales coupées qu'on laisse sur le sillon jusqu'à ce qu'on les lie en gerbes.

javellisation nf. Action de javelliser. (Syn. VERDUNISATION.)

javelliser vt. Stériliser l'eau par addition d'eau de Javel.

javelot nm. Lance courte, arme de jet. ‖ Petite lance de bois que les athlètes s'exercent à lancer à la main.

jazz ou **jazz-band** nm. Orchestre d'origine américaine caractérisé par le rythme syncopé de sa musique. ‖ Musique jouée par cet orchestre.

je pron. pers. de la première personne des deux genres et du singulier.

jeannette nf. Petite croix d'or suspendue au cou. ‖ Petite planche à repasser.

Jeep [*djip*] nf. (nom déposé). Petite automobile tout terrain de l'armée américaine.

jéjunum nm. *Anat.* Partie de l'intestin grêle qui fait suite au duodénum.

jérémiade nf. Lamentation importune.

jerrycan nm. Récipient quadrangulaire, pouvant contenir 20 l d'essence.

jersey [*zè*] nm. Corsage en laine maillée, qui moule le buste. ‖ Tissu avec lequel il est fait.

jésuite nm. Membre de la Compagnie de Jésus.

jésuitique adj. Propre aux jésuites. ‖ *Fig.* Hypocrite.

jésuitisme nm. Système moral, religieux des jésuites. ‖ Astuce.

jet nm. Action de jeter, de lancer. ‖ - *d'eau*, eau qui s'élance d'un tuyau. ‖ *Fig. Premier* -, ébauche. ‖ *Du premier jet*, du premier coup. ‖ *Bot.* Poussée droite et vigoureuse d'un végétal.

jeté nm. Bande d'étoffe ou de broderie que l'on met sur une table, en guise d'ornement. ‖ Pas de danse.

jetée nf. *Mar.* Ouvrage en maçonnerie prolongeant les quais d'un port.

jeter vt. (Prend deux *t* devant une syllabe muette : *je jette, tu jetteras*.) Lancer. ‖ Pousser avec violence, renverser. ‖ Lancer hors de soi, émettre : - *des cris*. ‖ Faire naître : - *le trouble*. ‖ Se débarrasser : - *des*

fruits gâtés. ‖ Bourgeonner : *la vigne va* -. ‖ - *l'ancre*, la faire tomber dans la mer pour arrêter le navire. ‖ - *les fondements d'un édifice*, les établir. ‖ - *un pont sur une rivière*, le construire. ‖ - *un coup d'œil*, regarder rapidement. ‖ - *de la poudre aux yeux*, chercher à éblouir. ‖ - *le froc aux orties*, renoncer à l'état monastique. ‖ - *le manche après la cognée*, abandonner par découragement. ‖ - *feu et flamme*, se livrer à de grands emportements. ‖ - *à la figure*, reprocher. ‖ - *son argent par les fenêtres*, le gaspiller. ‖ - *de profondes racines*, se fixer profondément (au *pr.* et au *fig.*). ‖ - *en moule*, fondre, mouler. ‖ *Le sort en est jeté*, le parti en est pris. ‖ **Se** - vpr. Se précipiter : *se - aux pieds de quelqu'un*. ‖ *Se - dans les bras de quelqu'un*, y chercher un appui.

jeton nm. Pièce ronde et plate, en ivoire ou en métal, pour compter au jeu. ‖ - *de présence*, indemnité allouée à chaque membre présent des conseils d'administration.

jeu nm. Divertissement, récréation. ‖ Ce qui sert à jouer. ‖ Amusement soumis à des règles : - *de billard*. ‖ Divertissement où l'on risque de l'argent. ‖ Ensemble des cartes d'un joueur. ‖ Compétition sportive ou littéraire. ‖ Au tennis, chacune des divisions d'une partie. ‖ Manière de se servir d'un instrument de musique : le - *de l'orgue*. ‖ Manière dont un acteur interprète un rôle : *un - séduisant*. ‖ Facilité de se mouvoir : *donner du - à une porte*. ‖ Série complète d'objets semblables : *un - de clefs*. ‖ - *de mots*, équivoque, plaisanterie fondée sur la ressemblance des mots. ‖ - *d'esprit*, petit jeu qui exige de l'esprit. ‖ - *d'enfant*, chose très facile. ‖ - *de main*, - *de vilain*, les jeux de main plus ou moins brutaux finissent ordinairement mal. ‖ *Ce n'est qu'un - pour lui*, il le fait facilement. ‖ *Se piquer au* -, s'obstiner malgré les pertes; au *fig.*, ne pas se laisser décourager. ‖ *Avoir beau* - être dans des conditions favorables. ‖ *Cela n'est pas de* -, ce n'est pas conforme aux règles. ‖ *Mettre quelqu'un en* -, le mêler à son insu dans une affaire. ‖ *Faire le - de quelqu'un*, l'avantager involontairement. ‖ *Jouer gros* -, risquer beaucoup. ‖ *Tirer son épingle du* -, se dégager à temps.

jeudi nm. Cinquième jour de la semaine. ‖ *Fam. Semaine des quatre -*, temps qui n'arrivera jamais.

jeun (à) loc. adv. Sans avoir rien mangé.

jeune adj. Qui n'est pas avancé en âge. ‖ Qui a encore la vigueur et l'agrément de la jeunesse. ‖ Qui n'a point l'esprit mûri. ‖ Cadet : *Durand - et Cⁱᵉ.*

jeûne nm. Abstinence d'aliments.

jeûner vi. S'abstenir d'aliments. ‖ Observer le jeûne.

jeunesse nf. Partie de la vie de l'homme entre l'enfance et l'âge viril. ‖ Les jeunes gens. ‖ *Fig.* Vigueur, fraîcheur : *garder une - de cœur.*

jeunet, ette adj. *Fam.* Très jeune.

jeûneur, euse n. Qui jeûne.

jiu-jitsu nm. Méthode japonaise pour se défendre sans arme.

joaillerie nf. Art, commerce de joaillier.

joaillier, ère n. Personne qui travaille les pierreries, qui en fait le commerce.

jobard nm. Crédule, naïf.

jobarderie nf. Crédulité.

jockey nm. Professionnel qui monte les chevaux de course.

jocrisse nm. Benêt, dupe.

jodler vi. V. IOULER.

joie nf. Vive impression de plaisir. ‖ *Feu de -,* feu allumé dans les réjouissances publiques. ‖ *Plaisirs : les - du monde.*

joindre vt. (c. *craindre*). Unir, lier, mettre en contact. ‖ Allier : *- l'utile à l'agréable.* ‖ Atteindre : *- quelqu'un.* ‖ Vi. Etre amené en contact. ‖ Se - vpr. S'unir. ‖ *Gramm.* Les participes *inclus* et *joint,* dans *ci-inclus, ci-joint,* sont invariables : 1º au commencement d'une phrase : *ci-inclus la copie ; 2º dans une phrase, si le nom qui suit n'est précédé ni de l'article ni d'un adjectif déterminatif : vous trouverez ci-joint quittance ; vous trouverez ci-inclus copie de la lettre.* Dans tous les autres cas, ils s'accordent : *les pièces ci-jointes ; vous avez ci-incluse la copie de la lettre.*

joint nm. Articulation de deux os. ‖ Intervalle séparant les pierres d'un mur : *des - de plâtre.* ‖ *Fig.* et *fam. Trouver le -,* trouver la meilleure manière de réussir.

jointé, e adj. *Art vétér. Cheval court -,* qui a le paturon trop court ; *long- -,* qui a le paturon trop long.

jointée nf. Le contenu des mains rapprochées : *une - de sable.*

jointif, ive adj. Uni par les bords. ‖ Nf. Cloison faite de planches jointives, non assemblées.

jointoyer vt. (c. *aboyer*). Remplir avec du mortier ou du ciment les joints d'une maçonnerie.

jointure nf. Articulation, joint.

joli, e adj. Agréable à voir, gentil. ‖ *Par ext.* Considérable : *un - revenu.*

joliesse nf. Caractère de ce qui est joli ; gentillesse.

joliet, ette adj. *Fam.* Mignon.

joliment adv. D'une manière agréable. ‖ S'emploie souvent ironiquement avec le sens contraire : *se faire - recevoir.* ‖ *Fam.* Très : *être - content.*

jonc [jon] nm. Herbe vivace aquatique à tige droite et flexible. ‖ Canne en rotin. ‖ Alliance.

jonchaie nf. Lieu rempli de joncs.

jonchée nf. Quantité d'objets qui jonchent le sol : *une - de feuilles.*

joncher vt. Répandre çà et là. ‖ Couvrir, être épars sur.

jonchets nmpl. Bâtonnets d'ivoire, de bois, d'os, etc., qu'il faut recueillir un à un, sans faire remuer les autres.

jonction nf. Réunion. ‖ *Point de -,* lieu de rencontre.

jongler [avec] vi. Lancer en l'air, les uns après les autres, divers objets qu'on relance à mesure qu'on les reçoit. ‖ Faire des tours d'adresse. ‖ *Fig. - avec les difficultés,* les résoudre facilement.

jonglerie nf. Tour d'adresse. ‖ *Fig.* Hypocrisie.

jongleur nm. Au Moyen Age, ménestrel. ‖ *Auj.,* personne qui pratique l'art de jongler. ‖ *Fig.* Hypocrite.

jonque nf. Bateau caboteur à voiles, en Extrême-Orient.

jonquille nf. Plante du genre narcisse. ‖ Sa fleur. ‖ Nm. inv. Couleur blanc et jaune. ‖ Adj. inv. : *rubans -.*

joubarbe nf. Plante grasse herbacée qui croît ordinairement sur les toits et sur les murs.

joue nf. Chacune des deux régions latérales du visage. ‖ Partie latérale de la tête d'un animal. ‖ *Mettre en -,* viser avec une arme à feu.

jouée nf. Epaisseur du mur dans l'ouverture d'une baie.

jouer vi. S'amuser, se récréer. ‖ Tirer des sons d'un instrument de musique. ‖ *Fig.* Traiter légèrement : *- avec sa santé.* ‖ Ne plus joindre exactement : *ressort qui joue ; meuble qui a joué.* ‖ *- de malheur,* ne pas réussir. ‖ *- sur les mots,* équivoquer. ‖ *- du couteau,* se battre au couteau. ‖ *- des jambes,* s'enfuir. ‖ Vt. Mettre comme enjeu. ‖ Lancer, jeter : *- une carte.* ‖ Exécuter un morceau de musique. ‖ Représenter au théâtre, au cinéma. ‖ *Fig.* Exposer : *- sa vie.* ‖ Tromper : *vous m'avez joué.* ‖ Simuler : *- la surprise.* ‖ Chercher à imiter : *- l'homme d'importance.* ‖ *- un rôle,* le représenter au théâtre, au cinéma ; au *fig.,* avoir une certaine influence : *il joua un grand rôle dans ces événements.* ‖ Se - vpr. *Fig. Se - des lois,* les mépriser. ‖ *Se - de quelqu'un,* se moquer de lui, le railler. ‖ *Se - des difficultés,* les résoudre facilement.

jouet nm. Objet qui amuse les enfants. ‖ *Fig.* Personne dont on se moque : *être le - de ses camarades.* ‖ Ce qui est abandonné à l'action d'une force : *être le - des vents.*

joueur, euse n. Personne qui joue, qui folâtre. ‖ Qui joue d'un instrument. ‖ Qui a la passion du jeu. ‖ Adj. Qui aime à s'amuser.

jouffu, e adj. *Fam.* Qui a de grosses joues : *bébé -.*

joug [jou] nm. Pièce de bois servant à atteler des bœufs. ‖ Pique placée horizontalement, sous laquelle les Romains faisaient passer les ennemis vaincus. ‖ *Fig.* Servitude, sujétion.

jouir [de] vt. ind. Posséder : *- d'une bonne santé.* ‖ Tirer un vif plaisir : *- du repos.*

jouissance nf. Libre usage, possession d'une chose. ‖ Plaisir.

jouisseur, euse n. Avide de plaisirs matériels.

joujou nm. Petit jouet d'enfant. ‖ Pl. des *joujoux.*

joule nm. Unité de travail équivalant à 10 millions d'ergs.

jour nm. Clarté, lumière du soleil. ‖ Espace de vingt-quatre heures. ‖ Temps pendant lequel le soleil éclaire l'horizon. ‖ Époque actuelle : *les hommes du -.* ‖ Ouverture. ‖ *Faux -,* lumière qui éclaire mal les objets. ‖ *Mettre un ouvrage au -,* le publier. ‖ *Ravir le -,* la vie. ‖ *Donner le -,* enfanter. ‖ *Voir le -,* naître. ‖ *Percé à -,* au *fig.,* deviné. ‖ *Vivre au - le -,* vivre sans se soucier de l'avenir. ‖ *D'un -,* qui doit durer peu de temps : *un bonheur d'un -.* ‖ *Demi-jour,* faible clarté. ‖ *A -,* au courant. ‖ *Du - au lendemain,* en peu de temps. ‖ *Un beau -,* à une certaine époque passée ou future. ‖ Pl. *Vie humaine : sauver les - de quelqu'un.* ‖ *Les beaux -,* époque du printemps, et, au *fig.,* la première jeunesse. ‖ *De nos -,* maintenant.

journal nm. Écrit où l'on relate les faits jour par jour. ‖ Publication périodique. ‖ Ancienne mesure de superficie. ‖ Registre sur lequel un commerçant inscrit jour par jour ses opérations comptables.

journalier, ère adj. et n. Qui se fait chaque jour. ‖ Homme employé à la journée.

journalisme nm. Profession du journaliste. ‖ Ensemble des journaux.

journaliste n. Personne qui écrit dans un journal.

journée nf. Espace de temps qui s'écoule depuis le lever jusqu'au coucher du soleil. ‖ Travail fait pendant un jour. ‖ Jour historique : *la - de*

Valmy. ‖ **Journellement** adv. Tous les jours.

joute nf. Combat courtois à cheval, d'homme à homme, avec la lance. ‖ *- nautique,* divertissement dans lequel deux hommes placés chacun sur l'arrière d'un batelet cherchent à se faire tomber à l'eau en se poussant avec une longue perche. ‖ *Fig.* Lutte quelconque : *- oratoire.*

jouter vi. Lutter avec une lance soit à cheval, soit en bateau.

jouteur nm. Lutteur. ‖ *Fig.* Qui dispute un succès : *un rude -.*

jouvence nf. Jeunesse.

jouvenceau, elle n. *Fam.* Adolescent, adolescente.

jouxter vt. Être contigu : *sa propriété jouxte la vôtre.*

jovial, e, als adj. Joyeux, gai.

jovialité nf. Humeur joviale. ‖ Gaieté bruyante.

joyau nm. Objet de matière précieuse qui sert à la parure.

joyeuseté nf. *Fam.* Plaisanterie.

joyeux, euse adj. Qui a de la joie, qui l'inspire. ‖ Nm. *Arg.* Soldat des bataillons d'Afrique.

jubé nm. Tribune en forme de galerie séparant le chœur de la nef dans certaines églises.

jubilaire adj. Relatif au jubilé.

jubilation nf. *Fam.* Joie très vive.

jubilé nm. Solennité publique célébrée tous les cinquante ans chez les Hébreux. ‖ Chez les catholiques, indulgence plénière et générale accordée par le pape en certaines occasions. ‖ *Par ext.* Cinquantième anniversaire.

jubiler vi. *Fam.* Éprouver une vive joie.

jucher vi. Se dit des oiseaux qui se mettent sur une branche, sur une perche pour dormir. ‖ Vt. Placer très haut. ‖ **Se -** vpr. Se percher.

juchoir nm. Perche à volaille.

judaïque adj. Relatif aux juifs.

judaïsme nm. Religion des juifs.

judas nm. Traître. ‖ *Baiser de -,* baiser de traître. ‖ Petite ouverture dans un plancher, une porte.

judicature nf. Charge de juge.

judiciaire adj. Relatif à la justice. ‖ Fait par autorité de justice : *vente -.* ‖ *Acte -,* acte fait en présence du juge. ‖ *Duel -,* combat ordonné ou autorisé par les juges, au Moyen Age.

judicieux, euse adj. Qui a le jugement bon. ‖ Qui annonce du jugement : *réponse -.* ‖ **Judicieusement** adv.

judo nm. Forme moderne du jiu-jitsu.

judoka nm. Qui pratique le judo.

juge nm. Magistrat chargé de rendre

la justice. ‖ - *de paix*, magistrat chargé de juger les différends de peu d'importance. ‖ - *d'instruction*, magistrat chargé de rechercher les crimes et délits. ‖ *Le souverain -*, Dieu.

jugé nm. *Au -*, à l'estime : *tirer au -*.

jugement nm. Faculté de l'entendement qui compare et qui juge. ‖ Opinion, sentiment : *je m'en rapporte à votre -*. ‖ Sentence d'un tribunal. ‖ *- par défaut*, contre un condamné absent. ‖ *- dernier*, jugement solennel, d'après lequel Dieu, suivant la religion catholique, doit statuer, à la fin du monde, sur le sort des hommes.

jugeote nf. *Fam.* Bon sens.

juger vt. (c. *manger*). Décider en qualité de juge ou d'arbitre. ‖ Énoncer une opinion. ‖ Vt. ind. [**de**]. Décider de, sur : *- du résultat*. ‖ Apprécier : *- de la distance*. ‖ S'imaginer, se faire une idée de : *vous pouvez - de ma joie*.

jugulaire adj. Qui concerne la gorge : *veine -*. ‖ Nf. Courroie qui passe sous le menton et maintient le casque.

juguler vt. Arrêter l'évolution : *- une révolte*.

juif, ive n. Israélite. ‖ Qui professe la religion judaïque. ‖ *Fig.* et *fam.* Usurier. ‖ Adj. : *la race -*.

juillet [*jui-yè*] nm. Septième mois de l'année.

juin nm. Sixième mois de l'année.

jujube nm. Fruit du jujubier. ‖ Suc, pâte de jujube.

jujubier nm. Arbre épineux du Midi.

julien, enne adj. *Ere -*, qui date de la réforme du calendrier par Jules César. ‖ *Année -*, de 365 jours et 6 heures.

julienne nf. Plante crucifère herbacée. ‖ Potage de légumes.

jumeau, elle adj. et n. Se dit de deux ou plusieurs enfants nés d'un même accouchement, de deux fruits joints ensemble, de deux objets semblables, de deux muscles du mollet.

jumelage nm. Action de jumeler.

jumeler vt. (c. *appeler*). Accoupler : *- des poutres*. ‖ **Jumelé, e** part. et adj. : *roues -*.

jumelles nfpl. Réunion de deux pièces semblables, dans une machine. ‖ Double lorgnette.

jument nf. Femelle du cheval.

jumping nm. Concours hippique.

jungle [*jongl'*] nf. Dans l'Inde, espace couvert de hautes herbes, de lianes, etc.

junior adj. m. Cadet. ‖ *Sports.* Se dit des jeunes gens âgés de dix-sept et dix-huit ans.

junte [*jont'* ou *junt'*] nf. En Espagne et au Portugal, nom de divers conseils administratifs.

jupe nf. Vêtement féminin qui descend de la ceinture à mi-jambes.

jupon nm. Jupe de dessous.

jurançon nm. Vin des Basses-Pyrénées.

jurande nf. Charge de juré, dans une corporation.

jurassien, enne adj. et n. Du Jura.

jurassique adj. et nm. *Géol.* Se dit de terrains secondaires dont le Jura est en partie formé.

jurement nm. Blasphème, serment.

jurer vt. Promettre par serment. ‖ Affirmer comme avec serment : *on jurerait que c'est lui*. ‖ Vi. Blasphémer : *- continuellement*. ‖ Faire disparate : *le vert jure avec le bleu*. ‖ **Juré, e** part. et adj. Irréconciliable : *ennemi -*. ‖ N. Membre d'un jury.

jureur nm. Qui jure par habitude.

juridiction nf. Pouvoir, droit de juger. ‖ Ressort d'un tribunal.

juridique adj. Qui est dans les formes judiciaires.

jurisconsulte nm. Expert dans la science des lois.

jurisprudence nf. Science du droit. ‖ Ensemble de jugements.

juriste nm. Personne qui écrit sur les matières de droit.

juron nm. Jurement.

jury nm. Ensemble des jurés. ‖ Commission d'examen : *le - d'agrégation*.

jus [*ju*] nm. Suc tiré d'une chose : *- de viande, de citron*. ‖ *Fam. - de la treille*, le vin.

jusant nm. Reflux.

jusque prép. qui marque la limite atteinte ou à atteindre. ‖ **Jusqu'à ce que** loc. conj., jusqu'au moment où.

jusquiame [*ski*] nf. Plante narcotique vénéneuse.

justaucorps nm. Pourpoint ajusté du XVIIIe s.

juste adj. Qui juge et agit selon l'équité. ‖ Conforme à la justice, à la vérité. ‖ Fondé, légitime : *une - réclamation*. ‖ Qui apprécie bien : *coup d'œil -*. ‖ Exact. ‖ Etroit, court : *souliers trop -*. ‖ Nm. L'homme qui observe les lois de la morale ou de la religion. ‖ Ce qui est juste : *notion du - et de l'injuste*. ‖ Adv. Avec justesse : *chanter -*. ‖ *Frapper -*, à l'endroit voulu. ‖ **Au -** loc. adv., exactement, précisément : *au -, quel âge a-t-il ?*

justesse nf. Qualité de ce qui est juste. ‖ Exactitude, précision.

justice nf. Vertu morale qui fait que l'on rend à chacun ce qui lui appartient. ‖ Bon droit : *avoir la - de son côté*. ‖ Ensemble des tribunaux, des magistrats. ‖ *Se faire -*, se venger soi-même. ‖ Se tuer pour se punir

soi-même : *le meurtrier s'est fait -.*
‖ *Bois de -,* l'échafaud.

justiciable adj. et n. Qui relève de
certains tribunaux.

justicier adj. et nm. *Féod.* Qui fait
régner la justice.

justifiable adj. Qui peut être justifié : *attitude -.*

justificatif, ive adj. Qui sert à justifier : *les pièces -.*

justification nf. Action de justifier,
de se justifier. ‖ Preuve.

justifier vt. (c. *prier*). Prouver l'innocence. ‖ Apporter la preuve : *les
événements ont justifié nos prévisions.*

‖ *Théol.* Rendre juste. ‖ **Se - vpr.**
Prouver son innocence.

jute nm. Textile de l'Inde. ‖ Tissu
fait avec cette fibre.

juter vi. *Fam.* Rendre du jus.

juteux, euse adj. Qui a beaucoup de
jus : *une poire -.*

juvénile adj. Qui appartient à la jeunesse : *ardeur -.*

juxtalinéaire adj. Se dit d'une traduction où le texte et la version
occupent deux colonnes contiguës.

juxtaposer vt. Poser immédiatement
à côté : *- des maisons.*

juxtaposition nf. Action de juxtaposer. ‖ Etat qui en résulte.

K

k nm. Onzième lettre de l'alphabet et
la huitième des consonnes.

K, symbole chimique du *potassium.*

kabyle adj. et n. De la Kabylie.

kaïnite nf. Sulfate de magnésium et
chlorure de potassium.

kaiser [*ka-i-zèr*] nm. En allem., empereur.

kakémono nm. Peinture japonaise sur
papier, destinée à être suspendue.

kaki nm. Fruit comestible du plaque-
minier. ‖ Adj. inv. Brun jaunâtre :
des uniformes kaki.

kaléidoscope nm. Cylindre opaque
contenant des miroirs angulaires et des
fragments de verre coloré qui donnent
des images symétriques et variables à
l'infini.

kan ou **khan** nm. Prince, commandant
tartare ou turc.

kandjar, kandjiar ou **kangiar** nm.
Poignard oriental à lame recourbée.

kangourou nm. Mammifère marsupial herbivore de l'Australie.

kaolin nm. Argile blanche très pure,
employée en céramique, en papeterie.

kapok nm. Fibre végétale très légère.

karstique adj. Relatif au Karst (plateaux calcaires en Yougoslavie). ‖
Relief -, relief calcaire dû à la circulation souterraine des eaux.

kayak nm. Canot de pêche en peaux de
phoques, des Esquimaux.

keepsake [*kip-sék'*] nm. Livre-album
destiné à être offert en cadeau.

kéfir nm. Boisson obtenue par la fermentation du petit-lait.

kénotron nm. Redresseur électronique des courants à haute tension.

képi nm. Coiffure militaire légère,

à visière, adoptée par certaines administrations (P. T. T., douanes, police).

kératine nf. Substance essentielle
des poils, cheveux, ongles.

kératite nf. Inflammation de la cornée de l'œil.

kermès nm. Insecte analogue à la
cochenille. ‖ Substance tinctoriale
extraite du corps de ces insectes. ‖
Oxyde d'antimoine sulfuré.

kermesse nf. Fête de charité en plein
air. ‖ Grande fête publique.

kérosène nm. ou **kérosine** nf. Pétrole employé dans les lampes d'éclairage et les moteurs à réaction.

khamsin ou **chamsin** nm. Vent du
sud, chaud et sec, qui souffle sur
l'Egypte.

khan nm. V. KAN.

khédive nm. Titre de l'ancien vice-
roi d'Egypte.

khôl, kohol ou **koheul** nm. Fard
utilisé en Orient pour teindre les sourcils et les cils.

kidnapper vt. Enlever une personne
pour s'en servir comme otage ou en
tirer une rançon.

kilo préfixe qui multiplie par mille
l'unité métrique qu'il précède : *kilogramme.* ‖ Nm. Abréviation de kilogramme. ‖ Pl. des *kilos.*

kilocycle nm. Unité de fréquence d'un
courant alternatif.

kilogramme nm. Unité principale de
masse (kg).

kilogramme-force nm. Unité de
force (kgf).

kilogrammètre nm. Unité de travail
(kgm).

kilojoule nm. Unité de travail (kJ) dans le système M.T.S.

kilométrage nm. Action de kilométrer. ‖ Mesure par kilomètres. ‖ Distance parcourue.

kilomètre nm. Mesure itinéraire de 1 000 mètres (km).

kilométrer vt. (c. *céder*). Marquer les distances kilométriques.

kilométrique adj. Relatif au kilomètre.

kilowatt nm. Unité de puissance (kW) égale à 1 000 watts.

kilowatt-heure nm. Energie fournie en une heure par une puissance de 1 kilowatt (kWh).

kilt nm. Jupe courte des Ecossais.

kimono nm. Tunique longue et flottante des Japonais. ‖ Vêtement de femme sans couture aux emmanchures.

king-charles nm. inv. Petit chien à long poil.

kiosque nm. Pavillon ouvert de tous côtés, qui décore les jardins. ‖ Edicule pour la vente des journaux, etc. ‖ *Mar.* Passerelle de sous-marin.

kirsch nm. Eau-de-vie de cerises.

Klaxon nm. (nom déposé). Avertisseur à son éclatant.

klaxonner vi. Faire résonner un klaxon.

knock-out [*nok-aout'*] nm. inv. Mise hors de combat. ‖ Adj. Assommé.

knout nm. Supplice du fouet, en Russie. ‖ Le fouet lui-même.

kobold nm. En Allemagne, lutin.

kola nm. Arbre d'Afrique tropicale dont les fruits sont toniques. ‖ Nf. Noix de cet arbre.

kolkhoze nm. En U.R.S.S., exploitation agricole dans laquelle les habitants ont mis leurs terres en commun.

kopeck nm. Monnaie russe valant le centième du rouble.

korrigan, e n. En Bretagne, esprit malfaisant, nain ou fée.

kouglof ou **kugelhopf** nm. Gâteau alsacien.

koumis, koumiss ou **koumys** nm. Boisson fermentée des nomades de l'Asie, préparée avec du lait de jument ou d'ânesse.

krach nm. Débâcle financière.

kraft nm. Variété de papier d'emballage très résistant.

kremlin nm. Ancien palais des tsars à Moscou.

kronprinz nm. Prince héritier, en Allemagne.

krypton nm. Gaz rare de l'air.

kummel nm. Liqueur alcoolique aromatisée avec du cumin.

kwas ou **kvas** nm. Boisson enivrante des paysans russes, faite avec de l'orge fermentée.

kymrique ou **cymrique** nm. et adj. Idiome celtique du pays de Galles.

kyrie ou **kyrie eleison** nm. *Cathol.* Invocation que fait l'officiant au commencement de la messe.

kyrielle nf. Longue suite.

kyste nm. Petite tumeur.

l nm. Douzième lettre de l'alphabet, et la neuvième des consonnes. ‖ **L,** chiffre romain qui vaut cinquante.

la art. f. sing. V. LE.

la pr. pers. f. sing. V. LE.

la nm. Sixième note de la gamme. ‖ Note donnée par le diapason normal.

là adv. En cet endroit, en cette situation (par oppos. à *ici*) : *asseyez-vous*. ‖ Se met à la suite des pronoms démonstratifs et des substantifs pour préciser : *cet homme-là.* ‖ Se met aussi avant quelques adverbes de lieu : *là-dessus, là-bas,* etc. ‖ Loc. adv. **De** -, de ce lieu-là. **Par-**, par ce lieu, par ce moyen. **Par-ci, par-**, de côté et d'autre; de temps en temps.

labarum [*rom'*] nm. Etendard de Constantin, portant le monogramme du Christ.

label nm. Etiquette, marque spéciale : - *de garantie.*

labelle nm. Pétale supérieur de la corolle des orchidées.

labeur nm. Travail pénible et prolongé : *un dur* -.

labiacées nfpl. Famille de dicotylédones à tige carrée, dont le *lamier blanc* est le type.

labial, e, aux adj. Relatif aux lèvres. ‖ *Gramm.* Consonnes -, qui se prononcent avec les lèvres, comme *b, p, f, v, m.*

labié, e adj. *Bot.* Dont la corolle présente deux lobes en forme de lèvres.

laborantine nf. Assistante de laboratoire.

laboratoire nm. Local disposé pour faire des recherches ou des préparations scientifiques.

laborieux, euse adj. Travailleur. ‖ Pénible, difficile : *digestion* -.

labour nm. Façon qu'on donne aux terres avec la charrue. ‖ Pl. Terres labourées.

labourage nm. Action, manière de labourer la terre.

labourer vt. Ouvrir et retourner la terre avec la charrue, la bêche, la pioche, etc. ‖ *Fig.* Sillonner, écorcher : *la balle lui a labouré le visage.*

laboureur nm. Celui qui laboure. ‖ Cultivateur.

labyrinthe nm. Edifice composé d'un grand nombre de pièces disposées de telle manière qu'on n'en trouvait que très difficilement l'issue. ‖ *Fig.* Complication inextricable : *le* - *de la procédure.* ‖ *Jard.* Chemin compliqué d'allées entrelacées. ‖ *Anat.* L'oreille interne.

lac nm. Etendue d'eau entourée de terres.

laçage ou **lacement** nm. Action ou manière de lacer.

lacédémonien, enne adj. et n. De Lacédémone ou Sparte.

lacer vt. (c. *placer*). Serrer avec un lacet.

lacération nf. Action de lacérer.

lacérer vt. (c. *céder*). Déchirer, mettre en pièces : *une affiche.*

laceron nm. V. LAITERON.

lacet nm. Cordon passé dans des œillets pour serrer les corsets, les chaussures, etc. ‖ Lacs pour prendre le gibier. ‖ Série de zigzags : *route en* -.

lâchage nm. Action de lâcher, d'abandonner.

lâche adj. Qui n'est pas tendu, pas serré : *nœud* -. ‖ *Fig.* Poltron. ‖ Honteux : *action* -. ‖ Nm. : *c'est un* -. ‖ **Lâchement** adv.

lâcher vt. Détendre, desserrer. ‖ Laisser échapper. ‖ *Fig.* et *fam.* Quitter brusquement : - *ses amis.* ‖ *Fig.* - *pied,* s'enfuir. ‖ Nm. Action de laisser aller : *un* - *de pigeons.*

lâcheté nf. Défaut de courage. ‖ Action indigne : *commettre une* -.

lâcheur, euse n. *Fam.* Qui délaisse ses camarades, ses amis.

lacis [*si*] nm. Réseau de fils croisés.

laconique adj. Concis, bref, à la manière des habitants de la Laconie : *réponse* -. ‖ **Laconiquement** adv.

laconisme nm. Concision du langage.

lacryma-christi nm. Vin muscat provenant des vignes cultivées au pied du Vésuve. ‖ Cépage qui le produit.

lacrymal, e, aux adj. Relatif aux larmes : *glande* -.

lacrymatoire nm. Vase renfermant les parfums dont on arrosait le bûcher des morts, chez les Romains. ‖ Adj. : *urne* -.

lacrymogène adj. Qui fait pleurer.

lacs [*la*] nm. Nœud coulant pour piéger le gibier.

lactaire nm. Champignon dont la cassure laisse échapper un suc laiteux.

lactaire adj. Relatif au lait.

lactase nf. Diastase transformant le lactose en glucose.

lactation nf. Sécrétion et excrétion du lait. ‖ Allaitement.

lacté, e adj. Qui consiste en lait. ‖ Laiteux : *suc -*. ‖ *Astron. Voie -*, bande blanchâtre dans le ciel, due à une multitude d'étoiles.

lactescent, e adj. Qui contient un suc laiteux. ‖ Qui est blanc laiteux.

lactifère adj. *Anat.* Qui produit, porte, conduit le lait : *glande -*.

lactique adj. *Chim. Acide -*, acide qui se trouve dans le petit-lait.

lactose nm. Sucre de lait.

lacune nf. Espace vide dans l'intérieur d'un corps. ‖ Interruption, solution de continuité. ‖ *Fig.* Manque, absence : *les - d'une éducation*.

lacustre adj. Qui vit sur les bords ou dans les eaux d'un lac; construit sur les bords d'un lac : *cité -*.

lad nm. Garçon d'écurie de courses.

ladre, ladresse adj. et n. Atteint de ladrerie (en parlant du porc). ‖ *Fig.* Avare.

ladrerie nf. Maladie du porc. ‖ *Fig.* Avarice sordide.

lady [*lé-di*] nf. Femme d'un lord.

lagon nm. Masse d'eau salée au centre d'un atoll.

lagune nf. Etendue d'eau salée peu profonde, isolée de la mer par un cordon littoral : *la - de Venise*.

lai nm. Au Moyen Age, petit poème narratif ou lyrique.

lai, e adj. et n. Laïque. (Vx.) ‖ *Frère -*, frère servant. ‖ *Sœur -*, sœur converse.

laïc adj. et n. V. LAÏQUE.

laîche nf. Roseau, nom vulgaire du *carex*.

laïcisation nf. Action de laïciser.

laïciser vt. Donner un caractère laïque, ôter tout caractère religieux.

laïcité nf. Caractère laïque.

laid, e adj. Désagréable à la vue. ‖ *Fig.* Contraire à la bienséance.

laideron nf. ou m. Fille ou femme laide.

laideur nf. Etat de ce qui est laid. ‖ *Fig. : la - du vice*.

laie nf. Femelle du sanglier.

laie nf. Sentier en forêt. ‖ Marteau à deux têtes tranchantes et dentelées du tailleur de pierres.

lainage nm. Etoffe de laine. ‖ Toison des moutons. ‖ Action de lainer.

laine nf. Poil épais, doux et frisé de quelques animaux. ‖ Vêtement de laine.

lainer vt. Donner du velouté, du duveté aux draps en les frottant avec des chardons. ‖ Nm. Le velouté d'une étoffe.

laineux, euse adj. Fourni de laine. ‖ *Bot.* Poilu : *plante -*.

lainier, ère adj. Qui concerne la laine. ‖ Nm. Marchand de laine. ‖ Ouvrier en laine.

laïque ou **laïc, ïque** adj. et n. Ni ecclésiastique ni religieux.

laisse nf. Lanière servant à mener un chien. ‖ *Fig.* et *fam. Tenir quelqu'un en -*, limiter sa liberté.

laisse nf. Espace découvert par la mer à marée basse. ‖ Ligne entière par le flux.

laisser vt. Tenir d'une façon lâche : *- la bride sur le cou*. ‖ Permettre : *je les ai laissés sortir; laissez-moi parler*. ‖ Ne pas emporter, oublier : *- son manteau en classe*. ‖ Délaisser : *- un ami dans la misère*. ‖ Abandonner la direction de : *- une rue sur sa gauche*. ‖ Se désintéresser de : *- quelqu'un à la porte; - un champ en friche*. ‖ Confier : *- une lettre à la concierge*. ‖ Faire durer après soi : *- des regrets*. ‖ Léguer : *- sa fortune aux pauvres*. ‖ Perdre : *il y laissa la vie*. ‖ Réserver : *laissons cela pour demain*. ‖ Céder : *- du drap à moitié prix*. ‖ *- faire, - dire*, ne pas se soucier de ce que font, de ce que disent les autres. ‖ *C'est à prendre ou à -*, il faut accepter la chose ainsi ou y renoncer. ‖ *Ne pas - de*, ne pas cesser de, ne pas manquer de : *cette réponse ne laisse pas de m'étonner*. ‖ *- à penser*, donner lieu à réflexion. ‖ *- quelqu'un tranquille*, ne pas le tourmenter. ‖ *- à désirer*, ne pas satisfaire entièrement. ‖ *Se - vr. Se - aller*, se relâcher. ‖ *Se - faire*, ne pas opposer de résistance. ‖ *Se - dire*, entendre dire, sans y croire beaucoup.

laisser-aller nm. Négligence dans la tenue, le travail.

laissez-passer nm. inv. Permis de circuler. ‖ Congé.

lait nm. Liquide blanc, d'une saveur douce, fourni par les femelles des mammifères. ‖ Suc d'apparence laiteuse contenu dans un grand nombre de plantes : *- de coco*. ‖ *- de poule*, jaune d'œuf délayé dans du lait sucré. ‖ *Dents de -*, première dentition. ‖ *Frère, sœur de -*, d'enfants qui ont eu en même temps la même nourrice. ‖ *Fam. Boire du -*, éprouver une vive satisfaction.

laitage nm. Le lait et tout ce qui se fait avec le lait.

laitance ou **laite** nf. Substance blanche et molle propre aux poissons mâles, et qui sert à féconder les œufs.

laité, e adj. Qui a de la laitance.

laiterie nf. Lieu destiné à recevoir le lait, à faire le beurre et le fromage.

laiteron nm. Plante à latex, nourriture des lapins.

laiteux, euse adj. Analogue au lait; de la nature du lait.

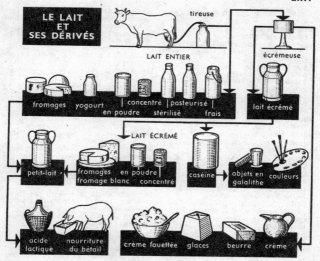

LE LAIT
ET
SES DÉRIVÉS

tireuse

LAIT ENTIER

écrémeuse

fromages   yogourt | concentré | pasteurisé | lait écrémé
              en poudre stérilisé   frais

LAIT ÉCRÉMÉ

petit-lait   fromages   en poudre   caséine   objets en   couleurs
             fromage blanc concentré   galalithe

acide   nourriture   crème fouettée   glaces   beurre   crème
lactique   du bétail

laitier, ère n. Qui vend du lait. ‖ Nm. Scorie nitrifiée de haut fourneau. ‖ Adj. *Vache -*, qui donne du lait.

laiton nm. Alliage de cuivre et de zinc.

laitue nf. Plante potagère à nombreuses variétés, qui se mange en salade.

laïus [*üss*] nm. *Arg. d'école.* Discours.

laize ou **laise** nf. Largeur d'une étoffe entre deux lisières.

lama nm. Prêtre bouddhiste chez les Tibétains. ‖ *Grand -* ou *dalaï-*, chef suprême de la religion bouddhique.

lama nm. Mammifère ruminant, à épaisse toison laineuse, originaire du Pérou.

lamaïsme nm. Forme tibétaine du bouddhisme.

lamanage nm. Pilotage restreint sur une courte étendue de côte.

lamaneur nm. Pilote côtier.

lamantin nm. Grand mammifère cétacé herbivore encore appelé *vache marine.*

lamaserie nf. Couvent de lamas.

lambeau nm. Morceau de chair, d'étoffe arrachée. ‖ *Fig.* Fragment, partie : *- de discours.*

lambic ou **lombick** nm. Bière forte de Belgique.

lambin, e adj. et n. *Fam.* Qui agit avec lenteur : *enfant -.*

lambiner vi. *Fam.* Agir lentement.

lambourde nf. Pièce de bois servant à supporter un parquet. ‖ Branche à fruits.

lambrequin nm. Ornement découpé, pour couronner un pavillon, une fenêtre, un ciel de lit.

lambris nm. Revêtement de menuiserie, de marbre, de stuc, etc., sur les murs.

lambrissage nm. Action de lambrisser ; l'ensemble des lambris.

lambrisser vt. Revêtir d'un lambris les murs d'un appartement. ‖ Couvrir de plâtre : *- un plafond.* ‖ Lambrissé, e part. et adj. *Chambre -*, dont le plafond ou les murs suivent la pente du toit.

lambruche ou **lambrusque** nf. Vigne sauvage.

lame nf. Morceau de métal plat et mince. ‖ Fer d'une épée, d'un couteau. ‖ Vague de la mer. ‖ *- de fond*, vague de grande intensité. ‖ *Fig. Une fine -*, escrimeur réputé ; personne rusée et décidée.

lamé, e adj. et nm. Tissé avec des fils métalliques.

lamellaire adj. A lamelles.

lamelle nf. Petite lame.

lamellé, e ou **lamelleux, euse** adj. Qui se laisse diviser en lames : *une ardoise -*.

lamellibranches nmpl. Classe de mollusques à coquille bivalve et à branchies en lamelles (huîtres, moules, etc.).

lamentable adj. Qui mérite d'être pleuré. ‖ Qui porte à la pitié. ‖ *Fam.* Mauvais : *un devoir -*.

lamentation nf. Plainte, gémissements : *les - de Jérémie*.

lamenter (se) vpr. Se plaindre.

lamie nf. Monstre fabuleux des Anciens. ‖ Sorte de requin.

lamier nm. Plante à feuilles semblables à celles de l'ortie.

laminage nm. Action de laminer ; son résultat.

laminaire nf. Algue brune utilisée comme fourrage ou engrais.

laminer vt. Réduire un métal en lames ou en barres de profil déterminé.

lamineur nm. Ouvrier employé au laminage. ‖ Adj. : *cylindre -*.

lamineux, euse adj. En forme de petites lames.

laminoir nm. Machine formée de deux cylindres d'acier, tournant en sens inverse, aplatissant ou profilant le lingot chauffé.

lampadaire nm. Support vertical portant un appareil d'éclairage.

lampant, e adj. Se dit d'une huile éclairante : *pétrole -*.

lampe nf. Appareil producteur de lumière. ‖ *Par ext.* Tout appareil d'éclairage (à gaz, à l'électricité, etc.). ‖ Réchaud à alcool, à essence.

lampée nf. *Pop.* Grande gorgée de liquide.

lamper vt. *Pop.* Boire avidement.

lampion nm. Petit récipient dans lequel on met une matière combustible avec une mèche, pour les illuminations. ‖ Lanterne vénitienne.

lampiste nm. Personne chargée de l'entretien du matériel d'éclairage. ‖ *Fam.* Employé subalterne ; bouc émissaire.

lampisterie nf. Lieu où l'on garde et répare les lampes.

lamproie nf. Poisson de mer de forme cylindrique et allongée, à chair délicate.

lampyre nm. Ver luisant.

lançage nm. V. LANCEMENT.

lance nf. Arme offensive à long manche et à fer pointu. ‖ Tube métallique d'arrosage.

lance-flammes nm. inv. Engin de guerre destiné à projeter des liquides enflammés.

lancement nm. Action de lancer. ‖ *Fig.* Action de jeter sur le marché : *le - d'un journal*.

lancéolé, e adj. *Bot.* En forme de fer de lance.

lancer vt. (c. *placer*). Jeter avec force. ‖ Envoyer avec force, appliquer. ‖ Darder : *- des regards*. ‖ Mettre à l'eau : *- un navire*. ‖ *Fig.* Mettre en vedette : *- un écrivain*, *- un cerf*, le faire sortir. ‖ **Se -** vpr. Se produire hardiment, s'engager dans : *se - dans le monde*. ‖ Nm. *Vén.* Moment où la bête est lancée par les chiens. ‖ *Sports.* Jet d'un poids, etc., d'une ligne avec amorce.

lancette nf. *Chir.* Petite lame à deux tranchants pour saigner.

lanceur, euse n. Qui lance ; met en train : *- d'affaires*.

lancier nm. Cavalier armé d'une lance.

lanciner vi. Se faire sentir par élancements aigus. ‖ **Lancinant, e** part. et adj. : *douleur -*.

lançon nm. Nom vulgaire de plusieurs poissons, notamment de l'*équille*.

landais, e adj. et n. Des Landes.

landau nm. Voiture à quatre roues et suspendue, à double capote mobile. ‖ Voiture d'enfant. ‖ Pl. des *landaus*.

landaulet nm. Petit landau.

lande nf. Grande étendue de terre inculte, couverte de fougères, genêts, bruyères, etc.

landgrave nm. Titre de princes souverains allemands.

landier nm. Haut chenet de cuisine en fer.

landtag nm. Parlement de certains Etats allemands.

langage nm. Emploi de la parole pour exprimer les idées. ‖ Tout moyen de communiquer la pensée ou d'exprimer le sentiment. ‖ Manière de parler : *- incorrect*. ‖ *Par ext.* Voix, chant des animaux : *le - des bêtes*.

lange nm. Tissu épais qui sert à emmailloter un bébé.

langoureux, euse adj. Qui marque de la langueur.

langouste nf. Crustacé décapode, à chair savoureuse.

langoustier nm. Filet pour prendre les langoustes.

langoustine nf. Petit crustacé comestible.

langue nf. Corps charnu, allongé, mobile, situé dans la bouche et servant à la dégustation, à la déglutition et à la parole. ‖ Idiome d'une nation.

‖ Ensemble du vocabulaire et de la syntaxe propres à certaines époques, à certains écrivains, à certaines professions, etc. : *la - du douzième siècle*; *la - de V. Hugo.* ‖ *- vivante*, actuellement parlée. ‖ *- morte*, langue qu'on ne parle plus. ‖ *Coup de -*, médisance. ‖ *- de vipère, mauvaise -*, personne médisante. ‖ *Donner sa - aux chats*, renoncer à deviner. ‖ *Avaler sa -*, garder le silence. ‖ *Avoir la - trop longue*, ne pas savoir garder un secret.

languette nf. Petite langue. ‖ Se dit de tout ce qui rappelle sa forme.

langueur nf. Abattement prolongé physique ou moral. ‖ Apathie.

languier nm. Langue et gorge fumées d'un porc.

languir vi. Etre dans un état de profond abattement. ‖ *Fig.* Souffrir de la continuité, d'un besoin, d'une attente, etc. : *- dans une prison.* ‖ Dépérir. ‖ Traîner en longueur : *la conversation languissait.* ‖ **Languissant**, e part. et adj. *Fig.* Qui manque de force, d'activité, de vie.

languissamment adv. D'une manière languissante.

lanière nf. Courroie ou bande longue et étroite.

lanifère ou **lanigère** adj. Relatif à la laine; duveteux.

lansquenet nm. Autref., soldat allemand mercenaire.

lanterne nf. Appareil d'éclairage où la lumière est à l'abri du vent. ‖ *- vénitienne*, en papier translucide et colorié. ‖ *- sourde*, dont on cache la lumière à volonté. ‖ *- magique*, servant à projeter des vues fixes. ‖ *Archit.* Tourelle élevée sur un dôme. ‖ *Méc.* Cage d'engrenage cylindrique à barreaux.

lanterner vi. Perdre son temps. ‖ Vt. Atermoyer.

lanugineux, euse adj. *Bot.* Couvert de duvet : *pêche -.*

lapalissade nf. Réflexion ingénue, vérité d'une évidence niaise.

laparotomie nf. *Chir.* Ouverture chirurgicale de l'abdomen.

laper vi. et t. Boire avec la langue.

lapereau nm. Jeune lapin.

lapidaire nm. Qui taille des pierres précieuses. ‖ Adj. *Style -*, concis.

lapidation nf. Action de lapider; son résultat.

lapider vt. Tuer à coups de pierres. ‖ *Par ext.* Poursuivre à coups de pierres.

lapiés ou **lapiaz** nm. Erosion superficielle causée par les eaux de ruissellement en pays calcaire.

lapin, e n. Mammifère rongeur du genre lièvre.

lapis ou **lapis-lazuli** [*pis*] nm., ou **lazulite** nf. Pierre d'un bleu azur magnifique.

lapon, ne adj. et n. De la Laponie.

laps [*lapss*] nm. *- de temps*, espace de temps.

laps, lapse adj. et n. Qui a quitté la religion catholique après l'avoir embrassée volontairement. (Ne s'emploie qu'avec *relaps : laps et relaps.*)

lapsus nm. Inadvertance commise en parlant ou en écrivant.

laquais nm. Valet en livrée.

laque nf. Résine rouge brun de certains arbres de l'Inde. ‖ Nm. Objet revêtu d'un enduit de laque.

laquer vt. Couvrir de laque.

larbin nm. *Péjor.* Domestique.

larcin nm. Petit vol : *commettre un -.*

lard nm. Graisse du porc entre la chair et la couenne.

larder vt. Piquer une viande de lardons. ‖ *Par ext.* Percer : *- de coups d'épée.* ‖ *Fig.* Poursuivre de traits piquants : *- d'épigrammes.*

lardoire nf. Brochette creuse pour larder.

lardon nm. Petit morceau de lard.

lare nm. Nom des dieux domestiques, chez les Romains. ‖ Pl. *Fig.* Foyer : *abandonner, revoir ses -.* ‖ Adj. : *les dieux -.*

large adj. Etendu dans le sens opposé à la longueur. ‖ Ample. ‖ *Fig.* Peu scrupuleux : *conscience -.* ‖ Généreux : *il n'est pas - envers ses employés.* ‖ Considérable : *faire de - concessions.* ‖ Nm. Largeur : *un mètre de -.* ‖ Haute mer : *gagner le -.* ‖ *Fig.* et fam. *Prendre le -*, s'enfuir. ‖ Au - loc. adv., spacieusement. ‖ Loc. ellipt. Ordre de s'éloigner : *au - !*

largesse nf. Libéralité, générosité.

largeur nf. Etendue, dans le sens opposé à la longueur. ‖ *Fig.* Ampleur : *- de vue.*

larghetto adv. *Mus.* Un peu moins lent que le largo. ‖ Nm. Morceau exécuté dans ce mouvement.

largo adv. *Mus.* Très lent.

largue adj. Qui n'est pas tendu. ‖ *Vent -*, oblique par rapport à la route du navire.

larguer vt. *Mar.* Détacher un cordage et le laisser filer.

larigot (à tire-) loc. adv. *Fam.* Beaucoup : *boire à -.*

larme nf. Humeur liquide sécrétée par diverses glandes de l'œil. ‖ *Fam.* Petite quantité : *une - de vin.* ‖ *- de crocodile*, larmes hypocrites.

larmier nm. *Archit.* Saillie d'une corniche, pour écarter l'eau de pluie du pied du mur. ‖ *Anat.* Angle interne de l'œil.

larmoiement nm. Ecoulement involontaire de larmes.

larmoyer vi. (c. *aboyer*). Pleurer, avoir la larme à l'œil. ‖ **Larmoyant, e** part. et adj.

larmoyeur, euse n. Qui pleure facilement et sans motif.

larron, onnesse n. Voleur. ‖ *S'entendre comme - en foire*, être d'intelligence dans une intention blâmable.

larvaire adj. Relatif à la larve et à son état.

larve nf. Spectre. ‖ Premier état des insectes, crustacés, batraciens, après leur sortie de l'œuf.

larvé, e adj. Se dit d'une maladie qui se présente sous une forme bénigne. ‖ *Fig.* Dissimulé, latent : *une révolution -*.

laryngé, e et **laryngien, enne** adj. Relatif au larynx.

laryngite nf. Inflammation du larynx. ‖ *- diphtérique*, vulgairement appelée *croup*, caractérisée par la formation de fausses membranes dans le larynx.

laryngologie nf. Traité sur le larynx. ‖ Anatomie du larynx.

laryngoscope nm. Appareil pour examiner le larynx.

laryngotomie nf. Incision du larynx.

larynx nm. Partie supérieure de la trachée-artère où se produit la voix.

las [*la*], **lasse** adj. Fatigué. ‖ Ennuyé, dégoûté : *il est - de l'existence*. ‖ *De guerre -*, à bout de résistance.

lascar nm. *Pop.* Homme hardi.

lascif, ive adj. Enclin à la luxure. ‖ Qui y excite.

lasciveté nf. Penchant à la luxure.

lasser vt. Fatiguer. ‖ *Fig.* Excéder : *- quelqu'un par ses questions*.

lassitude nf. Fatigue, dégoût : *tomber de -*.

lasso nm. Corde ou longue lanière de cuir, terminée par un nœud coulant, dont on se sert, en Amérique, pour capturer les animaux sauvages.

latanier nm. Palmier à larges feuilles en éventail.

latent, e adj. Caché; non apparent.

latéral, e, aux adj. Situé sur le côté, relatif au côté. ‖ *Surface -*, surface des côtés.

latérite nf. Argile rougeâtre.

latex nm. Suc végétal d'aspect laiteux : *le caoutchouc est un - coagulé*.

laticlave nm. Tunique blanche bordée de pourpre, des sénateurs romains.

latin, e adj. Du Latium. ‖ *Langue -*, celle des anciens Romains. ‖ *L'Eglise -*, l'Eglise romaine. ‖ *Nations -*, dont la langue dérive du latin. ‖ *Rite -*,

de l'Eglise romaine. ‖ *Mar. Voile -*, en triangle. ‖ *Quartier -*, quartier de Paris où se trouvent les grandes écoles et facultés. ‖ N. : *un Latin*. ‖ Nm. La langue latine : *apprendre le -*. ‖ *- de cuisine*, jargon, très mauvais latin. ‖ *Fig. Perdre son -*, ne rien comprendre à une chose.

latiniser vt. Donner une forme latine à un mot. ‖ Donner le caractère latin à un peuple.

latinisme nm. Tour de phrase propre à la langue latine.

latiniste n. Qui est versé dans la langue et la littérature latines.

latinité nf. Manière d'écrire ou de parler en latin : *la - de Cicéron*. ‖ *Basse -*, langue des auteurs latins après la chute de l'empire romain.

latitude nf. Lieu considéré d'après sa distance à l'équateur. ‖ *Fig.* Liberté, pouvoir d'agir à son gré : *vous avez toute -*.

latitudinaire adj. D'une morale trop large, trop indulgente.

latrie nf. *Culte de -*, adoration due à Dieu seul.

latrines nfpl. Lieux d'aisances.

latte nf. Pièce de bois longue et mince. ‖ Sabre droit.

latter vt. Garnir de lattes.

lattis nm. Ensemble de lattes clouées sur des solives.

laudanum [*nom'*] nm. Médicament calmant à base d'opium.

laudatif, ive adj. Qui loue.

laudes nfpl. Partie de l'office religieux qui suit matines.

lauréat, e adj. et n. Qui a remporté un prix dans un concours.

laurier nm. Arbre aromatique, à feuilles persistantes. ‖ *Fig. Cueillir des -*, remporter des victoires. ‖ *S'endormir sur ses -*, s'arrêter dans une carrière glorieuse.

lavable adj. Qui peut être lavé.

lavabo nm. *Liturg.* Prière que le prêtre récite en lavant ses doigts pendant la messe. ‖ Cuvette murale à eau courante. ‖ Local contenant plusieurs de ces cuvettes. ‖ Pl. Cabinets.

lavage nm. Action de laver; son résultat.

lavallière nf. Cravate à large nœud.

lavande nf. *Bot.* Labiacée méditerranéenne, ornementale et aromatique.

lavandière nf. Femme qui lave le linge. ‖ Oiseau : *bergeronnette*.

lavasse nf. *Fam.* Soupe ou sauce trop liquide.

lavatory nm. Cabinets de toilette publics.

lave nf. Matière fondue qui sort des volcans.

lavement nm. Action de laver. ‖ Injection intestinale liquide.

laver vt. Nettoyer avec un liquide. ‖ *Fig. - une injure dans le sang*, la venger par un meurtre. ‖ *- un dessin*, exécuter en lavis. ‖ **Se -** vpr. *Fig. Se - d'une imputation*, s'en justifier. ‖ *Je m'en lave les mains*, je décline toute responsabilité. ‖ **Lavé, e** part. et adj. Fait avec des couleurs à l'eau.

laverie nf. Etablissement industriel où l'on lave les minerais et les combustibles minéraux. ‖ Annexe d'une grande cuisine.

lavette nf. Morceau de linge ou pinceau pour laver la vaisselle.

laveur, euse n. Personne qui lave.

lavis nm. Coloriage d'un dessin avec de l'encre de Chine ou des couleurs délayées dans l'eau.

lavoir nm. Lieu public ou établissement destiné à laver le linge.

lavure nf. Eau de vaisselle. ‖ Pl. Parcelles de métaux précieux.

lawn-tennis nm. V. TENNIS.

laxatif, ive adj. et nm. Purgatif.

layette [*lè-yèt'*] nf. Trousseau d'un enfant nouveau-né.

layon [*lè-yon*] nm. Sentier de chasse pratiqué dans les tirés.

lazaret nm. Lieu de mise en quarantaine des navires pouvant propager une épidémie.

lazariste nm. Missionnaire de la congrégation de Saint-Vincent-de-Paul.

lazulite nf. V. LAPIS.

lazzi nm. Plaisanteries moqueuses et un peu libres. ‖ Pl. des *lazzi* ou *lazzis*.

le, la, les art. défini. ‖ Pr. pers. quand ils sont joints à un verbe.

lé nm. V. LAIZE.

leader [*li-deur*] nm. Chef d'un parti politique. ‖ Article de fond d'un journal politique.

lebel nm. Fusil de guerre en usage dans l'armée française jusqu'en 1939.

lèche nf. *Fam.* Tranche mince de pain pour la soupe.

lèchefrite nf. Ustensile placé sous la broche pour recevoir le jus et la graisse de la viande.

lécher vt. (c. *céder*). Passer la langue sur. ‖ *Par ext.* Effleurer : *les flammes lèchent la chaudière*. ‖ *Fig. et fam.* Exécuter avec trop de minutie. ‖ **Léché, e** part. et adj. *Ours mal -*, personne mal élevée.

leçon nf. Cours public ou particulier : *assister à la - d'histoire*. ‖ Ce que le maître donne à apprendre. ‖ *Fig.* Enseignement : *les - de l'expérience.* ‖ Réprimande : *il a reçu une bonne -*.

lecteur, trice n. Personne qui lit à haute voix pour d'autres personnes, ou qui lit pour elle-même.

lecture nf. Action, art de lire. ‖ Ce qu'on lit.

légal, e, aux adj. Conforme à la loi.

légalisation nf. Action de légaliser ; son résultat.

légaliser vt. Certifier l'authenticité d'un acte. ‖ Rendre légal.

légalité nf. Qualité, caractère de ce qui est légal.

légat nm. Ambassadeur extraordinaire du Vatican.

légataire n. A qui l'on fait un legs. ‖ *- universel*, qui hérite de la totalité des biens.

légation nf. Charge de légat. ‖ Etendue de juridiction. ‖ Mission entretenue par un gouvernement dans un pays où il n'a pas d'ambassade. ‖ Hôtel occupé par le personnel d'une légation.

légendaire adj. De la nature des légendes. ‖ Popularisé par la tradition : *le chapeau - de Napoléon.*

légende nf. Récit où l'histoire est défigurée par les traditions. ‖ Explication jointe à un dessin ou à une carte géographique.

léger, ère adj. Qui ne pèse guère. ‖ Mince : *tissu -.* ‖ Facile à digérer, qui a peu de force : *aliment - ; vin -.* ‖ Frugal. ‖ Dispos. ‖ Vif : *danse -.* ‖ Délicat : *touche -.* ‖ *Fig.* Aisé à supporter : *peines -.* ‖ Inconsidéré : *propos -.* ‖ Peu grave : *faute, blessure -.* ‖ Superficiel : *esprit -.* ‖ *Sommeil -*, que le moindre bruit interrompt. ‖ **A la -** loc. adv., sans réflexion : *parler à la -.*

légèreté nf. Qualité de ce qui est léger. ‖ Agilité. ‖ *Fig.* Irréflexion : *- de caractère.* ‖ Imprudence : *- de conduite.*

leggins [*lé-ghinns*] nfpl. Jambières de cuir ou de forte toile.

leghorn nf. Race de poules bonnes pondeuses.

légiférer vi. (c. *céder*). Edicter des lois.

légion nf. Importante formation militaire romaine. ‖ Corps de gendarmerie d'une région militaire. ‖ *Fam.* Multitude : *une - de neveux.* ‖ *- étrangère*, troupe de volontaires étrangers au service de la France. ‖ *- d'honneur*, ordre civil et militaire.

légionnaire nm. Soldat romain. ‖ Soldat de la Légion étrangère. ‖ Membre de l'ordre de la Légion d'honneur.

législateur, trice n. Qui donne des lois à un peuple.

législatif, ive adj. Qui fait les lois.

législation nf. Droit de faire les lois.

‖ Ensemble des lois. ‖ Science des lois.

législature nf. Corps législatif en activité. ‖ Durée de son mandat.

légiste nm. Qui étudie les lois.

légitimation nf. Action de légitimer.

légitime adj. Juste. ‖ Conforme à la loi.

légitimer vt. Reconnaître comme légitime. ‖ Faire reconnaître pour authentique un pouvoir, un titre, etc. ‖ Justifier.

légitimiste adj. et n. Partisan de la branche aînée des Bourbons.

légitimité nf. Qualité de ce qui est légitime. ‖ Hérédité de la royauté par droit de naissance.

legs [lè ou lég] nm. Don fait par testament.

léguer vt. (c. céder). Donner par testament. ‖ Fig. Transmettre : - son nom.

légume nm. Plante potagère alimentaire.

légumier, ère adj. Qui concerne les légumes. ‖ Nm. Plat creux à légumes.

légumineux, euse adj. Se dit des plantes dont le fruit est une gousse.

leitmotiv nm. Mus. Motif conducteur revenant souvent dans une partition. ‖ Pl. des leitmotive.

lemme nm. Math. Proposition préliminaire facilitant la démonstration d'un théorème.

lemming nm. Rongeur migrateur voisin du campagnol.

lémur nm. Nom scientifique du maki.

lémures nmpl. Chez les Romains, mânes des morts.

lémuriens nmpl. Variété de singes.

lendemain nm. Jour qui suit celui où l'on est.

lénifier vt. (c. prier). Adoucir.

lénitif, ive adj. Qui calme, adoucit. ‖ Nm. : le miel est un -.

lent, e adj. Qui n'agit pas avec promptitude. ‖ Qui manque de vivacité : esprit -.

lente [lant'] nf. Œuf de pou.

lenteur nf. Manque de célérité, de vivacité.

lenticulaire adj. Qui a la forme d'une lentille : verre -.

lentille nf. Plante légumineuse; sa graine. ‖ Verre taillé en forme de lentille. ‖ Tache de rousseur.

lentisque nm. Pistachier donnant un suc résineux dit mastic.

lento adv. Mus. Lentement.

léonin, e adj. Propre au lion. ‖ Fig. Se dit d'un partage où une personne se réserve la plus grosse part.

léopard nm. Mammifère carnassier du genre chat, au pelage tacheté.

lépidoptères nmpl. Ordre d'insectes, appelés aussi papillons, ayant quatre ailes couvertes d'une poussière écailleuse. ‖ Sing. : un lépidoptère.

lépiote nf. Champignon. (La - élevée, ou coulemelle, est comestible.)

lépisme nm. Petit insecte, dit vulgairement poisson d'argent.

léporidés nmpl. Famille de rongeurs comprenant les lièvres et les lapins.

lèpre nf. Maladie infectieuse couvrant la peau de pustules et d'écailles.

lépreux, euse adj. et n. Relatif à la lèpre. ‖ Qui a la lèpre.

léproserie nf. Hôpital pour lépreux.

leptocéphale nm. Larve des congres et des anguilles.

lequel, laquelle, lesquels, lesquelles pr. rel. composé. Qui, que : le bateau sur - nous naviguions. ‖ Pr. interrog. Quel (parmi plusieurs) : voici deux étoffes, - choisissez-vous? (Se contracte, au masc. sing. et au plur. des deux genres, avec à et de, pour donner auquel, duquel, auxquels, auxquelles, desquels, desquelles.)

lérot nm. Rongeur voisin du loir.

les art. et pr. pl. V. LE.

lès V. LEZ.

lèse adj. f. A quoi il a été porté atteinte; s'emploie dans les expressions : crime de - -majesté, de - -humanité.

léser vt. (c. céder). Faire tort à.

lésine nf. Ladrerie, avarice.

lésiner vi. User de lésinerie.

lésinerie nf. Epargne excessive dans les plus petites choses.

lésion nf. Perturbation anatomique dans la texture des organes : - cardiaque.

lessivage nm. Action de lessiver.

lessive nf. Solution alcaline pour nettoyer le linge. ‖ Poudre pour préparer cette solution. ‖ Linge à lessiver ou déjà lessivé. ‖ Action de lessiver.

lessiver vt. Nettoyer au moyen de la lessive.

lessiveuse nf. Appareil portatif servant à lessiver le linge domestique.

lest [lèst] nm. Matière pesante assurant la stabilité d'un navire, d'un ballon. ‖ Fig. Jeter du -, faire des concessions.

lestage nm. Action de lester.

leste adj. Léger dans ses mouvements. ‖ Fig. Grivois : propos -. ‖ Avoir la main -, être prompt à frapper.

lester vt. Garnir de lest. ‖ Se - vpr. Fam. Prendre une nourriture solide.

léthargie nf. Suspension apparente de la vie. ‖ Fig. Nonchalance extrême.

léthargique adj. Qui tient de la léthargie. ‖ Fig. Indolent.

letton, onne adj. et n. De Lettonie.

lettre nf. Chacun des caractères de l'alphabet. ‖ Sens étroit et littéral : *préférer l'esprit à la -.* ‖ Missive. ‖ *- de change* ou *traite*, billet tiré par un correspondant au profit ou à l'ordre d'un tiers. ‖ *- d'avis*, pour informer d'une expédition. ‖ *- de cachet*, ordre d'arrestation sous l'Ancien Régime. ‖ *Exécuter des ordres à la -*, ponctuellement. ‖ *Traduire à la -*, littéralement. ‖ *En toutes -*, sans abréviation. ‖ *Fig. - morte*, chose dont on ne tient plus compte. ‖ Pl. *- patentes*, expédiées sous le sceau de quelque autorité. ‖ *Les belles- -*, v. BELLES-LETTRES. ‖ *Homme de -*, *femme de -*, écrivains.

lettré, e adj. et n. Instruit dans les belles-lettres.

lettrine nf. Petite lettre qui indique un renvoi. ‖ Groupe de trois lettres en haut d'une colonne de dictionnaire. ‖ Lettre ornée, au début d'un chapitre.

leu nm. *A la queue - -*, l'un derrière l'autre.

leucémie nf. Affection grave caractérisée par l'augmentation des globules blancs du sang.

leucite nm. Corpuscule intracellulaire végétal.

leucocyte nm. Globule blanc du sang.

leur pr. pers. de la 3e personne. A eux, à elles (se place immédiatement devant le verbe et ne prend jamais l's).

leur adj. poss. D'eux, d'elles : *les enfants doivent du respect à - père, à - mère; les riches et les pauvres ont - peines.* ‖ Pr. poss. *Le -, la -, les -: les gens sages gardent - amis, les fous perdent les -.* ‖ Nm. *Le -*, ce qui est à eux, à elles : *ils y mettent du -.* ‖ Nmpl. *Les -*, leurs parents, leurs amis, leurs alliés.

leurre nm. Appât factice destiné primitivement au faucon. ‖ Fig. Appât, artifice : *la loterie est un -.*

leurrer vt. Attirer par quelque espérance trompeuse. ‖ Se - vpr. S'illusionner.

levage nm. Action de lever.

levain nm. Toute substance propre à exciter la fermentation dans un corps. ‖ Fig. Germe : *- de haine.*

levant nm. Orient. ‖ Régions de l'est. ‖ Adj. m. *Soleil -*, qui se lève.

levantin, ine adj. et n. Natif des pays du Levant.

levé adj. m. *Au pied -*, sans préparation. ‖ Nm. *- des plans*, v. LEVER.

levée nf. Action d'enlever, de retirer. ‖ Clôture d'une réunion : *- de la séance.* ‖ Perception : *- d'impôts.* ‖ Enrôlement : *- de troupes.* ‖ Cartes prises au jeu par une carte supérieure : *faire deux -.* ‖ Digue. ‖ *- d'un siège*, retraite des assiégeants. ‖ *- de boucliers*, protestation massive.

lever vt. (c. *mener*). Hausser : *- les bras.* ‖ Redresser : *- la tête.* ‖ Relever : *- un pont-levis.* ‖ Enlever : *- les scellés.* ‖ Couper : *- une cuisse de poulet.* ‖ Fig. Enrôler : *- une armée.* ‖ Percevoir : *- des impôts.* ‖ Dessiner : *- un plan.* ‖ *- le siège*, y mettre fin; au *fig.*, s'en aller. ‖ *- l'ancre*, appareiller. ‖ *- les épaules*, témoigner du mépris. ‖ Faire *- un lièvre*, le faire partir. ‖ *- le pied*, s'enfuir secrètement. ‖ *- une difficulté*, la faire cesser. ‖ *- un interdit*, en faire cesser les effets. ‖ *- le masque*, agir ouvertement. ‖ *- la séance*, la clore. ‖ Vi. Pousser : *les blés lèvent.* ‖ Fermenter : *la pâte lèvera.* ‖ Se - vpr. Se mettre debout. ‖ Sortir du lit. ‖ *Le vent se lève*, commence à souffler.

lever nm. Moment où l'on se lève. ‖ Moment où un astre paraît sur l'horizon. ‖ *- ou levé des plans*, représentation à l'échelle.

levier nm. Barre propre à soulever les fardeaux. ‖ Fig. Moyen d'action : *l'intérêt est un puissant -.*

léviger vt. (c. *manger*). Réduire en poudre impalpable une substance en la délayant dans l'eau.

lévitation nf. *Spirit.* Action de soulever un corps par la seule puissance du fluide humain.

lévite nm. Ministre du culte israélite. ‖ Nf. Longue redingote.

lévogyre adj. Qui dévie à gauche les rayons lumineux.

levraut nm. Jeune lièvre.

lèvre nf. Partie charnue qui ferme une cavité, la bouche, une plaie. ‖ Bot. Lobe de certaines fleurs. ‖ Fig. Du bout des -, avec dédain. ‖ Se mordre les -, se repentir.

levrette nf. Femelle du lévrier. ‖ Variété petite du lévrier.

lévrier nm. Chien au corps grêle et à longues jambes, propre à la chasse au lièvre.

lévulose nm. Glucose lévogyre.

levure nf. Écume de la bière en fermentation renfermant un champignon microscopique agent des fermentations.

lexicographe nm. Auteur d'un dictionnaire.

lexicologie nf. Science des mots sous le rapport de l'étymologie, des acceptions, etc.

lexique nm. Dictionnaire abrégé. ‖ Dictionnaire des formes propres à un auteur : *le - de Virgile.*

Leyde (BOUTEILLE DE), condensateur électrique.

lez ou **lès** prép. Près de : *Plessis-lez-Tours*.

lézard nm. Petit reptile saurien, insectivore.

lézarde nf. Crevasse dans un ouvrage de maçonnerie.

lézarder vt. Produire des lézardes. ‖ Vi. Flâner. ‖ Se - vpr. Se crevasser. ‖ **Lézardé, e** part. et adj.

liage nm. Action de lier.

liaison nf. Union, jonction de plusieurs corps ensemble. ‖ *Constr.* Disposition des matériaux d'une construction, de manière que le milieu des uns porte sur les joints des autres. ‖ *Chim.* Combinaison de deux atomes. ‖ *Cuis.* Ingrédients pour lier, épaissir les sauces. ‖ *Mus.* Exécution de plusieurs notes d'un même coup d'archet ou de gosier. ‖ *Ecrit.* Délié qui unit les lettres. ‖ Action de joindre, en parlant, la dernière lettre d'un mot au mot suivant. ‖ *Fig.* Enchaînement des parties d'un tout : - *dans les idées*. ‖ Attachement, union : - *d'amitié*.

liane nf. Longue plante grimpante.

liant, e adj. Souple. ‖ *Fig.* Doux : *esprit* -. ‖ Nm. Affabilité.

liant nm. Elément aggloméré d'un béton.

liard nm. Ancienne monnaie (quart d'un sou).

lias ou **liasique** nm. Base des terrains jurassiques.

liasse nf. Amas de papiers liés ensemble.

libation nf. Vin répandu en l'honneur des dieux. ‖ *Fig.* Action de boire.

libelle nm. Ecrit diffamatoire.

libellé nm. Rédaction.

libeller vt. Rédiger dans les formes : - *un contrat*.

libelliste nm. Auteur de libelles.

libellule nf. Insecte broyeur aux quatre ailes membraneuses finement réticulées, appelé encore *demoiselle*.

liber [*bèr*] nm. Ensemble des tubes criblés conduisant la sève élaborée.

libérable adj. Qui peut être libéré.

libéral, e, aux adj. Généreux. ‖ Favorable à la liberté. ‖ *Arts* -, la peinture, la sculpture. ‖ *Profession* -, profession indépendante d'ordre intellectuel (avocat, médecin, etc.). ‖ Nm. Partisan de l'extension des libertés.

libéralisme nm. Doctrine libérale.

libéralité nf. Générosité. ‖ Pl. Don généreux : *faire des* -.

libérateur, trice adj. et n. Qui délivre une personne, un peuple de la servitude.

libération nf. Action de libérer.

libératoire adj. Qui a pour effet de libérer d'une obligation.

libérer vt. (c. *céder*). Mettre en liberté. ‖ Rendre quitte : - *d'une dette*. ‖ Délivrer un pays de l'occupation ennemie. ‖ Renvoyer un soldat dans ses foyers. ‖ **Libéré, e** adj. et n.

libertaire n. et adj. Partisan de la liberté absolue, anarchiste.

liberté nf. Pouvoir d'agir ou de ne pas agir, de choisir; libre arbitre. ‖ Indépendance. ‖ Etat opposé à la captivité, à la servitude, à la contrainte : *parler, agir en toute* -. ‖ Pl. Immunités et franchises : *les* - *des communes*. ‖ Manières d'agir hardies : *prendre des* - *avec quelqu'un*.

libertin, e adj. et n. Déréglé dans ses mœurs. ‖ Autref., libre penseur.

libertinage nm. Manière de vivre dissolue. ‖ Incrédulité religieuse.

libidineux, euse adj. Lascif.

libraire n. Qui vend des livres.

librairie nf. Profession, magasin, commerce du libraire.

libration nf. Balancement apparent de la Lune autour de son axe.

libre adj. Qui a le pouvoir d'agir ou de ne pas agir. ‖ Qui ne subit pas la domination étrangère. ‖ Qui ne dépend de personne. ‖ Qui n'est pas marié. ‖ Exempt de toute contrainte, de toute gêne : *je suis très* - *avec lui*. ‖ *Par ext.* Qui n'est pas entravé : *commerce* -. ‖ Qui n'offre pas d'obstacles : *voie* -. ‖ - *de*, débarrassé : - *de préoccupation*. ‖ - *de*, ou à (devant un infin.), qui peut, à qui il est facultatif de : *vous êtes* - *d'accepter*, ou - *à vous d'accepter*. ‖ *Place* -, inoccupée. ‖ *Entrée* -, sans obligation d'acheter. ‖ *Avoir ses entrées* - *chez quelqu'un*, être reçu à toute heure. ‖ *Traduction* -, non littérale. ‖ *Vers* -, de différentes mesures. ‖ *Papier* -, non timbré. ‖ *Chansons* -, licencieuses. ‖ *Avoir le champ* -, toute liberté d'action.

libre-échange nm. Liberté du commerce entre nations; suppression du contrôle douanier.

libre-échangiste nm. Partisan du libre-échange. ‖ Adj. : *doctrines* -.

libre-service nm. Méthode de vente où toutes les phases de l'acte de vente s'effectuent par le soin du client. ‖ Magasin où l'on pratique cette méthode. ‖ Pl. des *libres-services*.

librettiste nm. Auteur d'un libretto.

libretto nm. Livret d'opéra.

lice nf. Lieu préparé pour les courses, les joutes.

lice nf. Femelle d'un chien de chasse.

lice ou **lisse** nf. Mécanisme du métier à tisser, qui fait ouvrir la chaîne pour y introduire la trame. ‖ *Haute* -, lice disposée verticalement. ‖ *Basse -,* lice disposée horizontalement.

licence nf. Liberté trop grande : *prendre des - avec quelqu'un.* ‖ Dérogation aux règles de la syntaxe : *- grammaticale.* ‖ *- poétique,* v. POÉTIQUE. ‖ Second grade universitaire entre le baccalauréat et le doctorat. ‖ *- d'importation, d'exportation,* autorisation d'importer, d'exporter des marchandises. ‖ Autorisation de participer à des compétitions sportives.

licencié, e n. Reçu à l'examen de licence : *- en droit.*

licenciement nm. Renvoi.

licencier vt. (c. *prier*). Congédier.

licencieux, euse adj. Contraire à la pudeur : *chanson -.*

lichen [kèn'] nm. Végétal résultant de la symbiose d'une algue et d'un champignon, qui croît sur les murs, les rochers, etc.

licite adj. Permis par la loi.

licol nm. V. LICOU.

licorne nf. Animal fabuleux, à corps de cheval, portant une corne au milieu du front. ‖ *- de mer,* narval.

licou ou **licol** nm. Lien au cou des bêtes de somme.

licteur nm. Garde des magistrats romains.

lie nf. Dépôt épais au fond d'un tonneau. ‖ *Fig. La - du peuple,* le rebut. ‖ *Boire le calice jusqu'à la -,* endurer une douleur dans toute son étendue.

lied [lid'] nm. En Allemagne, ballade, romance. ‖ *Pl.* des *lieds* ou *lieder.*

liège nm. Tissu végétal léger formé par l'écorce de certains arbres.

liégeois, e adj. et n. De Liège.

lien nm. Ce qui sert à lier. ‖ *Pl.* Chaînes d'un prisonnier. ‖ *Fig.* Tout ce qui attache, unit : *les - du sang.*

lier vt. (c. *prier*). Attacher. ‖ Joindre : *le ciment lie les pierres.* ‖ Epaissir : *- une sauce.* ‖ *Fig.* Contracter : *- amitié avec.* ‖ Unir : *l'intérêt nous lie.* ‖ *- ses idées,* les enchaîner les unes aux autres. ‖ *- conversation,* entrer en conversation. ‖ Se -vpr. Former une liaison : *se - avec quelqu'un.* ‖ S'engager.

lierre nm. Arbrisseau grimpant à feuilles persistantes.

liesse nf. Joie, réjouissance.

lieu nm. Partie déterminée de l'espace. ‖ Localité, endroit, pays : *- charmant.* ‖ *- géométrique,* ensemble des points possédant une certaine propriété. ‖ *Les - saints,* la Palestine. ‖ *- d'asile,* où l'on était autrefois à l'abri de certaines poursuites. ‖ *N'avoir ni feu ni -,* être sans asile. ‖ *Tenir - de,* remplacer. ‖ *Avoir -,* arriver. ‖ *Avoir - de,* avoir

des raisons pour. ‖ *Il y a - de,* il est opportun. ‖ *Pl. - communs,* idées rebattues. ‖ *- d'aisances,* latrines. ‖ **En premier, en second -** loc. adv., premièrement, secondement. **Au - de** loc. prép., à la place de : *employer un mot au - d'un autre.* ‖ **Au - que** loc. conj., tandis que.

lieue nf. Ancienne mesure itinéraire. ‖ *- métrique,* 4 km.

lieur nm., **lieuse** nf. Ouvrier, ou machine pour lier les gerbes.

lieutenance nf. Grade de lieutenant.

lieutenant nm. Celui qui seconde et remplace le chef. ‖ Grade immédiatement inférieur à celui de capitaine. ‖ *- de vaisseau,* officier de marine d'un grade correspondant à celui de capitaine.

lieutenant-colonel nm. Officier audessous du colonel. ‖ *Pl.* des *lieutenants-colonels.*

lièvre nm. Mammifère rongeur, très rapide à la course, gibier estimé.

liftier nm. Garçon d'ascenseur.

ligament nm. Faisceau fibreux qui unit les os ou maintient un viscère.

ligamenteux, euse adj. De la nature du ligament : *tissu -.*

ligature nf. Action de serrer un lien, une bande autour d'une partie du corps ou d'objets divers. ‖ Le lien luimême. ‖ Réunion de plusieurs lettres en un seul signe graphique comme *fl, ff.*

ligaturer vt. Serrer, lier.

lige adj. *Homme -,* étroitement obligé envers son seigneur.

lignage nm. Race, famille.

ligne nf. Figure dont un fil très fin donne l'image. ‖ Intersection de deux surfaces. ‖ Rangée : *une - de mots;* *aller à la -.* ‖ Fil avec hameçon au bout pour pêcher. ‖ Cordeau pour aligner : *- de maçon, de jardinier.* ‖ Jadis, douzième partie du pouce. ‖ *- de bataille,* front des troupes engagées au combat. ‖ *Monter en -,* aller au combat. ‖ *En première -,* au contact de l'ennemi. ‖ Front fortifié : *la - Maginot.* ‖ *Mar.* Bâtiment de -, cuirassé ou croiseur. ‖ *La -,* l'infanterie. ‖ *Fig.* Règle : *- de conduite.* ‖ Descendants d'une famille : *- collatérale.* ‖ Service de transport aérien : *pilote de -.* ‖ *- de démarcation,* v. DÉMARCATION. ‖ *Hors -,* supérieur.

lignée nf. Race, descendance.

ligneul nm. Fil enduit de poix des cordonniers.

ligneux, euse adj. De la nature du bois.

lignifier (se) vpr. (c. *prier*). Se changer en bois.

lignite nm. Charbon fossile.

ligot nm. Petit fagot de bûchettes enduites de résine, servant à allumer le feu.

ligotage nm. Action de ligoter.

ligoter vt. Attacher solidement.

ligue nf. Union formée entre plusieurs princes ; confédération entre plusieurs Etats. ‖ Association de citoyens en vue d'un but déterminé. ‖ Complot, cabale. ‖ - *arabe*, union des pays islamiques.

liguer vt. Unir dans une ligue. ‖ Se - vpr.

ligueur nm. Membre de la Ligue sous Henri III et Henri IV.

lilas nm. Arbrisseau qui fleurit au printemps. ‖ Adj. inv. Couleur intermédiaire entre le bleu et le rose.

liliacées nfpl. *Bot.* Famille de plantes monocotylédones qui a le lis pour type.

lilial, e, aux adj. Relatif au lis.

lilliputien, enne adj. V. LILLIPUT. ‖ N. De très petite taille.

limace nf. Mollusque gastéropode sans coquille extérieure.

limaçon nm. Nom vulgaire de l'*escargot*. ‖ *Anat.* Partie de l'oreille interne en forme de coquille.

limage nm. Action de limer.

limaille nf. Parcelles de métal détachées par la lime.

limande nf. Poisson de mer plat et dissymétrique.

limbe nm. Bord extérieur et gradué du cercle d'un instrument de mesure. ‖ Bords d'un astre. ‖ *Bot.* Partie élargie de la feuille. ‖ Nmpl. *Théol.* Séjour des âmes des enfants morts sans baptême. ‖ *Fig.* Etat vague : *les - de la pensée.*

lime nf. Outil d'acier trempé, dont la surface se munie de dents, et qui sert à détacher par frottement des parcelles de matière.

limer vt. Travailler à la lime. ‖ *Fig.* Polir, retoucher, fignoler.

limeur, euse n. et adj. Qui sert à limer. ‖ Qui utilise la lime.

limier nm. Gros chien de chasse. ‖ *Fig. et fam.* Policier.

liminaire adj. En tête d'un livre.

limitatif, ive adj. Qui limite.

limitation nf. Restriction.

limite nf. Ligne de séparation ; frontière. ‖ Ligne qui marque la fin d'une étendue : *- de la mer.* ‖ *Fig.* Borne d'une action, d'une influence : *toute puissance a des -.* ‖ *Math.* Valeur vers laquelle tend une variable.

limiter vt. Donner des limites, borner. ‖ Former la limite de. ‖ *Fig.* Restreindre : *- ses dépenses.*

limitrophe adj. Qui est sur les limites : *pays -.*

limoger vt. *Fam.* Disgracier.

limon nm. Boue, terre détrempée, alluvion : *le - du Nil.*

limon nm. Variété de citron.

limon nm. Chacune des deux branches de la limonière d'une voiture. ‖ Pièce taillée en biais, qui supporte la balustrade et les marches d'un escalier.

limonade nf. Boisson acidulée composée de suc de citron ou de limon, d'eau et de sucre.

limoneux, euse adj. Plein de boue.

limonier nm. Citronnier. ‖ Cheval qu'on met aux limons.

limonière nf. Brancard d'une voiture, formé de deux longues pièces de bois. ‖ Voiture à quatre roues.

limousin, ine adj. et n. De Limoges ou du Limousin.

limousine nf. Automobile dont les places arrière seules sont closes.

limpide adj. Clair, transparent. ‖ Pur, brillant. ‖ *Fig.* Clair : *style -.*

limpidité nf. Transparence, clarté.

lin nm. Plante à fibres textiles, et dont la graine donne une huile siccative employée en peinture. ‖ Toile faite avec les fibres du lin.

linaire nf. Plante ressemblant au lin.

linceul nm. Drap de toile dont on enveloppe les morts.

linéaire adj. Relatif aux lignes.

linéament nm. Trait, ligne : *les - du visage.* ‖ *Par ext.* Ebauche, rudiment.

linge nm. Toile servant à divers usages de toilette, de ménage.

linger, ère n. Qui fabrique ou vend du linge. ‖ Qui entretient le linge d'une maison.

lingerie nf. Commerce de linge. ‖ Lieu où l'on range le linge. ‖ Le linge même.

lingot nm. Morceau de métal solidifié après fusion : *- d'or.*

lingual [*goual*], **e, aux** adj. Relatif à la langue : *nerf -.*

linguiste [*ghuiste*] nm. Spécialiste des langues.

linguistique [*ghuis*] nf. Science du langage. ‖ Adj. : *travaux -.*

linier, ère adj. Du lin : *industrie -.* ‖ Nf. Champ de lin.

liniment nm. Médicament onctueux, pour frictions.

linoléum nm. Tapis de toile de jute enduite d'un mélange d'huile de lin et de poudre de liège comprimée.

linon nm. Batiste très fine.

linot nm. ou **linotte** nf. Oiseau à plumage gris, au chant agréable. ‖ *Fig.* Tête de linotte, étourdi.

linotype nf. Machine à composer, à

clavier, fondant les caractères par lignes complètes.

linteau nm. Traverse au-dessus de l'ouverture d'une baie.

lion, onne n. (lat. *leo*). Le plus puissant des mammifères carnassiers. (Cri : le lion *rugit*.) ‖ *Fig.* Homme brave. ‖ *La part du -*, la plus considérable. ‖ Signe du zodiaque.

lionceau nm. Petit du lion.

lipide nm. Nom générique des corps gras.

lippe nf. Lèvre inférieure grosse et avancée. ‖ *Fam. Faire la -*, bouder.

lippée nf. Bouchée. (Vx.) ‖ *Fam. Franche -*, bon repas.

lippu, e adj. Qui a de grosses lèvres.

liquation [*kou-a*] nf. Elimination par fusion de l'un des métaux constituant un alliage.

liquéfaction nf. Passage d'un gaz à l'état liquide.

liquéfiable adj. Qu'on peut liquéfier : *tous les gaz sont -*.

liquéfier vt. (c. *prier*). Rendre liquide.

liqueur nf. Boisson aromatisée à base d'alcool.

liquidateur nm. Chargé d'une liquidation : *- judiciaire*.

liquidation nf. Opération qui a pour objet de régler des comptes. ‖ Solde de marchandises. ‖ *- judiciaire*, règlement de faveur au profit du commerçant malheureux et de bonne foi.

liquide adj. Qui coule ou tend à couler. ‖ Se dit d'un état de la matière présenté par les corps n'ayant pas de forme propre, mais dont le volume est invariable. ‖ Nm. Tout ce qui est à l'état liquide.

liquider vt. Régler, fixer : *- un compte*. ‖ Vendre des marchandises à bas prix. ‖ *Fam.* Se débarrasser de : *- une affaire, une visite*.

liquoreux, euse adj. Se dit des vins doux et alcoolisés.

liquoriste n. Personne qui fait et vend des liqueurs.

lire nf. Unité monétaire italienne.

lire vt. Parcourir des yeux ce qui est écrit ou imprimé. ‖ *- la musique*, déchiffrer à première vue. ‖ *Fig.* Découvrir : *- dans la pensée*.

lis ou **lys** [*liss*] nm. Plante à fleurs blanches et odorantes. ‖ Sa fleur. ‖ *Fig. Teint de -*, très blanc. ‖ *Fleur de -*, anciennes armoiries de France.

liséré nm. Ruban étroit pour border un vêtement. ‖ Raie bordant une étoffe.

liseron nm. Plante grimpante, encore appelée *volubilis*.

liseur, euse n. Qui aime à lire. ‖ Nf. Petit coupe-papier. ‖ Sorte de caraco.

lisibilité nf. Qualité de ce qui est lisible.

lisible adj. Aisé à lire. ‖ Qui peut être lu sans fatigue.

lisière nf. Bord d'une pièce de tissu.

lissage nm. Action de lisser.

lisse adj. Uni et poli.

lisse nf. V. LICE.

lisser vt. Rendre lisse, polir.

lissoir nm. Instrument pour lisser.

liste nf. Suite de noms. ‖ *- civile*, indemnité allouée pour les dépenses personnelles du chef de l'Etat.

listel, listeau ou **liston** nm. Baguette pour encadrement. ‖ Cercle proéminent au bord des monnaies.

lit nm. Meuble sur lequel on se couche. ‖ Tout lieu où l'on peut s'étendre. ‖ *Par ext.* Mariage : *enfant du premier -*. ‖ *- de sangle*, dont le fond est garni de sangles. ‖ *- de camp*, lit démontable et portatif. ‖ *Garder le -*, être malade. ‖ *Fig.* Canal dans lequel coule une rivière : *le - de la Seine*. ‖ Couche d'une chose étendue sur une autre : *- de sable, etc.*

litanies nfpl. Prières que l'Eglise chante en l'honneur de Dieu, de la Vierge et des saints. ‖ *Sing. Fig.* et *fam.* Ennuyeuse énumération.

literie nf. Ensemble des objets qui composent un lit.

litham nm. Toile dont les musulmanes se couvrent le bas du visage.

litharge nf. Protoxyde de plomb, fondu et cristallisé.

lithiase nf. Formation de calculs, de sable dans l'organisme.

lithine nf. Oxyde de lithium, dont les sels sont employés en thérapeutique.

lithium nm. Métal alcalin très léger (Li), de densité 0,59.

lithobie nm. Mille-pattes.

lithographie nf. Reproduction par impression de traits reportés sur une pierre calcaire au moyen d'une encre spéciale.

lithographier vt. (c. *prier*). Imprimer par la lithographie.

lithographique adj. Qui a rapport à la lithographie.

lithologie nf. Connaissance des pierres.

litosphère nf. Nom de la partie solide de la sphère terrestre.

litière nf. Paille, etc., sur laquelle se couchent les animaux à l'écurie. ‖ Chaise couverte, portée à l'aide de deux brancards.

litige nm. Contestation, désaccord.

litigieux, euse adj. Contestable.

litote nf. Expression qui consiste à dire moins pour faire entendre plus, comme : *pas mal* pour *bien*.

litre nm. Unité des mesures de volume (symb. : l). || Bouteille d'un litre. || Son contenu.

litre nf. Bandeau noir tendu autour d'une église aux obsèques d'un grand personnage.

littéraire adj. Relatif aux belles-lettres : *journal* -.

littéral, e, aux adj. Selon le sens strict des mots.

littérateur nm. Écrivain.

littérature nf. Carrière des lettres. || Ensemble des productions littéraires d'un pays, d'une époque.

littoral nm. Bordure maritime d'une région.

lituanien, enne adj. et n. De la Lituanie.

liturgie nf. Ordre des cérémonies religieuses et des prières.

liturgique adj. Relatif à la liturgie.

liure nf. Câble maintenant une charge sur une charrette.

livarot nm. Fromage fabriqué à Livarot.

livide adj. De couleur plombée.

lividité nf. État de ce qui est livide : *la* - *cadavérique*.

living-room [*li-vin'g-roum*] nm. Salle commune d'un appartement. || Pl. des *living-rooms*.

livrable adj. Qui peut être livré.

livraison nf. Action de livrer. || *Libr.* Cahier d'un livre vendu périodiquement.

livre nm. Assemblage de feuilles imprimées. || Ouvrage en prose ou en vers, de quelque étendue. || Registre, journal d'un commerçant. || Division d'un ouvrage.

livre nf. Ancienne unité de poids (environ un demi-kilogramme). || Ancienne monnaie qui a été remplacée par le franc. || Monnaie anglaise valant 20 shillings.

livrée nf. Uniforme de domestiques d'une grande maison. || *Vén.* Pelage, plumage.

livrer vt. Mettre en possession de : - *un coupable à la justice*; - *une commande*. || Engager : - *bataille*. || Abandonner : - *une ville au pillage*. || Trahir : - *une place à l'ennemi*. || Se - vpr. S'abandonner : *se* - *à la joie*. || Se consacrer : *se* - *à l'étude*.

livresque adj. Qui provient des livres : *science* -.

livret nm. Petit livre. || Texte mis en musique pour le théâtre. || Carnet où sont inscrits les versements et retraits d'argent : - *de caisse d'épargne*; les états de service : - *militaire*; la situation familiale : - *de famille*; les notes et appréciations des professeurs : - *scolaire*.

livreur, euse n. Employé chargé des livraisons.

llano [*lya*] nm. Grande plaine herbeuse de l'Amérique du Sud.

lobe nm. *Anat.* Partie arrondie et saillante d'un organe : - *du cerveau*.

lobé, e adj. Divisé en lobes.

lobulaire adj. En forme de lobule. || Partagé en lobules.

lobule nm. Petit lobe.

local, e, aux adj. Qui est particulier à un lieu et caractéristique d'une région, d'un pays : costume, mobilier, etc. : *coutume* -; *couleur* -. || Nm. Lieu, partie d'un bâtiment qui a une destination déterminée : - *commercial*.

localisation nf. Action de localiser.

localiser vt. Fixer ou limiter dans un lieu : - *un incendie*.

localité nf. Lieu, endroit.

locataire n. Personne qui prend à loyer un local.

locatif, ive adj. Qui concerne le locataire. || *Réparations* -, à la charge du locataire. || *Valeur* -, revenu d'un immeuble en location.

location nf. Action de donner ou de prendre à louage. || Prix du loyer.

loch [*lok*] nm. Appareil servant à mesurer la vitesse d'un navire.

loche nf. Petit poisson de rivière. || Petite limace.

lock-out [*a-out*] nm. inv. Fermeture des ateliers par les patrons devant une menace de grève ou une grève.

locomobile nf. Machine à vapeur montée sur roues pour faciliter son transport.

locomoteur, trice adj. Qui opère la locomotion.

locomotion nf. Action de se déplacer d'un point à un autre.

locomotive nf. Machine mue par la vapeur ou l'électricité, montée sur roues, remorquant les voitures et les wagons sur le chemin de fer.

loculaire adj. *Bot.* Partagé en loges. || Renfermé dans des alvéoles.

locution nf. Expression, forme particulière de langage. || Groupe de mots qui équivaut à un seul mot : - *adverbiale*.

lœss [*leuss*] nm. *Géol.* Limon fin, déposé par le vent.

lof nm. *Mar.* Côté du navire frappé par le vent.

lofer vi. *Mar.* Venir au vent.

logarithme nm. Terme d'une progression arithmétique ayant le même rang que le terme d'une progression géométrique correspondante.

loge nf. Logement de concierge.

Compartiment cloisonné dans une salle de spectacle : *louer une -.* ‖ *Fig.* et *fam. Etre aux premières -*, être bien placé pour suivre quelque chose. ‖ Petite pièce dans laquelle s'habillent les acteurs. ‖ Réunion des francsmaçons ; le lieu où ils s'assemblent. ‖ Cabane pour les bêtes féroces, les chiens. ‖ *Bot.* Cavité où sont renfermées les semences de certains fruits.

logeable adj. Habitable.

logement nm. Lieu où l'on habite.

loger vt. (c. *manger*). Donner un logement. ‖ *Par ext.* Caser, placer : *- une balle.* ‖ Vi. Habiter.

logette nf. Petite loge.

logeur, euse n. Qui loue des garnis.

logicien, enne n. Qui traite la logique. ‖ Qui raisonne avec méthode.

logique nf. Science qui apprend à raisonner juste. ‖ Ouvrage qui enseigne cette science. ‖ *Par ext.* Disposition à raisonner juste. ‖ Adj. Conforme aux règles de la logique. ‖ Qui résulte de la nature ou de la vérité des choses : *conséquences -.*

logis nm. Logement habituel ou passager. ‖ *Corps de -,* principale partie d'un bâtiment. ‖ *Fig.* et *fam. La folle du -,* l'imagination.

logiste n. Jeune artiste admis à concourir au grand prix.

logographe nm. Chez les Grecs, écrivain, historien ou orateur.

logogriphe nm. Enigme consistant en un mot dont les lettres diversement combinées forment d'autres mots, comme *orange, orge, orage, rang*, etc.

loi nf. Règle nécessaire ou obligatoire. ‖ Statut qui règle les rapports des citoyens entre eux : *le respect des -.* ‖ Principes qui règlent l'ordre du monde physique : *les - de la chute des corps.* ‖ Certaines obligations de la vie sociale : *les - de l'honneur, de la politesse.* ‖ Puissance : *la - du vainqueur.* ‖ *- naturelle,* règles de conduite fondées sur la nature même de l'homme et de la société. ‖ *- divine,* préceptes donnés par la révélation. ‖ *- agraire,* loi concernant le partage des terres. ‖ *- martiale,* qui autorise l'emploi de la force armée dans certains cas. ‖ *Homme de -,* jurisconsulte, avocat, magistrat, etc. ‖ *Se faire une -,* s'imposer l'obligation.

loin adv. de lieu. A une grande distance. ‖ Loc. adv. *De -.* ‖ *Fig. Revenir de -,* réchapper d'une maladie très grave ; *voir de -,* être prévoyant. *Au -,* à une grande distance. *De - en -,* à de grands intervalles. ‖ *- de* loc. prép., à une grande distance. ‖ Dans des intentions fort éloignées : *je suis - de vous en vouloir.*

lointain, e adj. Eloigné dans l'espace ou dans le temps. ‖ Nm. Lieu éloigné : *dans le -.* ‖ Arrière-plan dans un tableau : *des - vaporeux.*

loir nm. Petit mammifère rongeur qui s'engourdit l'hiver.

loisible adj. Permis, autorisé.

loisir nm. Temps dont on dispose. ‖ Temps suffisant pour faire une chose : *j'ai tout le - de répondre.* ‖ *A -* loc. adv., à son aise, sans hâte.

lombago nm. V. LUMBAGO.

lombaire adj. Relatif aux lombes.

lombard, e adj. et n. De la Lombardie.

lombes nmpl. Régions des reins.

lombric [*brik*] nm. Ver de terre.

londonien, enne adj. et n. De Londres.

londrès nm. Cigare havanais.

long, longue adj. Etendu en longueur. ‖ Qui dure longtemps : *un voyage.* ‖ Qui renferme des longueurs : *- discours.* ‖ Nm. Longueur : *une table de deux mètres de -.* ‖ Loc. adv. *Au -, tout du -,* complètement : *raconter au - ce qu'on a vu. A la -,* avec le temps : *tout s'use à la -.* ‖ *Le - de* loc. prép., en côtoyant.

longanimité nf. Longue patience.

long-courrier adj. et nm. Qui fait des voyages au long cours. ‖ Pl. des *long-courriers.*

longe nf. Courroie pour attacher ou conduire un cheval.

longe nf. Moitié de l'échine d'un veau ou d'un chevreuil.

longer vt. (c. *manger*). Marcher le long de. ‖ S'étendre : *le bois longe la côte.*

longeron nm. Poutrelle d'assemblage.

longévité nf. Longue vie ; durée de la vie en général.

longitude nf. Arc d'équateur terrestre compris entre le méridien d'un lieu et le méridien d'origine.

longitudinal, e, aux adj. En longueur : *fibres -.*

longtemps adv. Pendant un long espace de temps.

longuet, ette adj. *Fam.* Un peu long. ‖ Nm. Petit pain allongé.

longueur nf. Dimension d'un objet d'une extrémité à l'autre. ‖ Durée : *la - des jours.* ‖ *Fig.* Lenteur : *l'affaire traîne en -.* ‖ Ce qui est superflu : *il y a des - dans cet ouvrage.*

longue-vue nf. Lunette d'approche. ‖ Pl. des *longues-vues.*

looping [*lou*] nm. Acrobatie aérienne, tour complet dans le plan vertical.

lopin nm. Petit morceau de terrain.

loquace [*kouas'*] adj. Bavard.

loquacité [*koua*] nf. Habitude de parler beaucoup.

loque nf. Lambeau d'une étoffe.

loquet [*kè*] nm. Barre mobile autour d'un pivot, servant à fermer une porte.

loqueteau nm. Petit loquet.

loqueteux, euse adj. Vêtu de loques.

lord nm. Titre honorifique anglais.

lord-maire nm. Maire de la Cité de Londres. ‖ Pl. des *lords-maires*.

lorgner vt. Regarder du coin de l'œil. ‖ Regarder avec une lorgnette. ‖ *Fig. et fam.* Convoiter : - *une place.*

lorgnette nf. Petite lunette d'approche portative.

lorgnon nm. Lunettes maintenues sur le nez par un ressort.

loriot nm. Passereau, au plumage jaune, à voix forte et éclatante.

lorrain, e adj. et n. De la Lorraine.

lors adv. Alors. (Vx.) ‖ **Dès** - loc. adv., dès ce temps-là, par conséquent : *dès - il me prit en amitié; un accusé se tait, dès - on le croit coupable.* ‖ - **de** loc. prép., au moment de : - *de son mariage.* ‖ - **même que** loc. conj., quand bien même, même si (avec le conditionnel) : *cela sera ainsi, - même que vous ne le voudriez pas.*

lorsque conj. Quand, au moment où.

losange nm. Parallélogramme dont les quatre côtés sont égaux.

lot nm. Portion dans un partage. ‖ Gain dans une loterie. ‖ *Fig.* Destinée, sort : *la richesse fut son* -.

loterie nf. Jeu de hasard où les lots sont tirés au sort.

loti, e adj. Partagé, favorisé : *être bien, mal.*

lotion nf. Action de laver et, *par ext.*, ce liquide : - *capillaire.*

lotionner vt. Laver, humidifier : - *le visage.*

lotir vt. Partager par lots.

lotissement nm. Action de disposer par lots. ‖ Terrain morcelé par lots en vue de la vente.

loto nm. Jeu de hasard qui se joue avec des cartons numérotés, dont les joueurs couvrent les cases à mesure que l'on tire d'un sac les 90 numéros correspondants.

lotte nf. Poisson d'eau douce, à chair très estimée.

lotus ou **lotos** nm. Nénuphar blanc d'Egypte.

louable adj. Digne de louanges.

louage nm. Location : *voiture de* -.

louange nf. Eloge, compliment.

louanger vt. (c. *manger*). Donner des louanges.

louangeur, euse adj. Qui loue. ‖ N. Flatteur.

louche adj. *Fig.* Equivoque, suspect : *conduite* -. ‖ Qui n'a pas un ton franc (en parlant des couleurs, des liquides, etc.). ‖ Nm. Manque de clarté : *il y a du* - *dans cette affaire.* ‖ Nf. Grande cuiller.

loucher vi. Tourner les yeux dans des directions différentes. ‖ *Fig. et fam.* Regarder avec envie : - *sur quelque chose.*

loucheur, euse n. Qui louche.

louer vt. Donner des louanges. ‖ Honorer : - *Dieu.* ‖ **Se** - [**de**] vpr. Etre satisfait de.

louer vt. Donner, prendre à louage : - *une maison.* ‖ Retenir une place dans un train, au théâtre.

loueur, euse n. Personne qui donne à louage.

loufoque adj. et n. *Pop.* Déséquilibré, un peu fou.

lougre nm. Bateau de cabotage.

louis nm. Ancienne monnaie d'or.

louise-bonne nf. Poire fondante. ‖ Pl. des *louises-bonnes.*

loulou nm. Petit chien à long poil.

loup nm. Mammifère carnivore, qui ressemble à un chien de forte taille. (Cri : le loup *hurle.*) ‖ Demi-masque de velours ou de satin noir. ‖ *Fig. Marcher à pas de* -, sans bruit. ‖ *Hurler avec les* -, faire comme les autres. ‖ *Froid de* -, très rigoureux. ‖ - *de mer,* vieux marin.

loup-cervier nm. Lynx. ‖ Pl. des *loups-cerviers.*

loupe nf. Tumeur parfois volumineuse qui vient sous la peau. ‖ Excroissance ligneuse du tronc ou des branches de certains arbres. ‖ Lentille de verre bi-convexe.

loup-garou nm. Sorcier qu'on disait errer la nuit, transformé en loup. ‖ *Fig.* Homme d'humeur farouche. ‖ Pl. des *loups-garous.*

lourd, e adj. Pesant, difficile à remuer. ‖ *Fig.* Pénible à exécuter : - *tâche.* ‖ Grave : - *faute.* ‖ Qui manque de finesse : *esprit* -. ‖ Qui manque de délicatesse : *plaisanterie* -. ‖ *Temps* -, orageux.

lourdaud, e adj. et n. Lent et maladroit. ‖ *Fig.* D'esprit grossier.

lourdeur nf. Pesanteur. ‖ Caractère de ce qui est lent et embarrassé : *la* - *de la marche.* ‖ *Fig.* Manque de vivacité : *la* - *de l'esprit.*

loustic [*stik*] nm. *Fam.* Farceur.

loutre nf. Mammifère carnassier à pattes palmées, qui se nourrit de poissons. ‖ Sa fourrure.

louve nf. Femelle du loup.

louveteau nm. Petit loup. ‖ Jeune scout.

louveterie nf. Chasse au loup. ‖ *Lieutenant de -*, ou *louvetier*, propriétaire d'un équipage pour la chasse au loup.

louvoyer vi. (c. *aboyer*). Mar. Naviguer contre le vent tantôt sur un bord, tantôt sur l'autre. ‖ *Fig.* Prendre des biais pour atteindre un but.

lover vt. *Mar.* Rouler en spirale : *- un cordage.* ‖ Se - vpr. S'enrouler.

loyal, e, aux adj. Probe, droit, franc, sincère. ‖ Inspiré par la probité, la droiture : *une conduite -.*

loyalisme nm. Fidélité au régime établi : *- républicain.*

loyauté nf. Probité, droiture.

loyer nm. Prix de location.

lubie nf. Caprice extravagant.

lubricité nf. Penchant à la luxure.

lubrifiant, e adj. Qui lubrifie. ‖ Nm. Matière de graissage.

lubrification nf. Action de lubrifier.

lubrifier vt. (c. *prier*). Graisser, pour faciliter le fonctionnement.

lubrique adj. Très lascif.

lucane nm. Grand coléoptère, appelé aussi *cerf-volant.*

lucarne nf. Ouverture pratiquée dans le toit d'une maison.

lucide adj. Qui voit, comprend, explique clairement les choses.

lucidité nf. Clarté de compréhension.

lucifer nm. Chef des démons.

luciole nf. Nom vulgaire des *lampyres* ou *vers luisants.*

lucratif, ive adj. Qui procure un gain appréciable.

lucre nm. Gain, profit.

ludion nm. Petite figurine qui, suspendue à une sphère creuse, descend ou remonte dans un vase rempli d'eau suivant qu'on appuie ou non sur la membrane qui ferme ce vase.

luette nf. Appendice charnu et contractile à l'entrée du gosier.

lueur nf. Clarté faible ou éphémère. ‖ *Fig.* Manifestation passagère : *une - de raison.*

luge nf. Petit traîneau utilisé pour glisser sur la neige.

lugubre adj. Funèbre; d'une sombre tristesse : *des cris -.*

lui pr. pers. de la 3e pers. du sing., des deux genres.

luire vi. (*Je luis, n. luisons. Je luisais, n. luisions. Je luis ou je luisis. Je luirai, n. luirons. Je luirais, n. luirions. Luis, luisons. Q. je luise, q. n. luisions. Pas d'impart. du subj. Luisant. Lui* [pas de fém.].) Briller

de sa lumière propre, éclairer. ‖ Réfléchir la lumière : *épée qui luit.* ‖ *Fig.* Se manifester : *l'espérance luit après le désespoir.* ‖ **Luisant, e** part., adj. et nm. : *le - d'une étoffe.*

lumbago [*lon*] nm. Douleur lombaire.

lumen nm. Unité de flux lumineux (symb. : lu).

lumière nf. Eclat que produisent certains corps et qui les rend visibles. ‖ Flambeau, lampe, etc. ‖ Orifice d'entrée et de sortie de la vapeur dans le cylindre d'une machine à vapeur. ‖ Ouverture pratiquée dans le canon d'une arme à feu, par laquelle on mettait le feu à la charge. ‖ Ouverture par laquelle l'air pénètre dans un tuyau d'orgue. ‖ Dans les instruments d'optique à pinnules, petit trou par lequel on voit l'objet observé. ‖ Trou percé dans un outil. ‖ *Mettre en -*, signaler. ‖ Se dit de tout ce qui éclaire l'esprit : *la - de la foi.* ‖ Homme de mérite : *c'est la - de son siècle.*

lumignon nm. Petit bout de chandelle, de bougie.

luminaire nm. Ensemble des lumières éclairant une cérémonie.

luminescence nf. Emission de lumière froide.

lumineux, euse adj. Qui émet de la lumière. ‖ *Fig.* Astucieux : *idée -.*

luminosité nf. Qualité de ce qui est lumineux.

lunaire adj. Relatif à la lune.

lunaire nf. Crucifère, dite aussi *monnaie-du-pape.*

lunaison nf. Temps entre deux nouvelles lunes consécutives.

lunatique adj. et n. Capricieux, fantasque : *caractère -.*

lunch [*lunch'*] nm. Collation, repas léger.

luncher vi. Faire un lunch.

lundi nm. Second jour de la semaine.

lune nf. Planète satellite de la Terre, autour de laquelle elle tourne, et qu'elle éclaire la nuit, en diffusant la lumière solaire. ‖ Disposition d'esprit, caprice, lubie. ‖ *- rousse*, lunaison qui suit Pâques. ‖ *- de miel*, premier mois du mariage.

luné, e adj. En forme de croissant. ‖ *Fam.* Qui est dans une certaine disposition d'humeur : *être bien, mal -.*

lunette nf. Instrument d'optique destiné à faire voir les objets d'une manière plus distincte. ‖ Bréchet d'une volaille. ‖ Pl. Ensemble de deux verres assemblés dans une même monture. ‖ Trou rond d'une chaise percée. ‖ *Fortif.* Sorte de demi-lune.

lunetterie nf. Commerce des articles d'optique.

lunule nf. Figure géométrique en forme de croissant. ‖ Tache blanche à la base de l'ongle, chez l'homme.

lupin nm. Légumineuse fourragère.

lupus [*puss*] nm. Affection cutanée tuberculeuse, de la face.

lurette nf. *Fam. Il y a belle -*, il y a bien longtemps.

luron, onne n. Personne joyeuse, hardie et sans souci.

lustrage nm. Action de lustrer.

lustral, e, aux adj. Qui purifie. ‖ *Eau -*, eau sacrée des Anciens.

lustration nf. Sacrifices, cérémonies purificatoires chez les païens.

lustre nm. Eclat, brillant, poli, naturel ou donné par le polissage. ‖ Appareil d'éclairage à plusieurs branches. ‖ *Fig.* Eclat que donne la beauté, le mérite, etc. : *cette fonction lui donne un certain -*.

lustre nm. Espace de cinq ans.

lustrer vt. Donner le lustre à une étoffe, à une fourrure, etc. ‖ **Lustré, e** part. et adj. : *veston -*.

lustrerie nf. Fabrique de lustres.

lustrine nf. Cotonnade apprêtée servant de doublure.

lut [*lut*] nm. *Chim.* Ciment durcissant à la chaleur, utilisé pour faire des joints hermétiques.

luter vt. Enduire de lut.

luth nm. Ancien instrument de musique à cordes.

luthéranisme nm. Doctrine de Luther.

lutherie nf. Profession, commerce du luthier.

luthérien, enne n. Sectateur de Luther. ‖ Adj. Conforme à la doctrine de Luther.

luthier nm. Fabricant d'instruments de musique à cordes.

lutin nm. Démon familier. ‖ Enfant espiègle.

lutiner vt. Taquiner par des espiègleries.

lutrin nm. Pupitre élevé dans le chœur d'une église, pour porter les livres sur lesquels on chante l'office.

lutte nf. Action de lutter. ‖ *Fig.* Guerre, conflit, controverse : *entrer en - avec quelqu'un*.

lutter vi. Combattre corps à corps. ‖ *Par ext.* Se disputer une victoire. ‖ *Fig.* Résister : *- contre la tempête*.

lutteur, euse n. Qui lutte.

lux nm. Unité d'éclairement (symb. : lx).

luxation nf. *Chir.* Déboîtement d'un os de l'articulation.

luxe nm. Somptuosité excessive, faste. ‖ *Fig.* Abondance : *un grand - de précautions*.

luxer vt. Déboîter un os.

luxueux, euse adj. Où se déploie le luxe : *salon -*.

luxure nf. Abandon aux plaisirs de la chair.

luxuriance nf. Etat de ce qui est luxuriant.

luxuriant, e adj. Qui pousse en abondance : *végétation -*.

luxurieux, euse adj. Adonné à la luxure. ‖ Qui dénote la luxure.

luzerne nf. Légumineuse cultivée comme fourrage.

lycée nm. Autref., à Athènes, lieu consacré à l'instruction de la jeunesse. ‖ Auj., établissement d'enseignement du second degré.

lycéen, enne n. Elève d'un lycée.

lycopode nm. Genre de lycopodiacées, connues sous les noms de *pied-de-loup* et *mousse terrestre*, et dont les spores sont employées en thérapeutique sous le nom de *poudre de -*.

lycose nf. Araignée coureuse.

lymphangite nf. Inflammation des vaisseaux lymphatiques.

lymphatique adj. Relatif à la lymphe. (Substantivem. : *tous les - aboutissent au canal thoracique*.) ‖ Caractérisé par la prédominance de la lymphe, par une certaine apathie : *tempérament -*. ‖ N. Individu qui a ce tempérament.

lymphatisme nm. Tempérament caractérisé par la blancheur de la peau, la mollesse des muscles, etc.

lymphe nf. Liquide jaunâtre ou incolore formé de plasma et de globules blancs.

Lynch (*loi de*), procédure sommaire, usitée aux Etats-Unis, et suivant laquelle la foule saisit un criminel, le juge, le condamne et l'exécute séance tenante.

lynchage nm. Exécution par la foule.

lyncher vt. Exécuter sommairement.

lynx nm. Mammifère carnassier félidé, appelé aussi *loup-cervier*.

lyonnais, e adj. et n. De Lyon.

lyre nf. Instrument de musique à cordes pincées, en usage chez les Anciens. ‖ *Fig.* Génie poétique.

lyrique adj. *Poésie -*, qui se chantait autrefois sur la lyre. ‖ Poésie où le poète chante ses émotions et ses sentiments personnels. ‖ *Drame -*, drame accompagné de musique et de chant. ‖ Nm. Poète qui compose des odes, etc. : *Lamartine et V. Hugo sont nos plus grands -*.

lyrisme nm. Langage poétique enthousiaste.

m nm. Treizième lettre de l'alphabet et dixième des consonnes. ‖ **M**, chiffre romain, vaut mille. ‖ **m**, abréviat. de mètre. ‖ **M.**, abréviat. de monsieur.

ma adj. poss. fém. V. MON.

macabre adj. Funèbre, ou qui a trait à des choses funèbres : *plaisanterie -*.

macadam [*dam'*] nm. Empierrement des routes, en pierres concassées agglomérées, au moyen de rouleaux compresseurs.

macadamiser vt. Couvrir de macadam.

macaque nm. Singe cercopithèque d'Asie, de taille moyenne.

macareux nm. Palmipède des régions arctiques, voisin des pingouins.

macaron nm. Pâtisserie à base de pâte d'amandes. ‖ Ornement en forme de macaron.

macaroni nm. Pâte de farine, moulée en tubes longs.

macaronique adj. *Poésie -*, poésie burlesque où les mots sont affublés d'une terminaison latine.

macédoine nf. Mets composé de toutes sortes de fruits ou de légumes. ‖ *Fig.* Amas de choses disparates.

macédonien, enne adj. et n. De la Macédoine.

macération nf. Action de macérer. ‖ Nfpl. Mortifications que l'on s'inflige par esprit de pénitence.

macérer vt. (c. *céder*). Faire tremper une substance dans un liquide pour en dissoudre les produits solubles. ‖ Soumettre à de pieuses austérités. ‖ Vi. : *faire - dans le vinaigre*.

macfarlane nm. Manteau sans manches, avec pèlerine.

mach nm. Vitesse du son.

machaon [*ka*] nm. Papillon, appelé *grand porte-queue*.

mâche nf. Salade d'hiver.

mâchefer nm. Résidu de la fusion du fer, ou de la combustion du charbon.

mâchement nm. Action de mâcher. ‖ Mouvement convulsif des mâchoires.

mâcher vt. Broyer avec les dents. ‖ *Fig.* et *fam.* - la besogne à quelqu'un, lui préparer son travail. ‖ *Ne pas - ses mots*, parler crûment.

machiavélique [*kia*] adj. Qui tient du machiavélisme. ‖ *Fig.* Perfide, sans scrupules : *habileté -*.

machiavélisme nm. Système politique de Machiavel, considéré souvent comme négatif de toute loi morale. ‖ *Fig.* Conduite artificieuse et perfide.

mâchicoulis nm. Au Moyen Age, balcon en maçonnerie au sommet des remparts ou d'une tour.

machinal, e, aux adj. Automatique, involontaire : *mouvement -*.

machinateur nm. Qui monte une machination, intrigant.

machination nf. Intrigue, menées secrètes : *déjouer une -*.

machine nf. Appareil combiné pour transmettre et souvent modifier le mouvement imprimé à l'une de ses parties par une force motrice, afin de produire un effet donné : *- à coudre, à écrire*. ‖ *- pneumatique*, qui sert à faire le vide dans un récipient. ‖ *- infernale*, toute machine contenant un explosif et des projectiles. ‖ *Fig.* Homme qui obéit aveuglément.

machine-outil nf. Machine actionnant mécaniquement un outil. ‖ Pl. des *machines-outils*.

machiner vt. Former en secret, manigancer, ourdir.

machinerie nf. Ensemble de machines employées à un travail. ‖ Salle des machines d'un navire, etc.

machinisme nm. Combinaison de machines. ‖ Emploi des machines : *l'ère du -*.

machiniste nm. *Théâtr.* Celui qui exécute les changements de décor. ‖ Qui conduit une machine.

mâchoire nf. Pièce osseuse qui supporte les dents. ‖ Pièce double dont les deux parties articulées peuvent serrer un objet.

mâchonnement nm. Action de mâchonner.

mâchonner vt. Mâcher lentement, difficilement. ‖ *Fig.* Articuler d'une manière indistincte : *- des injures*.

mâchure nf. Ecrasement par contusion : *les - d'un fruit*.

mâchurer vt. Barbouiller de noir. ‖ Meurtrir, mettre en lambeaux : *- son mouchoir*.

macle nf. *Minér.* Interpénétration de deux cristaux de même nature.

maçon nm. Ouvrier en maçonnerie.

maçonnage nm. Travail du maçon.

mâconnais, e adj. et n. De Mâcon.

maçonner vt. Construire en maçonnerie.

maçonnerie nf. Ouvrage composé de matériaux (briques, pierres, moellons, etc.) reliés par du mortier, du plâtre, du ciment, etc. ‖ Se dit aussi pour FRANC-MAÇONNERIE.

maçonnique adj. Relatif à la franc-maçonnerie : *loge* -.

macramé nm. Passementerie de ficelle tressée.

macre ou **macle** nf. Herbe aquatique à fruit comestible (*châtaigne d'eau*).

macreuse nf. Canard migrateur des régions boréales. ‖ Viande maigre qu'on trouve sur l'os de l'épaule du bœuf.

macrocéphale adj. Qui a une grosse tête.

macrocosme nm. Univers, par opposition à l'homme, appelé *microcosme*.

macroure adj. A longue queue. ‖ Nmpl. Groupe de crustacés à abdomen très développé (homards, etc.).

maculage nm. ou **maculation** nf. Action de maculer ; son résultat.

maculature nf. *Impr.* Feuille tachée, brouillée, mal imprimée et mise au rebut.

macule nf. Tache, souillure.

maculer vt. Tacher : - *d'encre*. ‖ Vi. Se tacher : *ce papier macule*.

madame nf. Titre d'honneur accordé autrefois aux dames de qualité, et donné aujourd'hui à toute femme mariée. ‖ Pl. *mesdames*.

madapolam nm. Cotonnade lisse et forte.

madécasse adj. et n. De Madagascar.

madeleine nf. Gâteau léger fait de farine, d'œufs et de sucre. ‖ Variété de raisin, de poire.

mademoiselle nf. Titre donné aux jeunes filles et aux femmes non mariées. ‖ Titre donné à la fille aînée du frère puîné du roi. ‖ Pl. *mesdemoiselles*.

madère nm. Vin de l'île de Madère.

madone nf. En Italie, image de la Vierge. ‖ La Vierge elle-même.

madrague nf. Grande enceinte de filets pour la pêche du thon.

madras [*drass*] nm. Étoffe légère de soie et coton. ‖ Foulard.

madré, e adj. et n. Veiné : *bois* -. ‖ *Fig.* Rusé, matois : *un - compère*.

madrépore nm. Colonie de polypes à squelette calcaire.

madréporique adj. Composé de madrépores : *îlot* -.

madrier nm. Planche très épaisse et peu large.

madrigal nm. Petite pièce de vers, fine, tendre ou galante.

madrilène adj. et n. De Madrid.

madrure nf. Tache, veine du bois.

maelstrom ou **malstrom** nm. Courant violent, remous dangereux aux abords des îles Lofoden.

maestoso adv. *Mus.* Avec un mouvement lent et majestueux.

maestria nf. *Bx-arts.* Maîtrise, vigueur d'exécution.

maestro nm. Titre honorable donné à un musicien. ‖ Pl. des *maestros*.

maffia ou **mafia** nf. Association de malfaiteurs, en Italie.

mafflu, e adj. et n. *Fam.* Joufflu.

magasin nm. Lieu destiné à recevoir des marchandises, des provisions. ‖ Boutique. ‖ Dans une arme à répétition, réserve de cartouches.

magasinage nm. Séjour d'une marchandise en magasin.

magasinier nm. Garde d'un magasin.

magazine nm. Revue périodique, généralement illustrée.

magdalénien, enne adj. Relatif aux cavernes préhistoriques de la Madeleine (Dordogne).

mage nm. Astrologue et prêtre chez les Mèdes et les Perses. ‖ Adj. *Les rois* -, personnages qui vinrent, guidés par une étoile, adorer Jésus à Bethléem.

maghzen nm. Au Maroc, le gouvernement du sultan.

magicien, enne n. Qui pratique la magie. ‖ *Par ext.* Qui émerveille par son pouvoir extraordinaire.

magie nf. Art prétendu de produire par certaines pratiques des effets contraires aux lois naturelles. ‖ - *noire*, qui avait pour objet l'évocation des démons.

magique adj. Qui tient de la magie. ‖ *Fig.* Merveilleux : *effet* -.

magister nm. Autrefois, maître d'école de village. ‖ *Fam.* Pédant.

magistère nm. *Alchim.* Composition à laquelle on attribuait des propriétés merveilleuses. ‖ *Fig.* Autorité doctrinale : *exercer un* -.

magistral, e aux adj. Qui tient du maître ; impérieux. ‖ Qui porte la marque de la supériorité : *une œuvre* -. ‖ **Magistralement** adv.

magistrat nm. Officier civil revêtu d'une autorité judiciaire ou administrative.

magistrature nf. Dignité, charge du magistrat. ‖ Durée de cette charge. ‖ Corps des magistrats. ‖ - *assise*, les juges. ‖ - *debout*, les membres du parquet, le ministère public.

magma nm. Masse pâteuse.

magnan nm. Nom du ver à soie dans la vallée du Rhône.

magnanerie nf. Établissement où l'on élève les vers à soie.

magnanime adj. Qui a l'âme généreuse. ‖ Noble, élevé : *caractère* -.

magnanimité nf. Grandeur d'âme; noblesse des sentiments.

magnat nm. Autref., grand de l'Etat, en Pologne et en Hongrie. ‖ Personnage important de l'industrie, de la finance, etc.

magnésie nf. *Chim.* Oxyde de magnésium (MgO), poudre blanche, antiacide, laxative et purgative.

magnésium nm. *Chim.* Métal solide (Mg), blanc d'argent, très léger, qui brûle avec une vive lumière.

magnétique adj. Doué des propriétés de l'aimant. ‖ Qui concerne l'aimant : *champ* -.

magnétisation nf. Action, manière de magnétiser; son résultat.

magnétiser vt. Aimanter. ‖ Communiquer le magnétisme animal. ‖ *Fig.* Fasciner, hypnotiser : *l'orateur magnétisait la foule.*

magnétiseur nm. Qui magnétise. ‖ Hypnotiseur.

magnétisme nm. Tout ce qui concerne les propriétés de l'aimant. ‖ Partie de la physique traitant de phénomènes magnétiques. ‖ - *terrestre,* cause des actions que subit l'aiguille aimantée. ‖ - *animal,* ensemble des faits et des théories de l'hypnose et de la suggestion. ‖ *Fig.* Attraction puissante et mystérieuse exercée par une personne sur une autre.

magnétite nf. Oxyde naturel de fer magnétique (Fe$_3$O$_4$).

magnéto nf. Machine magnéto-électrique dont les inducteurs sont des aimants permanents.

magnéto-électrique adj. Qui tient à la fois des phénomènes magnétiques et électriques.

magnétophone nm. Appareil d'enregistrement et de restitution des sons, par aimantation rémanente d'un ruban recouvert d'une couche d'oxyde magnétique.

magnificat [*kat*] nm. inv. Cantique de la Vierge, chanté aux vêpres.

magnificence nf. Qualité de ce qui est magnifique.

magnifier vt. (c. *prier*). Glorifier.

magnifique adj. Qui a de l'éclat, de la beauté : *palais, temps* -. ‖ Généreux, qui aime le luxe : *prince* -.

magnolia ou **magnolier** nm. Arbre d'ornement, à belles fleurs aromatiques.

magnum [*mag'-nom*] nm. Double bouteille de vin de Champagne.

magot nm. Gros singe sans queue. ‖ Figure grotesque de porcelaine. ‖ Homme laid.

magot nm. *Fam.* Argent caché, économies.

magyar, are n. et adj. Hongrois.

maharajah ou **maharadjah** nm. Titre donné aux princes de l'Inde.

mahatma nm. Nom des ascètes hindous, chefs spirituels de l'école théosophique.

mahdi nm. Envoyé attendu d'Allah, dans plusieurs sectes musulmanes.

mahométan, e adj. et n. Qui professe la religion de Mahomet.

mahométisme nm. Religion de Mahomet.

mai nm. Cinquième mois de l'année. ‖ Arbre vert et enrubanné que l'on plantait le premier mai, en l'honneur de quelqu'un.

maie nf. Huche à pain. ‖ Table du pressoir.

maigre adj. Qui a peu de graisse; sec, décharné. ‖ Où il n'entre ni viande ni graisse : *aliment* -. ‖ *Par ext.* Peu abondant : *un* - *repas.* ‖ Nm. Chair sans graisse : *du* - *de jambon.* ‖ Basses eaux d'un fleuve.

maigrelet, ette adj. *Fam.* Un peu maigre.

maigreur nf. Etat de ce qui est maigre.

maigrichon, onne ou **maigriot, otte** adj. *Fam.* Un peu maigre.

maigrir vi. Devenir maigre. ‖ Vt. Rendre maigre. ‖ Faire paraître maigre.

mail [*may*] nm. Petit maillet à long manche flexible. ‖ Sorte de jeu de boules. ‖ Promenade publique.

mail-coach [*mèl-kôtch*] nm. Berline anglaise, à quatre chevaux, avec plusieurs rangs de banquettes sur le dessus de la voiture. ‖ Pl. des *mail-coaches.*

maille nf. Bouclette d'un tissu tricoté. ‖ Ouverture que ces nœuds laissent entre eux. ‖ Chaînon d'une chaîne, d'une cotte. ‖ Ancienne monnaie de cuivre, de très petite valeur : *n'avoir ni sou ni* -. ‖ *Avoir* - *à partir avec quelqu'un,* se disputer.

maillechort nm. Alliage de cuivre, de zinc et de nickel, imitant l'argent.

maillet nm. Marteau de bois.

mailloche nf. Gros maillet.

maillon nm. Anneau d'une chaîne.

maillot nm. Lange dont on emmaillote un enfant. ‖ Vêtement souple épousant la forme du corps : - *de bain.*

main nf. Organe de préhension et du toucher à l'extrémité du bras. ‖ Distance : *largeur d'une* -. ‖ *Lever la* -, jurer. ‖ *Battre des* -, applaudir. ‖ *Forcer la* -, contraindre. ‖ *En venir aux* -, se battre. ‖ *Faire* - *basse,* voler. ‖ *N'y pas aller de* - *morte,* frapper rudement. ‖ *Avoir la haute* -, commander. ‖ *Avoir sous la* -, à sa portée. ‖ *Avoir une belle* -, une belle écriture. ‖ *Tendre la -*, mendier. ‖ *Demander la - d'une personne*, la demander en mariage. ‖ *Mettre la - à l'œuvre*, entreprendre. ‖ *Tenir de première -*, de la source même. ‖ *Avoir la - heureuse*, réussir souvent. ‖ *Mettre la - à la pâte*, travailler soi-même. ‖ *Avoir les - liées*, ne pouvoir agir. ‖ *Se laver les - d'une chose*, en dégager sa responsabilité. ‖ *Etre en bonnes -*, être confié à une personne capable. ‖ *Mettre la dernière - à*, terminer. ‖ *Agir sous -*, secrètement. ‖ *Donner à pleines -*, libéralement. ‖ *Avoir le cœur sur la -*, être très généreux. ‖ *De - en -*, d'une personne à l'autre. ‖ *De la - à la -*, sans intermédiaire. ‖ *A - armée*, les armes à la main. ‖ *De - de maître*, avec habileté. ‖ *De longue -*, depuis longtemps. ‖ *- de papier*, 25 feuilles. ‖ *- courante*, registre appelé aussi *brouillard*; partie d'une rampe d'escalier sur laquelle s'appuie la main.

main-d'œuvre nf. Façon, travail de l'ouvrier. ‖ Personnel nécessaire pour l'exécution d'un travail donné. ‖ Pl. des *mains-d'œuvre*.

main-forte nf. *Prêter -*, aider.

mainmise nf. *Fig.* Action de s'emparer, influence, ascendant. ‖ Affranchissement : *la - du serf*.

mainmortable adj. Qui peut tomber en mainmorte.

mainmorte nf. Etat des vassaux privés de la faculté de disposer de leurs biens. ‖ Se dit des biens inaliénables, comme les biens des communautés, des hôpitaux, etc., qui ne supportent jamais de droits de mutation : *biens de -*.

maint, e adj. Plusieurs. (S'emploie plus rarement, au singulier : *en - occasion*.)

maintenant adv. A présent.

maintenir vt. Tenir fixe et ferme. ‖ *Fig.* Faire durer : *- les lois existantes*. ‖ Affirmer : *je maintiens que cela est vrai*. ‖ Se - vpr. Rester dans le même état.

maintien nm. Action de maintenir. ‖ Attitude : *- modeste*.

maire nm. Premier officier municipal d'une commune.

mairesse nf. *Fam.* Femme d'un maire.

mairie nf. Charge de maire. ‖ Edifice communal.

mais adv. Plus, davantage. (Vx.) ‖ *Fam. N'en pouvoir -*, être harassé. ‖ Conj. Marque l'opposition : *intelligent, - paresseux!* ou une simple transition : *- revenons à notre sujet*.

maïs [ûs] nm. Céréale utilisée comme plante fourragère, dont les grains sont comestibles.

maison nf. Construction destinée à l'habitation humaine. ‖ Ménage, meubles, etc. ‖ Etablissement commercial : *une - de gros*. ‖ Descendance : *la - d'Autriche*. ‖ *- d'arrêt*, prison. ‖ *- de santé*, clinique.

maisonnée nf. Membres d'une famille vivant ensemble.

maisonnette nf. Petite maison.

maistrance nf. Corps des sous-officiers de la Marine nationale.

maître nm. Celui qui commande, qui domine. ‖ Celui qui a des serviteurs, des ouvriers. ‖ Celui qui enseigne. ‖ Titre donné aux gens de robe, aux personnes revêtues de certaines charges : *- des requêtes*. ‖ *- de chapelle*, celui qui est chargé de diriger le chant dans une église. ‖ *- d'hôtel*, domestique qui préside au service de la table. ‖ *- d'école*, instituteur. ‖ *- couple*, le plus ouvert des couples d'un navire. ‖ *Mar. Second - de 2e et de 1re classe*, -, *1er -, - principal*, sous-officiers de la Marine nationale. ‖ Adj. Premier, principal : *- clerc*.

maître-autel nm. Autel principal d'une église.

maîtresse nf. A presque toutes les acceptions de *maître*. ‖ Femme que l'on aime. ‖ Adj. *- femme*, femme énergique et intelligente.

maîtrisable adj. Que l'on peut maîtriser.

maîtrise nf. Autref., qualité de maître dans une corporation. ‖ *Fig.* Domination incontestée : *posséder la - des mers*. ‖ Domination de soi : *conserver sa -*. ‖ Ecole où les enfants de chœur étudient les chants sacrés.

maîtriser vt. Dompter. ‖ *Fig.* Dominer : *- ses passions*.

majesté nf. Grandeur suprême. ‖ Air de grandeur qui inspire le respect. ‖ *Sa Majesté*, titre des souverains.

majestueux, euse adj. Qui a de la majesté : *démarche -*.

majeur, e adj. Qui a l'âge de majorité. ‖ Important. ‖ *Cas de force -*, événement qu'on ne peut éviter et dont on n'est pas responsable. ‖ *Mus. Tierce -*, intervalle de deux tons. ‖ *Jeux. Tierce -*, l'as, le roi et la dame d'une même couleur. ‖ Nm. Doigt du milieu.

majolique ou **maïolique** nf. Faïence.

major nm. Officier supérieur chargé de l'administration du régiment. ‖ Médecin militaire. ‖ *- général*, officier général chargé de l'administration d'une armée. ‖ *Arg. des écoles.* Premier d'une promotion.

majorat nm. Bien-fonds inaliénable, attaché à la possession d'un titre de noblesse et transmissible au fils aîné.

majoration nf. Action de majorer; son résultat.

majordome nm. Maître d'hôtel d'une grande maison.

majorer vt. Augmenter la valeur d'une chose : - les prix.

majorette nf. Jeune fille en uniforme qui parade dans des fêtes.

majoritaire adj. Se dit d'un système électoral où la majorité l'emporte.

majorité nf. Age où l'on jouit pleinement des droits accordés par la loi aux citoyens. ‖ Le plus grand nombre. ‖ Parti qui l'emporte par le nombre dans une assemblée. ‖ - absolue, nombre de voix au moins égal à la moitié des suffrages plus un. ‖ - relative, nombre de voix supérieur à celui des suffrages obtenus par chacun des concurrents.

majuscule nf. et adj. Lettre plus grande que les autres et de forme différente.

maki nm. Mammifère lémurien de Madagascar.

mal nm. Ce qui est contraire au bien. ‖ Douleur physique. ‖ Ce qui est fâcheux; dommage, perte, calamité : les maux de la guerre. ‖ Peine, travail : avoir trop de -. ‖ Médisance ou calomnie : dire du -. ‖ Tourner une chose en -, lui donner un mauvais sens. ‖ La prendre en -, s'en offenser. ‖ - de mer, malaise provoqué par les mouvements du navire. ‖ - de cœur, nausées. ‖ - du pays, nostalgie. ‖ Haut -, épilepsie. ‖ Adj. Mauvais, funeste : bon an, - an; bon gré, - gré. ‖ Adv. Pas bien : écrire -. ‖ Se trouver -, s'évanouir. ‖ Trouver -, trouver mauvais. ‖ Etre - avec quelqu'un, être brouillé. ‖ Etre bien -, en danger de mort.

malachite [lakit'] nf. Carbonate hydraté de cuivre, d'un beau vert, que l'on peut tailler et polir.

malade adj. et n. Dont la santé est altérée. ‖ Fig. Qui ne jouit pas de toute sa lucidité : esprit -.

maladie nf. Altération dans la santé.

maladif, ive adj. Sujet à être malade : tempérament -.

maladrerie nf. Léproserie.

maladresse nf. Défaut d'adresse. ‖ Action maladroite.

maladroit, e adj. et n. Malhabile. ‖ Qui manque d'adresse : démarche -.

malaga nm. Vin, raisin de la région de Malaga, en Espagne.

malais, e adj. et n. De la Malaisie.

malaise nm. Léger trouble physiologique. ‖ Fig. Inquiétude, embarras : une impression de -.

malaisé, e adj. Difficile, pénible.

malandrin nm. Vagabond, voleur.

malappris, e adj. et n. Mal éduqué.

malard ou **malart** nm. Canard, sauvage ou domestique.

malaria nf. Nom italien de la fièvre paludéenne.

malavisé, e adj. et n. Qui agit sans discernement.

malaxage nm. Action de malaxer.

malaxer vt. Pétrir pour mélanger, ramollir et donner de l'homogénéité : - du beurre. ‖ Masser, frapper du plat de la main.

malaxeur nm. Appareil à malaxer.

malbâti, e adj. et n. Fam. Au corps mal fait, mal tourné.

malchance nf. Mauvaise chance.

malchanceux, euse adj. et n. En butte à la mauvaise chance.

maldonne nf. Erreur dans la distribution des cartes.

mâle adj. Du sexe masculin. ‖ Fig. Qui annonce de l'énergie : voix -. ‖ Nm. : le - et la femelle.

malédiction nf. Action de maudire. ‖ Fig. Malheur, fatalité : la - est sur moi.

maléfice nm. Sort jeté à quelqu'un dans l'intention de nuire.

maléfique adj. Astrol. Qui a une influence maligne.

malencontreux, euse adj. Fâcheux, regrettable : circonstances -.

mal-en-point loc. adv. En mauvais état de santé, de fortune.

malentendu nm. Parole, action mal interprétée; méprise.

malfaçon nf. Imperfection dans un travail, volontaire ou involontaire.

malfaisant, e adj. Qui se plaît à mal faire. ‖ Nuisible : animal -.

malfaiteur, trice n. Qui commet des actions criminelles.

malfamé, e adj. De mauvaise réputation : maison -.

malformation nf. Vice de conformation congénitale, anomalie.

malgache adj. et n. De Madagascar.

malgracieux, euse adj. Impoli, rude.

malgré prép. Contre le gré de. ‖ Nonobstant : sortir - la pluie.

malhabile adj. Qui manque d'habileté.

malheur nm. Mauvaise destinée : connaître le -. ‖ Evénement fâcheux : c'est un grand -. ‖ - à..! puisse-t-il arriver malheur à... ‖ Jouer de -, avoir une mauvaise chance persistante. ‖ Par -, loc. adv., malheureusement.

malheureux, euse adj. Qui porte malheur. ‖ Qui n'est pas heureux. ‖ Qui est funeste : une entreprise -. ‖ Digne de pitié, misérable. ‖ Avoir la *main* -, ne pas avoir de chance au jeu ; être maladroit. ‖ Nm. Indigent : *soulager les* -. ‖ Misérable : *c'est un* -, *indigne de pitié.*

malhonnête adj. et n. Sans probité ni honneur. ‖ Qui manque à la politesse : *enfant* -.

malhonnêteté nf. Manque de probité. ‖ Impolitesse, grossièreté.

malice nf. Penchant à nuire, à mal faire. ‖ *Par ext.* Penchant à dire ou à faire de petites méchancetés. ‖ Plaisanterie, espièglerie.

malicieux, euse adj. et n. Enclin au mal, à l'espièglerie.

malignité nf. Inclination à faire, à penser, à dire du mal. ‖ Méchanceté secrète et mesquine.

malin, igne adj. Qui se plait à faire ou à dire du mal. ‖ Malicieux : *enfant* -. ‖ Qui décèle une malice railleuse : *un sourire* -. ‖ Habile : *il est trop* - *pour agir ainsi.* ‖ De caractère pernicieux : *tumeur* -. ‖ *Pop. Ce n'est pas* -, ce n'est pas difficile. ‖ *L'esprit* -, le démon. ‖ Nm. Rusé : *c'est un* -.

malines nf. Dentelle très fine, fabriquée à Malines (Belgique).

malingre adj. Chétif, maigre.

malintentionné, e adj. et n. Animé de mauvaises intentions.

malique adj. *Chim.* Se dit d'un acide tiré des pommes et autres fruits.

malle nf. Coffre de voyage. ‖ *Faire ses* -, partir.

malléabilité nf. Qualité de ce qui est malléable.

malléable adj. Susceptible d'être réduit en feuilles minces, facile à façonner : *l'or est* -. ‖ *Fig.* Souple : *esprit* -.

malléole nf. *Anat.* Chacune des deux saillies de la cheville.

malle-poste nf. Voiture qui portait les dépêches et qui prenait quelques voyageurs. ‖ Pl. des *malles-poste.*

mallette nf. Petite malle.

malmener vt. (c. *mener*). Traiter brutalement.

malnutrition nf. Mauvaise adaptation de l'alimentation aux conditions de vie d'un individu.

malotru, e n. et adj. Mal élevé.

malouin, e adj. et n. De Saint-Malo.

malpropre adj. et n. Qui manque de propreté. ‖ Mal exécuté : *travail* -. ‖ *Fig.* Immoral : *propos* -.

malpropreté nf. Défaut de propreté. ‖ *Fig.* Indécence, malhonnêteté.

malsain, e adj. Qui n'est pas sain. ‖ Nuisible à la santé. ‖ *Fig.* Funeste à la morale : *un livre* -.

malséant, e adj. Qui n'est pas convenable, déplacé.

malsonnant, e adj. Contraire à la bienséance : *paroles* -.

malt [*malt*] nm. Orge germée.

maltage nm. Conversion de l'orge en malt.

maltais, e adj. et n. De Malte.

malterie nf. Cave d'une brasserie où l'on prépare le malt.

malthusianisme nm. Restriction volontaire des naissances préconisée par Malthus.

maltose nm. Sucre obtenu en saccharifiant l'amidon par le malt.

maltôte nf. Impôt illégal. (Vx.)

maltraiter vt. Traiter durement.

malvacées nfpl. Famille de plantes ayant pour type la mauve.

malveillance nf. Dessein de nuire. ‖ Mauvais vouloir.

malveillant, e adj. Qui veut du mal à autrui. ‖ Nm. Personne malveillante.

malversation nf. Détournement de fonds dans l'exercice d'une charge publique.

malvoisie nf. Vin grec liquoreux.

maman nf. Mère, dans le langage des enfants.

mamelle nf. Glande qui sécrète le lait chez les mammifères.

mamelon nm. Bout de la mamelle. ‖ *Par ext.* Eminence arrondie.

mamelonné, e adj. Qui porte des mamelons : *plaine* -.

mameluk [*louk*] ou **mamelouk** nm. Autrefois, soldat de la milice turco-égyptienne.

mamillaire [*mil'-lèr'*] adj. En forme de mamelon. ‖ Nf. Genre de cactus.

mammaire [*mam'-mèr'*] adj. *Anat.* Relatif aux mamelles.

mammifère adj. et nm. Qui a des mamelles. ‖ Nmpl. Une des cinq classes des vertébrés, généralement vivipares, dont les femelles ont des mamelles et allaitent leurs petits.

mammouth nm. Eléphant fossile du début du Quaternaire.

manade nf. Troupeau de bœufs, de chevaux, en Camargue.

manager [*dger*] nm. Celui qui gère les intérêts d'un champion.

manant nm. Autref., villageois, roturier. ‖ *Fig.* Homme mal élevé, rustre.

mancenillier nm. Arbre vénéneux d'Amérique équatoriale.

manche nm. Poignée d'un instrument. ‖ Os apparent des côtelettes et des gigots. ‖ *Fig. et fam. Branler dans le* -, être menacé dans sa situation. ‖ Nf. Partie du vêtement qui couvre le bras. ‖ Au jeu, une des parties liées que l'on est convenu de jouer.

mancheron nm. Poignée de charrue.

manchette nf. Bande de toile empesée, fixée au poignet d'une chemise. ‖ Titre en gros caractères dans un journal.

manchon nm. Fourrure protégeant les mains du froid. ‖ *Techn.* Cylindre pour unir deux tuyaux, deux axes.

manchot, ote adj. et n. Estropié ou privé d'une main ou d'un bras. ‖ *Fig. N'être pas -*, être adroit. ‖ Palmipède n'ayant que des moignons d'ailes.

mandant nm. Celui qui donne un mandat, un pouvoir à un autre.

mandarin nm. Haut fonctionnaire public en Chine.

mandarinat nm. Dignité de mandarin.

mandarine nf. Petite orange, douce et parfumée.

mandarinier nm. Variété d'oranger.

mandat nm. Pouvoir qu'une personne donne à une autre d'agir en son nom. ‖ Fonctions déléguées par le peuple : *le - de député.* ‖ Titre postal transférant une somme au correspondant désigné. ‖ *- d'amener*, ordre de faire comparaître devant un juge. ‖ *- d'arrêt*, ordre de conduire en prison.

mandataire nm. Qui a reçu mandat pour agir au nom d'un autre. ‖ *- aux Halles*, commissionnaire des producteurs de province.

mandat-carte nm. Mandat postal transmis dans la forme d'une carte postale. ‖ Pl. des *mandats-cartes.*

mandatement nm. Action de mandater : *- d'une somme.*

mandater vt. Libeller un mandat pour assurer un paiement.

mandchou, e adj. et n. De la Mandchourie.

mandement nm. Instructions adressées par un évêque à ses diocésains.

mander vt. Faire savoir par lettre. ‖ Convoquer : *d'urgence.*

mandibule nf. Mâchoire inférieure. ‖ Chacune des deux parties du bec des oiseaux. ‖ Pièce de la bouche des insectes.

mandoline nf. Petit instrument de musique à cordes, de la famille du luth.

mandragore nf. Plante narcotique à laquelle la sorcellerie attribuait des vertus extraordinaires.

mandrill nm. Grand singe cynocéphale de la Guinée.

mandrin nm. Pièce sur laquelle le tourneur assujettit son ouvrage. ‖ Poinçon pour percer, pour emboutir. ‖ Outil, en forme de cylindre creux, pour maintenir par serrage une pièce introduite dans son intérieur.

manducation nf. Action de manger.

manécanterie nf. Ecole de chant attachée à une paroisse.

manège nm. Exercices de dressage d'un cheval. ‖ Lieu où se font ces exercices. ‖ Appareil formé d'un arbre vertical et d'une perche horizontale à laquelle on attelle un animal pour faire mouvoir une machine. ‖ Installation analogue pour communiquer le mouvement à des animaux simulés (chevaux de bois). ‖ *Fig.* Conduite adroite, rusée : *je me méfie de ce -.*

mânes nmpl. Chez les Romains, âmes des morts.

maneton nm. *Méc.* Petite manette. ‖ Bras de manivelle articulé sur la tête de bielle d'un moteur à piston.

manette nf. Levier, clef ou poignée qu'on manœuvre à la main.

manganèse nm. Métal (Mn) grisâtre, très dur, employé pour la fabrication d'aciers spéciaux.

mangeable adj. Qu'on peut manger.

mangeaille nf. Nourriture de certains animaux domestiques. ‖ *Fam.* Ce qu'on mange.

mangeoire nf. Auge où mangent les animaux.

manger vt. (Prend u muet après g devant a et o : *il mangea, n. mangeons.*) Mâcher et avaler. ‖ *Absol.* Prendre de la nourriture. ‖ Ronger : *la rouille - le fer.* ‖ *Fig. - des yeux*, regarder avidement. ‖ *- ses mots*, mal prononcer. ‖ *- son bien*, le dissiper. ‖ Nm. Ce qu'on mange : *le boire et le -.*

mange-tout nm. inv. *Fam.* Prodigue, dépensier. ‖ Haricot ou pois dont la cosse se mange avec le grain.

mangeure [*jur'*] nf. Endroit mangé d'un pain, d'une étoffe, etc.

mangoustan nm. Plante des pays chauds à fruit violet, comestible.

mangouste nf. Mammifère carnassier, destructeur de reptiles. ‖ Fruit du mangoustan.

mangue nf. Fruit du manguier, semblable à de grosses pêches.

manguier nm. Arbre exotique qui produit la mangue.

maniabilité nf. Qualité de ce qui est maniable.

maniable adj. Aisé à manier. ‖ *Fig.* Souple : *caractère -.*

maniaque adj. et n. Possédé d'une manie.

manichéen, enne adj. et n. Adepte du manichéisme.

manichéisme nm. Hérésie de Manès, qui attribuait la création à deux dieux, celui du bien et celui du mal.

manicle ou **manique** nf. Gant de cuir des cordonniers et selliers.

manie nf. Habitude bizarre. ‖ Idée fixe.

maniement nm. Action de manier. ‖ *Fig.* Action de diriger, d'administrer : *le - des esprits.*

manier vt. (c. *prier*). Prendre avec la main. ‖ Se servir de (au *pr.* et au *fig.*) : *bien - la plume.*

manière nf. Façon d'être ou de faire quelque chose. ‖ Façon d'agir habituelle. ‖ *- de voir*, opinion. ‖ Pl. Façons habituelles de parler, d'agir, de se présenter : *avoir des - rudes ; faire des -.* ‖ Loc. prép. **De** - à, de façon à. **A la -** de, à l'imitation de. **De** - que loc. conj., de sorte que.

maniéré, e adj. Affecté dans ses manières ; recherché.

manieur nm. Qui manie. ‖ *Par dénigr. - d'argent*, financier.

manifestation nf. Action de manifester. ‖ Expression publique d'un sentiment, d'une opinion politique.

manifeste adj. Evident, notoire.

manifeste nm. Déclaration écrite par laquelle un souverain, un chef de parti rend compte de sa conduite et expose ses buts.

manifester vt. Faire connaître : *- sa joie.* ‖ Vi. Faire une manifestation. ‖ **Manifestant, e** part., adj. et n. Qui manifeste.

manigance nf. *Fam.* Manœuvre secrète.

manigancer vt. (c. *lancer*). *Fam.* Tramer secrètement.

manille nf. Jeu de cartes. ‖ Le dix de chaque couleur au jeu de la manille.

manillon nm. L'as de chaque couleur au jeu de la manille.

manioc [*niok*] nm. Plante exotique, dont la racine fournit une fécule servant à faire le tapioca.

manipulateur nm. Celui qui manipule. ‖ Appareil transmetteur de télégraphie.

manipulation nf. Action de manipuler ; expérience.

manipule nm. Enseigne des armées romaines. ‖ *Liturg.* Ornement que le prêtre porte au bras gauche, en célébrant la messe.

manipuler vt. Arranger, mêler, pétrir avec la main. ‖ Manœuvrer avec la main, prendre en main.

manitou nm. Divinité, chez les primitifs de l'Amérique du Nord. ‖ *Fig. et fam. Grand -*, personnage puissant.

manivelle nf. Levier coudé à angle droit, assurant la transformation d'un mouvement rectiligne alternatif en un mouvement circulaire continu.

manne nf. Nourriture miraculeuse que Yahweh envoya du ciel aux Israélites dans le désert. ‖ Suc mielleux qui découle de certains végétaux.

manne nf. Grand panier d'osier rectangulaire à deux anses.

mannequin nm. Figure de bois à l'usage des peintres, des sculpteurs. ‖ Figure d'osier, etc., sur laquelle les tailleurs et les couturières essaient les vêtements. ‖ Jeune femme qui, dans les maisons de couture, présente sur elle-même les nouveaux modèles. ‖ *Fig.* Homme sans caractère.

manodétendeur nm. Dispositif permettant d'abaisser la pression d'un gaz comprimé, en vue de son utilisation.

manœuvre nf. Manière de faire fonctionner un appareil. ‖ Exercice militaire. ‖ *Fig.* Intrigue : *déjouer les - d'un adversaire.* ‖ Nm. Ouvrier qui ne fait que de gros travaux.

manœuvrer vt. Faire fonctionner, mettre en mouvement. ‖ Manier, diriger. ‖ Vi. Exécuter des exercices d'instruction militaire. ‖ *Fig.* Intriguer : *- sourdement.*

manœuvrier nm. Habile à faire manœuvrer des troupes ou des navires. ‖ Polémiste, politicien habile.

manoir nm. Résidence seigneuriale, petit château.

manomètre nm. Appareil mesurant la pression d'un fluide.

manouvrier, ère n. (Vx.) V. MANŒUVRE.

manque nm. Privation, absence. ‖ *- à gagner*, occasion perdue de faire un profit. ‖ *- de* loc. prép., faute de.

manquement nm. Défaut, infraction.

manquer vi. Faire défaut. ‖ Mourir, disparaître : *le père vint d'-.* ‖ Etre absent : *il manque un élève.* ‖ Vt. ind. Faire défaut à. ‖ Se dérober à : *- à son devoir.* ‖ Etre absent : *- à une séance.* ‖ Ne pas respecter : *- à un supérieur.* ‖ *Le pied lui a manqué*, il a failli tomber. ‖ Etre sur le point de : *il a manqué de se noyer.* ‖ *Ne pas - de*, ne pas oublier de. ‖ Vt. Ne pas réussir : *- une affaire.* ‖ Laisser échapper : *- une occasion ; - un lièvre.* ‖ Ne pas rencontrer : *- un ami.* ‖ **Manquant, e** part., adj. et n. Qui est en moins : *somme -.* ‖ **Manqué, e** part. et adj.

mansarde nf. Chambre ou fenêtre droite ménagée dans les combles.

mansardé, e adj. Se dit d'un logement disposé en mansarde, aux murs coupés par l'obliquité du toit.

mansuétude nf. Douceur, bonté, indulgence.

mante nf. Vêtement de femme, ample et sans manches. ‖ Insecte orthoptère carnassier : *la - religieuse.*

manteau nm. Vêtement ample de dessus. ‖ Partie de la cheminée en saillie au-dessus de l'âtre. ‖ *Sous le -*, clandestinement. ‖ Enveloppe du corps des mollusques qui sécrète la coquille calcaire.

mantelet nm. Manteau féminin très court.

mantille nf. Echarpe de dentelle que les femmes portent sur la tête.

mantisse nf. Partie décimale d'un logarithme.

manucure n. Personne qui soigne les mains.

manuel, elle adj. Qui se fait avec la main. ‖ Nm. et adj. Livre qui présente les principes d'un art, d'une science, etc.

manufacture nf. Vaste établissement industriel : - *de tabac*.

manufacturer vt. Fabriquer en grand.

manufacturier, ère n. Propriétaire d'une manufacture. ‖ Adj. Relatif à la fabrication.

manuscrit, e adj. Ecrit à la main. ‖ Nm. Ouvrage écrit à la main.

manutention nf. Manipulation de marchandises. ‖ Local où elle a lieu. ‖ Etablissements de l'intendance militaire.

manutentionnaire n. Employé d'une manutention.

manutentionner vt. Manier, déplacer des marchandises.

mappemonde nf. Représentation du globe divisé en deux hémisphères.

maquereau nm. Poisson de mer de couleurs vives, à chair estimée.

maquette nf. Première ébauche ou modèle réduit d'un ouvrage artistique, d'une machine, de décors de théâtre, etc.

maquignon nm. Marchand de chevaux.

maquignonnage nm. Métier de maquignon. ‖ *Fig.* Roueries.

maquiller vt. User d'artifice pour cacher les défauts d'un cheval.

maquillage nm. Action de maquiller ou de se maquiller; son résultat.

maquiller vt. Farder, soumettre au maquillage. ‖ *Fig.* Altérer : - *la vérité*.

maquis [*ki*] nm. En Corse, terrains couverts d'inextricables broussailles. ‖ *Prendre le -*, s'y réfugier. ‖ Retraite où se réunissaient les résistants durant l'occupation allemande.

maquisard nm. Résistant.

marabout nm. Ascète musulman. ‖ Petite mosquée. ‖ Bouillotte ventrue. ‖ Oiseau échassier d'Afrique et de l'Inde. ‖ Sa plume.

maraîcher, ère n. Jardinier qui cultive en grand des terrains qui produisent des légumes. ‖ Adj. : *culture -*.

marais nm. Terrain marécageux. ‖ Terrain où l'on cultive des légumes et des primeurs. ‖ - *salants*, bassins où l'on fait évaporer l'eau de mer pour recueillir le sel marin.

marasme nm. Apathie profonde. ‖ *Fig.* Arrêt d'activité.

marasquin nm. Liqueur faite avec une cerise nommée *marasque*.

marathon nm. Course pédestre de grand fond (42,195 km).

marâtre nf. Belle-mère des enfants d'un autre lit. ‖ *Par ext.* Mère dénaturée, sans indulgence.

maraud, e n. Drôle, drôlesse. (Vx.)

maraudage nm. ou **maraude** nf. Vol de denrées commis par des gens de guerre. ‖ Vol de récoltes, de fruits, etc., encore sur pied.

marauder vi. Aller à la maraude.

maraudeur, euse n. Personne qui maraude.

marbre nm. Calcaire assez dur, souvent veiné, capable de recevoir un beau poli. ‖ *Typogr.* Table sur laquelle les imprimeurs posent leurs formes. ‖ *Fig. Cœur de -*, insensible.

marbré, e adj. Qui a l'apparence du marbre; veiné comme le marbre.

marbrer vi. Imiter le marbre, donner l'apparence du marbre.

marbrerie nf. Art du marbrier. ‖ Son chantier.

marbrier nm. Personne qui travaille le marbre. ‖ Adj. : *industrie -*.

marbrière nf. Carrière de marbre.

marbrure nf. Imitation des veines du marbre.

marc [*mar*] nm. Ancien poids de huit onces. ‖ Anc. monnaie d'or.

marc [*mar*] nm. Résidu après pressurage ou ébullition : - *de raisin, de café*. ‖ *Eau-de-vie de -*, obtenue en distillant du marc de raisin.

marcassin nm. Jeune sanglier.

marcassite nf. Bisulfure de fer, de couleur jaunâtre, utilisé en joaillerie.

marchand, e n. Qui fait profession d'acheter et de vendre. ‖ Adj. Relatif au commerce : *marine -*. ‖ *Prix -*, prix auquel les marchands vendent entre eux.

marchandage nm. Action de marchander.

marchander vt. Débattre le prix d'une chose. ‖ *Fig.* Accorder à regret : - *les éloges*.

marchandeur, euse adj. et n. Qui marchande en achetant.

marchandise nf. Ce qui se vend et s'achète : - *de luxe*.

marche nf. Action de celui qui

marche. ‖ Distance évaluée en heures de marche : *à deux heures de -*. ‖ Déplacement d'une troupe pour se porter d'un lieu dans un autre. ‖ Mouvement régulier, réglé, d'un corps, d'un mécanisme, etc. : *la marche d'une pendule*. ‖ Musique destinée à régler le pas : *une - militaire*.

marche nf. Degré d'un escalier.

marche nf. Autref., province frontière d'un empire.

marché nm. Lieu public où l'on vend des marchandises. ‖ Achats faits au marché : *faire son -*. ‖ Prix, conditions d'un achat : *un - avantageux*. ‖ *Fig. Etre quitte à bon -*, avec moins de perte qu'on ne le craignait. ‖ *Avoir bon - de quelqu'un*, en venir facilement à bout. ‖ *Mettre le - en main*, forcer à prendre une décision. ‖ *Par-dessus le -*, en outre. ‖ *Faire bon - d'une chose*, la prodiguer. ‖ *Etude de -*, étude des débouchés d'un produit.

marchepied nm. Petit escabeau ou escalier portatif. ‖ Sorte de degré qui sert à monter dans une voiture. ‖ *Fig.* Moyen de s'élever dans la société : *cet emploi lui a servi de -*.

marcher vi. Changer de place en déplaçant les pieds l'un après l'autre. ‖ Avancer. ‖ Fonctionner. ‖ *Fig. - droit*, avoir une conduite irréprochable. ‖ *- à pas de loup*, sans bruit.

marcheur, euse n. Personne qui marche, qui aime à marcher.

marcottage nm. Action ou manière de marcotter.

marcotte nf. Branche tenant à la plante mère et enterrée pour y prendre racine.

marcotter vt. Coucher des rejetons pour leur faire prendre racine.

mardi nm. Troisième jour de la semaine. ‖ *- gras*, dernier jour du carnaval.

mare nf. Petite étendue d'eau dormante.

marécage nm. Terrain humide et bourbeux.

marécageux, euse adj. Plein de marécages : *sol -*.

maréchal nm. Artisan dont le métier est de ferrer les chevaux. ‖ *- de France*, titre de la dignité conférée à certains généraux. ‖ *- des logis*, sous-officier de cavalerie, d'artillerie ou du train.

maréchalat nm. Dignité de maréchal.

maréchalerie nf. Atelier, métier du maréchal-ferrant.

maréchal-ferrant nm. V. MARÉCHAL. ‖ Pl. des *maréchaux-ferrants*.

maréchaussée nf. Gendarmerie.

marée nf. Mouvement périodique de la mer. ‖ Poisson de mer frais. ‖ *Fig. Arriver comme - en carême*, arriver fort à propos.

marégraphe nm. Instrument enregistrant la hauteur des marées.

marelle nf. Jeu d'enfants qui poussent à cloche-pied un palet entre des lignes tracées sur le sol.

marengo nm. Drap à fond noir, parsemé de petits effets blancs. ‖ *A la -* loc. adv. Recette de cuisine concernant la préparation du poulet ou du veau.

mareyeur, euse n. Marchand de marée, de poisson.

margarine nf. Composition de graisses animales ou végétales, succédané du beurre.

marge nf. Bord, bordure. ‖ Cadre blanc autour d'une page imprimée ou écrite. ‖ *Fig.* Latitude : *laisser de la - à un collaborateur*. ‖ *Avoir de la -*, avoir du temps pour faire une chose. ‖ *En - de*, en dehors de.

margelle nf. Rebord d'un puits.

marger vt. (c. *manger*). Pourvoir d'une marge.

marginal, e, aux adj. Mis en marge : *explication -*.

margot nf. Nom donné à la *pie*. ‖ Femme bavarde.

margotin nm. Petit fagot de brindilles pour allumer le feu.

margoulette nf. *Pop.* Mâchoire.

margrave nm. Chef d'une marche dans l'ancien empire germanique.

marguerite nf. Nom vulgaire de diverses composées, notamment de la pâquerette.

marguillier nm. Membre du conseil de fabrique d'une paroisse.

mari nm. Homme uni à une femme par le mariage.

mariable adj. En âge et en condition d'être marié.

mariage nm. Union légale d'un homme et d'une femme. ‖ Célébration des noces. ‖ Un des sept sacrements de l'Eglise. ‖ Jeu de cartes.

marier vt. (c. *prier*). Unir par le lien conjugal. ‖ *Fig.* Joindre : *- la vigne à l'ormeau*. ‖ Assortir : *- des couleurs*. ‖ **Marié, e** part., adj. et n. Uni par le lien du mariage.

marieur, euse n. Personne qui s'entremet pour faire des mariages.

marigot nm. Dans les pays tropicaux, bras de fleuve marécageux.

marin, ine adj. Relatif à la mer. ‖ Qui sert à la navigation sur mer : *carte -*. ‖ Nm. Navigateur.

marinade nf. Saumure propre à conserver et à aromatiser la viande.

marine nf. Art de la navigation sur mer : *entrer dans la -*. ‖ Forces navales d'un État. ‖ Tableau qui représente une scène maritime.

mariner vt. Laisser tremper de la viande dans une marinade.

maringouin nm. Nom vulgaire des moustiques des tropiques.

marinier, ère n. Celui qui conduit les bateaux sur les voies navigables. ‖ Nf. Blouse de femme. ‖ Adj. De la marine. ‖ *Officier* -, sous-officier de la Marine nationale.

marionnette nf. Petite poupée articulée qu'on fait mouvoir à l'aide de fils. ‖ *Fig.* Personne sans caractère.

mariste nm. Membre d'une congrégation religieuse enseignante.

marital, e, aux adj. Du mari. ‖ **Maritalement** adv., comme époux.

maritime adj. Relatif à la mer ou à la navigation.

maritorne nf. *Fam.* Femme laide, malpropre.

marivaudage nm. Langage raffiné, imité de Marivaux. ‖ *Par ext.* Galanterie précieuse.

marivauder vi. Imiter le style, l'afféterie de Marivaux.

marjolaine nf. Labiacée aromatique (*origan*).

mark nm. Unité monétaire allemande divisée en 100 pfennigs.

marketing nm. (mot angl.) Syn. d'*étude de marché*.

marmaille nf. *Fam.* Troupe d'enfants.

marmelade nf. Confiture de fruits presque réduits en bouillie. ‖ *Fig. et fam. En* -, fracassé, broyé.

marmite nf. Récipient où l'on fait cuire les aliments. ‖ Son contenu. ‖ *Fam.* Gros obus.

marmiton nm. Jeune valet de cuisine.

marmonner vt. Marmotter, murmurer : - *des injures*.

marmoréen, enne adj. Qui tient du marbre.

marmot nm. *Fam.* Enfant en bas âge. ‖ Heurtoir en forme de figure grotesque. ‖ *Fig. Croquer le* -, attendre longtemps.

marmotte nf. Mammifère rongeur hibernant.

marmotter vt. *Fam.* Parler confusément et entre les dents.

marmotteur, euse n. Qui marmotte.

marmouset nm. Petit garçon, petit homme.

marnage nm. Action de marner.

marne nf. Terre calcaire mêlée d'argile.

marner vt. Répandre de la marne sur un sol, pour l'amender.

marneux, euse adj. De la nature de la marne.

marnière nf. Carrière de marne.

marocain, e adj. et n. Du Maroc.

maroilles ou **marolles** nm. Fromage fabriqué à Maroilles (Nord).

maronite nm. Catholique du Liban.

maronner vi. *Fam.* Murmurer sourdement.

maroquin nm. Cuir de chèvre, tanné et apprêté. ‖ *Fam.* Portefeuille ministériel.

maroquiner vt. Apprêter les peaux de veau ou de mouton à la manière du maroquin.

maroquinerie nf. Commerce, magasin d'objets en cuir.

maroquinier nm. Qui vend ou façonne des peaux en maroquin, en cuir.

marotte nf. Sceptre surmonté d'une tête grotesque garnie de grelots, attribut de la Folie. ‖ *Fig. et fam.* Idée fixe : *chacun a sa* -.

maroufle nm. Fripon.

maroufle nf. Colle très tenace, dont on se sert pour maroufler.

maroufler vt. Coller une toile peinte sur une autre toile, sur bois ou sur un mur. ‖ Renforcer un lambris par une toile collée.

marquage nm. Action de marquer.

marque nf. Empreinte, signe servant à reconnaître un objet. ‖ Trace que laisse sur le corps une lésion. ‖ Empreinte : *la* - *des pas sur la neige* ; *la* - *du bourreau*. ‖ Jeton, fiche dont on se sert au jeu. ‖ Nom, chiffre ou signe spécial qu'un commerçant ou à un fabricant : *la* - *d'un orfèvre*. ‖ *De* -, de première qualité. ‖ *Personnes de* -, distinguées. ‖ *Fig.* Trait distinctif : *la* - *de l'ouvrier*. ‖ Témoignage : - *d'estime*.

marquer vt. Mettre une marque à. ‖ Laisser des traces. ‖ Noter, inscrire. ‖ *Sports.* - *un but*, réussir un but. ‖ Imprimer un signe flétrissant sur l'épaule d'un condamné. ‖ *Fig.* Indiquer : *voilà qui marque de la méchanceté*. ‖ Fixer : - *un jour pour...* ‖ Signaler : *de grands malheurs ont marqué la fin du règne de Louis XIV.* ‖ - *le pas*, conserver la cadence du pas sans avancer. ‖ Vi. Se distinguer : *cet homme ne marque point*. ‖ **Marquant, e** part. et adj. Remarquable : *un fait* -. ‖ **Marqué, e** part. et adj. Accentué : *des traits* -.

marqueter vt. (c. *jeter*). Marquer de taches. ‖ Orner de marqueterie.

marqueterie [ké] nf. Ouvrage de menuiserie composé de feuilles de différents bois précieux, de métal ou de marbre, plaquées sur un assemblage et formant des dessins variés.

marqueteur nm. Ouvrier en marqueterie.

marqueur, euse n. Qui marque.

marquis, se n. Titre de noblesse entre ceux de duc et de comte.

marquisat nm. Titre de marquis. ‖ Terre qui comportait ce titre.

marquise nf. Auvent placé au-dessus d'une porte d'entrée. ‖ Variété de poire. ‖ Bague à long chaton.

marquoir nm. Instrument de tailleur pour marquer. ‖ Modèle de lettres.

marraine nf. Femme qui tient un enfant sur les fonts baptismaux. ‖ Personne qui donne son nom à : - d'un navire. ‖ Dame qui en présente une autre dans une société. ‖ - de guerre, dame servant de correspondant à un soldat pendant une guerre.

marri, e adj. Fâché, attristé.

marron nm. Grosse châtaigne. ‖ Fruit du marronnier sauvage. ‖ Adj. inv. Couleur -, jaune brun.

marron, onne adj. et n. Se dit d'un esclave qui s'est enfui, d'un animal domestique redevenu sauvage. ‖ Fig. Celui qui exerce une profession sans titre : médecin -.

marronnier nm. Châtaignier qui produit le marron. ‖ - d'Inde, grand arbre ornemental.

mars nm. Troisième mois de l'année. ‖ Papillon de jour.

marseillais, e adj. et n. De Marseille. ‖ Nf. Hymne national français.

marsouin nm. Cétacé du genre dauphin. ‖ Fam. Militaire de l'infanterie coloniale.

marsupial, e, aux adj. Qui a la forme d'une bourse; qui a une bourse. ‖ Nmpl. Mammifères caractérisés par une poche ventrale dans laquelle ils abritent leurs petits.

marteau nm. Outil de percussion, formé d'une tête en métal et d'un manche en bois. ‖ - pneumatique, appareil portatif dont l'outil, de forme variée, doit son impulsion à l'air comprimé. ‖ Heurtoir : le - d'une porte. ‖ Un des osselets de l'oreille. ‖ Tringle qui frappe la corde d'un piano. ‖ Requin à tête élargie. ‖ Sphère métallique (7,257 kg), munie d'un fil d'acier et d'une poignée, que lancent les sportifs. ‖ Fig. et fam. Etre -, un peu fou. ‖ Etre entre le - et l'enclume, en relations avec des gens d'intérêts contraires.

marteau-pilon nm. Grosse masse de fonte fonctionnant à la vapeur. ‖ Pl. des marteaux-pilons.

martel nm. Marteau (Vx.) ‖ Fig. Se mettre - en tête, se tracasser.

martelage, martèlement nm. Action de marteler les métaux.

marteler vt. (c. celer). Frapper un métal à coups de marteau pour le façonner. ‖ Fig. Faire résonner les sons, les mots : il martèle ses vers.

martelet nm. Marteau de couvreur.

martial, e, aux adj. Qui a un air guerrier. ‖ Cour -, tribunal militaire. ‖ Loi -, état de guerre.

martien, enne n. Habitant prétendu de la planète Mars.

martinet nm. Espèce d'hirondelle à ailes longues et étroites, au vol rapide. ‖ Fouet à lanières. ‖ Marteau mécanique à bascule des forgerons.

martingale nf. Courroie qui empêche le cheval de donner de la tête. ‖ Demi-ceinture placée au dos d'une capote, d'un pardessus, etc. ‖ Système de jeu consistant à doubler, à chaque coup, l'enjeu perdu.

martin-pêcheur nm. Passereau d'un beau bleu ciel, qui se tient au bord des cours d'eau. ‖ Pl. des martins-pêcheurs.

martre nf. Mammifère carnivore. ‖ Sa fourrure.

martyr, e n. Qui a souffert la mort plutôt que de renoncer à sa foi. ‖ Qui souffre beaucoup. ‖ Adj. : peuple -.

martyre nm. Mort, tourments endurés pour la foi. ‖ Fig. Grande douleur de corps ou d'esprit.

martyriser vt. Faire endurer le martyre. ‖ Par ext. Torturer.

martyrologe nm. Catalogue des martyrs, et, par ext., des victimes : le - de la science.

marxisme nm. Théorie collectiviste de Karl Marx, fondée sur le matérialisme historique.

marxiste adj. et n. Relatif au marxisme. ‖ Partisan du marxisme.

maryland nm. Tabac de Maryland.

mas [mâss] nm. En Provence, maison de campagne, petite ferme.

mascarade nf. Déguisement avec masques. ‖ Troupe de gens masqués.

mascaret nm. Masse d'eau de mer qui se précipite à l'embouchure des fleuves, au moment de la marée.

mascaron nm. Figure grotesque employée en décoration.

mascotte nf. Fam. Fétiche.

masculin, e adj. Qui appartient au mâle. ‖ Rime, terminaison -, dont la syllabe finale n'est pas terminée par un e muet. ‖ Nm. Genre masculin.

masque nm. Faux visage de carton dont on se couvre la figure pour se déguiser. ‖ Personne masquée. ‖ Moulage pris sur un visage. ‖ Appareil de protection contre les gaz asphyxiants. ‖ Escr. Toile métallique avec laquelle les escrimeurs se pro-

393

tègent le visage. ‖ *Fig.* Apparence trompeuse : *prendre le - de la vertu.* ‖ *Lever le -*, se montrer tel que l'on est. ‖ *Arracher le - à quelqu'un*, dévoiler sa fausseté.

masquer vt. Mettre un masque à quelqu'un. ‖ Dérober à la vue : *- une fenêtre.* ‖ *Fig.* Cacher sous de fausses apparences : *- ses projets.*

massacre nm. Action de massacrer; son résultat.

massacrer vt. Tuer en masse des gens sans défense, des bêtes. ‖ *Fig. et fam.* Gâter, mutiler, défigurer par une exécution défectueuse : *- un ouvrage, un air, etc.* ‖ **Massacrant, e** part. et adj. *Fam.* Maussade : *humeur -.*

massacreur nm. Qui massacre.

massage nm. Action de masser.

masse nf. Amas, bloc : *- de pierres, de plomb; la - d'un monument.* ‖ Corps, objet informe. ‖ *Electr.* Mettre à la -, mettre en communication avec le sol. ‖ Totalité : *la - des créanciers.* ‖ Fonds d'argent d'une société : *- sociale.* ‖ *Fam.* Grand nombre : *Paris reçoit des - de visiteurs étrangers.* ‖ *- d'armes*, sorte de massue de fer. ‖ Bâton de cérémonie, orné d'une pomme d'argent, insigne des huissiers, des massiers. ‖ Ce qu'on met au jeu. ‖ Pl. Le peuple en général, la multitude : *agir sur les -.* ‖ **En-** loc. adv., tous ensemble.

massé nm. Au billard, coup donné sur une bille perpendiculairement au billard.

masselotte nf. Pièce d'un système mécanique agissant par son inertie.

massepain nm. Petit biscuit rond fait avec des amandes et du sucre.

masser vt. Pétrir avec les mains différentes parties du corps, pour accélérer la circulation sanguine.

masser vt. Grouper, réunir : *- des troupes.* ‖ **Se -** vpr. Se réunir en masse.

masséter [*tèr*] nm. Muscle releveur de la mâchoire inférieure.

massette nf. Marteau à long manche des casseurs de pierres.

masseur, euse n. Personne qui pratique le massage.

massicot nm. Protoxyde de plomb (PbO), jaune rougeâtre.

massicot nm. Machine à rogner le papier.

massier nm. Huissier qui porte une masse dans certaines cérémonies.

massier, ère n. Dans un atelier de peinture ou de sculpture, élève qui recueille les cotisations (masse) et règle les dépenses communes.

massif, ive adj. Epais, pesant. ‖ Ni plaqué, ni creux : *or -.* ‖ Nm. Construction épaisse et solide. ‖ Bosquet épais : *- d'arbres.* ‖ Ensemble de plantes fleuries ou d'arbustes, dans un parterre : *un - de tulipes.* ‖ Ensemble de hauteurs : *le - du Mont-Blanc.*

massue nf. Bâton noueux, beaucoup plus gros à un bout qu'à l'autre. ‖ Instrument de gymnastique de la même forme. ‖ *Fig. et fam. Coup de -*, événement fâcheux et soudain.

mastic [*stik*] nm. Résine jaunâtre du lentisque. ‖ Sorte de ciment fait de blanc d'Espagne et d'huile siccative, servant à boucher des trous ou à mastiquer des joints.

masticage nm. Action de mastiquer.

masticateur nm. Appareil servant à broyer les aliments.

mastication nf. Action de mâcher.

masticatoire nm. Substance qu'on mâche pour exciter la salivation.

mastiquer vt. Coller, boucher avec du mastic : *- une vitre.* ‖ Mâcher.

mastoc [*stok*] adj. et n. *Fam.* Lourd, épais.

mastodonte nm. Mammifère fossile, voisin des éléphants. ‖ *Fig. et fam.* Personne d'une énorme corpulence.

mastoïde adj. *Anat.* Se dit de l'éminence en forme de mamelon placée à la partie inférieure et postérieure de l'os temporal : *apophyse -.*

mastoïdite nf. Inflammation de l'apophyse mastoïde.

mastroquet nm. *Pop.* Celui qui tient un débit de boissons.

masure nf. Maison misérable.

mat [*mat'*] nm. Terme du jeu d'échecs indiquant la perte du roi : *échec et -.* ‖ Adj. : *être -.*

mat [*mat'*], e adj. Sans éclat : *or -.* ‖ Assourdi : *son -.*

mât nm. Poutre verticale supportant la voilure d'un navire.

matador nm. Celui qui dans les corridas est chargé de la mise à mort.

matage nm. Façonnage au marteau.

matamore nm. Faux brave.

match nm. Epreuve sportive disputée entre deux équipes. ‖ Pl. des *matches.*

matcher vt. et i. Affronter dans un match.

maté nm. Sorte de thé de l'Amérique du Sud.

matelas nm. Grand coussin piqué et rembourré servant à garnir un lit.

matelasser vt. Garnir de bourre.

matelassier, ère n. Personne qui fait, répare, carde les matelas.

matelassure nf. Rembourrage.

matelot nm. Homme de l'équipage d'un navire de commerce ou d'un bâtiment de guerre.

matelote nf. Mets de poisson accommodé au vin.

mater vt. Faire mat aux échecs. ‖ *Fig.* Soumettre, dompter : - *l'opposition.*

mâter vt. *Mar.* Garnir de mâts.

matérialisation nf. Action de matérialiser.

matérialiser vt. Rendre matériel, sensible : *le peintre matérialise ses rêves.*

matérialisme nm. Doctrine qui admet comme seule réalité la matière. ‖ Recherche de jouissances matérielles. ‖ - *historique*, doctrine de Marx d'après laquelle l'évolution de l'histoire est déterminée par les phénomènes économiques.

matérialiste n. Partisan du matérialisme.

matérialité nf. Qualité de ce qui est matériel ou matière. ‖ Réalité : *la - d'un fait.*

matériaux nmpl. Matières qui entrent dans la construction d'un bâtiment ou la fabrication d'une machine. (Dans ce sens, on emploie le sing. MATÉRIAU.) ‖ *Fig.* Documents rassemblés pour la composition d'un ouvrage.

matériel, elle adj. Formé de matière. ‖ *Fig.* Lourd, grossier : *esprit -.* ‖ Nm. Tout ce qui sert à une exploitation, à un établissement : *le - d'une ferme.* ‖ L'équipement d'une armée.

maternel, elle adj. Qui est propre à une mère. ‖ Du côté de la mère. ‖ *Langue -,* du pays où l'on est né. ‖ Nf. École pour les enfants en bas âge.

maternité nf. Qualité de mère. ‖ Maison de santé pour les femmes en couches.

mathématicien, enne n. Personne qui s'adonne aux mathématiques.

mathématique adj. Qui a trait aux mathématiques. ‖ *Fig.* Rigoureux : *précision -.*

mathématique nf. Science qui a pour objet l'étude des propriétés des grandeurs calculables ou mensurables. (S'emploie surtout au pluriel.)

matière nf. Substance étendue, divisible et pesante, qui tombe sous les sens. ‖ Ce dont une chose est faite. ‖ - *plastique,* susceptible d'être moulée, étendue ou filée. ‖ - *première,* qui n'a pas encore été mise en œuvre. ‖ *Fig.* Sujet d'études : *approfondir une -.* ‖ Cause, prétexte : *il y a là - à procès.* ‖ *Entrer en -,* aborder son sujet. ‖ **En - de** loc. prép., en fait de.

matin nm. Le temps compris entre minuit et midi.

mâtin nm. Gros chien.

mâtin, ine n. *Fam.* Vif, déluré, taquin : *ah! la petite -.*

matinal, e, aux adj. Propre au matin. ‖ Qui s'est levé ou se lève de bonne heure.

mâtiné, e adj. Métissé.

matinée nf. Matin. ‖ Spectacle qui a lieu l'après-midi : *une - théâtrale.*

matines nfpl. Partie de l'office divin, qui se dit avant le jour.

matir vt. Rendre mat : - *une soudure.*

matité nf. État de ce qui est mat.

matoir nm. Outil qui sert à matir.

matois, e adj. et n. Rusé, fin.

matou nm. Chat mâle.

matraque nf. Bâton, trique. ‖ Cylindre de caoutchouc armé de fer.

matras [tra] nm. Vase de verre à col long et étroit des chimistes et des pharmaciens.

matriarcat nm. État social dans lequel la mère est le chef de la famille.

matrice nf. Viscère où a lieu la conception. ‖ Moule en creux ou en relief, servant à reproduire des objets par estampage. ‖ Registre d'après lequel sont établis les rôles des contributions.

matriculaire adj. Qui est porté sur la matricule.

matricule nf. Registre d'entrée des personnes dans un hôpital, une prison, un régiment, etc. ‖ Nm. Numéro d'inscription sur ce registre.

matriculer vt. Marquer du numéro matricule : - *des vêtements.*

matrimonial, e, aux adj. Relatif au mariage.

matrone nf. Ancienne dame romaine. ‖ Femme âgée et respectable.

matte nf. Produit de la première fusion d'un minerai.

maturation nf. Action de mûrir.

mâture nf. *Mar.* Ensemble des mâts d'un navire.

maturité nf. État des fruits devenus mûrs. ‖ État des personnes ou des choses qui ont atteint leur complet développement.

matutinal, e, aux adj. Relatif au matin : *une promenade -.*

maudire vt. (c. *dire,* excepté au plur. de l'ind. prés. et de l'impér. : *maudissons, maudissez, maudissent;* à l'imparfait : *maudissais;* au partic. prés. : *maudissant).* Prononcer une malédiction. ‖ S'emporter contre : - *le sort.* ‖ **Maudit, e** part. et adj. Frappé d'une malédiction. ‖ *Par exagér.* Très mauvais : - *métier.* ‖ N. Réprouvé : *fuyez, -.*

maugréer vi. Pester, s'emporter : - *contre un fâcheux.*

maure adj. et n. De l'ancienne Mauritanie. (Au fém. *mauresque.*)

mauresque adj. Propre aux Maures. ‖ Nf. Pantalon très large.

mauser nm. Fusil de guerre allemand.

mausolée nm. Monument funéraire.

maussade adj. Chagrin, hargneux, désagréable : *temps -.*

maussaderie nf. Mauvaise humeur.

mauvais, e adj. Qui n'est pas bon. ‖ Méchant : *- garnement.* ‖ Sans talent : *- poète.* ‖ Funeste : *- présage.* ‖ Dangereux : *- livre.* ‖ *- tête,* personne sujette à des coups de tête. ‖ *- sujet,* d'une mauvaise conduite. ‖ *Les - anges,* les démons. ‖ *- mine,* visage défait, fatigué. ‖ *Faire - mine à quelqu'un,* le traiter froidement. ‖ Nm. : *discerner le bon du -.* ‖ Adv. *Sentir -,* exhaler une odeur fétide. ‖ *Trouver -,* désapprouver. ‖ *Il fait -,* il fait un vilain temps.

mauve nf. Plante des lieux incultes utilisée en tisane ou en cataplasme. ‖ Adj. Couleur violet pâle.

mauviette nf. Alouette grasse. ‖ *Fam.* Personne très chétive.

maxillaire adj. Relatif aux mâchoires. ‖ Nm. Os des mâchoires.

maximal, e, aux adj. Se dit de ce qui est au plus haut degré : *une température maximale.*

maxime nf. Proposition générale énoncée sous la forme d'un précepte.

maximum nm. Le plus haut degré qu'une chose puisse atteindre. ‖ Pl. des *maxima* ou *maximums.* ‖ Adj. : *la valeur -.*

maxwell nm. Unité de flux magnétique (symb. : Mx).

mayonnaise nf. Sauce froide composée de jaune d'œuf, d'huile, de vinaigre, de sel battus ensemble.

mazdéisme nm. Religion des anciens Iraniens, qui admettait deux principes : le bon, Ormuzd, qui a créé le monde, et le mauvais, Ahriman, qui cherche à le détruire.

mazette nf. Mauvais petit cheval. ‖ *Fig. et fam.* Personne sans capacités. ‖ Exclamation d'étonnement.

mazout nm. Huile lourde, combustible, reliquat de la distillation du naphte.

mazurka nf. Danse d'origine polonaise. ‖ Air de cette danse.

me pr. pers. de la 1re pers. du sing. Moi, à moi.

mea-culpa nm. Mots latins signifiant *par ma faute.* ‖ *Faire son -,* reconnaître ses torts.

méandre nm. Sinuosité d'un fleuve. ‖ *Fig.* Détour, ruse : *les - de la diplomatie.*

méat nm. *Anat.* Orifice d'un conduit.

mécanicien, enne n. Personne dont le métier est d'étudier, de construire, de conduire, d'entretenir ou de réparer des machines de toute nature.

mécanique nf. Science du mouvement et de l'équilibre des forces. ‖ Etude des machines, de leur construction et de leur bon fonctionnement.

mécanique adj. Relatif aux lois du mouvement et de l'équilibre. ‖ Qui exige le travail des mains ou des machines : *arts -.* ‖ Machinal : *opération, geste -.*

mécanisation nf. Action de mécaniser.

mécaniser vt. Rendre mécanique. ‖ Introduire l'emploi des machines : *- une profession.*

mécanisme nm. Combinaison de pièces ou organes d'une machine : *le - d'une montre.* ‖ Action combinée de ces pièces : *un - ingénieux.*

mécanographie nf. Utilisation de machines pour l'exécution du travail de bureau.

mécanothérapie nf. Réadaptation musculaire au moyen d'appareils mécaniques.

mécène nm. Protecteur des artistes et des savants.

méchanceté nf. Penchant à faire du mal. ‖ Action méchante.

méchant, e adj. Porté au mal. ‖ Injuste : *un propos -.* ‖ Sans valeur : *- peintre.* ‖ Maussade : *de - humeur.* ‖ Nm. : *fuir les -.* ‖ **Méchamment** adv.

mèche nf. Tresse de coton, que l'on met dans une lampe, etc., pour servir de conduit à un liquide combustible. ‖ Bout de ficelle terminant le fouet. ‖ Toile imprégnée de soufre, pour soufrer les tonneaux. ‖ Bouquet de cheveux. ‖ Outil en acier servant à percer des trous. ‖ *Mar.* Axe du gouvernail. ‖ *Fig.* Eventer la -, découvrir un complot. ‖ *Fam. Vendre la -,* livrer un secret. ‖ *Etre de - avec,* être complice.

mécher vt. (c. *céder*). Désinfecter un tonneau au moyen d'anhydride sulfureux.

mécompte nm. Erreur dans un compte. ‖ *Fig.* Déception.

méconnaissable adj. Changé, malaisé à reconnaître.

méconnaissance nf. Action de méconnaître.

méconnaître vt. (c. *connaître*). Ne pas reconnaître. ‖ Ne pas apprécier : *- les qualités de.*

mécontent, e adj. et n. Qui n'est pas satisfait.

mécontentement nm. Manque de satisfaction ; déplaisir.

mécontenter vt. Rendre mécontent, contrarier.

mécréant, e n. Impie, infidèle.

médaille nf. Pièce de métal frappée en mémoire d'une action mémorable, ou en l'honneur d'un personnage illustre. ‖ Prix dans certains concours, récompense d'actes de dévouement, etc. ‖ Pièce de métal représentant un sujet de dévotion : *une bénite.* ‖ *Fig. Le revers de la -,* le mauvais côté d'une chose.

médaillé, e adj. et n. Titulaire d'une médaille : *un - militaire.*

médaillier nm. Collection de médailles. ‖ Meuble qui les renferme.

médailliste nm. Fabricant, graveur de médailles.

médaillon nm. Bijou de forme circulaire dans lequel on place un portrait, des cheveux, etc. ‖ Bas-relief circulaire.

médecin nm. Qui exerce la médecine ; *au fém. appos. inv. : une femme -.*

médecine nf. Science qui a pour but de conserver et de rétablir la santé. ‖ Profession de médecin. ‖ Système médical : *la - homéopathique.*

médersa nf. Ecole supérieure arabe.

médian, e adj. Au milieu. ‖ Nf. *Math.* Dans un triangle, droite abaissée du sommet d'un angle sur le milieu du côté opposé.

médianoche nm. Souper, repas gras fait après minuit.

médiante nf. *Mus.* Tierce au-dessus de la tonique.

médiastin nm. Région qui sépare la face interne des deux poumons.

médiat, e adj. Indirectement lié à... par un intermédiaire.

médiateur, trice n. Qui cherche à concilier, à amener un accord. ‖ Nf. *Math.* Perpendiculaire passant par le milieu d'un segment de droite.

médiation nf. Entremise, intervention conciliante : *offrir sa -.*

médical, e, aux adj. Relatif à la médecine : *prescription -.*

médicament nm. Remède.

médicamenteux, euse adj. Qui a la vertu d'un médicament.

médicastre nm. Mauvais médecin.

médication nf. Emploi d'agents thérapeutiques, de remèdes.

médicinal, e, aux adj. Employé comme remède : *plante -.*

médiéval, e, aux adj. Du Moyen Age.

médiéviste n. Erudit, spécialiste du Moyen Age.

médiocre adj. De qualité moyenne. ‖ Nm. : *travail au-dessous du -.*

médiocrité nf. Etat, qualité de ce qui est médiocre. ‖ Situation modeste : *vivre dans la -.* ‖ Insuffisance d'esprit.

médique adj. Relatif aux Mèdes.

médire [de] vt. ind. (c. *dire,* sauf à la 2e pers. du pl. du prés. de l'ind. et de l'impér. : *médisez*). Révéler les fautes, les défauts d'autrui dans une intention mauvaise. ‖ **Médisant, e** part., adj. et n.

médisance nf. Action de médire.

méditatif, ive adj. Porté à la méditation.

méditation nf. Action de méditer, réflexion. ‖ Oraison mentale. ‖ Ecrit sur un sujet philosophique ou religieux : *les « Méditations » de Descartes.*

méditer vt. Examiner mûrement, approfondir. ‖ Projeter : *- une évasion.* ‖ Vi. Réfléchir profondément.

méditerranéen, enne adj. Relatif à la Méditerranée.

médium nm. Personne prétendant servir d'intermédiaire entre les hommes et les esprits. ‖ *Mus.* Etendue vocale entre le grave et l'aigu.

médius nm. Le doigt du milieu.

médoc [*dok*] nm. Vin renommé du Médoc.

médullaire adj. De la moelle.

médulleux, euse adj. Qui renferme une sorte de moelle.

méduse nf. Polype gélatineux nageur.

méduser vt. *Fam.* Frapper de stupeur.

meeting [*mî-tin'g*] nm. Réunion de caractère politique, syndicaliste ou sportif.

méfait nm. Mauvaise action. ‖ Dégât.

méfiance nf. Disposition à soupçonner le mal chez les autres.

méfier (se) vpr. (c. *prier*). Manquer de confiance.

meg ou **méga**, préfixe qui, placé devant une unité, la multiplie par un million (symb. : M).

mégalithique adj. Relatif aux constructions préhistoriques de grosses pierres brutes.

mégalomane n. et adj. Atteint de la folie des grandeurs.

mégalomanie nf. Délire des grandeurs.

mégarde (par) loc. adv. Par inadvertance : *heurter -.*

mégathérium nm. Grand mammifère édenté, fossile dans les terrains tertiaires et quaternaires.

mégère nf. Femme emportée et très méchante : *une insupportable -.*

mégir ou **mégisser** vt. Préparer les peaux en blanc.

mégis nm. Bain de cendres et d'alun employé pour mégir les peaux. ‖ Adj. : *veau -.*

mégisserie nf. Industrie du travail des peaux et des cuirs.

mégissier nm. Celui qui prépare, blanchit les peaux.

mégot nm. *Pop.* Bout de cigare ou de cigarette.

mehalla nf. En Afrique du Nord, colonne en expédition.

méhari nm. Dromadaire domestique d'Afrique. ‖ Pl. des *méharis*.

méhariste nm. Soldat d'Afrique monté sur méhari.

meilleur, e adj. Qui vaut mieux. ‖ *De - heure*, plus tôt. ‖ *Le -, la -*, exprime la supériorité sur tous.

méjuger vpr. (c. *juger*). Se tromper dans un jugement.

mélancolie nf. État habituel de tristesse vague.

mélancolique adj. En qui domine habituellement la mélancolie. ‖ Qui inspire la mélancolie : *chant -*.

mélanésien, enne adj. et n. De la Mélanésie.

mélange nm. Action de mêler ; résultat de plusieurs choses mêlées ensemble. ‖ *Bonheur sans -*, que rien ne trouble. ‖ Pl. Recueil d'articles sur différents sujets : *- littéraires*.

mélanger vt. (c. *manger*). Faire un mélange : *- des vins*.

mélangeur nm. Appareil servant à malaxer et à mêler.

mélasse nf. Résidu sirupeux de la cristallisation du sucre.

mêlée nf. Combat acharné corps à corps. ‖ Rixe entre plusieurs individus. ‖ Phase de rugby où les joueurs sont groupés.

mêler vt. Mettre, confondre ensemble plusieurs choses. ‖ Embrouiller : *- ses cheveux*. ‖ *Fig.* Faire entrer dans : *- quelqu'un dans une accusation*. ‖ Se - vpr. Se confondre, se joindre : *se - à la foule, au cortège*. ‖ *Fig.* S'occuper de : *se - d'une affaire*. **Mêlé**, e part. et adj Embrouillé, confus. ‖ *Société -*, où se trouvent des gens de conditions diverses. ‖ N. inv. *Sang-mêlé*, personne issue de parents de races différentes.

mélèze nm. Conifère à feuilles caduques.

mélilot nm. Papilionacée fourragère et aromatique.

méli-mélo nm. *Fam.* Mélange confus, désordonné. ‖ Pl. des *mélis-mélos*.

mélinite nf. Explosif puissant à base d'acide picrique.

mélisse nf. Plante aromatique, dite *citronnelle*.

mellifère adj. Qui produit du miel ou un liquide sucré analogue.

mélo nm. *Fam.* Abrév. de MÉLODRAME.

mélodie nf. Suite de sons agréables à l'oreille. ‖ Mots, phrases qui charment l'oreille : *la - d'un style*.

mélodieux, euse adj. Rempli de mélodie : *chant -*.

mélodique adj. Relatif à la mélodie.

mélodiste nm. Musicien compositeur de mélodies.

mélodramatique adj. Relatif au mélodrame : *ton -*.

mélodrame nm. Drame d'un caractère populaire où sont accumulées les situations violentes et les péripéties imprévues.

mélomane n. Qui aime passionnément la musique.

melon nm. Cucurbitacée, du genre concombre. ‖ Son fruit à chair rougeâtre, juteuse et sucrée. ‖ Chapeau rond et bombé. ‖ *- d'eau*, pastèque.

mélopée nf. Chant rythmé qui accompagne la déclamation. ‖ Chant monotone.

membrane nf. Tissu mince, souple, qui enveloppe ou tapisse des organes.

membraneux, euse adj. De la membrane.

membre nm. Appendice du tronc de l'homme et des animaux. ‖ Chacune des expressions d'une équation ou d'une inégalité. ‖ *Gramm.* Chaque division de la phrase, de la période. ‖ *Fig.* Qui fait partie d'une société, d'une famille, etc.

membré, e adj. *Bien, mal -*, qui a les membres bien, mal faits.

membru, e adj. Qui a les membres gros et vigoureux.

membrure nf. Ensemble des membres du corps. ‖ Forte pièce de bois servant de point d'appui à une charpente. ‖ Ensemble des couples de construction d'un navire.

même adj. Exprime la similitude. ‖ Placé immédiatement après noms ou pronoms, il marque expressément la personne, l'objet dont on parle : *ces plantes -; moi -*. ‖ Adv. De plus, aussi : *je vous dirai -*. ‖ Loc. adv. A -, directement : *boire à - la bouteille*. De -, de la même manière : *faites de -*. **Tout de -**, néanmoins : *venez tout de - A - de*, en état de : *vous êtes à - de vous renseigner*. ‖ De - que loc. conj., ainsi que.

mémento nm. Marque destinée à rappeler un souvenir. ‖ A la messe, prière pour les vivants et les morts. ‖ Agenda aide-mémoire. ‖ Ouvrage où sont résumées les parties essentielles d'une science. ‖ Pl. des *mémentos*.

mémoire nf. Faculté de se rappeler. ‖ Souvenir : *laisser une - honorée*.

mémoire nm. Facture, état de sommes

dues. ‖ Exposé des faits et moyens relatifs à un procès. ‖ Dissertation scientifique ou littéraire. ‖ Pl. Recueil des travaux d'une société savante. ‖ Souvenirs écrits par une personne sur sa vie publique ou privée : *les Mémoires de Saint-Simon.*

mémorable adj. Digne de mémoire : *date -.*

mémorandum nm. Note diplomatique contenant l'exposé sommaire de l'état d'une question. ‖ Carnet de notes. ‖ Pl. *des mémorandums.*

mémorial nm. Mémoire servant à l'instruction d'une affaire diplomatique. ‖ Mémoires : *le Mémorial de Sainte-Hélène.*

mémorialiste nm. Auteur de mémoires historiques ou littéraires.

mémoriser vt. Mettre en mémoire.

menace nf. Parole, geste exprimant la volonté de faire du mal, l'intention de punir. ‖ Présage qui fait craindre une chose : *- de pluie.*

menacer vt. (c. *placer*). Faire des menaces. ‖ Fig. *- ruine*, être près de s'écrouler. ‖ Absol. Etre à craindre : *la pluie menace.* ‖ Vt. ind. Etre sur le point de : *la révolte menace de s'accroître.*

ménade nf. Bacchante.

ménage nm. Conduite, administration d'une maison. ‖ Mobilier et ustensiles domestiques. ‖ Mari et femme : *un jeune -.* ‖ *Faire bon -*, s'accorder. ‖ *Femme de -*, domestique non à demeure.

ménagement nm. Egards envers quelqu'un.

ménager vt. (c. *manger*). Administrer avec économie. ‖ Fig. Ne pas fatiguer : *- ses forces.* ‖ Ne pas exposer : *- sa vie.* ‖ Préparer : *- une entrevue, une surprise.* ‖ Traiter avec égards : *- quelqu'un.* ‖ Ne pas accabler : *- un adversaire.* ‖ *- ses paroles*, parler peu. ‖ *- ses expressions*, parler avec circonspection. ‖ *- le temps*, en faire bon emploi. ‖ *N'avoir rien à -*, n'avoir aucune mesure à garder. ‖ Se - vpr. Prendre soin de sa santé.

ménager, ère adj. Relatif au ménage : *enseignement -.* ‖ Nf. Femme qui a soin du ménage.

ménagerie nf. Collection d'animaux vivants entretenus pour l'étude ou pour la curiosité. ‖ Lieu où ils sont réunis.

mendélisme nm. Hérédité discontinue.

mendiant, e n. Qui demande l'aumône. ‖ Dessert de figues, raisins secs, amandes, noisettes, mêlés. ‖ Adj. : *ordres -.*

mendicité nf. Action de mendier. ‖ Condition de ceux qui mendient.

mendier vt. (c. *prier*). Demander l'aumône. ‖ Fig. Rechercher avec empressement : *- des compliments.*

meneau nm. Montant et traverse en pierre ou en bois, divisan' une croisée en compartiments.

menée nf. Manœuvre secrète et artificieuse pour faire réussir un projet.

mener vt. (prend un ë ouvert devant une syllabe muette : *je mène, je mènerai, n. mènerons*). Conduire, guider. ‖ Conduire par force : *- en prison.* ‖ Transporter. ‖ Etre à la tête de. ‖ Fig. Administrer : *bien ses affaires ; bien - sa barque.* ‖ Conduire, tenir : *il mène une vie honnête.* ‖ Traiter : *- durement.* ‖ *- quelqu'un par le bout du nez*, le faire agir à sa fantaisie. ‖ *- à la baguette*, traiter durement. ‖ *- à bonne fin*, terminer heureusement. ‖ *- de front*, s'occuper simultanément de. ‖ *- grand train*, vivre luxueusement.

ménestrel nm. Au Moyen Age, poète musicien ambulant.

ménétrier nm. Musicien de village.

meneur nm. Personne qui dirige, entraîne.

menhir nm. Monument mégalithique formé d'une pierre dressée.

méninge nf. Chacune des trois membranes enveloppant le cerveau et la moelle épinière.

méningite nf. Inflammation des méninges.

ménisque nm. Verre convexe d'un côté et concave de l'autre. ‖ Surface courbe à l'extrémité d'une colonne de liquide contenue dans un tube.

menotte nf. Petite main. ‖ Pl. Liens de fer qu'on met aux poignets des prisonniers : *passer les -.*

mensonge nm. Propos contraire à la vérité.

mensonger, ère adj. Faux, trompeur : *une promesse -.*

mensualité nf. Somme versée chaque mois. ‖ Traitement mensuel.

mensuel, elle adj. Qui se fait tous les mois. ‖ **Mensuellement** adv.

mensurable adj. Qui peut être mesuré : *étendue -.*

mensuration nf. Ensemble de mesures pratiquées en anatomie et en anthropométrie ; leur résultat.

mental, e, aux adj. Qui se fait en esprit. ‖ *Restriction -*, réserve tacite. ‖ *Aliénation -*, trouble de l'esprit.

mentalité nf. Etat d'esprit.

menterie nf. Fam. Mensonge.

menteur, euse adj. et n. Qui ment, qui a l'habitude de mentir.

menthe nf. Plante aromatique.

menthol nm. Alcool extrait de l'essence de menthe.

mentholé, e adj. Additionné de menthol : *vaseline -*.

mention nf. Action de nommer, de citer. ‖ Distinction, récompense accordée dans un concours, dans un examen : *- honorable.*

mentionner vt. Signaler, citer.

mentir vi. (*Je mens, n. mentons. Je mentais. Je mentis. Je mentirai. Je mentirais. Mens, mentons. Q. je mente. Q. je mentisse. Mentant; menti, e.*) Donner pour vrai ce qu'on sait être faux.

menton nm. Partie saillante du bas du visage.

mentonnet nm. Pièce de fer qui reçoit la clenche du loquet et maintient la porte fermée. ‖ Cliquet.

mentonnière nf. Bande de cuir passant sous le menton pour assujettir un casque.

mentor nm. Guide, sage conseiller d'un jeune homme.

menu, e adj. Mince, petit : *- bois.* ‖ Modique : *- frais.* ‖ *- plomb,* petit plomb de chasse. ‖ *- gibier,* petit gibier (cailles, grives, etc.). ‖ *- bétail,* brebis, moutons. ‖ *- plaisirs,* dépenses de fantaisie. ‖ Nm. Liste des mets offerts à un repas. ‖ Adv. En petits morceaux : *hacher -.*

menuet nm. Ancienne danse élégante et grave, à évolutions et à révérences.

menuiser vi. Faire de la menuiserie.

menuiserie nf. Ouvrage du menuisier.

menuisier nm. Ouvrier qui exécute des ouvrages légers en bois pour le bâtiment ou des meubles.

ménure nm. Oiseau-lyre.

méphistophélique adj. De Méphistophélès. ‖ *Rire -,* rire diabolique.

méphitique adj. D'odeur répugnante.

méphitisme nm. Corruption de l'air par des exhalaisons fétides.

méplat nm. Chacun des plans d'une surface.

méprendre (se) vpr. Prendre une personne ou une chose pour une autre; se tromper.

mépris nm. Action de considérer comme indigne d'estime. ‖ Dédain : *- du danger.* ‖ **Au - de** loc. prép., sans égard à : *agir au - du bon sens.*

méprisable adj. Digne de mépris.

méprise nf. Erreur de celui qui se trompe : *une lourde -.*

mépriser vt. Avoir, témoigner du mépris pour. ‖ Ne pas craindre, estimer peu : *- la mort, les honneurs.*

mer nf. Vaste étendue d'eau salée couvrant les trois quarts du globe. ‖ Portion définie de cette étendue : *- Méditerranée.* ‖ Coup de -, tempête de peu de durée. ‖ Basse -, à marée basse. ‖ *Pleine -, haute -,* éloignée des rivages. ‖ *Bras de -,* partie de la mer qui passe entre deux terres assez proches l'une de l'autre. ‖ *Fig.* Grande quantité de liquide ou vaste étendue : *- de sable.*

mercantile adj. Avide de gain; commercial : *accord -.*

mercantilisme nm. Esprit commercial étroit, âpreté au gain.

mercenaire adj. Qui se fait pour de l'argent. ‖ Avide d'argent : *âme -.* ‖ Nm. Soldat qui sert à prix d'argent.

mercerie nf. Marchandises relatives à la couture et à la toilette (boutons, fil, aiguilles, etc.). ‖ Commerce et boutique de mercier.

merceriser vt. Donner au coton un aspect lustré.

merci nf. Miséricorde, grâce : *crier -.* ‖ *Dieu -,* grâce à Dieu. ‖ **A la - de** loc. prép., à la discrétion de : *être à la - de quelqu'un.* ‖ *Sans -,* sans pitié. ‖ Nm. Parole de remerciement.

mercier, ère n. Qui vend de la mercerie. ‖ Adj. : *commis -.*

mercredi nm. Le quatrième jour de la semaine.

mercure nm. Métal liquide à la température ordinaire (Hg), très dense (13,6), d'un blanc d'argent, nommé encore *vif-argent* et utilisé dans certains appareils de physique.

mercuriale nf. Prix courant des denrées sur un marché.

mercuriale nf. Réprimande, remontrance : *recevoir une -.*

mercuriel, elle adj. Qui contient du mercure : *pommade -.*

mère nf. Femme qui a un ou plusieurs enfants. ‖ Femelle des animaux. ‖ *Fig.* Supérieure d'un couvent : *- abbesse.* ‖ Pays, lieu où une chose a commencé : *la Grèce, des arts.* ‖ Cause : *l'oisiveté est la - de tous les vices.* ‖ *Notre première -,* Eve. ‖ *- patrie,* pays natal. ‖ *- de vinaigre,* pellicule qui se forme à la surface des liquides alcooliques pendant la fermentation acétique. ‖ Adj. *Reine -,* reine douairière. ‖ *Eau -,* eau de cristallisation après le dépôt des cristaux. ‖ *Maison -,* principal établissement d'une communauté.

méridien, enne adj. Qui a rapport au midi. ‖ Nm. Grand cercle idéal qui passe par les deux pôles et divise le globe terrestre en deux hémisphères. ‖ *- origine,* méridien convenu, par rapport auquel on calcule la longitude.

méridional, e, aux adj. Qui est au midi. ‖ Propre aux peuples du Midi : *accent -.* ‖ N. Personne du Midi.

meringue nf. Pâtisserie délicate faite de blancs d'œufs et de sucre.

mérinos nm. Mouton de race espagnole. ‖ Etoffe faite de sa laine.

merise nf. Fruit du merisier.

merisier nm. Cerisier sauvage.

mérite nm. Ce qui rend digne d'estime, de considération.

mériter vt. Etre digne de. ‖ Encourir à bon droit : - *une punition.* ‖ Vt. ind. *Bien - de sa patrie,* s'illustrer en la servant. ‖ **Méritant,** e part. et adj. Qui a du mérite.

méritoire adj. Louable.

merlan nm. Poisson de mer, à chair tendre, légère.

merle nm. Sous-genre de grives, à livrée sombre. (Cri : le merle *flûte.*) ‖ *Fig. - blanc,* personne ou objet rare.

merlette nf. Femelle du merle.

merlin nm. Massue à long manche pour assommer les bœufs. ‖ Hache de bûcheron.

merluche nf. Morue sèche non salée. ‖ Poisson allongé, dont une variété est le colin.

mérovingien, enne adj. et n. Relatif aux Mérovingiens. ‖ N. : *un -.*

merrain nm. Bois de chêne servant à confectionner des panneaux, des douves de tonneaux.

merveille nf. Chose qui excite l'admiration. ‖ *Faire -,* faire fort bien. ‖ *Faire des -,* se distinguer. ‖ *Promettre monts et -,* faire des promesses exagérées. ‖ *A -* loc. adv., très bien : *chanter à -.*

merveilleux, euse adj. Admirable, surprenant. ‖ Nm. Le surnaturel. ‖ *Littér.* Intervention d'êtres surnaturels dans un poème : *le - est l'âme du poème épique.* ‖ Nf. Femme élégante sous le Directoire.

mes adj. poss. pl. de *mon, ma.*

mésalliance nf. Mariage avec une personne de condition inférieure.

mésallier vt. (c. *prier*). Faire faire une mésalliance. ‖ *Se -* vpr.

mésange nf. Petit passereau à plumage bigarré, grand destructeur de larves nuisibles.

mésaventure nf. Incident fâcheux.

mésentente nf. Manque d'entente.

mésentère nm. *Anat.* Replis du péritoine soutenant les intestins.

mésestimation nf. Fausse estimation de la valeur d'un objet.

mésestime nf. Mauvaise opinion que l'on a de quelqu'un.

mésestimer vt. Avoir mauvaise opinion de quelqu'un. ‖ Ne pas estimer à sa vraie valeur : - *un bijou.*

mésintelligence nf. Désaccord, discorde, brouille.

mésocarpe nm. l'artie charnue du fruit.

méson nm. Particule électrisée ayant une masse 200 fois plus élevée que l'électron.

mesquin, e adj. Qui manque de grandeur, de noblesse : *sentiments -.*

mesquinerie nf. Caractère de ce qui est mesquin.

mess nm. Salle où les officiers, les sous-officiers d'un régiment mangent en commun.

message nm. Commission de dire ou de porter quelque chose. ‖ Communication officielle.

messager, ère nm. Chargé d'un message. ‖ Celui qui fait un service de messageries. ‖ *Les - du printemps,* les hirondelles.

messagerie nf. Service régulier de transport pour les voyageurs et les marchandises. ‖ Maison où est établi ce service. ‖ Marchandises transportées.

messe nf. Sacrifice du corps et du sang de Jésus-Christ, qui se fait à l'autel par le ministère du prêtre. ‖ Musique composée pour une grand-messe. ‖ *- basse,* messe non chantée ; *grand -,* messe chantée.

messianique adj. Relatif au Messie.

messianisme nm. Croyance au Messie. ‖ Attente du Messie.

messidor nm. Dixième mois du calendrier révolutionnaire (19 juin-18 juillet).

messie nm. Le Christ, promis dans l'Ancien Testament. ‖ *Etre attendu comme le -,* impatiemment.

messin, e adj. et n. De Metz.

messire nm. Titre d'honneur donné à tout noble, et que prenaient les prêtres, les avocats, les médecins.

mesurable adj. Qui peut se mesurer.

mesurage nm. Action de mesurer.

mesure nf. Evaluation d'une grandeur par comparaison avec une grandeur de même espèce prise pour unité. ‖ L'unité ainsi employée. ‖ Le résultat obtenu. ‖ *Prosod.* Quantité de syllabes exigées par le rythme. ‖ *Mus.* Division de la durée d'un air en parties égales : *battre la -.* ‖ *Fig.* Précaution, moyen : *prendre des - infaillibles.* ‖ Limite : *cela passe toute -.* ‖ *Etre en -,* en état de faire une chose. ‖ *Faire tout avec -,* avec circonspection. ‖ Loc. adv. *Outre -,* avec excès. *A -,* **au fur et à -,** successivement. ‖ *A - que* loc. conj., à proportion et en même temps que.

mesurer vt. Evaluer par rapport à une unité. ‖ *Fig.* Régler avec sagesse. ‖ Proportionner : - *le châtiment à l'offense.* ‖ Donner avec parcimonie : - *la nourriture à quelqu'un.* ‖ *Se -* vpr. *Se - avec quelqu'un,* lutter avec lui. ‖ **Mesuré,** e part. et adj. *Fig.* Circonspect : *ton -.*

mesureur nm. Appareil, instrument

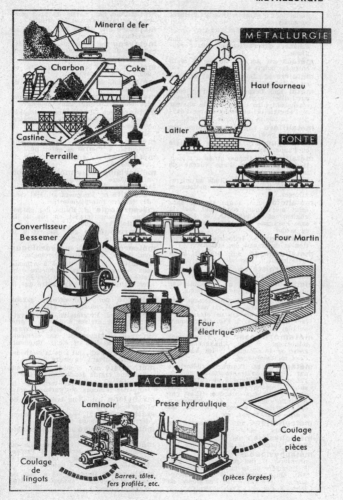

Mineral de fer

Charbon   Coke

MÉTALLURGIE

Haut fourneau

Castine

Laitier

FONTE

Ferraille

Convertisseur Bessemer

Four Martin

Four électrique

ACIER

Coulage de lingots

Laminoir

Presse hydraulique

Coulage de pièces

Barres, tôles, fers profilés, etc.

(pièces forgées)

permettant d'effectuer diverses mesures ou analyses.

mésuser vt. ind. Mal user de.

métabolisme nm. Ensemble des échanges qui s'effectuent dans l'organisme.

métacarpe nm. Partie de la main entre les doigts et le poignet.

métairie nf. Domaine rural exploité en métayage.

métal nm. Corps simple, d'un éclat particulier appelé *éclat métallique*, conduisant bien en général la chaleur et l'électricité, et formant avec l'oxygène au moins un oxyde basique.

métallifère adj. Qui renferme un métal : *gîte -*.

métallique adj. Qui a le caractère ou l'apparence du métal.

métalliser vt. Donner un éclat métallique. ‖ Couvrir d'une couche de métal.

métallographie nf. Etude au microscope de la structure des métaux et alliages.

métalloïde nm. Corps simple, sans éclat métallique, conduisant mal la chaleur et l'électricité, et formant avec l'oxygène des oxydes indifférents ou acides.

métallurgie nf. Industrie de l'extraction et du travail des métaux.

métallurgique adj. Relatif à la métallurgie : *four -*.

métallurgiste nm. et adj. Qui s'occupe de métallurgie.

métamorphisme nm. Modification physique et chimique d'une roche.

métamorphose nf. Changement d'un être en un autre. ‖ *Hist. nat.* Changement de forme ou de structure : *la - des insectes.* ‖ *Fig.* Changement complet dans la fortune, l'état.

métamorphoser vt. Transformer totalement. ‖ *Fig.* Changer l'extérieur ou le caractère : *les honneurs l'ont métamorphosé.*

métaphore nf. Figure de rhétorique par laquelle on transporte un mot de l'objet qu'il désigne à un autre objet auquel il ne convient qu'en vertu d'une comparaison sous-entendue. (C'est par métaphore qu'on dit : *la « lumière » de l'esprit, la « fleur » des ans, les « ailes » du temps,* etc.)

métaphorique adj. Qui tient de la métaphore : *style -*.

métaphysicien nm. Personne versée dans l'étude de la métaphysique.

métaphysique nf. Science des causes premières et des premiers principes. ‖ Partie difficile de ce qui est abstrait. ‖ Adj. Qui appartient à la métaphysique : *preuves - de l'existence de Dieu.* ‖ *Par ext.* Trop abstrait.

métatarse nm. Partie du pied comprise entre le tarse et les orteils.

métatarsien, enne adj. Relatif au métatarse : *os -*.

métayage nm. Forme de bail où l'exploitant et le propriétaire se partagent les produits d'un domaine rural.

métayer, ère n. Qui exploite un domaine en métayage.

méteil nm. Mélange de seigle et de froment.

métempsycose nf. Transmigration des âmes d'un corps dans un autre.

météore nm. Phénomène atmosphérique, comme le *tonnerre,* les *éclairs,* l'*arc-en-ciel,* la *pluie,* la *neige,* etc. ‖ Météorite.

météorique adj. Relatif aux météores. ‖ *Pierres -,* aérolithes.

météoriser vt. *Art vétér.* Causer le météorisme.

météorisme nm. ou **météorisation** nf. Enflure de l'abdomen, chez les ruminants, due à des gaz accumulés.

météorite nf. Fragment minéral venu des espaces interplanétaires.

météorologie nf. Etude des phénomènes atmosphériques en vue de la prévision du temps.

météorologique adj. Relatif à la météorologie : *bulletin -*.

météorologiste ou **météorologue** nm. Qui s'occupe de météorologie.

métèque nm. Nom donné à Athènes aux étrangers établis à demeure dans cette ville. ‖ *Par ext. et péjor.* Etranger établi dans un pays autre que le sien.

méthane nm. Hydrocarbure gazeux incolore, qui constitue le grisou.

méthode nf. Progression, marche raisonnée pour arriver à un but : *procéder avec -.* ‖ Façon d'agir. ‖ Ouvrage groupant logiquement les éléments d'une science, d'un art, etc. : *- de chant.*

méthodique adj. Qui a de la méthode. ‖ Etabli suivant un ordre logique.

méthodiste nm. Membre d'une secte anglicane rigide fondée au XVIIIe s.

méthyle nm. Premier terme de la série des radicaux des carbures gras.

méthylène nm. Nom commercial de l'*esprit-de-bois.*

méthylique adj. Se dit des corps dérivés du méthane : *alcool -.*

méticuleux, euse adj. Qui s'inquiète de minuties, de détails.

métier nm. Profession manuelle ou mécanique : *- de serrurier.* ‖ Profession quelconque : *le - des armes.* ‖ Machine à tisser ou à broder.

métis [*tiss*], **isse** adj. et n. Issu de races différentes : *animal -.* ‖ Mélangé : *toile -.*

métissage nm. Croisement de races.

métisser vt. Croiser par le métissage : - *des cépages.*

métonymie nf. Figure de rhétorique par laquelle on exprime l'effet par la cause, le contenu par le contenant, le tout par la partie, etc., comme *la ville*, pour *ses habitants.*

métrage nm. Mesurage au mètre.

mètre nm. Unité des mesures de longueur (m). ‖ L'instrument de mesure lui-même. ‖ - *carré* (m²), unité de superficie équivalant à l'aire d'un carré de 1 m de côté. ‖ - *cube* (m³), unité de volume équivalant au volume contenu dans un cube de 1 m de côté. ‖ Forme rythmique d'une poésie.

métré nm. Action de mesurer. ‖ Relevé méthodique des éléments d'un devis.

métrer vt. (c. *céder*). Mesurer au mètre.

métreur nm. Celui qui fait le métrage des constructions.

métrique adj. Relatif au mètre : *système -.*

métrique nf. Versification.

métro nm. A Paris, abréviation de métropolitain (chemin de fer en grande partie souterrain qui dessert les quartiers d'une grande ville).

métronome nm. *Mus.* Instrument qui règle la mesure.

métropole nf. Etat considéré par rapport à ses colonies. ‖ *Par ext.* Ville la plus importante d'un pays.

métropolitain, e adj. Qui appartient à la capitale d'un Etat ou à la mère patrie. ‖ Archiépiscopal : *église -.* ‖ *Chemin de fer -*, v. MÉTRO. ‖ Nm. Archevêque.

métropolite nm. Dignitaire des églises orthodoxes, entre le patriarche et les archevêques.

mets nm. Tout aliment apprêté.

mettable adj. Qu'on peut mettre : *un veston qui n'est plus -.*

metteur nm. - *en œuvre*, ouvrier chargé de sertir les pierres précieuses. ‖ *Impr.* - *en pages*, typographe qui dispose la composition et les clichés pour en former des pages. ‖ - *en scène*, spécialiste qui règle le jeu des acteurs, la disposition des décors.

mettre vt. (*Je mets, n. mettons. Je mettais, n. mettions. Je mis, n. mîmes. Je mettrai, n. mettrons. Je mettrais, n. mettrions. Mets, mettons, mettez. Q. je mette, qu'il mette, q. n. mettions. Q. je misse, qu'il mît. Mettant; mis, e.*). Placer, poser, introduire : - *à terre.* ‖ Faire entrer : - *un enfant en pension.* ‖ Elever : - *quelqu'un sur le trône.* ‖ Déposer : - *son argent à la Caisse d'épargne.* ‖ *Fam.* Supposer : *mettez que je n'aie rien dit.* ‖ *Fig.* - *la main à la pâte*,

s'occuper soi-même d'une chose. ‖ - *la main sur quelqu'un*, l'arrêter; *sur une chose*, la découvrir. ‖ - *la dernière main à un travail*, l'achever. ‖ - *au fait*, instruire. ‖ - *un navire à la mer*, le lancer. ‖ - *de côté*, épargner. ‖ - *en peine*, inquiéter. ‖ - *en pièces*, briser. ‖ - *à sec*, tarir. ‖ - *à l'épreuve*, éprouver. ‖ - *à même*, faciliter les moyens. ‖ *Il y a - du sien*, contribuer à, être conciliant. ‖ - *quelqu'un au pied du mur*, lui ôter tout subterfuge. ‖ - *au jour*, publier, enfanter. ‖ - *bas*, faire des petits, en parlant des animaux. ‖ *En - la main au feu*, manière énergique d'affirmer un fait. Se - vpr. Se placer : *se - au lit.* Commencer : *se - à travailler. Se - en colère*, se fâcher. ‖ *Se - à son aise*, se dépouiller de ce qui gêne. ‖ *Se - en frais*, faire des dépenses. ‖ *Se - en tête*, vouloir absolument.

meuble nm. Tout objet mobile qui sert à l'usage ou à la décoration des appartements. ‖ Adj. *Biens -*, qui peuvent se transporter, *par oppos.* à *immeubles.* ‖ *Terre -*, terre légère facile à labourer.

meubler vt. Garnir de meubles. ‖ *Fig.* - *sa mémoire*, l'enrichir. ‖ *Absol.* Orner.

meuglement nm. V. BEUGLEMENT.

meugler vi. Syn. de BEUGLER.

meule nf. Corps solide, cylindrique et plat, qui sert à broyer ou à aiguiser. ‖ Tas de foin, de blé. ‖ Tas de branchages que l'on carbonise pour en faire du charbon de bois. ‖ Fromage en forme de meule de moulin.

meuler vt. User ou dresser à la meule.

meulier nf. Qui a rapport aux meules à moudre. ‖ *Pierre -* ou nf., roche calcaire siliceuse, dont la variété compacte sert à faire des meules, et l'autre, caverneuse, fournit une excellente pierre à bâtir. ‖ Nm. Ouvrier qui façonne les meules.

meunerie nf. Commerce, industrie de meunier. ‖ Ensemble des meuniers.

meunier, ère nm. Exploitant d'un moulin à blé. ‖ Nm. Poisson d'eau douce (le chevesne). ‖ Nf. Mésange à longue queue.

meurtre nm. Homicide commis volontairement.

meurtrier, ère n. Qui commet un meurtre. ‖ Adj. Qui cause la mort de beaucoup de personnes : *un combat -.*

meurtrière nf. Fente d'où l'on tire à couvert sur les assiégeants.

meurtrir vt. Faire une meurtrissure. ‖ Gâter des fruits par un choc. ‖ *Fig.* Blesser profondément : *le cœur.*

meurtrissure nf. Contusion marquée par une tache bleuâtre. ‖ Tache d'un fruit ou d'un légume.

meute nf. Groupe de chiens courants dressés pour la chasse. ‖ Troupe acharnée contre quelqu'un : *une - de créanciers.*

mévente nf. Vente difficile.

mexicain, e adj. et n. Du Mexique.

mezzanine nf. Petit étage entre deux grands. ‖ Fenêtre d'entresol.

mezza voce [*mèd-za vot-ché*] loc. adv. A demi-voix.

mezzo-soprano nm. Voix de femme entre le soprano et le contralto. ‖ Pl. des *mezzo-sopranos.*

mi nm. Troisième note de la gamme. ‖ Signe qui la représente.

mi mot inv. signifiant à moitié, à demi : *à mi-jambe, mi-souriant.*

miasme nm. Emanation malsaine provenant de substances animales ou végétales en décomposition.

miaulement nm. Cri du chat.

miauler vi. Crier, en parlant du chat.

mica nm. Substance minérale brillante, clivable en lames minces et transparentes.

micacé, e adj. De la nature du mica ; qui en contient.

mi-carême nf. Le jeudi de la 3e semaine du carême. ‖ Pl. des *mi-carêmes.*

micaschiste nm. Roche feuilletée, composée de mica et de quartz.

micelle nf. La plus petite agglomération de molécules possédant les propriétés physiques d'un corps.

miche nf. Gros pain rond.

micheline nf. Voiture de chemin de fer automotrice montée sur pneus.

micmac nm. *Fam.* Intrigue ; affaire embrouillée.

micocoulier nm. Arbre du genre orme, utilisé en charronnerie.

mi-corps (à) loc. adv. Jusqu'au milieu du corps.

mi-côte (à) loc. adv. A moitié de la côte : *s'arrêter à -.*

microbe nm. Organisme microscopique monocellulaire, agent des fermentations, des putréfactions et d'un grand nombre de maladies infectieuses.

microbien, enne adj. Relatif aux microbes.

microbiologie nf. Science qui étudie les microbes.

microcéphale adj. et n. Dont la tête est petite, par défaut de développement du cerveau.

microfilm nm. Photographie sur pellicule de tout petit format.

micrographie nf. Description des objets, des êtres vus au microscope.

micromètre nm. Instrument servant à évaluer avec précision de très faibles dimensions.

micron nm. Millionième partie du mètre (μm).

micro-organisme nm. Organisme microscopique.

microphone nm. Amplificateur de sons.

microphotographie nf. Photographie des préparations microscopiques.

microscope nm. Instrument d'optique grossissant qui permet l'étude d'objets invisibles à l'œil nu.

microscopique adj. Qui ne peut être vu qu'avec un microscope.

microsillon nm. Rainure extrêmement fine des disques à très longue durée d'audition. ‖ *Par ext.* Le disque lui-même : *écouter un -.*

miction nf. Action d'uriner.

midi nm. Milieu du jour. ‖ Un des points cardinaux. ‖ Exposition d'un lieu qui est en face de ce point. ‖ *Fig. Chercher - à quatorze heures,* des difficultés où il n'y en a point. ‖ Pays méridionaux (en ce sens, prend une majuscule).

midinette nf. A Paris, surnom des jeunes ouvrières de la couture.

mie nf. Partie intérieure du pain.

mie adv. Syn. de PAS : *je n'en veux -.* (Vx.)

miel nm. Substance sucrée que les abeilles élaborent avec les matières recueillies dans les fleurs. ‖ *Fig.* Douceur, agrément : *des paroles de -.*

miellé, e adj. Propre au miel ; qui rappelle le miel.

miellée nf. Epoque de l'année où les abeilles produisent le miel. ‖ Exsudation sucrée de certains végétaux.

mielleux, euse adj. Qui rappelle le miel. ‖ *Fig.* Doucereux, hypocrite.

mien, enne pr. poss. (avec *le, la, les*). Qui est à moi. ‖ Nm. Ce qui m'appartient : *le tien et le -.* ‖ *Les -,* ma famille, mes proches.

miette nf. Petite parcelle : *des - de pain.* ‖ *Fig.* Restes : *les - d'un repas.* ‖ Petit morceau d'un objet brisé : *mettre un verre en -.*

mieux adv. D'une manière plus accomplie (sert de comparatif à *bien*). ‖ *A qui -* loc. adv., à l'envi. ‖ *Aller de - en -,* faire toujours quelque progrès. ‖ *Faute de -,* à défaut d'une chose plus avantageuse, plus agréable. ‖ Nm. Etat meilleur : *le - est l'ennemi du bien.*

mièvre adj. D'une gentillesse affectée. ‖ Chétif : *enfant -.*

mièvrerie nf. Caractère de ce qui est mièvre.

mignard, e adj. D'une délicatesse, d'une douceur affectée.

mignardise nf. Affectation de gentillesse. ‖ Petit œillet.

mignon, onne adj. Délicat et gracieux. ‖ *Péché* -, petit péché auquel on s'abandonne volontiers. ‖ N. Terme de tendresse. ‖ Nm. Favori : *les - de Henri III.*

mignonne nf. Prune longue.

mignonnette nf. Dentelle très fine. ‖ Poivre concassé en gros grains. ‖ Petit œillet. ‖ Chicorée sauvage.

mignoter vt. *Fam.* Choyer.

migraine nf. Douleur qui n'affecte qu'un côté de la tête.

migraineux, euse adj. et n. Sujet à la migraine.

migrateur, trice adj. Qui émigre.

migration nf. Déplacement en masse d'un peuple d'un pays dans un autre. ‖ Voyages que certains oiseaux entreprennent à des époques périodiques.

migratoire adj. Relatif aux migrations.

mijaurée nf. Femme aux manières affectées et ridicules.

mijoter vt. Faire cuire lentement. ‖ *Fig.* Préparer de longue main : - *un complot.* ‖ Vi. Bouillir lentement.

mikado nm. Empereur du Japon.

mil adj. num. V. MILLE.

mil nm. V. MILLET. ‖ Massue de gymnaste.

milady [*maï-lé-dé*] nf. Dame anglaise de qualité.

milan nm. Oiseau rapace des régions chaudes et tempérées.

milanais, e adj. et n. De Milan.

mildiou nm. Maladie de la vigne due à un champignon microscopique.

miliaire adj. Se dit d'une éruption de boutons analogues à des grains de mil : *fièvre* -.

milice nf. Corps de troupes ; armée. (Vx.) ‖ Levée de bourgeois et de paysans avant 1789. ‖ Formation paramilitaire destinée au maintien de l'ordre.

milicien nm. Homme appartenant à une milice.

milieu nm. Centre : *le - d'une place.* ‖ Point également éloigné des deux termes d'un espace ou d'un temps, d'un commencement et d'une fin : *le - du jour ; le - d'un volume.* ‖ Espace matériel dans lequel un corps est placé : *l'air est le - dans lequel nous vivons.* ‖ *Fig.* Entourage, société habituelle : *sortir de son - ; - bourgeois.* ‖ *Juste* -, également éloigné des extrêmes. ‖ **Au beau** -, **en plein** - loc. adv., juste au milieu. ‖ **Au** - **de** loc. prép., parmi.

militaire adj. Qui concerne la guerre. ‖ *Heure* -, précise. ‖ Nm. Soldat.

militant, e adj. et n. Qui lutte pour le triomphe d'une idée, d'une opinion.

‖ *Théol. Eglise* -, assemblée des fidèles sur la terre.

militariser vt. Organiser militairement : - *un pays.*

militarisme nm. Système politique qui s'appuie sur l'armée.

militer vi. Lutter, avoir une activité politique ou religieuse. ‖ *Fig.* Combattre pour ou contre : *cette raison milite contre vous.*

mille adj. num. inv. Dix fois cent. (Dans la date ordinaire des années, on emploie indifféremment le terme *mille* ou *mil* : *l'an mil huit cent.*) ‖ Nombre indéterminé, considérable : *courir - dangers.*

mille nm. Mesure itinéraire variable. ‖ - *anglais* : 1 609 mètres. ‖ - *marin,* 1 852 mètres.

mille-feuille ou **millefeuille** nf. Plante à feuilles très découpées. ‖ Nm. Gâteau feuilleté. ‖ Pl. des *mille-feuilles.*

millénaire adj. Qui contient mille. ‖ Nm. Mille ans.

mille-pattes ou **mille-pieds** nm. inv. Scolopendre.

millésime nm. Date gravée sur les monnaies, les médailles, etc.

millet [*mi-yè*] ou **mil** nm. Graminée ; graine servant de nourriture aux oiseaux.

milli, préfixe signifiant le millième d'une unité : *millimètre.*

milliaire adj. Se disait des bornes placées tous les mille pas au bord des routes romaines.

milliampère nm. Millième d'ampère (mA).

milliard nm. Mille millions.

milliardaire n. et adj. Riche d'un ou de plusieurs milliards.

millibar nm. Millième de bar (mb).

millième adj. num. ord. de *mille.* ‖ Nm. Chaque partie d'un tout divisé en mille parties égales.

millier nm. Mille. ‖ Un très grand nombre : *des - d'hommes.*

milligramme nm. Millième partie du gramme (mg).

millilitre nm. Millième du litre (ml).

millimètre nm. Millième partie du mètre (mm).

million nm. Mille fois mille.

millionième adj. num. ord. de *million.* ‖ Nm. : *un* -.

millionnaire adj. et n. Riche d'un ou de plusieurs millions.

millivolt nm. Millième partie du volt (mV).

milord [*maï-lord*] nm. Titre donné aux lords et aux pairs d'Angleterre.

mime nm. Chez les Grecs et les

Romains, comédie populaire où l'auteur imitait les caractères et les mœurs. ‖ Acteur de pantomimes.

mimer vt. et i. *Par ext.* Représenter par gestes. ‖ Contrefaire.

mimétisme nm. Ressemblance que prennent certains êtres vivants avec le milieu où ils se trouvent.

mimique nf. Art d'imiter, d'exprimer par gestes. ‖ Adj. : *l'art* -.

mimodrame nm. Drame mimé.

mimosa nm. Variété d'acacia à fleurs jaunes.

minable adj. Misérable, piteux.

minaret nm. Tour d'une mosquée.

minauder vi. Affecter des mines, des manières.

minauderie nf. Action de minauder.

minaudier, ère adj. et n. Qui minaude : *fille* -.

mince adj. De peu d'épaisseur. ‖ Grêle, peu épais de taille. ‖ *Fig.* Sans valeur : *un* - *succès*.

minceur nf. Qualité de ce qui est mince.

mine nf. Air du visage, apparence. ‖ *Faire bonne, mauvaise* -, faire bon, mauvais accueil. ‖ *Faire la* -, témoigner son mécontentement. ‖ *Faire* - *de*, faire semblant. ‖ Pl. *Faire des* -, minauder.

mine nf. Gisement minéral (houille, métaux). ‖ Installation souterraine pour son extraction. ‖ Galerie pratiquée sous une position ennemie. ‖ Engin explosif enfoui dans le sol ou mouillé en mer : *une* - *antichar*; *une* - *sous-marine*. ‖ - *de plomb* ou *plombagine*, graphite dont on fabrique les crayons. ‖ *Fig.* Source : *une* - *de renseignements*.

miner vt. Poser des mines. ‖ Creuser lentement. ‖ *Fig.* Consumer peu à peu : *le chagrin le mine*.

minerai nm. Matière minérale telle qu'on l'extrait de la mine.

minéral nm. Tout corps inorganique qui se trouve dans l'intérieur de la terre ou à sa surface.

minéral, e, aux adj. Qui appartient aux minéraux, qui en contient : *eau* -. ‖ *Règne* -, ensemble des minéraux.

minéralisateur, trice adj. Qui transforme par combinaison un métal en minerai. ‖ Nm. Corps doué de cette propriété.

minéralisation nf. Action de minéraliser.

minéraliser vt. Transformer un métal en minerai. ‖ Ajouter à l'eau des matières minérales.

minéralogie nf. Science qui étudie les minéraux.

minéralogique adj. Relatif à la minéralogie. ‖ *Numéro* -, numéro d'immatriculation attribué à tout véhicule automobile.

minéralogiste nm. Qui s'occupe de minéralogie.

minerve nf. Petite machine à imprimer.

minet, ette n. *Fam.* Chat, chatte.

minette nf. Minerai de fer phosphoreux de Lorraine.

mineur nm. Ouvrier qui travaille dans les mines.

mineur, e adj. Moindre, plus petit. ‖ *Mus. Tierce* -, composée d'un ton et d'un demi-ton. ‖ *Ordres* -, les quatre premiers ordres de la hiérarchie ecclésiastique (portier, lecteur, exorciste, acolyte). ‖ Adj. et n. Qui n'a pas atteint l'âge de la majorité légale.

miniature nf. Lettre rouge, tracée avec du minium, sur les manuscrits. ‖ Art de peindre en petit avec des couleurs fines délayées à l'eau de colle ou à l'eau gommée, sur ivoire, sur vélin. ‖ Tableau peint en ce genre : *jolie* -. ‖ *Fig.* Objet d'art délicat : *une* -. ‖ Personne ou chose délicate.

miniaturiste adj. et n. Peintre qui fait des miniatures.

minier, ère adj. Relatif aux mines. ‖ Nf. Mine exploitée à ciel ouvert.

minima (à). *Appel à* -, interjeté par le ministère public quand il estime une condamnation insuffisante.

minimal, e, aux adj. Se dit de ce qui a atteint son minimum : *précipitations minimales*.

minime adj. Très petit. ‖ Nm. Religieux franciscain.

minimiser vt. Réduire au minimum.

minimum nm. Le plus petit degré auquel une chose quelconque puisse être réduite. ‖ Pl. des *minimums* ou *minima*.

ministère nm. Fonction, charge, emploi. ‖ Entremise, concours. ‖ Fonction de ministre. ‖ Sa durée : *le* - *de Richelieu*. ‖ Ensemble des ministres : *former un* -. ‖ Siège d'un ministère. ‖ - *public*, magistrature requérant l'exécution des lois.

ministériel, elle adj. Relatif au ministère. ‖ *Officiers* -, avoués, notaires, huissiers, greffiers, commissaires-priseurs, etc.

ministre nm. Membre du pouvoir exécutif responsable d'une des grandes fonctions de l'État. ‖ - *plénipotentiaire*, représentant d'un pays auprès d'un gouvernement étranger. ‖ Pasteur protestant. ‖ - *de Dieu*, prêtre.

minium nm. Oxyde de plomb (Pb₃O₄) d'un beau rouge.

minnesinger nm. Trouvère allemand du Moyen Age.

minois nm. *Fam.* Visage délicat et gracieux.

minorité nf. Etat d'une personne mineure. ‖ Temps pendant lequel on est mineur. ‖ Le petit nombre dans une assemblée, par oppos. à *majorité*.

minoterie nf. Etablissement où l'on prépare les farines destinées au commerce.

minotier nm. Meunier.

minou nm. Chat, dans le langage des enfants.

minuit nm. Le milieu de la nuit.

minuscule adj. Tout petit. ‖ Nf. Petite lettre.

minus habens nm. inv. *Fam.* Faible d'esprit.

minute nf. Soixantième partie de l'heure (symb. : mn), d'un degré d'angle (symb. : '). ‖ *Fig.* Petit espace de temps. ‖ Interj. *Minute!* attendez!

minute nf. Original d'un acte civil.

minuter vt. Faire la minute d'un écrit. ‖ Prévoir la durée exacte d'un spectacle, d'une émission, etc.

minuterie nf. Partie du mouvement d'une horloge qui marque les divisions de l'heure. ‖ Appareil électrique à mouvement d'horlogerie assurant le passage du courant pendant un laps de temps déterminé.

minutie [sî] nf. Soin des menus détails.

minutieusement adv. D'une manière minutieuse.

minutieux, euse adj. Qui s'attache aux petits détails. ‖ **Minutieusement** adv.

miocène nm. Période de l'ère tertiaire. ‖ Adj. : *terrains* -.

mioche n. *Fam.* Jeune enfant.

mi-parti, e adj. Composé de deux parties égales, mais dissemblables : *robe mi-partie de blanc et de noir*.

mir nm. Ancienne communauté rurale autonome en Russie.

mirabelle nf. Petite prune jaune, parfumée et très sucrée.

miracle nm. Fait surnaturel, contraire aux lois de la nature. ‖ Circonstance extraordinaire.

miraculeux, euse adj. Qui tient du miracle. ‖ Merveilleux : *une réussite* -.

mirador nm. Belvédère au sommet des maisons espagnoles. ‖ Poste d'observation élevé.

mirage nm. Phénomène d'optique, particulier aux pays chauds, consistant en ce que les objets éloignés produisent une image renversée comme s'ils se reflétaient dans une nappe d'eau. ‖ *Fig.* Illusion trompeuse : *le* - *des promesses*.

mire nf. Règle graduée pour le nivellement. ‖ *Cran de* -, cran de visée d'une arme à feu. ‖ *Ligne de* -, ligne droite imaginaire jalonnée par le cran de mire et le guidon d'une arme à feu. ‖ *Point de* -, but visé ; au *fig.*, personne ou chose sur laquelle convergent les regards, les railleries ou les convoitises : *être le point de* - *de sa classe*.

mirer vt. Regarder à travers : - *un œuf*. ‖ *Fig.* Se - vpr. Se regarder dans un miroir.

mireur, euse n. Qui mire.

mirifique adj. *Fam.* Merveilleux, surprenant : *promesses* -.

mirliton nm. Sorte de flûte fermée d'une baudruche aux deux bouts.

mirobolant, e adj. *Fam.* Trop beau pour être vrai ou réalisable.

miroir nm. Surface polie qui réfléchit les rayons lumineux. ‖ *Fig.* Ce qui donne l'image d'une chose : *le visage est le* - *de l'âme*. ‖ - *ardent*, miroir concave concentrant la chaleur solaire. ‖ - *à alouettes*, instrument garni de petits morceaux de miroir, qu'on fait tourner au soleil pour attirer les alouettes et d'autres petits oiseaux.

miroitement nm. Action de miroiter.

miroiter vi. Réfléchir la lumière avec scintillement. ‖ *Fig.* Faire -, montrer pour séduire.

miroiterie nf. Industrie de l'argenture et de l'étamage des glaces. ‖ Atelier de miroitier.

miroitier nm. Qui fait ou vend des miroirs.

miroton nm. Plat de viandes cuites, assaisonnées aux oignons.

misaine nf. *Mar. Mât de* -, le premier mât vertical à l'avant du navire.

misanthrope nm. Qui hait le genre humain. ‖ Homme bourru.

misanthropie nf. Dégoût de la société. ‖ Humeur chagrine.

miscible adj. Qui peut se mélanger intimement avec un autre corps.

mise nf. Action de mettre : - *en vente*. ‖ Somme d'argent que l'on met au jeu, dans les affaires, etc. ‖ Enchère. ‖ - *à prix*, fixation du prix minimum dans une vente aux enchères. ‖ - *en jeu*, emploi, usage. ‖ *Théâtr.* et *Cin.* - *en scène*, disposition donnée aux décors, place assignée aux acteurs. ‖ - *à pied*, renvoi temporaire ou définitif.

miser vt. Déposer son enjeu.

misérable adj. Qui manque de ressources. ‖ Déplorable : *une fin* -. ‖ De peu de valeur : *un* - *salaire*. ‖ Nm. Personne méprisable : *c'est un* -.

misère nf. Etat pitoyable. ‖ *Fig.* Bagatelle : *se fâcher pour des* -. ‖ Pl. Calamités : *les* - *de la guerre*. ‖ *Fam.* Taquineries : *faire des* -.

miséreux, euse adj. et n. Sans ressources.

miséricorde nf. Vertu qui porte à la compassion pour autrui. ‖ Pardon : *à tout péché -*. ‖ *-!* interj. de surprise, d'effroi.

miséricordieux, euse adj. Enclin à la pitié, au pardon.

misogyne n. Qui hait les femmes.

miss nf. (m. angl.). Mademoiselle.

missel nm. Livre qui contient les prières de la messe.

mission nf. Pouvoir donné à quelqu'un de faire une chose : *chargé de -*. ‖ Fonction temporaire et déterminée : *- scientifique*. ‖ Suite de prédications pour l'instruction des fidèles. ‖ Etablissement de missionnaires.

missionnaire nm. Prêtre, pasteur envoyé pour convertir les infidèles. ‖ Adj. : *sœur -*.

missive nf. Lettre.

mistelle nf. Moût de raisin muté à l'alcool, pour en arrêter la fermentation.

mistigri nm. Fam. Chat.

mistral nm. Vent violent, froid et sec, soufflant des Cévennes dans la vallée du Rhône et sur le littoral provençal.

mitaine nf. Gant ne couvrant que la première phalange des doigts.

mite nf. Nom de divers insectes s'attaquant aux vêtements et aux fourrures.

mi-temps nf. Temps d'arrêt divisant un jeu en deux parties de durée égale. ‖ Chacune de ces parties.

mithridatisme nm. ou **mithridatisation** nf. Immunité à l'égard de substances toxiques, acquise par ingestion à doses progressives.

mitiger vt. (c. *manger*). Adoucir, tempérer : *une peine*. ‖ **Mitigé, e** part. et adj. Modéré : *verdict -*.

mitonner vi. Cuire longuement, à feu doux. ‖ Vt. *- une affaire*, en préparer lentement le succès.

mitoyen, enne adj. Qui appartient à deux personnes et sépare leurs propriétés.

mitoyenneté nf. Etat de ce qui est mitoyen.

mitraillade nf. Décharge simultanée d'armes automatiques.

mitraille nf. Ferraille dont on chargeait jadis les canons, les obus.

mitrailler vt. Tirer à la mitraillette ou à la mitrailleuse sur : *- une position*.

mitraillette nf. Pistolet mitrailleur.

mitrailleur nm. Servant d'une mitrailleuse.

mitrailleuse nf. Arme à feu automatique, à tir tendu et à débit très rapide.

mitre nf. Coiffure des anciens Perses. ‖ Coiffure des évêques lorsqu'ils officient. ‖ Appareil en terre cuite ou en tôle au sommet d'une cheminée.

mitré, e adj. Qui porte la mitre.

mitron nm. Garçon boulanger.

mi-voix (à) loc. adv. En émettant un faible son de voix.

mixte adj. Formé d'éléments différents. ‖ *Ecole -* (ou *géminée*), pour garçons et filles.

mixtion nf. Mélange de plusieurs substances.

mixture nf. Mélange liquide. ‖ Fam. et péjor. Mélange quelconque.

mnémotechnie nf. Art de développer la mémoire.

mnémotechnique adj. Relatif à la mémoire.

mobile adj. Qui se meut. ‖ Qui peut être mû. ‖ *Fêtes -*, dont la date change chaque année. ‖ *Garde républicaine -*, corps de troupes chargé de la sécurité du territoire. ‖ *Fig.* Changeant, inconstant : *caractère -*. ‖ Nm. Corps en mouvement. ‖ Force motrice : *la vapeur est un puissant -*. ‖ Soldat de la garde mobile. ‖ *Fig.* Cause déterminante : *l'intérêt est le - de toutes ses actions*.

mobilier, ère adj. Qui consiste en meubles. ‖ Nm. Ensemble des meubles : *vendre son -*.

mobilisable adj. Qui peut être mobilisé : *classe -*.

mobilisation nf. Action de mobiliser.

mobiliser vt. Mettre des troupes ou un pays sur le pied de guerre.

mobilité nf. Facilité à se mouvoir. ‖ Facilité à changer d'expression ou d'idée : *- de la physionomie*.

mocassin nm. Chaussure, en peau non tannée, des Indiens de l'Amérique du Nord. ‖ Chaussure souple, montée de façon analogue.

modal, e, aux adj. Gramm. Relatif aux modes du verbe.

modalité nf. Condition, particularité qui accompagne un fait : *les - d'un paiement*.

mode nf. Usage passager concernant la manière de vivre, de s'habiller : *robe à la -*. ‖ Manière, coutume, volonté. ‖ *A la -*, au goût du moment. ‖ Cuis. *Bœuf à la -*, piqué de lard et cuit avec carottes et oignons. ‖ Pl. *Magasin de -*, où l'on vend les chapeaux de femme.

mode nm. Forme, méthode : *un - de gouvernement*. ‖ Mus. Ton dans lequel un morceau est composé : *- majeur*. ‖ Gramm. Manière dont le verbe exprime l'état ou l'action.

modelage nm. Action de modeler des figures en relief.

modèle nm. Objet à reproduire; patron : - *de broderie*. ‖ Homme, femme ou tout objet représenté par un artiste : - *de peintre*. ‖ Représentation, à une échelle réduite, d'un ouvrage à exécuter : - *d'une machine*. ‖ Moule démontable permettant la fonte de multiples exemplaires. ‖ *Fig.* Digne d'être imité : *un - de prudence*. ‖ Adjectiv. Parfait en son genre : *un écolier -*.

modeler vt. (c. *celer*). *Sculpt.* Reproduire les formes, le relief, avec de la terre ou de la cire. ‖ *Fig.* Conformer, régler : *il modèle sa conduite sur*.

modeleur nm. Artiste qui modèle statue, bas-relief, etc.

modéliste n. Dessinateur, dessinatrice de modèles.

modérantisme nm. Opinion des modérés.

modérateur, trice adj. et n. Qui retient dans les bornes de la modération. ‖ *Méc.* Instrument pour rendre uniforme le mouvement d'une machine.

modération nf. Vertu qui retient dans une sage mesure, loin de tout excès. ‖ Adoucissement : - *d'une peine*.

moderato adv. *Mus.* D'un mouvement modéré.

modérer vt. (c. *céder*). Tempérer, diminuer : - *sa vitesse*. ‖ **Se** - vpr. Se posséder, se contenir. ‖ **Modéré**, e part. adj. et n. Eloigné de toute exagération et de tout excès. ‖ **Modérément** adv.

moderne adj. Qui appartient au temps présent ou à une époque relativement récente. ‖ *Histoire* -, depuis la Renaissance jusqu'à la Révolution française. ‖ Nmpl. Les savants, les artistes de notre époque, par oppos. aux *Anciens*.

modernisation nf. Action de moderniser.

moderniser vt. Rajeunir, donner une tournure moderne.

modernisme nm. Goût et parfois manie de ce qui est moderne.

modern style nm. Style du début du XXe siècle.

modeste adj. Qui pense ou parle de soi-même sans orgueil. ‖ Qui marque l'absence d'orgueil. ‖ Modéré : *de prétentions -*. ‖ Simple : *habitation -*.

modestie nf. Réserve, pudeur. ‖ Simplicité.

modicité nf. Caractère de ce qui est peu considérable.

modification nf. Changement.

modifier vt. Opérer un changement.

modique adj. De peu d'importance, de faible valeur : *il modèle sa conduite sur*.

modiste n. et adj. f. Qui fait ou vend des chapeaux de femme.

modulation nf. *Mus.* Passage d'un ton dans un autre. ‖ Inflexion variée. ‖ *Radio.* Variation imposée à la fréquence d'oscillations électriques.

module nm. *Archit.* Unité de convention pour régler les proportions des parties d'un édifice. ‖ Diamètre des médailles.

moduler vt. Exécuter avec des inflexions variées de la voix. ‖ Vi. *Radio.* Effectuer la modulation.

moelle [*moal'*] nf. Substance molle et grasse, renfermée dans l'intérieur des os. ‖ - *épinière*, partie du système cérébro-spinal contenue dans le canal vertébral. ‖ Substance spongieuse et légère qu'on trouve dans l'intérieur de certains arbres.

moelleux, euse adj. *Fig.* Doux et élastique : *lit* -. ‖ *Voix* -, pleine et douce. ‖ *Vin* -, doux et velouté. ‖ Nm. : *le* - *d'un tapis.* ‖ **Moelleusement** adv.

moellon nm. Pierre de construction de petite dimension.

moere [*mour*] nf. Lagune des Flandres, desséchée et mise en culture.

mœurs nfpl. Habitudes naturelles ou acquises relatives à la pratique du bien et du mal. ‖ Usages particuliers à un pays, à une classe : *les anglaises.* ‖ Habitudes particulières aux animaux.

mofette nf. Emanation gazeuse du sous-sol (mines, volcans). ‖ *Zool.* V. MOUFFETTE.

mohair nm. Laine très blanche et très longue, faite avec des poils de chèvre d'Angora. ‖ Tissu soyeux et léger en laine angora.

moi pron. pers. de la 1re pers. du sing. des deux genres. ‖ *A* - *!* au secours. ‖ Nm. Ce qui constitue l'individualité, la personnalité.

moignon nm. Ce qui reste d'un membre coupé ou d'une branche.

moindre adj. Plus petit en étendue, en quantité, en intensité.

moindrement adv. *Le moindrement* (avec la négation), le moins du monde : *il n'est pas le* - *inquiet*.

moine nm. Religieux vivant en communauté. ‖ Ustensile servant à chauffer un lit.

moineau nm. Petit passereau très répandu dans tous les pays.

moinillon nm. *Fam.* Petit moine.

moins adv. de comparaison, qui marque l'infériorité : - *bon;* - *d'hommes;* - *cher*, etc. ‖ Nm. *Math.* Tiret horizontal indiquant une soustraction ou une quantité négative. ‖ Loc. adv. *Au* -, *du* -, en tout cas, avant tout. *A* -, pour un moindre prix. ‖ Loc. conj. *A* - *que*, si ce n'est que : *à* - *que vous ne travailliez mieux.* **Rien**

- **que**, cela moins que toute autre chose, c'est-à-dire nullement : *elle n'est rien - que jolie*. **Rien de - que**, bel et bien, véritablement : *il n'est rien de - qu'un héros*.

moins-value nf. Diminution de valeur. ‖ Pl. des *moins-values*.

moirage nm. Action de moirer. ‖ Reflet chatoyant donné à l'étoffe.

moire nf. Etoffe à reflets ondés et changeants.

moirer vt. Donner à une étoffe unie un reflet particulier de miroitement.

mois nm. Chacune des douze divisions de l'année solaire. ‖ Espace de trente jours.

moise nf. Pièce boulonnée assurant la rigidité d'une charpente.

moïse nm. Berceau en osier.

moisi nm. Syn. de MOISISSURE.

moisir vi. Se couvrir de moisissure. ‖ *Fig. - quelque part*, y rester longtemps. ‖ Vt. Déterminer la moisissure.

moisissure nf. Mousse qui se développe sur les substances organiques en décomposition.

moisson nf. Récolte des céréales. ‖ Temps où elle se fait.

moissonner vt. Faire la moisson. ‖ *Fig. - des lauriers*, remporter des succès.

moissonneur, euse n. Personne qui fait la moisson. ‖ Nf. Machine à moissonner.

moite adj. Humide ; en sueur.

moiteur nf. Légère humidité.

moitié nf. Une des deux parties égales d'un tout. ‖ *Fam.* Femme par rapport au mari. ‖ *Etre de -*, partager frais ou bénéfices. ‖ **A - loc. adv.**, à demi : *à - chemin*.

moka nm. Café provenant de Moka, ville d'Arabie. ‖ Infusion de ce café : *une tasse de -*. ‖ Gâteau garni de crème au café.

moi, **molle** adj. V. MOU.

molaire adj. et nf. Se dit des grosses dents servant à broyer les aliments.

molasse. V. MOLLASSE.

mole nf. Syn. de MOLÉCULE-GRAMME.

môle nm. Ouvrage en maçonnerie protégeant l'entrée d'un port.

moléculaire adj. Relatif aux molécules.

molécule nf. La plus petite partie d'un corps qui puisse exister à l'état libre. ‖ *-gramme*, poids moléculaire.

moleskine nf. Toile de coton recouverte d'un vernis souple, imitant le grain du cuir. ‖ Etoffe de coton lustré.

molestation nf. Action de molester.

molester vt. Tourmenter, malmener, bousculer.

molette nf. Cône de marbre qui sert à broyer les couleurs. ‖ Rondelle de l'éperon garnie de pointes. ‖ Instrument constitué par une roulette adaptée à un manche.

molinisme nm. Opinion des molinistes sur l'accord de la grâce et du libre arbitre.

mollasse adj. et n. Mou et flasque. ‖ *Fig.* Sans énergie.

mollasse ou **molasse** nf. Grès tendre à ciment calcaire.

mollesse nf. Etat, nature de ce qui est mou. ‖ *Fig.* Manque d'énergie : *- de caractère*. ‖ Vie efféminée.

mollet nm. Saillie des muscles dans la partie postérieure de la jambe.

mollet, ette adj. Mou et doux au toucher. ‖ *Pain -*, blanc et léger. ‖ *Œuf -*, légèrement cuit.

molletière nf. Bande de drap ou de toile, s'adaptant au mollet. ‖ Adj. : *bande -*.

molleton nm. Tissu moelleux de laine ou de coton.

molletonné, e adj. Garni, doublé de molleton.

molletonneux, euse adj. De la nature du molleton.

mollir vi. Devenir mou. ‖ *Fig.* Diminuer, céder : *le vent mollit*.

mollusques nmpl. Animaux à corps mou, sans vertèbres (colimaçon, huître). ‖ Sing. : un *mollusque*.

molosse nm. Gros dogue de garde.

molybdène nm. Métal (Mo) blanc, cassant et peu fusible.

môme n. *Pop.* Jeune enfant.

moment nm. Très petit espace de temps. ‖ Occasion : *agir au bon -*. ‖ Temps présent : *la mode du -*. ‖ *Mauvais -*, circonstance pénible. ‖ *Dernier -*, dernier terme. ‖ *Un - !* attendez, écoutez. ‖ **Loc. adv. A tout -**, sans cesse. **En un -**, en très peu de temps. **En ce -**, présentement. **Par -**, par intervalles. ‖ **Au - de loc. prép.**, sur le point de. ‖ **Loc. conj. Au - où**, **au - que**, lorsque. **Du - que**, puisque.

momentané, e adj. Qui ne dure qu'un moment.

momerie nf. *Fam.* Affectation ridicule d'un sentiment qu'on n'éprouve pas.

momie nf. Cadavre humain conservé par embaumement. ‖ *Fig.* Personne nonchalante : *c'est une vraie -*.

momification nf. Action de momifier. ‖ *Fam.* Extrême amaigrissement.

momifier vt. (c. *prier*). Transformer en momie.

mon adj. poss. de la première pers. masc. sing., **ma** fém. sing., **mes** pl. des deux genres.

monacal, e, aux adj. Relatif aux moines.

monarchie nf. Gouvernement d'un État par un seul chef. ‖ État gouverné par un monarque.

monarchique adj. Relatif à la monarchie : *État -*.

monarchisme nm. Système des partisans de la monarchie.

monarchiste n. Partisan de la monarchie. ‖ Adj. : *principe -*.

monarque nm. Souverain d'une monarchie.

monastère nm. Couvent.

monastique adj. Relatif à la vie des moines : *règle -*.

monaut adj. m. Qui n'a qu'une oreille : *chien -*.

monceau nm. Amas, tas.

mondain, e adj. et n. Qui aime le monde. ‖ Du monde : *chronique -*.

mondanité nf. Goût pour les plaisirs du monde. ‖ Connaissance des usages du monde.

monde nm. Ensemble de tout ce qui existe. ‖ Terre, séjour de l'homme : *l'Ancien et le Nouveau Monde.* ‖ *Fig.* Gens, personnes : *c'est se moquer du -.* ‖ Société : *aller dans le -.* ‖ Vie séculière : *quitter le -.* ‖ *Venir au -*, naître. ‖ *Mettre au -*, donner naissance. ‖ *Aller dans l'autre -*, mourir. ‖ *Au bout du -*, dans un quartier éloigné. ‖ *Le grand -, le -*, la haute société. ‖ *Homme du -*, qui fréquente la haute société. ‖ *Le petit -*, les gens du commun ; les enfants.

monder vt. Nettoyer, séparer des impuretés : *- des raisins.*

mondial, e, aux adj. Du monde entier : *conflit -.*

monégasque adj. et n. De Monaco.

monétaire adj. Relatif aux monnaies.

monétiser vt. Transformer en monnaie : *- de l'or.*

mongol, e adj. et n. De Mongolie.

mongolique adj. Relatif à la Mongolie.

monial, e, aux n. Religieux, religieuse cloîtrés.

moniteur, trice n. Instructeur chargé d'enseigner la gymnastique, l'escrime, etc.

monition nf. *Dr. canon.* Avertissement donné avant l'application d'une censure.

monitoire adj. et nm. Avertissement qui précède l'excommunication.

monnaie nf. Pièce de métal frappée par l'État et servant aux échanges. ‖ Pièces, billets de petite valeur : *la petite -.* ‖ *- fiduciaire*, qui n'a de valeur que par convention. ‖ *Fig. Battre -*, se procurer de l'argent. ‖ *Rendre à quelqu'un la - de sa pièce*, user de représailles. ‖ *Payer quelqu'un en - de singe*, se moquer de lui au lieu de le rembourser.

monnaie-du-pape nf. Nom vulgaire de la *lunaire.*

monnayage nm. Fabrication de la monnaie.

monnayer vt. (c. *balayer*). Convertir un métal en monnaie. ‖ *Fig.* Faire argent de : *- son talent.*

monnayeur nm. Personne qui travaille à la fabrication de la monnaie.

monochrome adj. et nm. D'une seule couleur.

monocle nm. Lorgnon à un seul verre.

monocorde nm. et adj. Instrument à à une seule corde. ‖ Adj. Monotone : *plaintes -.*

monocotylédone adj. et nf. Se dit des plantes qui, comme le lis, n'ont qu'un seul cotylédon. ‖ Nfpl. Classe des phanérogames possédant ce caractère.

monoculture nf. Utilisation du sol pour une seule culture.

monocyte nm. Globule blanc à noyau unique.

monogamie nf. Système dans lequel l'homme ne peut épouser qu'une seule femme, et la femme qu'un seul mari.

monogramme nm. Signature, chiffre composé d'initiales.

monographie nf. Description d'un seul objet. ‖ Étude d'histoire, de géographie limitée à un sujet particulier.

monoïque adj. Se dit des plantes unisexuées, dont les fleurs mâles et femelles sont sur un même pied.

monolithe adj. et nm. Fait d'un seul bloc de pierre.

monolithisme nm. Attitude d'un parti politique qui impose à ses membres une discipline absolue.

monologue nm. Scène où un personnage de théâtre est seul et se parle à lui-même. ‖ Pièce comique que l'on récite.

monologuer vi. Parler seul.

monôme nm. Grandeur algébrique qui ne contient pas de termes à additionner ou à soustraire. ‖ Manifestation tumultueuse : *un - d'étudiants.*

monométallisme nm. Système monétaire qui n'admet que l'or pour étalon de monnaie légale.

monoplan nm. Avion à un seul plan de sustentation.

monopole nm. Privilège exclusif de fabriquer et vendre certaines denrées (*tabacs, poudres*, etc.).

monopolisation nf. Action de monopoliser.

monopoliser vt. Réduire en monopole.

monorime adj. Dont les vers n'ont qu'une seule rime.

monosperme adj. A une seule graine.

monosyllabe nm. Mot qui n'a qu'une syllabe.

monosyllabique adj. Se dit des vers dont tous les mots sont des monosyllabes.

monothéisme nm. Doctrine qui n'admet qu'un seul Dieu : *le - juif.*

monothéiste adj. Relatif au monothéisme. ‖ N. Partisan du monothéisme.

monotone adj. Qui est toujours sur le même ton. ‖ *Fig.* Uniforme : *vie -.*

monotonie nf. Caractère de ce qui est monotone. ‖ *Fig.* Manque de variété : *la - du style.*

monotype nf. Machine à composer en caractères séparés, fondus à mesure.

mons nm. Abrév. fam. de *monsieur.*

monseigneur nm. Titre d'honneur donné aux princes, aux évêques. ‖ Pl. *messeigneurs, nosseigneurs.*

monsieur nm. Pince, levier de cambrioleur. ‖ Adj. : *une pince -.*

monsieur nm. Titre donné par civilité à tout homme à qui l'on parle ou à qui l'on écrit. ‖ Titre donné autrefois en France au frère puîné du roi. ‖ Pl. des *messieurs.*

monstre nm. Etre dont la conformation diffère de celle de son espèce. ‖ *Fig.* S'emploie pour exprimer l'excès : *- de laideur.* ‖ Adj. *Fam.* Prodigieux, colossal : *repas -.*

monstrueux, euse adj. Qui a une conformation contre nature. ‖ *Fig.* Prodigieux : *grosseur -.* ‖ Horrible : *crime -.*

monstruosité nf. Caractère de ce qui est monstrueux. ‖ Chose monstrueuse.

mont nm. Grande élévation naturelle au-dessus du sol : *le - Blanc.* ‖ *Fig. Promettre monts et merveilles,* faire des promesses exagérées. ‖ *Par monts et par vaux,* de tous côtés.

montage nm. Action de monter, d'ajuster les parties d'un ensemble. ‖ Action de porter en haut.

montagnard, e adj. et n. Qui habite un pays de montagnes.

montagne nf. Masse élevée considérable, de terre ou de roche. ‖ Amoncellement : *une - de livres.*

montagneux, euse adj. Où il y a beaucoup de montagnes.

montant, e adj. Qui monte ou va en montant. ‖ *Robe -,* qui couvre la poitrine et les épaules.

montant nm. Pièce posée verticalement et servant de soutien ou de remplissage. ‖ Total d'un compte.

mont-de-piété nm. Etablissement public de prêts sur gages (*Crédit municipal*). ‖ Pl. des *monts-de-piété.*

monte nf. Action, manière de monter à cheval.

monte-charge nm. inv. Ascenseur servant à monter des fardeaux.

montée nf. Action de monter. ‖ Rampe, pente. ‖ Crue des eaux.

monte-pente nm. inv. Appareil qui facilite la remontée des skieurs.

monter vi. Aller plus haut. ‖ Prendre place dans ou sur : *- en avion, à cheval.* ‖ Augmenter de niveau : *la rivière monte.* ‖ Aller en montant : *la route -.* ‖ *Fig.* Avoir de l'avancement : *- en grade.* ‖ Hausser de prix : *le blé monte.* ‖ Atteindre : *la dépense monte à mille francs.* ‖ Vt. Transporter en un lieu plus élevé : *- du foin au grenier.* ‖ Ajuster, assembler : *- un diamant.* ‖ Etre sur : *- un cheval.* ‖ *Fig.* Organiser : *- une entreprise.* ‖ Exciter : *- la tête.* ‖ **Se** - vpr. Se pourvoir de : *se - en linge.* ‖ S'irriter. ‖ **Monté, e** part. et adj. ‖ *Soldat -,* cavalier.

monteur, euse n. Ouvrier, ouvrière qui monte les pièces d'une machine, d'un vêtement, etc.

montgolfière nf. Aérostat gonflé à l'air chaud.

monticule nm. Petit mont.

montoir nm. Pierre ou billot de bois servant à monter à cheval.

montre nf. Instrument portatif qui sert à indiquer l'heure.

montre nf. Etalage, vitrine de marchandises : *mettre un article en -.* ‖ *Fig.* Faire parade de : *faire - de son érudition.*

montrer vt. Faire voir. ‖ *Fig.* Manifester : *- du courage.* ‖ Prouver : *- qu'on a raison.* ‖ *- les dents,* se disposer à résister.

montreur, euse n. Personne qui montre quelque chose au public.

montueux, euse adj. Coupé de collines, inégal.

monture nf. Bête sur laquelle on monte. ‖ Ce qui sert à assembler les parties d'un objet : *la - d'une scie.* ‖ Garniture qui enchâsse et fixe : *la - d'une bague.*

monument nm. Ouvrage d'architecture ou de sculpture, destiné à perpétuer un souvenir. ‖ Edifice public considérable : *le Parthénon est le plus beau - d'Athènes.* ‖ *Fig.* Œuvre d'art digne de passer à la postérité : *l'œuvre de Hugo est un véritable -.*

monumental, e, aux adj. Qui a les proportions d'un monument : *une statue -.* ‖ *Fam.* Enorme en son genre : *une bêtise -.*

moquer (se) vpr. Se railler, tourner

en dérision. ‖ Ne faire aucun cas de : *se - du qu'en-dira-t-on.* ‖ Ne pas parler sérieusement.

moquerie nf. Action ou habitude de se moquer. ‖ Parole railleuse.

moquette nf. Etoffe veloutée en laine, pour tapis et carpettes.

moqueur, euse adj. et n. Qui a l'habitude de se moquer. ‖ Qui exprime la raillerie : *sourire -.*

morailles nfpl. Tenailles pour pincer le nez des chevaux difficiles à ferrer.

moraillon nm. Pièce de fer mobile, adaptée au couvercle d'un coffre et permettant la pose d'un cadenas.

moraine nf. *Géol.* Débris de roches transportés par un glacier.

moral, e, aux adj. Conforme aux bonnes mœurs et propre à les favoriser. ‖ *Sens -,* discernement du bien et du mal. ‖ *Certitude -,* fondée sur le sentiment, sur de fortes probabilités. ‖ Intellectuel, spirituel, par oppos. à *physique, matériel : les facultés -.* ‖ Nm. Ensemble de ces facultés. ‖ Etat d'esprit : *avoir bon -.*

morale nf. Science qui enseigne les règles à suivre pour faire le bien et éviter le mal. ‖ Moralité d'une fable. ‖ *Fam.* Réprimande : *faire la -.*

moralisateur, trice adj. Propre à moraliser : *récit -.*

moralisation nf. Action de moraliser.

moraliser vt. Rendre moral. ‖ *Fam.* Faire la morale à : *- un enfant.* ‖ Vi. Faire des réflexions morales.

moraliste n. Auteur qui écrit sur les mœurs. ‖ Adj. : *écrivain -.*

moralité nf. Conclusion que suggère une œuvre : *la - d'une fable.* ‖ Rapport de la conduite avec la morale : *- des actions.* ‖ Mœurs. ‖ Au Moyen Age, œuvre dramatique édifiante.

morasse n. f. Dernière épreuve d'une page de journal avant le tirage.

moratoire nm. Suspension temporaire des paiements.

morbide adj. Maladif.

morbidesse nf. *Bx-arts.* Délicatesse des chairs dans une figure peinte ou sculptée.

morbidité nf. Caractère morbide. ‖ Pourcentage des malades par rapport au chiffre de la population.

morbleu! interj. Juron marquant l'impatience, la colère, etc.

morceau nm. Partie séparée d'un tout. ‖ Fragment d'une œuvre écrite : *des - choisis.* ‖ Fragment complet d'une œuvre musicale. ‖ *Les bons -,* la bonne chère. ‖ *Emporter le -,* mordre violemment; au *fig.*, réussir, après une action énergique.

morceler vt. (c. *appeler*). Diviser en morceaux, en parties, en lots.

morcellement nm. Action de morceler.

mordache nf. Morceau de métal mou qu'on place entre les mâchoires d'un étau pour serrer une pièce sans l'endommager. ‖ Grosse tenaille.

mordacité nf. Caractère corrosif d'un acide.

mordançage nm. Imprégnation d'une étoffe par un mordant.

mordancer vt. (c. *placer*). Soumettre au mordançage.

mordant, e adj. Qui mord, qui entame en rongeant. ‖ Qui critique d'une manière acerbe : *esprit -.* ‖ Nm. Vernis pour fixer l'or ou en feuilles sur les objets. ‖ Substance qui permet de fixer la teinture sur une étoffe. ‖ *Fig.* Causticité. ‖ Vivacité dans l'attaque : *troupe qui a du -.*

mordicus adv. Avec ténacité, entêtement : *soutenir -.*

mordillage nm. Action de mordiller.

mordiller vt. Mordre légèrement et à plusieurs reprises.

mordoré, e adj. et nm. D'un brun chaud, à reflets dorés.

mordorure nf. Couleur mordorée.

mordre vt. Blesser, entamer avec les dents. ‖ Ronger : *la lime mord l'acier.* ‖ *Fig. - la poussière,* être vaincu dans un combat. ‖ Vi. *Fig. - à,* prendre goût : *- au latin.* ‖ Se - vpr. *S'en - les doigts,* s'en repentir.

morelle nf. Solanacée comprenant la douce-amère, la pomme de terre, etc.

morfil nm. Bavure sur le tranchant d'une lame d'acier aiguisée à la meule.

morfondre vt. Pénétrer de froid, transir. ‖ Se - vpr. *Fig.* et *fam.* S'ennuyer à attendre.

morganatique adj. Se dit d'un mariage contracté entre un prince et une personne de rang inférieur.

morgeline nf. Mouron des champs.

morgue nf. Attitude hautaine, méprisante.

morgue nf. Etablissement où l'on expose les cadavres non encore identifiés.

moribond, e adj. Près de mourir.

moricaud, e adj. et n. Qui a la peau très brune.

morigéner vt. (c. *céder*). Réprimander.

morille nf. Champignon comestible à tête charnue, crevassée et côtelée.

morillon nm. Sorte de raisin noir. ‖ Pl. Emeraudes brutes.

mormon, one n. Membre d'une secte américaine qui professe la théocratie et pratiquait la polygamie.

morne adj. Abattu par la tristesse.

mornifle nf. *Pop.* Revers de main donné sur la face.

morose adj. D'une humeur chagrine.

morosité nf. Caractère morose.

morphine nf. Alcaloïde tiré de l'opium, poison violent, calmant et soporifique à petites doses.

morphinomane adj. et n. Qui s'adonne à la morphine.

morphinomanie nf. Usage morbide et habituel de la morphine.

morphologie nf. Etude de la forme extérieure des êtres vivants. ‖ *Gramm.* Etude de la forme des mots.

mors nm. Barre métallique passée dans la bouche du cheval, maintenue par la bride. ‖ *Prendre le - aux dents,* s'emballer; *fig.* et *fam.,* se mettre subitement en colère.

morse nm. Mammifère amphibie des mers arctiques.

morse nm. Système de télégraphie à l'aide d'un alphabet conventionnel par points et par traits.

morsure nf. Plaie faite en mordant. ‖ *Fig.* Douleur vive : *la - du froid.*

mort nf. Fin de la vie. ‖ Peine capitale. ‖ *Fig.* Violente douleur : *souffrir mille -.* ‖ Grand chagrin : *avoir la - dans l'âme.* ‖ Ruine : *le monopole est la - de l'industrie.* ‖ Loc. adv. A la vie et à la -, pour toujours.

mort, e adj. Qui a cessé de vivre. ‖ Privé d'animation : *une ville -.* ‖ Qui n'est plus parlé : *une langue -.* ‖ *Eau -,* qui ne coule pas. ‖ N. Personne morte.

mortadelle nf. Gros saucisson d'Italie.

mortaise nf. Entaille faite dans une pièce de bois ou de métal pour recevoir un tenon.

mortaiser vt. Préparer une mortaise.

mortaiseuse nf. Machine-outil pour creuser des mortaises.

mortalité nf. Proportion des décès par rapport à une population.

mort-aux-rats nf. Appât empoisonné à base d'arsenic.

morte-eau nf. Epoque des marées les plus faibles au premier et au dernier quartier de la lune. ‖ Pl. des *morteseaux.*

mortel, elle adj. Sujet à la mort. ‖ Qui cause la mort : *blessure -.* ‖ *Péché -,* péché qui fait perdre la grâce de Dieu. ‖ *Ennemi -,* que l'on hait profondément. ‖ *Dépouille -,* cadavre. ‖ *Fam.* Excessif : *ennui -.* ‖ N. Homme, femme : *heureux -.* ‖ Nmpl. *Les -,* le genre humain.

morte-saison nf. Période où l'activité se ralentit dans certaines professions. ‖ Pl. des *mortes-saisons.*

mortier nm. Mélange de sable, de chaux ou de ciment, et d'eau pour unir les matériaux de construction. ‖ Vase où l'on pile les drogues. ‖ Bouche à feu très courte, à tir courbe. ‖ Autref., bonnet rond, de velours noir, des présidents du parlement. ‖ Auj., bonnet des magistrats de la Cour de cassation et de la Cour des comptes.

mortification nf. Action de mortifier son corps. ‖ *Fig.* Humiliation. ‖ *Méd.* Etat des chairs mortes, gangrenées.

mortifier vt. Attendrir, en parlant de la viande. ‖ Affliger par des jeûnes : *- son corps.* ‖ *Fig.* Humilier : *votre refus m'a mortifié.*

mort-né, e adj. Mort en venant au monde. ‖ *Fig.* Qui disparaît dès sa naissance : *projet -.* ‖ Pl. des enfants *mort-nés,* des brebis *mort-nées.*

mortuaire adj. Relatif aux décès, aux cérémonies funèbres.

morue nf. Poisson de mer pêché surtout entre Terre-Neuve et l'Islande.

morutier n. et adj. m. Se dit des navires armés pour la pêche de la morue.

morvandeau, delle adj. et n. Du Morvan. (On dit aussi MORVANDIAU.)

morve nf. Liquide visqueux qui découle des narines. ‖ Maladie contagieuse des chevaux.

morveux, euse adj. Qui a la morve au nez. ‖ *Cheval -,* atteint de la morve. ‖ N. *Fig.* et *fam.* Garçon, fille sans expérience.

mosaïque nf. Assemblage de petits prismes de matières diverses colorées en forme de dessins, pour la décoration intérieure des édifices. ‖ *Fig.* Ouvrage d'esprit, composé de morceaux variés.

mosaïque adj. Qui vient de Moïse.

mosaïsme nm. Loi de Moïse.

mosaïste adj. et n. Qui exécute des mosaïques.

moscovite adj. et n. De Moscou, et, *par ext.,* de Russie.

mosellan, ane adj. Relatif à la Moselle.

mosquée nf. Temple musulman.

mot nm. Son ou groupe de sons servant à désigner un être, une idée. ‖ Lettre ou ensemble de lettres qui représentent ce son : *un - illisible.* ‖ Ce qu'on dit, ce qu'on écrit brièvement : *dire un - à l'oreille.* ‖ Parole mémorable : *beau - de Socrate.* ‖ Paroles vides de sens : *se payer de -.* ‖ *- d'ordre,* mot qui sert pour reconnaître. ‖ *- croisés,* jeu qui consiste à trouver des mots d'après des définitions. ‖ *- propre,* mot qui traduit exactement la pensée. ‖ *Grand -,* terme emphatique. ‖ *Avoir le dernier*

-, l'emporter dans une discussion. ‖ *Manger ses* -, prononcer indistinctement. ‖ *Bon* -, parole spirituelle. ‖ *Gros* -, paroles grossières. ‖ *Prendre au* -, accepter du premier coup une proposition. ‖ *Se donner le* -, se mettre d'accord. ‖ *Connaître le fin* -, la raison. ‖ *Jouer sur les* -, faire des équivoques. ‖ *A demi-*, sans s'expliquer entièrement. ‖ Loc. adv. **En un** -, enfin. - **à** -, en rendant chaque mot par un mot équivalent : *traduire - à -.* **Au bas** -, en évaluant au plus bas.

motel nm. Hôtel situé sur un grand itinéraire routier.

motet nm. Morceau de musique religieuse vocale.

moteur, trice adj. Qui produit un mouvement ou le transmet : *muscle* -. ‖ Nm. Tout ce qui, en mécanique, imprime un mouvement. ‖ Appareil qui produit du travail mécanique : - *à explosion.* ‖ *Fig.* Instigateur : *être le - d'une entreprise.*

motif nm. Raison d'agir. ‖ *Mus.* Idée dominante dans un air, un chant.

motion nf. Proposition faite dans une assemblée.

motiver vt. Justifier, servir de motif.

motocross nm. Course à motocyclette, sur un terrain très accidenté.

motoculture nf. Application du moteur à l'agriculture.

motocyclette nf. Cycle mis en action par un moteur de plus de 125 cm³ de cylindrée.

motocycliste n. Personne qui conduit une motocyclette.

motopompe nf. Pompe actionnée par un moteur.

motoriser vt. Munir de véhicules à moteur : - *une armée.*

motte nf. Petite masse de terre détachée. ‖ - *de beurre,* masse de beurre.

motus! [tuss] interj. Silence!

mou ou **mol, molle** adj. Qui cède facilement au toucher. ‖ *Fig.* Sans vigueur : *enfant - au travail.* ‖ Nm. Poumon de certains animaux.

moucharabieh nm. Grillage en bois d'une fenêtre arabe.

mouchard nm. *Pop.* Espion, dénonciateur.

moucharder vt. et i. *Pop.* Dénoncer : - *un camarade.*

mouche nf. Insecte diptère. ‖ Nom donné abusivement à certains insectes ailés. ‖ - *à miel,* abeille. ‖ - *tsé-tsé,* transmettant la maladie du sommeil. ‖ *Fig.* Faire la - *du coche,* faire l'empressé. ‖ *Fam.* Prendre la -, se fâcher mal à propos. ‖ *Fine* -, personne rusée. ‖ *Pattes de* -, écriture fine et mal formée. ‖ Grain de beauté artificiel. ‖ *Faire* -, placer une balle au centre d'une cible. ‖ Bouton de cuir à la pointe d'un fleuret.

moucher vt. Débarrasser le nez de ses mucosités. ‖ Enlever la partie carbonisée d'une mèche. ‖ *Pop.* Infliger un affront.

moucheron nm. Petite mouche.

moucheter vt. (c. *jeter*). Parsemer de petites taches : - *du satin.* ‖ Garnir un fleuret d'une mouche.

moucheture nf. Ornement donné à une étoffe en la mouchetant.

mouchoir nm. Linge servant à se moucher. ‖ Pièce d'étoffe servant à divers usages : - *de tête.*

moudre vt. (*Je mouds, tu mouds, il moud, n. moulons, v. moulez, ils moulent. Je moulais, n. moulions. Je moulus, n. moulûmes. Je moudrai, n. moudrons. Je moudrais, n. moudrions. Mouds, moulons. Q. je moule, q. n. moulions. Q. je moulusse, q. n. moulussions. Moulant. Moulu, e.*) Mettre en poudre avec un moulin.

moue nf. Grimace faite en allongeant les lèvres.

mouette nf. Petit oiseau de mer palmipède.

mouffette nf. Petit mammifère carnassier d'Amérique fournissant la fourrure appelée *sconse.* (On écrit aussi MOUFETTE et MOFETTE.)

moufle nf. Mitaine ou gros gant où le pouce seul est isolé des autres doigts.

moufle nm. *Chim.* Récipient de terre utilisé pour les cuissons délicates (laboratoires, céramique).

mouflon nm. Grand mouton sauvage.

mouillage nm. Lieu où un bâtiment jette l'ancre. ‖ Action de mouiller du vin, du lait, etc.

mouiller vt. Tremper, humecter. ‖ Etendre d'eau. ‖ *Mar.* - *l'ancre,* la laisser tomber au fond de la mer pour retenir un navire.

mouillette nf. Languette de pain qu'on trempe dans l'œuf à la coque.

mouilleur nm. Appareil pour mouiller des étiquettes, des timbres. ‖ - *de mines,* bâtiment spécialement aménagé pour immerger des mines.

moujik nm. Paysan russe.

moulage nm. Action de mouler; son résultat.

moule nm. Forme creuse permettant la reproduction d'un objet par solidification de la matière pulvérulente ou pâteuse qu'on y introduit.

moule nf. Mollusque lamellibranche comestible. ‖ *Fig.* et *fam.* Personne sans énergie.

mouler vt. Faire au moule. ‖ Prendre une empreinte : - *un bas-relief.* ‖ Ajuster : *vêtement qui moule le torse*

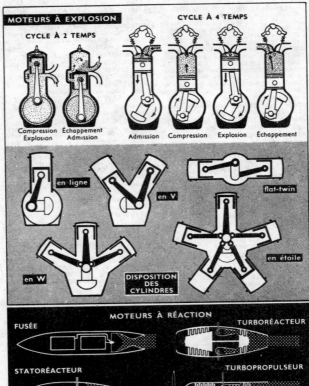

MOTEURS À EXPLOSION

CYCLE À 4 TEMPS

CYCLE À 2 TEMPS

Compression Explosion — Échappement Admission

Admission — Compression — Explosion — Échappement

en ligne — en V — flat-twin

en W — en étoile

DISPOSITION DES CYLINDRES

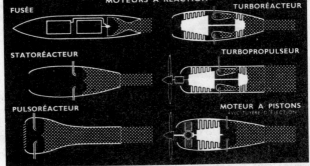

MOTEURS À RÉACTION

FUSÉE — TURBORÉACTEUR

STATORÉACTEUR — TURBOPROPULSEUR

PULSORÉACTEUR — MOTEUR A PISTONS
AVEC TUYÈRE D'ÉJECTION

mouleur nm. Ouvrier qui exécute des moulages.

moulin nm. Machine à moudre le grain, à pulvériser certaines matières : - *à café*. || - *à vent*, moulin dont le vent produit la force motrice.

moulinage nm. Action de filer et de tordre mécaniquement la soie.

mouliner vt. Retordre le fil de soie. || En parlant des vers, ronger le bois.

moulinet nm. Tourniquet. || Bobine fixée au manche d'une canne à pêche et sur laquelle s'enroule la ligne. || *Faire le* -, donner à un bâton, à une épée, etc., un mouvement de rotation rapide.

moulineur ou **moulinier** nm. Ouvrier qui mouline la soie.

moulu, e adj. Rompu de fatigue.

moulure nf. Ornement architectural en relief.

mourir vi. (*Je meurs, n. mourons, v. mourez, ils meurent. Je mourais. Je mourus. Je suis mort. Je mourrai. Je mourrais. Meurs, mourons, mourez. Q. je meure, q. n. mourions, q. v. mouriez, qu'ils meurent. Q. je mourusse, qu'il mourût. Mourant. Mort, e.*) Cesser de vivre. || Souffrir beaucoup : - *de faim*. || S'affaiblir, cesser d'être : *laissez - le feu*. || Se - vpr. S'éteindre. || **Mourant, e** part. et adj. *Fig.* Languissant : *regards* -. || N. Personne qui meurt.

mouron nm. Nom vulgaire de diverses primulacées dont certaines espèces servent à la nourriture des oiseaux.

mousquet nm. Espèce de fusil employé aux XVIe et XVIIe s., qu'on faisait partir par le moyen d'une mèche.

mousquetaire nm. Fantassin armé d'un mousquet. || Gentilhomme de la maison du roi.

mousqueterie nf. Décharge simultanée de plusieurs fusils.

mousqueton nm. Fusil court de cavalerie. || Crochet maintenu fermé par un ressort.

moussaillon nm. Petit mousse.

mousse nm. Apprenti marin.

mousse nf. Petites plantes grêles, qui croissent en touffes sur les toits, les pierres et les arbres. || Écume.

mousse adj. Qui n'est pas aigu ou tranchant : *une pointe* -.

mousseline nf. Tissu peu serré, léger, souple et transparent.

mousser vi. Produire de la mousse. || *Fig. et fam.* Faire - *quelqu'un*, le faire valoir, le vanter.

mousseron nm. Petit champignon comestible.

mousseux, euse adj. Qui mousse. || Nm. Vin mousseux.

mousson nf. Vents périodiques qui, sur la mer des Indes, soufflent six mois d'un côté et les six autres mois du côté opposé.

moussu, e adj. Couvert de mousse.

moustache nf. Touffe de poils qui garnit la lèvre supérieure.

moustachu, e adj. Qui possède une forte moustache.

moustérien, enne adj. Relatif à la période paléolithique dite *du Moustier*, où l'homme se servait d'instruments de silex taillé.

moustiquaire nf. Rideau de gaze pour garantir des moustiques.

moustique nm. Petit insecte diptère dont la piqûre est vésicante.

moût nm. Jus de raisin non encore fermenté.

moutard nm. *Pop.* Petit garçon.

moutarde nf. Crucifère fournissant le condiment du même nom. || Graine de ces plantes. || Assaisonnement de graines de moutarde délayées et aromatisées.

moutardier nm. Petit pot à moutarde. || Celui qui fait et vend de la moutarde.

mouton nm. Mammifère ruminant, dont la toison fournit la laine. (Cri : le mouton *bêle*.) || Sa viande, sa peau. || *Fig.* Homme d'humeur douce et traitable. || Masse de fer qu'on élève et qu'on laisse retomber sur des pieux pour les enfoncer.

moutonnement nm. Action de moutonner : *le - des flots*.

moutonner vi. S'agiter et se couvrir d'écume.

moutonneux, euse adj. Qui moutonne : *mer* -.

moutonnier, ère adj. Qui imite les autres : *la foule* -.

mouture nf. Action de moudre. || Salaire du meunier.

mouvant, e adj. Qui n'est pas stable : *sables* -.

mouvement nm. État d'un corps qui se déplace. || Action ou manière de se mouvoir. || Exercice, activité : *se donner du* -. || *Fig.* Agitation, fermentation politique : *les esprits sont en* -. || Sentiment intérieur : - *de pitié*. || Inspiration : *de son propre* -. || *Mus.* Degré de vitesse ou de lenteur de la mesure. || *Techn.* Ressorts d'une montre, d'une horloge.

mouvementé, e adj. Agité. || *Fig.* *Séance* -, tumultueuse. || *Par ext.* Accidenté : *terrain* -.

mouvoir vt. (*Je meus, tu meus, il meut, n. mouvons, v. mouvez, ils meuvent. Je mouvais, n. mouvions. Je mus, n. mûmes. Je mouvrai, n. mouvrons. Je mouvrais, n. mouvrions. Meus, mouvons. Q. je meuve, q. n.*

mouvions. Q. je musse, qu'il mût, q. n. mussions. Mouvant. Mû, mue.) Mettre en mouvement. ‖ *Fig.* Exciter, pousser : *être mû par l'intérêt.* ‖ Se - vpr. Etre en mouvement.

moyen nm. Ce qui sert pour parvenir à une fin. ‖ Pouvoir d'aider, d'agir : *vous avez le - de m'aider.* ‖ Pl. Ressources : *vivre selon ses -.* ‖ Facultés naturelles : *avoir de grands -.*

moyen, enne adj. Se dit de ce qui est entre deux extrémités : *une taille -.* ‖ Ordinaire, commun : *un Français -.* ‖ Calculé en moyenne : *température -.*

moyenâgeux, euse adj. *Fam.* Qui appartient au Moyen Age.

moyennant prép. A condition que : *- cette somme.*

moyennement adv. Médiocrement.

moyeu nm. Partie centrale d'une roue, dans laquelle s'emboîtent les rais.

mozarabe nm. Chrétien d'Espagne soumis à la domination musulmane.

mucilage nm. Substance végétale visqueuse. ‖ Solution gommeuse.

mucilagineux, euse adj. Gommeux.

mucosité nf. Liquide visqueux sécrété par les muqueuses.

mucus nm. Sécrétion des muqueuses.

mue nf. Changement dans le plumage, le poil, la peau, chez les animaux, à certaines époques. ‖ Modification du timbre de la voix, au moment de la puberté. ‖ Temps où se produit ce changement. ‖ Grande cage. ‖ Lieu obscur où l'on engraisse la volaille.

muet, ette adj. Privé de l'usage de la parole. ‖ Qui ne peut proférer un son : *- de terreur.* ‖ *Gramm.* Voyelle -, qu'on ne prononce que peu ou point : *H -,* qui n'est point aspiré.

muezzin nm. Membre du clergé musulman qui annonce, du haut du minaret, l'heure de la prière.

mufle nm. Extrémité du museau des carnassiers, rongeurs et ruminants. ‖ *Fig.* et *fam.* Homme sans délicatesse.

muflerie nf. *Fam.* Indélicatesse.

muflier nm. Gueule-de-loup.

mufti ou **muphti** nm. Interprète autorisé de la loi musulmane.

muge ou **mulet** nm. Poisson de mer à chair très fine.

mugir vi. Crier, en parlant des bovidés. ‖ *Fig.* Produire un son comparable à un mugissement.

mugissement nm. Cri du bœuf, de la vache. ‖ *Fig.* Bruits analogues : *les - des flots.*

muguet nm. Liliacée, à petites fleurs blanches, à odeur douce et agréable. ‖ *Méd.* Inflammation des muqueuses de la bouche des nouveau-nés.

muid nm. Ancienne mesure de capacité pour les grains et les liquides. ‖ Futaille de cette mesure.

mulard, e n. Produit du canard musqué et de la cane commune.

mulassier, ère adj. Relatif à la production des mulets.

mulâtre, esse adj. et n. Né d'un Noir et d'une Blanche, ou d'une Noire et d'un Blanc.

mule nf. Pantoufle laissant le talon découvert.

mule nf., **mulet** nm. Produit femelle ou mâle de l'âne et de la jument ou du cheval et d'une ânesse.

mulet nm. Syn. de MUGE.

muletier, ère adj. Propre aux mulets. ‖ Nm. Conducteur de mulets.

mulot nm. Petit rat des champs.

multicolore adj. De plusieurs couleurs.

multiforme adj. Qui a ou prend plusieurs formes.

multiple adj. Qui n'est pas simple. ‖ Adj. et nm. *Arithm.* Nombre qui en contient un autre exactement plusieurs fois : *8 est un - de 2.*

multiplicande nm. Nombre que l'on multiplie par un autre.

multiplicateur nm. Nombre qui en multiplie un autre.

multiplication nf. Augmentation en nombre. ‖ *Arithm.* Opération qui a pour but d'obtenir le produit de deux nombres donnés.

multiplicité nf. Nombre considérable : *la - des plis.*

multiplier vt. Faire la multiplication d'un nombre. ‖ Augmenter le nombre, la quantité. ‖ Se - vpr. Se reproduire.

multipolaire adj. *Electr.* Qui a plus de deux pôles : *dynamo -.*

multitude nf. Très grand nombre. ‖ Peuple, foule.

municipal, e, aux adj. Qui concerne la commune. ‖ *Conseil -,* assemblée chargée, sous la direction du maire, de l'administration de la commune.

municipalité nf. Ensemble des officiers municipaux.

munificence nf. Disposition qui porte à faire des libéralités.

munir vt. Pourvoir du nécessaire.

munition nf. Ensemble des moyens de défense et de subsistance dont on approvisionne une place, une armée.

munster nm. Fromage d'Alsace.

muqueux, euse adj. Relatif aux mucosités. ‖ *Membrane -,* ou, substantivem., *les -,* membranes qui tapissent certaines cavités du corps.

mur nm. Ouvrage de maçonnerie servant à enclore ou séparer : *- mitoyen.* ‖ *Mettre quelqu'un au pied du -,* le forcer à prendre parti. ‖ - *du son*, ensemble des phénomènes aérodynamiques formant obstacle au franchissement de la vitesse du son. ‖ Nmpl. Enceinte d'une ville et, *par ext.*, la ville elle-même : *il est dans nos* -.

mûr, e adj. Se dit des fruits parvenus à maturité. ‖ *Fig. Age* -, qui suit la jeunesse. ‖ *Esprit* -, posé, réfléchi. ‖ *Projet* -, suffisamment médité. ‖ *Abcès* -, près de percer.

murage nm. Action d'entourer de murs; son résultat.

muraille nf. Mur épais, assez élevé. ‖ Pl. Remparts, enceinte.

mural, e, aux adj. Qui croît sur les murs. ‖ *Tracé ou fixé* sur un mur.

mûre nf. Fruit du mûrier, de la ronce.

murène nf. Anguille de mer, très vorace.

murer vt. Boucher avec de la maçonnerie : - *un souterrain*. ‖ Enfermer dans un lieu dont on bouche les ouvertures.

murette nf. Petit mur.

murex nm. Coquille d'où les Anciens tiraient la pourpre.

muriatique adj. *Acide* -, ancien nom de l'acide chlorhydrique.

mûrier nm. Urticacée dont la feuille sert de nourriture au ver à soie.

mûrir vi. Devenir mûr. ‖ Vt. Rendre mûr. ‖ *Fig.* Rendre sage. ‖ Méditer : - *un projet*.

murmel nm. Marmotte dont la fourrure imite la martre.

murmure nm. Bruit faible et confus. ‖ *Fig.* Plainte, protestation.

murmurer vi. Faire entendre un bruit léger : *le vent murmure*. ‖ Se plaindre tout bas : - *entre ses dents*. ‖ Vt. Prononcer à voix basse.

musaraigne nf. Insectivore de la grosseur d'une souris, utile à l'agriculture.

musarder vi. *Fam.* Perdre son temps.

musc nm. Chevrotin assez semblable au chevreuil, appelé aussi *porte-musc*. ‖ Substance très odorante contenue dans une poche ventrale du chevrotin mâle, et employée en parfumerie.

muscade nf. Fruit du muscadier. ‖ Petite boule de la grosseur d'une muscade, dont se servent les escamoteurs.

muscadet nm. Vin blanc sec et léger de la Loire-Atlantique.

muscadier nm. Arbre des pays chauds qui produit la muscade.

muscadin nm. Nom donné, en 1793, aux élégants royalistes.

muscat adj. m. Se dit d'un raisin qui a un léger parfum de musc. ‖ Nm. Cépage donnant le raisin muscat. ‖ Vin qu'on en extrait.

muscinées nfpl. Embranchement du règne végétal, comprenant les mousses.

muscle nm. Organe fibreux, irritable, dont les contractions produisent les mouvements de l'animal.

musclé, e adj. Qui a les muscles bien marqués.

musculaire adj. Propre aux muscles.

musculature nf. Ensemble des muscles du corps.

musculeux, euse adj. De la nature du muscle. ‖ Vigoureux.

muse nf. Chacune des neuf déesses de la Mythologie, qui présidaient aux arts libéraux. ‖ *Invoquer les* -, appeler l'inspiration.

museau nm. Partie saillante, plus ou moins pointue, de la face de certains animaux.

musée nm. Dans l'Antiquité, temple des Muses. ‖ Grande collection d'objets d'art ou de science. ‖ Edifice renfermant ces collections.

museler vt. (c. *appeler*). Mettre une muselière. ‖ *Fig. et fam.* Réduire au silence : - *la presse*.

muselière nf. Appareil qu'on met aux animaux pour les empêcher de mordre, de manger.

muser vi. S'amuser à des riens.

musette nf. Sorte de cornemuse. ‖ Sac en toile servant de mangeoire au cheval. ‖ Sac en toile porté par les soldats, les ouvriers, etc., et qui renferme les vivres. ‖ *Bal* -, bal populaire.

muséum [*om'*] nm. Musée et, particulièrement, collection destinée à l'étude. ‖ Pl. des *muséums*.

musical, e, aux adj. Relatif à la musique : *art* -; *soirée* -.

music-hall [*hôl*] nm. Sorte de théâtre où le spectacle se compose de chants, d'exercices d'acrobaties, etc. ‖ Pl. des *music-halls*.

musicien, enne n. Qui sait l'art de la musique. ‖ Qui compose ou exécute des morceaux de musique.

musicographe n. Auteur qui écrit sur la musique.

musique nf. Art de combiner les sons d'une manière agréable à l'oreille. ‖ Théorie de cet art. ‖ Ensemble de musiciens : - *régimentaire*.

musoir nm. *Mar.* Pointe d'une digue, d'une jetée. ‖ Extrémité d'un quai à l'entrée d'un bassin ou d'une écluse.

musquer vt. Parfumer de musc.

mustang [*stan*] nm. Cheval sauvage des pampas de l'Amérique du Sud.

musulman, e adj. et n. Mahométan.

mutabilité nf. Caractère de ce qui est sujet à changer.

mutage nm. Arrêt de la fermentation d'un moût, par addition d'alcool ou par traitement au gaz sulfureux.

mutation nf. Remplacement d'une personne par une autre. ‖ Variation brusque et accidentelle d'une espèce végétale ou animale, et qui reste héréditaire.

muter vt. Opérer le mutage. ‖ Changer d'affectation : - *un officier*.

mutilateur nm. Qui mutile.

mutilation nf. Action de mutiler.

mutiler vt. Retrancher un ou plusieurs membres. ‖ *Par ext.* Détériorer : - *un monument*. ‖ Faire des retranchements maladroits : - *un poème*. ‖ **Mutilé, e** adj. et n. Qui a subi une mutilation : - *de guerre*.

mutin, e adj. Vif, éveillé. ‖ N. Révolté : *châtier des -*.

mutiner (se) vpr. Se révolter.

mutinerie nf. Obstination enfantine. ‖ Révolte.

mutisme nm. Etat de celui qui est muet. ‖ *Fig.* Silence obstiné.

mutualiste n. Membre d'une société d'assurance mutuelle.

mutualité nf. Ensemble des systèmes de solidarité sociale, d'assistance réciproque.

mutuel, elle adj. Réciproque.

mycélium nm. Partie végétative des champignons.

mycoderme nm. Levure qui se développe sur les liquides sucrés.

mycologie nf. Partie de la botanique relative aux champignons.

mycologue nm. Auteur d'un traité sur les champignons.

mycose nf. Affection causée par des champignons (muguet, pelade, etc.).

myéline nf. Substance réfringente entourant les nerfs.

mygale nf. Grande araignée à morsure douloureuse.

myocarde nm. Partie musculaire du cœur.

myope adj. et n. Qui a la vue courte.

myopie nf. Défaut d'un œil qui ne voit distinctement que les objets rapprochés.

myosotis nm. Genre de plantes à fleurs très petites et élégantes, appelées vulgairement *ne-m'oubliez-pas*.

myriade nf. Grand nombre indéterminé.

myriapodes nmpl. Articulés communément appelés *mille-pattes*.

myrmidon nm. Homme de petite taille et, *par ext.*, de peu d'importance ou de talent.

myrobalan ou **myrobolan** nm. Nom de divers fruits desséchés, des Indes, employés en pharmacie.

myrrhe nf. Gomme-résine odorante.

myrte nm. Arbrisseau toujours vert, à fleurs blanches d'une odeur agréable.

myrtille nf. Variété d'airelle.

mystère nm. Ensemble de doctrines ou de pratiques que doivent seuls connaître les initiés : *les - d'Eleusis*. ‖ Dogme religieux inaccessible à la raison : *le - de la Trinité*. ‖ Ce qui est tenu secret. ‖ Discrétion : *parler avec -*. ‖ Pièce de théâtre du Moyen Age, à sujet religieux.

mystérieux, euse adj. Qui contient quelque sens caché. ‖ Qui fait un secret de toute chose : *un homme -*.

mysticisme nm. Doctrine religieuse qui place la perfection dans la contemplation et va jusqu'à l'extase et l'union intime à la Divinité. ‖ *Par ext.* Toute croyance aux interventions surnaturelles.

mystifiable adj. Qui peut être mystifié.

mystificateur nm. Qui se plaît à mystifier.

mystification nf. Action de mystifier. ‖ Chose vaine, trompeuse.

mystifier vt. (c. *prier*). Abuser de la crédulité de quelqu'un pour s'amuser à ses dépens.

mystique adj. Secret, caché. ‖ Relatif au mysticisme : *écrivain -*. ‖ N. Personne adonnée au mysticisme.

mythe nm. Récit des temps héroïques. ‖ *Par anal.* Chose irréelle.

mythologie nf. Histoire fabuleuse des dieux, des demi-dieux et des héros de l'Antiquité.

mythomane n. Atteint de la manie de mentir.

mythomanie nf. Manie du mensonge.

mytiliculture nf. Elevage des moules.

myxomatose nf. Maladie infectieuse du lapin, due à un ultravirus.

myxomycètes nmpl. Ordre de champignons qui forment des amas gélatineux, sans forme définie.

n nm. Quatorzième lettre de l'alphabet et onzième des consonnes.

N, symbole chimique de l'*azote*.

Na, symbole chimique du *sodium*.

nabab nm. Grand dignitaire de la cour des sultans et gouverneur de province dans l'Inde. ‖ *Par ext.* Homme qui vit dans l'opulence.

nabot, e n. Nain, naine.

nacarat adj. inv. Rouge clair.

nacelle nf. Petit bateau sans mât ni voile. ‖ Panier suspendu à un ballon, et dans lequel se placent les aéronautes.

nacre nf. Substance dure, blanche, à reflets irisés, qui forme le revêtement intérieur de la plupart des coquillages.

nacrer vt. Donner l'éclat et l'irisation spéciale de la nacre.

nadir nm. Point de la voûte céleste qui se trouve sur la verticale de l'observateur et directement sous ses pieds. (Le point opposé s'appelle *zénith*.)

nævus [né-vuss] nm. Tache de la peau (tache de vin, envie, etc.). ‖ Pl. des *nævi*.

nage nf. Action de nager. ‖ *A la -*, en nageant. ‖ *Etre en -*, en sueur.

nageoire nf. Organe locomoteur des animaux aquatiques.

nager vi. (c. *manger*). Se soutenir et se déplacer sur l'eau. ‖ Flotter. ‖ *Mar.* Ramer. ‖ *Fig. - dans l'opulence*, être très riche. ‖ Vt. Pratiquer une forme de natation : *- le crawl*.

nageur, euse n. Qui nage.

naguère adv. Il n'y a guère de temps.

naïade nf. *Myth.* Divinité des fontaines et des rivières.

naïf, ïve adj. Naturel, ingénu, sans artifice. ‖ Inexpérimenté, crédule. ‖ Nm. Ce qui est naturel : *le - plaît toujours*.

nain, naine adj. et n. De taille très inférieure à la moyenne.

naissain nm. Jeunes moules ou jeunes huîtres des parcs d'élevage.

naissance nf. Venue au monde. ‖ Extraction, origine : *haute -*. ‖ *Fig.* Commencement : *la - du jour*.

naître vi. (Je nais, tu nais, il naît, n. naissons... Je naissais. Je naquis. Je suis né. Je naîtrai. Je naîtrais. Nais, naissons, naissez. Q. je naisse. Q. je naquisse. Naissant. Né, née.) Venir au monde. ‖ Commencer à pousser. ‖ Avoir un talent naturel : *- poète*. ‖ *Fig.* Provenir : *les guerres naissent des guerres*. ‖ *Faire -*, provoquer.

naïveté nf. Ingénuité, simplicité naturelle. ‖ Excès de crédulité. ‖ Expression puérile, sotte : *dire des -*.

naja nm. Serpent à lunettes très venimeux de l'Afrique et de l'Asie, appelé aussi *cobra*.

nanan nm. *Fam.* Friandise (mot enfantin). ‖ Chose exquise.

nandou nm. Grand oiseau coureur de l'Amérique du Sud.

nanisme nm. Ensemble des caractères particuliers aux nains.

nankin nm. Tissu de coton, jaune chamois, qui se fabriquait originairement à Nankin.

nansouk ou **nanzouk** nm. Tissu de coton fin employé en lingerie.

nantir vt. Donner en gage pour garantir une dette. ‖ Munir, pourvoir : *- de provisions*. ‖ Se - vpr.

nantissement nm. Action de nantir. ‖ Le gage fourni.

napalm nm. Produit incendiaire à base d'essence sous forme de gelée.

naphtaline nf. ou **naphtalène** nm. Hydrocarbure solide retiré du goudron de houille.

naphte nm. Pétrole brut.

napoléon nm. Pièce de 20 F en or, à l'effigie de Napoléon III.

napoléonien, enne adj. Relatif aux Napoléons : *l'épopée -*.

napolitain, e adj. et n. De Naples.

nappe nf. Linge dont on couvre la table. ‖ *Fig. - d'eau*, vaste étendue d'eau.

napperon nm. Petite nappe servant en général d'ornement.

narcisse nm. Plante bulbeuse, à fleurs blanches ou jaunes. ‖ *Fig.* Homme amoureux de lui-même.

narcissisme nm. Grande admiration de soi-même.

narcose nf. Sommeil provoqué par un narcotique.

narcotique adj. et nm. Qui assoupit, engourdit la sensibilité, comme l'opium, la jusquiame.

nard nm. Graminée commune des prés. ‖ Plante aromatique de l'Inde.

narguer vt. Braver avec insolence.

narguilé [ghi] ou **narghileh** nm. Pipe orientale à long tuyau flexible, dans laquelle la fumée traverse un flacon rempli d'eau parfumée.

narine nf. Chacune des deux ouvertures du nez.

narquois, e adj. Malicieux, moqueur, rusé : *ton* -.

narrateur, trice n. Qui raconte.

narratif, ive adj. Relatif à la narration.

narration nf. Récit historique, oratoire ou poétique. || Partie d'un discours qui contient l'exposition des faits. || Exercice scolaire de rédaction sur un sujet donné.

narrer vt. Exposer, raconter.

narthex nm. Sorte de porche qui précède la nef dans certaines églises.

narval nm. Cétacé des mers arctiques, nommé aussi *licorne de mer*. || Pl. des *narvals*.

nasal, e, aux adj. Relatif au nez. || Se dit d'un son modifié par le nez, comme *an, ain, on*, et les consonnes *m, n*.

nasaliser vt. Prononcer avec un son nasal.

nasarde nf. Chiquenaude sur le nez.

naseau nm. Orifice extérieur des narines chez certains animaux.

nasillard, e adj. Qui vient du nez.

nasillement nm. Action de nasiller.

nasiller vi. Parler du nez.

nasilleur, euse n. Personne qui nasille.

nasse nf. Panier d'osier, de fil de fer, pour pêcher du poisson.

natal, e, als adj. Relatif au pays, au temps où l'on est né : *pays* -.

natalité nf. Proportion des naissances pendant une période donnée.

natation nf. Art, action de nager.

natatoire adj. Qui concerne la natation ou la favorise : *vessie* -.

natif, ive adj. Originaire de : - *de Paris*. || *Fig.* De naissance : *vertu* -. || *Or, argent, cuivre* -, qu'on trouve dans la terre à l'état pur.

nation nf. Réunion d'hommes habitant un même pays, vivant sous un même gouvernement.

national, e, aux adj. Qui appartient à une nation. || Nmpl. Totalité des citoyens composant une nation.

nationalisation nf. Action de nationaliser.

nationaliser vt. Rendre national, transférer à l'Etat la propriété de.

nationalisme nm. Préférence pour ce qui est propre à la nation à laquelle on appartient.

nationaliste adj. Qui concerne le nationalisme. || N. Partisan du nationalisme.

nationalité nf. Caractère distinctif d'une nation. || Groupement de personnes de même origine. || Etat de celui qui appartient à une nation : *acquérir la - française*.

national-socialisme nm. Mouvement politique fondé par Hitler.

nativité nf. Fête de la naissance de Jésus-Christ, de la sainte Vierge et de quelques saints. || La fête de Noël.

natron ou **natrum** [*trom*] nm. Carbonate de sodium cristallisé naturel.

nattage nm. Action de natter.

natte nf. Tissu de paille ou de joncs entrelacés. || Tresse de brins divers.

natter vt. Tresser en natte.

naturalisation nf. Action de naturaliser.

naturaliser vt. Donner à un étranger les droits dont jouissent les naturels du pays. || Acclimater des plantes, des animaux. || Empailler un animal, préparer une plante pour leur garder leur aspect naturel. || - *un mot*, l'introduire d'une langue dans une autre.

naturalisme nm. Caractère de ce qui est naturel. || Religion de la nature. || *Littér.* Ecole littéraire qui s'est proposé l'imitation exacte de la nature : *Zola fut le chef du* -.

naturaliste adj. et n. Celui qui se livre à l'étude des plantes, des minéraux, des animaux. || - Empailleur d'animaux. || Adepte du naturalisme en littérature.

nature nf. Ensemble des choses qui existent réellement. || Monde physique. || Condition propre, essence des êtres : - *divine, humaine*. || Organisation de chaque animal : *la - du poisson est de vivre dans l'eau*. || Caractères particuliers d'un individu : *être gai de* -. || Tempérament : *une - bilieuse*. || Sentiments qui naissent des liens du sang : *la voix, le cri de la* -. || Productions du sol, objets, etc. (par oppos. à l'*argent monnayé*) : *payer en* -. || Modèles naturels : *peindre d'après* -. || - *morte*, animaux représentés morts; *par ext.*, fruits, légumes, objets inanimés. || Sorte, espèce : *objets de différente* -. || Etat de -, état de l'homme avant la civilisation. || Forcer *la* -, vouloir faire plus qu'on ne peut. || *Payer le tribut à la* -, mourir. || Adj. inv. *Fam.* Au naturel, servi seul : *des pommes de terre* -.

naturel, elle adj. Conforme à l'ordre de la nature. || Qu'on apporte en naissant : *bonté* -. || Conforme à la raison, à l'usage : *il est - de...* || Qui s'offre de soi-même à l'esprit : *sens d'un mot*. || Exempt de recherche : *langage simple et* -. || Qui n'est point falsifié : *vin* -. || Né hors du mariage : *enfant* -. || *Mus.* Ton -, qui n'est modifié par aucun signe. || *Mort* -, non accidentelle. || Nm. Propriété naturelle d'un être : *le - de l'homme est d'être sociable.* ‖ Tendances qui distinguent un individu : *être d'un - jaloux.* ‖ Absence d'affectation : *sa diction manque de -.* Pl. Habitants originaires d'un pays. ‖ **Au -** loc. adv., avec vérité : *peindre quelqu'un au -* ; sans apprêt : *bœuf au -.* ‖ **Naturellement** adv. De manière naturelle ; facilement, aisément : *- il a refusé.*

naturisme nm. Doctrine qui prône le retour à la vie de nature.

naturiste n. Adepte du naturisme.

naufrage nm. Perte d'un navire sur mer. ‖ *Fig.* Ruine complète : *assister au - de sa fortune.*

naufragé, e adj. et n. Qui a fait naufrage.

naufrageur, euse adj. et n. Habitant des côtes qui, par de faux signaux, provoquaient des naufrages pour piller les épaves.

naumachie nf. Spectacle d'un combat naval, chez les Romains.

nauséabond, e ou **nauséeux, euse** adj. Qui cause des nausées.

nausée nf. Envie de vomir. ‖ *Fig.* Profond dégoût : *la lecture de certains romans donne la -.*

nautile ou **nautilus** nm. Mollusque céphalopode des mers chaudes.

nautique adj. Qui appartient à la navigation : *fête -.*

nautisme nm. Ensemble des sports nautiques.

nautonier nm. Qui conduit un navire, une barque. ‖ *Le - des Enfers,* Charon.

navaja [*na-va-rha*] nf. Long couteau espagnol à lame effilée.

naval, e, als adj. Qui concerne la marine de guerre.

navarin nm. Ragoût de mouton.

navarrais, e adj. et n. De Navarre.

navet nm. Plante à racine alimentaire. ‖ *Fam.* Œuvre sans valeur.

navette nf. Petit vase à encens. ‖ Fuseau de tisserand portant le fil de trame. ‖ *Fig. et fam. Faire la -,* aller et venir.

navette nf. Crucifère à graine oléagineuse. ‖ L'huile extraite.

navigabilité nf. Etat d'une rivière navigable, d'un navire qui peut tenir la mer.

navigable adj. Où un bateau peut circuler. ‖ En état de tenir la mer.

navigant, e adj. Qui navigue. ‖ *Personnel -,* ensemble des équipages de l'aviation ou de la marine.

navigateur nm. Spécialiste de la navigation. ‖ Membre de l'équipage d'un avion chargé de relever le chemin parcouru. ‖ Adj. Adonné à la navigation.

navigation nf. Action de naviguer. ‖ Art du navigateur. ‖ *- fluviale,* voyage sur les cours d'eau ou sur les lacs. ‖ *- sous-marine,* navigation au-dessous de la surface de la mer. ‖ *- aérienne,* action, art de voyager en l'air.

naviguer vi. Voyager sur l'eau. ‖ Diriger un navire ou un avion. ‖ **Naviguant** part. prés.

navire nm. Bâtiment de mer.

navrer vt. Causer une grande peine.

nazi adj. et n. Qui appartenait au parti national-socialiste allemand.

nazisme nm. National-socialisme allemand.

ne adv. de négation.

né, e adj. Venu au monde. ‖ *- pour,* apte à : *- pour l'action.* ‖ *Bien -,* issu d'une famille honorable. ‖ De naissance : *aveugle -.*

néanmoins conj. Toutefois.

néant nm. Rien, ce qui n'existe point. ‖ *Tirer du néant,* créer.

nébuleux, euse adj. Obscurci par les nuages. ‖ *Fig.* Obscur : *un discours -.* ‖ Nf. Amas lumineux d'étoiles indistinctes.

nébulosité nf. Obscurcissement léger. ‖ *Fig.* Manque de clarté.

nécessaire adj. Indispensable : *c'est absolument -.* ‖ Qui arrive infailliblement. ‖ *Il est -,* il faut. ‖ Nm. Ce qui est essentiel, important. ‖ Indispensable pour les besoins de la vie : *manquer du -.* ‖ Boîte, mallette qui renferme divers objets utiles ou commodes : *- de toilette.*

nécessité nf. Tout ce qui est absolument nécessaire. ‖ Contrainte : *céder à la -.* ‖ Indigence : *extrême -.*

nécessiter vt. Rendre nécessaire.

nécessiteux, euse adj. Qui manque du nécessaire. ‖ Nmpl. Les indigents.

neck nm. *Géol.* Culot de lave injecté dans une cheminée volcanique et mis en saillie par l'érosion.

nécrologe nm. Liste contenant les noms des morts.

nécrologie nf. Liste des personnes de distinction mortes dans un certain espace de temps.

nécrologique adj. Relatif à la nécrologie : *article -.*

nécromancie nf. Art prétendu d'évoquer les morts.

nécromancien, enne n., ou **nécromant** nm. Qui pratique la nécromancie.

nécrophore nm. Insecte coléoptère qui pond sur les cadavres.

nécropole nf. Souterrains destinés aux sépultures chez différents peuples de l'Antiquité. ‖ Cimetière de grande ville.

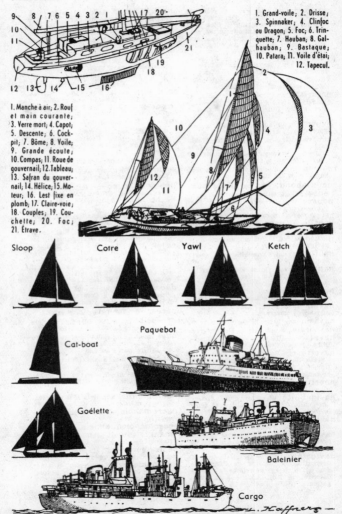

1. Grand-voile; 2. Drisse;
3. Spinnaker; 4. Clinfoc
ou Dragon; 5. Foc; 6. Trinquette;
7. Hauban; 8. Galhauban;
9. Bastaque;
10. Patara; 11. Voile d'étai;
12. Tapecul.

1. Manche à air; 2. Roufi
et main courante;
3. Verre mort; 4. Capot;
5. Descente; 6. Cockpit;
7. Bôme; 8. Voile;
9. Grande écoute;
10. Compas; 11. Roue de
gouvernail; 12. Tableau;
13. Safran du gouvernail;
14. Hélice; 15. Moteur;
16. Lest fixe en
plomb; 17. Claire-voie;
18. Couples; 19. Couchette;
20. Foc;
21. Étrave.

Sloop

Cotre

Yawl

Ketch

Cat-boat

Paquebot

Goélette

Baleinier

Cargo

L. Kaffers

nécrose nf. Gangrène des tissus et des os.

nécroser vt. Produire la nécrose. ‖ **Se** - vpr. Etre atteint de nécrose.

nectaire nm. Organe glanduleux de certaines fleurs, qui distille le *nectar*.

nectar nm. Breuvage des dieux. ‖ *Fig.* Boisson délicieuse. ‖ Liquide sucré sécrété par les nectaires.

néerlandais, e adj. et n. De la Néerlande ou Pays-Bas.

nef nf. Partie d'une église, qui s'étend du chœur à la porte principale. ‖ Grand navire à voiles du Moyen Age.

néfaste adj. *Jour* -, où s'est accompli un événement malheureux. ‖ *Par anal.* Funeste : *guerre* -.

nèfle nf. Fruit du néflier.

néflier nm. Arbre de la famille des rosacées, qui produit des nèfles.

négateur, trice adj. et n. Qui est porté à nier : *esprit* -.

négatif, ive adj. Qui exprime une négation : *particule* -. ‖ *Math.* Quantité -, précédée du signe moins (—). ‖ *Phys. Electricité* -, l'une des deux formes d'électricité statique. ‖ *Phot. Epreuve* -, ou, nm., -, cliché dans lequel les noirs des modèles sont représentés par des blancs et *vice versa.* ‖ Nf. Proposition qui nie : *soutenir la* -. ‖ *Par ext.* Refus : *se tenir sur la* -, persister dans son refus.

négation nf. Action de nier. ‖ *Gramm. Adv.* de -, comme *ne, non, pas,* etc.

négaton nm. Electron négatif.

négligeable adj. Peu important.

négligemment adv. Avec négligence ou indifférence.

négligence nf. Défaut de soin, d'application, d'exactitude.

négligent, e adj. et n. Qui montre de la négligence : *un élève* -.

négliger vt. (c. *manger*). Ne pas avoir soin : - *ses devoirs.* ‖ Laisser échapper : - *l'occasion.* ‖ Cesser de fréquenter : - *ses amis.* ‖ **Se** - vpr. Ne pas prendre soin de sa personne, de sa santé. ‖ **Négligé, e** part., adj. et n. Absence d'apprêt, de recherche. ‖ Costume du matin : *être en* -. ‖ **Négligeant** part.

négoce nm. Commerce important.

négociable adj. Qui peut être négocié : *titre* -.

négociant nm. Qui fait le négoce.

négociateur, trice n. Qui négocie une affaire considérable auprès d'un prince, d'un Etat. ‖ *Par ext.* Intermédiaire : *un habile* -.

négociation nf. Art de mener à bonne fin les grandes affaires, les affaires publiques. ‖ L'affaire même qu'on traite : *heureuse* -.

négocier vt. (c. *prier*). Faire du commerce. ‖ Discuter pour arriver à un accord. ‖ Monnayer : - *une valeur.*

nègre, négresse n. Qui appartient à la race noire. ‖ Esclave noir. ‖ - *blanc,* albinos de la race noire. ‖ *Fam.* Travailler *comme un* -, sans relâche. ‖ *Petit* -, langage incorrect, très simplifié. ‖ Adj. Qui appartient à la race noire. (On dit plus souvent *nègre* aux deux genres : *la race nègre.*) [Remarque : le mot *nègre* ayant pris un sens péjoratif, on le remplace par l'adjectif *noir,* pris substantivement : *les Noirs de l'Afrique.*]

négrier adj. et n. Se disait d'un bâtiment et de son capitaine qui faisaient la traite des Noirs.

négrillon, onne n. Petit Noir.

négritude nf. Condition des personnes de race noire.

négus ou **négous** nm. Titre du souverain d'Abyssinie.

neige nf. Eau congelée en fins cristaux réunis en flocons blancs.

neiger v. impers. (c. *manger*). Tomber, en parlant de la neige.

neigeux, euse adj. Couvert de neige.

nelombo nm. Nymphéacée, dont une espèce est le *lotus sacré* des hindous.

némathelminthes nmpl. Vers parasites intestinaux de l'homme et des animaux.

nenni [*na-ni*] adv. *Fam.* Non.

nénuphar nm. Nymphéa aquatique, à larges feuilles nageantes, à fleurs jaunes ou blanches.

néo-calédonien, enne adj. et n. De la Nouvelle-Calédonie.

néo-grec, -grecque adj. De la Grèce moderne. ‖ Pl. *Néo-grecs, -grecques.*

néolithique adj. Se dit de la période la plus récente de l'âge de pierre.

néologie nf. Emploi de mots nouveaux dans une langue.

néologique adj. Qui concerne la néologie : *expressions* -.

néologisme nm. Mot nouveau ou mot ancien pris dans un sens nouveau.

néon nm. Gaz rare de l'atmosphère. ‖ *Eclairage au* -, par tubes lumineuscents à lumière rose.

néophyte n. Nouveau converti. ‖ Nouvel adepte d'une doctrine, d'un parti.

néoplasme nm. Tumeur cancéreuse.

néo-zélandais, e adj. et n. De Nouvelle-Zélande.

nèpe nf. Punaise d'eau.

népenthès [*pin-tèss*] nm. *Ant.* Remède magique contre la tristesse. ‖ *Bot.* Plante orientale à feuilles en forme d'urne.

népète nf. Labiacée à odeur forte.

néphrétique adj. Se dit des maladies de reins : *coliques -*; et aussi de leurs remèdes.

néphrite nf. Maladie inflammatoire du rein.

népotisme nm. Faveurs dont jouissaient auprès de certains papes leurs neveux. || *Par ext.* Abus qu'un homme en place fait de son crédit en faveur de sa famille.

neptunien, enne adj. *Géol.* Formé par les eaux de la mer.

néréide nf. Annélides des fonds vaseux.

nerf nm. Cordon blanchâtre, conducteur de la sensibilité et du mouvement. || *Fam. se fouler un -.* || Cordelette au dos d'un livre relié. || *Fig.* Facteur principal : *l'argent est le - de la guerre.* || Force : *il a du -.*

néroli nm. Essence d'oranger.

nerprun nm. Plante tinctoriale et médicinale.

nerveux, euse adj. Relatif aux nerfs : *centre -.* || Qui a les nerfs irritables : *personne -.* || Vif : *homme -.* || *Fig.* Concis : *style -.*

nervosité nf. Irritabilité.

nervure nf. Filet saillant au dos d'un livre. || *Archit.* Moulure sur une arête, un angle. || *Bot.* Filet saillant sur la surface des feuilles.

net, nette adj. Propre, sans tache. || Débarrassé, libre : *faire place -.* || Distinct, qui n'est pas brouillé : *écriture -*, irréprochable. || *Fig. Conscience -.* || *Pensée -*, claire. || *Voix -*, pure. || *Vue -*, qui distingue bien les objets. || *Réponse -*, sans ambiguïté. || *Bénéfice -*, tous frais déduits. || *Prix -*, sans réduction. || *Poids -*, exact, déduction faite de l'emballage. || *En avoir le cœur -*, vérifier personnellement. || *- de*, exempt : *- d'impôt.* || Nm. *Mettre au -*, recopier. || Adv. Uniment, tout d'un coup : *objet qui s'est cassé -.* || Franchement : *refuser -.*

netteté nf. Qualité de ce qui est net.

nettoiement ou **nettoyage** nm. Action de nettoyer.

nettoyer vt. (c. *aboyer*). Rendre net, propre.

nettoyeur, euse n. Qui nettoie.

neuf adj. num. Huit plus un. || Neuvième : *Charles IX.* || Nm. inv. Chiffre qui représente le nombre neuf. || Neuvième jour du mois. || Carte à jouer : *le - de trèfle.*

neuf, neuve adj. Fait depuis peu : *maison -.* || Qui n'a pas ou presque pas servi : *bicyclette -.* || *Fig.* Qui n'a pas encore été dit, traité : *pensée -.* || Nm. Ce qui n'a jamais servi.

neurasthénie nf. Epuisement, dépression nerveuse.

neurasthénique adj. et n. Qui est atteint de neurasthénie.

neurologie nf. Science qui traite des nerfs.

neurologue nm. Spécialiste en neurologie.

neurone nm. Cellule nerveuse.

neutralisation nf. Action de neutraliser.

neutraliser vt. *Chim.* Rendre neutre : *- un acide.* || *Fig.* Annihiler : *les projets de quelqu'un.* || Déclarer neutre un territoire, une ville, etc. || Se - vpr. S'annuler.

neutralité nf. Etat de celui qui reste neutre, en dehors des hostilités : *observer la -.*

neutre adj. et n. Qui ne prend point parti. || *Chim.* Qui n'est ni acide ni alcalin. || *Gramm.* Dans certaines langues, troisième genre des noms qui ne sont ni masculins ni féminins.

neutron nm. Particule constitutive des noyaux d'atomes, dénuée de charge électrique.

neuvaine nf. Actes de dévotion prolongés pendant *neuf* jours : *faire une -.*

neuvième adj. num. ord. Qui suit immédiatement le huitième. || Nm. Neuvième partie. || Nf. La neuvième classe d'un lycée.

névé nm. Amas de neige durcie, à l'origine d'un glacier.

neveu nm. Fils du frère ou de la sœur. || Pl. *Poét. Nos -, nos arrière-neveux*, nos descendants, la postérité.

névralgie nf. Douleur vive sur le trajet des nerfs : *- faciale.*

névralgique adj. Relatif aux nerfs.

névrite nf. Toute lésion inflammatoire des nerfs.

névropathe adj. et n. Qui souffre des nerfs.

névropathie nf. Troubles des fonctions du système nerveux.

névroptères nmpl. Ordre d'insectes à ailes finement nervurées et à métamorphoses complètes.

névrose nf. Nom donné à toutes les maladies nerveuses en général.

névrosé, e adj. et n. Atteint de névrose.

névrotomie nf. *Chir.* Dissection des nerfs. || Section d'un cordon nerveux.

nez nm. Partie saillante du visage entre la bouche et le front, organe de l'odorat. || *Fig. Avoir le - fin*, avoir de la sagacité. || *Tirer les vers du -*, questionner adroitement. || *Mener quelqu'un par le bout du -*, lui faire faire tout ce qu'on veut. || *Se trouve*

- *à -*, face à face. || *Par ext.* Odorat : *ce chien a du -*. || *Géogr.* Cap : *le - de Jobourg.*

ni conj. qui exprime la négation.

niable adj. Qui peut être nié.

niais, e adj. Simple, un peu sot.

niaiser vi. S'amuser à des riens.

niaiserie nf. Caractère niais. || Sottise : *dire des -*.

niche nf. Enfoncement pratiqué dans un mur pour y placer une statue, etc. || Petite cabane pour chien de garde.

niche nf. *Fam.* Malice, espièglerie.

nichée nf. Tous les oiseaux d'une même couvée encore au nid. || *Par ext.* Famille.

nicher vi. Faire son nid. || Vt. Placer : *qui vous a niché là?* || Se vpr. Faire son nid. || *Par ext.* Se loger, se cacher : *où s'est-il niché?*

nichet nm. Œuf artificiel qu'on met dans un nid pour y attirer les pondeuses.

nichoir nm. Cage disposée pour faire couver les oiseaux.

Nichrome nm. (nom déposé) Alliage de fer, chrome et nickel.

nickel nm. Métal blanc, brillant, à cassure fibreuse, employé dans l'élaboration d'aciers spéciaux, le nickelage, etc.

nickelage nm. Action de nickeler.

nickeler vt. (c. *appeler*). Recouvrir d'une pellicule de nickel.

nicol nm. Prisme de spath d'Islande servant à polariser la lumière.

nicotine nf. Alcaloïde du tabac.

nictitant, e adj. Clignotant. || *Paupière -*, troisième paupière des oiseaux de nuit.

nid nm. Petit abri que se font les oiseaux, les reptiles, etc., pour y déposer leurs œufs. || Endroit où certains animaux vivent ensemble : *un - de guêpes.* || *Fig.* Habitation.

nidifier vi. Construire son nid.

nidoreux, euse adj. Qui a une odeur, un goût de pourri.

nièce nf. Fille du frère ou de la sœur.

niellage nm. Orner de nielles : *le - de l'argenterie.*

nielle nm. Incrustation d'un émail noir sur métal blanc.

nielle nf. Plante parasite des céréales. || Carie des céréales.

nieller vt. Gâter par la nielle.

nielleur nm. Graveur de nielles.

nier vt. (c. *prier*). Dire qu'une chose n'existe pas, n'est pas vraie.

nigaud, e adj. et n. Niais.

nigauderie nf. Action de nigaud.

nihilisme nm. Néant, suppression de tout. || Système révolutionnaire russe

du XIXe s., tendant à la destruction radicale des institutions sociales.

nihiliste adj. et n. Partisan du nihilisme.

nilotique adj. Relatif au Nil.

nimbe nm. Cercle de lumière placé par les peintres autour de la tête des saints.

nimber vt. Orner d'un nimbe.

nimbus nm. Nuage d'un gris uniforme, qui présage la pluie.

ninas nm. Petit cigare.

nipper vt. *Fam.* Vêtir.

nippes nfpl. *Fam.* Vêtements usés.

nippon, e adj. et n. Japonais.

nique nf. Geste de mépris ou de moquerie : *faire la -*.

nirvanâ nm. Anéantissement définitif, dans la religion hindoue.

nitouche nf. *Fam. Sainte -*, personne hypocrite qui affecte l'innocence.

nitrate nm. *Chim.* Sel de l'acide nitrique : *les - sont de bons engrais.*

nitration nf. Traitement par l'acide nitrique.

nitre nm. Autre nom du *salpêtre* (nitrate de potassium ou de sodium).

nitré, e adj. Se dit d'un corps obtenu par nitration.

nitreux, euse adj. Qui contient du nitre, azoteux.

nitrière nf. Lieu d'où l'on retire le nitre : *les - du Pérou.*

nitrification nf. Transformation en nitrate.

nitrique adj. Se dit d'un acide oxygéné de l'azote : NO_3H.

nitrite nm. Sel de l'acide nitreux.

nitrobenzène nm. Dérivé nitré du benzène, dit aussi *essence de mirbane.*

nitrocellulose nf. Ether nitrique de la cellulose, principe du collodion et des poudres sans fumée.

nitroglycérine nf. Ether nitrique de la glycérine, qui entre dans la composition d'explosifs (dynamite).

nitruré, e adj. Se dit de l'acier durci par chauffage dans une atmosphère azotée.

nivéal, e, aux adj. Qui fleurit pendant l'hiver : *plante -*.

niveau nm. Instrument servant à reconnaître l'horizontalité d'un plan ou la différence de hauteur entre deux points. || Etat d'un plan horizontal. || *Fig.* Egalité de rang, de mérite : *il n'est pas à votre -*. || *De -* loc. adv., sur le même niveau horizontal.

niveler vt. (c. *appeler*). Mesurer, à l'aide du niveau, la différence d'altitude entre deux ou plusieurs points. || Aplanir une surface : *un - terrain.* || *Fig.* Rendre égal : *- les fortunes.*

niveleur nm. Sorte de petite herse.

nivellement nm. Mesure de la différence d'altitude de deux points. ‖ Action de rendre horizontal, d'aplanir. ‖ *Fig.* Rendre égal : - *des prix.*

nivôse nm. Quatrième mois de l'année républicaine (21 déc.-19 janv.).

nobiliaire adj. De la noblesse : *caste* -. ‖ Nm. Catalogue des familles nobles d'un pays.

noble adj. Qui fait partie de la noblesse. ‖ *Fig.* Généreux, distingué : *air, style* -. ‖ N. Qui appartient à la noblesse.

noblesse nf. Qualité de noble : *être de* - *récente.* ‖ Classe des hommes qualifiés nobles. ‖ *Fig.* Élévation, grandeur, distinction.

noce nf. Mariage et réjouissances qui l'accompagnent : *aller à la* -. ‖ Ensemble des personnes qui s'y trouvent. ‖ *Fig. Faire la* -, mener une vie déréglée. ‖ *Noces d'argent, Noces d'or, Noces de diamant,* fête que l'on célèbre au bout de 25, 50, 60 ans de mariage.

noceur, euse n. *Fam.* Qui fait la noce.

nocher nm. *Poét.* Celui qui conduit un vaisseau, une barque.

nocif, ive adj. Nuisible.

nocivité nf. Caractère nuisible : *la - du tabac.*

noctambule adj. et n. Qui se promène, qui se divertit la nuit.

noctiluque nf. Protozoaire phosphorescent des mers chaudes.

noctuelle nf. Papillon nocturne.

nocturne adj. De nuit : *oiseau* -. ‖ Nm. Partie de l'office qui se chantait la nuit. ‖ Morceau de musique d'un caractère mélancolique.

nodosité nf. État de ce qui est noueux. ‖ Nœud, renflement : *avoir des - aux doigts.* ‖ Excroissance qui fixe l'azote de l'air sur les racines de légumineuses.

noël nm. Fête de la Nativité du Christ. ‖ Cantique en l'honneur de cette fête : *chanter des* -.

nœud nm. Enlacement serré de ruban, de fil ou de corde, etc. ‖ Ornement en forme de nœud. ‖ Défaut du bois. ‖ Point de la tige où s'insère une feuille. ‖ *Fig.* Attachement : *les - de l'amitié.* ‖ Difficulté : *le - de la question.* ‖ - *gordien,* difficulté insoluble. ‖ Intrigue d'une pièce ou d'un roman. ‖ - *marin,* 15,43 m. ‖ Unité de vitesse sur mer, soit 1 852 m/h : *ce navire file dix* -.

noir, e adj. Obscur, sombre. ‖ Se dit d'objets de cette couleur : *des cheveux* -. ‖ De couleur foncée : *pain* -. ‖ Obscur : *nuit* -. ‖ Meurtri : - *de coups.* ‖ Sale : *mains* -. ‖ *Fig.* Triste : *idées* -. ‖ Pervers : *âme* -. ‖ Bête : -, personne pour laquelle on a le plus d'aversion.

‖ Nm. De race noire : *les Noirs d'Afrique.* ‖ Couleur noire : *d'un - de jais.* ‖ Étoffe noire, vêtement de deuil : *être en* -. ‖ - *animal,* poudre noire obtenue par la calcination des os. ‖ - *d'ivoire,* ivoire calciné et pulvérisé. ‖ - *de fumée,* suie produite par des résines brûlées. ‖ *Fig. Voir tout en* -, être très pessimiste. ‖ *Broyer du* -, s'attrister. ‖ Nf. *Mus.* Note qui vaut la moitié d'une blanche. ‖ Adv. En couleur noire : *peindre* -.

noirâtre adj. Qui tire sur le noir.

noiraud, e adj. et n. Qui a les cheveux noirs et le teint brun.

noirceur nf. État de ce qui est noir. ‖ Tache noire. ‖ *Fig.* Méchanceté affreuse : *la - d'un crime.*

noircir vt. Rendre noir. ‖ *Fig.* Diffamer : *la - réputation.* ‖ Vi. et se - vpr. Devenir noir.

noircissement nm. Action de noircir.

noircissure nf. Tache noire.

noise nf. Petite contestation, querelle : *chercher* - *à quelqu'un.*

noisetier nm. Arbrisseau qui porte des noisettes ou avelines.

noisette nf. Fruit comestible du noisetier. ‖ *Couleur* -, d'un gris roux.

noix nf. Fruit du noyer. ‖ Se dit aussi d'autres fruits : - *de coco.*

noliser vt. Louer un navire.

nom nm. Mot servant à désigner une personne, un animal ou une chose. ‖ *Fam. Petit* -, prénom. ‖ *Fig.* Gloire : *se faire un grand* -. ‖ *Décliner son* -, dire qui l'on est. ‖ *Appeler les choses par leur* -, parler sans ménagement. ‖ *De* -, par le nom seulement : *roi de - , et non de fait.* ‖ *Au - de* loc. prép., de la part de : *agir au - de quelqu'un;* en considération de : *au - de la loi.*

nomade adj. et n. Qui erre, sans habitation fixe.

nomadisme nm. Vie nomade.

no man's land [*no mann's land'*] nm. Territoire qui sépare les premières lignes de deux belligérants.

nombre nm. Résultat de la mesure d'une grandeur. ‖ - *entier,* qui contient exactement une ou plusieurs fois l'unité. ‖ - *fractionnaire,* qui contient des fractions de l'unité. ‖ - *décimal,* nombre fractionnaire de l'unité divisée ou multipliée par 10. ‖ - *complexe,* non exprimé dans le système décimal. ‖ - *premier,* qui n'est divisible que par lui-même ou par l'unité. ‖ - *premiers entre eux,* nombres qui n'ont d'autre diviseur commun que l'unité. ‖ Quantité : *un grand - de personnes.* ‖ *Sans* -, en grande quantité. ‖ *Gramm.* Propriété des mots de représenter, par certaines formes, l'idée d'unité ou de pluralité : - *singulier* ; - *pluriel*. ‖ *Astron.* - *d'or*, cycle lunaire de dix-neuf ans.

nombreux, euse adj. En grand nombre.

nombril [*bri*] nm. Cicatrice du cordon ombilical au milieu du ventre.

nomenclateur nm. Auteur d'une nomenclature.

nomenclature nf. Ensemble, liste des termes techniques d'une science ou d'un art : - *chimique*.

nominal, e, aux adj. Qui se fait en appelant les noms : *appel* -. ‖ Qui n'existe que de nom : *Henri III était le chef - de la Ligue*. ‖ *Valeur* -, valeur inscrite sur une monnaie, un effet de commerce, souvent différente de la valeur réelle.

nominatif, ive adj. Qui nomme : *état* -. ‖ Se dit d'un titre qui porte le nom du propriétaire. ‖ Nm. Dans les langues à déclinaisons, cas qui désigne le sujet d'une proposition.

nomination nf. Action de nommer à un emploi ; son résultat.

nommément adv. Avec désignation par le nom : *citer quelqu'un* -.

nommer vt. Donner un nom. ‖ Désigner par son nom. ‖ Instituer en qualité de : - *quelqu'un son héritier*. ‖ Elire, désigner : *il a été nommé député*. ‖ **Nommé**, e part., adj. et n. Le -, la -, celui, celle qui porte ce nom : *le - Jean*. ‖ Loc. adv. **A point** -, à propos. ‖ **A jour** -, au jour convenu.

non adv. de négation. ‖ Nm. : *répondre par un* -. ‖ Loc. adv. - **plus**, pas plus ; - **seulement**, pas seulement mais, mais... ‖ Loc. conj. - **pas que**, ce n'est pas que ; - **plus que**, pas plus que, pas davantage.

non-activité nf. Etat d'un fonctionnaire qui n'exerce pas son emploi.

nonagénaire adj. et n. Agé de quatre-vingt-dix ans.

nonante adj. num. Quatre-vingt-dix.

nonce nm. Ambassadeur du pape.

nonchalance nf. Mollesse, indolence.

nonchalant, e adj. et n. Indolent, mou, apathique. ‖ **Nonchalamment** adv.

nonciature nf. Fonction, résidence du nonce.

non-combattant, e n. Qui ne porte pas les armes (médecin, ambulancier...). ‖ Adjectiv. : *unités* -.

non-conformiste nm. En Angleterre, protestant non anglican. ‖ Personne qui ne reconnaît pas les règles admises par tous.

nones nfpl. Chez les Romains, septième jour de mars, mai, juillet et octobre ; cinquième jour des autres mois.

non-intervention nf. Conduite politique qui consiste à ne pas intervenir dans les affaires des autres Etats.

non-jouissance nf. Privation de jouissance.

non-lieu nm. *Dr.* Acte par lequel un juge déclare qu'il n'y a pas lieu de poursuivre un prévenu. ‖ Pl. des *non-lieux*.

nonne nf. Religieuse.

nonnette nf. Jeune religieuse. ‖ Petit pain d'épice rond.

nonobstant prép. Malgré : - *mon ordre*. ‖ Adv. Cependant, néanmoins.

non-paiement nm. Défaut de paiement.

non-recevoir. V. FIN.

non-réussite nf. Insuccès.

non-sens nm. inv. Phrase ou parole dépourvue de sens. ‖ Absurdité.

non-usage nm. Cessation d'un usage : *une loi s'abolit par le* -.

non-valeur nf. Personne inutile ; terre, maison qui ne rapportent rien. ‖ Créance irrécouvrable.

nopal nm. Nom vulgaire d'un cactus, l'*oponce*. ‖ Pl. des *nopals*.

nord nm. Point cardinal, en direction de l'étoile Polaire. ‖ *Fig.* et *fam.* Perdre le -, ne plus savoir où l'on est.

nord-est nm. Point de l'horizon entre le nord et l'est.

nordique adj. Relatif aux peuples du nord de l'Europe.

nord-ouest nm. Point de l'horizon entre le nord et l'ouest.

noria nf. Machine élévatoire d'eau, formée de godets attachés à une chaîne sans fin.

normal, e, aux adj. Régulier, ordinaire : *état* -. ‖ *École - primaire*, école préparatoire d'instituteurs. ‖ *École - supérieure*, école préparatoire de professeurs de l'enseignement secondaire. ‖ Nf. *Géom.* Perpendiculaire : *la - en un point d'un plan*.

normalien, enne n. Elève d'une école normale.

normalisation nf. Accord des producteurs et des usagers, visant à spécifier, unifier et simplifier la fabrication en vue d'un meilleur rendement.

normaliser vt. Limiter les types, les modèles ; unifier.

normand, e adj. et n. De la Normandie.

norme nf. Principe servant de règle, de loi.

norois, oise adj. Qui se rapporte aux langues nordiques. ‖ Nm. Langue des anciens Scandinaves.

noroit nm. Vent du nord-ouest.

nos adj. poss. des deux genres, pluriel de *notre*.

nostalgie nf. Regret du pays natal.

nostalgique adj. Qui tient de la nostalgie : *langueur -.*

nota, nota bene nm. inv. Note en marge ou au bas d'un écrit.

notabilité nf. Caractère de ce qui est notable. || Personne qui occupe un rang élevé dans les arts, les lettres, la hiérarchie administrative, etc.

notable adj. Important : *un avantage -.* || Nm. Citoyen qui occupe un rang important dans un Etat, ou une ville, par ses fonctions, sa fortune. || *Assemblée des -,* réunion des plus hauts personnages du royaume.

notaire nm. Officier public qui reçoit et rédige les actes, contrats, etc., pour leur donner un caractère d'authenticité.

notairesse nf. Femme d'un notaire.

notamment adv. Spécialement, particulièrement, entre autres.

notarial, e, aux adj. Relatif au notariat : *la carrière -.*

notariat nm. Charge, fonctions de notaire. || L'ensemble des notaires.

notarié, e adj. Passé par-devant notaire : *acte -.*

notation nf. Action ou manière d'indiquer, de représenter par des signes convenus : *- musicale ; - chimique.*

note nf. Marque, courte indication pour se rappeler quelque chose : *prendre -.* || Commentaire sommaire : *mettre des - à un texte.* || Plan, résumé : *prendre des - à un cours.* || Facture, mémoire, addition : *régler sa -.* || Appréciation : *avoir une mauvaise -.* || Communication : *- diplomatique.* || Caractère de musique. || *Fig. Etre dans la -,* faire ce qui convient. || *Changer de -,* changer de façon d'agir ou de parler. || *Forcer la -,* exagérer.

noter vt. Faire une marque sur : *- un passage.* || Prendre note de : *- une remarque.* || Prendre garde à : *notez bien ce que je vous dis.* || Ecrire de la musique : *- un air.*

notice nf. Exposé succinct : *- historique.*

notification nf. Action de notifier. || Acte servant à notifier.

notifier vt. (c. *prier*). Faire savoir dans les formes légales.

notion nf. Idée qu'on a d'une chose : *la - du bien et du mal.* || Connaissance élémentaire : *des - d'anglais.*

notoire adj. Connu généralement ; avéré, public : *un fait -.*

notoriété nf. Etat de ce qui est notoire : *il est de - publique que...*

notre adj. poss. Qui nous concerne, qui est à nous. || Pl. *nos.*

nôtre (le, la) pron. poss. Qui est à

nous. || Nmpl. Nos parents : *les - avant tout.* || Ceux de notre parti : *êtes-vous des -?*

Notre-Dame nf. La Vierge Marie. || Eglise qui lui est consacrée : *Notre-Dame de Paris.* || Pl. des *Notre-Dame.*

notule nf. Courte annotation.

notus nm. Vent du Midi.

nouage ou **nouement** nm. Action de nouer.

nouba nf. Musique des tirailleurs algériens. || *Pop. Faire la -,* faire la fête.

nouer vt. Lier avec un nœud. || Faire un nœud. || *Fig.* Former, machiner : *- une intrigue.* || **Se** - vpr. Passer de l'état de fleur à celui de fruit. || **Noué, e** part. et adj. Qui ne grandit pas.

noueux, euse adj. Qui a des nœuds.

nougat nm. Confiserie à base d'amandes et de miel.

nouilles nfpl. Pâte alimentaire, faite avec de la farine et des œufs, et coupée en fines lanières.

nourrain nm. Fretin pour repeupler un étang.

nourrice nf. Femme qui allaite un enfant. || *Méc.* Réservoir d'alimentation d'une chaudière ou d'un moteur.

nourricier, ère adj. Qui nourrit : *suc -.* || Nm. Mari d'une nourrice. || Adj. : *père -.*

nourrir vt. Servir à la nutrition. || Fournir des aliments. || Allaiter. || *Fig.* Former : *la lecture - l'esprit.* || Entretenir : *- l'espoir.* || **Nourri, e** part. et adj. Gros : *un fruit -.* || Violent, ininterrompu : *un feu -.*

nourrissage nm. Action d'élever les bestiaux.

nourrisseur nm. Eleveur de bestiaux.

nourrisson nm. Enfant en bas âge.

nourriture nf. Aliment. || *Fig.* Ce qui forme, développe : *la science est la - de l'esprit.*

nous pron. pers. de la 1re pers. du pl. des deux genres. (Avec le *nous* d'autorité ou de modestie, employé au lieu de *je, moi,* les adjectifs et les participes se mettent au sing. : *- sommes persuadé ; cela - a frappé.*)

nouure nf. Rachitisme. || Formation du fruit qui succède à la fleur.

nouveau, nouvel, elle adj. Qui n'existe ou n'est connu que depuis peu de temps. || Qui commence : *la saison -.* || *Robe* -, d'une mode récente. || *- robe,* neuve. || *- an,* premier jour de l'année. || *Le Nouveau Monde,* l'Amérique. || *Le Nouveau Testament,* les livres saints qui ont suivi la naissance du Christ. || Nm. Ce qui est récent : *le - plaît toujours.* ‖ Elève qui fait ses débuts dans une école, dans une classe. ‖ Chose surprenante : *voilà du -.* ‖ Adv. Nouvellement, récemment : *un - venu; des nouveaux mariés.* ‖ Loc. adv. De -, encore une fois. A -, en recommençant de façon différente.

nouveau-né nm. Enfant nouvellement né : *les nouveau-nés.* ‖ Adj. : *des enfants nouveau-nés; une fille nouveau-née.*

nouveauté nf. Qualité de ce qui est nouveau. ‖ Chose nouvelle. ‖ Pl. Etoffes, objets de fantaisie (mercerie, bijouterie, lingerie, etc.) dont la mode est sujette à changer : *magasin de -.*

nouvelle nf. Premier avis d'une chose, d'un événement. ‖ Renseignement sur la santé, la situation, etc. : *donnez de vos -.* ‖ Composition littéraire assez courte, entre le conte et le roman.

nova nf. Etoile qui, augmentant brusquement d'éclat, semble surgir du ciel. ‖ Pl. des *novae.*

novateur, trice adj. et n. Qui innove : *esprit -.*

novembre nm. Onzième mois de l'année.

novice n. Qui a pris l'habit religieux dans un couvent pour y passer un temps d'épreuve. ‖ Adj. Inexpérimenté.

noviciat nm. Etat de novice; partie du couvent réservée aux novices.

noyade nf. Action de noyer ou de se noyer.

noyau nm. Partie dure renfermée dans certains fruits. ‖ Centre d'une cellule vivante. ‖ Axe d'un escalier tournant. ‖ Partie centrale la plus lumineuse d'une comète. ‖ Partie centrale d'un atome. ‖ Pièce de fer doux placée à l'intérieur d'une bobine d'induction, d'un inducteur de machine électrique. ‖ Fig. Premiers éléments d'un groupe : *le - d'une colonie.*

noyauter vt. Former des noyaux de propagande politique.

noyer vt. (c. *aboyer*). Asphyxier par immersion. ‖ Délayer exagérément : *- une sauce.* ‖ Fig. et fam. Faire disparaître : *- son chagrin dans le vin.* ‖ *- le poisson,* lui maintenir la tête hors de l'eau pour l'asphyxier; au *fig.,* épuiser un adversaire avant de frapper le coup décisif. ‖ Se - vpr. Fig. Se - dans un raisonnement, s'y perdre. ‖ Se - dans un verre d'eau, échouer devant le moindre obstacle. ‖ Noyé, e part. adj. et n. Qui est ou s'est noyé. ‖ Adj. Baigné : *des yeux - de larmes.*

noyer nm. Grand arbre qui porte les noix et dont le bois est susceptible d'un beau poli. ‖ Son bois.

nu, e adj. Qui n'est pas vêtu. ‖ Fig. *Vérité toute -,* sans déguisement. ‖ *Pays -,* sans végétation. ‖ *Epée -,* hors du fourreau. ‖ A - loc. adv., à découvert : *montrer son cœur à -.*

nuage nm. Amas de fines gouttelettes d'eau suspendues dans l'atmosphère. ‖ Par anal. Tout ce qui obscurcit la vue : *- de poussière.* ‖ Ce qui trouble la sérénité : *un front sans -.* ‖ *- de lait,* toute petite quantité.

nuageux, euse adj. Couvert de nuages. ‖ Fig. Vague : *une pensée.*

nuance nf. Degré d'une couleur, du clair au foncé. ‖ Fig. Différence délicate entre choses du même genre : *- entre les opinions, etc.* ‖ Mus. Degré de force ou de douceur qu'il convient de donner aux sons dans l'exécution.

nuancer vt. (c. *lancer*). Faire passer graduellement d'une nuance à l'autre. ‖ Fig. Exprimer les différences délicates : *- sa pensée.*

nubien, enne adj. et n. De Nubie.

nubile adj. En âge d'être mariée.

nubilité nf. Etat d'une personne nubile.

nucléaire adj. Qui se rapporte au noyau, et spécialement au noyau de l'atome : *physique -.*

nudisme nm. Doctrine hygiénique qui conseille de vivre en plein air, de pratiquer des sports dans un état de nudité plus ou moins complète.

nudiste adj. et n. Partisan du nudisme.

nudité nf. Etat de ce qui est nu. ‖ Pl. *Peint.* Figures nues.

nue nf. Nuage. ‖ Fig. et fam. *Porter aux -,* louer excessivement. ‖ *Tomber des -,* être très surpris.

nuée nf. Gros nuage épais. ‖ Fig. Multitude : *une - d'oiseaux.*

nue-propriété nf. Propriété dont un autre a l'usufruit. ‖ Pl. des *nues-propriétés.*

nuer vt. Assortir les couleurs dans les tapisseries.

nuire [à] vt. ind. (Je nuis, n. nuisons. Je nuisais, n. nuisions. Je nuisis. Je nuirai, n. nuirais. Q. je nuise. Q. je nuisisse. Nuis, nuisons, nuisez. Nuisant. Nui.) Faire du tort : *- à la réputation de quelqu'un.* ‖ Faire du mal : *l'alcool nuit à la santé.*

nuisible adj. Qui nuit.

nuit nf. Temps qui s'écoule du coucher au lever du soleil. ‖ Obscurité. ‖ Fig. *La - des temps,* les temps les plus reculés. ‖ De - loc. adv., pendant la nuit.

nuitamment adv. De nuit.

nul, nulle adj. (devant le nom). Aucun, pas un : *- espoir.* ‖ (Après le nom.) Sans valeur : *testament -.* ‖

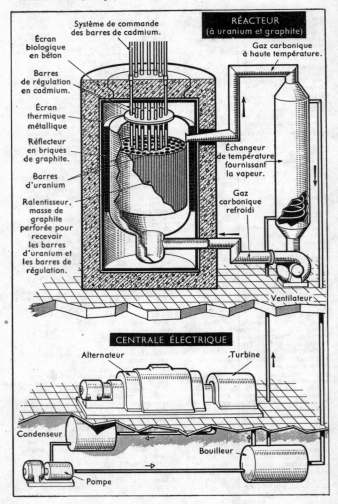

RÉACTEUR (à uranium et graphite)

Système de commande des barres de cadmium.

Écran biologique en béton

Barres de régulation en cadmium.

Écran thermique métallique

Réflecteur en briques de graphite.

Barres d'uranium

Ralentisseur, masse de graphite perforée pour recevoir les barres d'uranium et les barres de régulation.

Gaz carbonique à haute température.

Échangeur de température fournissant la vapeur.

Gaz carbonique refroidi

Ventilateur

CENTRALE ÉLECTRIQUE

Alternateur

Turbine

Condenseur

Bouilleur

Pompe

De valeur zéro : *quantité* -. ‖ Sans capacité : *élève* -. ‖ Sans résultat : *match* -. ‖ Pr. indéf. Personne : - *n'est prophète en son pays.*

nullité nf. Caractère de ce qui est nul, sans valeur légale : *la* - *d'un acte.* ‖ *Fig.* Sans talents, sans mérite : *c'est une* -.

nûment adv. Sans déguisement : *dire* - *la vérité.*

numéraire nm. Argent monnayé.

numéral, e, aux adj. Qui exprime une idée de nombre.

numérateur nm. Celui des termes d'une fraction qui indique combien elle contient de parties de l'unité.

numération nf. Art d'énoncer et d'écrire les nombres.

numérique adj. Relatif aux nombres. ‖ Dû au nombre : *force* -.

numéro nm. Chiffre, nombre qui indique la place d'un objet. ‖ Partie d'un ouvrage périodique : - *d'un journal.* ‖ Billet de loterie : *choisir un bon* -.

numérotage nm. Action ou manière de numéroter.

numéroter vt. Mettre un numéro d'ordre : - *des pièces.*

numide adj. et n. De la Numidie.

numismate n. Versé en numismatique.

numismatique adj. Relatif aux monnaies et médailles. ‖ Nf. La science des médailles.

nummulite nf. Foraminifère fossile des mers chaudes.

nummulitique adj. et n. Première division de l'ère tertiaire.

nuptial, e, aux adj. Relatif aux noces : *bénédiction* -.

nuque nf. Partie postérieure du cou.

nurse [*neurs'*] nf. Bonne d'enfant.

nursery [*neur*] nf. Appartement réservé aux enfants.

nutation nf. Petit mouvement de l'axe d'un astre autour de sa position moyenne.

nutritif, ive adj. Qui nourrit.

nutrition nf. Assimilation de la nourriture.

nyctalope adj. et n. Affecté de nyctalopie : *un hibou* -.

nyctalopie nf. Renforcement de la vision dans l'obscurité.

Nylon nm. (nom déposé). Fibre textile synthétique.

nymphe nf. Chez les Grecs, divinité féminine des fleuves, des fontaines, des bois. ‖ Avant-dernier stade de la métamorphose des insectes.

nymphéa nm. Nénuphar blanc.

nymphéacées nfpl. Famille de plantes ayant pour type le nymphéa.

nymphose nf. Passage de la larve à l'état de nymphe.

o nm. Quinzième lettre de l'alphabet et quatrième des voyelles.

O, symbole chimique de l'*oxygène*.

ô, interj. qui marque l'admiration, la joie, la douleur, la prière, etc.

oasis nf. Ilot de verdure dans le désert. ‖ *Fig.* Lieu qui offre une détente, un repos.

obédience nf. Dépendance. ‖ *Lettre d'-*, accordée à un religieux et tenant lieu de brevet de capacité.

obéir vt. ind. Se soumettre à la volonté d'un autre et exécuter ses ordres. ‖ Etre soumis à une force : *les corps obéissent à la pesanteur.*

obéissance nf. Action ou habitude d'obéir.

obélisque nm. Monument égyptien quadrangulaire et en forme d'aiguille.

obérer vt. (c. *céder*). Endetter : *- son budget.*

obèse adj. et n. Affecté d'obésité.

obésité nf. Excès d'embonpoint.

obier nm. Arbuste appelé encore *boule-de-neige.*

obit [*bit'*] nm. Service anniversaire pour le repos de l'âme d'un mort.

objecter vt. Opposer : *- à quelqu'un sa jeunesse.*

objecteur nm. Qui fait des objections. *- de conscience*, celui qui refuse le service militaire pour des raisons religieuses ou politiques.

objectif, ive adj. Relatif à l'objet : *réalité -.* ‖ Exempt de partialité : *un exposé -.* ‖ Nm. But à atteindre : *tirer sur l'-.* ‖ Celui des verres d'un appareil d'optique qui est tourné vers l'objet.

objection nf. Ce qu'on oppose à une proposition : *réfuter les - d'un contradicteur.*

objectivité nf. Qualité de ce qui est objectif. ‖ Absence de parti pris.

objet nm. Chose qui s'offre à la vue, affecte les sens : *un - affreux ; - de première nécessité.* ‖ *Fig.* Ce qui s'offre à l'esprit ; intention, but : *l'- de nos réflexions ; avoir pour - le bien.* ‖ Cause, motif d'un sentiment, d'une action : *être un - d'admiration, de querelle.* ‖ Matière propre : *l'- de la science.*

objurgation nf. Vive remontrance.

oblat, e n. Laïque qui participe à la vie d'un ordre religieux. ‖ Membre de certains ordres religieux.

oblation nf. Offrande faite à Dieu.

obligataire n. Propriétaire d'obligations.

obligation nf. Devoir ou nécessité qui s'impose à nous. ‖ Motif de reconnaissance : *avoir de grandes - à...* ‖ Titre représentant un prêt de capitaux et qui donne lieu au versement d'un intérêt annuel.

obligatoire adj. Qui a la force d'obliger : *service militaire -.* ‖ *Par ext.* Obligé moralement : *présence -.*

obligeamment adv. D'une manière obligeante.

obligeance nf. Disposition à rendre service, caractère obligeant.

obligeant, e adj. Qui aime à faire plaisir. ‖ *Fig.* Aimable : *paroles -.*

obliger vt. (c. *manger*). Imposer une obligation. ‖ Contraindre : *je suis obligé de partir.* ‖ Rendre service : *- ses amis.* ‖ S'- vpr. S'imposer une obligation : *s'- à payer dans un certain délai.* ‖ Se rendre service mutuellement. ‖ **Obligé, e** adj. Redevable, qui a de la reconnaissance : *je vous suis -.* ‖ N. : *je suis votre -.*

oblique adj. De biais, incliné par rapport à une ligne ou à un plan. ‖ *Fig.* Sans franchise : *regard -.* ‖ Nm. Se dit de différents muscles : *le grand -.* ‖ Nf. *Math.* Ligne oblique.

obliquer vi. Aller en oblique ; infléchir sa marche : *- à droite.*

obliquité [*kui-té*] nf. Inclinaison d'une ligne, d'une surface sur une autre.

oblitérateur, trice adj. Qui oblitère : *cachet -.*

oblitération nf. Action d'oblitérer ‖ *Méd.* Etat d'une partie obstruée.

oblitérer vt. (c. *céder*). Effacer peu à peu. ‖ Couvrir d'une empreinte : *- un timbre.*

oblong, gue adj. De forme allongée : *caisse -.*

obnubiler vt. Envelopper, obscurcir comme d'un nuage : *esprit obnubilé par les préjugés.*

obole nf. Monnaie de la Grèce ancienne. ‖ En France, petite monnaie qui valait la moitié d'un denier. ‖ *Fig.* Petite offrande : *donner son -.*

obscène adj. Qui blesse la pudeur.

obscénité nf. Caractère de ce qui est obscène. ‖ Parole, acte, image obscène.

obscur, e adj. Sombre. ‖ *Fig.* Peu connu : *poète -.* ‖ Difficile à comprendre : *pensée -.*

obscurantisme nm. Système de ceux qui s'opposent à la diffusion de l'instruction.

obscurantiste adj. et n. Partisan de l'obscurantisme.

obscurcir vt. Rendre obscur. ‖ *Fig.* Rendre inintelligible : *ce commentaire obscurcit le texte.*

obscurcissement nm. Affaiblissement de lumière. ‖ *Fig.* Perte d'éclat.

obscurité nf. Absence de lumière. ‖ *Fig.* Défaut de clarté : *- du langage.* ‖ Etat de ce qui est douteux ou peu connu : *l'- du passé.* ‖ *Vivre dans l'-,* mener une vie ignorée.

obséder vt. (c. *céder*). Importuner : *être obsédé par des solliciteurs.* ‖ *Fig.* Tourmenter : *cette idée m'obsède.*

obsèques nfpl. Funérailles.

obséquieux, euse adj. Qui porte à l'excès les égards, le respect.

obséquiosité nf. Caractère de celui ou de ce qui est obséquieux.

observance nf. Pratique d'une règle religieuse; la règle elle-même : *l'- du jeûne.*

observateur, trice n. Qui observe une règle. ‖ Qui observe les phénomènes, les événements. ‖ Auditeur muet : *assister en simple -.* ‖ Adj. Qui sait observer : *un esprit -.*

observation nf. Action d'observer ce qui est prescrit : *l'- d'un règlement.* ‖ Attention suivie : *- d'un phénomène.* ‖ *Esprit d'-,* habileté à observer. ‖ Etude faite sur les choses physiques ou morales : *- astronomique.* ‖ Remarque, réprimande : *faire une - à un enfant.* ‖ *Etre en -,* épier l'arrivée de quelqu'un ou de quelque chose. ‖ *Mettre un malade en -,* suivre l'évolution de sa maladie.

observatoire nm. Etablissement pour les observations astronomiques et météorologiques. ‖ Lieu d'où l'on observe.

observer vt. Accomplir ce qui est prescrit par une loi, une règle : *- le jeûne.* ‖ Considérer avec attention : *- un phénomène.* ‖ Epier : *on vous observe.* ‖ Remarquer : *observez que...* ‖ S'- vpr. Etre circonspect. ‖ S'épier réciproquement.

obsession nf. Idée fixe, tourment.

obsidienne nf. Feldspath vitreux volcanique.

obstacle nm. Empêchement, opposition (au *pr.* et au *fig.*) : *- infranchissable.*

obstétrique nf. Art des accouchements. ‖ Adj. : *établissement -.*

obstination nf. Entêtement.

obstiner (s') vpr. S'attacher avec ténacité, s'entêter. ‖ **Obstiné, e** part., adj. et n.

obstruction nf. *Méd.* Engorgement d'un conduit organique. ‖ *Fig.* Manœuvre, entrave systématique : *- parlementaire.*

obstruer vt. (c. *tuer*). Boucher par un obstacle; embarrasser.

obtempérer vt. ind. (c. *céder*). Obéir.

obtenir vt. Parvenir à se faire accorder ce qu'on désire.

obtention nf. Action d'obtenir; acquisition : *l'- d'un diplôme.*

obturateur nm. Plaque pour boucher une ouverture. ‖ Dispositif pour obtenir des temps de pose différents en photographie.

obturation nf. *Chir.* Action de boucher une ouverture anormale.

obturer vt. Boucher, fermer : *- un conduit.*

obtus, e adj. *Géom. Angle -,* plus grand qu'un angle droit. ‖ *Fig.* Peu pénétrant, lourd : *un esprit -.*

obus nm. Projectile creux rempli de matière explosive, fumigène, toxique ou incendiaire.

obusier nm. Pièce d'artillerie servant au tir plongeant.

obvier [à] vt. ind. (c. *prier*). Prévenir, remédier à : *- à un inconvénient.*

oc, oui, dans les dialectes du midi de la France. ‖ *Langue d'-,* langue parlée autrefois au sud de la Loire.

ocarina nm. Petit instrument de musique, à vent.

occasion nf. Circonstance favorable : *profiter d'une -.* ‖ Cause, sujet : *- de dispute.* ‖ *A la première -,* au premier moment favorable. ‖ **D'-** loc. adv., qui n'est plus neuf : *des meubles d'-.*

occasionnel, elle adj. Qui crée l'occasion; dû au hasard.

occasionner vt. Causer, donner lieu, provoquer.

occident nm. Ouest ou couchant. ‖ Partie du globe située de ce côté.

occidental, e, aux adj. De l'Occident. ‖ N. De l'Ouest : *un -.*

occipital, e, aux adj. De l'occiput.

occiput [*put'*] nm. Partie inférieure et postérieure de la tête.

occire vt. Tuer. (Vx.)

occitan, e adj. Se dit des dialectes de langue d'oc.

occlusif, ive adj. Qui bouche, produit l'occlusion.

occlusion nf. Fermeture; engorgement; état de ce qui est fermé. ‖ *Méd.* Oblitération d'un conduit : *- intestinale.*

occultation nf. Disparition passagère d'un astre lors d'une éclipse.

occulte adj. Caché, secret, mystérieux. ‖ *Sciences* -, connues de quelques initiés (l'alchimie, la magie, la nécromancie, l'astrologie).

occultisme nm. Sciences occultes.

occupation nf. Travail, affaire. ‖ Action de s'établir : *l'- d'un logement, d'un pays.* ‖ Travail : *ce genre d'- lui convient.*

occuper vt. S'emparer de, s'établir en maître dans : - *un pays.* ‖ Habiter : - *une maison.* ‖ Remplir un espace 1o de lieu : *ce meuble occupe trop de place*; 2o de temps : *cette discussion a occupé toute la séance.* ‖ Remplir : - *un emploi.* ‖ Consacrer : - *ses loisirs à.* ‖ Donner du travail à : - *des ouvriers.* ‖ Occupant, e part., adj. et n. *Premier* -, qui prend le premier possession d'une chose.

occurrence nf. Rencontre, circonstance fortuite. ‖ *En l'-,* dans la circonstance.

océan nm. Vaste étendue d'eau salée qui couvre la plus grande partie du globe. ‖ *Fig.* Vaste étendue : *un - de verdure.*

océanide nf. Nymphe de la mer.

océanien, enne adj. et n. D'Océanie.

océanique adj. De l'océan.

océanographie nf. Etude de la mer.

océanographique adj. Relatif à l'océanographie : *musée* -.

ocelle nm. Œil simple des insectes. ‖ Tache colorée sur les ailes de certains insectes.

ocellé, e adj. Parsemé de taches rondes en forme d'yeux : *un papillon aux ailes* -.

ocelot nm. Chat sauvage du Mexique, à robe mouchetée.

ocre nf. Argile jaune, rouge ou brune, dont on fait des couleurs. ‖ Adj. inv. : *des papiers* -.

ocrer vt. Teindre en ocre.

ocreux, euse adj. Qui est de la nature, de la couleur de l'ocre.

octaèdre nm. Solide à huit faces.

octane nm. Hydrocarbure existant dans l'essence de pétrole.

octant nm. Huitième de cercle. ‖ *Mar.* Ancien instrument servant à évaluer en mer des hauteurs et des distances.

octante adj. num. Quatre-vingts.

octave nf. *Cathol.* Huitaine suivant une fête solennelle. ‖ Dernier jour de cette huitaine. ‖ *Mus.* Intervalle de huit degrés pris ensemble : *parcourir toute l'*-.

octobre nm. Dixième mois de l'année.

octogénaire adj. et n. Qui a quatre-vingts ans.

octogonal, e, aux adj. En forme d'octogone.

octogone nm. et adj. *Géom.* Polygone qui a huit angles et huit côtés.

octosyllabe ou **octosyllabique** adj. Qui a huit syllabes.

octroi nm. Concession d'une grâce, d'une faveur. ‖ Droit que payaient certaines denrées à leur entrée en ville. ‖ Bureau où se payait ce droit.

octroyer vt. (c. *aboyer*). Concéder, accorder : - *une grâce.*

oculaire adj. De l'œil. ‖ *Fig. Témoin* -, qui a vu. ‖ Nm. Lentille d'une lunette devant laquelle on place l'œil.

oculiste nm. et adj. Médecin qui traite les maladies des yeux.

odalisque nf. Esclave attachée au service d'un harem. ‖ *Par ext.* Femme du harem.

ode nf. Chez les Anciens, poème destiné à être mis en musique. ‖ Petit poème divisé en strophes semblables.

odéon nm. Lieu où se faisaient entendre les poètes et les musiciens à Athènes.

odeur nf. Emanation qui affecte l'odorat. ‖ *En - de sainteté,* en état de perfection chrétienne.

odieux, euse adj. Qui excite la haine, l'indignation. ‖ *Par exagér.* Très désagréable : *un enfant* -. ‖ Nm. Ce qui est odieux.

odomètre nm. Instrument qui sert à mesurer le chemin parcouru.

odontalgie nf. Mal de dents.

odontologie nf. Partie de l'anatomie qui traite des dents.

odorant, e adj. Qui répand une odeur : *une fleur* -.

odorat nm. Celui des cinq sens qui perçoit les odeurs.

odoriférant, e adj. Qui répand une bonne odeur.

odyssée nf. Voyage aventureux.

œcuménique [*é-ku*] adj. Universel. ‖ *Concile* -, présidé par le pape et auquel sont conviés tous les évêques.

œdémateux, euse adj. Relatif à l'œdème. ‖ De sa nature.

œdème [*é-dèm*] nm. *Méd.* Tuméfaction, enflure due à l'infiltration d'un liquide séreux.

œdipe [*é*] nm. Qui trouve aisément la solution des énigmes.

œil, pl. **yeux** nm. Organe de la vue. ‖ Regard : *jeter les* - *sur.* ‖ Attention : *avoir l'*- *à tout.* ‖ Indice des qualités, des défauts et des sentiments : - *spirituel, dur, méchant.* ‖ Regard rapide : *jeter un coup d'*-; adresse : *avoir le coup d'*- *sûr.* ‖ *L'*- *du maître,* sa surveillance. ‖ *En un* *clin d'* -, en un instant. ‖ *Avoir l'* -, surveiller. ‖ *Ouvrir de grands* -, regarder avec étonnement. ‖ *Voir tout par ses* -, par soi-même. ‖ *Dévorer des* -, regarder avec avidité. ‖ *Fermer les* - *sur*, vouloir ignorer. ‖ *Ne pas fermer l'* -, ne pas pouvoir dormir. ‖ *Cela saute aux* -, cela est évident. ‖ *N'avoir pas froid aux* -, être effronté, brave. ‖ *Fig.* Eclat des pierreries : *cette perle a un bon* -. ‖ Ouverture de certains outils : *l'* - *d'un marteau.* ‖ Bouton ou bourgeon des arbres. ‖ - *pour* -, dent *pour dent*, la loi du talion.

œil-de-bœuf nm. Fenêtre ronde ou ovale. ‖ Horloge ronde. ‖ Pl. des *œils-de-bœuf.*

œil-de-chat nm. Variété de quartz à jolis reflets. ‖ Pl. des *œils-de-chat.*

œil-de-perdrix nm. Cor placé entre les doigts de pied. ‖ Pl. des *œils-de-perdrix.*

œillade nf. Coup d'œil significatif.

œillère nf. Petite coupe pour bain d'œil. ‖ Volet de cuir qui garantit l'œil du cheval et l'empêche de voir de côté. ‖ *Fam. Avoir des* -, avoir une vue étroite des choses.

œillet nm. Plante à fleurs odorantes. ‖ Petit trou circulaire destiné à recevoir un lacet.

œilleton nm. Rejeton qui sert quelquefois à multiplier certaines plantes. ‖ Petit viseur circulaire de certaines armes de chasse ou de guerre.

œillette nf. Nom du pavot cultivé, dont on tire de l'huile.

œnologie [*é*] nf. Science de la préparation du vin.

œnologique adj. Relatif à l'œnologie.

œnomètre nm. Instrument pour mesurer le degré alcoolique du vin.

œrsted nm. Unité C.G.S. de champ magnétique.

œsophage nm. Canal qui conduit la nourriture à l'estomac.

œstre nm. Grosse mouche parasite des chevaux, des bœufs, des bœufs.

œuf nm. Corps qui se forme chez les femelles de plusieurs classes d'animaux, et qui renferme le germe d'un animal de même espèce ainsi que le suc nourricier pour son développement. ‖ *Fig.* Germe : *écraser une révolution dans l'* -.

œuvé, e adj. Dont le corps est garni d'œufs : *un hareng* -.

œuvre nf. Travail, tâche. ‖ Résultat du travail, de l'action. ‖ Production de l'esprit : *les* - *de Hugo.* ‖ Action morale : *les bonnes* -. ‖ *Mettre en* -, employer. ‖ - *vives*, - *mortes*, partie immergée de la carène d'un navire, partie située au-dessus de la

flottaison. ‖ *Banc d'* -, banc des marguilliers à l'église. ‖ Nm. Ensemble des ouvrages d'un artiste : *l'* - *de Raphaël.* ‖ *Gros* -, masse des murs principaux d'un édifice.

œuvrer vi. Travailler. (Vx.)

offense nf. Parole, action qui blesse quelqu'un dans sa dignité. ‖ Faute, péché.

offenser vt. Faire une offense, blesser. ‖ - *Dieu*, pécher. ‖ S'- vpr. Se piquer, se fâcher.

offenseur nm. Qui offense.

offensif, ive adj. Qui attaque, qui sert à attaquer : *arme* -. ‖ *Alliance* - *et défensive*, traité d'assistance mutuelle totale. ‖ Nf. *Prendre l'* -, passer à l'attaque.

offertoire nm. *Liturg.* Offrande du pain et du vin, avant la consécration.

office nm. Tâche, fonction : *remplir l'* - *de secrétaire.* ‖ Service : *je recours à vos bons* -. ‖ Bureau, agence : *un* - *de publicité.* ‖ Ensemble des prières et des cérémonies liturgiques : - *des morts.* ‖ *L'* - *divin*, la messe, les vêpres, etc. ‖ Nf. Pièce où l'on range ce qui dépend du service de la table : *une* - *bien claire.* ‖ **D'**- loc. adv., sans en être requis.

official nm. Ecclésiastique délégué autrefois par l'évêque pour juger les clercs. ‖ Pl. des *officiaux.*

officialité nf. Tribunal ecclésiastique. ‖ Siège de l'official.

officiant adj. et nm. Prêtre qui célèbre l'office religieux.

officiel, elle adj. Qui émane du gouvernement ou d'une autorité responsable : *texte* -. ‖ *Journal* -, journal de publication des lois, etc.

officier vi. Célébrer l'office divin.

officier nm. Qui a un office, une charge : - *de police, etc.* ‖ Militaire du grade au moins égal à celui de sous-lieutenant ou d'enseigne de vaisseau. ‖ - *subalterne*, jusqu'au grade de capitaine. ‖ - *supérieur*, jusqu'au grade de colonel. ‖ - *général*, général ou amiral. ‖ - *marinier*, sous-officier de la Marine nationale.

officieux, euse adj. Non officiel, tout en émanant d'une source autorisée : *communication* -.

officinal, e, aux adj. *Plantes* -, en usage en pharmacie.

officine nf. Pharmacie. ‖ *Fig.* Endroit où se trame quelque chose : *une* - *de fausses nouvelles.*

offrande nf. Action d'offrir. ‖ Don.

offre nf. Action d'offrir. ‖ La chose offerte.

offrir vt. Présenter. ‖ Proposer. ‖ - *son bras à quelqu'un*, lui proposer l'aide de son bras. ‖ **Offrant** part., adj. et nm. *Au plus* -, à celui qui fait l'offre la plus élevée dans une adjudication.

offset nm. et adj. inv. Procédé d'impression au moyen d'un rouleau de caoutchouc intermédiaire entre la forme et le papier.

offusquer vt. Obscurcir. (Vx.) || Eblouir : *le soleil m'offusque les yeux.* || *Fig.* Choquer : *s'- d'une parole.*

oflag nm. En Allemagne, pendant la Seconde Guerre mondiale, camp de prisonniers réservé aux officiers.

ogival e, aux adj. En ogive : *architecture -.*

ogive nf. Arcade formée de deux arcs de cercle qui se coupent en formant un angle aigu.

ogre, ogresse n. Géant des contes de fées qui mange les petits enfants. || *Fig.* Glouton.

oh! interj. de surprise.

ohé! interj. d'appel.

ohm nm. Unité de résistance électrique (symb. : Ω).

ohmmètre nm. *Electr.* Appareil mesurant la résistance électrique d'un conducteur.

oïdium [*dyom'*] nm. Maladie de la vigne produite par un champignon microscopique.

oie nf. Gros oiseau palmipède de basse-cour. (Cri : *l'oie cacarde.*) || *Fam.* Personne sotte.

oignon nm. Plante potagère à tige bulbeuse. || Bulbe de certaines plantes : *- de lis.* || Callosité aux pieds. || **En rang d'-s** loc. adv., en ligne.

oïl [*o-il*] particule affirm. Ancienne forme de *oui*. || *Langue d'-*, que l'on parlait dans le nord de la France.

oindre vt. (c. *craindre*). Frotter d'huile ou d'une substance grasse. || *Relig. cathol.* Consacrer par les saintes huiles.

oint nm. Celui qui a été consacré : *Saül était l'- du Seigneur.*

oiseau nm. Vertébré ovipare, couvert de plumes, dont les membres antérieurs, transformés en ailes, servent au vol. || Auge pour le mortier. || **A vol d'-** loc. adv., en ligne droite.

oiseau-mouche nm. Très petit oiseau d'Amérique (colibri). || Pl. des *oiseaux-mouches.*

oiseler vi. (c. *appeler*). Tendre des pièges pour prendre les oiseaux.

oiselet nm. Petit oiseau.

oiseleur nm. Qui prend et élève des oiseaux.

oiselier nm. Qui élève et vend des oiseaux.

oisellerie nf. Commerce de l'oiselier. || Lieu où l'on vend des oiseaux.

oiseux, euse adj. Inutile.

oisif, ive adj. et n. Inoccupé, désœuvré. || Improductif, inutile : *une vie - ; laisser son argent -.*

oisillon nm. Petit oiseau.

oisiveté nf. Paresse, inaction.

oison nm. Petit de l'oie. || *Fig.* et *fam.* Homme très borné.

okapi nm. Antilope du Congo, voisine de la girafe et du zèbre.

okoumé nm. Bois d'ébénisterie d'Afrique, utilisé en contre-plaqué.

oléacées nfpl. Famille de plantes, comprenant le *lilas*, le *jasmin*, l'*olivier*, le *troène*, etc.

oléagineux, euse adj. Qui contient, produit de l'huile : *plante, graine -.*

oléoduc nm. Syn. de *pipe-line.*

olfactif, ive adj. Relatif à l'odorat : *nerf -.*

olibrius nm. *Fam.* Bravache.

olifant nm. Petit cor d'ivoire des anciens chevaliers.

oligarchie nf. Gouvernement exercé par quelques familles puissantes.

oligocène adj. et nm. Se dit d'une période de l'ère tertiaire.

olivacé, e et olivâtre adj. De la couleur de l'olive : *teint -.*

olivaie nf. Plantation d'oliviers.

olivaire adj. En forme d'olive.

olivaison nf. Cueillette des olives. || Saison où elle se fait.

olive nf. Fruit oléagineux à noyau. || *Par anal.* Objet, ornement en forme d'olive. || Adj. inv. *Etoffe -*, jaune verdâtre.

olivette nf. Plantation d'oliviers.

olivier nm. Arbre des pays chauds, qui porte les olives.

olographe adj. Se dit d'un testament écrit en entier de la main du testateur.

olympe nm. Séjour des dieux de la mythologie. || Réunion de ces dieux.

olympiade nf. Espace de quatre ans qui s'écoulait entre deux célébrations successives des jeux Olympiques.

olympien, enne adj. Surnom de Zeus. || *Dieux -*, les douze principales divinités du paganisme. || *Fig.* Majestueux : *regard -.*

olympique adj. *Jeux -*, jeux qui se célébraient tous les quatre ans chez les Grecs, près d'Olympie, en l'honneur de Zeus Olympien ; auj., compétition sportive internationale, qui a lieu tous les quatre ans.

ombelle nf. *Bot.* Inflorescence en parasol.

ombellifère adj. *Bot.* Qui porte des ombelles. || Nfpl. Famille de plantes à fleurs en ombelles (carotte, persil).

ombilic [*lik*] nm. Nombril.

ombilical, e, aux adj. Du nombril.

omble ou **omble chevalier** nm. Saumon des lacs d'Europe centrale.

ombrage nm. Branchages feuillus qui donnent de l'ombre. ‖ *Fig.* *Porter -*, inspirer des soupçons.

ombrager vt. (c. *manger*). Donner de l'ombre.

ombrageux, euse adj. Qui a peur de son ombre. ‖ *Fig.* Soupçonneux, défiant : *esprit -*.

ombre nf. Interception de la lumière produite par un corps opaque. ‖ *Fig.* Légère apparence : *il n'y a pas l'- d'un doute.* ‖ Chez les Anciens, mort, fantôme : *l'- d'Achille; le séjour des -.* ‖ *- chinoises,* projection de silhouettes noires sur un écran transparent. ‖ *Peint.* Couleurs obscures, hachures d'un dessin : *ménager les -.*

ombre nf. *Peint.* Terre noirâtre qui sert à ombrer. (On dit aussi TERRE D'OMBRE ou TERRE DE SIENNE.)

ombre nm. Poisson salmonidé, des eaux douces de l'hémisphère boréal. (Ne pas le confondre avec l'*omble*.)

ombrelle nf. Petit parasol de dame. ‖ Disque renflé des méduses.

ombrer vt. Mettre des ombres à un dessin, à un tableau.

ombreux, euse adj. Qui donne de l'ombre : *forêt -.*

oméga nm. Dernière lettre de l'alphabet grec (ω), correspondant à ô. ‖ *Fig.* *L'alpha et l'-,* le commencement et la fin.

omelette nf. Œufs battus ensemble et cuits dans une poêle.

omettre vt. Manquer à faire ou à dire; négliger, oublier.

omission nf. Oubli.

omnibus nm. Autref., voiture publique, à traction animale. ‖ Adj. *Train -,* train qui dessert toutes les stations.

omnicolore adj. De toutes les couleurs.

omnipotence nf. Toute-puissance.

omnipotent adj. Tout-puissant.

omniscience nf. Science universelle.

omniscient, e adj. Qui sait tout.

omnium nm. *Sports.* Compétition cycliste sur piste, comportant plusieurs épreuves. ‖ Course pour chevaux de tout âge.

omnivore adj. Qui se nourrit indifféremment d'animaux ou de végétaux.

omoplate nf. Os large, triangulaire, situé à la partie postérieure de l'épaule.

on pr. indéf. sing. désignant d'une manière vague une ou plusieurs personnes : *- a souvent besoin d'un plus petit que soi.*

onagre nm. Ane sauvage d'Afrique et d'Asie.

once nf. Seizième partie de l'ancienne livre (30,59 g). ‖ *Fam.* Très petite quantité : *une - de bon sens.*

once nf. Petite panthère d'Asie ou d'Afrique.

oncial, e adj. et nf. Large écriture romaine en capitales hautes d'un pouce.

oncle nm. Frère du père ou de la mère : *- maternel.*

onction nf. Action d'oindre. ‖ *Fig.* Douceur qui touche le cœur et porte à la dévotion : *parler avec -.*

onctueux, euse adj. Gras, huileux : *liquide -.* ‖ Qui a une saveur veloutée : *un chocolat -.* ‖ *Fig.* Rempli d'onction : *sermon -.*

ondatra nm. Rongeur de l'Amérique du Nord, qui fournit la fourrure dite *loutre d'Hudson.*

onde nf. Eau qui se déplace en se soulevant et en s'abaissant. ‖ *Poétiq.* L'eau en général. ‖ *Phys.* Mouvement vibratoire qui se propage dans un fluide : *- liquides ; - sonores ; - électromagnétiques.*

ondé, e adj. Qui offre des dessins en forme d'ondulations.

ondée nf. Averse violente et passagère : *les - d'avril.*

ondin, e n. Génie des mythologies nordiques.

on-dit nm. inv. Bruit vague, rumeur.

ondoiement nm. *Liturg.* Baptême provisoire administré sans les cérémonies de l'Eglise.

ondoyer vi. (c. *aboyer*). Onduler : *moissons qui ondoient.* ‖ Vt. Baptiser sans les cérémonies de l'Eglise. ‖ **Ondoyant, e** part. et adj. *Fig.* Inconstant : *caractère -.*

ondulation nf. Mouvement oscillatoire qui se produit dans un liquide agité. ‖ Mouvement qui imite celui des ondes : *les - d'un champ de blé.* ‖ Frisure à larges plis.

ondulatoire adj. Sous forme d'ondulations : *mouvement -.* ‖ Qui se propage par ondes : *nature - de la lumière.*

onduler vi. Avoir un mouvement sinueux. ‖ Vt. Rendre ondulé : *- les cheveux.*

onduleux, euse adj. Qui présente des ondulations.

onéreux, euse adj. Coûteux, cher.

ongle nm. Partie cornée qui couvre le dessus du bout des doigts. ‖ Griffes, serres de certains animaux. ‖ *Fig.* *Payer rubis sur l'-,* exactement.

onglée nf. Engourdissement douloureux au bout des doigts, dû au froid.

onglet nm. Petite bande de papier

fixant une feuille isolée dans un volume. ‖ Partie inférieure et rétrécie de certains pétales. ‖ Extrémité en biseau à 45° d'une planche, d'une moulure. ‖ *Boîte à -*, boîte en forme de canal, qui porte sur ses parois des entailles servant à guider la scie.

onglier nm. Nécessaire pour la toilette.

onguent nm. Médicament gras d'usage externe.

onguiculé, e adj. Aux doigts munis d'ongles, de griffes.

ongulé, e adj. Aux doigts terminés par un sabot continu ou fendu.

oniromancie nf. Divination par les songes.

onomastique nf. Etude des noms propres.

onomatopée nf. Mot formé par harmonie imitative, comme *glouglou, oliquetis, tic tac*, etc.

ontogenèse nf. Cycle évolutif, de l'œuf à l'être parfait.

onychophagie nf. Habitude vicieuse de se ronger les ongles.

onyx nm. Agate fine, à raies colorées.

onze adj. num. Dix et un.

onzième adj. num. ord. de onze. ‖ Nm. La onzième partie. (Dites *le onzième*.)

oolithe nf. Calcaire formé de grains semblables à des œufs de poisson.

oosphère nf. Elément femelle qui donne l'œuf après fécondation.

opacité nf. Etat de ce qui est opaque. ‖ Ombre épaisse.

opale nf. Pierre précieuse à reflets colorés et changeants.

opalescent, e adj. A teinte laiteuse d'opale.

opalin, e adj. De la nature de l'opale.

opaque adj. Qui arrête la lumière.

opéra nm. Ouvrage dramatique mis en musique. ‖ Lieu où se joue l'opéra. ‖ *- bouffe*, opéra dont l'action est entièrement comique. ‖ Pl. des *opéras*.

opérable adj. Qu'on peut opérer.

opéra-comique nm. Pièce dans laquelle le chant alterne avec les paroles. ‖ Pl. des *opéras-comiques*.

opérateur, trice n. Qui fait des opérations de chirurgie, de physique. ‖ Qui fait fonctionner des appareils.

opération nf. Action d'opérer. ‖ Intervention chirurgicale. ‖ Calcul : *- d'arithmétique*. ‖ Ensemble des combats menés par des troupes : *les - militaires*. ‖ Fam. et *ironiq*. *Par l'- du Saint-Esprit*, par un moyen mystérieux.

opératoire adj. Relatif aux opérations chirurgicales : *méthode -*.

opercule nm. Couvercle de l'urne des mousses, des branchies des poissons, des cellules des abeilles, etc.

operculé, e adj. *Hist. nat.* Muni d'un opercule : *un mollusque -*

opérer vt. (c. *céder*). Faire, accomplir :- *des miracles*. ‖ Faire une opération de calcul, de chimie. ‖ Soumettre à une intervention chirurgicale. ‖ *Absol.* Produire un effet : *le remède commence à -*. ‖ *Opéré*, e part., adj. et n. Qui a subi une opération.

opérette nf. Petit opéra bouffe.

ophicléide nm. Instrument de musique, à vent et à clefs.

ophidien, enne adj. Qui ressemble ou se rapporte aux serpents. ‖ Nmpl. Ordre de reptiles.

ophrys nm. Genre d'orchidées dont les fleurs ressemblent à divers insectes.

ophtalmie nf. Affection inflammatoire de l'œil.

ophtalmique adj. Qui concerne les yeux.

ophtalmologie nf. Science des maladies des yeux.

ophtalmologiste ou **ophtalmologue** n. Médecin oculiste.

ophtalmoscope nm. Instrument pour examiner l'intérieur de l'œil.

opiacé, e adj. Qui contient de l'opium : *un médicament -*.

opimes adj. fpl. *Dépouilles -*, armes du général ennemi tué et dépouillé de la propre main du général romain. ‖ *Fig.* Riche profit.

opiner vi. Donner son avis. ‖ *Fam. - du bonnet*, marquer son accord par un signe de tête.

opiniâtre adj. Tenace, obstiné. ‖ *Fig.* Qui prouve de l'obstination, de l'acharnement : *travail -*. ‖ Qui résiste aux remèdes : *fièvre -*.

opiniâtrer (s') vpr. S'obstiner fortement, s'entêter.

opiniâtreté nf. Obstination, entêtement. ‖ Constance : *travailler avec -*.

opinion nf. Avis, manière de voir, de penser. ‖ Jugement que l'on porte : *avoir bonne - de soi*. ‖ *- publique*, ou, absol., l'*-*, ce que pense le public.

opiomane n. et adj. Adonné à l'opium.

opium [*pyom'*] nm. Narcotique extrait du pavot.

opopanax nm. Ombellifère odoriférante et balsamique.

opossum nm. Syn. de SARIGUE.

oppidum nm. Ville fortifiée en Gaule.

opportun, e adj. Qui arrive à propos : *un secours -*.

opportunisme nm. Système politique de ceux qui savent se plier aux événements, et y plier la rigueur de leurs principes.

Sialia currucoïdes
(Amérique du Nord)

Paradisier
(Nouvelle-Guinée)

Loriot

Ara

Mésange bleue

Guêpier d'Europe

Colombe poignardée

Oiseau-mouche
sapho

Faisan doré
(Asie)

Paradisier
Paradisea raggiana
(Nouvelle-Guinée)

Piranga rubra
(Amérique du Sud)

Cissa chinensis
(Asie)

Psittes erythrophtalmus
(Australie)

Faisan d'Asie
Phasianus colchicus chrysomelas
(Asie)

Perruche
Psephotus pulcherrimus
(Australie)

Pharomaerus mocinno
(Amérique centrale et du Sud)

PAPILLONS

Agrias narcissus
(Amérique du Sud)

Morpho rhetenor
(Amérique du Sud)

Zygène

Talicade

Eucharie

Hebomoia leucippe
(Moluques)

Callicore clymena
(Amérique centrale)

Morpho aega
(Amérique du Sud)

Papilio paradisea
(Nouvelle-Guinée)

Cymothœ sangaris
(Afrique)

Argus

Sonthonnaxia mænas
(Asie — Malaisie)

Cupidon

Cucullie

Limenitis procris
(Asie — Malaisie)

Panaxia dominula
(Europe)

Teinopalpus imperialis
(Inde)

Machaon
(Europe)

Kallima inachus
(Asie)

opportuniste adj. et nm. Partisan de l'opportunisme.

opportunité nf. Qualité de ce qui est opportun.

opposable adj. Qui peut s'opposer à : *le singe a le pouce ~ aux autres doigts.*

opposer vt. Placer une chose de manière qu'elle fasse obstacle à une autre. || *Fig.* Comparer : *les Anciens aux Modernes.* || *Fig.* Déployer : *une grande résistance.* || Objecter : *de bonnes raisons.* || S'~ [à] vpr. Faire obstacle à : *s'~ à un mariage.* || **Opposant,** e part., adj. et n. Adversaire. || **Opposé,** e part. et adj. Placé vis-à-vis : *rives ~.* || Contraire : *intérêts ~.* || Nm. Contraire : *le bien est l'~ du mal.* || A l'~ loc. adv., au contraire, du côté opposé. || A l'~ de loc. prép., au contraire de.

opposite nm. Le contraire. (Vx.) || A l'~ loc. prép. et adv., vis-à-vis.

opposition nf. Empêchement, obstacle. || Contraste : *~ de couleurs.* || Parti des adversaires du gouvernement.

oppresser vt. Presser fortement, gêner la respiration. || *Fig.* Tourmenter : *ce souvenir m'oppresse.*

oppresseur nm. Qui opprime.

oppressif, ive adj. Qui tend à opprimer : *lois ~.*

oppression nf. Sensation de suffocation. || Asservissement : *~ d'un peuple.*

opprimer vt. Accabler par violence, par abus d'autorité : *les puissants oppriment les faibles.* || **Opprimé,** e part., adj. et n.

opprobre nm. Honte, ignominie. || État d'abjection : *vivre dans l'~.*

optatif, ive adj. Qui exprime le souhait : *formule ~.* || Nm. Mode des verbes grecs.

opter vi. Choisir : *~ pour un emploi.*

opticien nm. Fabricant, marchand d'instruments d'optique.

optimisme nm. Tendance à trouver que tout est pour le mieux dans le monde. || *Par ext.* Tendance à voir tout en bien.

optimiste adj. et n. Partisan de l'optimisme. || Qui a tendance à voir tout en bien.

optimum nm. L'état le plus favorable d'une chose. || Adjectiv. : *milieu ~.*

option nf. Pouvoir, action d'opter; choix.

optique adj. Qui concerne la vue. || Nf. Partie de la physique qui traite des lois de la lumière et de la vision.

opulemment [la-man] adv. Avec opulence.

opulence nf. Abondance de biens, grande richesse.

opulent, e adj. Très riche.

opuscule nm. Petit ouvrage imprimé.

or nm. Métal précieux (Au), inaltérable, de couleur jaune. || Ouvrage ou monnaie d'or : *être payé en l'~.* || *Fig.* Richesse : *la soif de l'~.* || *Adorer le veau d'~*, ne songer qu'à s'enrichir. || *Affaire d'~*, très avantageuse. || *Être cousu d'~*, rouler sur l'~, être très riche. || *Cœur d'~*, excellent cœur. || *Payer au poids de l'~*, très cher. || *C'est de l'~ en barre*, c'est d'une valeur certaine. || *Parler d'~*, dire ce qu'il y a de mieux à dire. || *Livre d'~*, recueil contenant les signatures des personnages reçus officiellement. || *Age d'~*, premier temps du monde, où l'on vivait dans la paix, l'innocence et le bonheur.

or conj. de coordination.

oracle nm. Réponse d'une divinité à celui qui la consultait. || La divinité consultée : *consulter l'~.* || Décisions émanant de personnes faisant autorité : *les ~ de la Faculté.* || Ces personnes elles-même : *il était l'~ de son parti.* || *Fam.* Parler comme un ~, avec pertinence.

orage nm. Trouble atmosphérique, accompagné d'éclairs, de tonnerre, de vent, de pluie. || *Fig.* Peines, revers : *les ~ de la vie.*

orageux, euse adj. Relatif à l'orage. || *Fig.* Agité, troublé : *vie ~.*

oraison nf. Prière. || ~ *funèbre*, discours en l'honneur d'un mort illustre.

oral, e, aux adj. De vive voix. || Nm. Examen qui consiste en interrogations : *échouer à l'~.*

orange nf. Fruit de l'oranger. || Nm. Sa couleur. || Adj. inv. : *étoffes ~.*

orangé, e adj. et n. De la couleur de l'orange : *ruban ~.*

orangeade nf. Boisson faite d'eau sucrée et de jus d'orange.

oranger nm. Arbre toujours vert, à fleurs blanches, et qui porte les oranges.

orangeraie nf. Plantation d'orangers.

orangerie nf. Serre où l'on met les orangers pendant l'hiver.

orang-outan nm. Grand singe anthropomorphe de Sumatra et de Bornéo. || Pl. des *orangs-outans*.

orateur nm. Qui prononce un discours. || Homme éloquent.

oratoire adj. Qui appartient à l'orateur, à l'éloquence.

oratoire nm. Petite chapelle.

oratorien nm. Membre de la congrégation enseignante de l'Oratoire.

oratorio nm. Drame musical à sujet religieux.

orbe nm. Surface circonscrite par l'orbite d'une planète. || Globe, sphère. || Adj. Dit d'un mur sans ouverture.

orbiculaire adj. Qui est rond. ‖ Se dit de muscles circulaires.

orbitaire adj. Relatif à l'orbite de l'œil : *les nerfs -*.

orbite nf. Trajectoire d'une planète autour du Soleil. ‖ Cavité de l'œil.

orchestration [*kès*] nf. Art d'orchestrer.

orchestre nm. Espace réservé aux instrumentistes, entre la scène et le public. ‖ Ensemble de musiciens. ‖ *Fauteuils d'-*, places situées au rez-de-chaussée des salles de spectacle.

orchestrer vt. Combiner pour l'orchestre les diverses parties d'une composition musicale.

orchidée [*ki*] nf. Plante exotique à très belles fleurs.

orchis [*kiss*] nm. Orchidée d'Europe à fleurs en épi.

ordalie nf. Epreuve judiciaire au Moyen Age. ‖ Jugement de Dieu.

ordinaire adj. Fréquent, habituel. ‖ Médiocre, commun : *esprit -*. ‖ Nm. Ce qu'on a coutume de manger : *un bon -*. ‖ Autorité ecclésiastique diocésaine. ‖ *- de la messe*, prières qui ne changent jamais. ‖ Loc. adv. **A l'-**, suivant l'habitude. **D'-**, le plus souvent.

ordinal, e, aux adj. Qui marque l'ordre, le rang, comme *premier*, *deuxième*, etc.

ordinand nm. Celui qui se présente à une ordination.

ordinateur nm. Calculateur universel qui effectue des opérations arithmétiques et logiques complexes.

ordination nf. Cérémonie religieuse qui confère les ordres sacrés.

ordo nm. Calendrier indiquant les offices de l'Eglise pour chaque jour.

ordonnance nf. Disposition, arrangement. ‖ Acte qui émane d'une autorité souveraine. ‖ Règlement : *- de police*. ‖ Prescription d'un médecin : *rédiger une -*. ‖ Soldat à la disposition d'un officier.

ordonnancement nm. Etablissement d'un état de paiement.

ordonnancer vt. (c. *placer*). Donner ordre de payer.

ordonnateur, trice n. Qui ordonne, dispose : *- d'un festin*.

ordonnée nf. L'une des coordonnées d'un point, l'autre étant l'*abscisse*.

ordonner vt. Ranger, mettre en ordre. ‖ Commander : *- de se taire*. ‖ Prescrire un remède : *- des bains*. ‖ *Liturg.* Conférer les ordres : *- un diacre*.

ordre nm. Disposition des choses selon le rang, la place qui leur convient. ‖ Importante division dans les classifications animales et végétales. ‖ Har-

monie : *troubler l'-*. ‖ Bonne administration des finances : *l'économie est fille de l'-*. ‖ Compagnie religieuse : *- des templiers*. ‖ Compagnie d'honneur : *- de la Légion d'honneur*. ‖ Corporation des professions libérales : *- des avocats*. ‖ Devoir : *retenir dans l'-*. ‖ Rang, classe : *un écrivain de premier -*. ‖ Commandement : *recevoir un -*. ‖ *Théol.* Sacrement qui confère le pouvoir d'exercer les fonctions ecclésiastiques. ‖ *- majeurs*, sous-diaconat, diaconat, prêtrise ; *- mineurs*, portier, lecteur, exorciste, acolyte. ‖ Combinaison harmonieuse des diverses parties d'un édifice : *il existe cinq - classiques présentant chacun un type de colonne*. ‖ *Billet à -*, payable à la personne à l'ordre de laquelle il sera passé. ‖ *Mot d'-*, mot de passe. ‖ *- du jour*, ensemble des questions dont doit s'occuper une assemblée dans une séance. ‖ *Citer un militaire à l'- du jour*, le signaler publiquement pour sa belle conduite. (V. CITATION.) ‖ *Passer à l'- du jour*, ne pas mettre une question en délibération.

ordure nf. Immondices, balayures, etc. ‖ *Fig.* Ecrits, paroles, actions obscènes : *dire des -*.

ordurier, ère adj. Qui contient, se plaît à dire ou à écrire des choses obscènes.

orée nf. Bord, lisière d'un bois.

oreille nf. Organe de l'ouïe et, particulièrement, sa partie externe de chaque côté de la tête. ‖ Ouïe : *avoir l'- fine*. ‖ Justesse de l'ouïe : *avoir de l'-*. ‖ Ce qui a quelque ressemblance avec la forme de l'oreille : *écrou à -*. ‖ *Fig. Prêter l'-*, être attentif. ‖ *Ouvrir les -*, écouter avec intérêt. ‖ *Faire la sourde -*, faire semblant de ne pas entendre. ‖ *Se faire tirer l'-*, céder avec peine. ‖ *Echauffer les -*, irriter. ‖ *Frotter, tirer les - de quelqu'un*, lui infliger une correction. ‖ *Avoir l'- basse*, être humilié.

oreiller nm. Coussin pour reposer la tête quand on est couché.

oreillette nf. Chacune des deux cavités de la partie supérieure du cœur.

oreillons nmpl. Inflammation douloureuse des glandes salivaires (maladie contagieuse).

orémus nm. inv. *Fam.* Prière.

ores adv. Présentement. (Vx.) ‖ **D'-et déjà** loc. adv., dès maintenant.

orfèvre nm. Qui fait ou vend des ouvrages d'or et d'argent.

orfèvrerie nf. Art, commerce de l'orfèvre. ‖ Ouvrage d'orfèvre.

orfraie nf. Rapace diurne.

orfroi nm. Passementerie d'or des chapes, des chasubles, etc.

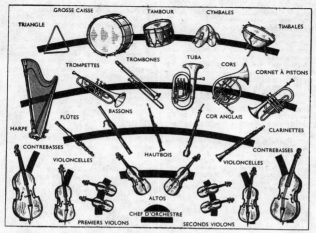

organdi nm. Mousseline légère et apprêtée.

organe nm. Partie d'un corps vivant destinée à remplir une fonction nécessaire à la vie. ‖ La voix : *avoir un bel -*. ‖ Pièce élémentaire de machine : *un - de transmission*. ‖ *Fig.* Journal, revue : *l' - d'un parti*.

organique adj. Relatif aux organes ou aux êtres organisés : *la vie -*. ‖ *Chimie -*, qui traite du carbone et de ses dérivés. ‖ *Loi -*, qui développe les principes posés dans la constitution.

organisateur, trice adj. et n. Qui organise; habile à organiser.

organisation nf. Disposition des parties qui composent un être vivant : *l' - du corps humain*. ‖ *Fig.* Manière dont un Etat, une administration, un service sont constitués.

organiser vt. Doter d'organes dont le fonctionnement constitue la vie. ‖ *Fig.* Combiner, disposer pour faire fonctionner : *- une armée*. ‖ Préparer : *- une excursion*. ‖ **Organisé, e** adj. *Fig.* D'un esprit juste et étendu : *une tête bien -*.

organisme nm. Ensemble des organes qui constituent un corps.

organiste n. Qui joue de l'orgue.

orge nf. Céréale utilisée en brasserie et pour l'alimentation des animaux. ‖ Sa graine. (Orge est masculin dans les deux loc. : *orge mondé, orge perlé*.)

orgeat nm. Sirop d'amandes étendu d'eau.

orgelet nm. Petit furoncle au bord des paupières.

orgiaque adj. Qui tient de l'orgie.

orgies nfpl. Fêtes de Bacchus. ‖ Sing. Débauche de table : *faire une -*. ‖ Excès : *- de lumière*.

orgue nm. au sing.; nf. au pl. Instrument de musique à clavier et à vent : *l' - de cette église est excellent*. ‖ *- de Barbarie*, mis en jeu par un cylindre qu'on fait mouvoir à l'aide d'une manivelle. ‖ *Point d' -*, repos suspendant la mesure sur une note (⌒).

orgueil nm. Estime excessive de soi-même. ‖ En bonne part, sentiment élevé de sa propre dignité.

orgueilleux, euse adj. et n. Qui a de l'orgueil. ‖ Qui en témoigne.

orichalque [*kalk'*] nm. Métal fabuleux des Anciens. ‖ Laiton.

orient nm. Point du ciel où le soleil se lève. ‖ Point cardinal où le soleil se lève à l'équinoxe. ‖ Eclat d'une perle. ‖ L'Asie, relativement à l'Europe. ‖ *Proche- -*, Turquie, Jordanie, Israël, Liban, Syrie. ‖ *Extrême- -*, Chine, Japon, Corée, Viet-nam. ‖ *Moyen- -*, Arabie, Irak, Perse.

oriental, e, aux adj. et n. De l'Orient; qui est à l'est.

orientalisme nm. Science des choses de l'Orient.

orientaliste n. Qui se livre à l'étude des langues orientales.

orientation nf. Action d'orienter, de s'orienter. || *Fig.* Direction : *l'- de la politique.*

orienter vt. Disposer par rapport aux points cardinaux. || *Fig.* Guider : *- un enfant vers les lettres.* || S'- vpr. Se diriger.

orifice nm. Ouverture.

oriflamme nf. Bannière en forme de flamme. || Ancienne bannière des rois de France.

origan nm. Labiacée aromatique, ou *marjolaine.*

originaire adj. Qui tire son origine, qui provient de.

original, e, aux adj. Qui se rapporte à l'œuvre primitive : *un texte -.* || Non copié, non imité : *pensée -.* || Qui compose d'une manière neuve, personnelle : *écrivain -.* || Bizarre, excentrique : *caractère -.* || Nm. Modèle primitif, par opposition à *copie : l'- d'un traité.* || Texte primitif, par oppos. à *traduction.* || N. Personne excentrique.

originalité nf. Caractère de ce qui est original. || Bizarrerie.

origine nf. Principe, commencement. || Cause. || Etymologie : *l'- d'un mot.* || Extraction, provenance : *mode d'anglaise.* || A l'- loc. adv., au début.

originel, elle adj. Qui remonte à l'origine : *péché -.*

orignal nm. Elan du Canada.

oripeau nm. Paillette de cuivre poli qui, de loin, a l'éclat de l'or. || Broderie de faux ou ou de faux argent.

orléaniste nm. Partisan des princes de la maison d'Orléans.

ormaie, ormoie nf. Lieu planté d'ormes.

orme nm. Grand arbre élancé qui sert à border les avenues.

ormeau nm. Jeune orme.

ornemaniste nm. et adj. Sculpteur ou peintre décorateur.

ornement nm. Ce qui orne, embellit.

ornemental, e, aux adj. Qui concerne les ornements.

ornementation nf. Art ou manière de disposer des ornements. || Art de l'ornemaniste.

ornementer vt. Enrichir d'ornements.

orner vt. Parer, embellir.

ornière nf. Trace creusée dans le sol par les roues des voitures. || *Fig.* Routine : *sortir de l'-.*

ornithologie nf. Partie de la zoologie qui traite des oiseaux.

ornithorynque nm. Mammifère australien à museau allongé et corné en bec de canard.

orobanche nf. Plante parasite des légumineuses.

orographie nf. Description des montagnes.

oronge nf. Champignon comestible d'un rouge doré. || *Fausse -,* l'amanite tue-mouches, très vénéneuse (chapeau rouge vif parsemé de taches blanches).

orpailleur nm. Homme qui recherche les paillettes d'or dans le lit de certains cours d'eau.

orphelin, e n. et adj. Enfant qui a perdu son père et sa mère, ou l'un d'eux.

orphelinat nm. Etablissement où l'on élève les orphelins.

orphéon nm. Société chorale.

orphéoniste n. Membre d'un orphéon.

orphie nf. Poisson à bec fin, pointu, à squelette vert émeraude.

orpiment nm. Sulfure jaune d'arsenic, employé en peinture.

orseille nf. Lichen qui fournit une belle couleur rouge-violet.

orteil nm. Doigt du pied.

orthochromatique adj. *Phot.* Film sensible aux radiations colorées.

orthodoxe adj. Conforme à la doctrine de l'Eglise. || *Par ext.* Conforme à la vérité : *une opinion -.* || *Eglise -,* l'Eglise russe. || N. : *les -.*

orthodoxie nf. Qualité de ce qui est orthodoxe.

orthogonal, e, aux adj. Qui forme un angle droit.

orthographe nf. Manière d'écrire correctement les mots d'une langue.

orthographier vt. (c. *prier*). Ecrire les mots suivant les règles.

orthographique adj. Qui appartient à l'orthographe.

orthopédie nf. Art de prévenir ou de corriger les difformités du corps.

orthopédique adj. Relatif à l'orthopédie : *appareil -.*

orthopédiste adj. et n. Qui pratique l'orthopédie.

orthoptère adj. Se dit d'insectes broyeurs aux ailes inférieures pliées en long (criquet, sauterelle). || Nmpl. Ordre d'insectes ayant ces caractères.

ortie nf. Plante couverte de poils irritants.

ortolan nm. Passereau d'Europe, à chair très délicate.

orvet nm. Petit lézard sans pattes, dit *serpent de verre.*

orviétan nm. Drogue de charlatan.

os nm. Partie dure et solide qui forme le squelette des vertébrés.

oscillation nf. Mouvement d'un corps qui va et vient de part et d'autre de sa position d'équilibre.

oscillatoire adj. De la nature de l'oscillation.

osciller vi. Effectuer des oscillations.

oscillographe nm. *Electr.* Appareil permettant d'observer et d'enregistrer les phénomènes oscillants.

oseille nf. Plante potagère d'un goût acide.

oser vt. Avoir la hardiesse, le courage de. ‖ **Osé**, e part. et adj. Hardi.

oseraie nf. Lieu planté d'osiers.

osier nm. Rameau flexible de plusieurs espèces de saules, servant à tresser des paniers et à faire des liens.

osmose nf. Echange de certains constituants de deux solutions inégalement concentrées, séparées par une cloison poreuse.

osmotique adj. Relatif à l'osmose.

ossature nf. L'ensemble des os. ‖ Charpente d'un homme, d'un animal, d'un édifice : *homme d'une solide -.*

osséine nf. Substance vivante entrant dans la composition des os.

osselet nm. Petit os. ‖ Nmpl. Petits os avec lesquels jouent les enfants.

ossements nmpl. Os décharnés et desséchés.

osseux, euse adj. De la nature de l'os, à gros os.

ossification nf. Transformation d'un tissu cartilagineux en tissu osseux.

ossifier vt. (c. *prier*). Convertir en os.

ossuaire nm. Dépôt d'ossements.

ostéite nf. Inflammation du tissu osseux.

ostensible adj. Volontairement apparent : *d'une manière -.*

ostensoir nm. Pièce d'orfèvrerie dans laquelle on expose l'hostie consacrée.

ostentation nf. Affectation qu'on apporte à faire parade d'un avantage ou d'une qualité.

ostentatoire adj. Qui marque de l'ostentation : *attitude -.*

ostéologie nf. Partie de l'anatomie qui traite des os.

ostracisme nm. Jugement du peuple d'Athènes bannissant pour dix ans un citoyen dont il redoutait la puissance ou l'ambition. ‖ *Par ext.* Exclusion.

ostréiculture nf. Elevage des huîtres.

ostrogoth ou ostrogot, e adj. et n. De la Gothie orientale. ‖ *Par ext.* Barbare, sauvage.

otage nm. Personne, ville, livrée ou détenue en garantie de promesses ou d'un traité.

otarie nf. Mammifère pinnipède, voisin du phoque.

ôter vt. Enlever, tirer de sa place. ‖ Se dépouiller de : *- son manteau.* ‖ Faire cesser : *- la fièvre.* ‖ Retran-

cher : *- deux de quatre.* ‖ S'- vpr. Se retirer : *ôtez-vous de là.*

otite nf. Inflammation de l'oreille.

oto-rhino-laryngologie nf. Partie de la médecine qui s'occupe des maladies des oreilles, du nez et de la gorge.

ottoman e adj. et n. Turc. ‖ Nm. Etoffe à grosses côtes. ‖ Nf. Canapé.

ou conj. marquant l'alternative : *vaincre - mourir.* ‖ Marquant l'identité : *Lutèce - l'ancien Paris.*

où adv. 1° Avec valeur relative, marque le lieu et le temps : *la maison - j'habite; le jour - je l'ai vu;* 2° Avec valeur interrogative, marque le lieu, le but (mais non le temps) : *- courez-vous?*

ouaille nf. Autref., brebis. ‖ Paroissien : *le curé s'adresse à ses -.*

ouais! interj. fam. qui marque la surprise.

ouate nf. Filament de coton cardé en nappe, pour doublures ou pansements. ‖ *- hydrophile*, purifiée pour lavages dans de l'eau alcaline. (On dit indifféremment *de la* - ou *de l'-.*)

ouater vt. Garnir, doubler d'ouate.

ouatine nf. Doublure cotonneuse.

ouatiner vt. Doubler de ouatine.

oubli nm. Manque de souvenir. ‖ Négligence fâcheuse. ‖ Egarement passager : *avoir un moment d'-.*

oublier vt. (c. *prier*). Perdre le souvenir. ‖ Laisser par inadvertance : *- ses gants.* ‖ Laisser passer : *- l'heure.* ‖ Omettre par négligence, manquer à : *- ses promesses.* ‖ Négliger : *- ses amis.* ‖ N'avoir aucun égard à : *- les conseils d'un père.* ‖ S'- vpr. Manquer à la correction, à la politesse. ‖ Négliger volontairement ses intérêts : *s'-, c'est penser aux autres.* ‖ *Fam.* Manquer aux bienséances.

oubliettes nfpl. Cachot souterrain.

oublieux, euse adj. Qui oublie : *l'ingrat se dit -.*

oued nm. Mot arabe signif. *cours d'eau.* ‖ Pl. des *oueds.*

ouest nm. Occident ou couchant. ‖ Direction de l'ouest : *marcher vers -.*

ouf! interj. qui marque un soulagement : *-, il est parti.*

oui adv. Particule affirmative opposée à *non.* ‖ Nm. inv. : *tout se résout par des* - ou par des *non.*

ouï-dire nm. inv. Ce qu'on ne sait que par le bruit public : *ce sont des -.* ‖ Loc. adv. Par -, pour l'avoir entendu dire.

ouïe nf. Sens par lequel on perçoit les sons. ‖ Pl. Ouvertures par où sort l'eau de la cavité branchiale des poissons. ‖ Ouvertures pratiquées à la table supérieure d'un violon.

ouiller vt. Compenser l'évaporation du vin d'un tonneau avec du vin de même provenance.

ouïr vt. (N'est usité qu'à l'inf., au part. passé et aux t. comp.). Entendre : *j'ai ouï dire que...*.

ouistiti nm. Nom de divers petits singes d'Amérique.

ouragan nm. Tempête violente.

ouralien, enne adj. Des monts Ourals : *les populations -*.

ourdir vt. Disposer parallèlement sur l'ourdissoir les fils de la chaîne d'une étoffe. || *Fig.* Tramer : *- une trahison.*

ourdisseur, euse n. Qui ourdit.

ourdissoir nm. Cylindre tournant servant à ourdir.

ourler vt. Border d'un repli cousu.

ourlet nm. Repli cousu au bord d'une étoffe.

ours nm. Mammifère plantigrade, à fourrure épaisse, à museau pointu. || *Fig.* Homme qui fuit la société.

ourse nf. Femelle de l'ours. || *Astron.* Grande -, Petite - constellations de l'hémisphère boréal.

oursin nm. Echinoderme globuleux à test épineux (châtaigne de mer).

ourson nm. Petit d'un ours. || Bonnet à poil.

ouste! interj. familière qui s'emploie pour chasser ou faire activer quelqu'un : *allez -!*

out (*a-out'*) adv. Mot anglais signifiant *dehors* et employé au tennis pour indiquer que la balle est sortie des limites du jeu.

outarde nf. Gros échassier à chair savoureuse.

outardeau nm. Jeune outarde.

outil nm. Instrument de travail.

outillage nm. Assortiment d'outils. || Ensemble des machines d'un établissement industriel.

outiller vt. Garnir, munir d'outils.

outilleur nm. Ouvrier professionnel chargé de la fabrication et de la remise en état des outils.

outrage nm. Injure, offense grave. || *Fig.* Les - du temps, les infirmités de l'âge.

outrager vt. (c. *manger*). Offenser vivement : *- un supérieur.* || Porter atteinte : *- la morale.*

outrageusement adv. D'une manière outrageuse. || *Par ext.* D'une manière excessive : *elle est - fardée.*

outrance nf. Exagération : *l'- de ses paroles.* || A - loc. adv., jusqu'à l'excès, la mort : *combat à -.*

outre nf. Sac en peau de bouc pour conserver et transporter des liquides.

outre prép. De plus : *apporter , - les témoignages, des preuves écrites.* ||

Au-delà : - *mesure.* || Adv. Plus loin : *aller -.* || *Fig.* Passer -, ne pas tenir compte de : *il passa - à mes observations.* || Loc. adv. **En -**, de plus.

outré, e adj. Exagéré : *paroles -.* || Indigné : *j'en suis -.*

outrecuidance nf. Présomption, fatuité : *parler avec -.*

outrecuidant, e adj. Présomptueux, arrogant : *propos -.*

outremer nm. Couleur d'un beau bleu, autref. extraite du lapis-lazuli.

outre-mer loc. adv. Au-delà des mers.

outrepasser vt. Aller au-delà de : *- ses pouvoirs.*

outrer vt. Exagérer : *- la mode.* || Offenser gravement, irriter : *vos paroles l'ont outré.*

outre-tombe adv. Au-delà de la tombe. || *Mémoires d'-,* publiés après la mort de l'auteur.

outsider [*a-out-saï-deur*] nm. Cheval qui n'a que quelques chances de gagner une course.

ouvert, e adj. *Pays -,* non fortifié ou sans défenses naturelles. || Non défendu : *ville -.* || *Fig.* Franc : *homme -; visage -.* || Déclaré : *guerre -.* || Intelligent, vif : *esprit -.* || *A bras -,* cordialement. || *A cœur -,* franchement. || *A livre -,* aussitôt et sans préparation. || *Tenir table -,* accueillir à table tous ceux qui se présentent.

ouverture nf. Fente, trou, espace vide dans un corps. || Action d'ouvrir : *l'- d'un coffre.* || *Fig.* Préface instrumentale d'un opéra ou d'un ballet. || Commencement, inauguration : *- de la séance, d'un magasin.* || Proposition : *faire des - de paix.*

ouvrable. adj. Qu'on peut travailler : *une matière -.* || *Jour -,* jour de la semaine non férié.

ouvrage nm. Action de travailler ; son résultat : *un - de menuiserie.* || Travail de femme à l'aiguille, au crochet, etc. : *apporter son -; sac à -.* || Production littéraire : *publier un -.* || Volume : *un - relié.* || Fortification : *les - de la ligne Maginot.* || Partie d'un haut fourneau située immédiatement au-dessus des tuyères. || *- d'art,* importants travaux de maçonnerie ou de charpente métallique (pont, viaduc, tunnel, etc.).

ouvrager vt. (c. *manger*). Décorer, orner minutieusement : *- une pièce d'orfèvrerie.*

ouvré, e adj. Façonné avec soin.

ouvre-boîtes nm. inv. Sorte de couteau servant à ouvrir les boîtes de conserves.

ouvreur, euse n. Qui ouvre. || Nf.

Femme chargée de placer les spectateurs dans un théâtre, un cinéma.

ouvrier, ère n. Qui travaille de ses mains : - *maçon*; - *à la journée*. || Adj. *Classe* -, les ouvriers. || *Cheville* -, v. CHEVILLE.

ouvrir vt. (c. *couvrir*). Faire que ce qui était fermé ne le soit plus. || Ecarter ce qui est joint : - *les lèvres, des huîtres*, etc. || Pratiquer une ouverture : - *un chemin*. || Permettre l'accès de : - *sa maison aux pauvres*. || Percer, entamer : - *une veine, un pâté*. || *Fig.* Commencer, inaugurer : - *le bal*. || Fonder : - *un magasin*. || Exciter : - *l'appétit*. || - *les yeux*, sortir de son aveuglement. || - *les yeux d'un autre*, l'éclairer. || - *l'oreille*, écouter attentivement. || - *son cœur à quelqu'un*, se confier à lui; lui - *sa maison*, l'accueillir; lui - *sa bourse*, lui offrir de l'argent. || - *l'esprit*, éveiller l'intelligence. || - *un compte à quelqu'un*, commencer à lui faire crédit. || - *la chasse*, permettre de chasser. || Vi. Donner accès : *cette porte ouvre sur le jardin*. || Etre ouvert : *magasin qui ouvre le dimanche*. || S'- vpr. *Fig.* S'- *à quelqu'un*, lui découvrir sa pensée. || S'- *un passage*, se le frayer.

ouvroir nm. Etablissement de bienfaisance, atelier, où des jeunes filles se réunissent pour se livrer à des travaux de lingerie. || Atelier dans les communautés de femmes.

ovaire nm. Organe des animaux où se forment les œufs. || *Bot.* Partie inférieure du pistil.

ovale adj. Courbe en forme d'œuf. || Nm. *Math.* Courbe fermée symétrique, plus allongée dans un sens que dans l'autre.

ovarien, enne adj. Qui se rapporte à l'ovaire.

ovation nf. Petit triomphe chez les Romains. || Acclamations enthousiastes.

ove nm. Ornement en forme d'œuf.

oviducte nm. Conduit évacuant les œufs du corps de l'animal.

ovin, e adj. Qui concerne les moutons.

ovipare adj. et n. Qui se reproduit par des œufs.

ovoïde adj. En forme d'œuf.

ovovivipare adj. et n. Se dit des animaux chez lesquels l'œuf éclôt dans le sein même de la mère (vipère, orvet, etc.).

ovulaire adj. Qui concerne l'ovule.

ovule nm. Elément femelle mûr et apte à la fécondation. || *Bot.* Partie de l'ovaire qui devient la graine. || Nf. Genre de gastéropodes.

oxacide nm. Acide oxygéné.

oxalate nm. Sel de l'acide oxalique.

oxalique adj. *Acide* -, acide organique tiré de l'oseille.

oxhydrique adj. Utilisant l'hydrogène et l'oxygène : *chalumeau* -.

oxyacétylénique adj. Se dit du chalumeau à acétylène et oxygène.

oxydable adj. Qui peut être oxydé.

oxydation nf. *Chim.* Action d'oxyder; son résultat.

oxyde nm. Composé résultant de la combinaison d'un élément chimique avec l'oxygène.

oxyder vt. Faire passer à l'état d'oxyde. || S'- vpr. Passer à l'état d'oxyde.

oxygénation nf. Action d'oxygéner. || Etat de ce qui est oxygéné.

oxygène nm. Gaz simple, à l'état libre dans l'air ou combiné dans de nombreux corps (eau), et agent de toutes les combustions.

oxygéner vt. (c. *céder*). Opérer la combinaison d'un corps avec l'oxygène. || **Oxygéné, e** part. et adj. Qui contient de l'oxygène. || *Eau* -, composé contenant plus d'oxygène que l'eau.

oxylithe nm. Nom commercial du bioxyde de sodium, qui produit de l'oxygène par action de l'eau.

oxyure nf. Petit ver rond, parasite de l'intestin.

oyat nm. Roseau des sables, planté pour fixer les dunes.

ozène nm. Ulcère du nez.

ozone nm. *Chim.* Oxygène condensé par l'effluve électrique (O_3), très oxydant et antiseptique.

ozoniser vt. Transformer l'oxygène en ozone. || Attaquer par l'ozone.

ozoniseur nm. Appareil pour préparer de l'ozone.

P

p nm. Seizième lettre de l'alphabet et douzième des consonnes. ‖ *Mus.* Abrév. de *piano* (doucement). ‖ *Relig.* **P**, abrév. de *père*.

P, symbole chimique du *phosphore*.

pacage nm. Pâturage.

pacager vt. et i. (c. *manger*). Faire paître, faire pâturer.

pacha nm. Gouverneur de province dans les pays musulmans.

pachalik nm. Pays soumis à un pacha. (Syn. : VILAYET.)

pachyderme [*chi* ou *ki*] nm. Mammifère à peau très épaisse, presque nue, et à pieds terminés par des sabots (*hippopotame*).

pacificateur, trice adj. et n. Qui apaise les troubles ou rétablit la paix.

pacification nf. Action de pacifier.

pacifier vt. (c. *prier*). Rétablir la paix, le calme dans : - *un pays*.

pacifique adj. Qui aime la paix. ‖ Paisible : *règne* -. ‖ Qui tend à la paix : *idées* -.

pacifisme nm. Doctrine et action de ceux qui condamnent la guerre et sont prêts à tout pour maintenir la paix.

pacifiste n. Partisan de la paix à tout prix.

pacotille nf. Marchandise, ne payant pas de fret, que peuvent embarquer et vendre les gens de l'équipage ou les passagers. ‖ *Par dénigr.* Marchandise de qualité inférieure.

pacte nm. Accord, convention.

pactiser vi. Faire un pacte. ‖ *Fig.* Céder, transiger : - *avec l'ennemi*.

paddock nm. Enclos dans une prairie pour les poulinières et leurs poulains. ‖ *Turf.* Enceinte réservée, où les chevaux sont promenés à la main.

paf ! interj. exprimant le bruit d'un coup ou de la chute d'un corps.

pagaie nf. Aviron court en forme de pelle, que l'on manie sans le fixer sur l'embarcation.

pagaille ou **pagaye** nf. *Fam.* Désordre.

paganisme nm. Croyance aux faux dieux ; religion des païens.

pagayer vi. (c. *balayer*). Se servir de la pagaie. ‖ Vt. Conduire à la pagaie.

pagayeur, euse n. Qui pagaye.

page nf. Un des côtés d'un feuillet de papier. ‖ Ce qui est écrit ou imprimé sur la page : *une - d'écriture*. ‖ *Fig.* Action, époque : *les plus belles - de notre histoire*. ‖ *Fam.* *Etre à la -*, être au courant de.

page nm. Jeune noble au service d'un roi, d'un seigneur.

pagination nf. Disposition des numéros des pages d'un livre.

paginer vt. Numéroter les pages d'un livre. (Syn. : FOLIOTER.)

pagne nm. Morceau d'étoffe dont les Noirs et les Indiens se couvrent de la ceinture aux genoux.

pagode nf. Temple, chapelle en Extrême-Orient. ‖ Petite figure grotesque à tête mobile. ‖ Adj. *Manche* -, manche évasée au poignet.

pagure nm. Crustacé appelé aussi *bernard-l'ermite*.

paie ou **paye** nf. Salaire : *toucher sa -*. ‖ Action de payer.

paiement ou **payement** nm. Action de payer ; somme payée.

païen, ïenne adj. et n. Qui adore les faux dieux. ‖ *Fam.* Impie.

paierie nf. Bureaux d'un trésorier-payeur : - *générale*.

paillage nm. Action de pailler.

paillard, e adj. et n. Débauché.

paillardise nf. Habitudes de paillard.

paillasse nf. Sac de paille, de feuilles de maïs, etc., servant de matelas.

paillasse nm. Bouffon de foire, clown.

paillasson nm. Natte de paille ou de jonc. ‖ Claie de paille longue pour protéger les plantes contre la gelée.

paille nf. Tige des graminées dépouillée de son grain. ‖ *Fig.* Défaut dans une pièce de monnaie, un métal. ‖ *Homme de -*, prête-nom. ‖ *Feu de -*, ardeur de peu de durée. ‖ *Etre sur la -*, dans la misère.

pailler nm. Cour, grenier où l'on met les pailles. ‖ Meule de paille.

pailler vt. Couvrir de paille.

pailleter vt. Parsemer de paillettes.

paillette nf. Parcelle d'or mêlée au sable de certains cours d'eau. ‖ Petite lame très mince de métal ou de verre qu'on applique sur une étoffe pour la faire scintiller.

pailleux, euse adj. Qui a des pailles, des défauts : *métal* -.

paillis nm. Couche de paille répandue sur le sol pour préserver certains fruits.

paillon nm. Grosse paillette. ‖ Torsade de paille. ‖ Enveloppe de paille pour bouteilles.

paillote nf. Hutte de paille, dans les pays chauds.

pain nm. Aliment fait de farine pétrie et cuite. ‖ Nourriture en général : *gagner son - ;* - *de munition,* pain des soldats. ‖ - *d'épice,* fait de farine de seigle et de miel. ‖ *Fig.* Matière moulée en masse : - *de sucre, de cire, de savon.* ‖ - *à cacheter,* rondelle de pâte cuite pour cacheter les lettres. ‖ *Bot. Arbre à -,* jaquier.

pair nm. Membre de la Chambre haute de 1815 à 1848. ‖ Membre de la Chambre des lords en Angleterre.

pair, e adj. *Nombre -,* divisible par deux. ‖ Nm. Egalité de change entre deux pays. ‖ Taux de remboursement d'une valeur, fixé lors de l'émission. ‖ *Rente au -,* restée ou ramenée à son taux nominal. ‖ *Etre au - dans une maison,* être logé et nourri sans appointements. ‖ Pl. Egaux : *être jugé par ses -.* ‖ **De** - loc. adv., sur le même rang. ‖ *Hors de -,* sans égal.

paire nf. Couple d'animaux de même espèce. ‖ *Fam. Une - d'amis,* deux inséparables. ‖ Deux choses de même sorte : *une - de gants.* ‖ Objet unique composé de deux pièces : *une - de ciseaux.*

pairesse nf. Femme d'un pair.

pairie nf. Dignité de pair.

paisible adj. Doux et pacifique. ‖ Tranquille : *vie -.*

paître vt. *(Je pais, il pait, n. paissons. Je paissais, n. paissions. Pas de passé simple. Je paîtrai, n. paîtrons. Je paîtrais, n. paîtrions. Pais, paissons, paissez. Q. je paisse, q. n. paissions. Pas d'imp. du subj. Paissant. Pas de part. passé.)* Brouter.

paix nf. Etat d'un pays qui n'est point en guerre. ‖ - *armée,* celle où chacun se tient sur le pied de guerre. ‖ Etat de concorde, d'accord : *vivre en - avec ses voisins.* ‖ Réconciliation : *faire la -.* ‖ Repos : *laisser en -.* ‖ Calme : - *des champs.* ‖ Tranquillité de l'âme : *être en - avec sa conscience.* ‖ Interj. pour commander le silence.

pal nm. Pieu aiguisé par un bout. ‖ Supplice oriental. ‖ *Blas.* Bande verticale du blason. ‖ Pl. des *pals.*

palabre nf. ou m. Discussion longue et ennuyeuse.

palabrer vi. Tenir des palabres.

palace nm. Hôtel luxueux.

paladin nm. Seigneur de la suite de Charlemagne. ‖ *Par ext.* Chevalier errant.

palafitte nm. Construction lacustre préhistorique sur pilotis.

palais nm. Résidence des chefs d'Etat. ‖ Maison magnifique.

palais nm. Voûte de la bouche. ‖ *Fig.* Sens du goût : *avoir le - fin.*

palan nm. Appareil de levage composé de deux poulies et d'un cordage.

palangre nf. Corde à laquelle sont fixées des lignes munies d'hameçons.

palanque nf. *Fortif.* Retranchement de pieux enfoncés en terre.

palanquin nm. En Orient, sorte de chaise, de litière, de hamac portés par des hommes.

palatal, e, aux adj. et nf. Se dit des lettres dont le point d'articulation est dans la région du palais : « *ch* », « *i* », « *j* », « *gn* » *sont des palatales.*

palatin, e adj. Titre donné à celui qui avait une charge dans le palais d'un prince. ‖ Du Palatinat.

palatin, e adj. *Anat.* Relatif au palais : *voûte -.*

pale nf. Partie plate d'un aviron qui entre dans l'eau. ‖ Vanne qui ferme un réservoir. ‖ Palette d'une roue à aube. ‖ Aile d'hélice.

pale nm. Carton carré garni de toile blanche, qui couvre le calice pendant la messe.

pâle adj. Blême, décoloré. ‖ Terne : *un soleil -.* ‖ Faible de couleur : *jaune -.*

palefrenier nm. Homme qui panse et soigne les chevaux.

palefroi nm. Cheval de parade.

paléographe n. et adj. Qui s'occupe de paléographie.

paléographie nf. Art de déchiffrer les écritures anciennes.

paléolithique adj. et n. Première époque de la préhistoire.

paléontologie nf. Science qui traite des fossiles.

paléontologiste ou **paléontologue** nm. Qui s'occupe de paléontologie.

paléothérium [*ryom*] nm. Mammifère pachyderme fossile.

palestre nf. Gymnase public chez les Anciens. ‖ Exercices du corps (lutte, course, saut, etc.).

palet nm. Disque de métal, qu'on jette le plus près possible du but.

paletot nm. Vêtement de dessus pour hommes et femmes.

palette nf. Petite planchette mince sur laquelle les peintres disposent et mêlent leurs couleurs. ‖ Espèce de raquette en bois. ‖ Aube de roue hydraulique.

palétuvier nm. Nom vulgaire de divers arbres tropicaux.

pâleur nf. Etat de ce qui est pâle.

pâlichon, onne adj. Un peu pâle.

palier nm. Plate-forme ménagée dans le parcours d'un escalier. ‖ Partie plane d'une voie ferrée, d'une route. ‖ *Méc.* Pièce fixe d'une machine qui supporte un arbre de transmission.

palimpseste nm. Manuscrit sur parchemin dont on a effacé l'écriture primitive pour y écrire de nouveau.

palinodie nf. Rétractation, désaveu.

pâlir vi. Devenir pâle, s'affaiblir. ‖ *Fig. - sur ses livres*, étudier sans relâche. ‖ *Son étoile pâlit*, sa puissance, son crédit diminue.

palis [*li*] nm. Petit pieu pointu. ‖ Clôture de pieux.

palissade nf. Clôture faite de pieux enfoncés en terre et reliés ensemble.

palissader vt. Entourer de palissades : *- un jardin.*

palissandre nm. Bois exotique d'ébénisterie, brun foncé à reflet violacé.

palisser vt. Disposer et attacher les branches d'un arbre contre un mur ou un treillage.

palladium [*pal-la-dyom'*] nm. Statue en bois de Pallas, protectrice de Troie. ‖ *Fig.* Garantie, sauvegarde.

palladium [*pal-la-dyom'*] nm. Métal blanc (Pd), inoxydable, très ductile et très dur.

palliatif, ive adj. et nm. Qui atténue, n'apporte qu'un soulagement momentané : *un remède qui n'est qu'un -.*

pallier vt. Atténuer, excuser : *essayer de - sa faute.* ‖ Calmer momentanément : *- un mal.* ‖ *Par ext.* Remédier à : *- un inconvénient.*

pallium [*pal-lyom'*] nm. Manteau des anciens Grecs. ‖ Ornement pontifical que le pape confère aux archevêques et à certains évêques.

palma-christi nm. Syn. de RICIN.

palmaire adj. Relatif à la paume de la main : *muscle -.*

palmarès nm. Liste des lauréats d'une distribution de prix.

palme nf. Branche de palmier. ‖ *Fig. Remporter la -*, être victorieux. ‖ *La - du martyre*, mort soufferte pour la foi. ‖ *- académiques*, décoration française. ‖ *Milit.* Petite palme de bronze fixée au ruban de la Croix de guerre.

palmé, e adj. Semblable à une main ouverte : *feuille -.* ‖ Se dit des doigts réunis par une membrane, comme chez l'oie, le canard, etc.

palmer [*mèr*] nm. Instrument pour la mesure de faibles épaisseurs.

palmeraie nf. Lieu planté de palmiers.

palmette nf. Ornement d'architecture en forme de palme. ‖ Forme donnée aux arbres fruitiers en espalier.

palmier nm. Plante monocotylédone portant un bouquet de longues feuilles à l'extrémité d'un stipe élancé (dattiers, cocotiers, arecs, etc.).

palmipède nm. Ordre d'oiseaux aux pieds palmés.

palmiste nm. Palmier à bourgeon comestible appelé *chou-palmiste.*

palmure nf. Membrane qui joint les doigts des palmipèdes.

palois, e adj. et n. De Pau.

palombe nf. Pigeon ramier.

palonnier nm. Pièce de l'attelage des chevaux. ‖ Dispositif de transmission (avions, autos).

pâlot, otte adj. Un peu pâle.

palourde nf. Nom vulgaire de plusieurs mollusques comestibles.

palpable adj. Sensible au toucher. ‖ *Fig.* Evident : *preuve -.*

palpation nf. Action de palper.

palpe nf. Appendice buccal des annélides et des arthropodes.

palpébral, e, aux adj. Relatif aux paupières : *veines -.*

palper vt. Toucher avec la main en vue d'examiner. ‖ *Fig. et pop. - de l'argent*, le recevoir.

palpitation nf. Mouvement violent, précipité du cœur.

palpiter vi. Avoir des palpitations. ‖ *Fig.* Etre vivement intéressé, ému. ‖ **Palpitant**, e part. et adj. *Fig.* Emouvant : *un livre -.*

paltoquet nm. *Fam.* Homme grossier. ‖ Homme sans valeur.

paludéen, enne adj. Des marais : *fièvre -.*

paludier nm. Ouvrier qui travaille dans les marais salants.

paludisme nm. Infection due à la piqûre de moustiques dans les pays chauds et marécageux.

palus nm. Dans le Bordelais, terre d'alluvion au fond des vallées.

palustre adj. Qui vit ou croît dans les marais : *un coquillage -.*

pâmer vi. et se - vpr. Tomber en pâmoison, défaillir sous l'effet d'une vive émotion : *se - d'admiration.*

pâmoison nf. Défaillance.

pampa nf. Vaste plaine herbeuse de l'Amérique du Sud.

pamphlet nm. Ecrit satirique, diatribe violente.

pamphlétaire nm. Auteur de pamphlets : *un violent -.*

pamplemousse nm. ou f. Sorte d'orange des Indes (*grape-fruit*).

pampre nm. Rameau de vigne chargé de feuilles.

pan nm. Partie tombante d'un vêtement. ‖ Face d'un ouvrage de maçonnerie : *un - de mur.* ‖ Face d'un polyèdre : *écrou à six -.* ‖ *- coupé*, mur qui remplace l'angle abattu de deux murs qui se coupent.

pan! interj. qui exprime un bruit soudain.

panacée nf. Prétendu remède universel.

panachage nm. Action de mêler.

panache nm. Touffe de plumes flottantes, dont on ornait un casque, un chapeau. ‖ Ornement de plumes des dais de processions, des corbillards, etc. ‖ Nuage ondoyant : - *de fumée.* ‖ *Fig.* Ce qui a de l'éclat, du brio.

panacher vt. Orner d'un panache. ‖ Revêtir de couleurs variées. ‖ *Fig.* Composer d'éléments variés : - *une liste électorale.* ‖ Mélanger : - *une glace.* ‖ Se - vpr. Prendre diverses couleurs.

panade nf. Soupe au pain et au beurre longuement mitonnée.

panais nm. Ombellifère à racine comestible.

panama nm. Chapeau très souple tressé avec un jonc venant de Panama.

panaméricanisme nm. Doctrine interdisant toute ingérence étrangère dans les affaires des pays américains.

panard, e adj. Qui a les pieds tournés en dehors, en parlant d'un cheval.

panaris [rî] nm. Inflammation phlegmoneuse du doigt.

pancarte nf. Plaque de bois, de carton, etc., portant des inscriptions.

panclastite nf. Puissant explosif à base d'acide picrique.

pancrace nm. Combat combinant la lutte et le pugilat.

pancréas nm. Glande digestive déversant son suc au début de l'intestin.

pancréatine nf. Extrait de suc pancréatique.

pancréatique adj. Du pancréas.

pancréatite nf. Inflammation du pancréas.

pandectes nfpl. Recueil des décisions de jurisconsultes romains.

pandémonium [*nyom*] nm. Capitale imaginaire des enfers. ‖ *Fig.* Lieu où règnent tous les genres de corruption.

pandit nm. Titre honorifique des brahmanes versés dans la science religieuse des sages hindous.

pandore nm. *Fam.* Gendarme.

panégyrique nm. Discours à la louange de quelqu'un.

panégyriste nm. Qui fait un panégyrique, un éloge.

paner vt. Couvrir de chapelure : - *une escalope.*

panerée nf. Contenu d'un panier.

paneterie nf. Resserre du pain dans les grands établissements.

panetier nm. Préposé à la paneterie.

panetière nf. Sac, boîte à pain.

paneton nm. Petit panier doublé de toile, où les boulangers mettent la pâte nécessaire pour obtenir un pain.

pangermanisme nm. Système visant à l'union de toutes les populations de race allemande.

pangermaniste adj. Relatif au pangermanisme. ‖ N. Partisan de cette doctrine.

pangolin nm. Genre de mammifères édentés de l'Afrique tropicale, à corps écailleux.

panic nm. Graminée dite aussi *millet des oiseaux.*

panicule nf. Fleurs en grappe ou en épi.

panier nm. Objet d'osier, de jonc, etc., qui sert à transporter, à serrer les provisions, les marchandises ; son contenu. ‖ *Fig.* - *percé,* personne dépensière.

panifiable adj. Qui peut être transformé en pain : *farine* -.

panification nf. Conversion des matières farineuses en pain.

panifier vt. (c. *prier*). Transformer en pain.

panique adj. *Terreur* -, et - nf., effroi subit et sans fondement.

panne nf. Velours à poils longs, peu serrés. ‖ *Mar.* En - , les voiles pendantes, de sorte que le navire reste sur place. ‖ *Fig.* Arrêt accidentel d'une machine : *tomber en* -.

panne nf. Graisse garnissant la peau du cochon.

panne nf. Pièce de charpente d'un comble, qui reçoit les chevrons : - *faîtière.* ‖ Partie d'un marteau opposée au côté plat.

panneau nm. Surface pleine et unie encadrée ou ornée de moulures. ‖ Plaque de métal, de bois, etc., portant des indications : *un* - *réclame.* ‖ Filet pour prendre du gibier. ‖ *Fig. Tomber dans le* -, se laisser duper.

panneauter vi. Tendre des panneaux.

panneton nm. Partie d'une clef qui actionne les pênes d'une serrure.

panonceau nm. Écusson placé à la porte des notaires, huissiers et avoués.

panoplie nf. Collection d'armes disposées avec art. ‖ *Par ext.* Ensemble de jouets présentés sur carton fort.

panorama nm. Vaste tableau circulaire déroulé sur les murs d'une rotonde éclairée par le haut, et dont le spectateur occupe le centre. ‖ *Par anal.* Vaste étendue de pays qu'on découvre d'une hauteur.

panoramique adj. Qui rappelle le panorama : *vue* -.

pansage nm. Action de panser un cheval, une bête de somme.

panse nf. Le premier des quatre estomacs des ruminants. ‖ *Fam.* Ventre. ‖ Partie arrondie de certaines lettres (*a*, *b*).

pansement nm. Action de panser une plaie ; son résultat.

panser vt. Appliquer sur une plaie les remèdes nécessaires. || Etriller, soigner : - *un cheval.*

panslavisme nm. Système politique tendant à réunir tous les Slaves.

pansu, e adj. et n. A grosse panse. || Qui est renflé : *bouteille -.*

pantagruélique adj. Qui rappelle la gourmandise de Pantagruel : *repas -.*

pantalon nm. Culotte qui descend de la ceinture aux pieds.

pantalonnade nf. Farce de la comédie italienne. || *Par ext.* Subterfuge ridicule.

panteler vi. (c. *amonceler*). Haleter, palpiter. || **Pantelant, e** adj. et part.

panthéisme nm. Système philosophique qui identifie Dieu et le monde.

panthéiste nm. Partisan du panthéisme. || Adj. : *doctrine -.*

panthéon nm. Temple que les Grecs et les Romains consacraient à tous les dieux. || Monument national affecté à la sépulture des grands hommes. || Ensemble des dieux d'un peuple.

panthère nf. Félin carnassier à peau mouchetée, commun en Afrique et aux Indes.

pantière nf. Filet tendu verticalement pour prendre des oiseaux qui volent par troupe.

pantin nm. Figure burlesque de carton peint, dont on fait mouvoir les membres par des fils. || *Fig.* Homme qui gesticule ridiculement. || Homme sans volonté.

pantographe nm. Instrument permettant la reproduction mécanique d'un dessin à une échelle quelconque. || *Ch. de f.* Appareil articulé des locomotives électriques, frottant sur le fil de la caténaire.

pantois adj. m. Stupéfait, ahuri.

pantomètre nm. Instrument pour mesurer et tracer des angles sur le terrain.

pantomime nf. Action ou art d'exprimer les sentiments par gestes. || Pièce où les acteurs restent muets.

pantoufle nf. Chaussure d'intérieur.

panure nf. Mie de pain dont on saupoudre les viandes à rôtir ou à griller.

paon [*pan*], **paonne** [*pan*'] n. Gallinacé d'un beau plumage et d'un cri fort aigre. || Nom de divers papillons : - *de jour, de nuit.* || *Fig.* Homme vain, orgueilleux.

paonneau [*pa-nô*] nm. Jeune paon.

papa nm. Père, dans le langage familier. || **A la -** loc. fam., tout doucement.

papal, e, aux adj. Relatif au pape.

papauté nf. Dignité de pape. || Administration d'un pape : *la - de Léon X.*

papayer [*pa-yé*] nm. Grand arbre tropical, à fruit en forme de melon.

pape nm. Chef élu de l'Eglise catholique romaine.

papegai nm. Oiseau artificiel placé comme cible en haut d'une perche.

papelard, e adj. Hypocrite : *voix -.* || Nm. Faux dévot.

papelardise nf. Hypocrisie.

paperasse nf. Papier, écrit inutile ou sans valeur.

paperasserie nf. Amas d'écritures inutiles : *la - administrative.*

paperassier, ère n. Qui aime les paperasses.

papeterie nf. Manufacture de papier. || Commerce de papier.

papetier, ère n. et adj. Qui fabrique ou vend du papier.

papier nm. Feuille sèche et mince, faite de substances végétales, pour écrire, imprimer, envelopper, etc. : - *de chiffon* ; - *d'emballage.* || Dans le journalisme, article pour la composition. || - *timbré,* marqué du timbre de l'Etat. || - *libre,* non timbré. || - *carbone,* imprégné d'un colorant pour reproduire l'écriture. || Pl. Passeport, pièces d'identité : *avez-vous vos -?*

papier-monnaie nm. Billets de banque.

papilionacé, e adj. Se dit de plantes à corolle en forme de papillon. || Nfpl. Famille de plantes à pétales séparés et à ovaire libre (pois, haricots, etc.).

papillaire [*pi-lèr*] adj. Qui a des papilles.

papille nf. *Anat.* Petite éminence à la surface de la peau et des muqueuses, principalement de la langue.

papillon nm. Nom vulgaire des insectes lépidoptères qui ont quatre ailes couvertes de fines écailles. || *Fig.* Esprit léger. || Petite feuille volante. || Petite affiche : *coller des -.*

papillonner vi. Voltiger, passer d'un objet à un autre. || Etre galant, empressé.

papillotage nm. Battement continuel et involontaire des paupières.

papillote nf. Morceau de papier sur lequel on enroule les cheveux pour les friser. || Enveloppe de bonbon, etc.

papillotement nm. Scintillement qui fatigue la vue.

papilloter vt. Clignoter, en parlant des yeux.

papisme nm. Terme dédaigneux par lequel les protestants désignent l'Eglise catholique romaine.

papiste n. *Péjor.* Catholique romain.

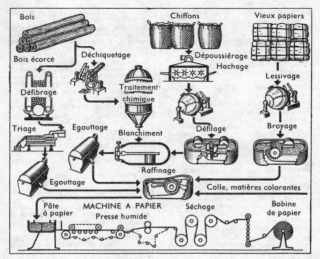

Bois — Chiffons — Vieux papiers
Bois écorcé — Déchiquetage — Dépoussiérage — Hachage — Lessivage
Défibrage — Traitement chimique
Triage — Egouttage — Blanchiment — Défilage — Broyage
Egouttage — Raffinage — Colle, matières colorantes
Pâte à papier — MACHINE A PAPIER — Séchage — Bobine de papier
Presse humide

papotage nm. *Fam.* Bavardage frivole.

papoter vi. *Fam.* Bavarder.

paprika nm. Piment rouge en poudre, utilisé comme condiment.

papule nf. Petit bouton rouge qui s'élève sur la peau.

papyrus [*russ*] nm. Plante dont les Anciens utilisaient l'écorce comme papier. ‖ Manuscrit sur papyrus.

pâque nf. Fête annuelle des Juifs, en mémoire de leur sortie d'Egypte.

paquebot nm. Navire de commerce affecté au transport du courrier, des voyageurs et des marchandises.

pâquerette nm. Petite marguerite des prés.

Pâques nm. Fête chrétienne en mémoire de la résurrection de Jésus-Christ : *- est arrivé ; à - prochain.* ‖ Nfpl. *fleuries,* le dimanche des Rameaux. ‖ *Faire ses -,* communier dans les délais prescrits.

paquet nm. Assemblage de choses enveloppées ou attachées ensemble. ‖ *Fig.* et *fam. Faire ses -,* s'en aller. ‖ *Recevoir son -,* recevoir une réprimande. ‖ *- de mer,* grosse lame.

paquetage nm. Action de mettre en paquets. ‖ Ensemble des effets appartenant à un soldat.

paqueter vt. (c. *jeter*). Mettre en paquets.

par prép. qui exprime un rapport : 1° De lieu : *passer - Paris ;* de moyen, d'instrument, de manière : *arriver - bateau ; reproduire - la photographie ; prouver - des exemples ;* de cause, de motif : *agir - intérêt ; céder - crainte ;* d'ordre, de rang : *commencer - la fin ; deux fois - an.* 2° De temps : *voyager - tous les temps.* 3° Introduit le complément d'agent : *César fut tué - Brutus,* etc. ‖ *De -* loc. prép. (Vx.), quelque part dans : *de - le monde ;* par l'ordre de : *de - la volonté du peuple.* ‖ Se joint à plusieurs adverbes : *par-deçà, par-delà, par-ci, par-là, par-dessus, par-devant, par-derrière,* etc.

parabellum nm. Pistolet automatique de guerre.

parabole nf. Allégorie sous laquelle se cache un enseignement : *les - de l'Evangile.*

parabole nf. *Géom.* Ligne courbe dont chacun des points est également distant d'un point fixe appelé *foyer* et d'une droite fixe appelée *directrice.* ‖ Courbe décrite par un projectile.

parabolique adj. Relatif à la parabole. ‖ Courbé en parabole : *miroir -.*

parachèvement nm. Achèvement complet.

parachever vt. (c. *mener*). Finir parfaitement.

parachutage nm. Action de parachuter.

parachute nm. Appareil destiné à ralentir la chute.

parachuter vt. Lancer par parachute.

parachutiste n. Soldat exercé aux descentes en parachute.

paraclet nm. Le Saint-Esprit.

parade nf. Défilé de troupes. ‖ Montre, étalage : *faire - de son savoir*. ‖ *Lit de -*, sur lequel on expose un mort. ‖ Manière de parer un coup. ‖ Pitreries et boniments de forains à la porte de leur théâtre.

parader vi. Manœuvrer : *troupes qui paradent*. ‖ *Fig.* Se pavaner.

paradigme nm. Exemple, modèle : *les - des conjugaisons*.

paradis nm. Jardin de délices où Dieu plaça Adam et Eve (paradis terrestre). ‖ Séjour des bienheureux. ‖ *Fig.* Pays enchanteur. ‖ Etat heureux. ‖ Galerie supérieure d'un théâtre.

paradisiaque adj. Du Paradis.

paradisier nm. Passereau de Nouvelle-Guinée, appelé aussi *oiseau de paradis*.

paradoxal, e, aux adj. Porté au paradoxe. ‖ Singulier, choquant.

paradoxe nm. Opinion contraire à l'opinion commune.

parafe nm. V. PARAPHE.

parafer vt. V. PARAPHER.

paraffine nf. *Chim.* Substance solide, blanche, tirée des huiles lourdes de pétrole : *bougie de -*.

paraffiner vt. Enduire de paraffine.

parafoudre nm. Dispositif servant à préserver les appareils électriques de la foudre.

parage nm. Voisinage, endroit : *Que faites-vous dans ces -?*

paragraphe nm. Subdivision des parties d'un texte. ‖ Signe (§) qui l'indique.

paragrêle adj. Se dit d'un canon dont la décharge sert à dissocier un nuage à grêle et à le résoudre en pluie.

paraître vi. (c. *connaître*). Se faire voir. ‖ Sembler : *il paraît souffrant*. ‖ Etre publié : *ce livre a paru* ou *est paru*. ‖ *Fig.* Briller : *chercher à -*. ‖ Se manifester. ‖ V. impers. *Il paraît que*, il semble que. ‖ *Il y paraît*, on le voit bien.

parallaxe nf. *Astron.* Angle formé par deux droites menées du centre d'un

astre au centre de la terre et à l'œil de l'observateur.

parallèle adj. Se dit de deux droites situées dans un même plan, ou de deux surfaces équidistantes. ‖ *Fig.* Qui suit la même direction, semblable : *mener une action -*. ‖ Nf. *Une -*, une droite parallèle à une autre. ‖ *Fortif.* Fossé creusé parallèlement au côté de la place assiégée. ‖ Nm. Cercle parallèle à l'équateur. ‖ Comparaison entre deux personnes ou deux choses.

parallélépipède nm. Solide à six faces parallèles et égales deux à deux.

parallélisme nm. Etat de deux droites, de deux plans parallèles.

parallélogramme nm. Quadrilatère dont les côtés opposés sont égaux et parallèles deux à deux.

paralyser vt. Frapper de paralysie. ‖ *Fig.* Arrêter, neutraliser : *- les transports*.

paralysie nf. Privation entière ou partielle du mouvement volontaire.

paralytique adj. et n. Atteint de paralysie : *l'aveugle et le -*.

paramilitaire adj. Organisé sur le modèle de l'armée : *une formation -*.

parangon nm. Modèle, type, exemple. ‖ Diamant, perle sans défaut.

parangonner vt. *Typogr.* Aligner des caractères d'imprimerie de inégale hauteur.

parapet nm. Partie supérieure d'un rempart. ‖ *Par ext.* Mur à hauteur d'appui : *le - d'un pont*.

paraphe nm. Trait accompagnant la signature. ‖ Signature abrégée.

parapher vt. Marquer de son paraphe.

paraphrase nf. Explication étendue d'un texte. ‖ *Par ext.* Développement verbeux et diffus.

paraphraser vt. Faire des paraphrases, interpréter. ‖ *Fig.* Etendre, amplifier.

paraplégie nf. Paralysie des membres inférieurs.

parapluie nm. Objet portatif formé d'un manche et d'une étoffe tendue sur des tiges flexibles, pour se garantir de la pluie.

parasitaire adj. Relatif au parasite.

parasite nm. Qui vit aux dépens des autres. ‖ Adj. *Plante, insecte -*, qui vit aux dépens d'une autre plante, d'un autre animal. ‖ *Ornements, mots -*, superflus. ‖ *Bruits -*, bruits qui troublent une audition radiophonique.

parasitisme nm. Etat de parasite.

parasol nm. Appareil portatif pliant pour se garantir du soleil.

paratonnerre nm. Appareil destiné à préserver les bâtiments de la foudre.

paratyphoïde nf. et adj. Maladie voisine de la typhoïde.

paravent nm. Ecran mobile.

parbleu! interj. Juron atténué exprimant l'approbation.

parc nm. Enclos boisé d'une certaine étendue, pour la promenade et les plaisirs de la chasse. ‖ Pâtis où l'on met les bœufs à l'engrais. ‖ Clôture où l'on enferme les moutons en été. ‖ Bassin pour l'élevage des huîtres. ‖ Dépôt de matériel militaire.

parcage nm. Action de parquer (*moutons*).

parcellaire adj. Fait par parcelles de terre : *cadastre* -.

parcelle nf. Petite partie.

parce que loc. conj. Par la raison que, à cause que.

parchemin nm. Peau d'animal préparée pour recevoir l'écriture. ‖ Pl. *Fig.* et *fam.* Titres de noblesse.

parcheminé, e adj. Qui a l'aspect du parchemin : *peau* -.

parcheminier nm. Qui prépare et vend le parchemin.

parcimonie nf. Epargne minutieuse.

parcimonieux, euse adj. Qui use de parcimonie : *femme* -.

parcourir vt. (c. *courir*). Aller d'un bout à l'autre. ‖ *Fig.* Examiner rapidement : - *un livre*.

parcours nm. Trajet, chemin que suit un véhicule, une route, un fleuve.

pardessus nm. Vêtement qu'on porte par-dessus les autres.

pardi! pardieu! interj. Jurons atténués signifiant *bien sûr*, *naturellement*.

pardon nm. Rémission d'une faute, d'une offense. ‖ Formule de politesse employée quand on dérange quelqu'un. ‖ Pèlerinage breton : *le* - *d'Auray*.

pardonnable adj. Digne de pardon.

pardonner vt. Renoncer à punir, excuser. ‖ Tolérer : *on ne lui pardonne pas ses succès.* ‖ Vt. ind. Faire grâce à. ‖ Epargner : *la mort ne pardonne à personne.* ‖ *Pardonnez-moi,* formule de civilité.

paré, e adj. Orné, embelli.

pare-brise nm. inv. Glace à l'avant d'un véhicule, préservant le conducteur de la pluie et de l'action de l'air.

pare-chocs nm. inv. Garniture de protection à l'avant et à l'arrière d'une auto.

pare-étincelles nm. inv. Ecran métallique de foyer.

parégorique adj. *Elixir* -, teinture d'opium camphrée, qui calme les douleurs d'entrailles.

pareil, eille adj. Egal, semblable, identique. ‖ *Sans* -, incomparable. ‖

N. *Il n'a pas son* -, son semblable. ‖ *Vos* -, les gens de même condition. ‖ Nf. *Rendre la* -, rendre un traitement identique à celui qu'on a reçu.

parement nm. Revers au bout des manches d'un vêtement. ‖ Etoffe placée comme ornement : - *d'autel*. ‖ *Constr.* Côté extérieur d'une pierre ou d'un mur dans un ouvrage.

parenchyme nm. Tissu spongieux des glandes. ‖ Tissu de remplissage des végétaux.

parent, e n. De la même famille. ‖ Nmpl. Le père et la mère. ‖ *Nos premiers* -, Adam et Eve.

parenté nf. Lien entre parents : *degré de* -. ‖ Ensemble des parents.

parenthèse nf. Phrase accessoire et formant un sens à part. ‖ Signe qui indique cette intercalation ( ). ‖ *Par ext.* Digression.

parer vt. Embellir. ‖ Détourner : - *un coup.* ‖ Vt. ind. - à, remédier à : - *au plus pressé.* ‖ Se - vpr. S'orner. ‖ *Fig.* Faire parade de : *se* - *de son ascendance.*

paresse nf. Dégoût du travail, de l'effort. ‖ - *d'esprit,* lenteur à concevoir.

paresser vi. *Fam.* S'abandonner à la paresse.

paresseux, euse adj. et n. Qui répugne au travail. ‖ Nm. Petit mammifère, dit aussi *aï.*

parfaire vt. (c. *faire*). Achever. ‖ Compléter : - *une somme.* ‖ **Parfait, e** part. et adj. Qui réunit toutes les qualités, sans défauts. ‖ Complet, absolu : *tranquillité* -.

parfiler vt. Défaire fil à fil.

parfois adv. Quelquefois.

parfum nm. Odeur agréable. ‖ Composition industrielle odorante.

parfumer vt. Imprégner de parfum.

parfumerie nf. Commerce, marchandises, industrie du parfumeur.

parfumeur, euse n. Qui fait ou vend des parfums.

parhélie ou **parélie** nm. Ensemble des images du soleil données par un nuage formé de cristaux de glace.

pari nm. Action de parier. ‖ Somme pariée. ‖ - *mutuel,* pari légal sur les champs de courses.

paria nm. Hindou privé de tous droits religieux ou sociaux, soit par son origine, soit par exclusion de la société brahmanique. ‖ *Par ext.* Homme dédaigné des autres hommes.

parier vt. (c. *prier*). S'engager à payer une certaine somme que gagnera celui qui dit vrai.

pariétaire nf. Plante qui pousse sur les murailles.

pariétal e, aux adj. Se dit de chacun

des deux os qui forment les côtés et la voûte du crâne.

parieur, euse n. Qui parie.

parisien, enne adj. et n. De Paris.

parisis adj. inv. Désignait autref. la monnaie frappée à Paris : *livre -*.

parisyllabique adj. *Gramm.* Mot qui conserve toujours pendant sa déclinaison le même nombre de syllabes.

paritaire adj. Se dit des commissions d'arbitrage formées de patrons et d'employés en nombre égal.

parité nf. Egalité parfaite. ‖ Etat de ce qui est pair.

parjure nm. Faux serment ou violation de serment. ‖ Adj. et n. Coupable de parjure.

parjurer (se) vpr. Commettre un parjure.

parkérisation nf. Protection du fer par formation d'une couche superficielle d'oxyde imperméable.

parlant, e adj. Qui parle. ‖ *Fig. Portrait -*, fort ressemblant. ‖ Accompagné de paroles : *cinéma -*.

parlement nm. Assemblée qui exerce le pouvoir législatif.

parlementaire adj. Relatif au parlement. ‖ Où il y a un parlement : *régime -*. ‖ Nm. Officier chargé de porter des propositions au commandement ennemi : *se présenter en -*. ‖ Député.

parlementarisme nm. Régime parlementaire.

parlementer vi. Entrer en pourparlers avec un adversaire. ‖ Discuter.

parler vi. Articuler des mots. ‖ Exprimer sa pensée par la parole. ‖ Prononcer des mots : *le perroquet parle*. ‖ S'entretenir d'un sujet quelconque : *- de sciences*. ‖ Discourir : *en public*. ‖ S'exprimer : *les muets parlent par gestes*. ‖ Prononcer : *du nez*. ‖ *Fig.* Commander : *l'honneur parle*. ‖ *Trouver à qui -*, rencontrer de l'opposition. ‖ *- au cœur*, émouvoir. ‖ *- en maître*, avec autorité. ‖ *- haut*, sans ménagement. ‖ *Faire de soi*, se faire une bonne ou une mauvaise réputation. ‖ Vt. User d'une langue : *- anglais*. ‖S'entretenir de : *- politique, affaires*. ‖ *Sans - de* loc. prép., indépendamment de.

parler nm. Langage : *un - doux*. ‖ Dialecte : *les - normand, picard*. ‖ *Avoir son franc - parler*, dire sans réserve ce qu'on pense.

parleur, euse n. Qui parle. ‖ *Beau -*, qui s'exprime agréablement.

parloir nm. Salle réservée aux visiteurs dans certains établissements.

parlote nf. *Fam.* Bavardage. ‖ Conférence où les jeunes avocats s'exercent à la parole.

parmélie nf. Lichen des murailles et des arbres.

parmesan, e adj. et n. De la ville ou du duché de Parme. ‖ Nm. Fromage italien.

parmi prép. de lieu. Entre, au milieu de : *- la foule*.

Parnasse nm. Nom d'une montagne de la Grèce, consacrée aux muses. ‖ *Fig.* La poésie.

parnassien, enne adj. Qui appartient au Parnasse. ‖ Nmpl. *Littér.* Nom donné à une école poétique française qui réagit contre le lyrisme romantique, à partir de 1850.

parodie nf. Travestissement burlesque d'un ouvrage de littérature sérieux. ‖ *Par ext.* Imitation burlesque.

parodier vt. (c. *prier*). Faire une parodie. ‖ *Fig.* Contrefaire.

parodiste nm. Auteur de parodies.

paroi nf. Muraille. ‖ Surface intérieure : *la - d'un tube*. ‖ *Anat.* Parties qui circonscrivent certaines cavités (crâne, estomac, etc.).

paroisse nf. Territoire soumis à la juridiction spirituelle d'un curé. ‖ Ses habitants. ‖ Eglise de la paroisse.

paroissial, e, aux adj. De la paroisse : *église -*.

paroissien, enne n. Habitant d'une paroisse. ‖ Nm. Livre de messe.

parole nf. Faculté de parler. ‖ Ton de voix : *avoir la - douce*. ‖ Mot prononcé, phrase : *- distincte*. ‖ Sentence : *- mémorable*. ‖ Promesse verbale : *donner sa -*. ‖ Promesses vaines : *de belles -*. ‖ *Fig. Homme de -*, exact. ‖ *Le don de la -*, l'éloquence. ‖ *La - de Dieu*, l'Ecriture sainte. ‖ *Avoir la -*, demander la - la permission de parler. ‖ *Couper la -*, interrompre. ‖ *N'avoir qu'une -*, s'en tenir à une chose dite. ‖ *Ma -*, formule familière d'affirmation. ‖ Pl. Mots d'une chanson : *faire la musique et les -*. ‖ *Sur -* loc. adv., en vertu d'une promesse formelle : *prisonnier sur -*; *croire sur -*.

paroli nm. Au jeu, action de doubler sa mise : *faire -*.

parolier nm. Auteur des paroles dans une œuvre musicale.

paronyme nm. Mot proche d'un autre par sa forme, comme *conjecture* et *conjoncture, collision* et *collusion*.

parotide nf. Chacune des deux grosses glandes salivaires situées au-dessous de l'oreille.

paroxysme nm. Extrême intensité.

parpaillot nm. Sobriquet donné autrefois aux calvinistes. ‖ *Fam.* Impie.

parpaing nm. Pierre de taille qui traverse l'épaisseur d'un mur. ‖ Bloc artificiel de ciment.

parquer vt. Mettre dans un parc. ‖

Garer : - *une auto.* || Vi. Etre au parc : *les moutons parquent.*

parquet nm. Enceinte réservée d'un tribunal. || Lieu où les magistrats du ministère public tiennent séance : *être mandé au -.* || Ces magistrats mêmes. || Enceinte réservée aux agents de change à la Bourse. || Plancher des habitations.

parquetage nm. Action de parqueter; ouvrage de parquet.

parqueter vt. (c. *jeter*). Couvrir d'un parquet : - *une chambre.*

parqueteur n. et adj. m. Ouvrier qui pose du parquet.

parrain nm. Celui qui tient un enfant sur les fonts baptismaux et qui est susceptible de tenir lieu de père. || Qui préside au baptême d'une cloche, d'un navire. || Qui présente quelqu'un dans un cercle, une société, etc.

parrainage nm. Qualité, fonctions de parrain, de marraine.

parricide nm. et adj. Celui qui tue son père, sa mère ou tout autre de ses ascendants. || Le crime même.

parsec nm. Unité de distance astronomique valant environ 3,26 années-lumière.

parsemer vt. (c. *mener*). Répandre çà et là. || Etre répandu çà et là.

part nf. Portion d'un tout divisé entre plusieurs personnes. || Partage : *c'est un honneur dont je veux avoir ma -.* || Collaboration : *prendre - à une entreprise.* || Communication : *dites-lui cela de ma -.* || Lieu : *je l'ai vu quelque .* || *La - du lion,* la plus grosse. || Fig. et fam. *Avoir du gâteau,* participer aux profits d'une affaire. || *Faire -,* informer. || *Billet* ou *lettre de faire -,* annonçant un mariage, un décès, etc. (On dit aussi *faire- -* nm. inv.) || *Prendre en bonne, en mauvaise -,* interpréter en bien ou en mal. || *Faire la - d'une chose,* en tenir compte. || Fig. *Faire la - du feu,* sacrifier quelque chose pour ne pas tout perdre. || Loc. adv. **De toutes -,** de tous côtés. **De - et d'autre,** des deux côtés. **A -,** séparément. **A- moi,** à - lui, en moi-même, en lui-même. **Pour ma -,** quant à moi. **De - en -,** d'un côté à l'autre.

partage nm. Division en portions. || Portion de la chose partagée : *cette ferme m'est échue en -.* || *Ligne de - des eaux,* limite entre deux bassins fluviaux.

partager vt. (c. *manger*). Diviser en parts. || Posséder avec d'autres : - *le pouvoir.* || Fig. Participer à : - *la joie d'un ami.* || Gratifier, douer : *la nature l'a bien partagé.* || Etre du même avis : - *l'opinion de quelqu'un.* || **Partageant** part. et nm. Qui est intéressé dans un partage.

partageur ou **partageux, euse** n. et adj. *Fam.* Qui aime le partage.

partance (en) loc. adv. Moment du départ : *un navire en -.*

partant conj. Par conséquent : *plus d'argent, - plus d'amis.*

partant nm. Celui qui part.

partenaire n. Associé au jeu.

parterre nm. Partie d'un jardin ornée de fleurs. || Partie d'un théâtre située au rez-de-chaussée, derrière les fauteuils d'orchestre. || Spectateurs qui y sont placés.

parthénogenèse nf. Reproduction sans fécondation : *la - des abeilles.*

parti nm. Groupe de personnes opposées à d'autres par les opinions, les intérêts, etc. : *les - politiques.* || Détermination : *prendre un -.* || Profit : *tirer un bon - de...* || *Esprit de -,* aveuglement, sectarisme. || *- pris,* opinion préconçue. || *Prendre son - de,* se résigner. || *Faire un mauvais - à quelqu'un,* le malmener. || Personne à marier : *excellent -.*

partial, e, aux adj. Qui prend parti, injuste : *juge -.*

partialité nf. Préférence injuste.

participation nf. Action de participer : - *à un crime.*

participe nm. *Gramm.* Forme verbale impersonnelle qui joue tantôt le rôle d'adjectif, tantôt celui de verbe : - *présent, passé.*

participer vt. ind. Avoir part : - *aux bénéfices.* || Prendre part à : - *à un travail;* - *à la joie de quelqu'un.* || - *de,* tenir de la nature de : *le mulet participe de l'âne et du cheval.* || **Participant,** e part., adj. et n.

participial, e, aux adj. Relatif au participe : *proposition -.*

particulariser vt. Préciser les détails, les particularités d'une affaire. || Restreindre à un seul cas.

particularisme nm. Intérêt particulier. || Tendance d'une région à conserver ses intérêts particuliers.

particulariste adj. Relatif au particularisme. || N. Partisan du particularisme.

particularité nf. Caractère spécial. || Circonstance particulière.

particule nf. Petite partie : *les - d'un corps.* || Préposition qui précède certains noms de famille. || *Gramm.* Petit mot qui ne peut être employé seul et qui s'unit à un radical pour le modifier comme *dif, dé,* etc., dans **di**ffICILE, **dé**plaire.

particulier, ère adj. Propre à certaines personnes, à certaines choses. || Individuel, opposé à *général : l'intérêt -.* || Détaillé, circonstancié : *rappeler les circonstances - d'un fait.* ||

Spécial : *un talent - pour la musique.* ‖ Séparé : *chambre -.* ‖ De caractère privé : *conversation -.* ‖ Nm. Personne privée : *c'est un simple -.* ‖ En - loc. adv., à part.

partie [*ti*] nf. Portion d'un tout. ‖ Elément d'un ensemble : *les différentes - d'une machine.* ‖ Profession : *être très fort dans sa -.* ‖ Mus. Division d'une œuvre musicale : *morceau à deux, à trois -.* ‖ Jeux. Totalité des coups qu'il faut jouer ou des points qu'il faut faire pour gagner : *une - de cartes.* ‖ Divertissement : *- de chasse.* ‖ *Fig. Quitter la -,* abandonner. ‖ *La - n'est pas égale,* il y a inégalité de forces. ‖ *Dr.* Adversaires en justice : *les - sont en présence.* ‖ *- adverse,* celle contre laquelle on plaide. ‖ *- civile,* celui qui, en matière criminelle, agit en son nom contre un accusé. ‖ *Fig. Prendre quelqu'un à -,* s'attaquer à lui. ‖ *Avoir affaire à forte -,* à un adversaire redoutable. ‖ En - loc. adv., non entièrement.

partiel, elle [*syèl'*] adj. Qui fait partie d'un tout. ‖ En partie.

partir vi. (c. *mentir*) [**pour**, et non **à**]. Prendre le départ. ‖ Exploser : *faire - un coup de feu.* ‖ Avoir son origine : *les nerfs partent du cerveau.* ‖ *Fig.* Emaner : *cela part d'un bon cœur.* ‖ Vt. *Avoir maille à - avec quelqu'un,* avoir quelque démêlé avec lui. ‖ A - de loc. prép., à dater de.

partisan e n. et adj. Attaché à un parti, à un système, à un régime, etc. : *- de la monarchie.* ‖ Pl. Eléments de troupes irrégulières.

partitif, ive adj. *Gramm.* Qui désigne une partie d'un tout : *article -,* ou, comme le *collectif -,* des éléments qui composent un tout : *la plupart.*

partition nf. *Mus.* Ensemble des parties formant une composition musicale.

partout adv. En tout lieu.

parturition nf. Accouchement. ‖ Mise bas des animaux.

parure nf. Ornement, bijou.

parution nf. Publication.

parvenir vi. (c. *venir*). Arriver : *au haut d'une montagne.* ‖ Arriver à destination : *ma lettre lui est parvenue.* ‖ *Fig.* Atteindre à : *- aux honneurs.* ‖ *Absol.* S'élever, faire fortune : *que de peines pour -!* (Se conj. avec l'auxiliaire *être.*)

parvenu e n. Personne qui s'est élevée très au-dessus de sa condition première. ‖ Nouveau riche.

parvis [*vi*] nm. Place devant le portail d'une église.

pas nm. Mouvement des pieds pour se déplacer. ‖ Trace du pied sur le sol. ‖ Passage étroit et difficile : *le - des Thermopyles.* ‖ Détroit : *- de Calais.*

‖ Seuil : *le - de la porte.* ‖ *A - comptés,* très lentement. ‖ *A grands -,* vite. ‖ *A - de loup,* sans bruit. ‖ *Mauvais -,* dangereux, et, au *fig.,* situation difficile. ‖ *Faire un faux -,* trébucher, et, au *fig.,* commettre une faute. ‖ *- de clerc,* démarche maladroite. ‖ *- accéléré,* pas cadencé, rapide. ‖ *- gymnastique,* pas de course régulier et cadencé. ‖ *Marquer le -,* frapper le sol en cadence, sans avancer. ‖ *Mettre quelqu'un au -,* le mettre à la raison. ‖ *Faire les premiers -,* les avances. ‖ *Franchir le -,* se décider enfin. ‖ *- de vis,* espace compris entre deux filets d'une vis. ‖ *- d'une hélice,* espace que'une hélice pourrait parcourir par tour complet. ‖ Loc. adv. *De ce -,* à l'instant même. ‖ *A -,* doucement.

pas adv. de négation.

pascal, e, als ou **aux** adj. Qui concerne la pâque des Juifs ou la fête de Pâques : *communion -.*

pasquinade nf. Raillerie bouffonne.

passable adj. Supportable, acceptable : *un vin -.*

passade nf. Caprice passager.

passage nm. Action de passer. ‖ Traversée. ‖ Le moment de passer : *attendre au -.* ‖ Péage. ‖ Galerie couverte, chemin délimité, réservés aux piétons : *- clouté.* ‖ *- à niveau,* endroit où une voie ferrée coupe une route à son niveau. ‖ *Fig.* Transition : *le - du jour à la nuit.* ‖ Citation : *un - de Bossuet.* ‖ *Oiseaux de -,* oiseaux migrateurs.

passager, ère adj. Qui passe. ‖ *Fig.* De peu de durée : *beauté -.* ‖ N. Voyageur : *les - d'un avion.*

passant, e adj. Où il passe beaucoup de monde : *rue -.* ‖ N. Personne qui passe.

passation nf. Action de passer un acte : *la - d'un contrat.*

passavant nm. Permis de circulation donné pour les denrées qui ont acquitté les droits ou en sont exemptées.

passe nf. Chenal naturel étroit, mais navigable, entre deux obstacles. ‖ Mise que doit faire chaque joueur à certains jeux. ‖ Mouvement de la main des magnétiseurs pour endormir leur sujet. ‖ *Sports.* Envoi du ballon à un partenaire mieux placé. ‖ *Etre en -,* sur le point de. ‖ *Mot de -,* mot de reconnaissance. ‖ *Mauvaise -,* situation difficile.

passé, e adj. Relatif à un temps révolu. ‖ Nm. Temps écoulé, faits accomplis : *le -; oublions le -.* ‖ *Gramm.* Temps du verbe représentant l'action comme faite dans un temps écoulé. ‖ Prép. Après : *- dix heures.*

passe-boules nm. inv. Jouet représentant une grande figure grotesque à bouche béante dans laquelle on lance des boules.

passe-droit nm. Faveur injustifiée. ‖ Pl. des *passe-droits*.

passée nf. Moment du soir où les bécasses, etc., vont du bois vers la campagne. ‖ Trace laissée par une bête.

passe-fleur nf. Anémone. ‖ Pl. des *passe-fleurs*.

passe-lacet nm. Grosse aiguille sans pointe, à long chas pour passer un lacet dans une coulisse. ‖ Pl. des *passe-lacets*.

passement nm. Bande étroite de tissu de fil d'or, de soie.

passementer vt. Orner de passements : - *une jupe*.

passementerie nf. Art, marchandises du passementier.

passementier, ère n. Qui fait ou vend des passements, galons, etc.

passe-montagne nm. Bonnet qui couvre le cou et les oreilles. ‖ Pl. des *passe-montagnes*.

passe-partout nm. inv. Clef qui permet d'ouvrir plusieurs serrures. ‖ Cadre à fond mobile. ‖ Grande scie à large lame, sans monture.

passe-passe nm. inv. Tour de -, tour d'adresse des escamoteurs, et, au *fig.*, tromperie adroite.

passepoil nm. Liséré qui borde la couture de certains vêtements.

passeport nm. Permis de libre circulation à l'étranger.

passer vi. Aller d'un lieu à un autre. ‖ Traverser. ‖ *Fig.* S'effacer, cesser : *tout passe*. ‖ Mourir : *il vient de -*. ‖ Devenir : - *capitaine*. ‖ S'introduire : *ce mot a passé dans notre langue*. ‖ Etre transmis : *la couronne passa des Valois aux Bourbons*. ‖ - *pour*, être réputé pour. ‖ *En par*, être forcé. ‖ - *outre*, aller en avant. ‖ Pardonner : - *sur une faute*. ‖ *Fam.* Cela lui a passé par la tête, il y a songé. ‖ Y -, être entièrement dépensé : *toute sa fortune y a passé*. ‖ Subir : *il nous a fallu y -*. ‖ *Cette mode passera*, durera peu. ‖ (Prend l'auxiliaire *avoir* ou *être*, selon qu'on veut exprimer l'action ou l'état.) ‖ Vt. Traverser. ‖ Transporter. ‖ Représenter en public : - *un film*, *une pièce*. ‖ Transmettre : - *un objet à son voisin*. ‖ Mettre : - *un vêtement*. ‖ Faire : - *un contrat*. ‖ Filtrer : - *un bouillon*. ‖ Employer : - *le temps à*. ‖ Subir : - *un examen*. ‖ Omettre : - *un fait*. ‖ Permettre : - *une fantaisie*. ‖ Excéder : *cela passe mes forces*. ‖ - *un traître par les armes*, le fusiller. ‖ - *au fil de l'épée*, tuer avec l'épée. ‖ - *l'éponge*, pardonner. ‖ Se - vpr. S'écouler. ‖ Avoir

lieu : *la scène se passe en Italie*. ‖ S'abstenir : *se - de vin*.

passereaux nmpl. Ordre d'oiseaux comprenant un grand nombre de petites espèces (moineau, merle, alouette, etc.).

passerelle nf. Petit pont étroit réservé aux piétons. ‖ *Mar.* Superstructure d'un navire, réservée à l'officier de quart et aux timoniers.

passerose nf. Rose trémière.

passe-temps nm. inv. Occupation agréable, divertissement.

passe-thé nm. inv. Petite passoire à thé.

passeur nm. Conducteur d'un bac. ‖ Qui fait clandestinement passer la frontière.

passible adj. Qui a mérité : - *d'une amende*.

passif, ive adj. Qui subit l'action. ‖ Qui n'agit point : *un rôle -*. ‖ *Obéissance -*, aveugle. ‖ *Gramm. Voix -*, *verbe -*, *sens -*, qui marque une action subie par le sujet. ‖ Nm. Forme de conjugaison des verbes passifs. ‖ Ensemble des obligations, des dettes et charges : *faire la balance entre l'actif et le -*.

passiflore nf. Plante de l'Amérique tropicale et de l'Asie, dite *fleur de la Passion*.

passion nf. *Relig.* Souffrance : *la - de Jésus-Christ*. ‖ Récit qui en est fait dans l'Evangile. ‖ Mouvement violent, agitation de l'âme : *dompter ses -*. ‖ Désir très vif : *avoir la - du jeu*. ‖ Se dit aussi de l'objet de ce désir : *l'étude est sa -*. ‖ Colère : *n'agissez jamais dans la -*. ‖ Prévention pour ou contre : *juger avec -*. ‖ *Spécialem.* Amour : *déclarer sa -*.

passionnel, elle adj. Relatif aux passions; qui en dépend.

passionner vt. Animer : - *une discussion*. ‖ Intéresser vivement : *roman qui passionne*. ‖ Se - [pour] vpr. S'éprendre fortement.

passivité nf. Etat de celui, de ce qui est passif.

passoire nf. Ustensile percé de petits trous pour filtrer, clarifier, etc.

pastel nm. Crayon fait de couleurs pulvérisées. ‖ Dessin au pastel.

pastel nm. Plante dont la feuille fournit une couleur bleue.

pastelliste n. Artiste qui fait du pastel.

pastèque nf. Melon d'eau.

pasteur nm. Qui garde des troupeaux. ‖ *Poétiq.* et *adjectiv.* : *les peuples -*. ‖ *Fig.* Ministre du culte protestant.

pasteurisation nf. Action de pasteuriser.

pasteuriser vt. Chauffer un liquide

aux environs de 75° C pendant 20 minutes et le refroidir brusquement.

pastiche nm. Œuvre littéraire ou artistique à la manière de.

pasticher vt. Imiter, contrefaire le style, la manière : - *Chateaubriand*.

pastille nf. Petit bonbon de sucre aromatisé en forme de disque. ‖ Préparation médicamenteuse analogue. ‖ Pâte odorante qu'on brûle pour parfumer l'air.

pastoral, e, aux adj. Propre aux bergers. ‖ Champêtre : *vie, poésie* -.

pastorale nf. Pièce dont les personnages sont des bergers, des bergères.

pastoureau, elle n. Petit berger, jeune bergère. ‖ Nf. Figure de danse.

patachon nm. *Fam. Une vie de* -, une vie désordonnée.

patagon, onne adj. et n. De la Patagonie.

patapouf nm. *Pop.* Homme gros et lourd. ‖ Grand bruit.

pataquès [*kèss*] nm. *Fam.* Faute de prononciation ou de liaison : *ce n'est point-z-à moi.*

patate nf. Tubercule comestible des pays chauds. ‖ *Fam.* Pomme de terre.

patatras [*tra*] nm. *Fam.* Mot qui exprime la chute bruyante d'un corps.

pataud, e adj. et n. Jeune chien à grosses pattes. ‖ *Fam.* Personne lourde et lente.

patauger vi. (c. *manger*). Piétiner dans la boue. ‖ *Fig.* et *fam.* S'embarrasser dans son raisonnement.

patchouli nm. Plante aromatique.

pâte nf. Farine détrempée et pétrie. ‖ Corps de consistance molle, fait de matières broyées : - *d'amandes ; - de papier.* ‖ - *d'Italie,* vermicelle, macaroni, etc.

pâté nm. Pâtisserie qui renferme de la viande. ‖ Viande cuite mise en terrine. ‖ *Fig.* Tache d'encre. ‖ - *de maisons,* groupe de maisons.

pâtée nf. Pâte pour engraisser la volaille. ‖ Mélange de pain et de viande hachée : *la - d'un chien.*

patelin, ine n. Personne souple et insinuante. ‖ Adj. : *air* -. ‖ Nm. *Pop.* Village.

patelle nf. Mollusque comestible à coquille conique.

patène nf. Vase sacré, en forme d'assiette, qui sert à couvrir le calice et à recevoir l'hostie.

patenôtre nf. *Fam.* Prière. ‖ Paroles inintelligibles.

patent, e adj. Evident, manifeste. ‖ *Lettres* -, scellées du grand sceau de l'Etat.

patente nf. Contribution annuelle que paie tout commerçant. ‖ Certificat sanitaire délivré à un navire qui part.

patenter vt. Soumettre à la patente. ‖ Délivrer une patente à quelqu'un. ‖ **Patenté, e** part., adj. et n.

pater [*tèr*] nm. inv. Oraison dominicale. ‖ Gros grain d'un chapelet.

patère nf. Support fixé à un mur pour soutenir des rideaux, des vêtements.

paternalisme nm. Bienveillance, de caractère paternel, dans les rapports entre patrons et employés.

paterne adj. Doucereux.

paternel, elle adj. Du père. ‖ Du côté du père : *grands-parents* -. ‖ Qui a l'indulgence d'un père : *se montrer* -.

paternité nf. Etat de père.

pâteux, euse adj. Epais : *liquide* -. ‖ Embarrassé : *langue* -.

pathétique adj. et n. Qui émeut fortement. ‖ Nm. Le genre pathétique.

pathogène adj. Qui provoque les maladies : *microbes* -.

pathologie nf. Science des causes et des symptômes des maladies.

pathologique adj. Relatif à la pathologie : *anatomie* -.

pathos [*toss*] nm. *Fam.* Emphase, galimatias.

patibulaire adj. Qui appartient au gibet. ‖ *Fig. Mine* -, mine d'un homme digne de la potence.

patiemment [*sya*] adv. Avec patience.

patience nf. Résignation. ‖ Persévérance, constance. ‖ *Prendre* -, attendre avec calme. ‖ *Prendre en* -, supporter sans se plaindre. ‖ Planchette à rainure servant au nettoyage des boutons métalliques. ‖ Combinaison de cartes. (Syn. de RÉUSSITE.) ‖ Interj. : -*! nous arrivons !-*.

patient, e adj. Qui a de la patience. ‖ N. Qui subit un supplice ou une opération chirurgicale.

patienter vi. Attendre avec patience.

patin nm. Semelle munie en dessous d'une lame, que l'on fixe à la chaussure pour glisser sur la glace. ‖ Partie plate d'un rail, qui repose sur les traverses. ‖ Partie frottante des freins de roues. ‖ - *à roulettes,* patins qui roulent au lieu de glisser.

patinage nm. Action de patiner.

patine nf. Vert-de-gris qui se forme sur le bronze antique. ‖ Voile qui ternit les tableaux anciens.

patiner vi. Glisser avec des patins. ‖ Se dit d'un véhicule mécanique dont les roues tournent sur place. ‖ Vt. Produire artificiellement la patine.

patinette nf. V. TROTTINETTE.

patineur, euse n. Qui patine.

patinoire nf. Lieu préparé pour le patinage.

patio [*ti*] nm. Cour intérieure d'une maison espagnole.

pâtir vi. Souffrir.

pâtis [*ti*] nm. Lande ou friche, où l'on mène paître les bestiaux.

pâtisserie nf. Pâte préparée et cuite au four. ‖ Profession, boutique du pâtissier.

pâtissier, ère n. et adj. Qui fait ou vend de la pâtisserie.

patois nm. Parler local.

patoiser vi. Parler patois.

pâton nm. Morceau de pâte.

patouillet nm. Appareil pour le lavage des minerais.

patraque nf. *Fam.* Machine ou personne usée. ‖ Adjectiv. Indisposé.

pâtre nm. Gardien de troupeaux.

patriarcal, e, aux adj. Propre aux patriarches : *simplicité -.*

patriarcat nm. Dignité de patriarche dans l'Eglise d'Orient. ‖ Sa juridiction : *le - d'Antioche.*

patriarche nm. Chef de famille dans l'Ancien Testament. ‖ *Fig.* Vieillard respectable qui a de nombreux descendants. ‖ Titre des chefs de l'Eglise grecque.

patricien, enne adj. et n. Issu des premiers sénateurs institués par Romulus. ‖ Noble : *famille -.*

patrie nf. Pays natal ou dont on est citoyen. ‖ *Mère -,* Etat dont dépend une colonie. (Syn. MÉTROPOLE.)

patrimoine nm. Bien hérité des parents. ‖ *Fig.* Héritage commun : *la science est le - des hommes d'étude.*

patrimonial, e, aux adj. Qui fait partie du patrimoine.

patriotard n. et adj. *Fam.* Qui affiche un patriotisme excessif.

patriote adj. et n. Qui aime sa patrie, se dévoue pour elle.

patriotique adj. Qui appartient au patriotisme; patriote.

patriotisme nm. Amour de la patrie.

patrologie nf. Etude de la vie et des œuvres des Pères de l'Eglise.

patron, onne n. Saint, sainte dont on porte le nom, à qui une église est dédiée. ‖ Protecteur, protectrice : *sainte Geneviève, - de Paris.* ‖ Chef d'une entreprise. ‖ Celui qui commande une embarcation.

patron nm. Modèle d'après lequel on taille une étoffe, etc. ‖ Carton à jours pour le coloriage.

patronage nm. Protection accordée par un homme puissant. ‖ Association de bienfaisance, de protection. ‖ Siège de cette association; garderie d'enfants : *aller au -.*

patronal, e, aux adj. Qui concerne le patron, les patrons.

patronat nm. Ensemble des patrons.

patronner vt. Protéger, recommander.

patronnesse adj. f. *Dame -,* qui dirige une œuvre de bienfaisance.

patronymique adj. *Nom -,* commun à tous les descendants d'une race; nom de famille.

patrouille nf. Détachement de surveillance de soldats, d'avions ou de navires : *exécuter une -.* ‖ *Par ext.* La formation elle-même.

patrouiller vi. Aller en patrouille. ‖ *Fam.* Patauger dans la boue.

patrouilleur nm. Elément d'une patrouille.

patte nf. Jambe et pied des animaux. ‖ *Fam.* Main ou pied de l'homme. ‖ Petite bande d'étoffe pour maintenir les deux parties d'un vêtement. ‖ Long clou à bout plat, servant à fixer des boiseries, des glaces, etc. ‖ *- de velours,* patte de chat dont les griffes sont rentrées. ‖ *Fig. - de mouche,* écriture maigre et griffonnée. ‖ *- de lapin,* favoris très courts.

patte-d'oie nf. Point de réunion de plusieurs routes. ‖ *Fam.* Petites rides à l'angle extérieur de l'œil. ‖ Pl. des *pattes-d'oie.*

pattu, e adj. Qui a de grosses pattes. ‖ Qui a des plumes sur les pattes.

pâturage nm. Lieu où les bestiaux pâturent : *les - alpestres.*

pâture nf. Nourriture des animaux en général. ‖ Pâturage. ‖ *Fam.* Nourriture de l'homme.

pâturer vi. Prendre la pâture.

pâturin nm. Plante fourragère.

paturon nm. Bas de la jambe du cheval, entre le boulet et le sabot.

paulownia [*lo-nia*] nm. Arbre ornemental du Japon, à fleurs violettes.

paume nf. Creux de la main. ‖ Jeu où l'on renvoie une balle à l'aide d'une raquette.

paumelle nf. Espèce d'orge. ‖ Penture d'un volet ou d'une porte. ‖ Gant de cuir protégeant la paume (sellier, bourrelier...).

paupérisme nm. Etat permanent d'indigence dans un pays.

paupière nf. Double membrane mobile protectrice de l'œil.

paupiette nf. Tranche de viande roulée et farcie.

pause nf. Suspension momentanée d'une action. ‖ *Mus.* Silence équivalant à une mesure. ‖ Signe qui l'indique.

pauvre adj. Dépourvu du nécessaire. ‖ Stérile : *pays -.* ‖ Insuffisant : *un devoir.* ‖ Malheureux : *le - homme!* ‖ *Langue -,* qui manque de termes. ‖ *- sire,* homme sans considération.

‖ Nm. Mendiant : *faire l'aumône à un* -.

pauvresse nf. Mendiante.

pauvret, ette adj. Pauvre petit.

pauvreté nf. Etat de celui, de ce qui est pauvre.

pavage nm. Action de paver.

pavane nf. Ancienne danse grave et lente. ‖ Air sur lequel on l'exécutait.

pavaner (se) vpr. Marcher d'une manière orgueilleuse, comme un paon.

pavé nm. Bloc de pierre dure dont on revêt le sol des voies. ‖ Partie d'une rue pavée. ‖ *Fig.* et *fam. Etre sur le* -, être sans domicile, sans emploi. ‖ *Tenir le haut du* -, dominer.

paver vt. Couvrir le sol de pavés.

paveur nm. Ouvrier qui pave.

pavie nm. Pêche dont la chair adhère au noyau.

pavillon nm. Petit bâtiment isolé, petite maison : - *de chasse.* ‖ Partie extérieure de l'oreille. ‖ Extrémité évasée d'un instrument à vent. ‖ Drapeau, dans la marine. ‖ *Hisser le* -, défier l'ennemi au combat; *amener le* -, se rendre. ‖ *Fig.* et *fam. Baisser* -, céder.

pavois nm. Autref., grand bouclier. ‖ Pavillon décorant un navire. ‖ *Fig. Elever sur le* -, mettre en honneur.

pavoisement nm. Action de pavoiser.

pavoiser vt. Décorer de pavillons, de drapeaux, etc.

pavot nm. Plante dont on extrait l'opium.

payable adj. Qui doit être payé.

paye nf. V. PAIE.

payement nm. V. PAIEMENT.

payer vt. (c. *balayer*). Acquitter une dette. ‖ Donner ce qui est dû à. ‖ Récompenser, reconnaître : *un service.* ‖ *Fig.* Acquérir par un sacrifice : - *cher une victoire.* ‖ Expier : - *son crime.* ‖ - *d'audace,* faire preuve d'audace. ‖ - *d'ingratitude,* manquer de reconnaissance. ‖ - *de retour,* reconnaître un service par un autre. ‖ - *de sa personne,* s'exposer dangereusement. ‖ - *le tribut à la nature,* mourir. ‖ - *pour les autres,* être puni à leur place. ‖ *Il me le paiera,* je me vengerai de lui. ‖ Se - vpr. *Fam.* Acheter pour soi. ‖ *Se* - *de,* se contenter de : *se* - *de paroles.*

payeur, euse adj. et n. Qui paie. ‖ Nm. Dont l'emploi est de payer : *trésorier-* -.

pays nm. Territoire. ‖ Région, contrée : - *chaud.* ‖ Les habitants mêmes : - *révolté.* ‖ Patrie : *quitter son* -. ‖ *Mal du* -, nostalgie. ‖ - *de cocagne,* où tout abonde. ‖ *Pop.* Compatriote : *tiens, voilà mon* -. (Fém. *payse.*)

paysage nm. Etendue de pays qui offre une vue d'ensemble. ‖ Tableau qui représente un paysage.

paysagiste nm. Artiste qui peint des paysages. ‖ Adj. : *peintre* -.

paysan, anne n. Homme, femme de la campagne.

paysannat nm. Ensemble des agriculteurs d'une région, d'un Etat.

paysannerie nf. Condition, ensemble des paysans. ‖ *Roman* peignant les mœurs paysannes.

Pb, symbole chimique du *plomb.*

péage nm. Droit payé pour passer sur un pont, une autoroute, une route.

péan ou **pæan** nm. Hymne en l'honneur d'Apollon. ‖ Chant de guerre, de victoire, de fête.

peau nf. Membrane qui recouvre le corps de l'homme et des animaux. ‖ Cuir de l'animal. ‖ Enveloppe de fruit. ‖ *Fam.* - *d'âne,* diplôme.

peaucier n. adj. et m. Se dit des muscles qui prennent au moins une de leurs insertions à la peau.

peausserie nf. Commerce, industrie du peaussier.

peaussier nm. Qui prépare les peaux ou en fait le commerce.

pébrine nf. Maladie des vers à soie.

pec adj. *Hareng* -, fraîchement salé.

pécari nm. Cochon sauvage de l'Amérique du Sud. ‖ Sa peau : *des gants de* -.

peccadille nf. Faute légère.

pechblende [*pêch'-blind'*] nf. Principal minerai d'uranium dont on extrait aussi le radium.

pêche nf. Fruit du pêcher.

pêche nf. Art, action de pêcher. ‖ Ce qu'on a pêché : *vendre sa* -.

péché nm. Transgression de la loi divine. ‖ *Fam.* - *mignon,* petit défaut auquel on s'abandonne volontiers.

pécher vi. (c. *céder*). Commettre un péché. ‖ *Fig.* Faillir, manquer : - *par ignorance.*

pêcher nm. Arbre dont le fruit savoureux est la pêche.

pêcher vt. Prendre du poisson. ‖ *Fig.* et *fam.* Puiser, prendre : *où a-t-il pêché cette nouvelle?* ‖ - *en eau trouble,* tirer profit du désordre.

pêcherie nf. Lieu de pêche.

pécheur, eresse n. Qui commet des péchés.

pêcheur, euse n. Qui pêche, fait profession de pêcher. ‖ Adj. : *bateau* -.

pécore nf. *Fam.* Personne stupide.

pectine nf. Substance qui existe dans beaucoup de fruits.

pectiné, e adj. En forme de peigne.

pectoral, e, aux adj. Qui concerne la poitrine : *sirop* - ; *muscles* -. ‖

Nm. Riche ornement porté autrefois sur la poitrine. ‖ Partie de l'armure romaine.

pécule nm. Somme économisée : *amasser un petit -.* ‖ Somme prélevée sur le produit du travail des condamnés, des prisonniers, et qui leur est remise à leur libération.

pécuniaire adj. Relatif à l'argent.

pédagogie nf. Art d'instruire et d'élever les enfants.

pédagogique adj. Relatif à la pédagogie : *musée -.*

pédagogue nm. Personne qui instruit et élève les enfants.

pédale nf. Levier actionné par le pied : *- de débrayage, de piano, de bicyclette.* ‖ Jeux d'orgue qu'on actionne avec les pieds. ‖ *Fam.* Cyclisme : *les fervents de la -.*

pédaler vi. Faire mouvoir les pédales d'une bicyclette. ‖ *Fam.* Circuler à bicyclette.

pédalier nm. *Mus.* Clavier de pédales de l'orgue. ‖ *Véloc.* Mécanisme comprenant les pédales et le pignon d'une bicyclette.

pédant, e n. Qui fait étalage de son savoir. ‖ Adj. : *ton -.*

pédanterie nf. ou **pédantisme** nm. Ton, manières, caractère du pédant.

pédestre adj. Qui se fait à pied.

pédiatre nm. Spécialiste des maladies d'enfants.

pédicule nm. Sorte de support, de pied.

pédiculé, e adj. Supporté par un pédicule.

pédicure n. Qui soigne les pieds, extirpe les cors, etc.

pedigree [*gri*] nm. Généalogie d'un animal de race.

pédimane n. et adj. Animal qui a le pouce du pied de derrière séparé, comme dans une main.

pédologie nf. Etude de l'enfant.

pédologie nf. Etude chimique des sols.

pédoncule nm. Queue d'une fleur ou d'un fruit.

pédonculé, e adj. Porté par un pédoncule.

pègre nf. La société des voleurs.

peignage nm. Epuration et triage de divers textiles avant la filature.

peigne nm. Instrument denté qui sert à retenir les cheveux ou à les démêler. ‖ Instrument à dents longues et acérées, pour apprêter la laine, le chanvre, etc. ‖ Mollusque (coquille Saint-Jacques).

peigné, e nm. Laine peignée.

peignée nf. *Pop.* Echange de coups.

peigner vt. Démêler avec un peigne.

peigneur, euse n. et adj. Qui peigne les textiles. ‖ Nf. Machine à peigner.

peignier nm. Qui fait, vend des peignes.

peignoir nm. Manteau léger qu'on se met sur les épaules quand on se peigne ou quand on sort du bain. ‖ Robe d'intérieur très ample.

peindre vt. (c. *craindre*). Représenter par des lignes, des couleurs. ‖ Couvrir de couleur : *- un mur.* ‖ *Fig.* Décrire : *- des personnages.*

peine nf. Punition, châtiment : *la - de mort.* ‖ Souffrance physique ou morale : *les - du corps, de l'esprit.* ‖ Souci. ‖ Effort : *se donner beaucoup de -.* ‖ Difficulté : *réussir sans -.* ‖ Embarras : *laisser quelqu'un dans la -.* ‖ *-capitale,* peine de mort. ‖ *- éternelles,* souffrances de l'enfer. ‖ *Homme de -,* chargé des gros travaux. ‖ *Perdre sa -,* travailler inutilement. ‖ *Mourir à la -,* en travaillant. ‖ *Valoir la -,* avoir une certaine importance : *cela vaut la - d'en parler.* ‖ *Faire de la -,* chagriner. ‖ *Donnez-vous la - de...,* veuillez. ‖ *A -* loc. adv., depuis un moment : *à - était-il parti...* ‖ *Presque pas : à - sait à - lire.*

peiner vt. Causer du chagrin. ‖ Vi. Eprouver de la fatigue. ‖ Se donner du mal : *- pour réussir.*

peintre nm. Artiste en peinture. ‖ Celui qui enduit les murs : *- en bâtiments.* ‖ *Fig.* Ecrivain qui excelle à représenter ce dont il parle.

peinture nf. Art de peindre. ‖ Ouvrage de peinture : *des - à l'huile.* ‖ Revêtement de matière colorante. ‖ Cette matière elle-même. ‖ *Fig.* Description : *la - des mœurs.*

peinturer vt. Enduire de couleur.

peinturlurer vt. *Fam.* Peindre de couleurs criardes.

péjoratif, ive adj. et n. Qui comporte une idée défavorable : *« être »,* *« ache »,* *« ailler »,* etc. *sont des suffixes -.*

pékin nm. Tissu à rayures longitudinales de couleurs ou d'armures différentes. ‖ *Fam.* Civil.

pékinois, oise adj. et n. De Pékin. ‖ Nm. Petit chien de Chine, à poil long et à tête massive.

pelade nf. Maladie qui fait tomber par places les poils et les cheveux.

pelage nm. Ensemble des poils d'un animal.

pélagianisme nm. Doctrine du moine hérésiarque Pélage (Ve s.).

pélagique adj. Relatif à la mer : *faune -.*

pelard adj. m. *Bois -,* dont on ôte l'écorce pour faire du tan.

pélargonium [*om'*] nm. Plante encore appelée *géranium.*

pélasgien, enne ou **pélasgique** adj. Relatif aux Pélasges.

pêle-mêle nm. Mélange confus de personnes ou de choses. ‖ Loc. adv. En désordre : *mettre tout* -.

peler vt. (c. *céder*). Oter le poil, la peau d'un fruit, l'écorce d'un arbre. ‖ Vi. Perdre l'épiderme : *tout son corps a pelé*. ‖ **Pelé, e** part., adj. et n. *Fig.* Sans verdure : *campagne* -.

pèlerin, e n. Qui va en pèlerinage. ‖ Nm. Grand requin.

pèlerinage nm. Voyage fait en un lieu par dévotion. ‖ Ce lieu même.

pèlerine nf. Manteau court, souvent à capuchon.

pélican nm. Oiseau aquatique palmipède à large bec garni d'une poche extensible.

pelisse nf. Manteau ouaté ou garni de fourrure.

pellagre nf. Maladie très grave, qui commence par des éruptions érythémateuses.

pelle nf. Outil formé d'une sorte de cuiller de fer ou de bois ajustée à un manche. ‖ *Fig. et fam. Remuer l'argent à la* -, être très riche. ‖ *Pop. Ramasser une* -, faire une chute.

pelletée nf. Contenu d'une pelle.

pelleter vt. (c. *jeter*). Remuer à la pelle : - *du sable*.

pelleterie nf. Art de préparer les peaux. ‖ Commerce des fourrures.

pelletier, ère adj. et n. Qui prépare ou vend des fourrures.

pellicule nf. Peau, lamelle épidermique très mince. ‖ Bande de film sensibilisée, utilisée en photographie.

pelotage nm. Action de mettre les écheveaux en pelote.

pelote nf. Boule formée de fils de laine, de soie, roulés sur eux-mêmes. ‖ Petit coussinet pour ficher des aiguilles et des épingles. ‖ - *basque*, jeu de balle au mur pratiqué soit à la main, soit avec une chistera. ‖ *Fig. et fam. Faire sa* -, s'enrichir.

peloter vt. Mettre, rouler en pelote. ‖ *Fig. et pop.* Flatter par intérêt.

peloton nm. Petite pelote. ‖ Unité militaire commandée par un lieutenant. ‖ Groupe : le - *de tête*.

pelotonner vt. Mettre en pelote : - *du fil*. ‖ **Se** - vpr. Se mettre en boule.

pelouse nf. Terrain couvert d'une herbe courte, épaisse.

peluche nf. Sorte de velours à poils longs, couchés, soyeux et brillants.

pelucher vi. Se couvrir de poils détachés du tissu.

pelucheux, euse adj. Qui peluche.

pelure nf. Peau de fruits, de légumes.

pemmican nm. Préparation de viande desséchée.

pénal, e, aux adj. Qui assujettit à quelque peine. ‖ *Code* -, où sont prévues les peines frappant les délinquants.

pénalisation nf. *Sports.* Désavantage infligé à un concurrent qui a commis une faute.

pénaliser vt. Frapper d'une pénalisation.

pénalité nf. Système des peines fixées par la loi. ‖ La peine elle-même.

penalty nm. *Sports.* Pénalisation au football. ‖ Pl. des *penalties*.

pénates nmpl. Dieux domestiques des Romains et des Etrusques. ‖ *Fig.* Habitation : *regagner ses* -. ‖ Adj. : *dieux* -.

penaud, e adj. Embarrassé, honteux.

pencher vt. Incliner : - *la tête*. ‖ Vi. Etre hors d'aplomb : *ce mur penche*. ‖ *Fig.* Etre porté à : - *à l'indulgence*. ‖ **Penchant, e** part., adj. et nm. *Fig.* : - *à la colère*.

pendable adj. Qui mérite d'être pendu. ‖ *Fam. Tour* -, mauvais tour.

pendaison nf. Action de pendre. ‖ Supplice de celui qu'on pend ou qui se pend.

pendant, e adj. Qui pend. ‖ *Fig. Cause* -, non jugée. ‖ Nm. Objet symétrique : *ce tableau fera* - *à cet autre*. ‖ *Fig.* Semblable : *l'un est le* - *de l'autre*. ‖ - *d'oreilles*, boucles d'oreilles.

pendant prép. Durant. ‖ - **que** loc. conj., tandis que.

pendard, e n. *Fam.* Vaurien.

pendeloque nf. Pierre précieuse suspendue à des boucles d'oreilles. ‖ Chacun des cristaux attachés à un lustre.

pendentif nm. Ornement d'architecture qui pend à une voûte. ‖ Bijou porté en sautoir.

penderie nf. Garde-robe où l'on suspend des vêtements.

pendiller vi. Etre suspendu en l'air et agité par le vent.

pendoir nm. Corde ou crochet pour suspendre la viande.

pendre vt. Attacher une chose par le haut, le bas restant libre. ‖ Faire mourir par pendaison : - *un voleur*. ‖ Vi. Etre suspendu : *les fruits pendent aux arbres*. ‖ **Pendu, e** part., adj. et n. *Fig. et fam. Avoir la langue bien* -, être bavard.

pendulaire adj. Relatif au pendule : *mouvement* -.

pendule nm. Corps pesant, mobile autour d'un point fixe et qui exécute une suite d'oscillations quand on le déplace de sa position d'équilibre.

pendule nf. Horloge à poids ou à ressort, à mouvement régularisé par un pendule.

pendulette nf. Petite pendule.

pêne nm. Pièce d'une serrure qui, actionnée par la clef, ferme la porte.

pénéplaine nf. *Géogr.* Surface de faible relief réalisée au stade final du cycle d'érosion.

pénétrabilité nf. Qualité de ce qui est pénétrable.

pénétrable adj. Qu'on peut pénétrer; où l'on peut pénétrer.

pénétration nf. Action ou propriété de pénétrer. || *Fig.* Haut degré d'intelligence, sagacité de l'esprit.

pénétrer vt. (c. *céder*). Passer au travers : *l'huile pénètre les étoffes.* || Entrer bien avant : *le coup a pénétré les chairs.* || *Fig.* Découvrir, comprendre : - *les secrets de la nature.* || Toucher profondément : *sa douleur me pénètre le cœur.* || Se - vpr. Remplir son esprit : *se - d'une vérité.* || **Pénétrant**, e part. et adj. Qui pénètre, se fait sentir (au *pr.* et au *fig.*) : *un parfum, un regard -.*

pénible adj. Qui fatigue. || Qui afflige : *nouvelle -.*

péniche nf. Grand chaland de transport fluvial.

pénicilline nf. Produit antimicrobien puissant, tiré d'une moisissure.

péninsulaire adj. Relatif à une péninsule ou à ses habitants.

péninsule nf. Vaste presqu'île : *la balkanique.*

pénitence nf. Repentir, regret d'avoir offensé Dieu. || Un des sept sacrements. || Peine qu'impose le confesseur au pénitent : *accomplir sa -.* || Jeûnes, macérations que l'on s'impose à soi-même : *faire -.* || Punition infligée à un enfant : *mettre en -.*

pénitencier nm. Prêtre chargé par l'évêque d'absoudre les cas réservés. || Prison dans laquelle on cherche à amender les condamnés.

pénitent, e adj. Qui fait pénitence. || Voué à la pénitence. || N. Qui confesse ses péchés au prêtre. || Membre de certaines confréries religieuses.

pénitentiaire adj. Relatif aux pénitenciers : *régime -.*

pennage nm. Plumage des oiseaux de proie.

penne nf. Plume longue des ailes et de la queue des oiseaux.

penné, e adj. *Bot.* Se dit des folioles disposées comme les barbes d'une plume.

penny [*pèn-nè*] nm. Monnaie de bronze anglaise valant le douzième d'un shilling. || Pl. des *pence* [*pèns'*].

pénombre nf. *Phys.* Etat d'une surface incomplètement éclairée. || Demi-jour. || *Peint.* Passage de la lumière à l'ombre.

pensée nf. Faculté de comparer, de combiner les idées : *la dignité de l'homme réside dans la -.* || Acte de l'esprit : - *ingénieuse.* || Esprit : *il me vient dans la - que...* || Opinion : *dire sa -.* || Idée : *saisir la - d'un auteur.* || Rêverie : *s'enfoncer dans ses -.* || Maxime, sentence : *les* « *Pensées* » *de Pascal.*

pensée nf. Plante ornementale portant des fleurs à cinq pétales et de couleurs très variées.

penser vi. Former dans son esprit, concevoir, imaginer : « *Je pense, donc je suis.* » (Descartes.) || Réfléchir : *il parle sans -.* || Raisonner : - *juste.* || Avoir l'intention de : *nous pensons partir bientôt.* || Espérer : *je pense réussir.* || Vt. Avoir dans l'esprit : *dire tout ce qu'on pense.* || Croire, juger : *qu'en pensez-vous?* || Vt. ind. Se souvenir de : - *aux absents.* || Avoir en vue : - *à s'établir.* || Prendre garde à : *vous avez des ennemis, pensez à vous.* || - *à mal*, avoir mauvaise intention : *dire une chose sans - à mal.* || **Pensant**, e part. et adj. *Bien* -, dont les opinions sont conformes à l'ordre établi.

penseur nm. Qui a des idées profondes. || *Libre* -, partisan du libre examen de tout.

pensif, ive adj. Absorbé dans ses pensées : *un air -.*

pension nf. Somme d'argent que l'on donne pour être logé, nourri : *payer sa -.* || Lieu où l'on est logé et nourri. || Maison d'éducation : *mettre son fils en -.* || Les élèves de cet établissement : *la - est en promenade.* || Retraite de fonctionnaire, rente de mutilé.

pensionnaire n. Qui paie pension. || Elève interne dans une maison d'éducation.

pensionnat nm. Maison d'éducation qui reçoit des internes.

pensionner vt. Faire une pension à.

pensum [*pin-som'*] nm. Travail supplémentaire imposé à un écolier pour le punir. || Pl. des *pensums.*

pentagonal, e, aux adj. Relatif au pentagone.

pentagone adj. et nm. Polygone qui a cinq angles et cinq côtés. || Organisation militaire supérieure aux Etats-Unis.

pentane nm. *Chim.* Hydrocarbure saturé C_5H_{12}.

pentathlon [*pin*] nm. *Antiq. gr.* Ensemble des cinq exercices des athlètes (lutte, course, saut, disque et javelot). || *Auj.*, le pentathlon classique comprend : 200 m, 1 500 m plat, saut en longueur, disque, javelot.

pente nf. Inclinaison d'un plan, d'un terrain. || *Fig.* Inclination, tendance : *la - du vice.*

Pentecôte nf. Fête chrétienne célébrée cinquante jours après Pâques.

pentothal nm. Narcotique sous l'effet duquel il n'est plus possible de contrôler ce que l'on dit.

penture nf. Bande de fer transversale clouée sur une porte, un volet, pour les soutenir sur le gond.

pénultième nf. et adj. L'avant-dernière syllabe d'un mot, d'un vers.

pénurie nf. Extrême disette.

pépie nf. Pellicule de corne au bout de la langue des oiseaux, qui les empêche de manger. || *Fig.* et *fam. Avoir la -,* avoir grand soif.

pépiement nm. Action de pépier.

pépier vi. (c. *prier*). Crier, en parlant des petits oiseaux.

pépin nm. Graine de certains fruits (pomme, poire). || *Fam.* Parapluie.

pépinière nf. Plant de jeunes arbres. || *Fig.* Etablissement qui fournit des personnes propres à une profession : *une - d'ingénieurs.*

pépiniériste nf. Qui cultive ou dirige une pépinière. || Adjectiv. : *jardinier -.*

pépite nf. Masse de métal natif.

péplum [*plom'*] nm. Tunique sans manches des femmes grecques. || Pl. des *péplums.*

pepsine nf. Principe actif du suc gastrique.

peptone nf. Produit de l'action de la pepsine sur les aliments azotés.

perçage nm. Action de percer des trous.

percale nf. Toile de coton très serrée, plus fine que le calicot.

percaline nf. Toile de coton légère, teinte et lustrée, employée comme doublure.

perçant, e adj. Pénétrant : *froid -.* || *Vif : yeux -.* || Clair et aigu : *voix -.* || *Avoir l'esprit -,* être très perspicace.

perce nf. Trou d'un instrument à vent. || *En -* loc. adv., se dit d'un tonneau percé pour en tirer le contenu.

perce-bois nm. inv. Nom vulgaire de plusieurs insectes qui attaquent le bois.

percée nf. Ouverture; trouée à travers des obstacles.

percement nm. Action de percer : *le - de l'isthme de Suez.*

perce-neige nf. inv. Plante qui fleurit en hiver.

perce-oreille nm. Insecte dont l'abdomen se termine par deux crochets. || Pl. des *perce-oreilles.*

percepteur nm. Fonctionnaire chargé de recouvrer les contributions directes.

perceptibilité nf. Qualité, caractère de ce qui est perceptible.

perceptible adj. Qui peut être perçu : *impôt -.* || *Fig.* Qui peut être saisi par les sens : *bruit à peine -.*

perception nf. Recouvrement des impositions. || Emploi, bureau de percepteur. || *Fig.* Faculté de percevoir par l'esprit et par les sens.

percer vt. (c. *placer*). Trouer de part en part : *- une porte.* || Dissiper : *la lumière perce les ténèbres.* || *Fig.* Découvrir : *- un mystère.* || Affliger : *ces plaintes me percent le cœur.* || *Crier à - les oreilles,* pousser des cris perçants. || Vi. Crever : *l'abcès a percé.* || *Fig.* Se manifester : *sa méchanceté perce dans tous ses discours.* || Se distinguer : *ce jeune homme commence à -.*

perceuse nf. Machine à percer à l'aide d'une mèche, d'un foret.

percevoir vt. Recouvrer : *- les impôts.* || *Fig.* Saisir par les sens.

perche nf. Poisson vorace des eaux douces, à chair très estimée.

perche nf. Bois rond, long et mince. || *Fig.* et *fam.* Personne grande et mince. || *Tendre la -,* venir en aide.

percher vi. ou **se percher** vpr. Se poser sur une branche en parlant des oiseaux.

percheron, onne adj. et n. Du Perche. || Race de chevaux de trait.

perchlorate nm. *Chim.* Sel de l'acide perchlorique.

perchlorique adj. Se dit du plus oxygéné des acides du chlore.

perchlorure nm. Le plus riche en chlore des chlorures.

perchoir nm. Bâton sur lequel perchent les oiseaux.

perclus, e adj. Privé de l'usage d'un ou de plusieurs membres.

perçoir nm. Foret, vrille.

percolateur nm. Grand appareil à filtres pour la préparation du café.

percussion nf. Coup, choc d'un corps contre un autre. || *Instruments de -,* dont on joue en les frappant (cymbales, tambour, triangle).

percuter vt. Frapper. || *Méd.* Explorer, ausculter par la percussion. || **Percutant, e** part. et adj. Qui produit une percussion. || *Obus -,* qui éclate en heurtant un obstacle.

percuteur nm. Tige métallique qui, dans une arme à feu, frappe l'amorce.

perdition nf. Etat d'un navire en danger de périr. || Ruine morale : *lieu de -.*

perdre vt. Cesser d'avoir : *- sa place, la raison.* || Egarer : *- son mouchoir.*

‖ Avoir le dessous, le désavantage au jeu : - *un procès, une partie de cartes.* ‖ - *la vie,* mourir. ‖ - *haleine,* manquer de respiration. ‖ *Fig.* Ruiner : *le jeu le perdra.* ‖ Corrompre : *l'alcool l'a perdu.* ‖ Déshonorer : *vous allez me -.* ‖ Mal employer : - *le temps.* ‖ Ne pas profiter : - *l'occasion.* ‖ Ne plus voir, ne plus suivre : - *la piste, la trace.* ‖ Se défaire, quitter : - *une mauvaise habitude.* ‖ - *la tête,* s'affoler. ‖ *Fam.* - *le nord,* se confondre dans ses idées. ‖ - *le fil d'un discours,* manquer de mémoire. ‖ - *de vue,* oublier, ne plus s'occuper de. ‖ - *pied,* ne plus toucher le fond dans l'eau; au *fig.,* ne plus savoir quoi répondre. ‖ - *du terrain,* reculer. ‖ *Vous ne perdez rien pour attendre,* vous serez puni tôt ou tard. ‖ Vi. Valoir moins : *les grains perdent en vieillissant.* ‖ Se - vpr. S'égarer. ‖ Disparaître : *se - dans la foule.* ‖ Faire naufrage : *se - corps et biens.* ‖ *Fig.* Cesser d'être en vogue : *cette mode se perd.* ‖ *Je m'y perds,* je n'y comprends plus rien. ‖ **Perdant, e** part., adj. et n. ‖ **Perdu, e** part. et adj. ‖ Loc. adv. **A vos moments -,** à vos moments de loisir. **A corps -,** avec impétuosité.

perdreau nm. Perdrix de l'année.

perdrix nf. Nom vulgaire de divers genres d'oiseaux recherchés comme gibier. (Cri : la perdrix *cacabe.*)

père nm. Celui qui a un ou plusieurs enfants. ‖ Ancêtres. ‖ Créateur : *Corneille est le - de la tragédie française.* ‖ Nom qu'on donne à certains religieux. ‖ Nom donné familièrement à un homme d'un certain âge : *le - Durand.* ‖ *Le - éternel,* Dieu. ‖ *Le saint- - le* pape. ‖ *Les - de l'Eglise,* théologiens dont les écrits font règle en matière de foi.

pérégrination nf. Long voyage.

péremption nf. Etat de ce qui est périmé.

péremptoire adj. Sans réplique : *réponse -.*

pérenne adj. Se dit d'une rivière dont l'écoulement n'est pas arrêté l'été.

pérennité nf. Caractère de ce qui dure toujours.

péréquation nf. Répartition égale : *la - de l'impôt.* ‖ Adaptation au coût de la vie : - *des retraites.*

perfectibilité nf. Qualité, caractère de ce qui est perfectible.

perfectible adj. Susceptible d'être perfectionné ou de se perfectionner.

perfection nf. Qualité de ce qui est parfait. ‖ Pl. Qualités excellentes de l'âme et du corps : *être doué de toutes sortes de -.* ‖ **A la -, dans la -** loc. adv., d'une manière parfaite.

perfectionnement nm. Action de perfectionner; son résultat.

perfectionner vt. Rapprocher de la perfection, améliorer.

perfide adj. et n. Déloyal, qui manque à sa parole : *ami -.* ‖ Où il y a de la perfidie : *louanges -.* ‖ N. : *c'est une -.*

perfidie nf. Déloyauté, trahison.

perfolié, e adj. *Bot.* Se dit des feuilles qui semblent traversées par la tige.

perforateur, trice adj. et n. Qui sert à perforer. ‖ Nf. Machine à perforer.

perforation nf. Action de perforer. ‖ *Méd.* Ouverture accidentelle : - *de l'intestin.*

perforer vt. Percer.

performance nf. Résultat sportif.

pergola nf. Construction légère formée de poteaux et de poutrelles à claire-voie formant toiture.

périanthe nm. *Bot.* Ensemble des enveloppes florales (calice et corolle).

péricarde nm. Sac conique fibroséreux, qui enveloppe le cœur et l'origine des gros vaisseaux.

péricardite nf. Inflammation du péricarde.

péricarpe nm. Enveloppe extérieure du fruit.

péricliter vi. Etre en péril, décliner, aller à la ruine.

périgée nm. Point de l'orbite d'une planète le plus rapproché de la Terre.

périgourdin, e adj. et n. Du Périgord ou de Périgueux.

périhélie nm. Point de l'orbite d'une planète le plus rapproché du Soleil.

péril [*ril*] nm. Danger, risque. ‖ *Au - de sa vie,* au risque de la perdre. ‖ *Il n'y a pas - en la demeure,* rien ne presse.

périlleux, euse adj. Où il y a du péril, du danger. ‖ *Saut -,* cabriole simple, double ou triple, qu'un acrobate exécute en l'air.

périmer vt. (Ne s'emploie qu'à la forme passive : *être périmé,* ou pronominale : *se -.*) Avoir perdu sa valeur : *un billet périmé.*

périmètre nm. *Math.* Contour d'une figure plane. ‖ Sa longueur.

périnée nm. Partie inférieure du bassin chez l'homme.

période nf. Espace de temps, division : *les grandes - de l'histoire.* ‖ *Astron.* Temps de révolution d'une planète. ‖ *Phys.* Durée d'une révolution dans un mouvement vibratoire : - *d'un pendule, d'un courant alternatif.* ‖ *Milit.* Stage de quelques jours imposé à un réserviste pour entretenir son instruction militaire. ‖ *Méd.*

Phase d'une maladie. ‖ *Rhét.* Phrase composée de plusieurs propositions harmonieusement enchaînées. ‖ *Math.* Nombre formé par l'ensemble des chiffres qui se répètent indéfiniment dans une fraction décimale périodique. ‖ Nm. Le suprême degré : *Cicéron a porté l'éloquence à son plus haut -.*

périodicité nf. Etat de ce qui est périodique : *la - des comètes.*

périodique adj. Qui revient à intervalles de temps égaux. ‖ Qui paraît à époque fixe : *publication -.* ‖ Nm. Journal, revue paraissant à date fixe.

périoste nm. Membrane qui recouvre les os.

périostite nf. Inflammation du périoste : *la - tuberculeuse.*

péripatéticien, enne adj. et n. Qui suit la doctrine d'Aristote.

péripatétisme nm. Philosophie d'Aristote.

péripétie [*si*] nf. Changement subit de fortune dans la situation d'un héros de théâtre ou de roman. ‖ *Par ext.* Evénement imprévu.

périphérie nf. Périmètre d'une figure curviligne. ‖ Surface d'un corps.

périphérique adj. Relatif à la périphérie.

périphrase nf. Circonlocution, tour de phrase équivalant à un seul mot comme la *messagère du printemps,* pour l'*hirondelle; l'astre de la nuit,* pour la *lune.*

périphraser vi. Parler par périphrases.

périple nm. Grand voyage de circumnavigation.

périr vi. (Prend toujours l'auxiliaire *avoir.*) Mourir de mort violente : *- dans un incendie.* ‖ Faire naufrage : *le vaisseau a péri sur les récifs.* *Fig.* Tomber en ruine, en décadence : *les plus grands empires ont péri.* ‖ Etre excédé : *- d'ennui.*

périscope nm. Appareil d'optique, permettant de voir par-dessus un obstacle.

périsperme nm. Enveloppe extérieure de la graine.

périssable adj. Sujet à périr.

périssoire nf. Embarcation peu stable, longue et étroite, manœuvrée à la pagaie.

péristaltique adj. *Méd.* Se dit du mouvement de contraction du tube digestif faisant progresser les aliments.

péristyle nm. Galerie fermée d'un côté par des colonnes isolées et de l'autre par le mur de l'édifice. ‖ Ensemble des colonnes d'une façade.

péritoine nm. Membrane séreuse qui tapisse la cavité de l'abdomen et soutient les organes.

péritonite nf. Inflammation du péritoine : *- aiguë.*

perle nf. Corps brillant, nacré et rond, qui se forme dans l'intérieur des huîtres perlières. ‖ Petite boule de verre, de métal, etc., percée d'un trou : *- d'acier, de jais.* ‖ Ornement d'architecture. ‖ *Fig.* Ce qu'il y a de mieux dans son genre : *c'est la - des cuisinières.*

perler vt. Faire à la perfection : *- un ouvrage.* ‖ Vi. Se former en gouttelettes : *la sueur lui perle au front.*

perlier, ère adj. Qui renferme ou produit des perles : *huîtres -.*

perlimpinpin nm. V. POUDRE.

permanence nf. Durée constante. ‖ Service permanent; lieu où il fonctionne. ‖ *En -,* sans interruption.

permanent, e adj. Qui dure sans arrêt ni changement. ‖ Nf. Indéfrisable.

permanganate nm. Sel de l'acide permanganique : *le - de potassium est un antiseptique.*

permanganique adj. Se dit d'un acide oxygéné dérivant du manganèse.

perméabilité nf. Qualité de ce qui est perméable.

perméable adj. Qui se laisse traverser par d'autres corps : *le buvard est - à l'eau.*

permettre vt. (c. *mettre.*) Autoriser à faire, à dire. ‖ Tolérer : *- l'usage du vin.* ‖ Donner le loisir de : *si mes occupations me le permettent.* ‖ Se - vpr. Prendre la liberté, la licence de : *elle s'est permis d'entrer.* ‖ **Permis, e** part., adj. Permission écrite : *le - de conduire.*

permission nf. Autorisation. ‖ Congé militaire temporaire.

permissionnaire n. Soldat en permission.

permutation nf. Echange d'un emploi contre un autre.

permuter vt. Echanger, remplacer : *- son emploi.* ‖ Absol. : *- avec un collègue.* ‖ **Permutant, e** part., adj. et n.

pernicieux, euse adj. Dangereux, nuisible : *un remède -.*

péroné nm. Os long et grêle, placé à la partie externe de la jambe.

péronnelle nf. *Fam.* Femme ou fille sotte et babillarde.

péroraison nf. Conclusion d'un discours d'apparat.

pérorer vi. Discourir longuement.

peroxyde nm. Oxyde à proportion maximum d'oxygène.

perpendiculaire adj. et nf. Qui rencontre à angle droit une ligne, un plan.

perpétration nf. Accomplissement : *la - d'un crime.*

perpétrer vt. (c. *céder*). Commettre : *un assassinat.*

perpétuation nf. Action de perpétuer ; effet de cette action.

perpétuel, elle adj. Continuel, qui ne cesse point. ‖ Qui dure toute la vie : *bannissement -.* ‖ Qui se renouvelle souvent : *combats -.* ‖ Qui remplit une charge à vie : *secrétaire -.*

perpétuer vt. Faire durer toujours.

perpétuité nf. Durée perpétuelle. ‖ A - loc. adv., pour toujours.

perplexe adj. Embarrassé, indécis.

perplexité nf. Embarras, irrésolution.

perquisition nf. Recherche minutieuse : *- judiciaire.*

perquisitionner vi. Faire une perquisition dans un lieu.

perron nm. Escalier en saillie sur une façade accédant à un palier.

perroquet nm. Oiseau grimpeur, qui imite facilement la voix humaine. ‖ *Fig.* Parler comme un -, sans comprendre ce qu'on dit. ‖ *Mar.* Mât, voile, vergue qui se grée au-dessus d'un mât de hune.

perruche nf. Variété de petit perroquet. ‖ Femelle du perroquet.

perruque nf. Coiffure de faux cheveux.

pers, e adj. D'une couleur intermédiaire entre le vert et le bleu.

persan, e adj. et n. De la Perse.

perse adj. et n. De la Perse (avant l'invasion arabe).

perse nf. Toile peinte de l'Inde.

persécuter vt. Tourmenter, martyriser. ‖ *Par ext.* Importuner, harceler. ‖ **Persécuté, e** part., adj. et n.

persécuteur, trice adj. et n. Qui persécute. ‖ *Par ext.* Qui importune.

persécution nf. Action de persécuter.

persévérance nf. Fermeté, constance dans la foi : *catéchisme de -.*

persévérer vi. (c. *céder*). Persister, demeurer ferme et constant. ‖ Continuer à durer : *fièvre qui persévère.*

persienne nf. Contrevent composé de lames minces montées obliquement sur un châssis.

persiflage nm. Moquerie.

persifler vt. Tourner en ridicule par des paroles ironiques. ‖ Vi. Parler avec ironie.

persifleur, euse adj. et n. Moqueur.

persil [*si*] nm. Plante bisannuelle, employée comme condiment.

persillade nf. Tranches de bœuf froid assaisonnées de persil.

persillé, e adj. Semé de petite taches verdâtres, comme le fromage de Roque-

fort. ‖ *Viande -,* viande parsemée de filets graisseux.

persique adj. De l'ancienne Perse.

persistance nf. Action de persister, de persévérer.

persister vi. Demeurer ferme, inébranlable. ‖ Durer, continuer : *douleur qui persiste.* ‖ **Persistant, e** part. et adj. *Bot.* Qui subsiste même en hiver : *feuilles -.*

persona grata (« *personne bienvenue* »). Expression latine qui signifie *agréé, reçu avec plaisir.*

personnage nm. Personne puissante, illustre. ‖ Personne mise en action dans une œuvre littéraire. ‖ Personne quelconque : *un triste -.*

personnalité nf. Individualité consciente. ‖ Caractère personnel, original. ‖ Personnage important. ‖ **Traits,** allusions offensantes qui visent quelqu'un : *se permettre des -.*

personne nf. Homme ou femme : *il y avait treize - à table.* ‖ L'être, le corps : *on a attenté à sa -* ; *être bien fait de sa -.* ‖ Sans acception de personne ou de personnes, sans préférence pour qui que ce soit. ‖ *En -,* moi-même, toi-même, lui-même. ‖ *Payer de sa -,* s'exposer. ‖ *Les trois divines,* la Trinité. ‖ *Grande -,* adulte.

personne pr. indéf. m. sing. Quelqu'un : *- osera-t-il nier ?* ‖ Avec une négation, nul, aucun : *- n'est venu.*

personnel, elle adj. Propre, particulier à chaque personne : *qualités -.* ‖ Égoïste : *un homme -.* ‖ Nm. Ensemble des personnes travaillant dans une même entreprise.

personnification nf. Action de personnifier ; son résultat. ‖ Type achevé : *Vincent de Paul fut la - de la bonté.*

personnifier vt. (c. *prier*). Représenter, sous les traits d'une personne, un être abstrait ou inanimé : *un vieillard armé d'une faux personnifie le temps.* ‖ Réaliser dans sa personne : *Néron personnifie la cruauté.*

perspectif, ive adj. Qui représente en perspective.

perspective nf. Art de représenter les objets tels qu'ils paraissent, vus à une certaine distance et dans une position donnée. ‖ Aspect que présentent divers objets vus de loin : *une riante -.* ‖ *Fig.* Espérance ou crainte d'une chose à venir : *avoir la - d'un bel avenir.* ‖ En - loc. adv., dans l'avenir.

perspicace adj. Qui fait preuve de perspicacité : *esprit -.*

perspicacité nf. Pénétration d'esprit : *la - féminine.*

persuader vt. Convaincre : *on l'a persuadé de se marier.* ‖ Se - vpr. Croire, s'imaginer : *nous nous étions persuadé que vous ne viendriez pas.*

persuasif, ive adj. Qui a le talent de persuader.

persuasion nf. Action de persuader. ‖ Ferme croyance.

perte nf. Privation d'un bien, d'un avantage. ‖ Mort : *la - d'un ami.* ‖ Ruine, dommage. ‖ Insuccès : *- d'une bataille.* ‖ Mauvais emploi : *- du temps.* ‖ *Géogr.* Endroit où une rivière s'infiltre dans le sol. ‖ Loc. adv. **A -**, avec perte : *vendre à -.* **A - de vue**, très loin. **En pure -**, inutilement.

pertinemment adv. D'une manière pertinente, avec compétence : *parler - d'une chose.*

pertinence nf. Qualité de ce qui est pertinent.

pertinent, e adj. Qui s'applique tout à fait à la chose : *des raisons -.*

pertuis nm. Etranglement d'un fleuve. ‖ Passage étroit.

pertuisane nf. Hallebarde à fer long, large et tranchant.

perturbateur, trice adj. et n. Qui cause du trouble, du désordre.

perturbation nf. Trouble, dérangement, désordre.

perturber vt. Troubler : *- le trafic.*

péruvien, enne adj. et n. Du Pérou.

pervenche nf. Plante à jolies fleurs bleu clair.

pervers, e adj. et n. Méchant, dépravé, enclin au mal.

perversion nf. Changement en mal, corruption : *la - des mœurs.* ‖ *Méd.* Altération : *- du goût.*

perversité nf. Méchanceté, dépravation. ‖ Action perverse.

pervertir vt. Tourner, porter au mal, corrompre : *- la jeunesse.* ‖ Dénaturer.

pervertissement nm. Action de pervertir, son résultat.

pesage nm. Action de peser. ‖ Endroit où l'on pèse les jockeys. ‖ Enceinte privilégiée autour de cet endroit.

pesamment adv. D'une manière pesante. ‖ *Fig.* Sans grâce : *marcher -.*

pesant, e adj. Lourd. ‖ Pénible : *marche -.* ‖ *Fig.* Oppressant : *un joug -.* ‖ Nm. Poids : *valoir son - d'or.*

pesanteur nf. Force qu'exerce la terre sur les corps matériels. ‖ Lourdeur. ‖ Malaise : *- d'estomac.* ‖ *Fig.* Défaut de pénétration : *- d'esprit.*

pèse-acide nm. Aréomètre pour liqueurs acides. ‖ Pl. des *pèse-acides.*

pèse-alcool nm. inv. Alcoomètre.

pèse-bébé nm. Balance adaptée à la pesée des bébés. ‖ Pl. des *pèse-bébés.*

pesée nf. Action de peser. ‖ Ce qu'on a pesé en une fois. ‖ Effort fait avec un levier.

pèse-lait nm. inv. Aréomètre pour reconnaître la qualité du lait.

pèse-lettre nm. Petit appareil pour peser les lettres. ‖ Pl. des *pèse-lettres.*

pèse-liqueur nm. Instrument qui détermine la densité des spiritueux. ‖ Pl. des *pèse-liqueurs.*

peser vt. (c. *mener*). Déterminer le poids. ‖ *Fig.* Examiner attentivement : *- le pour et le contre.* ‖ *- ses paroles*, parler avec circonspection. ‖ Vi. Avoir un certain poids : *le platine pèse plus que l'or.* ‖ Appuyer fortement : *- sur un levier.*

peseta nf. Unité monétaire espagnole.

peson nm. Instrument servant à peser : *- à ressort.*

pessimisme nm. Opinion de ceux qui pensent que tout va au plus mal.

pessimiste adj. et n. Qui voit tout en mal.

peste nf. Maladie infectieuse, épidémique, contagieuse. ‖ *Fig.* Personne, doctrine pernicieuse : *quelle -!* ‖ Par imprécation : *la - soit de l'étourdi!*

pester vi. *Fam.* Manifester en paroles sa mauvaise humeur.

pestiféré, e adj. et n. Atteint de la peste.

pestilence nf. Peste, air corrompu.

pestilentiel, elle adj. Infecté de peste : *maladie -.*

pet nm. Gaz qui sort du fondement avec bruit.

pétale nm. *Bot.* Chacune des pièces de la corolle.

pétanque nf. Jeu de boules, dans le midi de la France.

pétarade nf. Suite de détonations.

pétarader vi. Faire des pétarades.

pétard nm. Petite pièce d'artifice, que l'on fait exploser soit pour produire un effet de démolition, soit pour provoquer un bruit (signaux, réjouissances). ‖ *Fam.* Bruit, scandale : *faire du -.*

pétaudière nf. *Fam.* Assemblée confuse. ‖ Etablissement où règne l'anarchie.

pet-de-nonne nm. Beignet soufflé. ‖ Pl. des *pets-de-nonne.*

pet-en-l'air nm. inv. *Fam.* Veston court.

péter vi. (c. *céder*). Faire un pet. ‖ Eclater avec bruit.

péteux, euse n. *Pop.* Craintif, poltron.

pétillant, e adj. Qui pétille.

pétillement nm. Action de pétiller.

pétiller vi. Eclater avec de petits bruits secs, répétés. ‖ Mousser : *le champagne pétille.* ‖ *Fig.* Briller d'un vif éclat : *regard qui pétille.* ‖ *- d'esprit*, avoir un esprit vif.

pétiole [*si*] nm. *Bot.* Support, queue de la feuille.

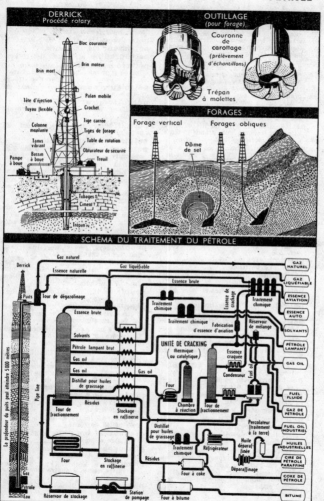

DERRICK
Procédé rotary

- Bloc couronne
- Brin mort
- Brin moteur
- Tête d'éjection
- Palan mobile
- Tuyau flexible
- Crochet
- Colonne montante
- Tige carrée
- Tiges de forage
- Tamis vibrant
- Table de rotation
- Obturateur de sécurité
- Pompe à boue
- Bassin à boue
- Treuil
- Tubages
- Ciment
- Trépan

OUTILLAGE
(pour forage)

Couronne de carottage
(prélèvement d'échantillons)

Trépan à molettes

FORAGES

Forage vertical   Forages obliques

Dôme de sel

SCHEMA DU TRAITEMENT DU PÉTROLE

Derrick

Gaz naturel
Essence naturelle
Gaz liquéfiable
Essence brute
Puits
Tour de dégazolinage
Essence brute
Essence de cracking
Traitement chimique
Traitement chimique
Solvants
Traitement chimique
Fabrication d'essence d'aviation
Réservoir de mélange
Pétrole lampant brut
Gas oil
Gas oil
Gas oil
UNITÉ DE CRACKING
(thermique ou catalytique)
Essence craquée
Condenseur
Fuel oil
Distillat pour huiles de graissage
Four
Résidus
Chambre à réaction
Tour de fractionnement
Tour de fractionnement
Stockage en raffinerie
Distillat pour huiles de graissage
Percolateur (traitement à la terre)
Pipe line
Traitement chimique
Réfrigérateur
Huile déparaffinée
Four
Stockage en raffinerie
Résidus
Déparaffinage
Four à coke
Réservoir de stockage
Station de pompage
Four à bitume

La profondeur du puits peut atteindre 5 000 mètres

Gaz
Pétrole
Eau

GAZ NATUREL
GAZ LIQUÉFIABLE
ESSENCE AVIATION
ESSENCE AUTO
SOLVANTS
PÉTROLE LAMPANT
GAS OIL
FUEL FLUIDE
GAZ DE PÉTROLE
FUEL OIL INDUSTRIEL
HUILES INDUSTRIELLES
CIRE DE PÉTROLE PARAFFINE
COKE DE PÉTROLE
BITUME

petiot, e adj. et n. *Fam.* Petit.

petit, e adj. Peu volumineux, peu étendu. ‖ *Fig.* Peu important : *une - somme ; une - pluie.* ‖ D'humble origine : *les - gens.* ‖ Terme d'affection ou de mépris : *mon - ami ; mon monsieur.* ‖ *Le - monde,* les enfants. ‖ *- main,* jeune apprentie couturière. ‖ *- soins,* attentions délicates. Nm. Jeune enfant, jeune animal. Nmpl. Les faibles, les pauvres, les humbles : *la mort n'épargne ni - ni grands.* ‖ Loc. adv. En -, en raccourci. - à -, peu à peu.

petit-beurre nm. Variété de gâteau sec. ‖ Pl. des *petits-beurres.*

petite-fille nf. Fille du fils ou de la fille, par rapport aux grands-parents. ‖ Pl. des *petites-filles.*

petitesse nf. Etat de ce qui a peu d'étendue, peu de volume. ‖ Modicité : *- d'un revenu.* ‖ *Fig.* Mesquinerie : *- d'esprit ; commettre des -.*

petit-fils nm. Fils du fils ou de la fille, par rapport aux grands-parents. ‖ Pl. des *petits-fils.*

petit-gris nm. Ecureuil gris de Sibérie. ‖ Sa fourrure. ‖ Petit escargot comestible. ‖ Pl. des *petits-gris.*

pétition nf. Réclamation écrite adressée à une autorité. ‖ *- de principe,* raisonnement vicieux qui consiste à supposer vrai ce qu'il s'agit de prouver.

pétitionnaire n. Qui présente ou signe une pétition.

pétitionnement nm. Action de pétitionner : *un vaste -.*

pétitionner vi. Adresser une pétition.

petit-lait nm. Partie liquide du lait caillé. ‖ Pl. des *petits-laits.*

petit-maître nm., **petite-maîtresse** nf. Jeune élégant, jeune élégante prétentieux. ‖ Pl. des *petits-maîtres, des petites-maîtresses.*

petit-neveu nm., **petite-nièce** nf. Fils, fille du neveu ou de la nièce. ‖ Pl. des *petits-neveux, des petites-nièces.*

petits-enfants nmpl. (sans sing.). Les enfants du fils ou de la fille.

pétoire nf. Canonnière en sureau. ‖ *Pop.* Mauvais fusil.

peton nm. *Fam.* Petit pied.

pétrel nm. Oiseau de mer palmipède.

pétri, e adj. Mis en pâte. ‖ *Fig.* Rempli : *- d'orgueil.*

pétrification nf. Action de pétrifier.

pétrifier vt. Changer en pierre. ‖ *Fig.* Frapper de stupeur : *cette nouvelle l'a pétrifié.*

pétrin nm. Coffre dans lequel on pétrit le pain. ‖ *Pop. Etre dans le -,* dans l'embarras.

pétrir vt. Brasser de la farine avec de l'eau et en faire de la pâte. ‖ Presser l'argile avec les mains. ‖ *Fig.* Former : *- de jeunes esprits.*

pétrissage nm. Action de pétrir.

pétrisseur nm. Qui pétrit.

pétrographie nf. Etude des roches.

pétrole nm. Huile minérale naturelle, formée d'un mélange d'hydrocarbures. ‖ *- lampant,* utilisé pour l'éclairage.

pétroler, euse n. Qui se sert du pétrole pour incendier.

pétrolier, ère adj. Relatif au pétrole : *navire -.* ‖ Technicien du pétrole.

pétrolifère adj. Qui contient du pétrole.

pétulance nf. Impétuosité.

pétulant, e adj. Vif, qui a peine à se contenir.

pétunia nm. Plante ornementale à fleurs blanches, violettes ou bleutées.

peu adv. En petite quantité, pas beaucoup. ‖ Nm. Petite quantité : *se contenter de -.* ‖ Loc. adv. **Dans -, sous -,** bientôt. **Depuis -,** récemment. **- à -,** insensiblement. **A -** près, **à - de chose** près, presque. **Quelque -,** légèrement. **Tant soit -,** très peu. **Pour que** loc. conj., si peu que.

peuh ! interj. marquant le dédain.

peuplade nf. Société humaine incomplètement organisée.

peuple nm. Multitude d'hommes formant une nation. ‖ Partie la plus nombreuse, la moins riche : *enfant du -.* ‖ La foule.

peuplement nm. Action de peupler ; son résultat.

peupler vt. Remplir un lieu désert d'êtres vivants. ‖ Vi. Se multiplier : *les lapins peuplent.*

peuplier nm. Arbre élancé des régions tempérées et humides, au bois blanc et léger.

peur nf. Sentiment d'inquiétude en présence ou à la pensée du danger. ‖ *Fam. Une - bleue,* une grande crainte. ‖ *Avoir -,* craindre : *j'ai - que cela ne vous gêne.* ‖ **De - de** loc. prép., par crainte de. ‖ **De - que** loc. conj., dans la crainte que.

peureux, euse adj. et n. Craintif, lâche, poltron.

peut-être, loc. adv. qui marque la possibilité, le doute.

pfennig nm. inv. Petite monnaie divisionnaire allemande.

phacochère nm. Mammifère africain, voisin du sanglier.

phaéton nm. Cocher. (Vx.) ‖ Voiture de maître haute, à quatre roues, légère et découverte.

phagocyte nm. Globule blanc.

phagocytose nf. Absorption et digestion des microbes par les phagocytes.

phalange nf. Jadis, corps d'infanterie macédonienne. || *Par ext.* Corps de troupes. || Parti fasciste espagnol. || *Anat.* Os des doigts et des orteils.

phalangette nf. Dernière phalange des doigts.

phalangine nf. Deuxième phalange des doigts.

phalanstère nm. Réunion de personnes vivant en commun, dans le système de Fourier.

phalanstérien, enne adj. et n. Membre d'un phalanstère.

phalène nm. ou f. Nom de divers papillons nocturnes.

phanérogame adj. et n. Se dit des plantes à fleurs apparentes.

pharaon nm. Ancien roi d'Egypte.

phare nm. Tour élevée, portant un puissant foyer de feux intermittents ou fixes, pour guider navires et avions pendant la nuit. || Dispositif d'éclairage à l'avant d'un véhicule.

pharisaïque adj. Hypocrite.

pharisaïsme nm. *Fig.* Hypocrisie.

pharisien nm. Membre d'une secte de Juifs qui affectaient de se distinguer par une minutieuse observance des règles de la loi mosaïque. || *Fig.* Homme hypocrite ou orgueilleux.

pharmaceutique adj. Relatif à la pharmacie : *produit* -.

pharmacie nf. Art de préparer les médicaments. || Lieu où on les vend.

pharmacien, enne n. Celui, celle qui exerce la pharmacie.

pharmacopée nf. Recueil de recettes ou formules médicales.

pharyngien, enne adj. Du pharynx.

pharyngite nf. Inflammation du pharynx.

pharynx nm. Gosier, arrière-gorge.

phase nf. Chacun des aspects sous lesquels se présentent à nos yeux la lune et certaines planètes. || *Fig.* Se dit des changements successifs : *les - d'une maladie.*

phasme nm. Grand insecte ayant des formes singulières le faisant ressembler à des branches.

phénicien, enne adj. et n. De la Phénicie.

phénique adj. *Chim. Acide* -, syn. de PHÉNOL.

phénix nm. Oiseau fabuleux. || *Fig.* Personne rare, unique en son genre.

phénol nm. *Chim.* Désinfectant extrait des goudrons de houille.

phénols nmpl. Nom générique de composés analogues au phénol et dérivant des hydrocarbures benzéniques. || Sing. : *un phénol.*

phénoménal, e, aux adj. Qui tient du phénomène. || *Fam.* Très étonnant, prodigieux.

phénomène nm. Ce qui est perçu par les sens ou par la conscience. || Fait naturel qui frappe la vue et l'imagination : *les météores sont des* -. || Ce qui offre quelque chose d'anormal, de surprenant, de rare.

phénoplaste nm. Résine synthétique à base de phénol.

phi nm. Vingt et unième lettre de l'alphabet grec, correspondant à *ph* (φ, Φ).

philanthrope n. Personne qui aime les hommes; qui tente d'améliorer leur sort.

philanthropie nf. Amour de l'humanité.

philanthropique adj. Relatif à la philanthropie.

philatélie nf. Action de collectionner des timbres-poste.

philatéliste n. Collectionneur de timbres-poste.

philharmonique adj. Où l'on cultive la musique : *société* -.

philhellène nm. Ami des Hellènes ou Grecs modernes.

philippique nf. Discours violent contre quelqu'un.

philistin nm. *Fam.* Bourgeois à l'esprit étroit et vulgaire.

philologie nf. Etude des textes et de leur transmission.

philologue n. Personne qui s'occupe de philologie.

philosophale adj. f. *Pierre* -, qui devait opérer la transmutation des métaux en or; au *fig.*, chose impossible à trouver. V. ALCHIMIE.

philosophe n. Personne qui étudie la philosophie. || Personne qui vit suivant les principes de la philosophie et de la raison.

philosopher vi. Traiter des matières de philosophie. || Raisonner subtilement.

philosophie nf. Science générale des êtres, des principes et des causes. || Doctrine particulière à chaque philosophe célèbre : *la - de Platon, d'Aristote.* || Elévation d'esprit, résignation raisonnée : *supporter le malheur avec* -. || La classe terminale des études classiques : *faire sa* -.

philosophique adj. Relatif à la philosophie.

philotechnique adj. Qui a pour objet la culture, la vulgarisation des arts : *société* -.

philtre nm. Breuvage magique propre à inspirer quelque passion.

phlébite nf. *Méd.* Inflammation des veines.

phlegmon nm. *Méd.* Inflammation suppurée du tissu cellulaire.

phlox [*floks*] nm. Plante ornementale à fleurs en épi.

phobie nf. Peur irraisonnée.

phocéen, enne adj. et n. De Phocée.

phœnix nm. Petit palmier cultivé comme plante d'appartement.

phonème nm. Son articulé.

phonétique adj. Qui exprime le son. ‖ *Écriture* -, celle où les lettres correspondent à la prononciation : *ortografe* pour *orthographe*. ‖ Nf. Étude des sons.

phonographe nm. Appareil qui enregistre, reproduit les sons.

phoque nm. Mammifère amphibie, carnivore, des régions polaires.

phosphate nm. Sel de l'acide phosphorique.

phosphaté, e adj. *Chim.* Qui contient un phosphate.

phosphène nm. Sensation lumineuse résultant de la compression de l'œil.

phosphite nm. *Chim.* Sel de l'acide phosphoreux.

phosphore nm. Corps simple (P), transparent, incolore ou ambré, très inflammable, lumineux dans l'obscurité, et dont l'odeur rappelle un peu celle de l'ail.

phosphoré, e adj. Qui contient du phosphore : *hydrogène* -.

phosphorescence nf. Propriété qu'ont certains corps d'être lumineux dans l'obscurité.

phosphorescent, e adj. Doué de phosphorescence

phosphoreux adj. m. *Acide* -, formé par la combustion lente du phosphore.

phosphorique adj. De la nature du phosphore. ‖ *Acide* -, formé par la combustion vive du phosphore.

phosphure nm. Combinaison du phosphore avec un corps simple.

phot nm. Unité d'éclairement valant 10 000 lux.

photocopie nf. Épreuve photographique sur papier ou sur verre.

photo-électrique adj. *Cellule* -, tube à vide comprenant deux électrodes entre lesquelles l'influence de radiations lumineuses établit un courant électrique.

photogénique adj. Qui impressionne bien la plaque photographique. ‖ *Par ext.* Qui fait un bel effet sur une photographie.

photographe n. Personne qui s'occupe de photographie.

photographie nf. Art de fixer, par l'action de la lumière, l'image des objets sur une surface sensible (plaque, pellicule, papier, etc.).

photographier vt. (c. *prier*). Reproduire par la photographie.

photographique adj. Relatif à la photographie.

photogravure nf. Procédé photographique permettant d'obtenir des planches gravées pour l'impression typographique.

photomécanique adj. Se dit de tous les procédés d'impression dans lesquels le cliché typographique est obtenu photographiquement.

photomètre nm. Instrument qui mesure l'intensité de la lumière.

photon nm. *Phys.* Particule d'énergie lumineuse, dans la théorie corpusculaire.

photosphère nf. *Astron.* Atmosphère lumineuse du soleil.

photosynthèse nf. Synthèse d'un corps chimique sous l'effet de la lumière : *la chlorophylle permet la* -.

phototropisme nm. Action de la lumière sur la croissance des plantes.

phototype nm. Image photographique obtenue directement à la chambre noire.

phrase nf. Assemblage de mots présentant un sens complet. ‖ - *musicale*, suite régulière de sons. ‖ *Faire des* -, parler d'une manière prétentieuse.

phraséologie nf. Construction de phrase propre à une langue, à un écrivain. ‖ Discours pompeux et vide.

phraser vi. Écrire, parler d'une manière affectée.

phraseur, euse n. Qui débite de grandes phrases.

phratrie nf. Réunion de plusieurs clans dans les sociétés archaïques.

phrénologie nf. Théorie périmée des relations entre la conformation du crâne et les fonctions intellectuelles.

phrygane nf. Insecte à larve aquatique.

phrygien, enne adj. et n. De la Phrygie. ‖ *Bonnet* -, bonnet rouge devenu l'emblème de l'affranchissement et de la liberté.

phtisie nf. Autrefois, tuberculose pulmonaire.

phtisique adj. et n. Tuberculeux.

phylloxéra ou **phylloxera** nm. Sorte de puceron très petit, dont une espèce attaque la vigne.

phylloxéré, e adj. Attaqué par le phylloxéra : *une vigne* -.

physicien, enne n. Qui s'occupe de physique.

physiocrate adj. et n. Partisan de la physiocratie.

physiocratie nf. Doctrine des économistes qui considéraient l'agriculture comme la seule source de la richesse.

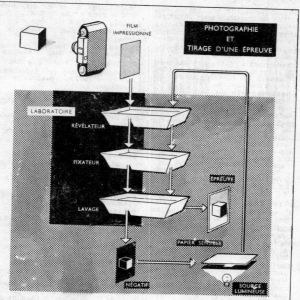

FILM
IMPRESSIONNÉ

PHOTOGRAPHIE
ET
TIRAGE D'UNE ÉPREUVE

LABORATOIRE

RÉVÉLATEUR

FIXATEUR

ÉPREUVE

LAVAGE

PAPIER SENSIBLE

NÉGATIF

SOURCE
LUMINEUSE

MACROPHOTOGRAPHIE ⟸

Le grossissement est obtenu
par l'allongement du tirage.
L'appareil photographique
étant fixé à l'une des extrémités d'un soufflet et son
objectif à l'autre extrémité.

MICROPHOTOGRAPHIE ⟹

L'appareil photographique
est adapté directement au
microscope.
Le centrage et l'examen du
sujet se font par l'intermédiaire d'un oculaire, monté
sur le raccord intermé-
diaire.

physiognomonie nf. Art de connaître les hommes d'après l'interprétation des traits de leur visage.

physiologie nf. Science qui traite de la vie et des fonctions organiques.

physiologique adj. Relatif à la physiologie.

physionomie nf. Ensemble des traits du visage et expression qui en résulte : - *ouverte*. || Caractère spécial des traits d'une personne.

physionomiste adj. et n. Habile à deviner le caractère d'après la physionomie. || Qui a la mémoire des visages.

physique nf. Science qui a pour objet les propriétés des corps et l'action qu'ils exercent les uns sur les autres sans changer de nature. || Ouvrage qui traite de cette science. || Adj. Naturel, matériel : *le monde -*. || Qui s'appuie sur une observation des sens : *certitude -*, opposé à *certitude morale*. || Nm. Physionomie : *avoir un beau -*. || Constitution naturelle de l'homme : *le - influe sur le moral*.

phytophage adj. Mangeur de plantes.

pi nm. Seizième lettre de l'alphabet grec (π). || Math. 3,1416.

piaffement nm. Action de piaffer ; son résultat.

piaffer vi. Frapper la terre des pieds de devant, en parlant du cheval. || Fig. S'agiter vivement : - *de colère*.

piailler vi. Pousser des cris aigus, en parlant des oiseaux. || Fam. Crier sans cesse.

pianissimo adv. Mus. Très doucement.

pianiste n. Qui joue du piano.

piano nm. Instrument de musique à clavier et à cordes.

piano adv. Mus. Doucement.

pianoter vi. Fam. Jouer du piano sans habileté.

piastre nf. Monnaie d'argent en usage dans divers pays.

piaulement nm. Cri des poulets.

piauler vi. Crier (poulets). || Fam. Criailler, se plaindre (enfants).

pic nm. Instrument de fer courbé, pointu et à long manche, des carriers et des mineurs.

pic nm. Oiseau grimpeur, qui perce l'écorce des arbres pour y trouver des insectes. || Montagne isolée et escarpée. || **A** - loc. adv., perpendiculairement. || Fig. et fam. Opportunément : *vous arrivez à -*.

picador nm. Cavalier qui, dans une corrida, attaque le taureau avec la pique.

picaillon nm. Ancienne monnaie de cuivre. || Pop. Argent : *avoir des -*.

picaresque adj. Se dit des œuvres dont le héros est un vaurien.

piccolo nm. Petit vin léger.

pichenette nf. Fam. Chiquenaude.

pichet nm. Petit broc.

pickles nmpl. (m. angl.). Condiments végétaux conservés dans le vinaigre.

pickpocket nm. Voleur à la tire.

pick-up [*eup*] nm. inv. Transformateur électrique des vibrations phonographiques.

picorer vi. Chercher sa nourriture, en parlant des oiseaux, des abeilles. || Vt. Grappiller : - *des grains*.

picotement nm. Sensation de piqûre légère : *avoir des - dans la gorge*.

picoter vt. Causer des picotements.

picotin nm. Mesure d'avoine pour un cheval.

picpoule nm. Cépage du Midi. || Cru.

picrate nm. Sel de l'acide picrique.

picrique adj. Se dit d'un acide obtenu par l'action de l'acide nitrique sur le phénol.

pictural, e, aux adj. Qui concerne la peinture : *l'art -*.

picvert nm. V. PIVERT.

pie nf. Gros passereau à plumage blanc et noir. (Cri : la pie *jacasse*.) || Fig. Jaser comme une -, parler beaucoup. || Adj. inv. De poil ou de plumage composé de blanc et de noir : *des chevaux -*.

pie adj. Pieux : *faire œuvre -*.

pièce nf. Partie, élément d'un tout : - *de terre*. || Objet formant un tout complet : - *de drap*. || Morceau employé pour la réparation. || Objet séparé : - *de gibier*. || Chambre d'un logement : *appartement de six -*. || Partie d'une collection : - *de vaisselle*. || Unité : *cent francs -*. || Ouvrage dramatique : - *en cinq actes*. || Courte composition : - *de vers*. || Au jeu d'échecs, tout ce qui n'est pas pion : - *de vin*, barrique. || - *d'eau*, petit étang, bassin dans un parc. || - *de résistance*, plat principal d'un repas. || Bouche à feu. || - *d'or*, monnaie. || - *justificatives*, qui établissent votre droit. || *Tout d'une -*, sans souplesse, de caractère rigide. || Fig. *Armé de toutes -*, de pied en cap. || *Tailler en -*, vaincre entièrement. || *Donner la -*, un pourboire. || *Faire à quelqu'un*, lui jouer un mauvais tour. || *A la -, aux -*, en proportion de l'ouvrage effectué. || - *à -* loc. adv., un objet après l'autre.

piécette nf. Petite pièce.

pied nm. Extrémité de la jambe, qui sert à marcher. || *De - en cap*, des pieds à la tête. || Support de meubles et de certains ustensiles : *les - d'une* *table*. ǁ Partie opposée au chevet : *le - du lit*. ǁ Arbre, plante : *dix - de salade*. ǁ Le bas d'un arbre, d'une montagne, d'un mur, etc. ǁ *Math*. Point de rencontre d'une perpendiculaire avec une droite ou une surface. ǁ Ancienne mesure de longueur. ǁ *- plat*, à voûte plantaire affaissée, et, au *fig.*, personne vile. ǁ Chaque syllabe d'un vers : *vers de douze -*. ǁ *Fig. Lâcher -*, s'enfuir. ǁ *Etre sur -*, être levé. ǁ *Sécher sur -*, se consumer d'ennui, de chagrin. ǁ *De - ferme*, en faisant bonne contenance. ǁ *Ne savoir sur quel - danser*, quel parti prendre. ǁ *Fig. Mettre à -*, renvoyer, congédier. ǁ *Mettre - à terre*, descendre de cheval, de voiture. ǁ *Mettre une armée sur -*, constituer une armée. ǁ *Acheter du blé sur -*, avant la moisson. ǁ *Donner du - à une échelle*, l'éloigner du mur par en bas. ǁ *Portrait en -*, de la personne tout entière. ǁ *- à coulisse*, instrument de précision servant à mesurer le diamètre ou l'épaisseur de certains objets. ǁ *A -* loc. adv., pédestrement. ǁ *Pied bot*, v. BOT. ǁ *Pied de nez*, v. NEZ.

pied-à-terre nm. inv. Logement qu'on n'occupe qu'en passant.

pied-bot nm. Personne qui a un pied contrefait, difforme. (V. BOT.) ǁ Pl. *des pieds-bots*.

pied-de-biche nm. Levier de dentiste. ǁ Poignée de sonnette. ǁ Petit levier à tête en biais et fendue. ǁ Pl. *des pieds-de-biche*.

pied-droit ou **piédroit** nm. Partie du jambage d'une porte, d'une fenêtre. ǁ Mur vertical supportant la naissance d'une voûte. ǁ Pl. *des pieds-droits*.

piédestal nm. Support d'une statue, d'un vase. ǁ *Fig. Mettre quelqu'un sur un -*, lui témoigner une grande admiration. ǁ Pl. *des piédestaux*.

piédouche nm. Petit piédestal qui soutient un buste.

piège nm. Engin pour prendre les animaux. ǁ *Fig. Embûche : tomber dans un -*.

piéger vt. (c. *manger*). Prendre au piège.

pie-grièche nf. Petite pie. ǁ *Fig.* Femme acariâtre. ǁ Pl. *des pies-grièches*.

pie-mère nf. Une des trois méninges. ǁ Pl. *des pies-mères*.

piémontais, e adj. et n. Du Piémont.

piéride nf. Papillon blanc dont la chenille dévore les feuilles du choux.

pierraille nf. Amas de petites pierres.

pierre nf. Corps dur et solide qui sert à bâtir. ǁ Caillou. ǁ Concrétion dans le rein ou la vessie. ǁ Granulations dures qu'on trouve dans quelques fruits. ǁ *- levées*, menhirs. ǁ *- de*

taille, pierre façonnée pour entrer dans une façade. ǁ *- précieuse*, diamant, rubis, etc. ǁ *- infernale*, nitrate d'argent. ǁ *- ponce*, roche volcanique poreuse, légère. ǁ *- à fusil*, silex blond. ǁ *- de touche*, pierre noire et très dure pour essayer l'or et l'argent ; au *fig.*, ce qui sert à faire connaître la valeur d'une personne, d'une chose : *le malheur est la - de touche de l'amitié*. ǁ *Jeter la - à quelqu'un*, le blâmer, l'accuser.

pierrée nf. Conduit de drainage en pierres sèches.

pierreries nfpl. Pierres précieuses.

pierrette nf. Petite pierre. ǁ Femme déguisée en Pierrot.

pierreux, euse adj. Plein de pierres : *terrain -*.

pierrot nm. Personnage de comédie vêtu et fardé de blanc. ǁ Nom vulgaire du moineau.

pietà nf. Nom donné, au Moyen Age, à une œuvre d'art représentant une Vierge éplorée.

piété nf. Dévotion, affection et respect pour les choses de la religion. ǁ Sentiment tendre et respectueux : *- filiale*.

piéter vi. (c. *céder*). Se dit des oiseaux lorsqu'ils marchent au lieu de s'envoler.

piétin nm. Affection du pied chez le mouton.

piétinement nm. Action de piétiner.

piétiner vi. Remuer fréquemment et vivement les pieds. ǁ *Fig. - sur place*, ne faire aucun progrès. ǁ Vt. Fouler aux pieds.

piétisme nm. Doctrine ascétique de certains protestants.

piéton nm. Qui va à pied.

piètre adj. Sans valeur.

pieu nm. Pièce de bois pointue.

pieuvre nf. Poulpe commun dont les huit bras sont garnis de ventouses.

pieux, euse adj. Qui a de la piété. ǁ Qui marque la piété : *pensée -* ; une affection respectueuse : *soins -*.

pif ! paf ! interj. pour exprimer un bruit éclatant.

pigeon nm. Oiseau colombin, dont plusieurs espèces sont domestiques. (Cri : le pigeon *roucoule*.) ǁ *Fig.* Qui se laisse duper.

pigeonneau nm. Jeune pigeon.

pigeonnier nm. Colombier. ǁ Petit logis haut perché.

pigment nm. Substance colorante.

pigmentaire adj. Relatif au pigment : *tache -*.

pigmentation nf. Formation de pigments. ǁ Coloration.

pignocher vi. *Fam.* Manger sans appétit, par petits morceaux.

pignon nm. Partie supérieure et triangulaire d'un mur de maison. || *Fam. Avoir - sur rue*, avoir une maison à soi.

pignon nm. La plus petite des deux roues d'un engrenage.

pilaf, ou **pilau**, ou **pilaw** nm. Riz au gras avec poivre rouge, viande ou coquillages : *un - aux moules*.

pilage nm. Action de piler.

pilastre nm. Pilier encastré.

pile nf. Amas : - *de bois*. || Massif de maçonnerie supportant les arches d'un pont. || *Fam.* Volée de coups : *donner une - à quelqu'un*. || Côté d'une pièce de monnaie opposé à la face. || *Phys.* Générateur d'électricité produisant le courant par une action chimique ou thermique.

piler vt. Broyer avec le pilon.

pileux, euse adj. Relatif aux poils, aux cheveux : *système -*.

pilier nm. Support isolé en maçonnerie, en bois ou en métal. || *Fig.* Habitué d'un lieu : - *de cabaret*. || Soutien : *un - de la religion*.

pillage nm. Action de piller.

pillard, e adj. et n. Qui aime à piller. || Plagiaire.

piller vt. S'emparer par la violence des biens d'une ville, d'une maison, etc. || Voler : - *les finances de l'Etat.* || *Fig.* Plagier les œuvres d'autrui : - *un auteur*.

pilon nm. Instrument pour piler, broyer dans un mortier. || Partie inférieure d'une cuisse de volaille. || *Mettre un ouvrage au -*, le détruire.

pilonner vt. Battre avec le pilon. || Marteler à coups d'obus.

pilori nm. Poteau où l'on exposait les condamnés. || *Clouer au -*, dénoncer à l'indignation publique.

pilot nm. Pieu de pilotis. || Tas de sel.

pilotage nm. Action de piloter. || Science du pilote.

pilote nm. Qui gouverne un bateau, un avion, etc. || *Fig.* Guide.

piloter vt. Enfoncer des pilots. || Conduire un bateau, un avion, etc. || *Fig.* Servir de guide à.

pilotis nm. Ensemble de gros pieux supportant, dans les terres marécageuses, les fondements d'un ouvrage.

pilou nm. Tissu de coton pelucheux et très inflammable.

pilule nf. Médicament en forme de petite boule. || *Fig. et fam. Avaler la -*, dévorer un affront; être dupe d'un mensonge. || *Dorer la -*, adoucir par des paroles flatteuses l'aspect d'une chose désagréable.

pimbêche nf. et adj. *Fam.* Femme pincée et grincheuse.

piment nm. Plante dont le fruit à saveur caustique est employé comme condiment.

pimenter vt. Assaisonner de piment. || *Fig.* Rendre piquant, un peu leste : - *un récit*.

pimpant, e adj. Mis avec goût. || Gracieux : *toilette -*.

pimprenelle nf. Herbe aromatique, que l'on mêle quelquefois avec la salade.

pin nm. Grand arbre conifère toujours vert, résineux.

pinacle nm. Partie la plus élevée d'un édifice. || *Fig. Etre au -*, dans une haute situation.

pinacothèque nf. Musée de peinture.

pinard [nar] nm. *Arg.* Vin.

pinasse nf. Embarcation de pêche à fond plat. || Petit vaisseau long et léger.

pinastre nm. Pin maritime.

pinçage nm. Mutilation volontaire des sarments de la vigne ou des pousses des arbres en les pinçant.

pince nf. Action ou propriété de pincer. || Barre de fer, aplatie à un bout, qui sert de levier. || Sorte de tenailles de formes variées. || Extrémité antérieure du pied des animaux ongulés. || Extrémité des grosses pattes des écrevisses, des homards. || Pli qui, dans une étoffe, se termine en pointe.

pincé, e adj. Maniéré, froid, sec.

pinceau nm. Touffe de poils serrés à l'extrémité d'un manche et servant à étendre les couleurs. || *Fig.* Manière de peindre : - *hardi*.

pincée nf. Ce qu'on peut prendre avec deux ou trois doigts : *une - de poivre*.

pincelier nm. Double godet dont se servent les peintres.

pince-maille nm. Homme d'une sordide avarice. || Pl. des *pince-mailles*.

pincement nm. Action de pincer. || *Arboric.* Syn. de PINÇAGE.

pince-monseigneur nf. Levier court des cambrioleurs, pour forcer les portes. || Pl. des *pinces-monseigneurs*.

pince-nez nm. inv. Binocle qu'un ressort fait tenir sur le nez.

pincer vt. Presser, serrer entre les doigts. || Rapprocher en serrant : - *les lèvres*. || Vi. Jouer d'un instrument à cordes : - *de la harpe*. || *Fig. et fam. Se faire -*, se faire prendre. || *Le froid commence à -*, à se faire sentir vivement.

pince-sans-rire n. inv. Qui raille à froid.

pincette nf. Ustensile à deux branches, pour arranger le feu.

pinçon nm. Marque qui reste sur la peau pincée.

pinéal, e, aux adj. En forme de

pomme de pin. || *Glande* -, petit corps ovale placé en avant du cervelet.

pineau nm. Vin de liqueur préparé dans les Charentes.

pineau ou **pinot** nm. Cépage bourguignon ou champenois.

pinède nf. Forêt de pins.

pingouin nm. Oiseau palmipède, à ailes courtes, des mers polaires.

ping-pong nm. Tennis de table.

pingre n. et adj. *Fam.* Avare.

pingrerie nf. Avarice sordide.

pinnipède adj. Qui a les pieds en forme de nageoires (morses, otaries, phoques).

pinnule nf. Petite plaque de métal percée d'un œilleton servant de viseur à l'alidade.

pinson nm. Passereau chanteur, commun dans nos pays.

pintade nf. Oiseau gallinacé élevé pour sa chair.

pinte nf. Ancienne mesure de capacité d'environ un litre. || *Fam. Se faire une - de bon sang*, s'amuser.

pinter vi. *Pop.* Boire beaucoup.

piochage nm. Action de piocher.

pioche nf. Outil formé d'un fer de forme variable, muni d'un manche, pour travailler la terre.

piocher vt. Creuser la terre avec une pioche. || *Fig. et fam.* Travailler avec ardeur : *- la chimie*.

piocheur, euse n. *Fam.* Personne laborieuse. || Nf. Machine à piocher.

piolet nm. Bâton ferré de montagnard, muni d'une petite pioche.

pion nm. Pièce du jeu d'échecs ou de dames. || *Arg. scol.* Surveillant.

pionnier nm. Défricheur de contrées incultes. || *Fig.* Personne qui prépare les voies : *les - de la civilisation*.

pioupiou nm. *Pop.* Fantassin.

pipe nf. Ancienne mesure de capacité, très variable. || Appareil formé d'un fourneau et d'un tuyau, servant à fumer.

pipeau nm. Flûte champêtre. || Appeau pour attirer les oiseaux. || Baguette engluée pour les prendre.

pipée nf. Chasse au pipeau.

pipe-line [pàip'-làin'] nm. Canalisation pour le transport des gaz, du pétrole, à longue distance. || Pl. des *pipe-lines*.

piper vt. Pratiquer la pipée. || Tromper. || *Fig. - des dés, des cartes*, les truquer pour tricher.

pipéracées nfpl. Plantes dont le poivrier est le type.

piper-cub nm. Avion léger d'observation. || Pl. des *piper-cubs*.

pipette nf. Petit tube pour prélever un liquide.

pipeur nm. Chasseur à la pipée. || Trompeur au jeu.

pipi nm. Urine. || Action d'uriner, dans le langage enfantin.

pipistrelle nf. Petite chauve-souris commune en France.

piquage nm. Action de piquer.

pique nf. Arme composée d'une hampe que termine un fer aigu. || Nm. Une des couleurs du jeu de cartes.

pique-assiette nm. inv. *Fam.* Parasite.

pique-feu nm. inv. Tisonnier.

pique-nique nm. Repas champêtre. || Pl. des *pique-niques*.

piquer vt. Percer légèrement avec une pointe : *se - le doigt avec une épingle*. || Unir des étoffes à l'aide de piqûres. || Larder de la viande. || Mordre, en parlant des serpents et de quelques insectes. || Aigrir. || *- une conduite d'eau*, y adapter un robinet. || *Fig.* Irriter, offenser : *la moindre chose le pique*. || Exciter : *- la curiosité*. || Se jeter en plongeant : *- une tête dans l'eau*. || Vi. *Aéron.* Descendre en volant presque verticalement. || *- des deux*, donner de l'éperon à un cheval. || Se - vpr. Se fâcher. || Se vanter : *il se pique d'esprit*. || S'aigrir : *ce vin s'est piqué*. || Se - au jeu, v. JEU. || **Piquant**, e part., adj. et n. D'un goût relevé : *sauce* -. || Vif : *froid* -. || *Fig.* Blessant : *mot* -. || Vi. *Aéron.* Descendre en vol presque vertical. || Étoffe de coton.

piquet nm. Petit pieu : *- de tente*. || Punition scolaire. || Détachement de soldats prêts à s'employer au premier ordre : *un - d'incendie*.

piquet nm. Jeu de cartes.

piquetage nm. Action de piqueter.

piqueter vt. (c. *jeter*). Tacheter. || Indiquer un tracé, un alignement, avec des piquets.

piquette nf. Vin médiocre.

piqueur nm. Valet à cheval qui conduit une meute. || Surveillant des maçons et d'autres ouvriers. || Employé auxiliaire des ponts et chaussées.

piqueur, euse n. Qui pique ou coud certains ouvrages : *- en chaussures*. || Adj. Qui possède un appareil propre à piquer : *les moustiques sont des insectes* -.

piquier nm. Jadis, fantassin armé d'une pique.

piqûre nf. Petite blessure faite par un objet aigu. || Points et arrière-points faits symétriquement sur une étoffe. || Injection sous-cutanée, intra-musculaire, etc.

pirate nm. Qui court les mers pour voler, piller. ‖ *Par ext.* Quiconque s'enrichit en pillant.

piraterie nf. Métier de pirate.

pire adj. Plus mauvais, plus nuisible. ‖ Nm. Ce qui est le plus mauvais : *la guerre est le - des maux.*

piriforme adj. En forme de poire.

pirogue nf. Barque faite d'un tronc d'arbre creusé, ou d'écorces cousues.

pirouette nf. Tour entier fait sur la pointe d'un seul pied. ‖ *Fig.* Changement brusque d'opinion.

pirouetter vi. Faire des pirouettes.

pis nm. Mamelle de la vache, de la brebis, de la chèvre, etc.

pis adv. Plus mal. ‖ Adjectiv. Plus mauvais : *c'est encore - que je ne pensais.* ‖ *Qui - est,* ce qui est plus fâcheux : *il est sot et qui - est méchant.* ‖ Loc. adv. **Au - aller,** en supposant les choses au plus mal. **De mal en -,** de plus en plus mal.

pis-aller nm. inv. Solution adoptée faute de mieux.

pisciculteur nm. Qui élève des poissons.

pisciculture nf. Art d'élever et de multiplier les poissons.

pisciforme adj. En forme de poisson.

piscine nf. Grand bassin pour la natation en toute saison.

piscivore adj. Qui se nourrit de poissons.

pisé nm. Maçonnerie de terre argileuse travaillée sur place.

pissat nm. Urine des animaux.

pissenlit nm. Plante qui se mange en salade.

pisser vt. et i. Uriner.

pisseur, euse n. Qui pisse souvent.

pisseux, euse adj. Qui a l'aspect de l'urine; passé, terni : *couleur -.*

pissotière nf. Urinoir public.

pistache nf. Graine du pistachier, employée en confiserie.

pistachier nm. Petit arbre originaire d'Asie, dont le fruit est la *pistache.*

piste nf. Trace laissée par une personne ou un animal. ‖ *Fig. Être sur la - de quelqu'un,* à sa recherche. ‖ *Sports.* Terrain aménagé pour des courses de chevaux, d'autos, ou pour le décollage ou l'atterrissage des avions. ‖ Chemin rudimentaire.

pistil [*til'*] nm. Organe femelle des fleurs.

pistole nf. En France, autrefois, pièce de dix francs.

pistolet nm. Arme à feu à canon très court et qui se tire avec une seule main. ‖ Règle courbe de dessinateur. ‖ Pulvérisateur de peinture. ‖ *- mi-*

trailleur, arme automatique encore appelée *mitraillette.* ‖ *Fig.* et *fam.* Personne fantasque.

piston nm. Disque cylindrique se déplaçant à frottement doux dans le cylindre d'une machine à vapeur, d'un moteur à explosion, d'une pompe, etc. ‖ *Mus.* Syn. de CORNET À PISTONS. ‖ *Fam.* Protection.

pistonner vt. *Fam.* Recommander.

pitance nf. Portion servie à chaque repas, dans les communautés. ‖ *Par ext.* Nourriture.

pitchpin nm. Pin d'Amérique du Nord, au bois jaune vif, presque aussi résistant que le chêne.

piteux, euse adj. Digne de pitié, qui excite la pitié : *être dans un - état.* ‖ *Fam. Faire une - mine,* avoir un air triste, confus.

pithécanthrope nm. Fossile anatomiquement intermédiaire entre le singe et l'homme.

pitié nf. Sentiment de compassion devant les souffrances.

piton nm. Anneau muni d'une queue à vis. ‖ Pointe d'une montagne élevée.

pitoyable adj. Qui excite la pitié. ‖ *Par ext.* et *fam.* Très mauvais : *un devoir -.*

pitre nm. Bouffon, clown.

pitrerie nf. Action de pitre.

pittoresque adj. Relatif à la peinture. ‖ Digne d'être reproduit : *un site -.* ‖ En littérature, qui fait image, qui a du relief : *récit -.*

pituitaire adj. Relatif à la pituite. ‖ *Membrane -,* muqueuse qui tapisse les fosses nasales.

pituite nf. Vomissement glaireux.

pivert ou **picvert** nm. Oiseau à plumage jaune et vert, destructeur d'insectes.

pivoine nf. Plante ornementale à belles fleurs.

pivot nm. Pièce cylindrique tournant dans une partie fixe lui servant de support. ‖ *Fig.* Agent principal : *être le - d'une entreprise.*

pivoter vi. Tourner comme sur un pivot. ‖ **Pivotant, e** part. et adj. *Racine -,* qui s'enfonce verticalement dans le sol.

placage nm. Application d'une feuille mince de bois précieux (acajou, bois de rose), sur bois de moindre valeur.

placard nm. Armoire pratiquée dans un mur. ‖ Avis écrit ou imprimé et affiché. ‖ *Impr.* Épreuve dans laquelle la composition n'est pas encore mise en pages, pour faciliter les corrections.

placarder vt. Afficher.

place nf. Espace qu'occupe ou peut occuper une personne, une chose. ‖

Emploi : *perdre sa -*. ‖ Rang qu'obtient un écolier en classe. ‖ Rang qu'une personne ou une chose doit occuper : *cet homme, ce mot n'est pas à sa -*. ‖ Large espace découvert auquel aboutissent plusieurs rues dans une ville. ‖ *- forte*, ville fortifiée. ‖ *- d'armes*, lieu où se font les revues, les exercices militaires. ‖ *Comm.* L'ensemble des négociants, des banquiers d'une ville : *la - de Paris*. ‖ *Faire la -*, faire le courtier.

placement nm. Action de placer de l'argent, des marchandises ; son résultat. ‖ *Bureau de -*, agence où l'on procure des places aux domestiques, aux employés, etc.

placenta [*sin*] nm. Masse charnue qui attache et nourrit le fœtus. ‖ Partie de l'ovaire sur laquelle s'attachent les ovules.

placer vt. (Prend une cédille devant *a* et *o* : *il plaça, nous plaçons*.) Etablir : *- des invités à table*. ‖ Procurer un emploi : *- un domestique*. ‖ Vendre : *- des marchandises*. ‖ *- de l'argent*, prêter à intérêt.

placer [*sèr*] nm. Gisement d'or.

placet [*sè*] nm. Pétition, demande écrite. (Vx.)

placeur, euse n. Personne qui place : *une - de spectateurs*.

placide adj. Calme, paisible.

placidité nf. Caractère calme, paisible : *conserver sa -*.

placier, ère n. Représentant de commerce.

plafond nm. Surface horizontale qui forme la partie supérieure d'un lieu couvert. ‖ Altitude maximum pour un avion. ‖ *Météor.* Altitude de la base des nuages. ‖ Emission maximum de billets.

plafonnage nm. Action de plafonner.

plafonner vt. Garnir d'un plafond. ‖ Vi. Voler aussi haut que possible.

plafonneur nm. Ouvrier plâtrier qui fait les plafonds.

plafonnier nm. Appareil d'éclairage fixé au plafond.

plage nf. Rivage plat et découvert. ‖ *Mar.* Pont uni à l'avant ou à l'arrière des navires de guerre.

plagiaire nm. Qui plagie.

plagiat nm. Action du plagiaire.

plagier vt. (c. *prier*). Piller les ouvrages d'autrui : *- un auteur*.

plagioclases nmpl. Feldspaths à clivage oblique.

plaid [*plè*] nm. Ample manteau écossais. ‖ Couverture de voyage.

plaider vi. Contester en justice : *se ruiner à -*. ‖ Défendre sa cause ou celle d'une partie devant les juges : *l'avocat a bien plaidé*. ‖ Vt. Défendre

en justice : *- une cause*. ‖ *- le faux pour savoir le vrai*, mentir adroitement pour apprendre la vérité.

plaideur, euse n. Qui est en procès, qui aime les procès.

plaidoirie nf. Action ou art de plaider. ‖ Plaidoyer.

plaidoyer nm. Discours d'un avocat prononcé devant un tribunal pour défendre une cause. ‖ Toute défense en faveur d'une cause.

plaie nf. Déchirure des tissus organiques. ‖ *Fig.* Peine, affliction. ‖ Fléau : *les dix -d'Egypte*.

plain, e adj. Uni, plat. ‖ *De - -pied* loc. adv., au même niveau.

plain-chant nm. Chant à l'unisson traditionnel de l'Eglise. ‖ Pl. des *plains-chants*.

plaindre vt. (c. *craindre*). Témoigner de la compassion. ‖ Donner à regret, refuser : *il ne plaint ni sa peine ni ses soins*. ‖ **Se -** vpr. Se lamenter. ‖ Former une plainte en justice. ‖ **Plaignant, e** part., adj. et n. Qui se plaint en justice : *la partie -*.

plaine nf. *Géogr.* Etendue de pays plat.

plainte nf. Gémissement, lamentation qui exprime la douleur, la peine. ‖ Mécontentement exprimé : *ses - sont fondées*. ‖ Déclaration faite en justice : *déposer une -*.

plaintif, ive adj. Qui a l'accent de la plainte : *ton -*.

plaire vt. ind. Etre agréable. ‖ V. impers. Vouloir : *je ferai ce qu'il vous plaira*. ‖ *S'il vous plaît*, formule de politesse pour faire une demande, pour donner un ordre. ‖ *Plaise* ou *plût à Dieu*, formule de souhait. ‖ **Se -** vpr. S'aimer réciproquement. ‖ Prendre plaisir à : *ils se sont plu à me tourmenter*. ‖ **Plaisant, e** part., adj. et n. Agréable. ‖ Qui fait rire : *un mauvais -*.

plaisamment adv. D'une manière agréable.

plaisance nf. *De -*, pour l'agrément.

plaisancier nm. Celui qui pratique la navigation de plaisance.

plaisanter vi. Dire ou faire quelque chose pour amuser. ‖ Vt. Railler sans méchanceté.

plaisanterie nf. Chose dite ou faite pour amuser. ‖ Dérision injurieuse, moquerie : *cela dégénère en -*. ‖ *Entendre la -*, avoir bon caractère. ‖ Chose facile : *c'est une - pour lui de faire cela*.

plaisantin nm.. Celui qui aime trop à faire le plaisant.

plaisir nm. Sensation, sentiment agréable, contentement. ‖ Divertissement. ‖ Grâce : *faites-moi le - de* *venir.* ‖ *Bon -*, volonté arbitraire. ‖ Pl. Divertissements : *renoncer aux -.* ‖ **A -** loc. adv., sans motif sérieux : *se tourmenter à -.*

plan, e adj. Plat et uni.

plan nm. Surface plane, unie. ‖ Représentation d'un objet par sa projection : *le - d'une ville, d'une machine.* ‖ *Lever un -*, mesurer les dimensions d'un terrain pour le reproduire à petite échelle. ‖ *Peint.* Eloignement relatif des objets qui entrent dans la composition d'un tableau : *reléguer une figure au second -.* ‖ *Fig.* Disposition générale d'un ouvrage : *- d'une tragédie.* ‖ Projet : *arrêter son -.* ‖ *Fig.* et *pop.* Rester en -, en suspens, seul. ‖ *Laisser en -*, abandonner.

planage nm. Action de rendre plan.

planche nf. Morceau de bois mince et plus long que large. ‖ Feuille de métal ou morceau de bois gravé. ‖ Estampe tirée sur cette planche. ‖ *Jard.* Portion de jardin affectée à une culture spéciale : *- de salade.* ‖ *Faire la -*, nager sur le dos. ‖ Pl. *Les -*, le théâtre, la scène.

planchéier vt. Garnir d'un plancher ; parqueter.

plancher nm. *Techn.* Parquet.

planchette nf. Petite planche.

plançon ou **plantard** nm. Branche plantée comme bouture.

plancton ou **plankton** nm. Ensemble des organismes minuscules en suspension dans les eaux douces ou salées.

plane nf. Outil à deux poignées, pour dégrossir les pièces de bois.

planéité nf. Etat d'une surface plane.

planer vt. Polir, aplanir.

planer vi. Se soutenir en l'air, ailes étendues, sans mouvement apparent. ‖ *Fig.* Voir de haut, dominer par le regard. ‖ *Vol plané*, exécuté à bord d'un avion sans moteur ou avec moteur arrêté.

planétaire adj. Relatif aux planètes.

planétarium nm. Installation présentant les mouvements des corps célestes sur une voûte.

planète nf. Corps céleste non lumineux par lui-même et tournant autour du Soleil.

planeur nm. Ouvrier qui plane les métaux, les peaux, etc.

planeur nm. Avion sans moteur.

planèze nf. Plateau de laves situé au flanc d'un volcan : *la - de Saint-Flour.*

planimétrie nf. Mesure des plans.

planisphère nm. Carte représentant sur un même plan les deux hémisphères.

plant nm. Jeune végétal planté, ou à planter. ‖ Ensemble des végétaux plantés dans un même terrain.

plantage nm. Action ou manière de planter.

plantain nm. Plante commune, dont la semence sert à la nourriture des petits oiseaux.

plantaire adj. De la plante du pied : *nerf, verrue -.*

plantation nf. Action de planter. ‖ Lieu où l'on a planté de jeunes arbres. ‖ Exploitation où l'on cultive certaines plantes : *- de café.*

plante nf. Nom général des végétaux. ‖ Face inférieure du pied.

planter vt. Mettre une plante en terre pour qu'elle s'enracine. ‖ Enfoncer : *- un pieu.* ‖ Fixer : *- des tentes.* ‖ Arborer : *- un drapeau.* ‖ *Fam. - là quelqu'un*, le quitter brusquement. ‖ **Se -** vpr. *Fam.* Se poster, se tenir debout et immobile.

planteur nm. Qui plante des arbres. ‖ Propriétaire d'une plantation aux colonies.

plantigrade adj. et nm. Qui marche sur la plante des pieds : *l'ours est un -.*

plantoir nm. Outil effilé et ferré à un bout, dont on se sert pour planter.

planton nm. Soldat sans armes, au service d'un supérieur.

plantule nf. Embryon végétal qui commence à germer.

plantureux, euse adj. Abondant, copieux. ‖ *Par ext.* et *fam.* Gras, dodu : *une femme -.* ‖ Fertile : *terre -.*

plaque nf. Feuille rigide : *une - de cuivre, de verre.* ‖ Insigne des gardes champêtres, commissionnaires, etc. ‖ Insigne des grades supérieurs de certains ordres.

plaquer vt. Couvrir un métal commun d'une feuille mince en métal précieux. ‖ Appliquer des feuilles de bois précieux sur du bois blanc. ‖ *Par anal.* Appliquer étroitement : *se - les cheveux sur le front.* ‖ *Mus. - des accords*, exécuter des accords dont toutes les notes ont la même durée. ‖ *Pop.* Abandonner. ‖ **Plaqué, e** part., adj. et nm. Métal commun recouvert d'une fine couche d'or ou d'argent.

plaquette nf. Petit livre mince. ‖ Petite plaque métallique.

plaqueur nm. Artisan qui fait du plaqué ou du placage.

plasma nm. Partie liquide du sang et de la lymphe.

plastic nm. Explosif brisant, de très grande violence, à base de dynamite.

plasticité nf. Qualité de ce qui est plastique.

plastique adj. Propre à être modelé : *argile -.* ‖ *Matières -*, substances d'origine organique ou synthétique, susceptibles d'être modelées ou moulées. ‖ Qui concerne la reproduction, l'imitation des formes : *les arts* -. ‖ Nf. Art de modeler des figures.

plastron nm. Devant d'une cuirasse. ‖ Devant de chemise. ‖ *Fig.* Personne en butte aux plaisanteries d'autrui : *servir de* - *à toute la société.*

plastronner vt. Garnir d'un plastron. ‖ Vi. *Fig.* Prendre une attitude fière.

plat, e adj. Plan, uni. ‖ De peu de relief : *un menton* -. ‖ *Vaisselle* -, d'argent. ‖ *Calme* -, absence totale de vent sur mer. ‖ *Math. Angle* -, angle égal à deux droits. ‖ *Fig.* Dépourvu de piquant, d'élégance : *style* -. ‖ Dépourvu de force : *un vin* -. ‖ *Teinte* -, uniforme. ‖ Nm. La partie plate d'une chose : *le* - *de la main.* ‖ *Fig.* et pop. *Faire du* -, flatter.

plat nm. Pièce de vaisselle de table, pour servir les mets. ‖ Son contenu : *un* - *de poisson.*

platane nm. Grand arbre ornemental, à feuilles larges et découpées.

plat-bord nm. Bordage épais du pourtour d'un bateau. ‖ Pl. des *plats-bords.*

plateau nm. Bassin d'une balance. ‖ Plat de bois ou de métal, sur lequel on sert ordinairement le thé, le café, etc. ‖ *Géogr.* Plaine élevée : *le* - *de Langres.* ‖ Scène d'un théâtre.

plate-bande nf. Espace de terre étroit entourant un carré de jardin et de fleurs. ‖ Pl. des *plates-bandes.*

platée nf. Contenu d'un plat.

plate-forme nf. Toit plat en terrasse. ‖ Partie d'un véhicule où les voyageurs sont debout. ‖ Partie d'une voie ferrée supportant le ballast. ‖ Plancher qui supporte les pièces d'artillerie de siège. ‖ Wagon plat. ‖ Pl. des *plates-formes.*

platine nf. Plaque reliant et maintenant les pièces d'une arme à feu, les rouages du mouvement d'une montre. ‖ Pièce d'une presse d'imprimerie qui, en s'abaissant, produit l'impression. ‖ Plaque extérieure d'une serrure percée pour le passage de la clef. ‖ Plate-forme sur laquelle est placé l'objet dans un microscope.

platine nm. Métal précieux (Pt), le plus dense et le plus inaltérable de tous les métaux. ‖ *Mousse de* -, masse grise, spongieuse, de platine très divisé. ‖ Adj. Couleur du platine : *des cheveux blond* -.

platinite nf. Alliage de fer et de nickel ayant même dilatation que le platine.

platitude nf. Caractère de ce qui est plat dans les sentiments, les écrits, dans la conversation. ‖ Ce qui est bas et avilissant : *faire des* -. ‖ Défaut de saveur : *la* - *d'un vin.*

platonicien, enne adj. Relatif à la philosophie de Platon. ‖ N. Partisan de cette doctrine.

platonique adj. Relatif à la philosophie ou au système de Platon. ‖ Purement idéal : *amour* -. ‖ Sans effet : *protestation* -.

platonisme nm. Système philosophique de Platon.

plâtrage nm. Action de plâtrer.

plâtras nm. Débris de plâtre.

plâtre nm. Gypse cuit et réduit en poudre, que l'on étend d'eau lors de son emploi. ‖ Ouvrage, statue en plâtre. ‖ *Fig. Battre quelqu'un comme* -, violemment. ‖ *Essuyer les* -, habiter le premier un local neuf. ‖ Pl. Légers ouvrages en plâtre.

plâtrer vt. Couvrir, enduire de plâtre. ‖ Ajouter du plâtre à : - *du vin.* Réduire une fracture : - *un bras.*

plâtreux, euse adj. Mêlé de plâtre.

plâtrier nm. Qui prépare, vend ou emploie le plâtre.

plâtrière nf. Carrière à plâtre. ‖ Four à plâtre.

plausible adj. Vraisemblable, admissible : *excuse* -.

plèbe nf. A Rome, ensemble des citoyens de droit inférieur.

plébéien, enne n. De la plèbe, appartenant à la plèbe.

plébiscitaire adj. Du plébiscite. ‖ N. Partisan du plébiscite.

plébiscite nm. Vote du peuple, par oui ou par non, sur une question bien définie.

plébisciter vt. Ratifier par un plébiscite.

pléiade nf. Groupe, réunion de poètes, d'hommes célèbres.

plein, e adj. Totalement rempli. ‖ Qui abonde en : *écrit* - *de fautes.* ‖ Entier : *un jour* -. ‖ Rond : *visage* -. ‖ Se dit d'un animal qui porte des petits : *une chatte* -. ‖ *Fig.* Entièrement occupé : *auteur* - *de son sujet.* ‖ Pénétré : - *de reconnaissance.* ‖ La - mer, la haute mer. ‖ *A* - *voiles,* toutes voiles dehors. ‖ *A* - *mains,* abondamment. ‖ *Voix* - forte et sonore. ‖ *En* - *jour, en* - *rue,* dans le jour, dans la rue. ‖ *Homme* - *de lui-même,* orgueilleux. ‖ *Donner* - *pouvoir,* toute liberté d'agir. ‖ Nm. Espace complètement occupé par la matière : *le* - *est le contraire du vide.* ‖ Le plus gros trait des lettres dans l'écriture, par oppos. au *délié.* ‖ *Battre son* -, être à marée haute ; au *fig.*, être en pleine activité, en plein éclat : *les fêtes battent leur* -. ‖ *Faire le* - *d'essence* ou *faire le* - en remplir le réservoir. ‖ Prépositiv. De manière à remplir : *avoir de l'argent* - *ses poches.* ‖ *En* - loc. adv., dans le milieu : *en - champ;* || *Fam.* - **de,** **tout - de** loc. prép., beaucoup : *il y avait - de monde sur la place.*

plein-vent nm. et adj. inv. Se dit d'arbres plantés en pleine terre.

plénière adj. f. *Indulgence* -, rémission pleine et entière de toutes les peines dues aux péchés.

plénipotentiaire adj. et nm. Agent diplomatique muni de pleins pouvoirs.

plénitude nf. État de ce qui est plein. || Totalité : *conserver la - de ses facultés.*

pléonasme nm. Répétition voulue ou non de mots ayant le même sens (comme *se suicider soi-même,* ou *je l'ai vu de mes yeux*).

plésiosaure nm. Reptile fossile dans le Secondaire.

pléthore nf. Surabondance.

pléthorique adj. Relatif à la pléthore.

pleur nm. Larme (s'emploie surtout au pluriel) : *répandre des -.*

pleural, e, aux adj. Qui appartient à la plèvre.

pleurard, e adj. et n. Qui pleure souvent et sans sujet.

pleurer vi. Répandre des larmes. || Vt. Regretter vivement : *- un père.*

pleurésie nf. Inflammation de la plèvre.

pleurétique adj. et n. Atteint de pleurésie. || Relatif à la pleurésie.

pleureur, euse adj. et n. Qui a l'habitude de pleurer. || Saule dont les rameaux sont pendants. || Nf. Femme qu'on payait pour pleurer aux funérailles.

pleurite nf. Pleurésie sèche.

pleurnicher vi. Faire semblant de pleurer; pleurer sans raison.

pleurnicherie nf. Habitude de pleurnicher.

pleurnicheur, euse adj. et n. Qui pleurniche : *enfant -.*

pleutre nm. Homme sans courage, sans dignité.

pleutrerie nf. Action vile.

pleuvoir v. impers. (*Il pleut. Il pleuvait. Il plut. Il pleuvra. Il pleuvrait. Qu'il pleuve. Qu'il plût. Pleuvant. Plu.*) Tomber, en parlant de la pluie. || Vi. Tomber en abondance : *les coups pleuvaient.*

plèvre nf. Membrane qui enveloppe les poumons.

plexiglas nm. (Nom déposé.) Résine synthétique ayant la transparence du verre.

plexus nm. Entrelacement de filets nerveux, vasculaires, etc.

pli nm. Rabat en double épaisseur fait à du linge, à une étoffe, etc. || Enveloppe de lettre : *mettre sous -.* || Lettre : *un - chargé.* || Ride : *les - du front.* || Au jeu de cartes, levée. || *Fig.* Habitude : *prendre un mauvais -.* || Ondulation de la surface terrestre.

pliage nm. Action de plier.

plie nf. Poisson plat, pouvant atteindre 70 centimètres de long.

plier vt. (c. *prier*). Mettre en double : *- du linge.* || Rapprocher les unes des autres les parties d'un objet : *- un éventail.* || Courber, fléchir : *- de l'osier, les genoux.* || *Fig.* Assujettir : *- un jeune homme à la discipline.* || - *bagage,* décamper. || Vi. Se soumettre : *- sous l'autorité paternelle.* || Céder : *l'armée commençait à -.* || **Pliant,** e part., adj. et n. Siège qui se plie, sans bras ni dossier.

plieur, euse n. Personne qui plie. || Nf. Machine à plier.

plinthe nf. *Archit.* Base placée sous une colonne pour l'exhausser. || Planche bordant la base du mur.

plissage nm. Action de plisser; son résultat.

plissé nm. Travail fait en plissant.

plissement nm. Action de plisser. || Ondulation des couches géologiques.

plisser vt. Faire des plis à. || Vi. Avoir des plis.

pliure nf. Action ou manière de plier les feuilles d'un livre.

ploiement nm. Action de ployer.

plomb nm. Métal (Pb) très pesant, d'un gris bleuâtre, facilement fusible, peu altérable à l'air. || Balles, grains de plomb pour armes à feu. || Petit sceau de plomb fixé sur les ballots, attestant le contrôle des droits de douane. || *Mine de -,* plombagine. || *Fig.* N'*avoir pas de - dans la tête,* être fort étourdi. || *Avoir du - dans l'aile,* être atteint dans sa santé, sa fortune, sa considération. || *Sommeil de -,* sommeil lourd et profond. || **A -,** loc. adv., perpendiculairement.

plombage nm. Action de plomber, de garnir de plomb, de sceller d'un plomb. || Obturation : *le - d'une dent.*

plombagine nf. Graphite dont on fait les crayons.

plomber vt. Garnir de plomb. || Attacher un petit sceau de plomb : *- un wagon.* || *- une dent,* obturer une dent cariée avec un amalgame. || **Se -** vpr. Prendre une couleur de plomb.

plomberie nf. Art et atelier de plombier.

plombier nm. Ouvrier qui établit et entretient les canalisations d'eau et de gaz.

plongée nf. Action de plonger. || Direction de haut en bas.

plongeon nm. Oiseau palmipède qui plonge souvent. ‖ Action de plonger.

plonger vt. (c. *manger*). Immerger dans un liquide. ‖ Enfoncer : - *la main dans un sac*. ‖ *Fig.* - *quelqu'un dans la misère*, causer sa ruine. ‖ *Etre plongé dans le sommeil*, dormir profondément. ‖ Vi. S'enfoncer entièrement dans l'eau. ‖ Avoir une direction de haut en bas. ‖ Se - vpr. *Fig.* S'adonner entièrement : *se - dans l'étude*. ‖ **Plongeant**, e part. et adj. Dirigé de haut en bas : *tir* -.

plongeur, euse adj. et n. Qui plonge. ‖ Nm. Syn. de SCAPHANDRIER. ‖ Laveur de vaisselle dans un restaurant. ‖ Nmpl. Famille d'oiseaux palmipèdes ayant pour type le plongeon.

plot nm. *Electr.* Pièce métallique sur laquelle s'applique la lame de contact d'un dispositif de connexion.

ploutocrate nm. Homme puissant par sa fortune.

ploutocratie [*si*] nf. Gouvernement où le pouvoir appartient aux riches.

ployage nm. Action de ployer.

ployer vt. (c. *aboyer*). Courber. ‖ Vi. Fléchir, se courber.

pluie nf. Eau qui tombe par gouttes de l'atmosphère. ‖ *Fig.* Ce qui tombe en abondance : - *de feu*.

plumage nm. Plumes de l'oiseau.

plumassier, ière n. et adj. Personne qui prépare et vend des plumes.

plume nf. Tuyau garni de barbes et de duvet : - *de faisan*. ‖ Morceau de métal façonné en forme de bec et qui sert à écrire. ‖ *Homme de* -, écrivain. ‖ *Poids* -, athlète d'environ 55 kg.

plumeau nm. Balai de plumes servant à épousseter.

plumer vt. Arracher les plumes. ‖ *Fig.* - *quelqu'un*, le voler, l'escroquer.

plumet nm. Bouquet de plumes qui orne un shako.

plumetis nm. Broderie pleine.

plumeux, euse adj. Couvert de plumes; qui ressemble à une plume.

plumier nm. Boîte pour mettre porteplume, crayons, etc.

plumitif nm. Procès-verbal d'audience dressé par le greffier. ‖ *Fam.* Bureaucrate.

plupart (la) nf. La plus grande partie, le plus grand nombre. (Après *la plupart*, le verbe se met toujours au pluriel : *la plupart des hommes croient.*) ‖ **La - du temps** loc. adv., le plus souvent.

plural, e, aux adj. Qui contient, qui vaut plusieurs unités : *vote* -.

pluralité nf. Le plus grand nombre : *la - des suffrages*. ‖ Multiplicité : *la*

- *des dieux*. ‖ Pluriel : *l's est le signe ordinaire de la* -.

pluriel, elle adj. et nm. Qui sert à marquer la pluralité.

plus adv. A un degré supérieur : *il est - riche que moi*. ‖ En plus grande quantité : *ils sont - de mille*. ‖ En outre : *une table, - six chaises*. ‖ Avec la négation, marque la cessation d'une action, d'un état : *il ne travaille* -; *il n'est - fatigué*. ‖ *Le* -, *la* -, marque un superlatif relatif : *elle est la - belle*. ‖ Loc. adv. **Bien** -, **de** -, **qui - est**, en outre. **Tant et** -, abondamment. **De - en** -, avec progrès, en bien ou en mal. - **ou moins**, à peu près. **Ni - ni moins**, tout autant. ‖ Nm. Le maximum : *le - que vous puissiez espérer...* ‖ Signe de l'addition ($+$).

plusieurs adj. pl. des deux genres. Un nombre indéterminé. ‖ Pron. indéf. : - *pensent que...*

plus-que-parfait nm. *Gramm.* Temps du verbe qui exprime une action passée, antérieure à une autre action passée aussi : *j'avais fini quand vous êtes arrivé*.

plus-value nf. Augmentation de valeur. ‖ Excédent : *une - d'impôts*. ‖ Pl. des *plus-values*.

plutonien, enne adj. Se dit des roches, des terrains volcaniques.

plutonium nm. Métal (Pu) obtenu dans les piles à uranium, pouvant subir la fission et employé dans les bombes atomiques.

plutôt adv. De préférence.

pluvial, e, aux adj. Qui provient de la pluie : *eaux* -.

pluvier nm. Oiseau échassier de taille moyenne.

pluvieux, euse adj. Abondant en pluie. ‖ Qui amène la pluie.

pluviomètre nm. Instrument pour mesurer la quantité de pluie tombée.

pluviôse nm. Cinquième mois du calendrier républicain (20 janv.-18 fév.)

pneu nm. Abrév. de *pneumatique*.

pneumatique adj. Relatif à l'air ou aux gaz. ‖ *Machine* -, qui sert à faire le vide. ‖ Nf. Science qui étudie les propriétés de l'air et des gaz comprimés ou détendus. ‖ Nm. Ensemble constitué par une chambre à air comprimé que recouvre une enveloppe de toile et de caoutchouc, et que l'on adapte à la jante des roues de bicyclettes, d'automobiles, etc. ‖ *Carte* - (et par abrév., - ou *pneu* nm.), correspondance transmise rapidement par tube.

pneumonie nf. Inflammation du poumon.

pneumothorax nm. Introduction d'azote dans la cavité pleurale, pour mettre le poumon tuberculeux au repos.

pochade nf. Peinture exécutée en quelques coups de pinceau. ‖ Œuvre littéraire rapidement écrite.

pochard, e n. et adj. *Pop.* Ivrogne.

poche nf. Petit sac cousu au vêtement. ‖ Jabot des oiseaux. ‖ Filet pour chasser au furet. ‖ Cavité d'un abcès. ‖ *Fig.* et *fam. Acheter chat en -,* sans connaître l'objet qu'on achète.

pocher vt. Meurtrir : *l'œil à quel-qu'un.* ‖ *- des œufs,* les plonger sans la coquille dans un liquide bouillant.

pochette nf. Petite poche. ‖ *Petit mouchoir.* ‖ Boîte à compas très plate.

pochoir nm. Feuille de carton ou de métal découpée à la forme du dessin à reproduire.

podagre adj. et n. Goutteux. ‖ Nf. Goutte du pied; goutte en général.

podomètre nm. Appareil qui compte le nombre de pas faits par un piéton et, *par ext.,* la distance parcourue.

poêle nm. Drap mortuaire.

poêle nm. Appareil de chauffage.

poêle nf. Ustensile de cuisine, plat, évasé, à longue queue, pour frire ou fricasser. ‖ *Fig.* et *fam. Tenir la queue de la -,* avoir la direction.

poêlée nf. Contenu d'une poêle.

poêlon nm. Casserole en terre.

poème nm. Œuvre en vers, d'une certaine étendue : *- épique.*

poésie nf. Art de faire des vers : *cultiver la -.* ‖ Caractère de ce qui est poétique : *vers pleins de -.* ‖ Genre poétique : *la épique, lyrique.* ‖ Caractère de ce qui touche, élève, charme : *la - de la mer.* ‖ Pièce de vers, poème de peu d'étendue.

poète nm. Celui qui écrit en vers. ‖ Adj. des deux genres : *femme -.*

poétesse nf. Femme poète.

poétique adj. Relatif à la poésie. ‖ Propre à inspirer un poète : *un sujet -.* ‖ *Licence -,* dérogation aux règles ordinaires de la grammaire que se permet un poète. ‖ Nf. Art qui trace les règles de la poésie.

poétiser vt. Rendre poétique.

pogrom ou **pogrome** nm. Massacre de juifs.

poids nm. Force exercée sur un corps par la pesanteur. ‖ *- spécifique d'un corps,* poids en grammes d'un centimètre cube de ce corps. ‖ Morceau de métal étalonné pour peser. ‖ Corps pesant attaché aux cordes d'une horloge pour lui donner le mouvement. ‖ Sphère de métal d'environ 7 kg. ‖ *Fig.* Force, importance : *cela pèse du - à vos raisons.* ‖ Tout ce qui fatigue : *le - des affaires.* ‖ *Au - de l'or,* très cher. ‖ *- lourd,* gros camion.

poignant, e adj. Qui cause une impression vive et pénible : *douleur -.*

poignard nm. Arme courte, pointue et tranchante. ‖ *Fig. Le - sur la gorge,* sous la contrainte.

poignarder vt. Frapper avec un poignard.

poigne nf. La force du poignet. ‖ *Fig.* et *fam.* Energie : *un homme à -.*

poignée nf. Ce que peut contenir la main fermée. ‖ Partie d'un objet par où on le prend. ‖ *Fig.* Petit nombre : *une - de soldats.* ‖ **A** - loc. adv., à pleine main; au *fig.,* en abondance.

poignet nm. Partie du bras qui joint la main à l'avant-bras.

poil nm. Production filiforme sur la peau des animaux et de l'homme. ‖ *- follet,* léger duvet. ‖ Partie velue des étoffes. ‖ *- absorbants,* organes de l'absorption chez la racine. ‖ *Fam. :* être de mauvais -, de mauvaise humeur.

poilu, e adj. Couvert de poils. ‖ Nm. Soldat français de la Première Guerre mondiale.

poinçon nm. Outil d'acier pointu qui sert à percer ou à graver. ‖ Morceau d'acier gravé en relief pour frapper les monnaies et les médailles. ‖ Marque sur les ouvrages d'or et d'argent pour en garantir le titre.

poinçonnage ou **poinçonnement** nm. Action de poinçonner.

poinçonner vt. Marquer au poinçon.

poindre vi. (c. *craindre*). [Ne s'emploie guère qu'à l'infinitif, à la troisième personne du sing. de l'indicatif présent ou futur et du conditionnel présent, et aux temps composés.] Commencer à paraître (en parlant du jour), à pousser (en parlant des plantes) : *le jour point, a point.*

poing nm. La main fermée.

point nm. Piqûre à l'aiguille dans une étoffe. ‖ Sorte de dentelle faite à l'aiguille : *- d'Alençon.* ‖ Signe d'écriture et de ponctuation. ‖ *Jeux.* Valeur des cartes. ‖ Note donnée à un écolier : *bon -.* ‖ *Math.* Lieu de l'espace sans aucune étendue. ‖ *Fig.* Question, matière : *n'insistez pas sur ce -.* ‖ Etat : *se trouver au même -.* ‖ *Mettre une affaire au -,* l'amener à l'état voulu. ‖ Période : *être au plus haut - de sa gloire.* ‖ Instant précis : *être sur le - de partir.* ‖ *- d'orgue,* signe qui suspend la mesure sur une note. ‖ *- d'appui,* point sur lequel le levier s'appuie, et, *par ext.,* élément d'une position défensive organisée, base navale : *les - d'appui de la flotte.* ‖ *- cardinaux,* le nord, le sud, l'est, l'ouest. ‖ *- d'intersection,* endroit où deux lignes se coupent. ‖ *- de départ,* commencement. ‖ *- de vue,* endroit d'où l'on voit le mieux et, au *fig.,* manière d'envisager les choses. ‖ *- du jour,* aube. ‖ *- de côté,* douleur au côté, qui gêne la respiration. ‖

- *d'honneur*, ce qui intéresse l'honneur. ‖ *Faire le* -, déterminer la position d'un navire. ‖ *Loc. adv.* **A** -, à propos. **A** - **nommé**, à l'instant fixé. **De** - **en** -, exactement. **Au dernier** -, extrêmement. **De tout** -, **en tout** -, entièrement.

point *adv.* Pas : *il n'a* - *d'argent*.

pointage nm. Action de pointer.

pointe nf. Bout piquant et aigu. ‖ Clou, de même grosseur sur toute sa longueur. ‖ - *à tracer*, tige très effilée en acier très dur, pour tracer des repères sur une pièce à travailler. ‖ Extrémité des choses qui vont en diminuant : - *d'un clocher*. ‖ Outil du graveur à l'eau-forte.

pointeau nm. Poinçon en acier pour marquer la place d'un trou à percer. ‖ Tige métallique conique pour régler le débit d'un fluide à travers un orifice.

pointer vt. Porter un coup avec la pointe d'une épée. ‖ Orienter une arme à feu pour que le projectile atteigne le but. ‖ Cocher sur une liste les personnes présentes ou absentes. ‖ **Pointé, e** part. et adj. *Mus. Note* -, note suivie d'un point qui en augmente la valeur de moitié.

pointer [tèr] nm. Chien de chasse anglais.

pointeur nm. Celui qui pointe une arme. ‖ Celui qui pointe une liste.

pointillage ou **pointillement** nm. Action de pointiller.

pointillé nm. Ligne de petits points nombreux et rapprochés.

pointiller vi. Faire des points avec le burin, le pinceau, le crayon. ‖ Vt. Tracer par points.

pointilleux, euse adj. Contrariant, susceptible : *un caractère* -.

pointilliste nm. et adj. Peintre qui procède par petites touches séparées.

pointu, e adj. En pointe.

pointure nf. Dimension de chaussures, de gants, de coiffures.

poire nf. Fruit du poirier. ‖ *Par ext.* Tout objet en forme de poire. ‖ *Pop.* Naïf.

poiré nm. Boisson faite avec du jus de poires.

poireau nm. Plante potagère du genre ail.

poirée nf. Plante potagère du genre bette.

poirier nm. Arbre fruitier de la famille des rosacées, qui produit la poire.

pois nm. Plante de la famille des légumineuses. ‖ Graine de cette plante.

poison nm. Toute substance qui détruit ou altère les fonctions vitales. ‖ *Par ext.* Boisson ou aliment pernicieux : *l'alcool est un* -. ‖ *Fam.* Personne méchante.

poissard, e *adj.* Qui imite le langage et les mœurs du bas peuple. ‖ Nf. Femme de la halle et, *par ext.*, femme qui emploie des expressions grossières.

poisser vt. Enduire de poix. ‖ Salir avec une matière gluante.

poisseux, euse adj. Gluant.

poisson nm. Vertébré aquatique, généralement ovipare, respirant par des branchies. ‖ - *volant*, exocet. ‖ - *d'avril*, attrape. ‖ *Fig. Ni chair ni* -, de nature douteuse, d'opinion indécise. ‖ *Comme un* - *dans l'eau*, tout à fait à son aise.

poissonnerie nf. Lieu où l'on vend du poisson.

poissonneux, euse adj. Qui abonde en poisson : *lac* -.

poissonnier, ère n. Qui vend du poisson.

poitevin adj. et n. Habitant ou originaire du Poitou et de Poitiers.

poitrail nm. Devant du corps du cheval. ‖ Partie du harnais.

poitrinaire adj. et n. Tuberculeux.

poitrine nf. Partie du tronc entre le cou et l'abdomen.

poivrade nf. Sauce faite avec du poivre, du sel et du vinaigre.

poivre nm. Graine du poivrier. ‖ - *long*, piment à saveur très piquante.

poivrer vt. Assaisonner de poivre.

poivrier nm. Plante sarmenteuse produisant le poivre. ‖ Boîte où l'on met le poivre.

poivrière nf. Ustensile pour les épices et particulièrement pour le poivre. ‖ Guérite en maçonnerie, à l'angle d'un bastion.

poivron nm. Piment.

poix nf. Substance résineuse, agglutinante, tirée de la résine.

poker nm. Jeu de cartes d'origine américaine. ‖ - *d'as*, jeu de dés.

polaire adj. Relatif au pôle : *cercle* -.

polarimètre nm. Appareil servant à mesurer la rotation du plan de polarisation de la lumière.

polarisation nf. Modification des propriétés de la lumière après réflexion ou réfraction. ‖ Diminution de l'intensité du courant d'une pile par suite de réactions chimiques.

polariser vt. Causer la polarisation de : - *un rayon lumineux*.

polarité nf. Qualité qui permet de distinguer chacun des pôles d'un aimant, d'une pile.

polder nm. Aux Pays-Bas, région basse et marécageuse conquise sur la mer.

pôle nm. Chacune des deux extrémités

de l'axe imaginaire de la sphère céleste. || Les deux extrémités de l'axe de la Terre. || Chacune des bornes d'une pile électrique. || - *d'un aimant*, extrémités de l'aimant, où semble localisé le magnétisme. || - *magnétique*, lieu du globe où l'inclinaison d'une aiguille aimantée est de 90°.

polémique nf. Discussion, controverse : - *politique, littéraire*. || Adj. Relatif à la polémique.

polémiste nm. Qui fait de la polémique : *un redoutable* -.

polenta [lèn] nf. Bouillie de farine de maïs ou de châtaignes, en faveur en Italie.

poli, e adj. Uni, lisse : *du marbre* -. || *Fig.* Civil : *homme* -. || Nm. Lustre d'un objet après polissage.

police nf. Ensemble des règlements qui maintiennent la sécurité publique. || Administration qui veille à leur observation. || *Simple* -, tribunal qui ne connaît que des contraventions. || *Salle de* -, où sont renfermés les militaires pour des manquements légers à la discipline. || *Bonnet de* -, coiffure légère des militaires.

police nf. Contrat d'assurance.

policer vt. (c. *placer*). Adoucir les mœurs; civiliser.

polichinelle nm. Personnage comique de la comédie italienne. || *Fig.* Homme qui change souvent d'opinion. || *Secret de* -, ce que tout le monde sait.

policier, ère adj. Qui se rapporte à la police. || Nm. Inspecteur de police.

poliomyélite nf. Infection à virus de la moelle épinière, causant une paralysie.

polir vt. Rendre uni et luisant. || *Fig.* Civiliser, adoucir : - *l'esprit*. || Rendre plus élégant : - *ses phrases*.

polissage nm. Action de polir; son résultat.

polisseur, euse n. Spécialiste qui polit certains ouvrages.

polissoir nm. Outil, instrument pour polir : - *de bijoutier*.

polisson, onne n. Enfant malpropre et vagabond. || Enfant espiègle. || Adj. Licencieux : *une chanson* -.

polissonner vi. Faire le polisson.

polissonnerie nf. Action, parole, tour de polisson. || Propos licencieux.

politesse nf. Manière d'agir ou de parler civile et honnête. || *Brûler la* -, se retirer brusquement.

politicien, enne n. En mauv. part, personne qui fait de la politique.

politique adj. Qui a rapport au gouvernement d'un État : *institution* -. || *Homme* -, qui s'occupe des affaires publiques. || *Droits* -, droits en vertu desquels un citoyen participe au gou-

vernement. || *Economie* -, v. ÉCONOMIE. || Nm. Celui qui s'applique à la connaissance des affaires publiques : *c'est un profond* -. || Nf. Art de gouverner un État : *une* - *prévoyante*. || Affaires qui intéressent l'État : - *extérieure*. || *Fig.* Conduite adroite dans les affaires particulières.

polka nf. Danse à deux temps importée de Bohême. || Air sur lequel on la danse. || *Pain* -, pain plat et à croûte striée en losanges.

pollen [*pol-lèn*] nm. Poussière fécondante des fleurs.

pollinisation nf. Fécondation d'une fleur par le pollen.

polluer vt. (c. *tuer*). Profaner; souiller : - *une source*.

pollution nf. Profanation, souillure.

polo nm. Jeu de balle, qui se joue à cheval avec un maillet.

polonais, e adj. et n. De Pologne.

polonaise nf. Sorte de danse.

poltron, onne adj. et n. Lâche; qui manque de courage.

poltronnerie nf. Lâcheté.

polyandre adj. *Bot.* Se dit d'une plante qui a plusieurs étamines.

polyandrie nf. État d'une femme qui a plusieurs maris. || État d'une fleur polyandre.

polychrome adj. De diverses couleurs.

polycopie nf. Reproduction en plusieurs exemplaires d'un texte tracé avec une encre spéciale.

polycopier vt. (c. *prier*). Reproduire par polycopie.

polyculture nf. Juxtaposition de cultures différentes dans une région.

polyèdre adj. et n. *Math.* Se dit d'un solide limité en tous sens par des faces planes.

polyédrique adj. En forme de polyèdre : *cristal* -.

polygame adj. Marié simultanément à plusieurs femmes : *homme* -. || *Bot.* Se dit des plantes qui portent des fleurs hermaphrodites ou des fleurs unisexuées sur le même pied. || Nm. : *un* -.

polygamie nf. État des polygames. || *Bot.* Classe des plantes polygames.

polyglotte adj. et n. Qui est écrit en plusieurs langues. || Qui parle plusieurs langues.

polygonal, e, aux adj. Relatif au polygone.

polygone nm. Figure plane limitée par des lignes droites.

polymère nm. Corps chimique formé par polymérisation.

polymérisation nf. Union de plusieurs molécules d'un même corps en

POISSONS

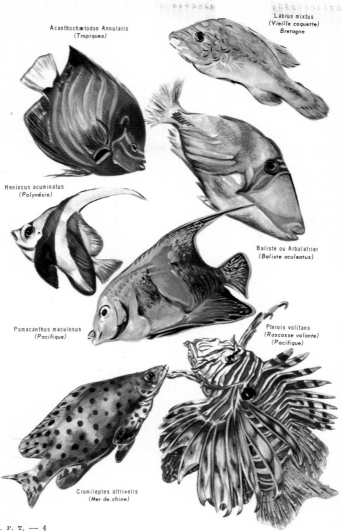

Acanthochætodon Annularis
(Tropiques)

Labrus mixtus
(Vieille coquette)
Bretagne

Heniocus acuminatus
(Polynésie)

Baliste ou Arbalatrier
(Baliste aculeatus)

Pomacanthus maculosus
(Pacifique)

Pterois volitans
(Rascasse volante)
(Pacifique)

Cromileptes altrivelis
(Mer de chine)

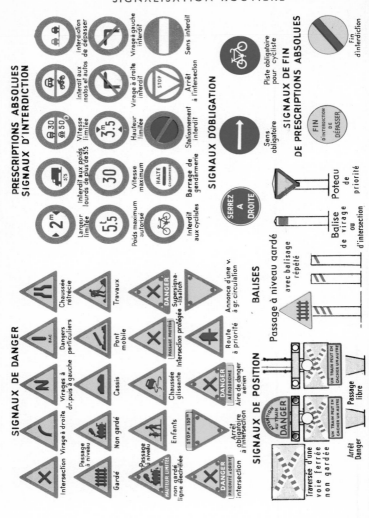

SIGNALISATION ROUTIÈRE

PRESCRIPTIONS ABSOLUES
SIGNAUX D'INTERDICTION

Interdiction de dépasser

Virage à gauche interdit

Sens interdit

Interdit aux motos et autos

Virage à droite interdit

Arrêt à l'intersection

Vitesse limitée

Hauteur limitée

Stationnement interdit

Interdit aux poids lourds de plus de 5.5

Vitesse maximum

Barrage de gendarmerie

Largeur limitée

Poids maximum autorisé

Interdit aux cyclistes

SIGNAUX D'OBLIGATION

Piste obligatoire pour cycliste

Sens obligatoire

SIGNAUX DE FIN DE PRESCRIPTIONS ABSOLUES

Fin d'interfiction

FIN D'INTERDICTION DE DÉPASSER

SERREZ A DROITE

Poteau de priorité

Balise de virage ou d'intersection

SIGNAUX DE DANGER

Intersection

Virage à droite

Virages à dr. puis à gauche

Chaussée rétrécie

Passage à niveau Gardé

Non gardé

Cassis

Travaux

Passage à niveau non gardé ligne électrifiée
HAUTEUR LIMITÉE

Enfants

Chaussée glissante

DANGER AÉRODROME
Aire de danger aérien

DANGER PASSAGE PROTÉGÉ
Intersection protégée

DANGER PRIORITÉ A DROITE
intersection

STOP A 150m
Arrêt obligatoire à l'intersection

BAC
Dangers particuliers

Pont mobile

DANGER
Route à priorité

DANGER SUPERSIGNALISATION
Annonce d'une v. à gr. circulation

BALISES

Passage à niveau gardé avec balisage répété

SIGNAUX DE POSITION

Passage à niveau gardé

Passage libre

ATTENTION AU TRAIN DANGER
UN TRAIN PEUT EN CACHER UN AUTRE

Arrêt Danger

Traversée d'une voie ferrée non gardée

une nouvelle molécule plus volumineuse.

polymorphe adj. Qui présente plusieurs variétés cristallines.

polynôme nm. Quantité algébrique formée de plusieurs termes, séparés par les signes *plus* ou *moins*.

polype nm. Petit zoophyte à bouche entourée de tentacules. ‖ Poulpe. ‖ *Pathol.* Tumeur molle implantée sur les muqueuses : - *nasal.*

polypétale adj. *Bot.* Se dit d'une corolle présentant plusieurs pétales distincts.

polyphasé adj. *Electr.* Qui présente plusieurs phases : *courant* -.

polyphonie nf. Emploi simultané de plusieurs instruments de musique qui n'exécutent pas à l'unisson.

polyphonique adj. Relatif à la polyphonie : *orchestre* -.

polypier nm. Groupe de polypes vivant sur un support calcaire sécrété par eux. ‖ Le support lui-même.

polysépale adj. *Bot.* Se dit d'un calice à plusieurs sépales distincts.

polysyllabe ou **polysyllabique** adj. et n. Qui a plusieurs syllabes.

polytechnicien nm. Élève de l'Ecole polytechnique.

polytechnique adj. Qui embrasse plusieurs arts, plusieurs sciences : *école* -.

polythéisme nm. Religion qui admet la pluralité des dieux.

polythéiste n. Qui professe le polythéisme. ‖ Adj. : *peuple* -.

polyurie nf. Emission exagérée d'urine.

polyvaccin nm. Vaccin actif contre plusieurs maladies.

pommade nf. Corps gras, médicamenteux ou parfumé, employé pour l'entretien de la chevelure, de la peau, etc.

pommader vt. Enduire de pommade.

pommard nm. Vin de Bourgogne très estimé.

pomme nf. Fruit du pommier. ‖ Ornement en forme de pomme : *une - de rampe.* ‖ - *de terre,* tubercule comestible. ‖ - *de pin,* fruit du pin. ‖ *Fig.* - *de discorde,* sujet de division.

pommé, e adj. Arrondi en pomme. *chou* -.

pommeau nm. Petite boule au bout de la poignée d'une épée, d'un pistolet. ‖ Arcade de l'arçon d'une selle.

pommelé, e adj. Marqué de taches rondes, mêlées de gris et de blanc : *cheval* -. ‖ Tacheté de petits nuages blancs ou grisâtres : *ciel* -.

pommeler (se) vpr. (c. *appeler*). Se dit du ciel quand il se couvre de petits nuages blancs ou grisâtres.

pommelle nf. Plaque perforée placée à l'orifice d'un tuyau pour le garantir des ordures capables de l'engorger.

pommer vi. Se former en pomme, comme les choux, les laitues, etc.

pommeraie nf. Lieu planté de pommiers.

pommette nf. Partie saillante de la joue, au-dessous de l'œil.

pommier nm. Arbre fruitier de la famille des rosacées, qui produit la pomme.

pomologie nf. Partie de l'arboriculture concernant les fruits à pépins.

pompage nm. Action de pomper.

pompe nf. Cérémonial magnifique, somptueux. ‖ - *funèbres,* entreprise organisant les convois funéraires. ‖ Pl. *Relig.* Plaisirs faux et frivoles : *renoncer au monde et à ses* -.

pompe nf. Appareil pour aspirer, refouler ou comprimer les fluides. ‖ - *à incendie,* pompe aspirante et foulante ou centrifuge, fournissant un jet d'eau continu.

pomper vt. Puiser avec une pompe. ‖ *Fig.* Aspirer : *le soleil pompe les eaux.*

pompeux, euse adj. Où il y a de la pompe. ‖ *Style* -, emphatique.

pompier nm. Membre d'un corps organisé pour combattre les incendies. ‖ Fabricant, vendeur de pompes. ‖ Ouvrier tailleur chargé des retouches. ‖ Adj. Banal : *style* -.

pompiste n. Personne qui tient une pompe à essence pour la vente au public.

pompon nm. Ornement formé d'une petite houppe de soie, de laine, etc. ‖ *Fig.* et *pop. Avoir son* -, être pris de boisson.

pomponner vt. Orner de pompons. ‖ Parer avec soin : - *une mariée.* ‖ Se - vpr. S'habiller avec soin.

ponant nm. Syn. d'OCCIDENT.

ponçage nm. Action de poncer.

ponce nf. Sachet de charbon en poudre pour calquer les dessins. ‖ Adj. *Pierre* -, lave volcanique poreuse, très légère, employée pour polir.

ponceau nm. Petit pont.

ponceau nm. Coquelicot. ‖ Adj. inv. Rouge coquelicot : *des rubans* -.

poncer vt. Polir avec la pierre ponce. ‖ - *un dessin,* le calquer avec la ponce.

poncho nm. Manteau sud-américain, fait d'une couverture percée en son milieu pour passer la tête.

poncif nm. Dessin piqué sur lequel on passe la ponce. ‖ *Littér.* et *bœ-arts.* Travail sans originalité.

ponction nf. Opération chirurgicale qui consiste à explorer ou à évacuer une cavité remplie de liquide.

ponctualité nf. Grande exactitude.

ponctuation nf. Art, manière de ponctuer : *signes de -*.

ponctuel, elle adj. Exact : *un écolier -*. || Constitué par un point : *image -*.

ponctuer vt. (c. *tuer*). Mettre les points, les virgules, etc., dans un texte. || Marquer, accentuer : *- chaque mot d'un geste*. || **Ponctué** e part. et adj. Composé d'une suite de points : *ligne -*.

pondaison nf. Action de pondre. || Epoque de la ponte.

pondérable adj. Qui peut être pesé, qui a une masse : *fluide -*.

pondérateur, trice adj. Qui pondère : *pouvoir -*.

pondération nf. Equilibre de forces, de tendances contraires. || *Fig.* Caractère de celui qui est bien équilibré.

pondérer vt. (c. *céder*). Equilibrer par des actions contraires. || **Pondéré,** e part. et adj.

pondeur, euse n. et adj. Qui pond souvent. || *Fig.* et *fam.* Qui produit beaucoup : *un infatigable - de prose*.

pondoir nm. Panier disposé pour que les poules y pondent.

pondre vt. Faire des œufs (oiseaux, reptiles). || *Fig.* et *fam.* Produire : *- des vers*.

poney nm. Petit cheval à long poil.

pongé nm. Etoffe légère de laine et de bourre de soie.

pont nm. Construction permettant de passer au-dessus d'une dépression ou d'un obstacle (cours d'eau, voie ferrée, etc.). || Plancher fermant la coque d'un bateau. || *- suspendu*, dont le tablier est retenu par des câbles. || *- tournant*, pivotant autour d'un axe vertical. || *- arrière*, essieu arrière d'une automobile, avec ses organes de transmission. || *- d'envol*, piste de décollage et d'atterrissage des avions sur un porte-avions. || *- de bateaux*, fait de bateaux attachés et recouverts de grosses planches. || *- et chaussées*, corps d'ingénieurs chargés des travaux qui se rapportent aux voies de communication. || *Fig.* et *fam. - aux ânes*, difficulté qui n'arrête que les ignorants. || *Fig. Faire le -*, chômer un jour ouvrable entre deux jours fériés.

ponte nm. Le joueur qui joue contre le banquier.

ponte nf. Action de pondre. || Temps où les oiseaux pondent. || Quantité d'œufs pondus.

ponté, e adj. Muni d'un ou de plusieurs ponts : *barque -*.

ponter vi. Jouer contre le banquier, aux jeux de hasard. || Vt. Etablir un pont sur un navire.

pontet nm. Pièce qui garantit la détente d'une arme à feu.

pontife nm. Dignitaire ecclésiastique. || *Le souverain -*, le pape. || *Grand -*, chef de la religion, chez les Anciens. || *Fig.* et *fam.* Homme qui se donne des airs d'importance.

pontifical, e, aux adj. Relatif au pontife.

pontificat nm. Dignité de grand pontife. || Dignité de pape, chez les catholiques. || Exercice du pouvoir papal : *pendant le - de Léon X*.

pontifier vi. (c. *prier*). *Fam.* Prendre des airs d'importance.

pont-l'évêque nm. inv. Fromage à pâte grasse.

pont-levis nm. Pont qui peut se lever ou s'abaisser à volonté au-dessus d'un fossé. || Pl. des *ponts-levis*.

ponton nm. *Mar.* Barque plate qui sert au radoub des bateaux. || Vieux vaisseau rasé, servant de caserne ou de prison.

pontonnier nm. Soldat employé à la construction des ponts militaires.

pool [*poul*] nm. (m. angl.). Entente entre producteurs afin de réglementer la production : *le - charbon-acier*.

pope nm. Prêtre du rite oriental.

popeline nf. Tissu lisse de soie mélangée avec de la laine peignée, du lin ou du coton.

poplité, e adj. Relatif au jarret : *muscle -*.

popote nf. *Pop.* Cuisine. || Réunion de personnes qui mangent en commun.

populace nf. Le bas peuple.

populacier, ère adj. Relatif à la populace.

populaire adj. Qui appartient ou concerne le peuple : *préjugé, expression -*. || Qui se concilie l'affection du peuple : *roi -*. || *Gouvernement -*, où l'autorité est aux mains du peuple.

populariser vt. Rendre populaire; vulgariser.

popularité nf. Faveur populaire.

population nf. Ensemble des habitants d'un pays. || Ensemble des êtres vivants formant un groupement déterminé : *la - scolaire*.

populeux, euse adj. Très peuplé.

poquet nm. Trou dans lequel on sème plusieurs graines.

porc [*por*] nm. Mammifère domestique, élevé pour sa chair et sa graisse ou lard. (Cri : le porc *grogne*.)

porcelaine nf. Poterie très fine, à demi vitrifiée, translucide. || Coquillage univalve très poli, appelé *coquille de Vénus*.

porcelainier, ère adj. Relatif à la porcelaine. || Nm. Fabricant ou marchand de porcelaine.

porcelet nm. Jeune porc.

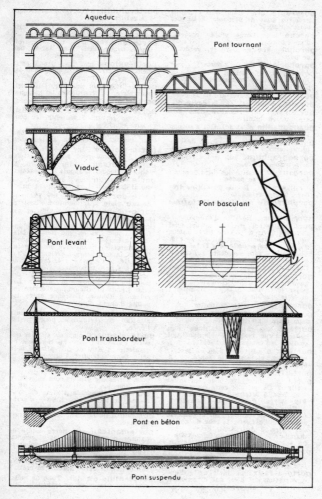

Aqueduc

Pont tournant

Viaduc

Pont basculant

Pont levant

Pont transbordeur

Pont en béton

Pont suspendu

porc-épic nm. Mammifère rongeur au corps armé de piquants. || Pl. des *porcs-épics.*

porche nm. Large entrée couverte d'un édifice.

porcher, ère n. Gardeur, gardeuse de porcs.

porcherie nf. Etable à porcs.

porcin, e adj. Relatif aux porcs. || Nmpl. Ordre de mammifères dont le porc est le type.

pore nm. Petite ouverture de la peau.

poreux, euse adj. Qui a des pores.

porion nm. Contremaître dans une exploitation minière.

pornographe n. et adj. Qui s'adonne à la pornographie.

pornographie nf. Obscénité de certaines œuvres littéraires ou artistiques.

pornographique adj. Qui a rapport à la pornographie.

porosité nf. Qualité des corps poreux : *la - de la pierre ponce.*

porphyre nm. Roche cristalline très dure, à gros cristaux.

porphyroïde adj. Qui a l'apparence du porphyre.

porridge nm. Bouillie d'avoine.

port nm. Abri naturel ou artificiel pour les navires. || Ville bâtie autour des installations portuaires. || *Fig.* Asile : *s'assurer un - dans la tempête.* || *A bon -,* sans accident. || *Echouer au -,* échouer au moment de réussir. || Col des Pyrénées : *le - de Roncevaux.*

port nm. Action de porter. || Prix payé pour le transport d'un objet : *payer le - d'un colis.* || Maintien : *avoir le - noble.*

portage nm. Action de porter.

portail nm. Entrée principale et monumentale d'un édifice.

portant nm. Anse métallique d'un coffre, d'une malle. || Montant qui soutient les décors d'un théâtre.

portant, e adj. *Etre bien ou mal -,* en bonne, en mauvaise santé. || *A bout -,* de très près.

portatif, ive adj. Aisé à porter.

porte nf. Ouverture pour entrer et sortir. || Ce qui clôt cette ouverture : *- de bois.* || *Mettre à la -,* chasser. || *Fig.* et *fam.* Prendre la *-,* se retirer. || *Fig. - de derrière,* échappatoire. || *Etre aux - du tombeau,* sur le point de mourir. || *La Porte,* la cour du sultan des Turcs. || Adj. *Anat. Veine -,* qui distribue le sang dans le foie. || *De en -* loc. adv., de maison en maison.

porté, e adj. Enclin : *être - à la colère.* || *Etre - sur,* avoir un goût très vif pour : *être - sur la bouche.*

porte-à-faux nm. inv. Partie d'une construction qui n'est pas directement soutenue par un appui.

porte-aiguilles nm. inv. Etui, trousse à aiguilles.

porte-allumettes nm. inv. Petite boîte ou étui pour allumettes.

porte-amarre nm. inv. Appareil (fusil, canon, etc.) pour lancer une amarre. || Adj. : *canon -.*

porte-avions nm. inv. Grand bâtiment de guerre à pont d'envol pour les avions qu'il embarque.

porte-bagages nm. inv. Dispositif pour placer ou transporter les bagages.

porte-bonheur nm. inv. Fétiche.

porte-bouteilles nm. inv. Châssis à rayons servant à soutenir des bouteilles couchées.

porte-cigares, porte-cigarettes nm. inv. Etui à cigares, à cigarettes.

porte-clefs nm. inv. Geôlier de prison. || Anneau pour porter les clefs.

porte-couteau nm. inv. Ustensile de table sur lequel on appuie les couteaux.

porte-crayon nm. inv. Etui de métal dans lequel on met un crayon.

porte-documents nm. inv. Pochette de cuir plate, à fermeture à glissière.

porte-drapeau nm. inv. Officier qui porte le drapeau.

portée nf. Totalité des petits qu'une femelle met bas en une fois. || Distance à laquelle une arme peut lancer un projectile. || Etendue où la main, la vue, la voix peuvent arriver. || *Fig.* Capacité de l'esprit : *cela est hors de sa -.* || Force, importance : *ce raisonnement a une grande -.* || *Etre à - de,* pouvoir, être à même de. || *Mus.* Les cinq lignes parallèles pour écrire les notes. || *Constr.* Distance entre les points d'appui d'une pièce.

porte-épée nm. inv. Morceau de cuir attaché au ceinturon pour porter l'épée.

porte-étendard nm. inv. Officier qui porte l'étendard dans un régiment de cavalerie. || Etui de cuir attaché à la selle pour supporter l'étendard.

portefaix nm. Porteur.

portefeuille nm. Pochette de cuir pour porter des papiers, des valeurs. || *Fig.* Fonction de ministre : *le - de la Marine.* || Ensemble d'effets de commerce, de titres, etc. : *un - d'assurances.*

porte-malheur nm. inv. Mauvais présage.

portemanteau nm. Barre munie de patères, pour suspendre les vêtements. || Potence pour hisser les embarcations.

portement nm. Action de porter. (Ne se dit que de Jésus portant sa croix.)

porte-mine nm. inv. Tube de métal contenant une mine de crayon.

porte-monnaie nm. inv. Bourse de poche à fermoir.

porte-mousqueton nm. inv. Agrafe pour soutenir le mousqueton. ‖ Agrafe munie d'un fermoir à ressort. (On dit à tort MOUSQUETON.)

porte-parapluies nm. inv. Ustensile ou meuble destiné à recevoir les parapluies.

porte-parole nm. inv. Personne qui parle au nom des autres.

porte-plume nm. inv. Tige sur laquelle se fixe la plume en métal.

porter vt. Soutenir une charge. ‖ Transporter. ‖ Avoir sur soi, offrir : - un bijou; et au fig. : - la gaieté sur son visage. ‖ Etre vêtu de : - le deuil. ‖ Tenir : - la tête haute. ‖ Diriger : - ses regards. ‖ - la main sur quelqu'un, le frapper. ‖ - l'épée, la robe, la soutane, être officier, magistrat, ecclésiastique. ‖ Fig. Causer : - malheur. ‖ Produire : cet arbre porte de beaux fruits. ‖ - la parole, parler au nom de plusieurs. ‖ - un toast, boire à la santé de quelqu'un. ‖ - un beau nom, être d'une famille illustre. ‖ - ses pas en un lieu, s'y transporter. ‖ - quelqu'un aux nues, le louer excessivement. ‖ Vi. Poser, être soutenu : la solive porte sur le mur. ‖ Etre en état de gestation : la chatte porte huit semaines. ‖ Avoir pour objet : sur quoi porte votre critique? ‖ - à la tête, étourdir. ‖ - à faux, n'être pas directement soutenu par un appui. ‖ **Se** - vpr. Se diriger vers. ‖ Fig. Avoir tel ou tel état de santé : se - comme un charme.

porter [tèr] nm. Bière anglaise, brune et amère.

porteur, euse n. Personne dont le métier est de porter des fardeaux. ‖ Nm. Celui qui est chargé de remettre une lettre : réponse au -. ‖ Qui est chargé d'opérer le recouvrement d'une lettre de change : billet payable au -.

porte-voix nm. inv. Instrument d'acoustique conique, qui augmente la portée de la voix.

portier, ère n. Personne qui ouvre, ferme et garde la porte d'une maison.

portière nf. Ouverture par laquelle on pénètre dans un véhicule. ‖ Porte qui ferme cette ouverture. ‖ Rideau ou double porte capitonnée, devant une porte. ‖ Elément d'un pont de bateaux.

portière adj. f. Qui peut porter des petits : brebis -.

portillon nm. Petite porte.

portion nf. Partie d'un tout divisé. ‖ Quantité de nourriture.

portique nm. Galerie couverte, dont la voûte est soutenue par des colonnes. ‖ Poutre horizontale, soutenue par des poteaux, pour accrocher des agrès.

portland nm. Ciment à prise rapide.

porto nm. Vin du Portugal, très renommé : un verre de -.

portrait nm. Image d'une personne, reproduite par la peinture, le dessin, le ciseau ou la photographie. ‖ Ressemblance : cet enfant est le - de son père. ‖ Littér. Description d'un caractère : La Bruyère excelle dans les -.

portraitiste n. Artiste spécialiste du portrait.

portraiturer vt. Faire le portrait de quelqu'un.

Port-Salut nm. inv. (nom déposé). Fromage cuit, à pâte ferme.

portuaire adj. Relatif à un port.

portugais, e adj. et n. Du Portugal. ‖ Nf. Huître.

portulan nm. Au Moyen Age, carte marine, livre contenant la description des ports et des côtes. (Vx.)

pose nf. Action de poser, mise en place. ‖ Attitude du corps : une - indolente. ‖ Fig. et fam. Affectation, prétention : parler sans -.

posé, e adj. Sérieux, calme : homme -.

posemètre nm. Appareil servant à mesurer le temps de pose nécessaire pour une photographie.

poser vt. Placer, mettre. ‖ Arranger, mettre en place : - des rideaux ; - une charpente. ‖ Ecrire : - des chiffres. ‖ Fig. Etablir : - un principe. ‖ Adresser : - une question. ‖ Vi. Etre placé, appuyé sur : la poutre pose sur le mur. ‖ Garder une certaine attitude pour se faire peindre : - assis. ‖ Fig. Chercher à faire de l'effet : cette femme pose continuellement. ‖ **Se** - vpr. Atterrir : l'avion se posa. ‖ **Se** - en, s'ériger en, se donner pour : se - en justicier.

poseur, euse n. et adj. Fam. Prétentieux, maniéré : les - sont insupportables. ‖ Nm. Personne qui dirige ou fait la pose de certains objets : - de parquets.

positif, ive adj. Certain, constant : fait -. ‖ Homme -, qui ne s'attache qu'au côté matériel des choses. ‖ Math. Quantités -, précédées du signe +. ‖ Nm. Ce qui est matériellement profitable : n'estimer que le -. ‖ Petit buffet d'orgues. ‖ Phot. Epreuve tirée à partir d'un négatif. ‖ Gramm. Premier degré dans les adjectifs qui admettent la comparaison.

position nf. Situation : la - d'une ville. ‖ Attitude : - du corps. ‖ Fig. Circonstances dans lesquelles on se trouve : - critique. ‖ Situation sociale, emploi : avoir une belle -. ‖ Terrain occupé par des troupes : une - défensive.

positivisme nm. Système de philosophie fondé par A. Comte.

positiviste adj. Relatif au positivisme. ‖ N. Qui professe le positivisme.

posologie nf. Etude du dosage des médicaments.

posséder vt. (c. *céder*). Avoir à soi. ‖ *Fig.* Connaître parfaitement : - *les mathématiques.* ‖ Dominer, égarer : *la fureur le possède.* ‖ **Se - vpr.** Se contenir. ‖ **Possédé, e** part. et adj. Entièrement dominé : - *par la passion du jeu.* ‖ **N.** Démoniaque.

possesseur nm. Personne qui possède.

possessif adj. Qui exprime une idée de possession : *adjectif -.*

possession nf. Action de posséder ; faculté de disposer d'un bien. ‖ La chose possédée. ‖ Pl. Terres possédées par un Etat ou par un particulier : *les - de la maison d'Autriche.*

possibilité nf. Qualité de ce qui est possible.

possible adj. Qui peut être, qui peut se faire. (Au sing. après les expressions *le plus, le moins* : *le moins de fautes -.*) ‖ **Nm.** Ce que l'on peut : *faire son -.*

postal, e, aux adj. Relatif aux postes : *voiture -.*

postdater vt. Mettre à un écrit une date postérieure à la date véritable.

poste nf. Relais de chevaux, établi jadis de distance en distance pour le service des voyageurs : *maître de -.* ‖ Etape entre deux relais. ‖ Anc. mesure de chemin, ordinairement de deux lieues : *faire trois - à l'heure.* ‖ *Fig.* et *fam.* Courir la -, aller très vite. ‖ Administration pour le transport des lettres. ‖ Ses bureaux : *aller à la -.* ‖ Courrier, voiture qui porte les lettres : *la - va partir.* ‖ Nfpl. Ornement sculptural en forme d'enroulements successifs de la même moulure.

poste nm. Endroit où sont placés des soldats chargés d'une mission de renseignements ou de surveillance ; soldats chargés de cette mission : *relever un -.* ‖ - *d'incendie*, installation pour lutter contre l'incendie. ‖ - *téléphonique*, appareil transmetteur et récepteur téléphonique. ‖ *Fig.* Emploi, fonction : *occuper un - important.*

poster vt. Placer dans un poste : *- des sentinelles.* ‖ Mettre à la poste : *- son courrier.*

postérieur, e adj. Qui vient après, qui est après dans l'ordre du temps. ‖ Qui est placé derrière : *la partie - de la tête.* ‖ Nm. *Fam.* Le derrière de l'homme.

posteriori (a) loc. adv. Se dit d'un raisonnement remontant de l'effet à la cause.

postériorité nf. Etat d'une chose postérieure à une autre.

postérité nf. Suite de ceux qui descendent d'une même souche. ‖ Les générations futures : *œuvrer pour la -.*

posthume adj. Né après la mort du père. ‖ Publié après le décès de l'auteur : *ouvrage -.*

postiche adj. Fait et ajouté après coup : *ornement -.* ‖ *Fig.* Faux : *barbe -.* ‖ **Nm.** Ornement artificiel : *un - en cheveux blonds.*

postier, ère n. Employé de la poste.

postillon nm. Conducteur de la poste aux chevaux : *le - d'une diligence.* ‖ Celui qui monte sur l'un des chevaux d'un attelage. ‖ *Fam.* Parcelle de salive lancée en parlant.

postscolaire adj. Qui a lieu après l'école : *instruction -.*

post-scriptum [*tom'*] nm. inv. Addition à une lettre après la signature. (En abrégé : *P.-S.*)

postulant, e n. Qui postule ; candidat à une place. ‖ Personne qui demande à être reçue dans une maison religieuse.

postulat nm. Principe premier que l'on admet comme vérité, bien qu'il soit indémontrable.

postuler vt. Demander, solliciter : *- un emploi.*

posture nf. Position du corps : *- naturelle.* ‖ *Fig.* Situation, état : *être en mauvaise -.*

pot nm. Vase de terre ou de métal de formes diverses. ‖ Montant des enjeux. ‖ *Fig.* et *fam.* Payer les - cassés, le dommage. ‖ Recevoir à la fortune du -, sans cérémonie. ‖ *Découvrir le - aux roses*, le secret d'une affaire. ‖ *Tourner autour du -*, hésiter, tergiverser.

potable adj. Qu'on peut boire. ‖ *Par ext.* Passable : *repas -.*

potache nm. *Fam.* Collégien.

potage nm. Bouillon dans lequel on a mis du pain ou toute autre substance alimentaire : *- gras.* ‖ *Pour tout -*, uniquement.

potager, ère adj. Se dit des plantes réservées aux usages culinaires, et des jardins où on les cultive. ‖ Nm. Jardin de légumes.

potasse nf. Hydroxyde de potassium (KOH), corps basique, blanc, solide, caustique. ‖ Nom commercial du chlorure ou du carbonate de potassium.

potassium [*om'*] nm. Métal mou (K), léger et oxydable, extrait de la potasse.

pot-au-feu nm. inv. Mets composé de viande de bœuf bouillie dans l'eau avec carottes, poireaux, navets, etc. ‖ Viande bouillie. ‖ Marmite dans laquelle on fait cuire ce mets.

pot-de-vin nm. Somme payée en sus

du prix convenu. || Cadeau fait à un intermédiaire. || Pl. des *pots-de-vin*.

poteau nm. Pièce de charpente posée debout.

potée nf. Contenu d'un pot. || Plat composé de légumes assaisonnés au lard. || Etain calciné servant à polir.

potelé, e adj. Gras, dodu.

potence nf. Charpente de pièces de bois ou de fer pour soutenir ou suspendre quelque chose. || Instrument du supplice de la pendaison. || Le supplice même. || *Fig.* et *fam. Gibier de -*, mauvais sujet.

potentat nm. Souverain absolu d'un grand Etat.

potentiel, elle adj. Qui n'est qu'en puissance : *énergie -*. || *Gramm.* Qui exprime la possibilité conditionnelle d'une action. || Nm. *Electr.* Etat électrique en un point par rapport à un point voisin. || Puissance : *le - de guerre d'une nation*.

potentille nf. Rosacée des pays froids et tempérés.

potentiomètre nm. *Electr.* Appareil pour mesurer les différences de potentiel. || Résistance permettant de recueillir une fraction déterminée d'une différence de potentiel.

poterie nf. Vaisselle de terre ou de métal : *- d'étain*. || Lieu où elle se fabrique. || Art du potier. || Tuyaux de terre cuite pour canalisations.

poterne nf. Porte secrète de fortifications.

potiche nf. Vase de porcelaine décorée. || Vase de verre imitant la porcelaine de Chine.

potier nm. Qui fabrique ou vend de la poterie.

potin nm. Nom de divers alliages de cuivre, étain ou plomb : *- jaune*. || *Fig.* et *fam.* Commérage, bavardage. || *Fam.* Tapage.

potiner vi. *Fam.* Cancaner.

potinier, ère adj. Qui aime les cancans.

potion nf. Remède liquide.

potiron nm. Grosse courge comestible.

pot-pourri nm. Ragoût composé de plusieurs sortes de viande. || *Fig.* Chanson dont les couplets sont sur différents airs; production littéraire formée de divers morceaux.

potron-jaquet ou **potron-minet** nm. *Dès potron-jaquet, dès potron-minet*, dès la pointe du jour.

pou nm. Insecte hémiptère, parasite du corps de l'homme et de plusieurs animaux. || Pl. des *poux*.

pouah! interj. familière qui exprime le dégoût.

poubelle nf. Boîte à ordures ménagères.

pouce nm. Le plus gros et le plus court des doigts de la main. || *Fig.* et *fam. Mettre les -*, céder. || *Manger sur le -*, sans s'asseoir. || *Se tourner les -*, être inoccupé. || *Se mordre les - d'une chose*, s'en repentir. || Mesure de longueur anglaise valant 25,4 mm.

poucettes nfpl. Chaînette pour attacher les pouces d'un prisonnier.

pou-de-soie ou **poult-de-soie** nm. Etoffe de soie, grenée et sans lustre. || Pl. des *poux* ou *poults-de-soie*.

poudingue nm. Roche formée de cailloux arrondis agglutinés par un ciment naturel.

poudre nf. Poussière. (Vx.) || Substance solide finement pulvérisée : *- de talc*. || *- noire*, mélange explosif de salpêtre, de charbon et de soufre. || *Coton -*, poudre sans fumée, à base de nitrocellulose. || *Fig.* et *fam. - de perlimpinpin*, remède inefficace. || *Jeter de la - aux yeux*, chercher à éblouir. || *Prendre la - d'escampette*, s'enfuir. || *N'avoir pas inventé la -*, être peu intelligent.

poudrer vt. Couvrir d'une légère couche de poudre.

poudrerie nf. Fabrique de poudre.

poudrette nf. Engrais composé de matières fécales réduites en poudre.

poudreux, euse adj. Couvert de poussière : *souliers -*.

poudrier nm. Boîte à poudre de riz.

poudrière nf. Magasin où l'on entrepose munitions et explosifs.

poudroiement nm. Caractère de ce qui poudroie.

poudroyer vi. (c. *aboyer*). S'élever en poussière. || Etre couvert de poussière : *la route poudroie*.

pouf! interj. exprimant le bruit sourd d'une chute : *-! le voilà par terre*. || Nm. Tabouret capitonné, bas et large.

pouffer vi. *- de rire*, éclater de rire.

pouilles nfpl. *Chanter -*, injurier.

pouilleux, euse adj. Qui a des poux. || Nm. Pauvre hère, misérable.

poulailler nm. Lieu où juchent les poules. || Galerie élevée d'un théâtre.

poulain nm. Jeune cheval.

poulaine nf. Extrême avant d'un navire. || *Souliers à la -*, chaussures à pointe recourbée, des XIVe et XVe s.

poularde nf. Jeune poule engraissée.

poule nf. Femelle du coq. (Cri : la poule *caquette, glousse*.) || *- faisane*, femelle du faisan. || *- d'eau*, oiseau aquatique. || *Fig.* et *fam. - mouillée*, homme qui manque de courage. || *Fam. Avoir la chair de -*, avoir le frisson ou trembler de peur.

poule nf. Enjeu total : *gagner la -*. || *Sports.* Combinaison de matches où chaque joueur ou chaque équipe rencontre les autres.

poulet nm. Petit d'une poule. ‖ Terme d'affection. ‖ *Fig.* Billet galant : *écrire un -*.

poulette nf. Jeune poule. ‖ Terme d'affection. ‖ Sorte de sauce.

pouliche nf. Jument non adulte.

poulie nf. Roue creusée suivant un profil spécial, ou gorge, destinée à recevoir une corde pour transmettre une force.

pouliner vi. Mettre bas, en parlant d'une jument.

poulinière adj. f. *Jument -*, destinée à la reproduction.

poulpe nm. Mollusque céphalopode à longs tentacules.

pouls [*pou*] nm. Battement des artères. ‖ *Fig.* et *fam. Se tâter le -*, réfléchir.

poumon nm. Organe de la respiration, logé dans la poitrine. ‖ *- d'acier*, appareil pneumatique utilisé dans le traitement des paralysies respiratoires.

poupard nm. Gros enfant joufflu.

poupe nf. Arrière d'un navire. ‖ *Fig. Avoir le vent en -*, être en faveur, prospérer.

poupée nf. Petite figure humaine de cire, de carton, de bois, etc., servant de jouet. ‖ Mannequin des modistes et des tailleurs. ‖ *Fig.* Petite personne insignifiante, fort parée. ‖ *Méc.* Chacune des deux pièces qui entraînent l'objet à travailler par le tourneur.

poupin, e adj. Frais, coloré.

poupon, onne n. Bébé.

pouponnière nf. Etablissement où l'on élève des nourrissons.

pour prép. qui marque un rapport : 1° de substitution : au lieu de : *un mot employé - un autre*; en échange de : *il a vendu sa maison - rien*; 2° de relation : comme : *avoir quelqu'un - camarade*; *passer - savant*; 3° de direction : à destination de : *partir - Rome*; en vue de : *travailler le plaisir*; en faveur de : *quêter les pauvres*; par rapport à : *grand son âge*; quant à : *- moi, je n'en ferai rien*; 4° de cause : en raison de : *cet élève a été puni - sa paresse*; 5° de durée : pour un temps de : *du travail - un an*; etc. ‖ *Etre -*, sur le point de : *il était - partir quand je suis arrivé*. ‖ *- lors* loc. adv., alors. ‖ Loc. conj. - *que*, afin que. ‖ *- peu que*, si peu que. ‖ Nm. : *soutenir le - et le contre*.

pourboire nm. Gratification donnée en plus du salaire.

pourceau nm. Porc, cochon. ‖ *Fam.* Homme sale, dégoûtant.

pourcentage nm. Fraction indiquant l'intérêt, la commission, etc., sur cent unités.

pourchasser vt. Poursuivre avec ardeur.

pourfendre vt. Fendre en deux d'un coup de sabre.

pourlécher (se) vpr. (c. *céder*). *Fam.* Passer sa langue sur ses lèvres.

pourparlers nmpl. Conférence relative à une affaire : *engager des -*.

pourpier nm. Herbe à feuilles charnues, comestibles.

pourpoint nm. Ancien vêtement qui couvrait le corps du cou à la ceinture.

pourpre nf. Matière colorante d'un rouge foncé, tirée jadis d'un coquillage. ‖ Etoffe teinte en pourpre : *manteau de -*. ‖ Dignité souveraine : *la - des Césars*. ‖ *La romaine*, dignité de cardinal. ‖ Nm. Rouge violacé. ‖ *Fig.* Rougeur. ‖ Adj. invar. : *des rubans -*.

pourpré, e adj. De couleur pourpre. ‖ *Fièvre -*, urticaire.

pourquoi adv. Pour quelle cause, pour quelle raison. ‖ Loc. conj. *C'est -*, c'est pour ce motif que. ‖ Nm. inv. Question : *les - des enfants*.

pourri, e n. et adj. Gâté, corrompu.

pourridié nm. Maladie cryptogamique des racines de la vigne.

pourrir vi. Entrer en putréfaction. ‖ *Fig.* Rester longtemps : *- en prison*. ‖ Vt. Corrompre par décomposition.

pourriture nf. Etat d'un corps en décomposition.

poursuite nf. Action de courir après une personne ou un animal. ‖ *Fig.* Action de continuer sans relâche : *s'obstiner à la - d'un emploi*. ‖ Pl. Action juridique intentée contre quelqu'un.

poursuivant nm. Celui qui brigue pour obtenir. ‖ Celui qui exerce des poursuites en justice. ‖ Adj. : *la partie -*.

poursuiveur nm. Celui qui poursuit, qui a l'habitude de poursuivre.

poursuivre vt. Courir après pour atteindre. ‖ *Fig.* Continuer ce qui est commencé : *- un travail*. ‖ Agir en justice contre quelqu'un. ‖ Tourmenter : *l'ennui le poursuit*.

pourtant adv. Malgré cela, cependant.

pourtour nm. Tour, circuit.

pourvoi nm. Action par laquelle on attaque devant une juridiction supérieure la décision d'un tribunal.

pourvoir vt. ind. [à] (Passé simple, *je pourvus*; imp. *je pourvoirais*; cond. prés., *je pourvoirais*; imp. du subj., *q. je pourvusse*. Le reste se conj. comme *voir*.) Fournir le nécessaire. ‖ Vt.

Munir : - *un soldat de munitions.* ‖ Etablir : - *ses enfants.* ‖ *Fig.* Douer : *la nature l'a pourvu de grandes qualités.* ‖ Se - vpr. Se munir : *se - d'argent.* ‖ Recourir à un tribunal supérieur : *se - en cassation.*

pourvoyeur, euse n. Celui qui a la charge de ravitailler, de pourvoir.

pourvu que loc. conj. A condition que. ‖ Exprime un souhait, une crainte : - *qu'il vienne.*

poussah nm. Magot de carton, porté par une boule lestée de telle sorte que le jouet revient toujours à la position verticale. ‖ *Fig.* Gros homme mal bâti.

pousse nf. Action de pousser, en parlant d'un organe : la - *des feuilles, des dents.* ‖ Jeune branche. ‖ Maladie des chevaux, caractérisée par l'essoufflement. ‖ Maladie des vins qui les rend troubles.

pousse-café nm. inv. *Fam.* Petit verre d'alcool qu'on boit après le café.

poussée nf. Action de pousser, en parlant de la force exercée; son résultat. ‖ Accès : - *de fièvre.*

pousse-pousse nm. inv. En Extrême-Orient, voiture légère traînée par un coureur.

pousser vt. S'efforcer de déplacer. ‖ Imprimer un mouvement en avant : - *la porte.* ‖ Etendre : - *ses conquêtes.* ‖ Porter : - *une botte.* ‖ *Fig.* Faire avancer, stimuler : - *un écolier.* ‖ Accentuer : - *un dessin.* ‖ Emettre : - *des cris.* ‖ Faire agir : *quel motif le pousse?* ‖ - *quelqu'un* à bout, l'exaspérer. ‖ Vi. Croître : *les blés ont poussé.* ‖ - *à la roue,* aider.

poussette nf. Petite voiture d'enfant.

poussier nm. Débris pulvérulents de charbon.

poussière nf. Terre ou toute autre matière réduite en poudre très fine. ‖ *Fig.* Réduire en -, anéantir. ‖ *Mordre la -,* être vaincu.

poussiéreux, euse adj. Couvert de poussière.

poussif, ive adj. *Cheval -,* malade de la pousse. ‖ *Fam.* Se dit d'un homme qui a peine à respirer.

poussin nm. Poulet nouvellement éclos.

poussoir nm. Bouton qu'on pousse pour actionner une sonnerie ou un mécanisme, etc.

poutre nf. Pièce de bois, d'acier ou de béton armé, utilisée en construction.

poutrelle nf. Petite poutre.

pouvoir vt. (*Je peux ou je puis, tu peux, il peut, n. pouvons, v. pouvez, ils peuvent. Je pouvais. Je pus. Je pourrai. Je pourrais. Q. je puisse. Q. je pusse, qu'il pût. Pouvant. Pu.*)

Avoir la faculté de faire, être en état de. ‖ *N'en - plus,* être à bout de forces. ‖ Se - vpr. impers. Etre possible : *il se peut qu'il pleuve.*

pouvoir nm. Faculté de faire : *cela passe mon -.* ‖ Gouvernement : *parvenir au -.* ‖ Influence : *avoir du - auprès du ministre.* ‖ Puissance : *le - de l'éloquence.* ‖ Mandat, procuration : *donner un - par-devant notaire.* ‖ Personnes investies de l'autorité : *encenser le -.* ‖ - *législatif,* assemblées chargées de faire les lois. ‖ - *exécutif,* autorité chargée de faire exécuter les lois. ‖ - *judiciaire,* autorité chargée de rendre la justice. ‖ - *temporel,* gouvernement civil d'un Etat. ‖ - *spirituel,* qui n'appartient qu'à l'Eglise. ‖ - *discrétionnaire,* faculté laissée au président d'une cour d'assises de prendre toute décision. ‖ Pl. Faculté, droit d'exercer certaines fonctions : *les - d'un ambassadeur.*

pouzzolane nf. Terre volcanique rougeâtre, commune près de Pouzzoles (Italie) et dans le Massif central.

p. p. c. m. Abrév. de *plus petit commun multiple.*

pragmatique adj. Fondé sur l'étude des faits : *histoire -.*

pragmatisme nm. Doctrine philosophique qui prend pour *critère de la vérité* la valeur pratique.

praire nf. Mollusque bivalve comestible.

prairial nm. Neuvième mois du calendrier républicain (20 mai-18 juin).

prairie nf. Terrain qui produit de l'herbe, du foin.

praline nf. Confiserie faite d'une amande rissolée dans du sucre.

praliné nm. Mélange de chocolat et de pralines écrasées.

praliner vt. Préparer à la manière des pralines.

praticable adj. Qu'on peut pratiquer. ‖ Propre aux communications : *un chemin -.* ‖ Nm. et adj. *Théâtr.* Se dit des décors, accessoires, etc., qui existent réellement.

praticien, enne n. Qui connaît la pratique d'un art. ‖ *Spécialem.* Médecin qui pratique son art. ‖ *Sculpt.* Ouvrier qui dégrossit l'ouvrage pour que l'artiste l'achève.

pratiquant, e adj. et n. Qui observe exactement les pratiques religieuses.

pratique adj. Qui ne s'en tient pas à la théorie; relatif à l'action, à l'application : *cours - d'anglais.* ‖ Qui a le sens des réalités : *avoir l'esprit -.* ‖ Commode, d'emploi facile : *vêtement, instrument -.*

pratique nf. Exécution des règles et des principes d'un art ou d'une science (par oppos. à *théorie*) : *la - de* *la navigation.* ǁ Application : *mettre en -.* ǁ Coutume : *c'est la - du pays.* ǁ Expérience : *avoir la - des affaires.* ǁ Pl. Exercices relatifs au culte : *- religieuses.*

pratiquement adv. Dans la pratique : *l'arithmétique est - indispensable.* ǁ De façon pratique, commode : *organiser sa vie -.*

pratiquer vt. Mettre en pratique, en usage. ǁ Exercer : *- la médecine.* ǁ Faire : *- un passage.* ǁ Fréquenter habituellement : *- le grand monde.*

pré nm. Petite prairie. ǁ *Aller sur le -,* se battre en duel.

préalable adj. Qui précède ou doit précéder : *examen -.* ǁ **Au -** loc. adv., avant tout.

préambule nm. Exorde, avant-propos : *un ennuyeux -.*

préau nm. Cour découverte d'un cloître, d'une prison. ǁ Partie couverte de la cour, dans une école.

préavis nm. Avis préalable.

prébende nf. Revenu attaché à un titre ecclésiastique. ǁ Le titre lui-même. ǁ *Par ext.* Revenu attaché à une situation lucrative.

prébendé adj. et nm. Qui jouit d'une prébende.

prébendier nm. Ecclésiastique titulaire d'une prébende.

précaire adj. Incertain, instable.

précarité nf. Qualité de ce qui est précaire : *la - de la fortune.*

précaution nf. Disposition prise par prudence, avant d'agir : *prendre ses -;* pendant l'action : *parler avec -.*

précautionner vt. Prémunir, mettre en garde contre le mal. ǁ **Se -** vpr. Prendre ses précautions.

précautionneux, euse adj. Plein de précautions.

précédemment adv. Auparavant.

précédent, e adj. Immédiatement avant. ǁ Nm. Fait, exemple antérieur : *s'appuyer sur un -.* ǁ *Un fait sans -,* un cas unique.

précéder vt. (c. *céder*). Marcher devant. ǁ Etre placé juste avant dans l'espace : *le chapitre qui précède;* ou dans le temps : *la monarchie a précédé la république.* ǁ **Précédant** part. prés.

précepte nm. Règle, enseignement : *les - de la morale.*

précepteur, trice n. Personne chargée de l'éducation d'un enfant, d'un adolescent.

préceptoral, e, aux adj. Qui appartient, qui est propre au préceptorat.

préceptorat nm. Fonction de précepteur.

précession nf. Mouvement très lent

par lequel l'axe de la Terre décrit deux cônes opposés par le sommet, situé au centre de celle-ci.

prêche nm. Sermon que les ministres protestants font dans le temple.

prêcher vt. Annoncer en chaire la parole de Dieu. ǁ *Fig.* Recommander : *- l'économie.* ǁ Vi. *- d'exemple,* donner l'exemple. ǁ *- dans le désert,* n'être pas écouté.

prêcheur, euse n. Personne qui aime à faire des remontrances.

précieuse nf. Femme affectée dans son air, ses manières, son langage.

précieux, euse adj. De grand prix. ǁ Ce à quoi nous attachons du prix. ǁ *Fig.* Affecté : *langage -.*

préciosité nf. Affectation dans les manières, le langage.

précipice nm. Abîme, endroit très profond. ǁ *Fig.* Ruine, catastrophe.

précipitation nf. Extrême vitesse, grand empressement. ǁ *Chim.* Phénomène qui s'opère quand un corps insoluble se forme dans un liquide et tombe au fond. ǁ Pl. *Météor.* Terme général donné à l'eau qui tombe sous forme de pluie, brouillard, neige, etc.

précipité nm. Dépôt dû à une précipitation chimique.

précipiter vt. Jeter d'un lieu élevé. ǁ Hâter, accélérer : *la frayeur précipite ses pas.* ǁ *Chim.* Produire une précipitation chimique. ǁ **Se -** vpr. Se jeter : *se - par la fenêtre.* ǁ S'élancer : *se - sur l'ennemi.* ǁ *Fig.* Aboutir rapidement : *les événements se précipitent.*

précis, e adj. Fixe, déterminé : *jour -.* ǁ Exact : *mesure -.* ǁ Qui dit juste ce qu'il faut : *un mot -.* ǁ Net, distinct : *avoir un but -.* ǁ Nm. Ouvrage qui expose brièvement l'essentiel : *- d'histoire.*

préciser vt. Déterminer, présenter, exprimer d'une manière nette.

précision nf. Netteté rigoureuse qui exclut le superflu. ǁ Exactitude dans l'action. ǁ Exactitude d'une mesure. ǁ *Instrument de -,* très exact.

précité, e adj. Cité précédemment.

précoce adj. Mûr, arrivé, développé avant le terme normal : *fruit -;* été *-.*

précocité nf. Qualité de ce qui est précoce.

précolombien, enne adj. En Amérique, époque antérieure à la venue de Christophe Colomb.

précompter vt. Compter, déduire par avance : *- des cotisations.*

préconçu, e adj. Né dans l'esprit sans examen : *idée -.*

préconisation nf. Action de préconiser. ǁ Institution canonique d'un évêque par le pape.

préconiser vt. Faire la préconisation. || *Par ext.* Vanter : *- un remède.*

précordial, e, aux adj. Relatif à la région située en avant du cœur.

précurseur adj. m. Qui vient avant et annonce : *signes - de l'orage.* || Nm. Celui qui prépare : *les - du romantisme.* || *Absol.* Le Précurseur, saint Jean-Baptiste.

prédécesseur nm. Celui qui a précédé quelqu'un.

prédestination nf. *Théol.* Dessein divin de conduire les élus à la gloire éternelle. || Doctrine suivant laquelle certains hommes sont d'avance élus ou réprouvés.

prédestiner vt. *Théol.* Destiner de toute éternité au salut. || *Par ext.* Destiner à tel avenir : *- un enfant à venger son père.* || **Prédestiné, e** adj. et n.

prédétermination nf. Action par laquelle Dieu détermine la volonté humaine.

prédéterminer vt. Déterminer d'avance.

prédicant nm. Prédicateur protestant.

prédicat nm. *Log.* Attribut d'une proposition, d'un mot.

prédicateur, trice n. Personne qui prêche.

prédication nf. Action de prêcher. || Sermon, exhortation.

prédiction nf. Action de prédire ; *les - des prophètes.*

prédilection nf. Préférence marquée, affection particulière.

prédire vt. (c. *médire*). Annoncer ce qui doit arriver, soit par des règles certaines : *une éclipse ;* soit par une prétendue divination : *- l'avenir ;* soit par conjecture : *- un événement.*

prédisposer vt. Disposer d'avance : *l'alcoolisme prédispose aux maladies.*

prédisposition nf. Disposition naturelle, aptitude à.

prédominance nf. Action de ce qui prédomine ; caractère prédominant.

prédominer vi. Prévaloir ; l'emporter : *le sérieux prédomine en lui.*

prééminence nf. Supériorité de rang, de dignité, de droit. || Avantage : *la - d'un genre littéraire sur un autre.*

prééminent, e adj. Qui excelle : *la charité est la vertu -.*

préemption nf. Achat fait antérieurement. || *Droit de -,* droit préférentiel d'achat.

préétabli, e adj. Etabli d'avance. || *Harmonie -,* doctrine par laquelle Leibniz prétend expliquer l'accord qui existe entre l'âme et le corps.

préexistence nf. Existence antérieure.

préexister vi. Exister avant.

préfabriqué, e adj. Se dit d'une construction dont les différentes parties, construites séparément, seront assemblées sur place.

préface nf. Discours préliminaire en tête d'un livre. || *Liturg.* Partie de la messe qui précède le canon.

préfectoral, e, aux adj. Relatif au préfet. || Qui émane de lui : *arrêté -.*

préfecture nf. Division de l'ancien empire romain. || Circonscription administrative d'un préfet. || Ville où il réside. || Hôtel et bureaux du préfet.

préférable adj. Qui mérite d'être préféré ; plus avantageux.

préférence nf. Acte par lequel on préfère. || Pl. Marques particulières d'affection, d'honneur accordées à quelqu'un. || *De -* loc. adv., plutôt.

préférentiel, elle adj. Qui établit une préférence à l'avantage de quelqu'un : *tarif -.*

préférer vt. (c. *céder*). Estimer davantage, aimer mieux : *- la ville à la campagne.* || **Préféré, e** part., adj. et n.

préfet nm. Administrateur civil d'un département. || *- de police,* magistrat chargé de la police dans le département de la Seine. || *- maritime,* amiral qui commande une région maritime. || *- des études,* directeur des études dans un collège.

préfixe adj. et nm. Particule qui se place devant le radical d'un mot pour en modifier le sens.

préhensile adj. Qui peut saisir : *les pinces - du homard.*

préhension nf. Action de saisir.

préhistoire nf. Période de la vie de l'humanité antérieure aux temps historiques.

préhistorique adj. D'avant les temps dits *historiques.*

préjudice nm. Tort, dommage.

préjudiciable adj. Qui porte, qui cause du préjudice.

préjugé nm. Opinion préconçue ; jugement favorable ou non porté par avance.

préjuger vt. (c. *manger*). Juger d'avance ; prévoir par conjecture : *autant qu'on peut -, il réussira.*

prélasser (se) vpr. Prendre une attitude commode et satisfaite.

prélat nm. Dignitaire ecclésiastique.

prêle nf. Cryptogame à rhizome vivace, qui pousse dans les lieux humides.

prélèvement nm. Action de prélever ; matière prélevée.

prélever vt. (c. *mener*). Prendre d'avance une certaine portion sur un total : *on prélève le droit des pauvres* *sur les recettes théâtrales.* ‖ Prendre une petite quantité d'une chose en vue d'examen ou d'analyse.

préliminaire adj. Qui précède la matière principale : *discours -.* ‖ Nmpl. Ce qui précède et prépare : *- de paix.*

prélude nm. Introduction musicale. ‖ *Fig.* Présage : *les frissons sont le - de la fièvre.*

préluder vi. Essayer sa voix, un instrument. ‖ Improviser sur le piano, sur l'orgue, etc. ‖ Vt. ind. [à] *Fig.* Faire une chose, pour en venir à une plus importante.

prématuré, e adj. Qui mûrit, naît, se produit ou est fait avant le temps normal : *fruit, mort, entreprise -.* ‖ N. Enfant né viable avant terme.

préméditation nf. Action de préméditer; résolution prise d'avance : *agir avec -.*

préméditer vt. Décider d'avance.

prémices nfpl. Premiers produits de la nature. ‖ *Fig.* Premières œuvres de l'esprit : *les - d'un talent.*

premier, ère adj. Qui précède les autres par rapport au temps, au lieu, à l'ordre : *le - homme; le - étage; le - commis.* ‖ Le meilleur : *Démosthène est le - des orateurs.* ‖ *- maître,* sous-officier de la Marine nationale. ‖ *Matières -,* productions naturelles qui n'ont pas encore été travaillées (minerais, laine, caoutchouc, etc.). ‖ *Math. Nombre -,* nombre entier qui n'est divisible que par lui-même ou par l'unité. ‖ *Nombres - entre eux,* nombres qui n'ont d'autre diviseur commun que l'unité. ‖ Nm. Etage : *habiter au -.* ‖ Nf. Place de première classe en chemin de fer, avion, etc. ‖ Employée principale (mode, couture). ‖ *Théâtr.* Première représentation d'une pièce. ‖ Classe d'un lycée ou d'un collège appelée naguère *rhétorique.* ‖ N. *Jeune -, jeune -,* artiste qui joue les rôles d'amoureux.

premièrement adv. En premier lieu, d'abord.

premier-né nm. Le premier enfant mâle d'une famille. ‖ Pl. des *premiers-nés.*

prémilitaire adj. Antérieur au service militaire : *instruction -.*

prémisse nf. Chacune des deux premières propositions d'un syllogisme.

prémonition nf. Sorte d'avertissement, d'intuition concernant l'avenir.

prémonitoire adj. Qui avertit : *signe -.*

prémontré nm. Membre d'un ordre de chanoines réguliers.

prémunir vt. Garantir : *quelqu'un contre le danger.* ‖ Se - vpr. Se précautionner : *se - contre le froid.*

prenant, e adj. Qui saisit, émeut :

une voix -. ‖ *Partie -,* personne qui touche, qui reçoit l'argent.

prénatal, e, als ou **aux** adj. Qui précède la naissance : *allocation -.*

prendre vt. (*Je prends, n. prenons. Je prenais, n. prenions. Je pris, n. prîmes. Je prendrai, n. prendrons. Je prendrais, n. prendrions. Prends, prenons, prenez. Q. je prenne, qu'il prît, q. n. prissions. Prenant. Pris, e.*) Saisir : *- un livre.* ‖ Se munir de : *- un parapluie.* ‖ Joindre : *j'irai vous -.* ‖ S'emparer de : *- une ville.* ‖ Voler : *- une montre.* ‖ Attaquer : *- l'ennemi de flanc.* ‖ Surprendre : *je vous y prends.* ‖ Accepter : *prenez ce qu'on vous donne.* ‖ Manger, boire : *- un repas.* ‖ Louer : *- un appartement.* ‖ Faire usage de : *- le train.* ‖ S'engager dans : *- un raccourci.* ‖ Contracter : *- froid.* ‖ Accueillir : *- un ami chez soi.* ‖ Se rendre maître de, gagner : *- les enfants par la douceur.* ‖ Regarder comme : *me prenez-vous pour un sot?* ‖ *Fig.* Interpréter : *vous prenez mal mes paroles.* ‖ *- les armes,* s'armer. ‖ *- de l'âge,* vieillir. ‖ *- la fuite,* s'enfuir. ‖ *- du corps,* grossir. ‖ *- des leçons,* en recevoir. ‖ *- le deuil,* s'habiller de noir ‖ *- femme,* se marier. ‖ *- les devants,* partir avant quelqu'un, et, au *fig.,* prendre l'initiative. ‖ *- son temps,* ne point se presser. ‖ *- ses mesures,* employer des moyens pour réussir. ‖ *- l'air,* sortir. ‖ *- feu,* s'enflammer et, au *fig.,* s'animer. ‖ *Fam. - la mouche,* se fâcher tout à coup. ‖ *- le change,* se tromper. ‖ *- au mot,* accepter du premier coup. ‖ *- le voile,* entrer en religion. ‖ *- un parti,* se décider. ‖ *- à partie,* s'attaquer à. ‖ *- à témoin,* invoquer le témoignage. ‖ *- à cœur,* s'occuper sérieusement d'une chose. ‖ *- terre,* débarquer. ‖ *- une affaire en main,* la diriger. ‖ *- une chose en mal,* s'en fâcher; *la - en riant,* en rire. ‖ *- en considération,* tenir compte. ‖ *- fait et cause,* intervenir. ‖ *- congé,* faire ses adieux. ‖ *- racine,* croître. ‖ Vi. S'épaissir : *les confitures ont bien pris.* ‖ *Fig.* Réussir : *ce livre n'a pas pris.* ‖ *- sur soi,* se charger de, se contraindre. ‖ Se - vpr. Se - *d'amitié,* concevoir de l'amitié. ‖ *Se - à,* se mettre à : *il se prit à rire.* ‖ *S'y - bien* ou *mal,* être plus ou moins adroit. ‖ *S'en - à quelqu'un,* en rejeter sur lui la responsabilité. ‖ *Se - pour,* se croire.

preneur, euse n. Qui prend à bail. ‖ Qui offre d'acheter : *il y a -.* ‖ Adj. Qui sert à prendre : *une benne -.*

prénom nm. Nom de baptême.

prénommé, e n. Qui a déjà été nommé. ‖ Adj. Qui a pour prénom.

prénommer vt. Donner un prénom.

prénuptial, e, aux adj. Qui précède le mariage.

préoccupation nf. Inquiétude, souci : *les - matérielles.*

préoccupé, e adj. Inquiet.

préoccuper vt. Occuper fortement l'esprit, inquiéter. ‖ **Se** - vpr. S'inquiéter : *il se préoccupe de sa santé.*

préparateur, trice n. Qui prépare : *- en pharmacie.*

préparatif nm. Action de préparer.

préparation nf. Action de préparer, de se préparer. ‖ **Fabrication** : *d'un remède.* ‖ Chose préparée : *une - chimique.* ‖ *- militaire,* instruction militaire avant le service actif.

préparatoire adj. Qui prépare : *école -.*

préparer vt. Apprêter : *- le dîner.* ‖ Mettre en état : *- un logement.* ‖ *Fig.* Disposer : *- les esprits ; - à une mauvaise nouvelle.* ‖ Méditer : *- un discours.* ‖ *Par ext.* Etudier : *- un examen.* ‖ Réserver : *- une surprise.* ‖ Se - vpr. Se disposer à, se mettre en état de faire, de subir, etc. : *se - à la guerre.*

prépondérance nf. Supériorité d'autorité, d'influence, etc.

prépondérant, e adj. Qui a plus de poids, d'autorité, etc. ‖ *Voix -,* qui départage dans un vote.

préposé, e n. Chargé d'un service.

préposer vt. Désigner comme gardien, surveillant, responsable.

prépositif, ive adj. De la nature de la préposition : *locution -.*

préposition nf. Mot inv. qui joint deux autres en marquant le rapport qui les unit (*à, de, en,* etc.).

prérogative nf. Avantage, privilège attaché à certaines dignités.

près adv. de lieu. A petite distance. ‖ *Loc. adv.* **De -,** d'un lieu peu éloigné : *regarder de -;* avec soin : *surveiller de -;* à ras : *rasé de -.* **A peu -,** environ : *il a à peu - cinquante ans.* **A beaucoup -,** il s'en faut de beaucoup : *je ne suis pas si riche que lui, à beaucoup -.* **A cela -,** sans s'arrêter à cela : *c'est une petite dépense, il n'en est pas à cela -.* ‖ Prép. Proche : *à Meudon, - Paris.* ‖ Auprès de : *ambassadeur - le Saint-Siège.* ‖ **- de** loc. prép., au voisinage de : *- du pôle.* ‖ Sur le point de : *être - de partir.*

présage nm. Signe par lequel on juge de l'avenir : *un heureux -.*

présager vt. (c. *manger*). Annoncer par quelque signe. ‖ Prévoir, conjecturer.

pré-salé nm. Mouton engraissé dans les prés salés, voisins de la mer. ‖ Sa

chair : *manger du -.* ‖ Pl. des *prés-salés.*

presbyte adj. et n. Qui ne voit distinctement que de loin.

presbytéral, e, aux adj. Qui concerne le prêtre ou le presbytère.

presbytère nm. Habitation du curé.

presbytérianisme nm. Secte des presbytériens.

presbytérien, enne adj. et n. En Ecosse, protestant qui ne reconnaît pas l'autorité épiscopale.

presbytie nf. Etat du presbyte.

prescience nf. Connaissance de l'avenir, intuition, pressentiment.

prescriptible adj. Sujet à la prescription : *des droits -.*

prescription nf. Ordre formel : *les - de la loi.* ‖ Manière d'acquérir un droit par une possession ininterrompue, ou de le voir disparaître par son non-exercice. ‖ Extinction d'une peine au bout d'un temps légal : *- trentenaire.* ‖ Ordonnance d'un médecin.

prescrire vt. Ordonner : *- un régime alimentaire.* ‖ **Se** - vpr. Se perdre par prescription.

préséance nf. Droit de précéder quelqu'un, d'avoir une place plus honorifique.

présence nf. Fait d'être présent. ‖ *- d'esprit,* sens de l'à-propos. ‖ **En -** loc. adv., en vue, en face l'un de l'autre : *armées en -.* ‖ **En - de** loc. prép., en face de.

présent nm. Don, libéralité.

présent, e adj. Qui est là. ‖ Le temps actuel. ‖ *La - lettre* et, *absolum., la -,* la lettre qu'on écrit. ‖ Nm. L'actualité. ‖ *Gramm.* Temps qui indique que l'action marquée par le verbe se passe actuellement. ‖ Nmpl. Les personnes présentes. ‖ **A -** loc. adv., maintenant.

présentable adj. Qu'on peut présenter, qui peut se présenter.

présentation nf. Action, manière de présenter : *la - d'un film.* ‖ *- de la Vierge,* fête catholique (21 novembre).

présenter vt. Tendre, offrir : *- un bouquet.* ‖ Introduire : *- quelqu'un dans un cercle.* ‖ Montrer : *- des marchandises ;* au *fig.* : *- un bel aspect.* ‖ *Fig.* Exprimer : *- des excuses.* ‖ Exposer : *- un projet.* ‖ *- les armes,* rendre les honneurs. ‖ **Se** - vpr. Paraître devant quelqu'un. ‖ Postuler : *se - pour un emploi.*

préservateur, trice adj. Qui est propre à préserver.

préservatif, ive adj. Qui préserve, qui a la vertu de préserver. ‖ Nm. Ce qui préserve : *un puissant - contre la contagion.*

préservation nf. Action de préserver : *la - des récoltes.*

préserver vt. Garantir d'un mal, mettre à l'abri de : - *du froid.*

présidence nf. Fonction de président. || Durée de cette fonction. || Hôtel, bureau d'un président : *aller à la* -.

président nm. Chef d'une assemblée, d'un corps politique, d'un Etat républicain, d'un tribunal, etc.

présidente nf. Celle qui préside une assemblée. || Femme d'un président.

présidentiel, elle adj. Qui concerne la présidence : *élection* -.

présider vt. Occuper la première place dans une assemblée. || Vt. ind. [à]. Avoir le soin, la direction : - *aux préparatifs d'une fête.* || **Présidant** part. prés.

présidium ou **praesidium** nm. Organisme collectif investi du pouvoir présidentiel. || - *du Soviet suprême,* présidence collective de l'Etat soviétique.

présomptif, ive adj. *Héritier* -, qui est appelé à hériter, à régner.

présomption nf. Jugement sans preuves sérieuses, fondé sur les apparences. || Opinion trop avantageuse de soi-même : *avoir trop de* -.

présomptueux, euse adj. et n. Qui a une opinion trop favorable de soi-même : *la jeunesse est souvent* -. || Qui marque la présomption : *un discours* -.

presque adv. A peu près. (La voyelle *e* ne s'élide que dans *presqu'île.*)

presqu'île nf. Portion de terre entourée d'eau, sauf du seul côté qui la rattache au continent.

pressage nm. Action de presser.

pressant, e adj. Qui insiste vivement : *un créancier* -. || Urgent.

presse nf. Multitude de personnes réunies dans un même endroit : *il y a - pour écouter cet orateur.* || Nécessité de se hâter : *moment de* -. || Toute machine destinée à comprimer les corps. || *Ouvrage sous* -, à l'impression. || *La* -, les journaux, les journalistes. || *Fig.* Avoir *bonne, mauvaise* -, se dit de quelqu'un à qui l'opinion est favorable, défavorable.

pressé, e adj. Qui a hâte, qui désire vivement : *être   de partir.* || Urgent : *commission* -. || Tourmenté : - *de faim et de soif.* || Comprimé : *citron* -.

presse-citron nm. inv. Instrument servant à extraire le jus des citrons.

pressentiment nm. Intuition, prévision vague, instinctive, de ce qui doit arriver.

pressentir vt. Prévoir vaguement, soupçonner : *il avait pressenti ce qui lui est arrivé.* || Sonder les dispositions de : - *quelqu'un sur ses intentions.*

presse-papiers nm. inv. Objet lourd qu'on met sur des papiers pour les maintenir.

presse-purée nm. inv. Ustensile de cuisine pour réduire les légumes cuits en purée.

presser vt. Peser sur; serrer avec plus ou moins de force. || Poursuivre sans relâche : - *les ennemis.* || Hâter : - *son départ.* || Vi. Ne souffrir aucun délai : *l'affaire presse.* || **Se** - vpr. Se hâter. || Venir en grand nombre : *la foule se pressait au stade.*

pression nf. Action de presser. || Force exercée par un fluide sur l'unité de surface : *la - atmosphérique.* || *Fig.* Contrainte : *subir une* -.

pressoir nm. Machine qui extrait par pression de certains fruits ou de certaines graines oléagineuses le liquide contenu dans leur masse. || Lieu où se trouve cette machine : *aller au* -.

pressurage nm. Action de soumettre au pressoir.

pressurer vt. Presser pour extraire le jus. || *Fig.* Epuiser par les impôts.

prestance nf. Maintien imposant ou martial.

prestataire nm. Soumis à des prestations.

prestation nf. Action de prêter : - *de capitaux ;* - *de serment.* || Impôt communal affecté à l'entretien des chemins vicinaux. || Allocation : *les - familiales.*

preste adj. Adroit, agile, leste : *avoir la main* -.

prestesse nf. Promptitude, agilité.

prestidigitateur nm. Celui qui fait de la prestidigitation.

prestidigitation nf. Art de produire des illusions par l'adresse des mains, par des moyens divers.

prestige nm. Séduction, attrait merveilleux : *le - de la gloire.* || Eclat, influence : *le - de la France à l'étranger.*

prestigieux, euse adj. Qui a du prestige : *éloquence* -.

presto, prestissimo adv. *Mus.* Vite, très vite.

présumer vt. Considérer comme probable, présupposer. || Vt. ind. [de]. Avoir une bonne opinion de : *trop - de son talent.*

présupposer vt. Admettre préalablement.

présure nf. Substance retirée de l'estomac des jeunes ruminants, et qui sert à faire cailler le lait.

prêt nm. Action de prêter. || La chose, la somme prêtée. || Indemnité versée aux troupes durant le service militaire.

prêt, e adj. Disposé, en état, décidé : - *à partir.*

pretantaine ou **pretentaine** nf. *Fam. Courir la* -, vagabonder, aller sans but déterminé.

prêté nm. *Prêté rendu,* juste représaille. (On dit plus souvent : *c'est un prêté pour un rendu.*)

prétendant, e n. Qui aspire à quelque chose : *les* - *à une place, à un emploi.* ‖ Nm. Prince qui prétend avoir des droits à un trône occupé par un autre. ‖ Celui qui aspire à la main d'une femme : *éconduire un* -.

prétendre vt. Vouloir, exiger : *que prétendez-vous de moi?* ‖ Affirmer : *je prétends que c'est faux.* ‖ Se flatter de : *je ne prétends pas vous convaincre.* ‖ Vt. ind. [à]. Aspirer : - *aux honneurs.* ‖ **Prétendu, e** part., adj. et n. Supposé, soi-disant : *un* - *droit.*

prête-nom nm. Celui dont le nom figure dans un contrat à la place de celui du véritable contractant. ‖ Pl. des *prête-noms.*

prétentieux, euse adj. et n. Qui a des prétentions ; où il y a de la recherche affectée : *homme, style* -.

prétention nf. Volonté, désir ambitieux : *il n'a pas la* - *de vous surpasser.* ‖ Idée vaniteuse de soi-même : - *à la beauté.*

prêter vt. Céder pour un temps, à charge de restitution : - *de l'argent.* ‖ *Fig.* Attribuer : *on prête aux autres ses propres défauts.* ‖ - *la main,* aider. ‖ - *l'oreille,* écouter attentivement. ‖ - *serment,* faire serment. ‖ - *le flanc,* donner prise : - *le flanc aux accusations.* ‖ Vi. S'étendre, s'étirer : *cette étoffe prête.* ‖ Vt. ind. [à]. Fournir matière : - *à la critique.* ‖ **Se** - vpr. Consentir, se plier à : *se* - *à un arrangement.*

prétérit nm. *Gramm.* Temps passé.

préteur nm. Magistrat romain qui rendait la justice.

prêteur, euse adj. et n. Qui prête ; qui aime à prêter.

prétexte nm. Raison apparente dont on se sert pour cacher un véritable motif.

prétexte nf. Robe blanche, bordée de pourpre, que portaient à Rome, les jeunes gens de famille patricienne.

prétexter vt. Prendre pour prétexte.

prétoire nm. Tribunal en général.

prétorien, enne adj. Qui appartient au préteur. ‖ Se disait des soldats commis à la garde des empereurs : *garde* -. ‖ Nm. : *un* -.

prêtre nm. Tout ministre d'un culte religieux.

prêtresse nf. Femme attachée au culte d'une divinité.

prêtrise nf. Caractère, qualité, dignité de prêtre. ‖ *Relig. cath.* Sacrement de l'ordre : *recevoir la* -.

preuve nf. Ce qui démontre, établit la réalité d'une chose. ‖ Marque, témoignage : *donner une* - *de bonne volonté.* ‖ Opération par laquelle on vérifie l'exactitude d'un calcul. ‖ *Faire ses* -, manifester sa valeur.

preux nm. Brave, vaillant.

prévaloir vi. (c. *valoir,* excepté au subj. prés. : *q. je prévale*). Avoir l'avantage, l'emporter : *son opinion a prévalu.* ‖ **Se** - vpr. S'enorgueillir : *se* - *de sa naissance.*

prévaricateur nm. Qui prévarique. ‖ Adj. : *magistrat* -.

prévarication nf. Action de prévariquer.

prévariquer vi. Manquer, par intérêt ou mauvaise foi, aux devoirs de sa charge : *ministre qui a prévariqué.*

prévenance nf. Manière obligeante de prévenir les désirs de quelqu'un.

prévenant, e adj. Obligeant. ‖ Qui dispose favorablement : *air* -.

prévenir vt. (c. *venir,* mais avec l'auxil. *avoir*). Aller au-devant de quelque chose pour l'empêcher, le détourner : - *un malheur.* ‖ Satisfaire par avance : - *les désirs de quelqu'un.* ‖ Informer, avertir : - *quelqu'un de ce qui se passe.*

préventif, ive adj. Qui a pour objet d'empêcher, de prévenir : *mesure* -. ‖ Relatif aux prévenus : *prison* -.

prévention nf. Opinion, favorable ou non, formée sans examen. ‖ Etat d'un individu poursuivi en justice. ‖ Temps qu'un prévenu passe en prison avant d'être jugé. ‖ - *routière,* ensemble des mesures prises en vue d'éviter les accidents sur la route.

préventorium nm. Etablissement où l'on soigne préventivement.

prévenu, e adj. Influencé, disposé : *être* - *contre* ou *en faveur de quelqu'un.* ‖ Cité en justice : *être* - *de vol.* ‖ N. : *juger, acquitter un* -.

prévision nf. Action de prévoir ; conjecture ; ce que l'on prévoit : - *du temps.*

prévoir vt. (c. *voir,* excepté au fut. : *je prévoirai,* et au condit. : *je prévoirais*). Savoir par avance : - *un malheur.* ‖ Prendre les précautions nécessaires : *tout a été prévu.*

prévôt nm. Titre de divers magistrats chargés d'une juridiction, sous l'Ancien Régime : - *des marchands.* ‖ ‖ - *d'armes,* maître d'escrime.

prévôtal, e, aux adj. Qui concerne le prévôt. ‖ *Cour* -, tribunal d'exception.

prévôté nf. Fonction, juridiction de

prévôt. ‖ Service de gendarmerie attaché à une grande unité militaire.

prévoyance nf. Faculté, action de prévoir, de prendre des précautions pour l'avenir : *rien n'échappe à sa -.*

prévoyant, e adj. et n. Qui sait prévoir : *l'économe est -.*

prie-Dieu nm. inv. Meuble sur lequel on s'agenouille pour prier.

prier vt. (*Je prie, il prie, n. prions. Je priais, n. priions. Je priai, n. priâmes. Je prierai, n. prierons. Je prierais, n. prierions. Prie, prions. Q. je prie, q. tu pries, qu'il prie, q. n. priions, q. v. priiez, qu'ils prient. Priant, Prié, e.*) S'adresser à la Divinité pour l'honorer ou l'implorer. ‖ Demander avec instance. ‖ *Je vous prie, je vous en prie*, formule de politesse. ‖ Inviter : *on l'a prié à.* ‖ *Se faire -*, résister aux instances. ‖ Vi. Intercéder auprès de Dieu : *- pour les morts.*

prière nf. Acte de religion par lequel on s'adresse à Dieu pour l'adorer ou pour l'implorer. ‖ Demande faite à titre de grâce : *écoutez ma -.*

prieur, e n. Supérieur, supérieure de certains couvents. ‖ Adj. : *la mère -.*

prieuré nm. Dignité de prieur, de prieure. ‖ Communauté religieuse dirigée par un prieur.

primaire adj. Relatif à l'enseignement du premier degré. ‖ Se dit d'une des grandes divisions géologiques : *l'ère -.*

primat nm. Prélat dont la juridiction domine celle des archevêques.

primates nmpl. Ordre de mammifères comprenant les singes.

primauté nf. Prééminence, premier rang.

prime nf. Somme que l'assuré doit à l'assureur : *- d'assurance.* ‖ Récompense accordée par l'Etat pour l'encouragement du commerce, de l'agriculture, etc. ‖ Cadeau offert au client possible pour l'engager à acheter. ‖ Somme allouée dans certains cas particuliers : *- de rengagement.* ‖ Pierre demi-transparente, qui semble être l'ébauche d'une pierre précieuse : *- d'émeraude.* ‖ Fig. Faire *-*, être très recherché : *l'or fait - sur le marché des monnaies.*

prime adj. Premier. (Vx.) ‖ *- jeunesse*, l'âge le plus tendre. ‖ Se dit, en algèbre, d'une lettre affectée d'un seul accent : *b' s'énonce « b - ».* ‖ Loc. adv. **De - abord**, au premier abord. **De - saut**, du premier coup. ‖ Nf. Première des heures canoniales (6 h.).

primer vt. Surpasser, l'emporter sur. ‖ Accorder un prix à : *- un animal dans un concours.*

primesautier, ère adj. Qui agit, parle ou écrit de premier mouvement.

primeur nf. Nouveauté, début : *talent, vin dans sa -.* ‖ Produit horticole obtenu avant l'époque normale.

primevère nf. Herbe à racines vivaces, qui fleurit au printemps.

primitif, ive adj. Qui appartient au premier état des choses : *forme -, mœurs -.* ‖ *Langue -*, qu'on suppose avoir été parlée la première. ‖ *La - Eglise*, celle des premiers siècles du christianisme. ‖ *Terrains -*, composés des plus anciennes formations de roche. ‖ *Couleurs -*, les sept couleurs principales du spectre solaire. ‖ *Peuple -*, d'une civilisation peu évoluée. ‖ Gramm. *Mot -*, qui sert de radical à d'autres mots. ‖ *Temps -*, temps du verbe qui servent à former les autres temps. ‖ Nm. Peintre ou sculpteur qui a précédé les maîtres de la Renaissance.

primo adv. Premièrement.

primo-infection ou, en abrégé, **primo** nf. Première attaque d'un germe infectieux. (Se dit surtout en parlant de la tuberculose.)

primordial, e, aux adj. Qui est à l'origine, le plus ancien : *état - du globe.* ‖ Fam. Très important, capital.

prince nm. Celui qui possède une souveraineté. ‖ Roi, empereur : *Charlemagne fut un grand -.* ‖ Titre de noblesse le plus élevé : *couronne de -.* ‖ *- du sang*, issu d'une maison royale par les mâles. ‖ *Princes de l'Eglise*, les cardinaux, les évêques. ‖ *Le - des Apôtres*, saint Pierre. ‖ *Le - des ténèbres*, le démon. ‖ Fig. et fam. *Etre bon -*, de caractère accommodant. ‖ *Fait du -*, acte arbitraire.

princeps adj. *Edition -*, la première de toutes.

princesse nf. Fille ou femme d'un prince. ‖ Souveraine d'un pays.

princier, ère adj. De prince. ‖ Somptueux, digne d'un prince.

principal, e, aux adj. Le plus important. ‖ Gramm. *Proposition -*, qui a un sens complet par elle-même. ‖ *- locataire*, celui qui loue une maison pour la sous-louer. ‖ Nm. Ce qu'il y a de plus important : *vous oubliez le -.* ‖ Le capital d'une dette : *- et intérêt.* ‖ Directeur d'un collège.

principauté nf. Dignité de prince. (Vx.) ‖ Terre à laquelle est attaché ce titre. ‖ Petit Etat indépendant dont le chef a le titre de prince : *la - de Monaco.* ‖ Pl. Théol. Troisième ordre de la hiérarchie céleste des anges.

principe nm. Commencement, origine, source : *Dieu est le - de toutes choses.* ‖ Elément constitutif des choses matérielles. ‖ Opinion, règle de conduite : *rester fidèle à ses -.* ‖ Phys. Loi régissant un ensemble de phénomènes :

- *de l'équivalence.* ‖ Pl. Premières règles d'une science : - *de géométrie.*

printanier, ère adj. Du printemps.

printemps nm. La première des quatre saisons de l'année (21 mars-21 juin). ‖ *Fig.* Jeunesse : *le - de la vie.* ‖ Année : *avoir vécu seize -.*

priori (a) loc. adv. D'après un principe antérieur à l'expérience : *raisonner -.*

prioritaire n. Celui qui jouit d'une priorité.

priorité nf. Antériorité dans l'ordre du temps : - *de date.* ‖ Droit de passer avant les autres.

pris, e adj. Emprunté à, tiré de : *mot - du latin.* ‖ Atteint de : - *de fièvre.* ‖ - *de vin,* ivre. ‖ - *pour dupe,* trompé. ‖ *Taille bien -,* bien proportionnée.

prise nf. Action de s'emparer : - *de Rome par les Gaulois.* ‖ La chose prise : *une bonne -.* ‖ Facilité de saisir : *ne pas avoir de -.* ‖ Manière de saisir : *une - de judo.* ‖ Point de départ d'une dérivation : - *de courant.* ‖ Enregistrement sur film : - *de vue.* ‖ Pincée : - *de tabac.* ‖ *Méc.- directe,* réunion de l'arbre primaire à l'arbre secondaire, sans intermédiaire. ‖ - *de corps,* arrestation en vertu d'un mandat. ‖ - *d'armes,* cérémonie militaire. ‖ - *de possession,* entrée en possession d'un emploi, d'un héritage. ‖ *Fig.* Être aux - *avec,* en lutte contre.

prisée nf. Évaluation de prix.

priser vt. Évaluer. (Vx.) ‖ *Fig.* Faire cas de, estimer : - *un orateur.*

priser vt. Aspirer par le nez : - *du tabac.*

prismatique adj. Qui a la forme d'un prisme : *cristaux -.*

prisme nm. Solide ayant deux bases parallèles formées par deux polygones égaux, et dont les faces latérales sont des parallélogrammes : - *triangulaire.* ‖ *Phys.* Milieu transparent limité par trois faces planes non parallèles.

prison nf. Lieu où l'on enferme les prévenus, les condamnés. ‖ Emprisonnement : *six mois de -.*

prisonnier, ère adj. et n. Détenu.

privatif, ive adj. et n. Se dit des particules qui marquent privation, comme *in* dans *insuccès,* a dans *anormal.*

privation nf. Perte d'un bien, d'un avantage : *la - de la vue.* ‖ Manque, volontaire ou non, des choses nécessaires : *supporter des -.*

privauté nf. Familiarité excessive.

privé, e adj. Sans fonctions publiques : *homme -.* ‖ Intime : *la vie -.* ‖ Non public : *séance -.* ‖ Nm. Vie intime.

priver vt. Déposséder, ôter la jouis-

sance de : - *un homme de ses droits civils;* - *de dessert.* ‖ Se - vpr. S'abstenir de : *se - de vin.* ‖ S'imposer des privations.

privilège nm. Avantage exclusif, spécial, personnel. ‖ Droit, prérogative : *présider par - d'âge.* ‖ *Fig.* Don naturel : *la raison est un - de l'homme.*

privilégié, e adj. et n. Qui jouit d'un privilège.

prix nm. Valeur vénale : *le - du blé.* ‖ Importance : *le - du temps.* ‖ *Fig.* Récompense : *le - du dévouement.* ‖ Châtiment : *le - de la trahison.* ‖ Honneur : *le - d'excellence.* ‖ Qualité ou talent : *le - de Rome.* ‖ Épreuve hippique : *le Grand -.* ‖ *De - ,* d'une grande valeur. ‖ - *fixe,* qu'il n'y a pas à débattre. ‖ - *courant,* réglé par la balance de l'offre et de la demande; catalogue des prix pratiqués. ‖ *Hors de -,* très cher. ‖ *Mettre à - la tête de quelqu'un,* promettre une récompense à qui permettra son arrestation. ‖ **A tout -** loc. adv., coûte que coûte. ‖ **Au - de** loc. prép., en comparaison de : *la fortune n'est rien au - de la santé;* moyennant : *achever un travail au - de grands efforts.*

probabilisme nm. Doctrine théologique qui autorise tout acte, toute doctrine qu'appuie une raison sérieuse.

probabilité nf. Vraisemblance. ‖ *Calcul des -,* règles permettant de déterminer un pourcentage de chances de réalisation.

probable adj. Vraisemblable.

probant, e adj. Qui prouve : *raison -.*

probatoire adj. Propre à prouver.

probe adj. D'une honnêteté scrupuleuse.

probité nf. Observation rigoureuse des devoirs de la justice et de la morale; honnêteté scrupuleuse.

problématique adj. Dont le résultat est douteux : *un succès -.*

problème nm. Question à résoudre par des procédés scientifiques : - *de géométrie.* ‖ *Par ext.* Tout ce qui est difficile à expliquer : *cette affaire est un vrai -.*

proboscidien, enne adj. et n. Se dit des mammifères dont le nez est prolongé en trompe.

procédé nm. Conduite, manière d'agir. ‖ Méthode : *un nouveau - de fabrication.*

procéder vi. (c. céder). Provenir, tirer son origine : *nombre de maladies procèdent d'une mauvaise hygiène.* ‖ *Fig.* Agir, opérer : - *avec ordre.* ‖ Vt. ind. *Agir judiciairement :* - *à l'ouverture d'un testament.*

procédure nf. Forme des instructions judiciaires. ‖ Actes judiciaires.

procédurier, ère n. et adj. Personne qui aime la chicane.

procès nm. Instance devant un juge.

procession nf. Cérémonie religieuse (défilé avec chants, prières). || *Fig.* et *fam.* Longue suite de personnes.

processionnaire adj. et nf. Se dit de chenilles du genre bombyx qui vont par bandes nombreuses.

processus nm. Marche, développement : *le - d'une maladie.*

procès-verbal nm. Acte d'un officier de justice constatant un délit : *dresser un -.* || Pl. des *procès-verbaux.*

prochain, e adj. Qui est proche. || *Semaine -,* la première à venir. || Nm. Les autres hommes; nos semblables.

proche adj. Qui est près, en parlant de l'espace : *deux maisons -.* || du temps : *l'heure est -;* des relations de parenté : *- parent.* || Nmpl. Parents : *nos -.*

proclamation nf. Action de proclamer : *la - d'un résultat.* || Publication solennelle : *la - des droits de l'homme.*

proclamer vt. Publier solennellement : *- un roi.* || Révéler : *la vérité.*

proconsul nm. A Rome, magistrat ayant les pouvoirs d'un consul.

proconsulat nm. Dignité, fonction de proconsul.

procréation nf. Action de procréer.

procréer vt. Engendrer.

procurateur nm. A Rome, administrateur du fisc, gouverneur d'un district impérial.

procuration nf. Acte par lequel une personne donne à une autre le pouvoir d'agir en son nom.

procurer vt. Faire obtenir.

procureur nm. Celui qui agit en vertu d'une procuration. || Religieux chargé des intérêts temporels dans une communauté. || *- général,* magistrat qui exerce les fonctions du ministère public près la Cour de cassation, la Cour des comptes ou les cours d'appel. || *- de la République,* qui exerce les fonctions du ministère public près les tribunaux de première instance.

prodigalité nf. Caractère du prodigue. || Dépense folle.

prodige nm. Fait qui semble en contradiction avec les lois de la nature : *les Romains croyaient aux -.* || Personne ou chose extraordinaire : *les - de la science.* || Adj. : *enfant -.*

prodigieux, euse adj. Extraordinaire, merveilleux.

prodigue adj. et n. Qui dissipe son bien : *un héritier -.*

prodiguer vt. Dépenser, donner sans compter : *- des éloges.*

prodrome nm. Etat d'indisposition qui précède une maladie. || *Par ext* Fait qui présage quelque événement.

producteur, trice n. Qui produit. || Adj. : *génie -.*

productif, ive adj. Qui rapporte : *travail -.* || Fertile : *sol -.*

production nf. Action de produire : *ce qui est produit : les - du sol.* || Action de montrer : *la - d'un acte de naissance.*

productivité nf. Faculté de produire; état de ce qui est productif.

produire vt. (c. *conduire*). Engendrer : *chaque animal produit son semblable.* || Fournir : *- du blé.* || *Fig.* Rapporter : *- un intérêt.* || Occasionner : *la guerre produit de grands maux.* || Faire : *l'arrogance produit un mauvais effet.* || Montrer, exhiber : *- des titres.* || Se - vpr. Se faire connaître.

produit nm. Production, rapport : *les - du sol.* || Bénéfice : *vivre du - de sa terre.* || Rejeton : *les - d'une jument.* || Résultat d'une opération chimique. || *Math.* Résultat de la multiplication.

prééminence nf. Bosse, saillie.

proéminent, e adj. Qui est en relief, en saillie : *front -.*

profanateur, trice n. et adj. Qui profane les choses saintes.

profanation nf. Action de profaner : *- d'une église.* || *Fig.* Avilissement : *la - du génie.*

profane adj. Qui n'appartient pas à la religion : *éloquence -.* || Contraire au respect dû aux choses saintes : *un discours -.* || N. Personne non initiée, qui ignore : *une - en musique.* || Nm. Choses profanes : *mêler le - et le sacré.*

profaner vt. Traiter avec mépris les choses saintes, les employer à un usage profane : *- les vases sacrés.* || *Fig.* Faire un usage indigne : *- son talent.*

proférer vt. (c. *céder*). Prononcer, articuler : *ne pas - une parole.*

profès, esse adj. et n. Qui a fait des vœux dans un ordre religieux.

professer vt. Déclarer, reconnaître publiquement : *- une opinion.* || Exercer : *- la médecine.* || Enseigner : *- les mathématiques.*

professeur n. Personne qui enseigne une science, un art.

profession nf. Action de déclarer hautement : *faire - de foi.* || Etat, métier, emploi : *une - libérale.*

professionnel, elle adj. Relatif à une profession : *devoirs -.* || *Ecole -,* où l'on prépare à différents métiers. || N. Par oppos. à amateur : *les - du cyclisme.*

professoral, e, aux adj. Qui appartient au professeur : *ton -.*

professorat nm. Fonction de professeur; durée de cette fonction.

profil nm. Contour d'un visage, d'un objet vu de côté : *un - distingué.* || Coupe ou section verticale d'un bâtiment, pour en montrer l'intérieur.

profiler vt. Représenter en profil. || **Se -** vpr. Se projeter de profil, en silhouette.

profit nm. Gain, avantage : *tirer - d'une affaire.* || *Mettre à -,* employer utilement. || *- et pertes,* sommes gagnées ou perdues d'une manière imprévue, et comptée à part.

profiter vi. Tirer un bénéfice. || Tirer avantage : *- du temps.* || Servir : *bien mal acquis ne profite pas.* || Grandir : *cet enfant profite bien.*

profond, e adj. Qui a de la profondeur : *puits -.* || Qui pénètre fort avant : *blessure -.* || *Fig.* Grand, extrême dans son genre : *ignorance -; mystère -.* || Très pénétrant : *esprit -.*

profondeur nf. Distance du fond par rapport à la surface, à l'ouverture : *- d'un bassin.* || L'une des trois dimensions d'un corps. || *Fig.* Grand savoir, grande pénétration d'esprit : *- des idées.* || Impénétrabilité : *la - des mystères.*

profusément adv. Avec profusion; avec une abondance excessive.

profusion nf. Grande abondance : *des fruits à -.* || Prodigalité : *ses - l'ont ruiné.*

progéniture nf. Les enfants de l'homme. || Les petits de l'animal. || *Fam.* Fils, fille.

prognathe adj. Qui a les mâchoires allongées en avant : *un visage -.*

prognathisme nm. Etat, caractère de celui qui est prognathe.

programme nm. Ecrit ou imprimé donnant les détails d'une cérémonie, d'un spectacle, etc. : *le - d'un concert.* || Matière d'un cours, d'un examen.

programmer vt. Préparer les éléments d'un problème destiné à un ordinateur.

progrès nm. Mouvement en avant : *- d'une inondation.* || *Fig.* Augmentation en bien ou en mal : *les - d'un écolier, d'une maladie.* || Développement de la civilisation.

progresser vi. Faire des progrès.

progressif, ive adj. Qui avance, se développe par degrés : *la marche de la science.* || *Impôt -,* qui frappe les revenus selon une progression.

progression nf. Suite graduée et ininterrompue : *la - des idées.* || *Math.* Suite de nombres tels que chacun d'eux est égal au précédent augmenté ou diminué d'un nombre constant appelé *raison* : *- arithmétique,* ex. : 0, 4, 8, 12...; ou multiplié ou divisé par cette même raison : *- géométrique,* ex. : 2, 6, 18, 54...

progressiste adj. et n. Favorable au progrès. || Parti politique ou personne d'opinions avancées.

prohiber vt. Interdire légalement. || **Prohibé, e** part. et adj. : *arme -.*

prohibitif, ive adj. Qui défend, interdit : *une loi -.* || Excessif : *des prix -.*

prohibition nf. Interdiction d'user ou d'importer, en particulier de l'alcool.

proie nf. Ce que l'animal carnassier chasse ou ravit pour manger : *les poules sont souvent la - du renard.* || *Fig.* Ce dont on s'empare avec violence, le butin : *ces richesses devinrent la - du vainqueur.* || Victime. || *Etre en - à,* être livré à, tourmenté par : *être en - à la calomnie.* || *Oiseau de -,* qui chasse le gibier.

projecteur nm. Appareil envoyant un faisceau de lumière.

projectile nm. Tout corps lancé avec force dans l'espace.

projection nf. Action de lancer en avant : *- de pierres, d'eau, de vapeurs.* || Représentation plane d'un corps, suivant certaines règles géométriques. || Image éclairée projetée sur un écran.

projet nm. Dessein, entreprise, pensée. || Etude avec dessin et devis d'une construction à réaliser. || Première rédaction : *un - de contrat.*

projeter vt. (c. jeter). Avoir en projet, former le dessein de : *- un voyage.* || Lancer en avant, jeter : *la force de l'explosion nous a projetés contre un mur.* || Représenter un corps sur un plan.

prolégomènes nmpl. Introduction en tête d'un ouvrage.

prolétaire nm. A Rome, citoyen pauvre considéré utile du seul point de vue des enfants qu'il engendrait. || Auj., personne qui n'a pour vivre que le produit de son travail.

prolétariat nm. Classe des prolétaires : *la défense du -.*

prolétarien, enne adj. Relatif au prolétariat.

prolifération nf. Multiplication d'une cellule par division.

prolifère adj. Qui se multiplie.

prolifique adj. Qui a la vertu d'engendrer; qui se multiplie rapidement.

prolixe adj. Diffus, trop long : *discours -.* || Qui se perd en développements superflus : *orateur -.*

prolixité nf. Diffusion, longueurs inutiles dans le discours.

prologue nm. Sorte d'avant-propos.

principalement en usage dans le drame et le roman.

prolongation nf. Action de prolonger. ‖ Ce que l'on ajoute.

prolonge nf. Nom donné à des chariots à munitions ou à des véhicules d'artillerie, du génie.

prolongement nm. Extension, continuation, accroissement en longueur.

prolonger vt. (c. *manger*). Accroître la durée ou la longueur.

promenade nf. Action de se promener. ‖ Lieu aménagé pour les promeneurs : *la - des Anglais à Nice*.

promener vt. (c. *mener*). Mener, conduire çà et là pour donner de l'air, de l'exercice, pour divertir : *un enfant*. ‖ **Se -** vpr. Faire une promenade.

promeneur, euse n. Qui se promène ou promène.

promenoir nm. Lieu couvert destiné à la promenade. ‖ Partie d'une salle de spectacle où l'on peut circuler, rester debout.

promesse nf. Assurance donnée de faire quelque chose.

prometteur, euse n. et adj. Qui promet à la légère : *c'est un grand -*. ‖ Plein de promesses : *sourire -*.

promettre vt. S'engager à : *- une récompense*. ‖ *Fig.* Annoncer : *le temps promet la pluie*. ‖ *Absol.* Donner des espérances : *cet enfant promet*. ‖ *Fam.* Assurer : *je vous promets de ne pas recommencer*. ‖ **Se -** vpr. Prendre une ferme résolution : *se - de travailler*. ‖ **Promis, e** part. et adj. Dont on a fait la promesse. ‖ N. Fiancé : *c'est mon -*.

promiscuité nf. Mélange confus et choquant de personnes, rapprochement déplaisant.

promontoire nm. Pointe de terre élevée, cap.

promoteur, trice n. Qui donne la première impulsion : *le - d'une loi*.

promotion nf. Élévation à un grade, à une dignité : *- d'officiers*. ‖ Ensemble des personnes promues en même temps.

promouvoir vt. Elever à quelque dignité. (Ne s'emploie qu'à l'infinitif, aux temps composés et au passif.)

prompt, e adj. Rapide : *une - répartie*. ‖ Qui passe vite : *sa joie fut -*. ‖ Qui agit vite : *être - à se décider*. ‖ Pénétrant, qui saisit vite : *un esprit -*. ‖ **Promptement** adv.

promptitude nf. Diligence, rapidité. ‖ Facilité à concevoir.

promulgation nf. Action de promulguer : *la - d'une loi*.

promulguer vt. Publier officiellement.

prône nm. *Relig.* Lecture des annonces de la semaine, faite le dimanche à la messe.

prôner vt. Vanter avec exagération.

prôneur, euse n. Qui prône.

pronom nm. Mot qui tient la place du nom.

pronominal, e, aux adj. Relatif au pronom : *forme -*. ‖ *Verbe -*, qui se conjugue avec deux pronoms de la même personne, comme « *il se* » *flatte*.

prononcé, e adj. Nettement marqué : *un goût - pour*. ‖ Arrêté, formel : *avoir l'intention de -*. ‖ Nm. Décision rendue : *le - d'un jugement*.

prononcer vt. Articuler. ‖ Faire entendre : *- un discours*. ‖ Déclarer avec autorité, publier : *- un arrêt*. ‖ Vi. Déclarer son sentiment : *le tribunal a prononcé*. ‖ **Se -** vpr. Dire sa pensée : *les hésitants ne se prononcent jamais*.

prononciation nf. Action de prononcer, d'articuler.

pronostic nm. Prévision : *se tromper dans ses -*. ‖ Signe d'après lequel on forme cette conjecture : *fâcheux -*.

pronostiquer vt. Prédire, prévoir.

pronunciamiento nm. En Espagne, insurrection militaire.

propagande nf. Action organisée en vue de répandre une opinion.

propagandiste n. et adj. Qui fait de la propagande.

propagateur, trice n. et adj. Qui propage.

propagation nf. Multiplication des êtres : *- du genre humain*. ‖ *Fig.* Extension : *- des idées*, etc. ‖ *Phys.* Transmission des ondes.

propager vt. (c. *manger*). Multiplier par voie de reproduction. ‖ *Fig.* Répandre, communiquer : *- la foi*.

propane nm. Hydrocarbure saturé gazeux, utilisé pour le chauffage domestique.

propédeutique nf. Enseignement préparatoire aux différentes licences d'ordre littéraire.

propension nf. Tendance naturelle d'un corps vers un point quelconque. ‖ *Fig.* Penchant, inclination.

prophète, prophétesse n. Qui prédit par inspiration divine : *le - Isaïe*. ‖ *Le Roi-Prophète*, David. ‖ *Le Prophète*, Mahomet. ‖ *Par ext.* Celui qui prédit l'avenir : *être bon -*.

prophétie nf. Prédiction par inspiration divine. ‖ *Par ext.* Toute prédiction d'un événement futur : *les - de Nostradamus*.

prophétique adj. Relatif aux prophètes : *langage -*.

prophétiser vt. Prédire l'avenir par inspiration divine. ‖ *Par ext.* Prévoir : *- un événement*.

prophylactique adj. *Méd.* Relatif à la prophylaxie.

prophylaxie nf. Ensemble des moyens propres à conserver la santé.

propice adj. Favorable.

propitiation nf. Action propitiatoire; intercession.

propitiatoire adj. Qui a la vertu de rendre propice : *sacrifice* -.

proportion nf. Convenance et rapport des parties entre elles et avec leur tout : *observer les* -. ‖ Dimension : *cela sort des - ordinaires*. ‖ Etendue, intensité : *ce désastre a pris des - considérables*. ‖ *Math.* Egalité de deux rapports. ‖ **En - de** loc. prép., par rapport.

proportionnalité nf. Etat des quantités proportionnelles entre elles.

proportionné, e adj. Dont les proportions sont harmonieuses.

proportionnel, elle adj. En proportion avec d'autres quantités. ‖ **Proportionnellement** adv.

proportionner vt. Mettre en exacte proportion : *la récompense au mérite*.

propos nm. Paroles échangées. ‖ Discours médisant : *se moquer des - d'autrui*. ‖ **Ferme** -, résolution bien arrêtée. ‖ Loc. adv. **A** -, de façon opportune : *parler à* -. **A tout** -, à chaque instant. **Hors de** -, **mal à** -, à contretemps, sans raison. **De** - **délibéré**, avec dessein. ‖ **A** - **de** loc. prép., à l'occasion de, au sujet de.

proposable adj. Qui peut être proposé : *un arrangement* -.

proposer vt. Soumettre à un examen : - *un avis*. ‖ Offrir : - *de l'argent*. ‖ Donner : - *un sujet à traiter*. ‖ **Se** vpr. Offrir ses services. ‖ Avoir l'intention : *il se - de vous écrire*.

proposition nf. Chose proposée. ‖ Théorème : *démontrer une* -. ‖ Condition offerte pour arriver à un arrangement : *des - de paix*. ‖ *Gramm.* Expression, énonciation d'un jugement.

propre adj. Qui appartient exclusivement à : *chaque être a ses caractères* -. ‖ De la personne même : *de sa - main*. ‖ Exact : *ses - paroles*. ‖ Convenable : *bois - à la construction*. ‖ Apte : *homme - aux affaires*. ‖ Nom -, v. NOM. ‖ Sens -, primitif et naturel, par oppos. à *figuré*. ‖ **En main** -, à la personne même. ‖ Par ext. Net, sans tache : *des vêtements* -. ‖ *Fig.* Décent, bienséant : *une conduite* -. ‖ *Astron. Mouvement* -, mouvement réel d'un astre. ‖ Nm. Qualité particulière : *le - de l'homme est de penser*. ‖ **En** -, en propriété personnelle.

propret, ette adj. D'une propreté recherchée.

propreté nf. Qualité de ce qui est net, exempt de saleté.

propréteur nm. A Rome, magistrat délégué au gouvernement d'une province.

propriétaire n. Personne qui jouit d'une propriété. ‖ *Spécialem.* Personne qui possède une maison occupée par des locataires.

propriété nf. Droit par lequel une chose appartient en propre à quelqu'un. ‖ La chose elle-même : - *immobilière, industrielle, artistique*. ‖ Vertu particulière : - *de l'aimant*. ‖ *Gramm.* Sens propre, convenance parfaite : *la - des termes*.

propulser vt. Pousser en avant.

propulseur adj. et nm. Qui imprime le mouvement dans une machine.

propulsif, ive adj. Qui produit la propulsion.

propulsion nf. Action de propulser.

propylées nmpl. et *absol.* Entrée monumentale de l'Acropole d'Athènes.

prorata nm. inv. Part proportionnelle. ‖ **Au** - loc. adv., ou **au** - **de** loc. prép., en proportion : *partager les bénéfices au - des mises de fonds*.

prorogation nf. Action de proroger.

proroger vt. (c. *manger*). Reporter à une date ultérieure : *une échéance, un délai*. ‖ - *une assemblée*, prolonger la durée de sa session.

prosaïque adj. Qui tient de la prose : *style* -. ‖ Sans poésie, commun, vulgaire : *une vie* -.

prosaïsme nm. Défaut de poésie, manque d'idéal.

prosateur nm. Ecrivain en prose.

proscenium nm. Avant-scène d'un théâtre, chez les Anciens.

proscription nf. Mesure violente contre les personnes; bannissement illégal : *dresser des listes de* -. ‖ *Fig.* Abolition : *la - d'un usage*.

proscrire vt. (c. *écrire*). Bannir, exclure. ‖ *Fig.* Abolir : - *un droit*.

proscrit, e n. Frappé de proscription. ‖ Adj. Défendu, prohibé : *un mot - par l'usage*.

prose nf. Manière de s'exprimer non assujettie aux lois d'une mesure et d'un rythme réguliers. ‖ Hymne latine à vers rimés, sans mesure.

prosecteur nm. Celui qui prépare les dissections anatomiques et y exerce les élèves.

prosélyte nm. Nouveau converti à une foi religieuse. ‖ Par ext. Nouvel adepte.

prosélytisme nm. Zèle à faire des prosélytes.

prosodie nf. Ensemble des règles relatives à la quantité des voyelles. ‖ Livre qui contient ces règles.

prosopopée nf. Figure de rhétorique par laquelle l'auteur prête la parole à des êtres inanimés.

prospecter vt. Rechercher les gîtes minéraux d'un terrain. ‖ *Par ext.* Etudier les possibilités d'extension d'une clientèle.

prospecteur nm. Agent qui prospecte.

prospection nf. Action de prospecter.

prospectus nm. Imprimé publicitaire donnant une idée d'un ouvrage, d'une affaire.

prospère adj. Heureux, favorisé par le succès.

prospérer vi. (c. *céder*). Avoir du succès : *son commerce prospère*.

prospérité nf. Etat de ce qui est prospère.

prostate nf. Glande qui, chez l'homme, enveloppe le col de la vessie et une partie de l'urètre.

prostatite nf. Inflammation de la prostate.

prosternation nf. ou **prosternement** nm. Action de se prosterner. ‖ Etat d'une personne prosternée.

prosterner vt. Etendre à terre, en signe d'adoration, de respect. ‖ **Se -** vpr. Se courber jusqu'à terre. ‖ *Fig.* et *par exagér. Se - devant quelqu'un*, reconnaître sa supériorité.

prostituée nf. Femme de mauvaise vie.

prostituer vt. Livrer à la débauche. ‖ *Fig.* Dégrader, avilir : *- son talent*.

prostitution nf. Action de se prostituer. ‖ *Fig.* Usage dégradant d'une chose.

prostration nf. Etat de profond abattement.

prostré, e adj. Abattu, sans force.

protagoniste nm. Personne qui joue le rôle principal.

prote nm. Directeur technique dans une imprimerie.

protecteur, trice adj. et n. Qui protège.

protection nf. Action de protéger; appui, secours.

protectionnisme nm. Système économique qui favorise l'industrie nationale en taxant les produits étrangers.

protectionniste nm. Partisan de la protection commerciale.

protectorat nm. Dignité de protecteur. ‖ Situation d'un Etat étranger qui était placé sous l'autorité d'un autre Etat, en ce qui concernait ses relations extérieures.

protée nm. Homme qui change continuellement d'opinion. ‖ Batracien aveugle.

protéger vt. (c. *manger*). Prendre la

défense de. ‖ Veiller sur, patronner : *- un candidat*. ‖ Donner des encouragements : *- les lettres*. ‖ Garantir, défendre : *cette citadelle protège la ville*. ‖ **Protégé, e** part., adj. et n.

protéide nf. Substance formée d'une matière albuminoïde et d'un composé non albuminoïde.

protéine nf. Albumine simple.

protéique adj. Qui change souvent de forme. ‖ *Chim. Substance -*, matière organique azotée.

protestant, e n. Partisan de la Réforme. ‖ Adj. : *religion -*.

protestantisme nm. Ensemble des doctrines religieuses et des Eglises issues de la Réforme du XVI⁰ s.

protestataire n. et adj. Personne qui fait une protestation.

protestation nf. Déclaration par laquelle on proteste. ‖ Promesse, assurance positive : *des - d'amitié*.

protester vi. S'élever contre, réclamer. ‖ Vt. ind. *- de*, attester formellement : *- de son innocence*.

protêt nm. Acte constatant le refus d'acceptation ou de paiement d'une traite, d'un chèque...

prothèse nf. Remplacement chirurgical d'un organe ou d'un membre : *- dentaire*.

protide nm. Nom générique des substances organiques azotées.

protocolaire adj. Conforme au protocole.

protocole nm. Formulaire pour rédiger des actes publics : *le - des huissiers*. ‖ Compte rendu diplomatique : *dresser un -*. ‖ Cérémonial des réceptions diplomatiques. ‖ *Fig.* Règles du savoir-vivre : *le - mondain*.

proton nm. Noyau de l'atome d'hydrogène chargé positivement.

protonotaire nm. Officier de la cour de Rome qui enregistre et expédie les actes pontificaux.

protoplasma nm. Substance qui constitue le corps de la cellule vivante.

prototype nm. Modèle original d'un objet à reproduire : *- d'avion*.

protoxyde nm. Oxyde qui contient un atome d'oxygène pour un de métal.

protozoaires nmpl. Embranchement des animaux unicellulaires.

protubérance nf. Saillie, éminence.

protubérant, e adj. Qui forme une protubérance : *front -*.

prou adv. Beaucoup : *Peu ou - (vx)*.

proue nf. Avant d'un navire.

prouesse nf. Action de courage, de valeur. ‖ *Par ext.* et *fam.* Exploit, succès : *les - d'un sportif*.

prouver vt. Etablir une réalité de

façon indéniable. || Marquer, dénoter : *cette réponse prouve de l'esprit.*

provenance nf. Origine, source.

provençal, e, aux adj. et n. De la Provence : *coutumes -.* || Nm. Langue parlée en Provence : *parler le -.*

provende nf. Mélange de grains et de fourrage pour bestiaux.

provenir vi. (c. *venir*). Venir de. || *Fig.* Résulter, dériver de.

proverbe nm. Courte maxime populaire. || Petite comédie développant un proverbe : *les - de Musset.*

proverbial, e, aux adj. Qui tient du proverbe. || Cité comme exemple : *la cruauté - de Néron.*

providence nf. Suprême sagesse par laquelle Dieu conduit toutes choses. (En ce sens s'écrit avec une majuscule.) || *Fig.* Personne qui protège.

providentiel, elle adj. De la Providence. || *Par ext.* Qui arrive par un heureux hasard : *un secours -.*

provignage ou **provignement** nm. Action de provigner.

provigner vt. Marcotter, la vigne en particulier. || Vi. Se multiplier par provins.

provin nm. Rejeton d'un cep de vigne qu'on a provigné.

province nf. Division territoriale d'un Etat. || Toute la France en dehors de la capitale : *se fixer en -.* || Les habitants des provinces.

provincial, e, aux adj. Qui tient de la province : *accent -.* || N. Personne de la province. || Nm. Supérieur régional de plusieurs maisons du même ordre religieux.

provincialisme nm. Locution particulière à une province.

proviseur nm. Directeur d'un lycée de garçons.

provision nf. Ensemble de choses nécessaires ou utiles. || *Aller aux -,* se pourvoir des choses nécessaires à la consommation. || Acompte : *verser une - à son avoué.*

provisionnel, elle adj. Qui se fait par provision dans l'attente du règlement définitif : *versement -.*

provisoire adj. Qui n'est pas définitif : *gouvernement -.* || Nm. Qui dure un temps : *sortir du -.*

provocant, e adj. Agressif : *un ton -.* || Qui excite : *une œillade -.*

provocateur, trice adj. et n. Qui provoque.

provocation nf. Action de provoquer ; acte par lequel on provoque.

provoquer vt. Inciter, exciter. || Défier : *- en duel.* || Produire, favoriser : *l'opium provoque le sommeil.* || **Provoquant** part. prés.

proximité nf. Voisinage immédiat. || **A - de** loc. prép., près de.

prude adj. et nf. Qui affecte une vertu austère : *femme -.*

prudemment [*da-man*] adv. Avec prudence.

prudence nf. Vertu qui fait prévoir et éviter les fautes et les dangers.

prudent, e adj. Qui a de la prudence. || Conforme à la prudence : *réponse -.*

pruderie nf. Affectation de vertu.

prud'homme nm. Autref., homme sage et probe. || *Auj.,* membre d'un conseil électif composé par moitié de patrons et d'ouvriers, pour juger les différends professionnels.

prudhommesque adj. Sentencieux, banal.

prune nf. Fruit du prunier, à péricarpe charnu.

pruneau nm. Prune séchée au four ou au soleil.

prunelle nf. Petite prune sauvage.

prunelle nf. Ouverture située au milieu de l'iris de l'œil et par laquelle passe la lumière.

prunellier nm. Arbrisseau sauvage qui porte les prunelles.

prunier nm. Arbre fruitier de la famille des rosacées, qui produit la prune.

prurigineux, euse adj. Qui cause du prurigo.

prurigo nm. Eruption cutanée, accompagnée de démangeaison.

prurit nm. Vive démangeaison.

prussiate nm. *Chim.* Sel de l'acide prussique, dit plutôt *cyanure.*

prussien, enne adj. et n. De la Prusse.

prussique adj. *Acide -,* dit *cyanhydrique,* poison violent formé de carbone, d'azote et d'hydrogène (CNH).

prytanée nm. Ecole militaire de La Flèche (Sarthe).

psalliote nf. Genre de champignons, dont une espèce constitue le champignon de couche.

psalmiste nm. Auteur de psaumes. || *Absol.* Le roi David.

psalmodie nf. Manière de chanter, de réciter les psaumes.

psalmodier vt. et i. (c. *prier*). Réciter des psaumes sans inflexion de voix. || *Fig.* Déclamer avec monotonie.

psaume nm. Cantique ou chant sacré des Hébreux.

psautier nm. Recueil de psaumes.

pschent nm. Coiffure des pharaons.

pseudo, préf. qui signifie *faux.*

pseudonyme nm. Nom d'emprunt pris par certains auteurs.

pseudopode nm. Organe de locomotion et de préhension émis par certaines cellules, sans forme fixe.

psitt! Interj. Sifflement pour appeler.

psittacisme nm. Répétition machinale de mots, qu'on ne comprend pas.

psittacose nf. Maladie des perroquets, transmissible à l'homme.

psychanalyse nf. Etude des phénomènes de l'inconscient.

psyché nf. Grand miroir mobile sur châssis.

psychiatre nm. Médecin spécialiste des maladies mentales.

psychiatrie [kya] nf. Etude des maladies mentales.

psychique adj. Relatif à l'esprit : les phénomènes -.

psychologie [ko] nf. Partie de la philosophie qui traite de l'âme humaine, de ses facultés, de ses opérations.

psychologique adj. Relatif à la psychologie. ‖ *Fam. Moment* -, moment opportun pour agir.

psychologue nm. Personne qui s'occupe de psychologie. ‖ **Personne qui** analyse, interprète les pensées, le comportement d'autrui : un fin -.

psychose nf. Maladie mentale. ‖ *Par ext.* Obsession provoquée par une commotion d'origine sociale.

psylle nm. Jongleur indien qui présente des serpents apprivoisés.

ptérodactyle nm. Genre de reptiles volants, dont on n'a trouvé que des débris fossiles dans le jurassique.

ptomaïne nf. Alcaloïde provenant de la fermentation des matières organiques.

ptôse nf. Relâchement des ligaments viscéraux qui amène la descente des organes.

ptyaline nf. Ferment soluble de la salive.

puant, e adj. Qui exhale une odeur fétide. ‖ *Fig.* Honteux, impudent : un mensonge -. ‖ *Fam.* D'une fatuité insupportable : il est -.

puanteur nf. Mauvaise odeur.

pubère adj. et n. Qui a atteint l'âge de la puberté.

puberté nf. Age où l'on cesse d'être un enfant et où la loi permet de se marier.

pubescence nf. Etat des tiges, des feuilles pubescentes.

pubescent, e adj. *Bot.* Garni de poils fins et courts.

pubien, enne adj. Relatif au pubis.

pubis nm. Partie antérieure des os iliaques.

public, ique adj. Relatif à tout un peuple : intérêt -; affaires -. ‖ Accessible à tous : réunion -. ‖ Connu de

tous : bruit -. ‖ *Charges* -, impositions. ‖ *Droit* -, science qui fait connaître la constitution des Etats, leurs droits, etc. ‖ Nm. Le peuple en général : avis au -. ‖ Nombre de personnes réunies pour voir... : le - d'un théâtre. ‖ En - loc. adv., en présence de tous : parler en -.

publicain nm. *Ant. rom.* Fermier des deniers publics.

publication nf. Action de publier : - de mariage. ‖ Mise en vente d'un ouvrage. ‖ Ouvrage publié : une - mensuelle.

publiciste nm. Journaliste en général.

publicitaire adj. Relatif à la publicité.

publicité nf. Etat de ce qui est rendu public : la - des débats judiciaires. ‖ Ensemble des moyens employés pour lancer, faire connaître un produit, une entreprise, etc.

publier vt. (c. prier). Rendre public et notoire. ‖ Divulguer, répandre : - une nouvelle. ‖ Editer : - un roman.

puce nf. Insecte sauteur, piqueur, parasite de l'homme et d'un grand nombre d'animaux. ‖ Adj. inv. De la couleur de la puce : des robes de soie -.

pucelle nf. *Fam.* Jeune fille. ‖ *La Pucelle*, Jeanne d'Arc.

puceron nm. Petit insecte suceur, parasite des plantes.

pudding [pou] nm. Gâteau anglais composé de farine, de raisins de Corinthe, de graisse, de rhum, etc.

puddlage nm. Affinage de la fonte et sa transformation en fer : le - se réalise dans un four à réverbère.

puddler vt. Soumettre au puddlage.

pudeur nf. Discrétion, retenue qui interdit ce qui peut blesser la décence, la délicatesse.

pudibond, e adj. D'une pudeur excessive.

pudibonderie nf. Caractère des personnes pudibondes, affectation exagérée de pudeur.

pudicité nf. Caractère des personnes pudiques. ‖ Chasteté.

pudique adj. Chaste; modeste.

puer vi. (c. tuer). Sentir très mauvais. ‖ Vt. Exhaler une forte odeur de : - le vin.

puériculture nf. Ensemble des moyens propres à assurer la naissance et le développement d'enfants sains.

puéril, e adj. Relatif à l'enfance. ‖ *Par ext.* Enfantin : amusement -.

puérilité nf. Caractère de ce qui est enfantin : la - d'un raisonnement. ‖ Enfantillage.

puerpéral, e, aux adj. *Fièvre* -, fièvre infectieuse, atteignant les femmes en couches.

pugilat nm. Combat, rixe à coups de poing.

pugiliste nm. Boxeur.

puiné, e adj. et n. Né après par rapport à un autre.

puis adv. Ensuite, après. || **Et** - loc. adv., d'ailleurs, de plus : *il ne le voudra pas, et - à quoi cela servirait-il?*

puisage nm. Action de puiser.

puisard nm. Puits pratiqué pour recevoir et absorber les eaux-vannes et les eaux de pluie.

puisatier nm. Ouvrier qui creuse des puits.

puiser vt. Prendre un liquide avec un récipient : - *de l'eau à.* || Vi. *Fig.* Emprunter : - *dans la bourse de ses amis.*

puisque conj. qui marque la cause : - *vous le voulez.* (La voyelle *e* de *puisque* ne s'élide que devant les mots *il, elle, on, en, un, une.*)

puissamment adv. D'une manière puissante. || Extrêmement : *il est - riche.*

puissance nf. Pouvoir de commander, autorité : - *paternelle.* || Domination : - *des Romains.* || Force : *la - du vent.* || Etat souverain : *les - alliées.* || *Fig.* Force, influence : *la - de l'exemple.* || *Phys.* Quantité de travail produite dans l'unité de temps. || *Math.* - *d'un nombre,* produit de plusieurs facteurs égaux à ce nombre. || Pl. L'un des chœurs des anges.

puissant, e adj. Qui a de la puissance. || Nm. *Théol.* Le Tout-Puissant, Dieu.

puits nm. Trou profond foré dans le sol pour tirer de l'eau, exploiter une mine, extraire du pétrole. || - *artésien,* dont l'eau jaillit. || *Fig.* - *de science,* homme très savant.

pullman [*poul-man*] nm. (du nom du constructeur). Voiture de luxe dans certains trains.

pull-over nm. Tricot que l'on enfile par la tête. || Pl. des *pull-overs.*

pulluler vi. Se multiplier beaucoup et vite : *les champignons pullulent dans les bois.* || *Fig.* Etre en grand nombre : *les mauvais livres pullulent.*

pulmonaire adj. Du poumon. || *Congestion -,* engorgement sanguin du poumon.

pulpe nf. Chair des fruits et des légumes. || - *dentaire,* tissu conjonctif de la cavité dentaire.

pulpeux, euse adj. Formé d'une pulpe.

pulsateur, trice adj. et n. Qui pousse, qui produit des battements.

pulsation nf. Battement du pouls : - *fréquentes.* || *Phys.* Mouvement de vibration qui se manifeste dans les fluides élastiques.

pulvérin nm. Poudre à canon très fine.

pulvérisable adj. Qui peut être pulvérisé.

pulvérisateur nm. Instrument pour pulvériser un liquide.

pulvérisation nf. Action de pulvériser ; son résultat.

pulvériser vt. Réduire en poudre. || Projeter un liquide en fines gouttelettes. || *Fig.* Détruire, réfuter complètement : - *une objection.*

pulvérulence nf. Etat pulvérulent.

pulvérulent, e adj. A l'état de poudre fine : *médicament -.*

puma ou **couguar** nm. Félin carnassier d'Amérique.

punaise nf. Insecte hémiptère, plat, à odeur fétide. || Petit clou à pointe courte et à tête large et plate.

punch [*ponch'*] nm. Mélange d'une liqueur forte avec divers ingrédients (citron, thé, sucre).

punching-ball [*peun-tchin'g-bôl*] nm. Ballon maintenu verticalement par des liens élastiques, et servant à s'entraîner à la boxe.

punique adj. Qui concerne les Carthaginois : *guerre -.* || *Fig. Foi -,* mauvaise foi.

punir vt. Faire subir une peine : - *un coupable.* || Infliger comme châtiment : - *de mort.* || *Absol.* : - *sévèrement.*

punisseur, euse n. et adj. Qui aime à punir.

punitif, ive adj. Qui a pour objet de punir : *expédition -.*

punition nf. Action de punir. || Châtiment infligé : - *exemplaire.*

pupillaire adj. *Anat.* Qui concerne la pupille de l'œil.

pupille n. Enfant orphelin et mineur, mis sous la direction d'un tuteur.

pupille nf. V. PRUNELLE.

pupitre nm. Petit meuble à plan incliné servant de support : - *à musique.*

pur, e adj. Sans mélange. || Non altéré ni vicié. || *Fig.* Sans souillure : *conscience -.* || Correct : *style -.* || Chaste : *jeune fille -.* || Exempt : - *de tout crime.*

purée nf. Bouillie de légumes écrasés et tamisés.

pureté nf. Qualité de ce qui est pur.

purgatif, ive adj. et nm. Qui purge l'intestin : *l'huile de ricin est -.*

purgation nf. Evacuation intestinale à l'aide d'un purgatif. || Remède pris pour se purger : - *énergique.*

purgatoire nm. *Relig.* Séjour où les âmes des morts achèvent d'expier leurs fautes. || *Fig.* Lieu où l'on souffre.

purge nf. Action de purger. ‖ Remède purgatif : *prendre une -*. ‖ Canal d'évacuation.

purger vt. Débarrasser des impuretés : *- des métaux ; des indésirables : - une mer des pirates ;* des déchets intestinaux : *- un malade*.

purgeur nm. Appareil qui permet d'évacuer l'air ou l'eau condensée d'un circuit de vapeur.

purificateur, trice adj. et n. Qui sert à purifier : *un feu -*.

purification nf. Action de purifier ; son résultat. ‖ *Relig. cathol.* Cérémonie qui précède l'ablution, à la messe. ‖ Fête en l'honneur de la Sainte Vierge (2 février).

purificatoire adj. m. Qui purifie : *cérémonie -*. ‖ Nm. *Relig. cathol.* Linge avec lequel le prêtre essuie le calice après la communion.

purifier vt. (c. *prier*). Rendre pur : *- l'air*. ‖ *Fig.* Débarrasser des souillures morales : *- son cœur*.

purin nm. Liquide découlant du fumier des animaux de ferme.

purisme nm. Amour exagéré de la pureté du langage.

puriste n. Qui affecte une trop grande pureté de langage.

puritain, e n. Presbytérien rigide d'Angleterre. ‖ *Fig.* Homme qui affecte une rigidité austère.

puritanisme nm. Doctrine des puritains. ‖ *Fig.* Grande austérité de principes.

purpura nm. Eruption de taches rougeâtres ou bleuâtres sur la peau.

purpurin, e adj. Qui approche de la couleur de pourpre.

purpurine nf. Matière colorante contenue dans la garance.

pur-sang nm. inv. Cheval de race.

purulence nf. Etat de ce qui est purulent.

purulent, e adj. De la nature du pus; qui produit du pus.

pus nm. Liquide épais qui se forme dans les plaies, les abcès : *vider un abcès de son -*.

pusillanime adj. Timide jusqu'à la lâcheté. ‖ Qui annonce ce défaut : *conduite -*.

pusillanimité nf. Manque de courage.

pustule nf. Petite tumeur inflammatoire qui suppure.

pustuleux, euse adj. Accompagné de pustules : *éruption -*.

putatif, ive adj. *Dr.* Qui est supposé avoir une existence légale : *mariage -*. ‖ *Enfant -*, supposé fils de.

putois nm. Petit mammifère carnassier, long, à forte odeur. ‖ Sa fourrure. ‖ Pinceau fait de ses poils.

putréfaction nf. Décomposition des corps organisés après la mort. ‖ Etat de ce qui est putréfié.

putréfier vt. (c. *prier*). Corrompre, faire pourrir.

putrescibilité nf. Caractère, nature de ce qui est putrescible.

putrescible adj. Sujet à la putréfaction : *matière -*.

putride adj. Putréfié : *eau -*. ‖ Produit par la putréfaction : *miasmes -*.

putridité nf. Etat de ce qui est putride. ‖ *Pathol.* Etat des tissus décomposés.

puy nm. En Auvergne, sommet d'origine volcanique.

puzzle nm. Jeu de patience, fait de fragments qu'il faut rassembler.

pygargue nm. ou **orfraie** nf. Aigle à queue blanche.

pygmée nm. Très petit homme (au *pr.* et au *fig.*).

pygméen, enne adj. Relatif aux Pygmées.

pyjama nm. Pantalon léger porté dans l'Hindoustan. ‖ Vêtement d'intérieur ou de nuit, ample et léger, comportant une veste et un pantalon.

pylône nm. Construction massive, à quatre faces, formant le portail d'un monument égyptien. ‖ Charpente en forme de tour. ‖ Support en charpente métallique ou en béton d'une construction, d'une ligne électrique aérienne.

pylore nm. Orifice inférieur de l'estomac, débouchant dans le duodénum.

pylorique adj. Relatif au pylore : *l'orifice -*.

pyorrhée nf. Ecoulement de pus.

pyrale nf. Insecte lépidoptère, parasite de la vigne.

pyramidal, e, aux adj. En forme de pyramide. ‖ *Fam.* Enorme : *bêtise -*.

pyramide nf. Solide à base polygonale et à faces latérales triangulaires qui se réunissent en un même point appelé *sommet*. ‖ Monument en forme de pyramide : *les - d'Egypte*.

pyrénéen, enne adj. et n. Des Pyrénées : *la chaîne -*.

pyrèthre nm. Plante composée dont les fleurs fournissent une poudre insecticide.

Pyrex nm. Nom déposé d'une sorte de verre peu fusible.

pyrite nf. Sulfure de fer naturel. ‖ *- cuivreuse*, sulfure de fer et de cuivre.

pyrogallique adj. *Acide -* ou *pyrogallol*, phénol employé comme révélateur photographique.

pyrogravure nf. Décoration du bois, du cuir, au moyen d'une pointe métallique portée au rouge vif.

pyromanie nf. Impulsion qui pousse certains individus à allumer des incendies.

pyromètre nm. Instrument pour la mesure des très hautes températures.

pyrophore nm. Substance qui s'enflamme spontanément au contact de l'air.

pyrophosphate nm. *Chim.* Sel de l'acide phosphorique.

pyrophosphorique adj. *Chim.* Se dit d'un acide qu'on obtient en chauffant l'acide phosphorique normal.

pyrosis [*ziss*] nm. Sensation de brûlure au long de l'œsophage.

pyrosphère nf. Nom donné au noyau igné de la Terre.

pyrotechnie nf. Préparation et emploi des produits explosifs.

pythagoricien nm. Partisan de la doctrine de Pythagore. ‖ Adj. : *théorie -*.

pythagorisme nm. Doctrine de Pythagore.

pythie nf. Prêtresse de l'oracle d'Apollon, à Delphes.

pythiques adj. mpl. *Jeux -*, qui se célébraient tous les quatre ans, à Delphes, en l'honneur d'Apollon Pythien.

python nm. Gros serpent non venimeux de l'Inde et de l'Afrique.

pythonisse nf. Prophétesse : *la - de Delphes.*

QR

q nm. Dix-septième lettre de l'alphabet et la treizième des consonnes.

quadragénaire adj. et n. Qui est âgé de quarante ans.

quadragésime [*koua*] nf. *Relig. cathol.* Le premier dimanche du carême.

quadrangulaire [*koua*] adj. Qui a quatre angles.

quadrant [*koua*] nm. Quart d'une circonférence : *un - vaut 90 degrés ou 100 grades.*

quadrature [*koua*] nf. Réduction d'une figure géométrique quelconque au carré de même surface. || *Fig. La du cercle,* se dit d'un problème insoluble. || *Astron.* Situation de deux astres éloignés l'un de l'autre de 90°.

quadrette nf. Équipe de jeu de boules composée de quatre joueurs.

quadriennal, e, aux adj. Qui dure quatre ans : *période -.* || Qui revient tous les quatre ans.

quadrige [*koua*] nm. Char antique attelé de quatre chevaux de front.

quadrijumeaux [*koua*] adj. mpl. *Tubercules -,* éminences de la moelle allongée, au nombre de quatre.

quadrilatère [*koua*] nm. *Math.* Polygone à quatre côtés.

quadrillage [*ka*] nm. Disposition en carrés contigus. || Implantation régulière d'unités militaires pour contrôler une région.

quadrille nm. Troupe de cavaliers dans un carrousel, de toréadors dans une course. || Groupe de quatre couples de danseurs dans les bals et les ballets.

quadrillé, e adj. Divisé en carreaux : *papier -.*

quadriller vt. Couvrir de droites qui se coupent en formant des carrés.

quadrilobé, e adj. *Bot.* A quatre lobes : *une feuille -.*

quadrimoteur adj. A quatre moteurs. || Nm. : *un -.*

quadrumane adj. et n. Qui a quatre mains : *les singes sont des -.*

quadrupède nm. et adj. Qui a quatre pieds.

quadruple adj. Qui vaut quatre fois autant. || Nm. Nombre, quantité quatre fois aussi grande.

quadrupler vt. Rendre quatre fois aussi grand : *- une somme.* || Vi. : *son bien a quadruplé.*

quai nm. Muraille protectrice élevée le long d'un cours d'eau. || Rivage d'un port, aménagé pour l'accostage, le chargement et le déchargement des bateaux. || Trottoir le long des voies, dans une gare.

quaker [*kouèkr'*], **eresse** n. Membre d'une secte religieuse répandue surtout en Angleterre et aux Etats-Unis.

qualificatif, ive adj. Qui exprime la qualité : *adjectif -.* || Nm. Mot qui exprime la manière d'être : *un - aimable.*

qualification nf. Attribution d'une qualité, d'un titre : *la - de téméraire.*

qualifié, e adj. Qui a la qualité nécessaire pour... : *expert -.* || *Vol -,* commis avec circonstances aggravantes (effraction, escalade...).

qualifier vt. Donner une qualification à : *une conduite qu'on ne saurait -.*

qualitatif, ive adj. Relatif à la qualité, à la nature des objets. || *Analyse -,* qui recherche la nature des éléments d'un corps composé.

qualité nf. Manière d'être, bonne ou mauvaise, d'une chose : *la - d'une étoffe.* || Supériorité, excellence : *préférer la - à la quantité.* || Aptitude : *cet enfant a des -.* || Condition sociale, civile, juridique, etc. : *- de citoyen, de maire.* || Condition d'une personne noble : *un homme de -.* || **En de** loc. prép., comme, à titre de.

quand adv. A quelle époque : *- partez-vous?* || Conj. Au moment où : *- vous serez vieux.* || **- même** loc. conj., encore que, alors que : *- même vous me haïriez.* || **- même** loc. adv., malgré tout.

quanta nmpl. Quantités minimums d'énergie pouvant être émises, propagées ou absorbées. || Sing. : *un quantum.*

quant à loc. prép. A l'égard de; pour ce qui est de : *- moi.*

quant-à-soi nm. *Fam.* Réserve, attitude distante : *rester sur son -.*

quantième adj. et nm. *- du mois,* numéro d'ordre de chaque jour du mois.

quantitatif, ive adj. Relatif à la quantité : *analyse -.*

quantitativement adv. Du point de vue de la quantité.

quantité nf. Qualité de ce qui peut être mesuré ou compté. || Un grand nombre : *- de gens disent.*

quantum nm. Quantité déterminée. || Pl. des *quanta.*

quarantaine nf. Nombre de quarante ou environ : *une - de francs.* ‖ Age de quarante ans : *avoir la -.* ‖ Isolement imposé à un navire qui vient d'un pays où règne une maladie contagieuse. ‖ *Par anal.* Isolement infligé à quelqu'un.

quarante adj. num. Quatre fois dix. ‖ Quarantième : *page -.* ‖ Nm. Le nombre quarante : *avoir un - d'atout.* ‖ *Les Quarante,* les membres de l'Académie française.

quarantenaire adj. Qui dure quarante ans. ‖ *Mar.* Relatif à la quarantaine sanitaire : *mesures -.*

quarantième adj. num. ordinal de *quarante.* ‖ N. : *le -.*

quart nm. L'une des quatre parties égales d'un tout : *un - d'heure.* ‖ *Mar.* Durée d'un service à bord d'un navire : *être de -.* ‖ Petit gobelet de soldat. ‖ *Archit.* - *de rond,* moulure à section en quart de cercle. ‖ *Fam. Passer un mauvais - d'heure,* éprouver, dans un court espace de temps, quelque chose de fâcheux. ‖ *Fam. Les trois - du temps,* la plupart du temps. ‖ *Le - d'heure de Rabelais,* le moment où il faut payer son écot et, *par ext.,* tout moment désagréable.

quartaut nm. Ancienne mesure de capacité, d'environ 78 litres.

quarte adj. *Fièvre -,* fièvre qui revient tous les quatre jours.

quarte nf. Ancienne mesure de liquide contenant deux pintes. ‖ Série de quatre cartes de même couleur. ‖ *Mus.* Intervalle de deux tons et demi ou trois tons (*quarte augmentée*) ou d'un ton et deux demi-tons (*quarte diminuée*). ‖ *Escr.* La quatrième garde.

quarteron nm. Le quart d'un cent : *un - d'œufs.* ‖ Anciennement, quatrième partie de la livre.

quarteron, onne n. Métis issu d'une mulâtresse et d'un blanc.

quartier nm. Une des quatre divisions égales d'un tout : *- de pomme.* ‖ *Par ext.* Toute portion d'un objet divisé en un certain nombre de parties : *un - d'orange.* ‖ Division administrative d'une ville : *le - des Gobelins.* ‖ Sa population : *mettre un - en émoi.* ‖ Chacune des deux phases où la Lune apparaît sous forme de croissant. ‖ Tout lieu occupé par une troupe, soit en garnison (caserne), soit en campagne (cantonnement) : *prendre ses - d'hiver.* ‖ - *général,* poste de commandement d'un officier général et de son état-major. (En abrégé : Q.G.) ‖ *Fig.* Grâce, vie sauve accordée aux vaincus : *pas de -.*

quartier-maître nm. *Mar.* Premier grade, dans la marine, correspondant à celui de caporal ou de brigadier dans l'armée de terre. ‖ Pl. des *quartiers-maîtres.*

quarto adv. Quatrièmement.

quartz ou **cristal de roche** nm. Silice cristalline.

quasi nm. Morceau de la cuisse d'un veau ou d'un bœuf.

quasi ou, *fam.,* **quasiment** adv. Presque : *il était - mort.*

Quasimodo nf. Le premier dimanche après Pâques : *la -.*

quassia ou **quassier** nm. Arbrisseau dont le bois est employé en médecine comme tonique et amer.

quater adv. Pour la quatrième fois.

quaternaire adj. Relatif au nombre - quatre. ‖ Divisible par quatre. ‖ Se dit de l'ère géologique actuelle. ‖ Nm. : Période géologique actuelle.

quatorze adj. num. Dix et quatre. ‖ Quatorzième : *Louis Quatorze.* ‖ Nm. : *le - de décembre.* ‖ Au jeu de piquet, les quatre as, rois, dames, valets ou dix. ‖ A la belote, le neuf d'atout.

quatorzième adj. num. ordinal de *quatorze.* ‖ Nm. : *un -.*

quatrain nm. Strophe de quatre vers.

quatre adj. num. Deux fois deux. ‖ Quatrième : *Henri Quatre.* ‖ *Fig.* et *fam. Se mettre en -,* s'efforcer. ‖ *Entre - yeux,* en tête à tête. ‖ *N'y pas aller par - chemins,* aller droit au but. ‖ *Couper un cheveu en -,* faire des distinctions très subtiles. ‖ Nm. Chiffre qui exprime le nombre quatre.

quatre-huit nm. *Mus.* Mesure à quatre temps, qui a la croche pour unité de temps.

quatre-quarts nm. Gâteau dans lequel farine, beurre, sucre, œufs sont à poids égaux.

quatre-saisons nf. Variété de petites fraises. ‖ *Marchand des -,* qui vend sur la voie publique les fruits et légumes de chaque saison.

quatre-temps nmpl. Jours de jeûne et d'abstinence prescrits par l'Eglise catholique au début de chaque saison.

quatre-vingtième adj. numéral ordinal de *quatre-vingts.*

quatre-vingts ou **quatre-vingt** (quand ce mot est suivi d'un autre adjectif numéral) adj. num. Quatre fois vingt : *quatre-vingts hommes ; quatre-vingt-dix francs.* ‖ Quatre-vingtième : *page quatre-vingt.*

quatrième adj. num. ordinal de *quatre.* ‖ Nm. Etage : *habiter au -.* ‖ Nf. Classe : *faire sa -.* ‖ A certains jeux, quatre cartes qui se suivent dans une même couleur.

quatuor [*koua*] nm. *Mus.* Morceau à quatre parties. ‖ Ensemble de quatre instruments ou de quatre musiciens.

que pr. rel. Lequel, laquelle, etc. : *la leçon - j'étudie.* ‖ Pr. interrog. Quelle chose : *- dites-vous?*

que conj. qui sert à unir deux membres de phrase : *je veux - vous veniez.* ‖ Marque le souhait, l'imprécation, le commandement, etc. : *- je meure si...; -'il parte à l'instant.* ‖ Sert à former des loc. conj. comme *avant que, encore que, afin que, bien que,* etc. ‖ Adv. Combien : *- de navires perdus!*

quel, quelle adj. S'emploie dans les phrases interrogatives : *- heure est-il?* exclamatives : *- malheur!* ‖ Si grand que : *quels que soient les avantages.*

quelconque adj. indéf. Quel qu'il soit, quelle qu'elle soit : *un prétexte -.* ‖ *Fam.* Médiocre : *un livre -.*

quelque adj. indéf. Un ou plusieurs : *- indiscret lui aura dit cela ; - personnes pensent que...* ‖ Indique un petit nombre : *il a - sujet de se plaindre.* ‖ Adv. Si : *- habiles qu'ils soient.* ‖ Environ : *il y a - cent ans.*

quelquefois adv. Parfois.

quelqu'un, e pr. indéf. Un, une entre plusieurs. ‖ *Fam.* Une personne d'importance : *il se croit -.* ‖ Pl. *quelques-uns, quelques-unes.*

quémander vt. et i. Mendier, solliciter avec importunité : *- un emploi.*

quémandeur, euse n. Qui quémande, sollicite.

qu'en-dira-t-on nm. inv. *Fam.* L'opinion du public : *se moquer du -.*

quenelle nf. Boulette de poisson ou de viande hachée.

quenotte nf. *Fam.* Dent d'enfant.

quenouille nf. Petit bâton entouré vers le haut d'une matière textile, destinée à être filée.

quenouillée nf. Quantité de chanvre, de laine dont on garnit la quenouille.

quercitron nm. Chêne vert d'Amérique du Nord dont l'écorce fournit une teinture jaune.

querelle nf. Contestation, dispute : *chercher - à quelqu'un.* ‖ *- d'Allemand,* faite sans sujet.

quereller vt. Faire une querelle à quelqu'un. ‖ Vi. Faire des querelles.

querelleur, euse adj. et n. Qui aime à quereller.

quérir ou **querir** vt. (usité à l'inf. après les verbes *aller, venir, envoyer).* Aller chercher et amener : *aller - le docteur.*

questeur nm. Magistrat romain chargé de fonctions financières. ‖ Dans les assemblées législatives françaises, membre chargé d'en diriger l'administration intérieure.

question nf. Demande, interrogation. ‖ Point à discuter : *- de droit.* ‖ Torture infligée autrefois aux accusés

pour leur arracher des aveux. ‖ *Être - de,* s'agir de.

questionnaire nm. Recueil de questions, interrogatoire : *remplir un -.*

questionner vt. Interroger.

questionneur, euse n. Qui pose sans cesse des questions.

questure nf. Charge de questeur. ‖ Durée de ses fonctions. ‖ Bureau des questeurs d'une assemblée.

quête nf. Recherche : *être en - de renseignements.* ‖ Collecte : *faire une -.* ‖ Le montant de cette collecte.

quêter vt. Rechercher : *- des louanges.* ‖ Vi. Recueillir des aumônes.

quêteur, euse n. Qui quête.

quetsche nf. Grosse prune oblongue.

queue nf. Prolongement de l'épine dorsale chez quelques animaux : *la - du chien ; - de poisson.* ‖ Tige, support des fleurs, des feuilles, des fruits, et, *par anal.,* appendice en forme de queue : *la - d'une casserole,* etc. ‖ Traîne d'un vêtement : *la - d'une robe.* ‖ File de personnes qui attendent : *faire la -.* ‖ *- de billard,* canne de bois pour pousser les billes. ‖ *A la - leu leu,* un par un, à la file. ‖ *Fig.* Derniers rangs : *être à la - de sa classe.*

queue-d'aronde nf. *Techn.* Tenon en forme de queue d'hirondelle. ‖ Pl. *des queues-d'aronde.*

queue-de-morue nf. Large pinceau plat. ‖ *Fam.* Habit de cérémonie. ‖ Pl. *des queues-de-morue.*

queue-de-rat nf. Petite lime ronde et pointue. ‖ Pl. *des queues-de-rat.*

queuter vi. Au billard, pousser deux billes d'un seul coup.

queux nm. *Maître -,* cuisinier.

qui pr. rel. et interr. Lequel, laquelle, etc. ‖ Celui qui, quiconque : *aimez - vous aime.* ‖ Quelle personne : *- est là?*

quia (à) loc. adv. *Être à -,* hors d'état de répondre.

quiche nf. Flan lorrain au lard.

quiconque pr. ind. Toute personne qui : *la loi punit - est coupable.*

quidam n. Personne dont on ignore ou dont on n'exprime point le nom. ‖ Pl. *des quidams.*

quiet, ète adj. Tranquille.

quiétisme [*kui-yé*] nm. Doctrine mystique qui fait consister la perfection chrétienne dans l'amour de Dieu et l'inaction de l'âme.

quiétiste n. et adj. Adepte du quiétisme.

quiétude nf. Tranquillité, repos.

quignon nm. Gros morceau de pain.

quille nf. Partie inférieure axiale de

la coque d'un navire, sur laquelle s'appuie la charpente.

quille nf. Morceau de bois rond et long, que l'on doit renverser à l'aide d'une boule.

quillon nm. Chacun des bras de la garde d'une épée, d'une baïonnette.

quinaud, e adj. Penaud.

quincaille nf. Tout ustensile de fer ou de cuivre.

quincaillerie nf. Marchandise métallique d'un finissage relatif et de faible valeur. ‖ Industrie et magasin correspondants.

quincaillier, ère n. Marchand de quincaillerie.

quinconce nm. Assemblage d'objets disposés par cinq : quatre en carré et un au milieu.

quinine nf. Extrait de quinquina, employé comme fébrifuge.

quinquagénaire adj. et n. Âgé de cinquante ans.

Quinquagésime nf. Dernier dimanche avant le carême, cinquantième jour avant Pâques.

quinquennal, e, aux adj. Qui a lieu tous les cinq ans. ‖ Qui dure cinq ans : *le plan -.*

quinquet nm. Ancienne lampe à huile à double courant d'air.

quinquina nm. Arbre du Pérou, qui fournit une écorce amère et fébrifuge appelée aussi *quinquina.*

quint adj. m. Cinquième : *Charles Quint.*

quintal nm. Poids de cent kilogrammes. ‖ Pl. des *quintaux.*

quinte nf. Mus. Intervalle de cinq notes. ‖ Séquence de cinq cartes. ‖ Accès de toux violent et prolongé. ‖ *Escr.* La cinquième garde.

quintessence nf. Ce qu'il y a de meilleur, de plus précieux, de plus subtil dans une chose : *tirer la - d'un livre.*

quintessencier vt. Raffiner, subtiliser.

quintette nm. Morceau de musique à cinq parties. ‖ Ensemble de cinq musiciens.

quinteux, euse adj. Qui se produit par quintes. ‖ Fantasque, ombrageux.

quinto [kuin] adv. Cinquièmement.

quintuple adj. Qui vaut cinq fois autant. ‖ Nm. Nombre, quantité cinq fois aussi grande.

quintupler vt. Rendre cinq fois aussi grand. ‖ Vi. : *son bien a quintuplé.*

quintuplés, ées n. Jumeaux, jumelles nés au nombre de cinq.

quinzaine nf. Quinze ou environ. ‖ Deux semaines.

quinze adj. num. Dix plus cinq. ‖ Quinzième : *Louis Quinze.* ‖ Nm. Le nombre quinze : *le - du mois.*

quinzième adj. num. ordinal de *quinze.* ‖ N. : *être le -.* ‖ Nm. La quinzième partie : *prendre le - de.*

quiproquo nm. Méprise, confusion. ‖ Pl. des *quiproquos.*

quittance nf. Attestation écrite constatant un paiement.

quitte adj. Libéré d'une dette pécuniaire : *vous êtes -.* ‖ Fig. Délivré d'une obligation morale, sociale, mondaine, etc. : *être - d'une corvée.*

quitter vt. Se séparer de quelqu'un. ‖ Abandonner : - *son poste.* ‖ Ôter : - *ses vêtements.* ‖ Fig. Renoncer à une profession : - *l'épée, la robe.*

quitus nm. Arrêt d'un compte attestant la bonne gestion d'un comptable.

qui vive? loc. interj. Cri d'une sentinelle à l'approche de quelqu'un. ‖ Nm. inv. *Être sur le -,* sur ses gardes.

quoi pr. rel. Laquelle chose : *je devine à - vous pensez.* ‖ Suffisant pour : *avoir de - vivre.* ‖ Sans -, sinon. ‖ Pr. interr. Quelle chose : *à - pensez-vous?* - **que** loc. pron. conj., quelque chose que, quelle que soit la chose que : - *que vous disiez, on ne sera pas satisfait.* ‖ Interj. qui marque l'étonnement, l'indignation, etc. : -*! vous partez?*

quoique conj. Encore que, bien que : - *il soit pauvre.* (La voyelle e de *quoique* ne s'élide que devant les mots *il, elle, on, un, une.* On met au subj. le verbe qui suit *quoique* ou *quoi que.*)

quolibet nm. Plaisanterie, mauvais jeu de mots.

quorum nm. Nombre de votants minimum exigé.

quota nm. Pourcentage, part.

quote-part nf. Part de chacun. ‖ Pl. des *quotes-parts.*

quotidien, enne adj. De chaque jour. ‖ Nm. Journal.

quotient [ko-syan] nm. Résultat de la division de deux nombres l'un par l'autre.

quotité nf. Valeur fixe de chaque quote-part.

R

r nm. Dix-huitième lettre de l'alphabet et le quatorzième des consonnes.

Ra, symbole chimique du *radium*.

ra nm. inv. Roulement bref de tambour.

rabâchage nm. *Fam.* Défaut ou discours de rabâcheur.

rabâcher vt. et i. *Fam.* Ressasser, répéter sans cesse.

rabâcheur, euse n. Qui ne fait que rabâcher.

rabais nm. Diminution de prix et de valeur : *vendre au* -.

rabaissement nm. Action de ravaler, d'humilier.

rabaisser vt. Mettre plus bas. ‖ *Fig.* Déprécier : - *les mérites de quelqu'un.* ‖ Humilier : - *l'orgueil de quelqu'un.* ‖ **Se** - vpr. S'avilir.

rabane nf. Tissu de fibres de raphia.

rabat nm. Morceau de tissu retombant du cou sur la poitrine, porté par les gens de robe et d'église.

rabat-joie nm. inv. *Fam.* Homme triste, ennemi de la joie.

rabattage nm. Action de rabattre le gibier.

rabattement nm. Action de rabattre. ‖ *Math.* Mouvement de rotation opéré sur une figure plane, pour l'amener dans un des plans de projection.

rabatteur nm. Celui qui rabat le gibier vers les chasseurs.

rabattre vt. Rabaisser ce qui s'élève. ‖ Aplatir : - *un pli.* ‖ Retrancher du prix d'une chose : *je n'en rabattrai pas un centime.* ‖ Rassembler le gibier vers les chasseurs. ‖ *Fig.* Abaisser : - *l'orgueil.* ‖ Vi. Diminuer de : - *de ses prétentions.* ‖ **Se** - vpr. Se détourner de son chemin pour en prendre un autre : *l'armée se rabattit sur la ville.* ‖ *Fig.* Changer brusquement de propos : *se* - *sur la politique.*

rabbin nm. Docteur de la loi juive. ‖ *Grand* -, chef d'un consistoire israélite.

rabbinique adj. Relatif aux rabbins.

rabbinisme nm. Activité religieuse et littéraire du judaïsme.

rabibocher vt. *Fam.* Raccommoder. ‖ *Fig.* et fam. Réconcilier.

rabiot nm. *Arg. milit.* Vivres en excédent après la distribution d'un repas. ‖ Temps de service militaire supplémentaire imposé à des recrues.

rabique adj. Relatif à la rage.

râble nm. Partie de certains quadrupèdes, du bas des épaules jusqu'à la queue : *le* - *d'un lièvre.*

râblé, e adj. Qui a le râble épais. ‖ Robuste : *un garçon* -.

rabot nm. Outil de menuisier, pour aplanir et unir le bois. ‖ Instrument à long manche pour remuer le mortier.

rabotage ou **rabotement** nm. Action de raboter ; son résultat.

raboter vt. Aplanir avec un rabot.

raboteux, euse adj. Inégal, couvert d'aspérités : *chemin* -. ‖ **Nf.** Machine-outil pour dresser et aplanir le bois ou les métaux.

rabougri, e adj. Petit, chétif.

rabougrir vi. S'étioler.

rabrouer vt. Traiter rudement.

racahout nm. Poudre alimentaire de salep, cacao, gland doux, fécule de pommes de terre, etc.

racaille nf. Rebut de la société ; personne vile.

raccommodage nm. Action de raccommoder ; son résultat.

raccommodement nm. Réconciliation après une brouille.

raccommoder vt. Remettre en état. ‖ *Fig.* Réconcilier : - *des amis.*

raccommodeur, euse n. Qui raccommode : - *de faïence.*

raccord nm. Ajustement de deux parties d'un ouvrage. ‖ Pièce métallique permettant d'abouter deux tuyaux.

raccordement nm. Action de faire des raccords ; son résultat.

raccorder vt. Joindre par un raccord. ‖ Servir de raccord à.

raccourci adj. *A bras* -, de toutes ses forces. ‖ **En** - loc. adv., en abrégé. ‖ **Nm.** Chemin plus court. ‖ Effet de perspective.

raccourcir vt. Rendre plus court. ‖ Vi. Devenir plus court.

raccourcissement nm. Action de raccourcir.

raccroc nm. Coup réussi par un heureux hasard. ‖ *Fig.* D'une manière heureuse et inattendue : *être reçu par* - *à un examen.*

raccrocher vt. Accrocher de nouveau. ‖ *Fam.* Obtenir par hasard. ‖ **Se** - vpr. Se cramponner.

raccrocheur, euse n. Qui raccroche. ‖ Qui fait des raccrocs au jeu.

race nf. Ensemble des ascendants et des descendants d'une génération. ‖ Groupes d'individus à caractères biologiques et psychologiques constants conservés par la génération : *- humaine.* ‖ Catégorie de personnes ayant même profession, mêmes goûts : *la - des usuriers.* ‖ *- future,* la postérité. ‖ *Chien de -,* de bonne race.

racé, e adj. De bonne race. ‖ *Fig.* Distingué : *cet homme est -.*

rachat nm. Action de racheter. ‖ Délivrance : *le - des captifs.* ‖ Extinction d'une obligation au moyen d'une indemnité : *le - d'une rente.*

racheter vt. (c. *acheter*). Acheter de nouveau ce qu'on avait déjà acheté puis vendu : *- une maison.* ‖ Acheter encore : *- du tissu.* ‖ Délivrer à prix d'argent. ‖ *Fig.* Compenser : *- ses défauts par ses qualités.* ‖ **Se -** vpr. Etre, pouvoir être racheté. ‖ Se faire pardonner.

rachidien, enne adj. Relatif au rachis : *muscles -.*

rachis nm. *Anat.* Colonne vertébrale ou épine dorsale.

rachitique adj. Affecté de rachitisme.

rachitisme nm. Maladie de carence caractérisée par une ossification défectueuse.

racine nf. Partie de la plante qui la fixe au sol et lui permet d'en tirer sa nourriture. ‖ *Par ext.* Toute production vivante implantée dans un tissu : *- des dents.* ‖ Certaines plantes à racine alimentaire pivotante (carottes, salsifis, etc.). ‖ *Fig.* Origine : *couper le mal à sa -.* ‖ *Prendre -,* s'implanter quelque part. ‖ *Gramm.* Elément primitif irréductible, servant à former des dérivés. ‖ *Math. - carrée, cubique,* nombre qui, élevé au carré, au cube, reproduit le nombre proposé. ‖ Crin résistant pour lignes de pêche.

raciner vi. Produire des racines.

racisme nm. Doctrine politique qui tend à protéger la pureté d'une race prétendue supérieure.

raclage nm. Action de racler.

racle ou **raclette** nf. Petit outil de fer recourbé pour racler.

raclée nf. *Pop.* Volée de coups.

racler vt. Enlever en grattant. ‖ *Fig. Ce vin racle le gosier,* est dur et âpre. ‖ *- du violon,* en jouer mal.

racloir nm. Outil qui sert à racler.

raclure nf. Particules enlevées en raclant.

racolage nm. Action de racoler.

racoler vt. *Fam.* Recruter, se procurer : *- des partisans.*

racoleur, euse n. *Fam.* Qui racole.

racontar nm. *Fam.* Bavardage, cancans.

raconter vt. Faire un récit, narrer : *- une histoire.* ‖ *Fam. En -,* faire des récits exagérés.

raconteur, euse n. Qui a la manie de raconter.

racornir vt. Rendre coriace, dur comme la corne. ‖ **Se -** vpr. Devenir dur.

racornissement nm. Action de racornir; son résultat.

radar nm. Appareil de détection et de repérage, par ondes hertziennes ultracourtes, des objets éloignés (avion, navire...).

radariste nm. Spécialiste du radar.

rade nf. *Mar.* Grand bassin de mouillage, avec issue vers la mer.

radeau nm. Assemblage de pièces de bois, en forme de plancher, utilisé, au besoin, en navigation. ‖ Train de bois sur une rivière.

radial, e, aux adj. Disposé suivant un rayon. ‖ De forme rayonnée. ‖ *Anat.* Relatif au radius : *artère -.*

radian nm. Unité d'angle, correspondant à un arc de longueur égale au rayon.

radiant, e adj. Qui émet des radiations.

radiateur nm. Dispositif à grande surface de rayonnement pour chauffer : *- d'appartement,* ou refroidir : *- d'automobile.*

radiation nf. Action de radier. ‖ Elément constitutif d'une onde : *- infrarouge.*

radical, e, aux adj. Inhérent à, inséparable de : *l'arbitraire est le vice du despotisme.* ‖ D'une efficacité certaine : *un moyen -.* ‖ Absolu, total : *un refus -.* ‖ Partisan de réformes démocratiques. ‖ Nm. *Gramm.* Partie invariable du mot, par oppos. à la *terminaison : « aim » est le - du verbe « aimer ».* ‖ *Chim.* Groupement d'atomes qui se comporte comme un corps simple dans les combinaisons. ‖ *Math.* Signe $\sqrt{}$ indiquant une extraction de racine.

radicalisme nm. Système politique des radicaux.

radicelle ou **radicule** nf. Racine très petite. (V. pl. PLANTES.)

radier nm. Soubassement en maçonnerie pour gros ouvrages hydrauliques : *- d'écluse.* ‖ Revêtement étanche à la base d'une construction en contact avec l'eau.

radier vt. (c. *prier*). Rayer sur une liste : *- un candidat.*

radiesthésie nf. Faculté de percevoir certaines radiations.

radieux, euse adj. Brillant, éclatant.

‖ *Fig. Visage* -, qui exprime la santé, la joie.

radio nf. Abrév. de radiotélégraphie, radiotéléphonie, radiographie. ‖ Nm. Abréviation de radiotélégraphiste ou de radiotéléphoniste.

radio-actif, ive adj. Doué de radio-activité : *un corps* -.

radio-activité nf. Propriété qu'ont certains éléments chimiques de se transmuter spontanément en émettant des radiations.

radiodiffusion nf. Transmission par téléphonie sans fil.

radio-électricité nf. Partie de la physique qui concerne les ondes hertziennes.

radio-électrique adj. Se dit des ondes hertziennes.

radiogoniométrie nf. Méthode permettant de déterminer la direction d'un émetteur de T. S. F.

radiographie nf. Photographie par les rayons X : *la* - *d'un rein*.

radiographier vt. Photographier au moyen des rayons X.

radiologie nf. Application médicale des rayons X, des radiations lumineuses et calorifiques.

radiologue, radiologiste nm. Qui s'occupe de radiologie.

radiophare nm. Emetteur d'ondes permettant aux avions de se guider.

radiophonie nf. Ensemble des émissions par téléphonie sans fil.

radiophonique adj. Relatif à la radiophonie.

radioreportage nm. Reportage diffusé par radio.

radioreporter nm. Journaliste spécialisé dans les radioreportages.

radioscopie nf. Examen par emploi des rayons X.

radiosondage nm. Mesure météorologique par ballon-sonde.

radiothérapie nf. Méthode de traitement par les rayons X.

radis nm. Petite rave à saveur piquante.

radium nm. Métal (Ra) découvert en 1898 par Curie, Bémont, Mme Curie, et caractérisé par sa radio-activité.

radius nm. Le plus petit des deux os de l'avant-bras.

radotage nm. Action de radoter.

radoter vi. Tenir des propos dénués de sens; se répéter sans cesse.

radoteur, euse n. Qui radote.

radoub nm. *Mar. Bassin de* -, bassin d'un port aménagé pour recevoir les navires devant subir une réparation.

radouber vt. *Mar.* Réparer.

radoubeur nm. *Mar.* Ouvrier qui radoube.

radoucir vt. Rendre plus doux. ‖ *Fig.* Apaiser. ‖ Se - vpr. *Fig.* Devenir plus traitable.

radoucissement nm. Action d'adoucir ou de se radoucir.

rafale nf. *Mar.* Coup de vent violent. ‖ Succession rapide de décharges d'armes automatiques : *tir par* -.

raffermir vt. Rendre plus ferme. ‖ *Fig.* Remettre dans un état stable : - *la santé.*

raffermissement nm. Action de raffermir; son résultat.

raffinage nm. Action de purifier (sucres, métaux, pétrole, etc.).

raffinement nm. Extrême subtilité : - *de langage.* ‖ Trop grande recherche : - *de luxe.*

raffiner vt. Rendre plus fin, plus pur. ‖ Vi. Chercher des subtilités : - *sur une question.* ‖ **Raffiné,** e adj. Fin, délicat. ‖ N. Personne au goût délicat : *un* -.

raffinerie nf. Usine où l'on raffine (sucre, pétrole).

raffineur, euse n. Employé ou patron d'une raffinerie.

raffoler vi. *Fam.* Etre passionné pour : - *de la danse.*

raffut nm. *Pop.* Tapage.

rafio nm. Petite embarcation.

rafistolage nm. *Fam.* Action de rafistoler; son résultat.

rafistoler vt. *Fam.* Raccommoder grossièrement : - *un jouet.*

rafle ou **raffe,** ou **râpe** nf. Tige ramifiée de la grappe de raisin, de groseille.

rafle nf. Action de rafler. ‖ Arrestation massive et imprévue.

rafler vt. *Fam.* Emporter tout rapidement : *les voleurs ont tout raflé.*

rafraîchir vt. Rendre frais. ‖ Remettre en meilleur état : - *un tableau;* - *les cheveux.* ‖ *Fig. -* la *mémoire,* raviver un souvenir. ‖ Vi. Devenir frais : *mettre du vin à* -. ‖ Se - vpr. Devenir plus frais. ‖ *Fam.* Boire un verre : *venez vous* -.

rafraîchissement nm. Action de rendre ou de devenir plus frais. ‖ Pl. Boissons fraîches.

ragaillardir vt. *Fam.* Rendre gaillard, ranimer.

rage nf. Maladie virulente, transmise de certains animaux à l'homme et lésant les centres nerveux : *Pasteur a créé la vaccination contre la* -. ‖ Douleur violente : - *de dents.* ‖ Colère : *écumer de* -. ‖ *Faire* -, se déchaîner : *la tempête faisait* -.

rager vi. (c. *manger*). *Fam.* Etre violemment irrité.

rageur, euse adj. et n. *Fam.* Qui rage. ‖ Fait avec rage : *un geste* -.

raglan nm. Pardessus de coupe spéciale, sans couture sur l'épaule.

ragot nm. Sanglier de deux à trois ans.

ragot nm. *Fam.* Commérage malveillant : *faire des -.*

ragoût nm. Plat de viande, de légumes ou de poisson, coupés en morceaux et cuits dans une sauce épicée.

ragoûtant, e adj. Qui plaît, excite l'appétit. || *Fig.* et *fam.* Agréable, qui flatte.

rahat-lokoum nm. Confiserie orientale, faite de pâte sucrée et parfumée.

rai nm. Rayon : *- de lumière.*

raid nm. *Milit.* Incursion rapide exécutée en territoire inconnu ou ennemi. || Attaque brusquée de blindés ou d'avions. || *Sports.* Longue épreuve d'endurance.

raide adj. Fort tendu, difficile à plier : *jambe -.* || Difficile à monter : *pente -.* || *Fig.* Inflexible : *caractère -.* || Adv. Tout d'un coup : *tomber - mort.*

raideur nf. Etat de ce qui est raide. || Pente rapide : *la - d'un escalier.* || Défaut de grâce : *saluer avec -,* et au *fig.* : *apporter trop de - dans les affaires.*

raidillon nm. Montée courte en pente rapide : *gravir un -.*

raidir vt. Rendre raide; tendre avec force : *- le bras.* || Vi. et se - vpr. Devenir raide. || *Fig.* Tenir ferme : *se - contre l'adversité.*

raidissement nm. Action de raidir ou de se raidir.

raidisseur nm. Petit appareil pour raidir les fils de fer.

raie nf. Ligne quelconque : *étoffe à grandes -.* || Séparation des cheveux. || Entre-deux des sillons d'un champ. || Pl. - *du spectre,* lignes obscures divisant transversalement le spectre solaire.

raie nf. Poisson de mer plat et comestible.

raifort nm. Plante crucifère antiscorbutique et stimulante.

rail nm. Bande d'acier sur laquelle roulent les roues des trains.

railler vt. Tourner en ridicule. || *Absol.* Badiner, plaisanter : *vous raillez, je crois?*

raillerie nf. Plaisanterie moqueuse. || *Entendre la -,* ne point s'offenser des plaisanteries dont on est l'objet.

railleur, euse adj. et n. Moqueur, qui aime à railler. || Qui marque la raillerie : *ton -.*

rainer vt. Pratiquer une rainure avec un rabot.

rainette nf. Petite grenouille verte.

rainure nf. Entaille longue et étroite.

raire ou **réer** vi. Bramer, en parlant des cerfs, des chevreuils.

raisin nm. Fruit de la vigne, dont le jus fermenté donne le vin. || Format de papier (env. 0,50 m sur 0,65 m).

raisiné nm. Confiture à base de jus de raisin.

raison nf. Faculté de connaître, de juger, réservée à l'homme. || Bon sens, sagesse : *écouter la voix de la -.* || Argument : *- convaincante.* || Motif : *avoir de bonnes - pour...* || Satisfaction, réparation : *demander - d'une offense.* || *Age de -,* où l'on commence à avoir conscience de ses actes. || *Mariage de -,* de convenance plutôt que d'inclination. || *A plus forte -,* par un motif d'autant plus fort. || *Donner - à quelqu'un,* décider qu'il est guidé par de justes motifs. || *Faire entendre - à quelqu'un,* le ramener à de meilleurs sentiments. || *Se faire une -,* se résigner. || *Plus que de -,* plus qu'il n'est convenable. || *Mettre à la -,* réduire par force ou par persuasion. || *- d'Etat,* considérations qui président à une détermination prise dans l'intérêt de l'Etat. || *Comm. - sociale,* nom adopté par une société commerciale. || *Math. - directe, inverse,* rapport de deux quantités variant dans la même proportion, soit dans le même sens : *- directe,* soit en sens contraire : *- inverse.* || Loc. prép. **A - de,** au prix de. **En - de,** à cause de, en proportion de.

raisonnable adj. Doué de raison. || Conforme à la raison : *prétention -.* || Convenable : *prix -.*

raisonnement nm. Faculté, action ou manière de raisonner. || Enchaînement de propositions déduites les unes des autres pour arriver à une démonstration : *suivre un -.* || Pl. Objections à un ordre reçu : *pas tant de -!*

raisonner vi. Se servir de sa raison pour connaître, juger : *c'est le propre de l'homme de -.* || Répliquer, alléguer des excuses : *ne raisonnez pas.* || Vt. Déduire une réponse en raisonnant : *- un problème.* || Faire entendre raison à : *- un enfant.*

raisonneur, euse n. et adj. Qui aime à raisonner. || Qui réplique.

rajah nm. Prince indien.

rajeunir vt. Rendre l'air de la jeunesse. || Vi. Redevenir jeune. || **Se -** vpr. Se dire plus jeune qu'on ne l'est.

rajeunissement nm. Action de rajeunir; son résultat.

rajouter vt. Ajouter de nouveau.

rajustement nm. Action de rajuster.

rajuster vt. Ajuster de nouveau; remettre en bon état : *- sa cravate.*

râle nm. Oiseau échassier, très estimé comme gibier.

râle ou **râlement** nm. Action de râler. || Bruit qu'on fait en râlant.

ralentir vt. Rendre plus lent. ‖ Vi. Aller plus lentement : - *aux carrefours*.

ralentissement nm. Diminution de mouvement, de vitesse : *le - d'une machine*. ‖ *Fig.* Diminution d'énergie : *le - de la production*.

râler vi. Rendre un son enroué, par la difficulté de la respiration. ‖ *Pop.* Exprimer sa mauvaise humeur.

ralingue nf. *Mar.* Cordage cousu sur les bords d'une voile pour les renforcer.

ralinguer vt. *Mar.* Coudre des ralingues. ‖ Vi. Battre au vent, en parlant d'une voile.

ralliement nm. Action de rallier, de se rallier. ‖ *Point de -*, lieu de rassemblement.

rallier vt. (c. *prier*). Rassembler des gens dispersés. ‖ Rejoindre : *- son poste*. ‖ **Se -** vpr. Se réunir. ‖ Donner son accord : *se - à une opinion*.

rallonge nf. Ce qui sert à rallonger. ‖ Planche qui augmente la surface d'une table à coulisses.

rallongement nm. Action de rallonger ; son résultat.

rallonger vt. (c. *manger*). Rendre plus long en ajoutant quelque chose.

rallumer vt. Allumer de nouveau. ‖ *Fig.* Donner une nouvelle force : *- la guerre*.

rallye nm. Compétition sportive à pied, à cheval ou motorisée, dans laquelle les concurrents doivent rallier, après certaines épreuves, un point déterminé d'avance.

ramadan nm. Mois du carême musulman, consacré au jeûne.

ramage nm. Chant des petits oiseaux en liberté. ‖ Représentation de rameaux, de fleurs, etc., sur une étoffe.

ramager vt. (c. *manger*). Couvrir de ramages : *- du velours*.

ramassage nm. Action de ramasser.

ramassé, e adj. Trapu, épais.

ramasse-miettes nm. inv. Plateau dans lequel on recueille les miettes à la fin d'un repas.

ramasser vt. Assembler ce qui est épars. ‖ Relever ce qui est à terre : *- ses gants.* ‖ *Fig. - ses forces*, les réunir pour un effort. ‖ **Se -** vpr. Se replier sur soi-même.

ramasseur, euse n. Qui ramasse, qui collectionne.

ramassis nm. Ensemble confus de personnes, d'objets de peu de valeur : *un - de brigands*.

rambarde nf. *Mar.* Garde-fou, autour des gaillards, des passerelles.

rame nf. Petite branche pour soutenir des plantes grimpantes. ‖ Aviron. ‖ Réunion de 20 mains de 25 feuilles

de papier. ‖ Groupe de wagons manœuvrant ensemble.

ramé, e adj. Soutenu par des rames.

rameau nm. Petite branche d'arbre. ‖ *Dimanche des Rameaux*, dernier dimanche du carême.

ramée nf. Branches coupées avec leurs feuilles vertes : *un fagot de -.* ‖ Assemblage de branches entrelacées.

ramener vt. (c. *mener*). Amener de nouveau. ‖ Remettre une personne dans le lieu d'où elle était partie : *- un déserteur.* ‖ Tirer : *- les bras en arrière.* ‖ *Fig.* Rétablir : *- l'abondance.* ‖ Rapporter à : *l'égoïste ramène tout à soi.*

ramer vt. Soutenir avec des rames : *- des pois.* ‖ Vi. Faire avancer un bateau au moyen de la rame.

rameur, euse n. Qui rame.

rameuter vt. Ameuter de nouveau.

rameux, euse adj. Qui a beaucoup de rameaux.

ramier nm. Pigeon sauvage. ‖ Adj. : *pigeon -.*

ramification nf. Division d'un végétal arborescent, d'une artère, d'un nerf, etc. ‖ *Fig.* Subdivision.

ramifier vt. (c. *prier*). Diviser en rameaux. ‖ **Se -** vpr. Se partager en plusieurs branches. ‖ *Fig.* Se diviser et se subdiviser.

ramilles nfpl. Petits rameaux.

ramollir vt. Rendre mou. ‖ **Se -** vpr. *Fam.* Perdre peu à peu de ses facultés mentales.

ramollissement nm. Etat de ce qui est ramolli. ‖ *Méd.* Altération de certains organes qui se ramollissent. ‖ Etat de quasi-imbécillité.

ramonage nm. Action de ramoner.

ramoner vt. Ôter la suie de l'intérieur d'une cheminée.

ramoneur nm. Personne dont le métier est de ramoner.

rampe nf. Pente d'une route, d'une voie de chemin de fer. ‖ *Théâtr.* Rangée de lumières sur le devant de la scène. ‖ *Aéron.* Alignement de projecteurs pour éclairer une piste. ‖ *- d'escalier*, balustrade à hauteur d'appui. ‖ *- de lancement*, plan incliné pour le lancement d'avions ou de projectiles.

rampement nm. Action de ramper.

ramper vi. Se traîner sur le ventre. ‖ S'étendre sur terre ou s'attacher aux arbres, comme le lierre, la vigne, etc. ‖ *Fig.* Etre bassement soumis. ‖ **Rampant, e** part., adj. et nm. *Fig.* et *fam.* Les *-*, le personnel de l'aviation qui s'occupe des installations au sol.

ramure nf. Bois du cerf, du daim. ‖ Ensemble des branches d'un arbre.

rance adj. Se dit de tout corps gras devenu âcre et malodorant : *lard -*. ‖ Nm. : *sentir le -*.

ranch nm. Ferme de la prairie américaine. ‖ Pl. des *ranches*.

ranche nf. Cheville de bois, échelon d'un rancher.

rancher nm. Echelle à un seul montant.

rancidité nf. Etat de ce qui est ou devient rance.

rancio nm. Vin de liqueur qu'on a laissé vieillir.

rancir vi. Devenir rance.

rancissement nm. Etat de ce qui devient rance.

rancœur nf. Rancune, ressentiment tenace.

rançon nf. Somme d'argent exigée pour la délivrance d'un captif. ‖ *Fig.* Inconvénient : *la - de la gloire.*

rançonnement nm. Action de rançonner.

rançonner vt. Faire payer une rançon. ‖ *Par ext.* Exiger plus qu'il ne convient : *hôtelier qui rançonne les voyageurs.*

rançonneur, euse n. Qui rançonne.

rancune nf. Ressentiment : *garder - d'une offense.*

rancunier, ère adj. et n. Sujet à la rancune; vindicatif.

randonnée nf. Circuit du cerf, du chevreuil, lancés. ‖ *Course longue, sans arrêt :* *une - en auto.*

rang nm. Ordre, disposition sur une même ligne : *un - d'arbres.* ‖ Place occupée dans une assemblée, dans la hiérarchie sociale, dans l'estime des hommes : *tenir un - honorable.* ‖ *Se mettre sur les -*, entrer en compétition. ‖ *Sorti du -*, officier qui a d'abord servi comme soldat.

rangée nf. Suite d'objets sur une même ligne.

rangement nm. Action de ranger.

ranger vt. Mettre en rang, en ordre : *- des troupes, des papiers.* ‖ Mettre de l'ordre dans : *- une chambre.* ‖ Mettre au nombre de : *- un auteur parmi les classiques.* ‖ Mettre de côté : *- une voiture.* ‖ *Fig.* Soumettre : *- un pays sous ses lois.* ‖ **Se -** vpr. Se mettre de côté pour faire place. Se placer dans un certain ordre : *se - autour d'une table.* ‖ *Fig.* Prendre une conduite plus réglée. ‖ *Se - à un avis*, l'adopter. ‖ **Rangé, e** part. et adj. Qui a de l'ordre, de la conduite : *homme -.* ‖ *Bataille -*, entre des troupes ordonnées et encadrées.

rani nf. Femme d'un rajah.

ranimation nf. Procédé employé pour ranimer une personne.

ranimer vt. Rendre la vie : *Jésus*

ranima *Lazare.* ‖ *Par ext.* Redonner du mouvement : *- un noyé.* ‖ *Fig.* Réveiller : *le printemps ranime la nature.* ‖ Exciter : *- le courage.*

ranz nm. Air pastoral des bergers suisses : *le - des vaches.*

raout nm. Réunion, fête mondaine.

rapace adj. Se dit d'un oiseau carnassier : *le vautour est -.* ‖ *Fig.* Avide de gain : *homme -.* ‖ Nmpl. Ordre d'oiseaux carnassiers, à bec crochu et à serres puissantes.

rapacité nf. Avidité du rapace (au *pr.* et au *fig.*).

rapatriement nm. Action de rapatrier des gens restés en pays étranger.

rapatrier vt. (c. *prier*). Ramener ou renvoyer dans sa patrie.

râpe nf. Ustensile de ménage pour réduire en poudre, en petits morceaux, certaines substances alimentaires. ‖ Lime à grosses entailles.

râper vt. Mettre en poudre avec la râpe : *- du fromage.* ‖ User à la râpe : *- du bois.* ‖ *Fam.* User jusqu'à la corde en parlant des vêtements. ‖ **Râpé, e** part., adj. et nm. Boisson obtenue en ajoutant de l'eau au marc de vin. ‖ Copeaux qu'on met dans un tonneau pour éclaircir le vin. ‖ Fromage qu'on râpe : *100 g de -.*

rapetassage nm. *Fam.* Action de rapetasser.

rapetasser vt. *Fam.* Raccommoder grossièrement.

rapetissement nm. Action de rapetisser; son résultat.

rapetisser vt. Rendre plus petit. ‖ *Fig.* Diminuer le mérite de : *- les actions des autres.* ‖ Vi. Raccourcir.

râpeux, euse adj. Rude comme une râpe : *une langue -.*

raphia nm. Palmier à fibre très solide. ‖ Cette fibre elle-même.

rapide adj. Qui se meut avec vitesse. ‖ Qui s'accomplit avec rapidité. ‖ Très incliné : *pente -.* ‖ *Acier -*, spécial pour machines-outils.

rapide nm. Partie d'un fleuve où le courant devient très violent et forme presque une cataracte : *les - du Congo.* ‖ Train à marche accélérée.

rapidité nf. Caractère de ce qui est rapide; grande vitesse, au *fig.* : *la - du temps.*

rapiècement ou **rapiéçage** nm. Action de rapiécer; son résultat.

rapiécer vt. (c. *céder*). Réparer avec des pièces : *- une culotte.*

rapière nf. Epée longue et fine.

rapin nm. *Fam.* Jeune peintre.

rapine nf. Action de ravir par violence. ‖ Ce qui est ravi. ‖ Pillage, concussion : *s'enrichir par ses -.*

rapiner vt. et i. Prendre par rapine.

rapineur, euse n. Qui rapine.

rapointir vt. Refaire une pointe à.

rappareiller vt. Remettre avec son pareil : - *des vases*.

rapparier vt. Reconstituer une paire : - *des bas*.

rappel nm. Action de faire revenir : - *d'un ambassadeur*. ‖ Autref., batterie de tambour. ‖ Paiement d'un retard d'appointements.

rappeler vt. (c. *appeler*). Faire revenir en appelant : - *un acteur sur la scène*. ‖ Faire revenir quelqu'un d'un pays étranger : - *un ambassadeur*. ‖ *Fig.* Ramener quelqu'un à : - *à la vie*. ‖ Faire revenir dans la mémoire : - *un souvenir*. ‖ **Se** - vpr. Se souvenir. (Dites : *se rappeler de quelque chose, je me le rappelle*; *je me souviens de quelque chose, je m'en souviens*.)

rapport nm. Revenu, produit : - *d'une terre*. ‖ *Maison de* -, immeuble donné en location. ‖ Compte rendu : *rédiger un* -. ‖ Témoignage d'experts devant un tribunal. ‖ Relations : *entretenir des* - *d'amitié avec quelqu'un*. ‖ Lecture quotidienne des ordres d'un capitaine : *aller au* -. ‖ *Gramm.* Relation entre les mots dans la construction. ‖ *Math.* Quotient de deux grandeurs de même espèce. ‖ **Par** - à loc. prép., en proportion de : *la Terre est petite par* - *au Soleil*.

rapporter vt. Apporter une chose au lieu où elle était. ‖ Apporter de voyage : - *du tabac belge*. ‖ Donner comme produit : *cette terre rapporte beaucoup de blé*. ‖ Faire le récit de : - *un fait*. ‖ Redire, répéter : *enfant qui rapporte tout*. ‖ Faire remonter : - *un fait à telle époque*. ‖ Annuler : - *une loi*. ‖ *Fig.* Diriger vers un but; rattacher à : *l'égoïste rapporte tout à lui*. ‖ Ajouter : - *un morceau à une étoffe*. ‖ **Se** - vpr. Avoir rapport à : *le pronom relatif se rapporte à son antécédent*. ‖ *S'en* - *à quelqu'un*, s'en remettre à sa décision, le croire.

rapporteur, euse n. Qui rapporte, par indiscrétion ou par malice, qui dénonce. ‖ Nm. Celui qui est chargé de faire l'exposé d'un procès, d'une affaire. ‖ *Géom.* Demi-cercle gradué pour la mesure des angles. ‖ Adj. : *juge* -.

rapprendre vt. Apprendre de nouveau.

rapprochement nm. Action de rapprocher; son résultat. ‖ *Fig.* Réconciliation : *le* - *de deux familles*. ‖ Action de mettre en parallèle, de confronter pour comparer.

rapprocher vt. Approcher de nouveau, de plus près : - *des planches disjointes*. ‖ *Fig.* Disposer à la confiance, à l'union, à la bienveillance : *le besoin rapproche les hommes*. ‖ Réconci-

lier : - *deux personnes*. ‖ Mettre en parallèle : - *des idées*.

rapprovisionner ou **réapprovisionner** vt. Approvisionner de nouveau.

rapt nm. Enlèvement d'une personne par violence ou par séduction.

râpure nf. Matière enlevée à la râpe.

raquette nf. Instrument formé d'un cadre ovale garni d'un réseau de boyaux, muni d'un manche, pour jouer à la paume, au tennis, etc. ‖ Plaque de bois munie d'un manche, pour jouer au ping-pong. ‖ Large semelle pour marcher sur la neige molle.

rare adj. Qu'on ne voit pas souvent : *un timbre* -. ‖ Précieux, remarquable : *métal, homme* -. ‖ Clairsemé : *cheveux* -. ‖ Dont les visites sont moins fréquentes : *un ami qui se fait* -.

raréfaction nf. Action de raréfier; état de ce qui est raréfié.

raréfier vt. (c. *prier*). Rendre moins dense. ‖ **Se** - vpr. Devenir rare.

rareté nf. Etat de ce qui est rare. ‖ Disette. ‖ Chose qui n'arrive pas souvent. ‖ Objet curieux.

rarissime adj. *Fam.* Très rare.

ras, e adj. Coupé jusqu'à la peau : *barbe* -. ‖ A poil court : *velours* -. ‖ - *campagne*, pays plat et découvert. ‖ *Fig. Faire table* -, négliger tout ce qui précède : *l'esprit révolutionnaire fait table* - *du passé*. ‖ Adverbialem. De très près : *cheveux coupés* -. ‖ **Au** - **de**, **à** - **de** loc. prép., au niveau de.

ras nm. - *de marée*, V. RAZ.

ras nm. Chef, en Ethiopie.

rasade nf. Verre à boire rempli jusqu'aux bords.

rascasse nf. Poisson épineux de la Méditerranée.

rase-mottes (en) loc. adv. A très basse altitude, presque à toucher terre.

raser vt. Couper à ras. ‖ Abattre à ras de terre : - *un édifice*. ‖ *Fig.* Effleurer : *une hirondelle rase le sol*. ‖ *Fam.* Ennuyer.

raseur, euse n. *Pop.* Personne ennuyeuse, importune.

rasibus adv. *Fam.* Tout près : *tondu* -.

rasoir nm. Instrument pour couper la barbe. ‖ *Pop.* Personne ou chose ennuyeuse.

rassasiement nm. Etat d'une personne rassasiée.

rassasier vt. (c. *prier*). Apaiser la faim, et, au *fig.*, assouvir.

rassemblement nm. Action de rassembler. ‖ Attroupement.

rassembler vt. Réunir, mettre ensemble. ‖ Mettre en ordre. ‖ *Fig.* Réunir, concentrer : - *ses forces*.

rasseoir vt. (c. *asseoir*). Replacer : *- une statue.* ‖ Se - vpr. S'asseoir de nouveau.

rasséréner vt. (c. *céder*). Rendre serein. ‖ *Fig.* Rendre le calme à : *cette bonne nouvelle le rasséréna.* ‖ Se - vpr. Retrouver son calme.

rassis, e adj. *Pain* -, qui n'est plus frais. ‖ *Fig.* *Esprit* -, calme, réfléchi.

rassortiment ou **réassortiment** nm. Action de rassortir.

rassortir ou **réassortir** vt. Réapprovisionner en marchandises.

rassurer vt. Rendre la confiance, la tranquillité.

rastaquouère ou, par abrév., **rasta** nm. *Fam.* Étranger menant grand train et dont les moyens d'existence sont douteux.

rat nm. Mammifère rongeur à longue queue annelée. ‖ *Fam.* Avare : *c'est un* -. ‖ Jeune élève de la classe de danse, à l'Opéra. ‖ *Fig.* et *fam.* - *de cave,* commis des contributions indirectes. ‖ Longue mèche recouverte de cire, qui sert à éclairer. ‖ - *d'hôtel,* filou qui dévalise les hôtels.

rata nm. *Pop.* Ragoût de pommes de terre ou de haricots.

ratafia nm. Liqueur composée de fruits, de fleurs ou de racines infusés dans de l'alcool sucré.

ratatiner (se) vpr. Se raccourcir, se resserrer. ‖ *Ratatiné, e* part. et adj. Ridé : *figure* -.

ratatouille nf. *Fam.* Ragoût grossier.

rate nf. Femelle du rat.

rate nf. Glande vasculaire sanguine située derrière l'estomac. ‖ *Fig.* et *fam.* *Dilater la* -, faire rire. ‖ *Ne pas se fouler la* -, travailler mollement.

râteau nm. Instrument d'agriculture, de jardinage.

râtelée nf. Ce qu'on ramasse d'un coup de râteau.

râteler vt. (c. *appeler*). Ramasser avec le râteau.

râtelier nm. Assemblage à claire-voie de barres de bois pour mettre le foin et la paille qu'on donne aux animaux. ‖ Montants en bois sur lesquels on pose les fusils, dans les casernes et les corps de garde. ‖ Dentier.

râtelures nfpl. Ce qu'on ramasse avec le râteau.

rater vi. Se dit d'une arme à feu dont le coup ne part pas. ‖ *Fig.* et *fam.* Échouer : *projet qui rate.* ‖ Vt. Manquer (au *pr.* et au *fig.*) : *- un lièvre; - un examen.* ‖ *Raté, e* part., adj. et n. Bruit causé par le mauvais fonctionnement d'un moteur à explosion. ‖ Personne qui n'a pas réussi.

ratier adj. et nm. Chien qui prend des rats.

ratière nf. Piège à rats.

ratification nf. Action de ratifier. ‖ Acte qui ratifie.

ratifier vt. (c. *prier*). Confirmer ce qui a été promis : *- un traité.*

ratine nf. Étoffe de laine à longs poils frisés.

ratiociner [*syo-si-né*] vi. Raisonner d'une façon subtile et pédantesque.

ration nf. Portion journalière de vivres, de fourrage, qui se distribue aux troupes, aux prisonniers, aux animaux, etc.

rationalisation nf. Action de rendre rationnel.

rationalisme nm. *Philos.* Tendance ou doctrine qui prétend tout expliquer au moyen de la raison.

rationaliste adj. Relatif au rationalisme : *doctrine* -. ‖ N. Partisan du rationalisme.

rationnel, elle adj. Conforme à la raison. ‖ Fondé sur le raisonnement : *mécanique* -. ‖ *Math.* *Quantité* -, qui ne contient aucune racine à extraire.

rationnement nm. Action de rationner; son résultat.

rationner vt. Mettre à la ration : *- des soldats.* ‖ Distribuer par rations : *- la viande.*

ratissage nm. Action de ratisser.

ratisser vt. Nettoyer et unir avec un râteau. ‖ Enlever en raclant : *- des navets.*

ratissoire nf. Instrument pour ratisser.

ratites nmpl. Ordre d'oiseaux comprenant les coureurs (autruche, etc.).

raton nm. Petit rat. ‖ Mammifère carnassier (appelé aussi *raton laveur*) vivant au bord des eaux.

rattachement nm. Action de rattacher.

rattacher vt. Attacher de nouveau. ‖ *Fig.* Faire dépendre, établir un lien : *- une question à une autre.*

rattrapage nm. Action de rattraper.

rattraper vt. Reprendre, ressaisir : *- un prisonnier.* ‖ Rejoindre : *allez devant, je vous rattraperai.* ‖ *Fig.* Regagner : *- une perte.*

raturage nm. Action de raturer.

rature nf. Trait passé sur ce qu'on a écrit pour l'annuler.

raturer vt. Effacer par des ratures.

rauque adj. Rude et comme enroué.

ravage nm. Dommage, grand dégât.

ravager vt. (c. *manger*). Faire du ravage.

ravageur nm. Qui ravage.

ravalement nm. Action de ravaler.

ravaler vt. Avaler de nouveau. ‖ Remettre à neuf une façade. ‖ *Fig.* Déprécier, rabaisser : - *le mérite de quelqu'un.* ‖ **Se** - vpr. S'avilir.

ravaleur nm. et adj. Qui ravale les immeubles.

ravaudage nm. Raccommodage.

ravauder vt. Raccommoder, repriser : - *des bas.*

ravaudeur, euse n. Qui raccommode les vêtements.

rave nf. Chou-navet, à racine charnue alimentaire.

ravenelle nf. Plante adventice commune dans les champs.

ravier nm. Petit plat oblong à hors-d'œuvre.

ravigote nf. Sauce à l'échalote.

ravigoter vt. *Fam.* Remettre en appétit, en force, en vigueur.

ravin nm. Lit creusé par une ravine.

ravine nf. Torrent.

ravinement nm. Action de raviner.

raviner vt. Ravager un terrain par des ravines : *les coteaux sont ravinés.*

ravioli nmpl. Petits carrés de pâte, farcis de viande hachée assaisonnée, et servis en sauce.

ravir vt. Enlever de force : - *un enfant à sa mère.* ‖ *Fig.* Faire perdre : - *l'honneur.* ‖ Charmer : *son chant me ravit.* ‖ **A** - loc. adv., admirablement.

raviser (se) vpr. Changer d'avis.

ravissant, e adj. Qui ravit l'esprit, les sens : *un spectacle* -.

ravissement nm. Enlèvement : *le* - *d'Hélène.* ‖ *Fig.* Joie extrême, admiration : *être dans le* -.

ravisseur, euse adj. et n. Qui ravit.

ravitaillement nm. Action de ravitailler : *le* - *d'une ville.*

ravitailler vt. Fournir de vivres, de munitions.

raviver vt. Rendre plus vif. ‖ *Fig.* Ranimer : - *l'espoir.*

ravoir vt. Avoir de nouveau. (N'est usité qu'à l'infinitif.)

rayer vt. Faire des raies. ‖ Effacer, supprimer : - *un mot.* ‖ **Rayé, e** part. et adj. *Canon* -, qui a des rainures hélicoïdales à l'intérieur.

ray-grass nm. Graminée vivace, utilisée pour les pelouses.

rayon nm. Trajectoire suivie par la lumière : - *lumineux.* ‖ *Fig.* Lueur, apparence : *un* - *d'espérance.* ‖ *Géom.* Droite qui joint un point d'une circonférence ou d'une sphère au centre. ‖ *Par ext.* : - *d'une roue.* ‖ *Dans un* - *de dix kilomètres,* à dix kilomètres à la ronde. ‖ *Agric.* Sillon. ‖ Tablette d'une bibliothèque, d'une armoire, etc. ‖ Gâteau de cire des abeilles : - *de miel.* ‖ Partie d'un magasin : *le*

- *des soieries.* ‖ **Rayons X,** radiations de même nature que la lumière, mais de courte longueur d'onde, douées d'un grand pouvoir pénétrant et d'actives propriétés biologiques. ‖ - *d'action,* distance maximum à laquelle un engin motorisé peut évoluer sans se ravitailler.

rayonnage nm. Action de tracer des rayons, des sillons dans un champ, etc. ‖ Ensemble des rayons d'une étagère, d'un bureau, etc.

rayonne nf. Soie artificielle, d'origine cellulosique.

rayonnement nm. Action de rayonner. ‖ Ensemble de radiations émises : *le* - *solaire.*

rayonner vi. Emettre des rayons. ‖ *Fig.* Porter l'expression du bonheur : *visage qui rayonne de joie.* ‖ Circuler à partir d'un même point.

rayure nf. Façon dont une chose est rayée; partie rayée : *les* - *d'une étoffe.* ‖ Rainure hélicoïdale à l'intérieur du canon d'une arme à feu.

raz ou **ras** nm. Courant de mer très violent dans un passage étroit. ‖ - *de marée,* soulèvement soudain et puissant des eaux de la mer.

razzia nf. Incursion en territoire ennemi pour piller. ‖ Pl. des *razzias.*

razzier vt. (c. *prier*). Soumettre à une razzia : - *une tribu.*

ré nm. Deuxième note de la gamme.

réa nm. Roue à gorge.

réabonnement nm. Action de réabonner.

réabonner vt. Abonner de nouveau.

réaccoutumer vt. Accoutumer de nouveau.

réacteur nm. Propulseur à réaction.

réactif, ive adj. Qui réagit. ‖ Nm. *Chim.* Substance employée pour caractériser un corps.

réaction nf. Action d'un corps sur un autre qui agit sur lui. ‖ *Fig.* Action d'un parti qui s'oppose au progrès et qui veut faire revivre les institutions du passé. ‖ *Phys.* Détente progressive d'un fluide. ‖ *Avion à* -, avion dont la propulsion est assurée par la réaction de gaz s'échappant à très grande vitesse de son moteur. ‖ *Chim.* Transformation chimique de plusieurs corps mis en contact. ‖ *Physiol.* Action organique tendant à provoquer un effet contraire à celui de l'agent qui l'occasionne.

réactionnaire adj. et n. Partisan d'une réaction politique.

réadapter vt. Adapter de nouveau.

réadmettre vt. (c. *mettre*). Admettre de nouveau.

réadmission nf. Nouvelle admission.

réaffirmer vt. Affirmer de nouveau.

réagir vi. Se dit d'un corps qui agit à son tour sur un autre dont il a éprouvé l'action. ‖ *Fig.* Lutter contre, résister : - *contre ses passions.*

réalisable adj. Qui peut se réaliser.

réalisation nf. Action de réaliser.

réaliser vt. Rendre réel : - *des promesses.* ‖ Effectuer : - *une grande fortune.* ‖ Vendre : - *des titres.* ‖ *Fam.* Concevoir, se rendre compte : *réalisez-vous ce que vous dites?*

réalisme nm. Doctrine littéraire et artistique qui s'attache à décrire la nature telle qu'elle est.

réaliste nm. Partisan du réalisme. ‖ Adj. : *romancier -.*

réalité nf. Existence effective, chose réelle : *la - du monde.* ‖ **En -** loc. adv., effectivement.

réapparaître vi. Apparaître de nouveau.

réapparition nf. Action de réapparaître : *la - d'une comète.*

réapposer vt. Apposer de nouveau.

réapprovisionnement nm. Action de réapprovisionner.

réapprovisionner vt. Approvisionner de nouveau.

réarmement nm. Action de réarmer.

réarmer vt. Armer de nouveau.

réassurance nf. Opération par laquelle un assureur se couvre d'une partie du risque en se faisant assurer lui-même.

rébarbatif, ive adj. Rude, rebutant.

rebâtir vt. Bâtir de nouveau.

rebattre vt. Battre de nouveau. ‖ *Fig.* Répéter à satiété : - *les oreilles.* ‖ **Rebattu, e** adj. Souvent répété.

rebec nm. Violon à trois cordes et à archet des ménestrels, des jongleurs.

rebelle adj. et n. Qui refuse d'obéir à l'autorité. ‖ *Fig. Maladie -,* qui résiste aux remèdes.

rebeller (se) vpr. Se révolter contre l'autorité légitime.

rébellion nf. Révolte. ‖ Ensemble des rebelles.

rebéquer (se) vpr. (c. *céder*). Répondre avec aigreur, tenir tête.

rebiffer (se) vpr. *Fam.* Regimber.

reboisement nm. Action de reboiser.

reboiser vt. Planter de nouveau en bois un terrain déboisé.

rebondir vi. Faire un ou plusieurs bonds après avoir touché l'obstacle. ‖ *Fig.* Se ranimer après un arrêt passager : *une affaire qui rebondit.* ‖ **Rebondi, e** part. et adj. *Fam.* Arrondi par embonpoint : *joues -.*

rebondissement nm. Action de rebondir.

rebord nm. Bord élevé et ajouté : - *d'une table.* ‖ Bord replié : - *d'un*

manteau. ‖ Bord en saillie : *le - d'un fossé.*

reboucher vt. Boucher de nouveau.

rebours nm. Sens contraire de ce qui doit être. ‖ *Fig.* Le contre-pied : *tout ce qu'il dit est le - du bon sens.* ‖ **A -,** au - loc. adv., à contre-pied.

rebouter vt. Exercer le métier de rebouteur.

rebouteur ou **rebouteux, euse** n. Qui soigne les luxations, les fractures, etc.

rebroussement nm. Action de rebrousser.

rebrousser vt. Relever en sens contraire. ‖ - *chemin,* retourner en arrière. ‖ **A rebrousse-poil** loc. adv., à contre-poil.

rebuffade nf. Mauvais accueil; refus brutal.

rébus nm. Jeu d'esprit qui consiste à exprimer des mots ou des phrases par des dessins dont le nom offre de l'analogie avec ce qu'on veut entendre.

rebut nm. Chose dédaignée, rejetée : *mettre au -.* ‖ *Fig.* Déchet : - *de l'humanité.* ‖ Sans valeur : *marchandises de -.*

rebuter vt. Rejeter durement. ‖ Décourager : *la moindre chose le rebute.* ‖ Choquer : *ses manières rebutent.* ‖ **Rebutant, e** part. et adj.

recacheter vt. Cacheter de nouveau.

récalcitrant, e adj. Qui résiste avec opiniâtreté.

recaler vt. *Fam.* Refuser à un examen.

récapitulatif, ive adj. Qui récapitule.

récapitulation nf. Action de récapituler.

récapituler vt. Résumer, redire sommairement.

recéder vt. Céder à quelqu'un ce qu'on avait acheté pour soi.

recel ou **recèlement** nm. Action de receler.

receler vt. (c. *celer*). Garder et cacher une chose volée par un autre. ‖ Soustraire à la justice : - *un meurtrier.* ‖ Contenir : *que de beautés cet ouvrage recèle!*

receleur, euse n. Qui recèle.

récemment adv. Depuis peu.

recensement nm. Action de recenser; son résultat.

recenser vt. Dénombrer une population, les suffrages d'un vote...

recenseur, euse n. Qui est chargé d'un recensement.

recension nf. Vérification, d'après les manuscrits, du texte d'un auteur.

récent, e adj. Nouveau.

recepage ou **recépage** nm. Action de receper; son résultat.

receper ou **recéper** vt. (c. *céder*). Couper un jeune arbre près de terre. ‖ Etêter des pieux, dans un pilotis, à une hauteur égale.

récépissé nm. Reçu.

réceptacle nm. Lieu de rassemblement : *cette maison est le - des voleurs.* ‖ Bot. Fond du calice où est fixé l'ovaire.

récepteur, trice nm. Organe, mécanisme mis en mouvement par un moteur pour effectuer un travail déterminé. ‖ Appareil recevant une impression quelconque : - *téléphonique.* ‖ Adj. : *poste -.*

réceptif, ive adj. Susceptible de recevoir des impressions, de contracter certaines maladies : *une plaque -; un organisme -.*

réception nf. Action de recevoir. ‖ Accueil : *faire bonne - à quelqu'un.* ‖ Accueil accompagné d'un certain cérémonial : *il y a eu - à l'Elysée.* ‖ Cérémonie par laquelle on est reçu dans une compagnie : *un discours de - à l'Académie.*

réceptionner vt. Vérifier des marchandises lors de leur réception.

réceptivité nf. Aptitude à recevoir des impressions, à contracter des maladies.

recette nf. Ce qui est reçu en argent. ‖ Recouvrement : *garçon de -.* ‖ Fonction de receveur : - *buraliste.* ‖ Méd. Remède : *bonne - contre la fièvre.* ‖ Procédé en usage dans l'économie domestique : - *de cuisine.*

recevabilité nf. Dr. Qualité, caractère de ce qui peut être admis, reçu.

receveur, euse n. Percepteur des deniers publics : - *des contributions.* ‖ Employé qui perçoit la recette dans les voitures publiques : - *d'autobus.* ‖ Administrateur d'un bureau de poste.

recevoir vt. (*Je reçois, n. recevons. Je recevais, n. recevions. Je reçus, n. reçûmes. Je recevrai, n. recevrons. Reçois, recevons, recevez. Q. je reçoive, q. n. recevions. Q. je reçusse, q. n. reçussions. Recevant. Reçu, reçue.*) Accepter, prendre ce qui est offert, donné, envoyé. ‖ Toucher son dû : - *sa pension.* ‖ Accueillir : - *un ami.* ‖ Admettre : - *un candidat.* ‖ Recueillir : *la mer reçoit les fleuves.* ‖ Agréer : - *une offre.* ‖ Subir, éprouver : - *un bon accueil.* ‖ Tirer, emprunter : *la lune reçoit sa lumière du soleil.* ‖ Se dit de ce qui est transmis ou communiqué : - *la vie, l'instruction, le baptême.* ‖ Vi. Avoir des visites, donner des repas, des soirées : *cette personne reçoit souvent.*

réchampir vt. Détacher des objets sur un fond, en soulignant les contours,

en opposant les couleurs. ‖ Enlever les taches du fond qu'on veut dorer. (On dit aussi ÉCHAMPIR.)

rechange nm. Action de mettre un objet à la place d'un autre.

rechanger vt. Changer de nouveau.

rechapage nm. Action de rechaper.

rechaper vt. Reconstituer la bande de roulement d'une enveloppe de pneu usagée.

réchapper [à] vt. ind. Echapper à un danger : *si j'en réchappe!*

recharger vt. Charger de nouveau. ‖ Empierrer de nouveau une route.

réchaud nm. Chauffe-plat; petit fourneau portatif : - *à alcool.*

réchauffer vt. Chauffer ce qui est refroidi. ‖ Fig. Exciter de nouveau, ranimer : - *le zèle.* ‖ Se - vpr. Réchauffer ses membres, son corps. ‖ **Réchauffé, e** part. et nm. Chose réchauffée. ‖ Fig. et fam. Ce qui est vieux, connu : *mais, c'est du -!*

rechausser vt. Chausser de nouveau. ‖ - *un arbre,* remettre de la terre au pied. ‖ - *un mur,* en fortifier la base avec des pierres.

rêche adj. Rude au toucher. ‖ Apre au goût : *vin -.*

recherche nf. Action de rechercher. ‖ Fig. Affectation, raffinement : - *dans la parure.* ‖ Pl. Travaux de science, d'érudition.

rechercher vt. Chercher de nouveau. ‖ Chercher avec soin : - *la cause d'un phénomène.* ‖ Tâcher d'obtenir : - *l'amitié de quelqu'un.* ‖ **Recherché, e** adj. Rare : *ouvrage -.* ‖ Fig. Affecté : *style -.*

rechigné, e adj. Maussade : *un air -.*

rechigner vi. Prendre un air maussade; montrer de la répugnance.

rechute nf. Retour d'une maladie. ‖ Fig. Nouvelle faute.

récidive nf. Action de retomber de nouveau dans une faute. ‖ Réapparition d'une maladie : *le cancer a de nombreuses -.*

récidiver vi. Faire une récidive.

récidiviste adj. et n. Personne qui récidive.

récif nm. Chaîne de rochers à fleur d'eau.

récipiendaire nm. Celui que l'on reçoit avec cérémonie dans une compagnie, dans un corps savant.

récipient nm. Vase pour recevoir, contenir un liquide, un fluide.

réciprocité nf. Etat et caractère de ce qui est réciproque.

réciproque adj. Qui a lieu entre deux personnes, deux choses agissant l'une sur l'autre; mutuel : *haine -.* ‖ Gramm. Verbe pronominal -, verbe qui exprime l'action de plusieurs sujets les uns sur les autres, comme dans : *Pierre et Paul se battent.*

récit nm. Relation écrite ou orale.

récital nm. Audition d'un seul artiste sur un seul instrument. ‖ Pl. des *récitals.*

récitatif nm. Sorte de chant qui imite la déclamation parlée.

récitation nf. Action de réciter, texte à apprendre par cœur : *la - des leçons.*

réciter vt. Enoncer ce que l'on sait par cœur : *- une leçon.* ‖ **Récitant**, e part. et adj. *Mus.* Se dit des voix et des instruments qui exécutent seuls, ou qui exécutent la partie principale. ‖ N. Personne qui récite.

réclamation nf. Action de réclamer, de revendiquer ou de s'opposer.

réclame nf. Article d'un journal vantant un produit. ‖ Publicité : *faire de la -.*

réclamer vt. Demander avec instance. ‖ Implorer : *- du secours.* ‖ Revendiquer : *- un droit.* ‖ Vi. Protester : *- contre une injustice.* ‖ Intercéder : *- en faveur des absents.* ‖ Se - vpr. Se prévaloir : *se - de ses ancêtres.*

reclassement nm. Action de reclasser.

reclasser vt. Classer de nouveau.

reclus, e adj. et n. Enfermé étroitement; qui ne fréquente point le monde : *vivre en -.*

réclusion nf. Peine criminelle consistant dans une privation de liberté avec assujettissement au travail.

réclusionnaire n. Condamné à la réclusion.

recoin nm. Coin le plus caché : *les coins et les - d'une maison.*

récolement nm. Inventaire : *faire le - d'une bibliothèque.*

récoler vt. Vérifier par un nouvel examen.

recollage ou **recollement** nm. Action de recoller.

recoller vt. Coller de nouveau.

récollet nm. Religieux franciscain réformé.

récoltant, e adj. et n. Qui récolte.

récolte nf. Action de recueillir les biens de la terre. ‖ Les biens euxmêmes. ‖ *Fig.* Ce qu'on réunit en général : *une - de documents.*

récolter vt. Faire une récolte.

recommandation nf. Action de recommander. ‖ Engagement que prend la poste de remettre une lettre, un paquet en main propre.

recommander vt. Charger quelqu'un de faire une chose : *je lui ai recommandé de veiller sur vous.* ‖ Exhorter à faire une chose : *- le silence.* ‖ Signaler à la bienveillance : *- un élève à ses maîtres.* ‖ Envoyer une lettre, un paquet sous recommandation.

recommencement nm. Action de recommencer; son résultat.

recommencer vt., vt. ind., vi. Commencer de nouveau.

récompense nf. Faveur, don que l'on fait à quelqu'un en reconnaissance d'un service, d'un effort, d'une bonne action. ‖ **En -** loc. adv., en compensation, en retour.

récompenser vt. Donner une récompense.

recompter vt. Compter de nouveau.

réconciliateur, **trice** n. Qui réconcilie les personnes brouillées.

réconciliation nf. Action de réconcilier; son résultat.

réconcilier vt. (c. *prier*). Remettre d'accord des personnes brouillées. ‖ Inspirer des opinions plus favorables : *cette bonne action me réconcilie avec lui.* ‖ Se - vpr. Se raccommoder : *elles se sont réconciliées.*

reconduction nf. Renouvellement d'une location, d'un bail. ‖ *Tacite -*, qui se fait d'elle-même.

reconduire vt. Accompagner par civilité une personne dont on a reçu la visite.

réconfort nm. Consolation.

réconforter vt. Redonner de la force. ‖ *Fig.* Consoler dans l'affliction. ‖ **Réconfortant**, e part., adj. et nm. : *prendre un -.*

reconnaissance nf. Action de reconnaître : *la - d'un droit.* ‖ Souvenir d'un bienfait reçu : *témoigner sa -.* ‖ Aveu : *- d'une faute.* ‖ Examen détaillé : *la - des lieux.* ‖ Opération visant à obtenir des renseignements sur les positions ou les mouvements de l'ennemi. ‖ Formation militaire (avions, blindés, fantassins, etc.) chargée de cette opération : *avion de -.* ‖ Ecrit où l'on reconnaît qu'on a reçu une chose : *- de dette.*

reconnaître vt. Se remettre dans l'esprit l'image d'une chose, d'une personne qu'on revoit : *- un ami.* ‖ Distinguer à certains caractères : *- quelqu'un à sa voix.* ‖ Admettre comme vrai : *on a reconnu son innocence.* ‖ Avouer, confesser. ‖ Observer. ‖ Avoir de la gratitude. ‖ *- un gouvernement*, le déclarer légitime. ‖ *- un enfant*, s'en déclarer le père. ‖ Se - vpr. Retrouver son image, son caractère dans quelqu'un ou dans quelque chose : *se - dans ses enfants.* ‖ S'orienter : *je commence à me -.* ‖ *Fig.* S'avouer : *se - coupable.* ‖ Reprendre ses esprits : *laissez-moi le temps de me -.* ‖ **Reconnaissant**, e part. et adj. Qui a de la gratitude.

reconquérir vt. (c. *acquérir*). Conquérir de nouveau. ‖ *Fig.* Recouvrer.

reconquête nf. Action de reconquérir.

reconsidérer vt. Examiner de nouveau.

reconsolidation nf. Action de reconsolider.

reconsolider vt. Consolider de nouveau.

reconstituer vt. Constituer de nouveau : - *un parti*. ‖ **Reconstituant, e** part., adj. et nm. Fortifiant : *l'huile de foie de morue est un -*.

reconstitution nf. Action de reconstituer; son résultat.

reconstruction nf. Action de reconstruire.

reconstruire vt. Rebâtir.

reconversion nf. Adaptation de la production de guerre à la production de paix.

recopier vt. Copier de nouveau. ‖ Mettre au net : *- un devoir*.

recoquiller vt. Retrousser en forme de coquille : *- les pages d'un livre*. ‖ Se - vpr. S'enrouler sur soi-même.

record nm. Exploit sportif, officiellement constaté, et surpassant tout ce qui a été fait dans le même genre : *battre, détenir un -*. ‖ *Par ext.* Résultat remarquable encore jamais égalé : *- de production*.

recordage nm. Action de recorder.

recorder vt. Remettre des cordes à : *- une raquette*.

recordman nm. Qui détient un record. ‖ Pl. des *recordmen*.

recoudre vt. (c. *coudre*). Coudre ce qui est décousu ou déchiré.

recoupe nf. Farine tirée du son remoulu. ‖ Reste d'étoffe après la taille des vêtements. ‖ Pl. Fragments abattus de pierres équarries.

recoupement nm. Vérification au moyen de renseignements provenant de sources diverses.

recouper vt. Couper de nouveau. ‖ Contrôler par recoupement.

recourber vt. Ployer en rond par l'extrémité : *- une branche*.

recourir vi. Courir de nouveau. ‖ Vt. ind. Chercher assistance, avoir recours à : *- au médecin*. ‖ Employer, utiliser : *- à la ruse*.

recours nm. Action de rechercher de l'assistance, du secours. ‖ Action en garantie ou en dommages - intérêts contre quelqu'un. ‖ Pourvoi : *- en cassation*. ‖ *- en grâce*, pourvoi adressé au chef de l'Etat.

recouvrable adj. Qui peut se recouvrer : *somme -*.

recouvrage nm. Action de recouvrir : *le - d'un parapluie*.

recouvrement nm. Action de recou-

vrer : *- d'argent*. ‖ Rétablissement : *- des forces*. ‖ Recette de sommes dues : *faire des -*.

recouvrement nm. Action de recouvrir : *le - d'un pré par les eaux*.

recouvrer vt. Rentrer en possession de : *- la vue*. ‖ Percevoir : *- l'impôt*.

recouvrir vt. Couvrir de nouveau. (Ne pas confondre avec *recouvrer*.)

recracher vt. Rejeter de la bouche.

récréatif, ive adj. Qui récrée.

récréation nf. Passe-temps, délassement. ‖ Temps accordé aux enfants pour jouer.

recréer vt. Créer de nouveau.

récréer vt. Réjouir, divertir.

recrépir vt. Crépir de nouveau.

récrier (se) vpr. S'exclamer de surprise, de mécontentement.

récrimination nf. Action par laquelle on récrimine.

récriminer vi. Répondre à des reproches, à des injures par d'autres reproches, d'autres injures.

récrire vt. Ecrire de nouveau.

recroqueviller (se) vpr. Se rétracter, se replier sous l'action de la chaleur, du froid, etc.

recru, e adj. Harassé de fatigue.

recrudescence nf. Redoublement d'intensité.

recrudescent, e adj. Qui reprend de l'intensité.

recrue nf. Jeune soldat. ‖ *Fig.* Personne qui s'ajoute à un groupe.

recrutement nm. Action de recruter.

recruter vt. Faire des recrues. ‖ *Fig.* Attirer dans une société, un parti.

recruteur nm. Autref., celui qui enrôlait des recrues. ‖ Adj. : *sergent -*.

recta adv. *Fam.* Ponctuellement.

rectal, e, aux adj. Du rectum.

rectangle nm. Quadrilatère dont les quatre angles sont droits. ‖ Adj. : *triangle -*, qui a un angle droit. ‖ *Trapèze -*, dont l'un des côtés est perpendiculaire aux deux bases.

rectangulaire adj. Se dit de toute figure dont les angles sont droits.

recteur nm. Celui qui est à la tête d'une université. ‖ Curé d'une paroisse bretonne.

recteur, trice adj. Qui dirige. ‖ *Pennes -*, plumes de la queue, qui dirigent le vol des oiseaux.

rectificatif, ive adj. et nm. Qui rectifie, qui sert à rectifier : *acte -*.

rectification nf. Action de rectifier.

rectifier vt. (c. *prier*). Rendre droit : *- le tracé d'une route*. ‖ *Par ext.* Corriger, rendre exact : *- une erreur*. ‖ Purifier par distillation : *- de l'eau-de-vie*.

rectiligne adj. En ligne droite. ‖ Composé de lignes droites : *figure -*.

rectitude nf. Qualité de ce qui est droit. ‖ *Fig.* Conformité à la saine raison : *- de jugement*.

recto nm. L'endroit, la première page de droite d'un feuillet, par opposition à *verso*, l'envers. ‖ Pl. des *rectos*.

rectoral, e, aux adj. Relatif au recteur : *un ordre -*.

rectorat nm. Charge de recteur.

rectrice nf. Grande plume de la queue des oiseaux.

rectum nm. Dernière partie du gros intestin.

reçu nm. Quittance par laquelle on reconnaît un encaissement, une livraison effectués.

recueil nm. Réunion de divers actes, de divers écrits, etc. : *- de lois*.

recueillement nm. Etat d'une personne qui se recueille.

recueillir vt. (c. *cueillir*). Récolter : *- le fruit de son travail*. ‖ Rassembler : *- des documents*. ‖ Donner refuge : *- un malheureux*. ‖ Se - vpr. Réfléchir, se livrer à la méditation.

recuire vt. Cuire de nouveau. ‖ Exposer de nouveau à l'action du feu. ‖ Porter à haute température, et laisser refroidir très lentement pour diminuer la fragilité (verre, céramique...).

recuit nm. Action de recuire.

recul nm. Mouvement de ce qui recule : *le - d'un canon*. ‖ *Fig.* Mouvement opposé au progrès : *un - de la civilisation*. ‖ Eloignement dans l'espace ou le temps : *il faut un certain - pour apprécier les événements*.

reculade nf. Action de reculer.

reculer vt. Tirer, pousser en arrière : *- sa chaise*. ‖ *Fig.* Accroître : *- les frontières d'un Etat*. ‖ Retarder : *- un paiement*. ‖ Vi. Aller en arrière : *faire - un cheval*. ‖ Perdre du terrain : *au lieu d'avancer, il recule*. ‖ *Fig.* Hésiter : *- devant une difficulté*. ‖ *- pour mieux sauter*, hésiter devant une décision désagréable qu'il faudra prendre tôt ou tard. ‖ **Reculé, e** part. et adj. Eloigné dans l'espace : *un pays -*, et dans le temps : *une époque -*.

reculons (à) loc. adv. En reculant.

récupérateur nm. Appareil pour la récupération de la chaleur, de l'énergie.

récupération nf. Action de récupérer.

récupérer vt. (c. *céder*). Rentrer en possession de : *- une somme*. ‖ Recueillir ce qui pourrait être perdu : *- la ferraille*. ‖ Vi. *Sports*. Reprendre ses forces après un effort violent.

récurage nm. Action de récurer.

récurer vt. Nettoyer, fourbir.

récurrent, e adj. *Anat.* Qui revient en arrière : *nerfs -*.

récusable adj. Qui peut être récusé.

récusation nf. Action de récuser.

récuser vt. Refuser de reconnaître la compétence, la valeur de : *- un juge*. ‖ Rejeter : *- un témoignage*. ‖ Se - vpr. Se déclarer incompétent pour juger.

recyclage nm. Formation complémentaire donnée à un cadre, à un technicien.

rédacteur, trice n. Personne qui rédige : *- de journal*.

rédaction nf. Action de rédiger; la chose rédigée. ‖ Ensemble des rédacteurs. ‖ Bureau des rédacteurs.

redan ou **redent** nm. Ouvrage fortifié formant un angle saillant. ‖ Ressaut d'un mur sur un terrain en pente.

reddition nf. Action de rendre : *- d'une ville*.

redemander vt. Demander de nouveau : *- du pain*.

rédempteur, trice adj. et n. Qui rachète : *une œuvre -*. ‖ *Absol.* Le *Rédempteur* (avec une maj.), Jésus-Christ.

rédemption nf. Rachat. (Se dit surtout du rachat du genre humain par Jésus-Christ.)

rédemptoriste nm. Membre d'un ordre religieux fondé à Naples.

redescendre vi. Descendre de nouveau. ‖ Vt. Porter de nouveau en bas.

redevable adj. Qui doit encore quelque chose. ‖ Qui a une obligation envers quelqu'un : *je vous suis - de la vie*.

redevance nf. Dette, charge, rente qu'on doit acquitter à termes fixes.

redevenir vi. Recommencer à être ce que l'on était avant.

redevoir vt. Devoir encore, être en reste.

rédhibition nf. Annulation d'une vente obtenue par l'acheteur, lorsque la chose vendue est entachée de vices.

rédhibitoire adj. *Cas, vice -*, cas, vice qui rend une vente nulle.

rédiger vt. (c. *manger*). Formuler par écrit : *- des mémoires*.

redingote nf. Vêtement d'homme, à longues basques.

redire vt. (c. *dire*). Dire de nouveau. ‖ Répéter ce qu'un autre a dit. ‖ Révéler : *il redit tout*. ‖ Vi. Blâmer : *trouver à -*.

redite nf. Répétition oiseuse.

redondance nf. Superfluité de paroles : *discours plein de -*.

redondant, e adj. Plein de superflu, sonore, mais vide.

redonner vt. Donner de nouveau la même chose. ‖ *Fig.* Faire renaître : - *des forces.* ‖ Vi. Revenir à la charge : *l'infanterie redonna avec un nouveau courage.*

redoublement nm. Accroissement, augmentation : - *de zèle.*

redoubler vt. Remettre une doublure. ‖ Vt. et i. Renouveler avec augmentation : - *de soins.* ‖ Recommencer : - *une classe.* ‖ **Redoublé,** e part. et adj. *Milit.* Pas -, de vitesse double; musique qui rythme ce pas.

redoute nf. Petit ouvrage fortifié.

redouter vt. Craindre fort.

redressement nm. Action de redresser; son résultat. ‖ *Fig.* Réparation : - *de torts.*

redresser vt. Rendre droit. ‖ Remettre debout : - *une statue.* ‖ *Fig.* Rectifier : - *le jugement.* ‖ Réparer, réformer : - *des abus.*

redresseur nm. Appareil transformant un courant électrique alternatif en un courant du seul sens. ‖ - *de torts,* chevalier errant qui vengeait les victimes de l'injustice.

réducteur, trice adj. Qui diminue. ‖ *Méc.* Se dit d'un mécanisme qui démultiplie la vitesse de rotation d'un arbre de transmission : *engrenage -.* ‖ *Chim.* Qui a la propriété de désoxyder. ‖ Nm. : *le charbon est un -.*

réductibilité nf. Propriété des corps de pouvoir être réduits.

réductible adj. Qui peut être réduit.

réduction nf. Action de réduire; son résultat.

réduire vt. Ramener à des proportions moindres; diminuer, restreindre : - *ses dépenses.* ‖ Transformer : - *en poudre.* ‖ Contraindre à : - *au silence.* ‖ Faire tomber dans un état fâcheux : - *quelqu'un à la misère.* ‖ *Arith.* Transformer : - *des fractions au même dénominateur.* ‖ *Chir.* Remettre à leur place les os luxés : - *une fracture.* ‖ *Chim.* Enlever l'oxygène.

réduit nm. Petit logement retiré.

rééditer vt. Faire une nouvelle édition de : - *un ouvrage.*

réédition nf. Edition nouvelle.

rééducation nf. Action d'éduquer à nouveau. ‖ Nouvel entraînement des organes frappés de paralysie.

rééduquer vt. Faire la rééducation.

réel, elle adj. Qui existe réellement, effectivement. ‖ Nm. Ce qui est réel.

réélection nf. Action d'élire de nouveau.

rééligible adj. Qui peut être réélu.

réélire vt. Elire de nouveau.

réensemencer vt. (c. *placer*). Ensemencer de nouveau.

réescompter vt. Escompter de nouveau : - *une traite.*

réexpédier vt. Expédier de nouveau.

réexpédition nf. Nouvelle expédition : *la - d'une lettre.*

réexporter vt. Transporter hors d'un pays des marchandises qui y avaient été importées.

refaire vt. (c. *faire*). Faire encore ce qu'on a déjà fait, recommencer. ‖ Remettre en bon état : - *un mur; au fig.* : - *sa santé.* ‖ *Pop.* Tromper, duper. ‖ **Se** - vpr. Reprendre des forces. ‖ **Refait,** e part. et adj. *Pop.* Trompé, dupé.

réfection nf. Action de refaire.

réfectoire nm. Lieu où les repas se prennent en commun.

refend nm. *Mur de -,* qui forme une séparation intérieure dans un bâtiment. ‖ *Bois de -,* scié en long.

refendre vt. Fendre de nouveau. ‖ Scier de long.

référé nm. Recours au juge qui, dans le cas d'urgence, a le droit de statuer provisoirement. ‖ Arrêt ainsi rendu.

référence nf. Autorité, texte auquel on se rapporte : *indiquer ses -.* ‖ Indication, en tête d'une lettre, à rappeler dans la réponse. ‖ Pl. Attestations servant de recommandation : *avoir de bonnes -.*

référendum nm. Consultation populaire sur une question d'intérêt général. ‖ Pl. des *référendums.*

référer vt. ind. (c. *céder*). Faire rapport, en appeler à : *il faut en - à la Chambre.* ‖ **Se** - vpr. S'en rapporter : *je m'en réfère à votre avis.*

refermer vt. Fermer de nouveau.

réfléchir vt. Renvoyer : *les miroirs réfléchissent les rayons lumineux;* et pronomin. : *ce paysage se réfléchit dans le lac.* ‖ Vi. Penser, méditer longuement : *réfléchissez avant d'agir.* ‖ **Réfléchi,** e part. et adj. Fait avec réflexion : *résolution mûrement -;* qui agit avec réflexion : *élève -.* ‖ *Gramm. Verbes, pronoms -,* verbes, pronoms indiquant que l'action retombe sur le sujet de la proposition. ‖ **Réfléchissant,** e part. et adj. Qui réfléchit la lumière, le son.

réflecteur nm. Appareil servant à réfléchir la lumière. Adj. : *miroir -.*

reflet nm. Réflexion de la lumière, de la couleur d'un corps sur un autre : - *d'une étoffe.* ‖ *Fig.* Reproduction affaiblie : *il n'est qu'un - de son père.*

refléter vt. (c. *céder*). Renvoyer la lumière, la couleur sur un corps voisin. ‖ *Fig.* Exprimer : *visage qui reflète la bonté.* ‖ **Se** - vpr. *Fig.* S'étendre sur : *sa gloire se reflète sur sa famille.*

refleurir vi. (c. *fleurir*). Fleurir de nouveau. ‖ *Fig.* Redevenir florissant : *les arts commencent à -*.

réflexe adj. *Action* ou *phénomène -*, réaction nerveuse inconsciente provoquée par une impression extérieure. ‖ Nm. : *un - de défense*.

réflexion nf. Changement brusque de direction d'un rayon lumineux frappant sur une surface polie. ‖ *Fig.* Action de l'esprit qui examine, compare ses pensées : *agir sans -*. ‖ Pensée qui en résulte : *- morale*. ‖ *Toute - faite*, tout bien examiné.

refluer vi. (c. *tuer*). Se dit du mouvement des eaux qui retournent vers le lieu d'où elles ont coulé. ‖ *Fig.* Reculer : *l'armée reflua en désordre*.

reflux nm. *Mar.* Mouvement des eaux qui s'éloignent du rivage. ‖ Marée descendante.

refondre vt. Fondre de nouveau. ‖ *Fig.* Refaire entièrement : *- un dictionnaire*.

refonte nf. Action de refondre.

réformateur, trice n. Qui réforme.

réformation nf. Action de corriger : *- des mœurs*.

réforme nf. Rétablissement dans l'ordre ; changement en vue d'une amélioration : *la - des mœurs*. ‖ Congé donné à un militaire ou à un fonctionnaire reconnu impropre au service actif. ‖ *Absol.* Changements introduits, au XVIᵉ siècle, par Luther, dans la religion chrétienne. (Dans ce sens, prend une majuscule.)

réformer vt. Donner une meilleure forme, corriger. ‖ Supprimer ce qui est nuisible : *- un abus*. ‖ *Milit.* Eliminer les hommes, les chevaux, le matériel, etc., impropres au service. ‖ Se - vpr. Se corriger. ‖ **Réformé, e** part. et adj. *Religion -*, le protestantisme. ‖ *Milit.* Mis à la réforme, hors de service : *homme -*. ‖ Nm. : *un -*. ‖ Nmpl. Les protestants.

reformer vt. Former de nouveau : *- les rangs*. ‖ Se - vpr. En parlant des troupes, se regrouper.

réformiste n. et adj. Partisan d'une réforme.

refouiller vt. Fouiller de nouveau dans. ‖ Pratiquer un évidement dans.

refoulement nm. Action de refouler ; son résultat : *le - des ennemis*. ‖ Action par laquelle certaines idées, certaines tendances sont repoussées dans l'inconscient.

refouler vt. Fouler de nouveau. ‖ Repousser : *Charles Martel refoula les Sarrasins en Espagne*. ‖ Enfoncer : *- une cheville*. ‖ Faire rétrograder : *- un train*. ‖ *Fig.* Comprimer : *- ses larmes*. ‖ Vi. Refluer : *la digue a fait - les eaux*.

réfractaire adj. Qui résiste à la chaleur : *une argile -* ; à la maladie : *un sujet -*. ‖ *Prêtre -*, pendant la Révolution, prêtre non assermenté. ‖ Nm. De 1940 à 1944, celui qui refusait de fournir son travail à l'Allemagne.

réfracter vt. Produire la réfraction.

réfracteur adj. m. Qui réfracte.

réfraction nf. *Phys.* Changement de direction d'un rayon lumineux lorsqu'il passe d'un milieu transparent dans un autre.

refrain nm. Mots répétés à la fin de chaque couplet d'une chanson. ‖ *Par ext.* Ce qu'une personne répète sans cesse : *c'est toujours le même -*.

réfrangibilité nf. Propriété de ce qui est réfrangible.

réfrangible adj. Qui peut être réfracté.

réfréner vt. (c. *céder*). Mettre un frein, réprimer : *- sa colère*.

réfrigérateur nm. Appareil ménager de conservation par le froid.

réfrigération nf. Abaissement artificiel de la température. ‖ Production du froid.

réfrigérer vt. (c. *céder*). Abaisser artificiellement la température. ‖ **Réfrigérant, e** part. et adj. *Mélange -*, composé de glace et de sel marin. ‖ Nm. *Phys.* Récipient qui contient le serpentin d'un alambic et qu'on remplit d'eau froide pour obtenir la condensation des vapeurs.

réfringence nf. Propriété de certains corps de réfracter la lumière.

réfringent, e adj. *Phys.* Qui réfracte la lumière : *milieu -*.

refroidir vt. Rendre froid, moins chaud. ‖ *Fig.* Diminuer l'ardeur : *la vieillesse refroidit les passions*. ‖ Vi. Devenir froid. ‖ Se - vpr. Prendre froid.

refroidissement nm. Abaissement de température. ‖ Indisposition causée par le froid : *souffrir d'un -*. ‖ *Fig.* Diminution d'affection.

refuge nm. Lieu qui offre la sécurité : *- pour indigent, pour alpiniste, pour piéton*. ‖ *Fig.* Soutien : *il est le - des malheureux*.

réfugier (se) vpr. (c. *prier*). Se retirer en quelque lieu pour y être en sûreté. ‖ **Réfugié, e** part., adj. et n. Qui a quitté son pays pour fuir un danger, éviter les persécutions.

refus nm. Action de refuser.

refuser vt. Ne pas accepter : *- un présent*. ‖ Ne pas accorder : *- une grâce*. ‖ Ne pas recevoir à un examen. ‖ Se - vpr. Se priver de : *l'avare se refuse le nécessaire*. ‖ Ne pas consentir : *se - à une demande*.

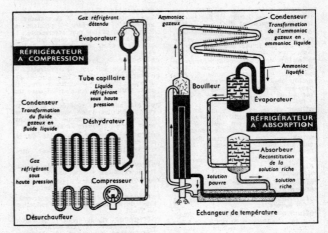

RÉFRIGÉRATEUR A COMPRESSION

Gaz réfrigérant détendu
Évaporateur
Tube capillaire
Liquide réfrigérant sous haute pression
Condenseur
Transformation du fluide gazeux en fluide liquide
Déshydrateur
Gaz réfrigérant sous haute pression
Compresseur
Désurchauffeur

Ammoniac gazeux
Condenseur
Transformation de l'ammoniac gazeux en ammoniac liquide
Ammoniac liquéfié
Bouilleur
Évaporateur
RÉFRIGÉRATEUR A ABSORPTION
Absorbeur
Reconstitution de la solution riche
Solution pauvre
Solution riche
Échangeur de température

réfutable adj. Qui peut être réfuté.

réfutation nf. Action de réfuter ; raisons alléguées pour réfuter.

réfuter vt. Détruire par des raisons solides ce qu'un autre a affirmé : - *une calomnie.*

regagner vt. Retrouver ce qu'on avait perdu. ‖ *Fig. - du terrain,* reprendre le dessus, l'avantage. ‖ Acquérir de nouveau, recouvrer : - *l'estime de...* ‖ Retourner vers : - *son logis.*

regain nm. Herbe qui repousse après la fauchaison. ‖ *Fig.* Recrudescence, retour : - *de jeunesse.*

régal nm. Grand repas, festin. ‖ Mets qui plaît beaucoup : *c'est un - pour moi.* ‖ Pl. des *régals.*

régalade nf. Action de régaler. ‖ Feu vif et clair. ‖ *Boire à la -,* boire en se versant la boisson dans la bouche sans que le vase touche les lèvres.

régalage ou **régalement** nm. Aplanissement : *le - d'un terrain.*

régale adj. f. *Eau -,* mélange d'acide nitrique et d'acide chlorhydrique qui a la propriété de dissoudre l'or.

régale nf. Droit qu'avait le roi de percevoir les revenus des évêchés sans titulaire.

régaler vt. Offrir un bon repas. ‖ Divertir : - *d'un concert.* ‖ Aplanir la surface d'un terrain.

régalien adj. *Droits -,* attachés à la royauté.

regard nm. Action ou manière de regarder. ‖ Ouverture permettant la visite d'un conduit. ‖ *Fig.* Attention : *les - de l'Europe sont fixés sur ce pays.* ‖ **En -** loc. adv., vis-à-vis : *traduction avec texte en -.* ‖ **Au - de** loc. prép., en comparaison de, par rapport à.

regarder vt. Porter la vue sur. ‖ *Fig.* Etre orienté : *cette maison regarde le midi.* ‖ Concerner : *cela vous regarde.* ‖ - *de travers,* avec mépris ou colère. ‖ - *d'un bon œil,* avec bienveillance. ‖ *Se faire -,* attirer l'attention. ‖ Vt. ind. - à, donner toute son attention à : *regardez bien à ce que vous allez faire.* ‖ *Y - à deux fois,* n'agir qu'après réflexion. ‖ **Regardant,** e part. et adj. *Fam.* Avare : *il est un peu -.*

régate nf. Course de bateaux.

regel nm. Congélation nouvelle survenant après un dégel.

régence nf. Fonction de régent. ‖ Durée de cette dignité. ‖ *Absol.,* la *Régence,* gouvernement de Philippe d'Orléans, pendant la minorité de Louis XV.

régénérateur, trice adj. Qui régénère : - *principe -.*

régénération nf. Réformation, renouvellement.

régénérer vt. (c. *céder*). Rétablir ce qui était détruit. ‖ *Fig.* Renouveler moralement : - *une nation.*

régent, e adj. et n. Qui exerce la régence pendant la minorité ou l'absence du souverain : *reine -; le -.* ‖ *Absol.* Le Régent, Philippe d'Orléans. ‖ Célèbre diamant de la couronne de France.

régenter vt. Gouverner à son gré : *il veut - tout le monde.*

régicide n. Assassin d'un roi. ‖ Meurtre d'un roi. ‖ Adj. : *vote -.*

régie nf. Administration chargée de la perception des impôts indirects : *les employés de la -.* ‖ Bureaux, personnel de cette administration. ‖ Administration de biens soumise à une reddition de comptes : *la - Renault.*

regimber vi. Ruer sur place. ‖ *Fig.* Résister : *- contre la force.*

régime nm. Règle observée dans la manière de vivre et de s'alimenter : *suivre un -.* ‖ Forme de gouvernement : *- monarchique.* ‖ *Bot.* Grappe de fruits à l'extrémité d'un rameau : *- de bananes.* ‖ *Ancien Régime,* avant 1789. ‖ *Nouveau Régime,* gouvernement né de la Révolution. ‖ Administration : *- des prisons, des hôpitaux.* ‖ Convention matrimoniale : *- dotal; - de la communauté.* ‖ Variations de débit d'un fluide : *- d'un fleuve.*

régiment nm. Corps militaire composé de bataillons ou d'escadrons. ‖ *Fig.* Multitude : *un - de cousins.*

régimentaire adj. Qui appartient à un régiment : *unité -.*

région nf. Grande étendue de pays. ‖ Chacune des différentes couches de l'atmosphère. ‖ *Anat.* Partie de la surface du corps : *la - du cœur.* ‖ Circonscription territoriale englobant plusieurs départements.

régional, e, aux adj. D'une région.

régionalisme nm. Doctrine qui favorise les groupements régionaux.

régir vt. Gouverner, diriger : *un État.* ‖ Administrer : *- des biens.* ‖ *Gramm.* Avoir pour complément, en parlant du verbe.

régisseur nm. Gérant. ‖ Chef du service intérieur dans un théâtre.

registre nm. Livre où l'on inscrit les faits ou actes dont on veut conserver le souvenir. ‖ Étendue de l'échelle vocale. ‖ Boutons commandant les différents jeux d'un orgue. ‖ Mécanisme réglant le tirage d'un foyer, le débit d'un fluide : *- de vapeur.*

réglable adj. Qui peut être réglé.

réglage nm. Action de régler.

règle nf. Instrument long et droit pour tirer des lignes. ‖ *Fig.* Principe : *les - de la politesse, de la grammaire.* ‖ Ordre, discipline : *la - d'un couvent.* ‖ Exemple, modèle : *servir de -.* ‖ Statuts d'un ordre religieux : *la - de Saint-François.* ‖ Opérations d'arithmétique : *les quatre -.* ‖ *- à calcul,* instrument qui permet d'exécuter les calculs arithmétiques en faisant glisser deux règles graduées l'une à côté de l'autre. ‖ *En bonne -,* suivant l'usage. ‖ *Se mettre en -,* faire, avoir fait ce qu'il faut. ‖ *En générale,* dans la plupart des cas.

règlement nm. Action de régler. ‖ Ordonnance, instruction : *- de police; - militaire.* ‖ Ordre des travaux d'une assemblée, d'une société, etc. ‖ Règle morale : *un - de vie.* ‖ Action d'arrêter, de solder en général : *- de compte;* ‖ *- d'une affaire.*

réglementaire adj. Conforme au règlement : *tenue -.*

réglementation nf. Action de fixer par des règlements.

réglementer vt. Soumettre à un règlement. ‖ Faire des règlements.

régler vt. (c. *céder*). Tracer des lignes avec la règle. ‖ *Fig.* Conformer : *- sa dépense sur son revenu.* ‖ Déterminer : *- l'emploi de ses journées.* ‖ Mettre fin : *- un différend.* ‖ Arrêter : *- un compte.* ‖ Acquitter : *- une note.* ‖ Mettre en ordre : *- ses affaires.* ‖ Mettre au point le fonctionnement d'une machine : *- un tour, une pendule.* ‖ **Réglé, e** part. et adj. *Fig.* Sage : *jeune homme -.*

réglette nf. Petite règle.

régleur nm. Ouvrier spécialiste qui règle les machines-outils.

réglisse nf. Arbrisseau dont la racine fournit un suc rafraîchissant et pectoral. ‖ Jus de cette plante.

réglure nf. Manière dont le papier est réglé : *une - espacée.*

règne nm. Gouvernement d'un souverain. ‖ Autorité morale, influence : *le - de la mode.* ‖ *Hist. nat.* Grande division des corps de la nature : *- animal.*

régner vi. (c. *céder*). Exercer l'autorité de roi. ‖ *Fig.* Être en vogue. ‖ Être, durer un certain temps : *le silence régnait dans l'assemblée.* ‖ Sévir, en parlant des maladies, des fléaux. ‖ **Régnant, e** part. et adj. *Fig.* Dominant : *le goût -.*

regonfler vt. Gonfler de nouveau.

regorgement nm. Action, état de ce qui regorge : *- de richesses.*

regorger vi. (c. *manger*). Déborder, refluer par suite de trop-plein : *la pluie fait - les égouts.* ‖ *Fig.* Avoir en abondance : *- de biens.*

régresser vi. Diminuer en nombre, en force ou en intensité.

régressif, ive adj. Qui revient sur soi-même : *série -.*

régression nf. Retour en arrière.

regret nm. Action de regretter. ‖ *A -,* à contre-cœur.

regrettable adj. Qui mérite d'être regretté : *un incident -.* ‖ *Par ext.* Fâcheux : *une erreur -.*

regretter vt. Eprouver du chagrin au souvenir de quelqu'un qu'on a perdu : *- ses parents.* ‖ Eprouver de la peine de n'avoir pas eu ou de n'avoir plus : *- un emploi.* ‖ Eprouver de la contrariété, du mécontentement au sujet de : *- ses paroles.* ‖ Eprouver du repentir : *- d'avoir mal agi.*

regrouper vt. Grouper de nouveau.

régularisation nf. Action de régulariser ; son résultat.

régulariser vt. Rendre conforme à la règle : *faire - un passeport.*

régularité nf. Conformité à des règles : *- du mouvement des corps célestes.* ‖ Ponctualité réglée : *- des repas.* ‖ Juste proportion ; harmonie : *- des traits.*

régulateur, trice adj. Qui règle : *pouvoir -.* ‖ Nm. Appareil pour régulariser la marche d'une machine. ‖ Pendule à marche très régulière.

régule nm. Alliage antifriction.

régulier, ère adj. Conforme aux règles, aux lois naturelles. ‖ Qui a lieu à jour ou à heure fixe. ‖ Exact, ponctuel. ‖ Conforme aux devoirs de la morale, de la religion : *vie -.* ‖ Harmonieux : *des traits -.* ‖ Constant, continu : *un travail -.* ‖ *Géom. Polygone -,* dont tous les côtés et tous les angles sont égaux. ‖ *Polyèdre -,* dont toutes les faces sont des polygones réguliers et dont les angles dièdres sont égaux. ‖ *Gramm. Verbes -,* qui suivent les règles générales des conjugaisons. ‖ *Clergé -,* ensemble des ordres religieux soumis à une règle.

régurgiter vt. Faire revenir dans la bouche : *les ruminants régurgitent.*

réhabilitation nf. Action de réhabiliter.

réhabiliter vt. Rétablir dans son premier état, dans ses droits, celui qui en était déchu : *- un condamné.* ‖ *Par ext.* Rétablir dans l'estime d'autrui.

réhabituer vt. Faire reprendre une habitude.

rehaussement nm. Relèvement.

rehausser vt. Placer plus haut. ‖ *Fig.* Ranimer : *- le courage.* ‖ Faire valoir : *- son prestige.*

Reichstag nm. Parlement allemand.

réimporter vt. Importer de nouveau.

réimposer vt. Etablir une taxe supplémentaire ; imposer de nouveau.

réimposition nf. Imposition nouvelle ou complémentaire.

réimpression nf. Impression nouvelle d'un ouvrage ; ouvrage réimprimé.

réimprimer vt. Imprimer de nouveau.

rein nm. Viscère double qui sécrète l'urine. ‖ Pl. Région des lombes. ‖ *Fig. et fam. Avoir les - solides,* être riche, puissant.

réincorporer vt. Incorporer de nouveau.

reine nf. Femme d'un roi. ‖ Maîtresse d'un royaume. ‖ Abeille femelle d'une ruche. ‖ *Fig.* La première, la plus belle : *la rose est la - des fleurs.* ‖ Pièce du jeu des échecs.

reine-claude nf. Prune très estimée. ‖ Pl. des *reines-claudes.*

reine-marguerite nf. Belle marguerite à fleurs doubles. ‖ Pl. des *reines-marguerites.*

reinette nf. Variété de pomme très estimée.

réinstallation nf. Action de réinstaller.

réinstaller vt. Installer de nouveau : *- une boutique.*

réintégration nf. Action de réintégrer ; son résultat.

réintégrer vt. (c. *céder*). *Dr.* Rétablir dans la possession d'un bien, d'un emploi. ‖ Rentrer dans : *- son domicile.*

réinviter vt. Inviter une seconde fois.

réitération nf. Action de réitérer.

réitérer vt. (c. *céder*). Faire de nouveau, répéter : *- un ordre.*

reître nm. Cavalier allemand du Moyen Age. ‖ *Fig.* Soudard.

rejaillir vi. Jaillir avec force, en parlant des liquides. ‖ *Fig.* Retomber : *la honte en rejaillit sur lui.*

rejaillissement nm. Mouvement de ce qui rejaillit ou rebondit.

rejet nm. Action de rejeter. ‖ *Agric.* Nouvelle pousse d'une plante.

rejeter vt. (c. *jeter*). Jeter de nouveau. ‖ Renvoyer : *- une balle.* ‖ Jeter hors de soi : *la mer rejette les débris des naufrages.* ‖ Jeter à une place antérieure : *- un poisson dans l'eau.* ‖ *Fig.* Repousser : *- un projet de loi.* ‖ *- une faute sur quelqu'un,* l'en accuser pour se disculper.

rejeton nm. Nouvelle pousse produite par une plante. ‖ *Fig.* Descendant : *le dernier - d'une illustre famille.*

rejoindre vt. Réunir des parties séparées. ‖ Aller retrouver.

rejointoiement nm. Action de rejointoyer ; son résultat.

rejointoyer vt. (c. *aboyer*). Refaire des joints.

réjouir vt. Donner de la joie. ‖ Plaire : *cette couleur réjouit la vue.*

‖ **Se** - vpr. Se divertir. ‖ Eprouver de la joie : *se* - *d'un succès.* ‖ **Réjoui, e** part., adj. et n. : *c'est un gros* -.

réjouissance nf. Démonstration de joie. ‖ Pl. Fêtes publiques.

relâche nm. Interruption dans un travail, détente. ‖ *Théât.* Suspension momentanée des représentations.

relâche nf. *Mar.* Action de relâcher. ‖ Lieu où l'on peut relâcher.

relâchement nm. Diminution de tension : *le* - *des cordes d'un violon.* ‖ Etat de faiblesse des voies intestinales. ‖ *Fig.* Ralentissement d'ardeur, de sévérité, etc. : - *dans le travail.*

relâcher vt. Détendre : *l'humidité relâche les cordes.* ‖ Laisser aller : - *un prisonnier.* ‖ Vi. Rabattre, diminuer : - *de ses prétentions.* ‖ *Mar.* S'arrêter : - *pour faire du charbon.* ‖ **Se** - vpr. Perdre de son zèle. ‖ Devenir moins rigoureux : *la discipline se relâche.*

relais nm. Chevaux frais placés de distance en distance pour remplacer les chevaux fatigués. ‖ Lieu où l'on mettait les relais. ‖ Dispositif électrique qui retransmet en l'amplifiant le signal qu'il a reçu. ‖ *Course par* -, où les coureurs d'une même équipe se remplacent.

relancer vt. Lancer de nouveau. ‖ *Fig.* et *fam.* - *quelqu'un*, le harceler.

relaps, e adj. et n. Retombé dans l'hérésie ou l'infidélité : *Jeanne d'Arc fut brûlée comme* -.

rélargir vt. Rendre plus large.

rélargissement nm. Action de rélargir.

relater vt. Raconter, en détaillant les circonstances.

relatif, ive adj. Qui se rapporte à : *les études* - *à l'histoire.* ‖ Qui n'a rien d'absolu; variable : *toute connaissance humaine est* -. ‖ *Gramm.* *Pronom* -, pronom qui sert à joindre le mot dont il tient la place, au reste de la phrase. ‖ *Proposition* -, introduite par un pronom relatif.

relation nf. Rapport qui lie deux objets, deux notions : - *de cause à effet.* ‖ Correspondance : - *commerciales.* ‖ Personnes avec lesquelles on est en rapport : *avoir de belles* -. ‖ Récit : *la* - *de voyage.*

relativement adv. D'une manière relative. ‖ - *à*, par rapport à.

relativité nf. Caractère de ce qui est relatif. ‖ *Phys.* Principe selon lequel l'écoulement du temps n'est pas le même pour deux observateurs mobiles l'un par rapport à l'autre.

relaver vt. Laver de nouveau.

relaxation nf. Relâchement : - *des muscles.* ‖ Action de relaxer.

relaxer vt. Mettre en liberté. ‖ **Se** - vpr. Se détendre, se reposer.

relayer vt. (c. *balayer*). Remplacer : - *un camarade.* ‖ **Se** - vpr. Se remplacer mutuellement.

relégation nf. Action de reléguer. ‖ *Dr.* Internement généralement perpétuel des récidivistes.

reléguer vt. (c. *céder*). Exiler dans un endroit déterminé. ‖ *Par ext.* Mettre à l'écart : - *un meuble au grenier.*

relent nm. Mauvais goût contracté par un aliment. ‖ Mauvaise odeur.

relevailles nfpl. Cérémonie qui se faisait à l'église la première fois qu'une femme s'y rendait après ses couches.

relève nf. Remplacement d'une troupe par une autre.

relèvement nm. Action de relever. ‖ Détermination de la position d'un point : *le* - *d'un écueil.* ‖ *Fig.* Augmentation : - *des salaires.*

relever vt. (c. *mener*). Remettre debout ou dans sa position naturelle. ‖ Restaurer : - *un mur.* ‖ Retrousser : - *ses manches.* ‖ Redresser : - *la tête.* ‖ *Fig.* Rétablir la prospérité de : - *une maison de commerce.* ‖ Remarquer : - *une faute.* ‖ Noter : - *une date.* ‖ Ranimer : - *le courage.* ‖ Délier d'un engagement : - *d'un vœu.* ‖ Faire valoir : *la parure relève la beauté.* ‖ Déterminer la position : - *une île.* ‖ Procéder à la relève : - *la garde.* ‖ Révoquer : - *quelqu'un de ses fonctions.* ‖ Donner plus de goût : - *une sauce.* ‖ *Fig.* et *fam.* - *le gant*, accepter un défi. ‖ Vi. - *de maladie*, être en convalescence. ‖ Dépendre de : *ne* - *de personne.* ‖ **Se** - vpr. Se remettre debout. ‖ *Fig.* Se remettre : *il s'en relèvera vite.* ‖ **Relevé, e** part. et adj. Au-dessus du commun : *condition* -. ‖ De haut goût, épicé : *mets* -. ‖ Nm. Détail : *faire le* - *d'un compte.*

releveur adj. et nm. Qui relève.

relief nm. Ce qui fait saillie sur une surface : *le* - *du sol ; le* - *d'une médaille.* ‖ Ouvrage de sculpture plus ou moins relevé en bosse : *haut-relief; demi-* -; *bas-* -. ‖ *Fig.* Eclat né du contraste : *les sots donnent du* - *aux gens d'esprit.* ‖ Mettre en -, faire ressortir. ‖ Pl. Restes d'un repas.

relier vt. (c. *prier*). Lier de nouveau. ‖ Plier, coudre ensemble les feuillets d'un livre et mettre une couverture. ‖ Mettre des cercles à un tonneau. ‖ Faire communiquer : - *deux routes.*

relieur, euse n. Qui relie des livres.

religieux, euse adj. Relatif à la religion. ‖ Pieux. ‖ *Fig.* Ponctuel : *observateur* - *de sa parole.* ‖ N. Personne engagée par des vœux monastiques.

religion nf. Culte rendu à la divinité. ‖ Foi, piété. ‖ Doctrine religieuse : - *chrétienne*. ‖ - *naturelle*, fondée sur les seules inspirations du cœur et de la raison. ‖ *Guerres de Religion*, guerres civiles, nées de la Réforme, qui ensanglantèrent la France. ‖ *Entrer en* -, prendre l'habit ou le voile.

religiosité nf. Esprit religieux.

reliquaire nm. Boîte, cadre où l'on enchâsse des reliques.

reliquat [ka] nm. Ce qui reste dû. ‖ Suites, restes d'une maladie.

relique nf. Partie du corps d'un saint, objet utilisé par lui ou ayant servi à son supplice, et que l'on conserve religieusement. ‖ Objet conservé précieusement.

relire vt. Lire de nouveau. ‖ **Se** - vpr. Lire ce qu'on vient d'écrire.

reliure nf. Métier du relieur. ‖ Couverture dont un livre est relié.

reluire vi. Briller. ‖ **Reluisant, e** part. et adj. *Fig. Situation peu* - médiocre.

reluquer vt. *Fam.* Lorgner du coin de l'œil, avec curiosité ou convoitise.

remaillage nm. Action ou manière de remailler.

remailler vt. Rejoindre les mailles d'un tissu : - *des bas*.

rémanence nf. Persistance d'une modification dans l'état de la matière, après qu'elle a été soumise à certaines influences.

remaniement nm. Action de remanier ; modification.

remanier vt. (c. *prier*). Manier de nouveau, changer : - *un ouvrage*.

remariage nm. Action de se remarier ; nouveau mariage.

remarier vt. Marier de nouveau.

remarque nf. Action de remarquer, d'observer. ‖ Observation. ‖ Note écrite : *ouvrage plein de* -.

remarquer vt. Marquer de nouveau. ‖ Observer attentivement : *il remarque tout*. ‖ Distinguer.

remballage nm. Action de remballer. ‖ Nouvel emballage d'un objet.

remballer vt. Remettre des marchandises en balle. ‖ Emballer de nouveau.

rembarquement nm. Action de rembarquer ou de se rembarquer.

rembarquer vt. et i. Embarquer de nouveau. ‖ **Se** - vpr. Se remettre en mer.

rembarrer vt. *Fam.* Reprendre vivement quelqu'un, le remettre à sa place.

remblai nm. Action de remblayer ; son résultat. ‖ Masse de matière servant à remblayer. ‖ Terrassement exécuté au-dessus du niveau du terrain avoisi-

nant et sur lequel on construit une voie ferrée.

remblaiement nm. Dépôt formé par une eau courante.

remblayage nm. Action de remblayer.

remblayer vt. (c. *balayer*). Faire un remblai.

remboîter vt. Replacer ce qui a été déboîté : - *un os*.

rembourrage nm. Action de rembourrer ; son résultat.

rembourrer vt. Garnir de bourre, de crin : - *un fauteuil*.

remboursement nm. Paiement d'une somme due.

rembourser vt. Rendre l'argent déboursé.

rembrunir vt. et i. Rendre, devenir plus brun. ‖ **Se** - vpr. *Fig.* Devenir triste. ‖ *Le temps se rembrunit*, le ciel se couvre.

rembucher (se) vpr. Rentrer dans la forêt, en parlant d'une bête sauvage.

remède nm. Toute substance servant à combattre les maladies. ‖ *Fig.* Ce qui sert à guérir les souffrances morales.

remédiable adj. A quoi l'on peut apporter remède.

remédier vt. ind. (c. *prier*). Apporter un remède à (au *pr.* et au *fig.*).

remembrement nm. Réunion, regroupement de petites parcelles de terre dispersées.

remémorer vt. Remettre en mémoire, rappeler. ‖ **Se** - vpr.

remerciement nm. Action de remercier. ‖ Paroles pour remercier.

remercier vt. Rendre grâce à. ‖ Refuser poliment : *on l'invita à dîner, il remercia*. ‖ Congédier : - *un employé*.

remettre vt. Mettre de nouveau. ‖ Replacer : - *un livre à sa place*. ‖ Donner à : - *une lettre*. ‖ Mettre en dépôt : - *des fonds*. ‖ *Fig.* Réconcilier : *on les a remis ensemble*. ‖ Rétablir la santé : *l'air de la campagne l'a remis*. ‖ Rassurer, calmer le trouble : *cette nouvelle l'a remis*. ‖ Confier : *je remets mon sort entre vos mains*. ‖ Reconnaître : *je vous remets à présent*. ‖ Pardonner : - *les péchés*. ‖ Gracier : - *une peine*. ‖ Différer : - *une affaire au lendemain*. ‖ *Fig. et fam.* - *à sa place*, rappeler aux convenances. ‖ **Se** - vpr. Se replacer. ‖ Recommencer. ‖ *Fig. S'en* - *à quelqu'un*, s'en rapporter à lui.

rémige nf. Chacune des grandes plumes rigides des ailes d'un oiseau.

réminiscence nf. Souvenir inconscient, vague.

remisage nm. Action de remiser.

remise nf. Action de remettre dans un lieu : *la - en place d'un meuble*. ‖ Livraison : *la - d'un paquet*. ‖ Rabais consenti sur un prix fort, une dette. ‖ Réduction accordée à un condamné d'une partie de sa peine. ‖ Commission accordée à un placier, à un représentant de commerce. ‖ Délai, renvoi à plus tard : *la - d'une audience*. ‖ Local servant d'abri à des voitures.

remiser vt. Placer sous une remise. ‖ *Pop.* Rembarrer. ‖ **Se -** vpr. Se poser (en parlant du gibier).

remisier nm. Intermédiaire entre agents de change et clientèle.

rémissibilité nf. Qualité ou caractère de ce qui est digne de pardon.

rémissible adj. Qui peut être remis, pardonnable : *faute -*.

rémission nf. Pardon. ‖ Indulgence : *user de -*. ‖ *Méd.* Diminution momentanée d'un mal. ‖ *Sans -*, sans interruption, implacablement.

rémittent, e adj. *Méd.* Qui diminue d'intensité par intervalles : *fièvre -*.

remmailloter vt. Emmailloter de nouveau.

remmener vt. (c. *mener*). Emmener après avoir amené.

rémois, e adj. et n. De Reims.

remontage nm. Action de tendre de nouveau le ressort d'un mécanisme. ‖ Action de replacer les pièces d'une machine démontée.

remonte nf. Action de pourvoir en chevaux une unité militaire.

remontée nf. Action de remonter.

remonter vi. Monter de nouveau. ‖ S'élever, se déplacer de bas en haut. ‖ *Fig.* Augmenter de valeur après avoir baissé : *la rente remonte*. ‖ Reprendre les choses de loin : *- à l'origine d'un bruit*. ‖ Avoir son origine : *cette famille remonte aux Croisades*. ‖ Vt. Gravir de nouveau : *- un escalier*. ‖ Exhausser : *- un mur*. ‖ *- un fleuve*, naviguer contre le courant. ‖ *- une maison*, la pourvoir de nouveau du nécessaire. ‖ *- une horloge*, la remettre en état de fonctionnement. ‖ *Fig. - le moral*, relever le courage. ‖ **Se -** vpr. Se pourvoir de nouveau du nécessaire. ‖ Reprendre des forces.

remontoir nm. Mécanisme pour remonter une montre sans clef.

remontrance nf. Avertissement, reproche.

remontrer vt. Représenter à quelqu'un ses torts. ‖ *Absol. En - à*, faire la leçon à ; être supérieur à.

rémora nm. Poisson à tête munie d'une ventouse, qui se fixe aux corps flottants, aux requins.

remords nm. Reproche très vif de la conscience.

remorquage nm. Action de remorquer.

remorque nf. Câble de remorquage. ‖ Véhicule tiré par un autre. ‖ *Fig. Être à la - de quelqu'un*, le suivre aveuglément.

remorquer vt. Traîner à sa suite un bateau ou un véhicule.

remorqueur adj. et n. Bateau ou véhicule qui en remorque d'autres.

rémoulade nf. Mayonnaise aux fines herbes.

rémouleur nm. Qui aiguise les outils et les instruments tranchants.

remous nm. Tourbillon d'eau qui se forme à l'arrière d'un navire en marche. ‖ Refoulement de l'eau contre un obstacle. ‖ *Fig.* Mouvements divers : *les - de la foule*.

rempaillage nm. Ouvrage du rempailleur.

rempailler vt. Garnir de paille.

rempailleur, euse n. Qui rempaille.

rempaqueter vt. (c. *jeter*). Empaqueter de nouveau.

rempart nm. Muraille entourant une place de guerre ou un château fort. ‖ *Fig.* Ce qui sert de défense : *la vertu est un -*.

remplaçant, e n. Toute personne qui en remplace une autre.

remplacement nm. Action de remplacer.

remplacer vt. Mettre à la place de : *- de vieux meubles*. ‖ Suppléer par : *le sucre remplace le miel*. ‖ Prendre momentanément la place de : *- un employé malade* ; ou définitivement : *- un maire*. ‖ Donner un successeur : *- un domestique*.

rempli nm. Pli fait à une étoffe pour la rétrécir ou la raccourcir.

remplier vt. Faire un rempli.

remplir vt. Emplir de nouveau ; rendre plein : *- un verre*. ‖ *Fig.* Exercer : *- une fonction*. ‖ Accomplir : *- son devoir*. ‖ Répondre à : *- l'attente*. ‖ Employer : *bien - son temps*. ‖ Faire retentir : *- l'air de ses cris*. ‖ *- une fiche*, y porter les indications nécessaires. ‖ **Se -** vpr. Devenir plein.

remplissage nm. Action de remplir. ‖ *Fig.* Développement inutile ou étranger au sujet : *dissertation où il y a trop de -*.

remploi nm. Nouvel emploi des fonds provenant d'un bien aliéné.

remployer vt. (c. *aboyer*). Employer de nouveau.

remplumer (se) vpr. Se recouvrir de plumes. ‖ *Fig.* et *fam.* Rétablir sa santé, ses affaires.

rempocher vt. *Fam.* Remettre en poche : *- son argent*.

rempoissonnement nm. Action de rempoissonner.

rempoissonner vt. Repeupler de poissons : - *une rivière*.

remporter vt. Rapporter d'un lieu ce qu'on y avait apporté. ‖ Enlever : *on le remporta mort*. ‖ *Fig*. Gagner : - *la victoire*.

rempotage nm. Action de rempoter.

rempoter vt. Changer une plante de pot.

remprunter vt. Emprunter de nouveau.

remue-ménage nm. inv. *Fam*. Dérangement de meubles, de choses que l'on transporte d'un lieu en un autre. ‖ *Fig*. Troubles, désordre.

remuement nm. Action de ce qui remue. ‖ *Fig*. Agitation : *les enfants aiment le* -.

remuer vt. (c. *tuer*). Mouvoir, déplacer. ‖ *Fig*. Emouvoir : - *l'âme*. ‖ Vi. Changer de place : *cet enfant remue continuellement*. ‖ Se - vpr. Se mouvoir. ‖ *Fig*. Se donner du mouvement pour réussir. ‖ **Remuant**, e part. et adj. ‖ **Remué**, e part. et adj. Etre tout ému : *le spectacle m'a* -.

remugle nm. Odeur de renfermé.

rémunérateur, trice adj. et n. Avantageux.

rémunération nf. Prix d'un travail, d'un service rendu : *la* - *d'un travail*.

rémunérer vt. (c. *céder*). Rétribuer.

renâcler vi. Faire du bruit en reniflant. ‖ *Fig*. et *fam*. Hésiter, refuser de faire : - *au travail*.

renaissance nf. Renouvellement : *la* - *du printemps*. ‖ *Absol*. En Europe, mouvement littéraire, artistique et scientifique des XVe et XVIe siècles fondé sur l'imitation de l'Antiquité. (S'écrit avec une majusc. en ce sens.)

renaître vi. (c. *naître*, mais pas de part. passé ni de temps composés). Naître de nouveau. ‖ Repousser : *les fleurs renaissent au printemps*. ‖ *Fig*. Reprendre vie. ‖ Ressentir de nouveau : *renaître à l'espérance*.

rénal, e, aux adj. Relatif aux reins.

renard nm. Mammifère carnassier, rusé, à queue velue et à museau pointu. (Cri : le renard *glapit*.) ‖ Sa peau. ‖ *Fig*. Homme rusé : *c'est un vieux* - !

renarde nf. Femelle du renard.

renardeau nm. Petit renard.

renardière nf. Tanière du renard.

rencaissage ou **rencaissement** nm. Action de rencaisser.

rencaisser vt. Remettre en caisse : - *des orangers*.

renchaîner vt. Remettre à la chaîne.

renchéri, e n. Personne difficile, dédaigneuse : *ne faites pas le* -.

renchérir vt. Rendre plus cher. ‖ Vi. Devenir plus cher. ‖ *Fig*. Dire ou faire plus qu'un autre : *il renchérit sur tout ce qu'il entend raconter*.

renchérissement nm. Augmentation de prix.

rencogner vt. *Fam*. Pousser quelqu'un dans un coin.

rencontre nf. Hasard, circonstance qui fait trouver fortuitement une personne ou une chose : *singulière* -. ‖ Choc de deux corps : - *de deux voitures*. ‖ Combat non préparé : - *de deux patrouilles*. ‖ Aller à la -, aller au-devant de.

rencontrer vt. Trouver par hasard sur son chemin. ‖ Vi. Deviner : - *juste*. ‖ Se - vpr. Se trouver : *un homme s'est rencontré qui...* ‖ Exister : *cela ne se rencontre guère*. ‖ Avoir la même pensée qu'un autre : *les beaux esprits se rencontrent*.

rendement nm. Production, rapport total : *le* - *d'une terre*. ‖ Rapport entre le travail obtenu et la quantité d'énergie dépensée.

rendez-vous nm. Convention de se trouver à heure fixée dans un même lieu. ‖ Le lieu lui-même.

rendormir vt. Faire dormir de nouveau. ‖ Se - vpr. Recommencer à dormir.

rendre vt. (c. *vendre*). Restituer une chose à qui elle appartient. ‖ Renvoyer : - *un cadeau*. ‖ Livrer : - *des marchandises à domicile*. ‖ Vomir : - *son déjeuner*. ‖ Livrer : - *une place*. ‖ Rapporter : *ce blé rend beaucoup de farine*. ‖ Traduire : *mal* - *un passage*. ‖ Prononcer : - *un arrêt*. ‖ Faire devenir : - *odieux*. ‖ Faire recouvrer : - *la santé*. ‖ S'acquitter de : - *hommage à quelqu'un*. ‖ - *l'âme*, mourir. ‖ - *grâce*, remercier. ‖ - *les armes*, s'avouer vaincu. ‖ - *la justice*, l'administrer. ‖ - *justice à quelqu'un*, reconnaître son mérite; *lui* - *sa parole*, le dégager d'une promesse; *lui* - *service*, l'obliger; *lui* - *visite*, aller le voir. ‖ - *gorge*, restituer par force ce qu'on a acquis par des moyens illicites. ‖ Se - vpr. Se transporter. ‖ *Fig*. Se montrer : *se* - *utile*. ‖ Se soumettre : *se* - *à l'ennemi*. ‖ Céder : *je me rends à son avis*. ‖ Se - *maître de*, s'emparer de. ‖ **Rendu**, e part. et adj. Fatigué, harassé : *le pauvre piéton était* -. ‖ Arrivé : *enfin! nous voilà* -. ‖ Nm. *Fig*. et *fam*. Action de rendre la pareille : *c'est un prêté pour un* -.

rendurcir vt. Rendre plus dur.

rêne nf. Courroie fixée au mors du cheval pour le guider. ‖ *Fig*. Direction : *tenir les* - *de l'Etat*.

renégat, e adj. et n. Qui renie sa

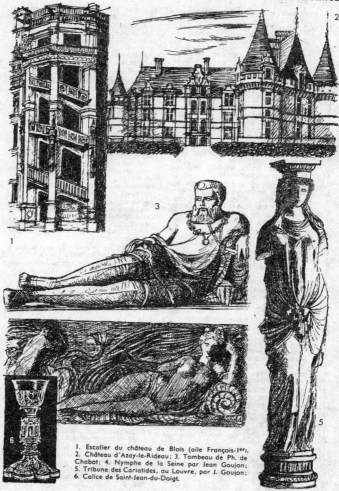

1. Escalier du château de Blois (aile François-Ier);
2. Château d'Azay-le-Rideau; 3. Tombeau de Ph. de
Chabot; 4. Nymphe de la Seine par Jean Goujon;
5. Tribune des Cariatides, au Louvre, par J. Goujon;
6. Calice de Saint-Jean-du-Doigt.

religion, et, au *fig.*, qui renie son passé.

renfermer vt. Enfermer de nouveau. || *Fig.* Contenir : *ce livre renferme de grandes vérités.* || **Se - vpr.** Se - en soi-même, se recueillir. || **Renfermé, e** part. et adj. *Fam.* Peu communicatif : *un enfant -.* || Nm. Mauvaise odeur qu'exhale une chose longtemps enfermée.

renflement nm. Etat de ce qui est renflé : *le - des racines.*

renfler vt. et i. Augmenter de volume.

renflouage ou **renflouement** nm. *Mar.* Action de renflouer.

renflouer vt. *Mar.* Remettre à flot : *- un navire.* || *Fig. - une entreprise,* lui fournir les fonds nécessaires pour rétablir sa situation.

renfoncement nm. Profondeur ; partie reculée, enfoncée.

renfoncer vt. (c. *placer*). Enfoncer de nouveau ou plus avant.

renforcement ou **renforçage** nm. Action de renforcer ; son résultat.

renforcer vt. Rendre plus fort, plus solide : *- une poutre.* || *Fig.* Donner plus d'intensité à : *- sa voix.* || **Renforcé, e** part. et adj. Epaissi : *toile -.*

renfort nm. Effectif supplémentaire destiné à renforcer. || Surcroît d'épaisseur donné à une pièce pour augmenter sa solidité.

renfrogner (se) vpr. Contracter son visage par mécontentement.

rengagé nm. Militaire qui, son temps achevé, renouvelle son engagement.

rengagement nm. Action de se rengager ou de remettre en gage.

rengager vt. (c. *manger*). Engager de nouveau. || *Absol.* ou **se - vpr.** Contracter un nouvel engagement.

rengaine nf. *Fam.* Chose répétée à satiété.

rengainer vt. Remettre dans la gaine, dans le fourreau. || *Fig. - son compliment,* supprimer ou ne pas achever ce qu'on allait dire.

rengorgement nm. Action de se rengorger ; attitude vaniteuse.

rengorger (se) vpr. (c. *manger*). Faire l'important.

rengraisser vt. Engraisser de nouveau. || Vi. Redevenir gras.

reniement nm. Action de renier.

renier vt. (c. *prier*). Déclarer, contre la vérité, qu'on ne connaît pas une personne, une chose. || Désavouer : *- sa famille.* || Abjurer, renoncer à : *- sa religion.*

reniflard nm. Appareil pour évacuer les eaux de condensation dans certaines conduites.

reniflement nm. Action de renifler.

renifler vi. Aspirer bruyamment par le nez. || Vt. Aspirer par le nez.

renifleur, euse n. Qui renifle, qui a l'habitude de renifler.

renne nm. Mammifère ruminant des régions boréales, domestiqué par les Esquimaux.

renom nm. Réputation, célébrité.

renommé, e adj. Célèbre, réputé.

renommée nf. Renom, réputation.

renommer vt. Nommer, élire de nouveau.

renonce nf. Action de ne pas fournir la couleur demandée, au jeu de cartes.

renoncement nm. Action de renoncer : *- aux plaisirs.* || *- à soi-même,* abnégation.

renoncer vt. ind. (c. *placer*). Se désister : *- à une succession.* || Abandonner : *- au monde.* || Au jeu, mettre une carte d'une couleur autre que la couleur demandée. || Vt. Renier, désavouer.

renonciation nf. Acte par lequel on renonce. || Renoncement.

renonculacées nfpl. *Famille de plantes dicotylédones ayant pour type la renoncule.

renoncule nf. Plante commune, parfois cultivée pour ses fleurs, parfois sauvage (bouton d'or).

renouée nf. Plante très commune, à tige noueuse (liseron).

renouement nm. Action de renouer, d'engager de nouveau.

renouer vt. Nouer de nouveau. || *Fig.* Reprendre : *- la conversation.* || Vi. Se lier de nouveau : *- avec quelqu'un.*

renouveau nm. Le retour du printemps.

renouveler vt. (c. *appeler*). Substituer une personne ou une chose à une autre : *- son personnel.* || *Fig.* Rappeler : *- un souvenir.* || Refaire : *- un bail.* || Remettre en vigueur : *- une mode.* || **Se - vpr.** Revenir de nouveau. || **Renouvelant, e** part. et n. Enfant qui renouvelle sa première communion.

renouvellement nm. Action de renouveler. || Retour périodique : *- des saisons.* || Accroissement : *- d'ardeur.*

rénovateur, trice adj. et n. Qui renouvelle.

rénovation nf. Renouvellement. || Changement en mieux : *- des mœurs.*

rénover vt. Donner une nouvelle forme, une nouvelle existence à : *- un enseignement.*

renseignement nm. Indication, éclaircissement sur un fait : *fournir des -.*

renseigner vt. Donner des renseignements.

rentable adj. Qui donne un bénéfice satisfaisant : *entreprise -*.

rente nf. Revenu annuel : *vivre de ses -*. ‖ Intérêt annuel de fonds placés ou de biens affermés.

renter vt. Pourvoir d'une rente.

rentier, ère n. Qui vit de ses rentes, qui a des rentes.

rentoilage nm. Action de rentoiler.

rentoiler vt. Soutenir, conserver la toile usée d'un tableau en la collant sur une toile neuve. ‖ Transporter les couleurs sur une nouvelle toile.

rentraire vt. (c. *traire*). Refaire une couture invisible.

rentrée nf. Action de rentrer. ‖ Action de reprendre ses fonctions, ses travaux après des vacances : *- des classes*. ‖ Recouvrement de fonds. ‖ Enlèvement d'une récolte. ‖ *Jeux.* Cartes du talon qui remplacent celles qu'on a écartées.

rentrer vi. Entrer de nouveau. ‖ Reprendre ses occupations : *les collèges sont rentrés*. ‖ S'emboîter : *des tubes qui rentrent les uns dans les autres*. ‖ Etre payé, perçu : *fonds qui rentrent mal*. ‖ *- en grâce*, obtenir son pardon. ‖ *- dans le devoir*, y revenir. ‖ *- dans ses droits*, les recouvrer. ‖ *- en soi-même*, réfléchir. ‖ Vt. Engranger : *- des foins*. ‖ Cacher : *- ses larmes*. ‖ **Rentrant, e** part. et adj. *Angle -*, dont l'ouverture est en dehors. ‖ **Rentré, e** part. et adj.

renverse nf. **A la** - loc. adv., sur le dos : *tomber à la -*.

renversement nm. Action de renverser; état d'une chose renversée.

renverser vt. Mettre à l'envers, sens dessus dessous : *- un verre*. ‖ *- la vapeur*, mettre une locomotive en marche arrière. ‖ Faire tomber. ‖ *Fig.* Détruire, troubler l'ordre politique : *- un Etat*. ‖ Chasser : *- un roi*. ‖ *Fig.* et *fam.* Etonner profondément : *cela me renverse*. ‖ **Renversé, e** part. et adj. *C'est le monde -*, cela va au rebours du bon sens.

renvoi nm. Action de renvoyer. ‖ Retour à l'expéditeur. ‖ Congédiement. ‖ Ajournement. ‖ Dans un livre, marque reportant à une note, à une explication. ‖ Eructation.

renvoyer vt. Envoyer de nouveau. ‖ Faire retourner : *- une escorte*. ‖ Refuser : *- un présent*. ‖ Restituer : *- un livre*. ‖ Congédier : *- un domestique*. ‖ Décharger d'une accusation : *- un accusé*. ‖ Relancer, réfléchir : *- la balle, les sons*. ‖ Ajourner : *- un procès*.

réoccuper vt. Occuper de nouveau.

réorganisation nf. Action d'organiser de nouveau ; son résultat.

réorganiser vt. Organiser de nouveau : *- un service*.

réouverture nf. Action de rouvrir.

repaire nm. Retraite de bêtes féroces, de brigands, de malfaiteurs.

repaître vt. (c. *paître*; mais a de plus le passé simple : *je repus*; l'imp. du subj. : *q. je repusse*; le part. passé : *repu, e*, et les temps composés) - *ses yeux de...*, regarder avec avidité. ‖ Se - vpr. *Se - de chimères*, se livrer à de vaines espérances.

répandre vt. Laisser tomber : *- du vin*. ‖ Verser : *- des larmes*. ‖ Etendre au loin : *le soleil répand sa lumière*. ‖ *Fig.* Propager : *- une nouvelle*. ‖ Exhaler : *- une odeur agréable*. ‖ Distribuer : *- des bienfaits*. ‖ Se - vpr. Paraître, se manifester au-dehors. ‖ *Se - en invectives*, dire beaucoup d'injures. ‖ **Répandu, e** part. et adj. Communément admis : *c'est l'opinion la plus -*.

réparable adj. Qui peut se réparer.

reparaître vi. (c. *connaître*). Paraître de nouveau.

réparateur, trice n. Qui répare. ‖ Adj. : *sommeil -*.

réparation nf. Action de réparer; son résultat. ‖ *Fig.* Satisfaction d'une offense : *- d'honneur*.

réparer vt. Remettre en état de fonctionnement : *- une montre*. ‖ Restaurer : *- un mur*. ‖ *Fig.* Rétablir : *- ses forces*. ‖ Donner satisfaction : *- une offense*.

repartie nf. Prompte réplique.

repartir vt. (c. *partir*). Répondre sur-le-champ. ‖ Répliquer vivement.

repartir vi. (c. *partir*). Partir de nouveau : *il repart ce soir*.

répartir vt. (c. *finir*). Partager, distribuer : *- une somme*.

répartiteur nm. Qui fait une répartition : *les - d'impôts*.

répartition nf. Partage, distribution : *- de vivres*.

repas nm. Nourriture prise chaque jour à heure fixe.

repassage nm. Action d'aiguiser une lame. ‖ Action de repasser du linge.

repasser vi. Passer de nouveau. ‖ Vt. Traverser de nouveau : *- les monts*. ‖ Transporter de nouveau : *le batelier vous repassera*. ‖ Aiguiser : *- un couteau*. ‖ Unir au moyen d'un fer chaud : *- du linge*. ‖ *Fig.* Répéter par cœur pour bien fixer : *- sa leçon*.

repasseur nm. Qui aiguise les couteaux, les ciseaux, etc. ‖ Appareil permettant d'exécuter ce travail.

repasseuse nf. Femme qui repasse le linge.

repavage ou **repavement** nm. Action de paver de nouveau.

repaver vt. Paver de nouveau.

repêchage nm. *Fam.* Action de repêcher.

repêcher vt. Retirer de l'eau. ‖ *Fig.* et *fam.* Tirer d'un mauvais pas. ‖ - *un candidat*, le recevoir à un examen malgré des notes insuffisantes.

repeindre vt. Peindre de nouveau.

repenser vi. Penser de nouveau.

repentance nf. Regret de ses fautes.

repentir nm. Vif regret.

repentir (se) vpr. Avoir un véritable regret : *se - de ses fautes.* ‖ **Repentant,** e part. et adj. ‖ **Repenti,** e part. et adj.

repérage nm. Action de repérer.

répercussion nf. Action de répercuter. ‖ *Fig.* Conséquence : *cet événement aura de graves -.*

répercuter vt. Réfléchir, renvoyer : *- un son.*

repère nm. Marque faite aux pièces d'un assemblage pour en faciliter l'ajustage. ‖ Marque faite sur un mur, sur un jalon, sur un terrain, etc., pour indiquer ou retrouver un alignement, un niveau, une hauteur, etc. ‖ *Point de -,* marque, indice qui sert à se retrouver.

repérer vt. (c. *céder*). Marquer des repères. ‖ Déterminer la position exacte de : *- un sous-marin.*

répertoire nm. Table, recueil où les matières sont rangées dans un ordre qui les rend faciles à trouver : *- alphabétique.* ‖ Liste des pièces qui constituent le fonds d'un théâtre : *- du Théâtre-Français.*

répertorier vt. (c. *prier*). Inscrire dans un répertoire.

répéter vt. (c. *céder*). Redire ce qu'on a déjà dit ou ce qu'un autre a dit. ‖ S'étudier à dire seul ce qu'on devra débiter en public : *- un rôle.* ‖ Recommencer : *- une expérience.* ‖ Reproduire : *- des signaux télégraphiques.* ‖ **Se** - vpr. Tomber dans des redites.

répétiteur, trice n. Qui donne des répétitions à des élèves. ‖ Adj. *Maître -,* maître d'étude.

répétition nf. Redite, retour de la même idée, du même mot. ‖ Leçon particulière donnée à un élève. ‖ Essai d'une pièce, d'un morceau de musique qu'on doit jouer en public. ‖ *Montre à -,* qui sonne l'heure grâce à un ressort. ‖ *Arme à -,* pouvant tirer plusieurs coups sans être rechargée.

repeuplement nm. Action de repeupler.

repeupler vt. Peupler de nouveau : *- de gibier.*

repiquage nm. Transplantation d'une jeune plante venue de semis.

repiquer vt. Piquer de nouveau. ‖ *Agric.* Transplanter : *- un plant.*

répit nm. Délai, relâche.

replacement nm. Action de replacer.

replacer vt. (c. *placer*). Remettre en place.

replâtrage nm. Réparation superficielle. ‖ *Fig.* et *fam.* Réconciliation éphémère.

replâtrer vt. Recouvrir de plâtre. ‖ *Fig.* Réparer de façon précaire.

replet, ète adj. Gras, qui a de l'embonpoint.

réplétion nf. Embonpoint. ‖ Surcharge d'aliments dans l'estomac.

repli nm. Double pli. ‖ Recul d'une force militaire. ‖ Pl. Sinuosités, ondulations : *les - d'un terrain.* ‖ *Fig.* Ce qu'il y a de plus caché, de plus intime : *les - du cœur humain.*

repliement nm. Action de replier; état de ce qui est replié.

replier vt. (c. *prier*). Plier de nouveau. ‖ **Se** - vpr. Reculer en bon ordre : *l'armée se replia.* ‖ Se courber : *- son corps.* ‖ *Fig. Se* - *sur soi-même,* se recueillir, réfléchir.

réplique nf. Repartie, réponse : *- vive.* ‖ Dernier mot que dit un acteur avant que son interlocuteur prenne la parole. ‖ *Donner la - à un acteur,* prendre part à un dialogue où cet acteur a le rôle principal. ‖ Copie d'une œuvre d'art.

répliquer vt. Dire comme réplique : *- une insolence.* ‖ Vi. Faire une réplique.

reploiement nm. Action de reployer.

reployer vt. (c. *aboyer*). Ployer de nouveau.

repolir vt. Polir de nouveau. ‖ *Fig.* Corriger de nouveau : *polir et - un écrit.*

répondant nm. Qui répond la messe. ‖ Qui se porte caution, garant : *être le - de quelqu'un.*

répondre vt. Dire ou écrire en réponse. ‖ *Liturg.* - *la messe,* la servir. ‖ Vi. Faire une réponse : *mal -.* ‖ Raisonner au lieu d'obéir : *ne répondez point.* ‖ Répéter : *l'écho répond.* ‖ Assurer : *je vous réponds que cela est ainsi.* ‖ Vt. ind. Apporter des raisons contre : *- à une objection.* ‖ Être en proportion de : *ses forces répondent à son courage.* ‖ Satisfaire à : *- aux espérances d'autrui.* ‖ Payer de retour : *- à une politesse.* ‖ Être garant, responsable : *- de quelqu'un.*

réponse nf. Parole ou écrit adressé en retour : *- affirmative.* ‖ Réfutation :

- *victorieuse*. ‖ Lettre écrite pour répondre.

repopulation nf. Action de repeupler.

report nm. Action de reporter un total d'une page sur une autre. ‖ La somme reportée.

reportage nm. Fonctions, service de reporter. ‖ Article de journal écrit par un reporter.

reporter vt. Porter une chose au lieu où elle était auparavant. ‖ Faire un report : - *une somme à une autre page.* ‖ Remettre à plus tard : - *une fête.* ‖ **Se** - vpr. *Fig.* Se transporter en pensée : *se - aux jours de son enfance.* ‖ Se référer : *se - à tel ou tel document.*

reporter [teur] nm. Journaliste qui enquête et relate ses observations.

repos nm. Cessation de mouvement, de travail : *prendre un peu de -.* ‖ Sommeil : *perdre le -.* ‖ Tranquillité : *avoir la conscience en -.* ‖ Pause dans la lecture ou la déclamation.

reposer vt. Poser de nouveau. ‖ Mettre au repos, délasser : - *ses membres fatigués.* ‖ Procurer du calme : *cela repose l'esprit.* ‖ - *ses yeux sur un objet,* les y arrêter avec plaisir. ‖ Vi. Dormir, être dans un état de repos : *passer la nuit sans -.* ‖ Etre enterré : *ici repose...* ‖ Etre édifié : *la maison repose sur le roc;* et, au *fig.* : *ce raisonnement ne repose sur rien de certain.* ‖ Laisser - *du vin,* lui donner le temps de s'éclaircir, de déposer. ‖ Laisser - *une terre,* la laisser en jachère. ‖ **Se** - vpr. Prendre du repos. ‖ *Fig.* Se - *sur ses lauriers,* demeurer inactif après un succès. ‖ *Se - sur quelqu'un du soin d'une affaire,* s'en rapporter à lui. ‖ **Reposant, e** part. et adj. ‖ **Reposé, e** part. et adj. ‖ **A tête -,** loc. adv., après mûre réflexion.

reposoir nm. *Relig. cathol.* Autel dressé sur le passage d'une procession.

repousser vt. Rejeter, renvoyer : - *la balle.* ‖ Faire reculer : - *l'ennemi.* ‖ *Fig.* Ecarter de la pensée : - *une tentation.* ‖ Ne pas agréer, ne pas accepter : - *une demande.* ‖ Produire de nouveau : *cet arbre a repoussé d'autres branches.* ‖ Vi. Pousser de nouveau : *sa barbe repousse.* ‖ **Repoussant, e** part. et adj. Qui inspire du dégoût, de l'aversion : *laideur -.* ‖ **Repoussé, e** adj. et nm. Se dit d'un objet de métal, de cuir, modelé au marteau : *du cuir -.*

repoussoir nm. Cheville pour chasser un clou enfoncé dans un trou. ‖ Partie d'un tableau plus vigoureuse de ton, pour donner de l'éloignement aux autres parties. ‖ *Fam.* Chose, personne qui en fait valoir une autre par contraste.

répréhensible adj. Digne de blâme, de châtiment : *acte -.*

répréhension nf. Réprimande, blâme.

reprendre vt. Prendre, s'emparer de nouveau. ‖ Oter ce qu'on avait donné : - *un cadeau.* ‖ Continuer : - *un travail interrompu.* ‖ Engager de nouveau : - *des domestiques.* ‖ Revêtir de nouveau : - *ses vêtements d'été.* ‖ Réprimander : - *un enfant.* ‖ Recouvrer : - *des forces.* ‖ Attaquer de nouveau : *sa goutte l'a repris.* ‖ - *haleine,* se reposer un instant. ‖ - *le dessus,* regagner l'avantage. ‖ - *une pièce,* la jouer de nouveau. ‖ *On ne m'y reprendra plus,* je ne le ferai plus. ‖ Vi. Se rétablir : *ce malade a bien repris.* ‖ Revenir : *le froid reprend.* ‖ Se rejoindre : *les - chairs reprennent.* ‖ Critiquer, blâmer : *il trouve à - à tout!* ‖ **Se** - vpr. Corriger ce qu'on vient de dire. ‖ Redevenir maître de soi.

représaille nf. Mesure répressive infligée à un adversaire pour se venger du mal qu'il a causé : *user de représailles.*

représentant, e n. Personne qui représente une autre personne. ‖ Commis voyageur, courtier.

représentatif, ive adj. Qui représente : *signe -.* ‖ *Gouvernement -,* dans lequel des représentants élus par la nation élaborent les lois. ‖ *Fam.* Homme -, d'une belle prestance.

représentation nf. Action de présenter de nouveau. ‖ Action de jouer des pièces de théâtre : - *d'une tragédie.* ‖ Reproduction par la peinture, la sculpture, la gravure : - *d'une bataille.* ‖ Remontrances prudentes : *faire des -.* ‖ Exercice du pouvoir législatif, au nom de la nation, par des assemblées élues. ‖ Action de faire des affaires pour une maison de commerce.

représenter vt. Présenter de nouveau. ‖ Figurer : - *un naufrage.* ‖ Jouer : - *«l'Avare»;* remplir un rôle : - *Harpagon.* ‖ Tenir la place de quelqu'un : - *un ministre malade.* ‖ Faire observer : - *les inconvénients d'une action.* ‖ Vi. Avoir un certain maintien : *cet homme représente bien.* ‖ **Se** - vpr. Se figurer, imaginer : *représente-toi son étonnement.*

répressif, ive adj. Qui réprime.

répression nf. Action de réprimer.

réprimande nf. Blâme prononcé avec autorité : *cela mérite une -.*

réprimander vt. Faire une réprimande à : - *un enfant.*

réprimer vt. Arrêter l'action, le progrès de : - *des abus.*

repris nm. *Un - de justice,* celui qui a déjà été condamné.

reprise nf. Continuation d'une chose interrompue : *travail fait à plusieurs -*. ‖ Réparation : *faire une - à un bas*. ‖ Remise d'une pièce à la scène. ‖ Toute partie d'un air exécuté deux fois. ‖ Chacune des parties d'un assaut d'escrime, d'un combat de boxe. ‖ Groupe de cavaliers s'exerçant dans un manège.

repriser vt. Faire des reprises : *- un drap*.

réprobateur, trice adj. Qui réprouve : *un air -*.

réprobation nf. Blâme très sévère : *encourir la - générale*.

reproche nm. Ce qu'on dit pour exprimer son mécontentement ou pour faire honte à quelqu'un.

reprocher vt. Faire des reproches.

reproducteur, trice adj. et n. Qui sert à la reproduction : *organes -*.

reproductif, ive adj. Qui favorise une nouvelle production.

reproduction nf. Chez les êtres vivants, action de perpétuer l'espèce. ‖ *Bot*. Moyen de multiplier les végétaux : *- par semis*. ‖ Partie régénérée de certains animaux mutilés (queue du lézard, pattes de l'écrevisse). ‖ Action d'éditer de nouveau : *droits de -*. ‖ Imitation fidèle : *- d'une œuvre d'art*.

reproduire vt. Produire de nouveau : *- un article de journal*. ‖ Présenter de nouveau : *- les mêmes arguments*. ‖ Imiter : *- un tableau*. ‖ **Se -** vpr. Se perpétuer par la génération.

réprouver vt. Désapprouver : *- une doctrine*. ‖ *Théol*. Damner. ‖ **Réprouvé, e** part., adj. et n. Damné : *les justes et les -*.

reps nm. Etoffe de soie ou de laine très forte, employée pour l'ameublement.

reptation nf. Action de ramper.

reptiles nmpl. Classe de vertébrés rampants, munis ou non de pattes, comme le lézard, la tortue, le serpent.

repu, e adj. Rassasié.

républicain, e adj. Relatif à la république. ‖ N. Partisan de la république.

républicanisme nm. Qualités, sentiments de républicain.

république nf. Forme de gouvernement dans laquelle le peuple exerce la souveraineté par l'intermédiaire de délégués élus par lui. ‖ *Fig. La - des lettres*, les gens de lettres.

répudiation nf. Action de répudier.

répudier vt. (c. *prier*). Renvoyer légalement sa femme. ‖ *Fig*. Rejeter : *- une croyance*.

repue nf. Action de se repaître. ‖ *Franche -*, repas gratuit.

répugnance nf. Aversion, dégoût marqué.

répugner vt. ind. Avoir de la répugnance : *- à faire une chose*. ‖ Inspirer de la répugnance.

répulsif, ive adj. Qui repousse : *force -*. ‖ *Fig*. Qui déplaît : *aspect -*.

répulsion nf. Résultat des forces tendant à éloigner deux corps l'un de l'autre : *la - de deux corps électrisés*. ‖ *Fig*. Répugnance, aversion.

réputation nf. Renom, opinion publique. ‖ *Absol*. Renom, estime : *avoir une bonne -*.

réputer vt. Estimer, tenir pour : *on le répute homme de bien*. ‖ **Réputé, e** part. et adj. Très estimé : *établissement -*.

requérir vt. (c. *acquérir*). Demander, réclamer : *- l'application de la loi*. ‖ Sommer : *- quelqu'un de faire une chose*. ‖ Réclamer au nom de la loi : *- la force armée*.

requête nf. Demande par écrit devant les tribunaux. ‖ Demande verbale, supplique : *présenter une -*. ‖ *Maître des -*, magistrat rapporteur au Conseil d'Etat.

requiem nm. inv. Prière de l'Eglise pour les morts.

requin nm. Nom vulgaire des squales, énormes poissons de mer très voraces.

requinquer (se) vpr. *Fam*. Se vêtir de neuf. ‖ Se rétablir après une maladie.

requis, e adj. Convenable, nécessaire : *être dans les conditions - pour -*. ‖ Nm. *- civil*, mobilisé pour un travail obligatoire.

réquisition nf. Action de requérir en justice. ‖ Action de requérir, pour le service public, des hommes ou des subsides en chevaux, vivres, etc.

réquisitionner vt. Mettre en réquisition.

réquisitoire nm. Discours, écrit contenant des griefs d'accusation. ‖ Reproches violents.

rescapé, e adj. et n. Sorti sain et sauf d'un danger, d'une catastrophe.

rescousse nf. A la - loc. adv., à l'aide : *venir à la -*.

réseau nm. Entrelacement de fils : *- de dentelle*; de vaisseaux : *- sanguin*; de voies de communication : *- routier*. ‖ Groupement secret : *- de résistance*.

résection nf. *Chir*. Action de couper, de retrancher.

réséda nm. Plante à fleurs odorantes.

réséquer vt. Faire la résection : *- un os*.

réservation nf. Action de retenir une place dans un avion, sur un bateau, etc.

réserve nf. Action de réserver; chose

réservée. ‖ Ensemble des citoyens soumis aux obligations militaires et qui ne sont pas en service actif. ‖ Troupes de renfort au combat. ‖ Portion de bois laissée en haute futaie. ‖ *Chasse* et *pêche.* Canton réservé pour le repeuplement. ‖ *Fig.* Discrétion, retenue : *parler avec -.* ‖ Restriction : *l'amitié n'admet point de -.* ‖ Loc. adv. **Sans -,** sans exception. **Sous toute -,** en réservant ses droits, même non spécifiés absolument. **En -,** à part, de côté. ‖ **A la - de** loc. prép., à l'exception de.

réserver vt. Garder pour un emploi ultérieur. ‖ Destiner : *à quoi réservez-vous cela?* ‖ **Se -** vpr. Se ménager pour un autre temps : *se - pour la fin.* ‖ **Réservé,** e part. et adj. Circonspect : *air -.* ‖ *Cas -,* péché dont le pape ou l'évêque peut seul absoudre. ‖ N. : *faire le -, la -.*

réserviste nm. Homme faisant partie de la réserve de l'armée active.

réservoir nm. Lieu aménagé pour y tenir certaines choses en réserve. ‖ Récipient destiné à recevoir un liquide : *- d'essence.*

résidant, e adj. et n. Qui réside.

résidence nf. Demeure habituelle. ‖ Séjour obligé au lieu où l'on exerce une fonction : *évêque astreint à la -.* ‖ Lieu où réside un prince, un haut fonctionnaire colonial.

résident nm. Envoyé près d'un gouvernement étranger, inférieur à un ambassadeur. ‖ Titre de certains fonctionnaires coloniaux.

résidentiel, elle adj. Réservé aux habitations privées : *quartier -.*

résider vi. Demeurer, être établi en quelque endroit. ‖ *Fig.* Consister : *ici réside la difficulté.* ‖ **Résidant** part. prés.

résidu nm. Reste : *le - d'une combustion.* ‖ Déchet.

résiduaire adj. Qui forme résidu.

résiduel, elle adj. Qui provient d'un reste.

résignation nf. Abandon de droits en faveur de quelqu'un. ‖ Soumission à son sort : *souffrir avec -.*

résigner vt. Renoncer volontairement à, se démettre de : *- ses fonctions.* ‖ **Se -** vpr. Accepter, se soumettre. ‖ **Résigné,** e part. et adj. Qui supporte un mal sans révolte.

résiliable adj. Qui peut être résilié.

résiliation nf. Annulation d'un bail, d'un acte.

résilier vt. Annuler : *- un contrat.*

résille nf. Filet à cheveux.

résine nf. Matière visqueuse et inflammable suintant de certains arbres, tels que le pin, le sapin, etc. ‖ *- synthétique,* résine artificielle.

résineux, euse adj. et n. Qui tient de la résine, qui en produit.

résipiscence nf. Regret d'une faute avec amendement : *venir à -.*

résistance nf. Qualité de ce qui résiste. ‖ Force par laquelle on supporte la fatigue, la faim. ‖ Défense contre l'attaque. ‖ Opposition, refus de soumission : *obéir sans -.* ‖ Opposition patriotique à une puissance occupante : *les héros de la Résistance.* ‖ *Par ext.* Ensemble des formations qui ont participé à cette action. ‖ *Plat de -,* plat principal d'un repas.

résister vt. ind. Ne pas céder au choc d'un autre corps : *- au marteau.* ‖ Opposer la force à la force : *- aux attaques.* ‖ *Fig.* Tenir ferme, ne pas succomber : *- à la fatigue.* ‖ **Résistant,** e part. et adj. Non soumis à l'oppresseur. ‖ N. Membre des organisations de résistance pendant la Seconde Guerre mondiale.

résolu, e adj. Hardi, déterminé.

résoluble adj. Qui peut être résolu : *problème -.*

résolument adv. Avec courage.

résolutif, ive adj. et n. Qui détermine la résolution des engorgements : *cataplasme -.*

résolution nf. Dessein que l'on prend : *former une -.* ‖ Fermeté : *manquer de -.* ‖ Solution : *- d'un problème.* ‖ Annulation : *- d'un bail.* ‖ Action de se résoudre, de se réduire : *- d'un nuage en pluie.* ‖ *Méd.* - *d'une tumeur,* action par laquelle elle disparaît peu à peu. ‖ *Math.* - *d'une équation,* détermination des inconnues de l'équation.

résonance nf. Propriété d'accroître la durée ou l'intensité du son : *la - d'une salle.* ‖ Manière dont un corps transmet les ondes sonores.

résonateur nm. Qui fait résonner : *un - acoustique.*

résonnement nm. Retentissement et renvoi du son.

résonner vi. Renvoyer le son. ‖ Être sonore : *cette cloche résonne bien.* ‖ **Résonnant,** e part. et adj. Qui accroît la résonance : *une salle très -.*

résorber vt. Opérer une résorption. ‖ *Fig.* Faire disparaître : *- un déficit.* ‖ **Se -** vpr. Disparaître par résorption.

résorption nf. Action d'absorber de nouveau. ‖ *Méd.* Absorption d'un liquide pathologique par les tissus voisins.

résoudre vt. (*Je résous, n. résolvons. Je résolvais, n. résolvions. Je résolus, n. résolûmes. Je résoudrai, n. résoudrons. Je résoudrais, n. résoudrions. Résous, résolvons. Q. je résolve, q. n. résolvions. Q. je résolusse, q. n. résolussions. Résolvant. Résolu, e, et.*

pour une résolution chimique, *résous,* sans fém.) Décomposer un corps en ses éléments constituants. || Faire disparaître peu à peu : - *une tumeur.* || Transformer : *le feu résout le bois en cendres.* || *Fig.* Décider : *j'ai résolu de changer de conduite.* || Trouver la solution : - *un problème.* || **Se - vpr.** Se déterminer : *se - à partir.* || Se changer en : *les nuages se résolvent en pluie.*

respect nm. Déférence : - *filial;* - *des lois.* || - *humain,* crainte du jugement des hommes. || *Tenir quelqu'un en* - le contenir, lui en imposer. || *Sauf votre* -, que cela ne vous offense pas. || Pl. Hommages, civilités : *présenter ses* -.

respectabilité nf. Qualité d'une personne respectable.

respectable adj. Digne de respect. || *Par ext.* Considérable : *un nombre - de convives.*

respecter vt. Avoir du respect pour : - *les vieillards.* || Avoir égard à : - *le bien d'autrui.* || **Se - vpr.** Garder les bienséances convenables à sa situation, à sa dignité.

respectif, ive adj. Qui a rapport à chacun en particulier. || **Respectivement** adv.

respectueux, euse adj. Qui témoigne du respect. || **Respectueusement** adv.

respiration nf. Fonction par laquelle se font les échanges gazeux entre les tissus vivants et le milieu extérieur.

respiratoire adj. Propre à la respiration : *organes* -.

respirer vi. Attirer et rejeter l'air par le mouvement des poumons. || Vivre : *il respire encore.* || *Fig.* Prendre quelque relâche : *laissez-moi - un moment.* || Vt. Absorber en aspirant : - *un bon air.* || *Fig.* Exprimer : *tout ici respire la joie.*

resplendir vi. Briller d'un vif éclat.

resplendissement nm. Vif éclat.

responsabilité nf. Obligation de répondre de ses actions, de celles d'un autre ou d'une chose confiée.

responsable adj. et n. Qui a la responsabilité de. || Qui doit rendre compte de : *gérant* -.

resquille nf. *Fam.* Action de resquiller.

resquiller vi. et t. *Fam.* Se procurer un avantage auquel on n'a pas droit.

resquilleur, euse n. *Fam.* Personne qui resquille.

ressac nm. *Mar.* Retour violent des vagues après rencontre d'un obstacle.

ressaigner vt. et i. Saigner de nouveau.

ressaisir vt. Reprendre possession. || *Par ext.* Ramener sous son autorité :

- *le pouvoir.* || **Se - vpr.** *Fig.* Redevenir maître de soi.

ressasser vt. Répéter sans cesse : - *les mêmes plaisanteries.*

ressaut nm. Saillie d'un bâtiment en dehors du plan de la façade.

ressauter vi. Sauter de nouveau.

ressayer vt. Essayer de nouveau.

ressemblance nf. Conformité de forme, de caractère, etc., entre les personnes ou les choses, entre une personne et son image : *portrait d'une réelle* -. || *Fig.* Analogie.

ressembler vt. ind. Avoir de la ressemblance avec quelqu'un ou quelque chose.

ressemelage nm. Action de ressemeler; son résultat.

ressemeler vt. (c. *appeler*). Remettre une semelle à une chaussure.

ressemer vt. (c. *mener*). Semer une seconde fois.

ressentiment nm. Vif souvenir d'une injure.

ressentir vt. Sentir, éprouver : - *un malaise.* || **Se - vpr.** Sentir quelque reste d'un mal qu'on a eu : *se - d'un rhumatisme.* || Éprouver les suites fâcheuses de : *le pays s'est ressenti longtemps de la guerre.*

resserre nf. Endroit où l'on met à l'abri quelque chose.

resserrement nm. État de ce qui est resserré.

resserrer vt. Serrer davantage, et, au *fig.* : - *les liens de l'amitié.* || Enfermer : - *des papiers.*

resservir vi. et t. Servir de nouveau.

ressort nm. Élasticité. || Organe élastique, qui peut revenir à son état premier après avoir été déformé. || *Fig.* Énergie : *cet homme manque de* -. || Moyen pour réussir : *faire jouer tous les* -.

ressort nm. Étendue de juridiction : - *d'un tribunal.* || Compétence : *cela n'est pas de mon* -. || *Juger en dernier* -, sans appel.

ressortir vi. et t. (c. *sortir*). Sortir de nouveau. || Accentuer : *l'ombre fait - la lumière.* || V. impers. Résulter : *il ressort de là que...*

ressortir vt. ind. (c. *finir*). Être de la compétence, du ressort de : *affaire qui ressortit au juge de paix.*

ressortissant, e adj. Qui ressortit à un tribunal. || N. Qui appartient à une nationalité : *un consul protège ses* -.

ressouder vt. Souder de nouveau.

ressource nf. Ce à quoi on a recours pour se tirer d'embarras : *ce sera ma dernière* -. || *Homme de* -, fertile en expédients. || Pl. Richesses : *les - de la France.*

ressouvenir (se) vpr. (c. *venir*). Conserver dans la mémoire d'une chose.

ressuage [*re*] nm. Expulsion par martelage des scories d'un lingot d'acier.

ressuer vi. Rejeter l'humidité intérieure : *au dégel, les murailles ressuent*. ‖ Effectuer le ressuage.

ressusciter vt. Ramener de la mort à la vie : *Jésus ressuscita Lazare*. ‖ *Fig.* Renouveler : *- une mode*. ‖ Vi. Revenir d'une grave maladie à la santé.

ressuyer [*ré*] vt. (c. *aboyer*). Sécher.

restant, e adj. Qui reste. ‖ *Poste -*, mention indiquant qu'une lettre doit rester au bureau de poste jusqu'à ce que le destinataire vienne la chercher. ‖ Nm. Ce qui reste.

restaurant nm. Etablissement public où l'on sert à manger.

restaurateur, trice n. Qui répare : *- de tableaux*. ‖ Nm. Celui qui tient un restaurant.

restauration nf. Réparation : *- d'un monument*. ‖ *Fig.* Nouvelle vigueur donnée à : *la - des arts*. ‖ Rétablissement d'une dynastie déchue : *la - des Stuarts*.

restaurer vt. Remettre en état. ‖ *Fig.* Remettre en vigueur : *- la discipline*. ‖ Réconforter : *ce bouillon m'a restauré*. ‖ **Se -** vpr.

reste nm. Ce qui demeure d'une quantité dont on a retranché une partie : *le - d'une somme*. ‖ *Math.* Résultat d'une soustraction; excès du dividende sur le produit du diviseur par le quotient, dans une division. ‖ Reliefs d'un repas : *Ne pas demander son -, ne pas insister*. ‖ Pl. Cadavre, ossements : *les - d'un grand homme*. ‖ Loc. adv. **De -**, plus qu'il ne faut. **Au -, du -**, d'ailleurs.

rester vi. Demeurer, subsister. ‖ Résider : *- à Paris*. ‖ Continuer à être, à exercer : *- dans l'armée*. ‖ Mettre du temps : *il reste trop longtemps dehors*. ‖ S'arrêter : *restons-en là*.

restituer vt. Rendre ce qui ne vous appartient pas. ‖ Remettre en son premier état : *- un texte ancien*.

restitution nf. Action de restituer; chose restituée.

restreindre vt. Limiter : *- le sens d'une proposition*. ‖ **Se -** vpr. Réduire sa dépense.

restrictif, ive adj. Qui restreint.

restriction nf. Condition qui restreint : *loi adoptée sans -*. ‖ Diminution des dépenses : *s'imposer des -*. ‖ *- mentale*, réserve faite tacitement d'une partie de ce qu'on pense, pour tromper ceux à qui l'on parle.

résultat nm. Ce qui résulte.

résulter v. impers. S'ensuivre, être la conséquence de : *de la discussion, il résulte que...* ‖ **Résultant, e** part. et adj. ‖ Nf. *Méc.* Force qui, du point de vue de l'effet, équivaut à deux ou plusieurs forces appliquées à un point ou à un solide donné.

résumé nm. Abrégé sommaire. ‖ *Fig.* Image réduite. ‖ **En -** loc. adv., en récapitulant.

résumer vt. Rendre brièvement : *- un texte*. ‖ **Se -** vpr. Reprendre sommairement ce qu'on a dit, et conclure.

résurgence nf. Source due à la réapparition d'une rivière souterraine.

résurrection nf. Retour de la mort à la vie. ‖ *Fam.* Retour surprenant et inattendu à la vie.

retable nm. Ornement d'architecture ou de menuiserie sculptée contre lequel est appuyé l'autel.

rétablir vt. Remettre en son premier ou en meilleur état. ‖ Faire renaître : *- l'ordre*. ‖ **Se -** vpr. Recouvrer la santé.

rétablissement nm. Action de rétablir; état d'une chose rétablie.

retaille nf. Morceau retranché d'une chose qu'on a façonnée.

retailler vt. Tailler de nouveau.

rétamage nm. Action de rétamer; son résultat.

rétamer vt. Etamer de nouveau, recouvrir d'une nouvelle couche d'étain fondu.

rétameur nm. Ouvrier qui rétame.

retaper vt. *Fam.* Remettre à neuf. ‖ *Par ext.* Réparer.

retard nm. Fait d'arriver, d'agir trop tard. ‖ Ralentissement du mouvement d'une horloge. ‖ Délai : *sans -*.

retardataire adj. et n. Qui est en retard.

retardateur, trice adj. Qui ralentit : *frottement -*.

retardement nm. Action de retarder. ‖ *Engin à -*, dont l'explosion a lieu avec un certain retard.

retarder vt. Différer, remettre à un temps plus éloigné. ‖ Ralentir : *les mauvais chemins nous ont retardés*. ‖ Vi. Aller trop lentement : *l'horloge retarde*. ‖ *Fig.* Etre en retard pour les idées nouvelles.

reteindre vt. (c. *craindre*). Teindre de nouveau.

retendre vt. Tendre de nouveau.

retenir vt. Garder ce qui appartient à un autre : *- le bien d'autrui*. ‖ Engager par avance : *- un domestique*. ‖ Réserver : *- une place au train*. ‖ Prélever : *- tant sur un salaire*. ‖ Faire demeurer : *- quelqu'un à dîner*. ‖ Contenir : *- ses larmes*. ‖ Maintenir : *- un cheval*. ‖

Garder dans sa mémoire : - *par cœur*. ‖ **Se -** vpr. S'empêcher de tomber. ‖ Se modérer. ‖ *Fam.* Résister à un besoin naturel.

rétenteur, trice adj. Qui sert à retenir.

rétention nf. Action de retenir. ‖ *Méd.* - *d'urine*, difficulté ou impossibilité d'uriner.

retentir vi. Rendre un son éclatant.

retentissement nm. Résonance. ‖ *Fig.* Répercussion : *cette nouvelle a un grand -*.

retenue nf. Discrétion, modestie : *gardez de la -*. ‖ Prélèvement sur un salaire, un traitement, etc., pour assurer une retraite. ‖ Privation de sortie dans les établissements scolaires. ‖ Hauteur d'eau emmagasinée dans un réservoir, un bief. ‖ - *d'eau*, barrage. ‖ *Math.* Nombre réservé pour être ajouté à la colonne suivante.

rétiaire [*sièr'*] nm. Gladiateur armé d'un trident, d'un poignard et d'un filet.

réticence nf. Omission volontaire d'une chose qu'on devrait ou qu'on pourrait dire : *parler avec -*.

réticent, e adj. Qui fait preuve de réticence.

réticulaire adj. En forme de réseau : *tissu -*.

réticule nm. Résille à cheveux. ‖ Petit sac à main. ‖ Disque percé d'une ouverture coupée par deux fils très fins se croisant à angle droit, et qui sert à faire des visées dans une lunette.

réticulé, e adj. En réseau.

rétif, ive adj. Qui s'arrête ou recule au lieu d'avancer : *cheval -*. ‖ *Fig.* Indocile : *caractère -*.

rétine nf. Membrane sensible du fond de l'œil, formée par l'épanouissement du nerf optique.

rétinite nf. Inflammation de la rétine.

retirer vt. Tirer de nouveau. ‖ Ramener à soi : - *la jambe*. ‖ Faire sortir de : - *un enfant du collège*. ‖ Ôter : - *à quelqu'un sa place*. ‖ *Fig.* Reprendre : - *sa confiance*. ‖ Dégager : - *sa parole*. ‖ Percevoir, recueillir : - *tant d'un*. ‖ **Se -** vpr. S'en aller, s'éloigner : *se - à la campagne*. ‖ Rentrer chez soi : *se - de bonne heure*. ‖ Refluer : *la mer se retire*. ‖ Quitter : *se - du monde*. ‖ **Retiré, e** part. et adj. Peu fréquenté : *lieu -*.

retombée nf. Naissance d'une voûte.

retomber vi. (Se conj. ordinairement avec l'auxil. *être*.) Tomber encore. ‖ Tomber après s'être élevé. ‖ Pendre. ‖ *Fig.* Succomber de nouveau au mal : - *malade*. ‖ Rejaillir : *le blâme retombera sur lui*.

retondre vt. Tondre de nouveau.

retordre vt. Tordre de nouveau. ‖ *Fig. Donner du fil à -*, susciter bien des tracas.

rétorquer vt. Retourner à son adversaire les arguments qu'il vient d'employer : - *un raisonnement*.

retors, e adj. Plusieurs fois tordu : *fil -*. ‖ *Fig. Homme -*, fin, rusé, artificieux.

rétorsion nf. Action de rétorquer.

retouche nf. Action de retoucher ; son résultat.

retoucher vt. et i. Toucher de nouveau. ‖ *Fig.* Corriger certaines parties de : - *un cliché photographique*. ‖ Perfectionner : - *un ouvrage*.

retoucheur, euse n. Qui fait la retouche des photographies.

retour nm. Action de revenir. ‖ Coude d'une ligne : - *d'une façade*. ‖ *Fig.* Vicissitude : *les - de la fortune*. ‖ Réciprocité : *l'amitié exige du -*. ‖ *Faire un - sur soi-même*, réfléchir sur sa conduite. ‖ *Etre de -*, être revenu. ‖ *Etre sur le -*, commencer à vieillir. ‖ *Fig.* et *fam. Cheval de -*, récidiviste. ‖ **En -** loc. adv., en échange.

retournage nm. Action de retourner un vêtement.

retourne nf. *Jeux.* Carte retournée déterminant l'atout.

retournement nm. Action de retourner ; son résultat.

retourner vi. Aller de nouveau : - *au travail*. ‖ Vt. and Revenir à : *maison qui retourne à son premier propriétaire*. ‖ Vt. Tourner de nouveau : *tourner et - un objet*. ‖ Changer de face, de côté : - *un vêtement*. ‖ - *une carte*, en faire voir la figure. ‖ Renvoyer : - *une lettre*. ‖ *Fig.* Examiner : - *un projet*. ‖ *Fam.* Faire changer d'avis : *il était de notre avis, mais on l'a retourné*. ‖ Troubler, émouvoir : *la vue de certains spectacles vous retourne*. ‖ **Se -** vpr. Regarder derrière soi. ‖ *Fig.* Prendre d'autres biais, d'autres mesures : *il saura bien se -*. ‖ *S'en -*, s'en aller. ‖ V. impers. *De quoi retourne-t-il ?* que se passe-t-il ?

retracer vt. (c. *placer*). Tracer de nouveau. ‖ *Fig.* Raconter, exposer : - *un événement*.

rétractation nf. Action de se rétracter.

rétracter vt. Contracter. ‖ Désavouer son opinion. ‖ **Se -** vpr. Se dédire.

rétractile adj. Qui peut se retirer, rentrer en dedans : *les ongles - du chat*.

rétraction nf. *Méd.* Raccourcissement, contraction : *la - d'un muscle*.

retrait nm. Diminution de volume d'une substance, par suite de cuisson, solidification, dessication, etc. : *le - du béton*. ‖ Action de retirer : *le - d'un projet de loi*. ‖ - *d'emploi*, suppression d'emploi à celui qui l'exerçait.

retraite nf. Action de se retirer : *prendre sa -*. ‖ Recul d'une armée : *la - de Russie*. ‖ Signal pour rentrer : *sonner la -*. ‖ Etat d'une personne retirée de la vie active : *vivre dans la - ;* lieu où elle se retire : *paisible -*. ‖ Etat de l'employé, du fonctionnaire retiré du service : *professeur en -*. ‖ La pension du retraité : *toucher sa -*. ‖ Eloignement momentané du monde pour se livrer à des exercices de piété : *faire huit jours de -*.

retraité, e adj. et n. A la retraite, qui reçoit une pension de retraite.

retranchement nm. Action de retrancher. ‖ *Fortif.* Obstacle naturel ou artificiel utilisé comme position de défense.

retrancher vt. Oter quelque chose d'un tout. ‖ Supprimer complètement. ‖ Fortifier par des retranchements. ‖ *Se -* vpr. Se fortifier. ‖ *Fig.* S'abriter derrière : *se - derrière le secret professionnel*.

retranscrire vt. (c. *écrire*). Transcrire de nouveau.

retransmettre vt. Transmettre de nouveau.

retransmission nf. Action de retransmettre; son résultat.

retravailler vt. et i. Travailler de nouveau.

retraverser vt. Traverser de nouveau.

rétrécir vt. Rendre plus étroit. ‖ Vi. et se - vpr. Devenir plus étroit : *ce drap a rétréci, s'est rétréci au lavage*.

rétrécissement nm. Action de rétrécir; son résultat.

retremper vt. Tremper de nouveau. ‖ *Fig.* Redonner de l'énergie : *l'adversité l'a retrempé*.

rétribuer vt. (c. *tuer*). Payer, récompenser selon le mérite.

rétribution nf. Salaire d'un travail; récompense d'un service.

rétroactif, ive adj. Qui vaut pour le passé : *effet -*.

rétroaction nf. Effet de ce qui est rétroactif.

rétroactivité nf. Qualité, caractère de ce qui est rétroactif.

rétrocéder vt. (c. *céder*). Rendre à quelqu'un ce qu'il avait cédé auparavant.

rétrocession nf. Acte par lequel on rétrocède : *- d'une terre*.

rétrogradation nf. Action de rétrograder. ‖ Mesure disciplinaire.

rétrograde adj. Qui va, qui se fait en arrière : *marche -*. ‖ *Fig.* Opposé au progrès : *esprit -*.

rétrograder vi. Revenir en arrière; redescendre à un grade inférieur. ‖ Vt. Soumettre à la rétrogradation.

rétrospectif, ive adj. Relatif au passé. ‖ Nf. Exposition.

retroussement nm. Action de retrousser; son résultat.

retrousser vt. Relever : *- sa robe.*

retroussis nm. Bord retroussé d'un chapeau, d'un vêtement.

retrouver vt. Trouver de nouveau. ‖ Trouver une chose perdue : *- ses clefs*. ‖ Recouvrer : *- sa santé*. ‖ Rejoindre : *j'irai vous -*. ‖ *Fig.* Reconnaître : *on ne retrouve plus cet auteur dans ses derniers écrits*. ‖ *Se -* vpr. Reconnaître : *je ne m'y retrouve plus*.

rétroviseur adj. et nm. Qui permet de voir derrière soi : *miroir -*.

rets [rè] nm. Filet pour prendre des oiseaux, des poissons. ‖ *Fig.* Piège, embûche : *tomber dans les - de quelqu'un*.

réunion nf. Action de réunir. ‖ Rapprochement : *- des lèvres d'une plaie*. ‖ Assemblée : *- nombreuse*.

réunir vt. Rapprocher. ‖ Joindre : *cette galerie réunit les deux pavillons*. ‖ Rassembler : *- les membres d'une assemblée*. ‖ *Se -* vpr. Se rassembler.

réussir vi. Avoir du succès : *- en tout*. ‖ Parvenir : *- à parler*. ‖ S'acclimater : *la vigne réussit dans cette région*. ‖ Vt. Faire avec succès : *- un portrait*. ‖ **Réussi, e** part. et adj. *Fam.* Brillant, parfait en son genre : *fête -*.

réussite nf. Succès, heureux résultat. ‖ Combinaison de cartes à jouer.

revalider vt. Donner une nouvelle validité à un acte de procédure.

revaloir vt. (c. *valoir*). Rendre la pareille : *je lui revaudrai cela!*

revalorisation nf. Action de revaloriser; son résultat.

revaloriser vt. Rendre sa valeur à une monnaie dépréciée.

revanchard, e adj. et n. *Fam.* Dominé par une idée de revanche.

revanche nf. Action par laquelle on rend ce que l'on a reçu : *avoir sa -*. ‖ Seconde partie qu'on joue après avoir perdu la première. ‖ *A charge de -*, à condition de rendre la pareille. ‖ *En -* loc. adv., en compensation.

rêvasser vi. Faire des rêves agités. ‖ *Fig.* S'abandonner à des rêveries : *perdre son temps à -*.

rêvasserie nf. Action de rêvasser.

rêve nm. Ensemble d'images souvent incohérentes, qui se présentent à l'esprit durant le sommeil. || *Fig.* Espérance : *des - de gloire.*

revêche adj. Peu traitable, rébarbatif : *personne -.*

réveil nm. Passage de l'état de sommeil à l'état de veille. || Sonnerie de clairon : *sonner le -.* || *Fig.* Printemps : *le - de la nature.*

réveille-matin nm. inv. Horloge à sonnerie, pour réveiller à heure fixée.

réveiller vt. Tirer du sommeil. || *Fig.* Ranimer : *- le courage.*

réveillon nm. Repas fait au milieu de la nuit, surtout la veille de Noël et du jour de l'an.

réveillonner vi. Faire le réveillon.

révélateur, trice adj. Qui révèle. || Nm. *Phot.* Bain qui fait apparaître l'image latente.

révélation nf. Action de révéler : *- d'un secret.* || Action de Dieu faisant connaître aux hommes les mystères, ses volontés. || Choses révélées.

révéler vt. (c. *céder*). Faire connaître ce qui était secret : *- ses desseins.* || Être la marque de : *ce roman révèle un grand talent.* || En parlant de Dieu, faire connaître par une inspiration surnaturelle : *les vérités que Dieu a révélées à son Église.* || *Phot.* Faire apparaître l'image latente sur le cliché. || **Se -** vpr. Se manifester : *son génie se révéla tout à coup.*

revenant, e adj. Qui revient. || Nm. Esprit, âme d'un mort supposé revenir de l'autre monde.

revendeur, euse n. Qui achète pour revendre.

revendication nf. Action de revendiquer : *les - ouvrières.*

revendiquer vt. Réclamer un bien dont on est privé : *- un héritage.* || Vouloir assumer : *- une responsabilité.*

revendre vt. Vendre ce qu'on a acheté; vendre de nouveau. || *Fig. A -,* en quantité : *il a de l'esprit à -.*

revenez-y nm. inv. *Fam.* Mets auquel on aime à revenir. || Recommencement : *un - d'affection.*

revenir vi. Venir de nouveau, ou venir une autre fois. || Reparaître : *le printemps va -.* || *Fig.* Se donner de nouveau à : *- à ses études.* || Se rétracter : *- sur ses promesses.* || En reparler : *- sur une question.* || Recommencer : *c'est bon, mais n'y revenez pas.* || Se souvenir : *son nom ne me revient pas.* || *Fig. et fam.* Produire des renvois désagréables : *le boudin revient.* || *Fam.* Inspirer confiance : *sa figure ne me revient pas.* || Renoncer à : *- d'une erreur.* || Coûter : *cet habit me revient à tant.* || Echoir, appartenir : *- de droit.* || En -, guérir d'une maladie. || *- de loin,*

avoir échappé à un grand danger. || *- à soi,* reprendre ses esprits. || *- à ses moutons,* son sujet après une digression. || *Cela revient au même,* c'est la même chose. || *Cela revient à dire,* cela équivaut à dire. || *Je n'en reviens pas,* j'en suis surpris. || *Cuis.* Faire *- de la viande,* la faire rissoler.

revente nf. Seconde vente.

revenu nm. Ce que rapporte un fonds, un capital : *impôt sur le -.*

rêver vi. Faire des rêves, des songes. || S'abandonner à la rêverie. || *Fam.* Déraisonner : *vous rêvez!* || Vt. ind. *- de,* voir en rêve pendant la nuit. || *- à,* songer à, méditer sur. || Vt. Désirer vivement : *- la fortune.* || *Il ne rêve que plaies et bosses,* il ne pense qu'à bailler.

réverbération nf. Réflexion de la lumière ou de la chaleur.

réverbère nm. Lanterne à réflecteurs, pour éclairer les rues la nuit.

réverbérer vt. (c. *céder*). Réfléchir, renvoyer la lumière, la chaleur.

reverdir vt. Rendre sa verdure. || Vi. Redevenir vert. || *Fig.* Rajeunir : *ce vieillard reverdit.*

reverdissement nm. Action de reverdir; son résultat. || Nouvel éclat.

révérence nf. Respect profond, vénération. || Mouvement du corps pour saluer. || *Tirer sa -,* s'en aller.

révérenciel, elle adj. Mêlé de respect : *crainte -.*

révérencieux, euse adj. Humble, cérémonieux.

révérend, e adj. et n. Titre d'honneur donné aux religieux et aux religieuses. || Titre des pasteurs anglicans.

révérendissime adj. Titre d'honneur réservé à certains hauts dignitaires religieux.

révérer vt. (c. *céder*). Honorer, traiter avec un profond respect.

rêverie nf. État de l'esprit abandonné à des souvenirs, à des images. || Idée vaine.

revers nm. Côté opposé au côté principal. || Dos de la main. || Côté d'une médaille, d'une monnaie, opposé à l'empreinte de la tête. || Repli des deux devants d'un vêtement. || Repli au haut d'une botte. || *Fig.* Disgrâce, échec : *des - de fortune.* || *Le médaille,* mauvais côté d'une chose.

reversement nm. Transfert de fonds d'une caisse à une autre.

reverser vt. Verser de nouveau. || *Fig.* Reporter sur : *- un titre de propriété.*

reversi ou **reversis** nm. Jeu de cartes dont le gagnant est celui qui fait le moins de levées.

réversibilité nf. Caractère de ce qui est réversible.

réversible adj. Se dit des biens qui doivent, en certains cas, retourner à d'autres personnes. || *Phys.* Qui peut changer de sens : *phénomène -.* || Que l'on peut retourner : *étoffe -.*

revêtement nm. Placage en bois, en plâtre, etc., pour protéger, décorer ou consolider une muraille. || Ouvrage de briques, de pierres... pour retenir un talus.

revêtir vt. (c. *vêtir*). Se couvrir d'un vêtement. || Recouvrir : *- de gazon.* || *Fig.* Investir d'un emploi, d'une dignité : *- d'une charge.*

rêveur, euse adj. et n. Qui rêve; distrait. || Qui indique la rêverie.

revient nm. *Prix de -*, tout ce qu'a coûté une marchandise.

revigorer vt. Redonner de la vigueur.

revirement nm. Action de revirer. || *Fig.* Changement brusque et complet : *- d'opinion.*

revirer vi. Virer de nouveau.

réviser vt. Revoir, examiner de nouveau.

réviseur nm. Qui revoit après. || Qui révise; correcteur.

révision nf. Action de réviser. || *Conseil de -*, organisme qui décide de l'admission des jeunes Français au service militaire.

révisionnisme nm. Attitude qui remet en cause les bases d'une doctrine.

revivifier vt. (c. *prier*). Vivifier de nouveau. || *Fig.* Ranimer.

reviviscence nf. Propriété de certains organismes qui peuvent, après avoir été desséchés, reprendre vie à l'humidité.

revivre vi. Revenir à la vie. || *Fig.* Etre rappelé : *un père revit dans son enfant.* || *Faire - une chose*, l'évoquer.

révocable adj. Qui peut être révoqué : *fonction -.*

révocation nf. Action de révoquer, de destituer.

revoir vt. (c. *voir*). Voir ou examiner de nouveau. || Nm. Action de revoir : *adieu, jusqu'au -.* || *Au -*, formule de politesse pour prendre congé.

révolte nf. Rébellion, soulèvement violent contre l'autorité légitime.

révolter vt. Porter à la révolte. || *Fig.* Indigner, choquer : *procédé qui révolte.* || **Révoltant, e** adj. || **Révolté, e** part., adj. et n. En état de révolte.

révolu, e adj. Achevé, complet.

révolution nf. Mouvement d'un mobile parcourant une courbe fermée. || Mouvement d'un corps céleste sur son orbite. || Sa durée. || *Fig.* Chan-

gement brusque et violent : *- dans les arts; la - de 1789.* || *Méc.* Tour complet d'une pièce mobile autour d'un axe.

révolutionnaire adj. Relatif aux révolutions. || N. Partisan d'une révolution.

révolutionner vt. Mettre en état de révolution. || *Fig.* Troubler, bouleverser.

revolver nm. Pistolet automatique à barillet.

révoquer vt. Destituer : *- un fonctionnaire.* || Annuler : *- un ordre.* || *- en doute*, contester.

revue nf. Examen détaillé : *faire la - de ses papiers.* || Inspection des troupes. || Périodique : *une - scientifique.* || Pièce comique évoquant les événements de l'année.

revuiste nm. Auteur de revues.

révulsé, e adj. Retourné, bouleversé : *avoir les yeux -.*

révulsif, ive adj. et n. Qui produit une révulsion : *les sinapismes sont des -.*

révulsion nf. Irritation locale qui fait cesser une inflammation.

rez-de-chaussée nm. inv. Partie d'une maison au niveau du sol.

rhabiller vt. Habiller de nouveau. || Remettre en état.

rhapsode nm. Aède, chanteur grec ambulant qui récitait des poèmes.

rhapsodie nf. Fragment des poèmes homériques. || Composition musicale s'inspirant souvent des mélodies populaires : *les - hongroises de Liszt.*

rhénan, e adj. Relatif au Rhin. || N. : *un Rhénan.*

rhéostat nm. Résistance électrique variable permettant de modifier l'intensité du courant.

rhéteur nm. Celui qui, chez les Anciens, enseignait l'éloquence. || Orateur emphatique.

rhétorique nf. Art de bien dire; livre qui traite de cet art. || Affectation d'éloquence : *ce n'est que de la -.* || *Figure de -*, tournure rendant plus vive l'expression de la pensée : *la métaphore est une figure de -.*

rhinite nf. Inflammation de la muqueuse nasale.

rhinocéros nm. Grand mammifère pachyderme ayant une ou deux cornes sur le nez.

rhinoplastie nf. Art de remédier à la perte ou à la malformation du nez.

rhizome nm. Tige souterraine.

rhodanien, enne adj. Relatif au Rhône : *le sillon -.*

rhodium nm. Métal (Rh) analogue au platine.

rhododendron nm. Arbuste ornemental.

Rhodoïd nm. (nom déposé). Matière plastique analogue au celluloïd, mais moins combustible.

rhombe nm. Losange.

rhomboèdre nm. Solide dont les faces sont des losanges.

rhomboïdal, e, aux adj. En forme de rhombe.

rhomboïde nm. Figure qui a la forme d'un rhombe.

rhubarbe nf. Plante à grandes feuilles, dont la tige est comestible.

rhum nm. Eau-de-vie provenant des mélasses de canne à sucre.

rhumatisant, e adj. et n. Atteint de rhumatisme.

rhumatismal, e, aux adj. Qui concerne le rhumatisme.

rhumatisme nm. Fluxion douloureuse des articulations, des muscles, etc.

rhumb ou **rumb** nm. *Mar.* Chacune des trente-deux divisions de la rose des vents, valant 11°15′.

rhume nm. Irritation des muqueuses respiratoires.

riant, e adj. Qui annonce de la gaieté. ‖ Agréable : *campagne* -.

ribambelle nf. *Fam.* Longue suite.

ribaud, e adj. et n. Au Moyen Age, homme ou femme suivant une armée. ‖ Personne de mœurs déréglées.

riblon nm. Débris de ferraille à mettre à la fonderie.

ribote nf. *Pop.* Excès de boisson.

ricanement nm. Action de ricaner.

ricaner vi. Rire à demi, sottement ou pour se moquer.

ricaneur, euse adj. et n. Qui ricane.

ric-à-rac ou **ric-à-ric** loc. adv. Avec exactitude : *payer* -.

richard nm. *Fam.* Homme très riche.

riche adj. et n. Qui possède la fortune. ‖ Abondamment pourvu, fertile : - *moisson.* ‖ Magnifique : *de* - *broderies.* ‖ *Langue* -, langue abondante en mots, en expressions.

richesse nf. Abondance de biens. ‖ Fertilité et production industrielle. ‖ Magnificence : *ameublement d'une grande* -. ‖ *Fig.* Fécondité en idées, en images : - *de style.*

richissime adj. *Fam.* Très riche.

ricin nm. Euphorbiacée dont la graine fournit une huile purgative.

ricocher vi. Faire des ricochets.

ricochet nm. Bond que fait une pierre plate jetée obliquement sur la surface de l'eau, ou un projectile rencontrant un obstacle. ‖ *Par* -, indirectement.

rictus nm. Contraction qui donne à la bouche l'apparence du rire.

ride nf. Pli de la peau dû ordinairement à l'âge. ‖ *Par anal.* Strie formée sur une surface : *les* - *de l'eau.*

ridé, e adj. Couvert de rides.

rideau nm. Draperie étendue pour intercepter la vue ou le jour, pour cacher ou préserver quelque chose. ‖ Grande toile peinte, mobile, devant la scène d'un théâtre. ‖ Fermeture métallique d'une devanture. ‖ Ligne d'objets : - *d'arbres.* ‖ *Fig. Tirer le* - *sur*, mettre à dessein dans l'ombre.

ridelle nf. Balustrade légère, de chaque côté d'une charrette.

rider vt. Produire des rides.

ridicule adj. et n. Digne de risée : *toilette* -; *tomber dans le* -.

ridiculiser vt. Tourner en ridicule : *le théâtre ridiculise les vices.*

rien pr. ind. Quelque chose : *est-il de plus beau?* ‖ Peu de chose : *se fâcher pour* -. ‖ Avec la particule négative *ne*, aucune chose : *n'en dites* -. ‖ *Cela ne fait* -, cela importe peu. ‖ *En moins de* -, en très peu de temps. ‖ *Il ne fait plus* -, il ne travaille plus. ‖ *Un homme de* -, méprisable. ‖ *Fam. Cela ne me dit* -, je n'en ai aucune envie. ‖ *Pour* -, gratuitement. ‖ Pour peu d'argent : *il a eu cette maison pour* -. ‖ - *moins que*, v. MOINS. ‖ *Comme si de n'était*, comme si la chose n'était pas arrivée. ‖ Nm. Chose sans importance : *un* - *lui fait peur.*

rieur, euse adj. et n. Qui aime à rire, à railler. ‖ *Mettre les* - *de son côté*, faire rire aux dépens de son adversaire.

riflard nm. Rabot à deux poignées. ‖ Palette de maçon, servant à ébarber les ouvrages de plâtre. ‖ Grosse lime à dégrossir les métaux. ‖ *Pop.* Grand parapluie.

rifle nm. Carabine à long canon.

rigide adj. Raide, inflexible.

rigidité nf. Etat de ce qui est rigide. ‖ *Fig.* Austérité : *la* - *des jansénistes.*

rigodon nm. Air à deux temps. ‖ Danse des XVIIe et XVIIIe s. sur un air à deux temps.

rigolade nf. *Pop.* Action de rigoler.

rigole nf. Petite tranchée d'écoulement d'eau.

rigoler vi. *Pop.* S'amuser beaucoup. ‖ Plaisanter.

rigorisme nm. Morale trop sévère.

rigoriste adj. et n. Qui pousse trop loin la sévérité des principes.

rigoureux, euse adj. D'une sévérité inflexible : *maître* -. ‖ Difficile à supporter : *châtiment* -. ‖ Rude : *hiver* -. ‖ Précis : *démonstration* -.

rigueur nf. Sévérité, dureté. ‖

Apreté : - *du froid*. ‖ Précision, exactitude. ‖ Loc. adv. **A la -**, au pis aller. **De -**, indispensable.

rillettes nfpl. Viande de porc ou d'oie hachée et cuite dans la graisse.

rimailler vt. et i. *Fam.* Faire de mauvais vers.

rimaye nf. Crevasse dans un glacier.

rime nf. Retour du même son à la fin de deux ou plusieurs vers. ‖ *Sans - ni raison*, sans bon sens.

rimer vi. En parlant des mots, finir par les mêmes sons, comme *étude* et *solitude*. ‖ *Par ext.* Faire des vers : *aimer à -*. ‖ *Fig. Ne - à rien*, être dépourvu de sens, de raison : *cette démarche ne rime à rien*. ‖ Vt. Mettre en vers : - *un conte*.

rimeur nm. Celui qui fait des vers (en mauv. part).

rinçage nm. Action de rincer.

rinceau nm. Ornement en forme de feuillages enroulés.

rince-bouche nm. inv. Gobelet d'eau tiède pour se rincer la bouche.

rince-doigts nm. inv. Bol servant à se rincer les doigts à table.

rincer vt. (c. *placer*). Nettoyer en lavant et en frottant : - *un verre*. ‖ Passer à l'eau pure après un lavage : - *du linge*.

rinçure nf. Eau de rinçage.

rinforzando adv. *Mus.* En renforçant le son.

ring nm. Estrade pour combats de boxe ou de lutte.

ringard nm. Crochet pour attiser le feu.

ripage nm. Action de riper.

ripaille nf. *Fam.* Grande chère.

ripe nf. Outil pour polir la pierre.

riper vt. Gratter avec la ripe. ‖ *Mar.* Faire glisser : - *un cordage*. ‖ Déplacer latéralement. ‖ Vi. Déraper.

riposte nf. Repartie prompte, vive.

riposter vi. Répondre vivement : - *à propos*. ‖ *Escr.* Attaquer après avoir paré.

ripuaire adj. Se dit des anciens peuples des bords du Rhin : *Francs -*.

rire vi. (*Je ris*, n. *rions. Je riais*, n. *riions. Je ris*, n. *rîmes. Je rirai*, n. *rirons. Je rirais*, n. *ririons. Ris*, *rions*, *riez.* Q. *je rie*, *qu'il rie*, q. n. *riions.* Q. *je risse*, q. n. *rissions. Riant. Ri.*) Marquer un sentiment de gaieté soudaine, souvent avec bruit : - *aux éclats*. ‖ Se divertir : *aimer à -*. ‖ - *dans sa barbe*, *sous cape*, en cherchant à dissimuler. ‖ - *du bout des lèvres*, - *jaune*, sans en avoir envie. ‖ - *des menaces de quelqu'un*, n'en pas tenir compte. ‖ *Vous voulez -*, vous ne parlez pas sérieusement. ‖ *Vous me

faites -, ce que vous dites est absurde. ‖ **Se -** vpr. Se moquer.

rire nm. Action de rire. ‖ *Fou -*, rire qu'on ne peut contenir.

ris nm. *Mar.* Partie d'une voile pouvant être serrée sur la vergue pour en diminuer la surface.

ris nm. Thymus du veau ou de l'agneau.

risée nf. Eclat de rire collectif. ‖ Moquerie. ‖ Personne dont on se moque : *être la - de tous*.

risette nf. Petit rire agréable : *faire -*.

risible adj. Qui porte à rire.

risotto nm. Riz coloré au safran, avec du beurre et du parmesan râpé.

risque nm. Danger, inconvénient : *courir un -*. ‖ *A tout -*, à tout hasard. ‖ *A ses - et périls*, en assumant toute la responsabilité. ‖ **Au - de** loc. prép., au hasard de, en s'exposant à.

risquer vt. Hasarder : *il risqua la bataille*. ‖ Vt. ind. - *de*, être exposé à : - *de tomber*.

rissole nf. Pâtisserie farcie de viande, de poisson ou de légumes.

rissoler vt. Dorer une viande au feu.

ristourne nf. Remise, bonification.

rite nm. Ordre prescrit pour les cérémonies religieuses : *le - romain*.

ritournelle nf. Phrase musicale qui précède ou suit un chant. ‖ *Fam.* Propos souvent répété.

rituel, elle adj. Conforme aux rites. ‖ Nm. Recueil de prescriptions concernant les cérémonies religieuses.

rivage nm. Bande de terre qui borde une étendue d'eau : *le - de la mer*.

rival, e, aux adj. et n. Qui aspire aux mêmes avantages; concurrent.

rivaliser vi. Chercher à égaler ou à surpasser.

rivalité nf. Concurrence.

rive nf. Bord d'un cours d'eau, d'un étang, etc.

river vt. Rabattre au marteau la pointe d'un clou, d'un rivet, sur l'autre côté de l'objet traversé. ‖ Assujettir à demeure : - *deux tôles ensemble*. ‖ *Fig. et fam.* - *son clou à quelqu'un*, le réduire au silence.

riverain, e adj. et n. Qui habite le long d'une rivière, en lisière de forêt, d'une route.

rivet nm. Broche métallique, munie d'une tête, servant à assembler de façon inamovible deux pièces.

rivetage nm. Action de riveter.

riveter vt. (c. *jeter*). Fixer au moyen de rivets posés à chaud.

rivière nf. Tout cours d'eau abondant, et particulièrement celui qui se jette dans un fleuve. ‖ - *de diamants*, collier de diamants.

rivure nf. Assemblage par rivets. ‖ Broche de fer qui entre dans les charnières des fiches.

rixe nf. Querelle accompagnée de coups.

riz nm. Graminée cultivée dans les terrains humides. ‖ Le grain de cette plante.

rizière nf. Terre affectée à la culture du riz.

riz-pain-sel nm. inv. Sobriquet donné aux gradés de l'intendance.

rob nm. Suc dépuré et épaissi d'un fruit cuit.

robe nf. Vêtement de femme. ‖ Vêtement long des juges, des avocats, des professeurs, dans l'exercice de leurs fonctions. ‖ Pelage : *la - d'un cheval.* ‖ Magistrature : *gens de -.*

robin nm. *Par dénigr.* Homme de robe.

robinet nm. Appareil permettant d'établir ou de suspendre l'écoulement d'un fluide.

robinetier nm. Fabricant de robinets.

robinetterie nf. Fabrication, usine de robinets.

robinier nm. Genre d'arbres auquel appartiennent les acacias.

robot nm. Automate imitant l'homme, pouvant exécuter des opérations très diverses.

robuste adj. Fort, vigoureux. ‖ *Fig.* Ferme : *foi -.*

robustesse nf. Force, vigueur.

roc nm. Masse de pierre très dure qui tient à la terre : *ferme comme un -.*

rocade nf. *Milit.* Chemin de fer stratégique parallèle à la ligne de feu.

rocaille nf. Terrain rempli de cailloux. ‖ *Archit.* Ornementation imitant les pierres naturelles. ‖ *Style -*, en vogue sous Louis XV, s'inspirant des cailloux et des coquillages comme motifs d'ornementation.

rocailleux, euse adj. Plein de petits cailloux : *chemin -.*

rocambole nf. Echalote d'Espagne.

rocambolesque adj. Fantastique.

roche nf. Matériau de l'écorce terrestre. ‖ Masse de pierre.

rocher nm. Roc élevé, escarpé. ‖ *Anat.* Partie dure de l'os temporal.

rochet nm. Surplis de certains dignitaires ecclésiastiques. ‖ Bobine pour la soie. ‖ *Roue à -*, roue à dents en biseau et à cliquet.

rocheux, euse adj. Couvert de roches.

rocking-chair nm. Fauteuil à bascule. ‖ Pl. des *rocking-chairs.*

rococo nm. et adj. Ornementation en vogue sous le règne de Louis XV. ‖ *Style -*, style rocaille surchargé. ‖ Démodé, vieux : *musique -.*

rodage nm. Action de roder.

roder vt. User par frottement mutuel deux pièces qui doivent s'adapter exactement.

rôder vi. Errer çà et là. ‖ Tourner tout autour en épiant, le plus souvent avec de mauvaises intentions.

rôdeur, euse n. Qui rôde, vagabond.

rodomontade nf. Fanfaronnade.

rogations nfpl. *Cathol.* Prières et processions pour attirer sur les champs la bénédiction du ciel.

rogatoire adj. Qui concerne une demande. ‖ *Commission -*, qu'un tribunal adresse à un autre pour l'inviter à faire, dans sa juridiction, un acte de procédure ou d'instruction.

rogaton nm. Reste de mets.

rognage nm. Action de rogner.

rogne nf. Gale ou teigne. ‖ *Pop.* Mauvaise humeur.

rogner vt. Retrancher sur les bords : *- un livre.* ‖ *Fig.* Diminuer : *- des appointements.* ‖ *Fam. - les ailes à quelqu'un*, le rendre inoffensif.

rogneur, euse n. Qui rogne.

rognoir nm. Outil à rogner.

rognon nm. Rein de certains animaux : *- de veau.* ‖ Masse minérale arrondie : *- de silex.*

rognure nf. Déchet de rognage : *des - d'ongles.*

rogomme nm. *Fam.* Liqueur forte. ‖ *Voix de -*, enrouée par l'abus de ces liqueurs.

rogue adj. D'une raideur hautaine : *ton -.*

rogue nf. Œufs de poissons salés, servant d'appât dans la pêche à la sardine.

roi nm. Souverain d'un royaume. ‖ *Le Roi du ciel*, Dieu. ‖ *Le Grand Roi*, titre de certains souverains de l'Antiquité. ‖ *Le Roi Très Chrétien*, le roi de France. ‖ *Le Roi Catholique*, le roi d'Espagne. ‖ *Le jour des Rois*, l'Epiphanie. ‖ *Le - de la création*, l'homme. ‖ *Le - des animaux*, le lion. ‖ *Morceau de -*, mets exquis. ‖ Principale pièce aux échecs. ‖ Figure du jeu de cartes.

roide adj., **roideur** nf., **roidir** vt. V. RAIDE, RAIDEUR, RAIDIR.

roitelet nm. Roi d'un très petit Etat. ‖ Passereau de très petite taille.

rôle nm. Liste, catalogue : *- des contribuables.* ‖ *A tour de -*, à chacun son tour. ‖ Partie d'une pièce jouée par un acteur. ‖ *Jouer un -*, représenter un personnage ; au *fig.*, remplir certaines fonctions : *jouer un grand -.* ‖ Emploi : *le - du verbe dans la phrase.*

rôlet nm. Petit rôle.

romain, e adj. Qui appartient à

Rome : *grandeur* -. ‖ *Chiffres* -, lettres numérales I, V, X, L, C, D, M. ‖ *Eglise* -, Eglise catholique. ‖ *Impr.* Caractère typographique perpendiculaire à la ligne. ‖ N. : *un* -.

romaine nf. Balance formée d'un fléau à bras inégaux, sur le plus long desquels on fait glisser un curseur pour équilibrer l'objet suspendu à l'autre bras.

romaine nf. Variété de laitue.

roman nm. Autref., récit : *le « - de Renart »*. ‖ Auj., récit en prose d'aventures inventées et combinées pour intéresser le lecteur. ‖ *Fig.* Récit invraisemblable : *cela a tout l'air d'un* -.

roman, e adj. Se dit des langues dérivées du latin. ‖ Se dit de l'architecture des pays latins du ve au xiie s. ‖ Nm. Ensemble des langues romanes. ‖ Architecture romane.

romance nf. Chant sur un sujet tendre et touchant.

romancer vt. Donner la forme d'un roman.

romancero [sé] nm. Recueil de poèmes espagnols, sur un sujet héroïque ou touchant. ‖ Pl. des *romanceros*.

romancier, ère n. Auteur de romans.

romand, e adj. Partie de la Suisse où l'on parle le français : *la Suisse* -.

romanesque adj. Qui tient du roman : *aventure* -. ‖ *Fig.* Exalté, chimérique : *esprit* -.

romanichel n. Bohémien, vagabond.

romaniste n. Qui s'occupe des langues romanes.

romantique adj. Qui relève du romantisme : *littérature* -. ‖ Nm. Ecrivains qui, au début du xixe s., s'affranchirent des règles classiques.

romantisme nm. Système, doctrine, école des écrivains et artistes romantiques.

romarin nm. Arbuste aromatique, à feuilles stimulantes.

rompre vt. (*Je romps, tu romps, il rompt, n. rompons. Je rompais, n. rompions. Je rompis, n. rompîmes. Je romprai, n. romprons. Je romprais, n. romprions. Romps, rompons, rompez. Q. je rompe, q. n. rompions. Q. je rompisse, q. n. rompissions. Rompant. Rompu, e.*) Briser, mettre en pièces. ‖ Enfoncer : *- le front ennemi*. ‖ Quitter : *rompez les rangs!* ‖ *Fig.* Fatiguer, assourdir : *- la tête à quelqu'un*. ‖ Détruire, faire cesser, annuler : *- l'amitié, un entretien, un marché*. ‖ Accoutumer, dresser : *- quelqu'un aux affaires*. ‖ *La glace*, entrer en rapports, mettre fin à la froideur, à la gêne. ‖ *- une lance avec quelqu'un*, discuter en règle avec lui sur un sujet. ‖ *Applaudir à tout* -, avec chaleur, frénésie. ‖ Vi. Se briser : *cette poutre rompra*. ‖ *Fig.* Cesser d'être amis : *ils ont rompu*. ‖ Se vpr. Se briser. ‖ **Rompu, e** part. et adj. Exténué : *être - de fatigue*. ‖ A bâtons - loc. adv., sans suite.

romsteck nm. Partie la plus haute de la culotte de bœuf.

ronce nf. Arbuste épineux. ‖ *- artificielle*, fil de fer barbelé.

ronceraie nf. Terrain où croissent des ronces.

ronchonner vi. *Fam.* Grogner, murmurer.

rond nm. Cercle, ligne circulaire. ‖ Objet de forme circulaire : *un - de serviette*. ‖ **En** - loc. adv., en cercle.

rond, e adj. De forme circulaire. ‖ *Fam.* Gros et court : *une fillette toute* -. ‖ *Fig. Homme tout* -, sans façon. ‖ *Nombre, compte* -, sans fraction. ‖ *Tourner* -, aller bien régulièrement.

rondache nf. Bouclier rond.

rond-de-cuir nm. Coussin en forme de couronne. ‖ *Fam.* Bureaucrate. ‖ Pl. des *ronds-de-cuir*.

ronde nf. Visite d'inspection : *- de nuit*; ceux qui la font. ‖ Chanson accompagnée d'une danse en rond. ‖ Ecriture en caractères ronds et verticaux. ‖ *Mus.* Note qui vaut deux blanches. ‖ **A la** - loc. adv., alentour : *à dix lieues à la* -. ‖ Chacun à son tour : *boire à la* -.

rondeau nm. Petit poème sur deux rimes et refrain. ‖ *Mus.* Air à deux ou plusieurs reprises.

rondelet, ette adj. *Fam.* Qui a un peu d'embonpoint. ‖ *Une somme* -, assez importante.

rondelle nf. Disque percé en son milieu.

rondement adv. Promptement; lestement; franchement.

rondeur nf. Etat de ce qui est rond. ‖ Chose ronde. ‖ *Fig.* Loyauté : *- de caractère*.

rondin nm. Bûche ronde. ‖ Gros bâton. ‖ Tronc de sapin écorcé.

rond-point nm. Carrefour circulaire. ‖ Pl. des *ronds-points*.

ronflement nm. Bruit fait en ronflant. ‖ *Fig.* Bruit analogue : *le - d'un moteur*.

ronfler vi. Respirer bruyamment pendant le sommeil. ‖ Produire un bruit sourd et prolongé. ‖ **Ronflant, e** adj. *Fig. Promesses* -, magnifiques, mais mensongères.

ronfleur, euse n. Qui ronfle.

ronger vt. Couper avec les dents peu à peu : *- ses ongles*. ‖ Corroder : *la rouille ronge le fer*. ‖ Miner : *la*

1. Galerie du cloître d'Elne
(Roussillon); 2. Chapiteau de
l'église de la Madeleine à
Vézelay; 3. Nef de l'église de la
Madeleine, à Vézelay; 4. Plaque
dite de Geoffroy Plantagenêt
(émail champlevé de Limoges,
XIIe s.); 5. Église Notre-Dame-
la-Grande, à Poitiers.

mer ronge les falaises. ‖ *Fig.* Consumer : *les soucis le rongent.*

rongeur adj. m. Qui ronge. ‖ Nmpl. Ordre de mammifères à dents incisives, sans canines (rat, écureuil, etc.).

ronron nm. Bruit que le chat tire de sa gorge : *faire -.* ‖ Bruit sourd et continu : *le - d'un moteur.*

ronronner vi. Faire des ronrons.

roquefort nm. Fromage de lait de brebis ensemencé d'une moisissure spéciale.

roquet nm. Petit chien.

roquette nf. Sorte de chou. ‖ Plante à fleur jaune d'une odeur fétide.

roquette nf. Projectile autopropulsé et, *par ext.,* engin qui le lance (lance-fusées, bazooka, etc.).

rosace nf. Ornement d'architecture en forme de feuillages groupés symétriquement et inscrits dans un cercle. ‖ Grand vitrail circulaire.

rosacées nfpl. Famille de plantes à pétales disposés comme ceux de la rose.

rosaire nm. Grand chapelet de quinze dizaines. ‖ Prière : *dire son -.*

rosat adj. inv. Où il entre de l'extrait de rose : *miel -.*

rosâtre adj. Qui a une teinte rose sale.

rosbif nm. Aloyau de bœuf rôti.

rose nf. Fleur du rosier. ‖ *Fig.* Carnation : *un teint de -.* ‖ *Archit.* Rosace de pierre garnie de vitraux. ‖ *- sauvage,* l'églantine. ‖ *- de Noël,* l'ellébore noir. ‖ *- des vents,* étoile à trente-deux divisions, correspondant aux trente-deux aires du vent sur le cadran de la boussole.

rose adj. De couleur semblable à celle de la rose. ‖ Nm. : *aimer le -.*

rosé, e adj. Teinté de rouge.

roseau nm. Nom vulgaire de diverses plantes croissant au bord de l'eau.

rosée nf. Fines gouttelettes produites par la condensation de la vapeur d'eau atmosphérique. ‖ *Fig. Tendre comme la -,* très tendre.

roséole nf. Maladie éruptive consistant en taches rosées.

roseraie nf. Jardin de rosiers.

rosette nf. Nœud de ruban en forme de rose. ‖ Insigne des officiers d'un ordre.

rosier nm. Arbuste épineux cultivé pour ses fleurs.

rosière nf. Jeune fille à laquelle une municipalité décerne solennellement un prix de vertu.

rosiériste nm. Horticulteur qui s'occupe spécialement des rosiers.

rosir vi. Devenir rose.

rossard nm. Mauvais cheval. ‖ *Fam.* Fainéant, méchant.

rosse nf. *Fam.* Cheval sans force. ‖ *Fig.* Personne qui aime à tourmenter. ‖ Adj. Qui cherche à nuire.

rosser vt. *Fam.* Battre violemment.

rosserie nf. *Fam.* Méchanceté.

rossignol nm. Passereau au chant très agréable. ‖ *Voix de -,* pure et flexible. ‖ *Fam.* Crochet pour ouvrir toutes sortes de serrures. ‖ Marchandise défraîchie ou démodée.

rostral, e, aux adj. En forme d'éperon de navire. ‖ *Colonne -,* ornée de proues de navire.

rostre nm. Eperon d'un navire antique. ‖ Pièce buccale de certains insectes.

rot nm. *Pop.* Eructation.

rôt nm. Rôti, viande rôtie.

rotang nm. Palmier des Indes qui fournit le rotin.

rotateur, trice adj. Qui fait tourner : *force -.* ‖ Nm. : *un -.*

rotatif, ive adj. Qui agit en tournant. ‖ Nf. *Arts graph.* Machine à mouvement continu, imprimant sur une bande de papier.

rotation nf. Mouvement d'un corps tournant autour d'un axe.

rotatoire adj. Circulaire; qui tourne.

rote nf. Juridiction ecclésiastique de Rome, composée de douze auditeurs.

roter vi. *Pop.* Faire des rots.

rôti ou **rôt** nm. Viande rôtie.

rôtie nf. Tranche de pain rôti.

rotifères nmpl. Vers microscopiques à bouche ciliée.

rotin nm. Branche de rotang dont on fait des cannes, des sièges, etc.

rôtir vt. Faire cuire à la broche ou au four. ‖ Vi. et se - vpr. *Fig.* S'exposer à une très grande chaleur : *se - au soleil.*

rôtissage nm. Action de rôtir.

rôtisserie nf. Boutique de rôtisseur.

rôtisseur, euse n. Qui fait rôtir des viandes pour les vendre.

rôtissoire nf. Ustensile de cuisine pour rôtir la viande.

rotonde nf. Bâtiment circulaire, à couverture hémisphérique.

rotondité nf. Forme de ce qui est rond. ‖ *Fam.* Rondeur; embonpoint.

rotor nm. Partie mobile, dans un moteur électrique, une turbine, etc. ‖ Voilure tournante.

rotule nf. Os mobile placé en avant du genou. ‖ *Méc.* Articulation sphérique.

roture nf. Condition d'une personne non noble. ‖ Ensemble des roturiers.

roturier, ère adj. et n. Qui n'est pas noble.

rouage nm. L'ensemble ou chacune des roues d'un mécanisme. ‖ *Fig.*

Moyens servant à un fonctionnement : *les - d'une administration.*

rouan, anne adj. Se dit d'un cheval à robe mêlée de bai, de blanc et de gris.

roublard, e adj. et n: *Pop.* Habile, rusé, sans scrupules.

roublardise nf. *Pop.* Habileté, ruse, astuce.

rouble nm. Monnaie russe.

roucoulement nm. Murmure triste et tendre des pigeons et des tourterelles.

roucouler vi. Faire des roucoulements. || *Fig.* Tenir des propos tendres.

roue nf. Organe circulaire et plat, tournant autour d'un axe passant par son centre. || *- libre,* qui peut être rendue indépendante. || *- hydraulique,* mue par l'eau et servant de moteur. || *Faire la -,* déployer en roue les plumes de la queue (paon, dindon) ; au *fig.,* se pavaner, faire le beau. || *Fig. Pousser à la -,* aider à la réussite d'une affaire. || *Mettre des bâtons dans les -,* susciter des obstacles. || *Cinquième - d'un carrosse,* chose, personne complètement inutile. || Supplice qui consistait à rompre les membres du patient, puis à le laisser mourir sur une roue.

roué, e adj. Qui a subi le supplice de la roue. || N. Compagnon de débauche du Régent. || Personne rusée : *c'est une petite -.*

rouelle nf. Tranche de cuisse de veau coupée en rond.

rouennais, e adj. et n. De Rouen.

rouennerie nf. Tissu aux fils teints avant le tissage.

rouer vt. Faire mourir sur la roue. || *Par ext. - de coups,* battre violemment.

rouerie nf. Ruse, habileté.

rouet nm. Machine à roue qui servait à filer. || Garde d'une serrure.

rouf nm. Petite construction élevée sur le pont d'un navire.

rouge adj. De la couleur du sang, des coquelicots. || D'un roux ardent : *des cheveux -.* || *Fer -,* rougi au feu. || Nm. L'une des couleurs fondamentales de la lumière, la moins réfrangible. || Couleur rouge. || Fard de couleur rouge : *se mettre du -.* || *Fig. Le - lui monte au visage,* il devient rouge de honte ou de colère. || Adv. *Se fâcher tout -,* sérieusement. || *Voir -,* avoir un violent accès de colère.

rougeâtre adj. Qui tire sur le rouge.

rougeaud, e adj. et n. *Fam.* Qui a le visage rouge, haut en couleur.

rouge-gorge nm. Passereau d'Eu-

rope, à gorge rouge. || Pl. des *rouges-gorges.*

rougeoiement nm. État de ce qui rougeoie.

rougeole nf. Maladie contagieuse, caractérisée par des rougeurs sur la peau.

rougeoyer vi. (c. *aboyer*). Prendre une teinte rougeâtre.

rouge-queue nm. Passereau à queue rouge. || Pl. des *rouges-queues.*

rouget nm. Poisson taché de rouge, dit aussi *grondin.* || Maladie du porc.

rougeur nf. Couleur rouge. || Pl. Taches rouges sur la peau et sur le visage, traduisant une émotion passagère.

rougir vt. Rendre rouge. || *- son eau,* y mettre un peu de vin. || Vi. Devenir rouge. || *Fig. - de honte,* éprouver de la confusion.

rouille nf. Oxyde d'un rouge orangé dont se couvre le fer exposé à l'humidité. || Maladie des végétaux.

rouiller vt. Produire de la rouille. || *Fig.* Altérer faute d'exercice : *se - à ne rien faire.* || Vi. et se - vpr. S'oxyder.

rouir vt. Pratiquer le rouissage. || Vi. Subir le rouissage.

rouissage nm. Séjour dans l'eau qui débarrasse les fibres textiles des matières étrangères agglutinées.

roulade nf. *Mus.* Passage de plusieurs notes sur la même syllabe.

roulage nm. Action de rouler. || Transport de marchandises par voiture. || Établissement qui pratique ce transport.

roulant, e adj. Qui roule aisément. || *Matériel -,* ensemble des véhicules d'une exploitation. || *Feu -,* feu de mousqueterie continu.

rouleau nm. Chose roulée en cylindre: *- de papier.* || Cylindre de bois, de pierre, d'acier, servant à divers usages : *- de pâtissier.* || *Fig. et fam. Être au bout de son -,* avoir épuisé tous les moyens, être près de mourir.

roulement nm. Mouvement de ce qui roule. || Batterie militaire de tambour. || *- à billes,* coussinet dans lequel l'arbre tourne à l'intérieur d'un anneau formé de billes d'acier. || *Fig.* Bruit semblable à celui d'un corps qui roule : *- du tonnerre.* || Circulation d'espèces : *- de fonds.* || Succession de personnes qui se remplacent.

rouler vt. Mouvoir une chose en la faisant tourner sur elle-même : *- un tonneau.* || Plier en rouleau : *- une pièce d'étoffe.* || *- les r,* les faire vibrer fortement. || *Fig.* Méditer : *- un projet dans sa tête.* || *Fam.* Duper. || Vi. Avancer en tournant. || *Fig.* Faire entendre des roulements. || *- sur l'or,* être fort riche. || *Tout* *roule là-dessus*, c'est le point dont le reste dépend. ‖ *Mar.* Pour un navire, s'incliner alternativement d'un bord et de l'autre. ‖ **Se -** vpr. Se tourner et se retourner sur, dans : *se - dans la poussière.*

roulette nf. Petite roue. ‖ Outil de relieur servant à fixer la dorure sur les livres. ‖ Jeu de hasard.

rouleur, euse adj. et n. Qui travaille tantôt dans un atelier, tantôt dans un autre.

roulier nm. Voiturier.

roulis nm. Balancement d'un bateau d'un bord sur l'autre.

roulotte nf. Grande voiture des forains, des nomades. ‖ Automobile ou remorque aménagée en logement.

roumain, e adj. et n. De Roumanie.

roumi nm. Nom par lequel les Arabes désignent un chrétien.

roupie nf. *Fam.* Liquide qui coule du nez par gouttes. ‖ Monnaie de l'Inde.

roupiller vi. *Pop.* Sommeiller.

rouquin, e adj. et n. *Pop.* Qui a les cheveux roux.

rouspéter vi. *Pop.* Protester.

roussâtre adj. Qui tire sur le roux.

rousseau nm. Roux.

rousserole nf. Fauvette des roseaux.

roussette nf. Petit squale, ou *chien de mer.* ‖ Grande chauve-souris.

rousseur nf. Qualité de ce qui est roux. ‖ *Taches de -*, taches rousses sur la peau.

roussi nm. Odeur d'une chose brûlée superficiellement.

roussin nm. Fort cheval de guerre. ‖ *Un - d'Arcadie*, un âne.

roussir vt. Rendre roux. ‖ Brûler légèrement. ‖ Vi. Devenir roux.

route nf. Voie de terre établie d'un lieu à un autre. ‖ Direction suivie : *changer de -*. ‖ *Faire fausse -*, s'égarer, et, au *fig.*, se tromper. ‖ *Feuille de -*, état des étapes d'un militaire ou d'une troupe en déplacement.

router vt. Diriger un objet vers sa destination.

routier nm. Transporteur par camion. ‖ *Vieux -*, qui a une longue pratique. ‖ Scout adulte. ‖ Pl. Bandes de soldats pillards, au Moyen Age.

routier, ère adj. Relatif aux routes : *carte -.*

routine nf. Habitude irréfléchie. ‖ Habileté acquise par la pratique.

routinier, ère adj. et n. Qui agit par routine. ‖ Qui a le caractère de la routine : *procédé -.*

rouvraie nf. Lieu où croissent des chênes rouvres.

rouvre nm. Chêne trapu. ‖ Adj. : *chêne -.*

rouvrir vt. Ouvrir de nouveau.

roux, rousse adj. D'une couleur entre le jaune et le rouge. ‖ *Lune -*, qui suit Pâques. ‖ Nm. Couleur rousse : *un - ardent.* ‖ Sauce à base de farine roussie dans le beurre.

royal, e, aux adj. Relatif à un roi. ‖ Qui émane du roi : *ordonnance -.* ‖ *Prince -*, héritier présomptif. ‖ *Altesse -*, membre de la famille royale. ‖ *Tigre, aigle -*, de la plus grande espèce.

royale nf. Barbiche sous la lèvre inférieure.

royalisme nm. Attachement à la monarchie.

royaliste adj. et n. Partisan de la royauté.

royaume nm. Etat gouverné par un roi. ‖ *- des cieux*, paradis. ‖ *Myth. - des morts*, les Enfers.

royauté nf. Dignité de roi.

ru nm. Petit ruisseau.

ruade nf. Action de ruer.

ruban nm. Tissu plat, mince et étroit. ‖ Fragment long et plat : *- d'acier.* ‖ Décoration : *le - rouge.* ‖ *Archit.* Ornement imitant un ruban.

rubanerie nf. Industrie, commerce des rubans.

rubéfaction nf. Rougeur de la peau.

rubéfier vt. Produire la rubéfaction.

rubéole nf. Maladie éruptive, contagieuse, voisine de la rougeole.

rubescent, e adj. Un peu rouge, qui devient rouge : *peau -.*

rubiacées nfpl. Plantes tinctoriales ou médicinales, comme le quinquina, la garance.

rubicond, e adj. Rouge, en parlant du visage : *face -.*

rubigineux, euse adj. Plein de rouille. ‖ De couleur rouille.

rubis nm. Pierre précieuse, d'un rouge vif. ‖ *Fig.* Faire *- sur l'ongle*, vider complètement son verre. ‖ *Payer - sur l'ongle*, exactement.

rubrique nf. Titre qui, dans les livres de droit, était autrefois marqué en rouge. ‖ Indication de matière dans un catalogue, une revue, un journal.

ruche nf. Habitation préparée pour les abeilles. ‖ L'essaim lui-même. ‖ Bande plissée de tulle, de dentelle ou de toile.

rucher nm. Endroit où sont les ruches.

rucher vt. Plisser en ruche, garnir de ruche : *- un bonnet.*

rude adj. Dur au toucher. ‖ Raboteux : *chemin -.* ‖ *Fig.* Pénible, fatigant : *métier -.* ‖ Difficile à supporter : *saison -.* ‖ Apre : *vin -.* ‖

1. 2. 3. 4. 5. 6. 7. 8. Avants : 9. Demi de mêlée ; 10. Demi d'ouverture ; 11. 12. 13. 14. Trois-quarts ; 15. Arrière. 16. Arbitre. 17. Arbitre de touche

Ligne de ballon mort

Ligne de but

Ligne de 22 m

Ligne médiane

Ligne de 22 m

2,8 m

22 m

Désagréable à entendre : *voix -*. ‖ Redoutable : *- adversaire*.

rudéral, e, aux adj. Qui croît dans les décombres.

rudesse nf. Etat de ce qui est rude. ‖ *Fig.* Dureté : *traiter quelqu'un avec -*.

rudiment nm. Premières notions : *les - de la géométrie*. ‖ Premiers éléments d'un organe : *les - des plantes*.

rudimentaire adj. Elémentaire, peu développé.

rudoiement nm. Action de rudoyer.

rudoyer vt. (c. *aboyer*). Traiter rudement.

rue nf. Chemin bordé de maisons.

rue nf. Plante officinale, à odeur désagréable.

ruée nf. Poussée en avant.

ruelle nf. Petite rue étroite. ‖ Espace entre un côté du lit et le mur.

ruer vi. Jeter avec force en l'air les pieds de derrière, en parlant d'un cheval, d'un âne, etc. ‖ Se - vpr. Se jeter impétueusement.

ruffian nm. Homme débauché.

rugby nm. Sorte de football, qui se joue à la main comme au pied avec un ballon ovale.

rugir vi. Pousser des rugissements. ‖ *Fig.* Pousser des cris de fureur.

rugissement nm. Cri du lion. ‖ Cri semblable à celui du lion.

rugosité nf. Aspérité, rudesse : *la - d'une planche*.

rugueux, euse adj. Qui a des rugosités.

ruine nf. Ecroulement, destruction d'un bâtiment. ‖ *Fig.* Perte de la fortune, de l'honneur : *il court à sa -*. *Ce n'est plus qu'une -*, se dit de quelqu'un qui a beaucoup perdu de ses qualités physiques ou morales. ‖ Pl. Décombres, débris.

ruiner vt. Démolir, détruire. ‖ Ravager. ‖ *Fig.* Causer la perte de la santé, de la fortune, de la vie, etc. ‖ Se - vpr. Tomber en ruine. ‖ Causer sa propre ruine : *se - au jeu*.

ruineux, euse adj. Qui cause la ruine : *luxe -*.

ruisseau nm. Petit cours d'eau. ‖ Son lit. ‖ Eau qui coule dans les rues. ‖ *Fig.* Ce qui coule en abondance : *des - de larmes.*

ruisseler vi. (c. *appeler*). Couler comme un ruisseau : *- de sueur.*

ruisselet nm. Petit ruisseau.

ruissellement nm. Action de ruisseler. ‖ Action des eaux de pluie sur le sol. ‖ Jets de lumière chatoyante : *- de pierreries.*

rumb nm. *Mar.* V. RHUMB.

rumen [*mèn*] nm. Panse des ruminants.

rumeur nf. Bruit confus. ‖ Bruit sourd et menaçant. ‖ *- publique,* opinion de la foule.

rumination nf. Action de ruminer.

ruminer vt. Remâcher, en parlant des animaux ruminants. ‖ *Absol. : la brebis rumine.* ‖ *Fig.* Tourner et retourner une chose dans son esprit : *- un projet.* ‖ **Ruminant, e** part., adj. et nmpl. Sous-ordre de mammifères à quatre poches stomacales (bœuf) ou trois (chameau).

rumsteck nm. V. ROMSTECK.

runes nfpl. Caractères des plus anciens alphabets germaniques et scandinaves.

runique adj. Relatif aux runes : *inscription -.*

ruolz nm. Métal argenté par la galvanoplastie.

rupestre adj. Qui se trouve sur les rochers : *peinture -.*

rupture nf. Action de rompre ou de se rompre. ‖ *Fig.* Division, désunion

entre amis : *- passagère.* ‖ Cassation, annulation d'un contrat.

rural, e, aux adj. Relatif aux champs. ‖ Nmpl. *Les -,* les habitants de la campagne.

ruse nf. Finesse, artifice pour tromper : *- de guerre.*

ruser vi. Se servir de ruses. ‖ **Rusé, e** adj. et n. Fin, adroit. ‖ Qui annonce de la ruse : *figure -.*

rush nm. Effort final impétueux.

russe adj. et n. De la Russie. ‖ Nm. La langue russe.

russule nf. Genre de champignons de la famille des agarics, dont une espèce, la *- émétique,* rougeâtre, est vénéneuse.

rustaud, e adj. et n. Grossier, lourd.

rusticité nf. Simplicité allant jusqu'à la grossièreté.

rustique adj. Qui appartient à la campagne. ‖ Façonné avec simplicité : *meuble -.* ‖ *Fig.* Grossier, rude. ‖ Résistant : *plante -.*

rustre adj. et n. Grossier.

rutabaga nm. Navet à chair jaune.

ruthénium nm. Métal voisin du platine, très dur et peu fusible (Ru).

rutiler vi. Briller d'un rouge ardent. ‖ *Par ext.* Briller d'un vif éclat.

rythme nm. Disposition symétrique et à retour périodique des temps forts et des temps faibles dans un vers, une phrase musicale, etc.

rythmer vt. Donner du rythme.

rythmique adj. Relatif au rythme.

S

s nm. Dix-neuvième lettre de l'alphabet et quinzième des consonnes.

S, symbole chimique du *soufre*.

sa adj. poss. f. V. SON.

sabbat nm. Repos sacré le septième jour de la semaine chez les juifs. ‖ Assemblée nocturne de sorciers et de sorcières, le samedi à minuit. ‖ *Fig.* et *fam.* Tapage.

sabéisme nm. Religion donnant une grande place à l'adoration des astres.

sabir nm. Langage mêlé d'arabe, de français, d'italien, d'espagnol, parlé dans le Levant et en Algérie.

sablage nm. Action de sabler.

sable nm. Poudre résultant de la désagrégation naturelle d'autres roches (granites, gneiss, grès). ‖ *Fig. Bâtir sur le -*, fonder une entreprise sur quelque chose de peu solide.

sablé nm. Gâteau sec.

sabler vt. Couvrir de sable. ‖ Nettoyer au jet de sable. ‖ *Fig.* Boire : *- le champagne.*

sableux, euse adj. Mêlé de sable.

sablier nm. Appareil dans lequel une certaine quantité de sable fin mesure, en s'écoulant, la durée du temps.

sablière nf. Carrière de sable.

sablon nm. Sable très fin.

sablonneux, euse adj. Où il y a beaucoup de sable.

sablonnière nf. Carrière de sablon.

sabord nm. Ouverture dans la paroi d'un navire.

sabordage ou **sabordement** nm. Action de saborder.

saborder vt. Percer un navire au-dessous de la ligne de flottaison pour le faire couler. ‖ Se - vpr. Couler involontairement son navire.

sabot nm. Chaussure de bois. ‖ Corne du pied de plusieurs animaux. ‖ Jouet d'enfant, en forme de toupie. ‖ Partie travaillante d'un frein, qui presse sur la roue. ‖ Garniture métallique protégeant les pieds de certains meubles, l'extrémité d'une pièce de charpente ou d'un pieu de pilotis. ‖ *Fig.* et *fam.* Mauvais instrument, mauvais outil.

sabotage nm. Fabrication des sabots. ‖ *Fam.* Action de saboter.

saboter vi. Faire du bruit avec ses sabots. ‖ Vt. *Fam.* Exécuter vite et mal : *- son travail.* ‖ Détériorer volontairement : *- un avion.*

saboteur, euse n. *Fam.* Qui sabote.

sabotier nm. Ouvrier qui fabrique des sabots.

sabouler vt. *Fam.* Tirailler, houspiller, réprimander.

sabre nm. Epée ne tranchant que d'un côté.

sabrer vt. Donner des coups de sabre. ‖ *Fig.* Bâcler : *- un travail.* ‖ Faire des coupures : *- une tirade.*

sabretache nf. Sac plat pendu jadis à côté du sabre, au ceinturon de certains cavaliers.

sabreur n. et adj. m. Qui donne des coups de sabre.

sac nm. Poche ouverte par le haut : *un - de toile.* ‖ Son contenu : *- de blé.* ‖ Havresac de peau ou de toile du fantassin. ‖ *Fig. Vider son -,* dire ce qu'on a sur le cœur. ‖ *Homme de - et de corde,* scélérat. ‖ *Prendre quelqu'un la main dans le -,* le prendre sur le fait. ‖ *- à vin,* ivrogne.

sac nm. Pillage : *mettre à -.*

saccade nf. Mouvement brusque et intermittent ; secousse.

saccadé, e adj. Brusque, irrégulier.

saccager vt. (c. *manger*). Mettre à sac, au pillage. ‖ *Fam.* Bouleverser : *- une bibliothèque.*

saccageur nm. Qui saccage.

saccharification nf. Conversion en sucre : *- de l'amidon.*

saccharifier vt. (c. *prier*). Transformer en sucre.

saccharimètre nm. Appareil pour mesurer la quantité de sucre dans un liquide.

saccharine nf. Succédané du sucre, tiré du goudron de la houille.

saccharol nm. Nom du sucre employé comme excipient.

saccharomyces nmpl. Champignons qui provoquent la fermentation des substances sucrées.

saccharose nm. Nom scientifique du sucre de canne ou de betterave.

sacerdoce nm. Dignité et fonctions des ministres d'un culte. ‖ Ensemble des prêtres.

sacerdotal, e, aux adj. Relatif au sacerdoce : *dignité -.*

sachée nf. Contenu d'un sac.

sachem nm. Membre du conseil de la nation, chez les peuplades indiennes de l'Amérique du Nord.

sachet nm. Petit sac. ‖ Petit coussin à parfums.

sacoche nf. Grosse bourse de cuir. ‖ Sac des garçons de recette.

sacramentaux nmpl. *Cathol.* Objets ou prières auxquels sont attachées des grâces spéciales.

sacramentel, elle adj. Des sacrements : *paroles* -.

sacre nm. Action de consacrer; cérémonie religieuse par laquelle on consacre un roi, un prince, un évêque : *le - de Charles VII.*

sacre nm. Grand faucon.

sacré, e adj. Consacré au culte. ‖ *Livres* -, l'Ancien et le Nouveau Testament. ‖ *Ordres* -, la prêtrise, le diaconat et le sous-diaconat. ‖ *Le - collège*, le collège des cardinaux. ‖ *Fig.* Inviolable : *dépôt* -. ‖ Qui doit inspirer la vénération : *la personne d'un père est - pour ses enfants.* ‖ *Anat.* Relatif au sacrum. ‖ *Pop.* Maudit : - *menteur.* ‖ Ardeur au travail : *cet écolier a le feu* -. ‖ Nm. Ce qui est sacré : *le - et le profane.*

sacrement nm. *Théol.* Acte religieux qui concourt à la sanctification des âmes. ‖ *Le Saint* -, l'eucharistie.

sacrer vt. Conférer un caractère sacré : - *un roi.* ‖ Vi. Jurer, blasphémer.

sacrificateur nm. *Antiq.* Prêtre qui offrait le sacrifice.

sacrificatoire adj. Relatif au sacrifice : *pompe* -.

sacrifice nm. Offrande faite à la Divinité avec certaines cérémonies. ‖ *Le saint* -, la messe. ‖ - *humain*, immolation d'une personne à une divinité. ‖ *Fig.* Renoncement. ‖ Dépenses : *faire des - pour ses enfants.*

sacrifier vt. (c. *prier*). Offrir en sacrifice. ‖ *Fig.* Délaisser en faveur de : - *ses parents à son ambition.* ‖ Employer à : - *sa fortune à.* ‖ Vt. ind. - *à une passion*, s'y abandonner. ‖ - *à la mode*, s'y conformer. ‖ Se - vpr. Se dévouer entièrement.

sacrilège nm. Profanation des choses sacrées. ‖ Celui qui s'en rend coupable. ‖ Adj. Souillé d'un sacrilège : *main* -. ‖ *Fig.* : *intention* -.

sacripant nm. Vaurien.

sacristain nm. Qui a soin de la sacristie d'une église.

sacristi! interj. Juron familier.

sacristie nf. Lieu où l'on serre les ornements d'église.

sacristine nf. Religieuse qui a soin de la sacristie.

sacro-saint, e adj. Très saint.

sacrum nm. Os triangulaire de la partie inférieure de la colonne vertébrale.

sadique adj. et n. Qui a le caractère du sadisme.

sadisme nm. Plaisir malsain à voir ou à faire souffrir autrui.

safari nm. En Afrique noire, expédition de chasse.

safran nm. Plante utilisée en teinture, en cuisine, en pharmacie.

safrané, e adj. De la couleur du safran : *teint* -.

saga nf. Légende scandinave.

sagace adj. Doué de sagacité.

sagacité nf. Perspicacité, flair.

sagaie nf. V. ZAGAIE.

sage adj. Prudent, circonspect. ‖ Modéré : - *dans ses désirs.* ‖ Doux, obéissant : *enfant* -. ‖ Pudique, chaste : *fille* -. ‖ Conforme aux règles de la sagesse : *conduite* -. ‖ Nm. : *le - est maître de ses passions.*

sage-femme nf. Femme qui fait des accouchements. ‖ Pl. des *sages-femmes.*

sagesse nf. Connaissance des choses, naturelle ou acquise. ‖ Circonspection, retenue, maîtrise de soi. ‖ Docilité.

sagittaire nm. *Astron.* Constellation, neuvième signe du zodiaque. ‖ Nf. *Bot.* Plante aquatique à fleurs blanches.

sagitté, e adj. De la forme d'un fer de flèche : *feuille* -.

sagou nm. Fécule retirée de la moelle de palmiers.

sagouin, ouine n. Petit singe. ‖ *Fig.* et fam. Homme malpropre.

sagoutier ou **sagouier** nm. Palmier dont on tire le sagou.

saie nf. Manteau court des Romains et des Gaulois.

saignant, e adj. Qui dégoutte de sang : *bras* -.

saignée nf. Ouverture d'une veine pour tirer du sang. ‖ Sang ainsi tiré. ‖ Pli formé par le bras et l'avant-bras. ‖ Rigole creusée dans un terrain pour en retirer l'eau. ‖ *Fig.* et fam. Sacrifice d'argent : *s'imposer une* -.

saignement nm. Ecoulement de sang.

saigner vt. Tirer du sang en ouvrant une veine. ‖ *Fig.* Tuer : - *un poulet.* ‖ Faire écouler l'eau par des rigoles : - *un fossé.* ‖ Vi. Perdre du sang : - *du nez.* ‖ *Fig. La plaie saigne encore*, se dit d'un malheur, d'un chagrin dont on souffre encore. ‖ Se - vpr. *Fig.* et fam. S'imposer de lourdes dépenses : *se - aux quatre veines.*

saillant, e adj. Qui avance, sort en dehors : *corniche* -. ‖ *Angle* -, dont le sommet est en dehors, par oppos. à *angle rentrant.* ‖ *Fig.* Brillant, frappant : *fait* -. ‖ Nm. Partie de fortification qui fait saillie.

saillie nf. Eminence, relief à la surface de certains objets : *balcon en* -. ‖ Accouplement chez les animaux domestiques. || *Fig.* Repartie spirituelle et inattendue.

saillir vi. (c. *finir*, mais ne s'emploie guère qu'à l'inf., aux troisièmes personnes des temps simples et au part. prés.). Jaillir avec force : *l'eau saillissait.* || Vt. S'accoupler à.

saillir vi. (c. *assaillir*). S'avancer au-dehors, dépasser : *ses côtes saillaient.*

sain, e adj. En bonne santé. || En bon état : *ce bois est -.* || Bon pour la santé : *air -.* || *-et sauf*, sans avoir éprouvé aucun dommage. || *Fig.* Sensé, juste : *il a le jugement -.*

saindoux nm. Graisse de porc fondue.

sainfoin nm. Légumineuse fourragère.

saint, e adj. Essentiellement pur, souverainement parfait : *le -Esprit.* || Esprit bienheureux : *les -martyrs.* || Qui vit selon la loi de Dieu : *un -homme.* || Dédié à Dieu ; relatif à la religion : *le temple -.* || *Les Lieux -, la Terre -,* la Palestine. || N. Personne qui vit ou qui est morte en état de sainteté : *c'est un -.* || *Le - des -,* la partie la plus sacrée du temple de Jérusalem. || *La communion des -,* la société des fidèles.

saint-cyrien nm. Élève de l'école militaire de Saint-Cyr. || Pl. des *saint-cyriens.*

sainte-barbe nf. *Mar.* Magasin à poudre dans l'ancienne marine à voile. || Pl. des *saintes-barbes.*

Saint-Esprit nm. *Théol.* Troisième personne de la sainte Trinité.

sainteté nf. Qualité de celui ou de ce qui est saint. || *Sa Sainteté,* titre donné au pape.

saint-frusquin nm. *Fam.* Vêtements, objets de toutes sortes.

saint-honoré nm. Gâteau à la crème. || Pl. des *saint-honorés.*

saint-office nm. Congrégation romaine chargée de veiller à la pureté de la foi.

saint-père nm. Nom par lequel on désigne le pape.

saint-siège nm. La papauté. || Gouvernement pontifical.

saint-simonien, enne adj. Relatif au saint-simonisme. || N. Disciple de Saint-Simon. || Pl. des *saint-simoniens.*

saint-simonisme nm. Doctrine socialiste de Saint-Simon.

saisi nm. Débiteur sur lequel on a fait une saisie : *les droits du -.*

saisie nf. Acte par lequel un créancier s'empare, dans la forme légale, des biens de son débiteur, pour se faire payer de ce qui lui est dû. || Action de s'emparer provisoirement des choses qui sont l'objet d'une contravention ou la preuve d'un crime, d'un délit : *- de marchandises.*

saisir vt. Prendre vivement et fortement : *- un marteau.* || Opérer une saisie : *- des meubles.* || *Fig.* Mettre à profit : *- l'occasion.* || Comprendre : *- une pensée.* || S'emparer d'une personne, en parlant d'un mal, d'une passion, etc. : *le froid l'a saisi ; le désespoir l'a saisi.* || Être saisi, être frappé d'effroi, de douleur, d'étonnement, etc. || *- un tribunal d'une affaire,* la porter devant sa juridiction. || **Saisissant, e** part. et adj. Qui émeut vivement : *un spectacle -.*

saisissable adj. Qui peut être saisi : *immeuble -.*

saisissement nm. Emotion vive, frayeur : *mourir de -.*

saison nf. Chacune des quatre divisions de l'année. || Epoque particulière : *- des pluies ; - des semailles.* || *- nouvelle,* le printemps. || *Arrière -,* l'automne. || Séjour dans une station balnéaire, thermale, etc. || *Fig. Etre de -,* être à propos. || *Hors de -,* déplacé.

saisonnier, ère adj. Propre à telle ou telle saison : *maladie - ; travaux -.*

sajou nm. Singe à longue queue prenante.

saké ou **saki** nm. Boisson japonaise de riz fermenté.

salade nf. Mets composé d'herbes ou de légumes, crus ou cuits, préparés à l'huile et au vinaigre. || Toute plante dont on fait de la salade. || Mélange de plusieurs mets, fruits, viandes froides, etc., mis en salade : *- de homard.* || *Fam.* Assemblage confus.

salade nf. Casque en usage du XVe au XVIIe s.

saladier nm. Récipient pour la salade.

salage nm. Action de saler.

salaire nm. Paiement pour un travail. || *Fig.* Récompense, châtiment : *toute peine mérite - ; le crime reçoit son -.*

salaison nf. Action de saler : *la - du porc.* || Denrée alimentaire conservée dans le sel : *embarquer des -.*

salamalec nm. Salut chez les musulmans. || *Par ext.* et *fam.* Révérence profonde, exagérée : *faire des -.*

salamandre nf. Batracien des lieux humides.

salami nm. Saucisse faite de porc haché et assaisonné à l'ail.

salangane nf. Hirondelle de mer, dont les nids sont recherchés par les gourmets chinois.

salariat nm. Condition de salarié.

salarié, e adj. et n. Qui reçoit des gages, un salaire.

salarier vt. Donner un salaire : *- un espion.*

salaud, e adj. et n. *Pop.* Personne malpropre. ‖ *Fig.* et *pop.* Personne peu délicate.

sale adj. Malpropre. ‖ *Fig.* Indécent : *paroles* -. ‖ Contraire à l'honneur, à la délicatesse : *une* - *affaire*.

saler vt. Assaisonner avec du sel. ‖ Mettre du sel pour conserver : *du porc.* ‖ *Fig.* Vendre trop cher. ‖ *Fam.* Punir sévèrement. ‖ **Salant** part. et adj. m. : *marais* -. ‖ **Salé, e** part. et adj. *Fig.* et *Fam.* Piquant, trop libre : *plaisanterie* -. ‖ Excessif : *une note* -. ‖ Nm. Chair de porc salée. ‖ *Petit* -, porc nouvellement salé.

saleté nf. Etat de ce qui est sale. ‖ *Fig.* Procédé indélicat : *il m'a fait une* -. ‖ Paroles obscènes : *dire des* -.

salicaire nf. Plante qui croît souvent auprès des saules.

salicine nf. Glucoside extrait de l'écorce de saule.

salicorne nf. Plante marine, dont on extrait la soude.

salicylate nm. Sel de l'acide salicylique.

salicylique adj. m. Se dit d'un acide antiseptique, dérivé de la salicine.

salière nf. Pièce de vaisselle pour le sel de la table. ‖ Enfoncement au-dessus des yeux des vieux chevaux. ‖ *Fam.* Creux en arrière des clavicules chez les personnes maigres.

salifier vt. Transformer en sel.

saligaud, e n. *Pop.* Personne malpropre. ‖ *Fig.* Individu sans délicatesse ni scrupules.

salin, e adj. Qui contient du sel : *concrétion* -. ‖ Propre au sel.

salinage nm. Cristallisation du sel. ‖ Temps de cette opération.

saline nf. Marais salant. ‖ Mine de sel.

salinier nm. Ouvrier des salines.

salique adj. Relatif aux Francs Saliens : *loi* -.

salir vt. Rendre sale. ‖ *Fig.* Déshonorer : - *une réputation.*

salivaire adj. Relatif à la salive.

salivation nf. Sécrétion de la salive.

salive nf. Liquide aqueux et un peu visqueux qui humecte la bouche.

saliver vi. Rendre beaucoup de salive.

salle nf. Grande pièce d'un appartement. ‖ Lieu vaste et couvert : - *de spectacle.* ‖ - *de police,* local disciplinaire d'une caserne. ‖ - *des pas perdus,* salle d'un palais de justice, qui précède les salles d'audience ; grand hall d'accès aux différents services d'une gare.

salmigondis nm. Ragoût de diverses viandes réchauffées. ‖ *Fig.* Mélange de choses disparates.

salmis nm. Ragoût de pièces de gibier déjà rôties : - *de perdrix.*

saloir nm. Récipient dans lequel on sale les viandes.

salon nm. Pièce d'un appartement, où l'on reçoit les visiteurs. ‖ Galerie d'exposition : - *de peinture.* ‖ *Par ext.* Exposition : - *de l'automobile.* (Avec majusc. dans ces deux sens.) ‖ Pl. *Fig.* La bonne compagnie : *fréquenter les* -.

saloper vt. *Fam.* Faire très mal un travail : - *un devoir.*

saloperie nf. *Fam.* Chose, action malpropre.

salopette nf. Vêtement de travail. ‖ Culotte de protection des chasseurs.

salpêtrage nm. Formation du salpêtre.

salpêtre nm. Nitrate de potassium.

salpêtrer vt. Couvrir de salpêtre.

salpêtrière nf. Mine, fabrique de salpêtre.

salsepareille nf. Plante à racine dépurative et sudorifique.

salsifis nm. Plante à racine charnue comestible.

saltimbanque nm. Bateleur qui fait des exercices sur les places publiques.

salubre adj. Sain, qui contribue à la santé : *un air* -.

salubrité nf. Qualité de ce qui est salubre. ‖ - *publique,* soins que l'Administration prend de la santé publique.

saluer vt. Donner une marque extérieure d'attention, de respect. ‖ Acclamer : *l'avènement de la liberté.* ‖ Proclamer : *l'armée le salua empereur.*

salure nf. Etat de ce qui est salé : - *de l'eau de mer.*

salut nm. Action de sauver : *ne devoir son* - *qu'à sa fuite.* ‖ Ce qui sauve : *Jeanne d'Arc fut le* - *de la France.* ‖ Félicité éternelle : *travailler à son* -. ‖ Marque de civilité. ‖ *Relig. cathol.* Office du soir, pour honorer le saint sacrement. ‖ *Armée du Salut,* association protestante.

salutaire adj. Utile pour la santé.

salutation nf. Salut, action de saluer. ‖ *Cathol.* - *angélique, l'Ave Maria.*

salutiste n. Membre de l'Armée du Salut. ‖ Adj. : *réunion* -.

salve nf. Décharge simultanée d'armes à feu : *feu de* -. ‖ *Fig.* - *d'applaudissements,* applaudissements unanimes.

samare nf. Fruit sec, ailé et indéhiscent (orme, frêne, etc.).

samaritain, e adj. et n. De la Samarie.

samedi nm. Septième jour de la semaine.

samouraï nm. Ancien guerrier japonais.

samovar nm. Bouilloire, théière russe à cheminée intérieure centrale.

sanatorium nm. Etablissement de cure pour les tuberculeux. || Pl. des *sanatoriums*.

sanctificateur nm. Qui sanctifie. || *Absol. Le Sanctificateur*, le Saint-Esprit.

sanctification nf. Action et effet de la grâce qui sanctifie.

sanctifier vt. (c. *prier*). Rendre saint. || Célébrer suivant la loi de l'Eglise : - *le dimanche*.

sanction nf. Acte du chef de l'Etat constitutionnel qui donne à une loi la force exécutoire. || *Par ext.* Approbation considérée comme nécessaire : *ce mot n'a pas encore reçu la - de l'usage.* || Peine ou récompense : *les - pénales.* || Mesures répressives : *prendre des -.*

sanctionner vt. Donner la sanction; approuver : - *une loi.*

sanctuaire nm. Chez les Juifs, la partie la plus secrète du temple de Jérusalem. || Partie d'une église où se trouve le maître-autel.

sandale nf. Chaussure formée d'une simple semelle retenue au pied par des cordons.

sandaraque nf. Résine extraite d'une espèce de thuya, servant à la préparation des vernis, au glaçage du papier, etc.

sandow nm. (n. pr. anglais). Appareil de culture physique essentiellement composé de bandes élastiques, destiné à des exercices de traction.

sandwich nm. Tranches minces de pain beurré entre lesquelles on a mis une tranche de jambon, etc. || *Homme -*, homme qui porte un panneau-réclame sur le dos et un sur la poitrine. || Pl. des *sandwiches* ou *sandwichs.*

sang nm. Liquide qui circule dans les veines et les artères et nourrit tout l'organisme. || *Coup de -*, épanchement de sang au cerveau. || *Fig. et fam. Se faire du mauvais -*, s'inquiéter. || *Glacer le -*, causer de l'effroi. || *Prince du -*, de la maison royale. || *Fig.* Descendance : *être d'un - illustre.* || Famille : *être du même -.* || *Baptême de -*, le martyre. || *Cheval pur -*, de race.

sang-froid nm. Maîtrise de soi.

sanglant, e adj. Taché de sang. || Avec grande effusion de sang : *combat -.* || *Fig.* Très offensant : *affront -.*

sangle nf. Bande, courroie de cuir ou d'étoffe.

sangler vt. Serrer avec une sangle.

sanglier nm. Porc sauvage.

sanglot nm. Contraction spasmodique du diaphragme par l'effet de la douleur.

sangloter vi. Pousser des sanglots; pleurer en sanglotant.

sangsue nf. Ver des eaux stagnantes employé pour les saignées locales. || *Fig.* Homme avide, usurier.

sanguin, e adj. Relatif au sang. || Où le sang prédomine : *tempérament -.* || *Vaisseaux -*, où circule le sang.

sanguinaire adj. Qui se plaît à verser le sang; cruel. || Nf. Papavéracée, à latex rouge sang.

sanguine nf. Variété terreuse d'oxyde de fer rouge. || Crayon fait avec de l'ocre rouge. || Dessin fait avec ce crayon. || Pierre précieuse de couleur sang. || Orange à chair rouge.

sanguinolent, e adj. Teint ou mêlé de sang : *crachat -.*

sanhédrin nm. Tribunal des Juifs, autrefois, à Jérusalem.

sanie nf. Pus.

sanieux, euse adj. De la nature de la sanie : *plaie -.*

sanitaire adj. Relatif à la conservation de la santé. || *Cordon -*, barrage interdisant l'accès d'un lieu contaminé.

sans prép. qui marque privation : - *argent.* || - *quoi, - cela*, autrement : *partez, - quoi vous serez en retard.* || *Non -*, avec : *je l'ai retrouvé non - peine.* || - *doute* loc. adv., v. DOUTE. || - *que* (avec le subjonctif) loc. conj., et il n'arrive pas que : *le temps passe - que l'on s'en aperçoive.*

sans-cœur nm. inv. *Fam.* Sans pitié, ingrat.

sanscrit, e adj. Se dit de la littérature sacrée des brahmanes. || Nm. Langue sacrée de l'Inde.

sans-culotte nm. Nom donné, sous la Convention, au révolutionnaire qui avait remplacé la culotte par le pantalon. || Pl. des *sans-culottes.*

sans-culottide nf. Nom des jours complémentaires du calendrier républicain. || Pl. des *sans-culottides.*

sans-filiste n. Amateur ou opérateur de T. S. F.

sans-gêne nm. inv. Manière d'agir sans contrainte. || Manque de correction.

sansonnet nm. Etourneau (oiseau).

sans-souci nm. inv. *Fam.* Qui ne s'inquiète de rien.

santal nm. Arbre d'Asie et d'Afrique, à bois odoriférant employé en ébénisterie. || Pl. des *santals.*

santé nf. Etat de celui qui est bien

portant. ‖ Tempérament : *avoir une - délicate.* ‖ *Maison de -,* où l'on reçoit les malades pour les soigner. ‖ *À votre -,* vœu fait en buvant pour la santé de quelqu'un.

santon nm. Religieux musulman. ‖ Figurine provençale pour orner les crèches de Noël.

santonine nf. Armoise à semences purgatives.

sanve nf. Moutarde des champs.

saoul, e adj., **saouler** vt. V. SOÛL, SOÛLER.

sapajou nm. Singe d'Amérique. ‖ *Fig.* Homme laid et ridicule.

sape nf. Tranchée, au pied d'un mur, pour l'abattre. ‖ Pelle des mineurs.

sapement nm. Action de saper.

sapèque nf. Petite monnaie chinoise ou indochinoise.

saper vt. Détruire par la base. ‖ *Fig.* Ébranler sournoisement : *- les croyances.*

sapeur nm. Soldat du génie (sapeur mineur, sapeur télégraphiste, sapeur pontonnier, etc.).

saphique adj. Relatif à Sapho.

saphir nm. Pierre précieuse bleue, variété de corindon.

sapide adj. Qui a de la saveur.

sapidité nf. Qualité de ce qui est sapide : *mets sans -.*

sapience nf. Sagesse. (Vx.)

sapientiaux adj. et nmpl. Se dit des livres de l'Écriture sainte contenant des sentences morales.

sapin nm. Arbre résineux toujours vert, dont le bois est utilisé en charpente et en ébénisterie.

sapine nf. Planche de sapin.

sapinette nf. Nom de quelques espèces de pins américains.

sapinière nf. Lieu planté de sapins.

saponaire nf. Plante dont la tige et la racine donnent à l'eau une qualité savonneuse.

saponification nf. Transformation des corps gras en savon.

saponifier vt. (c. *prier*). Transformer en savon : *- des huiles.*

saponine nf. Glucoside mousseux extrait de la saponaire officinale.

sapristi interj. Juron familier.

saprophyte nm. Organisme végétal, vivant sur les substances en pourriture.

sarabande nf. Danse noble espagnole du XVIIe siècle. ‖ *Fam.* Danse agitée.

sarbacane nf. Long tuyau pour lancer, en soufflant, de petits projectiles.

sarcasme nm. Raillerie acerbe, ironie mordante.

sarcastique adj. Qui tient du sarcasme : *écrivain -.*

sarcelle nf. Oiseau palmipède à chair très fine, voisin du canard.

sarclage nm. Action de sarcler; son résultat.

sarcler vt. Arracher les mauvaises herbes d'un sol cultivé.

sarcloir nm. Houe large et coupante pour sarcler.

sarclure nf. Mauvaises herbes arrachées par le sarclage.

sarcome nm. Tumeur maligne formée d'un tissu conjonctif embryonnaire envahissant.

sarcophage nm. Tombeau des Anciens : *les - égyptiens.* ‖ *Auj.,* monument qui représente un cercueil, sans renfermer le corps du défunt.

sarcopte nm. Acarus de la gale.

sardine nf. Petit poisson de mer semblable au hareng, mais plus petit. ‖ *Fam.* Galon de sous-officier.

sardinerie nf. Usine où l'on prépare les sardines en conserve.

sardinier, ère n. Pêcheur de sardines. ‖ Ouvrier travaillant dans une sardinerie. ‖ Nf. Filet ou chaloupe destinés à la pêche de la sardine.

sardoine nf. Pierre précieuse, variété de calcédoine.

sardonique adj. Ironique, méchant.

sargasse nf. Algue brune des mers tropicales et de l'Atlantique Nord.

sari nm. Robe des femmes de l'Inde.

sarigue nm. Petit marsupial d'Amérique, à queue prenante. ‖ Nf. Femelle du sarigue.

sarment nm. Bois que la vigne produit chaque année.

sarmenteux, euse adj. Qui produit beaucoup de sarment : *vigne -.* ‖ *Par ext.* Se dit aussi des plantes dont la tige est comme le sarment.

sarrasin, e adj. et n. Nom médiéval des musulmans. ‖ Nm. Blé noir.

sarrau nm. Blouse s'ouvrant devant ou derrière et portée par-dessus les autres vêtements. ‖ Pl. des *sarraus.*

sarrette nf. Plante dont on extrait une teinture jaune.

sarriette nf. Plante aromatique servant d'assaisonnement.

sarrois, e adj. et n. De la Sarre.

sas [*sâ*] nm. Tamis cylindrique de crin, de soie, etc. ‖ Claie pour passer les terres dont on veut enlever les pierres. ‖ Partie d'une écluse comprise entre les deux portes. ‖ Sorte d'écluse à air d'un appareil de plongée, permettant de passer d'un milieu dans un autre.

sasse nf. Écope pour vider l'eau des embarcations.

sasser vt. Passer au sas : *- de la farine.* ‖ Faire passer un bateau par le sas d'une écluse. ‖ *Fig. - et* *ressasser une affaire*, l'examiner minutieusement.

satané, e adj. *Fam.* Maudit, abominable : *un - menteur.*

satanique adj. Diabolique.

satellite nm. Homme tout dévoué à un autre. ‖ Planète secondaire qui tourne autour d'une planète principale : *la Lune est le - de la Terre.* ‖ *- artificiel,* engin placé par une fusée dans l'orbite d'une planète.

satiété [*ciè*] nf. Rassasiement. ‖ *Fig.* Dégoût : *- des plaisirs.*

satin nm. Etoffe de soie fine et brillante. ‖ *Peau de -,* douce et unie.

satinage nm. Action de satiner; son résultat.

satiner vt. Donner l'aspect du satin.

satinette nf. Etoffe offrant l'aspect du satin : *une doublure en -.*

satire nf. Petite pièce de poésie où l'auteur attaque les vices et les ridicules de son temps. ‖ Ecrit ou propos mordants, médisants.

satirique adj. Relatif à la satire. ‖ Qui écrit des satires. ‖ Enclin à la médisance. ‖ Nm. Auteur de satires.

satisfaction nf. Contentement, plaisir : *donner - à ses parents.* ‖ Réparation d'une offense : *donner -.*

satisfaire vt. (c. *faire*). Contenter : *- ses maîtres.* ‖ *- un désir,* faire ce qu'il exige. ‖ Vt. ind. Faire ce qu'on doit : *- à ses obligations.* ‖ Satisfaisant, e part. et adj. ‖ Satisfait, e part. et adj. Assouvi : *ses désirs sont pleinement -.*

satisfecit nm. inv. Témoignage de satisfaction.

satrape nm. Gouverneur d'une satrapie. ‖ Personnage despotique et voluptueux.

satrapie nf. Grand gouvernement de l'ancien Empire perse.

saturateur nm. Dispositif pour augmenter la teneur en vapeur d'eau de l'atmosphère d'une pièce.

saturation nf. Action de saturer; état d'un liquide saturé.

saturer vt. Amener une solution à contenir la plus grande quantité possible de corps dissous. ‖ *Fig.* Rassasier. ‖ Saturant, e adj. *Vapeur -,* en équilibre avec le liquide générateur. ‖ Saturé, e adj. Dont la concentration ne peut augmenter. ‖ *Fig.* Pleinement rassasié : *le public est - d'ouvrages de ce genre.*

saturnales nfpl. Fêtes romaines en l'honneur de Saturne. ‖ *Fig.* Fête licencieuse ; désordre.

Saturne nf. Une des planètes principales du système solaire. ‖ *Extrait de -,* solution d'acétate de plomb.

saturnien, enne adj. Relatif à Saturne.

saturnisme nm. Intoxication chronique par le plomb.

satyre nm. Demi-dieu rustique. ‖ *Fig.* Homme cynique et débauché.

satyrique adj. Relatif aux demi-dieux appelés *satyres.*

sauce nf. Assaisonnement liquide : *- piquante.* ‖ Crayon noir très friable pour dessiner à l'estompe.

saucer vt. (c. *placer*). Tremper dans la sauce : *- du pain.* ‖ *Fig.* et *fam.* Etre *saucé,* être trempé par la pluie.

saucière nf. Vase dans lequel on sert des sauces.

saucisse nf. Boyau rempli de chair de porc hachée. ‖ *Milit.* Ballon captif d'observation.

saucisson nm. Grosse saucisse fortement assaisonnée.

sauf, sauve adj. Sauvé, tiré d'un péril de mort : *avoir la vie -.* ‖ *Sain et -,* indemne.

sauf prép. Sans blesser : *- votre respect.* ‖ Avec réserve de : *- avis.* ‖ Excepté : *il a tout vendu, - sa maison.* ‖ *- que* loc. conj., excepté que.

sauf-conduit nm. Laissez-passer permettant d'aller en un lieu et de s'en retourner librement, sans crainte d'être arrêté. ‖ Pl. des *sauf-conduits.*

sauge nf. Plante aromatique, tonique, antispasmodique.

saugrenu, e adj. Absurde, étrange.

saulaie ou **saussaie** nf. Lieu planté de saules.

saule nm. Arbre qui se plaît surtout dans les lieux humides.

saumâtre adj. D'un goût approchant celui de l'eau de mer.

saumon nm. Poisson de mer à museau long, à chair très estimée, et qui remonte les fleuves au moment de la ponte. ‖ Lingot de fer, de fonte, de plomb ou d'étain venant de fonderie.

saumoné, e adj. A chair rosée comme celle du saumon : *truite -.*

saumoneau nm. Petit saumon.

saumure nf. Préparation liquide salée, pour conserver des viandes ou des légumes. ‖ Eau salée concentrée des marais salants.

saunage nm., ou **saunaison** nf. Fabrication et vente du sel.

saunier nm. Ouvrier qui recueille ou vend le sel.

saunière nf. Coffre à sel.

saupiquet nm. Sauce piquante.

saupoudrer vt. Poudrer de sel, et, *par ext.,* de toute substance pulvérisée (sucre, farine, etc.).

saur adj. Salé et séché à la fumée.

saurer, saurir vt. Faire sécher à la fumée.

sauret adj. Syn. de SAUR.

sauriens nmpl. Ordre de reptiles, comprenant les lézards, les orvets, etc.

saussaie nf. V. SAULAIE.

saut nm. Action de sauter. || Chute : *un - de cinquante mètres.* || Chute d'eau : *le - du Doubs.* || *- périlleux*, dans lequel le corps fait un tour entier en l'air. || *- de carpe*, exécuté à plat ventre. || *- -de-loup*, fossé profond, pour interdire l'entrée d'une propriété. || *- -de-mouton*, passage d'une voie ferrée au-dessus d'une autre pour éviter le croisement.

saute nf. Changement brusque : *- de vent*, et, au fig. : *- d'humeur.*

saute-mouton nm. Jeu dans lequel les joueurs sautent alternativement les uns par-dessus les autres.

sauter vi. Faire un saut : *- de haut en bas.* || Exploser : *la poudrière a sauté.* || S'élancer : *- au collet.* || *Faire - la coupe*, remettre adroitement un jeu de cartes dans l'état où il était avant qu'on eût coupé. || *Faire -*, ou, transitiv., *- cuire* à feu vif. || *- d'un sujet à l'autre*, passer brusquement d'une chose à une autre. || *- aux yeux*, être évident. || Vt. Franchir par un saut. || *Fig.* Omettre : *- un mot, une phrase.* || *Fig.* Franchir, sans s'y arrêter, un ou plusieurs degrés intermédiaires : *- un grade.* || *Sauté*, e part., adj. et nm. *Cuis. Poulet -*, poulet en ragoût.

sauterelle nf. Insecte orthoptère sauteur et nuisible.

sauterie nf. Petite soirée dansante.

sauternes nm. Vin de Bordeaux blanc renommé.

saute-ruisseau nm. inv. Jeune clerc de notaire, d'avoué.

sauteur, euse adj. et n. Qui saute : *un cheval -.* || *Fig.* et *fam.* Homme qui change facilement d'opinion. || Qui a les pattes postérieures conformées pour le saut : *insecte -.*

sautillement nm. Action de sautiller.

sautiller vi. Avancer par petits sauts, comme les oiseaux.

sautoir nm. Disposition de deux objets croisés en X. || Long collier descendant en pointe sur la poitrine. || *Sports.* Endroit aménagé pour des exercices de saut.

sauvage adj. Qui vit dans les bois, dans les déserts : *animaux -.* || Qui n'est pas civilisé : *peuple -.* || Non apprivoisé : *canard -.* || Qui vient sans culture : *pommier -.* || Désert, inculte : *site -.* || *Fig.* Action. || N. Qui aime à vivre seul : *homme fort -.* || N. Qui ne vit pas en société civilisée.

sauvageon nm. Jeune arbre venu sans culture et non greffé.

sauvagerie nf. Etat social des sauvages. || Férocité, cruauté : *la - de la guerre.* || *Fam.* Caractère de celui qui fuit la société.

sauvagesse nf. Femme sauvage.

sauvagin, ine adj. Se dit du goût et de l'odeur de quelques oiseaux aquatiques. || Nm. : *cela sent le -.* || Nf. Nom collectif de ces oiseaux. || Peau de bêtes sauvages, utilisée en pelleterie.

sauvegarde nf. Protection, défense.

sauvegarder vt. Protéger, garantir, défendre.

sauve-qui-peut nm. inv. Désarroi où chacun se sauve comme il peut.

sauver vt. Tirer du péril. || Procurer le salut éternel : *Jésus est venu pour - tous les hommes.* || Conserver : *- son honneur.* || *- les apparences*, ne rien laisser paraître. || Se - vpr. Fuir, s'échapper.

sauvetage nm. Action de tirer d'un péril et de mettre en sûreté.

sauveteur adj. m. Employé au sauvetage : *bateau -.* || Nm. Homme qui opère un sauvetage.

sauvette (à la) loc. adv. A la hâte, en se cachant : *vendeur à la -.*

sauveur nm. Libérateur. || *Le Sauveur*, Jésus-Christ. || Adj. : *Dieu -.*

savane nf. Vaste plaine couverte de hautes herbes.

savant, e adj. Qui sait beaucoup : *- en mathématiques.* || Où il y a de la science : *livre -.* || Qui dénote de l'habileté : *la - retraite de Xénophon.* || N. Celui, celle qui a de la science. || **Savamment** adv.

savarin nm. Gâteau en forme de couronne.

savate nf. Soulier vieux et usé. || *Fig.* Homme maladroit. || *Pop.* Lutte où l'on se sert des pieds et des mains.

savetier nm. Raccommodeur de vieux souliers. || *Fig.* Mauvais ouvrier.

saveur nf. Impression ressentie par l'organe du goût : *- amère.*

savoir vt. (Je *sais*, n. *savons.* Je *savais.* Je *sus.* Je *saurai.* Je *saurais.* *Sache, sachons, sachez.* Q. je *sache.* Q. je *susse. Sachant. Su*, e.) Connaître : *- l'anglais ; - sa leçon.* || Etre informé de : *- un secret.* || Pouvoir : *je ne saurais flatter.* || Vi. Etre sûr : *si je savais, je...* || *Un je ne sais quoi*, sentiment indéfinissable. || *A -, -.* loc. adv. qui marque énumération : *il y a dix cas, savoir : ...*

savoir nm. Connaissances acquises, érudition.

savoir-faire nm. inv. Habileté, adresse, tact.

savoir-vivre nm. inv. Connaissance des usages du monde.

savon nm. Produit obtenu par action d'un alcali sur un corps gras, et servant à dégraisser. ‖ Un pain de cette matière. ‖ *Fig.* et *fam.* Verte réprimande : *recevoir un* -.

savonnage nm. Blanchissage par le savon.

savonner vt. Nettoyer avec du savon. ‖ *Fig.* et *fam.* Réprimander vertement.

savonnerie nf. Fabrique de savon.

savonnette nf. Savon de toilette parfumé. ‖ *Montre à* -, montre à cadran protégé par un couvercle.

savonneux, euse adj. Qui contient du savon. ‖ De la nature du savon.

savonnier nm. Fabricant de savon. ‖ Arbre des Antilles, dont l'écorce est le bois de Panama.

savourer vt. Goûter avec attention et plaisir. ‖ *Fig.* Jouir avec délices de : - *son bonheur.*

savoureux, euse adj. De saveur agréable. ‖ **Savoureusement** adv.

savoyard, e adj. et n. De la Savoie. (On dit aussi SAVOISIEN, ENNE.)

saxe nm. Porcelaine de Saxe.

saxifrage nf. Plante qui vit au milieu des pierres.

saxon, onne adj. et n. De la Saxe.

saxophone nm. Instrument de musique à vent, en cuivre et à anche.

saynète nf. Petite comédie à deux ou trois personnages.

sbire nm. En mauv. part, agent de police.

scabieuse nf. Plante ornementale.

scabieux, euse adj. Qui ressemble à la gale : *éruption* -.

scabreux, euse adj. Rude, raboteux : *chemin* -. (Vx.) ‖ *Fig.* Dangereux : *entreprise* -. ‖ Délicat à raconter, à traiter décemment : *sujet* -.

scaferlati nm. Tabac ordinaire.

scalène adj. Se dit d'un triangle dont les trois côtés sont inégaux.

scalp nm. Chevelure détachée du crâne avec la peau et conservée comme trophée.

scalpel nm. Couteau spécial pour inciser et disséquer.

scalper vt. Détacher la peau du crâne.

scandale nm. Occasion de pécher fournie par l'exemple ou par les paroles. ‖ Indignation que suscite une action coupable : *au grand* - *des gens de bien.* ‖ Éclat que produit un acte honteux : *un* - *financier.*

scandaliser vt. Porter au mal : - *un enfant par ses propos.* ‖ Soulever l'indignation de : *sa conduite scanda-*

lise tout le monde. ‖ Se - vpr. S'offenser, s'indigner.

scander vt. Marquer la quantité ou la mesure des vers. ‖ Souligner fortement : - *certains passages d'un discours.*

scandinave adj. et n. De la Scandinavie : *la mythologie* -.

scaphandre nm. Appareil hermétiquement fermé, utilisé pour plonger ou travailler sous l'eau.

scaphandrier nm. Plongeur muni d'un scaphandre.

scapulaire nm. Pièce d'étoffe que portent certains religieux sur leurs habits. ‖ Ensemble de deux petits morceaux d'étoffe bénits que l'on porte sur soi. ‖ Adj. Relatif à l'épaule : *artère* -.

scarabée nm. Nom générique des insectes coléoptères lamellicornes.

scaramouche nm. Bouffon de l'ancienne comédie italienne.

scarificateur nm. Instrument de chirurgie composé de dix à douze pointes de lancettes, mues par un ressort. ‖ Charrue à plusieurs socs.

scarification nf. Incision superficielle faite avec le scarificateur.

scarifier vt. (c. *prier*). Inciser la peau pour permettre l'écoulement de sang ou de sérosité. ‖ Ameublir la terre.

scarlatine adj. et nf. Maladie fébrile, contagieuse, caractérisée par des taches écarlates sur la peau.

scarole nf. V. ESCAROLE.

scatologie nf. Plaisanterie ordurière.

sceau nm. Cachet officiel rendant un acte authentique ; l'empreinte même de ce cachet : *le* - *d'un ministre.* ‖ *Fig.* Caractère, marque : *cet ouvrage porte le* - *du génie.* ‖ *Confier une chose sous le* - *du secret,* à la condition que le secret en soit gardé. ‖ *Bot. Sceau-de-Salomon,* plante à rhizome, commune dans les bois.

scélérat, e adj. et n. Coupable ou capable de crimes. ‖ De caractère perfide : *conduite* -. ‖ *Par exagér.* Personne à laquelle on reproche une peccadille : *petit* -.

scélératesse nf. Méchanceté noire.

scellé nm. Bande de papier ou d'étoffe fixée aux deux bouts par un cachet de cire revêtu d'un sceau officiel.

scellement nm. Action de fixer une pièce dans un trou à l'aide d'un liant qui s'y durcit.

sceller vt. Appliquer un sceau, les scellés. ‖ Effectuer un scellement.

scénario nm. Rédaction des scènes d'un film.

scène nf. Partie d'un théâtre où jouent les acteurs. ‖ Lieu où se passe l'action : *la - est à Rome.* ‖ Art dramatique : *avoir une parfaite connaissance de la -.* ‖ Subdivision d'un acte : *troisième - du premier acte.* ‖ *Fig.* Spectacle quelconque : *- attendrissante.* ‖ *Fam.* Attaque violente de paroles : *faire une - à quelqu'un.*

scénique adj. Relatif au théâtre.

scepticisme nm. État de doute. ‖ Doctrine de ceux qui soutiennent que l'homme ne peut atteindre à la vérité.

sceptique adj. et n. Partisan du scepticisme. ‖ *Par ext.* Celui qui affecte de douter de tout : *esprit -.*

sceptre nm. Bâton de commandement, insigne de la royauté. ‖ *Fig.* La royauté : *ambitionner le -.*

schelem nm. V. CHELEM.

schéma nm. Figure simplifiée qui représente non la forme, mais les relations et le fonctionnement des objets. ‖ *Fig.* Plan, ébauche.

schématique adj. Fait au moyen d'un schéma : *croquis -.*

schématiser vt. Représenter d'une manière schématique.

schérif nm. V. CHÉRIF.

scherzo [*skèr*] nm. Morceau de musique vif et léger.

schilling nm. Monnaie autrichienne.

schismatique adj. et n. Qui se sépare de la communion de l'Eglise romaine : *les Grecs -.*

schisme nm. Séparation de la communion d'une religion. ‖ *Fig.* Division d'opinions.

schiste nm. Roche feuilletée, comme l'ardoise.

schisteux, euse adj. De la nature du schiste : *terrain -.*

schizophrénie [*ski*] nf. Trouble psychique caractérisé par l'incohérence mentale.

schlague nf. Peine disciplinaire autref. en usage dans l'armée allemande.

schlittage nm. Transport du bois au moyen des schlittes.

schlitte nf. Traîneau servant à descendre le bois des montagnes.

schlitteur n. et adj. m. Ouvrier qui utilise la schlitte.

schooner [*chou-nèr*] nm. Voilier de pêche gréé en goélette.

sciage nm. Travail du scieur.

Scialytique nm. (nom déposé). Appareil qui éclaire sans donner d'ombre.

sciatique adj. Relatif à la hanche. ‖ Nf. Névralgie du nerf sciatique.

scie nf. Lame d'acier dentée pour débiter le bois, la pierre, les métaux : *- égoïne.* ‖ Squale, à museau prolongé par une lame dentée. ‖ *Fam.* Rengaine.

sciemment [*sia*] adv. En connaissance de cause : *mentir -.*

science nf. Connaissance exacte et raisonnée : *la - du bien et du mal.* ‖ Ensemble des connaissances relatives à un objet déterminé : *les - physiques.* ‖ Ensemble des connaissances humaines : *les progrès de la -.* ‖ *- infuse,* que l'on possède par l'étude ou par l'expérience. ‖ *- occultes,* l'alchimie, l'astrologie, la chiromancie, la cabale, etc. ‖ *- exactes,* les mathématiques.

science-fiction nf. Genre romanesque faisant appel aux thèmes du voyage dans le temps et dans l'espace extra-terrestre.

scientifique adj. Relatif aux sciences. ‖ Qui a la rigueur de la science : *méthode -.* ‖ **Scientifiquement** adv.

scientisme nm. Doctrine selon laquelle il n'y a de vérité que dans la science positiviste.

scier vt. (c. *prier*). Couper avec une scie : *- du marbre.*

scierie nf. Usine où l'on débite le bois à la scie mécanique.

scieur nm. Ouvrier qui exécute un travail de sciage.

scinder vt. Diviser, fractionner.

scintillation nf. ou **scintillement** [*tiy'-man*] nm. Tremblement dans la lumière des étoiles.

scintiller [*ti-yé*] vi. Briller par éclats. ‖ **Scintillant,** e part. et adj.

scion nm. Pousse de l'année. ‖ Jeune branche. ‖ Partie extrême d'une canne à pêche.

scission nf. Division dans une assemblée, dans un parti politique.

scissure nf. *Anat.* Fente naturelle à la surface de certains organes.

sciure nf. Poudre produite par le sciage : *- de bois.*

scléreux, euse adj. Se dit d'un tissu épaissi et fibreux.

sclérose nf. Induration pathologique d'un tissu : *la - des artères.*

sclérotique nf. Membrane fibreuse opaque qui revêt le globe oculaire.

scolaire adj. Relatif aux écoles.

scolarité nf. Durée des études.

scolastique adj. Enseigné ou usité à l'école : *méthode -.* ‖ Nf. Enseignement philosophique propre au Moyen Age.

scolie nf. Annotation du scoliaste.

scoliose nf. Déviation latérale de la colonne vertébrale.

scolopendre nf. Fougère des lieux humides. ‖ Myriapode appelé vulgairement *mille-pattes.*

scolyte nm. Insecte coléoptère qui attaque les bois.

sconse nm. Fourrure provenant des carnassiers du genre *moufette*.

scooter nm. Motocyclette à cadre ouvert.

scorbut [*bu*] nm. Maladie hémorragique due à l'absence de vitamine C.

scorbutique adj. et n. De la nature du scorbut. ‖ N. Atteint du scorbut.

score nm. Nombre de points acquis par chaque adversaire dans un match.

scorie nf. Matière vitreuse qui nage à la surface des métaux en fusion et des laves volcaniques.

scorpion nm. Arachnide dont la queue est armée d'un crochet venimeux. ‖ Signe du zodiaque.

scorsonère nf. Salsifis noir.

scottish nf. Danse à quatre temps. ‖ Air sur lequel on l'exécute.

scout nm. Membre d'une association de scoutisme. ‖ Adj. Relatif aux scouts : *fraternité -.*

scoutisme nm. Organisation visant au développement physique et moral des jeunes garçons et des jeunes filles.

scribe nm. Chez les Juifs, docteur qui interprétait la Loi. ‖ Auj., employé aux écritures.

script-girl nf. *Cin.* Secrétaire du metteur en scène, qui note les détails de chaque scène prise de vues. ‖ Pl. des *script-girls.*

scrofule nf. Affection due à des troubles nutritifs et qui prédispose à la tuberculose : *la - était désignée autrefois sous le nom d' « écrouelles ».*

scrofuleux, euse adj. Qui cause ou accompagne les scrofules : *sang -.* ‖ N. Personne qui a la scrofule.

scrupule nm. Ancien poids de 24 grains. ‖ *Fig.* Inquiétude de conscience : *ce - vous fait honneur.* ‖ Exactitude à remplir ses devoirs.

scrupuleux, euse adj. Sujet aux scrupules : *conscience -.* ‖ *Fig.* Exact, minutieux : *une attention -.*

scrutateur nm. Qui scrute. ‖ Vérificateur d'un scrutin. ‖ Adj. : *regard -.*

scruter vt. Sonder, examiner en détail : *la conduite de quelqu'un.*

scrutin nm. Vote par bulletins déposés dans une urne : *dépouiller le -.*

sculpter vt. Tailler avec le ciseau dans : *- du marbre.*

sculpteur nm. Artiste qui sculpte.

sculptural, e, aux adj. Relatif à la sculpture : *l'art -.* ‖ Digne d'être sculpté : *beauté -.*

sculpture nf. Art de sculpter. ‖ Œuvre du sculpteur : *une belle -.*

se pron. De la 3e pers. des deux genres et des deux nombres. ‖ Soi, à soi.

séance nf. Temps pendant lequel une assemblée délibère : *- longue et ora-*

-geuse. ‖ *Par ext.* Durée de pose chez un artiste : *faire un portrait en trois -.* ‖ Temps passé à une occupation : *faire de longues - à table.* ‖ *Fig. - tenante,* immédiatement.

séant, e adj. Qui siège, qui réside actuellement : *tribunal - à...* ‖ *Fig.* Décent, convenable : *ce - peut-être à votre âge.* ‖ Nm. *Se mettre sur son -,* s'asseoir.

seau nm. Récipient cylindrique pour puiser, transporter un liquide. ‖ Son contenu : *un - d'eau.*

sébacé, e adj. De la nature du suif. ‖ *Glandes -,* glandes sécrétant une matière grasse.

sébile nf. Sorte de soucoupe en bois.

sébum nm. Produit des glandes sébacées.

sec, sèche adj. Aride, sans humidité : *terrain - ; temps -.* ‖ Qui n'est plus vert : *noix -.* ‖ Non humecté : *avoir la bouche -.* ‖ Maigre, décharné : *homme grand et -.* ‖ *Fig.* Brusque, rude : *réponse -.* ‖ Dur, insensible : *cœur -.* ‖ *Fruit -,* jeune homme sorti d'une école sans aucun diplôme. ‖ *Coup -,* donné vivement. ‖ Adv. Rudement : *répondre -.* ‖ *Boire -,* sans eau. ‖ *A -* loc. adv., sans eau : *mettre un étang à -.*

sécant, e adj. Qui coupe une ligne, une surface, un volume : *plan -.*

sécante nf. Ligne qui coupe une autre ligne.

sécateur nm. Gros ciseau pour couper des rameaux.

sécession nf. Action de se séparer. ‖ Séparation d'un Etat en plusieurs fractions indépendantes.

séchage nm. Action de sécher.

sécher vt. (c. *céder*). Rendre sec. ‖ *Fig. - les larmes,* consoler. ‖ Vi. Devenir sec. ‖ *Fig. - sur pied,* se consumer d'ennui. ‖ *Arg. scol.* Ne pas savoir répondre à une question. ‖ *- un cours,* ne pas y assister.

sécheresse nf. Etat de ce qui est sec. ‖ Absence de pluie : *une année de -.* ‖ *Fig.* Froideur, brusquerie : *répondre avec -.* ‖ Manque de sentiments. ‖ Absence d'images : *- du style.*

sécherie nf. Etablissement industriel spécialisé dans le séchage.

séchoir nm. Local, appareil pour le séchage. ‖ Support pour le linge.

second [*gon*], **e** adj. Immédiatement après le premier. ‖ Autre : *c'est un - Alexandre.* ‖ Nm. Le second étage d'une maison. ‖ Celui qui tient le second rang. ‖ Aide : *il est mon - en cette affaire.* ‖ *En -* loc. adv., sous les ordres d'un autre.

secondaire adj. Accessoire : *motif -.* ‖ Qui vient en second : *ère -.* ‖ *Enseignement -,* qui se donne dans les lycées et collèges. || Nm. *Géol.* Ere caractérisée par l'apparition des mammifères et des oiseaux.

seconde nf. La classe qui précède la première. || Soixantième partie d'une minute de temps (s) ou d'angle (''). || *Mus.* Intervalle d'un ton ou de deux demi-tons.

seconder [gon] vt. Aider. || Favoriser : *le hasard l'a secondé.*

secouer vt. Agiter fortement et à plusieurs reprises. || Faire tomber : *la poussière.* || *Fig.* et fam. Réprimander : *un paresseux.* || *Fig.* et fam. Ebranler, tourmenter : *ces mauvaises nouvelles l'ont secoué.* || *- le joug,* s'en affranchir || *Se - vpr.* Se remuer fortement. || *Fig.* Ne pas se laisser aller.

secourir vt. (c. *courir*). Aider, assister.

secours nm. Aide, assistance dans le besoin. || Ce que l'on donne pour aider, assister : *- en espèces.* || Pl. Troupes de renfort.

secousse nf. Ebranlement. || *Fig.* Atteinte, commotion : *cette maladie a été pour lui une terrible -.*

secret, ète adj. Peu connu, tenu caché : *négociation -.* || Discret : *vous êtes -.* || Dissimulé : *porte -.* || *Fonds -,* dont l'emploi échappe aux règles de la comptabilité publique.

secret nm. Ce qu'il ne faut pas dire : *garder un -.* || Moyen caché pour réussir : *le - de plaire.* || Partie difficile, essentielle, d'un art, d'une science : *le - de l'art d'écrire.* || Organe, ressort caché : *le - d'une serrure.* || Lieu séparé dans une prison : *prisonnier au -.* || *- de Polichinelle,* chose connue de tous. || *En -* loc. adv., sans témoin.

secrétaire n. Personne chargée de la correspondance : *la - du directeur;* de la direction administrative d'un ministère : *le - général;* du contrôle des articles d'un journal : *- de rédaction;* du compte rendu d'une réunion : *- d'une assemblée;* des écritures d'une mairie : *un - de mairie.* || Nm. Meuble sur lequel on écrit et dans lequel on renferme des papiers.

secrétairerie nf. Ensemble des secrétaires d'une administration. || Lieu où ils travaillent et gardent les minutes des actes.

secrétariat nm. Fonction de secrétaire. || Bureau de secrétaire.

secrète nf. *Relig. cathol.* Oraison dite à voix basse avant la préface.

sécréter vt. (c. *céder*). Opérer la sécrétion : *le foie sécrète la bile.*

sécréteur, euse ou **trice** adj. Qui sécrète.

sécrétion nf. Action de sécréter. || Produit élaboré.

sécrétoire adj. Relatif à la sécrétion.

sectaire nm. Partisan fougueux d'une secte. || Adj. Intolérant : *esprit -.*

sectarisme nm. Intolérance.

sectateur nm. Partisan : *les - de Mahomet.*

secte nf. Ensemble de personnes qui professent la même doctrine.

secteur nm. *Math. - circulaire,* portion de cercle comprise entre deux rayons. || *- sphérique,* solide engendré par un secteur circulaire. || *Milit.* Partie d'un front de combat. || Subdivision d'une ville, d'un réseau de distribution.

section nf. Action de couper. || Endroit de la coupure : *- nette.* || Division ou subdivision d'un livre, d'une ville, d'un parcours, etc. || Petite unité militaire : *une - d'infanterie.* || *Math.* Rencontre de deux lignes, d'une ligne et d'une surface, ou d'une surface et d'un solide.

sectionnement nm. Action de sectionner; son résultat.

sectionner vt. Diviser par sections.

séculaire adj. De siècle en siècle : *fête -.* || Agé d'un ou de plusieurs siècles : *chêne -.* || *Année -,* celle qui termine un siècle.

sécularisation nf. Action de séculariser.

séculariser vt. Rendre à la vie laïque : *- un couvent.*

séculier, ère adj. Qui n'a pas fait de vœux monastiques : *prêtre -.* || *Bras -,* justice temporelle. || Nm. Laïque.

secundo adv. Secondement.

sécurité nf. Confiance, tranquillité d'esprit, absence de péril. || *- sociale,* ensemble des services de protection et d'assurances sociales.

sédatif, ive adj. Qui calme.

sédentaire adj. Qui demeure ordinairement assis. || Qui se passe, s'exerce dans le même lieu : *emploi -.*

sédiment nm. Dépôt formé par la précipitation des substances en suspension dans un liquide. || Dépôt naturel, formé par les mers, les cours d'eau, etc.

sédimentaire adj. De la nature du sédiment : *roches -.*

sédimentation nf. Formation de sédiments.

séditieux, euse adj. et n. Révolté : *esprit -; le chef des -.* || Qui provoque la sédition : *discours -.*

sédition nf. Emeute populaire, révolte contre l'autorité établie.

séducteur, trice n. Qui séduit. || Adj. : *discours -.* || *L'esprit -,* le démon.

séduction nf. Action par laquelle on séduit. || Attrait irrésistible.

séduire vt. (c. *conduire*). Tromper, faire tomber dans l'erreur : - *par des promesses*. ‖ Corrompre : - *des témoins*. ‖ Plaire, attirer.

séduisant, e adj. Qui plaît, charme.

segment nm. Math. - *de droite*, portion limitée de droite. ‖ - *de cercle*, surface comprise entre un arc et sa corde. ‖ - *sphérique*, portion de sphère comprise entre deux plans sécants parallèles. ‖ Anneau assurant l'étanchéité d'un piston de moteur.

segmentaire adj. Formé de segments.

segmenter vt. Partager en segments, couper.

ségrégation nf. Action de séparer d'un tout, de mettre à part.

séguedille nf. Chanson et danse populaires espagnoles.

seiche nf. Mollusque à bras rétractiles, rejetant à volonté un liquide noir.

séide nm. Homme d'un dévouement aveugle et fanatique.

seigle nm. Graminacée à tige plus longue et à farine moins blanche que le froment.

seigneur nm. Possesseur d'un fief, d'une terre. ‖ Personne de la noblesse. ‖ Propriétaire, maître absolu : *être maître et - chez soi*. ‖ *Le Seigneur*, Dieu. ‖ *Notre-Seigneur*, Jésus-Christ. ‖ *Vivre en -*, magnifiquement.

seigneurial, e, aux adj. Du seigneur : *terre -*.

seigneurie nf. Autorité d'un seigneur. ‖ Pays sur lequel s'étendait cette autorité. ‖ Titre d'honneur.

sein nm. Partie du corps humain depuis le bas du cou jusqu'au creux de l'estomac. ‖ Chacune des mamelles de la femme : *donner le - à un enfant*. ‖ Siège de la conception : *elle l'a porté dans son -*. ‖ *Fig*. Milieu : *vivre au - des grandeurs*. ‖ Cœur, esprit : *s'épancher dans le - d'un ami*.

seine ou **senne** nf. Filet de pêche triangulaire.

seing nm. Signature qui atteste l'authenticité d'un acte. ‖ *Sous - privé*, acte qui n'a point été passé devant un officier public.

séisme nm. Tremblement de terre.

seize adj. num. Dix et six. ‖ Seizième : *Louis Seize*. ‖ Nm. Le seizième jour du mois.

seizième adj. num. ord. de *seize*. ‖ Nm. La seizième partie : *un -*.

séjour nm. Action de séjourner. ‖ Lieu où l'on séjourne.

séjourner vi. Demeurer quelque temps dans un lieu : - *à Paris*.

sel nm. Chlorure de sodium employé comme assaisonnement : - *gemme ; - marin*. ‖ *Fig*. Ce qu'il y a de fin, de vif, de piquant : *goûter le - d'une plaisanterie*. ‖ *Chim*. Corps résultant de l'action d'un acide sur une base. ‖ Nmpl. Ce que l'on fait respirer pour ranimer : *un flacon de -*.

sélacien, enne adj. Qui a la peau cartilagineuse (requin, raie).

select adj. *Fam*. De premier ordre, choisi, distingué : *des réunions -*.

sélectif, ive adj. Qui fait une sélection. ‖ Se dit d'un poste récepteur de T.S.F. qui isole bien l'émission choisie.

sélection nf. Choix raisonné. ‖ Choix de reproducteurs pour l'amélioration des espèces. ‖ - *naturelle*, survivance des seules variétés animales ou végétales adaptées aux conditions extérieures.

sélectionner vt. Faire une sélection.

sélectivité nf. Qualité d'un récepteur de T.S.F. sélectif.

séléniteux, euse adj. Qui renferme du plâtre : *eau -*.

sélénium nm. Métalloïde (Se) rouge, voisin du soufre, à conductibilité électrique variable.

self nf. Bobine de self-induction.

self-government nm. Système anglais dans lequel les citoyens n'abandonnent au pouvoir central que les affaires nécessitant des vues d'ensemble.

self-induction nf. *Electr*. Induction d'un courant sur son propre circuit.

selle nf. Siège mis sur le dos d'une monture pour la commodité du cavalier. ‖ Petit siège de bicyclette. ‖ *Cheval de -*, propre à être monté. ‖ Excréments : - *abondantes*. ‖ Garderobe : *aller à la -*.

seller vt. Assujettir la selle : - *un mulet*.

sellerie nf. Commerce, industrie du sellier. ‖ Lieu où l'on range les selles et les harnais.

sellette nf. Petit siège de bois réservé à un accusé. ‖ *Fig. Tenir quelqu'un sur la -*, le questionner longuement. ‖ Tablette à pivot du sculpteur.

sellier nm. Ouvrier qui fait des harnachements.

selon prép. Suivant, eu égard à, conformément à : *j'ai agi - vos désirs*. ‖ D'après la rédaction de : *Evangile - saint Matthieu*. ‖ *Fam. C'est -*, cela dépend des circonstances. ‖ - *que* loc. conj., suivant que.

semaille nf. Action de semer. ‖ Époque où l'on sème. (S'emploie surtout au pl.)

semaine nf. Ensemble de sept jours consécutifs. ‖ - *sainte*, celle qui précède Pâques. ‖ - *anglaise*, organisation du travail ajoutant au repos du dimanche l'après-midi du samedi.

sémantique nf. Etude des mots considérés dans leurs significations.

sémaphore nm. *Mar.* Mât pour transmettre des signaux optiques.

semblable adj. Pareil, de même nature. ‖ *Math. Figures* -, qui ont leurs angles égaux chacun à chacun et leurs côtés homologues proportionnels. ‖ Homme, animal, par rapport aux autres hommes, aux autres animaux.

semblant nm. Apparence : *un - d'amitié.* ‖ *Faire* -, feindre. ‖ *Faux--*, ruse, hypocrisie.

sembler vi. Avoir une certaine apparence, avoir l'air : *vous me semblez fatigué.* ‖ V. impers. *Il me semble que*, je crois que. ‖ *Si bon vous* -, si vous le trouvez bon. ‖ *Que vous en semble?* qu'en pensez-vous?

semelle nf. Dessous d'une chaussure. ‖ Pièce intérieure d'une chaussure : *une - de liège.* ‖ *Ne pas avancer d'une* -, ne faire aucun progrès. ‖ *Ne pas reculer d'une* -, demeurer ferme, ne pas transiger.

semence nf. Graine qui se sème. ‖ Petit clou à tête plate.

semer vt. (c. *mener*). Mettre de la graine en terre préparée. ‖ Couvrir, parsemer : *un chemin de fleurs.* ‖ *Fig.* Répandre : *- la discorde.*

semestre nm. Durée de six mois.

semestriel, elle adj. Qui se fait par semestre : *assemblée* -. ‖ Qui dure six mois : *congé* -.

semeur, euse n. Qui sème du grain. ‖ *Fig.* Qui propage : *- de faux bruits.*

semi, préfixe emprunté au latin et qui signifie *demi* : *figure --circulaire.*

sémillant, e adj. Très vif : *esprit* -.

séminaire nm. Etablissement préparant à l'état ecclésiastique. ‖ Les élèves mêmes : *tout le - est sorti.* ‖ Groupe d'études quelconque.

séminal, e, aux adj. Relatif à la semence. ‖ *Feuilles* -, cotylédons.

séminariste nm. Elève d'un séminaire.

semis nm. Action de semer. ‖ Plant d'arbrisseaux, de fleurs, etc., qui ont été semés en graines.

sémitique adj. Relatif aux Sémites.

semoir nm. Récipient où le semeur met son grain. ‖ Machine servant à semer.

semonce nf. Avertissement mêlé de reproches, donné par un supérieur.

semoule nf. Granules de céréales obtenus par une mouture grossière. ‖ Pâte alimentaire tirée de la pomme de terre.

semper virens nm. Chèvrefeuille qui porte toute l'année de feuilles et des fleurs.

sempiternel, elle adj. Continuel : *des remontrances* -.

sénat nm. Conseil suprême, chez les Romains. ‖ Nom donné dans certains Etats modernes à l'une des deux assemblées législatives. ‖ Lieu où les sénateurs s'assemblent.

sénateur nm. Membre d'un sénat.

sénatorial, e, aux adj. Relatif au sénateur : *dignité* -.

sénatus-consulte nm. Tout acte émanant d'un sénat.

séné nm. Légumineuse purgative.

sénéchal nm. Officier féodal, chef de justice.

sénéchaussée nf. Etendue de pays sous la juridiction d'un sénéchal.

séneçon nm. Genre de composacées employées en thérapeutique.

sénégalais, e adj. et n. Du Sénégal.

senestre adj. Dirigé vers la gauche.

sénevé nm. Nom vulgaire de la *moutarde noire.*

sénile adj. Relatif au vieillard, à la vieillesse : *débilité* -.

sénilité nf. Affaiblissement du corps et de l'esprit, dû à la vieillesse.

senne nf. V. SEINE.

sens nm. Faculté par laquelle l'homme et les animaux reçoivent l'impression des objets extérieurs : *la vue, l'ouïe, le toucher, le goût et l'odorat sont les cinq* -. ‖ Direction : *aller en - contraire.* ‖ Signification : *mot à double* -. ‖ *- propre*, sens premier d'un mot. ‖ *- figuré*, sens donné par comparaison. ‖ Manière de comprendre, de juger; opinion : *j'abonde dans votre* -. ‖ *Le bon* -, la juste raison. ‖ *En dépit du bon* -, contrairement à la simple raison. ‖ Pl. *Les plaisirs des* -, la sensualité. ‖ *- dessus dessous* loc. adv., dans un grand désordre; dans un grand trouble : *mettre quelqu'un - dessus dessous.*

sensation nf. Impression que la conscience reçoit par les sens : *- agréable.* ‖ *Fig. Faire* -, produire une grande impression.

sensationnel, elle adj. De nature à faire sensation.

sensé, e adj. Qui a du jugement, du bon sens. ‖ Conforme au bon sens.

sensibilisateur, trice adj. et n. Qui rend sensible à l'action de.

sensibilisation nf. Action de sensibiliser, de rendre impressionnable.

sensibiliser vt. Rendre sensible à une action physique, chimique, etc.

sensibilité nf. Faculté d'éprouver des impressions physiques. ‖ *Phys.* Qualité d'un instrument de mesure qui peut déceler de petites variations : *la - d'une balance.* ǁ Disposition à être ému de pitié, de tendresse, etc.

sensible adj. Qui peut être perçu par les sens. ǁ Qui ressent aisément les moindres impressions physiques ou morales : *être - au froid, aux éloges.* ǁ *Fig.* Facilement ému : *cœur -.* ǁ Perceptible : *progrès -.* ǁ *Côté, endroit -,* ce qui touche le plus. ǁ *Phys.* Qui indique les plus légères différences : *balance -.*

sensiblerie nf. Sensibilité fausse et excessive ; délicatesse affectée.

sensitif, ive adj. Qui a la faculté de sentir. ǁ Relatif à la sensation : *vie -.*

sensitive nf. Légumineuse dont les feuilles se replient si on les touche.

sensoriel, elle adj. Relatif aux organes des sens.

sensualisme nm. Doctrine attribuant aux sens l'origine de toutes nos idées. ǁ Amour des plaisirs des sens.

sensualiste adj. et n. Qui est partisan du sensualisme.

sensualité nf. Attachement excessif aux plaisirs des sens.

sensuel, elle adj. Attaché aux plaisirs des sens. ǁ Qui flatte les sens.

sente nf. Petit sentier.

sentence nf. Maxime, pensée d'une portée générale ; précepte de morale. ǁ Jugement : *- de mort.*

sentencieux, euse adj. Qui s'exprime ordinairement par sentences. ǁ Qui contient des sentences : *langage -.* ǁ D'une gravité affectée : *ton -.*

senteur nf. Odeur, parfum. ǁ *Pois de -,* nom vulgaire de la *gesse odorante.*

senti, e adj. Fortement conçu et exprimé : *paroles bien -.*

sentier nm. Chemin étroit.

sentiment nm. Penchant bon ou mauvais : *être animé de nobles -.* ǁ Affection, tendresse : *montrer les - d'un père.* ǁ Connaissance intime : *avoir le - de sa force.* ǁ Simple impression : *j'ai le - que c'est agir à contresens.*

sentimental, e, aux adj. Où il y a du sentiment. ǁ D'une sensibilité un peu romanesque : *jeune homme -.*

sentimentalisme nm. Affectation de sentiment. ǁ Genre sentimental.

sentimentalité nf. Etat, caractère d'une personne sentimentale.

sentine nf. *Mar.* Partie de la cale où s'amassent les eaux ; réceptacle des ordures. ǁ *Fig.* Milieu impur.

sentinelle nf. Soldat en faction.

sentir vt. (c. *mentir*). Recevoir une impression par l'un des sens. ǁ Avoir une saveur particulière : *ce vin sent son terroir.* ǁ Percevoir par l'odorat, flairer : *- une rose.* ǁ Exhaler une

odeur de : *- la violette.* ǁ Toucher : *- du doigt.* ǁ *Fig.* Apprécier, comprendre : *- les beautés d'un ouvrage.* ǁ Avoir les manières, l'apparence : *cela sent le pédant.* ǁ *Fig.* et fam. *- le fagot,* être entaché d'hérésie. ǁ *Fig.* et fam. Ne pouvoir *- quelqu'un,* le détester. ǁ Vi. Prévoir : *- de loin.* ǁ Se - vpr. Apprécier dans quelle disposition on se trouve : *se - fort.*

seoir vi. (Ne se dit qu'au part. pr. *seyant,* et aux 3es pers. : *il sied, ils siéent ; il seyait, ils seyaient ; il siéra, ils siéront ; il siérait, ils siéraient.*) Convenir : *cette coiffure ne vous sied pas.* ǁ V. impers. : *il vous sied mal de parler ainsi.*

sep nm. Pièce où s'emboîte le soc de la charrue.

sépale nm. *Bot.* Foliole du calice d'une fleur.

séparateur, trice adj. Qui sépare. ǁ *Phys. Pouvoir -,* qualité de l'œil ou d'un instrument d'optique, permettant de distinguer deux points rapprochés.

séparation nf. Action de séparer, de se séparer. ǁ Chose qui sépare : *enlever une -.* ǁ *Dr. - de corps,* jugement permettant à deux époux de ne plus vivre ensemble. ǁ *- de biens,* régime matrimonial dans lequel chacun des époux conserve la propriété et l'administration de ses biens.

séparatiste adj. et n. Qui cherche à se séparer d'un Etat, d'une religion.

séparer vt. Désunir ce qui était joint. ǁ Mettre à part : *- l'ivraie du bon grain.* ǁ Etre placé entre : *la mer sépare la France et l'Angleterre.* ǁ Eloigner l'un de l'autre : *- des frères.*

sépia nf. Liqueur noirâtre, extraite de la seiche. ǁ Dessin fait avec la sépia.

sept adj. num. Nombre formé de six plus un. ǁ Septième : *Charles Sept.* ǁ Nm. : *le - du mois.*

septain nm. Strophe de sept vers. ǁ Corde faite de sept torons.

septante adj. num. Soixante et dix. (Vx.) ǁ *Version des Septante,* traduction en grec du texte hébreu de l'Ancien Testament par soixante-douze savants.

septembre nm. Le neuvième mois de l'année.

septembrisades nfpl. Massacres des détenus politiques dans les prisons de Paris, du 2 au 6 septembre 1792.

septennal, e, aux adj. Qui arrive tous les sept ans ; qui dure sept ans.

septennat nm. Pouvoir politique qui dure sept ans.

septentrion nm. Le nord.

septentrional, e, aux adj. Du côté du nord : *Amérique -.* ǁ Nmpl. *Les -,* les peuples du Nord.

septicémie nf. Maladie due à l'introduction de microbes dans le sang.

septicémique adj. Relatif à la septicémie.

septième adj. num. ord. de *sept*. ‖ Nm. La septième partie d'un tout.

septique adj. Qui produit la putréfaction. ‖ *Fosse* -, fosse d'aisances dans laquelle les matières fécales subissent une fermentation rapide qui les désagrège et les liquéfie.

septuagénaire adj. et n. Agé de soixante-dix ans.

Septuagésime nf. Le troisième dimanche avant le carême.

septuor nm. Morceau exécuté par sept voix ou par sept instruments.

septuple adj. et nm. Qui vaut sept fois autant : *nombre* -.

septupler vt. Multiplier par sept.

sépulcral, e, aux adj. Relatif au sépulcre. ‖ *Fig. Voix* -, sourde et profonde, comme sortie d'un tombeau.

sépulcre nm. Tombeau. ‖ *Le saint* -, le tombeau de Jésus-Christ, à Jérusalem.

sépulture nf. Ensevelissement, inhumation. ‖ Lieu où l'on enterre.

séquanais, aise adj. et n. De la Gaule celtique.

séquelle nf. Suite méprisable de gens : *on l'a chassé, lui et sa* -. ‖ Troubles qui persistent après une maladie.

séquence nf. Série de cartes de la même couleur qui se suivent. ‖ *Cin.* Groupe de scènes formant un tout.

séquestration nf. Action de séquestrer ; son résultat.

séquestre nm. Dépôt d'un objet en litige entre les mains d'un tiers jusqu'à décision définitive. ‖ Gardien de la chose séquestrée.

séquestrer vt. Mettre en séquestre. ‖ Renfermer illégalement une personne. ‖ Se - vpr. Se séparer du monde.

sequin nm. Ancienne monnaie d'or.

séquoia nm. Conifère d'Amérique qui peut atteindre 130 mètres de haut.

sérac nm. Amoncellement chaotique de blocs de glace.

sérail nm. Palais des empereurs turcs. ‖ *Abusiv.* Harem.

sérapéum ou **sérapéon** nm. Temple de Sérapis, en Egypte.

séraphin nm. Ange de la première hiérarchie.

séraphique adj. Relatif aux séraphins : *un air* -.

serbe adj. et n. De la Serbie.

serein, e adj. Doux et calme. ‖ *Fig.* Exempt d'agitation : *esprit* -. ‖ Nm. Vapeur humide qui tombe le soir.

sérénade nf. Concert nocturne, sous les fenêtres de quelqu'un.

sérénissime adj. Titre honorifique.

sérénité nf. Calme des éléments. ‖ *Fig.* Tranquillité.

séreux, euse adj. Qui a les caractères de la sérosité. ‖ *Membrane* -, qui sécrète un liquide.

serf [*sèrf'*], **serve** adj. Qui est à l'état de servitude. ‖ Relatif à cet état. ‖ N. Personne attachée à la glèbe et dépendant d'un seigneur.

serfouette nf. Petite bêche de jardinier.

serfouir vt. Ameublir avec la serfouette.

serge nf. Étoffe légère en laine croisée.

sergé nm. Tissu croisé et uni, à sillons obliques séparés par un fil.

sergent nm. Sous-officier dans l'infanterie, le génie, etc. ‖ - -*chef*, grade immédiatement supérieur à celui de sergent. (Pl. des *sergents-chefs*.) ‖ - -*major*, sous-officier chargé de la comptabilité. ‖ - -*fourrier*, adjoint au sergent-major. ‖ - *de ville*, agent de police, gardien de la paix.

séricicole adj. Relatif à l'élevage des vers à soie.

sériciculture nf. Production de la soie.

série nf. Suite : - *de difficultés*. ‖ Ensemble d'objets analogues. ‖ *Math.* Suite de quantités qui croissent ou décroissent suivant une loi.

sérier vt. (c. *prier*). Classer par séries.

sérieux, euse adj. Grave, exempt de frivolité. ‖ Sincère : *une promesse* -. ‖ Inquiétant : *maladie* -. ‖ Nm. Air grave : *tenir son* -. ‖ *Prendre au* -, tenir pour important.

serin, e n. Petit oiseau des îles Canaries, à plumage jaune.

seriner vt. Instruire un oiseau avec la serinette. ‖ *Fig. et fam.* Répéter une chose à quelqu'un pour la lui faire apprendre.

serinette nf. Boîte à musique pour instruire les serins.

seringa nm. Arbuste à fleurs blanches, très odorantes.

seringue nf. Petite pompe pour injecter : - *hypodermique*.

seringuer vt. Pousser un liquide avec une seringue.

serment nm. Affirmation ou promesse faite en prenant Dieu à témoin. ‖ *Par ext.* Promesse solennelle. ‖ *Fam.* - *d'ivrogne*, sur lequel il ne faut pas compter.

sermon nm. Discours religieux prononcé en chaire. ‖ *Fam.* Ennuyeuse remontrance.

sermonnaire nm. Auteur de sermons. ‖ Recueil de sermons.

sermonner vt. *Fam.* Faire des remontrances, exhorter.

sermonneur, euse n. et adj. *Fam.* Qui aime à sermonner : *vieillard -*.

sérosité nf. Liquide sécrété par les membranes séreuses. ‖ Liquide des ampoules, des œdèmes, etc.

sérothérapie nf. Traitement thérapeutique par les sérums.

sérovaccination nf. Injection d'un vaccin associé au sérum correspondant.

serpe nf. Outil à lame recourbée pour couper le bois, tailler des arbres, etc.

serpent nm. Reptile sans membres et à corps très allongé. ‖ - *à sonnettes*, dont la queue est munie d'écailles sonores. ‖ Nmpl. Ordre de reptiles.

serpentaire nf. *Bot.* Cactus à grandes fleurs rouges et à tiges rampantes. ‖ Nm. Oiseau rapace d'Afrique, destructeur de serpents.

serpenteau nm. Petit serpent.

serpenter vi. Suivre un trajet tortueux, un cours sinueux.

serpentin nm. Tuyau de l'alambic, où se condense le produit de la distillation. ‖ Long ruban de papier coloré enroulé sur lui-même.

serpentine nf. Pierre fine, tachetée comme la peau d'un serpent. ‖ Plante employée autrefois comme sudorifique et fébrifuge.

serpette nf. Petite serpe.

serpillière nf. Grosse toile d'emballage ou de nettoyage.

serpolet nm. Sorte de thym.

serrage nm. Action de serrer.

serre nf. Local vitré où l'on abrite les plantes fragiles.

serre nf. Griffe des rapaces.

serré, e adj. *Fig.* et *fam. Homme -*, avare. ‖ *Avoir le cœur -*, étreint de douleur. ‖ Adv. *Jouer -*, avec prudence.

serre-file nm. inv. Officier ou sous-officier placé derrière une troupe en marche.

serre-freins nm. inv. Employé chargé de serrer les freins dans un train.

serre-joint nm. Instrument de menuisier, pour maintenir les assemblages. (Par corruption SERGENT.) ‖ Pl. des *serre-joints*.

serrement nm. Action de serrer. ‖ *Fig.* - *de cœur*, oppression.

serrer vt. Étreindre, presser : - *la main.* ‖ Rapprocher : - *les rangs.* ‖ Placer en lieu convenable : - *du linge.* ‖ - *de près*, être près d'atteindre. ‖ *Fig.* - *le cœur*, causer une vive douleur.

serre-tête nm. inv. Coiffure en toile fixée par un ruban.

serrure nf. Appareil qui ferme au moyen d'une clé et d'un ressort.

serrurerie nf. Art du serrurier. ‖ Son atelier.

serrurier nm. Qui exécute des ouvrages de serrurerie.

sertir vt. Enchâsser : - *un diamant.* ‖ Assembler deux pièces minces en rabattant le bord de l'une sur l'autre.

sertissage nm. Action de sertir.

sertisseur nf. Qui sertit.

sertissure nf. Manière dont une pierre est sertie.

sérum nm. Liquide du sang et du lait qui s'en sépare après la coagulation. ‖ Sérum du sang d'un animal immunisé, employé pour prévenir ou guérir une maladie : - *antidiphtérique.*

servage nm. État du serf.

serval nm. Grand chat sauvage d'Afrique. ‖ Pl. des *servals*.

servant adj. m. *Frère -*, frère convers d'un monastère. ‖ *Cavalier -*, homme assidu auprès d'une dame. ‖ Nm. Militaire affecté au service d'une arme : - *de mitrailleuse.*

servante nf. Femme ou fille à gages, employée aux travaux du ménage. ‖ Desserte de salle à manger.

serveur, euse n. Qui sert dans un restaurant. ‖ Nf. Cafetière.

serviable adj. Qui aime à rendre service.

service nm. État de domesticité : *entrer en -.* ‖ Ouvrage à faire : - *pénible.* ‖ Transport, distribution : - *des dépêches.* ‖ Fonction dans l'État : *avoir trente ans de -.* ‖ Fonctionnement organisé : *le - des hôpitaux.* ‖ Le personnel employé dans une telle organisation. ‖ - *militaire*, temps passé sous les drapeaux. ‖ Aide : *rendre - à quelqu'un.* ‖ Usage : *voiture qui fait un bon -.* ‖ Assortiment de vaisselle ou de linge : - *de table.* ‖ Célébration de l'office divin. ‖ Prières pour un mort : *fonder un - perpétuel.* ‖ *Être de -*, dans l'exercice de ses fonctions.

serviette nf. Linge de table et de toilette. ‖ Grand portefeuille.

servile adj. Qui appartient à l'état d'esclave, de domestique : *condition -.* ‖ *Fig.* Bas : *des flatteries -.* ‖ Qui suit trop étroitement le modèle : *imitation -.*

servilité nf. Basse soumission.

servir vt. S'acquitter de certains devoirs : - *sa patrie.* ‖ Être domestique. ‖ Fournir : *ce marchand me sert depuis longtemps.* ‖ Placer sur la table : - *le potage.* ‖ Donner d'un mets à un convive. ‖ Obliger : - *ses amis.* ‖ Satisfaire : - *les passions de* *quelqu'un.* ‖ - *Dieu,* lui rendre le culte qui lui est dû. ‖ - *la messe,* assister le prêtre qui la dit. ‖ - *l'État,* exercer un emploi public; être soldat. ‖ - *une rente,* en payer les intérêts. ‖ Vt. ind. Tenir lieu : - *de père.* Etre propre à : *cet instrument sert à tel usage.* ‖ - *de jouet à quelqu'un,* être en butte à ses railleries. ‖ Vi. Etre d'un certain usage : *cela ne peut plus* -. ‖ Au tennis, lancer la balle d'engagement. ‖ **Se** - vpr. Faire usage de : *se* - *du compas.* ‖ Faire soi-même ce qu'on pourrait faire faire. ‖ Prendre d'un mets : *servez-vous.*

serviteur nm. Domestique. ‖ *Fig.* - *de Dieu,* homme pieux. ‖ - *de l'État,* fonctionnaire. ‖ *Je suis votre* - ou, *ellipt.,* -, formule de politesse.

servitude nf. Etat de serf, d'esclave. ‖ Contrainte. ‖ Charge, obligation.

servo-frein nm. Frein à serrage automatique. ‖ Pl. des *servo-freins.*

servo-moteur nm. Appareil qui commande et contrôle certains moteurs. ‖ Pl. des *servo-moteurs.*

ses adj. poss. pl. de *son, sa.*

sésame nm. Plante oléagineuse.

session nf. Temps pendant lequel siège un corps délibérant : *la* - *parlementaire.*

set nm. Une manche, au tennis.

setier nm. Ancienne mesure pour les grains ou les liquides. ‖ *Demi* -, un quart de litre.

séton nm. Mèche passée sous un pont de peau pour entretenir une plaie suppurante. ‖ *Plaie en* -, faite par un corps passant seulement sous la peau.

setter nm. Race de chiens d'arrêt à poil long.

seuil nm. Pierre ou pièce de bois au bas de l'ouverture d'une porte. ‖ *Fig.* Début : *au* - *de la vie.*

seul, e adj. Sans compagnie. ‖ A l'exclusion de tout autre. ‖ Unique.

seulement adv. Uniquement. ‖ Pas plus tôt que : *courrier arrivé* - *ce matin.* ‖ Tout récemment. ‖ Mais, toutefois : *il consent,* - *il demande des garanties.* ‖ Au moins, du moins : *si* - *on en profitait.* ‖ *Pas* -, pas même. ‖ **Non** - loc. adv.

seulet, ette adj. Tout seul.

sève nf. Liquide nourricier qui circule dans les plantes. ‖ *Fig.* Vigueur.

sévère adj. Rigide, exigeant. ‖ Austère : *morale* -. ‖ Rigoureux : *jugement* -. ‖ *Bx-arts.* Nu, dépouillé : *décor* -.

sévérité nf. Rigidité, austérité.

sévices nmpl. Mauvais traitements.

sévir vi. Punir avec rigueur. ‖ *Fig.* Exercer des ravages : *la grippe sévit encore.*

sevrage nm. Action de sevrer.

sevrer vt. (c. *mener*). Remplacer progressivement le lait par d'autres aliments. ‖ *Fig.* Priver : - *d'affection.*

sèvres nm. Porcelaine fabriquée à la Manufacture de Sèvres : *un vase de* -.

sexagénaire adj. et n. Qui a soixante ans.

sexagésimal, e, aux adj. Qui se rapporte au nombre soixante.

Sexagésime nf. Dimanche qui tombe environ soixante jours avant Pâques.

sexe nm. Différence physique et constitutive des êtres vivants et des plantes. ‖ Ensemble des individus du même sexe : *le beau* -; *le* - *fort.*

sextant nm. Sixième partie d'un cercle. ‖ Instrument à l'aide duquel on détermine la latitude d'un lieu.

sextuor nm. Morceau de musique pour six voix ou instruments.

sextuple adj. Qui vaut six fois autant. ‖ Nm. Nombre sextuple.

sextupler vt. Multiplier par six.

sexualité nf. Ensemble des caractères spéciaux, externes ou internes, déterminés par le sexe.

sexué, e adj. Qui a un sexe.

sexuel, elle adj. Relatif au sexe.

seyant, e adj. Qui sied, qui va bien.

sforzando adv. Terme de musique indiquant qu'on doit renforcer le son.

S. G. D. G. Abrév. de : *sans garantie du gouvernement,* qui accompagne la délivrance par l'État d'un brevet d'invention.

shaker [*chè-keur*] nm. Gobelet à cocktails.

shako nm. Coiffure militaire des saint-cyriens.

shampooing nm. Lavage de la tête. ‖ Lotion servant au lavage de la tête.

shérif nm. Officier d'administration représentant la Couronne dans chaque comté anglais.

shilling nm. Monnaie anglaise valant un vingtième de livre sterling.

shintoïsme nm. Religion nationale du Japon.

shirting nm. Tissu de coton fin employé en lingerie et en chemiserie.

shoot [*chout'*] nm. Action de shooter.

shooter vi. Au football, lancer le ballon d'un coup de pied vif.

short nm. Culotte de sport, très courte.

shrapnel nm. Obus rempli de balles.

shunt [*chunt'*] nm. Dispositif de dérivation d'un circuit électrique.

shunter vt. Munir d'un shunt.

si conj. Marque un fait positif qui exprime une idée de temps, de cause, etc. : - *je ris, tous rient.* ‖

Marque un fait possible : *s'il venait, je serais content.* ‖ Marque un fait contraire à la réalité : *- j'avais de l'argent, je vous en prêterais.* ‖ Exprime le doute : *je ne sais s'il pourra* ; *je suis gai, c'est que...* ; l'opposition : *- l'un dit oui, l'autre dit non* ; le souhait, le désir, le regret : *- nous allions nous promener? - j'avais su!* ‖ Introduit une interrogation indirecte : *je me demande s'il viendra.* ‖ *Si... ne, à moins que* : *les voilà, - je ne me trompe.* ‖ *- ce n'est, sinon.* ‖ *- ce n'est que, excepté que.* ‖ *- tant est que, s'il est vrai que.* ‖ Nm. : *je n'aime pas les -, les mais.*

si adv. Tellement. ‖ Aussi : *ne courez pas - fort.* ‖ Quelque : *- petit qu'il soit.* ‖ Oui, en réponse à une négation : *Vous ne l'avez pas vu? — Si.* ‖ Loc. conj. : **- bien que,** tellement que, de sorte que. ‖ **- peu que,** pour peu que, quelque peu que.

si nm. Septième note de la gamme d'ut : *« si » naturel.*

Si, symbole chimique du *silicium.*

siamois, e adj. et n. Du royaume de Siam. ‖ *Frères -, sœurs -,* jumeaux qui naissent réunis par une partie du corps.

sibérien, enne adj. et n. De Sibérie.

sibylle nf. Devineresse, prophétesse chez les Grecs.

sibyllin, e adj. Qui a rapport aux sibylles. ‖ Obscur, énigmatique.

sic adv. Textuellement.

sicaire nm. Assassin gagé.

siccatif, ive adj. et nm. Qui accélère considérablement la dessication.

siccité nf. Caractère de ce qui est sec.

sicilien, enne adj. De la Sicile. ‖ Nf. Sorte de danse.

sicle nm. Chez les Hébreux, poids et monnaie pesant environ 6 g.

side-car nm. Voiturette accouplée à une motocyclette.

sidéral, e, aux adj. Relatif aux astres. ‖ *Jour -,* temps que met une étoile pour revenir au même méridien ; *temps -,* calculé sur la base du jour sidéral ; *année -,* 365 j 6 h 9 m 9 s.

sidérer vt. *Fam.* Frapper de stupeur.

sidérose nf. Carbonate naturel de fer.

sidérurgie nf. Métallurgie du fer.

siècle nm. Espace de cent ans. ‖ Temps où l'on vit. ‖ Le monde : *vivre dans le -.* ‖ *Le grand -,* l'époque de Louis XIV.

siège nm. Meuble fait pour s'asseoir. ‖ *- épiscopal,* l'évêché. ‖ *Le - d'un empire,* résidence du gouvernement. ‖ *- d'un tribunal, d'une cour,* endroit où ils résident pour rendre la justice.

‖ *Fig.* Centre : *le - de la maladie.* ‖ Opération menée par une armée contre une place forte : *le - de Troie.* ‖ *Lever le -,* s'en aller. ‖ *Etat de -,* mesure plaçant les autorités civiles sous les ordres du commandement militaire.

siéger vi. (c. *manger*). Occuper un siège : *- au Sénat.* ‖ Tenir séance : *la Cour de cassation siège à Paris.*

sien, sienne adj. poss. de la 3e pers. du sing. Qui est à lui, à elle. ‖ Pr. poss. *Le -, la -,* ce qui appartient à lui, à elle. ‖ Nm. *Le -,* son bien, son travail, sa peine : *mettre du -.* ‖ Nmpl. Ses parents : *vivre au milieu des -.* ‖ Nfpl. *Fam.* Faire des -, faire des folies.

sierra nf. Chaîne de montagnes en Espagne.

sieste nf. Repos pris après le repas de midi : *faire la -.*

sieur nm. Qualification mise pour monsieur, en style juridique. ‖ Quelquefois, en mauv. part : *le - un tel.*

sifflement nm. Bruit fait en sifflant ou produit par le vent, par une balle qui fend l'air, etc.

siffler vi. Produire un son aigu avec la bouche ou avec un instrument. ‖ Produire un son aigu semblable à celui d'un sifflet : *entendre - les balles.* ‖ Vt. Reproduire en sifflant : *- un air.* ‖ Appeler : *- son chien.* ‖ *- un acteur,* témoigner sa désapprobation à coups de sifflet. ‖ **Sifflant, e** part. et adj.

sifflet nm. Petit instrument avec lequel on siffle. ‖ Pl. Désapprobation : *cette pièce a essuyé les -.*

siffleur, euse adj. et n. Qui siffle.

siffloter vi. Siffler doucement.

sigillaire adj. Relatif aux sceaux.

sigillographie nf. Etude des sceaux.

sigisbée nm. Cavalier servant d'une dame. (Par iron.)

sigle nm. Lettre initiale exprimant un mot ou un groupe de mots.

sigmoïde adj. *Anat.* Os contourné en forme d's, de sigma.

signal nm. Signe convenu pour avertir.

signalement nm. Description détaillée d'une personne.

signaler vt. Indiquer par des signaux. ‖ Appeler l'attention sur : *- quelqu'un à l'autorité.* ‖ Se - pr. Se distinguer. ‖ **Signalé, e** part. et adj. Important : *un - service.*

signalétique adj. Qui donne le signalement : *fiche -.*

signalisation nf. Installation, utilisation des signaux.

signataire n. Personne qui a signé.

signature nf. Nom ou marque que

l'on met au bas d'un écrit dont on est l'auteur ou dont on approuve le contenu. ‖ Action de signer : *la -- d'un contrat*.

signe nm. Indice, marque : *- de pluie*. ‖ Manifestation extérieure : *- de tête*. ‖ Constellation : *les douze - du zodiaque*. ‖ *Le - de la croix*, représentation d'une croix par le mouvement de la main. ‖ *Ne pas donner - de vie*, sembler mort; et au *fig.*, ne pas donner de ses nouvelles.

signer vt. Apposer sa signature. ‖ Se - vpr. Faire le signe de la croix.

signet nm. Petit ruban servant à marquer l'endroit où la lecture a été interrompue.

significatif, ive adj. Expressif, clair : *geste -*.

signification nf. Ce que signifie une chose. ‖ Notification.

signifier vt. (c. *prier*). Vouloir dire, avoir le sens de. ‖ Faire connaître : *- ses intentions*. ‖ Notifier par voie judiciaire : *- un jugement*.

silence nm. État d'une personne qui se tait : *garder le -*. ‖ Cessation de tout bruit. ‖ *Souffrir en -*, sans se plaindre. ‖ *Passer sous -*, omettre. ‖ *Imposer -*, faire taire. ‖ *Mus.* Interruption dans une phrase musicale.

silencieux, euse adj. Sans bruit. ‖ Qui garde le silence. ‖ Taciturne. ‖ N. Détendeur de gaz amortissant les bruits.

silène nm. Herbe à fruits en capsules.

silésien, enne adj. et n. De la Silésie.

silex nm. Pierre à fusil, variété de silice impure.

silhouette nf. Dessin de profil, exécuté en suivant l'ombre : *la - d'une personne*. ‖ Découpage, dessin dont le bord seul se détache du fond. ‖ Ligne : *une élégante -*.

silicate nm. Sel de l'acide silicique.

silice nf. Composé oxygéné du silicium (SiO_2) : quartz, silex, sable, grès, etc.

siliceux, euse adj. De la nature de la silice. ‖ Qui en contient beaucoup.

silicique adj. Se dit des acides dérivés de la silice.

silicium nm. Métalloïde voisin du carbone (Si), renfermé dans la silice.

silicone nf. Nom générique de composés du silicium analogues aux corps organiques.

silique nf. Capsule allongée contenant la graine du chou, du colza, etc.

sillage nm. Trace laissée par un navire qui fend l'eau.

sillet nm. Partie du tendeur sur lequel portent les cordes d'un instrument de musique.

sillon nm. Trace du soc de la charrue dans la terre. ‖ *Fig.* Trace longitudinale : *- de feu*. ‖ Pl. Rides.

sillonner vt. Traverser en tous sens : *- les mers*. ‖ Laisser des traces parallèles.

silo nm. Fosse où l'on dépose les grains, les légumes, etc., pour les conserver. ‖ Puits vertical qui, chargé par le haut, se vide par le bas et sert de magasin : *- à ciment, à blé*.

silure nm. Poisson à nageoires molles, atteignant 5 m de long.

silurien, enne adj. et nm. *Géol.* Se dit d'un terrain d'époque primaire enfermant des fossiles.

simagrées nfpl. *Fam.* Manières affectées, minauderies ridicules.

simarre nf. Robe traînante de magistrat et de professeur.

simiesque adj. Qui rappelle le singe : *visage -*.

similaire adj. De même nature.

similigravure et, par abrév., **simili** nf. Procédé de photogravure pour la reproduction des images à demi-teintes.

similitude nf. Ressemblance, rapport exact : *- des triangles*.

simoniaque adj. Entaché de simonie. ‖ Nm. Coupable de simonie.

simonie nf. Trafic des choses sacrées.

simoun nm. Vent brûlant du désert.

simple adj. Non composé ou composé d'éléments homogènes, de même nature : *l'or, l'oxygène sont des corps -*. ‖ Peu compliqué. ‖ Sans recherche : *nourriture -; robe -*. ‖ Sans malice : *- comme un enfant*. ‖ *- d'esprit*, sans intelligence. ‖ *- soldat*, sans grade. ‖ *- particulier*, qui n'a pas de fonction publique. ‖ *Fleur -*, dont la corolle n'a qu'un rang de pétales. ‖ *Donation pure et -*, faite sans condition. ‖ *Gramm. Temps -*, conjugués sans auxiliaire. ‖ Nm. Personne sans malice : *Heureux les -* ! ‖ *Bot.* Plantes médicinales.

simplet, ette adj. Un peu simple, naïf : *esprit -*.

simplicité nf. Qualité de ce qui est simple. ‖ Naïveté.

simplificateur, trice adj. et n. Qui simplifie.

simplification nf. Action de simplifier; son résultat.

simplifier vt. (c. *prier*). Rendre simple : *- une question*.

simpliste adj. et n. *Raisonnement -*, d'une simplicité excessive.

simulacre nm. Apparence. ‖ Action simulée : *- de combat*.

simulateur, trice n. Qui simule.

simulation nf. Action de simuler.

simuler vt. Feindre d'avoir : - *une maladie.*

simultané, e adj. Qui se fait en même temps : *mouvements -.*

simultanéité nf. Existence simultanée.

sinanthrope nm. Grand primate fossile découvert en Chine, ancêtre possible de l'homme.

sinapisé, e adj. Se dit des médicaments additionnés de farine de moutarde.

sinapisme nm. Cataplasme à base de farine de moutarde.

sincère adj. Franc, sans artifice.

sincérité nf. Franchise, qualité de ce qui est sincère.

sinécure nf. Charge salariée n'exigeant aucun travail : *une vraie -.*

sine die loc. lat. signif. *sans* [fixer de] *jour.* Remis à une date ultérieure.

singe nm. Nom général de tous les mammifères de l'ordre des primates, l'homme excepté. ‖ *Fig. Monnaie de -,* belles paroles, promesses vaines.

singer vt. (c. *manger*). *Fam.* Imiter, contrefaire : - *un camarade.*

singerie nf. Ménagerie de singes. ‖ *Fig.* et *fam.* Grimace. ‖ Manières affectées, hypocrites.

singulariser vt. Distinguer des autres. ‖ **Se -** vpr. Se faire remarquer.

singularité nf. Ce qui rend une chose singulière. ‖ Manière d'être extraordinaire, bizarre : *des -* choquantes.

singulier, ère adj. Qui se distingue par quelque chose d'inusité, d'extraordinaire : *aventure -.* ‖ Rare : *beauté -.* ‖ Original : *homme -.* ‖ *Combat -,* d'homme à homme. ‖ Adj. et n. *Gramm. Le -,* nombre qui marque une seule personne ou une seule chose.

sinistre adj. Qui présage le malheur : *bruit -.* ‖ Malheureux, funeste : *époque -.* ‖ Effrayant, terrifiant : *regard -.* ‖ Nm. Evénement, surtout incendie, inondation, etc., qui entraîne de lourdes pertes matérielles. ‖ Le dommage causé.

sinistré, e adj. et n. Qui a subi un sinistre : *un - de guerre.*

sinologue nm. Qui sait, professe le chinois : *savant -.*

sinon conj. Autrement, sans quoi : *obéissez, -, gare!* ‖ Si ce n'est : *ne rien désirer, - la paix.*

sinople nm. Un des émaux héraldiques (vert).

sinueux, euse adj. Tortueux, qui fait des sinuosités : *un chemin -.*

sinuosité nf. Détour, méandre.

sinus nm. *Math.* Rapport au rayon de la perpendiculaire abaissée d'une des extrémités d'un arc sur le diamètre qui passe par l'autre extrémité de cet arc. ‖ *Anat.* Cavité irrégulière : - *frontal.*

sinusite nf. Inflammation des sinus.

sinusoïdal, e, aux adj. Relatif à la sinusoïde; en forme de sinusoïde.

sinusoïde nf. Courbe plane, représentant les variations du sinus quand l'arc varie.

sionisme nm. Doctrine ayant abouti à la création, en Palestine, d'un Etat juif autonome.

siphon nm. Tube en U, à branches inégales, pour transvaser les liquides. ‖ Carafe à eau gazeuse. ‖ Tuyau d'évacuation des appareils sanitaires, à double courbure rempli d'eau.

sire nm. Anciennement, seigneur. ‖ Titre donné aux souverains. ‖ *Pauvre -,* homme sans capacité; *triste -,* sans moralité.

sirène nf. Monstre fabuleux, moitié femme, moitié poisson. ‖ Puissant avertisseur.

siréniens nmpl. Ordre des mammifères, voisin des cétacés, comprenant les lamantins, les dugongs, etc.

sirocco nm. Vent brûlant du sud-est sur la Méditerranée.

sirop nm. Dissolution concentrée de sucre et de suc de fruits, de fleurs, etc.

siroter vt. ou i. *Fam.* Boire à petits coups, en dégustant.

sirupeux, euse adj. De la nature du sirop : *liquide -.*

sis, e adj. Situé : *maison - à Paris.*

sismique ou **séismique** adj. Relatif aux tremblements de terre.

sismographe ou **séismographe** nm. Appareil qui enregistre les mouvements sismiques.

sistre nm. Instrument de musique des anciens Egyptiens.

site nm. Paysage : - *agréable.* ‖ *Géogr. - d'une ville,* son emplacement précis.

sitôt adv. Aussitôt : - *pris, - pendu.* ‖ **De -** loc. adv., prochainement.

situation nf. Position d'un lieu : - *d'une ville.* ‖ *Fig.* Etat : - *critique.* ‖ Emploi : *trouver une -.* ‖ *Littér.* Etat caractéristique des personnages d'un récit, d'un drame : - *dramatique.*

situer vt. Placer : *maison bien située.*

six [*si* dev. une cons., *siz* dev. une voy. ou un *h* muet, *siss* en fin de phrase] adj. num. Cinq plus un. ‖ Sixième : *Charles Six.* ‖ Nm. : *le - du mois; un - de carreau.*

six-huit nm. *Mus.* Mesure à deux temps qui a la noire pointée pour unité.

sixième adj. num. ord. de *six.* ‖ N. : *être le, la -.* ‖ Nm. La sixième partie d'un tout. ‖ Sixième étage. ‖ Nf. La sixième classe d'un collège, d'un lycée.

six-quatre-deux (à la) loc. adv. *Fam.* Négligemment.

sixte nf. Intervalle compris entre six notes.

sizain ou **sixain** nm. Stance de six vers. ‖ Six jeux de cartes.

skating [*ské-tin'g*] nm. Patinage au moyen de patins à roulettes.

sketch nm. Courte scène comique. ‖ Pl. des *sketches*.

ski nm. Long patin en bois pour glisser sur la neige.

skier vi. Marcher à skis.

skieur, euse n. Qui pratique le ski.

skiff nm. Bateau de sport étroit et long, à un seul rameur.

skunks nm. V. SCONSE.

slalom nm. Descente en zigzag à skis.

slave adj. et n. De la race qui comprend les Russes, les Polonais, les Serbes, etc.

slip nm. Sorte de caleçon court et collant.

slogan nm. Formule publicitaire brève et frappante.

sloop [*sloup'*] nm. Bâtiment à voiles à un mât et un foc.

smala ou **smalah** nf. Suite d'un chef arabe. ‖ *Fam.* Famille nombreuse.

smoking nm. Costume d'homme habillé, à revers de soie.

Sn, symbole chimique de l'*étain*.

snob adj. et n. Qui admire sottement ce qui est en vogue.

snobisme nm. Caractère du snob.

snow-boot [*snô-bout'*] nm. Chaussure caoutchoutée et fourrée pour marcher dans la neige. ‖ Pl. des *snow-boots*.

sobre adj. Tempérant dans le boire et dans le manger. ‖ *Fig.* Modéré : *- de louanges.* ‖ Sans luxe : *décor -.*

sobriété nf. Tempérance. ‖ Modération, simplicité.

sobriquet nm. Surnom.

soc nm. Fer de charrue large et pointu, servant à couper la terre horizontalement.

sociabilité nf. Aptitude, penchant à vivre en société.

sociable adj. Né pour vivre en société; de commerce agréable.

social, e, aux adj. Relatif à la société : *ordre -.* ‖ Qui concerne une société de commerce : *raison -.*

socialisation nf. Action de socialiser.

socialiser vt. Mettre les moyens de production au service de la collectivité : *- les terres.*

socialisme nm. Doctrine tendant à transformer le régime social en subordonnant les intérêts des particuliers à ceux de l'Etat.

socialiste adj. et n. Partisan du socialisme : *le parti -.*

sociétaire adj. et n. Membre d'une société, d'une association.

sociétariat nm. Qualité de sociétaire de la Comédie-Française.

société nf. Réunion d'hommes ou d'animaux unis par la nature ou par les lois. ‖ Union de personnes soumises à un règlement commun : *une littéraire;* ou s'assemblant pour la conversation, le jeu ou d'autres plaisirs : *- agréable.* ‖ Association commerciale : *une - anonyme.* ‖ Relations habituelles. ‖ *La haute -,* le grand monde.

sociologie nf. Science des questions politiques et sociales.

sociologique adj. Relatif à la sociologie.

sociologue n. Qui s'occupe de sociologie.

socle nm. Soubassement d'une colonne; support pour bustes ou vases.

socque nm. Chaussure de bois mise par-dessus une chaussure mince, pour la garantir de l'humidité.

socquette nf. Chaussette basse.

socratique adj. Relatif à Socrate.

soda nm. Eau gazeuse.

sodique adj. Qui contient du sodium.

sodium nm. Métal (Na) mou, très oxydable, très léger, répandu dans la nature à l'état de chlorure (sel marin, sel gemme).

sœur nf. Fille née du même père et de la même mère qu'une autre personne, ou de l'un des deux seulement. ‖ Titre donné aux religieuses. ‖ *- de lait,* qui a eu la même nourrice. ‖ *Fig.* Se dit de deux choses qui ont des traits communs : *la poésie et la peinture sont -.*

sœurette nf. *Fam.* Petite sœur.

sofa nm. Canapé pouvant être utilisé comme lit de repos.

soi, pr. pers. réfléchi de la 3e pers. et des deux genres : *on doit parler rarement de -.* ‖ *Rentrer en soi-même,* réfléchir. ‖ *Revenir à -,* reprendre ses esprits. ‖ *De -, en -,* de sa nature : *la vertu est aimable en -.* ‖ *Cette chose va de -,* elle est toute naturelle. ‖ *Prendre sur -,* accepter la responsabilité de.

soi-disant adj. inv. Qui se prétend : *un - philosophe.* ‖ Loc. adv. A ce qu'on prétend : *il est parti, - pour revenir.*

soie nf. Fil fin et brillant produit par le ver à *soie.* ‖ L'étoffe qu'on en fait.

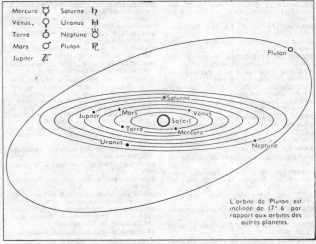

Mercure ☿   Saturne ♄
Vénus ♀   Uranus ⛢
Terre ♁   Neptune ♆
Mars ♂   Pluton ♇
Jupiter ♃

Pluton

Saturne

Jupiter   Mars   Vénus

Soleil

Terre   Mercure

Uranus   Neptune

L'orbite de Pluton est inclinée de 17° 6 par rapport aux orbites des autres planètes.

|| Poil dur et raide du porc, du sanglier, etc. || *- artificielle,* rayonne. || Partie métallique d'un couteau qui entre dans le manche.

soierie nf. Etoffe de soie. || Fabrique de soie.

soif nf. Désir, besoin de boire. || *Fig.* Désir immodéré : *- de l'or.*

soigner vt. Donner des soins à. || Apporter des soins à : *- son style.*

soigneur nm. Qui soigne un champion sportif.

soigneux, euse adj. Qui apporte du soin à ce qu'il fait. || Fait avec soin : *- recherches.*

soin nm. Attention, application. || *Etre aux petits -,* être attentionné.

soir nm. Fin du jour. || *Fig.* Déclin : *le - de la vie.*

soirée nf. Espace de temps depuis la chute du jour jusqu'au coucher. || Réunion du soir.

soit conj. alternative mise pour *ou : - l'un, - l'autre.* || En supposant : *- 4 à multiplier par 3.* || Ellipse de « que cela soit, je le veux bien » : *vous aimez mieux cela, -.* || **Tant - peu** loc. adv., très peu.

soixantaine nf. Soixante ou environ. || *La -,* soixante ans.

soixante adj. num. Nombre composé de six dizaines. || Soixantième : *page -.* || Nm. : *- de moyenne.*

soixantième adj. num. ord. de *soixante.* || Nm. : *un -.*

soja nm. V. SOYA.

sol nm. Terre du point de vue agricole : *- fertile.* || Terrain sur lequel on bâtit, on marche : *- peu solide.*

sol nm. Cinquième note de la gamme d'*ut* : *la clef de « sol ».*

solaire adj. Relatif au soleil.

solanacées ou **solanées** nfpl. *Bot.* Dicotylédones renfermant des plantes alimentaires et médicinales (pomme de terre, jusquiame).

solarium nm. Etablissement de cure par la lumière solaire.

soldat nm. Homme de guerre. || Militaire non gradé. || *Par ext.* Celui qui s'est donné au métier des armes.

soldatesque nf. Troupe de soldats indisciplinés. || Adj. Qui a la rudesse du soldat : *manières -.*

solde nf. Traitement des militaires. || *Etre à la - de quelqu'un,* être payé par lui, être à son service.

solde nm. *Comm.* Reliquat à payer sur un compte. || Marchandises vendues au rabais.

solder vt. Acquitter une dette, un compte. || Vendre au rabais.

soldeur, euse n. Marchand de soldes.

sole nf. Poisson plat, ovale, à chair délicate. || Dessous du pied d'un cheval, d'un âne, etc. || Chaque partie d'une terre alternativement soumise à l'assolement. || Partie horizontale d'un four recevant le métal à affiner.

solécisme nm. Faute contre la syntaxe, comme « quoiqu'il **est** tard » pour « quoiqu'il **soit** tard ».

soleil nm. Astre lumineux au centre des orbites de la Terre et des planètes. || Lumière. || Fleur jaune, appelée aussi *tournesol*. || *Coup de -*, insolation.

solen [lèn'] nm. Genre de mollusques dits *couteaux*.

solennel, elle [la] adj. Accompagné des cérémonies de la religion : *service -*. || Pompeux : *entrée -*. || Authentique : *acte -*. || Emphatique : *ton -*.

solennellement [la] adv. D'une manière solennelle.

solenniser [la] vt. Célébrer chaque année avec solennité.

solennité [la] nf. Fête solennelle. || Cérémonie publique qui accompagne une fête. || Emphase.

solénoïde nm. Fil métallique enroulé en hélice, et qui, parcouru par un courant, possède les propriétés d'un aimant.

solfatare nf. Soufrière.

solfège nm. Action de solfier. || Recueil de morceaux de chant, pour l'étude de la musique.

solfier vt. (c. *prier*.) Chanter en nommant les notes.

solidaire adj. Lié à d'autres une obligation, une responsabilité communes.

solidariser vt. Rendre solidaire. || Se - [avec] vpr. S'unir à.

solidarité nf. Dépendance des hommes entre eux : - *humaine*.

solide adj. Qui a une forme propre, par opposition à *fluide* : *corps -*. || Vigoureux. || Capable de durer : *bâtiment -*. || Qui a de la valeur : *de raisons*. || Nm. Corps solide. || *Math*. Espace limité par des surfaces.

solidification nf. Passage de l'état liquide à l'état solide.

solidifier vt. (c. *prier*.) Rendre solide.

solidité nf. Qualité de ce qui est solide : *la - d'une étoffe*.

soliloque nm. Monologue.

solin nm. Intervalle entre les solives, les tuiles. || Enduit de plâtre ou saillie de pierre ou de métal.

solipède adj. et nm. Dont le pied n'a qu'un seul doigt, un seul sabot, comme le cheval.

soliste n. Qui exécute un solo. || Adj. : *violon -*.

solitaire adj. Qui est seul, aime à être, à vivre seul. || Placé dans un lieu écarté, désert : *hameau -*. || *Ver -*, le ténia. || Nm. Anachorète. || Vieux sanglier. || Jeu de patience que l'on joue seul. || Diamant monté seul.

solitude nf. Etat d'une personne seule, retirée du monde. || Lieu désert.

solive nf. Pièce de charpente destinée à soutenir un plancher.

soliveau nm. Petite solive. || *Fig.* et *fam.* Homme sans caractère, d'une complète inutilité.

sollicitation nf. Action de solliciter; prière instante.

solliciter vt. Exciter à : - *à la révolte*. || Demander avec déférence. || *Fig.* Attirer : - *l'attention*.

solliciteur, euse n. Qui sollicite.

sollicitude nf. Soin attentif, affectueux : - *maternelle*.

solo nm. *Mus.* Morceau joué ou chanté par un seul. || Pl. des *solos* ou *soli*.

solognot, e adj. et n. De la Sologne.

solstice nm. Point, temps où le Soleil est à son plus grand éloignement de l'équateur (21 juin - 21 décembre).

solubilité nf. Qualité de ce qui est soluble.

soluble adj. Qui peut se dissoudre dans un liquide. || *Fig.* Qui peut être résolu : *problème -*.

solution nf. Dénouement d'une difficulté; réponse à un problème, à une question. || *Phys.* Action de se dissoudre. || - *de continuité*, v. CONTINUITÉ.

solvabilité nf. Etat d'une personne solvable.

solvable adj. En état de payer.

solvant nm. Corps qui en dissout un autre.

sombre adj. Peu éclairé. || Obscur. || Foncé, qui tire sur le brun. || *Fig.* Mélancolique. || Inquiétant : - *présages*.

sombrer vi. *Mar.* Couler. || *Fig.* Etre anéanti : *fortune qui sombre*.

sombrero nm. Chapeau de feutre à larges bords.

sommaire adj. Bref, succinct. || Expéditif : *justice -*. || Nm. Analyse abrégée d'un ouvrage.

sommation nf. Action de sommer. || Ordre de se disperser adressé à une foule ameutée.

somme nf. Quantité d'argent. || Résultat de l'addition. || *Fig.* Ensemble : *la - des connaissances*. || **- toute**, **en -** loc. adv., enfin, en résumé.

somme nf. Charge. || *Bête de -*, animal propre à porter des fardeaux.

somme nm. *Fam.* Court sommeil.

sommeil nm. Repos dû à l'assoupissement des sens. || Envie de dormir : *avoir -*. || *Fig.* Inactivité : *l'hiver est le - de la nature.* || *Le - éternel,* la mort.

sommeiller vi. Dormir légèrement. || *Fig.* Etre en repos : *la nuit, quand tout sommeille.*

sommelier, ère n. Qui a charge de la cave d'un restaurant.

sommer vt. Mettre en demeure sous forme impérative.

sommet nm. Le haut, la partie la plus élevée. || *Géom.* - d'un angle, point de rencontre de ses deux côtés. || *Fig.* Degré suprême, point culminant : *le - des grandeurs.*

sommier nm. Cadre à ressorts qui, dans un lit, supporte le matelas. || Coffre d'un orgue. || Pierre d'appui d'un arc ou d'une voûte. || *Comm.* Gros registre de comptabilité.

sommité nf. Partie la plus élevée de certaines choses. || *Fig.* Personne distinguée, éminente.

somnambule adj. et n. Qui marche, agit, parle en dormant.

somnambulisme nm. Automatisme ambulatoire pendant le sommeil.

somnifère adj. et nm. Qui provoque le sommeil.

somnolence nf. Assoupissement.

somnolent, e adj. Relatif à la somnolence : *état -.*

somnoler vi. Etre dans un demi-sommeil.

somptuaire adj. Relatif à la dépense : *frais -.* || *Lois -,* destinées à restreindre le luxe et la dépense.

somptueux, euse adj. D'une grande richesse : *festin -.*

somptuosité nf. Grande et magnifique dépense.

son, sa, ses adj. poss. De lui, d'elle, d'eux, d'elles, de soi.

son nm. Bruit. || Ce qui frappe l'ouïe.

son nm. Enveloppe des graines de céréales, séparée par la mouture.

sonate nf. Pièce de musique instrumentale : *une - de Mozart.*

sonatine nf. Sonate d'exécution facile : *les - de Clementi.*

sondage nm. Action de sonder ; son résultat.

sonde nf. Appareil servant à sonder. || Tarière servant à forer des trous dans le sol. || *Chir.* Instrument pour explorer une plaie, un canal.

sonder vt. Reconnaître, au moyen de la sonde, la profondeur de l'eau, la nature d'un terrain, l'état d'une plaie, etc. || *Fig.* Chercher à pénétrer la pensée : *- les dispositions de quelqu'un.*

sondeur nm. Personne qui sonde.

songe nm. Rêve pendant le sommeil. || *Fig.* Illusion : *c'était un - !*

songe-creux nm. inv. Homme qui nourrit son esprit de chimères.

songer vt. ind. (c. *manger*). Avoir l'intention de : *- à se marier.* || Penser : *- à l'avenir.*

songerie nf. Rêverie.

songeur, euse n. Personne qui s'abandonne à la rêverie. || Adj. Préoccupé : *un air -.*

sonique adj. Relatif au son : *vitesse -.*

sonnaille nf. Clochette des bestiaux.

sonnailler vi. Sonner souvent.

sonner vi. Rendre un son. || Faire rendre un son. || Etre annoncé par un son : *la messe sonne.* || *Fig. Ce mot sonne mal,* choque l'oreille. || *Faire - une action,* la faire valoir. || Vt. Tirer un son de : *- les cloches.* || Avertir par des sons : *- le tocsin.* || Appeler : *- un domestique.* || **Sonnant, e** part. et adj. *Espèces -,* monnaie d'or ou d'argent. || **Sonné,** e part. et adj. *Fig.* Révolu : *soixante ans -.*

sonnerie nf. Son de plusieurs cloches ensemble. || Totalité des cloches d'une église. || Mécanisme qui sert à faire sonner une pendule, etc. : *la - est dérangée.* || *Air - de clairon.*

sonnet nm. Poésie, de quatorze vers, soumise à des règles fixes.

sonnette nf. Clochette pour appeler ou pour avertir.

sonneur nm. Qui sonne les cloches, joue du cor, etc.

sonomètre nm. Instrument de physique pour étudier les sons.

sonore adj. Qui rend des sons. || Qui renvoie le son. || Bruyant.

sonorisation nf. Action de sonoriser.

sonoriser vt. Rendre sonore.

sonorité nf. Qualité de ce qui est sonore : *- d'un violon.*

sophisme nm. Faux raisonnement qui a l'apparence de la vérité.

sophiste nm. Qui fait des raisonnements faux.

sophistique adj. De la nature du sophisme : *raisonnement -.*

sophistiquer vt. Falsifier une liqueur, une drogue.

sophora nm. Légumineuse papilionacée ornementale.

soporifique adj. et nm. Qui a la vertu d'endormir. || *Fig.* Ennuyeux.

soprano nm. Voix aiguë la plus élevée. || Personne qui a cette voix. || Pl. des *sopranos* ou des *soprani.*

sorbe nf. Fruit du sorbier.

sorbet nm. Boisson à demi glacée, à base de sucre et de jus de fruits. || Sorte de glace sans crème.

sorbetière nf. Appareil servant à préparer les glaces et les sorbets.

sorbier nm. Arbre à bois dur.

sorcellerie nf. Opération de sorcier. || *Par ext.* Tours d'adresse qui paraissent surnaturels.

sorcier, ère n. et adj. Personne à laquelle le peuple attribuait un pouvoir diabolique. || *Fig.* et *fam.* Personne fort habile : *il faut être - pour lire ce grimoire.* || *Cela n'est pas -,* n'est pas difficile.

sordide adj. Sale, dégoûtant. || *Avarice -,* avarice répugnante.

sordidité nf. Etat de ce qui est sordide, sale, vil. || Ladrerie.

sorgho nm. Graminée alimentaire des régions chaudes, cultivée en France comme plante fourragère.

sornette nf. Discours frivole, bagatelle. (S'emploie surtout au plur.)

sort nm. Destinée. || Hasard. || Etat de fortune, condition : *un - heureux.* || *Le - en est jeté,* le parti en est pris. || Maléfices : *jeter un -.*

sortable adj. Convenable.

sortant, e adj. Qui sort. || Dont le mandat vient d'expirer : *député -.* || Nm. Personne qui sort.

sorte nf. Espèce, genre. || Façon : *s'y prendre de telle ou telle -.* || **En quelque** - loc. adv., pour ainsi dire. || **De -, en** - **que** loc. conj., si bien que, de manière que.

sortie nf. Action de sortir. || Issue. || *Fig.* et *fam.* Emportement brusque et violent. || *- de bal,* manteau de soirée. || *- de bain,* peignoir. || **A la - de** loc. prép., au moment où l'on sort de : *à la - du spectacle.*

sortilège nm. Maléfice de sorcier.

sortir vi. (*Je sors, n. sortons. Je sortais, n. sortions. Je sortis. Je sortirai. Je sortirais. Sors, sortons, sortez. Q. je sorte. Q. je sortisse, qu'il sortît. Sortant. Sorti, e.*) Passer du dedans au-dehors. || Pousser au-dehors : *les blés sortent de terre.* || *Fig.* Arriver à la fin de : *- de l'hiver ; - de maladie.* || S'écarter, se dégager : *- du sujet ; - d'embarras.* || Echapper : *- de la mémoire.* || Etre issu : *- de bonne famille.* || *Fig. - des bornes,* les dépasser. || *- de ses gonds,* se mettre en colère. || Vt. Mettre dehors : *- la voiture.* || V. impers. S'exhaler : *il sort de ces fleurs une douce odeur.* || **Au - de** loc. prép., au moment où l'on sort de : *au- de l'école.*

S. O. S. Signal de détresse des navires ou avions, lancé par radio.

sosie nm. Personne qui ressemble parfaitement à une autre.

sot, sotte adj. Dénué de jugement. || *Par ext.* Embarrassé, confus : *il reste*

tout -. || Fâcheux : *- affaire.* || N. : *c'est un -.*

sotie nf. (de *sot*). Pièce comique et satirique des xive et xve s.

sot-l'y-laisse nm. inv. Morceau délicat au-dessus du croupion d'une volaille.

sottise nf. Manque d'esprit et de jugement. || Action sotte. || Injure.

sottisier nm. Recueil de sottises.

sou nm. Ancienne monnaie valant la vingtième partie du franc. || *Fig. N'avoir pas le -,* être sans argent. || *- à - loc. adv.,* par petites sommes.

soubassement nm. Base d'une construction.

soubresaut nm. Saut brusque. || *Fig.* Emotion subite.

soubrette nf. Suivante de comédie. || *Par ext.* Femme de chambre.

souche nf. Partie du tronc de l'arbre restée en terre après que l'arbre a été coupé. || *Fig.* et *fam.* Personne stupide. || *Généal.* Personnage dont descend une famille. || Partie qui reste des feuilles d'un registre, pour vérifier l'authenticité de la partie détachée.

souci nm. Préoccupation, inquiétude.

souci nm. Composée ornementale, à fleurs jaunes.

soucier (se) vpr. (c. *prier*). S'inquiéter.

soucieux, euse adj. Inquiet, pensif.

soucoupe nf. Petite assiette qui se place sous une tasse.

soudage nm. Action de souder.

soudain, e adj. Subit : *mort -.* || Adv. Tout à coup : *il apparut -.*

soudaineté nf. Caractère de ce qui est soudain, immédiat.

soudard nm. Vieux soldat. (Se prend auj. en mauv. part.)

soude nf. Plante dont on extrayait autrefois la soude alcali. || Carbonate de sodium retiré des cendres de cette plante et obtenu aujourd'hui à partir du chlorure. || Hydroxyde de sodium (NaOH).

souder vt. Joindre par une soudure.

soudoyer vt. (c. *aboyer*). S'assurer le concours de quelqu'un à prix d'argent : *- des assassins.*

soudure nf. Assemblage de matières métalliques ou synthétiques sous l'action de la chaleur, avec ou sans interposition d'une matière d'apport. || Endroit soudé. || *Composition métallique fusible pour souder.* || *Méd.* Jonction par adhésion.

soue nf. Etable à porcs.

soufflage nm. Procédé de fabrication artisanale de la verrerie.

souffle nm. Vent produit en expulsant de l'air par la bouche. || Respiration.

‖ Agitation de l'air : *un - de vent.* ‖ *Fig.* Inspiration : *le - du génie.*

soufflé nm. Mets léger dont la pâte gonfle à la cuisson. ‖ Adj. : *omelette -.*

souffler vi. Envoyer de l'air avec la bouche. ‖ Mettre l'air en mouvement. ‖ Respirer avec effort. ‖ Reprendre haleine. ‖ Vt. Activer au moyen du vent. ‖ Eteindre : *- la chandelle.* ‖ *- le verre,* le faire enfler en soufflant dans l'intérieur au moyen d'un tube. ‖ *- à quelqu'un sa leçon,* lui dire tout bas les mots qu'il a oubliés. ‖ *Fam.* Oter, enlever : *- un pion.* ‖ *Ne pas mot,* se taire.

soufflerie nf. Ensemble des soufflets d'un orgue, d'une forge, etc. ‖ *- aérodynamique,* installation pour l'essai de prototypes d'avions dans un courant d'air à très grande vitesse.

soufflet nm. Instrument pour souffler. ‖ Couloir pliant de communication entre deux wagons.

soufflet nm. Gifle, claque. ‖ *Fig.* Affront : *il a reçu un rude -.*

souffleter vt. (c. *jeter*). Gifler, outrager.

souffleur nm. Gros cétacé du genre dauphin.

souffleur, euse n. Personne qui souffle leur rôle aux acteurs.

souffrance nf. Douleur physique ou morale. ‖ *Fig. Affaires en -,* en suspens. ‖ *Colis en -,* non réclamé.

souffre-douleur nm. inv. Qui est constamment exposé aux tracasseries des autres.

souffreteux, euse adj. Chétif, malingre : *un enfant -.*

souffrir vt. Ressentir : *- la faim.* ‖ Supporter, endurer : *il ne peut - son frère.* ‖ *- le martyre,* éprouver de grandes douleurs. ‖ Tolérer, permettre : *souffrez que je vous parle.* ‖ Admettre : *cela ne souffre aucun retard.* ‖ Vi. Sentir la douleur : *- comme un damné.* ‖ Etre tourmenté par : *- du manque d'argent.* ‖ Languir : *le commerce souffre.* ‖ **Se -** vpr. Se supporter mutuellement. ‖ **Souffrant,** e part. et adj. *Eglise -,* les âmes du purgatoire.

soufrage nm. Action de soufrer.

soufre nm. Corps simple, solide (S), de couleur jaune, qui produit en brûlant un gaz d'odeur suffocante.

soufrer vt. Poudrer de soufre : *- la vigne.* ‖ Exposer aux vapeurs sulfureuses : *- un tonneau.*

soufrière nf. Carrière de soufre.

soufroir nm. Chambre de blanchiment par combustion du soufre.

souhait nm. Aspiration, désir qu'une chose s'accomplisse. ‖ **A -** loc. adv., selon ses désirs : *tout réussit à -.*

souhaitable adj. Désirable.

souhaiter vt. Désirer, exprimer sous forme de vœux : *- le bonjour.*

souille nf. Lieu où se vautre le sanglier.

souiller vt. Salir. ‖ *Fig.* Déshonorer : *- sa gloire.*

souillon n. *Fam.* Malpropre, qui se salit : *une petite -.*

souillure nf. Tache. ‖ *Fig.* Flétrissure morale : *la - du péché.*

souk nm. Marché arabe.

soûl, e adj. Ivre, rassasié. ‖ Nm. *En avoir tout son -,* autant qu'on peut désirer.

soulagement nm. Diminution d'une douleur physique ou morale.

soulager vt. (c. *manger*). Débarrasser d'une partie d'un fardeau. ‖ *Fig.* Diminuer, adoucir : *- la douleur.* ‖ Secourir : *- les malheureux.* ‖ **Se -** vpr. Se procurer du soulagement.

soûlard, e n. *Pop.* Ivrogne, ivrognesse.

soulaud, e n. *Pop.* Ivrogne, ivrognesse.

soûler vt. *Pop.* Gorger de nourriture, de boisson; enivrer.

soulèvement nm. Grande agitation. ‖ *Fig.* Révolte, insurrection.

soulever vt. (c. *mener*). Elever à petite hauteur. ‖ *Fig.* Exciter l'indignation : *son insolence souleva l'assemblée.* ‖ Pousser à la révolte : *- le peuple.* ‖ *- une question,* la faire naître. ‖ *- le cœur,* dégoûter.

soulier nm. Chaussure qui couvre le pied en tout ou en partie. ‖ *Fig.* et *fam.* Etre dans ses petits -, embarrassé.

soulignement nm. Action de souligner.

souligner vt. Tirer un trait, une ligne sous. ‖ *Fig.* Accentuer par une inflexion de voix : *- un passage.*

soulte nf. Ce que l'une des parties paie à l'autre pour rétablir l'égalité des lots en partage.

soumettre vt. (c. *mettre*). Réduire à l'obéissance. ‖ *Fig.* Proposer au jugement de quelqu'un : *- un projet, une demande.* ‖ **Se -** vpr. Faire sa soumission. ‖ S'en rapporter à.

soumis, e adj. Docile, obéissant.

soumission nf. Action d'obéir. ‖ Engagement écrit de se charger d'un ouvrage, d'une fourniture, etc., à de certaines conditions.

soumissionnaire nm. Celui qui fait une soumission.

soumissionner vt. Souscrire à une soumission.

soupape nf. Obturateur qui règle le mouvement d'un fluide dans un sens donné. ‖ *- de sûreté,* soupape qui s'ouvre d'elle-même sous une certaine pression et prévient ainsi les explosions.

soupçon nm. Doute désavantageux. ‖ Simple conjecture, idée vague. ‖ *Fam.* Très petite quantité : *un - de vin.*

soupçonner vt. Porter ses soupçons sur. ‖ Conjecturer : *- une ruse.*

soupçonneux, euse adj. Défiant.

soupe nf. Aliment composé de bouillon et de tranches de pain. ‖ *Fig.* et *fam. Trempé comme une -,* très mouillé.

soupente nf. Réduit pratiqué dans la hauteur d'une pièce.

souper nm. Repas du soir. (Vx.) ‖ Mets qui le composent. ‖ Repas nocturne.

souper vi. Prendre le repas du soir ou un repas tard dans la nuit.

soupeser vt. (c. *mener*). Lever un fardeau avec la main pour en estimer le poids.

soupeur, euse n. Qui a l'habitude de souper.

soupière nf. Vase à potage.

soupir nm. Respiration forte et prolongée, due à une douleur, à une émotion, etc. ‖ *Rendre le dernier -,* mourir. ‖ *Mus.* Pause qui équivaut à une noire. ‖ Signe qui indique cette pause.

soupirail nm. Ouverture pour aérer et éclairer cave ou sous-sol. ‖ Pl. des *soupiraux.*

soupirant nm. Amoureux.

soupirer vi. Pousser des soupirs. ‖ *Fig.* Désirer : *- après une place.*

souple adj. Flexible, leste. ‖ *Fig.* Docile, soumis.

souplesse nf. Flexibilité, docilité. ‖ *Fig.* Aisance à se plier aux circonstances : *faire preuve de -.*

souquenille nf. Longue blouse. ‖ Vêtement usé.

souquer vt. *Mar.* Raidir, serrer fortement : *- une amarre.* ‖ Vi. Faire effort : *- aux avirons.*

source nf. Eau, liquide qui sourd de terre : *- thermale.* ‖ *Fig.* Origine, cause : *une - de richesses.*

sourcier nm. Homme qui découvre les sources souterraines à l'aide d'une baguette.

sourcil nm. Saillie arquée, revêtue de poils, au-dessus de l'orbite de l'œil. ‖ Ensemble des poils de cette région. ‖ *Fig. Froncer le -,* témoigner du mécontentement.

sourcilier, ère adj. Relatif aux sourcils.

sourciller vi. Remuer le sourcil. ‖ *Fig. Ne pas -,* rester impassible.

sourcilleux, euse adj. *Front -,* front sévère, hautain.

sourd, e adj. Qui ne peut entendre. ‖ *Fam. - comme un pot,* extrêmement sourd. ‖ *Faire la - oreille,* feindre de

ne pas entendre. ‖ *Fig.* Insensible, inexorable : *- à la pitié.* ‖ Caverneux : *voix -.* ‖ Etouffé : *bruit -.* ‖ Incertain; officieux : *une - rumeur.* ‖ Qui se fait secrètement : *guerre -.* ‖ *Douleur -,* interne et peu aiguë. *Lanterne -,* v. LANTERNE. ‖ N. Privé de l'ouïe. ‖ *Fam.* Frapper comme *un -,* sans pitié. ‖ *Crier comme un -,* très fort.

sourdine nf. Appareil adapté à certains instruments pour en assourdir le son. ‖ *En - loc. adv.,* sans bruit.

sourd-muet, sourde-muette n. Personne privée de l'ouïe et de la parole. ‖ Pl. des *sourds-muets,* des *sourdes-muettes.*

sourdre vi. (*Il sourd, ils sourdent;* le reste est inusité.) Sortir de terre, en parlant des eaux.

souriceau nm. Petit d'une souris.

souricière nf. Piège à souris. ‖ *Fig.* et *fam.* Lieu surveillé par la police; piège.

sourire vi. (c. *rire*). Rire sans éclat, légèrement. ‖ *Fig.* Présenter un aspect agréable : *la nature sourit.* ‖ Favoriser : *le sort lui sourit.* ‖ Plaire, convenir : *cette affaire me sourit.*

sourire nm. Action de sourire; rire léger : *- engageant.*

souris nf. Petit mammifère rongeur, de pelage gris clair, voisin du rat.

sournois, e adj. et n. Qui cache ce qu'il pense. ‖ Dissimulé.

sournoiserie nf. Dissimulation hypocrite.

sous prép. Marque une situation inférieure : *- la table.* ‖ Le lieu : *se réfugier - un pont.* ‖ Le temps : *- la IIIe République.* ‖ Le moyen : *- un faux nom.* ‖ La cause : *- l'empire de la colère.* ‖ La manière : *voir les choses - un mauvais jour.* ‖ La condition : *- votre responsabilité.* ‖ La dépendance : *il a cent hommes - ses ordres.* ‖ *- peu,* bientôt. ‖ *- ce rapport,* à cet égard. ‖ *- prétexte de,* en feignant de. ‖ *- clef,* enfermé. ‖ *- les drapeaux,* à l'armée. ‖ *- les armes,* sur pied et en armes. ‖ *Avoir - la main,* à sa portée.

sous-agent nm. Celui dont l'emploi est inférieur à celui d'agent. ‖ Pl. des *sous-agents.*

sous-alimentation nf. Alimentation insuffisante.

sous-alimenter vt. Alimenter insuffisamment.

sous-bois nm. Végétation qui pousse sous les arbres d'une forêt. ‖ Peinture représentant un intérieur de forêt.

sous-chef nm. Qui dirige en l'absence du chef. ‖ Pl. des *sous-chefs.*

sous-clavier, ère adj. *Anat.* Sous la clavicule.

sous-commission nf. Commission réduite, nommée pour préparer le travail d'une autre commission.

souscripteur nm. Qui prend part à une souscription.

souscription nf. Action de souscrire; son résultat.

souscrire vt. (c. *écrire*). Signer au bas d'un acte pour l'approuver. ‖ Vt. ind. Consentir : - *à un arrangement*. ‖ Vi. Prendre part à une souscription : - *à un emprunt*. ‖ Commander, à un prix convenu, un ouvrage qui doit être publié.

sous-cutané, e adj. Sous la peau.

sous-développement nm. Etat d'un pays peu développé sur le plan économique, au faible niveau de vie moyen.

sous-diaconat nm. Le premier des ordres sacrés chez les catholiques.

sous-diacre nm. Promu au sous-diaconat. ‖ Pl. des *sous-diacres*.

sous-dominante nf. *Mus.* Quatrième note d'un ton quelconque, immédiatement au-dessous de la dominante. ‖ Pl. des *sous-dominantes*.

sous-entendre vt. Laisser entendre quelque chose sans le dire. ‖ *Gramm.* Se dit des mots qu'on n'exprime pas et qui peuvent être aisément suppléés. ‖ **Sous-entendu** part., adj. et nm. : *cet ouvrage est plein de sous-entendus*.

sous-estimer vt. Apprécier au-dessous de sa valeur.

sous-fifre nm. *Fam.* Individu occupant un emploi tout à fait secondaire. ‖ Pl. des *sous-fifres*.

sous-gouverneur nm. Gouverneur en second. ‖ Pl. des *sous-gouverneurs*.

sous-jacent, e adj. Placé dessous.

sous-lieutenant nm. Premier grade de la hiérarchie des officiers des armées de terre et de l'air. ‖ Pl. des *sous-lieutenants*.

sous-locataire n. Qui sous-loue au locataire principal. ‖ Pl. des *sous-locataires*.

sous-location nf. Action de sous-louer. ‖ Pl. des *sous-locations*.

sous-louer vt. Donner à loyer ce dont on est locataire. ‖ Prendre à loyer du principal locataire une portion de maison.

sous-main nm. inv. Accessoire de bureau sur lequel on place son papier pour écrire. ‖ **En** - loc. adv., en cachette.

sous-marin, e adj. Qui est sous la mer : *volcan -*. ‖ Nm. *Mar.* Bâtiment de guerre conçu pour naviguer en plongée. (Pl. des *sous-marins*.)

sous-maxillaire adj. Situé sous la mâchoire.

sous-multiple adj. et nm. Se dit d'une quantité contenue un nombre exact de fois dans une autre.

sous-œuvre nm. *En -*, se dit d'un travail exécuté sous les fondations, sans abattre les bâtiments que l'on soutient avec des étais.

sous-officier nm. Militaire ayant un grade inférieur à celui de sous-lieutenant. ‖ Pl. des *sous-officiers*.

sous-ordre nm. Soumis aux ordres d'un autre. ‖ **En** - loc. adv., d'une manière subordonnée.

sous-pied nm. Bande qui passe sous le pied et s'attache au bas d'une guêtre ou d'un pantalon. ‖ Pl. des *sous-pieds*.

sous-préfecture nf. Subdivision de préfecture, administrée par un sous-préfet. ‖ Ville où réside le sous-préfet. ‖ Fonction, bureaux du sous-préfet. ‖ Pl. des *sous-préfectures*.

sous-préfet nm. Fonctionnaire qui administre un arrondissement. ‖ Pl. des *sous-préfets*.

sous-production nf. Production inférieure à la normale.

sous-produit nm. Produit secondaire obtenu au cours d'une fabrication.

sous-secrétaire nm. *Sous-secrétaire d'Etat*, membre du gouvernement immédiatement au-dessous du ministre. ‖ Pl. des *sous-secrétaires*.

sous-secrétariat nm. Fonction, bureau de sous-secrétaire. ‖ Pl. des *sous-secrétariats*.

soussigné, e adj. et n. Qui a signé au bas d'un acte : *le - déclare*.

sous-sol nm. Couche sur laquelle repose la terre végétale. ‖ Partie d'une maison située sous le rez-de-chaussée. ‖ Pl. des *sous-sols*.

sous-station nf. Station secondaire d'un grand réseau de distribution d'énergie électrique. ‖ Pl. des *sous-stations*.

sous-titre nm. Titre placé après le titre principal d'un livre. ‖ Texte sous l'image d'un film. ‖ Pl. des *sous-titres*.

soustraction nf. Action de soustraire : - *frauduleuse*. ‖ *Arithm.* Opération par laquelle on retranche un nombre d'un autre de même espèce.

soustraire vt. (c. *traire*). Prendre par adresse ou par fraude. ‖ *Fig.* Faire échapper à : *rien ne peut le - à ma vengeance*. ‖ *Arithm.* Retrancher un nombre d'un autre. ‖ **Se** - vpr. Se dérober : *se - au châtiment*.

sous-traitant nm. Qui se charge d'une entreprise en seconde main. ‖ Pl. des *sous-traitants*.

sous-ventrière nf. Large courroie attachée aux limons et qui passe sous le ventre du cheval. ‖ Pl. des *sous-ventrières*.

sous-verge nm. inv. Cheval attelé, non monté, placé à la droite d'un autre attelé et qui porte le cavalier. ‖ *Fam.* Adjoint d'un chef.

sous-vêtement nm. Vêtement de dessous. ‖ Pl. des *sous-vêtements*.

soutache nf. Tresse de galon.

soutacher vt. Orner de soutache.

soutane nf. Robe des ecclésiastiques.

soutanelle nf. Petite soutane.

soute nf. Magasin dans l'entrepont ou dans la cale d'un bateau.

soutenance nf. Action de soutenir une thèse : *une brillante -*.

soutènement nm. Action de soutenir. ‖ Appui : *mur de -*.

souteneur nm. Celui qui soutient, qui défend. (Se prend en mauv. part.)

soutenir vt. (c. *tenir*). Supporter, maintenir. ‖ *Fig.* Défendre : *- l'innocence.* ‖ Résister à : *- une attaque.* ‖ Affirmer : *je vous soutiens que...* ‖ Secourir : *- une famille.* ‖ Encourager : *- le moral.* ‖ Appuyer : *- des troupes.* ‖ *- sa réputation,* s'en montrer digne. ‖ *- la conversation,* ne pas la laisser languir. ‖ *- une thèse,* faire valoir ses arguments et réfuter les objections. ‖ *- une épreuve,* la supporter avec courage. ‖ **Se -** vpr. Se tenir debout. ‖ S'entraider, se prêter assistance. ‖ Ne pas enfoncer : *se - sur l'eau.* ‖ *Fig.* Continuer, se maintenir : *l'intérêt d'un bon roman se soutient jusqu'au bout.* ‖ **Soutenu,** e part. et adj. Constamment élevé : *style -.* ‖ Qui ne languit pas : *intérêt -.*

souterrain, e adj. Sous terre. ‖ Nm. Galerie qui s'étend sous terre.

soutien nm. Ce qui soutient. ‖ *Fig.* Appui, défenseur : *le - du trône.*

soutien-gorge nm. Pièce du costume féminin servant à soutenir la poitrine. ‖ Pl. des *soutiens-gorge.*

soutier nm. Matelot qui travaille dans les soutes et, en particulier, matelot chargé d'alimenter les chaudières.

soutirage nm. Action de soutirer.

soutirer vt. Transvaser du vin ou tout autre liquide. ‖ *Fig.* Obtenir par ruse ou par adresse : *- de l'argent.*

souvenir nm. Impression, idée que la mémoire conserve d'une chose. ‖ La faculté même de la mémoire. ‖ Objet qui rappelle un fait, la mémoire de quelque chose ou de quelqu'un.

souvenir (se) vpr. (c. *venir*). Avoir mémoire d'une chose. ‖ *Il s'en souviendra,* il s'en repentira. ‖ V. impers. : *vous souvient-il que...*

souvent adv. Fréquemment.

souverain, e adj. Suprême : *le - bien.* ‖ Qui s'exerce sans contrôle : *puissance -.* ‖ Extrême : *- mépris.* ‖ Efficace : *remède -.* ‖ *Le - pontife,* le pape. ‖ *Cour -,* tribunal qui juge en dernier ressort. ‖ N. Celui, celle en qui réside l'autorité souveraine.

souveraineté nf. Autorité suprême. ‖ Territoire d'un prince souverain.

soviet nm. Conseil des délégués ouvriers, paysans et soldats en U.R.S.S.

soviétique adj. Relatif aux soviets. ‖ *Par ext.* Relatif à l'U.R.S.S.

soviétiser vt. Soumettre au régime des soviets.

soya ou **soja** nm. Légumineuse d'origine asiatique aux graines riches en matière azotée et en matière grasse.

soyeux, euse adj. De la nature de la soie. ‖ Fin et doux au toucher.

spacieux, euse adj. Vaste, étendu.

spadassin nm. Bretteur, ferrailleur.

spaghetti nm. Macaronis longs, minces et sans trou.

spahi nm. Cavalier turc. ‖ En Afrique du Nord, cavalier appartenant à une formation composée surtout d'indigènes.

sparadrap nm. Bande de tissu adhésif, destinée à rapprocher les bords d'une plaie.

spardeck nm. *Mar.* Pont qui s'étend sans interruption de l'avant à l'arrière.

sparte nm. Alfa.

sparterie nf. Corde, natte, tapis, panier, etc., en alfa ou en crin végétal tressé.

spartiate adj. et n. De Sparte. ‖ *Fig.* Austère, comme les habitants de Sparte.

spasme nm. Contraction involontaire et convulsive des muscles.

spasmodique adj. Qui a rapport au spasme : *contraction -.*

spath nm. Minéral à structure lamelleuse. ‖ *- d'Islande,* carbonate de calcium cristallisé.

spatial, e, aux adj. Relatif à l'espace : *géométrie -.* ‖ Relatif à l'espace intersidéral : *le lancement d'un navire -.*

spatule nf. Instrument de métal, de bois, d'os, rond à un bout et plat à l'autre. ‖ Genre d'échassiers dont le bec a la forme d'une spatule.

speaker [*spi-keur*], **ine** n. Personne qui annonce les programmes, les nouvelles à la radio. ‖ Président de la Chambre des communes, en Angleterre.

spécial, e, aux adj. Particulier, propre à une espèce de personnes ou de choses : *aptitude -.* ‖ *Mathématiques -* (ou *spéciale* nf.), classe de mathématiques supérieures.

spécialisation nf. Action de spécialiser, de se spécialiser.

spécialiser vt. Désigner spécialement. || Se - vpr. Adopter une spécialité.

spécialiste adj. et n. Qui s'adonne à une spécialité.

spécialité nf. Caractère de ce qui est spécial. || Branche d'étude ou d'activité à laquelle on s'adonne particulièrement. || *Pharm.* Médicament que son inventeur a seul le droit de fabriquer.

spécieux, euse adj. Qui n'a qu'une apparence de vérité et de justice.

spécification nf. Expression, détermination spéciale d'une chose.

spécificité nf. Qualité de ce qui est spécifique : - *d'un microbe*.

spécifier vt. (c. *prier*). Déterminer, préciser : - *taille et pointure*.

spécifique adj. Propre, spécial à l'espèce : *caractère -*. || Caractéristique d'une espèce morbide : *le microbe - de la peste*. || *Poids -*, quotient du poids d'un corps par son volume. || Nm. Médicament qui agit spécialement sur une maladie : *la quinine est un - contre la fièvre*.

spécimen nm. Echantillon, modèle.

spectacle nm. Tout ce qui attire le regard, l'attention. || Représentation théâtrale, cinématographique.

spectaculaire adj. Propre à constituer un spectacle. || Qui fait impression.

spectateur, trice n. Témoin oculaire d'un événement. || Qui assiste à une représentation.

spectral, e, aux adj. Qui a le caractère d'un spectre, d'un fantôme. || Qui concerne un spectre lumineux.

spectre nm. Fantôme, apparition fantastique, imaginaire. || *Fig.* et *fam.* Personne grande, hâve et maigre. || Epouvantail : *le - de la guerre*. || *Phys.* - *lumineux*, ensemble des rayons colorés résultant de la décomposition d'une lumière complexe.

spectroscope nm. Appareil pour étudier le spectre lumineux.

spectroscopie nf. Etude des spectres lumineux.

spéculateur, trice n. Qui spécule (banque, commerce, etc.).

spéculatif, ive adj. Qui s'attache à la théorie seule : *esprit -*.

spéculation nf. Action de spéculer; son résultat.

spéculer vi. Méditer, raisonner, faire de la théorie pure : *- sur la métaphysique*. || Faire des combinaisons financières, commerciales, industrielles : *- sur les grains*.

spéculum nm. Instrument de chirurgien pour l'examen direct d'organes internes. || Pl. des *spéculums*.

speech [*spitch'*] nm. *Fam.* Discours de circonstance : *faire un -*.

spéléologie nf. Exploration et étude des gouffres.

spéléologue n. Qui s'occupe de spéléologie.

spermaceti nm. Matière grasse extraite de la tête du cachalot.

sphénoïde adj. et nm. Os de la tête, à la base du crâne.

sphère nf. Corps solide limité par une surface courbe dont tous les points sont à égale distance d'un point intérieur appelé *centre*. || *- céleste*, sphère imaginaire sur la surface de laquelle les étoiles semblent attachées. || *Fig.* Etendue de pouvoir, de connaissances, d'activités, etc. : *la - des connaissances humaines*.

sphéricité nf. Etat de ce qui est sphérique.

sphérique adj. En forme de sphère. || Relatif à la sphère : *triangles -*.

sphéroïde nm. Solide dont la forme approche de celle de la sphère.

sphincter nm. Muscle annulaire fermant ou resserrant un orifice.

sphinx nm. Chez les Egyptiens, monstre fabuleux à corps de lion et à tête humaine. || *Fig.* Personnage impénétrable, individu habile à poser des questions difficiles, des problèmes. || *Entom.* Papillon nocturne.

sphygmographe nm. Instrument enregistreur des battements du pouls.

spicule nm. Corpuscule siliceux qui forme le squelette des éponges.

spider nm. Place ménagée derrière la capote d'une automobile.

spiegel [*ghèl*] n. m. Fonte au manganèse.

spinal, e, aux adj. Relatif à l'épine du dos.

spiral, e, aux adj. En forme de spirale. || Nm. Petit ressort de montre qui meut le balancier.

spirale nf. Courbe non fermée et tournant autour d'un point central de départ dont elle s'éloigne de plus en plus. || Adj. : *ligne, pompe -*.

spire nf. Tour d'une spirale ou d'une hélice.

spirille nm. Bactérie en forme de filament spirale.

spirite n. Qui prétend communiquer avec les esprits des morts par l'intermédiaire d'un médium.

spiritisme nm. Doctrine des spirites.

spiritualiser vt. Donner à la matière les qualités de l'esprit.

spiritualisme nm. Doctrine philosophique qui admet l'existence de l'esprit comme réalité substantielle (par opposition au *matérialisme*).

spiritualiste n. Partisan du spiritualisme. || Adj. : *philosophe -*.

spiritualité nf. Qualité de ce qui est esprit : *la - de l'âme.*

spirituel, elle adj. Qui est esprit, incorporel : *les anges sont des êtres -.* || Relatif à la religion, à la vie de l'âme : *exercices -.* || Relatif à l'Eglise : *pouvoir -.* || *Concert -,* de musique religieuse. || Qui indique de l'esprit : *homme -; réponse -; physionomie -.* || Nm. : *le - et le temporel.*

spiritueux, euse adj. Alcoolisé. || Nm. : *proscrire les -.*

spirogyre nm. Algue verte d'eau douce.

spiromètre nm. Instrument pour mesurer la capacité respiratoire des poumons.

spleen [*splin'*] nm. Ennui, tristesse sans cause apparente.

splendeur nf. Grand éclat de lumière. || *Fig.* Grand éclat d'honneur et de gloire : *la - d'un règne.* || Magnificence.

splendide adj. D'un grand éclat lumineux. || Somptueux.

splénique adj. Qui concerne la rate.

spoliateur, trice adj. et n. Qui spolie : *une mesure -.*

spoliation nf. Action de spolier.

spolier vt. (c. *prier*). Dépouiller, déposséder par fraude ou par violence.

spongiaires nmpl. Division des cœlentérés, comprenant les éponges.

spongieux, euse adj. De la nature de l'éponge : *tissu -.*

spontané, e adj. Que l'on fait de soi-même. || **Spontanément** adv.

spontanéité nf. Qualité de ce qui est spontané.

sporadique adj. Qui existe çà et là. || *Pathol.* Se dit des maladies qui n'atteignent que quelques individus isolément.

sporange nm. Petit sac renfermant les spores de cryptogames.

spore nf. Organe reproducteur des cryptogames.

sport nm. Pratique méthodique des exercices physiques.

sportif, ive adj. Relatif aux sports. || N. Qui pratique les sports.

sportsman ou **sportman** nm. Amateur de sports. || Pl. des *sportsmen* ou *sportmen.*

sportswoman ou **sportwoman** nf. Femme qui s'adonne aux sports. || Pl. des *sportswomen* ou *sportwomen.*

sporule nf. Petite spore.

spot nm. Tache lumineuse projetée sur un écran.

sprat nm. Petit poisson de l'Atlantique, utilisé comme appât.

sprint [*int'*] nm. *Sports.* Accélération de l'allure à l'approche du but.

sprinter [*sprin'-teur*] nm. *Sports.* Coureur de vitesse sur petites distances.

sprinter [*sprin'té*] vi. *Sports.* Accélérer en arrivant au but.

spumeux, euse adj. Couvert, rempli d'écume.

squale [*skou-al'*] nm. Syn. de REQUIN.

squame [*skou-am'*] nf. Ecaille, lamelle qui se détache de la peau.

squameux, euse adj. Couvert d'écailles.

square nm. Jardin public.

squelette nm. Charpente osseuse des vertébrés. || *Fig.* Personne extrêmement maigre et décharnée.

squelettique adj. Relatif au squelette. || *Maigreur -,* maigreur extrême.

squirre ou **squirrhe** nm. Tumeur cancéreuse dure et indolore.

squirreux, euse adj. De la nature du squirre.

stabilisateur nm. Dispositif qui maintient la stabilité d'un véhicule (avion, navire, etc.), en corrigeant ses écarts de direction.

stabilisation nf. Action de stabiliser.

stabiliser vt. Rendre stable. || Donner à une monnaie une valeur fixe.

stabilité nf. Etat de ce qui est stable.

stable adj. Dans un état, une situation ferme, solide, durable. || Se dit d'une combinaison chimique difficile à décomposer. || *Equilibre -,* état d'un corps qui, dérangé de sa position, y revient de lui-même.

stabulation nf. Séjour des animaux dans l'étable.

staccato adv. *Mus.* Mot indiquant que, dans une suite de notes rapides, chacune doit être nettement détachée.

stade nm. Chez les Grecs, mesure itinéraire de 600 pieds. || Carrière où avaient lieu les courses. || Cadre de manifestations sportives. || *Fig.* Degré, période.

staff nm. Mélange plastique de plâtre, de ciment et de glycérine, pour composer des ornements moulés.

stage nm. Période d'essai des candidats, des débutants qui se préparent à une profession.

stagiaire adj. et n. Qui fait son stage : *avocat -.*

stagnant, e adj. Qui ne coule pas : *eau -.* || *Fig.* Inactif : *des affaires -.*

stagnation nf. Etat de ce qui est stagnant. || *Fig.* Inertie, suspension d'activité.

stakhanovisme nm. Méthode de travail pour accroître le rendement, utilisée en U.R.S.S.

stalactite nf. Concrétion calcaire qui se forme à la voûte des grottes.

stalag nm. En Allemagne, camp de

prisonniers pour sous-officiers et soldats.

stalagmite nf. Concrétion qui se dresse sur le sol, sous la stalactite.

stalle nf. Siège de bois dans le chœur d'une église. ‖ Dans une écurie, espace réservé à un cheval.

staminé, e adj. Qui ne possède que des étamines : *une fleur -*.

stance nf. Groupe de vers offrant un sens complet et suivi d'un repos.

stand nm. Tribune des spectateurs des courses. ‖ Endroit aménagé pour le tir à la cible. ‖ Espace réservé aux concurrents dans une exposition.

standard nm. Type, modèle, étalon auquel on rapporte un échantillon. ‖ Meuble employé pour les transmissions téléphoniques.

standardisation nf. Unification des éléments de production, pour faciliter le travail de montage et d'entretien.

standardiser vt. Uniformiser.

standardiste n. Qui est au service d'un standard téléphonique.

staphylocoque nm. Microbe pathogène, qui détermine une formation abondante de pus.

star nf. Vedette de cinéma.

starter nm. Celui qui, dans les courses, donne le signal du départ. ‖ *Méc.* Dispositif auxiliaire d'un carburateur, utilisé pour le départ à froid.

stase nf. Arrêt dans la circulation : *- veineuse.*

station nf. Action de se tenir debout : *- verticale.* ‖ Pause, arrêt de peu de durée. ‖ Lieu de séjour temporaire : *- thermale.* ‖ Point d'arrêt des voitures publiques, des trains, etc. ‖ *- service*, poste de ravitaillement d'essence. ‖ Établissement de recherches scientifiques : *- météorologique.* ‖ *Relig.* Chacun des quatorze arrêts que fit Jésus en allant au Calvaire.

stationnaire adj. Qui ne bouge pas : *état -.* ‖ Nm. Bâtiment de surveillance mouillé à l'entrée d'une rade ou d'un port.

stationnement nm. Action de stationner. ‖ Emplacement réservé.

stationner vi. S'arrêter momentanément.

statique adj. Relatif à l'équilibre des forces. ‖ Nf. Partie de la mécanique qui étudie l'équilibre des corps.

statisticien nm. Qui s'occupe de recherches statistiques.

statistique nf. Science qui étudie le groupement méthodique des faits se prêtant à une évaluation numérique. ‖ Adj. Relatif à cette science.

stator nm. Partie fixe d'un générateur électrique dans laquelle tourne le *rotor.*

statoréacteur nm. Propulseur à réaction constitué par une simple tuyère sans aucun organe mobile.

statuaire adj. Relatif aux statues. ‖ Nm. Sculpteur qui fait des statues. ‖ Nf. Art de faire des statues.

statue nf. Figure de plein relief, représentant un être vivant.

statuer vt. et i. (c. *tuer*). Régler, décider : *- sur un litige.*

statuette nf. Petite statue.

statufier vt. (c. *prier*). *Fam.* Elever une statue à.

statu quo nm. Etat actuel des choses : *maintenir le -.*

stature nf. Hauteur de la taille.

statut nm. Loi, règlement.

statutaire adj. Conforme aux statuts.

stayer [sté-*yeur*] nm. *Sports.* Coureur de fond.

steamer [sti-*meur*] nm. Bateau à vapeur.

stéarine nf. Corps gras, principal constituant des graisses animales.

stéarique adj. Se dit d'un acide contenu dans les graisses, et servant à fabriquer les bougies.

stéatite nf. Silicate naturel de magnésie, pierre onctueuse utilisée comme craie par les tailleurs.

steeple-chase [stipl'-*tchèz'*] nm. Course à cheval comportant le franchissement d'obstacles variés. ‖ Pl. des *steeple-chases.*

stégomyie nf. Moustique propagateur de la fièvre jaune.

stèle nf. Monument monolithe qui affecte la forme d'un fût de colonne.

stellaire adj. Relatif aux étoiles.

stencil nm. Papier paraffiné et perforé, utilisé comme pochoir pour la reproduction.

sténodactylographe n. Qui s'occupe de sténodactylographie.

sténodactylographie nf. Combinaison de la sténographie et de la dactylographie.

sténographe n. Qui connaît ou pratique la sténographie.

sténographie nf. Ecriture abrégée et rapide au moyen de signes conventionnels.

sténographier vt. (c. *prier*). Ecrire au moyen de la sténographie.

sténographique adj. Relatif à la sténographie.

sténose nf. Rétrécissement d'un conduit naturel ou d'un organe.

sténotype nf. Machine à sténographier.

sténotypie nf. Sténographie mécanique.

stentor nm. Homme à voix retentissante.

steppe nf. Vaste plaine herbeuse.

stercoraire adj. Relatif aux excréments. ‖ Nm. Insecte qui vit dans la fiente des animaux. ‖ Oiseau palmipède qui se repaît d'excréments.

stère nm. Unité de volume des bois de chauffage et de construction, égale au mètre cube (symb. : st).

stéréographie nf. Art de représenter des solides sur un plan en donnant le sentiment du relief.

stéréographique adj. Relatif à la stéréographie.

stéréométrie nf. Partie de la géométrie qui traite de la mesure des solides.

stéréoscope nm. Instrument d'optique à l'aide duquel deux images superposées par vision binoculaire apparaissent en relief.

stéréotomie nf. Science de la coupe des pierres de construction.

stéréotype adj. *Arts graph.* Imprimé au moyen de caractères réunis en un seul bloc.

stéréotyper vt. *Arts graph.* Clicher, convertir en plaques solides des pages composées en caractères mobiles. ‖ *Fig.* Rendre immuable : *sourire stéréotypé.*

stéréotypie nf. Clichage.

stérile adj. Qui ne porte point de fruits. ‖ *Fig. Esprit* -, qui produit peu.

stérilisation nf. Action de stériliser. ‖ Destruction des ferments contenus dans une substance.

stériliser vt. Rendre stérile. ‖ Aseptiser.

stérilité nf. Etat de ce qui est stérile.

sterling adj. inv. *Livre* -, unité monétaire anglaise, valant vingt shillings.

sternum nm. Os plat situé au milieu et en avant de la poitrine, sur lequel s'attachent les côtes.

sternutatoire adj. et n. Qui provoque l'éternuement.

stéthoscope nm. Instrument pour ausculter la poitrine.

steward [*sti-ouard'*] nm. Maître d'hôtel, garçon à bord des paquebots.

sthène nm. Unité de force (symb. : sn) dans le système M.T.S.

stick nm. Jonc flexible.

stigmate nm. Autref., marque du fer rouge : *le* - *de la justice.* ‖ Trace, cicatrice : *les* - *de la petite vérole.* ‖ *Bot.* Sommet du pistil. ‖ *Zool.* Orifice respiratoire chez les articulés.

stigmatiser vt. Marquer au fer rouge. ‖ *Fig.* Flétrir publiquement.

stillation nf. Ecoulement d'un liquide goutte à goutte.

stilligoutte nm. Syn. de COMPTE-GOUTTES.

stimulation nf. Action de stimuler.

stimuler vt. Exciter, aiguillonner. ‖ *Méd.* Accroître l'activité d'un organe. ‖ **Stimulant, e** part., adj. et n. Ce qui augmente l'ardeur.

stipe nm. Tige végétale non ramifiée (palmiers, cocotiers, etc.).

stipendiaire adj. Qui est à la solde de quelqu'un.

stipendier vt. Avoir à sa solde : - *des assassins.* ‖ **Stipendié, e** adj. et n.

stipulation nf. Clause, convention dans un contrat : - *expresse.*

stipule nf. *Bot.* Petit appendice foliacé à la base du pétiole.

stipuler vt. Formuler nettement une clause, une convention dans un contrat.

stock nm. Marchandise, matière première disponible en magasin. ‖ Dépôt, en général.

stockage nm. Action de stocker.

stocker vt. Mettre en dépôt.

stoïcien, enne adj. et n. Relatif à la doctrine de Zénon. ‖ Nm. Philosophe de la secte de Zénon. ‖ *Par ext.* Homme inébranlable : *c'est un vrai* -.

stoïcisme nm. Philosophie de Zénon, caractérisée par l'austérité de sa morale. ‖ *Fig.* Fermeté : *supporter ses malheurs avec* -.

stoïque adj. Qui possède la fermeté, le courage des stoïciens. ‖ N. Personne stoïque.

stolon nm. Tige qui court à la surface du sol et se marcotte naturellement.

stomacal, e, aux adj. Relatif à l'estomac.

stomachique adj. Bon pour l'estomac. ‖ Nm. : *prendre un* -.

stomate nm. Petit pore des organismes aériens des plantes.

stomatologie nf. Etude des maladies de la bouche et des dents.

stop! [*stop'*] interj. Terme commandant l'arrêt; dans les télégrammes, séparation des phrases.

stoppage nm. Action de stopper.

stopper vt. et i. Arrêter.

stopper vt. Réparer une déchirure en retissant l'étoffe.

stoppeur, euse n. Personne qui fait le stoppage.

store nm. Rideau qui se lève et se baisse devant une fenêtre.

strabisme nm. Difformité de celui qui louche.

stradivarius nm. Violon ou violoncelle fabriqué par Stradivarius.

stramoine nm. V. DATURA.

strangulation nf. Action d'étrangler; son résultat.

strapontin nm. Siège accessoire placé dans un théâtre, dans une voiture, etc., et qui peut se lever et s'abaisser.

strass nm. Variété de cristal imitant le diamant.

stratagème nm. Ruse de guerre. ‖ *Par ext.* Subtilité, feinte, agissement astucieux : *plaisant* -.

strate nf. Couche de terrain.

stratège nm. Principal magistrat à Athènes. ‖ Auj., technicien de la stratégie.

stratégie nf. Art de conduire les armées, de diriger de vastes opérations militaires.

stratégique adj. Qui intéresse la stratégie : *objectif* -.

stratification nf. Disposition des roches sédimentaires par couches superposées.

stratifier vt. (c. *prier*). Disposer par couches superposées.

stratigraphie nf. Branche de la géologie qui détermine l'ordre normal de superposition et l'âge relatif des couches de terrain.

stratosphère nf. Zone supérieure de l'atmosphère.

stratosphérique adj. Relatif à la stratosphère : *avion* -.

stratus nm. Nuage en forme de longue bande horizontale.

streptocoque nm. Microbe abondant dans les matières putrescibles.

streptomycine nf. Bactéricide analogue à la pénicilline.

strict, e adj. Etroit, rigoureux : *un règlement* -.

strident, e adj. Qui produit un son aigu, perçant : *un cri* -.

stridulation nf. Bruit aigu émis par certains insectes (cigale).

strie nf. *Archit.* Partie pleine séparant deux sillons dans une colonne cannelée. ‖ Petits sillons parallèles à la surface d'un objet, d'une roche.

strier vt. (c. *prier*). Faire des stries sur. ‖ **Strié, e** part. et adj.

striure nf. Ensemble des stries.

stroboscopie nf. Mode d'observation fondé sur la persistance des impressions visuelles.

strontium [*syom*'] nm. Métal jaune (Sr), analogue au calcium.

strophe nf. Stance, division régulière d'une pièce lyrique.

structural, e, aux adj. Relatif à la structure.

structure nf. Construction. ‖ Constitution, agencement des parties d'un tout : *la* - *du corps humain.* ‖ *Fig.* Disposition : *la* - *d'une tragédie.*

strychnine [*strik*'] nf. Poison violent extrait de la noix vomique.

stuc nm. Enduit imitant le marbre.

stucateur nm. Ouvrier qui travaille le stuc : *un habile* -.

stud-book [*steud-bouk*] nm. Registre où sont inscrites la généalogie et les performances des chevaux pur sang.

studieux, euse adj. Qui aime l'étude : *une jeunesse* -.

studio nm. Grande pièce, à laquelle sont adjointes des pièces accessoires (cuisine, salle de bains, etc.). ‖ Atelier d'artiste. ‖ Local où l'on tourne les scènes cinématographiques.

stupéfaction nf. Etonnement profond, stupeur.

stupéfait, e adj. Interdit, immobile de surprise : *il resta* -.

stupéfiant, e adj. Substance qui produit un engourdissement de l'esprit et du corps.

stupéfier vt. Mettre dans un état d'inertie totale, engourdir : *l'opium stupéfie le fumeur.* ‖ *Fig.* Rendre paralysé d'étonnement : *cette nouvelle m'a stupéfié.* ‖ **Stupéfiant, e** part., adj. et nm. ‖ **Stupéfié, e** part. passé.

stupeur nf. Engourdissement, suspension des facultés intellectuelles. ‖ *Fig.* Immobilité causée par un grand étonnement : *rester muet de* -.

stupide adj. Hébété; d'un esprit lourd et pesant. ‖ Inintelligent.

stupidité nf. Absence d'esprit, de jugement. ‖ Parole, action stupide.

stupre nm. Acte de débauche honteuse; infamie.

style nm. Poinçon dont les Anciens se servaient pour écrire sur les tablettes enduites de cire. ‖ Manière propre d'écrire, d'exprimer sa pensée : *le* - *de Voltaire.* ‖ - *de palais,* langue judiciaire. ‖ Manière particulière à un artiste, à un genre, à une époque : - *gothique.* ‖ *Bot.* Partie du pistil entre l'ovaire et le stigmate.

styler vt. Dresser, former : - *un domestique.*

stylet nm. Poignard à lame aiguë. ‖ Sonde médicale.

styliser vt. Simplifier une figure pour lui donner un aspect décoratif.

styliste nm. Ecrivain qui brille surtout par le style.

stylistique nf. Recueil de règles de style.

stylobate nm. *Archit.* Soubassement de colonnes. ‖ Haute plinthe garnie d'une moulure à sa partie supérieure.

stylographe nm. Porte-plume à réservoir. (Abrév. STYLO.)

su nm. Connaissance : *au vu et au su de tout le monde.*

suaire nm. Linceul.

suave adj. Doux, agréable.

suavité nf. Qualité de ce qui est suave : *la* - *d'un parfum.*

subalterne adj. et n. Subordonné, inférieur : *emploi* -.

subconscient adj. Dont on n'a qu'une demi-conscience. ‖ Nm. Ensemble de phénomènes psychiques qui échappent plus ou moins à la conscience, à la volonté.

subdiviser vt. Diviser un tout qui a déjà été divisé.

subdivision nf. Division d'une des parties d'un tout déjà divisé. ‖ Circonscription militaire formée d'un ou de plusieurs départements.

subéreux, euse adj. De la nature du liège.

subir vt. Se soumettre de gré ou de force à ce qui est ordonné : - *un interrogatoire*. ‖ Endurer : - *des tortures*. ‖ *Fig.* - *un changement*, être changé, modifié. ‖ - *un examen*, en soutenir l'épreuve.

subit, e adj. Soudain, inattendu.

subito adv. Subitement.

subjectif, ive adj. Relatif au sujet pensant, par oppos. à *objectif*, qui se rapporte à l'objet pensé. ‖ *Par ext.* Individuel, qui varie avec le jugement, les goûts de chacun. ‖ Nm. Ce qui est subjectif. ‖ **Subjectivement** adv.

subjectivité nf. Etat de ce qui est subjectif.

subjonctif, ive adj. Qui appartient au mode appelé *subjonctif*. ‖ Nm. Mode du verbe indiquant qu'une action est conçue comme subordonnée à une autre ou comme éventuelle, douteuse.

subjuguer vt. Soumettre par la force des armes. ‖ *Fig.* Dominer : - *les esprits*.

sublimation nf. *Chim.* Action de sublimer : - *du camphre*.

sublime adj. Le plus haut, le plus élevé, en parlant des choses morales, intellectuelles. ‖ Grand, noble dans ses actes, ses paroles, ses écrits : *il a été - de dévouement*. ‖ Nm. Caractère de ce qui est sublime.

sublimé nm. *Chim.* Produit de la sublimation. ‖ - *corrosif* ou -, chlorure mercurique, puissant antiseptique, mais très vénéneux.

sublimer vt. *Chim.* Faire passer directement de l'état solide à l'état gazeux.

sublimité nf. Qualité de ce qui est sublime.

sublingual [*gou-al*], **e, aux** adj. Placé sous la langue.

submerger vt. (c. *manger*). Inonder, couvrir d'eau. ‖ Engloutir. ‖ *Fig.* Anéantir : *Submerger l'ennemi*.

submersible adj. Qui peut être submergé. ‖ Nm. *Mar.* Sous-marin.

submersion nf. Action de submerger; son résultat.

subodorer vt. Sentir de loin. ‖ *Fig.* Pressentir, soupçonner.

subordination nf. Ordre établi, dépendance.

subordonner vt. Etablir un ordre de dépendance de l'inférieur au supérieur. ‖ *Fig.* Faire dépendre de : - *sa réponse à une nouvelle demande*. ‖ **Subordonné, e** part., adj. et n. *Gramm. Proposition* -, qui dépend d'une autre proposition, dite « principale », dont elle complète le sens.

subornation nf. Action de suborner.

suborner vt. Séduire, corrompre.

suborneur, euse n. Qui suborne.

subrécargue nm. *Mar.* Représentant de l'armateur chargé de veiller sur la cargaison.

subreptice adj. Fait furtivement et illicitement.

subrogation nf. *Dr.* Acte par lequel une personne est substituée à une autre pour l'exercice d'un droit.

subroger vt. (c. *manger*). *Dr.* Substituer, mettre à la place de quelqu'un. ‖ **Subrogé, e** part. et adj. *Dr.* - *tuteur*, personne chargée de remplacer le tuteur ou de surveiller sa gestion.

subséquemment [*ka-man*] adv. Ensuite, après.

subséquent, e adj. Qui suit : *un testament - annule le premier*.

subside nm. Impôt prélevé pour subvenir aux besoins publics. ‖ Secours en argent.

subsidiaire adj. Accessoire : *raison* -. ‖ *Question* -, posée à la suite d'une question principale.

subsistance nf. Nourriture et entretien. ‖ Pl. *Service des* -, service de l'Intendance militaire chargé du ravitaillement.

subsister vi. Exister encore, continuer d'être. ‖ Etre encore en vigueur : *cette loi subsiste encore*. ‖ Pourvoir à ses besoins : *ne - que d'aumônes*.

substance nf. *Philos.* Ce qu'il y a de permanent dans les choses qui changent. ‖ Matière : - *dure, molle*. ‖ Ce qu'il y a de meilleur : *le bouillon a pris toute la - de cette viande*. ‖ *Fig.* Essentiel : *rapporter la - d'un discours*. ‖ **En** - loc. adv., en abrégé.

substantiel, elle adj. Nourrissant : *aliment* -. ‖ *Fig.* Capital : *extraire d'un livre ce qu'il y a de plus* -.

substantif nm. *Gramm.* Terme employé naguère pour désigner le nom.

substituer vt. (c. *tuer*). Mettre à la place de : - *un mot à un autre*.

substitut nm. Magistrat chargé de remplacer au parquet le procureur de la République. ‖ Remplaçant.

substitution nf. Remplacement : - *d'enfant*.

subterfuge nm. Ruse, moyen détourné pour se tirer d'embarras.

subtil, e adj. Fin, délié : *esprit -*. ‖ Ingénieux : *raisonnement -*. ‖ Perçant : *vue -*. ‖ Difficile à déceler : *poison -*.

subtilisation nf. Action de subtiliser.

subtiliser vt. *Fam.* Dérober adroitement. ‖ Vi. Penser, agir avec subtilité.

subtilité nf. Pensée, raisonnement d'une finesse excessive.

suburbain, e adj. Voisin de la ville.

subvenir vt. ind. (c. *venir*). Pourvoir à, venir en aide à.

subvention nf. Secours d'argent, subside fourni par l'Etat.

subventionner vt. Donner une subvention : *- un théâtre*.

subversif, ive adj. Propre à détruire, à bouleverser : *propos -*.

subversion nf. Action de renverser les lois, les règles reconnues.

suc nm. Liquide contenu dans les substances végétales et animales : *- de viande*. ‖ Liquide organique : *- gastrique*.

succédané, e adj. et n. Produit qu'on peut substituer à un autre, qui a des effets analogues.

succéder vt. ind. (c. *céder*). Venir après. ‖ Remplacer dans un emploi, une dignité.

succès nm. Réussite, issue heureuse.

successeur nm. Qui succède : *désigner son -*.

successif, ive adj. Qui se succède sans interruption.

succession nf. Suite, série de personnes ou de choses qui se succèdent sans interruption. ‖ Transmission de biens : *- directe*. ‖ Héritage.

successoral, e, aux adj. Relatif aux successions.

succin nm. Ambre jaune.

succinct, e adj. Bref, dit en peu de mots. ‖ *Fam.* Peu abondant : *repas -*.

succion nf. Action de sucer.

succomber vi. Etre accablé, fléchir. ‖ Mourir : *le malade a succombé*. ‖ Vt. ind. *Fig.* Céder à : *- à la tentation*.

succulence nf. Qualité de ce qui est succulent.

succulent, e adj. Plein de suc, de saveur : *viande -*.

succursale nf. Etablissement dépendant d'un autre et créé pour suppléer à l'insuffisance du premier.

sucement nm. Action de sucer.

sucer vt. (c. *placer*). Attirer dans sa bouche en aspirant. ‖ *Fig. - avec le lait*, recevoir dès l'enfance.

sucette nf. Tétine. ‖ Bonbon fixé à l'extrémité d'un bâtonnet.

suceur, euse n. et adj. Qui suce.

suçoir nm. Organe animal ou végétal qui sert à sucer.

suçon nm. *Fam.* Marque qu'on fait à la peau en la suçant fortement.

suçoter vt. *Fam.* Sucer à plusieurs reprises : *- un bonbon*.

sucrage nm. Action de sucrer.

sucre nm. Substance d'une saveur agréable, extraite des divers végétaux : *- de canne, de betterave*. ‖ *- candi*, cristallisé par évaporation lente. ‖ *- d'orge*, sucre ordinaire, fondu et coulé en petits cylindres.

sucrer vt. Adoucir avec du sucre. ‖ Sucré, e part. et adj. *Fig.* Mielleux : *langage -*. ‖ Nf. *Faire la -*, affecter un air doucereux.

sucrerie nf. Raffinerie. ‖ Pl. Friandises : *aimer les -*.

sucrier, ère adj. Relatif à la fabrication du sucre : *industrie -*. ‖ Nm. Récipient où l'on met du sucre.

sud nm. Celui des quatre points cardinaux qui est opposé au nord. ‖ Pays ou partie d'un pays situés au sud.

sudation nf. Production de sueur.

sud-est nm. Partie, contrée située entre le sud et l'est.

sudorifique adj. et n. *Méd.* Qui provoque la sudation.

sudoripare ou **sudorifère** adj. Qui sécrète la sueur : *glandes -*.

sud-ouest nm. Partie, contrée située entre le sud et l'ouest.

suède nm. Peau de gant dont le côté chair est à l'extérieur.

suédois, e adj. et n. De Suède.

suée nf. Action de suer. ‖ *Pop.* Inquiétude mêlée de crainte : *piquer une -*.

suer vi. Emettre de la sueur par les pores. ‖ *Fig.* et pop. *Faire - quelqu'un*, l'importuner. ‖ Vt. *Fam. - sang et eau*, se donner beaucoup de mal.

suette nf. Maladie caractérisée par une sueur abondante.

sueur nf. Liquide incolore, salé, qui sort par les pores de la peau.

suffire vt. ind. (c. *dire*). Pouvoir satisfaire à : *- à sa tâche*. ‖ Etre assez pour : *un rien lui suffit*. ‖ *Cela suffit, il suffit, suffit*, c'est assez. ‖ Se - vpr. Ne pas dépendre d'autrui.

suffisance nf. Ce qui suffit. ‖ Présomption insolente dans les manières et le ton : *sotte -*. ‖ **A -, en -** loc. adv., suffisamment.

suffisant, e adj. Qui suffit. ‖ Présomptueux : *un air -*. ‖ Nm. : *c'est un -*. ‖ **Suffisamment** adv. Assez.

suffixe nm. et adj. Terminaison qui,

ajoutée à la racine d'un mot, en modifie le sens.

suffocant, e adj. Qui suffoque.

suffocation nf. Etouffement; gêne respiratoire.

suffoquer vt. Etouffer, faire perdre la respiration : *les sanglots le suffoquent.* || Vi. : *- de colère.* || **Suffoquant, e** part. prés.

suffragant nm. et adj. Evêque par rapport à l'archevêque dont il dépend.

suffrage nm. Vote dans une élection. || Approbation.

suffragette nf. Nom donné aux femmes anglaises qui réclamèrent le droit de voter.

suggérer vt. (c. *céder*). Insinuer, inspirer à quelqu'un : *- une idée.*

suggestif, ive adj. Qui produit une suggestion.

suggestion nf. Action de suggérer; avis, conseil. || Idée, désir provoqué par l'hypnotisme.

suggestionner vt. Produire la suggestion chez un sujet.

suicide nm. Meurtre de soi-même.

suicider (se) vpr. Se donner volontairement la mort. || **Suicidé, e** part. et n.

suie nf. Matière noire et grasse déposée par la fumée à l'intérieur des conduits de cheminée.

suif nm. Graisse fondue des ruminants.

suiffer vt. Enduire de suif.

sui generis (mots lat.). Particulier, spécial : *une odeur -.*

suint nm. Matière grasse imprégnant la toison des bêtes à laine. || Scorie qui surnage sur le verre en fusion.

suintement nm. Action de suinter.

suinter vi. S'écouler insensiblement : *l'eau suinte du rocher.* || Laisser transsuder un liquide : *ce mur suinte.*

suisse, suissesse adj. et n. Relatif à la Suisse.

suisse nm. Qui est chargé de la police d'une église. || Petit fromage blanc.

suite nf. Cortège : *- d'un prince.* || Ce qui vient après : *il faut lire la -.* || Continuation : *la - d'un roman.* || Succession, enchaînement de faits : *- de succès.* || Conséquence : *cela aura des - graves.* || Ordre, liaison : *paroles sans -.* || *Esprit de -,* continuité, persévérance dans les travaux, les idées. || Loc. adv. **De -,** sans interruption : *faire dix kilomètres de -.* || **Tout de -,** sans délai : *obéissez tout de -.* (C'est une faute d'employer *de suite* pour *tout de suite.*) **Par -,** en conséquence naturelle. || Loc. prép. **A la - de,** après. **Par - de,** en conséquence de.

suivant prép. D'après : *- la loi.* ||

A proportion de : *- le mérite.* || *- que* loc. conj., selon que.

suivre vt. Aller, venir après : *- pas à pas.* || Courir après : *- un voleur.* || Epier : *il faut - cet homme-là.* || Longer : *- la lisière d'un bois.* || Marcher dans : *- un chemin.* || *Fig.* Accompagner : *cette pensée me suit partout.* || Imiter : *- les traces de ses ancêtres.* || Ecouter attentivement : *- un raisonnement.* || Etre au niveau de : *il a beaucoup de peine à - sa classe.* || *- une affaire,* s'en occuper sérieusement. || *- une méthode,* la pratiquer. || *- un cours,* y assister. || *- ses goûts,* s'y abandonner. || Vi. Aller à la suite : *c'est à vous de -.* || Se - vpr. Se succéder : *les jours se suivent.* || S'enchaîner : *ces raisonnements se suivent.* || V. impers. Résulter : *il suit de là que...* || **Suivant, e** part., adj. et n. Ceux qui escortent. || Nf. Femme au service d'une autre; au théâtre, confidente. || **Suivi, e** part. et adj. Fréquenté : *un cours -.*

sujet nm. Cause, motif. || Matière sur laquelle on parle, on écrit, on compose : *le - d'une rédaction.* || *Etre plein de son -,* en être pénétré. || Personne considérée par rapport à ses actes : *c'est un bon -.* || *Gramm.* Mot ou groupe de mots représentant la personne ou la chose dont le verbe exprime l'état ou l'action.

sujet, ette adj. Soumis, astreint : *- à la mort.* || Enclin à : *- à s'enivrer.* || Susceptible de : *- à se tromper.* || Exposé à certaines maladies : *- à la migraine.* || *A caution,* suspect, douteux. || N. Personne soumise à l'autorité d'un souverain.

sujétion nf. Dépendance, servitude. || Contrainte : *certaines habitudes deviennent des -.*

sulfamide nm. Produit utilisé contre les maladies infectieuses.

sulfatage nm. Action de sulfater : *le - de la vigne.*

sulfate nm. *Chim.* Sel de l'acide sulfurique : *- de fer.*

sulfater vt. Asperger de sulfate de cuivre : *- la vigne contre le mildiou.*

sulfhydrique adj. *Acide -,* acide formé de soufre et d'hydrogène (SH_2).

sulfite nm. *Chim.* Sel de l'acide sulfureux.

sulfure nm. *Chim.* Combinaison du soufre et d'un élément. || Sel de l'acide sulfhydrique.

sulfuré, e adj. *Chim.* Se dit des corps qui renferment du soufre.

sulfureux, euse adj. *Chim.* De la nature du soufre : *eau -.* || *Anhydride -,* composé oxygéné (SO_2) dérivé du soufre.

sulfurique adj. *Chim.* *Acide -.*

(SO_4H_2), acide oxygéné dérivé du soufre, très corrosif.

sulfurisé, e adj. Traité par l'acide sulfurique : *papier -*.

sulky nm. Voiture très légère, sans caisse, à deux roues, pour les courses au trot.

sultan nm. Empereur des Turcs. ‖ Titre de certains princes musulmans.

sultanat nm. Dignité de sultan.

sultane nf. Femme du sultan.

summum [*som'-mom'*] nm. Le plus haut degré.

sunlight [*sœn'-laït'*] nm. Puissant projecteur de prises de vues cinématographiques.

sunna, sounna ou **souna** nf. Recueil musulman des préceptes d'obligation. ‖ *Par ext.* Orthodoxie musulmane.

superbe adj. De belle prestance, de belle apparence. ‖ Nm. Orgueilleux : *abaisser les -*. (Vx.) ‖ Nf. Arrogance : *la - de Satan*. (Vx.)

supercherie nf. Tromperie calculée, fraude : *une - littéraire*.

superfétation nf. Supplément inutile; redondance.

superfétatoire adj. Inutile.

superficie nf. Surface, étendue. ‖ Le dessus du corps.

superficiel, elle adj. Qui n'existe qu'à la surface. ‖ *Fig.* Léger : *esprit -*. ‖ Incomplet, insuffisamment approfondi : *connaissance -*.

superfin, e adj. Très fin.

superflu, e adj. En trop. ‖ Inutile : *regrets -*. ‖ Nm. Ce qui est au-delà du nécessaire.

superfluité nf. Abondance excessive. ‖ Pl. Choses inutiles.

superforteresse nf. Bombardier lourd de l'aviation stratégique américaine.

supérieur, e adj. Situé au-dessus. ‖ D'un degré plus élevé. ‖ *Fig.* Qui surpasse les autres : *emploi, talent -*. ‖ N. Qui a autorité sur d'autres : *obéir à ses -*. ‖ Directeur d'une communauté religieuse.

supériorité nf. Qualité de ce qui est supérieur.

superlatif, ive adj. Qui exprime une qualité au plus haut degré. ‖ Nm. *Gramm.* Degré de signification de l'adjectif : *- absolu* (ex. : *très grand*), *relatif* (ex. : *le plus grand*).

superphosphate nm. Phosphate acide de chaux utilisé comme engrais.

superposer vt. Poser l'un sur l'autre.

superposition nf. *Géom.* Action de faire coïncider deux lignes, deux surfaces, deux figures géométriques.

supersonique adj. Dont la vitesse dépasse celle du son.

superstitieux, euse adj. Qui a, où il y a de la superstition. ‖ N. Personne superstitieuse.

superstition nf. Déviation du sentiment religieux, fondée sur la crainte ou sur l'ignorance, et qui prête un caractère sacré à de vaines croyances, pratiques, obligations, etc. : *la - est ennemie de la religion*. ‖ Vain présage tiré d'événements purement fortuits. ‖ *Fig.* Attachement exagéré : *avoir la - du passé*.

superstructure nf. Parties surélevées d'une construction : *les - d'un navire*. ‖ *Ch. de f.* Travaux exécutés au-dessus des terrassements.

supin nm. *Gramm. lat.* Forme nominale du verbe latin.

supinateur nm. et adj. Muscle qui amène la paume de la main en dessus.

supination nf. Position de la main renversée, paume en dessus.

supplanter vt. Évincer quelqu'un d'un emploi, etc., et prendre sa place.

suppléance nf. Action de suppléer. ‖ Fonctions de suppléant.

suppléer vt. Fournir ce qui manque, compléter : *- une différence*. ‖ Remplacer : *- un professeur*. ‖ Vt. ind. Remédier au manque de : *la valeur supplée au nombre*. ‖ **Suppléant, e** part., adj. et n.

supplément nm. Ce qu'on donne en plus. ‖ Ce qu'on ajoute à un livre pour le compléter. ‖ *Géom.* - *d'un angle*, ce qui lui manque pour valoir 180 degrés.

supplémentaire adj. Qui sert de supplément. ‖ *Géom. Angles -*, dont la somme vaut deux angles droits.

supplétif, ive adj. Se dit de militaires autochtones engagés temporairement en complément des troupes régulières. ‖ Nm. Un de ces militaires.

supplication nf. Humble prière.

supplice nm. Punition corporelle ordonnée par la justice. ‖ *Par ext.* Douleur insupportable : *le mal de dents est in -*. ‖ *Fig.* Ce qui cause une forte peine : *sa vue est pour moi un -*. ‖ Vive inquiétude : *être au -*. ‖ *- de Tantale*, tourment de celui qui ne peut atteindre une chose qu'il désire vivement.

supplicier vt. (c. *prier*). Exécuter : *- un condamné*. ‖ **Supplicié, e** part., adj. et n.

supplier vt. (c. *prier*). Prier avec humilité. ‖ *Par ext.* Demander d'une manière pressante. ‖ **Suppliant, e** part., adj. et n.

supplique nf. Requête pour solliciter une grâce, une faveur.

support nm. Appui, soutien.

supportable adj. Qu'on peut souffrir, tolérer : *bruit -*.

supporter vt. Soutenir par-dessous. ‖ *Par ext.* Endurer : - *le froid.* ‖ Souffrir avec patience : - *un malheur.* ‖ Tolérer : - *l'insolence d'un enfant.* ‖ - *quelqu'un,* le tolérer. ‖ *Fig.* Avoir la charge de : - *des frais.* ‖ Résister à l'épreuve de : *ce livre ne supporte pas l'examen.* ‖ **Se** - vpr. Se tolérer mutuellement.

supporter [*teur*] nm. Partisan déclaré : *les* - *d'une équipe sportive.*

supposer vt. Admettre par hypothèse, présumer, imaginer : *supposons le problème résolu.* ‖ Exiger l'existence de : *les droits supposent les devoirs.* ‖ **Supposé**, e part. et adj. Faux : *nom* -. ‖ Admis : *cette circonstance* -. ‖ **Supposé que** loc. conj., si l'on admet que.

supposition nf. Action d'admettre par hypothèse. ‖ Opinion non fondée sur des preuves positives, certaines.

suppositoire nm. Médicament solide que l'on place dans le rectum.

suppôt nm. Aide, complice des mauvais desseins de quelqu'un. ‖ - *de Satan,* homme pervers. ‖ - *de Bacchus,* ivrogne.

suppression nf. Action de supprimer ; son résultat.

supprimer vt. Faire disparaître, abolir. ‖ Retrancher : - *une phrase.*

suppuration nf. Production, écoulement de pus : *la* - *d'une plaie.*

suppurer vi. Rendre du pus.

supputation nf. Action de supputer, d'évaluer.

supputer vt. Compter, calculer approximativement : - *une dépense.*

suprasensible adj. Ce qui ne peut être senti, perçu par les sens.

suprématie [*si*] nf. Supériorité.

suprême adj. Au-dessus de tout : *dignité* -. ‖ Le plus important : *voici l'instant* -. ‖ *L'Etre* -, Dieu. ‖ *Heure* -, l'heure de la mort.

suprême nm. Blanc de poulet accompagné d'un coulis : - *aux truffes.*

sur prép. Marque une position au-dessus : *monter* - *le toit.* ‖ Le lieu : *la clef est* - *la porte.* ‖ La direction : *revenir* - *Paris.* ‖ L'affirmation, la garantie : *croire quelqu'un* - *parole.* ‖ Le motif : - *ma recommandation.* ‖ L'évaluation approximative (*vers*) : - *le soir.* ‖ La proportion : *huit mètres* - *cinq.* ‖ La matière : *écrire* - *l'histoire* ; *peindre* - *porcelaine.* ‖ D'après : *juger* - *les apparences* ; *du côté de* : - *la gauche* ; parmi : *un jour* - *trois.* ‖ - *terre,* en ce monde. ‖ - *ce,* cela dit ou fait : - *ce, je vous quitte.*

sur, e adj. Aigrelet, acide.

sûr, e adj. Indubitable, certain : *j'en suis* -. ‖ Assuré : *bénéfice* -. ‖ Efficace : *remède* -. ‖ Digne de confiance :

ami -. ‖ Sans danger : *route* -. ‖ *Avoir le coup d'œil* -, bien juger à la simple vue. ‖ *Avoir la main, le pied* -, fermes. ‖ *Le temps n'est pas* -, incertain. ‖ *Avoir le goût* -, être bon juge. ‖ **A coup** -, **pour** - loc. adv., infailliblement.

surabondamment adv. D'une manière plus que suffisante.

surabondance nf. Très grande abondance : - *de blé.*

surabonder vi. Etre très abondant ; au-delà du nécessaire. ‖ **Surabondant, e** part. et adj.

surah nm. Etoffe de soie croisée, douce et légère.

suraigu, ë adj. Très aigu.

surajouter vt. Ajouter en sus.

suralimentation nf. Action de suralimenter ; son résultat.

suralimenter vt. Donner une ration alimentaire supérieure à la normale.

suranné, e adj. Vieillot, désuet.

surate ou **sourate** nf. Chapitre du Coran.

surbaissé, e adj. Se dit d'un arc ou d'une voûte dont la flèche est moindre que la moitié de l'ouverture. ‖ Se dit d'une carrosserie d'automobile très basse.

surbaisser vt. Donner une forme surbaissée : - *une voûte.*

surcharge nf. Surcroît de charge ; charge excessive. ‖ *Fig.* Surcroît de dépenses, etc. ‖ Mot écrit sur un autre mot ; impression typographique surajoutée : *timbre avec* -.

surcharger vt. (c. *manger*). Charger trop. ‖ *Fig.* Accabler : - *d'impôts.* ‖ Faire une surcharge.

surchauffe nf. Action de surchauffer ; son résultat.

surchauffer vt. Chauffer avec excès.

surchauffeur nm. Appareil pour la surchauffe de la vapeur.

surchoix nm. Première qualité.

surclasser vt. *Sports.* Triompher d'un adversaire par une incontestable supériorité.

surcontrer vt. *Jeux.* Contrer une déclaration d'atout déjà contrée.

surcouper vt. Couper avec un atout supérieur à celui qu'on vient de jeter.

surcroît nm. Augmentation, accroissement : *un* - *de travail.* ‖ **Par** -, **de** - loc. adv., en plus.

surdi-mutité nf. Etat du sourd-muet.

surdité nf. Perte ou grande diminution du sens de l'ouïe.

surdos nm. Bande de cuir, sur le dos du cheval pour soutenir les traits.

sureau nm. Arbuste à bois rempli de moelle.

surélévation nf. Action de surélever. ‖ Partie surélevée.

surélever vt. (c. *céder*). Donner un surcroît d'élévation à. ‖ Accroître à l'excès.

sûrement adv. Avec sûreté : *argent - placé*. ‖ Certainement : *il est - arrivé*.

suréminent, e adj. Eminent au suprême degré : *dignité -*.

surenchère nf. Enchère mise sur une enchère précédente. ‖ *Fig.* Action de rivaliser de promesses : *la - électorale*.

surenchérir vi. Faire une surenchère.

surenchérisseur, euse n. Qui fait une surenchère.

surestimation nf. Estimation exagérée.

surestimer vt. Estimer au-dessus de son prix : *- un mobilier*.

suret, ette adj. Aigrelet.

sûreté nf. Eloignement de tout péril. ‖ Caution, garantie : *prendre ses -*. ‖ *- de la main, du pied*, adresse, fermeté. ‖ *La Sûreté*, police de sûreté.

surexcitation nf. Augmentation excessive de l'énergie vitale. ‖ Agitation, énervement.

surexciter vt. Exciter à l'excès, énerver : *- les esprits*.

surexposer vt. Prendre une photographie avec excès de lumière.

surface nf. Partie extérieure d'un corps. ‖ Aire, superficie. ‖ *Fig.* Extérieur, apparence. ‖ Garantie, crédit : *un banquier sans -*.

surfaire vt. et i. (c. *faire*). Chercher à vendre trop cher. ‖ *Fig.* Vanter à l'excès : *- un écrivain*. ‖ **Surfait, e** part. et adj.

surfaix nm. Sangle pour fixer une couverture ou une selle sur le dos d'un cheval.

surfin, e adj. Très fin.

surfusion nf. Phénomène par lequel un corps reste accidentellement liquide à une température inférieure à sa température de solidification.

surgeon nm. Rejeton qui sort du pied d'un arbre.

surgeler vt. Congeler rapidement à très basse température.

surgir vi. Se montrer en s'élevant. ‖ *Fig.* Apparaître.

surhaussé, e adj. Se dit d'une arcade, d'une voûte, dont la flèche est plus grande que la moitié de l'ouverture.

surhaussement nm. Action de surhausser ; son résultat.

surhausser vt. Augmenter la hauteur de. ‖ Elever une voûte au-dessus de son plein cintre.

surhumain, e adj. Au-dessus des forces humaines.

surimposer vt. Frapper d'un surcroît d'impôt.

surimpression nf. Impression de plusieurs images sur la même pellicule.

surintendance nf. Charge, bureaux d'un surintendant.

surintendant nm. *- des finances*, ministre, sous l'Ancien Régime.

surintendante nf. Femme d'un surintendant. ‖ Directrice des maisons d'éducation de la Légion d'honneur.

surir vi. Devenir sur, aigre.

surjet nm. Point de couture réunissant deux morceaux d'étoffe superposés et alignés bord à bord.

surjeter vt. (c. *jeter*). Coudre en surjet.

surlendemain nm. Jour qui suit le lendemain.

surmenage nm. Troubles résultant d'un travail excessif.

surmener vt. (c. *mener*). Excéder de fatigue.

surmontable adj. Qu'on peut surmonter : *difficultés -*.

surmonter vt. Dépasser en s'élevant par-dessus. ‖ Etre posé au sommet de : *statue qui surmonte une colonne*. ‖ *Fig.* Vaincre : *- les obstacles*.

surmoulage nm. Moulage pris sur un autre moulage.

surmouler vt. Mouler une figure sur une empreinte de l'objet.

surmulet nm. Syn. de ROUGET.

surmulot nm. Gros rat d'égout.

surnager vi. (c. *manger*). Flotter à la surface d'un liquide.

surnaturel, elle adj. Qui ne se plie pas aux lois de la nature et les dépasse. ‖ Qui n'est connu que par la foi : *vérités -*. ‖ *Par exagér.* Extraordinaire.

surnom nm. Nom ajouté ou substitué au nom propre d'une personne ou d'une famille.

surnombre nm. Nombre en sus.

surnommer vt. Donner un surnom.

surnuméraire adj. Qui dépasse le nombre fixé. ‖ Nm. Fonctionnaire qui n'est pas titularisé.

suroît nm. Vent du sud-ouest. ‖ Chapeau de toile imperméable.

surpasser vt. Dépasser en hauteur. ‖ *Fig.* Excéder les forces, l'intelligence, les ressources : *voilà qui surpasse ses moyens*. ‖ L'emporter sur : *- les autres en talent*. ‖ *Fam.* Etonner : *cet événement me surpasse*. ‖ **Se -** vpr. Se montrer supérieur à soi-même.

surpeuplé, e adj. Trop peuplé.

surplis nm. Vêtement d'église fait de fine toile blanche.

surplomb nm. Partie d'une construction en saillie par rapport à la base.

surplomber vi. Etre hors de l'aplomb. ‖ Vt. Dépasser l'aplomb : *les rochers surplombent le ravin.*

surplus nm. Excédent. ‖ Pl. Matériel militaire en excédent à la fin d'une campagne. ‖ **Au - loc. adv.,** au reste.

surprendre vt. Prendre sur le fait. ‖ Prendre à l'improviste : *la pluie nous a surpris.* ‖ Visiter de façon inopinée : *j'irai vous - un matin.* ‖ *Fig.* Etonner : *cette nouvelle m'a surpris.* ‖ Tromper, abuser : *- la bonne foi.* ‖ **Surprenant, e** part. et adj.

surprime nf. Supplément de prime.

surprise nf. Action de prendre ou d'être pris à l'improviste. ‖ Etonnement : *causer une grande -.* ‖ Plaisir inattendu : *faire une -.* ‖ Cornet contenant de menus objets que les enfants achètent sans en connaître le contenu.

surproduction nf. Multiplication excessive d'un produit.

surréalisme nm. Doctrine dont le but est d'exprimer la pensée pure, délivrée de tous les contrôles imposés par la raison et les préjugés.

surrénal, e, aux adj. Placé au-dessus des reins : *capsules -.*

sursaturer vt. Obtenir une solution plus concentrée que la solution saturée.

sursaut nm. Mouvement brusque. ‖ **En - loc. adv.,** brusquement.

sursauter vi. Faire un sursaut.

surseoir vt. (*Je sursois, n. sursoyons. Je sursoyais, n. sursoyions. Je sursis, n. sursîmes. Je sursoirai, n. sursoirons. Je sursoirais, n. sursoirions. Sursois, sursoyons, sursoyez. Q. je sursoie, qu'il sursoie, q. n. sursoyions. Q. je sursisse, q. n. sursissions. Sursoyant, Sursis.*) Suspendre, remettre : *- une délibération.* (Vx.) ‖ Vt. ind. [à]. Différer : *- à des poursuites.*

sursis nm. Délai. ‖ *- d'incorporation,* délai accordé au conscrit.

sursitaire nm. Bénéficiaire d'un sursis.

surtaxe nf. Taxe supplémentaire.

surtaxer vt. Frapper d'une surtaxe.

surtension nf. Tension anormale qui se produit sur un circuit électrique.

surtout adv. Principalement.

surtout nm. Vêtement large qu'on met par-dessus tous les autres. ‖ Grande pièce d'orfèvrerie placée sur la table.

surveillance nf. Action de surveiller.

surveillant, e n. Personne qui surveille : *- de travaux.*

surveiller vt. Veiller avec attention et autorité sur : *- des prisonniers.*

survenir vi. (c. *venir*). Arriver inopinément ou accidentellement.

survêtement nm. Vêtement que l'on met par-dessus une tenue sportive.

survie nf. Etat de celui qui survit à un autre. ‖ Vie future, au-delà de la mort : *croire à la -.*

survivance nf. Action de survivre. ‖ *Biol.* Résistance des organismes aux causes de disparition.

survivre vi. Demeurer en vie après un autre. ‖ *Fig.* Subsister après la perte de : *- à sa ruine.* ‖ **Survivant, e** part., adj. et n.

survoler vt. Voler au-dessus de.

survoltage nm. Tension électrique excessive.

survolter vt. Augmenter la tension électrique.

sus [*suss*] prép. Sur : *courir - à quelqu'un.* ‖ **En -** loc. adv., en plus. ‖ **En - de** loc. prép., en plus de.

susceptibilité nf. Disposition à se froisser trop aisément.

susceptible adj. Apte à recevoir, à éprouver : *la cire est - de plusieurs formes.* ‖ *Fig.* Qui s'offense aisément : *homme -.*

susciter vt. Provoquer, être cause de.

suscription nf. Adresse écrite sur l'enveloppe d'une lettre.

susdit, e adj. et n. Nommé ci-dessus.

sus-dominante nf. Note au-dessus de la dominante, sixième du ton.

susmentionné, e adj. Cité plus haut : *la convention -.*

susnommé, e adj. et n. Nommé plus haut.

suspect, e adj. et n. Qui inspire de la défiance. ‖ De qualité douteuse : *vin -.* ‖ *- de,* soupçonné de.

suspecter vt. Tenir pour suspect.

suspendre vt. Fixer par le haut et laisser pendre. ‖ *Fig.* Différer, interrompre : *- son travail.* ‖ Interdire pour un temps : *- un journal.*

suspens adj. Interdit : *prêtre -.* ‖ **En -** loc. adv., non résolu, non terminé : *affaire laissée en -.*

suspense nf. *Dr. can.* Décision interdisant momentanément à un ecclésiastique l'exercice de ses fonctions. ‖ *Cin.* Moment d'un film où l'action tient le spectateur dans l'attente angoissée de ce qui va se produire.

suspensif, ive adj. Qui suspend les effets de : *jugement -.*

suspension nf. Action de suspendre; état d'une chose suspendue. ‖ Ensemble des ressorts d'une voiture. ‖ Objet d'ameublement, suspendu au plafond et destiné à l'éclairage. ‖ Privation temporaire d'une fonction. ‖ Cessation momentanée : *- de paiements.* ‖ *- d'armes,* cessation momentanée des hostilités. ‖ *Gramm.* Interruption de sens marquée par des points. ‖ *Chim.* Etat d'un solide très divisé, flottant dans un liquide sans y être dissous.

suspensoir nm. Bandage propre à soutenir un organe.

suspicion nf. Défiance, soupçon.

sustentation nf. Action de soutenir par des aliments. ‖ Position d'un corps sur un autre qui le soutient.

sustenter vt. Entretenir par des aliments.

susurrement nm. Murmure, bruissement.

susurrer vi. Chuchoter. ‖ Vt. Murmurer doucement.

suture nf. Jointure des os du crâne. ‖ *Chir.* Couture chirurgicale des lèvres d'une plaie.

suzerain, e n. et adj. Seigneur dont dépendaient d'autres fiefs.

suzeraineté nf. Qualité de suzerain.

svastika nm. Croix gammée, symbole religieux hindou.

svelte adj. De forme légère et élancée : *une taille -*.

sveltesse nf. Forme svelte.

sweater [*soui-teur*] nm. Gilet de laine.

sweepstake [*souip's-tèk'*] nm. Loterie consistant à tirer au sort les chevaux engagés dans une course dont le résultat fixe les gagnants.

swing [*soui-gn'*] nm. Coup de poing porté latéralement. ‖ Exécution syncopée de la musique de jazz.

sybarite n. Qui mène une vie molle et voluptueuse.

sybaritisme nm. Vie, mœurs des habitants de Sybaris.

sycomore nm. Variété d'érable.

sycophante nm. Dénonciateur.

syllabaire nm. Livre élémentaire pour apprendre à lire.

syllabe nf. Une ou plusieurs lettres qui se prononcent d'une seule émission de voix.

syllabique adj. Relatif aux syllabes. ‖ *Ecriture -*, où chaque syllabe est représentée par un caractère.

syllabus [*buss*] nm. Liste d'erreurs touchant la foi.

syllepse nf. *Gramm.* Accord des mots non selon la grammaire, mais selon le sens : il *est six* **heures** (- de nombre); *les* **vieilles** *gens* *sont* **soupçonneux** (- de genre).

syllogisme nm. Raisonnement composé de trois propositions : la majeure, la mineure et la conclusion, et tel que la conclusion est déduite de la majeure par l'intermédiaire de la mineure. Ex. : *Tous les hommes sont* **mortels** (majeure) ; *or, tu es* **homme** (mineure); *donc tu es* **mortel** (conclusion).

sylphe nm. Génie de l'air.

sylphide nf. Sylphe femelle. ‖ *Fig.* Femme gracieuse et légère.

sylvains nmpl. Divinités des forêts.

sylvestre adj. Qui croît dans les bois : *pin -*.

sylviculteur nm. Qui cultive les forêts.

sylviculture nf. Science de la culture et de l'entretien des bois.

sylvinite nf. Sel des gisements de potasse d'Alsace, employé comme engrais.

symbiose nf. Association de deux organismes : *un lichen est la - d'une algue et d'un champignon.*

symbole nm. Etre ou objet qui représente une chose abstraite : *le chien est le - de la fidélité, la balance le - de la justice.* ‖ Résumé des vérités essentielles de la foi : *le Symbole des apôtres.* ‖ *Chim.* Lettres adoptées pour désigner les éléments : *Pb est le - du plomb.*

symbolique adj. Qui a le caractère d'un symbole.

symbolisation nf. Représentation par des symboles.

symboliser vt. Exprimer par un symbole : *l'olivier symbolise la paix.*

symbolisme nm. Système de symboles exprimant des croyances. ‖ Ecole poétique qui a cherché à exprimer les affinités des choses avec notre âme.

symboliste n. et adj. Adepte du symbolisme.

symétrie nf. Harmonie résultant de certaines combinaisons et proportions régulières : *- architecturale; tableaux, vases arrangés avec -.* ‖ *Math.* Disposition de deux figures qui se correspondent point par point.

symétrique adj. Qui a de la symétrie.

sympathie nf. Penchant instinctif qui attire deux personnes l'une vers l'autre.

sympathique adj. Qui inspire de la sympathie. ‖ *Encre -*, encre invisible qui n'apparaît que sous l'influence d'un produit révélateur. ‖ Nm. *Le grand -*, chaîne de ganglions placés de part et d'autre de la colonne vertébrale.

sympathiser vi. Avoir de la sympathie.

symphonie nf. Composition musicale pour orchestre : *les - de Beethoven.*

symphonique adj. Relatif à la symphonie : *un concert -.*

symphyse nf. Connexion fixe ou peu mobile de deux os : *la - pubienne.*

symptomatique adj. Révélateur de quelque maladie. ‖ *Fig.* Qui révèle un état de choses.

symptôme nm. Révélation d'un état morbide. ‖ *Fig.* Indice, présage.

synagogue nf. Assemblée des fidèles sous l'ancienne loi des Juifs. ‖ L'Eglise juive. ‖ Temple israélite.

synallagmatique adj. Se dit des contrats qui contiennent obligation réciproque entre les parties.

synchrone adj. Se dit des mouvements, des phénomènes qui s'accomplissent dans le même temps. ‖ *Moteur -*, moteur électrique à vitesse constante.

synchronique adj. Qui se passe dans le même temps : *tableau -*.

synchronisation nf. Action de synchroniser ; son résultat.

synchroniser vt. Rendre synchrone : *- un film.*

synchronisme nm. Etat de ce qui est synchrone. ‖ Coïncidence des dates, simultanéité des faits.

synclinal, nm. *Géol.* Partie déprimée d'un pli simple.

syncope nf. Perte momentanée de la sensibilité et du mouvement. ‖ *Mus.* Note émise sur un temps faible et continuée sur un temps fort.

syncoper vt. *Mus.* Faire une syncope : *rythme syncopé.*

syndic nm. Qui est élu pour prendre soin des intérêts d'un corps : *- des notaires.* ‖ Dans certaines régions, chef d'une municipalité.

syndical, **e**, **aux** adj. Qui appartient au syndicat : *droit -.*

syndicalisme nm. Ensemble de doctrines qui tendent à accroître l'activité sociale des syndicats professionnels. ‖ Ensemble des syndicats.

syndicaliste adj. Relatif au syndicalisme : *esprit -.* ‖ N. Partisan du syndicalisme.

syndicat nm. Fonction de syndic. ‖ Groupement de défense d'intérêts professionnels ou économiques communs.

syndiquer vt. Organiser en syndicat. ‖ **Syndiqué**, e part., adj. et n. Affilié à un syndicat.

syndrome nm. Ensemble des symptômes qui caractérisent une maladie.

synecdoque nf. Figure de rhétorique par laquelle on prend la partie pour le tout (*payer tant par tête*, c'est-à-dire par *personne*), le tout pour la partie, le genre pour l'espèce, l'espèce pour le genre, etc.

synérèse nf. Réunion de deux syllabes en une seule : *faon (fan).*

synode nm. Assemblée d'ecclésiastiques. ‖ Assemblée des ministres protestants. ‖ *Le saint- -*, conseil suprême de l'Eglise russe.

synonyme adj. et nm. Se dit des mots qui ont à peu près le même sens, comme *épée* et *glaive.*

synonymie nf. Qualité des mots synonymes.

synoptique adj. Qui permet de saisir d'un même coup d'œil les diverses parties d'un ensemble : *tableau -.*

synovial, **e**, **aux** adj. Relatif à la synovie : *capsule -.*

synovie nf. Liquide un peu filant, qui lubrifie les articulations.

syntaxe nf. Partie de la grammaire qui traite de la fonction et de la disposition des mots dans la phrase.

syntaxique adj. Relatif à la syntaxe.

synthèse nf. Méthode qui procède du simple au composé, des éléments au tout : *la - est le contraire de l'analyse.* ‖ *Par ext.* Exposé d'ensemble : *un essai de - historique.* ‖ Formation artificielle d'un corps composé en partant de ses éléments : *la - de l'ammoniac.*

synthétique adj. Qui appartient à la synthèse. ‖ Obtenu par synthèse : *caoutchouc -.*

syntonisation nf. Méthode de réglage des postes de radio.

syphilis nf. Maladie contagieuse dont l'agent est le tréponème pâle.

syphilitique adj. Relatif à la syphilis. ‖ N. et adj. Atteint de la syphilis.

syriaque adj. Se dit de la langue araméenne parlée autrefois en Syrie.

syrien, **enne** adj. et n. De la Syrie : *la mythologie -.*

systématique adj. Qui appartient à un système. ‖ De parti pris. ‖ Erigé en système.

systématiser vt. Réduire ou ériger en système.

système nm. Réunion, enchaînement de principes, de manière à établir une doctrine : *le - de Descartes.* ‖ Combinaison de parties qui concourent à un résultat ou forment un ensemble : *- nerveux, planétaire.* ‖ Mode de gouvernement : *- féodal.*

systole nf. Contraction du cœur et des artères.

syzygie nf. Conjonction ou opposition d'une planète avec le Soleil.

t nm. Vingtième lettre de l'alphabet, et la seizième des consonnes.

ta adj. poss. fém. V. TON.

tabac nm. Plante originaire de l'île de Tabago, dont les feuilles, séchées et préparées, se fument, se prisent ou se mâchent. ‖ *Pop.* Passer à -, rouer de coups.

tabagie nf. Endroit rempli de fumée de tabac.

tabatière nf. Petite boîte où l'on met du tabac à priser. ‖ *Fenêtre à -*, petite lucarne, dont le châssis à charnière s'ouvre sur un toit.

tabernacle nm. Tente, pavillon des Hébreux. ‖ *Liturg. cathol.* Petit coffre fixé sur l'autel et renfermant le saint ciboire.

tabès nm. Maladie abolissant la coordination des mouvements.

tablature nf. Autref., musique écrite à l'aide de signes conventionnels. ‖ Tableau explicatif de l'emploi d'un instrument à vent. ‖ *Fig. Donner de la - à quelqu'un*, lui susciter de l'embarras.

table nf. Meuble fait d'un plateau horizontal posé sur des pieds. ‖ Mets qu'on y sert : *une - frugale*. ‖ Tableau méthodique : *- de Pythagore*, *des logarithmes, des matières*. ‖ Partie d'un instrument sur laquelle les cordes sont tendues : *- d'harmonie*. ‖ *- de la loi*, tables de pierre sur lesquelles étaient gravés les commandements de Dieu à Moïse. ‖ *Les Douze Tables*, code de lois publiées à Rome par les décemvirs et gravées sur douze tables d'airain. ‖ *Sainte -*, grille, balustrade où les fidèles viennent communier. ‖ *- d'hôte*, table servie à heures fixes et à tant par tête. ‖ *- de nuit*, petite table de chevet. ‖ *Fig. Aimer la -*, la bonne chère. ‖ *Tenir - ouverte*, donner fréquemment à dîner. ‖ *Faire - rase*, V. RAS.

tableau nm. Châssis de planches peintes en noir, pour écrire à la craie. ‖ Ouvrage de peinture exécuté sur toile, sur bois, etc. ‖ Liste des membres d'un corps, d'une société : *- des avocats*. ‖ *- d'avancement*, liste des officiers ou des fonctionnaires proposés pour l'avancement. ‖ Feuille sur laquelle les matières sont rangées méthodiquement : *- chronologique*. ‖ *Fig.* Panorama, point de vue : *un magnifique -*. ‖ Représentation fidèle d'une chose, de vive voix ou par écrit : *faire un - fidèle des guerres civiles*. ‖ *Théâtre.* Subdivision d'un acte, marquée par un changement de décor.

tableautin nm. Petit tableau.

tablée nf. Ensemble des personnes réunies à la même table.

tabler vi. Se fonder, compter.

tabletier, ère n. Personne qui fabrique, qui vend de la petite ébénisterie ou des jeux nécessitant l'emploi d'un damier ou d'un échiquier.

tablette nf. Planche disposée horizontalement pour recevoir divers objets. ‖ Pierre plate qui termine les murs d'appui ou d'autres pièces de maçonnerie : *- de cheminée*. ‖ Préparation alimentaire de forme plate : *- de chocolat*. ‖ Pl. Planchettes de bois ou d'ivoire, enduites de cire, sur lesquelles les Anciens écrivaient avec un poinçon. ‖ *Fig. Mettez cela sur vos -*, prenez-en bonne note.

tabletterie nf. Métier, commerce, ouvrage du tabletier.

tablier nm. Pièce d'étoffe, de cuir, etc., que l'on met devant soi pour préserver ses vêtements. ‖ *Fig. et fam. Rendre son -*, se démettre de ses fonctions. ‖ Plate-forme horizontale d'un pont. ‖ Rideau de tôle placé devant une cheminée pour en régler le tirage.

tabou nm. En Polynésie, objet ou personne marqués d'un caractère sacré, qu'on ne peut ni toucher ni regarder. ‖ Adj. Qui a ce caractère : *arbre -*.

tabouret nm. Petit siège à quatre pieds, sans dossier et sans bras.

tabulaire adj. En forme de table.

tac nm. Bruit sec. ‖ *Fig. Du - au -*, vivement, sur le même ton.

tache nf. Marque salissante. ‖ Marque naturelle sur la peau de l'homme ou le poil des animaux. ‖ *Fig.* Tout ce qui blesse l'honneur, la réputation. ‖ *Faire -*, être déplacé dans une société.

tâche nf. Ouvrage à exécuter dans un temps fixé. ‖ *Prendre à - de*, s'efforcer de. ‖ *A la -*, à forfait.

tacher vt. Salir, souiller.

tâcher vi. [de]. S'efforcer de.

tâcheron nm. Ouvrier à la tâche.

tacheter vt. (c. *jeter*). Marquer de taches.

tachycardie [*ki*] nf. Vitesse anormale des battements du cœur.

tachymètre [*ki*] nm. Instrument servant à mesurer les vitesses.

tacite adj. Non formellement exprimé, mais sous-entendu : *approbation -*.

taciturne adj. Qui parle peu.

tacot nm. *Pop.* Véhicule démodé.

tact nm. Sens du toucher. ‖ *Fig.* Délicatesse de sentiment : *avoir du -*.

tacticien nm. Habile dans la tactique.

tactile adj. Qui concerne le tact, le toucher : *sensation -*.

tactique nf. Art de disposer et d'utiliser les troupes pour le combat. ‖ *Fig.* Moyens qu'on emploie pour réussir : *changer de -*. ‖ Adj. Relatif à la tactique.

tænia nm. Autre orthogr. de TÉNIA.

taffetas nm. Etoffe de soie.

tafia nm. Eau-de-vie de mélasse de canne à sucre.

taïaut! ou **tayaut!** interj. *Véner.* Cri du veneur pour animer les chiens.

taie nf. Enveloppe d'oreiller. ‖ Tache blanche sur la cornée de l'œil.

taïga nf. Forêt de conifères qui borde la toundra, en Amérique du Nord et en Asie.

taillable adj. Qui était sujet à la taille : *serf - et corvéable à merci*.

taillade nf. Entaille dans les chairs. ‖ Coupure en long dans une étoffe.

taillader vt. Faire des taillades.

taillanderie nf. Métier, ouvrage, commerce de taillandier.

taillandier nm. Ouvrier qui fabrique des outils propres à tailler, à couper (faucilles, haches, scies, etc.).

taillant nm. Tranchant d'une lame.

taille nf. Action ou manière de tailler certaines choses : *la - des arbres*. ‖ Tranchant d'une épée. ‖ *Frapper d'estoc et de -*, de la pointe et du tranchant. ‖ Bois coupé qui commence à repousser : *- de deux ans*. ‖ Dimension en hauteur du corps humain : *homme de grande -*. ‖ Partie du corps comprise entre les épaules et les hanches : *- svelte*. ‖ *Tour de -*, la ceinture. ‖ *Etre de - à*, être capable de. ‖ Impôt mis autrefois sur les roturiers. ‖ Incision faite au burin, dans la planche à graver. ‖ *Pierre de -*, pierre dure, taillée et employée aux constructions.

taille-crayon nm. Petit outil pour tailler les crayons. ‖ Pl. *taille-crayons*.

taille-douce nf. Gravure faite au burin seul (sans eau-forte) sur une planche de métal. ‖ Estampe obtenue par ce procédé. ‖ Pl. des *tailles-douces*.

tailler vt. Couper, retrancher pour donner une certaine forme : *- une pierre*. ‖ *Fig. - en pièces une armée*, la défaire entièrement. ‖ *- des croupières*, susciter des embarras.

Taillé, e part. et adj. Prêt, préparé : *voilà votre besogne -*. ‖ Propre, apte : *il n'est pas - pour cela*. ‖ *Homme bien -*, d'une taille bien conformée.

taillerie nf. Art de tailler les cristaux et les pierres fines. ‖ Atelier où s'exécute ce travail.

tailleur nm. Qui taille : *- de pierre*. ‖ *Absol.* Celui qui fait des vêtements. ‖ Costume de femme.

taillis nm. Bois que l'on coupe à intervalles rapprochés. ‖ Adj. : *bois taillis*.

tailloir nm. Plateau de bois pour découper la viande. ‖ *Archit.* Partie supérieure du chapiteau de colonne.

tain nm. Amalgame d'étain rendant une glace réfléchissante.

taire vt. (*Je tais, n. taisons. Je taisais. Je tus. Je tairai. Je tairais. Tais. Q. je taise. Q. je tusse. Taisant. Tu, tue.*) Ne pas dire, cacher : *taire la vérité*. ‖ *Se -* vpr. Garder le silence, ne pas faire de bruit. ‖ *Faire -*, imposer silence à.

talc nm. Silicate hydraté naturel de magnésium, que l'on utilise en poudre.

talent nm. Poids usité chez les Grecs (environ 26 kg). ‖ Monnaie grecque représentant la valeur d'une somme d'or ou d'argent pesant un talent. ‖ *Fig.* Aptitude, capacité naturelle ou acquise : *un - extraordinaire*.

talentueux, euse adj. *Fam.* Qui a du talent.

taler vt. Meurtrir, en parlant des fruits.

taleth ou **taled** nm. Voile dont les juifs se couvrent les épaules dans les synagogues, en récitant les prières.

talion nm. Punition pareille à l'offense : *la peine du -*.

talisman nm. Objet auquel on attribue la vertu de porter bonheur. ‖ *Fig.* Ce qui a un pouvoir irrésistible : *l'or est un puissant -*.

talle nf. Rejeton qui pousse au pied d'un arbre, d'une plante.

taller vi. En parlant d'un arbre, d'une plante, pousser des rejetons.

talmudique adj. Relatif au Talmud : *traditions -*.

taloche nf. *Fam.* Coup donné sur la tête avec la main. ‖ Planchette de maçon pour étendre le plâtre frais.

talon nm. Partie postérieure du pied de l'homme. ‖ Partie postérieure d'une chaussure, d'un bas. ‖ Entame d'un pain. ‖ Ce qui reste des cartes, après distribution à chaque joueur. ‖ *Archit.* Moulure concave par le bas, convexe par le haut. ‖ *- de souche*, vignette imprimée à l'endroit où sont détachés les feuillets du registre à souche. ‖ *Fig. Montrer les -*, s'enfuir.

talonner vt. Poursuivre de près. ‖ *Fig.* Presser, harceler.

talonnette nf. Lame de liège, taillée en biseau, que l'on glisse sous le talon, dans le soulier. ‖ Ganse protégeant le bas d'un pantalon.

talonnière nf. Chacune des ailes que Mercure portait aux talons.

talquer vt. Enduire de talc.

talus nm. Pente d'un terrassement ou d'une construction. ‖ Sa surface. ‖ *Couper en -*, obliquement.

taluter vt. Construire en talus.

talweg nm. V. THALWEG.

tamanoir nm. Mammifère édenté, à tête longue, au museau en trompe, et qui se nourrit de fourmis. (On l'appelle aussi GRAND FOURMILIER.)

tamarin nm. Nom vulgaire des *tamariniers* et des *tamaris*. ‖ Pulpe du fruit du tamarinier.

tamarinier nm. Genre d'arbres des pays chauds.

tamaris [*rî*] nm. Arbrisseau ornemental à feuilles fines et à fleurs en épi.

tambour nm. Caisse cylindrique, dont les fonds sont formés de peaux tendues, sur l'une desquelles on frappe avec deux baguettes. ‖ Celui qui bat du tambour. ‖ *- de basque*, peau tendue sur un cercle garni de grelots. ‖ Métier circulaire sur lequel est tendue une étoffe que l'on veut broder à l'aiguille. ‖ Cylindre autour duquel s'enroule une corde ou une chaîne. ‖ Ouvrage de menuiserie, formant enceinte fermée, avec une ou plusieurs portes, placé à l'entrée principale de certains édifices. ‖ *Fig.* et *fam. Mener - battant*, rudement. ‖ *Sans ni trompette*, en secret.

tambourin nm. Tambour long et étroit. ‖ Jouet en forme de tambour.

tambourinaire nm. Joueur de tambourin, en Provence.

tambouriner vi. Battre du tambour. ‖ Imiter le bruit du tambour. ‖ Vt. Annoncer au son du tambour.

tambour-major nm. Sous-officier, chef des tambours et clairons d'un régiment. ‖ Pl. des *tambours-majors*.

tamis nm. Instrument qui sert à passer des matières en poudre ou des liquides épais. ‖ *Fig. Passer au -*, examiner sévèrement.

tamisage nm. Action de tamiser.

tamiser vt. Passer au tamis. ‖ *Par ext.* Laisser passer en adoucissant : *vitraux qui tamisent la lumière*.

tampon nm. Gros bouchon de matière quelconque. ‖ Étoffe imprégnée d'encre pour enduire un timbre gravé. ‖ Chacun des plateaux métalliques à ressort, placés à l'extrémité des wagons pour amortir les chocs. ‖ Cheville de bois enfoncée dans un mur, afin d'y fixer une vis ou un clou. ‖ *Pop. Coup de -*, choc, heurt.

tamponnement nm. Action de tamponner ; son résultat.

tamponner vt. Boucher avec un tampon. ‖ Percer un mur pour y introduire un tampon, qui recevra un clou ou une vis. ‖ *Ch. de f.* Heurter avec les tampons : *- un train*.

tamponnoir nm. Outil pour tamponner.

tam-tam nm. Tambour des Noirs de l'Afrique centrale. ‖ *Fam.* Publicité à grand fracas. ‖ Pl. des *tam-tams*.

tan nm. Écorce du chêne employée pour le tannage des peaux.

tanaisie nf. Plante vermifuge.

tancer vt. (c. *placer*). Réprimander : *- un écolier*.

tanche nf. Genre de poissons d'eau douce, à chair délicate.

tandem nm. Cabriolet découvert, attelé de deux chevaux en flèche. ‖ Bicyclette à deux places.

tandis que loc. conj. Pendant que. ‖ Au lieu que.

tangage nm. Balancement d'un navire dans le sens de sa longueur.

tangence nf. *Math.* Contact.

tangent, e adj. Qui est en contact par un seul point.

tangente nf. *Math.* Ligne droite qui n'a qu'un point commun avec une courbe. ‖ *Fig. Prendre la -*, se tirer d'affaire habilement, s'esquiver.

tangentiel, elle adj. Qui se rapporte à la tangente.

tangible adj. Que l'on peut toucher. ‖ *Par ext.* Réel, évident : *un signe -*.

tango nm. Danse populaire de l'Amérique latine. ‖ Adj. inv. De couleur orange : *des étoffes -*.

tangue nf. Vase marine utilisée comme engrais.

tanguer vi. Se dit d'un navire soumis au tangage.

tanière nf. Repaire de bêtes sauvages.

tanin ou **tannin** nm. Substance jaune extraite de l'écorce du chêne et d'autres végétaux, et qui rend le cuir imputrescible.

tank nm. Char de combat. ‖ Citerne d'un navire pétrolier.

tannage nm. Action de tanner.

tanne nf. Petite tumeur grisâtre qui se forme dans les pores de la peau.

tanner vt. Préparer les cuirs avec du tan. ‖ *Fig.* Hâler. ‖ *Fig.* et *fam.* Importuner. ‖ **Tannant, e** part. et adj. ‖ **Tanné, e** part. et adj.

tannerie nf. Lieu où l'on tanne.

tanneur nm. Celui qui tanne et vend des cuirs.

tant adv. En si grande quantité, en si grand nombre. ‖ Telle quantité : *il y aura - pour vous.* ‖ A tel point : *il a - mangé que...* ‖ Autant : *ne parlez pas -.* ‖ Si longtemps : *j'ai marché.* ‖ Aussi longtemps : *- que je vivrai.* ‖ Tellement, si fréquemment : *- va la cruche à l'eau, qu'à la fin elle se casse.* ‖ *- et plus,* beaucoup. ‖ *- soit peu,* si peu que ce soit. ‖ Loc. adv. *- mieux,* marque la satisfaction; *- pis,* marque le regret. Loc. conj. *- s'en faut que,* bien loin que. **Si - est que,** supposé que. **En - que,** dans la mesure où; en qualité de.

tantale nm. Métal très dur (Ta), dense et peu fusible.

tante nf. Sœur du père, de la mère, ou femme de l'oncle.

tantième nm. Chiffre convenu d'un pourcentage.

tantinet nm. *Fam.* Très petite quantité. ‖ *Un -* loc. adv., un peu.

tantôt adv. Dans peu de temps, bientôt (en parlant de la même journée) : *au revoir, à -.* ‖ Exprime l'alternance : *il est - d'un avis, - d'un autre.*

taoïsme nm. Religion populaire en Chine.

taon [tan] nm. Genre d'insectes qui s'attaquent aux troupeaux.

tapage nm. Bruit produit en tapant. ‖ *Par ext.* Bruit tumultueux.

tapageur, euse adj. et n. Qui fait, qui a l'habitude de faire du tapage. ‖ *Fig.* Criard : *toilette -.*

tape nf. *Fam.* Coup donné avec la main.

tapé, e adj. *Poire, pomme -,* fruit aplati et séché au four.

tapecul nm. Voiture cahotante. ‖ Monte sans étriers. ‖ Voile arrière.

taper vt. Frapper, battre. ‖ *Fam.* Emprunter de l'argent. ‖ Ecrire à la machine : *- une lettre.*

tapette nf. Petite masse pour enfoncer les bouchons, etc. ‖ *Pop.* Langue.

tapinois (en) loc. adv. Sournoisement, en cachette.

tapioca nm. Fécule à potage extraite de la racine de manioc.

tapir nm. Mammifère de l'Amérique, au museau allongé en trompe.

tapir (se) vpr. (c. *finir*). Se cacher en se tenant courbé, ramassé : *se - dans l'ombre.*

tapis nm. Etoffe dont on couvre une table, un parquet. ‖ *Par ext.* Ce qui forme comme un tapis : *- de gazon.* ‖ *Fig.* Mettre une affaire sur le -,

proposer de l'examiner. ‖ *Etre sur le -,* faire le sujet de l'entretien. ‖ *Amuser le -,* entretenir la société de choses plaisantes.

tapisser vt. Revêtir, orner de tapisseries ou de papier de tenture. ‖ *Par ext.* Couvrir : *- de lierre.*

tapisserie nf. Ouvrage fait au métier ou à l'aiguille sur du canevas, avec de la laine, de la soie, etc. ‖ Art du tapissier. ‖ Tenture, papier peint.

tapissier, ère nm. Qui fabrique, vend ou pose tout ce qui sert à décorer les appartements.

tapissière nf. Voiture munie d'un toit, mais ouverte sur les côtés.

tapon nm. *Fam.* Linge chiffonné roulé pour former un tampon.

tapotage ou **tapotement** nm. *Fam.* Action de tapoter.

tapoter vt. *Fam.* Donner de petits coups à plusieurs reprises.

taquet nm. Petit coin de bois taillé, qui sert à caler un objet. ‖ Pièce servant de butée. ‖ *Mar.* Pièce de bois ou de métal pour amarrer les cordages.

taquin, e adj. et n. Qui aime à taquiner, à contrarier.

taquiner vt. Agacer, contrarier.

taquinerie nf. Caractère du taquin. ‖ Son action.

tarabiscoter vt. Orner, façonner à l'excès : *style tarabiscoté.*

tarabuster vt. *Fam.* Importuner, harceler, tourmenter.

tarare nm. *Agric.* Instrument qui sert à nettoyer le grain.

tarasque nf. Mannequin représentant un animal monstrueux, célèbre à Tarascon.

taraud nm. Outil fileté servant à creuser les rainures d'un écrou.

taraudage nm. Action de tarauder; son résultat.

tarauder vt. Préparer les rainures d'un écrou.

taraudeuse nf. Machine-outil servant à tarauder mécaniquement.

tard adv. Après un temps long ou relativement long. ‖ A une heure avancée de la journée, de la nuit. ‖ *Tôt ou -,* un jour ou l'autre. ‖ Nm. *Sur le -,* à la fin de la soirée; au *fig.,* vers la fin de la vie.

tarder vi. Etre lent à venir. ‖ Différer : *ne tardez pas à remplir un devoir.* ‖ V. impers. : *il me tarde de...,* j'attends impatiemment de...

tardif, ive adj. Qui vient tard. ‖ Lent : *esprit -.*

tardigrades nmpl. Famille d'animaux édentés dont les doigts sont réunis jusqu'aux ongles, et qui se meuvent très lentement.

tare nf. Défaut, déchet sur le poids, la quantité ou la qualité des marchandises. ‖ Poids de l'emballage d'une marchandise. ‖ *Faire la -,* placer, dans un plateau d'une balance, de quoi équilibrer exactement ce qui se trouve sur l'autre plateau. ‖ *Fig.* Défectuosité physique ou morale.

taré, e adj. Vicié, corrompu.

tarentelle nf. Danse italienne légère et rapide.

tarentule nf. Grosse araignée.

tarer vt. Peser l'emballage d'une marchandise avant de la remplir.

taret nm. Genre de mollusques qui font des trous dans le bois des navires, des pilotis, etc.

targette nf. Petit verrou plat, monté sur une plaque.

targuer (se) vpr. Se vanter avec arrogance, se glorifier de.

targui, e ou **touareg** adj. et n. Sing. de TOUAREGS.

tarière nf. Grande vrille pour faire des trous dans le bois. ‖ Organe qui sert aux insectes à percer les substances dures.

tarif nm. Tableau des prix de certaines denrées, de certains travaux, de certains objets.

tarifer vt. Etablir des prix.

tarification nf. Action de tarifer.

tarin nm. Variété de chardonneret de l'Europe du Nord.

tarir vt. Mettre à sec. ‖ Vi. Etre à sec : *la source est tarie.* ‖ *Fig.* Cesser : *ses pleurs ne tarissent pas.* ‖ Ne pas cesser de parler : *ne pas d'éloges sur quelqu'un.*

tarissable adj. Qui peut se tarir.

tarissement nm. Epuisement.

tarlatane nf. Etoffe de coton légère, très apprêtée, pour patrons de robes.

taroté, e adj. *Cartes tarotées,* dont le dos est orné de grisaille en compartiments, comme les tarots.

tarots nmpl. Cartes plus longues et marquées d'autres figures que les cartes ordinaires. ‖ Jeu de cartes.

tarse nm. Partie du pied appelée vulgairement *cou-de-pied.*

tarsien, enne adj. Qui concerne le tarse.

tartan nm. Etoffe de laine, à carreaux de couleurs. ‖ Châle de tartan.

tartane nf. Petit bâtiment à voile triangulaire, en usage dans la Méditerranée.

tarte nf. Pâtisserie plate, contenant de la crème, des fruits, etc.

tartelette nf. Petite tarte.

tartine nf. Tranche de pain recouverte de beurre, de confiture, etc. ‖ *Fam.* Longue tirade.

tartiner vt. Etaler du beurre, de la confiture, etc., sur du pain.

tartrate nm. *Chim.* Sel de l'acide tartrique.

tartre nm. Dépôt salin que laisse le vin dans l'intérieur des tonneaux. ‖ Sédiment jaunâtre, qui se dépose autour des dents. ‖ Dépôt calcaire qui encrasse les chaudières.

tartrique adj. *Chim. Acide -,* acide extrait du tartre.

tartufe nm. Faux dévot, hypocrite.

tartuferie nf. Hypocrisie.

tas nm. Monceau, amas d'objets.

tasse nf. Vase à boire muni d'une anse. ‖ Son contenu : *une - de thé.*

tasseau nm. Petit morceau de bois supportant une tablette.

tassement nm. Affaissement d'une construction, d'un terrain.

tasser vt. Réduire de volume, par pression. ‖ Resserrer dans un petit espace : *nous étions tassés en voiture.* ‖ Se -vpr. S'affaisser; se serrer.

tâter vt. et i. Explorer, vérifier à l'aide du toucher. ‖ *Fig.* Essayer de connaître, sonder : *- les intentions de quelqu'un.* ‖ *- le pouls,* presser légèrement l'artère radiale pour compter les pulsations. ‖ *Fig.* et *fam. - le terrain,* se renseigner avant d'agir. ‖ Vt. ind. Essayer, faire l'épreuve de : *- d'un métier.* ‖ Se -vpr. Examiner ses propres sentiments; hésiter.

tâte-vin nm. inv. Pipette pour prélever, par le bondon, le vin qu'on veut goûter.

tatillon, onne adj. et n. *Fam.* Trop attaché aux détails; pointilleux.

tatillonner vi. *Fam.* S'occuper de détails inutiles, mesquins.

tâtonnement nm. Action de tâtonner. ‖ *Fig.* Recherche hésitante.

tâtonner vi. Chercher en tâtant. ‖ *Fig.* Procéder avec circonspection.

tâtons (à) loc. adv. En tâtonnant dans l'obscurité. ‖ *Fig.* A l'aveuglette.

tatou nm. Mammifère édenté de l'Amérique du Sud.

tatouage nm. Action de tatouer; son résultat.

tatouer vt. (c. *tuer*). Imprimer sur le corps des dessins indélébiles.

taudis nm. Logement misérable, malpropre.

taupe nf. Mammifère insectivore, à pattes conformées pour fouir, et qui creuse des galeries souterraines. ‖ *Arg. scol.* Classe préparatoire à l'Ecole polytechnique.

taupé, e adj. Qui a l'aspect d'une fourrure de taupe : *feutre -.*

taupe-grillon nm. Courtilière, insecte. ‖ Pl. des *taupes-grillons*.

taupier nm. Preneur de taupes.

taupin nm. Insecte coléoptère, vulgairement appelé *maréchal* ou *tape-marteau*.

taupin nm. *Arg. scol.* Candidat à l'Ecole polytechnique.

taupinière ou **taupinée** nf. Amas de terre qu'une taupe élève en fouillant. ‖ *Fig.* Construction basse.

taureau nm. Mâle de la vache. ‖ Signe du zodiaque.

taurillon nm. Jeune taureau.

tauromachie nf. Art de combattre les taureaux.

tauromachique adj. Qui a rapport à la tauromachie.

tautologie nf. Répétition inutile d'une même idée en termes différents.

taux nm. Prix fixé par une convention ou par l'usage : - *du blé*. ‖ Intérêt annuel produit par cent francs.

tavelage nm. Etat des fruits tavelés, gâtés superficiellement.

taveler vt. (c. *appeler*). Moucheter, tacheter, gâter par places.

tavelure nf. Bigarrure d'une peau tavelée. ‖ Maladie des pommiers et des poiriers.

taverne nf. Cabaret. ‖ Café-restaurant plus ou moins luxueux.

tavernier, ère n. Qui tient taverne.

taxation nf. Action de taxer.

taxe nf. Prix officiellement fixé. ‖ Imposition personnelle : *payer sa* -.

taxer vt. Fixer le prix de. ‖ Mettre un impôt sur : - *le commerce de luxe*. ‖ *Fig.* - *de*, accuser de : - *d'avarice*.

taxi nm. (abrév. de *taxi-auto*). Automobile de location munie d'un taximètre.

taxidermie nf. Art d'empailler, de naturaliser les animaux vertébrés.

taximètre nm. Compteur de taxi, qui, pour établir le prix de la course, en mesure la durée ou la distance.

taylorisme nm. (du nom de *Taylor*). Organisation du travail propre à en accroître le rendement.

tchécoslovaque adj. et n. De Tchécoslovaquie.

tchèque nm. et adj. Langue qui se parle en Bohême.

tchernoziom nm. En Russie, terre noire, très fertile.

te pron. pers. V. TU.

té nm. Nom de la lettre T. ‖ Pièce quelconque ayant la forme d'un T : *fer en* -. ‖ Règle ou équerre en forme de T.

technicien, enne n. Personne versée dans la technique d'un art, d'une science.

technique adj. Qui appartient en propre à un art, à une science ou à un métier. ‖ Nf. Ensemble des procédés et des méthodes d'un art, d'un métier.

technologie nf. Etude des procédés et des méthodes employés dans les diverses branches de l'industrie.

technologique adj. Relatif à la technologie : *dictionnaire* -.

teck ou **tek** nm. Arbre de l'Inde, dont le bois, très dur, imputrescible, sert à construire des navires.

tectonique nf. Science de la structure de la terre. ‖ Adj. Qui concerne la structure terrestre : *lac d'origine* -.

te deum nm. inv. *Relig. cathol.* Cantique d'action de grâces qui commence par ces mots.

tégument nm. *Anat.* Ce qui couvre le corps de l'homme et des animaux (la peau, les poils, les plumes, les écailles). ‖ *Bot.* Enveloppe de la graine.

tégumentaire adj. De la nature des téguments. ‖ Qui sert de tégument.

teigne nf. Petit papillon dont les larves rongent la laine, les grains, les fourrures, etc. ‖ Nom générique de diverses affections du cuir chevelu. ‖ Gale de l'écorce des arbres. ‖ *Fig.* et *pop.* Personne méchante.

teigneux, euse adj. et n. Qui a la teigne : *un* -.

teillage ou **tillage** nm. Action ou manière de teiller.

teille ou **tille** nf. Ecorce de la tige du chanvre.

teiller ou **tiller** vt. Broyer les tiges du chanvre ou du lin pour les débarrasser de la teille et les transformer en filasse.

teindre vt. (c. *craindre*). Pénétrer, imbiber d'une substance colorante.

teint nm. Coloris du visage. ‖ Couleur : *étoffe grand* -.

teinte nf. Nuance, couleur. ‖ Degré de force des couleurs : - *forte*. ‖ *Demi*- -, teinte extrêmement faible. ‖ - *plate*, teinte uniforme. ‖ *Fig.* Apparence : *une* - *d'ironie*.

teinter vt. Colorier, couvrir d'une teinte.

teinture nf. Liquide coloré propre à teindre. ‖ Opération, art du teinturier. ‖ Couleur que prend la chose teinte : *drap d'une belle* -. ‖ *Fig.* Connaissance superficielle : *avoir une* - *des beaux-arts*. ‖ *Pharm.* Solution dans l'alcool : - *d'iode*.

teinturerie nf. Commerce, atelier du teinturier.

teinturier, ère n. Qui teint les étoffes. ‖ Qui nettoie les vêtements.

tel, telle adj. Pareil, semblable :

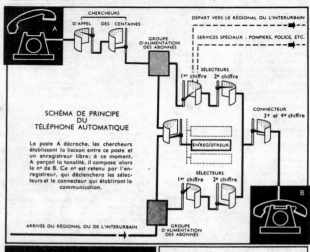

CHERCHEURS
D'APPEL DES CENTAINES

DÉPART VERS LE RÉGIONAL OU L'INTERURBAIN

SERVICES SPÉCIAUX : POMPIERS, POLICE, ETC.

GROUPE D'ALIMENTATION DES ABONNÉS

SÉLECTEURS
1er chiffre   2e chiffre

CONNECTEUR
3e et 4e chiffre

SCHÉMA DE PRINCIPE DU TÉLÉPHONE AUTOMATIQUE

Le poste A décroche, les chercheurs établissent la liaison entre ce poste et un enregistreur libre; à ce moment, A perçoit la tonalité, il compose alors le n° de B. Ce n° est retenu par l'enregistreur, qui déclenchera les sélecteurs et le connecteur qui établiront la communication.

ENREGISTREUR

SÉLECTEURS
1er chiffre   2e chiffre

B

ARRIVÉE DU RÉGIONAL OU DE L'INTERURBAIN

GROUPE D'ALIMENTATION DES ABONNÉS

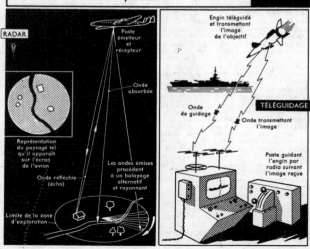

RADAR

Représentation du paysage tel qu'il apparaît sur l'écran de l'avion

Onde réfléchie (écho)

Limite de la zone d'exploration

Poste émetteur et récepteur

Onde absorbée

Les ondes émises procèdent à un balayage alternatif et rayonnant

Engin téléguidé et transmettant l'image de l'objectif

Onde de guidage

Onde transmettant l'image

TÉLÉGUIDAGE

Poste guidant l'engin par radio suivant l'image reçue

- *père*, - *fils*. ‖ Si grand : *sa mémoire est - que...* ‖ - *quel*, en l'état. ‖ Pron. indéf. Celui : - *rit aujourd'hui, qui pleurera demain.* ‖ **A - enseigne** ou à - **enseignes** loc. conj., tellement que, la preuve est que.

télécinématographe nm. Appareil pour transmettre par télévision un film cinématographique.

télécommande nf. Commande, entraînement d'un mécanisme à distance.

télécommander vt. Commander à distance un mécanisme.

télécommunication nf. Ensemble des moyens de communication à distance.

télégénique adj. Qui fait un bel effet à la télévision.

télégramme nm. Communication transmise par télégraphe.

télégraphe nm. Appareil pour communiquer à grande distance.

télégraphie nf. Art de construire et de faire fonctionner les télégraphes.

télégraphier vt. et i. (c. *prier*). Transmettre par télégraphe.

télégraphique adj. Relatif au télégraphe : *signes* -. ‖ *Dépêche* -, transmise par télégraphe.

télégraphiste n. et adj. Employé au télégraphe. ‖ Porteur de dépêches.

téléguidage nm. Direction à distance de l'évolution d'un avion, d'un engin.

télémètre nm. Instrument pour mesurer la distance qui sépare un observateur d'un point éloigné.

téléobjectif nm. Objectif pour photographier à de grandes distances.

télépathie nf. Pressentiment éprouvé par un sujet, se rapportant à un événement survenant au même moment, mais à une distance considérable.

téléphérage nm. Transport à l'aide de câbles aériens.

téléphérique nm. Cabine de transport suspendue à un câble aérien.

téléphone nm. Appareil permettant de transmettre à distance la parole, les sons.

téléphoner vt. et i. Transmettre par téléphone.

téléphonie nf. Art de communiquer au moyen du son à de grandes distances.

téléphonique adj. Relatif au téléphone : *appareil* -.

téléphoniste n. Personne chargée du service d'un téléphone.

téléphotographie nf. Technique de la photographie des objets éloignés.

télescopage nm. Action de se télescoper.

télescope nm. Instrument d'observation astronomique dont l'objectif est un miroir concave.

télescoper (se) vpr. Se dit d'objets qu'un choc violent fait s'emboîter les uns dans les autres. ‖ Vt. : *train qui en télescope un autre.*

télescopique adj. Se dit d'un objet dont les différents éléments s'emboîtent les uns dans les autres. ‖ Qu'on ne voit qu'à l'aide du télescope.

téléski nm. Remonte-pente.

téléspectateur, trice n. Qui assiste à un spectacle télévisé.

téléviser vt. Transmettre par télévision.

télévision nf. Transmission à distance, de l'image d'un objet.

tellement adv. De telle sorte ; à tel point.

tellure nm. Métalloïde (Te) d'un blanc bleuâtre, lamelleux et fragile.

tellurien, enne ou **tellurique** adj. Relatif à la terre.

téméraire adj. et n. Hardi avec imprudence. ‖ Hasardé : *jugement* -.

témérité nf. Hardiesse inconsidérée.

témoignage nm. Action de témoigner. ‖ Déclaration de témoin. ‖ *Faux* -, témoignage mensonger. ‖ *Fig.* Preuve : - *d'amitié.*

témoigner vt. Montrer : - *de la joie.* ‖ Vi. Servir de témoin.

témoin nm. Qui a vu ou entendu quelque chose, et peut le certifier : *un* - *oculaire.* ‖ Qui assiste pour certains actes : - *pour un mariage.* ‖ Preuve matérielle. ‖ *Prendre quelqu'un à* -, invoquer son témoignage. ‖ *Les* - *d'un duel*, ceux qui assistent les combattants.

tempe nf. Partie latérale de la tête, de l'oreille jusqu'au front.

tempérament nm. Complexion, constitution particulière du corps : - *sanguin.* ‖ *Par ext.* Caractère : - *violent.* ‖ *Vente à* -, où l'acheteur s'acquitte par versements échelonnés.

tempérance nf. Vertu qui modère les désirs, les passions. ‖ Sobriété.

tempérant, e adj. et n. Sobre.

température nf. Degré de chaleur. ‖ Fièvre : *avoir de la* -.

tempéré, e adj. De température moyenne : *zone* -.

tempérer vt. (c. *céder*). Modérer, diminuer l'excès de : - *la sévérité.*

tempête nf. Violente perturbation atmosphérique.

tempêter vi. *Fam.* Faire un grand bruit par mécontentement ; quereller.

tempétueux, euse adj. Sujet aux tempêtes. ‖ Qui cause les tempêtes.

temple nm. Édifice consacré au culte. ‖ Église protestante.

tempo nm. *Mus.* Mouvement. ‖ *A* -, reprendre le mouvement normal.

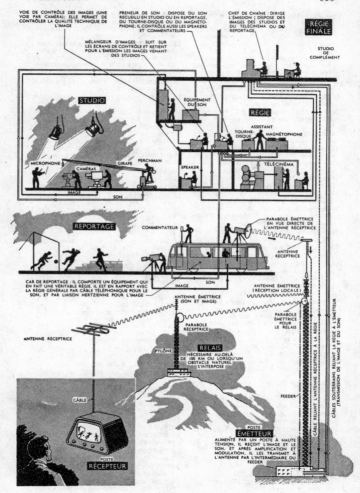

VOIE DE CONTRÔLE DES IMAGES (UNE VOIE PAR CAMÉRA): ELLE PERMET DE CONTRÔLER LA QUALITÉ TECHNIQUE DE L'IMAGE

PRENEUR DE SON : DISPOSE DU SON RECUEILLI EN STUDIO OU EN REPORTAGE, DU TOURNE-DISQUE OU DU MAGNÉTOPHONE; IL CONTRÔLE AUSSI LES SPEAKERS ET COMMENTATEURS

CHEF DE CHAÎNE : DIRIGE L'ÉMISSION ; DISPOSE DES IMAGES DES STUDIOS ET DU TÉLÉCINÉMA OU DU REPORTAGE

RÉGIE FINALE

STUDIO DE COMPLÉMENT

MÉLANGEUR D'IMAGES : SUIT SUR LES ÉCRANS DE CONTRÔLE ET RETIENT POUR L'ÉMISSION LES IMAGES VENANT DES STUDIOS

ÉQUIPEMENT DU SON

RÉGIE

ASSISTANT

TOURNE-DISQUE — MAGNÉTOPHONE

STUDIO

MICROPHONE

CAMÉRAS

GIRAFE

PERCHMAN

SPEAKER

TÉLÉCINÉMA

IMAGE

SON

REPORTAGE

COMMENTATEUR

PARABOLE ÉMETTRICE EN VUE DIRECTE DE L'ANTENNE RÉCEPTRICE

ANTENNE RÉCEPTRICE

CAR DE REPORTAGE : IL COMPORTE UN ÉQUIPEMENT QUI EN FAIT UNE VÉRITABLE RÉGIE. IL EST EN RAPPORT AVEC LA RÉGIE GÉNÉRALE PAR CÂBLE TÉLÉPHONIQUE POUR LE SON, ET PAR LIAISON HERTZIENNE POUR L'IMAGE

IMAGE

SON

ANTENNE ÉMETTRICE (RÉCEPTION LOCALE)

ANTENNE ÉMETTRICE (SON ET IMAGE)

PARABOLE ÉMETTRICE POUR LE RELAIS

ANTENNE RÉCEPTRICE

PARABOLE RÉCEPTRICE

PYLÔNE

RELAIS
NÉCESSAIRE AU-DELÀ DE 100 KM OU LORSQU'UN OBSTACLE NATUREL S'INTERPOSE

CÂBLE

FEEDER

CÂBLE RELIANT L'ANTENNE RÉCEPTRICE À LA RÉGIE

CÂBLES SOUTERRAINS RELIANT LA RÉGIE À L'ÉMETTEUR (TRANSMISSION DE L'IMAGE ET DU SON)

POSTE ÉMETTEUR
ALIMENTÉ PAR UN POSTE À HAUTE TENSION, IL REÇOIT L'IMAGE ET LE SON, ET APRÈS AMPLIFICATION ET MODULATION, IL LES TRANSMET À L'ANTENNE PAR L'INTERMÉDIAIRE DU FEEDER

POSTE RÉCEPTEUR

temporaire adj. Momentané.

temporal, e, aux adj. Relatif aux tempes : os -.

temporel, elle adj. Périssable, par oppos. à *éternel* et à *spirituel* : *les biens* -. ‖ Séculier, par oppos. à *ecclésiastique* : *puissance* -. ‖ Nm. : *le* - *et le spirituel*.

temporisateur, trice n. et adj. Qui temporise : *général* -.

temporisation nf. Retard calculé apporté à une action.

temporiser vi. Retarder, différer, attendre une meilleure occasion.

temps nmm. Mesure de la durée des phénomènes. ‖ Moment fixé : *le* - *approche*. ‖ Délai : *accordez-moi du* -. ‖ Loisir : *je n'ai pas le* -. ‖ Saison : *le* - *des vendanges*. ‖ Epoque : *c'était le bon* -. ‖ Etat de l'atmosphère : - *humide*. ‖ *Les quatre*- -, jours de jeûne au début de chaque saison. ‖ *Gros* -, mauvais temps en mer. ‖ *Dans la nuit des* -, à une époque très reculée. ‖ *Tuer le* -, s'occuper à des riens. ‖ *Perdre son* -, ne rien faire. ‖ *Passer le* - à, l'employer à. ‖ *Gagner du* -, temporiser. ‖ *Prendre son* -, ne pas se presser. ‖ *Prendre bien ou mal son* -, agir dans un moment bien ou mal choisi. ‖ *Prendre du bon* -, se divertir. ‖ *Faire son* -, son service militaire. ‖ *Avoir fait son* -, être hors d'usage. ‖ *Prendre le* - *comme il vient*, ne s'inquiéter de rien. ‖ *Mus.* Division de la mesure : *mesure à trois* -. ‖ *Gramm.* Modification du verbe, qui sert à exprimer le présent, le passé ou l'avenir. ‖ Loc. adv. **A** -, assez tôt. **De tout** -, toujours. **En même** -, ensemble. **De** - **en** -, quelquefois. **Entre**- -, dans l'intervalle.

tenable adj. Où l'on peut tenir : *cette place n'est pas* -.

tenace adj. Qui adhère fortement : *la poix est* -. ‖ Qui résiste à la rupture : *métal* -. ‖ *Fig.* Obstiné : *personne* -.

ténacité nf. Etat de ce qui est tenace. ‖ *Fig.* Attachement opiniâtre à une idée.

tenaille nf. Outil à branches mobiles autour d'un axe, pour tenir ou arracher. (S'emploie le plus souvent au pluriel.)

tenaillement nm. Action de torturer comme avec des tenailles.

tenailler vt. Torturer un criminel avec des tenailles brûlantes. ‖ *Fig.* Faire souffrir : *la faim le tenaillait*. ‖ Tourmenter : *être tenaillé par le remords*.

tenancier, ère n. Gérant d'une maison de jeu, d'un hôtel, etc.

tenant, e adj. *Séance* -, dans le cours même de la séance, et, *par ext.*,

immédiatement. ‖ Nm. Chevalier qui, dans un tournoi, tenait le champ contre tout venant. ‖ *Une propriété d'un seul* -, d'un seul morceau. ‖ Nmpl. *Les* - *et les aboutissants d'une terre*, les lieux contigus à cette terre. ‖ *Les* - *et les aboutissants d'une affaire*, les détails qui la concernent.

tendance nf. Force qui pousse vers. ‖ *Fig.* Inclination : - *au mensonge*.

tendancieux, euse adj. Qui marque une tendance, une intention secrète : *journal, article* -.

tender [*dèr*] nm. Wagon attelé à la locomotive, et contenant l'eau et le combustible.

tendeur nm. Appareil servant à tendre.

tendineux, euse adj. De la nature des tendons : *membrane* -.

tendoir nm. Perche ou corde pour étendre du linge.

tendon nm. Faisceau fibreux qui fixe un muscle sur l'os. ‖ - *d'Achille*, gros tendon s'attachant au talon.

tendre vt. Bander, raidir : - *un arc*. ‖ Disposer : - *un piège*. ‖ Tapisser : - *une salle*. ‖ Présenter : - *la main*. ‖ Vi. Avoir pour but : *à quoi tendent vos démarches ?*

tendre adj. Facilement coupé, divisé : *pierre* -. ‖ *Pain* -, frais. ‖ *Fig.* Affectueux : *paroles* -. ‖ *Clair* : *rose* -. ‖ Impressionnable : *cœur* -.

tendresse nf. Sentiment tendre. ‖ Pl. Caresses, témoignages d'affection.

tendreté nf. Qualité de ce qui est tendre, en parlant des viandes, etc.

tendron nm. Bourgeon, rejeton. ‖ *Fam.* Très jeune fille. ‖ Pl. Cartilages : - *de veau*.

tendu, e adj. *Esprit* -, fortement appliqué. ‖ Difficile : *rapports* -.

ténèbres nfpl. Obscurité profonde. ‖ *Le prince des* -, le démon. ‖ *L'empire des* -, l'enfer.

ténébreux, euse adj. Sombre, noir. ‖ *Fig.* Secret, perfide : *projet* -.

teneur nf. Texte littéral d'un acte, d'un arrêt, d'un écrit quelconque. ‖ Ce qu'un mélange contient d'un corps particulier : *la* - *en alcool*.

teneur nm. Qui tient : - *de livres*, qui tient la comptabilité.

ténia nm. *Méd.* Ver solitaire.

tenir vt. (*Je tiens, tu tiens, il tient, n. tenons, v. tenez, ils tiennent. Je tenais, n. tenions. Je tins, n. tînmes. Je tiendrai. Je tiendrais. Tiens, tenons, tenez. Q. je tienne, q. n. tenions. Q. je tinsse, q. n. tinssions. Tenant. Tenu, e.*) Avoir à la main : - *un livre*. ‖ Occuper : - *la place de*. ‖ Garder : - *en prison*. ‖ Entretenir : - *en bon état*. ‖ Contenir : *cette cruche tient un litre*. ‖

Considérer : *je tiens l'affaire faite.* ||
S'emparer de : *quand la colère le
tient.* || Respecter : *- ses promesses.*
|| Retenir, arrêter : *il faut - sa
langue.* || Diriger : *- une classe.* ||
Exercer certains métiers : *- un
hôtel.* || *- une chose de quelqu'un,*
l'avoir apprise de lui. || *- table
ouverte,* recevoir beaucoup de monde à
sa table. || *- son rang,* l'occuper dignement. || *- la mer,* naviguer. || *- la
caisse,* être caissier. || *- des propos,
des discours,* parler d'une certaine
façon. || *- compte d'une chose,* s'en
soucier. || *- tête,* résister. || *- en
haleine,* entretenir les dispositions. ||
- conseil, délibérer. || Vi. Etre attaché : *la branche tient à l'arbre.* ||
Durer, subsister : *cette mode ne tiendra pas.* || *Ne - qu'à un fil,* être peu
solide. || Etre contenu : *on tient huit
à cette table.* || Vt. ind. Ressembler
à : *- de son père.* || *Fig.* Etre attaché à : *- à quelqu'un, à sa réputation.*
|| Participer : *le mulet tient de l'âne
et du cheval.* || Résulter, provenir de :
cela tient à plusieurs raisons. || Avoir
un grand désir : *il tient à vous voir.*
|| **Se -** vpr. Demeurer, rester en un
certain lieu : *tenez-vous là* ; dans une
certaine attitude : *tenez-vous droit.* ||
S'en - à une chose, ne vouloir rien de
plus. || V. imp. *Qu'à cela ne tienne,*
peu importe. || *Il ne tient qu'à moi,*
cela dépend uniquement de moi.

tennis nm. Sport qui consiste à
envoyer à un adversaire une balle à
l'aide d'une raquette, par-dessus un
filet, et dans des limites fixes.

tenon nm. Saillie d'une pièce de bois
ou de métal qui s'ajuste exactement
dans une mortaise.

ténor nm. *Mus.* Voix d'homme la plus
élevée. || Chanteur qui possède ce
genre de voix.

ténoriser vi. Chanter dans le registre
d'un ténor.

tenseur adj. et nm. Se dit des muscles
produisant une tension.

tension nf. Etat de ce qui est tendu :
la - d'un ressort. || *- artérielle,* pression du sang dans les artères. || Différence de potentiel électrique : *- de
110 volts.* || *Fig. - d'esprit,* effort
continu de l'esprit. || Situation diplomatique tendue entre deux Etats.

tentaculaire adj. Relatif aux tentacules : *appendices -.* || *Fig.* Qui
s'étend à la manière des tentacules :
villes -.

tentacule nm. Appendice mobile de
beaucoup d'animaux, servant au tact
ou à la préhension.

tentateur, trice adj. et n. Qui tente.

tentation nf. Attrait vers une chose
défendue. || Désir : *- de voyager.*

tentative nf. Action de tenter ; essai.

tente nf. Abri de toile portatif dressé
en plein air.

tenter vt. Entreprendre, essayer. ||
Séduire, attirer : *le serpent tenta Eve.*

tenture nf. Etoffe, papier peint qui
tapisse les murs d'un appartement.

tenu, e adj. Soigné : *enfant bien -.*
En ordre : *maison bien -.*

ténu, e adj. Délié, mince : *fil -.*

tenue nf. Maintien, manières : *bonne,
mauvaise -.* || Uniforme : *se mettre
en -.* || *Mus.* Action de prolonger un
son. || *- des livres,* mise à jour de la
comptabilité.

ténuité nf. Etat d'une chose ténue.

ter adv. Trois fois. || Pour la troisième
fois.

tératologie nf. Partie de l'histoire
naturelle qui traite des monstres.

tercet nm. Stance de trois vers.

térébenthine [ban] nf. Résine qui
coule du térébinthe et d'autres arbres.
|| *Essence de -,* fournie par la distillation des térébenthines.

térébinthe nm. Espèce de pistachier
résineux.

térébrant, e adj. Qui perce :
insectes -. || *Fig. Douleur -,* douleur qui
donne la sensation d'une perforation.

térébration nf. Action de percer
avec une tarière.

tergiversation nf. Détour, hésitation, flottement.

tergiverser vi. Hésiter à décider, à
conclure, à agir.

terme nm. Fin, limite, borne : *- de
la vie.* || Echéance d'un loyer : *payer
son -.* || *Vente à -,* à paiement différé.
Epoque de l'accouchement naturel :
enfant né avant -. || Mot, expression :
choisir ses -. || Statue sans bras,
dont la partie inférieure se confond
avec le socle sur lequel elle est posée.
|| Pl. Relations, rapports : *en quels
êtes-vous avec lui ?* || *- d'une fraction,*
son numérateur et son dénominateur.

terminaison nf. Etat d'une chose
qui finit. || Désinence, dernière partie
d'un mot.

terminal, e, aux adj. Situé à l'extrémité : *bourgeon -.*

terminer vt. Achever, finir.

terminologie nf. Ensemble des
termes spéciaux à une science, à un art.

terminus nm. Point extrême d'une
ligne de transports.

termite nm. Insecte orthoptère, appelé
fourmi blanche, qui opère de grandes
destructions dans les pays chauds.

termitière nf. Nid de termites.

ternaire adj. Qui est formé de trois
corps : *carburant -.* || Distribué par
trois : *division -.*

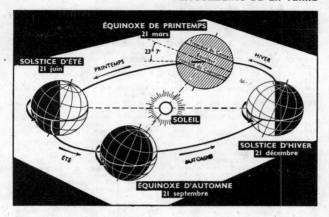

ÉQUINOXE DE PRINTEMPS
21 mars

SOLSTICE D'ÉTÉ
21 juin

PRINTEMPS   HIVER

SOLEIL

ÉTÉ   AUTOMNE

SOLSTICE D'HIVER
21 décembre

ÉQUINOXE D'AUTOMNE
21 septembre

terne adj. Sans éclat : *œil -*.

ternir vt. Oter le lustre, l'éclat, la couleur : *- une étoffe.* ‖ *Fig.* Avilir : *- sa réputation.*

ternissure nf. Etat de ce qui est terni : *la - d'une glace.*

terrain nm. Espace de terre. ‖ Sol considéré du point de vue de sa nature : *- argileux.* ‖ *Fig.* Etat des choses ou des esprits : *sonder le -.* ‖ *Gagner du -*, avancer dans une affaire. ‖ *Connaître le -*, connaître les gens auxquels on a affaire. ‖ *Aller sur le -*, se battre en duel.

terrasse nf. Ensemble de travaux pour l'établissement d'ouvrages d'art. ‖ Levée de terre aménagée pour la promenade ou le plaisir de la vue. ‖ Toiture d'une maison, en plate-forme. ‖ Ouvrage de maçonnerie en forme de galerie découverte. ‖ Partie du trottoir longeant un café et où sont installées des tables.

terrassement nm. Action de remuer et de transporter des terres. ‖ Ouvrage exécuté en terre.

terrasser vt. Soutenir d'un amas de terre. ‖ Jeter par terre. ‖ *Fig.* Vaincre : *- l'ennemi.* ‖ Consterner : *cette nouvelle l'a terrassé.*

terrassier nm. Ouvrier qui travaille aux terrassements.

terre nf. Globe terrestre. ‖ Couche superficielle du globe, qui produit les végétaux : *les fruits de la -.* ‖ Terrain par rapport à sa nature : *- glaise.* ‖ Pays : *mourir en - étrangère.* ‖ Cimetière : *porter en -.* ‖ Domaine rural : *vivre dans ses -.* ‖ *Fonds de -*, propriété. ‖ *- ferme*, le continent. ‖ *Prendre -*, aborder. ‖ *Etre sur -*, exister. ‖ *Etre - à -*, avoir des vues peu élevées. ‖ *Remuer ciel et -*, faire tous ses efforts. ‖ *Terre promise*, la Palestine.

terreau nm. Terre formée par la décomposition de matières animales et végétales.

terre-neuve nm. inv. Chien aux poils longs et soyeux.

terre-neuvien ou **terre-neuvas** nm. Marin professionnel de la grande pêche sur les bancs de Terre-Neuve. ‖ Navire qui sert à cette pêche. ‖ Pl. des *terre-neuviens.*

terre-plein nm. Surface plane et unie, formée de terres rapportées. ‖ Pl. des *terre-pleins.*

terrer vt. Mettre de la nouvelle terre au pied d'une plante. ‖ **Se -**. vpr. Se loger dans un terrier : *les lapins se terrent.* ‖ *Fig.* Eviter de se montrer.

terrestre adj. Relatif à la terre. ‖ *Fig.* Temporel (par oppos. à *spirituel*) : *les joies -.*

terreur nf. Epouvante, frayeur. ‖ Ce qui la cause : *être la - d'un pays.* ‖ *- panique*, collective, subite et sans raison.

terreux, euse adj. Mêlé, sali de terre : *avoir les mains -.* ‖ *Fig.* *Visage -*, pâle, défait.

terri ou **terril** nm. Dans les mines, monticule de déblais, de scories.

terrible adj. Qui cause de la terreur.

|| *Fig.* et *fam.* Extraordinaire, violent : *froid* -.

terriblement adv. *Fig.* et *fam.* Extrêmement : *il est* - *ennuyeux*.

terrien, enne adj. et n. Qui possède des terres : *propriétaire* -.

terrier nm. Trou, cavité dans la terre, où se retirent certains animaux. || Chien propre à chasser les animaux qui habitent les terriers.

terrifier vt. (c. *prier*). Frapper de terreur.

terrine nf. Vase de terre en forme de tronc de cône renversé et très évasé. || Viande cuite conservée dans une terrine.

territoire nm. Etendue de terre dépendant d'un Etat, d'une ville, d'une juridiction, etc.

territorial, e, aux adj. Du territoire : *impôt* -. || *Armée* (ou *territoriale* nf.), armée qui était formée avec la deuxième réserve, avant 1914. || Nm. Soldat qui en faisait partie.

territorialité nf. Caractère de ce qui fait partie du territoire d'un Etat.

terroir nm. Terre considérée par rapport à l'agriculture : - *fertile*. || *Goût de* -, goût, fumet particuliers.

terroriser vt. Frapper de terreur.

terrorisme nm. Régime de violence institué par un groupement révolutionnaire.

terroriste nm. Partisan du terrorisme. || Adj. : *un attentat* -.

tertiaire adj. Qui occupe le troisième rang. || *Terrain* -, terrain sédimentaire le plus récent avant l'ère actuelle. || Nm. Membre d'un tiers ordre.

tertio adv. Troisièmement.

tertre nm. Eminence de terre.

tes adj. poss. de la 2e pers. du sing.

tesson nm. Débris d'un vase, d'une bouteille.

test nm. Enveloppe solide de certains crustacés. || Enveloppe des grains.

test nm. Epreuve servant à reconnaître et à mesurer les aptitudes, naturelles ou acquises : *un* - *psychotechnique*.

testacé, e adj. et n. Protégé par une coquille : *mollusque* -.

testament nm. Acte authentique par lequel on déclare ses dernières volontés. || *Ancien Testament, Nouveau Testament*, livres saints antérieurs ou postérieurs à Jésus-Christ.

testamentaire adj. Relatif au testament : *dispositions* -. || *Exécuteur* -, personne chargée de l'exécution d'un testament.

testateur, trice n. Qui a fait un testament.

tester vi. Faire son testament.

tester vt. Soumettre à un test : - *des écoliers*.

testicule nm. Glande génitale mâle.

testimonial, e, aux adj. Qui résulte d'un témoignage : *preuve* -.

têt ou **test** nm. Coupelle en terre réfractaire. || - *à gaz*, capsule de terre sur laquelle on dépose une éprouvette pour recueillir un gaz dans la cuve à eau.

tétanique adj. De la nature du tétanos. || Produit par le tétanos.

tétanos nm. *Méd.* Maladie infectieuse, caractérisée par la raideur convulsive des muscles.

têtard nm. Larve des batraciens (grenouille, crapaud, etc.). || Arbre étêté.

tête nf. Extrémité supérieure du corps de l'homme, et antérieure de celui de l'animal. || *Crâne* : *fendre la* -. || *Fig.* Esprit : *avoir une chose en* -. || *Raison* : *perdre la* -. || *Individu* : *payer tant par* -. || *Vie* : *il lui en coûta la* -. || *Caractère* : *mauvaise* -. || *Volonté* : *faire à sa* -. || *Tout ce qui a quelque rapport de situation ou de forme avec la tête* : - *d'un arbre, d'une épingle, d'un pont*, etc. || *Direction* : *être à la* - *d'une entreprise*. || *Premier rang* : *marcher en* -. || *Coup de* -, décision irréfléchie. || *Tenir* -, résister. || *Tourner la* -, rendre fou ; faire adopter ses opinions. || *Crier à tue-* -, de toute sa force. || *Casser la* -, importuner. || *De* -, de mémoire. || - *de pont*, position provisoire au-delà d'un fleuve ou de la mer, en vue d'opérations militaires ultérieures.

tête-à-queue nm. inv. Pivotement brusque, changeant complètement la direction d'un véhicule.

tête-à-tête nm. inv. Entretien particulier de deux personnes. || Service à thé pour deux personnes.

tête-bêche loc. adv. Se dit de deux personnes ou de deux objets placés côte à côte, mais en sens inverse : *des timbres* -.

tétée nf. Quantité de lait que prend en une fois par un nouveau-né.

téter vt. et i. (c. *céder*). Sucer le lait à la mamelle : *enfant qui tète*.

tétière nf. Coiffe d'enfant nouveau-né. || Partie supérieure de la bride d'un cheval, qui soutient le mors.

tétin nm. Bout de la mamelle.

tétine nf. Pis de la vache ou de la truie. || Bout en caoutchouc adapté aux biberons.

téton nm. *Fam.* Mamelle, sein.

tétracorde nm. Lyre à quatre cordes.

tétraèdre adj. et nm. Solide limité par quatre faces planes triangulaires.

tétragone adj. et nm. *Math.* Qui a

quatre angles et quatre côtés. ‖ Nf. Variété d'épinards.

tétralogie nf. Ensemble de quatre pièces jouées à la suite l'une de l'autre, chez les anciens Grecs. ‖ Ensemble de quatre opéras : *la - de Wagner*.

tétrarchie nf. Gouvernement de l'Empire romain divisé par Dioclétien entre quatre empereurs.

tétrarque nm. Chef d'une tétrarchie.

tétras [*tra*] nm. Coq de bruyère.

tette nf. Bout de la mamelle des animaux.

têtu, e adj. et n. Obstiné, opiniâtre.

teuf-teuf nm. inv. Onomatopée figurant le bruit d'un moteur. ‖ *Par ext.* et *fam.* Automobile. (Vx.)

teuton, onne adj. et n. Habitant de l'ancienne Germanie.

teutonique adj. Relatif aux Teutons : *les chevaliers -*.

texte nm. Les propres termes d'un auteur, d'une loi.

textile adj. et nm. Qui fournit une fibre susceptible d'être tissée. ‖ Relatif au tissage : *l'industrie -*.

textuel, elle adj. Conforme au texte : *citation -*.

texture nf. État d'une chose tissée. ‖ *Fig.* Disposition, arrangement des parties d'un ouvrage.

Th, symbole chimique du *thorium*.

thaler [*lèr*] nm. Ancienne monnaie allemande d'argent.

thalle nm. Appareil végétatif des algues, des champignons.

thallophytes nfpl. Embranchement des plantes à thalle.

thalweg ou **talweg** nm. Ligne de plus grande pente d'une vallée.

thaumaturge nm. Qui fait des miracles.

thé nm. Feuille desséchée du théier. ‖ Infusion préparée avec cette feuille : *une tasse de -*. ‖ Réception dans laquelle on sert du thé : *être invité à un -*.

théâtral, e, aux adj. Relatif au théâtre. ‖ *Par ext.* Qui vise à l'effet : *attitude -*.

théâtre nm. Lieu où l'on représente des œuvres dramatiques. ‖ La littérature dramatique : *les règles du -*. ‖ Recueil des pièces d'un pays ou d'un auteur : *le - grec; le - de Corneille*. ‖ Profession d'acteur : *se destiner au -*. ‖ *Fig.* Lieu où se passe un événement : *cette ville fut le - de violents combats*. ‖ *Coup de -*, événement inattendu. ‖ *- d'opérations*, zone sur laquelle se déroulent des opérations militaires. ‖ *- d'opérations extérieurs* (abrév. T.O.E.), ceux qui sont situés en dehors de la France.

thébaïde nf. Solitude profonde.

thébain, e adj. et n. De Thèbes.

théier nm. Genre d'arbrisseaux originaires de Chine.

théière nf. Récipient pour faire infuser du thé.

théisme nm. Doctrine qui affirme l'existence personnelle de Dieu.

théiste n. et adj. Partisan du théisme.

thème nm. Sujet, matière : *traiter un - ingrat*. ‖ Texte à traduire de la langue qu'on parle dans celle qu'on apprend : *- allemand*. ‖ *Mus.* Air sur lequel on compose des variations.

thénar nm. Saillie formée par les muscles du pouce.

théocratie nf. Gouvernement fondé sur l'autorité de Dieu et exercé par ses ministres.

théocratique adj. Relatif à la théocratie.

théodicée nf. Traité sur l'existence et les attributs de Dieu.

théodolite nm. Instrument à alidade et à lunette, pour lever les plans, mesurer les angles ou les distances zénithales des astres.

théogonie nf. Généalogie et filiation des dieux.

théologal, e, aux adj. Qui a Dieu pour objet. ‖ *Vertus -*, la foi, l'espérance et la charité.

théologie nf. Science de Dieu et des vérités qu'il a révélées.

théologien nm. Qui sait la théologie ou qui écrit sur cette science.

théologique adj. Relatif à la théologie : *discussion -*.

théophilanthrope nm. Partisan de la théophilanthropie.

théophilanthropie nf. Doctrine philosophique, sans culte, fondée sur la croyance en un « Être suprême » et sur l'amour des hommes.

théorème nm. Proposition qui doit être démontrée.

théoricien, enne n. Qui connaît les principes d'un art, d'une science.

théorie nf. Connaissance d'un art, d'une science, purement spéculative. ‖ Opinion : *- politique*. ‖ Ensemble de connaissances donnant l'explication complète d'un certain ordre de faits : *- atomique*. ‖ Instruction militaire : *écouter une -*.

théorie nf. *Antiq. gr.* Ambassade solennelle. ‖ *Auj.*, procession, suite de personnes qui s'avancent en rangs.

théorique adj. Relatif à la théorie.

théosophe n. Partisan de la théosophie. ‖ Sorte d'illuminé.

théosophie nf. Doctrine qui a pour objet la connaissance de Dieu, révélé par la nature, et l'élévation de l'esprit jusqu'à l'union avec la Divinité.

thérapeute n. Qui se livre spécialement à la thérapeutique.

thérapeutique adj. Relatif au traitement des maladies. ‖ Nf. Partie de la médecine consacrée au traitement des maladies.

thermal, e, aux adj. Se dit des eaux minérales naturelles chaudes.

thermes nmpl. Bains publics des Anciens.

thermidor nm. Onzième mois de l'année républicaine, en France (du 19 juillet au 17 août).

thermie nf. Quantité de chaleur nécessaire pour élever de 1 degré la température de 1 tonne d'eau (symb. : th).

thermique adj. Relatif à la chaleur : *l'énergie* -.

thermocautère nm. Cautère de platine maintenu incandescent par un courant d'air carburé.

thermodynamique nf. Partie de la physique qui traite des rapports de la mécanique et de la chaleur.

thermo-électricité nf. Électricité développée par la chaleur.

thermo-électrique adj. De la nature de la thermo-électricité.

thermogène adj. Qui engendre la chaleur.

thermomètre nm. Instrument qui sert à mesurer la température.

thermométrique adj. Relatif au thermomètre : *échelle* -.

thermoplastique adj. Se dit d'une matière plastique à chaud.

thermopropulsion nf. Propulsion d'un mobile par l'énergie dégagée directement d'une combustion.

Thermos nm. Nom déposé de récipients isolants, pour conserver les liquides chauds ou froids.

thermostat nm. Appareil réglant automatiquement la marche de chauffage pour maintenir une température constante.

thésaurisation nf. Action de thésauriser.

thésauriser vi. Amasser de l'argent.

thésauriseur, euse adj. et n. Qui thésaurise, qui aime à thésauriser.

thèse nf. Proposition qu'on énonce, qu'on soutient : *une* - *à défendre*. ‖ Ouvrage composé pour l'obtention du grade de docteur : - *de philosophie*.

théurgie nf. Sorte de magie.

théurgique adj. Relatif à la théurgie.

thibaude nf. Tissu grossier pour doubler les tapis.

thlaspi nm. Plante crucifère herbacée des champs sablonneux.

thomisme nm. Doctrine théologique

et philosophique de saint Thomas d'Aquin.

thomiste adj. Relatif au thomisme. ‖ N. Partisan du thomisme.

thon nm. Poisson à chair très estimée, des mers chaudes et tempérées.

thonier nm. Bateau affecté à la pêche du thon.

thoracique adj. Relatif à la poitrine : *la cage* -.

thoracoplastie nf. Enlèvement d'une ou de plusieurs côtes pour la mise au repos d'un poumon tuberculeux.

thorax nm. *Anat.* Chez les vertébrés, cavité limitée par les côtes et le diaphragme.

thorium nm. Métal (Th) blanc, employé naguère dans la fabrication des manchons à incandescence.

thrombose nf. Formation de caillots dans les vaisseaux sanguins.

thuriféraire nm. Celui qui porte l'encensoir. ‖ *Par ext.* Flatteur.

thuya ou **thuia** nm. Conifère toujours vert.

thym nm. Plante aromatique utilisée comme condiment.

thymol nm. Phénol de l'essence de thym.

thymus nm. Glande oblongue, bilobée, située, chez l'homme, derrière le sternum, à la partie inférieure du cou.

thyroïde nf. et adj. *Anat.* Glande vasculaire sanguine, située en avant du larynx.

thyrse nm. Bâton terminé par une pomme de pin, environné de pampre, attribut de Bacchus et des Bacchantes. ‖ *Bot.* Disposition des fleurs en pyramide (par ex. chez le lilas).

tiare nf. Mitre papale à trois couronnes. ‖ *Fig.* Dignité papale.

tibétain, e adj. et n. Du Tibet.

tibia nm. Le plus gros des deux os de la jambe. ‖ Pl. des *tibias*.

tic nm. Contraction convulsive de certains muscles. ‖ *Fig.* Habitude ridicule ou fâcheuse.

ticket nm. Billet : - *de métro, d'entrée*. ‖ Coupon d'une feuille de rationnement : - *de pain*.

tic-tac nm. inv. Bruit occasionné par un mouvement réglé.

tiède adj. Entre le chaud et le froid. ‖ *Fig.* Qui manque d'ardeur, de zèle : *un ami* -. ‖ Adverbialem. *Boire* -, prendre des boissons tièdes.

tiédeur nf. Etat de ce qui est tiède. ‖ *Fig.* Manque de zèle, de ferveur.

tiédir vi. Devenir tiède. ‖ Vt. Rendre tiède.

tien, tienne adj. poss. Qui est à toi : *le bien que tu sais* -. ‖ Pr. poss. *Le* -, *la* -, ce qui est à toi. ‖ Nm.

Le -, ce qui t'appartient : *défends le -*. || Nmpl. Tes parents, tes amis, ceux de ton parti : *toi et les -*.

tierce nf. (fém. de *tiers*). *Mus.* Intervalle compris entre trois notes (de *do* à *mi*). || *Escr.* Botte ou parade exécutées, le poignet en dedans. || *Jeux.* Série de trois cartes consécutives de même couleur. || *Math.* et *astron.* Soixantième partie d'une seconde.

tiercelet nm. Nom du mâle, chez certains oiseaux de proie.

tiers nm. La troisième partie. || Troisième personne : *il survint un -*. || *Par ext.* Personne étrangère à une affaire : *avoir recours à un -*.

tiers, ce adj. Qui vient au troisième rang, s'ajoute à deux autres : *une - personne*. || *- état*, partie de la nation française qui n'appartenait ni à la noblesse ni au clergé. || *- ordre*, congrégation laïque dont les membres, tout en vivant dans le monde, sont affiliés à un ordre religieux. || *- monde*, ensemble des pays peu développés économiquement.

tiers-point nm. Lime triangulaire. || Pl. des *tiers-points*.

tige nf. Partie d'une plante qui s'élève de la terre et sert de support aux branches. || *- d'une botte*, partie qui enveloppe la jambe.

tigelle nf. *Bot.* Partie de l'embryon qui donnera la tige.

tignasse nf. *Fam.* Chevelure rude et mal peignée.

tigre, esse n. Félin carnassier à livrée jaune, rayée de noir.

tigré, e adj. Rayé comme le pelage du tigre : *chat -*.

tilbury nm. Cabriolet léger et découvert, à deux places. || Pl. des *tilburys*.

tilde nm. Accent en forme d's couché qui donne au *n* espagnol le son mouillé *gn*.

tillac nm. Autref., pont supérieur d'un navire.

tillage, tille, tiller. V. TEILLAGE, TEILLE, TEILLER.

tilleul nm. Arbre des régions tempérées, à bois blanc, tendre et léger. || Sa fleur, cueillie et séchée. || Infusion préparée avec cette fleur.

timbale nf. Tambour à fond demi-sphérique. || Gobelet en métal. || Moule rond et haut.

timbalier nm. Celui qui bat des timbales.

timbrage nm. Action de timbrer.

timbre nm. Clochette métallique que frappe un marteau : *- d'une pendule*. || Qualité qui distingue deux sons de même hauteur et de même intensité. || Son spécial à chaque instrument. || Partie supérieure d'un casque. || *Fig.* Avoir le - fêlé, être un peu fou.

Cachet officiel apposé sur les actes publics, judiciaires, etc. || Vignette postale.

timbre-poste nm. Vignette d'affranchissement des lettres. || Pl. des *timbres-poste*.

timbre-quittance nm. Vignette apposée sur les factures acquittées. || Pl. des *timbres-quittance*.

timbrer vt. Marquer ou munir d'un timbre : *- un papier*. || **Timbré, e** part. et adj. *Fig.* Un peu fou.

timide adj. Qui manque d'assurance.

timidité nf. Manque d'assurance, de hardiesse.

timon nm. Longue pièce de bois de l'avant-train d'une voiture, aux deux côtés de laquelle on attelle les chevaux. || Gouvernail, direction.

timonerie nf. *Mar.* Poste des timoniers. || Personnel de ce service.

timonier nm. Matelot chargé du service de la barre, de la veille et des signaux. || Cheval attelé au timon.

timoré, e adj. et n. Hésitant, craintif.

tinctorial, e, aux adj. Qui sert à teindre : *plante -*.

tine nf. Tonneau pour transporter de l'eau.

tinette nf. Cuve pour le lait, le beurre. || Fosse d'aisances mobile.

tintamarre nm. *Fam.* Grand bruit, accompagné de désordre.

tintement nm. Sonnerie à petits coups. || Vibration prolongée d'une cloche. || Bourdonnement d'oreille.

tinter vt. Faire sonner lentement une cloche à coups espacés. || Vi. Résonner lentement : *la cloche tinte*.

tintinnabuler vi. Produire le son d'un grelot.

tintouin nm. *Fam.* Embarras, souci.

tique nf. Acarien qui s'attache au corps et surtout aux oreilles des chiens, des bœufs, etc.

tiquer vi. Avoir un tic. || *Fig.* et *fam.* Manifester sa surprise, son mécontentement.

tiqueté, e adj. Tacheté : *œillet -*.

tir nm. Action de lancer un projectile vers un but au moyen d'une arme. || Endroit où l'on s'exerce à tirer.

tirade nf. Morceau en prose ou en vers d'une certaine étendue.

tirage nm. Action de tirer. || Chemin de halage. || Mouvement ascensionnel d'une colonne d'air chaud dans un conduit ou une cheminée. || *Fig.* Difficulté à surmonter : *il y aura du -*. || *- des métaux*, action de les étirer à la filière. || *- de la soie*, passage au dévidoir. || *- d'une loterie*, action d'en tirer les numéros. || *Arts graph.*

Impression d'un ouvrage. ‖ Reproduction sur positif d'un cliché photographique.

tiraillement nm. Action de tirailler. ‖ Sensation interne de contraction douloureuse : - *d'estomac.* ‖ *Fig.* et *fam.* Désaccord, conflit : *les - entre partis.*

tirailler vt. Tirer à plusieurs reprises. ‖ Vi. Echanger des coups de feu. ‖ Solliciter dans des sens différents : *être tiraillé en sens contraire.*

tirailleur nm. Soldat envoyé en reconnaissance. ‖ *Marcher en -,* progresser en ordre dispersé. ‖ Fantassin recruté autrefois parmi les populations des colonies françaises : *un - sénégalais.*

tirant nm. Cordon pour ouvrir et fermer une bourse. ‖ Chacun des morceaux de cuir placés des deux côtés du soulier et dans lesquels passent les cordons. ‖ Forte ganse fixée à la tige d'une botte pour aider à la mettre. ‖ Tendon dans la viande de boucherie. ‖ Pièce qui maintient l'écartement entre deux objets et les consolide. ‖ *- d'eau,* distance verticale dont un navire s'enfonce dans l'eau.

tirasse nf. Filet pour chasser les oiseaux.

tire nf. Action de tirer. ‖ *Vol à la -,* qui consiste à tirer des poches les objets qu'on dérobe.

tiré, e adj. Fatigué : *traits -.* ‖ *Etre - à quatre épingles,* mis avec recherche. ‖ Nm. Taillis maintenu à hauteur d'homme pour faciliter la chasse.

tire-au-flanc nm. inv. *Pop.* Paresseux.

tire-botte nm. Planchette à entaille pour ôter les bottes. ‖ Pl. des *tire-bottes.*

tire-bouchon nm. Vis en métal pour déboucher une bouteille. ‖ *En -,* en spirale. ‖ Pl. des *tire-bouchons.*

tire-bouton nm. Crochet servant à boutonner des souliers, des gants, etc. ‖ Pl. des *tire-boutons.*

tire-d'aile (à) loc. adv. A coups d'aile rapides.

tire-fond nm. inv. Grosse vis pour fixer les rails sur les traverses. ‖ Anneau fixé au plafond pour suspendre un lustre.

tire-laine nm. inv. Autref., rôdeur de nuit qui volait les manteaux.

tire-larigot (à) loc. adv. *Fam.* Beaucoup : *boire à -.*

tire-ligne nm. Petit instrument d'acier, à deux becs, pour tracer des lignes. ‖ Pl. des *tire-lignes.*

tirelire nf. Récipient muni d'une fente par laquelle on introduit des pièces de monnaie.

tire-pied nm. Courroie de cuir des bourreliers et des cordonniers, pour maintenir leur ouvrage sur le genou. ‖ Pl. des *tire-pieds.*

tire-point nm. inv. Poinçon.

tirer vt. Amener vers soi ou après soi. ‖ Faire sortir : *- la langue.* ‖ Rectifier, tendre : *- ses bas.* ‖ Tracer : *- une ligne.* ‖ Imprimer : *- une estampe.* ‖ Lancer avec une arme : *- une flèche.* ‖ *- des sons d'un instrument,* en jouer. ‖ *- les larmes des yeux,* faire pleurer. ‖ *- sa révérence,* partir. ‖ *Fig.* Délivrer : *- quelqu'un d'embarras.* ‖ Recueillir : *- du profit.* ‖ Conclure : *- une conséquence.* ‖ *- sa source, son origine,* provenir. ‖ *Fam. - son épingle du jeu,* sortir adroitement d'une mauvaise affaire. ‖ *Fam. - les vers du nez,* questionner habilement. ‖ *Fam. - une épine du pied,* délivrer d'un grand souci. ‖ *- satisfaction d'une injure,* en obtenir réparation. ‖ *- parti,* utiliser. ‖ Vi. Exécuter un tir. ‖ Exercer une traction. ‖ Avoir du tirage, en parlant d'une cheminée. Avoir de la ressemblance, en parlant des couleurs : *cet habit - sur le bleu.* ‖ *- à sa fin,* s'achever. ‖ *- à conséquence,* avoir des suites graves. ‖ Se - vpr. Se dégager. ‖ *Se - d'affaire, s'en -,* sortir heureusement d'une maladie, d'une difficulté.

tiret nm. Petit trait horizontal de ponctuation.

tirette nf. Cordon de tirage. ‖ Petite tablette à glissière qui prolonge un meuble sur le côté.

tireur, euse n. Qui tire avec une arme à feu. ‖ *- de cartes,* qui prétend prédire l'avenir d'après les cartes.

tiroir nm. Petite caisse emboîtée dans une armoire, une table, etc., et qu'on peut tirer. ‖ Pièce d'une machine à vapeur, qui distribue alternativement la vapeur des deux côtés du piston. ‖ *Théâtre.* Pièce *à -,* composée de scènes sans relation entre elles.

tisane nf. Eau d'infusion de plantes médicamenteuses. ‖ *- de champagne,* champagne léger.

tison nm. Morceau de bois en partie brûlé : *éteindre un -.*

tisonner vi. et t. Remuer les tisons.

tisonnier nm. Tige métallique pour tisonner.

tissage nm. Action de tisser ; son résultat. ‖ Usine où l'on tisse.

tisser vt. Entrelacer des fils pour faire un tissu.

tisserand ou **tisseur** nm. Ouvrier qui tisse, qui fait de la toile.

tissu nm. Tout ouvrage de fils entrelacés : *un - de laine, de soie.* ‖ *Fig.* Enchaînement, suite de choses liées les unes aux autres : *un - de mensonges.* ‖ *Anat.* Combinaison d'éléments anatomiques : *- musculaire.*

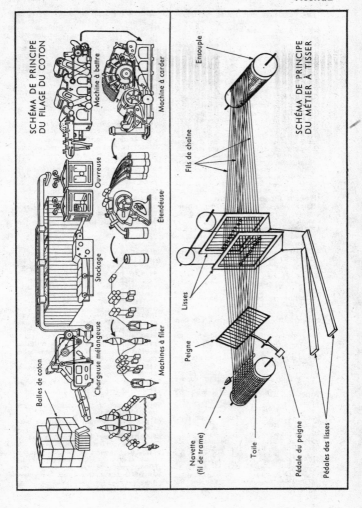

SCHÉMA DE PRINCIPE
DU FILAGE DU COTON

Machine à battre

Machine à carder

Ouvreuse

Étendeuse

Stockage

Chargeuse mélangeuse

Machines à filer

Balles de coton

SCHÉMA DE PRINCIPE
DU MÉTIER À TISSER

Ensouple

Fils de chaîne

Lisses

Peigne

Navette
(fil de trame)

Toile

Pédale du peigne

Pédales des lisses

tissu-éponge nm. Etoffe bouclée et spongieuse. ‖ Pl. des *tissus-éponges*.

tissure nf. Liaison de ce qui est tissé : - *lâche*.

titan nm. Personne d'une puissance extraordinaire. ‖ *De -*, démesuré, gigantesque : *un travail de -*.

titane nm. Métal (Ti) de couleur grise, de densité 4,8.

titanesque ou **titanique** adj. Gigantesque.

titillation nf. Chatouillement léger.

titiller vt. Chatouiller délicatement.

titrage nm. Détermination de la quantité d'une substance contenue dans un composé.

titre nm. Inscription en tête d'un livre, d'un chapitre. ‖ Nom de dignité, d'emploi. ‖ Acte authentique établissant un droit : - *de noblesse*. ‖ Richesse d'un mélange en un corps déterminé : le - *d'un alliage est le rapport entre la masse de métal fin et la masse totale*. ‖ **A** - de loc. prép., en qualité de : à - *d'ami*.

titré, e adj. Qui a un titre.

titrer vt. Donner un titre. ‖ Déterminer le titre d'un alliage, d'une solution.

tituber vi. Chanceler, vaciller sur ses jambes. ‖ **Titubant, e** part. et adj. : *démarche -*.

titulaire adj. et n. Qui possède un emploi en vertu d'un titre.

titulariser vt. Rendre titulaire.

Titus (à la) loc. adv. Se dit d'une manière de couper les cheveux.

toast [*tost*] nm. Proposition de boire à la santé de quelqu'un : *porter un -*. ‖ Rôtie de pain beurré. ‖ Pl. des *toasts*.

toboggan nm. Traîneau bas, reposant sur deux patins. ‖ Glissière en bois.

toc, onomatopée exprimant un choc, un bruit. ‖ Nm. *Fam.* Imitation, faux : *bijou en -*.

tocard nm. *Pop.* Mauvais cheval de course. ‖ Outsider.

tocsin nm. Bruit d'une cloche qu'on tinte à coups redoublés pour donner l'alarme.

toge nf. Manteau ample et long des Romains. ‖ Robe de magistrat, d'avocat, de professeur.

tohu-bohu nm. *Fam.* Confusion, grand désordre.

toi pr. pers. V. TU.

toile nf. Tissu de lin, de chanvre, de coton ou de fils d'une matière quelconque : le - *métallique*; *des draps de -*. ‖ Toile tendue et préparée sur laquelle on peint. ‖ *Par ext.* Tableau : *des - de Rubens*. ‖ - *de fond*, dernier plan d'un décor.

toilette nf. Meuble garni des objets destinés aux soins de la coiffure et de la propreté. ‖ Action de se laver, de se coiffer, de s'habiller. ‖ *Cabinet de -*, pièce réservée aux soins de propreté. ‖ Ensemble des pièces de l'habillement : *aimer la -*. ‖ *Par ext.* Tout costume féminin : - *d'été*. ‖ Toile utilisée par les tailleurs, pour livrer leur travail.

toilier, ère n. Qui fabrique ou vend de la toile. ‖ Adj. : *industrie -*.

toise nf. Ancienne mesure valant six pieds (1,949 m). ‖ Instrument servant à mesurer la taille des personnes.

toisé nm. Evaluation des travaux de bâtiment.

toiser vt. Mesurer avec la toise. ‖ *Fig.* - *quelqu'un*, le considérer avec dédain.

toiseur nm. Syn. de MÉTREUR.

toison nf. Laine d'un mouton et, *par ext.*, pelage d'autres animaux. ‖ *Fam.* Chevelure épaisse.

toit nm. Couverture d'un bâtiment. ‖ *Par ext.* Maison : le - *paternel*. ‖ *Fig.* *Crier sur les -*, annoncer partout.

toiture nf. Ensemble des pièces constituant le toit.

tokai ou **tokay** nm. Vin de liqueur récolté en Hongrie.

tôle nf. Feuille de métal obtenue par laminage.

tolérable adj. Qu'on peut tolérer, supporter.

tolérance nf. Disposition à tolérer. ‖ *Spécialem.* - *religieuse*, respect des croyances d'autrui. ‖ Faveur accordée : *ce n'est pas un droit, c'est une -*. ‖ Propriété que possède l'organisme de supporter, sans en souffrir, certains remèdes. ‖ Ecart maximum admis dans une fabrication.

tolérer vt. (c. *céder*). Supporter avec indulgence : - *la présence d'un fâcheux*. ‖ Permettre tacitement, ne pas empêcher : - *des abus*. ‖ **Tolérant, e** part. et adj. Qui tolère; indulgent, surtout en matière de religion.

tôlerie nf. Industrie de la fabrication de la tôle. ‖ Objets en tôle.

tolet nm. Tourillon autour duquel pivote une pièce mobile.

tôlier nm. Ouvrier qui travaille la tôle.

tollé nm. Cri d'indignation.

tolu nm. Baume produit par un arbre de l'Amérique du Sud.

toluène nm. Solvant analogue au benzène.

tomahawk nm. Casse-tête, hache de guerre des Indiens d'Amérique.

tomate nf. Solanacée cultivée pour son fruit charnu, rouge, acidulé. ‖ Ce fruit.

tombal, e adj. Relatif à la tombe.

tombant, e adj. Qui pend. ‖ *A la nuit -*, à l'approche de la nuit.

tombe nf. Sépulture. ‖ Dalle qui la recouvre. ‖ *Fig.* La mort. ‖ *Avoir un pied dans la -*, être près de mourir.

tombeau nm. Monument élevé sur les restes d'un mort. ‖ *Fig.* La mort : *rester fidèle jusqu'au -*.

tombée nf. *A la - de la nuit*, au moment où la nuit arrive.

tomber vi. (Prend ordinairement l'auxiliaire *être*.) Faire une chute. ‖ Se jeter : *- aux pieds de quelqu'un.* ‖ Se ruer : *- sur les ennemis.* ‖ *Fig.* Etre subitement saisi d'un mal : *- en syncope ; - malade.* ‖ Etre pris : *- dans un piège.* ‖ Rencontrer par hasard : *- sur quelqu'un.* ‖ Périr : *- au champ d'honneur.* ‖ Se déverser : *la pluie tombe.* ‖ S'achever, décliner : *la conversation tombe ; le jour tombe.* ‖ *Fig.* Cesser : *la fièvre tombe.* ‖ Arriver : *cette fête tombe le jeudi.* ‖ Dégénérer : *- dans le trivial.* ‖ *- de son haut, des nues,* être extrêmement surpris. ‖ *Les bras m'en tombent,* j'en suis stupéfait. ‖ *- en disgrâce,* perdre la faveur. ‖ *- dans l'erreur,* se tromper. ‖ *Le sort est tombé sur lui,* l'a désigné. ‖ *Fam. Laisser -,* ne plus s'occuper de. ‖ *Bien -,* être bien servi par le hasard. ‖ *- sous le sens,* être évident. ‖ V. imp. : *il tombe de la pluie.* ‖ Vt. *Pop.* Jeter à terre : *- un adversaire.*

tombereau nm. Charrette à deux roues et à caisse basculante. ‖ Son contenu.

tombola nf. Loterie de société, où le gagnant reçoit un lot en nature.

tome nm. Division d'un ouvrage, correspondant le plus souvent à un volume.

tomme nf. Fromage gras de Savoie et du Dauphiné.

tommy nm. Nom familier du soldat anglais. ‖ Pl. des *tommies*.

ton, ta, tes adj. poss.

ton nm. Certain degré de hauteur de la voix ou du son d'un instrument. ‖ Manière de parler : *- humble.* ‖ Energie : *ce mets donne du -.* ‖ *Mus.* Intervalle entre deux notes de la gamme. ‖ Mode dans lequel un air est composé : *- de fa.* ‖ *Donner le -,* régler la mode, les manières d'une société. ‖ *Bon -,* langage, manières des personnes bien élevées. ‖ *Peint.* Degré d'éclat des teintes.

tonal, e, als adj. Relatif à la tonalité.

tonalité nf. Propriété caractéristique d'un ton.

tondeur, euse n. Qui tond. ‖ Nf. Instrument pour tondre.

tondre vt. (c. *vendre*). Couper à ras.

tondu, e adj. Dont on a coupé le poil, les cheveux. ‖ Nm. Personne tondue.

tonicité nf. Elasticité des tissus vivants.

tonifier vt. Donner de la vigueur.

tonique adj. Qui reçoit l'accent : *syllabe -.* ‖ Qui fortifie des organes : *vin -.* ‖ Nm. Remède tonique. ‖ Nf. *Mus.* Première note de la gamme dans laquelle est composé un morceau.

tonitruant, e adj. Très bruyant.

tonkinois, e adj. et n. Du Tonkin.

tonnage nm. Capacité d'un navire, évaluée en tonneaux.

tonne nf. Grand tonneau. ‖ Unité de masse équivalant à 1 000 kg.

tonneau nm. Récipient de bois à deux fonds. ‖ Son contenu : *un - d'huile.* ‖ Poids de 1 000 kilogrammes (syn. de TONNE). ‖ Unité de la capacité de transport d'un navire, valant 2,83 m³ : *bateau de 200 -.* ‖ Jeu d'adresse.

tonnelet nm. Petit tonneau.

tonnelier nm. Ouvrier qui fait ou répare les tonneaux.

tonnelle nf. Berceau de verdure. ‖ Filet pour prendre des perdrix.

tonnellerie nf. Profession, commerce, boutique du tonnelier.

tonner v. imp. Se dit en parlant du bruit que fait entendre le tonnerre. ‖ Vi. Produire un bruit semblable à celui du tonnerre : *le canon tonne.* ‖ *Fig.* Parler avec véhémence contre : *- contre l'ambition.* **Tonnant, e** part. et adj. Qui tonne : *voix -.*

tonnerre nm. Bruit qui accompagne la foudre. ‖ *Par ext.* Bruit comparable : *un - d'applaudissements.*

tonsure nf. Espace circulaire que l'on rase au sommet de la tête des clercs. ‖ Cérémonie religieuse qui marque l'entrée dans l'état ecclésiastique.

tonsurer vt. Donner la tonsure. ‖ **Tonsuré** part., adj. et nm.

tonte nf. Action de tondre. ‖ Temps de la tonte. ‖ Produit de la tonte.

tontine nf. Opération ayant pour objet de mettre en commun des fonds ou des revenus répartis entre les survivants.

tonus nm. Contraction légère et permanente de certains muscles.

top nm. Signal bref, marquant un moment précis.

topaze nf. Pierre précieuse jaune.

toper vi. Se taper mutuellement dans la main en signe d'accord. ‖ *Ellipt.* *Tope là*, j'accepte.

topinambour nm. Plante à tubercules comestibles.

topique adj. m. Se dit des médicaments qui agissent sur des points déterminés du corps. ‖ *Fig.* Directement relatif à la question : *argument -.* ‖ Nm. Médicament topique.

topo nm. *Fam.* Plan, croquis : *le - d'une maison.* ‖ Discours : *un long -.*

topographe nm. Qui s'occupe de topographie.

topographie nf. Description précise d'un lieu. || Science du lever des plans et des cartes. || Représentation graphique du relief d'un terrain.

topographique adj. Relatif à la topographie.

toponymie nf. Etude de l'origine des noms de lieu.

toquade nf. *Fam.* Caprice, manie.

toque nf. Coiffure sans bords. || Casquette de jockey.

toqué, e adj. *Fam.* Maniaque.

toquer vt. Toucher, frapper. (Vx.) || **Se - [de]** vpr. S'éprendre.

toquet nm. Petite toque.

torche nf. Flambeau grossier de résine, de cire... || Bouchon de paille tortillée.

torcher vt. Essuyer avec un linge, du papier, etc. || *Pop.* Faire à la hâte.

torchère nf. Candélabre qui porte des flambeaux.

torchis nm. Mortier de terre grasse et de paille hachée.

torchon nm. Serviette de grosse toile.

torchonner vt. Essuyer avec un torchon.

tordage nm. Action de tordre.

tordre vt. Tourner un corps par ses deux extrémités, en sens contraire. || Tourner violemment : *- le bras.* || *- le cou,* faire mourir en tournant le cou. || **Se -** vpr. *Fig.* et *fam.* Rire beaucoup.

toréador ou **torero** nm. Combattant, dans les courses de taureaux.

toril nm. Lieu où l'on tient les taureaux enfermés avant le combat.

tornade nf. Cyclone violent.

toron nm. Cordage formé par assemblage de gros fils tordus ensemble.

torpédo nf. Automobile décapotable.

torpeur nf. Engourdissement profond.

torpillage nm. Action de torpiller.

torpille nf. Poisson plat, muni d'un appareil électrique à décharges puissantes. || Engin de guerre pour produire des explosions sous-marines. || Bombe d'avion à ailettes.

torpiller vt. Attaquer avec des torpilles. || *Fig.* et *fam.* Faire échouer : *- un projet de loi.*

torpilleur nm. Navire de guerre lance-torpilles, très rapide.

torréfacteur nm. Appareil de torréfaction.

torréfaction nf. Action de torréfier.

torréfier vt. Griller, rôtir : *- du café.*

torrent nm. Courant d'eau impétueux. || *Fig.* Ecoulement violent : *- de larmes.*

torrentiel, elle adj. Qui tombe en torrents : *pluie -.*

torrentueux, euse adj. Qui a de l'impétuosité : *rivière -.*

torride adj. Excessivement chaud. || *Zone -,* partie de la terre, très chaude, entre les deux tropiques.

tors, e adj. Tordu en spirale : *colonne -.* || Difforme : *des jambes -.*

torsade nf. Frange tordue en spirale, employée en passementerie.

torse nm. Partie du corps comprenant les épaules, les reins et la poitrine.

torsion nf. Action ou manière de tordre; état qui en résulte.

tort nm. Action ou état contraire au droit, à la raison, à la vérité : *tous les - sont de son côté.* || *Par ext.* Dommage, préjudice : *faire du - à quelqu'un.* || *Loc. adv.* **A -,** injustement. **A - et à travers,** sans discernement.

torticolis nm. Douleur rhumatismale des muscles du cou.

tortillard nm. *Fam.* Chemin de fer local.

tortillement nm. Action de tortiller.

tortiller vt. Tordre à plusieurs tours. || Vi. *Fig.* et *fam.* User de détours, de subterfuges. || **Se -** vpr. Se tourner sur soi-même de différentes façons.

tortillon nm. Bourrelet posé sur la tête pour porter un fardeau. || Papier roulé pour estomper.

tortionnaire [syo] adj. Qui sert pour la torture. || Nm. Qui applique la torture.

tortu, e adj. Contrefait; qui n'est pas droit : *arbre -.* || *Fig.* Dépourvu de justesse : *esprit -.*

tortue nf. Reptile renfermé dans une carapace osseuse.

tortueux, euse adj. Sinueux : *sentier -.* || *Fig.* Qui manque de loyauté.

torture nf. Tourment, supplice. || *Fig. Se mettre l'esprit à la -,* travailler avec une grande contention d'esprit. || *Mettre quelqu'un à la -,* lui causer un embarras pénible.

torturer vt. Soumettre à des tortures. || *Fig.* Tourmenter vivement : *la jalousie torture l'homme.*

torve adj. Se dit d'un regard qui est de travers et menaçant.

toscan, e adj. et n. De la Toscane. || *Ordre -,* le plus simple des cinq ordres d'architecture romains.

tôt adv. Dans peu de temps : *revenez -.* || De bonne heure : *se coucher -.* || *- ou tard,* un jour ou l'autre.

total, e, aux adj. Complet, entier. || Somme obtenue par l'addition. || *Au - , loc. adv.,* tout compté, tout considéré.

totalisateur nm. Appareil additionnant mécaniquement.

totaliser vt. Calculer le total de.

totalitaire adj. Se dit d'un régime politique qui asservit les citoyens à

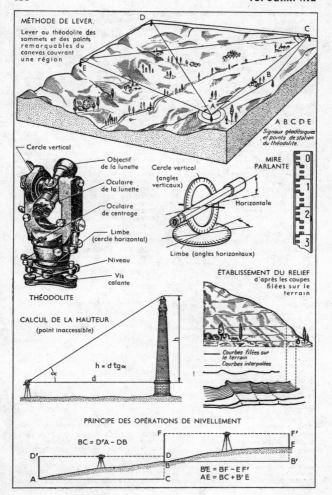

MÉTHODE DE LEVER.
Lever au théodolite des sommets et des points remarquables du canevas couvrant une région

A B C D E
Signaux géodésiques
et points de station
du théodolite.

Cercle vertical

Objectif
de la lunette

Oculaire
de la lunette

Oculaire
de centrage

Cercle vertical
(angles
verticaux)

Horizontale

MIRE
PARLANTE

Limbe
(cercle horizontal)

Niveau

Vis
calante

Limbe (angles horizontaux)

THÉODOLITE

ÉTABLISSEMENT DU RELIEF
d'après les coupes
filées sur le
terrain

CALCUL DE LA HAUTEUR
(point inaccessible)

$h = d \, \text{tg} \, \alpha$

Courbes filées sur
le terrain
Courbes interpolées

PRINCIPE DES OPÉRATIONS DE NIVELLEMENT

$BC = D'A - DB$

$B'E = BF - EF'$
$AE = BC + B'E$

l'Etat, sans admettre aucune forme d'opposition.

totalitarisme nm. Régime totalitaire.

totalité nf. Le total, l'ensemble.

totem nm. Animal honoré comme l'ancêtre d'une tribu. ‖ Sa représentation.

totémisme nm. Croyance aux totems.

toton nm. Toupie marquée de lettres ou de points, que l'on fait tourner avec le pouce et l'index. ‖ *Fig.* Faire *tourner quelqu'un comme un -*, le faire aller à sa guise.

Touaregs, Berbères du Sahara central. (Le sing. est *Targui* ou *Touareg.*)

toucan nm. Oiseau grimpeur de l'Amérique, à bec fort gros et fort long.

touchant prép. Concernant, au sujet de : *- vos intérêts.*

touchant, e adj. Qui touche, émeut.

touche nf. Action de toucher. ‖ Chacune des pièces d'ébène, d'ivoire, de matière plastique, etc., composant un clavier. ‖ *Pierre de -*, jaspe noir pour éprouver l'or et l'argent, et, au *fig.*, moyen d'épreuve : *l'adversité est la pierre de - de l'amitié.* ‖ *Peint.* Manière de peindre : *- hardie.* ‖ *Sports:* Au football et au rugby, remise en jeu d'un ballon sorti du terrain.

touche-à-tout nm. inv. *Fam.* Qui touche à tout, se mêle de tout.

toucher vt. Entrer en contact avec. ‖ Etre contigu. ‖ Recevoir : *- de l'argent.* ‖ *Fig.* Intéresser : *son sort me touche.* ‖ Vt. ind. *Toucher* à, porter la main sur. ‖ Etre proche : *- au but.* ‖ Entamer : *il n'a pas touché à son déjeuner.* ‖ *Fig.* N'avoir pas *l'air d'y -*, cacher son jeu.

toucher nm. Sens par lequel on connaît, par le contact, la forme et l'état extérieur des corps.

toucheur nm. Conducteur de bestiaux.

toue nf. *Mar.* Barque à fond plat. ‖ Bac muni d'une voile.

touer vt. Haler un bateau.

toueur, euse adj. Qui toue. ‖ *Bateau -*, qui sert à touer les navires.

touffe nf. Ensemble de choses de même nature, légères, assemblées en bouquet : *une - d'herbes.*

touffu, e adj. Epais, bien garni.

toujours adv. Sans cesse, sans fin. ‖ En toute occasion : *il est - prêt à rire.* ‖ Encore : *il l'aime -.* ‖ En attendant : *payez -, nous verrons après.*

toundra nf. Maigre végétation des régions polaires marécageuses.

toupet nm. Petite touffe de cheveux. ‖ *Fig. et fam. Avoir du -*, être effronté.

toupie nf. Jouet de bois ou de métal, en forme de poire, tournant sur sa pointe. ‖ Machine-outil pour faire les moulures et raboter le bois.

toupiller vi. Tourner sur soi-même. ‖ Vt. Travailler le bois avec la toupie.

tour nf. Sorte de bâtiment très élevé, de forme ronde ou carrée. ‖ Pièce du jeu d'échecs. ‖ *Aéron. - de contrôle,* bâtiment d'un aérodrome d'où émanent les ordres d'envol, d'atterrissage, etc.

tour nm. Mouvement circulaire : *- de roue.* ‖ *Par ext.* Promenade : *faire un -.* ‖ Circuit : *le - de la ville.* ‖ Action qui exige de l'agilité, de la force : *- de bateleur.* ‖ *Fig. et fam.* Ruse malicieuse : *jouer un bon -.* ‖ Manière d'exprimer ses pensées : *- gracieux.* ‖ *A - de bras,* de toute la force du bras. ‖ *En un - de main,* en un instant. ‖ *- de bâton,* profits illicites. ‖ *- de force,* action d'une grande difficulté. ‖ *Coffre tournant,* posé dans l'épaisseur du mur d'un hospice, d'un monastère, pour recevoir ce qu'on y dépose du dehors. ‖ *Machine-outil* pour façonner une pièce montée sur un arbre rotatif. ‖ *Fig. Fait au -*, très bien fait. ‖ *A -* loc. adv., alternativement.

touraille nf. Etuve où le brasseur sèche les grains d'orge pour en arrêter la germination. ‖ Grains ainsi séchés.

touraillon nm. Germe d'orge séché à la touraille.

tourangeau, elle adj. et n. De la Touraine ou de Tours.

tourbe nf. Combustible formé par la décomposition sous l'eau de matières végétales.

tourbe nf. *Fig.* Foule de gens méprisables.

tourbeux, euse adj. Qui contient de la tourbe : *sol -.*

tourbière nf. Gisement de tourbe.

tourbillon nm. Vent impétueux qui souffle en tournoyant. ‖ Masse d'eau qui tournoie rapidement. ‖ Objets qui volent en tournoyant : *- de poussière, de fumée.* ‖ *Fig.* Ce qui entraîne l'homme : *le - des affaires.*

tourbillonnement nm. Tourbillon. ‖ *Fig.* Action entraînante.

tourbillonner vi. Aller en tournoyant.

tourelle nf. Petite tour. ‖ Petite tour d'acier mobile abritant des canons.

touret nm. *Méc.* Petite roue à gorge, entraînée par une plus grande. ‖ Dévidoir des cordiers.

tourie nf. Bonbonne entourée d'osier.

tourier, ère adj. et n. Préposé au tour dans un couvent. ‖ *Sœur -*, religieuse non cloîtrée, chargée des relations avec l'extérieur.

tourillon nm. Pivot autour duquel une pièce peut tourner : *- de porte.*

tourisme nm. Action de voyager pour son agrément.

touriste n. Personne qui voyage pour son agrément.

touristique adj. Relatif au tourisme.

tourlourou nm. Nom donné par plaisanterie aux fantassins.

tourmaline nf. Pierre qui peut s'électriser par chauffage ou compression.

tourment nm. Violente douleur physique. ‖ *Fig.* Grand souci.

tourmente nf. Tempête violente : - *de neige.* ‖ *Fig.* Troubles : - *politique.*

tourmenter vt. Faire souffrir. ‖ Agiter violemment : *le vent tourmente le navire.* ‖ *Fig.* Causer une peine morale: *son procès le tourmente.* ‖ Importuner, harceler : *ses créanciers le tourmentent.* ‖ **Se** - vpr. S'inquiéter, se donner de la peine. ‖ **Tourmentant,** e part. et adj. ‖ **Tourmenté,** e part. et adj. Qui a de nombreuses irrégularités : *sol* -. ‖ *Fig.* Recherché : *style* -.

tournailler vi. *Fam.* Aller et venir sans but; rôder autour.

tournant nm. Coin de rue, de chemin; coude d'une rivière; changement de direction. ‖ *Fig.* Moment capital : *les* - *de l'histoire.*

tourné, e adj. Fait d'une certaine façon : *bien, mal* -. ‖ Altéré, aigri : *du lait* -.

tourne-à-gauche nm. inv. Outil servant à tourner, à courber certains objets. ‖ Outil qui sert à faire des pas de vis.

tournebroche nm. Mécanisme faisant tourner la broche à rôtir.

tourne-disque nm. Plateau, mû électriquement, sur lequel on pose le disque à entendre. ‖ Pl. des *tourne-disques.*

tournedos nm. Tranche de filet de bœuf.

tournée nf. Voyage à itinéraire déterminé, que fait un fonctionnaire, un commerçant, une troupe théâtrale, etc.

tournemain (en un) loc. adv. En un instant. [Vx.]

tourner vt. Mouvoir en rond : - *une broche.* ‖ Mettre dans un sens opposé : - *les pages.* ‖ Façonner au tour. ‖ Interpréter : - *en bien, en mal.* ‖ Donner une façon élégante à : *bien - une lettre.* ‖ Faire le tour pour éviter : - *une montagne.* ‖ *Fig.* Eluder : - *une difficulté.* ‖ Enregistrer sur pellicule : - *un film.* ‖ *Fig.* - *le dos à quelqu'un,* le traiter avec mépris. ‖ - *les talons,* s'éloigner. ‖ - *casaque,* changer de parti. ‖ - *bride,* revenir sur ses pas, en parlant d'un cavalier. ‖ - *la tête à quelqu'un,* lui faire perdre la raison. ‖ Vi. Se mouvoir circulairement. ‖ Passer : *le vent a tourné au nord.* ‖ Aigrir : *le lait a tourné.* ‖ Avoir une bonne ou une mauvaise issue : *l'affaire a mal tourné.* ‖ Changer en bien ou en mal : *ce jeune homme a bien tourné.* ‖ *La tête lui tourne,* il a le vertige. ‖ *La chance a tourné,* a passé d'un autre côté. ‖ - *autour du pot,* ne pas aller directement au fait.

tournesol nm. Nom de diverses plantes dont les fleurs se tournent vers le soleil. ‖ Matière colorante bleue qui rougit au contact des acides.

tourneur, euse n. et adj. Spécialiste du travail au tour. ‖ Qui tourne sur lui-même : *derviche* -.

tournevent nm. Tuyau coudé mobile au sommet d'une cheminée.

tournevis nm. Outil pour serrer ou desserrer les vis.

tourniquet nm. Croix mobile, posée horizontalement sur un pivot, ne laissant passer que les piétons ou une personne à la fois.

tournis nm. Maladie des ovins et des bovins, qui les fait tourner convulsivement.

tournoi nm. Fête militaire du temps de la chevalerie. ‖ *Fig.* Concours, compétition : - *de tennis.*

tournoiement nm. Action de ce qui tournoie.

tournois adj. S'est dit de la monnaie frappée à Tours, puis de la monnaie royale de même modèle.

tournoyer vi. (c. *aboyer*). Tourner plusieurs fois sur soi-même.

tournure nf. *Fam.* Aspect : *une jolie* -. ‖ *Fig.* Manière d'être : - *d'esprit agréable.* ‖ Construction : - *d'une phrase.* ‖ Manière dont une chose se présente : *l'affaire prend une bonne* -.

tourte nf. Pâtisserie circulaire contenant un mets.

tourteau nm. Résidu de graines, de fruits, dont on a exprimé l'huile. ‖ Gros crabe.

tourtereau nm. Jeune tourterelle. ‖ Pl. *Fig.* Jeunes amoureux.

tourterelle nf. Oiseau colombin, plus petit que le pigeon.

tourtière nf. Ustensile pour faire cuire des tourtes ou des tartes.

Toussaint nf. Fête en l'honneur de tous les saints (1er novembre).

tousser vi. Chasser l'air des poumons convulsivement et avec bruit.

toussoter vi. Tousser souvent et faiblement.

tout, e, tous adj. qualif. Exprime la totalité : *veiller* - *la nuit;* - *la ville.* ‖ Adj. ind. Chaque, n'importe lequel : - *peine mérite salaire;* en - *occasion.* ‖ - *le monde,* l'ensemble des hommes; n'importe qui : *s'habiller comme* - *le monde.* ‖ Pron. ind. Tout le monde : - *sont venus;* toute chose : - *est dit;*

- *est fait.* ‖ **Somme** - loc. adv., à tout prendre.

tout adv. Entièrement : *la vie entière.* ‖ Quelque, si : *tout aimable qu'est* (ou *que soit*) *la vertu.* (Varie devant un adj. fém. commençant par une consonne ou un *h* aspiré : *elle était toute honteuse; toutes vieilles qu'elles sont.*) ‖ Pour - *de bon,* sérieusement. ‖ Est aussi explétif : - *doucement.* ‖ Loc. adv. Du -, nullement. - à fait, entièrement. En -, tout compris.

tout nm. La totalité : *le - est plus grand que la partie.* (Dans ce sens, le pluriel est *touts.*) ‖ *Risquer le - pour le -,* hasarder de tout perdre pour tout gagner. ‖ *Fig.* L'important : *le - est de réussir.*

tout-à-l'égout nm. inv. Système de vidange envoyant directement à l'égout les matières fécales et les eaux usées.

toutefois adv. Néanmoins, cependant : *si - il veut venir.*

toute-puissance nf. Pouvoir souverain. ‖ Puissance infinie de Dieu.

tout-puissant, toute-puissante adj. Qui a un pouvoir sans bornes ou très grand : *ministre -.* ‖ Nm. Le Tout-Puissant, Dieu. ‖ Pl. des *tout-puissants,* des *toutes-puissantes.*

tout-venant nm. Charbon non trié.

toux nf. Action de tousser.

toxicité nf. Caractère de ce qui est toxique : *la - de l'arsenic.*

toxicologie nf. Etude des poisons.

toxicologue nm. Qui s'occupe de toxicologie.

toxicomanie nf. Absorption morbide de toxiques.

toxine nf. Poison sécrété par les microbes.

toxique nm. Nom générique des poisons. ‖ Adj. Qui contient du poison.

trac nm. *Fam.* Peur de paraître en public : *avoir le -.*

traçage nm. Action de tracer.

traçant, e adj. Qui laisse une trace, un sillage : *balle -.* ‖ *Racine -,* racine qui s'étend horizontalement.

tracas nm. *Fam.* Souci, peine, fatigue : *les - d'un père.*

tracasser vt. *Fam.* Inquiéter.

tracasserie nf. Action de tracasser; chicane, ennui.

tracassier, ère adj. et n. Qui tracasse.

tracassin nm. *Fam.* Humeur inquiète.

trace nf. Empreinte, vestige du passage d'un homme ou d'un animal. ‖ Cicatrice : *la - d'une brûlure.* ‖ *Fig.* Impression, souvenir, indice : *cette aventure a laissé des - profondes en lui.* ‖ *Marcher sur les - de quelqu'un,* imiter son exemple.

tracé nm. Représentation des contours d'un dessin, d'un plan. ‖ Ligne suivie, parcours : *le - d'une route.*

tracer vt. (c. *placer*). Tirer les lignes d'un dessin, d'un plan, etc. ‖ Marquer par des lignes les coupes à faire sur un objet brut. ‖ Dépeindre : - *un tableau sinistre.* ‖ Vi. Se dit des plantes dont les racines ou les tiges s'étalent horizontalement.

traceret nm. Pointe à tracer. (On dit aussi TRAÇOIR.)

traceur, euse adj. et n. Qui trace.

trachée nf. *Zool.* Organe respiratoire des animaux articulés. ‖ *Bot.* Vaisseau entouré de fils en spirales serrées.

trachée-artère nf. Canal qui conduit l'air aux poumons.

trachéite [*ké*] nf. Inflammation de la trachée-artère.

tract nm. Feuille ou brochure de propagande.

tractation nf. Manière de traiter une affaire. (Souvent en mauv. part.)

tracté, e adj. Tiré par un tracteur.

tracteur nm. Machine ou mécanisme servant à remorquer.

traction nf. Effort consistant à tirer un objet mobile : - *d'un wagon.* ‖ Service des chemins de fer qui gère et entretient le matériel roulant. ‖ - *avant,* automobile à roues avant motrices.

tradition nf. Transmission de doctrines, de légendes, de coutumes, etc., du passé, spécialement par la parole et par l'exemple. ‖ Transmission orale des doctrines ou des faits religieux. ‖ Coutumes transmises de génération en génération : *les - d'une province.*

traditionalisme nm. Système fondé sur la tradition.

traditionaliste n. et adj. Partisan du traditionalisme.

traditionnel, elle adj. Fondé sur la tradition : *une coutume -.* ‖ *Fam.* Qui est passé dans les habitudes.

traducteur, trice n. Personne qui fait une traduction.

traduction nf. Action de traduire un texte. ‖ Ouvrage traduit. ‖ *Par ext.* Interprétation.

traduire vt. Faire passer, transposer un texte d'une langue dans une autre : - *du latin en français.* ‖ *Par ext.* Exprimer : *nos yeux traduisent nos sentiments.* ‖ Citer, appeler devant un tribunal : - *en justice.* ‖ Se - vpr. Etre exprimé : *sa douleur se traduisait par des cris.*

traduisible adj. Qui peut être traduit.

trafic nm. Circulation : - *routier.* ‖ Commerce : *le - des vins, des cuirs.* ‖ *Fig.* - *d'influence,* profit illicite tiré de choses qui ne sont pas vénales.

trafiquant, e ou **trafiqueur, euse** n. Qui fait un trafic peu honnête.

trafiquer vi. Faire un profit illicite.

tragédie nf. Poème dramatique propre à exciter la terreur ou la pitié. ‖ Le genre tragique. ‖ *Fig.* Evénement funeste : *sanglante -.*

tragédien, enne n. Acteur, actrice tragique.

tragi-comédie nf. Tragédie mêlée d'incidents comiques.

tragi-comique adj. Qui tient du tragique et du comique.

tragique adj. Relatif à la tragédie. ‖ *Fig.* Funeste, terrible : *fin -.* ‖ Nm. Le genre tragique. ‖ Auteur de tragédies : *les - grecs.*

trahir vt. Livrer, tromper perfidement : *- sa patrie.* ‖ *Fig.* Manquer à : *- ses serments.* ‖ Révéler : *- un secret.* ‖ Abandonner : *ses forces l'ont trahi.*

trahison nf. Action de trahir. ‖ Intelligence avec l'ennemi.

train nm. Allure : *aller bon -.* ‖ *Fig.* Bruit : *faire du -.* ‖ Ensemble des voitures et wagons et de la locomotive qui les traîne : *- rapide ; - omnibus.* ‖ *- mixte,* composé de voitures pour voyageurs et de wagons à marchandises. ‖ *- de bois,* long radeau de bois flotté. ‖ *- de péniches,* groupe de péniches entraînées par un même remorqueur. ‖ *- d'engrenages,* ensemble de roues dentées engrenant les unes avec les autres. ‖ *- d'atterrissage,* dispositif d'atterrissage des avions. ‖ *Milit. -* des équipages, corps assurant les transports. ‖ Charronnage sur lequel porte le corps d'un véhicule. ‖ Partie antérieure ou postérieure d'un cheval : *- de devant.* ‖ *Fig. - de vie,* manière de vivre. ‖ *Mettre une affaire en -,* la commencer. ‖ *Etre en -,* en bonne disposition. ‖ *Etre en - de,* être occupé à. ‖ *A fond de -,* à toute vitesse.

traînage nm. Action de traîner. ‖ Transport par traîneaux.

traînant, e adj. Qui traîne à terre. ‖ *Fig.* Languissant, monotone : *voix -.*

traînard e n. *Fam.* Qui reste en arrière. ‖ *Par ext.* Personne lente.

traînasser vt. *Fam.* Traîner en longueur. ‖ Vi. *Fam.* Rester longtemps à faire une chose ; vaguer à l'aventure.

traîne nf. Action de traîner, d'être traîné. ‖ Queue d'une robe traînante. ‖ Gros fagot de branchages. ‖ *Fam. Etre à la -,* en retard sur les autres.

traîneau nm. Voiture basse, sans roues, qui glisse sur la glace et la neige.

traînée nf. Petites quantités de choses répandues à la suite : *- de*

sang. ‖ *Aviat.* Force qui s'oppose à l'avancement d'un avion.

traîner vt. Tirer après soi. ‖ *Fig. - en longueur,* faire durer. ‖ *- quelqu'un dans la boue,* salir sa réputation. ‖ Vi. Pendre jusqu'à terre : *son manteau traîne.* ‖ Languir : *il traîne depuis longtemps.* ‖ Se - vpr. Marcher avec difficulté.

traîneur, euse n. Qui traîne. ‖ *- de sabre,* soldat grossier, tapageur. (Vx.) ‖ Retardataire.

trainglot ou **tringlot** nm. *Fam.* Soldat du train des équipages.

traire vt. *(Je trais,* n. *trayons. Je trayais,* n. *trayions.* Pas de passé simple. *Je trairai,* n. *trairons. Je trairais,* n. *trairions. Trais, trayons, trayez.* Q. *je traie,* q. n. *trayions.* Pas d'imp. du subj. *Trayant. Trait,* e.) Tirer le lait des vaches, des chèvres, etc.

trait nm. Action de tirer une voiture : *bêtes de -.* ‖ Longe de corde ou de cuir avec laquelle les chevaux tirent. ‖ Arme de jet (dard, javelot, flèche, etc.). ‖ Ligne tracée avec le crayon, la plume. ‖ Ligne d'un dessin qui n'est pas ombré : *dessiner au -.* ‖ *- de scie,* coupe faite avec la scie. ‖ *Copier pour -,* exactement. ‖ *Avaler d'un -,* d'un seul coup. ‖ *Fig.* Attaque : *- de satire.* ‖ Pensée vive : *- d'esprit.* ‖ Gramm. *- d'union,* petit tiret pour lier les parties d'un mot composé. ‖ Pl. Lignes du visage : *- fins.*

trait, e adj. Se dit d'un métal passé à la filière.

traitable adj. Qu'on peut traiter. ‖ *Fig.* Aimable, facile : *humeur -.*

traitant nm. Celui qui se chargeait à forfait du recouvrement des impôts. ‖ Adj. *Médecin -,* qui soigne habituellement un malade.

traite nf. Action de traire. ‖ Chemin fait sans s'arrêter : *longue -.* ‖ Lettre de change. ‖ *- des Noirs,* trafic des esclaves.

traité nm. Ouvrage où l'on traite d'un art, d'une science : *- de mathématiques.* ‖ Convention : *un - de paix.*

traitement nm. Accueil, manière d'agir envers quelqu'un. ‖ *Mauvais -,* coups. ‖ Appointements d'un fonctionnaire. ‖ Manière de combattre une maladie. ‖ Opérations que l'on fait subir aux matières premières.

traiter vt. Agir bien ou mal avec quelqu'un : *- avec humanité.* ‖ Régaler, donner à manger : *bien - ses invités.* ‖ Discuter : *- une question.* ‖ Soigner. ‖ Qualifier : *- quelqu'un de voleur.* ‖ Vi. Négocier : *- avec l'adversaire.* ‖ Discourir.

traiteur nm. Restaurateur.

traître, esse adj. et n. Qui trahit. ‖

Sournois, hypocrite. ‖ *Ne pas dire un - mot*, garder un silence absolu. ‖ **En -** loc. adv., par trahison.

traîtrise nf. Action de trahir, perfidie.

trajectoire nf. Ligne décrite par un projectile.

trajet nm. Espace à parcourir d'un lieu à un autre. ‖ Action de traverser cet espace : *un - difficile*.

tralala nm. (onomatopée). *Fam.* Tapage; grand apparat.

tram nm. Abrév. de TRAMWAY.

tramail ou **trémail** nm. Filet de pêche formé de trois rets superposés.

trame nf. Ensemble des fils passant transversalement entre les fils tendus de la chaîne. ‖ Quadrillage très fin, employé en photogravure. ‖ *Fig.* Intrigue : *la - d'une tragédie.*

tramer vt. Entrelacer la trame avec la chaîne. ‖ *Fig.* Comploter. ‖ Imp. : *il se trame quelque chose.*

tramontane nf. Côté du nord, dans la Méditerranée. ‖ L'étoile Polaire. ‖ Vent du nord. ‖ *Fig. Perdre la -*, perdre le nord.

tramway [*tra-mouè*] nm. Voie ferrée établie sur une route ou dans une rue. ‖ Voiture qui circule sur cette voie. ‖ Pl. des *tramways.*

tranchant, e adj. Qui coupe. ‖ *Fig. Ton -*, décisif. ‖ *Couleurs -*, fort vives.

tranchant nm. Fil d'un instrument coupant.

tranche nf. Morceau coupé mince. ‖ Surface unie que présente l'épaisseur d'un livre rogné : *volume doré sur -.* ‖ Partie moyenne de la cuisse du bœuf. ‖ Gros burin. ‖ Série de chiffres consécutifs dans un nombre.

tranché, e adj. Net et distinct : *couleur bien -.*

tranchée nf. Excavation à ciel ouvert. ‖ *Milit.* Fossé dans lequel s'abritent les soldats au combat. ‖ Pl. *Méd.* Coliques très aiguës.

tranchefile nf. Petit rouleau de soie consolidant le dos d'une reliure.

trancher vt. Séparer en coupant. ‖ *Fig.* Décider : *- une question.* ‖ Vi. Décider hardiment. ‖ *Fig.* Former un contraste : *ces couleurs ne tranchent pas assez.*

tranchet nm. Outil effilé, pour couper le cuir.

tranquille [*kil*] adj. Sans agitation. ‖ Paisible, calme : *vie -.*

tranquilliser vt. Calmer, rendre tranquille. ‖ **Se -** vpr. Redevenir calme.

tranquillité nf. Etat de ce qui est sans agitation.

transaction nf. Acte par lequel on transige. ‖ Accord entre commerçants.

transactionnel, elle adj. Qui a le caractère d'une transaction.

transalpin, e adj. D'au-delà des Alpes : *Gaule -.*

transatlantique adj. D'au-delà de l'océan Atlantique. ‖ Nm. Paquebot qui traverse l'Atlantique. ‖ Chaise pliante.

transbordement nm. Action de transborder.

transborder vt. Transporter d'un bâtiment, d'un train dans un autre.

transbordeur n. et adj. m. Appareil servant à transborder. ‖ *Pont -*, bac suspendu au tablier d'un pont pour le franchissement d'un fleuve.

transcaucasien, enne adj. D'au-delà du Caucase.

transcendance nf. Qualité, caractère de ce qui est transcendant.

transcendant, e adj. Qui excelle en son genre : *esprit -.*

transcription nf. Action de transcrire; son résultat. ‖ Action d'écrire pour un instrument un air de musique noté pour un autre instrument.

transcrire vt. Copier, reproduire par l'écriture. ‖ *Mus.* Faire la transcription de...

transe nf. Grande appréhension d'un mal qu'on croit prochain.

transept nm. Galerie transversale d'une église, formant les bras de la croix.

transfèrement, transfert nm. Action de transférer.

transférer vt. (c. *céder*). Faire passer d'un lieu dans un autre : *- des prisonniers.* ‖ Transmettre légalement : *- ses biens par testament.*

transfiguration nf. Changement d'une figure en une autre. (Ne se dit que de la transfiguration de Jésus-Christ sur le Tabor et des tableaux qui la représentent.)

transfigurer vt. Donner au visage un éclat inaccoutumé.

transformateur, trice adj. Qui transforme. ‖ Nm. Appareil qui modifie la tension d'un courant alternatif.

transformation nf. Changement de forme; métamorphose.

transformer vt. Donner une nouvelle forme. ‖ *Par ext.* Améliorer : *ce séjour à la montagne l'a transformé.* ‖ **Se -** vpr. Se métamorphoser : *la chenille se transforme en papillon.* ‖ *Fig.* Modifier son caractère.

transformisme nm. Doctrine biologique fondée par Lamarck, suivant laquelle les espèces animales et végétales se transforment et donnent naissance à de nouvelles espèces.

transformiste n. Partisan du transformisme. ‖ Adj. Relatif au transformisme.

transfuge nm. Déserteur; traître. ‖ *Fig.* Qui change de parti.

transfuser vt. Faire passer un liquide d'un récipient dans un autre. ‖ Opérer la transfusion du sang.

transfusion nf. Opération par laquelle on fait passer du sang des veines d'une personne dans celles d'une autre.

transgresser vt. Enfreindre, violer.

transgresseur nm. Qui transgresse.

transgression nf. Action de transgresser.

transhumance nf. Déplacement saisonnier des troupeaux, de la montagne pendant l'été à la vallée pendant l'hiver.

transhumer vi. Aller paître dans les montagnes. ‖ **Transhumant, e** part. et adj.

transiger vi. Conclure un arrangement par des concessions réciproques. ‖ *Fig. - avec sa conscience,* manquer à ce qu'elle exigerait strictement.

transir vt. et i. Pénétrer et engourdir de froid. ‖ **Transi, e** part. et adj.

transit nm. Passage des marchandises à travers une ville, un Etat, sans payer de droits d'entrée.

transitaire adj. Relatif au transit. ‖ Nm. Commissionnaire en marchandises, qui s'occupe du transit.

transiter vt. et i. Passer en transit.

transitif, ive adj. *Verbe -,* marquant une action qui passe du sujet sur un objet. ‖ *Verbe - indirect,* indiquant que l'action du sujet passe sur un objet par l'intermédiaire d'une préposition.

transition nf. Manière de lier les parties d'un raisonnement, d'un discours : *habile -.* ‖ *Fig.* Passage d'un état de choses à un autre : *passer sans - de la chaleur au froid.*

transitoire [*zi*] adj. Passager.

translation nf. Action de transférer : *la - des cendres de Napoléon Ier.* ‖ Mouvement d'un solide dont tous les points ont des déplacements égaux et parallèles.

translucide adj. Qui ne laisse passer qu'une lumière diffuse : *le verre dépoli est -.*

translucidité nf. Etat de ce qui est translucide.

transmetteur nm. Appareil expéditeur de signaux télégraphiques.

transmettre vt. (c. *mettre*). Faire parvenir. ‖ *Fig.* Léguer, céder.

transmigration nf. Action de trans-

migrer. ‖ *- des âmes,* passage des âmes d'un corps dans un autre.

transmigrer vi. Passer d'un lieu, d'un pays dans un autre.

transmissibilité nf. Qualité de ce qui est transmissible.

transmissible adj. Qui peut être transmis : *tares -.*

transmission nf. Action de transmettre. ‖ Mécanisme qui communique un mouvement. ‖ *Milit.* Corps chargé de l'acheminement des ordres et des messages.

transmuable ou **transmutable** adj. Qui peut être transmué.

transmuer ou **transmuter** vt. Changer un élément chimique en un autre.

transmutabilité nf. Propriété de ce qui est transmuable.

transmutation nf. Changement d'un élément chimique en un autre.

transparaître vi. Paraître à travers.

transparence nf. Qualité, caractère des corps transparents.

transparent, e adj. Qui se laisse traverser par la lumière et permet de distinguer nettement les objets à travers son épaisseur. ‖ *Fig.* Facile à deviner : *une allusion -.* ‖ Nm. Feuille à lignes noires qui, mise sous le papier, sert à guider celui qui écrit.

transpercer vt. (c. *placer*). Percer de part en part.

transpiration nf. Sortie de la sueur par les pores de la peau.

transpirer vi. Sécréter la sueur, exhaler des liquides. ‖ *Fig.* Commencer à être connu : *secret qui transpire.*

transplantation nf. Action de transplanter.

transplanter vt. Déplanter et planter en un autre endroit. ‖ *Fig.* Transférer : *- une colonie.*

transport nm. Action de transporter d'un lieu dans un autre. ‖ *Fig.* Sentiment vif, violent : *- de joie.* ‖ *- au cerveau,* congestion cérébrale.

transporter vt. Porter d'un lieu dans un autre. ‖ *Fig.* Exciter, mettre hors de soi : *la fureur le transporte.* ‖ **Se -** vpr. Se rendre en un lieu.

transporteur n. et adj. m. Qui assure mécaniquement un transport. ‖ Qui dirige une entreprise de transports.

transposer vt. Mettre une chose à une place autre que la sienne : *- un mot, une lettre.* ‖ *Mus.* Changer la tonalité d'un morceau.

transpositeur adj. m. Qui opère mécaniquement la transposition d'un ton dans un autre : *harmonium -.*

transposition nf. Action de transposer; son résultat.

transsaharien, enne adj. et n. Qui traverse le Sahara.

transsibérien, enne adj. Qui est situé au-delà de la Sibérie; qui traverse la Sibérie. || Nm. Voie ferrée qui traverse la Sibérie.

transsubstantiation nf. *Théol. cathol.* Changement de la substance du pain et du vin en celle du corps et du sang de Jésus-Christ, dans l'Eucharistie.

transsudation nf. Action de transsuder.

transsuder vi. Se dit d'un liquide qui passe à travers la paroi du récipient qui le contient.

transvasement nm. Action de transvaser.

transvaser vt. Verser d'un vase dans un autre.

transversal, e, aux adj. Disposé en travers.

transverse adj. Oblique : *muscle -.*

trapèze nm. *Math.* Quadrilatère ayant deux côtés parallèles, mais inégaux. || Muscle de l'épaule. || Appareil de gymnastique formé de deux cordes suspendues et réunies à leur base par une barre ronde.

trapéziste n. Gymnaste qui fait du trapèze.

trapézoïdal, e, aux adj. En forme de trapèze.

trappe nf. Porte pratiquée dans un plancher. || Piège à bascule au-dessus d'une fosse.

trappeur nm. Chasseur du nord de l'Amérique.

trappiste, trappistine n. Religieux, religieuse d'un couvent de la Trappe.

trapu, e adj. Gros et court.

traquenard nm. Piège pour prendre les animaux nuisibles. || *Fig.* Piège tendu à quelqu'un : *tomber dans un -.*

traquer vt. Enfermer le gibier dans un cercle de chasseurs que l'on resserre de plus en plus. || *Fig.* Poursuivre, serrer de près : *- des voleurs.*

traquet nm. Morceau de bois qui fait tomber le blé sous la meule du moulin. || Piège tendu aux bêtes puantes. || Genre de passereaux.

traumatique adj. *Chir.* Qui concerne les plaies, les blessures.

traumatisme nm. Trouble occasionné par une blessure.

travail nm. Effort, application pour faire une chose. || Ouvrage à faire. || Exécution : *bijou d'un beau -.* || Occupation rétribuée : *vivre de son -.* || Etude : *il est l'auteur de nombreux travaux historiques.* || *Méc.* Produit de l'intensité d'une force par la projection de son déplacement. || Machine

à quatre piliers pour ferrer les animaux vicieux. (Dans ce dernier sens, le pluriel est *travails.*) || *Travaux forcés,* peine afflictive et infamante qui a remplacé les galères.

travailler vi. Se donner de la peine pour exécuter une chose. || *Fig.* Se déjeter : *le bois vert travaille.* || Fermenter : *le vin nouveau travaille.* || Vt. Façonner : *- le fer.* || Soigner : *- son style.* || *Fig.* Tourmenter. **Travaillé,** e part. et adj. *Fig.* Obsédé, tourmenté : *- par la peur.*

travailleur, euse adj. et n. Qui aime le travail. || Qui travaille.

travailliste adj. et n. Du parti ouvrier anglais.

travée nf. Espace entre deux poutres. || Partie d'un édifice entre deux points d'appui principaux.

travelling nm. *Cin.* Support permettant de déplacer sans heurts une caméra pendant la prise de vues.

travers nm. Etendue d'un corps en largeur : *un - de doigt.* || *Fig.* Bizarrerie : *- d'esprit.* || Loc. adv. **En -,** dans la largeur. **A tort et à -,** inconsidérément. **De -,** obliquement. || *Regarder de -,* avec colère. || *Entendre de -,* mal comprendre. || Loc. prép. **A -,** par le milieu de : *à - champs.* **Au - de,** de part en part.

traverse nf. Entretoise. || Pièce d'appui qui supporte les rails d'une voie ferrée et maintient leur écartement. || *Chemin de -,* raccourci. || *Fig. Se mettre à la -,* apporter des obstacles. || Pl. Afflictions.

traversée nf. Action de traverser. || Voyage par mer ou à travers un pays.

traverser vt. Passer à travers, d'un côté à l'autre. || Couper : *des allées traversent le jardin.* || Pénétrer de part en part : *la pluie a traversé mes vêtements.* || *Fig.* Passer par : *- des moments difficiles.*

traversier, ère adj. Qui sert à traverser. || *Flûte -,* qu'on place horizontalement sur les lèvres.

traversin nm. Oreiller long, de la largeur du lit.

travertin nm. Dépôt calcaire compact, d'origine chimique.

travesti nm. Déguisement. || Adj. *Bal -,* où les danseurs sont déguisés.

travestir vt. Déguiser sous l'habit d'un autre sexe, d'une autre condition. || *Fig.* Fausser, dénaturer : *- une pensée.*

travestissement nm. Déguisement.

trayon nm. Extrémité du pis d'une vache, d'une chèvre, etc.

trébucher vi. Faire un faux pas; perdre l'équilibre. || Peser au trébuchet. || **Trébuchant,** e part. et adj. Se dit des monnaies d'or et d'argent qui ont le poids exigé.

trébuchet nm. Piège pour les petits oiseaux. ‖ Petite balance de précision.

tréfilage nm. Action de tréfiler.

tréfiler vt. Etirer un métal en fils de diverses grosseurs.

tréfilerie nf. Etablissement industriel, atelier de tréfileur.

tréfileur nm. Ouvrier qui tréfile.

trèfle nm. Herbe fourragère. ‖ Une des couleurs du jeu de cartes. ‖ Ornement imité de la feuille du trèfle.

tréfonds nm. Fonds qui est sous le sol et qu'on possède comme le sol lui-même. ‖ *Fig.* Ce qu'il y a de plus secret : *le - de l'âme.*

treillage nm. Assemblage de lattes en treillis.

treillager vt. Garnir de treillage.

treille nf. Ceps de vigne palissés contre un mur, contre un treillage.

treillis nm. Clôture de bois, de fer, qui imite les mailles d'un filet rigide. ‖ Grosse toile pour vêtements de travail.

treillisser vt. Garnir de treillis.

treize adj. num. Dix plus trois. ‖ Treizième : *Louis -.* ‖ Nm. Le treizième jour du mois.

treizième adj. num. ord. de *treize.* ‖ Nm. La treizième partie d'un tout.

tréma nm. Double point placé sur les voyelles pour indiquer qu'on doit les prononcer séparément comme dans *na-ïf.*

tremblaie nf. Lieu planté de trembles.

tremble nm. Peuplier dont la feuille tremble au moindre vent.

tremblement nm. Agitation convulsive. ‖ *- de terre,* ébranlement du sol.

trembler vi. Etre agité par de fréquentes secousses. ‖ *Fig.* Avoir peur.

trembleur, euse n. Timide à l'excès. ‖ Nm. Appareil à lame flexible qui interrompt et rétablit le passage d'un courant électrique.

tremblotement nm. *Fam.* Action de trembloter.

trembloter vi. *Fam.* Trembler légèrement : *- de froid.*

trémie nf. Grand entonnoir en forme de pyramide quadrangulaire.

trémière adj. f. *Rose -,* grande mauve.

trémolo nm. *Mus.* Tremblement de la voix, d'un instrument sur une note.

trémoussement nm. Action de se trémousser.

trémousser (se) vpr. S'agiter d'un mouvement rapide et irrégulier.

trempage nm. *Arts graph.* Humidification du papier pour l'impression.

trempe nf. Action de tremper l'acier.

‖ Dureté et élasticité acquises par cette opération. ‖ *Fig.* Constitution physique : *un corps d'une bonne -.* ‖ Fermeté du caractère : *âme de forte -.*

tremper vt. Mouiller dans un liquide. ‖ *- la soupe,* verser le bouillon sur le pain. ‖ *- son vin,* y mettre de l'eau. ‖ *- l'acier,* le refroidir brusquement après l'avoir chauffé au rouge, pour lui donner la trempe. ‖ *Etre trempé,* très mouillé. ‖ *Fig. - ses mains dans le sang,* commettre un meurtre. ‖ Vi. Demeurer quelque temps dans un liquide. ‖ *Fig. - dans un crime,* y participer.

trempette nf. *Fam.* Petite tranche de pain que l'on trempe. ‖ *Fam.* Bain rapide.

tremplin nm. Planche inclinée et élastique, sur laquelle on prend son élan. ‖ *Fig.* Ce dont on se sert pour arriver à un résultat.

trench-coat [*trènch-kôt*] nm. Manteau imperméable. ‖ Pl. des *trench-coats.*

trentaine nf. Nombre de trente ou environ. ‖ Age de trente ans.

trente adj. num. Trois fois dix. ‖ Trentième : *page -.* ‖ Nm. : *revenez le - du mois.* ‖ *Fam.* Se mettre sur son - et un, en grande toilette.

trentenaire adj. Qui dure ou a duré trente ans.

trentième adj. num. ord. de *trente.* ‖ Nm. La trentième partie d'un tout.

trépan nm. Instrument de chirurgie pour percer les os. ‖ Nom de divers forets pour percer. ‖ Instrument de forage pour les roches, les pierres, etc.

trépanation nf. Incision d'un os du crâne avec le trépan.

trépaner vt. Opérer avec le trépan.

trépas nm. Mort, décès.

trépassé, e n. Personne décédée.

trépasser vi. Mourir.

trépidation nf. Tremblement.

trépider vi. Etre agité par de petites secousses rapides. ‖ **Trépidant, e** part. et adj. Agité, fiévreux : *vie -.*

trépied nm. Ustensile de cuisine à trois pieds. ‖ Siège à trois pieds.

trépignement nm. Action de trépigner : *des - de joie.*

trépigner vi. Frapper vivement des pieds contre terre.

trépointe nf. Bande de cuir mince cousue entre deux cuirs plus épais.

très adv. A un haut degré. — *Très* ne peut modifier qu'un adjectif ou un adverbe : *- grand; - bien.*

trésor nm. Réserve, amas d'or, d'argent, de choses précieuses. ‖ *Le - public,* les revenus de l'Etat. ‖ *Fig.*

Tout ce qui est précieux : *la liberté est un* -. ‖ Personne très aimée.

trésorerie nf. Administration du trésor public. ‖ Bureau du trésorier-payeur.

trésorier, ère n. Qui reçoit et distribue les fonds d'un Etat, d'une communauté.

tressage nm. Action de tresser.

tressaillement nm. Brusque secousse du corps due à une émotion vive.

tressaillir vi. (*Je tressaille, n. tressaillons. Je tressaillais, n. tressaillions. Je tressaillis, n. tressaillîmes. Je tressaillirai, n. tressaillirons. Je tressaillirais, n. tressaillirions. Tressaille, tressaillons, tressaillez. Q. je tressaille, q. n. tressaillions. Q. je tressaillisse, q. n. tressaillissions. Tressaillant. Tressailli, e.*) Eprouver une agitation vive et passagère.

tressauter vi. Sursauter.

tresse nf. Tissu serré et plat, de fils, de cheveux, etc., entrelacés. ‖ Cordage plat. ‖ Ornement architectural.

tresser vt. Arranger en tresse.

tresseur, euse n. Qui tresse.

tréteau nm. Pièce de bois longue et étroite, portée sur quatre pieds. ‖ Pl. Théâtre de saltimbanques.

treuil nm. Cylindre tournant sur lequel s'enroule un câble pour soulever les fardeaux.

trêve nf. Suspension momentanée d'hostilités. ‖ *Fig.* Relâche : *il souffre sans* -. ‖ *Fam. - de cérémonies*, plus de cérémonies.

tri nm. Triage : *le - des lettres*.

tri ou **trick** nm. Au bridge, levée en plus de celles de l'équipe adverse.

triade nf. Groupe de trois.

triage nm. Action de trier. ‖ Choses triées.

triangle nm. *Math.* Figure ayant trois côtés et trois angles. ‖ *Mus.* Instrument formé d'une tige d'acier recourbée en triangle.

triangulaire adj. En forme de triangle.

triangulation nf. Partage d'une surface terrestre en un réseau de triangles pour dresser la carte d'une région.

trias [*ass*] nm. Etage le plus ancien des terrains secondaires.

triasique adj. Relatif au trias.

tribord nm. Côté droit du navire, en regardant l'avant.

tribu nf. Groupement de familles sous l'autorité d'un même chef. ‖ Division du peuple romain. ‖ Postérité de chacun des douze patriarches hébreux.

tribulation nf. Affliction; adversité.

tribun nm. Magistrat romain, défenseur des droits du peuple. ‖ En France, membre de l'ancien Tribunat. ‖ *Par ext.* Orateur populaire.

tribunal nm. Siège du magistrat, du juge. ‖ Juridiction d'un magistrat. ‖ Les magistrats qui composent le tribunal. ‖ Lieu où ils siègent. ‖ *Fig.* Ce que l'on considère comme ayant le pouvoir de juger : *le - de la conscience*. ‖ *Le - de la pénitence*, le confessionnal.

tribunat nm. Charge de tribun. ‖ Temps de son exercice.

tribune nf. Lieu élevé, estrade d'où parlent les orateurs. ‖ Galerie réservée, dans les églises, dans les grandes salles d'assemblée. ‖ Gradins couverts des champs de course.

tribut nm. Ce qu'on doit payer en signe de dépendance. ‖ *Fig. Payer son - à la nature*, mourir.

tributaire adj. Qui paie tribut. ‖ *Fig.* Dépendant de. ‖ Se dit d'un cours d'eau qui se jette dans un autre.

triceps nm. Muscle ayant trois faisceaux à une de ses extrémités.

tricher vt. et i. Tromper au jeu.

tricherie nf. Tromperie au jeu.

tricheur, euse n. Qui triche.

trichine nf. Ver nématode, filiforme, parasite des muscles du porc.

trichinose nf. *Méd.* Maladie produite par les trichines.

trichromie nf. Procédé d'impression par superposition des trois couleurs fondamentales.

triclinium [*om*] nm. Salle à manger des anciens Romains, avec trois lits disposés autour d'une table.

tricoises nfpl. Tenailles.

tricolore adj. De trois couleurs.

tricorne nm. Chapeau à bords repliés en trois cornes.

tricot nm. Tissu à mailles tricotées. ‖ Vêtement en tricot.

tricotage nm. Action de tricoter.

tricoter vt. et i. Exécuter un tissu en mailles entrelacées avec des aiguilles spéciales.

tricoteur, euse n. Qui tricote. ‖ Nf. Machine à tricoter.

trictrac nm. Jeu qui se joue avec des dames et des dés, sur un tableau spécial à deux compartiments.

tricuspide adj. A trois pointes : *valvule* -.

tricycle nm. Véhicule à trois roues.

trident nm. Fourche à trois dents. ‖ Sceptre de Neptune, dieu des mers.

triduum [*du-om*] nm. Prières d'une durée de trois jours.

trièdre nm. Figure formée par trois plans qui se coupent et sont limités à leur intersection. ‖ Adj. : *angle* -

triennal, e, aux adj. Qui dure trois ans.

triennat nm. Espace de trois ans.

trier vt. (c. *prier*). Séparer, choisir. || *Fig.* - *sur le volet*, choisir avec soin.

trieur, euse n. Qui trie. || Nf. Machine pour trier, épurer.

triforium nm. Galerie au-dessus des bas-côtés d'une église et ouverte sur la nef.

trigle nm. Poisson de mer appelé vulgairement *rouget, grondin.*

triglyphe nm. *Archit.* Ornement de la frise dorique, à trois raies verticales.

trigonocéphale nm. Serpent à tête triangulaire, très venimeux.

trigonométrie nf. Science qui a pour objet le calcul des éléments d'un triangle à l'aide de données numériques.

trigonométrique adj. Relatif à la trigonométrie.

trilatéral, e, aux adj. A trois côtés.

trilingue adj. Ecrit en trois langues : *inscription* -.

trille nm. *Mus.* Dans le chant, battement très rapide d'une note avec la note supérieure.

trillion nm. Un milliard de milliards ou un million de billions.

trilobé, e adj. Qui a trois lobes.

trilobites nmpl. Crustacés fossiles des terrains primaires.

trilogie nf. Série de trois tragédies, dont les sujets se font suite.

trimbaler vt. *Pop.* Traîner partout avec soi : - *ses valises.*

trimer vi. *Fam.* Travailler dur; peiner beaucoup.

trimestre nm. Espace de trois mois. || Somme payée pour trois mois.

trimestriel, elle adj. Qui comprend trois mois, ou revient tous les trois mois.

trimètre adj. et nm. Vers composé de trois mesures.

tringle nf. Baguette de fer soutenant un rideau, une draperie. || *Moulure.* || Marque au cordeau sur le bois.

tringler vt. Tracer une tringle sur une poutre.

tringlette nf. Petite tringle.

tringlot nm. V. TRAINGLOT.

Trinité nf. *Relig. cathol.* Union de trois personnes distinctes ne formant qu'un seul Dieu. || Fête en l'honneur de ce mystère.

trinôme nm. Polynôme à trois termes, comme $3a — 2b + c.$

trinquer vi. Choquer les verres avant de boire.

trio nm. Morceau de musique à trois parties. || Réunion de trois personnes ou de trois choses.

triode adj. et nf. *Phys.* Tube à vide à trois électrodes employé en T.S.F.

triolet nm. Petite pièce de huit vers, dont le premier se répète après le troisième, puis les deux premiers après le sixième. || *Mus.* Groupe de trois notes remplissant l'unité de temps dans une mesure binaire.

triomphal, e, aux adj. Relatif au triomphe. || Fait avec pompe : *entrée* -.

triomphateur nm. A Rome, général qui obtenait les honneurs du triomphe. || *Par ext.* Qui a remporté une victoire.

triomphe nm. Entrée solennelle, à Rome, d'un général victorieux : *obtenir le* -. || Grande victoire : *les* - *d'Alexandre.* || *Fig.* Brillant succès.

triompher vi. Obtenir les honneurs du triomphe. || *Fig.* Etre ravi de joie, de fierté : *le jeune vainqueur triomphait.* || Vt. ind. L'emporter sur : - *de ses adversaires.* || *Fig.* Maîtriser : - *de ses passions.* || **Triomphant, e** part. et adj. *Fig. L'Eglise* -, les bienheureux.

tripaille nf. *Pop.* Amas d'entrailles.

triparti, e ou **tripartite** adj. Divisé en trois parties : *commission* -.

tripartisme nm. Système gouvernemental fondé sur l'association de trois partis politiques.

tripe nf. Boyau d'un animal.

triperie nf. Boutique et commerce du tripier.

tripette nf. Petite tripe. || *Pop. Cela ne vaut pas* -, cela ne vaut rien.

triphasé, e adj. Se dit d'un courant alternatif à trois phases.

tripier, ère n. Qui vend des tripes, des abats.

triple adj. et nm. Qui contient trois fois une chose.

triplement nm. Action de tripler.

tripler vt. Rendre triple. || Vi. Devenir triple.

triplice nf. Triple alliance.

tripoli nm. Dépôt siliceux pulvérulent, jaune ou rouge, qui sert à polir.

tri-porteur ou **triporteur** nm. Tricycle muni d'une caisse pour porter des marchandises.

tripot nm. Maison de jeu.

tripotage nm. *Fam.* Action de tripoter. || *Fig.* et *fam.* Opération douteuse : *des* - *de Bourse.*

tripotée nf. *Pop.* Volée de coups. || *Pop.* Grande quantité : *une* - *d'enfants.*

tripoter vt. *Fam.* Manipuler avec plus ou moins de soin : - *de la viande.* ||

VI. *Fam.* Faire des opérations louches.

tripoteur, euse n. *Fam.* Qui fait des tripotages.

triptyque nm. Tableau sur trois panneaux, dont deux se replient sur celui du milieu.

trique nf. *Fam.* Gros bâton.

triqueballe nm. Chariot à deux roues, pour le transport des troncs d'arbres.

triquer vt. Donner des coups de bâton. ‖ Trier le bois.

trirème ou **trière** nf. Galère romaine, à trois rangs de rames superposés.

trisaïeul, e n. Le père, la mère du bisaïeul ou de la bisaïeule.

trisannuel, elle adj. Qui dure trois ans : *une plante -*.

trisection nf. *Math.* Division d'une chose en trois parties égales.

trisser vt. Faire répéter trois fois : *- un chanteur*.

trissyllabe adj. et nm. Qui a trois syllabes.

trissyllabique adj. Qui appartient à un trissyllabe.

triste adj. Affligé, qui éprouve du chagrin. ‖ Mélancolique. ‖ Vil : *un - personnage*. ‖ Qui marque le chagrin : *un air -*. ‖ Qui afflige: *une nouvelle*. ‖ Malheureux : *une - existence*. ‖ Pénible : *il est - de se voir accuser quand on est innocent*. ‖ Obscur : *chambre -*. ‖ *Avoir - mine*, avoir mauvaise mine. ‖ *Faire - figure*, avoir l'air chagrin, mécontent.

tristesse nf. État habituel ou accidentel de chagrin, de mélancolie.

triton nm. *Myth.* Divinité marine descendant du dieu Triton. ‖ *Zool.* Batracien de petite taille, commun dans les mares.

trituration nf. Action de triturer.

triturer vt. Broyer, réduire en poudre ou en pâte.

triumvir nm. Magistrat de Rome chargé avec deux autres d'une administration.

triumvirat [*tri-om'*] nm. Gouvernement des triumvirs.

trivial, e, aux adj. Banal. ‖ *Par ext.* Grossier : *expression -*.

trivialité nf. Caractère de ce qui est trivial. ‖ Pl. Expressions, pensées triviales.

troc nm. Échange direct d'un objet contre un autre.

trocart nm. *Chir.* Instrument propre à faire des ponctions.

trochanter [*kan-tèr*] nm. *Anat.* Nom de deux tubérosités du fémur, où s'attachent les muscles de la cuisse.

trochée nm. Pied de vers grec ou

latin, composé d'une longue et d'une brève.

trochée nf. Touffe de rejets sur une souche, rameaux qui s'élèvent du tronc d'un arbre coupé un peu au-dessus de terre.

trochet nm. Fleurs ou fruits qui croissent par bouquets. ‖ Billot.

troène nm. Arbrisseau rameux à fleurs blanches.

troglodyte adj. et n. Habitant des cavernes. ‖ Nm. Passereau vivant dans les buissons.

trogne nf. *Fam.* Visage enluminé de buveur.

trognon nm. Cœur d'un fruit ou d'un légume dépouillé de la partie comestible.

troïka nf. Grand traîneau russe, attelé de trois chevaux de front.

trois adj. num. Deux et un. ‖ Troisième : *Henri -*. ‖ Nm. Chiffre qui représente ce nombre. ‖ Le troisième jour du mois : *le -*.

troisième adj. num. ord. de *trois*. ‖ Nm. Le troisième étage. ‖ Nf. La troisième classe d'un lycée, d'un collège.

trois-mâts nm. Navire à trois mâts.

trois-ponts nm. *Mar.* Ancien navire à trois batteries superposées.

trois-six nm. Alcool très fort.

trolley nm. Petit chariot roulant le long d'un câble. ‖ Dispositif de liaison électrique entre un conducteur aérien et un récepteur mobile.

trolleybus nm. Autobus électrique avec prise de courant par trolley.

trombe nf. Colonne d'eau ou de vapeur, mue en tourbillon par le vent.

trombidion nm. Acarien, dit communément *rouget*, *aoûtat*.

tromblon nm. Fusil très court, à canon évasé. ‖ *Pop.* Chapeau évasé par le haut.

trombone nm. Instrument à vent, composé de deux tubes recourbés qui peuvent glisser l'un dans l'autre, ou muni de pistons. ‖ Musicien qui joue de cet instrument. ‖ Petite attache servant à agrafer des papiers.

trompe nf. Trompette de chasse. ‖ Museau allongé de l'éléphant. ‖ Suçoir de certains insectes. ‖ Appareil avertisseur. ‖ *- à eau, à mercure*, machine servant à faire le vide. ‖ *Anat. - d'Eustache*, canal faisant communiquer l'oreille moyenne avec l'air extérieur.

trompe-l'œil nm. inv. Peinture qui donne à distance l'illusion de la réalité. ‖ *Fig.* Apparence trompeuse.

tromper vt. Induire en erreur; duper, voler. ‖ Violer la foi conjugale. ‖ Décevoir : *on attendait mieux, il nous a trompés*. ‖ Endormir par une diversion : - *la faim.* ‖ Se soustraire à : - *la vigilance de ses gardes.* ‖ **Se** - vpr. Tomber dans l'erreur.

tromperie nf. Fraude, duperie.

trompeter vi. (c. *jeter*). Sonner de la trompette. ‖ Crier, en parlant de l'aigle. ‖ Vt. *Fam.* Répandre à grand bruit : - *une nouvelle.*

trompette nf. Instrument à vent, d'un son éclatant. ‖ *Nez en* -, relevé. ‖ Nm. Celui qui sonne de la trompette.

trompeur, euse adj. et n. Qui trompe volontairement.

tronc nm. Tige ligneuse d'un arbre. ‖ Corps humain sans tête ni membres. ‖ Boîte fermée pour recevoir des offrandes et des aumônes. ‖ *Généal.* Souche d'une famille. ‖ - *de pyramide, de cône,* portion de pyramide, de cône, comprise entre la base et un plan parallèle à la base.

tronçon nm. Morceau coupé ou rompu d'un objet plus long que large.

tronconique adj. En tronc de cône.

tronçonner vt. Couper par tronçons.

trône nm. Siège de cérémonie des rois, des empereurs, des évêques, etc. ‖ *Fig.* Puissance souveraine : *aspirer au* -. ‖ Pl. Un des chœurs des anges.

trôner vi. Faire l'important dans une réunion.

tronquer vt. Retrancher une partie essentielle de : - *un texte.*

trop adv. Plus qu'il ne faut. ‖ Avec la négation, il signifie « guère » : *cela n'est pas* - *sûr.* ‖ *De* -, excessif. ‖ - *peu,* pas assez. ‖ Nm. : *en tout, le* - *ne vaut rien.*

trope nm. *Rhét.* Tout emploi figuré de mots ou d'expressions : *la métonymie, la métaphore sont des* -.

trophée nm. Dépouilles d'un ennemi vaincu. ‖ Ornement consistant en un groupe d'armes. ‖ *Fig.* Souvenir d'une victoire. ‖ Faisceau : *un* - *de drapeaux.*

tropical, e, aux adj. Du tropique.

tropique nm. Chacun des deux parallèles situés de part et d'autre de l'équateur, limitant la zone terrestre où l'on peut voir le soleil au zénith.

troposphère nf. Couche atmosphérique au contact de la Terre, d'une épaisseur de 11 km environ.

trop-plein nm. Ce qui excède la capacité d'un vase, ce qui déborde. ‖ *Fig.* Surabondance.

troquer vt. Echanger.

troqueur, euse n. Qui troque.

trot nm. Allure du cheval entre le pas et le galop. ‖ *Fig.* et *fam. Au* -, vite.

trotte nf. *Fam.* Distance à parcourir.

trotte-menu adj. inv. Qui trotte à petits pas. ‖ *La gent* -, les souris.

trotter vi. Aller au trot. ‖ *Fig.* et *fam.* Faire de longues courses.

trotteur, euse n. et adj. Cheval dressé à trotter. ‖ Nf. Aiguille des secondes d'une montre.

trottin nm. *Fam.* Jeune ouvrière qui fait les courses.

trottiner vi. Marcher vite et à petits pas.

trottinette nf. Jouet d'enfant, consistant en une planchette montée sur roues et munie d'une tige de direction.

trottoir nm. Espace bitumé ou dallé réservé aux piétons le long des rues.

trou nm. Ouverture dans un corps. ‖ Retraite des petits animaux : *un* - *de souris.* ‖ *Fig.* Petite ville. ‖ *Boucher un* -, payer une dette.

troubadour nm. Poète provençal du Moyen Age.

trouble nm. Agitation, désordre. ‖ Inquiétude due à une émotion : *il est dans un grand* -. ‖ Pl. Emeute : *fomenter des* -.

trouble adj. Brouillé. ‖ *Pêcher en eau* -, chercher des profits dans des affaires louches.

trouble-fête n. inv. Importun qui trouble une réunion par sa présence.

troubler vt. Altérer la limpidité, la transparence de. ‖ Altérer la finesse de : - *la vue.* ‖ *Fig.* Tourmenter : *cette pensée ne peut que le* -. ‖ Désunir : - *un ménage.* ‖ Causer du désordre : - *la paix publique.* ‖ Faire perdre le jugement : - *la raison.* ‖ Interrompre : - *un entretien.* ‖ Intimider : - *par sa présence.* ‖ **Se** - vpr. Devenir trouble. ‖ *Fig.* Perdre son assurance : *l'orateur se troubla.*

trouée nf. Brèche dans une haie, un bois, etc. ‖ *Fig.* Ouverture faite dans une ligne ennemie.

trouer vt. Percer un trou.

troupe nf. Réunion de gens. ‖ Groupe de soldats. ‖ Association d'hommes collaborant ensemble : - *de voleurs.* ‖ Groupe d'animaux. ‖ Société de comédiens : *la* - *du Théâtre-Français.*

troupeau nm. Réunion d'animaux de même espèce, élevés et nourris ensemble. ‖ *Fig.* Peuple d'un diocèse, d'une paroisse.

troupier nm. *Fam.* Soldat.

trousse nf. Portefeuille à compartiments, renfermant des instruments ou des outils : - *de chirurgien.* ‖ Pl. *Aux* - *de,* à la poursuite de.

trousseau nm. Linge, vêtements donnés à une jeune mariée, à un enfant entrant en pension. ‖ Petite trousse : - *de clefs.*

trousse-queue nm. inv. Longe de cuir qui passe sous la queue du cheval.

troussequin nm. Partie postérieure d'une selle. ‖ *Techn.* V. TRUSQUIN.

trousser vt. Relever, retrousser : - *sa jupe.* ‖ *Fig.* et *fam.* Expédier vite : - *une affaire.* ‖ - *une volaille*, la préparer pour la broche. ‖ **Troussé, e** part. et adj. Bien tourné : *compliments bien -* ; arrangé : *notre laitière ainsi -.*

troussis nm. Pli pour raccourcir une robe.

trouvaille nf. Découverte heureuse. ‖ Objet découvert.

trouver vt. Découvrir : - *un appartement.* ‖ Rencontrer au hasard : - *un portefeuille.* ‖ Surprendre : - *en faute.* ‖ *Fig.* Inventer : - *un procédé.* ‖ Eprouver : - *du plaisir.* ‖ Constater : *je le trouve fatigué.* ‖ - *la mort*, être tué. ‖ - *bon, mauvais*, approuver, désapprouver. ‖ *Aller - quelqu'un*, se rendre près de lui. ‖ - *le temps long*, s'ennuyer. ‖ **Se -** vpr. Se rencontrer. ‖ Etre, se rendre dans un lieu. ‖ Etre dans une certaine situation : *se - fort embarrassé.* ‖ Se sentir : *je me trouve mieux.* ‖ *Se - mal*, avoir une syncope. ‖ V. impers. *Il se trouve*, il y a. ‖ *Il se trouva que*, il arriva que.

trouvère nm. Poète du Moyen Age qui composait en langue d'oïl.

truand, e n. Au Moyen Age, vaurien, mendiant de profession.

truble ou **trouble** nf. Poche de filet pour prendre les poissons.

truc nm. *Fam.* Procédé ingénieux, tour de main : *les - d'un métier.* ‖ *Pop.* Toute espèce d'appareil, d'objet.

truc ou **truck** nm. Wagon en plateforme pour le transport des objets encombrants et pesants.

trucage nm. V. TRUQUAGE.

truchement nm. Interprète. (Vx.) ‖ *Fig.* Intermédiaire : *par le - de.*

trucider vt. *Fam.* Massacrer, tuer.

truculence nf. Etat, caractère de ce qui est truculent.

truculent, e adj. Haut en couleur : *figure -.* ‖ Qui recherche les mots réalistes : *langage -.*

truelle nf. Outil de maçon pour appliquer le mortier, le plâtre. ‖ Spatule pour servir le poisson.

truellée nf. Quantité de mortier qui peut tenir sur une truelle.

truffe nf. Champignon souterrain, très savoureux.

truffer vt. Garnir de truffes.

truffière nf. Terrain dans lequel on trouve des truffes.

truie nf. Femelle du porc.

truisme nm. Vérité banale, sans portée.

truite nf. Poisson des eaux douces et salées, fort délicat. ‖ - *saumonée*, qui a le goût et la couleur du saumon.

truité, e adj. Marqueté, tacheté comme la truite.

trumeau nm. Partie d'un mur entre deux fenêtres ou deux baies. ‖ Glace au-dessus d'une cheminée. ‖ Peinture surmontant cette glace.

truquage ou **trucage** nm. Ensemble des procédés à l'aide desquels on modifie l'apparence d'objets ou de marchandises. ‖ Artifice cinématographique.

truquer vt. Contrefaire, falsifier : - *un bijou.* ‖ Vi. User de trucs.

truqueur, euse n. Qui emploie des trucs. ‖ Falsificateur.

trusquin ou **trousquin** nm. Outil de menuisier pour tracer sur les planches des lignes parallèles.

trust [*treust*] nm. Syndicat de spéculateurs formé en vue de faire hausser le cours d'une valeur ou d'une marchandise en l'accaparant.

truster vt. Accaparer par un trust.

trypanosome nm. Infusoire qui vit dans le sang des vertébrés et détermine la maladie du sommeil.

trypsine nf. Ferment digestif du suc pancréatique.

tsar, tsarine n. Empereur, impératrice de Russie.

tsarévitch nm. Fils du tsar.

tsarisme nm. Régime politique de la Russie, au temps des tsars.

tsé-tsé nf. Nom vulgaire d'une mouche africaine qui ravage les troupeaux en leur inoculant la maladie du sommeil.

T.S.F. Abréviation de *télégraphie* ou *téléphonie sans fil.*

tsigane adj. et n. V. TZIGANE.

tu, toi, te pron. de la 2e pers.

tuant, e adj. *Fam.* Pénible.

tub [*teub*] nm. Large cuvette de métal ou de caoutchouc, pour ablutions à grande eau. ‖ Bain qu'on y prend.

tuba nm. Instrument permettant la respiration en plongée sous-marine à faible profondeur.

tuba nm. *Mus.* Instrument de cuivre d'une grande sonorité.

tubage nm. Action de tuber : *le - d'un puits de pétrole.* ‖ Introduction d'un tube dans les bronches, dans l'estomac, etc., pour opérer des prélèvements et les analyser.

tube nm. Tuyau cylindrique. ‖ Canal naturel : - *digestif.*

tuber vt. Revêtir, garnir de tubes.

tubéracé, e adj. Relatif à la truffe. ‖ Nfpl. Groupe de champignons ayant pour type la *truffe.*

tubercule nm. Renflement féculent de la partie souterraine de certaines plantes, comme la pomme de terre. ‖ *Pathol.* Petite tumeur arrondie à l'intérieur des tissus, et qui est caractéristique de la tuberculose.

tuberculeux, euse adj. De la nature du tubercule. || Adj. et n. Atteint de tuberculose.

tuberculine nf. Extrait d'une culture de bacilles tuberculeux.

tuberculose nf. Maladie contagieuse produite par un bacille spécifique (*bacille de Koch*) et qui attaque plus spécialement les poumons.

tubéreuse nf. Plante à fleurs blanches, très odorantes.

tubéreux, euse adj. Qui forme une masse charnue : *bulbe -*.

tubérosité nf. Renflement sur divers éléments anatomiques.

tubulaire adj. En forme de tube; formé de plusieurs tubes : *pont -*.

tubulé, e adj. Muni d'une ou de plusieurs tubulures.

tubuleux, euse adj. Long et creux, comme un tube.

tubulure nf. Ouverture aménagée pour recevoir un tube. || Conduit naturel.

tudesque adj. Se dit des Germains et surtout de leur langue.

tue-chien nm. V. COLCHIQUE.

tue-mouches nm. inv. *Papier -*, papier recouvert d'un enduit gluant ou toxique.

tuer vt. (*Je tue, tu tues, il tue, n. tuons, ils tuent. Je tuais, n. tuions. Je tuai, n. tuâmes. Je tuerai, n. tuerons. Tue, tuons, tuez. Q. je tue, q. n. tuions. Que je tuasse, qu'il tuât. Tuant. Tué, e.*) Ôter la vie d'une manière violente. || Détruire : *la gelée tue les plantes.* || *Fig.* Altérer la santé : *les excès tuent l'homme.* || Importuner : *il me tue avec ses compliments.* || *- le temps,* s'amuser à des riens. || **Se -** vpr. Se donner la mort. || Ruiner sa santé.

tuerie nf. Carnage.

tue-tête (à) loc. adv. *Crier à -,* de toutes ses forces.

tueur nm. Celui qui tue.

tuf nm. Dépôt friable et poreux.

tuffeau nm. Pierre blanche et tendre à aspect de tuf : *le - de Touraine.*

tufier, ère adj. De la nature du tuf.

tuile nf. Carreau en terre cuite pour couvrir les toits. || *Fig.* et *fam.* Accident imprévu et fâcheux.

tuilerie nf. Fabrique de tuiles.

tuilier nm. Qui fabrique ou vend des tuiles.

tulipe nf. Plante bulbeuse, à belles fleurs ornementales.

tulipier nm. Arbre de l'Amérique du Nord.

tulle nm. Tissu de coton ou de soie, léger et transparent, à mailles rondes ou polygonales.

tullier, ère adj. Qui se rapporte au tulle : *l'industrie -.*

tuméfaction nf. *Méd.* Enflure.

tuméfier vt. Causer de la tuméfaction.

tumescence nf. Etat de ce qui est tumescent. || Tuméfaction.

tumescent, e adj. Enflé, gonflé.

tumeur nf. Grosseur qui se développe dans une partie quelconque du corps.

tumulaire adj. Relatif aux tombeaux.

tumulte nm. Grand mouvement bruyant et désordonné. || *Fig.* Grande agitation : *le - du monde.* || **En -** loc. adv., dans la confusion.

tumultueux, euse adj. Plein de tumulte. || **Tumultueusement** adv.

tumulus nm. Amas de terre, de pierres, au-dessus des sépultures.

tungstène [*tongh-stèn'*] nm. Métal (W) très dur, très lourd, gris noir.

tuniciers nmpl. Embranchement renfermant des animaux marins mous, en forme de sac.

tunique nf. Vêtement de dessous des Anciens. || Longue vareuse d'uniforme. || *Anat.* et *bot.* Membrane enveloppant un organe.

tunisien, enne adj. et n. De Tunisie : *bazar -.*

tunnel nm. Galerie souterraine donnant passage à une voie de communication.

turban nm. Coiffure orientale faite d'une longue pièce d'étoffe enroulée autour de la tête.

turbin nm. *Pop.* Travail.

turbine nf. Roue munie d'aubes, d'ailettes ou d'augets sur lesquels on fait agir l'eau, la vapeur ou un gaz.

turbo-alternateur nm. Groupe composé d'une turbine accouplée à un alternateur qu'elle entraîne.

turbopropulseur nm. Moteur d'avion constitué par une turbine à gaz accouplée à une hélice.

turboréacteur nm. Moteur à réaction constitué par une turbine à gaz dont la détente à travers les tuyères engendre un effet de réaction propulsive.

turbot nm. Grand poisson de mer, plat, à chair blanche et délicate.

turbotière nf. Récipient pour faire cuire les turbots.

turbulence nf. Caractère, défaut d'une personne turbulente.

turbulent, e adj. Porté à faire du bruit, à créer du trouble.

turc, turque adj. et n. De Turquie.

turco nm. Tirailleur algérien.

turf nm. Terrain sur lequel ont lieu les courses de chevaux. || Hippisme.

turfiste n. Amateur de courses de chevaux.

turgescence nf. Gonflement d'un organe.

turgescent, e adj. Gonflé.

turion nm. Bourgeon de certaines plantes : - *d'asperge*.

turlupinade nf. Mauvaise plaisanterie; mauvais jeu de mots.

turlupiner vt. Tracasser, tourmenter : *cette idée me turlupine*.

turlutaine nf. *Fam.* Chose qu'on répète sans cesse. || Lubie, manie.

turlututu! *Fam.* Interj. ironique pour refuser, pour faire taire.

turpitude nf. Ignominie. || Action honteuse.

turquin adj. m. D'un bleu foncé et mat. || Nm. Marbre bleu d'Italie.

turquoise nf. Pierre précieuse bleuvert, non transparente.

tussilage nm. Plante commune appelée vulgairement *pas-d'âne*.

tussor nm. Etoffe de soie légère.

tutélaire adj. Protecteur : *ange* -. || *Par ext.* Favorable : *bonté* -.

tutelle nf. Autorité légale donnée à quelqu'un pour veiller sur la personne et les biens d'un mineur. || *Fig.* Protection : *la* - *des lois*.

tuteur, trice n. Personne chargée de la tutelle d'enfants mineurs. || Nm. Perche qui soutient un jeune arbre.

tutoiement nm. Action de tutoyer.

tutoyer vt. (c. *aboyer*). User des mots *tu, te, toi*, en parlant à quelqu'un.

tutti [*toutt-ti*] nm. *Mus.* Passage d'ensemble de toutes les parties d'un orchestre. || -*quanti*, tous tant qu'ils sont.

tutu nm. Jupe en gaze, courte et flottante, des danseuses.

tuyau nm. Tube, canal : - *de cheminée*. || Bout creux d'une plume d'oiseau. || Tige creuse de certaines plantes. || Pli cylindrique sur du linge empesé. || *Fam.* Renseignement confidentiel.

tuyautage nm. Action de tuyauter.

tuyauter vt. Plisser en forme de tuyaux. || *Fam.* Renseigner.

tuyauterie nf. Fabrique de tuyaux métalliques. || Ensemble des tuyaux d'une installation.

tuyère [*tui-yèr*] nf. Ouverture de la soufflerie à la base d'un four métallurgique. || Partie postérieure d'un moteur à réaction.

tympan nm. Cavité de l'oreille sur laquelle est tendue une membrane sonore. || *Archit.* Espace compris entre l'intrados d'une arcade et le linteau.

tympanique adj. Relatif au tympan.

tympanon nm. Instrument de musique à cordes métalliques qu'on frappe avec des baguettes.

type nm. Modèle idéal : *le* - *du beau*. || Caractère d'imprimerie. || Ensemble des traits caractéristiques : *le* - *anglais*. || Personne originale : *c'est un* -. || *Pop.* Personne quelconque : *un chic* -.

typhique adj. Relatif au typhus ou à la fièvre typhoïde.

typhoïde adj. Qui a le caractère du typhus. || *Fièvre* -, maladie contagieuse, infectieuse, à localisation intestinale.

typhon nm. Violent cyclone des régions intertropicales.

typhus nm. Nom de diverses affections contagieuses, épidémiques.

typique adj. Caractéristique; qui distingue : *exemple* -.

typographe n. Qui pratique l'art de la typographie. || Adj. : *ouvrier* -.

typographie nf. Impression à l'aide de caractères mobiles et de gravures en relief.

typographique adj. Relatif à la typographie.

tyran nm. Despote injuste, cruel. || *Par ext.* Personne qui abuse de son autorité.

tyranneau nm. *Fam.* Petit tyran.

tyrannie nf. Gouvernement injuste et cruel. || *Fig.* Oppression. || Pouvoir irrésistible : - *des passions*.

tyrannique adj. Qui tient de la tyrannie.

tyranniser vt. Traiter tyranniquement. || *Par ext.* Exercer une autorité oppressive : - *un enfant*. || *Fig.* Opprimer : - *les consciences*.

tyrien, enne adj. et n. De Tyr.

tyrolien, enne adj. et n. Du Tyrol. || Nf. Air exécuté à l'aide de notes de poitrine et de tête se succédant rapidement. || Danse du Tyrol.

tzar, tzarine, tzarévitch, autres orthographes de TSAR, etc.

tzigane ou **tsigane** n. et adj. Musicien bohémien.

U

u nm. Vingt et unième lettre de l'alphabet et la cinquième des voyelles.

U, symbole chimique de l'*uranium*.

ubac nm. Versant montagneux exposé à l'ombre.

ubiquité nf. Faculté d'être en plusieurs lieux à la fois.

uhlan nm. Lancier allemand, autrichien.

ukase ou **oukase** nm. Edit du tsar. || *Par ext.* Décision autoritaire.

ukrainien, enne adj. et n. De l'Ukraine.

ulcération nf. Formation d'un ulcère. || L'ulcère lui-même.

ulcère nm. Plaie persistante : *variqueux.* || *Bot.* Plaie des arbres.

ulcérer vt. (c. *céder*). Produire un ulcère. || *Fig.* Blesser profondément : *vos critiques l'ont ulcéré.*

ulcéreux, euse adj. De la nature de l'ulcère. || Couvert d'ulcères.

uléma nm. Docteur de la loi, théologien, chez les musulmans.

ulmaire nf. Rosacée spirée des lieux humides, dite *reine-des-prés.*

ultérieur, e adj. *Géogr.* Qui est au-delà : *la Calabre -.* || Qui arrive après : *nouvelle -.* || **Ultérieurement** adv.

ultimatum nm. Conditions définitives imposées à un Etat et dont la non-acceptation entraîne la guerre. || *Fam.* Dernier mot.

ultime adj. Dernier, final.

ultra nm. Qui professe des opinions exagérées. || Abrév. de ULTRAROYALISTE.

ultramicroscope nm. Instrument permettant de déceler des objets invisibles au microscope ordinaire.

ultramontain, e adj. et n. D'au-delà des monts, au-delà des Alpes par rapport à la France. || Se dit des doctrines favorables à la Rome papale.

ultraroyaliste n. Partisan exalté des doctrines monarchiques.

ultra-son nm. Vibration à fréquence très élevée, inaudible à notre oreille.

ultraviolet, ette adj. Se dit des radiations invisibles du spectre, au-delà du violet.

ultravirus nm. Virus filtrant.

ululation nf. ou **ululement** nm. Cri des oiseaux de nuit.

ululer vi. Crier, en parlant des oiseaux de nuit.

un, une adj. num. Le premier de tous les nombres. || Adj. ordin. Premier. || Sans division : *Dieu est -.* || Simple : *dans un poème, l'action doit être -.* || Art. indéf. Quelque, certain : - *Ancien a dit... -* || Nm. Une unité : - *et - font deux.* || Le chiffre qui exprime l'unité : *cet - est bien tracé.*

unanime adj. Qui exprime un accord complet : *avis -.*

unanimité nf. Accord complet entre tous.

unguis [*on-ghu-iss*] nm. *Anat.* Petit os mince, formant le canal lacrymal.

uni, e adj. Sans inégalités : *chemin -.* || Sans ornements : *linge -.*

uniate n. et adj. m. Chrétien grec reconnaissant la suprématie du pape.

unicellulaire adj. Formé d'une cellule unique : *un être -.*

unicolore adj. D'une seule couleur.

unification nf. Action d'unifier.

unifier vt. (c. *prier*). Réduire plusieurs parties à un seul tout.

uniforme adj. Sans aucune variété. || *Mouvement -,* à vitesse constante. || Qui ne change pas : *vie -.* || Nm. Costume qui est le même pour toute une catégorie de personnes.

uniformisation nf. Action d'uniformiser; son résultat.

uniformiser vt. Rendre uniforme.

uniformité nf. Etat de ce qui est uniforme, semblable.

unijambiste n. Qui n'a qu'une jambe.

unilatéral, e, aux adj. Situé d'un seul côté : *stationnement -.* || Qui n'engage qu'une des parties contractantes : *engagement -.*

uninominal, e, aux adj. Sur un seul nom : *scrutin -.*

union nf. Association de différentes choses ne formant plus qu'un tout : *l' - de l'âme et du corps.* || Association : *l' - fait la force; - de producteurs.* || Mariage : - *bien assortie.*

unioniste nm. Membre d'une union, partisan du maintien de l'union.

unique adj. Seul. || *Fig.* Infiniment au-dessus des autres : *un talent -.* || Singulier : *vous êtes -!*

unir vt. Joindre ensemble. || *Fig.* Etablir un lien : *deux familles par un mariage.* || S'- vpr. S'associer.

unisexué, e adj. *Bot.* Se dit des fleurs qui n'ont que des étamines ou un pistil. (On dit aussi UNISEXUEL, ELLE.)

unisson nm. Accord de plusieurs voix ou de plusieurs instruments qui font entendre un même son.

unitaire adj. Relatif à l'unité. || Nm. Partisan de l'unité politique.

unité nf. Chacune des parties semblables d'un nombre. || Grandeur particulière prise pour commune mesure : - *de longueur.* || Qualité de ce qui est un : *l' - de Dieu.* || Accord : *il n'y a pas d' - entre eux.* || Formation militaire (compagnie, escadron, etc.).

univalve adj. Se dit des mollusques n'ayant qu'une valve, et des fruits à capsule unique.

univers nm. L'ensemble de ce qui existe. || La Terre et ses habitants.

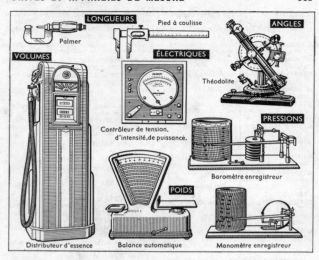

LONGUEURS

Pied à coulisse

Palmer

ANGLES

VOLUMES

ÉLECTRIQUES

Théodolite

Contrôleur de tension,
d'intensité, de puissance.

PRESSIONS

Baromètre enregistreur

POIDS

Distributeur d'essence

Balance automatique

Manomètre enregistreur

universaliser vt. Rendre universel.

universalité nf. Généralité. ‖ Caractère de ce qui est universel.

universel, elle adj. Qui s'étend à tout ou à tous : *remède* -. ‖ Qui provient de tous : *consentement* -. ‖ *Fam.* Qui a des aptitudes pour tout, des connaissances en tout : *esprit* -.

universitaire adj. Relatif à l'Université. ‖ Nm. Professeur de l'Université.

université nf. Groupe d'écoles (*facultés* ou *collèges*) qui donnent l'enseignement supérieur : *l'université d'Oxford.* ‖ Bâtiments où réside une université. ‖ *Université de France* ou, absolum., *l'Université*, corps enseignant choisi par l'Etat et englobant tous les degrés de l'enseignement.

upas [*pass*] nm. Poison végétal servant aux naturels de Java pour empoisonner leurs flèches.

uppercut nm. A la boxe, coup porté de bas en haut sous le menton.

urane nm. Oxyde d'uranium.

uranie nf. Grand papillon de Madagascar, à couleurs vives.

uranium nm. Métal dense (U), extrait de l'urane, faiblement radio-actif, susceptible de fission.

urate nm. Sel de l'acide urique.

urbain, e adj. De la ville, par opposition à *rural* : *population* -.

urbanisme nm. Science de l'aménagement des villes.

urbaniste nm. Architecte ou ingénieur versé dans l'urbanisme. ‖ Adj. Relatif à l'aménagement des villes.

urbanité nf. Politesse, courtoisie.

urée nf. Substance azotée en dissolution dans l'urine.

urémie nf. Intoxication du sang par l'urée.

uretère nm. *Anat.* Canal qui conduit l'urine des reins dans la vessie.

urètre nm. Canal qui conduit l'urine hors de la vessie.

urgence nf. Qualité, caractère de ce qui est urgent.

urgent, e adj. Pressant, qui ne peut se remettre à plus tard.

urinaire adj. Relatif à l'urine.

urinal nm. Vase à col relevé où les malades urinent. ‖ Pl. des *urinaux*.

urine nf. Liquide excrémentiel, sécrété par les reins.

uriner vi. Evacuer l'urine.

urinoir nm. Endroit disposé pour uriner.

urique adj. *Chim. Acide* -, acide azoté éliminé dans l'urine.

PRINCIPALES UNITÉS DE MESURE LÉGALES FRANÇAISES

MULTIPLES ET SOUS-MULTIPLES DÉCIMAUX

kilo	k	1 000	unités
hecto	h	100	
déca	da	10	
unité			unité
déci	d	0,1	
centi	c	0,01	
milli	m	0,001	
décimilli	dm	0,000 1	
centimilli	cm	0,000 01	
micro	μ	0,000 001	

I. — UNITÉS GÉOMÉTRIQUES

a) Longueur.

kilomètre	km	1 000	m
hectomètre	hm	100	
décamètre	dam	10	
mètre	m		m
décimètre	dm	0,1	
centimètre	cm	0,01	
millimètre	mm	0,001	
micron	μ m (ou μ)	0,000 001	
mille marin		1 852	

b) Aire ou superficie.

kilomètre carré	km²	1 000 000	de m²
hectomètre carré	hm²	10 000	
décamètre carré	dam²	100	
mètre carré	m²		m²
décimètre carré	dm²	0,01	
centimètre carré	cm²	0,000 1	
millimètre carré	mm²	0,000 001	

Mesurage des surfaces agraires.

hectare	ha	100 a ou 10 000	m²
are	a	1 dam² ou 100	
centiare	ca	0,01 a ou 1	

c) Volume.

mètre cube	m³		m³
décimètre cube	dm³	0,001	
centimètre cube	cm³	0,000 001	
millimètre cube	mm³	0,000 000 001	

Mesurage de capacité pour liquides, céréales et matières pulvérulentes.

hectolitre	hl	100	l = 100 dm³
décalitre	dal	10	l = 10 dm³
litre	l		l = 1 dm³
décilitre	dl	0,1	l = 100 cm³
centilitre	cl	0,01	l = 10 cm³
millilitre	ml	0,001	l = 1 cm³

Mesurage des bois de feu empilés.

stère	st		1 m³
décistère	dst	0,1 st	

d) Angle.

angle droit	D		
grade	gr	0,01	D
décigrade	dgr	0,001	
centigrade	cgr	0,000 1	
milligrade	mgr	0,000 01	
degré	d ou 0	1/90	D
minute d'angle		1/60	d
seconde d'angle		1/3 600	D
tour	tr		

II. — UNITÉS DE MASSE

tonne	t	1 000	kg
quintal	q	100	
kilogramme	kg		kg
hectogramme	hg	0,1	
décagramme	dag	0,01	
gramme	g	0,001	
décigramme	dg	0,000 1	
centigramme	cg	0,000 01	
milligramme	mg	0,000 001	
carat		2 dg	

III. — UNITÉS DE TEMPS

jour	j	86 400	s
heure	h	3 600	
minute	mn ou m.	60	
seconde	s		s

PRINCIPALES UNITÉS DE MESURE LÉGALES FRANÇAISES (suite)

IV. — UNITÉS MÉCANIQUES

kilogramme-poids ou kilo-gramme-force ...... kgp ou kgf. 9,8 N
gramme-poids ou gramme-force ...... gp ou gf. 9,8 mN
milligramme - poids ou milligramme-force ... mgpoumgf 0,98 dyne = 9,8 μN

a) Énergie ou Travail.

kilojoule ...... kJ 1 000 J
joule ...... J — J
erg ...... erg 0,000 000 1 J
kilogrammètre ...... kgm 9,8 —

b) Puissance.

kilowatt ...... kW 1 000 W
watt ...... W — W
milliwatt ...... mW 0,001 W
cheval-vapeur ...... ch 736 W

c) Pression.

bar ou hectopièze ...... b ou hpz.
centibar ou **pièze** ...... cb ou pz.
millibar ou décipièze ...... mb ou dpz.
centipièze ...... cpz.
kilogramme-force par mm² ...... kgf/mm² = 98 bars.
kilogramme-force par cm² ...... kgf/cm² = 0,98 bar.

V. — UNITÉS ÉLECTRIQUES

a) Intensité de courant électrique.

ampère ...... A
milliampère ...... mA 0,001 A

b) Tension et force électromotrice.

volt V
millivolt ...... mV 0,001 V

c) Résistance électrique.

ohm ...... Ω
microhm ...... μ Ω 0,000 001 Ω

d) Quantité d'électricité.

coulomb C
millicoulomb ...... mC 0,001 C
microcoulomb ...... μC 0,000 001 C

VI. — UNITÉS CALORIFIQUES

a) Température.

degré centésimal ...... °C

b) Quantité de chaleur.

thermie ...... th
millithermie ou kilocalorie ...... mth kcal } 0,001 th
microthermie ou calorie ...... μth cal } 0,000 001 —
frigorie ...... fg 0,000 1 —

VII. — UNITÉS OPTIQUES

a) Intensité lumineuse.

bougie nouvelle ...... B

b) Flux lumineux.

lumen nouveau ...... lu

c) Éclairement.

phot nouveau ...... phot 10 000 lx
lux nouveau lx

TABLEAU DES PRINCIPALES UNITÉS DE MESURE ANGLO-SAXONNES ET DE LEUR CONVERSION

UNITÉS AMÉRICAINES ET BRITANNIQUES		NOM FRANÇAIS CORRESPONDANT	ÉQUIVALENT EN UNITÉS LÉGALES FRANÇAISES	OBSERVATIONS
NOM ANGLAIS				
nom	abréviation			
a) **Longueur.**				
Inch	in ou "	Pouce	25,4 mm	
Foot	ft ou '	Pied	0,304 8 m	= 12 inches
Yard	yd	**Yard**	0,914 4 m	= 3 feet
Fathom	fm	Brasse	1,828 8 m	= 2 yards
Statute Mile...	m	Mille terrestre	1,609 km	= 1 760 yards
Nautical Mile..	ou mille	Mille marin	1,853 km	= 6 080 feet
b) **Capacité.**				
U.S. liquid Pint.	U. S. pt	Pinte américaine	0,473 l	
Pint	pt	Pinte britannique	0,568 l	
U. S. Gallon...	U. S. gal	**Gallon américain**	3,785 l	
Imperial Gallon.	Imp. gal	**Gallon britannique**	4,546 l	
U. S. Barrel... (petroleum)	U.S. bbl	Baril américain	158,98 l	= 8 pt
c) **Masse-Avoirdupois (commerce).**				
Ounce	oz	Once	28,349 g	
Pound	lb	**Livre**	453,592 g	= 16 onces
d) **Puissance.**				
Horse power....	HP	Cheval-vapeur britannique	0,745 7 kW	= 1,013 ch
e) **Température.**				
Degree Fahrenheit	deg	**Degré fahrenheit** (^{o} F)		
		Une température de t degrés fahrenheit correspond à : $\frac{5}{9}$ $(t - 32)$ degrés centésimaux	212° F correspond à 100° C 32° F correspond à 0° C	

---

urne nf. Vase où les Anciens renfermaient les cendres des morts. ‖ Boîte servant à recueillir les bulletins de vote. ‖ Vase d'ornement.

urodèles nmpl. Ordre de batraciens à corps allongé, à membres courts (salamandres).

uropygienne adj. Se dit d'une glande graisseuse qui se trouve au croupion des oiseaux et dont la sécrétion leur sert à lisser leurs plumes.

urticaire nf. Eruption cutanée semblable à celle que provoque l'ortie.

urticant, e adj. Qui pique comme l'ortie : *une plante, un animal -*.

urubu nm. Petit vautour noir et roux de l'Amérique chaude.

urus [*uss*] ou **ure** nm. Aurochs, ou bison d'Europe.

us [*uss*] nmpl. Usages. (Vx.)

usage nm. Emploi. ‖ Coutume : *suivre l'-.* ‖ Jouissance : *se réserver l'- d'une chose.* ‖ *- du monde,* connaissance acquise par la pratique de ce qu'il faut faire et dire en société. ‖ *Fam.* Faire de l'-, faire un bon -, durer longtemps, malgré un emploi fréquent.

usagé, e adj. Qui a déjà servi.

usager, ère adj. Destiné à l'usage habituel. || N. Celui qui use de : *les - de la route.*

usé, e adj. Réduit par l'usure. || Affaibli : *homme -.* || Banal, pour avoir été trop employé : *sujet -.*

user [de] vt. ind. Faire usage, se servir de. || Avoir recours à : *- de finesse.* || Vt. Détériorer par l'usage : *- ses vêtements.* || *Absol.* : *les enfants usent beaucoup.* || Diminuer, amincir par le frottement : *le grès use le fer.* || *Fig.* Détruire progressivement : *- sa santé.* || **S' -** vpr. Se détériorer.

usinage nm. Action d'usiner.

usine nf. Etablissement industriel transformant des matières premières en produits finis.

usiner vt. Soumettre une matière brute à l'action d'une machine-outil.

usinier nm. Qui dirige ou exploite une usine.

usité, e adj. En usage dans la langue : *terme - depuis peu.*

ustensile nm. Objet servant aux usages de la vie courante.

usuel, elle adj. Dont on se sert ordinairement.

usufructuaire adj. Qui ne donne que l'usufruit.

usufruit nm. Jouissance du revenu d'un bien dont la propriété appartient à un autre.

usufruitier, ère n. Qui a l'usufruit. || Adj. Qui concerne l'usufruitier : *réparations -.*

usuraire adj. Entaché d'usure.

usure nf. Intérêt perçu au-dessus du taux légal : *prêter à -.* || *Fig. Avec -,* au-delà de ce qu'on a reçu.

usure nf. Détérioration due à l'usage.

usurier, ère n. Qui prête à usure.

usurpateur, trice n. Qui usurpe.

usurpation nf. Action d'usurper.

usurper vt. S'emparer, par violence ou par ruse, d'un droit, d'une dignité, etc.

ut nm. Première note de la gamme ordinaire.

utérin, e adj. Se dit des frères et sœurs nés de la même mère, mais non du même père.

utérus nm. Organe de la gestation.

utile adj. Qui rend service. || Nm. Ce qui sert : *joindre l'- à l'agréable.*

utilisable adj. Qui peut être utilisé.

utilisateur, trice n. Personne qui utilise.

utilisation nf. Action d'utiliser.

utiliser vt. Employer utilement, tirer parti de.

utilitaire adj. et n. Qui se propose un but intéressé : *politique -.*

utilitarisme nm. Système de morale fondé sur l'intérêt.

utilité nf. Service que rend une personne ou un objet. || Au théâtre, emploi subalterne : *jouer les -.*

utopie nf. Système ou projet qui paraît irréalisable.

utopique adj. Qui tient de l'utopie.

utopiste n. Qui forme des projets irréalisables.

uval, e adj. Relatif au raisin : *cure -.*

uvule nf. Luette.

v nm. Vingt-deuxième lettre de l'alphabet et dix-septième des consonnes : *un petit* v. ‖ V, chiffre romain, vaut cinq. V, symbole chimique du *vanadium*.

V1, V2 nm. Projectiles explosifs à réaction, employés par les Allemands en 1944.

va! (impér. du v. *aller*) interj. qui s'emploie pour encourager, exciter.

vacance nf. Etat d'une place, d'une charge non occupée : - *d'un siège épiscopal*. ‖ Pl. Temps de repos accordé à des écoliers, à des employés, etc.

vacancier nm. Personne qui est en vacances, dans un lieu de villégiature.

vacant, e adj. Vide, non occupé.

vacarme nm. Bruit tumultueux.

vacation nf. Temps que certains officiers publics consacrent à une affaire; les honoraires correspondants. ‖ Cessation des séances des gens de justice.

vaccin nm. Substance qui, inoculée à un individu, lui confère l'immunité contre une maladie déterminée. ‖ *Spécialem.* Agent de transmission de la vaccine, immunisant contre la variole.

vaccination nf. Action de vacciner.

vaccine nf. Maladie pustuleuse de la vache ou du cheval qui, transmise à l'homme, l'immunise contre la variole.

vacciner vt. Inoculer un vaccin.

vache nf. Femelle du taureau. ‖ Sa chair. ‖ Sa peau corroyée. ‖ *Fig.* - à *lait*, ce dont on tire un profit continuel. ‖ *Manger de la* - *enragée*, mener une vie de privations. ‖ *Pop.* Sévère.

vacher, ère n. Personne qui mène paître, qui soigne les vaches.

vacherie nf. Etable à vaches. ‖ Etablissement pour l'élevage des vaches. ‖ *Pop.* Mauvais tour.

vachette nf. Cuir de jeune vache.

vacillant, e adj. Qui vacille : *lumière* -. ‖ *Fam.* Irrésolu : *esprit* -.

vacillation nf. ou **vacillement** nm. Mouvement de ce qui vacille.

vaciller vi. Chanceler, trembler, n'être pas bien ferme : - *sur ses jambes*; *lumière qui vacille*.

vacuité nf. Etat d'une chose vide.

vade-mecum nm. inv. Objet, livre qu'on porte ordinairement avec soi.

vadrouille nf. Tampon emmanché, pour nettoyer les navires. ‖ *Arg.* Promenade.

va-et-vient nm. inv. Mouvement alternatif d'un point à un autre. ‖ Gond de porte à ressort, permettant l'ouverture dans les deux sens. ‖ Cordage reliant deux points au-dessus de l'eau. ‖ Dispositif électrique permettant d'allumer ou d'éteindre une lampe de plusieurs endroits.

vagabond, e adj. Qui erre çà et là. ‖ *Fig.* Désordonné, inconstant : *imagination* -. ‖ Nm. Homme sans domicile.

vagabondage nm. Etat de vagabond.

vagabonder vi. Errer çà et là. ‖ *Fig.* Passer d'une chose à l'autre : *dans la rêverie, l'esprit vagabonde*.

vagin nm. *Anat.* Canal qui conduit à la matrice.

vagir vi. Pousser des vagissements.

vagissement nm. Cri des enfants nouveau-nés.

vague adj. Indécis, mal déterminé. ‖ *Terrain* -, ni cultivé ni construit. ‖ Nm. Ce qui est imprécis, mal défini.

vague nf. Flot élevé par les vents. ‖ *Fig.* - *de froid, de chaleur*, afflux subit de froid, de chaleur.

vaguemestre nm. Sous-officier chargé de la distribution du courrier.

vaguer vi. Errer çà et là au hasard.

vaillance nf. Courage, bravoure.

vaillant, e adj. Qui a de la vaillance. ‖ Qui a de la valeur. ‖ *N'avoir plus un sou* -, n'avoir plus ni bien ni argent.

vain, e adj. Sans effet; inutile : - *efforts*. ‖ Chimérique : *espoir*. ‖ Orgueilleux : *esprit* -. ‖ Futile : - *plaisirs*. ‖ - *pâture*, terrain à pâture libre. ‖ En - loc. adv., inutilement.

vaincre vt. (*Je vaincs, tu vaincs, il vainc, n. vainquons, v. vainquez, ils vainquent. Je vainquais, n. vainquions. Je vainquis, n. vainquîmes. Je vaincrai, n. vaincrons. Je vaincrais, n. vaincrions. Vaincs, vainquons. Q. je vainque, q. n. vainquions. Q. je vainquisse, q. n. vainquissions. Vainquant. Vaincu, e.*) Remporter un avantage à la guerre. ‖ L'emporter sur : - *ses rivaux*. ‖ Surmonter : - *un obstacle*. ‖ Se - vpr. se maîtriser.

vaincu, e adj. et n. Dont on a triomphé.

vainqueur nm. Victorieux. ‖ Adj. *Air* -, air de suffisance.

vair nm. Fourrure blanche et grise.

vairon adj. m. Se dit des yeux quand ils sont de couleur différente.

vairon nm. Petit poisson d'eau douce.

vaisseau nm. Grand navire. ‖ Canal, tube servant à la circulation des liquides nourriciers des animaux et des végétaux. ‖ Intérieur d'un grand édifice : *le - d'une cathédrale.*

vaisselier nm. Meuble pour ranger la vaisselle.

vaisselle nf. Tout ce qui sert à l'usage de la table. ‖ *- plate,* vaisselle d'argent.

val nm. Espace entre deux coteaux. ‖ *Par monts et par vaux,* de tous côtés. ‖ Dans le Jura, vallée suivant le fond d'un synclinal. ‖ Pl. des *vaux* ou *vals.*

valable adj. Qui a les conditions requises pour produire son effet : *billet -.* ‖ Acceptable, fondé : *raison -.*

valence nf. Nombre d'atomes d'hydrogène pouvant se combiner avec un atome d'un corps.

valenciennes nf. Dentelle à grande maille élargie et à dessins très clairs.

valériane nf. Plante vivace, antispasmodique, appelée aussi *herbe aux chats.*

valet nm. Serviteur. ‖ *- de chambre, de pied,* domestique attaché spécialement au service de son maître. ‖ Figure du jeu de cartes. ‖ Outil coudé pour maintenir le bois sur l'établi du menuisier.

valetaille nf. Troupe de valets. (En mauv. part.)

valétudinaire adj. et n. D'une santé chancelante.

valeur nf. Ce que vaut une personne, une chose. ‖ *Par ext.* Prix élevé : *un objet de -.* ‖ Titre, effet négociable : *avoir des -.* ‖ Estimation approximative : *il a bu la - d'un verre de vin.* ‖ *Gramm. - des mots,* leur juste signification. ‖ *Mus.* Durée d'une note. ‖ *Fig.* Importance : *attacher de la - à un propos.* ‖ Bravoure : *soldats d'une rare -.* ‖ *Mettre en -,* faire ressortir.

valeureux, euse adj. Brave, courageux. ‖ **Valeureusement** adv.

validation nf. Action de valider.

valide adj. Sain, vigoureux : *homme -.* ‖ *Fig.* Qui est valable : *contrat -.*

valider vt. Rendre ou déclarer valide, valable : *- une élection.*

validité nf. Qualité de ce qui est valide.

valise nf. Petite malle légère, portative.

vallée nf. (de *val*). Espace entre deux chaînes de montagnes.

valleuse nf. Petite vallée sèche, suspendue au-dessus du littoral.

vallon nm. Petite vallée.

vallonnement nm. État de ce qui est vallonné.

vallonner vt. Creuser en forme de vallon. ‖ **Vallonné, e** part. et adj.

valoir vi. (*Je vaux, tu vaux, il vaut,* n. valons... Je valais. Je valus. Je vaudrai. Je vaudrais. Vaux, valons, valez. Q. je vaille, que tu vailles, qu'il vaille, q. n. valions, q. v. valiez, qu'ils vaillent. Q. je valusse. Valant. Valu, e.) Avoir une valeur de. ‖ *Fig.* Avoir un certain mérite : *homme qui sait ce qu'il vaut.* ‖ Mériter : *ce paysage vaut une visite.* ‖ *Cette liqueur ne vous vaut rien,* est nuisible à votre santé. ‖ *Ne rien faire qui vaille,* rien de bon. ‖ *A -,* à compte. ‖ *Faire -,* vanter, mettre en crédit. ‖ *Se faire -,* faire ressortir ses qualités ou valeur. ‖ Vt. Procurer : *la gloire que ses exploits lui ont value.* ‖ V. impers. *Il vaut mieux,* il est plus avantageux. ‖ **Vaille que vaille** loc. adv., tant bien que mal.

valorisation nf. Hausse artificielle de la valeur d'un produit.

valse nf. Danse dans laquelle deux personnes tournent sur elles-mêmes. ‖ Air sur lequel on la danse.

valser vi. Danser la valse.

valseur, euse n. Personne qui valse.

valve nf. Moitié de certains coquillages, ou du péricarpe de certains fruits secs. ‖ Soupape à clapet : *- de pneumatique.*

valvulaire adj. Qui a des valvules.

valvule nf. Soupape qui, dans les vaisseaux, empêche le sang de refluer.

vamp nf. Actrice de cinéma jouant les femmes fatales.

vampire nm. Mort que l'on supposait sortir du tombeau pour sucer le sang des vivants. ‖ Grande chauvesouris d'Amérique tropicale. ‖ *Fig.* Qui s'enrichit aux dépens d'autrui.

van nm. Plateau d'osier pour agiter et nettoyer le grain.

van nm. Voiture fermée pour le transport des chevaux de course.

vanadium nm. Métal blanc (V), de densité 5,5, utilisé en alliages : *acier au -.*

vandale nm. Qui détruit, mutile les œuvres d'art.

vandalisme nm. Caractère, acte d'un vandale.

vandoise nf. Poisson d'eau douce du genre chevesne.

vanesse nf. Beau papillon à ailes dentelées et à couleurs vives.

vanille nf. Fruit aromatique du vanillier.

vanillé, e adj. Parfumé avec la vanille : *sucre -.*

vanillier nm. Liane des régions tropicales qui produit la vanille.

vanilline nf. Principe odorant de la vanille. (On la prépare aussi par synthèse.)

vanité nf. Fragilité, néant : *- des*

grandeurs humaines. (Vx.) ‖ Orgueil, désir de paraître. ‖ *Tirer - de,* s'enorgueillir de.

vaniteux, euse adj. et n. Rempli de vanité.

vannage nm. Ensemble des vannes d'une machine.

vannage nm. Action de vanner.

vanne nf. Appareil mobile servant à régler l'écoulement des eaux.

vanneau nm. Echassier huppé, noir, bleu et roux.

vanner vt. Secouer le grain sur le van. ‖ *Pop.* Fatiguer.

vannerie nf. Art, industrie, marchandises du vannier.

vannette nf. Van pour l'avoine.

vanneur nm. Qui vanne.

vannier nm. Ouvrier qui confectionne des objets en osier ou en rotin.

vantail nm. Châssis ouvrant d'une porte ou d'une croisée. ‖ Pl. des *vantaux.*

vantard, e adj. et n. Qui a l'habitude de se vanter.

vantardise nf. Action, habitude de se vanter.

vanter vt. Louer beaucoup. ‖ **Se -** vpr. Exalter son propre mérite, tirer vanité de : *se - de sa force.* ‖ Se faire fort de : *il se vante de réussir.*

vanterie nf. Défaut, habitude du vantard. (Vx.)

va-nu-pieds nm. inv. *Fam.* Gueux, misérable.

vapeur nf. Gaz dû à la vaporisation d'un liquide ou parfois d'un solide : *- d'eau.* ‖ *A toute -,* à toute vitesse. ‖ Pl. Malaises, troubles nerveux : *avoir des -.* ‖ *Fig.* Ce qui produit l'ivresse : *les - du vin.*

vapeur nm. Navire mû par une machine à vapeur.

vaporeux, euse adj. Qui contient des vapeurs : *ciel -.* ‖ *Fig.* Nébuleux, obscur : *style -.* ‖ *Tissu -,* très fin.

vaporisateur nm. Récipient dans lequel on opère la vaporisation. ‖ Appareil pour pulvériser un liquide, un parfum, etc.

vaporisation nf. Action de vaporiser.

vaporiser vt. Faire passer de l'état liquide à celui de vapeur.

vaquer vi. Etre vacant; suspendre pour un temps ses fonctions : *les tribunaux vaquent.* ‖ Vt. ind. - à, s'appliquer à : *- à ses affaires.* ‖ **Vaquant** part. prés.

varangue nf. *Mar.* et *Aviat.* Pièce qui relie les deux branches d'un couple et les assemble avec la quille.

varappe nf. Escalade de rochers.

varech [*va-rèk*] nm. Nom vulgaire des algues marines.

vareuse nf. Blouse de marin. ‖ Veste ajustée d'uniforme. ‖ Veste très ample.

variabilité nf. Disposition à varier. ‖ Propriété qu'ont les mots de varier dans leur terminaison.

variable adj. Sujet à varier. ‖ Se dit des mots dont la terminaison varie. ‖ Nf. *Math.* Grandeur capable de varier entre certaines limites.

variante nf. Texte d'un auteur, différent de celui qui est admis : *les - de « l'Iliade ».*

variation nf. Changement de valeur d'une grandeur. ‖ Pl. *Mus.* Ornements sur un air.

varice nf. *Pathol.* Dilatation permanente d'une veine.

varicelle nf. Maladie éruptive, contagieuse, sans gravité.

varier vt. (c. *prier*). Diversifier, soumettre à des changements successifs. ‖ Vi. Se modifier. ‖ Etre d'avis différent : *les auteurs varient sur ce point.* ‖ **Varié, e** adj. et part. Divers.

variété nf. Suite de changements. ‖ Diversité : *la - des opinions.* ‖ Etat de ce qui est composé de parties diverses : *la - fait le charme d'un paysage.*

variole nf. Maladie infectieuse, éruptive, contagieuse et épidémique, caractérisée par une éruption boutonneuse arrivant à suppuration.

varioleux, euse adj. et n. Qui est atteint de la variole.

variolique adj. Relatif à la variole.

variqueux, euse adj. Relatif, dû aux varices : *ulcère -.*

varlope nf. Sorte de grand rabot à poignée.

varron nm. Parasite cutané du bœuf.

vasculaire ou **vasculeux, euse** adj. Relatif aux vaisseaux : *membrane -.* ‖ Riche en vaisseaux : *tissu -.*

vase nf. Boue déposée au fond des eaux.

vase nm. Récipient de forme, de matière, d'usages variés.

vaseline nf. Graisse minérale, résidu de la distillation des pétroles.

vaseux, euse adj. Rempli de vase, de boue : *fond -.*

vasistas nm. Partie mobile d'une porte ou d'une fenêtre.

vaso-moteur, trice adj. Se dit des nerfs qui déterminent la contraction ou le relâchement des vaisseaux (vasoconstricteur et vaso-dilatateur).

vasque nf. Bassin de fontaine. ‖ Coupe servant à la décoration des tables.

vassal, e, aux adj. et n. Qui relève d'un seigneur.

vassalité nf. ou **vasselage** nm. Condition de vassal.

vaste adj. Qui est d'une grande étendue. ‖ *Fig.* De grande ampleur : *une - entreprise.*

vaticane adj. f. Qui se rapporte au Vatican : *politique -.*

vaticiner vi. Prophétiser, prédire l'avenir.

va-tout nm. inv. A certains jeux de cartes, mise de tout l'argent qu'on a devant soi. ‖ *Fig.* Jouer son -, risquer sa dernière chance.

vaudeville nm. Comédie légère fondée sur l'intrigue et sur le quiproquo.

vaudevillesque adj. Qui convient à un vaudeville.

vaudevilliste nm. Auteur de vaudevilles.

vau-l'eau (à) loc. adv. Au gré du courant de l'eau. ‖ *Fig.* Aller à -, à la ruine, à l'échec.

vaurien, enne n. et adj. Dénué de toute valeur morale ; vicieux, libertin.

vautour nm. Oiseau rapace d'Europe et d'Asie. ‖ *Fig.* Homme rapace.

vautrer (se) vpr. Se rouler sur le sol, dans la boue. ‖ *Par ext.* Se - sur, s'y étendre de tout son long.

veau nm. Petit de la vache. ‖ Sa chair. ‖ Sa peau corroyée. ‖ - *marin*, phoque. ‖ *Fig.* Adorer le - d'or, avoir le culte de la richesse.

vecteur adj. m. *Rayon -*, rayon issu d'un point fixe en direction d'un point variable sur une courbe définie. ‖ Nm. Segment de droite défini en grandeur, direction et sens.

vedette nf. Autref., sentinelle à cheval. ‖ *Mar.* Petite embarcation à moteur. ‖ *Fig.* Artiste en renom : - *de cinéma.*

védique adj. Relatif aux Védas. ‖ Nm. Langue des Védas.

védisme nm. Religion hindoue primitive.

végétal nm. Arbre, plante.

végétal, e, aux adj. Relatif aux végétaux. ‖ Qui en est extrait : *sel -.* ‖ *Terre -*, propre à la végétation.

végétarien, enne adj. et n. Relatif au végétarisme : *régime -.* ‖ Qui pratique le végétarisme.

végétarisme nm. Alimentation à base exclusive de végétaux.

végétatif, ive adj. Qui détermine la végétation : *principe -.*

végétation nf. Développement progressif des végétaux. ‖ Ensemble des arbres et des plantes : *la - méditerranéenne.*

végéter vi. (c. *céder*). Pousser, croître, en parlant des plantes. ‖ *Fig.* Vivre modestement.

véhémence nf. Impétuosité, violence.

véhément, e adj. Ardent, impétueux : *orateur -.*

véhicule nm. Tout ce qui sert à transmettre : *l'air est le - du son.* ‖ Moyen de transport.

véhiculer vt. Transporter au moyen d'un véhicule.

veille nf. Privation de sommeil. ‖ Etat de celui qui est éveillé. ‖ Jour qui précède : *la - du départ.* ‖ *Fig.* Etre à la - de, sur le point de. ‖ Pl. Travaux, études : *c'est le fruit de 868 -.*

veillée nf. Temps qui s'écoule entre le repas du soir et le coucher. ‖ Réunion de personnes qui passent ce temps ensemble.

veiller vi. Ne pas dormir. ‖ Vt. ind. *Fig.* - à, *sur*, prendre garde à : - *sur les jours de quelqu'un.* ‖ Vt. - *un malade*, passer la nuit près de lui.

veilleur nm. Qui veille.

veilleuse nf. Petite lumière pour la nuit. ‖ *Fig.* Mettre en -, diminuer l'activité.

veinard, e adj. et n. *Fam.* Qui a de la chance.

veine nf. Vaisseau sanguin qui ramène le sang au cœur. ‖ Partie longue et mince dans le bois et les pierres. ‖ Filon de minerai. ‖ *Fig.* Matière, circonstance à utiliser : *trouver une bonne -.* ‖ - *poétique*, le génie poétique. ‖ *Fam.* Chance.

veiné, e adj. Qui a des veines, en parlant des pierres ou du bois : *marbre -.*

veiner vt. Imiter les veines du marbre ou du bois.

veineux, euse adj. Rempli de veines : *bois -.* ‖ *Sang -*, celui des veines.

veinule nf. Très petite veine.

vêlage ou **vêlement** nm. Action de vêler.

vêler vi. Mettre bas, en parlant d'une vache.

vélin nm. Parchemin très fin préparé avec des peaux de jeunes veaux : *manuscrit sur -.* ‖ Adj. Se dit d'un papier de qualité supérieure.

vélite nm. Soldat d'infanterie légère, chez les Romains.

velléitaire adj. et n. Qui n'a que les commencements de volonté.

velléité nf. Volonté hésitante ; intention fugitive.

vélo nm. *Pop.* Bicyclette.

vélocipède nm. Ancêtre de la bicyclette.

vélocipédique adj. Relatif aux bicyclettes.

vélocipédiste n. Cycliste.

vélocité nf. Grande vitesse, rapidité.

vélodrome nm. Piste pour les courses cyclistes.

vélomoteur nm. Bicyclette à moteur.

velours nm. Etoffe, rase d'un côté et

couverte de l'autre de poils serrés. ||
Patte de -, patte d'un chat qui rentre
ses griffes.

velouté, e adj. Qui a l'aspect, la dou-
ceur du velours : *une peau -*. || Nm.
Qualité de ce qui est velouté : *le -
d'un fruit.*

veloutine nf. Etoffe pelucheuse.

velu, e adj. Couvert de poils : *bras -*.

vélum nm. Grand-voile couvrant un
cirque, un vestibule, etc.

venaison nf. Chair de bête fauve
(sanglier, cerf, etc.).

vénal, e, aux adj. Transmis à prix
d'argent : *une charge -*. || *Fig.* Qui
fait tout, même un acte répréhensible,
pour de l'argent : *un homme -.*

vénalité nf. Etat de ce qui est vénal.

venant, e adj. Celui qui vient. || *A
tout -*, au premier venu.

vendable adj. Qui peut être vendu.

vendange nf. Récolte du raisin.

vendanger vt. et i. (c. *manger*).
Faire la vendange.

vendangeur, euse n. Qui fait la
vendange. || Nf. *Bot.* Aster.

vendéen, enne adj. et n. De Vendée.

vendémiaire nm. Premier mois du
calendrier républicain (22 sept.-21 oct.).

vendetta [*vin-dèt-ta*] nf. En Corse,
poursuite de la vengeance d'une offense
ou d'un meurtre, transmise à tous les
parents de la victime.

vendeur, euse n. Dont la profession
est de vendre. || *Dr.* Personne qui fait
un acte de vente. (En ce sens, le fém.
est *venderesse.*)

vendre vt. (*Je vends, tu vends, il
vend, n. vendons... Je vendais. Je ven-
dis. Je vendrai. Je vendrais. Vends,
vendons, vendez. Q. je vende, q. n. ven-
dions. Q. je vendisse. Vendant.
Vendu, e.*) Céder moyennant un prix
convenu. || Faire le commerce de. ||
Fig. Sacrifier à prix d'argent : *sa
conscience.* || Trahir : *- ses complices.*
|| *Fig. et fam. - la mèche*, révéler un
secret. || *- chèrement sa vie*, mourir
en se défendant. || *- la peau de l'ours*,
disposer d'une chose avant de la pos-
séder. || **Vendu, e** adj. *Fig.* Gagné
par l'appât de l'argent : *homme - à
un pays étranger.*

vendredi nm. Sixième jour de la
semaine. || *- saint*, jour anniversaire
de la mort de Jésus-Christ.

venelle nf. Petite rue.

vénéneux, euse adj. Qui renferme
du poison : *champignon -.*

vénérable adj. Digne de vénération.
|| Nm. *Fr.-maç.* Président de loge. ||
Relig. cathol. Premier degré dans la
procédure de canonisation.

vénération nf. Respect des choses
saintes. || Estime profonde.

vénérer vt. (c. *céder*). Avoir de la
vénération pour.

vénerie nf. Art de chasser avec des
chiens courants.

vénérien, enne adj. Relatif aux rapports des sexes : *maladies -.*

venette nf. *Pop.* Peur, inquiétude.

veneur nm. Celui qui chasse avec des
chiens courants. || *Grand -*, chef de la
vénerie d'un souverain.

vénézuélien, enne adj. et n. Du
Venezuela.

vengeance nf. Action de se venger. ||
Châtiment d'une injure, d'un dommage.

venger vt. (c. *manger*). Tirer répa-
ration de : *- une offense.* || *- quel-
qu'un*, châtier ceux qui lui ont fait
du mal.

vengeur, eresse adj. et n. Qui
venge, qui punit : *un bras -.*

véniel, elle adj. *Théol. cathol.*
Péché -, péché léger.

venimeux, euse adj. Qui a du
venin : *animal -.* || *Fig.* Méchant,
malveillant : *paroles -.*

venin nm. Poison dangereux sécrété
par certains animaux. || *Fig.* Méchan-
ceté.

venir vi. (*Je viens, tu viens, il vient,
n. venons, v. venez, ils viennent. Je
venais. Je vins. Je suis venu. Je vien-
drai. Je viendrais. Viens, venez. Q. je
vienne. Q. je vinsse. Venant. Venu, e.*) Se
transporter d'un lieu dans un autre. ||
Arriver : *la mort vient sans qu'on s'en
doute.* || Etre transmis : *cette maladie
lui vient de famille.* || Atteindre à :
il me vient à l'épaule. || *Mûrir*, gran-
dir : *- à maturité.* || Etre originaire :
ce thé vient de Ceylan. || Succéder,
arriver selon l'ordre du temps : *le
printemps vient après l'hiver.* || Déri-
ver : *ce mot vient du latin.* || Naître,
se former : *il lui est venu une tumeur.*
|| Emaner : *le pouvoir vient du peuple.*
|| Grandir : *cet arbre vient bien.* ||
- au monde, naître. || *En - aux mains*,
se battre. || *- à bout de*, triompher de.
|| *Laisser -*, voir - *, attendre pour agir.*
|| *Faire -*, mander. || *Vouloir en -*,
avoir comme but. || *- à rien*, dépérir
et, au *fig.*, échouer. || *- de* (avec un
infin.), avoir accompli à l'instant
même : *il vient de partir.* || *Se faire
bien -*, s'attirer l'affection, la bienveillance.

vénitien, enne adj. et n. De Venise.

vent nm. Air atmosphérique qui se
déplace. || Air agité : *faire du - avec
un éventail.* || Gaz contenus dans le
corps de l'homme et de l'animal. ||
Fig. Aller comme le -, très vite. ||
Tourner à tout -, être inconstant. ||
Avoir - de quelque chose, en être
informé.

vente nf. Cession moyennant un prix convenu. ‖ Débit : - au détail. ‖ Partie de forêt fraîchement coupée.

venteaux nmpl. Ouvertures d'admission d'air à l'intérieur d'une soufflerie.

venter v. impers. Faire du vent.

ventilateur nm. Appareil propre à brasser ou à renouveler l'air.

ventilation nf. Action de ventiler.

ventiler vt. Renouveler l'air de : - un tunnel. ‖ Evaluer la valeur respective d'objets vendus ensemble. ‖ Répartir des dépenses entre divers comptes.

ventôse nm. Sixième mois de l'année républicaine (19 février-20 mars).

ventouse nf. Petite cloche qu'on applique sur la peau et dans laquelle on a raréfié l'air par la chaleur pour appeler le sang à la peau. ‖ Organes de succion et de fixation de certains animaux.

ventral, e, aux adj. Hist. nat. Relatif au ventre.

ventre nm. Cavité du corps où sont les intestins. ‖ Abdomen. ‖ Fig. La bonne chère : ne songer qu'à son -. ‖ Par ext. Partie renflée d'un objet : le - d'une bouteille. ‖ - à terre, à toute vitesse. ‖ Prendre du -, engraisser. ‖ Fig. et fam. Taper sur le - à quelqu'un, être très familier avec lui. ‖ - affamé n'a point d'oreilles, l'homme pressé par la faim est sourd à toute parole.

ventrebleu! interj. Juron.

ventrée nf. Portée d'une femelle.

ventricule nm. Nom de diverses cavités du corps humain : les - du cœur.

ventrière nf. Sangle passée sous le ventre du cheval pour le soulever dans un embarquement, etc.

ventriloque adj. et n. Qui a l'art de parler comme si sa voix venait du ventre.

ventripotent, e ou **ventru, e** adj. Fam. Obèse.

venu, e adj. Réussi, exécuté : estampe bien -. ‖ Etre bien, mal -, être bien, mal reçu. ‖ N. Le premier -, individu quelconque pris au hasard.

venue nf. Arrivée. ‖ Fig. Croissance : arbre d'une belle -. ‖ Tout d'une -, sans irrégularités dans sa longueur; au fig., sans détour. ‖ Pl. Allées et -, action d'aller et de venir plusieurs fois.

vêpres nfpl. Relig. cathol. Partie de l'office divin qu'on célèbre l'après-midi.

ver nm. Invertébré au corps mou, qui peut être annelé, plat ou rond. ‖ Nom donné également à de nombreuses larves, etc. ‖ - solitaire, ténia. ‖ - à soie, chenille du bombyx. ‖ - blanc,

larve du hanneton. ‖ - luisant, lampyre, luciole. ‖ Fig. Tirer les - du nez à quelqu'un, lui faire dire ce qu'on veut savoir.

véracité nf. Caractère de ce qui est vrai.

véranda nf. Galerie ou balcon couvert et vitré, établi en saillie à l'extérieur d'une maison.

verbal, e, aux adj. Gramm. Propre au verbe : forme -. ‖ Dérivé d'un verbe : adjectif -. ‖ Fait de vive voix, par opposition à écrit : promesse -.

verbalisation nf. Action de verbaliser.

verbaliser vi. Dresser un procès-verbal : - une infraction.

verbe nm. Parole, ton de voix. ‖ Avoir le - haut, parler fort. ‖ Gramm. Mot qui, dans une proposition, exprime l'action ou l'état du sujet.

verbe nm. Théol. cathol. La deuxième personne de la Trinité : le Verbe s'est fait chair.

verbeux, euse adj. Bavard, redondant : orateur -.

verbiage nm. Abondance de paroles inutiles.

verbosité nf. Défaut de celui, de ce qui est verbeux.

ver-coquin nm. Vertige causé à certains bestiaux par la présence d'un ver dans le cerveau. ‖ Ce ver lui-même.

verdâtre adj. Qui tire sur le vert : visage -.

verdelet, ette adj. Un peu vert, acide : vin -.

verdet nm. Nom donné à divers acétates de cuivre.

verdeur nf. Etat du bois vert. ‖ Défaut de maturité des fruits. ‖ Etat d'un vin vert. ‖ Fig. Vigueur : la - de l'âge.

verdict nm. Réponse du jury résultant de sa délibération : un - sévère. ‖ Par ext. Jugement quelconque.

verdier nm. Passereau à plumage vert.

verdir vt. Rendre vert. ‖ Vi. Devenir vert.

verdissement nm. Action de verdir.

verdoiement nm. Action de verdoyer.

verdoyer vi. (c. aboyer). Devenir vert.

verdunisation nf. Purification de l'eau par addition d'une très faible quantité de chlore.

verdure nf. Couleur verte des plantes. ‖ Herbe, feuillage vert. ‖ Plantes potagères dont on mange les feuilles.

verdurette nf. Broderies vertes : l'habit à - des académiciens.

véreux, euse adj. Qui a des vers : fruits -. ‖ Fig. Suspect : affaire -. ‖ Malhonnête : banquier -.

verge nf. Baguette flexible. ‖ Instrument de correction formé d'un faisceau de brindilles : *être battu de -.* ‖ Membre viril. ‖ Morceau de baleine orné d'argent, insigne des huissiers, des bedeaux. ‖ Tringle de métal.

vergé, e adj. *Papier -,* où il y a des vergeures.

vergée nf. Ancienne mesure agraire.

verger nm. Lieu planté d'arbres fruitiers en plein vent.

vergeté, e adj. Parsemé de raies : *figure -.*

vergetures nfpl. Raies provenant de la distension de la peau.

vergeure [*jur'*] nf. Fils de laiton très serrés et parallèles, en forme de toile métallique, destinés à retenir la pâte dans la fabrication du papier à la main. ‖ Marques qu'ils y laissent.

verglacer v. impers. Couvrir d'une couche de verglas : *route -.*

verglas [*gla*] nm. Couche de glace mince et glissante sur le sol, provenant de la congélation de l'eau.

vergne ou **verne** nm. Nom vulgaire de l'*aune.*

vergogne nf. Honte, retenue mêlée de crainte : *homme sans -.*

vergue nf. *Mar.* Longue pièce de bois en travers d'un mât, soutenant la voile.

véridique adj. Conforme à la vérité.

vérificateur nm. Qui est chargé de vérifier.

vérification nf. Action de vérifier : *la - des mandats.*

vérifier vt. Examiner si une chose est telle qu'elle doit être ou qu'on l'a déclarée : *- un compte.* ‖ Confirmer : *l'événement a vérifié sa prédiction.*

vérin nm. Appareil de levage pour lourds fardeaux.

véritable adj. Vrai, réel. ‖ Conforme à la vérité. ‖ *Fig.* Qui mérite pleinement le nom qu'on lui donne : *un ami -.*

vérité nf. Qualité de ce qui est vrai. ‖ Principe certain, constant : *les mathématiques.* ‖ Sincérité, bonne foi : *parler avec l'accent de la -.* ‖ *Peint.* et sculpt. Expression fidèle : *portrait d'une grande -.* ‖ *Fam.* Dire à quelqu'un ses -, lui reprocher ses fautes, ses défauts. ‖ Loc. adv. **En -,** certainement : *en -, cela est étrange.* **A la vérité,** j'en conviens : *à la -, je l'ai frappé.*

verjus nm. Raisin encore vert. ‖ Suc qu'on en extrait.

vermeil, eille adj. D'un rouge un peu plus foncé que l'incarnat : *lèvres -.* ‖ Nm. Argent doré.

vermicelle nm. Pâte à potage, en forme de fils très fins.

vermiculaire adj. Semblable à un ver.

vermiculé, e adj. *Archit.* Dont les ornements imitent des traces de vers.

vermiculure nf. Ornement en forme de traces de vers.

vermiforme adj. En forme de ver.

vermifuge adj. et nm. Remède propre à détruire les vers intestinaux.

vermillon nm. Sulfure de mercure pulvérisé, d'un beau rouge vif. ‖ Couleur qu'on en tire.

vermine nf. Parasites comme les poux, les punaises, etc. ‖ *Fig.* et fam. Vile populace : *la - du quartier.*

vermisseau nm. Petit ver.

vermouler (se) vpr. Etre rongé par des vers.

vermoulu, e adj. Piqué des vers.

vermoulure nf. Galerie de ver.

vermouth nm. Vin blanc dans lequel on a fait infuser différentes substances aromatiques.

vernaculaire adj. Propre à un pays : *langue -.*

vernal, e, aux adj. Du printemps.

verne nm. V. VERGNE.

vernier nm. Petit instrument adaptable à tous les appareils de mesure et qui augmente la précision de lecture des divisions tracées sur une règle ou sur un cercle gradué.

vernir vt. Recouvrir de vernis.

vernis nm. Enduit brillant dont on couvre certains objets. ‖ *Fig.* Apparence brillante : *un - d'élégance.*

vernissage nm. Action de vernir ; son résultat. ‖ *Peint.* Veille de l'ouverture d'une exposition de tableaux.

vernisser vt. Vernir la poterie.

vernisseur, euse n. Qui fabrique ou applique des vernis.

vérole nf. *Petite -,* syn. de VARIOLE.

véronique nf. Scrofulariacée à fleurs bleues.

verrat nm. Porc mâle.

verre nm. Corps solide, transparent et fragile, résultant de la fusion d'un mélange de sable, de chaux et de carbonate de sodium ou de potassium. ‖ *- double,* très épais. ‖ Vase à boire. ‖ Ce qu'il contient : *un - de vin.* ‖ Objet fait de verre : *- de montre.*

verrerie nf. Art de faire le verre. ‖ Usine où on le fabrique. ‖ Objets en verre.

verrier nm. Celui qui fabrique des objets en verre, des vitraux. ‖ Panier pour mettre les verres à boire. ‖ Adj. : *peintre -.*

verrière ou **verrine** nf. Verre d'un reliquaire, d'un grand cadre. ‖ Grande fenêtre ou baie ornée de vitraux peints.

verroterie nf. Petits ouvrages de verre sans valeur (colliers, bracelets...).

verrou nm. Appareil de fermeture composé d'un pêne que l'on fait glisser dans une gâche. ‖ *Sous les -*, en prison.

verrouiller vt. Fermer au verrou.

verrue nf. Petite excroissance de chair, qui vient surtout au visage et aux mains.

verruqueux, euse adj. Couvert de verrues : *mains -*.

vers nm. Assemblage de mots mesurés, rythmés d'après le nombre des syllabes : *- syllabiques*. ‖ *- libres*, de différentes mesures. ‖ *- blancs*, non rimés.

vers prép. Du côté de, dans la direction de. ‖ Aux environs de : *- midi*.

versant nm. Pente d'une montagne.

versatile adj. Qui change facilement d'opinion : *homme -*.

versatilité nf. Caractère de celui ou de ce qui est versatile.

verse (à) loc. adv. Abondamment.

versement nm. Action de verser de l'argent.

verser vt. Répandre un liquide, faire couler. ‖ Transvaser : *du vin dans un verre ; - du blé dans un sac*. ‖ Coucher à terre : *l'orage a versé les blés*. ‖ Faire tomber, renverser une voiture ou ses occupants. ‖ Payer : *- une cotisation*. ‖ *Fig. - son sang*, donner sa vie. ‖ *- des larmes*, pleurer. ‖ Vi. Tomber sur le côté, en parlant des voitures. ‖ Se coucher sur le sol en parlant des moissons. ‖ **Versé, e** part. et adj. Exercé, expérimenté : *- dans les affaires*.

verset nm. Chacun des petits paragraphes qu'il est d'usage de numéroter dans la Bible.

verseur, euse n. Qui verse. ‖ Nf. Cafetière à poignée horizontale.

versicolore adj. Multicolore.

versificateur nm. Celui qui fait des vers : *un habile -*.

versification nf. Art de faire des vers : *- difficile*. ‖ Leur facture.

versifier vi. (c. *prier*). Faire des vers. ‖ Vt. Mettre en vers : *- une fable*.

version nf. Traduction d'une langue dans une autre. ‖ Interprétation d'un fait : *il y a sur cet accident différentes -*.

verso nm. Revers d'un feuillet. ‖ Pl. des *versos*.

versoir nm. Partie de la charrue qui jette la terre de côté.

verste nf. Ancienne mesure itinéraire de Russie (1 067 mètres).

vert, e adj. D'une couleur produite par la combinaison du jaune et du bleu. ‖ Qui n'est pas sec : *du bois -*. ‖ Frais, nouveau (en parlant des

légumes) : *des pois -*. ‖ Pas mûr : *du raisin -*. ‖ *Fig.* Resté vigoureux, malgré l'âge avancé : *vieillard encore -*. ‖ Rude, vif : *une - réprimande*. ‖ *Fam.* Leste, grivois : *en raconter de -*. ‖ *Vin -*, encore acide. ‖ *Café -*, non réfné. ‖ *Langue -*, argot. ‖ Nm. Couleur verte : *aimer le - ; - tendre*. ‖ *Fig. et fam. Se mettre au -*, aller se reposer à la campagne. ‖ *Prendre sans -*, prendre au dépourvu.

vert-de-gris nm. Hydrocarbonate de cuivre. ‖ Acétate basique de cuivre.

vert-de-grisé, e adj. Couvert de vert-de-gris : *bronze -*.

vertébral, e, aux adj. Relatif aux vertèbres : *colonne -*.

vertèbre nf. Chacun des os formant l'épine dorsale.

vertébré, e adj. Se dit des animaux qui ont des vertèbres. ‖ Nmpl. Embranchement comprenant les animaux pourvus d'un squelette. (Au sing., *un -*.)

vertement adv. Avec rudesse : *répondre -*.

vertical, e, aux adj. Qui a la direction du fil à plomb. ‖ Nf. Ligne perpendiculaire au plan de l'horizon.

verticalité nf. Etat de ce qui est vertical : *la - d'un mur*.

verticille nm. *Bot.* Assemblage de feuilles, de fleurs, de rameaux autour du même point d'une tige.

verticillé, e adj. *Bot.* En verticille.

vertige nm. Etourdissement momentané dans lequel on croit voir les objets tourner autour de soi.

vertigineux, euse adj. Qui donne le vertige : *hauteur -*.

vertigo nm. Maladie des chevaux, qui se manifeste par le désordre des mouvements.

vertu nf. Disposition constante à faire le bien : *pratiquer la -*. ‖ Efficacité : *- des plantes*. ‖ *En - de* loc. prép., en conséquence de, par l'effet de : *en - d'un jugement*.

vertueux, euse adj. Qui a de la vertu. ‖ Inspiré par la vertu : *action -*.

vertugadin nm. Bourrelet que les femmes portaient par-dessous leur jupe. ‖ Robe renflée par ce bourrelet.

verve nf. Chaleur d'imagination qui anime le poète, l'orateur : *être en -*.

verveine nf. Plante à tige carrée, employée en tisane ou en parfumerie.

verveux, euse adj. Qui a de la verve : *orateur -*.

verveux nm. Filet de pêche en forme d'entonnoir.

vésanie nf. Nom générique des maladies mentales ; folie.

vesce nf. *Bot.* Plante fourragère. ‖ Graine qu'elle produit.

vésical, e, aux adj. De la vessie.

vésicant, e adj. et nm. *Méd.* Qui fait naître des ampoules sur la peau.

vésicatoire nm. Médicament qui produit des ampoules sur la peau.

vésiculaire adj. Qui présente des vésicules : *tissu* -.

vésicule nf. *Anat.* Sac membraneux semblable à une petite vessie : - *biliaire.*

vespasienne nf. Urinoir public.

vespéral, e, aux adj. Relatif au soir : *la clarté* -.

vespertilion nm. Chauve-souris à grandes oreilles.

vesse nf. Emission de gaz fétides faite sans bruit par l'anus.

vesse-de-loup nf. Sorte de champignon. ‖ Pl. des *vesses-de-loup.*

vessie nf. Sac membraneux qui reçoit et contient l'urine. ‖ - *natatoire,* organe d'équilibre chez les poissons. ‖ *Fig. Prendre des vessies pour des lanternes,* se tromper grossièrement.

vestale nf. A Rome, prêtresse de Vesta. ‖ *Fig.* Fille très chaste.

veste nf. Vêtement de dessus, sans basques, qui couvre la partie supérieure du corps. ‖ *Fig.* et *pop.* Echec : *remporter une* -. ‖ *Fam. Retourner sa* -, changer d'opinion politique.

vestiaire nm. Lieu où l'on dépose manteaux, cannes, parapluies, dans certains établissements publics.

vestibule nm. Pièce d'entrée d'un édifice, qui donne accès aux autres divisions de l'ensemble.

vestige nm. Empreinte du pied. ‖ *Fig.* Indice. ‖ Pl. Ruines, restes de ce qui a péri.

vestimentaire adj. Relatif aux vêtements.

veston nm. Sorte de veste.

vêtement nm. Tout ce qui sert à couvrir le corps.

vétéran nm. Chez les Romains, soldat qui avait obtenu son congé. ‖ Vieux soldat. ‖ Homme qui a vieilli dans une profession ou dans une pratique : *un - de l'enseignement.*

vétérinaire adj. Relatif à la médecine des animaux domestiques. ‖ Nm. Celui qui traite les animaux malades.

vétille nf. Bagatelle, chose insignifiante : *s'arrêter à des* -.

vêtir vt. (*Je vêts, tu vêts, il vêt, n. vêtons, v. vêtez, ils vêtent. Je vêtais, n. vêtions. Je vêtis, n. vêtîmes. Je vêtirai, n. vêtirons. Je vêtirais, n. vêtirions. Vêts, vêtons. Q. je vête, q. n. vêtions. Q. je vêtisse, q. n. vêtissions. Vêtant. Vêtu, e.*) Habiller; fournir des vêtements : - *les pauvres.* ‖ **Se** - vpr. S'habiller.

vétiver [*vèr*] nm. Plante de l'Inde, dont les racines odorantes éloignent les insectes.

veto nm. inv. Opposition : *père qui met son* - *à un mariage.*

vêture nf. Prise d'habit religieux.

vétuste adj. Vieux, détérioré par l'usage : *mobilier* -.

vétusté nf. Etat de ce qui est vétuste.

veuf, veuve adj. et n. Qui a perdu sa femme ou son mari.

veule adj. *Fam.* Sans énergie.

veulerie nf. Manque d'énergie.

veuvage nm. Etat d'un veuf, d'une veuve.

vexation nf. Action de vexer.

vexatoire adj. Qui a le caractère de la vexation : *impôt* -.

vexer vt. Contrarier, blesser l'amour-propre. ‖ **Se** - vpr. Etre contrarié, se froisser : *les gens susceptibles se vexent facilement.*

vla prép. En passant par : - *Rome.*

viabilité nf. Etat d'un enfant viable. ‖ Aptitude à vivre d'un organisme.

viabilité nf. Etat d'une route permettant la circulation.

viable adj. Qui peut vivre : *enfant* -. ‖ *Fig.* Qui doit réussir : *projet* -.

viaduc nm. Grand pont en arcades pour le passage d'une voie de communication.

viager, ère adj. Qui dure autant que la vie : *rente* -. ‖ Nm. Revenu viager. ‖ **En** - loc. adv., en échange d'une rente viagère : *fortune en* -.

viande nf. Chair comestible des animaux.

viander vi. Pâturer, en parlant des bêtes fauves.

viatique nm. Argent, provision que l'on donne pour faire un voyage. ‖ *Liturg.* Communion reçue par un malade en danger de mort.

vibratile adj. Capable de vibrer : *cils* -.

vibration nf. Oscillation, tremblement rapide des cordes d'un instrument de musique, des lames métalliques, de l'air, etc., qui produit le son.

vibratoire adj. Composé de vibrations : *mouvement* -.

vibrer vi. Etre agité d'une sorte de tremblement rapide. ‖ *Fig.* Emouvoir : *faire* - *les cœurs.* ‖ **Vibrant, e** part. et adj. Sonore : *voix* -.

vibrion nm. Bactérie de forme courbe.

vicaire nm. Prêtre adjoint à un curé. ‖ *Grand* -, - *général,* qui aide un évêque dans l'administration de son diocèse. ‖ - *de Jésus-Christ,* le pape.

vicarial, e, aux adj. Relatif au vicariat : *fonctions* -.

vicariat nm. ou **vicairie** nf. Fonction du vicaire.

vice nm. Défaut : - *de construction.* || Disposition habituelle au mal : *flétrir le -.* || Débauche.

vice, particule invariable qui entre dans la composition de plusieurs mots, pour indiquer les fonctions exercées en sous-ordre.

vice-amiral nm. Officier de marine dont le grade correspond à celui de général de division. || Pl. des *vice-amiraux.*

vice-chancelier nm. Qui supplée le chancelier absent. || Pl. des *vice-chanceliers.*

vice-consul nm. Qui supplée le consul. || Pl. des *vice-consuls.*

vice-consulat nm. Fonction de vice-consul. || Pl. des *vice-consulats.*

vice-présidence nf. Fonction de vice-président. || Pl. des *vice-présidences.*

vice-président nm. Personne qui remplace le président. || Pl. des *vice-présidents.*

vice-reine nf. Femme d'un vice-roi. || Pl. des *vice-reines.*

vice-roi nm. Chef d'un Etat dépendant d'un royaume ou d'un autre Etat. || Pl. des *vice-rois.*

vice-royauté nf. Dignité de vice-roi.

vice versa loc. adv. Réciproquement.

vichy nm. Toile confectionnée avec des fils de deux couleurs.

vicier vt. Corrompre, gâter. || **Vicié, e** part. et adj. Altéré, corrompu : *air -.*

vicieux, euse adj. Relatif au vice : *inclination -.* || Adonné au mal : *homme -.* || Rétif : *mule -.* || Qui a une défectuosité : *locution -.*

vicinal, e, aux adj. Se dit d'un chemin qui met en communication les villages, les hameaux, etc.

vicinalité nf. Caractère de chemin vicinal.

vicissitude nf. Changement : *- des saisons.* || Instabilité des choses humaines : *les - de la fortune.*

vicomte nm. Autref., seigneur d'une vicomté. || Titre de noblesse inférieur à celui de comte. (Fém. : VICOMTESSE.)

vicomté nf. Terre à laquelle était attaché le titre de vicomte.

victime nf. Animal ou personne que les Anciens sacrifiaient à la divinité. || *Fig.* Qui sacrifie volontairement sa vie, son bonheur : *être - de son dévouement.* || Qui souffre par la faute d'autrui ou par sa propre faute : *être - d'une intrigue.*

victoire nf. Succès remporté à la guerre, sur un rival. || *Chanter -,* se glorifier d'un succès.

victoria nf. Voiture découverte à quatre roues.

victorieux, euse adj. Qui a remporté la victoire. || *Fig.* Décisif : *preuve -.*

victuailles nfpl. *Fam.* Vivres, provisions de bouche.

vidage nm. Action de vider.

vidame nm. Personnage qui, au Moyen Age, représentait l'évêque au temporel et commandait ses troupes.

vidange nf. Action de vider. État d'un tonneau qui n'est plus plein : *feuillette de vin en -.* || Pl. Matières retirées des fosses d'aisances.

vidanger vt. Vider les fosses d'aisances, les réservoirs d'automobiles, etc.

vidangeur nm. Celui qui vide les fosses d'aisances.

vide adj. Qui ne contient rien. || Qui n'est rempli que d'air : *espace -.* || D'où l'on a tout enlevé : *maison -.* || *Fig. Cœur -,* dépourvu d'affections. *Tête -,* sans idées. || *- de,* privé de : *mot - de sens.* || Nm. Espace ne contenant aucun corps matériel : *faire le -.* || *Fig.* Sentiment pénible de privation : *sa mort laisse un grand -.* || *Faire le - autour de quelqu'un,* le fuir, le laisser seul. || **A** - loc. adv., sans rien contenir : *rouler à -.* || Sans effet produit : *moteur qui tourne à -.*

vide-poches nm. inv. Coupe, petit meuble où l'on dépose les menus objets que l'on porte sur soi.

vider vt. Rendre vide. || Boire le contenu de : *- une bouteille.* || Quitter : *- les lieux.* || *- une volaille,* en tirer ce qui n'est pas bon à manger. || *Fig. - une querelle,* y mettre fin. || *- les arçons,* tomber de cheval.

viduité nf. Veuvage (femme).

vie nf. Activité spontanée propre aux êtres organisés. || Ensemble des actes de l'être vivant, depuis la naissance jusqu'à la mort : *une - bien remplie.* || Nourriture : *chercher sa -.* || Manière de vivre : *mener joyeuse -.* || Profession : *la - religieuse.* || Biographie : *les - des saints.* || *La - future,* existence de l'âme après la mort. || *Tableau plein de -,* animé. || **A** - loc. adv., pour la vie.

vieil adj. m. Vieux (devant une voyelle ou un *h* muet) : *- ami; - habit.*

vieillard nm. Homme âgé.

vieillerie nf. Vieilles choses. || *Fig.* Idées rebattues, banales.

vieillesse nf. Dernière période de la vie. || Les vieilles gens.

vieillir vi. Devenir vieux. || Perdre sa fraîcheur. || Passer une grande partie de sa vie dans : *- dans l'Administration.* || *Fig.* N'être plus apprécié, goûté : *cette mode vieillit.* || Vt. Faire paraître vieux : *cette toilette vous vieillit.* || **Se** - vpr. Se dire plus vieux qu'on ne l'est.

vieillissement nm. Action de vieillir.

vieillot, otte adj. *Fam.* Assez vieux : *air -*.

vielle nf. Instrument de musique à cordes et à touches.

vieller vi. Jouer de la vielle.

vielleur, euse n. Qui joue de la vielle. (On dit souvent VIELLEUX.)

vierge nf. Fille qui a vécu dans une continence parfaite. || *La Sainte Vierge*, la Vierge Marie. || Adj. Chaste, pur. || Intact : *page -*. || Non encore exploitée. || *Huile -*, extraite sous pression à froid. || *Cire -*, très pure.

vieux ou **vieil, vieille** adj. Avancé en âge. || Qui exerce depuis longtemps : *un - professeur*. || Tel depuis longtemps : *- ami*. || Ancien : *- meuble*. || Usé : *un - chapeau*. || Qui n'est plus en usage : *une - expression*. || *Se faire -*, se sentir vieillir. || *Fam. Ne pas faire de - os*, ne pas vivre longtemps. || N. Personne âgée : *les jeunes et les -*. || Nm. Ce qui est ancien : *le - vaut le neuf*.

vif, vive adj. Qui est en vie. || *Fig.* Plein de vie : *enfant -*. || Qui conçoit promptement : *imagination -*. || Animé : *œil -*. || Impétueux : *attaque -*. || *Eau -*, qui coule de source. || *Foi -*, inébranlable. || *Haie -*, formée d'arbustes en pleine végétation. || *Chaux -*, non mouillée. || *- arête*, angle non émoussé. || Nm. Chair vive : *trancher dans le -*. || *Dr.* Personne vivante : *donation entre -*. || *Prendre sur le -*, bien imiter. || *Piquer au -*, offenser. || Loc. adv. *De - voix*, en parlant. *De - force*, par la violence.

vif-argent nm. Ancien nom du *mercure*.

vigie nf. Matelot placé en sentinelle dans la mâture.

vigilamment adv. Avec vigilance.

vigilance nf. Surveillance soutenue.

vigilant, e adj. Qui veille avec soin.

vigile nf. Jour qui précède une fête religieuse catholique importante.

vigile nm. Garde de nuit.

vigne nf. Plante qui produit le raisin. || Terre plantée en ceps de vigne. || *- vierge*, plante grimpante ressemblant à la vigne, mais ne donnant pas de fruits.

vigneau ou **vignot** nm. Mollusque comestible.

vigneron, onne n. Qui cultive la vigne.

vignette nf. Petite gravure. || Dessin servant à l'encadrement. || Marque de fabrique. || Petite gravure en forme d'étiquette portant l'estampille de l'Etat.

vignoble nm. Etendue de pays planté de vignes. || Les vignes mêmes. || Adj. : *pays -*.

vigogne nf. Lama du Pérou. || Etoffe de laine et de coton cardés ensemble.

vigoureux, euse adj. Qui a de la vigueur. || Fait avec vigueur.

vigueur nf. Force physique. || Energie physique ou morale : *agir avec -*. || *En -*, en application : *règlement en -*.

viguier nm. Ancien magistrat de la justice dans le midi de la France avant 1789. || Magistrat et chef militaire d'Andorre.

vil, e adj. Sans valeur : *étoffe à - prix*. || *Fig.* Méprisable : *homme -*.

vilain, e n. Autref., paysan, roturier. || Adj. Qui déplaît : *- pays*; *- temps*. || Méprisable : *un - monsieur*.

vilayet nm. Province en Turquie.

vilebrequin nm. Outil pour percer. || Arbre coudé d'un moteur à explosion.

vilenie nf. Action ou parole vile.

vilipender vt. Décrier, dénigrer.

villa nf. Jolie maison en banlieue ou au bord de la mer.

village nm. Groupement de maisons à la campagne.

villageois, e n. Habitant d'un village. || Adj. : *manières -*.

villanelle nf. Poésie pastorale. || Anc. danse.

ville nf. Agglomération d'un grand nombre de maisons disposées par quartiers. || Mœurs des villes : *préférer la - à la campagne*. || Les habitants d'une ville : *la - est en émoi*. || *Dîner en -*, hors de chez soi. || *La Ville éternelle*, Rome. || *La Ville sainte*, Jérusalem, La Mecque.

villégiature nf. Séjour à la campagne, à la mer, etc.

villégiaturer vi. Etre en villégiature.

villosité nf. Etat d'une surface velue. || *Anat.* Petites rugosités ou saillies sur certaines surfaces.

vin nm. Boisson obtenue par fermentation du jus de raisin. || Préparation médicinale à base de vin : *- de quinquina*. || *Etre pris de -*, ivre. || *Etre entre deux -*, éméché. || *Cuver son -*, dormir dans l'ivresse. || *Fig. Mettre de l'eau dans son -*, se radoucir. || *Quand le - est tiré, il faut le boire*, quand on est engagé dans une affaire, il ne faut pas reculer.

vinaigre nm. Produit de la fermentation acétique du vin.

vinaigrer vt. Assaisonner avec du vinaigre.

vinaigrerie nf. Fabrique de vinaigre.

vinaigrette nf. Sauce faite avec du vinaigre, de l'huile, du sel, etc. || Ancienne brouette à deux roues.

vinaigrier nm. Qui fabrique et vend du vinaigre. || Burette à vinaigre.

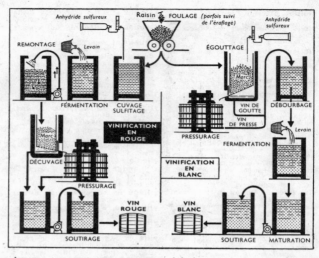

vinasse nf. *Fam.* Vin faible et fade.

vindas [dass] ou vindau nm. *Mar.* Treuil vertical employé comme cabestan. ‖ Appareil de gymnastique.

vindicatif, ive adj. Rancunier.

vindicte nf. *La - publique,* poursuite d'un crime au nom de la société.

vinée nf. Récolte de vin.

viner vt. Remonter des vins en les additionnant d'alcool.

vineux, euse adj. Capiteux. ‖ Qui a la couleur, l'odeur du vin : *pêche -.* ‖ De la couleur du vin : *rouge -.*

vingt adj. num. Deux fois dix. ‖ Vingtième : *page -.* ‖ Nm. Le vingtième jour du mois.

vingtaine nf. Vingt ou environ.

vingtième adj. num. ord. de *vingt.* ‖ Nm. Vingtième partie : *un -.*

vinicole adj. Relatif à la vigne, au vin.

vinification nf. Art de faire le vin.

viol nm. Action de faire violence à une femme.

violacé, e adj. De couleur tirant sur le violet : *mains -.*

violat adj. m. Où il entre de l'extrait de violette : *sirop -.*

violateur, trice n. Qui viole les lois, les traités.

violation nf. Action de violer un engagement, une obligation.

violâtre adj. Teinté de violet.

viole nf. Grand violon.

violemment adv. Avec violence.

violence nf. Force intense, impétueuse. ‖ Force employée contre le droit : *employer la -.* ‖ *Faire -,* contraindre. ‖ *Se faire -,* se retenir.

violent, e adj. Impétueux : *vent -.* ‖ Emporté, fougueux : *homme -.* ‖ *Fam.* Excessif : *c'est un peu - de se voir ainsi traité.* ‖ *Mort -,* due à un accident, à un meurtre.

violenter vt. Contraindre, faire agir par force.

violer vt. Abuser par violence. ‖ *Fig.* Enfreindre : *- la loi.* ‖ *- un domicile,* y pénétrer sans aucun droit.

violet, ette adj. De la couleur de la violette.

violette nf. Plante printanière, à fleurs très odorantes.

violier nm. Giroflée.

violon nm. Instrument de musique à quatre cordes et à archet. ‖ Celui qui en joue. ‖ Prison contiguë à un corps de garde.

violoncelle nm. Sorte de grand violon.

violoncelliste n. Qui joue du violoncelle.

violoneux nm. *Fam.* Ménétrier de campagne.

violoniste n. Qui joue du violon.

viorne nf. Arbrisseau grimpant, à fleurs blanches ou rosées.

vipère nf. Serpent très venimeux, à tête triangulaire. || *Fig.* Langue de -, personne médisante.

vipereau nm. Petite vipère.

vipérin, e adj. Relatif à la vipère. || *Fig.* Langue -, perfide.

virage nm. Action de tourner, de changer de direction. || *Courbe : un-relevé.* || *Phot.* Opération qui consiste à modifier le ton des épreuves par le passage dans divers bains. || Le bain lui-même.

virago nf. *Fam.* Fille ou femme d'allure masculine.

virée nf. *Pop.* Promenade, excursion.

virelai nm. Ancien petit poème français sur deux rimes et à refrain.

virement nm. Opération comptable par laquelle on transporte une somme du crédit d'une personne au crédit de l'autre.

virer vi. Avancer en tournant. || *Mar. - de bord,* changer de direction, et, au *fig.,* changer de parti. || Vt. ind. - à, tendre, tourner à : *le noir vire souvent au jaunâtre.* || Vt. Transporter d'un compte à un autre : *- une somme.*

vireux, euse adj. Vénéneux. || *Saveur, odeur -,* nauséabonde.

virevolte nf. *Man.* Tour et retour rapides faits par un cheval.

virginal, e, aux adj. De vierge : *candeur -.*

virginité nf. État d'une personne vierge, d'une chose intacte.

virgule nf. Signe de ponctuation.

viril, e adj. Relatif à l'homme. || *Age -,* d'un homme fait. || *Fig.* Energique, digne d'un homme : *action -.*

virilité nf. Ce qui constitue le sexe masculin. || *Fig.* Force, courage d'un homme ; énergie.

virole nf. Petit anneau de métal.

virtualité nf. Qualité de ce qui est virtuel.

virtuel, elle adj. En puissance et non en acte ; sans effet actuel. || *Image -,* dont les points se trouvent sur le prolongement des rayons lumineux.

virtuose n. Qui a une grande dextérité pour la musique, et, *par ext.,* dans un art quelconque.

virtuosité nf. Talent de virtuose.

virulence nf. État de ce qui est virulent. || *Fig.* Apreté violente : *critique pleine de -.*

virulent, e adj. De la nature du virus : *maladie -.* || *Fig.* Qui est plein d'âpre méchanceté : *satire -.*

virus [*russ*] nm. Agent d'infection : *- de la rage.* || *Fig.* Source de contagion morale : *le - de l'anarchie.*

vis nf. Tige cylindrique métallique filetée en spirale. || *Escalier à -,* en spirale. || *Fig. Serrer la - à quelqu'un,* le traiter sévèrement.

visa nm. Formule, cachet, signature qui rend un acte authentique et valable : *le - d'un passeport.*

visage nm. Face de l'homme, partie antérieure de la tête. || Physionomie.

vis-à-vis loc. adv. En face, à l'opposite. || Nm. *Fam* Personne placée en face d'une autre au bal, à table, etc. || Petit canapé pour deux personnes. || *- de* loc. prép., en face de, à l'égard de.

viscéral, e, aux adj. Relatif aux viscères : *cavité -.*

viscère nm. Chacun des organes de l'intérieur du corps (le cerveau, les poumons, le cœur).

viscose nf. Cellulose transformée employée pour la fabrication de la rayonne et de la fibranne.

viscosité nf. État de ce qui est visqueux.

visée nf. Direction du regard vers un but : *ligne de -.* || *Fig.* But, intention.

viser vt. et i. Diriger une arme vers. || *Fig.* Chercher à atteindre : *- la gloire.* || Vt. ind. Diriger ses efforts vers : *viser à l'effet.*

viser vt. Authentifier par un visa.

viseur nm. Instrument optique servant à viser.

visibilité nf. Qualité, caractère de ce qui est visible. || Possibilité de voir.

visible adj. Qui peut être vu. || *Fam.* Disposé à recevoir des visites. || *Fig.* Evident : *injustice -.*

visière nf. Pièce mobile du casque. || Partie d'une casquette qui abrite la vue. || *Fig. Rompre en -,* attaquer, contredire en face.

vision nf. Perception par l'organe de la vue. || Perception imaginaire d'objets irréels : *avoir des -.*

visionnaire adj. et n. Qui a des visions. || *Fig.* Qui a des idées extravagantes.

visitandine nf. Religieuse de la Visitation. || Adj. : *religieuse -.*

visitation nf. *Cathol.* Visite de la Sainte Vierge à sainte Elisabeth. || Ordre de religieuses.

visite nf. Action d'aller voir. || Consultation médicale à domicile. || Tournée d'inspection.

visiter vt. Aller voir par civilité : *- un ami ;* par curiosité : *- un musée ;* ou par charité : *- un malade.*

visiteur, euse n. et adj. Qui visite.

vison nm. Putois à fourrure brune et luisante.

visqueux, euse adj. Poisseux, gluant : *une peau* -.

vissage nm. Action de visser.

visser vt. Fixer avec des vis.

visuel, elle adj. Relatif à la vue.

vital, e, aux adj. Nécessaire à la vie. ‖ *Fig.* Fondamental, essentiel.

vitalisme nm. *Biol.* Doctrine qui admet un principe vital distinct de l'âme et de l'organisme.

vitalité nf. Force, persistance de la vie ou de la durée. ‖ Intensité des forces vitales : *une grande* -.

vitamine nf. Substance chimique nécessaire à l'assimilation des aliments et dont la carence provoque des troubles caractéristiques.

vite adj. Qui se meut avec rapidité : *les coureurs les plus* -. ‖ Adv. Rapidement : *parler* -.

vitellus nm. Jaune d'œuf.

vitesse nf. Rapidité de déplacement. ‖ Quotient du chemin parcouru par le temps employé à le parcourir.

viticole adj. Relatif à la culture de la vigne : *congrès* -.

viticulteur nm. Qui se livre à la culture de la vigne.

viticulture nf. Culture de la vigne.

vitrage nm. Ensemble des parties vitrées d'un bâtiment. ‖ Porte, châssis vitré. ‖ Rideau de fenêtre.

vitrail nm. Châssis en fer contenant des panneaux de verre de couleur, montés sur plomb. ‖ Pl. des *vitraux*.

vitre nf. Panneau de verre des châssis d'une fenêtre. ‖ *Fig. et fam. Casser les* -, faire du scandale.

vitré, e adj. Garni de vitres. ‖ *Humeur* -, liquide qui remplit le globe de l'œil.

vitrer vt. Garnir de vitres.

vitrerie nf. Fabrication, commerce et pose de vitres.

vitreux, euse adj. Qui ressemble au verre. ‖ Dont l'éclat est terni : *œil* -.

vitrier nm. Qui fabrique, vend ou pose les vitres.

vitrification nf. Action de vitrifier.

vitrifier vt. (c. *prier*). Fondre des matières qui, après refroidissement, offrent la transparence et la dureté du verre. ‖ Transformer en verre : *- dusable*.

vitrine nf. Devanture vitrée de boutique. ‖ Armoire, table fermée par un châssis vitré.

vitriol nm. Acide sulfurique.

vitriolage nm. Action de vitrioler. ‖ Trempage dans le vitriol.

vitrioler vt. Soumettre à l'action de l'acide sulfurique. ‖ Lancer du vitriol sur quelqu'un.

vitrioleur, euse n. Qui lance du vitriol sur quelqu'un pour le défigurer.

vitrosité nf. Qualité de ce qui est vitreux.

vitupérer vt. (c. *céder*). Blâmer vivement, désapprouver : - *quelqu'un*.

vivace adj. Qui a de la vitalité. ‖ *Plante* -, qui vit plusieurs années. ‖ *Fig.* Qui dure, persiste : *des préjugés* -.

vivace [*tché*] adj. *Mus.* Vif, très animé.

vivacité nf. Promptitude à agir, à se mouvoir. ‖ *Fig.* Promptitude à comprendre : - *d'esprit*. ‖ Emportement léger : *avoir un mouvement de* -. ‖ Violence : - *des passions*. ‖ Éclat vif : - *des couleurs*.

vivandier, ère n. Qui vendait aux soldats des vivres, des boissons.

vivarium nm. Établissement aménagé pour la conservation dans leur milieu naturel de petits animaux vivants.

vivat! interj. dont on se sert pour applaudir. ‖ Nm. Acclamation.

vive nf. Poisson de mer qui fait des piqûres douloureuses.

viveur nm. Débauché.

vivier nm. Pièce d'eau dans laquelle on conserve le poisson vivant.

vivifier vt. (c. *prier*). Donner de la vigueur, animer, fortifier.

vivipare adj. et n. Qui met au monde ses petits tout vivants.

viviparité nf. Mode de reproduction des animaux vivipares.

vivisection nf. Opération pratiquée sur un animal vivant, en vue d'une étude physiologique.

vivoter vi. *Fam.* Vivre petitement.

vivre vi. (*Je vis. Je vivais. Je vécus, n. vécûmes. Je vivrai. J'ai vécu. Vis, vivons, vivez. Q. je vive. Q. je vécusse. Vivant. Vécu, e*.). Être en vie. ‖ Habiter : - *à la campagne*. ‖ Passer sa vie de telle ou telle façon : - *seul*. ‖ Se conduire : - *saintement*. ‖ Se nourrir de : - *de légumes*. ‖ - *de*, subsister grâce à : - *de son travail*. ‖ - *au jour le jour*, sans s'inquiéter de l'avenir. ‖ *Être facile à* -, d'un caractère accommodant. ‖ *Savoir* -, connaître les bienséances. ‖ *Fig.* Durer : *sa gloire vivra éternellement*. ‖ *Fam. Apprendre à* - à *quelqu'un*, le corriger. ‖ *Qui vice?* cri d'une sentinelle à l'approche de quelqu'un. ‖ *Vive ou vivent*, cri d'acclamation : *vive la France! vivent les vacances!* ‖ Vt. - *sa vie*, suivre ses aspirations. ‖ **Vivant, e** part. et adj. ‖ *Fig.* Qui donne l'impression de la vie : *histoire* -. ‖ Animé : *quartier* -. ‖ Langue parlée actuellement : *langue* -.

|| Nm. Celui qui vit : *les - et les morts.* || D'humeur gaie : *un bon -.*

vivre nm. Nourriture : *le - et le couvert.* || Pl. Aliments : *les - sont chers.*

vizir nm. Ministre du sultan. || *Grand -,* premier ministre.

vlan! interj. qui représente un bruit, un coup soudain.

vocable nm. Mot : *- technique.* || *Liturg.* Nom du saint patron d'une église.

vocabulaire nm. Ensemble des mots d'une langue, d'une science. || Dictionnaire abrégé.

vocal, e, aux adj. Relatif à la voix. || Exprimé par la voix : *prière -.*

vocalisation nf. Action de vocaliser. || *Gramm.* Emission des voyelles.

vocalise nf. Action ou manière de vocaliser. || Ce qu'on chante en vocalisant.

vocaliser vt. Faire des exercices de chant sans nommer les notes, sur une ou plusieurs voyelles.

vocatif nm. Dans les langues à déclinaison, cas de l'interpellation.

vocation nf. *Théol.* Destination au sacerdoce ou à la vie religieuse. || *Par ext.* Penchant, goût pour une profession, un état : *- militaire.*

vocero [*vo-tché*] nm. Chant funèbre corse.

vociférations nfpl. Paroles dites en criant.

vociférer vi. (c. *céder*). Parler en criant et avec colère. || Vt. Proférer en criant : *- des injures.*

vodka nf. Eau-de-vie de grain russe.

vœu nm. Promesse faite à la Divinité : *faire - d'aller en pèlerinage.* || Volonté : *le - de la nation.* || Souhait, désir : *former des - pour quelqu'un.* || Pl. *- de religion* ou *- monastiques,* vœux de pauvreté, d'obéissance et de chasteté.

vogue nf. Réputation, faveur publique : *auteur, livre en -.*

vogue nf. Fête patronale dans le sud-est de la France.

voguer vi. Naviguer. || *Vogue la galère,* arrive ce qui pourra.

voici, prép. qui désigne ce qui est près ou présent, ce que l'on va dire.

voie nf. Route, chemin. || *- publique,* endroit public aménagé pour le transport, le passage des personnes et des voitures. || Mode de transport : *arriver par la - des airs.* || *Fig.* Moyen : *la - de la persuasion.* || *Les - de Dieu,* ses desseins, souvent impénétrables. || *Voies de droit,* recours à la justice. || *Voies de fait,* actes de violence. || *Fig. Mettre sur la -,* donner des indications utiles. || *Etre en -*

de, sur le point de. || *En train de réussir : l'affaire est en bonne -.* || *- de bois,* environ deux stères. || *Mar. - d'eau,* ouverture accidentelle dans la partie submergée d'un bateau, et laissant passage à l'eau. || *Anat.* Canal : *les - urinaires.* || *Véner.* Chemin parcouru par le gibier. || *Ch. de f.* Double ligne de rails parallèles sur laquelle circulent les trains. || *- d'une scie,* inclinaison de ses dents alternativement à droite et à gauche de son plan médian. || Distance entre les roues d'un véhicule.

voilà, prép. qui indique ce que l'on vient de dire, ou, de deux objets, celui qui est le plus éloigné.

voilage nm. Garniture d'étoffe transparente.

voile nm. Etoffe destinée à couvrir ou à protéger. || Pièce de tissu qui couvre le visage des femmes, la tête des religieuses. || Trouble, souvent dû à la fermentation d'un liquide. || *Fig.* Apparence, prétexte : *sous le - de l'amitié.* || Ce qui cache : *le - de l'anonymat.* || *Prendre le -,* se faire religieuse. || *- du palais,* cloison qui sépare les fosses nasales de la bouche. || *Phot.* Obscurcissement d'un cliché.

voile nf. Pièce de toile forte attachée aux vergues d'un mât et destinée à recevoir l'effort du vent. || Le bateau lui-même : *signaler une - à l'horizon.* || *Mettre à la -,* s'embarquer. || *Faire -,* naviguer.

voilé, e adj. Couvert : *soleil - de nuages.* || Gauchi, courbé : *roue -.* || Assourdi, éteint : *voix - ; regard -.*

voiler vt. Couvrir d'un voile. || *Fig.* Dissimuler : *- ses desseins.* || Se vpr. Couvrir son visage d'un voile. || Se courber, se gauchir.

voilette nf. Petit voile léger et transparent, dont les femmes se couvrent le visage.

voilier nm. Ouvrier qui confectionne des voiles. || Navire à voile : *un fin -.* || Oiseau dont le vol est très étendu. || Adj. : *bateau - ; oiseau -.*

voilure nf. *Mar.* Ensemble des voiles d'un navire. || *Aviat.* Surfaces portantes d'un avion. || Gauchissement d'une planche, d'une roue.

voir vt. (*Je vois, n. voyons, v. voyez, ils voient. Je voyais, n. voyions, v. voyiez, ils voyaient. Je vis. Je verrai. Je verrais. Vois, voyons, voyez. Q. je voie, q. n. voyions, q. v. voyiez, qu'ils voient. Q. je visse. Voyant. Vu, vue.*) Percevoir par la vue. || Etre témoin de : *heureux celui qui n'a jamais vu la guerre.* || Rendre visite : *aller - un ami.* || Rencontrer : *je l'ai vu par hasard.* || Donner des soins en qualité de médecin : *- un malade.* || Regarder avec attention : *- au microscope.* || Parcourir, visiter : *- du* *pays.* ‖ Fréquenter, recevoir : - *beaucoup de monde.* ‖ Examiner, essayer : *voyez si ce vêtement vous va.* ‖ *Fig.* Connaître : *Dieu voit le fond des cœurs.* ‖ Comprendre : *je vois qu'il s'est moqué de moi.* ‖ Juger, apprécier : *tout homme a sa manière de -.* ‖ - *le jour,* naître, et, en parlant des ouvrages littéraires, être publié. ‖ *Laisser -,* ne pas dissimuler. ‖ *Faire -,* montrer. ‖ *Fam.* - *trente-six chandelles,* éprouver un éblouissement passager. ‖ - *venir quelqu'un,* pénétrer ses intentions. ‖ - *de bon, de mauvais œil,* avoir des dispositions favorables ou défavorables. ‖ Vi. S'informer, tâcher de savoir, de trouver : *voyez si les enfants sont rentrés.* ‖ - *de loin,* prévoir. ‖ *Voyons,* formule d'exhortation, d'encouragement, etc. : *voyons, parlez franchement.* ‖ *Se* - vpr. Se fréquenter. ‖ *Ne point se -,* être en mauvaise intelligence.

voire adv. Vraiment; oui. (Vx.) ‖ Et même (on le joint parfois au mot *même*) : *Mazarin était habile, -retors.*

voirie nf. Service chargé d'établir, de conserver et d'entretenir les voies publiques. ‖ Lieu où l'on dépose les immondices.

voisin, e adj. et n. Proche : *pays -.* ‖ Qui demeure auprès : *il est mon -.* ‖ *Fig.* Rapproché par le temps : - *de la mort.*

voisinage nm. Proximité : *il demeure dans le -.* ‖ Rapports entre voisins : *relations de bon -.* ‖ Les voisins : *être détesté du -.*

voisiner vi. Fréquenter ses voisins.

voiturage nm. Transport par voiture.

voiture nf. Véhicule de transport. ‖ Personnes transportées : *toute la - jeta les hauts cris.* ‖ Chargement : - *de blé.*

voiturer vt. Transporter par voiture.

voiturier nm. Qui conduit une voiture de transport.

voïvode ou **voïévode** nm. Dans les pays balkaniques et en Pologne, haut dignitaire civil ou militaire.

voïvodie ou **voïévodie** nf. Gouvernement d'une voïvode.

voix nf. Ensemble des sons qui sortent de la bouche : *une - harmonieuse.* ‖ Se dit de certains animaux : *la - du perroquet.* ‖ Sons émis en chantant : *avoir une - de ténor.* ‖ Partie vocale d'un morceau de musique : *chant à deux -.* ‖ *Fig.* Conseil, avertissement : *écouter la - d'un ami.* ‖ Vote, suffrage : *donner sa - à.* ‖ Impulsion : *la - de l'honneur.* ‖ *La - du peuple,* l'opinion générale. ‖ *Avoir - au chapitre,* avoir le droit de donner son avis. ‖ *Gramm.* Forme que prend le verbe suivant que l'action

est faite ou subie par le sujet : - *active, passive.*

vol nm. Déplacement dans l'air par le moyen des ailes. ‖ Déplacement dans l'air à bord d'un avion. ‖ Groupe d'animaux volant ensemble : *un - de perdrix.* ‖ **A - d'oiseau** loc. adv., en ligne droite.

vol nm. Action de celui qui dérobe. ‖ Chose volée : *il a enfoui son -.*

volage adj. Changeant, léger.

volaille nf. Nom collectif des oiseaux de basse-cour.

volant, e adj. Qui a la faculté de s'élever en l'air : *poisson -.* ‖ *Feuille -,* feuille mobile, écrite ou imprimée. ‖ Qui se monte et se déplace rapidement : *pont -; camp -.*

volant nm. Morceau de liège, etc., garni de plumes, qu'on lance avec des raquettes. ‖ Aile d'un moulin à vent. ‖ Roue pesante, dont l'inertie régularise la rotation d'une machine. ‖ - *magnétique,* volant de moteur à explosion léger, aménagé pour produire le courant d'allumage. ‖ Appareil de direction dans une automobile. ‖ Garniture légère attachée à une jupe. ‖ *Fig.* Masse de réserve : - *de sécurité.*

volatil, e adj. Qui se vaporise aisément.

volatile nm. Animal qui peut voler.

volatilisable adj. Capable de se volatiliser : *minéral -.*

volatilisation nf. Action de volatiliser : *la - du soufre.*

volatiliser vt. Rendre volatil, vaporiser. ‖ *Se* - vpr. *Fig.* et fam. Disparaître.

volatilité nf. Qualité de ce qui est volatil.

vol-au-vent nm. inv. Moule de pâte feuilletée, garni de mets variés.

volcan nm. Relief dû à l'accumulation des matériaux rejetés lors d'une éruption. ‖ *Fig.* Personne ardente, impétueuse. ‖ Danger imminent, mais caché : *être sur un -.*

volcanique adj. Relatif aux volcans.

volcanisme nm. Ensemble des manifestations volcaniques et des théories expliquant leurs causes.

volée nf. Action de voler; distance parcourue en volant : *prendre sa -.* ‖ Bande d'oiseaux qui volent ensemble : *une - de moineaux.* ‖ Tir simultané de plusieurs pièces d'artillerie. ‖ Série de coups : *recevoir une -.* ‖ Son d'une cloche : *sonner à toute -.* ‖ Partie d'escalier entre deux paliers successifs. ‖ Pièce transversale de chaque côté du timon, pour atteler les chevaux. ‖ Pièce horizontale d'une grue supportant la poulie qui reçoit le câble. || **A la** - loc. adv., en l'air, au passage : *saisir une balle à la* -.

voler vi. Se mouvoir en l'air au moyen d'ailes. || Se déplacer dans l'air à l'aide d'appareils spéciaux. || *Fig.* Aller très vite. || S'écouler rapidement : *le temps vole*.

voler vt. et i. Prendre par ruse ou par force le bien **d'autrui.**

volerie nf. *Fam.* Larcin.

volet nm. Panneau plein pour clore une baie de fenêtre ou de porte.

voleter vi. (c. *jeter*). Voler à petites distances.

voleur, euse n. Qui a volé ou qui vole habituellement. || Adj. : *pie* -.

volière nf. Grande cage pour élever des oiseaux.

volige nf. Planche mince de bois, pour couverture et cloisonnage.

volitif, ive adj. Relatif à la volonté.

volition nf. Acte par lequel la volonté se détermine à quelque chose.

volley-ball nm. Sport d'équipe où les joueurs se renvoient un ballon léger par-dessus un filet.

volontaire adj. Fait par un acte de libre volonté. || Qui ne veut faire que sa volonté : *enfant* -. || Nm. Soldat qui sert sans y être obligé.

volontariat nm. Engagement, service du volontaire.

volonté nf. Faculté de se déterminer à certains actes. || Exercice de cette faculté. || Fermeté morale : *une inflexible surmonte tout*. || *Bonne* -, intention réelle de bien faire. || Pl. Fantaisies, caprices : *faire ses quatre* -. || *Dernières* -, testament. || **A** - loc. adv., à discrétion : *vous en aurez à* -. || Quand on veut : *billet payable à* -.

volontiers adv. De bon cœur.

volt nm. *Electr.* Unité de force électromotrice et de différence de potentiel (symb. : V).

voltage nm. Différence de potentiel. || Nombre de volts nécessaires au fonctionnement d'un appareil électrique.

voltaïque adj. Se dit de la pile de Volta.

voltaire nm. Grand fauteuil à dossier élevé.

voltairien, enne adj. et n. De la nature des ouvrages de Voltaire. || Qui partage les opinions de Voltaire.

voltamètre nm. Tout appareil où se produit une électrolyse, et spécialement celle de l'eau.

volte nf. Mouvement en rond exécuté par un cheval. || *Escr.* Mouvement pour éviter un coup.

volte-face nf. inv. Action de se retourner : *faire* -. || *Fig.* Changement subit d'opinion.

volter vi. Exécuter une volte.

voltige nf. Corde sur laquelle les bateleurs font des tours. || Exercices au trapèze volant. || Exercice d'équitation.

voltiger vi. (c. *manger*). Voler çà et là. || Flotter au gré du vent.

voltigeur, euse n. Qui fait des voltiges. || Nm. Autref., soldat d'un corps d'élite; auj., fantassin légèrement armé.

voltmètre nm. Appareil de mesure des différences de potentiel.

volubile adj. *Bot.* Se dit des tiges qui s'enroulent en spirale. || *Fig.* Qui a une grande facilité de parole.

volubilis [*liss*] nm. Nom vulgaire de la plupart des convolvulacées.

volubilité nf. Facilité et rapidité de la parole.

volume nm. Espace occupé par un corps. || Livre. || *Mus.* Force, étendue de la voix. || Masse d'eau que roule un fleuve.

volumineux, euse adj. Qui a un grand volume.

volupté nf. Plaisir des sens.

voluptueux, euse adj. et n. Qui aime la volupté, l'inspire ou l'exprime.

volute nf. Ornement en spirale. || *Par ext.* Ce qui est en forme de spirale : *des* - *de fumée*.

volvaire nf. Champignon suspect.

volve nf. Membrane épaisse entourant certains jeunes champignons.

vomique adj. *Noix* -, graine d'un arbre des Indes, à propriétés vomitives.

vomir vt. Rejeter par la bouche le contenu de l'estomac. || *Fig.* Proférer avec violence : - *des injures*.

vomissement nm. Action de vomir. || Matières vomies.

vomitif, ive adj. et nm. Qui provoque le vomissement.

vorace adj. Qui dévore, mange avec avidité.

voracité nf. Avidité à manger.

vorticelle nf. Infusoire.

vos adj. poss. Pluriel de *votre*.

vosgien, enne adj. et n. Des Vosges.

votant, e n. Personne qui vote, qui a le droit de voter.

votation nf. Action de voter.

vote nm. Suffrage exprimé. || Décision ou demande par voie de suffrage.

voter vi. Donner sa voix dans une élection. || Vt. Décider ou demander par un vote : - *une loi*.

votif, ive adj. Fait ou offert en vertu d'un vœu.

votre adj. poss. sing. Qui est à vous, qui vous appartient. || Pl. *vos*.

vôtre pr. poss. (S'emploie avec l'art.

le, la, les.) Ce qui est à vous. ‖ S'emploie sans article, comme adj. qualific. : *considérez ma maison comme -.* ‖ Tout dévoué à vous : *je suis tout -.* ‖ Nm. *Le -,* votre bien : *vous en serez du -.* ‖ Nmpl. *Les -,* vos parents, vos amis, etc.

vouer vt. (c. *tuer*). Consacrer, promettre par vœu : *-obéissance.* ‖ Mettre sous la protection de : *- son enfant à la Vierge.* ‖ Engager d'une manière particulière : *l'amitié que je lui ai vouée.* ‖ Se - vpr. Se consacrer.

vouloir vt. (*Je veux, tu veux, il veut, n. voulons, v. voulez, ils veulent. Je voulais. Je voulus. Je voudrai. Je voudrais. Veux, voulons, voulez,* ou, pour marquer une volonté moins forte, moins personnelle, *veuille..., veuillez. Q. je veuille..., q. n. voulions, q. v. vouliez, qu'ils veuillent. Q. je voulusse. Voulant. Voulu, e.*) Se déterminer à faire une chose. ‖ Exiger : *je veux de meilleures copies.* ‖ Désirer, souhaiter : *- du bien à quelqu'un.* ‖ S'efforcer de : *- faire le grand garçon.* ‖ Affirmer, prétendre : *il veut que je sois paresseux.* ‖ Pouvoir, se prêter à : *ce bois ne veut pas brûler.* ‖ - bien, consentir. ‖ *Vouloir dire,* signifier : « *virtus* » en latin veut dire la force. ‖ *Savoir ce que parler veut dire,* comprendre un sens caché. ‖ *Sans le -,* par mégarde. ‖ Vt. ind. - *de,* accepter, agréer : *je ne veux pas de son amitié.* ‖ Demander, attendre, réclamer. ‖ Vi. *En - à quelqu'un,* lui témoigner de la malveillance.

vouloir nm. Acte de la volonté, intention, disposition : *bon, mauvais -.*

vous pr. pers. Pluriel de *tu.*

voussoiement ou **vouvoiement** nm. Action de voussoyer, de vouvoyer.

voussoir ou **vousseau** nm. Pierre en forme de coin, entrant dans la construction d'une voûte.

voussoyer ou **vouvoyer** vt. Dire *vous* et non pas *tu.*

voussure nf. Courbure d'une voûte, d'une baie de fenêtre.

voûte nf. Ouvrage de maçonnerie fait en arc. ‖ *Poétiq.* - *étoilée,* le ciel.

voûter vt. Faire une voûte. ‖ **Se -** vpr. Se courber. ‖ **Voûté, e** part. et adj.

voyage nm. Action d'aller dans un autre pays. ‖ Allée et venue d'un lieu à un autre : *le camion a fait plusieurs -.*

voyager vi. (c. *manger*). Aller en pays éloigné, se déplacer.

voyageur, euse adj. et n. Qui voyage.

voyant, e adj. Qui attire la vue : *étoffe trop -.* ‖ N. f. Personne qui prétend voir le passé ou le futur :

consulter une -. ‖ Nm. Signal de formes diverses, destiné à attirer l'attention.

voyelle nf. Son produit par la vibration du larynx avec le concours de la bouche plus ou moins ouverte. ‖ Lettre représentant ce son.

voyou nm. Individu de mœurs crapuleuses. ‖ Enfant mal élevé.

vrac (en) adj. Pêle-mêle, sans emballage : *expédier -.*

vrai, e adj. Conforme à la vérité. ‖ Qui n'est pas faux : *un - diamant.* ‖ Convenable : *voilà sa - place.* ‖ Nm. La vérité : *aimer le -.* ‖ Loc. adv. **A - dire, à dire -,** à la vérité, pour parler sans déguisement.

vraisemblable adj. et n. Qui a l'apparence de la vérité. ‖ Probable.

vraisemblance nf. Apparence de vérité ; grande probabilité.

vrille nf. Outil terminé par une tarière hélicoïdale pour percer le bois. ‖ *Bot.* Filament en spirale.

vriller vt. Percer avec une vrille.

vrillette nf. Coléoptère dont les larves attaquent le bois.

vrombir vi. Produire un vrombissement.

vrombissement nm. Ronflement vibrant : *le - d'un moteur.*

vu adj. Considéré, estimé : *il est mal -.* ‖ Prép. Attendu, eu égard à : *- la difficulté.* (V. EXCEPTÉ.) ‖ Nm. Action de voir, connaissance d'une chose : *au - et au su de tout le monde.* ‖ **- que** loc. conj., attendu que, puisque.

vue nf. Faculté de voir ; celui des cinq sens par lequel on aperçoit les objets. ‖ Organe de la vue ; yeux, regards : *détourner la - de...* ‖ Action de regarder : *admirez ces merveilles, la - n'en coûte rien.* ‖ Présence : *à la - de l'ennemi.* ‖ Panorama : *jouir d'une belle -.* ‖ Tableau, photographie : *une - de Rome.* ‖ Pl. Projets, desseins : *avoir des - sur...* ‖ *Garder à -,* surveiller étroitement. ‖ *Connaître de -,* seulement pour avoir vu. ‖ *A - d'œil,* autant qu'on peut en juger par la vue seule ; *par exagér.,* très rapidement : *cet enfant grandit à - d'œil.* ‖ *Perdre de -,* cesser de voir ; au *fig.,* oublier, négliger : *ne perdez pas de - ce détail.* ‖ *Prise de -,* enregistrement sur pellicule. ‖ *Etre en -,* à portée du regard ; au *fig.,* dans une position brillante. ‖ *A perte de -,* très loin. ‖ *A première -,* sans examen. ‖ *Seconde, double -,* faculté de voir par l'imagination. ‖ *Comm.* Payable à - , sur présentation. ‖ **En - de** loc. prép., dans l'intention de.

vulcanisation nf. Addition de soufre au caoutchouc, pour le rendre moins sensible à la chaleur ou au froid.

vulcaniser vt. Faire subir, au caoutchouc la vulcanisation.

vulcanisme nm. Système qui attribue au feu l'état actuel du globe.

vulgaire adj. Commun : *esprit -*. ‖ Trivial, bas, grossier : *expressions -*. ‖ Nm. Le commun des hommes : *l'opinion du -*.

vulgarisateur, trice n. Qui répand la connaissance, l'usage d'une chose. ‖ Adj. : *esprit -*.

vulgarisation nf. Action de vulgariser.

vulgariser vt. Mettre à la portée de tous, répandre : *- un procédé*.

vulgarité nf. Défaut de ce qui est vulgaire : *la - des manières*.

vulnérabilité nf. Caractère de ce qui est vulnérable.

vulnérable adj. Qui peut être blessé.

vulnéraire adj. et nm. Propre à la guérison des plaies et blessures.

vulpin nm. Graminacée fourragère.

vultueux, euse adj. Rouge et gonflé : *une face -*.

W

w nm. Vingt-troisième lettre de l'alphabet et dix-huitième des consonnes. (En général, *w* a la valeur du *v* simple dans les mots français empruntés à l'allemand, ainsi *Wagram* doit se lire *vagram*. Dans les mots d'origine anglaise, hollandaise ou flamande, *w* a le son de *ou ;* ainsi *Wellington* doit se lire *ouellington*.)

wagon [*va*] nm. Voiture de marchandises roulant sur voie ferrée. ‖ Conduit de cheminée en terre cuite.

wagon-citerne nm. Wagon destiné au transport des liquides. ‖ Pl. des *wagons-citernes*.

wagon-lit nm. Voiture comportant des couchettes et des lits. (On dit aussi VOITURE-LIT.) ‖ Pl. des *wagons-lits*.

wagonnet nm. Petit wagon basculant.

wagon-poste nm. Wagon réservé au service de la poste. ‖ Pl. des *wagons-poste*.

wagon – restaurant nm. Voiture aménagée pour servir des repas. (On dit aussi VOITURE-RESTAURANT.) ‖ Pl. des *wagons-restaurants*.

wallace [*va*] nf. Petite fontaine publique à Paris.

wallon [*oua-lon*], **onne** adj. Relatif aux Wallons. ‖ Nm. Dialecte roman parlé en Belgique. ‖ N. : *un -*.

wapiti [*oua*] nm. Grand cerf d'Amérique du Nord.

warrant [*va-ran*] nm. Récépissé négociable d'une marchandise entreposée dans des docks.

warranter vt. Garantir par un warrant.

wassingue [*oua*] nf. Toile à laver.

water-ballast [*oua-tèr*] nm. Réservoir qui contient le lest d'eau d'un sous-marin. ‖ Pl. des *water-ballasts*.

water-closet [*oua-tèr, zèt*] nm. Lieux d'aisances. ‖ Pl. des *water-closets*.

wateringue [*oua*] nf. Dans les Flandres, ensemble des travaux d'assèchement des pays situés au-dessous du niveau de la mer.

water-polo [*oua-tèr*] nm. Jeu de ballon, qui se joue dans l'eau.

watt [*ouat*] nm. Unité pratique de puissance (symb. : W).

watt-heure nm. Energie fournie en une heure par une machine de puissance 1 watt (symb. : Wh). ‖ Pl. des *watts-heures*.

wattman [*ouat-man'*] nm. Conducteur d'un véhicule électrique. ‖ Pl. des *wattmen*.

wattmètre nm. Appareil pour mesurer la puissance électrique.

weber [*vé-bèr*] nm. Unité pratique de flux magnétique (symb. : Wb).

week-end [*ouik-ènd'*] nm. Congé de fin de semaine. ‖ Pl. des *week-ends*.

wergeld ou **wehrgeld** nm. Dans le droit germanique médiéval, transaction entre le coupable et sa victime ou les parents de celle-ci.

wharf [*ouarf*] nm. Quai, appontement qui s'avance dans la mer.

whig [*ouigh*] adj. et nm. Membre du parti libéral anglais.

whisky [*ouiss-ki*] nm. Eau-de-vie de grain.

whist [*ouist'*] nm. Jeu de cartes qui se joue à deux contre deux.

wigwam [*ouigh-ouam'*] nm. Hutte ou village des Indiens d'Amérique.

wolfram [*vol*] nm. Autre nom du TUNGSTÈNE.

wurtembergeois, oise adj. et n. Du Wurtemberg.

wyandotte n. et adj. Race de poules pondeuses.

x nm. Vingt-quatrième lettre de l'alphabet et dix-neuvième des consonnes. ‖ X, chiffre romain qui vaut dix. ‖ En algèbre, *x* représente l'inconnue. ‖ *Rayons X*, radiations électromagnétiques de faible longueur d'onde, traversant plus ou moins facilement les corps opaques. .

xénon nm. Gaz rare de l'atmosphère.

xénophile adj. et n. Qui aime les étrangers.

xénophilie nf. Sympathie pour les étrangers.

xénophobe adj. et n. Qui déteste les étrangers.

xénophobie nf. Haine des étrangers.

xérès [ké-rèss] nm. Vin très estimé d'Andalousie.

xérophtalmie nf. Ophtalmie sèche.

xiphoïde adj. m. Se dit de l'appendice inférieur du sternum.

xylène nm. Hydrocarbure benzénique extrait du goudron de houille.

xylocope nm. Abeille perce-bois.

xylofer nm. Instrument de gymnastique, sorte de massue allongée.

xylographe nm. Graveur sur bois.

xylographie nf. Art de graver sur bois. ‖ Impression à l'aide de caractères en bois ou de planchettes gravées.

xylol nm. Xylène brut.

xylophage adj. et n. Qui ronge le bois : *un insecte* -.

xylophone nm. *Mus.* Instrument de musique formé de plaques de longueur inégale, que l'on frappe avec des baguettes.

Y

y nm. Vingt-cinquième lettre de l'alphabet et la sixième des voyelles.

y adv. Dans cet endroit-là : *allez-*-. ‖ Pron. A cela, à cette personne-là : *ne vous - fiez pas.* ‖ *Il - a,* il est, il existe.

yacht [yak] nm. Navire de plaisance.

yachting nm. Sport nautique.

yachtman nm. Qui pratique le yachting. ‖ Pl. des *yachtmen.*

yack ou **yak** nm. Buffle d'Asie, à poils longs, à queue de cheval.

yankee [ki] n. Habitant des Etats-Unis. ‖ Adj. : *mœurs* -.

yaourt nm. V. YOGOURT.

yard nm. Mesure anglaise (0,914 m).

yatagan nm. Sabre turc incurvé en deux sens différents.

yearling [yeur-lin'g] nm. Cheval pur sang d'un an.

yèble nf. V. HIÈBLE.

yen nm. Monnaie japonaise.

yeuse nf. Chêne vert.

yiddish nm. Langue judéo-allemande.

ylang-ylang nm. Plante des Moluques, à fleurs très parfumées.

yogi [ghi] nm. Ascète indien.

yogourt nm. Lait caillé sous l'action d'un ferment.

yole [y asp.] nf. Embarcation étroite, légère et rapide.

yougoslave adj. et n. De Yougoslavie.

youyou [y asp.] nm. Petite embarcation à une ou deux paires d'avirons.

yo-yo [y asp.] nm. inv. Jouet formé d'une roulette à gorge, qui descend et remonte le long d'un fil.

ypérite nf. Gaz de combat, suffocant et vésicant.

yponomeute nf. Insecte lépidoptère qui attaque les arbres fruitiers.

ypréau nm. Peuplier blanc. ‖ Orme à larges feuilles.

yttrium [om'] nm. Métal rare (Y), accompagnant le cérium dans ses minerais.

yucca [iou-ka] nm. Liliacée ornementale, à belles fleurs blanches.

Z

z nm. Vingt-sixième lettre de l'alphabet et vingtième des consonnes.

zagaie ou **sagaie** nf. Javelot des peuples primitifs.

zanzibar nm. Jeu de dés.

zèbre nm. Mammifère équidé d'Afrique, à robe fauve rayée de brun.

zébré, e adj. Marqué de zébrures.

zébrer vt. Marquer de zébrures.

zébrure nf. Rayure sur la peau.

zébu nm. Mammifère bovidé qui a sur le garrot une ou deux bosses charnues.

zélateur, trice n. Qui montre un zèle ardent : - de la foi.

zèle nm. Grande activité inspirée par la foi, le dévouement, l'affection, etc. || *Fam. Faire du* -, montrer un empressement excessif ou intempestif.

zélé, e adj. et n. Qui montre du zèle.

zend, e [*zind'*] nm. Ancienne langue indo-européenne.

zénith nm. Point du ciel situé verticalement au-dessus d'un point de la terre. || *Fig.* Degré le plus élevé : *sa gloire est au* -.

zénithal, e, aux adj. Relatif au zénith.

zéolite ou **zéolithe** nf. Silicate hydraté naturel.

zéphyr nm. Chez les Anciens, vent d'ouest. || Vent doux et agréable. || Toile légère.

zeppelin nm. Ballon dirigeable allemand à carcasse métallique.

zéro nm. Chiffre qui, dans l'écriture des nombres, marque l'absence d'unités d'un certain ordre. || Point de départ de l'échelle de graduation d'un instrument de mesure. || Degré de température correspondant à celle de la glace fondante. || *Fig.* Homme nul. de — 273° C. || *Fig.* Homme nul.

zest nm. *Entre le zist et le* -, ni bien ni mal.

zeste nm. Cloison membraneuse intérieure de la noix. || Écorce extérieure de l'orange, du citron. || *Fig.* Chose de peu de valeur.

zézaiement nm. Défaut d'une personne qui zézaie.

zézayer vi. (c. *balayer*). Prononcer *z* les articulations *j*, *g* et *ch*, par ex. *pizon* pour *pigeon*.

zibeline nf. Martre de Sibérie à poil brun très fin. || Sa fourrure.

zigzag nm. Ligne brisée à angles alternativement saillants et rentrants.

zigzaguer [*ghé*] vi. Faire des zigzags. || Se déplacer en zigzag.

zinc [*zingh'*] nm. Métal (Zn) blanc bleuâtre, de densité 7,12, peu oxydable.

zincographie nf. Procédé analogue à la lithographie, la pierre étant remplacée par le zinc.

zingage nm. Action de recouvrir de zinc. || Galvanisation du fer.

zingaro nm. Nom italien des tziganes ou bohémiens. || Pl. des *zingari*.

zinguer vt. Recouvrir de zinc.

zinguerie nf. Commerce du zinc. || Atelier où l'on prépare le zinc.

zingueur nm. Ouvrier qui travaille le zinc.

zinnia nm. Plante ornementale originaire du Mexique.

zinzolin nm. Couleur d'un violet rougeâtre. || Adj. : *tapisserie zinzoline*.

zircon nm. Pierre précieuse cristalline, de diverses couleurs.

zirconium [*om'*] nm. Métal gris (Zr), voisin du titane et du silicium.

zist nm. V. ZEST.

zizanie nf. Ivraie. || *Fig.* Discorde.

zloty nm. Unité monétaire polonaise.

zodiacal, e, aux adj. Qui appartien au zodiaque : *étoile* -.

zodiaque nm. Grand cercle de la sphère céleste représentant les douze constellations que le soleil semble traverser dans une année.

zoïle nm. Critique envieux.

zona nm. Affection cutanée douloureuse à éruptions localisées sur le trajet des nerfs.

zonal, e, aux adj. Qui présente des bandes transversales colorées.

zone nf. Portion de la surface d'une sphère comprise entre deux plans parallèles. || Chacune des cinq grandes divisions du globe terrestre déterminées par les cercles polaires et les tropiques. || Étendue de pays caractérisée par une circonstance particulière : - *postale; - frontière*. || *Hist. nat.* Bandes ou marques circulaires.

zonier, ère adj. Qui concerne une zone frontière.

zoo [*zo-o*] nm. Abrév. de JARDIN ZOOLOGIQUE. (V. ZOOLOGIQUE.)

zoographie nf. Description des animaux. ‖ Peinture d'animaux.

zoolâtrie nf. Adoration de dieux à forme animale.

zoologie nf. Branche de l'histoire naturelle qui traite des animaux.

zoologique adj. Relatif à la zoologie. ‖ *Etablissement -*, où sont réunis des groupes d'animaux vivants

zoologiste nm. Naturaliste en zoologie.

zoophytes nmpl. Animaux aux formes rappelant celles des plantes (corail, éponge, méduse). ‖ Sing. : *un -*.

zoospore nf. Spore de certains champignons ayant quelque ressemblance avec des animaux inférieurs (cils vibratiles).

zootechnie nf. Art d'élever et d'améliorer les animaux domestiques.

zorille nf. Mammifère carnassier d'Afrique, à fourrure appréciée.

zouave nm. Soldat d'un corps d'infanterie française créé en Algérie en 1831.

zut! *Fam.* Interj. qui indique le dépit, le mépris, l'indifférence.

zygoma nm. Os de la pommette.

zygomatique adj. Relatif au zygoma.

zymase nf. Ferment soluble. ‖ Diastase de la levure de bière, qui produit la fermentation alcoolique

zymologie nf. Science de la fermentation.

COMPOSITION ET DÉRIVATION DES MOTS

PRÉFIXES D'ORIGINE GRECQUE

PRÉFIXES	SENS	EXEMPLES	PRÉFIXES	SENS	EXEMPLES
a- an-	sans —	athée anarchie	exo-	au-dehors	exotisme
ana-	inverse	anachronisme ; anastrophe	hémi-	demi	hémicycle
anti-	contre	antivol	hyper-	au-dessus	hypertension
apo-	hors de, loin de	apostasie ; apothéose	hypo-	sous	hypogée
archi-, arch-	au plus haut degré	archifou ; ar- chimillion- naire	méta-	après	métathèse
cata-	de haut en bas	catastrophe ; cataracte	par(a)-	près de	paradoxe
di(a)-	à travers	diaphane	péri-	autour	périoste
dys- ecto- en- end(o)- épi- eu-	difficile en dehors dans interne sur bien	dyspepsie ; ectoplasme endémie ; endocrine épiderme euphonie.	pro- syn-, sym-	devant avec	prognathe synthèse ; synonyme

MOTS GRECS SERVANT DE PRÉFIXES
OU ENTRANT DANS LA COMPOSITION DE MOTS FRANÇAIS

PRÉFIXES	SENS	EXEMPLES	PRÉFIXES	SENS	EXEMPLES
acanth- acro- actino-	épine élevé rayon	acanthe acrobate actinique	bio- brachy- brady-	vie court lent	biologie brachycéphale bradypepsie
aéro-	air	aéronaute	brom(o)- bronch(o)-	puanteur gorge	bromure bronche
agro- allo-	champ autre	agronome allopathie	butyr(o)- caco-, cach-	beurre mauvais	butyrique cacophonie ; cachexie
amphi-	autour double	amphithéâtre amphibie	calli-	beau	calligraphie
andro- anémo- antho- anthrac- anthropo-	homme vent fleur charbon homme	androcée anémomètre anthologie anthracite anthropophage	cardi(o)- céno- céno- céphal-	cœur commun vide tête	cardiaque cénobite cénotaphe céphalopode
archéo- arithmo- artério- arthr(o)- astr(o)-, astr(o)- auto-	ancien nombre artères articulé astre soi-même	archéologie arithmétique artériosclérose arthrite astronaute automobile	chalco- chir- chlor(o)- chresto- chrom(o)- chron(o)- chrys(o)-	cuivre main vert utile couleur temps or	chalcographie chiromancie chlorhydrique chrestomathie chromatique chronomètre chrysolithe
baro- biblio-	pesant livre	baromètre bibliophile			

PRÉFIXES	SENS	EXEMPLES	PRÉFIXES	SENS	EXEMPLES
cinémat(o)-, einés-, cinét(o)-	mouvement	cinéma ; cinétique	homéo-, hom(o)-	semblable	homologue
conch(o)-	coquille	conchylien	hor(o)-	heure	horoscope
cosm(o)-	monde	cosmique	hydr(o)-	eau	hydraulique
crypt(o)-	caché	crypte	hygro-	humide	hygromètre
cyan(o)-	bleu	cyanure	hypn(o)-	sommeil	hypnose
cycl(o)-	cercle	cyclone	icon(o)-	image	icône
cyto-	cellule	cytologie	idé(o)-	idée	idéogramme ; idéologie
dactyl(o)-	doigt	dactylographe			
déca-	dix	décamètre	idi(o)-	particulier	idiome
dém(o)-	peuple	démocrate	iso-	égal	isotherme
			kilo-	mille	kilogramme
derm(o-), dermato-	peau	derme	leuco-	blanc	leucocyte
didact-	enseigner	didactique	litho-	pierre	lithographie
dodéca-	douze	dodécagone	logo-	science	logarithme
dolicho-	long	dolichocéphale	macro-	grand	macrocosme
dory-	lance	doryphore	méga-, mégalo-	grand	mégalithe
dynam(o)-	force	dynamite			
échin(o)-	hérisson	échinoderme	mél(o)-	chant	mélodique
entér(o)-	entrailles	entérite	més(o-)	milieu	mésopotamien
entomo-	insecte	entomologiste	météor(o)-	air	météorologie
éo-	aurore	éocène	métr(o)-	mesure	métronome
galact(o)-	lait	galactose	micro-	petit	microscope
gam(o-)	mariage	gamète	miso-	haine	misanthrope
gastéro-, gastro-	ventre	gastéropodes	mném(o)-	mémoire	mnémonique
			mon(o)-	seul	monolithe
gé(o)-	terre	géographie	morpho-	forme	morphologie
géront(o)-	vieillard	gérontocratie	myria-	dix mille	myriade
gloss(o)-	langue	glossaire	mytho-	légende	mythologie
gluc(o)-, glyc(o)-, glycér(o)-	doux	glucose	nécro-	mort	nécropole ; nécrologie
gramo-	lettre	gramophone	néo-	nouveau	néophyte ; néologisme
graph(o)-	écrire	graphologie			
gyn(o)-	femme	gynécée	néphr(o)-	rein	néphrite
gyro-	cercle	gyroscope	neuro-, névr-	nerf	neurologie ; névralgie
hagi(o)-	sacré	hagiographie			
hecto-	cent	hectomètre	noso-	maladie	nosologie
héli(o)-	soleil	héliothérapie	octo-	huit	octogone
hémat(o)-, hémo-	sang	hématose	odont(o)-	dent	ondontalgie
			olig(o)-	rare	oligarchie
hépat(o)-	foie	hépatique	onir(o)-	songe	oniromancie
hept(a)-	sept	heptasyllabe	ophtalmo-	œil	ophtalmie
hétéro-	autre	hétérogène	ornitho-	oiseau	ornithologiste
hexa-	six	hexagone	oro-	montagne	orographie
hiér(o)-	sacré	hiéroglyphe	ortho-	droit	orthographe
hipp(o)-	cheval	hippodrome	osté(o)-	os	ostéite
hist(o)-	tissu	histologie			

MOTS GRECS SERVANT DE PRÉFIXES
OU ENTRANT DANS LA COMPOSITION DE MOTS FRANÇAIS (*suite*)

PRÉFIXES	SENS	EXEMPLES	PRÉFIXES	SENS	EXEMPLES
oto-	oreille	oto-rhino	rhino-	nez	rhinocéros
oxy-	aigu, acide	oxyde			
pachy-	épais	pachyderme	rhizo-	racine	rhizome
paléo-	ancien	paléolithique	rhodo-	rose	rhododendron
pan-,			sarco-	chair	sarcophage
pant(o) -	tout	panthéisme	saur-	lézard	sauriens
path(o) -	souffrance	pathologie	scaph-	barque	scaphandrier
péd(o) -	enfant	pédagogie	schizo-	qui fend	schizophrénie
penta-	cinq	pentagone	séma-	signe	sémaphore
phago-	manger	phagocyte	sidér(o) -	fer	sidérurgique
pharmaco-	médicament	pharmacopée	solén(o) -	tuyau	solénoïde
pharyng(o) -	gosier	pharyngite	somat(o) -	corps	somatique
phén(o) -	apparaître	phénomène	sphaero-	globe	sphéroïde
phil(o) -	qui aime	philanthrope	sphéno-	coin	sphénoïde
phon(o) -	voix	phonographe	stat-	stable	statique
photo-	lumière	photographe	stéré(o) -	solide	stéréoscope
phréno-	intelligence esprit	phrénologie	stomat(o) -	bouche	stomatologie
phyllo-	feuille	phylloxéra	styl(o) -	colonne	stylite
phys(io) -	nature	physiocrate	tachy-	rapide	tachymètre
plast-	façonné	plastique	tauto-	le même	tautologie
pleur(o) -	côte	pleurite	taxi-	ordre	taximètre
plouto-	richesse	ploutocratie	techn(o) -	art	technologie
pneumo-	poumon	pneumonie	télé-	loin	téléphone
pod(o) -	pied	podomètre	tétra-	quatre	tétragone
poly-	nombreux	polygone	théo-	dieu	théocratie
prot(o-)	premier	prototype	thérapeut-	qui soigne	thérapeutique
pseud(o-)	faux	pseudonyme	therm(o) -	chaleur	thermomètre
psych(o) -	âme	psychologue	top(o) -	lieu	toponymie
ptéro-	aile	ptérodactyle	urano-	ciel	uranographie
pyr(o) -	feu	pyrotechnie	xén(o) -	étranger	xénophobe
			xér(o) -	sec	xérophagie
			xylo-	bois	xylophone
			zoo-	animal	zoologie

PRÉFIXES D'ORIGINE LATINE OU MOTS LATINS
ENTRANT DANS LA COMPOSITION DE MOTS FRANÇAIS

PRÉFIXES	SENS	EXEMPLES	PRÉFIXES	SENS	EXEMPLES
ab-, abs-	loin de	abstinence	co, col-, com-, con-, cor-	avec	collection ; concitoyen ; corrélatif
ad-	vers	adhérence			
anté-	avant	antédiluvien	déci-	dix	décimale
bis-, bi-	deux	biplace	dis-	séparé	disjoindre
circon-, circum-	autour	circonlocution	ex-	hors qui a cessé d'être	expatrier ex-ministre ; ex-député

PRÉFIXES D'ORIGINE LATINE OU MOTS LATINS
ENTRANT DANS LA COMPOSITION DE MOTS FRANÇAIS (suite)

PRÉFIXES	SENS	EXEMPLES	PRÉFIXES	SENS	EXEMPLES
extra-	très	extra-fin	quadr(i-)	quatre	quadrette
	hors de	extraordinaire	quasi-	presque	quasi-délit
in-, im-, il-, ir-	dans	infiltrer	quinqu-	cinq	quinconce
	privé de	inexact	radio-	rayon	radiologie
inter-	entre	interallié	r(e)-, ré-	de nouveau	rouvrir
intra-	au-dedans	intraveineux	rétro-	en retour	rétroactif
juxta-	auprès de	juxtaposer	simili-	semblable	similitude
multi-	nombreux	multicolore	sub-	sous	subalterne
octa-, octo-	huit	octaèdre	super-, supra-	au-dessus	supranational
omni-	tout	omnivore	trans-	au-delà	transport
pén(é)-	presque	pénéplaine	tri-	trois	trisaïeul
per-	à travers	perforer	ultra-	au-delà de	ultra-son
post-	après	postdater	uni-	un	unifier
pré-	devant	préhistoire	vice-	à la place de	vice-consul
pro-	en avant	projeter			

SUFFIXES SERVANT A FORMER DES NOMS

SUFFIXES	SENS	EXEMPLES	SUFFIXES	SENS	EXEMPLES
-ace, -asse	péjoratif	populace, vinasse	-ée	contenu	maisonnée
-ade	action, collectif	bousculade, colonnade	-ement, -ment	action	stationnement, hurlement
-age	action, collectif	balayage, pelage	-er, -ier, -ière	agent	boucher, pâtissier, crémière
-aie	plant, semis	roseraie	-erie	qualité, local, etc.	pruderie, charcuterie, épicerie
-ail	instrument	éventail			
-aille	péjoratif, collectif	mangeaille, ferraille	-esse	qualité, défaut	sagesse, maladresse
-ain	origine	romain	-et, -ette	diminutif	sachet, fillette
-aine	collectif	centaine	-eté, -té, -ité	qualité	propreté, fierté, humanité
-aire	agent	mercenaire	-eur, -ateur	agent	rôdeur, délateur
-aison	action	livraison, production, invitation, évasion, guérison	-ie	état	maladie, envie
-ion, -tion, -ation, -sion, -ison			-ien, -en	profession, origine	chirurgien, parisien
-ance	résultat de l'action	croyance, espérance	-is	résultat d'une action	gâchis, fouillis, hachis, taillis

SUFFIXES SERVANT A FORMER DES NOMS (*suite*)

SUFFIXES	SENS	EXEMPLES	SUFFIXES	SENS	EXEMPLES
-ard	péjoratif	chauffard	-ise	qualité, défaut	franchise, gourmandise
-at	dignité, état	magistrat, notariat	-isme	doctrine	communisme
-âtre	péjoratif	marâtre	-iste	métier, partisan de	bouquiniste, calviniste
-ature, -ure	action, instrument	armature, peinture	-ite	maladie	méningite
-aud	péjoratif	lourdaud	-itude	qualité	exactitude
-cule, -ule	diminutif	animalcule	-oir, -oire	instrument	rasoir, passoire
-eau, -elle, -ille	diminutif	chevreau, radicelle, faucille	-ole	diminutif	bestiole
			-on, -eron, -illon	diminutif	aiglon, moucheron, médaillon
			-ot	diminutif	îlot, chariot

SUFFIXES SERVANT A FORMER DES ADJECTIFS

SUFFIXES	SENS	EXEMPLES	SUFFIXES	SENS	EXEMPLES
-able, -ible, -uble	possibilité	viable, audible, soluble	-et, -elet	diminutif	propret, aigrelet
-ain, -ien	habitant	africain, indien	-eux	dérivé de nom	valeureux, peureux
-ais, -ois	habitant	japonais, chinois	-ier	qualité	hospitalier
-al	qualité	glacial	-if	qualité	maladif
-an	origine	pisan, persan	-in	diminutif ou péjor.	blondin, libertin
-ard	péjoratif	vantard	-ique	origine	chimique, italique
-asse	péjoratif	fadasse	-iste	qui se rapporte à	réaliste, égoïste
-âtre	péjoratif	rougeâtre	-ot	diminutif ou péjor.	vieillot, pâlot
-aud	péjoratif	rustaud	-u	qualité	barbu, charnu
-é	état	dentelé			
-el	qui cause	mortel			
-esque	qualité	romanesque			

SUFFIXES SERVANT A FORMER DES VERBES

SUFFIXES	SENS	EXEMPLES	SUFFIXES	SENS	EXEMPLES
-ailler	péjoratif	tirailler	-ir	dérivé d'adjectif	noircir, rougir
-asser	péjoratif	rêvasser	-iser	qui rend	fertiliser
-eler	dérivé du nom	écarteler	-ocher	péjoratif (surtout)	effilocher, flânocher
-er	dérivé du nom	destiner	-onner	péjoratif, diminutif	mâchonner, graillonner
-eter	diminutif, qui rend	tacheter	-oter	péjoratif	vivoter
-ifier	cause	bêtifier	-oyer	devenir	verdoyer
-iller	diminutif, péjoratif	sautiller, babiller			
-iner	diminutif	trottiner			

MOTS GRECS EMPLOYÉS COMME SUFFIXES

SUFFIXES	SENS	EXEMPLES	SUFFIXES	SENS	EXEMPLES
-algie	douleur	névralgie	-manie	obsession, passion	anglomanie, cleptomanie
-archie	pouvoir	monarchie	-mètre	mesure	centimètre
-bare	pression	isobare	-nome	qui règle	économe
-bole	qui lance	discobole	-nomie	art de mesurer	astronomie
-carpe	fruit	péricarpe	-onyme	qui porte le nom	homonyme, patronyme
-cène	récent	éocène			
-céphale	tête	bicéphale	-pathe	malade de	névropathe
-cosm(o)	monde	microcosme	-pédie	éducation	orthopédie
-cratie	pouvoir	démocratie	-phage	qui mange	œsophage
-cycle	roue	tricycle	-phane	qui brille	diaphane
-dactyle	muni de doigts	ptérodactyle	-phile	ami de	russophile
-doxe	opinion	paradoxe	-phobe	ennemi de	anglophobe
-drome	course	cynodrome	-phore	qui porte	sémaphore
-èdre	face, base	octaèdre	-pode	pied	antipode
-gamie	mariage	polygamie	-pole	ville	acropole
-gène	qui produit	hydrogène	-ptère	aile	diptère
-gone	angle	polygone	-scope	qui voit	télescope
-gramme	un écrit	programme	-scopie	vision	radioscopie
-graphe	qui écrit	télégraphe	-taphe	tombeau	épitaphe
-hydre	eau	anhydre	-technie	science	pyrotechnie
-id(e)	en forme	sinusoïde	-technique	qui sait	radio-technique
-lâtrie	adoration	idolâtrie			
-lithe, -lite	pierre	monolithe	-thèque	armoire	discothèque
-logie	science	zoologie	-thérapie	guérison	héliothé-rapie
-logue	qui étudie	géologue	-therme	chaleur	isotherme
-mancie	divination	cartomancie	-type	modèle	prototype

MOTS LATINS EMPLOYÉS COMME SUFFIXES

SUFFIXES	SENS	EXEMPLES	SUFFIXES	SENS	EXEMPLES
-cide	qui tue	infanticide	-forme	en forme de	filiforme
-cole	de la culture	viticole	-fuge	qui fuit ou fait fuir	transfuge, fébrifuge
-culteur	qui cultive	agriculteur	-pare	qui enfante	ovipare
-culture	art de cultiver	horticulture	-pède	qui a des pieds	bipède
-fère	qui porte	mammifère	-vore	qui se nourrit	carnivore
-fique	qui produit	frigorifique			

PARTIE HISTORIQUE ET GÉOGRAPHIQUE

A

Aarhus ou **Arhus,** v. et port du Danemark (Jylland) ; 242 200 h.

Aaron, grand prêtre, frère aîné de Moïse.

Abadan, v. et port de l'Iran ; 302 000 h. Raffineries de pétrole.

Abbassides, dynastie de califes arabes. qui régna à Bagdad de 762 à 1258.

Abbeville. ch.-l. d'arr. (Somme). sur la Somme. Industries textiles et alimentaires. Eglise (xve-xvie s.) ; 26 600 h.

Abd al-Rahman, émir d'Espagne, battu par Charles Martel à Poitiers en 732.

Abd el-Kader, émir arabe (1808-1883). Il soutint quinze ans la guerre contre les Français en Algérie.

Abd el-Krim, chef rifain (1882-1963). Il lutta contre la France et l'Espagne dans le Rif.

Abd ul-Aziz, sultan de Turquie en 1861 ; né en 1830. Assassiné en 1876.

Abd ul-Hamid II, surnommé **le Sultan rouge** (1842-1918), sultan de Turquie de 1876 à 1909.

Abel, fils d'Adam, tué par son frère Caïn. (*Bible.*)

Abélard (Pierre), théologien et philosophe français (1079-1142), célèbre par sa passion pour Héloïse.

Abencérages, tribu maure du royaume de Grenade, au xve s.

Aberdeen, v. d'Ecosse, port sur la mer du Nord. Centre industriel ; 187 000 h.

Abidjan, cap. de la Côte-d'Ivoire. Port actif ; 177 000 h.

Aboukir, bourg d'Egypte. Nelson détruisit la flotte française dans sa rade (1798) ; Bonaparte y vainquit les Turcs (1799).

Abraham, patriarche, père d'Isaac, ancêtre des Israélites et des Arabes.

Abruzzes (les), région montagneuse de l'Italie centrale, dans l'Apennin.

Absalon, fils de David. (*Bible.*)

Abyssinie, anc. n. de l'**Ethiopie.**

Acadie, anc. prov. française de l'Amérique du Nord, auj. partie du Canada.

Acapulco, v. et port du Mexique, sur le Pacifique. Station touristique.

Accra, cap. du Ghana, port sur le golfe de Guinée ; 848 000 h.

Achaïe [*ka-i*], contrée de l'ancienne Grèce (Péloponèse).

Achéménides, dynastie perse (vie-ive s. av. J.-C.).

Achéron, fleuve des Enfers. (*Myth.*)

Achille, roi des Myrmidons ; le plus fameux des héros grecs qui prirent part à la guerre de Troie.

Acis, berger aimé de Galatée : Polyphème, jaloux, l'écrasa sous un rocher.

Aconcagua, sommet des Andes (Argentine et Chili) ; 6 959 m.

Açores, archipel portugais de l'Atlantique ; 336 000 h.

Acre (**Saint-Jean-d'**), auj. **Akko,** v. d'Israël, port sur la Méditerranée.

Acropole, colline d'Athènes, où furent construits de nombreux monuments (*Parthénon, Erechthéion,* etc.).

Actes des Apôtres, livre du Nouveau Testament, écrit par saint Luc.

Actium, promontoire de Grèce ; victoire navale d'Octavien sur Antoine, en 31 av. J.-C.

Adam, premier homme. (*Bible.*)

Adam le Bossu, ou **de la Halle,** trouvère picard du xiiie s.

Adda, riv. d'Italie, affl. du Pô (r. g.) ; 300 km.

Addis-Abéba, cap. de l'Ethiopie ; 644 000 h. Centre commercial.

Adélaïde, cap. de l'Australie méridionale, port actif sur l'océan Indien ; 771 000 h. Centre industriel.

Adélie (*terre*), terre antarctique française, à 2 500 km au sud de la Tasmanie, découverte en 1840.

Aden, v. du Yémen du Sud, sur le *golfe d'Aden.* L'ancien *protectorat britannique d'Aden* s'étendait sur diverses principautés de l'Arabie.

Adenauer (Konrad), chancelier de l'Allemagne fédérale de 1949 à 1963 (1876-1967).

Ader (Clément), ingénieur français (1841-1925) ; il construisit le premier avion (1890).

Adige, fl. d'Italie (Adriatique) ; 410 km.

Admète [*niss*], roi de Phères, l'un des Argonautes. Sa femme Alceste se sacrifia.

Adonis [*niss*], jeune grec d'une grande beauté. Aphrodite le changea en anémone. (*Myth.*)

Adour, fl. du sud-ouest de la France tributaire de l'Atlantique ; 335 km.

Adrets (*baron* des), chef protestant, puis catholique, né près de Grenoble (1513-1587). Il est connu par sa cruauté pendant les guerres de Religion.

Adriatique (*mer*), golfe de la Méditerranée, qui baigne l'Italie, la Yougoslavie et l'Albanie.

Aétius, général romain qui contribua à la défaite d'Attila en 451.

Afars et des Issas (*Territoire français des*), nom porté à partir de 1967 par la Côte française des Somalis (auj. République de Djibouti).

Afghanistan, république de l'Asie occidentale. Région montagneuse (massif de l'Hindou-Kouch) ; 650 000 km² ; 19 280 000 h. Cap. *Kaboul*.

Afrique, une des cinq parties du monde. L'*Afrique* est une presqu'île triangulaire tenant à l'Asie par l'isthme de Suez ; 30 300 000 km² ; 404 millions d'h. L'Afrique comprend : 1° des Etats indépendants : Egypte, Libéria, Ethiopie, Libye, Soudan, Guinée, Maroc, Tunisie, république d'Afrique du Sud avec le Sud-Ouest africain, et, depuis 1960, Cameroun, Togo, les républiques correspondant aux anciennes A.-O. F et A.-E. F., Madagascar, Somalie, Zaïre (anc. Congo belge) ; depuis 1962, l'Algérie et les anciens territoires sous tutelle belge du Ruanda et du Burundi ; depuis 1968, la Guinée équatoriale ; 2° des territoires français : la Réunion et l'île Mayotte (Comores) ; 3° des territoires et des Etats indépendants demeurés membres du Commonwealth : Gambie, Sierra Leone, Ghana, Nigeria, Ouganda, Kenya, Zambie, Malawi, Botswana, Lesotho, Swaziland, Tanzanie ; 4° les anc. possessions portugaises pour lesquelles l'indépendance a été acquise en 1974 et 1975 : Guinée-Bissau, Angola, Mozambique, îles du Cap-Vert, São Tomé et l'île du Prince ; 5° une possession espagnole, constituée par l'archipel des Canaries.

Afrique-Équatoriale française, ancien gouvernement général qui groupait en une fédération les territoires français du Gabon, du Moyen-Congo, de l'Oubangui-Chari et du Tchad. Cap. *Brazzaville*.

Afrique noire, partie du continent africain habitée par des populations de race noire.

Afrique-Occidentale française, ancien gouvernement général qui groupait en une fédération les territoires français du Sénégal, du Soudan, de la Guinée, de la Côte-d'Ivoire, du Dahomey, de la Haute-Volta, de la Mauritanie et du Niger. Cap. *Dakar*.

Afrique du Sud (*république d'*), anc. Union sud-africaine, Etat de l'Afrique formé par les prov. du Cap, du Natal, de l'Orange et du Transvaal ; 1 224 000 km²; 25 470 000 h. Cap. *Pretoria*.

Agadir, v. et port du Maroc (Atlantique) ; 34 000 h.

Agamemnon, roi d'Argos, chef des Grecs qui assiégèrent Troie.

Agde, ch.-l. de c. (Hérault) ; 11 800 h. Anc. cathédrale fortifiée.

Agen, ch.-l. de Lot-et-Garonne, sur la Garonne; 35 800 h. Cultures fruitières. Cathédrale (XIIᵉ-XIIIᵉ s.).

Agésilas, roi de Sparte (397-360 av. J.-C.). Il vainquit les Perses.

Agout, riv. de France, affl. du Tarn (r. g.) ; 180 km.

Agra, v. de l'Inde, sur la Jumna. Mosquée du Tadj-Mahal ; 610 000 h.

Agrigente, anc. **Girgenti**, v. de Sicile. Temples grecs (Vᵉ s.).

Agrippa (Vipsanius), général romain (63-12 av. J.-C.), gendre d'Auguste.

Agrippine, mère de Néron, épouse de l'empereur Claude, qu'elle empoisonna; Néron la fit assassiner.

Aguesseau (Henri-François d'), magistrat français (1668-1751), célèbre par son éloquence et son intégrité.

Ahmedabad, v. de l'Inde du Nord-Ouest ; 1 507 000 h.

Aigos Potamos, petit fl. de Thrace, près duquel le Spartiate Lysandre vainquit les Athéniens (405 av. J.-C.).

Aigoual (*mont*), massif des Cévennes ; 1 567 m d'alt. Observatoire.

Aigues-Mortes, ch.-l. de c. (Gard) ; 4 500 h. Jadis, port de mer où Saint Louis s'embarqua pour l'Egypte (1248) et pour Tunis (1270).

Ain, riv. de France, qui sort du Jura et se jette dans le Rhône (r. dr.) ; 200 km.

Ain (01), dép. de l'est de la France; préf. *Bourg*; s.-préf. *Belley, Gex, Nantua*; 5 784 km²; 376 500 h.

Aïn-Beïda, ch.-l. d'arr. du dép. de Constantine; 27 300 h.

Aïn-Sefra, ch.-l. d'arr. d'Algérie (Saïda) ; 8 000 h.

Aïn-Témouchent, ch.-l. d'arr. d'Algérie (dép. d'Oran) ; 34 100 h.

Aisne, riv. de France, affl. de l'Oise (r. g.) ; 280 km.

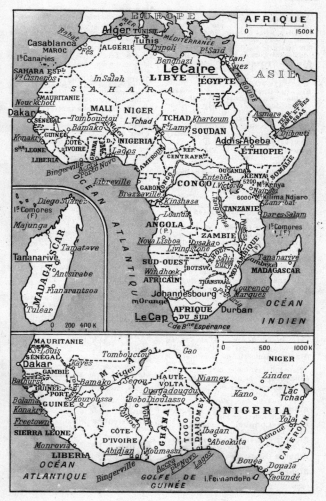

AFRIQUE

0   1500 K

Aisne (02), dép. formé en partie par l'Ile-de-France, en partie par la Picardie; préf. *Laon;* s.-préf. *Château-Thierry, Saint-Quentin, Soissons, Vervins;* 7 428 km²; 533 900 h.

Aix (*île d'*), île de l'Atlantique, près de l'embouchure de la Charente; 200 h.

Aix-en-Provence, anc. cap. de la Provence, ch.-l. d'arr. (Bouches-du-Rhône). Archevêché; université. Ville d'art; 114 000 h.

Aix - la - Chapelle, v. d'Allemagne (Rhin - Septentrional - Westphalie). Centre industriel; 176 000 h. Chapelle palatine (IXᵉ s.). Traités en 1668 (guerre de Dévolution) et en 1748 (guerre de la Succession d'Autriche).

Aix-les-Bains, ch.-l. de c. (Savoie). Station thermale; 22 300 h.

Ajaccio, ch.-l. de la Corse-du-Sud. Port. Centre touristique. Patrie de la famille Bonaparte; 51 800 h.

Ajax, héros grec de la guerre de Troie.

Ajmer, v. du nord de l'Inde.

Akron, v. des Etats-Unis (Ohio); 290 000 h. Industrie du caoutchouc.

Alabama, un des Etats unis d'Amérique (Centre-Sud-Est); 3 405 000 h. Cap. *Montgomery.*

Alain, penseur français (1868-1951).

Alain - Fournier, écrivain français (1886 - 1914), auteur du *Grand Meaulnes.*

Alains, peuple barbare qui envahit en 406 la Gaule, puis l'Espagne, où il fut anéanti par les Wisigoths.

Alamans, peuple germanique du vᵉ s.

Alamein (El-), bourg d'Egypte; victoire des Anglais sur les Germano-Italiens en 1942.

Alarcon (Juan Ruiz de), poète dramatique espagnol, né à Mexico (vers 1589-1639).

Alaric Iᵉʳ, roi des Wisigoths, m. en 410; il pilla Rome; — ALARIC II, roi des Wisigoths, tué par Clovis (507).

Alaska, péninsule du nord-ouest de l'Amérique, formant auj. un Etat des Etats-Unis; 250 000 h. Cap. *Juneau.*

Albacete, v. du sud-est de l'Espagne.

Albanie, république des Balkans, sur la mer Adriatique; 29 000 km²; 2 480 000 h. Cap. *Tirana.*

Albe (*duc d'*) [1508-1582], général de Charles Quint et de Philippe II.

Albe-la-Longue, la plus anc. v. du Latium, rivale de Rome.

Albeniz (Isaac), compositeur espagnol (1860-1909), auteur d'*Iberia.*

Albères (*monts*), chaîne des Pyrénées orientales; 1 256 m.

Alberoni (Jules), cardinal (1664-1752); ministre de Philippe V d'Espagne.

Albert le Grand (*saint*), théologien et savant dominicain (vers 1206-1280).

Albert Iᵉʳ **de Habsbourg** (1255-1308), empereur germanique de 1298 à 1308; — ALBERT II (1397-1439), empereur germanique à partir de 1438.

Albert Iᵉʳ (1848-1922), prince de Monaco, un des fondateurs de l'océanographie.

Albert Iᵉʳ (1875-1934), roi des Belges de 1909 à 1934, surnommé *le Roi Chevalier.* Il résista héroïquement à l'invasion allemande de 1914 à 1918.

Albert de Hohenzollern (1490-1568), premier duc de Prusse.

Alberta, prov. de l'ouest du Canada; 1 671 000 h. Cap. *Edmonton.*

Albertville, ch.-l. d'arr. (Savoie), sur l'Arly; 17 500 h.

Albi, ch.-l. du Tarn, sur le Tarn; 49 500 h. Cathédrale fortifiée (XIIIᵉ-XVIᵉ s.). Centre industriel.

Albigeois, hérétiques du midi de la France, contre lesquels le pape Innocent III ordonna une croisade (1209-1229).

Albion, la Grande-Bretagne.

Alborg, port du Danemark (Jylland); 155 600 h.

Albret, anc. pays de Gascogne.

Albuquerque, navigateur et conquistador portugais (1453-1515).

Alcazar, nom des palais des rois maures à Tolède, Ségovie et Séville.

Alceste, femme d'Admète. Héraclès (Hercule) descendit aux Enfers pour la ramener sur la Terre.

Alcibiade, général athénien (vᵉ s. av. J.-C.), brave, intelligent et ambitieux.

Alcinoos, roi des Phéaciens, père de Nausicaa. Il accueillit Ulysse naufragé.

Alcmène, épouse d'Amphitryon. Séduite par Zeus, elle fut la mère d'Héraclès.

Alcuin, savant anglais (vers 735-804), conseiller de Charlemagne.

Alembert (Jean Le Rond d'), philosophe et mathématicien français (1717-1783), un des fondateurs de l'*Encyclopédie.*

Alençon, ch.-l. de l'Orne, sur la Sarthe; 34 700 h.

Aléoutiennes (*îles*), archipel du nord-ouest de l'Amérique du Nord; aux Etats-Unis.

Alep, v. de Syrie; 562 800 h.

Aléria, comm. de la côte est de la Corse; 1 800 h. Grande cité antique.

Alès, ch.-l. d'arr. (Gard), sur le Gardon; 45 800 h. Centre industriel (houille, métallurgie, verrerie, soie).

Alésia, place forte gauloise où César vainquit Vercingétorix.

Alexandre, nom de huit papes. Le plus fameux est ALEXANDRE VI BORGIA (1431-1503), pape de 1492 à 1503.

Alexandre le Grand (356-323 av. J.-C.), roi de Macédoine en 336. Après avoir soumis la Grèce, il vainquit les Perses et conquit en Asie un immense empire.

Alexandre Ier (1777-1825), empereur de Russie à partir de 1801; tour à tour adversaire, allié, puis, de nouveau, adversaire de Napoléon Ier, il fut, en 1815, le promoteur de la Sainte-Alliance; — ALEXANDRE II (1818-1881), monta sur le trône en 1855; il abolit le servage (1863) et mourut assassiné; — ALEXANDRE III (1845-1894), empereur de Russie en 1881; il conclut l'alliance franco-russe (1894).

Alexandre Ier (1888-1934), roi de Yougoslavie en 1921; assassiné à Marseille.

Alexandre Sévère (208-235), empereur romain en 222.

Alexandrie, v. et port d'Egypte, sur la Méditerranée.

Alexandrie, v. d'Italie (Piémont).

Alfieri (Vittorio), le premier poète tragique de l'Italie (1749-1803).

Alföld, grande plaine de Hongrie.

Alfortville, ch.-l. de c. du Val-de-Marne; 38 000 h. Caoutchouc.

Alfred le Grand (848-899), roi des Anglo-Saxons (871 à 899).

Alger, dép. de l'Algérie; préf. Alger; s.-préf. Blida, Dar el-Baïda; 3 283 km²; 1 648 000 h.

Alger, cap. et port de l'Algérie, ch.-l. du dép. d'Alger; 943 000 h.

Algérie, Etat de l'Afrique du Nord, indép. depuis 1962, anc. territoire français; cap. Alger. 2 376 391 km²; 16 780 000 h.

Algésiras, v. et port au sud de l'Espagne; 83 500 h.

Alhambra, palais des rois maures, à Grenade (Espagne).

Ali, cousin et gendre de Mahomet, calife de 656 à 661.

Ali-Baba, héros d'un des contes les plus populaires des Mille et Une Nuits.

Alicante, v. et port d'Espagne, sur la Méditerranée; 184 000 h.

Aliénor d'Aquitaine (1122-1204), reine de France (1137-1152), puis d'Angleterre à partir de 1154.

Alighieri, nom de famille de Dante.

Allah, Dieu, chez les musulmans.

Allahabad, v. sainte du nord-ouest de l'Inde, sur le Gange; 521 000 h.

Alleghanys (monts), partie des Appalaches (Etats-Unis).

Allemagne, région de l'Europe centrale, divisée depuis 1949 en deux Etats : à l'ouest, la République fédérale d'Allemagne (248 000 km²; 62 millions d'h.; cap. Bonn), et à l'est, la République démocratique allemande (108 000 km²; 17 millions d'h.; cap. Berlin-Est).

Alliance (Sainte-), pacte formé en 1815 par la Russie, l'Autriche et la Prusse contre certaines aspirations libérales et nationales.

Allier, riv. du Massif central, affl. de la Loire (r. g.); 410 km.

Allier (03), dép. formé par le Bourbonnais; préf. Moulins; s.-préf. Montluçon, Vichy; 7 381 km²; 378 000 h.

Alma, fl. de Crimée; victoire des Français et des Anglais sur les Russes (1854).

Alma-Ata, v. de l'U.R.S.S., cap. du Kazakhstan; 730 000 h.

Al-Mansour, calife abbasside, fondateur de Bagdad (754-775).

Almohades, dynastie berbère qui régna de 1147 à 1269 sur le nord de l'Afrique et la moitié de l'Espagne.

Almoravides, dynastie berbère (1055-1147), détrônée par les Almohades.

Along, baie du golfe du Tonkin.

Alost, v. de Belgique (Flandre-Orientale); 45 000 h. Textiles.

Alpe d'Huez (l'), station d'altitude et de sports d'hiver dans l'Oisans.

Alpes, grande chaîne de montagnes de l'Europe occidentale, s'étendant du golfe de Gênes au sud du Danube moyen, près de Vienne. Les Alpes, dont le plus haut sommet, le mont Blanc atteint 4 807 m, ont une longueur de 1 200 km.

Alpes (Hautes-) [05], dép. formé d'une partie du haut Dauphiné et d'une partie de la Provence; préf. Gap; s.-préf. Briançon; 5643 km²; 97 400 h.

Alpes-de-Haute-Provence (04), dép. formé de la haute Provence et d'une partie du comtat Venaissin; préf. Digne; s.-préf. Barcelonnette, Castellane, Forcalquier; 6 988 km²; 112 200 h.

Alpes-Maritimes (06), dép. formé du comté de Nice et d'une partie de la Provence; préf. Nice; s.-préf. Grasse; 4 298 km²; 816 700 h.

Alphonse, nom de onze rois de Léon et de Castille, dont : ALPHONSE VI (1065-1109); sous son règne vécut le Cid; — ALPHONSE VIII le Noble ou le Bon, roi de Castille (1158-1214); il vainquit les Maures à Las Navas de Tolosa (1212); — ALPHONSE X le Sage, roi de Castille (1252-1284) et empereur d'Occident (1258-1272); il fonda l'université de Salamanque et fit dresser des tables astronomiques.

Alphonse XIII (1886-1941), roi d'Espagne jusqu'en 1931.

Alpilles, petit massif montagneux, au nord de la Crau (Bouches-du-Rhône).

Alsace, anc. prov. de France, cap. *Strasbourg*, formant auj. le Haut-Rhin et le Bas-Rhin. Concédée à Louis XIV par le traité de Westphalie (1648).

Altaï [*ta-i*], chaîne de montagnes de l'Asie centrale, culminant à 4 520 m.

Altkirch, ch.-l. d'arr. (Haut-Rhin).

Altyn-Tagh ou **Astyn-Tagh**, chaîne de montagnes de l'Asie centrale, culminant à 7 300 m.

Alyscamps (les), cimetière gallo-romain situé près d'Arles.

Amadis de Gaule, roman espagnol du XVe s.; le héros, Amadis, est le type du parfait chevalier.

Amalthée, chèvre qui fut la nourrice de Zeus (Jupiter).

Aman, favori et ministre d'Assuérus; disgracié, il fut pendu.

Amarna (Tell el-), anc. *v.* de Haute-Égypte, fondée au XIVe s. av. J.-C.

Amati, famille de luthiers de Crémone.

Amazone, fl. de l'Amérique du Sud; il prend sa source dans les Andes et rejoint l'Atlantique; 7 025 km. Par son débit, c'est le premier fleuve du monde.

Amazones (les), peuplade fabuleuse de femmes, qui habitait la Cappadoce. (*Myth.*) Des explorateurs ont cru retrouver des peuples semblables sur les bords du Marañon, qu'ils appelèrent *fleuve des Amazones*.

Amazonie, région correspondant au bassin de l'Amazone.

Ambert, ch.-l. d'arr. (Puy-de-Dôme), sur la Dore; petit centre industriel; 8 100 h.

Ambès ou **Ambez** (*bec d'*), pointe de terre, au confl. de la Dordogne et de la Garonne. Raffineries de pétrole.

Amboise, ch.-l. de c. (Indre-et-Loire), sur la Loire; 11 100 h. Château (XVe s.). En 1560, Condé et les huguenots y formèrent une conjuration contre François II, Catherine de Médicis et les Guises.

Ambroise (*saint*), Père de l'Eglise latine (340-397), archevêque de Milan.

Amélie-les-Bains-Palalda, comm. des Pyrénées-Orientales; 4 000 h. Station thermale.

Améric Vespuce, navigateur florentin (1451-1519) qui visita le Nouveau Monde. Les premiers cartographes donnèrent son nom à l'*Amérique*.

Amérique, une des cinq parties du monde; 42 millions de km² (y compris le Groenland); 541 millions d'h. L'Amérique, étendue sur une longueur de 18 000 km, est près de 4 fois plus grande que l'Europe et 70 fois plus que la France. Elle se divise en *Amérique du Nord* (Canada, Etats-Unis), *Amérique centrale* (Costa Rica, Guatemala, Honduras, Mexique, Nicaragua, Panama, Salvador, archipel des Antilles), *Amérique du Sud* (Argentine, Bolivie, Brésil, Chili, Colombie, Equateur, Guyanes, Paraguay, Pérou, Uruguay, Venezuela.)

Amiens, anc. cap. de la Picardie, ch.-l. de la Somme, sur la Somme; 136 000 h. Cathédrale (XIIIe s.). Cultures maraîchères. Industries textiles et alimentaires.

Amilcar Barca, chef carthaginois, père d'Annibal (IIIe s. av. J.-C.).

Amman, cap. de la Jordanie; 330 200 h.

Ammon, fils de Loth, tige des Ammonites. (*Bible*.)

Amon, dieu des anciens Egyptiens.

Amou-Daria, anc. **Oxus**, fl. de l'Asie soviétique (mer d'Aral); 2 650 km.

Amour, fl. qui sépare la Sibérie de la Chine du Nord-Est (mer d'Okhotsk); 4 354 km.

Ampère (André), mathématicien et physicien français (1775-1836), créateur de l'électrodynamique et du télégraphe électromagnétique.

Amphion, fils de Zeus, poète et musicien qui bâtit les murs de Thèbes.

Amphitrite, déesse grecque de la Mer, épouse de Poséidon.

Amphitryon, époux d'Alcmène.

Amphitryon, comédie de Molière (1668).

Amritsar, v. de l'Inde (Pendjab); 425 000 h. Ville sainte des Sikhs.

Amsterdam, cap. des Pays-Bas; 871 000 h. Port; centre industriel.

Amundsen (Roald), explorateur norvégien (1872-1928). Il atteignit le pôle Sud en 1911.

Amyot (Jacques), humaniste français (1513-1593); traducteur de Plutarque.

Anacréon, poète grec (560-478 av. J.-C.).

Anatolie. V. ASIE MINEURE.

Anaxagore, philosophe grec du Ve s. av. J.-C.

Ancenis, ch.-l. d'arr. (Loire-Atlantique), sur la Loire; 7 300 h.

Anchise, prince troyen, père d'Enée.

Ancône, v. d'Italie, port sur l'Adriatique; 106 000 h.

Andalousie, contrée du sud de l'Espagne, arrosée par le Guadalquivir.

Andelys (Les), ch.-l. d'arr. (Eure), sur la Seine; 8 300 h. Ruines du Château-Gaillard.

Andersen (Hans Christian), écrivain danois (1805-1875), auteur de *Contes*.

OCÉAN ARCTIQUE

Dt de Bering
Nome
ALASKA
(E.U.)
6050
Juneau
GROENLAND
ISLANDE
Terre de Baffin

Vancouver
Seattle
B. d'Hudson
CANADA
LABRADOR
Terre Neuve

4383
Salt Lake
S.Francisco
Winnipeg
Minneapolis
Détroit
Toronto
Montréal
Québec
St-Laurent
1e St Pierre-
et-Miquelon (Fr.)
Boston

Los Angeles
4400
St.Louis
Chicago
Cleveland
ÉTATS-UNIS
Dallas
2040
Memphis
Nle Orléans
New York
Baltimore
Washington
Philadelphie
OCÉAN

MEXIQUE
Gfe DU MEXIQUE
ATLANTIQUE

Guadalajara
Mexico
5560
Ve-a Cruz
la Havane
ANTILLES
CUBA
HAITI
Pto Rico
Guadeloupe (Fr.)
Martinique (Fr.)

Guatemala
S.Salvador
Managua
S. José
Jamaïque
Tegucigalpa
Panama
Caracas
4100
VENEZUELA
Georgetown
Paramaribo
Cayenne

OCÉAN

PACIFIQUE
Bogota
COLOMBIE
Quito
ÉQUATEUR
6310
GUYANE
Manaos
Amazone
Para
Belém

PÉROU
Lima
Cuzco
6601
La Paz
Sucre
BRÉSIL
Natal
Recife
(Pernambouc)
Bahia

AMÉRIQUE
0   1000   2000 km
Les capitales d'États sont soulignées

BOLIVIE
Brasilia
PARAGUAY
Asunción
S. Paulo
Rio de Janeiro
Santos

MEXIQUE
Mer DES HONDURAS BRIT.
ANTILLES
GUATEMALA
Guatemala
HONDURAS
Tegucigalpa
NICARAGUA
S.Salvador
Managua
S.José
COSTA RICA
OCÉAN
PACIFIQUE
PANAMA
COLOMBIE
Aconcagua
6953
Valparaiso
Santiago
Rosario
URUGUAY
Montevideo
P.Alegre
Buenos Aires
La Plata
REPUBL.
ARGENTINE
Cal. maritme de Panama
CHILI
Dét. de Magellan
Cap Horn

0   500   1000 km

Andes (*cordillère des*), chaîne de montagnes volcaniques, longeant la côte ouest de l'Amérique du Sud sur 7 500 km.

Andhra Pradesh, État de l'Inde ; 43 502 000 h. Cap. *Hyderabad.*

Andorre (*val d'*), petit pays pyrénéen ; principauté placée sous la protection de la France et de l'évêque d'Urgel ; 453 km² ; 20 500 h. Cap. *Andorra la Vieja.*

André (*saint*), apôtre et martyr.

Andrinople, auj. **Edirne,** v. de Turquie, en Thrace, sur la Maritza.

Androclès, esclave romain livré aux bêtes, et sauvé par un lion auquel il avait naguère ôté une épine de la patte.

Andromaque, femme d'Hector, symbole de l'amour maternel et conjugal.

Andromaque, tragédie de Racine (1667).

Andromède, fille de Céphée et de Cassiopée. Condamnée par Poséidon à être dévorée par un monstre marin ; elle fut sauvée par Persée.

Anet, ch.-l. de c. (Eure-et-Loir) ; 1 800 h. Henri II y fit élever un château pour Diane de Poitiers.

Aneto (*pic d'*), point culminant des Pyrénées (Maladetta) en Espagne ; 3 404 m.

Angara, riv. de Sibérie, affl. de l'Iénisséï ; 3 000 km.

Angeles (Los). V. LOS ANGELES.

Angelico (**Fra**), peintre florentin (1387-1455) ; il décora le couvent de Saint-Marc à Florence.

Angers, anc. cap. de l'Anjou, ch.-l. de Maine-et-Loire, sur la Maine ; 143 000 h. Centre agricole et industriel. Cathédrale (XIᵉ-XIIIᵉ s.) ; château (XIIIᵉ s.).

Angkor, localité du Cambodge ; imposantes ruines de l'art khmer.

Anglesey, île de Grande-Bretagne (pays de Galles) ; 56 700 h.

Angleterre, partie sud de la Grande-Bretagne ; 131 760 km² ; 43 millions d'h. Cap. *Londres.* V. GRANDE-BRETAGNE.

Anglo-Normandes (*îles*). V. NORMANDES (*îles*).

Anglo-Saxons, nom général des peuples germaniques qui envahirent la Grande-Bretagne au VIᵉ s. Auj. peuples de langue anglaise.

Ango ou **Angot** (**Jean**), armateur français (1480-1551).

Angola, État de la côte atlantique de l'Afrique, anc. possession portugaise ; 1 246 700 km² ; 5 800 000 h. Cap. *Luanda.*

Angoulême, anc. cap. de l'Angoumois, ch.-l. de la Charente ; sur la Charente ; 50 500 h. Cathédrale romane.

Angoumois, anc. prov. de France, réunie à la Couronne en 1308 ; cap. *Angoulême.*

Angström (**Anders**), physicien suédois (1814-1874), auteur de travaux sur l'analyse spectrale.

Aniche, comm. du Nord ; 9 700 h. Houille, verrerie, produits chimiques.

Anjou, anc. prov. de France ; cap. *Angers;* réunie à la Couronne en 1482.

Ankara, cap. de la Turquie ; 1 million 208 000 h. Centre industriel.

Annaba, anc. **Bône,** port de l'Algérie orientale ; 165 000 h.

Annales, récit de Tacite sur l'histoire romaine depuis Auguste jusqu'à Néron.

Annam, région du Viêt-nam central ; cap. *Hué.*

Annapurna, un des sommets de l'Himalaya (8 078 m), conquis par une expédition française en 1950.

Anne (*sainte*), mère de la Vierge. Fête le 26 juillet.

Anne d'Autriche (1601-1666), femme de Louis XIII, régente pendant la minorité de Louis XIV (1643-1651).

Anne Boleyn (1507-1536), reine d'Angleterre, deuxième femme de Henri VIII ; elle fut décapitée.

Anne de Bretagne (1477-1514), femme de Charles VIII (1491), puis de Louis XII (1499). Ce mariage prépara la réunion de la Bretagne à la France en 1532.

Anne de Clèves (1515-1557), reine d'Angleterre, quatrième femme de Henri VIII, en 1540.

Anne de France, dite de Beaujeu (1462-1522), régente pendant la minorité de Charles VIII (1483-1488).

Anne Stuart (1665-1714), reine d'Angleterre et d'Écosse (1701-1714).

Annecy, ch.-l. de la Haute-Savoie, sur le *lac d'Annecy;* 55 000 h. Centre industriel et touristique.

Annibal ou **Hannibal,** chef carthaginois (247-183 av. J.-C.), il entreprit la seconde guerre punique : il traversa l'Espagne, le sud de la Gaule, franchit les Alpes, battit les Romains, mais ne sut pas profiter de sa victoire ; revenu en Afrique, il fut vaincu par Scipion l'Africain.

Annonay, ch.-l. de c. (Ardèche) ; 21 500 h. Papeteries ; cuir.

Annunzio (**Gabriele D'**), écrivain italien (1863-1938).

Anschluss, rattachement de l'Autriche au Reich par Adolf Hitler en 1938.

Anselme (*saint*), archevêque de Cantorbéry (1033-1109), philosophe scolastique.

Antananárivo, nom actuel de Tananarive.

Antarctique (*océan*), partie méridionale des océans Atlantique, Pacifique et Indien.

Antarctique, continent entourant le pôle Sud; 13 millions de km².

Antée, géant, fils de Poséidon et de la Terre, qu'Héraclès étouffa dans ses bras.

Antibes, ch.-l. de c. (Alpes-Maritimes) ; 56 300 h.

Antigone, fille d'Œdipe; elle servit de guide à son père aveugle et fut condamnée à mort pour avoir, malgré la défense de Créon, enseveli son frère Polynice.

Antilles, archipel entre l'Amérique du Nord et l'Amérique du Sud, divisé en Grandes Antilles (Cuba, la Jamaïque, Haïti, Porto Rico) et Petites Antilles (la Barbade, Tabago, Sainte-Lucie, la Trinité, Saint-Martin, Grenade, la Guadeloupe, la Martinique, la Désirade, Marie-Galante [ces quatre dernières à la France]).

Antilles (*mer des*) ou **des Caraïbes**, mer située entre les deux Amériques.

Antioche (*pertuis d'*), détroit entre l'île d'Oléron et l'île de Ré.

Antioche, v. de Turquie; anc. cap. de la Syrie.

Antiochos, nom de treize rois séleucides, du IVᵉ au Iᵉʳ s. av. J.-C.

Antoine (*saint*), anachorète de la Thébaïde (251-356).

Antoine de Padoue (*saint*), frère mineur, né à Lisbonne (1195-1231) ; il évangélisa les Maures d'Afrique.

Antoine (Marc), général romain (83-30 av. J.-C.). Lieutenant de César, puis triumvir; allié de Cléopâtre, il fut vaincu par Octavien à Actium (31) et se tua.

Antonin le Pieux (86-161), empereur romain de 138 à 161.

Antonins (les), nom donné à sept empereurs romains (*Nerva, Trajan, Hadrien, Antonin, Marc Aurèle, Verus, Commode*), qui régnèrent de 96 à 192.

Antony, ch.-l. d'arr. des Hauts-de-Seine; 57 700 h.

Anubis, dieu de l'Egypte, à tête de chacal. Il présidait aux sépultures.

Anvers, v. et port de Belgique, sur l'Escaut; 239 800 h.

Anzin, comm. du Nord. Houillères, métallurgie; 14 900 h.

Aoste, v. d'Italie (Piémont), dans la vallée alpestre de ce nom. Une partie de la population parle français.

Août 1789 (*nuit du 4*), nuit pendant laquelle la majorité de la Constituante abolit les privilèges féodaux.

Août 1792 (*journée du 10*), insurrection parisienne qui eut pour résultat la chute de la royauté.

Apaches, Indiens de l'ouest des Etats-Unis et du nord du Mexique.

Apchéron, péninsule de la mer Caspienne, à l'extrémité est du Caucase.

Apelle, peintre grec, né à Éphèse; il vécut à la cour d'Alexandre le Grand (IVᵉ s. av. J.-C.).

Apennins, chaîne de montagnes de l'Italie péninsulaire; 1 300 km. Elle culmine au Gran Sasso (2 914 m).

Aphrodite, déesse de l'Amour chez les Grecs. (*Myth.*)

Apis, taureau sacré des anciens Egyptiens.

Apocalypse, livre mystique, écrit par saint Jean l'Évangéliste.

Apollinaire (Guillaume), poète français (1880-1918).

Apollon, dieu grec des Oracles, de la Poésie, des Arts et du Soleil, nommé aussi **Phébus**. On le représente parfois conduisant le char du Soleil.

Appalaches, massif montagneux de l'est de l'Amérique du Nord; 2 000 km.

Appenzell, canton de Suisse.

Appert (Nicolas), industriel français (1749-1841) Il a imaginé la méthode de conservation des aliments en boîtes stérilisées par la chaleur.

Appienne (*voie*), route antique qui allait de Rome à Brindes.

Apt, ch.-l. d'arr. (Vaucluse) ; 11 600 h.

Aquitaine, contrée du sud-ouest de la Gaule, appelée *Guyenne* depuis 1252.

arabe d'Égypte (*République*), nom officiel de l'Égypte depuis 1971.

arabes unis (*Emirats*), fédération constituée par diverses principautés du golfe Persique; 222 000 h. Pétrole.

Arabie, péninsule de l'Asie occidentale; 3 000 000 de km²; 9 millions d'h.

Arabie Saoudite, royaume de l'Arabie (Nedjed, Hedjaz, Asir); 1 750 000 km²; 6 millions d'h. Cap. *Er-Riad*.

Arago (François), astronome et physicien français (1786-1853).

Aragon, contrée du nord-est de l'Espagne. Cap. *Saragosse*.

Aragon (Louis), poète et romancier français (né en 1897).

Aral (*mer* ou *lac d'*), grand lac salé d'Asie centrale; 67 000 km².

Aranjuez, v. d'Espagne, sur le Tage; anc. résidence royale.

Ararat, massif volcanique de Turquie; 5 165 m. Selon la Bible, l'arche de Noé échoua sur ce mont.

Aravis, chaîne des Préalpes de Savoie.

Arbèles, v. de l'Asie Mineure, près de laquelle Alexandre le Grand vainquit Darios en 331 av. J.-C.

Arbois, ch.-l. de c. (Jura) ; 4 200 h. Vins réputés.

Arc, torrent de la Savoie, affl. de l'Isère (r. g.) ; 150 km.

Arc (Jeanne d'). V. JEANNE D'ARC (sainte).

Arcachon, ch.-l. de c. (Gironde), sur le *bassin d'Arcachon;* 14 300 h. Station balnéaire. Huîtres.

Arcadie, province de la Grèce. Séjour imaginaire de l'innocence et du bonheur.

Arches, comm. des Vosges. Papier.

Archimède, savant syracusain (vers 287-212 av. J.-C.). Il imagina le levier, la roue dentée, la vis sans fin, calcula la surface et le volume du cylindre et de la sphère, et énonça le principe d'hydrostatique qui porte son nom. Il fut tué par un soldat romain lors du siège de Syracuse.

Archipel, anc. nom de la partie de la Méditerranée formant la *mer Egée.*

Arcis-sur-Aube, ch.-l. de c. (Aube), sur l'Aube ; 3 400 h. Victoire de Napoléon sur les Alliés (1814).

Arcole, bourg d'Italie. Bonaparte y battit les Autrichiens (1796).

Arctique *(océan),* océan situé dans la partie boréale du globe, limité au sud par les côtes septentrionales de l'Asie, de l'Amérique et de l'Europe.

Ardèche, riv. cévenole, affl. du Rhône (r. dr.) ; 120 km. Gorges pittoresques.

Ardèche (07), dép. formé par le Vivarais ; préf. *Privas;* s.-préf. *Largentière, Tournon;* 5 556 km²; 257 100 h.

Ardennes *(forêt des),* ou **Ardenne,** plateau boisé situé au nord de la France et du Luxembourg et au sud de la Belgique.

Ardennes (08), dép. du nord-est de la France; préf. *Charleville-Mézières;* s.-préf. *Rethel, Sedan, Vouziers;* 5 253 km²; 309 300 h.

Arès, dieu grec de la Guerre.

Arétin (Pierre l'), poète italien satirique et licencieux (1492-1556).

Arezzo, v. d'Italie, près de Florence.

Argelès-Gazost, ch.-l. d'arr. (Hautes-Pyrénées). Station thermale; 3 700 h.

Argelès-sur-Mer, ch.-l. de c. (Pyrénées-Orientales), près de la Méditerranée; 1 500 h. Station balnéaire.

Argens, fl. côtier du dép. du Var.

Argentan, ch.-l. d'arr. (Orne), sur l'Orne; 17 400 h.

Argenteuil, ch.-l. d'arr. (Val-d'Oise); 103 100 h.

Argentière *(col de l'),* col des Alpes-de-Haute-Provence, conduisant de France en Italie; alt. 1 995 m.

Argentine *(république),* république de l'Amérique du Sud, s'étendant des Andes jusqu'à l'Atlantique ; 2 794 000 km²; 25 380 000 h. Cap. *Buenos Aires.* La langue parlée est l'espagnol.

Arginuses, îles de la mer Egée.

Argonautes, héros grecs qui, sous la conduite de Jason, allèrent conquérir la Toison d'or en Colchide.

Argonne, pays forestier de la France du Nord-Est, entre la Meuse et l'Aisne.

Argos, v. du Péloponnèse.

Argovie, canton de la Suisse.

Argus ou **Argos,** prince argien qui avait cent yeux.

Ariane, fille de Minos ; elle donna à Thésée le fil à l'aide duquel il put sortir du Labyrinthe, après avoir tué le Minotaure.

Ariège, riv. de France, affl. de la Garonne (r. dr.) ; 170 km.

Ariège (09), dép. formé par le comté de Foix et le Couserans; préf. *Foix;* s.-préf. *Pamiers, Saint-Girons;* 4 903 km²; 137 900 h.

Ariel, nom d'une idole des Moabites, devenu celui d'un mauvais ange.

Arioste (l'), poète italien (1474-1533), célèbre par son *Roland furieux,* brillante épopée romanesque.

Arioviste, chef des Suèves, battu par César en 58 av. J.-C.

Aristarque, grammairien et critique grec (iie s. av. J.-C.).

Aristide, général et homme d'Etat athénien, surnommé *le Juste* (540-468 av. J.-C.). Il se couvrit de gloire à Marathon, mais son rival Thémistocle le fit bannir par l'ostracisme.

Aristophane, le plus célèbre poète comique d'Athènes (ve s. av. J.-C.).

Aristote, philosophe grec, né en Macédoine (384-322 av. J.-C.). Il fut le précepteur d'Alexandre le Grand, et le fondateur de l'école péripatéticienne.

Arius, hérésiarque (vers 256-336), promoteur de l'*arianisme.*

Arizona, un des Etats unis d'Amérique; 1 945 000 h. Cap. *Phoenix.*

Arkansas, riv. des Etats-Unis, affl. du Mississipi; 2 333 km.

Arkansas, un des Etats unis d'Amérique; 1 960 000 h. Cap. *Little Rock.*

Arkhangelsk, v. et port de l'U.R.S.S., sur la Dvina; 342 600 h.

Arlberg, col des Alpes autrichiennes. Un tunnel de 10 240 m le traverse.

Arlequin, personnage burlesque de la comédie italienne.

Arles, ch.-l. d'arr. (Bouches-du-Rhône); sur le Rhône; 50 300 h. Antiquités gallo-romaines; cloître et église Saint-Trophime.

Armada *(l'Invincible),* flotte envoyée par Philippe II, roi d'Espagne, contre l'Angleterre en 1588 ; elle fut détruite en grande partie par une tempête.

Armagnac, ancien pays de France (Gascogne). Eaux-de-vie.

Armagnacs (*faction des*), parti du duc d'Orléans, dont le chef était le comte d'Armagnac. Il lutta, sous Charles VI, contre les *Bourguignons*.

Armançon, affl. de l'Yonne (r. dr.).

Armand (*aven*), grottes de la Lozère, dans le causse Méjean.

Arménie, contrée montagneuse de l'Asie occidentale, partagée en deux zones : l'*Arménie soviétique*, Etat membre de l'U.R.S.S. (cap. *Erevan*), et la région turque d'*Erzeroum*.

Armentières, ch.-l. de c. (Nord), sur la Lys ; 27 500 h. Industries textiles.

Arminius, chef germain, vainqueur de Varus (9 apr. J.-C.).

Armor, nom celte de la **Bretagne**.

Armoricain (*massif*), massif ancien de la France de l'Ouest.

Armorique, partie de la Gaule, formant aujourd'hui la Bretagne.

Arnauld (Antoine), dit **le Grand Arnauld,** théologien janséniste (1612-1694) ; — ANGÉLIQUE, sa sœur aînée, abbesse de Port-Royal (1591-1661).

Arnhem, v. des Pays-Bas, sur le Rhin.

Arno, fl. d'Italie, arrose Florence, Pise, et se jette dans la Méditerranée.

Arouet, nom de famille de **Voltaire.**

Arpajon, ch.-l. de c. de l'Essonne ; 8 100 h.

Arques-la-Bataille, comm. de la Seine-Maritime ; 2 700 h. Henri IV y vainquit le duc de Mayenne en 1589.

Arras, anc. cap. de l'Artois, ch.-l. du Pas-de-Calais, sur la Scarpe ; 50 400 h.

Arrée (*monts d'*), hauteurs de la Bretagne (Finistère) ; alt. 384 m.

Arrhenius (Svante), physicien suédois (1859-1927), auteur de la théorie des ions.

Arromanches-les-Bains, station balnéaire du Calvados, près de Bayeux ; 355 h. Lieu de débarquement des Alliés en 1944.

Arroux, riv. du Massif central, affl. de la Loire (r. dr.) ; 120 km.

Arsace, fondateur de la monarchie des Parthes (250 av. J.-C.) et de la dynastie des *Arsacides.*

Arsonval (Arsène d'), physicien et médecin français (1851-1940).

Art poétique (l'), poème didactique de Boileau ; ouvrage de critique.

Artaban, héros d'un roman de La Calprenède, *Cléopâtre* (1647).

Artagnan (Charles d'), gentilhomme gascon (vers 1611-1673).

Artaxerxès Ier, roi de Perse de 465 à 425 av. J.-C. — ARTAXERXÈS II, roi de Perse de 405 à 359 av. J.-C.,

vainquit et tua son frère Cyrus le Jeune (401). — ARTAXERXÈS III, roi de Perse de 359 à 338 av. J.-C., conquit l'Egypte en 343-342

Artémis, déesse grecque de la Chasse.

Artémise, nom de deux reines d'Halicarnasse. La seconde éleva à son époux Mausole un tombeau regardé comme l'une des Sept Merveilles du monde.

Artémision ou **Artemisium,** promontoire de l'Eubée, près duquel les Grecs défirent la flotte de Xerxès en 480 av. J.-C.

Artevelde (Jacques **Van**) [1295-1345], chef des Flamands révoltés contre leur comte.

Arthur ou **Artus,** roi légendaire du pays de Galles (v^e ou vi^e s.).

Artois, anc. prov. du nord de la France ; cap. *Arras.*

Arve, riv. de la Haute-Savoie, qui se jette dans le Rhône (r. g.) ; 100 km.

Arvernes, peuple de la Gaule centrale, dans l'actuelle Auvergne.

Aryens, les plus anciens ancêtres connus de la famille indo-européenne.

Ascagne ou **Iule,** fils d'Enée ; il fonda la ville d'Albe-la-Longue.

Asclépios, dieu grec de la Médecine.

Asdrubal ou **Hasdrubal,** chef carthaginois, frère d'Annibal, vaincu et tué par les Romains au Métaure (207 av. J.-C.).

Ases, dieux de la mythologie scandinave.

Asie, une des cinq parties du monde. L'Asie est 4 fois et demie plus grande que l'Europe et plus de 80 fois plus grande que la France ; 44 180 000 km² ; 2 milliards 249 millions d'h.

Elle comprend des Etats indépendants et des régions sous influence européenne :

1° Les *Etats indépendants* sont : la partie asiatique de l'*U.R.S.S.* ; la *république populaire de Mongolie* ; la *république populaire de Chine* ; l'*empire du Japon* ; les deux *républiques de Corée* ; la partie asiatique de la *Turquie* ; l'*Iran* (autref. *Perse*) ; la *république de l'Afghanistan* ; la *république de Syrie,* la *république du Liban* ; l'*Etat d'Israël* ; le *royaume d'Arabie Saoudite* ; le *royaume Hachémite de Jordanie* ; la *république d'Irak* ; le *Pakistan* ; les *sultanats de Koweït et d'Oman* ; les deux *républiques du Yémen* ; le *royaume du Népal* ; le *royaume du Bhoutan* ; le *royaume de Thaïlande* ; l'*Union de Birmanie* ; la *république des Philippines* ; la *république d'Indonésie* ; la *république du Viêt-nam* ; la *république du Laos* ; la *république du Kampuchea* (Cambodge) ;

2° Les *Etats indépendants, membres du Commonwealth,* sont : les *républiques* du *Bangladesh*, de l'*Inde* et de *Sri Lanka* (*Ceylan*), l'*Etat de Singapour*, le sultanat de *Brunéi*, la *Fédération de Malaysia* (*Malaisie, Sabah, Sarawak*), *Chypre*;

3° Les *possessions portugaises de l'Inde* (Diu, Damão, Goa) ont été réoccupées par les Indiens en 1961; le Portugal garde celle de *Chine* (Macao); l'Indonésie occupe la partie orientale de l'île de Timor.

Asie Mineure ou **Anatolie**, extrémité occidentale de l'Asie.

Asmara, v. d'Erythrée; 132 000 h.

Asnam (El-). V. ORLÉANSVILLE.

Asnières, ch.-l. de c. (Hauts-de-Seine), sur la Seine; 75 700 h.

Aspasie, femme grecque, célèbre par son esprit et sa beauté; amie de Périclès.

Aspe (*vallée d'*), vallée des Pyrénées.

Assam, Etat du nord-est de l'Inde; 14 742 000 h. Cap. *Chillong*.

Assas (*chevalier d'*) [1733-1760], capitaine au régiment d'Auvergne qui sacrifia sa vie au salut de l'armée.

Assemblée constituante, d'abord appelée Assemblée nationale (nom pris par les Etats généraux le 27 juin 1789) et devenue Assemblée constituante le 9 juillet. Elle proclama la Déclaration des droits de l'homme et vota la Constitution de 1791.

Assemblée législative, assemblée qui succéda à la Constituante le 1er octobre 1791, et fut remplacée par la Convention le 21 septembre 1792.

Assemblée nationale, l'une des deux assemblées parlementaires de la France dans la Constitution de 1958. Elle compose, avec le Sénat, le Parlement français.

Assiout ou **Asyût**, anc. *Siout*, v. d'Egypte, sur le Nil; 133 000 h.

Assise, v. d'Italie (Ombrie); 24 400 h. Basilique Saint-François (fresques de Cimabue et de Giotto).

Assouan, v. d'Egypte, sur le Nil. Grand barrage.

Assuérus, nom biblique d'un roi de Perse, qui épousa Esther.

Assur, dieu assyrien.

Assurbanipal, roi d'Assyrie de 669 à 626 av. J.-C.

Assyrie, royaume de l'Asie ancienne, dans le bassin du Tigre; cap. *Ninive*.

Astarté ou **Astaroth**, déesse du Ciel, chez les peuples sémitiques.

Asti, v. d'Italie (Piémont); vins.

Astrakhan ou **Astrakan**, v. de l'U.R.S.S., près de l'embouchure de la Volga; 410 500 h. Centre commercial.

Asturies, anc. prov. du nord de l'Espagne. Région montagneuse.

Astyanax, fils d'Hector et d'Andromaque. (*Iliade*.)

Asuncion, cap. du Paraguay, sur le fleuve Paraguay; 392 800 h.

Atacama, désert de la partie nord du Chili.

Atala, roman de Chateaubriand (1801).

Atalante, fille du roi de Scyros, très agile à la course. (*Myth.*)

Athalie, reine de Juda, célèbre par ses crimes et son impiété (IXe s. av. J.-C.).

Athalie, tragédie de Racine (1691).

Athéna, déesse grecque de la Pensée, protectrice d'Athènes.

Athènes, cap. de la Grèce; 628 000 h. (Grand Athènes, avec Le Pirée, 1 million 852 000 h.) Nombreuses œuvres d'art.

Athos (*mont*), montagne de la Grèce (Macédoine). Couvents de moines.

Atlanta, v. des Etats-Unis, cap. de la Géorgie; 487 000 h.

Atlantic City, v. des Etats-Unis. Station balnéaire sur l'Atlantique.

Atlantide, continent fabuleux qui aurait existé autrefois à l'ouest de Gibraltar.

Atlantides (les), filles d'Atlas.

Atlantique (*océan*), vaste mer entre l'Europe, l'Afrique et l'Amérique; 106 millions de km².

Atlas [*lass*], roi fabuleux de Mauritanie. Il fut métamorphosé en une montagne très élevée.

Atlas, chaîne de montagnes de l'Afrique du Nord.

Atrée, héros légendaire, roi de Mycènes, il détestait son frère Thyeste, dont il massacra trois des fils.

Atrides, descendants d'Atrée.

Attila, roi des Huns en 445 (m. en 453), surnommé *le Fléau de Dieu*. Il saccagea la Gaule, épargna Lutèce, et fut défait dans les champs Catalauniques (451).

Attique, contrée de la Grèce ancienne qui avait pour cap. *Athènes*.

Aube, affl. de la Seine (r. dr.); 248 km.

Aube (10), dép. formé par la Champagne; préf. *Troyes*; s.-préf. *Bar-sur-Aube, Nogent-sur-Seine*; 6 026 km²; 284 800 h.

Aubervilliers, ch.-l. de c. (Seine-Saint-Denis); 73 000 h.

Aubigné (Agrippa d'), poète et écrivain protestant (1552-1630), auteur des *Tragiques*.

Aubisque (*col d'*), passage pyrénéen entre le val d'Ossau et le val d'Azun.

Aubrac, haut plateau du Massif central; 1 471 m.

Aubusson, ch.-l. d'arr. (Creuse), sur la Creuse; 6 800 h. Tapisserie.

Auch [*och*], anc. cap. de la Gascogne, ch.-l. du Gers, sur le Gers ; 25 100 h. Cathédrale (XVe-XVIIe s.).

Auckland, v. et port de la Nouvelle-Zélande ; 649 700 h. Centre industriel.

Aude, fl. de France, tributaire de la Méditerranée ; 223 km.

Aude (11), dép. formé d'une partie du Languedoc ; préf. *Carcassonne* ; s.-préf. *Limoux, Narbonne* ; 6 342 km2 ; 272 400 h.

Audierne (*baie d'*), golfe du Finistère qui baigne le port d'*Audierne*. Station balnéaire ; 3 700 h.

Audincourt, ch.-l. de c. (Doubs), sur le Doubs. Métallurgie ; 18 700 h.

Auerstaedt, bourg de la Saxe ; victoire de Davout sur les Prussiens (1806).

Auge (*vallée* ou *pays d'*), région de Normandie.

Augereau, *duc* DE CASTIGLIONE, maréchal de France (1757-1816).

Augias, roi d'Élide, l'un des Argonautes. Héraclès nettoya ses étables en y faisant passer le fleuve Alphée.

Augsbourg, v. d'Allemagne (Bavière) ; 210 000 h. Les protestants y présentèrent, en 1530, la *Confession d'Augsbourg* (v. CONFESSION). En 1686, la *ligue d'Augsbourg* y fut conclue entre l'Autriche, l'Espagne, la Suède et différents princes allemands, contre Louis XIV.

Auguste (65 av.-14 apr. J.-C.), empereur romain (27 av.-14 apr. J.-C.). De son vrai nom *Octave*, adopté par César et appelé dès lors *César Octavien*, il s'entendit avec Antoine et Lépide pour former le second triumvirat. Resté seul maître du pouvoir après sa victoire d'Actium (31 av. J.-C.) sur Antoine, il se fit donner le nom d'*Auguste* (27 av. J.-C.), et commença l'ère des empereurs romains.

Augustin (*saint*), évêque d'Hippone (près de Bône) [354-430], le plus célèbre des Pères de l'Église ; auteur des *Confessions* et de la *Cité de Dieu*.

Augustinus (l'), traité théologique (1640) de l'évêque Jansénius.

Aulis, v. et port de Béotie.

Aulnay-sous-Bois, ch.-l. de c. (Seine-Saint-Denis) ; 78 300 h.

Aulne ou **Aune**, fl. côtier de Bretagne.

Aulu-Gelle, écrivain latin du IIe s.

Aumale, auj. **Sour-el-Ghozlan**, v. d'Algérie (Médéa), ch.-l. d'arr., sur l'oued Souaghi ; 9 300 h.

Aumale (Henri, *duc d'*), général français (1822-1897). Fils de Louis-Philippe, il s'illustra lors de la conquête de l'Algérie.

Aunis, anc. prov. de France, réunie à la Couronne en 1271 ; cap. *La Rochelle*.

Auray, ch.-l. de c. (Morbihan) ; 10 400 h. Pèlerinage de Sainte-Anne d'Auray.

Aure (*vallée d'*), pays des Hautes-Pyrénées.

Aurèle (Marc) [121-180], empereur romain de 161 à 180.

Aurélien (vers 214-275), empereur romain de 270 à 275.

Aurès, massif de l'Atlas algérien.

Aurillac, ch.-l. du Cantal ; 33 400 h.

Auriol (Vincent), homme politique français (1884-1966), président de la République de 1947 à 1954.

Auschwitz, v. de Pologne. Camp allemand de déportation.

Austerlitz, village de la Moravie, où Napoléon battit les Autrichiens et les Russes le 2 décembre 1805.

Australasie, ensemble formé par l'Australie, la Nouvelle-Guinée et la Nouvelle-Zélande.

Australie, grande île de l'Océanie. État membre du Commonwealth. 7 704 000 km2 ; 13 500 000 h. Cap. *Canberra*.

Austrasie, royaume mérovingien, dans l'est de la Gaule franque (561-843). Rivale de la Neustrie.

Auteuil, anc. comm. de la Seine, réunie à Paris (XVIe arr.).

Authie, fl. côtier de Picardie (Manche).

Autriche, république de l'Europe centrale, entre l'Allemagne, la Suisse, l'Italie, la Yougoslavie, la Hongrie et la Tchécoslovaquie ; 83 851 km2 ; 7 520 000 h. Cap. *Vienne*.

Autun, ch.-l. d'arr. (Saône-et-Loire), sur l'Arroux. Cathédrale (XIIe-XVe s.), avec portail du *Jugement dernier* (XIIe s.) ; 22 900 h.

Auvergne, anc. prov. de France, réunie définitivement à la Couronne en 1606 ; cap. *Clermont-Ferrand*.

Auxerre [*o-sèr*], ch.-l. de l'Yonne, sur l'Yonne ; 40 000 h. Cathédrale (XIIe-XVIe s.).

Avallon, ch.-l. d'arr. (Yonne), sur le Cousin ; 9 300 h.

Avare (l'), comédie en prose, de Molière (1668). V. HARPAGON.

Avars, peuple de l'Asie centrale qui ravagea l'Europe pendant trois siècles. Charlemagne le détruisit à la fin du VIIIe s.

Aventin (*mont*), une des collines de Rome, où la plèbe révoltée se retira en 493 av. J.-C.

Averroès (Ibn Roschd), médecin et philosophe arabe (1126-1198), commentateur d'Aristote.

Avesnes-sur-Helpe, ch.-l. d'arr. (Nord) ; 6 800 h. Textiles.

Aveyron, riv. de France, qui se jette dans le Tarn (r. dr.) ; 250 km.

Aveyron (12), dép. formé par le Rouergue; préf. *Rodez*; s.-préf. *Millau*, *Villefranche*; 8 771 km²; 278 300 h.

Avicenne, philosophe et médecin musulman (980-1037).

Avignon, anc. cap. du comtat Venaissin, ch.-l. du Vaucluse, sur le Rhône; 93 000 h. Palais des papes (XIVᵉ s.); pont Saint-Bénezet. Avignon fut le siège de la papauté de 1309 à 1377.

Avila, v. d'Espagne (Vieille-Castille); 28 400 h. Patrie de sainte Thérèse. Eglises romanes; cathédrale gothique; remparts (XIᵉ s.).

Avogadro (Amedeo, *comte*), physicien italien (1776-1856), qui précisa les dimensions des molécules gazeuses.

Avranches, ch.-l. d'arr. (Manche);

13 300 h. Percée des Américains à travers le front allemand en 1944.

Ax-les-Thermes, ch.-l. de c. (Ariège), sur l'Ariège; 1 600 h. Station thermale.

Azay-le-Rideau, ch.-l. de c. (Indre-et-Loire), sur l'Indre; 2 700 h. Château du XVIᵉ s.

Azerbaïdjan, république soviétique (U.R.S.S.), en bordure de la Caspienne; cap. *Bakou*. – Région de l'Iran septentrional.

Azincourt, auj. **Agincourt**, comm. du Pas-de-Calais. L'armée française y fut vaincue par les Anglais (1415).

Azov (*mer d'*), golfe de la mer Noire.

Aztèques, anc. peuple du Mexique, qui domina le pays jusqu'à la venue des Espagnols en 1530.

B

Baal, Bel ou **Bélus**, l'un des grands dieux de la religion phénicienne.

Bab el-Mandeb (*détroit de*), détroit entre l'Arabie et l'Afrique.

Babel (*tour de*), grande tour que les fils de Noé voulurent élever pour atteindre le ciel. Dieu anéantit par la confusion des langues ces efforts insensés. (*Bible*.)

Baber (1482-1530), fondateur de l'empire mongol de l'Inde.

Babeuf (François-Emile, dit **Gracchus**), révolutionnaire français (1760-1797). Précurseur du communisme.

Babylone, cap. de la Babylonie, sur l'Euphrate, une des villes les plus riches de l'Orient ancien.

Baccarat, ch.-l. de c. (Meurthe-et-Moselle), sur la Meurthe; 5 600 h. Cristallerie.

Bacchus ou **Dionysos**, dieu du Vin, fils de Zeus et de Sémélé.

Bach, nom d'une famille célèbre de musiciens allemands. Le plus illustre est JEAN-SÉBASTIEN, auteur de musique religieuse et instrumentale admirable (1685-1750).

Bacon (Roger), savant moine franciscain anglais (vers 1214-1294).

Bacon (Francis), chancelier d'Angleterre et philosophe (1561-1626), un des créateurs de la science expérimentale.

Bactriane, région de l'Asie occidentale ancienne (Turkestan et Perse).

Bade (*pays de*), région de l'Allemagne, sur la r. dr. du Rhin, qui forme

depuis 1952, avec le nord du Wurtemberg, l'Etat de *Bade-Wurtemberg*.

Baden-Baden, v. d'Allemagne (pays de Bade méridional).

Bade-Wurtemberg, Etat de l'Allemagne occidentale. Cap. *Stuttgart*.

Baffin (*baie* ou *mer de*), golfe de l'Atlantique, au nord-est du Canada.

Bagdad, cap. de l'Irak, sur le Tigre; 1 106 000 h.

Bagnères-de-Bigorre, ch.-l. d'arr. (Hautes-Pyrénées), sur l'Adour; 10 600 h. Station thermale.

Bagnères-de-Luchon, ch.-l. de c. (Haute-Garonne); 3 300 h. Station thermale et de sports d'hiver.

Bagnoles-de-l'Orne, comm. de l'Orne; 651 h. Station thermale.

Bagration (*prince*), général russe, tué à la Moskova (1765-1812).

Bahamas (*archipel des*), anc. **îles Lucayes**, archipel de l'Atlantique, au nord des Grandes Antilles, Etat du Commonwealth; 200 000 h.

Bahia, Etat du Brésil; cap. *Salvador*.

Bahia Blanca, v. de l'Argentine, port sur l'Atlantique; 182 000 h.

Bahrein (*îles*), archipel du golfe Persique; 260 000 h. Pétrole.

Baïf (Jean-Antoine de), poète français de la Pléiade (1532-1589).

Baïkal (*lac*), lac très profond de l'U. R. S. S., en Sibérie méridionale; 31 500 km².

Bailen ou **Baylen**, v. d'Espagne (Andalousie); 11 200 h. Capitulation désastreuse du général Dupont (1808).

Bailly (Jean-Sylvain), littérateur et astronome français (1736-1793). Président de la Constituante et maire de Paris, guillotiné sous la Terreur.

Baïse (la), affl. de la Garonne (r. g.) ; 190 km.

Bajazet Ier (1347-1403), sultan des Turcs (1390), vaincu par Tamerlan (1402) ; — BAJAZET II (1447-1512), sultan de 1481 à 1512.

Bajazet, tragédie de Racine (1672).

Bakou, v. de l'U.R.S.S., cap. de l'Azerbaïdjan, sur la Caspienne ; 1 164 000 h. Pétrole.

Bakounine (Michel), révolutionnaire russe (1814-1876), un des fondateurs de l'Internationale.

Balaam, devin envoyé par le roi de Moab, pour maudire les Israélites.

Balaton (lac), lac de Hongrie ; 598 km².

Balboa (Vasco Nuñez de), navigateur espagnol (1475-1517). Il découvrit l'océan Pacifique.

Bâle, v. de Suisse, sur le Rhin ; 213 000 h. Centre commercial et industriel.

Baléares (îles), archipel espagnol de la Méditerranée ; 558 000 h. Cap. *Palma de Majorque.*

Bali, une des îles de la Sonde.

Balkach (lac), lac du Kazakhstan (U.R.S.S.).

Balkan (mont), chaîne de Bulgarie, culminant à 2 376 m.

Balkans (péninsule des), péninsule de l'Europe, englobant la *Yougoslavie*, la *Bulgarie*, l'*Albanie*, une région de la *Turquie* et le nord de la *Grèce*.

Ballon d'Alsace, montagne des Vosges ; 1 250 m. Sports d'hiver.

Baloutchistan, région de l'Asie, partagée entre l'Iran et le Pakistan.

Baltes (pays), Estonie, Lettonie et Lituanie. Etats membres de l'U.R.S.S.

Balthazar, fils du dernier roi de Babylone (VIe s. av. J.-C.). [*Bible.*]

Baltimore, v. et port des Etats-Unis (Maryland) ; 939 000 h. Centre commercial (tabacs) et industriel. Université.

Baltique (mer), mer formée par l'Atlantique et communiquant avec lui par la mer du Nord.

Balue (cardinal) [1421-1491], ministre de Louis XI, qui le retint onze ans captif.

Balzac (Jean-Louis **Guez de**), écrivain français (1597-1654), auteur de *Lettres.*

Balzac (Honoré **de**), romancier français (1799-1850), auteur fécond et puissant de la *Comédie humaine.*

Bamako, cap. du Mali, port sur le Niger ; 196 800 h.

Bamboche (VAN LAAR, dit le), peintre hollandais (1592-1645) ; auteur de scènes populaires (*bambochades*).

Banda (îles), groupe d'îles dans l'archipel des Moluques (Indonésie).

Bangalore, v. industrielle de l'Inde (Mysore) ; 1 389 000 h.

Bangkok, cap. de la Thaïlande, port sur le Ménam ; 2 000 000 d'h.

Bangladesh (république du), Etat d'Asie, correspondant à l'ancien Pakistan oriental, indépendant depuis 1971 ; 142 776 km² ; 76 820 000 h. Cap. *Dacca.*

Bangouéolo, lac de l'Afrique australe (Zambie).

Bangui, cap. de l'Empire centrafricain (dans l'anc. A.-E. F.), sur l'Oubangui ; 301 000 h.

Banquo, gouverneur sous le règne de Duncan, roi d'Ecosse (XIe s.). Il laissa assassiner son roi par Macbeth, qui fut lui-même égorgé par ordre de ce dernier.

Bantous, population de l'Afrique sud-équatoriale.

Banyuls-sur-Mer, comm. des Pyrénées-Orientales ; 4 500 h. Station balnéaire de la Méditerranée. Vins.

Bara (Joseph), enfant célèbre par son héroïsme (1779-1793).

Barabbas ou **Barrabas**, Juif qui se trouvait détenu pour meurtre. Le peuple préféra sa libération à celle de Jésus.

Barbade (la), une des Petites Antilles, Etat du Commonwealth ; 240 000 h.

Barbares, peuples qui, aux yeux des Grecs, restaient en dehors de leur civilisation. — Bandes germaniques qui, au début du Moyen Age, envahirent l'empire d'Occident.

Barbarie ou **États barbaresques**, anc. n. de l'Afrique du Nord (Maroc, Algérie, Tunisie, régence de Tripoli).

Barbe (sainte), vierge et martyre du IVe s.

Barberousse, nom de deux pirates musulmans du XVIIe s. — Surnom donné à l'empereur germanique Frédéric Ier.

Barbès (Armand), républicain français (1809-1870).

Barbey d'Aurevilly (Jules), écrivain français (1808-1889), auteur des *Diaboliques.*

Barbier de Séville (le), comédie en prose de Beaumarchais (1775).

Barbizon, comm. de Seine-et-Marne, dans la forêt de Fontainebleau.

Barcelone, v. et port d'Espagne, sur la Méditerranée, cap. de la Catalogne ; 1 861 000 h. Industrie active.

Barcelonnette, ch.-l. d'arr. (Alpes-de-Haute-Provence), sur l'Ubaye. Sports d'hiver ; 3 200 h.

Bardo (Le), v. de Tunisie, près de Tunis ; 16 000 h. Anc. palais du bey.

Barèges, village des Hautes-Pyrénées ; 324 h. Station thermale.

Barents (Guillaume), navigateur hollandais (vers 1550-1597). Il découvrit le Spitzberg.

Barents (mer de), partie de l'océan Arctique.

Bari, v. d'Italie (Pouilles), port sur l'Adriatique ; 356 300 h.

Bar-le-Duc, ch.-l. de la Meuse, sur l'Ornain ; 20 100 h.

Barnabé (saint), un des douze apôtres.

Barnaoul, v. de l'U.R.S.S. (Russie), en Sibérie, sur l'Ob ; 407 000 h.

Baroda, v. de l'Inde, dans le Goudjerate ; 467 400 h.

Barquisimeto, v. du Venezuela ; 334 000 h. Café, sucre, cacao.

Barranquilla, v. et port de Colombie ; 521 000 h.

Barras (Paul, vicomte de), Conventionnel (1755-1829), membre du Directoire.

Barrès (Maurice), écrivain français (1862-1923), auteur de *la Colline inspirée*.

Barrois, pays de France, entre la Lorraine et la Champagne.

Barry (Du). V. Du Barry.

Bar-sur-Aube, ch.-l. d'arr. (Aube) ; 7 400 h.

Bar-sur-Seine, ch.-l. de c. (Aube) ; 3 400 h.

Bart (Jean), corsaire français (1650-1702) ; il s'illustra sous le règne de Louis XIV.

Barthélemy (saint), apôtre, martyr en 71.

Bartok (Bela), compositeur hongrois (1881-1945).

Bartolomeo (Fra), dominicain et peintre religieux florentin (1472-1517).

Baruch, disciple du prophète Jérémie.

Barye (Antoine-Louis), sculpteur animalier français (1796-1875).

Bas-Empire, deuxième période de l'Empire romain (235-476).

Basile (saint), Père de l'Eglise grecque, évêque de Césarée (329-394).

Basile II (957-1025), empereur d'Orient ; il soumit la Bulgarie et porta l'Empire à son apogée.

Basilicate, anc. **Lucanie**, région d'Italie ; cap. *Potenza*.

Basques, habitants du Pays basque, région s'étendant sur les deux versants, français et espagnol, des Pyrénées occidentales.

Bassano del Grappa, v. d'Italie (Vénétie) ; 30 500 h. Victoire de Bonaparte (1796).

Basse-Terre, cap. de la Guadeloupe ; 15 800 h. Port.

Bassora ou **Basrah**, v. de l'Irak, port sur le Chatt el-Arab ; 423 000 h.

Bastia, ch.-l. de la Haute-Corse ; 52 000 h. Port.

Bastille (la), forteresse construite à Paris sous Charles V, en 1370. Devenue prison d'Etat, elle fut prise par le peuple de Paris le 14 juillet 1789.

Basutoland, anc. protectorat britannique d'Afrique du Sud ; c'est aujourd'hui le **Lesotho**.

Batave (république), nom que prirent les Pays-Bas de 1795 à 1806.

Batavia. V. Djakarta.

Bath, v. d'Angleterre (Somerset), sur l'Avon. Eaux thermales ; 80 000 h.

Bathurst, cap. de la Gambie.

Batna, v. d'Algérie, ch.-l. de dép. ; 54 900 h.

Batz (île de), île du Finistère (Manche), en face de Roscoff ; 807 h. Pêche ; station balnéaire.

Baucis. V. Philémon.

Baudelaire (Charles), poète français (1821-1867), auteur des *Fleurs du mal*.

Baudelocque (Jean-Louis), médecin accoucheur français (1746-1810).

Baudin (Victor) [1811-1851], représentant du peuple, tué sur une barricade lors du coup d'Etat de 1851.

Baudouin, nom de plusieurs comtes de Flandre, empereurs latins d'Orient, et rois de Jérusalem.

Baudouin Ier, roi des Belges en 1951, né en 1930.

Baudricourt (Robert, sire de), capitaine de Vaucouleurs. Jeanne d'Arc lui demanda de la faire conduire auprès de Charles VII (1429).

Baule-Escoublac (La), grande station balnéaire de la Loire-Atlantique ; 15 200 h.

Baume-les-Dames, ch.-l. de c. (Doubs) ; 6 100 h. Anc. abbaye.

Baumé (Antoine), chimiste français (1728-1804), créateur de l'aréomètre.

Bautzen, v. d'Allemagne (Saxe). Victoire de Napoléon Ier sur les Prussiens et les Russes en 1813.

Baux (Les), village des Bouches-du-Rhône ; 367 h. Ruines grandioses. On y a découvert la *bauxite*.

Bavière, un des pays de l'Allemagne du Sud ; cap. *Munich*.

Bayard (Pierre DU Terrail, seigneur de), illustre capitaine français (vers 1473-1524). Il se couvrit de gloire pendant les guerres d'Italie. Sa bravoure et sa générosité lui valurent le surnom de *Chevalier sans peur et sans reproche*.

Bayeux, ch.-l. d'arr. (Calvados) ; cathédrale (XIIe-XIIIe s.) ; broderie de la reine Mathilde (XIe s.) ; 14 500 h.

Bayle (Pierre), écrivain français (1647-1706), auteur d'un *Dictionnaire historique*.

Bayonne, ch.-l. d'arr. (Pyrénées-Atlantiques), sur l'Adour ; 44 700 h. Cathédrale ; eaux-de-vie, jambons.

Bayreuth, v. d'Allemagne (Bavière), sur le Main. Théâtre Richard-Wagner.

Bazaine (Achille), maréchal de France (1811-1888). Il capitula à Metz en 1870.

Béarn, anc. pays de France, réuni à la Couronne en 1620 ; cap. *Pau.*

Béatrice, Florentine célèbre (1266-1290), immortalisée par Dante.

Beaucaire, ch.-l. de c. (Gard), sur le Rhône ; 13 000 h. Foire jadis célèbre.

Beauce, anc. pays de France ; cap. *Chartres* ; plaines très fertiles en blé.

Beaufort (François DE VENDÔME, *duc de*) [1616-1669], un des chefs de la Fronde, surnommé le *Roi des Halles.*

Beaugency, ch.-l. de c. (Loiret), sur la Loire ; 6 800 h. Donjon (XIe s.).

Beauharnais (Alexandre, *vicomte de*), né à la Martinique (1760-1794) ; il épousa celle qui fut plus tard l'impératrice Joséphine.

Beauharnais (Eugène de), fils du précédent (1781-1824), vice-roi d'Italie sous l'Empire.

Beaujolais, pays de France, au nord du Lyonnais. Bons vins.

Beaumarchais (Pierre-Augustin Caron de), écrivain français (1732-1799), auteur du *Barbier de Séville*, du *Mariage de Figaro*, comédies.

Beaune, ch.-l. d'arr. (Côte-d'Or). Hôtel-Dieu (XVe s.). Vins renommés ; 20 000 h.

Beauvais, ch.-l. de l'Oise ; 56 700 h. Cathédrale avec chœur du XIIIe s.

Bechuanaland. V. BOTSWANA.

Becquerel, famille de physiciens français ; HENRI (1852-1908) découvrit la radio-activité en 1896.

Bède le Vénérable (*saint*), moine et historien d'Angleterre (vers 675-735).

Bedford (*duc de*) [1389-1435], frère de Henri V, roi d'Angleterre, et régent de France pour son neveu Henri VI.

Bédouins, Arabes nomades du désert, en Afrique du Nord et en Arabie.

Beecher-Stowe (Harriet), femme de lettres américaine (1812-1896), auteur de *la Case de l'oncle Tom.*

Beethoven (Ludwig Van), compositeur allemand (1770-1827) ; auteur de sonates, de symphonies et de quatuors.

Béjart (Armande), comédienne française (1638-1700) ; épouse de Molière.

Belém, anc. *Para*, v. du Brésil, port sur l'Amazone ; 625 000 h.

Belfast, v. et port d'Irlande, cap. de l'Ulster ; 444 000 h. Centre industriel.

Belfort, ch.-l. du *Territoire de Belfort* ; 57 300 h. Place forte. — Le territoire (90) a 608 km2 et 128 000 h.

Belgique, royaume de l'Europe occidentale ; 30 507 km2 ; 9 800 000 h. (*Belges*). Cap. *Bruxelles.*

Belgrade, cap. de la Yougoslavie (Serbie), sur le Danube ; 678 000 h.

Belin (Edouard), physicien français (1876-1963), inventeur d'un procédé de phototélégraphie.

Bélisaire, général byzantin (494-565).

Belize, anc. *Honduras britannique*, territoire de l'Amérique centrale ; 140 000 h. Cap. *Belmopan.*

Bell (Alexander Graham), physicien américain (1847-1922), un des inventeurs du téléphone (1876).

Bellac, ch.-l. d'arr. (Haute-Vienne) ; 5 800 h.

Belleau (Remi), un des poètes de la Pléiade (1528-1577).

Bellegarde-sur-Valserine, ch.-l. de c. (Ain) ; 12 400 h.

Belle-Ile-en-Mer, île de l'Atlantique (Morbihan) ; 4 300 h.

Bellérophon, héros qui, monté sur Pégase, combattit et tua la Chimère.

Belleville, quartier de Paris.

Belley, ch.-l. d'arr. (Ain) ; 8 200 h.

Bellini, famille de peintres vénitiens du XVe s., dont les plus remarquables sont JACOPO, GENTILE et GIOVANNI.

Belo Horizonte, v. du Brésil ; 1 333 000 h. Centre industriel.

Béloutchistan. V. BALOUTCHISTAN.

Belphégor, idole des Moabites, des Ammonites et des Madianites.

Belt (Grand- et Petit-), détroits réunissant la mer Baltique à la mer du Nord par le Cattégat et le Skager-Rak.

Belzébuth, démon considéré comme le chef des esprits malins.

Bénarès ou **Banaras**, v. de l'Inde, sur le Gange ; 619 800 h. Ville sainte.

Benelux, union économique entre la Belgique, les Pays-Bas et le Luxembourg.

Bengale, région partagée entre l'Inde et le Bangladesh.

Bengale (*golfe du*), golfe de l'océan Indien, entre l'Inde et l'Indochine.

Benghazi, v. de Libye (Cyrénaïque).

Ben Gourion (David), un des fondateurs de l'Etat d'Israël (1886-1973).

Bénin (*république du*), anc. **Dahomey**, Etat de l'Afrique occidentale ;

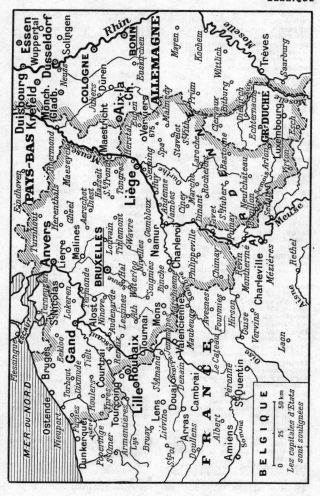

BELGIQUE

0   25   50 km

Les capitales d'États
sont soulignées

115 800 km²; 3 110 000 h. Cap. *Porto-Novo*.

Benjamin, dernier fils et enfant préféré de Jacob.

Benoît de Nurcie (*saint*), prêtre italien (vers 480-547), fondateur de l'ordre des bénédictins.

Benoît, nom de quinze papes.

Bénoué, affl. du Niger (r. g.); 1 400 km.

Benserade (Isaac), poète français (1613-1691).

Béotie, contrée de l'anc. Grèce. Cap. *Thèbes*.

Béranger (Pierre-Jean de), chansonnier français, né à Paris (1780-1857).

Bérarde (La), station de sports d'hiver, dans l'Oisans (Isère).

Berbera, v. de la Somalie, port sur le golfe d'Aden; 30 000 h.

Berbères, peuple de l'Afrique septentrionale (Kabyles, Touaregs, etc.).

Berchtesgaden, station d'altitude d'Allemagne (Alpes bavaroises). Anc. résidence de Hitler.

B e r c k, comm. du Pas-de-Calais; 16 500 h. Station balnéaire. Sanatorium.

Bercy, quartier de Paris. Ancien entrepôt des vins sur la Seine.

Bérénice, tragédie de Racine (1670).

Berezina (la), riv. de la Russie Blanche, affl. du Dniepr, célèbre par le passage, en 1812, de l'armée française.

Bergame, v. d'Italie du Nord (Lombardie); 121 000 h. Métallurgie.

Bergen, port de Norvège, sur l'Atlantique; 117 000 h. Centre industriel.

Bergen-op-Zoom, v. des Pays-Bas, sur l'Escaut; 37 400 h.

Bergerac, ch.-l. d'arr. (Dordogne), sur la Dordogne; 28 600 h.

Bergson (Henri), philosophe français (1859-1941), de tendance spiritualiste.

Béring ou **Behring** (*détroit de*), passage entre l'Asie et l'Amérique.

Berkeley (George), philosophe idéaliste irlandais (1685-1753).

Berlin, v. d'Allemagne, sur la Spree, divisée en deux secteurs, l'un formant l'agglomération de *Berlin-Ouest* (2 135 000 h.); l'autre, *Berlin-Est*, étant la cap. de la République démocratique allemande; 1 140 000 h.

Berlioz (Hector), compositeur français (1803-1869), auteur de la *Symphonie fantastique*, de la *Damnation de Faust*.

Bermudes (*îles*), îles anglaises de l'Atlantique, au nord-est des Antilles.

Bernadette Soubirous (*sainte*), jeune Française (1844-1879), dont les visions sont à l'origine du pèlerinage de Lourdes.

Bernadotte (Jean), maréchal de France (1763-1844); roi de Suède en 1818.

Bernard (*saint*), né près de Dijon (1091-1153); il fonda l'abbaye de Clairvaux et prêcha la 2e croisade.

Bernard, duc DE SAXE-WEIMAR (1604-1639), allié de la France, un des généraux les plus célèbres de la guerre de Trente Ans.

Bernard (Claude), physiologiste français (1813-1878), auteur de l'*Introduction à l'étude de la médecine expérimentale*; il a découvert la *fonction glycogénique* du foie.

Bernardin de Saint-Pierre, écrivain français (1737-1814), auteur de *Paul et Virginie*.

Bernay, ch.-l. d'arr. (Eure); 11 300 h.

Berne, cap. de la Suisse, sur l'Aar; 168 900 h. Centre industriel.

Bernhardt (Sarah), tragédienne française (1844-1923).

Bernina, montagne des Alpes rhétiques.

Bernini, dit le **Cavalier Bernin**, peintre, sculpteur et architecte italien (1598-1680), maître du style baroque.

Bernoulli, famille de mathématiciens suisses, dont : JACQUES (1654-1705), spécialiste de géométrie analytique; JEAN (1667-1748), qui découvrit le calcul exponentiel; DANIEL (1700-1782), qui développa la théorie cinétique des gaz.

Berre-l'Étang, ch.-l. de c. (Bouches-du-Rhône), sur l'*étang de Berre*; 12 100 h. Raffineries de pétrole.

Berry ou **Berri**, anc. prov. de France; cap. *Bourges*.

Berry (*canal du*), canal qui fait communiquer les bassins houillers de l'Allier : 1° avec le canal latéral à la Loire; 2° avec la vallée du Cher.

Berry (Jean, *duc de*) [1340-1416], régent sous Charles VI; — CHARLES (1778-1820), fils de Charles X, assassiné par Louvel; il avait épousé CAROLINE DE BOURBON - SICILE (1798-1879), qui tenta de soulever la Vendée en faveur de son fils, le duc de Bordeaux.

Bertaut (Jean), poète français (1552-1611).

Berthe, dite **Berthe au grand pied**, femme de Pépin le Bref, mère de Charlemagne.

Berthelot (Marcelin), chimiste et homme politique français (1827-1907).

Berthier (Louis-Alexandre), maréchal de France (1753-1815).

Berthollet (*comte* Claude), chimiste français (1748-1822), à qui l'on doit la découverte des propriétés décolorantes du chlore et l'énoncé des lois de la double décomposition des sels.

Bertillon (Alphonse) [1853-1914], créateur de l'anthropométrie pour l'identification des criminels.

Bérulle (Pierre de), cardinal français (1575-1629) ; fondateur de l'Oratoire.

Berwick (Jacques STUART, *duc de*) [1670-1734], maréchal de France.

Berzelius (*baron* Jakob), célèbre chimiste suédois (1779-1848).

Besançon, anc. cap. de la Franche-Comté, ch.-l. du Doubs, sur le Doubs ; 126 200 h. Horlogerie ; université.

Bessarabie, pays de l'Europe orientale, partagé entre l'Ukraine et la Moldavie.

Bessemer (*sir* Henry), ingénieur anglais (1813-1898), inventeur d'un procédé pour la transformation de la fonte en acier.

Bessières (Jean-Baptiste), maréchal de France, tué à Lützen (1766-1813).

Bessin, pays de la basse Normandie.

Betchouanaland ou **Bechuanaland**, anc. protectorat britannique de l'Afrique australe. V. BOTSWANA.

Béthanie, bourg de l'anc. Judée.

Bethléem, village de l'anc. Palestine, où naquirent David et Jésus-Christ.

Bethsabée, femme que David épousa après avoir fait périr Urie, son premier mari ; mère de Salomon.

Béthune, ch.-l. d'arr. (Pas-de-Calais), près d'un affl. de la Lys ; 28 300 h. Houille.

Bétique, nom de l'Andalousie à l'époque romaine.

Beyrouth ou **Bayrût**, cap. du Liban, port sur la Méditerranée ; 500 000 h.

Bèze (Théodore de), réformateur français (1519-1605), disciple de Calvin.

Béziers, ch.-l. d'arr. (Hérault), sur l'Orb et le canal du Midi ; 85 700 h. Vins.

Bhoutan, royaume au nord-est de l'Inde, au pied de l'Himalaya ; 50 000 km²; 800 000 h. Cap. *Punaka*.

Biar (El-), anc. comm. d'Algérie, banlieue résidentielle d'Alger.

Biarritz, ch.-l. de c. (Pyrénées-Atlantiques), sur le golfe de Gascogne ; 27 700 h. Station balnéaire.

Bible, recueil des *Saintes Écritures*, divisé en deux parties : l'*Ancien* et le *Nouveau Testament*.

Bibliothèque nationale, bibliothèque fondée à Paris par Charles V.

Bichat (Xavier), médecin et anatomiste français (1771-1802).

Bidassoa (la), fl. entre la France et l'Espagne, tributaire de l'Atlantique.

Bielefeld, v. industrielle d'Allemagne (Rhin-Septentrional-Westphalie).

Biélorussie. V. RUSSIE BLANCHE.

Bienne, v. de Suisse, cant. de Berne ; 66 000 h. Horlogerie, métallurgie.

Bièvre (la), petit affl. de la Seine, à Paris ; 40 km.

Bigorre (la), anc. pays de France ; cap. *Tarbes*.

Bihar, État de l'Inde ; cap. *Patna*.

Bikini, atoll des îles Marshall, théâtre d'expériences atomiques.

Bilbao, v. d'Espagne (Biscaye) ; 351 000 h. Port et centre industriel (fer, papeterie, produits chimiques).

Bir-Hakeim, loc. de Libye. Héroïque résistance des forces françaises encerclées par Rommel (1942).

Birmanie (*Union de*), république de l'Asie méridionale ; 678 000 km²; 31 240 000 h. Cap. *Rangoon*.

Birmingham, v. industrielle d'Angleterre ; 1 102 700 h. — V. des États-Unis (Alabama) ; métallurgie.

Biron (Armand DE GONTAUT, *baron de*), maréchal de France (1524-1592). Il servit vaillamment Henri IV et fut tué au siège d'Epernay ; — Son fils, CHARLES, *duc* DE BIRON, né en 1562, maréchal de France ; il conspira et fut décapité (1602).

Biscarrosse (*étang de*), situé dans les Landes.

Biscaye, prov. du nord de l'Espagne. Ch.-l. *Bilbao*.

Biskra, v. d'Algérie. Ch.-l. d'arr. du dép. de Batna ; 55 500 h.

Bismarck (*archipel*), îles de l'Océanie.

Bismarck (Otto, *prince de*), homme d'État prussien (1815-1898), fondateur, avec Guillaume Ier, de l'Empire allemand.

Bizerte, v. de Tunisie ; 51 700 h. Port sur la Méditerranée.

Bizet (Georges), compositeur français (1838-1875), auteur de *Carmen*.

Blaise (*saint*), évêque de Sébaste, en Arménie, martyrisé en 316.

Blake (William), poète et peintre mystique anglais (1757-1827).

Blanc (*mont*), point culminant des Alpes (Haute-Savoie) ; alt. 4 807 m. Tunnel routier.

Blanc (Louis), homme politique et historien français (1811-1882).

Blanche (*mer*), mer formée par l'océan Arctique, au nord de l'U. R. S. S.

Blanche de Castille (1188-1252), femme de Louis VIII, mère de Saint Louis.

Blanc-Nez (cap), promontoire au nord du Pas-de-Calais.

Blandine (sainte), martyre à Lyon en 177.

Blanqui (Louis-Auguste), socialiste français (1805-1881).

Blanzy, comm. de Saône-et-Loire; 5 000 h. Houille, verrerie.

Blavet (le), fl. de Bretagne, tributaire de l'Atlantique; 140 km.

Blaye, ch.-l. d'arr. (Gironde); 4 300 h. Vins.

Blériot (Louis), aviateur français (1872-1936). Il traversa le premier la Manche en avion (juillet 1909).

Blida, v. d'Algérie; 85 700 h.

Bloemfontein, cap. de l'Orange (Rép. d'Afrique du Sud); 148 000 h.

Blois, ch.-l. du dép. de Loir-et-Cher, sur la Loire; 51 950 h. Château historique. Les états généraux s'y réunirent en 1576 et en 1588; ces derniers furent marqués par l'assassinat du duc de Guise.

Blücher, général prussien (1742-1819). Il secourut Wellington à Waterloo.

Boabdil ou **Abou Abdallah**, dernier roi maure de Grenade de 1481 à 1491.

Bobigny, ch.-l. de la Seine-Saint-Denis; 43 200 h.

Bobo-Dioulasso, ville de la Haute-Volta; 64 000 h. Centre agricole.

Boccace (Giovanni), poète et conteur italien (1313-1375), auteur du Décaméron.

Boccherini (Luigi), compositeur de musique italien (1743-1805).

Bochum, v. d'Allemagne (Rhin-Septentrional-Westphalie); 361 000 h.

Bodin (Jean), humaniste français (1530-1596), auteur du traité de la République.

Boèce, philosophe et homme d'Etat (vers 480-524), ministre de Théodoric.

Boers, colons de l'Afrique australe, d'origine néerlandaise.

Boghari, v. d'Algérie, ch.-l. d'arr. du dép. de Médéa; 16 300 h.

Bogota (Santa Fe de), cap. de la Colombie; 2 515 000 h.

Bohême, région occidentale de la Tchécoslovaquie; v. pr. Prague.

Bohr (Niels), physicien danois (1885-1962), théoricien de l'atome.

Boïeldieu (François-Adrien), compositeur français (1775-1834), auteur de la Dame blanche, du Calife de Bagdad, etc.

Boileau-Despréaux (Nicolas), poète et critique français (1636-1711), auteur

d'Odes, de Satires, de l'Art poétique, etc.

Bois-Colombes, comm. des Hauts-de-Seine; 26 700 h.

Bois-le-Duc, v. et port des Pays-Bas; 81 000 h.

Bolbec, ch.-l. de c. (Seine-Maritime); 12 800 h. Filature, tissage.

Bolivar (Simon), général et homme d'Etat sud-américain (1783-1830). Libérateur de l'Amérique du Sud.

Bolivie, république de l'Amérique du Sud; 1 076 000 km²; 5 630 000 h. Langue espagnole. Cap. Sucre; siège du gouvernement La Paz.

Bologne, v. d'Italie (Emilie); 480 000 h. Centre industriel.

Bolton, v. d'Angleterre (Lancashire); 158 000 h. .Industrie textile.

Bombay, v. et port de l'Inde, cap. de l'Etat de Maharashtra; 5 534 000 h.

Bon (cap), cap. de la Tunisie.

Bonaparte, famille originaire d'Italie, établie plus tard en Corse; ses principaux membres sont : **Joseph** (1768-1844), roi de Naples en 1806, roi d'Espagne de 1808 à 1813; — **Napoléon Ier** (v. ce nom) — **Lucien** (1775-1840), président du conseil des Cinq-Cents; — **Louis** (1778-1846), roi de Hollande (1806-1810), père de NAPOLÉON III (v. ce nom); — **Marie-Pauline** (1780-1825), épouse du général Leclerc en 1797, puis du prince Camille Borghèse (1803); — **Jérôme** (1784-1860), roi de Westphalie (1807-1813).

Bonaventure (saint), Père de l'Eglise (1221-1274), surnommé le Docteur séraphique.

Bône. V. ANNABA.

Boniface (WINFRIT, saint), [vers 675-755], apôtre de la Germanie.

Boniface, nom de neuf papes, dont BONIFACE VIII, pape de 1294 à 1303, célèbre par ses démêlés avec Philippe le Bel.

Bonifacio, ch.-l. de c. (Corse-du-Sud); 2 400 h. Port du détroit (ou bouches) de Bonifacio, qui sépare la Corse de la Sardaigne.

Bonn, cap. de la République fédérale allemande, sur le Rhin; 150 000 h.

Bonnard (Pierre), peintre français (1867-1947), paysagiste et portraitiste.

Bonne-Espérance (cap de), promontoire au sud de l'Afrique.

Bonneville, ch.-l. d'arr. (Haute-Savoie), sur l'Arve; 8 100 h.

Booth (William), réformateur britannique, fondateur de l'Armée du salut (1829-1912).

Booz, époux de Ruth. (Bible.)

Borda (Charles de), physicien et marin français (1733-1799).

Bordeaux, anc. cap. de la Guyenne, ch.-l. de la Gironde, sur la Garonne ; 226 300 h. Port actif, centre industriel et commercial.

Bordelais, région vinicole, près de Bordeaux.

Bordj-bou-Arréridj, v. d'Algérie, ch.-l. d'arr. du dép. de Sétif ; 36 300 h.

Bordj-Menaïel, v. d'Algérie, ch.-l. d'arr. du dép. de Tizi-Ouzou ; 20 600 h.

Borghèse, famille romaine. L'un de ses membres, Camille (1775-1832), épousa Pauline Bonaparte.

Borgia, famille italienne, d'origine espagnole, qui compte parmi ses membres : le pape ALEXANDRE VI (**v.** ALEXANDRE); — CÉSAR BORGIA (1475-1507), son fils, cardinal, puis duc de Valentinois, politique habile, mais cruel ; — LUCRÈCE (1480-1519), sœur du précédent.

Borinage, bassin houiller de Belgique (Hainaut), à l'ouest de Mons.

Bornéo, île de l'Indonésie. Le nord est une partie de la Malaysia ; le reste fait partie de la République indonésienne. Pétrole.

Borodine (Alexandre), compositeur russe (1834-1887), auteur du *Prince Igor.*

Bort-les-Orgues, ch.-l. de c. (Corrèze), sur la Dordogne ; 5 600 h. Installation hydro-électrique. Colonnades de phonolithe, dites *orgues de Bort.*

Bosch (Jérôme), peintre hollandais (vers 1462-1516), auteur de compositions fantastiques.

Boschimans ou **Bushmen,** peuple primitif de l'Afrique méridionale.

Bosnie et Herzégovine, une des républiques fédérées de la Yougoslavie ; 3 746 000 h.

Bosphore, détroit faisant communiquer la mer de Marmara et la mer Noire.

Bossuet (Jacques-Bénigne), prélat français (1627-1704). Evêque de Meaux, il a été, dans ses *Sermons* et ses *Oraisons funèbres,* le plus éloquent des orateurs sacrés.

Boston, v. et port des Etats-Unis, cap. du Massachusetts ; 665 000 h. Centre industriel.

Botnie (*golfe de*), golfe de la mer Baltique, entre la Finlande et la Suède.

Botswana, anc. Bechuanaland, Etat de l'Afrique australe, membre du Commonwealth ; 690 000 h. Cap. *Gaborone.*

Botticelli (Sandro), peintre florentin (1445-1510), auteur de madones du *Printemps,* de la *Naissance de Vénus,* etc.

Botzaris (Marcos), patriote grec (1788-1823), héros de l'Indépendance.

Boucau (Le), comm. des Pyrénées-Atlantiques ; 6 200 h.

Bouchardon (Edme), sculpteur français (1698-1762), auteur de la fontaine de la rue de Grenelle, à Paris.

Boucher (François), peintre français (1703-1770), auteur de scènes pastorales ou mythologiques et de portraits.

Bouches-du-Rhône (13), dép. formé d'une partie de la Provence ; préf. *Marseille* ; s.-préf. *Aix-en-Provence, Arles* ; 5 248 km²; 1 633 000 h.

Bouddha ou **Çakya-Mouni,** fondateur du bouddhisme (vᵉ s. av. J.-C.).

Boudin (Eugène-Louis), peintre paysagiste français (1824-1898).

Boufarik, v. d'Algérie, dép. d'Alger ; 33 000 h. Vignobles, orangers.

Boufflers (*duc* **de**), maréchal de France (1644-1711). Il s'illustra pendant la guerre de la Succession d'Espagne (défense de Lille, Malplaquet).

Bougainville (Louis-Antoine **de**), navigateur français (1729-1811).

Bougie ou **Bejaïa,** v. et port d'Algérie ; 49 900 h. Port pétrolier.

Boulanger (Georges), général français (1837-1891), qui songea à renverser le régime républicain (1886).

Boulay-Moselle, ch.-l. d'arr. (Moselle) ; 3 900 h.

Boulogne-Billancourt, ch.-l. d'arr. (Hauts-de-Seine) ; 104 000 h. Automobiles.

Boulogne-sur-Mer, ch.-l. d'arr. (Pas-de-Calais), port de pêche sur la Manche ; 49 300 h.

Bourbon (*maisons de*), nom de plusieurs familles princières françaises. La dernière, qui remonte à Robert de Clermont, sixième fils de Saint Louis, a formé plusieurs branches, dont l'une, celle de Vendôme, est parvenue au trône de France avec Henri IV en 1589. De Louis XIII, fils de Henri IV, sont issues deux branches : l'*aînée,* qui a formé les rameaux de France, d'Espagne, des Deux-Siciles et de Parme ; la *cadette,* ou *branche d'Orléans,* qui accéda au trône de France avec Louis-Philippe.

Bourbon-Lancy, ch.-l. de c. (Saône-et-Loire) ; 6 700 h. Station thermale.

Bourbon-l'Archambault, ch.-l. de c. (Allier) ; 2 600 h. Station thermale.

Bourbonnais, anc. prov. de France. cap. *Moulins.*

Bourbonne-les-Bains, ch.-l. de c (Haute-Marne) ; 3 300 h. Station thermale.

Bourboule (La), comm. du Puy-de-Dôme ; 2 400 h. Station thermale.

Bourdaloue (Louis), prédicateur jésuite français (1632-1704).

Bourdelle (Antoine), sculpteur français (1861-1929).

Bourg-d'Oisans (Le), ch.-l. de c. (Isère) ; 2 500 h. Station d'altitude.

Bourg-en-Bresse, ch.-l. de l'Ain, dans la Bresse ; 44 100 h.

Bourgeois gentilhomme (le), comédie de Molière (1670).

Bourges, anc. cap. du Berry, ch.-l. du Cher, sur le canal du Berry ; 80 400 h. Cathédrale (XIIIᵉ-XVIᵉ s.) ; hôtel Jacques-Cœur (XVᵉ s.).

Bourget (Le), comm. du dép. de la Seine-Saint-Denis ; 10 500 h. Aéroport.

Bourget (lac du), lac de Savoie.

Bourgogne, anc. prov. de France, réunie à la Couronne en 1482 ; cap. *Dijon*.

Bourgogne (canal de), unit le bassin de la Seine à celui du Rhône.

Bourgogne (maisons de), nom de deux maisons capétiennes : l'une issue du roi Robert II le Pieux ; l'autre issue du roi Jean II le Bon.

Bourguiba (Habib), homme d'Etat tunisien (né en 1903), président de la République depuis 1957.

Bourguignons (faction des), parti du duc de Bourgogne, sous Charles VI, opposé aux *Armagnacs* (v. ce mot).

Boussingault (Jean-Baptiste), chimiste français (1802-1887).

Boutan. V. BHOUTAN.

Bouvines, comm. du Nord où Philippe Auguste vainquit l'empereur Otton IV et ses alliés en 1214.

Brabançonne (la), chant national de la Belgique, composé en 1830.

Brabant, prov. de Belgique. Ch.-l. *Bruxelles* ; 2 148 000 h.

Bradford, v. d'Angleterre, (comté d'York) ; 295 800 h. Industrie textile.

Bragance (maison de), dynastie portugaise (1640-1855).

Brahe (Tycho), astronome danois (1546-1601).

Brahma, dieu suprême et créateur du monde, dans la religion hindoue.

Brahmapoutre (le), fl. du Tibet et de l'Inde, tributaire du golfe de Bengale ; 2 900 km.

Brahms (Johannes), compositeur allemand (1833-1897).

Braille (Louis), inventeur de l'alphabet en relief à l'usage des aveugles (1809-1852).

Bramante (Donato), architecte italien de la Renaissance (1444-1514).

Brandebourg, région de l'Allemagne orientale. — V. d'Allemagne ; 91 800 h.

Branly (Edouard), physicien français (1844-1940), inventeur du *cohéreur* de la télégraphie sans fil.

Brantôme (abbé et seigneur de), chroniqueur français (vers 1540-1614).

Braque (Georges), peintre cubiste français (1882-1963).

Brasilia, nouv. cap. du Brésil, dans l'intérieur du pays ; 544 900 h.

Bratislava, v. de Tchécoslovaquie (Slovaquie), sur le Danube ; 276 000 h.

Bray (pays de), petit pays en Normandie et en Picardie. Elevage.

Brazza (Pierre **Savorgnan de**), explorateur français, né à Rome (1852-1905). Il acquit pacifiquement pour la France une partie du Congo.

Brazzaville, cap. de la république du Congo, sur le Congo ; 135 000 h.

Brecht (Bertolt), auteur dramatique allemand (1898-1956).

Bréda, v. des Pays-Bas (Brabant-Septentrional) ; 120 000 h.

Breguet (Abraham-Louis), horloger et inventeur français (1747-1823).

Breguet (Louis), aviateur et constructeur d'avions français (1880-1955).

Bréhat (île), île de Bretagne.

Brême, v. d'Allemagne, sur la Weser ; 750 000 h. Centre industriel.

Brenner (col du), col des Alpes centrales (Tyrol) ; 1 370 m.

Brennus ou **Brenn**, chef gaulois qui prit Rome en 390 av. J.-C.

Brescia, v. d'Italie (Lombardie), ch.-l. de prov. ; 201 400 h.

Brésil, république de l'Amérique du Sud ; 8 550 000 km² ; 107 140 000 h. Cap. *Brasilia*. V. pr. *Rio de Janeiro*.

Breslau. V. WROCLAW.

Bresse, anc. pays de France, cap. *Bourg* ; annexé en 1601.

Bressuire, ch.-l. d'arr. (Deux-Sèvres) ; 18 100 h.

Brest, ch.-l. d'arr. (Finistère), port militaire sur une rade où l'on pénètre par un étroit goulet ; 172 700 h.

Brest, anc. **Brest-Litovsk**, v. de l'U.R.S.S. (Biélorussie) ; 122 000 h. Traité de paix entre l'Allemagne et les Soviets (1918).

Bretagne, anc. prov. de France, réunie à la Couronne en 1532 ; cap. *Rennes*.

Brétigny, hameau près de Chartres, où Jean le Bon conclut avec les Anglais un traité humiliant (1360).

Breton (André), écrivain français (1896-1968), principal fondateur du surréalisme.

Breton (pertuis), détroit entre la côte continentale et l'île de Ré.

Breughel. V. BRUEGHEL.

Briançon, ch.-l. d'arr. (Htes-Alpes), sur la Durance ; 11 500 h.

Briand (Aristide), orateur et homme politique français (1862-1932).

Briare (*canal de*), canal qui réunit la Loire au canal du Loing.

Brie, petit pays de France, à l'est de Paris, qui avait pour cap. *Meaux.*

Brienne, famille française qui a donné des princes à l'Orient latin.

Brienz (*lac de*), lac de Suisse.

Brière (la), plaine marécageuse de la Loire-Atlantique.

Briey, ch.-l. d'arr. (Meurthe-et-Moselle); 5 500 h. Centre minier (fer).

Brighton, v. d'Angleterre (Sussex); port et station balnéaire sur la Manche; 162 800 h.

Brigue (la), comm. des Alpes-Maritimes, cédée par l'Italie à la France (1947).

Brindisi, anc. **Brindes**, v. et port de l'Italie méridionale, sur l'Adriatique.

Brinvilliers (*marquise de*), empoisonneuse exécutée à Paris (1630-1676).

Brioude, ch.-l. d'arr. (Haute-Loire); 8 400 h.

Brisbane, v. de l'Australie (Queensland); 853 000 h. Port et centre industriel.

Bristol (*canal de*), canal formé par l'Atlantique, à l'embouchure de la Severn.

Bristol, v. d'Angleterre; 436 000 h. Port sur l'Avon et centre industriel.

Britannicus, fils de Claude et de Messaline (42-56), empoisonné par Néron.

Britannicus, tragédie de Racine (1669).

Britanniques (*îles*). V. GRANDE-BRETAGNE.

Brive-la-Gaillarde, ch.-l. d'arr. (Corrèze), sur la Corrèze; 54 800 h. Centre ferroviaire et industriel.

Brno, v. de Tchécoslovaquie, cap. de la Moravie; 333 000 h.

Broca (Paul), chirurgien et anthropologue français (1824-1880).

Brocéliande (*forêt de*), forêt de Bretagne (auj. *forêt de Paimpont*).

Brocken, sommet du Harz (1 142 m).

Broglie (*broï*), famille française originaire du Piémont, dont font partie : VICTOR-FRANÇOIS, maréchal (1718-1804); — LÉONCE-VICTOR, *duc de* **Broglie** (1785-1870), ministre de Louis-Philippe; — ALBERT, *duc de* **Broglie** (1821-1901), chef des légitimistes; — MAURICE, *duc de Broglie*, physicien (1875-1960), et son frère LOUIS, *prince*, *duc de Broglie*, né en 1892, créateur de la mécanique ondulatoire.

Bron, ch.-l. de c. du Rhône; 45 000 h. Aéroport de Lyon.

Brontë (Charlotte), femme de lettres anglaise (1816-1855), auteur de *Jane Eyre;* — Sa sœur EMILY (1818-1848) a écrit *les Hauts de Hurlevent.*

Bronx, quartier de New York.

Brooklyn, quartier de New York.

Brosse (Salomon **de**), architecte français (vers 1570-1626).

Broussais (François), médecin français (1772-1838).

Brown (Robert), botaniste anglais (1773-1858), qui a découvert le *mouvement brownien.*

Browning (Robert), poète anglais (1812-1889); — Sa femme, Elisabeth BARRETT, poète (1806-1861).

Bruegel (les), famille de peintres flamands : PIERRE **Bruegel** *le Vieux* (vers 1530-1569), peintre de scènes villageoises; — PIERRE **Bruegel** *le Jeune*, fils du précédent (vers 1564-1637 ou 1638), surnommé *Bruegel d'Enfer;* — JEAN **Bruegel**, frère du précédent (1568-1625), surnommé *Bruegel de Velours.*

Bruges, v. de Belgique (Flandre-Occidentale); 53 000 h. Belles églises; beffroi.

Brune (Guillaume), maréchal de France (1763-1815), assassiné à Avignon pendant la Terreur blanche.

Brunehaut (534-613), épouse de Sigebert, roi d'Austrasie, rivale de Frédégonde.

Brunelleschi (Filippo), architecte florentin (1377-1446).

Bruno (*saint*), fondateur de l'ordre des Chartreux (1035-1101).

Brunswick, v. d'Allemagne, dans la Basse-Saxe; 242 000 h.

Brunswick (*duc de*), général (1735-1805), chef des armées coalisées contre la France en 1792.

Brutus (Lucius Junius), le principal auteur de la révolution qui institua la république à Rome (509 av. J.-C.).

Brutus (Marcus Junius), républicain romain (87-42 av. J.-C.). Il entra dans la conspiration qui aboutit à l'assassinat de César. Poursuivi par Antoine et Octavien, il fut vaincu à Philippes et se donna la mort.

Bruxelles, cap. de la Belgique, sur la Senne; 1 065 000 h. (av. les banlieues). Centre industriel et commercial.

Bucarest, cap. de la Roumanie; 1 457 800 h. Centre commercial et industriel actif.

Bucéphale, cheval d'Alexandre le Grand.

Buchanan (George), humaniste écossais (1506-1582). Remarquable latiniste.

Buckingham (George VILLIERS, *duc* **de**), gentilhomme anglais (1592-1628).

Bucoliques ou **Eglogues**, de Virgile, poèmes rustiques (1er s. av. J.-C.).

Bucovine, région partagée entre l'U.R.S.S. (Moldavie) et la Roumanie.

Budapest, cap. de la Hongrie, sur le Danube; 1 951 000 h. Centre industriel.

Budé (Guillaume), humaniste et helléniste français (1467-1540).

Buenos Aires, cap. de l'Argentine; 4 644 000 h. Port sur le rio de la Plata. Centre industriel.

Buffalo, v. des Etats-Unis (New York), sur le lac Erié; 532 000 h.

Buffon (Georges-Louis Leclerc de), naturaliste et écrivain français (1707-1788), auteur d'une grande *Histoire naturelle*.

Bug ou **Boug** (le), fl. de l'Ukraine (U. R. S. S.), tributaire de la mer Noire. — Riv. de Pologne, affl. de la Vistule (r. dr.).

Bugeaud (Thomas - Robert), *duc* d'ISLY, maréchal de France (1784-1849), gouverneur de l'Algérie (1840).

Bugey (le), anc. pays de France; ch.-l. *Belley* (Ain).

Bulgarie, république des Balkans; 111 000 km²; 8 720 000 h. Cap. *Sofia*.

Bunsen (Robert), chimiste allemand (1811-1899).

Burgondes, peuple germanique qui s'établit dans le bassin du Rhône en 534.

Burgos, v. d'Espagne (Vieille-Castille); 87 000 h. Cathédrale.

Burgoyne (John), général anglais (1722-1792). Sa capitulation à Saratoga assura l'indépendance des Etats-Unis (1777).

Buridan (Jean), docteur scolastique du xive s.

Burrhus, précepteur de Néron.

Burundi, république de l'Afrique centrale; 3 680 000 h. Cap. *Kitega*.

Byron (George GORDON, *lord*), poète romantique anglais (1788-1824), auteur de *Childe Harold*, de *Don Juan*, etc.

Byzance, ancien nom de Constantinople, devenue Istanbul.

Byzantin (*Empire*), nom donné à la partie orientale de l'Empire romain, de 395 à 1453.

C

Cabot (Jean) [vers 1451-vers 1498], et SÉBASTIEN, son fils (vers 1476-1557), navigateurs d'origine vénitienne qui découvrirent Terre-Neuve et le Labrador en 1497.

Cabourg, comm. du Calvados; 3 300 h. Station balnéaire sur la Manche.

Cachemire, anc. Etat du nord de l'Inde; partagé entre la république indienne et le Pakistan; cap. *Srinagar*.

Cadix, v. d'Espagne (Andalousie), port sur l'Atlantique; 136 000 h.

Cadmos, Phénicien, fondateur légendaire de Thèbes (xvie s. av. J.-C.).

Caen, ch.-l. du Calvados, sur l'Orne; 122 800 h. Centre industriel. Abbaye aux Hommes et abbaye aux Dames.

Cagliari, v. et port de la Sardaigne; 206 200 h.

Cagliostro (comte de), habile charlatan (1743-1795).

Cagnes-sur-Mer, ch.-l. de c. (Alpes-Maritimes); 29 500 h. Station balnéaire.

Cahors, ch.-l. du Lot, sur le Lot; 21 900 h. Pont Valentré (xive s.).

Caïn, fils aîné d'Adam; il tua son frère Abel.

Caïphe, grand prêtre juif qui fit condamner Jésus-Christ à mort.

Caire (Le), cap. de l'Egypte; 4 220 000 h. Centre industriel.

Calabre, pays du sud-ouest de l'Italie.

Calais, ch.-l. d'arr. (Pas-de-Calais), port sur le *pas de Calais*; 79 400 h.

Calais (*pas de*), détroit entre la France et l'Angleterre, large de 31 km.

Calcutta, v. de l'Inde, cap. du Bengale occidental; 5 074 000 h.

Calderon (Pedro), poète dramatique espagnol (1600-1681).

Cali, v. de Colombie, sur le *Cauca*; 751 000 h. Café; mines; textiles.

Caliban, personnage de *la Tempête*, de Shakespeare.

Calicut, auj. Kozhicode, v. et port de l'Inde (Kerala); 315 800 h.

Californie, un des Etats unis d'Amérique (Pacifique); cap. *Sacramento*.

Californie (*Basse-*), presqu'île du Mexique, sur la côte du Pacifique.

Caligula (Caius) [12-41], empereur romain de 37 à 41.

Callao, v. et port du Pérou, sur le Pacifique; 321 700 h.

Callot (Jacques), graveur et peintre

français (1592-1635), auteur des *Misères de la guerre*.

Calonne (Charles - Alexandre de), homme politique français (1734-1802).

Calvados (14), dép. formé d'une partie de la Normandie; préf. *Caen*; s.-préf. *Bayeux*, *Lisieux*, *Vire*; 5 693 km²; 561 000 h.

Calvaire ou **Golgotha**, colline, près de Jérusalem, où fut crucifié Jésus.

Calvi, ch.-l. d'arr. (Haute-Corse); 3 100 h. Port. Tourisme.

Calvin (Jean) [1509-1564], propagateur de la Réforme en France et en Suisse.

Calypso, nymphe qui accueillit Ulysse naufragé et le retint sept années.

Camaret-sur-Mer, comm. du Finistère; station balnéaire et port de pêche.

Camargue (la), île à l'embouchure du Rhône. Elevage; culture du riz; réserve botanique et zoologique.

Cambacérès (Jean-Jacques, prince de), juriste français (1753-1824).

Cambodge, république de la péninsule indochinoise, entre le Viêt-nam et la Thaïlande; 7 640 000 h.; cap. *Phnom Penh.*

Cambo-les-Bains, comm. des Pyrénées-Atlantiques; 5 100 h. Station thermale et climatique.

Cambrai, ch.-l. d'arr. (Nord), sur l'Escaut; 41 100 h.

Cambridge, v. d'Angleterre; 100 300 h. Université célèbre. — V. des Etats-Unis (Massachusetts); 107 700 h. Université Harvard.

Cambronne (Pierre), général français (1770-1842). Il eut une attitude héroïque à Waterloo.

Cambyse II, roi de Perse (528-521 av. J.-C.). Conquérant de l'Egypte.

Cameroun, massif montagneux de l'Afrique équatoriale; 4 000 m. — Ancien territoire sous tutelle : l'un de la France (aujourd'hui Etat indépendant; 6 400 000 h.; cap. *Yaoundé*); l'autre à l'Angleterre (le Nord est auj. fédéré avec le Nigeria, le Sud rattaché au précédent).

Camille, jeune fille romaine, sœur des Horaces, tuée par son frère.

Camille, homme d'Etat romain du IVe s. av. J.-C. Il sauva Rome de l'invasion gauloise.

Camoëns (Luiz Vaz de), poète portugais (1525-1580), auteur des *Lusiades*.

Campanie, anc. prov. de l'Italie méridionale. Cap. *Capoue.*

Campine, vaste plaine de Belgique, à l'est d'Anvers. Charbonnages.

Campo Formio, village d'Italie (Vénétie), où fut conclue entre la France et l'Autriche la paix de 1797.

Cana, v. de Galilée, célèbre par les noces où Jésus changea l'eau en vin.

Canada, Etat de l'Amérique du Nord, au nord des Etats-Unis; 9 964 000 km²; 22 830 000 h., dont plus de 6 000 000 de langue française. Cap. *Ottawa.*

Canaques, indigènes de la Nouvelle-Calédonie.

Canaries (*îles*), archipel espagnol de l'Atlantique, au nord-ouest du Sahara.

Canberra, cap. fédérale de l'Australie; 146 500 h.

Cancale, ch.-l. de c. (Ille-et-Vilaine); 4 900 h. Port de pêche. Huîtres.

Canche (la), fl. de France, tributaire de la Manche; 96 km.

Candaule, roi de Lydie, tué par Gygès (VIIIe s. av. J.-C.).

Candide, roman de Voltaire (1759).

Candie, auj. **Héraklion,** v. de l'île de Crète; 77 800 h.

Canigou (le), massif des Pyrénées-Orientales; 2 785 m.

Cannes, anc. v. d'Apulie. Annibal y vainquit les Romains en 216 av. J.-C.

Cannes, ch.-l. de c. (Alpes-Maritimes); 71 100 h. Station balnéaire et hivernale sur la Méditerranée.

Canossa, bourg d'Italie (Emilie). L'empereur d'Occident Henri IV s'y humilia devant le pape Grégoire VII (1077).

Cantabriques (*monts*), montagnes qui prolongent les Pyrénées en Espagne.

Cantal, massif volcanique d'Auvergne, dont le sommet principal est le *plomb du Cantal* (1 858 m).

Cantal (15), dép. formé d'une partie de l'Auvergne; préf. *Aurillac*; s.-préf. *Mauriac*, *Saint-Flour*; 166 500 h.

Cantique des cantiques (le), livre poétique de l'Ancien Testament, attribué à Salomon (Xe s. av. J.-C.).

Canton, v. et port de la Chine; 1 840 000 h.

Cantorbéry, v. d'Angleterre (Kent). Cathédrale (XIIIe s.).

Cap (Le) ou **Capetown,** v. et port de la République d'Afrique du Sud, sur l'Atlantique; 807 000 h.

Cap (*province du*), une des provinces de la République d'Afrique du Sud; 6 721 000 h.

Cap-d'Antibes, station balnéaire des Alpes-Maritimes, sur la Méditerranée.

Capétiens, troisième race des rois de France, qui commence à Eudes (888) et doit son nom à Hugues Capet.

Capharnaüm, anc. v. de Galilée.

Capitolin (*mont*), l'une des sept collines de l'anc. Rome.

CANADA

0   1000 km

Les capitales d'États
sont soulignées.

Capoue, v. de la Campanie ancienne.

Cappadoce, anc. pays de l'Asie Mineure.

Capri ou **Caprée,** île du golfe de Naples.

Capulets, famille gibeline de Vérone, ennemie des *Montaigus.*

Cap-Vert (*îles du*), archipel de l'Atlantique, à l'ouest du Sénégal; 290 000 h. Anc. possession portugaise.

Caracalla (188-217), fils de Septime Sévère, empereur romain de 211 à 217.

Caracas, cap. de la république du Venezuela ; 1 959 000 h.

Caractères (*les*), ouvrage de La Bruyère (1688).

Caraïbes, peuples qui habitaient les Petites Antilles.

Caravage (le), peintre italien (1573-1610).

Carcassonne, ch.-l. du dép. de l'Aude, sur l'Aude; 44 600 h. Beaux remparts.

Cardiff, v. et port d'Angleterre (Galles) ; 289 300 h. Houille.

Carélie (*république de*), république autonome de l'U.R.S.S., à l'est de la Finlande. Cap. *Pétrozavodsk.*

Carinthie, région du sud de l'Autriche.

Carlos (*don*) [1788-1855]. Prétendant à la couronne d'Espagne à la place de sa nièce Isabelle II.

Carmaux, ch.-l. de c. (Tarn) ; 13 400 h. Houille, verrerie.

Carmel, montagne dominant Haïfa.

Carmel (le), ordre mendiant fondé en Palestine au XIIᵉ s.

Carnac, comm. du Morbihan, sur la baie de Quiberon; 3 700 h. Alignements mégalithiques. Station balnéaire.

Carnegie (Andrew), industriel et philanthrope américain (1835-1919).

Carniole, anc. prov. d'Autriche, partagée entre l'Italie et la Yougoslavie.

Carnot (Lazare), mathématicien et conventionnel français (1753-1823), organisateur des victoires de la Iʳᵉ République. — Son petit-fils, SADI (1837-1894), président de la République en 1887 ; assassiné à Lyon par l'anarchiste italien Caserio.

Caroline, nom de deux Etats unis d'Amérique (Atlantique) : *Caroline du Nord* (5 000 000 d'h.) et *Caroline du Sud* (2 586 000 h.).

Carolines (*îles*), archipel de l'Océanie, sous tutelle américaine.

Carolingiens, deuxième race des rois de France qui a régné de 751 à 987.

Carpeaux (Jean-Baptiste), sculpteur français (1827-1875), auteur de *la Danse.*

Carpentras, ch.-l. d'arr. (Vaucluse) ; 25 500 h. Fruits et primeurs.

Carrache, nom de trois peintres italiens du XVIᵉ s. : LOUIS, AUGUSTIN et ANNIBAL, le plus remarquable.

Carrare, v. d'Italie (Massa). Marbres blancs renommés ; 65 000 h.

Carter (James, dit **Jimmy**), homme d'Etat américain, né en 1924, président des Etats-Unis depuis 1977.

Carthage, v. de l'Afrique du Nord, fondée au VIIᵉ s. av. J.-C. par des Phéniciens, près de l'actuelle Tunis. Après avoir soutenu contre Rome, sa rivale, de longues luttes, connues sous le nom de *guerres puniques,* elle fut prise et détruite par les Romains (146 av. J.-C.).

Carthagène, v. d'Espagne, sur la Méditerranée; 147 000 h. — V. de Colombie, sur la mer des Antilles; 242 000 h.

Cartier (Jacques), navigateur français (1491-1557). Envoyé par François Iᵉʳ, il atteignit Terre-Neuve et le Canada, qu'il visita trois fois.

Cartouche, chef d'une bande de voleurs (1693-1721). Il fut roué à Paris.

Carvin, ch.-l. de c. (Pas-de-Calais) ; houille; 15 600 h.

Casablanca, v. et port du Maroc, sur l'Atlantique; 1 085 000 h.

Casanova (Giovanni Giacomo), gentilhomme vénitien (1725-1798), célèbre par ses aventures romanesques.

Caspienne (*mer*), vaste mer intérieure baignant le Caucase, le Kazakhstan, le Turkménistan et l'Iran.

Cassandre, fille de Priam et d'Hécube; elle reçut d'Apollon le don de prophétie.

Cassel, ch.-l. de c. (Nord). Philippe VI y vainquit les Flamands en 1328.

Cassin (*mont*), montagne de l'Italie méridionale, où saint Benoît fonda en 529 un monastère célèbre. Détruit en 1944, il a été reconstruit.

Cassini, nom de plusieurs astronomes français d'origine italienne : JEAN-DOMINIQUE (1625-1712), qui organisa l'Observatoire de Paris ; — Son petit-fils, CÉSAR-FRANÇOIS, dit *Cassini de Thury* (1714-1784), qui entreprit la grande carte de France; — DOMINIQUE, comte de Cassini, fils du précédent (1748-1845), qui la termina.

Cassis, port des Bouches-du-Rhône: 5 800 h.

Castel Gandolfo, résidence d'été du pape, près de Rome.

Castellane, ch.-l. d'arr. (Alpes-de-Haute-Provence) ; 1 300 h.

Castelnaudary, ch.-l. de c. (Aude) : 10 900 h.

Castelsarrasin, ch.-l. d'arr. (Tarn-et-Garonne); 12 200 h. Métallurgie, bois.

Castiglione, v. d'Italie. Victoire de Bonaparte sur les Autrichiens (1796).

Castille, vaste plateau du centre de l'Espagne.

Castor, fils de Zeus et de Léda, frère jumeau de Pollux.

Castres, ch.-l. d'arr. (Tarn), sur l'Agout; 47 500 h. Centre industriel (textiles, métallurgie, faïencerie).

Castro (Fidel), homme politique cubain (né en 1927). Il a établi un régime de type socialiste.

Castro y Bellvis (don Guilhen de), dramaturge espagnol (1569-1631), auteur de *la Jeunesse du Cid*.

Catalauniques (*champs*), plaines entre Châlons et Troyes. Attila y fut vaincu en 451.

Catalogne, prov. du nord-est de l'Espagne; cap. *Barcelone*.

Catane, v. et port de Sicile; 406 800 h.

Cateau (Le), anc. Le Cateau-Cambrésis, ch.-l. de c. (Nord); 8 900 h. Industries textiles et alimentaires. Paix entre Henri II de France et Philippe II d'Espagne (1559).

Cathares, hérétiques du Moyen Age, répandus dans le midi de la France.

Catherine de Sienne (*sainte*), religieuse mystique italienne (1347-1380).

Catherine Labouré (*sainte*), religieuse française (1806-1876).

Catherine Ire (1682-1727), impératrice de Russie; elle succéda à son mari, Pierre le Grand, en 1725.

Catherine II (1729-1796), impératrice de Russie qui régna seule, après le meurtre de son mari, Pierre III (1762-1796).

Catherine d'Aragon (1485-1536), première femme de Henri VIII d'Angleterre, mère de Marie Tudor.

Catherine Howard (1522-1542), cinquième femme de Henri VIII, qui la fit décapiter.

Catherine Parr (1512-1548), sixième et dernière femme de Henri VIII.

Catherine de Médicis (1519-1589), femme de Henri II, régente de France pendant la minorité de Charles IX.

Catilina, patricien romain (109-61 av. J.-C.). Sa conjuration contre le sénat fut dénoncée par Cicéron.

Catinat (Nicolas de), maréchal de France (1637-1712), l'un des plus grands capitaines de Louis XIV.

Caton l'Ancien ou **le Censeur**, homme d'Etat romain (237-142 av. J.-C.), célèbre par son austérité.

Cattégat, bras de mer entre la Suède et le Jylland.

Catulle, poète latin (I er s. av. J.-C.).

Caucase, chaîne de montagnes entre la mer Noire et la Caspienne, culminant à l'Elbrouz (5 633 m).

Cauchon (Pierre), évêque de Beauvais, juge de Jeanne d'Arc.

Cauchy (*baron* Augustin), mathématicien français (1789-1857).

Causses, plateaux calcaires du sud de la France.

Cauterets, comm. des Hautes-Pyrénées; 1 100 h. Station thermale.

Caux (*pays de*), plateau crayeux de la Normandie, au nord de la Seine.

Cavaillon, ch.-l. de c. (Vaucluse); 21 500 h. Fruits et primeurs.

Cavendish [*dich'*] (Henry), physicien et chimiste anglais (1731-1810).

Cavour (Camillo BENSO, *comte de*), homme d'Etat italien (1810-1861), promoteur de l'unité italienne.

Cawnpore, auj. Kanpur, v. du nord de l'Inde; 971 000 h. Centre industriel.

Cayenne, port et cap. de la Guyane française; 24 600 h.

Cazau ou **Cazaux** (*étang de*), étang situé près de l'Atlantique (Gironde et Landes).

Cécile (*sainte*), vierge romaine, martyre vers 250. Patronne des musiciens.

Cédron (le), torrent de la Judée.

Célèbes, île de l'Insulinde (République indonésienne). Cap. *Macassar*.

Céleste-Empire, ancien nom de la Chine.

Célestin, nom de cinq papes, dont CÉLESTIN V (*saint*), pape en 1294, emprisonné par ordre de Boniface VIII; m. en 1296.

Cellini [*tché*] (Benvenuto), graveur, statuaire et orfèvre italien (1500-1571).

Celsius (Anders), astronome suédois (1701-1744) qui eut le premier l'idée de l'échelle thermométrique centésimale.

Celtes, peuple indo-européen, qui émigra d'Europe centrale en Asie Mineure, en Gaule, en Espagne et dans les îles Britanniques.

Cenis (*mont*), mont des Alpes (3 320 m); tunnel de 13 668 m. entre Modane (France) et Bardonnèche (Italie).

Cent Ans (*guerre de*), guerre entre la France et l'Angleterre (1337-1453).

Centaures, race d'hommes sauvages vivant, suivant la légende, en Thessalie.

Cent-Jours (les), période comprise entre le 10 mars 1815 (arrivée à Paris de Napoléon I er revenu de l'île d'Elbe) et le 22 juin (seconde abdication).

Centrafricain (*Empire*), Etat de l'Afrique centrale ; 1 640 000 h. Cap. *Bangui.*

Centre (*canal du*), canal unissant la Saône à la Loire ; 127 km.

Céphalonie, la plus grande des îles Ioniennes ; elle appartient à la Grèce.

Cerbère (*cap*), cap à la frontière orientale de la France et de l'Espagne.

Cerbère, chien à trois têtes, gardien de l'Enfer. (*Myth.*)

Cerdagne, pays des Pyrénées, partie en Espagne, partie en France.

Cère (la), affl. de la Dordogne (r. g.).

Cérès, fille de Saturne et de Cybèle, déesse latine de l'Agriculture.

Céret, ch.-l. d'arr. (Pyrénées-Orientales), sur le Tech ; 6 200 h.

Cernay, ch.-l. de c. (Haut-Rhin), sur la Thur, affl. de l'Ill ; 9 600 h.

Cervantes (Miguel **de**), écrivain espagnol (1547-1616), auteur de *Don Quichotte de la Manche.*

Cervin (*mont*), sommet des Alpes entre le Valais et le Piémont ; 4 478 m.

César (**Jules**), général et dictateur romain (101-44 av. J.-C.), l'un des plus grands capitaines de l'Antiquité. Il conquit la Gaule (58-51), inaugura à Rome le gouvernement monarchique et fut, pour cette raison, assassiné au milieu du sénat. Excellent écrivain, il est l'auteur des *Commentaires.*

Césarée, v. de l'anc. Cappadoce.

Ceuta, port espagnol enclavé dans le Maroc ; 86 700 h.

Cévennes, hauteurs du rebord oriental du Massif central, culminant au mont Lozère (1 699 m).

Ceylan, île au sud de l'Inde, formant la république de Sri Lanka, membre du Commonwealth ; 65 607 km2 ; 13 999 000 h. Cap. *Colombo.*

Cézanne (Paul), peintre français (1839-1906).

Chablis, ch.-l. de c. (Yonne) ; 2 400 h. Vins.

Chabrier (Emmanuel), compositeur français (1841-1894).

Chaco ou **Gran Chaco**, région de steppes de l'Amérique du Sud (Argentine, Bolivie, Paraguay).

Chaise-Dieu (La), ch.-l. de c. (Haute-Loire) ; 1 049 h. Abbatiale du XIVe s.

Chalcédoine, anc. v. de l'Asie Mineure, sur le Bosphore.

Chaldée, nom de la **Babylonie**, à partir du VIIe s. av. J.-C.

Châlons-sur-Marne, ch.-l. de la Marne, sur la Marne ; 55 700 h. Centre industriel. Ecole d'arts et métiers.

Chalon-sur-Saône, ch.-l. d'arr. (Saône-et-Loire) ; 60 500 h.

Cham, fils de Noé. Il se montra irrévérencieux envers son père.

Chamberlain (**Joseph**), homme d'Etat anglais, impérialiste (1836-1914) ; — NEVILLE, son fils cadet (1869-1940), Premier ministre en 1937, essaya en vain d'empêcher la guerre en 1939.

Chambéry, anc. cap. de la Savoie, ch.-l. de la Savoie ; 56 800 h. Centre industriel.

Chambon-Feugerolles (Le), ch.-l. de c. (Loire) ; 20 100 h. Houille, métallurgie.

Chambord, comm. de Loir-et-Cher, sur le Cosson ; 230 h. Château bâti par François Ier.

Chamfort (Nicolas-Sébastien ROCH, dit **de**), moraliste français (1741-1794).

Chamonix-Mont-Blanc, ch.-l. de c. (Haute-Savoie), au pied du mont Blanc ; 9 000 h. Centre touristique.

Champagne, anc. prov. de France, réunie à la Couronne en 1361 ; cap. *Troyes.* Vin mousseux.

Champaigne ou **Champagne** (Philippe **de**), peintre portraitiste flamand (1602-1674) ; il se fixa de bonne heure en France.

Champigny-sur-Marne, ch.-l. de c. du Val-de-Marne ; 80 500 h.

Champlain (**Samuel de**), voyageur français (1567-1635). Il fut gouverneur du Canada et fonda Québec.

Champollion (Jean-François), archéologue français (1790-1832) ; il parvint à déchiffrer les hiéroglyphes égyptiens.

champs Élysées, chez les Anciens, séjour des bons après leur mort.

Chanaan, anc. nom de la **Palestine**.

Chandernagor, v. de l'Inde, anc. territoire français, sur une branche du Gange.

Chang-haï, v. de Chine ; 6 900 000 h. Port de commerce et centre industriel.

Chanson de Roland (la), la plus ancienne et la plus belle des chansons de geste françaises (XIIe s.).

Chantilly, comm. de l'Oise ; 10 700 h. Château de la Renaissance.

Chaplin (Charles), acteur de cinéma anglais (1889-1977), créateur du personnage comique de « Charlot ».

Chappe (*abbé* Claude), ingénieur français (1763-1805), créateur du télégraphe aérien.

Charcot (Jean-Martin), médecin français (1825-1893) ; — Son fils JEAN-BAPTISTE (1867-1936) explora les régions polaires.

Chardin (Jean-Baptiste), peintre français (1699-1779).

Charente (la), fl. de France. qui se jette dans l'Atlantique ; 355 km.

Charente (16), dép. formé par l'Angoumois et une partie de la Saintonge, du Poitou et de la Marche; préf. *Angoulême* ; s.-préf. *Cognac, Confolens* ; 5 972 km²; 345 400 h.

Charente-Maritime (17), dép. formé par l'Aunis, une partie de la Saintonge et du Poitou ; préf. *La Rochelle* ; s.-préf. *Jonzac, Rochefort, Saintes, Saint-Jean-d'Angély* ; 7 231 km²; 497 900 h.

Charenton-le-Pont, ch.-l. de c. (Val-de-Marne), au confluent de la Seine et de la Marne; 20 600 h.

Chari, fl. de l'Afrique équatoriale, tributaire du Tchad; 1 200 km.

Charité (La), ch.-l. de c. (Nièvre), sur la Loire; 6 500 h.

Charlemagne (742-814), roi des Francs de 768 à 814 et empereur d'Occident de 800 à 814. Il succéda à son père, Pépin le Bref.

Charleroi, v. de Belgique (Hainaut), sur la Sambre ; 25 500 h. Houille. Industries métallurgiques. Verrerie.

Charles Borromée (*saint*), archevêque de Milan (1538-1584).

Charles Martel (688-741), maire du palais de Neustrie, vainqueur des Sarrasins à Poitiers (732).

Charles Ier le Grand. V. CHARLEMAGNE.

Charles II le Chauve (823-877), roi de France de 840 à 877 et empereur d'Occident de 875 à 877.

Charles III le Simple (879-929), roi de France avec Eudes de 893 à 898 et seul roi en 898, déposé en 923.

Charles IV le Bel (1294-1328), roi de France de 1322 à 1328.

Charles V le Sage (1337-1380), roi de France de 1364 à 1380. Il reprit aux Anglais, grâce à Du Guesclin, les provinces qu'ils avaient conquises.

Charles VI le Bien-Aimé (1368-1422), roi de France de 1380 à 1422. Il devint fou, et son royaume, déchiré par la rivalité des *Bourguignons* et des *Armagnacs*, tomba presque tout entier entre les mains des Anglais.

Charles VII (1403-1461), roi de France de 1422 à 1461. Grâce à Jeanne d'Arc, il reconquit son royaume sur les Anglais.

Charles VIII (1470-1498), roi de France de 1483 à 1498.

Charles IX (1550-1574), roi de France de 1560 à 1574. Il ordonna en 1572 le massacre de la Saint-Barthélemy, à l'instigation de sa mère et des Guises.

Charles X (1757-1836), roi de France en 1824. Il fut renversé par la révolution de 1830, et mourut en exil.

Charles le Téméraire (1433-1477), duc de Bourgogne de 1467 à 1477. Il lutta contre Louis XI; vaincu par les Suisses, il fut tué devant Nancy.

Charles, nom de trois rois de Navarre, dont CHARLES II *le Mauvais* (1332-1387), roi de Navarre de 1349 à 1387. Il s'allia avec les Anglais et fut battu par Du Guesclin.

Charles III le Gros (839-888), empereur de 881 à 887, régent de France de 884 à 887.

Charles IV (1316-1378), empereur d'Occident et roi de Bohême de 1346 à 1378.

Charles V, dit Charles Quint (1500-1558), souverain des Pays-Bas de 1506 à 1555, roi d'Espagne de 1516 à 1556, empereur germanique de 1519 à 1556. Il lutta contre François Ier.

Charles VI (1685-1740), empereur germanique de 1711 à 1740.

Charles VII (1697-1745), empereur germanique de 1742 à 1745.

Charles Ier (1600-1649), roi d'Angleterre et d'Ecosse de 1625 à 1649. Réfugié en Ecosse, il fut livré au parti de Cromwell, et décapité.

Charles II (1630-1685), fils du précédent, roi d'Angleterre et d'Ecosse de 1660 à 1685.

Charles, nom de quinze rois de Suède, dont : CHARLES XII (1682-1718), roi de 1697 à 1718. Il vainquit les Danois, les Russes et les Polonais, mais fut finalement vaincu par Pierre le Grand à Poltava ; — CHARLES XIV (1763-1844), roi de Suède et de Norvège de 1818 à 1844. D'abord maréchal de France (v. BERNADOTTE).

Charles II (1660-1700), roi d'Espagne de 1665 à 1700. Il désigna le duc d'Anjou (Philippe V) pour son successeur.

Charles III (1716-1788), fils de Philippe V, roi d'Espagne de 1759 à 1788. Il releva l'Espagne de sa décadence.

Charles IV (1748-1819), roi d'Espagne de 1788 à 1808 ; il abdiqua en faveur de Napoléon Ier.

Charles ou Carol Ier (1839-1914), roi de Roumanie de 1881 à 1914 ; — CHARLES ou CAROL II (1893-1953), roi de Roumanie en 1930 ; il abdiqua en 1940.

Charles (1887-1922), empereur d'Autriche et roi de Hongrie de 1916 à 1918. Il dut abdiquer après la défaite de l'Autriche.

Charles-Albert (1798-1849), roi de Sardaigne de 1832 à 1849, il abdiqua en faveur de son fils Victor-Emmanuel II.

Charles-Félix (1765-1831), roi de Sardaigne de 1802 à 1831.

Charleston, v. et port des Etats-Unis (Caroline du Sud), sur l'Atlantique.

Charleville-Mézières, ch.-l. du dép. des Ardennes, sur la Meuse; 63 500 h. Métallurgie.

Charlotte-Élisabeth de Bavière (1652-1722), dite la princesse Palatine, seconde femme du duc d'Orléans.

Charlottenburg, anc. v. d'Allemagne, réunie à Berlin.

Charolais ou **Charollais**, pays de France (Bourgogne), ch.-l. *Charolles*.

Charon [*ka*], nocher des Enfers.

Charpentier (Marc-Antoine), compositeur français (1634-1704).

Charte d'Angleterre (*Grande*), fondement des libertés anglaises; accordée en 1215 par Jean sans Terre.

Charte constitutionnelle de France, octroyée en 1814 par Louis XVIII.

Charte des Nations unies, accord signé à San Francisco, en 1945, par les puissances organisées en communauté internationale. Voir O.N.U.

Chartres, ch.-l. d'Eure-et-Loir, sur l'Eure; 41 300 h. Cathédrale (XIIe-XIIIe s.).

Chartreuse (la *Grande*), monastère fondé en 1084 par saint Bruno, dans les Alpes françaises (massif de la *Grande-Chartreuse*).

Charybde [*ka*] et **Scylla**, tourbillon et écueil du détroit de Messine, qui étaient l'effroi des navigateurs anciens; quand on avait évité l'un, on se brisait souvent sur l'autre.

Chassériau (Théodore), peintre portraitiste français (1819-1856).

Chateaubriand (François - René, *vicomte* de), écrivain français (1768-1848), auteur du *Génie du Christianisme*, d'*Atala*, de *René*, des *Martyrs*, des *Mémoires d'outre-tombe*.

Châteaubriant, ch.-l. d'arr. (Loire-Atlantique); 13 800 h.

Château - Chinon, ch.-l. d'arr. (Nièvre); 2 900 h.

Châteaudun, ch.-l. d'arr. (Eure-et-Loir). Château (XVe-XVIe s.); donjon (XIIe s.); 16 100 h.

Château-Gaillard, forteresse en ruine, dominant la Seine aux Andelys.

Château - Gontier, ch.-l. d'arr. (Mayenne), sur la Mayenne; 8 700 h.

Château-Lafite, vignoble du Bordelais.

Château-Latour, vignoble du Bordelais.

Châteaulin, ch.-l. d'arr. (Finistère); 5 700 h.

Château - Margaux, vignoble du Bordelais.

Châteaurenard, ch.-l. de c. (Bouches-du-Rhône); 11 000 h.

Châteauroux, ch.-l. du dép. de l'Indre, sur l'Indre; 55 600 h.

Château-Salins, ch.-l. d'arr. (Moselle); 2 600 h.

Château-Thierry, ch.-l. d'arr. (Aisne), sur la Marne; 13 900 h.

Château-Yquem, vignoble bordelais.

Chatelaillon-Plage, comm. de la Charente-Maritime; 5 400 h. Station balnéaire sur l'Atlantique.

Châtelguyon, comm. du Puy-de-Dôme; 3 700 h. Station thermale.

Châtelineau, comm. de Belgique (Hainaut). Houille, métallurgie.

Châtellerault, ch.-l. d'arr. (Vienne), sur la Vienne; 38 300 h. Métallurgie.

Châtillon-sur-Seine, ch.-l. de c. (Côte-d'Or); 7 900 h. Métallurgie.

Châtiments (*les*), recueil de poésies satiriques par V. Hugo (1853).

Chatou, ch.-l. de c. des Yvelines, sur la Seine; 25 600 h.

Châtre (La), ch.-l. d'arr. (Indre); 5 200 h.

Chatt el-Arab, fl. du Moyen-Orient, formé par la réunion du Tigre et de l'Euphrate.

Chaucer (Geoffrey), poète anglais (1340-1400), auteur des *Contes de Canterbury*.

Chaumont, ch.-l. de la Haute-Marne, sur la Marne; 29 300 h. Cuirs et bois.

Chaumont-sur-Loire, comm. de Loir-et-Cher. Château du XVIe s.

Chauny, ch.-l. de c. (Aisne), sur l'Oise; 14 900 h. Produits chimiques; sucre. Manufacture de glaces.

Chaux-de-Fonds (La), v. de Suisse (Neuchâtel); 42 200 h. Horlogerie.

Chaville, ch.-l. de c. des Hauts-de-Seine; 19 100 h. Industries chimiques.

Chélif (le), fl. d'Algérie; 700 km.

Chelles, comm. de Seine-et-Marne; 36 600 h. Station préhistorique.

Chelsea, quartier de Londres.

Chemin des Dames, route du dép. de l'Aisne, théâtre de violents combats pendant la Première Guerre mondiale.

Chemnitz, auj. **Karl-Marx-Stadt**, v. d'Allemagne (Saxe); 298 000 h.

Chénier (André), poète français (1762-1794), auteur d'élégies et d'idylles; m. sur l'échafaud.

Chenonceaux, comm. d'Indre-et-Loire, sur le Cher; 316 h. Château construit sous François Ier.

Chéops, roi d'Égypte vers 2800 av. J.-C.; il fit élever la plus grande des pyramides, haute de 138 m.

Chéphren, roi d'Égypte, frère et successeur de Chéops; il fit construire la seconde grande pyramide.

Cher (18), dép. formé de parties du Berry et du Bourbonnais; préf.

Bourges ; s.-préf. *Saint-Amand-Mont-Rond* ; 7 304 km²; 316 400 h.

Cher (le), riv. de France, affl. de la Loire (r. g.) ; 320 km.

Cherbourg, ch.-l. d'arr. (Manche), port sur la Manche; 34 600 h.

Cherchell, comm. d'Algérie (dép. d'El-Asnam). Ruines antiques.

Chéronée, v. de Béotie, où Philippe de Macédoine vainquit les Athéniens et les Thébains (338 av. J.-C.), et où Sylla battit Mithridate (86 av. J.-C.).

Chersonèse, nom que les Grecs donnaient à diverses presqu'îles (Gallipoli, Crimée, Jylland).

Cheverny, comm. de Loir-et-Cher ; 715 h. Château (1630).

Cheviot (*monts*), chaîne de montagnes qui sépare l'Ecosse de l'Angleterre.

Chevreul (Eugène), chimiste français (1786-1889) qui étudia les corps gras.

Chevreuse (*duchesse* **de**) [1600-1679] joua un rôle important pendant la Fronde.

Chicago, v. et port des Etats-Unis, sur le lac Michigan ; 3 550 000 h. Grand centre industriel et commercial.

Chiers (la), riv. de France, affl. de la Meuse (r. dr.) ; 112 km.

Childebert, nom de trois rois mérovingiens.

Childéric, nom de trois rois mérovingiens.

Chili, république de l'Amérique du Sud, allongée sur 4 000 km en bordure du Pacifique; 741 767 km²; 10 410 000 h. Cap. *Santiago*.

Chilpéric, nom de deux rois mérovingiens.

Chimborazo, volcan des Andes (Equateur) ; 6 272 m.

Chimère (la), monstre fabuleux, moitié lion, moitié chèvre. Bellérophon, monté sur Pégase, la tua.

Chine, vaste Etat de l'Asie, comprenant la Chine proprement dite et les régions périphériques (Chine du Nord-Est, Sin-kiang, Tibet, Mongolie-Intérieure). La Chine entière a 9 millions 780 000 km² et 750 millions d'h.

Chinon, ch.-l. d'arr. (Indre-et-Loire), sur la Vienne ; ruines de trois châteaux (XIIe-XIVe s.) ; 8 300 h. Centrale thermonucléaire dans la région.

Chio, île grecque de la mer Egée.

Chleuh, tribus berbères du Maroc.

Choiseul (Etienne-François, *duc de*), homme d'Etat français (1719-1785).

Choisy-le-Roi, ch.-l. de c. du Val-de-Marne ; 38 800 h.

Cholet, ch.-l. d'arr. (Maine-et-Loire) ; 54 000 h. Marché agricole, textiles.

Cholon, v. du Viêt-nam méridional ; 230 000 h.

Chopin (Frédéric), compositeur et pianiste polonais (1810-1849).

Chorzow, v. de Pologne, en Silésie ; 158 000 h.

Chrétien de Troyes, poète français du XIIe s., auteur de romans de chevalerie.

Christ, le Rédempteur, le Messie, Jésus-Christ. V. JÉSUS.

Christchurch, v. de la Nouvelle-Zélande (île du Sud) ; 243 900 h.

Christian, nom de dix rois de Danemark.

Christine (*sainte*), vierge, martyre sous Dioclétien.

Christine (1626-1689), reine de Suède de 1632 à 1654.

Christine de Pisan, femme de lettres française (1364-vers 1430).

Christophe (*saint*), martyrisé en 250. Patron des voyageurs.

Churchill (*sir* Winston), homme d'Etat anglais (1874-1965). Il a été l'un des principaux artisans de la victoire des Alliés pendant la Seconde Guerre mondiale.

Chypre, île de la mer Méditerranée, Etat membre du Commonwealth; 640 000 h. Cap. *Nicosie*.

Ciboure, comm. des Pyrénées-Atlantiques, sur l'Atlantique ; 6 400 h. Station balnéaire et port de pêche.

Cicéron (Marcus Tullius), orateur et homme politique romain (106-43 av. J.-C.) ; auteur des *Catilinaires*, des *Philippiques*, etc.

Cid (le), la plus belle des tragi-comédies de Corneille (1636).

Cilicie, anc. pays de l'Asie Mineure.

Cimbres, peuple germanique qui envahit la Gaule au IIe s. av. J.-C.

Cincinnati, v. des Etats-Unis, sur l'Ohio ; centre commercial et industriel ; 502 600 h.

Cincinnatus, homme d'Etat romain, simple et austère (ve s. av. J.-C.)

Cinna, tragédie de P. Corneille (1640).

Cinq-Mars (Henri, *marquis* **de**), gentilhomme français (1620-1642). Il conspira contre Richelieu et fut décapité.

Ciotat (La), ch.-l. de c. (Bouches-du-Rhône) ; port et station balnéaire ; constructions navales ; 32 000 h.

Circé, magicienne qui, pour retenir Ulysse dans son île, transforma ses compagnons en pourceaux.

Cisalpine (*Gaule*), nom romain de la partie septentrionale de l'Italie.

Cisalpine (*république*). Etat créé au nord de l'Italie par Bonaparte, en 1797.

Cisneros (François Jimenez **de**), prélat castillan (1436-1517), qui réprima durement les hérésies.

Cité (*île de la*), île de la Seine, berceau de Paris, où se trouvent la cathédrale Notre-Dame, le Palais de Justice, la Sainte-Chapelle, l'Hôtel-Dieu, etc.

Cîteaux, hameau près de Nuits (Côte-d'Or), où fut fondée, en 1098, une communauté bénédictine, dite *cistercienne*.

Cithéron, montagne de la Grèce.

Ciudad Trujillo. V. SAINT-DOMINGUE.

Çiva ou **Siva**, dieu hindou.

Clain (le), riv. de France, aff. de la Vienne (r. g.) ; il arrose Poitiers ; 125 km.

Claire (*sainte*), fondatrice de l'ordre des *clarisses* (1193-1253).

Clairon, tragédienne française (1723-1803), interprète de Voltaire.

Clairvaux, hameau de l'Aube, où saint Bernard fonda, en 1114, une abbaye, auj. maison de détention.

Clamecy, ch.-l. d'arr. (Nièvre), sur l'Yonne ; 6 100 h.

Claude (*saint*), évêque de Besançon au VIIᵉ s.

Claude Iᵉʳ (10 av. J.-C.-54), empereur romain de 41 à 54 ; époux de Messaline, puis d'Agrippine, qui l'empoisonna.

Claudel (Paul), diplomate et écrivain français (1868-1955).

Clausewitz (Karl von), général et théoricien militaire prussien (1780-1831).

Clemenceau (Georges), homme politique français (1841-1929). Il fut pendant la Première Guerre mondiale (1914-1919) un des principaux organisateurs de la victoire.

Clément, nom de quatorze papes, dont : CLÉMENT V, pape de 1305 à 1314, qui transporta sa résidence à Avignon et abolit l'ordre des Templiers pour complaire à Philippe le Bel ; — CLÉMENT VII, pape de 1523 à 1534, célèbre par ses démêlés avec Charles Quint et avec Henri VIII d'Angleterre.

Cléopâtre, nom de sept reines d'Égypte, dont CLÉOPÂTRE VII (67-30 av. J.-C.), reine de 52 à 30, célèbre par sa beauté, aimée de César, puis d'Antoine. Elle se fit mourir de la piqûre d'un aspic, après la défaite d'Antoine à Actium.

Clermont, ch.-l. d'arr. (Oise) ; 8700 h.

Clermont-Ferrand, anc. cap. de l'Auvergne, ch.-l. du Puy-de-Dôme ; 161 200 h. Industrie du caoutchouc.

Cleveland, v. des États-Unis, sur le lac Érié ; 876 000 h. Industries.

Clèves ou **Kleve**, v. d'Allemagne (Rhin - Septentrional - Westphalie) ; 21 500 h. Ch.-l. d'un anc. duché.

Clichy, ch.-l. de c. (Hauts-de-Seine) ; 48 000 h. Centre industriel.

Clipperton, îlot français du Pacifique, naguère revendiqué par le Mexique.

Clos-Vougeot, vignoble de Bourgogne (Côte-d'Or).

Clotaire, nom de quatre rois mérovingiens, dont : CLOTAIRE Iᵉʳ, roi franc de 511 à 561 ; — CLOTAIRE II, seul roi franc de 613 à 622.

Clotilde (*sainte*), femme de Clovis.

Cloud (*saint*) ou **Clodoald**, petit-fils de Clovis (vers 522-vers 560).

Clouet (Janet), peintre des rois Louis XII et François Iᵉʳ (1485-1541) ; — Son fils FRANÇOIS (1516-1572) fut peintre de François Iᵉʳ et de ses successeurs.

Clovis, nom de trois rois francs, dont CLOVIS Iᵉʳ (466-511), roi franc de 481 à 511. Il conquit presque toute la Gaule grâce à ses victoires de Soissons (486), de Tolbiac (496), de Vouillé (507). Il reçut le baptême des mains de saint Remi, à Reims.

Cluj, v. de Roumanie (Transylvanie) ; 198 000 h. Centre industriel.

Cluny, ch.-l. de c. (Saône-et-Loire) ; 4 700 h. Abbaye très importante au Moyen Age.

Clyde (la), fl. d'Écosse, qui se jette dans la mer d'Irlande ; 170 km.

Clytemnestre, épouse d'Agamemnon ; elle tua son mari et fut tuée par son fils Oreste.

Cnossos, cap. de la Crète ancienne.

Coblence, v. d'Allemagne, au confl. du Rhin et de la Moselle ; 101 800 h.

Cochinchine, région du Viêt-nam méridional. V. pr. *Saigon*.

Cocyte, fleuve des Enfers. (*Myth.*)

Coëtquidan, camp d'instruction militaire (Morbihan). École d'officiers.

Cœur (Jacques), marchand français (vers 1395-1456) ; argentier de Charles VII, il tomba en disgrâce.

Cognac, ch.-l. d'arr. (Charente), sur la Charente ; 22 600 h. Eaux-de-vie.

Coïmbre, v. du Portugal. Université.

Coire, v. de Suisse (Grisons).

Colbert (Jean-Baptiste), homme d'État français (1619-1683). Contrôleur général des Finances en 1661, il exerça son infatigable activité dans toutes les branches de l'administration publique et de l'économie.

Coleridge (Samuel Taylor), poète anglais (1772-1834), précurseur du romantisme.

Coligny (Gaspard de), amiral français (1519-1572), un des chefs des protestants, victime de la Saint-Barthélemy.

Colisée, amphithéâtre de Rome.

Collège de France, établissement d'enseignement supérieur fondé par François Ier à Paris.

Collioure, comm. des Pyrénées-Orientales ; 2 700 h. Port de pêche.

Colmar, ch.-l. du Haut-Rhin ; 67 400 h. Vieilles maisons ; église (XIIIe-XIVe s.).

Cologne, v. d'Allemagne, sur le Rhin ; 856 700 h. Cathédrale gothique.

Colomb (Christophe), navigateur, né à Gênes (1451-1506). Il entra au service de l'Espagne et en obtint trois navires (ou *caravelles*), qui lui permirent, en cherchant une nouvelle route vers les Indes, de découvrir un monde nouveau. Il accomplit quatre voyages vers l'Amérique (1492-1504).

Colomban (*saint*), moine irlandais (vers 540-615).

Colomb-Béchar, auj. Béchar, oasis de l'Algérie ; 7 000 h.

Colombe (Michel), sculpteur français (vers 1430-vers 1515).

Colombes, ch.-l. de c. (Hauts-de-Seine) ; 83 500 h. Centre industriel.

Colombie, république au nord-ouest de l'Amérique du Sud ; 1 139 000 km²; 23 500 000 h. Cap. *Bogota.*

Colombie britannique, prov. du Canada, en bordure du Pacifique ; 2 291 000 h. Cap. *Victoria.*

Colombo, cap. et port de Ceylan ; 562 200 h. Escale ; centre industriel.

Colorado, fl. des Etats-Unis d'Amérique, qui débouche dans le golfe de Californie ; 2 250 km. Profonds cañons. — Fl. des Etats-Unis (Texas), qui se jette dans le golfe du Mexique ; 1 400 km. — Fl. de l'Amérique du Sud (Atlantique) ; 1 300 km.

Colorado, un des Etats unis d'Amérique (Rocheuses). Cap. *Denver.*

Columbia, district fédéral des Etats-Unis. Cap. *Washington.*

Columbus, v. des Etats-Unis, cap. de l'Ohio ; 533 000 h.

Combes (Emile), homme politique français (1835-1921).

Combourg, ch.-l. de c. (Ille-et-Vilaine) ; 4 700 h. Château féodal où Chateaubriand passa son enfance.

Côme (lac *de*), lac pittoresque de l'Italie du Nord, au pied des Alpes.

Côme, v. d'Italie, sur le lac de Côme.

Comédie humaine (*la*), titre sous lequel Balzac a réuni ses romans.

Comines, comm. du Nord ; 10 500 h. Textiles, produits chimiques.

Commentry, ch.-l. de c. (Allier) ; 10 200 h. Houille ; métallurgie.

Commercy, ch.-l. d'arr. (Meuse), sur la Meuse ; 8 200 h.

Commode (161-192), empereur romain de 180 à 192.

Commonwealth, ensemble formé par la Grande-Bretagne, ses colonies, protectorats et territoires sous tutelle, ainsi que par divers Etats.

Communauté, association qui avait été formée en 1959 par la France, les dép. et territoires d'outre-mer, et divers Etats africains.

Commune (la), gouvernement révolutionnaire, installé à Paris en 1871.

Commynes ou **Comines** (Philippe de), chroniqueur français (vers 1447-1511), auteur de *Mémoires.*

Comnène, famille byzantine qui a donné six empereurs d'Orient.

Comores (*îles*), archipel de l'océan Indien ; 260 000 h. Anc. territoire français.

Compiègne, ch.-l. d'arr. (Oise). Sur l'Oise ; 40 700 h. Château du XVIIIe s. ; forêt. Jeanne d'Arc y fut faite prisonnière par les Bourguignons en 1430.

Comtat Venaissin, pays de l'anc. France (Vaucluse).

Comte (Auguste), philosophe français (1798-1857).

Conakry, cap. de la Guinée, port sur l'Atlantique ; 197 300 h.

Concarneau, ch.-l. de c. (Finistère) ; 19 000 h. Port de pêche.

Concepción, v. et port du Chili, sur le Pacifique. — V. du Paraguay.

Concini (Concino), aventurier italien, qui exerça une grande influence sur Marie de Médicis. Il fut tué en 1617.

Condé (Louis II DE BOURBON, *prince* de), dit le **Grand Condé** (1621-1686). Connu tout d'abord sous le nom de *duc d'Enghien,* il fut vainqueur des Espagnols à Rocroi, Fribourg, Nordlingen et Lens.

Condé-sur-l'Escaut, ch.-l. de c. (Nord) ; 14 000 h. Houille.

Condillac (Etienne de), philosophe français (1714-1780).

Condom, ch.-l. d'arr. (Gers), sur la Baïse ; 8 100 h.

Condorcet (Antoine CARITAT, *marquis* de), philosophe, mathématicien et conventionnel français (1743-1794).

Confédération germanique, union des Etats allemands.

Conflans-Sainte-Honorine, ch.-l. de c. des Yvelines, près du confluent de l'Oise et de la Seine ; 31 100 h. Batellerie.

Confolens, ch.-l. d'arr. (Charente), sur la Vienne ; 3 200 h.

Confucius [*siuss*], philosophe de la Chine (551-479 av. J.-C.), fondateur d'une religion toute morale (*confucianisme*).

Congo, auj. Zaïre, fl. d'Afrique, tributaire de l'Atlantique; 4 640 km.

Congo, république de l'Afrique équatoriale; 342 000 km²; 1 350 000 h. Cap. *Brazzaville.*

Congo belge, nom du Zaïre lorsque le territoire de cet Etat dépendait de la Belgique.

Connecticut, un des Etats unis d'Amérique (Atlantique - Nord); 2 875 000 h. Cap. *Hartford.*

Conrad, nom de cinq rois ou empereurs germaniques.

Conrad (Joseph), romancier anglais (1857-1924), auteur de récits maritimes (*Typhon*).

Conseil de la République, anc. assemblée législative française remplacée par le Sénat en 1958.

Constance (*lac de*), lac formé par le Rhin, entre la Suisse, l'Autriche et l'Allemagne.

Constant (Benjamin), homme politique libéral et écrivain français (1767-1830), auteur d'*Adolphe.*

Constantin, nom de onze empereurs romains, dont : CONSTANTIN Ier *le Grand* (274-337), empereur de 306 à 337; sa victoire contre Maxence décida de l'établissement du christianisme comme religion officielle de l'Empire. Il transporta le siège de l'Empire à Byzance, qui prit le nom de Constantinople; — CONSTANTIN XI (ou XII) PALÉOLOGUE (1405-1453), dernier empereur d'Orient, de 1449 à 1453; il succomba sur l'attentat Constantinople devant Mahomet II.

Constantine, v. d'Algérie, ch.-l. de dép., sur le Rummel; 240 000 h. Centre industriel.

Constantinople, ancienne **Byzance,** auj. **Istambul,** capitale de l'Empire romain, puis de l'Empire byzantin à partir de Constantin.

Constantza ou **Constanta,** v. de Roumanie; 170 000 h. Grand port sur la mer Noire.

Consulat (le), gouvernement de la France entre 1799 et 1804.

Conti, branche cadette de la maison de Bourbon-Condé.

Contrexéville, comm. des Vosges; 4 600 h. Station thermale.

Convention nationale, assemblée constituante (1792-1795), qui succéda à l'Assemblée législative, proclama la république et condamna Louis XVI.

Cook (James), navigateur anglais (1728-1779); il explora l'Océanie.

Cook (*archipel de*), groupe d'îles de la Polynésie, dépendant de la Nouvelle-Zélande.

Cooper (Fenimore), romancier américain (1789-1851), auteur du *Dernier des Mohicans, la Prairie.*

Copenhague, cap. du Danemark,

dans l'île de Seeland; port sur le Sund et centre industriel; 960 300 h.

Copernic (Nicolas), astronome polonais (1473-1543); il démontra le double mouvement des planètes sur elles-mêmes et autour du soleil.

Coppée (François), poète français (1842-1908), auteur des *Humbles.*

Coran, livre sacré des musulmans.

Corbeil-Essonnes, ch.-l. de c. de l'Essonne, sur la Seine; 39 200 h.

Corbie, ch.-l. de c. (Somme); 5 600 h. Anc. place forte.

Corbières (les), contrefort des Pyrénées françaises (Aude, Pyrénées-Orientales); 1 231 m.

Corday (Charlotte) [1768 - 1793], jeune fille qui tua Marat, et fut guillotinée.

Cordoba, v. de l'Argentine; université; 598 000 h.

Cordoue, v. d'Espagne (Andalousie), sur le Guadalquivir; mosquée convertie en cathédrale; 215 000 h.

Corée, presqu'île d'Extrême-Orient, partagée entre la *Corée du Nord* (15 millions d'h.; cap. *Pyongyang*) et la *Corée du Sud* (34 660 000 h.; cap. *Séoul*).

Corfou, anc. **Corcyre,** une des îles Ioniennes (Grèce).

Corinthe, v. du Péloponnèse, sur l'isthme de ce nom, traversé aujourd'hui par un canal.

Coriolan, général romain du ve s. av. J.-C. Condamné à l'exil, malgré ses brillants services, il se tourna contre sa patrie.

Corneille (Pierre), poète dramatique français (1606-1684), auteur de tragédies : *le Cid* (1636), *Horace, Cinna* (1641), *Polyeucte* (1642), *Nicomède* (1651).

Cornouaille, anc. pays de la Bretagne; v. pr. *Quimper.*

Cornouailles ou **Cornwall,** comté au sud-ouest de l'Angleterre.

Corogne (La), v. d'Espagne (Galice), port militaire sur l'Atlantique; constructions navales; 230 200 h.

Coronée, v. de Béotie, où les Lacédémoniens vainquirent une coalition grecque dirigée par Athènes (394 av. J.-C.).

Corot (Camille), peintre paysagiste français (1796-1875).

Corrège (le), peintre italien (1489-1534).

Corrèze (la), riv. de France, affl. de la Vézère (r. g.) ; 85 km.

Corrèze (19), dép. formé par le Limousin; préf. *Tulle;* s.-préf. *Brive, Ussel;* 5 888 km²; 240 400 h.

Corse, île dans la Méditerranée; elle forme deux dép. français : la *Corse-*

du-Sud (**2 A**) [préf. *Ajaccio;* s.-préf. *Sartène;* 128 600 h.]; la *Haute-Corse* (**2 B**) [préf. *Bastia;* s.-préf. *Calvi, Corte;* 161 200 h.].

Corte, ch.-l. d'arr. (Haute-Corse); 6 100 h.

Cortès ou **Cortez** (Fernand), capitaine castillan (1485-1547), conquérant du Mexique.

Cosne-sur-Loire, ch.-l. d'arr. (Nièvre), sur la Loire; 12 300 h.

Costa Rica, république de l'Amérique centrale; 1 970 000 h.

Côte d'Azur, littoral français de la Méditerranée, de Cassis à Menton.

Côte-de-l'Or, anc. nom du **Ghana.**

Côte-d'Ivoire, république de l'Afrique occidentale. Indépendante depuis 1960; 322 500 km²; 4 890 000 h. Cap. *Abidjan.*

Côte-d'Or (21), dép. formé par une partie de la Bourgogne; préf. *Dijon;* s.-préf. *Beaune, Montbard;* 8 787 km²; 456 100 h.

Cotentin, presqu'île de la basse Normandie, dép. de la Manche.

Côtes-du-Nord (22), dép. formé par une partie de la Bretagne; préf. *Saint-Brieuc;* s.-préf. *Dinan, Guingamp, Lannion;* 7 218 km²; 525 600 h.

Cotonou, v. et port du Bénin; 109 000 h. Bois; arachides.

Coty (René), homme d'État français (1882-1962), président de la République de 1954 à 1959.

Coulomb (Charles **de**), physicien français (1736-1806).

Coulommiers, ch.-l. de c. (Seine-et-Marne); 12 000 h.

Counaxa, v. de la Chaldée, où Artaxerxès II vainquit Cyrus le Jeune (401 av. J.-C.).

Couperin (François), claveciniste et compositeur français (1668-1733).

Courbet (Gustave), peintre français (1819-1877), un des maîtres du réalisme, auteur de l'*Enterrement à Ornans.*

Courbevoie, ch.-l. de c. (Hauts-de-Seine), sur la Seine; 54 600 h.

Courier de Méré (Paul-Louis), écrivain et pamphlétaire français libéral (1772-1825).

Courneuve (La), comm. de la Seine-Saint-Denis; 38 000 h.

Courteline (Georges MOINAUX, dit **Georges**), écrivain français (1858-1929), auteur de comédies.

Courtrai, v. de Belgique (Flandre-Occid.), sur la Lys; 45 200 h.

Coustou, nom de trois sculpteurs français : NICOLAS (1658-1733); GUILLAUME père (1677-1746), auteur des *Chevaux de Marly,* et GUILLAUME fils (1716-1777).

Coutances, ch.-l. d'arr. (Manche); 11 900 h.

Coventry, v. d'Angleterre (Warwick); 330 300 h. Centre industriel.

Coypel, nom de trois peintres français : NOËL (1628-1707); ANTOINE (1661-1722); CHARLES-ANTOINE (1696-1752).

Coysevox (Antoine), sculpteur français (1640-1720).

Cracovie, v. de Pologne (Galicie), sur la Vistule; 539 400 h.

Cranach (Lucas), peintre allemand (1472-1553).

Crassus, homme d'État romain (115-53 av. J.-C.).

Crau (la), vaste plaine des Bouches-du-Rhône.

Crécy-en-Ponthieu, ch.-l. de c. (Somme); 1 600 h. Édouard III d'Angleterre y vainquit Philippe VI (1346).

Creil, ch.-l. de c. (Oise), sur l'Oise; 34 200 h. Centre industriel.

Crémone, v. d'Italie (Lombardie); 80 100 h. Lutherie; textiles.

Créqui, famille de soldats français, dont FRANÇOIS (1624-1687), maréchal de France.

Crésus, dernier roi de Lydie, célèbre par ses richesses (VIe s. av. J.-C.).

Crète (*île de*), anc. Candie, île grecque de la Méditerranée; cap. *La Canée.*

Créteil, ch.-l. du Val-de-Marne, sur la Marne; 59 200 h.

Creuse (la), riv. du centre de la France, affl. de la Vienne (r. dr.); 255 km.

Creuse (23), dép. du centre de la France; préf. *Guéret;* s.-préf. *Aubusson;* 5 606 km²; 146 200.

Creusot (Le), ch.-l. de c. (Saône-et-Loire); 33 500 h. Grand centre houiller et métallurgique.

Crimée, presqu'île de l'U. R. S. S. (Ukraine) sur la mer Noire.

Croatie, une des républiques fédérées de la Yougoslavie; cap. *Zagreb.*

Croisades. On donne le nom de *croisades* aux huit expéditions entreprises du XIe au XIIIe s. par l'Europe chrétienne contre l'Orient musulman.

Croisic (Le), ch.-l. de c. (Loire-Atlantique); 4 300 h. Port de pêche.

Cromwell (Olivier), homme d'État anglais (1599-1658). Chef de la révolution qui fit périr sur l'échafaud le roi Charles Ier (1649), il se substitua à ce dernier et fut *protecteur* d'Angleterre de 1653 à 1658.

Croydon, v. d'Angleterre (Surrey); 252 600 h. Anc. aéroport de Londres.

Cuba (*île de*), la plus grande des Antilles, constituée en république; 115 524 km²; 9 190 000 h. Cap. *La Havane.* Canne à sucre, bois, fruits.

Cunaxa. V. Counaxa.

Cupidon, dieu de l'Amour, chez les Romains; identifié avec l'Eros des Grecs.

Curaçao, île des Antilles néerlandaises. Cap. *Willemstad*.

Curie (Pierre), physicien français (1859-1906). Avec sa femme, Marie Sklodowska (1867-1934), il a découvert le radium.

Cuvier (baron Georges), naturaliste français (1769-1832), créateur de l'anatomie comparée et de la paléontologie.

Cuzco, v. du Pérou, dans les Andes. Anc. cap des Incas; 78 300 h.

Cybèle, divinité phrygienne, mère des dieux.

Cyclades, îles grecques de la mer Egée.

Cyclopes, géants monstrueux, n'ayant qu'un œil au milieu du front. (*Myth.*)

Cynoscéphales, montagnes de Thessalie.

Cyrano de Bergerac (Savinien), écrivain burlesque français (1619-1655).

Cyrénaïque, une des régions de la Libye; v. pr. *Bengazi*.

Cyrène, v. et colonie grecques d'Afrique.

Cyrille (*saint*), Père de l'Eglise grecque (315-386).

Cyrille (*saint*), patriarche d'Alexandrie (376-444).

Cyrille (*saint*), surnommé le Philosophe, apôtre des Slaves (827-869). Il inventa un alphabet, dit *cyrillique*.

Cyrus, nom de deux rois de Perse, dont l'un, Cyrus II *le Grand* (560-529 av. J.-C.), se trouva maître de toute l'Asie occidentale.

Cyrus le Jeune, prince perse (424-401 av. J.-C.). Il fut tué à Counaxa en luttant contre son frère Artaxerxès II.

Cythère, île de la mer Egée.

Czestochowa, v. de Pologne, sur la Warta; 187 600 h. Lieu de pèlerinage.

D

Dacca, cap. du Bangladesh, sur le delta du Gange; 556 000 h.

Dachau, v. d'Allemagne (Bavière). Ancien camp de concentration.

Dacie, anc. pays de l'Europe (Roumanie).

Dagobert, nom de trois rois francs, dont le plus célèbre fut Dagobert Ier (600-639), roi de 629 à 639; il fut intelligemment secondé par saint Eloi.

Daguerre (Jacques), artiste français (1787-1851), qui perfectionna la photographie, inventée par Niepce.

Dahomey, nom porté jusqu'en 1975 par l'actuelle *république du Bénin*.

Daïren ou Ta-lien-wan, en russe Dalny, v. et port de la Chine du Nord-Est; 1 508 000 h.; Sidérurgie.

Dakar, cap. du Sénégal, port sur l'Atlantique; 581 000 h.

Dakota, nom de deux Etats unis de l'Amérique : le Dakota-Nord, cap. *Bismarck*, et le Dakota-Sud, cap. *Pierre*.

Dalat, station climatique du Viêt-nam.

Dalila, courtisane qui livra Samson aux Philistins.

Dallas, v. des Etats-Unis (Texas); 836 000 h. Pétrole.

Dalmatie, région de la Yougoslavie, sur l'Adriatique.

Dalton (John), physicien, chimiste et naturaliste anglais (1766-1844).

Damas, cap. de la Syrie; 813 000 h.

Damien (*saint*), frère de saint Côme, martyrisé avec lui sous Dioclétien.

Damiens (Robert-François) [1714-1757]; il frappa Louis XV d'un coup de canif, et fut écartelé.

Damiette, v. de la basse Egypte, sur le Nil; Saint Louis la prit en 1249.

Damoclès, courtisan de Denys l'Ancien (IVe s. av. J.-C.).

Danaé, fille d'un roi d'Argos; Zeus la visita sous forme d'une pluie d'or.

Danaïdes, nom des 50 filles de Danaos, qui, pour avoir tué leurs époux, furent condamnées, dans le Tartare, à remplir d'eau un tonneau sans fond.

Da Nang, anc. Tourane, port du Viêt-nam central; 149 000 h.

Danemark, royaume du nord de l'Europe, qui se compose d'une presqu'île, le Jylland (ou Jutland), et des îles de Fionie, Sjaelland (Seeland), Laaland, Falster et Bornholm; 43 000 km²; 5 050 000 h. (*Danois*). Cap. Copenhague.

Daniel, un des quatre grands prophètes hébreux (VIIe s. av. J.-C.).

Dante Alighieri, illustre poète italien (1265-1321). Son grand poème, *la Divine Comédie*, est une vision épique de l'Enfer, du Purgatoire et du Paradis.

Danton (Jacques), conventionnel français (1759-1794). Membre du Comité de Salut public, il fut accusé de modérantisme et de trahison par Robespierre, qui le fit guillotiner.

Dantzig ou **Gdansk**, port de Pologne; 313 000 h. Centre industriel.

Danube (le), fl. tributaire de la mer Noire; 2 850 km.

Daphné, nymphe que la Terre changea en laurier pour la faire échapper à Apollon.

Daphnis et Chloé, roman pastoral du Grec Longus.

Dardanelles (*détroit des*), anc. **Hellespont**, détroit qui unit la mer Égée à la mer de Marmara.

Dar es-Salam ou **Dar es-Salaam**, cap. de la Tanzanie, port sur l'océan Indien; 272 500 h.

Darios ou **Darius I**er, rois des Perses de 521 à 486 av. J.-C., vaincu par les Grecs à Marathon; — DARIOS II *Ochos*, roi des Perses de 424 à 406 av. J.-C.; il aida Sparte contre Athènes; — DARIOS III *Codoman*, roi des Perses de 336 à 330 av. J.-C., vaincu par Alexandre le Grand.

Darjeeling, v. de l'Inde (Bengale). Station climatique.

Darnétal, ch.-l. de c. (Seine-Maritime); 11 800 h. Textiles.

Darwin [*rouin*'] (Charles), naturaliste et physiologiste anglais (1809-1882), partisan de la théorie transformiste.

Daudet (Alphonse), écrivain français (1840-1897), auteur des *Lettres de mon moulin* et des *Contes du lundi*.

Daumier (Honoré), peintre et dessinateur français (1808-1879).

Dauphiné, anc. prov. de France, cédée en 1349 à Philippe VI; cap. *Grenoble*.

David, roi d'Israël (vers 1010-970 av. J.-C.). Il tua le géant Goliath, succéda à Saül, vainquit les Philistins, et fonda Jérusalem.

David (Louis), peintre et conventionnel français (1748-1825), chef de l'école néo-classique.

David d'Angers (Pierre-Jean), statuaire français (1788-1856).

Davos, comm. de Suisse (Grisons); station climatique et de sports d'hiver.

Davout (Louis-Nicolas), maréchal de France (1770-1823).

Dax, ch.-l. d'arr. (Landes); sur l'Adour; 20 300 h. Station thermale.

Dayton, v. des États-Unis (Ohio); 267 000 h. Produits agricoles.

Deauville, comm. du Calvados; 5 700 h. Station balnéaire.

Deburau, nom de deux mimes français : GASPARD (1796-1846) et CHARLES, son fils (1829-1873).

Debussy (Claude), compositeur français (1862-1918), auteur de *Pelléas et Mélisande, la Mer*, etc.

Decazes (Elie, *duc*), homme d'État français (1780-1860), ministre libéral de Louis XVIII.

Decazeville, ch.-l. de c. (Aveyron); 10 500 h. Houille, métallurgie.

Deccan ou **Dekkan**, partie péninsulaire de l'Inde.

Décembre (Deux-), coup d'État exécuté le 2 décembre 1851, par Louis-Napoléon.

Decius ou **Dèce**, empereur romain de 249 à 251; il persécuta les chrétiens.

Decize, ch.-l. de c. (Nièvre); 7 700 h. Centre industriel.

Dédale, architecte grec, constructeur du labyrinthe de Crète.

Defoe (Daniel), écrivain anglais (vers 1660-1731), auteur de *Robinson Crusoé*.

Degas (Edgar), peintre impressionniste français (1834-1917).

De Gasperi (Alcide), homme politique italien (1881-1954). Il fut le chef de la démocratie chrétienne.

Déjanire, épouse d'Héraclès.

Delacroix (Eugène), peintre français (1798-1863), chef de l'école romantique.

Delambre (Jean-Baptiste), astronome français (1749-1822).

Delcassé (Théophile), homme politique français (1852-1923).

Delft, v. des Pays-Bas; 83 700 h.

Delhi, cap. de l'Inde, sur la Jumna (Pendjab); 3 465 000 h. Aux environs, New Delhi, résidence du gouvernement; 304 000 h.

Dellys, v. et port d'Algérie (Tizi-Ouzou); 21 600 h.

Delorme (Philibert), architecte français (vers 1512-1570); il éleva les Tuileries et le château d'Anet.

Délos, une des Cyclades.

Delphes, v. de l'anc. Grèce, au pied du Parnasse. Apollon y rendait des oracles par la bouche de la Pythie.

Déméter, divinité grecque personnifiant la Terre; la **Cérès** des Romains.

Démocrite, philosophe grec du vᵉ s av. J.-C.

Démosthène, orateur et homme politique athénien (384-322 av. J.-C.). Adversaire de Philippe de Macédoine.

Denain, comm. du Nord, sur l'Escaut; 26 300 h. Houille. Villars y vainquit le prince Eugène en 1712.

Denfert-Rochereau (Philippe-Aristide), colonel français (1829-1878), défenseur de Belfort en 1870-1871.

Denis (saint), apôtre des Gaules, premier évêque de Lutèce (IIIe s.) et martyr.

Denis (Maurice), peintre français (1870-1943), auteur de compositions religieuses.

Denver, v. des Etats-Unis, cap. du Colorado; 520 000 h.

Denys l'Ancien, tyran de Syracuse de 405 à 367 av. J.-C.; il chassa les Carthaginois de Sicile.

Denys le Jeune, fils et successeur du précédent en 368 av. J.-C.

Déroulède (Paul), poète et homme politique français (1846-1914), un des chefs nationalistes.

Desaix (Louis), général français (1768-1800); il fut tué à Marengo.

Descartes (René), philosophe, physicien et mathématicien français (1596-1650), auteur du Discours de la méthode. Il créa la géométrie analytique et énonça les lois de la réfraction.

Deschanel (Paul), homme d'Etat français (1856-1922), président de la République en 1920.

Désirade (la), une des Antilles françaises.

Desmoulins (Camille), avocat, journaliste et conventionnel français (1760-1794), guillotiné avec les dantonistes.

Desportes (Philippe), poète français (1546-1606), disciple de Ronsard.

Des Prés (Josquin), compositeur de l'école franco-flamande (vers 1450-1521).

Detroit, v. des Etats-Unis (Michigan); 1 670 000 h. Industrie automobile.

Deux-Roses (guerre des), guerre civile qui eut lieu en Angleterre, de 1455 à 1485, entre la maison d'York et la maison de Lancastre.

Deux-Siciles, royaume de l'Italie méridionale, de 1442 à 1458 et de 1815 à 1861. V. SICILE.

Dévolution (guerre de), guerre entreprise, à la mort de Philippe IV d'Espagne, par Louis XIV réclamant la Flandre au nom de Marie-Thérèse.

Diane, déesse romaine de la Chasse, identifiée avec l'Artémis grecque.

Diane de Poitiers (1499-1566), favorite de Henri II.

Dias (Barthélemy), navigateur portugais (vers 1450-1500). Le premier, il contourna l'Afrique.

Dickens (Charles), romancier anglais (1812-1870), auteur de David Copperfield.

Diderot (Denis), écrivain français (1713-1784), un des fondateurs de l'Encyclopédie, auteur du Neveu de Rameau, etc.

Didier (saint), évêque de Langres, martyrisé au IIIe s.

Didier, dernier roi des Lombards, détrôné par Charlemagne en 774.

Didon, fille de Bélus, roi de Tyr. Elle fonda Carthage et y accueillit Enée.

Die, ch.-l. d'arr. (Drôme), sur la Drôme; 4 200 h.

Diégo-Suarez, port de Madagascar.

Dieppe, ch.-l. d'arr. (Seine-Mar.), sur la Manche; 26 100 h. Station balnéaire; port de pêche et de commerce.

Diesel (Rudolf), ingénieur allemand (1858-1913), inventeur du moteur à combustion interne qui porte son nom.

Digne, ch.-l. des Alpes-de-Haute-Provence; 16 600 h.

Dijon, anc. cap. de la Bourgogne, ch.-l. de la Côte-d'Or; 151 700 h. Ville d'art : palais des ducs de Bourgogne; église (XIIIe s.); palais de justice (XVe-XVIe s.).

Dinan, ch.-l. d'arr. (Côtes-du-Nord), sur la Rance; 16 400 h.

Dinard, ch.-l. de c. (Ille-et-Vilaine); 9 600 h. Station balnéaire sur la Manche.

Dioclétien, empereur romain (245-313). Il régna de 284 à 305; créateur de la tétrarchie.

Diogène le Cynique, philosophe grec (413-323 av. J.-C.).

Dionysos, dieu grec de la Vigne et du Vin.

Dioscures, surnom de Castor et de Pollux.

Directoire, gouvernement français qui succéda à la Convention (1795-1799).

Disraeli (Benjamin), homme d'Etat anglais (1804-1881). Chef des conservateurs, il fit proclamer la reine Victoria impératrice des Indes.

Dives (la), fl. côtier français (Orne, Calvados), qui se jette dans la Manche.

Dives-sur-Mer, comm. du Calvados, à l'embouchure de la Dives; 6 200 h. Electrométallurgie.

Divine Comédie (la), grand poème de Dante, divisé en trois parties : l'Enfer, le Purgatoire et le Paradis.

Divion, comm. du Pas-de-Calais; 8 600 h. Houille.

Dixmude, v. de Belgique (Flandre-Occidentale), sur l'Yser.

Djakarta, anc. Batavia, v. et port de Java, cap. de la République indonésienne; 3 000 000 d'h. Centre industriel.

Djelfa, ch.-l. d'arr. du dép. de Médéa.

Djerba, île de Tunisie.

Djibouti (*République de*), Etat du nord-est de l'Afrique, indépendant en 1978; 21 700 km²; cap. *Djibouti* (61 500 h.). Anc. territ. français (Côte française des Somalis, puis Territoire français des Afars et des Issas).

Djidjelli, port de l'Algérie.

Djokdjakarta, v. de l'île de Java.

Djurdjura ou **Jurjura**, chaîne de montagnes d'Algérie; 2 308 m.

Dnieper ou **Dniepr**, fl. de l'U.R.S.S. tributaire de la mer Noire; 1 950 km.

Dniepropetrovsk, v. de l'U.R.S.S. (Ukraine), sur le Dnieper; 863 000 h.

Dniester ou **Dniestr**, fl. d'Ukraine, tributaire de la mer Noire; 1 411 km.

Dobroudja, région partagée entre la Bulgarie et la Roumanie, et située entre la mer Noire et le Danube.

Dodécanèse, nom des douze îles Sporades méridionales.

Dodone, anc. v. d'Epire.

Doire, nom de deux affluents du Pô.

Dol-de-Bretagne, ch.-l. de c. (Ille-et-Vilaine); 5 000 h. Anc. cathédrale (XIIIe s.).

Dole, ch.-l. d'arr. (Jura), sur le Doubs; 30 500 h. Métallurgie.

Dolet (Etienne), humaniste et imprimeur français (1509-1546).

Dolomites, montagnes calcaires de l'Italie du Nord-Est.

Dombasle (Mathieu de), agronome français (1777-1843).

Dombes, petit pays de Bourgogne. qui avait pour cap. *Trévoux.*

Dôme (*puy de*), point culminant de la chaîne des Puys (Massif central); 1 465 m.

Dominicaine (*république*), Etat de la partie orientale de l'île d'Haïti; 48 442 km²; 4 700 000 h. Cap. *Saint-Domingue.* V. HAÏTI.

Dominique (la), une des petites Antilles.

Dominique (*saint*), prédicateur espagnol, fondateur des dominicains (1170-1221).

Dominiquin (le), célèbre peintre italien (1581-1641).

Domitien, empereur romain (51-96); il régna de 81 à 96.

Domrémy-la-Pucelle, comm. des Vosges, sur la Meuse; 267 h. Patrie de Jeanne d'Arc.

Don (le), fl. de Russie, qui se jette dans la mer d'Azov; 1 697 km.

Donatello, sculpteur toscan (1386-1466), précurseur de Michel-Ange.

Donetsk, anc. Stalino, v. de l'U.R.S.S. (Ukraine); 809 000 h.

Donetz, riv. d'Ukraine, affl. du Don.

Don Juan, type de l'homme de courompie et libertin; principal personnage d'une comédie de Molière (1665).

Don Quichotte, héros et titre de l'œuvre de Miguel de Cervantes.

Donzère, comm. de la Drôme, près du Rhône; 3 400 h. Important barrage.

Dordogne (la), riv. de France, affl. de la Garonne (r. dr.); 490 km.

Dordogne (24), dép. formé du Périgord et d'une partie du Limousin et de l'Angoumois; préf. *Périgueux*; s.-préf. *Bergerac, Nontron, Sarlat*; 9 224 km²; 373 200 h.

Dordrecht, v. et port des Pays-Bas, sur la Meuse; 88 000 h.

Dore (la), riv. du Puy-de-Dôme, affl. de l'Allier (r. dr.); 140 km.

Doride, contrée de la Grèce ancienne.

Dortmund, v. d'Allemagne (Rhin-Septentrional-Westphalie); métallurgie; 655 000 h.

Dostoïevski (Fédor), romancier russe (1821-1881), auteur de *Crime et Châtiment.*

Douai, ch.-l. d'arr. (Nord), sur la Scarpe; 47 600 h. Houille.

Douala, v. et port du Cameroun, sur l'estuaire du Wouri; 200 000 h.

Douarnenez, ch.-l. de c. (Finistère); pêche; conserves de poisson; 19 300 h.

Douaumont, comm. de la Meuse. Combats acharnés pendant la bataille de Verdun (1916). Ossuaire.

Doubs (le), riv. de France, affl. de la Saône (r. g.); 430 km.

Doubs (25), dép. formé d'une partie de la Franche-Comté; préf. *Besançon*; s.-préf. *Montbéliard, Pontarlier*; 5 260 km²; 471 100 h.

Doullens, ch.-l. de c. (Somme), sur l'Authie; 8 500 h. Textiles.

Doumer (Paul), homme d'Etat français (1857-1932); président de la République en 1931; il fut assassiné.

Doumergue (Gaston), homme d'Etat français (1863-1937), président de la République (1924-1931).

Douro (le), fl. d'Espagne et du Portugal, tributaire de l'Atlantique.

Douvres, v. et port d'Angleterre (Kent), sur le pas de Calais.

Drac (le), torrent des Alpes, affl. de l'Isère (r. g.), près de Grenoble; 150 km.

Dracon, archonte et législateur d'Athènes (fin du VIIe s. av. J.-C).

Dragon (le), animal fantastique, représenté avec les griffes du lion, les ailes de l'aigle et la queue du serpent.

Draguignan, ch.-l. d'arr. (Var); 22 400 h.

Drake (*sir* Francis), marin anglais (vers 1540-1596). Il fit, un des premiers, le tour du monde.

Drakensberg, chaîne montagneuse de l'Afrique méridionale ; 3 482 m.

Drancy, ch.-l. de c. de la Seine-Saint-Denis ; 64 500 h.

Drave (la), riv. qui naît en Autriche, affl. du Danube (r. dr.) ; 720 km.

Dresde, v. d'Allemagne orientale, sur l'Elbe ; 504 000 h. Centre industriel. Victoire de Napoléon (1813).

Dreux, ch.-l. d'arr. (Eure-et-Loir) ; 34 000 h. Chapelle Saint-Louis : sépulture des d'Orléans ; vitraux.

Dreyfus (Alfred), officier français (1859-1935), dont l'injuste procès divisa la France en deux camps.

Drôme, riv. de France, affl. du Rhône (r. g.) ; 110 km.

Drôme (26), dép. formé du bas Dauphiné, d'une partie de la Provence et du comtat Venaissin ; préf. *Valence* ; s.-préf. *Die, Nyons* ; 6 561 km² ; 361 900 h.

Drouot (Antoine), général français (1774-1847).

Druses, membres d'une communauté issue de l'Islam, établie au Liban.

Dryades, déesses grecques des forêts.

Dryden (John), écrivain anglais classique (1631-1700).

Du Barry (Jeanne Bécu, *comtesse*), favorite de Louis XV (1743-1793), guillotinée sous la Terreur.

Du Bellay (Joachim), un des poètes de la Pléiade (1522-1560), auteur des *Regrets*.

Dublin, cap. de la république d'Irlande ; port sur la mer d'Irlande et centre industriel ; 568 800 h.

Dubois (Guillaume, *cardinal*), prélat français (1656-1723).

Dubrovnik, anc. **Raguse**, .. de Yougoslavie (Croatie), port sur la côte dalmate de l'Adriatique ; 23 000 h.

Du Châtelet (*marquise*), femme de lettres française (1706-1749), amie de Voltaire.

Du Deffand (Marie, *marquise*), femme de lettres française (1697-1780).

Dufay (Guillaume), compositeur de musique du xve s. (m. en 1474).

Duguay-Trouin (René), marin et corsaire français (1673-1736).

Du Guesclin (Bertrand, *chevalier*), homme de guerre français (vers 1320-1380). Connétable de France sous Charles V, il chassa les Anglais et débarrassa la France des Grandes Compagnies.

Duhamel (Georges), romancier français (1884-1966).

Duisburg, v. d'Allemagne, sur la Ruhr ; 492 100 h. Port fluvial.

Dukas (Paul), compositeur français (1865-1935), auteur d'*Ariane et Barbe-Bleue*.

Dulcinée, la *dame des pensées* de Don Quichotte.

Dumas (Jean-Baptiste), chimiste français (1800-1884), qui détermina la masse atomique de nombreux éléments.

Dumas (Alexandre), romancier français (1802-1870), auteur des *Trois Mousquetaires* ; — ALEXANDRE, fils du précédent (1824-1895), a écrit *la Dame aux camélias*.

Dumont d'Urville (Jules), navigateur français (1790-1842).

Dumouriez (Charles-François), général français (1739-1823), vainqueur à Valmy et à Jemmapes.

Dundee, v. et port de Grande-Bretagne (Ecosse) ; 182 300 h.

Dunkerque, ch.-l. d'arr. (Nord), port sur la mer du Nord ; 83 800 h.

Dunois (Jean D'ORLÉANS, *comte de*), surnommé *le Bâtard d'Orléans*, capitaine français (1403-1468), compagnon d'armes de Jeanne d'Arc.

Duns Scot (Jean), théologien (vers 1270-1308), adversaire de Thomas d'Aquin.

Duparc (Henri), compositeur français de mélodies (1848-1933).

Dupleix (Joseph-François, *marquis*), administrateur français (1697-1763). Il acquit à la France un vaste empire dans les Indes.

Dupuytren (*baron* Guillaume), chirurgien français (1777-1835).

Duquesne (Abraham), marin français (1610-1688). Il vainquit Ruyter à Stromboli et à Agosta, et bombarda Alger et Gênes.

Durance (la), riv. de France, affl. du Rhône (r. g.) ; 324 km. Barrage de Serre-Ponçon.

Durban, anc. **Port-Natal**, v. et port de la République d'Afrique du Sud (Natal) ; 843 000 h. Houille.

Dürer (Albert), peintre, graveur et portraitiste allemand (1471-1528).

Durham, v. d'Angleterre, ch.-l. de comté ; 24 400 h. Cathédrale (XIIe s.).

Durkheim (Emile), sociologue français (1858-1917).

Duroc (Michel), général français (1772-1813). Grand maréchal du palais sous l'Empire, il fut tué près de Bautzen.

Duruy (Victor), historien et ministre français (1811-1894).

Düsseldorf, v. d'Allemagne, sur le Rhin ; centre commercial et industriel ; 697 000 h.

Du Vair (Guillaume), homme d'Etat et orateur français (1556-1621).

Dvina ou **Duna** (la), nom de deux fleuves de Russie.

Dyle, riv. de Belgique, qui se joint à la Nèthe pour former le Rupel ; 86 km.

E

Ealing, faubourg de l'ouest de Londres.

Éaque, un des trois juges des Enfers.

East Ham, faubourg de Londres.

Ebert (Friedrich), socialiste et homme d'Etat allemand (1871-1925).

Éboué (Félix), homme politique français, originaire de la Guyane (1884-1944). Il rallia le Tchad à la France libre (1940) et fut gouverneur de l'A.-E. F.

Ebre, fl. d'Espagne, qui arrose Saragosse et rejoint la Méditerranée; 930 km.

Ecbatane, cap. de l'anc. Médie.

Eckmühl, village de Bavière, où Napoléon vainquit les Autrichiens (1809).

Écluse (L'), v. des Pays-Bas, au large de laquelle les Anglais remportèrent sur les Français une victoire navale en 1340.

École des femmes (l'), comédie de Molière (1662).

Écosse, partie nord de la Grande-Bretagne; cap. *Edimbourg.*

Écouen, ch.-l. de c. du Val-d'Oise; 4 400 h. Château (XVIe s.).

Écouves (*forêt d'*), massif forestier des collines de Normandie (417 m).

Édesse, anc. v. de Mésopotamie.

Edfou, v. de Haute-Egypte.

Édimbourg, cap. de l'Ecosse, près du golfe de Forth; 473 000 h.

Edison (Thomas), physicien américain (1847-1931), inventeur du phonographe et de l'ampoule électrique.

Édit de Nantes, édit de Henri IV, en faveur des protestants (1598), révoqué par Louis XIV (1685).

Edjelé, exploitation pétrolière du Sahara algérien.

Edmond (*saint*) [1190-1240], archevêque de Cantorbéry en 1234.

Édouard, nom de trois rois anglo-saxons, dont *saint* EDOUARD III *le Confesseur,* roi de 1042 à 1066.

Édouard, nom de plusieurs rois d'Angleterre, dont : EDOUARD III (1312-1377), roi de 1327 à 1377, vainqueur des Français à Crécy; — EDOUARD VII (1841-1910), roi de 1901 à 1910, promoteur de l'Entente cordiale; — EDOUARD VIII (1894-1972), roi en 1936; il abdiqua la même année.

Édouard d'Angleterre (1330-1376), surnommé le Prince Noir. Il vainquit Jean le Bon à Poitiers (1356).

Eekloo, v. de Belgique (Flandre-Orientale) ; industries textiles.

Égée, père de Thésée. Croyant son fils mort, il se noya dans la mer qui, depuis, a pris son nom.

Egée (mer) [l'anc. **Archipel**], mer dépendant de la Méditerranée, entre la Grèce continentale et l'Anatolie.

Égéens, anc. peuple de la Méditerranée orientale, dont la civilisation est à l'origine des civilisations crétoise et grecque.

Égérie, nymphe dont le roi Numa recevait les conseils.

Égine, île de la Grèce.

Éginhard, chroniqueur (vers 775-840), auteur de la *Vie de Charlemagne.*

Égisthe, un des Atrides : complice de Clytemnestre, il tua Agamemnon.

Égypte, officiell. République arabe d'Egypte, Etat du nord-est de l'Afrique, entre la mer Rouge et la Libye; 1 million de km²; 37 280 000 h. Cap. *Le Caire.*

Eifel, massif boisé de Rhénanie.

Eiffel (Gustave), ingénieur français (1832-1923), constructeur de la tour qui porte son nom, à Paris.

Eindhoven, v. des Pays-Bas (Brabant Septentrional) ; 181 600 h.

Einstein (Albert), physicien allemand (1879-1955), naturalisé Américain, créateur de la théorie de la *relativité.*

Eire, autre nom de la **république d'Irlande.**

Eisenhower (Dwight David), général et homme d'Etat américain (1890-1969). Commandant en chef des armées alliées de 1942 à 1945, président des Etats-Unis (1953-1961).

Élagabale ou **Héliogabale** (204-222), empereur romain de 218 à 222.

Élam ou **Susiane,** anc. Etat voisin de la Chaldée. Cap. *Suse.*

Elbe, fl. de Tchécoslovaquie et d'Allemagne (mer du Nord) ; 1 100 km.

Elbe (*île d'*), petite île italienne de la Méditerranée, à l'est de la Corse.

Elbeuf, ch.-l. de c. (Seine-Maritime), près de la Seine; 19 500 h. Textiles.

Elbourz, massif de l'Iran; 6 200 m.

Elbrouz, sommet du Caucase; 5 633 m.

Elche, v. d'Espagne (Alicante); palmiers-dattiers; 123 700 h.

Électre, fille d'Agamemnon et de

Clytemnestre ; elle tua sa mère pour venger la mort de son père.

Éleusis, v. de l'Attique, qui avait ur temple de Déméter.

Élide, anc. pays du Péloponnèse.

Élie, prophète juif. (*Bible.*)

Eliot (George), romancière anglaise (1819-1880), auteur du *Moulin sur la Floss.*

Élisabeth (*sainte*), mère de saint Jean-Baptiste, femme du grand prêtre Zacharie.

Élisabeth de Hongrie (*sainte*) [1207-1231].

Élisabeth Ire (1533-1603), fille de Henri VIII et d'Anne Boleyn, reine d'Angleterre de 1558 à 1603.

Élisabeth II, reine de Grande-Bretagne, née en 1926. Elle a succédé à George VI en 1952.

Élisabeth de France (*Madame*) [1764-1794], sœur de Louis XVI, m. sur l'échafaud.

Élisabeth Petrovna (1709-1762), fille de Pierre le Grand et de Catherine Ire ; impératrice de Russie de 1741 à 1762.

Élisée prophète juif, disciple d'Elie.

Éloi (*saint*), orfèvre et trésorier de Clotaire II et de Dagobert (588-659).

Elorn, fl. côtier de Bretagne ; 51 km.

Elseneur, v. du Danemark.

Eluard (Eugène GRINDEL, dit Paul), poète français (1895-1952).

Élysée (*palais de l'*), résidence du président de la République française, à Paris, depuis 1873 ; construit en 1718.

Elzévir ou **Elzevier**, famille d'imprimeurs établis en Hollande au XVIe s.

Emba, région pétrolifère de l'U.R.S.S.

Émilie, région au nord de l'Italie.

Emmanuel Ier (1469-1521), roi de Portugal de 1495 à 1521, grand colonisateur ; — EMMANUEL II ou MANOEL (1889-1932), roi de Portugal de 1908 à 1910 ; il fut détrôné par une révolution.

Emmaüs, bourg de Judée, près de Jérusalem, où Jésus-Christ apparut à ses disciples après sa résurrection.

Empédocle, philosophe d'Agrigente (vers 493-433 av. J.-C.).

Empire, nom commun à plusieurs grands États, à l'image de l'Empire romain.

Empire romain, depuis Auguste jusqu'à la mort de Théodose (29 av. J.-C.-395 apr. J.-C.) ; cap. *Rome.*

Empire d'Orient, partie de l'Empire romain, qui eut pour cap. *Constantinople* (395-1453).

Empire d'Occident, partie de l'Empire romain, qui conserva *Rome* pour capitale après la mort de Théodose (395-476).

Second Empire d'Occident, fondé par Charlemagne et continué jusqu'à François II (1806) ; appelé depuis le XIVe s. *Saint Empire romain germanique.*

Empire latin, État fondé par les croisés à Constantinople, et qui subsista de 1204 à 1261.

Empire allemand (*Deutsches Reich*), établi en faveur de Guillaume Ier de Prusse en 1871 ; nom gardé depuis par l'Allemagne, sans interruption, jusqu'à la création des deux républiques allemandes de 1949.

Empire d'Autriche, créé par François II ; il prit fin par l'abdication de Charles Ier en 1918.

Empire britannique. V. COMMONWEALTH.

Empire des Indes (1876-1948). V. INDE.

Empire (*Céleste*). V. CHINE.

Empire du Soleil-Levant. V. JAPON.

Empire français, fondé par Napoléon Ier en 1804, détruit en 1815, rétabli en 1852 par Napoléon III, et renversé de nouveau le 4 septembre 1870.

Ems, fl. d'Allemagne, tributaire de la mer du Nord ; 378 km.

Ems, v. d'Allemagne, près de Coblence. Station thermale.

Encyclopédie, vaste publication scientifique, dirigée par Diderot (1751-1772).

Endymion, berger aimé d'Artémis.

Énée, prince troyen, dont Virgile a fait le héros de son *Énéide.*

Engadine, vallée de la Suisse (Grisons).

Engels (Friedrich), philosophe allemand (1820-1895), ami et collaborateur de Karl Marx.

Enghien (*duc d'*) [1772-1804]. Fusillé par ordre de Bonaparte.

Enghien-les-Bains, station thermale du Val-d'Oise, sur le *lac d'Enghien.*

Entre-Deux-Mers, région viticole du Bordelais, entre la Garonne et la Dordogne.

Éole, dieu grec des Vents.

Éolide ou **Éolie**, anc. contrée d'Asie Mineure.

Éoliennes (*îles*), anc. nom des îles Lipari.

Épaminondas, général et homme d'État thébain (vers 418-363 av. J.-C.).

Épernay, ch.-l. d'arr. (Marne), sur la Marne ; 31 100 h. Vins, caves fameuses.

Éphèse, anc. v. d'Ionie. Son temple de Diane, une des sept merveilles du monde, fut brûlé par Erostrate.

Épictète, philosophe stoïcien, qui vécut à Rome au Ier s.

Épicure, philosophe grec (341-270 av. J.-C.).

Épidaure, v. de l'anc. Argolide. Nombreuses ruines (temples, théâtre).

Épinal, ch.-l. des Vosges, sur la Moselle; 42 800 h. Imagerie, filature.

Épire, contrée de l'anc. Grèce.

Epsom, v. d'Angleterre (comté de Surrey); célèbres courses de chevaux.

Epte, affl. de la Seine (r. dr.), qui arrose Gisors.

Équateur (*république de l'*), Etat de l'Amérique du Sud; 300 400 km²; 6 950 000 h. Cap. *Quito.*

Érasme, humaniste hollandais (1467-1536), auteur de *Colloques* et de l'*Éloge de la folie.*

Ératosthène, mathématicien et philosophe de l'école d'Alexandrie, né à Cyrène (vers 275-vers 195 av. J.-C.).

Erdre, riv. de France, affl. de la Loire (r. dr.); 105 km.

Erebus, volcan de l'Antarctique; 4 023 m.

Erevan ou **Érivan,** cap. de l'Arménie (U. R. S. S.); 665 000 h.

Erfurt, v. d'Allemagne orientale; 201 800 h.

Éric le Rouge, navigateur norvégien, qui découvrit le Groenland au Xe s.

Érié, lac de l'Amérique du Nord, au sud-est du Canada. — V. et port des Etats-Unis (Pennsylvanie), sur le lac Erié; 138 400 h.

Érinnyes ou **Euménides,** déesses grecques qui, dans les Enfers, punissaient les crimes des humains. Les Romains les nommaient **Furies.**

Ermenonville, comm. de l'Oise; 604 h. Forêt.

Éros, nom grec du dieu de l'Amour.

Érostrate, Ephésien obscur qui, voulant se rendre immortel par une destruction mémorable, incendia le temple de Diane à Ephèse (356 av. J.-C.).

Erstein, ch.-l. de c. (Bas-Rhin), sur l'Ill; 7 500 h.

Érymanthe, montagne d'Arcadie, repaire du sanglier tué par Héraclès.

Érythrée, région d'Ethiopie.

Ésaü, fils d'Isaac et de Rébecca, frère aîné de Jacob, à qui il vendit son droit d'aînesse.

Escaut (l'), fl. de France, de Belgique et de Hollande; 400 km.

Eschine, orateur d'Athènes, rival de Démosthène (390-314 av. J.-C.).

Eschyle, le père de la tragédie grecque (525-456 av. J.-C.); on lui doit *Les Perses, Prométhée enchaîné,* la trilogie de *l'Orestie,* etc., qui attestent un génie puissant.

Esclave (*Grand Lac de l'*), lac du Canada du Nord-Ouest.

Escobar (Antonio), jésuite espagnol (1589-1669); fameux casuiste.

Esculape, dieu latin de la Médecine.

Escurial, en esp. Escorial, bourg d'Espagne, près de Madrid; palais et monastère bâtis (1562-1584) par Philippe II.

Ésope, fabuliste grec (VIIe-VIe s. av. J.-C.).

Espagne, royaume du sud-ouest de l'Europe, dans la péninsule Ibérique; 506 787 km²; 35 220 000 h. Cap. *Madrid.*

Esquilin (*mont*), une des sept collines de Rome.

Esquimaux ou **Eskimos,** populations qui habitent le Groenland et l'extrémité nord de l'Amérique.

Essais de Montaigne (1580-1588), recueil de souvenirs et de réflexions morales et philosophiques.

Essaouira, anc. **Mogador,** v. du Maroc, port sur l'Atlantique.

Essen, v. d'Allemagne, sur la Ruhr; 728 000 h. Grand centre industriel.

Essex, comté maritime du sud-est de l'Angleterre. Ch.-l. *Chelmsford.*

Essling, v. d'Autriche, près de Vienne, où les Français remportèrent, en 1809, une sanglante victoire, leur fut sud.

Essonne (*dép. de l'*) [91], dép. de la région parisienne; préf. *Évry*; s.-préf. *Étampes, Palaiseau*; 1811 km²; 923 100 h.

Est (*canal de l'*), il réunit la Meuse et le Rhône.

Estaing (Henri, *comte d'*), amiral français (1729-1794).

Este (*maison d'*), famille princière d'Italie.

Esterel (*monts de l'*), massif côtier de Provence.

Esther, femme d'Assuérus.

Esther, tragédie de Racine (1689).

Estienne, famille d'imprimeurs et d'humanistes français du XVIe s.

Estonie, république membre de l'U.R.S.S.; 1 356 000 h. Cap. *Tallinn.*

Estrées (Gabrielle d') [1573-1599], favorite de Henri IV.

Estrémadure, région de la péninsule Ibérique (Espagne et Portugal).

Étampes, ch.-l. d'arr. de l'Essonne; 19 800 h.

Étaples, ch.-l. de c. (Pas-de-Calais); 10 600 h. Port de pêche.

État français, régime issu de la défaite de 1940 et de l'effondrement de la IIIe République.

États généraux, assemblées où siégeaient les représentants de toute la nation, c'est-à-dire les députés du clergé, de la noblesse et du tiers état.

ÉTATS-UNIS

0   600 Km

Les capitales d'États
sont soulignées

États-Unis, république fédérale de l'Amérique du Nord. Elle groupe 50 États, y compris l'Alaska et les îles Hawaii, auxquels il faut joindre 1 district fédéral (Columbia) et les territoires extérieurs : Porto Rico, îles Vierges, Samoa et Guam; 9 384 900 km² et 213 millions d'h. Cap. *Washington.*

Étéocle, fils d'Œdipe. Au cours de la guerre qui l'opposa à son frère Polynice, les deux adversaires s'entre-tuèrent.

Éthiopie, État de l'Afrique orientale, au sud-ouest de la mer Rouge; 900 000 km²; 28 millions d'h. Cap. *Addis-Abeba.* Conquise par l'Italie en 1936, l'Éthiopie a retrouvé son indépendance en 1941 et s'est accrue de l'Erythrée en 1952. L'empereur (négus) a été déchu en 1974.

Étienne (*saint*), premier martyr du christianisme; lapidé en l'an 33.

Étienne, nom de quatre rois de Hongrie, dont *saint* ÉTIENNE Ier, qui régna de 997 à 1038 et propagea le christianisme dans ses États.

Etna, volcan de la Sicile; 3 295 m.

Étolie, contrée de l'anc. Grèce.

Eton, v. d'Angleterre (Buckingham), sur la Tamise. Collège célèbre.

Étretat, comm. de la Seine-Maritime, sur la Manche; 1 500 h. Station balnéaire. Falaises pittoresques.

Étrurie, anc. région de l'Italie.

Eu, ch.-l. de c. (Seine-Maritime); 8 900 h. Château des princes d'Orléans.

Eubée, île de la mer Égée.

Euclide, mathématicien grec, du IIIe siècle av. J.-C. Il posa les bases de la géométrie plane.

Eudes, fils de Robert le Fort, proclamé roi en 888; m. en 898.

Eugène, nom de quatre papes, dont *saint* EUGÈNE Ier, pape de 654 à 657.

Eugène de Savoie, dit le Prince Eugène, général des armées impériales ennemies de la France (1663-1736).

Eugénie de Montijo (1826-1920), épouse de Napoléon III en 1853.

Euménides. V. ÉRINNYES.

Eupen, v. de Belgique (Liège).

Euphrate, fl. d'Asie. qui, réuni au Tigre, forme le *Chatt el-Arab;* 2 780 km.

Eurasie, ensemble constitué par l'Asie et l'Europe.

Eure, affl. de la Seine (r. g.); 225 km.

Eure (27), dép. formé d'une partie de la Normandie; préf. *Evreux;* s.-préf. *Les Andelys, Bernay;* 6 037 km²; 422 000 h.

Eure-et-Loir (28), dép. formé de parties de l'Orléanais, de la Normandie et de l'Ile-de-France; préf. *Chartres;* s.-préf. *Dreux, Châteaudun, Nogent-le-Rotrou;* 5 940 km²; 335 200 h.

Euripide, poète tragique grec (480-406 av. J.-C.), auteur d'*Hippolyte, Alceste,* etc.

Europe, une des cinq parties du monde, la plus petite; 10 millions de km²; 663 millions d'h. L'Europe comprend les États suivants : Albanie, Allemagne occidentale, Allemagne orientale, Andorre, Autriche, Belgique, Bulgarie, Danemark, république d'Irlande, Espagne, Finlande, France, Grande-Bretagne, Grèce, Hongrie, Islande, Italie, Liechtenstein, Luxembourg, Monaco, Norvège, Pays-Bas, Pologne, Portugal, Roumanie, Saint-Marin, Suède, Suisse, Tchécoslovaquie, Turquie, U.R.S.S., Vatican, Yougoslavie.

Europe, fille d'Agénor : enlevée par Zeus, elle devint mère de Minos.

Eurotas, riv. de Laconie, qui arrosait Sparte.

Eurydice, femme d'*Orphée* (v. ce nom).

Eurymédon, riv. de Pamphylie, sur les bords de laquelle Cimon vainquit les Perses (468 av. J.-C.).

Eusèbe, évêque de Césarée (vers 265-340), le père de l'histoire religieuse.

Évangile (l'), ou plutôt *les Évangiles,* livre sacré, composé des quatre récits de saint Matthieu, saint Marc, saint Luc et saint Jean, qui ont retracé la vie et la doctrine de Jésus-Christ.

Ève, la première femme, épouse d'Adam.

Évêchés (les **Trois-**), nom donné aux évêchés de Metz, Toul et Verdun.

Everest (*mont*), point culminant de l'Himalaya et du globe; 8 882 m.

Évian-les-Bains, ch.-l. de c. (Haute-Savoie), sur le Léman; 6 200 h. Station thermale.

Évreux, ch.-l. de l'Eure, sur l'Iton; 50 400 h. Cathédrale (XIIIe-XVIIe s.).

Évry, ch.-l. de l'Essonne, sur la Seine; 15 600 h.

Exeter, v. et port d'Angleterre (Devon); 92 600 h. Cathédrale (XIIe-XIVe s.).

Eylau, v. de l'U.R.S.S. (Lituanie) où Napoléon défit les Russes et les Prussiens (1807).

Eyzies-de-Tayac (Les), comm. de la Dordogne; station préhistorique.

Ézéchias, roi de Juda.

Ézéchiel, un des quatre grands prophètes hébreux (VIe s. av. J.-C.).

F

Fables, de La Fontaine (1668-1694); recueil admirable par le ton et la forme.

Fabre (Henri), entomologiste français (1823-1915), auteur de précieuses observations sur la vie des insectes.

Fachoda, auj. **Kodok**, v. du Soudan, près du Nil. Occupée en 1898 par l'expédition Marchand, elle dut être remise aux Anglais.

Fahrenheit (Gabriel), physicien prussien (1686-1736), inventeur d'une graduation thermométrique.

Faidherbe (Louis), général français (1818-1889), organisateur du Sénégal.

Falconet (Etienne-Maurice), statuaire français (1716-1791).

Falerne, vignoble du Latium.

Falkland (*îles*), anc. **Malouines**, archipel de l'Atlantique, au sud de l'Argentine, occupé par l'Angleterre.

Fallières (Armand), homme d'Etat français (1841-1931), président de la République française de 1906 à 1913.

Falloux (Frédéric, *comte de*), homme politique français (1811-1886), promoteur d'une loi sur l'enseignement (1850).

Falstaff (John), favori du roi d'Angleterre Henri V (vers 1375-1450).

Famagouste, bourg de la côte orientale de l'île de Chypre; anc. capitale.

Fantin-Latour (Théodore), peintre français (1836-1904).

Faraday (Michael), physicien anglais (1791-1867), qui découvrit l'induction électromagnétique et l'influence électrique.

Farewell (*cap*), cap du Groenland.

Farnèse (Alexandre) [1545-1592], gouverneur des Pays-Bas, adversaire de Henri IV en France.

Far West, nom donné par les Américains aux territoires de l'ouest de l'Union.

Fa-tchan, v. de la Chine méridionale.

Fatima, village du Portugal. La Vierge y serait apparue à trois jeunes enfants en 1917.

Fatima ou **Fatma**, fille de Mahomet.

Faulkner (William), écrivain américain (1897-1962).

Faune, dieu champêtre chez les Latins.

Faure (Félix), homme d'Etat français (1841-1899), président de la République française de 1895 à 1899.

Fauré (Gabriel), compositeur français (1845-1924), auteur d'un *Requiem.*

Faust, personnage légendaire, qui vend son âme à Méphistophélès. C'est le héros d'un poème dramatique de Goethe et d'opéras de Berlioz et de Gounod.

Fayet (Le), station thermale de Haute-Savoie. Usine hydro-électrique.

Fécamp, ch.-l. de c. (Seine-Maritime); port de pêche et station balnéaire sur la Manche; 22 200 h. Abbatiale (XIIᵉ-XVIIIᵉ s.).

Félix, nom de cinq papes, dont *saint* FÉLIX Iᵉʳ, pape de 269 à 274.

Femmes savantes (*les*), comédie de Molière (1672).

Fénelon (François de Salignac de La Mothe-), écrivain et prélat français (1651-1715), auteur des *Aventures de Télémaque.*

Ferdinand, nom de sept rois de Castille et d'Espagne, dont FERDINAND V, *le Catholique* (v. FERDINAND II D'ARAGON), et FERDINAND II (1784-1833), roi d'Espagne en 1808, détrôné par Napoléon la même année, puis restauré en 1813.

Ferdinand II *le Catholique* (1452-1516), roi d'Aragon et de Sicile de 1479 à 1516, et roi (Ferdinand V) de Castille de 1474 à 1504, grâce à son mariage avec Isabelle de Castille.

Ferdousi, poète persan (933-1021).

Fère (La), ch.-l. de c. (Aisne), sur l'Oise; 4 400 h. Anc. place forte.

Fergana ou **Ferghana**, région de l'Asie centrale soviétique.

Fermat (Pierre de), mathématicien français (1601-1665), qui découvrit le calcul des probabilités et énonça le principe fondamental de l'optique.

Fermi (Enrico), physicien italien (1901-1954), qui construisit à Chicago la première pile à uranium.

Fernando Poo (*île*). V. MACIAS NGUEMA.

Ferney-Voltaire, ch.-l. de c. (Ain); 5 700 h.

Féroé (*îles*) ou **Fær-Œer**, archipel danois, situé au nord de l'Ecosse.

Ferrare, v. d'Italie (Emilie), sur le Pô; 158 000 h. Cuirs, conserves.

Ferrol (Le), v. d'Espagne, port sur l'Atlantique; 82 000 h.

Ferry (Jules), homme d'Etat français (1832-1893). Il réforma l'enseignement primaire et soutint ardemment l'expansion coloniale française.

Ferryville. V. MENZEL BOURGUIBA.

Ferté-Macé (La), ch.-l. de c. (Orne); 7 700 h.

Fesch (Joseph), prélat français (1763-1839), oncle de Napoléon Ier.

Feu (Terre de). V. TERRE DE FEU.

Feuillants, club groupant les monarchistes constitutionnels en 1792.

Feydeau (Georges), vaudevilliste français (1862-1921).

Fez, anc. cap. du Maroc, sur un affl. du Sebou; 217 000 h.

Fezzan, contrée du Sahara, en Libye. V. pr. *Mourzouk*. Palmeraies.

Fiacre (*saint*), moine irlandais (vers 600-670), patron des jardiniers.

Fianarantsoa, v. du sud-est de Madagascar; 39 300 h.

Fichte (Johann Gottlieb), philosophe idéaliste allemand (1762-1814).

Fidji ou **Fiji** (*îles*), archipel du Pacifique (Mélanésie), Etat du Commonwealth; 570 000 h.

Fielding (Henry), romancier anglais (1707-1754).

Fier (le), riv. torrentueuse de la Haute-Savoie, affl. du Rhône (r. g.).

Figeac, ch.-l. d'arr. du Lot; 10 900 h.

Figuig, oasis du Sahara marocain.

Fingal (*grotte de*), caverne d'Ecosse, dans l'île de Staffa (Hébrides).

Finistère (29), dép. de la Bretagne; préf. *Quimper*; s.-préf. *Brest, Châteaulin, Morlaix;* 7 029 km²; 804 000 h.

Finisterre (*cap*), promontoire à l'angle nord-ouest de l'Espagne.

Finlande, république de l'Europe nord-orientale, sur la Baltique; 337 000 km²; 4 680 000 h. Cap. *Helsinki*.

Finlande (*golfe de*), golfe formé par la Baltique.

Fionie, une des îles du Danemark.

Firminy, ch.-l. de c. (Loire); 25 400 h.

Fiume. V. RIJEKA.

Fives-Lille, faubourg de Lille.

Fizeau (Hippolyte), physicien français (1819-1896), qui le premier mesura directement la vitesse de la lumière.

Flamininus (Titus Quinctius), général romain, m. vers 175 av. J.-C. Vainqueur de Philippe V de Macédoine à Cynocéphales.

Flaminius, consul romain, vaincu à Trasimène par Annibal (217 av. J.-C.).

Flammarion (Camille), astronome et vulgarisateur français (1842-1925).

Flandre, région basse, comprise entre la mer du Nord, le bas Escaut, l'Artois, le Hainaut et le Brabant.

Flandre-Occidentale, prov. de Belgique; ch.-l. *Bruges*.

Flandre-Orientale, prov. de Belgique; ch.-l. *Gand*.

Flaubert (Gustave), romancier français (1821-1880), auteur de *Madame Bovary, Salammbô, Trois Contes*.

Flaviens, dynastie impériale romaine, à laquelle appartiennent Vespasien, Titus et Domitien.

Flèche (La), ch.-l. d'arr. (Sarthe); Prytanée militaire; 16 400 h.

Fléchier (Esprit), prélat et prédicateur français (1632-1710), évêque de Nîmes.

Fleming (*sir* Alexander), médecin anglais (1881-1955). Il a découvert, avec Chain et Florey, la pénicilline.

Flensburg, v. et port d'Allemagne, sur le *golfe de Flensburg;* pêche; constructions navales; 100 000 h.

Flers, ch.-l. de c. (Orne); 21 200 h. Industries textiles et chimiques.

Flessingue, v. et port maritime des Pays-Bas, dans l'île de Walcheren.

Fleurs du mal (*les*), poésies de Ch. Baudelaire (1857).

Fleurus, comm. de Belgique (Hainaut). Le maréchal de Luxembourg y vainquit Guillaume III en 1690, et Jourdan les Autrichiens en 1794.

Fleury (*cardinal* **de**), prélat français (1654-1743), ministre de Louis XV.

Florac, ch.-l. d'arr. (Lozère); 2 100 h.

Flore, déesse latine des Fleurs et des Jardins, et mère du Printemps.

Florence, v. d'Italie, anc. cap. de la Toscane, sur l'Arno; grand centre artistique et littéraire; 460 000 h.

Florian (Jean-Pierre **Claris de**), écrivain et fabuliste français (1755-1794).

Floride, presqu'île du sud des Etats-Unis, formant un des Etats de l'Union; 7 259 000 h. Cap. *Tallahassee*.

Foch (Ferdinand), maréchal de France (1851-1929); commandant en chef des armées alliées, qu'il mena à la victoire (1918).

Foggia, v. d'Italie (Pouilles); 136 300 h.

Foix (*comté de*), anc. prov. de France, réunie à la Couronne en 1607.

Foix, ch.-l. de l'Ariège, sur l'Ariège. Château féodal; 10 200 h.

Foix (Gaston **de**), capitaine français (1489-1512), neveu de Louis XII; il gagna la bataille de Ravenne et y périt.

Folkestone, v. d'Angleterre (Kent), port sur la Manche; 44 100 h.

Fontaine (Pierre-François), architecte français (1762-1853).

Fontainebleau, ch.-l. de c. (Seine-et-Marne) ; 19 600 h. Château construit pour François Ier. Belle forêt.

Fontenay-aux-Roses, comm. des Hauts-de-Seine; 25 900 h. Ecole normale supérieure de jeunes filles.

Fontenay-le-Comte, ch.-l. d'arr. (Vendée), sur la Vendée; 16 800 h.

Fontenay-sous-Bois, ch.-l. de c. du Val-de-Marne ; 46 900 h.

Fontenelle (Bernard **Le Bovier de**), écrivain français (1657-1757).

Fontenoy, village de Belgique, où le maréchal de Saxe battit les Anglais et les Autrichiens (1745).

Fontenoy-en-Puisaye, comm. de l'Yonne, près de Toucy. Charles le Chauve et Louis le Germanique y vainquirent leur frère Lothaire en 841.

Font-Romeu, station touristique des Pyrénées-Orientales ; alt. 1 800 m.

Forbach, ch.-l. d'arr. (Moselle) ; 25 400 h. Défaite française en 1870.

Forcalquier, ch.-l. d'arr. (Alpes-de-Haute-Provence) ; 3 400 h.

Ford (Henry), industriel américain (1863-1947) ; constructeur d'automobiles.

Ford (Gerald), homme d'Etat américain (né en 1913), président des Etats-Unis de 1974 à 1977.

Forêt-Noire, montagnes forestières d'Allemagne, à l'est du Rhin, symétriques aux Vosges; altitude 1 493 m.

Forez (le), ancien pays de France (Lyonnais), cap. *Feurs,* puis *Montbrison.*

Forges-les-Eaux, ch.-l. de c. (Seine-Maritime) ; 3 400 h. Station thermale.

Forli, v. d'Italie (Emilie) ; 102 100 h.

Formose ou **Taïwan,** île chinoise entre le Pacifique et la mer de Chine; 15 222 000 h. Cap. *Taïpeh.*

Fornoue, bourg d'Italie; Charles VIII y battit, en 1495, la coalition qui s'opposait à son retour en France.

Fortaleza, v. du Brésil; 960 000 h.

Fort-de-France, ch.-l. de la Martinique; 99 100 h.

Forth (le), fl. côtier d'Ecosse, qui se jette dans le *golfe de Forth* (mer du Nord).

Fort-Lamy. V. N'DJAMENA.

Fort Worth, v. des Etats-Unis (Texas) ; pétrole; 357 800 h.

Foucauld (*le P.* Charles **de**), explorateur et missionnaire français (1858-1916). Il explora le Maroc et mourut assassiné à Tamanrasset (Sahara).

Foucault (Léon), physicien français (1819-1868), qui démontra le mouvement de rotation de la Terre et inventa le gyroscope.

Fouché (Joseph), homme politique français (1759-1820), conventionnel, ministre de la Police sous l'Empire.

Fougères, ch.-l. d'arr. (Ille-et-Vilaine) ; 27 700 h. Chaussures. Château (XIIe s.). Remparts.

Foulbé, plur. de **Peul.**

Foulques, nom de cinq comtes d'Anjou, dont d'un, FOULQUES V *le Jeune* (1095-1144), fut roi de Jérusalem de 1131 à 1144.

Fouquet (Jean), peintre et miniaturiste français (1415-1480), auteur du portrait de *Charles VII.*

Fouquet (Nicolas), financier français (1615-1680). Surintendant des Finances, il fut condamné comme dilapidateur.

Fouquier-Tinville (Antoine) [1746-1795], accusateur public du tribunal révolutionnaire.

Fouras, comm. de la Charente-Maritime; 3 600 h. Station balnéaire.

Fourberies de Scapin (les), farce, par Molière (1671).

Fourchambault, comm. de la Nièvre, sur la Loire; 6 600 h. Métallurgie.

Fourches Caudines, défilés voisins de Caudium, où l'armée romaine fut réduite à passer sous le joug (321 av. J.-C.).

Fourcroy (Antoine-François, *comte de*), chimiste français (1755-1809).

Fourier (Charles), philosophe socialiste français (1772-1837) ; il conçut des sociétés communautaires ou *phalanstères.*

Fourmies, comm. du Nord; 16 100 h. Filatures, verreries.

Fouta-Djalon, massif montagneux de la Guinée.

Fou-tcheou, v. et port de Chine; centre industriel; 616 000 h.

Fox (Charles James), homme d'Etat anglais (1749-1806), adversaire de Pitt.

Foy (Maximilien-Sébastien), général et homme politique français (1775-1825).

Fra Diavolo, chef de brigands italiens (1771-1806).

Fragonard (Jean-Honoré), peintre français (1732-1806), auteur de scènes galantes.

Frameries, v. de Belgique (Hainaut) ; houillères.

France, république de l'Europe occidentale; 551 255 km²; 52 510 000 h. Cap. *Paris* ; v. pr. *Marseille, Lyon, Toulouse, Bordeaux, Nice, Nantes, Strasbourg, Lille, Saint-Etienne, Toulon, Le Havre, Nancy, Rennes, Reims, Rouen, Grenoble, Clermont-Ferrand,*

Dijon, Le Mans, Brest, Roubaix, Limoges, Angers. (V. carte page suiv.)

France (Anatole), écrivain français (1844-1924), auteur de romans : *le Crime de Sylvestre Bonnard, Les dieux ont soif.*

Francfort-sur-le-Main, v. d'Allemagne (Hesse) ; 688 000 h. Centre industriel. Un traité de paix y fut signé entre la France et l'Allemagne en 1871 ; patrie de Gœthe.

Francfort-sur-l'Oder, v. d'Allemagne orientale, à la frontière polonaise ; métallurgie ; 57 500 h.

Franche-Comté, prov. de l'est de la France ; cap. *Besançon.*

Franchet d'Esperey (Louis-Félix-Marie), maréchal de France (1856-1942). Il commanda les armées alliées dans les Balkans en 1918.

Franck (César), compositeur et organiste français, né à Liège (1822-1890).

Franco (Francisco), général et homme d'Etat espagnol (1892-1976), chef de l'Etat à partir de 1939.

François d'Assise (*saint*) [1182-1226], fondateur de l'ordre des franciscains.

François de Paule (*saint*) [1416-1508], fondateur de l'ordre des minimes.

François de Sales (*saint*) [1567-1622], évêque de Genève, auteur de *l'Introduction à la vie dévote.*

François Xavier (*saint*) [1506-1552], compagnon d'Ignace de Loyola et apôtre des Indes.

François Ier (1494-1547), roi de France de 1515 à 1547. Il disputa à Charles Quint la couronne impériale, et cette rivalité engendra de nombreuses guerres. Il favorisa les lettres et les arts (*Renaissance*).

François II (1544-1560), roi de France de 1559 à 1560.

François Ier (1708-1765), empereur germanique de 1745 à 1765 ; il est le père de Marie-Antoinette ; — FRANÇOIS II (1768-1835), empereur germanique (1792-1806), puis empereur d'Autriche (1804-1835) ; il fut le père de Marie-Louise, épouse de Napoléon Ier.

François-Ferdinand, archiduc héritier d'Autriche (1863-1914). Son assassinat à Saraïevo provoqua la Première Guerre mondiale.

François-Joseph (*archipel*), archipel de l'Arctique, à l'est du Spitzberg.

François-Joseph Ier (1830-1916), empereur d'Autriche et roi de Hongrie de 1848 à 1916.

Franconie, contrée de l'Allemagne, au nord-ouest de la Bavière.

Francs, tribus de la Germanie, qui conquirent la Gaule au veme s.

Franklin (Benjamin), homme d'Etat et physicien américain (1706-1790). Il fut un des fondateurs de l'indépendance américaine ; inventeur du paratonnerre.

Franklin (John), navigateur anglais (1786-1847) ; il mourut en cherchant le passage du Nord-Ouest.

Frascati, v. d'Italie, près de Rome.

Frédégonde (545-597), femme de Chilpéric Ier, roi de Neustrie ; sa rivalité avec Brunehaut, reine d'Austrasie, provoqua une guerre civile.

Frédéric, nom de neuf rois de Danemark.

Frédéric Ier Barberousse (1122-1190), roi de Germanie à partir de 1152, empereur d'Occident de 1155 à 1190.

Frédéric II (1194-1250), roi de Sicile à partir de 1197, roi de Germanie à partir de 1216 et empereur d'Occident à partir de 1220. Il lutta contre la papauté.

Frédéric III (1415-1493), empereur germanique de 1440 à 1493.

Frédéric Ier (1657-1713), Electeur de Brandebourg de 1688 à 1713 et premier roi en Prusse, de 1700 à 1713.

Frédéric II le Grand (1712-1786), roi de Prusse de 1740 à 1786. Il fonda la grandeur de la Prusse.

Frédéric III (1831-1888), roi de Prusse et empereur allemand en 1888.

Frédéric-Guillaume (1620-1688), Electeur de Brandebourg de 1640 à 1688, surnommé **le Grand Electeur.**

Frédéric-Guillaume Ier, dit le **Roi-Sergent** (1688-1740), roi de Prusse de 1713 à 1740.

Frédéric-Guillaume II (1744-1797), roi de Prusse de 1786 à 1797.

Frédéric-Guillaume III (1770-1840), roi de Prusse de 1797 à 1840, adversaire de Napoléon Ier.

Frédéric-Guillaume IV (1795-1861), roi de Prusse de 1840 à 1861.

Freetown, cap. de l'Etat de Sierra Leone ; port sur l'Atlantique ; 125 000 h.

Fréjus, ch.-l. de c. (Var) ; 30 600 h. Antiquités romaines ; cathédrale (XIe-XIIe s.).

Fréron (Elie), critique français (1719-1776), ennemi de Voltaire.

Frescobaldi (Girolamo), compositeur et organiste italien (1583-1643).

Fresnel (Augustin), physicien français (1788-1827), créateur de l'optique vibratoire.

Fresnes, comm. du Val-de-Marne ; 28 500 h. Prison départementale.

734

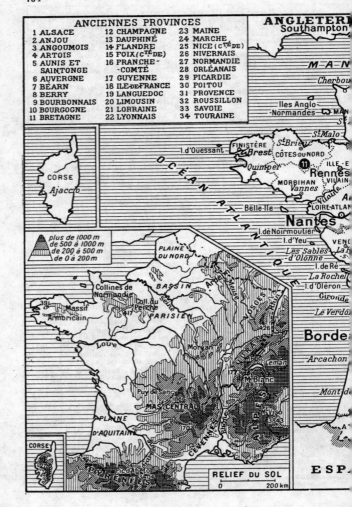

ANCIENNES PROVINCES

1 ALSACE	12 CHAMPAGNE	23 MAINE
2 ANJOU	13 DAUPHINÉ	24 MARCHE
3 ANGOUMOIS	14 FLANDRE	25 NICE (C^TE DE)
4 ARTOIS	15 FOIX (C^TE DE)	26 NIVERNAIS
5 AUNIS ET SAINTONGE	16 FRANCHE-COMTÉ	27 NORMANDIE
6 AUVERGNE	17 GUYENNE	28 ORLÉANAIS
7 BÉARN	18 ILE-DE-FRANCE	29 PICARDIE
8 BERRY	19 LANGUEDOC	30 POITOU
9 BOURBONNAIS	20 LIMOUSIN	31 PROVENCE
10 BOURGOGNE	21 LORRAINE	32 ROUSSILLON
11 BRETAGNE	22 LYONNAIS	33 SAVOIE
		34 TOURAINE

ANGLETERRE
Southampton

MANCHE

Cherbou

Iles Anglo-Normandes

CORSE
Ajaccio

OCÉAN ATLANTIQUE

I. d'Ouessant
FINISTÈRE
Brest
Quimper
St-Brieuc
CÔTES-DU-NORD
St-Malo
ILLE-E
Rennes
MORBIHAN
Vannes
VILAIN
Belle-Ile
LOIRE-ATLAN
Nantes
I. de Noirmoutier
I. d'Yeu
VEN
Les Sables-d'Olonne
La
I. de Ré
La Rochel
I. d'Oléron
Gironde
Le Verdo

Borde

Arcachon

Mont d

ESPA

plus de 1000 m
de 500 à 1000 m
de 200 à 500 m
de 0 à 200 m

PLAINE DU NORD

BASSIN

Collines de Normandie
Coll. du Perche

Massif Armoricain

PARISIEN

Loire

Morvan

Léman
M. Blanc
4807

Puy de Sancy
1886
MASSIF CENTRAL

PLAINE D'AQUITAINE

CÉVENNES

ALPES

VISO
3843

CORSE

Pic d'Aneto
PYRÉNÉES

RELIEF DU SOL
0   200 km

FRANCE

.... Limite de département
  ○   Préfecture
~~~~~~ Limite d'ancienne prov^ce

0   50   100   150 km

Fresnes-sur-Escaut, comm. du Nord; 8 400 h. Métallurgie.

Freud (Sigmund), psychiatre autrichien (1856-1939) ; créateur de la psychanalyse.

Fribourg, v. de Suisse. Université.

Fribourg-en-Brisgau, v. d'Allemagne, cap. du pays de Bade ; 152 000 h. Université.

Friedland, v. de l'U.R.S.S.; victoire de Napoléon sur les Russes (1807).

Frioul, pays d'Italie qui forme avec la Vénétie Julienne une région autonome depuis 1963.

Frise, prov. du nord des Pays-Bas.

Froissart (Jean), chroniqueur français (vers 1337-vers 1404).

Froment (Nicolas), peintre primitif français (vers 1435-1484).

Fromentin (Eugène), peintre, critique d'art et romancier français (1820-1876), auteur de *Dominique.*

Fronde, révolte des parlementaires, puis des grands contre Mazarin (1648-1653).

Front populaire, groupement politique français, composé des partis de gauche,

qui a détenu le pouvoir de 1936 à 1938.

Frontignan, ch.-l. de c. (Hérault) ; 12 200 h. Vins muscats. Raffineries de pétrole.

Fuji-Yama, montagne volcanique du Japon; 3 778 m.

Fulton (Robert), mécanicien américain (1765-1815) qui réalisa la propulsion des bateaux par la vapeur.

Fumay, ch.-l. de c. (Ardennes), sur la Meuse ; 6 100 h. Métallurgie; ardoisières.

Fumel, ch.-l. de c. (Lot-et-Garonne); 7 100 h. Métallurgie.

Funchal, cap. et port de l'île portugaise de Madère.

Furens, riv. de France, affl. de la Loire (r. dr.), qui arrose Saint-Etienne.

Furetière (Antoine), écrivain français (1619-1688), auteur du *Roman bourgeois* et d'un dictionnaire (1690).

Furies, déesses latines de la Vengeance.

Fusan, v. et port de Corée; 1 044 500 h.

Futuna, archipel français de la Mélanésie.

G

Gabès, v. de Tunisie, port sur le *golfe de Gabès;* 24 400 h.

Gabon (le), estuaire de l'Afrique tropicale où se jettent plusieurs fleuves côtiers. — République indépendante depuis 1960; 280 000 km²; 520 000 h. Cap. *Libreville.*

Gabriel, archange qui annonça à la Vierge qu'elle serait mère du Sauveur. (*Bible.*)

Gabriel, famille d'architectes français, dont ANGE-JACQUES (1698-1782), auteur de l'Ecole militaire, de l'hôtel Crillon et du Petit Trianon.

Gaète, v. et port d'Italie (Latium), sur une baie de la Méditerranée.

Gafsa, v. et oasis de Tunisie.

Gaillac, ch.-l. de c. (Tarn), sur le Tarn ; 10 900 h. Vins blancs.

Gainsborough (Thomas) peintre portraitiste anglais (1727-1788).

Galapagos (*îles*), archipel volcanique du Pacifique, dépendance de l'Equateur.

Galatée, nymphe aimée de Polyphème ; le géant, se voyant préférer le berger Acis, écrasa ce dernier sous un rocher.

Galatie, anc. contrée de l'Asie Mineure.

Galatzi, ou Galati, v. de Roumanie, port sur le Danube ; 112 800 h.

Galba (3 av. J.-C.-69 apr. J.-C.), empereur romain (68-69).

Galère, empereur romain de 305 a 311.

Galibier (*col du*), passage des Hautes-Alpes, entre Briançon et la Maurienne.

Galice, prov. du nord-ouest de l'Espagne.

Galicie, région de la Pologne, dont la partie orientale est devenue ukrainienne en 1945.

Galien, médecin grec (vers 130-vers 200).

Galigaï (Leonora DORI, dite) [1571-1617], femme de Concini, favorite de Marie de Médicis ; brûlée comme sorcière.

Galilée, anc. prov. de la Palestine.

Galilée (Galileo GALILEI, dit), mathématicien, astronome et physicien italien (1564-1642). Il découvrit les lois de la chute des corps, construisit la première lunette astronomique, et établit le mouvement diurne de la Terre.

Galles (*pays de*), partie de la Grande-Bretagne, à l'ouest de l'Angleterre.

Galles (*prince de*), titre que prend en Angleterre le fils aîné du roi.

Gallien (235-268), empereur romain de 260 à 268.

Gallieni (Joseph), maréchal de France (1849-1916). Il se distingua au Tonkin, à Madagascar, et coopéra à la victoire de la Marne.

Gallipoli, v. de Turquie d'Europe, sur le détroit des Dardanelles.

Gällivare, v. de Suède, en Laponie du Nord; minerai de fer.

Galois (Evariste), mathématicien français (1811-1832).

Galvani (Luigi), physicien et médecin italien (1737-1798).

Gama (Vasco de), navigateur portugais (vers 1469-1524). Il découvrit la route des Indes par le cap de Bonne-Espérance.

Gambetta (Léon), avocat et homme politique français (1838-1882).

Gambie (la), fl. de l'Afrique occidentale; 1 700 km.

Gambie, Etat d'Afrique occidentale, membre du Commonwealth; 520 000 h. Cap. *Bathurst*.

Gambier (*îles*), archipel français de la Polynésie.

Gand, v. de Belgique (Flandre-Orientale), port sur l'Escaut; 224 000 h.

Gandhi, patriote et philosophe de l'Inde (1869-1948), créateur du mouvement indien d'indépendance.

Gange (le), fl. sacré de l'Inde, tributaire du golfe du Bengale; 2 700 km.

Ganges, ch.-l. de c. (Hérault), sur l'Hérault; 3 900 h. Bonneterie.

Ganymède, prince troyen devenu l'échanson des dieux. (*Myth.*)

Gap, ch.-l. des Hautes-Alpes; 29 700 h.

Garabit (*viaduc de*), pont métallique construit par Eiffel, au-dessus de la Truyère (Cantal).

Gard (le), riv. de France, affl. du Rhône (r. dr.) ; 133 km.

Gard (30), dép. formé d'une partie du Languedoc oriental; préf. *Nîmes*; s.-préf. *Alès, Le Vigan*; 5 881 km²; 494 600 h.

Gardanne, ch.-l. de c. (Bouches-du-Rhône); lignite, aluminium.

Garde (*lac de*), lac du nord de l'Italie.

Gargantua, principal personnage d'un livre de Rabelais (1534). Gargantua est un roi géant aux appétits énormes.

Garibaldi (Joseph), patriote italien (1807-1882).

Garmisch-Partenkirchen, station de sports d'hiver, en Bavière.

Garnier (Robert), poète tragique français (1544-1590).

Garnier (Charles), architecte qui construisit l'Opéra (1825-1898).

Garnier (Francis), marin français (1839-1873), un des conquérants du Tonkin.

Garonne (la), fl. de France, qui naît dans le massif de la Maladetta, en Espagne, et se jette dans l'Atlantique; 650 km.

Garonne (*canal latéral à la*), canal longeant la Garonne, de Toulouse à Castets.

Garonne (Haute-) (31), dép. formé d'une partie de la Gascogne et du Lauraguais; préf. *Toulouse*; s.-préf. *Muret, Saint-Gaudens*; 6 367 km²; 777 400 h.

Garros (Roland), aviateur français (1888-1918). Il traversa le premier la Méditerranée (1913).

Gartempe (la), riv. de France, affl. de la Creuse (r. g.) ; 190 km.

Gascogne, anc. prov. de France; cap. *Auch*.

Gascogne (*golfe de*), partie de l'Atlantique, entre la France et l'Espagne.

Gassendi (*abbé* Pierre), mathématicien et philosophe matérialiste français (1592-1655).

Gâtinais, anc. pays de France (Seine-et-Marne, Loiret).

Gauguin (Paul), peintre français (1848-1903); il travailla surtout en Bretagne et en Océanie, où il mourut.

Gaule, pays situé entre le Rhin, l'Océan et les Pyrénées, et s'étendant au-delà des Alpes en Italie du Nord.

Gaulle (Charles de), général et homme d'Etat français (1890-1970), chef de la Résistance pendant la Seconde Guerre mondiale, président de la République (1959-1969).

Gauss (Karl Friedrich), physicien allemand (1777-1855).

Gautier (Théophile), poète et critique français (1811-1872), auteur de poèmes et de romans (*le Capitaine Fracasse*).

Gavarni (Sulpice-Guillaume CHEVALIER, dit), dessinateur français (1804-1866).

Gavarnie, comm. des Hautes-Pyrénées, près d'un cirque de rochers d'où le gave de Pau se précipite d'une hauteur de 450 m.

Gay-Lussac (Louis-Joseph), physicien et chimiste français (1778-1850). Il découvrit la loi de la dilatation des gaz et la loi des combinaisons gazeuses.

Gaza, v. maritime de la Palestine.

Gdansk. V. DANTZIG.

Gdynia, port polonais, en face de Dantzig; 209 400 h.

Géants (*monts des*), montagnes du nord de la Bohême.

Gédéon, juge des Hébreux.

Geelong, v. d'Australie; 102 000 h.

Gelboé, montagne de Palestine.

Gelée (Claude). V. LORRAIN.

Gelsenkirchen, v. industrielle d'Allemagne (Rhin-Septentrional-Westphalie); 390 300 h.

Gênes, v. d'Italie, cap. de la Ligurie, port sur la Méditerranée; 848 000 h. Centre industriel.

Génésareth (*lac de*). V. TIBÉRIADE.

Genèse, le premier livre de la Bible.

Genève, v. de Suisse, ch.-l. du canton de Genève, sur le lac Léman; 174 000 h. Centre commercial et industriel.

Geneviève (*sainte*) [420-502], patronne de Paris.

Genèvre (*col du Mont-*), col des Alpes entre Briançon et Suse; 1 854 m.

Gengis khan, conquérant tatar (1162-1227), fondateur du premier empire mongol.

Génissiat, loc. de l'Ain; installation hydro-électrique sur le Rhône.

Gennevilliers, comm. des Hauts-de-Seine; port fluvial; 50 300 h.

Genséric, roi des Vandales (428-477); il conquit l'Afrique du Nord.

Geoffrin (Mme Marie-Thérèse), femme célèbre par son esprit (1699-1777).

Geoffroi, nom des cinq comtes d'Anjou, dont GEOFFROI V *le Bel*, surnommé *Plantagenêt* (1113-1151), comte d'Anjou à partir de 1129, duc de Normandie à partir de 1144, père de Henri II, roi d'Angleterre.

Geoffroy Saint-Hilaire (Etienne), naturaliste français (1772-1844).

George Ier (1660-1727), roi d'Angleterre de 1714 à 1727, le premier de la dynastie de Hanovre; — GEORGE II (1683-1760), roi d'Angleterre de 1727 à 1760; — GEORGE III (1738-1820), roi d'Angleterre de 1760 à 1820; — GEORGE IV (1762-1830), régent de 1810 à 1820 et roi de 1820 à 1830; — GEORGE V (1865-1936), roi d'Angleterre de 1910 à 1936; il changea le nom de la dynastie de Saxe-Cobourg en celui de *Windsor*; — GEORGE VI (1895-1952), roi d'Angleterre de 1936 à 1952.

George Dandin, comédie en prose de Molière (1668).

Georges (*saint*), prince de Cappadoce, martyrisé sous Dioclétien, en 303.

Georges Ier (1845-1913), roi de Grèce de 1863 à 1913; — GEORGES II (1890-1947), roi de Grèce de 1922 à 1924, puis de nouveau de 1935 à 1947.

Georgetown, v. de la Fédération de Malaisie, dans l'île de Penang. — Cap. de la Guyana; 168 200 h.

Géorgie, un des Etats unis d'Amérique; 4 720 000 h.; cap. *Atlanta*.

Géorgie, Etat membre de l'U.R.S.S., en bordure de la mer Noire; 4 millions d'h.; cap. *Tbilisi* (Tiflis).

Géorgiques (*les*), poème didactique par Virgile (39-29 av. J.-C.).

Gérard (*baron* François), peintre d'histoire français (1770-1837).

Gérardmer, ch.-l. de c. (Vosges), près du *lac de Gérardmer*; 10 000 h. Fromage dit *géromé*.

Gerbier-de-Jonc, mont du Vivarais près duquel la Loire prend sa source.

Gergovie, oppidum de la Gaule (Puy-de-Dôme). Vercingétorix le défendit avec succès contre César (52 av. J.-C.).

Géricault (Théodore), peintre et sculpteur français (1791-1824), auteur du *Radeau de la Méduse* et du groupe *Cheval retenu par un homme*.

Germanicus (Caius Drusus Claudius), général romain (16 av. J.-C.-19 apr. J.-C.), père de Caligula et d'Agrippine.

Germanie, vaste contrée de l'Europe centrale ancienne.

Gérome (Jean-Léon), peintre et sculpteur français (1824-1904).

Gers (le), riv. de France, affl. de la Garonne (r. g.); 178 km.

Gers (32), dép. formé d'une partie de la Gascogne; préf. *Auch*; s.-préf. *Condom, Mirande*; 6 291 km²; 175 400 h.

Gerson (Jean), théologien français (1362-1428), chancelier de l'Université.

Gessler, bailli qui, selon la tradition, aurait été tué par Guillaume Tell.

Gestapo, police secrète hitlérienne.

Gethsémani, village près de Jérusalem, où était le jardin des Oliviers.

Gévaudan, pays de France (Lozère).

Gevrey-Chambertin, ch.-l. de c. (Côte-d'Or); 3 000 h. Vins.

Gex, ch.-l. d'arr. (Ain); 1 400 h.

Ghana, anc. *Gold Coast* ou *Côte-de-l'Or.* Etat de l'Afrique occidentale, membre du Commonwealth; 9 870 000 h. Cap. *Accra.*

Ghardaïa, oasis du Sud algérien.

Ghâtes, escarpements côtiers du Deccan (Inde).

Ghiberti (Lorenzo), sculpteur et architecte florentin (1378-1455).

Ghirlandajo (Domenico BIGORDI, dit), peintre de l'école florentine (1449-1494).

Gibraltar, port de la péninsule Ibérique, britannique depuis 1704.

Gibraltar (*détroit de*), détroit entre l'Espagne et le Maroc; 15 km de large.

Gide (André), écrivain français (1869-1951), auteur des *Faux-Monnayeurs*.

Gien, ch.-l. de c. (Loiret), sur la Loire; 15 300 h. Faïences célèbres.

Giens (*presqu'île de*), presqu'île du Var.

Gijon, v. d'Espagne (Oviedo), port sur l'Atlantique; 152 800 h.

Giorgione (le), peintre vénitien (XVᵉ s.).

Giotto di Bondone, peintre florentin (1266-1336), un des précurseurs de la Renaissance, auteur de fresques à Assise.

Girard (Philippe de), inventeur français (1775-1845), à qui l'on doit la machine à filer le lin.

Girardon (François), sculpteur français (1628-1715), auteur du *Tombeau de Richelieu*, à la Sorbonne, et de la statue équestre de *Louis XIV*.

Giraudoux (Jean), écrivain français (1882-1944), auteur de romans et de pièces de théâtre : *Amphitryon 38, La guerre de Troie n'aura pas lieu.*

Gironde (la), nom de la Garonne, après sa réunion avec la Dordogne.

Gironde (33), dép. formé principalement par la Guyenne; préf. *Bordeaux*; s.-préf. *Blaye, Langon, Lesparre, Libourne;* 10 726 km²; 1 061 000 h.

Girotte (la), lac des Alpes, près du mont Blanc. Réservoir hydro-électrique.

Giscard d'Estaing (Valéry), homme d'État français, né en 1926, président de la République depuis 1974.

Gisors, ch.-l. de c. (Eure), sur l'Epte; 8 300 h. Château ruiné (XIᵉ s.).

Givet, ch.-l. de c. (Ardennes), sur la Meuse; 8 200 h. Métallurgie.

Givors, ch.-l. de c. (Rhône); 22 000 h.

Gizeh, v. d'Égypte, sur le Nil, près des grandes pyramides de Memphis.

Gladstone (William), homme politique anglais (1809-1898), chef des libéraux.

Glaris, v. de Suisse, ch.-l. du canton de ce nom; 5 900 h.

Glasgow, v. et port d'Écosse, sur la Clyde; centre commercial et industriel; 1 075 000 h.

Glénan (*îles*), archipel du Finistère, dans l'Atlantique. Yachting.

Gloucester, v. d'Angleterre, port sur la Severn; 88 000 h.

Gluck (Christophe Willibald), compositeur allemand (1714-1787), auteur d'*Orphée, d'Iphigénie* et d'*Armide*.

Gneisenau (Neithardt, *comte de*), maréchal prussien (1760-1831) ; il reconstitua l'armée prussienne.

Goa, anc. ch.-l. des possessions portugaises de l'Inde, port sur la côte de Malabar, occupé par les Indiens en 1961.

Gobelins (les), famille de teinturiers, qui fondèrent à Paris la manufacture de tapisseries dite des *Gobelins.*

Gobinau (*comte* Joseph-Arthur **de**), diplomate et écrivain français (1816-1882).

Godavari (le), fl. de l'Inde, tributaire du golfe du Bengale; 1 500 km.

Godefroy IV de Bouillon, duc de Basse-Lorraine (1061-1100), chef de la première croisade.

Godounov (Boris) [1551-1605], tsar de Moscovie de 1598 à 1605.

Godoy (Manuel **de**) [1767-1851], ministre et favori de Charles IV d'Espagne.

Goethe (Wolfgang), le plus célèbre des écrivains de l'Allemagne (1749-1832), auteur de *Werther, Faust,* etc.

Gogh (Van). V. VAN GOGH.

Gogol (Nicolas), écrivain russe (1809-1852), auteur de *Tarass Boulba, les Ames mortes,* etc.

Golconde, anc. ville de l'Hindoustan (Deccan). Auj. **Hyderabad.**

Goldoni (Carlo), écrivain italien (1707-1793), auteur de comédies.

Goldsmith (Oliver), écrivain anglais (1728-1774), auteur du *Vicaire de Wakefield.*

Goléa (El-), oasis du Sahara algérien; 12 000 h.

Golfe-Juan, loc. des Alpes-Maritimes, station balnéaire sur la Méditerranée. Napoléon y débarqua à son retour de l'île d'Elbe (1815).

Golgotha. V. CALVAIRE.

Goliath, géant philistin, tué par David.

Golo (le), fl. de la Corse; 75 km.

Gomorrhe, anc. v. de Palestine, détruite avec Sodome par le feu du ciel.

Goncourt (Edmond **de**), écrivain français (1822-1896). Il a publié, en collaboration avec son frère JULES (1830-1870), des romans naturalistes. Il créa l'**Académie Goncourt.**

Gondi, famille française à laquelle appartenait Paul de Gondi. V. RETZ.

Gondwana, région de l'Inde, qui a donné son nom à un continent primitif (Inde, Australie, Madagascar, etc.), auj. disloqué.

Gongora (Luis **de**), poète espagnol, au style précieux (1561-1627).

Gonzague, famille italienne, qui a régné sur les duchés de Mantoue et de Nevers.

Gordien (*nœud*), lien si habilement tressé qu'on ne pouvait le délier : Alexandre y parvint en le tranchant.

Gorée, île du Sénégal, en face de Dakar.

Gorgones, monstres fabuleux : Méduse, Euryale et Sthéno. Elles avaient — et particulièrement Méduse — le pouvoir de pétrifier tous ceux qui les regardaient.

Gorki, anc. **Nijni-Novgorod,** v. de l'U.R.S.S. (Russie) ; 1 170 000 h. Foire jadis célèbre. Port fluvial et centre industriel.

Gorki (Maxime), écrivain russe (1868-1936), auteur de *la Mère.*

Gorlovka, v. de l'U.R.S.S. (Ukraine) ; centre minier et industriel ; 348 000 h.

Göteborg, v. et port de Suède, sur le Göta ; 445 400 h.

Gotha, v. d'Allemagne (Thuringe).

Goths, peuple de la Germanie qui occupa le sud-est de l'Europe. Il comprenait les *Ostrogoths,* en Pannonie, et les *Wisigoths,* qui envahirent l'Empire romain en 410.

Gotland, île suédoise de la Baltique.

Göttingen, v. d'Allemagne (Basse-Saxe). Université ; 110 000 h.

Goujon (Jean), sculpteur et architecte français (vers 1510-vers 1567) ; il participa à la décoration du Louvre.

Goulette (La), v. et port de Tunisie.

Gounod (Charles), compositeur français (1818-1893), auteur de *Faust.*

Gourdon, ch.-l. d'arr. (Lot) ; 5 100 h.

Gournay (Vincent de), économiste français (1712-1759).

Gouvion-Saint-Cyr (Laurent), maréchal de France (1764-1830).

Goya (Francisco de), célèbre peintre et graveur espagnol (1746-1828), auteur des *Désastres de la guerre.*

Gracchus, nom de deux frères, tribuns et orateurs romains, auteurs d'importantes lois agraires : TIBERIUS (160-133 av. J.-C.) et CAIUS (154-121 av. J.-C.). On les appelle **les Gracques.**

Gramme (Zénobe), électricien belge (1826-1901), inventeur de la dynamo.

Grampians (*monts*), chaîne de montagnes d'Ecosse, culminant au Ben Nevis (1 343 m).

Grand-Combe (La), ch.-l. de c. (Gard) ; houillères ; 10 500 h.

Grand-Couronne, ch.-l. de c. (Seine-Maritime) ; 7 900 h. Papeterie ; industries chimiques.

Grande del Norte (*rio*), fl. de l'Amérique du Nord, qui sépare les Etats-Unis du Mexique (golfe du Mexique).

Grande-Bretagne et Irlande du Nord (*Royaume-Uni de*), Etat de l'Europe occidentale formé par l'Angleterre, le pays de Galles, l'Ecosse et l'Irlande du Nord ; 245 000 km²; 55 960 000 h. Cap. *Londres.*

Grande-Grèce, dans l'Antiquité partie méridionale de l'Italie.

Grande-Motte (LA), comm. de l'Hérault ; 2 200 h. Station balnéaire.

Grand-Lieu (*lac de*), lac poissonneux, situé au sud-ouest de Nantes.

Grand-Quevilly, comm. de Seine-Maritime ; centre industriel ; 32 300 h.

Grand Rapids, v. des Etats-Unis (Michigan) ; minoteries ; 177 300 h.

Grands Lacs, les cinq grands lacs de l'Amérique du Nord : Supérieur, Michigan, Huron, Erié, Ontario.

Grandson ou **Granson,** v. de Suisse, sur le lac de Neuchâtel ; Charles le Téméraire y fut vaincu par les Suisses en 1476.

Granique, riv. d'Asie Mineure. Victoire d'Alexandre sur Darios (334-av. J.-C.).

Grant (Ulysses), général et homme d'Etat américain (1822-1885), président des Etats-Unis de 1868 à 1876.

Granville, ch.-l. de c. (Manche) ; 15 200 h. Port et station balnéaire.

Grasse, ch.-l. d'arr. (Alpes-Maritimes) ; culture de fleurs ; 35 300 h.

Graulhet, ch.-l. de c. (Tarn) ; 14 100 h. Mégisserie ; filatures.

Grave (*pointe de*), petit cap à l'embouchure de la Gironde.

Gravelines, ch.-l. de c. (Nord), sur l'Aa ; 9 100 h. Défaite des Français par les Espagnols (1558).

Gravelotte, comm. de la Moselle, près de Metz ; sanglante bataille de la guerre franco-allemande (1870).

Graves (les), vignobles du Bordelais.

Gray, ch.-l. de c. (Haute-Saône) ; 9 600 h. Centre industriel sur la Saône.

Gréban (Arnoul), poète français (XVᵉ s.), auteur d'un *Mystère de la Passion.*

Grèce, en grec Hellas, un des Etats de la péninsule balkanique, baigné à l'est par la mer Egée ou *Archipel,* au sud par la Méditerranée, à l'ouest par la mer Ionienne ; 132 728 km²; 9 000 000 d'h. Cap. *Athènes.*

Greco (le), peintre d'origine grecque (vers 1541-1614), qui réalisa son œuvre en Espagne.

Greenwich, v. d'Angleterre, près de Londres ; anc. observatoire par où passait le méridien d'origine.

Grégoire le Thaumaturge (*saint*), théologien grec (vers 210-vers 270).

Grégoire de Nazianze (*saint*), théologien (vers 328-390), Père de l'Eglise grecque.

Grégoire de Nysse (*saint*), Père de l'Eglise grecque (vers 335-394).

Grégoire de Tours (*saint*) [538-594], évêque de Tours, auteur d'une *Histoire des Francs.*

Grégoire, nom de seize papes, dont GRÉGOIRE Ier, *le Grand* (*saint*) [vers 540-604], pape de 590 à 604; on lui doit la liturgie de la messe et le rite *grégorien*; — GRÉGOIRE VII (*saint*) [*Hildebrand*] (vers 1015-1085), pape de 1073 à 1085; il lutta contre l'empereur d'Occident Henri IV (querelle des Investitures); — GRÉGOIRE XIII (1502-1585), pape de 1572 à 1585; il réforma le calendrier.

Grégoire (*abbé*), conventionnel français (1750-1831).

Grenade, une des Antilles, État du Commonwealth; 100 000 h.

Grenade, v. d'Espagne (Andalousie); superbe cathédrale; palais de l'Alhambra; 190 400 h.

Grenoble, ch.-l. de l'Isère, sur l'Isère et le Drac; 169 700 h. Industries diverses. Université.

Grésivaudan, vallée de l'Isère, située entre l'Arc et Grenoble.

Grétry (André), compositeur français, né à Liège (1741-1813), auteur d'opéras-comiques (*Richard Cœur de Lion*).

Greuze (Jean-Baptiste), peintre français (1725-1805).

Grévy (Jules), homme d'État français (1807-1891), président de la République de 1879 à 1887.

Grieg (Édouard), compositeur norvégien (1843-1907), auteur de *Peer Gynt*.

Griffon, animal fabuleux.

Grignon, hameau des Yvelines; école nationale d'agriculture.

Grimaldi, localité d'Italie, près de Menton, où furent découvertes les fossiles d'une race d'hommes préhistoriques.

Grimm (Frédéric-Melchior, *baron* de), publiciste allemand (1723-1807).

Grimm (Wilhelm Karl), écrivain allemand (1786-1859), auteur de *Contes populaires*, avec son frère JACOB LUDWIG (1785-1863), le fondateur de la philologie germanique.

Gringore [et non Gringoire] (Pierre), poète dramatique et satirique français (1475-1538).

Gris-Nez (*cap*), cap de France, sur le pas de Calais. Belles falaises.

Grisons, canton de Suisse; 167 600 h. Ch.-l. *Coire*.

Groenland, grande île au nord de l'Amérique, en majeure partie recouverte de glace; 2 180 000 km²; 50 000 h. Ch.-l. *Godthaab*. Elle appartient au Danemark.

Groix (*île de*), île de l'Atlantique (Morbihan); 3 700 h. Pêche.

Groningue, v. des Pays-Bas; 168 800 h.

Gros (Jean-Antoine, *baron*), peintre français (1771-1835); il retraça les batailles impériales.

Grotius (Hugo DE GROOT, dit), jurisconsulte hollandais (1583-1645).

Grouchy (Emmanuel de), maréchal de France (1766-1847).

Groznyi, v. de l'U.R.S.S. (Russie), au nord du Caucase; raffinerie de pétrole; 331 000 h.

Guadalajara, v. du Mexique, cap. de l'État de Jalisco; 1 264 000 h.

Guadalcanal, île volcanique des Salomon; violents combats entre Américains et Japonais (1942-1943).

Guadalquivir (le), fl. d'Espagne, qui passe à Cordoue, à Séville, et se jette dans l'Atlantique; 579 km.

Guadarrama (*sierra de*), chaîne du centre de l'Espagne.

Guadeloupe (la), dép. français d'outre-mer (Petites-Antilles); 335 000 h. Ch.-l. *Basse-Terre*.

Guam, île principale des Mariannes; ch.-l. *Agaña* (base américaine).

Guatemala, république de l'Amérique centrale; 108 889 km²; 5 540 000 h. Cap. *Guatemala*.

Guayaquil, v. et port de l'Équateur, sur le Pacifique; 651 000 h.

Gudule (*sainte*), patronne de Bruxelles (650-712).

Guebwiller, ch.-l. d'arr. (Haut-Rhin), près du *ballon de Guebwiller* (1 426 m); filatures; 11 400 h.

Gueldre, prov. des Pays-Bas.

Guelma, v. d'Algérie, ch.-l. d'arr. du dép. de Bône; 36 100 h.

Guépéou, anc. police secrète soviétique.

Guéret, ch.-l. de la Creuse; 16 100 h.

Guernesey, une des îles Anglo-Normandes; cap. *Saint-Pierre*.

Guerre (*Grande*) ou **Première Guerre mondiale**, guerre qui, déchaînée par l'Allemagne, mit, de 1914 à 1918, ce pays, l'Autriche-Hongrie, la Turquie, la Bulgarie aux prises avec la France, la Russie, l'Angleterre, la Serbie, la Belgique, l'Italie, la Roumanie, le Japon, les États-Unis et leurs alliés, et se termina par la défaite des empires centraux.

Guerre mondiale (*Seconde*), guerre qui, de 1939 à 1945, opposa les puissances démocratiques : Pologne, Angleterre, France, puis U.R.S.S., États-Unis, Chine et leurs alliés, aux puissances totalitaires de l'Axe : Allemagne, Italie, Japon et leurs satellites (Hongrie, Roumanie, Bulgarie, etc.), et se termina par la victoire des premières.

Guesde (Jules), homme politique français (1845-1922), chef du parti ouvrier.

Guéthary, comm. des Pyrénées-Atlantiques; 1 000 h. Station balnéaire.

Guide (le) peintre italien (1575-1642).

Guillaume, nom de quatre rois d'Angleterre, dont : GUILLAUME Iᵉʳ *le Conquérant* (1027-1087), duc de Normandie à partir de 1035, roi d'Angleterre à partir de 1066 (bataille d'Hastings); — GUILLAUME II *le Roux*, (vers 1056-1100), roi d'Angleterre de 1087 à 1100; — GUILLAUME III DE NASSAU, prince d'Orange, stathouder de Hollande à partir de 1672, roi d'Angleterre de 1689 à 1702, ennemi de Louis XIV.

Guillaume Iᵉʳ de Hohenzollern (1797-1888), roi de Prusse à partir de 1861 et empereur allemand à partir de 1871. Vainqueur des Autrichiens à Sadova (1866) et des Français à Sedan (1870), il réalisa, grâce à Bismarck, l'unité allemande.

Guillaume II (1859-1941), roi de Prusse et empereur allemand de 1888 à 1918; il dut abdiquer en 1918.

Guillaume de Lorris, poète français (XIIIᵉ s.), auteur de la première partie du *Roman de la Rose.*

Guillaume de Machaut, poète et musicien français (vers 1300-1377).

Guinée équatoriale, État d'Afrique équatoriale, comprenant l'île Macias Nguema, ainsi qu'une partie continentale, le Rio Muni; 310 000 h. Cap. *Malabo,* dans l'île Macias Nguema. C'est une ancienne possession espagnole.

Guinée, anc. territoire de l'A.-O. F., entre le Sénégal, la Guinée-Bissau, la Sierra Leone et le Libéria, devenu indépendant en 1958; 250 000 km²; 4 420 000 h. Cap. *Conakry.*

Guinée-Bissau, État de l'Afrique occidentale, au sud du Sénégal; 570 000 h. V. pr. *Bissau.*

Guinegatte, auj. **Enguinegatte,** comm. du Pas-de-Calais. Bataille entre les troupes de Louis XI et de Maximilien d'Autriche en 1479. Les Français y furent vaincus par les Anglais en 1513.

Guingamp, ch.-l. d'arr. (Côtes-du-Nord), sur le Trieux; 10 800 h.

Guipuzcoa, prov. basque d'Espagne; ch.-l. *Saint-Sébastien.*

Guise, ch.-l. de c. (Aisne), sur l'Oise; 6 800 h. Métallurgie; textiles.

Guise, branche cadette de la maison ducale de Lorraine, dont : FRANÇOIS (1519-1563), duc de Guise de 1550 à 1563, qui reprit Calais aux Anglais en 1558; — HENRI Iᵉʳ, dit *le Balafré* (1550-1588), duc de Guise de 1563 à 1588; il dirigea le massacre de la Saint-Barthélemy et, chef réel de la Ligue, fut assassiné à Blois par ordre de Henri III; — LOUIS, frère du précédent (1555-1588), cardinal de Lorraine, assassiné aussi à Blois.

Guizot (François), homme d'État et historien français (1787-1874).

Gulf Stream, large courant chaud de l'Atlantique.

Gulliver, héros d'un roman de Swift, *les Voyages de Gulliver* (1726).

Gustave, nom de six rois de Suède, dont GUSTAVE Iᵉʳ VASA (1496-1560), roi de 1523 à 1560; il délivra son pays de la domination danoise; — GUSTAVE II ADOLPHE *le Grand* (1594-1632), roi de 1611 à 1632; il prit une part glorieuse à la guerre de Trente Ans; — GUSTAVE V (1858-1950), roi de 1907 à 1950; — GUSTAGE VI, né en 1882, roi depuis 1950.

Gutenberg, imprimeur allemand (vers 1400-1468). Il a, le premier en Europe, utilisé les caractères mobiles.

Guyana, État de l'Amérique du Sud; 215 000 km²; 790 000 h. Cap. *Georgetown.* C'est l'anc. *Guyane britannique.*

Guyane, contrée de l'Amérique du Sud, entre l'Orénoque et l'Amazone.

Guyane française, départ. français d'Amérique; 91 000 km²; 60 000 h. Cap. *Cayenne.*

Guyane hollandaise. V. SURINAM.

Guyenne (Aquitaine jusqu'en 1268), une des provinces de l'anc. France; cap. *Bordeaux.* La Guyenne fut réunie à la Couronne en 1453.

Guynemer (Georges), un des héros de l'aviation française pendant la Première Guerre mondiale (1894-1917).

Gygès, jeune berger de Lydie, qui, d'après la légende, se rendait invisible grâce à un anneau magique.

H

Haakon, nom de sept rois de Norvège, dont HAAKON VII (1872-1957), roi depuis 1905.

Haarlem, v. de Hollande; 172 000 h. constructions navales.

Habsbourg (*maison de*), famille issue

des ducs d'Alsace; elle parvint au trône de Germanie avec Rodolphe I er (1273) et occupa sans interruption le trône impérial de 1438 à 1740. La branche aînée régna sur l'Espagne de 1516 à 1700.

Hachette (Jeanne LAISNÉ, dite **Jeanne**), héroïne française, qui défendit Beauvais, sa ville natale, en 1472.

Hadès, dieu grec des Enfers.

Hadramaout, région du sud de l'Arabie, le long de la côte d'Aden.

Hadrien ou **Adrien** (76-138), empereur romain de 117 à 138.

Hændel (Georg Friedrich), compositeur allemand (1685-1759); il a excellé dans l'oratorio (*le Messie*).

Hafiz, poète persan (1320-1389).

Hagondange, comm. de la Moselle; 10 000 h. Aciéries; hauts fourneaux.

Hague (la), cap à l'extrémité nordouest du Cotentin.

Haguenau, ch.-l. d'arr. (Bas-Rhin); textiles; 26 900 h.

Haïfa, anc. **Caïffa**, v. et port d'Israël; 225 800 h.

Haïlé Sélassié I er (1892-1975); empereur d'Ethiopie en 1930, déposé par l'armée en 1974.

Haï-nan, île chinoise du golfe du Tonkin.

Hainaut, prov. industrielle de la Belgique; 1 333 000 h. Ch.-l. *Mons.*

Haïphong, v. du Viêt-nam septentrional; 367 000 h. Centre industriel. Port.

Haïti, une des Grandes Antilles, divisée en deux Etats indépendants : la RÉPUBLIQUE D'HAÏTI, à l'ouest; 27 750 km2; 4 510 000 h. Cap. *Port-au-Prince*; la RÉPUBLIQUE DOMINICAINE (v. ce nom), à l'est.

Hakodaté, v. et port du Japon; métallurgie; 253 000 h.

Hal ou **Halle**, v. de Belgique (Brabant).

Halifax, v. d'Angleterre (York). — V. du Canada, cap. de la Nouvelle-Ecosse, port sur l'Atlantique; centre industriel; 87 000 h.

Halle, v. d'Allemagne orientale, sur la Saale; 277 700 h.

Halley (Edmund), astronome anglais (1656-1742), qui étudia les comètes.

Halluin, comm. du Nord; brasseries; tissage du lin; 15 500 h.

Hals (Franz), peintre hollandais (vers 1580-1666), auteur de portraits et de sujets de genre.

Hälsingborg, v. et port de Suède.

Hambourg, v. et port d'Allemagne, sur l'Elbe; 1 857 000 h. Grand centre commercial et industriel.

Hamilton, v. du Canada, sur le lac Ontario; métallurgie; 309 000 h.

Hamlet, drame de Shakespeare (1602)

Hammourabi, roi de Babylone (XIXe s. av. J.-C.). Son code est le plus ancien que l'on connaisse.

Hampshire, comté de l'Angleterre méridionale; cap. *Winchester.*

Hang-tcheou, v. et port de Chine. Cap. du Tchô-kiang; 784 000 h.

Han-keou, v. de Chine (Hou-pe); 1 million d'h. Centre industriel.

Hanoi, cap. du Viêt-nam, sur le fleuve Rouge; 1 073 000 h.

Hanovre, v. d'Allemagne, cap. de la Basse-Saxe; centre industriel; 574 300 h.

Hanséatiques (*villes*), ligue ou *hanse* des villes commerciales de l'Allemagne du Nord-Ouest.

Han-sur-Lesse, comm. de Belgique (Namur). Grottes célèbres.

Harbin, Kharbine ou **Pin-kiang**, v. de la Chine du Nord-Est; centre industriel; 1 552 000 h.

Hardt, massif boisé d'Allemagne, qui prolonge les Vosges au nord.

Hardy (Thomas), romancier et poète anglais (1840-1928).

Harlem, quartier Noir de New York.

Harold II, roi des Anglo-Saxons en 1066, vaincu et tué à Hastings, la même année, par Guillaume le Conquérant.

Haroun al-Rachid (766-809), calife abbasside de Bagdad, de 786 à 809. Il aurait entretenu des relations avec Charlemagne.

Harpies, nom de trois monstres ailés, ayant un visage de femme et un corps de vautour.

Hartford, v. et port des Etats-Unis, cap. du Connecticut; 162 200 h.

Harvey (William), médecin anglais (1578-1657), célèbre par sa découverte de la circulation du sang.

Harz, massif montagneux dè l'Allemagne centrale (1 442 m).

Hassi-Messaoud, exploitation de pétrole du Sahara septentrional. Pipe-line vers Bougie.

Hastings, v. d'Angleterre (Sussex); station balnéaire. Victoire de Guillaume le Conquérant en 1066.

Haubourdin, ch.-l. de c. (Nord), sur la Deûle; textiles; 14 700 h.

Haussmann (Georges, *baron*), administrateur français (1809-1891); urbaniste de Paris sous le second Empire.

Haute-Volta, république de l'Afrique occidentale; indépendante depuis 1960; 274 000 km2; 6 000 000 d'h.; cap. *Ouagadougou.*

Hautmont, comm. du Nord, sur la Sambre; 19 200 h. Métallurgie.

Hauts-de-Seine (92), dép. de la région parisienne; préf. *Nanterre*; s.-préf. *Antony*; 1 439 000 h.

Haüy (*abbé* René-Just), minéralogiste français (1743-1822). — **Son frère**, VALENTIN, fonda l'Institution des jeunes aveugles, et inventa l'alphabet en relief (1745-1822).

Havane (La), cap. de l'île de Cuba; tabacs (cigares); 1 641 000 h.

Havel (la), riv. d'Allemagne, affl. de l'Elbe; 341 km.

Havre (Le), ch.-l. d'arr. (Seine-Maritime), à l'embouchure de la Seine; 219 600 h. Grand port de commerce.

Hawaii, anc. **Sandwich** (*îles*), archipel de l'Océanie, formant un État des Etats-Unis; 769 000 h. Cap. *Honolulu*.

Hayange, ch.-l. de c. (Moselle); mines de fer; sidérurgie. 20 600 h.

Haydn (Franz Joseph), compositeur autrichien (1732-1809), il a fixé les lois de la symphonie classique.

Haye (La), v. des Pays-Bas, résidence des pouvoirs publics; 715 000 h. Cour de justice internationale.

Hazebrouck, ch.-l. de c. (Nord); 20 500 h. Filatures.

Hébert (Jacques), révolutionnaire français (1757-1794). Montagnard extrémiste, il mourut sur l'échafaud.

Hébreux, un des noms que portait primitivement le peuple juif.

Hébrides, îles britanniques, situées à l'ouest de l'Ecosse.

Hécate, divinité infernale, à trois têtes, identifiée avec **Perséphone**. — Divinité lunaire, identifiée avec Artémis.

Hector, le plus vaillant des chefs troyens, fils de Priam et époux d'Andromaque. Il fut tué par Achille.

Hécube, épouse de Priam.

Hedjaz, région de l'Arabie Saoudite; v. *La Mecque.*

Hegel (Friedrich), philosophe allemand (1770-1831).

Heidegger (Martin), philosophe allemand (1889-1976).

Heidelberg, v. d'Allemagne (Bade), sur le Neckar; université célèbre.

Heine (Henri), écrivain romantique allemand (1797-1856).

Hekla, volcan de l'Islande; 1 447 m.

Helder (Le), v. et port des Pays-Bas, sur la mer du Nord; 53 600 h.

Hélène (*sainte*), mère de Constantin le Grand (vers 247-327).

Hélène, épouse de Ménélas, dont l'enlèvement par Pâris détermina la guerre de Troie.

Helgoland, anc. **Heligoland**, île allemande (mer du Nord), ancienne base militaire.

Hélicon, mont de la Grèce (Béotie), consacré aux Muses.

Héliogabale. V. ELAGABALE.

Héliopolis, v. d'Egypte, auj. ruinée: Kléber y battit les mameluks (1800).

Hellade, nom primitif de la Grèce.

Hellespont, anc. nom des **Dardanelles**.

Helmholtz (Hermann **von**), physicien allemand (1821-1894).

Helmont (Johann **Van**), médecin et alchimiste hollandais (1577-1644) qui étudia les gaz.

Héloïse, nièce du chanoine Fulbert (1101-1164), célèbre par son attachement à Abélard.

Helsinki, anc. **Helsingfors**, cap. et port de la Finlande, sur le golfe de Finlande; 796 000 h. Centre industriel. Université.

Helvétie, autre nom de la **Suisse**.

Helvétius (Claude-Adrien), philosophe matérialiste français (1715-1771).

Hémon (Louis), romancier français (1880-1913), auteur de *Maria Chapdelaine.*

Hendaye, comm. des Pyrénées-Atlantiques; 10 100 h. Station balnéaire.

Hénin-Beaumont, ch.-l. de c. du Pas-de-Calais; 25 500 h. Métallurgie.

Hennebont, ch.-l. de c. (Morbihan), sur le Blavet; 12 500 h.

Henri Ier (vers 1008-1060), roi de France de 1031 à 1060. Sous son règne, l'Eglise promulga la *Trêve de Dieu*, pour entraver les guerres seigneuriales.

Henri II (1519-1559), roi de France de 1547 à 1559. Il lutta contre Charles Quint et s'empara des Trois-Evêchés (1552), puis contre Philippe II et reprit Calais aux Anglais (1558). Il fut tué dans un tournoi.

Henri III (1551-1589), roi de France de 1574 à 1589. Son règne fut troublé par sa rivalité avec le duc de Guise, chef de la Ligue. Il mourut assassiné.

Henri IV le Grand (1553-1610), roi de France à partir de 1589. Les Catholiques refusèrent d'abord de le reconnaître; mais, grâce à son habileté et à son énergie, il réussit à reconquérir son royaume. Il promulgua l'édit de Nantes en 1598 et répara les maux de quarante ans de guerre civile. Il fut assassiné par Ravaillac.

Henri Ier l'Oiseleur (vers 876-936) roi de Germanie de 919 à 936.

Henri II (*saint*) [973-1024], empereur d'Occident à partir de 1002.

Henri III le Noir (1017-1056), empereur d'Occident de 1039 à 1056.

Henri IV (1050-1106), empereur d'Occident de 1056 à 1106. Il lutta contre le pape Grégoire VII.

Henri V (1081-1125), empereur d'Occident de 1106 à 1125.

Henri VI le Cruel (1165-1197), empereur d'Occident de 1190 à 1197.

Henri VII (1269-1313), empereur d'Occident de 1308 à 1313.

Henri Ier Beauclerc (1068-1135), roi d'Angleterre de 1100 à 1135.

Henri II Plantagenêt (1133-1189), comte d'Anjou et duc de Normandie à partir de 1151, duc d'Aquitaine à partir de 1153, roi d'Angleterre de 1154 à 1189; il lutta contre la France.

Henri III (1207-1272), roi d'Angleterre de 1216 à 1272.

Henri IV (1367-1413), roi d'Angleterre de 1399 à 1413.

Henri V (1387-1422), roi d'Angleterre de 1413 à 1422.

Henri VI (1421-1471), roi d'Angleterre de 1422 à 1471.

Henri VII Tudor (1457-1509), roi d'Angleterre de 1485 à 1509.

Henri VIII (1491-1547), roi d'Angleterre de 1509 à 1547; il fonda l'anglicanisme.

Henri, nom de quatre rois de Castille, dont : HENRI II *le Magnifique* (1333-1379), qui régna de 1369 à 1379; il conquit le trône grâce à Charles V et à Du Guesclin; — HENRI IV (1425-1474), roi de 1454 à 1474.

Henri le Navigateur, infant de Portugal (1394-1460), instigateur de nombreux voyages de découvertes.

Henriette d'Angleterre (1644-1670), fille de Henriette de France et de Charles Ier d'Angleterre, première femme de Philippe d'Orléans, frère de Louis XIV.

Henriette de France (1605-1669), fille de Henri IV, femme de Charles Ier, roi d'Angleterre.

Henry (Joseph), physicien américain (1797-1878) qui découvrit la self-induction.

Héphaïstos, dieu grec du Feu et du Métal, identifié avec Vulcain.

Héraciée, v. anc. de l'Italie (Lucanie).

Héraclès, le plus célèbre des héros de la mythologie grecque, fils de Zeus et d'Alcmène, identifié avec l'**Hercule** des Latins. Il se distingua par sa force extraordinaire et exécuta douze exploits, connus sous le nom de *Douze Travaux d'Hercule*.

Héraclite, philosophe grec de l'école ionienne (576-480 av. J.-C.).

Hérault, fl. côtier du Languedoc, tributaire de la Méditerranée.

Hérault (34), dép. du Languedoc; préf. *Montpellier*; s.-préf. *Béziers, Lodève*; 6 224 km²; 648 200 h.

Herculanum, v. de l'Italie, près de Naples, ensevelie sous les laves du Vésuve en 79, et mise au jour depuis 1719.

Hercule. V. HÉRACLÈS.

Heredia (José-Maria de), poète français (1842-1905), auteur des *Trophées*.

Héricourt, ch.-l. de c. (Haute-Saône); 8 600 h. Métallurgie.

Hermès, dieu grec du Commerce et des Voleurs.

Hermione, fille de Ménélas et d'Hélène, femme de Pyrrhus, puis d'Oreste.

Hernani, drame en vers de Victor Hugo dont la première représentation (25 février 1830) fut l'occasion d'une véritable bataille littéraire entre classiques et romantiques.

Hérode le Grand, roi de Judée de l'an 39 à l'an 4 av. J.-C.; c'est celui auquel est attribué le *massacre des Innocents;* — HÉRODE ANTIPAS, tétrarque de Galilée; il jugea Jésus-Christ et fit mourir saint Jean-Baptiste; il régna de 4 av. J.-C. à 39 apr. J.-C.; m. en 40.

Hérodiade, femme d'Hérode Antipas. Elle fit demander la tête de saint Jean-Baptiste par sa fille Salomé.

Hérodote, historien et voyageur grec (vers 480-425 av. J.-C.), surnommé *le Père de l'histoire.*

Herold (Ferdinand), compositeur français (1791-1833).

Héron d'Alexandrie, mathématicien et physicien grec (Ier s. apr. J.-C.).

Herschel (*sir* William), astronome anglais (1738-1822), qui découvrit Uranus et ses satellites; — Son fils, *sir* JOHN (1792-1871), créa l'analyse spectroscopique.

Hertz (Heinrich), physicien allemand (1857-1894) qui découvrit les ondes radio-électriques.

Hésiode, poète didactique grec du VIIIe s. av. J.-C.

Hespérides, filles d'Atlas. Elles possédaient un jardin dont les arbres produisaient des pommes d'or gardées par un dragon à cent têtes. Héraclès tua le dragon et s'empara des fruits.

Hesse, pays de l'Allemagne occidentale; cap. *Wiesbaden.*

Highlands, Haute-Écosse.

Hilversum, v. des Pays-Bas; 102 000 h.

Himalaya (*monts*), chaîne de montagnes de l'Asie, qui sépare l'Inde du Tibet sur 2 700 km et renferme les plus hauts sommets du monde : l'Everest (8 882 m), le K2 (8 620 m), etc.

Hindenburg (Paul von), feldmaréchal allemand (1847-1934), commandant en chef des armées allemandes (1916-1918). Président du Reich (1925-1934).

Hindou-kouch, massif montagneux de l'Asie centrale (7 750 m).

Hipparque, le plus grand astronome de l'Antiquité (IIᵉ s. av. J.-C.).

Hippocrate, médecin grec (vers 460-vers 375 av. J.-C.).

Hippone, anc. v. de la Numidie (Algérie). Patrie de saint Augustin.

Hiroshima, v. du Japon (Honshu) ; 507 000 h. Détruite en 1945 par la première bombe atomique.

Hirson, ch.-l. de c. (Aisne), sur l'Oise; métallurgie, verrerie; 12 500 h.

Hitler (Adolf), homme d'Etat allemand (1889-1945), chef (*Führer*) du parti national-socialiste. Chancelier (1933), puis président du IIIᵉ Reich (1934), il pratiqua une politique d'annexion qui aboutit à la Seconde Guerre mondiale.

Hittites, peuple de l'Antiquité, qui, antérieurement à la civilisation phénicienne, fonda un puissant empire en Asie Mineure.

Hobart, v. et port d'Australie, cap. de la Tasmanie ; 123 000 h.

Hobbes (Thomas), philosophe matérialiste anglais (1588-1679).

Hoche (Lazare), général français (1768-1797). Il pacifia la Vendée.

Hô Chi Minh, homme politique vietnamien, principal dirigeant du Viêt-nam du Nord (1890-1969).

Hœchstædt, v. de Bavière, sur le Danube. Villars y battit les Autrichiens en 1703 ; le prince Eugène et Marlborough y défirent les Français en 1704; Moreau y vainquit les Autrichiens en 1800.

Hogarth (William), peintre de mœurs anglais (1697-1764).

Hoggar, contrée montagneuse du Sahara, habitée par les Touaregs.

Hohenlinden, village de Bavière, où Moreau vainquit les Autrichiens (1800).

Hohenzollern, dynastie qui a régné successivement sur le Brandebourg, la Prusse et l'Empire allemand.

Hohneck, montagne des hautes Vosges cristallines; 1 361 m.

Hokkaido, anc. **Yéso,** île du Japon.

Holbach (Paul-Henri, *baron* d'), philosophe français (1723-1789).

Holbein le Jeune (Hans), peintre et portraitiste allemand (1497-1543).

Hollande ou **Nederland.** V. PAYS-BAS.

Hollywood, quartier de Los Angeles; centre de l'industrie cinématographique américaine.

Homécourt, comm. de Meurthe-et-Moselle; 10 100 h. Sidérurgie.

Homère, poète épique grec du IXᵉ s. av. J.-C., considéré comme l'auteur de *l'Iliade* et de *l'Odyssée.* Selon la tradition, il était aveugle.

Homs, v. de Syrie, près de l'Oronte; 200 000 h.

Honduras, république de l'Amérique centrale; 114 670 km²; 3 000 000 d'h. Cap. *Tegucigalpa.*

Honduras britannique. V. BELIZE.

Honegger (Arthur), compositeur suisse (1892-1955).

Honfleur, ch.-l. de c. (Calvados) ; 9 200 h. Port.

Hong-kong, port et île de la baie de Canton, cédés par la Chine à l'Angleterre en 1841; 4 370 000 h.

Hongrie, Etat de l'Europe centrale; 95 000 km²; 10 540 000 h. Cap. *Budapest.*

Honolulu, cap. des îles Hawaii; 319 800 h. Port dans l'île Oahu.

Honshu, anc. **Hondo,** principale île du Japon.

Horace, poète latin (65-8 av. J.-C.), auteur d'*Odes,* d'*Epîtres,* de *Satires,* et d'un *Art poétique.*

Horace, tragédie de Pierre Corneille (1640) ; elle a pour sujet le combat des Horaces et des Curiaces.

Horaces (les Trois), nom de trois frères romains qui combattirent pour Rome contre les trois Curiaces, champions de la ville d'Albe.

Horeb, montagne d'Arabie, où Moïse reçut la révélation de sa mission.

Horn (*cap*), cap à l'extrémité sud de la Terre de Feu.

Hortense de Beauharnais (1783-1837), épouse de Louis Bonaparte, roi de Hollande, et mère de Napoléon III.

Horus, dieu égyptien à forme ou à tête d'épervier.

Hossegor, station balnéaire des Landes, sur l'Atlantique.

Hottentots, peuple de race noire du sud-ouest de l'Afrique.

Houang-ho ou **Hoang-ho** ou **fleuve Jaune,** fl. de Chine, tributaire du golfe du Tchéli ; 5 200 km.

Houdon (Jean-Antoine), statuaire français (1741-1828), auteur de bustes (*Voltaire, Diderot, Gluck,* etc.).

Hougue (la), rade au nord-est du dép. de la Manche, près de laquelle Tourville fut battu par les Anglo-Hollandais (1692).

Houlgate, comm. du Calvados; 1 700 h. Station balnéaire.

Houston, port des Etats-Unis (Texas); 1 640 000 h.

Hovas, anc. caste des Mérinas, à Madagascar.

Howrah, v. de l'Inde, sur le delta du Gange, près de Calcutta ; 740 000 h.

Hudson, fl. des Etats-Unis, tributaire de l'Atlantique, à New York ; 500 km.

Hudson (baie d'), golfe formé par l'océan Atlantique, au nord du Canada.

Huê, v. du Viêt-nam central.

Huelva, v. d'Espagne (Andalousie), port sur l'Atlantique ; mines de cuivre.

Hugo (Victor), le plus illustre poète français du XIXe s. (1802-1885) ; chef de l'école romantique, auteur de poésies : *les Feuilles d'automne, les Voix intérieures, les Châtiments, les Contemplations, la Légende des siècles* ; de romans : *Notre-Dame de Paris, les Misérables, les Travailleurs de la mer* ; et de drames : *Hernani, Ruy Blas.*

Hugues Capet (vers 938-996), roi de France à partir de 987, chef de la race capétienne.

Hull ou **Kingston upon Hull**, v. et port d'Angleterre (York) ; 299 100 h. Industries alimentaires.

Humbert Ier (1844-1900), roi d'Italie de 1878 à 1900 ; — HUMBERT II, né en 1904, dernier roi d'Italie (1946).

Humboldt (Alexander von), naturaliste allemand (1769-1859).

Hume (David), philosophe et historien anglais (1711-1776).

Huns, peuple barbare d'Asie centrale qui envahit l'Europe sous la conduite d'Attila, vers le milieu du Ve s.

Huron (lac), lac de l'Amérique du Nord.

Hurons, peuple indigène de l'Amérique du Nord.

Hus (Jean), théologien, né en Bohême (1369-1415), un des précurseurs de la Réforme. Il fut brûlé vif.

Huygens (Christiaan), physicien, mathématicien et astronome hollandais (1629-1695), qui imagina le ressort spiral, conçut la théorie du pendule composé, et découvrit l'anneau de Saturne.

Huysmans (Joris-Karl), écrivain français (1848-1907), auteur d'*En route.*

Hyderabad, anc. Etat de l'Inde, dans le Deccan. Cap. *Hyderabad* ; 1 607 000 h. — V. du Pakistan (Sind) ; 786 000 h.

Hydre de Lerne, serpent monstrueux à sept têtes. Sa destruction constitua l'un des douze travaux d'Hercule.

Hyères (*îles d'*), petit archipel français de la Méditerranée.

Hyères, ch.-l. de c. (Var) ; 39 600 h. Station balnéaire. Salines.

Hyksôs, peuples qui envahirent l'Egypte et la dominèrent jusqu'en 1580 av. J.-C.

Hymen ou **Hyménée**, dieu grec du Mariage, fils d'Apollon.

Hymette, montagne de l'Attique, jadis renommée pour son miel et ses marbres.

Hypnos, dieu grec du Sommeil.

Hyrcanie, contrée de l'anc. Perse, au sud de la Caspienne.

I

Iaroslavl, v. de l'U.R.S.S. (Russie), sur la Volga ; 517 000 h. Centre textile.

Iashi ou **Jassy**, v. de la Roumanie, ch.-l. de la Moldavie ; centre industriel ; 202 000 h.

Ibérie, anc. nom de l'Espagne.

Ibsen (Henrik), auteur dramatique norvégien (1828-1906) ; auteur de *Peer Gynt, Maison de poupée*, etc.

Icare, fils de Dédale, avec qui il s'enfuit du labyrinthe de l'île de Crète, au moyen d'ailes fixées à ses épaules avec de la cire. S'étant trop approché du soleil, qui fondit la cire, l'imprudent fut précipité dans la mer.

Idaho, un des Etats unis d'Amérique ; 756 000 h. Cap. *Boise.*

Iéna, v. d'Allemagne orientale ; instruments d'optique. Université. Napoléon y vainquit les Prussiens en 1806.

Ienisseï, fl. de Sibérie, qui se jette dans l'océan Glacial Arctique ; 3 800 km.

If, îlot de la Méditerranée ; château qui servit de prison d'Etat.

Ignace de Loyola (*saint*) [1491-1556], fondateur de la compagnie de Jésus.

IJselmeer, lac intérieur des Pays-Bas, vestige du Zuyderzée.

Ile-de-France, anc. pays de France (cap. *Paris*), noyau du *domaine royal.*

Iliade (l'), poème d'Homère, le chef-d'œuvre de la poésie épique grecque. Il raconte un épisode de la guerre de Troie.

Ilion, un des noms de **Troie.**

Ill, riv. d'Alsace, affl. du Rhin (r. g.) ; 208 km.

Ille-et-Vilaine (35), dép. formé d'une partie de la Bretagne ; préf. *Rennes* ;

s.-préf. *Fougères, Redon, Saint-Malo*; 6 992 km²; 702 200 h.

Illinois, un des Etats unis d'Amérique; 11 251 000 h. Cap. *Springfield*.

Illyrie, région balkanique montagneuse, le long de l'Adriatique.

Incas, nom des souverains de l'empire quichua du Pérou, au temps de la découverte de l'Amérique.

Inde, péninsule de l'Asie méridionale, qui comprend auj. le *Pakistan, Ceylan*, le *Bhoutan*, le *Népal*, le *Bangla Desh* (v. ces noms) et la *République indienne*, Etat du Commonwealth; 3 162 000 km²; 598 millions d'h. (*Indiens*). Cap. *Delhi*.

Indépendance (*guerres de l'*), guerre que soutinrent les colonies anglaises de l'Amérique du Nord contre l'Angleterre, de 1775 à 1782, et qui amena la fondation des Etats-Unis.

Indes occidentales, nom donné à l'Amérique centrale aux premiers temps de la découverte, lorsqu'on pensait avoir atteint les confins de l'Asie.

Indiana, un des Etats unis de l'Amérique du Nord, au sud du lac Michigan; 5 291 000 h. Cap. *Indianapolis*.

Indien (*océan*), anc. **mer des Indes**, mer située au sud de l'Inde, entre l'Afrique et l'Australie.

Indochine, péninsule située entre l'Inde et la Chine, et qui comprend la Birmanie, la Thaïlande, la Malaisie, le Viêt-nam, le Laos et le Cambodge.

Indochine française, nom donné, après 1888, à la réunion des colonies et protectorats français de l'Indochine (*Cochinchine, Cambodge, Annam, Tonkin et Laos*) [v. ces noms]. En 1946, la France avait reconnu l'autonomie, au sein de l'Union française, des Etats indochinois : royaume du Cambodge, royaume du Laos, Viêt-nam.

Indonésie (*Etat unitaire de la république d'*), république constituée par les anciennes possessions hollandaises des Indes orientales; 1 904 000 km²; 136 millions d'h. Cap. *Djakarta*.

Indore, v. de l'Inde centrale, cap. du Madhya Pradesh; 423 000 h.

Indra, dieu védique, souverain du ciel.

Indre (l'), riv. de France, affl. de la Loire (r. g.); 266 km.

Indre (36), dép. formé de parties du Berry, de l'Orléanais, de la Marche, de la Touraine et du Poitou; préf. *Châteauroux*; s.-préf. *Issoudun, Le Blanc, La Châtre*; 6 906 km²; 248 500 h.

Indre-et-Loire (37), dép. formé de la Touraine et de parties de l'Anjou, du Poitou et de l'Orléanais; préf. *Tours*; s.-préf. *Chinon, Loches*; 6 158 km²; 478 600 h.

Indus ou **Sind**, fl. de l'Inde et du Pakistan (mer d'Oman); 3 040 km.

Ingres (Dominique), peintre et portraitiste français (1780-1867), qui se distingua par la perfection du dessin et la pureté de la ligne.

Inn, riv. d'Europe centrale, affl. du Danube (r. dr.); 525 km.

Innocent, nom de treize papes, dont : INNOCENT III (1153-1216), pape de 1198 à 1216; il lutta contre Philippe Auguste et Jean sans Terre, et prêcha la 4e croisade et la croisade des albigeois; — INNOCENT X (1574-1655), pape de 1644 à 1655; il condamna les propositions de Jansénius.

Innsbruck, v. d'Autriche, cap. du Tyrol, sur l'Inn; 100 700 h. Station touristique. Centre industriel.

Insulinde, partie de l'Asie, comprenant l'Indonésie et les Philippines.

Interlaken, comm. de la Suisse, entre les lacs de Thoune et de Brienz; station touristique.

Internationale, association mondiale d'ouvriers, créée pour défendre leurs revendications sociales et politiques.

Invalides (*hôtel des*), monument de Paris, construit par Libéral Bruant et Jules Hardouin-Mansard. L'église est surmontée d'un dôme, sous lequel ont été placés les restes de Napoléon Ier et du roi de Rome, Turenne, Vauban, etc.

Io, fille d'Inachos, changée en génisse par Zeus, et gardée par Argos.

Ionie, anc. pays de l'Asie Mineure.

Ionienne (*mer*), partie de la Méditerranée, entre l'Italie et la Grèce.

Ioniennes (*îles*), groupe d'îles grecques dans la mer Ionienne.

Iowa, un des Etats unis d'Amérique; 2 883 000 h. Cap. *Des Moines*.

Iphigénie, fille d'Agamemnon et de Clytemnestre. Son père ayant voulu la sacrifier à Artémis, la déesse substitua à Iphigénie une biche, et emmena la jeune fille en Tauride.

Iphigénie en Aulide, tragédie de Racine (1674).

Ipsos, bourg de Phrygie, où les généraux, successeurs d'Alexandre, se livrèrent un sanglant combat (301 av. J.-C.).

Irak ou **Iraq**, Etat arabe du Proche-Orient, république depuis 1958; 435 000 km²; 11 120 000 h. Cap. *Bagdad*. Importants gisements de pétrole.

Iran, anc. **Perse**, royaume du sud-ouest de l'Asie, sur le *plateau de l'Iran*; 1 621 000 km²; 33 000 000 d'h. Cap. *Téhéran*. Pétrole.

Iraouaddi, fl. de la Birmanie, tributaire de l'océan Indien; 2 200 km.

Irkoutsk, v. de l'U.R.S.S. (Russie), en Sibérie orientale; centre minier (houille) et industriel; 420 000 h.

Irlande, une des îles Britanniques, limitée par le canal du Nord, la mer d'Irlande, le canal Saint-George et l'Atlantique. — **L'Irlande du Nord,** constituée par une grande partie de l'Ulster, fait partie du Royaume-Uni de Grande-Bretagne; 13 564 km²; 1 458 000 h. Cap. *Belfast.* L'autre partie, la plus considérable, forme un Etat libre, l'*EIRE*; 70 282 km²; 3 130 000 h. Cap. *Dublin.*

Irlande (*mer d'*), partie de l'Atlantique, entre la Grande-Bretagne et l'Irlande.

Iroquois, Indiens établis jadis au sud-est des lacs Erié et Ontario.

Irtych, riv. de Sibérie, affl. de l'Ob; 2 970 km.

Irun, v. d'Espagne, sur la Bidassoa, à la frontière française.

Isaac, fils d'Abraham et de Sara, père d'Esaü et de Jacob.

Isabeau de Bavière (1371-1435), reine de France, femme de Charles VI; elle accepta que le roi d'Angleterre fût reconnu comme héritier du royaume de France (traité de Troyes, 1420).

Isabelle Ire la Catholique (1451-1504), reine de Castille (1474-1504). Elle reconquit, avec son mari Ferdinand II d'Aragon, le royaume maure de Grenade (1492).

Isabelle II (1830-1904), fille de Ferdinand VII, reine d'Espagne en 1833, détrônée en 1868 par la guerre civile.

Isabey (Jean-Baptiste), peintre miniaturiste français (1767-1855).

Isaïe, le premier des quatre grands prophètes juifs (VIIIe s. av. J.-C.).

Isambour de Danemark, m. en 1236, deuxième femme de Philippe Auguste (1193), répudiée par lui.

Iscariote, surnom donné à Judas.

Iseran, col des Alpes françaises, entre les vallées de l'Arc et de l'Isère.

Isère (l'), riv. de France, affl. du Rhône (r. g.); 290 km.

Isère (38), dép. formé par divers pays du Dauphiné; préf. *Grenoble;* s.-préf. *La Tour-du-Pin, Vienne;* 8 237 km²; 860 400 h.

Isigny-sur-Mer, ch.-l. de c. (Calvados). Beurre renommé.

Isis, déesse des anciens Egyptiens.

Islande, grande île de l'Europe, dans l'océan Atlantique Nord; 103 000 km²; 220 000 h. Cap. *Reykjavik.* L'Islande est un Etat indépendant depuis 1918 et une république depuis 1944.

Isle, riv. de France, affl. de la Dordogne (r. dr.); 235 km.

Isle-sur-la-Sorgue (L'), ch.-l. de c. (Vaucluse); 11 000 h.

Ismaël, fils d'Abraham et d'Agar, ancêtre des Ismaélites ou Arabes.

Isocrate, orateur athénien (436-338 av. J.-C.). Il préconisa l'union de tous les Grecs et l'alliance avec la Macédoine.

Ispahan, v. et anc. cap. de l'Iran; 424 000 h.

Israël, Etat juif de Palestine; 21 000 km²; 3 300 000 h. Cap. *Jérusalem.* A la fin du mandat anglais sur la Palestine (1948), Israël s'est constitué en Etat indépendant et s'est opposé militairement à ses voisins arabes (1948-1949, 1956, 1967, 1973).

Israël (*royaume d'*), un des deux royaumes qui se formèrent en Palestine après la mort de Salomon.

Israélites, descendants de Jacob ou *Israël,* appelés aussi Juifs ou Hébreux.

Issoire, ch.-l. d'arr. (Puy-de-Dôme); 15 700 h.

Issos, anc. ville de Cilicie, où Darios fut vaincu par Alexandre le Grand en 333 av. J.-C.

Issoudun, ch.-l. d'arr. (Indre); 16 500 h. Travail du cuir.

Issy-les-Moulineaux, ch.-l. de c. des Hauts-de-Seine; 48 400 h.

Istanbul ou **Stamboul,** anc. **Byzance,** puis **Constantinople,** v. de Turquie, sur la baie de la Corne d'Or et le Bosphore; 2 247 000 h.

Istres, ch.-l. de c. (Bouches-du-Rhône), sur l'étang de Berre; 19 700 h. Salines. Aérodrome.

Istrie, presqu'île yougoslave, baignée par l'Adriatique.

Italie, république de l'Europe méridionale, entre Méditerranée, Alpes et Adriatique; 301 000 km²; 55 millions 360 000 h. Cap. *Rome.*

Ithaque, une des îles Ioniennes, auj. Théáki. D'après les poèmes homériques, Ulysse y régnait quand il partit pour le siège de Troie.

Iton, riv. de France, qui arrose Evreux; affl. de l'Eure (r. g.); 118 km.

Ivan, nom de six grands-princes, puis tsars de Moscovie, dont : IVAN IV, *le Terrible* (1530-1584), premier tsar (1533-1584) de Moscovie.

Ivanovo, v. de l'U.R.S.S. (Russie); centre de l'industrie textile; 407 000 h.

Ivry-la-Bataille, comm. de l'Eure; 2 300 h. Henri IV y vainquit les Ligueurs (1590).

Ivry-sur-Seine, ch.-l. de c. (Val-de-Marne); 63 100 h.

Izmir ou **Smyrne,** v. et port de Turquie, sur la mer Egée; 520 700 h. Textiles, tabac.

J

Jacob ou **Israël**, patriarche hébreu, fils d'Isaac; il eut douze fils, qui furent la tige des douze tribus d'Israël.

Jacobins (*club des*), club révolutionnaire auquel appartenait Robespierre.

Jacquard (Joseph-Marie), mécanicien français (1752-1834), inventeur d'un métier à tisser.

Jacques le Majeur (*saint*), un des douze apôtres, martyr en l'an 42.

Jacques le Mineur (*saint*), un des douze apôtres, premier évêque de Jérusalem, martyr en 62.

Jacques Ier le Conquérant (1208-1276), roi d'Aragon de 1213 à 1276; il vainquit les Maures et conquit les Baléares.

Jacques Ier, fils de Marie Stuart (1566-1625), roi d'Ecosse à partir de 1567, roi d'Angleterre à partir de 1603; — JACQUES II (1633-1701), roi d'Angleterre et d'Ecosse de 1685 à 1688, détrôné par Guillaume II de Nassau.

Jadida (El-), anc. **Mazagan**, v. et port du Maroc, sur l'Atlantique.

Jaffa ou **Yafo**, anc. **Joppé**, v. et port d'Israël, réuni à **Tel-Aviv**. Oranges.

Jagellons, famille qui a fourni des souverains à la Lituanie, à la Pologne, à la Bohême et à la Hongrie.

Jaïpur ou **Djaïpour**, v. de l'Inde (Rajasthan); 615 000 h.

Jamaïque (la), une des Grandes Antilles, membre du Commonwealth; 2 000 000 d'h.; ch.-l. *Kingston*.

Janequin (Clément), compositeur français du XVIe s., un des maîtres de la chanson polyphonique.

Janicule, une des collines de Rome, sur la rive droite du Tibre.

Jansénius (Cornélius JANSEN, dit), théologien hollandais (1585-1638), évêque d'Ypres. Son ouvrage l'*Augustinus* donna naissance à la doctrine appelée *jansénisme*.

Janus, le plus ancien dieu romain, représenté avec deux visages.

Japon, empire insulaire de l'Asie orientale, qui se compose de quatre grandes îles : Honshu (anc. Hondo ou Nippon), Hokkaïdo (anc. Yéso), Shikoku, Kyushu; 369 000 km²; 111 millions d'h. Cap. *Tokyo*.

Jason, fils d'Eson. Il conduisit les Argonautes à la conquête de la Toison d'or et épousa la magicienne Médée.

Jaurès (Jean), homme politique français (1859-1914). Orateur socialiste, fondateur de l'*Humanité*, assassiné à la veille de la Première Guerre mondiale.

Java, île d'Indonésie; 132 000 km²; 76 millions d'h. Cap. *Djakarta*.

Jdanov, v. de l'U. R. S. S. (Ukraine), sur la mer d'Azov; 417 000 h.

Jean ou **Jean-Baptiste** (*saint*), dit **le Précurseur**, fils de Zacharie et d'Elisabeth. Il donna le baptême vers Jésus-Christ et fut décapité vers l'an 31, sur la demande de Salomé.

Jean l'Évangéliste (*saint*), apôtre, auteur d'un des quatre Evangiles et de l'Apocalypse.

Jean Chrysostome (*saint*), Père de l'Eglise (347-407), évêque de Constantinople.

Jean de Dieu (*saint*), fondateur de l'ordre de la Charité (1495-1550).

Jean de la Croix (*saint*), mystique espagnol (1542-1591), fondateur de l'ordre des carmes déchaussés.

Jean Bosco (*saint*), prêtre italien (1815-1888), fondateur des salésiens.

Jean, nom de deux rois d'Aragon, dont JEAN II (1397-1479), roi de Navarre en 1425 et d'Aragon en 1458.

Jean, nom de plusieurs papes, dont Jean XXIII (1881-1963), élu en 1958.

Jean, nom de six rois de Portugal, dont JEAN Ier, *le Grand* (1357-1433), roi de 1385 à 1433; sous son règne commencèrent les grandes découvertes.

Jean, nom de trois rois de Pologne, dont JEAN III SOBIESKI (1629-1696), roi de Pologne de 1673 à 1696; il lutta avec succès contre les Turcs.

Jean Ier, roi de France et de Navarre, fils posthume de Louis X le Hutin; il ne vécut que quelques jours (1316).

Jean II le Bon (1319-1364), roi de France de 1350 à 1364; il lutta contre les Anglais et mourut en captivité.

Jean sans Peur (1371-1419), duc de Bourgogne de 1404 à 1419; chef de la faction des Bourguignons, il fut assassiné.

Jean sans Terre (1167-1216), roi d'Angleterre de 1199 à 1216. Il lutta contre Philippe Auguste et contre ses barons révoltés, auxquels il accorda la *Grande Charte* (1215).

Jean de Meung, poète français (vers 1240-1305), auteur de la seconde partie du *Roman de la rose*.

Jean-Baptiste de La Salle (*saint*) [1651-1719], fondateur des frères des Ecoles chrétiennes.

Jean-Baptiste-Marie Vianney (*saint*) [1786-1859], le curé d'Ars.

Jeanne d'Arc (*sainte*), **la Pucelle d'Orléans**, héroïne française, née à Domrémy (1412-1431). A la tête d'une petite armée, elle obligea les Anglais à lever le siège d'Orléans (1429) et fit sacrer Charles VII à Reims. Tombée aux mains des Bourguignons, alliés des Anglais, elle fut brûlée à Rouen (1431), réhabilitée en 1456 et canonisée en 1920.

Jeanne, nom de trois reines de Navarre, dont JEANNE Iʳᵉ DE CHAMPAGNE (1273-1305), femme de Philippe IV le Bel, roi de France, et JEANNE III D'ALBRET (1528-1572), femme d'Antoine de Bourbon et mère de Henri IV, roi de France.

Jeanne la Folle (1479-1555), reine de Castille (1504-1555), mère de Charles Quint.

Jeanne de Flandre, épouse de Jean de Montfort; elle lutta contre Jeanne de Penthièvre (*guerre des Deux-Jeanne ou de la Succession de Bretagne*).

Jeanne Grey (1537-1554), reine d'Angleterre de 1553 à 1554, morte sur l'échafaud par ordre de Marie Tudor.

Jeanne Seymour (1509-1537), reine d'Angleterre, troisième femme de Henri VIII.

Jeanne-Françoise Frémyot de Chantal (*sainte*) [1572-1641], fondatrice de l'ordre de la Visitation.

Jean-Paul (Johann Paul RICHTER, dit), écrivain allemand (1763-1825).

Jefferson (Thomas), homme d'Etat américain (1743-1826), président démocrate des Etats-Unis.

Jehovah. V. YAHWEH.

Jemmapes, auj. **Jemappes**, v. de Belgique (Hainaut); victoire de Dumouriez sur les Autrichiens en 1792.

Jenner (Edward), médecin anglais, qui découvrit la vaccine (1749-1823).

Jérémie, l'un des quatre grands prophètes (vers 650-vers 590 av. J.-C.).

Jerez ou **Xérès**, v. d'Espagne (Andalousie); vins; 130 900 h.

Jéricho, anc. v. de Palestine, près de Jérusalem.

Jéroboam Iᵉʳ, roi d'Israël (xᵉ s. av. J.-C.); — JÉROBOAM II, roi d'Israël (VIIIᵉ s. av. J.-C.).

Jérôme (*saint*) [vers 342-420], Père de l'Eglise latine; on lui doit la *Vulgate*, traduction de la Bible en latin.

Jersey, une des îles Anglo-Normandes; cap. *Saint-Hélier*.

Jersey City, v. des Etats-Unis (New Jersey), sur l'Hudson, en face de New York; centre industriel; 276 000 h.

Jérusalem, anc. cap. de la Judée et de la Palestine, cap. de l'Etat d'Israël, qui a annexé la partie jordanienne de la ville en 1967; 400 000 h. Mur des Lamentations. Saint-Sépulcre.

Jésus ou **Jésus-Christ**, c'est-à-dire *le Sauveur*, le fils de Dieu et le Messie prédit par les prophètes; né à Bethléem en l'an 749 de Rome, mort crucifié sur le Calvaire vers 30 de l'ère moderne.

Jeumont, comm. du Nord, sur la Sambre; 10 200 h. Métallurgie.

Jézabel, femme d'Achab, roi d'Israël, et mère d'Athalie, tuée par ordre de Jéhu (IXᵉ s. av. J.-C.).

Joachim (*saint*), époux de sainte Anne et père de la Vierge Marie.

Job, personnage biblique, célèbre par sa piété et sa résignation.

Jocaste, femme de Laïos, roi de Thèbes; mère d'Œdipe, qu'elle épousa sans savoir qu'il était son fils.

Jodhpur, v. de l'Inde (Rajasthan); 270 000 h. Industrie textile.

Joffre (Joseph), maréchal de France (1852-1931). Général en chef des armées françaises de 1914 à 1916, il arrêta l'invasion allemande lors de la première bataille de la Marne (sept. 1914).

Johannesburg, v. de la République d'Afrique du Sud (Transvaal); le plus grand district aurifère du monde; 1 408 000 h.

Johnson (Lyndon), homme d'Etat américain (1908-1973). Démocrate, président des Etats-Unis de 1963 à 1969.

Joigny, ch.-l. de c. (Yonne), sur l'Yonne; 11 300 h.

Joinville (Jean de), chroniqueur français (1224-1317), conseiller de Saint-Louis, dont il raconte la vie dans ses *Mémoires*.

Joinville-le-Pont, ch.-l. de c. du Val-de-Marne; 18 000 h. Ecole normale supérieure d'éducation physique.

Joliot (Frédéric) [1900-1958] et son épouse Irène **Joliot-Curie** (1897-1956), physiciens français, qui découvrirent la radio-activité artificielle.

Jonas, un des douze petits prophètes; il fut miraculeusement rendu à la vie après avoir passé trois jours dans le ventre d'une baleine.

Jonson (Benjamin) ou **Ben Jonson**, poète dramatique anglais (1573-1637).

Jordaens (Jacob), peintre flamand (1593-1678), auteur de scènes populaires.

Jordanie (*royaume Hachémite de*), royaume du Proche-Orient, occupé en partie par Israël depuis 1967;

96 000 km²; 2 620 000 h. Cap. *Amman.* C'est l'ancienne Transjordanie.

Josaphat (*vallée de*), vallée située entre Jérusalem et le mont des Oliviers. C'est là, suivant la tradition chrétienne, que les morts doivent se trouver rassemblés le jour du Jugement dernier.

Joseph, fils de Jacob et de Rachel. Vendu par ses frères et conduit en Egypte, il devint ministre du pharaon.

Joseph (*saint*), époux de la Sainte Vierge.

Joseph (**le Père**), moine français (1577-1638), surnommé **l'Eminence grise**, confident du cardinal de Richelieu.

Joseph II (1741-1790), empereur germanique de 1765 à 1790; il tenta de dominer l'Eglise autrichienne.

Joséphine Tascher de La Pagerie, née à la Martinique (1763-1814). Veuve du vicomte de Beauharnais, elle épousa, en 1796, Bonaparte, qui, devenu empereur, la répudia (1809) pour épouser Marie-Louise.

Josselin, ch.-l. de c. (Morbihan); 3 000 h. Château (XVIe s.).

Josué, chef des Hébreux après Moïse et conquérant de la terre de Chanaan.

Joule (James), physicien anglais (1818-1889); il détermina l'équivalent mécanique de la calorie.

Jourdain (le), fl. de la Palestine; il traverse le lac de Tibériade et se jette dans la mer Morte; 360 km.

Jourdain (*Monsieur*), principal personnage du *Bourgeois gentilhomme*, comédie de Molière.

Jourdan (Jean-Baptiste), maréchal de France (1762-1833), vainqueur à Fleurus (1794).

Joyce (James), écrivain irlandais (1882-1941), auteur d'*Ulysse*.

Juan d'Autriche (*don*) [1547-1578], fils naturel de Charles Quint, vainqueur des Turcs à Lépante (1571).

Juan-les-Pins, station balnéaire des Alpes-Maritimes, sur la Méditerranée.

Jubbulpore, auj. Jabalpur, v. de l'Inde; 415 000 h. Cimenterie.

Juda, un des douze fils de Jacob.

Juda (*royaume de*), royaume formé par l'union des tribus de Juda et de Benjamin à la mort de Salomon.

Judas Iscariote, celui des douze apôtres qui trahit Jésus-Christ.

Jude (*saint*), un des douze apôtres.

Judée, partie de la Palestine située entre la mer Morte et la Méditerranée. Le nom désigne aussi toute la Palestine.

Judith, héroïne juive qui coupa la tête à Holopherne, ennemi de son pays.

Jugurtha (vers 154-104 av. J.-C.),

roi de Numidie; il lutta contre Rome et périt en prison.

Juifs, peuple de l'Asie occidentale, désigné aussi sous les noms de *peuple de Dieu, Hébreux, Israélites.*

Juillet 1789 (*journée du 14*), insurrection parisienne au cours de laquelle fut prise la Bastille. Fête nationale française.

Juillet 1830 (*révolution de*), insurrection parisienne qui aboutit à la chute de Charles X.

Juin (Alphonse), maréchal de France (1888-1967).

Jules Ier (*saint*), pape de 337 à 352; — JULES II (1443-1513), pape de 1503 à 1513; il lutta contre Louis XII et protégea les artistes.

Julie, fille d'Auguste (39 av. J.-C.-14 apr. J.-C.), célèbre par sa beauté.

Julien (331-363), empereur romain de 361 à 363. Il fit de vains efforts pour rétablir le paganisme.

Jullundur, v. de l'Inde (Pendjab).

Jumièges, comm. de la Seine-Maritime, sur la Seine; ruines romanes d'une abbaye d'origine mérovingienne.

Jumna, affl. du Gange, dans l'Inde.

Jungfrau (la), sommet des Alpes Bernoises (Suisse); 4 166 m.

Junon, déesse latine, épouse de Jupiter, fille de Saturne, déesse du Mariage; identifiée avec l'**Héra** grecque.

Junot (Andoche), général français (1771-1813). Il se distingua en Italie, en Egypte, et prit Lisbonne en 1807.

Jupiter, le père et le maître des dieux dans la mythologie latine; identifié avec le **Zeus** grec.

Jupiter, la plus grosse des planètes du système solaire.

Jura, système de montagnes et de plateaux de l'Europe occidentale et centrale (France, Suisse, Allemagne) qui se développe sur 300 km.

Jura (39), dép. formé d'une partie de la Franche-Comté; préf. *Lons-le-Saunier;* s.-préf. *Dole, Saint-Claude;* 5 055 km²; 238 900 h.

Jussieu (Bernard de), botaniste français (1699-1777).

Justinien Ier le Grand (482-565), empereur d'Orient de 527 à 565; il reconstitua, dans ses grandes lignes, l'Empire romain.

Jylland ou **Jutland**, presqu'île du Danemark.

Juvénal, poète latin (vers 65-128), auteur de *Satires.*

Juvisy-sur-Orge, ch.-l. de c. de l'Essonne; 13 500 h. Nœud ferroviaire.

K

Kaboul ou **Caboul**, cap. de l'Afghanistan, sur le *Kaboul*, affl. de l'Indus ; 310 000 h.

Kabylie, région montagneuse de l'Algérie, à l'est d'Alger ; elle se divise en *Grande Kabylie* et *Petite Kabylie*. Les Kabyles sont de langue berbère.

Kagoshima, v. et port du Japon ; 406 000 h. Textiles, porcelaine.

Kaï-fong, v. de Chine, cap. du Honan ; 299 000 h. Textiles.

Kairouan, v. sainte de Tunisie.

Kalahari, désert de l'Afrique méridionale.

Kalinine, anc. *Tver*, v. de l'U.R.S.S. (Russie), sur la Volga ; métallurgie, textiles ; 345 000 h.

Kaliningrad, en allem. **Königsberg**, v. et port de l'U.R.S.S. (Lituanie) ; 297 000 h. Centre industriel.

Kalmouks, peuple mongolique du sud de la Russie et de la Sibérie.

Kama (la), riv. de l'U. R. S. S., affl. de la Volga (r. g.) ; 2 000 km.

Kampala, cap. de l'Ouganda.

Kamtchatka, péninsule montagneuse et volcanique de la Sibérie, entre les mers de Béring et d'Okhotsk.

Kangchenjunga, sommet de l'Himalaya ; 8 585 m.

Kansas (le), riv. des États-Unis, affl. du Missouri (r. dr.) ; 274 km.

Kansas, un des États unis d'Amérique ; 2 250 000 h. Cap. *Topeka*.

Kansas City, v. des États-Unis (Missouri), sur le Missouri ; 475 600 h. Une autre partie de la ville est dans le Kansas ; 122 000 h.

Kant (Emmanuel), philosophe allemand (1724-1804), auteur de la *Critique de la raison pure*.

Kan-tcheou, v. de Chine (Kiang-si).

Kaolack, v. du Sénégal, sur le Saloum ; port d'embarquement des arachides ; 80 000 h.

Karachi, port du Pakistan (Sind), sur la mer d'Oman ; 3 469 000 h. Exportation de coton et de céréales.

Karaganda, v. de l'U.R.S.S. (Kazakstan) ; centre houiller et métallurgique ; 522 000 h.

Karakoram ou **Karakorum**, chaîne de montagnes du centre de l'Asie, à l'ouest de l'Himalaya (Cachemire).

Karikal, v. de l'Inde, sur la côte de Coromandel.

Karlovy-Vary, en allem. **Karlsbad**, v. de Tchécoslovaquie (Bohême) ; station thermale. Cristallerie.

Karlsruhe, v. d'Allemagne (Bade), au pied de la Forêt-Noire ; 252 000 h.

Karnak ou **Carnac**, village d'Égypte, élevé sur les ruines de Thèbes.

Karpates ou **Carpates**, chaîne de montagnes de l'Europe centrale (1 450 km), culminant au massif de Tatra (2 663 m).

Kassel, v. d'Allemagne, cap. de la Hesse ; 206 000 h. Instruments d'optique.

Katanga, auj. **Shaba**, région minière du sud du Zaïre.

Katmandou, cap. du Népal ; 193 300 h.

Katowice, v. de Pologne ; mines de houille ; métallurgie ; 284 000 h.

Kaunas ou **Kovna**, v. de l'U.R.S.S., cap. de la Lituanie ; 306 000 h.

Kayes, v. et port de l'Afrique occidentale (Mali), sur le Sénégal.

Kazakhstan, État membre de l'U.R.S.S., entre la Caspienne, la mer d'Aral et le Sin-kiang ; cap. *Alma-Ata* ; 13 008 000 h.

Kazan, v. de l'U.R.S.S., cap. de la république autonome de Tatarie ; 869 000 h.

Kazbek, un des points culminants du Caucase ; 5 043 m.

Keats (John), poète lyrique anglais (1795-1821).

Kehl, v. d'Allemagne (Bade), en face de Strasbourg, sur le Rhin.

Kekule (August), chimiste allemand (1829-1896).

Kélat, v. du Pakistan, dans le Baloutchistan.

Kellermann (François), maréchal de France (1735-1820), vainqueur à Valmy (1792).

Kembs, comm. du Haut-Rhin ; 2 000 h. Installation hydro-électrique sur le grand canal d'Alsace.

Kénadsa, v. d'Algérie, dans le Sud-Oranais ; houille.

Kénitra, anc. **Port-Lyautey**, v. et port du Maroc, sur le Sébou.

Kennedy (John), homme d'État américain, né en 1917. Président démocrate des États-Unis en 1961, assassiné en 1963.

Kent, comté du sud-est de l'Angleterre. Ch.-l. *Maidstone*.

Kentucky, un des États unis d'Amérique ; 3 183 000 h. Cap. *Frankfort*.

Kenya, massif volcanique de l'Afrique équatoriale ; 5 194 m.

Kenya, Etat d'Afrique orientale, membre du Commonwealth ; 13 millions 400 000 h. Cap. *Nairobi.*

Kepler (Johannes), astronome allemand (1571-1630), auteur d'une théorie de la planète Mars, et des lois dites *lois de Kepler*, qui permirent à Newton de dégager le principe de l'attraction universelle.

Kerala, Etat du sud-ouest de l'Inde.

Kerguelen (*îles*), archipel français de l'océan Indien.

Kertch, v. de l'U.R.S.S. (Crimée), sur le *détroit de Kertch.*

Khabarovsk, v. de l'U.R.S.S. (Extrême-Orient) ; centre industriel.

Kharkov, v. de l'U.R.S.S. (Ukraine) ; industrie textile ; 1 125 000 h.

Khartoum, cap. du Soudan, sur le Nil ; 312 500 h.

khmer (*Empire*), Etat qui, au Moyen Age, a dominé l'Indochine. Sa civilisation a laissé des restes imposants (*temple d'Angkor*).

Khouribga, v. du Maroc, à 35 km d'Oued-Zem ; phosphates ; 40 800 h.

Khrouchtchev (Nikita), homme politique soviétique (1894-1971), président du Conseil des ministres de l'U.R.S.S. de 1958 à 1964.

Kiao-tcheou, v. et baie de la Chine (Chan-toung) ; 515 000 h.

Kiel, v. d'Allemagne, cap. du Schleswig-Holstein, port sur la Baltique ; 271 000 h. Tête du canal de Kiel.

Kierkegaard (Sören), philosophe danois (1813-1855).

Kiev, v. de l'U.R.S.S., cap. de l'Ukraine, sur le Dnieper ; 1 417 000 h.

Kilimandjaro, massif montagneux de l'Afrique orientale ; 5 895 m.

Kingston, port et cap. de la Jamaïque.

Kinshasa, anc. Léopoldville, cap. du Zaïre ; 1 million d'h.

Kipling (Rudyard), écrivain anglais (1865-1936), auteur du *Livre de la jungle.*

Kirchhoff (Gustav), physicien allemand (1824-1887) ; il découvrit l'analyse spectrale.

Kirghizie ou **Kirghizistan,** Etat membre de l'U.R.S.S., en Asie centrale ; 2 749 000 h. Cap. *Frounze.*

Kirov, anc. *Viatka,* v. de l'U.R.S.S. (Russie), sur la Viatka ; 309 000 h.

Kitchener (*lord* Herbert), général anglais (1850-1916).

Klagenfurt, v. d'Autriche (Carinthie) ; 69 200 h.

Kléber (Jean-Baptiste), général français (1753-1800) ; il se distingua en Egypte, et fut assassiné au Caire.

Kleist (Heinrich **von**), poète et auteur dramatique allemand (1777-1811).

Klopstock (Friedrich), poète allemand (1724-1803), auteur de *la Messiade.*

Knokke, station balnéaire de Belgique.

Knox (John), réformateur écossais (1505-1572), un des fondateurs du presbytérianisme.

Knut, nom de six rois de Danemark, dont KNUT Ier *le Grand,* m. en 1035, roi des Anglo-Saxons à partir de 1014, de Danemark à partir de 1018 et de Norvège à partir de 1028 ; il affermit le christianisme au Danemark.

Knutange, comm. de la Moselle ; 4 100 h. Métallurgie.

Kobé, v. du Japon (Honshu) ; 1 216 000 h. Centre industriel.

Koch (Robert), médecin et microbiologiste allemand (1843-1910), qui étudia la tuberculose.

Kokura, v. du Japon (Kyushu) ; 286 000 h.

Kolyma, fl. sibérien, tributaire de l'océan Arctique ; 2 600 km.

Komsomolsk, v. de l'U.R.S.S. (Russie), sur l'Amour ; centre industriel.

Konya, v. de Turquie.

Kosciuszko (Thadée), général et patriote polonais (1746-1817).

Kossuth (Louis), patriote hongrois (1802-1894), chef de la révolution hongroise de 1848.

Kouban (le), fl. de l'U.R.S.S. (mer Noire et mer d'Azov) ; 900 km.

Kouei-yang, v. de la Chine méridionale, cap. du Kouei-tcheou ; 504 000 h.

Kouen-lun, chaîne de montagnes de l'Asie, entre le Tibet et le Sin-kiang.

Koufra, groupe d'oasis de Libye.

Kouibychev, anc. *Samara,* v. de l'U.R.S.S., sur la Volga ; 992 000 h. Port fluvial. Centre ferroviaire.

Kouriles, archipel soviétique d'Asie, entre le Kamtchatka et Hokkaido.

Koutouzov (Michel), général russe (1745-1813), adversaire de Napoléon.

Kouznetsk (*bassin du*) ou **Kouzbass,** bassin houiller de la Sibérie orientale.

Koweït, Etat d'Arabie, sur la côte nord - ouest du golfe Persique ; 1 000 000 d'h. Cap. *Koweït.* Pétrole.

Krasnodar, anc. *Iékatérinodar,* v. de l'U.R.S.S., dans le Caucase.

Krasnoïarsk, v. de l'U.R.S.S., en Sibérie orientale, sur l'Ienisseï ; 648 000 h.

Krefeld, v. d'Allemagne, sur le Rhin ; 219 100 h.

Kremlin (le), quartier central et forteresse de Moscou.

Krichna, dieu hindou.

Krivoï-Rog, v. de l'U. R. S. S. (Ukraine) ; 573 000 h. Mines de fer. Centrale nucléaire.

Kronstadt, base navale de l'U.R.S.S., à l'embouchure de la Néva.

Krüger (Paul), homme d'Etat boer (1825-1904).

Krupp (Alfred), industriel allemand (1812-1887) ; il développa les usines métallurgiques d'Essen.

Kuala-Lumpur, cap. de la Malaysia, en Malaisie ; 477 000 h. ; étain, caoutchouc.

Kumamoto, v. du Japon (Kyu-shu), près du volcan Aso ; 408 000 h.

Kun-ming ou **Kouen-ming,** anc. **Yunnanfou,** v. de Chine, cap. du Yunnan ; 880 000 h.

Kuré, v. et port du Japon (Honshu) ; 227 000 h. Centre industriel.

Kyoto, v. du Japon (Honshu) ; 1 342 000 h. Centre textile.

Kyu-shu ou **Kiou-siou,** la plus méridionale des îles du Japon ; 12 937 000 h.

L

La Boétie (Etienne **de**), écrivain français (1530-1563) ; ami de Montaigne.

Labrador, presqu'île canadienne de l'Amérique du Nord.

La Bruyère (Jean **de**), moraliste français (1645-1696), auteur des *Caractères.*

Lacédémone. V. SPARTE.

Lacepède (Etienne **de**), naturaliste français (1756-1825).

Laclos (Pierre **Choderlos de**), écrivain français (1741-1803), auteur du roman *les Liaisons dangereuses.*

Laconie, anc. contrée du sud-est du Péloponnèse ; ch.-l. *Sparte.*

Lacordaire (*le P.*), prédicateur dominicain (1802-1861).

Lacq, comm. des Pyrénées-Atlantiques ; 748 h. Pétrole et gaz naturel.

Ladoga, lac du nord-ouest de la Russie, qui communique avec le golfe de Finlande par la Néva.

Laeken, faubourg de Bruxelles.

Laennec (René), médecin français (1781-1826) ; il a découvert et vulgarisé la méthode d'auscultation.

Laërte, roi d'Ithaque, père d'Ulysse.

La Fayette (Mme Marie-Madeleine **de**), femme de lettres française (1634-1693), auteur de *la Princesse de Clèves.*

La Fayette (Marie-Joseph, *marquis* **de**), général et homme politique français (1757-1834) ; il prit une part active à la guerre de l'Indépendance de l'Amérique et aux révolutions françaises de 1789 et de 1830.

La Fontaine (Jean **de**), poète français, né à Château-Thierry (1621-1695), auteur de *Contes* et surtout de *Fables* universellement admirées.

Laforgue (Jules), poète symboliste français (1860-1887).

Lagides, dynastie égyptienne qui régna de 306 à 30 av. J.-C.

Lagos, port et cap. du Nigeria ; 900 900 h. Centre commercial. Caoutchouc ; bois.

Lagrange (Louis **de**), mathématicien et astronome français (1736-1813).

La Guardia, aéroport de New York.

La Hire, compagnon de Jeanne d'Arc (vers 1390-1443).

Lahore, v. du Pakistan, cap. du Pendjab occidental ; 2 148 000 h.

Laigle, auj. **L'Aigle,** ch.-l. de c. (Orne), sur la Rille ; 10 200 h.

Laïos ou **Laïus,** roi de Thèbes, père d'Œdipe.

Lakanal (Joseph), conventionnel et savant français (1762-1845).

Lalande (Joseph **Le François de**), astronome français (1732-1807).

Lalla-Marnia. V. MARNIA.

Lally (Thomas-Arthur **de**), *baron* DE TOLLENDAL (1702-1766), gouverneur des Etablissements français de l'Inde, battu par les Anglais, accusé d'avoir trahi la France, condamné à mort et exécuté.

Lalo (Edouard), compositeur français (1823-1892), auteur du *Roi d'Ys.*

Lamarck (Jean-Baptiste DE MONET, *chevalier* **de**), naturaliste français (1744-1829).

Lamartine (Alphonse **de**), poète et homme politique français (1790-1869). Il est l'auteur des *Méditations poétiques,* des *Harmonies poétiques et religieuses,* de *Jocelyn.*

Lamballe, ch.-l. de c. (Côtes-du-Nord) ; 10 200 h.

Lamballe (*princesse* **de**), amie de Marie-Antoinette (1749-1792), victime des massacres de Septembre.

Lambèse, comm. d'Algérie (Batna) ; ruines romaines.

La Mennais (Félicité ROBERT de), philosophe français (1782-1854), auteur de *Paroles d'un croyant*.

Lamentin (Le), comm. de la Martinique; 18 600 h. — Comm. de la Guadeloupe; 8 900 h.

Lancaster, v. et port d'Angleterre, ch.-l. du Lancashire; 51 700 h.

Lancastre (*maison de*), branche cadette de la dynastie d'Anjou-Plantagenêt, rivale de la maison d'York dans la guerre des Deux-Roses.

Lancret (Nicolas), peintre français (1690-1743), auteur de scènes galantes.

Landerneau, ch.-l. de c. (Finistère), sur l'Elorn; 15 700 h.

Landes, région sablonneuse du sud-ouest de la France. Des plantations de pins en ont fait une grande région forestière.

Landes (40), dép. formé d'une partie de la Gascogne; préf. *Mont-de-Marsan*; s.-préf. *Dax*; 9 364 km²; 288 300 h.

Langeais, ch.-l. de c. (Indre-et-Loire), sur la Loire; 3 900 h. Château du XVᵉ s.

Langon, ch.-l. d'arr. (Gironde), sur la Garonne; 6 100 h. Vins.

Langres, ch.-l. d'arr. (Haute-Marne); 12 500 h. Coutellerie.

Langres (*plateau de*), plateau calcaire de la Haute-Marne; 546 m d'altitude.

Lang Son, v. et citadelle du Tonkin (Viêt-nam), près de la frontière chinoise.

Languedoc, prov. de l'anc. France, au sud de la Guyenne; cap. *Toulouse*.

Lannemezan, ch.-l. de c. (Hautes-Pyrénées), sur un plateau; 8 500 h. Aluminium.

Lannes (Jean), maréchal de France (1769-1809). Il fut blessé mortellement à la bataille d'Essling.

Lannion, ch.-l. d'arr. (Côtes-du-Nord); 17 900 h.

Lan-tcheou ou **Kaolan**, v. de la Chine, cap. du Kan-sou, sur le Houang-ho; 700 000 h.

Laocoon, fils de Priam et d'Hécube, étouffé à Troie, avec ses fils, par deux serpents monstrueux.

Laodicée, anc. ville de Phrygie. — Anc. ville de Syrie; auj. **Lattaquié**.

Lao-Kay, v. du Nord Viêt-nam.

Laon, anc. cap. du Laonnais, ch.-l. de l'Aisne, sur une colline escarpée; 28 600 h. Cathédrale (XIIᵉ-XIIIᵉ s.).

Laos, république de l'Indochine; 231 400 km²; 3 300 000 h. Cap. *Vientiane*. Ancien État associé de l'Union française.

Lao-tseu, philosophe chinois (vers 600 av. J.-C.).

La Palice (*seigneur de*), capitaine français, né vers 1470; tué à la bataille de Pavie en 1525.

La Pérouse (Jean-François de), navigateur français (1741-1788), massacré par les naturels de l'île Vanikoro (Polynésie).

Laplace (Pierre-Simon, *marquis de*), mathématicien et astronome français (1749-1827), auteur de travaux sur la mécanique céleste.

Laponie, région septentrionale de l'Europe, au nord de la Scandinavie.

Largentière, ch.-l. d'arr. (Ardèche); 2 100 h.

Largillière (Nicolas de), portraitiste français (1656-1746).

Larissa, v. de Grèce (Thessalie).

La Rochefoucauld (François, *duc de*), moraliste français (1613-1680), auteur de *Maximes* et de *Mémoires*.

Larousse (Pierre), grammairien et lexicographe français (1817-1875), auteur du *Grand Dictionnaire universel du XIXᵉ siècle*.

La Sablière (Mᵐᵉ de), femme d'esprit du XVIIᵉ s. (1636-1693).

La Salle (Robert CAVELIER, *sieur de*), voyageur français (vers 1640-1687). Il explora la Louisiane et le cours et l'embouchure du Mississippi.

La Salle (Antoine, *comte de*), général de cavalerie français (1775-1809), tué à Wagram.

Las Cases (Emmanuel, *comte de*), historien français (1766-1842), auteur du *Mémorial de Sainte-Hélène*.

Lascaux, grotte préhistorique de la comm. de Montignac-sur-Vézère (Dordogne), aux peintures remarquables.

Lassus (Roland de), compositeur de l'école franco-flamande (vers 1530-1594).

Latium, région de l'Italie centrale. Cap. *Rome*.

La Tour (Maurice Quentin de), peintre français (1704-1788), célèbre par ses portraits au pastel.

La Tour d'Auvergne (Théophile Corret de), officier français (1743-1800), célèbre par son intrépidité et son désintéressement.

La Trémoille (Georges de) [1382-1446], ministre sous Charles VII, un des adversaires de Jeanne d'Arc.

Lattre de Tassigny (Jean de), maréchal de France (1889-1952).

Lauraguais ou **Lauragais**, petit pays du Languedoc.

Laurent (*saint*), diacre, martyr en 258.

Laurium, région de la Grèce centrale.

Lausanne, v. de Suisse, ch.-l. du canton de Vaud, près du lac Léman; 134 000 h. Université.

Lautaret (*col du*), col des Alpes du Dauphiné (Hautes-Alpes); 2 058 m

Lauzun (Antoine, *duc* de), courtisan français (1632-1723).

Laval, ch.-l. de la Mayenne, sur la Mayenne ; 54 500 h. Centre industriel.

La Vallière (Louise, *duchesse* de), favorite de Louis XIV (1644-1710).

Lavandou (Le), comm. du Var ; 3 800 h. Station balnéaire.

Lavigerie (Charles), cardinal français (1825-1892), fondateur des Pères blancs.

Lavoisier (Laurent de), chimiste français (1743-1794), un des fondateurs de la chimie moderne ; m. sur l'échafaud.

Law (John), financier écossais (1671-1729). Créateur, sous la Régence, d'un système de banque qui ne put éviter la banqueroute.

Lawrence (*sir* Thomas), peintre portraitiste anglais (1769-1830).

Lawrence (Thomas Edward), officier et écrivain anglais (1888-1935).

Lazare (*saint*), frère de Marthe et de Marie, ressuscité par Jésus.

Lebon (Philippe), chimiste français (1767-1804), inventeur de l'éclairage au gaz.

Le Brun (Charles), peintre du roi Louis XIV (1619-1690) ; il décora Versailles.

Lebrun (Elisabeth VIGÉE, *dame*), connue sous le nom de Mme Vigée-Lebrun, portraitiste (1755-1842).

Lebrun (Albert), homme d'Etat français (1871-1950), président de la République de 1932 à 1940.

Le Chatelier (Henry), ingénieur et chimiste français (1850-1936).

Leclerc (Philippe DE HAUTECLOCQUE, dit), maréchal de France (1902-1947).

Leconte de Lisle (Charles), poète français (1818-1894), auteur des *Poèmes barbares* et des *Poèmes antiques*.

Le Corbusier (Edouard JEANNERET-GRIS, dit), architecte et urbaniste français d'origine suisse (1887-1965).

Leczinski. V. MARIE et STANISLAS.

Léda, femme grecque, aimée de Zeus, qui prit la forme d'un cygne pour lui plaire.

Ledru-Rollin (Alexandre - Auguste), avocat et homme politique français (1807-1874).

Lee (Robert Edward), général américain (1807-1870).

Leeds, v. d'Angleterre (York) ; centre de l'industrie textile ; 505 000 h.

Leeuwarden, v. des Pays-Bas, ch.-l. de la Frise ; 85 400 h. Beurre, fromages.

Lefebvre (François-Joseph), maréchal de France (1755-1820).

Lefèvre d'Etaples, théologien calviniste (vers 1450-1536), premier traducteur de la Bible en français.

Légende des siècles (*la*), recueil de poèmes épiques, par Victor Hugo.

Léger (Fernand), peintre français (1881-1955). Il pratiqua le cubisme.

Légion d'honneur, ordre national français, institué en 1802 par le Premier consul Bonaparte pour récompenser les services civils et militaires.

Leibniz (Gottfried), philosophe et mathématicien allemand (1646-1716).

Leicester, v. et comté d'Angleterre.

Leipzig, v. d'Allemagne orientale ; 594 000 h. Bataille entre les Français et les Alliés, dite aussi *bataille des Quatre-Nations* (1813).

Léman (*lac*), lac de Suisse et de France, traversé par le Rhône (la rive sud appartient à la France).

Lemercier (Jacques), architecte français (vers 1585-1654).

Léna (la), fl. de Sibérie, tributaire de l'océan Arctique ; 4 260 km.

Le Nain, nom de trois frères, peintres français : ANTOINE (1588-1648) ; LOUIS (1593-1645), auteur de scènes paysannes ; et MATHIEU (1607-1677).

Lénine (Vladimir Ilitch OULIANOV, dit), homme d'Etat russe (1870-1924) ; il instaura le régime soviétique en Russie (1917).

Leningrad, v. et port de l'U.R.S.S. (**Saint-Pétersbourg** de 1703 à 1914, **Petrograd** de 1914 à 1924), anc. cap. de la Russie, à l'embouchure de la Néva ; 3 949 000 h. Ville fondée par Pierre le Grand (1703).

Le Nôtre (André), dessinateur français de jardins et de parcs : *Versailles, Chantilly*, etc. (1613-1700).

Lens, ch.-l. d'arr. (Pas-de-Calais) ; 40 300 h. Houille. Victoire de Condé (1648).

Léon, anc. royaume ibérique, fondé en 910, uni au royaume de Castille en 1230 ; cap. *Léon*. — V. du Mexique. — V. et anc. cap. du Nicaragua.

Léon ou **Léonais**, anc. pays de Bretagne ; cap. Landerneau.

Léon, nom de treize papes. Les plus connus sont : LÉON Ier *le Grand* (*saint*), pape de 440 à 461 ; il contraignit à la retraite Attila, venu presque sous les murs de Rome ; — LÉON III (*saint*) [750-816], pape de 795 à 816 ; il couronna Charlemagne empereur en 800 ; — LÉON IX (*saint*) [1002-1054], pape de 1048 à 1054 ; sous son pontificat eut lieu le dernier schisme de l'Eglise byzantine ; — LÉON X (*Jean de Médicis*) [1475-1521], pape de 1513 à 1521, protecteur des arts, des lettres et des sciences; son pontificat vit naître le schisme de Luther; — LÉON XIII (1810-1903), pape de 1878 à 1903: il fut l'auteur d'encycliques de caractère social.

Léon, nom de six empereurs d'Orient.

Léonidas Ier, roi de Sparte de 490 à 480 av. J.-C., héros des Thermopyles, où il périt avec 300 Spartiates.

Leopardi (Giacomo), poète romantique italien (1798-1837).

Léopold Ier (1640-1705), empereur germanique de 1658 à 1705; — LÉOPOLD II (1747-1792), empereur germanique de 1790 à 1792; il était le frère de Marie-Antoinette.

Léopold Ier (1790-1865), roi des Belges de 1831 à 1865; — LÉOPOLD II (1835-1909), roi des Belges de 1865 à 1900; il créa l'Etat libre du Congo; — LÉOPOLD III, né en 1901, roi des Belges de 1934 à 1951; il abdiqua en faveur de son fils Baudouin.

Léopoldville. V. KINSHASA.

Lépante, v. maritime de la Grèce. Don Juan d'Autriche y remporta sur les Turcs une bataille navale décisive pour la chrétienté (1571).

Lérins, groupe d'îles de la Méditerranée, au large de Cannes.

Lermontov (Mikhaïl Iouriévitch), poète russe (1814-1841).

Lesage (Alain-René), écrivain français (1668-1747), auteur de *Gil Blas*.

Lesbos, île grecque, auj. **Mytilène**.

Lescot (Pierre), architecte français (vers 1510-1578); il éleva la façade du Vieux Louvre et la fontaine des Innocents.

Lesotho, anc. **Basutoland**, Etat d'Afrique australe, membre du Commonwealth; 1 020 000 h. Cap. *Maseru*.

Lesparre-Médoc, ch.-l. d'arr. (Gironde); 3 900 h. Vignoble du Médoc.

Lesseps (*vicomte* Ferdinand **de**), ingénieur et diplomate français (1805-1894); il entreprit la construction des canaux de Suez et de Panama.

Lessing (Gotthold Ephraïm), écrivain allemand (1729-1781).

Le Sueur (Eustache), peintre français (1617-1655).

Le Tellier (Michel), homme d'Etat français (1603-1685), père de Louvois.

Léthé, fleuve des Enfers.

Léto, mère d'Artémis et d'Apollon, appelée **Latone** par les Latins.

Lettonie, Etat membre de l'U.R.S.S., sur la mer Baltique; 2 285 000 h. Cap. *Riga*.

Leuctres, v. de Béotie; victoire d'Epaminondas sur les Spartiates (371 av. J.-C.).

Le Vau (Louis), architecte français (1612-1670); il travailla au Louvre, aux Tuileries et aux châteaux de Vaux et de Versailles.

Le Verrier (Urbain), astronome français (1811-1877); il découvrit par le calcul l'existence de la planète Neptune.

Lévi, fils de Jacob; sa tribu fournissait les ministres de l'autel ou *lévites*.

Léviathan, monstre de la légende biblique (*Livre de Job*).

Leyde, v. des Pays-Bas, sur le Vieux-Rhin; 100 100 h. Université. Centre industriel. Imprimerie.

Leyre (la), fl. côtier des Landes, tributaire du bassin d'Arcachon; 80 km.

Lézignan-Corbières, ch.-l. de c. (Aude); 7 400 h. Vins.

Lhassa, cap. et ville sainte du Tibet.

L'Hospital (Michel **de**), homme d'Etat français (1505-1573); chancelier de France, il s'employa pendant les guerres de Religion à calmer la haine des partis.

Liban, montagne de l'Asie occidentale, jadis fameuse par ses cèdres.

Liban, Etat côtier du Proche-Orient; 9 000 km2; 2 870 000 h. Cap. *Beyrouth*.

Libéria, république sur la côte de l'Afrique occidentale; 100 000 km2; 1 710 000 h. Cap. *Monrovia*.

Libourne, ch.-l. d'arr. (Gironde); vignobles; 23 000 h.

Libreville, cap. du Gabon, sur l'estuaire du Gabon; 53 000 h.

Libye, république de l'Afrique du Nord, qui réunit la *Tripolitaine*, la *Cyrénaïque* et le *Fezzan*; 1 766 000 km2; 2 440 000 h. Cap. *Tripoli*.

Lido, groupe d'îles, près de Venise.

Liechtenstein, principauté de l'Europe centrale, entre l'Autriche et la Suisse; 154 km2; 21 000 h. Cap. *Vaduz*.

Liège, v. de Belgique, ch.-l. de la prov. du même nom, au confl. de la Meuse et de l'Ourthe; 154 000 h. Université. Centre industriel.

Liévin, ch.-l. de c. (Pas-de-Calais); houille; 33 200 h.

Ligures, peuple qui habita le sud-est de la Gaule et le nord de l'Italie.

Ligurie, prov. septentrionale de l'Italie, en bordure du golfe de Gênes.

Lille, ch.-l. du dép. du Nord, sur la Deûle; 177 200 h. Industrie très active.

Lillebonne, ch.-l. de c. (Seine-Maritime); 10 300 h. Textiles.

Lillers, ch.-l. de c. (Pas-de-Calais); 9 500 h. Chaussures.

Lilliput, pays imaginaire, où aborde Gulliver, héros des *Voyages de Gulli-*

ver, de Swift, et où les hommes ont une taille d'une dizaine de centimètres.

Lima, capitale du Pérou; 2 973 000 h.

Limagne (la), anc. pays d'Auvergne, plaine fertile, arrosée par l'Allier.

Limbourg, anc. prov. des Pays-Bas, partagée auj. entre la Belgique et les Pays-Bas.

Limoges, ch.-l. de la Haute-Vienne, sur la Vienne; 147 400 h. Cathédrale (XIIIᵉ-XVᵉ s.). Porcelaine; chaussures.

Limousin, anc. prov. de France; ch.-l. *Limoges*.

Limoux, ch.-l. d'arr. (Aude), sur l'Aude; vignobles; 11 700 h.

Limpopo, fl. de l'Afrique australe, tributaire de l'océan Indien; 1 600 km.

Lincoln, v. d'Angleterre; 77 000 h.

Lincoln (Abraham), homme d'Etat américain (1809-1865), président des Etats-Unis de 1860 à 1865; mort assassiné.

Lindbergh (Charles), aviateur américain (1902-1974), qui le premier traversa l'Atlantique en avion (1927).

Linné (Carl **von**), naturaliste suédois (1707-1778), connu par sa classification des plantes.

Linz, v. d'Autriche, sur le Danube; centre industriel; 200 400 h.

Lion (*golfe du*), golfe de la Méditerranée, sur les côtes sud de la France.

Lionne (Hugues de), diplomate et ministre français (1611-1671), négociateur de la paix des Pyrénées (1659).

Lipari (*îles*), archipel volcanique italien, au nord de la Sicile.

Lippi (*Fra* Filippo), peintre florentin (1406-1469), auteur de fresques.

Lisbonne, port et cap. du Portugal, à l'embouchure du Tage, sur l'Atlantique; 822 000 h. Centre industriel.

Lisieux, ch.-l. d'arr. (Calvados); 26 700 h. Industries textiles et laitières. Pèlerinage au tombeau de sainte Thérèse.

Liszt (Franz), pianiste et compositeur hongrois (1811-1886).

Littré (Emile), lexicographe et philosophe positiviste français (1801-1881).

Lituanie, Etat membre de l'U.R.S.S., sur la Baltique; 65 000 km²; 3 128 000 h. Cap. *Vilnius*.

Livarot, ch.-l. de c. (Calvados); 2 900 h. Fromages.

Liverpool, v. et port d'Angleterre (Lancaster), sur l'estuaire de la Mersey; 747 500 h. Centre industriel.

Livingstone (David), missionnaire et voyageur écossais (1813-1873).

Livourne, v. d'Italie (Toscane), port sur la Méditerranée; centre industriel; 170 000 h.

Ljubljana, en allem. **Laybach,** v. de Yougoslavie, cap. de la Slovénie; centre industriel; 178 000 h.

Lloyd, société d'assurances, constituée à Londres en 1727.

Lloyd George (David), homme d'Etat anglais (1863-1944).

Loanda. V. LUANDA.

Locarno, station climatique de Suisse (Tessin), sur le lac Majeur.

Loches, ch.-l. d'arr. (Indre-et-Loire); château (XIIᵉ-XVᵉ s.); 6 800 h.

Locke (John), philosophe sensualiste anglais (1632-1704).

Locle (Le), v. de Suisse (Neuchâtel).

Locuste, empoisonneuse romaine du temps de Néron.

Lodève, ch.-l. d'arr. (Hérault).

Lodi, v. d'Italie, sur l'Adda; victoire de Bonaparte sur les Autrichiens en 1796.

Lodz, v. de Pologne, sur la Lodka; industrie cotonnière; 744 000 h.

Lofoden ou **Lofoten** (*îles*), archipel de la Norvège.

Logone, riv. de l'Afrique équatoriale, affl. du Chari (r. g.); 900 km.

Loing (le), affl. de la Seine (r. g.). Le *canal du Loing* unit la Seine à la Loire, grâce à son prolongement, le canal de Briare.

Loir (le), affl. de la Sarthe (r. g.); 311 km.

Loire (la), fl. le plus long de France. Il prend sa source au pied du mont Gerbier-de-Jonc, et rejoint l'Atlantique après un cours de 1 020 km.

Loire (42), dép. formé du Forez et d'une partie du Beaujolais, du Lyonnais; préf. *Saint-Etienne*; s.-préf. *Montbrison, Roanne*; 4 799 km²; 742 900 h.

Loire (**Haute-**) [43], dép. formé du Vivarais, du Velay, du Forez, du Lyonnais; préf. *Le Puy*; s.-préf. *Brioude, Yssingeaux*; 5 001 km²; 214 300 h.

Loire-Atlantique (44), dép. formé d'une partie de la Bretagne; préf. *Nantes*; s.-préf. *Ancenis, Châteaubriant, Saint-Nazaire*; 6 980 km²; 934 500 h.

Loiret (le), affl. de la Loire (r. g.); 12 km.

Loiret (45), dép. formé en partie de l'Orléanais et du Gâtinais; préf. *Orléans*; s.-préf. *Montargis, Pithiviers*; 6 812 km²; 490 200 h.

Loir-et-Cher (41), dép. formé d'une partie de la Touraine, de l'Orléanais et du Blésois; préf. *Blois*; s.-préf. *Romorantin, Vendôme*; 6 422 km²; 283 700 h.

Lombardie région du nord de l'Italie; cap. *Milan*.

Lombards, peuple germanique qui envahit l'Italie au VIᵉ s., y fonda un

Etat, puis fut vaincu en 774 par Charlemagne.

Lombok, île de la Sonde.

Loménie de Brienne (Etienne-Charles de), cardinal et homme d'Etat français (1727-1794).

Londres, cap. et port de la Grande-Bretagne, sur la Tamise; 8 millions d'h. (avec les banlieues).

Long Beach, v. et port des Etats-Unis (Californie); 344 000 h.

Longfellow (Henry Wadsworth), poète romantique américain (1807-1882).

Long Island, île atlantique des Etats-Unis, sur laquelle est bâti Brooklyn.

Longwy, ch.-l. de c. (Meurthe-et-Moselle); fer; métallurgie; 20 200 h.

Lons-le-Saunier, ch.-l. du Jura; 23 300 h. Vins; salines.

Loos, comm. du dép. du Nord; 22 100 h. Produits chimiques.

Lope de Vega (Félix), poète dramatique espagnol (1562-1635).

Lorentz (Hendrik Antoon), physicien hollandais (1853-1928).

Lorient, ch.-l. d'arr. (Morbihan); port au confl. du Scorff et du Blavet; 71 900 h. Pêche, industries.

Lorrain (Claude GELÉE, dit le), peintre paysagiste français (1600-1682).

Lorraine, anc. prov. de France; cap. *Nancy.*

Los Angeles, port des Etats-Unis (Californie); 2 660 000 h.

Lot (le), riv. du Massif central et du bassin d'Aquitaine, affl. de la Garonne (r. dr.); 480 km.

Lot (46), dép. formé du Quercy; préf. *Cahors;* s.-préf. *Figeac, Gourdon;* 5 226 km2; 157 100 h.

Lot-et-Garonne (47), dép. formé de parties de la Guyenne, de la Gascogne; préf. *Agen;* s.-préf. *Marmande, Nérac, Villeneuve;* 5 385 km2; 292 600 h.

Loth, neveu d'Abraham. Sa femme fut changée par Dieu en statue de sel.

Lothaire (941-986), roi de France de 954 à 986.

Lothaire Ier (795-855), empereur d'Occident de 840 à 855.

Loti (Julien VIAUD, dit Pierre), romancier français (1850-1923).

Louang Prabang ou **Luang Prabang,** v. du Laos; 25 000 h.

Loubet (Emile), homme politique français (1838-1929), président de la République de 1899 à 1906.

Loudéac, ch.-l. de c. (Côtes-du-Nord); 10 100 h.

Loudun, ch.-l. de c. (Vienne); 8400 h.

Loue (la), affl. du Doubs (r. g.); 125 km.

Lougansk, anc. **Vorochilovgrad.** v. de l'U.R.S.S. (Ukraine); 330 000 h.

Louhans, ch.-l. d'arr. (Saône-et-Loire); légumes volailles; 11 000 h.

Louis de Gonzague (*saint*), jésuite italien (1568-1591), patron de la jeunesse.

Louis Ier le Pieux ou **le Débonnaire** (778-840), empereur d'Occident et roi des Francs de 814 à 840.

Louis II le Bègue (846-879), roi de France de 877 à 879.

Louis III (vers 863-882), roi de France de 879 à 882.

Louis IV d'Outremer (vers 921-954), roi de France de 936 à 954.

Louis V (967-987), dernier roi carolingien de France (986-987).

Louis VI le Gros (1081-1137), roi de France de 1108 à 1137. Il entreprit contre les grands vassaux la lutte qui devait aboutir à la centralisation administrative et monarchique.

Louis VII le Jeune (1120-1180), roi de France de 1137 à 1180. Il entreprit la deuxième croisade; à son retour, il divorça d'avec Aliénor d'Aquitaine; celle-ci épousa alors Henri II Plantagenêt et lui apporta en dot des plus riches provinces du sud-ouest de la France. Telle est la cause première des luttes qui aboutirent à la guerre de Cent Ans.

Louis VIII le Lion (1187-1226), roi de France de 1223 à 1226.

Louis IX ou **Saint Louis** (1214-1270), roi de France de 1226 à 1270. Il entreprit les deux dernières croisades (1248 et 1270) et mourut de la peste à Tunis.

Louis X le Hutin (1289-1316), roi de Navarre à partir de 1305, et de France de 1314 à 1316.

Louis XI (1423-1483), roi de France de 1461 à 1483. A son avènement se forma la *ligue du Bien public*, qui l'opposa aux grands seigneurs. Il lutta toute sa vie contre la maison de Bourgogne.

Louis XII le Père du peuple (1462-1515), roi de France de 1498 à 1515; il épousa Anne de Bretagne, veuve de Charles VIII, et combattit en Italie.

Louis XIII le Juste (1601-1643), roi de France de 1610 à 1643. De concert avec Richelieu, il se proposa un triple but : abaisser la noblesse; ruiner les protestants en tant que parti politique; abaisser la maison d'Autriche, et dans ce dessein, il prit part à la guerre de Trente Ans.

Louis XIV le Grand (1638-1715), roi de France de 1643 à 1715. Il commença son règne personnel en 1661, rétablit l'ordre à l'intérieur, assura la puissance militaire du pays et mena une active politique extérieure : *guerre de dévolution; guerre de Hollande; guerre de la ligue d'Augsbourg; guerre de la Succession d'Espagne.* Monarque absolu, Louis XIV domina noblesse, parlement, tiers état, clergé Sous son règne, les lettres et les arts furent portés à un haut degré de perfection (*siècle de Louis XIV*).

Louis XV le **Bien-Aimé** (1710-1774). roi de France de 1715 à 1774, qui régna d'abord sous la régence de Philippe d'Orléans; la *Régence* fut signalée par la banqueroute de Law et la guerre contre l'Espagne. Sous le ministère du cardinal de Fleury eurent lieu la guerre de la Succession de Pologne, la guerre de la Succession d'Autriche. A partir de 1748, le roi gouverna seul. La guerre de Sept Ans aboutit à la perte de nos colonies. Sous le règne de Louis XV, les écrivains et les économistes réagirent vivement contre les abus.

Louis XVI (1754-1793), roi de France à partir de 1774. Suspendu de ses fonctions après le 10 août 1792, jugé par la Convention, condamné à mort et guillotiné le 21 janvier 1793.

Louis XVII (1785-1795), enfermé au Temple, on pense généralement qu'il mourut dans sa prison.

Louis XVIII (1755-1824), frère puîné de Louis XVI, roi de France de 1814 à 1824. Il fut l'un des chefs de l'émigration et ne put rentrer à Paris qu'après la chute de l'Empire; il se réfugia à Gand pendant les Cent Jours et revint après Waterloo. A son retour, la *Terreur blanche* désola le Midi.

Louis, nom de cinq empereurs d'Occident, dont : LOUIS II *le Jeune* (821-875), empereur de 850 à 875; — LOUIS III *l'Aveugle* (879-933), empereur de 901 à 903; — LOUIS IV *l'Enfant* (893-911), empereur de 908 à 911; — LOUIS V (1284-1347), empereur de 1314 à 1347.

Louis, nom de cinq rois de **Germanie**, dont LOUIS II *le Germanique* (vers 805-876), roi de 817 à 876; — LOUIS III, roi de 876 à 882.

Louise de Marillac (*sainte*) [1591-1660], fondatrice des Filles de la Charité.

Louise de Savoie (1476-1531), mère du roi François Ier.

Louisiane, un des Etats unis de l'Amérique du Nord, sur le golfe du Mexique; 3 603 000 h. Cap. *Baton Rouge.*

Louis-Philippe Ier (1773-1850), roi des Français de 1830 à 1848.

Louisville, v. industrielle des Etats-Unis (Kentucky), sur l'Ohio; 395 000 h.

Louksor, village à l'emplacement de l'ancienne Thèbes (Egypte).

Lourdes, ch.-l. de c. (Hautes-Pyrénées) ; 18 100 h. Pèlerinage.

Lourenço Marquès. V. MAPUTO.

Louvain, en flam. Leuven, v. de Belgique (Brabant), sur la Dyle; 32 400 h. Université.

Louverture (TOUSSAINT, dit), général haïtien (1743-1803), libérateur des Noirs de son pays.

Louvière (La), comm. de Belgique (Hainaut) ; 23 500 h.

Louviers, ch.-l. de c. (Eure), sur l'Eure; 18 900 h. Draps.

Louvois (Michel LE TELLIER, *marquis de*), homme d'Etat français (1641-1691), ministre de la Guerre sous Louis XIV.

Louvre (*palais du*), ancienne résidence royale à Paris, aujourd'hui convertie en musée. Le Louvre fut commencé sous Philippe Auguste en 1204 et achevé sous le second Empire.

Loyauté ou **Loyalty** (*îles*), archipel dépendant de la Nouvelle-Calédonie.

Lozère (*mont*), massif des Cévennes; 1 699 m.

Lozère (48), dép. formé du Gévaudan; préf. *Mende*; s.-préf. *Florac;* 5 180 km2; 74 800 h.

Luanda, anc. **Saint-Paul-de-Loanda**, cap. de l'Angola ; 250 000 h.

Lübeck, v. d'Allemagne (Schleswig-Holstein), port près de la Baltique; centre industriel; 238 000 h.

Lublin, v. de Pologne, au sud-est de Varsovie ; 264 000 h.

Luc (*saint*), un des quatre évangélistes.

Lucain, poète latin (39-65), auteur de *la Pharsale.*

Lucanie, contrée de l'Italie ancienne au sud de la Campanie. — Anc. prov d'Italie, auj. le **Basilicate.**

Lucerne, v. de Suisse, ch.-l. de canton, sur le lac des Quatre-Cantons : station touristique ; 73 000 h. Soie

Lucien, écrivain grec du IIe s., auteur des *Dialogues des morts.*

Lucifer, chef des anges rebelles devenu le *Prince des démons.*

Lucknow, v. de l'Inde; métallurgie ; produits chimiques; textiles; 756 300 h.

Luçon, ch.-l. de c. (Vendée) ; 9 574 h.

Lucques, v. d'Italie (Toscane) ; 90 400 h.

Lucrèce, dame romaine, qui se tua de désespoir après avoir été outragée par un fils de Tarquin le Superbe.

Lucrèce, poète latin (vers 99-55 av. J.-C.), auteur du poème *De la nature.*

Lucullus, général romain (vers 109-vers 57 av. J.-C.), célèbre par son luxe.

Ludendorff (Erich **von**), général allemand (1865-1937).

Ludwigshafen, v. d'Allemagne, sur le Rhin; industrie chimique; 175 000 h.

Lugano, v. de Suisse (Tessin), sur le *lac de Lugano;* station climatique.

Lulle (Raimond), écrivain et alchimiste catalan (vers 1235-1315).

Lulli ou **Lully** (Jean-Baptiste), compositeur, né à Florence (1632-1687), créateur de l'opéra à Paris.

Lumière (Louis), chimiste et industriel français (1864-1948), et son frère AUGUSTE (1862-1954), inventeurs du cinématographe.

Lunel, ch.-l. de c. (Hérault); 13 600 h.

Lunéville, ch.-l. d'arr. (Meurthe-et-Moselle), sur la Meurthe; 24 700 h.

Lure, ch.-l. d'arr. (Haute-Saône); 10 100 h.

Lusace, contrée de l'Allemagne centrale, entre l'Elbe et l'Oder.

Lusaka, cap. de la Zambie; 415 000 h.

Lusitanie, une des divisions de l'Espagne romaine, couvrant pour une part l'actuel Portugal.

Lutèce, ancien nom de *Paris.*

Luther (Martin), réformateur religieux allemand (1483-1546). Il protesta contre les indulgences, fut excommunié par le pape et mis au ban de l'Empire par Charles Quint en 1521. Il approuva la *Confession d'Augsbourg.*

Lützen, v. d'Allemagne orientale, en Saxe, théâtre de deux batailles : l'une en 1632, où fut tué Gustave-Adolphe; l'autre en 1813, où Napoléon battit les Russes et les Prussiens.

Luxembourg, anc. contrée de l'Empire germanique, partagée auj. en **Luxembourg** belge et **grand-duché de Luxembourg,** Etat indépendant (2 600 km²; 360 000 h.; cap. *Luxembourg,* 77 000 h.).

Luxembourg (duc **de**), maréchal de France (1628-1695), vainqueur à Fleurus (1690), à Steinkerque (1692), et à Neerwinden (1693).

Luxeuil-les-Bains, ch.-l. de c. (Haute-Saône) ; 10 700 h. Station thermale et centre industriel.

Luynes (*duc* **de**) [1578-1621], favori et ministre de Louis XIII.

Luzon ou **Luçon,** la plus grande des îles Philippines; 100 000 km²; 18 millions d'h. Cap. *Manille.*

Lvov, en allem. Lemberg, v. et centre industriel de l'U. R. S. S. (Ukraine) ; 553 000 h.

Lyautey (Louis-Hubert-Gonzalve), maréchal de France (1854-1934). Pacificateur et organisateur du Maroc.

Lycée, nom d'un quartier d'Athènes, où Aristote enseigna.

Lycie, ancienne région de l'Asie Mineure, entre la Carie et la Pamphylie.

Lycurgue, législateur légendaire de Sparte (IXᵉ s. av. J.-C.).

Lydie, anc. pays de l'Asie Mineure, sur la mer Egée (cap. *Sardes*), dont Crésus fut le roi le plus célèbre.

Lyon, ch.-l. du Rhône, au confl. du Rhône et de la Saône; 462 800 h. Grand centre commercial et industriel (soieries, produits chimiques, constructions mécaniques, etc.).

Lyonnais (le), anc. prov. de France, annexée à la Couronne en 1312; **cap.** *Lyon.*

Lysias, orateur athénien (vers 440-vers 380 av. J.-C.).

M

Macao, territoire portugais de Chine; 270 000 h. Port sur la baie de Canton.

Macbeth, drame de Shakespeare (1605).

Macchabées (les), nom de sept frères qui subirent le martyre avec leur mère sous Antiochos IV Epiphane (165 av. J.-C.).

Macédoine, contrée de l'Europe, au nord de la Grèce, divisée aujourd'hui entre la Grèce, la Bulgarie et la Yougoslavie.

Machiavel (Niccolo), homme d'Etat et historien florentin (1469-1527), auteur du traité de politique *le Prince.*

Machine (La), comm. de la Nièvre; 5 000 h. Bassin houiller.

Macias Nguema, anc. **Fernando Poo,** île dépendant de la Guinée-Equatoriale.

Mackenzie (le), fl. du Canada, qui rejoint l'océan Arctique; 4 100 km.

Mac-Mahon (Patrice **de**), maréchal de France (1808-1893) ; président de la République française (1873-1879).

Mâcon, ch.-l. de Saône-et-Loire, sur la Saône; 40 500 h. Vins.

Madagascar, grande île de l'océan Indien, séparée de l'Afrique par le canal de Mozambique ; 592 000 km² ; 7 928 000 h. Cap. *Tananarive*. Anc. dépendance de la France, indépendante depuis 1960.

Madeleine (*monts de la*), chaîne au nord du Massif central (1 165 m).

Madeleine (**La**), faubourg de Lille.

Madeleine (*sainte* **Marie-**), pécheresse convertie par Jésus-Christ.

Madère, île portugaise (Atlantique), à l'ouest du Maroc ; cap. *Funchal* ; 282 000 h. Vins, fruits tropicaux.

Madhya Pradesh, Etat du centre de l'Inde ; 41 654 000 h. Cap. *Bhopal*.

Madras, v. et port au sud de l'Inde ; 2 470 000 h. Centre industriel.

Madrid, cap. de l'Espagne, sur le Manzanarès ; 3 146 000 h. Centre intellectuel. Musée du Prado.

Madura, île de l'Insulinde.

Madurai ou **Madura**, v. du sud de l'Inde ; 549 000 h.

Maestricht, v. des Pays-Bas, ch.-l. du Limbourg, sur la Meuse ; verreries, faïences ; 95 000 h.

Maeterlinck (**Maurice**), écrivain belge (1862-1949).

Magdebourg, v. d'Allemagne orientale, sur l'Elbe ; 261 300 h.

Magellan (**Fernand de**), navigateur portugais (1480-1521). Il entreprit le premier voyage autour du monde, mais fut tué aux Philippines.

Magellan (*détroit de*), bras de mer qui sépare l'extrémité sud de l'Amérique de la Terre de Feu.

Magenta, loc. d'Italie (Milan). Victoire des Français sur les Autrichiens (1859).

Maghreb, nom de la région septentrionale de l'Afrique : Maroc, Algérie, Tunisie.

Magnitogorsk, v. de l'U.R.S.S. (Oural) ; 364 000 h. Minerai de fer ; métallurgie. Combinat avec le Kouzbass.

Magyars, peuple originaire de l'Asie centrale, qui fonda l'Etat hongrois.

Maharashtra, Etat du nord-ouest de l'Inde ; 50 412 000 h. Cap. *Bombay*.

Mahé, v. de l'Inde, sur la côte de Malabar ; 18 000 h.

Mahomet, fondateur de l'islam (vers 570-632). Il dut s'enfuir (*hégire*) de La Mecque en 622, date qui marque le commencement de l'ère musulmane. La guerre éclata, Mahomet, vainqueur, s'empara de La Mecque en 630. Ses préceptes furent réunis dans le *Coran*.

Mahomet ou **Mehmet**, nom de six sultans ottomans, dont : MAHOMET II (1430-1481), sultan de 1451 à 1481 ; il s'empara de Constantinople (1453) et en fit sa capitale ; — MAHOMET VI

(1861-1926), dernier sultan de Turquie (1918-1922).

Main ou **Mein** (le), riv. d'Allemagne, affl. du Rhin (r. dr.) ; 524 km.

Maine (la), riv. de France, affl. de la Loire (r. dr.), formée par la Sarthe et la Mayenne. Elle arrose Angers ; 10 km.

Maine (le), anc. prov. de France, réunie à la Couronne en 1584.

Maine, un des Etats unis de l'Amérique du Nord ; cap. *Augusta*.

Maine (Louis-Auguste DE BOURBON, *duc* du), fils légitimé de Louis XIV et de Mme de Montespan (1670-1736).

Maine de Biran (Marie-François-Pierre), philosophe français (1766-1824).

Maine-et-Loire (49), dép. formé par l'Anjou ; préf. *Angers* ; s.-préf. *Cholet*, *Saumur*, *Segré* ; 7 218 km² ; 629 800 h.

Maintenon (Françoise D'AUBIGNÉ, *marquise de*) [1635-1719], unie à Louis XIV par un mariage secret. Elle fonda la maison de Saint-Cyr, où l'on élevait les jeunes filles nobles et pauvres.

Maisons-Alfort, ch.-l. de c. du Val-de-Marne ; 54 500 h. Ecole vétérinaire.

Maisons-Laffitte, ch.-l. de c. des Yvelines, sur la Seine ; 23 800 h. Château bâti par Mansart. Hippodrome.

Maistre (Joseph **de**), écrivain français (1753-1821) ; — Son frère, XAVIER (1763-1852), auteur du *Voyage autour de ma chambre*.

Majeur (*lac*), lac entre l'Italie et la Suisse ; 212 km².

Majorque, la plus grande des Baléares ; 363 000 h. Cap. *Palma*.

Makeevka, v. de l'Ukraine, dans le Donbass ; 399 000 h. Métallurgie.

Malabar (*côte de*), côte ouest du Deccan, baignée par la mer d'Oman.

Malabo, cap. de la Guinée équatoriale, dans l'île Macias Nguema ; 37 200 h.

Malacca (*presqu'île de*) ou **presqu'île Malaise**, presqu'île de l'Indochine, entre la mer de Chine et l'océan Indien.

Malade imaginaire (le), comédie de Molière (1673), sa dernière œuvre.

Maladetta (*massif de la*), ou **monts Maudits**, montagnes des Pyrénées.

Malaga, v. et port d'Espagne (Andalousie) ; 374 500 h. Vins.

Malaisie, région asiatique comprenant les îles de la Sonde, les îles Soumbava, Timor, Moluques, Célèbes, Bornéo, Philippines.

Malaisie (*Fédération de*), fédération de neuf Etats, constituée en 1946, auj. intégrée à la Malaysia.

Mälar (*lac*), lac de la Suède.

Malawi, anc. **Nyassaland,** Etat de l'Afrique orientale, membre du Commonwealth; 127 368 km²; 5 000 000 d'h. Cap. *Zomba.*

Malaysia (*Fédération de*), fédération membre du Commonwealth regroupant la Malaisie, le Sabah et Sarawak; 334 257 km²; 11 900 000 h. Cap. *Kuala-Lumpur.*

Malebranche (Nicolas de), philosophe idéaliste français (1638-1715).

Malesherbes, ch.-l. de c. (Loiret); 3 900 h.

Malesherbes (Chrétien-Guillaume de Lamoignon de), magistrat français (1721-1794), défenseur de Louis-XVI devant la Convention; m. sur l'échafaud.

Malgaches, habitants de l'île de Madagascar.

Malherbe (François de), poète lyrique français (1555-1628). Réformateur de la poésie française.

Mali (*république du*), Etat d'Afrique occidentale; 5 700 000 h. Cap. *Bamako.*

Malibran (Maria Felicia), cantatrice d'origine espagnole (1808-1836).

Malines, v. de Belgique (Anvers), sur la Dyle; 64 300 h. Dentelles.

Mallarmé (Stéphane), poète français (1842-1898), initiateur du symbolisme.

Malmaison, domaine des Hauts-de-Seine, à *Rueil-Malmaison.* Anc. résidence de l'impératrice Joséphine.

Malmédy, v. de Belgique (Liège).

Malmö, v. et port de la Suède méridionale, sur le Sund; 254 300 h.

Malo-les-Bains, localité du Nord, intégrée à Dunkerque.

Malplaquet, hameau du dép. du Nord; victoire de Marlborough et du prince Eugène sur Villars (1709).

Malraux (André), écrivain français (1901-1976), auteur de *la Condition humaine.*

Mälstrom (le), courant tourbillonnaire près des îles Lofoden.

Malte, île de la Méditerranée, Etat du Commonwealth; 320 000 h.; ch.-l. *La Valette.*

Malthus (Thomas Robert), économiste anglais (1766-1834).

Malvoisie, presqu'île de la Grèce (Laconie). Vins.

Mamers, ch.-l. d'arr. (Sarthe), sur la Dive; 6 800 h.

Man (*île de*), île anglaise de la mer d'Irlande. Ch.-l. *Douglas.*

Managua, cap. du Nicaragua; 318 000 h.

Manaus, v. du Brésil (Etat d'Amazonas), port sur le rio Negro; 312 000 h.

Manche, bras de mer formé par l'Atlantique, entre France et Angleterre.

Manche (50), dép. formé d'une partie de la Normandie; préf. *Saint-Lô*; s.-préf. *Avranches, Cherbourg, Coutances*; 6 412 km²; 451 700 h.

Manche, région d'Espagne, en Nouvelle-Castille.

Manchester, v. d'Angleterre (Lancaster); 616 000 h. Grand centre cotonnier.

Mancini (Laure), *duchesse* DE VENDÔME, nièce ainée de Mazarin (1636-1657), mère du maréchal de Vendôme; — OLYMPE, sœur de la précédente (1639-1708), comtesse de Soissons, mère du prince Eugène; — MARIE, sa sœur (1640-1715), princesse Colonna; — HORTENSE, sa sœur (1646-1699), duchesse de La Meilleraye; — MARIE-ANNE, sa sœur (1646-1714), duchesse de Bouillon.

Mandalay, v. de la haute Birmanie; 401 000 h. Centre commercial.

Mandchourie, anc. nom d'une région formant le nord-est de la Chine. V. pr. *Chen-yang* (anc. *Moukden*).

Mandrin (Louis), chef de brigands, né en 1724, roué vif en 1755.

Manès ou **Manichée** (215-276), fondateur de la secte des *manichéens.*

Manet (Edouard), peintre impressionniste français (1832-1883).

Mangin (Charles), général français (1866-1925).

Manitoba, province du centre du Canada; 993 000 h. Cap. *Winnipeg.*

Mann (Thomas), romancier allemand (1875-1955), auteur des *Buddenbrooks.*

Mannerheim (Gustave-Charles, *baron*), maréchal et homme d'Etat finlandais (1867-1951), président de la République (1944-1946).

Mannheim, v. d'Allemagne (Wurtemberg-Bade), port actif sur le Rhin; 323 000 h. Centre industriel.

Manosque, ch.-l. de c. (Alpes-de-Haute-Provence); 19 600 h.

Mans (Le), ch.-l. de la Sarthe, sur la Sarthe; 155 300 h. Cathédrale (XII e s.). Centre industriel.

Mansart (François), architecte français (1598-1666); il a construit une partie du Val-de-Grâce; — Son petit-neveu par alliance, Jules **Hardouin-Mansart** (1646-1708), construisit le dôme des Invalides, le palais et la chapelle de Versailles, etc.

Mansourah, v. de la basse Egypte. Louis IX y fut vaincu et fait prisonnier par les mameluks (1250).

Mantegna (André), peintre et graveur italien (1431-1506).

Mantes-la-Jolie, ch.-l. d'arr. (Yvelines), sur la Seine; collégiale (XII e-XIII e s.); 42 600 h.

Mantoue, v. d'Italie (Lombardie).

Manzoni (Alessandro), écrivain romantique italien (1785-1873).

Maoris, indigènes de la Nouvelle-Zélande, de race polynésienne.

Mao Tsé-toung, homme d'Etat chinois (1893-1976). Président de la République populaire chinoise de 1954 à 1959, il fut le principal dirigeant du parti communiste chinois.

Maputo, anc. Lourenço Marques, cap. du Mozambique; 183 800 h.

Maracaïbo, v. du Venezuela; importants gisements de pétrole; 621 000 h.

Marat (Jean-Paul), révolutionnaire français (1743-1793).

Marathon, village de l'Attique, près duquel Miltiade remporta une victoire sur les Perses (490 av. J.-C.).

Marc (saint), un des quatre évangélistes.

Marceau (François-Séverin), général français (1769-1796). Il se distingua en Vendée; il fut tué à Altenkirchen.

Marcel (Etienne), prévôt des marchands de Paris, adversaire du futur Charles V; il fut assassiné en 1358.

Marchand (Jean-Baptiste), général français (1863-1934).

Marche, anc. prov. de France; réunie à la Couronne en 1531. Ch.-l. Guéret.

Marchienne-au-Pont, comm. de Belgique (Hainaut); métallurgie.

Marconi (Guglielmo), physicien italien (1874-1937) qui réalisa les premières liaisons par T.S.F.

Marcoule, lieu-dit du Gard. Usine de plutonium.

Marcq-en-Barœul, ch.-l. de c. du Nord, sur la Marcq; 36 300 h.

Mardochée, oncle et tuteur d'Esther.

Marèges, installation hydro-électrique sur la Dordogne (Corrèze).

Marengo, village d'Italie (Piémont); victoire de Bonaparte (1800).

Margeride (monts de la), montagnes du Massif central.

Marggraf (Andreas), chimiste allemand (1709-1782), qui prépara le sucre de betterave.

Marguerite d'Angoulême (1492-1549), sœur de François Ier, reine de Navarre; mère de Jeanne d'Albret. Elle a écrit des poésies et des contes.

Marguerite d'Autriche (1480-1530), fille de Maximilien Ier et de Marie de Bourgogne.

Marguerite de France (1553-1615), fille de Henri II et de Catherine de Médicis, première femme du futur Henri IV, répudiée en 1599.

Marguerite de Provence (vers 1221-1295), reine de France, femme de Louis IX, qu'elle suivit en Egypte.

Marguerite Valdemarsdotter, dite **la Sémiramis du Nord** (1353-1412), fille du roi de Danemark, elle réunit les couronnes de Norvège, de Suède et de Danemark.

Mariannes (îles), archipel du Pacifique, sous tutelle américaine.

Marie (sainte) ou **la Sainte Vierge**, mère du Christ, fille de saint Joachim et de sainte Anne.

Marie d'Angleterre (1497-1534), fille de Henri VII Tudor, troisième femme de Louis XII, roi de France.

Marie d'Anjou (1404-1463), fille de Louis II, duc d'Anjou, roi de Sicile, épouse de Charles VII, roi de France.

Marie de Bourgogne (1457-1482), fille de Charles le Téméraire, femme de Maximilien d'Autriche.

Marie Leczinska (1703-1768), fille du roi de Pologne Stanislas Leczinski et femme de Louis XV.

Marie de Médicis (1573-1642), seconde femme de Henri IV, roi de France, régente de 1610 à 1614, pendant la minorité de Louis XIII.

Marie Ire Stuart (1542-1587), reine d'Ecosse de 1542 à 1567. Veuve de François II, roi de France, en 1560, elle fut décapitée par ordre d'Elisabeth, après dix-neuf ans de captivité.

Marie Ire Tudor (1516-1558), fille de Henri VIII et de Catherine d'Aragon, reine d'Angleterre de 1553 à 1558; femme de Philippe II d'Espagne.

Marie-Antoinette (1755-1793), fille de l'empereur François Ier et de Marie-Thérèse d'Autriche, femme de Louis XVI. Elle mourut guillotinée.

Marie-Christine de Habsbourg-Lorraine (1858-1929), régente d'Espagne de 1885 à 1906.

Marie-Louise (1791-1847), fille de l'empereur François II, seconde épouse de Napoléon Ier.

Marie-Thérèse d'Autriche (1638-1683), fille de Philippe IV, roi d'Espagne, et femme de Louis XIV.

Marie-Thérèse d'Autriche (1717-1780), reine de Hongrie (1741) et de Bohême (1743), épouse de François Ier, empereur germanique. Energique et courageuse, elle lutta contre Frédéric II, roi de Prusse.

Marie-Galante, une des Petites Antilles françaises. Ch.-l. Grand-Bourg.

Marignan, v. d'Italie. Victoire des Français sur les Suisses en 1515.

Marignane, comm. des Bouches-du-Rhône; 26 500 h. Aéroport.

Marini ou **Marino** (Giambattista), poète précieux italien (1569-1625).

Mariotte (abbé Edme), physicien

français (vers 1620-1684) qui énonça la loi de compressibilité des gaz.

Maritza ou **Marica** (la), fl. de la péninsule des Balkans (mer Egée); 437 km.

Marius (Caius), général et homme d'Etat romain (156-86 av. J.-C.). Consul, chef du parti populaire et adversaire de Sylla.

Marivaux (Pierre de), écrivain français (1688-1763), auteur de comédies.

Marlborough (John CHURCHILL, *duc* de), général anglais (1650-1722), chef de l'armée des Pays-Bas.

Marles-les-Mines, comm. du Pas-de-Calais; houille; 7 900 h.

Marlowe (Christopher), poète dramatique anglais (1563-1593).

Marly-le-Roi, ch.-l. de c. (Yvelines); 16 100 h. Château construit sous Louis XIV, détruit pendant la Révolution.

Marmande, ch.-l. d'arr. (Lot-et-Garonne), sur la Garonne; cultures maraîchères; 17 700 h.

Marmara (*mer de*), petite mer intérieure, entre la Turquie d'Europe et la Turquie d'Asie.

Marmont (Louis de), maréchal de France (1774-1852).

Marmontel (Jean-François), écrivain français (1723-1799).

Marne (la), riv. de France, affl. de la Seine (r. dr.); 525 km. Le *canal latéral de la Marne* remonte la rivière de Dizy à Vitry-le-François; il est prolongé par le *canal de la Marne au Rhin* et par le *canal de la Marne à la Saône*.

Marne (*batailles de la*), ensemble des combats victorieux dirigés par Joffre en septembre 1914, qui stoppèrent l'invasion allemande et contraignirent les troupes de Moltke à la retraite. Foch remporta dans la région une seconde victoire en 1918.

Marne (51), dép. formé d'une partie de la Champagne; préf. *Châlons*; s.-préf. *Epernay, Reims, Sainte-Menehould, Vitry-le-François*; 8 205 km²; 530 400 h.

Marne (Haute-) [52], dép. formé d'une partie de la Champagne, de la Bourgogne et de la Franche-Comté; préf. *Chaumont*; s.-préf. *Langres, Saint-Dizier*; 6 257 km²; 212 300 h.

Marnia, v. d'Algérie, ch.-l. d'arr. du dép. de Tlemcen; 12 100 h. Sources thermales.

Maroc (*royaume du*), Etat de l'Afrique du Nord; 447 000 km²; 17 310 000 h. Cap. *Rabat*.

Marot (Clément), poète français (1496-1544). Ses épîtres sont pleines de verve.

Marquette-lez-Lille, comm. du Nord; 8 200 h. Constructions mécaniques; industries alimentaires.

Marquises (*îles*), archipel de la Polynésie française; 4 800 h.

Marrakech, v. industrielle du Maroc, sur le Tensift; 255 000 h. Minaret de la *Koutoubia*.

Mars, dieu romain de la Guerre.

Mars, planète du système solaire, la plus voisine de la Terre, mais plus petite et plus éloignée du Soleil.

Marsaille (La), village du Piémont. Catinat y vainquit le duc de Savoie en 1693.

Marsala, v. et port de Sicile; vins.

Marseillaise (*la*), chant national français, composé en 1792 par Rouget de Lisle.

Marseille, ch.-l. des Bouches-du-Rhône, port sur la Méditerranée; 914 000 h. Grand centre industriel et commercial.

Marshall, archipel de l'Océanie, sous la tutelle des Etats-Unis.

Marshall (George), général et homme politique américain (1880-1959).

Marsyas, jeune Phrygien, habile à jouer de la flûte, qui osa défier Apollon. Le dieu l'écorcha vif.

Martel (Edouard), spéléologue français (1859-1938), créateur de la spéléologie.

Marthe (*sainte*), sœur de Marie et de Lazare.

Martial (*saint*), évêque de Limoges (III* s.).

Martial, poète latin (vers 40-vers 104).

Martigues, ch.-l. de c. (Bouches-du-Rhône); 38 400 h. Port sur l'étang de Berre.

Martin (*saint*), évêque de Tours, né en Pannonie (vers 316-397).

Martin, nom de cinq papes, dont MARTIN V, pape de 1417 à 1431; son élection mit fin au Grand Schisme d'Occident; il condamna Jean Hus.

Martin (Pierre), ingénieur français (1824-1915), inventeur d'un procédé de fabrication de l'acier.

Martin du Gard (Roger), écrivain français (1881-1958), auteur des *Thibault*.

Martinique (la), dép. français des Petites Antilles; 1 100 km²; 332 000 h. Ch.-l. *Fort-de-France*. Sucre, rhum.

Marx (Karl), philosophe socialiste allemand (1818-1883), auteur du *Manifeste communiste* (avec Engels); il a défini sa philosophie dans le *Capital*.

Maryland, un des Etats unis de l'Amérique du Nord (Atlantique); 4 056 000 h. Cap. *Annapolis*.

Masaccio (Thomas), peintre italien (1401-1429), auteur de fresques.

Masaryk (Thomas), homme d'Etat tchèque (1850-1937), premier président de la République tchécoslovaque (1920-1935).

Mascara, v. d'Algérie, ch.-l. d'arr. du dép. de Mostaganem; 36 900 h. Centre commercial.

Mascareignes (îles), anc. nom d'un groupe d'îles de l'océan Indien : la *Réunion*, anc. *île Bourbon* (à la France), *Maurice*, anc. *île de France*, et *Rodriguez* (à la Grande-Bretagne).

Mascaron (Jules de), prédicateur français (1634-1703).

Mascate, v. et port d'Arabie, sur le golfe d'Oman.

Mas-d'Azil (Le), ch.-l. de c. (Ariège); 1 600 h. Grotte préhistorique.

Masinissa (238-148 av. J.-C.), roi de Numidie, allié des Romains.

Massa, v. d'Italie (Toscane) ; marbre.

Massachusetts, un des Etats unis de l'Amérique du Nord (Atlantique-Nord) ; 5 787 000 h. Cap. *Boston*.

Masséna (André), maréchal de France (1756-1817).

Massenet (Jules), compositeur français (1842-1912), auteur de *Manon*, *Werther*, etc.

Massif central ou **Plateau central**, région de hautes terres, qui s'étend entre le Bassin parisien, le Bassin aquitain et le couloir rhodanien. Il culmine au puy de Sancy (1 886 m).

Massillon (Jean-Baptiste), prédicateur français (1663-1742).

Matapan (*cap*), promontoire au sud du Péloponnèse (Grèce).

Mathias Ier Corvin (1443-1490), roi de Hongrie de 1458 à 1490.

Mathilde ou **Mahaut de Flandre**, femme de Guillaume le Conquérant.

Mathusalem, patriarche, grand-père de Noé; il aurait vécu 969 ans.

Matisse (Henri), peintre français (1869-1954), l'un des principaux représentants du fauvisme.

Mato Grosso, vaste plateau de l'ouest du Brésil.

Matthieu ou **Mathieu** (*saint*), apôtre et évangéliste, martyrisé vers l'an 70.

Maubeuge, ch.-l. de c. (Nord), sur la Sambre ; 35 500 h. Métallurgie.

Maunoury (Michel), maréchal de France (1847-1923).

Maupassant (Guy de), écrivain français (1850-1893), auteur de romans et de contes.

Maupeou (René-Nicolas de), magistrat français (1714-1792).

Maupertuis (Pierre-Louis Moreau de), mathématicien, astronome et philosophe français (1698-1759).

Maur (*saint*), disciple de saint Benoît (vers 518-584).

Maures (*montagnes des*), petit massif riverain de la Méditerranée (Var).

Maures, habitants de la Mauritanie. Ce nom fut étendu, au Moyen Age, aux conquérants arabes du Maghreb et de l'Espagne.

Mauriac, ch.-l. d'arr. du Cantal; 4 600 h.

Mauriac (François), écrivain catholique français (1885-1970).

Maurice (île), anc. **île de France**, île de l'océan Indien, à l'est de Madagascar; 860 000 h.; ch.-l. *Port-Louis*. Etat du Commonwealth.

Maurienne, vallée de l'Arc (Savoie).

Mauritanie, anc. contrée de l'Afrique septentrionale. — République de l'Afrique occidentale; 835 000 km²; 1 320 000 h. Cap. *Nouakchott*. Fer.

Maurois (André), écrivain français (1885-1967).

Maurras (Charles), écrivain français (1868-1952), théoricien du nationalisme intégral.

Mausole, roi de Carie de 377 à 353 av. J.-C., au tombeau célèbre (*Mausolée*).

Maximilien Ier (1459-1519), empereur germanique de 1493 à 1519.

Maximilien (Ferdinand), archiduc d'Autriche (1832-1867). Devenu empereur du Mexique en 1864, il fut pris et fusillé.

Maxwell (James Clerk), physicien écossais (1831-1879), auteur de la théorie électromagnétique de la lumière.

Mayas, Indiens de l'Amérique centrale, dans le Yucatan.

Mayence, v. d'Allemagne, sur le Rhin; 176 000 h. Cathédrale.

Mayenne (la), riv. de France, qui se joint à la Sarthe pour former la Maine ; 200 km.

Mayenne (53), dép. formé d'une partie du Maine et de l'Anjou; préf. *Laval;* s.-préf. *Château-Gontier, Mayenne;* 5 200 km²; 261 800 h.

Mayenne, ch.-l. d'arr. (Mayenne). sur la Mayenne; textiles; 13 900 h.

Mayenne (*duc de*) [1554-1611], chef de la Ligue, vaincu à Arques et à Ivry par Henri IV.

Mayotte, île française de l'océan Indien, une des Comores ; 32 500 h.

Mazagan. V. EL-JADIDA.

Mazagran, village d'Algérie (Oran), célèbre par la résistance qu'opposèrent, en 1840, 123 Français à 12 000 Arabes.

Mazamet, ch.-l. de c. (Tarn); 14 900 h. Centre de délainage et de mégisserie.

Mazarin (Jules), cardinal et homme d'Etat français, d'origine italienne (1602-1661), successeur de Richelieu. Il termina la guerre de Trente Ans (1648), triompha de la Fronde, et imposa à l'Espagne le traité des Pyrénées (1659).

Mazeppa, hetman des Cosaques de l'Ukraine (1644-1709).

Mazzini (Giuseppe), patriote italien (1805-1872). Il fit proclamer la république à Rome en 1849.

Mbabane, cap. du Souaziland; 13 800 h.

Méandre (le), fl. d'Anatolie, au cours sinueux, tributaire de la mer Egée; 380 km.

Meaux, ch.-l. d'arr. (Seine-et-Marne), sur la Marne et le canal de l'Ourcq; 43 100 h. Cathédrale (XIIIᵉ-XIVᵉ s.).

Mécène, chevalier romain (69-8 av. J.-C.), conseiller d'Auguste.

Méched, v. de l'Iran (Khorassan).

Mecklembourg, pays d'Allemagne.

Mecque (La), v. de l'Arabie Saoudite, cap. du Hedjaz; 200 000 h. Ville sainte pour les musulmans.

Médéa, v. d'Algérie, ch.-l. du dép. de Médéa; 48 100 h. Vins.

Médée, magicienne, fille d'un roi de la Colchide. Son mari l'ayant abandonnée, elle se vengea en égorgeant elle-même ses enfants.

Medellín, v. de Colombie; 338 500 h.

Médicis, famille florentine, dont les principaux membres sont : LAURENT Iᵉʳ *le Magnifique* (1448-1492), protecteur des lettres et des arts; ALEXANDRE (1510-1537), premier duc de Florence, assassiné par Lorenzaccio; — COSME Iᵉʳ *le Grand* (1519-1574), premier grand-duc de Toscane. V. également LÉON X, CLÉMENT VII, CATHERINE et MARIE.

Médie, anc. royaume d'Asie, que Cyrus réunit à la Perse; cap. *Ecbatane*.

Médine, v. sainte d'Arabie (Hedjaz).

Médiques (*guerres*), guerres qui eurent lieu au vᵉ s. avant notre ère, entre les Grecs et les Perses.

Méditerranée, mer limitée par l'Europe au nord, l'Asie à l'est et l'Afrique au sud. Elle communique avec l'Atlantique par le détroit de Gibraltar et avec la mer Rouge par le canal de Suez.

Medjerda (la), fl. de l'Afrique du Nord (golfe de Tunis); 365 km.

Médoc, région viticole de la Gironde.

Méduse, une des trois Gorgones.

Mégare, v. de Grèce, sur l'isthme de Corinthe.

Mégère, une des trois Furies.

Megève, comm. de la Haute-Savoie; 5 300 h. Sports d'hiver.

Méhémet-Ali (1769-1849), pacha d'Egypte de 1811 à 1848; il lutta victorieusement contre les Turcs.

Mehmet. V. MAHOMET.

Méhul (Etienne), compositeur français (1763-1817), auteur de l'opéra *Joseph*.

Meije (la), massif des Alpes françaises (Dauphiné); 3 987 m.

Meissonier (Ernest), peintre français (1815-1891).

Meknès, v. du Maroc; 248 400 h.

Mékong (le), fl. de l'Indochine, tributaire de la mer de Chine; 4 200 km.

Mélanchthon, théologien allemand (1497-1560), ami de Luther.

Mélanésie, une des divisions de l'Océanie.

Melbourne, v. et port d'Australie, cap. de l'Etat de Victoria; 2 122 000 h. Grand centre commercial et industriel.

Méliès (Georges), illusionniste et cinéaste français (1861-1938).

Melilla, v. et port du Maroc; 87 000 h.

Melun, ch.-l. de Seine-et-Marne, sur la Seine; 39 000 h. Marché agricole.

Mélusine, fée que les romans de chevalerie représentent comme la protectrice de la maison de Lusignan.

Memel ou **Klaipeda**, v. de l'U.R.S.S. (Lituanie), port sur la Baltique.

Memling (Hans), peintre flamand (vers 1435-1494).

Memphis, v. de l'anc. Egypte, dont elle fut la capitale, sur le Nil.

Memphis, v. des Etats-Unis (Tennessee), sur le Mississippi; 620 900 h.

Ménam, fl. de la Thaïlande, qui se jette dans le golfe de Siam; 1 200 km.

Ménandre, poète comique grec (vers 340-292 av. J.-C.).

Mende, ch.-l. de la Lozère, sur le Lot; 12 000 h.

Mendel (Johann Gregor), religieux et botaniste autrichien (1822-1884), auteur d'études sur l'hérédité.

Mendéléev (Dmitri), chimiste russe (1834-1907), qui a établi la classification périodique des éléments chimiques.

Mendelssohn-Bartholdy (Félix), compositeur allemand (1809-1847).

Mendoza, v. de l'Argentine.

Ménélas, roi de Sparte et frère d'Agamemnon; le rapt de sa femme, Hélène, détermina la guerre de Troie.

Meng-Tseu ou **Mencius**, philosophe chinois (IVᵉ s. av. J.-C.).

Ménilmontant, quartier de Paris.

Menin, v. de Belgique, à la frontière française; centre industriel.

Ménippée (*Satire*), pamphlet politique contre la Ligue (1594).

Menteur (*le*), comédie de Corneille (1643).

Menton, ch.-l. de c. (Alpes-Maritimes), sur la Méditerranée; station balnéaire; 25 300 h.

Mentor, ami d'Ulysse et guide de Télémaque, conseiller sûr et prudent.

Menzel Bourguiba, anc. Ferryville, v. de Tunisie; 34 700 h.

Méphistophélès, le diable.

Mercator (Gerhard KREMER, dit), cartographe flamand (1512-1594), inventeur d'un système de projection.

Mercure, dieu latin du Commerce et de l'Eloquence, messager des dieux; identifié avec l'**Hermès** grec.

Mercure, planète du système solaire, la plus proche du Soleil.

Mérida, v. d'Espagne (Badajoz). — V. du Mexique, cap. du Yucatan; 212 000 h. Industries textiles.

Mérignac, ch.-l. de c. de la Gironde, près de Bordeaux; 52 200 h. Aéroport.

Mérimée (Prosper), écrivain français (1803-1870), auteur de *Colomba* et de *Carmen*.

Mermoz (Jean), aviateur français (1901-1936), disparu en mer au large de Dakar, lors d'une traversée de l'Atlantique.

Mérovée, roi franc de 448 à 458. Il combattit Attila aux champs Catalauniques.

Mérovingiens, dynastie franque issue de Mérovée et qui a régné sur la Gaule de 448 à 751.

Mers el-Kébir, base navale d'Algérie (Oran), sur le golfe d'Oran.

Mersey (la), fl. d'Angleterre, qui se jette dans la mer d'Irlande; 113 km.

Merveilles du monde (*les Sept*), nom donné par les Anciens à sept chefs-d'œuvre d'architecture et de sculpture : les jardins suspendus de Babylone, les pyramides d'Egypte, le Zeus olympien de Grèce, le mausolée d'Halicarnasse, le phare d'Alexandrie, le colosse de Rhodes et le temple d'Artémis à Ephèse.

Mésie, contrée de l'Europe ancienne.

Mesmer (Franz), médecin allemand (1734-1815), fondateur d'une théorie du magnétisme animal.

Mésopotamie, région de l'Asie ancienne, entre l'Euphrate et le Tigre.

Messaline (15-48), épouse de l'empereur Claude et mère de Britannicus.

Messénie, contrée du Péloponnèse.

Messine, v. et port de Sicile, sur le *détroit de Messine*, qui sépare l'Italie de la Sicile; 264 600 h.

Métastase (Pietro), poète tragique italien (1698-1782).

Métaure, fl. de l'Italie centrale (Adriatique). Sur ses bords, Asdrubal fut vaincu et tué par les Romains (207 av. J.-C.).

Metchnikov (Elie), zoologiste et microbiologiste russe (1845-1916).

Méthode (*Discours de la*), par Descartes (1637), traité qui a ouvert une ère nouvelle de la philosophie.

Metternich (Clément, *prince de*), homme d'Etat autrichien (1773-1859).

Metz [*mèss*], ch.-l. du dép. de la Moselle, sur la Moselle; 117 200 h. Evêché. Anc. place forte.

Metzu ou **Metsu** (Gabriel), peintre hollandais (1630-1667).

Metzys ou **Metsys** (Quentin), peintre flamand (1466-1530).

Meudon, ch.-l. de c. des Hauts-de-Seine; 53 400 h. Soufflerie pour l'aviation (Chalais-Meudon). Observatoire.

Meursault, comm. de la Côte-d'Or; 1 700 h. Vins renommés.

Meurthe (la), riv. de France, affl. de la Moselle (r. dr.); 170 km.

Meurthe-et-Moselle (54), dép. formé en 1871 par une partie de la Lorraine; préf. *Nancy*; s.-préf. *Briey, Lunéville, Toul*; 5 280 km²; 722 600 h.

Meuse (la), fl. qui arrose la France, la Belgique et la Hollande, et se jette dans la mer du Nord; 950 km.

Meuse (55), dép. formé d'une partie de la Champagne, de la Lorraine et du Barrois; préf. *Bar-le-Duc*; s.-préf. *Commercy, Verdun*; 6 241 km²; 203 900 h.

Mexico, cap. du Mexique; 4 636 000 h. Centre industriel et commercial.

Mexique, république de l'Amérique centrale; 1 969 000 km²; 60 millions d'h. Cap. *Mexico*.

Mexique (*golfe du*), golfe à l'ouest de l'Atlantique, entre les Etats-Unis, le Mexique et les Antilles.

Meyerbeer (Giacomo), compositeur allemand (1791-1864).

Mézières, anc. ch.-l. des Ardennes, sur la Meuse, uni à Charleville en 1966.

Miami, v. des Etats-Unis (Floride); station balnéaire; 335 000 h. Aéroport.

Michel (*saint*), archange, chef de la milice céleste.

Michel, nom de neuf empereurs byzantins, dont MICHEL VIII *Paléologue*, empereur de 1259 à 1282, qui reprit Constantinople aux Latins.

Michel Ier, roi de Roumanie, de 1927 à 1930 et de 1940 à 1947.

Michel-Ange Buonarroti, peintre, sculpteur, architecte et poète italien (1475-1564). On lui doit la coupole de Saint-Pierre de Rome, le tombeau de Jules II, les statues de David et de

Moïse, et les fresques de la chapelle Sixtine.

Michelet (Jules), historien français (1798-1874).

Michigan, un des cinq Grands Lacs, au nord des Etats-Unis. — Un des Etats unis d'Amérique (Centre-Nord); 9 082 000 h. Cap. *Lansing*.

Mickiewicz (Adam), le plus grand poète polonais (1798-1855).

Micronésie, région de l'Océanie comprenant les Mariannes, les Carolines, les Palaos, les Marshall, les Gilbert.

Midas, roi de Phrygie, qui obtint de Bacchus la faculté de changer en or les objets qu'il touchait; ayant eu l'audace d'offenser Apollon, il fut doté par celui-ci d'oreilles d'âne.

Middlesbrough, v., port et centre industriel d'Angleterre (York), sur l'estuaire de la Tee; 154 600 h.

Middlesex, anc. comté d'Angleterre, dans la région de Londres.

Midi (*pic du*), nom de deux sommets pyrénéens : le *pic du Midi de Bigorre* (Hautes-Pyrénées) [2 877 m] et le *pic du Midi d'Ossau* (Pyrénées-Atlantiques) [2 885 m].

Midi (*canal du*), canal reliant l'océan Atlantique à la mer Méditerranée, de Toulouse à l'étang de Thau; 241 km.

Midou (le), riv. du Gers formant avec la Douze la Midouze; 105 km.

Midouze (la), riv. du Gers, affl. de l'Adour (r. dr.); 43 km.

Midway, archipel du Pacifique.

Mignard (Pierre) [1612-1695], peintre d'histoire et de portraits.

Mila, v. d'Algérie, ch.-l. d'arr. du dép. de Constantine; 21 300 h.

Milan, v. de l'Italie, cap. de la Lombardie; 1 673 000 h. Grand centre industriel.

Milet, ancienne v. de l'Asie Mineure, anc. port sur la mer Egée.

Miliana, v. d'Algérie, ch.-l. d'arr. du dép. El-Asnam (Orléansville); 18 100 h. Minerai de fer.

Millau, anc. **Milhau**, ch.-l. d'arr. (Aveyron), sur le Tarn; houille: ganterie; 22 600 h.

Mille et Une Nuits (les), recueil de contes arabes d'origine persane.

Millerand (Alexandre), homme d'Etat français (1859-1943), président de la République de 1920 à 1924.

Millet (Jean-*François*), peintre paysagiste français (1815-1875).

Millevaches, plateau du Limousin.

Milo, une des Cyclades, où la statue connue sous le nom de *Vénus de Milo* fut découverte en 1820.

Milon, athlète légendaire du VIᵉ s.

av. J.-C., né à Crotone. Il était d'une force extraordinaire.

Miltiade, général athénien, vainqueur des Perses à Marathon.

Milton (John), poète anglais (1608-1674), auteur du *Paradis perdu*.

Milwaukee, v. des Etats-Unis (Wisconsin); port et centre industriel sur le lac Michigan; 760 000 h.

Mimizan, ch.-l. de c. (Landes); 7 700 h. Produits résineux; papeterie. Station balnéaire.

Mindanao, îles des Philippines.

Minerve, déesse latine de la Sagesse et des Arts, l'**Athéna** des Grecs.

Minervois, pays du Languedoc (Aude et Hérault). Vignobles.

Minneapolis, v. des Etats-Unis (Minnesota), sur le Mississippi; industries; 482 800 h.

Minnesota, un des Etats unis d'Amérique (Centre-Nord-Ouest); 3 896 000 h. Cap. *Saint-Paul*.

Minoens, nom donné aux peuples crétois de l'époque archaïque (3000-1200 av. J.-C.).

Minorque, une des îles Baléares.

Minos, roi légendaire de Crète, juge des Enfers, avec Eaque et Rhadamante.

Minotaure, monstre moitié homme et moitié taureau, fils de Pasiphaé. Il fut tué par Thésée.

Minsk, v. de l'U.R.S.S., cap. de la Russie Blanche; 907 000 h.

Miquelon (*Grande et Petite*), îles de l'archipel français de Saint-Pierre-et-Miquelon, au sud de Terre-Neuve. Pêcheries.

Mirabeau (Honoré, *comte* de), orateur et homme politique (1749-1791).

Mirande, ch.-l. d'arr. (Gers); 4 100 h.

Mirecourt, ch.-l. de c. (Vosges), sur le Madon; 9 300 h.

Misanthrope (le), comédie de Molière (1666).

Miskolc, v. de la Hongrie; 155 000 h.

Mississippi (le), grand fleuve des Etats-Unis (golfe du Mexique); 3 780 km.

Mississippi, un des Etats unis de l'Amérique du Nord (Centre-Sud-Est); 2 327 000 h. Cap. *Jackson*.

Missolonghi, v. de la Grèce, célèbre par la défense qu'elle opposa aux turcs en 1822-1823 et en 1826.

Missouri (le), grande rivière des Etats-Unis, affl. du Mississippi; 4 370 km.

Missouri, un des Etats unis de l'Amérique du Nord (Centre-Nord-Ouest); 4 508 000 h. Cap. *Jefferson*.

Mistral (Frédéric), écrivain français (1830-1914), auteur de *Mireille*, poème écrit en langue provençale.

Mitchourine (Ivan Vladimir), biologiste russe (1860-1935).

Mithra, l'esprit de la lumière divine dans la religion mazdéenne.

Mithridate, nom de sept rois de Pont, dit *le Grand*, roi de 123 à 63 av. J.-C., adversaire des Romains de 90 à 63.

Mithridate, tragédie de Racine (1673).

Mitidja, grande et fertile plaine d'Algérie (dép. d'Alger).

Mnémosyne, déesse grecque de la Mémoire et mère des Muses.

Moab, fils de Loth, tige des *Moabites*.

Moctezuma ou **Montezuma**, empereur aztèque (1502-1520), né en 1466, vaincu par Cortés.

Modane, ch.-l. de c. (Savoie), à l'entrée du tunnel du Mont-Cenis; 5 800 h. Electrométallurgie.

Modène, v. d'Italie, cap. de l'ancien duché d'Emilie; cathédrale (XIIᵉ s.); 170 500 h. Centre industriel.

Mogadiscio, port et cap. de la Somalie; 230 000 h.

Mogador. V. ESSAOUIRA.

Mohicans, Indiens des Etats-Unis.

Moïse, la plus grande figure de l'Ancien Testament, libérateur et législateur des Hébreux. Il tira son peuple de l'esclavage, le conduisit en Palestine, reçut de Dieu, sur le mont Sinaï, les tables de la Loi.

Moissac, ch.-l. de c. (Tarn-et-Garonne), sur le Tarn; 12 100 h. Chasselas. Cloître et portail romans (XIIᵉ s.). Centre commercial.

Moissan (Henri), chimiste français (1852-1907), inventeur du four électrique.

Moka, v. et port d'Arabie (Yémen), sur la mer Rouge. Café renommé.

Molay (Jacques de) [vers 1243-1314], dernier grand maître des Templiers.

Moldavie, République soviétique, Etat membre de l'U. R. S. S.; 3 568 000 h. Cap. *Kichinev*.

Molière (Jean-Baptiste POQUELIN, dit), auteur comique français, né à Paris (1622-1673). Ses principales pièces sont : les *Précieuses ridicules*, *l'Ecole des femmes*, *Dom Juan*, le *Misanthrope*, le *Médecin malgré lui*, *l'Avare*, le *Tartuffe*, le *Bourgeois gentilhomme*, les *Fourberies de Scapin*, les *Femmes savantes*, le *Malade imaginaire*.

Moloch, divinité sanguinaire des anciens Cananéens.

Molosses, peuple de l'anc. Epire.

Molotov. V. PERM.

Molotov (Viacheslav SKRIABINE, dit), homme politique russe, né en 1890.

Molsheim, ch.-l. d'arr. du Bas-Rhin; 6 900 h.

Moltke (Helmuth, *comte* de), feldmaréchal prussien (1800-1891), vainqueur de l'Autriche (1866) et de la France (1871) ; — Son neveu, HELMUTH, général (1848-1916), fut battu à la bataille de la Marne.

Moluques (*îles*), archipel de l'Indonésie.

Mombasa, v. et port du Kenya, dans l'*île de Mombasa*.

Monaco, petite principauté de l'Europe, enclavée dans le dép. des Alpes-Maritimes; 1,5 km²; 22 300 h. Cap. *Monaco* (19 000 h.). Tourisme.

Mönchengladbach, v. d'Allemagne; 156 700 h. Centre industriel.

Monet (Claude), peintre impressionniste français (1840-1926).

Monge (Gaspard), mathématicien français (1746-1818), créateur de la géométrie descriptive.

Mongolie, plateau de l'Asie centrale, divisé en *République populaire de Mongolie*, Etat indépendant de 1 million 400 000 h. (cap. *Oulan-Bator*), et en *Mongolie-Intérieure*, territoire autonome de la Chine; 9 200 000 h.

Mongols (*empire des*), empire fondé par Gengis khan (1206-1227).

Mongtseu, v. de Chine (Yunnan).

Monique (*sainte*) [vers 322-387], mère de saint Augustin.

Monnier (Henri), écrivain et caricaturiste français (1805-1877).

Monroe (James), homme d'Etat américain (1759-1831), président des Etats-Unis de 1817 à 1825.

Monrovia, cap. de la république de Libéria, sur l'Atlantique; 96 200 h.

Mons, v. de Belgique, ch.-l. du Hainaut; 27 200 h. Vaste bassin houiller (Borinage) ; grosse industrie.

Mons-en-Barœul, faubourg industriel de Lille; 28 100 h.

Montagnards, groupe de conventionnels qui s'opposèrent aux Girondins.

Montagne Noire, massif de la bordure méridionale du Massif central (1 210 m). — Hauteurs situées à l'ouest de la Bretagne (333 m).

Montaigne (Michel Eyquem de), écrivain et moraliste français (1533-1592), auteur des *Essais*.

Montalembert (Charles, *comte* de), écrivain et homme politique français (1810-1870), défenseur du catholicisme libéral.

Montana, un des Etats unis de l'Amérique du Nord (montagnes Rocheuses), 702 000 h. Cap. *Helena*.

Montargis, ch.-l. d'arr. (Loiret), sur le Loing; papeteries, tanneries; caoutchouc; 18 900 h.

Montataire, comm. de l'Oise; 13 100 h. Métallurgie.

Montauban, ch.-l. de Tarn-et-Garonne, sur le Tarn; 50 200 h.

Montbard, ch.-l. d'arr. (Côte-d'Or), sur le canal de Bourgogne; 7 700 h.

Montbéliard, ch.-l. d'arr. (Doubs), sur le canal du Rhône au Rhin; 31 600 h. Horlogerie; métallurgie; textile.

Montbrison, ch.-l. d'arr. (Loire); métallurgie; 13 100 h.

Montcalm (Louis, *marquis de*), général français (1712-1759), tué en défendant Québec contre les Anglais.

Montceau-les-Mines, ch.-l. de c. (Saône-et-Loire); bassin houiller; métallurgie; 28 200 h.

Montchanin, ch.-l. de c. (Saône-et-Loire); 6 300 h. Métallurgie.

Mont-de-Marsan, ch.-l. des Landes, sur la Midouze; 30 200 h. Produits des Landes; fonderie.

Montdidier, ch.-l. d'arr. (Somme); 6 300 h.

Mont-Dore (*massif du*) ou **monts Dore** (les), massif culminant au Massif central; 1 886 m au *puy de Sancy*.

Mont-Dore (Le), comm. du Puy-de-Dôme; 2 300 h. Station thermale.

Montebello, v. d'Italie (Lombardie). Victoires de Lannes en 1800 et du général Forey en 1859 sur les Autrichiens.

Monte-Carlo, quartier de la principauté de Monaco; casino.

Monte-Cristo, île italienne de la Méditerranée, entre la Corse et la Toscane.

Montecuccoli (Raymond, *comte de*), général autrichien (1609-1681).

Montélimar, ch.-l. de c. (Drôme); 29 100 h. Nougat.

Montemayor (Jorge de), poète espagnol (1521-1561).

Monténégro, une des républiques de la Yougoslavie; cap. *Titograd.*

Montenotte, village d'Italie. Victoire de Bonaparte sur les Autrichiens en 1796.

Montereau-faut-Yonne, ch.-l. de c. (Seine-et-Marne), au confl. de la Seine et de l'Yonne; 21 800 h. Jean sans Peur y fut assassiné (1419). Victoire de Napoléon Ier sur les Alliés (1814).

Monterrey, v. du nord du Mexique.

Montespan (*marquise de*) [1641-1707], favorite de Louis XIV.

Montesquieu (Charles DE SECONDAT, *baron de*), écrivain et philosophe français (1689-1755), auteur des *Lettres persanes* et de l'*Esprit des lois.*

Montessori (Maria), pédagogue italienne (1870-1952).

Monteverdi (Claudio), compositeur italien (1567-1643), un des créateurs de l'opéra en Italie (*Orfeo*).

Montevideo, cap. de l'Uruguay; 1 204 000 h. Port sur l'Atlantique.

Montfaucon, localité située jadis hors de l'enceinte de Paris, entre La Villette et les Buttes-Chaumont, et où s'élevait un gibet fameux.

Montfort (Simon de), *comte* DE LEICESTER (vers 1165-1218), chef de la croisade contre les albigeois; il fut tué au siège de Toulouse.

Montgeron, ch.-l. de c. de l'Essonne; 24 100 h.

Montgolfier (*les frères de*), JOSEPH (1740-1810) et ETIENNE (1745-1799), inventeurs des ballons à air chaud nommés *montgolfières.*

Montgomery (Bernard, *lord*), maréchal britannique (1887-1976).

Montherlant (Henry de), écrivain français (1896-1972), auteur des *Bestiaires*, de *la Reine morte*, etc.

Montignies-sur-Sambre, v. de Belgique (Hainaut); métallurgie.

Montlhéry, comm. de l'Essonne; 4 200 h. Autodrome. Bataille indécise entre Louis XI et la ligue du Bien public (1465).

Mont-Louis, ch.-l. de c. (Pyrénées-Orientales); 438 h. Sports d'hiver.

Montluc (Blaise de), maréchal de France (1501-1577), qui combattit cruellement les calvinistes.

Montluçon, ch.-l. d'arr. (Allier), sur le Cher; 58 800 h. Caoutchouc.

Montmartre, quartier de Paris construit sur une butte.

Montmorency, ch.-l. d'arr. (Val-d'Oise); 20 300 h. Cerises; forêts.

Montmorency, famille dont les membres les plus célèbres sont : ANNE Ier (1493-1567), connétable, conseiller de François Ier et de Henri II; — HENRI II, maréchal de France (1595-1632); il se révolta avec Gaston d'Orléans et fut décapité

Montmorillon, ch.-l. d'arr. (Vienne), sur la Gartempe; 7 400 h.

Montpellier, ch.-l. de l'Hérault; 195 600 h. Vins. Université.

Montpensier (*duchesse de*), connue sous le nom de la **Grande Mademoiselle** (1627-1693), fille de Gaston d'Orléans; elle prit part à la Fronde.

Montréal, v. et port du Canada, sur le Saint-Laurent; 1 222 000 h. Grand centre industriel et commercial.

Montreuil-sous-Bois, ch.-l. de c. (Seine-Saint-Denis); 96 700 h.

Montreuil-sur-Mer, ch.-l. d'arr. (Pas-de-Calais); 3 200 h.

Montreux, v. de Suisse (Vaud), sur le lac Léman ; station hivernale.

Montrouge, ch.-l. de c. des Hauts-de-Seine ; 40 400 h.

Mont-Saint-Michel (Le), comm. de la Manche, sur un îlot rocheux, au fond de la *baie du Mont-Saint-Michel* ; abbaye bénédictine, fondée au VIIIe s.

Monza, v. d'Italie (Lombardie).

Moore (Thomas), poète anglais (1779-1852).

Moorea, île de la Polynésie française, près de Tahiti.

Morat, v. de Suisse (Fribourg), sur le *lac de Morat* ; victoire des Suisses sur Charles le Téméraire, en 1476.

Moratin (Leandro), auteur dramatique espagnol (1760-1828), surnommé **le Molière espagnol.**

Morava, riv. de Tchécoslovaquie, affl. du Danube (r. g.) ; 319 km.

Moravie, région centrale de Tchécoslovaquie ; 3 581 000 h. Cap. Brno.

Moravska-Ostrava. V. OSTRAVA.

Morbihan (*golfe du*), golfe sur la côte du dép. du Morbihan.

Morbihan (56), dép. formé d'une partie de la Bretagne ; préf. *Vannes* ; s.-préf. *Lorient, Pontivy* ; 7 092 km² ; 563 600 h.

Moreau le Jeune (Jean-Michel), graveur français (1741-1814) ; — Son frère, LOUIS-GABRIEL, dit *Moreau l'Aîné,* paysagiste original (1740-1806).

Moreau (Jean-Victor), général français (1763-1813). Il complota contre Bonaparte, passa à l'ennemi et fut tué à Dresde.

Moreau (Gustave), peintre français (1826-1898).

Morée, autre nom du **Péloponnèse.**

Morena (*sierra*), chaîne du sud de l'Espagne, culminant à 1 802 m.

Morez, ch.-l. de c. (Jura) ; 7 200 h. Lunetterie ; horlogerie ; émaillerie.

Morgan (Thomas Hunt), biologiste américain (1866-1945), auteur de travaux sur l'hérédité.

Morgarten, petite chaîne de montagnes de la Suisse. En 1315, victoire des Suisses sur Léopold d'Autriche.

Morlaix, ch.-l. d'arr. (Finistère), port sur la *rivière de Morlaix* ; 20 500 h.

Morny (Charles, *duc de*), homme politique français (1811-1865), un des organisateurs du coup d'Etat de 1851.

Moroni, cap. des Comores ; 11 500 h.

Morphée, dieu grec des Songes, fils de la Nuit et du Sommeil.

Morse (Samuel), physicien américain (1791-1872), inventeur du télégraphe électrique et d'un alphabet.

Mortagne-au-Perche, ch.-l. d'arr. (Orne) ; 5 900 h.

Morte (*mer*), lac salé de la Palestine, situé à 394 m au-dessous du niveau de la mer, et où débouche le Jourdain.

Morteau, ch.-l. de c. (Doubs), sur le Doubs ; 7 000 h. Horlogerie.

Mortier (Adolphe), maréchal de France (1768-1835), mort victime de l'attentat de Fieschi.

Morus ou **More** (*saint Thomas*), homme d'Etat anglais (1480-1535), décapité pour avoir dénié la puissance spirituelle au roi Henri VIII.

Morvan, massif montagneux boisé et humide, au nord du Massif central.

Moscou, cap. de l'U.R.S.S. et de la Russie, sur la Moskova ; 7 208 000 h. Grand centre industriel et commercial.

Moselle (la), riv. de France et d'Allemagne, affl. du Rhin (r. g.) ; 550 km.

Moselle (57), dép. formé d'une portion de la Lorraine ; préf. *Metz* ; s.-préf. *Boulay, Château-Salins, Forbach, Sarrebourg, Sarreguemines, Thionville* ; 6 227 km² ; 1 006 400 h.

Moskova (la), riv. de Russie, 491 km. Sur ses bords, en 1812, victoire de Napoléon sur les Russes.

Mossoul, v. de l'Irak, sur le Tigre ; 388 000 h. Gisements de pétrole.

Mostaganem, v. d'Algérie, ch.-l. du dép. de ce nom ; près de la Méditerranée ; 75 300 h. Produits agricoles.

Moukden, auj. **Chen-Yang,** v. de la Chine du Nord-Est ; 2 213 000 h.

Moulins, ch.-l. de l'Allier, sur l'Allier ; 26 900 h.

Mourad, nom de cinq sultans turcs.

Mourmansk, v. et port de l'U.R.S.S., sur l'océan Arctique ; 309 000 h.

Moussorgski (Modest), compositeur russe (1839-1881), auteur de *Boris Godounov* et de la *Kovantchina.*

Moyen-Congo. V. CONGO.

Moyen-Orient. V. ORIENT.

Moyeuvre-Grande, ch.-l. de c. (Moselle) ; 12 500 h. Minerai de fer.

Mozambique, Etat de la côte est de l'Afrique, anc. possession portugaise ; 9 240 000 h. Cap. *Lourenço Marques.*

Mozart (Wolfgang Amadeus), compositeur autrichien (1756-1791), auteur des *Noces de Figaro,* de *Don Juan,* d'un *Requiem,* de symphonies et de concertos.

Mülheim an der Ruhr, v. d'Allemagne, dans la Ruhr ; métallurgie ; 192 000 h.

Mulhouse, ch.-l. d'arr. (Haut-Rhin), sur l'Ill ; 119 300 h. Textiles.

Mun (Albert de), homme politique et orateur français (1841-1914).

Munich, v. d'Allemagne, cap. de la Bavière, sur l'Isar; 1 210 000 h.

Munster, ch.-l. de c. (Haut-Rhin); 5 000 h. Textiles; fromages.

Münster, v. d'Allemagne; 194 000 h.

Murat (Joachim), maréchal de France (1767-1815), roi de Naples (1808-1815). Fusillé par les Napolitains.

Murcie, v. d'Espagne, ch.-l. de prov.; 261 000 h.

Mure (La), ch.-l. de c. (Isère); 5 900 h. Marbre; scieries.

Mureaux (Les), comm. des Yvelines; 28 300 h. Constructions mécaniques.

Muret, ch.-l. d'arr. (Haute-Garonne); 15 400 h.

Murillo (Bartolomé ESTEBAN, dit), peintre espagnol (1617-1682).

Murray, fl. d'Australie, tributaire de l'océan Indien; 2 574 km.

Muses (les), les neuf filles de Zeus et de Mnémosyne, qui présidaient aux arts, aux sciences et aux lettres : *Clio* (histoire), *Euterpe* (musique), *Thalie* (comédie), *Melpomène* (tragédie), *Terpsichore* (danse), *Erato* (élégie), *Polymnie* (poésie lyrique), *Uranie* (astronomie), enfin *Calliope* (éloquence et poésie héroïque).

Musset (Alfred de), poète français (1810-1857), auteur romantique de poésies (*les Nuits*), de drames (*Lorenzaccio*), de comédies (*les Caprices de Marianne*), et de la *Confession d'un enfant du siècle*.

Mussolini (Benito), homme d'Etat italien (1883-1945). Chef (*duce*) du parti fasciste (1919), il s'empara du pouvoir en 1922, s'allia à l'Allemagne hitlérienne et fut mis à mort en 1945.

Mustapha Kemal, dit **Ataturk,** général et homme d'Etat turc (1881-1938) ; il fut le fondateur de la Turquie moderne.

Mutsu-Hito (1852-1912), empereur du Japon de 1867 à 1912. Il introduisit dans son pays la civilisation occidentale.

Mycale, montagne et promontoire de l'Asie Mineure (Ionie).

Mycènes, anc. v. de l'Argolide.

Myrmidons, anc. peuplade grecque de très petite taille.

Mysie, contrée de l'Asie Mineure ancienne. V. pr. *Pergame*.

Mysore, v. de l'Inde méridionale; 258 000 h. Pèlerinage.

Mytilène, anc. Lesbos, île grecque de la mer Egée.

Mzab, groupe d'oasis du Sahara algérien. V. pr. *Ghardaïa*.

N

Nabuchodonosor Ier, un des premiers rois de Babylone (XIIe s. av. J.-C.) ; — NABUCHODONOSOR II *le Grand,* roi de Babylone de 605 à 562 av. J.-C.

Nagasaki, v. et port du Japon (Kyushu) ; 405 000 h. La deuxième bombe atomique y fut lancée (1945).

Nagoya, v. et port du Japon (Honshu); 2 036 000 h. Grand centre textile.

Nagpur, v. de l'Inde (Maharashtra); 876 000 h. Industries textiles.

Nairobi, cap. du Kenya; 315 000 h.

Nam Dinh, v. du Viêt-nam, sur le fleuve Rouge; centre industriel.

Namibie ou **Sud-Ouest africain,** territoire de l'Afrique australe, dépendance de fait de la rép. d'Afrique du Sud; 880 000 h.

Namur, v. de Belgique, ch.-l. de prov., au confl. de la Meuse et de la Sambre; centre industriel; 33 000 h.

Nancy, anc. cap. de la Lorraine, ch.-l. de Meurthe-et-Moselle, sur la Meurthe; 111 500 h. Centre industriel.

Nankin, v. de la Chine, port sur le Yang-tsé-kiang; 1 455 000 h.

Nansen (Fridtjof), explorateur et naturaliste norvégien (1861-1930).

Nan-tchang ou **Nan-chang,** v. de Chine, cap. du Kiang-si; 508 000 h.

Nanterre, ch.-l. des Hauts-de-Seine; 96 000 h. Faculté des lettres. Hospice.

Nantes, ch.-l. de la Loire-Atlantique, sur la Loire et l'Erdre; 263 700 h. Port de commerce et centre industriel.

Nantes (*édit de*), édit de tolérance promulgué par Henri IV, en 1598, révoqué en 1685 par Louis XIV.

Nanteuil (Robert), pastelliste et graveur français (1623-1678).

Nantua, ch.-l. d'arr. (Ain), sur le *lac de Nantua;* 3 600 h.

Naples, v. d'Italie (Campanie), cap. de l'anc. royaume de Naples, sur le *golfe de Naples;* 1 235 000 h.

Napoléon Ier (BONAPARTE), né à Ajaccio (1769-1821), empereur des Français de 1804 à 1815. Il s'illustra au siège de Toulon (1793), en Italie (1796) et en Egypte (1798-1799), avant d'accomplir le coup d'Etat de Brumaire (1799). D'abord Premier consul, puis consul à vie (1802), il obtint, le 18 mai 1804, la dignité impériale, sous le nom de Napoléon Ier. Il rétablit la paix intérieure et extérieure, réorganisa la justice et créa une administration centralisée. Après de brillantes victoires, l'Empire atteignit sa plus grande extension de 1803 à 1812. Mais, après la désastreuse campagne de Russie, la plupart des Etats européens se retournèrent contre Napoléon, qui abdiqua à Fontainebleau et se retira à l'île d'Elbe. Dix mois après (1815), il rentrait à Paris (20 mars 1815) et reprenait le pouvoir pour cent jours. Vaincu à Waterloo, l'Empereur dut s'exiler à Sainte-Hélène, où il mourut en 1821.

Napoléon II (1811-1832), fils de Napoléon Ier et de Marie-Louise. Proclamé roi de Rome lors de sa naissance, il vécut à partir de 1814 auprès de son aïeul, l'empereur d'Autriche François II, sous le nom de **duc de Reichstadt.**

Napoléon III (Charles-Louis) [1808-1873], fils de Louis Bonaparte, roi de Hollande, empereur des Français de 1852 à 1870. Elu président de la République en 1848, il s'empara du pouvoir par le coup d'Etat du 2 décembre 1851 et se fit proclamer empereur l'année suivante. Sous son règne, la France connut une grande prospérité économique. Après avoir combattu la Russie (guerre de Crimée [1854-1856]), Napoléon III favorisa l'unité italienne et laissa faire l'unité allemande. Après la défaite de 1870, il fut déchu et se retira en Angleterre.

Narbonne, ch.-l. d'arr. (Aude); 40 500 h. Marché viticole.

Narcisse, fils du fleuve Céphise; il s'éprit de sa propre image en se regardant dans les eaux d'une fontaine.

Narvik, v. et port de Norvège.

Nashville, v. des Etats-Unis, cap. du Tennessee; centre industriel; 170 900 h.

Nassau, famille allemande, dont les principaux membres sont : GUILLAUME Ier *le Taciturne* (1533-1584), prince d'Orange; il essaya de délivrer les Pays-Bas du joug espagnol et mourut assassiné; — MAURICE (1567-1625), fils du précédent, prince d'Orange; il lutta avec succès contre les Espagnols; — FRÉDÉRIC-HENRI (1584-1647), frère du précédent, stathouder de Hollande; il lutta avec gloire contre les Espagnols pendant la guerre de Trente ans; — GUILLAUME III (v. GUILLAUME III, roi d'Angleterre).

Nasser (Gamal Abdel), homme d'Etat égyptien (1918-1970), président de la République de 1958 à sa mort.

Natal, prov. de la république d'Afrique du Sud; 4 245 000 h.; ch.-l. *Pietermaritzburg.*

Natal, v. du Brésil, cap. du Rio Grande do Norte, sur l'Atlantique; 264 000 h.

Natchez, tribu indienne des Etats-Unis.

Nattier (Jean-Marc), peintre portraitiste français (1685-1766).

Nauplie, v. et port du Péloponnèse

Naurouze (*col* ou *seuil de*), passage du Lauragais, à 189 m d'altitude, entre le versant de l'Atlantique et celui de la Méditerranée.

Nausicaa, fille d'Alcinoos, qui accueillit Ulysse après son naufrage.

Navarin, v. du Péloponnèse, sur la mer Ionienne. Bataille navale où la flotte turque fut détruite par les forces de la France, de l'Angleterre et de la Russie (1827).

Navarre, anc. royaume s'étendant sur les deux versants de la partie occidentale des Pyrénées.

Navas de Tolosa (Las), bourg d'Espagne (Jaen). Victoire, en 1212, des rois d'Aragon, de Castille, de Léon et de Navarre sur les musulmans.

Naxos, la plus grande des Cyclades.

Nazareth, v. de Palestine (Galilée). Résidence de la Sainte Famille jusqu'au baptême de Jésus.

N'Djamena, anc. **Fort-Lamy,** cap. du Tchad, sur le Chari; 179 000 h.

Neandertal, vallée de la Dussel, affl. du Rhin, où l'on a découvert des restes d'hommes préhistoriques.

Nebraska, un des Etats unis de l'Amérique; 1 456 000 h. Cap. *Lincoln.*

Néchao Ier, prince saïte de la XXIVe dynastie égyptienne, qui gouverna le Delta (VIIe s. av. J.-C.).

Neckar (le), riv. d'Allemagne, affl. du Rhin (r. dr.) à Mannheim; 367 km.

Necker (Jacques), financier genevois (1732-1804), contrôleur général des Finances sous Louis XVI.

Nedjd ou **Nadjd,** une des régions de l'Arabie Saoudite; cap. *Riyad.*

Neerwinden, comm. de Belgique (Liège). Le maréchal de Luxembourg y battit Guillaume III d'Orange en 1693 et le prince de Cobourg y vainquit Dumouriez en 1793.

Negro (*rio*), riv. du Brésil, affl. de l'Amazone (r. g.); 2 200 km. — Fl. de l'Argentine, tributaire de l'Atlantique; 1 000 km.

Nehru (Jawaharlal), homme d'Etat de l'Inde (1889-1964).

Neige (*crêt de la*), le plus haut sommet du Jura français (Ain); 1 723 m

Neisse (la), en polon. **Nysa**, nom de deux rivières de Pologne, affl. de l'Odra (r. g.), dont l'une forme en partie la frontière germano-polonaise.

Nelson (Horace), célèbre amiral anglais (1758-1805). Il gagna la bataille d'Aboukir (1800) et celle de Trafalgar (1805), où il fut tué.

Némée, vallée de l'Argolide, où le lion que tua Héraclès exerçait ses ravages.

Némésis, déesse grecque de la Vengeance.

Nemrod, roi fabuleux de la Chaldée. L'Ecriture l'appelle un *puissant chasseur devant l'Eternel*.

Népal, royaume indépendant de l'Asie, dans l'Himalaya; 140 000 km²; 12 570 000 h. Cap. *Katmandou*.

Neper ou **Napier** (John), mathématicien écossais (1556-1617), inventeur des logarithmes.

Nepos (Cornelius), érudit latin du Iᵉʳ s. av. J.-C.

Neptune, dieu latin de la Mer, identifié avec le *Poséidon* des Grecs.

Neptune, planète située au-delà d'Uranus.

Nérac, ch.-l. d'arr. (Lot-et-Garonne), sur la Baïse; 7 600 h.

Nérée, un des dieux grecs de la Mer, père des *Néréides*.

Néris-les-Bains, comm. de l'Allier; 2 900 h. Station thermale.

Néron (37-68), empereur romain de 54 à 68. Il fit mourir Britannicus, Agrippine sa mère, Octavie sa femme, et se déshonora par ses cruautés.

Nerva (22-98), empereur romain de 96 à 98. Il adopta Trajan.

Nerval (Gérard de), écrivain français (1808-1855), auteur de *Sylvie*.

Nessus ou **Nessos**, centaure qui, ayant voulu enlever Déjanire, femme d'Héraclès, fut tué par le héros. Héraclès, ayant revêtu la tunique de sa victime, fut pris d'horribles douleurs et se brûla lui-même sur le mont Œta.

Nestor, le plus âgé et le plus sage des princes qui assistèrent au siège de Troie.

Neuchâtel, v. de Suisse, ch.-l. du canton, sur le *lac de Neuchâtel*; horlogerie; 38 000 h.

Neufchâteau, ch.-l. d'arr. (Vosges), sur la Meuse; 9 600 h.

Neuilly-sur-Marne, comm. de la Seine-Saint-Denis; 30 200 h.

Neuilly-sur-Seine, ch.-l. de c. (Hauts-de-Seine); 66 100 h.

Neustrie, un des quatre royaumes francs sous les Mérovingiens. Elle comprenait les pays situés entre la Loire, la Bretagne, la Manche et la Meuse.

Nevada (*sierra*), montagnes du sud de l'Espagne (3 482 m); montagne d'Amérique en Californie (4 418 m).

Nevada, un des Etats unis d'Amérique; 527 000 h. Cap. *Carson City*.

Nevers, anc. cap. du Nivernais, ch.-l. de la Nièvre, sur la Loire; 47 700 h. Palais ducal. Cathédrale (XIIIᵉ-XIVᵉ s.).

Newark, v. et port des Etats-Unis (New Jersey), sur la *baie de Newark*; 405 000 h.

Newcastle, v. d'Angleterre, ch.-l. de comté, port d'expédition pour la houille; 251 650 h. Métallurgie. — V. et port d'Australie; exportation de la houille; métallurgie; 219 000 h.

New Delhi (voir Delhi).

New Hampshire, un des Etats unis d'Amérique (Atlantique); 771 000 h. Cap. *Concord*.

Newhaven, v. et port d'Angleterre (Sussex), sur la Manche; 8 300 h. Service de paquebots pour Dieppe.

New Haven, v. et port des Etats-Unis (Connecticut); 152 000 h. Université Yale.

New Jersey, un des États unis d'Amérique (Atlantique); 7 367 000 h. Cap. *Trenton*.

Newman (John Henry, *cardinal*), théologien et écrivain anglais (1801-1890).

Newton (*sir* Isaac), illustre mathématicien, physicien, astronome et philosophe anglais (1643-1727); il découvrit les lois de la gravitation et la décomposition de la lumière.

New York, métropole des Etats-Unis, port sur l'Atlantique, à l'embouchure de l'Hudson; 7 840 000 h. (plus de 14 millions pour le Grand New York). Université *Columbia*. Centre commercial et industriel.

New York, un des Etats unis d'Amérique; 18 258 000 h. Cap. *Albany*; v. pr. *New York*.

Ney (Michel), maréchal de France (1769-1815). Il combattit en Allemagne et en Russie. Napoléon le surnomma *le Brave des braves*. Créé pair de France par Louis XVIII, il se déclara pour Napoléon Iᵉʳ aux Cent-Jours. A la seconde Restauration, inculpé de trahison, il fut condamné à mort et fusillé.

Niagara (le), riv. de l'Amérique du Nord, section du Saint-Laurent, séparant les Etats-Unis du Canada et unissant les lacs Erié et Ontario. Cataracte de 50 m de hauteur.

Niamey, cap. du Niger, sur le Niger; 102 000 h.

Nicaragua, république de l'Amérique centrale; 148 000 km²; 2 160 000 h. Cap. *Managua.*

Nice, anc. cap. du comté de Nice, ch.-l. des Alpes-Maritimes, port sur la Méditerranée; 346 600 h. Station touristique.

Nicolas (*saint*), évêque de Myra, en Lycie (IVᵉ s.), patron de la Russie et des jeunes garçons.

Nicolas, nom de quatre papes.

Nicée, anc. v. de l'Anatolie, où se tinrent deux conciles (325 et 787).

Nicolas Iᵉʳ (1796-1855), empereur de Russie de 1825 à 1855. Il fut vaincu, en 1854-1855, par la France et l'Angleterre en Crimée; — NICO-LAS II (1868-1918), empereur de Russie de 1894 à 1917. Il eut à faire la guerre de 1904-1905 contre le Japon et celle de 1914 contre l'Allemagne. Il abdiqua et fut assassiné par ordre des bolcheviks.

Nicomède, tragédie de Pierre Corneille (1651).

Nicomédie, v. de l'Asie Mineure (Bithynie); auj. **Izmit.**

Nicot (Jean), diplomate français (1530-1600). Il importa le tabac en France.

Niémen (le), fl. de Russie, tributaire de la Baltique; 880 km.

Niepce (Nicéphore), chimiste français (1765-1833), inventeur de la photographie.

Nietzsche (Friedrich), philosophe allemand (1844-1900), auteur de *Ainsi parlait Zarathoustra.*

Nièvre (la), riv. de France, affl. de la Loire (r. dr.) à Nevers; 48 km.

Nièvre (58), dép. formé du Nivernais et d'une partie de l'Orléanais; préf. *Nevers*; s.-préf. *Château-Chinon, Clamecy, Cosne*; 6 888 km²; 245 200 h.

Niger (le), grand fl. d'Afrique (golfe de Guinée); 4 200 km.

Niger, république de l'Afrique occidentale; 1 279 000 km²; 4 600 000 h. Cap. *Niamey.*

Nigeria (le), république de l'Afrique occidentale, membre du Commonwealth; 62 930 000 h. Cap. *Lagos.*

Niigata, v. et port du Japon; 379 000 h. Filatures.

Nikolaïev, v. et port de l'U.R.S.S. (Ukraine), sur le Bug; 331 000 h.

Nil (le), grand fl. de l'Afrique, tributaire de la Méditerranée; il traverse le Soudan et l'Egypte, qu'il fertilise par ses inondations. Au Caire commence le **Delta**; 5 600 km (depuis le lac Victoria).

Nimègue, v. des Pays-Bas (Gueldre). Traités en 1678 et en 1679, entre la France et ses adversaires.

Nîmes, ch.-l. du Gard; 133 900 h. Antiquités romaines (Maison carrée, arènes).

Ning-po, v. et port de Chine (Tche-kiang); 240 000 h.

Ninive, v. de l'Asie ancienne, cap. de l'Assyrie, sur le Tigre.

Niobé, fille de Tantale dont les sept fils et les sept filles furent tués à coups de flèches par Apollon et Diane.

Niort, ch.-l. des Deux-Sèvres, sur la Sèvre Niortaise; 64 000 h. Peausserie, ganterie; confiserie.

Nippon, nom par lequel les Japonais désignent leur pays.

Nivelle (Jean **de**), fils aîné de Jean II de Montmorency. Il refusa de marcher contre le duc de Bourgogne.

Nivelle (Robert), général français (1856-1924).

Nivernais, anc. prov. de France, annexée en 1669; cap. *Nevers.*

Nivernais (*canal du*), canal qui relie la Seine à la Loire; 174 km.

Nixon (Richard), homme d'Etat américain (né en 1913). Républicain, président des Etats-Unis de 1969 à 1974.

Noailles (Anne-Jules **de**), maréchal de France (1650-1708), qui appliqua le système des dragonnades.

Noailles (Louis-Antoine **de**), cardinal français (1651-1729), archevêque de Paris; il s'opposa à la bulle *Unigenitus.*

Noailles (Louis, *vicomte* **de**) [1756-1804]. Député aux états généraux, il proposa le rachat des droits féodaux (nuit du 4 août 1789).

Noailles (Anna BRANCOVAN, *comtesse* **de**), femme poète française (1876-1933).

Nobel (Alfred), industriel suédois (1833-1896), inventeur de la dynamite. Il fonda les *prix Nobel*, au profit des œuvres littéraires, scientifiques, philanthropiques du monde entier.

Nodier (Charles), écrivain romantique français (1780-1844), auteur de contes.

Noé, patriarche biblique. Il construisit, par ordre de Dieu, l'arche qui devait le préserver du déluge avec sa famille.

Nœrdlingen, v. de Bavière (Souabe), où Condé vainquit les Impériaux (1645) et Moreau les Autrichiens (1800).

Nœux-les-Mines, comm. du Pas-de-Calais; 13 600 h. Houille.

Nogaret (Guillaume **de**), m. en 1313; chancelier de France sous Philippe le Bel, il tenta d'arrêter le pape Boniface VIII à Anagni.

Nogent-le-Rotrou, ch.-l. d'arr. (Eure-et-Loir) ; 13 600 h.

Nogent-sur-Marne, ch.-l. d'arr. (Val-de-Marne) ; 25 800 h.

Nogent-sur-Seine, ch.-l. d'arr. (Aube) ; 4 700 h.

Noire (*mer*), anc. **Pont-Euxin**, mer intérieure communiquant par les Dardanelles avec la Méditerranée.

Noirmoutier, île de l'Atlantique (Vendée) ; 8 100 h.

Noisy-le-Sec, ch.-l. de c. (Seine-Saint-Denis) ; 37 700 h.

Nontron, ch.-l. d'arr. (Dordogne) ; 4 100 h.

Nord (*mer du*), mer au nord-ouest de l'Europe, formée par l'Atlantique.

Nord (*canal du*), détroit entre l'Ecosse et l'Irlande.

Nord (59), dép. formé de la Flandre française; préf. *Lille;* s.-préf. *Avesnes, Cambrai, Douai, Dunkerque, Valenciennes;* 5 774 km2; 2 510 000 h.

Nordenskjöld (Erik), explorateur suédois (1832-1901). Il a découvert le passage du Nord-Est.

Norfolk, v. et port des Etats-Unis (Virginie) ; 305 900 h.

Normandes (îles **Anglo-**), groupe d'îles britanniques de la Manche : Jersey, Guernesey, Aurigny, etc.

Normandie, anc. prov. du nord-ouest de la France; cap. *Rouen.* Les **Alliés** y débarquèrent en juin 1944.

Normands ou **Northmen** (« *Hommes du Nord* »), navigateurs scandinaves qui firent en France des incursions dévastatrices, finirent par s'établir en Normandie, et de là conquirent l'Angleterre.

Norrköping, v. et port de Suède, sur la Baltique; phosphates; textiles.

Norvège, royaume de l'Europe septentrionale, en Scandinavie; 324 000 km2; 4 000 000 d'h. Cap. *Oslo.*

Norwich, v. d'Angleterre, ch.-l. du comté de Norfolk; textiles; 118 600 h.

Nostradamus (Michel DE NOSTRE-DAME, dit), astrologue français (1503-1566).

Notre-Dame de Paris, église métropolitaine de Paris, une des merveilles de l'architecture gothique; commencée en 1163 et terminée vers 1245.

Nottingham, v. d'Angleterre, ch.-l. de comté; industries textiles; 309700 h.

Nouadhibou, anc. **Port-Étienne**, port de la Mauritanie; 12 000 h. Exportation de minerai de fer.

Nouakchott, cap. de la République islamique de Mauritanie; 12 500 h.

Nouméa, port et capitale de la Nouvelle-Calédonie; 55 000 h.

Nouveau-Brunswick, prov. atlantique du Canada; 648 000 h. Cap. *Fredericton.*

Nouveau-Mexique, un des Etats unis d'Amérique; cap. *Santa Fe.*

Nouvelle-Calédonie, île de l'Océanie; territoire français d'outre-mer; 18 653 km2; 119 000 h. Cap. *Nouméa.* Production de nickel.

Nouvelle-Écosse, prov. atlantique du Canada; 802 000 h. Cap. *Halifax.*

Nouvelle-Galles du Sud, Etat de l'Australie. Cap. *Sydney.*

Nouvelle-Guinée, île de l'Océanie, au nord de l'Australie; 771 900 km2. Elle est partagée entre l'Indonésie (partie occidentale) et l'Etat de la Papouasie-Nouvelle-Guinée.

Nouvelle-Orléans (La), v. du sud des Etats-Unis, dans la Louisiane, sur le Mississippi; 627 000 h.

Nouvelles-Hébrides, archipel de l'Océanie ; 84 000 h. ; cap. *Port-Vila.* Condominium franco-britannique.

Nouvelle-Zélande, groupe de deux îles d'Océanie, au sud-est de l'Australie, Etat du Commonwealth britannique; 267 837 km2; 3 millions d'h. Cap. *Wellington.*

Nouvelle-Zemble, archipel soviétique de l'Arctique.

Novalis, poète de l'école romantique allemande (1772-1801).

Novare, v. de l'Italie (Piémont) ; 101 800 h. Victoire des Suisses sur les Français en 1513.

Novo-Kouznetsk, v. de l'U. R. S. S. (Russie), en Sibérie; 499 000 h. Houille.

Novossibirsk, v. de l'U.R.S.S. (Russie), en Sibérie occidentale, sur l'Ob; 1 064 000 h. Métallurgie. Textiles.

Noyon, ch.-l. de c. (Oise) ; 14 000 h. Cathédrale (XIIe-XIIIe s.). Patrie de Calvin.

Nubie, contrée de l'Afrique entre l'Egypte et l'Ethiopie.

Nuits-Saint-Georges, ch.-l. de c. (Côte-d'Or) ; 5 100 h. Vins réputés.

Numa Pompilius, deuxième roi légendaire de Rome.

Numance, v. de l'anc. Espagne, détruite par Scipion Emilien (133 av. J.-C.).

Numidie, contrée de l'anc. Afrique.

Numitor, roi légendaire d'Albe, grand-père de Romulus et de Remus.

Nuremberg, v. d'Allemagne (Bavière); 472 000 h. Jouets.

Nyassa (*lac*), lac de l'Afrique australe.

Nyassaland. V. MALAWI.

Nyons, ch.-l. d'arr. (Drôme), sur l'Eygues; 5 900 h.

O

Oakland, v. des Etats-Unis (Californie) ; 367 700 h. Métallurgie.

Oak Ridge, v. des Etats-Unis (Tennessee). Energie atomique.

Oasis (*dép. des*), dép. du Sahara algérien ; préf. *Laghouat* ; s.-préf. *Ouargla, Touggourt* ; 505 000 h.

Ob ou **Obi,** fl. de Sibérie (océan Arctique) ; 4 000 km.

Oberhausen, v. d'Allemagne, dans la Ruhr ; centre houiller et métallurgique ; 258 600 h.

Oberkampf (Christophe-Philippe), manufacturier français (1738-1815), qui fonda à Jouy-en-Josas la première manufacture de toiles peintes.

Oberland Bernois, massif alpestre au sud du canton de Berne (Suisse).

Obéron, roi des génies aériens, dans la mythologie scandinave.

Obock, localité de la République de Djibouti ; 700 h. Port.

Occident (*Empire romain d'*), un des deux empires issus de l'Empire romain. Il subsista, séparé de l'Orient, de 395 à 476, fut rétabli par Charlemagne en l'an 800 et aboli par Napoléon en 1806. A partir du XIVᵉ s., il fut appelé **Saint Empire romain.**

Océanie, une des cinq parties du monde ; elle se divise en *Mélanésie* et *Polynésie*. L'Océanie compte environ 22 millions d'h. et a une superficie de 9 millions de km². — Le Commonwealth comprend l'Australie, la Nouvelle-Zélande, et la Grande-Bretagne possède certains archipels polynésiens ; les Américains exercent leur domination sur Hawaii et Samoa ; les Portugais ont la moitié de Timor ; le Chili détient l'île de Pâques. Enfin, la France possède la Nouvelle-Calédonie, les îles de la Société, les Marquises, etc. Les Nouvelles-Hébrides sont placées sous un condominium franco-britannique.

Ockeghem (Jean de), un des plus grands musiciens du XVᵉ s.

Octave. V. AUGUSTE.

Octavie (42-62), femme de Néron, mise à mort par ordre de son mari.

Octavien. V. AUGUSTE.

Odense, v. et port du Danemark ; 111 000 h. Centre industriel.

Odessa, v. de l'Ukraine, port sur la mer Noire ; 892 000 h. Blé.

Odet, fl. côtier de Bretagne, tributaire de l'Atlantique ; 56 km.

Odile (*sainte*) [vers 660-vers 720], fille d'Adalric, duc d'Alsace.

Odra, en allem. **Oder,** fl. de Pologne, tributaire de la Baltique ; 870 km.

Odyssée (l'), poème épique d'Homère, retraçant les aventures d'Ulysse (*Odysseus*) après la prise de Troie.

Œdipe, fils de Laïos, roi de Thèbes, et de Jocaste. Abandonné dès sa naissance, il fut recueilli par des bergers et porté au roi de Corinthe, qui l'éleva. Devenu grand, Œdipe rencontra Laïos, qu'il ne connaissait pas, et le tua à la suite d'une querelle. Œdipe, ayant deviné l'énigme du sphinx qui désolait Thèbes, devint roi et épousa Jocaste, ignorant qu'elle était sa mère.

Œrsted (Christian), physicien danois (1777-1851). Il découvrit l'électromagnétisme.

Offenbach (Jacques), compositeur français, né à Cologne (1819-1880).

Oger ou **Ogier le Danois,** héros d'une chanson de geste (XIIᵉ s.).

Ognon, riv. de France, affl. de la Saône (r. g.) ; 190 km.

Ogooué (l'), fl. de l'Afrique équatoriale (Atlantique), dans le Gabon ; 970 km.

Ohio (l'), riv. des Etats-Unis, affl. de gauche du Mississipi ; 1 580 km.

Ohio, un des Etats unis d'Amérique ; 10 305 000 h. Cap. *Columbus.*

Ohm (Georg), physicien allemand (1787-1854) qui découvrit les lois fondamentales des courants électriques.

Oise (l'), riv. de France, affl. de la Seine (r. dr.) ; 300 km.

Oise (60), dép. formé d'une partie de l'Ile-de-France et de la Picardie ; préf. *Beauvais* ; s.-préf. *Clermont. Compiègne, Senlis* ; 5 887 km² ; 606 300 h.

Oka (l'), riv. de Russie, affl. de la Volga (r. dr.) ; 1 478 km.

Okayama, v. du Japon (Honshu).

Okhotsk (*mer d'*), mer formée par l'océan Pacifique, au nord-est de l'Asie.

Okinawa, v. et port japonais des îles **Ryu-Kyu,** du nom de la plus grande.

Oklahoma, un des Etats unis de l'Amérique (Centre - Sud - Ouest) : 2 634 000 h. Cap. *Oklahoma City.*

Oland, île de la Suède (Baltique).

Oldenbourg, pays de l'Allemagne du

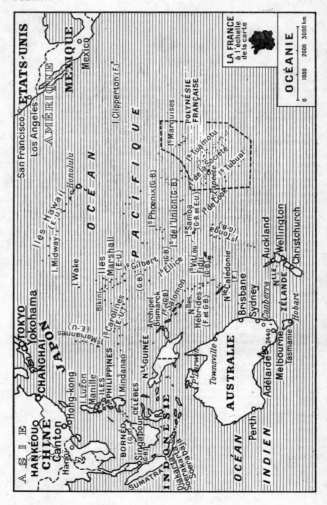

OCÉANIE

LA FRANCE
à l'échelle
de la carte

0   1000   2000   3000 km

POLYNÉSIE
FRANÇAISE

O C É A N   P A C I F I Q U E

OCÉAN   INDIEN

ASIE
TOKYO
Yokohama
JAPON
CHANGHAÏ
HANKÉOU
CHINE
Canton
Hanoï
Hong-kong
Îs Mariannes (E.-U)
Îs Carolines (E.-U)
PHILIPPINES
Luzon
Manille
Mindanao
BORNÉO
Singapour (G.-B.)
CELEBES
SUMATRA
Djakarta
Soerabaja
INDONÉSIE
N.-GUINÉE
Archipel Bismarck (S.G.-B)
Îs Salomon (G.B.)
Port Darwin
AUSTRALIE
Perth
Adélaïde   2440
Melbourne
Tasmanie   Hobart
Townsville
Brisbane
Sydney
Canberra
N.-CALÉDONIE (F.)
Nlles Hébrides (F et G.B)
ZÉLANDE
Auckland
N.-LLE
Wellington
Christchurch

Bikini
Îles Marshall (E.-U)
I. Wake
I. Midway (E.-U)
Îles Hawaï (E.-U)
Honolulu

Îs Gilbert (G.-B.)
Îs Ellice (G.-B)
Îs Fidji (G.-B.)
Îs Viti Lou
Îs Samoa (G.-B. et E.U)
Îs Tonga (G.-B.)
Îs de l'Union (G.-B.)
Îs Phénix (G.-B)
Îs de Cook (G.-B)
Îs de Tubuaï
Îs Tuamotu
Îs de la Société
I. de Tapeete
Îs Marquises

Îs Clipperton (F.)

AMÉRIQUE
ÉTATS-UNIS
San Francisco
Los Angeles
MEXIQUE
Mexico

Nord, dans la Basse-Saxe. Cap. *Olden-bourg.*

Oldham, v. d'Angleterre (Lancaster);
109 800 h. Industrie du coton.

Oléron, île de la Charente-Maritime;
16 46.¹ h. Ostréiculture.

Olier (Jean-Jacques), curé de Paris
(1608-1657), fondateur de la compagnie des prêtres de Saint-Sulpice.

Olivarès (*duc d'*), homme d'Etat
espagnol (1587-1645), adversaire de
Richelieu.

Olivier, héros légendaire, un des pairs
de Charlemagne, fidèle ami de Roland.

Oliviers (*mont des*), lieu, près de
Jérusalem, où Jésus pria la veille de
sa mort.

Oloron (*gave d'*), riv. des Pyrénées-Atlantiques, affl. du gave de Pau;
120 km.

Oloron-Sainte-Marie, ch.-l. d'arr.
(Pyrénées-Atlantiques); 13 100 h.

Olympe, montagne de la Grèce
(2 911 m); dans la mythologie
grecque, résidence des dieux.

Olympie, v. du Péloponnèse, où se
célébraient les jeux dits *Olympiques.*

Omaha, v. des Etats-Unis (Nebraska),
sur le Missouri; 342 300 h.

Oman (*mer d'*), golfe de l'océan
Indien, entre l'Arabie et l'Iran.

Oman (*sultanat d'*), État d'Arabie;
777 000 h. Cap. *Mascate.*

Ombrie, contrée de l'Italie centrale.

Omeyyades ou **Ommiades**, dynastie de califes arabes qui régna à
Damas de 661 à 750. Détrônée par
les Abbassides, elle se fixa en Espagne,
à Cordoue (756-1031).

Omphale, reine de Lydie, qui épousa
Héraclès après l'avoir forcé à filer à
ses pieds comme une femme.

Omsk, v. de l'U.R.S.S., en Sibérie;
centre commercial et industriel;
821 000 h.

Onéga, fl. de Russie (mer Blanche);
400 km. — Lac du nord de la Russie
qui se déverse dans le lac Ladoga.

Onnaing, comm. du Nord; aciéries.

Ontario (*lac*), lac du Canada, qui
reçoit les eaux du lac Erie par le
Niagara et qui communique avec
l'Océan par le Saint-Laurent.

Ontario, prov. du Canada; 7 893 000 h.
Cap. *Toronto.*

O. N. U. (« *Organisation des Nations
unies* »), organisme créé en 1944, en
vue du maintien de la paix et de la
sécurité internationales.

Oradea, v. de Roumanie (Transylvanie); 135 400 h.

Oradour-sur-Glane, comm. de la
Haute-Vienne; massacre de la population par les Allemands le 10 juin 1944.

Oran, ch.-l. du dép. d'Oran (Algérie),
port sur la Méditerranée; 325 500 h.

Orange, ch.-l. de c. (Vaucluse);
26 500 h. Ruines romaines.

Orange, fl. de l'Afrique australe
(Atlantique); 1 860 km.

Orange (*État libre d'*), province de
la république d'Afrique du Sud. Cap.
Bloemfontein.

Orb, fl. côtier qui arrose Béziers, tributaire de la Méditerranée; 145 km.

Orcades, îles au nord de l'Ecosse.

Orcagna (l'), peintre florentin (vers
1308-1369).

Ordjonikidze, anc. **Dzaoudzikaou**,
v. de l'U.R.S.S. (Russie), dans le
Caucase; 219 000 h.

Oregon, un des Etats unis d'Amérique; 2 182 000 h. Cap. *Salem.*

Orel, v. de l'U.R.S.S. (Russie);
232 000 h. Centre ferroviaire.

Orenbourg, anc. **Tchkalov**, v. de
l'U. R. S. S., sur l'Oural; 345 000 h.

Orénoque, fl. du Venezuela, tributaire de l'Atlantique; 2 160 km.

Oreste, fils d'Agamemnon et de Clytemnestre. Avec la complicité de sa
sœur Electre, il tua sa mère pour
venger le meurtre de son père.

Organisation des Nations unies
(**O.N.U.**), organisation internationale,
constituée en 1945 en vue de sauvegarder la paix et de développer la
coopération entre les nations.

Orient, pays situé à l'est de l'Europe. On distingue le **Proche-Orient**
ou **Moyen-Orient** (Arabie, Iran, Irak,
Syrie, Liban, Jordanie, Israël) et
l'**Extrême-Orient** (Sibérie, Chine,
Corée, Indochine, Japon).

Orient (*Empire romain d'*), un des
deux empires issus du partage de
l'Empire romain à la mort de Théodose, en 395; il subsista, séparé de
l'empire d'Occident, jusqu'en 1453. Il
est également connu sous le nom
d'**Empire byzantin.**

Orient (*schisme d'*), scission entre
l'Eglise byzantine et l'Eglise romaine,
survenue en 1054.

Orion, chasseur que Zeus changea en
constellation.

Orizaba, v. du Mexique, dominée par
le *volcan d'Orizaba* (5 700 m).

Orléanais, anc. prov. de France, réunie à la Couronne en 1498 par
Louis XII; cap. *Orléans.*

Orléans, anc. cap. de l'Orléanais,
ch.-l. du Loiret, sur la Loire;
110 000 h. Industries variées.

Orléans, nom de quatre familles princières de France : 1° La première est
représentée par PHILIPPE Ier, cinquième fils de Philippe VI de Valois,

qui obtint en apanage (1344) le duché d'Orléans; — 2° La deuxième eut pour chef LOUIS Ier (1372-1407), frère de Charles VI, assassiné à Paris par les partisans de Jean sans Peur, et eut pour représentants : CHARLES Ier (1391-1465), poète, chef des Armagnacs sous Charles VI; — LOUIS II (1462-1515), roi de France sous le nom de Louis XII; — 3° La troisième maison d'Orléans commence et finit avec GASTON (1608-1660), frère de Louis XIII, adversaire de Richelieu, lieutenant général du royaume à la mort de son frère; — 4° La quatrième maison d'Orléans a pour représentants PHILIPPE II (1640-1701), frère de Louis XIV; — PHILIPPE III, *le Régent* (1674-1723), qui gouverna pendant la minorité de Louis XV; — LOUIS - PHILIPPE - JOSEPH (1747-1793), connu sous le nom de *Philippe Égalité*, qui adhéra à la Révolution, vota à la Convention la mort de son cousin Louis XVI et périt lui-même sur l'échafaud; — LOUIS-PHILIPPE (1773-1850), son fils, devint roi des Français sous le nom de *Louis-Philippe Ier*.

Orléansville, auj. **El-Asnam**, v. d'Algérie, ch.-l. de dép. sur le Chélif; 49 100 h.

O r l y, comm. du Val-de-Marne; 26 200 h. Aéroport au sud de Paris.

Ormuz, île à l'entrée du golfe Persique, dans le *détroit d'Ormuz*.

Ormuzd ou **Ormazd**, prince du Bien, dans la religion mazdéenne.

Ornain (l'), riv. de France, sous-affl. de la Marne; 120 km.

Ornans, ch.-l. de c. (Doubs); 4 400 h.

Orne (l'), fl. de Normandie, tributaire de la Manche; 152 km. Il arrose Caen.

Orne (61), dép. formé d'une partie de la Normandie et du Perche; préf. *Alençon*; s.-préf. *Argentan, Mortagne*; 6 144 km²; 293 500 h.

Oronte, fl. du Proche-Orient (Liban, Syrie et Turquie), tributaire de la Méditerranée; 570 km.

Orphée, fils d'Œagre, roi de Thrace, et de la muse Calliope. Il passe pour avoir créé l'art de la musique.

Orthez, ch.-l. de c. (Pyrénées-Atlantiques), sur le gave de Pau; 11 500 h.

Osaka, v. et port du Japon (Honshu); 3 156 000 h. Grand centre industriel.

Osiris, dieu de l'ancienne Égypte.

Oslo, anc. Christiania, port et cap. de la Norvège; 515 000 h.

Osnabrück, v. d'Allemagne (Basse-Saxe); 142 000 h. Métallurgie.

Ossa, montagne de Thessalie.

Ossau (*vallée d'*), vallée des Pyrénées, parcourue par le *gave d'Ossau*.

Ossian, barde écossais du IIIe s.

Ostende, v. et port de Belgique, sur la mer du Nord; 57 400 h. Station balnéaire. Huîtres renommées.

Ostie, port de la Rome antique.

Ostrava, anc. **Moravska-Ostrava**, v. de Tchécoslovaquie; 290 800 h.

Ostrogoths, peuple germanique qui fonda en Italie (v^e-vi^e s.) un royaume détruit par Justinien.

Otaru, v. du Japon (Hokkaido).

Othello, drame de Shakespeare (1604).

Otrante (*canal d'*), détroit séparant la Grèce et l'Albanie de l'Italie.

Ottawa, capitale fédérale du Canada; 302 300 h. Siège du Parlement.

Ottoman (*empire*). V. TURQUIE.

Otton Ier, le Grand (912-973), roi de Germanie à partir de 936 et empereur d'Occident à partir de 962; — OTTON IV *de Brunswick* (1175-1216), empereur d'Occident de 1209 à 1214, vaincu à Bouvines.

Ouagadougou, cap. de la Haute-Volta; 131 900 h.

Oubangui ou **Oubanghi** (l'), riv. d'Afrique, affl. du Zaïre (r. dr.); 1 160 km. Elle sépare le Zaïre de l'Empire centrafricain.

Oubangui-Chari. V. CENTRAFRICAIN (*Empire*).

Ouchy, port de Lausanne (Suisse), sur le lac Léman. Station touristique.

Oudinot (Nicolas-Charles), maréchal de France (1767-1847).

Oudry (Jean-Baptiste), peintre animalier et graveur français (1686-1755).

Ouenza, région minière (fer) de l'Algérie orientale.

Ouessant, île de France (Finistère); 1 450 h.

Oufa, v. de l'U.R.S.S., ch.-l. de la république autonome de Bachkirie; 773 000 h. Centre industriel.

Ouganda ou **Uganda**, État de l'Afrique orientale; 243 410 km²; 11 550 000 h. Cap. *Kampala*.

Ougrée, comm. de Belgique (Liège).

Ouistreham, comm. du Calvados; station balnéaire et port de Caen.

Oujda ou **Oudjda**, v. du Maroc, près de la frontière algérienne, sur l'Isly.

Oulan-Bator, anc. **Ourga**, cap. de la république populaire de Mongolie.

Oulan-Oude, v. de l'U. R. S. S., cap. de la république de Bouriato-Mongolie; 227 000 h. Industrie active.

Oulianovsk, v. de l'U.R.S.S., sur la Volga; 351 000 h.

Oullins, comm. du Rhône, sur le Rhône; centre industriel; 28 000 h.

Oum er-R'bia, fl. du Maroc central, tributaire de l'Atlantique ; 556 km.

Ouolofs, peuple de race noire du Sénégal.

Oural, fl. de l'U.R.S.S., tributaire de la mer Caspienne ; 2 534 km.

Oural (*monts*), chaîne de montagnes entre l'Europe et l'Asie (U.R.S.S.) ; 2 400 km; altitude maximum 1 894 m.

Ouranos, dieu grec du Ciel que les Latins ont appelé **Uranus.**

Ourcq (l'), riv. de France, affl. de la Marne, communiquant avec la Seine par le *canal de l'Ourcq* ; 80 km.

Ours (*Grand Lac de l'*), lac du Canada. Radium et uranium.

Ourse (**Grande et Petite**), nom de deux constellations voisines du pôle Arctique. La *Petite Ourse* renferme l'*Etoile polaire.*

Ourthe (l'), riv. de Belgique, affl. de la Meuse (r. dr.) à Liège ; 132 km.

Overijsel, prov. des Pays-Bas, ch.-l. *Zwolle.*

Ovide, poète latin (43 av. J.-C.-17 apr. J.-C.), auteur des *Métamorphoses.*

Oviedo, v. d'Espagne, anc. cap. du royaume des Asturies; houille ; métallurgie; 142 300 h.

Oxford, v. d'Angleterre, sur la Tamise; université célèbre; 109 000 h.

Oyapok (l'), fl. qui sépare la Guyane française du Brésil ; 500 km.

Oyonnax, ch.-l. de c. (Ain) ; matières plastiques; 23 300 h.

P

Pacifique (*océan*), anc. **Grand Océan** ou **mer du Sud,** vaste mer entre l'Amérique, l'Asie et l'Australie; 165 millions de km².

Pactole (le), petite riv. de Lydie ; elle roulait des paillettes d'or, et c'est à elle que Crésus devait ses richesses.

Padirac, comm. du Lot ; 162 h. Gouffre et rivière souterraine.

Padoue, v. d'Italie (Vénétie), ch.-l. de prov.; 221 400 h. Dôme (XVIᵉ s.); église Saint-Antoine (XIIIᵉ-XIVᵉ s.).

Pæstum, v. de l'anc. Italie, sur le golfe de Salerne; temple de Poséidon.

Paganini (Niccolo), compositeur et célèbre violoniste italien (1782-1840).

Paimpol, ch.-l. de c. (Côtes-du-Nord), port sur la Manche ; 8 500 h.

Pakistan, Etat d'Asie, à l'ouest de l'Inde; 803 900 km²; 70 millions d'h. Cap. *Islamabad.* En 1971, le *Pakistan oriental* est devenu la république du Bangladesh.

Palaiseau, ch.-l. d'arr. de l'Essonne; 28 300 h.

Palaos (*îles*), archipel de l'Océanie, sous tutelle américaine.

Palatin (*mont*), une des sept collines de Rome.

Palatinat, région de l'Allemagne, sur la rive gauche du Rhin.

Palembang, v. et port de Sumatra (Indonésie).

Paléologue, famille byzantine, qui, de 1259 à 1453, a donné des souverains à l'Empire d'Orient.

Palerme, v. d'Italie, anc. cap. de la Sicile; 663 800 h. Palais et églises de style arabe ou byzantin.

Palestine, contrée du Proche-Orient, entre le Liban au nord, la mer Morte au sud, la Méditerranée à l'ouest et le désert de Syrie à l'est; arrosée par le Jourdain. Elle est appelée aussi, dans l'Ecriture sainte, *Terre de Canaan, Terre promise.* En 1948, elle a été divisée en un Etat juif indépendant (v. ISRAËL) et en une zone arabe rattachée à la Jordanie.

Palestrina, compositeur italien (1524-1594), auteur de messes et de motets.

Palissy (Bernard), savant français (vers 1510-vers 1590), créateur de la céramique en France.

Pallas, un des noms d'**Athéna.**

Pallice (**La**), avant-port de La Rochelle. Centre industriel.

Palma (**La**), île du groupe des Canaries.

Palma de Majorque, port et cap. des îles Baléares (Majorque). Cathédrale fortifiée; 167 000 h.

Palmas (**Las**), v. des Canaries (Grande-Canarie) ; 210 000 h.

Palmerston (Henry, *lord*), homme d'Etat anglais (1784-1865).

Palmyre, auj. **Tadmor,** village ruiné de la Syrie, autref. ville puissante.

Pamiers, ch.-l. d'arr. (Ariège), sur l'Ariège; électrométallurgie; papeteries; scieries; 15 200 h.

Pamir (le), haut plateau de l'Asie centrale (U.R.S.S. et Afghanistan) ; point culminant : 7 495 m.

Pampelune, v. d'Espagne, ch.-l. de la Navarre; cathédrale (XVᵉ s.).

Pan, dieu grec des Troupeaux, devenu la personnification de l'Univers.

Panama, république de l'Amérique centrale ; 74 000 km²; 1 670 000 h. Cap. *Panama,* port sur le Pacifique.

Panama (*isthme de*), langue de terre qui unit les deux Amériques. L'isthme est traversé par un canal long de 68 km, qui fait communiquer l'Atlantique et le Pacifique. La bande de terre qui longe le canal est administrée par les Etats-Unis.

Pandore, la première femme selon la mythologie grecque. Zeus lui confia une boîte contenant tous les maux et l'envoya sur terre à Epiméthée; celui-ci, ayant ouvert la boîte fatale, donna l'essor à tous les maux; il ne resta au fond que l'Espérance.

Pannonie, région de l'Europe anc., entre le Danube et l'Illyrie.

Pantagruel, héros créé par Rabelais; c'est un géant, fils de Gargantua.

Pantin, ch.-l. de c. (Seine-Saint-Denis) ; 42 700 h. Centre industriel.

Panurge, personnage du *Pantagruel,* de Rabelais, rusé et beau parleur, fertile en inventions cocasses.

Papeete, v. et port du nord-est de Tahiti, ch.-l. de la Polynésie française (Océanie) ; 20 000 h.

Paphos, v. anc. de l'île de Chypre.

Papin (Denis), physicien français (1647-vers 1714) ; il utilisa le premier la force élastique de la vapeur.

Papouasie – Nouvelle – Guinée, Etat s'étendant sur la partie est de la Nouvelle - Guinée ; 461 991 km²; 2 760 000 h. Cap. *Port Moresby.*

Papous, peuple noir d'Océanie.

Pâques (*île de*), île du Pacifique, à l'ouest du Chili; curieuses statues.

Paracelse, alchimiste et médecin suisse (1493-1541).

Paraguay (le), riv. de l'Amérique du Sud, affl. du Parana (r. dr.) ; 2 200 km.

Paraguay, république de l'Amérique du Sud, entre le Brésil et la république Argentine; 417 000 km²; 2 650 000 h. Cap. *Asuncion.*

Paramaribo, cap. et port du Surinam; 122 600 h.

Paramé, anc. comm. d'Ille-et-Vilaine, rattachée à Saint-Malo.

Parana (le), fl. de l'Amérique du Sud, qui, réuni à l'Uruguay, forme le *rio de la Plata;* 3 700 km.

Paray-le-Monial, ch.-l. de c. (Saône-et-Loire) ; 12 100 h. Pèlerinage. Eglise romane.

Paré (Ambroise), chirurgien français (vers 1517-1590); il substitua la ligature des artères à la cautérisation dans les amputations.

Parentis-en-Born, ch.-l. de c. (Landes) ; 4 300 h. Puits de pétrole.

Paris, jadis **Lutèce,** cap. de la France, sur la Seine, constituant un département ; 2 299 000 h. La région parisienne compte plus de 9 millions d'h. Capitale politique et intellectuelle de la France, Paris en est également la métropole économique.

Pâris [*riss*], prince troyen, second fils de Priam, ravisseur d'Hélène.

Parme, v. d'Italie, anc. cap. du *duché de Parme;* cathédrale (XIIᵉ s.) ; baptistère; musées; palais; 168 000 h.

Parmentier (Antoine-Augustin), agronome français (1737-1813). Il développa en France la culture et l'usage de la pomme de terre.

Parnasse, mont de la Grèce (2 459 m), consacré à Apollon et aux Muses.

Paros, une des îles Cyclades, au sud de Délos, célèbre par ses marbres.

Parques (les), trois divinités des Enfers, maîtresses de la vie des hommes.

Parry (William Edward), navigateur anglais (1790-1855). Il explora les régions arctiques.

Parthenay, ch.-l. d'arr. (Deux-Sèvres), sur le Thouet ; 13 000 h.

Parthénon, temple d'Athéna, sur l'Acropole; dédié à Athéna et décoré par Phidias.

Parthes, peuple scythe, qui fonda, en 250 av. J.-C., un royaume détruit en 227 apr. J.-C., par les Sassanides.

Pascal Iᵉʳ (*saint*), pape de 817 à 824 ; — PASCAL II, pape de 1099 à 1118.

Pascal (Blaise), mathématicien, physicien, philosophe et écrivain français (1623-1662). A dix-huit ans, il inventa une machine à calculer. On lui doit la découverte de la pression atmosphérique, les lois de l'équilibre des liquides, le calcul des probabilités, etc. Il est l'auteur des *Provinciales* et des *Pensées.*

pas de Calais. V. CALAIS (*pas de*).

Pas-de-Calais (62), dép. formé de l'Artois, du Boulonnais, du Calaisis et du Ponthieu; préf. *Arras;* s.-préf. *Béthune, Boulogne, Calais, Lens, Montreuil, Saint-Omer;* 6 752 km²; 1 403 000 h.

Pasiphaé, femme de Minos, mère d'Ariane, de Phèdre et du Minotaure.

Passy, quartier de Paris (XVIᵉ arr.).

Pasteur (Louis), chimiste et microbiologiste français (1822-1895), dont les études sur les fermentations et les microbes ont transformé la médecine.

Patagonie, contrée de l'Amérique, au sud du Chili et de l'Argentine.

Patay, ch.-l. de c. (Loiret) ; 2 000 h. Victoire de Jeanne d'Arc sur les Anglais (1429).

Paterson, v. des Etats-Unis (New Jersey) ; soieries ; 143 600 h.

Pathelin (*Maître*), farce du XVᵉ s., le chef-d'œuvre du genre.

Pathmos ou **Patmos,** une des îles Sporades, où saint Jean écrivit l'*Apocalypse.*

Patna, v. de l'Inde, sur le Gange ; cap. de l'Etat de Bihar ; 473 000 h.

Patras, v. de Grèce (Péloponnèse).

Patrice ou **Patrick** (*saint*), patron de l'Irlande (377-460).

Patrocle, héros grec, ami d'Achille ; il fut tué par Hector.

Pau, anc. cap. du Béarn, ch.-l. des Pyrénées-Atlantiques, sur le *gave de Pau* ; 85 900 h. Château où naquit Henri IV.

Pau (*gave de*), riv. des Pyrénées françaises, affl. de l'Adour (r. g.) ; 120 km.

Pauillac, ch.-l. de c. (Gironde), sur la Gironde ; 6 400 h. Vins. Raffinerie de pétrole.

Paul (*saint*), surnommé **l'Apôtre des gentils,** martyrisé à Rome, l'an 67. Organisateur de la doctrine chrétienne, il a écrit des Epîtres qui figurent dans le Nouveau Testament.

Paul, nom de six papes, dont Paul VI né en 1897. Pape en 1963.

Paul Iᵉʳ (1754-1801), empereur de Russie de 1796 à 1801 ; mort assassiné.

Paul Iᵉʳ (1901-1964), roi de Grèce depuis 1947.

Paul-Émile, consul en 219 et en 216 av. J.-C., tué à la bataille de Cannes ; — Son fils, PAUL-EMILE *le Macédonique* (230-160), vainqueur de Persée à Pydna.

Pausilippe, mont situé près de Naples. Grotte profonde de 700 m.

Pavie, v. d'Italie, sur le Tessin ; 83 300 h. François Iᵉʳ y fut capturé par les Espagnols en 1525.

Pavlov (Ivan Petrovitch), physiologiste russe (1849-1936).

Pays-Bas (*royaume des*), en hollandais Nederland, Etat de l'Europe, sur la mer du Nord ; 34 000 km² ; 13 650 000 h. Cap. *Amsterdam* ; siège des pouvoirs publics, *La Haye.*

Paz (La), v. de Bolivie, à 3 700 m d'altitude ; siège du gouvernement ; 450 000 h. Centre commercial.

Pearl Harbor, port des îles Hawaii, où la flotte américaine fut attaquée par les Japonais en décembre 1941.

Peary (Robert), explorateur américain de l'Arctique (1856-1920).

Péchelbronn, hameau du Bas-Rhin. Anc. exploitation de pétrole.

Pecq (Le), ch.-l. de c. des Yvelines, sur la Seine ; 17 600 h.

Peel (Robert), homme d'Etat anglais (1788-1850), chef des conservateurs.

Pégase, cheval ailé, né du sang de Méduse, quand Persée lui eut coupé la tête. Symbole de l'inspiration poétique.

Péguy (Charles), écrivain français (1873-1914), catholique, socialiste et patriote.

Péipous (*lac*), lac de Russie.

Pékin, anc. Peï-ping, cap. de la Chine ; 5 420 000 h. Grand centre industriel.

Pelasges, peuple qui aurait occupé, dans les temps préhistoriques, la Grèce, l'Archipel, le littoral de l'Asie Mineure et l'Italie.

Pelée (*montagne*), volcan de la Martinique, qui détruisit en 1902 la ville de Saint-Pierre.

Pélée, fils d'Eaque, et père d'Achille.

Pélion, montagne de Thessalie.

Pella, cap. de l'anc. Macédoine.

Pellico (Silvio), écrivain italien (1789-1854), auteur de *Mes prisons.*

Pélopidas, général thébain, ami d'Epaminondas, tué en 365 av. J.-C.

Péloponnèse, presqu'île au sud de la Grèce, unie au continent par l'isthme de Corinthe.

Pélops, fils de Tantale ; il fut tué par son père et servi aux dieux dans un repas. Zeus le ressuscita.

Pelvoux (*mont*), massif du Dauphiné (Hautes-Alpes), comprenant les sommets de la Meije (3 987 m), de la Barre des Ecrins (4 103 m) et du Petit Pelvoux (3 754 m).

Pendjab, région du nord-ouest de l'Inde, partagée entre l'Inde et le Pakistan.

Pénélope, femme d'Ulysse, exemple légendaire de la fidélité conjugale.

Penmarch (*pointe de*), cap du Finistère, sur lequel s'élève le phare d'Eckmühl. — Comm. du Finistère. Pêche.

Pennine (*chaîne*), hauteurs s'allongeant du nord au sud de la Grande-Bretagne.

Pennsylvanie, un des Etats unis d'Amérique ; 11 582 000 h. Ch.-l. *Harrisburg.*

Pensées (*les*), titre sous lequel ont été publiées, après sa mort, les notes rédigées par Pascal en vue d'une apologie de la religion chrétienne.

Pentélique, montagne de l'Attique.

Pépin l'Ancien ou **de Landen,** maire du palais d'Austrasie ; m. en 639 ; — PÉPIN *d'Héristal* ou *d'Herstal,* maire du palais d'Austrasie, petit-fils de Pépin de Landen ; m. en 714 ; il est le père de Charles Martel ; — PÉPIN *le Bref* (714-768) ; fils de Charles Martel, maire d'Austrasie puis roi des

Francs de 751 à 768, premier souverain carolingien, père de Charlemagne.

Perche (le), anc. comté de France; cap. *Mortagne*. Chevaux.

Pergame, v. anc. de l'Asie Mineure, cap. du royaume hellénistique de Pergame (IIIe-IIe s. av. J.-C.). La bibliothèque de Pergame était célèbre. Ruines importantes.

Pergolèse (Jean-Baptiste), compositeur italien (1710-1736).

Périclès, homme d'État athénien (499-429 av. J.-C.), qui établit la puissance navale et coloniale d'Athènes.

Perier (Casimir), banquier et homme politique français (1777-1832), ministre sous Louis-Philippe; — Son petit-fils, Jean-Paul CASIMIR-PERIER (1847-1907), fut président de la République de 1894 à 1895.

Périgord, anc. pays de France; il fut réuni à la Couronne par Henri IV, en 1607.

Périgueux, ch.-l. de la Dordogne, sur l'Isle; 37 700 h. Marché agricole (truffes, pâtés, volailles). Cathédrale.

Perm, anc. **Molotov,** v. de l'U.R.S.S., sur la Kama; 850 000 h. Métallurgie.

Peron (Juan), homme d'État argentin (1895-1974). Président de la République de 1946 à 1955 et de 1973 à sa mort.

Péronne, ch.-l. d'arr. (Somme), sur la Somme; 9 400 h. Charles le Simple, enfermé dans le château de Péronne, y mourut (929). Louis XI et Charles le Téméraire y eurent une entrevue humiliante pour le roi de France.

Pérou, république de l'Amérique du Sud, sur le Pacifique; 1 285 000 km²; 15 620 000 h. Cap. *Lima*.

Pérouse, v. d'Italie (Ombrie).

Perpignan, anc. cap. du Roussillon, ch.-l. des Pyrénées-Orientales, sur la Têt; 108 000 h. Cathédrale (XIVe-XVe s.).

Perrault (Claude), naturaliste et architecte français (1613-1688); auteur discuté de la colonnade du Louvre; — Son frère, CHARLES, écrivain français (1628-1703), auteur de *Contes*.

Perret (Auguste), architecte français (1874-1954), auteur, avec son frère GUSTAVE (1876-1952), du *Théâtre des Champs-Elysées* et de *Notre-Dame du Raincy*.

Perreux-sur-Marne, (Le), ch.-l. de c. du Val-de-Marne; 28 300 h.

Perrin (Jean), physicien français (1870-1942), spécialiste de physique atomique.

Perros-Guirec, ch.-l. de c. (Côtes-du-Nord); 7 800 h. Station balnéaire.

Perse. V. IRAN.

Perse, poète latin (34-62).

Persée, héros grec. Il coupa la tête de Méduse et devint roi de Tirynthe.

Persée (212-166 av. J.-C.), dernier roi de Macédoine (178-168).

Perséphone ou **Coré,** divinité grecque, reine des Enfers, identifiée avec **Proserpine** par les Romains.

Persépolis, nom grec de **Parsa,** anc. cap. de la Perse, fondée par Darios Ier.

Persique (golfe), golfe entre l'Iran et l'Arabie, dans l'océan Indien.

Perth, v. d'Australie, cap. de l'Australie-Occidentale; 739 200 h. Centre industriel.

Pérugin (le), peintre italien (1445-1523), maître de Raphaël.

Peshawar, v. du Pakistan; 273 000 h.

Pessac, ch.-l. de c. (Gironde); vins, aciérie; 51 400 h.

Pétain (Philippe), maréchal de France (1856-1951), défenseur de Verdun en 1916, chef de l'État français (1940-1944); il fut condamné à mort en 1945, mais sa peine fut commuée en détention perpétuelle.

Petchili ou **Tché-li** (golfe du), golfe de la mer Jaune.

Petchora (la), fl. de Russie, tributaire de l'océan Arctique; 1 789 km.

Petite-Roselle, comm. de la Moselle; 7 700 h. Houille.

Petit-Quevilly (Le), comm. de la Seine-Maritime, sur la Seine; 22 500 h.

Pétrarque, poète italien, un des premiers humanistes (1304-1374).

Pétrone (Caius), écrivain latin (Ier s. apr. J.-C.), auteur du *Satiricon*.

Petropavlovsk, v. de l'U.R.S.S. (Kazakhstan); 173 000 h. Constructions mécaniques.

Phaéton, fils du Soleil.

Pharos, île de l'anc. Egypte, près d'Alexandrie, où fut érigé le premier phare.

Pharsale, v. anc. de la Thessalie. César y vainquit Pompée en 48 av. J.-C.

Phébé, surnom d'Artémis; la Lune.

Phébus. V. APOLLON.

Phèdre, épouse de Thésée, fille de Minos et de Pasiphaé.

Phèdre, tragédie de Racine (1677).

Phèdre, fabuliste latin, affranchi d'Auguste (30 av. J.-C.-44 apr. J.-C.).

Phénicie, anc. contrée de l'Asie antérieure, auj. le **Liban.**

Phénix, oiseau fabuleux; il vivait plusieurs siècles, mourait sur un bûcher et renaissait de sa cendre.

Phidias, le plus grand sculpteur de l'anc. Grèce (500-431 av. J.-C.).

Philadelphie, v. et port des Etats-

Unis (Pennsylvanie), sur la Delaware; 2 millions d'h. Grand centre industriel.

Philémon et Baucis, couple légendaire, symbole de l'amour conjugal.

Philippe (*saint*), apôtre et martyr.

Philippe Néri (*saint*), fondateur de la congrégation de l'Oratoire (1515-1595).

Philippe, nom de cinq rois de Macédoine, dont PHILIPPE II (382-336 av. J.-C.), roi à partir de 356; il soumit la Grèce; il fut le père d'Alexandre; — PHILIPPE V, roi de 220 à 178 av. J.-C., vaincu par les Romains à Cynocéphales.

Philippe Ier (1052-1108), roi de France de 1060 à 1108.

Philippe II Auguste (1165-1223), roi de France de 1180 à 1223. Il lutta successivement contre les rois d'Angleterre Henri II, Richard Cœur de Lion, avec lequel il avait fait la troisième croisade, et Jean sans Terre. Il leur prit la Normandie, le Maine, l'Anjou, la Touraine, le Poitou, et triompha à Bouvines, en 1214, de l'empereur et du comte de Flandre.

Philippe III le Hardi (1245-1285), roi de France de 1270 à 1285.

Philippe IV le Bel (1268-1314), roi de France de 1285 à 1314. Il entra en conflit avec le pape Boniface VIII (1302), et contraignit le pape Clément V à s'installer à Avignon. Il lutta contre les bourgeois flamands et, aidé par les légistes, favorisa le développement des institutions administratives et judiciaires.

Philippe V le Long (1293-1322), roi de France de 1316 à 1322.

Philippe VI de Valois (1293-1350), roi de France de 1328 à 1350. Sa rivalité avec Edouard III, roi d'Angleterre, provoqua la guerre de Cent Ans, qui fut marquée sous son règne par la défaite de Crécy (1346) et la prise de Calais (1347).

Philippe Égalité. V. ORLÉANS.

Philippe, nom de trois ducs de Bourgogne, dont PHILIPPE II *le Hardi* (1342-1404), duc de 1363 à 1404; — PHILIPPE III *le Bon* (1396-1467), duc de 1419 à 1467; il réunit sous sa domination la totalité des Pays-Bas.

Philippe, nom de cinq rois d'Espagne, dont : PHILIPPE II (1527-1598), fils de Charles Quint, et roi d'Espagne de 1556 à 1598; il s'employa à faire triompher le catholicisme en Europe, soutint la Ligue en France, lutta contre Elisabeth d'Angleterre, conquit le Portugal, mais ne put venir à bout de la résistance des Pays-Bas; — PHILIPPE V (1683-1746), petit-

fils de Louis XIV, roi d'Espagne de 1700 à 1746.

Philippes, v. de Macédoine, où Antoine et Octave vainquirent Brutus et Cassius, en l'an 42 av. J.-C.

Philippeville. V. SKIKDA.

Philippines, archipel de l'Océanie; 299 000 km2; 42 510 000 h. République indépendante; cap. *Quezon City.*

Philistins, anc. peuple de la Palestine, vaincu par Saül et par David.

Phnom Penh, cap. du Cambodge; 500 000 h. Industries alimentaires.

Phocée, v. grecque d'Asie Mineure. Les Phocéens fondèrent Marseille.

Phocide, pays de l'anc. Grèce.

Phrygie, anc. contrée de l'Asie Mineure, au sud de la Bithynie.

Phryné, courtisane grecque (ive s. av. J.-C.). Praxitèle la prit comme modèle pour ses statues de Vénus.

Piave (la), fl. d'Italie (Vénétie), tributaire de l'Adriatique; 220 km.

Pic de La Mirandole (*comte* Jean), savant italien (1463-1494).

Picardie, région du nord du Bassin parisien; cap. *Amiens.*

Picasso (Pablo), peintre espagnol (1881-1973), un des créateurs du cubisme.

Piccolomini (Octave), général autrichien (1599-1656).

Pichegru (Charles), général français (1761-1804).

Picquigny, ch.-l. de c. (Somme), où fut signé, en 1475, un traité qui termina la guerre de Cent Ans; 1 300 h.

Pictes, peuple de l'anc. Ecosse.

Pie, nom de douze papes. Les plus connus sont : PIE Ier (*saint*), pape de 140 à 155; — PIE II (1405-1464), pape de 1458 à 1464; — PIE V (*saint*) [1504-1572], pape de 1566 à 1572; — PIE VI (1717-1799), pape de 1775 à 1799, arrêté par ordre du Directoire; — PIE VII (1742-1823), pape de 1800 à 1823; il signa le *Concordat* (1801), et fut retenu plus tard captif à Fontainebleau; — PIE IX (1792-1878), pape de 1846 à 1878. Il proclama les dogmes de l'Immaculée-Conception et de l'infaillibilité pontificale; — PIE X (*saint*) [1835-1914], pape de 1903 à 1914; il condamna le modernisme; — PIE XI (1857-1939), pape de 1922 à 1939; il signa avec le gouvernement italien les accords de Latran; — PIE XII, (1876-1958), pape de 1939 à 1958; il a promulgué le dogme de l'Assomption.

Piémont, région de l'Italie du Nord-Ouest; ch.-l. *Turin.*

Pierné (Gabriel), compositeur français (1863-1937).

Pierre (*saint*), le premier des apôtres et des papes, né vers l'an 10 av. J.-C., martyrisé à Rome vers 67.

Pierre, nom de quatre rois d'Aragon, dont PIERRE II (1174-1213), roi de 1196 à 1213; vainqueur des Arabes à Las Navas de Tolosa (1212), il soutint le comte de Toulouse contre Simon de Montfort et fut tué à Muret; — PIERRE IV *le Cérémonieux* (1319-1387), roi d'Aragon de 1336 à 1387; il mata la noblesse et développa la puissance de l'Aragon dans le Bassin méditerranéen.

Pierre, nom de cinq rois de Portugal, dont PIERRE Ier *le Justicier* (1320-1367), roi de 1357 à 1367, époux d'Inès de Castro; — PIERRE IV (v. PIERRE Ier D'ALCANTARA).

Pierre Ier d'Alcantara (1798-1834), empereur du Brésil de 1821 à 1831 et roi de Portugal sous le nom de *Pierre IV*.

Pierre le Cruel (1334-1369), roi de Castille de 1350 à 1369.

Pierre Ier le Grand (1672-1725), tsar de Moscovie de 1682 à 1721, empereur de Russie de 1721 à 1725. Il modernisa son Etat, gouverna despotiquement, mais lutta contre les Turcs et résista à Charles XII de Suède. Il fonda Saint-Pétersbourg (1703); — PIERRE III (1728-1762), empereur de Russie en 1762, assassiné à l'instigation de sa femme, Catherine II.

Pierre Ier de Karageorgevitch (1846-1921), roi de Serbie à partir de 1903 et de Yougoslavie de 1919 à 1921, il résista héroïquement à l'attaque autrichienne de 1914.

Pierre l'Ermite (vers 1050-1115), prédicateur de la première croisade.

Pierre le Vénérable, abbé et réformateur de Cluny (vers 1092-1156).

Pierrefitte-sur-Seine, comm. de la Seine-Saint-Denis; 20 900 h.

Pierrefonds, comm. de l'Oise, arr. de Compiègne; 1 700 h. Eaux minérales. Château féodal reconstitué.

Pigalle (Jean-Baptiste), sculpteur français (1714-1785).

Pignerol, v. d'Italie (Piémont).

Pilat (*mont*), massif boisé du Massif central, entre le Gier et le Rhône; 1 434 m.

Pilate (Ponce), gouverneur romain de la Judée; il fit crucifier Jésus.

Pilâtre de Rozier (Jean-François), aéronaute français (1756-1785).

Pillnitz, village de Saxe, près de Dresde, où l'Empereur et le roi de Prusse signèrent, en 1791, une convention contre la Révolution française.

Pilon (Germain), sculpteur français

(1537-1590). On lui doit les *Trois Grâces.*

Pilsudski (Joseph), maréchal et homme d'Etat polonais (1867-1935).

Pindare, poète lyrique grec (521-441 av. J.-C.).

Pinde (le), montagne du nord de la Grèce, consacrée à Apollon et aux Muses.

Pinturicchio, peintre religieux italien (1454-1513).

Pirandello (Luigi), auteur dramatique italien (1867-1936).

Piranesi (Giambattista), architecte et graveur italien (1720-1778).

Pirée (Le), v. de Grèce, port d'Athènes; 500 000 h. Centre industriel. — Dans sa fable *le Singe et le Dauphin*, La Fontaine nous montre le dauphin demandant au singe s'il connaît le Pirée; il en reçoit cette réponse : « Il est mon ami; c'est une vieille connaissance. » De là, la locution : *prendre le Pirée pour un homme,* c'est-à-dire confondre deux choses qui n'ont entre elles aucune ressemblance.

Pirithoos, roi des Lapithes, ami de Thésée. Ses noces avec Hippodamie furent ensanglantées par le combat des Centaures et des Lapithes. (*Myth.*)

Pirmasens, v. d'Allemagne (Rhénanie-Palatinat); 53 500 h.

Piron (Alexis), poète satirique français (1689-1773).

Pisano (Antonio), peintre et médailleur italien (vers 1380-1456).

Pise, v. d'Italie, sur l'Arno; cathédrale, baptistère, tour penchée (XIIe s.).

Pisistrate, tyran d'Athènes (vers 600-527 av. J.-C.).

Pissarro (Camille), peintre paysagiste français, de l'école impressionniste (1831-1903).

Pithiviers, ch.-l. d'arr. (Loiret) 10 400 h. Marché agricole (pâtés d'alouette, miel).

Pitoëff (Georges), comédien et directeur de théâtre français, d'origine russe (1886-1939); — Sa femme, LUDMILLA (1895-1951), a été sa collaboratrice.

Pitt (William), homme d'Etat anglais (1708-1778); — Son fils, WILLIAM, homme d'Etat anglais (1759-1806); adversaire implacable de la Révolution et de la France.

Pittsburgh, v. des Etats-Unis (Pennsylvanie); centre métallurgique; 604 300 h.

Pizarre (François), aventurier espagnol (1475-1541), qui conquit le Pérou.

Plaideurs (les), comédie de Racine (1668).

Plaisance, v. d'Italie (Emilie).

Planck (Max), physicien allemand (1858-1947), créateur de la théorie des quanta.

Plantagenêt, surnom de la maison gâtinaise des comtes d'Anjou, qui occupa le trône d'Angleterre de Henri II à Richard III.

Planté (Gaston), physicien français (1834-1889), inventeur de l'accumulateur.

Plantes (*Jardin des*), jardin botanique de Paris, fondé en 1626-1635, auquel fut adjoint, en 1739, un muséum d'histoire naturelle.

Plata (*rio de la*), large estuaire formé par l'Uruguay et le Parana.

Plata (La), v. de l'Argentine, sur un tributaire du *rio de La Plata*; 357 300 h. Centre industriel.

Platée ou **Platées**, anc. v. de Béotie. Les Spartiates et les Athéniens y défirent les Perses (479 av. J.-C.).

Platon, philosophe grec (429-347 av. J.-C.), disciple de Socrate et auteur de dialogues philosophiques.

Plaute, poète comique latin (vers 254-184 av. J.-C.), auteur d'*Amphitryon*.

Pléiades (*les*), les sept filles d'Atlas, qui se tuèrent et furent métamorphosées en étoiles. — On a donné le nom de Pléiade à un groupe de sept poètes qui vivaient sous Ptolémée Philadelphe. Sous Henri II, il y eut une *Pléiade* française, composée de Ronsard, Du Bellay, Remy Belleau, Jodelle, Dorat, Baïf et Pontus de Tyard.

Plessis-Robinson (Le), ch.-l. de c. des Hauts-de-Seine; 22 300 h.

Pline l'Ancien, naturaliste romain (23-79). Il périt lors de l'éruption du Vésuve.

Pline le Jeune, neveu du précédent, écrivain (62-vers 113), auteur de *Lettres*.

Ploërmel, ch.-l. de c. (Morbihan); 7 000 h.

Ploeshti ou **Ploesti**, v. de Roumanie (Munténie); pétrole; 160 000 h.

Plomb du Cantal. V. CANTAL.

Plombières-les-Bains, ch.-l. de c. (Vosges); 3 400 h. Station thermale.

Plotin, philosophe grec de l'école néoplatonicienne (204-270).

Plougastel-Daoulas, comm. du Finistère; 8 200 h. Fraises. Calvaire.

Ploumanach, station balnéaire des Côtes-du-Nord; rochers pittoresques.

Ploutos, dieu grec de la Richesse.

Plovdiv, anc. Philippopoli, v. de Bulgarie, sur la Maritza; 227 700 h.

Plutarque, historien et moraliste grec (vers 50-vers 125).

Pluton, dieu latin des Enfers, identifié avec l'**Hadès** grec.

Pluton, la dernière des planètes du système solaire.

Plymouth, v. et port militaire d'Angleterre (Devon); 247 400 h.

Pizen, en allem. **Pilsen**, v. de Tchécoslovaquie (Bohème); 140 000 h.

Pnom Penh. V. PHNOM PENH.

Pô (le), fl. d'Italie, tributaire de l'Adriatique; 652 km.

Poe (Edgar Allan), écrivain américain (1809-1849), auteur tourmenté et étrange des *Histoires extraordinaires*.

Poincaré (Henri), mathématicien français (1854-1912), l'un des plus grands de son temps.

Poincaré (Raymond), homme d'Etat français (1860-1934), président de la République de 1913 à 1920.

Pointe-à-Pitre, v. de la Guadeloupe; 28 000 h.

Pointe-Noire, v. et port du Congo-Brazzaville; 76 000 h.

Poissy, ch.-l. de c. (Yvelines), sur la Seine. Belle église romane; 37 600 h. Automobiles.

Poitiers, anc. cap. du Poitou, ch.-l. de la Vienne, sur le Clain; 85 500 h. Eglises romanes, baptistère Saint-Jean (VIIe-XIe s.), cathédrale (XIIe-XIIIe s.).

Poitou, anc. prov. de France, cap. *Poitiers*, réunie à la Couronne en 1416.

Polaire (*étoile*), étoile qui indique le nord dans notre hémisphère.

Polichinelle, personnage traditionnel de la farce italienne.

Polignac (Jules-Armand, *prince de*), homme politique français (1780-1847).

Pollux. V. CASTOR.

Polo (Marco), voyageur vénitien (1254-1323). Il traversa toute l'Asie.

Pologne, république de l'Europe orientale; 311 730 km²; 34 millions d'h. Cap. *Varsovie*.

Poltava ou **Pultava**, v. de l'Ukraine, au sud-ouest de Kharkov; défaite de Charles XII, roi de Suède, par Pierre le Grand, en 1709.

Polybe, historien grec (vers 210-vers 125 av. J.-C.).

Polyeucte, tragédie chrétienne de Corneille (1642).

Polynésie, groupe d'îles formant des grandes divisions de l'Océanie.

Polynésie française, groupe d'îles d'Océanie formant un territoire français; 120 000 h. Ch.-l. *Papeete*, à Tahiti.

Polynice. V. ETÉOCLE.

Polyphème, le plus célèbre des Cyclopes, vaincu par Ulysse. (*Odyssée.*)

Poméranie, région de Pologne, autrefois prussienne.

Pommard, v. de la Côte-d'Or; 754 h. Vins très renommés.

Pomone, déesse latine des Fruits et des Jardins.

Pompadour (*marquise de*) [1721-1764], favorite de Louis XV; elle exerça sur le roi une grande influence.

Pompée (Cneus), dit **le Grand**, général et homme politique romain (107-48 av. J.-C.) ; entré en rivalité avec César, il fut vaincu à Pharsale et assassiné en Egypte.

Pompéi, v. anc. de la Campanie, ensevelie en 79 par l'éruption du Vésuve. Ses ruines ont été mises au jour.

Pompey, comm. de Meurthe-et-Moselle; 6 500 h. Sidérurgie.

Pompidou (Georges), homme d'Etat français (1911-1974), président de la République de 1969 à sa mort.

Pompon (François), sculpteur animalier français (1855-1933).

Pondichéry, v. de l'Inde (côte de Coromandel) ; 40 400 h. Industries textiles. Anc. territoire français.

Poniatowski (Joseph, *prince*), maréchal de France (1762-1813).

Pont, anc. royaume de l'Asie Mineure, sur le Pont-Euxin.

Pont-à-Mousson, ch.-l. de c. (Meurthe-et-Moselle) ; 15 100 h.

Pontarlier, ch.-l. d'arr. (Doubs), sur le Doubs ; centre industriel; 18 800 h.

Pont-Audemer, ch.-l. de c. (Eure), sur la Rille ; 10 000 h.

Pont-Aven, ch.-l. de c. (Finistère) : 3 600 h. Centre touristique.

Pont-Euxin, anc. nom de la **mer Noire**.

Pontins (*marais*), vaste plaine, dans la prov. de Rome, auj. asséchée.

Pontivy, ch.-l. d'arr. (Morbihan), sur le Blavet; 14 300 h.

Pont-l'Abbé, ch.-l. de c. (Finistère); 7 800 h. Conserves.

Pont-l'Évêque, ch.-l. de c. (Calvados) ; 3 800 h. Fromages.

Pontoise, ch.-l. du Val-d'Oise, sur l'Oise; 28 200 h.

Poona, auj. **Puna**, v. de l'Inde (Maharashtra) ; 856 000 h. Cotonnades.

Pope (Alexander), poète et philosophe anglais (1688-1744).

Popocatepetl, volcan du Mexique; 5 452 m.

Popov (Alexandre), physicien russe (1859-1905), inventeur de l'antenne.

Poppée, femme de Néron.

Porbus (Franz) **le Vieux**, peintre flamand (1545-1581) ; — Son fils, FRANZ Porbus le Jeune, fut un artiste encore plus remarquable (1569-1622).

Porcia, fille de Caton d'Utique, femme de Brutus, meurtrier de César.

Pornic, ch.-l. de c. (Loire-Atlantique) ; 8 100 h. Station balnéaire.

Pornichet, comm. de la Loire-Atlantique; 5 500 h. Station balnéaire.

Porquerolles, une des îles d'Hyères.

Port-Arthur, en chinois Liu-chouen, port du nord-est de la Chine.

Port-au-Prince, cap. et port de la république d'Haïti; 306 000 h.

Port-Bou, v. et port d'Espagne (Catalogne) ; station frontière.

Port-de-Bouc, comm. des Bouches-du-Rhône, sur l'étang de Berre; 21 200 h. Centre industriel.

Portes de Fer, nom donné à plusieurs défilés de montagnes : dans les Karpates, sur le Danube; dans le Caucase; en Algérie.

Port-Jérôme, centre de raffinage du pétrole (Seine-Maritime), sur la basse Seine, créé en 1934.

Portland, v. des Etats-Unis (Oregon); centre industriel; 385 400 h.

Port-Louis, cap. et port de l'île Maurice; 136 200 h.

Port Moresby, cap. de la Papouasie-Nouvelle-Guinée; 66 200 h.

Porto, v. et port du Portugal, sur le Douro; 312 000 h. Vins.

Porto Alegre, v. et port du Brésil (Rio Grande do Sul) ; 1 026 000 h.

Porto-Novo, cap. du Bénin, sur le golfe de Guinée; 77 000 h.

Porto Rico ou **Puerto Rico**, île des Antilles, territoire extérieur des Etats-Unis ; 8 896 km2; 3 millions d'h. Cap. *San Juan.*

Port-Royal, abbaye près de Chevreuse (Yvelines), foyer du jansénisme.

Port-Saïd, v. d'Egypte, sur la Méditerranée et le canal de Suez; 256 000 h.

Port-Saint-Louis-du-Rhône, ch.-l. de c. (Bouches-du-Rhône), arr. d'Arles ; 10 400 h.

Portsmouth, v. et port militaire d'Angleterre (Hampshire) ; 215 500 h. — V. des Etats-Unis, où fut signé le traité de paix russo-nippon en 1905.

Port-Soudan, port du Soudan, sur la mer Rouge; centre commercial; 108 900 h.

Portugal, Etat de l'Europe méridionale, à l'ouest de la péninsule Ibérique; 91 721 km2; 8 760 000 h. (*Portugais*). Cap. *Lisbonne;* v. pr. *Porto, Setubal, Braga, Coïmbre.*

Port-Vendres, comm. des Pyrénées-Orientales ; 5 800 h. Port de pêche.

Port Vila ou **Vila**, ch.-l. des Nouvelles-Hébrides, dans l'île Vaté; 2 500 h.

Poséidon, dieu grec de la Mer, identifié avec **Neptune**.

Posnanie, prov. de Pologne.

Potsdam, v. d'Allemagne, anc. cap. du Brandebourg, près de Berlin; château royal, le *Versailles* allemand; 113 600 h.

Pott (Percivall), chirurgien anglais (1713-1788), célèbre par ses recherches sur la tuberculose des vertèbres.

Pouchkine (Alexandre), écrivain russe (1799-1837), auteur de *Boris Godounov*.

Pougues-les-Eaux, ch.-l. de c. (Nièvre), arr. de Nevers ; 2 000 h. Station thermale.

Pouilles (les), anc. *Apulie*, pays de l'Italie méridionale.

Pouilly-sur-Loire, ch.-l. de c. (Nièvre), arr. de Cosne, sur la Loire ; 1 800 h. Vins.

Pouldu (Le), station balnéaire du Finistère-Sud.

Pouliguen (Le), comm. de la Loire-Atlantique ; 4 300 h. Station balnéaire.

Pourceaugnac (*Monsieur de*), comédie-ballet, de Molière (1669).

Pourtalet (*col du*), passage pyrénéen entre la France et l'Espagne ; 1 792 m.

Poussin (Nicolas), peintre français, le maître de notre peinture classique.

Pouzzoles, v. et port d'Italie, sur le golfe de Naples ; 58 100 h. Solfatares.

Poznan, v. de Pologne, cap. de la Posnanie ; 506 200 h. Centre industriel.

Prades, ch.-l. d'arr. (Pyrénées-Orientales), sur la Têt ; 6 900 h.

Pradier (James), sculpteur français (1792-1852).

Prague, cap. de la Tchécoslovaquie et de la Bohême, sur la Vltava ; 1 000 000 d'h. Grand centre industriel.

Prato, v. d'Italie (Toscane), sur l'Arno ; 142 500 h. Cathédrale romane.

Prats-de-Mollo, ch.-l. de c. (Pyrénées-Orientales), arr. de Céret, sur le Tech ; 1 200 h. Station d'altitude.

Praxitèle, statuaire grec, né vers 390 av. J.-C., auteur de statues de dieux.

Préalpes, massifs calcaires situés sur le pourtour des Alpes.

Pré-aux-Clercs, prairie proche de Saint-Germain-des-Prés, qui servait de promenade aux écoliers de l'ancienne Université de Paris.

Précieuses ridicules (*les*), comédie de Molière (1659).

Presbourg. V. BRATISLAVA. Un traité y fut signé en 1805, après Austerlitz.

Pretoria, cap. de la république d'Afrique du Sud et du Transvaal ; aciéries ; 543 900 h.

Prévost (*abbé*), romancier français (1697-1763), auteur de *Manon Lescaut*.

Priam, dernier roi de Troie.

Priape, dieu gréco-latin des Jardins et des Vignes.

Pribram, v. de Tchécoslovaquie (Bohême) ; mines de fer.

Priestley (Joseph), chimiste anglais (1733-1804), qui isola l'oxygène.

Prieur de la Marne (Pierre-Louis PRIEUR, dit), conventionnel français (1756-1827), membre du Comité de Salut public.

Prieur de la Côte-d'Or (Claude-Antoine PRIEUR-DUVERNOIS, dit), conventionnel français (1763-1827), membre du Comité de Salut public.

Prim (Juan), général et homme politique espagnol (1814-1870), un des artisans de la chute d'Isabelle II.

Primatice (le), peintre, sculpteur et architecte italien (1504-1570) ; il a décoré Fontainebleau et Chambord.

Primo de Rivera (Miguel), général et homme politique espagnol (1870-1930) ; il établit un gouvernement dictatorial en Espagne (1923-1930).

Prince (le), traité politique de Machiavel (1514).

Prince-de-Galles (*terre du*), île de l'archipel arctique, au nord de l'Amérique.

Prince-Édouard (*île du*), île et province du Canada, sur l'Atlantique ; 114 000 h. Cap. *Charlottetown*.

Privas, ch.-l. de l'Ardèche ; confiserie (marrons glacés) ; 12 200 h. Imprimerie.

Proche-Orient. V. ORIENT.

Procuste, brigand de l'Attique ; il faisait étendre ses victimes sur un lit et les amputait ou les étirait pour les mettre à la longueur de ce lit. Tué par Thésée.

Prométhée, dieu du Feu. Il déroba le feu du ciel, mais fut cloué par Zeus sur le Caucase, où un vautour lui dévorait le foie. Il fut délivré par Héraclès.

Properce, poète latin (vers 47-vers 15 av. J.-C.), auteur d'*Élégies*.

Propylées (les), portique de l'Acropole d'Athènes, admirable édifice en marbre (437-433 av. J.-C.).

Proserpine, fille de Jupiter ; Pluton l'épousa et en fit la reine des Enfers.

Protée, un des dieux grecs de la Mer ; il avait reçu le don de prophétie, et changeait de forme à volonté.

Proudhon (Pierre-Joseph), socialiste français (1809-1865).

Proust (Louis), chimiste français (1754-1826).

Proust (Marcel), romancier français (1871-1922), auteur d'*A la recherche du temps perdu*.

Provence, anc. prov. de France. Cap. *Aix-en-Provence*. Elle fut réunie à la Couronne en 1487.

Provinces-Unies, nom donné aux sept provinces septentrionales des Pays-Bas espagnols qui s'insurgèrent contre Philippe II. Elles furent le noyau de l'actuel royaume des Pays-Bas.

Provinciales (*les*), suite de lettres, écrites par Pascal (1656-1657) pour défendre les jansénistes de Port-Royal contre les jésuites.

Provins, ch.-l. d'arr. (Seine-et-Marne); remparts, tour et églises du Moyen Age; 13 100 h.

Prud'hon (Pierre), peintre et dessinateur français (1758-1823).

Prusse, anc. Etat d'Allemagne. Cap. *Berlin*. — La Prusse a été formée par la réunion, en 1618, des Etats de la maison de Hohenzollern. Cet Etat militaire s'agrandit considérablement, sous le règne de Frédéric II (1740-1786). Vaincue par Napoléon Ier en 1806, la Prusse se releva rapidement, chassa l'Autriche de l'Allemagne (1866) et, grâce à la politique de Bismarck, réalisa à son profit l'unité allemande.

Prusse-Occidentale, anc. prov. de Prusse, auj. à la Pologne.

Prusse-Orientale, anc. prov. de Prusse, partagée en 1945 entre la Lituanie (U.R.S.S.) et la Pologne.

Prusse-Rhénane, anc. région d'Allemagne, auj. partagée entre les pays du Rhin-Septentrional-Westphalie et de Rhénanie-Palatinat.

Prut ou **Prout** (le), riv. d'Europe orientale, qui sépare la Roumanie de la Moldavie, et se jette dans le Danube (r. g.); 950 km.

Psyché, jeune fille d'une grande beauté, aimée par le dieu de l'Amour.

Ptolémée, nom de quatorze rois d'Egypte, dont : PTOLÉMÉE Ier SÔTER Ier, fondateur de la dynastie des Lagides, roi de 305 à 285 av. J.-C.; il fonda la Bibliothèque d'Alexandrie; — PTOLÉMÉE II PHILADELPHE; roi de 285 à 246 av. J.-C., protecteur des lettres; — PTOLÉMÉE XIV DIONYSOS II, roi de 52 à 47 av. J.-C.; il fit assassiner Pompée, fut battu à Pharsale, vaincu par Mithridate, et se noya dans le Nil en s'enfuyant; — PTOLÉMÉE XVI *Césarion* (47-30 av. J.-C.), fils de César et de Cléopâtre, roi de 44 à 30 av. J.-C.; Octave le fit mettre à mort après la victoire d'Actium.

Ptolémée (Claude), astronome grec du IIe s. apr. J.-C.

Puccini (Giacomo), compositeur italien (1858-1924), auteur de *la Tosca*.

Puebla, v. du Mexique; assiégée et prise par les Français en 1863; 401 000 h.

Puget (Pierre), sculpteur français (1620-1694), auteur de *Milon de Crotone*.

Puniques (*guerres*), nom donné au conflit qui opposa Romains et Carthaginois aux IIIe et IIe s. av. J.-C. La *première* guerre punique (264-241) eut pour théâtre la Sicile, que Rome

enleva aux Carthaginois. Pendant la *deuxième* (218-201), Annibal, parti d'Espagne, franchit les Alpes, déboucha en Italie et mit Rome à deux doigts de sa perte. La *troisième* (149-146) fut courte et décisive : Carthage fut prise et détruite.

Purcell (Henry), compositeur anglais (1658-1695), auteur de *Didon et Enée*.

Puteaux, ch.-l. de c. (Hauts-de-Seine), sur la Seine; 35 600 h.

Putiphar, officier de la cour d'Egypte, maître de Joseph.

Puvis de Chavannes (Pierre), peintre français (1824-1898).

Puy (Le), anc. cap. du Velay, ch.-l de la Haute-Loire; 29 000 h. Dentelles. Cathédrale romane (XIe-XIIe s.).

puy de Dôme. V. DÔME.

Puy-de-Dôme (63), dép. formé de parties de l'Auvergne, du Bourbonnais et du Forez; préf. *Clermont-Ferrand*; s.-préf. *Ambert, Issoire, Riom, Thiers*; 8 016 km²; 580 000 h.

Pydna, v. de Macédoine; défaite de Persée par Paul-Emile (168 av. J.-C.).

Pygmalion, sculpteur de l'Antiquité; il s'éprit de la statue de *Galatée*, qui était son œuvre, et l'épousa, quand Aphrodite l'eut animée.

Pygmées, race de Noirs de petite taille, établis en Afrique.

Pylade, ami d'*Oreste* (v. ce nom).

Pyramides, monuments de l'anc Egypte, qui servaient de sépultures royales, et dont les plus célèbres sont, près de Gizeh, Chéops, Chéphren et Mykérinos.

Pyrénées, chaîne de montagnes, entre la France et l'Espagne, longue de 480 km environ, culminant au pic d'Aneto (3 404 m).

Pyrénées (*traité des*), traité conclu entre la France et l'Espagne (1659).

Pyrénées (Hautes-) [65], dép. formé de la Bigorre et d'une partie de la Gascogne; préf. *Tarbes*; s.-préf. *Argelès-Gazost, Bagnères-de-Bigorre*; 4 534 km²; 227 200 h.

Pyrénées-Atlantiques (64), dép. formé du Béarn et du pays basque français; préf. *Pau*; s.-préf. *Bayonne, Oloron*; 7 712 km²; 534 700 h.

Pyrénées-Orientales (66), dép. formé du Roussillon et de la Cerdagne; préf. *Perpignan*; s.-préf. *Céret, Prades*; 4 143 km²; 299 500 h.

Pyrrhon, philosophe sceptique grec du IVe s. av. J.-C

Pyrrhos II ou **Pyrrhus** (vers 318-272 av. J.-C.), roi d'Epire de 298 à 272. Il lutta contre les Romains.

Pythagore, philosophe et mathématicien grec (vers 580 - vers 500 av. J.-C.).

Q

Quatre-Cantons (*lac des*) ou **lac de Lucerne**, lac de Suisse; 114 km².

Quatrefages de Bréau (Armand de), naturaliste et anthropologiste français (1810-1892).

Québec, v. du Canada, cap. de la prov. de Québec, sur le Saint-Laurent. Fondée par le Français Champlain en 1608; 167 000 h. — La *province de Québec* a 6 021 000 h.

Queensland, Etat du nord-ouest de l'Australie. Cap. *Brisbane.*

Quercy, anc. pays de France (dép. de Tarn-et-Garonne et du Lot).

Quesnay (François), économiste et physiocrate français (1694-1774).

Quetta, v. du Pakistan, cap. du Baloutchistan; 156 000 h.

Quezon City, cap. des Philippines; 896 200 h.

Quiberon, ch.-l. de c. (Morbihan), dans la presqu'île du même nom; 4 700 h. Station balnéaire. Pêche.

Quichés, peuple du Guatemala, qui a laissé des ruines témoignant d'une haute civilisation.

Quichuas ou **Quéchuas,** peuple du Pérou, dont une tribu, celle des *Incas,* dominait, au xvᵉ s., une partie de l'Amérique du Sud.

Quimper, anc. cap. du comté de Cornouaille, ch.-l. du Finistère, sur l'Odet; 57 700 h.

Quimperlé, ch.-l. de c. (Finistère); 11 700 h. Papier à cigarettes; conserves.

Quinault (Philippe), poète français (1635-1688), auteur de livrets d'opéras, dont Lulli composait la musique.

Quinet (Edgar), philosophe et historien français (1803-1875).

Quinte-Curce, historien latin (Iᵉʳ s.).

Quintilien, écrivain latin (Iᵉʳ s.).

Quirinal, une des sept collines de Rome.

Quito, cap. de l'Equateur; 551 200 h. Alt. : 2 850 m.

R

Rabat, cap. du Maroc, port sur l'Atlantique; 227 400 h. Industries textiles.

Rabelais (François), écrivain et humaniste français (vers 1494-1553), auteur de *Gargantua* et de *Pantagruel.*

Racan (Honorat DE BUEIL, *marquis de*), poète français (1589-1670).

Rachel, épouse de Jacob.

Rachel (Elisa FÉLIX, dite Mˡˡᵉ), tragédienne française (1821-1858).

Racine (Jean), poète français (1639-1699), auteur de tragédies : *Andromaque, Britannicus, Bérénice, Bajazet, Mithridate, Iphigénie, Phèdre, Esther, Athalie,* et d'une comédie, *les Plaideurs.*

Radjpoutana ou **Rajputana,** région du nord-ouest de l'Inde.

Raffet (Denis), peintre et dessinateur français (1804-1860).

Raincy (Le), ch.-l. d'arr. (Seine-Saint-Denis); 11 000 h.

Raismes, comm. du Nord; 16 600 h. Métallurgie.

Rambervillers, ch.-l. de c. (Vosges); 7 400 h. Textiles.

Rambouillet, ch.-l. d'arr. (Yvelines), à la limite sud d'une vaste forêt; 20 100 h. Ancien château royal.

Rameau (Jean-Philippe), compositeur français (1683-1764), auteur d'opéras-ballets (*les Indes galantes*).

Ramsay (*sir* William), chimiste anglais (1852-1916), qui découvrit l'argon et l'hélium.

Ramsès II, roi d'Egypte de 1298 à 1232 av. J.-C.; il fit la guerre en Syrie.

Ramsgate, v. d'Angleterre, à l'embouchure de la Tamise; bains de mer.

Ranavalo (1861-1917), reine de Madagascar de 1883 à 1894. Elle fut détrônée par les Français.

Rance (la), fl. côtier de France, qui se jette dans la Manche; 100 km. Usine marémotrice.

Rangoon, cap. et port de la Birmanie; 1 854 000 h. Centre industriel.

Raoul, duc de Bourgogne et roi de France de 923 à 936.

Raphaël, archange qui conduisit Tobie au pays des Mèdes. (*Bible*.)

Raphaël, peintre, sculpteur et architecte de l'école romaine (1483-1520). Il a laissé une foule de chefs-d'œuvre : *la Sainte Famille, la Belle Jardinière,* les fresques des *Chambres* et des *Loges* du Vatican, etc.

Raspoutine (Grégoire), aventurier russe (1864-1916) ; il mourut assassiné.

Rastatt ou **Rastadt**, v. d'Allemagne (Bade). Il s'y tint deux congrès : le premier (1713-1714) mit fin à la guerre de la Succession d'Espagne ; le second (1797-1799) devait organiser la paix entre la France et l'Empire.

Ratisbonne, v. d'Allemagne (Bavière), sur le Danube ; 123 100 h. Centre industriel.

Ravaillac (François) [1578-1610], assassin de Henri IV ; mort écartelé.

Ravel (Maurice), compositeur français (1875-1937), auteur d'un *Boléro* et de deux concertos célèbres.

Ravenne, v. d'Italie (Emilie) ; 129 000 h. Nombreux monuments byzantins ornés de mosaïques en relief.

Rawalpindi, v. du Pakistan (Pendjab) ; 645 000 h. Cotonnades.

Rayleigh (John, *lord*), physicien anglais (1842-1919).

Raz (*pointe du*), cap du Finistère, en face de l'île de Sein.

Ré (*île de*), île de l'Atlantique, dép. de la Charente-Maritime ; 10 300 h.

Rê, dieu solaire des Egyptiens.

Réaumur (René-Antoine de), physicien français (1683-1757).

Rébecca, femme d'Isaac.

Récamier (Mme), femme célèbre par son esprit et sa beauté (1777-1849).

Recife, anc. **Pernambouc**, v. et port du Brésil (Atlantique) ; centre commercial ; 1 046 000 h.

Redon, ch.-l. d'arr. (Ille-et-Vilaine), sur la Vilaine; 10 800 h.

Reggio de Calabre, v. d'Italie, sur le détroit de Messine ; 171 000 h.

Reggio d'Emilie, v. d'Italie ; 126 000 h.

Regnard (Jean-François), poète comique français (1655-1709), auteur du *Joueur*, du *Distrait*, du *Légataire universel*.

Régnier (Mathurin), poète satirique français (1573-1613).

Regulus, consul romain en 267 et en 256 av. J.-C. Célèbre pour son dévouement et sa loyauté.

Reichshoffen, comm. du Bas-Rhin; 5 000 h. Combat (6 août 1870), où les cuirassiers français se signalèrent par une charge mémorable.

Reichstadt (duc **de**). V. Napoléon II.

Reims, ch.-l. d'arr. (Marne), sur la Vesle ; 183 600 h. Cathédrale où avait lieu le sacre des rois de France. Vins de Champagne.

Religion (*guerres de*), nom de huit guerres entre catholiques et protestants français, de 1562 à 1598 (édit de Nantes).

Relizane, auj. Ighil Izane, v. d'Algérie, ch.-l. d'arr. du dép. de Mostaganem ; 35 400 h.

Rembrandt, peintre hollandais (1606-1669). Parmi ses chefs-d'œuvre, on vante surtout *Tobie et sa famille, le Bon Samaritain, Les Pèlerins d'Emmaüs*, etc.

Remi (*saint*) [437-533], archevêque de Reims, qui baptisa Clovis en 496.

Remiremont, ch.-l. de c. (Vosges). sur la Moselle ; 11 500 h. Textiles.

Remus, frère de Romulus.

Renan (Ernest), écrivain français (1823-1892), penseur rationaliste, auteur de *l'Avenir de la science*, des *Origines du christianisme*, etc.

Renard (Jules), écrivain français (1864-1910), auteur de *Poil de carotte*.

Renart (*le Roman de*), groupe de poèmes écrits aux XIIe et XIIIe s.

Renaudot (Théophraste), médecin français (1586-1653), fondateur du premier journal, la *Gazette de France*, en 1631.

René Ier d'Anjou, dit **le Bon roi René** (1409-1480), duc d'Anjou, de Bar et de Lorraine, comte de Provence, roi de Sicile et d'Aragon.

Rennes, anc. cap. du duché de Bretagne, ch.-l. d'Ille-et-Vilaine ; 205 700 h. Industrie active. Ecole nationale d'agriculture.

Renoir (Auguste), peintre impressionniste français (1841-1919).

Restif de La Bretonne (Nicolas-Edme), écrivain français (1734-1806), auteur de romans licencieux.

Rethel, ch.-l. d'arr. (Ardennes), sur l'Aisne ; 9 200 h.

Rethondes, comm. de l'Oise ; 458 h. Armistices franco-allemands de 1918 et de 1940.

Retz ou **Rais** (Gilles de), maréchal de France (v. 1400-1440) ; ses crimes inspirèrent le conte de *Barbe-Bleue*.

Retz (Paul de Gondi, *cardinal de*). homme politique et écrivain français (1613-1679), un des chefs de la Fronde.

Réunion (*île de la*), anc. île Bourbon, dans l'océan Indien, à l'est de

l'Afrique ; 2 500 km2 ; 490 000 h.
Dép. français, ch.-l. *Saint-Denis*.

Reykjavik, port et cap. de l'Islande ; 84 300 h. Pêche.

Réza chah Pahlavi (1878-1944) chah de Perse de 1925 à 1941.

Rhadamante, juge des Enfers.

Rhénanie, région d'Allemagne, sur le Rhin.

Rhénanie-du-Nord-Westphalie, Etat de l'Allemagne occidentale ; 17 193 000 h. Cap. *Düsseldorf*.

Rhénanie-Palatinat, État de l'Allemagne occidentale ; 3 690 000 h. Cap. *Mayence*.

Rhin (le), fl. de l'Europe nord-occidentale, tributaire de la mer du Nord ; 1 320 km.

Rhin (Bas-) [67], dép. formé d'une partie de l'Alsace ; préf. *Strasbourg* ; s.-préf. *Haguenau, Molsheim, Saverne, Sélestat-Erstein, Wissembourg* ; 4 786 km2 ; 882 100 h.

Rhin (Haut-) [68], dép. formé d'une partie de l'Alsace ; préf. *Colmar* ; s.-préf. *Altkirch, Guebwiller, Mulhouse, Ribeauvillé, Thann* ; 3508 km2 ; 635 200 h.

Rhode Island, un des Etats unis d'Amérique ; 968 000 h. Cap. *Providence*.

Rhodes, île grecque de la mer Egée.

Rhodes (Cecil), homme d'affaires et colonisateur anglais (1853-1902).

Rhodésie, région de l'Afrique orientale qui a été partagée entre la *Rhodésie du Nord* (auj. *Zambie*) et la *Rhodésie du Sud*, anc. territoire britannique devenu indépendant en 1965 sous le nom de *Rhodésie* (6 100 000 h. ; cap. *Salisbury*).

Rhodope, ramification des Balkans, en Bulgarie ; alt. 2 925 m.

Rhône (le), fl. de Suisse et de France, tributaire de la Méditerranée ; 812 km (dont 522 en France).

Rhône (69), dép. formé du Lyonnais et du Beaujolais ; préf. *Lyon* ; s.-préf. *Villefranche* ; 2 859 km2 ; 1 429 000 h.

Riad ou **Riyad**, cap. de l'Arabie Saoudite ; 300 000 h. Dattes.

Ribeauvillé, ch.-l. d'arr. (Haut-Rhin) ; 4 400 h. Vignobles ; textiles.

Ribera (José), dit **l'Espagnolet**, peintre espagnol (1588-1655).

Ribérac, ch.-l. de c. (Dordogne) ; 4 400 h.

Ricamarie (La), comm. de la Loire ; 10 400 h. Houille ; métallurgie.

Richard Ier, Cœur de Lion (1157-1199), roi d'Angleterre de 1189 à 1199 ; il prit part à la 3e croisade et lutta contre Philippe Auguste.

Richardson (Samuel), romancier anglais (1689-1761).

Richelieu (Armand-Jean DU PLESSIS, duc de), cardinal et homme d'Etat français (1585-1642). Premier ministre de Louis XIII en 1624, il lutta contre les protestants, les grands et la maison d'Autriche. Il fonda l'Académie française.

Richelieu (Armand-Emmanuel, duc de), homme d'Etat français (1766-1822), ministre de Louis XVIII.

Richier (Ligier), sculpteur français (v. 1500-1567).

Richmond, v. des Etats-Unis, cap. de la Virginie ; 248 000 h.

Riemann (Bernhard), mathématicien allemand (1826-1866), créateur d'une géométrie non euclidienne.

Rif, massif montagneux de la côte méditerranéenne du Maroc.

Riga, v. de l'U.R.S.S., cap. de la Lettonie, port sur la Baltique ; 731 800 h.

Rigaud (Hyacinthe), peintre portraitiste français (1659-1743).

Rijeka, en ital. **Fiume**, v. et port de Yougoslavie (Croatie), sur l'Adriatique ; 132 900 h.

Rille ou **Risle** (la), affl. de la Seine (r. g.) ; 150 km.

Rimbaud (Arthur), poète français (1854-1891), auteur du *Bateau ivre*.

Rimini, v. d'Italie (Emilie), sur l'Adriatique ; 111 600 h.

Rimski-Korsakov (Nicolas), musicien russe (1844-1908), auteur de poèmes symphoniques et d'opéras (le *Coq d'or*).

Rio de Janeiro, anc. cap. du Brésil, sur l'Atlantique ; 4 422 000 h.

Riom, anc. cap. des ducs d'Auvergne, ch.-l. d'arr. (Puy-de-Dôme) ; 18 000 h.

Riquewihr, comm. du Haut-Rhin ; 1 100 h. Vins blancs.

Rivarol (Antoine de), écrivain et journaliste français (1753-1801).

Rive-de-Gier, ch.-l. de c. (Loire) ; 17 800 h. Houille ; métallurgie ; verrerie.

Rivesaltes, ch.-l. de c. (Pyrénées-Orientales) ; 6 800 h.

Rivoli, village d'Italie, sur l'Adige, où Bonaparte vainquit les Autrichiens en 1797.

Roanne, ch.-l. d'arr. (Loire), sur la Loire ; 56 500 h. Centre industriel.

Robbia (Luca della), sculpteur florentin (1400-1482).

Robert le Fort, comte d'Anjou, duc de France, tige des Capétiens ; m. en 866, en poursuivant les Normands.

Robert Ier, roi de France de 922 à 923 ; — ROBERT II *le Pieux*, fils de Hugues Capet (vers 970-1031), roi de France de 996 à 1031.

Robert Ier (v. ROLLON) ; — ROBERT II *le Diable*, duc de Normandie de 1028 à 1035 ; — ROBERT III *Courteheuse*, duc de Normandie de 1087 à 1105 ; m. en 1134.

Robert Ier Guiscard (vers 1015-1085), un des Normands qui se taillèrent des possessions en Italie du Sud.

Robert (Hubert), peintre français (1733-1808).

Roberval (Gilles **Personne de**), physicien français (1602-1675), inventeur d'une balance.

Robespierre (Maximilien de), avocat et conventionnel français (1758-1794). Jacobin, il dirigea en fait le gouvernement révolutionnaire à partir de décembre 1793; renversé le 9 Thermidor, il périt sur l'échafaud.

Robinson Crusoé, roman de Daniel Defoe (1719).

Rocamadour ou **Roc-Amadour**, comm. du Lot; 708 h. Pèlerinage.

Rochambeau (*comte de*), maréchal de France (1725-1807), commandant des troupes qui portèrent secours aux colons américains.

Rochechouart, ch.-l. d'arr. (Haute-Vienne) ; 4 200 h.

Rochefort, ch.-l. d'arr. (Charente-Maritime), sur la Charente; 32 900 h. Port marchand; industries chimiques.

Roche-la-Molière, comm. de la Loire; 9 900 h.

Rochelle (La), anc. cap. de l'Aunis, ch.-l. de la Charente-Maritime, port sur l'Atlantique; 77 500 h.

Rochester, v. des Etats-Unis; 332 500 h.

Roche-sur-Yon (La), ch.-l. de la Vendée; 40 100 h.

Rocheuses (*montagnes*), système montagneux de l'ouest de l'Amérique du Nord, culminant à 6 240 m.

Rocroi, ch.-l. de c. (Ardennes) ; 2 900 h. Victoire de Condé sur les Espagnols (1643).

Rodez, anc. cap. du Rouergue, ch.-l. de l'Aveyron, sur l'Aveyron; 28 200 h.

Rodin (Auguste), sculpteur français (1840-1917), auteur du *Penseur.*

Rodolphe Ier de Habsbourg (1218-1291), roi de Germanie de 1273 à 1291, fondateur de la maison d'Autriche.

Rœntgen (Konrad von), physicien allemand (1845-1923). Il a découvert les rayons X.

Rohan (Edouard, *prince* **de**), cardinal français (1734-1803).

Roissy-en-France, comm. du Val-d'Oise ; 1 400 h. Aéroport Charles-de-Gaulle.

Roland, officier de Charlemagne dont la légende et la *Chanson de Roland* ont immortalisé les exploits

Rolland (Romain), écrivain français (1866-1944), auteur de *Jean-Christophe.*

Rollon, chef de pirates normands, et premier duc de Normandie, sous le nom de *Robert Ier*; m. en 931.

Romagne, anc. prov. d'Italie (Etats de l'Eglise). Cap. *Ravenne.*

Romain (Jules), architecte et peintre romain (1492-1546), élève de Raphaël.

Romains (Jules), écrivain français (1885-1972), auteur des *Hommes de bonne volonté.*

Romanche (la), torrent des Alpes françaises, affl. du Drac; 78 km.

Romanov, dynastie russe qui régna de 1613 à 1917.

Romans-sur-Isère, ch.-l. de c. (Drôme), sur l'Isère; 34 200 h. Chaussures.

Rome, cap. de l'Italie et résidence du pape, sur le Tibre; 2 630 000 h. La ville abonde en richesses artistiques.

Roméo et Juliette, drame de Shakespeare (1594).

Romilly-sur-Seine, ch.-l. de c. (Aube) ; 17 600 h. Bonneterie.

Rommel (Erwin), maréchal allemand (1891-1944); il combattit en Afrique.

Romney (George), peintre anglais (1734-1802), auteur de portraits.

Romorantin - Lanthenay, ch.-l. d'arr. (Loir-et-Cher) ; 17 000 h.

Romulus, fondateur légendaire et premier roi de Rome, 753 à 715 av. J.-C.

Roncevaux, col des Pyrénées espagnoles (Navarre). En 778, l'arrière-garde de l'armée de Charlemagne y fut écrasée par les Vascons; c'est là que périt Roland.

Ronsard (Pierre de), poète français (1524-1585) ; chef de la Pléiade, il entreprit de renouveler la poésie française.

Roosebeke, comm. de Belgique, auj. **Rozebeke**, où Charles VI défit les Flamands (1382).

Roosevelt (Théodore), homme d'Etat américain (1859-1919), président des Etats-Unis de 1901 à 1909; — Son cousin, FRANKLIN (1882-1945), président des Etats-Unis de 1933 jusqu'à sa mort.

Roquefort-sur-Soulzon, comm. de l'Aveyron; 949 h. Fromages.

Rosa (Salvator), peintre, poète et musicien italien (1615-1673).

Rosario, v. et port de l'Argentine, sur le Parana; 600 300 h.

Roscoff, comm. du Finistère; 3 700 h. Port de pêche et station balnéaire.

Rosette, v. de la basse Egypte, où fut trouvée la pierre hiéroglyphique qui permit à Champollion de déchiffrer les hiéroglyphes.

Rosny-sous-Bois, ch.-l. de c. de la Seine-Saint-Denis; 35 800 h.

Rossbach, village de Saxe, où Frédéric II vainquit Soubise en 1757.

Rossini (Gioacchino), compositeur italien (1792-1868); auteur de : *le Barbier de Séville, Otello, Guillaume Tell,* etc.

Rostand (Edmond), auteur dramatique français (1868-1918); il a écrit *Cyrano de Bergerac, l'Aiglon, Chantecler.*

Rostock, v. d'Allemagne (Mecklembourg); 207 300 h. Port de pêche.

Rostov-sur-le-Don, v. de l'U.R.S.S., port fluvial et centre industriel très important; 728 000 h.

Rotrou (Jean de), poète dramatique français (1609-1650).

Rotterdam, v. des Pays-Bas; 731 000 h. Port sur le Lek. Centre industriel.

Roubaix, ch.-l. de c. (Nord); 109 800 h. Industries textiles.

Rouen, anc. cap. de la Normandie, ch.-l. de la Seine-Maritime, port sur la Seine; 118 300 h. Centre industriel; cathédrale (XIIᵉ-XIIIᵉ s.), palais de justice (XVᵉ s.). Jeanne d'Arc y fut brûlée en 1431.

Rouergue, anc. pays du midi de la France; cap. *Rodez.*

Rouge (mer), anc. **golfe Arabique**, mer située entre l'Arabie et l'Afrique.

Rouget de Lisle (Claude), officier du génie, auteur de *la Marseillaise* (1760-1836).

Roumanie, république de l'Europe orientale; 237 000 km²; 21 250 000 h. Cap. *Bucarest.*

Rousseau (Jean-Baptiste), poète lyrique français (1671-1741).

Rousseau (Jean-Jacques), écrivain français (1712-1778), auteur de *la Nouvelle Héloïse,* du *Contrat social,* de l'*Émile,* des *Confessions,* etc.

Rousseau (Henri, dit **le Douanier**), peintre français (1844-1910).

Roussel (Albert), compositeur français (1869-1937), auteur de ballets (*Æneas*), de symphonies.

Roussillon, anc. prov. de France, cap. *Perpignan;* réunie à la Couronne au traité des Pyrénées (1659).

Roux (Emile), médecin français (1853-1933); il inventa le traitement de la diphtérie par la sérothérapie.

Royan, ch.-l. de c. (Charente-Maritime), sur l'estuaire de la Gironde; station balnéaire; 18 700 h.

Royat, comm. du Puy-de-Dôme, près de Clermont-Ferrand; 4 500 h. Station thermale.

Ruanda ou **Rwanda**, république de l'Afrique centrale; 26 328 km²; 4 200 000 h. Cap. *Kigali.*

Rubens (Pierre-Paul), peintre flamand (1577-1640), auteur d'un nombre considérable de tableaux (*Descente de croix, Enlèvement des filles de Leucippe, Hélène Fourment,* etc.), où se manifeste son goût des formes opulentes et des coloris éclatants.

Rubicon (le), riv. qui séparait l'Italie de la Gaule cisalpine, et que César franchit avec son armée malgré la défense du Sénat.

Rude (François), sculpteur français (1784-1855), auteur d'un des bas-reliefs de l'arc de triomphe de l'Etoile.

Rueil-Malmaison, ch.-l. de c. des Hauts-de-Seine; 64 400 h. Château de Malmaison.

Rufisque, v. et port du Sénégal, près de Dakar; 50 000 h. Arachides.

Ruhmkorff (Heinrich), mécanicien d'origine allemande (1803-1877), inventeur de la bobine d'induction.

Ruhr, riv. d'Allemagne, affl. du Rhin; 208 km. Elle traverse un riche bassin houiller et manufacturier.

Rummel (le), fl. d'Algérie (Méditerranée); 250 km. Il arrose Constantine.

Ruskin (John), écrivain et critique d'art anglais (1819-1900).

Russie, nom appliqué naguère au vaste empire des tsars. Il désigne aujourd'hui la seule République socialiste fédérative de *Russie,* qui constitue la masse principale de l'U.R.S.S. (v. ce nom), et qui compte 17 074 000 km² et 127 millions d'h. Cap. *Moscou.*

Russie Blanche ou **Biélorussie**, république soviétique de l'ouest de l'U.R.S.S.; 8 744 000 h. Cap. *Minsk.*

Rutebeuf, trouvère du XIIIᵉ s.

Ruth, femme de Booz.

Ruthénie ou **Ukraine subkarpatique**, anc. région orientale de la Tchécoslovaquie, devenue ukrainienne en 1945.

Rutherford (Ernest **lord**), physicien anglais (1871-1937), qui réalisa la première transmutation atomique (1919).

Ruysdaël ou **Ruisdaël** (Jacob Isaac), paysagiste hollandais (1629-1682).

Ruyter (Michel de), amiral hollandais (1607-1676), adversaire de Duquesne.

Ryswick, village de Hollande, où fut signé, en 1697, le traité de paix entre Louis XIV et les coalisés d'Augsbourg.

Ryu Kyu, en japonais Okinawa, archipel entre le Japon et Formose; 1 146 000 h. Ch.-l. *Naha.*

S

Saale (la), riv. d'Allemagne ; 427 km.

Saba, v. de l'Arabie ancienne (Yémen).

Sabah, Etat de la Malaysia, dans le nord de Bornéo ; 800 000 h. Cap. *Jesselton*.

Sabine, anc. pays de l'Italie centrale.

Sables-d'Olonne (Les), ch.-l. d'arr. (Vendée), sur l'Atlantique ; station balnéaire et port de pêche ; 18 200 h.

Sablé-sur-Sarthe, ch.-l. de c. (Sarthe) ; 11 800 h.

Sacramento, v. des Etats-Unis, cap. de l'Etat de Californie ; 227 000 h.

Sacré (mont), colline voisine de Rome.

Sacrée (voie), célèbre rue de Rome, qui allait du Palatin au Capitole. — Route qui, pendant la Première Guerre mondiale, resta longtemps la seule liaison entre Verdun et les arrières.

Sade (marquis de), écrivain français (1740-1814), auteur de romans pervers.

Sadova ou **Sadowa**, bourg de Bohême. Victoire des Prussiens sur les Autrichiens (1866).

Safi, v. et port du Maroc, sur l'Atlantique ; 129 000 h. Conserves.

Sagonte, v. de l'anc. Espagne.

Sahara, vaste désert de l'Afrique septentrionale, s'étendant entre le Maghreb et le Soudan (1 600 km) et de l'Egypte à l'Atlantique (4 500 km).

Sahel, littoral méditerranéen de l'Afrique du Nord.

Saïda, v. d'Algérie, ch.-l. de dép.

Saigon, auj. Hô Chi Minh-Ville, v. du Viêt-nam méridional ; 1 000 000 d'h.

Saint-Affrique, ch.-l. de c. (Aveyron), sur la Sorgue ; 9 200 h.

Saint-Amand-les-Eaux, ch.-l. de c. (Nord), sur la Scarpe ; 16 900 h.

Saint-Amand-Mont-Rond, ch.-l. d'arr. (Cher), sur le Cher ; 12 800 h.

Saint-Amant (Marc-Antoine Girard de), poète burlesque français (1594-1661).

Saint-Avold. ch.-l. de c. (Moselle) ; 18 900 h. Métallurgie.

Saint-Barthélemy (la), nuit du 24 août 1572, où Charles IX ordonna le massacre des protestants à Paris.

Saint-Benoît-sur-Loire, comm. du Loiret ; 1 800 h. Abbaye romane (XIe-XIIe s.).

Saint-Bernard (Grand-), col des Alpes, entre la Suisse et l'Italie.

Saint-Bernard (Petit-), col des Alpes françaises (dép. de la Savoie).

Saint-Bertrand-de-Comminges, comm. de la Haute-Garonne ; 251 h. Cathédrale (XIIe s.).

Saint-Brieuc, ch.-l. des Côtes-du-Nord ; 56 300 h. Avant-port du *Légué*.

Saint-Chamond. ch.-l. de c. (Loire) ; 40 500 h. Métallurgie ; lacets.

Saint-Claude, ch.-l. d'arr. (Jura) ; 14 100 h. Pipes, matières plastiques ; horlogerie, taille des diamants.

Saint-Cloud, ch.-l. de c. des Hauts-de-Seine ; 28 300 h. Parc ; champ de courses.

Saint-Cyr-l'École, ch.-l. de c. des Yvelines ; 17 800 h. Collège militaire.

Saint-Denis, ch.-l. d'arr. de la Seine-Saint-Denis ; 96 800 h. Abbaye (XIe-XIIIe s.), sépulture des rois de France. Maison d'éducation des jeunes filles de la Légion d'honneur.

Saint-Denis, ch.-l. et port de l'île de la Réunion ; 86 000 h.

Saint-Dié, ch.-l. d'arr. (Vosges), sur la Meurthe ; 26 500 h. Filatures.

Saint-Dizier, ch.-l. d'arr. (Haute-Marne), sur la Marne ; 39 800 h.

Saint-Domingue, de 1936 à 1961 **Ciudad Trujillo**, cap. de la rép. Dominicaine ; 522 000 h.

Sainte-Adresse, comm. de la Seine-Maritime ; 8 900 h. Station balnéaire.

Sainte-Beuve (Charles-Augustin), écrivain français (1804-1869) ; auteur des *Causeries du lundi*.

Sainte-Claire Deville (Henri), chimiste français (1818-1881).

Sainte-Hélène, île et colonie anglaise de l'Atlantique sud, célèbre par la captivité de Napoléon Ier ; 4 600 h.

Sainte-Marie-aux-Mines, ch.-l. de c. (Haut-Rhin) ; 6 900 h. Textiles.

Sainte-Maxime, comm. du Var ; 6 600 h. Station balnéaire.

Sainte-Menehould, ch.-l. d'arr. (Marne), sur l'Aisne ; 6 100 h.

Saint-Émilion, comm. de la Gironde ; 3 300 h. Vins rouges.

Saintes, ch.-l. d'arr. (Charente-Maritime), sur la Charente ; 28 400 h. Monuments romains ; églises du Moyen Age ; commerce d'eaux-de-vie (cognac).

Saintes-Maries-de-la-Mer (Les), ch.-l. de c. (Bouches-du-Rhône), en Camargue ; 2 100 h. Lieu de pèlerinage.

Saint-Étienne, ch.-l. du dép. de la Loire, sur le Furens; 221 800 h. Centre houiller. Métallurgie.

Saint-Évremond (Charles de), écrivain et moraliste français (vers 1615-1703).

Saint-Exupéry (Antoine de), aviateur et écrivain français (1900-1944), auteur de *Vol de nuit* et de *Terre des hommes*.

Saint-Flour, anc. cap. de la haute Auvergne, ch.-l. d'arr. (Cantal); 8 800 h.

Saint-Gall, v. de Suisse, ch.-l. du *canton de Saint-Gall*; 80 900 h.

Saint-Gaudens, ch.-l. d'arr. (Haute-Garonne), sur la Garonne; 12 900 h.

Saint-Germain-en-Laye, ch.-l. d'arr. (Yvelines); 40 500 h. Château (XVIe s.). Belle forêt.

Saint-Gervais-les-Bains, ch.-l. de c. (Haute-Savoie); 4 800 h. Station thermale et de sports d'hiver.

Saint-Girons, ch.-l. d'arr. (Ariège); 8 800 h.

Saint-Gobain, comm. de l'Aisne; 2 700 h. Manufactures de glaces.

Saint-Gothard, massif des Alpes. Tunnel de 14 920 m, reliant les réseaux ferroviaires suisse et italien.

Saint-Jean-d'Angély, ch.-l. d'arr. (Charente-Maritime), sur la Boutonne; 10 300 h.

Saint-Jean-de-Luz, ch.-l. de c. (Pyrénées-Atlantiques); 12 000 h. Port sardinier et station balnéaire.

Saint-Jean-de-Maurienne, ch.-l. d'arr. (Savoie); 10 400 h. Electrométallurgie.

Saint-Junien, ch.-l. de c. (Haute-Vienne), sur la Vienne; 11 700 h. Industries du cuir et du papier.

Saint-Just (Louis de), conventionnel français (1767-1794), ami de Robespierre, avec qui il fut guillotiné.

Saint-Laurent (le), fl. de l'Amérique du Nord (Atlantique); 3 800 km.

Saint-Léonard-de-Noblat, ch.-l. de c. (Haute-Vienne); 5 500 h. Porcelaine, chaussures.

Saint-Lô, ch.-l. du dép. de la Manche, sur la Vire; 25 000 h.

Saint Louis, v. des Etats-Unis (Missouri), sur le Mississippi; 750 000 h.

Saint-Louis, v. et port du Sénégal, près de l'embouchure du fleuve; 62 500 h.

Saint-Maixent-l'École, ch.-l. de c. (Deux-Sèvres); 9 600 h. Ecole militaire.

Saint-Malo, ch.-l. d'arr. (Ille-et-Vilaine), port à l'embouchure de la Rance; 46 300 h. Pêche. Remparts.

Saint-Mandé, ch.-l. de c. du Val-de-Marne; 21 100 h.

Saint-Marcet, comm. de la Haute-Garonne; 354 h. Gaz naturel.

Saint-Marin, petite république enclavée dans l'Italie, à l'est de Florence; 61 km²; 20 000 h. Cap. *Saint-Marin*.

Saint-Maur-des-Fossés, ch.-l. de c. du Val-de-Marne; 81 100 h.

Saint-Mihiel, ch.-l. de c. (Meuse); 5 700 h.

Saint-Moritz, station d'altitude et de sports d'hiver de Suisse (Grisons).

Saint-Nazaire, ch.-l. d'arr. (Loire-Atlantique), port sur l'estuaire de la Loire; 69 800 h. Centre industriel.

Saint-Nectaire, comm. du Puy-de-Dôme; 678 h. Station thermale. Eglise romane (XIIe s.). Fromages.

Saint-Nicolas-de-Port, ch.-l. de c. (Meurthe-et-Moselle); 7 500 h. Eglise de pèlerinage (XVe-XVIIe s.).

Saint-Omer, ch.-l. d'arr. (Pas-de-Calais), sur l'Aa; 18 000 h. Cathédrale (XIIIe-XVIe s.).

Saintonge, anc. prov. du sud-ouest de la France; cap. *Saintes*. Réunie à la Couronne par Charles V, en 1372.

Saint-Ouen, ch.-l. de c. (Seine-Saint-Denis), sur la Seine; 43 700 h.

Saint Paul, v. des Etats-Unis, cap. du Minnesota, sur le Mississippi; 311 300 h. Bestiaux; conserves; peaux.

Saint-Pierre, bourg de la Martinique (6 700 h.), à l'emplacement de la ville détruite en 1902 par l'éruption de la montagne Pelée.

Saint-Pierre (Eustache de), bourgeois de Calais, qui se dévoua lors de la prise de cette ville par Edouard III, en 1347.

Saint-Pierre de Rome (*église*) ou **basilique Vaticane**, église élevée en 326, reconstruite à partir de 1450. V. VATICAN.

Saint-Pierre-des-Corps, comm. d'Indre-et-Loire; 18 600 h. Centre ferroviaire.

Saint-Pierre-et-Miquelon, archipel voisin de Terre-Neuve, département français d'outre-mer; 242 km²; 6 700 h. Pêcheries de morue.

Saint-Pol-de-Léon, ch.-l. de c. (Finistère), sur la Manche; 8 700 h. Cathédrale (XIIIe-XVe s.).

Saint-Pol-sur-Mer, comm. du Nord; 21 000 h. Sanatorium.

Saint-Quay-Portrieux, comm. des Côtes-du-Nord; 3 600 h. Station balnéaire.

Saint-Quentin, ch.-l. d'arr. (Aisne), sur la Somme; 69 200 h. Centre industriel.

Saint-Quentin (*canal de*), canal reliant les bassins de la Somme, de la Seine et de l'Escaut.

Saint-Raphaël, comm. du Var; 21 400 h. Station balnéaire.

Saint-Rémy-de-Provence, ch.-l. de c. (Bouches-du-Rhône) ; 8 000 h. Monuments romains.

Saint-Saëns (Camille), compositeur français (1835-1921).

Saint-Sébastien, v. et port d'Espagne, ch.-l. du Guipuzcoa ; station balnéaire ; 149 000 h.

Saint-Sépulcre, édifice à Jérusalem, renfermant le tombeau du Christ.

Saint-Servan-sur-Mer, anc. ch.-l. de c. (Ille-et-Vilaine), auj. rattaché à Saint-Malo. Station balnéaire.

Saint-Siège, domaine temporel du pape en Italie. V. VATICAN.

Saint-Simon (duc de), écrivain français (1675-1755), auteur de *Mémoires.*

Saint-Simon (Claude-Henri, *comte* de), socialiste français (1760-1825).

Saint-Tropez, ch.-l. de c. (Var) ; 5 400 h. Port et station balnéaire.

Saint-Vaast-la-Hougue, comm. de la Manche; 2 300 h. Station balnéaire.

Saint-Valery-en-Caux, ch.-l. de c. (Seine-Maritime) ; 3 300 h. Port de pêche et station balnéaire.

Saint-Valery-sur-Somme, ch.-l. de c. (Somme) ; 3 100 h. Port et station balnéaire.

Saint-Vallier, comm. de Saône-et-Loire; 5 400 h. Métallurgie.

Saint-Yrieix-la-Perche, ch.-l. de c. (Haute-Vienne) ; 7 800 h. Kaolin.

Sakhaline (*île*), île entre la mer d'Okhotsk et la mer du Japon (U.R.S.S.).

Saladin (1137-1193), sultan d'Egypte de 1175 à 1193, adversaire des croisés.

Salamanque, v. d'Espagne (Léon) ; cathédrale (XVIᵉ-XVIIIᵉ s.) ; 101 000 h.

Salamine, île de la côte ouest de l'Attique. Victoire de Thémistocle sur la flotte des Perses (480 av. J.-C.).

Salat (le), riv. du sud-ouest de la France, aff. de la Garonne (r. dr.) ; 75 km.

Salazar (Antonio DE OLIVEIRA), homme d'Etat portugais (1889-1970), président du Conseil de 1932 à 1968.

Salé (Grand Lac), lac des Etats-Unis (Utah) ; 400 km de tour.

Salerne, v. d'Italie (Campanie).

Saliens, nom d'une tribu des Francs.

Salies-de-Béarn, ch.-l. de c. (Pyrénées-Atlantiques) ; 5 600 h. Station thermale.

Salisbury, v. d'Angleterre; 35 500 h. Cathédrale (XIIᵉ-XIIIᵉ s.).

Salluste, historien latin (86-35 av. J.-C.).

Salomé, princesse juive, qui fit décapiter saint Jean-Baptiste.

Salomon (*îles*), archipel de la Mélanésie.

Salomon, roi d'Israël de 973 environ à 935 av. J.-C., fils et successeur de David. Il éleva le temple de Jérusalem et on lui attribue trois livres de l'Ancien Testament.

Salon-de-Provence, ch.-l. de c. (Bouches-du-Rhône) ; 35 600 h. Huilerie et savonnerie. Ecole de l'air.

Salonique ou **Thessalonique,** v. de Grèce, port sur le *golfe de Salonique; 377 000 h.*

Salouen (la), fl. de l'Indochine, entre la Birmanie et la Thaïlande, tributaire de l'océan Indien ; 2 500 km.

Salt Lake City, v. des Etats-Unis, cap. de l'Utah ; communauté de mormons; 192 000 h.

Salvador (El), république de l'Amérique centrale; 34 126 km²; 4 millions d'h. Cap. *San Salvador.*

Salvador, v. du Brésil (Bahia); centre industriel; 1 007 000 h.

Salzbourg, v. d'Autriche, dans les Alpes; 113 000 h.

Samain (Albert), poète symboliste français (1859-1900).

Samarie, anc. v. de Palestine, qui fut la cap. du royaume d'Israël.

Samarkand ou **Samarcande,** v. de l'U.R.S.S. (Uzbékistan) ; 267 000 h.

Sambre (la), riv. de France et de Belgique, aff. de la Meuse; 190 km.

Samnium, contrée de l'anc. Italie entre la Campanie et l'Apulie.

Samoa, archipel de la Polynésie.

Samos, île grecque de la mer Egée; vins muscats.

Samothrace, île grecque de la mer Egée, où fut découverte une statue, la *Victoire de Samothrace,* auj. au Louvre.

Samson, juge des Hébreux, célèbre par sa force.

Samuel, juge d'Israël.

San Antonio, v. des Etats-Unis (Texas) ; 650 200 h.

Sancho Pança, écuyer de don Quichotte, domestique fidèle et bavard, ignorant mais rempli de bon sens.

Sancy (*puy de*), sommet du massif du Mont-Dore (Auvergne) ; 1 886 m.

Sand (George), romancière française (1804-1876), auteur de *la Mare au Diable, François le Champi,* etc.

San Diego, v. et port des Etats-Unis (Californie) ; base navale; 640 000 h.

Sandwich (*îles*). V. HAWAII.

San Francisco, v. des Etats-Unis (Californie) ; port sur le Pacifique; 750 000 h. Grand centre industriel

Sanguinaires (*îles*), groupe d'îles à l'ouest de la Corse.

San José, cap. de la république de Costa Rica; 211 000 h.

San Juan, cap. de Porto Rico; 542 000 h.

San Luis Potosi, v. du Mexique; mines d'argent; 230 000 h.

San Martin (Juan José), général argentin (1778-1850), libérateur du Chili et du Pérou.

San Remo, v. d'Italie (Ligurie), sur la Méditerranée; station balnéaire.

San Salvador, cap. du Salvador.

Santa Cruz, v. et port de l'île de Ténériffe (Canaries); 134 500 h.

Santa Fe, v. de l'Argentine; 259 700 h.

Santander, v. d'Espagne, port sur l'Atlantique; centre industriel; 128 000 h.

Santiago ou **Saint-Jacques-de-Compostelle**, v. d'Espagne (Galice); cathédrale (XIIᵉ s.). Célèbre pèlerinage; 57 100 h.

Santiago, cap. du Chili; 2 271 000 h. — V. et port de Cuba; 276 000 h.

Santorin (*île*), une des Cyclades.

Santos, v. du Brésil (São Paulo); 345 000 h. Port d'exportation du café.

Saône (la), riv. de France, affl. du Rhône (r. dr.), à Lyon; 480 km.

Saône (Haute-) [70], dép. formé d'une partie de la Franche-Comté; préf. *Vesoul*; s.-préf. *Lure*; 5 375 km²; 222 300 h.

Saône-et-Loire (71), dép. formé d'une partie de la Bourgogne; préf. *Mâcon*; s.-préf. *Autun, Chalon-sur-Saône, Charolles, Louhans*; 8 627 km²; 569 800 h.

São Paulo, v. du Brésil; 6 339 000 h. Grand centre industriel.

Saoud ou **Séoud** (Ibn) [1880-1953], roi d'Arabie Saoudite à partir de 1932.

Saoura (La) [*dép. de*], dép. du Sahara algérien; 211 500 h.; préf. *Colomb-Béchar*; s.-préf. *Adrar*.

Sapho ou **Sappho**, poétesse grecque du début du VIᵉ s. av. J.-C.

Sapporo, v. du Japon (Hokkaido).

Sara ou **Sarah**, épouse d'Abraham, mère d'Isaac.

Saragosse, v. d'Espagne, anc. cap. du royaume d'Aragon; 479 000 h. Cathédrale. Centre industriel.

Sarajevo, v. de Yougoslavie, cap. de la Bosnie-Herzégovine; 244 000 h. Le meurtre, dans cette ville, de l'archiduc François-Ferdinand en 1914 déclencha la Grande Guerre.

Saratoga, v. des États-Unis (New York), où capitula le général anglais Burgoyne (1777).

Saratov, v. de l'U.R.S.S. (Russie), sur la Volga; 758 000 h.

Sarawak, territoire de Bornéo, membre de la Malaysia; 1 100 000 h.

Sardaigne, île italienne, au sud de la Corse. Ch.-l. *Cagliari*; 1 516 000 h.

Sardanapale, personnage légendaire d'Assyrie, type du débauché.

Sardes, anc. v. d'Asie Mineure (Lydie). Résidence de Crésus.

Sargon II, roi d'Assyrie de 722 à 705 av. J.-C., fondateur de la dynastie des *Sargonides*; il détruisit le royaume d'Israël.

Sarlat, ch.-l. d'arr. (Dordogne); anc. cathédrale (XIIᵉ-XVᵉ s.); 10 900 h.

Sarrasins, nom donné au Moyen Age aux Arabes qui envahirent l'Europe et l'Afrique.

Sarre (la), riv. de France et d'Allemagne qui traverse l'État allemand de la *Sarre* (bassin houiller), et se jette dans la Moselle; 240 km.

Sarrebourg, ch.-l. d'arr. (Moselle), sur la Sarre; 15 000 h.

Sarrebruck, cap. de la Sarre; 133 000 h.

Sarreguemines, ch.-l. d'arr. (Moselle), sur la Sarre; 26 300 h. Faïences; métallurgie.

Sartène, ch.-l. d'arr. (Corse-du-Sud); 5 000 h.

Sarthe (la), riv. de France, qui se joint à la Mayenne, au-dessus d'Angers, pour former le Maine; 280 km.

Sarthe (72), dép. formé de parties du Maine et de l'Anjou; préf. *Le Mans*; s.-préf. *La Flèche, Mamers*; 6244 km²; 490 400 h.

Sartre (Jean-Paul), philosophe et écrivain français, né en 1905; un des représentants de l'existentialisme athée.

Sasebo, v. du Japon (Kyu-shu).

Saskatchewan, prov. du Canada, dans la Prairie; 955 000 h. Cap. *Regina*.

Satan, le chef des démons, personnifiant le mal.

Satledj, fl. de l'Inde (Pendjab); 1 600 km.

Saturne, dieu latin, père de Jupiter, de Neptune, de Pluton et de Junon.

Saturne, la sixième des planètes du système solaire.

Saül, premier roi des Hébreux (XIᵉ s. av. J.-C.).

Saumur, ch.-l. d'arr. (Maine-et-Loire), sur la Loire; 34 200 h. École militaire.

Sauternes, comm. de la Gironde; 580 h. Vins blancs.

Save (la), riv. de Yougoslavie, qui se jette dans le Danube (r. dr.); 940 km.

Save (la), affl. de la Garonne (r. g.); 150 km.

Saverne, ch.-l. d'arr. (Bas-Rhin); 10 400 h. — Le *col de Saverne* fait communiquer le plateau lorrain et la basse Alsace.

Savigny-sur-Orge, ch.-l. de c. (Essonne) ; 34 100 h.

Savoie, anc. duché ; cap. *Chambéry*. La Savoie, acquise par la France en 1860, a formé les départements de la Savoie et de la Haute-Savoie.

Savoie (73), dép. formé de la partie sud de l'anc. duché de Savoie ; préf. *Chambéry* ; s.-préf. *Albertville, Saint-Jean-de-Maurienne* ; 6 188 km² ; 305 100 h.

Savoie (Haute-) [74], dép. formé de la partie nord de l'anc. duché de Savoie ; préf. *Annecy* ; s.-préf. *Bonneville, Saint-Julien, Thonon* ; 4 598 km² ; 447 800 h.

Savonarole (Jérôme), prédicateur dominicain florentin (1452-1498), brûlé vif pour hérésie.

Saxe, région de l'Allemagne orientale ; v. pr. *Dresde, Leipzig*.

Saxe (Maurice, *comte de*), dit *le Maréchal de Saxe* (1696-1750) ; maréchal de France, il combattit lors de la guerre de Succession d'Autriche et fut vainqueur à Fontenoy (1745).

Saxe (Basse-), Etat d'Allemagne occidentale ; 6 954 000 h. Cap. *Hanovre*.

Saxe-Anhalt, anc. pays de l'Allemagne orientale.

Saxons, peuples germaniques qui luttèrent contre Charlemagne de 772 à 803.

Scaliger (Jules-César), savant philologue italien (1484-1558).

Scamandre, fl. de l'anc. Troade.

Scandinavie, presqu'île de l'Europe septentrionale, qui comprend la Suède et la Norvège. On range également le Danemark dans la Scandinavie.

Scaramouche, acteur de l'ancienne comédie italienne ; m. en 1694.

Scarlatti (Domenico), compositeur italien (1685-1757) ; un des maîtres de la sonate pour clavecin.

Scarpe (la), riv. de France, qui se jette dans l'Escaut (r. g.) ; 100 km.

Scarron (Paul), écrivain français (1610-1660), auteur du *Roman comique*.

Sceaux, ch.-l. de c. (Hauts-de-Seine) ; 20 000 h.

Scève (Maurice), poète français de l'école lyonnaise (vers 1500-vers 1560).

Schaffhouse, v. de Suisse ; 38 000 h. Horlogerie ; industries chimiques.

Scharnhorst (Gerhard von, général prussien [1755-1813]), réorganisateur de l'armée prussienne après Tilsit.

Schelling (Friedrich Wilhelm Joseph), philosophe idéaliste allemand (1775-1854).

Scheveningen, v. des Pays-Bas.

Schiedam, v. des Pays-Bas ; 80 000 h.

Schiller (Friedrich), écrivain allemand (1759-1805), auteur de drames historiques et de poésies lyriques.

Schiltigheim, ch.-l. de c. (Bas-Rhin) ; 30 300 h.

Schlegel (Wilhelm von), écrivain et critique allemand (1767-1845).

Schleswig-Holstein, Etat de l'Allemagne occidentale ; 2 459 000 h. Cap. *Kiel*. V. SLESVIG.

Schopenhauer (Arthur), philosophe allemand (1788-1860), de tendances pessimistes.

Schubert (Franz), compositeur autrichien (1797-1828), auteur de mélodies ou *lieder*, de symphonies et d'opéras.

Schumann (Robert), compositeur allemand (1810-1856), un des maîtres de la mélodie et de la musique de piano.

Schütz (Heinrich), compositeur allemand (1585-1672).

Schwarzenberg (Charles-Philippe, *prince* de), général autrichien (1771-1820) ; adversaire de Napoléon Ier.

Schwyz, v. de Suisse, ch.-l. d'un canton ; 11 000 h.

Scipion *l'Africain* (235-183 av. J.-C.), vainqueur d'Annibal à Zama en 202 av. J.-C. ; — SCIPION *Emilien* (185-129 av. J.-C.), destructeur de Carthage en 146 av. J.-C.

Scott (Walter), écrivain anglais, (1771-1832), auteur de romans historiques.

Scott (Robert Falcon), explorateur anglais (1868-1912) ; il périt au cours d'un raid dans lequel il avait atteint le pôle Sud.

Scudéry (Georges de), poète dramatique français (1601-1667) ; — Sa sœur, MADELEINE (1607-1701), auteur de romans.

Scutari, en turc Uskudar, v. de la Turquie d'Asie, sur le Bosphore.

Scyros ou **Skyros**, île grecque de la mer Egée.

Scythes, anc. barbares du nord-est de l'Europe et du nord-ouest de l'Asie.

Seattle, v. et port des Etats-Unis (Washington) ; centre industriel ; 565 000 h.

Sébastien (*saint*), né à Narbonne ; martyr à Rome en 288.

Sébastopol, v. et port de l'U.R.S.S., en Crimée ; 229 000 h.

Sécession (*guerre de*), guerre civile qui dura de 1861 à 1865, aux Etats-Unis, à propos de la suppression de l'esclavage. Les Etats du Nord, partisans de cette suppression, l'emportèrent sur les Etats du Sud.

Seclin, ch.-l. de c. (Nord) ; 9 900 h.

Sedaine (Michel-Jean), auteur dramatique français (1719-1797), auteur du *Philosophe sans le savoir*, comédie sérieuse.

Sedan, ch.-l. d'arr. (Ardennes), sur la Meuse; 25 400 h. Industries textiles et métallurgiques. En 1870, Napoléon III y capitula.

Seeland. V. SJAELLAND.

Ségeste, v. de l'anc. Sicile.

Ségou, v. du Mali, sur le Niger; 27 000 h. Coton.

Ségovie, v. d'Espagne (Vieille-Castille); 33 400 h. Aqueduc romain; cathédrale (XVIe s.).

Segré, ch.-l. d'arr. (Maine-et-Loire); 7 200 h.

Séguier (Pierre) [1588-1672], chancelier de France sous Louis XIII et Louis XIV, il fut l'un des fondateurs de l'Académie française.

Seguin (Marc), ingénieur français (1786-1875); il inventa la chaudière tubulaire et les ponts suspendus.

Seille (la), riv. de Lorraine, affl. de la Moselle; 128 km. — Riv. du Jura, affl. de la Saône (r. g.) ; 110 km.

Sein (*île de*), île du Finistère; 607 h.

Seine (la), fl. de France, qui prend sa source dans le plateau de Langres et se jette dans la Manche, après un cours de 776 km.

Seine, anc. dép. qui s'étendait sur Paris et une partie de sa banlieue.

Seine-et-Marne (77), dép. formé d'une partie de l'Ile-de-France et d'une partie de la Champagne; préf. *Melun*; s.-préf. *Meaux, Provins*; 5 931 km²; 755 800 h.

Seine-et-Oise, anc. dép. qui s'étendait sur une partie de l'Ile-de-France.

Seine-Maritime (76), dép. formé d'une partie de la Normandie (pays de Caux et de Bray); préf. *Rouen*; s.-préf. *Dieppe, Le Havre*; 6 341 km²; 1 172 700 h.

Seine-Saint-Denis (93), dép. de la région parisienne; préf. *Bobigny*; 1 322 100 h.

Sélestat, ch.-l. d'arr. (Bas-Rhin); 15 700 h. Toiles métalliques.

Séleucie, v. de l'anc. Asie, sur le Tigre; cap. des Séleucides, puis des Parthes.

Sem, fils de Noé, ancêtre des peuples sémitiques.

Sémiramis, reine légendaire d'Assyrie. On lui attribue la fondation de Babylone.

Semois ou **Semoy**, riv. de Belgique et de France, affl. de la Meuse (r. dr.); 200 km.

Sendai, v. du Japon (Honshu); 515 000 h. Métallurgie, textiles.

Sénégal (le), fl. de l'Afrique occidentale, né dans le Fouta-Djalon, et tributaire de l'Atlantique; 1 700 km.

Sénégal, république de l'Afrique occidentale, indépendante depuis 1960; 4 320 000 h. Cap. *Dakar*.

Sénèque le Philosophe (vers 2-vers 65), précepteur de Néron, dont il encourut la disgrâce, et qui lui donna l'ordre de s'ouvrir les veines.

Senlis, ch.-l. d'arr. (Oise); 14 400 h. Eglise gothique (XIIe-XIIIe s.). Constructions mécaniques.

Senne (la), riv. de Belgique, qui arrose Bruxelles; 103 km.

Sens, ch.-l. d'arr. (Yonne), sur l'Yonne; 27 900 h. Cathédrale (XIIe-XVIe s.).

Sensée (la), riv. de Flandre, affl. de l'Escaut; 60 km.

Séoul, cap. de la Corée du Sud; 5 536 000 h.

Sept Ans (*guerre de*), conflit qui opposa Louis XV et Marie-Thérèse d'Autriche à Frédéric II de Prusse et à l'Angleterre (1756-1763).

Septime Sévère, empereur romain de 193 à 211.

Seraing, comm. de Belgique (Liège), sur la Meuse; métallurgie.

Serbie, république fédérée de la Yougoslavie; 56 165 km²; 5 320 000 h. Cap. *Belgrade*.

Serein, affl. de l'Yonne (r. dr.); 186 km.

Serre-Ponçon, barrage construit sur la Durance.

Serres (Olivier de), agronome français (1539-1619), auteur du *Théâtre d'agriculture et mesnage des champs*.

Servandoni (Giovanni Nicolò), architecte et peintre florentin (1695-1766); il travailla en France.

Servet (Michel), médecin et théologien, né en Aragon (1511-1553); brûlé vif à Genève, à l'instigation de Calvin.

Sète, ch.-l. de c. (Hérault), port sur la Méditerranée et l'étang de Thau; 40 200 h. Produits chimiques.

Seth, troisième fils d'Adam et d'Eve.

Sétif, v. d'Algérie, ch.-l. du dép. de ce nom; 98 500 h.

Seurat (Georges), peintre français (1859-1891).

Severn (la), fl. d'Angleterre, qui se jette dans le canal de Bristol; 338 km.

Sévigné (Marie DE RABUTIN-CHANTAL, *marquise* de) [1626-1696], célèbre par ses *Lettres* à sa fille.

Séville, v. d'Espagne, anc. cap. de l'Andalousie; 532 000 h. Cathédrale (anc. mosquée, dont il subsiste la *Giralda*, tour-minaret).

Sèvre Nantaise (la), affl. de la Loire (r. g.), à Nantes; 126 km.

Sèvre Niortaise (la), fl. de France,
tributaire de l'Atlantique ; 150 km.

Sèvres, ch.-l. de c. (Hauts-de-Seine),
sur la Seine ; manufacture de porcelaine ; 21 200 h.

Sèvres (Deux-) [79], dép. de l'ouest
de la France, formé de parties du Poitou, de l'Angoumois et de la Saintonge ;
préf. *Niort* ; s.-préf. *Bressuire, Parthenay* ; 5 998 km²; 335 800 h.

Seychelles (les), anc. **Séchelles,**
îles de l'océan Indien, formant un Etat
du Commonwealth ; 56 000 h. Cap.
Victoria.

Seyne-sur-Mer (La), ch.-l. de c.
(Var), sur la rade de Toulon ;
51 700 h. Métallurgie ; constructions
navales.

Sézanne, ch.-l. de c. (Marne) ;
6 500 h. Produits réfractaires ; optique.

Sfax, v. et port de Tunisie, sur le
golfe de Gabès; 250 000 h. Phosphates.

Sforza, famille ducale de Milan, dont
l'un des membres les plus connus est
LUDOVIC *le More* (1452-1508).

Shaba (le). V. KATANGA.

Shakespeare [*chèks-pé¹r*] (William), le plus illustre poète dramatique de l'Angleterre (1564-1616),
auteur d'un grand nombre de drames
(*Roméo et Juliette, Hamlet, Othello,
Macbeth, le Roi Lear*), de comédies
(*la Mégère apprivoisée*) et de féeries
(*le Songe d'une nuit d'été, la Tempête*), regardés pour la plupart comme
des chefs-d'œuvre.

Shaw (George Bernard), écrivain
irlandais (1856-1950).

Sheffield, v. d'Angleterre (York) ;
534 100 h. Centre industriel.

Shelley (Percy Bysshe), poète lyrique
anglais (1792-1822).

Sheridan (Richard), orateur et auteur
dramatique anglais (1751-1816).

Shetland (*îles*), archipel situé au
nord de l'Ecosse.

Shikoku ou **Sikok,** une des îles du
Japon, au sud de Honshu.

Shimonoseki ou **Simonoseki,** v. et
port du Japon (Honshu) ; 263 000 h.

Shizuoka ou **Sizuoka,** v. du Japon
(Honshu) ; 416 000 h.

Sholapur, v. de l'Inde (Maharashtra) ; 399 000 h. Filatures.

Siam (*royaume de*). V. THAÏLANDE.

Siang-tan, v. de Chine (Hou-nan),
sur le Siang-kiang; centre industriel;
183 000 h.

Sibérie, vaste région de l'Asie septentrionale (U.R.S.S.), qui s'étend de
la mer Caspienne au détroit de Béring.

Sicié (*cap*), promontoire du Var.

Sicile, île italienne de la Méditerranée; cap. *Palerme* ; 4 884 000 h.

Sidi-Bel-Abbès, ch.-l. d'arr. (dép
d'Oran) ; 86 600 h.

Sidi-Brahim (*combat de*), combat
soutenu pendant trois jours, par
79 Français, contre les troupes d'Abd
el-Kader (1845).

Sidon, v. et port de la Phénicie ; auj
Sayda.

Siemens (Werner **von**), ingénieur
allemand (1816-1892), constructeur
d'appareils électriques ; — Son frère,
sir WILLIAM **Siemens** (1823-1883),
ingénieur et métallurgiste allemand,
naturalisé anglais.

Sienkiewicz (Enryk), romancier
polonais (1846-1916), auteur de *Quo
vadis?*

Sierra Leone, Etat de l'Afrique occidentale, membre du Commonwealth ;
cap. *Freetown* ; 2 710 000 h.

Sieyès (Emmanuel-Joseph), abbé et
homme politique français (1748-
1836).

Sig, riv. d'Algérie, affl. de la Macta
(r. g.) ; 220 km.

Sigebert, nom de trois rois d'Austrasie, dont SIGEBERT Iᵉʳ (537-575),
roi de 561 à 575, époux de Brunehaut, assassiné par ordre de Frédégonde.

Sigismond, nom de trois rois de
Pologne (XVIᵉ-XVIIᵉ s.).

Si-kiang, fl. de Chine, se déversant
dans le golfe de Canton ; 2 100 km.

Silène, dieu phrygien des Bois.

Silésie, région de la Pologne, traversée par l'Oder ; pays minier et industriel ; ch.-l. *Katowice.*

Siméon, vieillard juif qui vit Jésus
au Temple, lors de la présentation.

Simon (*saint*), un des douze apôtres.

Simon le Magicien, sectaire juif, un
des fondateurs du *gnosticisme*. Il vou-
lut acheter à saint Pierre le don de
faire des miracles (*simonie*).

Simplon, passage des Alpes suisses,
entre le Valais et le Piémont; 2 009 m
d'alt. ; il possède une route de 69 km
et un tunnel de 19 821 m.

Sinaï, péninsule montagneuse dépendant de l'Egypte, entre les golfes de
Suez et d'Akaba.

Sind, région du Pakistan occidental.
V. pr. *Karachi.*

Singapour, v., île et port à l'extrémité de la péninsule de Malacca
2 250 000 h. Grand centre stratégique, commercial et industriel. Etat
membre du Commonwealth.

Sion, colline de Jérusalem, dont le
nom désigne souvent la ville elle-
même.

Sion, v. de Suisse, ch.-l. du Valais.

Sioux, peuplades indiennes de l'Amérique du Nord, dans l'Etat d'Iowa.

Sisley (Alfred), peintre impressionniste français (1839-1899).

Sismondi (Léonard), historien et économiste suisse (1773-1842).

Sisyphe, roi de Corinthe, redoutable par ses cruautés; condamné à rouler dans les Enfers un rocher au sommet d'une montagne, d'où il retombe sans cesse.

Sixte, nom de cinq papes, dont les plus connus sont : SIXTE IV (1414-1484), pape de 1471 à 1484; il fit construire la chapelle Sixtine; — SIXTE V ou SIXTE QUINT (1520-1590), pape de 1585 à 1590; il réforma les ordres religieux et intervint dans les guerres de Religion françaises. Il fit exécuter la coupole de Saint-Pierre de Rome.

Sjaelland ou **Seeland,** île danoise de la mer Baltique; ch.-l. *Copenhague.*

Skagerrak, détroit entre le Jylland et la Norvège, faisant communiquer la mer du Nord avec le Cattégat.

Skikda, anc. **Philippeville,** v. d'Algérie; 72 800 h. Port.

Skopje, en turc **Uskub,** v. de Yougoslavie, cap. de la Macédoine, sur le Vardar; 312 000 h. Détruite par un tremblement de terre en 1963.

Slesvig ou **Schleswig,** anc. prov. du Danemark. La partie sud forme, avec le Holstein, le Schleswig-Holstein.

Slovaquie, pays de Tchécoslovaquie, à l'est de la Moravie.

Slovénie, une des républiques fédérées de la Yougoslavie; cap. *Ljubljana.*

Sluter (Claus), sculpteur bourguignon (fin XIVe-début XVe s.).

Smith (Adam), économiste écossais (1723-1790), partisan du libre-échange.

Smolensk, v. de l'U.R.S.S. (Russie), sur le Dnieper; 211 000 h.

Smyrne. V. IZMIR.

Snyders (François), peintre flamand (1579-1657). Il excella dans les tableaux de chasse et d'animaux.

Sochaux, comm. du Doubs; 6 300 h. Cycles, automobiles; brasseries.

Société (*îles de la*). V. TAHITI.

Société des Nations, organisme international, créé après le traité de Versailles (1920-1946), remplacée par l'Organisation des Nations unies.

Socrate, philosophe grec (470-399 av. J.-C.), maître de Platon. Accusé d'impiété, il fut condamné à boire la ciguë. Il a exercé une influence considérable sur la pensée grecque.

Sodome, anc. v. de Palestine, détruite par le feu du ciel, avec Gomorrhe.

Sofia, cap. de la Bulgarie; 801 000 h. Centre industriel et commercial.

Sogdiane, anc. contrée d'Asie; v. pr. *Samarkand.*

Soissons, ch.-l. d'arr. (Aisne), sur l'Aisne; 32 100 h. Cathédrale du XIIIe s. Centre agricole et industriel.

Solesmes, comm. de la Sarthe. Abbaye bénédictine fondée au XIe s.

Soleure, v. de Suisse; ch.-l. du canton de ce nom; 18 600 h.

Solferino, village d'Italie. Victoire des Français sur les Autrichiens (1859).

Soliman, nom de trois sultans turcs, dont SOLIMAN II, *le Magnifique* (1494-1566), sultan de 1520 à 1566, allié de François Ier contre Charles Quint.

Solingen, v. d'Allemagne; 170 000 h.

Sologne, région au sud de la Loire: sol marécageux, en partie assaini.

Solon, législateur d'Athènes, un des Sept Sages de la Grèce (640-558 av. J.-C.).

Solvay (Ernest), chimiste et philanthrope belge (1838-1922).

Somalie (*république de*), Etat de l'Afrique du Nord-Est, formé en 1960 des anciennes Somalies britannique et italienne; 3 170 000 h.; cap. *Mogadiscio.*

Somalis (*Côte française des*). V. DJIBOUTI (*République de*).

Somme (la), fl. de France, qui se jette dans la Manche; 245 km.

Somme (80), dép. formé d'une partie de la Picardie; préf. *Amiens;* s.-préf. *Abbeville, Montdidier, Péronne;* 6 277 km²; 538 200 h.

Sonde (*archipel de la*), îles de l'Insulinde; les plus considérables sont Java, Sumatra (séparées par le *détroit de la Sonde*), Florès, Timor, Sumbawa.

Song-koï ou **fleuve Rouge,** fl. du Viêt-nam du Nord; 1 200 km.

Sophocle, poète tragique grec (495-405 av. J.-C.), dont il ne reste que sept pièces : *Antigone, Electre, Œdipe roi,* etc., toutes considérées comme des chefs-d'œuvre.

Sorbonne, établissement créé par Robert de Sorbon, chapelain de Saint Louis, pour les études théologiques. Elle est aujourd'hui partagée entre plusieurs universités.

Sorel (Agnès), dame française (1422-1450), favorite de Charles VII.

Sorrente, v. d'Italie, sur le golfe de Naples; 11 400 h.

Sotteville-lès-Rouen, ch.-l. de c. (Seine-Maritime), sur la Seine; 32 300 h. Cotonnades; huiles.

Souabe, Contrée de l'Allemagne.

Souaziland ou **Swaziland,** Etat de l'Afrique australe, membre du Commonwealth; 490 000 h. Cap. *Mbabane.*

Soubise (*prince* **de**), maréchal de France (1715-1787), vaincu à Rossbach.

Soudan, nom donné à une zone de steppes et de savanes de l'Afrique, au sud du Sahara.

Soudan, anc. **Soudan anglo-égyptien,** Etat de l'Afrique, dans la région du haut Nil; cap. *Khartoum;* 17 760 000 h.

Soudan français, ancien territoire de l'A.-O. F.; c'est auj. le Mali.

Soufflot (Germain), architecte français (1713-1780), constructeur du Panthéon.

Souk-Ahras, v. d'Algérie, ch.-l. d'arr. du dép. de Bône; 35 500 h.

Soult (Nicolas), maréchal de France (1769-1851); il décida de la victoire à Austerlitz, et s'illustra en Espagne.

Soungari, riv. de Mandchourie, affl. de l'Amour (r. dr.); 1 800 km.

Sous-le-Vent (*îles*), îles des Antilles, le long de la côte du Venezuela. — Partie de l'archipel de la Société (Polynésie française).

Sousse, v. et port de Tunisie.

Sou-tcheou, v. et port de Chine (Kiang-sou); 650 000 h.

Southampton, v. d'Angleterre (Hampshire), port sur la Manche; 209 000 h. Raffinerie de pétrole.

Souvorov (Alexandre), général russe (1729-1800), qui échoua devant Masséna, à Zurich.

Spa, v. de Belgique (prov. de Liège); station thermale.

Spartacus, chef des esclaves révoltés contre Rome; tué en 71 av. J.-C.

Sparte ou **Lacédémone,** v. de l'anc. Grèce, sur l'Eurotas; cap. de la Laconie·ou royaume de Sparte.

Spencer (Herbert), philosophe évolutionniste anglais (1820-1903).

Spezia (La), v. et port d'Italie (Ligurie); constructions navales.

Spinoza (Baruch), philosophe rationaliste hollandais (1632-1677).

Spire, v. d'Allemagne, sur le Rhin; cathédrale romane (XIᵉ-XIIᵉ s.).

Spitzberg. V. SVALBARD.

Split, en ital. **Spalato,** v. et port de Yougoslavie (Croatie), sur l'Adriatique; 109 000 h.

Sporades (les), îles grecques de la mer Egée.

Sprée (la), riv. d'Allemagne, qui passe à Berlin; 403 km.

Springfield, v. des Etats-Unis (Massachusets); armurerie; 174 500 h.

Sri Lanka (*république de*). V. CEYLAN.

Srinagar, v. de l'Inde (Cachemire); 325 000 h.

Staël (Germaine NECKER, *baronne* **de**), femme de lettres française (1766-1817), auteur de romans et du livre *De l'Allemagne.*

Staline (Joseph DJOUGACHVILI, dit), homme d'Etat et maréchal soviétique (1879-1953); secrétaire général du parti communiste, successeur de Lénine.

Stalingrad, anc. **Tsaritsine,** auj. **Volgograd,** v. de l'U.R.S.S. (Russie), sur la Volga; 700 000 h. Centre industriel. La ville résista victorieusement aux Allemands en 1942-1943.

Stalino. V. DONETSK.

Stalinsk. V. NOVO-KOUZNETSK.

Stamboul, en turc **Istanbul,** autrefois **Byzance,** puis **Constantinople,** v. et anc. cap. de la Turquie, sur le Bosphore; 1 459 600 h. Centre industriel.

Stanislas Iᵉʳ Leczinski (1677-1766), roi de Pologne en 1704, puis souverain des duchés de Bar et de Lorraine; il embellit la ville de Nancy.

Stanley (John ROWLAND, dit), explorateur anglais (1841 - 1904); il retrouva Livingstone en Afrique.

Stanley Pool, lac formé par le Congo.

Stavanger, port de Norvège; 80800 h.

Steinkerque, auj. **Steenkerque,** comm. de Belgique (Hainaut), où le maréchal de Luxembourg battit Guillaume III (1692).

Stendhal (Henri BEYLE, dit), romancier français (1783-1842), auteur de *le Rouge et le Noir, la Chartreuse de Parme.*

Stentor, héros de la guerre de Troie, doué d'une voix formidable.

Stephenson (George), ingénieur anglais (1781-1848), considéré comme l'inventeur des locomotives.

Sterne (Laurence), écrivain anglais, né en Irlande (1713-1768), spirituel auteur de *Tristram Shandy.*

Stettin. V. SZCZECIN.

Stevenson (Robert-Louis BALFOUR), écrivain anglais (1850-1894), auteur de *l'Ile au trésor.*

Stockholm, cap. de la Suède, sur le lac Mälar et la Baltique; 808 000 h. Port actif.

Stradivarius (Antonio), le plus fameux luthier de Crémone (1643-1737).

Straits Settlements ou **Etablissements du Détroit,** anc. colonie anglaise de la presqu'île de Malacca.

Stralsund, v. et port d'Allemagne, sur la Baltique.

Strasbourg, cap. de l'Alsace, ch.-l. du Bas-Rhin, sur l'Ill et près du Rhin; 257 300 h. Port fluvial et centre industriel. Cathédrale (XIᵉ et

XVIe s.) ; palais de Rohan (XVIIIe s.). Réunie à la France en 1681.

Stratford on Avon, v. d'Angleterre (Warwick) ; 24 000 h. Patrie de Shakespeare.

Strauss (Johann), compositeur autrichien (1825-1899) ; auteur de valses.

Strauss (Richard), compositeur allemand (1864-1949) ; il a excellé dans le poème symphonique (*Don Juan*).

Stravinski (Igor), compositeur russe, naturalisé américain (1882-1971). Auteur de musiques de ballets (*Pétrouchka*).

Stresa, v. et centre touristique de l'Italie, sur le lac Majeur.

Stresemann (Gustav), homme d'Etat allemand (1878-1929).

Strindberg (August), écrivain suédois (1849-1912), auteur de romans et de drames (*la Danse de mort*).

Stromboli, île volcanique du groupe des Lipari (mer Tyrrhénienne).

Strozzi, famille florentine, adversaire des **Médicis** (XVe-XVIe s.).

Stuart, famille qui a régné sur l'Ecosse de 1370 à 1714 et sur l'Angleterre de 1603 à 1714. V. MARIE STUART.

Stuttgart, v. d'Allemagne, cap. du Wurtemberg-Bade ; 637 000 h. Cathédrale (XIIIe-XVe s.). Centre industriel.

Styrie, pays d'Autriche.

Styx, fleuve des Enfers.

Subiaco, v. d'Italie (Rome).

Subotica, v. de Yougoslavie (Voïvodine) ; centre industriel ; 77 000 h.

Succession d'Autriche (*guerre de la*), guerre provoquée par les prétentions de divers princes à l'héritage total ou partiel de Charles VI, empereur germanique, roi de Hongrie et de Bohême, maître des Etats héréditaires de la maison d'Autriche (1740 à 1748). La France prit, comme la Prusse, le parti de l'Electeur de Bavière contre Marie-Thérèse, alliée de l'Angleterre. La paix d'Aix-la-Chapelle (1748) termina le conflit.

Succession d'Espagne (*guerre de la*), guerre déterminée par la compétition au trône d'Espagne (1700-1713). Louis XIV, qui soutenait son petit-fils Philippe V, devenu roi d'Espagne, s'opposa à une coalition de l'Autriche, de l'Angleterre et des Provinces-Unies. Les traités d'Utrecht (1713) et de Rastatt (1714) reconnurent à Philippe V la couronne d'Espagne.

Succession de Pologne (*guerre de la*), guerre déterminée par la compétition au trône de Pologne de Stanislas Leczinski, soutenu par son gendre Louis XV, et de l'Electeur de Saxe Auguste III, soutenu par l'Autriche et la Russie. Elle se termina par la

paix de Vienne (1738). Stanislas eut seulement les duchés de Lorraine et de Bar, qui, à sa mort, devaient faire retour à la France.

Suchet (Louis-Gabriel), maréchal de France (1772-1826).

Sucre (Antonio José), général et homme d'Etat sud-américain (1795-1830), lieutenant de Bolivar, président de la République bolivienne.

Sucre, anc. **Chuquisaca** ou **La Plata,** cap. de la Bolivie ; 60 000 h.

sud-africaine (*République*). V. AFRIQUE DU SUD (*république d'*).

Sudètes (*monts*), en tchèque **Krkonoshe,** montagnes de la bordure nord de la Bohême, habitées, avant 1945, par des populations de langue allemande ; 200 km. Forêts.

Sue (Eugène), romancier français (1804-1857), auteur des *Mystères de Paris,* du *Juif errant,* etc.

Suède, royaume de l'Europe septentrionale (Scandinavie) ; 449 165 km²; 8 200 000 h. Cap. *Stockholm.*

Suétone, historien latin (vers 69-vers 125), auteur des *Douze Césars.*

Suèves, peuple de Germanie, dont une partie passa en Espagne au Ve s.

Suez (*isthme de*), isthme entre la mer Rouge et la Méditerranée, traversé par un canal (long. 168 km de Port-Saïd à Suez). — La ville de Suez (anc. *Arsinoé*), port sur la mer Rouge (219 000 h.).

Suffren (Pierre-André, *bailli* **de**), marin français (1726-1788), qui combattit aux Indes contres les Anglais.

Suger, moine et homme d'Etat français (1081-1151), abbé de Saint-Denis, ministre de Louis VI et de Louis VII. Pendant la 2e croisade, il fut régent du royaume.

Suisse ou **Confédération suisse,** république fédérale de l'Europe centrale ; 41 295 km²; 6 480 000 h. Cap. *Berne.*

Sukarno (Achmed), homme d'Etat indonésien (1901-1970). Président de la République de 1945 à 1967.

Sully (*duc de*), ministre et ami de Henri IV (1560-1641). Il administra les finances avec économie, protégea l'agriculture et développa les voies de communication.

Sully Prudhomme (Armand), poète français de l'école parnassienne (1839-1907) ; auteur des *Solitudes.*

Sully-sur-Loire, ch.-l. de c. (Loiret) ; 5 000 h. Château (XVe s.).

Sumatra, la plus grande des îles de la Sonde (République indonésienne).

Sumer, région de Mésopotamie. Les **Sumériens,** ses habitants, fondèrent une des plus anciennes civilisations (vers le Ve millénaire av. J.-C.).

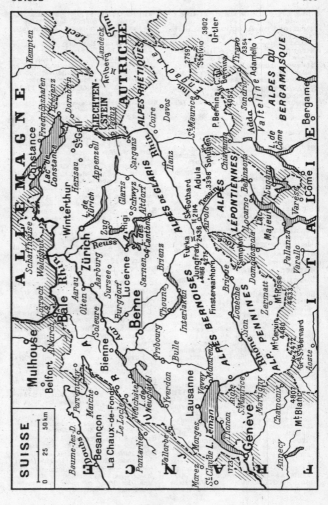

SUISSE

0   25   50 km

Sund, détroit entre l'île de Sjaelland (Danemark) et la Suède ; il unit la mer du Nord à la Baltique.

Sun Yat-sen, homme d'Etat chinois (1866-1925), un des chefs de la révolution de 1911, président de la République chinoise de 1921 à sa mort.

Superbagnères, station d'altitude et de sports d'hiver des Pyrénées (Haute-Garonne) ; 1 797 m.

Supérieur (*lac*), un des Grands Lacs américains ; il communique avec le lac Huron par la riv. Sainte-Marie.

Surabaya, v. de Java ; 1 319 000 h.

Surakarta, v. de Java ; 451 000 h.

Surat, port de l'Inde ; 471 000 h.

Surcouf (Robert, *baron*), corsaire français (1773-1827).

Suresnes, ch.-l. de c. des Hauts-de-Seine, sur la Seine ; 38 300 h.

Surinam, anc. **Guyane hollandaise,** Etat de l'Amérique du Sud ; 112822 km² ; 420 000 h. Cap. *Paramaribo.* Bauxite.

Suse, cap. de l'Elam, résidence de Darios et de ses successeurs.

Susiane, autre nom de l'**Elam.**

Svalbard, ensemble formé par le Spitzberg, l'île aux Ours et les terres arctiques appartenant à la Norvège.

Sverdlovsk, anc. **Iékatérinenbourg,** v. de Russie, dans l'Oural ; métallurgie ; produits chimiques ; 1 026 000 h.

Swansea, v. et port d'Angleterre (pays de Galles), sur le canal de Bristol.

Swatow, v. de Chine (Kouang-tong) ; centre industriel ; 215 000 h.

Swaziland. V. SOUAZILAND.

Swedenborg (Emmanuel), philosophe mystique suédois (1688-1772).

Swift (Jonathan), écrivain irlandais (1667-1745), auteur des *Voyages de Gulliver.*

Swinburne (Charles), poète anglais (1837-1909).

Sybaris, anc. v. de l'Italie (Basilicate), détruite en 510 av. J.-C. célèbre par la mollesse de ses habitants.

Sydney, v. et port de l'Australie, cap. de la Nouvelle-Galles du Sud ; 2 871 000 h. Centre industriel.

Sylla ou **Sulla** (Lucius Cornelius) [136-78 av. J.-C.], dictateur romain rival de Marius, consul en 88, vainqueur de Mithridate ; il abdiqua en 79.

Sylvain, dieu latin des Forêts et des Champs ; il correspond au **Pan** grec.

Sylvestre Ier (*saint*), pape de 314 à 335 ; — SYLVESTRE II (*Gerbert*), pape de 999 à 1003 ; il imposa la trêve de Dieu.

Syracuse, v. et port de Sicile ; 100 700 h. — V. des Etats-Unis (New York) ; 220 600 h.

Syr-Daria, anc. **Iaxartes,** fl. d'Asie, tributaire de la mer d'Aral ; 2 860 km.

Syrie, l'**Aram** de la Bible, région de l'Asie occidentale. Elle comprend : la république de Syrie, la république du Liban, le royaume Hachémite de Jordanie et l'Etat d'Israël.

Syrie (*république de*). Etat du Proche-Orient ; 187 000 km² ; 7 350 000 h. Cap. *Damas.*

Syrtes, nom de deux golfes : la *Grande Syrte* (auj. *golfe de Syrte*), sur la côte de Libye, et la *Petite Syrte* (auj. *golfe de Gabès*).

Szczecin, en allem. **Stettin,** v. de Pologne, sur l'Odra ; centre commercial et industriel ; 337 000 h.

Szeged, v. de Hongrie, au confl. de la Tisza et du Maros ; industries textiles et alimentaires ; 164 900 h.

Szekesfehervar, v. de Hongrie.

T

Tabarin (Antoine GIRARD, dit), charlatan français (vers 1584-1626).

Table ronde (*romans de la*), cycle de romans courtois du Moyen Age.

Tabriz, anc. **Tauris,** v. de l'Iran ; 403 400 h.

Tachkent, v. de l'U.R.S.S., cap. de l'Uzbékistan ; centre industriel ; 1 385 000 h.

Tacite, historien latin (vers 55-120 apr. J.-C.), auteur des *Annales,* des *Histoires,* etc.

Tadjikistan, république asiatique de l'U.R.S.S. Cap. *Douchambe.*

Tadjoura, port de la République de Djibouti.

Tafilalet, région du Sahara, au sud de l'Atlas.

Taganrog, v. et port de l'U.R.S.S., sur la mer d'Azov ; centre industriel ; 254 000 h.

Tage (le), fl. d'Espagne et du Portugal, tributaire de l'Atlantique, à Lisbonne ; 1 006 km.

Tagliamento (le), fl. d'Italie, qui se jette dans le golfe de Venise ; 170 km.

Tagore (Rabindranath), poète hindou (1861-1941).

Tahiti, principale île de la Polynésie française (archipel de la Société) ; 45 000 h. Ch.-l. *Papeete.*

Taillebourg, comm. de la Charente-Maritime, sur la Charente, où Louis IX vainquit les Anglais (1242).

Taine (Hippolyte), philosophe et historien français (1828-1893).

Tain-l'Hermitage, ch.-l. de c. (Drôme) ; 5 600 h. Vignobles.

Taïpeh, cap. de l'île de Formose ; 1 663 000 h. Centre commercial.

Taïwan, nom officiel de **Formose.**

Taï-Yuan, v. de Chine, cap. du Chan-si ; 1 020 000 h.

Tallemant des Réaux (Gédéon), mémorialiste français (1619-1692).

Talleyrand - Périgord (Charles-Maurice, *duc de*), *prince* de BÉNÉ-VENT, homme d'État français (1754-1838). Evêque d'Autun, il adhéra aux idées nouvelles en 1789, soutint l'Eglise constitutionnelle, abandonna l'état ecclésiastique et fut ministre des Affaires étrangères sous le Directoire et sous l'Empire. Il se rallia à la Restauration et à la monarchie de Juillet.

Tallien (Jean-Lambert), conventionnel français (1767-1820). — Sa femme, Mme **Tallien** (1773-1835), devint plus tard princesse de CHIMAY.

Tallinn, anc. Reval, v. de l'U.R.S.S., cap. de l'Estonie ; 330 000 h.

Talma (François-Joseph), tragédien français (1763-1826).

Talmud, livre qui contient la loi, la doctrine des Juifs.

Tamatave, v. et port de Madagascar, sur la côte orientale ; 48 700 h.

Tamerlan ou **Timour Lenk**, conquérant mongol (1336-1405).

Tamise (la), fl. d'Angleterre, qui passe à Oxford, traverse Londres, et se jette dans la mer du Nord ; 326 km.

Tampico, v. et port du Mexique, sur l'Atlantique ; exportation de pétrole.

Tanagra, v. de Grèce (Attique).

Tananarive ou **Antananarivo**, cap. de Madagascar ; 364 000 h.

Tancarville, comm. de la Seine-Maritime. Pont routier sur la Seine.

Tanezrouft, région désertique du Sahara, au sud du Hoggar.

Tanganyika (lac), lac de l'Afrique intertropicale ; 32 000 km².

Tanganyika, anc. territoire sous tutelle britannique de l'Afrique orientale. C'est auj. une partie de la Tanzanie.

Tanger, v. et port du Maroc ; 142 000 h.

Tannenberg, village de l'anc. Prusse-Orientale. En 1410, victoire des Polonais et des Lituaniens sur les Chevaliers teutoniques. En 1914, les Russes y furent battus par les Allemands.

Tantale, roi de Lydie, condamné par Zeus à être sans cesse en proie à une soif et à une faim dévorantes.

Tanzanie, république de l'Afrique orientale, unissant le Tanganyika et Zanzibar ; 15 310 000 h. Cap. *Dar es-Salam.*

Tapajos (le), riv. du Brésil, affl. de l'Amazone (r. dr.) ; 1 980 km.

Tarare, ch.-l. de c. (Rhône) ; 11 200 h. Industries textiles.

Tarascon, ch.-l. de c. (Bouches-du-Rhône), sur le Rhône ; 10 700 h. Château (XVe s.).

Tarbes, ch.-l. des Hautes-Pyrénées, sur l'Adour ; 57 800 h.

Tarentaise (la), vallée supérieure de l'Isère.

Tarente, v. et port d'Italie (Pouilles) ; 215 000 h. Constructions navales.

Targui. V. TOUAREG.

Tarim, fl. du Sin-kiang, qui se perd dans le lac Lob-nor ; 2 000 km.

Tarn (le), pittoresque riv. de France, affl. de la Garonne (r. dr.) ; 375 km.

Tarn (81), dép. formé d'une partie du Languedoc ; préf. *Albi* ; s.- préf. *Castres* ; 5 780 km² ; 346 800 h.

Tarn-et-Garonne (82), dép. formé de parties de la Guyenne (bas Quercy), du Rouergue, de l'Armagnac et du Languedoc ; préf. *Montauban* ; s.-préf. *Castelsarrasin* ; 3730 km² ; 183 300 h.

Tarpeia, jeune Romaine qui livra aux Sabins la citadelle de Rome, et qui fut tuée par eux.

Tarquin l'Ancien, cinquième roi de Rome (616-579 av. J.-C.).

Tarquin le Superbe, dernier roi de Rome (534-510 av. J.-C.), renversé par Brutus et Tarquin Collatin.

Tarquin Collatin (Lucius), petit-fils de Tarquin l'Ancien et époux de Lucrèce.

Tarragone, v. et port d'Espagne (Catalogne) ; 45 200 h. Vestiges romains. Cathédrale (XIIe-XIIIe s.).

Tartare, le fond des Enfers.

Tartuffe (le), comédie de Molière (1669). Tartuffe est le type du faux dévot.

Tasmanie, île située au sud de l'Australie ; 399 000 h. Cap. *Hobart.*

Tasse (le), poète italien (1544-1595), auteur de *Jérusalem délivrée.*

Tatars ou **Tartares**, peuple turco-mongol.

Tatra, massif des Karpates ; 2 663 m.

Taunus, montagne de l'Allemagne dans le Massif schisteux rhénan.

Tauride, anc. gouvernement de Russie (Crimée). Cap. *Simféropol.*

Taurus, montagnes de l'Asie Mineure.

Taygète, mont du Péloponnèse, près de Sparte.

Taylor (Frederick Winslow), ingénieur américain (1856-1915), inventeur d'un système d'organisation du travail.

Tbilisi, anc. Tiflis, v. de l'U.R.S.S., cap. de la Géorgie ; 889 000 h.

Tchad, lac marécageux de l'Afrique centrale. — République s'étendant à l'ouest du lac, indépendante depuis 1960 ; 1 284 000 km2; 4 000 000 d'h. Cap. *Fort-Lamy.*

Tchaïkovski (Pierre), compositeur russe (1840-1893), auteur d'opéras, de symphonies, de ballets (*Casse-noisette*), de concertos.

Tchang-cha, v. industrielle de la Chine, cap. du Hou-nan ; 703 000 h.

Tchang Kaï-chek, maréchal chinois (1888-1975) ; il lutta contre le Japon de 1937 à 1945; vaincu par Mao Tsé-toung (1950).

Tchang-tchouen, anc. Sin-King, v. de Chine ; 975 000 h.

Tchao-tcheou ou **Tsin-kiang,** v. de Chine (Kouang-toung); 300 000 h.

Tchao-yang, v. de la Chine méridionale (Kouang-toung) ; 170 000 h.

Tchécoslovaquie, république socialiste de l'Europe centrale ; 128 000 km2; 14 800 000 h. Cap. *Prague.*

Tchekhov (Anton), écrivain russe (1860-1904), auteur de nouvelles et de pièces de théâtre (*Oncle Vania*).

Tchéliabinsk, v. de l'U.R.S.S. (Russie) ; métallurgie ; 874 000 h.

Tcheng-tou, v. de Chine, cap. du Sseu-tchouan ; 1 107 000 h.

Tchèques, Slaves de Bohême, de Moravie et de Silésie.

Tchernovtsy, en roum. Cernauti, v. de l'U.R.S.S. (Ukraine) ; 172 000 h.

Tchin-kiang, v. et port de Chine, cap. du Kiang-sou, sur le Yang-tsé-kiang ; 200 000 h.

Tchkalov. V. ORENBOURG.

Tchong-king, v. de Chine (Sseu-tchouan), sur le Yang-tsé-kiang ; 2 121 000 h. Centre industriel.

Tébessa, v. d'Algérie, ch.-l. d'arr. du dép. de Bône ; 40 500 h. Phosphates. Ruines romaines.

Tegucigalpa, cap. du Honduras; 170 500 h.

Téhéran, cap. de l'Iran; 2 317 000 h. Centre artistique et intellectuel.

Tehuantepec, golfe, isthme et v. du Mexique, au nord-ouest du Guatemala.

Teil (Le), comm. de l'Ardèche, sur le Rhône ; 8 400 h. Cimenterie.

Teilhard de Chardin (Pierre), philosophe français (1881-1955).

Teisserenc de Bort (Léon), météorologiste français (1855-1913).

Tel-Aviv, v. de l'Etat d'Israël, sur la Méditerranée ; 390 000 h.

Télémaque, fils d'Ulysse. Encore enfant quand son père partit pour Troie, il alla plus tard à sa recherche, guidé par le sage Mentor.

Tell (le), région montagneuse du Maghreb, entre l'Atlas et la Méditerranée.

Tell (Guillaume), héros légendaire de l'indépendance helvétique (XIVe s.).

Tellier (Charles), ingénieur français (1828-1913) ; il réalisa la conservation des denrées par le froid.

Tempé, vallée de la Grèce.

Tempelhof, aéroport de Berlin.

Templiers, ordre militaire et religieux, fondé en 1118, supprimé en 1312.

Tende, ch.-l. de c. des Alpes-Maritimes, cédé à la France par l'Italie en 1947 ; 2 100 h.

Ténériffe, la plus grande des îles Canaries. Ch.-l. *Santa Cruz.*

Ténès, v. d'Algérie, ch.-l. d'arr. du dép. d'El-Asnam (Orléansville) ; 12 400 h.

Teniers (David), peintre flamand (1582-1649), dit **le Vieux,** pour le distinguer de TENIERS dit **le Jeune,** son fils (1610-1690) ; auteurs de scènes populaires.

Tennessee (le), riv. des Etats-Unis, affl. de l'Ohio (r. g.) ; 1 600 km.

Tennessee, un des Etats unis d'Amérique ; 4 031 000 h. Cap. *Nashville.*

Tennyson (Alfred, *lord*), poète anglais (1809-1892).

Térence, poète latin (vers 190-159 av. J.-C.), auteur de comédies.

Terre de Feu, groupe d'îles au sud de l'Amérique méridionale.

Terre-Neuve, île et province du Canada; 537 000 h. Cap. *Saint-Jean.*

Terrenoire, comm. de la Loire; houille; métallurgie.

Territoires du Sud, anc. divisions administratives du Sahara algérien ; auj. partagées entre les dép. des Oasis et de la Saoura.

Tertullien, docteur de l'Eglise, né à Carthage (vers 155-vers 220).

Teschen, v. de Silésie, en partie tchèque et en partie polonaise.

Tessin (le), riv. de Suisse et d'Italie, affl. du Pô (r. g.) ; 248 km. Annibal battit Scipion sur ses bords (218 av. J.-C.).

Tessin, canton de Suisse ; 265 000 h. Ch.-l. *Bellinzona.*

Teste (La), ch.-l. de c. (Gironde), sur le bassin d'Arcachon; 16 900 h.

Têt (la), petit fl. de France, tributaire de la Méditerranée; 120 km.

Téthys, déesse grecque de la Mer.

Tétouan, v. du Maroc; 101 200 h.

Teutatès, principal dieu des Gaulois.

Teutonique (*ordre*), ordre hospitalier et militaire germanique, fondé en 1128.

Teutons, peuple de l'anc. Germanie.

Texas, un des États unis d'Amérique, sur le golfe du Mexique; 11 649 000 h. Cap. *Austin*.

Thackeray (William MAKE PEACE), romancier anglais (1811-1863), auteur de *la Foire aux vanités*.

Thaïlande, anc. Siam, royaume de la péninsule indochinoise; 514 000 km²; 41 870 000 h. Cap. *Bangkok*.

Thaïs, courtisane grecque (IVᵉ s.).

Thalès de Milet, philosophe et mathématicien grec (v. 640-v. 547 av. J.-C.).

Thann, ch.-l. d'arr. (Haut-Rhin), sur la Thur; machines textiles; filatures; 8 500 h.

Thau (*étang de*), lagune côtière de l'Hérault, communiquant par le canal de Sète avec la Méditerranée.

Thébaïde, désert de l'Égypte, retraite des premiers ermites chrétiens.

Thèbes, v. de l'Égypte ancienne, près des ruines de Karnak et de Louksor. — V. de Grèce, anc. cap. de la Béotie.

Thémis, déesse grecque de la Justice.

Thémistocle, général et homme d'État athénien (vers 525-vers 460 av. J.-C.), vainqueur à Salamine.

Théocrite, poète bucolique grec, né à Syracuse vers 310 ou 300 av. J.-C.

Théodoric le Grand (455-526), roi des Ostrogoths de 471 à 526. Il régna sur l'Italie à partir de 493.

Théodose Iᵉʳ le Grand (347-395), empereur d'Occident de 379 à 394 et empereur de tout l'Empire romain de 394 à 395; il favorisa le christianisme; — THÉODOSE II *le Jeune* (399-450), empereur d'Orient de 408 à 450, auteur du *code Théodosien*.

Théophraste, philosophe grec, auteur des *Caractères* (vers 372-287 av. J.-C.).

Thérèse d'Avila (*sainte*), religieuse espagnole (1515-1582), réformatrice du Carmel, auteur d'écrits mystiques.

Thérèse de l'Enfant-Jésus (*sainte*), carmélite de Lisieux (1873-1897).

Thermopyles, défilé de la Thessalie où Léonidas, avec 300 Spartiates, essaya d'arrêter l'invasion du roi des Perses Xerxès (480 av. J.-C.).

Thésée, héros grec, fondateur légendaire d'Athènes; il tua le Minotaure.

Thespis, poète grec, créateur de la tragédie chez les Grecs (VIᵉ s. av. J.-C.).

Thessalie, contrée de l'anc. Grèce.

Thessalonique, anc. v. de la Macédoine, auj. **Salonique**.

Thétis, une des Néréides, mère d'Achille; elle plongea son fils dans le Styx pour le rendre invulnérable.

Thierry, nom de quatre rois mérovingiens.

Thierry (Augustin), historien français (1795-1856), auteur des *Récits des temps mérovingiens*.

Thiers, ch.-l. d'arr. (Puy-de-Dôme), sur la Durolle; 17 800 h. Coutellerie.

Thiers (Adolphe), homme d'État et historien français (1797-1877). Premier président de la IIIᵉ République (1871-1873), il réprima l'insurrection de la Commune et libéra le territoire.

Thionville, ch.-l. d'arr. (Moselle), sur la Moselle; 44 200 h. Métallurgie.

Thomas (*saint*), un des douze apôtres, célèbre par l'incrédulité qu'il montra lors de la résurrection de son Maître.

Thomas d'Aquin (*saint*), un des grands théologiens de l'Église (1225-1274), auteur de la *Somme théologique*.

Thomas (Ambroise), compositeur français (1811-1896), auteur de *Mignon*.

Thomas (Sydney Gilchrist), métallurgiste anglais (1850-1885).

Thomson (*sir* William), *lord* KELVIN, physicien anglais (1824-1907).

Thonon-les-Bains, ch.-l. d'arr. de la Haute-Savoie, sur le lac Léman; 27 100 h. Fromages.

Thor, dieu scandinave de la Guerre.

Thot ou **Thoth**, dieu égyptien, que les Grecs identifièrent avec **Hermès**.

Thouars, ch.-l. de c. (Deux-Sèvres); 12 600 h. Château (XVIIᵉ s.).

Thouet, riv. du Poitou, affl. de la Loire (r. g.); 140 km.

Thoune ou **Thun**, v. de Suisse (Berne), près du *lac de Thoune*.

Thoutmès, nom de quatre pharaons égyptiens, dont THOUTMÈS III, roi de 1505 à 1450 av. J.-C., qui créa l'Empire égyptien.

Thrace, région d'Europe orientale.

Thrasybule, général athénien qui chassa les Trente en 404 av. J.-C.

Thucydide, historien grec (vers 460-vers 395 av. J.-C.), auteur de l'*Histoire de la guerre du Péloponnèse*.

Thulé, nom donné par les Romains à une île de l'Europe septentrionale considérée comme la limite du monde.

Thurgovie, canton de la Suisse.

Thuringe, pays de l'Allemagne centrale; cap. *Erfurt*.

Tian-chan ou **Tien-chan**, anc. **monts Célestes**, chaîne de montagnes de l'Asie centrale (Chine et U.R.S.S.).

Tiaret, auj. **Tagdempt**, v. d'Algérie, ch.-l. de dép. ; 37 100 h.

Tibère Ier (42 av. J.-C.-37 apr. J.-C.), empereur romain de 14 à 37.

Tibériade (*lac de*) ou **de Génésareth**, lac de Palestine, traversé par le Jourdain. — Ville de Palestine sur le lac.

Tibesti, massif du Sahara.

Tibet, région de l'Asie centrale, dépendance de la Chine ; 1 215 000 km2 ; 1 274 000 h. Cap. *Lhassa*. Etat qui était gouverné par le dalaï-lama.

Tibre (le), fl. d'Italie, qui passe à Rome et s'écoule dans la mer Tyrrhénienne ; 396 km.

Tibulle, poète latin (Ier s. av. J.-C.).

Tien-tsin, v. et port de la Chine (Ho-pei), sur le Peï-ho ; 3 220 000 h.

Tiepolo (Giovanni Battista), peintre italien (1696-1770).

Tignes, comm. de la Savoie, sur la haute Isère ; 1 400 h. Barrage.

Tigre (le), fl. de l'Asie antérieure, qui se réunit à l'Euphrate pour former le Chatt el-Arab ; 1 950 km.

Tilburg, v. des Pays-Bas ; 146 800 h.

Tilly (Jean T'SERCLAES, *comte* de), général germanique (1559-1632).

Tilsit, auj. **Sovietsk**, v. de Lituanie, sur le Niémen ; traité entre Napoléon Ier et l'empereur de Russie, en 1807.

Timgad, ruines romaines en Algérie.

Timisoara, en hongrois Temesvar, v. de Roumanie, ch.-l. du Banat ; 204 700 h. Bois, cuirs.

Timor, île de la Sonde.

Tinto (*rio*), fl. de l'Espagne du Sud ; 100 km. Mines de cuivre dans son bassin.

Tintoret (le), peintre vénitien (1518-1594), remarquable par sa fougue et par son coloris.

Tipasa, comm. d'Algérie (dép. d'Alger) ; 9 300 h. Ruines romaines.

Tirana, cap. de l'Albanie ; 157 000 h.

Tirésias, devin de Thèbes.

Tirlemont, v. de Belgique.

Tirpitz (Alfred **von**), amiral allemand (1849-1930). Il dirigea la guerre sous-marine contre les Alliés, de 1914 à 1916.

Tirso de Molina, auteur dramatique espagnol (1571-1648).

Tirynthe, anc. v. de l'Argolide.

Tisza, riv. d'Europe centrale, affl. du Danube (r. g.) ; 1 350 km.

Titans, fils du Ciel et de la Terre. Révoltés contre les dieux, ils tentèrent d'escalader le ciel et furent foudroyés par Zeus.

Tite-Live, historien latin (59 av. J.-C.-17 apr. J.-C.), auteur d'une *Histoire romaine*.

Titicaca, lac des Andes, situé à 3 854 m d'altitude.

Titien, peintre italien (1477-1576), le premier des coloristes et le chef de l'école vénitienne ; auteur de *Lucrèce Borgia*, *Jupiter et Antiope*, la *Vierge aux cerises*.

Tito (Joseph BROZ), maréchal et homme d'Etat yougoslave, né en 1892.

Titus, empereur romain de 79 à 81 ; il réprima l'insurrection juive et prit Jérusalem (70).

Tivoli, v. d'Italie ; 34 000 h. Jardins.

Tizi-Ouzou, v. d'Algérie, ch.-l. de dép. ; 55 500 h. Centre commercial.

Tlemcen, v. d'Algérie, ch.-l. de dép. ; 87 000 h.

Tobago ou **Tabago**, une des Antilles, membre du Commonwealth.

Tobie, Israélite célèbre par sa piété. Devenu aveugle, il fut, sur les conseils de l'ange Raphaël, guéri par son fils.

Tobrouk, v. et port de Libye.

Tocantins (le), fl. du Brésil, tributaire de l'océan Atlantique ; 2 640 km.

Tocqueville (Alexis Cléret de), historien français (1805-1859).

Togo, région de l'Afrique occidentale, qui comprenait : 1o le *Togo sous tutelle britannique*, auj. rattaché au Ghana ; 2o le *Togo sous tutelle française*, indépendant depuis 1960. (Cap. *Lomé* ; 56 000 km2 ; 2 170 000 h.

Togo (Heihatiro), amiral japonais (1847-1934), vainqueur des Russes à Port-Arthur et à Tsoushima (1905).

Toison d'or, toison gardée par un dragon, enlevée par les Argonautes.

Tojo (Hideki), homme d'Etat japonais (1884-1948). Chef du gouvernement pendant la Seconde Guerre mondiale, il fut exécuté.

Tokay, v. de Hongrie ; vins.

Tokyo, cap. du Japon (Honshu) ; port et centre industriel ; 11 350 000 h.

Tolbiac, v. de l'anc. Gaule, près de Cologne ; auj. **Zülpich**. Victoire de Clovis sur les Alamans en 496.

Tolède, v. d'Espagne (Nouvelle-Castille), sur le Tage ; 40 700 h. Cathédrale (xve s.), Alcazar ; belles églises ; maison du Greco.

Toledo, v. des Etats-Unis (Ohio), sur le Maumee ; métallurgie ; 334 000 h.

Tolstoï (Léon), romancier russe (1828-1910), auteur de *Guerre et Paix*.

Toltèques, anc. peuple du Mexique.

Tombouctou, v. de la rép. du Mali, près du Niger ; 8 700 h.

Tomsk, v. de l'U.R.S.S., en Sibérie; centre industriel; 324 000 h.

Tonga ou **îles des Amis,** archipel de l'Océanie; protectorat britannique.

Tongres, v. de Belgique (Limbourg).

Tonkin, région septentrionale du Viêt-nam; 116 000 km². V. pr. *Hanoï.*

Tonlé-sap, lac du Cambodge.

Tonneins, ch.-l. de c. (Lot-et-Garonne), sur la Garonne; 10 100 h.

Tonnerre, ch.-l. de c. (Yonne), sur l'Armançon; 6 500 h. Eglises (XIIᵉ-XVIᵉ s.).

Toronto, v. du Canada, cap. de l'Ontario, sur le lac Ontario; centre industriel; 698 600 h.

Torquemada (Thomas de) [1420-1498], inquisiteur général en Espagne, célèbre par ses cruautés.

Torricelli (Evangelista), physicien et mathématicien italien (1608-1647), inventeur du baromètre.

Toscane, anc. Étrurie, région de l'Italie centrale; cap. *Florence.*

Tottenham, v. d'Angleterre; 113 100 h.

Touaregs (pluriel de *Targui* ou de *Touareg*), peuple nomade, de race berbère, habitant le Sahara; environ 900 000 individus.

Toucouleurs, Noirs du Sénégal.

Touggourt, v. et oasis du Sahara algérien; ch.-l. de c. (dép. des Oasis); 83 750 h.

Toul, ch.-l. d'arr. (Meurthe-et-Moselle), sur la Moselle; 16 800 h. Anc. place forte, l'une des *Trois-Evêchés.*

Toula, v. de l'U.R.S.S. (Russie), au sud de Moscou; métallurgie; 462 000 h.

Toulon, ch.-l. du Var, sur la Méditerranée; 185 000 h. Port militaire; centre industriel.

Toulouse, anc. cap. du Languedoc, ch.-l. de la Haute-Garonne, sur la Garonne; 383 200 h. Grand centre commercial et industriel. Cathédrale Saint-Etienne (XIIIᵉ-XIVᵉ s.); église Saint-Sernin (XIᵉ-XIIᵉ s.).

Toungouska, nom de trois affl. de l'Ienisseï (r. dr.), en Sibérie.

Touques (la), fl. côtier de Normandie, qui se jette dans la Manche; 108 km.

Touquet-Paris-Plage (Le), comm. du Pas-de-Calais; 5 600 h. Station balnéaire.

Touraine, anc. prov. de France, annexée au domaine royal en 1204, par Philippe Auguste; cap. *Tours.*

Tourane. V. DA NANG.

Tourcoing, ch.-l. de c. (Nord); 102 500 h. Textiles.

Tour-du-Pin (La), ch.-l. d'arr. de l'Isère; 6 500 h.

Tourgueniev (Ivan), romancier russe (1818-1883).

Tourmalet (*col du*), passage des Pyrénées françaises; 2 115 m.

Tournai, v. de Belgique (Hainaut), sur l'Escaut; 33 300 h. Cathédrale (XIᵉ-XIVᵉ s.).

Tournon, ch.-l. d'arr. (Ardèche), sur le Rhône; soieries, vins; 9 600 h.

Tournus, ch.-l. de c. (Saône-et-Loire), sur la Saône; 7 800 h. Eglise romane.

Tours, anc. cap. de la Touraine, ch.-l. d'Indre-et-Loire, sur la Loire; 145 400 h. Centre industriel. Cathédrale (XIIIᵉ-XVᵉ s.).

Tourville (Anne DE COTENTIN, *comte de*), célèbre marin français (1642-1701).

Toutankhamon, pharaon d'Egypte (XIVᵉ s. av. J.-C.); son magnifique tombeau a été découvert en 1922.

Trafalgar, cap d'Espagne méridionale. Victoire de Nelson, en 1805, sur les flottes de la France et de l'Espagne.

Trajan (52-117), empereur romain de 98 à 117, vainqueur des Daces et des Parthes.

Transjordanie. V. JORDANIE.

Transvaal, prov. de l'Afrique du Sud; 8 765 000 h. Cap. *Pretoria.*

Transylvanie, région de Roumanie. Ch.-l. *Cluj.*

Trappe (la), abbaye cistercienne fondée en 1140, réformée en 1662.

Trappes, ch.-l. de c. des Yvelines; 22 900 h. Centre ferroviaire.

Trasimène (*lac*), auj. lac de Pérouse (Italie). Victoire d'Annibal (217 av. J.-C.).

Trébie (la), en ital. Trebbia, affl. du Pô (r. dr.). Victoire d'Annibal sur les Romains (218 av. J.-C.).

Trébizonde ou **Trabzon,** port de Turquie, sur la mer Noire; 65 600 h.

Trégastel, comm. des Côtes-du-Nord; 2 000 h. Station balnéaire.

Tréguier, ch.-l. de c. (Côtes-du-Nord); 3 700 h. Cathédrale.

Trélazé, comm. de Maine-et-Loire (Angers); 11 300 h. Ardoises.

Trente, v. d'Italie (Vénétie); 84 000 h. Un concile s'y réunit de 1545 à 1563.

Trente Ans (*guerre de*), guerre religieuse et politique, qui, de 1618 à 1648, opposa à la maison d'Autriche, appuyée par les catholiques, un grand nombre de protestants de l'Empire germanique, bientôt soutenus par des souverains étrangers.

Tréport (Le), comm. de la Seine-Maritime, sur la Manche; 6 900 h. Station balnéaire.

Trèves, v. d'Allemagne, sur la Moselle; ruines romaines; cathédrale (IVᵉ-XIᵉ s.); 86 600 h.

Trévoux, anc. cap. de la princ. de Dombes, ch.-l. de c. (Ain), sur la Saône; 4 700 h. Imprimeries.

Trianon (*le Grand* et *le Petit*), nom de deux châteaux bâtis dans le parc de Versailles, sous Louis XIV et Louis XV.

Trieste, v. et port d'Italie (Vénétie), sur l'Adriatique ; 280 700 h.

Trinité (*île de la*) ou **Trinidad**, une des Petites Antilles, État membre du Commonwealth ; 1 060 000 h.

Tripoli, cap. de la Libye ; 213 000 h. — V. et port pétrolier du Liban ; 145 000 h.

Tripolitaine, anc. province du royaume de Libye, sur la Méditerranée.

Tristan et Iseut, un des plus beaux romans d'amour du Moyen Age.

Triton, dieu grec de la Mer.

Troade, anc. pays de l'Asie Mineure. Cap. *Troie.*

Trochu (Louis-Jules), général et homme politique français (1815-1896).

Troie ou **Ilion**, anc. v. de Troade qui soutint contre les Grecs un siège de dix ans, immortalisé par Homère.

Trois-Évêchés, gouvernement de France constitué par les villes de Metz, Toul et Verdun (1552).

Tronchet (François-Denis), juriste français (1726-1806), défenseur de Louis XVI.

Trondheim, v. et port de Norvège, sur l'Atlantique ; 120 800 h.

Trotski (Leiba BRONSTEIN, dit Lev Davidovitch), révolutionnaire russe (1879-1940), collaborateur de Lénine, exilé par Staline en 1929, mort assassiné au Mexique.

Trouville-sur-Mer, ch.-l. de c. (Calvados), sur la Manche ; 6 700 h. Station balnéaire.

Troyes, anc. cap. de Champagne, ch.-l. de l'Aube, sur la Seine ; 75 500 h. Marché agricole et centre industriel. Cathédrale (XIIIᵉ-XVIIᵉ s.) ; église Sainte-Madeleine. En 1420, y fut signé un traité, qui donnait à Henri V d'Angleterre la régence de France.

Truman (Harry), homme d'État américain (1884-1972), président des États-Unis de 1945 à 1953.

Truyère (la), riv. de France, affl. du Lot (r. dr.) ; 170 km.

Tsi-nan, v. de Chine, cap. du Chantoung ; 862 000 h.

Tsing-kiang, v. de Chine (Kiangsou) ; industries textiles ; 100 000 h.

Tsing-tao, v. et port de Chine (Chantong) ; centre industriel ; 1 121 000 h.

Tsoushima, archipel japonais ; victoire navale japonaise sur les Russes (1905).

Tuamotu, archipel de la Polynésie française, à l'est de Tahiti.

Tübingen, v. d'Allemagne, dans le Wurtemberg-Bade ; 50 700 h.

Tubuaï, groupe méridional des îles de la Polynésie française (Océanie).

Tucuman, v. du nord de l'Argentine ; sucre ; 287 000 h.

Tudor, dynastie galloise, qui régna sur l'Angleterre de 1485 à 1603.

Tulle, ch.-l. de la Corrèze, sur la Corrèze ; 21 600 h. Manufacture d'armes.

Tullus Hostilius, troisième roi de Rome (VIIᵉ s. av. J.-C.).

Tunis, cap. de la Tunisie, sur la Méditerranée ; 695 000 h. Centre commercial et industriel ayant pour port *La Goulette.*

Tunisie (*république de*), État indépendant situé en Afrique du Nord, sur la Méditerranée, à l'est de l'Algérie ; 156 000 km² ; 5 770 000 h. Cap. *Tunis.*

Turckheim, comm. du Haut-Rhin ; 3 600 h. Vignobles ; industrie cotonnière. Victoire de Turenne sur les Impériaux en 1675.

Turenne (Henri DE LA TOUR D'AUVERGNE, *vicomte de*), maréchal de France (1611-1675). Il s'illustra pendant la guerre de Trente Ans, la Fronde, et surtout par la campagne des Provinces-Unies et la belle défense de l'Alsace. Il fut tué par un boulet à Sasbach.

Turgot (Anne-Robert-Jacques), économiste français (1727-1781), contrôleur général des Finances sous Louis XVI.

Turin, v. d'Italie (Piémont), sur le Pô ; grand centre industriel (automobiles) ; 1 132 000 h.

Turkestan, région de l'Asie centrale partagée entre l'U.R.S.S. et la Chine.

Turkménistan, république de l'U. R. S. S., en Asie centrale ; 2 158 000 h. Cap. *Achkhabad.*

Turner (William), peintre paysagiste anglais (1775-1851).

Turquie, État de la péninsule des Balkans et de l'Asie occidentale ; 767 000 km² ; 39 180 000 h. Cap. *Ankara.*

Twain (Mark), écrivain humoristique américain (1835-1910).

Tweed, fl. qui sépare l'Angleterre de l'Écosse ; 165 km.

Tyard ou **Thiard** (Pontus de), poète français de la Pléiade (1521-1605).

Tyr (auj. **Sur**, au Liban), v. et port de la Phénicie, jadis célèbre.

Tyrol ou **Tirol**, pays alpestre, partagé entre l'Autriche et l'Italie.

Tyrrhénienne (*mer*), mer entre la péninsule italienne, la Corse, la Sardaigne et la Sicile.

Tyrtée, poète lyrique grec (VIIᵉ s. av. J.-C.), qui ranima par ses chants le courage des Spartiates.

U

Uccle, v. de Belgique (Brabant) ; 75 900 h.

Uganda. V. OUGANDA.

Ugine, ch.-l. de c. (Savoie) ; 8 300 h. Electrométallurgie.

Ugolin, tyran de Pise, qui fut jeté dans une tour avec ses enfants, et condamné à y mourir de faim (1288). Cet événement a fourni à Dante un des épisodes les plus terribles de sa *Divine Comédie.*

Ukraine, république de l'U. R. S. S., entre la mer Noire et le Dniester ; 46 millions d'h. Cap. *Kiev.*

Ulm, v. d'Allemagne, sur le Danube ; 93 400 h. Cathédrale gothique. Napoléon s'empara de la ville en 1805.

Ulster, anc. province de l'Irlande, dont la partie orientale (Irlande du Nord) est unie à la Grande-Bretagne et dont le reste fait partie de la République irlandaise.

Ulysse, roi d'Ithaque, un des principaux héros du siège de Troie, où il se signala surtout par sa prudence et sa ruse. Ses pérégrinations ont inspiré l'auteur de *l'Odyssée.*

U.N.E.S.C.O., organisme international, constitué en 1945 pour protéger les libertés humaines et développer la culture.

Unieux, comm. de la Loire ; 9 100 h. Métallurgie.

Union française, nom donné par la Constitution de 1946 à l'ensemble formé par la République française d'une part (France métropolitaine, départements et territoires d'outre-mer), les territoires et les Etats associés d'autre part. Depuis 1958, une partie de cet ensemble avait formé la Communauté.

Union sud-africaine, nom porté par la république d'Afrique du Sud jusqu'à sa sortie du Commonwealth (1960).

Unterwald, l'un des trois cantons suisses qui furent le berceau de la liberté helvétique.

Upsal ou **Upsala,** v. de Suède ; université célèbre ; 97 200 h.

Ur, anc. v. de Chaldée.

Uranus, planète du système solaire.

Urbain, nom de huit papes, du IIIe au XVIIe s., dont : URBAIN II (1047-1099), pape de 1088 à 1099, promoteur de la première croisade ; — URBAIN VI (1318-1389), pape de 1378 à 1389 ; son élection marqua le début du Grand Schisme.

Urfé (Honoré d'), écrivain français (1567-1625), auteur de *l'Astrée.*

Urgel, dite aussi **la Seo** ou **la Seu d'Urgel,** v. d'Espagne (Catalogne).

Uri, canton suisse ; ch.-l. *Altdorf.*

U. R. S. S. (« *Union des républiques socialistes soviétiques* »), Etat fédératif, composé de 15 républiques ; 22 271 000 km² ; 254 millions d'h. Cap. *Moscou.*

Uruguay, riv. de l'Amérique du Sud, affl. du rio de la Plata (r. g.) ; 1 500 km.

Uruguay, république de l'Amérique du Sud ; 187 000 km² ; 3 030 000 h. Cap. *Montevideo.*

Ussel, ch.-l. d'arr. (Corrèze) ; 11 300 h.

Utah, un des Etats unis d'Amérique ; 1 126 000 h. Cap. *Salt Lake City.*

Utique, anc. v. près de Carthage.

Utrecht, v. des Pays-Bas ; 271 000 h. Université ; traité qui mit fin à la guerre de la Succession d'Espagne (1713).

Uttar Pradesh, Etat du nord de l'Inde. Cap. *Lucknow.*

Uzbékistan ou **Ouzbékistan,** république asiatique de l'U. R. S. S. ; 10 896 000 h. Cap. *Tachkent.*

Uzès, ch.-l. de c. (Gard) ; 7 400 h.

V

Vaal, riv. de l'Afrique du Sud, affl. de l'Orange (r. dr.) ; 1 125 km.

Vaccarès ou **Valcarès** (*étang de*), étang de Camargue ; 6 000 ha.

Vaduz, cap. du Liechtenstein.

Vaison-la-Romaine, ch.-l. de c. (Vaucluse) ; 5 200 h. Ruines romaines.

Valachie, une des deux principautés qui formèrent le noyau de la Roumanie. V. pr. *Bucarest.*

Valais, canton suisse; 206 000 h. Ch.-l. *Sion.*

Val-André (Le), station balnéaire des Côtes-du-Nord, sur la Manche.

Val-de-Marne (94), dép. de la région parisienne; préf. *Créteil;* s.-préf. *Nogent-sur-Marne;* 1 215 700 h.

Val-d'Isère, comm. de Savoie; 1300 h. Station de sports d'hiver.

Val-d'Oise (95), dép. de la région parisienne; préf. *Pontoise;* s.-préf. *Argenteuil, Montmorency;* 840 900 h.

Valençay, ch.-l. de c. (Indre); 3200 h. Château de la Renaissance.

Valence, v. d'Espagne, port sur la Méditerranée; 653 700 h. Riche plaine irriguée, ou *huerta.*

Valence, ch.-l. de la Drôme, sur le Rhône; 70 300 h. Fruits et primeurs.

Valenciennes, ch.-l. d'arr. (Nord), sur l'Escaut; 43 200 h. Dentelles.

Valera (Eamon de), homme d'Etat irlandais (1882-1975). Il organisa le mouvement d'indépendance de l'Irlande.

Valérien (mont), la plus haute colline des environs de Paris : 162 m.

Valérien, empereur romain de 252 à 268.

Valéry (Paul), poète français (1871-1945) [*la Jeune Parque, le Cimetière marin*].

Valladolid, v. d'Espagne (Léon); cathédrale (XVIe s.); 236 300 h.

Vallauris, comm. des Alpes-Maritimes; 17 500 h. Poteries.

Valmy, comm. de la Marne, où Dumouriez et Kellermann arrêtèrent les Prussiens le 20 septembre 1792.

Valois, pays de l'anc. France; ch.-l. *Crépy.*

Valois, branche des Capétiens, qui monta sur le trône de France en 1328.

Valparaiso, v. et port du Chili, sur le Pacifique; 280 000 h.

Vals-les-Bains, comm. de l'Ardèche; 4 200 h. Eaux minérales.

Vancouver, île du Pacifique (Canada). — V. et port du Canada, en face de l'île; centre industriel; 409 000 h.

Vandales, peuple germanique, en partie slave, qui envahit la Gaule, l'Espagne et l'Afrique (Ve et VIe s.).

Van der Meulen (Antoine), peintre militaire flamand (1634-1690).

Van der Weyden (Roger), peintre flamand (1400-1464).

Van Dyck (Antoine), peintre flamand (1599-1641), auteur de portraits.

Van Eyck (Jean), peintre primitif flamand (vers 1390-1441), auteur du retable de *l'Agneau mystique.*

Van Gogh (Vincent), peintre hollandais (1853-1890).

Van Goyen (Jean-Joseph), peintre paysagiste hollandais (1596-1656)

Vanloo (Jean-Baptiste), peintre français (1684-1745) ; — Son frère, CARLE, peintre (1705-1765).

Vannes, ch.-l. du Morbihan, près de l'Océan; 43 500 h.

Vanves, ch.-l. de c. (Hauts-de-Seine); 22 700 h.

Var (le), fl. de France, tributaire de la Méditerranée; 120 km.

Var (83), dép. formé d'une partie de la Provence; préf. *Toulon;* s.-préf. *Brignoles, Draguignan;* 6 023 km²; 626 000 h.

Vardar (le), fl. de Yougoslavie et de Grèce (golfe de Salonique) ; 388 km.

Varennes-en-Argonne, ch.-l. de c. (Meuse), où Louis XVI fut arrêté (1791); 670 h.

Varsovie, cap. de la Pologne, sur la Vistule; 1 410 000 h.

Varus, général et cousin de l'empereur Auguste; attiré dans une embuscade par Arminius, chef des Germains, il périt avec trois légions, en l'an 9.

Vatel, maître d'hôtel du Grand Condé qui, voyant que la marée allait manquer à un souper offert à Louis XIV, se perça de son épée (1671).

Vatican (*cité du*), domaine temporel des papes, comprenant le palais, le musée et les jardins du Vatican, Saint-Pierre, plusieurs basiliques romaines et Castel Gandolfo, résidence d'été.

Vatican (*palais du*), palais des papes, à Rome, qui renferme notamment plusieurs musées et une bibliothèque d'une grande richesse. C'est dans ce palais que se trouvent la chapelle Sixtine, les Loges et les Chambres de Raphaël.

Vauban (Sébastien LE PRESTRE, *seigneur* de), ingénieur militaire et maréchal de France (1633-1707). Il fortifia les frontières françaises.

Vaucanson (Jacques de), mécanicien français (1709-1782), fabricant d'automates.

Vaucluse (84), dép. formé du Comtat Venaissin, de la principauté d'Orange et d'une partie de la Provence; préf. *Avignon;* s.-préf. *Apt, Carpentras;* 3 578 km²; 390 500 h.

Vaud, canton suisse; 511 900 h. Ch.-l. *Lausanne.*

Vaugelas (Claude Favre de), grammairien français (1585-1650).

Vauquelin de La Fresnaye (Jean), poète français (1536-1606).

Vauquois, comm. de la Meuse, sur une butte où eurent lieu de violents combats de 1914 à 1918.

Vauvenargues (Luc DE CLAPIERS, *marquis* de), moraliste français (1715-1747), auteur de *Maximes.*

Vaux-devant-Damloup, comm. de la Meuse, dont le fort a été disputé entre Français et Allemands en 1916.

Vaux-le-Vicomte, château, près de Melun, bâti par Le Vau pour Fouquet.

Védas, livres sacrés des Hindous.

Véies, anc. v. d'Étrurie.

Vélasquez (Diego), peintre et portraitiste espagnol (1599-1660) ; l'un des plus grands coloristes de tous les temps.

Velay, anc. pays du centre de la France ; ch.-l. *Le Puy.*

Velléda, druidesse et prophétesse de Germanie, sous l'empereur Vespasien.

Velpeau (Alfred), chirurgien français (1795-1867).

Vence, ch.-l. de c. (Alpes-Maritimes); 11 700 h. Vieille cité médiévale.

Venceslas, nom de deux ducs et de quatre rois de Bohême.

Vendée (la), riv. de France, affl. de la Sèvre Niortaise (r. dr.) ; 70 km.

Vendée (85), dép. formé de l'ancien bas Poitou ; préf. *La Roche-sur-Yon* ; s.-préf. *Fontenay-le-Comte, Les Sables-d'Olonne* ; 6 971 km²; 450 600 h.

Vendôme, ch.-l. d'arr. (Loir-et-Cher), sur le Loir ; 18 500 h. Ganterie. Église abbatiale (XIIᵉ-XVIᵉ s.).

Vendôme (César, *duc de*), fils naturel de Henri IV et de Gabrielle d'Estrées (1594-1665) ; il prit part à la Fronde ; — Son petit-fils, LOUIS-JOSEPH, *duc de Vendôme,* l'un des meilleurs généraux de Louis XIV.

Vénétie, région du nord-est de l'Italie.

Venezuela, république de l'Amérique du Sud, située entre la Colombie, le Brésil et la mer des Antilles ; 912 000 km²; 12 000 000 d'h. Cap. *Caracas.* Le Venezuela est l'un des plus grands producteurs de pétrole.

Venise, v. d'Italie, bâtie sur les lagunes de l'Adriatique ; 366 800 h. Centre industriel. Cité riche en monuments : basilique Saint-Marc, palais des Doges, églises, musées.

Vent (*îles du*), ensemble des Petites Antilles, entre Porto Rico et le Venezuela.

Ventoux (*mont*), montagne des Alpes de Provence (Vaucluse) ; 1 912 m.

Vénus, déesse latine de la Beauté, identifiée avec l'**Aphrodite** des Grecs.

Vénus, planète du système solaire. On l'appelle aussi *Vesper* ou *étoile du Berger.*

Vêpres siciliennes, massacre des Français en Sicile en 1282.

Veracruz, v. et port du Mexique, sur le golfe du Mexique ; 192 600 h.

Vercingétorix, chef gaulois, né vers 72 av. J.-C., qui dirigea la coalition des peuples gaulois contre César. Vaincu à Alésia, il fut conduit à Rome et exécuté après six ans de captivité (46 av. J.-C.).

Vercors, massif calcaire des Préalpes du Nord (Drôme et Isère) ; 1 600 m d'alt. Lieu de résistance du maquis français en 1944.

Verdi (Giuseppe), compositeur italien (1813-1901), auteur d'opéras.

Verdon (le), riv. de France, affl. de la Durance (r. g.) ; 175 km. Gorges.

Verdun ou **Verdun-sur-Meuse,** ch.-l. d'arr. (Meuse), sur la Meuse ; 26 900 h. Industries variées. En 843, traité réglant le partage de l'empire carolingien. En 1552, réunion à la Couronne de cet évêché lorrain. En 1916, les Français y repoussèrent les plus violentes attaques allemandes de la Première Guerre mondiale.

Vergennes (Charles GRAVIER, *comte de*) [1719-1787], ministre des Affaires étrangères sous Louis XVI.

Verhaeren (Émile), poète symboliste belge (1855-1916).

Verkhoïansk, loc. de l'U.R.S.S., en Sibérie, où l'on a relevé des températures atteignant — 69,8º C.

Verlaine (Paul), poète français (1844-1896), auteur de *la Bonne Chanson, Sagesse,* recueils lyriques d'une profonde sincérité poétique.

Vermandois, petit pays de l'anc. France, réuni à la Couronne en 1215 ; ch.-l. *Saint-Quentin.*

Vermeer de Delft (Jean), dit aussi **Van der Meer,** peintre de paysages et d'intérieurs hollandais (1632-1675).

Vermont, un des États unis d'Amérique ; 462 000 h. Cap. *Montpelier.*

Verne (Jules), écrivain français (1828-1905), auteur de romans d'aventures et d'anticipation scientifique.

Vernet (Joseph), peintre de marines français (1714-1789) ; — Son fils, CARLE (1758-1835), peintre militaire ; — HORACE (1789-1863), fils du précédent, peintre de batailles.

Vernon, ch.-l. de c. (Eure), sur la Seine ; 23 600 h. Produits chimiques ; constructions mécaniques.

Vérone, v. d'Italie, sur l'Adige ; nombreux monuments du Moyen Âge ; 251 600 h.

Véronèse (Paolo CALIARI, dit), peintre italien de l'école vénitienne (1528-1588), auteur des *Noces de Cana.*

Véronique, femme juive, qui, selon la tradition, essuya le visage de Jésus montant au Calvaire, avec un linge qui garda l'empreinte des traits du Sauveur.

Verres (Caius Licinius), proconsul

romain, accusé de concussion par Cicéron, dans les fameuses *Verrines*.

Verrocchio (del), statuaire, peintre et architecte florentin (1436-1488).

Versailles, ch.-l. des Yvelines; 97 100 h. Château édifié à partir de 1661, par Le Vau et Mansard; Le Nôtre dessina les jardins. Dans le parc se trouvent le Grand et le Petit Trianon (v. TRIANON). — C'est à Versailles qu'eurent lieu la réunion des Etats généraux de 1789; la proclamation de l'Empire allemand (1871); la signature de l'un des traités qui mirent fin à la Première Guerre mondiale (1919).

Verviers, v. de Belgique; 36 100 h. Industries textiles.

Vervins, ch.-l. d'arr. (Aisne); 3300 h. Industrie textile. En 1598, traité mettant fin aux hostilités entre la France et l'Espagne.

Vésinet (Le), ch.-l. de c. des Yvelines, sur la Seine; 18 200 h.

Vesle (la), affl. de l'Aisne (r. g.); 143 km. Elle passe à Reims.

Vesoul, ch.-l. de la Haute-Saône; 20 100 h. Métallurgie; textiles.

Vespasien (7-79), empereur romain de 69 à 79. Caractère énergique, il restaura l'Empire.

Vesta, déesse romaine du Feu.

Vestales, prêtresses romaines, qui entretenaient jour et nuit le feu sacré sur l'autel de Vesta.

Vésuve (le), volcan de 1 200 m de hauteur, au sud-est de Naples, dont l'éruption, en l'an 79 apr. J.-C., détruisit les villes d'Herculanum et de Pompéi.

Veuillot (Louis), écrivain français, polémiste catholique (1813-1883).

Vevey, v. de Suisse (Vaud), sur le lac Léman; station touristique.

Vexin, pays de l'anc. France, divisé en *Vexin français* (Pontoise) et en *Vexin normand* (Gisors).

Vézelay, ch.-l. de c. (Yonne); 541 h. Magnifique église romane.

Vézère, affl. de la Dordogne (r. dr.); sur ses bords, stations préhistoriques.

Viau (Théophile de), poète français (1590-1626), auteur de *Pyrame et Thisbé*.

Vicence, v. d'Italie (Vénétie).

Vichnou, deuxième personnage divin de la trinité brahmanique.

Vichy, ch.-l. d'arr. (Allier), sur l'Allier; 32 300 h. Station thermale. Siège du gouvernement de Pétain de 1940 à 1944.

Vico (Giambattista), philosophe italien (1668-1744).

Vic-sur-Cère, ch.-l. de c. (Cantal); 2 000 h. Station thermale.

Victor (Victor PERRIN, dit), maréchal de France (1766-1841).

Victor-Emmanuel Ier (1759-1824), roi de Sardaigne de 1802 à 1821; — VICTOR-EMMANUEL II (1820-1878) créateur avec Cavour de l'unité italienne; roi de Sardaigne à partir de 1849, il devint roi d'Italie en 1861; — VICTOR-EMMANUEL III (1869-1947), roi d'Italie de 1900 à 1946.

Victoria, Etat du sud de l'Australie; 3 165 000 h. Cap. *Melbourne*.

Victoria, (Thomas Luis de), compositeur espagnol du XVIe s.

Victoria (1819-1901), reine de Grande-Bretagne de 1837 à 1901. Sous son règne, l'expansion coloniale britannique connut un grand essor; la prospérité intérieure a valu à cette époque le nom d'*ère victorienne*.

Victoria (lac), grand lac de l'Afrique équatoriale, d'où sort le Nil.

Vienne, cap. de l'Autriche, sur le Danube; 1 640 000 h. Centre industriel. Nombreux monuments. Plusieurs traités y furent signés : celui de 1738, qui mit fin à la guerre de la Succession de Pologne; celui de 1809, après Wagram; ceux qui furent conclus par le Congrès de 1814-1815.

Vienne (la), riv. de France, affl. de la Loire (r. g.); 372 km.

Vienne, ch.-l. d'arr. (Isère), sur le Rhône; 28 800 h. Industries textiles et mécaniques; papeterie.

Vienne (86), dép. formé de diverses parties du Poitou, de la Touraine et du Berry; préf. *Poitiers*; s.-préf. *Châtellerault* et *Montmorillon*; 7 023 km²; 357 400 h.

Vienne (Haute-) [87], dép. formé de parties du Limousin, de la Marche, du Poitou et du Berry; préf. *Limoges*, s.-préf. *Bellac* et *Rochechouart*; 5 555 km²; 352 100 h.

Vientiane, cap. du Laos; 105 000 h.

Vierge (*la Sainte*). V. MARIE.

Vierges (*îles*), groupe d'îles, au nord des Petites Antilles.

Vierzon, ch.-l. de c. (Cher), sur le Cher; 36 500 h.

Viète (François), mathématicien français (1540-1603); il créa l'algèbre.

Viêt-minh, parti politique viêtnamien qui a dirigé la lutte contre les Français en Indochine de 1945 à 1954.

Viêt-nam, État de la péninsule indochinoise; 334 000 km²; 42 millions d'h. Cap. *Hanoï*; v. pr. *Hô Chi Minh-Ville* (anc. *Saigon*). Le Viêt-nam s'étend sur les régions de la Cochinchine, de l'Annam et du Tonkin.

Vieux-Condé, comm. du Nord; 11 500 h. Boulonnerie.

Vigan (Le), ch.-l. d'arr. (Gard), sur l'Arre; 4 400 h. Soie.

Vignemale (le), pic des Pyrénées; 3 298 m.

Vigny (Alfred **de**), écrivain romantique français (1797-1863), auteur de poèmes lyriques, de romans (*Cinq-Mars, Stello*) et de drames (*Chatterton*).

Vigo, v. et port d'Espagne (Galice); 170 000 h.

Viipuri, anc. Viborg, v. et port de l'U.R.S.S., sur le golfe de Finlande.

Vikings, navigateurs scandinaves, qui, aux XIᵉ et XIIᵉ s., ravagèrent l'Europe occidentale.

Vilaine (la), fl. côtier de France, tributaire de l'Atlantique; 225 km.

Villard-de-Lans, ch.-l. de c. (Isère); 3 900 h. Sports d'hiver.

Villars (Claude, **duc de**), maréchal de France (1653-1734). Il remporta la victoire de Friedlingen (1702), prit Kehl (1703), pacifia les Cévennes, sut résister à Malplaquet (1709), et sauva la France à Denain, en 1712.

Villaviciosa, v. d'Espagne, où Vendôme vainquit les Impériaux en 1710.

Villefranche, ch.-l. de c. (Alpes-Maritimes); 7 300 h. Rade sur la Méditerranée. Station balnéaire.

Villefranche ou **Villefranche-sur-Saône**, anc. cap. du Beaujolais, ch.-l. d'arr. (Rhône), près de la Saône; 30 700 h. Industries de la soie; industries alimentaires.

Villefranche-de-Rouergue, ch.-l. d'arr. (Aveyron), sur l'Aveyron; 13 700 h. Marché de bestiaux.

Villehardouin (Geoffroi **de**), chroniqueur français (vers 1150-vers 1212), auteur de la *Conquête de Constantinople* (quatrième croisade).

Villejuif, ch.-l. de c. (Val-de-Marne); 55 600 h. Institut du cancer.

Villèle (Joseph, **comte de**), homme politique français (1773-1854).

Villeneuve-Saint-Georges, ch.-l. de c. (Val-de-Marne), sur la Seine; 32 200 h. Gare de triage et centre industriel.

Villeneuve-sur-Lot, ch.-l. d'arr. (Lot-et-Garonne); 23 000 h. Cultures maraîchères et fruitières.

Villeroi (Nicolas **de**), maréchal de France (1598-1685), gouverneur de Louis XIV. — Son fils, FRANÇOIS, maréchal de France (1644-1730), vaincu à Ramillies (1706), gouverneur de Louis XV.

Villers-Cotterêts, ch.-l. de c. (Aisne); 9 000 h. Ordonnance de François Iᵉʳ, pour l'établissement de l'état civil et la rédaction en français des actes notariés.

Villette (La), quartier de Paris.

Villeurbanne, ch.-l. de c. (Rhône); 119 400 h. Centre industriel.

Villiers de L'Isle-Adam (Auguste, **comte de**), écrivain français (1838-1889).

Villon (François), poète français (1431-vers 1465), auteur du *Petit* et du *Grand Testament*, ainsi que de l'*Epitaphe Villon*.

Vilnious, anc. Wilno, v. de l'U.R.S.S., cap. de la Lituanie; 372 000 h.

Vilvorde, comm. de Belgique (Brabant); centre industriel.

Viminal (mont), une des collines de l'ancienne Rome.

Vincennes, ch.-l. de c. (Val-de-Marne); 44 500 h. Château fort bâti par Philippe Auguste.

Vincent de Paul (saint), prêtre français (1581-1660), renommé pour sa charité. Il fonda la congrégation des *Filles de la charité*, celle des *Prêtres de la mission*, et institua l'œuvre des *Enfants trouvés*.

Vinci (Léonard **de**), célèbre artiste de l'école florentine (1452-1519), à la fois peintre (la *Joconde*, la *Cène*, la *Vierge aux rochers*, etc.), sculpteur, architecte, ingénieur, écrivain, musicien.

Vintimille, v. d'Italie (Ligurie).

Viollet-le-Duc (Eugène), architecte et archéologue français (1814-1879).

Vire (la), fl. côtier de France, tributaire de la Manche; 118 km.

Vire, ch.-l. d'arr. (Calvados), sur la Vire; marché agricole; 14 400 h.

Virgile, poète latin (71-19 av. J.-C.), auteur des *Bucoliques*, des *Géorgiques*, de l'*Enéide*.

Virginie, un des Etats unis d'Amérique, sur l'Atlantique; 4 507 000 h. Cap. *Richmond*.

Virginie, jeune plébéienne de Rome, dont la mort tragique amena la chute des décemvirs (449 av. J.-C.).

Virginie occidentale, un des Etats unis d'Amérique (Atlantique Sud); 1 794 000 h. Cap. *Charleston*.

Viroflay, ch.-l. de c. des Yvelines; 15 800 h.

Visconti, famille d'Italie, qui régna à Milan de 1277 à 1447.

Vistule (la), fl. de Pologne, qui arrose Varsovie et se jette dans le golfe de Dantzig (Baltique); 1 070 km.

Vitebsk, v. de l'U.R.S.S. (Russie Blanche), sur la Dvina; 231 000 h.

Vitellius (15-69), empereur romain en 69 apr. J.-C. Il régna huit mois.

Vitoria, v. d'Espagne. Victoire de Wellington sur les Français (1813).

Vitré, ch.-l. de c. (Ille-et-Vilaine), sur la Vilaine; 12 900 h.

Vitruve, architecte romain (Iᵉʳ s. av. J.-C.).

Vitry-le-François, ch.-l. d'arr. (Marne), sur la Marne; 20 100 h. Vins; bonneterie; constructions mécaniques; faïences.

Vittel, ch.-l. de c. (Vosges); 6 800 h. Station thermale.

Vivaldi (Antonio), violoniste et compositeur vénitien (1678-1741).

Vivarais, pays du Languedoc réuni à la Couronne en 1229; cap. *Viviers.*

Viviers, anc. cap. du Vivarais, ch.-l. de c. (Ardèche); 3 200 h.

Vizille, ch.-l. de c. (Isère), sur la Romanche; 7 300 h. Papeterie. Château (XVIIᵉ s.).

Vladivostok, v. de l'U.R.S.S., en Extrême-Orient, port sur la mer du Japon; débouché du Transsibérien. Centre industriel; 442 000 h.

Vltava, en allem. **Moldau,** riv. de Bohême, affl. de l'Elbe; 430 km.

Voiron, ch.-l. de c. (Isère); 20 400 h. Papier.

Voiture (Vincent), écrivain français (1597-1648).

Volga (la), fl. de l'U.R.S.S., qui se jette dans la Caspienne; 3 688 km.

Volgograd. V. STALINGRAD.

Volsques, peuple de l'anc. Latium.

Volta, fl. de l'Afrique occidentale, tributaire du golfe de Guinée.

Volta (*comte* Alessandro), physicien italien (1745-1827), inventeur de la pile électrique.

Voltaire (François-Marie AROUET, dit), écrivain français (1694-1778),

auteur de tragédies (*Zaïre*), d'ouvrages historiques (*le Siècle de Louis XIV*), de contes philosophiques (*Candide*) et d'innombrables écrits en prose et en vers.

Volturno (le), anc. **Vulturnus,** fl. de l'Italie (mer Tyrrhénienne); 167 km.

Vorarlberg, pays alpestre de l'Autriche de l'Ouest. Ch.-l. *Bregenz.*

Vorochilovgrad. V. LOUGANSK.

Voronej, v. industrielle de l'U.R.S.S. (Russie), sur le Don; 660 000 h.

Vosges, massif montagneux de l'est de la France, culminant au ballon de Guebwiller; 1 426 m.

Vosges (88), dép. formé par la Lorraine méridionale; préf. *Epinal;* s.-préf. *Neufchâteau, Saint-Dié;* 5 903 km²; 398 000 h.

Vougeot, comm. de la Côte-d'Or, renommée pour l'excellence de ses vins; 178 h.

Vouillé, ch.-l. de c. Vienne; 2 000 h. Clovis y vainquit Alaric, roi des Wisigoths (507).

Vouvray, ch.-l. de c. (Indre-et-Loire), sur la Loire; 2 700 h. Vins mousseux.

Vouziers, ch.-l. d'arr. (Ardennes), sur l'Aisne; 5 500 h.

Vuillard (Edouard), peintre français (1868-1940), du groupe nabi.

Vulcain, dieu latin du Feu, identifié avec l'Héphaïstos grec.

Vulgate, version latine de la Bible, en usage dans l'Eglise catholique.

Vulpian (Alfred), médecin et physiologiste français (1826-1887).

W

Wagner (Richard), compositeur allemand (1813-1883), auteur de *Tannhäuser, Lohengrin, Tristan et Iseult,* la tétralogie, *Parsifal, les Maîtres chanteurs,* etc.

Wagram, village d'Autriche, près de Vienne, où Napoléon Iᵉʳ vainquit l'archiduc autrichien Charles (1809).

Wakayama, v. et port du Japon (Honshu); textiles; 324 000 h.

Walcheren, île des Pays-Bas (mer du Nord). Ch.-l. *Middelburg.*

Walhalla (le), séjour des héros morts au combat (mythologie germanique).

Walkyries, déesses de la mythologie germanique.

Wallenstein ou **Waldstein,** homme de guerre tchèque (1583-1634), au service de l'empereur Ferdinand II pendant la guerre de Trente Ans; il mourut assassiné.

Wallis (*îles*), archipel de la Polynésie française, au nord-est des Fidji.

Wallons, population de langue française de la Belgique.

Walpole (Robert), homme d'Etat anglais (1676-1745), du parti whig.

Walpurgis ou **Walburge** (*sainte*), sainte du VIIIᵉ s.; ses reliques furent vénérées par de nombreux pèlerins à Eichstædt.

Walthamstow, faubourg de Londres.

Warta (la), riv. de Pologne, aff. de l'Oder (r. dr.) ; 762 km.

Warwick (Richard NEVILLE, *comte de*), général anglais (vers 1428-1471), surnommé **le Faiseur de rois.**

Warwickshire, comté d'Angleterre. Ch.-l. *Warwick.*

Washington, cap. des Etats-Unis, et ch.-l. du district de Columbia, sur le Potomac ; 811 000 h.

Washington, un des Etats unis d'Amérique (Pacifique) ; 3 409 000 h. Cap. *Olympia.*

Washington (George), homme d'Etat américain (1732-1799), un des fondateurs et premier président de la République des Etats-Unis.

Wassy, ch.-l. de c. (Haute-Marne) ; 3 500 h. Massacre de protestants (1562), à l'origine des guerres de Religion.

Waterloo, comm. de Belgique (Brabant), où Napoléon Ier fut vaincu, le 18 juin 1815, par Wellington et Blücher.

Watt (James), mécanicien écossais (1736-1819), qui perfectionna les machines à vapeur.

Watteau (Antoine), peintre français (1684-1721) ; auteur de scènes champêtres et galantes.

Wattignies, comm. du Nord ; 12400 h. Victoire de Jourdan sur les Autrichiens (1793).

Wattrelos, faubourg de Roubaix.

Weber (Karl Maria von), compositeur allemand (1786-1826).

Weimar, v. d'Allemagne, cap. de la Thuringe ; 63 700 h. Automobiles.

Wellington, cap. de la Nouvelle-Zélande, port et centre industriel, sur le détroit de Cook ; 167 900 h.

Wellington (Arthur WELLESLEY, *duc* de), général anglais (1769-1852). Il gagna la bataille de Waterloo.

Wells (Herbert George), romancier anglais (1866-1946).

Wen-tcheou, v. de Chine (Tchekiang) ; 594 000 h.

Weser (la), fl. d'Allemagne, tributaire de la mer du Nord ; 480 km.

Wesley (John), théologien protestant anglais (1703-1791), fondateur de la secte des méthodistes.

Wessex (« *Saxe de l'Ouest* »), royaume anglo-saxon (Ve-XIe s.).

Westminster, abbaye de Londres, renfermant les tombeaux des rois.

Westphalie, contrée d'Allemagne.

Westphalie (*traités de*), traités conclus en 1648, entre l'Allemagne, la France et la Suède, après la guerre de Trente Ans. La France y gagnait l'Alsace.

West Point, v. des Etats-Unis (New York), sur l'Hudson. Ecole militaire.

Whistler (James), peintre américain (1834-1903).

Whitman (Walt), poète américain (1819-1892).

Wichita, v. des Etats-Unis (Kansas), sur l'Arkansas ; 254 700 h.

Wiclef (John), théologien anglais, précurseur de la Réforme (1324-1384).

Widukind ou **Witikind,** chef saxon, adversaire de Charlemagne.

Wieland (Christoph Martin), écrivain allemand (1733-1813).

Wiesbaden, v. d'Allemagne, cap. de la Hesse ; 261 000 h. Station thermale.

Wight (*île de*), île anglaise de la Manche. V. pr. *Newport.*

Wilhelmine (1880-1962), reine des Pays-Bas de 1890 à 1948.

Wilhelmshaven, port militaire d'Allemagne (mer du Nord) ; 100 000 h.

Wilson (Thomas Woodrow), homme d'Etat américain (1856-1924) ; il fut président des Etats-Unis (1912-1921).

Wilson (Harold), homme politique anglais (né en 1916). Travailliste, Premier ministre de 1964 à 1970 et de 1974 à 1976.

Wimbledon, faubourg de Londres.

Wimereux, comm. du Pas-de-Calais ; 6 700 h. Station balnéaire.

Winchester, v. d'Angleterre, ch.-l. du Hampshire ; cathédrale gothique.

Windsor, v. d'Angleterre, sur la Tamise ; château royal. — Nom pris par la maison royale d'Angleterre (au lieu de Saxe-Cobourg-Gotha) en 1917.

Windsor, v. du Canada (Ontario), sur la riv. Detroit ; 203 300 h.

Winnipeg (*lac*), lac du Canada, communiquant avec la baie d'Hudson.

Winnipeg, v. du Canada, cap. du Manitoba ; centre industriel ; 553 000 h.

Winterhalter (François-Xavier), peintre allemand (1805-1873), portraitiste de la cour de Napoléon III.

Winterthur, v. de Suisse ; 99 400 h.

Wisconsin (le), riv. des Etats-Unis, aff. du Mississippi (r. g.) ; 950 km.

Wisconsin, un des Etats unis d'Amérique ; 4 161 000 h. Cap. *Madison.*

Wiseman (Etienne), cardinal anglais (1802-1865), auteur de *Fabiola.*

Wisigoths ou **Visigoths,** Goths occidentaux qui envahirent la Gaule en 412 et se fixèrent en Aquitaine.

Wissembourg, ch.-l. d'arr. (Bas-Rhin), sur la Lauter ; 6 900 h.

Witt (Corneille de), homme d'Etat hollandais (1623-1672), qui fut tué dans une émeute, en même temps que son frère JEAN (1625-1672), **grand pensionnaire de Hollande.**

Wolverhampton, v. d'Angleterre (Stafford) ; métallurgie ; 266 900 h.

Worcester, v. d'Angleterre, port sur la Severn. Charles II y fut battu par Cromwell en 1651.

Worcester, v. des Etats-Unis (Massachusetts); centre industriel; 186 600 h.

Wordsworth (William), poète anglais (1770-1850), de l'école lakiste.

Worms [*vorm's*], v. d'Allemagne (Hesse), sur le Rhin; cathédrale romane. Le *concordat de Worms* de 1122 mit fin à la querelle des Investitures. Il s'y tint une diète qui, en 1521, mit Luther au ban de l'Empire.

Wou-tchang, v. de Chine, cap. du Hou-pe; 400 000 h.

Wroclaw, en allem. **Breslau,** v. de Pologne (Silésie), sur l'Odra; 568 900 h.

Wuppertal, agglomération d'Allemagne, réunissant les deux villes industrielles de *Barmen* et d'*Elberfeld.*

Wurtemberg, région de l'Allemagne occidentale, formant avec l'ancien pays de Bade un Etat de la république fédérale; cap. *Stuttgart*; 8 548 000 h.

Wurtz (Adolphe), chimiste français (1817-1884), un des créateurs de la notation atomique.

Wurtzbourg, v. d'Allemagne (Bavière), sur le Main; 121 700 h. Remarquables églises (XIIᵉ-XIVᵉ s.); château (XVIIIᵉ s.).

Wyoming, un des Etats unis d'Amérique (montagnes Rocheuses); 345 000 h. Cap. *Cheyenne.*

Wyss (Rodolphe), écrivain suisse (1781-1830), auteur du *Robinson suisse.*

X

Xanthippos, général athénien, père de Périclès, vainqueur des Perses à Mycale (479 av. J.-C.).

Xénophon, historien, philosophe et général athénien (vers 427-vers 355 av. J.-C.), disciple de Socrate. Il dirigea la retraite des Dix-Mille.

Xerxès Iᵉʳ, roi de Perse de 486 à 465 av. J.-C.; il soumit l'Egypte révoltée, envahit l'Attique et ruina Athènes, mais fut vaincu à Salamine et dut regagner l'Asie en fugitif; — XERXÈS II, roi de Perse en 424, assassiné la même année.

Xingu [*chin'-gou*] (le), riv. du Brésil, affl. de l'Amazone (r. dr.); 1 980 km

Y

Yahvé ou **Jahvé,** nom propre de Dieu dans la Bible.

Yalou (le), fl. qui sépare la Chine du Nord-Est de la Corée; 600 km.

Yalta, v. de l'U.R.S.S. (Ukraine), port de Crimée. Conférence entre Staline, Roosevelt et Churchill (1945).

Yanaon, v. de l'Inde, anc. établissement français de la côte de Coromandel.

Yang-tcheou, v. de Chine (Kiangsou) ; 180 000 h.

Yang-tse-kiang ou **fleuve Bleu** (le), fl. de Chine; 5 500 km.

Yankees [*ki*], nom donné aux habitants des Etats-Unis par les Anglais.

Yaoundé, cap. du Cameroun, en Afrique équatoriale; 178 000 h.

Yarmouth, v. d'Angleterre (Norfolk).

Yawata, v. du Japon; 286 000 h.

Yellowstone, riv. des Etats-Unis, affl. du Missouri; 1 600 km.

Yémen, république de l'Arabie du Sud-Ouest; 6 670 000 h. Cap. *Sana.*

Yémen démocratique, anc. Arabie du Sud, Etat de l'Arabie; 300 000 km²; 1 690 000 h. Cap. *Al-Chaab.*

Yeu (*île d'*), île de la côte française de l'Atlantique (Vendée) ; 4 800 h.

Yokohama, v. et port du Japon (Honshu) ; 2 652 000 h.

Yonne, riv. de France, affl. de la Seine à Montereau; 293 km.

Yonne (89), dép. formé du Sénonais et de parties de la Champagne, de l'Orléanais et de la Bourgogne; préf. *Auxerre*; s.-préf. *Avallon, Sens;* 7 461 km²; 299 900 h.

York, v. d'Angleterre, ch.-l. de comté; cathédrale de style flamboyant.

York, branche de la maison d'Anjou-Plantagenêt, qui eut pour tige Edmond DE LANGLEY, *duc* d'York, cinquième fils d'Edouard III. Elle fournit trois rois à l'Angleterre (Edouard IV, Edouard V, Richard III).

Yorktown, bourg des Etats-Unis, où Washington et Rochambeau battirent une armée anglaise en 1781.

Yougoslavie, république fédérative de la péninsule des Balkans ; 257 000 km²; 21 350 000 h. Cap. *Belgrade.*

Young (Edward), poète anglais (1681-1765), auteur des *Nuits.*

Young (Arthur), économiste et agronome anglais (1741-1820).

Ypres, v. de Belgique; 18 300 h.

Yser, fl. côtier de Belgique, se jetant dans la mer du Nord ; 78 km. Théâtre d'une violente bataille en 1914.

Yssingeaux, ch.-l. d'arr. (Haute-Loire) ; rubans, dentelles; 6 500 h.

Yucatan, un des Etats du Mexique dans la presqu'île du même nom.

Yukon, fl. de l'Alaska ; 3 300 km

Yvelines (les) [78], dép. de la région parisienne ; préf. *Versailles ; s.-*préf. *Mantes-la-Jolie, Rambouillet, Saint-Germain-en-Laye;* 1 082 300 h.

Yverdon, v. de Suisse (Vaud), sur le lac de Neuchâtel ; 19 200 h. Station thermale et centre industriel.

Yvetot, ch.-l. de c. (Seine-Maritime); 10 700 h.

Z

Zabrze, v. de Pologne (Silésie) ; houille; métallurgie ; 200 000 h.

Zacharie, prêtre juif, époux de sainte Elisabeth et père de saint Jean-Baptiste.

Zagreb, anc. **Agram,** v. de Yougoslavie, cap. de la Croatie ; 491 000 h.

Zaïre, république de l'Afrique équatoriale; 2 344 000 km²; 24 900 000 h. Cap. *Kinshasa.*

Zama, anc. v. d'Afrique, où Scipion l'Africain vainquit Annibal (202 av J.-C.).

Zambèze (le), fl. de l'Afrique australe, tributaire du canal de Mozambique ; 2 660 km. Chutes de Victoria.

Zambie, Etat de l'Afrique australe, membre du Commonwealth; 4 900 000 h. Cap. *Lusaka.* C'est l'anc. Rhodésie du Nord.

Zamora, v. d'Espagne (Léon).

Zanzibar, île de l'océan Indien, près de la côte de l'Afrique, partie de la Tanzanie.

Zaporojie, v. de l'U.R.S.S. (Ukraine); métallurgie; chimie; 596 000 h.

Zarathoustra ou **Zoroastre,** réformateur de la religion iranienne (vers 660-vers 583 av. J.-C.).

Zélande, prov. des Pays-Bas, presque entièrement composée d'îles.

Zénon d'Elée, philosophe grec, du IVe s. av. J.-C., qui niait la réalité du mouvement.

Zénon de Citium, philosophe stoïcien grec (fin du IVe s. av. J.-C.).

Zermatt, v. de Suisse, au pied du Cervin; sports d'hiver.

Zeus, roi des dieux dans la mythologie grecque, identifié avec **Jupiter.**

Zizka (Jean), le héros national de la Bohême (1370-1424), chef militaire des hussites.

Zola (Emile), romancier français (1840-1902), chef de l'école naturaliste, auteur des *Rougon-Macquart.*

Zoroastre. V. ZARATHOUSTRA.

Zorobabel, prince de Juda, qui ramena les Juifs dans leur pays après l'édit de Cyrus (VIe s. av. J.-C.).

Zoug, v. de Suisse, ch.-l. du canton et sur le lac homonymes ; 22 000 h.

Zoulous, peuplade cafre du sud de l'Afrique.

Zurbaran (Francisco de), peintre espagnol (1598-1664).

Zurich (*lac de*), lac de Suisse.

Zurich, v. de Suisse, ch.-l. de canton, sur la Limmat ; centre industriel; 438 790 h. Victoire de Masséna sur les Autrichiens et les Russes (1799).

Zuyderzee, anc. golfe de la mer du Nord (Pays-Bas). Depuis 1932, une digue l'a fermé au nord.

Zwickau, v. d'Allemagne orientale, sur la Mulde; 136 000 h.

Zwingli (Ulric), humaniste et réformateur suisse (1484-1531).

Zwolle, v. des Pays-Bas, ch.-l. de la prov. d'Overijsel, sur l'IJsel : 76 000 h.

Zakłady Fotopoligrat., Ruda Śląska
Dépôt légal 1957-3e, N° de série Editeur 7489
Imprimé en Pologne (Printed in Poland) — 20168
V-9-78